国家出版基金项目
NATIONAL PUBLICATION FOUNDATION

梅新林　俞樟华

钟晨音　王　锐　潘德宝　撰

中国现代学术编年

第十一卷　（1946—1947）

华东师范大学出版社·上海

华东师范大学出版社六点分社　策划

浙江省哲学社会科学重点研究基地"浙江工业大学浙江学术文化研究中心"重大项目

华东师范大学出版社六点分社　策划

目　录

凡　例

一、《中国现代学术编年》(以下简称《编年》)是一部以编年体著录中国现代学术发展历程与成果的集成性之作，同时兼具工具书的检索功能。

二、《编年》起于 1911 年，迄于 1949 年，在时间上与《中国学术编年》相衔接和贯通。

三、《编年》共分 12 卷，约 1800 万字，收录 10 万余位学者，8 万余部学术著作，5 万余篇学术论文。

四、《编年》具有自己独特而鲜明的学术追求，重点关注本时段学术主流特色与学术发展趋势两个方面，重在揭示以下四大规律：

1. 注重中国学术史的宏观发展演变历程，以见各代学术盛衰规律；

2. 注重学术流派的源起、形成、鼎盛及至解体历程，以见学术流派的兴替规律；

3. 注重学术群体的区域流向、移位、承变历程，以见学术中心的迁移规律；

4. 注重中外学术的冲突、交流与融合历程，以见跨文化的学术传通规律。

五、《编年》综合吸取历代史书与各种学术编年之长而加以融通之，率先采用一种新的编撰体例，由学术背景、学术活动、学术论文、学术著作、学者生卒、学术评述六大栏目构成，同时在各栏目适当处加按语，合之为七大板块。若遇跨类，则以"互见法"于相应栏目分录之。

六、《编年》中的"学术背景"栏目以事件进程为序著录，着重反映深刻影响中国学术史发展进程的重大文化政策以及政治、经济、军事、外交诸方面的重大事件，重点突显中西交融与新旧转型的时空特征，以考察学术演变的特定时代背景及其对学术思潮、治学风尚的影响。

七、《编年》中的"学术活动"栏目以人物兴替为序著录，着重记述学者治学经历、师承关系和学术交流活动，以明学术渊源之所自、学术创见之所成、学术流派之脉络以及不同流派之间的争鸣、兴替轨迹。其中学者仕历与学术思想和学术活动之演变关系密切，故多予著录。人物兴替以空间流向为板块，以学坛领袖为中心，以学术大师为主角，以代际交替为序列，有时遇相关或相近活动则一并著录之。

八、《编年》中的"学术论文"栏目以论文刊载时间为序著录，着重记述具有代表性的学术论文，兼录奏疏、序跋、书信以及译文等等。鉴于 5 万余篇学术论文的海量文献，故而按照学术论文发表的刊物为序编排。

九、《编年》中的"学术著作"栏目以著述类型为序著录，着重记述具有代表性的学术著作，包括纂辑、校勘、评点、注释、考证、译著等等。鉴于 8 万余部学术著作的海量文献，故而分为往代著述、时人自著、译著以及编译四种类型,其中往代著述以时代为序,时人自著以类别为序,译著以国别为序,编译以未署名的著作列于最后。

十、《编年》中的"学者生卒"栏目以卒年生年为序著录,又分卒年、生年两小栏。其中卒年栏著录学者姓名、生年、字号、籍贯以及代表性的重要著述,凡特别重要人物,略述其一生主要成就、贡献与地位、传记资料及后人的简单评价。

十一、《编年》中的"学术评述"栏目,以上述文献著录为基础,再就每年的学术活动与成果以及发展趋势加以简要归纳和揭示,犹如揭示各代学术发展的"纲目",以此与以上各栏目的"按语"组合起来,即相当于一部简明学术史。

十二、《编年》采用正文加按语的形式著录。按语的主要内容是:

1. 价值评判。即对学术价值以及对学术之影响进行评价,直接评价或引用前人成说皆可。

2. 原委概述。对其缘起、过程、流变、结果、影响诸方面作一概要论述。

3. 补充说明。即对其具体内容以及相关背景材料再作扼要说明。

4. 史料存真。即录下比较珍贵的史料或略为可取的异说,裨人参考。

5. 考辨论断。对于异说或有争论者,略加考辨并尽量作出断论,或择取其中一说。

"按语"犹如揭示各代学术发展的"纲目",更具学术史评述的容量与特点。

十三、《编年》采用公元纪年,配之以民国与干支年号。凡因农历与公历差异产生年份出入问题,以公历为准。鉴于公元纪年始于1912年,此前的1911年以两者兼录作为过渡。无法确切考定月、日者,用"是年""是月"标之。凡在系年上有分歧而难以断定者,取一通行说法著录之,另以按语录以他说。

十四、《编年》所涉及的地名,以民国行政区划为据,一般不注今地名。

十五、《编年》以文集、目录(图书与报刊目录)、年谱、年鉴、传记、日记、笔记、回忆录等为主要材料依据,同时也重点参考了相关学案、编年以及学术史论著。所录文献,引文标注所出,以示征信;其他材料,限于体例,未能一一注明所出。

十六、《编年》充分借鉴和吸取了学界前辈同仁的诸多学术成果,包括文集、目录、索引、年谱、年鉴、传记、日记、笔记、回忆录、评述、学案、编年以及相关学术史论著等,除了部分见于《前言》以及有关条目"按语"之外,主要载于最后所列"征引与参考文献",包括著作与论文两个方面。征引与参考文献的著录顺序:先著作,后论文,按拼音先后排序。

十七、《编年》根据一以贯之的统一要求与体例格式进行编写,但根据学术发展演变的实际情况或有变通处理,力求达到规范与变通的有机结合。

1946 年　民国三十五年　丙戌

一、学术背景

1月1日,台湾省行政长官公署教育处将日本统治时期专为高山族儿童设立的148处教育所,改为国民学校,由各县接管,授以国民学校课程。(参见中央教育科学研究所编《中国现代教育大事记1919—1949》,教育科学出版社1988年版)

1月2日,民盟发言人对停战问题、召开政治协商会议问题及蒋介石元旦广播演说等发表重要谈话,主张立即停止军事冲突,恢复交通,组织军事考察团;早日召开政治协商会议,尽量做好开会准备;不同意蒋介石关于召开国民大会的意见,主张重订国民大会之组织法与选举法,成立真正能代表民意的国民大会。

1月5日,中华民国承认蒙古人民共和国独立。

是日,由美国代表马歇尔、中共代表周恩来、国民政府代表张治中组成的军事3人小组在重庆宣告成立。

是日,国民政府教育部公布《国民学校教员任用待遇保障进修办法》16条。《办法》规定:凡符合国民学校教员资格规定,及经检定合格之人员,尽先任用,初聘以一学期为原则,续聘任期1年。

按:《办法》还规定:国民学校教员薪给以每年12个月计算,最低薪津应以当地个人衣食住三者所需生活费的三倍为标准。除最低薪额外,应按教职员资历高下、服务久暂、职务繁简个别增加其薪额。国民学校教员应参加教育行政机关举办的假期训练班、各级国民教育研究会、师范学院或国立师范学校附设的进修班及函授学校进修。(参见中央教育科学研究所编《中国现代教育大事记1919—1949》,教育科学出版社1988年版)

1月6日,政治协商会议召开办法正式公布,规定会议名额为38人,协商范围为和平建国、施政纲领、宪法草案、国民大会及军事问题5项。同日公布政协各方代表名单,国民党8人:孙科、吴铁城、陈布雷、陈立夫、张厉生、王世杰、邵力子、张群;共产党7人:周恩来、董必武、叶剑英、吴玉章、王若飞、陆定一、邓颖超;民主同盟张君劢等9人,青年党曾琦等5人,无党派王云五等9人。成立秘书处,雷震为秘书长。

1月8日,台湾省行政长官公署教育处令全省各国民学校废除日本统治时期之一、二、三号课程表,试行新课程表,增加国语、历史、公民等科教学时数。(参见中央教育科学研究所编《中国现代教育大事记1919—1949》,教育科学出版社1988年版)

1月9日,国民政府教育部通令各省市教育厅局:凡已设置省市立科学馆者,应充实其设备,督促积极工作。未设置者应迅予筹备成立。(参见中央教育科学研究所编《中国现代教育大事记1919—1949》,教育科学出版社1988年版)

是日,重庆出版业的35家机构提出要求:废止《出版法》,取消《期刊登记办法》,撤销《收复区管理办法》,以及取消一切非法的检扣和寄递限制等。(参见吴永贵《民国图书出版史编年:1912—1949》,社会科学文献出版社2018年版)

1月10日,中国国民党、共产党及美国三方代表签订《关于停止国内军事冲突、恢复交通的命令和声明》和《关于停止国内军事冲突的协议》。

是日,由国民党、共产党、民主同盟、中国青年党和无党派人士代表共38人参加的政治协商会议在重庆召开。

1月12日,政治协商会议陪都各界协进会在重庆成立,设政治、经济、军事、教育、文化和综合5个专门委员会,主席团改为理事会。

1月13日,西南联大"一二·一"惨案善后委员会致电政治协商会议,要求撤职查办祸首,解散特务机构,成立民主联合政府。

是日,上海市万余学生集会追悼昆明"一二·一"死难师生,致书政协会议,提出立即成立联合政府,实现政府4项诺言,惩办屠杀学生的凶手。

1月14日至2月12日,陕甘宁边区政府教育厅在延安举行中等教育会议。会议讨论内容有中等教育的方针、学制、课程、教材、教法、地方干部班、思想教育、组织与领导等问题。(参见中央教育科学研究所编《中国现代教育大事记1919—1949》,教育科学出版社1988年版)

1月16日,中国共产党代表团在政治协商会议上提出《和平建国纲领草案》,全文由总则、人民权利、中央机构、国民大会、地方自治、军事改革、复员善后、财政经济改革、文化教育改革、国际和平及保侨10个部分48条组成。

按:原载1946年1月24日《解放日报》。1月31日,政治协商会议第十次会议以此《草案》为基础,通过了《和平建国纲领》。

是日,国民政府教育部通令取缔伪教科书。

是日,国民政府教育部公布《接收东北教育事业应如何具体规划案》。此案对东北区域之划分和对东北伪满教育、蒙旗教育及日系教育的接收办法作了规定。(参见中央教育科学研究所编《中国现代教育大事记1919—1949》,教育科学出版社1988年版)

1月17日,政治协商会议举行第七次大会,讨论国民大会问题。政府代表孙科等8人提出关于国民大会之意见书,5月5日召开国民大会,制定宪法,旧代表有效。章伯钧宣读民盟5项主张。大会发言对旧代表是否有效引起争论。

1月19日,政治协商会议举行第九次大会,讨论宪草问题。各代表对宪草中之五院制加以批评和反对。吴玉章代表中共提出民权不应受法律限制;中央与地方均权;地方自治制定省制,省长民选;军队实行民主等原则。曾琦主张采取内阁制以代总统制。黄炎培反对宪草中限制人民自由之各项规定。

是日晚7时,政治协商会议陪都各界协进会第七次集会,当梁漱溟报告整军方案时,突遭特务袭击,一群暴徒将会场内桌椅全部捣毁,制造了"沧白堂事件"。

1月24日,重庆政治协商会议文化界协进会成立,李公朴、邓初民、陶行知等17人为理事。

1月25日,重庆八院校及中学学生万余人举行示威游行,要求和平、民主、团结、统一,并到国民政府和政治协商会议处请愿。

1月28日，民盟致函政府代表，同意出席政协会议，并提出5点意见：一、听取政府一切有关人民自由法规如何废止及修正后协商会上作一公开检讨；二、政府应制定《损害人民自由治罪法》并组织人民自由保障委员会；三、明令各地军政机关不得妨害各党派公开活动；四、立即兑现蒋介石宣布之4项诺言，并明令各地党政机关，所有政治犯就地释放并公布名单，若宣布释放令后有被害者，该执行机关应负一切责任；五、黄炎培住宅被搜查事，政府于彻究后向大会报告。

1月31日，全国政治协商会议闭幕，通过《关于政府组织问题的决议》《和平建国纲领》《关于军事问题的协议》《关于宪法问题的协议》《关于国民大会问题的协议》等5项决议。

是日，重庆《新华日报》发表成都新闻记者罗忠信等30余人写给中国民主同盟出席政治协商会议的代表的信，表达他们呼吁言论出版绝对自由的心愿。

是日，国民政府教育部奉行政院令电示收复区各省市政府、教育厅局：大量培养中级建设技术人才。教育部令各省市除办理高级职业学校，并尽量奖励或委托各实业机关、职业团体办理职业班校外，应以接收之敌伪类似学校机构改办职业班校。（参见中央教育科学研究所编《中国现代教育大事记1919—1949》，教育科学出版社1988年版）

是月初，重庆的大学印书局、文通书局、自强出版社、现代出版社、新地出版社、中外出版社、世界书局、作家书屋、开明书店、群益出版社、文化生活出版社、正风出版社、东方书社、雅典书屋、黎明出版社、文化供应社、北门出版社、建国书店、进修出版社、乐群书店、文光书店、生活书店、峨眉出版社、万光书局、学艺出版社、文聿出版社、光明书局、国讯书店、新知书店、联益图书公司、文治出版社、自由中国出版社、复兴书局、新亚书店、读书出版社等35家出版社向即将召开的政治协商会议呈送意见书，要求废止《出版法》，取消期刊登记办法，撤销收复区检审办法和取消寄递限制。

2月1日，民盟总部机关报《民主报》在重庆出版。发行人为张澜，社长为罗隆基，总编辑为马哲民。

2月2日，华中抗日根据地苏皖边区政府教育厅颁布《苏皖边区暂行教育工作方案》（草案）。（参见中央教育科学研究所编《中国现代教育大事记1919—1949》，教育科学出版社1988年版）

2月9日，国民政府教育部公布《收复区专科以上学校处理办法》10条。《办法》规定：敌伪所设之专科以上学校及未经教育部认可之私立专科以上学校一律由教育部各区特派员分别予以接收。（参见中央教育科学研究所编《中国现代教育大事记1919—1949》，教育科学出版社1988年版）

是日，张澜、沈钧儒等参加政治协商会议的民盟代表发起组织"人民自由保障委员会"（后改称"人权保障委员会"），以保障政治协商会议决议的实施，得到了参加政治协商会议除国民党代表以外的其他各党派及社会贤达代表的广泛支持。冯玉祥、李烛尘、沈钧儒分任主席。

2月10日上午，陪都重庆各界庆政协成功大会在校场口广场举行，到会3000人，会议进行中间突遭一群暴徒捣乱会场，殴伤李公朴、郭沫若、施复亮及《大公报》记者等10余人，是为"校场口血案"。

2月11日，中国民主同盟、中国民主促进会、中国民主建国会等民主团体代表40余人就"校场口血案"举行紧急会议，一致通过立即组织人民基本自由保障委员会上海分会。

2月12日，中国被选为联合国常任理事国之一。

2月18日,中国民主宪政促进会召开第二次筹备会,通过会章,并决定2月19日召开第三次筹备会,会议讨论的项目有:(一)要求宪草审议委员会遵守政治协商会议所决定之原则修改宪草;(二)要求立即释放一切政治犯,严禁各地党政军机关侵害人民自由;(三)要求政府切实执行豁免田赋明令,严令粮政机关、各省军政当局立即停止变相征粮行为。

2月22日,重庆大中学校万余名学生为"东北问题"举行反苏反共示威游行,捣毁《新华日报》营业部和《民主报》。

2月23日,民盟中央主席张澜致函蒋介石提出严正抗议,要求严惩"校场口血案"及捣毁两报的主谋,解散特务组织,保障人权,使政协决议确实施行。

2月24日下午,中国民主宪政促进会在重庆中苏文化协会餐厅举行成立大会,通过《中国民主宪政促进会章程》和《中国民主宪政促进会宣言》,提出11项政治主张。选举张西曼、许德珩、孟宪章、吴藻溪、何思敬、潘震亚、章友江、李澄之、王卓然、伍丹戈、崔国翰、马哲民等25人为理事。

2月25日,张治中、周恩来、马歇尔在重庆举行《关于军队整编及统编中共部队为国军之基本方案》签字仪式。

2月28日,外交部长王世杰与法国驻华大使梅里霭在重庆签订《关于法国放弃在华治外权及其有关特权条约》。

是月,国民政府教育部在重庆召开中等以上学校迁校会议。会议对各校迁移次序,员生名额,及交通工具之分配等项,作了具体规定。

是月,台湾省行政长官公署教育处公布《台湾省留日学生处理办法》。(参见中央教育科学研究所编《中国现代教育大事记1919—1949》,教育科学出版社1988年版)

3月1日,中国国民党六届二中全会在重庆举行。

3月5日,国民政府宣布取消收复区新闻检查制度。

3月6日,中国民主宪政促进会因复旦大学特殊学生殴辱教授事致函洪深、潘震亚并转张志让、周谷城、靳以、张明养、胡文淑、马宗融、王思复等教授表示"谨此慰问,并愿为诸公后盾"。

3月18日,北平市出版业联合会的人言周刊社、人民文艺社、人民世纪社、文汇周报社、文萃社、民主青年社、民主周刊社、民主星期刊社、集纳社、世界知识社、解放三日刊社、鲁迅晚报社、新华通讯社、中外出版社、民主出版社、北门出版社、读书出版社、生活书店、新知书店、立生图书社等29家出版社为抗议摧残出版发行自由发出了紧急呼吁,要求立即废止出版法及出版物呈请登记核准之规定,以及其他一切钳制人民自由之法令和措置,彻底实现真正的言论出版自由(《文萃》第23期)。

3月21日,中国民主宪政促进会召开临时会员大会,张西曼、孟宪章、吴藻溪、张雪岩、焦敏之、甘祠森、孙苏荃、艾毅根、严希纯、漆文定、詹熊来、雷启汉等出席,讨论会务及时局,通过抗议国民党违反政协决议、声援并慰问四川大学被侮辱的陶大镛、李相符、彭迪先三教授及慰问被特务捣毁的西安秦风工商日报等决议6项。

3月23日,国民政府教育部公布《国立各级边疆学校教员服务奖励办法》10条。《办法》规定:凡在国立各级边疆学校业经教育部核定合格之在职专任教员得申请奖励,校长、各处科主任、医师、护士及部派有案之会计人员亦得比照办理。《办法》对薪俸、研究、休假等作了具体规定。(参见中央教育科学研究所编《中国现代教育大事记1919—1949》,教育科学出版社

1988年版)

3月25日,《新华日报》发表中国民主宪政促进会宪草委员会18日对政协宪草审议委员会的公开建议,提出"宪草审议关系国家百年大计,本会碍难缄默,特公开建议四点意见,以供全国人民及宪草委员会采纳"。

是日,上海杂志界联谊会为抗议摧残言论出版发行自由,声援重庆、西安、北平、广州被压迫同业而发表宣言,要求彻底实践蒋主席诺言,严格执行政协会议的决议及和平建国纲领的规定。

按:上海杂志界联谊会所属刊物有:《新文化》《中原》《综合》《时代学生》《文艺复兴》《人人》《周报》《麦籽》《世界知识》《文艺春秋》《文萃》《月刊》《国讯》《经济周报》《五金半月刊》《文汇》《时代》《文章》《青年知识》《文联》《真理与自由》《民主》《生活智识》《艺文杂志》《文坛》等。

3月27日,《新华日报》以"中国民主宪政促进会发表对东北问题意见"为题报道21日召开的中国民主宪政促进会临时会员大会通过的主张,认为"东北问题必须实行和平民主而不允许实行内战独裁,政府应迅允3人小组赴东北,并应增请民主联军代表为委员"。

3月28日,上海《文汇报》邀请蔡尚思、雷洁琼、赵景深、崔万秋、王庸等教育界名流出席第12期星期座谈会,讨论目前大学教育方面的问题。

3月30日,成都各大学教授联谊会、成都文化界联谊会、成都妇女联谊会、成都各大学学联、成都市中学生联合会、成都市职业青年联谊会、国民教育学会、业余时事研究社、成都文协分会、东北青年联谊会等10团体共同发起组成中国民主宪政促进会成都分会。

4月2—27日,陕甘宁边区第三届参议会第一次大会在延安举行,林伯渠作题为《边区建设的新阶段》的政府工作报告。会议通过《陕甘宁边区1946年到1948年建设计划方案》。

4月3日,国民政府教育部公布《实业机关或职业团体办理职业学校或职业训练班奖励办法》8条。《办法》规定:举办职业学校或职业训练班之各实业机关或职业团体必须具有充分的设备、人才可供设校,其经费可由教育部酌予补助。(参见中央教育科学研究所编《中国现代教育大事记1919—1949》,教育科学出版社1988年版)

是日,国民政府批准南开大学改为国立南开大学,此后教育部宣布张伯苓仍为校长。

是日,中国陆军总部审判战犯军事法庭正式成立,庭长为石美瑜。

4月4日,《上海文化》杂志社举行"小报化周刊问题座谈会",特约包天笑、徐卓呆、范烟桥、平襟亚、蔡夷白、汤修梅、周小平、王履篯等参加讨论会。

4月5日,教育部公布《国立各级学校迁校办法》15条。秋后,复员工作先后完成。除留设原地之专科以上学校17所外,迁移学校有国立大学20所、独立学院12所、专科学校10所;省私立大学145所、独立学院23所、专科学校24所,合计103所。此外,战时停办战后恢复之专利以上学校8所,接收改设之专科以上学校5所。(参见中央教育科学研究所编《中国现代教育大事记1919—1949》,教育科学出版社1988年版)

4月8日,王若飞、秦邦宪和新四军军长叶挺及其夫人,由重庆飞往延安途中,飞机在山西省兴县失事,不幸全部牺牲。

4月10日,广州杂志联谊会的自由世界社、文艺生活社、国民杂志社、民主星期刊社、文猎社、学习知识社、中国诗坛社、杂文社、新世纪社等28家杂志社发出维护言论出版自由紧急呼吁。

4月12日,《上海文化》杂志社召开"上海文化界检讨座谈会",出席者有郑振铎、金仲华、刘哲民、唐弢、柯灵、孟秋江、柳迈之、郭天闻（书面）、孙德镇（书面），讨论的内容主要有："上海新闻界现状""小报化周刊问题""文化界一般情况""西洋文化的进口"等。

4 月 18 日，中国民主同盟主席张澜与郭沫若等各界知名人士 75 人致电美国和平委员会，呼吁停止美军帮助国民党运兵进行内战。

4 月 19 日，重庆各界追悼因飞机失事牺牲的王若飞、叶挺等"四八"烈士，中共代表周恩来、董必武、吴玉章等及各界人士 5000 多人参加，由张澜主祭，周恩来、沈钧儒等陪祭。

4 月 20 日，《解放日报》专门增加《追悼"四八"被难烈士特刊》。毛泽东题词："为人民而死，虽死犹荣。"朱德题词："为全国人民和平、民主、团结而牺牲。"刘少奇题词："把给予我们伟大死者的悲痛，变为积极的力量，来巩固和平，争取民主。"任弼时题词："你们的功绩永垂不朽。"彭德怀题词："为中国和平民主团结而牺牲永远是光荣的。"

4 月 21 日，中国民主宪政促进会致函美国马歇尔将军，请速调处停止东北内战，应尊重民意寻求协商解决，帮助我国人民求得和平与幸福。

4 月 22 日，中国民主宪政促进会召开理事会，讨论筹备成立重庆分会事宜，并讨论重庆卫戍司令部限制人民游行请愿的自由问题，认为这种行为与蒋主席 4 项诺言相抵触，拟发表抗议宣言。

4 月 23 日，决定恢复设置军事委员会委员长重庆行营，作为国民政府离开重庆后在四川的最高统治机构。

是日，梅贻琦常委在新校舍大草坪召集西南联合大学学生大会，报告迁校事宜。

4 月 24 日，国民政府教育部公布《国立大学及独立学院附设先修班办法》11 条。大学附设先修班是为了提高大学程度，大学低年级不致重修高中课程。《办法》规定：自本学年度起，酌准国立各大学及独立学院附设先修班，招收投考未被录取的中学毕业生，修业 1年。修业期满后，经严格考试，各科均及格者，免试升入各该校院一年级。

4 月 28 日下午，中国民主宪政促进会重庆分会召开成立大会，由林亨元任主席，到会常务理事张雪岩及郭沫若、李澄之、阎宝航、王卓然等均即席演说，庆祝该分会成立，并勉励该分会为民主运动努力。

是月，国民政府颁布《出版法施行细则修正草案》。

是月，国民政府教育部在重庆邀请各科专家讨论修正文、理、法、商、师范等院校共同必修科目表。（参见中央教育科学研究所编《中国现代教育大事记 1919—1949》，教育科学出版社 1988 年版）

5 月 1 日，国民政府正式发布还都令，宣布 5 月 5 日凯旋南京。

5 月 4 日，中共中央发出《关于清算减租及土地问题的指示》，决定将抗日战争时期执行的减租减息政策改变为没收地主土地分给农民的政策，以实现耕者有其田。解放区因此掀起土地改革运动。

是日，西南联合大学全校师生在新校舍图书馆举行结业典礼，北京大学、清华大学、南开大学及联大在昆明校友参加，省市各机关负责人及各界人士应邀出席。典礼由梅贻琦主持，代表常委会宣布西南联合大学正式结束。会后，举行国立西南联合大学纪念碑揭幕式。

按：《国立西南联合大学纪念碑》碑文："中华民国三十四年九月九日，我国家受日本之降于南京。上距二十六年七月七日卢沟桥之变，为时八年；再上距二十年九月十八日沈阳之变，为时十四年；再上距清甲午之役，为时五十一年。举凡五十年间，日本所鲸吞蚕食于我国家者，至是悉备图籍献还。全胜之局，秦汉以来所未有也。国立北京大学、国立清华大学原设北平，私立南开大学原设天津。自沈阳之变，我国家之威权逐渐南移,惟以文化力量与日本争持于平、津,此三校实为其中坚。二十六年平津失守,三校奉命迁移湖南,合组为国立长沙临时大学,以三校校长蒋梦麟、梅贻琦、张伯苓为常务委员,主持校务,设法、理、工学院于长沙,文学院于南岳,于十一月一日开始上课。迫京沪失守,武汉震动,临时大学又奉命迁云南。师生徒步经贵州,于二十七年四月二十六日抵昆明。旋奉命改名为国立西南联合大学,设理、工学院于昆明,文、法学院于蒙自,于五月四日开始上课。一学期后,文、法学院亦迁昆明。二十七年,增设师范学院。二十九年,设分校于四川叙永,一学年后并于本校。昆明本为后方名城,自日军入安南,陷缅甸,乃成后方重镇。联合大学支持其间,先后毕业学生二千余人,从军旅者八百余人。河山既复,日月重光,联合大学之使命既成,奉命于三十五年五月四日结束。原有三校,即将返故居,复旧业。缅维八年支持之苦辛,与夫三校合作之协和,可纪念者,盖有四焉:我国家以世界之古国,居东亚之天府,本应绍汉唐之遗烈,作并世之先进,将来建国完成,必于世界历史,居独特之地位。盖并世列强,虽新而不古;希腊、罗马,有古而无今。惟我国家,亘古亘今,亦新亦旧,斯所谓'周虽旧邦,其命维新'者也!旷代之伟业,八年之抗战,已开其规模、立其基础。今日之胜利,于我国家有旋乾转坤之功,而联合大学之使命,与抗战相终始,此其可纪念者一也。文人相轻,自古而然,昔人所言,今有同慨。三校有不同之历史,各异之学风,八年之久,合作无间,同无妨异,异不害同;五色交辉,相得益彰;八音合奏,终和且平,此其可纪念者二也。万物并育不相害,道并行而不相悖,小德川流,大德敦化,此天地之所以为大。斯虽先民之恒言,实为民主之真谛。联合大学以其兼容并包之精神,转移社会一时之风气,内树学术自由之规模,外获'民主堡垒'之称号,违千夫之诺诺,作一士之谔谔,此其可纪念者三也。稽之往史,我民族若不能立足于中原,偏安江表,称曰南渡。南渡之人,未有能北返者。晋人南渡,其例一也;宋人南渡,其例二也;明人南渡,其例三也。'风景不殊',晋人之深悲;'还我河山',宋人之虚愿。吾人为第四次之南渡,乃能于不十年间,收恢复之全功,庾信不哀江南,杜甫喜收蓟北,此其可纪念者四也。联合大学初定校歌,其辞始叹南迁流离之苦辛,中颂师生不屈之壮志,终寄最后胜利之期望。校以今日之成功,历历不爽,若合符契。联合大学之始终,岂非一代之盛事、旷百世而难遇者哉!爰就歌辞,勒为碑铭。铭曰:痛南渡,辞宫阙。驻衡湘,又离别。更长征,经峣嶻。望中原,遍洒血。抵绝徼,继讲说。诗书丧,犹有舌。尽笳吹,情弥切。千秋耻,终已雪。见仇寇,如烟灭。起朔北,迄南越,视金瓯,已无缺。大一统,无倾折,中兴业,继往烈。维三校,兄弟列,为一体,如胶结。同艰难,共欢悦,联合竟,使命彻。神京复,还燕碣,以此石,象坚节,纪嘉庆,告来哲。"(西南联合大学北京校友会编《国立西南联合大学校史——一九三七至一九四六年的北大、清华、南开》,北京大学出版社1996年版)

5月5日,国民政府由重庆迁回南京。上午9时,在南京中山陵举行纪念孙中山先生建立广州革命政府25周年仪式,蒋介石偕夫人宋美龄与文武大员及各界人士约5000多人以及100多名中外记者出席。中国共产党和民主同盟也派出代表4人参加。在隆重的谒陵仪式后,蒋介石步出灵堂,立于台阶,向全部谒陵人员致训。10点30分,在长江路国民大会堂举行首都各界庆祝国民政府还都仪式。由南京市临时参议会议长陈裕光恭请蒋介石致训辞。

是日,民主促进会、民主同盟、民主建国会等52个团体在上海成立上海人民团体联合会,提出停止内战、实行政协决议、建立联合政府等17项主张,并一致反对上海官办的"人民自由保障协会"。选出马叙伦、王绍鏊、林汉达、徐伯昕、周建人、许广平、沙千里、孙晓村、罗叔章、沈志远等29人为该联合会理事。

5月11日,国民政府教育部公布《教育部35年公费留学生考试章程》。该《章程》规定:本年在南京、重庆、北平、上海、西安、武汉、广州、昆明等8区招收本部公费生120名,法国政府交换生50名。中英文教基金董事会公费生20名,共计190名。(参见中央教育科学研究所编《中国现代教育大事记1919—1949》,教育科学出版社1988年版)

5月15日,西南联合大学第三七四次常委会决定,常委会于6月30日结束。常委会结束后，由北京大学、清华大学、南开大学各推代表若干人，组成委员会，联合处理迁移事宜。

5月24日，《消息》半月刊被上海市警察局勒令停刊。

按：《消息》创刊于1946年4月7日，是中共上海地下党主办的刊物。发行人是谢易，主编周建人，编辑宋明志（姚溱）、北辰（方行）。为该刊撰稿的主要有金仲华、梅益、胡绳、周建人、夏衍、姚溱和方行。叶圣陶、周予同、蔡尚思、韩述之、吴祖光等也为该刊撰稿。

5月25日，政治和谈会议在南京重开。国民政府代表王世杰、邵力子、张厉生、雷震与中共代表周恩来、董必武、陆定一就停止冲突、恢复交通、旋转休战诸问题进行商谈，双方均表示愿意努力促和平早日实现。

5月28日，国民政府公布《出版发行注意事项》，实施出版特许制。（参见吴永贵《民国图书出版史编年：1912—1949》，社会科学文献出版社2018年版）

5月29日，北平开始"文化扫荡"，多家报纸、杂志和通讯社被迫停刊。

按：被北平市勒令停刊的报纸16家：《光华日报》《新中国报》《剧影日报》《大华报》《鲁迅晚报》《建国日报》《商业日报》《北平游艺报》《经济时报》《我的报》《大众导报》《中华民报》《国民新报》《北平学生报》《北平华报》《国民新报晚刊》；通讯社11家：新华通讯社、和平通讯社、正直通讯社、时代通讯社、新平通讯社、欧亚新闻社、河北通讯社、北平中国电闻社、天津商闻社北平分社、国民通讯社、中国新闻社；杂志50家：《北平杂志》《一四七画报》《戏世界》《科学知识月刊》《中国针灸学季刊》《少女半月刊》《少年周刊》《检万集成》《北平时代》《儿童月刊》《北平邮刊》《科学时报月刊》《文艺与大众》《影声画报》《沙珑画报》《信胜月刊》《法律评论季刊》《北平画报》《电影与戏剧》《时代生活三日刊》《学生周报》《民治周刊》《科学与生活月刊》《正论周刊》《芬陀利》《建国评论》《解放三日刊》《世界与中国月刊》《佛学月刊》《恩有半月刊》《中庸半月刊》《生活画报》《新路周刊》《大学周报》《长春游艺月刊》《法权月刊》《春明画报》《大都会画报》《寿灵医刊》《现代知识》《神家月刊》《中国晨钟月刊》《农业生产月刊》《儿童月刊》《进步旬刊》《世纪月刊》《立生英语星期刊》《立生英文选》《农村副业月刊》《文化月刊》等。

6月2日，《人民日报》载，包括新华书店、韬奋书店在内的边区新闻文化界，联合通电抗议国民党之倒行逆施，要求保卫言论出版自由，立即恢复北平《解放报》、新华社的出版发行自由。（参见吴永贵《民国图书出版史编年：1912—1949》，社会科学文献出版社2018年版）

6月5日，国民政府公布《国立边疆文化教育馆组织条例》8条。《条例》规定：国立边疆文化教育馆掌理边疆文化教育之研究及发展事宜。（参见中央教育科学研究所编《中国现代教育大事记1919—1949》，教育科学出版社1988年版）

是日，湖南国民党省党部召集长沙市各书店负责人开"座谈会"，长沙中国书店遭捣毁。（参见吴永贵《民国图书出版史编年：1912—1949》，社会科学文献出版社2018年版）

6月7日，黄炎培、罗隆基、梁漱溟、章伯钧、沈钧儒、曾琦、陈启天等"第三方面"人士会谈，讨论促进国共双方重视政治问题，用政治方式解决一切的办法。是日，马叙伦、陶行知、马寅初等上海各界著名人士164人联名致书蒋介石、马歇尔、民盟、社会贤达、青年党、共产党，呼吁早日停止内战，实现和平。

6月8日，国民政府教育部颁布《战后各省市五年师范教育实施方案》。

6月15日，教育部发布训令，决定将西南联合大学师范学院自本年8月起在昆明独立设置，改称国立昆明师范学院，任命查良钊为国立昆明师范学院院长。

6月17日，教育部训令：国立昆明师范学院分设国文、史地、英语、教育、理化、博物、体育等学系，并附设中学。西南联合大学师范学院所有校舍、校具、图书仪器及其他校产，学生成绩及有关文卷拨该院使用。联大师院原有教职员、学生由该院接收继续办理。

6月19日，上海学生争取和平联合会成立。

6月21日，《人民日报》载，国民党当局压制言论，明令各省市成立"新闻处"。（参见吴永贵《民国图书出版史编年：1912—1949》，社会科学文献出版社2018年版）

6月23日，南京大屠杀惨案调查委员会在南京成立，参议院副议长陈耀东、参议员伍崇、卢前学等为委员，王世杰、吴鼎昌为顾问。

是日，上海53个群众团体，5万群众举行反内战大游行，推选马叙伦、阎宝航、雷洁琼等10人代表上海市各界前往南京请愿，呼吁和平民主，反对内战，民盟中央常务委员陶行知等在欢送请愿代表团大会上演讲。

6月24日上午，中央研究院召开复员回京后第一次院务会议，朱家骅、萨本栋、傅斯年、竺可桢等16人出席。

6月26日，国民党在完成战争准备后，撕毁停战协定和政协决议，以围攻鄂豫边宣化店为中心的中原解放区为起点，相继在晋南、苏皖边、鲁西南、胶济路及其两侧、冀东、绥东、察南、热河、辽南等地，向解放区展开大规模的进攻，国共内战全面爆发。蒋介石声称，只须3个月到6个月，就可以取得胜利。

是日，教育部公布《国立大学及独立学院附设先修班科目表》，规定设国文、外国语、数学、物理、化学、生物、中国通史、西洋通史、中外地理等9科。国文、外国语、数学为共同必修科，其余科目分文理两组，由学生选习。（参见中央教育科学研究所编《中国现代教育大事记1919—1949》，教育科学出版社1988年版）

是日，西南联合大学第三八〇次常委会决议，本校常委会基于事实需要，暂缓结束。

6月28日，国民政府公布《国立北平图书馆组织条例》11条。《条例》规定：国立北平图书馆隶属于教育部，掌理关于图书之搜集、编藏、考订、展览及图书馆事业之研究事宜。（参见中央教育科学研究所编《中国现代教育大事记1919—1949》，教育科学出版社1988年版）

是月，国立西北大学由汉中城固迁回陕西西安。

7月3—11日，中国共产党召开东北局扩大会议。

7月10日，西南联大第三八二次常委会决议：西南联合大学于7月31日结束。

7月11日，民盟中央委员、云南省支部负责人李公朴在昆明惨遭国民党特务暗杀，翌日清晨5时在云南大学附属医院不治逝世。

7月15日，民盟中央委员、云南省支部负责人、西南联大教授闻一多在云南大学参加李公朴追悼会时，痛斥特务暴行。会后，闻一多与楚图南在《民主周刊》社主持记者招待会，散会回家途中惨遭国民党特务枪杀，即刻身亡。

7月16日，西南联合大学成立闻一多教授丧葬抚恤委员会，聘请黄钰生、贺麟、雷海宗、沈履、查良钊为委员，黄钰生为主席，办理有关丧葬抚恤事宜。

7月17日，重庆《新华日报》发表《抗议闻一多教授的被刺杀》社论。

7月18日，"李闻血案"引起国内外强烈反应，民盟中央主席张澜致电蒋介石，严厉谴责国民党特务制造血案，要求废除特务，缉惩主凶，保证不再发生此类事件。同日，民盟秘书长梁漱溟就"李闻惨案"发表书面谈话，谴责国民党的法西斯暴行，指出这是国民党政府政治上的暗杀，并正告政府当局，若不取消特务机关，民盟断不参加政府。

是日，新疆省政府通过《施政纲领》，张治中提出和平治理新疆的政策。

按：在政治方面，实行民主政治、厉行法治等；在民族政策方面，实行各民族在政治上、经济上、法律上、教育上一律平等的政策;在经济方面,扶植自耕农,大量增垦农田,改良固有手工业等;在财政方面,统一币制,规定赋税,改组银行等。在文化方面,张治中提出七点政策:第一,保障学术自由,奖励科学研究;第二,发扬各民族固有文化,提倡民族文艺、音乐、舞蹈、绘画及各种艺术。第三,促进本省文化与内地文化及各国文化之交流。第四,设立大规模之编译机构,编译及出版各民族文字之字典、辞典、文法、教材,及各种自然科学、社会科学、文艺等名著。第五,分区设立博物馆、陈列所,对于本省各种物产与历史古物,应作有系统之发掘、整理、研究。第六,分期建筑各种民族艺术馆、歌剧院、音乐院。第七,发展新闻事业与电影事业(张治中《张治中回忆录》,华文出版社2007年版)。

7月20日,中共中央发出《以自卫战争粉碎蒋介石的进攻》的党内指示,指出:"只有在自卫战争中彻底粉碎蒋介石的进攻之后,中国人民才能恢复和平。"中共中央要求全党必须认识到:我们不但必须打败蒋介石,而且能够打败蒋介石。

是日,中国民主同盟政协代表联名为李公朴、闻一多遭暗杀向政府提出严重抗议,要求政府立即派人与本盟同赴滇调查事件真相,依法究办正凶及主使者,撤惩昆明治安长官,抚恤李、闻遗属,立即撤销国民党党部及军事机关之调查统计局,以后设置情报机关,应保证不作对内政治斗争之用。

是日,《民主》周刊第40期特辟"敬悼李公朴、闻一多二先生"专栏,发表郑振铎、茅盾、郭沫若、叶圣陶、夏晨、寒松、陆诒、吴晗、念青、周建人等人的悼念文章。

7月21日,《群众》出版"沉痛的悼念·悲愤的抗议"特大号(第11卷第12期),刊登李公朴、闻一多的遗言,李公朴夫人张曼筠、闻一多儿子闻立雕、闻立鹏,以及董必武、马叙伦、郭沫若、章伯钧、梁漱溟、黄炎培、陶行知、周建人、张絅伯、张申府、潘光旦、田汉、郑振铎、叶圣陶等数十人的控诉文。

7月24日,西南联合大学留昆明师生在昆北教室举行闻一多先生追悼会,昆明各界人士前来参加。梅贻琦主祭,雷海宗宣读由罗庸起草的祭文并报告生平。

是日,上海五洲书报社等30余家出版发行机构举行座谈会,反对当局非法取缔书报摊贩,并查禁刊物。

7月24—26日,国民政府教育部在南京举行高等教育讨论会,邀请大学校长教育专家30余人参加。决议案有:一、废除大学导师制,另设训育委员会,订颁大学训育委员会组织章程,加强各院系教授对本院系学生之领导权,推进训育工作。二、废除各大学研究所及研究学部名称,订颁大学研究所暂行组织规程,每一学系得设一研究所,研究所与学系完全打成一片,研究所主任由系主任兼任,系内教授讲师俱为研究所工作人员。三、为造就法学人才,法学院得单独设立法学系。四、修改专科大学组织法,及结束战时特设之大学先修班,另订颁国立大学及独立学院附设先修班办法,与先修班科目表。(参见中央教育科学研究所编《中国现代教育大事记1919—1949》,教育科学出版社1988年版)

7月25日,西南联合大学第三八四次常委会决议,成立三校联合迁移委员会,推定贺麟、孙云铸(代表北京大学)、霍秉权、沈履(代表清华大学)、黄钰生、冯文潜(代表南开大学)为委员,负责处理各项迁移事宜,并保管核定各项账目。

7月27日,西南联合大学复员北上途经上海的师生及上海校友200余人举行闻一多先生追悼大学,并致函蒋介石、杜鲁门、马歇尔,要求缉办凶犯,严惩祸首,以平民愤。

7月28日,重庆各界群众6000余人在青年馆举行追悼李公朴、闻一多大会,四川省主席张群主持大会,吴玉章、胡子昂、史良、邓初民等出席并在大会上致辞。

7月31日,国立西南联合大学结束。

是月，国民政府教育部在南京、重庆、北平、上海、武汉、广州、西安、昆明、成都9区，举行第二次公费和自费留学考试。总计录取公费留学生148名，自费留学生1216名，公费留学考试落选之学生，其成绩合乎于自费留学考试录取标准，经留学生考送委员会议决准予自费留学者718名。（参见中央教育科学研究所编《中国现代教育大事记1919—1949》，教育科学出版社1988年版）

8月6日，毛泽东发表《和美国记者安娜·路易斯·斯特朗的谈话》，提出一切事物无不具有两重性的观点，认为"一切反动派都是纸老虎"。

按：斯特朗问：你觉得中国的问题，在不久的将来，有政治解决、和平解决的希望没有？

毛答：这要看美国政府的态度。如果美国人民拖住了帮助蒋介石打内战的美国反动派的手的话，和平是有希望的。

问：如果美国除了它所已经给的以外不再帮助了，那末蒋介石还可以打多久？

答：一年以上。

问：蒋介石在经济上可能支持那样久吗？

答：可以的。

问：如果美国说明此后不再给蒋介石以什么帮助了呢？

答：在现时还没有什么征象，表示美国政府和蒋介石有任何在短时期内停止战争的愿望。

问：共产党能支持多久？

答：就我们自己的愿望说，我们连一天也不愿意打。但是如果形势迫使我们不得不打的话，我们是能够一直打到底的。

问：如果美国人民问到共产党为什么作战，我该怎样回答呢？

答：因为蒋介石要屠杀中国人民，人民要生存就必须自卫。这是美国人民所能够理解的。

问：你对于美国是否可能举行反苏战争如何看法？

答：关于反苏战争的宣传，包括两个方面。在一方面，美国帝国主义确是在准备着反苏战争的，目前的反苏战争宣传和其他的反苏宣传，就是对于反苏战争的政治准备。在另一方面，这种宣传，是美国反动派用以掩盖当前美国帝国主义所直接面对着的许多实际矛盾，所放的烟幕。这些矛盾，就是美国反动派同美国人民之间的矛盾，以及美国帝国主义同其他资本主义国家和殖民地、半殖民地国家之间的矛盾。美国反苏战争的口号，在目前的实际意义，是压迫美国人民和向资本主义世界扩张它的侵略势力。你知道，希特勒和他的伙伴日本军阀，在一个长时期中，都曾经把反苏的口号作为奴役本国人民和侵略其他国家的托辞。现在美国反动派的做法，也正是这样。美国反动派要掀动战争，首先必须进攻美国人民。他们已经在进攻美国人民了，他们从政治上、经济上压迫美国的工人和民主分子，准备在美国实行法西斯主义。美国人民应当起来抵抗美国反动派的进攻。我相信他们是会这样做的。美国和苏联中间隔着极其辽阔的地带，这里有欧、亚、非三洲的许多资本主义国家和殖民地、半殖民地国家。美国反动派在没有压服这些国家之前，是谈不到进攻苏联的。现在美国在太平洋控制了比英国过去的全部势力范围还要多的地方，它控制着日本、国民党统治的中国、半个朝鲜和南太平洋；它早已控制着中南美；它还想控制整个大英帝国和西欧。美国在各种借口之下，在许多国家进行大规模的军事布置，建立军事基地。美国反动派说，他们在世界各地已经建立和准备建立的一切军事基地，都是为着反对苏联的。不错，这些军事基地是指向苏联。但是，在现时，首先受到美国侵略的不是苏联，而是这些被建立军事基地的国家。我相信，不要很久，这些国家将会认识到真正压迫它们的是谁，是苏联还是美国。美国反动派终有一天将会发现他们自己是处在全世界人民的反对中。当然，我不是说，美国反动派不想进攻苏联。苏联是世界和平的保卫者，是阻碍美国反动派建立世界霸权的强大的因素，有了苏联，美国和世界反动派的野心就根本不能实现。因此，美国反动派非常痛恨苏联，确实梦想消灭这个社会主义国家。但是在目前，在第二次世界大战结束不久的时候，美国反动派如此大吹大擂地强调美苏战争，闹得乌烟瘴气，就使人不能不来看看他们的实际目的。原来他们是在反苏的口号下面,疯狂地进攻美国的工人和民主分子,和把美国向外扩张的一切对象国都变成美国的附属物。我以为,美国人民和一切受到美国侵略威胁的国家的人民,应当团结起来,反对美国反动派及其在各国的走狗的进攻。只有这个斗争胜利了,第三次世界大战才可以避免,否则是不能避免的。

问:这是一个很好的说明。但是如果美国使用原子炸弹呢?如果美国从冰岛、冲绳岛以及中国的基地轰炸苏联呢?

答:原子弹是美国反动派用来吓人的一只纸老虎,看样子可怕,实际上并不可怕。当然,原子弹是一种大规模屠杀的武器,但是决定战争胜败的是人民,而不是一两件新式武器。一切反动派都是纸老虎。看起来,反动派的样子是可怕的,但是实际上并没有什么了不起的力量。从长远的观点看问题,真正强大的力量不是属于反动派,而是属于人民。在一九一七年俄国二月革命以前,俄国国内究竟哪一方面拥有真正的力量呢?从表面上看,当时的沙皇是有力量的;但是二月革命的一阵风,就把沙皇吹走了。归根结蒂,俄国的力量是在工农兵苏维埃这方面。沙皇不过是一只纸老虎。希特勒不是曾经被人们看作很有力量的吗?但是历史证明了他是一只纸老虎。墨索里尼也是如此,日本帝国主义也是如此。相反的,苏联以及各国爱好民主自由的人民的力量,却是比人们所预料的强大得多。蒋介石和他的支持者美国反动派也都是纸老虎。提起美国帝国主义,人们似乎觉得它是强大得不得了的,中国的反动派正在拿美国的"强大"来吓唬中国人民。但是美国反动派也将要同一切历史上的反动派一样,被证明为并没有什么力量。在美国,另有一类人是真正有力量的,这就是美国人民。拿中国的情形来说,我们所依靠的不过是小米加步枪,但是历史最后将证明,这小米加步枪比蒋介石的飞机加坦克还要强些。虽然在中国人民面前还存在着许多困难,中国人民在美国帝国主义和中国反动派的联合进攻之下,将要受到长时间的苦难,但是这些反动派总有一天要失败,我们总有一天要胜利。这原因不是别的,就在于反动派代表反动,而我们代表进步。(《毛泽东选集》第4卷,人民出版社1991年第2版)

8月9日,李公朴、闻一多好友80余人及50多个社团,发起组织"陪都李闻惨案后援会",发表宣言,提出限期缉拿凶手及指使人处以极刑,确保人身自由,立即撤销特务组织、厚恤遗族等要求。

8月10日,马歇尔与司徒雷登发表联合声明,称国共双方条件相去太远,"促成中国和平与团结之努力已实际失败"。

8月11日,东北解放区各省代表联席会议通过《东北各省市(特别市)民主政府共同施政纲领》。(参见中央教育科学研究所编《中国现代教育大事记1919—1949》,教育科学出版社1988年版)

8月14日,国家社会党与海外的民主宪政党合并,改称中国民主社会党,简称民社党。

8月18日,民盟中央主席张澜在成都参加各界追悼李公朴、闻一多两烈士大会,在会上怒斥国民党特务的法西斯暴行。会后,特务围攻殴伤张澜和民盟四川省支部委员张松涛等人。

8月25日,陆军总司令部在昆明宣布闻一多被刺杀案缉拿凶手和审理经过。凶手汤时亮、李文山被判处死刑,剥夺公权终身。

是日,全国文协延安分会和边区文协召集延安文化界举行座谈,发起印行《延安生活》丛刊。

8月30日,民盟政协代表梁漱溟、张君劢、张东荪、罗隆基、黄炎培、沈钧儒、章伯钧、张申府等致函国民政府,表示对闻一多案之处理不能完全接受,并要求政府对李公朴案再度严令限期破案。

9月6日,国民政府教育部就下年度边疆教育注意事项训令边疆各省市教育处。教育部提出4点要求:一、增设边疆教育机构,应就省境语言文化具有特殊性质的地方按其实际需要斟酌增校、增班,并应注意事业与经费之配合。二、健全边疆教育机构,指定专款办理边疆教育并提高其标准,提高师资素质及待遇,充实设备。三、加强边疆教育督导,省境内公私立边疆学校本年内至少应派员视导一次。四、编辑边疆教育读物。(参见中央教育科学研究所编《中国现代教育大事记 1919—1949》,教育科学出版社 1988 年版)

是日,中国民主社会党在沪发表对国是的主张:一、立即停止内战,实现和平;二、拥护统一、反对国内有两个政府,两种军队,政党不应有军队;三、要求实行民主;四、实行社会主义。并申明对时局之态度:一、改组政府;二、召开国民大会;三、实现整军方案;四、和平统一。

9 月 16 日,中共中央军委发出《集中优势兵力,各个歼灭敌人》的指示,要求人民解放军不惜放弃一些城市和地区,争取主动,集中兵力消灭敌军的有生力量。

9 月 22 日,美国争取和平委员会及远东政策研究会发起"退出中国周"运动,要求"立即撤退在华美军""停止干涉中国内政"。

9 月 24 日,吉林大学的前身东北行政学院在哈尔滨成立。

10 月 1 日,国民政府宣布废止《战时书刊审查规则》《战时出版品检查办法及禁载标准》。(参见吴永贵《民国图书出版史编年:1912—1949》,社会科学文献出版社 2018 年版)

是日,国民政府教育部通令各省市教育厅局研究国民教育中的 4 个问题。一、如何发展儿童本位之教育。二、小学教科书之审定制与国定制利弊如何。三、我国小学教科书应采审定制抑国定制、抑审定制与国定制并行。四、初小第一学年应否教学数学。(参见中央教育科学研究所编《中国现代教育大事记 1919—1949》,教育科学出版社 1988 年版)

是日,重庆市社会局发出查禁《生活日报》《民主星期刊》《自由导报》等 20 种刊物的命令。

10 月 6 日,上海《新闻报》《申报》《大公报》《正言报》《益世报》《前线日报》《东南日报》《民国日报》《和平日报》《侨声报》《文汇报》《立报》《中华日报》《中央日报》《华美晚报》《大晚报》《大众夜报》《新民晚报》和华东社、申时社、大光社、中央社、中国社等报社的军事新闻记者联名致沪淞警备司令宣铁吾公开信,要求给予采访便利,不要阻碍和封锁记者采访,使记者履行自由采访之天职。

10 月 10 日,《民主》周刊第 2 卷第 12 期合刊发表郑振铎的《重行申明我们的态度和主张》,强调"在任何民主国里,言论是绝对自由的。最反动的言论和最激烈的主张都可以并存。当政者知道言论是禁止不了的,防御不住的。所以,非听任其自由不可。这自由是先知先觉者们以无数的血与汗与泪争取而得的"。同期还发表沈钧儒、梁漱溟、王绍鏊、茅盾、章乃器、洪深、章伯钧、徐伯昕、史良、田汉、郭沫若、罗隆基、周予同、张君劢、叶圣陶、马叙伦、徐铸成、柳亚子、巴金、周建人、郑振铎、胡绳、许广平、胡风、翦伯赞等 39 人签名的《我们要求政府切实保障言论自由》的呼吁书。

是日,复员后的北京大学在第四院大礼堂举行开学典礼。胡适在开学典礼上发表讲话,强调"独立"的精神,"要能不盲从,不受欺骗,不用别人的耳朵当耳朵,不用别人的眼睛当眼睛,不用别人的头脑当头脑",提出:"希望学校里没有党派",要大家"把学校当作学校","不要毁了学校,不要毁了这个再过多少年不容易重建的学术机关"。

是日,复员后的清华大学于上午 10 时在大礼堂举行开学典礼。梅贻琦面对着破坏严重的校园,向师生们勉励道:"不应以恢复旧观为满足,必使其更发扬而光大,俾能负起清华应负之使命。"

10 月 17 日，国民政府教育部通令全国各大学及独立学院：切实注意英文，其教材内容、教师选聘及教授方法等须切实改进，务使学生英文程度得以普遍提高。（参见中央教育科学研究所编《中国现代教育大事记 1919—1949》，教育科学出版社 1988 年版）

10 月 19 日，国共代表及"第三方面"人士在上海吴铁城公馆举行第二次非正式会谈，黄炎培、周恩来、郭沫若、沈钧儒、华岗、邵力子、罗隆基、李维汉、左舜生等参加。一致同意按"谈——停——谈"的程序进行。

10 月 22 日，中国民主宪政促进会重庆分会与重庆人民和平促进会、中国民主建国会重庆分会等 24 个人民团体，致电祝贺旧金山美国民主人士召开的中国与远东大会，要求大会继续领导美国人民奋斗，督促政府撤退所有驻华美军，停止一切军事上与财政上的片面援助。

10 月 30 日，国民政府教育部为加强师范生专业训练之实施，公布《师范生训练考核办法要点》。（参见中央教育科学研究所编《中国现代教育大事记 1919—1949》，教育科学出版社 1988 年版）

10 月 31 日，《民主》周刊被迫停刊。休刊号上《我们的抗议》专栏，刊载郑振铎、马叙伦、吴晗、叶圣陶、田汉、柳亚子、周建人、罗稷南、郑森禹、艾寒松等 17 人的抗议文章。

11 月 4 日，国民政府与美国政府在南京签订《中美友好通商航海条约》。

11 月 9 日，国民政府教育部公布《国民学校教员检定办法》25 条。《办法》规定，检定分无试验检定和试验检定两种。

11 月 9 日至 12 月 10 日，联合国教育科学文化组织在巴黎举行第一届大会。中、美、英、法等 40 余国参加。教育部长朱家骅率中国代表团出席大会。（参见中央教育科学研究所编《中国现代教育大事记 1919—1949》，教育科学出版社 1988 年版）

11 月 22 日，国民政府教育部颁布《实施国民教育第二次五年计划》。计划规定，自 1946 年 1 月起，于五年内"使全国各地所有学龄儿童和成年失学民众，均能分别受相当时期之义务教育与补习教育"。已实施国民教育的四川等 19 个省市，另订第二次实施国民教育五年计划。尚未实施国民教育的江苏等 23 个省市及台湾省拟定第一次实施国民教育计划。

11 月 23 日，国民政府教育部令各省教育厅局：特别注重中等学校及国民学校"公民"科中有关法律知识之教学。教师应切实注意以身作则，由实际生活中养成学生守法之习惯，奠定国民守法（参见中央教育科学研究所编《中国现代教育大事记 1919—1949》，教育科学出版社 1988 年版）

11 月 25 日，国民党在南京召开国民大会，中共和民盟拒绝参加。大会通过《中华民国宪法》。

　　按：《中华民国宪法》的基本特点是：以自由平等为标榜，坚持维护国民党的一党专制；以"平均地权""节制资本"为名，保障封建土地剥削制度和官僚资本的经济垄断；以"民有，民治，民享"的"民主共和国"之名，行国民党一党专制和蒋介石个人独裁之实。

11 月 28 日，《民国日报》载：国民政府教育部令南开大学、英士大学、安徽大学、浙江大学、湖南大学 5 校于一年内成立哲学院。

12 月 4 日，国民政府行政院修正教育部组织法，教育部除原设之各司外，加设国际文教处，其主要业务为沟通国际文化，诸如与国外交换教授与留学生，以及国际文化合作等事宜。同时，又将原有之蒙藏教育司改为边疆教育司。

12月9日,国民政府教育部公布《改进师范学院办法》12条,《修正师范学院规则》54条。

12月10日,陕甘宁边区政府发表《战时教育方案》。该《方案》指出:内战时期的教育方针是动员各级学校及一切社会教育组织,发挥教育上的有生力量,直接或间接地为自卫战争服务。(参见中央教育科学研究所编《中国现代教育大事记1919—1949》,教育科学出版社1988年版)

12月21日,中国科学社和中华自然科学社联合创立中国科学促进会。

按:我国战后社会,百废待兴,欲谋建国之速成,人民生活之改善,殊有赖于科学之建设!中国科学社与中华自然科学社有鉴于斯,特联合发起组织中国科学促进会,以谋我国科学之普及与发展。该会于三十五年十二月二十一日成立于南京,会址设于山西路二号。该会委员多系我国科学界先进及深有资历之专家。主任委员为杭立武氏。兹探悉该会计划中之工作为调查登记全国科学技术人才,出版中国科学人名录,调查国内外科学研究机关,搜罗研究资料,出版科学年鉴。复拟设立科学教育博物馆及大规模之科学刊物印刷所,编辑科学丛书,筹设科学服务等,以协助各界解决技术上之问题,并为介绍技术人才,改良民众之生产工具,及推广各项有关人民生活之科学资料。以上各端,均已在分头积极筹办逐步进行中。至该会业已举办之工作有:(一)与中国科学工作者协会合办《科学新闻》,(二)辅助南京各大中学学生体格透视检验,(三)举办首都科学座谈会及演讲会,(四)举办首都中等学校理科实验示范,(五)派遣人员前往欧美各国考察科学教育。该会工作,日后当益见紧张也。该会委员名单如下:名誉委员:宋子文、吴稚晖、翁文灏、胡适、王世杰、周贻春、蒋梦麟、朱家骅、陈立夫、陈诚、钱昌照、俞大维、司徒雷登、史蒂文、罗士培、李约瑟、艾德华、费慰梅。委员:任鸿隽、孙洪芬、竺可桢、李书华、吴有训、杭立武、叶企荪、桂质庭、萨本栋、冯泽芳、卢于道、朱章赓、郑集、杜锡桓、涂长望、沈其益、陈邦杰、李振翩、李国鼎、李方训、任美锷。常务委员:杭立武(主委)、任鸿隽、孙洪芬、卢于道(总干事)、李振翩(名誉会计)、朱章赓(名誉秘书)、沈其益(副总干事)。(原载《科学新闻》1947年3月第4期)

按:中国科学服务社也大约在此时成立,中国科学服务社名誉董事、董事、监察、社长名单是:(一)名誉董事:王云五、司徒雷登、朱家骅、宋子文、周贻春、俞大维、翁文灏、黄绍竑、费慰梅、蒋梦麟、刘鸿生、钱昌照、钱新之、罗士培、顾翊群;(二)董事:任鸿隽、朱章赓、李方训、李振翩、沈其益、杭立武、孙洪芬、陈邦杰、盛彤笙、曾昭抡、郑集、卢于道;(三)董事长:杭立武;(四)社长:沈其益;(五)副社长:金有巽。中国科学服务社工作大纲:(一)调查登记及介绍我国科学技术人员。(二)搜集整理科学资料。(三)供应及编辑国民教育之科学教材(小学及民众连环画)。(四)供应电化教育之科学资料。(五)主办科学展览。(六)特约科学研究。(七)主办科学生活训练。(八)选拔科学天才儿童。(九)主办科学问题咨询处。(十)科学文献之交换及流通。(十一)发行民主科学期刊及丛书。(十二)提倡推进民生科学之实施。(何志平、尹恭成、张小梅主编《中国科学技术团体》,上海科学普及出版社1990年版)

12月24日,驻北平两名美军士兵在东单广场强奸北京大学学生沈崇。沈崇事件发生后,全国爆发抗议美军暴行、要求美军撤出中国的爱国运动。一个月内,北平、天津、上海、南京、开封、重庆、昆明、武汉、广州、杭州、苏州、台北等几十个大中城市,有50多万学生举行抗议美军暴行的罢课和游行示威。

12月25日,民主社会党发表声明,该党退出民盟,继续为"争取和平,实现民主,军队国家化之主张"而努力。"至于本党党员参加民盟者,在此情况下,本党当依据本党党章处理之。"

12月26日,教育部召开第五届边疆教育会议,对此项办法进行修正,进一步鼓励教育人员赴边疆服务。(参见中央教育科学研究所编《中国现代教育大事记1919—1949》,教育科学出版社1988年版)

是日,国际文化合作协会在南京成立,杭立武等31人当选为理事,彭学沛等9人为监事,聘请王庞惠、于斌、陈立夫、邵力子、李石曾、朱家骅、吴铁城、张伯苓、蒋梦麟、王世杰、戴季陶、宋美龄、翁文灏、孙科、吴敬恒、陈布雷、胡适、吴有训、张继为名誉理事。

12月31日,国民政府教育部公布《大学研究所暂行组织规程》10条。《规程》规定:大学各研究所设所主任1人,由有关学系主任兼任,系内之教授、副教授、讲师、助教等均为研究所之工作人员。各研究所之研究生以公立及已立案之私立大学或独立学院毕业生经公开考试录取者为限,并不得限于本校毕业生。国外大学本系毕业生亦得应前项考试。研究生成绩优异者得给予奖学金。(参见中央教育科学研究所编《中国现代教育大事记1919—1949》,教育科学出版社1988年版)

是日,民主同盟对政府公布宪法发表声明:一、"国大"违背政协决议的程序及精神;二、宪法许多重要条文,为政协争议未决之问题,与真正民主原则相距甚远;三、"国大"通过的行宪办法10条,"系假借制宪之名,为长期内战永久分裂作准备",与全国人民利益根本冲突,本盟愿唤起全国人民共起坚决反对。

是年,国民政府教育部重新划定全国教育视导区域为京沪区、苏北鲁南区、浙江皖南区、陕豫皖北区、鲁北冀热区、晋察区、东北区、绥宁区、闽赣区、粤桂区、湘鄂区、川康区、滇黔区、新疆区、台湾区等共15个区。

是年,国民政府任命一批国立高等学校校长。其中有:周鲠生(武汉大学)、魏嗣銮(成都理学院)、董洗凡(同济大学)、陆志鸿(台湾大学)、赵太侔(山东大学)、徐佩琨(北平铁道管理学院)、顾宜孙(唐山工学院)、程剑修(广西大学)、朱国障(上海商学院)、程演生(省立安徽学院)。

是年,《南京新民报》《联合晚报》《和平日报(上海版)》《上海新民报》《新华周报》《冀热辽日报》《晋绥日报》《西满日报》《胜利报》《晨报晚刊》《时事新闻》《冀东日报》《新嫩江报》《淮海报》《雪枫报》《大连日报》《合江日报》《辽南日报》《吉林日报》《察哈尔日报》《齐市新闻》《冀热察导报》《东北公报》《鲁迅晚报》《长城日报》《大华日报》《七七日报》《团结报》《辽河新报》《晓光报》《冀中工人报》《苏中报》《自卫报》《火线报》《战斗报》《济宁日报》《新张家口报》《德州日报》《东安日报》《邯郸日报》《午报》《黑河报》《健康报》《盐阜日报》《前线报》《群声报》《热中报》《农民报》《潍坊日报》《前卫报》《前进报》《向前报》《武装报》《战旗报》《野战报》《中国时报》《呼伦贝尔报》《江海报》《前锋报》《新民主报》《中华时报》《世界晨报》《中法日报》《商务报》《循环报》《南方日报(上海版)》《上海诚报》《苏报》《济世日报》《市民日报》《沪报》《上海自由西报》《益世报(上海版)》《每日译报》《辛报》《剧报》《影剧日报》《联合晚报》《新夜报》《中央晚报》《商报》《英文大陆报》《太平洋新闻报》《强报》《上海力报》《大风报》《儿童日报》《活报》《飞报》《今报》《新生活报》《学生日报》《侨声报》《上海民报》《中兴报》《金泽声报》《复兴晚报》《公正报》《火炬日报》《民报》《泾县日报》《江淮日报》《逍遥津报》《定远导报》《利群报》《东华报》《民声报》《浙大日报》《勇士报》《西北经济日报》《兰州日报》《和平日报(兰州版)》《自由之声报》《平明日报》《和平日报晚刊》《东北新报》《沈阳日报》《辽沈日报》《东北前锋日报》《中央日报(长春版)》《华声报》《正气报》《中正日报》《吉林日报》《四平日报》《黑河日报》《吉东日报(朝文版)》《人民日报(朝文版)》《吉林日报(朝文版)》《东北韩报》《东北行政导报》《新民主新报》《和平民主报》《上海新民报晚刊》《上海宁波周报》《大光明周报》《北方文化》《江淮文化》《太岳文化》《松辽文化》《山东文化》《文化杂志》《中华文化》《文化展望》《艺术文化》《文化翻身》《民主与文化》《三民主义文化》《民主与文化》《文化站》

《文化周报》《文化资料》《东南文化半月刊》《教育与文化》《文化月刊》《文化与建设月刊》《妇女文化》《文化新潮》《经济评论》《建国评论》《革新评论》《法律评论》《南方杂志》《南光月刊》《建国公论》《日本论坛》《理论与现实》《民主青年》《时代青年》《青年生活》《青年人》《民主青年》《青年周报》《东北青年》《青年东方》《建设青年》《青年界》《青年月刊》《大连青年》《中山青年》《民族青年》《青年世纪》《联青季刊》《年青人》《女青年》《长沙青年》《青年生活(华中)》《青年文艺》《青年中国》《青年生活》《武宜青年》《建国青年》《职业青年》《农村青年》《青年半月刊》《青年军复原周刊》《回民青年》《青年新报》《青年世界》《青年创作》《青年建设》《宁夏青年》《世界青年》《瓯海青年》《杭州青年》《山东青年(鲁南版)》《现代学生》《学生杂志》《新学生》《学生知识》《少年生活》《新少年报》《中国学生报》《少年世界》《华中少年》《湖南学生周刊》《学生报》《新儿童》《今日儿童》《儿童导报》《儿童半月刊》《时代儿童》《孩子的世界》《启海大众》《正中儿童》《健康儿童》《儿童教养》《小朋友》《小朋友十日刊》《山东解放区的妇女》《时代妇女》《妇声》《今日妇女》《妇女岗位》《新妇女》《新女型》《妇女与家庭》《妇女旬刊》《山东妇女》《少女》《妇女圈》《香港女声》《群众》《辽北群众》《群众报》《东台大众》《渤海大众》《胶东大众》《江海大众》《群众工作》《大众生活》《群众文摘》《大众文摘》《群运通讯》《人民时代》《人民世纪》《人权之歌》《人物杂志》《工人生活》《人民的军队》《人民解放军》《人民战士》《工农兵》《学与做》《教与学》《学习通报》《工作与学习》《通讯学习》《生活学习》《读书生活》《读书月刊》《读者文摘》《知识》《现代知识》《国际知识》《图书世界》《知识文摘》《通讯学习》《学习文丛》《生活与学习》《学习导报》《读书与生活》《延安生活》《生活周报》《生活杂志》《冬学通讯》《江海教育》《新教育》《教育通讯》《首教教育》《教育导报》《冀南教育》《宣教通报》《教育通讯》《林县教育》《豫教通讯》《上海教育》《上海市国民教育辅导月刊》《国民教育辅导月刊》《教育与民众》《教育论坛》《西康教育》《广东教育》《广州教育》《教育半月刊》《教育文摘》《广东教育通讯》《教育短波》《江苏省立教育学院校闻》《文艺学习》《文艺青年》《文艺讯》《文合月刊》《文坛》《文物周刊》《文选》《文联》《艺月》《文章》《文饭》《文展》《文献半月刊》《文潮月刊》《文综》《文艺复兴》《文艺杂志》《民主文艺》《新文艺》《文艺》《艺文》《艺文消息》《抗战文艺选刊》《人间文艺月刊》《时代文艺》《新文艺》《艺林月刊》《文艺丛刊》《文艺周报》《人民文艺》《文艺与生活》《文艺半月刊》《文艺生活》《春风文艺》《文艺世纪》《艺专生活》《风虹文艺》《现代艺术》《鲁迅文艺月刊》《文艺修养丛刊》《文艺新闻》《抗战文艺选刊》《青岛文艺》《水星文艺》《民主文艺》《新艺术》《木刻艺术》《敦煌艺展特辑》《中国文学》《新文学》《文林》《群星诗刊》《蓝星诗刊》《中国诗坛》《诗生活》《诗激流》《诗与批评》《小说》《小说世界》《小说半月刊》《海晶小说周报》《中国戏剧》《戏剧与文学》《戏剧艺术》《戏剧与音乐》《济南戏剧》《业余剧讯》《影剧周报》《中国电影》《电影》《中外影讯》《星期影讯》《影剧》《影讯》《影剧周刊》《人民画报》《工商新闻画报》《东北画报》《东北画刊》《东北漫画》《山东画报》《晋察冀画报》《晋察冀画刊》《华中少年画报》《长风画报》《野风画报》《改造画报》《大众画报》《前哨画刊》《文汇半月画刊》《明报画刊》《紫罗兰画报》《社会画报》《生活画报》《时代版画》《美丽画报》《南风画报》《中原画报》《北岳画报》《艺威画报》《江淮画刊》《星期二年报画刊》《星期六画报》《影艺画报》《漫画漫话》《广西画报》《香港画报》《图画风》《春明画刊》《美术家》《民主建设》《民言》《民主》《民主半月刊》《民主与统一》《民主评论》《民治》《民生半月刊》《民主杂志》《民主工人》《民主世纪》《民主生活》《新民主》《人民周报》《人民世纪》《人民公论》《人民时代》《战地》《自卫前线》《苏中战线》《铁的勇士》《先锋》《军政周报》《边政导报》

《生产通讯》《军政》《军学通讯》《华中通讯》《冀鲁豫民兵报》《民兵阵地》《爆炸大王》《战士》《军大导报》《新闻研究》《新闻工作》《新闻通讯》《工商新闻》《农村新闻》《英文每日新闻》《电业新闻》《民权新闻(上海版)》《中国新闻专科学校校刊》《中蚕通讯》《技协通讯》《江苏新闻》《湖北省政府新闻资料》《武大新闻》《芝罘新闻》《广播世界》《广播周报》《广播半月刊》《工商通讯》《上海大学校友通讯》《华大通讯》《武汉通讯》《华中通讯》《南京通讯》《苏财通讯》《大江通讯》《海潮通讯》《江苏货物税通讯》《考政通讯》《通讯研究》《绥蒙工作通讯》《中苏研究》《建设周报》《热风》《文摘》《书摘》《中外文摘》《天下文摘》《半月文摘》《综合文摘》《化雨文摘》《每周文摘》《宇宙文摘》《银行月刊》《北方杂志》《大威周刊》《伉俪月刊》《时代评论》《世界农村月刊》《世界交通月刊》《世界华侨月刊》《镇丹金溧扬联合月刊》《社会月刊》《浙南月刊》《沪西月刊》《户政月刊》《建国月刊》《新风月刊》《建政月刊》《活力半月刊》《酱工月刊》《供应月刊》《伊理月刊》《中外古今月刊》《复兴通讯月刊》《路工月刊》《万里月刊》《回声月刊》《文心月刊》《政治月刊》《张家边月刊》《革新月刊》《激流月刊》《众望月刊》《青年月刊》《春风月刊》《力行月刊》《群运月刊》《人生月刊》《青纺半月刊》《新生代半月刊》《民众月刊》《大同半月刊》《世界月刊》《新中国月报》《江苏评论》《时论丛刊》《学林文丛》《中外春秋》《中国国民》《新安徽评论》《中国学术》《中国史学》《求真杂志》《真理与自由》《改造杂志》《永真杂志》《供你参考》《内蒙古周报》《工作通讯》《热潮》《工作往来》《工作者》《时事导报》《太行邮报》《时代特辑》《鸭绿江》《太岳政报》《太岳邮报》《工商导报》《我们的路》《工业合作》《工商月报》《小上海人》《上海》《上海十日》《上海工商》《上海特写》《上海滩》《中国生活》《中国摄影》《风化》《化学世界》《宁波周报》《宁波人周刊》《世界学典通讯》《东吴理工》《生产管理》《生活》《西服工人》《自由世界》《浙江大学校讯》《快活林》《辛报周刊》《运务周报》《远东观察者》《京沪旬刊》《幸福世界》《每月新歌选》《明社消息》《国际贸易》《争取人权》《活时代》《春风文选》《是非周刊》《复旦大学政治系刊》《复旦大学银行系刊》《浸会通讯》《觉群周报》《评论报》《扬子江》《滑稽世界》《新上海》《新华周报(英文)》《新世纪》《新希望》《蓝皮书》《银都》《译意风》《人道指南》《上海游艺》《同济大学年刊》《海棠红》《新天地周报》《工务月报》《大白周刊》《大地周报》《书林季刊》《中央技声》《中央测量学校校刊》《公务员》《公路公报》《主人翁》《北极阁》《农情通讯简报》《地图周刊》《行总周报》《行总农渔》《时代周刊》《京沪报》《政治向导》《滑翔》《新人周刊》《新声周报》《群光周报》《骆驼》《小时报》《莫厘风》《学声》《天地人》《艺浪》《大江南》《新太仓》《善救》《浙江农业》《浙江商务》《善福钟》《浙江通志馆馆刊》《杭州市通俗讲演稿》《山东卫生》《中兴周刊》《山东团讯》《时代生活周刊》《建国周刊》《现代文丛》《大盛周刊》《善后救济》《安徽文献》《安徽农业》《皖商周报》《青锋报》《福建卫生》《福建之人与地》《福州市物价月报》《福建公路》《福建户讯》《福建合作简讯》《福建货物税通讯》《气象通讯》《江西善救》《大地》《一般评论》《大中周刊》《友声月刊》《书简杂志》《中山周报》《中小工业》《中国文选》《中国化学工程学会会务报告》《中流报》《中等数学杂志》《正气杂志》《什锦》《民声旬刊》《川大国学会刊》《正声》《四川妇女》《四川财政》《生命文学》《交通部公路总局第五区公路工程管理局公报》《同济大学电机工程学会年刊》《华风》《华西社工》《自由评论》《社建周报》《社救通讯》《农村周报》《农村杂志》《灵岩学报》《时代周刊》《学生报》《时代文摘》《时事论坛报》《时论文萃》《知行月刊》《活力旬刊》《音乐教育》《音乐艺术》《音乐风》《音乐杂志》《前进中国》《前波学刊》《政声月刊》《政治评论》《政治路线》《故事杂志》《重光体育季刊》《真理与正义》《嵊风》《纺织染通讯》《清溪职业学校校刊》《商业半月刊》

《望江月刊》《康藏研究》《萌芽》《隆昌月刊》《唯民周刊》《第五区公路工程管理局公报》《联合特刊》《联合经济研究室通讯》《新生代周刊》《新政论》《新都民众半月刊》《群力月刊》《说文报》《说文月刊》《精诚月刊》《燃料专刊》《豫丰机声》《晓铃》《人物杂志》《大陆评论》《北极星》《四川气象简报》《金工》《新华社电讯》《民意日报》《民意日报副刊》《昆明铁路周刊》《大道半月刊》《十二月》《再创》《西南风》《民坛》《云南省参议会会刊》《财政通讯》《厂刊》《龙门周刊》《西南导报》《劳工月刊》《丽江师范学校校刊》《矿冶工程》《展望》《云南直接税月刊》《民主与时代》《真理周报》《南园周刊》《新云南周刊》《牛街旬报》《中国周报》《学联简报》《个旧周报》《革命先烈纪念特刊》《嵩明简报》《莲声》《曲靖县政周报》《姚安青年旬刊》《联合增刊》《西南导报周刊》《生产旬报》《个旧简报》《小时报》《玉溪壁报》《曲溪新报》《省立顺中训刊》《马龙县政半月刊》《新元谋周报》《华宁月刊》《大理通讯》《白鸥副刊》《忠勇月刊》《社教月刊》《工商管理》《边铎月刊》《地方自治月报》《时代周报》《学生生活》《湘川》《桐梓农推通讯》《三区民众》《社教通讯》《灵峰学报》《明道半月刊》《贵州经济建设》《云贵直接税通讯》《正规》《粮情月报》《贵州人事通讯》《西康省立西昌农业职业学校校刊》《民族导报》《贵州建设月刊》《民间月刊》《贵大学报》《大凉山》《新贵州月刊》《西康户政通讯》《国立西北农专校刊》《贵州省审计处公报》《社会工作通讯》《贵阳物价年刊》《贵师旬报》《德智校刊》《遵义师范学校师运特刊》《清华中学校友通讯》《戏世界》《世界与中国》《新自由》《新思潮》《建国公论》《人言周刊》《大中》《上智编译馆馆刊》《斗下光》《友谊半月刊》《中央印刷厂月报》《中国体育》《水政月刊》《市政与工程》《礼拜天》《民众观察》《北方杂志》《北平风》《北方经济旬刊》《北平市政府工作报告》《北平市政统计》《北平学风》《北平临时参议会第一届大会会刊》《北国杂志》《电影与戏剧》《农业生产》《华北气象通讯》《好国民》《进步》《远东新闻》《新闻资料》《时代生活》《我的报》《每周评论》《直接税杂志》《春明增刊》《故都旬刊》《南北》《红蓝白周报》《剧坛旬刊》《恩友团契月刊》《联华周报》《联华导报》《联合特刊》《新台湾》《新华北周报》《诗文学》《骆驼文丛》《验方集成》《工商周刊》《天下周刊》《天津市商情变动》《天津学联》《天津市周刊》《民言》《北洋周报》《华北工矿》《华北劳动》《自治月刊》《时事杂志》《青年半月刊》《新时代月刊》《火把月刊》《吐露月刊》《大同半月刊》《鲁青月刊》《冀光半月刊》《广播半月刊》《劳动月报》《现代文献》《新动力》《工人周刊》《国光专刊》《河北省政府公报》《南开校友》《一二一月刊》《山西合作通讯》《公正简报》《民众奋斗》《北方杂志》《西北实业月刊》《光复月报》《国立伊盟中学校刊》《合作通讯》《攻坚月刊》《七七旬刊》《唐院季刊》《新柳城》《新项城季刊》《新冀东》《内蒙古周报》《冀东子弟兵》《学术与生活》《中苏知识》《辽北群众》《东北共论》《道德专刊》《大风砂》《当代》《地方行政》《珞珈周报》《业余生活》《河南社政月刊》《中华人报》《人民世纪》《人民世纪·天下文萃联合刊》《天下文萃》《民治之声》《学与行》《明日之土地》《湖南省参议会会刊》《新力杂志》《生命周刊》《开平周报》《新批判》《文理学报》《中山侨报》《民大导报》《生活导报》《宇宙线》《自由》《自由风》《社会学报》《社会学讯》《时代公论》《法治杂志》《国民》《国民杂志》《粤秀文垒》《新世纪》《广西人事通讯》《平安杂志》《社政导报》《教育导报》《新闻杂志》《新风周刊》《珊中季刊》《南华学院院刊》《南华学报》《红棉邮刊》《远东周报》《海外周刊》《经纬文汇》《联合增刊》《桂林师范学院丛刊》《广西建设》《新动向》《万人周报》《河南邮工》《近代邮刊》《邮汇生活》《浙江邮工》《中国邮学会会刊》《生活月报》《自由旬刊》《星期六周报》《科学大众》《科学天地》《科学时代》《科学生活》《科学报告》《科学知识》《科学月报》《科学与生活》《科学与建设》《科学世纪》《无线电》《胜利无线电》《无线电

世界》《电力工潮特刊》《电世界》《中国电讯》《现代电信》《冀电月刊》《津电月刊》《航业通讯》《矿冶通讯》《世界新潮》《广西警察》《湘桂黔旬刊》《经济旬刊》《经济通讯》《经济通报》《经济情报》《经济密报》《经济旬报》《河北省银行经济半月刊》《经济知识》《经济统计月报》《中国经济月刊》《经济导报》《经济论评》《经济论述》《经济资料》《浙江经济》《税工通讯》《金融汇报》《农业学报》《中国农村》《农村》《河南农工银行月刊》《黄河堵口复堤工程局月刊》《直接税月刊》《直接税杂志》《广东直接税导报》《广西公路》《银行业务统计季报》《公路统计月报》《内政统计月报》《工人生活费指数》《各重要城市物价指数月报》《北京市物价与生活指数月报》《南京市市政统计月报》《各重要县市简易工人生活费指数》《广州会计通讯》《河南会计通讯》《天津市经济统计月报》《天津市政统计月报》《立信会计通讯》《简易工人生活费指数》《山西省太原市物价指数月报》《河北省物价统计月刊》《上海市公用事业统计年报》《上海市公务统计报告》《上海市经济统计简报》《江海关进出口贸易统计月报》《金融统计年报》《交通部公路总局第八区公路工程管理局公报》《右江农讯》《田粮通讯》《新畜生颂》《运输文摘》《河南省人民自由保障委员会工作季报》《广大计政》《广大学生》《广东会计通讯》《广东体育》《广东建设研究》《广东省立文理学院院刊》《广东省立法商学院学术汇刊》《广东省立法商学院院报》《广州市市政公报》《广州市自治旬刊》《河南货物税月刊》《河南善救分署周报》《工商通讯》《财政部湖南区货物税局业务通讯》《行政院善后救济总署广东分署周报》《善后救济总署湖北分署半月通讯》《善后救济总署冀热平津分署半月刊》《康和月刊》《健康导报》《青年中医周刊》《大众医学》《牙医月刊》《华中医药》《广州市医师公会会刊》《广西医讯》《吴兴医药半月刊》《中国营养学杂志》《中华营养促进丛刊》《华大牙医学杂志》《中国针灸学季刊》《家庭医药》《药业月刊》《药识》《卫生通讯》《华西医药杂志》《江西医药导报》《广西省立南宁高级中医职业学校期刊》《广西医学杂志》《新中医》《南汇医报》《现代军医》《华中医务杂志》《中央医院年报》《红十字月刊》《侨声》《粤侨导报》《侨讯月刊》《崇德风》《乡政》《民光》《邮侣》《狂飙》《明天》《国命》《化工》《平民》《时浪》《活路》《秋风》《西南风》《报报》《文综》《商榷》《野风》《青岛》《荒土》《综艺》《猎文》《新政》《新纪元》《家》《中报》《人间》《民间》《前进》《白山》《火花》《探海灯》《斗争》《新平原》《中坚》《中立》《真话》《中建》《广东》《玫瑰》《清明》《正风》《猎奇》《电友》《导报》《凌霄》《煤联》《群策》《群言》《说话》《寒光》《新声》《雄风》《黑白》《三一》《时代》《革新》《智慧》《青荟》《言论》《正声》《电京》《见闻》《启录》《沪光》《众我》《世人》《社报》《进刊》《大光》《星光》《国光》《昌言》《幸福》《周播》《金刚》《建国》《建设》《万众》《万宝》《万象》《通讯》《笔》《海潮》《海燕》《消息》《海光》《海涛》《茶话》《南北极》《文潮》《观察》《解放》《四海》《正论》《世纪》《长春》《生活》《联美》《集纳》《海外》《学院》《工讯》《人报》《新路》《神灯》《昆友》《时海》《热声》《建平》《青光》《法权》《论铎》《新路》《春潮》《昭报》《师友》《飘》《湘茶》《华夏》《工程》《艺星》《青群》《西潮》《激潮》《文锋》《北方》《知识》《纵横》《南钟》《攻坚》《草原》《北光》《同声》《进化》《警风》《文丛》《第一线》《白山》《晨曦》《公能》《正风》《星火》《生存》《怒吼》《吼声》《至博》《一周》《长城》《童山》《力行》《正气》《粮食》《新语》《笔军》《活路》《新旗》《税讯》《坛前》《劲报》《潮流》《民潮》《韩江》《巨风》《现代》《路工》《新地》《迈进》《新潮》《雷达》《嘉庚风》《愿望》《琴斋书画印合集》等报刊创刊。

二、学术活动

郭沫若1月1日作《告日本的人民大众》。3日，与冯玉祥、沈钧儒、柳亚子、周恩来、董必武、陈铭枢等48人联名发表"冼星海先生纪念演奏会启事"于本日、4日重庆《新华日报》，称："革命音乐家冼星海先生以艺术致力中华民族解放事业，时达十年，功在人间。"同日，与邵力子、董必武、张东荪、梁漱溟、张申府等政协代表，应邀参加农业协进社举行的叙餐会；参加中苏文协举行的新年同乐晚会。5日晚，出席在江苏同乡会举行的"人民歌手冼星海纪念演奏会"并讲话。7日下午，以"社会贤达代表"身份，出席政治协商会议全体代表茶话会。交换有关政协会议程序等问题的意见。9日下午，与吴玉章、沈钧儒等往西南实业大厦，出席文化界7团体举行的茶会。决定组建全国人民政治协商会议协进会，以促进政协会议成功。10日上午，往国民政府大礼堂出席政治协商会议开幕式。蒋介石致开幕辞。周恩来、曾琦、沈钧儒、邵从恩等先后致辞。22日，参加东北文协举行的萧红逝世4周年纪念会并讲话。赞扬对旧社会不妥协的萧红是人民的作家，希望作家能走人民作家的道路，反对一切什么"法统"，等等。27日，参加陪都各界协进会在沧白堂举行的会议并作报告。2月4日，郭沫若在《民主报》发表《文化动员》。

郭沫若2月10日前往校场口，参加重庆各界庆祝政协成功大会。特务破坏大会，郭沫若遭暴徒殴打，额头、胸部受伤，即由百龄餐厅副经理杨作权和一群年轻人护送回家。下午，郭沫若带伤出席中外记者招待会，愤怒谴责反动派制造这次血案的阴谋，要求严惩凶手，并驳斥一些报纸的"无耻造谣"。11日，来寓所慰问者络绎不绝。在接待《新华日报》和各报记者30余人的慰问时，指着伤处说："不算什么，实现民主才是最重要的事情。"12日，接中华全国文艺界协会发来慰问信；接复旦大学等30个团体的慰问信。13日，接《中原》《希望》《文哨》《文艺杂志》几家刊物发来的慰问函电。16日，接山东省文化协会发来的慰问函电。17日，接晋冀鲁豫边区文化新闻界发来的慰问电。18日，接正在召开的中国民主宪政促进会第二次筹备会慰问函。19日，延安各界相继发来慰问电。同月，向苏联赠送自己主编、侯外庐撰写的《苏联历史学界诸论争解答》一书。不久，收到苏联对外文化协会历史经济组主席葛莱科夫的信，及所赠《历史问题》杂志两册。3月4日，往中共代表团驻地，看望刚从国民党监狱释放归来的叶挺将军。6日，作《论郁达夫》，刊于《中国文学》6月1日第1期，又载9月30日第3期《人物杂志》。12日，为帮助生活教育社推行普及教育，与冯玉祥、陶行知等决定发起卖字、卖文、卖讲演、卖诗歌"四卖兴学"，将所得收入全部捐赠该社。15日，与李公朴出席重庆地方法院审理"校场口事件"的庭审。17日，与张澜、冯玉祥、王若飞等设宴欢迎李济深、田汉等到渝。并庆贺叶挺、廖承志两同志出狱。22日，赴田汉家贺其48岁生日。26日，为田汉送去延安版《甲申三百年祭》。27日，作《文艺与科学》，刊于重庆《中原、希望、文艺杂志、文哨联合特刊》5月第1卷第5期。同日，为《亚洲苏联》译本作序，刊于4月29日重庆《新华日报》。29日，同马寅初、陆定一等赴中国经济事业协进会举行的茶会并讲话。表示鉴于当前经济危机严重，政治逆流肆行，颇为中国前途忧虑，要和大家一起为中国和平民主而努力。31日，应职业妇女月刊社青年联谊会之邀，作关于文学的写作问题讲座。同日，参加中国学术工作者协会成立大会，与马寅初、侯外庐、邓初民等45人被选为理事。

郭沫若是春以"社会贤达"身份被推定进入"宪法审议委员会"，郭沫若向国民党方面表示，他愿意放弃代表资格，让侯外庐代替，但被拒绝。4月3日，戏剧工作者协会筹备会在抗建堂举办第一次演讲会，应邀作题为《抗战八年的历史剧》的演讲。记录稿（殷野记录）刊于5月22日《新华日报》。13日，得知王若飞、叶挺、秦邦宪等飞返延安途中，因飞机失事不幸遇难,往中共代表团吊唁。并与李公朴、黄洛峰、史良、阎宝航、施复亮、王葆真等联名"致唁函周恩来先生并转毛泽东先生暨中共诸先生"。18日,与张澜、沈钧儒、罗隆基等70余人联名致美国争取和平委员会的电文刊于重庆《新华日报》。23日,作《我更懂得庄子》,刊于重庆《联合三日刊》5月第6期;以《我更懂得庄子了》为题刊于5月22日香港《华商报》;又以《我更懂得"庄子"》为题刊于5月26日延安《解放日报》。以对话方式,借庄子之口,表达对当前时事的看法。认为当局不民主,人民无自由。25日,作《重庆值得留恋》,刊于5月4日重庆《新华日报》。28日,作《由实验室走向街头》,刊于《科学与生活》月刊第5—6期。29日,与吴玉章、沈钧儒、杜国庠等出席重庆社会大学结业典礼,并发表讲话。30日,作《文艺工作展望》,刊于9月22日《群众》周刊第12卷第9期,又刊于10月21日延安《解放日报》。5月1日,参加中华全国文艺协会总会举行的欢送会。该会同时欢送冯玉祥、田汉等。2日,为文协作《纪念第二届"五四"文艺节告全国文艺工作者书》,刊于4日重庆《新华日报》。4日,参加中华全国文艺协会庆祝第二届"五四"文艺节及纪念该会成立8周年大会,并发表演讲。演讲词由黄裳记录,以《5月4日讲〈"科学"与"民主"争取"五四"课题的实现〉》为题,刊于9日上海《文汇报》。6日,作《学术工作展望》,刊于8月1日《中国学术季刊》创刊号。5月7日,郭沫若作《屈原不会是弄臣》,刊于重庆《诗歌》月刊6月第3—4期合刊。

　　按:文中写道:"'五四'以来的课题:实现科学与民主,到今天依然是我们学术工作者急待解决的课题。""民主与科学,在本质上并不是两种对立的东西,科学的思维与方法用之于实际生活的处理便成为民主。科学的基本要求是利用厚生,为人民服务。""学术研究应该和社会生产相配合,社会生产应该和人民生活相配合,要这样科学才能真正中国化,中国也才能真正科学化。"

　　按:《屈原不会是弄臣》说:"前两年,听说成都的孙次舟倡导屈原是弄臣的新说,曾经引起了文艺界的辩论。后来昆明的闻一多著了《屈原问题》一文,发表在我所主编的《中原》杂志二卷二期上,大体上承认孙先生的说法,但比孙先生进了一步,说屈原诚然是弄臣,但以那样的身份而能革命,却更值得赞扬。""不过据我读过孙、闻二先生的文章后所留下的记忆,似乎要下出那种断案的证据并不充分","是过于'以意识决定存在'了"。(参见林甘泉、蔡震主编《郭沫若年谱长编》,中国社会科学出版社2017年版)

　　冯友兰6月仍滞留重庆。校阅《新知言》,作《新知言·自序》。3日,应汤用彤约至国民外交协会晚餐,在座有梅贻琦、黄子卿、冯君培、余又荪。4日傍晚,至中央研究院访梅贻琦。7时在国民外交协会约宴空军官员及教育部、行政院官员,汤用彤等清华、北大教授10余人作陪。14日,致梅贻琦二函。其一说明仍滞留重庆,傅斯年有电言周至柔允即恢复班机尽先运联大人,未知能实现否,如不能实现则拟先乘船赴沪。16日于第二函附言中航公司已在预备专机,故仍留渝候机赴平后,将此两函发出。闻一多被暗杀后,在渝同仁甚为惊痛,冯友兰致函梅贻琦,要求从优抚恤闻一多家属。国民政府要冯友兰回昆明慰问尚在昆之联大师生,冯友兰未去。18日,联合大学过渝,教授以快邮代电,致教育部长,为闻一多被暗杀一案,要求当局缉拿凶手归案,严究主使,从速处理,以平公愤。冯友兰与34位教授签名。冯友兰又致函清华大学校长梅贻琦,说:"昨日始悉一多消息,不胜悲愕。此间同人已联名致教部一电,原稿由锡予寄呈一阅。校中对于一多家属抚恤不知已有决定否,弟意可先决定下学年续发薪津,其余以后再说。"下旬某日,冯友兰一家与联大其他教授乘运输机返北平。8月4日上午9时半,在建国东堂为第十一战区政治部主办之学术讲座讲演《中国哲学与民主政治》,听众千余人。中旬,自北平抵上海,乘"梅格将军"号海轮赴美。(参见蔡仲德编撰《冯友兰先生年谱长编》,中华书局2014年版)

　　钱穆仍任教于华西大学,兼四川大学课。1月,《佛教传入对中国思想界之影响》刊于南京《中央周刊》第8卷第2—3期。文中认为佛家因有此两重的世界观,一重是"本体界",一重是"现象界",现象界如幻如虚,本体界为真为常,因而遂有他的出世的宗教。中国人则自古只有一重的世界观念,天帝鬼神亦都与俗界牵连,故而中国实际并无出世的宗教。佛教传入之后,不啻为中国人又辟一个世界,这是佛教传入后对中国思想界一最大的贡献。同月,《孔子的史学与心学》刊于五华文史讲座《五华月刊》第1—2期。文中认为孔子研究史学,却为种种因革变迁的礼文找出一个本原,这就成为是孔子的历史哲学。孔子认为一切礼的本原,不在外部,而在创礼与守礼者之内心。这是孔子之心学。孔子的心学,是孔子的历史哲学之最后的结论。又有《五华书院中国思想史六讲》刊于《五华月刊》第3至8期。文中认为人类的思想,从其源头看,从其粗大处和共通处看,都逃不了两个问题:一个问题我们叫它"宇宙论",另一个问题我们叫它"人生论"。前一个属于"自然科学",后一个属于"人文科学"。西洋人对此两问题大体是喜欢分开讲的。中国人却喜欢合拢来讲,这叫做"天人合一"。再进一层谈,还有一个介于宇宙、人生二者之间的问题,则是"生死"问题。"生"是人生问题,"死"便进入了宇宙。每一个人必碰到这问题,每一个人必定会感觉到他有生必有死。全世界的宗教,全世界的思想家,明知我们必死,而还是要对此问题求解决、求安慰。最普通的解决与安慰,便是信仰有灵魂。然后依次讨论了上古、孔子、孟子和其他儒家、墨子、道家、名家的思想。3月,《越徙琅玡考》,刊于《五华月刊》第4期。

钱穆4月在南京《中央周刊》第8卷第12期发表《纵论南北朝隋唐的儒学》。同月,《易传与中庸》刊于《五华月刊》。文中认为《易传》和《中庸》都是中国古代几部无主名的伟大杰作。老子思想之大贡献,提出一个天人合一,即人生界与宇宙界合一,文化界与自然界合一的一种新观点。较之孟子是恢宏了,较之庄子是落实了,但较之孔子,则仍嫌其精明有余,厚德不足。而且又偏重在自然,而放轻了人文之比重。《易传》与《中庸》,则要弥补此缺憾。《中庸》说:"天命之谓性,率性之谓道,修道之谓教。"把自然扣紧在人性上,把道扣紧在人文教化上,这是把孟子来会通庄、老。5月,《濂溪百源横渠之理学》刊于《东方杂志》第42卷第10期。文中提出:横渠主张"为天地立心,为生民立命"。此不仅与墨子言"天志"不同,亦与孔孟言"天命"不同。横渠之宇宙论,深入言之,无宁是更近于老、释。惟老、释归之虚无寂灭,横渠则归之万物一体。一虚一实,其终不失为一儒家者在此。至于重建儒家的新宇宙论,以排拒老、释者,则已达宋学之第二期,而濂溪、康节、横渠三家之功为大。惟濂溪、横渠皆兼重《易》《庸》,康节则似只重《易》;二程于此三家,皆不全同意,而康节尤受后人歧视,其分别即在此。待南宋朱晦翁起,始于二程外,又同尊此三家,而完成其一套完整的新宇宙论,取与二程之吃紧为人,一宗孔孟,注重内向,更偏性情实际修养者,融会和合,而宋学遂臻于大成。(参见韩复智编著《钱穆先生学术年谱》,中央编译出版社2012年版)

马寅初1月1日在《新民报》发表《工业革命与土地政策》,对土地改革提出新办法。8日,于重庆西南实业大厦出席民建招待政治协商会议代表及各界人士茶话会。常务理事胡厥文、彭一湖主持。出席者有:中共代表董必武、王若飞、陆定一;国民党代表邵力子;民主同盟代表张东荪、梁漱溟、罗隆基、章伯钧、张申府;青年党代表陈启天、杨永浚、常乃德;无党派代表郭沫若、王云五、胡霖、钱永铭、缪嘉铭;政府方面于右任、褚辅成,及各界人士陈博生、胡子昂、胡健中、陈铭德、陶行知、王昆仑、潘梓年等140多人。黄炎培报告民建成立经过,向政治协商会议提供初步意见。9日,于重庆西南实业大厦出席重庆文化界7团体招待政协会代表茶话会。同日,发表《打倒经济专政》谈话,申述立法院最近未通过两方案之理由。10日,在《新蜀报》发表《我国经济问题》。11日,在《新华日报》发表《吾对于政治协商会议的希望》和《奋起自救》。25日,参加中央大学、重庆大学等10余所大中学校万名学生民主大游行。对中央大学学生《快报》记者曰:中国唯有团结、统一、民主、和平,才能保障主权,建设幸福的新中国。同月,应董必武、王若飞之邀,于重庆曾家岩50号中共驻重庆办事处出席民主党派负责人及无党派学者国事商谈会。会上表示:"组织群众,组织队伍,这是中国共产党的事情,中共对此方面的工作是行家。我马寅初只会单枪匹马。但是,只要为了国家的利益,我是一定跟共产党走的。"

马寅初2月4日应中央大学学生自治会的邀请,发表演讲《新公司法和官僚资本》,申述立法院审议通过新《公司法》之立意与思路,对官僚资本与外国公司特权有所限制,故引起美国反对,最后说明美国照中国新《公司法》组织中国公司,可得六种过去未有之利益,实有益于外资公司于中国之营业。6日,中国民主同盟机关报《民主报》发表社论《打倒官僚资本!——响应马寅初教授的呼吁》。10日,"校场口事件"发生,马寅初与郭沫若等民主人士被国民党特务殴打侮辱。当时重庆文化界、工业界、农业界等20多团体于校场口集会庆祝政协会议胜利,会中遭暴徒冲击,郭沫若、李公朴及工人、新闻记者等60多人受伤。事发后,邵力子、罗隆基、周恩来、邓颖超、廖承志等前往市民医院慰问伤者。《民主报》号外大标题:《政协成功,人民无庆祝自由——今晨校场口庆祝会上暴徒捣乱演成血案——强占会场,殴打主席团,郭沫若、李公朴、马寅初、罗隆基、施复亮、章乃器及群众多人受重伤》。13日,带额伤赴国立艺专演讲《为什么要庆祝政治协商会议成功》。14日,《新华日报》发表《马寅初教授在各校演讲——为什么要庆祝政协成功》。17日,于中国经济事业协进会四川分会成立会演讲《中国工业要有发展,必须坚决反对官僚资本》。19日,《新华日报》报道《经济学家马寅初等抨击"经济紧急措施"》。28日,出席立法院第4届第295次会议。

马寅初3月8日出席于重庆道门口中央银行业务局举行的上海商学院筹备会第一次会议,被公推为主席。经议决呈请教育部核聘朱国璋为院长,并请先行赴沪接洽院址。13日,于中国中小工厂联合会、中国经济事业协进会、重庆钱业公会三团体联谊会演讲《进出口平衡不容乐观》(又名《论外汇政策》)。评论行政院长宋子文关于外汇问题之乐观论调,预计进口货将迅速增多,年年入超,政府之5亿元基金会很快用光。28日,于重庆大学演讲,剖析国民政府"黄金政策"。29日,在重庆求精商业专科学校发表演讲《中国战后之经济建设》。30日,《新华日报》发表消息《著名经济学家马寅初教授讲中国经济建设问题》。同日,马寅初在重庆大学发表临别演讲《中国今后应采取的经济政策》,刊于4月1日《商务日报》;偕杜国庠、郭沫若、陶行知等37人发起成立中国学术工作者协会。5日,于中国学术工作者协会演讲《挽救目前经济危机》。9日,《新华日报》发表马寅初的《挽救目前经济危机》。4月10日《商务日报》发表《马寅初讲当前经济危机》。(参见徐斌、马大成编著《马寅初年谱长编》,商务印书馆2012年版)

朱家骅继续任教育部长、中央研究院院长。1月16日,国民政府教育部公布《接收东北教育事业应如何具体规划案》。此案对东北区域之划分和对东北伪满教育、蒙旗教育及日系教育的接收办法作了规定。21日上午9时,出席参政会驻会委员会第十四次会议,报告最近教育行政设施暨收复区学校情况及处理情形。出席会议的有主席团成员、参政员和驻会委员。22日,《文汇报》载:国民政府教育部严令取缔敌伪教科用书,令各省市中小学一律采用国定本教科书。24日,国民政府教育部公布《修正收复区中等学校学生甄审办法》4

条。26日,国民政府教育部咨各省市政府转饬教育厅局设置督学室。督学室分中等教育、国民教育、社会教育三股,室设主任督学1人,每股设督学1人。同时,令各县市教育局于必要时设督学组,组设主任督学1人,督学人数以每二、三乡镇设1人为原则。31日,国民政府教育部奉行政院令电示收复区各省市政府、教育厅局:大量培养中级建设技术人才。教育部令各省市除办理高级职业学校,并尽量奖励或委托各实业机关、职业团体办理职业班校外,应以接收之敌伪类似学校机构改办职业班校。2月9日,国民政府教育部公布《收复区专科以上学校处理办法》10条。15日,国民政府教育部函聘何炳松、马寅初、刁培然、顾毓琇、彭瑚、吴保丰、徐佩琨、徐柏园、朱国璋为上海商学院筹备委员会筹备委员,办理上海商学院复校事宜。22日,国民政府教育部公布《中等以上学校战时服役学生复学及转学办法》10条。同月,国民政府教育部在重庆召开中等以上学校迁校会议。会议对各校迁移次序,员生名额,及交通工具之分配等项,作了具体规定。3月8日,国民政府教育部训令各专科以上学校:本年度第二学期毕业总考,特准各校院依实际情形酌量办理。11日,国民政府教育部颁发《修正中等学校行政组织补充办法》11条。20日,《文汇报》载:国民政府教育部与军训部已商定,自10月1日起全国中学毕业生须受军训1年,方准考入大学。21日,国民政府教育部颁布《35学年度各省市国民学校教员进修研究竞赛办法》12条。23日,国民政府教育部公布《国立各级边疆学校教员服务奖励办法》10条。4月3日,国民政府教育部公布《实业机关或职业团体办理职业学校或职业训练班奖励办法》8条。

按:杨东晓《试析朱家骅对中央研究院的贡献》(《新丝路》2020年第6期)曰:"及至抗战胜利,中央研究院又随国民政府还都南京,是为第二次迁移。当时军队调动频繁而紧急,国民政府及其中央党部所属之各机关,多如牛毛,人员总计在百万以上,都急待还都,故中研院的迁返又面对诸多困难。而其中所面对的最大困难,还是经费、交通两大问题。为达成顺利迁返之任务,中央研究院开会决定第一步先将各地分散之所,集中重庆近郊,等待交通工具。十几个所分从各地集中重庆,已经不能称为简单问题,再从重庆还都,经过三峡,或川黔湘公路,或川湘公路,出川,再经鄂、赣、皖、苏几省,路程一千多里,又赶上此时是上百万人都急于寻找车船回家或还都之际,问题之复杂繁难可想而知。这些又都必须由时任中研院院长的朱家骅和时任中研院总干事的傅斯年合作解决,好在朱家骅十几年位列中枢,门生故吏遍天下,此时还兼任着教育部长,拨款方便,只要稍微联系招呼,问题多可迎刃而解。大约半年光景,中央研究院总办事处及各研究所,全都安抵南京或上海。到南京北极阁原址的是大部分,少部分如工程、物理、化学等仍回上海。朱家骅认为北极阁太小,妨碍发展,遂在1946年购定南京九华山两百四十几亩地,准备将全部院所都集中于南京,手续办到1947才完成。然而此时风云突变,国共两党战端已起,中研院的扩建计划,也因此中辍。"(参见胡颂平《朱家骅先生年谱》,台北传记文学社1969年版;中央教育科学研究所编《中国现代教育大事记1919—1949》,教育科学出版社1988年版;徐斌、马大成编著《马寅初年谱长编》,商务印书馆2012年版;沈谱、沈人骅编《沈钧儒年谱》,中国文史出版社1992年版;杨东晓《试析朱家骅对中央研究院的贡献》,《新丝路》2020年第6期)

翁文灏继续任国民政府行政院副院长兼经济部长、中央研究院评议会秘书。1月16日,将中苏在东北经济合作问题方案交由孙越崎携赴长春转交予张嘉璈。19日,因听说"北京人"化石在日本发现,特意致函马歇尔,请求协助将化石由日本归还中国。在信中,翁文灏首先简要介绍了由洛氏基金资助中美合作从事中国史前人类研究的成果,以及太平洋战争爆发时"北京人"化石遗失的经过,说明"一段时间以来没人知道这些化石遗骨的下落,但日本方面在努力寻找这些化石,并最终获得成功。我不十分清楚日本人是如何找到这些化石,又如何将它们运往东京的,它们很可能在日本东京帝国大学保存着";并告知,据说化石已经交给驻东京的麦克阿瑟将军,"当我得知这些人类早期演化的珍贵遗物还在世上,并将归还中国的消息时确实非常激动"。为使化石安全归还中国,翁文灏请马歇尔致电麦克阿瑟,请他关心此事;同时表示中国愿意派遣科学家前往日本接收,如果由美国军官带到中国也可。翁文灏还特意表明:"在此事上所作的任何方便之举动,都是对早期人类研究这项重要工作的巨大贡献。"又致函地质调查所李春昱、黄汲清、尹赞勋等,告已就"北京人"化石事致函马歇尔,"俟得回音,再为定夺"。23日由重庆再赴南京,视察接收敌伪产业情况。

　　翁文灏2月4日在重庆中枢总理纪念周上报告敌伪工矿接收情况。5日,召集王世杰与张嘉璈等讨论对苏合作办法,决定请苏方派代表至北平作非正式谈判。7日,与蒋介石、王世杰、蒋经国、张嘉璈、张君劢等,讨论与苏联在东北合办工业方案。8日,与张嘉璈讨论对苏最大让步方案。9日,与王世杰、张嘉璈会商,根据昨日与张商谈方案,并参考王世杰意见,拟具了对苏经济合作最后方案。15日,应王世杰之约,与孙科、王宠惠、邵力子、陈布雷、蒋经国、张嘉璈等就东北问题交换意见。27日,致函李春昱,告据从协和来渝人员口中得知,报纸传闻"北京人"化石在东京的消息恐不甚确,并认定"周口店化石恐不易重为寻获"。同日,竺可桢来访,请对浙大工学院毕业生出路问题予以帮助。3月1—17日,出席国民党六届二中全会,并在4日会上作战后6个月来的经济工作报告,介绍经济接收工作及物价问题等。5日,在国民党六届二中全会检讨财经报告时,与宋子文一起受到强烈指责。15日,在国民党二中全会讨论审查委员会决议各报告时,再次受到CC系指责。17日,会议闭幕,通过了财政金融经济决议案。19日,出席宋子文主持的行政院例会,会议讨论国民党二中全会通过的加速经济复员紧急措施办法实施办法案。21日,在国民参政会第4届第2次会议上报告经济部工作。29日,列席国民参政会会议,除以书面答复关于经济报告各询问案外,并对参政员的问询做口头答复。4月1日上午,出席宋子文在行政院上海办事处召集的有关经济复员问题讨论会。(参见李学通《翁文灏年谱》,山东教育出版社2005年版)

　　傅斯年继续任北京大学代理校长,并主持史语所所务。历史语言研究所调查川南悬棺葬,及川滇交界之僰人文化。1月,傅斯年赴重庆出席政治协商会议。3月,出席国民参政会第四届第二次大会。5月1日,傅斯年等人即将离开李庄前,刻立了《留别李庄栗峰碑》,由陈槃撰文、董作宾题额、劳榦书。碑额题4字:"山高水长。"碑文如下:"李庄栗峰张氏者,南溪望族。其八世祖焕玉先生,以前清乾隆间,自乡之宋嘴移居于此。起家耕读,致资称巨富,哲嗣能继,堂构辉光。本所因国难播越,由首都(南京)而长沙、而桂林、而昆明、辗转入川,适兹乐土,尔来五年矣。海宇沉沦,生民荼毒。同人等犹幸而有托,不废研求。虽曰国家厚恩,然而使客至如归,从容乐居,以从事于游心广意,斯仁里主人暨诸军政当道,地方明达,其为藉助,有不可忘者。今值国土重光,东迈在迩。言念别离,永怀缱绻。用是询谋,金同酿金伐石,盖弇山有记,岘首留题,懿迹嘉言,昔闻好事。兹虽流寓胜缘,亦学府一时故实。不为镌传以宣昭雅谊,则后贤其何述?铭曰:江山毓灵,人文舒粹。旧家高门,芳风光地,沧海惊涛,九州煎灼,怀我好音,爰来爰托。朝堂振滞,灯火钩沉。安居求志,五年至今。皇皇中兴,泱泱雄武。郁郁名京,峨峨学府,我东曰归,我情依迟。英辞未拟,惜此离思。中华民国三十五年五月一日。"题名者为:国立中央研究院历史语言研究所同人傅斯年、李方桂、李济、凌纯声、董作宾、梁思永、岑仲勉、丁声树、郭宝钧、董同和、高去寻、梁思成、陈槃、劳榦、芮逸夫、石璋如、全汉升、张政烺、夏鼐、傅乐焕、王崇武、杨时逢、李光涛、周法高、逯钦立、王叔岷、杨志玖、李孝定、何兹全、马学良、严耕望、黄彰健、石钟、张秉权、赵文涛、潘悫、王文林、胡占魁、李连春、肖纶徽、那廉君、李光宇、汪和宗、王志维、王宝先、魏善臣、徐德言、王守京、刘渊临、李临轩、于锦绣、罗筱蕖、李绪先同建。然后陆续返回南京。（参见欧阳哲生编《中国近代思想家文库·傅斯年卷》及附录《傅斯年年谱简编》，中国人民大学出版社 2015 年版；郭胜强《董作宾传》，江苏文艺出版社 2010 年版）

　　董作宾在四川南溪。筹办复员还京各项事宜，兼代所长如故，得国民政府抗战奖章。鉴于复员中混乱与交通紧张情况，董作宾已做好长期等待的准备，一方面稳妥地做好善后方面的事情，一方面继续搞研究，编辑出版《六同别录》。抗战开始后，《中央研究院历史语言研究所集刊》被迫停刊，到李庄后打算复刊但印刷困难，李庄只有石印无法排版，到重庆可以排版但无法制图。董作宾完成《殷历谱》后，就和傅斯年、李济商量，让大家都书写自己的文章然后石印。研究人员每人都已有不少研究成果，石璋如一次就拿出《小屯后五次发掘的重要发现》等 3 篇重要论文，这样，一部涉及历史学、考古学、文献学、文学、语言学、民族学、民俗学、人类学等多学科的综合学术著作《六同别录》就问世了。寓意深长的刊名是董作宾和大家商量后由傅斯年定的，"六同"是李庄的古称，在南朝萧梁时期这一带为六同郡。"六同"含有六合大同之意，以此来纪念这一人人都刻骨铭心、毕生难忘的时间与空间。4 月 30 日，国民政府正式颁发了"还都令"。此前不久董作宾已接到傅斯年的来信："复原问题，京沪物价高，留下亦无好办法，真进退维谷也。东西是搬不完的，所以在山下租张家祠，继续一年，公私比例分摊或为不可免之事也。在京、渝、李（三地）必须皆有主持之人。"董作宾立刻行动起来，派李孝定等人到重庆具体商谈租船事宜，傅斯年已联系好仍用民生轮船公司的船。又从李庄找来大批民工伙同所里的青壮年将图书资料和甲骨文、青铜器等文物标本运往山下靠近码头的张家祠。用了近两个月的时间才将大批物资运完，一箱箱货物如同小山，堆满了张家祠的所有房间。5 月 1 日，经董作宾精心筹划刊刻的"留别李庄栗峰碑"竖立在板栗坳牌坊头，成为中央研究院历史语言研究所度过艰难岁月的历史见证。（参见郭胜强《董作宾传》，江苏文艺出版社 2010 年版；王学典《20 世纪史学编年（1900—1949）》，商务印书馆 2014年版）

　　张政烺 1 月 2 日在中央研究院遇来访的顾颉刚夫妇。顾托张将呈文送部，因适在开会商论赔偿事也。4 日，张政烺在重庆遇顾颉刚夫妇。22 日，在王育伊处与顾颉刚、杨拱辰会晤。23 日晚，顾颉刚请客，张政烺赴宴，同席有高冲天、张震旦、杨拱辰、谭菊纲、李乐元、王育伊等。26 日，张政烺偕杨拱辰到顾颉刚处拜访。29 日，就白寿彝、张政烺、杨拱辰、王育伊等先生评《西北考察日记》《文史杂志》第 6 卷第 1—3 各期稿。顾颉刚将之写入教部批文，略加增删。30 日，与杨向奎、卫聚贤（理事）、苏继庼、姚绍华、东方、叔谅（二人均理事）等去重庆百龄餐厅开中国史学会。因出席的人少未开成。2 月 3 日，与杨拱辰来顾颉刚处长谈。5 日，张政烺应北大史学系主任姚从吾之聘，从重庆飞到北平，成为北大史学系最年轻的教授，从此离开了史语所。张政烺在史语所 10 年，博览群书，读的书有历史典籍、各家文集、笔记、天文历算、农业、气象、方志、古代戏曲、小说、俗文学、传统小说、甲骨、金文、碑刻、陶文、玺印、封泥、古文字、古器物图录、各家论著等。他在史语所的论著，内容涉及甲骨、金文、陶文、碑刻、通俗小说等许多领域，他析疑辩难，考证史料非常精确，因而与丁声树教授合称为史语所的"双杰"。（参见陈绍棣编著《张政烺先生年谱》，中国社会科学出版社 2019 年版）

　　梁方仲 7 月在《中国社会经济史集刊》第 7 卷第 2 期发表《明代粮长制度》，文中指出明代粮长制度"本身不仅提供了田赋征收方面的种种特殊问题，并且蕴藏着深长的社会和政治的意义"，对这一制度的研究，不仅有助于梳理明代财政，也可增加对"中国地方基层组织的形成,以及地主绅粮势力的扩伸种种现象"的了解。文章探讨了明代设立粮长的用意、粮长的职责及其特权、粮长制度的衍变、粮长制度的盛衰及其祸害等问题。该文资料翔实,考证与阐释兼备,为研究明代经济史、社会史必不可少的成果之一。有研究者指出,此文"把王朝制度研究的视角,引向对王朝国家运作的社会机制的关注,开辟了从深入探究基层社会组织和权力结构变动去说明国家历史重大转变的历史研究新路径",成为明清乡村基层组织研究的"最重要的基石之一"。此文此后经过多次修改扩充,于1957年由上海人民出版社出版。同期还刊载了吴晗《元史食货志钞法补》、何维凝《明代之盐户》等文。(参见王学典《20世纪史学编年(1900—1949)》,商务印书馆2014年版)

劳幹《秦汉史》9月由中国文化服务社出版。此书以11章的篇幅叙述从秦的先祖到蜀汉兴亡的历史。第十二章专叙两汉的学术信仰及物质生活。书末附世系表和年号表。作者对秦汉史籍和汉简有精深造诣,驾驭史料从容自如。本书重点突出,条理清楚,是一部通俗简要的秦汉史。全书侧重民族疆域和政治制度方面,但疏于社会经济问题的探讨。(参见王学典《20世纪史学编年(1900—1949)》,商务印书馆2014年版)

吴有训继续任国立中央大学校长。1月10日,校民主团结促进会成立。25日,国立中央大学和重庆大学、复旦大学的数千名师生为拥护全国政治协商会议的召开,发起组织大游行。并向全国政治协商会议提出"停止内战;国共两党组成联合政府"等国是主张。为保护学生免遭国民党军警迫害,吴有训校长带领学校师生走在游行队伍最前列,途中金善宝、马寅初、楼光来、李旭旦等近百名教授也加入游行行列。当游行队伍来到上清寺国民政府大院时,各党派代表孙科、周恩来、陈启天、张君劢、莫德惠、邵力子等出见,并讲了话。事后,学校与重庆大学联合邀请周恩来同志到沙坪坝作了题为"中国民主运动问题"的演讲。4月,中央大学提前结束学期考试,开始复员搬迁,5月,复员开始。全校师生先后8批,分乘水陆空各种运输工具,返回南京,最后一批于7月底到达南京。10月底,完成13000余人和4700多箱图书、仪器的搬迁。先后历时5个月,分批将中央大学由重庆安全迁回南京。秋,吴有训应教育部之邀,为赴欧美留学的研究生作报告,鼓励他们勤奋学习,不要忘记自己是中国人,学成后要回国做贡献。11月,复校开课。11—12月,吴有训告假回江西高安老家,安葬父亲。夫人王立芬同行。在南昌、高安期间,曾在中正大学、南昌二中和高安师范等校演讲。(参见王大明《吴有训年表》,《中国科技史料》1986年第6期;南京大学高教研究所编《南京大学大事记1902—1988》,南京大学出版社1989年版)

宗白华1月30日在《学灯》发表《论中西画法的渊源与基础》。2月4日,在《学灯》继续刊载《论中西画法的渊源与基础》。11日,在《学灯》刊载《论中西画法的渊源与基础》至完。4月8日,在《学灯》发表邵芳《敦煌临摹记》,并写《编者按语》说:"敦煌真正是东方最伟大的艺术宝库,我们要保护它,使它成为中国艺术复兴底发源地,只有这高华境界底启示,才能重振衰退的民族心灵。"9月1日,由复旦大学教授储安平主编的《观察》在上海创刊。宗白华为特约执笔和撰稿人。是年,宗白华撰写《中国文化的美丽精神往哪里去?》指出:"中国民族很早发现了宇宙旋律及生命节奏的秘密,以和平的音乐的心境爱护现实,美化现实,因而轻视了科学工艺征服自然的权力。……我们丧尽了生活里旋律的美(盲动而无秩序)、音乐的境界(人与人之间充满了猜忌、斗争)。一个最尊重乐教、最了解音乐价值的民族没有了音乐。这就是说没有了国魂、没有了构成生命意义、文化意义的高等价值。中国精神应该往哪里去?"又在《题〈张茜英画册〉》一文中说:"我爱油画……它象征着人类不朽的青春精神。"(参见林同华《宗

白华生平及著述年表》,载《宗白华全集》第四卷附录,安徽教育出版社1994年版)

罗根泽1月在《中苏文化》第17卷第1期发表《黄庭坚的诗学方法》。2月1日下午,顾颉刚来访。《顾颉刚日记》云:到罗雨亭处,并晤建猷、光鉴、舒连景、周培智。2日,同魏建猷等人至顾颉刚岳母家,即其外兄张雁秋家,访顾颉刚。《顾颉刚日记》云:罗雨亭、魏建猷、管雄、许绍光、郑文、康光鉴来,同吃茶。3月,《王安石的政教文学论》刊于《文艺先锋》第8卷第3期。4月1日,访顾颉刚。6月,随中央大学乘船东下南京。(参见马强才《罗根泽先生年谱简编》,载王京州编《河北近现代学者年谱辑要》,国家图书馆出版社2017年版)

卢前任《中央日报》主笔、《泱泱》副刊主编,并在中央大学任教。6—8月,卢前随于右任到新疆考察。8月,所著《丁乙间四记》由南京读者之友社出版。11月,卢前任南京通志馆馆长,即着手搜集南京大屠杀史料。陆咏黄、蒋公穀在战时分别所写的回忆录《丁丑劫后里门闻见录》《陷京三月记》成为他收集的首要对象。在他看来:"这也可算是重要的史料,我们有广为收集的责任。"他的老邻居陶秀夫受他邀请,特地撰写了《日寇祸京始末记》一文,文中写道:"吾之堂弟为日寇枪杀矣,犹子为日寇掷于水而淹没矣。吾之一人如是,则类于吾或甚于吾者,更不知凡几也。以余之不文,承通志馆长命撰文以记此南京日寇之惨劫。吾知挂一漏万,实不足以穷尽日寇魑魅之形。"这些回忆录后来均在卢前所主持的《南京文献》刊出。卢前还曾计划继续收集,刊印南京大屠杀的资料丛刊。(参见卢前《卢前曲学论著三种》附录《卢前先生学术年表》,商务印书馆2017年版;刘燕军《南京大屠杀的历史记忆(1937—1985)》,《抗日战争研究》2009年第4期)

章益继续任重庆复旦大学校长。年初,学校第十六次校务会议议决筹设工学院,聘请金通尹为筹备委员会主任委员。但是这一计划未能实现。1月,旧政治协商会议开幕,重庆复旦30余学生团体举办"和平建国座谈会",特务学生则举办"和平建国讨论会",两个会议同时同地召开,中间只有一板之隔。参加座谈会的有五六百人,而且愈来愈多。参加讨论会的同学本来就少,由于主持人吹捧国民党的政策,人数愈来愈少,最后只剩下十五六人。2月10日,国民党特务制造重庆"校场口事件",打伤郭沫若、李公朴等多人,复旦教授周谷城、张明养、陈子展、夏炎德、曹亨闻等致函表示慰问。22日,国民党为了转移人民反内战的目标,借口所谓"张莘夫事件",在重庆策划反苏反共游行。重庆复旦部分师生受蒙骗前往参加。事后,历史系学生蒋当翘在《谷风》壁报上揭露这一游行的内幕。校内特务学生但家瑞把《谷风》壁报负责人侨生庄明三拖到校园旗杆下罚跪,激起全校师生公愤。洪深教授仗义执言,怒骂特务学生,遭到石击。特务学生的横行引起全校教师的愤慨,一致罢教。进步同学支持老师的罢教,迫使训导长芮宝公"引咎辞职",学校也开除了特务学生但家瑞。这就是"谷风事件"。为了反对国民党的内战政策,上海复旦同学利用英语竞赛的机会,女同学潘仁爱、葛嫱月分别作了"我们要和平"的英语演说,获得第一、第二名。6月23日,上海人民和平请愿团马叙伦等人赴南京请愿,上海复旦同学500余人前往送行。不久,土木系学生会主席姚人杰和政治系同学俞继泽被捕,罪名为参加欢送马叙伦等代表晋京请愿。经群众要求,4天后"交保释放",但两人均未能再回校读书。国民党还想逮捕丁菊生、王丹心,他们两人也不得不离开学校。李登辉老校长认识丁菊生,他得知此事时说:"丁菊生是好人啊!"(参见《复旦大学百年志》编纂委员会编《复旦大学百年志:1905—2005》,复旦大学出版社2005年版)

陈望道1月参加复旦大学学生进步团体组织的"和平建国座谈会"。3月,政府当局借口张莘夫事件发动了全国范围的反苏大游行。复旦地下党领导的"谷风"壁报揭露了真相,特务们公开逮捕"谷风"负责人庄明三,并强迫罚跪,恣意人身侮辱。洪深教授起来仗义执言,也受到特务的殴打。事件发生后,陈望道与洪深等带头签名发动罢教以示抗议。6月5日,抗战胜利后,随同复旦大学迁校而返回上海。(参见上海鲁迅纪念馆编《陈望道先生纪念集》,复旦大学出版社2006年版)

方豪继续任教于复旦大学。2月10日,方豪致函陈垣:"《新政论》创刊,嘱为撰文,乃以寒假余暇,撰述吾师爱国言行,草成一篇,《益世报》复为转载。谨各邮寄一份,无任惶悚。"23日,陈垣致方豪函:"承寄示《新政论》及《益世报》大文,阅竟为之颜汗。徐昭法言'恐一有赞叹,又为不赞叹者生嗔'(语见《僧诤记》四三页),足下不虞有生嗔者乎?本月十一日寄上三册,一为《僧诤记》,忘记往时曾呈教否?此记与佛、道二教考为弟国难中所撰《宗教三书》之一,前数篇因派系纠纷,殊眩人目,然此烟幕弹也,精神全在中后篇。以足下慧眼观之,当作何批评,幸有以告我。二为《谢三宾考》,乃柴君精心结构之作,在近年出版界中似尚是第一流文字。柴君现在白沙女子师范学院任教,未识曾晤及否?三为《表微》未定稿五篇。未定稿不能与外人看,认君非外人也。"3月5日,方豪致函陈垣:"《表微》油印稿同人借阅者颇多,无不深致佩仰之忱。某公且提议请政府当局出资广为印送,发扬民气,不知先生以为何如?"4月24日,陈垣致方豪函:"至国大代表云云,敝处绝不过问此事,不知尊处消息从何处得来,殊可笑也。"5月4日,方豪致函陈垣:"敝友严敦杰君顷以文稿一件嘱呈教正,来函亦附奉。严君年事尚轻,亦未能在学校卒读,惟对我国历算史似颇有研究,可造材也,幸吾恩师有以嘉勉之。"7日,陈垣致方豪函:"严君大作拜读,精审之至,佩服无已。国事蜩螗如此,尚有好学之人,私心窃慰。拙著所以将谭沄所推清以前冬至著于编者,本欲藉此知儒略历每年后天之日数耳,今严、鲁诸君博考历朝史实冬至,正可知各朝历与清时宪历相差之日数,岂不甚善!古人所谓'旧学商量加邃密'者即指此,幸为我谢严君,并祝其进步一日千里也。国大代表云云无此事,亦无此想,前函已及。各地误传,奈何?"6月22日,方豪由青岛飞北平,与陈垣首次晤面。7月17日,陈垣致方豪函:"旬日未晤,公事稍暇否?兹拟请驾于明十八日上午十一时苍寓畅谈。并以烧鸭作午膳。座中只有伏司铎及孙子书楷弟先生,渠久欲一瞻丰采也。"(参见刘乃和、周少川、王明泽《陈垣年谱配图长编》,辽海出版社2000年版)

周鲠生继续任武汉大学校长。武大复原工作取得重要进展。3月10日,第一批货物启航。5月,学校又奉命恢复农学院。叶雅各担任筹备主任。但8年沦陷,原农学院在珞珈山东湖附近所置5000多亩农田、果园和林场,荒芜甚多。叶雅各主持修整复兴工作,并开始招聘教员、添置设备的工作。6月20日,首批人员启程。复员委员会由刘廼诚、葛旌文、余雅松、叶元真等人留川处理诸如信函转递、安排东还人员的食宿、与乐山各方办理交接手续、呼应学校等一系列善后事宜。10月2日,国民党政府教育部令武汉大学设立医学院。16日,成立以李宗恩为主任委员的医学院筹备委员会。筹备委员会拟定了医学院的办学方针、规模、专业设置、附属医院及其他工作的筹备程序。其办学方针是:"与大学一般教育相配合,以发展医事科学,造成华中医学教育的中心,并养成服务社会之医事领袖人才"。月底,复员委员会处理一切善后事务,将部分图书资料赠送私立乐嘉中学后,最后离开乐山。复员武昌历经艰辛,终于平安东还。(参见吴贻谷主编《武汉大学校史(1893—1993)》,武汉大学出版社1993年版)

朱光潜继续任教于武汉大学。1月25日,鉴于抗战胜利后皖籍知名人士和广大青年学生恢复安徽大学的呼吁再次高涨,国民政府教育部决定恢复安徽大学,并改省立为国立。

决定由朱光潜、陶因、高一涵、叶元龙、杨亮功、章益、张忠道、刘真如、程演生、汪少伦、王倍仁、刘英士等12人组成国立安徽大学筹备委员会,朱光潜任主任委员,陶因为秘书。同月,朱光潜收到尚在美国的新任北京大学校长胡适的信,敦请朱光潜回北大主持西语系。4月4日,朱光潜因"素爱读书写作,无意于行政工作,辞谢再三"未到职,教育部长朱家骅乃改命陶因为筹委会主任。4月20日,在教育部长常务次长杭立武主持下,筹委会在南京召开第一次会议,决定前省立安徽大学的校舍财产均由国立安徽大学接收使用;根据安徽省的需要,国立安大的院系设置为:(1)文学学院,设中国文学系、外语语文系、政治系、经济系、教育系;(2)理学院,设数学系、物理系、化学系、生物系;(3)农学院,设农艺系、森林系、附设茶叶专修科。朱光潜缺席本次会议。5月,朱光潜《谈文学》由上海开明书店出版。同月初,国立安徽大学筹备委员会迁至安庆,6月底接收了省立安大的校舍。6月2日,朱光潜赴上海出席夏丏尊追悼会。7月1日,到吴宓寓所,力劝吴宓赴武大任外文系主任。(参见宛小平《朱光潜年谱长编》,安徽大学出版社2019年版;宛小平《直觉与表现——基于朱光潜与梁宗岱的争辩》,《学习与探索》2016年第1期;田本相、阿鹰编著《曹禺年谱长编》,上海交通大学出版社2017年版)

吴宓1—2月二赴乐山武汉大学讲学。2月,河南大学校长田培林就有聘请吴宓担任文学院院长的意愿,但被吴宓婉拒。3月29日,《吴宓日记》记载:"托代婉辞河大田培林伯苍、襄城。聘宓为文学院长,并详述宓近情。"8月,吴宓应武汉大学文学院院长刘永济及朱光潜的一再邀请,任武汉大学外文系教授兼系主任。从此未能返回清华。授课:中国文学、外国文学、中西比较文学。11月,历史学家姚从吾出任国立河南大学校长。从《吴雨僧先生来函》可知,姚从吾执掌河大后,曾数次约请吴宓来校讲学。(参见刘明华《吴宓教育年谱》,《重庆教育学院学报》1999年第4期)

胡厚宣继续任教于齐鲁大学。《甲骨学商史论丛四集》由齐鲁大学国学研究所专刊出版。《论丛》四集9册,几乎包含了甲骨学与殷商史的方方面面,可称为殷商研究的最高峰。该书一举确定了胡厚宣在甲骨学的地位,与王国维、董作宾并称为三大甲骨学者。4月2日,《我怎么搜集的这一批材料》刊于成都《新中国日报》专刊。19日,《甲骨学简说》刊于成都《中央日报》特刊。20日,《甲骨文发现之历史》刊于成都《中央日报》特刊。8月10日,缪钺携家人抵达成都。数日后,缪母寄居于胡厚宣家中,缪师则携长子、次子暂住小天竺华大集体宿舍,全家皆在胡厚宣家就餐,此乃两位先生抗战以后的首次相聚。但不久胡厚宣就前往上海复旦大学任教,两位又只有通过书信往来。(参见何林英《胡厚宣年谱》,载王京州编《河北近现代学者年谱辑要》,国家图书馆出版社2017年版)

常乃惪继续任教于齐鲁大学。1月13日,政治协商会议在重庆举行,常乃惪代表中国青年党在大会上对共同纲领的意见进行了说明。5月,《中华时报》创刊于上海,常乃惪为其撰述多篇社论,如《军队国家化及政治民主化的正确意义》。担任复刊的《青年生活》杂志发行人。(参见查晓英编《中国近代思想家文库·常乃惪卷》及附录《常乃惪年谱简编》,中国人民大学出版社2014年版)

徐中舒下半年受四川大学教务长叶石荪邀请,出任四川大学史地系主任。是年,《黄老考》《杨朱考》刊于《灵岩学报》创刊号;《辑校唐成玄英〈老子义疏〉》6卷由四川省图书馆石印;《校理〈老子成玄英疏〉叙录》刊于《图书集刊》第7期。(参见王承军《蒙文通先生年谱长编》,中华书局2012年版)

缪钺年初仍在浙江大学。1月27日,学校在何家巷5号为文学院院长梅光迪举行追悼会。缪钺撰献挽联:襜度似数晋间人从今朋旧燕谈每忆清言哀逝者;学术主中西相济他日湖山都讲谁持风气勉来兹。春,浙江大学拟复员归杭州。时江浙一带物价飞涨,缪钺以家累重,欲寻觅物价低廉之地,不随校复员。初拟回保定与家人团聚。5月6日,时在迁蓉的燕京大学任教的吴宓向华西协合大学中文系主任、中国文化研究所所长闻宥(在宥)推荐缪钺,闻宥"欣允聘请"。此前时在迁蓉的齐鲁大学国学研究所任职的胡厚宣亦曾向闻宥作过推荐。6月3日下午,闻宥遣人将聘书送往吴宓处,聘缪钺为中国文化研究所研究员兼中文系教授,吴宓当即函寄缪钺。15日,吴宓致函缪钺,并附应聘书。18日,《先秦书中孔老关系诸史料之检讨》刊于《中央日报·文史周刊》第5期。19日,吴宓至校长室,访教务长兼校长方叔轩,告缪钺就聘。20日,吴宓致函方叔轩,附缪钺应聘书。

缪钺8月携家人搭黄鱼车离遵义,经重庆,乘公路局客车,前往成都。缪钺在浙大的8年中,与之时相论学唱和者,主要有刘永济、张荫麟、郭斌和、萧璋、祝廉、黎子耀、谭其骧、杨耀德、方豪。其间,开始与时在四川省南溪县李庄板栗坳的中央研究院历史语言研究所陈槃、劳幹、王崇武通函切磋,以后长期通信,直至40年代末。同月10日,缪钺偕母亲、长子、次子抵成都。在城内大科甲巷一旅馆中住若干日后,缪钺母亲寄居胡厚宣寓中,自己携长子、次子暂住于小天竺华大集体宿舍,全家在胡厚宣家就餐。11日上午,拜访吴宓。12日上午,拜访吴宓,述浙大近况。14日上午,率二子拜访吴宓,请吴宓作函介绍二子转学入北门外成都私立清华中学肄业。15日上午,拜访吴宓。16日,吴宓的友人为其设宴祝寿,缪钺与李思纯、叶麐及朱自清夫妇等人应邀作陪。9月,全家迁居华西坝宁村16号。在华大开始讲授"诗选""词选""中国文学史""中国通史""历代韵文选"等课程。从本学期起,经戴明扬介绍,缪钺在成都私立建国中学兼课,讲授"中国文学史",每周两小时,至1949年上学期止。是年,《〈吕氏春秋〉撰著考》刊于《中国文化研究汇刊》第6卷;《〈吕氏春秋〉中之音乐理论》刊于《中国文化研究汇刊》第6卷。(参见缪元朗《缪钺先生生平编年(1904年—1978年)》,《魏晋南北朝史论文集——中国魏晋南北朝史学会第八届年会暨缪钺先生百年诞辰国际学术研讨会论文集》,2004年)

郑德坤《四川古代文化史》7月由华西大学出版。此书主要内容有四川的"史前文化""巴蜀始末""大石文化遗迹""广汉文化""秦代之开发""岩葬文化""汉代四川之政治与社会""汉代之建置""西南夷始末""交通与实业""汉墓调查""汉墓文化",为"巴蜀文化"的开拓性研究论著。

按:此书后收入《民国丛书》第5编。2004年,巴蜀书社将此书整理后再版。(参见王学典《20世纪史学编年(1900—1949)》,商务印书馆2014年版)

熊十力是春由重庆返回武汉。春季与夏初,两次拒绝接受蒋介石资助他办哲学研究所的经费,不愿沾染官方的秽气。夏初重入川。孙颖川在乐山附近五通桥办黄海化学工业研究社,特为熊十力附设一哲学研究部,聘熊十力主持之。8月在五通桥作《中国哲学与西洋科学》的长篇讲词。秋冬,在王星贤协助下汇编《十力语要》卷三、卷四。卷三为熊十力1942至1946年间论文书札,原由黄艮庸所选存。卷四以《尊闻录》为主体。(参见郭齐勇编《中国近代思想家文库·熊十力卷》及附录《熊十力年谱简编》,中国人民大学出版社2014年版)

马一浮1月2日致书钟钟山,商议书院事项。3日,致书吴敬生,因其将离渝赴济南,马一浮请其将基金保管会之事与沈敬仲做好交接工作。10日,致杨谯谷唱和书。信中云书院东迁仍遥不可望。同月,作《送屈文六还浙中寿沈敬仲六十后示山中诸友》。致书寿毅成,望其辈务必将刻书视为切己之事。1—3月,与董事会商议书院东迁事宜。还杭前曾拍摄照片,将有自题词的照片分送友人及书院诸人。2月23日,致书罗少秋,请其力言于周市长,解决书院迁杭后院址一事。31日,乘船赴重庆,途中觐先祖坟茔。

马一浮4月20日与姚琮一家同乘军事委员会包机至上海。后作《发重庆至上海,与姚味辛同机,相约赋诗纪行。姚诗先成,书来索和,率尔补作》诗。应姚琮之请,撰《瑞安姚氏母董太夫人墓志铭》。23日,乘火车还杭,暂住延定巷旧居。停留上海时由汤孝佶一家照料。5月13日,《申报》刊载《复性书院由川迁杭》。24日,移居西湖葛荫山庄,复性书院置于此处,同时于朱文公祠内刻书。同月,致书周钟岳,迁院后诸事待理,请周钟岳来院查看。6月21日,据《申报》报道,浙江组织浙江省会孔庙财产管理委员会,聘马一浮等28位通儒为委员。7月21日,致书安仁大士(彭逊之),与之论学。同月,跋郁冈斋《黄庭经》临本。8月27日,马一浮参加浙江省府举行的孔子诞辰纪念会,在会上讲解孔学。同月,彭逊之去世,作《哀彭逊之》诗,有诗序叙其生平。9月11日,致书蒋国榜(苏盦),致为其题《弘一上人为苏盦书先君遗训》卷子、《为苏盦书四体屏幅》缀跋。并托其询问苏州刻工情形。同月,识《太白鸣皋歌》写本。10月16日,复性书院董事会及基金保管委员会举行东归后第一次会议,马一浮提议书院应继续专事刻书。马一浮欲辞主讲、总纂之名,经一致挽留而允。12月,应王君逸之请,为其所撰《汉方简义》作序。同月,致沈敬仲书,谈书院事项;致张真如书,与之作别。(参见马一浮著、吴光主编《马一浮全集》附录丁敬涵编著《马一浮先生年谱简编》,浙江古籍出版社2012年版;张雨晴《马一浮学术年谱整理(1911—1949)及其儒学践履活动研究》,贵州大学硕士学位论文,2019年)

朱自清6月14日启程返成都,晚飞抵重庆。15日,访章锡珊、丰子恺。16日,乘汽车赴成都,晚宿内江。17日晚,抵成都家中。21日,访叶石荪、钱中舒等。程千帆来访。22日,访吴宓、赵守愚、刘明扬等。23日晚,应程千帆夫妇邀宴,在座有叶石荪等。24日午,应叶石荪邀宴。29日,访程千帆、殷孟伦等。28日,南克敬来访,与之长谈。29日,应吴景超夫妇邀宴。7月1日,赴荣禾园应彭雪生邀宴。在座有李劼人、周太玄、萧公权、钱穆、吴宓、谢文通、叶石荪等。7月1—4日将历年所作旧诗整理为一册《犹贤博弈斋诗钞》。7日,作《〈犹贤博弈斋诗钞〉自序》。12—13日,作杂论《动乱时代》,刊于7月21日南京《中央日报》。作者分析了动乱时代的三种人,一种人陷入颓废与投机,一种人愤然而起,"要改造这个国家,改造这个世界",还有一种人不甘颓废,也无法担负改造的任务;他们的精力和胆量只够守住自己的岗位。作者把希望寄托在后两种人身上。17日,得悉闻一多遇刺身亡,悲愤已极。即致信闻一多夫人。朱自清在日记中说:"此诚惨绝人寰之事。自李公朴被刺后,余即时时为一多兄安全担心,但绝未想到发生如此之突然与手段如此之卑鄙!此成何世界!"20日,作《闻一多先生与中国文学》,刊于8月20日《国文月刊》第46期,文中介绍了闻一多在学术研究方面的工作和贡献。21日,出席西南联大校友会召开的闻一多追悼会,并作《闻一多先生与中国文学》讲演。同日,访吴宓、赵守愚。28日访程千帆,与之长谈。同月,朱自清将抗日战争以来的旧诗稿整理成集,题为《犹贤博弈斋诗抄》,并为《犹贤博弈斋诗抄》作骈文《自序》一篇,刊于1948年10月《文学杂志》第3卷第5期。

朱自清8月3日作《中国学术界的大损失——悼闻一多先生》,刊于8月4日《文艺复兴》第2卷第1期。4日上午,出席北大校友会会议并讲话。在座有朱光潜、刘明扬等。午,赴少城公园出席西南联大成都校友会举行的闻一多先生追悼会,并作悼念闻一多的简短讲演。当场群起为闻一多家属捐款。7日,访叶石荪、罗念生等话别。9日,出席李公朴、闻一多追悼会筹备会议。下午,访赵守愚、吴宓,并在撷英餐厅邀宴吴宓。9月13日,作《日常生活的诗——萧望卿〈陶渊明批评〉序》,刊于本年《民国日报》。14日,与钱实甫长谈。16日,作新诗《悼一多》,刊于9月15日《萌芽》第1卷第3期。18日,赴蓉光大戏院出席成都各界人士举行的李公朴、闻一多追悼大会并介绍闻一多生平事迹。讲毕即先行退场,返家收拾行李。出席追悼会的有张澜、李璜、罗念生、陈翔鹤、张志和、马哲民等30多个单位和各界群众两千多人,在追悼会上发言的还有李璜、陈翔鹤、张志和等。20日,携眷飞抵重庆。23日,接受《大公报》《新华日报》《民主报》记者采访,谈闻一多生平。次日《新华日报》发表记者采访录《清华大学朱自清教授谈闻一多教授生平——闻先生的一生分三个阶段,他的一贯精神是爱国主义》。晚,李广田、何其芳来访。26日,出席"文协"重庆分会为欢迎朱自清和李广田所设宴会。28日晚,李广田、何其芳来访。9月13日,赴社会大学作"现代散文"讲演。17—22日,因病入宽仁医院住院治疗。23日,何其芳来访,与之长谈。24日,何其芳、力扬、莫一钧等来访。25日,作散文《我是扬州人》,刊于10月1日《人物杂志》第一年第10期。27日,赴沙坪坝南开中学学生公社作"现代散文"讲演。30日晚,应陈序经邀宴,讨论其作品风格。(参见姜建、吴为公编《朱自清年谱》,安徽教育出版社1996年版;齐家莹编《清华人文学科年谱》,清华大学出版社1999年版)

周恩来1月1日同马歇尔会谈。3日,同马歇尔会谈,转告中共中央欢迎他参加有关停战、受降、恢复交通诸问题的协商。4日,和叶剑英出席东北政治建设协会举行的茶会。7日,张群、周恩来、马歇尔3人举行首次会议,讨论《关于停止国内军事冲突、恢复交通的命令和声明》的具体内容。10日,出席政治协商会议开幕式。政协由国民党8人,共产党7人,民主同盟9人,青年党5人,社会贤达9人组成。蒋介石在会上宣布4项诺言:保证人民自由,各政党一律平等,实行地方自治和普选,释放政治犯。周恩来代表中共代表团在会上致词,对4项诺言表示欢迎。25日,重庆大中学生万余人游行,向政协提出政治民主化、军队国家化、永远停止内战、实践"四项诺言"等要求。周恩来代表中共向学生讲话,完全同意他们的要求。说政协会议"开头就做了一件很大的事,就是停战;不过要使内战完全停止,还要靠大家来努力监督,使内战永绝"。27日,同陆定一飞返延安,参加中共中央书记处会议。周恩来在会上报告关于停战、政协等问题的谈判情况。28日,出席中共中央书记处会议。会议初步商定中共参加政府的名单为:毛泽东、朱德、林伯渠、董必武、吴玉章、刘少奇、张闻天、周恩来。31日,出席政治协商第十次会议和闭幕式。经中共和"第三方面"代表努力,会议通过《关于军事问题的协议》《关于宪草问题的协议》《和平建国纲领》《关于政府组织问题的协议》《关于国民大会问题的协议》。规定成立联合政府,国府委员名额的半数由国民党人员充任,其余半数由其他党派及社会贤达充任。同日,和马歇尔会谈。向马歇尔转达毛泽东对他的谢意,感谢他为促进停止内战所做的努力,希望他再促使东北停战,认为他的态度和方法是公正的,表示中共愿意在这个基础上和美国合作。

周恩来2月5日举行茶会招待重庆文化界。在会上报告政协成果、今后趋势、整军的步骤和编制。6日,政治协商会议审议宪草人选确定。政治协商会议宪法草案审议委员会由各方面推定代表及公推会外专家共35人组成。国民党方面:孙科、王宠惠、王世杰、邵力子、陈布雷;共产党方面:周恩来、董必武、吴玉章、秦邦宪、何思敬。民主同盟方面:张君劢、黄炎培、沈钧儒、章伯钧、罗隆基;青年党方面:曾琦、陈启天、余家菊、杨永浚、常乃德;无党派人士:傅斯年、王云五、胡霖、莫德惠、缪嘉铭;会外专家是吴尚鹰、林彬、戴修骏、史尚宽、楼桐荪、吴经熊、周览、李中襄、钱端升、周炳琳。蒋介石指定孙科为召集人。同日,周恩来会见美国《读者文摘》记者乌特莱,回答中共在政协做出的基本让步时指出:政协通过的纲领和中共的原提案出入颇多。7日,在重庆大学讲演,说:政治民主化和军队国家化,二者好像两条腿,是平行的,互相配合进行的。9日,致电毛泽东:梁漱溟甚愿来延,与你及其他同志详谈。要其何时来为好请告。10日,重庆各界在校场口举行庆祝政协成功大会,国民党特务制造"校场口事件"。当晚,政协代表举行会议对此表示严重抗议,公推周恩来、陈启天、李烛尘、张君劢去见蒋介石。11日,周恩来等11名政协代表联名致函蒋介石,抗议"校场口事件",并往访国民党中央执行委员会常委会秘书长吴铁城,希望政府和国民党推出代表检查与协商处理办法。12日,周恩来收到特务恐吓信,内装子弹一颗,将此信交《新华日报》公布。18日,和马歇尔会谈,马歇尔提出设立学校,由美国军官训练中共军队。19日,飞返延安汇报工作。在延期间和中共中央商定关于邮政统一问题。21日,飞抵重庆,和马歇尔会谈,说:中共中央、毛泽东感谢你的好意,使中国走上现代化和民主的道路。3月3日,同国民党政府黄河水利委员会委员长兼黄河堵口复堤工局长赵守钰会晤,商谈黄河堵口、复堤、勘测、迁移居民事。11日,到机场送马歇尔返美述职。4月18日,到机场迎接马歇尔。5月3—16日,周恩来、董必武先后率领中共代表团和重庆局同志飞抵南京。自此,中国共产党领导中国南部国民党统治区域革命斗争的指挥中心移到南京。随后,中共中央重庆局改称为中共中央南京局,领导四川、云南、贵州、西康、上海、武汉、湖南、广东、广西、闽粤边等及香港的地下党组织。(参见中央文献研究室《周恩来年谱1898—1976》,中央文献出版社1998年版;《董必武年谱》编纂组《董必武年谱》,中央文献出版社1991年版;李贵忠《张君劢年谱长编》,中国社会科学出版社2016年版)

董必武1月1日出席农业协进社招待出席政协会议各方代表的招待会,就农民问题作了发言。8日,中共代表团在重庆招待东北政治建设协会的宁萝岩、阎宝航、宁承恩、王回波、周鲸文、徐寿轩、徐仲航、周雏鲁、刘东轩、卢乃赓等,就有关问题交换意见。同日,和王若飞出席民主建国会为招待政协代表举行的茶会,章乃器说明民建会对政治协商会议、内战必须停止、人民基本自由必须全部赋予、释放政治犯、政党合法化、解散特务机关等8项意见。董必武、于右任、邵力子、陈启天、郭沫若、梁漱溟先后发表意见,主张在政协开会前后要停止内战,保障人民的基本自由。12日,政协五方面代表陈立夫、董必武、梁漱溟、王云五、陈启天等协商,推出何基沣、林可玑、王葆桢、章元善、李德全、周炳琳、杜斌丞、伍观基8人为军事调查团团员。冷遹、林虎、张奚若、任鸿隽4人为候补团员。13日,政治协商会议推举董必武、陈立夫、陈启天、梁漱溟、王云五组成5人小组,负责协商会议议程、议题及分组办法等。同日,中共代表团全体政协代表、顾问人员举行会议,研讨了改组政府和施政纲领问题。14日,董必武在政治协商会议第四次会议上,代表中国共产党作关于改组政府问题的报告,提出"应有一个共同纲领,在共同纲领的基础上改组政府"等8项主张。15日,在政治协商会议第五次会议上,代表中国共产党作关于共同施政纲领的报告,同日,董必武被大会指定为政治协商会议施政纲领组和国民大会组成员,并为施政纲领组召集人之一。16日,中共代表团向政治协商会议正式提出《和平建国纲领草案》。27日,董必武应邀在中国经济事业协进会的集会上讲话,指出:"今后政治民主化与军队国家化二者必须并行才能解决问题。"31日,出席政治协商会议第十次会议及闭幕式。在第十次会议上,逐项讨论并通过了政府组织、国民大会、和平建国纲领、军事问题及宪法草案等5项决议。在讨论时,黄炎培提出成立"人民自由保障委员会"的提议,得到中共、民盟代表的一致赞同,董必武当即表示希望这个委员会能很快成立,中共代表团决定全体加入为发起人。16 日,董必武出席宪草审议委员会第三次会议,讨论中央政制问题,并在会上发言,主张维持政协会对于宪草的修改原则,各党派合作,采取议会制度,议会制度可使政局安定,并赞成以行政院为最高行政机关,对立法院负责。3 月 20 日,就中共参政员决不参加本届参政会事,答新华社记者问。同日,和王若飞、秦邦宪在中共驻重庆办事处,接待来访的黄炎培、冷御秋、江问渔,商谈江苏运河培修问题的进行办法。5 月 3—16 日,周恩来、董必武先后率领中共代表团和重庆局同志飞抵南京。随后,中共中央重庆局改称为中共中央南京局。南京局下设外事工作委员会、地下工作委员会、群众工作委员会、宣传部、组织部、党派组、军事组、资料组、办公厅、政治研究室。(参见《董必武年谱》编纂组《董必武年谱》,中央文献出版社 1991 年版)

　　吴玉章 1 月 9 日在重庆文化界招待政协代表的茶话会上发表谈话,说:文化界对国家民族所尽的责任是极光荣的。文化界过去领导过许多伟大的运动,今天文化界的呼声也是全国人民的呼声。11 日,出席《新华日报》创刊 8 周年纪念会。19 日,在政协第九次会议上,就宪法草案问题,代表中共代表团提出 4 项原则意见,强调:宪法应保障人民的权利,不应限制人民的权利;采取中央与地方均权,总统的权力应受约束,不能过大;省为自治单位,选省长,制定省宪;明白规定军事、文化、经济各方面的民主政策。2 月 9 日,出席政治协商会议决定组建的人民权利保障委员会第一次筹备会议。22 日,就重庆《新华日报》营业部被暴徒捣毁一事,中共代表团致函蒋介石等人表示抗议。3 月 19 日,出席宪草审议委员会第七次会议,谴责国民党六届二中全会动摇政协会议决议。25 日,中共代表团为暴徒捣毁《新华日报》营业部事,第三次向国民党政府提出抗议。4 月 30 日,出席周恩来在中共代表团驻地举行的记者招待会,第一次以中共四川省委书记的身份与记者见面。同月,在重庆社会大学作题为《在龌龊的社会里,还要学习"人品"》的演讲。5 月 3—16 日,周恩来、董必武先后率领中共代表团和南方局同志飞抵南京。中共代表团迁南京后,重庆设立驻渝联络办事处,仍在代表团原址,与中共四川省委合署办公。吴玉章以中共代表团驻渝联络代表和中共四川省委书记的身份驻重庆,继续开展统战和群众工作,领导川康滇黔的地下组织斗争和《新华日报》的工作。26 日,在中共四川省委的组织推动下,重庆各界举行时事座谈会,并发表要求和平反对内战的宣言。

　　吴玉章 7 月 1 日为《新华日报》撰写代论《忠实实行三民主义的中国共产党——纪念中国共产党二十五周年》,文章以大量事实从各方面阐明,中国共产党是忠实实行革命的三民主义的。国民党统治集团顽固坚持一党专政、个人独裁,才是对孙中山三民主义的背叛。28 日,组织并出席重庆各界追悼李公朴、闻一多大会,在大会上致词,说:全中国人民共同的要求是独立、和平、民主,而这要求决不会因暗杀之恐怖而停止。号召大家以千百倍的勇气,来继承死者的遗志,保持中华民族的光荣。大会在青年馆举行,各界群众 6000 余人与会。吴玉章、张群、胡子昂、史良、邓初民等在会上致词。会后,李、闻在渝友好人士 80 余人及重庆 50 余个社团共同发起成立"陪都李闻惨案后援会",于 8 月 9 日召开成立大会,发表宣言,提出限期缉拿凶手、切实保障人身自由、撤销特务组织、厚恤李闻遗族并彻查政协后各地血案,公布并严惩祸首等 6 项要求。8 月 4 日,在重庆生活教育社、育才学校、社会大学举行的陶行知追悼大会上讲话。说:陶行知是中国"新文化、新教育的实行家、创造者"。主张教育与政治结合;不仅教人会做人,而且教会人怎样去改造社会,改造中国甚至改造全世界,使全社会实现大同即社会主义、共产主义。12 日,重庆工商、文化、学术、文艺、戏剧、新闻、律师、教育各界人士136人联名向全国同胞发出公开信,响应7月22日宋庆龄发表的对时局主张。18日,成都各界2000余人在蓉光大戏院举行李公朴、闻一多追悼大会,张澜、范朴斋、李璜、朱自清、陈翔鹤、张志和等相继讲话。国民党特务捣乱会场,殴伤张澜、张松涛等人。9月22日,出席重庆各界追悼陶行知大会并讲话,说:陶先生是一个前无古人的教育家,是一个时代的英雄。

吴玉章10月19日出席重庆市文化界人士举行的纪念鲁迅逝世10周年大会并讲话,指出:要以反内战,反帝国主义,反法西斯统治,争取中国的独立、民主、和平来纪念鲁迅。25日,出席重庆四人民团体为招待新近到渝的民盟主席张澜而举行的茶会。在讲话中详尽介绍了张澜多年来为民族民主事业奋斗的事实;希望民盟始终坚持和平民主立场;号召中间人士加强团结。26日,至"特园"访张澜,向张澜介绍中共中央抵制反对国民党单方面召开伪国大的立场。11月14日,民盟主席张澜宣布:民盟不参加一党国大;青年党决定参加国大。12月9日,在重庆社会大学作《辛亥革命的历史意义》的演讲。25日,重庆《新华日报》报道了10月18日至20日美国198个团体为纠正美国对华政策,促成中国和远东民主,在旧金山举行的盛大的"中国与远东大会"的情况,并发表了大会发给中国人民的声援信件。30日,吴玉章68岁生日,中共四川省委致词祝贺又于晚上举行祝寿会。《新华日报》发表社论《中国革命的道路——祝吴玉章同志68岁大寿》与《吴玉章年谱》。民盟重庆支部、民主青年社、民主妇女社等许多团体和个人致信祝贺。(参见刘文耀、杨世元《吴玉章年谱》,四川人民出版社1998年版)

潘梓年继续任重庆《新华日报》社社长。1月2—29日,《新华日报》社主办的"延安生活、艺术展览"在重庆中苏文化协会举行。展品有延安和陕甘宁边区图画、报纸、木刻、照片、生产品(农产品、工业品、军用品)等。照片分军民生产、军民关系、延安的建设与交通、学校生活、儿童生活、选举大会、各种群众大会等,还有八路军将领及中央领导人的照片。预展时,重庆各界名人参观者有马寅初、杨卫玉、俞颂华、曹禺、鹿地亘、池田幸子、张西曼、侯外庐、江庸、卢于道、冯雪峰、阳翰笙、胡风、杨晦、丁易等300余人。曹禺在意见簿上写道:"看过这次展览会,我深感到赤手空拳的老百姓逐渐显出自己的伟大力量。"杨卫玉写道:"人造的奇迹。"刚出狱的廖承志含笑说:"好几年没看见(这么丰富的艺术)了。"俞颂华写道:"一个为大众谋福利的社会的缩影。"这个展览会分三个展览室,每天观众拥挤,盛况空前。重庆《新民晚报》以《大团结的曙光中,重庆人望见延安》为题作了详细报道。佛教徒徐耀在意见簿上写道:"全民政治之模范,进化世界之先锋。"国民党邵力子题字:"拓荒的精神,建设的表现。"陶行知题字:"主人做了主,公仆都为公。"画家叶浅予在《新民晚报》发表文章说:延安的新绘画,虽然不到10幅,但已满足了我的欲望。王式廓的《开会》和《出发前》,极为生动。古元的《帮助抗属打粮》《运盐》《边区儿童》,保持了木刻作风,不愧为创作木刻新作风的第一个人。陈叔亮的《丰收》,精细而有力。王朝闻的两件石膏浮雕《鲁迅像》《毛泽东像》,挂得太高,不易发现,亦是精品。展览中,参观者写满了9厚本赞誉的观后感。有人含泪写道:"今天,我在地狱里看见了天堂,在奴隶的暗室里看见了天堂的曙光!"9日,《新华日报》发表《重庆出版业致政治协商会议意见书》。

按:《意见书》说:"日本投降,举国腾欢。八年苦战余生,正望休养生息,孰料庆祝最后胜利之声未歇,弥漫全国之内战即起。""全国人民吁请停止内战,声不绝耳;而内战烽火,则愈张愈炽,全民疑惧,不可终朝。"对于出版业方面,具体谈了:一、废止出版法;二、取消期刊登记办法;三、撤销收复区检查办法;四、明令取消一切非法检扣;五、取消寄递限制。署名的出版单位有大学印书局、文通书局、自强出版社、现代出版社、新地出版社、中外出版社、世界书局、作家书屋、开明书店、群益出版社、文化生活出版社等35家。

潘梓年与茅盾、巴金、阳翰笙、王平陵、黄芝岗、张西曼、胡风、冯乃超、杨晦等50余人1月20日出席"中华全国文艺界协会"在重庆张家花园为老舍、曹禺举行的欢送酒会。同日,《新华日报》刊登了茅盾、胡风、冯雪峰、曹靖华等50余位文艺界人士致政治协商会议各会员意见书的主要内容。意见书提出的具体希望和意见是:"要求这个会议有权策划并监督停止国内军事冲突以立刻恢复和平生活的各种措施。""改组中央至各级政府,结束一党专政,制定和平建国纲领,在民主原则上重选国民大会代表,草拟宪法等措施。"另外,还"要求切实解决下列与文化教育有关的问题":一、废止文化统制政策,确立民主的文化建设政策;二、确保各项基本自由权,如人身、讲学、研究、写作、发表、出版、集会、结社、公演展览自由等;三、改组各级文化教育行政机构,废止党化教育,取消豢养特务,确保学校自治等;四、有关限制文化艺术团体及文化活动自由的法令一律废止;五、彻底调查文化汉奸并迅速予以审判及处罚;六、缩减军费至最大限度,大量扩充文化教育经费预算;七、发展勤劳人民的文化团体,普遍提高人民文化水平;八、改革并建立各种培植奖励文化工作者的制度;九、协助文化工作者复员并救济贫困作家;《新华日报》以《戏剧界的意见》为题刊载了洪深、马彦祥、阳翰笙、曹禺、潘孑农、宋之的等50余位戏剧界人士致政治协商会议的意见;《新华日报》以《漫画木刻界的意见》为题刊载了全国漫画木刻界致政治协商会的意见。22日,《新华日报》载音乐界林声翕、周龄、黎国荃、伍伯就、夏白、李绿林等10余人举行座谈会,就国是问题发表意见。2月1日,《新华日报》刊载政治协商会议圆满闭幕的消息,以及政治协商会议通过的5项要案:改组政府、制定和平建国纲领、军队国有化、改组国民大会、重订宪法草案。又发表了社论《和平建国的起点》,指出:"中国共产党在抗战胜利结束后,即努力以求和平、民主、团结、统一之实现。此次政治协商会议所通过的各项决议,虽然仅是实现政治民主化,军队国有化的初步,但这些决议既然符合于今天中国与人民的需要,有它的进步意义,因此我们愿意和大家一致,不分地域,不分党派,为其实现而奋斗!"3月4日,《新华日报》摘要刊登昆明《民主周刊》《时代评论》《妇女旬刊》《学生报》《文艺新报》《昆明新报》《中国周报》6家报刊给重庆校场口受伤的民主战士的慰问信。(参见文天行编《国统区抗战文艺运动大事记》,四川省社会科学院出版社1985年版;艾克恩编纂《延安文艺运动纪盛》,文化艺术出版社1987年版;孙国林编著,王佳钰、王增辉校订《延安文艺大事编年》,陕西师范大学出版总社2016年版)

冯乃超年初任中共南方局统战委员会文化组副组长,负责布置日军俘虏揭发、检举日本战犯罪行的工作。1月7日下午,出席政治协商会议全体代表茶话会,讨论会议程序等问题。晚,又出席政协中共代表团为招待中外各界举行的鸡尾酒会。9日下午,出席重庆文化界7团体为参加政协的文化界代表举行的招待会。10日,出席在重庆召开的政治协商会议开幕会。这次会议,中共代表团继续与国民党进行谈判。26日,与茅盾等40人联名发表《陪都文化界人士对政治协商会议意见》,载香港《华商报》。28日,与茅盾等24人联名发表《陪都文艺界致政治协商会议各委员书》,刊于上海《新文学》半月刊第1年第2号。31日,出席政治协商会议闭幕会。会议通过了《和平建国纲领》和改组国民党政府的5项原则。2月10日上午,往校场口参加重庆各界庆祝政治协商会议成功大会。大会遭国民党特务破坏,李公朴惨遭毒打,郭沫若被殴打受伤,造成"校场口事件"。17日,出席前"文工会"和文化界为欢送鹿地亘夫妇回日本,并慰问郭沫若暨欢迎田汉抵渝而举行的晚会。3月13日,出席重庆21个文化团体为欢送以鹿地亘为首的日本反战同志举行的宴会。作散文《欢送鹿地亘先生》,认为"他们是清醒的日本人民,在大战中派到中国来表明友谊的使节""他们是中国人民真正的朋友",刊于 3 月 27 日《愿望》周刊第 1 卷第 11 期。4 月 18 日,与郭沫若等 75 人联名发表《陪都各界人士致美国国会"争取和平"委员会电》,刊于重庆《新华日报》,又载本月 27 日上海《周报》第 34 期。22 日,出席文联社召开的关于《抗战八年文艺检讨》的座谈会。5 月 4 日上午,出席全国"文协"总会在重庆抗建堂举行的庆祝第二届"五四"文艺节大会。(参见李江《冯乃超年谱》,载李伟江编《冯乃超研究资料》,陕西人民出版社 1992 年版)

王昆仑继续在重庆领导"小民革"。1 月 11 日,重庆发生"沧白堂事件",殴伤讲演的郭沫若、张东荪等人。2 月 10 日,重庆发生"校场口事件",殴伤大会主席李公朴、郭沫若等人,并打伤主席团成员马寅初、章乃器等 60 余人。重庆笼罩在白色恐怖之中,王昆仑成为国民党特务监视的重点对象。鉴于王昆仑身份的特殊,虽然他根据党组织的指示未能出席这两次群众集会,但他的夫人曹孟君却是这两次群众大会的主要负责人,也是这两次血案的亲历者和见证人。当他听夫人追述周恩来同志被阻在会场之外,望着这大打出手的会场,非常愤怒地说道:"这是什么国家!"之后,王昆仑喟叹不已地说了这样一句话:"蒋某人的倒行逆施,真是天怨人怒啊!"11 日,王昆仑又听曹孟君说,周恩来偕邓颖超等人亲赴医院看望被打伤的群众,并于当晚 8 时出席民盟代表团召集的紧急会议,受大会委托,准备与张君劢、陈启天、李烛尘一道去面见蒋介石,提出严正的抗议!结果周恩来收到化名"冠英"的一封信,内装一颗子弹头。同时还进行讹诈:"假如你要向蒋主席报告 10 日民众大会被捣乱的经过情形,请兄看看这颗子弹头。老实告诉你,这颗子弹等着你多时了,现在我们不能再忍耐了!"对此,王昆仑提心吊胆地说:"孟君,我们可要一定保护好周公的安全啊!"但是周恩来尤其关注爱国民主人士的安全,在中共南方局的统一安排下,高崇民、朱学范、杜斌丞等同志离开重庆,分赴各地,王昆仑奉命东下,回到了南京。不久,出于安全的原因,又迁往上海。(参见王朝柱《王昆仑》及附录《王昆仑年谱》,花山文艺出版社 1997 年版)

翦伯赞 1 月 10 日应中国民主同盟政治协商会议代表团之聘,任该代表团顾问。4 月,《史料与史学》一书由上海国际文化服务社出版。此书收录作者 1945 年左右发表的《略论中国文献学上的史料》《略论搜集史料的方法》《史料的搜集与辨伪》等文,是中国马克思主义史学界最早系统研究史料学的专著,代表了这时马克思主义史学在史料学方面的成就。许冠三认为,翦伯赞的史料学成就"并不次于一般的专业史学家,有些见解且在他们之上"。翦伯赞"1944—1946 年的尝试,既显示他未忽略司马迁、刘知几所代表的大传统,亦表明他重视梁任公、胡适之和傅孟真等所推动的新潮流",他的述作"显示他深知史料学的重要,且有意与当时的主流史学一较高下",而他识断之精审,"固在傅斯年'史学本是史料学'之上"。(参见张传玺《翦伯赞传》及附录张怡青《翦伯赞大事年表》,北京大学出版社 1998 年版;王学典《翦伯赞学术思想评传》,北京图书馆出版社 2000 年版;王学典《20 世纪史学编年(1900—1949)》,商务印书馆 2014 年版)

侯外庐 1 月 1 日在《自由导报》第 7 期发表《政治协商会议感言》。9 日下午,在重庆白象街西南实业大厦参加重庆文化界文艺界人士座谈会。10 日,《新华日报》第 2 版登载《民主同盟代表团顾问包罗全国民主人士》,侯外庐与潘光旦、陶行知、董渭川、杨卫玉、闻一多为教育文化界顾问。同月,国民党召开政治协商会议(旧政协)。中国共产党和"小民革"原提名侯外庐以"社会贤达"身份为旧政协代表,由于国民党坚决排斥而未果。所作《中国古代的变法运动》刊于《中苏文化》月刊第 17 卷第 2—3 期合刊(沪版第 3 期),系由《中国古典社会史论》第十四章《中国古代的变法运动》修改而成。2月15日,作《中国古代社会史》"自序"。

　　按:侯外庐《中国古代社会史》"自序"曰:"在近十余年来,著者治学的诸科目之中,中国古代史一课题占了重要的一部分。这里面分做了三个内容:一是亚细亚生产方法的确定概念。……经过著者的长期研究之后,相信对这一古代史的秘密得到了一个初步结论,这个结论是值得提供出来给大家商讨的。二、关于中国古文献的考证和解释。著者对于这部分工作在主要材料方面也弄出了一些头绪。比我先做这项学问的王国维先生和郭沫若同志便是我的老师。三、关于结合理论和史料的说明。这项工作必须拿创造精神来求得一个贯澈(彻)的体系。这里著者在主观上是想把《家族、私有财产及国家的起源》等经典著作的理论和中国古史的各方面资料结合起来。但是究竟做到了几分,实在没有把握,只是相信自己的研究态度还不至于违背马克思主义的指示。""中国古代史这一门科学,问题很多,现在还在争论着,我相信有了这些自由争论,就会产生正确答案。……但是我自己从事这项研究是有依据的,一是步着王国维先生和郭沫若同志的后尘,二是继承亚细亚生产方式论战的绪统。我力求在这两方面得到一个统一的认识。""我研究中国古代社会的第一个原则,是首先弄清楚亚细亚生产方式的理论。……简单地说来,我断定'古代'是有不同路径的。在马克思、恩格斯的经典文献上,所谓'古典的古代''亚细亚的古代',都是指的奴隶社会。但是两者的序列却不一定是亚细亚在前。有时古典列在前面,有时两者平列,作为'第一种'和'第二种'看待的。'古典的古代'是革命的路径;'亚细亚的古代'却是改良的路径。前者便是所谓'正常发育'的文明'小孩';后者是所谓'早熟'的文明'小孩',用中国古文献的话来说,便是人惟求旧、器惟求新的'其命维新'的奴隶社会。旧人便是氏族(和国民阶级相反),新器便是国家或城市。""从这方面的基本认识入手,我断定中国奴隶社会开始于殷末周初,经过春秋、战国,到秦、汉之际终结(近年来苏联学者却以为到东汉才终结)。研究的方法应当依据氏族、国家起源的对东方具体的路径着手。""把握了研究的关键之后,便要注意奴隶社会的各项特征。特征是多方面、多角度的,学者要细心研究马克思主义历史科学的规律,并且要严密鉴别古代文献里的资料。""其次应该注意的是:研究古代,不可把'古典的'和'亚细亚的'看成一件东西,在一般的历史规律上,我们既要遵循着社会发展史的普遍性,但在特殊的历史规律上,我们又要判别具体的社会发展的具体路径。同时在中国古代有若干的自然条件,也不可抹杀。""我研究中国古代社会的第二个原则,是谨守考证辨伪的治学方法。要想得出断案,必须勤恳虚心地吸取前人考证学方面的成果,再进一步或改进或订正他们的说法。""我研究中国古代社会的第三个原则,是把中国古代散沙般的资料,和马克思主义历史科学的古代发展规律,作一个统一的研究。就一般的意义来说,这是历史科学中关于古代社会的规律的中国化;就特殊的意义来说,这是氏族、财产、国家等问题的研究在中国的引申和发展。""本书着重在究明中国古代社会的起源和发展,它只是中国古史的草图,还不是完整的古史。这项工作还要学者来研究,可是在体系上应当谨守的科学方法和理论说明,在本书里已经作了一些试验,可以供古史研究者参考。"

　　侯外庐3月在重庆会晤访华的李约瑟博士,谈到对《道德经》的理解。同月1日,致信苏联对外文化协会历史经济组主席格莱科夫(又译葛雷科夫),谈有关《苏联历史学界诸论争解答》一书的评价。31日,出席中国学术工作者协会成立大会,与马寅初、郭沫若、张东荪、邓初民、杨晦等45人被选为理事。约在3—4月间,中国共产党和"小民革"推选侯外庐以无党派"社会贤达"身份参加国民党当局的"宪法审议委员会",被国民党坚决拒绝。春,生活书店准备发行一套《新中国大学丛书》,向侯外庐约稿。4月6日,与罗克汀开始主编《唯民周刊》之《哲学讲座》。同日,与罗克汀合著《新哲学教程》"第一章人类思维及哲学思想的发生"之"第一节从历史上解开哲学思想发生的秘密"刊于《唯民周刊》创刊号"哲学讲座"栏目。12日,应重庆沙磁区学生公社的邀请,在沙坪坝作《民主的历史考察》的公开演讲。13日,与罗克汀合著《新哲学教程》"第一章人类思维及哲学思想的发生"之"第一节从历史上解开哲学思想发生的秘密"(一续)刊于《唯民周刊》第2期"哲学讲座"栏目。16日,所作《省宪是中山先生明定的遗教》刊于《联合三日刊》第 2 期。20 日，与罗克汀合著《新哲学教程》"第一章人类思维及哲学思想的发生"之"第一节从历史上解开哲学思想发生的秘密"（二续）刊于《唯民周刊》第 3 期"哲学讲座"栏目。27 日，与罗克汀合著《新哲学教程》"第一章人类思维及哲学思想的发生"之"第一节从历史上解开哲学思想发生的秘密"（三续）刊于《唯民周刊》第 4 期"哲学讲座"栏目。同月，所著《苏联历史学界诸论争解答》由上海建国书店发行，该书是郭沫若主编的中苏文化协会研究委员会研究丛书的第一种，包括"关于社会发展史指导律的问题""关于亚细亚古代社会法则的问题""关于亚细亚生产方法通用于古代中国的问题""关于苏联社会法则的问题"，附录有"关于社会主义下生产关系与生产力适应的论争"；所作《根据中山先生遗教研究中国宪政之途径》刊于《大学》月刊第 5 卷第 2—4 期合刊"宪法问题专号"；《中苏文化》第 17 卷第 4 期"中苏学者往来函件"专栏登载《葛雷科夫先生致郭沫若先生函》《侯外庐先生致葛雷科夫先生函》《葛雷科夫先生致侯外庐先生函》。

侯外庐与罗克汀合著《新哲学教程》"第一章人类思维及哲学思想的发生"之"第一节从历史上解开哲学思想发生的秘密"（四续）5 月 4 日刊于《唯民周刊》第 5 期"哲学讲座"栏目。5 日，致格莱科夫第二封信刊于《中国学术》第 1 期。11 日，与罗克汀合著《新哲学教程》"第一章人类思维及哲学思想的发生"之"第二节从理论的历史拆穿哲学的生成秘密"刊于《唯民周刊》第 6 期"哲学讲座"栏目。15 日，所作《中山先生宪法思想之理论与实际》刊于《理论与现实》复刊号第 3 卷第 1 期，系由《根据中山先生遗教研究中国宪政之途径》修改而成，包括"关于宪政理论的探讨""关于宪政实施之研究"。18 日，与罗克汀合著《新哲学教程》"第一章人类思维及哲学思想的发生"之"第二节从理论的历史拆穿哲学的生成秘密"（续）刊于《唯民周刊》第 7 期"哲学讲座"栏目。25 日，与罗克汀合著《新哲学教程》"第二章哲学的对象和内容"之"哲学的社会性和历史性""哲学是世界观，又是思想方法论""辩证唯物论是人类历史实践和思想发展的最高成果""从对象的差别上来察科学与哲学的关系"刊于《唯民周刊》第 8 期"哲学讲座"栏目。5 月底，冯玉祥、李济深得到蒋介石专拨的"民联轮"客轮，冯玉祥委托张友渔发给侯外庐船票。同船的有王冶秋、谭平山、徐悲鸿、翦伯赞等民主人士。侯外庐邀请徐淡庐、先锡嘉同行。6 月 1 日，与罗克汀合著的《新哲学教程》"第二章哲学的对象和内容"之"从历史发展上来考察科学与哲学的关系""哲学消灭论的批判"刊于《唯民周刊》第 9 期"哲学讲座"栏目。2 日，"民联轮"过汉口，侯外庐在船上为他与罗克汀合著的《新哲学教程》撰写序言。

按：侯外庐在序言中说："这本书是应书店之约而写成的，最初我答应要写的有三本，此书为第一本，历史科学（我不用历史哲学之名）为第二本，经济学为第三本。这三样学问属于三位一体的，联系起来给青年朋友作一个概括的参考，本来是件很有益的事，但应约经年，并没有写出一字。这其中的原因，第一，我向来不写教本式的读物，即过去因了讲学随时编成的讲义，因了不成其为研究，从来没有把它出版；第二，我曾勉力试验编写通俗读物，但总不满意而停笔。因此，著作契约行将食言，颇为不安。幸克汀兄来渝，愿意合作，于是讨论了写作大纲之后，开始工作，预期一年把三样读物写完，然彼此都是小心动笔的人，一年期满，只写成这一本书，其他二本颇不敢轻举了。""没有哲学修养，便不会裁成事物，所谓'迎刃而解'者，必有其'刃'，哲学就是一把宝刀，不但可以斩截乱麻似的现象界，给以规律的说明，而且可以铲除荆棘，在人类实践行为方面，给与指南的引津，故曰'不但要解答世界，而且要变革世界'，这当然和形而上学是分道扬镳的，把理论的灰色性生化入仙境，为迷妄说教的是形而上学，而把理论的灰色性时刻在常青的现象界检证并丰富了行动指南的真实的是科学的哲学。哲学亦是在平凡实地上起家的，它和科学不能分离,但它的范畴(理论的科学)则和科学分野,它并不因为科学发达而宣告死刑,如中国的实验主义者所言,反而是因了科学的进步更检证出理论的高级标准。""一门学问编成教程,总带有教条性的,所以我常对青年朋友说,与其读一本概论,不如读一本范例的著作,这就是说真理是具体的。没有编写成哲学的人,但有他的范例的哲学著作,如《资本论》《德国农民战争》《国家与革命》。如果入门研究的青年,为了使自己容易接近哲学的深远处(这一'深远'二字指具体的范例创作),亦需要教科书类的帮助,则不妨把我们的书看一看,看完了之后切不可当作圣经,只把它作一个阶梯,登高自卑而已。""韩退之所谓'传道'者,本书或可有见闻之助,而所谓'解惑'者,则端赖学而且思的读者自己。"(参见杜运辉《侯外庐先生学谱》,中国社会科学出版社2013年版)

邓初民4月6日创办《唯民周刊》,设有论著、文化简讯、诗歌、评论、唯民杂谈等栏目,其中唯民杂谈栏目刊载对国内外热点问题的短评,发表有关政治、哲学、历史、经济学方面的专著,以及文学评论、文艺作品。主要撰稿人有郭沫若、陶行知、翦伯赞、田汉、安娥、吴晗、刘文茵、高克奇、侯外庐等。并由翦伯赞主编《历史讲座》、侯外庐和罗克汀主编《哲学讲座》、邓初民主编《政治讲座》。刊有侯外庐和罗克汀合著的《新哲学教程》,邓初民讲述、司马星记录的《中国政治之路》,翦伯赞的《中国史纲简编》等专著,还有安娥的歌剧《孟姜女》以及高克奇的《斥文学与政治的"关系重造"论:读沈从文"一种新的文学观"后》、郭沫若的《关于"美术考古—世纪"》等重要篇目。刘文茵撰《代发刊词:"唯民"解》,谓该刊宗旨:"唯民论"之为政治学上的真理,亦是"人民世纪"任何人所不能否认的。因为一切政治学上的根本问题,只是一个民与官的关系如何的问题。唯民论者主张"民"是本源,是基础,即主张"民"是第一义的,什么国家、党派,在人民的面前都是第二义的。……因之,"人民第一"可以说就是"唯民"的根本解释。强调:一、一切为了人民——这首先就要为人民说话,人民不能说、不敢说的,我们说。二、一切向人民学习——这首先就要不脱离人民,也就是说要跟人民生活在一起。三、一切信赖人民——这首先就要懂得只有人民的力量才是无穷无尽的,只有人民才是真正历史的创造者,只有人民才是国家民族真正的全权主人。

　　　按:1947年3月因被反动派当局查封而停刊,出版至第4卷第10期。(参见杜运辉《侯外庐先生学谱》,中国社会科学出版社2013年版)

曹靖华与茅盾等26人1月联名发表《陪都文艺界政治协商会议各会员书》,要求确立民主的文化建设政策等9项文化教育有关问题。译(苏)费定著《征主梦》连载于《中苏文化》第17卷第1—4期。译(苏)费定著《德国风情画》连载于《文艺生活》第5—6号。译《俄国文学史导言》刊于本年各期《时代杂志》。作《从翻译工作看鲁迅先生》(上、中、下),连载于《文汇报·世纪风》。又作《人民的春天开始了》《鲁迅先生在苏联》。所著《我是劳动人民的儿子》《侵略》《魔戒指》由生活书店再版;《保卫察里津》由读书出版社出版;《望穿秋水》(三版)由新地出版社出版;《虹》(四版已出)由新知书店出版;《列宁的故事》由新华书店晋察冀分店出版;《三姊妹》由文化生活书店出版。辑译《致青年作家及其他》由上海杂志公司出版;《铁流》在抗战胜利后上海出一版。(参见冷柯、毛粹《曹靖华年谱简编》,《河南大学学报》1984年第5期)

冯雪峰1月20日参与发起和联署的《致政治协商会议各会员意见书》刊于《新华日报》。同日,《论民主革命的文艺运动》开始在《中原·文艺杂志·希望·文哨联合特刊》第1卷第1期连载,至2月20日第1卷第3期续完,文前有1945年11月写的说明一则,文末有1946年1月25日写的《附记》。6月1日,再作《序》。7月,由上海作家书屋出版单行本。冯雪峰《序》曰:"现在把这篇文章印成了一个小册子,除改正了在杂志上发表时印错的字以外,并没有怎样的改动。"冯雪峰《论民主革命的文艺运动·说明》又曰:"几个朋友,对于新文艺运动,提出了'过去和现在的检查及今后的工作,这样的题目,进行过三四次'漫谈会',我也被邀参加,说过一些颇长的话。现在《中原》等四杂志出临时联合版,编者要我将发言的记录增改为文章发表,我于是整理出来,算作我个人的理解。"

按:冯雪峰《论民主革命的文艺运动》发表后曾引发争议,茅盾于此文发表的次日(21日)即作《也是漫谈而已》,针对冯雪峰的《论民主革命的文艺运动》的一些主要观点,提出了自己的商榷意见。

按:陈涌《雪峰同志》(《北京文艺》1980年第4期)谈到冯雪峰"在延安文艺座谈会以后为人注目的论文《论民主革命的文艺运动》,我是看到过的,而且我也听说过这篇论文的由来。这是他在重庆一个党的文艺工作者召开的座谈会上的长篇发言,这个发言,我看过后,有一次在一个做领导工作的同志的面前说,这是反对胡风的,当时这个同志却立刻给我更正:'这是反对毛主席的。'""这是全国解放以前的事。曾经有一个相当长的时候,我的确将信将疑。但当我比较仔细地读过雪峰同志这篇论文以后,我总觉得没有理由得出雪峰同志反对毛主席文艺思想的结论。"(参见包子衍《雪峰年谱》,上海文艺出版社1986年版;唐金海、刘长鼎主编《茅盾年谱》,山西高校联合出版社1996年版)

胡风继续主编《希望》杂志。1月20日,胡风参与发起和联署的《致政治协商会议各会员意见书》刊于《新华日报》。同日,出席文协为老舍和曹禺将应邀到美国去讲学举办的欢送晚会。22日,出席东北文化协会假中苏文化协会举行的萧红逝世4周年纪念会。胡风、冯雪峰、张西曼、骆宾基、徐寿轩等均赞扬了萧红作品及反抗精神,一致惋惜她的早逝。2月1日,胡风等住在文协的人在一起共聚除夕夜,心情都格外轻松愉快,至少没有了轰炸的恐怖。10日,重庆发生"校场口事件",胡风即赶到郭沫若家去慰问。12日,胡风为文协起草了慰问郭沫若的公开信,刊于14日《新华日报》,说:"本月10日陪都人民庆祝政治协商会议成功大会遭捣乱者暴力破坏,主席团诸先生受辱,先生及文化界劳工界新闻界数位被殴受伤,本会同人对于先生之健康深为关怀,特致诚恳之慰问,并请向受伤之其他诸先生代致慰问之意。政治协商会议成功后全国人民欢腾鼓舞,国家地位与人民生活将随民主政治之奠基与展开而逐渐提高,但在一国威望所在的首都,人民四大自由刚获得到保障诺言的现在,居然发生此种不幸现象,使世界知名的作家如先生者受辱受伤,本会同人以为舆论界有保持严正态度的义务,政府有彻查内幕,依法处办的责任。"15日,胡风出席重庆戏剧界同人为庆祝戏剧节和欢迎田汉举行的盛大集会。为了回上海的飞机票,胡风几次去找吴国桢,都没有确切的答复,心情很焦急。24日,到行政院打听机位,总算批下来了。在这斗争形势如此紧张的繁重工作中,周恩来怕胡风旅费不够和到上海后生活窘迫,特让何其芳送给茅盾和胡风同样数目的一笔钱。当晚,又在周公馆(50号)设晚宴钱行。25日凌晨,胡风在珊瑚坝机场坐上了民航机飞往上海。(参见《胡风全集》第7卷第五编《回忆录》,湖北人民出版社1999年版;文天行《国统区抗战文艺运动大事记》,四川省社会科学院出版社1985年版)

老舍等26人签名的《重庆文艺界慰唁昆明教授学生电》1月1日刊于《中原·文艺杂志·希望·文哨联合特刊》重庆版第1卷第1期。同期还刊载老舍《我说》,文中表明了老舍反对内战、要求和平的鲜明态度:"和平是活路,内战是死路""武力可以征服别人,可也可以毁灭了自己,拉我们去打仗的,不管是谁,都是只看见征服,而没有看见毁灭""我们是国家的主人""而不是甘心作炮灰的奴隶"。8日,为要求制定和平建国纲领,老舍与茅盾、巴金等30人签署《陪都文艺界致政治协商会议各委员书》,刊于重庆版《中原·文艺杂志·希望·文哨联合特刊》第1卷第2期。9日,为即将召开的政治协商会议与茅盾、巴金等226人联名签署《陪都文化界人士对政治协商会议之意见》。10日,国民党中央社发布消息:"美国国务院决定聘请曹禺、老舍二氏赴美讲学，闻二氏已接受邀请，将于最近期内出国。"12日，《新华日报》发表题为《曹禺和老舍应邀赴美讲学》的消息。14 日，延安《解放日报》也转载了这条消息。19 日夜，郭沫若为老舍行将出国饯行，老舍赋《思乡》七律 1 首。20 日晚，中华全国文艺界协会举行酒会，欢送老舍、曹禺赴美讲学。到会有茅盾、巴金、阳翰笙、潘梓年、张西曼、王平陵、胡风、黄芝岗、冯乃超、杨晦等 50 余人。茅盾致欢送词后，曹禺、张西曼、潘梓年、胡风、王平陵等相继讲话。老舍严肃地说明自己去美国宣讲的要点是：第一，中国人民的生活；第二，中国的文艺；第三，介绍"文协"。他还谈到中国作家生活的艰苦和奋斗精神，并为文协今后的工作留下了宝贵意见。会上宋之的宣读了延安文协分会写来的慰问信。2 月初，重庆《新民报晚刊》记者专访老舍。老舍说，现在正是美国的戏剧季，4 月底就结束了，必须在结束前赶到，时间紧迫，但未停止写作《四世同堂》（第三部）。他还对记者说，抗战中的文艺作品不能尽满人意，原因是作家无自由，生活不安定。现在战争胜利了，今后全国文艺界应为和平建国服务。2 月 5 日，美国国务院正式宣布老舍和曹禺即将赴美讲学的消息。8 日下午 5 时，张治中在中国制片厂举行晚会，招待协商会议及文化界代表，欢送即将出国的老舍、曹禺。周恩来、冯玉祥、李德全、郭沫若、老舍、曹禺、冰心及孙科等300 余人到会。张治中在讲话中言及："参加今天晚会的嘉宾中，我们特别要提到舒舍予（老舍）和万家宝（曹禺）两先生，因为他们已接受美国国务院的聘约，行将出国讲学。舒先生在小说和一般文艺方面的成就，万先生在戏剧方面的成就，无疑地将是中国文艺界乃至世界文艺界的光辉。这次舒、万两先生出国讲学，我们相信他们两位必能为沟通中美文化而有重大的贡献。"老舍说：这次应美国国务院之请，前往讲学，大概是《骆驼祥子》被翻译为英文之故，这要归功于五四新文艺运动。他又说：政治协商今日方成功，文艺界早在战初就协商好了。但政府和各方面都没有特别注意，以致从事文艺者的贫病苦难从二期肺病转入了三期。今后希望政府对文艺要和国防、科学、实业一样看待。（参见甘海岚编《老舍年谱》，书目文献出版社 1989 年版；田本相、阿鹰编著《曹禺年谱长编》，上海交通大学出版社 2017 年版）

曹禺与茅盾、曹靖华、马彦祥、胡风、沈浮、洪深、宋之的、宋云彬、阳翰笙、胡子婴等文化界人士 1 月 7 日参加国共和谈中共代表团在重庆胜利大厦举行的新年鸡尾酒会，政府各部院会长官、各国驻渝使馆、各党派、各界人士和中外记者应邀出席。1 月 10—31 日，国民党召开政治协商会议。其间，社会各界一致要求停止内战，政治民主，对政协会议提出了意见。曹禺与洪深、马彦祥、阳翰笙、潘子农、宋之的等戏剧电影界 50 余人联名签署意见书，他们"提出六点消极的要求，五点积极的建议"。六点要求是："要求解除对话剧、电影、旧剧、新剧的一切审查制度""要求政府保障戏剧电影业的营业自由""要求除戏院应纳之捐税及印花按商业规定占百分之四十外，豁免娱乐捐及一切苛杂""要求公布戏剧电影界汉奸名单！要求焚毁一切敌伪电影""要求将所收的敌伪戏剧电影产业，分配给在抗战中受损害的以及有功的戏剧电影团体，并要求彻查'中央电影服务处'，并且解散这假官营私的组织""因为他们'有家难归'，政府当局对于戏剧电影界人士之返京复员毫无帮助，而且还有戏剧界黑名单，奔赴京沪平津，所以'要求政府帮助复员'"。20 日，中华全国文艺界协会在重庆张家花园为老舍、曹禺举行欢送酒会。会上，曹禺先生说到美国去后应努力使美国人更多了解中国，最后他认真地说：我们写我们应该写的，反对那种先有为了外国人看再去写作的态度。"胡风先生则从文艺的创作态度上说明老舍先生的《骆驼祥子》在美国已经译出，曹禺先生的《雷雨》在美国也有人预备翻译。"这个欢送会，香港《愿望》杂志也有报道。会上，曹禺谈了几个问题："关于中国今后戏剧发展的前途,曹禺先生觉得在剧本内容,应配合目前建国的需要,诸如农业建设,工业建设和电气化等,都是应该强调提出的,此外在这些作品中,应该特别说出中国人民的吃苦耐劳的种种美德,更深刻地表现出来,因为这是建国工作所最需要的精神,形式方面,他觉得应该利用一切民间戏的形式,大家不必仅仅注意都市舞台,戏剧的发展成就太广泛了。谈到抗战期间中国戏剧的成就,只简单的用一句话说明:'一切都赶不上演员的成就。'谈到中国剧本翻译到美国上演的问题,曹禺先生的意见是,如果那个人想到他的作品是写给美国人看的,那就是迎合别人的口味,而会委屈了自己的特性,中国剧本翻译到美国上演,也许得不到观众的欢迎,那不一定是中国剧本的失败。"（参见田本相、阿鹰编著《曹禺年谱长编》,上海交通大学出版社 2017 年版）

　　茅盾 1 月 1 日在《文选》第 1 卷第 1 期发表《论大众语》,认为大众语是"文学大众化"在形式方面的一个重要问题。4 日,作《致许广平》,原载《鲁迅研究资料》第 11 期,信中向许广平透露了过罢旧历年,再安排回上海的打算。另外,向她说明了关于鲁迅先生遗著版税保管的现状。5 日,作《忆冼星海先生》,刊于 28 日《新文学》第 2 期,文中回忆了 1940 年在西安与冼星海的第一次也是最后一次的见面。称赞他是"有坚强的意志和伟大的魄力"和"好学深思"的人。全文表达了对这位人民音乐家的深切怀念之情。同日,与叶以群合编的中外文艺联络社的机关刊物《文联》半月刊在上海创刊。在创刊号发表《〈文联〉发刊词》,其中说:本刊除了报道国内外文艺活动和国内外出版的新书外,还将"发表同人对于当前文化——文艺运动,以及文化——文艺活动中各具体问题的意见。并愿尽量刊登通讯讨论,以及文化——文艺界友人对本刊言论的商榷和批评"。6 日,作《写于政治协商会议前夕》,刊于《中原·文艺杂志·希望·文哨联合特刊》第 1 卷第 2 期。8 日,与巴金、冯雪峰、胡风、曹靖华等联名在《抗战文艺》第 10 卷第 6 期发表《陪都文艺界致政治协商会议各委员意见书》,亦见载于 20 日《新华日报》。呼吁政协"策划并监督停止国内军事冲突,以立即恢复和平生活的各种措施""改组中央至各级政府,结束一党专政,制定和平建国纲领;在民主原则上重选国民大会代表,草拟宪法"。另外,还要求解决"废止文化统制政策,确保各项基本自由权"等 9 项问题。9 日,《新年杂感》刊于《民主生活》创刊号,文中表达了自己对新的一年的期望,期望真正的和平早日到来。

　　茅盾 1 月 15 日出席重庆文化界招待政协会议代表的茶会,被推为茶会的主席团成员。为了促进政治协商会议的成功,根据周恩来的指示,在会上提议组织"全国人民政治协商会议促进会",并率先成立了"陪都文化界政治协商会议协进会筹备会"。16 日,"陪都文化界政治协商会议协进会筹备会"与救国会和民主建国会联合邀请各界代表正式成立了"政治协商会议陪都各界协进会"。茅盾作为文艺界的代表参加了协进会的理事会。"协进会"决定在政协会议期间,每日举行"各界民众大会",邀请政协代表报告当天会议情况,听取人民群众的批评和建议。20 日,主持"文协"为即将赴美访问讲学的老舍、曹禺而举行的欢送酒会,并致欢送词。到会的还有巴金、阳翰笙、王平陵、潘梓年、张西曼、胡风、冯乃超、杨晦等50 余人。21 日,作《也是漫谈而已》,刊于 2 月 25 日《文联》第 1 卷第 4 期。文中针对冯雪峰的《论民主革命的文艺运动》的一些主要观点,提出了自己的商榷意见。第一,对冯雪峰的 1918—1936 年文艺运动的分期,表示了不同的看法。认为以 1923 年作为分期的时间更为科学。因为"从思想运动这面看,进步的宇宙观之成为思想运动之支配的力量,显然是从一九二五年以后开始的。从文艺运动方面看,则一九二四年以前,中国文坛上的主力不是一派而是两派:郭沫若为代表的浪漫主义及鲁迅为代表的写实主义,而在一九二五年以后才合为革命的现实主义"。第二,对1928年后"左联"时期的思想斗争,提出补充意见。认为"当时的思想斗争,大概说来,有三条战线。'左联'领导的是文艺战线,是其中的一条。另外二条,一是中国社会性质的论战,又一便是中国历史之研究——尤其是古代史的研究"。第三,不同意冯雪峰关于"统一战线问题"的论述,认为那一时期的左翼阵线的思想和文艺运动,"并不是一开始就采取了统一战线的""左联"成立时的纲领,"显然也不是站在统一战线的原则上订立的"。22日下午2时,出席东北文化协会在中苏文化协会举行的萧红逝世4周年纪念会。在发言时论:"萧红女士的死,与其说是死于疾病,不如说是死于所有现在社会的作家共同遭遇的穷困和不自由。"出席纪念会的还有郭沫若、冯雪峰、胡风、杨晦、阎宝航、周鲸文、聂绀弩、骆宾基等约90人。23日,在《解放日报》发表评论文章《门外汉的感想》,对于所见延安木刻给予高度评价。

> 按:茅盾说:"延安的木刻有其特殊的风格。内容是现实的,而形式亦朴质刚劲",它表现了陕北人民的和平劳动生活的快乐,也表现了他们与落后、灾荒、愚昧的斗争。"延安木刻的手法很新颖,富于创造性",它"融合了西洋技巧和中国的优秀传统,再加上翻身以后陕北农民如火如荼的创造力,才能够达到这样美妙的境界"。茅盾举例说:如艾青的长诗《吴满有》插图,秧歌剧《瞎子算命》的插图,《新旧光景》连环画,秧歌剧《货郎担》的插图,生产、识字、卫生一类的故事,以及年画、窗花等等,这些成绩是陕北艺术家现实生活的记录。"我希望我们能从活生生的实例中领悟到:如何安排自己的生活,然后能使自己的艺术真正为人民服务。"

茅盾《第一阶段的故事》1月由联益出版社出版。2月2日,《和平·民主·建国》刊于《真话》第1期,文中在肯定了文艺界的成绩后,亦指出了存在的问题。15日,出席重庆戏剧界为庆祝戏剧节和欢迎田汉而举行的会议,并在会上讲话。到会的还有郭沫若、胡风、阳翰笙、应云卫、王瑞麟等。17日,出席前文化工作委员会同人暨文化界人士在中苏文化协会举行的晚会,欢送鹿地亘、池田幸子夫妇归国,并慰问郭沫若,欢迎田汉。到会的还有邓初民、阳翰笙等。27日,与力扬、巴金、田汉等百余人联名发表《为校场口血案告国人书》,抗议国民党当局镇压民主运动的新暴行。28日,《"文艺复兴"》刊于《真话》第4期。其中说:"既在今后较长一个时期,我们文艺的首要任务,必为经热烈讨论过的一些问题:如深入民间,如大众化,如政治性与艺术性的相因相成……等等,方可得到正确的理解,而在检讨过去的工作时,我以为也必须以能否配合人民的民主要求为准则。"同月,在曹禺赴美讲学前,邀其至家中便宴。曹禺问及去美国应注意些什么问题。茅盾回答说,一是要把中国的实际情况告诉世界,再有,便是要讲文学的社会意义。3月3日下午,出席"文协"为欢迎田汉、马思聪、端木蕻良而举行的茶会,被公推为主席。到会的还有邵力子、阳翰笙、艾芜等。4日,与郭沫若、田汉、阳翰笙等20余人就复旦大学少数人辱打洪深一事,致函洪深。曰:"警闻先生仗义执言、横遭殴辱,同人不胜愤慨,特函慰问,敬祈为国为民珍重。"13日,与郭沫若、沈钧儒、陶行知、田汉等致电西安《秦风日报》《工商日报》,为两报于月初被国民党特务捣毁感到"不胜痛愤",并望"再接再励,共同争取民主自由之实现"。(参见唐金海、刘长鼎主编《茅盾年谱》,山西高校联合出版社1996年版;文天行编《国统区抗战文艺运动大事记》,四川省社会科学院出版社1985年版;孙国林编著,王佳钰、王增辉校订《延安文艺大事编年》,陕西师范大学出版总社2016年版)

巴金1月1日在《少年读物》月刊第2卷第1期复刊号发表《我爱青年》,认为应该"热爱青年",是因为"青年阅世不深""心灵纯洁""热爱自由""用'心'思想""追求'理想国'""倾听先知的言语和行吟诗人的歌唱"。10日,中篇小说《第四病室》第一部分刊于上海《文艺复兴》月刊。15日,长篇小说《寒夜》一至四章刊于上海图画杂志《环球》第4期至第6期。《环球》系吴朗西亲戚所办,吴回上海替亲戚组稿,要巴金为《环球》写连载小说,巴金即将写好的《寒夜》部分原稿交他。《寒夜》在《环球》上刊出二次,画报即停刊。20日,与茅盾、冯雪峰、曹靖华、骆宾基、徐迟、艾芜、葛琴、宋之的、陈白尘、白薇、田涛、冯乃超、阳翰笙、邵荃麟、王冶秋、碧野、柳倩、臧克家、力扬等30人联署《陪都文艺界致政治协商会议各委员书》,刊于《中原·文艺杂志·希望·文哨联合特刊》第2期,又载5月4日《抗战文艺》终刊号第10卷第6期,要求"结束一党专政,制定和平建国纲领",呼吁"废止文化统制政策,确立民主的文化建设政策"。同月,长篇小说《第四病室》作为良友文学新编第3种由上海良友复兴图书公司出版。含《前记》《后记》及正文十章。2月中旬,因"校场口事件"引起公愤,遂参加重庆文化界百余人的签名运动,联署发表《为校场口血案告国人书》,声讨国民党政府镇压群众的罪行。3月,把远隔重洋的挚友萧乾发表的报告文学,从报上剪辑后编成《南德的暮秋》,列入《文学丛刊》第8集,由文化生活出版社出版。4月18日,与张澜、沈钧儒、郭沫若、茅盾等75人联名发表《致美国国会争取和平委员会书》。下旬,获悉夏丏尊先生于23日在上海去世,深感痛惜。5月5日,出席全国文协在张家花园召开的庆祝文艺大会,听取周恩来讲话。散会后陪周恩来边走边谈。周恩来说,他明天将去南京继续与国民党谈判。巴金说:"斗争很艰巨,希望多多保重。"周恩来说:"只要坚持斗争,人民一定胜利。"感到他"完全没有私心",对未来"充满信心",在他身边受到鼓舞,感到安全。11日,出席文联社发起的文艺座谈会。(参见唐金海、张晓云《巴金年谱》,四川文艺出版社1989年版)

　　田汉年初在昆明。1月5日,为新中国剧社排练上演俄国名剧《大雷雨》,写《大雷雨前夕》一文,赞扬种种困难"没有减退他们的勇气",他们"描写出千万个在封建压迫下青年男女的心,描写出千万个青年男女追求自由光明追求解放的呼声"。21日,出席"政治协商会议昆明各界协进会"成立大会。2月上旬,离昆明前写毕五幕历史剧《陈圆圆》(又名《商山寺钟声》)。10日,由昆明飞抵重庆。11日上午,去重庆市民医院看望昨日在"校场口事件"中被暴徒打伤住院的李公朴。15日下午,出席重庆戏剧界为纪念抗战胜利后的第一个戏剧节并欢迎其抵达重庆而在江苏同乡会举行的聚餐会,并作演讲,含泪讲述了自己抵达重庆后见郭沫若、李公朴等被暴徒殴伤时的心境及昆明"一二·一"惨案,号召:"不要想到享福,随时准备吃苦,准备牺牲,为新演剧运动,为建立和平民主的新中国奋斗到底!"17日下午,出席在育才学校办事处举行的中国诗歌音乐工作者协会成立大会,并与欧阳予倩、臧克家、光未然、何其芳、贺绿汀、马思聪等25人当选为该协会理事。晚,出席前"文工会"同人暨文化界人士为欢迎其抵渝并欢送日本鹿地亘、池田幸子夫妇返国和慰问郭沫若而在中苏文化协会举行的晚会,在讲话中表示愿作桥梁为民主而奋斗。22日,出席在中一路实验剧场召开的"中国戏剧工作者联谊会"全体成员大会,并作桂林、昆明抗战剧运的报告。23日,出席苏联大使馆为庆祝苏联红军节而举行的鸡尾酒会。下旬,与茅盾、巴金、阳翰笙、艾芜、洪深、胡风、翦伯赞、冯乃超、陈白尘、臧克家等文化界152人联名发表《为"二·一〇"血案告国人书》。

　　田汉3月3日下午出席中华全国文艺协会为其及马思聪、端木蕻良3人举行的欢迎茶会,并发表讲话。13日下午,出席陪都青年联谊会、中苏文化协会等21个团体为鹿地亘和其他日本反战人士回国而在西南实业大厦举行的欢送会,并朗读了一篇用日文写的演讲词。15日晚,出席生活教育社为生活教育运动开展19周年而举行的庆祝大会。17日下午,出席中国民主文化教育事业协进会在青年馆举行的欢迎该会名誉理事及新会友大会,并发表讲话。同月,缮函托"南洋华侨筹赈祖国难民总会"委员李君侠携往新加坡,向该会主席陈嘉庚表示慰问。4 月 20 日,《为民主诗歌而战》刊于重庆《诗歌》月刊第 2 期。同日,上海《人民文艺》第 4 期刊出王少燕笔录的《田汉先生谈戏剧运动》。文中回顾了中国话剧运动的发展历史和光荣传统。22 日,与郭沫若、冯乃超、阳翰笙等出席文联社在中苏文化协会举行的"抗战八年文艺检讨"座谈会,并发言,指出:"如何克服新文艺的狭隘性争取更高的中间层读者是当前一个极重要的问题。其次怎样加强政治性和艺术性,切实大众化等问题也很重要的。"关于形式问题,认为:"太欧化固然要不得,但还须向世界名著学习,以丰富我们的新文艺的语言。"说:"我们所谈的'民族形式',绝对和'中国一切顶好主义者'不同""形式不妨多种多样,主要的在于内容是否于中国人民的迫切要求有用"。3—4 月间,出席关于诗与音乐结合技巧诸问题的大型座谈会,并作发言,说:"民歌非研究不可的,不懂得民歌,怎能创造中国的新诗歌新音乐?"5 月 1 日晚,出席"文协"为其及冯玉祥、郭沫若 3 人举行的欢送会。2 日晚,出席"文协"为第二届文艺节和该会成立 8 周年而举行的同乐晚会,并发表讲话,谈此同乐会的意义。4 日上午,出席"文协"在抗建堂举行的庆祝"五四"文艺节大会。下午,由重庆飞抵上海。(参见张向华编《田汉年谱》,中国戏剧出版社 1992 年版)

沈起予、金满城、聂绀弩、艾芜、沙汀、萧蔓若、陈翔鹤 5 月 1 日出席"文协"为冯玉祥、郭沫若、田汉举行的欢送会,同时成立重庆分会,通过了会章,选举了沈起予、金满城、聂绀弩、艾芜、萧蔓若、沙汀、陈翔鹤为理事,屈楚、李文钊等 3 人为候补理事,李兰、冼群、柳倩为监事。10 日,"文协"假中苏文化协会招待戏剧界及新闻界。主席阳翰笙感谢 8 年来彼此在工作上的合作,还介绍了"文协"重庆分会,也提出商讨筹募分会基金问题。沈起予报告了重庆分会情形。(参见文天行编《国统区抗战文艺运动大事记》,四川省社会科学院出版社 1985 年版)

张澜继续担任中国民主同盟主席。1 月 6 日,国民政府公布政治协商会召开办法和各方面出席政治协商会议人士名单。民盟代表为张澜、沈钧儒、张君劢、黄炎培、罗隆基、张东荪、章伯钧、梁漱溟、张申府。周恩来和张澜商定,民盟和中共默契配合,互相支持。如一方有新提案,一定要先告知对方,互通声气,一致步调。双方一起邀请了 34 位国内有声望的学者名流,组成政协代表顾问团,为民盟和中共政协代表提供咨询。10 日上午 10 时,政治协商会议在重庆国民政府礼堂开幕。中国民主同盟代表团由张澜、沈钧儒、黄炎培、梁漱溟、章伯钧、罗隆基、张东荪、张申府、张君劢 9 人组成。开幕式致词(由沈钧儒代读)说:"这个会议的成功与失败,不止关系国家的命运,的确可以影响到全世界的前途……我首先代表中国民主同盟全体出席会员向会议表示,愿以真诚坦白的态度,至公无私的决心,和衷共济的精神,来与诸位会员共同担负这个重大的责任。"16 日,在政治协商会议第 6 次会议上,张澜领衔与出席会议的民盟代表沈钧儒、黄炎培、梁漱溟、章伯钧、罗隆基、张东荪、张申府、张君劢提出《关于实现军队国家化并大量裁兵案》。31 日,政治协商会议举行第 10 次会议,逐项通过了政府组织、国民大会、和平建国纲领、军事问题、宪法草案 5 个决议,接着举行政治协商会议闭幕式。政协会议期间,张澜等民盟代表反复强调要以党派协商解释国是问题,反对国民党一党专政,强烈要求政治民主,人民自由,实质上否定了国民党的封建法西斯训政的法统,否定了国民党的内战政策和国民党的专制独裁。2 月 1 日,民盟机关报《民主报》正式创刊发行,张澜任发行人、罗隆基任社长。总编辑先后为马哲民、叶丁易。5 日,周恩来赴民盟总部特园,与民盟领导人商谈改组后的国民政府的人选问题。

　　张澜2月9日返成都后,与在蓉的政协代表邵从恩、常燕生等出席成都民主青年协会组织的华西大学、齐鲁大学等5所大学的23个学术社团,在华西坝举行的时事报告会,庆祝政协会议成功。张澜报告了政协会议的经过和取得的成功。10—16日,张澜在成都获悉2月10日重庆发生校场口血案后,发表书面谈话,表示抗议。18日,由成都抵重庆。23日,为国民党特务于2月22日捣毁《民主报》及《新华日报》致函蒋介石,要求迅予严惩校场口血案及捣毁《民主报》《新华日报》之主使人,并解散特务组织,责令陪都各治安机关切实保证以后不再发生同样事件,使人权获得保障,而政治协商会议所郑重通过之一切决议,得以确实进行。3月19日,黄炎培来访。同日,董必武对《新华日报》记者发表谈话,声明中共参政员决不参加国民参政会第四届二次会议。张澜与中共参政员采取一致行动,拒绝出席参政会,以示抗议。中旬,周恩来访晤张澜及民盟其他负责人,商谈国府委员名额分配问题。22日下午,与沈钧儒、章伯钧、张东荪、黄炎培、周新民等民盟诸友在特园商谈有关大局。28日,致电陈嘉庚及马来西亚全体华侨,赞扬他们为祖国抗战出钱出力,功勋卓著,太平洋战争爆发后,不畏强敌,壮烈搏斗的精神,并对他们仍处于水深火热之中,深表"曷胜倦念,除电请美洲侨胞团体急筹粮食药材旧衣运交阁下急谋救助,请政府一面向英交涉改良待遇,一面切实救济外,谨专电慰问"。10日下午5时,张澜与沈钧儒、罗隆基、张君劢、张申府、蒋匀田以中国民主同盟名义在重庆"特园"宴请国共双方的政协代表,交换对东北问题的意见。13日,致李璜函,论及民盟与青年党关系,对青年党附和追随国民党的政治倾向提出批评。18日,张澜与沈钧儒、郭沫若等各界知名人士75人在《新华日报》发表《致美国会争取和平委员会吁请重视中国严重局势函》。5月1日,特约沈钧儒、梁漱溟、章伯钧、罗隆基、张东荪、张君劢、张申府等在特园会晤,一致主张本盟应为和平继续努力,拟于日内分赴京、沪开展和平运动。同日,民盟四川省支部的另一机关报《民众时报》创刊。张澜任发行人,社长邵石痴,经理杨伯恺,总编辑马哲民。5月3日以来由于国民政府还都南京,此后,民盟总部也由重庆迁至南京。5月3日,张澜由重庆飞赴成都。行前发表谈话,指出民盟一贯主张以"民主统一和平建国"号召全国,通过召开各党派的政治会议,成立举国一致的联合政府。9日,张澜致函周新民,对结束重庆民盟总部事务作了指示。5月间,民盟总部负责人相继由渝返宁、沪,总部由渝迁至南京蓝家庄及高门楼。(参见谢增寿编著《张澜年谱》,群言出版社2013年版)

　　沈钧儒1月4日午应中国青年党执行委员会主席曾琦邀,出席该党宴请民盟代表的宴会,就政治协商会议事交换意见。下午,出席东北政治建设委员会招待政治协商会议代表的茶会,交换对国是和东北问题的意见。7日,出席政治协商会议举行的全体代表茶话会,为即将举行的会议交换有关会议程序的意见。提议:正式大会会场席次不必抽签决定,而应让各党派代表坐在一处,以便交换意见。出席各代表均表赞同。下午,出席中共代表团为招待中外各界在胜利大厦举行的新年鸡尾酒会,共同为民主团结干杯。9日上午,出席中国妇女联谊会为招待政协代表在中苏文化协会举行的茶会。下午2点,出席陪都文化界7团体招待政协代表的会议,并讲话。谈及文化界所提的基本要求和民盟的一样。关于法令,凡限制自由的规定,都应一律取消。民盟现正收集有关法令,认为应予废止的已有28种。还有许多没有搜集,希望文化界多研究,多帮助代表。发言后,又赶往参加下午3时国民党代表邀请民盟代表的座谈会。同日,由沈钧儒发起创办的人救会言论机关《民主生活》周刊出版,宋云彬任主编,沈钧儒任发行人。发刊词指出:"现在是人民的世纪,人民是国家的主人。我们始终是站在人民方面的,我们愿意做人民的喉舌,用我们的笔来反映人民的公意,喊出人民的痛苦,启发人民的觉悟,协同人民前进,以发挥民主精神,实践民主生活。"10日,中外注目的政治协商会议在重庆开幕,31日闭幕。沈钧儒作为民盟代表出席。在分组委员会中与罗隆基一起属改组政府组委员。11日,参加由民主建国会、陪都文化界政治协商会议协进会筹备会、中国人民救国会三团体假迁川工厂联合会会址召开的会议,邀请各界代表商讨筹组"陪都各界政治协商会议协进会"事。会议通过组织"陪都各界政治协商会议协进会"即日开始工作。

　　沈钧儒等民盟代表1月16日联名提出《关于军事问题的提案》。19日,在政协第九次会议讨论修改宪章问题时,发表意见。29日,参加"陪都青年联谊会"成立大会,并致词。该会以促进青年团结,砥砺学行,维护青年权益,推进民主运动为宗旨。政协会议期间,沈钧儒等民盟代表反复强调要以党派协商方式解决国是问题,反对国民党一党专政,强烈要求政治民主,人民自由。经激烈讨论,通过了有利于和平、团结、民主、统一的五项协议。2月1日,民盟总部机关报《民主报》在重庆发刊。7日,沈钧儒作为民盟代表参加于是日组成的政协宪草审议委员会。9日,出席在人救会会所召开的人救会第四次会员大会,任会议主席。向会议报告:(一)关于政协会议,认为会议"不能不谓有所成就,但前途暗礁亦复不少";(二)人救会各地方分会近况;(三)本人近期拟去沪,可能转港粤一行。主要任务为:"1.加强推行港、沪等地会务;2.推动民盟华中盟务;3.处理故会员韬奋先生创办之生活书店店务;4.筹组人权自由保障委员会分会。"会议经讨论,议决成立重庆市支部等事项。并通过《政治纲领》(草案)。同日,出席在重庆青年大厦举行的人权保障委员会(原发起时叫"人权自由保障委员会")第一次筹备会议,讨论章程和推举筹备委员。该会是根据政协会议决定组设的。沈钧儒与冯玉祥、董必武、侯外庐等10余人在会上发言。会议一致推选沈钧儒与邵力子、冯玉祥、董必武等为筹备委员。10日,参加重庆各界庆祝政治协商会议成功在校场口举行的群众大会。国民党特务捣乱会场并行凶。在眼见特务追上前来辱骂不已时,原读书出版社、生活书店同人范用及仲秋元只得将沈钧儒架起避走,幸遇朱学范小车,请入车内,始获脱险。沈钧儒等政协代表11人为此联名致函蒋介石,提出抗议,并要求接见。同日,民盟上海市支部成立。(参见沈谱、沈人骅编《沈钧儒年谱》,中国文史出版社1992年版)

　　张君劢1月6日被蒋介石聘为38位政治协商会议代表之一。11日,在国民政府电催下,由巴黎起飞返国。17日抵达重庆,时政协会议已召开一周。下午3点,张君劢首次出席政治协商会议。大会讨论的议程为国民大会问题,张君劢发言说:国大是一政治问题,只有把这中心问题把握住了才能求得解决。当前最大事实是民主与非民主的起点。19日夜,同盟会开常会,张君劢报告海外情形。21日夜,民盟同人会商,张君劢提出对于宪草新意见。27日,政协会议大部分会员、各党派、无党派、社会贤达代表,和文化事业界代表共400余人为张君劢庆祝60岁寿辰。事前,民主人士发起祝寿,张君劢一再坚辞,只允许在原定地点时间,自备茶点,原有每人聚餐费2000元,都捐作救济难民之用。祝寿会由沈钧儒主席,张东荪、王宠惠、孔祥熙、曾琦、董必武、邵力子、谢冰心等相继发表简短演说,对张君劢毕生为民主奋斗,以及这次政协会议中对于修改五五宪草的贡献,大家都很推崇。对于张君劢的好学不倦精神,亦加以赞扬。张君劢致答词表示:目前中国民主已有曙光。愿再活40年,做20年事,读20年书。周恩来赠送寿文"民主之寿",蒋介石赠送的寿文为"寿人寿事"。31日,出席政协闭幕式并讲话。

按：张君劢在政协闭幕式致辞中说："本人此次自海外归来，深切知道国际方面期望中国和平统一很切。要知道中国自身负有治国的义务，一个国家在国际上的第一种责任，是先把自身整理好，保持和平与秩序，然后在国际上成为有能力的份子。如自己不能整理好，天天内乱，如何在国际上尽其应尽的义务。此次协商会已走上和平统一之路，以后不至有内乱，不至内战，这是中华民国最光明的一条大道。国家的事情的解决方式，不外二种：（一）武力，（二）和平。民主同盟方面极希望和平，就是希望走第二条路。民主政治的实现，不是一天可以完成的，所以后大家觉得有一二件事情，一二个问题对于民主精神似有出入，这是无妨的。我们相信要走上民主阶段，首先要保持和平，以逐渐改良方法，求得民意的实现，这样办法才会逐渐走上民主之路。千万不要因为一二件事情失败，就认为民主与自由的失败，这种看法是很危险的。我们对民主的信仰要彻底，要全盘的，惟有本政治解决，改良法律，才会使民主政治的基础确定。主席说民主政治须要善良风气，善良风气的养成，第一，使人民衣食丰足。第二，有礼义廉耻，有了礼义廉耻，政治自然走上轨道。如果天天用武力，内乱不止，人民衣食更为困难，衣食不足，礼义廉耻也就无从实现。所以我们要和平，和平之后才可以统一，才可以民主，此次政治协商会议给大家无尚安慰，就是有了和平以后，自然可以民主，不用武力，自然能采用法律解决，或政治解决途径。此次协商会议成功，既以和平解决，统一与团结的效果，自随之而来，走上政治的路线，亦自在其中。所以这一次种种协议，我们民主同盟不论在朝在野自愿竭诚拥护的。"

张君劢2月1日在接受记者采访时表示：能和平，就是一个很大的成就。同日，张君劢在星期五聚餐会上作演讲，根据他参加联合国大会时期观察的结果，认为大国否决权问题是基于1939年苏联被英美势力挤出旧国联的事件而提出的。而在联合国大会中又为一中心问题，因一切争论莫不涉及此问题。7日，与蒋介石、王世杰、蒋经国、张嘉璈、翁文灏等，讨论与苏联在东北合办工业方案，决定对苏联希望合办鞍山、鹤岗煤矿事表示同意，具体方案由翁文灏拟定。9日，在中央大学作《政治协商会议修改五五宪草的原则》的演讲。14日，出席宪草审议委员会第一次会议，参与起草《中华民国宪法》草案。15日上午9时，参加宪草审议委员会第二次会议。会议的议题是讨论国大问题。16日上午9时20分，参加宪草审议委员会第三次会议，讨论中央政制问题。下午，参加宪草审议会第四次会议，会议继续讨论中央政制问题。18日下午3时至6时半，宪草审议委员会举行第五次会议，讨论地方制度等宪法问题，多不主张有省宪。张君劢出席会议，在会中发言主张地方之权限应予扩充，如教育、卫生、水利等专业均应任其举办。同月，张君劢乘飞机抵达上海。23日，黄炎培等访张君劢，偕张君劢、沈钧儒、彭一湖联合发表对时局的主张。3月2日晨，抵达北京，住汤铸新（汤芗铭）处。午后，邓之诚等来访。3日10时许，在汤铸新（汤芗铭）住所（北平），与来访者时任燕京大学教授邓之诚谈话，饭后谈三事：一、管理日本事；二、华北工业；三、汤铸新出山。4日，邓之诚派高名凯入城请张君劢来校作演讲，张君劢作《吾国政党发展之回顾与吾党之将来》的演讲。5日10时半，与汤铸新（汤芗铭）自城中去燕京大学访邓之诚，邓之诚与张君劢等过临湖轩，与陆志韦、洪煨莲谈至12时始散。

张君劢3月6日自北平飞渝。10日，与弟公权、顾维钧共进午餐。公权向顾维钧讲述了他与苏联马林诺夫斯基元帅在东北进行谈判的情况。14日下午6时，出席政治协商会议之综合委员会及宪草审议委员会协商小组在国民政府举行的联合会议。15日下午8时至11时，出席政治协商会议之综合委员会及宪草审议委员会协商小组在国民政府举行的第二次联合会议。16日，与周恩来、董必武等联名致信孙科，刊于3月17日《新华日报》。19日上午9时，出席宪草审议会第七次会议。同日，到参政会办理报到手续。是日为参政会报到的最后一日。20日上午9时，出席第四届国民参政会第二次会议开幕式。25日9时，民盟国大代表提名小组在鲜宅开会,张澜、沈钧儒、章伯钧、梁漱溟、周新民、张君劢、黄炎培等出席。黄炎培提出名单。夜,在鲜宅继续开小组会议,商国大代表问题。28日,作《廿余年来世界政朝激荡中我们的立场》的演讲,由杨毓滋记录整理,刊于4月15日出版的《再生周刊》第108期。作者声称:民国十二年后,世界潮流天天在国际主义与国家主义、民主政治与独裁政治、资本主义与社会主义六种主义激荡之中,我们的立场如何,可以说我们在国际主义日渐抬头之时,始终没有放弃国家本位,此为第一点。又说在民主政治下实现社会主义不是乌托邦的理想,而成为议会桌上的法案。下午3时,参加政协综合小组会议。29日晚,与顾维钧谈话,将各党派谈判的情况告诉顾维钧。张君劢说刚刚达成的政治协议有可能履行。同日,在《大公报》发表《对五五宪草修改原则疑难之解答》。4月1日,在《再生周刊》第106期发表《间接方式之直接民权——国大问题》。2日,在第四届国民参政会第二次大会第十次会议上,当选为参政会休会期间驻会委员。5日上午9时,参加政治协商会议综合小组商讨均权制度之特别小组会议。6日上午9时,参加政治协商会议综合小组及宪草审议会协商小组会议。8日,张君劢、沈钧儒、张澜、罗隆基、张申府等与周恩来商谈东北问题。9日上午9时,参加政协综合小组及宪草审议委员会协商小组联合会议。10日下午5时,民主同盟政协代表张澜、张君劢、沈钧儒、章伯钧、张申府、罗隆基在特园鲜宅约请国民党及共产党两方出席政协代表,交换解决东北问题意见。13日下午3时,出席在国府会议室举行的政协综合小组会议。

　　张君劢4月16日下午2时出席政协宪草修正条文起草小组会议,会中以张君劢所提之宪法草案及五五宪草为研讨根据,结果由总则至人民权利数章,获口头之初步协议。19日,出席陪都各界追悼王秦叶邓黄诸先生大会。张君劢是追悼大会的发起人之一。20日,在《再生周刊》第109期发表《吾国政党发展之回顾与吾党之将来》。27日上午10时,应马歇尔之约,与罗隆基一同与马歇尔会谈。续商由"第三方面"政协代表提出可能使政府与中共双方易于接受之东北问题折中方案。晚间,与罗隆基一起访周恩来,希望促成政府与中共对东北问题意见接近而订立一新的停战方案。28日,张君劢、罗隆基应约会晤马歇尔将军,提出5项办法,请马歇尔与蒋介石商议。29日晚,与罗隆基访周恩来,携带民主同盟关于和平接受长春的方案,周恩来表示这个方案可以考虑,但是须请示延安,才能做出最后决定。晚间并偕周访马歇尔特使商谈至午夜始散。5月1日,张澜邀张君劢、梁漱溟、沈钧儒、张东荪、章伯钧、罗隆基、张申府等在特园会商,一致主张民盟应为和平继续努力,拟分赴京沪开展和平运动。5月4日,在《再生周刊》第111期上发表《约法存废问题》。(参见李贵忠《张君劢年谱长编》,中国社会科学出版社2016年版;翁贺凯编《中国近代思想家文库·张君劢卷》及附录《张君劢年谱简编》,中国人民大学出版社2014年版;耿云志编《胡适年谱》,福建教育出版社2012年版)

　　罗隆基1月以民盟代表的身份参加在重庆召开的政治协商会议。他在政治组起草文件过程中,与中共代表团代表王若飞站在一起,联络和团结其他方面代表,同国民党代表进行了针锋相对的斗争。在会上一再强调要以党派协商的方式解决国事问题,反对国民党的一党专政,强烈要求政治民主,人民自由。2月1日,任《民主日报》社长,张澜为发行人,社论委员张君劢、罗隆基、张东荪、梁漱溟、郭沫若、马寅初、章伯钧、张申府、邓初民、马哲民、周鲸文、孙宝毅。4月25日上午10时至11时半,罗隆基和张君劢应约与马歇尔将军就东北问题交换意见。26日上午10时,罗隆基与张君劢赴怡园与马歇尔会谈。同日,罗隆基、张君劢等分别会晤邵力子、周恩来,以迅速求得由"第三方面"所拟之调停折中方案之为各方接受。(参见李贵忠《张君劢年谱长编》,中国社会科学出版社 2016 年版;翁贺凯编《中国近代思想家文库·张君劢卷》及附录《张君劢年谱简编》,中国人民大学出版社 2014 年版;耿云志编《胡适年谱》,福建教育出版社 2012 年版)

黄炎培继续主持民主建国会。1 月 10 日,以民主同盟代表之一身份出席政治协商会议。14 日,美总统杜鲁门派特使马歇尔于上月 22 日抵达重庆,声称调处中国内战。是日,黄炎培偕民建胡厥文、章乃器、孙起孟、章元善访美特使马歇尔,谈及政治协商会议,拟坚持两点:(一)人民自由要有保障;(二)军事制度要常规化。15 日,出席政协举行第五次会议,讨论施政纲领问题。代表民盟提出,共同纲领可称为"和平建国纲领",大家一致同意。26日,黄炎培在重庆之菁园寓所被军警宪兵特务大检查。事件发生后,民盟召开紧急会议,决定严正交涉。黄炎培亦致书蒋介石,请予查究。27 日,因菁园住宅被搜查,参加政协之代表向政府提出,如在 36 小时内仍未得到解决人身自由的保证,即拒绝出席会议。中共抗议尤为严肃。国民党被迫于 28 日宣布废止及修正妨害人民自由的法令 48 种。28 日,政协会议关于政府组织法获得协议。在国府委员会中,国民党委员 20 人,其他党派委员 20 人,其中包括民盟 7 人。黄炎培后被民盟推选为国府委员之一。29 日,到民盟会商今后参加政府问题,并表示本人如真由民众选出,决不推辞。31 日,出席政治协商会议第十次会议(亦即最后一次会议),在纲领组报告后发言,提出两点意见:(一)希望政府制定侵害人权治罪法;(二)即席发起人民自由保障委员会,传送签名簿,赞成者即当场签名。2 月 1 日,中国民主同盟举行常委会,任主席,讨论与青年党之关系问题。(参见许汉三编《黄炎培年谱》,文史资料出版社 1985 年版)

施复亮 1 月 1 日在重庆《新华日报》发表《我的答案》,对征求回答的七个问题作了旗帜鲜明的表态,其中第七个问题的表态是:"必须在国共两党以外形成一个进步的民主的中间派的政治力量,其强大到举足轻重的地位,既可以做双方团结的桥梁,又可以做共同团结的基础。"在此,施复亮明确提出了"中间派的政治力量"这一重要理念,由此引发有关"中间路线"的论争。11 日,施复亮在《新华日报》发表《感想和希望》,公开申明:"十八年来,我的立场和态度都是中间派的立场和态度",但同时强调:"中间派决不是调和派,在是非之间决不能中立;在民主与反民主之间决不能调和",主张采取一种"坚决反对保守反动的道路"的"中间路线"。1 月 12 日,胡厥文、章乃器、徐崇林、施复亮、孙起孟等 35 人组成理事会的陪都各界政治协商会议协进会在重庆成立。同日,为了宣传国是主张、推进会务和沟通成员之间的联系,民主建国会常务理事会会议决定在重庆创办《平民》周刊。施复亮任主编,胡厥文、黄炎培、黄墨涵为发行人,伍丹戈、施复亮、姜庆湘、孙起孟、章乃器、章元善、毕相辉、彭一湖、张雪澄为编辑委员。周刊社址设在重庆江家巷 1 号。至 2 月 9 日共出版 4 期。7月 14 日,施复亮在上海《文汇报》发表《何为中间派》,对其所提出的"中间派"概念作了直接的阐述,并说:"中国的中间派,有它自己的社会基础、政治路线、对内对外的明确政策,以及对国共两党的独立态度。"20 日,施复亮在《周报》第 46 期发表《国共谈判与重庆政协》,文中论及"第三方面"问题。12 月 23 日,施复亮在《文汇报》发表《"第三方面"的组织问题》,进而就"第三方面"的组织问题作了系统阐述。24 日,施复亮发表《中立、调和与中间派》的文章,回答《文汇报》社评提出的问题。施复亮强调,中间派应坚持自己的立场,这就是"以拥护政协决议为当前的最高任务"。(参见何民胜编著《施复亮年谱》,商务印书馆 2019 年版)

梁漱溟 1 月 10 日为参加旧政协会议中国民主同盟 9 位代表之一,并参加军事组、国民大会组两组。27日,交周恩来先生一信,请带延安转毛泽东主席。信中说:"我自己认为八年来对现实政治之努力,到今天应该告一结束。"30日,在政协闭幕席上宣布退出现实政治。2月2日,在重庆《大公报》发表《八年努力宣告结束》。7日,在重庆《大公报》发表《今后我致力之所在》。文中说:"建国绝非只政治之事,而是要建设全盘文化。""今天摆在中国人面前的实在是一个文化问题,而不仅是一个政治问题。""政治不过是其浅表,问题的根本还在整个文化上,如我从来所说的,它是一种极严重的文化失调。""今天我们必须从思想上打出这混乱之局,从整个文化出路上来求政治的出路。这就是我要致力的工作。"3月11日,梁漱溟再次访问延安,住了10天。此次访问的动机是,在旧政协开过后,曾宣称不参加将要组织的联合政府,为求得中共方面的同意,决定亲自去延安。旧政协闭幕前夕,中共代表周恩来将返延安请示,然后签字。周恩来特到国府路300号民盟总部交换意见,梁漱溟将其预先写好给毛泽东的一信托周恩来带去,表明想要退出现实政治,从事思想言论工作,不参加联合政府之意。不料此意乃非共方所许,毛泽东手答一信,经周恩来带回面交梁漱溟,略谓参加政府与从事言论工作不相妨碍。4月18日,梁漱溟从昆明飞回重庆。(参见李渊庭、阎秉华编著《梁漱溟年谱》,商务印书馆2018年版)

　　张申府1月6日在《新华日报》发表《现代世界学术思潮新刊出版预告》。10日,代表民盟出席中外注目的政治协商会议,并积极进行了争取民主的斗争。16日,《请立即实现人民四项自由》刊于《新华日报》。同月,任出席政治协商会议(后称"旧政协")"民盟"代表。2月1日,《民主日报》正式发刊。发行人张澜,社长罗隆基,张申府任社论委员。同日,《党与军人》刊于《大众》(重庆)第1期。4日,《大地回春》刊于《民主报》(重庆)第4号。9日,《中大演讲》刊于《新华日报》。16日,《今后中国发展的大道》刊于《新闻评论》(北平)第8期。23日,《北平依然应是全国文化中心》刊于《新闻评论》第9期。23日,《北方人的任务》刊于《新闻评论》第9期。3月9日,《政协决议应该共同实行》刊于《解放》。20日《政协决议岂容改变》刊于《新华日报》。(参见郭一曲《现代中国新文化的探索——张申府思想研究》及附录一《张申府年谱简编》,广东人民出版社2002年版;雷颐编《中国近代思想家文库·张申府卷》及附录《张申府年谱简编》,中国人民大学出版社2015年版)

　　陶行知1月1日发表诗作《新年的希望》,该诗分《和平年》《民主年》《联合政府年》3首。《大众的艺术》亦于本日发表。在育才教育实践中提出生活教育运动的四大方针(即民主的、大众的、科学的、创造的)后,更加鲜明地指出艺术应该走的道路。2日,撰写《社会大学运动》,提倡开展社会大学运动,并指明"大学之道:在明民德,在亲民,在止于人民之幸福"。3日,与冯玉祥、郭沫若、周恩来、柳亚子、茅盾、叶圣陶等50余人联名发起"冼星海先生纪念演奏会启事"。15日,与李公朴、史良等创办的重庆社会大学(夜大学)在重庆举行开学典礼,周恩来、冯玉祥、沈钧儒、史良、张澜等出席。社会大学以人格教育、知识教育、组织教育、技术教育4项为教育方针。课程分公民必修课、业务课、专题讲座三类。每晚上4节课。学习方法,以"自学为主,教授为辅",提倡民主教育,"学教做结合",强调"主动、实践、集体"。陶行知任校长,李公朴任副校长。陶行知在开学典礼讲话时阐明社会大学的宗旨、原则、教学内容、教学方法、发展计划等。

　　按:1947年8月2日,陶行知创办的社会大学被国民党当局查封。

　　陶行知与李公朴等组织民主协进会2月1日在重庆沧白堂举行民主讲座,邀请政协代表参加。同日,民盟机关报《民主报》创刊,与郭沫若、邓初民同为社论委员会委员。10日,重庆各界近万人在校场口举行庆祝政治协商会议成功大会。与郭沫若、李公朴等20人为大会主席团。"校场口惨案"发生后，即带领育才师生上街游行，抗议示威。3月8日，请邓颖超给育才师生进行革命传统教育。9日，《领导者再教育》一文刊于《民主》星期刊第24期。首述领袖们要学习民主，最后提出领导者再教育之三部曲，即跟老百姓学习、教老百姓进步、引导老百姓共同创造。（参见余子侠编《中国近代思想家文库·陶行知卷》附录《陶行知年谱简编》，中国人民大学出版社2015年版；中央教育科学研究所编《中国现代教育大事记1919—1949》，教育科学出版社1988年版）

　　李公朴1月3日应中苏文化协会会长孙科、国民参政会秘书长邵力子邀请，出席中苏文化协会招待苏联朋友及文化界人士的新年同乐晚会。5—7日，出席并主持音乐家冼星海追悼大会、遗作音乐会。9日晚上7点，出席救国会第三次全体会员大会，主要讨论修改救国会纲领。11日，发表《贺新华日报》诗篇，祝贺《新华日报》成立8周年。同日，陪都各界政治协商会议协进会成立，被推任理事。协进会共举行了8次各界民众大会，分别邀请政协代表报告当天开会情形，担任第五、第六、第八次大会主持人。15日，和陶行知共同创办的重庆社会大学举行开学典礼。任该校副校长兼教务长。19日，为社大教育系学生讲"比较教育"课。20日，陪都各界庆祝国内和平大会召开，为主席团成员，并主持会议。23日，为三联分店员工讲《民主生活讲话》。该讲话共分5讲，自1月至3月完成。同时分别刊于《民主生活》第3、4、5、7、9期。24日，政治协商会议陪都文化界协进会成立，任理事之一。28日，《怎样办社会大学》一文完稿。29日，参加陪都青年联谊会成立大会，被邀致辞。2月5日，周恩来在曾家岩50号举行茶话会，招待重庆文艺界、戏剧界人士，应邀出席。8日，参加诗歌音乐工作者联合座谈会，认为战后"诗歌音乐应发挥更大的作用"，提议组织诗歌音乐工作者协会，获通过，并和力扬、王亚平等人被推为筹备人。9日，参加沈钧儒等人发起的人民权利保障委员会第一次筹备会议，并作了发言。同日，参加救国会第四次全体会员大会，主要听取沈钧儒关于政协会议的报告。10日，国民党特务制造了重庆"校场口血案"，李公朴、郭沫若、马寅初等60余人被打伤，送进医院治疗。李公朴对夫人张曼筠说："我们搞民主运动的人，是要随时准备牺牲的！"李公朴住医院和休养期间，受到周恩来以及全国各界人士的慰问。同日，在史良的陪同下，到重庆地方法院验明伤情，提出控告，要求惩凶。20日，完成《起床以后》，记述"校场口血案"经过，表示为民主建国，"益为奋勉"。26日，参加救国会第五次全体会员大会，报告校场口受伤后得到各方友好的慰问，"倍觉亲切"，并认为"民主运动做得不够深入"。

　　李公朴与郭沫若、茅盾等人3月1日因国民党特务捣毁民盟西北总支部机关报《秦风报》，致函慰问。5日，李公朴向社大同学报告学习方法和学习进度及考试办法。8日，与陶行知、章乃器、史良商讨校场口案自诉事。校场口案发生后，肇事者刘野樵向重庆地方法院诬告李公朴等人，法院原传讯李公朴等人于2月28日开审，但因理亏，又延期开审。故商量提起诉讼事。9日，主持社会大学举办的校董、教授、社大之友聚餐会，邓颖超及新近被国民党释放的叶挺、廖承志等人出席。10日，赴章伯钧宴，针对国民党六届二中全会上顽固派反对政协会议决议，与周恩来、叶挺、廖承志、冯玉祥、田汉等人均有讲话。15日，为校场口案走上重庆地方法院法庭。最后庭长宣布，延期审理，视政协会议综合小组政治调解结果而定。17日，重庆各民主党派领导人和各界人士举行宴会，欢迎李济深、田汉到重庆和叶挺、廖承志出狱，出席并讲话。21日，出席救国会会员第六次大会，与史良、曹孟君、陶行知、宋云彬被推选组成国大代表提名委员会。23 日,《民主教育的初步实践——两月来社大教学总结》完稿。24 日,著名教育家黄齐生等慰问李公朴。二人代表延安各界于 12 日来渝,慰问校场口案受伤者。26 日,主持邓发给社大同学作《民主政治的劳动政策》讲座。记听后感想,认为经过八年抗战,大家对共产党油然而生一种最可爱的感觉。27 日,复中共党员张光年信,表示"在真理的旗前倒下去是大愿也"。28 日,赴周恩来、王若飞宴会,宾主一桌。30 日,撰写成《新宪法上的教育问题——确定民主教育的原则》。31 日,参加中国学术工作者协会成立大会。

李公朴 4 月 1 日出席重庆杂志联谊会第十次大会,决定创办《联合三日刊》。4 日,撰写《人民才是原子弹》一文。9 日,陶行知将赴沪,组织欢送会。10 日,与周恩来、沈钧儒通电话,讯问叶挺、王若飞等人所乘飞机有无消息。叶、王等人所乘飞机于 4 月 8 日失事,此时尚未得到消息。11 日,为纪念"校场口血案",与施复亮、王葆真、史良等 50 余人成立"二一〇"社。同日晚,与周新民、辛志超、范朴斋等人交换关于今后民主运动的意见。归途赴中共代表团询问飞机失事消息。12 日,出席救国会第七次全体会员大会,主要听取了柳湜的报告。柳湜从延安来渝。13 日,确悉叶挺、王若飞等人全部遇难,悲痛万分,立即到中共代表团吊唁。14—15 日,参加筹备"'四八'烈士追悼会",并被推任司仪。18 日,和张澜、沈钧儒等 78 人致函美国"国会争取和平委员会"萨柏司伊塞克诸议员,赞成他们所揭举的"反对以武器与军备给予盟邦使其进行内战"等 6 项原则。19 日,重庆各界举行追悼"四八"烈士大会,任大会司仪,"指挥一切"。24 日,与沈钧儒、史良联名邀请中共代表团、报馆朋友以及新来重庆之罗瑞卿、李维汉等 16 人,共用晚餐。25 日,参加东北文化协会及东北政治协商会举行的反对东北内战茶会。27 日上午,应郭沫若、阳翰笙邀请,欢送苏联文化委员,并讨论今后如何开展文化交流工作。下午,参加文化界招待会,会上表示"应加强人民当中民主运动工作"。29 日,社大举行第一期放学典礼,报告《我们的教育经验》。5 月 1 日,为青年会全体劳工讲演《今日的过去与将来》。6 日,出席救国会会员第八次大会,报告重庆分会的任务以及如何推进重庆民主运动。8—13 日,主要帮助社大同学编校《社会大学》一书。为该书写《新教育的开始》作为序言。(参见周天度、孙彩霞《李公朴传》附录《李公朴生平活动简表》,群言出版社 2002 年版;中国民主同盟云南省委员会《李公朴在云南》)

张西曼 2 月在重庆任中国民主宪政促进会理事长,孟宪章、焦敏之任秘书处主任,李澄之、许德珩任组织处主任,张雪岩、马哲民任宣传处主任,潘震亚、林亨元、何思敬任人民自由保障委员会委员,吴藻溪、张雪岩任农民委员会委员,邓发、朱学范任工人委员会委员,彭敏炯、孙荪荃任妇女委员会委员,甘祠森、伍丹戈任青年委员会委员,孙荪荃、魏希昭任儿童福利委员会委员,周新民、王卓然任教育委员会委员,詹熊来、雷启汉任宪草委员会委员,宋云彬、阎宝航、潘菽、潘梓年、李世璋、华岗、吴清友、陶大镛、尚丁为理事,杜国庠、寿晋文、董冰如、易礼容、章友江、崔国翰、刘铁华为候补理事。3 月 18 日,张西曼在欢迎李济深、李任仁、田汉以及才从狱中释放出来的叶挺、廖承志的宴会上,即席发表演说,回忆孙中山先生的伟大革命精神,呼吁国民党民主人士与各党派及社会人士,同法西斯反动势力斗争到底。

许德珩继续筹备九三学社。1 月 10—31 日,政治协商会议在重庆举行。1 月 6 日,"九三座谈会"举行会议,声援出席政协会议的各界代表,并决定筹组九三学社。9 月 3 日是抗日战争胜利的日子,明显带有政治性。鉴于当时的知识分子大都不愿参与政治,许德珩考虑最好取一个既体现学术性又带点不太明显的政治性的名字为妥,以利于团结广大知识分子参加,于是取名为"九三学社"。5月4日,经过4个多月的筹备,在重庆正式召开了九三学社成立大会,许德珩被选为九三学社理事长。大会通过了《成立宣言》和《基本主张》。认定:"中国今日,舍和平团结,实无救济之策";"联合国内外民主力量,争取人民基本自由之保障,实属刻不容缓";"为民主与科学之实现而努力,始终不懈"。(参见左用章《许德珩与九三学社》,广东人民出版社2004年版)

晏阳初4月17日自美返回,抵上海,至南京见宋子文后即飞重庆,回到中国乡村建设学院,努力于学院的发展工作。为进行综合性的乡村建设实验,在四川璧山成立华西实验区。四川省政府主席张群正式指定第三行政区11县区作实验,一切工作由平教会指导协助。5月12日,在中国乡村建设学院作"关于在美工作简单情况的报告",由中国乡村建设学院农二甲学生陈克记录,收入宋编《全集》第二卷中。13日,返美后在中国乡村建设学院第一次纪念周上讲话,由中国乡村建设学院农学系邓廷献记录,收入宋编《全集》第二卷中。同日,撰写日记:"在周会上谈从美国归来报告。主要谈三年的经过。"6月22日,致信纽约办事处秘书汤静怡女士。首先,简单向她介绍自己的行程和工作打算:"我即将启程去重庆,然后从重庆再飞成都,到此会同政府调查几件紧急重要事情,同时招聘几名高级人员。我打算在那里停留十来天。从成都回来后,过不了多久又要飞上海和南京,去会见美国援华救济联合会的新领导成员,谒见委员长以及政府其他负责人。"6月,与赵步霞教授一道陪美国道格拉斯等3位朋友到璧山县来凤镇参观、采访平教工作推行情况,与设在来凤大佛岩的平教会办事处的王秀斋等人谈话,后驱车回北碚。秋,乡建院学生民主选举产生"四自会",主席由中共地下党员担任。下设自习、自治、自强、自给四组。配合国际国内形势,壁报、歌咏、舞蹈等活动空前活跃。10月29日"中美委员会"执行委员会决议由"中美委员会"每年支付四万美元,作平民印书局每年经常费的半数,与华莱士捐款合计,以符合斐尔德基金会的条件。11月,包括10县1局的华西实验区正式成立。覆盖人口532万、耕地1230万亩、农民70万户,占全区人口的76%。是年,对中国战后建设有多种设想,拟办平民大学以培养乡村改造工作人才;在重庆中国乡村建设学院新生训练周上作题为"平民教育运动的回顾与前瞻"的讲话,并以该题收入旧版《全集》第二卷中,以"平民教育运动简史"为题收入新版《全集》第二卷中。该"讲话"分三个部分共10讲。第一部分为平教运动胚胎、试验与奠基时期,包括7讲内容。(参见杜学元、郭明蓉、彭雪明《晏阳初年谱长编》,上海交通大学出版社2017年版;宋恩荣编《中国近代思想家文库·晏阳初卷》附《晏阳初年谱简编》,中国人民大学出版社2015年版)

章士钊1月在致国民党政府政务局长俞济时的签呈中,表达了对当时舆论的看法,认为目前"检举汉奸,南北各地,大致就绪",然而"惟法序迟滞,巨憨多年未受审,天下惑焉"。指出"近来告家奸之案云涌飙发,私仇宿怨均假请献之名,亟望汉奸案件得一结束,并明令禁止公私检举,庶几社会得安定,宪政得以推行"。为此,章士钊建议"似宜设置特别法庭专司其事"。当时国民党正在竭力标榜法治,粉饰太平,因此章的建议经国民党司法行政部核议,认为汉奸案件应根据《处理汉奸条例》,仍交法院审理,"设置特别法庭,有违法治精神,易滋物义",因而未被采纳。同月2日,在《申报》上发表《释言论自由》。3月20日,出席在国民政府军事委员会礼堂召开的国民参政会第四届第二次会议。同月,为江庸的《蜀游草》写序言。6月25日,中共中央通知华东局并上海市委,决定聘请黄炎培、陈叔通、胡子婴、颜惠庆、施复亮、章士钊等14人为上海市政府顾问,以期动员上海资本家恢复生产,打通航运,打击帝国主义分子的阴谋活动。9月30日,以律师身份撰状为外籍德人申请入中国籍。10月21日,章士钊与王善祥、杨嘉麟作为周佛海的律师为呈送、调阅周佛海案有关证据致首都高等法院函。11月2日,为周佛海辩护。在为周佛海辩护时,首先肯定周犯有汉奸罪,在此前提下为周辩护。他说:"被告历任显要伪职,触犯汉奸条例,此不争之事迹,无可为讳。然有附带一义不可不明白声叙者:则惟其任职显要,协助抗战工作始克所表著是也。"23日,律师章士钊、王善祥、杨嘉麟要求调阅军统局证据原件致首都高等法院函。12月22日,作《宪草第二十八条商兑》。同月,作《宪法中官吏界说》。是年,章士钊重新挂起律师事务所的招牌,当起了律师。国民党政府开始组织法庭审判汉奸。当初诱劝章士钊参加伪政权的梁鸿志此时以汉奸罪被捕入狱。周佛海、梁鸿志的亲属都请求章士钊出庭辩护,章士钊念其旧情,答应为他们辩护。(参见袁景华《章士钊先生年谱》,吉林人民出版社2001年版;郭双林编《中国近代思想家文库·章士钊卷》及附录《章士钊年谱简编》,中国人民大学出版社2015年版)

陶希圣1月参加政治协商会议中央党部联络小组协助《和平建国纲领》修订的工作,同时在《中央日报》上连续发表十几篇社论,反对中共提出的宪草修改原则,指责中国共产党提出的"宪法草案修改原则",是肢解中国的险毒手段,建立联合政府的主张是瓦解和灭亡中国的道路,呼吁国民党坚持取消中共解放区政权和军队,认为若让中共保留军队,将来必有"新淝水之战"决定国家存亡。甚至提出"三户亡秦",表示坚决与中共斗争到底。陶希圣的上述论调,不仅受到中共代表周恩来的抗议,而且引起国民党内一些民主人士的不满。2月,发表社论反对统编中共部队为国军的方案。(参见陈峰编《中国近代思想家文库·陶希圣卷》及附录《陶希圣年谱简编》,中国人民大学出版社2014年版)

王世杰继续任外交部长。1月1日,会见美国军调处执行部马歇尔将军的代表。3日,与中共代表周恩来等商谈。4日,与马歇尔讨论《国共停战协议草案》。5日,与中共代表周恩来、董必武、王若飞、叶剑英签订国共双方关于停止国内军事冲突办法达成的协议。8日,向蒋介石建议,在国共停战命令上宜有所让步,以促成协议的达成。认为停战之事必须从政治上作长远考虑,不可拘泥于一二城市(指赤峰、多伦)之暂时得失。9日,与即将赴任联合国军事参谋长中国代表团团长的何应钦商议出席联合国参谋会议及中国派兵赴日本本岛事宜。10日,当选为政治协商会议国民党8位代表之一,并担任政府组织组召集人。出席政治协商会议。14日,代表国民党在政治协商会议上提出《扩大政府组织案》。27日,告知飞延安请示的周恩来,希望毛泽东前来参加政治协商会议闭幕式。2月1日,约见苏联大使彼得罗夫,催其速报苏军自东北撤退情形,并告知中方对东北敌产的态度。5日,约张嘉璈从长春到重庆谈东北接收事宜。8日,会见英国驻华大使薛穆,商谈香港、九龙事宜。11日,收到美国国务卿的照会,照会称日本在中国东北的产业为各主要战胜国的共同利益,对中国和苏联单独进行合作谈判表示不满。12日,与外蒙古政府代表苏龙甲布商谈互派公使事宜。20日,约见苏联大使彼得罗夫,了解苏方对16日在重庆发生的学生反苏游行的反应。同日发表声明,表示中国不受"雅尔塔秘密协定"之约束。21日,针对国民党中央党部讨论重庆学生拟再次举行反苏反共游行事宜,担心影响中苏关系和推翻政治协商会议,对于是否继续担任外交部长,不能不细加考量。24日,求见回到重庆的蒋介石,建议蒋介石就学生游行事件表明态度,提出不宜与苏联方面搞僵关系。

王世杰2月担任政治协商会议宪法草案审议委员会委员。同月28日,出席国民参政会驻会委员会会议,报告东北问题。与法国驻华大使梅里霭在重庆签订《中法平等新约》,

法国放弃在华一切特权。同时签订《中法关于中越关系之协定》。3月5日,王世杰在国民党中央二中全会上作外交形势报告,遭到邹鲁、白崇禧、王正廷、齐世英、张道藩等人激烈攻击。6日,以外交部长名义照会苏联大使,要求苏联立即从东北撤军。同日,向蒋介石要求辞去外交部长职务,未允。7日,收到周恩来等7人提交的中共代表团就《新华日报》社被捣毁事件发表的抗议书。苏联大使彼得罗夫来访。12日,以外交部名义提出取消领事裁判权原则讨论稿。27日,与蒋介石商谈苏军撤退后与苏方谈判事宜。29日,与周恩来会谈。周提出中共在行政院应占有副院长,经济、交通两部部长,国防、内政两部次长席位。4月5日,收到中共代表团为北平市当局有计划反共暴行提出的严重抗议书。9日,参加蒋介石召集的会议,讨论与苏联方面谈判事宜。10日,与周恩来及其他党派续商宪法草案中行政院与立法院的关系。12日,与经济部长翁文灏、次长何廉及张嘉璈详商苏联所提中苏东北经济合作方案。14日,收到中共代表团就北平国民党当局将查封《解放三日刊》的函。与周鲠生商谈复兴武汉大学事宜。23日,会见马歇尔,商讨东北问题。24日,面见蒋介石,转告马歇尔提出的不能以武力解决中共问题的意见。(参见薛毅《王世杰传》及附录《王世杰大事年表》,武汉大学出版社2010年版)

王宠惠1月出席在重庆召开的政治协商会议。关于宪法之修正,商定修改12项原则,并组织宪法草案审议委员会,由参加协商议会的五方各推选5人,另推选会外专家10人组成,负责审议宪法草案修正案。王宠惠被推为国民政府代表之一参与审议。审议工作大体完成后,遭中国共产党抵制。国民党决定继续召开大会。会议前,政府指定王宠惠、吴经熊、雷震整理校正协议的宪法修正案,提经宪草审议会商议修正后,再经国民政府发交立法院通过,由国民政府向制宪国民大会正式提出。该宪草的完成,王宠惠付出的精力甚多。(参见王宠惠著、张仁善编《王宠惠法学文集》及附录《王宠惠先生年谱》,法律出版社2008年版)

张道藩、老向、陈之佛、宗白华、朱光潜、谢冰莹、易君左、傅抱石、蒋碧薇、陆侃如等31人为理事,章士钊、熊佛西、徐悲鸿、曾虚白等9人为监事的中华全国文艺作家协会1月26日在重庆正式成立。以张道藩为理事长,王平陵为副理事长。其出版物有《文艺先锋》月刊、《文艺与生活》日刊和《文艺丛书》等。4月9日,张道藩密电国民党四川省党部暗中禁止茅盾的《清明前后》。同日,《新华日报》载:国民党四川省党部密电各区分部,云:"准中央宣传部艺戍艳密电开'准中央文化运动委员会张主任道藩十月三十日函,为茅盾所著之清明前后剧本,内容多系指摘政府,暴露黑暗,而归结于中国急需变革,以暗示煽惑人民之变乱,种种影射既极明显,而诬蔑又无所不至,请特加注意'等语,查此类书刊发行例应禁止,惟出版检查制度业经废止,对该剧本出版不易限制;用此电达,倘遇该剧上演及剧本流行市上时,希即密饬部属暗中设法制止,免流传播毒为荷。等由准此,合行仰遵照办理,设法制止以免流传播毒为要。"(参见文天行编《国统区抗战文艺运动大事记》,四川省社会科学院出版社1985年版)

马衡1月16日签发北平故宫博物院抗战期间留守本院9年的总务处长张庭济起草之复教育部训令函,报告北平本院目前状况:一、马院长在重庆筹办西迁文物集中重庆事宜及陷南京文物清理事宜毕方能来平;二、复员后各项工作按照事变前至计划依次推进;三、沦陷期间被敌军征取铜铁品事件,11月11日《华北日报》已刊载;四、太庙图书分馆损失书籍杂志事件系二十七、八年,两次被敌宪兵至馆搜查并搬走书籍杂志1万册;五、责令日政府赔偿中国损失文物之事,我政府已定有整个计划,已见报纸;六、参阅本院以前出版之文献论丛及历年文献专刊、特刊等,可见本院同人对于文献研究之一斑;七、战时对日方之重大交涉为:(一)索还车臣汗地图事件已见11月11日《华北日报》所载。(二)关于征取铜品交涉事件,在恶劣环境之下,勉强达到牺牲不重要的少数,保全有价值的多数之目的;八、职员待遇下年度另立预算,当为现定标准。本年内由政府发给维持费暂维现状。4月,马衡出席荷兰汉学家高罗佩、水世芳回国欢送仪式。5月,马衡结束川渝文物集中关注部署,准备飞沪转京,因飞机延期,而与马鉴相聚。(参见马思猛《马衡年谱》,故宫出版社2021年版;陈福康《郑振铎年谱》,三晋出版社2008年版)

蒙文通仍任职四川省图书馆,并兼任川大、华大教授。1月,蒙文通友王恩洋因昌圆法师逝世,至成都,在莲宗院设宴。宴毕,商文教院迁蓉事。后又开文献委员会。2月25日,蒙文通拟聘请吴汉骧为省立图书馆职员。3月,四川省立图书馆建立国际图书交换业务,先后致函英、美等国图书馆、中央之外交部、中国驻外使馆、领事馆征集外国及侨胞出版的报刊,并用《图书集刊》及《李荣老子注》《成玄英老子义疏》等与之交换。同年10月换回《英国沙士比亚图书馆读者简章》3件,目录数册,《美国纽约公共图书馆概说及新用人须知》1件,《美国国会图书馆季刊》4册及该馆馆藏中文图书目录等。4月8日,顾颉刚致信蒙文通。5月,《辑校成玄英道德经义疏》由四川省立图书馆石印,内书"抗日战役期中,校辑老子成疏,竣工之日,适逢胜利,唯兵不祥,群生刍狗,拳愿国殇毅魄,早证三清,并祷永弭甲兵,天下安泰"。钱穆见而叹曰:"有清二三百年间,所辑佚书率多残帙,何意今日竟得全编,非治学精勤者焉能获此?"6月7日,吴宓来访。21日,与友彭云生同宴吴宓等于二仙庵。26日,吴宓访华西大学代校长方叔轩,知蒙文通将任华大哲史系主任。28日,罗忠恕招宴于其宅,蒙文通应邀参加,同坐者有华西大学总务长李怀义、华西女部主任兼英文系主任胡正德、华西大学代文学院院长傅葆琛及吴宓等人。同月,作《跋华阳张君〈叶水心研究〉》,并自述学第。

按:《跋华阳张君〈叶水心研究〉》曰:"经学莫盛于汉,史学莫精于宋,此涉学者所能知也。汉代经术以西京为宏深,宋代史学以南渡为卓绝,则今之言者于此未尽同也。近三百年来,宗汉学为多,虽专主西京其事稍晚,然榛途既启,义亦渐明。惟三百年间治史者鲜,今兹言史者虽稍众,然能恪宗两宋以为轨范者,殆不可数数觏,而况于南宋之统绪哉!双江刘鉴泉言学宗章实斋,精深宏卓,六通四辟,近世谈两宋史学者未有能过之者也。余与鉴泉游且十年,颇接其议论。及寓解梁,始究心于《右书》《史学述林》诸编,悉其宏卓,益深景慕。惜鉴泉于是时已归道山,不得与上下其论也。后寓北平,始一一发南渡诸家书读之,寻其旨趣,迹其途辙,余之研史,至是始稍知归宿,亦以是与人异趣。深恨往时为说,言无统宗,虽曰习史,而实不免清人考订獭祭之余习,以言搜讨史料或可,以言史学则相间犹云泥也。于是始撰《中国史学史》,取舍之际,大与世殊,以史料、史学二者诚不可混并于一途也。……余少年习经,好西汉家言。壮年以还治史,守南宋之说,是皆所谓于内圣外王之事,无乎不具也。近校印拙著《儒学五论》方竣,于西汉之学殆略推论之也;兹因张君之作为叙录南宋之学若此,冀于六家之言及其始末之故钩稽而抉择之,以确著论史之准的,张君其奋勉以赴之,余与薄海之人举跂踵以观其成也。丙戌仲夏蒙文通书于澹飔阁。"(《中国史学史》)

蒙文通《黄老考》《杨朱考》10月刊于《灵岩学报》创刊号,然"皆印数不多,流传非易",故数十年后,鲜为人知。同月12日,撰《新校张清夜〈阴符发秘〉校后记》,并述其缘由云:"友人邓君少琴,得自牧道人张子还著《阴符发秘》于东川书肆败纸堆中,以示余。"蒙文通于是重为校订,并请谢无量为新校本作序,杨润六为作者作《自牧道人别传》,后刊《图书集刊》第8期。秋,征得三台草堂国学专科学校校董会同意,聘请谢无量任校董事会董事长。在蒙文通和谢无量的努力下,草堂国专迁至成都西门外金牛坝,并改名为成都尊经国学专科学校,

"意在继承振兴蜀学的尊经书院遗风"。同时，蒙文通也在成都尊经国学专科学校教授史学通论。秋间，蒙文通复从《道藏》唐人著述中，辑得唐西华法师成玄英《老子义疏》，著成《道德经义疏》，郭有守为作《〈道德经义疏〉序》。

按：郭有守为作《〈道德经义疏〉序》云：

有守于抗日战期中，受命典蜀学政，以四川为复兴基础，而文化事业类多未备，爰首建图书、博物、科学各馆，以盐亭蒙文通君治学精勤，任以柱下之守，邦之人士咸庆得人。维时蜀与国内外交通既阻，求书匪易，值亦渐昂，而公帑尤奇绌，有守勉力为助，三四年间，幸聚书四五万册，虽全部庋藏未臻美富，然固已竭其棉力。此中艰苦，人所难知，多以收藏善本为询者，蒙君笑曰：善本岂易得哉？余惟日坐其间新勘善本耳。盖每得世所称明清精刻，蒙君恒以未尽美善为憾，日偕馆中诸子以旧本旧钞与众籍相检校，数年之中，所校书计二十余种，以《史通》《文心雕龙》为最精，以《书苑菁华》《墨池编》校《法书要录》为尤贵。缘《墨池》《书苑》同出《要录》，三书皆无善本，蒙君用相互校，复参之类书文集，是正羡夺，易其伪误，然后三书胥有精本，斯则有关学术，非独勘校之勤也。

今岁秋间，蒙君复从《道藏》唐人著述中，辑得唐西华法师成玄英《老子义疏》，则更为奇迹。夫成《疏》之亡已千余载，唐之末季或已不完，仅强思齐《玄德纂疏》颇多征引，因强书以验顾欢《注疏》之称"疏曰"者，亦成氏疏也。自宋李霖《取善集》等以下，或亦颇存成说。蒙君参合辑录，除其复重者泰半，而成氏之《疏》复有完籍，钱君宾四见而叹曰："有清二三百年间，所辑逸书率多残帙，何意今日竟得全编，非治学精勤者焉能获此。"盖蒙君初从唐人著述中校出是《疏》，辑录成帙，疑若完整，犹未敢必其无所佚漏，嗣以罗叔言影印敦煌唐写《老子义疏》残本一卷，与所辑本相校，竟辑本优于唐写，始决成书之为完璧也。又蒙君既校成《疏》略竟，乃复知成公之经与强、顾诸家所据《经》皆不能合，深惜西华之《疏》虽备而西华之《经》竟亡，爰更取《老子》异本数十种勘之，最后始决唐遂、易二州龙兴观《道德经碑》最与成公《经》合，爰据遂碑以求成公之《经》，偶有违者更以易碑辅之，即无一不符。凡《成疏》之章损其句、句损其字若有阙佚者，二碑皆与相同，然后知成公之《疏》为完疏、二碑之《经》亦完经，而校经之难又倍蓰于校疏也。于是西华此书经与疏字字皆从唐出，以云善本，则其超于宋椠明钞不已远乎？岂仅得不传之籍于千载之后而已哉！

先是博物馆长冯君汉骥既发掘王建永陵，为世所重，今蒙君兹考亦可抗颜行，两馆诸同志固能无惭于职司，而有守年来殷勤辅导之意庶亦差足自慰耶！虽然，千载沉霾之籍得之自不易，校之亦大难，谓宜多求异本，虚心从事，一字苟益，贤于球璧，吾闻巴黎所藏敦煌古籍《老子疏》皆有写本，每章之首备言各章相次之故，正与成《疏》合，殆即成书。罗氏影印敦煌此疏时，未检《道藏》，乃误疑其为孟智周书，则巴黎之各卷当亦不能定为谁作。今者成《疏》既显，可以持校，或即从敦煌写本而证成《疏》早有完书，未可知也。吾曾托法人李佳乐为致巴黎此《疏》五卷影片，欲校兹辑，徒以交通阻滞，未可遽得，或当期诸异日。今成《疏》一卷中始四章至九章，适为顾本缺卷，仅赖强本辑录疏文，而三卷始三十二章至三十四章，则强本所征成《疏》已有佚缺，又仅赖顾本为辑取之据，故此数章文多疑异，更观此本《序诀》之文，即复显有讹夺，是安可必新辑之《疏》定无一误耶？昔阮伯元于《道藏》中得成公《庄子疏》及《老子》顾欢《注疏》，定为张道相《集解》，俱写呈进，并列于四库未收书中，则阮氏既识顾书中有成《疏》矣，是殆由强思齐而决之，知阮氏亦为合研强、顾两书者。今蒙君亦由二家书中察见成书之全，与阮氏术同，然阮氏不先辑出成《疏》完帙而留待蒙君者，或未当详审疏文，疑其残缺故弗致力耶！阮氏一间未达者，蒙君以考校之精勤而得之。又阮氏定顾欢《注疏》为张道相《集解》，蒙君独定顾书为李荣《集解》，所考论皆视阮为精密。夫前以考校偶疏致此巨大发现遗之后人，兹苟不慎，顾以今日之疏复遗后人以口实耶！

今蒙君所据顾、强二家书为正统《道藏》，尝闻海内所存尚有北宋藏、有金藏、有元藏，明初复有南藏，皆在正统之前，又阮氏进呈未收书多得之天一阁，《老子顾欢注疏》《庄子成疏》天一阁所藏皆明时钞本，于后嘉业堂所刻《宛委别藏》中存之顾欢书，应皆出天一阁，胥足正正统《道藏》，而为今者此书校勘之助。愿徐徐求得，博考复校，俾此书益臻完善，又不但一巴黎写本已也。蒙君别有《校理成玄英老子义疏叙录》数万言，载《图书集刊》第七期，附阐重玄之妙义，绅绎老氏之坠绪，兹不详述，但举有裨此书校事者论之。

《叙录》中依甄鸾《笑道论》定张系师为张衡,以损字本五千文出于此,为成公及遂州碑之所据。余按《登真隐诀》云:隐居云:《老子道德经》有玄师杨真人手书张镇南古本,镇南即系师鲁,系师内经有四千九百九十九字,由来阙一,是作三十辐应作卅辐,盖易省文耳,非正体也。兹所陈义或足为蒙君之一助而复小异。甄鸾为北周人,隐居值梁武世,殆南北所传又各殊耶! 宜更考之。此书方将付印,余适有伦敦之行,未观厥成。然蒙君固告余此书为其尊人君弼先生手录,渍石时苟有一字之误,不惮改印全页,其精美可以想见。他日书成问世,方将与学林共赏之,固不独有守一人之快也。(《道书辑校十种》,参见王承军撰《蒙文通先生年谱长编》,中华书局2012年版)

　　谢无量是秋任三台草堂国学专科学校董事会董事长。10月12日,蒙文通撰《新校张清夜〈阴符发秘〉校后记》。12月,谢无量作《新校张清夜〈阴符发秘〉序》,云:"吾友文通,近治道家言,既裒集唐道士成玄英、李荣二家《老子注、义》校而行之,又得清自牧道人张清夜所著《阴符发秘》,并次其年谱,将刻以行世,文通之用力于此勤矣。因论禅宗为中国自成之佛学,而宋人之理学因之,道家之全真教又继禅宗及理学而起,此真能通三教之流别,吾不能易其言也。自牧道人晚出,宜不能无取于全真教,惟范宜宾《玄解》嗣《发秘》而作,其《序》则谓:'自牧道人居蜀,素明南宫之术,却于内丹成道。'盖宋以后道家分南北二宗,北宗流为全真派,而南宗则未必然。《发秘》所释天人合发、日月有数之旨加详,屡称《参同契》、张紫阳之书,皆南宗所奉为圭臬者也。是自牧道人之学不可专以全真派目之。《玄解》持论,则又似偏于南宗。要之,道家自黄老以后,每降愈卑,惟庄周博大,能明无待之至游;魏晋崇玄虚,亦尚不信神仙之说;左元放、魏伯阳始言补导,张紫阳宗之,以为南宗。王重阳虽近禅,然其徒所论修习次第,不免于志在冲举。故南北二宗实皆方术,非古之所谓道术也。夫入于术,则其运用不离乎声色形气之间,或拘于阴阳度数之末,术愈精而道愈小矣。此道家之变也。然自牧道人之学,固有所受之,而发之于《阴符》,其书甚为当世所重,又乌可忽乎哉! 因序《发秘》,略申余意,并质诸文通。时民国三十五年十二月谢无量序。"(《道书辑校十种》)(参见王承军《蒙文通先生年谱长编》,中华书局2012年版)

　　王献唐1—9月在重庆治病,寓邢蓝田家。为存曲阜大成至圣奉祀官府、四川乐山图书文物事,与省教育厅屡商运回办法,间为国史馆编《金石志稿》。9月底,离重庆赴南京。1月1日,屈万里为中央图书馆回南京复员人员首批8人之一自渝抵南京,任特藏组主任,负责善本书之典藏考订工作。2月,国民军第十一战区副长官部撤除,省立图书馆又成为国民党联勤部总部第四兵站总监部第104号仓库,所有楼下各室均满贮危险物品,门禁森严。至次年4月前,图书馆未开馆。4月1日,在重庆。致山东省政府教育厅厅长李泰华函,为图书馆寄存曲阜大成至圣奉祀官府图书金石文物运出事。随后,李泰华复函:"献唐馆长吾兄惠鉴:四月一日呈悉,馆中重要图籍金石赖兄运赴川中完整保存,殊堪佩慰。至曲阜所存部分,经此次变乱,恐不无损失,现本府已令饬该区县迅予查报。贵体违和,无任悬系,尚望善加调摄,早复健康,以便返省工作,至为盼。专复,顺颂痊安。弟李泰华启。"8日,山东省政府主席何思源向第十五区专员张云川、曲阜县县长王震宇签署训令(府教四字第270号),令其"查报曲阜被匪占据后省立图书馆所存大成至圣奉祀官府之图书金石损失情形"。8月1日,陈咏仁向南京国民政府捐赠毛公鼎,入南京中央博物院保存。19日,王献唐复南京中央博物院王振铎长函,告知毛公鼎归叶恭绰原委。28日,致路大荒函,询问济南战后各方面情况。9月16日,致山东省政府教育厅厅长李泰华函,为图书馆寄存乐山图书金石文物迁运南京事。23日,李泰华复函王献唐。16日,《说文报》刊发《栾调甫致王献唐书》。29日,《说文报》续载《王献唐复栾调甫书(续)》。(参见张书学、李勇慧《王献唐年谱长编》,华东师范

大学出版社 2017 年版）

李叔明时任中华书局总经理。1 月,编辑所从老厂迁回澳门路新厂办公。4 月 1 日,"国定中小学教科书七家联合供应处"第二届合约期满,续签第三届合约 1 年。5 月 27 日,中华书局在渝董事举行第二次谈话会:"(一)李叔明报告总处迁渝以来主要借款及财务状况:1942 年 3 月向四行透支五百万元,1943 年向四行押借一千七百万元,1945 年向中央信托局押借五千四百万元,又向中央银行借款一亿三千八百万元。截至本年 3 月底止,存现四千八百余万元,与透支及短期借款足敷相抵,盘存书货与印制材料一亿余元,与长期借款一亿二千万相差无多,财务状况尚称稳健。(二)抗战期间在后方购置之房地产、机件、车辆及其他一切财产、投资等项,授权总经理办理。(三)为集中人力财力计,收复区分支机构无恢复必要者,固从缓复业,在后方因战时需要而增设之分支机构亦予收歇,使人货移至较重要地区,增厚供应力量。"28 日,召开复员后第一次董监联席会议,出席董事孔祥熙、李叔明、王志莘、路锡三、陆费叔辰、王瑾士、汪伯奇、舒新城、高欣木,监察徐可亭。原董事吴镜渊、陆费逵、唐绍仪、胡懋昭 4 人先后逝世,由次多数路锡三、陆费叔辰、毛纯卿、王瑾士递补。添聘原任襄理李虞杰为本公司协理。总经理李叔明辞职,董监联席会议一致挽留。为依照法令恢复战前股额并补办股权登记,董事会公推王志莘、汪伯奇、高欣木、李叔明、王瑾士、陈子康为董监事代表,主持服务整理之事,李叔明为召集人。聘请陈霆锐、徐士浩为本公司常年法律顾问,立信会计师事务所潘序伦为常年会计顾问。同月,中华书局成立独立的中华书局产业工会筹备会,至 8 月正式成立工会,第一届理事长为沈卓午。翌年 5 月,阮渊澄任第二届理事长。(参见中华书局编辑部编《中华书局百年大事记》,中华书局 2012 年版)

林东海、赵蔚文、萧铁笛、李奎安等 1 月 1 日在重庆将中国自由党改组为中国国民自由党。

殷钟麒等人 3 月在重庆创办私立崇实档案函授学校。名誉董事长是甘乃光,校董有傅振伦(当时是东区中正大学教授、图书馆长)、李朴先(广州市地政局长)、富伯平(行政院参事)等。

按:该校的创办,开创了我国档案教育的正规学校教育之先河,改变了我国档案教育"向无正式学校"的历史。殷钟麒是我国档案教育事业的奠基人物之一。

杨寿标为理事长的中国国民经济学会 4 月 30 日在重庆成立,5 月迁移南京。该学会以研究中国国民经济、提高生活水准为宗旨,发起者多为大学教授及政府高级职员。

孔庚、刘士笃、赵康民、王冠吾等人 4 月 9 日在重庆发起成立中国民主运动协会。孔庚又在重庆创刊《民主日报》,并任立法委员。

陈如一、袁月楼、胡一贯、闻亦博、陈安仁等为常务理事的完人哲学研究会 4 月 12 日在重庆成立,陈如一任理事长,以牛若望、毛庆祥、陈嗣庆为常务监事。

吴金鼎在重庆参加教育部召集的全国各大学复员会议,并应其母校齐鲁大学的邀请,返回济南,主持学校复员之事。在校内曾先后兼任校长室西文秘书、训导长、文学院院长、国学研究所主任、历史学教授兼图书馆主任等职。

曾竹韶被重庆大学校长何鲁聘请为重庆大学建筑系教授,教授装饰雕塑,直到 1949 年全国解放。

李桦、王琦、郑野夫、陈烟桥等人在重庆发起创立中华全国木刻协会。

冯法祀 6 月在重庆以全部抗战写生作品参加演剧四队举办的"抗战八年美术、资料展",得徐悲鸿高度评价。被聘为北平国立艺专副教授,协助徐悲鸿主持教学工作。

张彦青毕业于重庆中央大学艺术系国画专业,先后从师于臧克家、陈少梅、溥雪斋、汪慎生、陈缘督、启功、徐悲鸿、黄君璧、傅抱石、谢稚柳诸大师。

太虚1月1日受国民政府胜利勋章。10日,国民政府承美国意旨,与共产党及民主同盟等代表开始政治协商会议。时政治趋势,中国必需一番改革。太虚深觉僧伽应配合政治之革命运动,有组党之意。而智识青年僧伽,太虚尤望其与革命行动相配合,乃作《知识青年僧的出路》。因比年来,政党渐见活动,太虚之友生,亦遍及各党派及无党派者(佛教不要组政党)。国民党人而外,如张君劢、曾琦、邵力子、李济深、冯玉祥、陈铭枢等,均多联络。且与中苏文化协会张西曼,数商结伴访苏联佛学界。太虚本大乘泛应精神,惟期佛法得以遍入各方,祛滞释蔽,于融和进步中,日进世界于大同为鹄。

按:《知识青年僧的出路》曰:"中国的国家社会深深地陷在贪官恶吏、土豪劣绅的操纵中,当政的民权、民生主义的施设,势将成为贪恶土劣的假民权、民生政治。且无论在野的何党何派起而当政,亦必仍为贪恶土劣的政治。这是什么缘故呢?因为朝野各政党,虽都有相当好的主义与政策,和少数正洁的人才,但是从乡村以至都市,充满着土劣贪恶,任何实际的政治,非通过了贪恶土劣不能施行;及至通过了贪恶土劣,任何好的主义政策,在实施中都成了操纵于土劣贪恶的假政治。所以若要中国能够好起来,无论如何要由无党无派各党各派的公正的知识分子、产业分子联合教导资助着大多数贫苦劳动工农。共同意识着、警觉着土劣贪恶的毒害,自身困死饿死也不肯变为土劣贪恶。并专以贪恶土劣为革命的对象,坚毅强劲地、巧妙婉委地渐渐根治尽绝附于国民背上的土劣贪恶痛疽。然后当政的民权民生主义的政治才能实际施行,才能走上现代国家社会的大路。由此,知识青年僧,不用对腐恶的寺僧和国人歆羡或惊怖,须知这都是在贪恶土劣操纵下使然。只要认清了土劣贪恶的革命对象,加入公正的知识分子、产业分子和贫苦劳农联合阵线,勇猛前进,则以无家室之私的青年知识僧,无疑在公正知识中,可为最公正最强毅的知识分子。待土劣贪恶一经肃清,现代佛教也随现代国家社会而涌现!"(参见印顺编著《太虚法师年谱》,宗教文化出版社1995年版)

梅贻琦继续主持西南联大。1月3日下午3时,出席清华三十四年度第三次教授会,报告北平情形、清华园接收经过与现状、迁移与复校问题。12日,联大第三五九次常委会决议:加聘李继侗、吴泽霖、强明伦为迁移委员会委员。13日,"一二·一"惨案善后委员会致电政治协商会议,要求撤职查办祸首,解散特务机构,成立民主联合政府。30日,第三六二次常委会决议:本校定于5月4日结束,学年考试总考日期,得酌量提前于该日前办理完竣。2月13日,联大致电教育部,请早日派定本校结束、三校复员之后留在昆明的师范学院院长,以便于本校结束之前,得以洽商师院留设办法。15—27日,梅贻琦再赴渝,常委职务暂由冯友兰代理。其间,教育部长朱家骅曾就张奚若、闻一多、潘光旦等人的言行提出警告。17日,昆明学联、昆明文协等10团体在联大新校舍草坪举行万人大会,庆祝政治协商会议胜利闭幕,抗议国民政府当局制造"校场口惨案",抗议重新任用李宗黄。28日,学生自治会全体会员大会发表《致教师书》,对李宗黄、关麟征未受惩处表示抗议。同月,梅贻琦在致函教育部关于清华大学复员后院系充实计划中关于文学院部分说:"原有中国文学、外国语文、哲学、历史四系,兹拟成立语言人类学系。盖本校在战前原有社会人类学系,嗣因人类学师资缺乏,改为社会学系。抗战以还,边疆民族之问题顿形重要,其民族之语言、文化皆待研究。校中同人八年在昆,颇多致力,师资设备亦较有基础,故拟于下学年设立此系。"联大最后一届学生自治会采用普选方式产生,选出理事17人,吴显钺、程法伋、王松声为常务理事,工学院选出杨立、叶珷良、李智滋为常务理事,吴显钺被选为昆明学联主席。3月2日,梅贻琦常委邀请冯友兰、雷海宗、姚从吾、闻一多、唐兰、刘崇鋐、潘光旦、汤用彤、朱自清、罗庸等教授,商议建立西南联大纪念碑事。4日,昆明学联发表《昆明各大中学校学生为抗议任用"一二·一"惨案杀人犯李宗黄与争取合理解决"一二·一"惨案罢课宣言》。全市大中学生罢课1天。10日,昆明学联召开扩大治丧委员会筹委会,商讨4烈士出殡事宜,并要求当局早日发给丧葬费用。13日,第三六六次常委会决议:(一)潘光旦因事离校,代教务长职务由李继侗暂行兼代;沈履因公赴渝,代总务长职务由鲍觉民暂行兼代。(二)设置本校图书迁运委员会,聘请周炳琳、冯友兰、叶企孙、施嘉炀、潘光旦、董明道为委员,周炳琳为召集人。16日,昆明学联代表与云南省政府商谈4烈士出殡事宜。17日,昆明学联为"一二·一"死难4烈士举行盛大出殡。昆明大中学生及各界人士3万人参加送葬队伍。烈士灵车经过昆明各主要街道,沿途举行路祭,市内万人空巷为烈士送行,队伍返回联大墓地,举行公葬仪式。同日,昆明学联发表《为"一二·一"死难四烈士举殡告全国同胞书》《为"一二·一"死难烈士举殡告三迤父老书》。

梅贻琦3月20日主持第三六九次常委会,决议:本校自5月10日起,开始迁移,各部分应结束事项,统须于5月底前办理完竣。27日,教育部电准将本校电讯专修科移交云南大学接办。同月,学生自治会筹备编辑出版《联大八年》,由学术股理事严令武负责。此书反映了联大8年来的情况。由于联大结束在即,乃由学生自治会理事严令武、西奎安、马复高等集资、印刷,于1946年10月以西南联大学生出版社名义出版。28日下午3时半,出席清华三十四年度第四次教授会,报告北平清华园近况、复员计划之筹备、经常费及复员建设费等问题后,交换意见,与会者认为,对北平临大补习班学生,为勿使北方学生受失学之苦,自当尽量容纳,但清华有事实困难,容量限于两千名,又应考虑学生水准问题,故须进行编班考试,甄别选取。4月3日,国民政府批准南开大学改为国立。5日,教育部公布《国立各级学校迁校办法》15条。12日下午3时,梅贻琦出席并主持西南联合大学在清华大学办事处召开的一九四五年度第十一次教授会议。会上梅贻琦报告筹备迁校工作经过情形,报告4月10日校常委会决议:"一、本大学鉴于海陆空交通工具在最近三四个月内之无可设法,应暂缓结束,并应将下学年第一学期提前上课,自六月起至九月中止。在此期内,仍应加紧准备迁移工作。二、本大学下学年第一学期,定六月三日开始上课,至九月七日止,九日至十四日举行学期考试。三、无论平津或昆明方面,将来开课后,在课程上有需要时,三校教师应予调剂。四、仍请迁委会推进迁移工作。"次日,教授会议继续进行,多数人反对下学期仍留昆明,要求按原计划于5月10日开始迁移。14日,昆明校友会为欢送母校师长,举行校友话别会,参加者有教授学生200多人。闻一多、冯友兰等讲话。剧艺社演出《凯旋》。16日,迁移委员会与联合国善后救济总署商妥,该署将于5月内拨车运送联大先行离昆之学生到长沙、梧州两地。学校本日公布此项办法,并规定欲先行离昆之师生于5月16—18日登记。23日,教育部电令西南联大三校恢复原校。同日上午,梅贻琦常委在新校舍大草坪召集学生大会,报告迁校事宜。下午,到工学院向学生讲话。第一批600人将于5月2日至20日分10批出发。师范学院已奉命留设昆明。三校无法搬走之设备将划归师范学院使用。24日,联大第372次常委会决议:(一)通过校务会议向常委会所提建议:①本校应仍按原定日期结束、尽速设法迁移;②转函北大、清华、南开三校,下学期定于10月10日同时开学,10月1日起学生开始报到;③转函三校在平津负责人员,请预为在10月1日前到达平津之员生筹划住宿地点；④加聘马大猷、吴柳生、胡志彬、黄子卿、汤佩松、杨西孟、叶楷、庄前鼎、冯文潜、孙云铸、孙承谔、吴达元为本校联合迁移委员会委员。(二)鲍觉民因事请假离校，在沈履未返校前，代总务长职务请李继侗暂行兼代。(三)徐毓楞因事请假离校，经济学系及商学系主任职务由杨西孟暂行兼代，并请杨西孟为毕业生成绩审查委员会委员。25日，学期考试开始。

梅贻琦4月27日鉴于本校即将结束，三校将迁回平津地区，于是邀请云南省第一届参议会全体参议员出席在清华办事处举行的话别茶会。28日，清华大学35周年校庆纪念在裕滇纱厂举行。5月初，教育部已内定，联大师范学院在三校复员后留昆独立设置，改称昆明师范学院。1日，联大学生依志愿分至三校肄业，计愿入北京大学者644名，愿入清华大学者932名，愿入南开大学者65名。本届先修班经考试后准予免试升学学生129名。4日上午9时，全校师生在新校舍图书馆举行结业典礼。北大、清华、南开及联大在昆校友参加，省市各机关负责人及各界人士应邀出席。梅贻琦常委主持结业典礼，并代表常委会宣布西南联合大学正式结束。典礼结束后，举行国立西南联合大学纪念碑揭幕式。梅贻琦报告，三校代表汤用彤、叶企孙、蔡枢衡致词，来宾马伯安、严燮成、熊庆来致词后，冯友兰宣读纪念碑文。会后至后山为纪念碑揭幕。纪念碑由冯友兰撰文，闻一多篆额，罗庸书丹。下午2时半，学生自治会举行师生同乐会。会后，全校师生聚餐。晚7时，各学生文艺团体联合举行游艺会，招待前来参加活动的各界人士。剧艺社演出话剧《芳草天涯》(夏衍编剧)。同日，第一批复员学生百余人离昆北上。5日，清华辛酉级在昆同学举行毕业25周年纪念联欢会。10日，学生210人分乘善后救济总署7辆卡车，由昆明开赴长沙。13日，电讯专修科正式移交云南大学接办。15日，第三七四次常委会决定，本校常委会于6月30日结束。常委会结束后，由三校各推代表若干人，组成委员会，联合处理迁移事宜。又本校财产器物自本日起由总务处督促各部门点查造册处理。17日下午3时，出席清华第三十六次评议会。与会者还有冯友兰、叶企孙、袁复礼、汤佩松、赵访熊、雷海宗、刘崇鋐、朱自清、潘光旦、李辑祥、沈履、赵凤喈、施嘉炀。梅贻琦会上报告美国普林斯顿大学将于次年举行200周年纪念，届时对于社会科学将有长期讲讨会，邀请清华教授多位前去讲讨。18日，云南大学在云大礼堂设宴为本校教授饯行，并邀请本市机关负责人及各界人士参加。同日，昆明师范学院院长查良钊致函教育部，就设置昆明师范学院提出若干建议。同月，梅贻琦在《校友通讯》发表《复员期中之清华》，略谓："去年九月，敌人投降，抗战终了，本校奉命复员。历年来在抗战期中，琦每借校友通讯，叙述故园情形，及南来景况，想我校友诸君已知其梗概。兹将即返故居，重新建设，爰再将复员计划，及最近情形，趁兹第三十五届校庆日，为我校友诸君约略言之。"

按：此对清华复员及校史研究而言，无疑具有重要文献价值，全文分四个部分：(一)故园情形："北平系于去年十月中由第十一战区受降，本校于同年十月下旬由本校教授张子高、陈福田先生会同教育部特派员前去接收，琦于去年十一月二十七日偕同陈岱孙、施嘉炀、毕正宣三先生到平，翌日到清华园察看，接收尚未蒇事，缘数年来校园由敌人一五二兵站病院占住，最初有伤兵四千余人，职工一千三百余人，全部校舍，均被占用，破坏甚剧，如卫生设备，完全摈弃不用，改用日式之洋灰池槽，上下水道，凌乱不堪，亭钟铜炮，已被日方窃去，新图书馆全部改为外科病室手术室，旧体育馆为仓库，新体育馆为大厨房，凡斯种种，不及备述。本校于十二月初组织一保管委员会，由陈岱孙先生主持其事，陆续约用职员十余人驻校办理接收修葺等事。截止现在，日伤兵已全部离校，惟自今年一月杪，我后勤总部第五补给区司令部派员接收日一五二病院，并就地组织第三八病站医院，虽言明借用三个月，但在此期间，殊影响本校修葺整理之进行,现已向主管当局交涉,早日腾让。关于修理工程,去冬即约基泰工程司,先详细勘察估计,嗣因经费无着,未敢动工,最近得教育部核拨修建款,数虽尚不敷用,不得不于本月初赶即开工,预计到秋间开学,大致可以就绪。内部设备家具,拟先就必需者,简单制备。旧有之仪器图书,被剽窃一空,以后在伪北大及其他机关寻获图书若干,约抵原有册数之一半,而仪器机器则完全无法追还,以目前物价之高涨,经费之拮据,即努力撙节挹注,亦非三数年期间所能恢复旧观,但谚云:'旧的不去,新的不来。'则吾校同人苟能于此时用最经济之设计,购求科学最新之设备,则今日正一改造扩展之良机也。"(二)复员计划:"校园之物质情形,略如上述。秋间复校后,为应国家社会之需要及本校学科顺序之发展,就院系言之,将成立农学院,即以农业研究所之基础,设置四五学系。文学院增设语言人类学系,以注重边疆民族语言文化之研究;理学院地学系原有气象组,今另成一系,以提倡高空气象之探讨。法学院将添设法律系,以实现十年前原拟之计划。工学院添设之化工系在今日之重要,固无待赘言而建筑系则目前欲应社会之急迫需要,解决人民居室问题,城市设计问题,于人才训练上,于学术研究上,皆当另辟蹊径,以期更有贡献于社会者也。下年学生名额,约必有相当加增,但现有宿舍及设备,尽量容纳,不能超过二千人。师资方面,当亦须增聘,除随校南来各教师,夏间当设法妥送返校外,其休假或请假在国内或国外者,已敦促务于秋间返校任教,另再增聘若干位,务使新旧院系,即设备尚多欠缺,而师资必蔚然可观,则他日诸校友重返故园时,勿徒注视大树又高几许,大楼又添几座,应致其仰慕于吾校大师更多几人,此大学之所以为大学,而吾清华所最应致力者也。"(三)联大结束与三校迁校:"今年五月初,西南联合大学之战时使命完成,三校之复员随即开始,在联大之学生,依其志愿,分发于北大,清华,南开三校。但北迁之举,三校师生仍联合发动,一因大家路线相同,联合自多便利,一亦以表现八年来通力合作之精神,彻始彻终,互助互让,固非欲以标示国人,抑吾三校同人所同感之快慰,或亦非属外人所能领略者耳。至迁校办法,实亦大难,全体师生及眷属,共约五千人,公私物品,共约五百吨,自西南边陲之昆明,迁移到辽远之平津,在现状下,水陆空交通工具,均感缺乏,行不得也,其谁助之,只得自行设法,分头接洽,有机可乘,有路可通,便当分段分批逐步进行,希望于夏间三四个月之时间可以陆续开动,十月前后可以到达平津,故三校已共同决定于十月十日复校开学,则国庆校庆同资纪念矣。"(四)表扬忠烈:"在抗战期中,本校校友以身殉国,死事之烈,若沪上之陈三才,赣北之姚名达,缅甸之齐学启,皆足名垂清华史,实亦母校之光,将来拟于清华水木之间勒碑纪念,或更编印纪念册,以资流传,惟目前消息尚多阻隔,必有甚多壮烈事实,未为校中所得悉者,所望校友诸君,各就所知,尽量函告,即有重复,尤利参证,以慰忠魂,以励来者。此外所欲向诸校友谈述者,事项尚多,但有尚在筹划之中者;有须待确息方好报告者,有仅属希望尚难办到者,只附来年今日,更有好消息,可为诸君报告。最后琦有不能已于言者,即吾清华三十五年之差有成就,实由于吾校学风之纯良,学术空气之醇厚,三四千学子之出其门者,已成为今日社会上有力而有益之份子,则其宗旨,其方针,其做法,吾辈应认为确当,而在亟谋复校之今日,尤当坚定信念,努力以赴,精力愈集中,则收效愈宏达,校内同人,或有未逮,则望各方校友,多予协助,琦不敏,愿鼓其余勇,以追随于诸君之后也。"

梅贻琦5月19日取道汉口、上海往南京。同日,联大第三七五次常委会决定,请三校推派代表,成立本校公物储存保管委员会。22日,第三七六次常委会决议:本校校志拟于北平付印。5月24日下午,梅贻琦到达南京。其在南京停留近一月期间,暂由汤用彤代理常委职务。29日,第三七七次常委会决议:本校应结束事项尚未办理完竣者,准延至6月30日前竣事。30日,本校部分复员学生乘车赴渝,行至松坎附近翻车,多人受伤。同月,清华大学商议复员后院系计划,闻一多提出将中文、外文两系合并,重分文学、语言两系的建议。6月5日,第三七七次常委会决议:推请提前往上海主办招生事宜之李继侗及往汉口主办招生事宜之陈友松,为本校员生复员就近分别在汉、沪接洽自汉至沪及自沪至津之船运。15日,教育部发布总高字第04122及第04123号训令:业经决定将西南联大师范学院自本年8月起在昆独立设置,改称国立昆明师范学院。任命查良钊为国立昆明师范学院院长。20日,梅贻琦离平仍取道南京经重庆返昆明。其间已有许多清华及联大教师滞留重庆候机北返,梅贻琦此来也为了探望他们。7 月 10 日,第三八二次常委会决议:(一)本校定于 7 月 31 日结束。(二)通过国立昆明师范学院与国立北京、清华、南开三大学合作办法。(三)本校工学院所有图书仪器等件,由工学院酌拨一部分留交昆明师范学院。11 日,联大最后一批复员北上学生 200 余人,分乘善后救济总署卡车 7 辆,上午 11 时离昆,查良钊及留昆学生到西站送行。晚 10 时,著名民主人士、社会教育家李公朴在青云街附近被国民党特务枪杀。12 日,中国民主同盟云南省支部为李公朴遇刺事件发出通电和抗议书,并筹组李公朴治丧委员会。15 日上午 10 时,李公朴追悼会在云大至公堂举行。闻一多发表最后一次演讲,痛斥国民党特务的罪行。下午,闻一多出席民盟昆明支部为李公朴遇刺举行的记者招待会,5 时散会,闻一多由长子闻立鹤伴随走回联大教授宿舍时遭到国民党特务狙击,身中数弹,当场牺牲,闻立鹤受重伤。闻一多被害时,梅贻琦正在寓所"批阅两校公事甚忙"。潘光旦太太仓皇跑来告诉他这一不幸消息,他听后的第一个反应是"惊愕不知所谓",急忙派身边人去闻家照料,又派当时任联大训导长的查良钊往警备司令部要其注意其他同人的安全。晚上,本来是因为复员交通问题约好宴请中央、中航两公司的职员,但"已无心欢畅矣"。晚饭以后,他又把查良钊、沈履(联大代总务长)请到寓所里来,布置发急电报告教育部,并向法院、警备司令部和警察局发了报案的公函。12 时,美国领事馆派员偕两名武装士兵以吉普车把潘光旦夫妇接到美国领事馆去暂避……看看一切安排妥当,没有遗漏后,直到 1 点钟才上床就寝。16 日,学校随即成立闻一多教授丧葬抚恤委员会。18 日,梅贻琦亲率全体丧葬委员会成员去云大操场守护闻一多遗体火化。下午召集全体丧委会成员商谈为闻一多举行追悼会和修筑衣冠冢事。19 日,闻一多丧葬委员会在昆北教室设置灵堂,举行 4 天公祭。同日,联大复员滞留重庆的教师 90 余人,联名致函教育部部长朱家骅,对国民党在昆明野蛮枪杀闻一多表示抗议,同时将此函交重庆《大公报》发表。

梅贻琦、傅斯年、张伯苓常委 7 月 23 日具函,根据教育部令,经与昆明师范学院负责人磋商,为解决三校复员离昆后,昆明师范学院师资缺乏之事,拟定三校与昆明师院合作办法 8 项,呈教育部备案,并分送三校以资参考。24 日下午 3 时,留昆师生在昆北教室举行闻一多先生追悼会,昆明各界人士前来参加。梅贻琦主祭,雷海宗宣读由罗庸起草的祭文并报告生平。25 日,第三八四次常委会决议:(一)成立三校联合迁移委员会,推定贺麟、孙云铸(代表北大)、霍秉权、沈履(代表清华)、黄钰生、冯文潜(代表南开)为委员,负责处理各项迁移事宜,并保管核定各项账目。(二)教育部增拨本校复员旅费 4 亿元,电令到校。(三)工学院将其图书仪器物件之一部分,分别留赠昆明师范学院及云南大学电讯专修科。(四)为西南联合大学定期结束,呈报教育部备案,并通告通知有关方面。27 日,复员北上途经上海的师生及上海校友 200 余人举行闻一多先生追悼大会,并致函蒋介石、杜鲁门、马歇尔,要求缉办凶犯,严惩祸首,以平民愤。31 日,教育部训令,将联大在结束日期暨国立昆明师范学院成立日期分别呈报,并呈报双方移交接收清册一份。同日,新南联大第三八五次(最后一次)常委会决议:本校历年各项经费余款及利息收入等款,除呈报教育部请准留用抵补本年度经费超支外,余款少数拨作印刷本校校志之用,并交由北京大学暂行保管。国立西南联合大学至此结束;西南联大举行结束纪念大会,同时宣布昆明师范学院正式成立。会上,梅贻琦将象征西南联大精神的火炬传递给云南省政府代表、滇籍教授徐继祖先生手中。

按:刘述礼、黄延复《梅贻琦教育论著选》(人民教育出版社 1993 年版)载:梅贻琦就"联大结束与三校迁校"做了细密思考,在题为《复员中之清华》的报告中,他说:"今年 5 月初,西南联合大学之战时使命完成,三校之复员随即开始,在联大之学生,依其志愿,分发于北大、清华、南开三校。但北迁之举,三校师生仍联合发动,一因大家路线相同,联合自多便利,一亦以表现8年来通力合作之精神,彻始彻终,互助互让,因非欲以标示国人,抑吾三校同人所同感之快慰,或亦非居外人所能领略者耳。至迁校办法,实亦大难,全体师生及眷属,共约5000人,公私物品,共约500吨,自西南边陲之昆明,迁移到辽远之平津,在现状下,水陆空交通工具,均感缺乏,行不得也,其谁助之,只得自行设法,分头接洽,有机可乘,有路可通,便当分段分批逐步进行,希望于夏间三四个月之时间可以陆续开动、10月前后可以到达平津。"(参见黄延复、钟秀斌《一个时代的斯文:清华校长梅贻琦》,九州出版社2011年版;蔡仲德编撰《冯友兰先生年谱长编》,中华书局2014年版;闻黎明、侯菊坤《闻一多年谱长编》(增订版),上海交通大学出版社2014年版;西南联大北京校友会编《国立西南联合大学校史——1937至1946年的北大、清华、南开》,北京大学出版社1996年版;齐家莹编《清华人文学科年谱》,清华大学出版社1999年版)

冯友兰1月1日下午3时在联大办事处出席梅贻琦召集的联大三校教职员及眷属新年茶叙。3日下午3时,出席清华三十四年度第三次教授会,听梅贻琦报告北平情形、清华园接收经过与现状、迁移与复校问题。6日晚,赴梅贻琦饭约,同席有鲁荡平、甘介侯、陈勋仲、陈久徵、熊庆来、朱驭欧、杨振声、施嘉炀。12日下午5时,出席常委会第三五九次会议。15日,致函梅贻琦,请准予自2月起任用申荆吴为清华哲学系助理并在联大文学院院长室帮助编辑校志。16日下午5时,在文林街昆中北院清华大学校长公舍出席常委会第三六〇次会议,讨论"一二·一"死难学生安葬问题。18日,出席梅贻琦茶会。23日下午5时,列席常委会第三六一次会议,会后与梅贻琦草拟布告。24日下午3时,出席清华校务会议。5时出席院长、系主任联席会,商谈图书仪器损失报部及请求添补经费问题,冯友兰建议由在北平人员就各系所需要之图书在北平坊间酌量搜购,并由各系分别托人在北平调整。27日,《战后中国的文化问题》刊于昆明《正义报》。31日下午3时,出席清华聘任委员会第二十八次会议。5时,出席清华大学第三十三次评议会。因闻一多已求辞职,冯友兰于会上提议请朱自清任中国文学系主任。2月4日,朱自清来拜年。晚,冯友兰回拜,并与朱自清谈系主任问题,朱自清推荐王力继任。5日下午4时,出席清华聘任委员会第二十九次会议。会议决定新聘教授10余人。6日下午5时,出席常委会第三六三次会议,共商谈迁校筹备事宜。10日晚,梅贻琦为联大宴请白雨生司令夫妇、晏玉琮司令夫妇。冯友兰与任夫人及霍秉权、吴泽霖作陪,藉便商谈复员运输问题。13日下午3时,列席常委会第三六四次会议。5时,出席校务会议,于会上谈中国文学系系主任人选问题。15日下午5时,赴清华办事处对文科研究所中国文学部研究生王瑶进行毕业初试。考试范围为中国文学史、中国哲学史、中国通史。考试委员还有朱自清、闻一多、许维遹、浦江清、王力、汤用彤、吴晗、彭仲铎等。

冯友兰2月20日下午5时代梅贻琦主持常委会第三六五次会议。会议决定在梅常委离校期间,其常委职位由冯友兰暂行代理。24日,昆明《中央日报》刊登西南联大110位教授签名的《对东北问题宣言》,冯友兰签名。25日,联合大学史学会东北社与法国社在新校舍草坪举行东北问题演讲会,冯友兰与雷海宗等讲演。会后数百人游行,要求苏联军队撤出东北。26日,冯友兰致电梅贻琦,告以学生将于27日罢课,促其速归。下午,参加校志委员会茶话会,讨论纪念碑事。27日下午5时,出席梅贻琦主持之常委会会议,听梅贻琦略述在渝接洽情形。28日午后,与潘光旦访梅贻琦,在梅宅遇查良钊、沈履。适学生代表来请求取消工院学生三理事记过处分,梅贻琦遂请冯友兰等"告代表等,如学生将以前自由上课之同学处罚事件完全撤消,则常委会可考虑记过问题,否则难予理会。该代表等又报告,明日学生将罢课作为要求,当严予告诫,倘如此行动,尤属不合,学校更难予同情"。1月至2月间,为中国文学系系主任事多次分别与闻一多、朱自清长谈,闻一多并言及其研究计划及改革文学院设想。同月,开始办理出国手续。3月2日晚,赴梅贻琦饭约,同席有雷海宗、冯文潜、姚从吾、罗庸、唐兰、刘崇鋐、潘光旦、汤用彤、朱自清。席间商谈联大纪念碑事议决由冯友兰撰文,至10时散。6日下午3时,出席清华第六十一次校务会议。约10日,与潘光旦、费孝通等往滇西保山修县志,又至怒江西岸观看对日作战战场,在大理住1—2日。13日,联大常委会决定设置图书迁运委员会,请冯友兰及周炳琳、叶企孙、施嘉炀、潘光旦、黄明道为委员,由周炳琳负责召集。20日,自滇西回昆明。下午4时,出席清华第六十二次校务会议。5时,列席常委会第三六九次会议。会议决定联大自5月10日起迁移,部分应结束事项统须于5月底前办理完竣。22日下午,赴清华办事处对文科研究所中国文学部研究生施子愉进行毕业初试。考试委员还有朱自清、闻一多、王力、罗庸、游国恩、雷海宗、浦江清、许维遹等。27日下午,应梅贻琦约赴联大教授茶会,听黄子坚、陈雪屏报告平津情况及北平临时大学补习班情形。28日下午3时半,出席清华三十四年度第四次教授会。梅贻琦报告北平清华园近况、复员计划之筹备、经常费及复员建设费等问题后,交换意见。

冯友兰4月3日下午5时出席联大校务第八届第九次会议,谈迁校问题。4日下午5时,出席清华第三十四次评议会。与会者还有梅贻琦、赵凤喈、潘光旦、叶企孙、赵访熊、李辑祥、施嘉炀、朱自清、刘崇鋐。会议决定设立教职员住宅委员会,计划北平原校住宅分配及租率事项;下学年国内外休假暂停一年;下学年起本校向有之规定"夫妇不能同在本校担任有给职务"继续实行;本年10月10日在北平举行复校及开学仪式,10月21日起上课。5日下午5时出席清华聘任委员会会议。7日,《中国哲学与民主政治》刊于昆明《正义报·星期论文》;《云南今后的学术事业与高等教育》刊于《民意日报》。8日中午,与评议会其他成员及霍秉权一起赴梅贻琦饭约。霍秉权自渝归,于席间言及交通困难,夏间北返似无望,"大家鉴于交通问题之困难,皆赞成联大继续一学期至9月以后再移动,待与他校讨论后再定"。12日下午3时,出席联大教授会三十四年度第十一次会议,讨论下学期提前上课问题。13日下午4时,与梅贻琦、查勉仲约梁漱溟茶叙,汤用彤、王维诚、钱学熙、陈序经、黄子坚、冯柳漪、章矛尘等亦在座。15日下午,赴清华办事处对文科研究所中国文学部研究生王瑶进行论文考试。王瑶论文题目为《魏晋文学思潮与文人生活》。考试委员还有朱自清、王力、吴晗、汤用彤、浦江清、许维遹、彭仲铎等。16日下午3时,出席清华聘任委员会会议。17日下午3时,出席联大校务会议,再次讨论夏间开课问题。22日下午,赴清华办事处对文科研究所中国文学部研究生施子愉进行论文考试。考试委员还有朱自清、王力、浦江清、罗庸、许维遹、游国恩、雷海宗等。24日,教育部电准冯友兰应邀赴美讲学。下午3时,在清华校长住宅出席常委会第三七二次会议。会议决定联大仍照原定日期结束,尽速设法迁移。同时函转北大、清华、南开三校,下学期定于10月10日同时开学。26日下午3时,梅贻琦约集清华各研究所组主任商谈下月结束有关事宜,冯友兰应邀出席。5月1日下午4时,在清华校长公舍出席常委会第三七三次会议,商议4日联大结业典礼程序。3日下午3时,出席清华院长、系主任会议,讨论复员、招生问题。4日上午9时,在图书馆出席联大结业典礼。全校师生及在昆明的校友均参加典礼,云南省、昆明市各机关负责人及各界人士应邀出席。梅贻琦报告,三校代表汤用彤、叶企孙、蔡枢衡致词,来宾马伯安、严燮成、熊庆来致词后,冯友兰宣读纪念碑文。会后至后山为纪念碑揭幕。中午,观看全校运动会。下午2时半,学生自治会召开师生同乐会,答谢8年来师长教诲之劳绩,冯友兰出席。

按:纪念碑碑阴刻有《国立西南联合大学抗战以来从军学生题名》,冯友兰长子冯钟辽亦列名其上。揭幕后在图书馆前摄影。典礼中有学生合唱《国立西南联大进行曲》,其《引》《勉词》与《凯歌词》亦为冯友兰所撰:"八年辛苦备尝,喜日月重光,愿同心同德而歌唱""西山苍苍,滇水茫茫。这已不是渤海太行,这已不是衡山潇湘。同学们莫忘记失掉了的家乡,莫辜负伟大的时代,莫耽误宝贵的辰光。赶紧学习,赶紧准备,抗战、建国,都要我们担当!都要我们担当!同学们要利用宝贵时光,要创造伟大的时代,要恢复失掉了的家乡""千秋耻,终已雪,见仇寇,如烟灭。大一统,无倾折,中兴业,继往烈。维三校,如胶结,同艰难,共欢悦。联合竟,使命彻,神京复,还燕碣。"

冯友兰5月8日下午3时出席清华第三十五次评议会。与会者还有梅贻琦、施嘉炀、汤用彤、潘光旦、雷海宗、朱自清、沈履、刘崇鋐、叶企孙、赵凤喈。10日下午3时,出席联大教授会三十四年度第十二次会议,审查本届及前二届应征译员及从军学生毕业成绩。7时在办事处出席教授聚餐会。11日晚,偕任夫人至榕园赴刘觉民饭约,座中有梅贻琦夫妇、陶葆楷夫妇、戴世光夫妇、陈席山、杨石先夫人。14日晚,赴徐梦麟饭约。饭后徐留久谈,10时始与梅贻琦、汤用彤辞出。15日下午3时,出席清华教授会,审查毕业生成绩并选举下届评议员。5时半列席常委会第三七四次会议。会议决定常委会于6月30日结束,结束后由三校各推代表若干人组成委员会联合处理迁移事宜。17日下午3时,出席清华第三十六次评议会。会议听取梅贻琦校长报告美国普林斯顿大学将于次年举行200周年纪念有关情况。18日晚,云南大学在联大礼堂为联大各教授饯行,并邀请昆明各机关负责人及文化界人士参加,冯友兰应邀出席。19日,致吴宓函,谈运书事。22日下午5时,出席常委会第三七五次会议。会议决定发出通知,冯友兰拟日内离校,其文学院院长职务由雷海宗暂行代理。23日,朱自清来访。24日,朱自清来话别。下旬,河南同乡、昆明后勤总司令白雨生派吉普车(带拖斗)送冯友兰一家、冯景兰一家离昆明,同行者尚有任继愈。行前曾邀闻一多同赴美国讲学,闻一多谢绝。(参见蔡仲德编撰《冯友兰先生年谱长编》,中华书局2014年版)

闻一多1月3日下午3时赴清华大学办事处,出席清华大学一九四五年度第三次教授会议。会上校长梅贻琦报告北平清华园接收保管情形、校园内部情形、迁移与复校问题等。10日,全国政治协商会议在重庆国府礼堂开幕。中国民主同盟新闻处公布民盟代表团顾问名单,闻一多和潘光旦、陶行知、侯外庐、董谓川、杨卫玉6人为教育文化组顾问。但闻一多未能赴渝。13日,与潘光旦、费孝通、吴晗联名发表《致马歇尔特使书》,系费孝通执笔,刊于昆明《民主周刊》第2卷第23期。20日,与吴晗、李源、胡钊联名发表《释放政治犯再也不能拖延了——兼为羊枣先生的暴死集中营控诉》,刊于昆明《民主周刊》第2卷第24期。同日,闻一多等190余人联名发表《昆明教育界致政治协商会议代电》,刊于昆明《民主周刊》第2卷第24期。21日,政治协商会议昆明各界协进会成立。闻一多未到会,但仍与张奚若、楚图南、尚钺、杨绍廷及民主周刊社、中苏文协昆明分会、文协昆明分会、昆明学生联合会、时代评论社、云南妇女联谊会、妇女旬刊社、昆明文化学会、昆明新报社、联大文艺社等10团体被推为执行委员。会上通过了《政治协商会议昆明各界协进会宣言》。这个宣言早已拟好,闻一多曾参与了意见。同日,闻一多担任编委的《时代评论》第13期稿件付交鼎新印刷厂,旋厂方突受当局警告,勒令停止排印,已排好之版亦拆毁。23日,闻一多与吴晗负责的昆明《民主周刊》第2卷第24期亦同遭厄运。同时,《学生报》《中国周报》也被厂方拒印。这是当局有计划的行动。26日,昆明民主周刊社、时代评论社、学生报社、中国周报社联合发表《为横遭阴谋破坏敬告各界人士书》。闻一多参与了拟定工作。同日,闻一多致清华大学校长梅贻琦信,请辞清华大学中文系主任职。28日,访朱自清,望其接任清华大学中文系主任职。

闻一多2月4日接待朱自清前来拜年。10日,重庆"二·一〇"惨案发生。是日,重庆20余团体联合发起各界庆祝政协成功大会,在校场口大广场举行。大会还未开始,即有暴徒强占主席台,夺取扩音器,殴伤郭沫若、李公朴等。消息传到昆明,闻一多十分气愤,即与楚图南、李何林、洪深、石炎、刘平、范启新、赵沨、郭良夫、夏康农、周士礼、顾德荫、冯法祀、江鼙、严恭、尚钺、金若年、李仁苏等联名致信慰问。21日,出席西南联合大学在新校舍北区会议室召开的第四十三次教务会议。25日下午,清华大学文科研究所中国文学部,在西仓坡5号本校办事处举行研究生王瑶毕业初试,考试范围为中国文学史、中国哲学史、中国通史。闻一多与许维遹、朱自清、浦江清、王力、冯友兰、汤用彤、彭仲铎、吴晗为考试委员。27日下午两时,昆明政治协商会议促进、文协昆明分会、中苏文协昆明分会、昆明学生联合会、《学生报》、《中国周报》、《民主周刊》社等10团体在联大新校舍联合召开"庆祝政治协商会议成功、抗议重庆二·一〇惨案、坚持严惩一二·一惨案祸首大会"。闻一多担任大会主席。褚辅成、钱端升、费孝通、吴晗发表演讲。会上宣读了《宣言》,该《宣言》是当日上午闻一多嘱王康在民主周刊社内赶写的,闻一多亲自修改定稿。在云大操场,闻一多再次登台演讲,"勉励各界继续为民主团结而努力,并领导全体高呼口号"。同日,梅贻琦到重庆教育部述职,与朱家骅谈话中言及闻一多等。梅贻琦在日记中写道:"访骝先部长于其私寓",其"颇关心于清华复校设备等问题,而对于张、闻、潘等之举动,谓殊于清华不利"。22日,致闻家骒信,收入《闻一多书信选集》。说到自己近来的生活与思想的转变。同月,作《一二·一运动始末记》,收入《闻一多全集》,文章记述了昆明民主运动的历史和惨案的发生经过,表现了毫不妥协的斗争精神。2月至3月间,闻一多赴昆明长城中学演讲,题目是《关于民主教育》。

闻一多3月2日中午12时赴南屏戏院出席追悼冼星海音乐会。预告中有请闻一多讲演一项。4日,为抗议国民党任用"一二·一"惨案主谋李宗黄为党政考核委员会秘书长,全校罢课1天。17日,参加昆明学生联合会为"一二·一"4烈士举行的公葬及游行。公祭开始,主祭者查良钊,闻一多与钱端升、尚钺、王赣愚、吴晗等陪祭。20日,联大常委会召开第三六九次会议,提荐闻一多等82人为美国援华会特别研究补助金候选人。22日,清华大学文科研究所中国文学部在西仓坡5号本校办事处举行研究生施子愉毕业初试。闻一多与罗庸、游国恩、冯友兰、雷海宗、朱自清、王力、浦江清、许维遹为考试委员。25日,在《民主周刊》《学生报》《昆明新报》《时代评论》《中国周报》《妇女旬刊》《生活知识》《真理周报》《大众报》《文艺新报》《诗与散文》11期刊联合发表《对当前时局的态度》。26日,昆明《民主周刊》《学生报》等11期刊发表《为国民党政府破坏政协决议和停战协定的抗议书》。同日,《云南日报》载闻一多与徐炳昶、姚从吾、吴晗、贺昌群、汤用彤、雷海宗、姜寅清、浦江清、白寿彝、袁同礼、毛准、王重民、华斯年、向达等人,为救助冯承钧家属发起募捐。4月3日,清华大学接受闻一多辞去中文系主任的请求,朱自清正式就任清华中文系主任。8日,王若飞、秦邦宪、叶挺、邓发等乘飞机自重庆返延安,于山西兴县东南黑茶山触山失事。闻一多得知后,与李何林、王振华、潘大逵、楚图南、姜震中、尚钺、丁月秋、吴晗、袁震、赵沨、陆钦墀联名电唁。原电以《昆明学术文化工作者痛悼四八殉难烈士》为题,刊于5月2日《新华日报》。

闻一多4月9日参加西南联大新诗社成立两周年纪念晚会。12日下午3时,西南联合大学在清华大学办事处召开一九四五年度第十一次教授会议。主席梅贻琦，闻一多为书记。会上梅贻琦报告筹备迁校工作经过情形，报告4月10日校常委会决议。14日下午1时，西南联大昆明校友会为欢送母校师长，在大东门外临江里172号龙云公馆（震庄）举行校友话别会。参加这次会的有60余教授和200余学生。发言中，许多人赞扬联大学术自由精神，闻一多却尖锐批评联大的教育作风。15日下午，主持清华大学文科研究所中国文学部研究生王瑶毕业论文答辩，王瑶的论文题目是《魏晋文学思潮与文人生活》，闻一多很满意，给了84分。17日，昆明《民主周刊》《时代评论》《学生报》《中国周报》《昆明新报》《妇女旬刊》《真理周报》《大众报》《生活知识》《文艺新报》《诗与散文》11期刊联合发表《坚决反对撕毁政协决议》。22日，参加清华大学文科研究所中国文学部研究生施子愉毕业论文答辩。其论文题目为《唐代科举制度与文学》。4—5月，闻一多与唐兰担任西南联大中文系学生朱德熙的论文导师，在审阅其关于甲骨文的论文时，认为他很有见地，遂决定留朱德熙在清华大学任教，并让何善周去找朱来谈谈。当时对研究工作还是不能忘情，表示联合政府实现、民主政治得到保证的那一天，将退回书房，重新进行研究中国古代文学。5月2日，闻一多与潘光旦、楚图南、费孝通、吴晗、潘大逵、费青、朱驭欧、向达、闻家驷、冯素陶、尚钺、吴富恒、陈定民、许杰、陆钦墀、许维遹、余冠英、姜震中、赵崇汉共20教授联名发表《致马歇尔将军书》，刊于昆明《民主周刊》第3卷第8期。3日晚，昆明学联与昆明文协在云大至公堂举行"文艺晚会"，总题目是"人民文艺的道路"。报告人有楚图南、李广田、朱自清、李何林、闻家驷、夏康农、孟超。闻一多作总结。同日，朱自清参加同文学会，认为"学生发表各种批评言论，均为一多所提议者"。4日上午9时，西南联大在新校舍图书馆前举行结业典礼，西南联大宣告结束。同学从即日起分批离昆北上。典礼后于校园东北角举行联大纪念碑揭幕式。碑额为闻一多用篆书题写的"国立西南联合大学纪念碑"，碑文由冯友兰撰写，罗庸书丹。背面刻有800余从军的联大同学名单。闻一多没有参加结业典礼，而是应昆明学联之邀赴云大至公堂出席"五四"纪念会及青年运动检讨会。在会上，与同学们共同讨论青年运动的任务、民主革命的意义、知识分子的阶级属性、政治斗争的组织问题等。同日下午，清华大学、北京大学、南开大学各自开会，闻一多在这个会上向学校口头提出调整中文系、外文系机构的建议。同日晚，出席文协昆明分会组织的文艺座谈会。

　　按：现存手稿中有调整中文系、外文系机构的建议内容，后经朱自清整理，以《调整大学文学院中国文学外国语文学二系机构刍议》为题，收入《全集》。其前一部分为闻一多的原稿，后一部分为朱自清据先生手稿纲要联缀而成。从文中可知，长期以来，闻一多深感旧的教学体制存在着"中西对立、语文不分"两个弱点，所以有此建议，受到学校师生的重视，朱自清、浦江清、王力都表示理解和支持。

　　闻一多5月5日中午赴巡津街42号，参加清华学校辛酉级毕业25周年联欢会，东道主黄宪儒。出席者有在昆级友孟宪民、黄子卿、李继侗、罗隆基、潘光旦等。梅贻琦亦应邀出席。席间，闻一多"大声疾呼地要求大家和清华、留美教育决裂，重新再做学生"。7日，吴晗与夫人袁震离昆飞渝。吴晗离昆前后，闻一多接替了民主周刊社社长职务。15日下午3时，出席清华大学一九四五年度第五次教授会议。会上校长梅贻琦报告说：联大于下月结束，北迁事将由北大、清华、南开合同办理。16日，清华大学召开迁昆明后第三十二次聘任委员会会议，议决续聘闻一多与朱自清、王力、浦江清、许维遹为文学院中国文学系教授。当时陈梦家在美国，要求续假1年，故未续聘。17日，清华大学召开第三十六次评议会会议，议题中有复员回北平清华园后的教职员住宅分配问题。19日，闻一多等98人、13团体联合署名的《昆明文化界致美国和平委员会的信》,刊于《民主周刊》第3卷第10期。同日,冯友兰因事请假出国,美国加利福尼亚大学邀请闻一多于暑假后赴美讲学,冯友兰敦劝同行,闻一多以"北方青年也许还需要我",谢绝加利福尼亚大学之邀请。27日,重庆《新华日报》以《昆明人民团体及文化界人士望美审慎考虑对华贷款》为题,对此事作了报道。同日,出席云南圭山区彝族旅省学会主办之彝族音乐舞蹈会招待会,并与李广田、汪瞉、孟超、尚钺、费孝通、杨明、楚图南、赵沨、赵宝煦、萧荻、李何林、范启新等担任演出艺术顾问。30日,出席西南联大剧艺社聚会。这是剧艺社在昆明的最后一次聚会,主题是向昆明告别。同月,参与筹备民盟云南省支部机关报《民主报》;西南联大学生社团除夕社开始筹备编辑《联大八年》,闻一多为该书题写了书名。当时昆明已处白色恐怖之中,许多人都好心地劝先生早些复员,但闻一多觉得工作没能安排完毕,一时走不开。6月3日,昆明文化界在西南联大师范学院举行欢送圭山彝族乐舞团联欢会。这次演出圆满结束,同时也督促闻一多尽快把《九歌》改编成歌舞,连日来加紧赶做改编工作。4日端午节,亦诗人节。《九歌——古剧翻新》中"迎神(序曲)""东君""云中君"刊于昆明《诗与散文》"诗人节特刊"。此为《闻一多全集》中《九歌古歌舞剧悬解》初稿的一部分。《诗与散文》"编后记":"屈原的九歌共有十一章,因为闻先生还没有全部把它改写完全,所以先给我们三章发表,以纪念这伟大的人民诗人屈原。其余各章以后当可能在本刊发表。据闻先生告知编者,这个剧本是留给音乐家和舞蹈家们去处理的,关于九歌的著作与考证,以后闻先生还有文章另为解释。"晚,出席在云南大学举行的诗人节联欢会。10日,昆明《今日文艺》创刊。闻一多不仅为它题写了刊头,并为创刊号撰写了给昆明文艺青年的临别赠言——《昆明的文艺青年与民主运动》。上旬,联大师生陆续离昆,闻一多与夫人也积极准备复员北上事宜。由于路途过远,从陆路走费时多、旅途甚劳累,夫人身体不好难以支持,故决定全家乘飞机往重庆直返北平。

闻一多《九歌(古曲翻新)》初稿6月11日脱稿。13日,朱自清次日将赴成都,特与闻一多话别。这次见面,竟成两人共事14年的诀别。15日,昆明《大众报》刊登《昆明十二期刊联名发表对目前局势提出五项意见》,这是以民主周刊社领衔的又一声明。25日,起草《为呼吁和平救灾号召万人签名运动》(代电稿),开印前亲自到崇文印刷厂看校样。在正式铅印出来的呼吁书上签名者有3121人,其中有:由云龙、马伯安、高荫槐、张天放、刘北汜、白澄、李广田、赵沨、骆驼英、林薇、许琤、梁伦、潘大逵、莫翰文、王念平、杨德新、李公朴、吴征镒、李源、冯素陶、潘光旦、范宁、吴浦月、楚图南、欧根、尚钺、何善周、孟超、费孝通、李何林、史刚、潘汝谦、庄霞、黄秋帆、王振华、杨一波、关山月、金若年、张小楼、李德家、夏康农、杨犁、范启新、温功智、柳映光、方仲伯、史靖、王子光、俞铭传、萧荻、杨默霞、丁月秋、伍大希、唐旻、何孝达、彭兰、张世英、毛承志、傅启泌、罗广斌、庄任秋、季正怀等。闻一多的夫人高孝贞、儿子闻立鹤,及潘光旦的女儿潘乃穆、李广田的女儿李岫等也签了名。26日下午,与潘光旦、李公朴、楚图南等在法国商务酒店举行民盟云南省支部第一次招待会。27日下午3时许,与潘光旦、楚图南、李公朴、潘大逵、冯素陶、费孝通共同主持民盟云南省支部第二次招待会。会场仍设在商务酒店,出席者为文化、教育、金融、实业界人士禄介卿、李琢菴、徐佩璜、龙云夫人顾映秋、刘淑清、梅贻琦夫人韩咏华、朱驭欧、倪瑾、孙天霖、王齐兴等80余人。28日,与潘光旦、楚图南、李公朴共同主持民盟云南支部第三次招待会。30日,昆明各界万人签名运动致电蒋介石、毛泽东,呼吁和平。电文为张天放起草,闻一多修改润色。印好后,闻一多亲自征求签名,很快,签名者即达4000余人,云南耆老由云龙、赵鹤青、吴琨、王灿、马伯庵、张止真、李子猷、李云谷、高荫槐等，实业界祁仲安等，都签了名。中下旬，《九歌——人民的艺术和人民的讲教》刊于昆明《人民艺术》第 3 期。下旬，洪德铭来家辞行，并劝闻一多早日离昆北上。

闻一多 7 月 1 日与冯素陶、楚图南、吴征镒、尚钺、徐修、赵沨、李何林、吴富恒、丁维铎、姜震中、张小楼、费孝通、张曼筠、潘光旦、王振华、李公朴、潘大逵共 18 人联名电慰马叙伦、阎宝航、雷洁琼、陈震中诸人电，刊于昆明《民主周刊》第 3 卷第 16 期。6 日，余冠英将离昆北返，是日去探望闻一多。当时联大同学纷纷复员北上，闻一多在于他们分别时，总是鼓励他们早日到北平。9 日，《民盟的性质与作风》刊于昆明《民主周刊》第 3 卷第 17 期。这是根据上月月底民盟云南省支部三次招待会上的发言整理综合而成，是一篇极为重要的文献。它反映了闻一多对民主运动的认识，和为建立和平民主新中国的信心和意志。11 日深夜，有人来告知李公朴被暗杀，生命垂危。闻一多得知后，不顾正在发着高烧，便要起身去医院。高孝贞担心天黑有危险，极力劝阻。闻一多虽未出门，但在房里走来走去，心焦如焚，一夜没再上床。12 日，闻一多一夜未眠，晨 5 时赶至云南大学附属医院。李公朴已身亡，闻一多抚尸痛哭，"一面流泪一面说'这仇是要报的！'""最后愤愤地说：'公朴没有死！公朴没有死！公朴永远没有死！'"闻一多从医院出来，即与楚图南、冯素陶等讨论并起草了《中国民主同盟云南省支部发言人为李公朴同志被暴徒暗杀事件之严重抗议》，又商讨拟定了《李公朴先生被刺的经过》。13 日，闻一多为李公朴被刺事件题字："斗士的血是不会白流的。反动派！你看见一个倒了，可也看得见千百个继起的人！"15 日上午 10 时，昆明学生联合会在云南大学至公堂举行李公朴殉难经过报告会。闻一多认为这个会不能不参加，以只出席不讲话为条件，得到同仁们的同意。这次会本来是请张曼筠报告李公朴殉难经过，但她悲痛欲绝讲不下去，会场一时静默无声，报告会主持者有些措手不及。这时，闻一多走上台，把张曼筠换了下来，随之即席作了著名的最后一次讲演，痛斥国民党特务的罪行。最后说："我们不怕死，我们有牺牲的精神，我们随时像李先生一样，前脚跨出大门，后脚就不准备再跨进大门！"闻一多是在一些学生护送下离开云南大学，回到家里休息了一会，又与楚图南一起到府甬道 14 号民主周刊社，主持民盟昆明支部为李公朴遇刺举行的记者招待会，5 时散会，闻一多由长子闻立鹤伴随走回联大教授宿舍时遭到国民党特务狙击，身受数弹，当场牺牲，闻立鹤受重伤。

按：闻一多《最后一次的演讲》说：这几天，大家知道，在昆明出现了历史上最卑劣、最无耻的事情！李先生（李公朴）究竟犯了什么罪？竟遭此毒手？他只不过用笔写写文章，用嘴说说话，而他所写的，所说的，都无非是一个没有失掉良心的中国人的话！大家都有一支笔，有一张嘴，有什么理由拿出来讲啊！有事实拿出来说啊！为什么要打要杀，而且又不敢光明正大地来打来杀，而是偷偷摸摸地来暗杀！这成什么话？

今天，这里有没有特务？你站出来！是好汉的站出来！你出来讲，为什么要杀死李公朴先生？杀死了人，又不敢承认，还要诬蔑人，说什么"桃色事件"；说什么共产党杀共产党，无耻啊！无耻啊！！这是国民党反动派的无耻，但恰好是李先生的光荣。李先生在昆明被暗杀是李先生留给昆明的光荣！也是昆明人的光荣！

去年"一二·一"昆明青年学生为了反对内战，遭受屠杀，那算是青年的一代献出了他们最宝贵的生命！现在李先生为了争取民主和平而遭受了反动派的暗杀，我们骄傲一点说，这算是像我这样大年纪的一代，我们的老战友，献出了最宝贵的生命！这两桩事发生在昆明，这算是昆明无限的光荣！反动派暗杀李先生的消息传出以后，大家听了都摇头，我心里想，这些无耻的东西，不知他们是怎么想法，他们的心理是什么状态,他们的心是怎样长的! 其实很简单,他们这样疯狂地来制造恐怖,正是他们自己在慌啊! 在害怕啊! 所以他们制造恐怖,其实是他们自己在恐怖啊! 特务们,你们想想,你们还有几天? 你们完了,快完了! 你们以为打伤几个,杀死几个,就可以了事,就可以把人民吓倒了吗? 其实广大的人民是打不尽的,杀不完的! 要是这样可以的话,世界上早没有人了。

你们杀死一个李公朴,会有千百万个李公朴站起来! 你们将失去千百万的人民! 你们看着我们人少,没有力量? 告诉你们,我们的力量大得很,多得很! 看今天来的这些人,都是我们的人,都是我们的力量! 此外还有广大的市民! 我们有这个信心:人民的力量是要胜利的,真理是永远存在的。历史上没有一个反人民的势力不被人民毁灭的! 希特勒,墨索里尼,不都在人民面前倒下去了吗? 翻开历史看看,你们还站得住几天! 你们完了,快完了! 我们的光明就要出现了。我们看,光明就在我们眼前,而现在正是黎明之前那个最黑暗的时候。我们有力量打破这个黑暗,争到光明! 我们的光明,就是反动派的末日!

现在司徒雷登出任美驻华大使,司徒雷登是中国人民的朋友,是教育家,他生长在中国,受的美国教育。他住在中国的时间比住在美国的时间长,他就如一个中国的留学生一样,从前在北平时,也常见面。他是一位和蔼可亲的学者,是真正知道中国人民的要求的,这不是说司徒雷登有三头六臂,能替中国人民解决一切,而是说美国人民的舆论抬头,美国才有这转变。

李先生的血不会白流的! 李先生赔上了这条性命,我们要换来一个代价。"一二·一"四烈士倒下了,年轻的战士们的血,换来了政治协商会议的召开;现在李先生倒下了,他的血要换取政协会议的重开! 我们有这个信心! "一二·一"是昆明的光荣,是云南人民的光荣。云南有光荣的历史,远的如护国(指护国战争),近的如"一二·一",都是属于云南人民的。我们要发扬云南光荣的历史! 反动派挑拨离间,卑鄙无耻,你们看见联大走了,学生放暑假了,便以为我们没有力量了吗? 特务们! 你们错了! 你们看见今天到会的一千多青年,又握起手来了,我们昆明的青年决不会让你们这样横干下去的!

反动派,你看见一个倒下去,可也看得见千百个继起的! 正义是杀不完的,因为真理永远存在! 历史赋予昆明的任务是争取民主和平,我们昆明的青年必须完成这任务! 我们不怕死,我们有牺牲的精神! 我们随时像李先生一样,前脚跨出大门,后脚就不准备再跨进大门! (《闻一多全集》)

闻一多继李公朴后再惨遭国民党特务暗杀,举国震惊。梅贻琦校长即派人到闻一多家照料,并请查良钊赴警备司令部,要其注意其他同人安全。同时,梅贻琦又急电教育部,电云:"加急。南京教育部朱部长钧鉴:今日下午五时,在西仓坡宿舍门外,本校教授闻一多为暴徒枪击立毙,其子重伤。同人极度恐惶,谨先电闻。"为防止昆明民主人士继续被害,美驻昆明领事馆将潘光旦、费孝通、楚图南、冯素陶、尚钺等11人接往领事馆内暂避。7月16日,中国民主同盟云南省支部,为随李公朴同志遭暗杀后,相隔不及四日,闻一多同志复遭暗杀,发布《为闻一多同志复遭暗杀的紧急申明》。下午,西南联大聘黄钰生、贺麟、雷海宗、沈履、查良钊5人组成"闻一多教授丧葬抚恤委员会",黄钰生为主席。17日,中共代表团为李公朴、闻一多两先生在昆明惨遭特务暴徒杀害,特向政府提出抗议书。同日,毛泽东、朱德惊悉闻一多先生遇害,唁电闻一多先生家属,表示哀悼。重庆《新华日报》发表社论《抗议闻一多教授的被刺杀》;延安《解放日报》发表社论《杀人犯的统治》。18日,闻一多教授遗体于云大医院前空场火化。同日,联大王遵明、王宪钧、江泽涵、吴素萱、邵循恪、李鲸石、周炳琳、周作仁、金岳霖、苟清泉、姚从吾、姚圻、徐仁、陈康、高华年、马大猷、许维通、张清常、张怀祖、郭沂曾、阴法鲁、冯友兰、冯式权、冯至、汤用彤、费青、傅乐淑、黄子卿、汤佩松、叶企孙、叶楷、刘俊潮、刘钧、蔡枢衡等教授复员过渝,得知闻一多被杀,即以快邮代电,联名致函教育部部长朱家骅,对国民党在昆明野蛮枪杀闻一多表示抗议,要求政府从速追查。函云:"朱部长勋鉴:同人等复员过渝,留滞陪都,方怅行路之艰难,而昆明噩耗频传,联大教授闻一多先生父子又被狙击。闻先生治中国文学成绩卓著,一代通才,竟遭毒手,正义何在,纪纲何存！同人等不胜悲愤惊愕，祈主管当局务缉凶归案，严究主使。政府在道德上法律上之责任决不能有所规避，对于其所属人员亦不能有所曲护，并祈从速处理，以平公愤，无任企祷。"19日，闻一多丧葬委员会在昆北教室设置灵堂，举行4天公祭。同日，联大复员滞留重庆的教师90余人，联名致函教育部部长朱家骅，对国民党在昆明野蛮枪杀闻一多表示抗议，同时将此函交重庆《大公报》发表。郭沫若、茅盾、洪深、叶圣陶、周建人、许广平、郑振铎、田汉、胡愈之、曹靖华、巴金自上海致电联合国人权委员会，斥责国民党特务杀害李闻的暴行，请其立即派遣调查团来华。21日，美国国务院证实闻一多被暗杀后，昆明美领事馆确对11位民主同盟人士加以保护。22日，中国民主同盟政协代表为李闻案向国民党政府提出严重抗议，并提出善后要求6项。24日下午3时，留昆师生在昆北教室举行闻一多先生追悼会，昆明各界人士前来参加。梅贻琦主祭，雷海宗宣读由罗庸起草的祭文并报告生平，黄钰生、马忠（中文系学生）致哀辞，均只限于表彰学术。25日，《新教杂志》代表美国加拿大两国6000余新教牧师致电上海《文汇报》，慰问闻一多家属，云："每一个正直的美国人，都为贵国民主领袖的被杀害，深深感到震骇""这一巨大的阴谋，不仅是反对中国人民，并且反对全世界人民"。《基督教人》杂志亦以全美圣公会僧俗大众代言人身份，向闻一多家属表示"深沉的同情"，并对"中国政府排斥民主的这类事实，深感惊骇厌恶"。28日，重庆各界6000余人隆重追悼李公朴、闻一多。31日，美国哈佛大学教授30人联名致电艾奇逊，主张美国政府停止援助国民党政府。8月10日，美国总统杜鲁门经中华民国驻美大使顾维钧转给蒋介石一封私人密函，内中涉及美国政府对李公朴、闻一多被刺事件的反应与态度。信中特别指出：如果国民党政府不能和平解决内部问题，如果中国不能在短期内有真实的进步表现，则将重新审定美国对华政策。12日，美国哥伦比亚大学师范学院全体教授，为李、闻被刺致电杜鲁门总统，称"这种出于若干反动分子的残酷行为，刺痛了中美两国思想自由的公民良心，这刻画出中国局势在迅速的恶化，美国也深深的被卷入了"。22日，民盟中央派往昆明调查李闻惨案真相的梁漱溟、周新民离昆返南京。月底，他们向民盟中央提交了《李闻案调查报告书》。（参见闻黎明、侯菊坤《闻一多年谱长编》（增订版），上海交通大学出版社2014年版；王学珍等编《北京大学纪事（1898—1997）》，北京大学出版社1998年版）

张奚若1月13日出席昆明学联在联大新校舍草坪举行的时事演讲会，演讲《政治协商会议应该解决的问题》，听众达6000人。20日，张奚若领衔190余人联名发表《昆明教育界致政治协商会议代电》，刊于昆明《民主周刊》第2卷第24期。签名者为：张奚若、钱端升、朱自清、金岳霖、王赣愚、袁家骅、李继侗、吴之椿、费孝通、潘光旦、汤佩松、费青、胡毅、闻家驷、潘大逵、卞之琳、尚钺、夏康农、李广田、苏鸿纲、姜震中、顾元、王康、陆钦墀、廖宝昀、袁方、徐毓枬、周新民、楚图南、沈嘉瑞、向达、陈定民、杨业治、闻一多、林文铮、徐嘉瑞、胡庆钧、全慰天、陈美觉、冯素陶、俞铭传、张兆麟、孟超、杨一波、赵沨、郑伯华、张默涛、林彦群、许之乔、刘北汜、张书田、陈遵妫、黄绮、张子毅、李荫远、张东祺、程溯洛、吴晗、李若明、罗应荣、汪子嵩、吕德申、叶方恬、汪志华、金先杰、何善周、李荣、刘锡铭、张璧华、刘禹昌、张国廉、唐敖庆、姚宝汉、邱家农、范宁生、程应鎏、彭兰、马忠、王振华、许维遹、杨明、丁维铎、余冠英、吴漠、尹科云、林慧、李埏、杨天堂、王鉴、陈钟远、胡宗礼、谢广美、陈阅增、王树勋、曾宪邦、吴征镒、董申保、池际尚、陈德明、王瑶、江枫、钦俊德、王通裕、季正怀、张澜庆、金孟肖、张炳熹、李学应、俞和权、殷汝棠、孙本旺、苗华殿、凌德洪、周家炽、蔡德惠、张行煜、钟景文、杨德森、刘邦瑞、余培忠、吴彬、颜锡嘏、王溶、冯秀明、文波、田方增、刘心务、娄康俊、赵全章、崔士英、徐绍龄、李俊昌、郝锡宏、戴玉贞、赵崇汉、杨鹏魁、王金钟、胡维菁、卢福康、朱绍侯、程力方、龙文池、范宁、赖才澄、陆永俊、许杰、黄为、王志诚、张德成、陈峰、陈志鹏、何陶如、佘世光、龙敏惠、莫翰文、彭丽天、孙瑞谷、迟中陶、杨光社、陈尔谢、陈德祥、阎昌麟、许醒农、仲谷仁、李建武、钱介福、萧前桂、康倪、萧前瑛、王万俊、武子桢、赵宝煦、王筌、向大甘、谭正儒、王乐周、游象乾、张绍桢、高国泰、唐品喻、刘舒心、蓝仲雄、马毓泉、邓汉英、郭沂曾、杨捷、胡向恒、焦瑞身、杨东灿、王晓云、刘源、杨体隽、刘宗汉。24日，重庆《新华日报》亦以《昆明文化界人士百余人要求开放自由组织联合政府》为题，全文刊出该函。

按：这是西南联大教授群体的一次重大政治学术活动，似亦由钱端升发起，朱自清日记是月十二日条云："上午端升来询《时局宣言》起草要点，所提各点均表示接受，而今甫及汤则表示不同意。"此文件发表时，果无杨振声、汤用彤。全文如下：

重庆政治协商会议秘书处转各代表公鉴：诸先生此次在渝集会，协商国是，诚国家民族兴衰隆替之机，团结民主和平奠基之日。诸先生责重任远，固当捐除私见，为人民立言，为子孙造福，群策群力，必其成功。同人等义切救焚，责无旁贷，愿陈数事，用作准绳，诸希明察是幸。

甲：政治协商会议结束以前，应切实办到下列各事项：一、立即停止军事冲突，此项工作由马歇尔将军会同国共双方以外之公正人士监督实行。二、开放言论、出版、通讯、集会、结社及其他基本自由，一切报馆及通讯社听任私人或党派自由经营，其曾经政府控制支持者，一律停止其控制及支持。三、取消一切特务组织，立即释放一切政治犯。四、组织联合政府，在宪法实施以前，以联合政府为中华民国之最高统治机关，政府人员应由全国贤能领袖公平分担，任何党派所占员额不得超过全数三分之一，军政财政两部并不得操于一党之手。

乙：下列各事项由联合政府办理：一、缩编全国军队，并提高其品质，以期达到高度现代化之目的，全国军队之数量，平时以五十师为最高限度。二、改组并刷新各地方政府之行政机构，其主要人员不得由任何一党包办，并不得由现役军人充任。三、制定制宪会议之组织及选举法，于联合政府成立后六个月内，办理选举，并召开会议。（参见闻黎明、侯菊坤《闻一多年谱长编》（增订版），上海交通大学出版社2014年版）

钱端升1月10—31日以会外专家身份应邀参加在重庆召开的政治协商会议。会议期间，发起并联合朱自清、金岳霖、闻一多、潘光旦等民主人士194人发表《昆明教育界致政治协商会议代电》，要求停止军事冲突，开放言论、出版、集会、结社等自由，取消特务组织，组织联合政府，缩编全国军队，制定制宪会议之组织及选举法，改编地方政府行政机构。2月，被推举为宪草审议委员会会外专家委员。该委员会由政治协商会议决定设立，其任务是根据政治协商会议拟定之修改原则，并参酌宪政期成会修正案、宪政实施协进会研讨结果及各方意见，汇综制成《五五宪草修正案》，提供国民大会采纳。该会委员人选由各方推出，并公推会外专家10人。3月17日，作为陪祭人参加昆明"一二·一"事件中之4烈士的出殡仪式。5月，西南联大解散，师生开始陆续北返。9月初，与好友张奚若等一些民主人士在上海受到周恩来的接见。（参见孙宏云编《中国近代思想家文库·钱端升卷》及附录《钱端升年谱简编》，中国人民大学出版社2014年版；闻黎明、侯菊坤《闻一多年谱长编》（增订版），上海交通大学出版社2014年版）

周炳琳被指定为"国大代表"。因对这个"国大"已经不抱任何希望，所以坚决拒绝参加。2月6日，周炳琳致函教育部长朱家骅，坚决要求将"一二·一"惨案祸首李宗黄撤职惩办。但重庆政府不但没有将李宗黄撤职，反而任命他为国防最高委员会党政考核委员会秘书长，激起了联大师生和昆明民众的极大义愤。17日，昆明各界在西南联大新校舍召开"庆祝政治协商会议成功，抗议重庆'二一〇'惨案，坚持严惩'一二·一'惨案祸首大会"，对李宗黄没有受到公正的惩处反而升官一事提出严正抗议。3月13日，联大第三六六次常委会决议：设置本校图书迁运委员会，聘请周炳琳、冯友兰、叶企孙、施嘉炀、潘光旦、董明道为委员，周炳琳为召集人。7月18日，周炳琳联络联大复员过渝教授以快邮代电，致教育部长，要求政府从速追查。函云："朱部长勋鉴：同人等复员过渝，留滞陪都，方怅行路之艰难，而昆明噩耗频传，联大教授闻一多先生父子又被狙击。闻先生治中国文学成绩卓著，一代通才，竟遭毒手，正义何在，纪纲何存！同人等不胜悲愤惊愕，祈主管当局务缉凶归案，严究主使。政府在道德上法律上之责任决不能有所规避，对于其所属人员亦不能有所曲护，并祈从速处理，以平公愤，无任企祷。王遵明、王宪钧、江泽涵、吴素萱、邵循恪、李鲸石、周炳琳、周作仁、金岳霖、苟清泉、姚从吾、姚圻、徐仁、陈康、高华年、马大猷、许维遹、张清常、张怀祖、郭沂曾、阴法鲁、冯友兰、冯式权、冯至、汤用彤、费青、傅乐淑、黄子卿、汤佩松、叶企孙、叶楷、刘俊潮、刘钧、蔡枢衡。"

　　周炳琳在7月17日又致梅贻琦函，内云："黑暗势力滋长，一多继李后殒命，此案应追个明白，谁实指使，必令负杀人之责任，决不可开个追悼会，拿死人做文章，做了文章便不了了结。先生似可告知霍揆彰，责任所归，不许马虎。"当时曾任《大公报》记者多年的曾敏之访问周炳琳时，问到对闻一多的看法。周炳琳说：先生"之所以走出书房，接触政治，一句话，是因为国家社会的现状太不成话了。西南联大保有自由的传统，同事们有许多是抱有自由主义思想的，一样的不满于现实，一样的希望能改变现实。但对闻先生那种赤裸裸无保留的从事民主运动的热诚，对他那种无所私、无所求的爱国真诚，同事们都怀着敬重。不过教育工作者却需要具有宗教的情操，不一定用偏激态度发抒自己的意见。闻先生的做人及思想有一特点，他坦率，他专一。当他研究学问时，他不旁骛。当他投身改革政治运动时，他献出了自己的一切。在今天，像这样一个纯真而又不怀私念的人，是少见的"。周炳琳还感慨地说："本来一个人从事某种运动，必然会与监狱放逐、死亡结缘，但想不到闻先生竟这样快遭受了不幸！"28日，重庆各界6000余人隆重追悼李公朴、闻一多。青年馆门前街口两边耸起两座柏枝素坊，门外沿壁沿街挂满挽联。各界送来函电、挽联、花圈共1200余件。大会主席张群，主祭周炳琳，吴玉章、张笃伦、胡子昂、鲜特生、许德珩、邓初民、史良、黄次咸、沈起予任主席团及陪祭。会上，北京大学法学院院长周炳琳报告先生生平，最后说："近三年来，为了政治的使人无可缄默，他于是为国家为人民而尽力呼吁。自己毫无私图，议论不怕激烈，因此闻先生竟遭人之恨而牺牲了。闻先生的学识与为人，使我佩服到极点。现在我们就国家的元气上说，就人道上说，从是非上说，我们纪念闻先生不是闻先生一人死的问题，而是如何承担闻先生未完成的事业，继续下去。"（参见王学珍等编《北京大学纪事（1898—1997）》，北京大学出版社1998年版；西南联大北京校友会编《国立西南联合大学校史——1937至1946年的北大、清华、南开》，北京大学出版社1996年版）

　　潘光旦继续任代教务长。1月，潘光旦《优生概论》由商务印书馆在重庆与上海两地出版。此书曾于1928年由新月书店列为"人文生物学论丛"第1辑出版。这次又由商务印书馆出版，内容上稍有更动。作者在1928年所写的《叙言》中介绍："此为作者五年来关于优生学及其他与优生学相干而又不尽属优生学之四篇合为上编，完全属优生学者六篇合为下编：总名之曰'人文生物学论丛'。"2月11日，联大召开第43次教务会议，教务长潘光旦报告本校历年毕业及经部核准人数；议决凡在联大保有学籍学生于学校北迁后，可依照其本人意向，参加北大、清华、南开中任何一校。3月2日，潘光旦与冯友兰、雷海宗、姚从吾、闻一多、唐兰、刘崇鋐、汤用彤、朱自清、罗庸等教授应梅贻琦校长邀请商议建立西南联大纪念碑事。3月3日,在《正义报》发表《学与政与党——政学关系三论之一》。文中认为,"学与政与党是一个总问题,分开而比较具体的说,也是根据二三十年来的经验说,则又不出如下的四个问题:一是学校的政的管制,二是教育的党的管制,三是学生与党籍,四是学人论政"。然后分别就此4个问题作一番简要的讨论。作者主张:"学术界人士应当于专门学术之外关切政治。"并给出3个理由:"积极的说,清明的政治应以学术为张本,学术家不问,试问更谁有资格来问,此其一。消极的说,政治败坏,迟早必波及以至于殃及学术家的园地,至使学术工作无法进行,此其二。这两个理由几乎是几何学上所称的自明的公理,无所用其证明的,要不是因为目前那种普遍的隐遁的状态,也是根本值不得一提的。不过对于次要的第三个理由,我不能不略说几句,就是,为了教育青年,学术界人士也大有关切政治的必要。"最后强调:"学与政与党的问题闹了二十多年了,二十多年来,种种错综复杂、不可究诘的情形所引起的困难、所产生的痛苦,身受之者,不止是学校与教育,而也是党派与政治。这该是一个清算与图谋解决的时候了。要国家真正踏上民主的坦途,我并且认为这问题的清算与解决是先决条件中最大的一个。"

潘光旦3月6日在《民主周刊》第3卷第2期发表《政治信仰与教学自由——政学关系三论之二》。文中主要就最近政治协商会议通过的《和平建国纲领》第七章中关于教育及文化的条款作了讨论,而重点在于第一条:"保障学术自由,不以宗教信仰、政治思想干涉学校行政。""目的无非要看前途的学术自由究属能否得到真正的保障。"作者最后批评:"协商的代表们虽已了解,必须政治信仰不加干涉,学术方得自由,却还完全没有理会,必须政治教条,如一切主义之类,退避三舍,尽可容私人采择信仰,许客观研究批评,而不作强制性的宣传,政治方得民主。他们虽已明白教条与自由教育的不相容,却还完全没有认识主义政治与民主政治是截然两事。要政治真正民主,果然有待于此种认识,就是要学术真正自由,也必有待于此种认识,因为惟有充类至尽的认识才能深切著明的见诸行事,否则仍是徒然。"13日,联大第三六六次常委会决议:潘光旦因事离校,代教务长职务由李继侗暂行兼代。17日,潘光旦在《时代评论》第18期发表《政治必须主义么——政学关系三论之三》,文中开篇谈到:"我在上面两篇文字里,特别是第二篇里,都提到,要学与政与党的问题得到解决,要教育与学术真正得到自由的保障,必须政治自身不受教条的支配。不受教条的支配,就是不受主义的支配。我认为宣传与教育不相能,教条与学术不相能,主义信仰与民主政治也一样的不相能。如今再就主义信仰与民主政治之所以不相能的一点,单独的加以讨论。"由此可见上述三文是有意为之的论文组合,其主题都是讨论政学关系。同月,潘光旦译著《赫胥黎自由教育论》由商务印书馆在重庆出版。

潘光旦译注霭理士著《性心理学》4月由商务印书馆在重庆出版。"霭理士是从生物学和心理学的基础上,对人类两性关系进行科学研究的先驱者。他尽了毕生之力,披荆斩棘,终于突破了传统的愚昧所设下的重重障碍,在西方奠定了人类两性之学的基础,为社会上推广性的教育提供了科学材料。""接住这个火把,把它传到中国这片土地上来的,就是潘光旦。他曾于1934年8月译霭氏《性的教育》,1934年9月译《性的道德》。在抗战岁月里,他以'传经'的精神,克服一切生活上的困难,终于把这本巨著翻译成平顺易读的汉语,犹恐读者陌于中西之别,以他平时研究的成果,列举有关的中国资料来为原文注释。字里行间充分流露了他谆谆善诱的工夫。"完成这本巨著的译注,是潘光旦长期以来的愿望,以至在完卷后,他说:"我二十年来记挂着的一个愿现在算是还了。"他在此书译序中介绍:"本书约三十四万言,其中约十万言是注和附录。注分三种。一是霭氏原注,占十分之一不足。二是霭氏所引用的书目。这又分两部分,一部分是见于《性心理学》原书的,比较的很简略,一部分则见于《研究录》,由译者就可以查明的查明辑入。这第二种注约占十分之二。三是中国的文献与习惯中所流传的关于性的见解与事例,所占当在十分之七以上。这当然是就译者浏览与闻见所及斟酌辑录,意在与原文相互发明,或彼此印证,也所以表示前人对于性的问题也未尝不多方注意,所欠缺的不过是有系统的研究罢了。关于同性恋,资料较多,若完全放入注中,颇嫌其分量不称,所以又作了一个附录。"5月6日,潘光旦在《正义报》发表《说童子操刀——人的控制与物的控制》,又载《观察》第1卷第2期。7月,李闻事件后与费孝通等至昆明美国领事馆避难。7月底,潘光旦从昆明至重庆、南京,回到苏州浒墅关,为费孝通的《生育制度》一书作长约3万字的代序《派与汇》,提出新人文思想的渊源与基本特征。(参见吕文浩编《中国近代思想家文库·潘光旦卷》及附录《潘光旦年谱简编》,中国人民大学出版社2015年版;西南联大北京校友会编《国立西南联合大学校史——1937至1946年的北大、清华、南开》,北京大学出版社1996年版;齐家莹编《清华人文学科年谱》,清华大学出版社1999年版;费孝通《重刊潘光旦译注霭理士〈性心理学〉书后》,载《性心理学》,三联书店1987年版)

费孝通与张子毅(即张之毅)、张荦群、袁方合著的小册子《人性和机器——中国手工业的前途》3月由生活书店出版。6月,费孝通《初访美国》由上海生活书店发行。此书1947年1月出第3版。全书分为17章,最后1章为对上16章的总结与体会。其中说此书"写下的既不是游记,又不是论文,至多不过是我个人在美的一年所搜罗来的一些零星的感想",并说"要明白这一简单的道理:别国人的生活可能是和我们不同的""需要我们对各种文化的差别比较出来加以说明"。7月,李闻事件后与潘光旦等至昆明美国领事馆避难。同月,费孝通《内地农村》由生活书店印行,于1947年1月再版。作者在该书序中说道:"这小册子里收的十五篇关于内地农村的论文是我在抗战初期,根据云南农村的观察而写下的。""一切根据事实而作的结论,对于人类知识总是有用处的。"月底,费孝通从昆明至重庆、南京,回到苏州浒墅关,听从潘光旦的劝告将六七年来在云南大学和西南联大讲授家庭社会学的讲稿加以整理、补充,撰成《生育制度》。

按:1947年吴景超因不同意费孝通等在书中为他心目中"一定是逐渐衰微而终于消灭"的手工业唱赞歌而写了一篇商榷性的书评,题目是《中国手工业的前途》,刊于《经济评论》第1卷第20期。费孝通不久以《小康经济——敬答吴景超先生对〈人性和机器〉的批评》作为答复。(参见吕文浩编《中国近代思想家文库·费孝通卷》及附录《费孝通年谱简编》,中国人民大学出版社2015年版)

吴晗2月8日作《论防止官僚资本主义之发展》,刊于昆明《新报》第12期。17日,吴晗出席昆明学联、昆明文协等10团体在西南联大草坪召开的万人大会,庆祝在重庆举行的有国民党、中国共产党、中国民主同盟、青年党、社会各界的代表参加的政治协商会议闭幕。吴晗与闻一多以及国民党元老褚辅成讲了话,会后举行了示威游行。3月17日,昆明学联为"一二·一"4烈士举行殡葬仪式。学生、店员、工人、农民各界群众3万多人,绕行了昆明主要街道,上午出发,一直到下午5时才回到联大新校舍的东北角墓地。吴晗以陪祭人的身份,在4烈士墓前发表了演说,他说:"四烈士的墓地已经成了民主的圣地,四烈士的墓地上有'民主种子'四个字,我觉得这个种子应迅速发芽成长,这个地方应改为'民主圣地'。在历史上中国有圣地,而今的圣地是民主的圣地。""我们要踏着四烈士的血迹前进,直到把反动势力完全消灭。不久,将会有许多朋友要离开这里,将来民主的、幸福的新中国来临的时候,我们永不忘记在西南的角落上,也有一块'民主圣地'。"同月,吴晗《论历史观点》刊于昆明《中国周报》第9期。(参见夏鼐《吴晗的学术生涯》,浙江人民出版社1984年版;闻黎明、侯菊坤《闻一多年谱长编》(增订版),上海交通大学出版社2014年版;《云南大学志》编审委员会《云南大学志》第2卷《大事记(1915年—1993年)》,云南大学出版社1993年版;齐家莹编《清华人文学科年谱》,清华大学出版社1999年版)

雷海宗1月13日在昆明《中央日报》发表《历史过去释义》。2月25日,出席东北社和法学会在新校舍草坪举行的东北问题演讲会,并与傅恩龄、冯友兰、查良钊、燕树棠、高崇熙等发表讲话。会后数百人游行,要求苏军撤出东北。3月2日,应梅贻琦常委邀请,与冯友兰、姚从吾、闻一多、唐兰、刘崇鋐、潘光旦、汤用彤、朱自清、罗庸等教授出席商议建立西南联大纪念碑事会议。同月,蒋介石视察昆明,雷海宗与姚从吾等7位西南联大党部委员受到召见。雷海宗直言物价通胀,建议增加学生公费。5月19日,因冯友兰请假出国,文学院院长职务由雷海宗暂行代理。同月,由林同济、雷海宗同著的《文化形态史观》由上海大东书局出版。书内收有雷海宗在《战国策》上发表的《历史警觉性的时限》《中外的春秋》,以及《历史的形态与例证》等文。林同济在该书卷头语中介绍:"我与雷先生的这些文字,多少是根据形态历史观的立场而写作的。两人的若干结论虽未必尽同,但大体上彼此可相辅为用。雷先生较偏于例证的发凡,我较偏于'统相'的摄绎。"还说:"我们终有一天要突破历史遗留的罗网而涵育出一朵新阶级的文化之花。"6月26日,联大第380次常委会决议:本大学常委会基于事实需要,暂缓结束;为推进师范学院独立设置事宜,成立委员会,请潘光旦、雷海宗、贺麟等8人为该委员会委员。同月,在上海《智慧》第4期发表《时代的悲哀》。7月15日,闻一多遇害。雷海宗任"闻一多丧葬抚恤委员会"委员。24日下午3时,留昆师生在昆北教室举行闻一多先生追悼会,昆明各界人士前来参加。梅贻琦主祭,雷海宗宣读由罗庸起草的祭文并报告生平,还保管了由闻一多遗体内取出的子弹头。(参见参见江沛、刘忠良编《中国近代思想家文库·雷海宗、林同济卷》及附录《雷海宗年谱简编》,中国人民大学出版社2014年版;马瑞洁、江沛《雷海宗年谱简编》,载王京州编《河北近现代学者年谱辑要》,国家图书馆出版社2017年版;西南联大北京校友会编《国立西南联合大学校史——1937至1946年的北大、清华、南开》,北京大学出版社1996年版;齐家莹编《清华人文学科年谱》,清华大学出版社1999年版)

贺麟1月在《三民主义半月刊》第8卷第1期发表《〈当代中国哲学〉序言》。5月29日,联大第三七七次常委会决议:汤用彤因公离校,在梅贻琦常委返校之前,代理常委职务改由黄钰生暂行兼代,文学院院长职务由贺麟暂行代理。7月15日,闻一多在昆明被暗杀后,西南联合大学成立"闻一多丧葬抚恤委员会",贺麟被推选为委员。25日,联大第三八四次常委会决议:成立三校联合迁移委员会,推定贺麟、孙云铸(代表北大)、霍秉权、沈履(代表清华)、黄钰生、冯文潜(代表南开)为委员,负责处理各项迁移事宜,并保管核定各项账目。(参见高全喜编《中国近代思想家文库·贺麟卷》及附录《贺麟年谱简编》,中国人民大学出版社2014年版;齐家莹编《清华人文学科年谱》,清华大学出版社1999年版;西南联大北京校友会编《国立西南联合大学校史——1937至1946年的北大、清华、南开》,北京大学出版社1996年版)

汤用彤在抗战胜利后主持北大在昆明复校事宜,主要在两个方面:(1)约回散在各地的北大旧人,并聘请新教授;(2)负责把留在昆明的北大教职员和家属及学生迁回北平。4月2日,傅斯年批复了汤用彤为北京大学复校而写的教师聘用计划报告。5日,傅斯年致汤用彤函,最可说明复校是事关北大生死存亡的历史抉择。5月4日上午,国立西南联合大学在新校舍图书馆举行结业典礼,由梅贻琦常委主持大会。三校代表汤用彤、叶企孙、蔡维藩相继致词,赞颂三校在战时联合时期合作无间的关系,宣告西南联合大学在完成其战时的历史使命后结束。7 日,汤用彤致函郑天挺:北大昆明办事处决定发聘书办法:(一)新聘者全发。(二)旧人离校续聘者亦发。(三)现在在校续聘者不发。此项聘书,仅用于教授、副教授。昨日三校联合招生委员会议决,北平、天津亦联合招生。北平招生办事处主任暂请兄担任。7 月 9 日,周炳琳致函胡适说:"校中内部维持与在联大中的清华、南开保持接触,数月来汤锡予兄实负其责。锡予兄身体原不大好,为爱北大,竟肯挺身而出,至足钦敬。锡予兄处事稳妥持平,深知各方面情形,数月来局面之维系,孟真实深得其助。"15 日,得知闻一多被害的消息后,正在重庆候机北上的汤用彤与冯友兰、金岳霖、周炳琳等 33 位教授联合上书教育部朱家骅部长转国民政府严正抗议特务的卑劣行径,请求严格追查凶犯及其主使人,从速处理,以平公愤。(参见汤一介、赵建永编《中国近代思想家文库·汤用彤卷》及附录《汤用彤年谱简编》,中国人民大学出版社 2015 年版;西南联大北京校友会编《国立西南联合大学校史——1937 至 1946 年的北大、清华、南开》,北京大学出版社 1996 年版;王学珍等编《北京大学纪事(1898—1997)》,北京大学出版社 1998 年版)

杨振声本学期为中文系三、四年级学生开选修课"世界文学名著选读与试译"(4 学分)。又为师范学院四、五年级学生开选修课"世界文学名著选读与试译"(4 学分)。1 月 1 日下午 3 点,梅贻琦在办事处约联大及三校教职员及眷属举行新年茶叙,杨振声应邀出席。晚,梅贻琦来访。11 日晚,应梅贻琦约至厚德福。12 日,朱自清来访。14 日,江泽涵致胡适函中提到:"北大已派毅生兄去北平,今甫兄、郑华炽兄日内也就动身去北平。"15 日晚,赴章川岛夫妇饭约。19 日晚,赴潘光旦约晚饭。据梅贻琦日记:"九点余始至潘家,已食罢,今甫已去,与金、叶、李、朱、沈闲谈至十点余散归。"(参见蓬莱市历史文化研究会《杨振声编年事辑初稿》,黄河出版社 2007 年版)

朱自清1 月 1 日下午赴联大办事处出席梅贻琦举行的联大教职员及家属新年招待会。8 日晚,在东月楼邀宴陈福田。12 日上午,徐毓楠来访,谈翻译问题。下午,访杨振声话别。18 日下午,出席费正清欢迎会。晚应潘光旦邀宴。20 日,参与签名的《昆明教育界致政治协商会议代电》刊于《民主周刊》第 2 卷第 24 期。27 日,访游国恩、何善周、徐毓楠。28 日,闻一多来访,谈请朱自清接任清华中文系主任职事。31 日下午,出席清华评议会会议。冯友兰提议由朱自清担任清华中文系主任,朱自清当即谢绝并推荐王力。2 月 3 日,访王力、余冠英和冯至。15 日下午,赴西仓坡 5 号清华办事处出席清华大学文科研究所中国文学部举行的王瑶毕业初试。22 日,许醒农来访,谈"一二·一"血案处理事。朱自清同意学联罢课一日以抗议李宗黄之举,同意教授会发抗议书之举,同意要求苏联军队撤出东北的《对东北问题宣言》,并在宣言上签了名。后刊于 2 月 24 日昆明《中央日报》,联大 110 名教授在宣言上签了名。25 日,见联大图书馆前有连续关于东北问题的讲演,会后有示威游行,但联大学生不多,始悟"整个事件皆由党事先策划"。下午,出席联大校志委员会举行的茶话会,讨论联大纪念碑事。同日,见联大学生贴出攻击《对东北问题宣言》的《呜呼!大学教授》一文,颇感不快。28 日,赴基督教女青年会作"论兴趣"讲演。3 月 2 日晚,赴梅贻琦为设计西南联大纪念碑事所设宴会。在座有冯友兰、雷海宗、唐兰、姚从吾、刘崇鋐、潘光旦、汤佩松、罗庸等。18 日,致彭桂蕊信,谈关于民间文学问题。20 日,《国文月刊》第 41 期出刊。因联大复员,《国文月刊》自该期始改由开明书店编辑出版,朱自清和郭绍虞、叶圣陶、夏丏尊担任编辑人。22 日下午,赴西仓坡 5 号清华大学办事处出席清华大学文科研究所中国文学部举行的施子愉毕业初试。

朱自清4月3日出席联大校务会议。重新就任清华中文系主任职。4日，致梅贻琦、潘光旦信，谈安排王瑶论文考试事。9日，致梅贻琦、潘光旦信，谈安排施子愉论文考试事。同日，致梅贻琦信，允任清华中文系主任职。15日下午，赴西仓坡5号清华大学办事处出席清华大学文科研究所中国文学部举行的王瑶论文考试。因闻一多在昨日联大校友话别会讲演时说憎恨母校，使梅贻琦震怒，欲解聘闻一多。朱自清当即表示反对。22日下午，赴西仓坡5号清华大学办事处出席清华大学文科研究所中国文学部举行的施子愉论文考试。5月3日上午，出席国文学会会议。"学生发表各种批评言论，均为一多所提议者"。下午，出席大一国文会议及清华系主任会议。晚，赴云南大学至公堂出席"文协"昆明分会和昆明学联举办的文艺晚会，以《夏丏尊先生》为题作讲演。同时讲演的还有楚图南、李广田、李何林、闻家驷、夏康农、孟超、闻一多等。4日，西南联大在图书馆前草坪举行结业典礼，梅贻琦讲话，冯友兰宣读纪念碑文。会后至后山举行联大纪念碑揭幕典礼。至此国立西南联合大学宣告结束。9日下午，出席清华评议会会议，议决推荐李赋宁、王浩为美国国务院奖学金候选人。10日，北大、清华、南开三所大学开始向平津迁移。14日，将无法带走的书籍售与五华中学。15日下午，出席清华教授会会议，与李辑祥、杨武之、刘崇鋐、汤佩松、雷海宗、赵访熊、袁复礼和陈福田当选为下学年校评议会评议员。25日，叶蠖耕、季镇淮、余冠英来访。28日晚，赴省党部礼堂观圭山彝族音乐舞蹈。同月，朱自清《经典常谈》由文光书店印行。此书是概括而又比较系统地介绍中国古代文化的一个尝试，它力求采择新的观点，又力求通俗化，为青年和一般读者了解我国古代文化提供了便利。6月13日，访许维遹、林徽因、雷海宗、潘光旦、闻一多等话别。（参见姜建、吴为公编《朱自清年谱》，安徽教育出版社1996年版；朱乔森《朱自清生平著作编年简表》，载《朱自清》，人民文学出版社1985年版；齐家莹编《清华人文学科年谱》，清华大学出版社1999年版）

王力专著《中国语法纲要》3月由开明书店出版。此书为《中国现代语法》之摘要。"他这三部专著，相辅而行，突破了近四十年来许多语言学家因袭《马氏文通》用西语为比附的方法，脱离了'模仿的巢臼'。至此，王力在战争年代颠沛流离的极其艰苦的条件下，终于以不屈不挠的精神，对汉语语法作了精深的研究，进一步建立了自己的语法体系，在我国语法史上揭开了崭新的一页。"4月20日，王力《中国文字及其音读的类化法》刊于《国文月刊》第42期。5月，西南联大奉命结束，师生分批复员北返。这时中山大学向清华大学借聘王力到校讲学。王力从昆明取道越南，经广西到达广州。6月20日，王力《大学中文系和新文艺的创造》《了一小字典初稿》刊于《国文月刊》第43—44期合刊。7月20日，王力《敝帚斋读书记》刊于《国文月刊》第45期。（参见张谷、王缉国《王力传》附录《王力先生年谱》，广西教育出版社1992年版；齐家莹编《清华人文学科年谱》，清华大学出版社1999年版）

沈从文3月17日参加为"一二·一"惨案4烈士送葬游行和公葬仪式。同月，撰写时评《我们要个第四党》，反映他对现实政党政治的不信任，希望由非党专门家形成不同的政治力量，以找到和平途径。文章被当局禁止发表。4月12日下午3时，到西南联大清华大学办事处出席西南联大教授会三十四年度第十一次会议。5月1日，《书评的自由解放运动》在《上海文化》第4期发表。此文是沈从文对《我对于书评的感想》作少量删节后的重发。6月7日，国立北京大学昆明办事处致函郑天挺，开列已聘的36位教员名单。沈从文被北京大学续聘为文学院的教授。26日，西南联大1945—1946年度第二学期结束，开始放暑假。7月10日，《对新文学有贡献的湖南人》刊于《湖南日报》。12日，沈从文携家眷从昆明飞抵上海。在沪期间，与叶圣陶、巴金、郑振铎、李健吾等友人见面，文学朋友多劝他留在上海写作，不要到北平去。13日午后，拜访叶圣陶。会面时，沈从文表达了自己对内战爆发的担忧，并谈到云南某部因拒绝调往湖北参加内战而全部走散，认为这可见出人心是反战的。15日，闻一多在昆明被国民党特务暗杀，闻李二人被暗杀的消息传到上海后，沈从文在8月9日所写的《怀昆明》认为："目前在云南负军事责任的为湖南人，负昆明地方治安责任的亦为湖南人"，呼吁驻滇的湖南高级军官务必"使这件事水落石出"。17日下午，赴开明书店邀宴。开明书店和沈从文约定，将为他出版30种文集。下旬，全家到苏州。为协助乐益女中战后复校，张兆和暂时留在其父生前创办的这所学校教英文。30日，评论《湘人对于新文学运动的贡献》刊于上海《大公报·文艺》第43期。文中沈从文对五四以来湘人在新文学各部门所作出的贡献进行鸟瞰式的评述，除肯定了田汉、刘梦苇、白薇、丁玲、张天翼、黎锦明、成仿吾、刘大杰、袁昌英、李青崖、舒新城等一大批湖南籍作家、翻译家、评论家以及出版家等所取得的成就外，还对湖南教育界造就出包括毛泽东、滕代远等革命志士在内的众多人才给予了很高的评价。8月9日，作散文《怀昆明》，刊于13日上海《大公报·文艺》。（参见吴世勇编《沈从文年谱》，天津人民出版社2006年版）

吴达元著《法国文学史》7月由商务印书馆出版。此书被列为中法教育基金委员会丛书，是解放前所出版的较详尽的一本国别文学史，为作者在西南联大时期用了七八年的时间所作。该书《序言》中说："本书作者在国立清华大学、国立西南联合大学及私立中法大学讲授法国文学史课程，深感我国还没有一部良好的参考书，作有志研究法国文学者的参考。坊间虽然有三四种法国文学史，但不是错误太多，就是内容太简单。因此作者决心编著一部《法国文学史》，不只求忠实地记载作家和作品的名字，还要搜集每一个大作家的生平事迹，解释每一部大作品的内容，研究每一个时代的精神。希望这本书不单可以作法国文学史课程的课本，还可以供研究法国文学的人作进一步研究时的参考。"（参见齐家莹编《清华人文学科年谱》，清华大学出版社1999年版）

游国恩1月27日接待朱自清来访。2月，朱自清将其写于本月11日的一首诗抄送给游国恩。诗的前言是："胜利已复半载，对此茫茫，百端交集，次公权去夏见答韵。"3月22日，清华大学文科研究所中国文学部施子愉毕业初试，游国恩应约担任考试委员，其他考试委员为罗庸、冯友兰、雷海宗、闻一多、王力、浦江清。4月22日，施子愉论文考试，游国恩担任考试委员，其他考试委员同上。6月，发表《论陌上桑》，收入本年开明书店20周年纪念文集。叶圣陶亲自为本篇论文写了提要。同月，《屈原》单行本由胜利公司出版。月底，离开昆明。（参见游宝谅《游国恩先生年谱》，《淮阴师范学院学报》2002年第1期）

华罗庚、吴大猷、曾昭抡1月以军政部借聘名义从重庆赴美考察原子弹研究。华罗庚在出国前夕写了《今天中国科学研究应取之原则》，刊于1月20日的《云南日报》。6月2日，华罗庚在青年会报告《苏联归来与苏联科学》。3日，又在公路工程管理局第四区局讲《苏联现状》。5日，还在云大至公堂报告《苏联的大学教育》。他说："在现在的世界上，由于地理上政治上的关系，苏联这个国家，不管你喜欢她或是讨厌她，都是我们值得了解的。"闻一多听后给予热情鼓励，华罗庚在《知识分子的光辉榜样》中说："报告会取得了成功，受到一多先生的夸奖：你对苏联情况介绍得很详细，很好，这对当前民主运动的发展也很有好处。"闻一多更关心苏联的政治情况，在华罗庚演讲中基本没有涉及。当时昆明已处白色恐怖之中，宪兵十三团的来到，更加深了全城紧张的气氛。华罗庚作完报告，曾劝闻一多："情况这么紧张,大家全走了,你要多加小心才是。"闻一多从容回答:"要斗争就会有人倒下去。一个人倒下去,千万人就会站起来! 形势愈紧张,我愈应该把责任担当起来。'民不畏死,奈何以死惧之',难道我们还不如古时候的文人。"(参见闻黎明、侯菊坤《闻一多年谱长编》(增订版),上海交通大学出版社2014年版)

熊庆来继续任云南大学校长。秋,云大奉命增设机械工程系,马光辰任系主任;农学院由呈贡迁回昆明;静生植物研究所与云南省教育厅合办的云南农林植物研究所,现与云大农学院合作办理;原在西南联大设置的电讯专修科,因联大结束北返,拨由云大接办。该科于1939年春成立,原隶属联大,而以清华大学无线电研究所为合作机关,以造就具有精确电讯知识及实地通讯技能的技术人才为宗旨;白龙潭清华大学航空研究所复员后,将其五尺风洞及全部附带设备,交付云大航空工程学系保管并使用,除供学生实习外,将用以作空气动力学的研究工作;中央研究院凤凰山天文台改为与云大数学系合办,由云大数学系主持。该台设有太阳分光仪、变星赤道仪各一座,可供天文学一科实习及研究太阳谱之用。是年,被日本飞机两次炸毁的云大校舍已经修复,并增建部分学生宿舍与教职员住宅。(参见《云南大学志》编审委员会《云南大学志》第2卷《大事记(1915年—1993年)》,云南大学出版社1993年版)

刘文典5月14日在《云南日报》"星期论文"栏目发表《几句陈腐的老生常谈》,表示反对内战。6月7日,私立五华学院发起人秦光玉等34人在省立昆华图书馆内举行第一次会议,对学院创办起因、负责筹备人员、院址、工作推进事项、院董选举、学院规章等重要事项作出决议。这是云南历史上第一所民办大学。刘文典后来亦签名成为五华学院发起人。16日,云南《正义报》刊登消息,称五华学院组织文史研究会,邀请刘文典、朱自清等人指导研究工作。25日,应云南省民政部门邀请,刘文典在县长考试及格人员讲习班上开讲《历代循吏史实》。这个演讲稿由"学员保维德笔记",存于云南省档案馆中,具有较高的史料价值和研究价值。此演讲从希腊文化、中国文化的差异谈起,阐述中国哲学的特色,由此引申出中国古代"循吏辈出"的根源,最后分析循吏的处事手段,环环相扣,妙趣横生,耐人寻味。7月27日,身在四川的吴宓接前妻陈心一附友人函,转达刘文典意见,盼其赴云大任职。8月1日,浙江人吴斌、云南人周尔新向云南当局申请创办《民言周报》,获得批准,刘文典应邀担任主笔。但该杂志似并未办成。同日,五华学院正式成立植物研究所和文史研究会,作为纯学术的研究机构,开展学术活动,组织学术演讲。刘文典受邀成为文史研究会演讲嘉宾。

按:夏艳疆《五华学院办学记》(《云南文史》2009年第2期)曰:"五华学院文史研究会除决定研究计划外,还决定系统研究工作三项:(一)云南年表及云南编年史之编纂。(二)咸同滇乱史料之整理。(三)《云南备征志》之重订。由会员分别部门进行研究。该会每周安排1至2次演讲,确定讲题,邀请西南联大、云南大学等高校知名教授及国内著名学者如贺麟、罗庸、钱穆、刘文典、方国瑜等及地方知名学者如方树梅、由云龙等讲演。外界人士若参加听讲,须经会员介绍,先行登记并领取听讲证。为增进会员研究起见,自11月起,定期设立讲习会,请各教授作专书或学术系统讲授,会员可借此机会向讲授者请益。同时,不定期召开座谈会,使会员相互切磋。讲座共举办百余次,大多为知名学者开讲,部分为会员研究心得交流。一批国内知名教授在这里讲授了多年潜心研究取得的成果,其中,钱穆的《中国思想史》、罗庸的《中国文学史导论》深受欢迎,听众踊跃。"

刘文典接8月9日吴宓函,辞谢云大聘请,并赠以陈寅恪著作。8月,刘文典向冯友兰赠其所著《庄子补正》。秋,云大农学院由呈贡迁回昆明,学院藏书尽归学校图书馆。至此,云大图书馆雏形渐显,学校成立图书委员会,刘文典入选。其他委员还有:何衍璿、曾勉、李达才、梅远谋、吴富恒、方国瑜、朱驭欧、于振鹏、张文渊、崔之兰、黄士辉、丘勤宝、黄国瀛、马光辰、王绍曾、李吟秋、杜菜、蒋惠荪、彭元士等 20 人，召集人为何衍璿。10 月 2 日，刘文典任云南大学文史教研室主任导师，每月增加研究费国币 20 万元。8 日、23 日刘文典两次在五华学院文史研究会讲习《庄子哲学引论》。同月，刘文典为云南省政府主席卢汉撰写蒋介石 60 生辰贺表。11 月 9 日，刘文典在五华学院文史研究会开讲《校勘学发凡》。随后，在本月 21 日、30 日以及 12 月 7 日，分 4 次讲完。12 月 14 日、21 日，刘文典两次在五华学院文史研究会讲习《文选学》。同年，刘文典著作《说苑斠补》列入国立云南大学丛书石印，封面由云南大学校长熊庆来题签。(参见章玉政编著《刘文典年谱》，安徽大学出版社 2011 年版)

　　林同济与雷海宗合著《文化形态史观》5 月由上海大东书局出版，收录了林氏在抗战前后发表的 8 篇论文，以文化形态史观考察中国与世界文化发展的历程，与雷海宗的历史分期略有不同，强调中国必须意识到并适应"战国时代"的到来，对传统中国政治文化也进行了深入的批判。林同济《文化形态史观·卷头语》依次申述了以下 9 个重要观点：(一)所谓中国社会中现存的"固有文化"，它的整体乃是国史二千年来(秦至清)大一统皇权阶段的遗产；它的基本形态实在与二千年前列国阶段(春秋战国时代)以至封建阶段(殷商后期至西周)的固有文化大大不同。(二)西洋文化则正在热闹经历着它的列国阶段的高峰——就是战国时代。(三)这个列国高峰的西洋文化，虽然在它自家体系内矛盾层出亟待调整，但它向外膨胀力的强盛，此后只怕有加无减。(四)中国百年来的基本的基本问题可说是一种难产问题，一种为了图求适应西洋文化以取得新生的难产问题。(五)就帮助解决这个难产问题而论，形态历史学似乎有它的应时而生的功用。(六)这程序的细节当然千头万绪，但一点基本事实，必须把住。西洋问题的核心是如何调剂五百年来列国阶段内若干形态的矛盾，中国问题的核心是如何起治二千年大一统皇权下种种形态所积成的痼疾。(七)如何是好呢？曰：救大一统文化之穷，需要"列国酵素"！让一般时贤们喃喃苦念着"中国本位"或是"全盘西化"，我们可不问中西，只问如何能把这个蹒跚大一统末程的文化，尽可能地酿化为活泼健全的"列国型"！(八)"列国酵素"，从古今各体系文化所各有的列国阶段内，都可取资。但最当注意的渊源，应是下列两处：一是最丰富的渊源——文艺复兴以来的西洋；二是最亲切的渊源——春秋战国时代的中国。(九)最后还要补充的：列国酵素，作用在重新唤起内在外在的活力。11 月，为陈铨所著《从叔本华到尼采》作《我看尼采》的序言。其中谈到"人间三部书，我百读不厌：庄子的《南华经》，柏拉图的《共和国》，尼采的《萨拉图斯达》。庄子谈自然，柏拉图谈正义，尼采谈最高度生命力的追求。他们所谈的问题不同，所以谈的立场各异，但在他们各个的范围内，都创出一家之说，蔚为千古不磨的奇书"。(参见江沛、刘忠良编《中国近代思想家文库·雷海宗、林同济卷》及附录《林同济年谱简编》，中国人民大学出版社 2014 年版)

　　姜亮夫 7 月为声讨国民党而与闻一多先生参加演讲会，险些与闻一多一起遇害。据《回忆录》之《忆闻一多》所示，姜亮夫与闻一多在云南期间密切交往。虽然二人的历史见解与学术研究观念时有不同，常常吃"奖茶"，但二人的私人感情极好。其时，姜亮夫与闻一多、李公朴等常在一起聊天开会，然而虽有研究委员会名义作掩护，终为国民党特务所发现。李公朴被害，群情激奋。闻一多大骂国民党，大骂蒋介石，他说要骂就骂得痛快，要死就死得痛快。为声讨国民党杀害李公朴罪行，姜亮夫等决定开一个演讲会，主讲有闻一多、姜亮夫及另一位先生。演讲会开始前一小时，姜亮夫因女儿高烧病重，不得不离开演讲会场。然而当他从医院回家时，却听到了闻一多被暗杀的噩耗。姜亮夫十分愤怒，想去现场看一看,却被学生们拦住。迫于国民党特务的威胁,姜亮夫在云南省主席卢汉的帮助下立即带着妻子女儿乘飞机离开云南。(参见林家骊《姜亮夫先生年谱》,《中文学术前沿》2015 年第 1 期)

王康继续在云南大学社会系担任助教。2 月 17 日下午,昆明政治协商会议促进会、文协昆明分会、昆明学生联合会、民主周刊社等十团体在联大新校舍联合召开"庆祝政治协商会议成功、抗议重庆 2·10 惨案、坚持严惩 12·1 惨案祸首大会",闻一多担任大会主席。会上宣读的《宣言》便是当日上午闻一多嘱弟子王康在民主周刊社内赶写的,闻一多亲自修改定稿。4 月 14 日下午,西南联大昆明校友会为欢送母校师生的话别会在大东门外临江里 172 号的龙云公馆召开,到会的有 60 余位教授和 200 余学生。话别会由王康主持,闻一多做了《向青年学习》的讲话,疾呼要学习青年关心国家民族命运勇往直前的革命精神。先生对青年的爱护、鼓励,温暖着每一个青年人的心,青年人由此对闻一多也更加敬重、仰慕。5月 4 日上午,西南联大在新校舍图书馆前举行结业典礼,西南联大正式宣告结束,三校师生开始分批北返,王康和未婚妻禄厚昆决定在离开昆明前订婚。禄厚昆是云南人,其父禄国藩早年在日本参加同盟会,曾为护国起义将领,龙云时期曾任云南省宪兵司令兼昆明警备司令等职。6 月 24 日,在清华大学办事处,闻一多、潘光旦共同主持了这对被时人称作"楚才滇美"的恋人的订婚仪式。出席订婚仪式的有不少云南地方上层人士,同时因着李公朴、张奚若、费孝通、吴晗等众多先生的出席在昆明轰动一时。订婚仪式上,闻一多高兴地应允为两位新人刻一对象牙图章。7 月 15 日,闻一多被刺两小时后,驻昆明的美国领事馆负责文教的副领事开着吉普车来到云大,告诉王康他们,已听说国民党要杀害民运人士,出于人道主义,暂把他们这些人接到领事馆避一避。费孝通一家三口、王康和另一位助教先到了美国领事馆。接着,王康准备带着副领事去接张奚若教授等人。领事馆大门一开,只见门外站满了国民党军警。王康是不能出去了,只好由副领事一人开车去接张奚若、尚钺等人。当晚一共接了 13 人到领事馆避难。王康在领事馆居留三天期间,开始酝酿写文章纪念闻一多先生。(参见王立《沿着〈闻一多的道路〉向前——王康与他的〈闻一多的道路〉》,《郭沫若学刊》2019 年第 2 期)

钱穆是夏乘飞机赴重庆,再乘飞机至南京,转往苏州。秋,应滇人于乃义之邀,前往他新创办的五华书院任教。认为云南气候山水既所欣赏,又以其偏在边区,西南联大已离去,他再前往,正可谢绝人事,重回他书生苦学之夙愿,遂欣然允诺,只身前往。讲授《中国思想史》为主,又兼任云南大学课务。10 月,《金元统治下之新道教》刊于南京《中央周刊》第 8卷第 37 期。(参见韩复智编著《钱穆先生学术年谱》,中央编译出版社 2012 年版)

白寿彝在昆明五华书院演讲《中国历史体裁的演变》。此讲演是作者第一次公开发表的关于史学史方面的意见,旨在破史书体裁风俗,另立新意。讲词见《文讯》月刊 1946 年新10 号。是年,白寿彝又有《中国伊斯兰史纲要》由文通书局出版。此书是在《中国回教小史》的基础上加以完善而成的,是一部通俗性读物。全书计划"专给高小、初中学生阅读或作教材用",故采取教材的形式,分为 20 部分,每部分后附有相关习题和参考书举要。

　　按:此书后被翻译为法文出版。1948 年 11 月,白寿彝又编辑出版了《〈中国伊斯兰史纲要〉参考资料》。(参见王学典《20 世纪史学编年(1900—1949)》,商务印书馆 2014 年版)

楚图南、闻一多等民盟云南支部领导人 1 月 20 日联合昆明文教界 194 人,发表《昆明教育界致政治协商会议代电》,提出开放言论自由,取消特务机关,释放政治犯,组织联合政府等主张。3月17日,参加昆明各大中学校学生3万余人为"一二·一"烈士举行的公葬和游行。楚图南为主席团成员和陪祭人,始终走在游行队伍的前列。下旬,国民党当局纠集地痞流氓,造谣惑众,张贴标语,散发传单,将民盟云南支部领导人楚图南诬称为"楚南图夫"、闻一多为"闻一多夫"、李公朴为"李公朴夫"、罗隆基为"罗隆斯基"等,造谣说他们拿了苏联的卢布,企图武装暴动等等,不一而足。楚图南等认为这是反动派进攻的信号,要揭露其阴谋。4月14日,在文协昆明分会会员大会上,作了题为《中国及云南的新文学概论》的讲演。5月4日,在《人民艺术》创刊号发表《新时代文艺诸问题答客问》。20日,《劳动民族的健壮的乐歌和舞踊》刊于《时代评论》第3号。24日,被圭山彝族旅省学会所办彝族音乐舞踊会聘为艺术顾问。同月,云南警备司令霍揆彰下令开列黑名单,楚图南、闻一多、李公朴首列其中。6月4日,《诗人们和人民站在一起》刊于《诗与散文·诗人节特刊》。14日,为端午节,闻一多、尚钺、李何林等在楚图南家中小聚,后到大观楼公园一小岛座谈时事。23日,与闻一多、冯素陶等联名致电慰问"下关惨案"受伤者,声讨国民党的法西斯暴行。26日,为揭露国民党反动派污蔑"民盟勾结地方势力在云南组织暴动夺取政权"的谣言,公开民盟的纲领和组织。民盟云南支部领导人楚图南、李公朴、闻一多、潘光旦4人在昆明商务酒店举行招待会,邀请昆明军政上层人士,到会50余人。楚图南以主委身份致词,阐明了民盟的政治主张和政治态度。闻一多和李公朴分别介绍了民盟的性质、任务及其历史。27日,继续在商务酒家举行招待会,与李、闻、潘及冯素陶、潘大逵、费孝通共7人出席,邀请文化教育、金融、实业界人士40余人参加,内容同昨。散会时,特务将签到簿抢走,被追回。28日,因商务酒家受到特务威胁,招待会改在冠生园举行,此次邀请的是新闻界和期刊社负责人,参加者约40人,内容同前,民盟云南支部领导人出席者与26日同。

楚图南6月应云南基督教青年会主办文学系统讲座,演讲《中国的诗歌》。7月初,霍揆彰接国防部进行暗杀的密令,开列民盟云南支部领导人等黑名单10余人。街上流传着"悬赏五百万元买闻一多、楚图南二人头颅"的谣言。楚图南闻之,将生命置之度外。9日,在民盟云南支部招待会上的讲话《民盟的政治主张与政治态度》刊于《民主周刊》第3卷第17期。11日晚,李公朴被国民党特务暗杀。楚图南闻讯,深夜赶到医院探望。12日,与闻一多等商量了善后事宜。在《民主周刊》社召开的执委紧急会议上,讨论筹备追悼会。与闻一多等起草了《中国民主同盟云南支部发言人为李公朴同志被暴徒暗杀事件之严重抗议》和《李公朴先生被刺经过》。同日,向《学生报》记者发表谈话,表示"怀着一切惨痛,背负着民族和时代的更大灾难,更坚定更英勇地""与民族敌人斗争,与民主的敌人斗争"! 15日,民盟云南支部与昆明学联在云南大学举行"李公朴先生死难经过报告会",到会千余人。楚图南坐于主席台上。闻一多作了最后一次讲演,表示了与反动派斗争的决心。下午,楚图南与闻一多一起到民主周刊社,楚主持了为李公朴被害举行的记者招待会,控诉了国民党特务的罪行。散会后,与闻一多修改了文稿。为避遭特务一网打尽,分别走出。他发现街上有特务,即改道绕行回家,不多时,即获知闻一多被特务枪杀身亡,即刻做了不测的准备。夜晚,美国领事馆派车接去避难。在美国领事馆避难期间,美国副领事罗斯曾和民盟云南支部在此避难的楚图南、潘大逵、赵沨、冯素陶、潘光旦、费孝通等人谈过两次话,了解民盟的政治主张。楚图南明确阐明了民盟的看法和主张,认为美国与中国共同抗日,是中国的盟邦,但批评战后支持蒋介石打内战,镇压民主进步人士和青年学生。(参见麻星甫编著《楚图南年谱》,群言出版社2008年版)

李公朴5月17日从重庆返回昆明,准备结束北门书屋和北门出版社的工作,将全家迁往上海。闻一多在一次宴会上见到李公朴,关心地问起"校场口血案"。李公朴说:"血流得很多,满身都是,揩血的手帕,都扭得出血水来。"在座者都为李公朴的精神所感动。闻一多等还问起重庆才能知道的一些形势内情。李公朴说:东北的时局发展到现在状况,完全是国民党自己造成的。本来苏联是完全遵守中苏协定,只承认国民政府,苏军在东北所缴的一切物资都打上封条,等政府接收。可后来各地反苏游行被发动起来,又发生在长春辱打苏联领事馆副领事,杀害几个苏侨的事,苏联的态度才变了些。谈到长春,本来苏军是等着中央军去接收,因到处发生反苏游行,给苏军很大刺激,苏军才通知政府为了避免误会,他们立即撤退。这时周恩来打电话问国民党在长春周围有没有军队去接收,国民党虽收编了伪军姜海鹏部,但不敢明说,于是中共军队才接收了长春。李公朴还讲了周恩来谈的几件事,给人们留下深刻印象。末了,李公朴还透露说,日本投降时,东北人民希望中央军去接收的心情非常迫切,对国军的信任占第一位。可是国民党用接收上海、南京、北平的方法接收了东北二十几个大小城市,人民的信仰立刻改变了,转为中共和民主联军的信誉成为第一位。李公朴还介绍了重庆民主运动发展的情形,使在座者得到许多新闻。24 日,圭山区彝族乐舞在国民党云南省党部公演,前往观看。26 日,为云南大学师生讲演《内战与和平》,分析了国际国内局势,估计了内战的危险,呼吁用民主的力量制止内战。28 日,筹备在昆明办社会大学分校。30 日,滇军一八四师师长潘朔端率部在东北海城起义,国民党特务就造谣说潘朔端起义与李公朴有关。同月,参加联大文艺社在北门书屋组织的文艺问题讨论会,实际上是学习毛泽东的《在延安文艺座谈会上的讲话》,李公朴有发言。

李公朴6月2日与张奚若、梁思成谈东北情形及国共双方之趋向、"一二·一"经过、社会大学创设之经过及其前途等,畅谈6小时。8日,看潘光旦所编译之《性心理学》,并引发对国内翻译工作的看法。9日,为云南大学演讲《社大与新中国》。12日,到《民主周刊》社开会,报告社会大学今后计划。16日,与四五名青年讲怎样做会议主席。20日,针对昆明市中心的近日楼张贴攻击李公朴及云南民盟支部成员的反动标语、布告和壁报,与赵沨商谈,支部公开举行招待会,表明民盟的观点和立场,反击反动派的谣言和诽谤。24日,李公朴、闻一多、潘光旦、费孝通等人参加云南大学青年教师王康和云南地方上层人士禄国藩的女儿禄厚坤的订婚仪式,特务借机诽谤说民盟与云南地方要人搞政治串联。25日,与闻一多、张天放等人发起为呼吁和平救灾,号召万人签名运动。旋于30日致电蒋介石、毛泽东,呼吁和平。26日,李公朴与闻一多、潘光旦、楚图南主持民盟云南省支部在法国商务酒店举行的第一次招待会,主要招待云南地方党政军机关及社会新闻界人士50多人。为了对国民党军警特务的谣言和诽谤给以反击,澄清各种谣言,表明观点与立场,同时借此机会和地方党政军以及文教工商等各界人士公开建立联系,为民盟争取公开的合法的地位,民盟云南省支部决定连续举行三次招待会。会上,4位主持人都发了言。李公朴第三个发言。他介绍了民盟成立的历史背景、主要目的、任务及与其他党派的关系,公开表明民盟的政治追求是"民主团结,和平救国",批驳和澄清了特务的各种无稽谣言。招待会开得非常热烈,一直进行到晚上6点钟才结束。28日下午,第二次招待会仍在商务酒店举行,出席者主要为文化、教育、金融、实业界方面的人士共80余人。会议由李公朴、闻一多、潘光旦、楚图南、冯素陶、费孝通等共同主待。在这次会上,李公朴重申了上次招待会的内容,另外还报告了民盟的组织关系。29日,由于商务酒店遭到当局警告,第三次招待会改在金碧路冠生园举行。会议由李公朴和闻一多、潘光旦、楚图南主持,到会者都是新闻界和各期刊杂志社的负责人,共30多人。会议以对话方式举行,由来宾提出问题,4位主持人回答。主要回答了来宾所提"民盟与救国会的关系问题"和"内战问题"。李公朴回答了关于民盟与"救国会"关系的问题。由于当天主要是招待新闻媒体人士,所以他呼吁新闻界在反内战问题上做人民的喉舌。会后,李公朴将他在三次招待会上的发言整理成《民盟的历史与组织》,发表在《民主周刊》上,这是他留下的最后一篇遗作。同月,云南警备司令部总司令霍揆彰携带包括李公朴、闻一多在内的50人黑名单,飞往南京,向陈诚、蒋介石汇报。

　　李公朴与冯素陶等18人7月1日联名电慰"下关惨案"受伤诸人士。5日,南京国防部密电霍揆彰,对于李公朴等人,"于必要时得便宜处置"。霍遂将李公朴列为第一个暗杀对象。9日,李公朴《民盟的历史与组织》发表。7月11日晚7时许,李公朴因事与其夫人张曼筠女士先后外出,8时余应事完毕,同往昆明大戏院观电影,10时余电影毕,在南屏街搭公共汽车回返北门街其寓所时惨遭国民党特务暗杀。12日晨5时20分即气绝逝世。逝世时大骂"无耻",并高呼"我为民主而死!"12日晨5时,闻一多赶至云南大学附属医院。从医院出来,即与楚图南、冯素陶等讨论并起草了《中国民主同盟云南省支部发言人为李公朴同志被暴徒暗杀事件之严重抗议》,又商讨拟定了《李公朴先生被刺的经过》,文中义正词严地指出:"救国何罪? 李先生竟因救国而下狱;庆祝政协何罪? 李先生竟因庆祝政协而被殴头破血流! 要求民主和平又何罪? 李先生竟因要求民主和平而最后遭此毒手! 谁是国家民族的罪人,看李先生的遭遇即知! 谁是背叛者,看李先生的最后结果即知! 这是反动派向人民进攻的证据! 这是反动派不要民主和平的证据! 李公朴先生被反动派特务暗算了,但全中国要求民主和平的人民是杀不完杀不绝的! 人民应该牢记着这笔血债,应该为你们自己的战士索还这笔血债!"李公朴被暗杀后,民盟中央常务委员会于7月14日上午10时召开临时紧急会议,讨论李公朴被暗杀后之应付方法及其治丧事务等,当即决议:"(一)民盟致电蒋主席请政府对李公朴被刺案严惩凶手,彻底查究本案政治背景并保障人民身体之自由;(二)民盟致电云南省政府请就近严查本案政治背景,并严惩凶手;(三)民盟对李公朴之死难,除在全国各地发起大规模之追悼会外,并举行公葬;(四)电嘱云南省民盟支部负责办理李公朴殓事,并妥为照料死者家属;(五)用民盟中央常会名义致电李公朴家属表示哀悼;(六)推定三十人组织李公朴先生治丧委员会,并推定沈钧儒为主任委员,筹备李公朴公葬及追悼事宜。"李公朴治丧委员会委员为张澜、张君劢、沈钧儒、黄炎培、张东荪、张申府、章伯钧、梁漱溟、罗隆基、潘光旦、潘大逵、楚图南、闻一多、费孝通、刘王立明、史良、范朴斋、马哲民、周新民、吴晗、李章达、邱哲、沈志远、周鲸文、杜斌承、陶行知、邓初民,办公地点设在上海愚园路愚园新村对面的沪江女子中学31号。同日,昆明学生联合会在云南大学至公堂举行李公朴殉难经过报告会。15日上午,由民盟云南省支部、昆明学联、各民众团体以及各界人士组成"李公朴治丧委员会"在云南大学致公堂举行李公朴悼念大会,昆明各界两千余人参加。会上李公朴夫人张曼筠报告了李公朴被刺经过,闻一多作了著名的《最后一次演讲》,痛斥反动派的无耻和暴行,并表示"跨出门去,就不准备再跨回来"。当天下午他就在西仓坡宿舍门口被特务枪杀,成为继李公朴之后为和平、民主而殉难的又一著名爱国民主人士。16日,李公朴遗体在云南大学操场火化,昆明人民不顾特务和宪警的威胁恐吓,纷纷赶来参加火葬仪式。(参见周天度、孙彩霞《李公朴传》附录《李公朴生平活动简表》,群言出版社2002年版;中国民主同盟云南省委员会《李公朴在云南》;闻黎明、侯菊坤《闻一多年谱长编》(增订版),上

海交通大学出版社2014年版)

罗隆基5月3日自重庆抵昆明,候飞机北上。留昆期间,罗隆基宣传"民盟单一化"主张,即:一、各政团均以个人身份参加民盟,民盟不应是再有政团为成员;二、共产党员也同样是有党有派的,也应退出民盟。闻一多不赞成他的第二项主张,曾与楚图南、冯素陶去找罗隆基辩论,还向民盟中央表示了自己的反对态度。6月5日,国民党中央党部秘书长吴铁城在南京答合众社记者问时,对民盟中央领导人罗隆基进行污蔑,说某次他问罗:你为什么要做共产党的尾巴,罗答:做共产党的尾巴比做国民党尾巴好。7日,昆明《中央日报》根据吴铁城的话刊登出一篇社论,一时昆明有人不无嘲讽地说民盟愿做共产党的尾巴。《民主周刊》主编唐登岷为了批驳吴铁城挑拨民盟与中共的关系,便撰写文章。文章写完送给闻一多看,闻一多看后完全赞成,说:"一个字也不改。"16日,《民主周刊》第3卷第14期以"本社"名义刊登《斥挑拨者——并质吴铁城及中央日报》。18日,张君劢、罗隆基自上海赶赴南京,代表民盟向当局抗议李闻血案暴行,并向马歇尔与司徒雷登大使陈述对此案意见。21日,中国民主同盟为李闻惨案,在南京举行记者招待会。罗隆基报告惨案经过。8月1日,罗隆基致函慰问闻一多夫人。

按:信云:"孝贞嫂:三十余年老友一多兄遇难,噩耗到京,悲愤万状。当时即拟亲自来昆,即奠多兄之丧,且为多兄料理家事。但京沪民盟同人均认昆明环境恶劣,阻努之行,政府方面亦不愿担保努在昆之安全,因之努至今未能如愿来昆,长愧,长憾。今民盟已推梁漱溟、周新民二兄前来代表民盟调查多、朴二兄案情,并与嫂及公朴夫人商量两家善后等等。多、朴二兄为中国民主而牺牲,亦为领导民盟工作而牺牲,故多、朴二兄之丧非家庭之私乃民盟之公丧,而二兄一切善后乃民盟共同之责任也。对多兄今后应举行如何追悼、建立如何纪念,对嫂今后家庭应如何妥置,对侄辈今后应如何教养等等,兄嫂有何意见请坦白告知梁、周二君,我辈当依命以行。多兄之死成仁取义,实可无憾,至于如何继续其余志,实现中国之民主,后死之责我辈当有以慰地下之灵也。惟愿吾嫂节哀珍摄为祷,痛悼之情言难达意。敬候礼安。弟努生。八月一日。"(参见闻黎明、侯菊坤《闻一多年谱长编》(增订版),上海交通大学出版社2014年版)

朱家骅4月5日从重庆飞往南京,正式离开战时的首都。同日,教育部公布《国立各级学校迁校办法》15条。15日,据《教育通讯》载:教育部统计处从国民教育辅导委员会1943年8月至1945年12月浙江、重庆等14省市国民教育研究会会员登记卡片中,抽取总数的15%,将教师的资格加以统计,在30981名小学教师中,合格或基本合格的占34.62%,不合格的占65.38%。24日,国民政府教育部公布《国立大学及独立学院附设先修班办法》11条。5月2日,《民国日报》载:为解决国民教育师资奇缺问题,国民政府教育部决定全国各省市本年度省级师范增加739班,县级师范增加2261班,合计3000班,每班招足50人,共增加师范生15万人。5月11日,国民政府教育部公布《教育部35年公费留学生考试章程》。24日,国民政府教育部通令各省市教育厅局处:在本年度内,每县须指定中心国民学校5所至10所为示范学校,尽先充实其内容,以为全县市之观摩。6月5日,国民政府公布《国立边疆文化教育馆组织条例》8条。8日,国民政府教育部颁布《战后各省市五年师范教育实施方案》。24日上午,中央研究院召开复员回京后第一次院务会议,朱家骅、萨本栋、傅斯年、竺可桢等16人出席。会议决议设置院留渝办事处,负责办理迁返工作,聘院秘书余又荪兼留渝办事处主任。7月1日,中央研究院留渝办事处正式成立,院行政中枢同时移至南京,包括总办事处,评议会秘书处,天文、气象、地质、历史语言、社会五研究所迁回南京原址。数学、物理、化学、动物、植物、医学、心理学七研究所(或筹备处)迁往上海原自然科学研究所内，即岳阳路320号。工学研究所的钢铁部分暂留昆明，其余部分设于上海物理、化学、工程三研究所旧址理工实验馆。

朱家骅7月初邀请吴大猷、赵元任、周培源3人代表教育部与中央研究院前往伦敦出席英国皇家学会补行庆祝牛顿300年生日纪念会。15日，国民政府教育部为建设边疆教育，令国立云南大学、中山大学、贵州大学、浙江大学、西北师范学院、私立华西大学和协和大学及金陵大学等校设置边疆教育科目。24—26日，国民政府教育部在南京举行高等教育讨论会，邀请大学校长教育专家30余人参加。8月，朱家骅充实"中外地名译文委员会"。9月，恢复中国大辞典编纂处。同月21日，《民国日报》载：国民政府教育部训育委员会在上海召开专科以上学校训导会议，交通大学等25校出席。教育部长朱家骅在会上要求改革训导制度，提高学生品格，树立良好学风。10月20日，中央研究院在南京召开第二届评议会第三次年会，朱家骅、傅斯年、萨本栋、翁文灏、陈省身、吴学周、王家楫、罗宗洛、陈遵妫、吴均一、巫宝三、林可胜、王世杰、胡适、陈垣、秉志、张子春、钱崇澍、吴有训、李书华、胡先骕、周鲠生、谢季华、吕蔚光、茅以升、周仁等28名评议员出席，及外宾20人，新闻记者10余人列席。蒋介石致评训词。会议修正《国立中央研究院组织法》和《国立中央研究院评议会条例》，提出以院士为构成主体，规定了院士选举法。23日，中央研究院评议会召开第三次年会第四次会议，会议推定胡适、秉志、罗宗洛、何廉、陈垣、王家楫、钱崇澍为博士学位审查会委员，由胡适召集。24日，中央研究院评议会召开第五次会议。会议决定："本会认为博士候选人之平时研究工作及博士论文，均应由政府核准设立研究所五年以上，并经特许收受博士候选人之大学或独立学院自行审查考试。审查考试合格者，经教育部核定后，由该校院授予博士学位。"（《中央研究院评议会第二届第三次年会纪录》，中国第二历史档案馆，全宗号393，案卷号1557。）

朱家骅、杭立武、茅以升、陈大齐、陈立夫11月6日出席国民政府教育部召开的学术审议委员会第二届第十五次常委会，周鸿经等7人列席。会议决议本届学术奖励的数额和办法；通过胡宏纶等11人的论文，由部授予硕士学位，杜度等5人如论文复审及格由部授予硕士学位；初审合于教授资格的叶守礼等28人，初审合于副教授资格的滕咏延等37人；审查合于讲师资格的葛明裕等48人，审查合于助教资格的盛杰等145人。9日，国民政府教育部公布《国民学校教员检定办法》25条。13日，国民政府教育部公布《代用国民学校规程》10条。19日，《申报》载：今日教育部开会讨论教科书供应问题，七联处代表应召赴京：教育部长朱家骅氏，定明日下午2时，召集商务、中华、正中、世界、大东、开明、儿童、文通、文化、独立、胜利等11家书局代表，在教部会议室举行会议，讨论教科书供应问题，闻中等教育司曹司长及国民教育司吴司长，均将出席。22日，国民政府教育部颁布《实施国民教育第二次五年计划》。12月4日，国民政府行政院修正教育部组织法。9日，国民政府教育部公布《改进师范学院办法》12条。31日，国民政府教育部公布《大学研究所暂行组织规程》10条。同月，中央研究院留渝办事处结束工作，工作人员全部返回南京。（参见胡颂平《朱家骅先生年谱》，台北传记文学社1969年版；中央教育科学研究所编《中国现代教育大事记1919—1949》，教育科学出版社1988年版；吴永贵《民国图书出版史编年：1912—1949》，社会科学文献出版社2018年版；樊洪业《中央研究院机构沿革大事记》，《中国科技史料》第6卷(1985)第2期；孙宅巍《中央研究院的来龙去脉》，《民国档案》1997年第1期）

翁文灏5月5日出席在南京中山陵举行的国民政府庆祝还都大典。6日，出席在国民政府大礼堂举行的还都后首次中枢纪念周。随后，又出席国民党中常委暨国防最高委员会在国民政府会议室举行的联合谈话会。14日,出席行政院第742次会议,会议通过"划分各级政府财政收支系统实施办法暨改订财政收支系统实施要点"等案;同时决定资源委员会由经济部改隶行政院,翁文灏辞去主任委员职务,钱昌照任主任委员,孙越崎为副主任委员。15日,经国防最高委员会批准,辞去经济部长职务,仍任行政院副院长。次日,国民政府正式颁令,准免经济部长本职,任命王云五继任。抗战胜利后,翁文灏曾连续五次上文呈请辞职,原欲完全脱卸政务后,往欧美考察工业建设。但因宋子文坚持不允,于是仍保留副院长名义。19日,受行政院指派出任资源委员会中国石油有限公司董事长。翁文灏决定辞去经济部长职务后,将其工作重心转向发展中国石油工业方面。18日,资源委员会正式决定成立中国石油有限公司,统一经营全国石油事业之产炼运销事宜。24日,与王云五在经济部举行交接仪式,亲将经济部印信交与王云五,并致欢迎词。6月9日,参与发起组织中国图书出版股份有限公司。18日,出席行政院第747次会议。会议决定成立最高经济委员会,由行政院长宋子文为委员长,翁文灏为副委员长兼秘书长。委员有王云五、俞大维、周诒春、俞鸿钧、朱家骅、谷正纲、蒋廷黻、蒋梦麟、钱昌照、吴蕴初等。该委员会实成立于1945年11月26日,但除议决撤销国家总动员会议及战时生产局外,未开展其他工作,也未曾决定任何经济政策。此后方开展实质性工作。25日,受行政院会议指定,与宋子文、吴鼎昌共同草拟了国家经济事业制度,其中包括事业经营方法和国营事业管理制度等,送经济部讨论。

　　翁文灏6月将自1935年至1946年历年所作诗稿341篇整理,自行少量刊印,以战时在重庆南开中学居于蕉园,诗稿大半成于此宅,故名为《蕉园诗稿》。8月,翁文灏为本月出版的中国工程师学会30周年纪念刊《三十年来之中国工程》作序。该书于翁文灏任会长的1944年倡议编纂。翁文灏认为,"此三十年之工程记录,亦即民国初期之工程史也""中国之复兴,必需早有巨大近代工程,而其实行之初,荜路蓝缕,以启山林,困难特大,其有需于真诚之决心,及前进之勇力也自亦特甚"。翁文灏号召中国工程界"处此抗战胜利,着手建设之日,奋勉于此后之工程"。10月7日,致函《三十年来之中国工程》主编吴涧东,认为,"胜利以来,诸事亟待建设,而建设最赖工程,惟有坚贞不紊之规模,庶达稳固康宁之基础"。20日,出席并主持中央研究院第2届评议会第3次会议。25日,出席中国地质学会理事会会议。出席会议的其他理事有谢家荣、黄汲清、李春昱、赵金科、杨钟健、李承三、尹赞勋等。会议改选了丁文江奖金委员会、财务委员会,推选了会志和《地质论评》编辑等。12月11日,被英国地质学会全体会员一致选举为该会名誉会员。(参见李学通《翁文灏年谱》,山东教育出版社2005年版)

　　傅斯年10日初致电董作宾:"公物即搬下山,弟已分电京渝接洽,恐必须在重庆换船。弟月中返京,盼十月中本所能迁移。前因停船及沿途困难未敢即动,今江水将落势须速办。"因船到重庆须换大轮船才能出三峡,当时大轮船多是跑汉口,要直航南京得事先联系。傅斯年随后又致电董作宾,告知已和英国驻华大使馆谈妥,由英国海军提供一艘驱逐舰免费为史语所运输。史语所同仁对此议论纷纷,有的认为军舰运输又快又安全还省钱,何乐而不为呢,更多的认为此举不妥。李孝定和董作宾商量后回复傅斯年,大意说外国武装船只在我国内河航行,是不平等屈辱条款的体现,"今竟用来运载我国国宝,恐为我师盛名之累",坚持租用商船。很快收到傅斯年的复电,取消了借用军舰之事,并表示嘉勉和自责。10月下旬,史语所全体人员乘长江远航轮抵达南京,已到南京的傅斯年和先期复原负责接收史语所的石璋如等,赶到码头上迎接。傅斯年在研究院大楼的演讲厅设宴款待史语所同仁和家眷,并特地邀请已出任北京大学校长的胡适前来助兴。史语所大部分人员是胡适的同事、朋友、学生或学生的学生,因此他欣然应邀专程飞来南京。宴会上大家频频举杯,互相道贺。胡适、傅斯年满面春光,谈笑风生,向在座的所有同仁敬酒。傅斯年向胡适介绍新进入史语所的年轻人,胡适和大家亲切握手。新进入的何兹全回忆:那天大家都很高兴,家属、小孩都有,很热闹。傅所长称胡先生是史语所的姑妈,娘家人,还说"人说我是胡先生的打手,不对,我是胡先生的斗士!"引来大家一片笑声。席间傅斯年即兴发表演讲,对史语所十年来辗转流亡于长沙、桂林、昆明、李庄的经历作了回顾,大家都很受感染。在谈到史语所同仁艰苦卓绝,勤奋忘我,在极端困难的环境条件下,保护国宝,开展研究时,他声音哽咽,满怀激情地说:"敝人另有他干,不能与同仁始终同甘共苦,对此深表歉意。"说到这里他弯下肥胖的身躯,向大家深深鞠了一躬。接着又说:"庆祝大家都能幸运归来,过去的种种辛苦都已经结束了,从此之后我们可以安心工作,史语所八年的流离可以说是告一段落了。搬回来之后永不搬迁。"

　　按:出席宴会的石璋如回忆说:"我现在只记得'搬回来之后永不搬迁'的话,代表傅先生的期望,孰料史语所两年之后再度搬家呢?"(陈存恭、陈仲玉、仁育德《石璋如先生访问记录》,"中央研究院"近代史研究所,2002年版)(参见欧阳哲生编《中国近代思想家文库・傅斯年卷》及附录《傅斯年年谱简编》,中国人民大学出版社2015年版;郭胜强《董作宾传》,江苏文艺出版社2010年版)

　　董作宾率史语所全体人员和家属10月中旬登上民生轮船公司的"长远"轮船向李庄依依惜别,李庄万人空巷,父老乡亲涌向码头,挥泪为朝夕相处六年之久的友邻亲人送别。送行人中有4户人家的女儿随史语所而去,史语所的青年学者逯钦立、汪和宗、杨志玖和李光涛都成了李庄的女婿。船到南京,已到南京的傅斯年和先期复原负责接收史语所的石璋如等,赶到码头上迎接,"从来一别又经年",大家相见分外亲热。寒暄之余傅斯年就给董作宾布置起了工作任务,这就是再次出版《殷墟文字甲编》。日军占领过的南京中央研究院一片凋敝残破的景象,幸有接收人员提前到来,经过一年的努力,清点处理了物资,修缮了房屋,大批人员复原返回时已基本安排停当。鉴于研究院人员的增加,各研究所在抗战期间都新进了一些年轻人,总办事处在北极阁一带还盖了新宿舍,原来成贤街的动植物研究所办事处改成各研究所所长和高级研究人员的宿舍。十年辗转流亡,同仁和家眷们生离死别,熬过艰辛难忘的岁月,终于在故地又欢聚一堂。傅斯年特地邀请已出任北京大学校长的胡适前来南京,一同出席在研究院大楼的演讲厅款待史语所同仁和家眷的宴会。随后史语所同仁马上投入了紧张的工作。由于《殷墟文字甲编》和《殷墟文字乙编》同时出版,董作宾的事情更多,所幸此前准备工作已基本完成,而且《甲编》已有两次出版的经历,就抓紧完成最后的编辑整理事宜。

　　董作宾是冬接得美国芝加哥大学聘为客座教授约,芝加哥大学负责发展该校汉学研究的顾理雅(Herrlee Glessner Creei)博士与他联系,该校东方语言文学系聘请他为客座教授。他在信中告知董作宾"可教爱教的课程,做喜欢的研究,没有规定的日程,也没有人干涉您的工作。如愿意开设较为专门的课程,也有足够资格的高级学生听讲,如愿作甲骨文字和年历学的研究,也有足够应用书籍可供参考"。可见条件待遇之优厚。刚刚复原南京不久,可以说史语所是百废待兴。同仁、朋友和弟子劝董慎重考虑,都说不懂英语在国外寸步难行。董作宾这时也有自己的打算:好在胡适回国后傅斯年已辞去了北京大学代理校长的职务,应该有更多的时间顾及史语所的事情,自己的代所长可以卸任了。同时在国外摆脱烦琐的事务和家务,或许有更多的时间从事学术研究。语言障碍也不足为虑,车到山前必有路嘛。董作宾考虑再三,又得到妻子的支持,最后还是决定明年1月应聘赴美。行前董作宾决定回河南老家一趟,看望亲朋故友。这是董作宾最后一次回故乡。是年,董作宾著有《再谈殷代气候》。(参见郭胜强《董作宾传》,江苏文艺出版社2010年版;王学典《20世纪史学编年(1900—1949)》,商务印书馆2014年版)

李济从日本回国后,立即赶往李庄,他要去会商史语所和中博院"光复"的大事。就在这"东归"的节骨眼上,父亲李权突然中风瘫痪,生活全然不能自理。李济央请民生轮船公司董事长卢作孚特地在川江火轮上预留了一个房间,他把父亲从李庄送到重庆。然后相机返回南京;自己先行到宁安排中博院的回迁事宜。回到南京,李济一家住进史语所分配的成贤街65号宿舍。面对日军占领过的南京中央研究院一片凋敝残破的景象,李济曾说过:"日本投降后我们返回了南京,发现这个都城完全成了陌生的城市。"后郭沫若在南京参加旧政协准备会议,出席一个各党派和无党派人士的座谈会,顺道造访了史语所。当天下午两点半钟,郭沫若赶到史语所。史语所在中研院的最后一进,战时遭到破坏的建筑正在修缮,门上的花格正在安装,楼梯上的栏杆正在刷油漆。郭沫若被引导着上楼,迎面走来的就是打着赤膊、手拿蒲葵扇的傅斯年。傅斯年引他去李济的办公室。

按:郭沫若在《南京印象》一书中写道:毕竟搞学问的人又另外是一种味道。穿过廊道在东头的一间相当宽敞的后房里面见到济之先生。另外还有两位学者也经过介绍,可惜我的耳朵背,没有听出是谁。济之先生的上身穿的是一件已经变成灰色的白卫生衣,背上和肘拐上都有好几个窟窿。不知怎的,我就好像遇见了亲人一样。我接触了我们中国的光荣的一面,比起那些穿卡几服、拴玻璃带的党国要人,觉得更要发亮一些。

"有一些安阳发掘的古物,你高兴看不?"济之先生也很不见外地立刻便想把他最珍贵的东西给我看。

"我当然高兴看。"

他把我引进邻室去,里面堆积着很多大大小小的木箱和一些空的玻璃橱。情形是很凌乱的,因为还没有着手整理。"这些都是日本人留下的,我们运到内地的还没有复原。"他把一口大木箱的盖子揭开,里面还有一层玻璃盖,下边透示出一整箱黄色的大土块,印着局部的器形和花纹,纹样和青铜器或白陶上所见到的相仿佛,大体是一些雷纹和饕餮之类。

"原器大概是木器,木器朽了,在土上留下印痕。为了保存它,我们把整个的土挖了出来。迁移的时候,因为笨重,没有搬走。玻璃盖是日本人后配的。"

接连开了好几个木箱,都是同一性质的东西,有的呈朱红色彩,有的有种种形状的介壳的象嵌。原器究竟是些什么形式,还没有作充分的研究,或许也怕是无从复原了。但从这些印痕上可以看出器皿的宏大精巧,而殷代当时的王者生活是已经相当的富丽堂皇的。

谈话会很快就要开始了,傅斯年拉他去到会场。郭沫若心不在焉,听完大家的谈话之后,依然跑去找李济。《南京印象》一书中又写道:"承他把从日本带回来的新出的一些考古学上的著作给我看了。日本人在满洲鞍山一带大事发掘,发现了无数的黑陶。这黑陶文化得到证明,是由渤海沿岸一直达到了江浙。那么,正当日本军人在制造'满洲国'和关内分离的时候,而日本的学者倒替我们证明了满洲在远古已经和内地是完全分不开的。"(参见岱峻《李济传》,江苏文艺出版社2009年版;岱峻《发现李庄》,四川文艺出版社2009年版)

夏鼐是年春在甘肃宁定县半山区阳洼湾发掘时,在墓坑填土中又发现仰韶文化的彩陶片,从而在地层学上找到了仰韶文化的年代早于齐家文化的证据,纠正了瑞典学者安特生在甘肃新石器时代文化分期问题上的错误论断,为建立黄河流域新石器时代的正确年代序列打下基础。夏鼐从1943年到史语所,一直到抗战胜利后的是年冬,都在西北从事田野考察。大漠风沙中的发现给了年轻的考古学家最丰厚的回赠。（参见岱峻《发现李庄》,福建教育出版社2015年版）

石璋如负责接收日军占领过的南京中央研究院,所见是一片凋敝残破的景象:当时的研究院区环境非常乱,又因为日军曾经在院里养马,破坏甚大。残破混乱的景象让我们不胜唏嘘。像田野考古找到的,在整理之前都放在席棚子内的陶片,就被日本人为了筑铁路,将陶片与石器当成废物垫土铺在铁轨之下,使得编号磨灭的无法辨认,此其一;史语所二楼浴室的搪瓷洗澡盆,被日军弄下来放在庭院里,当作喂马的饲料槽,此其二;心理所的研究人员不多,建筑规模不大,日本人把它充作宿舍,变成榻榻米与日本人的洗澡间,此其三;日本人也破坏了研究所后方地下室供应暖气的锅炉间,此其四。（参见陈存恭、陈仲玉、仁育德《石璋如先生访问记录》,"中央研究院"近代史研究所2002年版;郭胜强《董作宾传》,江苏文艺出版社2010年版）

董同龢3月8日向傅斯年写信:"现迁移在即,拟乘在四川时期,对四川方言加以补充调查,请决定是否可办?"语言组决定开始第二次四川方言调查。由丁声树先生率队去成都的四川大学,邀请了数百位来自四川一百一十个县的学生,记录下一百多册录音。董同龢则独自一人到成都华阳县凉水井调查客家方言。四川是南方语言的宝库。明末的张献忠剿四川和连续的洪涝灾害,造成四川十室九空。清初的"湖广填四川",吸引了来自两湖、两广、闽、徽、赣、陕、云、贵等十省九方的移民。各地乡人聚族而居,形成了一个个的"方言岛"。客家话便是闽粤方言的重要一支。董同龢在客家方言调查中,开始尝试以描写语言学的方法进行。董同龢回到李庄,把论文整理发表后,成了客家语的第一篇调查报告,亦是首次以纯粹描写语言学方法写成的汉语方言调查报告。（参见岱峻《发现李庄》,福建教育出版社2015年版）

李方桂语言学著作《美国土语的结构》出版。书中专写一章来讨论美洲的一种印第安语言。作者所研究的印第安语,大多是行将消亡的语言,其博士论文《马朵尔——一种阿塔巴斯堪语》曾调查印第安人四五种语言,重点研究只有少数人会说的印第安亚大斯头马头络语。《美国土语的结构》是对其博士论题的延续与深化。李方桂因对美洲印第安语的卓越研究赢得了世界性的声誉。

按:李方桂极富语言天赋。他在学习英、德、法等现代语言的基础上,从印欧语言学大师C. B.博克学习拉丁、希腊比较文法,古代波斯文,保加利亚文,立陶宛文,哥特文,冰岛文和挪威文。为了更好地深入理解印欧语言学,又从著名的梵文教授W. E.克拉尔克学习梵文,从L.布龙菲尔德学日耳曼语言的音韵、构词、语法和描写语言学理论。在人类语言学家E.萨丕尔的指导下,学习无文字语言的调查研究方法,实地调查了多种印第安语言。李方桂的学术成就主要有以下三个方面:一是印第安语言的研究;二是侗台(壮侗)语族语言;三是汉语和藏语的研究,被誉为"非汉语语言学之父"。（参见岱峻《发现李庄》,福建教育出版社2015年版）

吴有训校长8月1日接教育部令,法学院经济系统计组划入理学院数学系。教育部分配本校200余名青年军退役学生,插入不同系科,完成学业。11月1日,复员就绪,开学上课。复员后,在校学生数多达4719人,教职员工1251人,为抗战前的四倍。此后,学校立即分设两部,其中文学院、理学院、师范学院、工学院、农学院的一部分及附属医院设于四牌楼,称校本部;扩建丁家桥校舍,将医学院、农学院及一年级新生和先修班设于此,称丁家桥二部。全校共拥有7个学院41个系科组,文学院设中文、外文、历史、哲学系和俄文专修科;理学院设数学、物理、化学、生物、地质、地理、心理和气象系;法学院设法律、政治、经济、社会、边政系和司法组;师范学院设教育、艺术、体育系和体育专修科;工学院设土木、电机、机械、航空、水利、化工和建筑工程系;农学院设农艺、农业经济、园艺、农业化学、森林、畜牧兽医系;医学院设医本科、牙本科、牙医专修科、护士师资专修科和高级医事验检职业科。研究院在艰难的8年中,发展迅速,设有23个研究所(原称学部),即中国文学、外国语文、历史、哲学、数学、物理、生物、化学、地理、心理、法律、政治经济、教育、农艺、森林、农业经济、畜牧兽医、土木工程、电机工程、机械工程、生理、公共卫生和生物化学。(参见南京大学高教研究所编《南京大学大事记1902—1988》,南京大学出版社1989年版)

罗根泽6月随中央大学乘船东下南京。7月4日,《杨万里的诗学渊源及贡献》刊于7月4日《东南日报》。10日,顾颉刚来访。《顾颉刚日记》云:"到中央大学,遇黄淬伯,同吃点。访罗雨亭夫妇、陈行素夫妇,并遇之。访昌群,遇其夫人。访朱东润,并晤王达津。遇唐圭璋。"《两宋诗话存佚残辑年代表》刊于《读书通讯》第113期。8月,《朱熹对于文学的批评》刊于《中国学术》第1期。9月,《宋初古文新论》刊于《文化先锋》第6卷第3—4期。10月29日,《李杜地位的完成》刊于《中央日报》。同日,收到顾颉刚于本月8日所写信。11月15日,顾颉刚来访。23日,作《读东坡七集》札记,后收入《罗根泽古典文学论文集》。12月14日,顾颉刚来访。《顾颉刚日记》云:"冒雨至文昌桥中大宿舍,访韩鸿庵、管雄、朱东润。又至校本部,访罗雨亭,均遇之。"是年,《我的读书生活》刊于《中央周刊》第8—33期;《苏轼的文学方法》刊于《西北文化月刊》1947年第2期。(参见马强才《罗根泽先生年谱简编》,载王京州编《河北近现代学者年谱辑要》,国家图书馆出版社2017年版)

郭廷以继续任教中央大学。4月,郭廷以编著《太平天国史事日志》由商务印书馆出版。此书征引中外文献数百种,以日记事,以中西历并列,详叙太平天国革命的历程,考订相关事实,以图节省其他史家在研究太平天国史事上的时间和精力。另外,对捻军和天地会亦有记载。书后还附有历法对照表、人物表等颇有助于其他研究者检查的工具性资料。此书是研究太平天国史的重要成果,对后来者有巨大帮助。罗家伦称赞此书是"研究太平天国的第一部大书"。

　　按:作者1926年毕业于东吴大学后即开始编纂此书,1933年初稿编成,1934年中央大学曾排印,此后作者又四次修改,并决定于1937年正式出版,旋因抗战爆发中辍,1946年才得以面世。茅家琦出版有《郭著〈太平天国史事日志〉校补》。(参见王学典《20世纪史学编年(1900—1949)》,商务印书馆2014年版)

朱东润6月与中央大学师生集体复返南京。在中央大学中文系任教同时,又兼任无锡国学专修学校课程。先后开设过《史记》《史通》"杜甫诗""中国文学批评史"和"传叙文学"等课程。山东大学校长赵太侔当时在南京,曾约他去山东大学,终未成行。(参见朱东润《朱东润自传》,人民文学出版社2009年版)

胡小石仍任中央大学教授。春,在重庆参加中华全国美术协会,任监事。夏,中央大学复员回南京。8月,金陵大学复员回宁来邀,胡小石任该校兼职教授,教文学史、诗选、楚辞。冬,有人委请胡小石为蒋介石六十大寿书写寿序,并许以重酬,被严词拒绝。是年,胡小石在南京参加全国文艺作家协会,任理事。(参见谢建华《胡小石先生年表(1888—1962年)》,载《胡小石文史论丛》南京大学出版社2008年版)

秦宣夫赴峨眉山、都江堰绘画。12月随中央大学离开重庆赴南京,继续在中央大学任教。同月,在南京举办徐悲鸿、陈之佛、傅抱石、吕斯百、秦宣夫美术作品联展。

吕叔湘随金陵大学由四川返回南京,仍旧任该校中国文化研究员,同时兼中央大学中文系教授。又与朱自清、叶圣陶合作编写《开明文言读本》。

陈中凡仍执教于金陵女子文理学院。1月，《大学月刊》改为不定期出版。因为复员，同人星散。从第5卷起，暂出3个月1期的合刊本。编辑主任沈志远（实已去港），社务主任马哲民，编委增至18人，陈中凡仍任编委。4月15日，学院开始东迁。分"海陆空"三路：10余人乘机飞宁；少部分师生及图书物资留待秋季水运；大部分师生员工乘学院包定之汽车，沿川陕公路返宁。陈中凡携眷属陆行，从蓉城出发，经西安、徐州，返回南京。风尘仆仆，甫抵家门，却见房舍被占，诗书荡然，不禁黯然神伤。在一些友朋通讯中言念及此，亦为之愤愤不平。是年，先后得王星拱、朱蕴华、冼玉清、方叔轩、王越、陈子展、黄宾虹、田楚侨、孙伏园、刘明扬国等人诗书。年底，黎雄才函告在广州失窃画稿等物，陈中凡特函请黄宾老关照市估，代为寻觅。（参见姚柯夫编著《陈中凡年谱》，书目文献出版社1989年版）

汪东年初有词和沈祖棻《声声慢》（闻倭寇败降有作）。春，乘飞机东归南京，有《高阳台》词抒怀。东归后，尝与画家刘仲缵发起环琦书屋雅集，邀请在宁书画家，每月一集，与傅抱石、陈之佛、陈芝町等多有合作画作。6月杪，于右任巡视新疆，9月1日始归自迪化，以期间所作词属汪东校勘声律。10月3日，重阳节，与于右任、彭醇士、郑曼青、卢前等30余人会饮于秦淮河利涉桥下大集成酒家，有《龙山会》词纪之。11月19日，参加监察院第102次会议，讨论宪法草案中监察制度部分。12月2—8日，在上海举办个人书画展，章士钊为题四绝。（参见薛玉坤《汪东年谱》，河南文艺出版社2016年版）

周恩来与李立三（化名李敏然）6月9日飞抵南京。19日，会见司徒雷登。对司徒雷登所提先从改组政府、制定宪法、打击贪污等着手和由美国分开装备训练国共两军的意见表示同意。并请司徒雷登转告马歇尔：蒋介石先停战，然后才好再谈判。上旬，周恩来采纳华岗的建议，由上海市人民选派代表团赴南京进行呼吁和平反对内战的请愿。本日，将上海和平请愿团的代表姓名及政治态度报告中共中央。6月22日，出席3人会议。会上讨论停战方案，未获结果。23日，上海5万人示威游行，送马叙伦、黄廷芳、陈震中、陈立复等10人、阎宝航、雷洁琼、吴耀宗代表团到南京向蒋介石呼吁和平。代表们抵南京下关火车站，被国民党特务殴伤，即下关惨案。经中共、民盟紧急呼吁，至深夜代表们在宪兵"保护"下住进中央医院。24日凌晨，和董必武、邓颖超、李维汉、滕代远等到中央医院慰问下关事件中的受伤者。对政府放纵暴行提出严重抗议，提出6项善后办法。并以备忘录形式分致徐永昌、俞大维和马歇尔。7月6日，会见《纽约先锋论坛报》记者斯蒂尔。9日，会见美国哥伦比亚大学教授裴斐。12日，深夜得知李公朴在昆明被国民党特务暗杀的消息，非常愤慨，称李"是一个为民主革命而献身的战士"。次日，和董必武、邓颖超、李维汉、廖承志电唁李公朴夫人张曼筠："公朴的牺牲必然激起全国人民反法西斯暴行及争取和平民主运动的高涨，敝代表团誓为后援。"17日，为说明国民党扩大内战及闻一多15日在昆明被国民党特务暗杀的真相，举行记者招待会，发表《反对扩大内战与政治暗杀的严正声明》。在上海接待安娜·刘易斯·斯特朗，向她介绍国内战争的形势。25日，要上海工委劝陶行知休养，话未传到，即得知陶行知脑溢血。和邓颖超等赶去看望时陶已去世，握手尚温。随即嘱咐潘汉年、伍云甫"对进步朋友的安全、健康，我们必须负责保护"。

周恩来与邓颖超等7月25日飞回南京。和董必武、邓颖超、李维汉、廖承志电唁陶行知家属，并致电中共中央报告陶病故消息，说"陶先生确是死于劳累过度，健康过亏，刺激过深""十年来，陶先生一直跟着毛泽东同志为代表的党的正确路线走，是一个无保留追随党的党外布尔什维克"。9月4日前,派夏衍去新加坡了解抗战时期流散在东南亚一带的文化工作者的情况,并向陈嘉庚等爱国华侨领袖转达中共中央对他们的关怀,通报如国共谈判破裂,中共中央将采取的方针政策。4日,电告方方、林平:夏衍受特务注意,我已着他到香港,由他向你们转告中央关于南方统战、宣传、文化工作的意见。9月16日,为了抗议国民党拖延和破坏谈判,和范长江、章文晋离南京飞抵上海。行前,致函马歇尔:将赴上海,一旦决定召开3人会议,就返回南京。在上海期间,多次同宋庆龄、郭沫若、沈钧儒、马叙伦、马寅初、谭平山、柳亚子、黄炎培、章伯钧、章乃器、周建人、梁漱溟、许广平、沙千里、史良、包达三及青年党、民社党的人士会晤、交谈,和田汉、阳翰笙、胡风、夏衍、于伶、黄佐临、刘厚生、白杨、秦怡、张瑞芳、丹尼、周信芳、袁雪芬等交往、叙谈,并接待加拿大友人文幼章。17日,听取《群众》周刊负责人潘梓年汇报该刊迭遭国民党当局迫害的情况。19日,会见联合社记者,声明已暂时退出南京谈判,不再与政府及美国代表进行无意义之磋商,除非蒋介石同意重开3人会议,否则将不返南京。同日,将《七八两月谈判要点总结》交梁漱溟阅。

周恩来10月2日和章伯钧商讨目前局势问题。在此前一日,司徒雷登曾向梁漱溟表示邀请张君劢、罗隆基去南京和马歇尔、司徒雷登共商办法。本日,罗隆基、沈钧儒、黄炎培、章伯钧表示绝对不参加分裂的国大,坚决主张立即停止内战,但张君劢颇动摇。周、章商定由章伯钧同张君劢谈,民盟应采取一致行动。同时周恩来向民盟常委说明中共的停战条件和坚定态度。同日,在上海各界追悼李公朴、闻一多大会上,邓颖超宣读周恩来的悼词,内称:"时局极端险恶,人心异常悲愤。""心不死,志不绝,和平可期,民主有望,杀人者终必覆灭。"6日,率中共代表团的工作人员参加上海各界公祭李公朴、闻一多大会。会后到墓地祭陶行知、邹韬奋、杨潮、刘光、鲁迅。9日,同专程来上海的马歇尔会谈,指出:10月2日蒋介石的意见是最后通牒。同日,致马歇尔备忘录,表示如政府当局"不惜以内战独裁造成全国分裂之局面,中共方面将坚决反对到底"。10月10日,接待黄炎培、沈钧儒、张君劢、郭沫若、罗隆基、章伯钧、陈启天、左舜生、钱新之。他们提出无限期停攻张家口、召开政协综合小组会等主张,表示为促成和平谈判决于本月去南京,并希望周恩来返京。周恩来表示中共一贯主张和平,愿与"第三方面"共同努力。11日,接待民盟秘书长梁漱溟,介绍同马歇尔会谈的情况,交换对时局的意见。表示政府如有诚意恢复和谈,必须立即停攻张家口,并将进攻张家口的部队撤回原防,否则中共不参加任何商谈。12日,致电中共中央:国民党打下张家口后已下令召开"国大",证明要破裂。南京、上海为争取时间疏散人员,拟在四五天内保持沉默,请中央严厉批评国民党。同时,对准备坚持和需要疏散、隐蔽的人员分别作出安排。16日,南京、上海的工作人员第一批撤退,飞赴延安。16日,蒋介石发表声明,要中共答应8项条件。17日,周恩来同"第三方面"代表黄炎培、张君劢、章伯钧、罗隆基、左舜生、胡政之、李璜等商谈。他们已同到上海来的国民党代表吴铁城、邵力子、雷震会谈,希望国共双方先不谈实质问题,即共产党的2项条件和蒋介石8项条件的区别,而先谈谈判程序问题,即是先停战后谈判,或是先谈判后停战的问题。周恩来指出国民党的谈判程序是要先谈判后停战。表示对蒋介石昨日所提8项条件不能接受。周恩来10月19日在鲁迅逝世10周年纪念会上讲话:"内战乃鲁迅先生所诅咒的""人民团结起来,就一定能够解决中国的和平民主统一的问题""只要和平有望,仍不放弃和平的谈判,即使被逼得进行全面自卫抵抗,也仍是为争取独立、和平、民主、统一""过去历史上有多少暴君、皇帝、独裁者,都一个个地倒下去了。但是历史上的多少奴隶、被压迫者、农民还是牢牢地站住的,而且长大下去。人民的世纪到了"。次日,和许广平、沈钧儒、郭沫若等前往鲁迅墓地祭扫。20日,和董必武致电中共中央转吴玉章、张友渔,提出四川省委和新华日报馆尽量缩小,多余人员回延安或赶快疏散,并和地下党切断联络。吴玉章、张友渔应坚持阵地。在上海期间,邀请郭沫若、许广平、马叙伦、马寅初等到中共代表团驻地叙谈。21日,为了争取说服"第三方面"的某些人士及揭露国民党假谈真打的阴谋,和李维汉同"第三方面"人士黄炎培、张君劢、沈钧儒、罗隆基、章伯钧、李璜、左舜生、曾琦、胡政之、郭沫若、陈启天、余家菊等回南京,准备继续谈判。在孙科举行的午宴上,周恩来说:由于政协决议及停战协定未能实施,反被破坏,情形已非常严重和恶化。现在政协同人又聚首一堂,只有按政协决议办,才有希望。24日,会见司徒雷登,说明不能接受蒋介石的8项条件。29日,应邀和黄炎培等谈话,表示愿意参加国、共、"第三方面"的三方会谈。31日,因国民党方面坚持蒋介石的8项条件,"第三方面"调解失败。张君劢、黄炎培、郭沫若相继离开南京回上海。11月15日,国民党包办的"国大"开幕。除青年党、民社党及少数无党派人士外"第三方面"人士大部分未参加。

　　周恩来11月16日举行中外记者招待会。发表《对国民党召开"国大"的严正声明》及讲话,指出国民党一手包办的"国大""最后破坏了政协以来的一切决议及停战协定与整军方案,隔断了政协以来和平商谈的道路"。同日,同马歇尔会谈,说:由于"国大"的召开,国民党已经关上了谈判的大门。19日,周恩来率中共代表团李维汉、邓颖超等10余人飞返延安。在延安机场受到朱德等欢迎。12月18日,在延安干部会议上作《一年来的谈判及前途》的报告,回顾谈判的历史,说谈判分三个阶段:第一个阶段是1945年8月到12月,毛主席到重庆,使国民党(一)承认中共的地位,(二)承认各党派的会议,(三)承认中共领导的人民军队的地位和数目。但是地区与政权问题没有达成协议,受降、遣俘、改编伪军问题没有解决。第二阶段是1946年1月到6月,取得了签定停战协定、政协决议、整军方案和东北停战协议4项成就。整军方案使人民的武装受束缚,但也受到保障,这有两面性。因为在方案中我们在军事上取得与蒋军平等的地位。第三阶段是从7月到"国大"召开,"表面谈判,实际大打""我们把谈判作为教育人民的工作"。到"国大"开幕后,谈判全部破裂。预计"再打半年到一年,战局一定要改观。这也就会影响到蒋管区的爱国民主运动与农村的武装斗争。这三种斗争的汇合,在不久的将来,将会造成民主的新高潮"。(参见中央文献研究室《周恩来年谱1898—1976》,中央文献出版社1998年版)

　　董必武5月在新成立的南京局分工负责地下工作委员会。为解决经费问题,南京局成立财经委员会,董必武为书记,钱之光为副书记。6月6日下午3时,董必武应邀赴蓝家庄民盟办事处,就目前时局问题与民主同盟、中国青年党代表交换意见。8日,和李维汉、齐燕铭夜赴民主同盟机关驻地,同民盟代表就时局问题进行了广泛交谈。10日,和李维汉赴青年党办事处,访问李璜、陈启天,就时局问题进行广泛交谈。18日,和南京新华社社长范长江一起到上海。19日,在上海邀请马叙伦、林汉达、郭沫若晤谈,商讨制止内战,进一步推动爱国民主运动问题。谈话后,随即返南京。22日下午3时,和邓颖超、李维汉应黄炎培、张申府、罗隆基、章伯钧、梁漱溟、郭沫若、曾琦、陈启天邀请,在中央研究院会晤,谈当前局势问题,并报告了中国共产党关于最后决定权问题之主张。7月5日晚,董必武和李维汉访晤民主同盟政协代表罗隆基、梁漱溟、张申府,商谈当前时局问题。11日,在记者招待会上,就解放区救济问题发表谈话。12日上午,赴民盟代表团办事处,访晤梁漱溟、张申府,交换对时局的意见。9月27日同马歇尔、司徒雷登接洽,了解他们函请周恩来由沪回宁的真实意图。10月6日,访梁漱溟,就目前时局交换意见,并对国大代表问题取得一致的主张。8日,和王炳南一起同马歇尔、司徒雷登举行会谈。当晚,和王炳南访晤民主同盟秘书长梁漱溟,告以上午与马歇尔、司徒雷登晤谈情形。16日,中共代表团齐燕铭、范长江、《新华日报》部分工作人员及中共代表团办事处部分人员及眷属30余人,分乘美军两架军用飞机,首批离开南京返回延安。上午10时,访梁漱溟。24日上午10时,和李维汉接见"第三方面"代表梁漱溟、李琪、芦德惠,商谈宣传休战问题。29日晚8时,和李维汉到民盟访梁漱溟、黄炎培。12月31日,中共中央致电董必武,并转上海工委、吴玉章、叶剑英、刘晓等,指示发动国民党统治区北平、天津、南京、上海、重庆、昆明等十大城市,举行反对美军强奸中国女学生的游行示威,或请愿与组织后援会支持学生的爱国运动,要求美国兵犯罪由中国法庭按中国法律公开审判,进而要求美军全部撤出中国,反对美国干涉中国内政,出卖军火,借款助蒋打内战及废除中美商约等。在运动中造成最广泛的阵容,采取攻势,使国民党不敢压迫,并达到暴露国民党的卖国及"国大"制宪全系欺骗之目的。(参见《董必武年谱》编纂组《董必武年谱》,中央文献出版社1991年版)

　　王昆仑是夏由重庆迁回南京。不久至上海,住在上海租界的公馆中。6月23日,南京发生"下关惨案",殴伤"上海人民和平请愿团"马叙伦、雷洁琼等多人。7月,昆明发生暗杀李公朴、闻一多惨案,震惊中外。王昆仑为防意外事件发生,住进医院。10月,国共和谈即将破裂,周恩来同志借探视为名和王昆仑谈话:1.国共和谈破裂,中共代表团撤回延安;2.周走后由董老负责和王昆仑联系;3.继续做孙科等人的工作。不久,董必武前来看望王昆仑,共同策动国民党在东北的军队哗变。后因消息走漏失败。董必武撤离之前同意王昆仑出国。(参见王朝柱《王昆仑》及附录《王昆仑年谱》,花山文艺出版社1997年版;杜运辉《侯外庐先生学谱》,中国社会科学出版社2013年版;《周恩来年谱1898—1949年》修订本,中央文献出版社1998年版)

　　翦伯赞5月4日乘中共中央代表团专用飞机由重庆飞抵南京。小住,赴上海,住广大华行副经理家,后借居愚园路中实新28号覃振公馆三楼。覃振因哮喘病于4月18日去世。7月1日,患黄疸病严重,无钱请医生,卧在家中。15日,上海《文汇报》刊载翦病的消息。16日,田汉送翦住佛光医院,陶行知派人送来物品和医药费。7月25日,陶行知因脑溢血去世。28日,在《文汇报》发表《悼行知先生》。7月,《中国史纲》第2卷(秦汉史)由重庆大呼出版公司出版,草纸本。秋,上海市大学教授联谊会成立,任常务理事,兼《大学月刊》主编。病愈。10月中旬,周恩来在上海马斯南路107号周公馆召开会议,出席者有华岗、范长江、沈钧儒、任宗德与周宗琼夫妇、翦伯赞。决定改组大孚出版公司(在重庆原名"大呼"),由翦伯赞继陶行知后任总编辑,周宗琼继沙千里后任总经理,周竹安任会计。11月30日,翦伯赞等代表上海53个人民团体组成"陶行知移灵护灵团",扶柩去南京。12月1日下午,葬陶行知于晓庄师范旧址。公祭时,发表哀悼演说。12月22日,在上海《群众》杂志发表《寿朱德将军六十寿辰》长篇叙事诗。31日,在上海《文汇报》发表《抗议美军强奸中国的女学生》。(参见张传玺《翦伯赞传》及附录张怡青《翦伯赞大事年表》,北京大学出版社1998年)

　　侯外庐6月4日乘"民联轮"抵达南京。该日适逢端午节,谭惕吾设家宴为"小民革"一行洗尘。在朋友帮助下,侯外庐借住牌楼巷新菜市的距市内铁路仅十步远的贫民窟地界。8日,与罗克汀合著《新哲学教程》"第二章哲学的对象和内容"之"科学危机的产生是市民科学家失却了科学的思想方法的指导的结果"刊于《唯民周刊》第10期"哲学讲座"栏目。15日,与罗克汀合著《新哲学教程》"第三章哲学的对象和内容"之"第一节哲学中之两条路线"

刊于《唯民周刊》第 11 期"哲学讲座"栏目。22 日,与罗克汀合著《新哲学教程》"第三章哲学的对象和内容"之"第一节哲学中之两条路线"(续)刊于《唯民周刊》第 12 期"哲学讲座"栏目。23 日,与郭沫若、冯乃超、曹靖华、亚克、张申府、王冶秋、冯玉祥同游玄武湖。29 日,与罗克汀合著《新哲学教程》"第三章哲学的对象和内容"之"第二节唯物论与唯心论之历史考察"刊于《唯民周刊》第 2 卷第 1 期"哲学讲座"栏目。同月,所作《中国近世思想学说史》订正第三版出版;演讲词《民主与科学——五四的意义》刊于《职业妇女》第 2 卷第 5 期"星期讲座"栏目。7 月 6 日,与罗克汀合著《新哲学教程》"第三章哲学的对象和内容"之"第二节唯物论与唯心论之历史考察"(一续)刊于《唯民周刊》第 2 卷第 2 期"哲学讲座"栏目。13 日,与罗克汀合著《新哲学教程》"第三章哲学的对象和内容"之"第二节唯物论与唯心论之历史考察"(二续)刊于《唯民周刊》第 2 卷第 3 期"哲学讲座"栏目。20 日,与罗克汀合著《新哲学教程》"第三章哲学的对象和内容"之"第二节唯物论与唯心论之历史考察"(三续)刊于《唯民周刊》第 2 卷第 4 期"哲学讲座"栏目。27 日,与罗克汀合著《新哲学教程》"第三章哲学的对象和内容"之"第二节唯物论与唯心论之历史考察"(四续)刊于《唯民周刊》第 2 卷第 5 期"哲学讲座"栏目。同月,所著《三民主义与民主主义》由上海长风书局出版,系抗战初期所作有关孙中山三民主义理论的文章汇集,包括《中山先生遗教的核心精神——民主主义》《民生主义的科学研究》《民生主义的伟大理想》《关于民生主义的研究方法问题》《民权主义的理论与建国》《抗战建国与中国宪政之路》《论解放战与民族主义》《论中山先生"打不平"文化的光大》《中山先生论苏联》等 9 篇文章。此书主题与宪政问题的研究相关,旨在阐明政治上的民主是制宪的先决条件。

　　侯外庐所作《中山先生的哲学思想(从经验方面考察)》8 月 1 日刊于《中国学术》第 1 期。同期发表《苏联历史学家格莱科夫致侯外庐的信》。8 月 3 日、10 日、17 日、24 日、31 日,与罗克汀合著《新哲学教程》"第四章辩证唯物论"之"第一节辩证唯物论成立之历史条件及其经过"连载于《唯民周刊》第 2 卷第 6—10 期"哲学讲座"栏目。夏,侯外庐在南京梅园新村向周恩来汇报中苏文化协会的复原事宜,周恩来指示:"中苏文协一定要设法维持原状,请刘仲容及早出任秘书主任原职,加强孙科地位,抵制陈立夫势力。同时,一定要设法维持左右两派的现状。"侯外庐拒绝了陈立夫的"关心"和"积极过问",在苏联驻外文化协会驻华办事处辅拉基金的支持下,找到汉中路 51 号作为中苏文化协会机关所在地。等待交接期间,侯外庐托李维汉把《中国近世思想学说史》(上册)转交林伯渠,后又由齐燕铭把下册转交林伯渠。夏末,作《中国古代思想学说史》再版序言。夏秋之交,《中国思想通史》第 1 卷的详细章节安排和分工的计划得以确定。9 月 7 日,与罗克汀合著《新哲学教程》"第四章辩证唯物论"之"第二节辩证的'唯物论'底基本要点"刊于《唯民周刊》第 2 卷第 11 期"哲学讲座"栏目。14 日,与罗克汀合著《新哲学教程》"第四章辩证唯物论"之"第二节辩证的'唯物论'底基本要点"(一续)刊于《唯民周刊》第 2 卷第 12 期"哲学讲座"栏目。同月,作书评《先秦诸子思想》,刊于 11 月 1 日《青年知识》新第 4 期。10 月,所作《斯大林谈话对于世界和平的贡献》刊于《中苏文化》第 17 卷第 7 期(新 1 期)。11 月 7 日,所作《苏联对于世界和平的贡献》刊于《中苏文化》第 17 卷第 8 期(新 2 期)。同月,刘仲容就任中苏文化协会主任秘书,侯外庐办好交接手续后即赶赴上海,开始与杜国庠、赵纪彬合著《中国思想通史》第 1 卷。是年,所著《中国古代社会史》修订再版,此书在《中国古典社会史论》(1941 年版)基础上补充了几篇论文,"认识上有所深化,材料上也丰富多了""因为我对'亚细亚'的古代与

'古典'的古代做了明确的区分,于是感到该书用'古典'二字不贴切,故于一九四六年修订再版时改为《中国古代社会史》";所著《中国古代思想学说史》由上海文风书店再版。(参见杜运辉《侯外庐先生学谱》,中国社会科学出版社2013年版)

张澜等民盟总部负责人5月间相继由渝返宁、沪,总部由渝迁至南京蓝家庄及高门楼。6月26日,蒋介石悍然撕毁停战协定和政协协议,新的全国内战因而爆发。同月,民盟在成都市发起"要民主、反独裁,要和平、反内战"的和平签名运动,张澜与杨伯恺、张志和、彭迪先等各界知名人士4956人签名,并于6月30日在《华西晚报》发表《成都各界民众上书国共领袖吁请永久停战》一文。7月初,获悉国民党成都当局于6月30日逮捕了盟员奚致和的消息后,张澜从多方面进行营救工作。11—15日,国民党特务在昆明先后枪杀了民盟中央委员李公朴、闻一多,制造了骇人听闻的大惨案,张澜领导民盟同国民党反动派的斗争因此掀起高潮。18日,就李公朴、闻一多被暗杀事件,致电蒋介石予以严厉谴责,并向蒋介石提出三项要求:(一)请断然决定对全国特务机关及制度,立予彻底废除,民主前途,庶几有望。(二)请对昆明李、闻两君之事,及西安李、王两君之事,务严令负责机关必获主凶依法惩治,人权保障,庶非空言。(三)请明令全国各地方治安机关,务保证今后不再有类此之事发生,否则无论何人,认真从严彻惩,已丧人心,庶可挽回。30日,致函民盟华北总支部负责人张东荪等,请就近向北平国民党当局追究7月18日发生的民盟北平市委委员孙中原被特务绑架事件。同时,致函民盟总部秘书长梁漱溟,向政府再提正式抗议。8月18日,出席在成都蓉光电影院召开的"成都市各界追悼李公朴、闻一多大会"。当会议结束上车时,张澜突遭特务袭击致伤。下旬,应邀为成都培根义学(慈善学校)演讲《独裁》。

张澜9月4日致函民盟政协代表沈钧儒等,提出对其被特务殴辱事,向国民党政府提抗议书中应包括:(一)政府既承认各党派合法地位,今发生此事,政府应向民盟公开道歉;(二)立即取消特务组织;(三)追究主谋行凶者;(四)保证以后不再发生此种事件。30日,与中国民主同盟政协代表沈钧儒、黄炎培、章伯钧、梁漱溟、罗隆基、张君劢、张东荪、张申府为召开国民大会事致电蒋介石,就国民大会代表选举总事务所张历生主任发函催将民主同盟参加国民大会代表名单送交政府作出回复,同时指出:"同人以为时至今日,国家必须立即终止内战,立即恢复和平,而后举行全国拥护之国民大会,制定真正民主之宪法,以实现国家之和平统一民主。反之,同人不止不敢冒昧从事,且将呼吁国人共起反对而制止之。"10月10日,因决定抱病东下宁、沪主持民主运动,行前对记者表示:"民盟在当前艰难形势中,尤须加倍于和平民主之努力。"11日下午4时,由蓉抵渝,拟赴京沪。邓初民等及记者多人前往重庆机场迎接。张澜下榻于特园后,在特园客厅向记者发表对时局的观感,明确指出:"要和平,要民主,才能达到统一。如现在国民党要召开一党国大,只会造成分裂。"25日,应邀出席重庆人民和平促进会、民主建国会渝分会、民主宪政促进会渝分会、三民主义同志联合会渝分会四大民主团体的欢迎会。26日,中共四川省委书记吴玉章至特园访张澜,介绍中共中央抵制和反对国民党单方面召开国大的立场。11月11日上午,"第三方面"举行会议,讨论了致蒋介石的信函。信中基本上采纳了张君劢的意见,但要求蒋介石将国大延期一个月。会议推定莫惠德等5位社会贤达面见蒋介石。出席者当即全体签名,民盟在京中委沈钧儒、黄炎培、章伯钧、罗隆基、张君劢、张申府都在这封信上签了名。12日晨,周恩来亲临南京民盟总部,向民盟各领导人建议:对于民盟是否参加国大这样的关键问题,应向主席张澜请示。民盟总部当即与在渝的张澜通电话,他在电话中坚决地说:"我们民盟必须在政协决议程序全部完成后,才能参加国大,否则就失去了民盟的政治立场。希望大家万分慎重,决不可稍有变动。"当天下午和晚上,他又接连打电话给南京民盟总部,再三强调民盟的政治立场。同日,民盟在南京的代表沈钧儒、章伯钧、罗隆基、黄炎培、张申府举行谈话会,商讨并决定对国大的态度,通过决议:"民盟历次宣言,拥护政协决议。一切行动,以此为唯一的依据。同人愿竭尽最后一切努力,以求政协决议关于国大开会以前各项手续之完成。完成以后,即一致参加国大。未完成以前,决不参加。"14日,中国民主同盟总部发出《紧急通知》,要求各省市民盟组织广泛宣传民盟总部的决定和张澜主席的指示,坚决反对国民党召开分裂的"国民大会"。(参见谢增寿编著《张澜年谱》,群言出版社2013年版)

　　梁漱溟5月初接受张澜与周新民、鲜英的推荐,出任民盟秘书长,但"言明只干三个月,再多了就不干"。5月8日,梁漱溟离川,赴南京民盟总部任职。同月,国民党军队扩大东北内战,先后侵占了四平街、长春,直打到松花江南岸,达到了蒋军在东北进攻的最高峰。同时,国民党又将战火蔓延到关内。23日,梁漱溟与沈钧儒、章伯钧等致函国、共两党,呼吁:"即刻停战,其余一切问题概俟停战后协商解决。"毛主席复函民盟政协代表,对上述建议"原则上极表赞同"。蒋介石置之不理,反而大举向东北民主联军进攻。7月4日,国民党政府宣布:原决定于11月12日召开国大,如期举行。5日,共产党声明不承认这种非法决定;同日,民盟方面由梁漱溟与罗隆基向国民党口头抗议,说国民党单方面决定召开国大日期是违背政协决议,是非法的、无效的。18日,梁漱溟为李、闻被刺发表《民盟秘书长谈话》说:"刺杀李公朴、闻一多先生是特务所为。"并说:"有第三颗子弹吗?我就在这里等待着!""我个人极想退出现实政治,致力文化工作⋯⋯但像今天,我却无法退出了。""我要连喊一百声'取消特务',我倒要看看国民党特务能不能把要求民主的人都杀光。我在这里等着他!""李、闻两先生都是文化人、学者,手无寸铁,除了言论号召外,无其他活动,假如这样的人都要斩尽杀绝,请早收起实行民主的话。""快取消这种特务机关,不取消,民主同盟断不参加政府。"当时报纸曾刊出这次谈话。22日,起草《民盟政协代表为李、闻案向政府提出严重抗议》。除对国民党政府提出严重抗议外,并提出6项要求,主要有:"政府立即选派公正人员与民盟所派之人同赴昆明,调查惨案真相;惩办凶手;抚恤家属等。"

　　梁漱溟与周新民8月6日飞抵昆明。梁漱溟说:"由于李、闻案件,我由沪到南京办理善后,最初,民盟要派罗隆基去昆明查办,后来透出消息说罗不能去,去就得死在昆明,最后确定我和周新民一同去昆明查办此事。"在昆明待了一个月,才把李、闻案件查清楚。22日,梁漱溟结束昆明的事情,离昆明飞回上海。26日,发表《中国民主同盟代表梁漱溟在沪报告李闻暗杀案调查经过》,报告最后,"要求把这案件移南京组织特别法庭审理"。27日,民盟在张君劢家(范园)开会。一面梁漱溟报告李、闻案调查情形,一面聚餐欢迎昆明盟友楚图南、冯素陶等人。梁漱溟即席声明要辞去民盟秘书长的职务。28日,梁漱溟由上海到南京。29日,周恩来来蓝家庄看梁漱溟,表示慰问之意。30日,梁漱溟与张君劢等民盟政协代表,为政府草草了结闻案事,特向政府正式提出抗议。

　　按:全文如下:吴铁城、孙哲生、张岳军、陈布雷、陈立夫、王世杰、邵力子诸先生转蒋主席钧鉴:漱溟等昆明之行,已于前日返京。阅报:知闻案已即于漱溟等离昆后宣布并执行。民主同盟对此,尚须保留。其不能完全接受之意有三:(一)审判时虽邀民主同盟派员观审,漱溟等函复,由漱溟及周新民、冯素陶三人前往,却竟未获完全同意。同时,新闻记者除被指定之中央社二人外,其他皆不许参加,实则所谓审判公开者究竟啊在?(二)审判时只有法官与凶犯之一问一答,全无任何人参与证明一切,应有之人证物证全不肯用。其为预先安排表演之滑稽戏甚明。(三)当局宣布警备司令部特务营第三连连长及其排长为凶犯时,人人皆异口同声,预料将来纵判决死刑而执行时,必另有掉换。漱溟等到沪招待新闻记者,亦特预为指出。果然,据大公报昆明专电报导,二十六日枪决闻案凶犯时,沿途戒严甚密,其不肯予人民以共见,岂不甚明? 这是一种骗局,何足以服人? 民盟要求参加公审及各方面参加审判,而政府却一手包办到底! 不能不提抗议。一面表示对闻案之处理不能完全接受;一面表示李案非移京公审,予各方面以参加审讯机会。因两案实属相连而不可割分。今只结束闻案,而于李案则称正在缉凶,使吾人不能不怀疑此凶是否将永难缉获。漱溟在沪招待新闻记者时曾预言及此。查李案发生于七月十一日,迄今已及五旬,一再延期以不了了之的态度,就国家政府而言,实无以对人民。敬请中央再度严令限期破案,并对于过去一再逾期未能破案之主管,加以处分,用昭威信。以上各节,并盼见复为幸。专此,警请政安。梁漱溟、张君劢、张东荪、罗隆基、黄炎培、沈钧儒、章伯钧、张申府同启。

梁漱溟 9 月 6 日发表《中国民主同盟代表梁漱溟说明民盟对中共态度》。10 月 4 日,上海、南京各报发表《中国民主同盟代表梁漱溟谈国府委员名额分配问题》。10 日,梁漱溟从南京到了上海,与周恩来长谈,劝其回南京继续进行和谈。11 日,坐夜车返回南京。12 日晨,在南京,见报载国民党军队攻下张家口的消息后,大为失望。当许多记者向梁漱溟涌来,他只是惊叹地说:"一觉醒来,和平已经死了!"第二天,各报都登了这句话,曾一时广为流传。梁漱溟讲:"我一连几天陷入苦闷之中。"15 日,国民党代表雷震从南京赶到上海,邀请民盟留沪代表聚谈。雷说明来沪使命是国民党愿意同共产党重开和谈,以达到永久停战目的。政府要请留沪的政协代表——包括共产党代表——都到南京去,希望"第三方面"代表多多出力调解,特别请民盟的代表多向共产党代表"劝驾"。同日,国民党代表邵力子在南京把这一信息告诉了在民盟总部的梁漱溟和其他人。19 日,报载延安中共中央发出恢复和谈的声明。28 日,梁漱溟提出一个对中共极为不利的停火方案,亦未与中共商量,擅自单方面行动,违背中共与民盟的约定,受到周恩来的严厉批评。11 月 6 日,梁漱溟离开京沪,即到重庆北碚,从此到 1949 年 12 月重庆解放。《中国文化要义》一书即于此时写成。

按:1946 年秋,陈亚三、张傲知两先生在北碚创办勉仁国学专科学校,梁漱溟一面撰写《中国文化要义》一书,一面为勉仁国专学生讲《中国文化要义》;每星期三下午,则为国专暨勉仁中学教职同人讲论学问两三小时。除此还写了几篇政论性文章发表。(参见李渊庭、阎秉华编著《梁漱溟年谱》,商务印书馆 2018 年版;谢增寿编著《张澜年谱》,群言出版社 2013 年版;李贵忠《张君劢年谱长编》,中国社会科学出版社 2016 年版)

曾琦 11 月出席中国青年党第十次全国代表大会,制定了新的宗旨、党章、政纲。曾琦再次被选为青年党主席。稍后,青年党单独向国民党提交了参加政协的 5 名代表名单,并不宣而退盟。青年党参加国民大会,令蒋介石很高兴。11 月 16 日,他在日记中写道:"国民大会虽延期三日,在十五日仍如期举行,实为革命事业之重大胜利,此诚划时代革命史上最艰难之一页也。""无党无派之社会人士及中国青年党皆以国大延期三日而如约参加,则政治协商会议之五个单位已有三单位共同参加,此可打破共党与国际恶意宣传之一党宪法与一党国大之讥刺矣。"11 月 21 日晚,蒋介石专门宴请青年党干部,"表示联络合作之意"。可是,青年党提出的很多要求使蒋介石甚感为难。他说:"青年党要求明年元旦宪法颁布后人民权利章即发生效力,此为最大难题。本已由主席团决议,正午再予协商,幸能取消。书生谈政,皆不顾事实,只用意见,可叹。"27 日,他又"约宴青年党干部,商谈合作事,闻其要求甚奢也"。(参见黄天华《青年党与国民党的明合暗斗(1946—1949)》,《社会科学研究》2020 年第 2 期)

左舜生继续任中国青年党总秘书。11 月 16 日,左舜生代表中国青年党发表参加"国大"的声明:"自上月二十一日,"第三方面"人士承政府邀约,联袂来京,经过二十余日奔波商谈,其间不少可歌可泣之事实,对问题症结之所在,虽大体明了,但政府与中共之间仍有若干意见无法接近,即"第三方面"之本身之所见,亦不无出入,延至本月十一日夜间八时,即国大原定开幕之前夕,仍无法获得一致之决议,本党及若干社会贤达始决定表示可以提名,但仍希望政府将开会日期延迟数日,以作最后之努力,此即国大开幕日期延缓三日之由来。不幸在此最后之三天,民盟既作暂不参加之决议,中共力主停开,吾人为促成民主宪政之实施,并与若干社会贤达表示一致之行动,更不愿引起全国日陷水深火热之人民,发生过度失望之感,始将本党代表名单,毅然提出……致以此意,昭告国人,见仁见智,一切惟有诉诸当代贤豪及后世史家之公断。"(参见黄天华《青年党与国民党的明合暗斗(1946—1949)》,《社会科学研究》2020年第2期;谢增寿编著《张澜年谱》,群言出版社2013年版)

李璜属于中国青年党左派,对青年党退出民盟一事说:"民主同盟中人竟一厢情愿的自以为联合政府,经政治协商后,可以轻易的建立起来了;因之民盟的左倾分子便尽力的排斥当时在四川盟员中占却多数的青年党人,把青年党逼翻了脸,而退出民盟。"不过,"左派首领"李璜的看法与曾琦、左舜生很不一致。李璜主张"最好与"第三方面"(民盟)全体一致,退一步也同民社党一致,所以他对交名单的事,很坚决的不主张单独先交"。当他听说青年党的名单已提交后,"大怒,与曾慕韩蹩扭起来",且"公然脱口而出的说:'曾、左、李分家了!分家了!'"因此,民盟主席张澜的秘书范朴斋认为李璜"此次表现及主张,确不错"。(参见黄天华《青年党与国民党的明合暗斗(1946—1949)》,《社会科学研究》2020年第2期)

常乃惪11月在南京出席制宪国民大会。12月,在《青年生活》第12期发表《宪法问题的我见》,提出"我希望国家有一个柔性的宪法,不希望一个刚性的宪法,宪法的修正程序越简易,越能随时适应国家的需要",认为"宪法的主要任务应该只有三点,第一是说明国家的权力的来源,第二是规定国家与人民的关系,第三是规定国家所属各种机构的性质及其相互的关系",然后"就几个大家讨论得最热烈的问题"作了重点讨论:第一,是国民大会组织和职权的问题;第二,总统职权的问题;第三,关于立法院与行政院的关系;第四,关于司法院之为国家最高审判机关;第五,关于监察院的组织及职权。(参见查晓英编《中国近代思想家文库·常乃惪卷》及附录《常乃惪年谱简编》,中国人民大学出版社2014年版)

戴季陶3月1日出席国民党六届二中全会,会议决议撤销国防最高委员会,恢复中央政治委员会,改选中央常务委员,被选连任。4月29日,由重庆乘机还都南京。7月29日,偕副院长周惺庵同应蒋介石之邀,赴庐山避暑。9月5日,由庐山返京。10月上旬,因牙病请假40天。11月15日,出席国民大会。12月20日,奉蒋介石之命,与吴稚晖等共同研究关于西藏问题,对今后如何创制西藏高度自治法案提出建议,认为只言"自治",不提"高度"字样。(参见桑兵、朱凤林编《中国近代思想家文库·戴季陶卷》及附录《戴季陶年谱简编》,中国人民大学出版社2015年版)

吴稚晖3月当选为国民大会制宪会议代表、国民党筹集党务经费募捐总队队长。11月,在南京出席制宪国民大会,被推选为临时主席。大会的中心任务是制定《中华民国宪法》,故又称为"制宪国大"。吴稚晖担任制宪代表主席,经过41天的讨论,大会通过了《中华民国宪法》,最后由吴稚晖将《中华民国宪法》递交给蒋介石,所以吴稚晖被很多人认为是"制宪大佬"。(参见金以林、马思宇编《中国近代思想家文库·吴稚晖卷》及附录《吴稚晖年谱简编》,中国人民大学出版社2014年版;张人凤、柳和城编著《张元济年谱长编》,上海交通大学出版社2011年版)

蒋梦麟继续任行政院秘书长。5月5日,国民政府还都南京。8月27日下午,蒋梦麟正式辞去北大校长,北大同仁为其举行了一场欢送会。席间,胡适劝蒋梦麟早日脱离行政院,仍回北大当校长。蒋梦麟对这个建议不置可否,不过他内心深处已经有了新的主意,即致力于农村复兴。11月16日,蒋梦麟复函首都高等法院,证明华北沦陷时,确曾派周作人、孟森、冯祖荀、马裕藻保管北大校产。(参见马勇《蒋梦麟传》,河南文艺出版社1999年版;焦润明《傅斯年传》,人民出版社2002年版;西南联大北京校友会编《国立西南联合大学校史——1937至1946年的北大、清华、南开》,北京大学出版社1996年版)

王世杰5月16日与宋子文、陈诚、陈立夫、张群等会谈,提出欲挽救经济危机,必须限制物价,推行粮食征购政策。20日,与丹麦全权专使高福曼在南京签订《中丹平等新约》,取消丹麦在华治外法权及处理有关问题的条约。21日,在行政院院务会议上提出:不主张对日本军费提出赔偿;对日本在华所发的军用票和伪钞,中方须以现款收回。23日,面见蒋介石,征询与中共商谈的意见。25日,与周恩来晤谈,提出各党都可参加民意机关;可有若干省政府由中共执政。6月2日,马歇尔到王的寓所会谈,马要求国民党方面停止在东北的军事行动。6日,会见民主同盟梁漱溟等人,希望他们采取独立、公平的态度。10日,王世杰致蒋复璁信:"顷接张凤举先生本月五日自东京来书,获悉抗战期间曾被日方运去之贵馆所有善本书已于本月一日接收十箱,计百八十三部二千五百五十册,附有第一批清单一份。尚有百余箱亦限令于本月内扫数归还。拜望政府能早日派遣专轮运回云云。知关锦注,特函奉闻。"13日,与蒋介石共同会晤即将离任的英国大使薛穆,嘱其致意英国首相早日解决香港问题。21日,收到中共代表团关于东北地区长期停战的函。23日,与孙科、雷震等商拟政治解决中共问题的方案。25日,王世杰收到民盟代表梁漱溟、黄炎培、章伯钧等关于处理"下关惨案"的函。

王世杰7月2日被蒋介石指定与邵力子、陈诚同为国民党代表,继续与中共代表商谈。同日,陪同蒋介石与周恩来谈话,蒋提出承德、安东、胶济路和苏北4个地方的行政权问题。4日,和蒋介石、吴铁城、邵力子、彭学沛商谈召开国民大会及改组政府问题。20日,收到民盟代表梁漱溟、黄炎培、沈钧儒、章伯钧等关于李公朴、闻一多被害的严重抗议。7月21日至9月14日,以中国代表团首席代表身份率团赴巴黎参加欧洲问题和会。9月14日回到昆明,出席云南省政府举行的欢迎宴会。9月26日,与加拿大驻华大使欧德澜将军签署《中加两国关于通商暂行办法换文》。10月3日,给周恩来等中共代表复函,希望周恩来前来南京继续商谈和平团结事宜。21日,出席行政院长孙科为欢迎周恩来前来参加政治协商会议举行的午宴。11月4日,与美国驻华大使司徒雷登等共同签署《中美友好通商航海条约》。12月14日,照会法国驻华大使梅理蔼,提出创办中国和越南间航空线临时办法。(参见薛毅《王世杰传》及附录《王世杰大事年表》,武汉大学出版社2010年版;陈福康《郑振铎年谱》,三晋出版社2008年版)

王宠惠为宪草第三审查委员会的召集人,负责审议总统、行政及立法三章。11月15日,在国民党把持下,国民大会召开,经过45天的讨论,《中华民国宪法》得以通过。王宠惠对该宪法并不完全满意,但还是认为,"其完美程度,虽世所称道之魏玛宪法,亦望尘莫及矣"。发表《中华民国宪法之要点》,其中提出:"此一新宪法,就一党一派的眼光看察,固难感觉完全满意,然而正因如此乃能为各党派各方面所接受。中华民国宪法是一部具有特性而最新式的民主宪法。就其条文而言,固不敢云尽善尽美,但是宪法的顺利运行,不尽在其条文之完善,而更有赖于政府与人民遵行宪法的民主精神。故吾人不仅应检讨宪法之条文,而更应修养守宪之风度。"(参见王宠惠著、张仁善编《王宠惠法学文集》及附录《王宠惠先生年谱》,法律出版社2008年版)

邵力子1月作为国民党代表之一,在重庆参加(旧)政治协商会议。2月,由重庆回南京。支持傅学文在汉口路创办力学小学的倡议。7月,任国大筹委会主席、宪法起草委员会委员。10月19日,在上海辣斐大戏院举行鲁迅逝世10周年纪念会,任主席。11月15日,蒋介石在南京召开所谓"制宪国大",邵力子与左派人士等一同拒绝参加。12月,国共和平谈判决裂,单独一人至机场欢送以周恩来为首的中共代表团返延安。(参见晨朵《邵力子生平大事纪要》,《浙江师范学院学报》1983年第1期)

陶希圣5月随国民政府"还都"南京,参与筹备国民党"制宪国大",并往来于上海、南京、庐山之间,为"制宪国大"拉人选。此间,陶希圣利用《中央日报》大肆宣传"制宪国大"的合法性。6月8日,陶希圣在《中央日报》创刊《食货周刊》。1948年4月12日第76期以后改为双周刊,1948年7月19日停刊。共刊行89期,发表论文303篇。7月15日,陶希圣奉蒋介石之命来沪,专询对时局解决意见。黄炎培答之以下四点:(一)对中共只有一法,即以共同制定之宪法范围其行动,故下手必须合作,只有政治协商会议之决议可以解纷;(二)目前办法宜使其参加商谈,迅速解决军事问题,然后接谈政治问题;(三)若舍政协会议之决定,别寻解决之途径,则决非国家之福;(四)个人正在寻觅机会脱离政治。11月,当选为制宪国民大会代表。(参见陈峰编《中国近代思想家文库·陶希圣卷》及附录《陶希圣年谱简编》,中国人民大学出版社2014年版;许汉三编《黄炎培年谱》,文史资料出版社1985年版)

罗家伦年初继续任新疆监察使。2月11日,国防最高委员会183次会议决议通过罗家伦辞去新疆监察使一职,由麦斯武德继任。2月,《新民族观》上册由重庆商务印书馆出版。3月1日,出席中国国民党六届二中全会。5月5日,往南京参加国民政府迁都典礼。9月1日,在庐山出席三民主义青年团第二次全国代表大会。12日被选为中央监察。11月21日,当选为制宪国民大会代表。(参见刘维开《罗家伦先生年谱》,中国国民党中央委员会党史委员会1996版;张晓京编《中国近代思想家文库·罗家伦卷》及附录《罗家伦年谱简编》,中国人民大学出版社2015年版)

杭立武时任教育部常务次长。2月22日,杭立武致蒋复璁信:"关于存港一百一十一箱图书事,前闻已由日参谋本部运往东京。兹悉有人曾于东京帝国图书馆,亲见所展列中文书籍中,有《永乐大典》抄本及其他图书,盖有中央图书馆印章,另有无锡刘氏藏书图章云云。似此,则前项运日消息可以证实。除当托请张凤举先生赴日再为探究外,特函奉闻,即请惠,于张先生过沪时详为一谈,并乞暂仍守秘,是所企荷。"3月10日,《申报·教育与体育》报道《教部要员往来京渝/杭次长七日来京清理战时文物/黄司长九日飞渝向朱部长报告》:"(本报南京专讯)教部常务次长杭立武,于七日由渝飞京,八日到部办公。渠兼任清理战时文物损失调查委员会主任委员,此次在渝办理是项工作。据谈:关于国外之调查事项,已由李济、张凤举两君即赴日本调查。关于国内之调查事项,已请郑振铎、陈叔美两君分赴各地协助调查,以期早日竣事。该部社会司黄如今司长,因须将此次赴沪视察教育情形,及部中社教应行推进各项计划及方案,报告朱部长,原定八日首途,因气候关系,改于九日由京飞渝。"3月21日,杭立武致陈君葆信,谈追查存港被劫图书事。28日,外交部致教育部代电(欧35四四九八号):"教育部公鉴:前准贵部卅五年元月卅一日渝社第六六一九号公函,嘱向有关方面追查在香港被日人劫取我中央图书馆善本书籍事,当经分电本部驻香港特派员办事处及驻日盟军最高统帅部联络参谋办事处专员刘增华追查。去后,兹据刘增华电复称:'日人竹藤峰治等劫取香港冯平山图书馆善本书事,经详加密查,本日在上野公园帝国图书馆查得,该馆所保管者约二万五千册,因空袭疏散在伊势原者约一万册。业经该管司书官冈田温立有承认字据,惟所装木箱均被启封。至详细书目,周内送来,俟点收后约一月可设法运出'等由,特电请查照为荷。外交部。"4月20日,在南京主持召开国立安徽大学筹委会第一次会议。10月,杭立武改任教育部政务次长。(参见刘思祥《杭立武传略》,《江淮文史》2001年第1期;陈福康《郑振铎年谱》,三晋出版社2008年版)

顾树森时任教育部国民教育司司长。4月23日《申报》报道,为各地书荒问题,顾树森数度来沪,商讨今后解救办法:(本市讯)教育部国民教育司司长顾树森,为各地书荒问题,近曾数度来沪,寻取解决办法,缘收复区因纸荒及交通困难,与伪课本少斥等原因,酝酿而成之教科书荒问题,迭经各方呼吁,已引起教育部之严切注意,除选令各地教育行政机关严厉禁毁伪课本,并予贩卖采用者以相当处分外,日前顾司长特再度来沪,调查国定本印制及供应情形,并会同各书商转向敌伪产业处理局商洽,决定将各仓库中封存之敌伪报纸,悉数由国定本供应处价购,作为教科书印制之用。近日各家已在筹款购领,以便赶印。惟封存敌纸数量,所余已甚微少,其中可供印制书籍之用者,总数尚不及四万令。顾氏返京后,仍定日内再行来沪,指导各家另再设法增购,并帮助解决各项技术上困难问题,如调查各省市学生人数,及需书数量,酌量采用合作社办法,及陆运水运吨位时间等问题,预计今年秋季各地学校用书,情形必能改善云。(参见吴永贵《民国图书出版史编年:1912—1949》,社会科学文献出版社2018年版)

吴研因时任教育部国民教育司长。12月8日,《申报》载:吴研因莅沪,邀集七联负责人,讨论教科书供应问题:(本报讯)教育部国民教育司长吴研因氏,偕秘书魏冰心氏,日前莅沪,连日与文化界有所接洽。今(八日)午,邀集中小学教科书七联供应处及商务、中华、正中、世界、大东、开明、文通、儿童、文化、独立、胜利等11家负责人,举行会议,对于国定本中小学教科书供应问题,将缜密讨论。12月9日,《申报》载:关于国定本教科书的明春供应问题,吴研因司长切实指示:(本报讯)国定本中小学教科书,因一度盛传开放,致七联供应处未敢放胆印刷,意存观望,势将波及春季供应。教部闻讯,特派国教司长吴研因氏,暨科长魏冰心氏,日前来沪,对七联处春季供应教科书问题,有所指示。七联处方面,昨日(八日)中午,假杏花楼举行会议,并欢迎吴研因司长及魏冰心科长。首由七联处理事会主席吴秉常氏致欢迎词,继为吴司长暨魏科长,先后致词,切实指示,略谓七联处在战时,对教科书供应方面,曾有特殊劳绩,希望现时能切实依照合约,充分供应春季用书。教部近已通令各省市,严密禁止翻版,故七联责任更大,务须从速大量印制,早日分运各地。所有上海秋销存书,可先装运。用纸插图及装订,宜求精美。四联贷款,不能分文移作他用。教授书修正本并须从速出版。外界翻版,不论背景如何,应一律取缔,但各家内部,如有不肖分子,盗版翻印,更应照约严惩不贷。凡国定本已出版各科之各家审定旧本,如初小国语、常识、算术等,一律照章不许再售,庶几供应情形,可达完善状况。嗣由顾树森、张一渠、李伯嘉、叶溯中等,分别发表意见,金以明春供应计划,既经教部指示原则,维持原约,即当积极印运,表示指示各项全部接受。教授书修正本初小国常一至四册,编译馆近已交来,当即赶速排印。教科书已设法用卷筒机赶印。贷款仍由四联派员稽核,决不至发生移用情事。双方交换意见甚多,颇为融洽。闻吴司长等在沪勾留一二日,即行返京。(参见吴永贵《民国图书出版史编年:1912—1949》,社会科学文献出版社2018年版)

傅角今任新成立的国民政府内政部方域司司长。方域司面对的划界问题困难重重,因为中国当时还完全没有一个清晰准确的疆域图,边界地区存在大量模糊地带,甚至是没有人真正涉足的地带。而相比陆上疆域巨大待填补的空白，在当时毫无海权意识的中国人看来，南海主权无足轻重。在此次收复西沙、南沙群岛的工作中，国民政府特派遣有关部门的代表随同舰队前往视察和勘探。内政部方域司具体负责国界线的确定，并聘用西北大学地理系教授郑资约为内政部专门委员，负责参与南海岛屿国界的划定，及整理南海水域的岛礁、石群及沙滩名称的工作。年底，郑资约在随中国舰队从南沙群岛勘测完毕返回之后，开始与刚成立的内政部方域司地质、方域、绘图等方面的专才着手整理资料。由于内政部等各部门人员完成了考察勘测工作，为此后国民政府的制图、划界等工作奠定了坚实的基础。（参见何立波《1946年收复南海诸岛与"九段线"的由来》，《人民政协报》2011年12月15日）

蒋复璁继续任中央图书馆馆长。1月2日，蒋复璁致朱家骅电："罗斯福图书馆筹备委员会，拟请聘任蒋夫人、钱市长、顾局长、胡适之、傅孟真、叶玉甫、徐森玉、郑振铎、袁同礼、何炳松、吴有训、张元济、陈训慈、沈祖荣、刘国钧、蒋梦麟、陈可忠为委员，并请由钧座任主任委员，前曾在美德两国研究图书之前北京大学图书馆主任严文郁君为委员兼秘书，负责筹备之责。职系有职人员，如蒙委命，亦仅能参加委会，不能负其实责。"12日，朱家骅复电蒋复璁："子萧电悉。密承示各节已分交有关司会核办。"2月14日，蒋复璁致叶恭绰信："在港图书，屡经查询，迄尚未得确息。现奉部令，以据袁守和兄报告书，有劫赴台湾之说。顷已另函陈长官协助查追。知关锦注，谨将原令另纸抄奉。"20日，蒋复璁致叶恭绰信："顷接港大陈君葆先生来函，谓前以李宝棠名义存冯平山图书馆之两箱书籍，已转交文物损失委员会驻港驻粤代表简又文先生代为接管，祈舒钧念。惟存港善本尚有未经装箱者，已遵命正在查询中。"21日，蒋复璁致陈君葆信，谈追查存港被劫图书事。3月15日，蒋复璁致陈君葆信，谈追查存港被劫图书事。20日，蒋复璁致陈君葆信，谈追查存港被劫图书事。

蒋复璁4月17日致杭立武信，谈追查存港被劫图书事。6月8日，蒋复璁致张凤举信："顷奉六月五日大示，谨悉一一。香港失书，屡承眷注，此次洽追，尤费清神。中心感激，无时或已。关于政府指派专轮赴日一节，自当代为洽办。俟决定后，当即函告。失书详细目录，前已托由李济之兄带日，未审业经核对否？尚祈示及。"17日，蒋复璁致叶恭绰信，谈追查存港被劫图书事。11月25日，蒋复璁致教育部函："案奉钧长谕示，以上海发现宋书棚本《江湖小集》一书，为希世秘籍，经张委员继介绍，认为关系文献至巨，亟应收归国有，着派复璁赴上海洽购等因，奉此，遵即专赴上海，经请故宫博物院徐馆长鸿宝代表洽商结果，书主已允以国币五千万元出让。窃查该书全部六十册，自晚明以来即不见著录，汲古阁藏有钞本已珍为鸿宝，今宋原本竟尚存天壤间，殊属可贵！五千万元之价，似不为昂，可否收购，理合备文呈报，仰祈鉴核示遵。"

按：此事与郑振铎有关，郑振铎动员来青阁主人杨寿祺将此海内孤本《南宋群贤小集》出让给国家。杨寿祺出让前写有题跋云："宋印《南宋群贤小集》六十家……盖当时宋人集腋而成，非一时一地之所有也，七百余年来转移隐见者惟此一书耳。邓君在清季购得清初钞本，即已诧为奇书，袁氏仅藏友林乙稿一册（按甲稿已久佚），亦已视若拱璧，引《百宋一廛赋》'跻友林之逸品，俪声价于吉光'二语以自珍异。此则在钱氏经眼之时，早已沧桑三易，今更二经浩劫矣，当其未发见时，决无人尚信世间有此奇书者，乃竟巍然独存于天壤之间，较之二君所藏，莫可比拟矣。今者因张先生溥泉、蒋先生慰堂、徐先生森玉、郑先生西谛之力，将由中央图书馆购而藏之，南渡以后群贤遗著得以登于金匮石室，蔚然巨帙永为国宝，诚盛事也。寿祺自先大父云溪公以来，世业旧书，性质疏散，不识书画碑帖，更不能诗，不足以比钱氏，所见宋元善本甚多，亦无记载可考，惟是志行纯洁，八年之内，始终确认国家之永在，蛰居沪市，虽乡土吴门瞬息可达，当珍物委遗之际，倍莲之利俯拾即是，立定脚跟，未尝折腰一往，今跋此书，可无愧怍矣。中华民国三十五年十一月吴县杨彭龄寿祺精选明纸,以五日之力,谨书此自制跋语于上海之来青阁。"又,杨寿祺后于1958年5月24日写自传云:当时"接到长沙同业来信,信内附有一寸长、二分到五分阔的旧纸一狭条,说有宋板南宋六十家小集一部,计六十册,索价一千万元(伪币)……叫他寄样本来一看。他姓谭(店名及人名,已记不起了,未见过一面的),从未有过交易的。回信去后,他寄来样本一册。一看之下,确是宋本,回信复他六折。后以八折谈妥。我一面与郑振铎先生商量借款,一面暂停进货,拼凑伪币二百万元,先行电汇(因为币制混乱时期,信汇要受损失也),用电报通知,叫他将书寄来。他相信我,就将全书寄申。郑先生立即代我借到了六百万元,立即电汇长沙。此书经郑振铎先生、徐森玉先生审定后,我以上海无有藏家有力购此巨著,因之兜售于伪中央图书馆。一共经过了近三个月,以五千万伪币成交。"(未刊稿)(参见陈福康《郑振铎年谱》,三晋出版社2008年版)

屈万里时任中央图书馆特藏组主任。2月28日,屈万里致郑振铎信,谈抗战时期寄港图书等事,并云"在沪得承教益,快慰平生。里等于廿三日离沪,当晚抵京"。3月20日,屈万里致郑振铎信,谈在日本发现被劫中国图书事。提及朱世民赴日,带去郑振铎整理的书目查勘,又托杨全经赴沪续抄书目。又谈及以前李宝棠从上海带去香港的2箱51种书早已收到,已于1941年由马季明带往重庆。28日,屈万里致郑振铎信,抄呈李葆(宝)堂抗战时期由沪带港之图书之目录。9月29日,郑振铎致屈万里信:"慰堂先生何时南返?前在沪时,曾面谈提取上海陈群藏书中之善本事,现已将陈目阅毕,并与徐森老商定,选出书,凡三百五十五部……均为图书馆必需之物。请即速呈部(应附目录)准予拨交中央。否则,恐有他处夺取也。苏州陈书亦可移交,届时,当再选取一部分交中央圆也。"(参见陈福康《郑振铎年谱》,三晋出版社2008年版)

王献唐9月随国史馆离重庆赴南京,经40天始达。10月12日,山东省立图书馆保存书籍数目合计88622册。11月10日,抵南京。寓南京中央路149号陶荆山宅。后寓南京丁家桥丁惟汾宅。脑疾日重,目不能见光,头不能见风,失眠更甚。《平乐印庐日记》载:"九月间史馆复员,即随船东上,在渝市及宜昌候船,先后四十始达南京,寓中央路一四九号陶荆山宅,莘农亦来寓。迨国大将开会,鼎兄亦由青岛来,共居一楼。以时至中央医院鼓楼医院诊病,又延齐寿南诊视,所服皆属常药,而病根不除。京中风力较渝为劲,遇风冷辄小动,目力及记忆力皆衰弱。"20日,致李泰华函,为存乐山图书文物运南京及李义贵生活费事。12月8日,丁原生致函王献唐,回复谱主私人藏书下落情况。12日,山东省立图书馆致省教育厅函,为复馆及图书整理事。

按:山东省立图书馆致省教育厅函曰:"省立图书馆馆长王献唐以在渝,尚未回鲁。省城光复,暂派罗象临代理该馆馆长及办理接收及整理事宜。罗馆长于去年十月三日到职视事,六日接收完竣,二十日将接收清册缮造呈报到厅,计接收本馆书籍四五三四四册,金石一一三种,字画一七九种,古玩二九种,及保管齐鲁大学书籍八九四七三册。但接收甫经完竣,尚未及整理陈列,而前进指挥所及副长官部先后进驻馆内,为腾挪房舍,即将图书古玩集中封存,虽几经交涉,未获结果,直至副长官部结束为止,此一阶段可谓保管时期,馆内职中共有十一人及雇员二人。自长官部结束以至现在,积极整内部书籍文物以备阅览。至于该馆前散佚书籍,亦正在调查整理当中。现在办理完竣者,有存道德总会之《四部丛刊》三十七套四百五十册,及《图书集成》四百五十一函。又发现后坡街班荆里二十号有《国朝正宗》《史料索隐》《四部丛刊》等,共九种五十一册。比及前往运取,乃询知先期被市政府派人取去。于是通知市政府,该项书籍应如数归图书馆。现市府已通知该馆将是项书籍取回,以便保管。其次则为杨氏海源阁藏书之整理。该项书籍大都为元明板、殿板,计二千五百卅一种三万一千一百一十三册,业经收为公有,俟少加整理,即可由省立图书馆分类陈列,以供阅览。至于搜集该馆其它散佚图书,及搜购抗战期间公私损失之古物文献等工作,现仍在继续办理中。山东省立图书馆公函(总字第三五号),民国卅五年十二月十二日。"(《省立图书馆恢复及图书整理情形》社教类社省字1号1册第4号,山东省档案馆)(参见张书学、李勇慧撰《王献唐年谱长编》,华东师范大学出版社2017年版)

许寿裳继续任考选委员会委员。1月8日,得绍兴县长聘函,聘许寿裳为绍兴史料编纂委员会委员。23日,偕考选委员会第一批复员人员,自渝飞抵南京,先往考选委员会报到,然后回至西华门二条巷瑜园1号从兄世瑢寓中宿。2月25日,自沪返南京,仍住从兄许世瑢寓中。3月1日,移居考选委员会衡鉴楼3楼。翌日,又迁至公明堂2楼211号。6日,作《国父中山先生和章太炎先生》文一篇。5月1日,移居公明堂2楼217号。2日,得台湾省陈仪长官密电,谓欲促进台胞心理建设,拟专设编译机构,编印大量书报,请许寿裳前往主持。6日晨6时,赴总理陵园,参加还都大典。18日,以上月18日许景宋女士来函,谓鲁迅先生逝世今适10周年,请写回忆文,是日开始起草《亡友鲁迅印象记》,成三则。27日,起草编译馆组织大纲。7月10日,被任命为编译馆馆长。(参见倪墨炎、陈九英编《许寿裳文集》下及附录二《许寿裳先生年谱》,百花出版社2003年版)

柳诒徵继续任江苏省立国学图书馆馆长。1月18日,国民政府教育部组织清理战时文物损失委员会,被聘为委员之一。21日,清理委员会召开会议,通过各项条文。柳诒徵通过委员会呼吁外,还通过各种途径先后从气象研究所、苏州图书馆、苏州文学山房、无锡社教学院等处索回、购回国学图书馆旧藏书。2月,备文省教育厅,为奸伪盗售国学图书馆藏书应予以收购及究办。23日,请求系统归还国学图书馆旧藏图书、文物及财产。并拟就镇江焦山书藏战时损失清单,报送教育部清理委员会。曾拟定国学图书馆成立国画院之计划,以培植人才,可惜因内战无法实现。3月,备文呈报教育厅,汇报1945年10月至1946年2月图书情况,其间收回图书1210部,7095册,字画5件。18日,至竺桥地质调查所清点图书,四天内查得国学图书馆善本书5万余册。其间向前中央图书馆馆长交涉归还图书及家具事,力争始得应允。4—5月间,与馆内人员为收回原属国学图书馆图书、财产劳碌奔波。至5月中旬,始从各处收回原国学图书馆旧藏图书18万余册。5月15日,致函教育部次长杭立武,请求将第一临时中学所占国学图书馆馆舍归还,以便整理图书,准备开放阅览。

柳诒徵5月17日致朱家骅、徐森玉、朱经农、杭立武、蒋复璁信:"京沪两地组织清点文物委员会,事体繁重,为期孔久。各方面参加之人,大率自备资斧,为公家服务;仅少数人开支旅费,或略赠交通费,或得一餐果腹。而为章程条例所限者,皆只有恪奉命令,以原机关文物之关系,消耗精力日力,兼为其他机关努力清点,不避风雨,致生疾病,医疗之费,亦无所出。"7月15日,赴镇江出席江苏省临时参议会。8月1日,国学图书馆重新开放阅览。11日,因工作中风复发。9月,在南京龙蟠里国学图书馆接受上海《文汇报》记者采访,叙述战后收复失散图书之种种艰辛,后《文汇报》曾发表《访砺山精舍》一文。10月30日,致书上海《文汇报》记者,申述自己办图书馆之宗旨,以为惟有将图书资料公之于世,与天下学者共同研索,庶不负往哲而开来贤。(参见孙文阁、张笑川编《中国近代思想家文库·张尔田、柳诒徵卷》及附录《柳诒徵年谱简编》,中国人民大学出版社2014年版;陈福康《郑振铎年谱》,三晋出版社2008年版)

章鸿钊从上海迁居南京地质调查所,任南京国立编译馆编纂,专心著述。是年,在《说文报》上发表《殷周年历问题之商讨》及其续篇。(参见冯晔、马翠凤《章鸿钊年表》,中国地质图书馆编《第三届地学文献学术研讨会暨纪念章聘铏学术思想研讨会论文集》,地质出版社2016年版)

沙孟海应时任南京国民政府教育部长朱家骅之邀,在教育部任秘书,当时用的名字叫沙文若。蒋介石知道他擅长金石,对谱牒也颇有研究,特地请他重修《武岭蒋氏宗谱》。

　　周作人5月27日被用飞机解送南京,关押于老虎桥监狱。同机解送南京的有:伪华北政务委员会委员长王荫泰、伪华北财务总署督办汪时璟、伪河北省长陈曾拭、伪北平市长刘玉书等12人。17日,国民政府首都高等法院检查官王文俊对周作人汉奸案提出"起诉书",将其犯罪事实及证据并所犯法条叙述如下:犯罪事实:"被告周作人,于中日战争发生前,曾历任北京大学、师范大学等校教授有年。迨北平沦陷,伪临时政府组织成立,遂受汤逆尔和之怂恿,于民国二十八年八月出任伪北京大学教授兼该伪校文学院院长。秉承敌伪意旨,聘用日人为教授。三十年一月经升任为伪华北政务委员会常务委员兼教育总署督办,推行伪府政令。同年十月兼任伪东亚文化协议会会长,促进两国文化交流。三十二年六月兼任伪华北综合调查研究所副理事长,协助敌人调查研究华北资源。三十三年五月任伪华北《新报》理事及报导协会理事,发行有利敌伪宣传报纸。同年十二月又兼任伪中日文化协会华北分会理事长,实施沟通中日文化。迨日寇投降,经军事委员会调查统计局,将被告捕获,转解侦察到院。"

　　按:"起诉书"所列"证据并所犯法条"如下:"查被告周作人,对历任上开本兼各伪职选据供承不讳。核与自白书及军事委员会调查统计局附卷之罪行调查表所载之伪职悉相吻合,事实自甚确凿。至其任伪职期内,聘用日人为教授,遵照其政府侵略计划实施奴化教育,推行伪令,编修伪教科书,作利敌之文化政策,成立青少年团,以学生为组织训练对象,泯灭青年拥护中央抗战国策,启发其亲日思想,造成敌伪基要干部。又如协助敌人调查研究华北资源,便利其开掘矿产,搜集物资,以供其军需。他如促进沟通中日文化及发行有利敌伪宣传报纸,前者为藉文字宣传达其与敌伪亲善之目的。遂行近卫三原则之计划,后者希图淆惑人心,沮丧士气,削弱同盟国家作战力量。上开被告种种罪行,据其所任本兼伪职当时之行为固堪认定,况又经军事委员会调查统计局逐一调查属实,有移送书附卷可证,并有记载当时各种会议情形之伪报存卷足凭。核其所为,实犯惩治汉奸条例第二条第一项第一款之罪。爰依特种刑事案件诉讼条例第一条、刑事诉讼法第二百三十条第一项提起公诉。相应送请依法审判。"

　　周作人7月9日接受首都高等法院对其进行第一次公审。19日,据当日国民党《首都高等法院审判笔录》载:周作人任伪职时,曾援救过6名国民党派赴北平的地下工作者,他们是:刘书琴、英千里、张怀、董洗凡、杨永芳、沈兼士。同月,律师王龙开始为周作人作义务辩护。8月9日,首都高等法院对周作人进行第二次公审。约7—8月间,周作人写自白书,对其在出任伪职期间的罪行作了一些交代,但又辩称:"当时华北沦陷时奉前北大蒋校长之命与昔存今故之孟森、冯祖荀、马裕藻共同留平保管校产,初拟卖文为生,嗣因环境恶劣于二十八年一月一日在家遇刺,幸未致命。从此大受威胁,以汤尔和再三怂恿,始出任伪北京大学教授兼该伪校文学院院长,以为学校可伪学生不伪,政府虽伪,教育不可使伪。参加伪组织之动机完全在于维持教育,抵抗奴化。前后所任职务,亦以伪北大文学院院长六年,伪教育总署督办二年为本职,此外兼职有为当然的,有为名义的,在事实上可谓毫无关系。"9月13日,首都高等法院,对周作人进行第三次公审。11月16日,首都高等法院以"三十五年度特字第一〇四号"文判决"周作人共同通谋敌国图谋反抗本国,处有期徒刑十四年,褫夺公权十年,全部财产除酌留家属必需生活费外没收"。(参见张菊香、张铁荣主编《周作人年谱》,南开大学出版社1985年版)

　　江亢虎年初被军统局从北京移押到国民党南京首都监狱。6月19日,国民党南京首都高等法院检察官正式对江亢虎予以起诉。该法院刑事庭组织对江亢虎的汉奸罪的审判。11月2日,国民党首都高等法院经审理后作出判决,对江亢虎处以无期徒刑。江亢虎对此判决不能接受,上书法院申请复判。(参见汪佩伟编《中国近代思想家文库·江亢虎卷》及附录《江

亢虎年谱简编》,中国人民大学出版社 2015 年版)

　　太虚 1 月命又信奉中国佛教整理委员会及中国佛学会文件回京。2 月 2 日,以协商会议宣告成功,乃"试笔"以志庆。20 日,由重庆飞汉口,驻锡佛教正信会。受武汉缁素盛大之欢迎,于汉口正信会讲《维摩诘经》。4 月,《海潮音》移南京普照寺编发。28 日,太虚附江安轮抵南京,驻锡毗卢寺——中国佛教整理委员会。30 日,太虚假毗卢寺招待记者,报告整理佛教计划。同日,南京各界,于毗卢寺举行盛大欢迎会。大师讲《胜利归来话佛教》。10 月,太虚驻锡南京(普照寺)中国佛学会,讲出生菩提心经。17 日,太虚于南京卧佛寺新创之大雄中学,不慎失火;主事务者(又信)竟不知所往。善后事宜,大师之精神物质,均大受损失。11 月 16 日,中国佛学会召开代表大会。25 日,大师作《由经济理论说到僧寺经济建设》。冬,佛教文化社发行《太虚大师全书》预约;太虚约北平杨星森来编校推行。12 月 7 日,太虚于首都监狱说法。

　　按:初以中国宗教联谊会于斌之推荐,经蒋介石同意,圈定大师为国民大会代表。以陈立夫力持异议,致其事中变。时京沪报章,多传大师组党及出席国大之说;鉴于政府歧视拥有广大信徒之佛教,太虚殊深悟怅!二十余年来,佛教为拘于理学窠臼之中国本位文化者,凭藉美国路线之基督福音者所扼抑,处境日艰。太虚于国民政府领导者,于执政之初,未能高瞻远瞩,求中日之协和,谋以东方文化,复兴全亚民族,招来东方文化、亚洲民族之大苦难,每不胜其感慨!(参见印顺编著《太虚法师年谱》,宗教文化出版社 1995 年版)

　　顾颉刚 1 月当选为中国图书公司董事。2 月 7 日,抵北平,查寻为日人所掠去之藏书。2 月 28 日至 3 月 3 日,赴天津接收存于银行之稿件。3 月,拟恢复禹贡学会,主编《禹贡周刊》。同月 10 日,禹贡学会在太庙图书馆举行复员大会。到会者有张星烺、沈兼士、马松亭、刘厚滋、吴丰培、侯仁之、苏秉琦等百余人。顾颉刚工作做报告,总结抗战前情况,并述抗战中后方会务,如史念海、郑逢原等绘制历史地图,蒙文通论《水经注》之错误,自己考察西北,同仁编撰《北碚志》等,又谈及此后计划。吴丰培亦报告八年来北平会务:抗战初由赵贞信保管学会,赵氏离平后交刘厚滋、吴玉年、冯世五 3 人管理,图书等项无损失。理事长仍由顾颉刚担任,王光玮、吴丰培、冯世五为常务委员,主持会务。会议讨论今后募款及编辑事宜,组织基金管理委员会,由刘厚滋等 9 人任委员;改《禹贡》半月刊为季刊,由翁独健负责;在北平《国民新报》上发刊《禹贡》周刊,以通俗文字为主,由王光玮、侯仁之、张政烺负责;出版《禹贡会讯》,以便联络会员,促进会务,由冯世五、栾植新负责;《边疆丛书》由吴丰培负责。顾颉刚任《禹贡》周刊主编。顾颉刚离平后不久,由赵贞信接管。以后季刊未能出版。《禹贡会讯》出了两期,《边疆丛书》由吴丰培自筹资金陆续刊印《北征日记》《西行日记》《巴勒部纪略》等 6 种。12 日,顾颉刚为 21 日创办的《国民新报·禹贡周刊》作《发刊词》,曰:抗战以来,学会集体工作虽停止,而个人之工作绝未因此而停顿;"况播迁所及,随地有考察机会,故西南西北,貉国羌乡,咸多创获,远迈前修,他日整理成书,必可开拓知识之领域"。17 日,顾颉刚自北平飞抵重庆。是日至 4 月 2 日,出席参政会第四届第二次大会。作提案《请政府明令定都北平案》《请设立中国文化银行调节有关文化资金发展文化事业案》《边疆政策案》;又作《教育报告审查意见书》。(参见顾潮编著《顾颉刚年谱》,中国社会科学出版社 1993 年版;顾潮编《中国近代思想家文库·顾颉刚卷》及附录《顾颉刚年谱简编》,中国人民大学出版社 2015 年版;王学典《20 世纪史学编年(1900—1949)》,商务印书馆 2014 年版)

　　傅斯年继续任北大代理校长。5 月 5 日,由重庆飞北平,办理北京大学迁校事。10 日,国民政府军事委员会委员长北平行营主任李宗仁,以政二字第606号代电致北大代校长傅斯年:准教育部卯陷代电以据国立北京大学电请将旧北平大学法商学院房舍拨用,业予照准,特电请查照等由,除电复并电东北行营查照处,特电知照。11日,教育部长朱家骅致电傅斯年,告知北大医学院开办费,先拨款1亿元。12日,国立北京大学校务会议1946年度第一次会议,决议事项:推荐郑天挺为本会议书记;书记报告,本会议教授代表选举结果,教授代表16人,候补代表10人。本会参加人员,除当然代表被选为教授代表重复不计外,计44人;修正本校组织大纲有关条文。12日,傅斯年《护士职业与女子理想》载重庆《中央日报》"南丁格尔女士诞辰纪念特刊"。同月,历史语言研究所离开李庄。15日,傅斯年出席北京大学至平教授谈话会首次会议,另有杨振声、赵迺抟、王烈、申又怅、曾昭抡、熊大仕、赵广增、崔书琴、郑华炽、郑天挺、邓广铭、俞大绂出席。会上决议"组织临时聘任委员会(胡校长到校后即行结束)并推定下列各先生为委员:汤锡予(杨今甫兼代)、杨今甫、饶树人(郑华炽代)、周枚荪(赵廉澄代)、俞大绂、郑毅生、曾昭抡(孙承谔代)、江泽涵、燕树棠、熊大仕";组织新生考试委员会:五院院长、秘书长、课业长、医预科主任为当然委员。另推:文学院杨振声,政学院孙承谔、江泽涵、殷洪章,法学院崔书琴,农学院熊大仕,英文系袁家骅,由课业长郑华炽召集。会议还讨论了招考新生地区、考试科目以及农学院工作等问题。18日,国立北京大学京字11号公函,致敌伪产业处理局及第11战区司令长官司令部北平日人房产接收委员会,函称:查本校复员在即,需用房屋至为迫切,兹将邻近本校之敌伪房产地址开具清单,敬希惠察允先将单列各处暂为拨借应用,或订价购置以济急需。

　　傅斯年5月21日至北大宴会厅出席至平教授谈话会第二次会议。另有杨振声、王烈、唐兰、赵迺抟、胡世华、申又怅、孙承谔、曾昭抡、赵广增、熊大仕、郑华炽、郑天挺、邓广铭、俞大绂等出席。会上决议组织校舍设计委员会,推定孙承谔(召集人)、郑毅生、唐立厂、赵广增、申又怅、杨今甫、郑华炽、熊大仕、赵迺抟为委员。据《申报》28日报道:傅斯年代理校长谈:该校已定10月1日在平开学,教授及学生即将分批北来,工学院与清华合并,由清华主持,除医学院长外,各院长及教授均已聘定。战前学生1200人,今后当增加三倍。故校舍问题必须早日解决。临大补习班定一人,月底结束。本年不收转学生,希望能办一英文补习班。至于学生运动,傅望学生安心读书,惟不可作为政治斗争之工具。同日,北大到平教授第二次谈话会,王烈等15人出席。会议议决:(一)组织校舍校具设计委员会,推定9位先生为设计委员,孙承谔先生为召集人。(二)动用美金在国内外购置图书。(三)暂挪用复员费购置仪器设备。(四)催请昆明教授速来北平。(五)医学院聘请教员,其原则是:赞助伪校创办者,不加考虑;与日本团体积极合作者,不加考虑;在报上发表不利于国家之言论者,不加考虑。(六)组织医学院筹备委员会,并聘请校内外人士为筹备委员。(七)凡在伪大学曾担任院长、秘书、教务长、训导长等项行政职务者,本校各院系均不得考虑聘用。22日,国立北京大学以京字第18号公函,致河北平津区敌伪产业处局,函称:查中老胡同32号房舍系敌性产业,经交通部平津区特派员办公处拨交敝校应用,业已接收清楚,相应函达查照,即请赐予备案。同日,北京大学致联合大学函(拟稿),联大学生即将返平,如有保留学籍却未经毕业考试者,到平后须先经复试合格后才准编入本校学籍;第376次常委会决议:本校校志拟于北平付印。

　　傅斯年5月28日出席至平教授谈话会第三次会议。另有杨振声、郑天挺、闻家驷、孙承谔、汪国与、申又怅、谢文通、胡世华、赵广增、熊大仕、王烈、郑华炽、俞大绂、曾昭抡、崔书琴、邓广铭、毛准、唐兰、赵逦抟等出席。会议议决事项:(一)推选曾昭抡先生等5人组成委员会,研讨医学院药学科改进事宜。(二)专任教授副教授不得在外兼任其他有给职务,在外兼课,以每周4小时为限;专任讲师及助教,不得兼任校外任何职务。6月7日,北大昆明办事处致函郑天挺开列已聘教授许德珩等36人名单。13日,国立北京大学京字57号代电,致北平行营李主任、第11战区司令长官部孙长官及北平市熊市长,电称:本校校址不敷,亟待购置民房,拟请将后门、沙滩、马神庙、南北池子、皇城根、南夹道、南河沿一带及西四至西单间之敌伪房产尽先拨归本校价购,以资应用,除分电外,特请电复。25日,北平市政府以府秘工字778号公函答复称:"查敌伪产业依照中央规定应由处理局处理,除函请河北平津区敌伪产业处理局核办外,相应函复,即希查照迳洽为荷。"26日,河北平津区敌伪产业处理局局长孙越崎,以该局平三字第9798号公函,答复北京大学第11号公函附列邻近校址敌伪房产清单请予拨借或订价购置以济急需事。复函称所列各房屋除东华门东河沿14号及吉安所右巷7号两处房屋,已另函中央信托局洽办移转接受,由北大照优待机关办法先行租用外,其余均已由别单位借占。复函并称:"至贵校拟订价购置敌伪房屋充作教职员宿舍,本局自应特予协助,容另案核定。"29日,国立北京大学以第90号公函,致第11战区司令长官部,内称:本校坐落西城翠花街4号房舍,原备本校校长公舍之用,前贵部外事处派员向北平临时大学补习班商洽暂时借用,已历多月。前闻该处业将结束,而本校胡校长7月初即将返平,需用迫切,相应函请查照即日惠予交还,以便本校着手筹备。7月2日,北京大学据河北平津区敌伪产业处理局平三字第9798号函所称:"东华门东河沿14号及吉安所右巷7号二处房屋已另函中央信托局洽办移转接收,由贵校照优待机关办法先行租用"一节,特以发文字94号函致中央信托局北平分局,派员持函请往洽办租用手续。

傅斯年7月9日致函善后救济总署称:北大医学院附属医院请贵署补助病床500至600张一事,前经散校函达,并经教育部转请在案。兹查贵署补助北平协和医学院病床250张已到,而该校在明年秋季以前不能开办,拟请贵署将此项病床250张先行拨给敝校医学院附属医院。其余由贵署决定补助之数,到后再行分给。同日,河北平津区敌伪产业处理局局长孙越崎,以该局平三10703号公函,答复北大京字第18号公函称:"查中老胡同32及33号房屋业经本局于6月17日平三8953号函复准予借用在案,即请迳向中央信托局北平分局洽办借用手续,除函交通部平津区特派员办公处办理移转接收手续,并函中信局知照外,相应复请查照为荷。"10日,第11战区司令长官司令部以和一平字1130号代电复北京大学6月29日函请交还翠花街4号房舍事称,"自当照办,惟本部以事实上需要该房,未便迁让,除已向处理局办理各项手续外,相应电请查照为荷"。7月11日,北大代理校长傅斯年致北平行营李主任、第10战区司令长官部孙长官、北平市政府熊市长代电(102号)内称:本校前以需用房屋拟请将本校附近之敌伪房产尽先收买,业经电请查复在案。嗣以该区域内之敌伪产业能归本校应用者无多,兹再行划定考虑收买区,其外界计北面由西压桥至交道口南大街,东面由交道口南大街经王府井、八面槽转向东安门大街至御河桥,南面由御河桥至南池子,西面由南池子经北池子、景山东大街、景山后大街、北海夹道至西压桥,及第二考虑区其范围(详附图)。敬祈查核、查照,将在该两考虑区内之较大敌伪房产开示本校,俾便购领(附图略)。同日,据《大公报》报道:傅代校长斯年为了教授们的辛酸,曾慨乎言之"苦在肚子里",不愿对外声张。大学校长所得14万元,助教最高7万元,到平之助教,包饭一月即需9万元。17日,北平《益世报》报道:北京大学"复校工作积极推进中""各院系首长多已聘就"：文学院院长汤用彤，哲学系主任汤用彤兼，外文系主任朱光潜，理学院院长饶毓泰兼物理系主任，化学系主任孙承谔，数学系主任江泽涵，地质系主任孙云铸，法学院院长周炳琳，经济系主任赵迺抟，政治系主任钱端升，法律系主任燕树棠。傅斯年代校长主张中文系主任由胡适之校长兼。

傅斯年 7 月 19 日呈教育部文内称：北京大学医学院附属医院请行政院善后救济总署补助病床 500 至 600 张一事，前经钧部函达行总在案。兹闻行总补助北平协和医院病床 250 张已到，而该院近来不能开办，拟请钧部再函行总，将此项病床 250 张先行拨付职校医学院附属医院，其全由行总决定补助之数，俟到后再行分给。同日，傅斯年致函卫生署称：北大医学院暑假后积极办理，所有设备及教师均为华北各校之冠，惟医院设备所接收者甚为陈旧，前已请教育部转请行政院善后救济总署拨助病床 500 张。兹查行总原定分配给与协和医学校之病床 250 张业已到达，该校在明年暑假前尚不能开办，拟请贵署转函行政院善后救济总署将该项 250 张病床先行拨助敝校医学院附属医院。30 日，至蔡元培先生纪念堂出席并主持北大文理法农教授临时谈话会第五次会议。另有杨振声、孙承谔、熊大仕、徐仁、赵迺抟、姚从吾、吴素萱、胡世华、赵广增、俞大绂、江泽涵、汤用彤、崔书琴、郑华炽、燕树棠、陈雪屏、袁家骅、王烈、邱椿、谢文通、毛准、郑天挺、冯承植、邓广铭(记录)等出席。同日，胡适奉国民政府令，就任国立北京大学校长。傅斯年《中国要和东北共存亡》一文载重庆《大公报·星期论文》。31 日，北京大学致第 11 战区长官部外事处函(发文字 147 号)称："关于本校收用翠花街校舍一事，前接贵部吕副参谋长函允即交还，复蒙孙长官面告同前，相应备具公函派员前往贵处接洽，即希查照办理为荷。"同日，北京大学《布告》，宣布自 8 月 1 日起创办医学院。院长一职已聘胡传揆教授担任。同月，北京大学代校长傅斯年为中央信托局北平分局立房产家具借用书："河北平津区敌伪产业处理局之核定，向中央信托局北平分局借到北平市景山东街中老胡同门牌 32 号房屋一所，计面积 2000 平方尺，内有房 107 间，建筑完整(附属家具设备另单开列)，以为办公之用。如无继续使用必要时，应将原房屋及附属设备家具等全部交还。除由处理局呈报行政院备案外，立借用书为据。"

傅斯年已在北大组成(医院)院务委员会，任主任委员，林宗扬副之。8 月 1 日，北平《益世报》报道说："已开始接收医学院。"同日，第 11 战区司令长官司令部外事处以涛字第 329 号公函复北京大学称："本处刻已进行迁移，预计 8 月 5 日上午即行迁竣，相应函达，即请贵校于 8 月 5 日下午派员接翠花街 3 号房舍为荷。"3 日，教育部代电(发文高字 11656 号)通知北京大学：本年 7 月 2 日签呈悉。关于该校请拨钱粮胡同 35 号、景山东大街及李阁老胡同前北平大学法商学院故址等处房屋，前已核示知照在案。现北平大学房屋，本部已电沈特派员兼士一律拨给该校使用。至本部因收容流亡学生临时所用之房屋，应迳与各该主管人员商定。4 日，傅斯年《漫谈办学》刊于北平《经世日报》。文中明确提出：现在全国学校在病态中，是无可讳言的。造成这个苦境的因素，当然原因不一，有的属于政治，有的属于经济，有的属于时代的动荡，但也有不少由于教育行政和学校当局的措施。诚然，在政治不上轨道、经济濒于崩溃的情况中，办学是很不容易的，但这并不能作为学校当局不努力、不尽责任的理由。因为天下太平，便不需要人的特别努力，越困难越要努力，人类的进步正在此！为此，作者重点谈了 4 点意见：第一，政府应尽政府所当尽的责任。第二，学校当局应尽学校当局的责任。第三，学校必有合理的纪律。第四，学校必有良好的学风。同月，在北平接收日伪"东方文化研究所""东方文化事业总会""近代科学图书馆"图书，中研院成立

"北平图书史料管理处"，傅斯年兼任主任。11月改由汤用彤接任。9月6日，教育部代电，傅斯年于1945年9月奉教育部令，行政院决议"任命胡适为国立北京大学校长，在胡适未回国到任前由傅斯年代理"等因，遵于9月就任，1946年7月30日胡适到校就任，同日傅斯年呈请卸职。11月，历史语言研究所自李庄迁返南京。11月，傅斯年出席首届国民大会。是年，《倪约瑟博士欢送辞》收入李约瑟、张仪尊译《战时中国的科学》（二）。（参见欧阳哲生编《中国近代思想家文库·傅斯年卷》及附录《傅斯年年谱简编》，中国人民大学出版社2015年版；王学珍等编《北京大学纪事（1898—1997）》，北京大学出版社1998年版；蓬莱市历史文化研究会《杨振声编年事辑初稿》，黄河出版社2007年版）

胡适6月1日启程由海路归国。7月5日，抵上海。在对记者谈话中，宣称近三年多以来主要精力都用在重勘《水经注》的案子。此谈话经记者传播，如同登了广告，在上海停留20余日，已有许多《水经注》的版本送上来。7月9日，周炳琳致信胡适，对国内内战危机十分忧虑。信中说："吾人今日于内战虽不能挽回劫运，然是非须分明，至少应持超然的态度。"在报告北大复员工作进展情况后说："琳在校已十五年，自己检讨，觉过去校之用我，实用溢其量，颇思摆脱行政职务，专一教书。"信中建议撤换法学系主任燕树棠，而对打算辞职的政治系主任钱端升宜致信慰留。10日，日本学者室伏高信的女儿致信胡适，略述本人经历，说明自己是战后被留做中国国民党中央宣传部对日文化工作委员会上海分会的服务员。信中谈到其父因反对太平洋战争而被迫"离开了《日本评论》，离开了一切有关的文化事业，避开了都会到乡下去了"。战后，他重新活跃起来，"他在东京似乎是天天忙碌着写评论，办杂志，出版著作，做广播演讲等等"。20日下午，在上海各大学校长及文化教育界、新闻界名流举行的欢迎茶会上讲话。据7月21日上海《申报》报道，胡适谈到4年的大使工作，觉得"实在还是一无成绩可以报告"。但"在卸任后，在1942到1944这几年中，……专心研究，预备回国来做一个教书匠"。谈到对国内形势的看法说："也许我们要再吃五年或者十年苦""我们文化界、教育界应当在这五年十年之间咬紧牙关，尽力挽救和改善目前的局面。如果我们自己先就悲观，觉得世事不可为，那么国事真更将令人悲观，令人觉得不可为了。"

胡适7月29日偕长子祖望一起飞回北平。当日对记者谈话，宣称"中国民主有了进步"。又称，美国对中国的国策"绝对没有自私自利的意念"。谈到中国另有两大进步：一是妇女解放，一是新文学、白话文的进步。谈到白话文，他指出，政府公文函电仍用文言文，和一部分报纸仍用文言文，是新文学的两大障碍。但是原来坚决反对白话文的胡先骕，近来为报纸写论文"居然也用上了十句白话"，这是他"归国后的第一件最痛快的事"。这次回北平后，卜居东厂胡同1号。同月，当选协和医学院董事长。8月3日上午10时，胡适赴校办公。北大校友会欢迎胡适筹委会决定4日以宴会方式欢迎胡适，并呈献由陈雪屏题颂词的签名纪念册。4日晚6时，北大校友会在蔡孑民先生纪念堂开会欢迎胡适。9日，北京大学致函河北平津区敌伪产业处理局药品器材清理委员会，告知本校医学院（临时大学补习班第六分班）已收到附送传票及解款通知单，将派员检同送金单送请查照发货，并请开具正式收据。12日，教育部训令北京大学："本年暑假招取新生全半两种公费名额姑准改占总人数各百分之三十。"13日，北平《益世报》载：北大对解决宿舍事宜，由傅斯年专力办理。近除接收救济分署办事处占用之4所大楼，作为附属医院外，顷又接收麒麟碑5号大楼，作为北大第5院，昨日北大秘书处已赴帅府园接收房屋1所，将作为教员宿舍用。同日，教育部训令:已函复美国华盛顿州立大学外国奖学金委员会主席 Gohnson,准予互惠待遇。按照本部留学办法,凡出国留学人员,均须经本部考试及格,始可出国,该项奖学金学生,准以本年考取之自费生迳向该校申请在卷,该大学所寄该校申请表,应不予填写。

胡适 8 月 16 日午 12 时至松公府蔡先生纪念堂出席北京大学第一次行政会议,另有杨振声、郑天挺、饶毓泰(江泽涵代)、郑华炽、胡传揆、俞大绂、林宗扬、汤用彤、陈雪屏、周炳琳(赵迺抟代)、傅斯年(列席)参加。会议决议事项如下:(一)在正式校务会议成立以前,本校行政事务由行政会议讨论执行之;关于立法问题,或遇有关系全校之重要问题,由校长召集教授会议审议之。(二)通过北京大学行政会议暂行组织办法。(三)设置校址、校舍设计委员会,请杨振声教授为主任委员,并请杨教授提出委员名单于下次行政会议决定。(四)本会议例会暂定于每周一、四举行。17 日,贺昌群致信胡适,说:"二十年来,国共之争已成血海冤仇,殆难以理喻,且彼此又皆有庞大之武力。舍美国经济压力与国内学术界开导之力而外,似无有望之良法。"而这种学术界开导之力,"非先生不能领导",希望胡适负起这种使命来。18 日,周炳琳致信胡适,略述其去年在昆明时所拟北大复校后法学院的计划,但信中再次提出辞去法学院长的要求。19 日下午 5 时,至蔡先生纪念堂出席第二次行政会议,另有杨振声、饶毓泰(江泽涵代)、郑天挺、俞大绂、周炳琳、胡传揆、林宗扬、陈雪屏、毛准、傅斯年(列席)参加。决议"推举杨振声、朱光潜、江泽涵、燕树棠、郑华炽五教授为参加三校新生考试试卷评阅委员会委员"。会议决议事项:(一)议决文学院设立东语文学系,提交校务会议追认。(二)议决文学院中国文学系改称中国语文学系,提交校务会议追认。(三)推举杨振声、朱光潜、江泽涵、燕树棠、郑华炽 5 教授为参加三校新生考试试卷评阅卷委员会委员。(四)议决本校大学一年级学生之教室、图书室、宿舍等全部设于第四院(即国会街旧参众两议院)。(五)请郑华炽、孙承谔、吴素萱 3 位教授为一年级实验室设备委员会委员,由郑教授召集等事项。同日,胡适复信给周炳琳,答应将来有相当的人可以继任时,可允其辞去法学院长。

胡适 8 月 22 日下午 5 时至蔡先生纪念堂出席北大第三次行政会议,另有杨振声、江泽涵、郑华炽、汤用彤、赵迺抟、胡传揆、林宗扬、毛准、傅斯年、陈雪屏、郑天挺、俞大绂参加。会议决议事项如下:追认本会议第 1、2 次会议记录;议决理学院生物学系改设动物学、植物学两系;议决本校设立工学院;议决请傅斯年、江泽涵、郑华炽、马大猷、孙承谔 5 教授为工学院筹备委员,由傅先生召集;通过练习生、专门技艺之工匠的生活补助费、聘任教授等事项及理学院和工学院教员名单。24 日,行政院秘书长蒋梦麟赴北大理学院、总办事处、嵩公府、图书馆等处巡视。同日,教育部代电通知北京大学:北平伪国学书院及古学院,业经本部平津区特派员办公处接收,兹将该院等家具图书拨交北大接管。25 日,严既澄致信胡适,表示不愿继续为广州《中山日报》工作,希望返北平执教。信中谈及 1938 年南下时,顾随、郭绍虞为其饯行,钱玄同、周作人亦在座。大家都劝周南下,并曾活动陈立夫为他筹措川资,而周终未南下。26 日下午 5 时,至蔡先生纪念堂出席北大第四次行政会议,另有杨振声、傅斯年、江泽涵、郑华炽、俞大绂、毛准、胡传揆、林宗扬、汤用彤、赵迺抟、郑天挺参加。会议议决事项如下:接受本会第三次会议记录;关于国立西南联合大学及北平临时大学补习班分发本校肄业学生之公费名额问题,呈请教育部核示;通过法学院教员名单;聘蒋硕杰先生为本校教授,熊正文先生为本校专任讲师,曹树经先生为本校讲员;通过医学院教员名单及医学院临床各部门现行之名誉主任办法和校医院人员聘任;决定工学院招生设系、农学院学生临时宿舍、住宅分配委员会委员聘任等事项。29 日下午 5 时,至蔡先生纪念堂出席北大第五次行政会议,另有杨振声、胡传揆、俞大绂、林宗扬、赵迺抟、汤用彤、毛准、郑华炽、江泽涵、郑天挺参加。会议议决事项如下:接受本会第 4 次会议记录;各院系二、三、四年级补习英文,由各院系分别设立"名著选读",并由各院系教授讲授;住宅分配委员会审查解决教授住宅办法,报告依修正通过;请汤用彤等 13 位教授及大一主任为训导委员会委员,由汤先生召集。在行政会议上还报告了有关事项,如教育部代电令将北平伪国学书院及古学院家具图书拨交本校;教育部致西南联大 7 月 22 日总字 09627 号训令 7 月 26 日总字 10154 号训令;文学院西方语文系报告三事;住宅分配委员会报告等。

　　胡适 9 月 2 日下午 5 时至蔡先生纪念堂出席北大第六次行政会议,另有杨振声、饶毓泰(江泽涵代)、汤用彤、赵迺抟、胡传揆、林宗扬、俞大绂、郑华炽、郑天挺、毛准、傅斯年参加。会议议决事项如下:接受第 5 次会议记录;接受训导委员会汤用彤先生报告;接受代训导长赵迺抟先生报告;决议训导委员会加入教务长秘书长为委员;决议请训导委员会起草北大训导纲要草案;本校校舍除规定分配外,不得借予任何校内外私人或团体使用,请杨振声、赵迺抟、郑天挺 3 先生商定办法处理;教员与职员薪给调整;工学院本年设机械、电机两系招生事;工学院学生修业年限定为 5 年;工学院招考委员会由郑华炽等 4 位先生任委员,由郑先生召集;医学院学生修业期间定为 7 年,医预科 2 年等。同日,教育部训令北京大学:兹为便利处理各级国立学校复员后遗留后方校产校具起见,拟订国立各级学校复员后遗留校产校具处理办法一种,业经呈奉行政院 6 月 7 日节京字 1668 号指令准予备案。合行检发该办法 1 份,令仰遵照。4 日,中华民国教育部抄发北京大学《关于伪组织或其所属团体任职人员候选及任用限制办法》原件。5 日下午 5 时至蔡先生纪念堂出席北大第七次行政会议,另有杨振声、饶毓泰(江泽涵代)、郑华炽、毛准、汤用彤(赵迺抟代)、胡传揆、俞大绂、郑天挺参加。会议决议事项:补充聘任事项;接受工学院招考委员会第一次会议决议附件一;决议文、理、法三院研究所本年不招新生;请阴法鲁、孙树本、孙铮、齐良骥、孙衍耿 5 先生为接待委员会委员,由阴法鲁召集;追认医院建筑委员会,改称为医学院建筑委员会,附建筑委员会名单:马文昭(主任)、胡传揆、陶善敏。以上 3 人为常务委员。傅斯年、杨振声、刘思职、关颂懿为委员。6 日,教育部代电确认,是年 7 月 30 日胡适到校就任,同日傅斯年呈请卸职。胡适就任北京大学校长,任汤用彤为文学院长,饶毓泰为理学院长,周炳琳为法学院长,马文昭为医学院长,俞大绂为农学院长,马大猷为工学院长。9 日下午 5 时,胡适至蔡先生纪念堂出席北大第八次行政会议,另有杨振声、赵迺抟、胡传揆、傅斯年、汤用彤、俞大绂(林传光代)、郑华炽、饶毓泰(江泽涵代)、毛准、郑天挺参加。会议决议事项:接受本会第 6、第 7 两次会议记录;接受宿舍分配委员会"教授住宅解决办法"报告;决议本校同人在 8 月乘机票价加价的后来平者,其复员旅费照原定加发五分之四;决定借上海临时大学补习班校舍为本校复原临时招待所。同日,北大校长胡适呈报教育部,"为造就能以独立研究之工程师起见",提出工学院的课程设置,除"普通工科课程外,拟增加基本科目之学习",同时提出"修业期间拟定为 5 年",请求教育部"鉴核示遵"。10 日,北平《益世报》报道,北大现有图书 45 万余册。其中中文书 350151 册,日文 24288 册,西文 71499 册。为志前校长蒋梦麟对北大之功,已改称梦麟图书馆,由毛准教授任馆长。9 月 12 日下午 5 时,胡适至蔡先生纪念堂出席北大第九次行政会议,另有杨振声、饶毓泰(江泽涵代)、郑华炽、毛准、汤用彤(赵迺抟代)、林宗扬、胡传揆、俞大绂、郑天挺参加。会议决议事项:接受第 8 次会议记录;接受住宅分配委员会江泽涵先生关于分配住宅报告;代理训导长赵迺抟先生报告并议决解决学生宿舍问题;决议请训导长筹划农学院及第四院校医室;补充聘任事项;西南联大基督徒团契代请借第四院礼堂办理基督教布道大会。决议:不能借用。同日,教育部部长朱家骅签发训令北京大学,因物价指数增高币值变动,著作审查费由1944年4月订为每种500元调整为每种国币8000元;国民政府军事委员会委员长北平行营代电(政二字1279号)致北大胡校长,内称已电空军第二军区司令部及补给区司令部,将国会街50号房交由该校使用。

胡适9月16日至蔡先生纪念堂出席第十次行政会议,会议决议事项:接受代训导长赵迺抟先生报告三校复员学生生活辅导委员会建议:决定自10月5日起至9日止,办理西南联大复员学生报到;催促北平临时大学补习班负责人,即日将分发本校学生名单报部,以便早日核定公布;北平临时大学补习班分发本校学生自分发核准之日起,办理报到,于3日内办竣;本校于10月10日开学;通过大学一年级理科设备预算;通过医学院续聘教员名单。19日下午5时,至蔡先生纪念堂出席第十一次行政会议,另有杨振声、俞大绂、林宗扬、赵迺抟、汤用彤、郑华炽、饶毓泰(江泽涵代)、毛准、郑天挺参加。会议决议事项:教务处提出退伍军人入学办法,依修正通过;决定本年设立先修班;本学年医学院三年级收容借读生20人,但需经甄别试验,其余各院系,各年级限于容量,概不能收容借读生;请求试读或旁听之学生,本年限于容量概不能收;通过技士任用资格等。23日下午5时,在松公府校长会客室参加第十二次行政会议,代理教务长郑华炽先生报告本年招考一年级新生试验成绩及可能录取人数,胡适未出席,另有毛准、俞大绂、饶毓泰(江代)、郑华炽、傅斯年、郑天挺、林宗扬、周炳琳、胡传揆参加。会议决议按国文、英文、算学三科考试分数,择优取入先修班并增加先修班名额;在沈阳补招考一年级及先修班新生一次。26日下午5时,至蔡先生纪念堂出席第十三次行政会议,另有杨振声、俞大绂、周炳琳、林宗扬、胡传揆、汤用彤、毛准、郑华炽、饶毓泰(江泽涵代)、郑天挺参加。会议决定校址校舍委员会主任委员杨振声先生请聘请周炳琳、郑华炽、马文昭、马大猷、陈华癸、林徽因先生为委员,决议通过。会议决议事项:本校第六院(校尉营)暂时作为学生宿舍之用;校址校舍设计委员会主任委员杨振声先生请聘周炳琳、郑华炽、马文昭、马大猷、陈华癸、林徽因先生为委员,决议通过;规定校址校舍设计委员会职权;请汤用彤、江泽涵、周炳琳为沈阳招生委员会委员,决定沈阳招生自10月5日起报名,10月11日考试;决定接受新生考试录取委员会录取标准。会议还通过补充聘任事项。30日下午5时,至蔡先生纪念堂出席第十四次行政会议,另有杨振声、周炳琳、俞大绂、林宗扬、汤用彤、毛准、陈雪屏、郑华炽、饶毓泰(江泽涵代)、郑天挺、胡传揆参加,会议决议事项:本校第六院(校尉营)校舍修缮事宜请本校"第三四五院工程委员会"兼管,并请马大猷为委员会主任委员,杨振声为当然委员;请住宅委员会全权分配中老胡同及东四十条两宿舍剩余房屋;将南锣鼓巷蜡库两学生宿舍改为教职员宿舍;追认第二次教授谈话会决定动用美金在国外购置图书仪器分配数额等。8至9月间,高等法院审理周作人汉奸案过程中,蒋梦麟先出以北京大学曾委托周氏保管北大校产的证明。继之,胡适又证明,经历沦陷时期,"北大图书仪器及其他设备有增无减"。于蒋、胡的"证明",周的律师遂得以大力为周的汉奸罪辩护,且简直把周说成是"地下文化功臣",因而引起舆论界的强烈批评。对此,傅斯年亦不以为然。彼在10月12日致胡适的信中即指出:"设备有增无减"的说法,"与事实不尽合"。

胡适10月3日下午5时至蔡先生纪念堂参加北大第十五次行政会议,另有杨振声、周炳琳、俞大绂、毛准、汤用彤、陈雪屏、郑华炽、饶毓泰(江泽涵代)、胡传揆、林宗扬、郑天挺参加。会议决议事项:报告本校经费员额事项;通过美金设备分配办法;追认复员费内购置仪器图书设备预算分配数额;通过追加复员费内,购置图书仪器设备预算数额;决定工学院一年级入学试验录取标准;请秘书长拟定新生北上协助原则,并派员驻沪照料;通过补充聘任事项。同日,北平《益世报》报道,北大、清华、南开三校负责人胡适、梅贻琦、孟广喆、郑天挺等10余人在北大孑民纪念堂举行三校联席会议,决议建议教育部,三校学生普遍设公费生。4日,胡适写定《〈文史〉的引子》,这是为《大公报》的《文史副刊》的创刊号写的引言。同日,胡适急电邀请原行政院救济总署署长蒋廷黻担任史学系西洋史课程。5日,教育部令北京大学,各级学校主管人员不得兼任其他职务。同日,傅斯年致信胡适,告正在争取复员追加费。如教育部能争到800亿,北大可望得到20亿。北大本年经常费为4亿,临时费为2亿。费用有限,以不多用人为好。6日,写定《考据学的责任与方法》。文中首先强调考证学与中国历代审判狱讼的经验密切相关,因此,做考据的人,应当像法官断狱一样,要有高度自觉的责任心和谨慎的态度。所谓谨慎的态度就是严格地审查证据。"证据不经过严格的审查,则证据往往够不上作证据;证据不能谨慎的使用,则结论往往和证据不相干。"为了做到谨慎,他提议"凡做考证的人,必须建立两个驳问自己的标准,第一要问,我提出的证人证物本身可靠吗?……第二要问,我提出这个证据的目的是要证明本题的那一点? 这个证据足够证明那一点吗?"文中举魏源、王国维、杨守敬等诬戴震偷窃赵一清《水经注释》的例子,以证明做考证,而不能谨慎地对待证据必造成误判的结果。文章对杨守敬的批驳尤为严厉,认为他"滥用考证学的方法,用全无根据的'证据'来诬枉古人作贼"。甚至说他"完全不懂得校勘学的性质"。

按:此文在《大公报·文史周刊》创刊号登出后,有一位卢慎之老先生大为杨守敬鸣不平,写文相诘难。胡适于次年1月7日又写《论杨守敬判断〈水经注〉案的谬妄》,对杨氏做了更加不客气的批评。1960年12月,因见台北《民主潮》杂志一篇《有感于监察院纠正刑讯逼供案》的社论,曾拟把刑名大家汪辉祖"据供定罪,尚恐未真"的故事写成一篇文章送登《民主潮》。后以病未果,遂将这篇《考据学的责任与方法》交《民主潮》的编者,并在文后加一长注,将汪辉祖"据供定罪,尚恐未真"一件完整案例补写出来,发登于《民主潮》第11卷第6期。

胡适10月7日下午5时至蔡先生纪念堂出席北大第十六次行政会议,另有杨振声、周炳琳、俞大绂、胡传揆、陈雪屏、汤用彤、郑华炽、饶毓泰(江泽涵代)、郑天挺参加。会议决议事项:决定10月10日上午10时在第四院大礼堂举行开学典礼;决定10月21日至23日为二、三、四年级学生注册期,10月24日至26日为二、三、四年级学生选课期;决定医学院10月14日上课,文、理、法、农四学院10月28日上课;校长报告:聘马文昭为医学院院长,聘汪敬熙为医预科主任;校长报告:文科研究所委员会由文学院各系主任及研究所各研究室主持人组织之;兼任讲师钟点费定为每周任课一小时每月致送40元;本校理学院部分学系可收容借读生若干人等。同日,北大清华南开三校负责人,在北大总办公处召开联席会议,胡适、梅贻琦、孟广喆等出席。会议决定,联大学生休学期满260余人复学分发问题,联大运津之图书、仪器分配问题等有关事项。8日,章希吕致信胡适,告以胡适出国时,经其手整理装存浙江兴业银行的书箱、皮箱的件数,及《独立评论》社所余杂志、器具、钱款等物的保存情况。又告,近仁先生生前借用的《绩溪县志》三部,其中万历《志》与康熙《续志》已失,乾隆《志》只剩半部。10日,北京大学正式开学。胡适在开学典礼上发表讲话,强调"独立"的精神,"要能不盲从,不受欺骗,不用别人的耳朵当耳朵,不用别人的眼睛当眼睛,不用别人的头脑当头脑"。并引南宋思想家吕祖谦《东莱博议》的话,"善未易明,理未易察"加以发挥,要求对当局日益不满、越来越倾向革命的青年学生平静下来。讲话中提出:"希望学校里没有党派",要大家"把学校当作学校""不要毁了学校,不要毁了这个再过多少年不容易重建的学术机关"。

胡适 10 月 13 日受北平中等教育界之邀,在艺文中学讲演中等教育问题。首先讲到今年北大、清华、南开联合招生,已考过的 7 个考区报名者 3 万人,录取 3000 人。但如按战前标准只可录取 20 人。这是值得考虑的事情。认为目前中等教育的问题,症结在科目太多,功课太重,因此不能注意工具的训练。所谓工具,主要是指语文、外语、数学。提出应"化繁为简,化多为少",取消不必要的科目,集中工具科目的教育。提到美国在战时训练语言人才,能在 8 个月里做到能说、能写、能看一种外国语文,其经验很值得参考。最后,强调不论中学、大学,在国文教学中必须用活的白话文。10 月 14 日下午 5 时,胡适至蔡先生纪念堂出席北大第十七次行政会议,另有杨振声、周炳琳、俞大绂、马文昭、胡传揆、汤用彤、毛准、陈雪屏、郑华炽、饶毓泰(江泽涵代)、郑天挺参加。会议通过处理教室及学生宿舍办法。16 日,胡适在《大公报·文史副刊》发表《〈文史〉的引子》。《大公报·文史副刊》是胡适主编的副刊,每周一期。此文实际上就是这一副刊的发刊词。胡适指出:"我们用的'文史'一个名词,可以说是泛指文化史的各个方面。我们当然不想在这个小刊物里讨论文化史的大问题。我们只想就各人平日的兴趣,提出一些范围比较狭小问题,做一点细密的考究,寻求一些我们认为值得讨论的结论。文化是一点一滴的造成的。文化史的研究,依我们的愚见,总免不了无数细小问题的解答。高明的思想家尽可以提出各种大假设来做文化史的概括见解。但文史学者的主要工作还只是寻求无数细小问题的细密解答。文化史的写定终得倚靠这种一点一滴的努力。我们没有什么共同的历史观。但我们颇盼望我们自己能够努力做到一条方法上的共同戒律:'有几分证据,说几分话。'有五分证据,只可说五分的话。有十分证据,才可说十分的话。"

按:此文发表后引起马克思主义史学家的不满,翦伯赞在《文萃》第二年第 16—17 期合刊(1947 年 1 月 22 日)发表《正在泛滥中之史学的反动倾向》一文,批评胡适倡导的"复古的倾向"。

胡适 10 月 21 日下午 5 时在蔡先生纪念堂举行北大第十八次行政会议,杨振声、汤用彤、周炳琳、俞大绂、马文昭、毛准、陈雪屏、郑华炽、饶毓泰(江泽涵代)、郑天挺、胡传揆参加。会议决议事项:秘书长郑天挺报告本校 1947 年度概算;通过红楼四层住宿办法;宿舍分配委员会改组为宿舍分配计划委员会,请江泽涵、周炳琳、钱思亮 3 位先生为委员,专负计划责任;决定本校西方语文学系不设法文组,临时大学补习班法文组分发本校学生,准其向中法大学借读;修正通过医学院拟定的《医学院与医院之关系》;决定本会例会改为每周一次,于星期一举行。会议还通过接受大一课程委员会提出的建议和补充聘任事项。28 日下午 5 时,在蔡先生纪念堂举行北大第十九次行政会议,胡适未出席,杨振声、汤用彤、周炳琳、俞大绂、马文昭、胡传揆、毛准、陈雪屏、郑华炽、饶毓泰(江泽涵代)、郑天挺参加。11 月 1 日,《申报》报道,北大等三校学生将分批北上。联大员生前于 10 月 22 日搭乘江泰轮复员北上,共 734 人,已于 26 日安抵北平。同日,北平《益世报》载文,介绍西南联大复员同学会,为纪念来平后首届校庆,特联合校友会及三校当局,举行盛大庆祝会情形。4 日下午 5 时,胡适至蔡先生纪念堂出席北大第二十次行政会议,另有杨振声、周炳琳、马文昭、胡传揆、汤用彤、毛准、陈雪屏、郑华炽、饶毓泰(江泽涵代)、郑天挺参加。会议决议事项:教育部高字 26289 号代电,对于本校医学院学生修业年限定为 7 年;红楼单身教职员宿舍仍照原案办理;决定东厂胡同路南宿舍改为单身教职员宿舍,蜡库宿舍改为教职员眷属宿舍;通过训导处学生宿舍分配办法;通过北大医院优待本校员生办法;通过补充聘任事项。5 日,北大编制《国立北京大学三十五年七至十二月份岁出经费分配预算书》,以及《国立北京大学三十五年度岁出临时费分配预算书》。9 日,教育部长朱家骅电告复员追加费得数有限,分配极为困难,北大勉为分配 5 亿元。10 日,蒋介石致电胡适,催请"即日命驾""莅京出席"国大会议。次日即飞南京。11 日下午 5 时,在蔡先生纪念堂举行第二十一次行政会议,胡适未出席,杨振声、汤用彤、俞大绂、马文昭、胡传揆、毛准、饶毓泰(江泽涵代)、陈雪屏、郑华炽、周炳琳、郑天挺参加。会议决议事项:决定一年级先修班学生,自 11 月 25 日上课并决定先修班学生甄别试验于 11 月 25 日举行,考试科目定为国文、英文、数学三种。会议还通过补充聘任事项。

胡适 11 月 15 日出席国民政府召集的"国民大会",为主席团成员。会议期间,曾与朱经农等 204 人联名提出《教育文化应列为宪法专章》的提案。18 日下午 5 时,在蔡先生纪念堂举行第二十二次行政会议,胡适未出席,杨振声、汤用彤、周炳琳、俞大绂、马文昭、胡传揆、毛准、陈雪屏、郑华炽、饶毓泰(江泽涵代)、郑天挺参加。19 日,胡适在南京接见记者,在回答记者问时表示决不组党,力言中国需要民主,需要民主的训练。同日,竺可桢致信并附寄梅光迪传记材料。梅光迪于上年 12 月 27 日死于贵阳,竺可桢恳请胡适为梅光迪作传。胡适答应了,但似乎未能作成。23 日,李春昱致信胡适,谈刊印丁文江遗稿事。25 日下午 5 时,在蔡先生纪念堂参加北大第二十三次行政会议,胡适未出席,汤用彤、郑华炽、毛准、俞大绂、饶毓泰(江泽涵代)、陈雪屏、胡传揆、周炳琳、郑天挺参加。训导长报告学生宿舍最近分配情形;秘书长报告本校最近经济状况。12 月 1 日,北京大学举行"一二·一"周年纪念大会,并举办照片展览,展出闻一多先生的遗像、4 烈士入殓经过及出殡情形等照片。纪念会台上悬着"民主自由魂"5 个大字,两旁陈列着 4 烈士的遗像,开会后,全体肃立唱挽歌,静默 5 分钟后,举行师生讲演及诗歌朗诵、演话剧等纪念活动。2 日,国立北京大学行政会议举行第 24 次会议。3 日,陈源、赵元任致电胡适,谓教科文组织秘书长一职,英、美争持成僵局,均愿拥护第三者。理事会中有提名胡适者,陈、赵以为允任此职于我国"甚有好处"。胡适复电"此事弟绝不能考虑"。5 日,在南京出席中外记者招待会,宣称"宪法草案已极完善"。在回答是否组党与办刊物的问题时强调"本人平生以致力学术为职志,从无组党的意思"。9 日,国立北京大学行政会议举行第 25 次会议。16 日,国立北京大学行政会议第 26 次会议,决议 12 月 17 日本校 48 周年纪念日不举行纪念仪式。17 日,《学生报》创刊号报道,北京大学各学系主任名单:理学院院长饶毓泰(江泽涵代),算学系主任江泽涵,物理学系主任饶毓泰(郑华炽代),化学系主任曾昭抡(钱思亮代),地质学系主任孙云铸,植物学系主任张景钺(殷宏章代),动物学系主任汪敬熙;文学院院长汤用彤,哲学系主任汤用彤,史学系主任姚从吾,教育学系主任陈雪屏,中国语文学系主任胡适(兼),西方语文学系主任朱光潜,东方语文学系主任季羡林;法学院院长周炳琳,法律学系主任燕树棠,政治学系主任周炳琳(兼),经济学系主任赵迺抟;农学院院长俞大绂,森林学系主任李荫桢,畜牧学系主任汪国兴,园艺学系主任陈锡鑫,农艺学系主任李先闻,土壤肥科学系主任陈华癸,昆虫学系主任周明洋,植物病理学系主任林傅光,农业化学系主任黄瑞伦,农业经济学系主任应廉耕,兽医学系主任熊大仕;医学院长马文昭,医学系主任马文昭,药学系主任陈同度,牙科学系主任毛燮均,附属医院院长胡传揆;工学院院长(缺),电机工程系主任(缺),机械工程系主任(缺)。22 日,胡适复函张元济,谓:"两次到南京,接到两次手书,十分感谢。在京勾留几多时,现尚未能预定。国民大会至今尚未开大会,以前所开只是预备会,第一次大会在廿五日,适恐须等到十二月初始能离开。那时是否能来上海,此时亦未能定。若能来,一定要来看先生。"另告在南京曾见五种《水经注》,在北平曾见四种珍本。"以版本新出如是之多,故新证据也添了无数。三年前的论断,今日所得证据之多远超过我的梦想,真是十分快活。""《东方》已复刊否? 将来《水经注》案中写定的文字,其稍长者,或可送请《东方》发表。"23 日,国立北京大学行政会议举行第 27 次会议。

  胡适仍在南京。12 月 24 日晚 8 时许,北京大学先修班女生沈崇到平安戏院看戏途中,被两个美军跟踪走到东单,两美军把她拖到街旁练兵场上,强施奸淫,她大声呼救。但等中美宪警联络组赶到时,已是 10 点多钟。那两个美军一个逃走,一个被捕。受害同学伤势甚重。28 日,《新民报》报道,美军强奸某大学女生(即沈崇事件)消息传出后,北大同学群情激愤,各学生社团纷纷集会,爆发了抗议美军暴行的学潮。27 日晚,由学生社团史学会召集各社团(到会的有剧艺社、黄河、除夕、尝试、史潮、新诗、希望、风雨及系级代表、全体女生代表)及同学在灰楼礼堂开会,组成了北京大学学生抗议美军暴行筹备会。会议情绪高昂、辩论激烈,大会归纳各社团的决议,通过了以下各项决定:(一)上书蒋主席请注意美军暴行;(二)经马歇尔特使及司徒大使向杜鲁门总统提出严正抗议美军驻华及屡次暴行;(三)发表告全国同胞及告全国同学书;(四)联络各院校及社会团体一致行动;(五)游行示威;(六)罢课一天并联络教职员及工友。会议决议提出的要求有:(一)美军立即撤退;(二)严惩暴徒及其主管长官,在北平由中美联合法庭审判;(三)驻华美军最高当局公开道歉并保证撤退前不得再有非法事件发生。大会还决定请教授主持正义作同学顾问,由筹备会公布大会记录,联合同学召开大会,准备行动。29 日晚 7 时,北大抗议美军暴行筹委会召开会议,商议罢课游行抗议的具体办法,有百余人闯入会场加以捣毁,并撕去各种壁报标语后离去。深夜,筹委会再次举行会议,议决 30 日罢课 1 天,并进行抗议游行。30 日,北京大学等校学生举行抗议美军暴行万人游行示威。在游行示威中散发了《国立北京大学全体同学抗议美军暴行大会告全国同胞书》。其中在揭露了美军强奸北大女学生的暴行后说:"中国人民的尊严和国格又一次遭受到毫无顾惜的侮辱,想不到中国人民受了日本鬼子八、九年的压迫,到今天还要受盟邦美军的践踏……"说美军的暴行不是单个事件,而是一连串的对中国人民的压迫,"是一个根本问题""是他们毁坏了中美邦交的基础"。《告全国同胞书》提出了 3 点要求:(一)严惩美军暴徒及其主管人员,并在北平组织中美联合法庭公开审判;(二)美军最高当局公开道歉并确实保证在美军撤退以前不得再有非法事件发生;(三)美军立即撤退中国。《告全国同胞书》宣布:"为使这种要求成为力量,我们于 12 月 30 日罢课一天。"同日,胡适飞回北平。自 12 月 24 日发生美兵强奸北大先修班女生事件后,北大师生乃至北平各校师生均极愤慨,纷纷罢课、示威、游行。北大当局屡次急电催胡适速归。是日,胡适到北平后接见记者,声称:"此次美军强奸女生事,学生、教授及我自己都非常愤慨。同学们开会游行,都无不可。但罢课要耽误求学的光阴,却不妥当。"又称:"此次不幸事件为一法律问题,而美军退出中国,则为一政治问题,不可并为一谈。"同日 11 时,清华大学校长梅贻琦、训导长褚士荃、教务长吴泽霖进城到北大与北大秘书长郑天挺、教务长郑华炽等举行紧急联合会议,议决对学生游行事不加阻止,并联络各有关机关,请求保护。31 日,教育部来电称:"平市美军污辱女生之事,系违警刑事案件,自应听由法律解决。现闻有人假此鼓动风潮,未免太无意识,贻笑中外,应速设法劝阻,并整饬风纪为要。"此电成为北大处理沈崇事件的方针。(参见耿云志编《胡适年谱》,福建教育出版社 2012 年版;耿云志编《中国近代思想家文库·胡适卷》及附录《胡适年谱简编》,中国人民大学出版社 2014 年版;王学珍等编《北京大学纪事(1898—1997)》,北京大学出版社 1998 年版;蓬莱市历史文化研究会《杨振声编年事辑初稿》,黄河出版社 2007 年版;王学典《20 世纪史学编年(1900—1949)》,商务印书馆 2014 年版)

周炳琳继续任北大法学院院长。8 月 1 日,周炳琳致胡适函中提到:"校中现状与年来经过,与孟真、毅生、锡予、今甫诸兄多叙几次,不难知道个大概。"9 月 26 日下午 5 时,至蔡先生纪念堂参加第十三次行政会议,会议决定"校址校舍委员会主任委员杨振声先生请聘请周炳琳、郑华炽、马文昭、马大猷、陈华癸、林徽因先生为委员,决议通过"。11 月 9 日,周炳琳致信胡适,闻胡适即将飞南京出席国大会议,认为"此时赴会是否为贤智之举动""尚值得考虑一番"。信中说,北大至今尚未正式上课,"事甚繁乱,局面未趋稳定",希望胡"在此坐镇,事来重心有托"。最好迟两周,"俟会真能开成再去"。12 月 24 日晚,发生美军强奸北京大学先修班女生沈崇案后,周炳琳与北京大学袁翰青、吴恩裕、费青、沈从文、闻家驷、马大猷、朱光潜等 48 位教授在报纸上发表致美国驻华大使司徒雷登的《抗议书》。(参见王学珍等编《北京大学纪事(1898—1997)》,北京大学出版社 1998 年版;西南联大北京校友会编《国立西南联合大学校史——1937 至 1946 年的北大、清华、南开》,北京大学出版社 1996 年版;蓬莱市历史文化研究会《杨振声编年事辑初稿》,黄河出版社 2007 年版)

郑天挺自上年 10 月 17 日奉北京大学之命,赴平接收,请假 3 个月,总务长职务,查良钊公忙不能兼代,改请沈履暂代。是年 1 月,《清史探微》由独立出版社出版。此书收录作者三四十年代的清史论文 12 篇,涉及满洲礼俗、制度与血缘关系等内容。《满清皇室之氏族与血系》《清代包衣制度与宦官》《多尔衮称皇父之臆测》《满洲入关前后几种礼俗之变迁》等文章,虽然所论为满清的氏族、风俗、典制、名词考释等具体问题,但皆系清史研究中的大关节,或开拓了新的研究领域,或补正完善了前人观点。(参见王学珍等编《北京大学纪事(1898—1997)》,北京大学出版社 1998 年版;王学典《20 世纪史学编年(1900—1949)》,商务印书馆 2014 年版)

钱端升是秋复员返平,担任北京大学法学院政治系主任。旋因与代理校长傅斯年的政治立场不同,辞去政治系主任职,由王铁崖继任。9 月 1 日,在《观察》第 2 卷第 1 期发表《教师与进步》,提出:"如果教师这一群人能提倡进步,歌颂进步,代表进步,进步的力量一定可以很快地压倒不进步假进步和反进步的力量。尽管教师们仍是以教师为职业,不参加实际的政治服务或是社会服务,反的力量试问将有何法以维持其自信力? 将有何法以取得理论上的支持?"12 月下旬,沈崇事件发生后,表示极度愤慨,与张奚若等 47 位北大教授联名致函美国驻华大使司徒雷登,对女生被侮辱事表示三点意见:(一)对于被害人,望瞩有关方面迅作处置,以补偿被害人之荣誉损失。(二)对于犯罪之士兵,迅绳以法。(三)保证此后决不再有类似事件在中国任何地方发生。(参见孙宏云编《中国近代思想家文库·钱端升卷》及附录《钱端升年谱简编》,中国人民大学出版社 2014 年版)

贺麟 9 月 2 日离开昆明北上。10 月,返回北平,仍教授"西洋哲学史""黑格尔哲学""现代西洋哲学"等课程。10 月,《王船山的历史哲学》刊于《哲学评论》第 10 卷第 1 期。文中认为:"王船山是王阳明以后第一人。他在中国哲学史上的地位,远较与他同时代的顾亭林、黄梨洲为高。他的思想的创颖简易或不如阳明,但系统的博大平实则过之。他的学说乃是集心学和理学之大成。道学问即所以尊德性,格物穷理即所以明心见性。表面上他是绍述横渠,学脉比较接近程朱,然而骨子里心学、理学的对立,已经被他解除了,程朱、陆王间的矛盾,已经被他消融了。船山的历史哲学可以说是他的纯粹哲学之应用与发挥,乃是中国历史哲学的历史上之空前贡献。他的《读通鉴论》和《宋论》二书,大约是他晚年思想成熟时的著作。执一中心思想以评衡历史上的人物与事变,自评论历史以使人见道明理而入哲学之门。书中透出了他个人忠于民族文化和道统之苦心孤诣的志事,建立了他的历史哲学、政治哲学和文化哲学,指示了作人和修养的规范,可以说他书中每字每句都是在为有志作圣贤、作大政治家的人说法。"11月,反映战国策派思想的论文集《时代之波》由大东书局出版,该集收入了贺麟的《五伦新解》(原名《五伦观念的新检讨》)、《英雄崇拜与人格教育》两篇文章。

贺麟是年发表的论文还有《西洋近代人生哲学的趋势》(载《广播周报》第3期)、《认识西洋文化的两把钥匙》(载《智慧》第13期)、《树木与树人》《学术与政治》《政治与修养》《文化、武化与工商化》等。其中《学术与政治》是当时的热门话题,文中提出:"最易而且最常侵犯学术独立自主的最大力量,当推政治。政治力量一侵犯了学术的独立自主,则政治便陷于专制,反民主。所以保持学术的独立自由,不单是保持学术的净洁,同时在政治上也就保持了民主。""学术和政治的关系,也可以说是'体'与'用'的关系。学术是'体',政治是'用'。学术不能够推动政治,学术就无'用',政治不能够植基于学术,政治就无'体'。"作者的核心观点是:"学术之独立自由,不惟使学术成为学术,亦且使政治成为政治。因为没有独立自由的学术来支持政治,则政治亦必陷于衰乱枯朽,不成其为政治了。所以争取学术的独立与自由,不惟是学者的责任,而尊重学术的独立与自由,亦即是政治家的责任了。一个学者求学术的独立与自由,有时诚应洁身自好,避免与政治发生关系。特别避免为奸雄霸主所利用,而陷于扬雄、蔡邕的命运。故有时学者必须超出政治方能保持学术的独立与自由。但须知独立自由和'脱节'根本是两回事,求学术的独立自由可,求学术和政治根本脱节就不可。学术和政治不但须彼此独立自由,还须彼此分工合作,就好像许多独立自由的公民,分工合作,形成一个健全的近代社会。假如学术和政治脱了节,就好像原始时代老死不相往来的小国寡民,不能收分工合作、团结一致的效果。这样,决不能产生近代的学术,也不能产生近代的政治。"(参见高全喜编《中国近代思想家文库·贺麟卷》及附录《贺麟年谱简编》,中国人民大学出版社2014年版)

汤用彤与傅斯年、郑天挺等人7月29日代表北大赴机场迎接从美归国的胡适校长。胡适与傅斯年以及汤用彤等筹建东方语文学系(后来改称东方语言文学系),经向达和白寿彝教授推荐,汤用彤代表北大聘请马坚到北大任教,并聘请刚从德国留学归来的季羡林担任系主任。季羡林来北大后,当年下学期一开始即以"学生教授"或"教授学生"的身份,听汤用彤讲授的"魏晋玄学"课程。他说自己是汤先生"班上的最忠诚的学生之一,一整年没有缺过一次课,而且每堂课都工整地做听课的笔记,巨细不遗。这一大本笔记,我至今尚保存着"。9月20日,胡适为傅斯年卸任"代理"校长举办茶话会后,正式接任北大校长。同时聘任汤用彤为文学院长兼哲学系主任。胡适热衷于政治活动,常在南京开会,北大校务多由汤用彤协理。10月23日,汤用彤的《谢灵运〈辨宗论〉书后》刊于天津《大公报》的《文史周刊》第2期。11月4日,为工作方便,汤用彤应傅斯年邀请由小石作3号搬入了东厂胡同1号这所景色优美的中式花园住宅,与傅斯年和胡适比邻而居。同月,在西南联大9周年纪念会上,胡适以自己和梅贻琦、汤用彤等人为例来说明,三校原本是"通家",患难与共,休戚相关,合作精神应继续发扬下去。12月21日,汤用彤与北大、清华、南开等校教授联合致函国民政府主席蒋介石,要求合理调整教师待遇。年底,中印建交后,汤用彤应邀为北大同学作了两次演讲,一为《佛经翻译》,二为《玄奘法师》。是年,"青年文库"丛书由中国文化服务社印行,主编是朱云影、程希孟、赵纪彬,编审委员会有:汤用彤、方东美、冯友兰、洪谦、陈大齐、宗白华、黄建中、范寿康、梁漱溟、贺麟。(参见汤一介、赵建永编《中国近代思想家文库·汤用彤卷》及附录《汤用彤年谱简编》,中国人民大学出版社2015年版)

杨振声是春返北平主持北京大学复校事。回平后住在距红楼子民堂不远的中老胡同32号北大公共宿舍。此大院有红漆大门,进去不远有二门,后来陆续住进二十几家教授。有朱光潜、沈从文、废名、冯至等几家。3月24日下午,到中山公园水榭参加中华文艺协会北平分会成立大会,与沈兼士、俞平伯、顾颉刚、彭子冈5人当选为监事。5月4日,西南联大举行结业典礼,教学活动结束,三校开始准备北返平津。15日,出席北京大学至平教授谈话会首次会议,另有赵迺抟、王烈、申又怅、曾昭抡、熊大仕、赵广增、崔书琴、郑华炽、郑天挺、邓广铭、俞大绂、傅斯年出席。会上决议组织临时聘任委员会(胡校长到校后即行结束)并推定下列各先生为委员:汤锡予(杨今甫兼代)、杨今甫、饶树人(郑华炽代)、周枚荪(赵廉澄代)、俞大绂、郑毅生、曾昭抡(孙承谔代)、江泽涵、燕树棠、熊大仕;组织新生考试委员会:五院院长、秘书长、课业长、医预科主任为当然委员。另推:文学院杨今甫,政学院孙承谔、江泽涵、殷洪章,法学院崔书琴,农学院熊大仕,英文系袁家骅,由课业长郑华炽召集。21日,至北大宴会厅出席至平教授谈话会第二次会议。另有王烈、唐兰、赵迺抟、胡世华、申又怅、孙承谔、曾昭抡、赵广增、熊大仕、郑华炽、郑天挺、傅斯年、邓广铭、俞大绂等出席。会上决议组织校舍设计委员会,推定孙承谔(召集人)、郑毅生、唐立厂、赵广增、申又怅、杨今甫、郑华炽、熊大仕、赵迺抟为委员。28日,出席至平教授谈话会第三次会议。另有郑天挺、闻家驷、孙承谔、汪国与、申又怅、谢文通、胡世华、赵广增、熊大仕、王烈、郑华炽、俞大绂、曾昭抡、崔书琴、邓广铭、毛准、傅斯年、唐兰、赵迺抟等出席。

杨振声6月19日上午偕郑华炽访梅贻琦。30日,俞平伯前往拜访胡适,荐废名在北大任教。此前,俞平伯曾"偶与今甫谈及,北大似可邀废名作教"。7月,李公朴、闻一多在昆遇刺身亡后,杨振声说:"这真是岂有此理!作恶多端,总有一天要垮台的!"同日,至蔡元培先生纪念堂出席北大文理法农教授临时谈话会第五次会议。8月2日,出席第二次欢迎胡适筹备会议。3日上午10时,迎接胡适赴校办公。11时,出席第三次欢迎胡适筹备会议。4日晚6时,在蔡先生纪念堂欢迎胡适,到会200余人。16日午12时,至松公府蔡先生纪念堂参加北京大学第一次行政会议。19日下午5时,至蔡先生纪念堂参加第二次行政会议。22日下午5时,至蔡先生纪念堂参加北大第三次行政会议。25日,《批评》刊于《经世日报·文艺周刊》第2期。26日下午5时,至蔡先生纪念堂参加北大第四次行政会议。(参见蓬莱市历史文化研究会《杨振声编年事辑初稿》,黄河出版社2007年版)

朱光潜1月收到尚在美国的新任北京大学校长胡适函,敦请其回北京大学主持西语系工作。8月15日,朱光潜经重庆、武汉辗转回到离开8年的北平,住北大附近的中老胡同32号。同月,任北京大学西语系教授兼系主任。9月,由朱光潜、梁实秋、潘家洵、范存忠、李儒勉、林天兰编辑的《部定大学用书英文选》由正中书局出版。10月,《陶渊明》(上、下)刊于天津《大公报·星期文艺》第1—2期,学界反响热烈。11月3日,改写旧文《谈文学选本》,刊于《经世日报·文艺周刊》第 12 期。同月，作《欧洲文学的渊源》，刊于《益世报·文学周刊》第 15 期。12 月，《文学杂志》准备复刊，重组后的 5 人编委会成员为杨振声、朱光潜、沈从文、冯至、姚可昆，朱光潜仍任主编。（参见宛小平《朱光潜年谱长编》，安徽大学出版社 2019 年版）

沈从文 8 月 27 日只身从上海飞往北平，就任北京大学教授。年底，搬入沙滩中老胡同 32 号的北京大学宿舍居住。此外，沈从文还在辅仁大学兼课。29 日，《大公报》记者彭子冈、徐盈前来拜访，因沈从文出门未见到。31 日，给彭子冈写信，对她上次来访未遇表示歉意。但写完信未发出，彭子冈夫妇即于当天再次来访。因相互心仪已久，遂成挚友。同日，在接受彭子冈夫妇采访时，沈从文坦率承认，自己一生最怕打杀，只守着一个谈书人最基本的本分，并说："我没有像振铎和一多那样做，我想，便是因为我能承受生活上的一切压力，反抗性不大，这或许是弱点。"接着又重申他的自由主义文学立场，表示自己对"题材直接汲取于农工且就正于农工的创作方法"并不反对，但认为仍应"看重作家的作品"；并表示自己"不习惯受管束，也不会管束人"，所以抗战初期传说中共欢迎一些作家到延安去，他就没有去。他向彭子冈和徐盈提出自己的疑问："丁玲他们为什么去了，反倒没有什么作品了呢？"这篇访问记后刊于 9 月 3 日的《大公报》。9 月 1 日，《一种新的文学观》刊于上海《文潮月刊》第 1 卷第 5 期；《文学与青年情感教育》刊于《经世日报·文艺周刊》第 3 期；《怎样办一份好报纸——从昆明的报纸谈起》刊于《上海文化》第 8 期。3 日，《大公报》发表了子冈 8 月 31 日访问沈从文后所写的《沈从文在北平》，文中描述了他们见面和访谈的情形。中旬，开始参加杨振声主编的北平《益世报·文艺周刊》的编辑工作。同月，沈从文应邀和杨振声、冯至主持编辑《大公报·星期文艺》，10 月 13 日出第 1 期，不久此副刊全交由冯至发稿。秋，沈从文与记者萧离、萧凤夫妇相识，并成为朋友。

沈从文 10 月 7 日为即将由他接编的天津《益世报·文学周刊》作编者言《〈文学周刊〉开张》。8 日，朱自清来访。13 日起，沈从文接任《益世报·文学周刊》（第 10 期）的主编，此副刊在编至 1948 年 11 月 8 日第 118 期时，因战事《益世报》压缩版面，《文学周刊》遂停刊。沈从文在本期的《益世报·文学周刊》上发表了《〈文学周刊〉开张》，谈了自己编辑的思路。同日，沈从文与杨振声、冯至合作主编的《大公报·星期文艺》创刊。沈从文在本日的《大公报·星期文艺》发表小说《主妇》，此为沈从文以《主妇》为篇名的第 2 篇小说。中旬，沈从文接受记者姚卿祥的采访。谈到一些作家的情况时，他称赞巴金、茅盾以及卞之琳、萧乾默默地坚持工作，而对原来静静地写文章的人现在"出风头"，闹运动，"显然有些爱莫能同意"，对郭沫若"飞莫斯科"，凤子"跑到苏联大使馆去朗诵诗"，以及丁玲"到铁矿上去体验工人生活，写了文章还要请工人纠正"也不以为然。在提到何其芳等去了延安的作家时，沈从文认为"他们是随政治跑的"，对文学不会有好影响。并认为："文学是可以帮助政治的，但用政治干涉文学，那就糟了。"17 日，沈从文为编就的《益世报·文学周刊》第 11 期作《编者言》。27 日，作完回忆录《从现实学习》。在正文前的小序中，沈从文自述了写作此文的原因。后连载于 11 月 3 日、10 日《大公报·星期文艺》第 4—5 期。10 月，由巴雷、朱绍之编选的《沈从文杰作选》由上海新象书店作为"当代创作文库"丛书出版。12 月 8 日，朱自清来访。13 日下午，赴北大蔡孑民先生纪念馆出席魏建功主持的中国语文诵读方法座谈会。出席座谈会的有黎锦熙、朱自清、朱光潜、冯至、徐炳昶、潘家洵、游国恩等 29 人。上旬，致信彭子冈。信中在谈到别人对自己的批评时，提出写作上"无妨从各方面着手，大家各从不同方式、不同信仰、不同观点作去，有个长时期自由竞争，争表现，所谓文坛会丰富些，思想也会活泼些"。并设想将来有机会可以把那些对自己极不利的批评附在全集后刊载,"为的是无名氏或丁玲,极不友好的批评,一与我大部分习作对面,那些枝叶意见就见得平平常常,他们要说的,也许从我十多年前另外作品中即早提过了"。(参见吴世勇编《沈从文年谱》,天津人民出版社 2006 年版;陈福康《郑振铎年谱》,三晋出版社 2008 年版)

张政烺 2 月 5 日应北大史学系主任姚从吾之聘,任北大史学系教授。住在东厂胡同 1 号北大宿舍,与胡适、傅斯年、梁思永、汤用彤、邓广铭这几家为邻。他住一个偏院里。6 日,与来访的顾颉刚晤谈。7 日,与自重庆飞抵北平的顾颉刚先生多次商讨禹贡学会的会务。同会的尚有齐思和、翁独健、侯仁之、栾植新、邓广铭(恭三)、苏秉琦、王静如、吴丰培、刘厚滋、冯世五、许道龄等诸位在北平的会员,旨在查寻劫后所余的藏书,并谋求会务的重新开展。9 日,顾颉刚访张政烺,未遇。13 日,顾颉刚到张政烺处。19 日,张政烺与鲍育万送存教部特派员处存书来,同运入屋,顾颉刚留饭。3 月 10 日,到太庙图书馆,开禹贡学会复员会议。听顾颉刚报告工作经过,提聘各编辑,及筹募基金事。杨敬之赠照相。12 时散会,到中山公园上林春赴宴。在上林春商讨周刊及会讯办法。上午同会有:张亮丞、沈兼士、刘佩韦、杨敬之、吴玉年、蔡望之、周殿福、谢刚主、孙海波、赵丰田、侯仁之、栾植新、冯世五、顾颉刚、王光玮、傅吾康、魏兆祥、苏秉琦、王静如、李荣芳、萧正谊、许道龄、杨宗亿、杨俊民、王伯彦、赵卫邦、刘厚泽、魏重庆、李延增。中午同席有:吴玉年、栾植新、冯世五、顾颉刚、侯仁之、王灿如。下午,到来今雨轩,参加北平史学界同人欢迎会。下午同会有:王峰山、李飞生、裴文中、商鸿逵、姚晋檠、张鸿翔、刘厚滋、吴丰培、周殿福、郑骞、赵丰田、余让之、赵万里、孙楷第、王灿如、傅吾康、赵光贤、张奠亚、魏资重、魏重庆、许道龄、杨象乾、徐宗元。13 日,与顾颉刚、沈兼士等同到鹿明春吃饭。饭毕,到东安市场中原书店、五洲书局访书。21 日,由张政烺、王光玮、侯仁之负责编辑的《禹贡周刊》开始在《国民新报》创刊,因该报不付稿费,终至 5 月 24 日第 10 期出版后停刊。此刊陆续发表了《复原会议纪要》、侯仁之《沧海桑田》、奉宽《北平掌故叙述》、杨向奎《周礼封地五等辨》、傅振伦《中国边域史编完消息》等。

按:不久萧一山先生办《经世日报》,邀张政烺办副刊,张政烺欲续办《禹贡周刊》,当即致函顾,得其同意。是时张政烺与胡适同住东厂胡同 1 号,便请胡为题刊名;并邀熟人投稿。此刊所标主编仍是顾颉刚,会址也仍是小红罗厂八号,但撰稿人多不是禹贡学会会员,所撰文字亦与历史地理无关。此刊共出版 16 期,自当年 8 月 16 日始,至 11 月 29 日而止。

张政烺 5 月 24 日出席余季豫所约晚宴,在座的还有陈援庵、沈兼士、傅孟真、郑天挺、邓恭三、唐立庵、周燕孙。6 月 20 日,张苑峰偕杨向奎到郑天挺家拜访。8 月,张政烺受聘回母校北大任史学系教授,直到 1960 年 7 月。当时,沙滩校区是校本部的所在地。校园的主体建筑是 5 层的红楼,乃文、法学院的所在地。文学院院长为汤用彤。史学系是文学院下设的 6 个学系之一。张政烺讲学就在红楼,给学生上辅导课则在红楼地下室。同月,张政烺与傅斯年、李济同去看张效彬的收藏。

按:张效彬的父亲张世恩(仁瀚)是光绪二年进士,作京官三十多年,精通文物,收藏颇富,碑帖字画尤多佳品。张效彬是荣成孙葆田(佩南)的学生,留学英国,在清末和北洋政府外交部作官,曾任清华大学教授,讲《中国财政史》。他热爱文物而眼力不高,为了精益求精,常和琉璃厂古董商交换藏品,于是真品日少,伪物充斥。四祀卣其卣是沦陷期间,他亲手买来的,当时他恰好卖掉一所房子,房价全部用来买了这个卣,所以是他最得意的东西,参观时,张政烺专心看这件卣,发现是假的。李济亦持相同见解。

张政烺 9 月 7 日受顾颉刚延揽,整理古文书籍。同事有刘盼遂、陈槃、屈伯刚、赵贞信、蒋礼鸿、钟凤年、张芝、王汝弼、卢振华、康光鉴、诸祖耿、蒙季甫、丁山、郑文、劳幹、程金造、李镜池、顾廷龙、罗根泽。10 月 10 日，参加在四院大礼堂隆重举行的复员北平开学典礼。会后参与师生合影。11 月，兼任清华大学国文系讲师，讲授古文字，直到 1947 年 7 月。当时张政烺在北大开的课有"中国上古史"（亦称"先秦史"）、"金石学""中国史学史"等。12 月 31 日，张政烺收到顾颉刚寄来买书费 30 万元，受托购买日文书籍。

　　按：据周清澍《张政烺先生教学和育人》（张永山编《张政烺先生学行录》，中华书局 2010 年版）载：是年，"旧书大量流于市面，中央研究院史语所所长傅斯年将一笔款汇至北平图书资料处，让张先生帮助选购图书。这批书中有：一是史语所所缺的一般图书，二是好版本图书。但好版本图书张先生并未运往南京，都留了下来，成为中华人民共和国成立后中国科学院图书馆的基本藏书"。（参见陈绍棣编著《张政烺先生年谱》，中国社会科学出版社 2019 年版）

　　俞平伯 1 月收到朱自清 1945 年 12 月 24 日自昆明来信，信中谈了对《遥夜闺思引》的读后感，认为"全诗规模甚大，'所思渺西海'一语殆属关键所在，亦即所谓本事，就此而论，确极缠绵悱恻之致。篇中随处表见身世及怀抱，难在于本事打成一片。……诗第二段最为明豁，叙事宛切到家。首段以海天为背景为象征，亦与本事融合到恰好处。三四段反复零乱，似《离骚》，似《金荃》。然五言长篇如此者绝无仅有，此两段索解人似最难"。"此诗自是工力甚深之作，但如三四段办法，在全用五言且多律句之情形下，是否与用参差句法者（如《离骚》《金荃》）收效相同，似仍可讨论也。"3 月 24 日下午，至中山公园水榭参加中华文艺协会北平分会成立大会，并与沈兼士、杨振声、顾颉刚、彭子冈 5 人当选为监事。30 日，作《〈遥夜闺思引〉自序》，刊于 1948 年 3 月 6 日天津《民国日报·民园》副刊。5 月下旬，应吴玉如邀请，赴天津，为天津工商学院文科学生讲《诗余闲评》，由吴小如笔录。后稍加修改，刊于 12 月 8 日天津《大公报·星期文艺》第 9 期。后收入 1947 年 8 月版《读词偶得》，"以代本书之导论"。

　　俞平伯与沈兼士、董洗凡、张怀、顾随、陈雪屏、邓以蛰等 15 位大学教授 6 月 18 日为周作人案联名出具证明致国民党政府首都高等法院，列举 1943 年在东京举行的大东亚文学家大会上，日本文学报国会代表片冈铁兵指斥周作人之语，说明周作人在任伪职期间"曾有维护文教、消极抵抗之实绩"，希望高等法院根据确凿证据，"减其罪戾，俾就炳烛之余光，完其未竟之著译，于除奸惩伪中兼寓为国惜才，保存善类之微意，则于情于理实为两尽"。7 月 30 日，俞平伯至北京大学访胡适，未晤。31 日，致胡适信，建议邀请废名到北京大学任教。8 月，九三学社中央迁到北平。从此，俞平伯积极参加九三学社的工作和活动。10 月 7 日，朱自清由重庆回到北平。8 日，朱自清来访。10 日，复员后的北京大学正式开学。北平临时大学补习班结束。俞平伯转任北京大学文学院教授。12 日午，设宴为朱自清洗尘。17 日，朱自清来访，并取回寄存杂物。12 月 20 日下午，与来访的朱自清畅谈。（参见孙玉蓉编《俞平伯年谱》，天津人民出版社 2006 年版）

　　季羡林 10 月任北京大学新设立的东方语文学系系主任。同月 3 日，北平《益世报》报道：北京大学本年添设东方语文学系，并聘定"新由欧陆返国之季羡林"担任系主任。报道说，北大设东方语文学"在国内尚属创举"，并介绍季羡林对设该系的看法："东方民族复杂，自古迄今，学术发明累累，欲加探索，必先学习语文。"季羡林说："欧洲学院中，对东方语文之学习，分有十余系之多……学习东方语文者，多进而致力于哲学、历史或语文之研究。"（参见王学珍等编《北京大学纪事（1898—1997）》，北京大学出版社 1998 年版）

　　傅庚生在北大中文系任教。1 月，傅庚生《中国文学批评通论》由重庆商务印书馆初版。鉴于当时批评史研究较为兴盛而"对于文学批评之原理与问题短于发抒；间有旁及之者，又不免格于体制，或则简阔其言辞，或则衲凿其篇目，不能予人以明确的概念与因依之准则"，傅庚生独创新格，"诠证古今，沟通中外"，撰著《中国文学批评通论》，全书分为上中下三编。上编"绪论"四章，以为源头，系全书之滥觞；中编"本论"四章，是全书主体，从感情、想象、思想、形式共四个方面论述中国文学批评；下编"结论"三章，总结中国文学的特征。这种编写体例，具有两个特点：一是存"编"和"章"而去"节"，并未按照当时流行的章节体例编次，其缘由，据作者"自序"："非囫囵吞枣，苟以成编；由通论之体，割裂多不适宜也。"二是以"绪论""本论""结论"这三大块来结构全书，具有逻辑严密、框架清晰的长处。作者较早注意用近现代西方文学理论来对中国古代文学批评作横向的理论研究，因而明显的理论色彩是它区别于其他文学批评史著作的标识。（参见付祥喜《20世纪前期中国文学史写作编年研究》，北京师范大学出版社2013年版）

　　梅贻琦任复校后的清华大学校长。闻一多事件结束后，最后一批留昆的联大和清华教职员也纷纷离昆北上。9月6日，梅贻琦处理完最后一批遗留事务，亦登机北上，中经重庆逗留5天，11日中午12点20分到达北平。至此，他在西南联大的使命全部结束，最后终于把这只在狂风巨浪中飘流了8年的大船，完好地开回了清华园。然而日军占领清华园8年，先是驻扎军队，曾经调驻过三批人马，最多时达万余人。后来改成伤兵医院。沦陷期间，清华园遭受了日本侵略者的洗劫，学校遭到了严重的破坏，尤以图书馆、体育馆最甚。图书馆书库作了外科手术室，阅览室作了病房，钢书架被拆卸，图书被劫损一空。前体育馆先后被用作马厩和食物储藏室，嵌木地板残破不堪，健身设备荡然无存。后体育馆被充作厨房，地板全部被拆毁。科学馆、生物馆、化学馆、土木馆、水力馆、电机馆等系馆建筑外观虽依旧，内部多半已空无一物。至本年1月，清华园又被国民党军队"劫收"，作为第三十八兵站医院，使清华园再一次遭到浩劫。家具被盗卖，大礼堂帷幕被撕毁，暖气设备拆毁殆尽，水管全部冻裂，地下室锅炉房积水深达七、八尺。直到7月中旬，学校才从国民党军队手中接收回来。10月10日，清华大学开学，11月5日第一学期上课。这时全校师生职工共3000余人。学生有由昆明来的900余人，北平临时大学补习班分发的370余人，验假招考录取的一年级生及转学生、研究生共900余人，加上先修班200余人，共2300余人。教师有380人，职员有160人。与此同时，校园面积和建筑面积也有所扩大。清华园原址，面积只有960亩，抗战前增至1200多亩，复员后逐步有所增加。学校接收了原日伪土木专科学校校舍及其邻近土地，作为战后增设的农学院校舍；在校园以南，购地若干亩，建设教授住宅，为纪念抗战胜利，取名"胜因院"；又建设了教职员住宅区，为纪念抗战时期清华在昆明大普吉镇的难忘岁月，取名"普吉院"；在校园以东，购地112亩，供工学院新建实验馆舍之用。到1948年，校园面积扩大到1600多亩，建筑面积增至104635平方米。复员后，国立清华大学的院系、研究所进一步扩大规模。在战前农业研究所基础上成立了农学院，同时，文学院增设了人类学系，理学院增设了气象学系，法学院增设了法律学系，工学院增设了航空工程系、化学工程系和建筑工程系；科学研究机构，增设心理、地学、社会、气象、土木工程、机械工程、电机工程、航空工程、化学工程、建筑工程、植物病理、植物生理、昆虫等研究所。共有文、法、理、工、农5个学院，26个学系，1个研究院，23个研究所。总之，复员后的国立清华大学，办学方针、教学制度、课程设置、教学作风与战前一脉相承，保持了治学精神和文化特征。校方力图重整旗鼓，恢复战前繁荣。梅贻琦校长明确表示清华"不应以恢复旧观为满足，必使其更发扬而光大，俾能负起清华应负之使命"。（参见黄延复、钟秀斌《一个时代的斯文:清华校长梅贻琦》,九州出版社2011年版;吴洪成《生斯长斯 吾爱吾庐——清华大学校长梅贻琦》,山东教育出版社2003年版;清华大学校史编写组编著《清华大学校史稿》,中华书局1981年版)

陈寅恪4月乘船抵达上海,转赴南京,暂居俞宅。6月12日,清华大学校长梅贻琦在南京慈悲社俞家访陈寅恪。17日,梅贻琦飞北平;18日,视察清华园;20日,飞南京;29日,看望陈寅恪。8月9日,陈寅恪致函沈履、雷海宗,曰:"莘斋、伯伦两兄大鉴:手书敬悉。内子及小女等前日乘机到京,但须待行李运到及休息病体后,再由海道赴平,大约恐在九月间。兹有恳者:前接清华派定住宅名,已遗失。有不甚明白,敬乞示知,为荷! 如能将住宅名单及规则,再赐寄一份,尤所感幸! 1.派定弟之住宅,是否新南院五十二号? 2.派定弟之住宅,是旧有者,抑或新造者? 3.一家独居,抑或两家合住者? 4.大约何时可以住入? 5.如系新造者,有无卫生设备? 兄等究竟决定取何道赴平? 如过南京,能一晤谈,尤所感祷。"13日,沈履复函陈寅恪。9月23日,陈寅恪致函梅贻琦校长,报告北行计划,并及授课需助教事。10月,陈寅恪自南京至上海,乘船到天津北平。26日,陈寅恪到清华,丁则良安排课程和助手。11月5日,清华大学第一天上课,陈寅恪本年度开课,有"隋唐史"及"唐诗研究"。同月,陈寅恪同意兼任燕京大学研究导师,并允许部分学生前来附学。是年,陈寅恪曾审评唐长孺所著《唐书兵志笺正》书稿,评价极高,唐长孺因得晋升为教授;周一良回国就职燕京大学,到清华为陈寅恪译读日文杂志论文。(参见卞僧慧纂《陈寅恪先生年谱长编》,中华书局2010年版)

潘光旦《自由之路》9月由商务印书馆出版。此书是作者抗战8年中所写在各报刊上发表的43篇政论文章的汇编,分为自由通论、思想各论、告语青年、教育刍议、民主理论的导演5章,反映了作者政治思想观点的发展变化。清华大学复校后,潘光旦任社会学系主任、教授;图书部改制为图书馆,又兼任图书馆馆长。在图书馆于战争期间遭到严重破坏的情况下,他制定了"以适用为主,不存偏见,不究版本,不专收买太贵的学生并不常用的专书"的购书原则,到1947年3月已购进新书3万多册,基本上满足了教学需要。12月7、14、21、28日至1947年1月4日,在《观察》第1卷第15—19期发表《派与汇——作为费孝通〈生育制度〉一书的序》。文中开篇谈到:"这是孝通六七年来在西南联合大学与云南大学开授的一个学程,就叫做'生育制度'。其实所论的不止是生育,凡属因种族绵延的需要而引伸或孝通所称'派生'出来的一切足以满足此基本需要、卫护此重大功能的事物,都讨论到了。它实在是一门'家庭制度',不过以生育制度为名,特别从孝通所讲求的学派的立场来看,确更有点睛一笔之妙。这也是他关于此学程的全部讲稿,历年以来,不断的补充修正,才告完成;只有最后的一两章是最近补写的,因为刚从西南避地归来,旅途困顿,行止不常,又值天气闷热,与西南的大相悬殊,文思汗汗,同其挥洒,极感不能畅所欲言的苦痛,孝通自己颇有因此而将全稿搁置的意思,后来还是经我的劝告,才决定姑先付印。人生几见玉无瑕,何况瑕之所在是很有几分主观的呢? 又何况此瑕不比彼瑕,前途是尽有补正的机会的呢?"在此篇长序中,作者除了评述费孝通《生育制度》,其重点还在于讨论相关重要论题,最后将五方面的"头绪"归结于"新人文思想":"这五个头绪,彼此之间既很有一些渊源,或一些殊途同归的缘分,迟早是会融会在一起,而成为一个簇新的汇合的。这新的汇总得有一个名字,我们姑且名之曰新人文思想。根据上面的讨论,我们又不妨提出如下的一个梭子形的系图来,作为结束。"是年,在商务印书馆出版译著《赫胥黎自由教育论》《性心理学》等。

　　按:潘光旦所归结的"梭子形的系图"如下:(参见吕文浩编《中国近代思想家文库·潘光旦卷》及附

录《潘光旦年谱简编》,中国人民大学出版社 2015 年版;齐家莹编《清华人文学科年谱》,清华大学出版社
1999 年版)

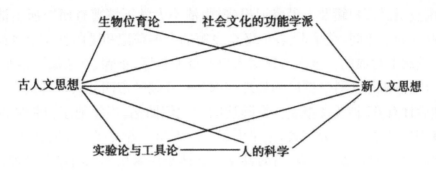

吴晗和袁震 8 月从上海来到北平。离开上海前夕,当时的中共上海工作委员会书记华
岗设宴为吴晗饯行。吴晗在上海期间,多次得到党的关怀和资助,华岗同志亲自给他送来
了路费。10 月,吴晗担任北平市民盟的领导工作,和朱自清、张奚若、潘光旦,以及少壮派教
授钱伟长、孟庆基、沈元、屠守锷、费孝通、邵循正、向达、陈寅恪、金岳霖等建立了密切联系。
12 月,吴晗与费孝通等著的《皇权与绅权》由上海观察社出版。书中收有吴晗《论皇权》《论
绅权》《再论绅权》《识士大夫》等文。这些文章是他和费孝通一起组织的关于中国社会结构
的学习讨论会上宣读过的。费孝通为本书作《后记》。同月,北平发生美军强奸北大女学生
沈崇事件,激起全市师生的极大愤怒。吴晗在清华学生会召开的群众大会上发言,痛斥美
军的暴行。(参见夏鼐《吴晗的学术生涯》,浙江人民出版社 1984 年版;闻黎明、侯菊坤《闻一多年谱长
编》(增订版),上海交通大学出版社 2014 年版;齐家莹编《清华人文学科年谱》,清华大学出版社 1999 年
版)

费孝通《民主·宪法·人权》8 月由上海生活书店作为"青年自学丛书"出版,1946 年 9
月再版,1947 年 4 月出第 4 版。潘光旦为本书所作序言中介绍:"孝通最近写了八篇稿子,
用对白和讲故事的方式谈论到民主国家的人民对于政治应有的最低限度的常识。""八篇的
总题是'作之民'。八篇合起来,我毫不犹豫地认为可以当作一册公民读本来读。高小的学
生可以读,中学生、大学生却应当读,身为民主国家官吏而多少被妄自尊大的心理所驱策的
许多朋友更不可不读。此册一出,而一切公民课本与公民教科书可废,特别是那些所谓'固
定'的教本。"又评价:"孝通谈论民主政治的基本认识,深入浅出,意远言简,匠心别具,趣味
盎然。"最后说:"政治学虽是一种专门研究,广义的政治生活与基本的政治常识却是尽人应
有的事,因为人是一个政治的动物,在企求民主政治的国家里,也尽人有公民的权责;孝通
写出这几篇稿子,也无非是努力于不辜负此种权责,一方面所以求其心之所安,一面亦未尝
不希望别的做公民的人,更深切的了解此种权责,而更进一步的求其实现罢了。"11 月,应英
国文化协会邀请访英 3 个月。(参见吕文浩编《中国近代思想家文库·费孝通卷》及《费孝通年谱简
编》,中国人民大学出版社 2015 年版;齐家莹编《清华人文学科年谱》,清华大学出版社 1999 年版)

雷海宗和家人 7 月随清华复员北上,从昆明乘飞机抵达重庆。为等飞机,在重庆盘桓
一月。后改飞南京,再由上海乘船到塘沽。雷海宗临时接替一名教授,组织数百名学生乘
船北上,途中遇大风浪,最终克服困难,井井有条地将大队人马带至北平。8 月,清华大学在
北平复校。雷海宗任清华大学历史学系教授、主任,后代理文学院院长。9 月,在南京《广播
周报》复刊第 3 期发表《举世瞩目的阿拉伯民族》。10 月,在上海《观察》第 1 卷第 9 期发表
《和平与太平》。(参见江沛、刘忠良编《中国近代思想家文库·雷海宗、林同济卷》及附录《雷海宗年谱

简编》,中国人民大学出版社2014年版;马瑞洁、江沛《雷海宗年谱简编》,载王京州编《河北近现代学者年谱辑要》,国家图书馆出版社2017年版)

陈达《云南呈贡昆阳户籍及人事登记报告》由清华大学国情普查研究所出油印本。该报告是根据1939—1941年间,在呈贡县的27个乡镇的人事登记和昆阳县4个乡镇的人事登记和户籍登记的基础上写成的。该报告还对人口普查的程序、步骤、方法做了精密的设计,对材料的整理、综合与分析作了科学严谨的处理和阐明。环湖一市四县共普查人口57万多人,所得资料经整理后计有65种统计报表。据陈达的学生们回忆,当年他亲自带领助手挨家挨户进行人口普查,调查的内容十分细致,记录更是一丝不苟。若发现别人的调查资料有疑点时,他从不放过,雇上马,带上助手下乡,有时甚至不惜徒步往返几十里山路去核实。直到弄准确为止。正是凭着这种锲而不舍、精益求精的治学态度,才获得大量翔实可靠的有科学价值的第一手资料。陈达又将所著《现代中国人口》作为参加美国普林斯顿大学200年校庆纪念学术讨论会的论文,赢得国际人口学界和社会学界的高度评价,7月由《美国社会学杂志》全文发表,继后出版了单行本。陈达的师友,当时美国芝加哥大学社会学系系主任奥格朋教授在该书的《导言》中说:"在中国人口学上有一本好的著作是一件值得夸耀的事。"这是"一本真正从科学态度讨论中国的书"。可见,陈达在中国特别是在云南进行的现代人口普查实验,早在四十年代便得到了国际上的承认。(参见严建《抗日战争时期云南社会学活动四题》,《思想战线》1990年第3期;齐家莹编《清华人文学科年谱》,清华大学出版社1999年版)

朱自清10月7日携眷飞赴北平,傍晚抵达。因清华正修缮房屋,暂寓国会街北京大学四院。8日,访陈雪屏、周炳琳、郑天挺、杨振声、汤用彤、胡适、陈岱孙、梅贻琦、陈福田、沈从文、冯至、闻家驷、俞平伯等。9日,赴全聚德应陈福田邀宴。10日,赴清华大学大礼堂出席开学典礼。12日,李长之来访。午,应俞平伯邀宴。晚,应陈岱孙邀宴。15日,访张清常,谈语音教学事。16日,访梅贻琦,商谈中文系系务。18日上午,赵万里夫妇来访。晚应《新生报》社长李诚毅等邀宴,谈在《新生报》开辟《语文与文学》副刊事。19日,作《周话》刊于10月21日《新生报》副刊《语文与文学》第1期。此文系作者为《新生报·语言与文学副刊》所写的第1篇《周话》,即《语言与文学》副刊发刊辞,叙述了该副刊的发刊缘起和宗旨。同日,华粹深、张清常来访。21日,《新生报》副刊《语言与文学》周刊在北平创办,朱自清任主编,余冠英具体负责编辑。该副刊团结了一大批学术界中青年骨干,为北平学术界一重要学术阵地。22日,返回清华园,仍住北院16号旧居。25日上午,出席大一教学委员会会议。同日,作杂论《周话》,刊于10月28日《新生报》副刊《语言与文学》第2期,文中概述了语文学的历史发展。26日,赵守愚来访,晤谈甚欢。27日,访陆志韦、高名凯等。30日下午,赴燕京大学讲课。本学年朱自清在该校兼课。10月31日至11月1日,作杂论《周话》,刊于11月4日《新生报》副刊《语言与文学》第3期,文中对"文学"的概念作了简要的概括和梳理。同日,《西南联合大学九周年校庆祝词》刊于《西南联合大学九周年纪念特刊》。

朱自清11月3日赴玉华台应《大公报》副刊《星期文艺》邀宴。同日,王静庐、刘盼遂等来访。8日,作《周话·鲁迅先生的中国语文观》,刊于11月11日《新生报》副刊《语言与文学》第4期,文中介绍了鲁迅先生对于中国语言文字的若干见解。16日,赵万里、张清常来访。24日,钱端升来访。29日,主持"纪念闻一多先生遗著委员会"第一次会议。该委员会成员有雷海宗、潘光旦、吴晗、浦江清、许维遹和余冠英,朱自清被梅贻琦聘为召集人。同日,作杂论《周话·通读教学》,刊于12月2日《新生报》副刊同日《语言与文学》第7期,文中就黎锦熙指出的目前国文教学所存在的"文字和语言脱了节"的问题作进一步的分析和发挥,强调了"诵读教学"对于纠正"过分欧化"和"夹杂方言"的弱点的作用。12月2日,出席中学教育委员会会议。出席清华图书审查委员会会议。3日,听萧成资作"诗与生活"讲演。4—5日,作杂论《周话》,刊于12月9日《新生报》副刊《语言与文学》第8期,文中就杨振声"打开生路"的呼吁,具体分析了如何打开文学的生路,希望知识分子不仅"去撞自己的丧钟",而且要有足够的勇气重新抖擞起精神去做这个时代的人,去站在平民的立场上表现这个时代。7日,游国恩来访。8日,进城访孙国华、沈从文、朱光潜等。10日,访吴晗。出席"文艺与现实问题"讨论会。开始整理闻一多遗稿。11—12日,作杂论《周话》,刊于12月16日《新生报》副刊《语言与文学》第9期。作者认为,比起"国语的文学","文学的国语"尚处于自然成长阶段,为了把它提到自觉努力的阶段,就应当强调诵读教学。

朱自清12月13日下午赴北大蔡孑民先生纪念馆出席魏建功主持的中国语文诵读方法座谈会,并作发言。发言记录载次年3月10日《国文月刊》第53期。出席座谈会的有黎锦熙、朱光潜、冯至、徐炳昶、潘家洵、沈从文、游国恩、余冠英、郑天挺、顾随、王准、孙楷弟、周祖谟、吴晓铃、阴法鲁、李长之、赵万里、向达等29人,朱自清说:"最近魏建功先生举行了一回'中国语文诵读方法座谈会',参加的有三十人左右,座谈了三小时,大家发表的意见很多。我因为去诊病,到场的时候只听到一些尾声。但是就从这短短的尾声,也获得不少的启示。"15—16日,作书评《〈十批判书〉》,刊于次年1月4日《大公报》副刊《图书周刊》第6期,文中论述了知识分子转变立场的重要性,高度评价了郭沫若站在人民立场上重新解释批判历史的努力,说:"现代知识的发展,让我们知道文化是和政治经济社会分不开的,若将文化孤立起来讨论,那就不能认清它的面目。但是只求认清文化的面目,而不去估量它的社会作用,只以解释为满足,而不去批判它对人民的价值,这还只是知识阶级的立场,不是人民的立场。……郭先生的学力,给他的批判提供了充实的根据,他的革命生活,亡命生活和抗战生活,使他亲切的把握住人民的立场。"23日晚,应赵守愚、陈岱孙邀宴。24—25日,作语文杂论《论国语教育》,刊于12月《时报》。文中回顾了清末以来国语教育的历史,赞成将北京话作为标准语;呼吁加强汉字注音工作和标准汉字的制定工作。(参见姜建、吴为公编《朱自清年谱》,安徽教育出版社1996年版)

梁思成、林徽因全家回到北平。林徽因为清华大学设计教师住宅,并接受校外的设计任务。梁思成因中国营造社经费中断,活动难以开展,遂建议西南联大负责人在清华大学增设建筑系,得到同意。回到北平后,就在清华大学创办建筑系,并任系主任,直至去世。10月,梁思成受聘美国耶鲁大学做访问教授,讲授《中国艺术史》。(参见林洙、楼庆西、王军《梁思成年谱》,《建筑史学刊》2021年第2期"梁思成及营造学社前辈纪念专刊")

金岳霖年初在联大作为温德的名义助手,全权处理罗氏基金赞助联大教授的补助费。5月,西南联大宣布结束,三大学院系随原校复员。从昆明抵重庆,然后乘飞机返京。9月,金岳霖上年推荐王浩申请美国芝加哥大学的奖学金。此时王浩考取了公费留学,赴美。行前带王浩去拜见林徽因。10月,清华大学开学,仍任清华大学哲学系教授。(参见王中江编《中国近代思想家文库·金岳霖卷》及附录《金岳霖年谱简编》,中国人民大学出版社2014年版)

张岱年重回清华大学。1月23日,冯友兰致函梅贻琦:"兹谨推荐任华、张岱年二先生为本校哲学系教授,自三十五年度起。附呈任、张二先生履历及著作目录,请查核。"5月,张岱年作《孔学平议》。8月,重回复校后的清华大学任哲学系副教授。冯友兰赴美讲学后,他代讲"中国哲学史"课程,同时讲"哲学概论"与"孔孟哲学"。(参见杜运辉《张岱年先生年谱简编》,载王京州编《河北近现代学者年谱辑要》,国家图书馆出版社2017年版)

陈梦家《海外中国铜器图录考释》第1集由北京图书馆和商务印书馆出版。作者自40年代初即着手研究、编辑此书。此书收录了一些流散在国外的铜器照片共150幅及《中国铜器概述》一文,文章阐述了他对于中国铜器的时期、地域、国族、分类、形制、纹饰、铭辞、文字、铸造、鉴定等问题的见解,其中与语言学密切相关的是地域、铭辞与文字。书中照片系北平图书馆长袁同礼提供,非第一手资料。为了更好地搜集整理我国流散海外的青铜器资料,陈梦家以莫大的爱国热忱和治学毅力,于1944年到美欧实地考察,遍访所有收藏青铜器的博物馆、古董商、豪富之家与知名人士,每见到藏器,都仔细观察、记录和拍照,并同所有藏家保持通信联系。在美期间,曾到加拿大多伦多博物馆考察。

按:陈梦家1947年游历西欧5国时,出入博物馆与名门贵族门第,为同一目的奔忙,并在瑞典著名汉学家高本汉的陪同下,见到了酷爱中国文物的瑞典国王。他于1962年出版的《美帝国主义劫掠的我国殷周铜器集录》及与美国人凯莱合编的《白金汉所藏中国铜器图录》,就是这一时期苦心经营的结晶,为研究我国的古代文化及语言文字收集了一批宝贵的资料。(参见齐家莹编《清华人文学科年谱》,清华大学出版社1999年版)

冯至6月携妻女离开昆明,在重庆等候飞往北京的飞机近一个月。在此期间,与老友杨晦会晤,并新结识了诗人何其芳、小说家沙汀。"李闻惨案"发生后,和一些进步人士签名抗议,声讨特务的暴行,倡议开追悼会。7月,回到阔别10年之久的北平,住中老胡同,任教于北京大学西语系,一直到1964年9月。至1949年,业余主要从事《杜甫传》的写作和歌德研究。9月,中篇历史小说《伍子胥》,被巴金收入"文学丛刊"第8集,由上海文化生活出版社出版;写历史故事《两个姑妈》——《杜甫传》的副产品之一。10月,写历史故事《公孙大娘》——《杜甫传》的副产品之二,后刊于北平《经世日报》。11月,作杂文《沙龙》,刊于上海《观察》杂志,对京沪等大都市一些无视民族苦难的官僚、政客、学者、作家予以严肃的抨击。冬,写散文集《山水·后记》,反映了冯至自成其趣的"山水"观念和美学风格。(参见周棉《冯至年谱》,载王京州编《河北近现代学者年谱辑要》,国家图书馆出版社2017年版)

游国恩6月随分批复员的联大师生乘卡车至长沙,全家再转乘火车返回江西探亲。在一处站台上,从购得的报纸上看到闻一多遇害的消息,非常激愤,当即打电报给尚未离开昆明的大女儿游珏和女婿马汉麟,嘱他们前去看望,尽量安慰闻师母,并代表他参加闻先生的殡礼。由于北京物价昂贵,游国恩这次探亲后只身北上,将家属暂留江西。9月,北京大学在京开学。游国恩讲授的课程有中国文学史、楚辞、唐宋文学史、古文选读与习作等。12月7日,访朱自清。19日,《论吴声歌曲中的子夜歌群》刊于《平明日报·星期文艺》创刊号。(参见游宝谅《游国恩先生年谱》,《淮阴师范学院学报》2002年第1期)

王康7月复员北返,途中在武昌和黄冈家中停留一个多月。接到清华联络处的通知后,经汉口、上海、天津,辗转到达北平清华园。王康为清华大学研究院研究生,师从潘光旦、费孝通二师。从闻一多遇难到北返清华的一路上,王康悲痛不止、愤怒难平、思绪万千,这一切,汇聚到他酝酿中的《闻一多的道路》一书中去。11月,正在写作《闻一多的道路》中的王康看到同为他所尊敬的老师沈从文发表的《从现实学习》一文后,抑制不住内心的愤懑,撰写了两万字的长文《沈从文批判——这叫从现实学习吗?》,对沈从文"特别不赞成文学与政治发生关联"的观点进行批判。文中驳斥沈文中对昆明民主运动、对"人之师"、对青年的批评是"污蔑了昆明八九年培植起来的圣洁"。尤其让他难以接受的是沈文对于民主运动中死难者的漠视，王康反驳沈文，"稍有正义感的人如果目击过一二一烈士的殉义和闻李两先生的被害未尝有不悲愤沉痛而对现时政治最低限度也要加以谴责的"，而沈从文笔下的闻一多只是"为愚人的一击而毁去的朋友"。王康不无悲愤地回击："这位第一流的作家真会写呵，好一个'愚人的一击'！谋杀闻先生的仅仅是'愚人'一击可以遮掩的吗？沈先生，你为了讨好，真是煞费苦心了，你可知一个杰出的人才可就在你轻描淡写之下被'毁去'了吗？？不错，你总算能了解闻先生在八年中变更重造自己和适应时代追求理想的事实，可是你为什么既不自求改进反而对于闻先生所领导的民主运动极尽其污蔑之能事呢？"闻一多的死，直接来自国民党对民主人士的暗杀和对民主运动的镇压，王康虽不能像闻一多那样拍案而起，但他可以手中的笔讴歌民主斗士闻一多，讴歌昆明的民主运动。（参见王立《沿着〈闻一多的道路〉向前——王康与他的〈闻一多的道路〉》，《郭沫若学刊》2019年第2期）

陈垣1月5日接台静农来函，称："师新著《通鉴胡注表微》三篇，顷已捧读，精深博大，合王伯厚、顾亭林为一手。身之潜德，六百余年后得吾师发之，然师之寄意亦深远矣。"1月20日，致张长弓函。张长弓援引今崛诚二在《东洋史研究》第8卷5—6期合刊上发表的《今日北平学界》一文："辅仁大学陈垣校长犹健在。继续于论文专著，作超人之活跃，其所论对于现代深刻烦恼中，更加一层悲怆！如《明季滇黔佛教考》《南宋初河北新道教考》，其最著也。陈氏高足余逊、叶德禄、赵光贤、柴德赓等青年讲师，各就汉唐宋明时代追随陈垣，作成一种学风，殊为壮观。该校除继续出版辅仁学志、华裔学志外，去年度复新刊民俗学志，内容充实，大有与最近昆明方面斯学相竞之意。惟今春文学院长沈兼士失踪，某有力教授被捕。张星烺、梁启雄、朱师辙等长久沉默，不知何故。今后甚希望陈垣等之自重云。"2月3日，陈垣致长子陈乐素函："容元胎在粤中大，近来信欲北来，不知又何以不安于中大？一个人第一要有本领，第二要有人提拔。有本领而无人提拔，不能上台，有人提拔而无本领，上台亦站不住也。"3月15日，岭南大学校长李应林及文学院长庄泽宣分别来函，听说陈垣要南来，力邀来校演讲或主持研究工作。

陈垣5月19日出席辅仁大学返校节大会。7月26日，撰《私立辅仁大学致市教育局公函》曰："案查自抗战军兴以来，本校处敌伪嫉视压迫之下，惟持有不屈不挠精神，努力奋斗，以完成建国储才之使命。二十七年五月，本校因拒绝庆祝徐州陷落，附属中学曾遭封闭。二十八年八月，训育主任伏开鹏因遣送学生南下而遭缧绁。于是敌人遂指本校为抗日大学，嫉视摧残变本加厉，宪兵特务眈眈环伺，过事吹求，师生之被检举者遂层见叠出。二十九年六月，伏开鹏复被捕。三十一年十二月，文学院长沈兼士南下，秘书长英千里亦被检举。三十三年三月，代理文学院长董洗凡、教育学院长张怀等为抵制敌伪奴化教育，秘密组织文教协会，奠定地下工作，又与英千里及教授并附中教员等三十余人被捕，迨三十四年七月始次第开释。窃念本校在八年长期抗战之中，全校同人备受艰辛，所以委曲求全者，无非为保存沦陷区教育之一线。自二十九年以后，伪教育总署曾屡向本校索取学生名册及各项表件，不得不略为敷衍。又自欧战勃发后，本校经费奇绌，曾向各方捐募；伪组织极愿每月有所补助，嘱为呈请，经本校婉词拒绝，不得已，仅接受地方公益奖券余款两次，以资接济。此为本校八年间委曲求全之实在情形，理合据实陈述，函请查核。"

陈垣10月19日与胡适同飞南京。20日，出席南京中央研究院评议会二届三次年会。本次年会通过设置院士的决定。第二届评议会第四次大会，在各大学、各独立学院、各学术团体、各研究院推荐人士中，选出院士候选人150名；并公告名单4个月，接受学术界的公论。陈垣以"专治中国宗教史,兼治校勘学、年历学、避讳学"当选。同月,最高法院调查刘玉书汉奸案,辅仁大学校长陈垣等以刘在敌伪时期,曾援助地下工作人员,对辅大教授保全尤多,联名请求为其减刑。12月16日,辅仁大学学生因校方增加住宿生煤火费问题"集体向学校请愿,并邀请陈垣校长,张重一秘书长出席。学生代表当质问校方何以用扣除学分手段要挟胁迫缴宿费"。辅仁校内贴满说明事实真相和呼吁支持的布告和标语,并出现指责辅仁为"古典法西斯封建余毒混合成的环境"的壁报。除女院局部上课外,实际上已经停课。17日,外籍教士修女一致罢教。18日,在陈垣校长斡旋下,学校当局允许重新考虑煤火费问题,学生代表向神父修女道歉,辅仁大学恢复上课。同月,《上智编译馆馆刊》第1卷出版。是年,发表史源学范文《书十七史商榷第一条后》《全谢山联姻春氏》《书十七史商榷齐高帝纪增添皆非条后》《书通鉴外纪温公序后》。又发表《中国佛教史籍概论》中之两篇。
(参见刘乃和、周少川、王明泽《陈垣年谱配图长编》,辽海出版社2000年版)

沈兼士继续在北平负责接收事宜。1月2日,作致国民党第十一战区副司令长官李延年、山东省主席何思源电函,证明华北文教协会山东分会委员武占元曾打入敌伪组织工作,请求释放其弟武培元,并希望妥善保护文协成员。同日,《世界日报》刊登消息,称平津日伪教育机关现已完全接收竣事,教育部平津区特派员沈兼士于日前将接收结果,列表报告中央。3日,作致教育部长朱家骅电函,报告新民印书馆移交事,请速电示办法。4日,作致教育部长朱家骅电函,建议新民印书馆仍应争取由教育部办理。7日,作致国民政府教育部长朱家骅电函,报告日本画家矢崎千代二捐献千余幅画事,并请示处置办法。18日,国民政府教育部签批呈文,拟将日本画家矢崎千代二所制各国名胜画暂交北平图书馆保存,将来再交中央美术馆。22日,赴故宫御花园绛雪轩,与教育部清理战时文物损失委员会平津区代表助理王世襄等点收德国人杨宁史呈献的古铜器。25日,国民政府教育部签发致沈兼士电函,指示将接收的日本画家矢崎千代二呈献教育部画作暂交故宫博物院,将来再转交中央美术馆。同日,国民政府教育部签发致国立故宫博物院训令,令该院暂时保管由沈兼士特派员接收的日本画家矢崎千代二呈献教育部画作,待将来再点交中央美术馆。11日,作致教育部长朱家骅电函,请求新民印书馆和平门分馆应争取由教育部办理。12日,作致教育部长朱家骅电函,报告恢复华北文教协会、购买日本图书等事项。

沈兼士2月12日作致教育部总务司长贺师俊电函,请其转告部长朱家骅,称北平市教育局长英千里半年来努力维持局面,功不可没。20日,作致国民政府教育部长朱家骅电函,请批准将日本画家矢崎千代二作品先交由补习第八分班监督敷油,再由国立故宫博物院暂行保管。25日,以教育部平津区特派员名义,致电北京大学校产保管委员会,要求将校产损失及修建所需最低限度经费函报到平津特派员办公处。4月25日,国民政府教育部发致行政院电函,拟对沈兼士以教育研究委员会专任委员名义列报,请求核准。29日,《申报》刊登消息,称将对全国大学教职员进行甄审,并由教育部聘定各区审查委员会委员,沈兼士为平津区审查委员之一。5月12日,《申报》公布北平临时大学补习班补习期满学生结业考试分发委员会委员名单,沈兼士为该委员会委员兼常务委员。6月17日,与张怀联名作致山东省政府主席何思源电函,请求保释女教师、华北文教协会会员齐白江出狱。18日,与俞平伯、董洗凡、张怀、顾随、陈雪屏、邓以蛰等14位大学教授为周作人案,联名向国民党政府首都高等法院出具证明,列举事例,说明周作人在任伪职期间"曾有维护文教、消极抵抗之实绩",希望法院根据确凿证据,减轻其罪责。24日,在天津《大公报》"追悼雷鸣远先生特刊"

发表七绝《雷鸣远司铎殉国六周年纪念》。

　　沈兼士7月12日在黑蝶林西餐馆举行茶会,欢迎胡适及北平市教育局长王季高等。9月7日,冀、热、察、绥清查团发表报告,称该团调查发现日本古玩家曾将收藏的古玩、古书等物交教育部平津区特派员办公处,但该处至今未将这些古玩、古书交处理局。该团正查究责任,特派员沈兼士与前负责接收的王任远正互推责任。19日,国民政府首都高等法院开庭审理周作人汉奸案。法官宣布沈兼士证词时,称其在北平做地下工作未受周掩护,其家属被敌逮捕时周是否向日本人缓颊不得而知。周作人听后,表示没有意见。24日,《申报》刊登消息,称傅斯年致函清查团,认为该团团员苏挺在未发表确认教育部平津区特派员沈兼士有过失前,不应该指责《大公报》等不刊登有关沈氏下属接受日本人书画舞弊的消息。10月19日,《新风周报》刊登消息,称沈兼士接待来访的北京大学生代表,说明国民政府教育部对沦陷区学生进行"甄审"事不属于其职责范围,希望大家为国家全体着想,担起国家建设的重任。同日,北京大学校长胡适飞抵南京,谈及沈兼士等在日本占领时期清苦自守,目前已重回北大工作。22日,撰成《"不""坏""茡苢""梧桼"诸词义类说》,后刊于天津《大公报·文史周刊》第4期。此文对前人"不""坏""茡苢""梧桼"诸词义类的研究方法,作了实事求是的批评,提出自己独特的见解。它也是奠定作者汉语字族研究理论的一篇重要学术文章。同日,上海《星海》(周报)刊登金虎生《傅斯年替沈兼士做打手》一文,称华北接收清查团查处贪污渎职案,其中牵涉到沈兼士,傅斯年撰文替沈鸣不平。12月23日,天津《大公报》刊登消息,称北京大学校长胡适从南京将《论〈水经注〉》一文寄给老朋友沈兼士,请沈订正。(参见郦千明、汪素梅《沈兼士年谱简编》,《湖州师范学院学报》2021第3期)

　　余嘉锡《谢承后汉书传本之有无》刊于9月11日《经世日报·读书周刊》第5期。25日,《洪亮吉之地理学》刊于《经世日报·读书周刊》第7期。10月9日,《水浒传之俗语》刊于《经世日报·读书周刊》第9期。11月6日,《楚辞释文考》《跋李文公集》刊于上海《大公报·文史周刊》第4期。20日,《书晋书桓玄传后》刊于上海《大公报·文史周刊》第6期。12月11日,《荀子性恶篇"伪"字解》刊于《经世日报·读书周刊》第18期。从此时期文章发表数量可以看出,余嘉锡潜心著述,心无旁骛治学。(参见王语欢《余嘉锡学术年谱》,黑龙江大学硕士学位论文,2013年)

　　顾随在辅仁大学兼任中国大学课。1月2日,据英文本翻译的俄国作家安特列夫的短篇小说《大笑》,刊于《益世报·语林》。7日,作《关于安特列夫》,刊于《益世报·语林》。5月22日,据顾随当日给叶嘉莹的信,知叶嘉莹第一篇小说《水边的话》,是顾随为之确定的小说名,并由顾随推介发表在北京《新生报》副刊上,署名"迦陵"。7月26日,向法庭出具证明,证明周作人曾保护被日寇逮捕的辅仁大学英千里、董洗凡、张怀等进步人士。中法大学在北平复课,继续于该校任教。(参见闵军《顾随年谱新编》,载王京州编《河北近现代学者年谱辑要》,国家图书馆出版社2017年版)

　　方豪9月离开复旦大学,赴北平辅仁大学任教。9月30日,《经世日报》报道:前浙江大学史学教授、复旦大学史地系主任方豪及前重庆白沙女子师范学院副教授柴德赓受聘到辅仁大学任教。(参见刘乃和、周少川、王明泽《陈垣年谱配图长编》,辽海出版社2000年版)

　　周祖谟12月在《辅仁学志》第14卷第1—2期合刊出版《宋亡后仕元之儒学教授》。文中内容有"宋亡后元止搜访遗逸""元之儒官及出仕之山长学正""出仕之儒学教授""出仕之原因""出仕后之自悔""诸公出仕之评论"。该文在元代学官研究等领域有重要影响。

也有研究指出,此文与社会现实有关,系作者有感而发。同期还载陈垣《通鉴胡注表微》(下)、岑仲勉《陈子昂及其文集之事迹》《弥天释道安著作辑目》、启功《急就篇章草本考》、魏建功《草书在文字学上之新认识》等文。(参见王学典《20世纪史学编年(1900—1949)》,商务印书馆2014年版)

　　刘盼遂继续在辅仁大学任教。6月,《中国书中不规则计数法举例》刊于北平《文艺与生活》第2卷第1期。8月起,任北平师范大学中文系教授,直到逝世。(参见之远、章增安《刘盼遂先生学术年谱简编》,《华北水利水电学院学报》2011年第6期)

　　陆志韦1月30日任新成立的燕大北平组织委员会主任,林嘉通任秘书。3月1日,举行春季开学后第一次师生大会,校行政委员会主席陆志韦讲话。26日,燕大组成"成都同仁接待委员会",主席陆志韦,成员有李荣芳、赵承信、陈芳芝、王汉章、蔡一谔。同日,成立"外籍学生入学和必修课临时管理委员会",主席林嘉通,成员有翁独健、高名凯。4月16日,"庆祝司徒雷登70大寿委员会"成立,主席陆志韦,成员有蔡一谔、陈芳芝、翁独健、胡经甫、赵承信、侯仁之。29日,成立以陆志韦为首的"招生委员会"。6月24日,《燕大双周刊》第5期公布日军占领时期学校损失数字;并刊有陆志韦、翁独健、齐思和等的论文。7月11日,燕大组成校务委员会代行校务长职务,主任陆志韦,秘书蔡一谔,成员有夏仁德、窦维廉、严景耀。8月起,陆志韦担任研究生院院长,梅贻宝任文学院长(夏仁德暂代),韦尔巽任理学院院长(胡经甫暂代),吴文藻任法学院院长(赵承信暂代)。同月,成都学生自治会与北平燕大49级班会合并,组成北平燕大学生自治会,主席团有张富培、包儒、李菊红。

　　陆志韦与司徒雷登8月24日出席在南京举行的燕大董事会会议,并作报告,会议决定孔祥熙辞校长职务后,由陆志韦代行校行政领导职务。同日,董事会改选,由重庆时期的15人扩充为19人,并规定以后每3年改选1/3。改选后,除4名成员属教会人员外,其他15名成员为:孔祥熙(主席)、张鸿钧(文书)、颜惠庆、周贻春、徐淑希、费起鹤、方东、夏晋熊、谢婉莹、王敏仪、王廖奉献、全绍文、胡惠春、张群、艾德敷。9月2日,陆志韦寄来迎新词,谓:"读一日书,当思量一日之用。切身小利害己不及计较,大学生责任之重未有甚于今日者矣。"同日,图书馆公布日伪统治时期损失各种文本图书杂志31907册,各学院亦公布损失图书、仪器情况。10月5日上午,哥伦比亚大学中国文学系主任富路德博士(Dr. Carrington Goodrich)由哈佛燕京学社在临湖轩宴请,代理校长陆志韦作陪。下午,各国在华汉学家50余人在临湖轩集会。11月5日,教职员会举行第四次讨论会,由林嘉通主持,陆志韦讲燕大及美苏两国教育实际问题。12月2日,8个学术团体就"12·1"事件1周年举行纪念大会,并出纪念特刊。7日,校务委员会主任陆志韦偕总务长蔡一谔赴沪,与基督教大学联合会驻华代表及董事会的孔祥熙商讨学校经费问题。同日,《燕大双周刊》第27期发表《燕园光复四录》。8日,为纪念"一二·八"学校蒙难日,举行师生大会。9日,召开纪念"一二·九"运动大会。29日,为抗议美军强奸北大女学生沈崇,自治会召开全体学生大会,大会通过罢课1天,次日游行。30日,全体同学徒步进城,与其他院校同学一起,举行反美大游行。(参见张玮瑛、王百强、钱辛波主编《燕京大学史稿》,北京人民中国出版社2000年版)

　　张东荪继续任教于燕京大学。1月10日,全国各界瞩目的政协会议在重庆国民政府礼堂举行,张东荪以民盟代表身份出席。11日,政治协商会议召开第二次大会,主要议题是讨论军事问题。民盟代表梁漱溟提出应首先考虑政治民主化,然后再讨论军队国家化。国民党代表张厉生、王世杰、劭力子等反对梁的提议。张东荪支持梁的提议,向国民党建议说:

"今日议程为国共会谈经过报告,及组织军事考察团人选问题。至于人民自由权利之实施,由政府在一星期内作报告,再定会商议程。"他的建议得到了中共代表周恩来、董必武和无党派代表王云五等人的赞同。14日,政治协商会议第四次会议,讨论政府改组问题,王世杰代表国民党提出了改组政府的方案,强调国民党的领导地位及主席否决权与应急权的重要;却回避了各界关注的人民基本权利的保障问题,因而引起了张东荪等人的强烈不满。张东荪起而发言,提出国民党政府必须首先保障人民自由权利,然后才有讨论政府改组的前提。16日,张东荪在《民主生活》(重庆版)第2期发表《政治协商会议与国防新案》。31日,政治协商会议举行第十次会议。会议通过的5项协议,基本体现了中共和民主人士的基本要求;会议再次确定了和平建国方针,否定了国民党的独裁内战方针;确定了国会制、内阁制和省自治制的政治制度。这些政治制度,既不同于国民党的一党专制,又不同于中共的新民主主义政治制度,基本上是资产阶级的民主共和国的政治制度,集中体现了以民盟为代表的资产阶级和小资产阶级民主主义者的政治要求。因为它是对国民党一党专政和蒋介石独裁统治的否定,反映了当时全国人民的要求,加之又与中共的新民主主义相似,所以得到了中共的赞同。张东荪作为参加政治协商会议的民盟代表,为达成5项协议尽了一些努力。

　　按:政协会议是一次采取合法形式的斗争,在当时特殊的环境和条件下,国民党和共产党都作出了较大的让步。政协决议基本上反映了以民盟为代表的中国第三种势力的政治要求。2月7日,《新华日报》刊载《张东荪说:现在对政协的要求就是希望兑现》,报道张东荪在中央大学讲演时强调:"现在对于政协会的要求就是希望兑现的问题。"政协会议达成的5项协议,的确是民主势力的一次胜利,是国民党政治上的一次失败。张东荪清醒地意识到,要把这些纸上的协议付诸实施,还需要加倍努力。

　　张东荪2月中旬从重庆回到北平,继续在燕京大学哲学系任教。民盟秘书长改由梁漱溟接任。中下旬,张东荪为燕大学生作了几次关于时局问题的演讲,强调政协会议决议付诸实施的重要性。3月10日张东荪撰写《理性与民主》后序,介绍撰写该书经过及结论。该书由商务印书馆1946年5月出版。春,张东荪与军调部北平执行部及中共地下党保持密切联系。抗战胜利后,原来负责与张东荪联络的中共地下党员殷之钺调到他处工作。在停战谈判的一段时间里,由于政治气氛相对宽松,张东荪便直接与在北平军调部的中共代表叶剑英、徐冰等人联系。1946年初徐冰来到北平参加军调部的工作。在民盟华北总支部召开的一次会议上,张东荪把叶笃义等民盟华北总支部委员介绍给了徐冰,从此,叶笃义与徐冰也建立了联系,成为联系中共与张东荪之间的中间人。4月13日,张东荪与张澜、沈钧儒、梁漱溟、张君劢等15人联名致电中共中央,悼念"四八"烈士。5月,张东荪在天津青年会作了题为《一个中间性的政治路线》的演讲,将自己调和资本主义与共产主义、走中间路线的思想公诸于众,正式提出了"中间性的政治路线"的主张。他认为中国应当折衷"资本主义与共产主义",建立"一个资本主义与共产主义中间的政治制度",即"中间性的政制"。他将这样的政治制度的要点归纳为:"在政治方面比较上采取英美式的自由主义和民主主义,同时在经济方面比较上都采取苏联式的计划经济与社会主义。"这样的政治制度,可以兼采双方之长而避免各自的弊端。他说:"采取民主主义而不要资本主义,同时采取社会主义而不要无产阶级专政的革命,我们要自由而不要放任,要合作而不要斗争,不要放任故不要资本家垄断,不要斗争故不要阶级斗争。"

　　按:具体到中国目前的政治状况,张东荪认为,应该在中国两大政治势力——国民党与共产党之间谋求调和,建立一种两者都能接受的民主政体。他说:"姑假定国民党为右,共产党为左,我们决不是主张不要他们,只由中间者来主持,乃是要把他们中偏右者稍稍拉到左转,偏左者稍稍拉到右转,在这样右派向左,左派向右的情形下,使中国得到一个和谐与团结,并由团结得到统一。"为此,他既反对国民党的一党专制和官僚资本,又不赞同中共用革命方式推翻国民党统治及剥夺地主土地重新分配的做法。他公开声明:"我们主张应有一个全国适用的土地改革办法,使耕者有其田之理想由平和方法得以实现。我们同时根本铲除官僚资本,务使工商业依国家所定的全盘计划得由个人努力发展之。"

张东荪撰写《美国对华政策与中国应有之反应》6月刊于《再生》杂志第124期。作者建议中国所有的民主人士,应该向美国表示:我们只反对美国以中国作为反苏基地这一点;倘美国变更了态度,不以中国作为反苏基地,我们对于美国的任何援助都愿欢迎。7月,民盟北平市委孙中原被国民党特务绑架,张东荪作为民盟华北总支部负责人向北平治安当局提出抗议,并报请民盟总部向国民政府交涉。8月,张东荪与张君劢领导的中国国家社会党与伍宪子、李大明领导的主要在海外活动的民主宪政党合并,成立了中国民主社会党,简称"民社党"。同月19日,张君劢宣布国家社会党与民主宪政党合组为社会民主党,张君劢为主席,伍宪子为副主席,张东荪为中央常委。民社党成立后,在是否参加国民大会这个重大原则问题上,立即产生了严重分歧。9月30日,张东荪与张澜、沈钧儒、梁漱溟、张君劢等民盟政协代表为召开国民大会事致蒋介石电。10月1日,张东荪致函胡适,寄赠《思想与社会》一书,并云:"拙著《思想与社会》系在沦陷期内所写,门人叶君冒险以原稿携至重庆。乃王云五搁置不印,迟延二年,今始出版。君劢有序牵涉我公,书中论及人权亦提到尊著《人权论集》,故敢寄呈邀。所言或不无与尊旨相出入,倘蒙笑而存之,亦道并行之义也。"同日,张东荪与民盟政协代表沈钧儒等9人致函蒋介石,提出"一党国大,不能召开。内战正在进行,若国民大会而以当权在位之国民党单独为之,则一党专政之局不改,全国统一之局不成",并指出必须立即停止内战,立即恢复和平。

张东荪与梁秋水10月从北平飞往上海。因为依据政协协议规定的程序,国民大会的召集应在政协各项协议次第付诸实施后,由各党派协商制定宪法草案,确定召开日期。但国民党公然违背政协决议,决定11月12日召开国民大会,要求各党派速交参加国民大会代表名单。当张东荪闻讯民社党将参加国民大会时,立即与梁秋水从北平飞往上海进行劝阻。张东荪一到上海,便向张君劢、蒋匀田等人解释参加国民大会的危害。张东荪的一番净辩,说服了一些民社党骨干。但以伍宪子、徐傅霖为代表的部分民社党骨干,却坚决主张参加国大,民社党内部便展开了激烈的论辩。张东荪在这个大是大非的原则问题上没有退让。蒋匀田与张东荪进行长谈,解释张君劢的苦衷,希望张东荪能够谅解,并且企图说服张东荪同意民社党参加国民大会。同月,张东荪与蒋匀田赴南京面见蒋介石,请求推迟召开国民大会。张东荪觉得自己既无力阻止民社党参加国民大会,蒋介石更不可能接受自己的建议,推迟召开国民大会,于是悄然北返,重回北平教书。张东荪虽秘密回平、不再返沪参与民社党是否应当参加制宪国大之争论,但民社党内部关于是否参加国民大会的分歧并未解决。张东荪北返后,梁秋水被伍宪子说服赞同参加,但与张东荪关系密切的叶笃义、郭虞裳等仍然坚持反对参加国大,结果乃有民社党革新派之分裂组织。11月中旬,民社党高层围绕是否参加国民大会展开激烈争论。

按:徐傅霖、伍宪子、蒋匀田等人主张参加国民大会,张君劢一生从事宪法研究,并且是提交国民大会讨论的《中华民国宪法草案》的主要起草者,渴望在中国通过一部真正的宪法。故赞同民社党参加国大,以便通过宪法。以张东荪、孙宝毅、叶笃义等为代表的民社党部分党员(特别是华北地区的党员)坚决拒绝参加,不愿使民社党充当国民党的工具。张东荪的理由是:"中共不参加,纵能保证通过政协宪草,宣布为国家宪法,没有对立的政党,制衡的力量,空凭条文,亦罔有实效。"张东荪在这场是否参加国民大会的原则问题上没有退让,甚至与挚友张君劢划地绝交,毅然拒绝参加国民大会,经受住了严峻考验。张东荪与张君劢自1907年在日本相识,有着40年深厚的友谊。在从晚清反清、民初倒袁、五四开展文化运动、直到30年代组织国社党、反对国民党专制,张东荪与张君劢政治观点相同,兴趣爱好相投,被人并称为"二张"。即使在艰苦的抗战岁月中,二人虽相隔万里,政治立场仍然相同,政治观点也相似,友谊深笃无比。然而,就是在关于是否参加国民大会这个重大政治问题上,二人意见相左,观点相异,终于"划地绝交",各奔东西。对于二人的友谊来说,这是非常不幸的,也是他们晚年的一件憾事。

张东荪依然在挽救和平的机会。12月24日,北平发生美军士兵强奸北京大学女学生沈崇事件,激起全国一片强烈抗议之声。张东荪与马寅初等北平爱国教授坚决抗议。据报载:燕京大学教授张东荪说:学生以罢课游行,要求美军退出中国,极为正当。并说:马、司调停声望,所以低落,美国驻华为重要原因。北大教授马寅初说:美军已视中国为殖民地,美军驻华不但助长中国内战,现已污辱我人之人格。政府为维持一己地位,请美军驻华,污辱中国人民,应负极大责任。27日,张东荪从北平南下上海,以民盟中央委员的资格参加筹备民盟第一届中央委员会第二次会议。为了筹备召开二中全会,民盟中央从12月23日到1947年1月5日前后举行了10次预备会,3次中常会扩大会议,到会中央委员36人。会议公推张东荪与张澜、沈钧儒、黄炎培、罗隆基、史良、邓初民、张申府等9人组成主席团,为全会作必要的准备。29日,张东荪与在上海的民盟中央负责人张澜、黄炎培、章伯钧、罗隆基等人讨论时局,会商盟务,确定民盟今后的方针政策。(参见左玉河编《张东荪年谱》,群言出版社2014年版;左玉河编《中国近代思想家文库·张东荪卷》及附录《张东荪年谱简编》,中国人民大学出版社2015年版)

齐思和继续任教于燕京大学。1月,齐思和在《大中》第1卷第1期发表《现代中国史学评论》,文中指出当时中国史学界存在着两种最重要的派别——掌故派和社会学派。他说:"在这种混乱的现象中,有两三种畸形发展,颇占势力。一种是琐碎考订的发达,我们可称他为掌故派。他们大抵知道用纪传的方法改修旧史或纂修新史是不行了,于是乃选择一个窄深冷僻的题目作一穷源竟流的探讨。考证则细入毫芒,征引则繁富博赡。……此外另有一派又走向另一极端,他们因厌弃掌故派的繁琐苛碎的考订,遂要研究中国整个社会的进展,我们可称他们为社会史派。"3月,《燕京学报》第30期复刊,齐思和任主编。5月,齐思和在《大中》第1卷第5期发表《中国史学界的展望》,文中评价"新史家"云:"他们欲知今日社会是什么阶段,将步入何种阶段。其长处在能由大处着眼,而短处是题目太大,材料太少,有的甚至仅翻弄'矛盾''崩溃''演变'等名辞,有些八股式的议论,而不用心去搜集材料,所以成绩并不太大。"他认为"国史的改造"应当由专题研究开始,"不过,所说的专题并不是琐碎片断而无意义的,乃是大问题的枝节,必须与整个社会问题有关"。

齐思和6月在《燕京学报》第30期发表《西周地理考》。文中认为中国"古地理之学,不过确定地望而已,即较进步者,亦不过论其形势险要,以求其用兵成败之理,至于地理与文化之关系,则多阙而未论",此"乃地名簿记之学,犹不足以言地理"。齐思和指出"自人文地理之学兴,然后地理与文化之关系,始可得而解,世人始知各民族文化之特点,往往有地理上之原因",因为"地理为历史之舞台"。齐思和主张借鉴西方"治地理沿革者"的经验,"以地证史,以史论地,其相互关系,粲然大明"。齐思和鉴于"周初地名,争论尤多,时贤所论,亦多待商",乃"考其地望,论其形势,穷其土壤气象与历史发展之关系,以说明周初文化之背景,而为古地学辟一新径"。同期还刊载阎简弼《南宋六陵遗事正名暨诸攒宫发毁年代考》、翁独健《元典章译语集释》等文。（参见王学典《20 世纪史学编年(1900—1949)》，商务印书馆 2014 年版；张玮瑛、王百强、钱辛波主编《燕京大学史稿》，北京人民中国出版社 2000 年版）

赵紫宸继续任燕京大学宗教学院院长。1 月 10 日，主持燕京大学宗教学院院务会议，会议决定由洪煨莲任哈佛—燕京学社秘书和燕大行政委员会委员；李荣芳任燕大基督教团契主席；吕振中负责《新约》的翻译工作。9 月，赵紫宸在《天风》第 37 期发表《基督教的奋兴派》，重点批判当前流行的基督教的奋兴派："他们利用上帝，差遣圣灵，名为祈祷，实如巫术，告诉人说，上帝如此饶恕人的罪，如彼拯救人的灵魂，医治人的疾病，活灵活现，只是道着了人们贪得的心。私是这一切的根，也是完全违反基督教本旨的。""利用上帝是巫术，服从上帝是宗教。"《天风》编者按："上文为赵紫宸先生新著《基督教进解》之一段，题目由编者代拟。其内容对目前流行的奋兴派之批评，有独到的见解，故先为刊登。该书不日由青年协会书局出版。"是年，赵紫宸《从中国文化说到基督教》由上海广学会初版。次年 3 月，成都华英书局再版。发表《教会的体用与其必要性》。同月，赵紫宸院长出国参加国际会议，院长一职由李荣芳代理。（参见赵晓阳编《中国近代思想家文库·赵紫宸卷》及附录《赵紫宸年谱简编》，中国人民大学出版社 2014 年版；张玮瑛、王百强、钱辛波主编《燕京大学史稿》，北京人民中国出版社 2000 年版）

侯仁之 4 月 16 日任新成立的"庆祝司徒雷登 70 大寿委员会"委员。6 月，侯仁之在《燕京学报》第 30 期发表《北平金水河考》。文中对元明清三代北京金水河的河源、河道变迁、疏导等问题进行考订梳理。洪业对此文的修改颇有帮助，在给作者的信中，认为此文"创获累累"。（参见王学典《20 世纪史学编年(1900—1949)》，商务印书馆 2014 年版；张玮瑛、王百强、钱辛波主编《燕京大学史稿》，北京人民中国出版社 2000 年版）

黎锦熙上半年继续任国立西北师范学院院长。黎锦熙在兰州参加西北师院师生的复大运动，即恢复更名为北平师范大学。抗日战争胜利以后，国民党政府不准北平师大复员，教育部正式下达了"不得复员，留设兰州"的命令，这引起了西北师院在校师生和师大历届校友的强烈反对。上年 12 月，师大校友总会、师院学生班代表及"师大复员委员会"联合召开全体师生大会，决定停课，并派代表去重庆请惠，要求复员返平。至是年 3 月，国民党政府教育部被迫答应设立国立北平师范学院，西北师院学生可以无条件转入。5 月，为了恢复北平师范大学，复大运动再度展开，重新组织复大委员会，罢课待命。此时正赶上国民党政府教育部长朱家骅来平，经同学包围请愿后，国民党政府教育部，不得不明令北平师院分设三个学部，筹备一年后复大。冬，黎锦熙回北京任国文系主任、教务主任。是年发表了《语文学大系》《技术第一，创造至上》《说文古韵二十八部声系序》等。（参见黎泽渝《黎锦熙先生年谱》，《汉字文化》1995 年第 2 期；北京师范大学校史编写组编《北京师范大学校史》，北京师范大学出版社 1982 年版）

袁敦礼 7 月任在北平成立的国立北平师范学院院长。北平师院的复员工作比西南联合大学晚半年多。师生来北平，一切均自理，国民党政府不予任何协助。因此沿途困难很多，大家取道也不一致。有些教师是在黄河上坐着牛皮筏子渡到绥远，再乘火车到北平的。体育系教授徐英超和各系师生约二百人，自郑州北上，路过解放区。他们受到晋冀鲁豫边区政府主席杨秀峰、北方大学校长范文澜和学生们的热情接待，并听了领导同志的报告，这在师院师生中产生了良好的影响。10 月，复员的师生陆续到齐。11 月开始上课。复员后的北平师范学院设立国文、英语、历史、地理、数学、物理、化学、博物、教育、体育、音乐、家政等十二个系和一个劳作专修科。取消公民训育系，成立保育系。台湾光复后，为了在台湾推行普通话，国民党政府教育部在台湾设立了"台湾国语推行委员会"，并决定将兰州西北师范学院、白沙女子师范学院、璧山社会教育学院三校国语科的师生派往台湾，担任国语推行工作。当时学校参加者除了国语科的学生外，还有国文教育两系的学生。从是年8月起，他们开始从兰州出发，先后前往台湾。前往台湾的同学大多是北平师院的学生，他们积极地完成了工作任务，一两年之后，先后陆续回校。

　　按：北平沦陷期间，敌伪于北平师大原址设立了北京师范学院，另设北京女子师范学院于李阁老胡同，后来合并为北京师范大学。抗战胜利后，被国民党政府接收，改为北平临时大学补习班第七分班。这部分学生后来都合并到复员后的北平师范学院。（参见北京师范大学校史编写组编《北京师范大学校史》，北京师范大学出版社1982年版）

　　李长之2月代理南京编译馆图书主任，主编《和平日报》副刊。4月7日，在天津《大公报》第一张第4版"文艺"（新14期）发表《送老舍和曹禺》。文中说："在喊'文章下乡'的同时，有人喊出了'文章出国'，现在不唯文章出国，而且文章的主人也被请到外国了，这是叫人多么高兴的事！""要感谢曹禺和老舍！老舍是中国现在最受欢迎的小说家之一，曹禺是中国现在最受爱戴的剧作家之一。""曹禺好像不曾企图过写作剧本以外的东西，虽然剧本中常有好的说明如小说，剧本的后记也宛然是上等的散文。然而无论如何，他也将以剧本的专业来永远与国人相见的吧。""有一次，曹禺对我讲，他说他宁愿意和大社会接触，而不愿意拘束在学校里，那是在一个大学当局正和他接洽任教的时候。""曹禺每写一个剧本，准备的工作往往很大。他要写的《李白与杜甫》，就曾各处找书来读，因为没准备好而没动笔。他为了写《桥》他到过西北去旅行，但因为写得不如意，这稿就一直没完工。"文中比较曹禺和老舍，说："曹禺却又有一点为老舍所不及处，这就是曹禺有一种邻于神秘主义的理想主义。《日出》已有这个倾向，但不如《原野》之显著，到了《北京人》而最露骨。他热情，他向往，他有所憧憬，虽然所憧憬的不一定十分明确。于是就表现而为似乎神秘主义的理想主义了。""就写作的进展论，曹禺的路线是在往理想的高处走，老舍的路线却是往社会的大圈子之广处求，曹禺或者更不顾忌地追求他的理想吧，老舍或者更斩荆棘辟草莱似地锻炼他的写实的大骨干。方向虽不必齐，但时时在进步着则一。"10月，李长之回北平，任北京师范大学副教授，主编《北平时报》的《文园》副刊。（参见田本相、阿鹰编著《曹禺年谱长编》，上海交通大学出版社2017年版）

　　梁实秋3月出席在重庆召开的第四届国民参政会第二次会议。秋，国民参政会通知有专轮直驶南京，梁实秋怀着一种复杂的心情，告别天府之国，携眷东下，到达南京。在南京，他们暂居于国立编译馆的一间办公室里。当时，也有人挽留梁实秋在南京工作，但梁实秋见到国事蜩塘，形势纷乱，希望远远地脱离政治的漩涡；而且北平父母在堂，家园破碎，亟待整理，所以和季淑商量还是以回到北平继续教书为宜，便借口离宁转上海，搭飞机返回北平。梁实秋一回到北平，就接到北京大学校长胡适着人送来的聘书，请他仍回北大担任英文系主任。但在此之前，当傅斯年接收北大时，已约下了朱光潜做主任，梁实秋与朱光潜是朋友，自不愿占老友的职位；而且梁实秋与傅斯年在参政会里曾多次发生冲突，吵过架，也不愿与傅共事，所以决定回避。于是，梁实秋改任北平师范大学英语系教授，在师大讲授"英国文学史""文艺批评理论"等课程。（参见鲁西奇《梁实秋传》，中央民族大学出版社1996年版；万直纯《梁实秋》，《阜阳教育学院学报》1994年第3—4期）

　　徐悲鸿是春继续居重庆磐溪，主持中国美术学院。1月26日，中华全国文艺作家协会在重庆成立，徐悲鸿与熊佛西、余上沅、傅抱石、陈树人、蒋星德、钟献民、曾虚白、高植等9

人被选为监事。3月4日,得校方发布复员通知,准备复原南京。暮春,应教育部之聘,决定接管北平艺术专科学校。5月29日上午,随身带几箱珍贵艺术品,由重庆天门码头乘"民联轮"东下。同船者军政界有李济深、储辅成,作家有吴组缃、王冶秋,音乐家有吴伯超、李士钊,画家吕斯百,女诗人安娥等。6月3日上午,抵南京下关码头下船。是日暂寓山西路住所,因长途旅途的疲劳,旧病复发。上旬,因病住进南京第一医院,在养病期间,曾聘李桦、叶浅予、李瑞年、黄养辉、艾中信、李可染、李苦禅、李斛、周令钊、董希文、王临乙、滑田友、戴泽、韦启美、梁玉龙、庞薰琹、周祖湘等人去北平艺专任教。7月28日,由上海乘轮船北上。接办北平艺术专科学校,中大艺术科教授吴作人同舟赴平协助工作。8月1日,《上海文化》第7期称:"徐悲鸿教授由京经沪转船至北平接收国立北平艺专,已约庞薰琹、吴作人同行,庞任图案室主任,吴则任教务主任兼西画系主任。并预约叶浅予为国画系主任,叶氏出国期间由徐氏自兼。"8月初,就任国立北平艺专校长,首先对敌伪时期被开除的进步学生一律恢复其学籍,将原有教员中,凡落水失节或无真才实学者一律停聘。又聘黄宾虹教授国画理论。10月16日下午3时,在朝阳门大街励志社交谊室,出席北平美术家协会成立大会,并任大会主席,出席者另有吴作人、王临乙、宋步云、孙宗慰、刘铁华、李瑞年等200余人。徐悲鸿被推为协会主席,另聘齐白石老人为名誉主席。(参见王震编著《徐悲鸿年谱长编》,上海画报出版社2006年版)

　　李苦禅被徐悲鸿院长聘为国立北平艺专国画教授,并被推选为首届"中国美术作家协会"常务理事。同年,为庆祝抗战胜利1周年,在北平中山公园中山堂举办全国百名书画家书画大展,李苦禅参展作品和蒋雨浓的作品被评为最佳奖。

　　张恒寿仍居北京。年初,第八班改为国立北平艺术专科学校,徐悲鸿任校长,张恒寿留任国文讲师,后升为副教授。由冯友兰介绍,张恒寿到私立北平文法学院,兼任中国哲学史副教授。以越如之名发表《庄子与斯宾诺莎哲学之比较》(1935年修冯友兰"中国哲学史研究"课程的学年论文),本年刊于《文艺与生活》上。是年,参加清华大学校友会。整理本《自传》:"1946年清华大学开校友会,遇到在军调部《解放报》的同学李乐光、于光远、郑继侨等人,详谈了解放区的情形,我对中共的认识才较为明确。"(参见杜志勇《张恒寿先生年谱》,载王京州编《河北近现代学者年谱辑要》,国家图书馆出版社2017年版)

　　胡先骕2月25日自江西南昌赴上海。3月2日,胡先骕在上海致函北平静生所,告知来平日期,并致函北平图书馆,对图书馆未经同意就使用静生所房屋,表示难以理解。18日,《华北日报》发表一则题为《静生生物调查所重建工作即展开》的消息,报道了胡先骕已在上海,待乘飞机返回北平,静生所即可正式开展工作云云。25日,任鸿隽复函李良庆,就其请示如何复员静生所事,告知"接收及复员一切办法,自当遵照沈兼士、胡步曾两先生之令办理。胡先生已到沪,想不久可来平矣"。4月15日,抵达北平,作有《稷园茗坐》诗。中旬,接南京中央大学郑万钧寄来一新的"两个花枝和一个叶枝"裸子植物标本。20日,致函美国哈佛大学阿诺德树木园Merrill,告诉其静生所损失情况及复员计划。庐山植物园的创建是其中之一,该园主任陈封怀拟向国外出售种苗,并告发现一新的落叶性裸子植物。22日,发现一新的落叶性裸子植物,致函爱尔兰友人,并言拟以Pingia grandis名之。5月初,傅书遄到北平,被聘为静生所植物部助理员。9日,致函美国加州大学伯克利分校古植物系主任钱耐(Chaney),告知其发现一个非常重要的植物,系中央大学郑万钧写信寄来,据考证当为现代生存之水杉Metasequoia,拟以Metase-quoia sinica命名。14日,再函钱耐,并附有关现代水杉一文手稿,云此文已交《中国地质学会志》。

胡先骕5月15日自北平来上海。20日,在沪致函平所夏纬琨、傅书遐,告南来筹集经费情况。25日,自上海赴南京。6月3日,自南京返南昌,途经九江,登庐山察看植物园情形。此行系接家眷返平定居。10日,在南昌致函平所夏纬琨,再告知南来情况。25日,再次致函平所夏纬琨,嘱与北平图书馆联系,恢复图书借用关系等事。7月2日,致函夏纬琨,请捡其一论文寄予印度一学者。13日,在江西致函林伯遵,接洽静生所经费事项。14日,致函教育部,请求政府支持其赴日索讨静生所在抗战期间所遭损失。8月1日,庐山森林植物园由陈封怀主持,正式开始复员。10月20日,在南京出席中央研究院二届评议会第三次会议。出席者朱家骅、傅斯年、萨本栋、陈省身、吴学周、王家楫、罗宗洛、陈遵妫、巫宝山、吴均一、林可胜、胡适、陈垣、秉志、钱崇澍、胡先骕、李书华、吴有训、张子春、吕蔚光、谢季华、王世杰、周鲠生、翁文灏、茅以升、周仁及李四光、冯德培二所长代理人。外宾到者20人,新闻记者10余人。22日,评议会今日讨论各所报告,有关于研究院之大政方针,胡先骕批评经费各所平均分配之不当。23日,出席中央大学教授邀请之午宴,并作《东大精神》之演讲。下旬,在南京参加中央研究院评议会第二届第三次会议,在会上胡先骕提议由中央研究院植物研究所、北平研究院植物研究所和静生生物调查所联合组织《中国植物志》编辑委员会,推中研院植物所为召集人,得会议通过。在会议期间,晤中央林业试验所副所长傅焕光,谈静所与中林所合作编撰、出版《中国森林植物图志》事。31日,经上海,勾留几日。

胡先骕11月上旬返北平。17日,致函中央林业试验所所长韩安,提出由静生生物调查所与中央林业试验所合作编纂《中国森林树木图志》,并寄唐进起草之合作协议。30日,陈封怀致函江西省农业院,云庐山植物园为静生所与农业院合办事业,复员后,农业院与静生所应继续合办,按初始所定各承担常年经费的半数。并寄本年8月1日起至12月底经常费支付预算书。同月,聘前中正大学教授、生物系主任张肇骞为静生所植物部技师兼秘书主任,到职。12月15日,陈封怀向农业院提交1947年庐山植物园预算,要求按半数下拨。此案经农业院院长萧纯锦呈请省政府,于1947年3月18日秘议字185号训令,予以核准。复经财政厅、建设厅签注意见,提交第一八七四次省务会议决,"卅五年度补还经费二百万元,卅六年度预算一千二百万元照列"。10日,致函林伯遵,云静生所经费不敷开支,有美金汇票请为在上海兑换,或不吃亏。13日,致函林伯遵,谈来南京与教育部申请经费事。14日,韩安复胡先骕11月17日函,对唐进所起草的协议,仅于个别条款提出修改意见。16日,致函林伯遵,告将来南京,请先向杭立武转交静生所预算。17日,《大公报》载胡先骕向国民大会提案吁请,宪法中基本国策章宜增"积极发展科学研究"条文,其中强调原子科学之重要。27日,在南京致函林伯遵,告在南京与教育部接洽情况。同日,胡先骕在南京居国府路廊后21号。30日,在南京再致函林伯遵,为办理静生所改隶教育部事。同月,《中国地质学会志》第26期发表胡先骕"Notes on a Palaeogene Species of Metasequoia in China"(《记古新期之一种水杉》),此为活化石水杉发现的首篇论文。是年,陈焕镛发现一种特殊的豆科植物,创立任公豆属,以是年纪念任鸿隽。冯澄如绘制该植物图,胡先骕乃题《任公豆歌》于其上;《静生生物调查所三十五年报告》载抗战期间静生所之状况。

按:该《报告》曰:"自七七事变发生,平津沦陷,本所幸尚能维持现状,照常工作,继续与美国哈佛大学阿诺德树木园、英国皇家园艺学会、爱丁堡皇家植物园合作。由研究员王启无在云南为植物学及园艺学之采集,有极良好之收获,所采集之种子经栽培后,曾在园艺学会获得奖章。太平洋战争发生后之状况：自太平洋战事发生，在三十年十二月八日早，本所即由驻平日军篆田部队接收，所有员工皆被驱逐出所，因之本所暂告解散。研究人员中有动物部技师杨惟义、研究员彭鸿绶、采集员唐善康三人，迁至泰和，设本所于中正大学之内。至植物部技师汪发缵、研究员俞德浚、王启无、蔡希陶仍继续在昆明云南农林植物所内工作，卓有成绩。在泰和曾刊研究汇报一册，尚有论文多篇，以缺乏经费尚未印行。"（参见胡宗刚《胡先骕先生年谱长编》，江西教育出版社2007年版）

　　傅增湘仍在病中。4月13日，张元济惦念贵体，致信问候。春，在藏园举行蓬山话旧第十二集。5月5日，陈垣致傅增湘函："昨夕之会为乱后第一次，况享以盛馔，复假以秘籍，快慰何如，谨谢谨谢。《薛史辑本发覆》一册奉呈，颇有谈言微中之处，四十六、七两页尤显著，幸垂察。偶阅竹汀自撰年谱，言五十七岁忽得风痹之疾，两足不能行动，目入夜不能见物。然《通鉴注辨证》《疑年录》《金石文跋尾》《元艺文志》《十驾斋养新录》等均撰次在患风痹之后，尊恙区区，当可以竹汀为例也。"6月4日，陈垣送傅增湘《薛史辑本发覆》一册，并附单印傅增湘所撰《发覆》序文两份；因傅增湘于44年患风痹，陈垣以钱大听57岁时患同病后大有作为来安慰傅增湘。9月12日，胡适和孙楷弟来看望病中的傅增湘，并借残宋本《水经注》；18日，胡适再次看望，傅增湘把孙潜校本《水经注》（残）借胡适；身体好转，能简单言语。（参见孙英爱《傅增湘年谱》，河北大学硕士学位论文，2015年；刘乃和、周少川、王明泽《陈垣年谱配图长编》，辽海出版社2000年版）

　　袁同礼10月归国。10月13日，（南京）《中央日报》第5版刊载《袁同礼返国捐来大批图书》。11月21日，接受中央社记者采访，谈平馆地位云："本馆图书自五十余万册，经十年来之收购，已达百万册，为我国第一大图书馆，亦为远东第一大图书馆，不但量多，且有许多名贵西洋图书，已非有钱可以买到。可惜有些价值之图书，十余年尚无一人阅览。目前阅览者，多为近代书籍。"据记者了解，平馆"战前每年有三万五千美金购书，此后能否由此款项，尚属问题"。而国内较大的图书馆，尚有"南京中央图书馆及北大图书馆，均在五十万册左右"。同日，（南京）《中央日报》第5版刊载《北平图书馆图书已达百万册》。12月，袁同礼在美商洽援助，谋求国内图书馆战后恢复，取得斐然成绩。同月，《中华图书馆协会会报》第20卷第4—6期刊载《英美赠书助我图书馆复兴》，称"现向美申请者，计三十六国，袁氏今春到美后，再度向其接洽，说明中国战事较长，需要较殷，乃被列于第一位，约得全部赠书总数十分之一，并能予以分配全套之丛书及期刊多种，现运到上海者仅为一小部分"。英国方面，"经袁氏接洽，我国可得十分之一，惟装运时须自购木箱，可能交联总由英运华，现正在商洽中"。因图书援助甚多，教育部已专设英美赠书分配委员会，主持接收分配工作。（参见张光润《袁同礼研究（1895—1949）》，华东师范大学博士学位论文，2018年）

　　赵万里9月9日致信徐森玉，谈为北平图书馆收购长春伪宫失散海内残存孤本宋版《经典释文》事，并嘱："此事请勿转告沪上平估如孙助廉之流，除谛兄及其他同好外，亦勿宣扬为幸。"又云："谛公均此致候。"（参见陈福康《郑振铎年谱》，三晋出版社2008年版）

　　马衡7月5日返回北平，接受北平《大公报》记者采访。此为马衡于1937年故宫文物西迁之后首次向报界公开披露当年文物迁徙状况。7月18日，故宫博物院接收溥仪出宫前从宫中携出、后存天津张园的文物1085件。8月2日，接收天津溥修住宅所存溥仪文物222箱。9月5日，马衡闻听有故宫流出宋版书籍由清理战时文物损失委员会拨交沈阳，急签发本院呈教育部函，要求由本院收回。8日，行政院为管理旧都文物，特设北平文物整理委员会。马衡继任北平文物整理委员会主任委员。13日，故宫博物院接收法兰克福中国学院友谊会图书馆文物741件。28日，马衡在北平召集主持复员后故宫博物院第一次临时会议，沈兼士、张庭济等出席。10月21日，马衡列席在中央研究院举行的故宫博物院第六（七）届理事会第二次会议，翁文灏、胡适、杭立武、李书华、罗家伦、傅斯年、王世杰、蒋梦麟、朱家骅、邵力子等出席，马衡院长报告院务。11月12日，应四川省要求，故宫博物院精选西迁文物中书画百件，在成都举办告别展览。11月26日结束。11月25日，故宫博物院接收存素堂丝绣82余件。12月3日，行政院决议，故宫博物院改兼行政院，古物陈列所归并故宫博物院。是年，文物东归。本年1月21日存巴县飞仙岩文物80箱起运，至28日结束。5月16日，存峨眉文物起运，9月10日结束。9月10日，存乐山安谷的文物起运，先水运至县城，于11月29日结束；继之于9月15日开始，陆运至重庆，至次年3月10日结束。至此西迁文物尽归于重庆。是年，留南京文物也开始复员。文物西迁后封存南京文物保管库文物2954箱于敌伪时期分散移存于北极阁、中央研究院、地质调查所、东方中学四处，抗战胜利后，教育部组织点收。1月25日，正式点收北极阁博物院文物。其余之处相继进行，5月10日完成。故宫博物院收购珍贵文物有：著录于《故宫已佚书画》一书中溥仪赏溥杰的书画6件，其中有南宋马和之《诗·周颂·风子小子之什》书画合璧卷1件、宋人摹顾恺之《听琴图》1件、元人《老子授经图》书画合璧卷（有盛子昭款）1件、明初人书画合璧卷（有山堂文会赵干作伪款）1件、明代李东阳书各体诗卷1件、明代文征明书《庐鸿草堂十志》1册、宋代米芾《尺楼字》卷1件。（参见马思猛《马衡年谱》，故宫出版社2021年版；陈福康《郑振铎年谱》，三晋出版社2008年版；李福敏《故宫博物院大事记》，载李文儒主编《故宫博物院80年》，紫禁城出版社2005年版）

张伯桢（篁溪）仍居北平。9月2日，致信胡适，谓："昔年老友孟心史曾谈阁下读拙著《袁督师传》颇为推许，是亦一字一知己也。弟自政府南迁，即解职侨居北平，以著文维持生活，差幸月中鬻书文所入颇能支持现状。自倭寇沦陷华北后，交通断绝，鬻书生活一落千丈。然差喜能贞操守，不饮盗泉，可为同志告耳。近以生活日高，一家八口维持不易，拟写稿聊资挹注。近悉阁下等创办《经世日报》内有周刊三种，拟投稿企藉维持，特送上《读书周刊》及《文艺周刊》二稿，望代交郑、杨二君。当随时有秘稿贡献。但所获无几，专靠写稿不足以维持。闻北平文化事颇多，求介绍编述，裨得衣食有赖，谅阁下素提挈寒儒，当能助之也。"9月4日，复致胡适一信，商请在《读书周刊》内连载吴廷燮（字向之）所撰《张篁溪年谱》，如能登载，略付钞工及纸墨费即可。信中谓："语云，'蝇附骥尾，可致千里'，不审今日可一附骥否乎？"最后并赠诗一首，诗云："鲁殿灵光说向之，撰余年谱自矜持。灯前起草文三易，梦里生花笔一枝。远道贻书商付梓，按期出版敬摛词。北方坛坫推君主，可许严诗附杜诗？"是年，张伯桢在北京病逝，临终前，他把珍藏康有为、梁启超的书牍墨迹以及有关袁督师的文物、齐白石等名人字画共1300余件，捐赠给北京历史博物馆。（参见耿云志编《胡适年谱》，福建教育出版社2012年版；耿云志编《中国近代思想家文库·胡适卷》及附录《胡适年谱简编》，中国人民大学出版社2014年版）

张申府3—4月间当选为中国民主同盟华北总支部的支部委员。张申府重回北平后住黄化门街5号。4月11日，《论什么是哲学》刊于《新华日报》。同日，《什么是哲学？》刊于《新闻评论》。12日，《罗素——现代生存的最伟大的哲学家》刊于《新闻评论》，又载3月1日重庆《人物杂志》第2期。5月4日，《论青年修养》刊于重庆《唯民周刊》。同日，《与人民结合》刊于重庆《唯民周刊》。17日，《痛斥"警员警管区制"》刊于《新华日报》。6月，《新原人与新原道》刊于《图书季刊》新第7卷第1—2期。6月17日，《我对于目前时局的看法》刊于上海《文汇报》。7月11日，《增加和谐，减少纠纷》刊于上海《文汇报》。8月3日，《这打击得了民主运动么——怀念韬奋先生、痛悼陶行知先生》刊于上海《民主》第42期。9月，《原子弹与原子能》刊于上海《文汇报》。同月，《原子能的最佳书》《书的消息——战时哲学》《书的消息——续谈战时哲学》刊于上海《文汇报》。9月19日，《关于中美关系谈话》刊于《新华日报》。10月16日，《目前局面》《致梁漱溟书》刊于北平《民主周刊》第20期。11月1日，《时局感言》刊于北平《民主周刊》第13期。同日，《铿士勋爵（当代人物志略之一）》刊于重庆《人物杂志》。同月，与罗隆基等代表"民盟"在南京举行记者招待会，宣布"民盟"不参加"国大"。12月5日，《表示当前时局的意见》刊于《新华日报》。16日，《人之云亡，邦国殄瘁》刊于上海《中华论坛》第2卷第7—8期合刊。是年，所撰《独立与民主》在重庆出版。（参见郭一曲《现代中国新文化的探索——张申府思想研究》及附录一《张申府年谱简编》，广东人民出版社2002年版；雷颐编《中国近代思想家文库·张申府卷》及附录《张申府年谱简编》，中国人民大学出版社2015年版）

萧一山继续任北平华北文法学院校董兼董事长。经萧一山之擘划，创办《经世日报》，聘张忠绂任社长，蓝文徵为主笔。是年，往南京出席制宪国民大会。（参见萧树苓《萧一山先生生平大事记》，中国人民政治协商会议江苏省徐州市委员会文史资料委员会编《徐州文史资料》第12辑，1992年）

郭沫若全家5月8日乘飞机往上海，行前对《新华日报》记者说："对离开重庆的感情，只深深感到过去的工作仍然不够。虽然在文艺上找到和树立了为人民服务及民主的正确的方向，今后还要加倍的努力。"晚，应邀参加黄炎培、马叙伦、陆定一等人为欢迎美国华侨领袖司徒美堂举行的宴会，并在席上发表讲话。17日，作《十批判书再版跋》。中旬，应邀参加生活教育社上海分社成立大会，并讲话。23日下午，往红棉酒家参加上海文艺界、戏剧界及平剧界联合举行的改良平剧座谈会并发言。跟其他与会者的发言一起，以《改良平剧座谈会》为题刊于7月10日上海《月刊》第2卷第1期。出席者还有蔡楚生、吕君樵、赵景深、陈志良、李瑞来、高百岁、丁毓珠、沈知白、王鼎成、胡馨庵、潘子农、欧阳山尊、李鹿莲、许广平、田汉、冯乃超、姜椿芳、夏衍、顾仲彝、吴仞之、郑振铎、丁聪、吴祖光、周信芳。记录者王鼎成。记录者在文前说明："本记录整理完毕后，尚未经发言者一一过目，如有错误，当由记录者负完全责任。"24日，作《由诗人节说到屈原是否弄臣》。刊于6月4日上海《联合日报·晚刊》，又刊于6月7日重庆《新华日报》。针对当局反对纪念屈原，攻击"屈原是文学弄臣"，指出"屈原是伟大的诗人""他的诗意识是人民意识""是一个人民诗人""屈原不是弄臣"。30日，作《不要把自己的作品偶像化》，刊于《时代》6月15日第6卷第23期，又载上海《群众》周刊6月16日第11卷第7期、6月18日上海《联合日报·晚刊·高尔基逝世十周年特刊》。31日下午，应邀参加圣约翰大学文学研究会举办的文艺欣赏会，作题为《青年与文艺》的讲演（古人记录），刊于6月4日、6日、8日上海《文汇报》。同月，历史剧《筑》由群益出版社出版；散文集《归去来》由上海北新书局出版，收文13篇。

郭沫若6月3日作《〈青铜时代〉后叙》之《追记》。4日，参加文协上海分会和音协上海分会联合在辣斐大剧院举行的诗人节文艺欣赏会，并发表讲话。晚，与茅盾、巴金、胡风、马思聪、许广平、冯雪峰等文协同人在金城银行聚餐，同时为柳亚子补庆60寿辰。8日，作《走向人民文艺》，刊于22日上海《文汇报》、24日重庆《新华日报》，又载《唯民周刊》第2卷第1期。9日，作《诗歌与音乐》，最初刊于上海《诗歌与音乐》周刊创刊号，又载15日上海《联合日报·晚刊》、7月15日《解放日报》。下午，往南海花园，参加中国学术工作者协会上海分会筹备会。出席的有杜国庠、沈志远、翦伯赞、胡绳等10余人。会议就筹备工作交换意见，并就介绍会员，草拟章程等项作出决议，决定三周后正式宣告分会成立。上旬，应邀往育才公学礼堂参加上海文艺青年联谊会，并作题为《科学与文艺》的演讲。记录稿（俞辰记录）载12—13日上海《文汇报》。15日，与马叙伦、郑振铎、景宋等答《民主》周刊关于时局问题的谈话，以《郭沫若与马叙伦、郑振铎、景宋先生答本刊时局六问题》为题刊于《民主》周刊第35期特大号。17日，出席"战时战后文艺检讨座谈会"。发言记录（未经本人审阅）刊于《上海文化》月刊7月1日第6期。文中就"抗战期间文艺工作总趋势"和"今后文艺工作者的努力方向"等问题发表意见。18日，参加由上海中苏文化协会等8个文化团体在沪光大戏院联合举行的纪念高尔基逝世10周年大会，并发表演讲。演讲词以《追慕高尔基》为题刊于本日上海《联合日报·晚刊》；又以《坚持人民本位的人民文艺》为题刊于7月28日延安《解放日报》。

郭沫若6月19日乘火车赴南京，作为"第三方面"的代表参加促进国共和平谈判的工作。冯乃超同行。20日晨，抵南京。即往蓝家庄访民盟诸领袖。途中顺路游鸡鸣寺，为和平前途求签。中午，往梅园新村访周恩来，并共进午餐。下午，参加在参政会举行的茶会，请政府将停战期限延长。与会者黄炎培、章伯钧、梁漱溟、王云五、傅孟真、王雪艇、邵力子、吴铁城、陈立夫、孙科、雷震等。21日，往苏联大使馆访费德林。见费德林正在翻译历史剧《屈原》，"十分感激，而且敬佩""把《橘颂》和《礼魂》两首，索性用近代语翻译了一遍"。下午，与傅斯年、黄炎培、莫柳忱在蓝家庄会谈，"讨论延长停战八天中进行方法，决定明日邀中共代表谈"。22日下午，往中央研究院历史语言研究所，见到李济和傅斯年。同日，与"第三方面"代表傅斯年、黄炎培、梁漱溟、章伯钧等人士"集于鸡鸣寺路一号中央研究院历史语言研究所，请中共代表出席"。就"最后决定权问题"了解"中共答案"。中共代表到者董必武、邓颖超、李维汉。董必武报告了"最后决定权问题之中共答案"。并决定"24日下午再会"。23日晚，周恩来派人来，请往梅园新村，得悉以马叙伦为团长的上海各界赴南京和平请愿团代表，在下关车站被国民党暴徒包围殴打受伤的消息。即与周恩来等人乘车赶到中央医院慰问受伤代表。24日下午，在国民大会堂，无党派代表邀请政府代表谈话。"主人是莫德惠、傅斯年和我，陪客是民盟和青年党的在京代表"。政府代表是邵力子、张厉生、王云五。晚，与黄炎培、章伯钧、罗隆基等设宴欢迎上海人民代表。25日，《创造新的民族形式与参加民主斗争》刊于《中原·文艺杂志·希望·文哨联合特刊》第1卷第6期。同日，与柳亚子、茅盾、陶行知等20余人，为《民言》半月刊特约撰述。行前曾去看望记者浦熙修和大公报驻南京办事处副主任高集。周恩来、李维汉、范长江等到旅馆送行。

郭沫若6月26日自南京返回上海。27日，参加《文汇报》主办的第二十七次星期座谈会，记录稿以《中国的命运》为题刊于30日《文汇报》。30日，作《〈考工记〉的年代与国别》。对于《考工记》一书，经考证认为："于江永旧说有所补充，并可获得一更为坚确的结论：《考工记》实系春秋末年齐国所记录的官书。"同月，往上海市立戏剧学校演讲，演讲由周惜吾记录，以《谈历史剧》为题刊于26日、28日上海《文汇报》；觅得溧阳路1269号作居所，入住；《马克思进文庙》由实藤惠秀译为日文，刊载于日本《中国文学》月刊第95期。7月5日，与茅盾、陶行知等发起，在红棉酒家为美国国务院文化代表费正清返美举行欢送酒会。致辞说："希望费博士来日再来中国时，中国能比现在自由、民主，中国已不是今日的中国。"同日，《〈橘颂〉今译》刊于上海《文汇报》。7日，作《寄日本文化工作者》，刊于《日本论坛》8月

15日创刊号,又载8月17日上海《联合日报·晚刊》。同日,散文《南京印象》开始在上海《文汇报》连载,全文17节,分12次至8月25日连载毕;又分31次连载于7月15日至9月9日香港《华商报》;复连载于《萌芽》1946年第1卷第2—4期;第一、二节又刊于8月5日延安《解放日报》。记述6月间往南京,参加"第三方面"代表邀集国共两党代表进行座谈和调解的经过。9日,《〈礼魂〉今译》刊于上海《文汇报》。10日,与茅盾、陶行知等人应上海《民言》半月刊之约,就时局发表的谈话《国共的前途怎样》(马福祥记录)刊于《民言》半月刊第2期。同日,作《摩登唐吉珂德的一种手法——评王芸生〈我对中国历史的一种看法〉》,刊于20日《周报》第46期,又载8月23日延安《解放日报》。

　　按:文章说,自《新民报晚刊》登出毛泽东的《沁园春·雪》后,"不久便有一件出人意外的事出现,在重庆的《大公报》上忽然也把这首词和柳亚子的和词一道发表了。起初大家都有点惊异,有的朋友以为奇文共欣赏,《大公报》真不愧为'大公',乐于把好文字传播于世。然而疑团不久就冰释了。解铃还是系铃人,《大公报》那么慷慨地发表了那两首唱和之作的用意,其实是采取的'尸诸市朝'的办法:先把犯人推出示众,然后再来宣布罪状,加以斩决。在毛、柳唱和发表后不两天,王芸生的《我对中国历史的一种看法》的皇皇大文便在他自己的报上公布了"。"文章虽然冗长,做得也煞费苦心。打倒'正统''道统'是糖衣,取消革命是核心,取消革命也就是维持'法统',也就是'只许变,不许乱'的《大公报》的一贯的传统。因此,责骂诸葛亮,责骂曾国藩也不外是糖衣,而责骂毛泽东倒是本意。王芸生画龙点睛,他在号召'中国应该拨乱反治了'。这还有什么两样呢'拨乱'不就是勘乱么?"

　　郭沫若7月13日对记者发表关于"召开国大"的意见,收入题作《沈钧儒、郭沫若、章伯钧三先生对"召开国大"的意见》一文中,刊于《民主》周刊第39期。14日,与陶行知、沈钧儒、马叙伦、郑振铎、许广平、田汉等文化界知名人士联名致美国人民函刊于《新华日报》,呼请督促美国政府勿破坏中国人民的和平民主事业。15日,演讲稿《文艺的新旧内容和形式》(豫记录)刊于《文艺春秋》月刊第3卷第1期。16日,参加民主同盟沈钧儒等人在南海花园为筹备李公朴追悼会举行的招待会。17日,作《悼闻一多》,刊于上海《民主》周刊第40期,又载《萌芽》第1卷第2期。谴责反动当局"不惜采用最卑劣无耻的手段来诛除异己"。19日,与茅盾、叶圣陶、洪深、许广平、郑振铎、田汉、胡风、巴金、周建人等13人,联名致电联合国人权委员会。电文刊于20日上海《时代日报》,又载23日重庆《新华日报》。请派调查团来华调查李、闻惨遭国民党特务暗杀事件。21日,参加中华文艺协会上海分会为李公朴、闻一多被害举行的临时大会,商讨善后事宜,并提议默哀三分钟,在讲话中称李公朴、闻一多将永远"活在中国人的心里,活在永恒的历史中"。指出"凶手用的无声手枪是美国人供给的",为此提出强烈抗议。大会还通过宣言及告世界学者及作家书。22日,参加上海文艺界为李公朴、闻一多被害召开的文协会员大会,并讲话说:在各地类似暗杀李闻的事"不断在发生着",对于反动派的疯狂行动,必须"集中力量给予打击才能制止"。23日,与陶行知、马叙伦、茅盾、田汉、郑振铎等30余人,致电哥伦比亚历史学院,要求他们派遣代表调查李公朴、闻一多惨遭国民党特务暗杀的事件。25日,得知陶行知突然逝世,立即赶往上海殡仪馆向遗体告别。26日,往上海殡仪馆,参加陶行知入殓仪式并公祭仪式。诵读祭文《祭陶行知先生》。祭文刊于27日上海《时代日报》,又载28日《群众》周刊第12卷第1期;复刊于31日《新华日报》。同日,作《痛失人师》,悼念陶行知,刊于28日上海《联合日报·晚刊·陶行知先生追悼特辑》。28日,为抗议国民党特务暗杀李公朴、闻一多,与茅盾、叶圣陶、田汉、郑振铎等人写作的《同声一哭》,刊于重庆《新华日报》。同月,作《挽歌》。后由沙梅谱曲刊于8月1日上海《文萃》周刊第41期。称陶行知的逝世"是教育的灾难,民主的灾难,人民的灾难"。

郭沫若与马思聪主编的大型诗歌月刊《民歌》8月1日创刊。在第1卷第1期上发表《论戏的吟词与诗的朗诵》。9日,作《〈板话〉及其他》,刊于16日上海《文汇报》,又刊于9月2日香港《华商报》。肯定赵树理著《李有才板话》和《解放区短篇创作选》第1辑是高水准作品,并向读者推荐这两部好书。10日,致陆定一信,刊于24日上海《群众》杂志第12卷第4—5期合刊,又以《郭沫若给解放区作家的一封信》为题刊于1947年1月1日《知识》第2卷第4期。13日,为李、闻二烈士纪念委员会编《人民英烈李公朴闻一多先生遇刺纪实》一书作序,并题签书名。序说:"目前的中国是悲剧诞生的时代,然而也正是群神再生的时代。"14日,参加上海文艺界与中国劳动协会为营救在"八·六"事件中被反动当局非法逮捕的青年而举行的集会,并与茅盾等在上海的68位文艺界人士联名发表对蒋介石的抗议书。晚,为欢送周扬北返张家口,与文化界人士茅盾、田汉等40余人举行饯别宴;托周扬带向北方的朋友们致意的信函。以《向北方的朋友们致人民的敬礼》刊于24日上海《群众》周刊第12卷第4—5期合刊。31日,往红棉酒家,出席文协上海分会为欢迎陈白尘、邵荃麟等新到沪会员暨欢送冯玉祥、吴组缃等人出国举行的酒会并致辞。9月4日,作《谈创造》,刊于5日上海《新民报晚刊》。8日,在寓所召集李、闻追悼会筹备会第一次会议,沈钧儒等参加。14日,作《鲁迅与王国维》,刊于上海《文艺复兴》10月第2卷第3期。

按:文中写道:"在近代学人中我最钦佩的是鲁迅与王国维。但我很抱歉,在两位先生生前我都不曾见过面,在他们的死后,我才认识了他们的卓越贡献。毫无疑问,我是一位后知后觉的人。""我时常这样作想:假使能够有人细心地把这两位大师作比较研究,考核他们的精神发展的路径,和成就上的异同,那应该不会是无益的工作。""王国维和鲁迅相同的地方太多。""两位都富于理性,养成了科学的头脑""但在这相同的种种迹象之外,却有不能混淆的断然不同的大节所在之处。那便是鲁迅随着时代的进展而进展,并且领导了时代的前进;而王国维却中止在了一个阶段上,竟成为了时代的牺牲。""对于王国维的死我们至今感觉着惋惜,而对于鲁迅的死我们始终感觉着庄严。王国维好像还是一个伟大的未成品,而鲁迅则是一个伟大的完成。"

按:王学典《20世纪史学编年(1900—1949)》(商务印书馆2014年版):"郭沫若指出鲁迅和王国维都'处在新旧交替的时代,对于旧学都在幼年储备了相当的积蓄,而又同受了相当严格的科学训练',虽然他们要成为医学家或物理学家的愿望没有达到,不过他们'用科学的方法来回治旧学或创作,却同样获得了辉煌的成就',《宋元戏曲史》和《中国小说史略》是'中国文艺史研究上的双璧''不仅是拓荒的工作,而且是权威的成就,一直领导着百万的后学。王国维的力量后来多多用在史学研究方面去了,他的甲骨文的研究,殷周金文的研究,汉晋竹简和封泥等的研究,是划时代的工作。西北地理和蒙古史料的研究也有些惊人的成绩',郭沫若认为'大抵两位在整理国故上,除运用科学方法之外,都同样继承了乾嘉学派的遗烈',并说'就和王国维是新史学的开山一样,鲁迅是新文艺的开山'。郭沫若对于王国维和鲁迅的论断对后世影响颇大,王国维'新史学的开山'这一称号在史学界确立。"

郭沫若10月4日上午往天蟾舞台参加与李济深、沈钧儒、邓颖超、史良等发起举行的上海各界人士追悼李公朴、闻一多大会,被推为主席团成员。发表讲话并诵读祭文。主席团中包括了国、共、民盟及无党派人士,讲演亦每方各1人,并订有互不攻击的君子协定。到会的有5000余人,毛泽东、朱德、周恩来及中共代表团都献有挽词。同日,《祭李闻》刊于上海《联合日报·晚刊》,又载5日上海《时代日报》。6日,与周恩来、沈钧儒、黄炎培、史良、叶圣陶等千余人,在静安寺公祭李公朴、闻一多。9日,与张君劢、黄炎培、沈钧儒、章伯钧、罗隆基、左舜生、陈启天、钱新之齐聚于交通银行,共商时局,拟对和谈做最后努力。决定次日分访周恩来、孙科后,全体赴南京。10日,与沈钧儒、巴金、茅盾、许广平、胡风等人联名发表亲笔签名的《我们要求政府切实保障言论自由》刊于《民主》周刊第2卷第1—2期合刊。12日，《李闻二先生悼辞》刊于上海《时代》周刊第40期。18日，作《鲁迅和我们同在》，刊于20日上海《文汇报·世纪风》，又载20日上海《时代日报》、21日重庆《新华日报》。19日，往辣斐大戏院出席鲁迅逝世10周年纪念大会，为主席团成员，并发表讲话。称："鲁迅的方向，就是为人民服务的方向，对反人民恶势力死不妥协的方向。"纪念大会由文协总会等12个文化团体联合举办。出席纪念大会的有4000人，主席团由郭沫若、茅盾、沈钧儒、邵力子、叶圣陶、许广平等人组成。邵力子致辞，白杨朗诵许广平的《十年祭》。周恩来、茅盾等相继发表讲话。20日，与周恩来、许广平、茅盾、冯雪峰、沈钧儒、叶圣陶、曹靖华、田汉、洪深、胡风等文化界人士等前往万国公墓，祭扫鲁迅墓。

郭沫若10月21日上午从龙华乘机飞南京，同行者有黄炎培、沈钧儒、章伯钧、罗隆基、李维汉等10余人。抵宁后在参政会小憩，即赴国民政府见蒋介石。22日，为生活教育社员进修班演讲的记录稿《青铜器的波动》（维立记录，未经本人校阅）刊于上海《文汇报》。26日，为参加陶行知追悼会，特由南京返回上海。27日上午，偕全家至震旦大学礼堂，参加陶行知追悼大会，为主席团成员，并致辞。11日，对来访的《新华日报》记者发表谈话。指出国民党政府单独指定社会贤达参加"国民大会"的代表名单，是完全违背政协程序的，因此名单中尽管列有自己的名字，但决不承认自己是"国大代表"。15日，表示拒绝参加国民党政府非法召开的"国民大会"，并对社会党领袖张东荪等人决定不参加"国大"表示"钦佩"，而对该党那些与会者感到遗憾。中旬，派人携《十批判书》《青铜时代》及几部历史剧赠罗隆基，并表示致意和问候。23日，与黄炎培、沈钧儒、阳翰笙等出席中苏文化协会在青年会举行的苏联影展及欢送茅盾夫妇赴苏访问酒会。24日，与马寅初、侯外庐、叶圣陶、许广平等在八仙桥青年会出席中华全国文协、剧协、音协等10个民间文艺团体为欢送茅盾夫妇访苏举行的茶会，表示说："沈先生此行当无疑问的可以代表中国人民，向苏联致意。"25日，出席苏联驻沪领事海林为欢送茅盾夫妇赴苏举行的宴会，席间赋诗。12月5日，偕于立群与叶圣陶、郑振铎、叶以群、戈宝权等人为茅盾夫妇送行。10日，《编印〈郁达夫全集〉——答向蜀光先生》刊于《人物杂志》月刊第5—6期合刊。16日，作《关于〈美术考古一世纪〉》，刊于1947年1月1日《唯民》周刊。文中记述了翻译《美术考古一世纪》一书的经过，以及从书中所"得的教益"。17日，与华岗、潘梓年、柳亚子夫妇、许广平等参加在史良寓所为庆贺沈钧儒先生73寿辰举行的晚宴。20夜，作《王安石的〈明妃曲〉》，刊于《评论报》旬刊28日第8号。批驳历史上对于《明妃曲》的误解和非难。21日，作《冷与甘——鲁迅精神》，刊于30日香港《华商报》，又载上海《文萃》周刊1947年1月1日第2卷第12—13期合刊。（参见林甘泉、蔡震主编《郭沫若年谱长编》，中国社会科学出版社2017年版）

顾颉刚4月13日自重庆飞抵南京。5月2日，离徐州，抵沪，接洽文通书局、大中国图书公司、中国出版公司三处事务。18日，离沪抵苏。在家中整理先父所遗图书古物。自是为大中国等业务常至沪、苏两地。6月，修改童书业代作之《当代中国史学》之后半部。夏，请吴受之代编文集。至年底，成220余万言。7月1日，大中国图书局在沪开办，任总经理兼编辑部主任。8月，任苏州社会教育学院教授，授图书博物馆系"中国目录学"课、社会事业系"中国古代社会史"课。又应兰州大学校长辛树帜聘任兰州大学教授兼历史系主任。9月16日，上海《益世报·史苑周刊》创刊。顾颉刚所撰"发刊词"指出：自五四运动至抗战前，中国的历史研究的巨大成就引起了世界的注意，而战争却把中国的学术工作拖后了20

年,必须"重培幼苗,使它可以接上前期的烂漫"。他又指出:"抗战前的史学界,大家投向专的方面,而忽略了通的方面""一般民众万想不到他们会和史学发生什么关系。专家的研究是史学界的基石,万万缺少不得;而普及者即是接受专家研究的成果,融汇贯通之后送给一般人看,唤起民族意识,把握现代潮流,都靠在这上了"。将来的史学应当"两条路都走,两种人才都培养,然后可以学尽其用"。10月,顾颉刚在社会教育学院与院长陈礼江、同事董渭川以及马荫良等发起成立民众读物社,欲集合全院师生之力作社会教育之试验。同月9日,顾颉刚在致杨向奎信中说:"刚前在北平编辑之通俗读物,出六百种,共印五千万册,此一试验决不当令其落空,此一事业在我一切事业中独为伟大。抗战数年,虽此事不能开展,终未尝一日去怀。此次东归,相遇有钱同志,决定在沪续办。上海为出版事业之中心,此举可望其有超出北平之开展。"10月,文通书局编辑所迁苏州,设于顾颉刚寓所。11月,任复旦大学"中国史学名著选读""商周史"课。11月,被选为国民大会社会贤达代表,前去报到。12月13—25日,出席国民大会。26—27日,出席教育部边疆教育委员会会议。是年,记笔记《纯熙堂笔记》,至后年毕。(参见顾潮编著《顾颉刚年谱》,中国社会科学出版社1993年版;顾潮编《中国近代思想家文库·顾颉刚卷》及附录《顾颉刚年谱简编》,中国人民大学出版社2015年版;王学典《20世纪史学编年(1900—1949)》,商务印书馆2014年版)

马寅初4月14日离开重庆经沪返杭。4月19日,在《新华日报》发表《向王若飞诸先生学习》。22日,应浙江大学学生自治会的邀请,演讲《中国目前经济之危机》,认为目前最大危机在于《中美商约》(即《中美友好通商航海条约》)。23日,应杭州银行公会之邀演讲《外汇问题》,以学理论述第二次世界大战后外汇问题新变化。同日,接受《申报》记者采访谈"经济问题"。谓:"政治民主,必先经济民主。外汇政策决定于财政政策,又决定于裁军政策,又决定于工业政策,又决定于关税保护政策,以维持中国工业之繁兴。"24日,发表记者谈话《经济发展前途》。27日接受记者采访《中国经济危机——不打倒官僚资本,大家都没有饭吃》。28日,在杭州市商会再谈《外汇问题》。主张不要马上签订《中美商约》,应召开全国经济会议,召集全国经济学者、技术专家、工商界领袖,一起商讨办法,制订整套有联系的办法后,再来签订。而不是行政院的几位部长外加立法院、监察院等机关几个人来决定。5月2日,《商务日报》发表《马寅初谈外汇问题》。3日,应杭州市商会邀请演讲《新公司法》,痛斥官僚资本与买办资本相勾结,造成中国经济之危机。5日,应杭州18所中学的联合邀请,演讲《人生哲学》。11日,发表记者谈话《反对美军驻华》。17日,于上海星五聚餐会演讲《新〈公司法〉及〈银行法〉》。同日,以中国经济学社社长身份接受《经济周报》记者吴穆采访。18日,于上海佛慈大楼工业界星五聚餐会演讲《只有国内和平,经济危机才能克服》,请国人注意《中美商约》。同日,马寅初66岁寿诞,上海经济文化团体联合会举行茶话会祝寿,并请寿星演讲。演讲结束后,现代经济研究所与宣怀经济研究所临时提议:由到会18个学术团体同仁联合向马寅初献纪念旗,以示敬意。5月20日,代表上海国立商学院参加上海经济文化团体联合会,被公推为名誉会长,并接受献旗,上书"马首是瞻"四字。马寅初即席演讲,《经济周报》以《论黄金政策与官僚资本》为题报道。

马寅初5月21日在上海银钱业业余联谊会演讲《中国黄金政策之批评》。同日,在《世界日报》发表《经济政策要通盘打算》;在《商务日报》发表政论性文章《革命尚未成功,同志仍须努力》。22日《新华日报》刊登《马寅初氏在上海演讲:痛论中国经济危机,并指出只有国内和平,经济危机才能克服》。25日,在《经济周报》第4卷第38期发表《我的人生观》,概述古今中外人生观思想演变脉络,剖析中国人人格现状。26日,上海金城银行召集中国经济事业协进会联谊会,马寅初出席并在会上演讲。同日,《商务日报》刊登《马寅初讲黄金政策》。27日,在上海青年会演讲《经济民主》。30日,出席银行界上海座谈会并发言。31日,在上海大同大学演讲《论当前的经济问题》。同日,在《商务日报》发表《中国经济之出路》。6月2日,出席上海经济联合会第二次会议,谈《论当前的对外贸易》。4日,在上海沪江大学作《中国经济问题的症结》演讲。同日,在《经济周报》第2卷第22期发表《农业工业与国防之连锁——官僚资本何以要打倒的理由之一》。7日,会同马叙伦等164名上海各界人士联名上书蒋主席、马歇尔及各党派"呼吁和平"。13日,出席杭州20所学校近万名学生集会,演讲"为什么通货膨胀呢?因为军人太多要军费。为什么要军费?因为内战,要打仗!所以我们最积极的办法是反对内战,停止内战。内战是一切灾祸的根源"。随后与学生一起冒雨游行。同日,在《商务日报》发表《中国经济之出路》。15日,《新华日报》发表《解救当前经济危机,首须解决政治问题,军费庞大是通货膨胀物价高涨的主要原因——马寅初教授在沪讲演》。20日,会同郭沫若、茅盾、马叙伦、陶行知、翦伯赞、郑振铎、胡绳、叶圣陶、杜国庠等24人发起成立中国学术工作者协会上海分会。7月29日,竺可桢至杭州法院路34号,约请马寅初来浙大担任课程。8月3日,在《周报》发表《痛悼陶、李两位先生》。

马寅初8月应聘到上海私立中华工商专科学校任教。9月3日,《解放日报》头版报道:"据莫斯科二日广播:上海民主团体代表马寅初在沪报上著文称:假使美国不改变其帮助国民党政府的政策,将号召人民举行抵制美货运动。"29日,出席商务印书馆股东临时会议。同日,出席上海经济学术团体联合会第11次会议,谈"如何建设国民经济"。30日,上海经济团体联谊会成立,被选为名誉会长。马寅初在会上演讲"痛斥官僚资本与洋商勾结,呼吁实现政治民主和经济民主""要使中国走上自由建设的道路,首先必须清除政府当局的反动措施,实现政治民主与经济民主"。同月,与杜国庠、张志让、沈体兰等80多位教授定期集会,座谈时事。后定名"上海各大学民主教授联谊会"。10月6日,在上海演讲《工业的前途》。10日,天津《益世报》称:"中国经济学权威,国民党政府立法委员马寅初氏近已辞去官职,由京返沪。"15日,出席立法院第4届第309次会议。此为最后一次参加立法院会议。同日,出席兴业银行40年庆祝会,演讲《黄金问题》。11月6日,就国民政府与美国政府签订《中美友好通商航海条约》发表记者谈话:"这种秘密谈判,是不应该的,这条约与人民生活有极大关系,为什么秘密谈,这次条约只是表面上平等,实际是不平等条约。两国情形不同,不能互惠。"7日,在重庆大学商学院为安子介《国际贸易实务》作序。14日,在《经济周报》3卷20号发表《中美商约条文内容空泛,利权丧失无可避免》。23日,发表谈话,预言"中国经济已经走上殖民地经济的道路"。24日,《新华日报》发表题为《马寅初说:中国经济危机好比吸食毒品》的报道。同月,赴上海锦江饭店聚会发表《战时经济谈话》。

马寅初12月17日在重庆《商务日报》发表《谈经济上三种传说》,就社会传闻政府将发行大面值法币、公债及"孙"币,发表评论。22日,应上海市妇女联合会邀请演讲《中国为什么穷》。24日,出席上海各界人士举行抗议美军在华暴行大会,并发言。26日,接受《联合晚报》采访。31日《联合晚报》以"二马对谈"为题详细报道。编者按:"看过或听过两位马先生的文章和演讲的人虽然不少,但那两位当代民主领袖能够约在一起,作有系统的对谈,并且还能把谈话发表出来,恐怕不曾有过吧。本报为此特于二十六日晚上约请两位,作一次极有价值的对谈。所谈范围极广,两先生对当前国内政治经济局势均有极警辟透彻的卓见发表,并谈到如何过年问题,尤饶兴趣。"28日,出席上海《文汇报》第53期星期座谈会。出席座谈人士尚有俞寰澄、祝世康、夏炎德、丁鹄、彭信威、王师复、施复亮、周伯棣、章乃器、漆琪生等。29日,于大夏大学演讲《我何以反对新订的〈中美商约〉》。从学理与现实结合深入比较中美两国经济背景差异,指出:"最先进的大工业国与落后的农业国之间,有何平等互惠之可言,所谓平等就是不平等,所谓互惠就是单惠。"31日,领衔张东荪、罗隆基、章伯钧、陈家康等发表严正谈话,抗议美军士兵制造"沈崇事件"暴行。表示:"美军已视中国为殖民地,美军驻华不但助长中国内战,现已污辱我人之人格。政府为维持一己地位,请美军驻华,污辱中国人民,应负极大责任。"呼吁"全国人民一致起来,以行动抗议美军暴行"。同月,在《观察》1卷18号发表《土地税》,系统考察各主要国家古今土地税标准,概括为6种,与中国古代土地税标准加以比较,认为中国"近年以来因附加税之带征,中国之地税,离开上述六种标准愈远。各省县田赋附加名目之多,至堪惊人"。(参见徐斌、马大成编著《马寅初年谱长编》,商务印书馆2012年版)

张澜12月12日上午8时45分在民盟中委鲜特生的陪同下,乘机由渝飞汉转沪主持盟务。行前在机场向记者发表对时局问题的谈话。12月17日晨,张澜所乘"旅安"轮在南京码头作短暂停留,罗隆基等民盟负责人及记者登船对他一行表示慰问和欢迎。《大公报》曾在汉口电讯中,歪曲张澜在汉口的谈话,说什么张澜希望国大制定一部民主宪法,民盟是否参加改组政府暂无意见表示,此行去沪,将与张君劢商谈民盟二中全会。张澜借在南京作短暂停留机会,向新闻界人士发表谈话,驳斥《大公报》分化民盟的造谣电讯,说《大公报》所载他在汉口的谈话中有三处不符:一、对所谓"国大,并无希望制定一部民主宪法之说;二、民盟参加改组政府与否,非暂无意见表示,乃无考虑必要;三、民盟二中全会事,到沪后须与章伯钧等晤商,非与张君劢晤商"。上午10时,"旅安"轮离京去沪。20日,出席民盟总部欢迎宴会,接受记者访问时说:民社党与民盟之关系,尚未决定。民社党参加"国大"及张君劢之举措,系属憾事,极表惋惜。22日下午,中国民主促进会、上海民主建国会等11个民主团体500余人在上海八仙桥基督教青年会大厦联合举行欢迎张澜大会,沈钧儒、史良、章乃器、马叙伦、施复亮、周建人、马寅初等著名民主人士赴会。23—24日,出席民盟第一届十一次中央常务委员会会议,讨论民社党出席分裂的国民代表大会问题。会议决议,民社党参加"国大",违反盟纪,对盟内的民社党成员参加"国大"者,一律开除盟籍。27日,出席上海工商界、金融界举行的"星五聚餐会",发表演说,反对外国资本和中国官僚资本压迫中国民族工商业。31日,出席中国民主同盟召开的二中全会第六次预备会议。会议集中讨论反对将于次日公布的"国大"制定的宪法及抗议美军暴行两项文件。(参见谢增寿编著《张澜年谱》,群言出版社2013年版)

黄炎培2月4日偕眷属搭飞机返上海。20日,与杜月笙、钱新之、张群等4人宴客于国际饭店14楼,为中华职业教育社募捐,当场认定约6000万元(法币贬值之数)。23日,与沈钧儒、张君劢、彭一湖联名发表对时局的主张。3月3日,参加在职教社举行之民主建国会在沪会员联欢会。因国民参政会将于本月20日在重庆举行,是日和3月18日冷御秋、王晓籁等由沪飞渝。28日,应周恩来、王若飞邀餐,谈江北运河工程及参政会加入国民大会问题。29日,偕冷御秋至民盟访张澜,谈参政会加入国民大会及《联合日报》问题,并将所拟民盟参加国大代表名单交与梁漱溟。30日,自渝返抵上海。4月5日,国民党于3月中旬举行二中全会,通过决议,完全违反政协决议精神。同日,致函重庆张澜及民盟诸友,请调停政府与中共关于东北问题之争执。15日,对中华职业学校师生千余人讲演,题为《敬业乐群》。20日,应八仙桥青年会图书馆读者团之邀讲演《图书馆与民主运动》。讲以下三点意见:(一)图书馆开一栏。专门陈列有关民主类之书籍;(二)读者各就所在机关组织进修会,阅读民主国家新国民修养一类的书刊;(三)试办图书借出阅览。5月6日,在中华职业教育社成立29周年纪念会上讲话,略谓职教社成立以来之办事宗旨:(一)抓住中心;(二)根据社会之演变,能够与时俱进;(三)能够做到人尽其才。11日,民盟重要成员梁漱溟、章伯钧等于8日到沪。今日偕章伯钧、梁漱溟至张君劢家,商定对时局的主张。11—20日,连日分别和民盟、民建、青年党、民进等党派重要成员商谈时局问题。21日,闻国民党军19日占领四平街,至梁漱溟家和沈钧儒、章伯钧、张君劢等5人商定,分电国共双方领导人,请求停战。25日,在南海花园与马叙伦、孙晓村、郑振铎、严景耀等商讨东北局势及调解意见。28日,决定是日与沈钧儒、章伯钧、梁漱溟、张君劢等赴南京,继续奔走和平。29日除分别与中共领导人周恩来、董必武、李维汉,国民党代表邵力子、孙科、吴铁城会谈外,又以5人名义,电促蒋介石返京。同日,访王世杰,商和谈进行步骤。对王提出如下意见:中共退出哈尔滨,国民党不进兵,一切用协商方式解决之。

　　黄炎培6月3日与梁漱溟长谈。从四五十年来社会演变、个人际遇,得到3点认识:(一)有效之服务须着重于政治,政治重于一切。虽然也须和其他方面配合,但必认定政治的重要性。(二)必须着重全国性、国际性而不宜局于地方性。(三)必须积极奋斗,从奋斗中结合同志,从结合中加强奋斗。蒋介石自沈阳、平、津等地飞返南京。6日,与沈钧儒、梁漱溟、章伯钧、罗隆基、李璜、莫德惠等至外交部和王正廷、邵力子等会谈,如停战令下后,关内关外战事与政治如何配合进行诸问题。10日,返上海。参加职教社工作会议,报告两周来在京奔走和谈经过。15日,参加职教社会议,邀俞颂华作时事报告,并讨论《国讯》问题。16日,赴南京。应孙科招餐,参加者民盟沈钧儒、张君劢等和政府代表邵力子、王世杰等共18人。同日,黄炎培代表民盟与青年党曾琦、李璜及莫德惠会商调解国共关系之进行步骤。13日,参加民建会,主持会议,并报告时事。17日,民建在红棉酒家招待工商界,被推为主席。胡厥文、章乃器、包达三等多人发言,对闻一多、李公朴二烈士被狙杀,均极愤慨。7月30日,因陶行知25日脑溢血逝世,26日随众友朋送入上海殡仪馆大殓,今日作诗哭之。8月6日,参加民建常务理、监事会议,决定嗣后举行分组座谈会,每周一次。与张纲伯被推轮任第一周主持人。9日,民盟同志楚图南、尚钺(均云大教授)自昆明来,述李公朴、闻一多案经过甚详。遂即邀吴晗、章伯钧等来共餐。12日,举行民建会理监事会议,通过《本会对于司徒雷登及马歇尔两位联合声明之发言》稿。24日,与沈钧儒、梁漱溟、罗隆基等商谈起草民盟宣言问题。次日以书面谈话方式发表,谴责国民党政府一贯破坏政府决议,"打"有决心,"谈"是欺骗和掩饰之烟幕。

　　黄炎培9月4日出席中华职业教育社改选后第一次理、监事联席会议,被选为常务理事。7日,参加民建常务理、监事会议。12日,中华职业教育社新创办之比乐中学今日举行开学典礼,到校致词。19日,因梁漱溟自南京来,乃邀沈钧儒、章伯钧、罗隆基、张君劢等集会,长谈时局问题。10月4日,上海各界在天蟾舞台追悼闻一多、李公朴,到者六七千人。黄炎培被推为主席团之一。9日,与沈钧儒、郭沫若、张君劢、章伯钧、罗隆基、左舜生、陈启天齐集交通银行钱新之处,共商时局,拟作最后努力。定明日分访周恩来、孙科后,全体赴京。10日,和中央银行行长贝祖诒及政协代表等多人访中共代表周恩来,商恢复和谈之折中办法。12 日,原定今日搭司徒雷登专派来沪飞机赴京,不意晨起阅报,知张家口已被蒋军攻下,而南京政府又悍然单独下召集国大之令,知和谈将彻底破裂,遂即以电话邀诸人会商于张君劢家,一致决定取消入京之议。14 日,至中华职业学校参观,并对学生讲话。要点为:眼光要远,胸襟要宽大,行动要勤快,良心以为当做者必做,不当做者必不做。17 日,访中共代表周恩来谈和谈问题。晚 9 时复与张君劢、章伯钧、罗隆基、左舜生等 7 人再访周恩来,报告和政府代表洽谈经过。21 日,"第三方面"今日偕同赴京者有沈钧儒等 14 人。至京和蒋介石晤见后,蒋敷衍数语,即藉故飞往台湾,对和谈全无诚意,是以和谈终于无成。23日,至张君劢家,和沈钧儒、章伯钧、梁漱溟、罗隆基等共商工作进行步骤,分派各人负担之职务,并定自是日起,每日按时至交通银行集商。31 日,返上海。成诗《苦口——国共和谈频临破裂了》一首:"苍生痛哭岂无人,苦口哓哓又一旬。梦逐河边新万骨,觞歌白下醉千春。才驱敌去思劳止,复为谁来点卒频。缫到和娘丝又熟,受降城月尚如银。"

黄炎培 11 月 1 日在上海访张君劢。对职教社同人报告时事。2 日,至工商专科学校,讲授"伦理学与机关管理"。在中华职业学校校友聚餐会中,发言勉诸人应为国家努力,而不宜专为个人打算。3 日,参加民建会第一小组会,晚复应民建会邀宴,均报告这一阶段在南京工作的经过。7 日,和章伯钧联名在《文汇报》发表谈话:大意谓""第三方面"用尽气力,奔走呼吁,一是希望实现全面和平;二是希望创造一部全国共同拥护之宪法。故波折虽多,亦决不灰心"云。10 日,又闻政府允许开非正式综合会谈及四项小组会,局势似又好转。遂与沈钧儒、章伯钧等商谈后,决定明日 3 人相偕赴京。同日,民建会上海市分会举行成立会,被推为主席团成员之一。盛丕华、包达三、张绚伯等 24 人当选为理监事。成立宣言中,重申"不右倾不左袒""建立政治上和平奋斗的典型"的主张。并强调"团结中间阶层的政治力量,特别愿意团结工商界人士及文教人员,在政治上愿意走向改良进步的道路"的意见。11 日,自上海飞抵南京,仍宿蓝家庄。夜,枕上拟《民盟对参加国大问题之态度》一稿,经民盟开会通过如下:"民盟历次宣言,拥护政协决议。一切行动,以此为唯一的依据。同人愿竭最后努力,以求政协决议关于国大开会以前各项手续之完成,完成以后,即一致参加国大;未完成以前,决不参加。"12 日,向"第三方面"同人报告民盟态度如上所述者。张澜自重庆来电话,坚嘱民盟不可交国大代表名单。13 日,访张公权于其寓所,深谈民盟所持全国团结之理论与其经过,及 10 个月来奔走协调的情况。张公权对东北现状亦有说明。14 日,友好潘公展、钱新之、杜月笙极力劝参加国大。以民盟的态度既定,蒋方又不守政协决议,乃拒之。15 日,返上海后,分别向职教社同人及胡厥文、马寅初、盛丕华、王却尘、章乃器报告近 4 天在京工作经过及各方面的情况。26 日,参加民建会总分会理、监事会议。同日,至上海工商专科学校继司徒雷登讲演之后作题为《为和平努力之经过》的讲演。12 月 12 日,为《民讯》第 2 期作《民主是要修养的》。24 日,民盟中常会在张澜寓所举行,被推任主席,讨论通过处理民社党出席"国民大会"问题。25 日,参加民建会星期五聚餐会,继开理监事会,任主席。讨论在国民党破坏政协决议、单独召开国大、通过伪宪法后,扩大民主运动问题。(参见许汉三编《黄炎培年谱》,文史资料出版社 1985 年版)

沈钧儒 2 月 11 日由重庆飞抵上海,住愚园路愚园新村 11 号长子沈谦寓所。在沪中共方面派张执一与沈钧儒保持经常接触。13 日,在青年会招待上海新闻界,谈论参加政治协商会议经过情形及目击"校场口事件"情形,阐明民盟坚决拥护政协决议,并报告在政协闭会时,纲领组通过组织"人权保障委员会",各地均应发起组织分会。沈钧儒负责推动组织上海分会。16日,参加在天蟾舞台举行的助学联欢会并演讲。勉励青年要团结,特别强调团结的力量。17日,出席上海40余个团体在上海八仙桥青年会举行的盛大欢迎茶会。沈钧儒在会上发表了长篇演说,报告经过政协努力所取得的政治成就,强调要解决困难,争取实际成就。呼吁大家共同努力,使中国走上民主道路。并严厉谴责国民党破坏政协决议的行径。23日,与黄炎培、张君劢、彭一湖联名发表对时局的主张。大要为:(一)主张用全力保护我国一切主权,不能超过中苏友好条约之规定,使权利上有所损害;(二)主张继续要求苏联依照约定撤兵;(三)东北一切内部纠纷,应依政治方式协商解决;(四)对任何方面,都反对以中国人打中国人。同日,与梁漱溟、章伯钧出席民盟举行的记者招待会。就政协会议决议问题、东北问题及向美借款问题,说明了民盟的态度。25日,因22日重庆发生特务乘煽动不明真相的群众举行"反苏游行"之机,捣毁《新华日报》营业部和民盟机关报《民主报》营业部,打伤工作人员多人等事件,赴南京,向国民党政府提出交涉。

沈钧儒3月12日离上海飞返重庆。在此前一度赴香港。15日,亲往重庆地方法院为校场口血案出庭作证。20日,国民参政会四届二次会议在重庆开幕。21日,出席在人救会会所召开的人救会第六次会员大会。任会议主席。向会议报告:1.上海之行的情况;2.决定将《民主生活》自13期起移上海出版,请柳湜任主编,并改由民主生活社发行;3.目前政局;4.本会参加国大的基本原则,"本会的国大代表必需要做到:(一)表决时与民盟一致,不动摇,不弃权;(二)(能)出席大会,并有活动能力"。会议并议决筹备重庆分会等事项。22日下午,与张澜、张东荪、章伯钧、黄炎培、周新民等民盟诸友在"特园"商谈有关大局。在参政会议期间,民盟连日于参政会会外召开常务委员会。25日,参加民盟国民大会代表题名小组在"特园"召开的会议,商谈国大代表问题。4月10日,与张澜、章伯钧、罗隆基等在"特园"邀请国共双方的政协代表,交换对东北问题的意见。12日,出席于人救会会所召开的人救会第七次会员大会,任会议主席。向会议报告政局和民盟近况。会议主要听取自延安来到重庆的柳湜的报告。19日,作《敬悼若飞、博古、希夷诸先生》,刊于《新华日报》。25日,出席民盟、青年党、无党派三方面代表于重庆特园的集会,商讨调解东北问题的办法。28日,出席民盟一届中央常务委员会第七次会议。29日,沈钧儒等民盟负责人向马歇尔提出实现东北和平三项建议。同月,诗集《寥寥集》在上海由艺术书店印行第三版。5月3日,中国共产党代表团由重庆迁南京。民盟派辛志超、罗任一到南京筹备民盟总部迁南京事宜。6日,沈钧儒出席于枣子岚垭犹庄25号召开的人救会第八次会,任会议主席,并作长篇发言,会议主要讨论成立重庆分会问题。

沈钧儒5月19日由重庆飞南京。同日,重庆《民主报》发表沈钧儒反对"警员警管区"制的评论。20日,抵上海。21日,与黄炎培、章伯钧、张君劢同至梁漱溟处,商定将原向马歇尔提出的实现东北和平的三项建议,直接分别致电蒋介石及毛泽东,请立即停战。24日,中共代表团秘书长齐燕铭、发言人王炳南应各民主党派邀请自南京抵达上海,就和平问题交换意见。当晚访沈钧儒。26日,与黄炎培、章伯钧出席民盟和各党派53个人民团体组成的"上海人民团体联合会"举行的会议,商讨对时局的意见,发表宣言,呼吁"立即停止内战,实行政协决议"。26、27日,与黄炎培、章伯钧、张君劢、梁漱溟5人,先后在张君劢、梁漱溟寓所会商,决定去南京。28日,与黄炎培、章伯钧、张君劢、梁漱溟由上海抵达南京,发表书面声明。下午5时,周恩来、董必武、陆定一、齐燕铭到蓝家庄15号民盟总部访沈钧儒等,介绍了近一个月来与马歇尔商谈的经过。双方就目前时局,作了广泛的交谈。沈钧儒等一致认为东北已无主权问题,应立即停战。29日,沈钧儒等5人分别访问王世杰、吴铁城、张厉生、陈立夫、邵力子、周恩来等。晚,周恩来、董必武、陆定一来访,长谈至夜1时始散。31日,与罗隆基、章伯钧、黄炎培、梁漱溟往梅园新村访周恩来等长谈,周恩来赠以中共代表团编印的《停战文献》。6月1日,沈钧儒等分别拜访马歇尔及中共代表团。3日,与章伯钧、罗隆基、黄炎培、梁漱溟赴梅园新村访周恩来。5日,得悉蒋介石已同意停战15天进行谈判。邵力子来访,说:国民党内主战派不止抬头,且特别抬头,时局极为严重。蒋介石说:如此次谈无结果,即可不必再谈。6日,与黄炎培、章伯钧、罗隆基、梁漱溟、李璜、莫德惠至外交部与王世杰、邵力子会谈停战令下后关内关外战事与政治如何配合进行诸问题。下午邀董必武告以上午会商结果,并交换意见。8日,与黄炎培、梁漱溟、罗隆基、章伯钧、李璜、陈启天、莫德惠访马歇尔,提出对和平商谈的意见。随后,复至青年党办事处商谈。9日,周恩来返南京。沈钧儒夜赴梅园新村访周恩来,得悉其延安之行的情况。中共中央决定:"竭力争和平,哪怕短时期也好。"10日,返回上海。13日,与章伯钧、罗隆基、黄炎培、张君劢邀莫德惠、胡霖、李璜在张君劢寓所范园会谈。决定15日同赴南京,对停战协商及政治问题作最大努力。14日,参加"第三方面"留沪政协代表扩大会议。由自南京来沪的梁漱溟报告近两日的谈判情况,其中谈及周恩来表示中共对于和平具有至高诚意和决心。感到大局仍有好转希望。

沈钧儒6月15日乘晚车赴南京,16日晨抵达。16日,应孙科邀餐。同席者为"第三方面"代表及政府方面代表,交换对时局的意见。晚,参加民盟、青年党、莫德惠于民盟办事处集会,进行会谈。18日,与梁漱溟、张君劢、章伯钧、罗隆基、张申府、黄炎培联名致函蒋介石,就民盟西安王任、李敷仁遇害,向政府提出严重抗议。21日晚8时,与黄炎培、罗隆基、张君劢至梅园新村访周恩来,作长时间的内容广泛的谈话。罗隆基主张军事与政治应同时谈判。周恩来认为乐观尚嫌太早。22日,离宁抵沪参加邹韬奋葬仪,在安葬仪式上致悼词说:"我们要学习你的榜样,不计生死,为争取民主的胜利。"23日,与褚辅成乘西湖号车自上海抵嘉兴。11时,出席于银星影戏院召开的欢迎大会,接受各界献旗。沈钧儒报告了出席国共和平谈判的经过,对和平谈判持乐观态度。午,至精严寺应佛学者宿范古农邀进素斋。晚,出席中蚕公司及民丰纸厂欢宴。沈钧儒致词说明中国问题的世界性,主张中国必须成为世界三大强国之一。同日,上海各界55个团体,推代表马叙伦等赴南京请愿,向蒋介石呼吁和平。在下关车站遭国民党特务的围困、殴辱,多人受伤。沈钧儒闻讯后,即致电慰问。24日晚,乘车返沪。28日,与张君劢、梁漱溟、黄炎培、罗隆基、章伯钧、张申府共赴梅园新村访周恩来。同月,与柳亚子、马叙伦等联名发表《对目前学生运动的主张》,谴责国民党当局压迫青年学生为争取和平民主而进行的斗争。

沈钧儒7月13日闻李公朴11日在昆明进行呼吁和平反对内战的斗争中惨遭国民党特务暗杀噩耗,悲愤异常。并与王造时同撰《李公朴事略》,文中写道:李是为民主而生也是为民主而死的。13日,与陶行知、沙千里等人联名致电李公朴夫人张曼筠:"曼筠先生:公朴为国殉身,闻讯恸绝。誓复此仇。特电奉唁。敬希节哀审变,与大逵先生共商善后,并盼详函。专此即问夏安。"同日,陈家康代表中共方面特访沈钧儒及罗隆基等,对李公朴遭特务暗杀表示哀悼。沈钧儒作《对国民党政府片面召开"国大"的意见》,在《新华日报》刊出。15日,沈钧儒等民盟政协代表在上海举行记者招待会,提出挽救时局主张,要求立即恢复政协会议,实行五项决议,对李公朴被暗杀发表声明。16日,民盟政协代表在上海南海花园招待文化界,沈钧儒任会议主席。17日,民盟政协代表假红棉酒家招待金融工商界。沈钧儒及章伯钧、黄炎培等相继报告。18日,沈钧儒为《新华日报》李、闻追悼特刊题词:"一个一个的触犯了政治暴力的尖锋'民不畏死奈何以死惧之'杀一二人而要使天下再不会有三人四人至于百千万人那真是梦想",下署"公朴、一多两先生被害消息,周身如触电痉挛,愤怒淹没了悲哀的情绪,谨志以抒我忧"。沈钧儒负责李、闻二人治丧委员会工作。20日,与梁漱溟、黄炎培、张申府、章伯钧、罗隆基、张君劢7名民盟政协代表联名为李、闻案向国民党政府提出严重抗议,并提出要求参加调查惨案真相,参与审判主凶及立即撤销特务机关等六项要求。25日晨,陶行知在沪因受国民党反动派迫害,生活极不安定,又得李、闻噩耗,痛悼之余,刺激过深,突患脑溢血。沈钧儒接其家属电告,即偕沈谦驰往诊治,救治不及,于中午溘然长逝。沈钧儒为又失去一挚友而悲痛不已,始终在场主持治丧筹备工作。当日,组成陶行知先生治丧委员会。26日10时,各团体在上海殡仪馆举行陶行知公祭仪式。沈钧儒任主祭。29日,得"首都律师公会"通知,同意沈钧儒加入为会员。办事处设南京新街口大丰富巷107号。并于9月30日得"首都高等法院"准予登录批件。同月,沈钧儒接上海方面函,内称:此间举行千余人大会,通过了致全国各报馆各界通电及致政协会全体代表书:为李、闻被暗杀事写成《我们曾控诉》,向社会征集签名,预计可达万人;同时译成英文向国外散发,发起成立李、闻、陶三先生纪念基金筹募会及"港九各界反内战大同盟"。

　　沈钧儒与黄炎培、梁漱溟、罗隆基等8月24日商谈起草民盟宣言问题。25日,对记者发表谈话,谴责马歇尔在全面爆发内战的严重关头,参加国共双方商谈改组政府问题,"使美国和中国人民以为和平谈判尚在进行中,借以掩护美国政府继续助长中国内战的残忍政策!"9月3日,《联合晚报》载沈钧儒向记者发表的谈话:对这次在炮火中召开的5人非正式小组会的前途表示悲观,对美国调解人与国民党政府的诚意也表示怀疑。并说:改组政府原应由政协代表协商,今竟将其他各党派代表抛开,由国共双方进行"非正式"商谈,这也证明国民党政府无诚意。4日,对国民党政府和美国政府间签订剩余物资买卖协定表示反对,并指出国民党政府与美国对和平商谈诚意实属可疑。8日,参加于郭沫若寓所召开的李、闻追悼会筹备会第一次会议。23日,参加上海各人民团体代表举行的会议,响应美国35个城市的进步团体发起的"美军退出中国周"运动,与罗隆基、张纲伯、章伯钧、吴耀宗、胡子婴、罗叔章、沈体兰、刘王立明被推为筹备人。28日,与黄炎培、章伯钧、梁漱溟等民盟政协代表8人联名致函蒋介石,再次要求限期缉查李、闻事件。30日下午,与黄炎培、张君劢等赴周公馆访周恩来,商谈时局问题。同日,沈钧儒重新领得补发的1939年2月14日律师证书。与沙千里、林亨元于南京路沙逊大厦256室同设平正法律事务所。又开始在上海执行律师职务。10月1日,李、闻纪念委员会交来捐款册,准备发起追悼李、闻活动和筹募纪念基金,以抚遗孤、出版遗著及创办纪念博物馆。由沈钧儒负责分配用款。3日,出席在私立上海法学院大礼堂举行的"上海法学院成立20周年纪念大会",代表教职员工在会上作了题为《发扬优良传统》的讲话。回忆了本校历史,要求将"师生之间能够相互了解"和"为公服务"的精神保持和发扬,"使我们学校过去20年历史发扬光大"。4日,参加在上海福州路天蟾舞台举行的李、闻二烈士追悼大会,任主祭。9日,与郭沫若、张君劢、章伯钧、黄炎培、罗隆基、左舜生、陈启天、钱新之齐集于交通银行,共商时局,拟对和谈作最后努力。决定次日分访周恩来、孙科后,全体赴南京。10日,《我们要求政府切实保障言论自由》在《民主周刊》51—52期上发表。12日,与章伯钧、罗隆基、黄炎培、蒋匀田在张君劢寓所举行紧急会议,一致认为国民党军攻占张家口及政府片面颁布国大召集会,无异是对热心和平商谈的"第三方面"人士,飨以闭门羹与难堪,决定取消进京之举。并以此意分别转知政协无党派和青年党留沪各代表。会后与张君劢、蒋匀田、罗隆基、章伯钧分别往访周恩来及孙科,试探国共双方意见。

沈钧儒10月19日出席上海文协总会等12个文化团体在上海辣斐大戏院(今长城电影院)举行的纪念鲁迅逝世10周年大会,周恩来、郭沫若、茅盾及沈钧儒等均登台讲演。沈钧儒说:"鲁迅先生在抗战前,领导大家,要团结抗战,所以他是民族之魂,今天要改为民主之魂了。我们要以鲁迅先生不屈不挠的精神,打倒黑暗反动势力,争取民主政治的实现。这几天,是中国革命攸关的时期。政府改组和成立联合政府的前提是停战。"下午5时,参加三方面代表在吴铁城寓所举行的第二次交谈。周恩来说明中共渴望和平的诚意,愿接受赴京之邀。会后,齐往周公馆赴周恩来晚宴。20日上午,与周恩来、李维汉、潘梓年、郭沫若、许广平、茅盾、冯雪峰等赴万国公墓鲁迅墓前祭扫。21日,与李维汉、郭沫若、胡霖、章伯钧、罗隆基、黄炎培、张君劢、蒋匀田、曾琦、李璜、左舜生、陈启天、余家菊、杨永浚等同乘中航机飞南京。下午3时,与"第三方面"人士一起至南京新街口交通银行开会,就政府与中共双方意见不同之点加以研讨。23日,与章伯钧、罗隆基、黄炎培、梁漱溟、张君劢在保泰街张君劢寓所进行内部会议,共商调解工作进行步骤,分派各人分担的职务。26日,与郭沫若离京返沪。27日,与田汉、郭沫若、李济深等人发起的陶行知追悼会在上海昌班路震旦大学大礼堂举行,任主祭。月底,为去法院出庭,赴南京,并为查看陶行知葬地、估计工程及修建形式等等。9—10月间,主持人救会上海分会成立会,并致词,以加强民主运动,响应中共中央号召,积极推进会务工作为勉励。11月8日蒋介石颁布停止冲突令,并发表由马歇尔、司徒雷登为他起草的声明。晚9时半,与罗隆基、张申府主持"第三方面"代表在交通银行举行的记者招待会。罗隆基代表"第三方面"就蒋介石声明宣读书面谈话,指出声明所举之一切办法,与政协决议及其程序出入甚多。沈钧儒感到事已不可为,遂返沪。9日《评论报》刊载该报记者与民盟代表座谈的文章,题为《和谈圈外——沈钧儒谈开电灯》。沈钧儒以在黑暗中摸索电灯开关来譬喻和谈前途凶吉未卜。10日,得悉政府允开非正式综合会谈及四项小组会,局势似又好转,与章伯钧同访黄炎培商谈。决定次日赴宁。同日,接周恩来长途电话,催促沈钧儒等三人赴南京,参加商谈。

沈钧儒与章伯钧、黄炎培11月11日上午9时半飞抵南京,宿蓝家庄。国民党政府通过张君劢意图骗取"第三方面"交出参加"国大"名单。沈钧儒接民盟主席张澜自重庆打来的长途电话,强调说:"我们同盟必须在政协决议程序全部完成后,才能参加国大,否则,就失去了同盟的政治立场,希望大家要万分慎重,绝不可稍有变动。"15日,离宁回沪。23日,与郭沫若、黄炎培出席中苏文化协会在上海青年会举行的苏联影展及欢送茅盾夫妇赴苏酒会。24日,与郭沫若为民社党参加国大发表谈话,说:"自此,民社党亦与青年党一样,失去'"第三方面"'的立场。虽张君劢不参加国大,然其领导之党参加国大,乃他的决策。有如全身浸水,仅留头部在外,没有丝毫理由说:'我未落水!'"25日,接见记者,就民社党提出国大名单事发表意见,说:在一党内,个人与党魁实不可分割,党之行动,党魁应自负责。此次张君劢氏作为实令人不解。当问及民社党是否退出民盟时,答曰:民社党之行动,实违背民盟决议,对此,张君劢氏自己需加考虑,民盟也当考虑。12月1日晨,陶行知灵柩运抵南京。8时半,在火车站外草坪上举行迎枢式,沈钧儒等为执绋送殡,率领送葬队伍到陶行知墓地。

公葬典礼于11时开始,沈钧儒任主祭,并为陶行知墓题写了碑文。12日,在《文汇报》星期座谈会上就"国民大会"拟通过"宪法"一事发表意见,认为:正在举行的所谓"国民大会",是完全违反了政协决议,因而是非法的,根本不能承认。由其制定的宪法,自然也是非法的。沈钧儒回忆政协得以召开的两大前提为:第一是下令全面停战,第二是蒋介石宣布的四项诺言,而现在这两项前提都没有了。宪法又只有6个月的效力,而这6个月内又没有具备这两大前提的可能,所以这个宪法根本不值一谈。如研究这个宪法的条文,还不如研究今后中国应有怎样的宪法。17日,在史良寓所举行庆祝沈钧儒73诞辰(虚岁)宴会。郭沫若夫妇、柳亚子夫妇、华岗、潘梓年、许广平、马叙伦等出席。18日晨,在大达码头迎接民盟主席张澜。张澜于12日自重庆飞汉口,然后乘轮来沪。19日,出席中共上海联络处为欢迎张澜到沪和庆祝沈钧儒寿辰举行的午宴。华岗、陈家康、钱之光、潘梓年、马叙伦、马寅初、章伯钧、李济深等40余人出席。23日,出席上海市11个民主团体假青年会欢迎张澜大会。24日晚,北平发生美军强奸北京大学女学生暴行案,激起全国人民极大愤慨。上海法学院学生成立抗议美军暴行委员会,出版《抗暴三日刊》,沈钧儒对出版经费解囊相助,并对是项斗争多加勉励及支持。26日得吴县律师公会通知,同意沈钧儒加入该公会。27日,出席人救会中常会会议。31日,主持民盟二中全会第六次筹备会。会议集中讨论反观将于次日公布的"国大"伪宪法及抗议美军暴行两项文件。是年,沈钧儒在加入上海律师公会后,被选为常务理事。(参见沈谱、沈人骅编《沈钧儒年谱》,中国文史出版社1992年版)

张君劢5月7日飞抵上海。9日,黄炎培、梁漱溟、章伯钧访张君劢于海格路范园646号寓所,午,4人在社共餐,畅谈盟务。10日夜,作《美总统杜鲁门对于中国的箴言——三句话》。11日,黄炎培偕梁漱溟、章伯钧在张君劢家,商定对时局主张4条。13日,黄炎培、梁漱溟、沈志远、黄竟武到张君劢家,商定民盟工作。16日,黄炎培偕梁漱溟、张君劢、章伯钧在梁漱溟家会商应付时局问题。午后,在张君劢家,黄炎培、张君劢与青年党左舜生、陈启天、杨叔明谈应付大局问题。18日,在《再生周刊》第113期发表《美总统杜鲁门对于中国的箴言——三句话》。同日,在上海圣约翰大学作演讲,题目是《美国总统制与政协修正宪草》。20日,周恩来、董必武、陆定一、邓颖超致书张君劢、黄炎培等,呼吁民主党派为和平民主而努力。同日,黄炎培、梁漱溟、张君劢、章伯钧、陶行知、张云川、沈志远、杨志恒、孙宝毅等在愚园路749弄31号举行民盟常委会谈。后黄炎培等人到张君劢家。对国军攻占四平街事,共商应付办法。沈钧儒自渝飞抵沪,5人在张君劢家会谈。21日,在梁漱溟住所,黄炎培、张君劢、沈钧儒、章伯钧、梁漱溟5人商定,分电蒋介石、毛泽东,请立即停战。23日,毛泽东复电民盟张君劢、黄炎培等5位政协代表。同日,张君劢、黄炎培、沈钧儒、章伯钧、梁漱溟以留沪中国民主同盟政协代表的名义再次致电蒋介石、毛泽东呼吁东北停战。25日,在《再生周刊》第114期发表《美国总统制与政协修正宪草》(上篇)。26日,在家与黄炎培等4人会商。27日,张君劢、黄炎培等5人在梁漱溟家会商,以蒋介石已自沈阳函马歇尔特使表示意见,黄炎培等决定即日入京。

张君劢5月28日与梁漱溟、沈钧儒、章伯钧等乘9点车离上海赴南京。午后抵南京。赴下关车站欢迎者,有参政会中共代表及民盟代表团代表。下午5时,中共代表周恩来、陆定一、齐燕铭、董必武到蓝家庄15号民盟总部访晤民盟代表张君劢、梁漱溟、沈钧儒、章伯钧。29日上午7时,民盟张君劢、黄炎培、沈钧儒、章伯钧、梁漱溟等5位政协代表在南京电沈阳蒋介石请其早日返京。同日,接见法国记者,称:"本党(民主同盟)已电蒋主席,请其及早返京,以便重新开始和平谈判。"6月1日,在《再生周刊》第115期发表《美国总统制与政协修正宪草》(续篇)。2日,作《从外交内政两方面解决东北问题》。7日,在星期五聚餐会上发表《关于美国经济之闻见种种》演讲,介绍美国农业及工业发展的大概情况。8日,在《再生周刊》第116期发表《从外交内政两方面解决东北问题》。11日下午5时,黄炎培、张君劢、罗隆基、沈钧儒、章伯钧在张君劢家谈话。13日10时,在张君劢寓所范园,胡政之、莫德惠、黄炎培、章伯钧、沈钧儒、罗隆基、李璜、张君劢会谈,决定15日同赴南京,对停战协商及政治问题做最大努力。15日,张君劢、莫德惠、钱新之、陈启天、余家菊、沈钧儒、黄炎培、章伯钧、梁漱溟、罗隆基等政协代表搭夜车赴南京。同日,在《再生周刊》第117期发表《关于美国经济之闻见种种》。20日清晨,郭沫若从上海到达南京,急匆匆与"第三方面"代表张君劢、梁漱溟、沈钧儒、章伯钧、罗隆基、黄炎培等人晤了面。下午,郭沫若与黄炎培、张君劢等人在国民大会堂会议室设茶会,邀请政府代表孙科、吴铁城、邵力子、王世杰和陈立夫,就国共和战问题进行调解。21日晚8时,张君劢与黄炎培、章伯钧、梁漱溟、罗隆基4人到梅园新村访周恩来,做长时间内容广泛的谈话。27日,黄炎培讯张君劢,促其来南京。28日,从上海到南京。夜,与梁漱溟、罗隆基、沈钧儒、章伯钧、黄炎培、张申府到梅园,听周恩来两日来与马歇尔商谈情形。29日晨,偕罗隆基与马歇尔会谈,向马歇尔提出3点建议。随后,黄炎培、张君劢、梁漱溟、罗隆基至外交部,晤王世杰、邵力子,告以昨夜周恩来语。张君劢、罗隆基告以是晨与马歇尔谈话状,请王世杰、邵力子转达同人意于蒋介石。

张君劢7月1日、3日、8日、10日、15日,下午5时半至7时半,借上海八仙桥青年会大礼堂就中华民国未来宪法发表系列演讲,以"中华民国未来民主宪法"为总题。10日,黄炎培来家,与杨卫玉、章伯钧等商民盟进行计划。18日,民盟在沪代表特派张君劢、罗隆基两氏飞南京,向马歇尔及司徒大使有所陈述。20日,与梁漱溟、沈钧儒、章伯钧、罗隆基、张申府、黄炎培等致函孙科、王世杰、吴铁城、王宠惠、陈立夫、张厉生、张群转陈蒋介石,就李公朴、闻一多遇害向政府提出严重抗议,由政府代表转蒋主席。27日,在《再生周刊》第123期发表《国家为什么要宪法——中华民国未来宪法十讲之一》。8月3日,在《再生周刊》第124期发表《中国宪政何以至今没有确立?——中华民国未来民主宪法十讲之二》。8日,在《大公报》上发表《宪草中一个未解决的问题》。10日,在《再生周刊》第125期发表《人权为宪政基本——中华民国未来民主宪法十讲之三》。14日,中国国家社会党与中国民主宪政党在上海举行联合会议,决定两党合并之事,至18日会议结束。产生组织委员会,推张君劢、徐傅霖、汤铸新(汤芗铭)、伍宪子、李大明等为委员,负责筹备合并工作。合并后以"中国民主社会党"为党名,宗旨是"以民主方法实现民主社会主义的国家"。15日,作《〈中华民国民主宪法十讲〉自序》。17日,在《再生周刊》第126期发表《国民大会问题——中华民国未来民主宪法十讲之四》。18日,中国民主社会党联席会议通过《中国民主社会党政纲》45条。19日,张君劢告记者:国家社会党与海外民主宪政党,因政治主张相同,已决定合并为民主社会党。28日,张君劢以国民参政会驻会委员会委员的名义发表《为上海市警察局非法查禁再生杂志提出责问吁请转陈政府予以制止并切实保证言论自由案》。29日,就民主社会党与民盟的关系致函梁漱溟。30日,与梁漱溟等民盟政协代表,为政府草草了结闻案事,特向政府正式提出抗议。31日,在《再生周刊》第128期发表《〈中华民国未来民主宪法十讲〉自序》和译著《国际人权法案》两文。

按:《国际人权法案》是英剑桥大学劳德拔哈所拟法案的译文。文前按语曰:"去年我参加旧金山联合国会议,知其十分重视关于人权保护,于宪草中提及人权保护者,共达七次之多。现闻社会经济理事会中,正在起草国际人权保障法案,以罗斯福夫人为主席。现时国内关心此问题者极多,特就我所读劳德拔哈《国际人权法案》一书中,将其所拟法案译出,以供国人参考。"

张君劢9月1日作《答复〈观察周刊〉记者对我评语》。上午11时,周恩来由南京抵沪,下午2时半,招待外国记者,晚上宴请沈钧儒、罗隆基、张君劢、章伯钧等。6日,张君劢、徐傅霖等在沪招待记者,宣布国家社会党与海外民主宪政党合并,成立民主社会党。会议由张君劢主持,报告民社党成立经过及该党对改组政府之方案,并发表宣言、政纲及对目前时局态度。14日,在《再生周刊》第130期发表《文化交替时期由传统到新观点》和《尼赫鲁传第二序》两篇文章。21日,在《再生周刊》第131期发表《民主社会党政纲释义引言》。10月1日,代表中国民主社会党发表对于时局之意见,表明民社党在"国大"问题上的立场:"从统一的国大,议定统一的宪法,来造成统一的国家,这是我们民主社会党唯一的希望。"4日9时出席上海各界人士5000余人在天蟾舞台举行的"李、闻两先生追悼大会",为主席团成员。12日,在《再生周刊》第134期发表《民主方法(一名民主与反民主)——中国民主社会党政纲释义之一》。13日晚8时半,应邀参加青年党领袖李璜在该党海格路总部办事处邀集的会议。16日下午2时半,李璜、张君劢、胡政之赴中共办事处,访晤周恩来,征询中共意见。同日,蒋介石发表声明,提出解决时局之具体办法8项。17日10时半,左舜生、陈启天、余家菊、杨永浚、沈钧儒、罗隆基、章伯钧、黄炎培等到范园张君劢家,共同研究蒋介石8项条件。18日下午1时许,"第三方面"假海格路范园650号邀请国民党、共产党代表会餐。午后4时,周恩来、李维汉、陈家康等共产党代表和吴铁城、邵力子、雷震等国民党代表以及张君劢、黄炎培、沈钧儒、罗隆基、章伯钧、李璜、左舜生、曾琦等"第三方面"代表在马思南路周恩来公馆举行非正式商谈。19日下午4时,民社党在愚园路749弄31号总部著谈,招待政府、中共、青年党、民盟、社会贤达各方面代表,到者有吴铁城、邵力子、周恩来、李维汉、陈家康、华岗、曾琦、左舜生、李璜、陈启天、余家菊、杨永浚、周谦冲、黄炎培、沈钧儒、罗隆基、章伯钧、胡政之、郭沫若等。首由张君劢致辞,继该党宣传部长徐傅霖致辞。然后,吴铁城、周恩来、曾琦分别代表各党致辞,张君劢致答词。21日8时半,李维汉、郭沫若、胡政之、沈钧儒、章伯钧、罗隆基、黄炎培、张君劢、蒋匀田、曾琦、李璜、左舜生、陈启天、余家菊、杨永浚等14人齐集龙华机场,将乘国民党政府派来的中航41号机由上海飞南京。中午12时半,孙科假国际联欢社欢宴各方代表,张君劢应邀出席,并发言,希望重开和谈,并祝其尽快成功。宴会结束后,"第三方面"人士齐集新街口交通银行开会,检讨时局,并研究"第三方面"如何着手和平努力。下午5时半,"第三方面"人士在孙科官邸和国民党代表会谈。22日中午12时半,社会贤达代表莫德惠、王云五、傅斯年、胡政之、郭沫若、钱新之、缪嘉铭在交通银行设宴招待政府、中共、民盟、青年党代表。到政府代表孙科、吴铁城、陈布雷、陈立夫及吴鼎昌、雷震等;中共代表周恩来、董必武、李维汉、邓颖超;民盟张君劢、梁漱溟、黄炎培、罗隆基等;青年党曾琦等。张君劢在宴会上致辞。稍晚,访马歇尔,向其叙述"第三方面"人士、国民政府代表和周恩来在上海的各次会议。

张君劢10月23日9时在其中泰街寓所与黄炎培、沈钧儒、章伯钧、罗隆基、梁漱溟5人举行内部会议,共商调解工作进行步骤,分派各人担任的职务。28日午后,与余家菊、左舜生乘凯旋车赴沪。同月,所著《尼赫鲁传》由商务印书馆出版发行。11月1日晨,由沪赴南京。2日上午10时半,出席"第三方面"在交通银行之集会,商讨对时局的意见。11月12

日晨,张君劢与蒋匀田、孙宝毅等由南京抵沪。当晚即由张君劢召集民社党人士在愚园路该党办事处举行谈话会。首由张君劢将在南京商谈之情形及所悉各方意见,向在座者报告,继由各人详细检讨该党今后态度并做整个之意见交换。商讨至当日深夜止,尚未有决定性之结果。13日,主持民社党在沪人士会议。15日,民主社会党、青年党宣布参加"国民大会"。27日,在张公权陪同下至江湾看地,拟建社会科学研究所。12月25日下午4时,在范园住宅主持召开民社党中常会例会。会后,张君劢、蒋匀田联合发表《中国民主社会党退出中国民主同盟的声明》。同日上午,国民大会第二十次大会三读通过了由张君劢起草,经王宠惠、吴经熊修改的《中华民国宪法》,并决定宪法于民国三十六年十二月二十五日实施。27日晚11时,雷震乘晚车赴沪,将会晤张君劢等,商谈改组政府意见。28日,抵沪后的雷震,上午往访张君劢,有所商谈。11时,张东荪赴范园访晤张君劢,有所商谈。同日,在《再生周刊》第145期发表《立法院复议人数问题》和《中国民主社会党退出中国民主同盟的声明》两文。31日,民社党发表《对目前时局的意见》,阐述对国大闭幕后时局之意见,主张彻底停战,恢复和谈,解决政权问题,实施整军案。开各党派会议奠定法治基础,立即切实保障人民的自由。此宣言刊于次年1月11日出版的《再生周刊》第146—147期合刊上。是年,再次当选为中国太平洋国际学会执行委员会委员。其他委员是吴贻芳、王云五、梅贻琦、傅斯年、周炳琳、张伯苓、潘光旦。(参见李贵忠《张君劢年谱长编》,中国社会科学出版社2016年版;翁贺凯编《中国近代思想家文库·张君劢卷》及附录《张君劢年谱简编》,中国人民大学出版社2014年版)

罗隆基5月29日自重庆飞抵南京。31日,与沈钧儒、章伯钧、黄炎培、梁漱溟往梅园新村,访周恩来等长淡。随后,罗隆基等分别拜访马歇尔及中共代表团。6月10日,返回上海。15日,罗隆基与民盟政协代表搭夜车赴南京。罗隆基在南京参与周恩来、马歇尔会谈。7月18日,民盟在沪代表特派罗隆基、张君劢两人飞南京,向马歇尔及司徒大使作陈述。8月25日下午3时,民盟假戈登路上海酒楼招待新闻界,罗隆基、张君劢、张东荪、章伯钧、沈钧儒、梁漱溟、周新民及各报记者40余人出席。入场时,每个记者领得书面谈话书一份,罗隆基发表谈话做补充,阐述对时局的意见,"坚决抗议这没有理由的内战",指责国民党政府一贯破坏政协决议,"打"有决心,"谈"却是掩饰与欺骗的烟雾,表示"民盟对于争取中国的和平民主,绝不因这类暴行事件而有所恐怖与退缩,我们只有更积极更勇敢地向前猛进,争取中国的和平民主"。主张全国立即停战,实施政协决议,现在当政的国民党必须实行民主,保障各党派人士和人民的安全与自由。9月30日晚9时,中国民主同盟政协代表商议,通过由罗隆基起草的对召开国大事致蒋介石电。

罗隆基10月4日9时出席上海各界人士5000余人在天蟾舞台举行的"李、闻两先生追悼大会",为主席团成员。下午2时,民盟招待沪市新闻界,罗隆基、黄炎培、张君劢、章伯钧及各报记者80余人出席会议,由罗隆基主席说明对时局之态度,继由张君劢、黄炎培发言,两人均沉痛呼吁内战不能再打,希望大家一致拥护和平。23日下午3时,"第三方面"全体假交通银行会谈,研究局势,并商讨进行事宜,推定罗隆基、陈启天、蒋匀田3人负责发布新闻。11月17日,罗隆基访张君劢。据《神州社》南京17日电称:罗隆基今日一反最近消极态度,突然拜访张君劢,有所商谈。关系有关民社党参加国大对民盟职教派、救国派有极大影响所致。22日,张君劢托缪云台电话约罗隆基面谈,事前并未告知是张君劢之嘱。张君劢见罗隆基的第一句话说:"我不好来会你,也不敢约你相见,怕人说我替政府拉你,而且听说民盟要开除我了，我又不知你愿不愿和我见面谈话。"他又向罗表示不参加国大和政府，仍愿和民盟保持关系。（参见李贵忠《张君劢年谱长编》，中国社会科学出版社2016年版；沈谱、沈人骅编《沈钧儒年谱》，中国文史出版社1992年版）

陶行知4月12日由重庆飞抵南京，筹备将育才学校迁沪及筹办上海社会大学。因空运太忙，11日晚在白市驿机场住了一宿；到南京后落脚在南京莲子营60号姚文采家。14日，前往晓庄，沿途受到农民和儿童的鸣鞭欢迎。18日，抵上海。接受《联合晚报》记者采访。认为上海的尊师运动极好，极合时宜，应该普遍到全国各地。21日，对上海千余名小学教师演讲《小学教师与民主运动》。23日，约见山海工学团当年的小先生沈增善、农友孟根根等20人，商讨恢复山海工学团。5月6日，参加中华职业教育社成立29周年纪念，并介绍英美职业教育情况。8日，和陆定一接受民盟在沪领导人黄炎培、马叙伦等宴请。10日，到南京梅园新村听周恩来介绍当前形势和发展前途，谈自己的育才迁校设想。同日，陶行知在《教师生活》第4期发表《小学教师与民主运动》，提出"为民主奋斗，争取教学自由"的问题。文章要求教师做到以下几点：一、自己需要再教育，再受民主教育。二、运用民主作风教学生，并与同事共同过民主生活，以造成民主的学校。三、要教学生为民主的小先生。四、要教民众自己成为民主的干部。五、争取民主以保障生存权利与教学自由。作者号召教师要和人民站在一条战线上，争取真正民主的实现，共同创造一个独立、自由、平等、进步、幸福的新中国。

陶行知领导的生活教育社上海分社5月12日举行成立大会。理事长：陶行知。理事有黄炎培、陈鹤琴等。成立大会确定今后一年主要任务是，动员社员就地推广普及教育运动；特约学校500所，实行小先生教学制度；出版老百姓书籍及报章等刊物。生活教育社总社设于重庆，社员有2000余人。22日，应沪江大学之请，演讲《社会大学之道》。26日，应圣约翰大学之请，演讲《社会大学之理论与实践》。6月8日，陶行知与马叙伦、周建人、马寅初、许广平、茅盾等164人致书蒋介石、马歇尔、中共代表团及各党派与社会贤达，反对内战，呼吁和平。14日，约见行将离沪返回解放区的柳湜，请他介绍解放区的教育情况。23日，在上海北站10万群众欢送赴京请愿代表大会上，担任大会主席，发表演说，要求和平，反对内战，上海"和平运动"联合会在大会上宣告成立。25日，代表上海54个团体向外国记者发表谈话，抗议当局制造的"下关事件"，并要求美军立即撤离中国。同月，筹办生活教育社上海分社暑期进修班。7月12日，在沪江大学演讲《中国之新教育》，提出5项修养：为博爱而学习，为独立而学习，为民主而学习，为和平而学习，为科学创造而学习。中旬，民主战士李公朴、闻一多先后被害。获悉被国民党特务列为黑名单上的第三名，自知身处危境，乃加倍努力，并整理书稿，在回答翦伯赞劝言提防"无声手枪"时，说"我等着第三枪"，准备就义。16日，给育才学校师生写最后一封信。21日，写下了最后一首诗《祭邹韬奋先生文》，次日参加邹韬奋逝世2周年暨遗体安葬大会。24日，连夜整理历年诗稿。25日，突发脑溢血，于12时30分逝世于上海。终年55岁。

陶行知在上海逝世后，上海及各地教育界举行悼念活动。同日，周恩来电中共中央："如无其他原因，陶先生确是死于劳累过度，健康过亏，刺激过深，这是中国人民又一次不可补偿的损失。十年来，陶先生一直跟着毛泽东同志为代表的党的正确路线走，是一个无保留追随党的党外布尔什维克。"8月11日，延安举行有2000余人参加的公祭大会。《解放日报》刊登毛泽东题词："痛悼伟大的人民教育家。"朱德题词："学习陶行知先生全心全意为人民服务,不屈不挠的为独立和平民主而斗争的精神。"9月23日,重庆各界在沧白堂为其举行追悼大会,到会的文化教育界代表及各界人士2000余人。10月27日,上海各界在震旦大学礼堂为其举行追悼大会,到会有工人、农民、学生、文化界及外国友人5000余人。宋庆龄题词:"万世师表。"何香凝题词:"行知先生精神不死。"12月4日,陶行知遗体安葬在南京劳山下晓庄。全国53个人民团体代表及2000余人参加了葬礼。自此,与其父母、前妻、妹妹一起长眠于晓庄劳山之麓。9日,美国教育界名流和中国留美人士300余人,在纽约为其举行追悼大会。杜威和冯玉祥担任大会名誉主席。杜威、克伯屈等介绍其生平,此外,新加坡、菲律宾、马来西亚等地的华侨及香港同胞也都举行了追悼会。(参见余子侠编《中国近代思想家文库·陶行知卷》附录《陶行知年谱简编》,中国人民大学出版社2015年版;中央教育科学研究所编《中国现代教育大事记1919—1949》,教育科学出版社1988年版)

陈鹤琴1月受国民政府委派飞往长春,准备接收大连市教育局,后未能去大连,接收未成返沪。3月,接受上海市教育局之请参加尊师运动委员会领导工作,后支持中共地下组织领导的学生团体联合会的建议,主持全市统一的尊师运动。6月16日,主持在天蟾舞台召开的尊师运动庆功大会。郭沫若、林汉达等到会演讲。大会结束时宣读学生提出的提高教育经费、保障教师生活、救济失学同学、停止内战、维护国家主权等五项要求。4月18日,在寓所与刚从重庆返沪的陶行知交谈形势。陶行知赞成陈主持尊师运动,说:"极好,极合时宜。"5月,在上海幼师推行活教育,提倡民主办学,建议学生成立"大姐姐服务团",鼓励学生自我管理,开展学术、文娱活动,参加社会实践。同月,请陶行知、沈钧儒等知名民主人士来校作报告;被聘请为上海市小学教师联合进修会(简称"小教联")顾问,应邀在小教联主办的"星期教育讲座"演讲。支持"小教之友"活动,筹款创办义务学校;上海市校教师福利促进会(简称市校福利会)成立,被聘为首席顾问;应邀担任上海市中等教育研究会顾问。12日,出席陶行知主持的生活教育社上海分社成立大会,郭沫若、黄炎培等出席,陶行知致词。被选为理事长,张文郁、余之介为副理事长。6月,请陶行知出席国立幼专学生首届毕业典礼,并在会上授证和讲话。

陈鹤琴6月筹办上海社会大学,因市教育局阻挠,决定先办生活教育社上海分社社员暑期进修班。7月25日,主持暑期进修班开学式,等陶行知来讲话,突然传来陶行知患脑溢血逝世的噩耗,悲痛万分。26日,参加在上海殡仪馆举行的大殓仪式。入殓后,与黄炎培和郭沫若、许广平分别将"教育之光""民主之魂"两面挽幛覆盖在陶先生的遗体上。之后,参加在幼师召开的由各界人士和团体发起的追悼会筹备会,被推为筹委会主任。10月27日,"陶行知先生追悼会"在震旦大学礼堂举行,主席团成员有沈钧儒、翦伯赞、叶圣陶、俞庆棠、史良、沈体兰、郭沫若等三十余人。担任主席团执行主席,在追悼会上致词说:"陶行知是伟大的人民教育家,大家以赤子之心追悼他","要将他未竟的志向继续担负起来","陶行知的人格不仅是中国的,而且是世界的;他不仅是这个时代的人物,而且是万世的"。陶行知逝世后,周恩来同志鼓励方与严、陶晓光把育才学校办下去。被推选为育才学校顾问委员会主席。又应请任山海工学团校董会名誉董事长,支持陶行知未竟事业。后为育才学校由四川迁沪和募集基金奔波。8月,应江西省教育厅之请赴庐山为该省中学教师讲习会作学术演讲。同月,在幼专分设三个教育组:幼稚教育组、国民教育组和特殊教育组,由黄世明、刘于艮和张文郁分别任组长。聘刘于艮为幼专教务主任。9月,兼任上海省吾中学校长,为该校题字"服务创造",成为该校校训。10月12日,《申报》载,著名儿童教育家陈鹤琴,近应儿童书局之聘,任该局总编辑,并主编《儿童知识》画报,及《儿童故事》月刊,对儿童读物,当有新型演出。12月1日,陈鹤琴护送陶行知灵柩去南京晓庄劳山安葬,与千余人一起列队从南京火车站步行至劳山。与董必武、沈钧儒、罗隆基、翦伯赞等参加公祭,沈钧儒主祭。同月,上海幼师建校周年之际,举办活教育成绩展览会。陈鹤琴接受裴斯泰洛齐基金会授予的会员证书。是年,陈鹤琴主编《活教育理论与实施》一书由立达图书服务社出版。(参见蔡怡曾、陈一鸣、陈一飞编《陈鹤琴生平年表》,《陈鹤琴全集》第6卷,江苏教育出版社2008年版;吴永贵《民国图书出版史编年:1912—1949》,社会科学文献出版社2018年版)

柳亚子1月13日由麟瑞陪同,去玉佛寺参加于再烈士追悼大会,并发表演讲;民主人士参加该会者甚众,场面盛大。讲辞曾载1月19日上海《密勒氏评论报》。28日,毛泽东自延安致函柳亚子云:"很久以前接读大示,一病数月,未能奉复,甚以为歉。阅报知先生已迁沪,在于再(昆明南菁中学教员,反内战游行中牺牲)追悼会上慷慨陈词,快何如之。印章二方,先生的和词及孙女士(谭平山夫人孙荪荃)的和词,均拜受了;'心上温馨生感激,归来絮语告山妻',我也要这样说了。总之是感谢你,相期为国努力。贱恙是神经疲劳,刻已向好,并以奉闻。"5月,重逢郭沫若于上海。同月26日,《新华日报》载沈起予、李文钊、沙汀、艾芜、端木蕻良、力扬、王亚平、姜庆湘、陈迩冬、何其芳、周文等19人给柳亚子六秩大庆的祝贺电:"欣逢我公六秩大庆,留渝同仁举行聚餐祝贺,敬愿我公长寿无疆,与中国人民永远站在一起!"6月,与沈钧儒、马叙伦等联名发表《对目前学生运动的主张》,谴责国民党政府当局压迫青年学生为争取和平民主而进行之斗争。(参见柳无忌编《柳亚子年谱》,中国社会科学出版社1983年版)

王造时3月底4月初离开吉安。5月1日,到达南昌。中旬,到达上海。当时王造时的心情相当矛盾。有一次他和罗隆基参加了在福州路杏花楼举行的田汉50岁寿辰活动。会后罗隆基和王造时一同走出杏花楼时,罗隆基问王造时:"怎么走法?"王造时说:"向右走有跳黄浦的危险,中间向前,穿过马路可能被来往汽车压死,还是慢慢向左,走到跑马厅那边去吧。"罗隆基领会王造时的一语双关的答话,微微一笑。慢慢向左,这就是王造时以后行动的准则。王造时到上海不久,利用各种关系,想尽各种办法,和生活书店经理徐伯昕筹备自由出版社,出版社在北四川路底山阴路口开张,经营进步图书杂志,王造时任出版社社长,徐伯昕负责人事调配。王造时还创办"前进中学",并担任董事长。7月11日,李公朴在昆明为国民党特务所暗杀。王造时和沈钧儒联名,并亲自执笔,为李公朴烈士写了《李公朴先生事略》,表示:人们将前赴后继,踏着烈士的血迹前进,争取民主和自由。王造时又与周恩来、郭沫若、黄炎培、李维汉、茅盾等22人发起组成李公朴、闻一多两先生的追悼大会筹备委员会。(参见秦建君《七君子之一王造时》及附录《王造时年谱》,《江西文史资料选辑》第十九辑,1986年)

马叙伦1月1日在《文汇报》元旦增刊发表《实现民主是每一个国民的责任》。2日,民进第二次会员会议举行,讨论通过"本会对于时局的宣言"、正式选举第一届理事会。理事为马叙伦、严景耀、陈巳生、林汉达、郑振铎、王绍鏊、周建人、曹惠群、曹鸿翥、冯少山、柯灵11人,候补理事为傅雷、张凤举、许广平3人。《对于时局的宣言》针对目前"国家的时局"和"未来中国的命运",阐述9点意见。4日,在民进第一届理事会第一次会议上当选常务理事。常务理事马叙伦、陈巳生、王绍鏊,起草委员周建人,财务委员严景耀,出版委员徐伯昕,秘书宓逸群,事务张纪元。5日,文汇报社假座新都饭店举行的星期谈座第一期——"胜利后中国的瞻顾",马叙伦应邀出席,并致辞。11日,与王绍鏊等42人致书美国特使马歇尔,主张在中国建立一个真正代表全民的民主的政府。12日,民主促进会《对于时局的宣言》刊于《周报》第19期。民进从此登上中国政坛。以马叙伦的话界定,政见发表之日才完成"筹备"工作,宣告团体诞生。同日,在《民主》周刊第14期发表《写在政治协商会议开幕以前》《统一和一统》。13日,作《写在政治协商会议开幕之初》。15日,作《政治协商会议的大礁是什么?》。23日,作《关于国民大会最后的饶舌》,刊于《民主》周刊第16期。26日,在《民主》周刊第16期领衔发表《中国民主促进会给政治协商会议建议书》,11位理事联署。

马叙伦2月3日代表理事会向民进第三次会员会议报告工作。4日,撰《新春试笔》,包括《怎样的才算民意?》与《如今笑话多》两题。8日,撰《写在政治协商会议闭幕以后》。11日,主持民进茶话会,酝酿建立自由保障会上海分会,并致电慰问重庆"校场口惨案"中受伤的郭沫若、李公朴诸人。12日,针对陪都"校场口事件"作《重庆有我们的中央政府吗?》,刊于2月16日《民主》周刊第18期。13日下午,出席蒋介石慰劳上海父老茶会,准备10条意见而得不到发言机会。15日,会同黄炎培、胡厥文、郑振铎等60人致电慰问李公朴、郭沫若等"校场口事件"受伤人士。18日,撰《对于校场口惨案再说几句》,刊于2月23日《民主》周刊第19期。20日,撰《从民变说到保甲制度和民主》,刊于3月2日《周报》第26期。27日,撰《说说因东北问题而起的学生运动》,刊于3月2日《民主》周刊第20期。28日,任上海民主运动团体联合筹备会筹备委员、召集人。3月4日,撰《上海市参议会必须改组》,刊于《周报》第27—28期合刊。5日,上海民主运动团体联合筹备会在红棉酒家首次集会,通过简章草案。6日,撰《写在国民党二中全会的期内》,刊于3月16日《民主》周刊21—22期合刊,文中指出,国民党"已达到彻底腐败的程度""国民党如果有改造的决心,我要供献十二条意见":(一)须重新取得立场;(二)须打破党的自私观念;(三)党须先民主化;(四)须与官僚绝缘;(五)须先统一内部;(六)须严格整顿党风;(七)须重立信用以取民心;(八)须从政治上争取民众;(九)须着意到直接生产的民众;(十)党员须充分了解主义;(十一)须打破保守性鼓励前进;(十二)须勉励政治道德勿再仇视异党。7日,撰《东北问题要从内政上解决》,刊于《世界知识》第13卷第6期。9日,对上海临时大学学生联合会演说《东北问题之我见》。17日,民进第四次会员会议决议:发起和参加上海市人民团体联合会。同日,撰《当前一个严重问题》,刊于3月23日《民主》周刊第23期;撰《国民党二中全会闭幕后》,刊于3月23日《周报》第29期。22日,民进理事会会议增选林汉达、许广平为常务理事。24日,撰《我们不是争取民主的口号》,刊于3月30日《民主》周刊第24期。

马叙伦4月9日撰《应该由人民来打开这个混乱的局面》,刊于4月13日《民主》周刊第26期。12日,民进理事会会议推选马叙伦、林汉达、梅达君为出席上海民主运动团体联合会代表。15日,撰《中国人真没出息?》,刊于4月20日《周报》第33期。24日,撰《敬尽最后的忠告于国民党》,刊于4月27日《民主》周刊第28期。25日,向夏丐尊遗体告别,痛哭失声。5月3日,撰《敬师运动和尊师运动》,刊于5月5日《文汇报·星期评论》。4日,主编《昌言》创刊,执笔《发刊辞》,指明当前内忧外患严重,国民处于相对无言或"发愤狂叫"之境地,更应该提倡直言不讳、昌言无忌! 社评两篇,均出自主编之手,一篇为《还都以后》,另一篇为《人民的血汗》,后者揭露南京国民大会会场,耗资7亿元之巨,触目惊心。创刊号发表沈志远《战后世界新民主体制之瞻望》、文孚《国内政治的三大问题》、胡绳《中国需要怎样的宪法?》、曹梁厦《注意国家的一个重要资源》等时政评论,郑振铎《作俑篇》等学术文章。同日,《民主是不是真理?》刊于《周报》第35期。5日,马叙伦当选上海人民团体联合会理事。

包括上海文化、妇女、教师、医药、银钱、学生各界,纺织业、机械业、水电业、百货业、酒菜业等工会在内的 52 个团体,欢聚南京路劝工银行大楼,隆重举行成立大会。大会由民进代表马叙伦主持,梅达君代表筹备委员会报告筹备经过。随即讨论通过联合会章程和成立宣言,选举产生 29 理事,其中马叙伦、王绍鏊、林汉达、陈巳生、梅达君、徐伯昕、许广平、周建人等 10 人是民进成员,占了三分之一。代表其他界别当选理事的有沙千里、沈志远、盛康年、汤桂芬、甘田、彭文应、罗叔章、胡子婴诸人。6 日,《怎样消弭学潮》刊于《教师生活》月刊第 4 期。同日,撰《在内战中还都》,刊于 5 月 1 日《民主》周刊第 30 期。

马叙伦 5 月 8 日与黄炎培、陆定一等在来喜饭店设宴,欢迎美国华侨领袖司徒美堂,约梁漱溟、章伯钧、郭沫若等作陪。12 日,在上海人民团体联合会第一次理事会上当选常务理事。联合会办公处设于江海关。常务理事还有沙千里、胡厥文、林汉达、许广平等 8 人。会议确定当前中心工作为反对"警员警管区制",认为这种制度非根本反对不可,决议先印发告市民书,让各家各户洞悉警管区制有百弊而无一利,是剥夺居民人身自由的法西斯行径。13 日,撰《内战还不停止吗?》,刊于 5 月 18 日《周报》第 37 期。14 日,上海市长钱大钧辞职,行政院命吴国桢接替。22 日,吴国桢到任。22 日,马叙伦撰《所望于新市长的》,刊于 5 月 25 日《民主》第 32 期。25 日,赴南海花园饭店主持茶话会,与黄炎培、阎宝航等讨论东北问题。26 日,民进与人民团体联合会联合招待重庆来沪的民主人士,决定举行上海人民反内战大会,并推举马叙伦等 9 人负责筹备。29 日,约胡厥文、陶行知、沙千里、林汉达、陈巳生、严景耀、罗叔章、徐伯昕来晚饭。31 日,上海人民反内战运动大会筹备会决定:先致书各政党及马歇尔,呼吁和平;必要时当推代表赴京请愿。同月,在《理论与现实》第 3 卷第 1 期发表《中国历史上的民主痕迹和民主思想》。6 月 1 日,《昌言》第 2 期出版。社评 3 篇:《威信都要顾?》《一切不顾》《只顾主权》,均是主编执笔。《昌言》月刊仅办两期被迫停刊。同日,《答问时事》刊于《民主》周刊第 33 期。2 日,赴玉佛寺,主持夏丏尊追悼会。5 日,《瓷器的由来》刊于中国科学社主编《科学画报》第 12 卷第 7 期。6 日,执笔并领衔上书蒋介石、马歇尔及各党派,呼吁停止内战,以救危亡。《民主》周刊第 35 期发表时题为《马叙伦等一六四人上书蒋主席马歇尔及各党派》,会衔人唐弢、陶行知、王绍鏊、吴耀宗、包达三、许广平、周建人、闵刚侯、阎宝航、冯少山、马寅初、董时进、傅雷、胡风、章乃器、笪移今、郑振铎、周予同、郭绍虞、蔡尚思等。统计名单实为 168 人。同日,《中国文字的构造略说》刊于《茶话》创刊号。13 日,出席改造日报座谈会并发言。14 日,民进理事会决定提议上海人民反内战大会,主张推派代表进京,代表人选应以沪上工商界士绅为主,为停止内战做最后的努力,并决定捐助赴京代表费用 40 万元。16 日,上海人民团体联合会举行理事会议,经过协商,正式推定赴京请愿代表 9 名与学生代表两名。

> 按:19 日,《文汇报》以《马叙伦等驳斥当局查封〈民主〉等刊物》为题刊发本报讯:"报载本市《文萃》《周报》《民主》《昌言》《人民世纪》等刊物,被当局目为'不合出版法'且'触犯刑法'将予查封。此事使文化界极为震动。各该刊物负责人马叙伦、郑振铎、唐弢等曾为此集会讨论,事后发表谈话称:政府当局早经宣布言论出版自由诸言言犹在耳,或不至真有此类事件发生。果有此事,亦未免不智太甚。因现行出版法本不合目前之民主原则,早应修正或废止。至于能犯'刑法',未知是否指批评政治而言。实质上,此不能以触犯刑法论,倘确有刑法问题存在,应依法办理,不应非法查封。吾人必坚决依法反对任何非法之举。"

马叙伦 6 月 20 日会同郭沫若、马寅初、茅盾、陶行知、翦伯赞、郑振铎、胡绳、叶圣陶、杜国庠等 24 人,发起成立中国学术工作者协会上海分会。同日,撰《反苏与反美》,刊于 6 月

22 日《民主》第 36 期。21 日,赴红棉酒家商量赴京行程;出席上海人民团体联合会与民主促进会理事会。23 日,率上海人民团体代表团赴京请愿,上海 10 万市民举行反内战大会,欢送代表团。会后市民示威游行。当晚,请愿代表在下关被特务、打手围殴,马叙伦、阎宝航、雷洁琼、陈震中,在场记者高集、浦熙修,接站人员叶笃义等,共 12 人受伤。住进中央医院太平路分院。当夜,中共代表周恩来、民盟负责人、郭沫若等赶往慰问。24 日 2 时许,医院安排马叙伦和阎宝航入三等病房,阎宝航的床铺临时添加。约 3 点钟,中共代表周恩来、董必武、邓颖超、李维汉、滕代远,民盟代表张申府、罗隆基一行,赶到医院慰问。晚,黄炎培、章伯钧、罗隆基、郭沫若等设宴欢迎黄延芳、盛丕华一行,表示慰问。25 日,马叙伦转入中央医院总院。《文汇报》刊出代表团上海北站留影,题《为呼吁和平而流血的人民代表》。同日,毛泽东、朱德致电慰问:"南京周恩来同志转上海人民团体请愿代表马叙伦、黄延芳、包达三、盛丕华、吴耀宗、张绚伯、阎宝航、雷洁琼、陈震中、陈立复诸先生公鉴:先生等代表上海人民奔走和平,竟遭法西斯暴徒包围殴打,可见好战分子不惜自绝于人民。中共一贯坚持和平方针,誓与全国人民一致为阻止内战、争取和平而奋斗。谨电慰问,并希珍摄。"26 日,邵力子、江庸(翊云)、邓颖超来医院慰问。27 日,前往马歇尔特使官邸请愿。29 日下午,在蒋介石作出"不打内战"的口头承诺后,上海人民代表团飞离南京。离京之前发表谈话。同日,《民主》第 37 期出版专刊,发表郑振铎《悲愤的抗议》、周建人《抗议暴徒殴打我们的代表》、罗稷南《抗议南京暴行》、许广平《为下关遭难代表向美国人进言》等一组文章。7 月 5 日,张绚伯《和平请愿团的使命与经过》刊于《文汇报》,文末简介 8 位代表的略历,关于团长马叙伦写道:"杭州人,六十二岁。《民主》及《周报》,每期有他的文章,文名满天下,凡读过他的文章,无一不钦佩的。"11 日,上海人民团体联合会电贺司徒雷登使华。

马叙伦 7 月 13 日与雷洁琼、阎宝航联名发表公开信,将上海市民捐集的"和平献金"1047980 元移助上海人民团体联合会,"用诸社会事业,以广仁风"。16 日下午,在民盟政协代表招待上海文化界的会议上强调指出:李公朴不应国葬,因为烈士反对这个不民主的国家;亦不应同盟葬,因为烈士不仅仅是属于(民主)同盟的;而应人民葬,因为烈士是为人民而死。得到郭沫若、田汉的赞同,提议当即在会上通过。大家纷纷发言,认为唯有加紧反战力量的团结,才能挽救目前危局。谈到民盟的作风,马坚定地表态:"我们人民团体也愿做民盟的尾巴",愿意参加李公朴治丧委员会。同日,撰《从李闻案谈到政治暗杀》,刊于 8 月 3 日《周报》第 48 期。文中最后严厉警告死硬派:"是的,我的历史上一部分正和李闻两先生相同,我自然预备着接受一颗子弹。但是我也预备送还他一颗原子炸弹。"19 日,与郭沫若、陶行知、沈钧儒、王绍鏊、郑振铎等联名发起《致美国人民书》签名运动,呼吁美国人民制止美国政府帮助国民党发动内战。23 日,与陶行知、郭沫若、茅盾、田汉、郑振铎等 30 余人致电哥伦比亚大学历史学院,要求派遣代表调查李公朴、闻一多遇刺事件。26 日,出席陶行知公祭仪式。与黄炎培、郭沫若、许广平、任宗德为陪祭,沈钧儒主祭。30 日,撰《和平很有希望的》,刊于 8 月 3 日《民主》第 42 期。8 月 1 日,《人民自己来解决》《民主自在中国生长》分别刊于上海《文汇报》与重庆《中国学术》创刊号。3 日,《周报》第 48 期出版,上海市警察局派警车到五洲书报社强行予以没收。10 日,《人民自己来解放吧》刊于《民主》第 43 期。12 日,撰《周报被勒停刊了》,刊于 8 月 17 日《民主》第 44 期,文中回顾《周报》创办之初为督促政府兑现"开放言论,国化军队,实行民主,改善生活"的誓言而连续推出文章,当局"口惠而实不至";结合西安、昆明、重庆等地民间报纸不断被勒令停刊的严峻事实,指出"禁风"东渐的同时政府采用"个别击破的新战术"。即使当局变换花样,作者仍然充满自信:"胜利以后,《周报》做了警世的'木铎',每周一出版就被买了个精光,这证明'人心所向'。我们可以告诉我们四万万多的同伴,政府是决定不要民主了。"同日,撰《读了美国特使和大使的声明》,刊于《民主》第44期。16日,与郭沫若、朱绍文、吴晗等代表上海各人民团体致函巴黎和会,报告中国局势严重影响远东和平,希望同盟国合作在亚洲推广民主。24日,《读蒋主席"八·一三"告全国同胞文》《胜利一年了》《周报!总会有再会的日子》刊于《周报》休刊号(第49—50期合刊)。马叙伦、柳亚子、郭沫若、茅盾、叶圣陶等15人发表《我们控诉》的短文。26日,"下关殴打案"审结。28日,《逆耳之言》刊于《民主》第46期。同日,撰《美国定要拿中国做它的附庸国》,刊于9月5日《文萃》第46期。同月,《马叙伦言论集》由山东新华书店出版。

　　按:《马叙伦言论集》收入《走上民主的路吧》《政治协商会的大礁是什么》《关于国民大会最后的饶舌》《新春试笔》《写在政治协商会议闭幕以后》《怎样结束昆明惨案》《重庆有我们的中央政府吗》《对于校场口惨案再说几句》《说说因东北问题而起的学生运动》《东北问题要从内政上解决》《写在国民党二中全会的期内》《国民党二中全会闭幕后》《当前一个严重问题》《我们不是争取民主的口号》《希望政协不要再让步了》《应该由人民来打开这个混乱的局面》《敬尽最后的忠告于国民党》《从民变说到保甲制度和民主》《这是什么算盘》《上海市参议会必须改组》《蒋主席慰劳父老茶会补记》《为黄任之先生的来》《戴笠将军的遭难》《对于敬师运动的感想》等24篇,另有卷头语。

　　马叙伦9月1日撰《"民主"是封禁不了的》,刊于9月7日《民主》周刊第47期。文中严正宣告,"在'多行不义必自毙'的铁则底下,我们自然只要等着,看他的崩溃来临。在自由不是恩赐,而是争取的铁则底下,我们也不能等着看他的崩溃来临。《民主》可以被勒停刊,其他一切主张民主的刊物,可以被个别击破的战术,一个个勒令停刊,但是我们的口、我们的手,除非叫我们上断头台、进集中营,是封不了也拉不住的,我们还得要说,要写"。6日,《写在文汇报复刊周年》刊于《文汇报》一版。14日,《中国糟到这种地步谁的责任?》刊于《民主》第48期。21日,《时局中资产阶级的责任》刊于《民主》第49期。同日,教育部关于密切注意民盟在沪策动学潮训令,令上海市教育局局长李熙谋:"民盟组织之上海学生团体联合会,现由马叙伦指使,企图在九月初各学校开学时,煽动减费运动之学潮,藉口各学校学费过高,入学困难为理由。"24日,撰《拖塌了国家　骗惯了人民》,刊于9月28日《民主》第50期。同期刊出《我们也举行美军退出中国周》。10月4日,与王绍鏊代表民进,出席民盟在天蟾舞台举行的追悼李闻烈士大会。6日,民主促进会与上海人团联、民主建国会、人民救国会等30个社会团体,联合在静安寺公祭李闻两烈士。中共代表周恩来等出席。10日,与沈钧儒、梁漱溟、茅盾、章乃器、洪深、郭沫若、周予同、张君劢、叶圣陶、徐铸成、柳亚子、巴金等39人的宣言《我们要求政府切实保障言论自由》,刊于《民主》第51—52期合刊,再一次强烈抗议当局查抄进步刊物,"要求政府切实实施其保证言论自由的诺言,要求全体人民一致起来争取人民所应有的自由权利"。同日,马叙伦《美军必须退出中国》《今年的双十节有什么意义》分别刊于《民主》第51—52期合刊,《文萃》第二年第1期特大号。同日,赴金城大楼出席开明书店20周年庆祝仪式,并发表演说。11日,国军占领张家口。下午,蒋介石命令如期召集"国民大会"。14日,《双十文告的评注和后语》刊于10月31日《民主》周刊第53—54期合刊,文中指出:这是"八月十四日文告以后,又来宣告一次和平的死刑"。同日,上海市警察局下令查禁《民主》等杂志。19日,出席鲁迅逝世10周年纪念大会。同日,与沈钧儒、黄炎培、郭沫若、马寅初、罗隆基、许广平等赴周公馆出席晚宴。周恩来表示中共代表团将撤回延安。26日，出席文教界座谈会，质问政府"美军还留在中国是何道理?"31日，《"民主"还是封禁不了的》刊于《民主》周刊休刊号(第53—54期合刊)。同日，郭沫若、于立群夫妇为茅盾、孔德沚夫妇赴苏联设宴饯行，与张君劢、田汉、史良、潘梓年等应邀作陪。

马叙伦11月3日出席民建招待晚宴，听取黄炎培报告南京交涉经过。7日，《时局测隐并告"第三方面"政协代表》刊于《文萃》第二年第5期。同日，前往苏联领事馆祝贺十月革命29周年。9日，当选中国国际人权保障会理事，主席刘王立明。15日，拜访黄炎培，了解南京四日接洽经过。18日，撰《替民主社会党可惜》，刊于11月28日《文萃》第8期，指出:"这一年来，表面是国共斗争，实际是民主和反民主的斗争。"30日，出席陶行知灵柩迁移南京的公祭仪式。王绍鏊主祭。约11月，撰夏丏尊先生墓志铭。12月5日，《"法统"的鬼祟》刊于《文萃》第2年第9期。12日，《蒋主席在"国大"演说》刊于《文萃》第二年第10期。同日，参加文汇报第五期星期谈座，指出所谓(宪法)修正案的用意是"维持一党中的独裁专政";撰《且看再一度的政治攻势》，刊于12月14日《文汇报》。21日，各民主团体茶会，欢迎本月18日抵沪的民主同盟主席张澜一行。同日，马叙伦拜访张澜。两人均以为，美国总统杜鲁门声明是旧调重弹，并无新意。22日，主持11团体茶话会，欢迎民主同盟主席张澜一行。同日，《论"第三方面"和民主阵线》刊于《群众》第13卷第10期，鲜明地提出目前"在民主和反民主的斗争里只许有民主阵线，而不许有什么新"第三方面"的"，迫切希望"第三方面"这个名词不再成为"民主斗争的障碍"。24日，撰《再论"第三方面"与民主阵线并质民主同盟》，刊于12月28—29日《文汇报》。26日晚，接受联合晚报采访。31日，联合晚报以《二马对谈》为题予以详细报道。马叙伦指出:"做坏事者为自己做够了反宣传，使老百姓明白他是怎么样的面目，正促使了老百姓的觉悟。"他重申:"今天已不是国共问题，而是民主与反民主问题"，为此希望作为民主阵线中坚的民盟，"纠正过去处在调人地位的姿态，发挥为民主而战的真精神，不断壮大起来"。"以后的中国，要么是现政府统治的继续，要么是代表人民的力量上来，此外不会有另一个的。"同日，民进、民建、中国国际人权保障会等11团体声明反对"一党宪法"，主张选举真正的国民代表，制定真正民主的宪法。(参见卢礼阳《马叙伦年谱》，浙江古籍出版社2021年版)

郑振铎1月2日出席中国民主促进会举行的第二次会员大会，被推选为第一届理事会理事。4日晚7时半，全国文协上海分会假辣斐大戏院举行第一次文艺欣赏晚会，郑振铎总结报告了"八年来的上海文艺界"。5日，上海《文汇报》载"郑振铎先生报告了一段可歌可泣的文艺战斗史"。同日，在主编《民主》周刊第13期上发表政论《勖政治协商会议诸君》，呼吁和平;在《周报》第18期上发表《蛰居散记》之十八《售书记》，记述在抗战时期因生活所迫不得不售书的经历。下午2时，与马叙伦、柳亚子、沙千里、金松岑、吴羹梅、杨荫溥、陈麟瑞等出席《文汇报》召开的第一次座谈会，谈胜利后中国的瞻顾。郑振铎发言谈到新成立的民主促进会的宗旨及自己的态度，表示鉴于目前严酷的现实，一个进步学者不得不参加政治活动，"不得不做点份外的事，这是关系千百年的大事，谁又能视若无睹"。10日，与李健吾联名主编的《文艺复兴》月刊在上海创刊，上海出版公司发行。封面为米凯朗基罗的素描《黎明》。郑振铎发表《发刊词》，指出:"欧洲的文艺复兴终结了中世纪的漫长的黑暗时代，开启了新的世界，新的时代，……在文艺上，和在科学、政治、经济上，都同样的有了一个新的面貌，新的理想，新的立场，新的成就。中国今日也面临着一个'文艺复兴'的时代。"11日，为抗战前期所著《民族文话》作跋。12日，在主编《民主》周刊第14期上发表政论《再勖政治协商会诸君》,呼吁和平。同日,在《周报》第19期发表由郑振铎、马叙伦起草的《中国民主促进会对于时局的宣言》,这是"民进"成立之后发表的第一个文件,它全面阐述了"民进"的政治主张,是"民进"在民主革命时期的纲领性文件。在《周报》第19期上还发表了《蛰居散记》之十九《惜周作人》,认为抗战期间"中国文艺界最大的损失是周作人的附逆""即在他做了汉奸之后,我们几个朋友也还不能忘情于他""我们总想能够保全他"。同时也严肃地指出了周作人附逆的思想根源。此文又载《萌芽》第3期。

郑振铎1月13日在上海《大公报·星期论文》上发表《敌伪的文物那里去了》,指出:"抗战的十四五个年头以来,国家和国民的损失,简直难以数字来估计。其中,尤以文物的损失为最不可补偿。"文中高度赞扬徐森玉等人保护国家文物的崇高精神,愤怒追问战后敌伪的文物到哪里去了,严正提出:"敌伪们所藏匿的文物,必须悬赏告密,以求必得。隐匿之人应以汉奸通敌论罪。某某部队所封存,所接收,所取得的敌伪文物,应该全部立即移交给应行接收的机关,依法加以清点。……要明白,这不是他们的责任所在。为了中国文化的前途,由他们清点、分配、保管,决不是办法,也决不是有组织的国家所能答应的。……我们站在国民的立场上,为了爱护古物,不能不追究下落。不能不请求政府立即采取一切行动,集中散在各处,或在某某部队保管中的文物,加以清点,加以分配。否则'文物'不散失于抗战之时,而散失于胜利之后,实在太可痛心,太对不住后世的子孙了。"14日,上海各报载国民党"上海市政府布告",宣布了强化法西斯专政的《上海市区保甲组织暂行办法》及《上海市保甲整编施行细则》,谓于1月15日起即实施。郑振铎见报后怒不可遏。19日,在主编《民主》周刊第15期上发表政论《锄奸续论》。20日,《新华日报》报道《马叙伦、郑振铎等发起组织中国民主促进会,发表对时局宣言提出八项主张》。25日,《新华日报》发表郑振铎等11人签署的《中国民主促进会向政协会建议》。26日,在主编《民主》周刊第16期"春节特大号"上发表政论《整军论》。还发表中国民主促进会理事马叙伦、严景耀、郑振铎等11人署名的《中国民主促进会给政治协商会议建议书》。同日,在孔另境主编的《新文学》月刊第2期上发表《记姚明(名)达的殉难》,记叙历史学家、友人姚名达率领学生英勇抗日被敌人杀死的悲壮事迹。2月4日,作"古史新辨"论文《黄鸟篇》,后刊于4月1日《文艺复兴》月刊第1卷第3期,文中论述农业社会里赘婿的地位。8日,与徐森玉一起访顾廷龙,请顾为教育部清点战时文物损失委员会司笔札。9日,在主编《民主》周刊第17期上发表时评《政治协商会议以后》。后为3月1日北平《集纳》半月刊第2期转载。16日,在主编《民主》周刊第18期上发表时评《民权到底有保障没有》,同期还发表《上海杂志界联谊会为抗议摧残言论出版发行自由宣言》。17日,中国民主同盟、民主促进会、民主建国会等30多个团体在八仙桥青年会联合举行欢迎政协民盟代表、中国人民救国会主席沈钧儒茶会。郑振铎为主席团成员。

郑振铎2月18日下午在金城银行餐厅主持全国文协上海分会为欢送老舍、曹禺赴美讲学,和欢迎近从各地来沪的会员而举行的盛大聚会,并致词。会上,由凤子宣读苏北解放区作家致郑振铎等人的信,信中说:"我们简直不能想象你们这几年是怎样坚持过来的,在暗无天日的暴敌统治之下,你们像一盏孤灯,独守在漫漫的长夜,不顾一切的对于生命的与生活的血淋淋的威胁,为民族为文化保持了崇高的气节与传统!"最后,郑振铎报告会务。23日,在主编《民主》周刊第19期上发表政论《论官僚资本》。25日,主编《文艺复兴》月刊第1卷第2期衍期出版。为抗议国民党法西斯专制,该刊刊载了马克思在1842年抗议反动的书报检查制度的一段语录。28 日，上海《真话》周刊新第 9 期辟专栏《文艺复兴》，摘录全国文协上海分会成立宣言和郑振铎、叶以群、史东山、姚蓬子、郭沫若、茅盾、俞颂华、欧阳予倩、萧协、胡曲园、毅夫、顾毓琇、傅统先等人关于战后文艺的论述。领头的郑振铎的话摘自《〈文艺复兴〉发刊词》。同月，所著《民族文话》由上海国际文化服务社出版；在赵景深主编的《青年界》月刊新 1 卷第 2 期上发表《跋五十六卷本南疆逸史》；与沈钧儒、李公朴、陶行知、黄炎培、王志莘、许广平、杨卫玉、沈志远、沙千里、金仲华、胡绳、张似旅、史枚、沈粹缜等人联名提出创办"韬奋图书馆"，并拟订了《韬奋图书馆创办计划》："本馆遵照韬奋先生之遗志，以提高大众文化，并辅导失学青年之进修为宗旨。"

郑振铎 3 月 2 日在《周报》第 26 期上发表政论《论民权初步》，又在其主编的《民主》周刊第 20 期上发表时评《论中苏关系》。4 日，作《从接收说到官规与军纪》，刊于 4 月 6 日《民主》周刊第 25 期。文中尖锐揭露国民党政府在抗战胜利后的"接收"实际是乘机抢劫，与敌伪时期腐烂不堪的情形没有差别，"如此明目张胆的'监守自盗'，在哪一国，在哪一时代，曾经有发生过？"指出"已经腐烂了的东西，要它复原，绝对的做不到"，必须立即把它"无容情的抛弃开去"。6 日，作《论中美苏关系与中国前途》，刊于 3 月 16 日《民主》周刊第 21—22 期合刊。文中指出："独立、民主、自由、繁荣的新中国有助于世界和平的前途至巨。如今正是一个永久和平的开始，同时，也正是一个潜伏着第三次大战的危机的前夕，而中国乃是和平与战争的一个绝大的枢纽。我们必须为和平而努力，不能为战争造机会。我们要左手牵握了苏联，右手牵握了美国，说道：'我们一同向世界的永久和平前进吧。'这世界的三个和平的巨人，恰如一个巨鼎的三只脚似的，支持着整个人类的运命。这运命如今正放在我们的手里。我们如何能够放弃了自己的这个伟大的责任和使命呢？而第一个先决条件，便是国内和平的获得。没有和平、民主的中国，便没有和平、民主的世界。"19 日，作《战后大学教育问题》，刊于 3 月 23 日《民主》周刊第 23 期。文中指出："战后的大学教育问题，也和其他问题一样，必须有一个彻底的改造。"30 日，在《民主》周刊第 24 期上发表《我们要求民主的选举》，揭露抗议国民党当局操纵上海市临时参议会的"选举"。3 月，在《为陪都血案争取人权联合增刊》第 3 期以"民主周刊社郑振铎"名发表《民权与官僚制度》。

郑振铎 4 月 1 日主编《文艺复兴》月刊第 1 卷第 3 期衍期出版，发表论文《黄鸟篇》。为抗议国民党反动专制，该期又刊载马克思在 1842 年关于出版自由的一段语录。9 日，作《怎样处置汉奸的财产》，刊于 4 月 13 日《周报》第 32 期。12 日，出席上海文化服务社召开的"上海文化界检讨座谈会"，并发言。17 日，主编《联合日报晚刊·文学周刊》创刊，发表《文艺作家们向那里走——代发刊词》。20 日，在主编《民主》周刊第 27 期发表时评《为正义与人道而呼吁——为南通血案写》。同日，在夏丏尊等人主编《国文月刊》第 42 期上发表散文《记吴瞿安先生》，纪念在抗战期间逝世的友人、著名戏曲研究者和教育家吴梅。21 日，作"古史新辨"论文《作俑篇》，后刊于 5 月 4 日马叙伦主编的《昌言》月刊创刊号。22 日，作"古史新辨"论文《伐檀篇——"诗经里所见的古代农民生活"之一》，后刊于 5 月 15 日《理论与现实》第 3 卷第 1 期复刊号。23 日，作《"停战！停战！！"》，刊于 4 月 27 日《民主》周刊第 28 期；又作《论大学教授待遇问题》，揭露国统区知识分子的贫困生活状况，支持上海大学教授"停教"运动。后刊于 4 月 27 日《周报》第 34 期。同日，参加在古拔路（今富民路）古拔新村 7 号召开的茶话会，商量纪念五四运动 27 周年事。5 月 1 日，在主编《文艺复兴》第 1 卷第 4 期上发表《迎"文艺节"》，指出："把五月四日定为'文艺节'，是有其特殊的意义的""我们要记住：文艺运动和民主运动是分不开的！争斗正在进行着！文艺作家们要奋身的投入这个争斗中，为人民的一员，为民主运动而不停不息的争斗着！"同期，还发表他写的《编后》。同日，在《中学生》月刊第175期上发表《前事不忘——记五四运动》，回忆自己亲身经历的五四运动。2日，在主编《联合晚报·文学周刊》上发表《说"文艺节"》，强调："'五四运动'是反封建的，反军阀的，一个伟大的运动。"同日，在《文汇报·图书》发表《集曲偶识》。4日，在主编《民主》周刊第29期发表评论《五四运动的意义》，指出："我们纪念五四，我们不要忘记了五四运动所要求而今日仍还没有完全达到的两个目标：'科学与民主'。我们现在还要高喊着，要求'科学与民主'！"自此期起，该刊新辟由郑振铎撰写连载的《古事新谈》，"拿现代的眼光，来叙述历史上的大小事情"，借古讽今，抨击国民党反动统治。本日发表：一、秦政焚书坑儒，二、刘邦打陈豨，三、捐谷得宫，四、囤积居奇，五、钱币与粮食。

按：同日，《世界晨报》记者邵琼因纪念"五四"节采访郑振铎。5日，该报报道郑振铎的部分讲话，其中指出"五四"学生运动"纯粹是对政治外交的不满表现""和现在的学生运动是一样的，不可能成为受指示和被利用，像昆明这次血案就可以为证"。6日，该报又发表郑振铎的题词："五四时代我们所要求的是民主与科学。现在我们所要求的，还是科学与民主。这二十七年的时间，实在是空过了。将怎样的追赶上去呢？"8日，在《华侨日报·绿洲》上发表短论《五四运动的精神》，向海外侨胞宣传论述五四运动的意义。

郑振铎5月11日在主编《民主》周刊第30期发表评论《人权保障在哪里？》。16日，作《解决国是的一个理想》，刊于5月18日《民主》周刊第31期。同日，在主编《联合晚报·文学周刊》发表《民间文艺的再认识问题》。23日，在《联合晚报·文学周刊》发表论文《再论民间文艺》。下午，与郭沫若、田汉、许广平、夏衍等25人出席在红棉酒家（盛丕华开办）举行的"改良评剧座谈会"，并发言。29夜，与李健吾、柯灵、唐弢等宴请26日从广州来上海的沈雁冰，郭沫若、巴金、夏衍、田汉等作陪。6月1日，在主编《文艺复兴》月刊第1卷第5期发表散文《悼夏丏尊先生》，认为夏丏尊是"那末需要由叹息、悲愤里站起来干的人，他如不死，可能会站起来干了。这是超出于友情以外的一个更大的损失"。同日，《上海文化》月刊发表郭天闻的《郑振铎论》，盛赞"振铎先生是逆流中的一根无形的砥柱，寓有为于无为之中，表现了中国文化人的真精神"。2日，作《武力能解决问题吗？》，刊于6月8日《周报》第40期，反对国民党发动内战，预言其必然失败的可耻下场。下午，出席在槟榔路（今安远路）玉佛寺举行的夏丏尊追悼会。4日，为农历端午节，当时全国文协曾定是日为"诗人节"。在上海《大公报》发表诗《诗人唱些什么——为三十五年"诗人节"作》，号召诗人："为这人民的世纪而歌；为这世纪的人民而歌。"同日，作《论国际图书交换事业——"论国际文化合作事业"之一》，后刊于6月6日《文汇报·图书》。8日，《文汇报》发表郑振铎署名的上海各界164人致蒋介石、马歇尔及各党各派书，呼吁停战和平。11日，作评论《国是问题的前瞻》，后刊于6月15日《民主》周刊第35期，提出停战、恢复交通、整军、承认地方政权等主张。17日，出席上海文化服务社召开的"战时战后文艺检讨座谈会"，并发言，提及抗战前期在上海用中英庚款为国家搜购抢救图书诸事。到者还有郭沫若、夏衍、李健吾、赵景深、萧乾等。萧乾刚从国外回来。18日，因国民党当局阴谋将《民主》《文萃》《周报》《昌言》《人民世纪》等进步刊物查封，今日各杂志负责人聚会商议，发表抗议。

郑振铎6月20日与郭沫若、茅盾、马寅初、马叙伦、陶行知、叶圣陶、翦伯赞、胡绳、杜国庠、许涤新、周建人、蔡尚思等24人以"中国学术工作者协会上海分会筹备会"名义发出信函，邀集学术工作者加入，"务期于最近期间召集成立大会"。30日，《文汇报》发表郑振铎等共259人署名的《上海文化界反内战争自由宣言》。下午,郑振铎去开明书店参加文协总会与上海分会的联席理事会。7月1日,在主编《文艺复兴》月刊第1卷第6期发表《不朽的故事"七·七节"纪念抗战中亡故的作家们而作》,为本期"抗战八年死难作家纪念"专辑的引言。9日晚,去霞飞路(今淮海路)一西餐馆,应大同书店经理张某及茅盾之邀,到席还有郭沫若、叶圣陶、冯乃超、田汉、洪深、冯雪峰等人。该书店当时请孔另境编辑文艺丛书,而茅盾为之组织,由茅盾、郭沫若、郑振铎、叶圣陶、洪深等人组成编委会,计划出版《大同文学丛书》,后改名为《大地文学丛书》。13日,新华社延安电:"沪讯:上海文艺、戏剧、电影、音乐、美术、漫画、木刻各界人士二百六十二人,联名发表长达四千余言之《上海文化界反内战争自由宣言》,向当局提出三项要求,郑振铎参与联署。"17日,作《悼李公朴闻一多二先生》,后刊于7月20日《民主》周刊第40期,悲愤激昂地说:"这是什么一个世界!'打'风之后,继之以政治暗杀,显见得手段之日益残酷……然而,'暗杀'能够吓得退从事于民众运动或政治工作的人么?……'民不畏死,奈何以死惧之!'凡有坚定的信仰和主张的人,生命早已置之度外。他们不会怕死贪生。对他们,'暗杀'的阴影,只有更增加其决心与愤怒,丝毫不能摇撼其信仰……前面的人倒下了,后面的人绝对不会停步退却的,反因战友的死,而更燃起了向前冲去的勇气。"同日,参与起草全国文协总会致国民党元老于右任、邵力子的电报,对"李闻惨案"表示最强烈的控诉和抗议。20日,主编《民主》周刊第40期出版。首载郑振铎《悼李公朴闻一多二先生》,还发表了茅盾、郭沫若、叶圣陶、夏晨、寒松、陆诒、吴晗等人的哀悼、抗议文章。25日,陶行知因忧愤刺激过深,奔走抗议过劳,不幸于今日脑溢血逝世。郑振铎闻讯极为悲痛,即作《悼陶行知先生》,后刊于7月28日《联合晚报》,称赞陶行知"是一位不屈不挠的民主斗士,许多年来便为民主运动而争斗着,从来没有放松过一下,休息过一刻"。26日下午5时,参加在中国殡仪馆举行的何炳松大殓仪式。因何炳松身后萧条,与友人联名电请教育部抚恤遗属。

郑振铎主编《文艺复兴》月刊第2卷第1期8月1日出版,封面改为米凯朗基罗的素描《愤怒》,郑振铎在《编后》中写道:"闻一多先生的遇难是中国文坛上的一个极大的损失。我们请他的老友朱自清、熊佛西两先生写了二篇悼文,又转载了诗歌音乐工作者协会上海分会的一篇文章。我们失去了这末一位诗人和古代文学的研究者,这悲愤不止是属于文坛一隅的!"同期,开始连载钱钟书的长篇小说《围城》和巴金的长篇小说《寒夜》,均为20世纪40年代文坛名著。7日,作《日本投降以来的中国政局的清算》。14日,作《文化正被扼杀着》,刊于8月17日《民主》周刊第44期。21日,作《全面内战爆发了!》,后刊于8月24日《民主》周刊第45期。27日,作《上海应该有一个国立图书馆》,后刊于29日《文汇报·图书》。文中指出:"上海不单是一个经济的中心,也是一个极重要的文化的中心。如果要洗扫掉所谓'买办文化'的耻辱,便非首先把这样一个图书馆办好不可。"28日,作《论联合政府》,刊于《民主》周刊第46期。同月,国民党当局下令查禁杂志109种,其中包括郑振铎主编的《民主》周刊。8—9月间,与张志让、蔡尚思、周予同等发起筹备"上海大学教授联谊会"。9月10日,在《文汇报·史地》发表《悼何柏丞先生》,刊于9月25日《读书通讯》第117期"悼念史学家何柏丞先生专号"。文中记述自己与何炳松的友谊,提及约20多年前自己与一些商务印书馆同事因参加进步政治活动,"发生了很严重的事件,险有被捉的可能。但过了几时,这件事却渐渐的消灭无形了。事后才知道是柏丞先生极力疏释的结果"。25日,作《"本刊一年"回顾》,刊于28日《民主》周刊第50期。28日,主编《民主》周刊第50期刚出版,即被国民党当局强行没收 3000 余册,捆载而去。

按:《"本刊一年"回顾》回顾《民主》创刊 1 周年,指出:"这一年的变化和失望实在太大了! 我们明白:有少数的人是紧闭了双眼,不敢正视那黑暗,有更少数的人是把自己关在书室里,自以为能够躲开了那黑暗。我们觉得,这些都不是好办法。黑暗只有更甚更深。我们不能不正视那黑暗,不能躲避那黑暗;黑影向你包裹拢来,更紧更紧的,你将向何处去? 我们必须寻找出那黑暗所以更甚更深的原因,而加以探讨,打击。我们不怯懦。我们不躲避。我们始终抱定匹夫有责的观念,站在中国国民的立场上,说中国国民所必须说、所应该说的话。……我们只要尽我们国民应尽之责,强大、民主、自由的中国是不会成为虚无飘渺的空中楼阁的。"

郑振铎秋季开始较大规模地搜集陶俑,以便保护和研究这些珍贵的历史文物和艺术品。10 月 1 日,主编《文艺复兴》第 2 卷第 3 期出版,为"纪念鲁迅逝世十周年专号",发表郭沫若、冯雪峰、唐弢、李广田等人的悼念文章。郑振铎写了《编后》。2 日,作《重行申明我们的态度和主张》,刊于《民主》周刊第 2 卷第 1—2 期合刊。14 日,国民党上海市警察局出令禁止《民主》等进步刊物。18 日,郑振铎在主编《联合晚报·文学周刊》发表《鲁迅先生逝世十年祭》。25 日,主编《联合晚报·文学周刊》出版第 27 期,内容主要是纪念鲁迅逝世 10 周年。该副刊此后即停刊。28 日,为购藏明抄本《录鬼簿》作跋,记述 15 年前此书最初发现,与赵万里、马廉 3 人抄录,9 年前抄录本影印,今原本又被自己购藏的经过,指出该书"为研究元明间文学史最重要之未发现史料"。该书为郑振铎近日借债付 60 万元所得,并函告北平图书馆赵万里,赵建议郑作此跋记之。该跋后刊于北平图书馆馆刊及 11 月 15 日《文艺春秋》第 3 卷第 5 期。31 日,主编《民主》周刊被迫停刊,今日出版终刊号(第 2 卷第 3—4 期合刊),为特大号,首为郑振铎的《我们的抗议》,还发表马叙伦、吴晗、叶圣陶、吴耀宗、柳亚子、田汉、蔡尚思、余审之、寒松、许杰、罗稷南、郑森禹、求思(董秋思)、天顽、贺依(蒋天佐)等人的抗议文章和题词。同月,上海合众图书馆印行《海盐张氏涉园藏书目录》,郑振铎为之捐款 5 万元。出资者还有商务印书馆(40 万)、新华银行(10 万)、王云五(10 万)、王志莘(以下均 5 万)、李宣龚、徐寄庼、徐鸿宝、陈敬第、冯耿光、叶景葵、刘培馀、潘承弼、蒋复璁、顾廷龙。11 月,与洪深、叶圣陶、郭沫若、茅盾等组成《大地文学丛书》编辑委员会,由蒋寿同主持的上海大地书屋出版。原计划该丛书第四种即为郑振铎的《劫中得书记》,后仅见出版前二种即中辍。12 月,与郭绍虞、叶圣陶、魏建功、顾廷龙等 33 人发起筹备"中国语文学会",并发表成立缘起。是年,发愿编撰一部《中国历史参考图谱》,得到中共地下党员方行和上海出版公司刘哲民等人的支持,由他们邀集了李健吾、王辛笛、徐伯郊、贾进者等 10 多位朋友,各出资金,组织了一个刊行会。

按:据郑振铎《〈中国历史参考图谱〉跋》回忆:"在抗日战争时期,我不曾买过一部日文书。日本投降之后,大批的日文书在书店里出现。我偶然去翻翻,有一次,见到一部石田干之助编的《东洋历史参考图谱》,觉得正是我们读中国史的人所需要的东西,便把它买了来。那里面,收集的材料相当丰富,特别是利用了莫利逊文库(即东洋文库)的藏书,恣意的翻印了许多欧美来源的关于中国的图片,那些东西是我们久想见到而没有机会见到的。我很兴奋,翻读了一遍、两遍、三遍。我心里浮现了一个幻想:为什么我们自己不来编辑那样的一部'参考图谱'呢? 中国历史参考图谱由一个非中国人来编,总是隔了一层的。这是应该由我们自己来动手的一个大工作。我和朋友们谈到这事,和好些出版家谈到这事。有的是漠然无动于衷。但方行同志和刘哲民先生却大力的鼓励我动手做这个工作。由他们邀集了十多个朋友们,各出资金,组织了一个《中国历史参考图谱》刊行会,立刻开始工作。谢辰生同志帮助我工作了一个时期。但大部分的工作都是我自己动手的,从选择材料到剪贴图版,编写说明。除了购备了一部分纸张之外,所有的资金都给我作为购置参考图籍之用。在短短的七八个月之间,我的家里成为一个规模不很小的中国历史的参考图书室。我所搜到的有关考古、历史的文献图谱,特别是日文的和英文的,是大江以南最丰富的一个收藏。"(参见陈福康《郑振铎年谱》,三晋出版社 2008 年版)

叶圣陶 1 月在东归上海途中。1 月 14 日,抵达宜昌,访新生书店。27 日,抵汉口。30 日,邵荃麟自重庆来,访叶圣陶,谈政协会议详情。31 日,访张静庐。2 月 1 日,邵荃麟偕《大刚报》社长王怀冰访叶圣陶。9 日,抵上海,暂住霞飞路霞飞坊妹妹绍铭家,见夏丏尊、王伯祥、徐调孚、顾均正诸旧友。10 日,重庆各界群众在校场口庆祝政治协商会议成功,暴徒捣乱会场,殴打郭沫若、李公朴、施复亮、章乃器等。11 日,叶圣陶与周建人、郑振铎等联名发电慰问重庆"校场口惨案"受伤诸人。叶圣陶又与郑振铎、许广平、周建人、赵朴初、沙千里等 40 余人致电国民政府,抗议暴徒的行径。12 日,写信慰问郭沫若、李公朴等人。14 日,至南国酒家,应美国新闻处处长费正清之邀宴。17 日,参加 30 余人民团体欢迎沈钧儒大会,致欢迎词,会上通过联名致蒋介石书,要求严办"校场口惨案"肇事人,实施 4 项诺言,要求上海当局撤销戒严令,停止推行保甲制度。出席青年文艺会之欢迎会,致辞,谈文艺与非文艺之别。24 日,出席文协上海分会理监事会议;出席文协总理事会,被推举为总会常务理事、总务部主任,接替老舍主持文协总会的日常工作。18 日下午,中华全国文艺界协会上海分会举行盛大聚会,欢送老舍、曹禺赴美,欢迎新从重庆、厦门等地来沪的文化界人士,美国新闻处主任费正清等也前来参加。叶圣陶为大会题词纪念,并作书面发言。3 月 8 日,与开明同人款金仲华、冯雪峰、夏衍、胡绳、戈宝权等,共商《中学生》及《开明少年》之改进问题。当时《中学生》和《开明少年》均迁沪出版。20 日,《国文月刊》第 41 期起改由开明书店接办在沪出版,叶圣陶、郭绍虞、朱自清任编辑。31 日,出席文协理事会。

叶圣陶 4 月 11 日在开明书店开编审会议,决定印行文协之《中国作家》,中国哲学会之《哲学评论》。23 日下午 9 时 45 分,夏丏尊逝世。叶圣陶深感悲痛,并把夏先生的临终愤语"胜利,到底啥人胜利——无从说起"公告于众。5 月 4 日,《抗战文艺》第 10 卷第 6 期出版。"文协"在该期《启示》中说:"本会名出版的最后一期。机关杂志《抗战文艺》,自二十七年创刊,迄今已有八年,兹因抗战结束,本期《抗战文艺》即为终刊号,今后易名《中国作家》,随本会迁沪出版。"同日,文协在辣斐大戏院举行文艺欣赏会,庆祝胜利后第一届文艺节。叶圣陶为大会主席并致辞:"文艺工作者,要有所爱,有所憎,有所为,有所不为;和广大的人民,为同一个目标而斗争。"后以《有所爱有所憎有所为有所不为提倡科学实行民主我们应从"五四精神"再出发——上海文协举行文艺欣赏会庆祝胜利后第一届文艺节》为题,刊于 5 月 6 日《时事新报》。12 日,参加夏丏尊先生遗体火化仪式。16 日,主持夏丏尊先生治丧委员会常委会,通过叶圣陶所拟为追悼会启及募款启。17 日,参加新出版业联谊会之集会,致辞。30 日,邀以群为开明书店明社同人作讲演,报告苏北现况。6 月 1 日,作夏丏尊先生遗物遗稿手迹展览之说明书。2 日,到槟榔路玉佛寺主持夏丏尊先生追悼会,致辞。出席弘一法师纪念会之临时会议,被推为常务理事。12 日,《新华日报》报道:上海文化界 146 人致函蒋介石、马歇尔、民主同盟及社会贤达、青年党、中共代表团,呼吁和平。叶圣陶参与签名。

叶圣陶 6 月 14 日致书国民党内政部,抗议长沙当局把《中学生》杂志列为"敌党书刊"。18 日,沈雁冰来访,告被邀访苏事。21 日,应董必武之招,告近日国共谈判经过。23 日,到北火车站,送马叙伦等 8 人及学生代表 2 人乘车往南京请愿。马叙伦等在南京下关车站遭特务殴打。24 日,致书《大公报》,抗议下关暴行。25 日,投书《文汇报》,抗议下关暴行。同日,出席中小学教师职业保障会之座谈会,致辞。30 日,在开明书店召开文协总会及上海分会之联席理事会。7月5日,出席新书业同人联谊会第一次联欢会,作题为《出版法》的演说,抨击国民党政府钳制言论自由。15日,代新书业同人联谊会作文,为李公朴被刺事公告社会。16日,与茅盾、夏衍、许广平、巴金等上海文化界人士260人,发表反内战争自由宣言。17日,文协发表《中华文艺协会总会为李闻惨案宣言》《中华文协总会告世界学者和文艺作家书》《文协总会致于邵二先生电》《中华全国文艺协会总会唁电》。18日,《文汇报》被国民党当局勒令停刊一周。叶圣陶致书《文汇报》副刊主编柯灵,建议停刊期满之日,出一特刊,专载读者支持该报之投函。19日,叶圣陶与郭沫若、茅盾、周建人、许广平、田汉等23人致电联合国人权委员会,控诉国民党当局暗杀李公朴、闻一多,以及排列暗杀黑名单,施行暴力灭绝的罪行。21日,叶圣陶主持召开文协会员大会,向李、闻二先生致哀,讨论对于李、闻事件的对策。叶圣陶与郭沫若、朱自清、吴晗编辑《闻一多全集》。23日,应郭沫若之邀,赴郭宅听周恩来副主席谈当前形势。24日,至银河餐馆,欢迎到沪的文友欧阳予倩、洪深、马彦祥、阳翰笙、李何林、臧克家、周伯勋,致欢迎辞。25日,陶行知逝世。叶圣陶为陶行知追悼大会筹备委员会成员之一。26日,叶圣陶到上海殡仪馆,吊陶行知。

　　叶圣陶8月1日出席《文汇报》座谈会,议题为"两大难题升学与就业",致辞。15日,出席《文汇报》座谈会,议题为"教材与教本",致辞。16日,出席文汇报馆召集的"抢救在学青年"座谈会,致辞。22日,主持开明书店20周年纪念会之筹备会。25日,与窦存我、朱酥典、刘质平3人开会,讨论筹备本年弘一法师纪念会事。28日,到郭沫若寓所,听李维汉谈政治谈战争。31日,文协于红棉酒家开茶会,欢送冯玉祥将军赴美研究水利,叶圣陶主持欢送会并致辞。同月,《开明新编国文读本》(甲种,共六册)由开明书店陆续发行,署名编者叶圣陶、郭绍虞、周予同、覃必陶。9月1日,主持弘一法师纪念会之常委筹备会。10日,主持文协晚会。15日,《抗战八年木刻选集》经叶圣陶之手由开明书店出版。21日,应周恩来副主席之邀,至马思南路周公馆,听周恩来同志谈国共谈判经过。23日,出席上海10余团体之茶会,为"美军退出中国周"答中外记者问。26日,上海10余团体举行"美军退出中国周",招待教育文化界人士,叶圣陶为招待会主席。同月,《抗战八年木刻选集》由开明书店出版。中华全国木刻协会为纪念鲁迅逝世10周年而编辑,叶圣陶作序。收有75位作者创作的百幅作品,均从"抗战八年木刻展览会"中选出。作品描绘了抗日根据地的欢乐景象和敌占领区人民的悲惨遭遇,揭露了日本帝国主义的侵略罪行,表达了中国人民的抗战决心。叶圣陶称其为抗战8年时期中国"历史的缩影"。作品在构图、黑白、线条、刀法上各有独到之处,已形成中国独自的民族风格。书首有《中国新兴木刻的发生与成长》,书末有全部作者的简叙。全书用中、英两种文字刊印。10月4日,至天蟾舞台参加李公朴、闻一多追悼会;出席明社干事会,被选为监事。6日,到静安寺,各界公祭李公朴、闻一多,叶圣陶代表文协诵祭文。8日,出席响应美军退出中国运动10团体之座谈会,通过《响应美军退出中国运动宣言》。9日,邀各团体代表到开明书店集会,筹备于19日纪念鲁迅逝世10周年。10日,开明书店召开成立20周年纪念会。茅盾临会致贺辞,叶圣陶代表开明同人致答辞。13日,主持弘一大师纪念会。19日,中华全国文艺协会假辣斐大戏院隆重举行鲁迅逝世10周年纪念大会,主席团由邵力子、郭沫若、茅盾、沈钧儒、马叙伦、叶圣陶、翦伯赞组成。叶圣陶致词。周恩来同志到会演说。20日,上海文化界举行群众性的扫鲁迅墓活动,叶圣陶向前来扫墓的青年讲述鲁迅与敌人战斗的史绩,并在鲁迅墓前致辞。同日,出席工商专科学校开学礼和校务会议,应邀在该校授国文课。27日,出席陶行知先生追悼会。

　　叶圣陶 11 月 12 日出席弘一大师纪念会常务理事会。16 日,出席文汇报馆召集的"中等教育改革谈。忽略社会经济因素,改革改良都是空论"座谈会,并发言。17 日,为茅盾访苏作饯行,招耿济之作陪。20 日,叶圣陶在《中学生》杂志社主持召开"中学生与政治"专题座谈会,徐调孚、傅彬然、周予同、孙起孟等教育界知名人士出席。23 日,应中苏文协之邀,往观苏联保卫三大城市的照片展览;参加中苏文协的宴会,为沈雁冰访苏饯行。24 日,出席文协及其他 9 团体之集会,欢送沈雁冰。25 日,至苏联领事馆,赴总领事哈林之招宴,为即将访苏之沈雁冰,叶圣陶即席赋诗。29 日,夜间醒来,作一诗《寿朱德将军六十》。30 日午刻,至马思南路中共办事处为朱德祝寿,大醉。12 月 29 日,至青年会,筹组中国语文学会;至清华同学会,主持文协辞岁晚会。31 日,集开明同人为辞岁之会,邀小教联(上海市小学教师联合进修会)戏剧组为开明同人演话剧《荐头店》时,叶圣陶任小教联的指导员和上海市中等学校教师研究会的顾问。(参见商金林编《叶圣陶年谱》,江苏教育出版社 1986 年版;葛晓燕、何家炜编著《夏丏尊年谱》,中国文史出版社 2012 年版;王震《20 世纪上海美术年表》,上海书画出版社 2005 年版)

　　夏丏尊仍病居上海。年初,上海普慧大藏经刊行会出版《大藏经》单行本 50 种(装订成 82 册),第 1 期所收典籍中包括夏丏尊译《南传小部经典》。其纸型今存南京金陵刻经处。1 月 5 日,《寄意》刊《中学生》1 月号"特辑"。这是夏丏尊为《中学生》杂志所写的最后一文。文中说:"我是《中学生》创办人之一,从创刊号至 76 期止,始终主持着编辑等社务。所以在我,本志好比一个亲自生育、亲手养大的儿女。一九三七年'八·一三'战事起后不多日,在校印中的本志 77 期随同上海梧州路开明书店总厂化为灰烬。嗣后社中同人流离星散,本志也就在上海失去了踪影。两年以后,我在上海闻知开明同人已在内地取得联络,获得据点,本志也由原编辑人叶圣陶先生主持复刊了。这消息很使我快慰,好比闻知战乱中失散的儿女在他乡无恙一般。实际上,我真有一个女儿随叶圣陶先生一家辗转流亡到了内地的。从此以后,遇到从内地来的人,就打听本志在内地的情形。两地相隔遥远,邮信或断或续,印刷品寄递尤不容易。偶然从来信中得到剪寄的本志文字一二篇,就同远人的照片一样,形影虽然模糊,也值得珍重相看。直至胜利到来,才见到整册的复刊本志若干期。嗣后逐期将在上海重印出版。上海不见本志,已有八个多年头,一般在上海的老读者见了不知将怎样高兴。我曾为本志写过许多稿子。可是在内地复刊以后,因为邮递不便,和个人生活不安,心情苦闷等种种原因,效力之处很少。记得只寄过一篇译稿。我的名字已和读者生疏了。从今以后,愿继续为本志执笔。近来我正病着,如果健康允许的话,一定要多写些值得读者看的东西。"

　　夏丏尊《读〈清明前后〉》1 月 20 日刊于《文坛月报》创刊号。2 月 6 日,叶圣陶全家到达南京。2 月 9 日早上,开明书店同仁乘坐的船只抵达上海十六铺码头,叶至诚和表弟冬官,带着开明书店的胡瑞卿及店中工友前往迎接。随后,叶圣陶至夏宅访夏丏尊。10 日晚饭后,叶至善探望夏丏尊。15 日早晨,叶圣陶赴夏宅与夏丏尊闲谈。24 日,叶圣陶看望夏丏尊,见其病情稍有好转,但仍有微热。2 月,欧阳文彬随重庆开明书店人员回沪,见到了仰慕已久的夏丏尊。3 月 3 日,叶至善夫妇携儿子探望夏丏尊。翁婿、父女谈论甚多。17 日,叶圣陶探望夏丏尊。中旬,于在春探望夏丏尊。夏丏尊以日本藏碛砂版心经并宋版般若心经影印件相赠。20 日,夏丏尊作《双字词语的构成方式》,刊于《国文月刊》第 41 期。文章引用例证说明我国文字中双字词语的结构式样。此系夏丏尊所作最后一文。24 日,叶至善夫妇看望夏丏尊,夏丏尊忽便血甚多。25日下午4时,叶圣陶夫妇探视夏丏尊。得知前一天便血后,已36小时未复便,心稍有放松。身体也没什么痛苦,气色言语如常,好像便血没留下大的影响。29日9时后,叶圣陶探视夏丏尊,见其连日来每晚都有热度,且高达39度,便中仍带血,精神颇为萧索。月底,夏丏尊病重,谓章锡琛之女:"希望你爸爸能赶快回来,我有许多话要对他说。"章锡琛女儿即函告时在台湾的父亲,但终因路途迢迢而不及再见。4月初,钟子岩探望夏丏尊。他本想就译经、进会一事与夏丏尊商讨,夏丏尊支撑病体,对钟说:"你来迟了,我不能陪你进会去了。"闻此言,钟子岩眼泪簌簌而下。4日,楼适夷探望夏丏尊。劝夏师积极疗养,若只是医药杂投,不作整个的治疗计划,恐不妥当。随后访叶圣陶,提议募集款项供夏丏尊疗养之用,受到叶圣陶赞同。叶又与范洗人商谈,范也颇为赞同。5日,楼适夷推荐一林姓医生为夏丏尊医治。林医生正在试用治结核的特效药,言疗效甚佳。一家人闻之颇为高兴。6日午后2时,叶圣陶偕傅彬然前去探视。夏丏尊因服林医生药后热度稍见减退,并将遵医嘱作爱克斯光检查。8日,楼适夷赴夏宅,得知夏丏尊照爱克斯光及验血之结果,肺已全部有病,而且日来热度之高,检查诊断为斑疹伤寒。林医生谓病情严重,可否医愈,毫无把握。9日,叶至善为夏丏尊病访名医杜克明,告以林医生诊断之结果。杜言斑疹伤寒可用半年之内患此病者之血制成血清,加以注射。但一时难以觅得此类病人。

夏丏尊4月9日召家人略言后事,云已托定某和尚,入殓之事,由和尚主之,家人不必过问。10日,杜克明告叶圣陶,夏丏尊之病不像是斑疹伤寒,肺已极度糜烂,难以乐观。12日晨6时半,叶圣陶夫妇探视夏丏尊。夏丏尊气色尚好,言语有条理,惟口音不甚清楚,呼吸急促,每分钟三十二三次,似尚无危殆之象。10时许,林医生来,诊断后嘱继续打针,需连打10日,或当见效。并言宜多饮牛奶,以增加营养,增强体力。晚8时25分,夏满子平安产下一子。夏丏尊闻之甚感欣慰。13日晨,叶圣陶夫妇携三午至医院,视夏满子甚安健。新生儿面目端正,重六磅半。14日,叶至善探视夏丏尊,见其神气益衰,恐难挽救。19日午后,叶至善探视夏丏尊,见病情转缓,气似稍平,热度亦不高。夏丏尊言不要打针,因连续打针已逾10日,臀部疼痛,到了无法忍受的地步。20日,夏丏尊病情转重,内山完造与之见最后一面。21日,病情加重,医生为其注射强心针,并挂葡萄糖液以增加营养。同日上午,于在春再次探望夏丏尊。23日午后,叶圣陶接叶至善自霞飞坊来电,言夏丏尊已危殆。叶圣陶即偕傅彬然赶往。至弄堂口,闻念佛声及木鱼声、磬声。叩门入,见其已挺然僵卧,闭目,呼吸急促,手足转冷,似无痛苦状。念佛者有唐敬杲等,某君及夏丏尊之二媳、内侄女。夏丏尊信净土,预言临终时须有人助念南无阿弥陀佛。视其状,似临终即在今明。一小时后,叶圣陶即回开明书店,与诸公商定公告启事,并撰消息交通讯社,一俟病故,即行发出。晚,上海佛教居士林副林长蔡惠明接陈海量电,即赴夏寓参加助念。此时,夏丏尊已处弥留之际,在他床前,点燃着安息香,大家不停地持念"南无阿弥陀佛"。晚9时45分,夏丏尊病逝于霞飞坊3号(今淮海路淮海坊)寓所,享年60岁。24日上午9时,叶圣陶至开明书店,与范洗人、王伯祥、章守宪等议夏丏尊后事。决定当日下午移灵上海殡仪馆,次日上午10时至下午2时为瞻仰遗容时间。拟发报丧讣告及次日开明书店停业志哀启事。

夏丏尊遗体4月24日下午由亲属及生前好友护送至上海殡仪馆。《中央日报》记者至,为夏丏尊遗容摄影。棺木衣服均选自绍兴会馆。衣服皆为棉质,惟鞋为缎面。同日,中国共产党中央委员会主办的重庆《新华日报》以《民主文化战线一大损失——夏丏尊先生病逝》为标题,发布消息。25 日上午 10 时,吊唁开始。叶圣陶、郑振铎、周予同、楼适夷、姚蓬子、许广平、马叙伦等生前好友、同人、学生 400 余人络绎到来。马叙伦痛哭失声,内山完造沉默致敬。同日,开明书店停业 1 天,以志哀悼。午后 3 时 15 分,家属举哀,全体吊者瞻仰遗容,然后入殓。4 时 15 分,灵柩运往法藏寺化身窑,择日火化。当日,上海诸报均发讣告、消息。讣告云:"遵奉遗言,谢绝一切赙赠花圈挽联香烛锭帛等项。"27 日,《新华日报》发表《悼夏丏尊先生》社论,对其一生作了高度评价。28 日,开明书店召开董事会,议定褒恤夏丏尊遗属办法。29 日,开明书店召开经理室会议,议定于 5 月 3 日召开夏丏尊治丧委员会首次会议,共商营葬、追悼、纪念等项。月底,开明书店邀请与夏丏尊生前有关的各团体之代表 19 人,组成夏丏尊治丧委员会。5 月 3 日,由叶圣陶主持,在开明书店召开夏丏尊治丧委员会第一次会议,马叙伦、夏衍、郑振铎、周予同等 15 人到会。讨论营葬、追悼、纪念诸事,议决 6 月间举行公葬,由文协、立达学会、开明书店、《中学生》杂志社、春晖中学等团体联合主办。并拟定募集纪念金,奖赠连任 20 年之中学国文教师。5 月 6 日,夏丏尊逝世后 14 日,在法藏寺作佛事。中午 11 时,叶圣陶偕胡墨林、叶至善、夏龙文前往。叶圣陶购《坛经》《净土经》各一册。夏丏尊生前在此翻译《南传大藏经》之《本生经》,已出二册,夏龙文购以赠叶圣陶。10 日,芝峰法师从焦山、亦幻法师从宁波出发,专程为夏丏尊火化事赴沪。二僧皆为夏丏尊生前稔友,推定由芝峰法师行举火事。12 日,夏丏尊遗体火化之日。晨 7 时许,金嘉率全家及夏丏尊生前至好亲友 30 余人至法藏寺化生窑。视香火和尚将夏丏尊灵柩送入窑中。9 时许,芝峰、亦幻两法师至,举行仪式。僧人十数人念经,芝峰法师导亲友一一向灵柩拜礼,然后由芝峰法师说法。同日,商定于 6 月 2 日在玉佛寺召开追悼会。15 日晨,叶圣陶至开明书店,作《夏丏尊先生追悼会启事》,刊 5 月 23 日《文汇报》。16 日,叶圣陶作《募集夏丏尊先生纪念金启》,刊于 5 月 23 日《文汇报》;又刊《中学生》7 月号总 177 期、7 月 15 日《文章》第 1 卷 4 期、7 月 20 日《国文月刊》第 45 期。午后,由叶圣陶主持,在开明书店召开夏丏尊治丧委员会常务会议。通过追悼会启及募集纪念金启。25 日,开明书店召开经理室会议,讨论追悼夏丏尊之仪节。31 日,叶圣陶与开明同人拟定追悼会仪节并派定执事。6 月 1 日,夏丏尊治丧委员会成员及其亲友赴玉佛寺布置追悼会会场,陈列遗物、遗稿、手迹。

夏丏尊追悼会 6 月 2 日下午在玉佛寺举行,与会者约 300 余人。2 时 10 分,追悼会开始。马夷初为主席,首致主持词,报告夏丏尊生平及其在新文化运动中的贡献。继之,与会人员向夏丏尊遗像致敬。随后,章守宪、茅盾、姜丹书、许广平、大愿和尚、徐蔚南及叶圣陶等生前友好先后致词悼念。最后由夏龙文致答谢辞。4 时,追悼会结束。中国共产党中央委员会驻上海办事处送了花圈。4 日,叶圣陶偕范洗人、王伯祥、朱达君、章守宪等赴漕河泾中国公墓,为夏丏尊先生选墓地。终因公墓守护者马虎,地价较贵等原因而未能定夺。16 日晨,叶圣陶偕叶至善至永安公墓,为夏丏尊先生相墓地。亦因价格不菲而未能决定。8 月 31 日午后 2 时,夏丏尊治丧委员会召开结束之会。决定葬夏丏尊于白马湖畔。夏丏尊纪念金已募集 600 余万元,会议推举马叙伦、许潜夫、范洗人、朱达君、叶圣陶、章守宪、楼适夷、周予同、王伯祥 9 人为纪念金委员会委员,主持管理与分发奖助金事宜。奖助金给予任教 10 年以上、成绩卓著或在语文教学上获得创见之中学国文教员。治丧委员会宣告结束,一切移交纪念金委员会接管。10 月,《国文月刊》第 48 期出版"纪念夏丏尊先生专号"。11 月底,夏龙文返上虞白马湖,筹办夏丏尊下葬事宜。同月,移灵浙江上虞白马湖,葬骨灰于夏丏尊故居平屋后山丘。马叙伦题写墓志铭。一年半后,由叶圣陶撰写碑文。(参见葛晓燕、何

家炜编著《夏丏尊年谱》，中国文史出版社2012年版）

茅盾5月26日下午1时与夫人孔德沚乘新生轮由香港抵达上海。到码头迎接的有开明书店的傅彬然以及孔另境夫妇、欧阳翠等。下午3时，与德沚同至叶圣陶处拜访。晚，在乍浦路军之友社出席在沪的朋友们举行的洗尘宴会。27日，接受上海《文汇报》记者采访，在记者问到今后的计划时，回答说："计划总是有的，只是说了有时不容易做到，所以现在还是不说的好。不过，稍微安定之后，《霜叶红似二月花》就要续写，还有一个已经写好的题为《走上岗位》的长篇，也要改写。"下午，去叶圣陶处，谈有关"文协"的事和广州、香港文艺界的情形。28日下午，至开明书店和叶圣陶寓所，与叶圣陶等诸位在上海的朋友热情晤面，有巴金、王伯祥等已在座，共话别后情况。晚，应新亚绸厂之招宴，至新都饭店。该厂今年建厂25周年，特举行悬奖征文活动，与郑振铎、叶圣陶、王伯祥、周予同、马叙伦、郭绍虞、胡朴安、严独鹤等10余人被聘为评判员，今日均到会。29日夜，赴李健安、柯灵、唐弢之招宴，郭沫若、巴金、夏衍、田汉等出席作陪。同月，为配合中原剧社和《正报》在香港组织的进步电影专场放映，专门撰文推荐进步电影。6月1日，茅盾《人民的文艺——在香港文化界欢迎晚会上的讲话》转载于《鲁迅文艺》第1卷第3期。同日，《人民的文艺——四月八日在广州青年会演讲》刊于《新艺》创刊号。2日，出席在槟榔路玉佛寺举行的夏丏尊先生追悼会，并作即席演讲。致悼词的还有许广平、叶圣陶等。4日晚6时，至金城餐厅，出席中华全国文艺协会上海分会等团体举行的诗人节纪念会，并为柳亚子先生补庆60寿辰。到会的还有郭沫若、叶圣陶、巴金、胡风、马思聪、许广平等。同日，《献给诗人节》刊于《文汇报·世纪风》。9日，应邀在上海市小学教师联合会作《认识现实》的演讲。

茅盾6月10日应邀至圣约翰大学作《人民文艺》的演讲。同日，《新民主运动与新文化》刊于《文联》第1卷第7期，此文内容与《"五四"与新民主运动》相同；与叶以群合编的中外文艺联络社的机关刊物《文联》停刊。12日，出席上海美术欣赏会，观看李桦所作的抗战史画。13日下午，出席日文版《改造日报》社所举行的座谈会，论题为"日本的民主前途""日本的民主文艺前途"等问题。到会的还有马叙伦、郭沫若、田汉、冯乃超、陈望道、叶圣陶、翦伯赞等。14日晚，与孔德沚应邀出席开明书店在金城餐厅举行的欢迎宴会。欢迎会还同时欢迎巴金夫妇、陈望道夫妇、田汉、靳以、淑湘、王鞠候、翦伯赞，并为柳亚子夫妇祝寿。席间谈饮甚欢。15日，应邀至上海中学教师研究会演讲。同日，在《时代》周刊第6卷第23期发表《高尔基与中国文坛》，亦载21日《新华日报》和24日《华商报》。文中云："高尔基的作品之所以在中国受到广大读者的爱好，是因为它抨击了黑暗，指示了光明。"中国的进步作家"不但从高尔基的作品里接受了战斗的精神，也学习了如何爱与憎"。又有《美国的对华政策》刊于《民主》第35期，认为美国的对华政策与其口头的愿望很不一致，这"对于美国的声望，对于中美人民的友谊都是非但无益，而且有害的"。18日上午9时，出席中苏文化协会上海分会、中华全国文艺协会上海分会等8个团体在沪光大戏院举行的高尔基逝世10周年纪念会，散会后，与郭沫若、戈宝权等合影于戏院门口。下午，去开明书店，与叶圣陶、梅林晤谈，并告诉他们，苏联方面已发出访苏的邀请，可能于今秋成行。晚7时，应上海"苏联呼声"电台的邀请，作《高尔基与中国文学》的广播讲话。讲话中说："中国的文艺工作者从高尔基的生活和作品中看出了他们自己应该走的路。年轻的中国新文艺，从高尔基那里得到许多宝贵的指导。'五四'以来，我们的新文艺工作者在实践中曾经遇到好些问题，而这些问题都可以在高尔基的作品中找到解答。"8时，又与郭沫若、许广平、戈宝权等出席在苏联侨民俱乐部举行的纪念晚会,并作了简短的讲话。同日,《高尔基与现实主义》刊于《联合日报》晚刊。24 日傍晚,至开明书店,与叶圣陶、郑振铎、夏衍一起商定于 30 召开"文协"总会及上海分会的联席理事会。随后,在开明书店的月会上,谈新疆的经历,长达 3 小时,仍意犹未尽。同日,《高尔基与中国文学》刊于《时代》第 163 期"高尔基研究"号。30 日,与上海文化界 200 余人在《文汇报》联名发表《上海文化界反内战争自由宣言》。下午,至开明书店,出席"文协"总会及上海分会理事联席会议,会上讨论了有关提案。同月,出席上海文艺青年联谊会举办的"文艺演讲会";《文艺修养——4 月 19 日在香港华侨工商学院演讲》收入广州国华书局出版的《文艺修养》。

茅盾夏初应曹辛汉之邀,去上海法学院演讲《新疆归来》,以盛世才的倒台,暗示蒋介石倒行逆施,也必然灭亡。仲夏,洁泯与韩近庸来寓所谈《腐蚀》再版事。7 月 3 日,《戏剧与小说——在上海剧校讲》刊于《大公报》副刊《戏剧与电影》。9 日晚,为筹编《大同文艺丛书》一事,与大同书店经理张君在霞飞路(今淮海路)一面菜馆招待郭沫若、叶圣陶、冯乃超、田汉、洪深、郑振铎、冯雪峰等诸好友。18 日,作《对死者的安慰和纪念——敬悼李公朴、闻一多先生》,刊于 20 日《民主》第 40 期,亦见于 28 日《新华日报》,文中强烈控诉了国民党反动派于本月 11 日、15 日先后暗杀李公朴、闻一多的血腥罪行。19 日,与郭沫若、洪深、叶圣陶等联名致电联合国人权委员会,指控国民党反动派杀害李公朴、闻一多,并吁请立即派调查团来华。刊于 20 日《时代日报》。21 日,出席中华全国文艺协会总会假花旗银行召开的会员大会,讨论对于李公朴、闻一多被特务暗杀事件的对策。在会上作了激昂的发言。到会的还有郭沫若、叶圣陶、田汉、洪深和刚从桂林来的欧阳予倩,刚从北平来的马彦祥等。23 日晚,至郭沫若寓所,听周恩来谈近来时局。到会的有叶圣陶等 20 余人。26 日,出席中华全国文艺协会召开的追悼闻一多、李公朴先生大会。在会上提议,请正在美国讲学的老舍、曹禺在美国揭露国民党反动派杀害李、闻的法西斯暴行。同日下午,《世界晨报》记者来访,得悉陶行知先生因患脑溢血不幸逝世。

茅盾 8 月初接待苏联大使馆一等秘书费德林从南京来上海,费德林送来一封苏联对外文化协会(VOKS)邀请去苏联观光的正式请帖,茅盾当即高兴地接受了邀请。1 日,《美国人对中国新文艺的兴趣》刊于《财报月刊》创刊号。3 日,《我们有责任使他永远不死》刊于《周报》第 48 期,亦载于 5 日《华商报》,文中指出"陶先生虽然死了,反动派且不要太高兴。一个战斗中的巨人倒下决不是倒下就完了,他的倒下将发出惊天动地的震响。这震响将在千千万万人心中起回应,这震响之广将遍及于中国的每一个角落。陶先生是死了,然而陶先生又永远死不了! 我们有责任使他永远不死!"7 日,《我所见到的陶行知先生》刊于重庆《民主报·呐喊》,亦载于《读书与出版》第 5 期,文中云:"陶行知的教育理论可概括为:做人民的教师,同时又做人民的学生。"上旬,去南京办理赴苏联参观的护照,按照沈钧儒的指教,先去找了外交部长王世杰,未遇。在外交部填写了一张表格。当晚,住民盟驻南京办事处。第二天便返回上海。11 日,作《〈周报〉何罪》,刊于《周报》休刊号。22 日,作《关于〈吕梁英雄传〉》,刊于 9 月 1 日《中华论坛》第 2 卷第 1 期。同日,《周作人的"知惭愧"》刊于《华商报》,文中说:"抗战的时候,我们常说抗战是人们的'试金石',可是倒不曾想到胜利这才是人们的更厉害的'试金石'。胜利把有些人的卑鄙无耻更赤裸裸地试出来了。"汉奸文人周作人今天成了"阶下囚",但是仍有当初的卖身投靠者,今天还是"堂上官"。31 日,茅盾出席中华全国文艺协会在红棉酒家举行的宴会,欢迎刚到上海的邵荃麟等。同月,作《萧红的小说——〈呼兰河传〉》，刊于 10 月 17 日《文汇报》，亦载 9 月 4 日汉口《大刚报》，文称赞《呼兰河传》是一篇叙事诗，一幅多彩的风土画，一串凄婉的歌谣。9 月 2 日，骆宾基来访，谈关于出版《呼兰河传》的合同等事。16 日，出席李公朴、闻一多纪念筹备会。同日，作《抗战文艺运动概略》，刊于 10 月出版的《中学生》杂志增刊《战争与和平》。此文虽是为开明书店成立 20 周年而作，但却不是祝贺文章，而是对抗战 8 年文艺运动的一个总的回顾。文章将抗战文艺运动分为三个时期，详细介绍了解放区的文艺运动，并云："中国抗战文艺运动实开始于'七七'以前，可是'七七'以后这'老根'派生了两支，一在大后方，一在边区和解放区。""中国的文艺作家们还有极艰巨的工作在前面。道路是艰险而迂回曲折的，然而继承了'五四'传统的中国作家终必能战胜黑暗，完成历史所付给的使命。"23 日，作《关于〈李有才板话〉》，刊于 29 日《群众》第 12 卷第 1 期，亦载 11 月 2 日《解放日报》，称赞《李有才板话》是一部新形式的小说，标志了向大众化的前进的一步，这也标志了进向民族形式的一步。26 日，与马叙伦、郭沫若、周建人、翦伯赞等 30 余人出席上海文化教育界为"美军退出中国周"而举行的座谈会。同月，作《〈苏联爱国战争短篇小说译丛〉后记》，刊于《文艺春秋》第 3 卷第 4 期和永祥印书馆 10 月初出版的《苏联爱国战争短篇小说译丛》；作《民间、民主诗人》，刊于次年 10 月出版的"文艺丛刊"之一《脚印》；应邀赴许景宋宴席，首次见 1935 年《简·爱》的译者李霁野。

　　茅盾 10 月 4 日上午赴天蟾舞台，参加上海各界召开的李公朴、闻一多追悼大会。9 日晚，至杏花楼，出席中华全国文艺协会举行的欢迎刘开渠、肖乾，并慰问洪深的宴会。出席者还有郭沫若、叶圣陶、田汉、陈白尘、许广平、翦伯赞、陆梅林、郑振铎、赵清阁等。10 日上午，至金城餐厅，出席庆祝开明书店成立 20 周年的纪念会。在致词中说："斗争需要一些人'赤膊上阵'，也需要一些人有点保护色，不要赤膊上阵。不赤膊上阵也可以斗争。"称赞开明书店的进步人士，在国民党统治下，虽未"赤膊上阵"，也进行了有效的斗争。到会的还有马叙伦、金仲华、丰子恺等。同日，与沈钧儒等在《民主》第 1 卷第 1—2 期联名发表《我们要求政府切实保障言论自由》，亦载《文萃》第 2 卷第 1 期。15 日，《鲁迅是怎样教导我们的》刊于《文艺春秋》第 3 卷第 4 期，文中指出：如果鲁迅还健在，看到 8 年抗战之后，中国人民依然得不到胜利的果实，他决不会感到意外，"因为鲁迅的全部遗教都是要我们莫存幻想，莫轻易乐观，莫要轻信人家的美丽言词，看人要从他的所作所为来下判断，看事要透过表面"。在目前的形势下，"鲁迅遗教中的这一点，尤其重要。我们要从他学习如何辨别真伪，剥夺假面具，学习他的'诛心之论'。尤其是天真的青年不可不这样学习"。19 日下午，出席中华全国文艺协会等 12 个文化团体在辣斐大戏院举行的鲁迅逝世 10 周年纪念大会。周恩来到会发表了演说。出席大会的还有郭沫若、叶圣陶、许广平、沈钧儒、马叙伦、翦伯赞等。在纪念会上，遇周恩来，周说，可与他同机去南京办理护照。20 日上午，与沈钧儒、郭沫若、许广平、周建人、曹靖华、冯雪峰等文化界朋友数百人，至万国公墓，为鲁迅先生扫墓。同月，《苏联爱国战争短篇小说译丛》由上海永祥印书馆出版；编辑《现代翻译小说选》，附绪言《近年来介绍的外国文学》，由文通书局出版；《〈阿 Q 正传〉插画序》收入本月出版的《阿 Q 正传插画》。11 月 3 日，应章靳以、萧乾的邀请，至萧乾寓所与文艺界诸友共进午餐。在座的还有郑振铎、叶圣陶、姚蓬子、李健吾、洪深、赵家璧、王辛笛、卞之琳、马宗融、陈望道等。餐毕，应陈望道邀请，茅盾与叶圣陶、李健吾同去复旦大学演讲。（参见唐金海、刘长鼎主编《茅盾年谱》，山西高校联合出版社 1996 年版）

　　巴金5月21日乘飞机抵沪,仍住霞飞路霞飞坊59号3楼三哥生前住过的房间。除担任文化生活出版社的义务总编兼校对外,为《文艺复兴》月刊撰写长篇小说《寒夜》、翻译薇娜·妃格念尔的回忆录《狱中二十年》,并拟作短期休养。28日下午,访开明书店叶绍钧,并应邀前往永兴昌聚餐。约4时许,在开明书店与刚从广州抵沪的茅盾晤面,共话别后,并谈写作、出版打算。29日,应邀参加李健吾等欢迎茅盾的宴会。6月2日下午2时,至玉佛寺参加著名作家夏丏尊追悼会,并瞻仰夏翁遗物、遗稿及手迹。4日晚6时,至金城餐厅参加文协聚餐会,今为诗人节,同时也是夏历端午节。与会者有郭沫若、茅盾、胡风、冯雪峰、马思聪、许广平等文艺、戏剧、音乐、绘画、新闻各界百余人。上旬,宴请来自重庆的靳以夫妇和来自英国的萧乾及其未婚妻。14日,偕萧珊同往上海金城餐厅赴宴,这是开明书店为欢迎著名作家和为柳亚子夫妇祝寿的宴会,与会者另有茅盾夫妇、陈望道夫妇、郭沫若夫妇及田汉、靳以、吕叔湘、王鞠候、翦伯赞等人。同月,与李健吾晤面,答应为李主编的《文艺复兴》续写。同月,与马叙伦等上海各界人士上书蒋介石、马歇尔及各党派,呼吁永久和平,反对内战。上旬,获悉挚友沈从文12日将自昆明飞抵上海,稍事逗留后,仍将往北平,在北大任教。与萧珊甚感高兴。中旬,获悉民主战士李公朴、闻一多先后遭国民党特务暗杀,遂与郭沫若、茅盾、许广平、叶圣陶等友人联系发电抗议。16日,与茅盾、叶圣陶等260人联名发表《中国文化界反内战、争自由宣言》。17日傍晚,应叶圣陶约请,前往开明书店赴宴,同席有沈从文、程受百、光熹等人。

　　巴金8月7日致文化生活出版社重庆办事处信,处理出版等事宜,并嘱将本期版税寄交沙汀等作家。24日,《"封"和"禁"》刊于上海《周报》第49—50期合刊"我们控诉"栏。约同月,欢迎与复旦大学师生一起返回上海的靳以,并支持靳以筹备创办《文群》杂志。后因当局一再刁难,未能如愿;获悉萧乾回国后仍为上海《大公报》撰写国际问题社评,并任复旦大学新闻系教授。同月,与上月来沪的诗人臧克家晤面。因臧新任《侨声报》副刊主编,遂应约为该刊撰稿,以示支持。25日午后3时,偕冯雪峰、郑振铎、胡风前往叶圣陶家,共商文协之杂志《中国作家》出版事。10月4日上午9时,前往天蟾舞台参加李公朴、闻一多追悼会。7日,前往开明书店参加宴会,与叶圣陶、郑振铎、顾颉刚等人同席。酒后各写字一张,以为纪念。10日,与沈钧儒、郭沫若、茅盾、柳亚子等39人联名发表《我们要求政府切实保障言论自由》。19日下午2时,至辣斐戏院参加"文协"上海分会联合音乐、美术、电影等12个文化团体举行的纪念鲁迅逝世10周年大会,并观看鲁迅葬礼的新闻片。与会者有周恩来、沈钧儒、郭沫若、茅盾、叶圣陶、胡风等4000余人。20日,与文化教育界人士茅盾、叶圣陶、冯雪峰等前往万国公墓祭扫鲁迅墓。同月,作《鲁迅先生十年祭》,刊于11月1日《少年读物》月刊第3卷第4—5期合刊。云:"鲁迅先生是伟大的",但不必"称他做巨星,比他做太阳",因为"他并不是我们可望而不可及的自然界的壮观,他从来不曾高高地坐在中国青年的头上"。又说,鲁迅不单是"中国文艺界的珍宝",而且是"民族解放运动中伟大的战士,人类解放运动中勇敢的先驱",而他的"人格比他的作品更伟大"。"在先生逝世十年后的今天""民族并没有得到真正解放,先生所追求的并未到来,而所憎恨的并未消去",所以"先生的呼声仍然是极其响亮的"。11月3日,巴金前往复旦大学,应邀出席陈望道、章靳以、萧乾等教授举办的宴会。餐毕到教室参加座谈会,因学生太多,临时改到大礼堂。与会者尚有茅盾、叶圣陶、郑振铎、李健吾、马宗融、卞之琳、王辛笛等。听茅盾讲了目前文化界情况和叶圣陶《关于语言和文字》的讲演。11日,作《〈第四病室〉后记》,叙述该书写作、出版过程,刊于良友、晨光出版的《第四病室》。中旬,获悉茅盾夫妇将赴苏访问。12月31日深夜,作完耗时两年的长篇小说《寒夜》,次年3月上海晨光出版公司出版。(参见唐金海、张晓云《巴金年谱》,四川文艺出版社1989年版)

田汉5月4日下午由重庆飞抵上海。晚,在光华戏院观看话剧《奇官图》,后又前往黄金大戏院看望周信芳,并观赏其主演的《徽钦二帝》。同日,在上海《人民文艺》5期发表代表中国戏剧工作者协会筹备会执笔起草的《为成立中国戏剧工作者协会告全国同志书》,号召全国戏剧工作者“在‘中国戏剧工作者协会’的旗帜下团结起来,为完成新的民族任务而奋斗”;在“行动纲领”中,提出:要“以更大热情歌颂为民主团结、为中国现代化而战的新英雄”“继续面向当前现实,执行民族自我批判,清算旧中国一切反民主、反进步的缺点”。要求“更有效地实现中国剧艺的改进与提高”“使一切戏剧,形式上成为民族的,内容上成为民主的、现代的”。6日晚,应许广平邀请前往明星大戏院观看由雪声剧团袁雪芬主演的越剧《祥林嫂》。7日上午,请《时事新报》影剧特约记者廖临约来袁雪芬和越剧《祥林嫂》编导南薇、美术设计韩尚义谈话。9日,《从周作人、林语堂谈起》刊于《文萃》29期。12日上午,与吴祖光等出席上海剧艺界为拒绝当局强迫演员进行“登记”而在伶界联合会举行的集会。会上决定成立“上海全市剧艺界拒绝‘艺员登记’委员会”。13日下午,应上海剧艺社同人联谊会和上海文艺青年联谊会之请,在光华戏院作演讲,谈改良旧剧问题。13—14日,在《文汇报》发表日前在上海市立戏剧学校所作的题为《面向现实　面向大众》的演讲稿,提出“面向现实”和“面向大众”两句口号。14日,复信李健吾,针对5月8日来信中提出的认为旧剧音乐太单调,希望旧剧改革能多从音乐方面下功夫的意见,说:旧剧改革应对内容和形式都加重视,“新的思想内容,真能与旧有的形式揉合混合,是会使那形式起质的变化的”。认为:“最重要的毕竟是‘唱些什么’,其次才是‘怎么唱’”“内容的改革始终应该放在主位。最好是新的内容与新的形式底高度配合,这是我们追求的最高目标。”最后系统归纳了对于旧剧改革的17条意见,并谈了打算。此信以《剧艺大众化的道路——复李健吾先生》为题载本月上海《周报》第38期。

田汉5月15日与宋庆龄、郭沫若、茅盾、冯雪峰、郑振铎、陶行知等被聘为“抗战八年木刻展览会”赞助人。19日,出席上海杂志界联谊会举办的联欢活动,并作演讲。20日,出席上海剧艺界为反对“艺员登记”而在新利查饭店为新闻界举行的招待会,并发表讲话。22日,出席上海戏剧电影协会为新闻界举行的招待会,并发言,讲述了对有关检举附逆影剧人的意见。23日下午,主持在红棉酒家举行的改良平剧座谈会。郭沫若、许广平、郑振铎、夏衍、冯乃超、蔡楚生、周信芳、高百岁等文艺戏剧界人士参加。田汉在发言中表示自己愿意成为“旧剧与新文艺界的桥梁,克服一些成见与偏见,来有意识地推进这一运动”。还提出了“出一本专门研究平剧的杂志”“成立一个专事研究地方戏的研究会”和“组织编剧委员会,从速产生新剧本,来发动一个盛大的秋季攻势”的3点计划。此3点计划会上获通过。与周信芳一起被推任编剧委员会召集人。同日,与郭沫若、许广平、冯乃超、于伶、周信芳等同赴鲁迅墓前献花,并合影留念。25日下午,前往中国新闻专科学校作演讲“春秋精神”问题说:“春秋精神就是批判精神”,演讲内容以《新闻记者要有春秋精神》为题载30日上海《文汇报》。下旬,出席上海音乐协会在花园饭店举行的招待茶会,并发表讲话。6月4日上午,出席“文协”上海分会和诗歌音乐工作者协会上海分会在辣斐大戏院举行的诗人节纪念大会,并发表讲话,说:“诗歌运动是新文艺运动中最先发难的一支新军。不论在‘五四’期间或在抗战开始,诗歌总是勇敢地站在最前哨。"如今它"应该作为一个武器来发展和推进今天的民主运动"。晚,出席"文协"上海分会为欢迎新近到沪的他和郭沫若、茅盾、巴金、史良、梅林、冯乃超等并为柳亚子补做66岁大寿而在金城银行7楼举行的聚餐。散席后,集议组织文化界联谊会,并组成筹备会。同日,《展开新的抒情时代——为庆贺诗人节》刊于上海《文汇报》。10日,上海艺文团体联谊会第一次筹备会在梅龙镇酒家召开。田汉与赵景深、史东山、徐迟、丁聪等被推为常务理事。同日,上海《群众》周刊第11卷第6期刊出紫燕采写的《田汉先生谈越剧》。文中赞扬越剧"肯大胆的吸收各种艺术部门的优点,所以能够飞快地进步"。

田汉6月上旬与郭沫若、茅盾、郑振铎、许广平、周建人、马叙伦、叶圣陶等35人致信华中文化界,说:"大后方收复区的人民始终与解放区人民一样的坚决要求和平团结和民主。"15日,《高尔基与中国作家》刊于上海《时代》周刊第161期。16日,《为民主教育而战》刊于上海《教师生活》第5期。18日上午,出席中苏文化协会等7团体为高尔基逝世10周年而在沪光大戏院联合召开的纪念大会。中午,出席中苏文化协会在红棉酒家举行的宴会。21日上午,出席戏剧界人士在梅龙镇酒家的聚会,商讨《人民戏剧》杂志编辑事宜。傍晚,与翦伯赞、周信芳前往吴淞路花月食堂参加驻沪台湾文化建设协会发起的讨论怎样建设和建设怎样的台湾新文化问题的座谈会,并作发言。23日上午,参加上海人民在北站欢送马叙伦、胡厥文等10位赴南京请愿代表的盛大集会及其后举行的大游行。27日,与郭沫若、许广平、胡绳等出席议题为《和平商谈的前途》的《文汇报》第27次星期座谈会。28日,与夏衍、于伶等出席《清明》编辑部召开的文艺团体联谊会会议,讨论史东山的一部电影剧本。月底,与巴金、周建人、于伶、周信芳、白杨、卞之琳等文艺、戏剧、电影、音乐、美术界260人联名发表《上海文化界反内战争自由宣言》。15日,作《踏着烈士的血前进!》,赞李公朴"是民主运动的一员骁将",刊于同月上海《文萃》第39期。16日下午,出席民盟政协代表沈钧儒等在南海花园为文化界人士举行的招待会,并发表讲话,赞同郭沫若在会上提出的应为李公朴举行人民葬的建议;对留在昆明的闻一多的安危表示忧虑。深夜,从王坪的来电中得知闻一多被刺身亡的噩耗。同日,从报上得知翦伯赞生病的消息,即请来医生并陪随其上门诊治。17日,《我们没有新的歌手了吗?》刊于上海《文汇报》副刊《笔会》,纪念聂耳逝世11周年。21日,出席"文协"总会为李公朴、闻一多被暗杀事件而举行的临时大会,并发表讲话,提议扩大捐款来抚慰死者和生者。会上通过了《为李闻惨案告全世界学者文人书》和《为李闻惨案宣言》。22日,出席上海文艺工作者为李公朴、闻一多被害而举行的集会,并建议印行李、闻两先生遗作合集。26日上午,出席在徐家汇路上海殡仪馆举行的陶行知遗体入殓仪式。

田汉8月3日在上海《群众》12卷2期发表《安息吧,伟大的灵魂——悼陶行知先生》。24日,与郭沫若、冯乃超、孔另境、宦乡等15人出席《上海文化》月刊社召开的"日本问题座谈会",并作发言。9月20日,出席《文汇报》社召开的议题为《美国政策的检讨》的第36次星期座谈会。23日,为上海《新闻报》主编的副刊《艺月》创刊。10月1日与胡子婴、范长江、葛一虹、戈宝权等73人在上海《文汇报》联名致函美国国务院,要求美国停止以物资与军队帮助中国政府打内战。10月1日,《招魂》刊于《上海文化》第9期,文中提出:戏剧工作者应"负起更大责任","过去曾为神圣抗战而动员,今天更应该为争取和平民主而动员"。同日,《南国月刊——杂志回顾》刊于上海《读书与出版》第6期,文中回顾了当年《南国月刊》创办前后的一些情况。4日,出席在天蟾舞台举行的李公朴、闻一多追悼大会。7日,在上海《新闻报·艺月》发表《从李闻追悼会回来》,回忆两位烈士的生平往事。主持平剧改革座谈会记录连载于10月14日和21日、11月4日上海《新闻报·艺月》,欧阳予倩、周信芳、马彦祥、阳翰笙、顾仲彝参加座谈会。15日,在上海《文艺春秋》第3卷第4期发表为纪念鲁迅逝世10周年而写的诗《正义的声音》。19日,在上海《学生日报》发表《关于〈阿Q正传〉剧本》。20日上午,与郭沫若、茅盾、沈钧儒、许广平、冯雪峰、叶圣陶、洪深等前往万国公墓祭扫鲁迅墓,并在鲁迅墓前致词,说:"今天我们不单是要替鲁迅先生建筑墓地,更要为人民找到更好的生活的园地。"21日,在上海《新闻报·艺月》第5期发表《鲁迅先生与老戏》。25日,与欧阳予倩、洪深等出席上海戏剧界联谊会在梅龙镇酒家举行的集会。会上决定加紧筹备中国剧作者协会。27日上午,出席在震旦大学礼堂举行的陶行知追悼大会,为主席团成员。田汉在会上恭读用诗歌体写成的祭文。同日,《陶行知先生的抒情时代》刊于上海《学生日报》;与李健吾、吴祖光等戏剧界20余人集议组织中国剧作者协会的有关事宜,并就话剧上演税及电影剧本的酬金问题作出决定。31日晚,出席郭沫若夫妇为即将访问苏联的茅盾夫妇举行的送别宴会。同日,为上海市立实验剧校被"裁撤"问题,与郭沫若、茅盾、阳翰笙、洪深、熊佛西、于伶、李健吾等170余人在上海《时代日报》联名发表《告社会人士书》。11月7日,田汉出席苏联总领事馆为纪念苏联十月革命29周年而举行的招待酒会。9日、16日,《新中国剧社的苦斗与西南剧运》连载于上海《评论报》第1卷第1—2期。12日,主持在复兴公园举行的话剧复兴运动座谈会,欧阳予倩、洪深、熊佛西、阳翰笙等话剧界20多人出席。25日,应邀与沈钧儒、郭沫若、叶圣陶等出席苏联驻沪总领事哈林夫妇为即将启程访苏的茅盾夫妇举行的送别宴会。30日晚,与生活教育社等团体代表及洪深、周谷城等60多人护送陶行知的灵柩去南京,由晓庄人民公葬。12月1日晨,抵南京和平门车站,随即护送陶行知灵柩前往晓庄。上午,参加在晓庄五柳村墓地为陶行知举行的公葬。29日晚,出席"文协"在清华同学会举行的辞年晚会,并发表讲话,检讨了一年来的文艺尤其是戏剧工作,还批评了某些站在所谓第三者立场上说风凉话的人。(参见张向华《田汉年谱》,中国戏剧出版社1992年版)

冯雪峰2月由重庆到上海,即向中共驻上海联络处报到。自此直至1949年6月寓于上海作家书屋。3月25日,《大众化的创作实践》刊于《文联》第1卷第5期。6月15日,《我爱高尔基的什么作品》刊于《时代》周刊第6年第23期。26日,国民党反动派以大举围攻中原解放区为起点,发动了对解放区的全面进攻。27日,《武士道的最后》《日本的统治阶级》《日本的统治阶级(二)》《法西主义的特性与中国的法西主义》4篇以《过去与现在》为总题刊于《文萃》周刊第36期。7月4日,《自由主义的考验》《法西主义与帝国主义》两篇,以《过去与现在(二)》为总题刊于《文萃》周刊第37期。11日,《自由主义的考验(二)》《帝国主义与殖民地》两篇以《过去与现在(三)》为总题刊于《文萃》周刊第38期。18日,《美国对世界的领导》以《过去与现在(四)》为总题刊于《文萃》周刊第39期。26日,《新的骄傲》刊于《文汇报·笔会》第14期《大题小感》栏。此为作者投稿《文汇报·笔会》的开始,迄于1947年5月为止的10个月时间中,为该刊写了50多篇(节)文字。27日,《帝王思想》刊于《文汇报·笔会》第15期《大题小感》栏。29日,《封建的意识与封建的装潢》刊于《文汇报·笔会》第16期《大题小感》栏。同月,所译苏联高尔基原著之小说《夏天》(校正本)由上海杂志公司出版。书中附5月17日所撰《〈夏天〉译者小记》;应出版者之请,将《鲁迅论及其他》删去1篇,增补3篇,改题《过来的时代》,由新知书店出版。本书收5月9日所撰序1篇、论文13篇。

　　按:本书篇目为:《鲁迅论》《鲁迅先生计划而未完成的著作》《关于鲁迅在文学上的地位》《关于"第三种文学"的倾向与理论》《关于抗日统一战线与文学运动》《关于"艺术大众化"》《论典型的创造》《论形象》《文艺与政论》《形式问题杂记》《民族性与民族形式》《过渡性与独创性》《令人战栗的性格》。

　　冯雪峰《论民主革命的文艺运动》6月由上海作家书屋出版。作者开卷所定下的全书任务是:"总结过去的经验,明白现在的基础,决定今后的方向和工作。"主要根据毛泽东《讲话》精神,结合国统区文艺状况,全面总结"五四"以来尤其是20世纪30年代以来新文艺运动的经验教训。而在具体行文中,"总结过去的经验"分量最重,书中第一、二部分谈的就是这个问题,占去全书三分之二的篇幅。这两部分可以看作是一部简要的"民主革命文艺运动史"。冯雪峰在"序"中表示,虽然本书"广泛地检查了过去","但我着重的并非是过去所有的问题",而是"循着主要的路线"来检查。这条主要的路线,就是"民主革命的文艺运动"所经历的路线。依循这条路线,冯雪峰认为文艺运动特别是"左"翼十年中最大的错误倾向,就是"'左'倾机械论和主观教条主义"。他以见证人的身份,指出文艺的"左"倾错误的几种突出表现,并且从主观和客观、国际和国内等方面具体分析了文艺运动产生"左"倾错误的原因。鉴于抗战时期重庆进步文艺界曾出现过一次时间延续五年之久的关于现实主义问题的论争,冯雪峰在书中批判了虚假的现实主义创作倾向,提出了艺术对象世界具有复杂性、矛盾性以及艺术只有揭示大众生活矛盾才能达到艺术的真实性的观点。对于《讲话》发表后,当时不少文艺工作者很关心的革命现实主义是否能批判人民中的落后的问题,作者作了肯定的回答。

　　按:1943年10月毛泽东《在延安文艺座谈会上的讲话》正式发表后,在延安等抗日根据地掀起了学习热潮。1944年4月,何其芳、刘白羽受中央委托去重庆,向大后方的进步文艺界人士传达延安文艺座谈会情况和《讲话》。同年8月,周恩来从延安回到重庆,给文艺工作者带来了《讲话》全文,亲自组织文艺界学习。1945年年底,根据中央决定,周恩来领导重庆进步文艺界进行整风,举行了三次文艺座谈会。这样,《讲话》的精神在国统区文艺界迅速传播开来,不少文艺工作者试图运用《讲话》精神来总结、分析"五四"以来的文艺运动,探讨新文艺运动发展过程中的问题及前进的方向。在重庆进步文艺界以"过去和现在的检查及今后的工作"为题组织的几次"漫谈会"上,冯雪峰作了长篇发言,后来应《中原》等杂志之约,把发言录音整理修改成文,即《论民主革命的文艺运动》,发表在重庆1945年11月号《中原》杂志上。1946年6月,该文以单行本方式由作家书屋出版发行。出版时,"除改正了在杂志上发表时即有的错字以外,并没有怎样的改动"。尽管此书不具备完整的文学史规格,作者本人也没有"述史"的主观意识。他说:"在我这篇文字里,我其实是完全着重在现在和今后的工作的。"但是本书用《讲话》精神为指导来广泛地检查"民主革命的文艺运动",能给后来的新文学史研究许多重要的启示,可视为政治式文学史写作在20世纪40年代的一个范本。(参见付祥喜《20世纪前期中国文学史写作编年研究》,北京师范大学出版社2013年版)

　　冯雪峰7月作《"中立"者的苦恼之一——被"推"》,刊于8月3日《文汇报·笔会》第20期《大题小感》栏。8月5日,《"中立"者的苦恼之二——被"拉"》刊于《文汇报·笔会》第21期《大题小感》栏。12日,《中间派》刊于《文汇报·笔会》第26期《大题小感》栏。13日,《中间派(二)》刊于《文汇报·笔会》第27期《大题小感》栏。14日,出席中国劳动协会举行的文艺界招待会,积极营救被国民党军警无辜殴捕的中国劳动协会重庆福利会以周颖为首的22位同志。9月,1945年11月至1946年作于重庆和上海的杂文结集为《跨的日子》,由上海国际文化服务社出版。本书收序1篇,杂文49篇。10月1日,《回忆片断——关于知识分子的谈话》刊于《文艺复兴》月刊第2卷第3期。18日,《鲁迅回忆录》自是日起在《文汇报·笔会》上连载,至12月7日共发26节,未完篇而停止。20日,在上海万国公墓参加中华全国文艺家协会等12个文化团体举行的纪念鲁迅逝世10周年的墓祭活动,并作演说。12月,开始写寓言,以这种文学武器揭露敌人,打击敌人。到上海解放为止,共得一百七八十篇。(参见包子衍《雪峰年谱》,上海文艺出版社1986年版)

胡风2月25日下午1时回到上海,从1937年9月25日离开上海,迄今历时8年有余。晚饭后,先去看望许广平。从许广平那里了解到一些从重庆返沪友人的情况,即去访姚蓬子。然后一同去访老舍,未遇。后来到第三天才见到了老舍。胡风抓紧时间撰写《鲁迅先生版税收付情况报告》。这是胡风在重庆向一些书店追回来的版税,一直存在沈钧儒处,抗日胜利后才托人带上海交许广平。现在需要将情况汇总一下,列一清单,再交鲁迅先生纪念委员会。3月27日,贾植芳夫妇从徐州来。他是看了胡风为希望社在上海登的广告后再和胡风通信取得了联系。5月4日,参加文艺节纪念会。5日下午,参加文协理事会,随便谈了谈今后的工作。目前的情况是,重庆总会还没迁来,无法开展工作,到底怎样继续下去,谁心里也没底。但这个民间文艺团体,必须支持它让它生存下去,那是大家一致的意见。7日下午,和冯雪峰等冒雨谒鲁迅先生墓。8日下午,去文化投资公司,得知《希望》已装订好,并且门市部开始发售。拿了几本新刊,就急急回家与M同享这份喜悦。

胡风6月18日出席高尔基逝世10周年纪念会,并发表讲话。胡风感到回上海后最苦的是没有读书的环境和时间,杂务太多。第2期《希望》本应有几篇介绍高尔基的译作的,但都没能做到。只是在目录后的扉页上引用了高尔基的一段话,以表示对他的纪念。我摘录的这段话,反映了他的那个痛苦的时代。精神巨人所给予我们的力量,犹如他在他的那个时代苦斗了过来一样,是要我们在我们的这个时代也坚强地苦斗下去。7月25日,陶行知忽然得脑溢血逝世,胡风接通知,即到上海殡仪馆去向家属表示悼念。第二天是入殓告别式,他的学生约写一篇纪念文章。当夜写成了《对陶行知二三理解》。10月19日,是鲁迅逝世10周年纪念日,又处于抗战胜利后的第一年,作家们都想隆重地开个纪念会。因此,由文协出面组成一个筹备委员会。胡风代文协拟了纪念鲁迅通告,又召开鲁迅纪念会筹备会。为了开好纪念会,除了租会场等请上海方面的人设法外,另外一些事务,众人就分工干。纪念会在辣斐大戏院举行,由胡风主持。周恩来莅临会议并讲话,除了谈到纪念鲁迅先生的重大意义外,接着就谈到和国民党谈判的情况,形势已十分严重,全面内战已爆发了三个月,临近最后决裂阶段。副主席很有信心地说,我们决定奉陪到底,直到把他们消灭为止。12月29日,文协举行辞年晚会,仍由胡风主持。大家畅谈文艺界的情况,主要是诉说出书难写文章也不易,比在重庆有过之而无不及,都气愤得很,对创作也抱悲观态度,认为没有好作品产生。胡风没有说什么,但想想还是很感慨的。30夜晚,胡风作《冬夜短想》,其中写道:"我们底文艺一定要争取更高的成就,使现实斗争深入,向未来理想突进。"(参见《胡风全集》第7卷第五编《回忆录》,湖北人民出版社1999年版)

华岗5月和许涤新等一起随周恩来到了上海。中共代表团下面设立了一个上海工作委员会,以华岗为书记,这个机构的主要任务是在各民主党派、民族工商业家和外国驻上海的记者中间开展党的统一战线工作。6月初,华岗在中共南京局上海工作委员会会议上向周恩来建议:由上海市民选派代表团赴京呼吁和平反对内战请愿,得到周恩来同意。中旬,周恩来、华岗同马叙伦商谈入京请愿准备工作。为了组织好上海人民团体请愿团赴南京请愿,华岗还和马叙伦商谈,并推动他和上层人士去商谈。许涤新同志对盛丕华、张绷伯等人也进行了工作,上海工作委员会还通过上海工商界双周聚餐会的组织形式(这双周聚餐会以前就有周公馆方面的同志参加),这一聚餐会是在赵主教路(今五原路)包达三家中举行,周公馆方面出席参加的有董必武、李维汉、华岗、许涤新等。董必武较多较集中地和大家讲了关于反内战、争取和平的问题。23日,在蒋介石发动全面内战前夕,上海工委和地下党组织群众5万人在上海火车站举行要求和平、反对内战大会,并推选马叙伦、阎宝航、雷洁琼等10位代表前往南京请愿。在代表们走了以后,群众又举行示威游行。代表们到达南京时,遭到国民党特务的殴打,酿成"下关惨案"。

华岗《中国历史的翻案》10月由作家书屋出版。华岗重视史学理论与方法的研究,发表了《论中国历史翻案问题》《历史为什么是科学和怎样变成科学》《论中国社会历史发展阻滞的基因》等多篇论著。此书即收录此3篇文章。作者重视对史料的搜集、整理、考订、辨伪,认为"考证学在整个历史学中,乃是主力部队之一,不应该让他局限于旧的岗位,而应该移置在新的战略据点上",批评那些对史料不下功夫,而仅依据抽象的理论和公式的做法是"拿它当作邮局的图章,乱刻在史料上,结果只能搬演公式的八股文章,并不能具现真实的历史"。同时作者也指出过去的考据学,"缺少了活的神经",即"科学历史观",历史学成为一门真正的科学,必须有科学的历史观作指导,并在此基础上建立科学的方法论。12月,北平发生了美军士兵强奸北京大学女生沈崇事件。消息传到上海后,上海各大学纷纷要求上街示威抗议。华岗等和上海地下党经过认真讨论,毅然决定支持学生们的要求,举行反对美军暴行的示威。这个抗议示威席卷国统区各大中城市,约有50万学生罢课和示威,要求美军退出中国,反对美国干涉中国内政。华岗在组织和推动上海的人民爱国民主运动的同时,发表了一系列政论文章,揭露和谴责国民党当局的独裁、内战、卖国行为,以及美国的援蒋内战、侵略中国行为。

按:华岗指出:国民党的所谓"还政于民",实际上是"夺政于民"。指出我们同国民党争论的焦点是和平和内战的问题,民主和独裁的问题,建设和破坏的问题,一党专政和联合政府的问题。在总结1946年民主和反民主最激烈搏斗的这一年并展望未来时,华岗说:"苦难的中华民族和中国人民,孕育了对于历史变革的深厚力量,不管阻力如何重大,敌人如何狡猾,道路如何曲折,然而苦难的中华民族与中国人民,依然能够不屈不挠与前仆后继,向着民族解放和社会解放的大道前进。"(参见向阳编著《华岗传》,浙江人民出版社1993年版;刘晓《关于1946年6月23日上海人民和平请愿运动的一些回顾》,抽印本;卢礼阳《马叙伦年谱》,浙江古籍出版社2021年版;王学典《20世纪史学编年(1900—1949)》,商务印书馆2014年版)

胡绳时任中共上海市工委文委委员。6月,蒲韧(胡绳)《二千年间》由开明书店印行。据作者自述,1944—1945年,他在重庆《新华日报》工作之余,利用大部分精力学习中国历史,做了大量笔记。在此基础上写成许多文章,发表在叶圣陶主持的杂志《中学生》上。此书是这些文章的结集。此书最重要的特点是把二千年间的中国历史当作一个整体,从中择取若干重要问题逐一分析。书中对古代中国为什么会产生皇帝乃至人们为何能忍受昏君、做官与当兵是怎样成为皇帝制度的两大支柱、中国古代的农民战争以及边塞为何屡屡发生冲突等一系列问题做了深入浅出的阐述。

按:叶圣陶非常欣赏这些文章,而吴晗则盛赞本书是"一本有血有肉有灵魂,活生生的书",并写了一篇长篇书评。吴晗在文中历数种种历史教科书对孩子、青年的虐待,而反观今日的历史读物,教科书体仍然无处不在,令很多人对历史书望而生畏,而这本《二千年间》"正如蜜蜂酿蜜,是经过消化的,融会贯通,所以可读,也所以不可不读"。吴晗还谈到他们关于根据读者的年龄和兴趣写出三套内容不同又互相配合的中国历史教科书的设想。第一套以人为主,采用故事式的写法,选择每一时代的代表性人物,附带的烘托出这时代的大事;第二套是纵剖面的,以事为主,原原本本具体说出每一事所涉及的事物的衍变、发展,是人的生活的历史、进步的历史;第三套是横剖面的,以时为主,从横的方面去看这一时代,看这一时代的各方面。吴晗认为《二千年间》符合他所设想的第二套的教本,而且比他的设想更成熟、更精炼、更有积极的意义。翦伯赞的《中国史纲》第一册符合第三套的设想,并且更进一步。许立群的《中国史话》近似于第一套。

胡绳9月在《新文化》半月刊第2卷第5期发表《近五年间中国历史研究的成绩》。此文是对1941—1945年间马克思主义史学发展状况的总结。作者列举了1940年提出"学术中国化"口号以来中国史研究取得的"丰美的果实",郭沫若、吕振羽、翦伯赞、范文澜、吴泽等人的古代史研究,侯外庐、杨荣国等人的思想史研究,华岗、严中平、李平心等人的近百年史研究等,都是其中的代表。这些成就"不仅表现着历史研究这一个部门内的进步,而且可以说是学术研究风气转移的一个重要契机。学术研究可以认识中国的历史和实际的基础,那才能做到理论和实践的一致,才能做到学术中国化,才能使洋八股和洋教条完全'休息'下来"。这几年的努力"给今后的学术研究工作开辟了一个新方向"。作者还注意到马克思主义史学研究者中出现的专题化倾向:"采取典型的历史事件与人物,作深入的研究,以一隅而照见全面,这个方法对于新史观处理历史的研究者,或许还可说是新近学到的方法。以这方法来克服粗枝大叶和概念式的图案的毛病是有效的。这个方法应该是值得继续提倡的。"

按:作者指出:"1940年以后,抗战进入了相持阶段的最沉闷、最艰难的时期,……实际的形势使人更加看出抗战的胜利和中国问题的解决绝不是短期间可以奏效的事,也就逼得人不能不从深远处来研究中国的历史和实际,由这里来追寻解决中国问题的线索。所以就形成了这一时期中国历史研究风气的旺盛。"(参见王学典《20世纪史学编年(1900—1949)》,商务印书馆2014年版)

冯乃超与郭沫若5月8日离重庆飞赴上海,在中共代表团上海办事处工作。任上海"工委"委员、"文委"书记。5月23日,参加上海文艺、戏剧和平剧界联合举行的"改良平剧座谈会",座谈纪要刊于7月10日《月刊》第2卷第1期。6月19日,与郭沫若离上海赴南京,参加促进国共和平谈判的工作。20日晨,抵南京,寓中央饭店,即开展活动。23日,与郭沫若、侯外庐、曹靖华等游玄武湖,遇冯玉祥将军,谈到马歇尔来华"调解"问题。25日,往中央医院慰问赴南京请愿要求停战而被打伤的上海人民代表马叙伦、马寅初等。26日,与郭沫若从南京返回上海,周恩来等至旅馆送行。(参见李江《冯乃超年谱》,载李伟江编《冯乃超研究资料》,陕西人民出版社1992年版)

杜国庠在上海继续从事研究和著述。2月,在《中苏文化》第17卷第1期发表《中国古代由礼到法的思想变迁》。7月,集中精力,以一个月时间,著成了《先秦诸子思想概要》一书,以马克思主义观点,对自孔子到韩非子,即从春秋末叶到战国末叶儒、墨、道、法、名几家重要代表者的思想,作了精湛的论述。随后又完成了所承担的《中国思想通史》第一、二、三卷的有关部分。并在民生人士和工商界上层分子中开展统战工作。9月,侯外庐作书评《先秦诸子思想》,刊于11月1日《青年知识》新第4期。文中认为:"杜先生于近数年来用力于中国思想史的研究,一般人是不知道的,因为他那种不求闻达于文坛的态度,淡泊到使人看不起,……他的《先秦诸子思想研究》一书,发见独多,而不为书局所青睐,至今没有出版。他写这本小册子,老实说是半徇坊间之意而执笔的,……委实这样的通俗叙述的读物比掘发决疑的大书,其虽有过之无不及。据我的经验讲,比如我曾把《中国近代思想学说史》早已写定,然我答应书店写的《中国近代思潮》一本通俗读物,踌躇数月,无从执笔,原因是约束总括之难,易于挂一漏万。所以,纲要一类的著作,正需于研究著作之后写作,才能得其要领,杜著就是这样写出的。""我们不做新理学主义者,也不做新东原主义者,我们是研究思想发展的流源,因此读思想史并不为古人所役,更不为近世的正教说法,主要把思想的真面目揭开,所谓'继往开来',也并非'托古改制'。"11月,开始与侯外庐、赵纪彬合著《中国思想通史》第1卷。(参见杜运辉《侯外庐先生学谱》,中国社会科学出版社2013年版)

楚图南8月初乘飞机离开昆明到上海。当时民盟云南支部决定将已公开身份者撤离昆明,未公开者组织新的领导机构,开展地下斗争。楚图南抵沪后,与中共办事处取得联系,董必武、陈家康与之接谈,嘱在上海开展民盟工作。9月,经沈钧儒推荐,到上海法学院任教授,讲授中国通史和中国经济史。10月4日,上海各界5000余人举行李公朴、闻一多两烈士公祭大会,邓颖超代表周恩来宣读了悼词,楚图南报告了闻一多生平。11月11日,楚图南出席民盟中央执行委员会,会议决定抵制国民党召开的"国民代表大会"。(参见麻星甫编著《楚图南年谱》,群言出版社2008年版)

吴晗5月7日因妻子袁震患子宫瘤出血不止,急须到上海动手术,在朋友的劝说下,吴晗离开昆明到重庆。7月11日,民主战士李公朴在昆明被国民党特务暗杀。14日,吴晗在上海发表了《哭公朴》,文章沉痛地说:"这样一个人的死,如此死法,我们没有'公朴,你不会死,你永远不别'的话说,锤炼成一句:会死。死去的是一个万万人所痛心疾首的政权!"15日,闻一多在昆明被国民党特务暗杀。18日,吴晗在上海发表《哭一多》。这是吴晗用泪水写成的一篇文章,他说:"一多,我想到你会死,我虽然离开了昆明,却无时无刻不在担心你的安全。"后相续又写了《哭一多父子》《哭亡友闻一多》《闻一多先生之死》《闻一多先生传》等,发表在上海的《群众》《上海周报》《人民英烈》《民主》《文萃》和《文汇报》等刊物上。27日,西南联大上海校友会在花旗银行举行闻一多追悼会。主祭李继侗,吴晗、王赣愚、周永德发言。最后宣读闻立雕、闻立鹏向全世界公正人士之控诉信,并宣读上海联大校友会通电。到会者300余人。联大过沪去平学生挽幛上书:"野火烧不尽,春风吹又生。请安眠吧,先生!"同月,吴晗《〈元史·食货志·钞法〉补》,载《中国社会经济史集刊》第7卷第2期。8月,由于发生李、闻惨案,周恩来同志特地从南京梅园新村来到上海,召开中外记者招待会,揭露反动派的暗杀行径。周恩来同志还在张君劢家会见了吴晗等著名的民主人士。(参见夏鼐《吴晗的学术生涯》,浙江人民出版社1984年版;闻黎明、侯菊坤《闻一多年谱长编》(增订版),上海交通大学出版社2014年版;《云南大学志》编审委员会《云南大学志》第2卷《大事记(1915年—1993年)》,云南大学出版社1993年版;齐家莹编《清华人文学科年谱》,清华大学出版社1999年版)

傅雷积极参与反对美蒋发动内战的斗争,联合在沪民主运动人士马叙伦、陈叔通、陈陶遗、张菊生,共同发表反蒋宣言。11月2日,与杨嘉仁、裘复生共同发起为意大利音乐家,上海工部局交响乐队指挥,傅聪的钢琴老师梅百器举办"追悼音乐会"。同月,为画家、工艺美术家庞薰琹在上海举办"绘画展览会"。(参见傅雷著、傅敏编《傅雷文集》附录傅敏、罗新璋《傅雷年谱》,安徽文艺出版社1998年版;卢礼阳《马叙伦年谱》,浙江古籍出版社2021年版)

李登辉仍在复旦沪校。1月19日,章益校长再次致书教育部,请准由校照聘李登辉为复旦永久名誉校长。4月9日,关于复旦聘请李登辉为永久名誉校长一事,教育部指令复旦大学:"所请该校聘为永久名誉校长一节,于法无据,毋庸议。"但同意转呈国民政府明令嘉奖。4月,稽勋委员会授予李登辉二等景星勋章。同月,李登辉在吴道存主编的《国光英语》

第1卷第4期发表《教育之真谛》,提出:"吾人需要革心尤甚于益智。革心为吾国社会与民族进步之基本条件。吾人必须践履大仁、大诚、大公、大德四德。吾国之社会与民族复兴之机即系于斯。"8月16日,在《国光英语》第2卷第1期发表《适应新环境的新教育》。10月,渝校复员与沪校合并,李登辉始谢大学校务,仍任复旦中学和复旦实验中学两校董事会董事长,并兼任两校校长。12月30日,国民政府发布褒奖令:"行政院呈,据教育部呈,为国立复旦大学前校长李登辉功在教育,现告退休,转请鉴核明令嘉奖等情,查该校校长李登辉,早岁赞襄革命,嗣后致力教育文化事业,主持复旦大学校务,前后达三十余年,宏愿热心,成材蓁众,高名硕学,士类同钦,应予明令嘉奖,用示优异,此令。"是年,李登辉与言心哲谈女子教育问题,认为现在的女子教育与家庭幸福背道而驰。燕京大学、浙江大学、京陵女子大学早有家政系,而复旦还没有,深为遗憾。希望后继者勿忘。(参见钱益民《李登辉传》及附录四《李登辉年谱简编》,复旦大学出版社2005年版)

章益继续任重庆复旦大学校长。8月,重庆复旦大学的师生刚完成从重庆到上海的复员。由于国民党的高压政策(暗杀闻一多、李公朴),当时蒋管区的爱国民主运动暂时出现低潮。同时,中共中央南方局青委出于安全的考虑,没有让从重庆来的一些地下党员马上与上海党组织接上关系。10月,复旦大学合并渝、沪两部于上海江湾原址。开学后师生员工4000余人,分设文、理、法、商、农5个学院,共21个系科(组),并增设合作系。上海复旦大学补习部拥有文学院,四年制大学本科,设中国文学系、外国文学系、新闻学系、教育学系、社会学系;理学院,四年制大学本科,设土木工程系、化学系;商学院,四年制大学本科,设银行金融系、工商管理系、会计学系;法学院,四年制大学本科,设政治学系、经济学系、法律学系。秋,生物系设立海洋组,是全国第一个海洋生物学专业。12月24日夜,北京大学先修班女生沈崇被美国兵强行奸污。消息传出,立刻引起人们的愤怒。复旦校园贴满了揭露和抗议美军暴行的标语。30日晚,由女同学会发起,在女生食堂召开全校学生大会,控诉驻华美军暴行,参加大会的有男女同学500余人。蒋祖培同学在会上作了慷慨激昂的演说,群情激动。当场推出蒋祖培、孟庆远、齐兰贞、蒋镜芳等同学为主席团成员,共募集到经费24万多元。以三青团复旦干事兼书记苏长庚为主席的"学生自治会"理事会居然声明:"这个会不合法,不能代表复旦同学。"激起了同学的公愤。大会决定:从12月31日起罢课3天,并且要串连其他大学同学举行游行、发通电和宣言。学校当局同意放假3天。校内贴满了抗议美军暴行的标语。31日,复旦与其他各校代表开会,组成"上海市学生抗议美军暴行联合会",并决定在1947年元旦举行全市性抗暴游行大示威。(参见《复旦大学百年志》编纂委员会编《复旦大学百年志:1905—2005》,复旦大学出版社2005年版)

陈望道11月3日应章靳以、萧乾的邀请,至萧乾寓所与文艺界诸友共进三日午餐。在座的还有茅盾、郑振铎、叶圣陶、姚蓬子、李健吾、洪深、赵家璧、王辛笛、卞之琳、马宗融等。餐毕,陈望道邀请茅盾与叶圣陶、李健吾同去复旦大学演讲。茅盾在演讲时说,文艺写作者应该具备两个条件:"第一,认识现实""第二,在认识现实以后,应该有'伟大的气魄'。这种气魄含勇敢、沉着两个因素,不受外来的引诱,又有所不畏的精神"。讲到时局时,说"现在中国是处在光明与黑暗的交叉路口,我们乐观,因为光明在望,然而我们却得准备迎接更大的黑暗的来临。""这是一个斗争的时代,你们将会从痛苦的经验中获得洗疏;这是一个产生伟大作家的时代,今后的中国是依靠你们,不要放弃这黄金时代,愿你们努力。"慷慨激昂的演讲,使不少学生都感动得落泪。(参见上海鲁迅纪念馆编《陈望道先生纪念集》,复旦大学出版社

2006年版）

张志让是夏随复旦大学从重庆迁回上海。9月,联络上海各高校的进步教授沈体兰等举行了第一次教授聚餐座谈会,商定以后每月聚会一次,后来即称为"教授联谊会"（简称"大教联"）,从十几人逐渐增至80多人。"大教联"推选沈体兰为主席,中共党员李正文为组织干事,以及张志让等7人组成核心干事会,实际上成为中共领导下的外围组织。张虽非中共党员,但他按照中共的意图做了不少工作,被大家称为"党外的布尔什维克"。而"大教联"曾领导上海民主教授发表过十多次爱国民主宣言,如呼吁停止内战、要求释放被捕学生、抗议沈崇事件、反对中美通商航海条约、声援学生反饥饿游行等。这些宣言文稿多由张志让草拟定稿,在座谈会上动员会员签名后,亲自和沈体兰送到《文汇报》《大公报》上发表,产生很大的社会影响。(参见《张志让自传》,《文史资料选辑》第85辑)

储安平时任复旦大学教授。9月1日,储安平主编的《观察》在上海创刊。杂志封面的英文是:INDEPENDENCE（独立）、NON-PARTY（无党无派）、THE OBSERVER（观察）——这是《观察》的基本立场,"民主""自由""进步""理性""公平""独立""建设""客观"是该刊物的"基本原则和主张"。其前身为1945年11月至1946年4月在重庆出版的《客观》杂志。主要撰稿人有张东荪、潘光旦、胡先骕、傅雷、吴晗、钱端升、费孝通等。声称代表一般自由思想分子,对国内各政党不偏不袒。强调以民主、自由、进步、理性为宗旨。主要栏目有"专论""外论选译""观察通信""文艺""读者投书"等。对当时的政局、战局和经济、文化、社会生活等方面,进行广泛的评论。在国民党统治区的知识分子读者中有较大影响。出有华北、台湾航空版。最高发行量达10万份。

按:《观察》发刊词《我们的志趣和态度》说:"本刊筹备多月,历经艰苦,终于今日问世。创刊伊始,兹谨一述我们出版这一个刊物的志趣、风度和立场。抗战虽然胜利,大局愈见混乱。政治激荡,经济凋敝,整个社会,已步近崩溃的边缘;全国人民,无不陷入苦闷忧惧之境。在这种局面下,工商百业,俱感窒息,而文化出版事业所遇的困难,尤其一言难尽。言路狭窄,放言论事,处处顾忌;交通阻塞,发行推销,备受限制;物价腾涨,印刷成本,难于负担;而由于多年并多种原因所造成的弥漫于全国的那种麻痹、消沉、不求长进的风气,常常使一个有尊严有内容的刊物,有时竟不能获得广多的读者。在这样一个出版不景气的情况下,我们甘受艰苦,安于寂寞,不畏避可能的挫折、恐惧,甚至失败,仍欲出而创办这个刊物,此不仅因为我们具有理想,具有热忱,亦因我们深感在今日这样一个国家殆危,士气败坏的时代,实在急切需要有公正、沉毅、严肃的言论,以挽救国运,振奋人心。……我们这个刊物第一个企图,要对国事发表意见。意见在性质上无论是消极的批评或积极的建议,其动机则无不出于至诚。这个刊物确是一个发表政论的刊物,然而决不是一个政治斗争的刊物。我们除大体上代表着一般自由思想分子,并替善良的广大人民说话以外,我们背后另无任何组织。我们对于政府、执政党、反对党,都将作毫无偏袒的评论;我们对于他们有所评论,仅仅因为他们在国家的公共生活中占有重要的地位。毋须讳言,我们这批朋友对于政治都是感觉兴趣的。但是我们所感觉兴趣的'政治',只是众人之事——国家的进步和民生的改善,而非一己的权势。同时,我们对于政治感觉兴趣的方式,只是公开的陈述和公开的批评,而非权谋或煽动。政治上的看法,见仁见智,容各不同,但我们的态度是诚恳的,公平的。我们希望各方面都能在民主的原则和宽容的精神下,力求彼此的了解。但是这个刊物也不仅仅是一个论评时事的刊物。我们还有另一个在程度上占着同样重要的目标,就是我们希望对于一般青年思想的进步和品性的修养,能够有所贡献。多年以来,青年实在烦闷。在多年的烦闷中,意志软弱的,渐渐趋入麻痹、消沉、及自我享乐的道路;刚强的则流于偏激。今日大多数青年,不是偏狭冲动,厉气凌人,就是混混沌沌,莫知其前程何在!我们瞻念国家,中心忧惧,莫此为甚!我们都是爱好自由思想的人,所以就政治上的信仰而言,我们对于青年,一无成见,他们信右信左,尽可信其所信;而且他们能够信其所信,无宁且为我们所鼓励并器重者。我们所欲一言者,即思想的出发较之思想的归宿,远为重要,所以信从一种政治上的思想,必须基于理性而非出于感情;而于重视自己的思想自由时,亦须同时尊重他人的思想自由。此外,在做人的根本条件上,我们期望每个青年都有健康的人生态度——人生的目的非仅图一己的饱暖而实另有所寄;都有现代化的头脑——思想的方法现代化,做事的方法现代化。我们国家一线前途,全系于今日一般青年肩上。冲动、偏狭、强横,都足以造乱而不足治乱;自私、麻木、消沉,带给国家的是死气而非生气。我们极望这一个刊物所发表的文字,它所包含的看法、态度、气息,能给一般青年读者以有益的影响。"(《观察》1946年第1期)

　　按:《观察》杂志是中国第三次国内革命战争时期出版的政治时事性周刊,也是民国最为成功的大型知识分子杂志之一,它的成功主要在于它的经营和它所持的立场。《观察》的主办人储安平对当时的读者群有个成功的定位,在立场上,《观察》始终坚持其民主、自由、进步、理性的立场,储安平始终坚持"不参政但言政"的立场。1948年12月24日被国民党当局查禁。上海解放后,于1949年11月1日复刊,改为半月刊。1950年5月16日停刊。共出6卷14期。

　　周谷城从重庆回到上海,任复旦大学历史系主任,主讲世界通史课程,撰写《世界通史》教材,并以3年时间撰成《世界通史》1—3册。《世界通史》1至3卷叙述从古代世界到近代世界的历史。第4卷叙述产业革命展开以来的历史,当时未及写出,后来作者一再想补写,可惜,终其一生未能如愿。从《世界通史》三卷各章所附参考资料可以看出,作者在编撰该书时,除中文资料外,直接参考的外文文献有100余种。这就使该书能够广泛吸取世界通史及断代史研究、专史研究的已有成果,具有相当高的起点。此为中国人自己撰著的第一部世界通史著作。周谷城首先强调:"世界通史并非国别史之总和。"认为历史发展有其自身的规律性和协调性,各国各地域互相联系成一个彼此影响的有机的整体。《世界通史》的一大特征就是打破了先前世界通史几乎一以贯之的"欧洲中心论"思想。《世界通史》另一个值得人们重视的特点,就是著者力求从世界历史总体的研究中揭示历史发展进步的内在规律。就方法论而言,本书广泛地运用了历史比较研究的方法。周谷城又与张志让等积极组织上海大学"教授联谊会"民主联谊会,因为此事而上了国民党上海警备司令部的黑名单。(参见张兰馨《周谷城的〈世界通史〉》,《前进论坛》1999年第4期)

　　朱伯康是夏随中央大学复员至南京,因嫌南京炎热,转至上海,入同乡黄岩人刘百闵主持的"中国文化服务社"任总编辑兼出版科科长。不久经章益校长之聘,任复旦大学商学院银行系教授。11月,朱伯康、祝慈寿《中国经济史纲》由商务印书馆出版,作为"国立中央大学经济学会丛书"之一。此书是中国第一部从古代叙述至近代的中国经济史专著,作者在"自序"中指出该书"取材着笔之际,恒求其有新异性、发展性,能作各时代经济轮廓上之区别者为限",而对于无关经济性质改变的"共同现象",则略而不述,以免成为"对历史大势进展之了解"的累赘。书中"导论",讨论中国历史和经济史各发展阶段的划分问题。正文分上古经济、中古经济、近代经济等,按朝代顺序记述经济发展的历史。(参见王学典《20世纪史学编年(1900—1949)》,商务印书馆2014年版)

　　周予同元旦前后辞去赴台任务。3月,《中国史学的起源》刊于《中学生》第173期。4月,《祝福他安心的长眠》刊于《消息》第7期"悼念夏丏尊先生"专栏。5月3日,开明书店召开夏丏尊治丧委员会议,周予同出席会议。5月4日,叶圣陶主持中华全国文艺协会在辣斐戏院举办的文艺节纪念会及文艺欣赏会,周予同在会上发言,主题为"五四之意义"。25日,在复旦作演讲,题为"中国史的分期问题"。同月,《中国社会与中国文化》刊于《中学生》第175期,此文系作者应高祖文之邀所作演讲之记录稿。6月4日,周予同(周光岐)在《文汇报·史地周刊》发表《由魏编中国史学史论及史学史的分期问题》,作者特别提出中国史学史分期问题。依周氏之见,中国史学史应分为四个时期:第一期,从殷周直至春秋以前,以甲骨上及钟鼎上的刻辞、《诗经》《周易》《今文尚书》中的一部分材料为代表,此为"中国史学的萌芽期";第二期,从春秋经战国至汉初,以《春秋》《竹书纪年》《国语》《世本》等为代表作品。这一期可称为"中国史学的产生期";第三期,从汉初至清末,以纪传体的二十五史,编年体的正续《资治通鉴》,纪事本末体的9种纪事本末,以及作为政治制度史的十通,和作为学术史的四朝学案等为代表作品,此为"中国史学的发展期",也可说是中国史学的定型期;第四期,从清末到现在,可称为"新史学"时期(以前三期可称为"旧史学"),新旧史学的转换点出于"鸦片战争"后的经济社会起了极度的变化,而直接由于经今文学派之文化的动力,此为"中国史学的转变期"。中国史学由"萌芽""产生""发展"而"转变",各自有其经济的、社会的、历史的背景和基础。

　　按:作者指出:"一部史学史的写作是相当艰苦的,不但要对过去各史学家的史学方法论有深刻的研究,对史籍有深刻的了解,对时代有深刻的体味,更要紧的,还要对史学自身的整个发展有所认识。否则,会变成一本'垃圾堆'的!在魏应麒氏《中国史学史》(民国三十三年一月商务印书馆初版)未问世以前,别人也曾经出版过三四种中国史学史的书籍,可是总不能使人满意首肯,不是史观的错误,就是史料的不确,最大的缺陷,是对史学自身的发展没有把握到。"文中又论:鸦片战争以后的史学,"大别之可分为三派:以胡适为中心的疑古派,以王国维为中心的考古派,以郭沫若等为中心的释古派。至今为止,中国新史学尚未走上正确的路向。不过,我们在这混乱的局面下,或多或少已经看出中国史学已逐渐走向释古派一途。最近,郭沫若《先秦学说述林》和翦伯赞的《中国史纲》第一册的出版,更指示了中国新史学的方向。我们在这里,已经逐渐看出了新史学定型的憧憬了!谈到这里,我以为史学史的分期应该在人类实际生活中去找根本的原因,同时还要配合当时的意识形态。如果单从王朝的盛衰兴替来作史学的准绳,那是会变成记载的叙述的旧史学,而不能称为说明的新史学的"。

　　周予同6月应朱经农邀请赴光华大学任教。同月,马叙伦参加上海反内战游行示威,任请愿团团长,赴南京请愿,被殴伤。同时,有国民党报纸谓马叙伦等人"自称人民代表"。叶圣陶致书《大公报》,"声明确曾推选马先生等,并附愤慨语,与彬然、予同、伯祥、达君共同署名"。7月24日,周予同结识吴晗。8月18日,《时代的要求——论科学民主与大众之历史的根源》刊于《时事新报》时事论坛栏目,并于次月转载于《国文月刊》第47期。同日,《让周报背着十字架吧》刊于《周报》休刊号,抗议《周报》被封。同月,因周谷城荐,由复旦大学校长章益聘为史地系教授;《哀悼何柏丞先生》刊于《读书通讯》第116期。11月16日,《文汇报》召集座谈会,讨论中等教育改革问题,周予同应邀参加会议。12月4日,与章锡琛、叶圣陶闲谈,论及对宗教的看法。15日,为市校同人福利会联欢会作演讲,"谈孔子为革命教育家,其特点为否定自己之阶级,甚动人听"。29日,参与组织中国语文学会。31日,《半年的总干事》刊于《明社消息》第17期。冬,与张志让、沈体兰、蔡尚思发起成立上海大学教授联谊会,但未出任干事。(参见成棣《周予同先生年谱》,《传统中国研究集刊》第20辑,上海社会科学院出版社2019年版;王学典《20世纪史学编年(1900—1949)》,商务印书馆2014年版)

　　蔡尚思6月20日与郭沫若、茅盾、马寅初、马叙伦、陶行知、叶圣陶、郑振铎、翦伯赞、胡绳、杜国庠、许新海、周建人等人发起成立全国学术工作者协会上海分会。9月,蔡尚思介绍邱汉生接任其在复旦大学的中国通史课,介绍赵纪彬接任其在东吴大学的中国社会史课,而其本人则专任沪江大学教授。11月,赵纪彬开始与侯外庐、杜国庠合著《中国思想通史》第1卷。(参见杜运辉《侯外庐先生学谱》,中国社会科学出版社2013年版;王学典《20世纪史学编年(1900—1949)》,商务印书馆2014年版)

　　何炳松继续任暨南大学校长。2月,任国立上海商学院筹备委员会主任,并兼任教育部上海区甄审委员会主任。同月21日,《申报·教育与体育》报道《专科以上校毕业生甄审/沪正进行京尚有待/本市何炳松主持/京市吴有训筹备》:"(本报南京专讯)关于曾在伪组织下之专科以上学校毕业生之甄审,教部已规定甄审办法,于收复区组织甄审委员会,分别办理。闻上海方面之甄审事宜,由该甄审委会主任委员何炳松氏主持,已开始办理……〔大华社讯〕上海市专科以上学校教职员甄审委员,业经教部聘定,主任委员何炳松,副主任委员顾毓琇,委员周予同、郑振铎、吴保丰、杨荫溥、章益、蒋维乔、朱恒璧、鲁继曾、戴粹伦、李寿雍、叶风虎、蒋复璁、李熙谋、顾洵、许炳堃、马叙伦等。"4月,暨大结束校务,迁回上海。4月10日,教育部"上海区清点接收封存文物委员会"举行第一次会议。5月,免暨大校长职,旋被任为英士大学校长。7月25日,在中华学艺社宿舍内病逝。26日下午5时,在中国殡仪馆举行何炳松大殓仪式。28日,《申报·教育与体育》报道《陈立夫等电请/褒扬何炳松/并从优议恤拨给治丧费》:"国立英大校长何炳松,毕生尽瘁教育事业,积劳病故,遐迩口悼。何氏生前不事积蓄,身后萧条,昨由其亲友陈立夫、吴国桢、顾毓琇、吴开先、潘公展、胡健中、刘百闵、许炳堃、章益、李寿雍、郑振铎、白鹏飞、李熙谋、杜佐周等,联名电呈蒋主席,恳予从优拨给治丧费及抚恤费;电教部朱部长,转呈政府,明令褒扬,以彰贤哲云。"(参见鑫亮《忠信笃敬:何炳松传》,浙江人民出版社2006年版;陈福康《郑振铎年谱》,三晋出版社2008年版)

　　郑学稼继续任教于暨南大学。4月,应国民党中央宣传部宣传指导处处长刘百闵之邀,在上海创办《民主与统一》半月刊。该刊以宣传"民主"与"统一"为宗旨,经费由国民党文化运动委员会提供,发行权则归中国文化服务社,实则是一个旗帜鲜明的反共刊物。5月10日,《民主与统一》半月刊正式发行。郑学稼在创刊号上发表《论新五四运动》一文,系统提出了他关于"新五四运动"的设想。文中认为,五四运动所提出的问题,"争取民族国家的独立""实现民主政治""发展科学"都还没有解决,因此有必要发起一场"新五四运动"。这一运动的内容包括:"第一,五四运动的具体任务是建立'民族国家'。为着这一要求,对内以广东国民政府为中心,扫除北洋军阀,对外解除日本帝国主义的侵略。新五四运动,必然地完成那一工作,对内彻底地消灭割据的军阀,对外解除我民族第二号敌人的压迫与阴谋。第二,五四运动的诸口号之一,是'德先生',它现在已成为大众周知的救民族良医。新五四运动,必然地尊崇他,使他以完整的姿态出现。这也就是我们必须实现普选的民主制,扫除贪污,巩固统一的民主的中央政府。第三,五四运动在思想方面,是'启蒙运动'与'文艺复兴'的统一。但所有的工作,不过是整理国故和介绍宋元明清各时代的平民文学。新五四运动,当然要进一步吸收各国大思想家的思想精华,配合自己的固有的文化,创造新的更高度的文化。也为着这一点,我们不再呼号打倒旧礼教,而是实现男女的平等,我们不再侈谈文学革命,而是排除浪漫主义的文学,创造写实的文学。第四,五四运动有两个容颜,一方面是适应新兴资产阶级的要求,发挥他的意识。另一方面,却受十月革命的影响,追求社会主义的乌托邦。结果这两条直线平行地发展,而难相交于一点。新五四运动则由具体的历史教训中,认识十月革命精神已经死亡的演变,发扬民族主义,并在劳资合作,发展民族工业前提下,改善工人的生活和扶助民族企业。"可见郑学稼所说的"新五四运动"涉及政治、经济、文化各个领域,但其主要的内容就是反苏反共,即所谓"对内彻底地消灭割据的军阀,对外解除我民族第二号敌人的压迫与阴谋"。10月20日,郑学稼在《民主与统一》第17期发表《中国的新生》,强调指出:"在当时'五四运动'的要求,对内改造混乱的国家,消灭割据的军阀,对外则打倒侵略的帝国主义。要完成这一历史任务,必须有一个负担那任务的中心,它就是改组后的中国国民党,及其所指挥的广东国民政府。"作者把五四运动与之后的国民革命联系起来,并认为后者是前者的一个逻辑发展,其目的就是要为国民党建立全国性统治并继续维持其统治寻找历史依据。

按:郑学稼《论新五四运动》犹有具体的政治活动指向:是年2月22日,重庆大中学生2万余人发起反苏游行,要求苏军立即退出东北。游行队伍沿途高呼反苏反共的口号,并捣毁了《新华日报》营业部及民盟机关报《民主报》门面。随后,运动迅速扩大到全国各大城市。26日,重庆、南京、上海、北平各地又发动了更大规模的反苏游行,要求政府"全力接收东北"。这一运动实际上是国民党内CC系策划组织的。时任国民政府外交部长的王世杰认为"此事之发生,半由青年自然之愤慨,半由于本党某一部分人之支援"。学生游行前,王世杰曾力请蒋介石电陈立夫劝止,"但党部团部一部分人不惟未劝止,且或不免暗中鼓励之,故无法阻止学生等出行"。事件发生后,中国共产党发表严正声明,表示赞成爱国运动,但反对排外运动。对国民党内一部分人借东北问题发起反苏游行的动机,中国共产党也给予了深刻的揭露,指出游行的目的是"在对外的口号之下,来转移人民重视国内问题的视线,在对外的伪装下来掩盖他们对内坚持内战独裁,企图推翻停战命令与政协决议的阴谋"。郑学稼对这一反苏反共运动十分欣赏,不仅积极参加了2月25日上海学生发起的反苏游行,而且把这次发生在各地的反苏游行统称为"二·二二运动",并认为这一运动"是五四运动的补充,又可以说是五四运动的再生",因此又称之为"新五四运动"。(参见欧阳军喜《"五四"的变奏:1946—1947年的"新五四运动"述评》,《党史研究与教学》2010年第3期)

钱锺书短篇小说集《人兽鬼》6月由开明书店出版。8月,钱锺书受聘至暨南大学任教授。同时继续任南京国立中央图书馆英文总纂,并任该馆英文刊物《书林季刊》(*Philobilon*)主编。10月,钱锺书散文随笔集《写在人生边上》由开明书店重版。这两部集子是钱锺书最早的成集作品。《人兽鬼》大致在沦陷上海初期开始写作,从写作的内容、风格来看,虽然《围城》《谈艺录》更为成熟,这两部集子也各有独特的成就,足以成为《围城》《谈艺录》的前茅。《写在人生边上》和《人兽鬼》之间有着一种配合和呼应:除了在体裁上是散文和小说的配合外,在书名及其首篇的选择上也有着呼应,两书以《魔鬼夜访钱锺书先生》和《上帝的梦》配合开场,体现了一种戏剧性的整饬,极其有力。其中《人兽鬼》的四篇小说,题材包括了人、兽、鬼、神四种形象。形象虽然变幻莫测,归根结底却在写人,目的在于揭示"无毛两足动物的基本根性"。就小说艺术论,集子中的小说以《猫》和《纪念》成就较高。《猫》是具体而微的《围城》,《纪念》则是"五四"以后最优秀的短篇之一。四篇小说的笔法一篇比一篇精密,后来居上,引发了《围城》。(参见张文江《钱钟书传》,复旦大学出版社2011年版;张文江《钱锺书传:营造巴比塔的智者》,上海人民出版社2015年版)

吕思勉继续任教于光华大学。1月28日,吕思勉复徐哲东信,从中可见吕思勉此时的生活。同月,《从章太炎说到康长素、梁任公》刊于《月刊》,后来收入《章太炎生平与思想研究文选》《吕思勉遗文集》和《吕思勉论学丛稿》等。文中曰:"我和这三位先生,虽无雅故,而读其书,想见其为人,受其牖启之处实不少。而尤其是康、梁两位先生,这或者我在理性方面,最于梁先生为近;而在感情方面,我也是一个空想的大同主义者罢?现在的学者中,我觉得钱宾四先生气象颇有可观;我惟觉得他太重视了政治方面,而于社会嫌轻,规模微嫌狭隘而已。他最喜欢用像样两字,评论政治如此,评论人物亦如此。他有一次在光华大学的谈话会上,曾说:'康长素、梁任公、章太炎不必论。就严几道也还像个样子。'以康、梁、章三先生相提并论,而次及于严先生,在人伦之鉴上,是不错的。真正的学者,乃是社会的、国家的,乃至全人类的宝物,而亦即是其祥瑞。我愿世之有志于学问者,勉为真正的学者。如何则可为真正的学者？绝去名利之念而已。显以为名者，或阴以为利；即不然，而名亦就是一种利；所以简而言之，还只有一个利字。不诚无物；种瓜不会得豆，种豆不会得瓜；自利，从来未闻成为一种学问。志在自利，就是志于非学，志于非学，而欲成为学者，岂非种瓜而欲得豆，种豆而欲得瓜？不诚安得有物？然则学问欲求有成，亦在严义利之辨而已。欲明义利之辨，则这三位先生，就是一个绝好的模范，虽其人已往，然读其书，仍可想见其为人，是在学者之能自得师而已。"

按：《顾颉刚读书笔记》第四卷有《吕思勉评章炳麟》一篇，录入他读此文的体会："上海权威出版社所出《月刊》一卷三期(卅五年一月五日出版)，载有吕思勉《从章太炎说到康长素、梁任公》一文，对清末思想界有极透辟的议论，当钞出。末云：'如近人所说，以禹为古代的一个动物，并无其人，这固然近于怪诞。然其发明《禹贡》不但非禹时书，所述的并非禹时事，乃后人据其时的疆域附会，则不可谓非一大发明。所以狭义的材料(按：史官大夫所记)也是要用种种的新方法去剥落其中不可信的部分的。而广义的材料(按：神话、传说)，其中也有许多很宝贵的，有待于搜求洗炼。章太炎于此不甚了解，他认为根据神话传说而否认古代史官所记或士大夫之所传，就是把中国古代的历史抹杀了，把中国古代的历史抹杀就是把中国古代的文化抹杀了，所以竭力反对这一派议论。'这几句话把章先生和吕先生对我的态度写得很明显。章先生早年有《论学会有大益于黄人，亟宜保护》一文，载《时务报》十九期，主以革政挽革命，与康氏见解差同。此文中亦以汉今文说立论。"

吕思勉《两种关于延安的书籍》4月刊于《文献》第1卷第2期。先是2月，谢克著《延安十年》与美国福尔曼著、朱进译《中国解放区见闻》分别由上海中国青年出版社、重庆学术社出版。《两种关于延安的书籍》为吕思勉读上述二书后所写的读后感，该文的前半部分，介绍两书的主要内容。5月25日，吕思勉出席光华大学的国语演说竞赛会，并担任评判员。5月，《东洋史上的西胡》刊于《永安月刊》第84期。6月27日，为方德修所撰《东北地方沿革及其民族》作序。7月起，《东南日报·文史》副刊主编魏建猷常向吕思勉约稿，吕思勉的《汲冢书》《郡县送故迎新之费》《策试之制》等20余篇读史札记，均刊于《文史》副刊。光华大学复校后，起先仍在汉口路的证券大楼上课，大西路的校舍在战争中夷为平地，无力恢复，经向教育部申请补偿战时损失，由教育部将虹口区欧阳路日本人在战时所设，约占地80亩的日本高等女子学校拨充为光华大学校舍，日本商业学校则拨充为光华附中的校舍。是年，吕思勉日记曰《扬眉记》；撰有《张咏霓先生创办光华大学记》和《汪春徐先生寿序》。

按：《张咏霓先生创办光华大学记》记述张寿镛校长创办光华大学事迹，曰：瀛海大通，时局亟变，教育之所以因应之者，亦宜随之而变，顾能如是者实罕；新兴之科学，及处事时之应用之技，转藉外人所设立之学校，以弥其缺憾焉。外人之来设校者，十九由基督教会，其意诚欲以嘉惠我；顾异国之士，究不能深知吾国之情，又以信教故，所见或不免偏执，虽能以其学授学子，而所以用其学之道，则不存焉。毕业于教会学校之士，其能卓然自立者，必兼有得于学校之外，非学校之举能培成之也。本国耆儒硕学，能以所学诱掖后进者，晚近益不多观。间有之，又或于今世新知，隔碍太甚，歧道兴艺而二之，亦非教育之道也。国人之能自立学，以代外人所立之学校，奄有所长，而抉去其短，以雪不自为政之耻者，以上海光华大学为著，而鄞张咏霓先生经始其事，又身任其劳者，凡二十年焉。先生讳寿镛，少通性理及经世之学，清末举于乡，服官以干练称，尤长于理财。民国成立，外长财厅，内为部次长者甚久，使国用无缺，而又能保障其民，言财政者至今称之，而兴学尤为先生宿志。民国十四年，日本纱厂设于上海者曰内外绵织会社，无故停工，工人求复工，日人遽开枪击之，死者一，重伤者三十七人。学生大愤，起而募捐，以吊唁死伤者，游行讲演，以警觉民众，又为公共租界捕房所拘，群众集捕房求释，捕房又开枪击之，杀十一人，伤者无算，时为五月三十日，世所称为五卅惨案者也。于是学校罢课，商店罢市，外人经营之事所雇用之华人皆罢工，延及他处，至广且速，惨案亦随之而作，顾民气由是大张。国民革命军方起岭表，因而利导之，不平等条约之废弃,租界之交还,实自此始也。方上海爱国运动之殷,教会所立学校有曰圣约翰者,校长美人卜舫济氏,禁阻学生参与其事,且毁弃我国旗。学生五百五十三人,因是退学。华籍教职员辞职者十有九人,相与谋自立学校,一时知名之士,赞助其事者甚众,先生亦与焉。众遂推先生为之长,名其校曰光华。凭庑始业,约翰学生多来归,新生之闻风而至者亦众,凡得九百七十人,逾于约翰之旧焉。先是上海王君省三,捐沪西大西路侧之地六十余亩,以为校基,先生乃筹款以筑校舍,逾年而成,大学暨附属中学先后迁入。十七年,学生至者益众,校舍不能容,乃以教室为宿舍,权建茅屋以授课,而益募款事增筑。至十九年而女生宿舍亦就,遂得兼收女生焉。明年,日人陷东北三省,二十一年一月,又犯我上海,至五月中,事乃定。光华初迁于沪西愚园路,外人越租界筑路之区也,至是乃还,屋宇器物,幸无损坏,先生经营益力。二十三年,又建中学健身房及小工场,谋使学生益耐劳苦,习工作。二十四年,大礼堂成,校董、教职员、学生、校友,询谋佥同,名之丰寿,以王省三君讳丰镐,偏取其讳,并偏取先生讳,示不忘也。光华初成立也,设文、理、工、商四科。十八年六月,教育部许立案,秋,依部章设文、理、商三院,所延教师,皆一时知名之士,朱经农、张歆海、容启兆、廖茂如、颜任光、朱公谨诸君,先后副先生综理校务,廖君任附属中学事尤久,论者皆称为得人。大礼堂既立,又筑科学馆,立疗养院,并谋建体育馆,校址去市远,初营建时,即自设电灯厂以取明,凿自流井而饮,乡僻之地,稍益改观矣。二十六年七月,倭人再入犯,八月,兵锋及上海,光华再迁于愚园路,又转徙入租界,然弦诵迄无辍。十一月十二三日,敌入上海西郊,光华校舍悉为所毁,千间广厦,存者三四间而已。自王省三君捐地后,先生频年又有收购附益,合计几百二十亩,至是皆鞠为茂草焉。先生知我与敌相持方久,适商学院长谢君霖甫入川,乃属其在川筹设分校,成都张君仲铭,亦慨捐地六十余亩,以为校址。二十七年,分校成立于成都,先生航海至香港,乘飞机至重庆,遵陆至成都,主持其事,规制粗定,乃归。廖君茂如奉教育部命,筹设国立师范学院,先生遂自兼附属中学主任之事。自民国二十年以前,先生服官京邑,校事皆由遥主。二十年以后,去官居沪,与师生益亲。先生少耽问学,藏庋既富,述作尤多。尤重躬行实践,服膺阳明知行合一之教,学生之薰其德而善良者甚众。及是,以国难方亟,所以训厉之者尤至。手定训育纲领,分学生为若干部,各设导师以领之,而自总其成。进学生,为讲所心得,经史子集,分别部居,学生记其所闻,先生又为之订定,皆裒然成帙;学生课作,躬自披览,为之指示,承其口讲指画者,于学皆有所得,而为文章亦皆有法度可观焉。今世之长学校者,或徒以其名位,于校事实鲜过问,如先生道德学问文章,真足为世师表,而又能诲人不倦者,盖亦鲜矣。三十年十二月,日人复与英美宣战,太平洋战祸作,上海租界亦为所陷。先生知其必来相迫,乃将光华停办,而使教职员分设诚正学社,以收容文学院学生;设格致学社,以收容理商二院学生;设壬午补习社,以收容附属中学学生,教学实未尝一日废也。三十四年,先生年七十,光华之立适二十年。先生治事为学过劬,得糖溺疾,潜伏之肺疾复作。七月八日,为先生诞辰,光华师生校友来祝,先生于病榻延见之,犹殷殷以复兴中华、复兴光华为属,越七日而卒。卒二十有七日,而日寇降伏,先生竟不及见,岂非天哉! 然今光华业已复校,力谋复兴,分校之在成都者,由川中人士接办,更名曰成华。自东徂西,凡数千里,所以衍先生之道教者,方无穷也。先生在天之灵,亦可以自慰矣。(参见李永圻、张耕华编撰《吕思勉先生年谱长编》,上海古籍出版社2012年版)

郭绍虞离开开明书店,应聘到同济大学任教,并任上海同济大学教授会主任,光华大学兼职教授。当时同济大学自四川迁回上海。郭绍虞离开开明书店后,全家从苏州迁往上海,但仍主编开明书店的《国文月刊》杂志。1月,《论乡愿所凭藉的儒家思想》刊于《教育与文化》第1期;《从文人的性情思想论到狷性的文人》刊于《文艺复兴》第1卷第1期(创刊号);《论勇与狂狷》刊于《教育与文化》第2期。3月17日,《关于扫除文盲》刊于《文汇报·星期评论》。同月,《真理的力量》刊于《人民世纪》第2期。4月22日,《中国语言所受到文字的牵制》刊于《新闻报》。6月28日,有感于马叙伦等请愿被殴,坚决表示:"尤其使我不能容忍的,就是马寅(夷)初、雷洁琼被特务打伤的事实。事实对我的教训太大了,也就使我大胆起来。"从此无畏地投身于民主反蒋的斗争行列。是年,《儒家思想的新检讨》刊于《中国建设》第5期;《语言中方名之虚意》刊于《国文月刊》第45期;《语言中数目字虚义联缀例》

刊于《国文月刊》第46期。（参见何旺生《郭绍虞学术年表》,《中国韵文学刊》2008年第1期；卢礼阳《马叙伦年谱》,浙江古籍出版社2021年版）

赵景深5月22日在《申报·春秋》发表《晚宋九大民族诗人》,提到:"现代关于文天祥的作品极多。商务、世界都复印《文文山全集》,杨荫深既写《文天祥年谱》(商务),又写话剧《文天祥》,吴祖光也写了一本话剧《正气歌》。杨作考证史实,煞费苦心,惜无演出效果,不便演出,即由于过拘史实之故；吴作多与正史不合,我在上海剧艺社曾演讲一次,专评此作,但吴演出的效果却极好。郑振铎既在《世界文库》一集重排《指南录》,又取这题材写了一篇小说《桂公塘》,连初中国文读本都把这篇小说选了进去,流传颇广。"6月1日,赵景深在上海《宇宙》第5期发表《记曹禺》。文章从曹禺第一个剧本《雷雨》说起,说到他与曹禺的结识。文中说:"曹禺很沉静不大说话,说起话来声音很小而且文雅,并且态度谦和。他是我们天津南开的同学,如穆木天、董秋斯、靳以、陈西禾、张采真等都是南开出来的。""对于他的戏剧,我最喜欢《蜕变》。"10月,发表《关于巴金的十封信》,载北新书局版《海上集》。用书信体形式对巴金的小说、散文作了评析。

按:关于《家与巴金自传》,认为"《家》的主旨当然是诅咒大家庭制度的罪恶和婚姻不自由的痛苦"；《家的怀念》,云《春雨》一篇,我疑心是"为纪念他的大哥而作的,他自己不愿做怀疑的哈孟雷特,而要做一个前进的唐吉诃德,那怕是走错了路"；《幻象与心理描写》,云巴金小说"写一个人心理的冲突,不直接说是思索,而要把他所思索的对象显现出来,好象电影里所表现的那样",这样往往使作品印象"深刻""增加了许多力量"；《两部矿工生活的小说》,云"《砂丁》是多少带点夸张的,而《雪》却是纯粹的写实""他的这两部著作,像是没有写完,尤其是《砂丁》"；《象征与写实》,云"巴金的作品一向是写实的,受了左拉一些影响；同时他写得很美,仿佛于屠格涅甫",所以"用象征的手法来写的《幽灵》,便有了异样的感觉"；《重新制作的热心》,通过《春天里的秋天》和《玫瑰花的香》《我的眼泪》和《电椅》《初恋》和《灭亡》第八章的对比,称赞作者"对于艺术所取的严肃态度,不苟且,不偷懒"；《重新制作的热心》,认为《春天里的秋天》中"女主人公究竟是死了,她并没有奋斗。巴金大约不满意于这个结果吧? 他又重新制作了一篇《玫瑰花的香》(收入《将军》)……这是他……所见到的一件事实,印象深刻,所以重写了一次"；《风格与技巧》,云"巴金的作品,文字平易""从来不雕琢字句""文字的风格是'流丽',一泻滔滔,'千里江陵一日还'""不过,有时……也嫌烦琐……"；《典型人物的创造》,云巴金的"长篇不大注重结构和环境",而是"特别注重于人物"。（参见唐金海、张晓云《巴金年谱》,四川文艺出版社1989年版；田本相、阿鹰编著《曹禺年谱长编》,上海交通大学出版社2017年版；陈福康《郑振铎年谱》,三晋出版社2008年版）

杨宽1月起在上海私立光华大学历史系兼任教授,至1951年1月止。同月起任上海市立博物馆馆长,至1949年5月止。1月5日起,为上海市博物馆同事徐蔚南主编的《民国日报》副刊《觉悟》撰稿。14日,上海市立博物馆筹备委员会办事处同市警察局、教育局共同办理旧有文物的接收工作。

按:1月26日《文汇报》刊有关于上海市立博物馆查获旧有文物报道一则:"上海市立博物馆,自复馆办事处于去年十二月一日成立以来,积极追究旧有文物。该项文物,战前曾寄藏于震旦大学,于民国三十二年为奸伪盗去,经教育局派员会同警察局,努力追究寻访,已于白利南路伪文物处理委员会旧址仓库内发现。该馆奉命于日前由警察局派许中文点交,市政府派参事汪竹一监交,经教育局派俞庆棠、黄心存,会同博物馆办事处主任杨宽点收完毕,刻正由博物馆整理中。此次接收所得文物,计大小铜器九九件,杂件四四件,大小玉器一一六件,玉印三四颗,铜印九七八颗,铜镜七七面,碎镜一六件,石器八一件。又史前遗物六五件,磁器一八五件,破碎者一六件,磁片九八片,明器一三二件,破碎者一○件,陶器十一件,碎三件,甲骨一○○四件,服饰四九五件,甘游银器二件,古钞六三串,又九三○枚,书画六二件,图画绣品抄本杂件四三件,漆器一三件,清代文件二二九件,照片三二五张,又七册,各式徽章六九九枚,钞票四七张,货币一三枚,其他杂件七八件。据闻此项旧有文物,为奸伪盗去而散失者尚属不少,书画部分散失最多,古钱银元磁器及其他模型,均有散失,宣炉邮票及铜元已全部失去。博物馆刻正在整理散失目录中,将继续追究云。"

杨宽3月以上海市立博物馆奉命复馆,被任命为馆长。聘童书业为历史部主任、蒋大沂为艺术部主任。同月18日,上海市立社教机关工作人员为研究社教促进事业联络感情共谋福利,发起组织成立联谊会,下午1时在体育馆举行成立大会。选出胡耐秋、刘佩琦、沈吕默、段力佩、姜秀琳、倪培坤等11人为理事,杨宽等3人为监事。最后讨论提案的内容有:参加中小学团体,请求当局改善待遇,请求教育局平均分配教育经费等,至7时散会。4月,毛公鼎保管委员会成立,由杨宽负责。《申报》刊有报道一则:市政府奉行政院令,将周代毛公鼎拨交,暂为保存,经转饬教育局接受保管。顾局长以毛公鼎一器,乃古代彝器之冠,特组织保管委员会,聘请叶恭绰、徐士浩、俞庆棠、王汝昌、杨宽等5人为委员,负共同保管之责,以昭郑重。4月13日,丁福保将现藏古钱,再度捐赠上海市立博物馆,战前丁氏已将所藏晴韵馆古钱全部捐赠。5月4日,为了庆祝政府还都,上海市博物馆第一陈列室正式开放。5—6月,杨宽为抢救毛公鼎事出力颇多。

杨宽5月6日与顾颉刚在上海市立博物馆初次见面,相谈甚欢。7月起,《东南日报》副刊《文史》主编魏建猷常向杨宽约稿,杨宽的《吴起伐魏考》《乐毅仕进考》等10余篇文章,均刊于《文史》副刊。9月,上海市立博物馆用"上海市博物馆研究室"的名义,借用上海《中央日报》的版面,每星期编辑一期《文物周刊》,此刊编辑宗旨和内容全由上海市立博物馆作主,每期最后发稿都由杨宽决定。此为我国第一个以"文物"为主要内容的期刊,也是当时唯一探讨文物的期刊,共出版112期。杨宽所撰《发刊词》曰:"博物馆的事业,该循着二条康庄大道迈进,一方面需要通俗化,大众化;一方面需要学术化,专门化。因为通俗化大众化,才能使民众了解,达到社会教育的目的,同时又需要学术化专门化,才能促使学术的进步。所谓通俗化大众化,并不是只把通俗的知识介绍给大家,还要把高深的专门知识现代知识'深入浅出'地介绍给大众,这样才能发挥博物馆的功能。"11月12日,为纪念孙中山诞辰,上海市立博物馆举办国父事迹展览会,展出孙中山遗墨及其他重要文物200余件。展览会后,杨宽撰写一文感慨举办展览会不易。是年,杨宽致函吕思勉,讨论汲冢书真假问题。

按:此函部分内容存于吕思勉《再论汲冢书》一文中:近代治古本《竹书纪年》者,以钱君宾四、杨君宽正用力为最深。二君于战国史事,推校皆极密。皆谓《纪年》所记年代,较《史记》为可信。余于战国史事,未尝致力,于二君所言,无以平其是非,以其用力之勤,深信所言必非无见。然窃谓考证之学,今古皆有之,而著述体例,则今古不同。古人于其考证所得者,往往不明言为己见,而或托之他人;又或将推论之辞,与记载相混。故窃疑《竹书》所言,虽或可信,亦系后人考证所得,而未必真为《汲冢》原文也。尝以此意语二君,二君为能信其然,而亦无以难之。近予将旧作《汲冢书》笔记一则,刊诸《东南日报》,旋得杨君来书,疑出土《纪年》,本仅记战国事,自魏文侯至襄王之二十年,其余则出后人增窜;且其增入并非一次。此言殊有意理。天下无赤手伪造之事,晋人既称其书为《纪年》,其中自必有若干按年记事者也。然必不能超出共和以上。《晋书·束皙传》说《纪年》云:"纪夏以来至周幽王为犬戎所灭,以事接之。三家分,仍述魏事,至安釐王之二十年。"此中惟安釐王三字,诚如杨君所疑,原文可为襄王,而为后人所臆改,余则似皆出旧文。观其所言,绝无谓自夏以来皆有年纪之意。然则真《竹书》即记夏以来事,亦不过存其梗概而已。《史记·晋世家》谓自靖侯以来,年纪可推。《汉书·律历志》言"《春秋》《殷历》,皆以殷,鲁自周昭王以下无年数,故据周公伯禽为纪",知列国年代,有可推寻,皆不能早于周世,且已为历人之言,而非史家之籍矣。鲁为周礼所在,犹且如此,晋居深山之中,王灵不及,拜戎不暇,安得所记乃远至夏殷?故知杨君所言,深有意理,足证所谓古本《纪年》者所纪甚远之不足信,而又足正予疑其专出后人推校所得之伪也。故乐得而再著之。

杨君又云:"《纪年》与《赵世家》最为相合,以此见其可信。"然又以其"与《史记》赢秦世系,亦有出入,史公记六国时事,多本《秦记》,秦之世系,不应有误"而疑之。余谓小小夺误,古书皆所不免。如《史记·秦始皇本纪》后所记秦之先君,不尽与《秦本纪》相合,即其切近之一证。古人著书,有一最要之例,曰:"信以传信,疑以传疑。"惟如是,故所据虽有异同,皆各如其原文录之,而初不加以刊改。此在后人,或以此议古人之疏,甚且加以痛诋,然正因此,而古籍之有异同者,乃得悉葆其真,以传于后。较之以意刊改者,为益弘多矣。古本《纪年》,在战国之世者,似当兼采郦说及杨君之说,谓其中有《竹书》原文,兼有后人推校所得。二者分别诚为不易,然即能分别之,尽得魏氏史官之旧,亦不过古代各种史文之一耳,未必其纤毫不误也。此意亦不可不知。(参见贾鹏涛撰《杨宽先生编年事辑》,中华书局2019年版)

童书业1月被上海市博物馆馆长杨宽聘为博物馆历史部主任。童书业接受聘任后即全身心地投入博物馆工作。上海博物馆复馆后举办了一系列专题展览,与上海历史,尤其是抗战历史相关的专题展览皆由历史部负责。4月,童书业《中国疆域沿革略》由开明书店出版。此书即是童书业在光华大学历史系任中国历史地理课讲师的讲义,根据张芝联的笔记整理而成。该书共3篇,第一篇"历代疆域范围",第二篇"历代地方行政区划",第三篇"四裔民族"。谭其骧在《评〈中国疆域沿革略〉》中认为,该书虽然存在一些史误和缺少"都市"的内容,但仅就第一、二篇而言,"简明扼要,纲举目张,有裨初学",实较胜于顾颉刚、史念海《中国疆域沿革史》,"其中先秦诸章,论述尤为精审"。8月25日,童书业在上海《中国国民》周刊第1卷第4期发表《"新史学"批判》,第5—6期连载。作者对当时流行的"科学的史学"和"以社会科学方法治史"的"新史学"进行理论批判。现在一般公式主义者所称的"科学的史学",其实只是"科学"其名而"公式"其实,"史学"其名而"宣传"其实。他们所谓"以社会科学治史",其实也只是"社会科学"其名而"主义"其实,"治史"其名而"鼓吹主义"其实。童书业还注意到,最近唯物史观学者、公式主义者迫于理论上的贫困已出现调和迹象,以翦伯赞的《历史哲学教程》为例,已不得不努力于观念论与唯物论的调和,一般性与特殊性的折中。文中抨击唯物史观,抬高民生史观,具有超越学术论辩进行政治批判的倾向。他指责公式主义用宣传欺骗方式来统制思想,将中国学术引入绝路。尤其是史学,要以主义的公式统制中国的历史,使中国成为无史的国家。他把这些新史学家视为"毁灭中国历史学的恶魔"。他称社会分期为"新'五德始终说'",亚细亚生产方式的讨论是"经学上的问题"。

童书业9月26日在上海《东南日报·文史》发表《论神话传说之演变质李季先生》。9—12月,童书业就古史研究问题与上海的新史学派展开论战。童书业陆续发表《论神话传说之演变质李季先生》《时代思潮与史学》《"疑古""考古"与"释古"》《给李季先生一封信》《新汉学与新史学》等一系列文章。11月28日,童书业在《东南日报·文史周刊》发表《"疑古""考古"与"释古"》。作者认为"近人把研究古史的人分为四派:'信古''疑古''考古'与'释古',这四派之中,除信古者确自成一派外,其他三派其实不能算做'派',只能代表研究古史的三个阶段而已""我们敢断言:'疑古''考古'与'释古'乃是研究古史的三个阶段,是一件工作的三个方面,并不是三个学派""无论站在任何立场,抱何种态度去治史,都应该牢守一个原则,这个原则就是求真""无论站在任何立场,抱何种态度去治史,都应该牢守一个方法,那便是科学的治史方法。怎样的治史方法才是科学的呢? 较详细的说起来,第一是尊重客观的事实……第二是重视证据……第三是多用'归纳法'而少用'演绎法'"。

童书业《春秋史》9月由开明书店出版。此书原稿是顾颉刚在燕京大学所授"春秋史"讲义，由童书业代笔，1941年写就。本书分"正文""考证"两部分，正文用叙述体，文字以浅显为主，除必不得已处，不引原文。考证部分拟模仿崔东壁《考信录》的体例，定名《春秋考信录》，与正文可分可合。此次出版的是正文部分。作者主张："凡著通史，每一件大事都应该详其来龙去脉；每一个时代的前后关系，不可割断。"所以本书以春秋的历史为中心，而附带述及太古至西周的历史。另有《战国史略》一章附在最后，因避免与杨宽书重复而删去。1966年童氏回顾说，他在序言中未曾涉及的一点是，在写这部断代史时已开始用经济史观解释历史了。吕思勉为此书作序，称赞"其体例极谨严，而文字极通俗。征引古书，率多隐括其辞，出以己意，盖今世史家之例然也。……以余所见，言春秋者，考索之精，去取之慎，盖未有逾于此书者矣"。1989年李学勤在《中国历史学四十年》中说："就专著而言，迄今还没有代替建国前出版的童书业《春秋史》这一部书。"12月12日，童书业在《东南日报·文史周刊》发表《给李季先生一封信》。文中云："我现在依旧承认考据是治史的正当方法之一，依旧承认不经过考据的阶段，历史的真相是无法出现的。""我们所用的考据方法，以史料为依据，以假设求证为步骤，而以求真为目的。"

按：因物价飞涨，童书业全家的生活陷入极度困苦中。万般无奈之时，又赖顾颉刚及时伸出援手。当时顾颉刚在苏州文通书局编辑所任所长，编辑所就设在苏州顾家花园中。7月又任大中国图书局总经理，书局在上海。顾颉刚往返于上海、苏州两地之间，见到童书业之窘况，建议其妻带三个女儿免费住到苏州顾家。8月3日，到达苏州。文通书局编辑所也在其中，文通书局编辑所的工作人员也住在顾宅并使用顾颉刚的私人藏书。由于被沉重的担子压垮，童书业的神经衰弱终于发展到强迫观念症。顾颉刚5月9日日记中就记有："丕绳神经有病，常疑心其稿子将被人盗窃，虽理智知其不然，而此念纠缠弥甚。予所提拔之人，若侃娣，则死矣。若逢原，则罹心脏病，一事不能为矣。今丕绳又如此，天之厄彼正所以厄我也，怅甚怅甚！"痛惜之情溢于纸上。（参见童教英《童书业传》，中国大百科全书出版社2017年版；王学典《20世纪史学编年（1900—1949）》，商务印书馆2014年版）

李季5月在《求真杂志》上发表《古史辨的解毒剂》。文中对古史辨派的方法、研究范围及科学素养、公式、腰斩中国历史及其对外宣传等问题进行批评。作者指出：古史辨中含的毒素非常之多。胡适、顾颉刚应用形式逻辑和实验主义的方法整理中国古史，而以辨伪为先务。他们20年来愈加辩论古史，便愈加陷入绝境，用他们的方法去担负这种工作，是完全没有前途，是完全破产了！"层累地造成的中国古史"的公式完全建立在"不言——不知——没有"的公式上，是他们常用的最重要的法宝。杨宽所补充的分化演变说非但不是这个公式的救命星，反而成为它的催命符，愈修改愈昏乱，绝对没有科学的价值。李季的结论是：治学方法的幼稚，研究范围的狭小和科学素养的欠缺，是古史辨派的致命伤。李季以此文展开和童书业关于古史传说的论战。两人争辩针锋相对，互不相让，经历两三个回合较量后，引起了史学界的极大关注。（参见王学典《20世纪史学编年（1900—1949）》，商务印书馆2014年版）

叶恭绰2月25日致蒋复璁信，提到："此一百十一箱之目，弟月前曾抄一份与西谛，请其与寄港之目比对，但无复音。"有附条，提及"竹藤峰治与日之台湾银行关系颇深，当日占香港后颇为活动，有持一百十一箱运往台湾之可能"。3月7日，教育部"上海区清点接收封存文物委员会"开始工作。叶恭绰为会长，徐森玉负责主持，参加者有郑振铎、何炳松、顾毓琇、顾廷龙、俞塘等人。后点收了陈群、伪上海大学法学院、台湾银行、日人高木等处的敌伪藏书等。至6月25日结束。3月25日，上海美术会成立，叶恭绰与郑午昌、汪亚尘（云隐）、马公愚、郎静山、刘海粟、张充仁、徐邦达、严文樑、贺天健、朱屺瞻等被选为理事。吴湖帆亦加入为会员。5月，原为叶恭绰收藏的毛公鼎由上海运到南京，交中央博物馆收藏。同月26日，郑振铎在"上海区清点接收封存文物委员会"遇李玄伯、徐森玉、顾廷龙。6月25日，郑振铎赴老正兴午餐，座有顾毓琇、徐森玉、柳诒徵、顾峤若、俞庸、李玄伯、顾廷龙等。"上海区清点接收封存文物委员会"结束。

　　按：毛公鼎起先为叶恭绰收藏，抗战胜利前夕，由于重病缠身，叶恭绰以300两黄金将毛公鼎转售给五金企业老板陈咏仁（字伯陶），并与他约法三章，抗战结束后必须把毛公鼎献给国家。抗日战争胜利后，叶恭绰致信呼吁寻找毛公鼎并交南京中央博物院保存。当时上海市博物馆馆长杨宽，担当重任，经过调查，他终于找到了毛公鼎下落，为军统局所藏。杨宽到该局咨询，资产组人士说他们并未接到此物，应该向杜美路70号军统询问，杨宽拜访了战时文物接收委员会京沪区代表徐森玉。徐森玉告知毛公鼎确在军统局，之前曾与军统区交涉过，有关人士说只要有行政院命令即可交出。杨宽再到军统局时，却得知已被运往南京军统局本部保管，必须马上和南京马台街22号军统局本部接洽才行。杨宽随即向教育局报告，请函告南京军统局本部洽商接收办法，教育局特派杨宽赴南京面洽并把毛公鼎领回。据当时媒体报道，南京政府褒奖了陈咏仁。而据陈咏仁邻居回忆，陈家是受到民国政府巨大逼迫下才交出毛公鼎。叶恭绰曾在此鼎拓本题跋："此器兹移国有，可云得所。然抚今思昔，不能无感。怀璧之罪，可不慎欤！"5月，毛公鼎由上海运到南京，交中央博物馆收藏。10月，适逢蒋介石六十寿辰，国民党教育部、研究院举办"文物还都展览"一个月，毛公鼎是重要展品之一。蒋介石还曾邀请美国特使马歇尔一同观赏毛公鼎。1949年，毛公鼎运往台湾，现藏台北故宫博物院。（参见杨雨瑶《叶恭绰先生艺文年谱》（下），《艺术工作》2019年第1期；陈福康《郑振铎年谱》，三晋出版社2008年版；贾鹏涛《杨宽先生编年事辑》，中华书局2019年版）

　　顾毓琇时任上海教育局长。3月14日，国民政府军事委员会军令部驻日本东京联络参谋王之、唐启琨报告："日本前在香港抢夺我国中央图书馆书籍一百三十箱，计三万余册，存于帝国（图书）馆内，经交涉结果，已允归还。俟目录编竣，即交于上海教育局长顾毓琇以及外交部刘专员等设法接收运回。"（参见陈福康《郑振铎年谱》，三晋出版社2008年版）

　　谢国桢是春因父病危自北平南下，经解放区回安阳省亲。其《南行过解放区》一诗注文中写道，"一九四六年春，余父卧病安阳。余因友人之请，得通过解放区回里侍疾"。夏，至上海，得叶景葵之助在大中银行工作，业余搜集明清史资料。其《记清华四同学·王庸》中记道，"四六年夏……余旅居沪渎。君主讲暨南大学，后与王伯祥先生同编《文汇报》史学、图书副刊，约余撰稿。恒与王伯祥、郑西谛（振铎）、周予同诸君同饮肆楼，臧否时事，慷慨悲歌，与君过从尤密，而获益愈多"。又谢国桢在为朱铸禹（鼎荣）《全祖望集汇校集注》所作"后记"中记道，"一九四六年秋，范文澜同志和杨秀峰同志顺便叫我到上海来为北方大学采购图书。因为我避地上海，生活无着，叶揆初（景葵）世丈介绍我在河南路一家私营银行（即大中银行）中充当秘书，写些为人作嫁的应酬函件，没有什么事情。我就在一角小楼的办公桌上开始我的写作工作，我曾写了《清初东北流人考》（初为《清初流人开发东北史》，后改此名）。写完了之后，叶揆初世丈又借给我合众图书馆所藏严我斯（元照）、杨秋室（凤苞）诸家所批注的全祖望《鲒埼亭集》内外编，内容分量很大，费了两年的力量，初步抄写完毕"。（参见牛建强《谢国桢先生年谱》，《明史研究》2010年第1期）

　　陈陶遗、叶景葵、张元济、陈叔通为私立合众图书馆董事。1月24日，为申请立案联名呈上海市教育局文：《呈为设立私立合众图书馆申请立案事》，云："窃（陶遗、景葵、元济）等当昔国军西移以后，每痛倭寇侵略之深，辄念典籍为文化所系，东南实荟萃之区，因谋国故之保存,用维民族之精神,爰于中华民国二十八年五月发起筹设合众图书馆于上海,拾遗补阙,为后来之征。命名合众者,取众擎易举之义,各出所藏为创。初设筹备处,赁屋辣斐德路六百十四号,从事布置。先后承蒋抑卮、叶恭绰、闽侯李氏、长乐高氏、杭州陈氏等加以赞助,捐书甚夥。至三十年春,筹款自建馆舍于长乐路七百四十六号,即于同年八月一日成立发起人会。遵照教育部图书馆规程第十一条规定,决议聘请宣龚、叔通为董事,同年八月六日成立董事会。曾未几时,太平洋战争爆发,环境日恶,经费日绌,而敌伪注意亦綦严。勉力维持,罕事外接,始终未与敌伪合作。赖有清高绩学若秉志、章鸿钊、马叙伦、郑振铎、陈聘丞、徐调孚、王庸、钱钟书等数十人以及社会潜修之士同情匡助,现在积存藏书约十四万册,正事陆续整理,准备供众阅览。采四部分类法,以史部、集部为多。先儒手稿本、名家抄校本、宋元旧刻本、明清精刊本皆有所藏。其中嘉兴、海盐两邑著述及全国山水寺庙书院志录网罗甚广,皆成专门。他如清季维新之书、时人诗文之集,著名者都备。至近年学术机关所出者亦颇采购,尤注意于工具参考之作,用便考据。此外有清代乡、会试朱卷三千余本,陈蓝洲、汪穰卿两先生之师友手札约六百余家,皆为难得之品。金石拓片搜集约八千余种,汉唐碑拓一部分尚系马氏存古阁旧物,其他以造像为大宗。又河朔石刻为顾氏鼎梅访拓自藏之本,较为完备。间尝校印未刊之稿十又六种,以资流通。六年来经过大概如此。前以交通阻梗不克呈请立案,兹值抗战胜利,日月重光,应将董事会之成立及图书馆筹设一并呈请核明立案,相应检同附件开列应具各款,俯乞钧局鉴核准予立案,批示祗遵,实为德便。谨呈上海市教育局。"3月4日,教育局批函来,准予"合众"立案。5月3日,叶景葵报告合众图书馆接受了叶恭绰捐献的基金中储券1000万元。9月16日下午,合众图书馆董事会举行第六次常会,张元济主持,叶景葵报告1945年度下届财产目录及收支情况。顾廷龙作1945年度工作报告。叶又报告"现在物价高涨,用款渐大,本馆与浙江兴业银行往来,仍以原道契抵押,改订透支额为法币二百万元"。会议讨论叶常务提本馆经济拮据,拟略事筹募案。决议由各董事相机筹募。通过。(参见张人凤、柳和城编著《张元济年谱长编》,上海交通大学出版社2011年版)

　　顾廷龙元旦晨谒胡朴安。访徐森玉,交《海外吉金图目》。1月24日,将《呈为设立私立合众图书馆申请立案事》致上海市教育局。2月3日,访叶恭绰,不遇。7日,抄顾颉刚存北平燕京图书馆四楼存书书目。8日,徐森玉、郑振铎来,拟就"教育部清点战时文物损失委员会"司笔札。20—21日,应顾颉刚嘱,撰《玄览堂丛书提要》。3月10日,顾廷龙再访,叶恭绰托病未见。18日,陆维钊到顾廷龙处取《清词钞》一至五。4月5日,浙江省通志馆馆长余绍宋聘顾廷龙为该馆特聘编纂。13日,赴虹口上海区清点接收封存文物委员会,开始工作。21日,顾廷龙访叶恭绰,商量传抄《广东通志》之事。26日,顾廷龙访叶恭绰,领回燕京馆借给上海文献展览会的书籍。5月3日,合众图书馆董事会召开第五次会议,张元济、叶景葵、李宣龚、陈叔通等出席。张元济主持会议,书记为顾廷龙。13日,顾廷龙与顾颉刚一起访叶恭绰,带来陈叔通的《百梅轴》。6月23日,叶恭绰约顾廷龙谈,拟请杨宽、蒋大沂和徐森玉(鸿宝)来检理存物,并将《凤池精舍图》拿给顾廷龙题跋。28—29日,顾廷龙、徐森玉等为叶恭绰清理藏物。30日,顾廷龙等为叶恭绰清点所藏的经卷、书画。7月1日,顾廷龙等为叶恭绰清点藏物。2日,顾廷龙等为叶恭绰清点藏物并装箱。3日,顾廷龙等为叶恭绰藏品装箱。4日,顾廷龙等到懿园为叶恭绰清点藏物,暂告一段落。6日,顾廷龙致函叶恭绰。同月,国立同济大学校长董洗凡聘顾廷龙为该校文理院中国文学系兼任讲师。9月16

日下午 4 时，召开合众图书馆董事会第六次常会，张元济、叶景葵、李宣龚、陈叔通、徐森玉出席。张元济主持会议，书记为顾廷龙。11 月 13 日，顾廷龙为叶恭绰跋《凤池精舍图》。22日，致裘开明信，谈采用分类法、交换图书事。（参见沈津编著《顾廷龙年谱》，上海古籍出版社 2004年版；杨雨瑶《叶恭绰先生艺文年谱》（下），《艺术工作》2019 年第 1 期；张人凤、柳和城编著《张元济年谱长编》，上海交通大学出版社 2011 年版）

　　张元济接 1 月 10 日郭沫若复函，谓："今日午前十时，政治协商会议开幕，同时并由国共双方下令停止军事冲突。先生所关心之内战，幸赖各方努力，得以中止矣。但今后我辈仍当继续努力，使之永远不发。建国问题，至为繁难。"14 日，胡适致函张元济，谈百年来学者聚讼的《水经注》案研究。24 日，与陈陶遗、叶景葵、李宣龚、陈叔通联署上海市教育局文《呈为设立私立合众图书馆申请立案事》。3 月 21 日下午在寓所主持商务印书馆董事会第461 次会议。李泽彰报告收复区复业各分支馆情形及调整同人待遇计划。史久芸代读王云五向董事会报告各事。同月，张元济与吴稚晖、唐蔚芝、蒋竹庄、李石曾、胡朴安、高吹万、朱家骅、王君复发起联署《丁氏文化复兴社宣言》。

　　按：《宣言》说："抗战胜利，建设开始。惟在抗战期内破坏最大而恢复最难者，当以文化建设为最甚。盖其他一切，属于物质文明之建设，以我国之地大物博，人口众多，政府苟能集中全国人力、物力、财力，统筹运用，不难渐复旧观，或竟过之。惟属于精神文明之文化建设，则思想之肃正，学术之归趋，典籍之整理，非朝野一致倡导，通力合作，难期宏效。我国在抗战期间，典籍损毁，文化备受摧残。胜利以还，国家迈入建设复兴之途，百端待举，其于文化建设，自必深切期待吾侪从事文化人之协力。无锡丁福保先生，平生致力于文化事业，著述等身，历年捐书于各图书馆者达数十万卷，嘉惠学人，沾溉无穷，今虽年逾古稀，犹孜孜不倦。其门人为纪念先生一生致力文化事业之功绩，特设立一丁氏文化复兴社，而先生亦发其老当益壮，拟完成大规模整理国故、辅助政府复兴文化之宏愿。先出其私人藏书贡献于社会，并由其哲嗣惠康博士捐助基金，以为之倡；次及其友好与门人辈之输将，犹恐愿宏力薄，而窃冀社会热心文化人士作同情之助，共襄其事。同人等对于先生学问道德素所敬仰，又备悉其分工合作、复兴文化之宗旨，以为全国各地多创学校，广设图书馆，普及教育，启发民智，此非政府之力不为功。而翻译国外名著，沟通中外文化，介绍科学工艺，振兴国家实业，以及补充学校教材，提倡正当文艺，适合时代之需要，此可由各出版机关各尽其力而为之。至若整理国故，编辑各种研究学术上需要参考之工具书等，以期造成各种学术专门人才，籍承先哲之遗绪，而维国学之不堕，使我国固有之文化绵延不绝者，实最宜于私人之组织，就其所好，而贡其一得，自可于经济、时间大事节省，不致浪费。此实关系于国家文化前途者綦巨，而应共同努力者也。此种组织，既由丁氏门人首为之倡，则他日闻风而起者自属多多益善。其于国学之振兴，所裨当非浅鲜。兹将丁氏友好子弟辈已编有稿本、建立初步之基础者约略介绍于后：一、对于人名传记之整理有《中国现代名人列传》《中国近代名人列传》（并丁氏编）、《历代名人传记索引》（张逸萍编，已在大同文化事业公司排印中）、《中国著作家大辞典》（丁惠康编）、《历代名人编年考》（过养默编）、《中国人名大辞典补正》（黄肇平编）等。二、对于书名目录之整理有四部、丛书、方志三种总录（并周云青编，《四部总录》已在商务印书馆排印中）、《中国图书总目》书名及著者二索引（并丁氏及周云青合编）、《丛书子目人名辞典》（王君复编）、《中国见存易学书目》（唐文治编）、《诗经学书目》（高燮编）、《语文学书目》（胡朴安编）、《丛书书目》（周必成编）、《中国文学书目大辞典》（郑振铎编）、《易学书目汇考》（蒋维乔编）、《诗经学书目汇考》（高燮编）、《小学书目汇考》（马叙伦编）、《中国目录学书提要》（沈乾一编）、《古今文学家辞典》（朱正则编）等。三、对于训诂学辞典之整理有《尔雅》《群雅》《方言》《释名》四种诂林（并丁氏编，均在开明书局排印中）、《清代三大类书索引》（周云青编）、《民国三大辞典解释汇校》（黄肇平编）、《佩文韵府补编》（丁惠康编）、《国学大辞典》（丁氏及周云青合编，已成经子文史札记索引、经典释文、诸史文选音义及一切经音义索引）等。以上所举三项，皆为研究学术上所常遇而深感纷扰之问题。若无完备之工具书，则往往检查匪易，疑难莫释，对于吾人研究学术上应具有之求知欲大为阻碍，而使精神上感受莫大之苦闷。今其书虽由丁氏及友好子弟多人费数十年之光阴,苦心规画、节缩经营,集合而成,然多为未完成之稿本。虽经此次国难未遭牺牲,然若不努力续成,则所有已成之庞大稿本难免不为鼠啮蠹蚀,而尽弃前功。此同人等所以不得不代作将伯之呼,期于一年之内,能将各书逐步编辑完成,以待出版。海内不乏同志,有愿与合作编辑,列名于著作之林,亦所欢迎。同人等窃念国家文化经此暴敌之摧残,几频破产,若不群策群力,急谋建设,则复兴文化之效必难预期。而振兴学术,若不先事整理,完其工具,又势必重蹈过去一般学者研究学术漫无系统,模糊影响,耗费极大经济与时间之弊病。以是益觉丁氏门人所倡议之文化复兴社拟藉群众同好之力,非特助成国家复兴文化之伟业,抑亦为将来学人开辟自由发挥学术思想之园地。爰述其宗旨,倘亦为邦人君子所乐予共襄其成者欤! 发起人:吴稚晖先生、唐蔚芝先生、蒋竹庄先生、李石曾先生、胡朴安先生、高吹万先生、朱家骅先生、张菊生先生、王君复先生。"(张人凤、宋丽榕选编《张元济论出版》,商务印书馆 2011 年版)

　　张元济 5 月 2 日于寓所主持商务印书馆董事会第 462 次会议。3 日下午,至合众图书馆主持合众董事会第五次临时会议。叶景葵报告董事长陈陶遗逝世经过,咸表哀悼。叶又报告呈请立案情况:3 月 2 日奉上海市教育局批准立案,3 月 20 日教育局知照部令馆名应冠"上海市"三字。讨论通过调整经常费、职员薪事,拨付特别购书费法币 9.7 万元,又拟出售重本《咸淳临安志》等 28 种书等事。会议补选徐森玉为董事,选举张元济为董事长。12日叶景葵、陈仲恕、陈叔通、李拔可设宴,预祝张元济 80 寿辰。同座有张树年、孙逮方、汪彦儒、刘子楷、夏敬观与顾廷龙。20 日,于寓所主持商务印书馆董事会第 463 次会议。7 月 9日,致胡适书,谓:"大乱之后,乃获于海上与故人相见,欣幸何极。昨与徐大春兄通电话,知清恙已痊,又闻已可出门。甚喜,甚喜。台从在此未知有几日勾留,拟略□具,挽兄过寓小叙,乞核定何日见示,当再邀陪客。延企无似。昨闻叶揆初兄言,合众图书馆藏有旧抄本全谢山《水经注》校稿,亦尚有他本,有便可偕往一看,离敝居不远也。"中旬,胡适来访。胡适在沪期间,张元济拟聘其继任商务总经理,胡适谢辞,并推举时任教育部次长的朱经农。张元济遂致函王云五,请王在京与朱相商挽劝。8 月 25 日,于寓所主持商务印书馆董事会第464 次会议。9 月 10 日,复叶恭绰书。谓:"前奉本月三日手教,续发下《广东丛书》初集一部,遵即转送瞿氏。昨有回信,属为道谢。承商二集应采何书,曩闻东塾先生尚有未刊遗著不少,十余年前有人为其子某介至商务印书馆为之刊印,后不果来。虽系近人,然其书实有流布之值,但时移势易,不知尚能访得否? 弟马齿日增,蒙询今岁初度有何纪念。旬年以往,王云翁阿私所好,渎及友朋,弟方引以为愧,今何敢再蹈前辙! 请我兄万勿道及,认为乌有亡是可也。"14 日,朱经农到馆,晤见重要职员。张元济约在沪董、监公宴朱经农,并邀重要职员作陪。16 日下午,至合众图书馆主持合众董事会第六次常会。22 日,在寓所主持商务印书馆董事会第 465 次会议。张元济报告本月 5 日朱经农君复函应允担任总经理职,已于 14 日到馆就职。29 日,赴上海市商会主持民国三十五年商务印书馆股东临时会议。董事会散发《九年来之报告》小册子。

　　按:《九年来之报告》详述抗战以来总分馆厂遭受惨重损失情形和已查明收回机器设备等明细清单;概述九年来之营业、出版及资产等情况。报告分:一、关于上海方面者;二、关于香港方面者;三、关于重庆方面者;四、关于各分支馆者;五、营业概况;六、历年开销;七、出版新书;八、资产与负债;九、损失情形;十、历年垫发股息;十一、未能结账缘由;十二、结论。结论云:"综上诸端,本公司九年来遭遇之艰危,奋斗之经过,以及损失之惨重,营业之困难,略陈梗概。其尚能勉为维持,以有今日,则全赖全体同人之努力。而艰苦相共之诚,尤足引以为慰。本公司创业历 50 年,对于文化教育之贡献,不遗余力,而我国战后教育关系尤钜,辅助推进之责,更不容辞。惟有秉已往之职志,再接再厉,力图复兴。然以创巨痛深之余,当战后经济危难之际,以言复兴,其艰难困苦将百倍于往昔。至于工作计划,千绪万端,惟望政府维护于上,全国学术、教育界多加指导与援助,庶复兴计划之完成,得如所期,亦即所以奠定我国文化复兴之基石也。"报告署名董事张元济、丁榕、王云五、李宣龚、李泽彰、高凤池、夏鹏、徐寄庼、徐善祥、陈光甫;临察人马寅初、黄炎培、杨端六。

　　张元济 10 月 6 日午后在寓所举行商务印书馆董事会。22 日,张元济 80 寿辰。上午,史久芸、周家凤来贺寿。为避寿,张元济赴合众图书馆一天,带敦煌本《文心雕龙》,嘱顾廷龙续校。同日,致顾廷龙书,谓:"昨谈为快。今送去唐人写本《文心雕龙》影片四十五张,又重复者八张(浅深不同可以互证),又《学生杂志》两册,统祈察收。昨承示某丛书,及章太炎门人某于是书均有校记,便中祈检借一阅,将于此竟其校勘之役。又钱功甫钞本,不知藏于何家? 未知是否瞿氏所藏?《四库提要》指为伪托,若见原本,或能辨之。"同月,合众图书馆同人发起醵金印行《海盐张氏涉园藏书目录》,以贺张元济 80 寿辰。此为"合众"编印藏书目录第一种,潘景郑编,叶景葵撰序。出资者为:商务印书馆、浙江兴业银行、王云五、王志莘、李宣龚、徐寄庼、徐森玉、陈叔通、冯耿光、叶景葵、刘培余、潘景郑、蒋复璁、郑振铎、顾廷龙。11 月 28 日,致胡适书,谓:"国民大会至为贤劳,果能将一党专制从此结局,还政于民,得此实行,虽辛苦亦值得也。《水经注》足资考证之本日出不穷,想见为学之乐。残宋本校典本异日尚思求借一读。《东方杂志》向在渝中出版,迄未间断。但未能依期,倘蒙畀以鸿文,俾光简册。台从离平已久,恐无暇再来上海,祥保四日前去北大上课,又展缓一星期。此子年幼无知,务乞随时锡以训诲。"(参见张人凤、柳和城编著《张元济年谱长编》,上海交通大学出版社 2011 年版)

　　朱经农 4 月继王云五任商务印书馆总经理。8 月 25 日,商务印书馆董事会第 464 次会议,议决聘任朱经农为商务印书馆总经理。9 月 14 日,朱经农到馆任事。29 日,商务印书馆召开股东临时会。30 日,《申报》有消息:商务印书馆昨开股东临时会,报告 9 年来业务及损失概况,改选董监。10 月 12 日,《申报》载,沪市书业,为全国出版业之枢纽,关系文化建设甚大,最近颇有蓬勃气象。如商务印书馆总经理一职,已由教育部次长朱经农担任,朱氏辞去教次一职,来沪履任,定有一番振作。11 月 19 日,《申报》载:今日教育部开会讨论教科书供应问题,七联处代表应召赴京:(本报南京十八日电)教育部长朱家骅氏,定明日下午二时,召集商务、中华、正中、世界、大东、开明、儿童、文通、文化、独立、胜利等十一家书局代表,在教部会议室举行会议,讨论教科书供应问题,闻中等教育司曹司长及国民教育司吴司长,均将出席。(本市讯)教育部以明年春季国定本中小学教科书供应办法,亟待预先筹划,特定今日(十九日)下午,邀集七联供应处各家负责人,在南京成贤街教育部,商讨具体办法。闻各家代表朱经农、顾树森、吴秉常、李伯嘉、叶溯中、陶百川等多人,应召首途,分别搭乘昨日京沪车,及今晨中航线赴京。据悉:教部朱部长,将亲临主持会议云。又讯:七联处国定本中小学教科书之供应,自胜利以还,遭遇两大劲敌,一为"伪国定课本",一为"翻版"。此次教部召集七联处代表会议,是否与此案有关,颇多猜测。记者昨晤出版界某君,据谈:国定教科书之供应,不妨开放,但须有条件的开放,加以制限,否则,粗制滥造,任人印行,则千百种版本,可能同时问世,将来课文方面,此误彼讹,将无法予以纠正,万一内容方面,有发生以"伪"乱"真"之处,一时未易发觉,亦一时未易查禁云。(参见吴永贵《民国图书出版史编年:1912—1949》,社会科学文献出版社 2018 年版)

　　李叔明继续任中华书局总经理。6 月 1 日,中华书局总管理处由重庆迁到上海,成立驻渝办事处办理结束事宜。同时,中华书局撤销上海办事处。9 月 2 日,总经理提请拟聘国民教育司司长顾树森为本公司副总经理,董监会议以公司章程无副总经理名额之规定,在章程未修改前,暂以协理名义聘任。李总经理因公离沪不克执行职务时,由李总经理委托代行局务。9月28日,协理顾树森为谋各部门增强联系,建立局务会议制度,定期召集各部门主要职员共同商讨局务之措施,每星期六下午5时举行。重点调整组织机构:总经理协理下设秘书1人或数人。总协理下设三处三所:(1)总务处,设文书、股务、采购、庶务、出纳、保管、人事七课。(2)业务处,设造货、供应、栈务、分局、广告、图版、纸栈七课。(3)会计处,设岁计、综计、账务、稽核四课。(4)编辑所,设总编辑部、普通图书部、教科书部、杂志部、图书馆、生物理化实验室,附设函授学校。(5)印刷所,辖上海总厂、香港分厂。总厂设事务、工务、营业、承印、文书、会计六课。(6)发行所,设文书、收发、清账、推广、庶务、门市、批发、函购、文仪、进货、分栈十一课。10月12日,《申报》载,沪市书业新姿态,教部国民教育司长顾树森,亦呈部辞职,来沪就任中华书局副总经理,协助总经理李叔明,主持一切,前途自多乐观。26日,《世界政治》半月刊决定由本局印行,所有盈亏向联合国中国同志会结算。12月7日,中华书局议定春销教科书备数,共印13900令,沪厂印5300令,港厂印5600令,设法外印3000令。是年,原在渝印行的期刊5种:《新中华》恢复半月刊、《中华少年》月刊、《小朋友》半月刊、《中华英语》半月刊(分高级、初级两种),迁回上海继续印行。《新中华》移沪后,改由卢文迪主编,撰稿者多进步人士,面目一新,宦乡"半月时事"尤为读者瞩目;聘圣约翰大学教授加拿大人文幼章(James G. Endicott)为特约编审;出版书籍有符定一《联绵字典》(十册)、马瑞图译《穆罕默德的默示》。"大学用书"有刘真《教育行政》、沈有乾《实验设计与统计方法》、石鸿鷟《平面解析几何》《立体解析几何》等。"历史丛书"有徐松石《傣族壮族粤族考》、陈里特编《中国海外移民史》《中国对日战事损失之估计(1937—1943)》《第二次世界大战纪》等。(参见中华书局编辑部编《中华书局百年大事记》,中华书局2012年版)

李石曾继续任世界书局董事长。10月12日,《申报》载,沪市书业新姿态,世界书局,近亦积极推进业务,该局董事长李石曾,主持编务,不遗余力,此次赴平,对该局出版之《世界学典》,时作口头介绍,颇得各界好评。12月22日,世界书局召开临时股东会,通过增加资本案。次年1月21日的《申报》有启事:"世界书局股东公鉴:本公司经三十五年十二月二十二日股东临时会通过增加资本案。新股东(即持有界字书字股票或股款收据者)每股认缴三股半,计八十七元五角。旧股东(即执有民国二十六年以前所发世字股票或股款收据而从未认购新股者)每股认缴二百七十五股半,计六千八百八十七元五角,缴款日期限于三十六年一月二十五日截止,即请各股东携带股票或股款收据及原用印鉴,惠临本总公司缴款,办理手续,如逾期不缴,作为自愿抛弃,由董事会另行招募。又自即日起,请各股东携带股票连同原印鉴,向福州路三百九十号本总公司领取卅三年卅四年股息,业经分函及公告。惟本月廿二日至廿四日为农历新年,例假三天,兹为便利各股东缴款取息起见,在廿三、廿四两日上午十时起下午四时止,股务处仍继续办公(请向福州路三八四弄复兴里内旁门进)。特此公告。董事会启。"(参见吴永贵《民国图书出版史编年:1912—1949》,社会科学文献出版社2018年版)

章锡珊继续任开明书店总经理。2月7日,新出版业联合总处在重庆市江苏同乡会礼堂,举行出版业新年联欢会以庆祝政协会议的成功,邀请全市出版社和书店同人参加。这是总处成立以来第一次和出版业同人的聚会。会场上悬挂了两副对联,一是:"苦战苦斗,民主刚开始;同欢同乐,大地正回春。"另一副是:"我们团结得像一个人,坚守出版工作岗位。"到会的同业达1500人。应邀来宾有沈钧儒、陶行知、侯外庐、翦伯赞、邓初民、老舍、曹靖华、陈白尘、聂甘弩等。会议由开明书店章锡珊、北门出版社李公朴、正风出版社陈汝言、读书出版社黄洛峰、大时代书局魏志澄、华中图书公司唐性天、开明图书局王民心7人组成大会主席团，陈汝言为执行主席。沈钧儒、李公朴等在会上讲话。10月12日，《申报》载，沪市书业新姿态，开明书店，自章锡琛离沪，夏丏尊谢世后，由总经理范洗人主持，保持固有声誉，将有名作新旧书出版。12月8日，开明书店召开股东会，次日《申报》有报道："开明书店股东会，议决增资一万万：开明书店昨日下午二时，在该公司二楼召开股东临时会议，由邵力子氏主席，章锡珊代表董事会报告营业状况，吴觉农代表监察人报告查账经过，经理范洗人报告公司历年情形，并提出增资草案，股本总额六百万元，增至一万万元，尽先由旧股东比例认购，经全体股东同意通过。关于改选第十届董监，因增资依法必须重选，为时甚促，由股东朱远君提议，暂时连任，决议下届股东会再行改选。"（参见吴永贵《民国图书出版史编年：1912—1949》，社会科学文献出版社2018年版）

李伯嘉主持上海书业公会。1月，上海书业同业公会整理委员招待新闻界，抗议铅印业涨价。同月17日《申报》报道，印刷价频涨，影响出版事业："本市出版业，以铅印业将增印刷价至百分之百，影响文化出版至巨，昨推李伯嘉、姚戟楣、徐调孚、张一渠、姚蓬子、叶溯中、王子澄为主席团，定二十一日下午三时，假杏花楼招待新闻界，并于日内赴社会局请愿。"22日，《申报》载：出版业招待报界，反对铅印业涨价，影响社会及文化发展："（本报讯）本市书业同业公会整理委员，昨日下午三时，在杏花楼招待本市各报记者。到本市出版业代表及记者八十余人，该委员会代表上海出版业商务、正中、中华、大东、开明、世界、儿童、生活等六十二家，对此次铅印业公会涨价百分之百，提出抗议，并拟呈请市府要求制止。首由儿童书局经理张一渠，及商务印书馆代表李伯嘉，报告铅印业涨价之不合理。继由作家书屋经理姚蓬子，痛述铅印业涨价对于文化界之影响，并谓铅印业之主要成本并未涨价，仅工人生活费有所提高，然事实上工人工资所得仍极有限，铅印业当局不应利用工人增资名义而涨价。正中书局经理叶溯中，并以重庆之印刷情形比较，谓重庆排工印工与此处十二月底略同，然其他各物及书籍均较沪价为高，如此处铅印费涨价百倍，即重庆之排印工较此低一倍，与情理亦有不合之处。"25日，《申报》载："上海市书业同业公会整理委员会召集会员大会公告第三号：本会前奉市社会局令饬整理开始会员登记，均经分别办理并呈报在案。现在整理业经就绪，经第七次整理会议议决，定于一月二十五日下午二时，假贵州路二六三号湖社，召集全体会员大会，报告整理经过，讨论本会章程，本年度会费预算案，并选举本届执行委员及监察委员，务请各会员代表准时出席，除呈报党政机关并分别函达外，特此登报通告。"2月13日，《申报》载："上海市书业同业公会选出理监事：书业同业公会整理就绪，经召集会员大会，选出范洗人等十五人为理事，张川如等七人为监事，日昨该会全体理监事宣誓就职，互选叶溯中、李伯嘉、姚戟楣、徐伯昕、张一渠五人为常务理事，推李伯嘉为理事长。"4月13日，《申报》载：本市书业同业公会昨午选举参议员候选人。李伯嘉、姚戟楣、张一渠三人当选，李伯嘉任理事长。（参见吴永贵《民国图书出版史编年：1912—1949》，社会科学文献出版社2018年版）

陶百川时任大东书局总经理。10月12日，《申报》载，沪市书业新姿态，大东书局自陶百川任总经理后，内部革新，业务蒸蒸日上，前途未可限量。

叶溯中时任正中书局总经理。10月12日，《申报》载，沪市书业新姿态，正中书局，虽少人事更动，而主持者叶溯中，高瞻远瞩，对总局及分局，均能审慎处置，平均展开业务，为同业中比较有计划有希望者。

徐伯昕时任生活书店总经理。10月12日,《申报》载,沪市书业新姿态,生活书店,形成新文艺总汇,总经理徐伯昕,即在此方面时时发挥新力量。

王之澄独资经营光明书局。10月12日,《申报》载,沪市书业新姿态,光明书局系王之澄独资经营,本以新文艺驰名,最近编印儿童读物,别开生面。(参见中华书局编辑部编《中华书局百年大事记》,中华书局2012年版)

李健吾与郑振铎主编的《文艺复兴》杂志1月10日创刊,由上海出版公司出版,发行人是刘哲民。郑振铎撰写《发刊词》。主要作者有钱钟书、巴金、李广田、郭沫若、茅盾、叶圣陶、朱自清、郭绍虞、许寿裳、曹禺、沈从文、周予同、许杰、赵景深、徐调孚、艾芜、靳以等。是年,李健吾参与筹建上海实验戏剧学校,任戏剧文学系主任。

柯灵主编的《文汇报》副刊《读者的话》7月12日发表两封警察来信,表示他们不愿再做当局镇压民众的工具。当局命令该报从7月18—24日停刊一星期。8月24日,唐弢、柯灵主编的《周报》在国民党反动派的高压下被迫出休刊号,于是决定出版第49—50期合刊后休刊,发表《上海杂志界联谊会为抗议〈周报〉被迫停刊宣言》,并在"我们控诉"标题下,发表马叙伦、茅盾、郑振铎、周予同、叶圣陶、郭沫若、柳亚子、巴金、王伯祥、郭绍虞、徐调孚、顾均正、刘西渭、楼适夷、景宋、吴祖光等人的抗议文章。其中郑振铎发表了具有强烈战斗性的《争取民权,保卫民权!》。(参见陈福康《郑振铎年谱》,三晋出版社2008年版)

魏建猷6月举家坐船顺江东下,来到上海,在无锡国专沪校、京沪中学担任历史课程,同时任《东南日报·文史副刊》的责任编辑。《东南日报》的前身是《杭州民国日报》。6月,又出上海版。上海《东南日报》是一份大型日报,每期8至10个版面。7月4日,由魏建猷负责的副刊《文史》周刊在上海创刊。通过《文史》副刊,魏建猷迅速地与上海及国内的学术界建立了广泛的联系。经常在副刊上发表文章和联系的作者有顾颉刚、吕思勉、方诗铭、王毓瑚、童书业、杨宽、罗根泽、罗尔纲、朱东润、刘子兴、姚薇元、顾廷龙、向培良、宋炎、刘永潜、丁山、王宜昌、吴静安、王蘧常、郭绍虞、陈乃乾、苏子涵、承名世、黄永年、钱基博、洪焕椿等。

按:《东南日报·文史副刊》于1949年4月初停刊,共出了132期,除最后几期由方诗铭代为编辑外,余均由魏建猷组织编辑。(参见贾鹏涛《杨宽先生编年事辑》,中华书局2019年版)

王坪时任《文汇报》记者。8月24日,采访茅盾谈去苏联参观访问一事。茅盾表示若去苏联,希望能与苏联作家广泛接触,特别希望与那些有作品被自己翻译过来的作家谈谈。在回答记者问"到上海写了些什么作品"时,回答说,简直不能静下心来写东西,《霜叶红似二月花》的续稿没法子写,《走上岗位》也没有动笔。在国内目前的局势下,写的更多的是"抗议""哀悼"之类的文章,小说的创作是根本无暇顾及了。25日,王坪《茅盾被邀赴苏观光》刊于《文汇报》。(参见唐金海、刘长鼎主编《茅盾年谱》,山西高校联合出版社1996年版)

刘西渭(即李健吾)1月10日在上海《文艺复兴》第1卷第1期发表《〈清明前后〉》,文中充分肯定了《清明前后》的成就。在谈到茅盾时,云:"他是质直的,从来不往作品里面安排虚境,用颜色吸引、用字句渲染。他要的是本色。也就是这种勇敢然而明敏的观察,让他脚地稳足,让他摄取世故相,让他道人之所不敢道,在思想上成为社会的改革者,在精神上成为成熟读者的伴侣,在政治上成为当局者的忌畏。"(参见唐金海、刘长鼎主编《茅盾年谱》,山西高校联合出版社1996年版)

　　署名"拾久"在上海《东南风》周刊第 27 期发表《郑振铎和许广平合办鲁迅文学院》,称《鲁迅全集》"这次一共印一千部,每部定价十二万元。约者每部十万元,已订去八百余部,出版后大概也可一购而空。算下账来,有四千万至五千万可盈余,为了继承鲁迅遗志,做一番事业,于是与郑振铎商量,将用这笔钱办一'鲁迅文学院',但筹备起来,也不容易吧!"(参见陈福康《郑振铎年谱》,三晋出版社 2008 年版)

　　胡明树 4 月 10 日在《文艺生活》月刊光复版第 4 期发表《读郑振铎〈惜周作人〉》,认为郑振铎对周作人落水的原因"分析得很明白",对其表示惋惜"也没有理由表示非议",然而委婉批评了郑振铎对周作人评价偏高;同时指出:"但我并不因为对周作人的不尊敬而有损对郑先生的仰慕。因为郑先生是自五四一直到现在没有离开过岗位的人,他的贡献、成就和影响是远在周作人之上的……。"(参见陈福康《郑振铎年谱》,三晋出版社 2008 年版)

　　罗忠恕 11 月 16 日在《观察》第 1 卷第 12 期上发表《学术自由与文化进展》,认为"测验一个国家是否真正民主,就要看在学术上是否真有自由。一个时代文化进展的程度,也可由其学术自由之程度而定"。

　　按:文章对学术自由一词作出了详细的阐释。第一,所谓学术自由"并非仅是思想自由"。思想本身"必须合乎逻辑,必须依伦理的法则而推展,决非胡思乱想"。第二,学术自由"并非谓政府不'管'学术事业"。所谓管"不是指管制,而是指管理"。前者限制学术的自由,致使学术工作无由进展;后者则指"政府对学术工作负起责任来,有目的,有计划的发展学术事业"。具体而言,首先应"完全取消管制",其次"要使学术事业有充足的经费",再者"要使学术工作者的生活有充分的保障,能使其安心工作,以发挥创造的能力"。第三,学术自由"不仅是不受外面的拘束,外面的限制;尤其要紧的,是要解除内面的缚束"。所谓外面的拘束指政治方面不容许思想发表的自由;外面的限制指客观的社会条件"未能给学术工作者充分的支持与扶助",致使研究经费奇缺,学术工作者生活窘困;内面的缚束则指学术工作者本身的心理态度及精神生活,即盲从古人、拘于成说、一味偏见、蔽于文字而忽视事实等。

　　金兆梓 11 月在上海《改造杂志》创刊号发表《历史是否是科学》。作者赞同《大英百科全书》对历史的解释,他说:"照这一解释,物理、生物、社会、艺术、文学、政治无不各各有其变动不居的历史,而历史的范围实已侵入自然科学、社会科学、艺术、文学的范围。那么,历史之为学,竟是一切学问的综合,固然不属于哲学、文学,自也不属于科学,所以说'历史只是历史'。"(参见王学典《20 世纪史学编年(1900—1949)》,商务印书馆 2014 年版)

　　谭正璧年初因受特务威胁,回故乡黄渡居住。后又迁居安亭。是年,长篇历史小说《梅花梦》、中篇小说《艺林风雨》由广益书局出版,中篇小说《凤箫相思》《狐美人》由中央书局出版,《国文乙编》三种《文法大要》《文章体例》《国学常识》由大东书局出版。又为广益书局精校注译《古文观止》。(参见谭篪《谭正璧年谱》,载周嘉主编《薹云》第 2 辑,中西书局 2014 年版)

　　曹聚仁春节前举家由水路返沪。路程 20 多天。抵沪后,借住岳父母家。仍在《前线日报》工作。半年后搬迁至溧阳路(当时叫狄思威路)居住。应俞颂华之邀到苏州社教学院任教。《论议文》由上海博览书店出版。撰写《中国抗战画史》。(参见曹雷编订《曹聚仁年谱》,《曹聚仁先生纪念集》,2000 年)

　　张乐平、张文元、章西厓、陈烟桥、马国亮、丁聪、余所亚等上海漫画界人士 2 月 21 日在《文汇报》举办的第七期星期座谈会上,回顾漫画在抗日救亡运动中所起的作用,展望未来,一致认为漫画艺术应更深入于争取和平、民主、自由的运动中,使之成为人民的艺术。(参见王震《20 世纪上海美术年表》,上海书画出版社 2005 年版)

　　刘汝醴、王麦杆等发起的上海美术作家协会 3 月 24 日在华安大厦成立,主要负责人为共产党人刘汝醴、王麦杆。第一届理事有陈秋草、潘思同、陈烟桥、张乐平、丁聪、刘汝醴、王麦杆等9人。该会成立的目的据称是"用来对抗张道藩与汉奸画家合流的上海美术会"。（参见王震《20世纪上海美术年表》，上海书画出版社2005年版）

郑午昌、汪亚尘、马公愚等发起的上海美术协会3月25日成立，以"组织美术机构，联络感情，研讨艺术，实为当前所必要"为宗旨。其首届理事有郑午昌、汪亚尘、马公愚、郎静山、张充仁、唐云、李秋君、徐蔚南、陈定山、姜丹书、荣君立、孙雪泥、虞文、吴青霞、顾青瑶、朱屺瞻、蒋孝游、徐邦达、刘海粟、颜文、王师子、王福厂、陆丹林、刘狮、洪青等。监事有叶恭绰、商笙伯、汪声远、贺天健、吴待秋、胡朴安、钱瘦铁等。5月8日，上海美术协会假康乐酒楼举行招待会，到会各报记者暨美术家30余人，由国民党中央文化运动委员会专门委员虞文主持，由马公愚、张充仁等分别报告，内容包括：一、上海美术界将举行十年来首次大规模美术展览，征集全市美术家之精彩作品。二、关于抗战时期之作品，该会拟特设"抗战世纪美术组"征集之。三、拟成立美术馆，经常陈列美术家之作品。（参见王震《20世纪上海美术年表》，上海书画出版社2005年版）

张大千9月20日由四川飞抵上海，住卡德路李秋君家，与沪上诸朋画友及学生等把臂欢晤。10月4日，张大千画展于上海恒社举行，至30日止。展品80余幅，多是临摹敦煌画。11月22日，《申报》"春秋"副刊出版张大千专版，并刊有陆丹林《我所认识的张大千》、郑午昌《张大千在近代画史》、许士骐《赋赠大千居士》的文章。12月，张大千在沪收郁慕贞、郁慕洁、郁慕娟、郁慕云、郁慕莲5姊妹为大风堂门人。在沪又收糜耕云、刘侃生、潘贞贝、厉国香、童月莲等为大风堂门人。（参见王震《20世纪上海美术年表》，上海书画出版社2005年版）

齐白石、溥心畬11月6日由宁抵沪，前往北站欢迎者有上海美术家徐蔚南、哈定、李咏森、周如英、刘旭沧等，暨本市艺术师范学校80余人。13日，齐白石、溥心畬画展在宁波同乡会正式举行，由张真夫、宣铁夫、吴国桢、孔祥熙、方希孔、李少文、黄金荣、钱新之、潘公展、杜月笙、杨啸天、王晓籁、梅兰芳、卫持平、张龙章、张道藩、汪亚尘、孙履平、张半陶、曾建人、谢仁钊等27人发起。（参见王震《20世纪上海美术年表》，上海书画出版社2005年版）

傅伯良、汪声远、陆丹林、温肇桐、宋寿昌、刘狮、丁念先、施驰鹏、马公愚等3月24日出席中华艺术教育社社员于美琪大厦三楼举行的复员会议。由常务理事马公愚主持，谢海燕报告目前师资缺乏等现状，决定开展会务，举办艺术师资训练，创办艺术教育周刊等会务工作。（参见王震《20世纪上海美术年表》，上海书画出版社2005年版）

司徒美堂、赵昱、朱家兆8月在上海召开的中国洪门民治党第一次代表大会上当选为中央执委。

杜月笙、杨虎、向海潜等为常务理事的中国新社会事业建设协会10月19日在上海正式成立。

孙起孟任上海中华职业教育社副总干事，比乐中学校长，香港持恒函授学校校长。

赵棣华、葛克信等在上海发起成立江苏建设协会，以集中意志，统一步骤，建设新江苏为宗旨。

蔡楚生、郑君里、孟君谋等6月在上海组成联华影艺社，拍摄《八千里路云和月》和《一江春水向东流》等影片。

周建人、姚溱主持的《消息》半周刊4月7日在上海创刊。

陈伯吹5月与教育家李楚材发起组织上海儿童文学工作者联谊会。

丁善德、陈洪编辑的《音乐杂志》7月在上海创刊，以介绍西洋音乐为主。

黄永年重新考入复旦大学史地系（后改历史系）。大学时代即发表文章，与陈寅恪先生论辩。

太虚5月6日由京抵沪，驻锡静安寺（监院密迦）。同日，上海佛教界，假静安寺欢迎。7日，于静安寺接见记者。论及政治，担心于国共局部冲突之严重，不满于政府收复区之措施。上海沦陷期间，有盛普慧施资《普慧大藏经》之编纂。当时工作陷于停滞。太虚为改名《民国重修大藏经》而序之。后于7月9日为作《中华民国大藏经编纂纲领》。太虚应上海佛教界请，于玉佛寺讲《佛说弥勒大成佛经》。留沪期间，太虚访老友圆瑛于圆明讲堂，探问其病。6月3日，太虚携福善至杭州，驻锡灵隐寺（寺主弘妙），晤老友玉皇。9日，杭州佛教界，假灵隐寺欢迎。太虚略示《佛法要义》。留杭半月，返沪。7月8日，中国佛教整委会举办之僧材训练班，于镇江焦山开学，芝峰主持其事。10日，锡兰来华传教及留学之索麻、开明德、潘那西哈三比丘抵上海。15日，太虚于上海筹办之《觉群周报》创刊，并任社长，以福善主编务。太虚成立觉群社，本意为佛教之政治组织。惟以僧伽参政，多滋异议，乃创"问政不干治"之说。

按：太虚所创"问政不干治"之说，曰：问政而不干治——觉群社。在家出家少壮佛徒，聒余创导组织者，不下十余人。间询长老缁素，则缄默持重，大多不以为可。余亦迟迟不决。然超政，遇政府与社会摧教，易遭破灭；从政，亦易随政府而倒；二者利弊各关。况今中国，无论在政府社会，尚无在家佛徒集团，足以拥护佛教，则僧伽处此，殊堪考虑！今以多人对此问题的研讨，余遂不得不加以深思熟虑，而于孙中山先生所说政权治权得一解决，曰："问政而不干治。"

孙先生谓：政是众人之事，治是管理，政治是众人之事之管理。又政权是人民有权，议定政法；治权是政府有能，治理国民。僧伽不得不是众人之事中的众人，所以于众人中的本人或同人的事，不得不问。要想问问众人之事，讲讲其所感之祸害痛苦，所求之福利安乐，不得不参加社会的地方的国家的合法集议众人之事的会所。所以对于有关之民众社团，及乡区自治会议，县参议会，省参议会，国民代表大会，均应参加一分子，为本人同人全民众人议论除苦得之办法。但所参预的，以此各种议事场所为止，亦即人民政权机关为止；而执行五权治权的中央和地方机关，概不干求参预。换言之，只参加选举被选为议员，决不干求作官，运动作官将——文官武将等。中国现阶段的中国僧伽，对于今所提出的"议政而不干治"，愿皆透澈了解，切实践行！

太虚7月28日在上海虹口西竺寺创立中国佛教医院，任董事长。8月6日，抵镇江，去焦山。8日，主持僧材训练班结业典礼，以《存在、僧、僧羯磨》为训。11日，镇江佛教界，假金山寺欢迎。太虚讲《人生的佛教》。25日，上海市佛教青年会开成立会，太虚出席指导。31日，太虚以"关于寺庙问题"，致函申报。当时上海市政府欲强占寺院以作机关学校，引起僧众请愿。同月，大师发表《集团的恶止善行》，作道德重建之呼吁。12月9日，太虚返沪。25日，应宁属缁素邀请，至宁波，驻锡观宗寺。30日，宁属六邑佛教会，于观宗寺开会欢迎。大师讲《世出世间善法唱柷南颂》。（参见印顺编著《太虚法师年谱》，宗教文化出版社1995年版）

吴耀宗5月10日乘飞机由成都回到上海。积极参加"基督徒民主研究会""中国人民救国会""中国福利会"的活动。6月23日，与马叙伦、阎宝航、雷洁琼等一起被上海市各界人民团体联合会推选为代表成员，赴南京向蒋介石政府请愿，要求停止内战，在下关车站险遭国民党袭击。他还为代表团草拟了一份英文备忘录，并当面交给美国将军马歇尔。是年，发表《统治者的悲哀》《基督教的使命》《爱的福音》《中国民主运动的前瞻》《把火丢在地上》《时代的末期》《基督教与今日的中国》《一九四六年圣诞节的展望》等文。（参见赵晓阳编

《中国近代思想家文库·吴耀宗卷》及附录《吴耀宗年谱简编》,中国人民大学出版社2014年版）

毛泽东1月8日复信在苏联学习的蔡和森之子蔡博与毛岸英等青年,说:"接到你们的信,十分高兴。正如你们信上所说,新中国需要很多的学者及技术人员,你们向这方面努力是很适当的。"10日,中国共产党中央委员会主席毛泽东和国民党政府军事委员会委员长蒋介石同时下达停战令。同日,政治协商会议在重庆开幕。蒋介石在会上宣布4项诺言:保证人民自由,各政党一律平等,实行地方自治和普选,释放政治犯。27日,到机场迎接周恩来等飞返延安。28日,复信柳亚子:"一病数月,未能奉复,甚以为歉。闻报先生已迁沪,在于再追悼会上慷慨陈词,快何如之。""贱恙是神经疲劳,刻已向好。"2月1日,中共中央发出经毛泽东修改审定的《关于目前形势与任务的指示》,指出:重庆政治协商会议"已获得重大结果""从此中国即走上和平民主建设的新阶段"。2月9日,与美联社记者谈话,说:"政治协商会议成绩圆满,令人兴奋。但来日大难,仍当努力,深信各种障碍都可加以扫除。""总的方面,中国走上民主舞台的步骤,已经部署完成,其间马歇尔特使促成中国停止内战,推进团结、和平与民主,其功殊不可没。实际上中国恢复和平,建立民主政府,世界各国也交相有利。""各党当前的任务,最主要的是在履行政治协商会议的各项决议,组织立宪政府,实行经济复兴。共产党于此准备出力拥护。"25日审阅胡乔木为《解放日报》起草的社论稿《重庆事件与东北问题》。

毛泽东与朱德、林伯渠等及延安各界代表3月5日上午到机场欢送马歇尔、张治中、周恩来离延安赴武汉。马歇尔在上机前对毛泽东表示感谢,并说"我们的会晤是具有历史意义的"。毛泽东答称:"我也愿意重申我们对您帮助中国人民和平、民主、团结、统一事业的努力的衷心感谢。"28日,在审阅《中共中央关于经济建设的几项通知》稿时,增写一段话:"解放区劳资关系必须取合作方针,以达发展生产繁荣经济之目的,无论公营、私营,都是如此。任何工厂工会与党支部,必须与厂方协同制定生产计划并协同执行之,力求以较低之成本,得较多较好之产品,从此获得较多之盈利,劳资双方有利。工人之福利必须于发展生产繁荣经济中求之,任何片面的过火要求,都将破坏解放区的经济。"4月7日,为中共中央起草致重庆中共代表团电,指出:"《驳蒋介石》一文,收到后请立即在《新华日报》照样全文发表,并印单行本广为散布。"同时电告各中央局:"《驳蒋介石》一文,除在我区发表外,沪、宁、港、粤、武、汉、平、津、青、济、云、贵、川及东北各大城市,速印单行本广为散发,不能公开者,则秘密散发之,愈多愈好。"同日,延安《解放日报》发表题为《驳蒋介石》的社论,驳斥蒋介石4月1日的讲演。社论指出:蒋介石在这里一连撕毁两项诺言。22日起,重读列宁《国家与革命》。同月,针对当时对于国际形势一种悲观估计,撰写《关于目前国际形势的几点估计》的内部文件。5月4日,出席中共中央会议,会议讨论关于土地问题的指示。

毛泽东5月23日致电民盟张君劢、黄炎培、沈钧儒、章伯钧、梁漱溟,对于他们关于东北停战的提议,"原则上极表赞同,一切由恩来面商"。同日,蒋介石飞赴沈阳,行前交马歇尔三项条件与中共谈判。主要内容为:坚持"接收东北主权""恢复交通",在国共双方发生争执时由美方行使"最后决定权"。对这三项条件,中共方面坚决拒绝。6月5日,《解放日报》发表《美国应即停止助长中国内战》社论。毛泽东在修改社论时,加写了几段话,其中写道:"很明白,华北和东北的内战,是由美国代替国民党运送军队和军火之后,才能发生与加剧的,如果没有美国的军事运输,中国反动派要在东北华北进行大规模的内战,就根本没有可能。"21 日,致电周恩来:"美国在华舆论界已开始批评国民党,反对中国内战,深堪注意。望本既定方针,争取美国人,打击反动派。"次日,又致电周恩来:"今日用中共中央主席名义发表声明,抗议美国军事援华法案。你收到后,请即正式具函送交马歇尔,请其转达美国政府。"22 日,延安新华社发表中国共产党中央委员会主席毛泽东反对美国对华军事援助的声明。26 日,国民党军向中原解放区大举进攻,全面内战爆发。7 月 7 日,《中国共产党中央委员会为"七七"九周年纪念宣言》发表。7 月 13 日,同朱德致电在昆明被国民党特务暗杀的李公朴先生的夫人张曼筠:"惊悉李公朴先生为反动派狙击逝世,无任悲愤! 先生尽瘁救国事业与进步文化事业,威武不屈,富贵不淫,今为和平民主而遭反动派毒手,是为全国人民之损失,抑亦为先生不朽之光荣。全国人民必将以先生之死为警钟,奋起救国,即以自救。肃电致唁。"17 日,同朱德致电在昆明被国民党特务暗杀的闻一多的家属:"惊悉一多先生遇害,至深哀悼。先生为民主而奋斗,不屈不挠,可敬可佩。今遭奸人毒手,全国志士必将继先生遗志,再接再厉,务使民主事业克底于成,特电致唁。"25 日,同朱德致电陶行知家属,对陶行知于当日逝世表示哀悼:"先生为人民教育家,为民族解放与社会改革事业奋斗不息。忽闻逝世,实为中国人民之巨大损失。"8 月 11 日,《解放日报》发表毛泽东题写的挽词:"痛悼伟大的人民教育家陶行知先生千古"。

　　毛泽东 8 月 6 日在延安枣园会见美国记者斯特朗,同她就国际国内形势作重要谈话。毛泽东在谈话中,提出了"一切反动派都是纸老虎"的著名论断。10 日,马歇尔和司徒雷登发表联合声明,说战争日益扩大,且有席卷全国之势,国共双方所谈判的问题似无获得解决可能。9 月 29 日,同美国纽约《先驱论坛报》记者斯蒂尔谈话。10 月 18 日,中共中央发表关于时局的声明。声明阐述中共在抗战结束后,为了求得国内的和平、民主所作的 8 次让步,以及蒋美得寸进尺,非迫使中共与中国民主运动完全消灭不止。11 月 18 日,为中共中央起草关于蒋介石召开伪国大和准备进攻延安给各中央局的指示。12 月 9 日,在王家坪会见西方记者,回答他们所提出的问题。16 日,中共中央会议听取周恩来汇报蒋管区工作。会议决定设立中央城市工作部,周恩来为部长,李维汉为副部长。会议还决定设立香港分局。22 日复电暹罗华侨建国救乡联合总会等 71 个华侨团体,称赞这些团体关于反对国民党片面召开"国民大会"的来电"义正词严,至深钦佩"。复电申明全国人民对国民党召开的非法的分裂的一党"国大"及其通过的所谓宪法决不承认。"今后本党决为恢复政协路线与恢复一月十三日军事位置而奋斗到底。尚望海外同胞一致努力,以实现祖国之独立、和平、民主。"(参见中共中央文献研究室编撰、逄先知主编《毛泽东年谱(1893—1949)》,人民出版社、中央文献出版社 1993 年版)

　　陆定一时任中共中央宣传部部长。9 月 11 日,毛泽东对陆定一送审的社论稿《蒋军必败》写了如下批语:"不但澄清对美幻想,主要应澄清悲观思想,指出必胜前途,这是目前的中心问题。"陆定一在送审社论时写给毛泽东的信中说:"在战争过程中,宣传上主要目标,为揭露美国,澄清同志对美的各种幻想。"12 日,《蒋军必败》的社论在《解放日报》发表。9 月 27 日,毛泽东致信陆定一,指出:"文章的写法宜改变,因为在解放区军民中目前的中心问题不是对美蒋的幻想问题,存在这种幻想的时期已经过去了;向军民描写美蒋怎么厉害,怎么凶,这在七月以前是必要的,七月以后则不但不必要,且有副作用了。目前解放区军民心目中的中心问题是能否胜利与如何取得胜利,尤其在失了一些地方之后大家很关心。因此我们的文章与新闻立论之重点,不是说敌人如何压迫,如何凶狠,而是要解释敌人虽有二百师兵力,虽有美国援助,虽已经占去一些地方与还可能占去一些地方,但是有种种条件我军必胜蒋军必败。"同月,《王贵与李香香》问世后,全国文艺界引起了强烈反响。

陆定一9月28日在《解放日报》发表诗评《读了一首诗》,高度评价李季的《王贵与李香香》。此诗9月22日问世后,全国文艺界引起了强烈反响。陆定一《读了一首诗》说:"我以极大的喜悦读了《王贵与李香香》。自文艺座谈会以来,首先表现出成绩的是戏剧。《兄妹开荒》传遍全国,《血泪仇》《保卫和平》等秦腔戏出现了,新式歌剧《白毛女》出现了。戏剧真正到大众里面去了。其次是木刻,采取了中国气派,在全世界有了地位。小说和说书来得晚些,《李有才板话》《吕梁英雄传》《抗日英雄洋铁桶》《李勇大摆地雷阵》等获得了广大读者。韩起祥编了许多本子,显出民间艺人惊人的天才。来得迟的是诗。《王贵与李香香》用丰富的民间语汇来做诗,内容形式都是好的。在外面有袁水拍先生,现在我们这里也有了。文艺运动突破一重重关,猛进不已。出来了新的一套,出来一批新的人物。新的文化在一个一个的夺取旧文化的堡垒。不把几千年来的封建文化所筑下的无数堡垒一个个的夺取过来,并建立起新民主主义的文化堡垒,那就不会有新的社会。谢谢毛主席,他给我们指出了道路。谢谢领导文艺工作者走毛主席的路线的许多同志,他们的努力有收获。"10月7日,延安各界名流60多人,于交际处集会,发起美军退出中国运动周。会上成立运动周工作委员会,推选谢觉哉为主任,李敷仁、李卓然为副主任。会议决定召集延安各界群众大会。10月10日,延安万人大会在南关广场举行。中共中央宣传部长陆定一以《美军退出中国去》为题发表演说。延安各界响应"美军退出中国"运动周发起人题名录,文化界有:艾思奇、李伯钊、林山、马健翎、胡绩伟、胡蛮、柯仲平、陆定一、徐特立、徐雉、贺绿汀、张季纯、张曙时、张仲实、张贞黻、江青、胡乔木、杨绍萱、刘郁民、欧阳山、续范亭等。(参见中共中央文献研究室编撰、逄先知主编《毛泽东年谱(1893—1949)》,人民出版社、中央文献出版社1993年版;艾克恩编纂《延安文艺运动纪盛》,文化艺术出版社1987年版)

徐特立继续任中共中央宣传部长。3月4日,出席欢迎"军事三人小组"即周恩来(中共)、张治中(南京国民政府)、马歇尔(美国代表)的晚宴。春,为干部学习编写《度量衡的需要和转变》一课教材。5月4日,出席延安各学校及青年代表纪念五四青年节集会并讲话。同日,在《解放日报》发表《纪念"五四"》一文,充分肯定五四运动的历史意义:"'五四'运动是新民主主义革命运动的开端,在中国历史上是空前的划时代的运动。'五四'运动,不仅为中国开辟了新的民主运动的道路,而且它使中国从此成为东方的启明星,成为东方被压迫民族寻求解放道路的引导者,在这次世界反法西斯战争中成为起决定作用的国家之一。在今后反法西斯残余以维持国际和平与民主的斗争中仍然要起决定作用。'五四'运动使这颗东方启明星升出了地平线,开始吐露其光芒,因此,'五四'运动也具有为人类谋解放的历史意义。"并"向广大的青年及一切成年们提两点意见":一、耐心地持久地贯彻民主运动。二、中国今后将要建成一个工业的国家。我们有教育责任者,更应积极进行准备工作。而对于广大青年来说,则必须更加紧学习,不放松任何机会,努力学习科学,提高文化,掌握技术,这才能赶上建立新中国的迫切需要。

徐特立8月11日出席延安各界公祭陶行知大会,作为主祭人之一致词。12日,在《解放日报》发表《陶行知的学说》,肯定陶行知关于"教育即生活""教学做合一"等思想,称颂"陶行知是中国革命的教育家"。9月1日,所撰《中国教育家陶行知先生的学说》第一部分"他的教育哲学及其根源"刊于《边区教育通讯》第2卷第4期。文中指出:陶行知由重"知"

转而更重"行"，强调知行合一："行变为知是第一阶段，知变为行是第二阶段，知行互变，两个东西，根本上是一个东西，故名为知行合一，又名为知行一元化。"进而分析了陶行知"生活即教育""社会即学校"理论的来源。10月19日，在西北党校作关于党纲的第三次报告《关于毛泽东思想的报告》，阐释毛泽东关于政治协商、对敌战略等思想。11月17日，带领中共中央宣传部教育研究室人员由延安撤至陕西省东北部绥德县。12月1日，《中国教育家陶行知先生的学说》第二部分"论教、学、做合一与哲学一元论关系"刊于《边区教育通讯》第2卷第5期，指出陶行知"在一元论哲学下，首先打破了行知的两关，又打破了教学做三关。同时又打破了学校和社会两关，认为社会即学校。再打破生活与教育关，认为生活即教育。总而言之，就是打破了一切两个相反的不能转变的难关"，"陶行知解决许多矛盾，打破很多关，都是针对中国现实社会和解决教育问题。……针对现实，解决矛盾，打破难关，这就是转化一元论，换句话说，就是辩证唯物论。"13日，《解放日报》发表消息：徐特立同志七十大寿将至，各界将举行庆祝。（参见《徐特立年谱》编纂委员会编《徐特立年谱》，人民出版社2017年版）

焕南（谢觉哉）11月3日在《解放日报》发表《案头杂记》。文首引乔木一信："边区应该对中国的最大诗人杜甫有所纪念。纪念办法：建立一两处稍微象样、坚固而不浪费的纪念碑或堂，取一两处地名或文化机关名，出版一两册按新观点编撰的杜诗选注，或设一种杜甫奖金（由文协奖新诗作）之类就很好了。"文章说，延安南关外杜甫川口有唐左拾遗杜公祠，祠系依石凿洞，石龛犹存，有"北征遗苑"木匾，祠旁石壁有"少陵川"三大字，道光癸卯知肤施县事西粤陈炳琳撰书。没有碑，既说"重立"，可知以前是有祠的。其故事说明：唐明皇天宝十五年，安禄山打进长安，杜甫带了家眷，跑到北山，即现在鄜县大升号区住下。后听到肃宗自立，一人跑到凤翔，见到肃宗。不料因上疏救房琯，触怒了肃宗，要杀他。有人劝：杜甫名太大，杀不得，肃宗才给他华州一个小差使，许他到鄜县接家眷。《塞芦子》《月夜》《北征》《羌村》诸诗，都是这时做的。从来有名的诗人多半比有名的文人可爱。诗人大抵敦厚、高洁、正直、勇敢，不为利所诱，不为名所惑，能写出被压迫的呼声。杜甫是我国诗圣，我崇拜他的作品，更崇拜他的人格。照乔木的提议，把杜祠修葺一下，明年诗人节开一纪念会。同日，钱来苏撰文《关于杜甫》。说看了焕南要为杜甫做纪念的杂记，写得很好。杜甫是中华民族历史上最有骨头的人，他穷死饿死还是念念不忘国家。现在纪念他有重要意义。"中华民族正面临着灭亡的危险，一面是强暴的帝国主义，一面是极无耻的奸群，我们需要有杜甫这样有民族气节、有骨头、富正义感而又是非分明的人。"（参见艾克恩编纂《延安文艺运动纪盛》，文化艺术出版社1987年版；中共中央文献研究室编撰、逄先知主编《毛泽东年谱（1893—1949）》，人民出版社、中央文献出版社1993年版）

林伯渠继续任陕甘宁边区政府主席。2月10日，延安诸老及文化界名流电慰重庆校场口被特务殴伤人士郭沫若、李公朴等。电文说："顷闻庆祝和平胜利群众大会被暴徒捣乱，殴伤六十余人，远道闻之，无比愤慨。"签名者有林伯渠、徐特立、谢觉哉、张曙时、刘少白、钱来苏、陈绍禹、刘道衡、李木庵、柯仲平、毕光斗、吴汉章、艾思奇、柳湜、姚尔觉、刘仁等。4月2日—27日，陕甘宁边区第三届参议会第一次大会在延安举行。林伯渠作题为《边区建设的新阶段》的政府工作报告。会议通过的《陕甘宁边区1946年到1948年建设计划方案》的文化建设部分中提出："在今后和平建设新时期，随着人民经济的发展，边区文教建设必须更有计划地进行。"关于大学和中学的教育，提出了培养本地较高级知识分子和中级知识分子的任务。要求延安大学除设一高中部及各种专门性质(如农业、司法)的班次外,拟另成立一处文艺研究室,培养边区各文艺团体的干部与中学艺术教员。并要求有计划地培养边区中级知识分子和提高现任区乡干部的文化。关于国民教育要求以巩固为主,提高质量。7月23日,延安各界在边区参议会礼堂举行盛大集会,欢迎脱险抵延的民盟西北总支部负责人李敷仁。到会有林伯渠、徐特立、陆定一、习仲勋、谢觉哉、刘景范、邓洁、马文瑞、张德生、李卓然、张仲实、艾思奇、江隆基、柯仲平、钱来苏、张曙时、贺连城等千余人。李敷仁发表讲话,说:"我在国民党区教书二十年,有一点可以自问的,就是没有昧良心,但是在反动统治下要完全拿出良心来做事,是很难活下去的。我常常对青年讲良心话说,我有五分良心,只敢拿出一分来做事,就连这一分还要照顾到国民党当局。我是这样委曲求全,反动派还诬我为'左倾混蛋分子',向我下这样的毒手,还是不要我活下去!""国民党特务给了我一颗枪弹,并没有打死我,但他们自己等于吞了一颗慢性炸弹,将来有一天是要炸毁他们自己的!""一分汗只要为人民出了也是有代价的;一滴血只要为人民流出,都不会白费的。谚语说:'有钱难买回头望。'现在想起来,我的血是没有白流的! 今后民盟将与中共合作,为中国的民主事业奋斗到底!"(参见《陕甘宁边区参议会文献汇辑》,科学出版社1953年10月版;中央教育科学研究所编《中国现代教育大事记1919—1949》,教育科学出版社1988年版;艾克恩编纂《延安文艺运动纪盛》,文化艺术出版社1987年版;孙国林编著、王佳钰、王增辉校订《延安文艺大事编年》,陕西师范大学出版总社2016年版)

习仲勋、陈伯达、安子文、李伯钊、江青、鲁直等人组成延安电影制片厂董事会,习仲勋为董事长。7月底,延安电影制片厂成立,由西北局宣传部领导。由陈永清、伊明、钟敬之3人组成厂领导小组,陈永清任厂长兼党支部书记。参加者有翟强、冯白鲁、程默、凌子风、高维进、石联星等。10月1日,东北电影制片厂成立。袁牧之任厂长,吴印咸、张新实任副厂长,田方任秘书长,陈波儿任党支部书记,钱筱璋负责技术领导工作。"东影"先后拍摄出《桥》《回到自己的队伍来》《光芒万丈》《中华儿女》《无形的战线》《内蒙春光》《赵一曼》等影片。(参见艾克恩编纂《延安文艺运动纪盛》,文化艺术出版社1987年版)

李卓然继续任中共中央西北局宣传部部长。8月9日,中共中央西北局宣传部召集文艺界座谈,到会有钱俊瑞、李伯钊、柯仲平、欧阳山、鲁直、高朗山、张季纯、杨醉乡、徐雉、林山、柯蓝、苏一平等30余人。宣传部部长李卓然提出当前文艺界任务,供大家交换意见。他说:"边区文艺界遵循毛主席在文艺座谈会上所指出的方针,开始为工农兵服务,产生了如《白毛女》《血泪仇》《抗日英雄洋铁桶》等优秀作品。今后应向一些模范作品如《李有才板话》等学习,不断提高自己,从实际生活中吸取题材。"他说:"在国民党反动派积极发动全国内战的严重局势下,文艺界在创作上多写鼓舞群众胜利信心的作品。文艺工作者必须下乡。"会上大家热烈发言,表示响应这一号召。8月25日,全国文协延安分会和边区文协召集延安文化界举行座谈,发起印行《延安生活》丛刊。到会有李卓然、张仲实、欧阳山、柯仲平、周文、曾三、张季纯、鲁直、林山等人。边区文协主任柯仲平提出,鉴于各地读者需要了解延安生活情形,特发起印行《延安生活》丛刊,内容多方面,形式不拘。推出李伯钊、欧阳山、张仲实、艾思奇、柯仲平、鲁直、秦川等7人组成编委会,欧阳山为主编。《〈延安生活〉发刊缘起》,在《解放日报》10月25日登出。"缘起"说:"延安是民主中国的中心,延安是首席解放区。延安是中共中央所在地。在中国青年和进步人士的心目中,延安是中国革命的圣地。对于这个地方,全中国人民都爱护她;这个地方的生活,全中国和全世界的人都想了解她。而反动派却尽力污蔑她,掩盖和歪曲她的真相。""为了满足解放区内外人民的要求,咱们要把这个工作赶快做起来。"稿子请寄到延安文化协会《延安生活》社。11月7日,西北局文委为配合保卫边区的动员工作,特集会讨论目前边区文艺工作的具体任务。出席者有柯仲平、江隆基、柳湜、李伯钊、胡友之等。西北局宣传部部长李卓然综合大家意见为:一、收集边区军民保卫边区的模范事迹及蒋军黑暗腐败情况,创作剧本、唱词、歌曲、绘画,以鼓励必胜信心;二、组织小型文艺宣传队,人数最多20人,如文协、绥德文工团、部队等组织的宣传队,配以"拉洋片"、说书、摄影、演戏等人才,进行战时动员;三、纠正某些文艺活动脱离实际和不合战时要求的作风。(参见艾克恩编纂《延安文艺运动纪盛》,文化艺术出版社1987年版;孙国林编著,王佳钰、王增辉校订《延安文艺大事编年》,陕西师范大学出版总社2016年版;中共中央文献研究室编撰、逄先知主编《毛泽东年谱(1893—1949)》,人民出版社、中央文献出版社1993年版)

余光生任新华社代社长。6月30日,毛泽东致信余光生:"从现时起,凡各地蒋军向我进攻之消息,均请发表,并广播;因蒋口头说停战,实际在作战,我应发表新闻予以揭穿。"8月6日,毛泽东在延安枣园会见美国记者斯特朗,谈话中提出了"一切反动派都是纸老虎"的著名观点。这句话难住了当时担任翻译的余光生,因为他找不到一个合适的英语单词,来说明纸老虎的意思。最后,余光生想了半天,说这个词的意思是:scarecrow。也就是稻草人的意思。当时,毛泽东听到后就觉得不对劲,因为毛泽东学习过老虎的单词应该是:tiger,纸的单词是:paper,但是毛泽东并没有听到这两个词,就觉得余光生翻译的不对。实际上,稻草人确实不是纸老虎的意思,毛泽东一直摇头,最后毛泽东亲自说道:我说的意思应该是:"paper-tiger"。(参见中共中央文献研究室编撰、逄先知主编《毛泽东年谱(1893—1949)》,人民出版社、中央文献出版社1993年版)

艾思奇继续任《解放日报》副总编。4月8日,《解放日报》社社长博古和王若飞、叶挺、邓发(史称"四八烈士")等从重庆飞回延安途中遇难。艾思奇执笔,和余光生、陈克寒联合署名发表《悼念我们的社长和战友博古同志》。5月,"大众书店"编辑出版了艾思奇的一本新文集,书名为《论中国的特殊性及其他》。6月6日,《解放日报》全文转载《中华全国文化协会总会文艺节告全国文艺工作者》,并为此发表评论《中国新文艺运动中的一个有历史意义的贡献》,说在这个文献里,总结了抗战期间文艺工作的成绩和缺点,提出了"为人民大众服务,实现和平民主"的要求。这是对全国文艺工作者的号召,显示了全国文艺工作的新方向,值得我们重视。几年前,毛泽东提出文艺为工农兵、文艺工作者和工农兵结合的方向。这是一个中心问题,要解决文艺的一切问题,都不能不先从解决这个问题入手。我们感到格外兴奋的是,全国文协总会的"告全国文艺工作者"里,明确提出"为人民大众服务,实现和平民主的要求",作为全国文艺工作者共同努力的方向。"解放区的文艺工作者,是深切地愿意和全国文艺工作者共同携手,在一个共同的方向下努力前进的。"8月,中共中央任命廖承志为《解放日报》社社长,艾思奇为总编,同时兼任新华通讯社副总编辑。9月,鉴于李公朴、闻一多先后遇害后,国民党特务造谣说李公朴是"共产党杀的""是艾思奇杀死的"等等,艾思奇撰文《谁是杀人凶手》,给予严正驳斥,于9月11—12日在延安广播电台广播《谁是杀人的凶手》,谈李公朴、闻一多被害事件。9月15日,《解放日报》全文登出。11月,国民党蒋介石派胡宗南集中了23万兵力,准备进犯陕甘宁边区,中央决定暂时放弃延安。艾思奇和社长廖承志一起,于11月带领大队向晋察冀边区转移。(参见《艾思奇全书》第8卷附录《艾思奇生平年谱》,人民出版社2006年版;艾克恩编纂《延安文艺运动纪盛》,文化艺术出版社1987年版;孙国林编著,王佳钰、王增辉校订《延安文艺大事编年》,陕西师范大学出版总社2016年版)

胡乔木继续任毛泽东秘书。7月18日，在《解放日报》发表《哀一多先生之死》，说闻一多"对于现代中国诗的开展，已有并将有最大贡献的少数大匠之一。要在中国现代的诗人中，找出能象他这样联结着中国古代诗、西洋诗和中国现代各派诗的人，并不是很容易的"。他是"一个出色的公民、出色的人民的战士，如同他是一个出色的艺术家"。"鬼在中国广大的土地上是压迫着人，吞噬着人，现在是吞噬了一多先生。在鬼的领土里谈人的文化是可笑的，但是速朽的鬼究竟不能真正杀死永生的人和永生的人的文化。"8月上中旬，毛泽东致信胡乔木："请写一篇号召解放区军民起来粉碎反动派进攻的社论。目前亟需这样一篇社论，以利公开动员。"胡乔木根据毛泽东的指示起草的社论《全解放区人民动员起来，粉碎蒋介石的进攻！》。8月16日，在《解放日报》发表。（参见艾克恩编纂《延安文艺运动纪盛》，文化艺术出版社1987年版；中共中央文献研究室编撰、逢先知主编《毛泽东年谱（1893—1949）》，人民出版社、中央文献出版社1993年版）

陈伯达《中国四大家族》10月由新华书店出版。此书叙述蒋、宋、孔、陈四大家族的发家史，揭露了他们是如何以"国家""政府"的名义，用"官商"的形式，在金融、商业、工业、农业、地产、新闻、出版等各方面，将国家的财富变成他们自己的私产，成为封建的国家垄断资本主义，而广大民众则陷入一贫如洗、饥寒交迫的悲惨境地，从而指出：四大家族的统治是中国的耻辱和灾难。此书前后印刷不下数十万册，在舆论上造成巨大声势，摧毁了国民党上层集团的形象和声誉，成为颠覆消解国民党统治合法性的一枚重磅炸弹。但书中所引证的资料和数据，来源可疑，可靠性不高。（参见王学典《20世纪史学编年（1900—1949）》，商务印书馆2014年版）

柳湜继续任陕甘宁边区教育厅长。1月14日至2月12日，陕甘宁边区政府教育厅在延安举行中等教育会议。会议讨论内容有中等教育的方针、学制、课程、教材、教法、地方干部班、思想教育、组织与领导等问题。会议确定边区中等学校教育的总任务是有计划地培养边区知识分子，提高现任区、乡干部的文化水平。中等学校的方针是与边区实际密切结合，学以致用，培养未来干部，提高现有干部（包括小学教师）。教学内容必须以文化教育为主，文化教育又必须以语文为主。会议还明确了思想教育应是新民主主义的、人民大众的，确立为人民大众服务的观点；应通过民主、自由讨论的方式，坚决纠正强迫、斗争等方式。3月12日，柳湜接见《解放日报》记者，说明中等教育的教育方针及计划。柳湜指出：随着时局的发展。全国进入和平民主新阶段的时候，我们的教育还应进一步加以改进，那就是逐渐注意正规化。要更加发挥自由论争，服从真理的学习，并逐渐增加科学教育。（参见中央教育科学研究所编《中国现代教育大事记1919—1949》，教育科学出版社1988年版）

柯仲平任主编的全国文协延安分会和边区文协会刊《延安文艺》8月30日定于双十节出版，李伯钊、胡蛮、欧阳山、贺绿汀、柯仲平、张季纯、马健翎等11人组成编委会。每期四五万字，主要对象为边区小学教师、地方剧团、中学生和干部。9月2—3日，《解放日报》刊发《延安文艺》征稿启事：欢迎戏剧、秧歌、说书、唱本、诗歌、民间故事、歌谣、小调、小说、杂文、报告文学、文艺动态、木刻、连环画及研究、总结等各种形式的文艺稿件。全国文协延安分会、陕甘宁边区文协在9月3日《解放日报》上刊出《〈延安文艺〉需要什么稿子？》要求"大众写，大众看，大众批评，大众关心"，把刊物"变成广大人民精神上的一种粮食，变成瞄准敌人射出去的子弹，杀出去的刺刀"。写延安和陕甘宁边区人民的生活，写文艺活动，写心得，写经验。文艺批评要"发扬实事求是的作风，对的，好的，就说对，就说好；不对的，不好的，就说不对、不好""用大众作风、大众气派写"。（参见艾克恩编纂《延安文艺运动纪盛》，文化艺术出版社 1987 年版;中共中央文献研究室编撰、逄先知主编《毛泽东年谱(1893—1949)》,人民出版社、中央文献出版社 1993 年版)

　　胡蛮 1 月 4 日在《解放日报》发表美术评论《对在延安展出的留渝木刻家作品的印象》。指出:木刻家丁正献、刃锋、王琦、梁永泰、陈烟桥、陆地、刘铁华等的作品,"都有一个共同的倾向——描写工农兵人民大众的生活,在技巧上在作风上也可以看出这些作品之接近人民群众的爱好,有些作品已注意到中国风格和民间趣味。可以说这是毛泽东同志《在延安文艺座谈会上的讲话》影响波及到全国的象征"。24 日,胡蛮在《解放日报》发表《解放区的木刻——新年木展后记》。谈到木刻作者有胡一川、马达、力群、江丰、沃渣、陈铁耕、张望等,后起之秀有罗工柳、彦涵、古元、夏风、施展、王流秋、计桂森、郭钧、张菊、王秉国、焦心河、笑俗、石鲁、张明坦等。6 月 19 日,胡蛮在《解放日报》撰论《抗战八年来解放区美术运动》,认为 1942 年文艺座谈会毛泽东讲话后,美术工作者的艺术思想发生了划时代的变化,为更伟大的艺术创作奠定了基础。7 月 2 日,延安美术界 2 日至 3 日在中央党校俱乐部举行《珂勒惠支逝世纪念展览会》,展出其重要作品木刻、锌刻、石版画、速写和素描等共 82 幅。世界著名德国革命女画家凯绥·珂勒惠支于去年 7 月在德国德莱斯登逝世,延安美术界闻讯后无不同声哀悼。是日,《解放日报》登载 3 篇纪念珂勒惠支文章:祜曼(胡蛮)的《纪念她! 学习她》、庄言的《凯绥·珂勒惠支没有死》、胡蛮的《伟大的人民艺术家凯绥·珂勒惠支》。10 月 19 日,胡蛮在《解放日报》发表《纪念鲁迅》,主要联系现实谈了对鲁迅《为了忘却的纪念》的理解,强调我们应该牢记鲁迅诗中的深刻思想,进行斗争。(参见艾克恩编纂《延安文艺运动纪盛》,文化艺术出版社 1987 年版;孙国林编著,王佳钰、王增辉校订《延安文艺大事编年》,陕西师范大学出版总社 2016 年版)

　　方杰 2 月 9 日在《解放日报》发表《谈谈〈清明前后〉》。说茅盾先生的剧作《清明前后》在延安上演了。作为延安上演的参与者,特别是听到该剧在重庆上演所遭遇到的种种困难以后,不能不使人无限感慨。该剧教育意义极大,它现实地刻画了国统区的社会,告诉人们,只有争得政治上的民主,民族工业才有出路。我们期望今后能有更多象这样代表人民呼声的作品创作出来。(参见艾克恩编纂《延安文艺运动纪盛》,文化艺术出版社 1987 年版;孙国林编著,王佳钰、王增辉校订《延安文艺大事编年》,陕西师范大学出版总社 2016 年版)

　　陈涌(杨思仲)在 2 月 13 日《解放日报》发表剧评《看〈清明前后〉以后》,说《清明前后》演出得到延安观众的普遍重视和欢迎,这是不难理解的。因为它大胆地暴露了国统区不民主的情况,官僚资本的腐败,民族工业受摧残以及人民的痛苦生活,指出只有争取民主自由才是唯一出路,从而激励我们为中国的彻底民主的早日实现而努力奋斗。5 月 5 日,陈涌(杨思仲)在《解放日报》发表论文《纪念马克思,学习马克思主义》。6 月 13 日,陈涌撰写评论文章《〈望乡台畔〉》。7 月 16 日,陈涌(杨思仲)在《解放日报》发表诗评《关于政治诗》。认为政治诗在表现人民力量方面应突出在"整个作品对于前途的信心上,表现在作者看问题的方法上,表现在作品全般的情绪上,甚至也表现在诗的韵律上"。10 月 19 日,陈涌(杨思仲)在《解放日报》撰文《三年来文艺运动的新收获》,认为"由于毛泽东同志更具体地提出了文艺为工农兵的思想方向,正确地解决了普及与提高的关系问题,不但解放区的文艺工作面貌一新,全国进步文艺界也开始了新的气象"。三年来,各解放区不论在戏剧、美术、小说、诗歌方面都产生了大量好作品,如古元、彦涵等的木刻,《李有才板话》《李勇大摆地雷阵》《晴天》《粮食》《兄妹开荒》《白毛女》《血泪仇》《穷人恨》《生产互助》《逼上梁山》《三打祝家庄》《洋铁桶的故事》《吕梁英雄传》《刘志丹》《王贵与李香香》等优秀的代表作。它们象一切艺术品一样是宣传,也象一切艺术品一样是艺术。在国统区,毛主席《讲话》也有了指导性的影响,郭沫若、茅盾便是首先坚持这个方向,拥护这个方向的。12月5日,陈涌在《解放日报》刊登文艺短论《提倡小形式》。(参见艾克恩编纂《延安文艺运动纪盛》,文化艺术出版社1987年版;孙国林编著,王佳钰、王增辉校订《延安文艺大事编年》,陕西师范大学出版总社2016年版)

何其芳2月16日在《解放日报》发表《〈清明前后〉的现实意义》,说该剧是一部力作,有着尖锐而丰富的现实意义。对生活中的各种戏剧片断,有些人习而不察,有些人感而不深,当艺术家把它们集中地反映出来,它们的意义才明确、突出,容易使更多的人战栗和愤怒。剧作选取了大时代的小插曲,提出并解决了民族工业的出路问题:参加民主斗争。同时,这个剧本也是旧中国罪人们的罪行录。抗战胜利了,但功罪还未大白于天下,人民的功劳和民族败类的罪行还未得到应有的记载。该剧的成功处就在于它能让观众或读者把罪行归于真正的罪犯。6月10日,何其芳的长篇论文《关于现实主义》在《解放日报》两天连载。文章共分三部分:一、今天大后方的文艺上的中心问题到底在哪里? 作者认为主要问题是非政治倾向,是作者还没有真正确立人民大众的立场。应该从这方面加以反省。二、从创作过程说到对《清明前后》的估价。他认为反映生活可以从"应该"写出发,进而达到"愿意"写。那种认为茅盾的《清明前后》只是为了"应该"而写的观点是错误的。三、批评一个作品是否可以从政治性和艺术性两个方面考察? 作者认为应该用政治标准第一、艺术标准第二综合判断一个作品。编者指出:这篇文章是今年2月作者为参加重庆《新华日报》副刊关于大后方文艺问题的讨论而写的。这次讨论从两个话剧的座谈(即夏衍的《芳草天涯》和茅盾的《清明前后》的座谈)开始。讨论中间接触到了文艺的各种问题,其中文艺与政治、文艺与群众结合、作者与生活、艺术批评的标准等,是谈得最多的。对此本文作者根据毛主席的文艺方针提出了自己比较正确的意见,对于了解国统区进步作家的文艺思想动态和今天尚存在的问题的症结所在,都是有帮助的。11月30日,何其芳在《新华日报》发表《朱总司令在延安文艺座谈会上》,谈他耳闻目睹朱德在那次会上的讲话,以及他受到的教育。(参见艾克恩编纂《延安文艺运动纪盛》,文化艺术出版社1987年版;孙国林编著,王佳钰、王增辉校订《延安文艺大事编年》,陕西师范大学出版总社2016年版)

解清(黎辛)在3月13日《解放日报》发表剧评《谈〈清明前后〉的演技》。说《清明前后》在延安公演六、七次,得到观众热烈欢迎,这是西北文工团全体同志努力的结果。王亚凡扮演资本家走卒余为民,动作熟练,很会做戏。阮艾芹扮演唐文君、王汶石扮演李维琴,都给观众留下深刻印象。林丰演工厂经理、陈若绯演赵自芳、舟冰演玛丽,都表现了各人的性格。戴临风掌握了金澹庵的特性,方杰演陈克明教授有些呆板,刘燕生演交际花黄梦英自然沉着,很有表演才能。其他演员,大体上也都称职。6月15日,解清(黎辛)在《解放日报》撰文介绍马烽、西戎的长篇章回体小说《吕梁英雄传》(上册)。18日,解清(黎辛)在《解放日报》发表《谈学习民间语言》。20日,解清(黎辛)在《解放日报》评介柯蓝的通俗小说《乌鸦告状记》。说这篇万余字的通俗小说,就象作者的《抗日英雄洋铁桶》一样,很受读者欢迎。9月22日,诗人李季以"信天游"形式写成长篇叙事诗《〈王贵与李香香〉——三边民间革命历史故事》,在《解放日报》分3天载完。同版登出解清(黎辛)的评论《从〈王贵与李香香〉谈起》。评论说,用"信天游"形式描述如此丰富内容的作品,还是第一次看到。它题材新鲜,风格简明,极生动地为我们描绘了一幅边区土地革命时农民斗争图画。(参见艾克恩编纂《延安文艺运动纪盛》,文化艺术出版社1987年版;孙国林编著,王佳钰、王增辉校订《延安文艺大事编年》,陕西师范大学出版总社2016年版)

　　蓝钰2月28日在《解放日报》发表剧评《看〈大名府〉后》。说延安平剧工作者把《水浒传》搬上舞台已有多次了。这一次又演出了《大名府》,这是一出好戏。它勾画出一个动摇的中间分子的典型,说明梁山和官府都知道这一中间阶级的重要性,有极大的教育意义。它富于历史的真实性,一方面写出了卢俊义的阶级地位,从动摇到转变的全部过程;另一方面又写出了梁山泊好汉的气魄和英雄作风。(参见艾克恩编纂《延安文艺运动纪盛》,文化艺术出版社1987年版;孙国林编著,王佳钰、王增辉校订《延安文艺大事编年》,陕西师范大学出版总社2016年版)

　　张寒晖于3月11日晚11时因患肺水肿在延安和平医院逝世,时年44岁。"九一八"事变后,曾以松花江《流亡三部曲》第一部,风行全国。24日,陕甘宁边区文艺协会在延安大学礼堂举行音乐家张寒晖追悼大会。同日,诗人柯仲平在《解放日报》发表《追悼人民艺术家张寒晖同志》。诗曰:"文化山头葬寒晖,一把土来一把泪! 你在这里开过荒,这里把你来安葬! 含泪的黄土垒成堆,哀悼的诗歌刻成碑。""你的歌:《松花江上》,动员了我们——成千成万,成千成万,勇敢的人民去抗战! 还有碑,纪念碑,立在人民的心坎内。""松花江,延水河,永远陪你唱人民的歌!"25日,张季纯在《解放日报》发表《略记寒晖》。同版发表张寒晖配词的新民歌《军民合作》。(参见艾克恩编纂《延安文艺运动纪盛》,文化艺术出版社1987年版;孙国林编著,王佳钰、王增辉校订《延安文艺大事编年》,陕西师范大学出版总社2016年版)

　　欧阳山5月19日创作长篇小说《高干大》,为我国现代文学史上最早反映农村互助合作的长篇。8月25日,全国文协延安分会和边区文协召集延安文化界举行座谈,发起编印《延安生活》丛刊。到会有李卓然、张仲实、欧阳山、柯仲平、周文、曾三、张季纯、鲁直、林山等人。边区文协主任柯仲平提出,鉴于各地读者需要了解延安生活情形,特发起印行《延安生活》丛刊,内容多方面,形式不拘。推选李伯钊、欧阳山、张仲实、艾思奇、柯仲平、鲁直、秦川等7人组成编委会,欧阳山为主编。(参见孙国林编著,王佳钰、王增辉校订《延安文艺大事编年》,陕西师范大学出版总社2016年版)

　　冯牧6月18日在《解放日报》发表《更好地反映我们的建设成果——纪念高尔基逝世十周年》。26日,赵树理的小说《李有才板话》在《解放日报》分9天连载,工柳、杨君插图。小说围绕阎家山村政权的改组和减租减息两大事件,描述了初期解放区农村错综复杂的阶级斗争。《解放日报》同时登出冯牧的评论文章《人民文艺的杰出成果——推荐〈李有才板话〉》。评论说,《李有才板话》驰名全国,是最早地成功地反映解放区农民翻身斗争的作品,虽然它刊于1943年,已是三年前的旧作,但至今仍是最优秀的代表作之一,应该得到我们的赞扬和重视。自文艺座谈会以后,解放区的文艺运动有了新的面貌,以工农兵尤其是农民为对象的创作大批地涌现。《李有才板话》以3万多字的篇幅,为我们描绘了一幅解放区农民生活和农村关系的急剧变化的图画。它是我们极可珍贵的收获,是正在茁壮成长着的人民文艺的杰出成果。(参见艾克恩编纂《延安文艺运动纪盛》,文化艺术出版社1987年版;孙国林编著,王佳钰、王增辉校订《延安文艺大事编年》,陕西师范大学出版总社2016年版)

　　吴文遴8月5日在《解放日报》发表《大家看看〈李有才板话〉——反省和检讨自己的思想与工作》,谈《李有才板话》所得对于农村政治工作、宣传工作及干部作风的三点启发。(参见艾克恩编纂《延安文艺运动纪盛》,文化艺术出版社1987年版;孙国林编著,王佳钰、王增辉校订《延安文艺大事编年》,陕西师范大学出版总社2016年版)

　　西戎、马烽为《晋绥大众报》编辑、记者。9月12日,西戎、马烽的长篇小说《吕梁英雄传》在《解放日报》择要转载。"编者话"指出:"《吕梁英雄传》是一部生动地反映敌后人民抗日战争的通俗作品,它在晋绥边区发表和出版后,被广大读者所热爱。当国民党好战分子叫嚣进攻边区的时候,看看敌后英雄们怎样进行战斗并取得胜利,当是很有教益的。"

按:《吕梁英雄传》写于1945年,同年6月5日至1946年8月20日,连载于《晋绥大众报》,使报纸的印数增加一倍。1946年4月,晋绥边区吕梁教育出版社出版。延安读者强烈要求看到这部小说,于是《解放日报》便摘要刊出。这部小说为章回体,共八十回,写吕梁山地区人民抗日的故事。(参见孙国林编著,王佳钰、王增辉校订《延安文艺大事编年》,陕西师范大学出版总社2016年版)

成仿吾继续任晋察冀边区参议会议长。1月8日,成仿吾、于力、周扬、丁玲、萧军、杨朔、艾青、厂民、沙可夫、吕骥、向隅、周巍峙、吴晓邦、张庚、古元、江丰、沃渣、马达、王朝闻、彦涵等60余人出席张家口文艺界在联大礼堂举行的欢迎抵张的延安文艺工作者的盛大的联欢会,这是张家口解放以来文艺界第一次盛会。于力副议长代表议会向远道而来的延安文艺工作者表示慰问,他说:"延安文艺界工作同志们有极高的修养和丰富的经验,今天来此交换经验,互相学习,是特别有意义的一件事。"成仿吾代表边区文艺界致欢迎词,周扬、丁玲代表延安文艺界讲话。9日,延安文艺家应邀参加在张家口由新华分社和晋察冀日报社举行的茶会。会上,诗人、作家、记者共勉1946年要做出更大努力和贡献。萧三、丁玲等发表讲话,康濯报告晋察冀文艺运动发展情况。16日,《解放日报》载:晋察冀文化艺术团体和知名人士致政治协商会议电,建议:"一、在全国范围内实现有思想、创作、言论、出版的自由;二、所有收复区的敌伪文化机关,国民党不得独占把持;三、取消党化教育、禁止学校特务活动;四、依法惩办卖国文化汉奸;五、文化界民主人士,应有权参加全国各级的民主政府。"电文上署名的有晋察冀边区文化界联合会、华北文艺工作团、延安文艺通讯团、鲁迅艺术文学院等16个单位和文化工作者于力(董鲁安)、成仿吾、周扬、萧三、萧军、丁玲、吴晓邦、沙可夫、艾青、邓拓、吕骥、马达、张庚、沃渣、蔡若虹、田间、江丰、草明、古元、彦涵、向隅、张仃、周巍峙、冯宿海、丁里、王曼硕、钟敬之、汪洋、胡一川、舒强、李元庆、周峰、厂民、王朝闻、杜矢甲、马可、唐荣牧、张水华、瞿维、杨角、张春桥、白晓光、康濯、陈企霞、张望、莫璞、夏风等百余人。

按:1945年9月20日,在举国同庆的中秋佳节,由贺敬之、王昆、李焕之、崔嵬、陈强等56人组成的华北文艺工作团,由团长艾青、副团长舒强、政委江丰带队,从延安出发。华北文艺工作团分为四组,江丰任美术组长、陈企霞任文学组长、李焕之任音乐组长、舒强任戏剧组长,于1945年11月8日到达张家口。1945年11月15日,由延安大学和鲁迅艺术学院的文艺工作者组成的东北文艺工作团,在周扬和沙可夫的带领下,从延安出发,历时46天,于1945年12月30日抵达张家口。1945年底,由中华全国文艺协会延安分会的丁玲、杨朔、萧三、邵子南、逯斐、陈明、欧阳山、草明等人组成的延安文艺通讯团进驻张家口。随后,中国民间音乐研究会、延安鲁迅艺术学院、延安平剧研究院陆续从延安到达张家口,因通往东北的道路受阻,东北文艺工作团与延安文艺通讯团滞留张家口,参加张家口的文艺建设。于是,在张家口会师的红色文艺工作者,汇聚成一股滚滚不息的革命文艺洪流,在中共晋察冀中央局的领导下,为了共同的革命理想,以昂扬的斗志、向上的精神、澎湃的激情,勠力同心,紧密合作,合办了华北联合大学文工团,共建了中华全国文艺协会张家口分会、北方文化社、察哈尔文联、张家口市曲艺协会、旧剧联合会、鲁迅学会和聂耳、星海研究会等文艺团体。

成仿吾继续任经重组后的华北联大校长,周扬任副校长。华北联大恢复了文艺、法政、教育三个学院和文艺工作团。下设文学、戏剧、音乐、新闻、政治、财经、教育等10个系。张如心任教务长,副教务长林子明;文艺学院院长沙可夫,副院长艾青;教育学院院长于力,副院长丁浩川;法政学院院长何干之。文艺学院下设文学、戏剧、音乐、美术、新闻5个系和文工团,陈企霞任文学系主任,舒强任戏剧系主任,李焕之任音乐系主任,江丰任美术系主任,邓拓任新闻系主任,吕骥任文工团团长、周巍峙任文工团副团长。何洛、丁玲、严辰等均为文学系教员。2月20日,重庆发生"校场口"事件。成仿吾、丁玲、艾青、萧三、萧军、吕骥、周而复等人立即致电蒋介石,表示强烈抗议,并向被打伤的郭沫若、李公朴等著名人士致电慰问。3月1日,大型综合性文化半月刊《北方文化》创刊,主编为成仿吾、张如心,编委有周扬、肖三、丁玲、杨献珍等13人。共出版两卷12期。成仿吾在1卷1期上发表《创刊的话》。在1卷3期上发表《中苏关系之回顾》。在1卷5期发表《中国青年要走自己的道路》。3月,同边区文化界于力、林子明、丁浩川、邓拓等筹办社会大学。4月24日,参加文协张家口分会成立大会。同丁玲、艾青等23人当选为理事。会议通过了奖励文艺创作,开展业余文艺活动等决议。5月4日,中共中央发出"五四指示",边区各地开始土地改革。不久,组织"联大"师生下乡宣传党的土改政策,实行同工农相结合。6月下旬,上海数十万人游行示威,反对美帝国主义援助蒋介石发动内战。当马叙伦等代表到南京下关被殴打、侮辱时,成仿吾同艾青、丁玲、邓拓等23人联名致电国民党政府表示抗议。同时致电慰问马叙伦等代表。7月2日,成仿吾与丁玲、萧三等联名致电美国文化界辛克莱、斯坦伯格、赛珍珠、休士、果尔德、斯诺、爱金生、富尔曼等,呼吁美国作家和人民制止美帝国主义援助蒋介石,发动内战的罪恶行径:"请你们——中国人民的好朋友起来制止美国反动分子帮助中国反动派屠杀中国人民的暴行。"9月,国民党军队向解放区全面进攻,飞机轰炸威胁着张家口。"联大"奉命准备转移。成仿吾作形势报告,他坚定地指出:"我军必将反击,让大炮说话吧!"10月,学校在广灵停留一个多月,师生参加土改。11月,开始向冀中转移,经灵邱、阜平、唐县、安国、深泽等县,行军800里,大家称之为"小长征"。从张家口转移时,晋剧演员郭兰英要求随华北联大走,经成仿吾批准,从此郭兰英参加了华北联大文工团。(参见张傲卉、宋彬玉《成仿吾年谱》,《东北师大学报》1985年第5期;郑恩兵《红色文艺之城——张家口》,《光明日报》2021年5月28日;艾克恩编纂《延安文艺运动纪盛》,文化艺术出版社1987年版;孙国林编著,王佳钰、王增辉校订《延安文艺大事编年》,陕西师范大学出版总社2016年版)

周扬和沙可夫率领的延安大学和鲁迅艺术学院的文艺工作者组成的东北文艺工作团于上年11月15日从延安出发,历时46天,于12月30日抵达张家口。同月,出任华北联大副校长。7月,周扬在张家口丁玲主编的《长城》创刊号上发表《论赵树理的创作》,这是解放区第一篇研究赵树理的专论,此文随后又在8月26日延安《解放日报》转载。文中对赵树理的《小二黑结婚》和《李有才板话》作了高度评价,说:"在被解放了的广大农村中,经历了而且正经历着巨大的变化""这个农村的伟大变革过程,要求在艺术作品上取得反映。赵树理同志的作品就在一定程度上满足了这个要求""赵树理是一个新人,一个在创作、思想、生活各方面都有准备的作者,一位在成名之前已经相当成熟了的作家;一位具有新颖独创的大众风格的人民艺术家"。接着,周扬对赵树理的《小二黑结婚》《李有才板话》《李家庄的变迁》3篇代表作做了详尽分析,概括出赵树理在人物创造、语言创造两个方面的特点,给予很高评价。最后,作者指出:文艺座谈会以后,艺术各部门达到了重要的收获,开创了新的局面,赵树理同志的作品是文学创作上的一个重要收获,是毛泽东文艺思想在创作实践上的一个胜利。我们欢迎这个胜利,拥护这个胜利。周扬旨在将赵树理树为实践讲话的典型、解放区作家的方向。随后,周扬因被确定为访美学者,去上海找国民党政府签发护照,同时带去了《李有才板话》,郭沫若和茅盾立即撰文高度赞扬,赵树理的小说随即在国统区名声大振。8月25日,《解放日报》载:上海文化界郭沫若、茅盾、田汉、许广平、胡风等40余人举行会餐,为周扬北返饯行。周扬报告此次出国被阻经过,并对上海文化界同仁的关怀,表示谢意。还盼望加强上海与解放区文化的联系,对解放区多给帮助指导。新从昆明来的联大教授吴晗、尚钺、楚图南等先生被邀讲话。与会者纷纷为周扬题词,郭沫若题:"到了上海事实已就等于到了美国,不必再远涉重洋了。还是自己埋头苦干的要紧。我相信,我们这一次的分手总不是太长远的。"茅盾题:"盼望你把我们的敬意和热忱带给北方的朋友。"许广平题:"远方的光芒带来到近旁。"田汉题词:"东风不肯便周郎,却乘东风返朔方,何必镀金方灿烂,已为民主放光芒。"胡风题:"没有礼物,把我们的怀念和期待带到北方去吧。中国已分幽明二界,在幽界中的我们,总要穿过屠刀,踩着荆棘走完这条路,直到我们在自由的阳光下面欢呼重见的一天。"(参见艾克恩编纂《延安文艺运动纪盛》,文化艺术出版社1987年版;孙国林编著,王佳钰、王增辉校订《延安文艺大事编年》,陕西师范大学出版总社2016年版)

沙可夫4月24日出席中华全国文艺协会张家口分会成立大会。大会选举丁玲、沙可夫、吕骥、丁里、艾青、萧三、成仿吾、周巍峙、沃渣、古元、江丰、张庚、康濯、冯宿海、钟敬文、邓拓、李炳元、于力、舒强、王血波、张仃、沙飞、钱丹辉等23人为理事,主任为沙可夫,编辑出版部长为丁玲,研究部长为萧三。张家口文协编辑的《长城丛书》包括赵树理的《李有才板话》、歌剧《白毛女》、周扬的《表现新的群众的时代》和《秧歌剧选集》1—3集。《解放区短篇小说选》收入了孙犁的《荷花淀》、康濯的《我的两家房东》、丁玲的《我在霞村的时候》和邵子南的《李勇大摆地雷阵》等三十几篇作品,不仅在解放区而且在国统区和香港发行。5月9日,中华文协张家口分会召开第一届理事会第一次会议,会议推选沙可夫、丁玲、肖三、吕骥、艾青、江丰、丁里、张庚、周巍峙9人为常务理事。主任沙可夫,编辑出版部部长丁玲,研究部部长萧三。7月20日,张家口文协机关大型文艺刊物《长城》创刊。8月26日,全国文协张家口分会、鲁迅学会等为帮助广大爱好文艺的青年自修,联合举办暑假文艺讲谈会,每周二次。肖军讲如何从事业余文艺工作;欧阳凡海讲中国新文艺发展史略;何干之讲文艺的使命和现代中国几位革命文艺作家介绍(鲁迅、郭沫若、茅盾);沙可夫讲马克思主义文学观;周巍峙讲农村文艺运动的几点经验;唐伯弢讲关于改革平剧的几个问题;邓拓讲文化普及运动的几个问题。(参见艾克恩编纂《延安文艺运动纪盛》,文化艺术出版社1987年版;孙国林编著,王佳钰、王增辉校订《延安文艺大事编年》,陕西师范大学出版总社2016年版)

丁玲、杨朔、萧三、邵子南、逯斐、陈明、欧阳山、草明等人组成的中华全国文艺协会延安分会延安文艺通讯团于上年底进驻张家口。是年1月6日,丁玲为张家口青年作《青年知识分子的修养》的讲座。讲稿刊于3月《民主青年》第3期。10日,与成仿吾等与张家口市文化界知名人士集会,致电政协会议,提出国事主张。4月17日,作《我怎样飞向自由的天地》,刊于5月5日《时代青年》第1卷第5期。初收《跨到新的时代来》。文章简述自己走向革命的过程说:"我并没有一下便找到光明大道,我打过几个圈子,碰了许多壁才走上了正确的路的。但从这时我却飞到了一个较广阔,较自由的天地。"下旬,由于丁玲主张文艺作品可以夹在新闻一起排,她认为"这里放一篇,那里放一篇,可以活跃版面",于是,《晋察冀日报》社社长邓拓邀请她主编该报文艺副刊。27日,《创作漫笔》刊于《晋察冀日报》文艺副刊第1期。同月,到华北联大文学系讲课。6月1日,蔡畅、邓颖超、丁玲当选为国际妇联理事。17日,作《谈大众文艺——纪念瞿秋白同志被难十一周年》,次日刊于《晋察冀日报》文艺副刊第23期,文章回忆瞿秋白所倡导的大众文艺思想在毛主席召开的延安文艺座谈会后"渐渐萌芽了","我以我个人失去了一个最可怀念的导师的心情,同时对革命却又怀着坚定的乐观来纪念秋白同志"。同月,与周扬、艾青接见在美国新闻总署中国分署工作的美籍华人费正清与夫人威尔玛,又与成仿吾、沙可夫、萧军等发起成立文协张家口市分会。

丁玲7月15日为《长城》创刊号写《编后记》。20日,华北文联综合性文艺刊物《长城》创刊,丁玲任主编,编委为丁玲、丁里、艾青、沙可夫、康濯、萧三、江丰。江丰兼封面设计,共出版两期。同月,原准备与邓颖超出国参加巴黎国际妇女会议,因受国民党阻挠,未能成行。因党中央发出关于土改的《五四指示》,丁玲要求参加晋察冀中央局组织的土改工作队,获准后到怀来、涿鹿两县参加土改工作。先后跑了几个村子,最后在温泉屯住了一个月,进行调查研究。8月,《解放区短篇创作选》上、下两册由文协张家口分会编辑出版,收有丁玲、萧三、吴伯箫、周巍峙、孙犁等人小说、报告30余篇,受到高度评价。9月初,温泉屯土改结束。因平绥战事吃紧,丁玲离开涿鹿返回张家口到晋察冀中央局候命。后撤离张家口,同《晋察冀日报》社记者仓夷等下乡走了十几天到阜平继续参加土改。途中,丁兴奋地对同行者说:"《太阳照在桑干河上》已经构成了,现在需要的只是一张桌子、一叠纸、一支笔。"10日,与孔厥、赵树理等人的合集《陕北杂记》(《文艺新刊》第1辑)由希望社出版,内收丁玲的《三日杂记》。同月,东北书店出版诸家合集《英雄传》,内收丁玲的报告文学《袁广发》;新象书店出版巴雷、朱纶之编选的《丁玲佳作选》。内收编者的《丁玲小传》及丁玲作品五篇:《莎菲女士的日记》《莎菲日记第二部》《自杀日报》《水》《不算情书》。11月初在阜平红土山村开始创作长篇小说《太阳照在桑干河上》。12月,搬到阜平抬头湾村继续写作。(参见王周生《丁玲年谱》,上海社会科学院出版社1997年版;郑恩兵《红色文艺之城——张家口》,《光明日报》2021年5月28日;艾克恩编纂《延安文艺运动纪盛》,文化艺术出版社1987年版)

艾青、舒强、江丰率华北文艺工作团于上年11月8日到达张家口,成员有贺敬之、王昆、李焕之、崔嵬、陈强等56人,艾青任团长,舒强为副团长,江丰任政委。艾青任华北联大文艺学院副院长,院长为沙可夫。5月16日,艾青作《释新民主主义的文学》,刊于7月出版的《长城》文艺月刊创刊号。7月20日,艾青的著名长诗《向太阳》,由俄文《时代杂志》主编斯威特洛夫译成俄文并发表在该杂志上。(参见郑恩兵《红色文艺之城——张家口》,《光明日报》2021年5月28日;艾克恩编纂《延安文艺运动纪盛》,文化艺术出版社1987年版)

萧军、何干之、欧阳凡海、何洛、冯宿海负责筹建的晋察冀边区鲁迅学会3月成立。学会的宗旨为"要使中国底每一寸土地上以至每一个人底心魂上,全插上一柄鲁迅先生底'旗'。以他底方向为方向,以他底思想为思想"。鲁迅学会在半年多的时间里,出版了《鲁迅思想研究》《鲁迅小说选集》等4部著作,重印了鲁迅手辑的关于瞿秋白文艺思想的论文集《乱弹》,在《晋察冀日报》创办了《鲁迅学刊》,扩大了鲁迅文艺思想在解放区的传播。10月19日下午,萧军、舒芜等发起座谈会,决定成立中华文艺协会东北分会,选出萧军、金人、舒群、草明等17人为筹备委员,并准备出版会刊,组织文艺家到前线劳军,轮流下乡搜集材料。(参见郑恩兵《红色文艺之城——张家口》,《光明日报》2021年5月28日;孙国林编著,王佳钰、王增辉校订《延安文艺大事编年》,陕西师范大学出版总社2016年版)

李宝光主编的《时代妇女》7月7日创刊,由晋察冀边区妇女联合会主办,杨沫等任编辑,宗旨为"发出正义的呼声,同全国各界姊妹联系,为制止内战、争取民主和平而共同奋斗"。丁玲撰写了发刊词《庆祝"时代妇女"发刊》,刊发了《东北妇女已经站起来》(陈学昭)、《头顶露青天罗》(华山)等。1946年8月,《晋察冀日报》副刊《鲁迅学刊》创刊,共出版4期,刊发了《旧事重提》《闻"让"有感》(萧军)、《天堂·人间·地狱》(何洛)等18篇文章。(参见

郑恩兵《红色文艺之城——张家口》,《光明日报》2021年5月28日)

范文澜年初在延安。1月,中共在晋冀鲁豫边区邢台市西关创办北方大学。边区政府特聘范文澜为校长。北方大学是边区政府的最高学府,内设行政学院、财经学院、教育学院、工学院和一个附属班。北方大学曾先后开设7个学院和经济、历史两个研究室。刘大年曾任该校领导小组成员、工学院负责人,尹达任教务处负责人,尚钺、王冶秋等在此任教,范文澜亦曾在此讲历史。2月,范文澜调离延安赴任北方大学校长。2月15日,即将调赴华北大学的尹达致信在重庆的傅斯年,其中表示:"今后甚愿与诸师友取得联系,以便共同致力于学术事业。"4月,范文澜到达晋冀鲁豫边区邢台,就任北方大学校长。同月6日,晋冀鲁豫边区召开文化座谈会。军区政治部主任张际春致开幕词,中共中央晋冀鲁豫分局书记邓小平作政治报告。20日,范文澜《在北方大学教职员全体大会上的讲话》刊于晋冀鲁豫边区《北方杂志》创刊号。22日,晋冀鲁豫边区文联在河北邢台成立。选举范文澜、陈荒煤、于黑丁、张磐石、赵树理、任白戈、吕班、朱穆之、罗青、张香山、王振华、王春、曾克、晁哲甫、高沐鸿、王玉堂、魏克明、莫循、朱介子、鲁西良等31人为理事,范文澜、陈荒煤为正副理事长。并聘请文化界前辈边区主席杨秀峰、军区副政委张际春为名誉理事长。6月21日,因今年1月,晋、冀、鲁、豫解放区在河北邢台地区设立北方大学,范文澜主持该校,托陈新乾持信来见黄炎培,嘱为北方大学介荐教授,遂即分函上海郑振铎、杨卫玉、孙起孟、叶圣陶等。8月7日,《李公朴闻一多两烈士哀词》刊于晋冀鲁豫《人民日报》。秋,一度迁到山西长治高庄,时间一年余。北方大学成立历史研究室,由范文澜主持,成员有刘大年、荣孟源、王南等,继又有叶丁易、王冶秋、尚钺。10月,《学习鲁迅先生的硬骨头》刊于晋冀鲁豫《北方杂志》第1卷第5期。12月30日,《论正统》刊于晋冀鲁豫《人民日报》。是年,范文澜、陈伯达《曾国藩与袁世凯》由华中新华出版社出版。

按:据刘大年《北方大学记》(《近代史研究》1991年第3期)回忆:北方大学创设于抗日战争胜利以后,它的特点,我以为可以说,这所学校形式上更多地接近于所谓正规的综合大学。

晋冀鲁豫边区1946—1947年时是面积最大、人口最多的解放区,地理位置重要,工农业生产条件好。北方大学设在那里,有需要和可能把事情设想得稍微远一点。学校陆续开设包括文教、财经、工、农、医学等七个学院和经济、历史两个研究室,有的学院分本科预科,就是从当时当地的实际情况着想的。教职员队伍的水平也与学院设置相称。校长范文澜同志以外,先后有一批在教育、学术、文艺界富有经验的与知名的知识分子在那里工作。他们中间,一部分是长期在边区从事教育工作的,如王振华、罗青、张柏园、增一、孟夫唐等。孟夫唐与王振华、晁哲南抗战前在河北南部办教育,思想开明,得到不少青年信从。再一部分是从延安来的和从国民党统治区来的,如艾思奇、黄松龄、乐天宇、张宗麟、陈唯实、张光年、陈荒煤、叶丁易、王冶秋、尚钺、李何林等。其他还有一批新从北平等地去的专业知识分子。在校学生最多时上千人。据说除西藏以外各省都有,也有来自台湾的青年。他们中不少人打听到了北方大学,慕名远道而来,历尽艰险。学校里重视学术讨论、思想交流。1946年夏天举办暑期讲演会,范文澜讲历史,聂真讲农村政策,还有讲哲学、讲生物学的。1978年我编辑的《范文澜历史论文选集》中的《研究中国三千年历史的钥匙》一文,最初就是他在暑期讲演会上讲的。如有的回忆者所提到的,学校领导层有过办学方针的讨论和争论:"短训班,还是正规化?"要是事实上不存在某种所谓正规化的形式,就不会发生那种争论了。华北解放区连成一片以后,北方大学与华北联合大学合并,组成华北大学,再过半年多以后又进入北京,成了人民大学前身的一部分。它存在的两年半时间里,为革命输送的干部约一千四五百人。这些干部在不同工作岗位上发奋努力,为民主革命和社会主义事业作出了各自的贡献。其中在经济、文化、科学技术等领域造诣不凡、成绩卓著者并非仅见。他们胸前也许没有排列那么多奖章、金银铜牌,他们却以为人民服务,无私奉献,赢得了人们的尊敬那种形式的奖章、金银铜牌。不论从办学特点和培养人才来看,北方大学在革命根据地的文化教育史上是能够占有一席之地的,值得记上一笔。(参见范文澜《中国通史简编》(上、下册)附录陈其泰《范文澜先生学术年表》,商务印书馆 2010 年版;陈其泰《范文澜学术思想评传》,北京图书馆出版社 2000 年版;许汉三编《黄炎培年谱》,文史资料出版社 1985 年版;艾克恩编纂《延安文艺运动纪盛》,文化艺术出版社 1987 年版;孙国林编著,王佳钰、王增辉校订《延安文艺大事编年》,陕西师范大学出版总社 2016 年版;王学典《20 世纪史学编年(1900—1949)》,商务印书馆 2014 年版)

李哲人、任白戈、陈荒煤、于黑丁、曾克等 6 月 25 日参加在邯郸召开的群众翻身诗歌座谈会。会上对诗歌的创作的方向提出了宝贵意见。荒煤指出"诗如何为群众欢迎,主要是一个如何熟悉群众的思想感情和群众语言的问题"。6 月 25 日,《北方杂志》第 2 期发表在邯郸召开的群众翻身诗歌座谈会纪要。8 月 19 日,《解放日报》予以转载。(参见艾克恩编纂《延安文艺运动纪盛》,文化艺术出版社 1987 年版)

尹达首在华北解放区邯郸附近清理一座汉墓,第一次发现散乱的穿孔玉衣片,有的孔中残留有铜锈,可能为铜缕玉衣,还伴出鎏金铜饰、嵌琉璃铜饰和陶舞俑等,据考为西汉赵敬肃王之孙象氏侯刘安意之墓。(参见中国大百科全书总编辑委员会《中国大百科全书·考古学》,中国大百科全书出版社 2002 年版)

张闻天提议创办的宁安学院 3 月 10 日举行开学典礼。他在典礼上讲话,要求同学们努力学习为人民服务的本领,为建设自由、独立、和平的新中国而奋斗。该学院是为废除日伪奴化教育,培养新的知识分子和干部而创办的,起初由几所中学联合而成,除设高、初部外,还设有在职干部培训班。在当时教员缺乏的情况下,张闻天亲临学院主讲"中国革命和中国共产党""社会发展史"等课程。当时宁安县的三青团、蓝衣社等反动组织的一些人也混进学院,造谣破坏。3 月中旬的一天,他们甚至在张闻天讲课之前,在讲台下放置炸药,图谋暗害。他们的罪恶活动被公安人员及时发现而未得逞。而张闻天却镇定自若,继续按计划讲课。5 月 14 日,张闻天出席中共北满分局在哈尔滨召开的扩大会议。这次会议从 14 日至 23 日共开了 6 天,主要讨论贯彻中央《五四指示》,进一步发动群众和建设根据地等问题。5 月末,中共东北文化工作委员会在佳木斯成立,由张闻天、高崇民、张学思、董纯才、吕骥、张庚、塞克等六十余人组成。6 月 1 日,东北军政大学北满分校在佳木斯成立,钟赤兵兼校长,张闻天兼政委。6 月初,主持中共合江省委会议,对矿业专家、当过几个月佳木斯市伪市长的段宝坤,作出宽大处理的决定。23 日,因张闻天 1936 年编著的《中国现代革命运动史》由牡丹江书店翻印发行,《牡丹江日报》以大字标题"历史巨著最新订正本《中国现代革命运动史》出版"刊登牡丹江书店的广告,内称:此书"最适合作中等以上学校教材,最适合作为各级干部自学读物",因纸张限制,出版不多,各机关学校请备足款项速来购买,以免坐失良机。

张闻天 6 月与来佳木斯抓东北日报社、新华社东北总分社等单位基本建设的中共中央东北局宣传部秘书长李常青谈话,表示:党中央、东北局几乎把党的整个文化大军派驻合江,佳木斯革命文化精美荟萃,如果因为我们工作不当,使其工作受阻,我们就对不起党中央的重托与信任。我们要人有人,要物有物,有什么困难合江省委包下来。为了解决出版物的纸张困难,他与李范五等同志商定,派人去苏联边区谈判,开展对苏小型贸易,终于解决了这一困难,确保了新闻出版工作的正常开展。7 月 1 日,为纪念中国共产党建立 25 周年,作《紧紧依靠人民战胜敌人》,刊于《合江日报》创刊号。文章说:"我党二十五年来的奋斗史,即是中国人民自求解放的历史。"9 日,向由东北军政大学北满分校、东北大学学员和东北日报社干部等组成的下乡工作团 300 余人作动员报告。张闻天勉励他们要同群众共患难,为贫苦老百姓服务,在激烈的阶级斗争中坚定无产阶级立场,发动群众,依靠群众,打倒地主阶级,推翻封建土地制度。8 月 22 日,同钟赤兵等联署发布的东北军政大学北满分校招生简章,说明学校以培养东北青年参加地方民主建设、经济建设与军事建设为目标。9 月 17 日,《合江日报》刊登洛甫(张闻天)、冯文彬等著《论青年的修养》由东北书店出版广告。21 日,东北新华广播电台,改在佳木斯广播。人们亲切地称它为"东北的延安台"。10 月 26 日,出席佳木斯市文化界两千余人举行的"纪念鲁迅先生逝世十周年大会",并在会上讲话。号召大家,第一、学习鲁迅先生"横眉冷对千夫指,俯首甘为孺子牛"的爱憎分明的政治立场;第二、学习鲁迅先生"韧"的战斗精神,即顽强的、持久的战斗精神;第三、学习鲁迅先生对革命充满胜利信心的乐观精神,不为一城一地的得失而悲观失望。同月,指示鲁艺学院组成东北鲁艺文工团,由著名的艺术家张水华、向隅、马可、瞿维等带领到刁翎、林口、依兰等广大山区和林海雪原慰问剿匪部队,宣传群众、帮助土改和建立政权;东北文化社和人民戏剧社同时在佳木斯成立。11 月 30 日,在《东北文化》第 1 卷第 4 期上发表《农民土地问题》。这是 11 月初向东北大学全体师生所作土地改革问题讲演的纪录。讲演共分 5 个问题:一、中国革命的基本问题是农民问题;二、如何发动农民;三、土地怎样分配;四、农民当权办事;五、知识分子与农民。12 月 7 日,张闻天倡议创办的合江《农民报》在佳木斯创刊。是年,将保存下来的瞿秋白的遗著《乱弹及其他》交东北书店印行,并题写了书名。这本书的"出版后记"中指出:"这一本关于文艺问题的著作,是他的仅存的遗作。这是革命前驱者的丰碑。但是本书在解放区里,恐怕已是一个孤本,为了使革命者的业绩不至于被湮没,为了便利解放区文艺工作者以及文艺青年们来研究秋白同志的文艺思想,我们特地来翻印这本书。"(参见张培森主编《张闻天年谱》,中共党史出版社 2000 版)

吕振羽年初为冀热辽分局任命为冀热辽救济分会副主任,主任为李运昌,另一副主任为欧阳钦。救济分会在吕振羽领导下,贯彻分局指示方针,救济、调查研究与群众工作相结合,统战工作与对敌斗争相结合,广泛搜集各省、专区、县因日寇抢掠、杀戮造成各种灾情,编印几十种打印表,赴北平交中共 3 人小组办事处负责人叶剑英、罗瑞卿、徐冰。3 月 4 日,为分局民族、统战、精简等工作中问题致信中共冀热辽分局书记程子华、副书记赵毅敏。8 日,就有关内战形势、统战民族、国际关系等问题致信中央书记处书记刘少奇。4 月,吕振羽答记者问《吕振羽氏代民呼吁冀热辽灾情极为严重,极盼联总、行总拨资救济》,刊于 29 日钱俊瑞主编的中共北平《解放》报。其间,多次赴北平军事调停处执行部(驻地东华门翠明庄),在解放区救济总会会长伍云甫支持下,与"联总"(联合国救济总署)、"行总"(国民党行政院救济总署)代表谈判。据理力争,为我冀热辽根据地人民争取到如面粉、奶粉、药品、衣物等救济物资数千吨。之后分别制订分配物资计划,在蒋军开始进攻前,及时分配给灾区人民和杨得志、苏振华、黄永胜驻防部队。6 月 2 日,于北平完成对《殷周时代的中国社会》修订,并撰《修订版序》,此书的再版得到胡绳、沈志远帮助。在冀热辽与北平参加军调部谈判期间,开始搜集蒙、回等民族有关历史资料。任分局巡视团团长期间,在围场了解反霸斗争后农民是否得到农地,还存在什么问题,农会是否巩固及其在群众中的影响和作用;在经棚以民族关系问题为中心,对蒙、回族居民进行调查和研究,搜集了日伪时期的一些有关资料。12 月,因蒋军进攻热河,冀热辽分局撤退至林西,巡视团工作结束。分局决定战略转移,随江明率领的分局干部队,自林西出发,经林东、开鲁、通辽、突泉、洮南、白城子赴齐齐哈尔。(参见《吕振羽全集》第 10 卷附录《吕振羽生平年谱》,人民出版社 2014 年版)

林枫时任东北行政委员会主席。1 月 15 日,林枫发表谈话,阐明中国共产党对于东北时局的具体主张。在教育方面,林枫提出:"废除法西斯的奴化教育,发展新民主主义的文化教育,实行免费的普及教育,反对学校当局对学生的专制,实行学生自治。提高教职员的质量与待遇,优待科学家、教育家及文化工作者。"(参见中央教育科学研究所编《中国现代教育大事记 1919—1949》,教育科学出版社 1988 年版)

白岩清任东北公学校长,副校长舒群。3 月 20 日,《解放日报》载:为培养建设东北人才,东北各地民主政府积极创办专门教育。如为造就较高级的行政、技术以及师资等人才创办了东北公学,该校暂设自然科学院、社会科学院、文艺学院及医学院。另外还附设物理、化学、国文、外国文(俄语和英语)等补习班。东北中学分设农林、矿冶、电工、机械、采矿、师范等科以及女子普通科和师范补习班,共招生 900 余名。安东联中除设师范普通科外,并设有农、商等科,以培养中等专业人才。辽东创办了鲁迅艺术学校和辽东人民干部学校。安东创办了东满人民干部学校。(参见中央教育科学研究所编《中国现代教育大事记 1919—1949》,教育科学出版社 1988 年版)

林彪任东北军政大学校长,政委彭真。7 月 1 日,东北军政大学在东北解放区黑龙江省北安县开学。该校以培养东北民主建设与军事建设的军政干部为宗旨。第一期设预科、本科及入伍生队。预科设普通班和军事班,修业期限均为 4 个月,期满升入本科;本科设军事系与政治系,修业期限为 8 个月至 1 年,期满后介绍到地方或部队服务;入伍生队招收高小程度之青年,培养一般干部。(参见中央教育科学研究所编《中国现代教育大事记 1919—1949》,教育科学出版社 1988 年版)

吕骥与张庚继续执行党中央的命令,带领鲁艺迁校队伍绕道地广人稀的内蒙古大草原前往东北地区。春,从张家口出发,经张北、承德、赤峰、林东、白城子等,跋涉数月到达齐齐哈尔。6 月,进入哈尔滨,经过长途跋涉已经筋疲力尽的鲁艺同志们并未进行休整,而是马不停蹄地在哈尔滨市大光明电影院演出了《白毛女》和《黄河大合唱》,引起了极大的轰动。同月 30 日,张庚在《群众》杂志第 11 卷第 9 期发表《谈秧歌运动的概况》。9 月,国内战争形势突变,鲁艺奉命迁至佳木斯,编为"东北大学文艺学院"。萧军任院长 4 个月后,东北局任命吕骥任院长,张庚任副院长。仍设文学、戏剧、音乐、美术四个系,并开始招收第七届新生,共 52 人。

吕骥、张庚 9 月在佳木斯创办东北文艺社。按照张闻天提出的"团结大多数革命文化人办刊物"的指示,又创办《东北文化》半月刊,由东北书店发行东北各地。编委由当时在佳木斯工作的王季愚、白希清、任虹、李常青、吕骥、吴伯箫、姜君辰、陈元直、袁牧之、张仃、张庚、张如心、张松如、张庆孚、智建中、董纯才、塞克、严文井、阎沛霖组成。11 月 24 日,中华全国文艺协会佳木斯分会正式成立,当时与会的文艺工作者近 600 人,是延安文艺座谈会召开以后解放区规模最大的文化聚会。之后,在吕骥、张庚、任虹等人的努力和推动下,佳木斯恢复和筹建了新华书店、出版社,不仅出版了《白毛女》《秧歌剧选集》(一、二、三辑)以及大量新创作的剧本,还出版了张庚的《戏剧简论》和中国民间音乐研究会编的《民间音乐论文集》等理论书籍,毛泽东的著作更是大量出版发行。此外,《东北文艺》《东北文化》《人民戏剧》《人民音乐》等文艺刊物也相继创办,整个佳木斯掀起了出版热潮。冬,党中央指示为了建立和巩固东北根据地,东北的工作重心要放在距离国民党占领中心较远的城市和广大乡村,即"让开大路,占领两厢"。中共中央东北局宣传部根据这一指示,决定鲁艺暂停以课堂教学为主的学院模式,而改为以艺术演出实践为主的宣传队模式。12月中旬,东北局宣传部部长凯丰指示:鲁艺脱离东北大学,先期成立两个文工团及一个工作小组,两个团分属牡丹江地委和合江省委领导,工作小组则前往哈尔滨由哈尔滨市委领导。同月,吕骥撰写《鲁艺文工团十个月工作初步总结意见》。分五部分:一、成立与发展经过;二、结束前的概况;三、几点经验;四、工作估计与检讨;五、一个建议。

按:吕骥又筹建了人民音乐社,12月,《人民音乐》创刊。解放战争时期东北全区流行的革命歌曲大多产生在这里。是年,塞克筹办《人民戏剧》。次年1月29日,刘白羽在刊于《东北日报》的《奇迹在出现》一文中写道:"东北书店在这一年里,出过141种书,753500册……这些书出版后正向东北各解放区发行。"延安的一切仿佛在佳木斯重现,因此有人甚至把佳木斯称为"小延安"。(参见翟永明《鲁艺精神闪耀东北》,《光明日报》2021年6月28日;张培森主编《张闻天年谱》,中共党史出版社2000版;艾克恩编纂《延安文艺运动纪盛》,文化艺术出版社1987年版;孙国林编著,王佳钰、王增辉校订《延安文艺大事编年》,陕西师范大学出版总社2016年版)

钱杏邨《李闯王》1月由华中新华书店出版。3月18日至4月27日,华中宣教大会在淮阴召开,钱杏邨参加了大会。四师拂晓剧团演出《李闯王》。钱杏邨又着手筹组华中文协,下有三个剧团(话剧、平剧、地方戏),一个美术工厂。在苏北前后生活、战斗了五年。(参见钱厚祥整理《阿英年谱(下)》,《新文学史料》2006年第1期)

黄源4月17日主持华中文协召开的诗歌座谈会,到朱维基、陆维特、关露、缪文渭、张泽易、汤池、段扬、葛葆桢、庄重、俞言等10余人。陆维特报告了苏北墙头诗运动。座谈会讨论了诗歌方面问题,均认为应开展大众诗歌运动,诗歌必须与实际相结合。座谈会讨论决定发起组织诗歌座谈会,当即推陆维特、朱维基、关露、锡金、江陵、庄重、葛葆桢7人组成筹备会,陆维特为主任委员,草拟章则,征求会员,展开工作。(参见文天行编《国统区抗战文艺运动大事记》,四川省社会科学院出版社1985年版)

竺可桢继续任浙江大学校长。1月2日,在贵阳与浙大毕业同学及同仁谈话。提出教育上三大问题,即教育须视全国方针制定根本原则:(一)人民与国家孰重;(二)通人教育与技术教育孰重;(三)训练理智与道德孰重。27日,在遵义出席梅光迪追悼会,率众主祭并致开会辞、读祭文、献挽联。称赞梅光迪"襟怀超然,淡于名利""标准极高、不求名利、外冷而内富热情"。2月3日,在遵义赴基督教福音堂讲"民主与宗教",谈及对宗教作用的看法,认为我们文化要素中尚缺少了宗教,宗教之好处在于使人自觉渺小可怜,在目前现实主义充斥世界的时候,我们很需要理想主义。5日,在遵义以浙大离遵在即,提出编纂《遵义新志》一书,留作纪念。6日,在遵义致函威斯康辛大学地理系Trewartha教授,提出订立浙大地理系与威斯康辛大学地理系合作办法,包括交换书籍及教授、讲师等内容。11日,在湄潭于浙大纪念周上讲权利与义务、自由与统制的关系。述民主国家之自由,无论衣食住行均较我国为有限制,因有舆论之统制也。故统制舆论与舆论统制,二者完全不同。贪污人所痛恶,因此贪污应检举,但检举者必须负责,否则人之名誉无保障。

竺可桢2月25—27日在重庆出席教育部召开的第一次各大学迁校(复员)会议,为高教组召集人之一。25日,在伦敦国际气象会议上,中国被举为7个常务委员之一,竺可桢当选为气候组专门委员会委员。3月5日,费巩失踪1周年,浙大停课1天并集会纪念。26日,任浙大校长已整整10个春秋,在遵义作函与浙大校长室人事组主任高学淘,嘱不要在校庆日为本人作来校10周年纪念。自述"校中教职员中如陆绩何到校已30年、杨耀德近

20年,余则如步青、建功等15年以上者指不胜屈,何独庆祝余之就职10年乎?"4月1日,在遵义出席浙大19周年校庆纪念仪式及校史展览会,作"将来大学之展望"的演讲,谓将来大学与过去应有三点不同:(一)即我国国际地位之增高,影响于国际学术上之地位。如2月25日在伦敦所开会议有国际气象学会,中国即被举为7常务委员之一。(二)因交通之便利,英、美、苏联及朝鲜、印度将与我国交换教授与讲师、学生,近来 Wisconsin 大学、State College of Washington 均有与我校交换之意。(三)因原子弹之发明而使大学研究科学更增一种刺戟。研究不仅限于自然科学与应用科学,即人文科学也应提倡,凡有利于苍生,无一不在大学研究范围之内。在纪念仪式上,竺可桢校长接受教职员同人醵金铸之一口银鼎,及在校、离校同学赠送之锦旗。在答词中谦称长校10年无功可言,所可称者,一力相挽老教授共同治校一点而已,又以"求是"精神,谆谆相与勖勉。5日,在遵义偕李絜非、张其昀与黄尊生赴老城南门外棋杆山上为前浙大史地系教授张荫麟扫墓。其墓前只有一石碑,而四周无石磴,故决计出资修理以护土。10日,在重庆赴军事委员会办公厅开会,讨论调整气象机构问题。到航空委员会、气象局、中美所、农林部、交通部、行政院、军令部等代表共十七八人。军事委员会办公厅副主任姚琮主席。竺可桢被推首先介绍有关情况。主席最后综合意见,仍主张军用、民用分开。17日,在重庆偕吕炯至行政院晤副秘书长朱中道,请其关照气象民用机构,希望能统一于中央气象局。18日,在重庆出席大学课程标准委员会会议。5月6日,在遵义出席浙大在遵最后一次(第19届)大学生毕业典礼。嘱学生"入社会以后,虽易于失望,但弗随波逐流、同流合污为戒"。7日,在遵义主持浙大行政扩大会议。暂定自8月16日至10月15日为取道重庆复员期间。规定租借各处房屋应归还原主;遗留房屋器具等公物以移交地方团体合组之接收机构统一接收为原则。同日,遵义浙大教职员开始经长沙返杭州。

竺可桢5月11日在遵义出席遵义文化教育界欢送浙大复员返杭大会。遵义83岁老人蒋簴谱代表遵义文化教育界献旗,上书"善教继志,遵道救学,嘉贤容众,毁方瓦合"。16日,在部署好迁校工作后离遵,经渝、宁、沪于6月11日抵达杭州。嗣后在杭办公。6月1日,浙大遵义总校结束,改为留守处。教育部公文自即日起送至杭州浙大。浙大在遵义办学的7年历程从此结束。13日,杭州学生反内战游行。竺可桢未按国民党省党部要求事前阻止。14日,在杭州召集浙大学生谈话。述浙大学风传统是求是、不分党派门户、维持学术标准,勉励大家要保持此项精神。《申报》记者以"竺可桢校长讲浙大的今天和明天"为题,对此次讲话作了报道。24—28日,在南京出席中央研究院年会,在会议上报告气象所工作概况。《中央日报》1946年6月24—25日4版讨论加薪问题时,议定组织委员会拟定加薪办法,萨本栋、竺可桢、傅斯年、陶孟和、汪敬熙等5人被推定为委员。8日,在杭州出席杭州学生救济委员会首次会议,被推为杭州学生救济会主席。24—26日,在南京出席教育部举行的高等教育讨论会。30日,在南京晤朱家骅部长,决辞气象所所长名义,以赵九章为所长。31日,仍在南京,卢鋆来谈,竺可桢告以希望郭晓岚、叶笃正能从美国回。9月12日,任三民主义青年团中央干事会干事。

竺可桢10月20—23日在南京出席中央研究院二届三次评议会。向大会作气象所情况报告。会议在讨论"请规定 Member of Academia Sinica 之名称、设置、选举及有关事项案"时,对于名称持有各种意见,如"院士""院儒""院侣""院正""院员""会员"等,结果"院士"一名获得通过。会议议决院士名额第一期定为80至100人,以后每年至多举出10人。

将来的评议会由院士中推举评议员组织之。25—26 日，在杭州主持浙大校务会议。议决增设政治学系及经济学系；通过永久校址设于大学路至华家池地段；加强整饬学风：一实行求是精神，二加强学生课外活动（音乐、体育、比赛、讲演），三提高学生研究学术空气，四加强师生接触，五切实执行校规。29 日，在杭州主持浙大训导会议。提出训导工作原则：一、发扬求是精神；二、增加课外活动；三、提倡学术空气；四、增多师生接触机会；五、重理智启发，减少干涉；六、不分党派不分地域，倡导思想自由。30 日，在杭州约浙大学生谈话，述浙大复员之迅速与安全出乎意料。提出校中应坚持：无门户党派之争；求是精神，即大无畏精神；民主精神。11 月 1 日，在南京至教育部晤朱家骅。朱欲调竺可桢任中大校长，拒绝之。2 日，因即将赴巴黎出席联合国教育科学文化组织会议，在南京为蒋介石特召见于宫邸。对于文教代表团之工作颇多指示，并垂询浙大近况。是年，《梅光迪文录》由浙江大学文学院编辑出版。（参见李玉海编《竺可桢年谱简编》，气象出版社 2010 年版；沈卫威编著《"学衡派"编年文事》，南京大学出版社 2015 年版）

张其昀在哈佛大学为访问教授两年后回国，任浙江大学文学院院长。自上年 12 月文学院院长梅光迪因病逝世后，浙大文学院顿失重心。围绕文学院院长的继任人选问题，郭斌龢与张其昀之间产生了龃龉。1 月 10 日，竺可桢约见郭斌龢，告知自梅光迪生病期间其代理文学院院长期止，拟聘张其昀为文学院长。11 日，郭斌龢向校长竺可桢移交文学院印鉴。此事随后引发学生的请愿活动，部分学生向竺可桢校长请求，提议要清华大学（此时合并在昆明的西南联合大学）的吴宓出任浙江大学文学院院长，未成。文学院院长一职最终由张其昀接任。7 月 29 日，张其昀致函吴宓。8 月 7 日，吴宓在成都复函张其昀，言应聘武汉大学之事。是年，张其昀参加国民参政会议，针对当时迁都北平的呼声，发言强调定都南京的重要性。（参见沈卫威编著《"学衡派"编年文事》，南京大学出版社 2015 年版；朱鲜峰《风流云散："学衡派"的谢幕》，《书屋》2021 年第 3 期）

郭斌龢在诸人的劝说下，勉强接受了外文系主任的职位，但去意已萌。5 月，浙大师生开始分批返杭。郭斌龢未随校回杭，而是先回江苏探亲，继而拟应武汉大学之聘。6 月 12 日，郭斌龢致函张其昀曰："别后忽已逾月，临行承相送，至感厚谊。弟五月十八日抵汉口，廿五日搭江新轮东下，廿八日到京，留京仅一日，晤赞虞兄，其他均不及奉访。卅一日到家，入门呼母不应，抚棺痛哭。连日亲戚故旧访者踵至，应接不暇，颇觉劳倦。五月廿四日手书及聘书昨晚奉到，谢谢。武大方面，弘度、孟实两兄因外文系教授仅余一二人，约弟以休假资格往教一年，其意甚诚，其事甚迫。彼此均系多年老友，未便坚拒，但尚未完全决定耳……弟与兄相交二十年，同心若金，攻错若石，非泛泛者可比，假定弟暑后往武大一年，与兄赴美情形相似。且浙大与武大为兄弟学校，藉此可以联络，于浙大、于浙大文院均有裨益。外文系规模已立，人事又无问题，弟虽离去一年，有兄主持，彼此仍可通信商量，并无不便。知我如兄，当荷鉴原。"随后，张其昀复函郭斌龢曰："函前上一书，许久未蒙示复，曷胜驰念。应聘书想已迳寄杭州，而友朋传述仍有兄拟赴武大之说，弟实一刻不能相信。曩承枉驾敝舍长谈，勉以金石之交，并以曾左风义相喻，释然于怀。言犹在耳，想不忍恝然置之，否则外人不明真相，总以为吾二人不睦。此为吾辈事业，为文学院，为浙大前途，为南高学风均有损害。尊生兄尝谓吾二人合则双美，离则两伤，凡爱我者无不无此看法，惟播弄者恐非绝无其人，吾辈岂可为亲者痛仇者快……据德望兄言，朱孟实兄鉴于北方时局，决定不去北大，兄更无赴武大之理由。希望兄明年可得休假一年，则一切均圆满矣。"8 月 3 日，郭斌龢再致函张其昀,曰:"迭奉来教,意气勤勤恳恳,曷胜感激。弟返里后忙于整顿家乡之梁丰学校……各处函札未能早复,私衷至歉。弟以石庵、雪桥两兄坚邀回中大任教,可以离家更近,照料梁丰学校,已应聘矣。人生离合半由偶然,行云流水,亦无所用心于其间。尊生兄所云,以弟看来,适得其反。西谚有云,Absence makes hearts grow fonder,弟与吾兄之交谊,亦如此也。"郭斌龢最后却留在了中央大学。(参见沈卫威编著《"学衡派"编年文事》,南京大学出版社2015年版;朱鲜峰《风流云散:"学衡派"的谢幕》,《书屋》2021年第3期)

黄尊生新任浙江大学训导长。1月11日,竺可桢在遵义与新任训导长黄尊生谈,提出训导方针:(一)目前各党派既列于同等地位,大学中不应再有党部,即三青团也只能作为一种服务团体,如青年会一样。(二)学生对于政党信仰完全自由,但不应作政治活动。(三)训导方针应以道德服人为标准。15日,在遵义主持浙大行政谈话会,主张废除定期的纪念周,嗣后惟举行演讲可利用此时间。(参见李玉海编《竺可桢年谱简编》,气象出版社2010年版)

李絜非7月1日撰《十年来之浙江大学》,刊于《教育通讯》复刊第1卷第9期。文中赞扬竺可桢在浙大领袖群伦,不辞劳苦,十年如一日,使浙大10年来不断成长。赞扬其服务精神始终不懈;其研究精神老而弥健;其廉洁节俭的精神可以风世;其他如运动的精神、平等接人应物的态度等等,皆有他人所不可及之处。(参见李玉海编《竺可桢年谱简编》,气象出版社2010年版)

巨赞在梧州诗词研究会讲演《佛教与中国文学》。住灵隐寺,任浙江省佛教会及杭州市佛教会秘书长。于《海潮音》发表《佛教界如何方能联合》《华南佛教二三事》《论道德休假与文化脱节》《论自得》等文。《灵隐小志》脱稿。(参见黄夏年编《中国近代思想家文库·巨赞卷》及附录《巨赞年谱简编》,中国人民大学出版社2015年版)

茅盾3月上旬因直飞上海的机票非常难买,只能通过张治中买了两张去广州的机票,然后由广州再去上海。临离开重庆前,茅盾去周恩来处辞行。周恩来说,目前我们把注意力集中在华北、东北和京沪一带,南方照顾得少了些,你这次路过广州、香港的话,可以向那边文艺界朋友们讲讲我们在新形势下的工作方针,让他们思想上有个准备。16日,茅盾与夫人孔德沚同机离开重庆,当日抵达广州。原只打算在广州逗留二、三天。但闻讯赶来探望的周钢鸣、于逢、司马文森、陈残云、易巩等都有挽留之意,并希望给广州文艺界谈谈当前的政治形势和文艺运动。考虑到朋友们的热情和周恩来临行时的嘱托,就决定在广州暂住些日子。24日,应邀出席"文协"港粤分会、文艺作家协会和剧协三团体在教育路民众会堂举行的欢迎会。到会的有周钢鸣、于逢、司马文森、陈残云等。随后,在民众会堂作报告,题目是《和平、民主、建设阶段的文艺工作》。报告先分析了国际、国内的形势,然后谈了今后的文艺运动需注意的两个问题:第一,"凡是赞成民主、拥护民主、推动民主的文艺界朋友,一定要联合起来,加强团结"。第二,文艺运动与民主运动有着密不可分的关系,"民主运动有赖于文艺,文艺运动亦有赖于民主"。报告长达两个小时,会场内外挤满听众,这种情况在广州是罕见的。28日,应邀出席广州杂志联谊会假新都餐厅举行的欢迎会。在会议主持张铁生代表三十几个团体致欢迎词后,起立作即席讲话,首先谈了言论出版自由的问题,号召文化新闻界都要坚持斗争,最后,还讲了文艺大众化等问题。29日,应中山大学文、法两院的邀请,在中山大学法学院最大的圆形教室作《民主与文艺》的演讲。此次演讲给中大带来了更加活跃的气氛,更多的学生被吸引到进步团体中去,加入到民主运动的行列之中。同月,出席美国新闻处在胜利宾馆举行的欢迎酒会并即席讲话。

　　茅盾4月8日应邀在广州青年会作《人民的文艺》演讲。10日,在《文艺生活》第4期发表《和平、民主、建设阶段的文艺工作——3月24日在广州三个文艺团体欢迎会上的讲演》。12日,韩北屏来访,与他谈了五四运动,文学研究会等问题。13日,与夫人孔德沚一起由广州乘佛山轮于下午6时到达香港,下榻于铜锣湾的海景酒店。15日,与孔德沚一起出席《华商报》总编辑刘思慕所举办的欢迎宴会。16日,在香港一家风景幽美的海景酒店旅馆,会见《正报》记者钟紫、《华商报》记者黄新波、《正报》副刊编辑主任孙孺。同日下午5时,与孔德沚一同出席"文协"港粤分会、青年记者学会、歌咏协会、港九妇女联谊会在青年会联合举行的欢迎会。这个欢迎会还同时欢迎新近从内地到港的建国、中原两剧社。在会上作了《人民的文艺》的演讲。演讲中首先分析了政治形势与文艺运动的关系。其次,要人们警惕反动势力在文化方面可能运用的伎俩。最后,强调了文艺界的团结。17日,《人民的文艺——四月十六日在香港文化界欢迎会上的演讲》刊于《华商报》。18日,与张澜、郭沫若、巴金、罗隆基、洪深、何其芳等75人联名致电美国国会争取和平委员会,吁请重视中国的严重局势,抗议美国将5亿至7亿美元贷款给国民党,并坚信"中美两国人民将并肩为世界的民主和平共同奋斗"。19日,应华侨工商学院之请,作《文艺修养》的报告。同日,《现阶段文化运动的诸问题——茅盾先生在香港文化界公宴席上的讲话》刊于《华商报》。应香港岭英中学侨风社的邀请,作《关于写作》的报告。20日,《民主与文艺》刊于《人民世纪》第8期,亦见于《风下》周刊第20期,发表时改题为《民主运动与文艺运动》,此文系在广州中山大学的演讲。同日,《为诗人们打气》并附"前记"刊于《中国诗坛》新3期。下旬,曾应在澳门某医院任院长的远亲柯麟的邀,请去澳门小住了一些日子,但对澳门印象不佳。同月,中国木刻研究会从重庆迁往上海,改名中华全国木刻协会,与宋庆龄、郭沫若、许广平、郑振铎、冯雪峰、胡风、夏衍、田汉、阳翰笙、叶圣陶、曹靖华、张西曼、陶行知、徐悲鸿等被聘请为筹备抗战8年木刻展的赞助人。

　　茅盾5月初由澳门返回香港。4日,《现在我们要开始检讨——八年来文艺工作的成果及倾向》转载于《人民文艺》第1卷第5期。同日,《"五四"与新民主运动》刊于《华商报》。文中云:"今后的文化运动必须配合民主运动。""这样的文化运动是民主而又科学的,看如平凡,实际很难做得好,需要一切拥护民主的文化战士举全力以赴任,同时虚心学习,又勇于接受经验教训,克服自身的弱点,然后能有切实的成就,才能配合蓬蓬勃勃的民主运动。"8日,作《关于广州"五四"暴行》,刊于10日《华商报》,文中对于国民党特务分子,在"五四"青年节学生游行时,混入游行队伍,捣毁《华商报》广州分社和《正报》广州营业处的暴行,提出了强烈的抗议。这种暴行"无非是告诉老百姓,道理在对手方面,说理不赢,高压也不成,故不得不扮演这样丢尽政党脸面的丑事"。但是,这种"恐怖手段"是不会使"站在民主立场的正义人士"屈服的。23日,列名夏丏尊治丧委员会。26日下午1时,与夫人孔德沚乘新生轮由香港抵达上海。到码头迎接的有开明书店的傅彬然以及孔另境夫妇等。(参见唐金海、刘长鼎主编《茅盾年谱》,山西高校联合出版社1996年版)

　　司马文森和陈残云主编《文艺生活》1月1日在广州复刊,出光复版,复刊第1期为总第19号,以郭沫若的《人民的文艺》作为复刊词。2月5日,广州文化界在汉民路太平餐馆公宴李济深、蔡廷锴先生,司马文森和洪遒、周钢鸣、郭冠杰等参加。与蔡廷锴相识,中国国民党民主促进会成立后,不久即参加,为中央委员兼宣传部副部长。除夕,参加《建国剧艺社》主持召集的部分文艺界人士为庆祝抗战胜利后第一个除夕的聚会。与会者还有周钢鸣、黄药眠、韩北屏、陈残云、吉联抗、孙慎等。9日,和陈残云一起主编的《文艺新闻》旬刊在广州创刊。编辑部设在广州西湖路102号,亦为《文艺生活》编辑部。同日,文协港粤分会成立,当选为理事。投身于"反饥饿,反内战,反独裁"争取民主的斗争。12日,在太平路餐厅举行"广州文化界庆祝政治协商会议成功大会"。司马文森在会上对重庆特务分子捣乱庆祝政协成功大会,打伤郭沫若、李公朴、史良、施复亮等7人,表示抗议,并要求各界人士爱护民主运动领袖,提议组织人民自由保障委员会。并在大会通过的《广州文化界为拥护政治协商会议五大决议案宣言》上签字。13日下午,国民党广州当局下令封禁《文艺新闻》《自由世界》《新世纪》等4家杂志。当天,司马文森联合被查禁的四杂志社负责人,同国民党广州社会局长袁晴晖展开针锋相对的说理斗争,印发传单,抗议国民党反动派迫害进步文化的罪行。14日下午,在广州金汉酒家吉祥厅里,主持召开《自由世界》《文艺新闻》等四杂志社的记者招待会,愤怒控诉四杂志被国民党反动当局查禁经过,指出"这不单纯是四个杂志的问题,而是言论出版自由的基本问题"。并坚决表示:"《文艺新闻》继续出版。"招待会刚结束,司马文森又立即在西湖路102号主持召开了《十五家杂志联合增刊》第1期的编前会议,为《增刊》的编辑方针、内容和选题作了明确指示。并继续积极领导这场斗争。一星期内,《文艺新闻》带头冲破了社会局的封禁,复刊出版,十五家杂志也先后复刊。司马文森领导下的广州文化界反对限制言论出版自由的斗争,终于获得了胜利。

　　按:司马文森2月至3月发表《忆杨潮——为福建冤狱抗议》《写在寒夜中——忆羊枣》《哀征军》《取自生活》等,强烈控诉国民党反动派迫害进步文化人士的罪行,并发表了许多抨击国民党反动派压制民主的短评:《在"民主"的中国》《民主不是出口货》《小心被人民"掩埋"》《反民主戏法种种》《送中国的希姆莱》《置身在民主斗争中的广州文化界》《民主和反民主斗争在广州》等。分别发表在《周报》《联合增刊》《文艺新闻》及香港《华商报》《人民报》上。

　　司马文森主编的《联合增刊》3月上旬发行。15家杂志联谊会很快就发展到29家杂志联谊会。4月10日,在《文艺生活》发表关于版权所有的启事一则。5月4日上午,国民党广州当局唆使数十名暴徒捣毁《华商报》广州分社、《正报》广州营业处和发售《文艺新闻》等4家杂志的兄弟图书公司。《文艺新闻》被迫停刊。针对国民党广州当局这一暴行,司马文森在香港《华商报》迅即撰文《我们控诉,我们抗议》,强烈抗议反动派"企图分化打击民主运动,摧残文化"的罪行。表示"将用一切力量"支援"被迫害民主人士""直到民主中国实现为止"。中旬,由司马文森、洪遒、周钢鸣合编的《文艺修养》在广州创办,其宗旨"是为了便利爱好文艺青年对文艺的学习和修养""介绍一般文学上的基本知识,提供读者学习文艺方法,指出具体的例子,告诉读者,在从事实际写作中,可能遇到什么困难,怎样克服这些困难。怎样把文艺运动和民主运动配合起来"。20日,发表《谈当前文艺的几个方向》。从抗战胜利7个月来我国的政治局势和人民所受的苦难谈起,一针见血地指出:"只有停止内战,停止法西斯反动分子排斥异己的暴行,才能使全国人民在八年来所受的创痕复原。"指明当前文艺工作的主要方向是反法西斯独裁统治,争取民主自由。并号召我国文艺界应"在共同争取民主目标底下团结起来,肃清宗派主义、市侩主义,反对无原则的右倾倾向"。同月,中篇小说集《挣脱了枷锁》由上海文光书店出版。5月至6月上旬,由于国民党反动派加紧迫害,进步文化人士开始从广州撤退赴香港。司马文森仍留在广州继续出版《联合增刊》,坚持斗争。在《文艺生活》上发起《广州的一日》征文,征集委员会成员为:胡仲持、黄药眠、周钢鸣、司马文森、陈残云、洪遒。6月中旬,被国民党广州当局通缉,"司马文森化了装,戴着白草帽,穿上香云纱,装扮成商人的样子,登上天台,从另一个楼梯口走下街道,从容不追地乘船到了香港。隔天,敌人再来围捕他,只能扑一个空了"。29日,国民党当局假借"平日专售或印刷各种违法书报,要予取缔"为名,派出武装警察,查封了广州的《华商报》《正报》、兄弟图书公司、文生出版社和文艺生活社。《文艺生活》光复版在广州共出6期(第6期为陈残云编辑)。随即迁香港。

司马文森7月8日在《华商报》发表谈论当时香港戏剧运动的评论《从过去看未来》。9月10日,参加港粤文协分会在香港举行的周行、严杰人的追悼会。同月,在《文艺生活》发表短篇小说《老郭和他的女朋友》,收入短篇小说集《危城记》,并在该刊为马宁写的《人民的科学家高士其》一文作按语,呼吁大家"来爱护,支助自己的科学家""关心他的生活,改善他的生活境况,使他有安定的生活环境和工作环境"。不久,便得到社会上各界人士的响应;短篇小说集《危城记》由文生出版社出版。司马文森在主办《文艺生活》的同时,又创办了文生出版社,先后出版了一批新书,如司马文森的《危城记》、陈残云的《风砂的城》、华嘉的《复员图》、楼栖的《反刍集》、黄宁婴的《民主短简》、黄药眠的《抒情小品》、林林的《同志,攻进城来了》等等。在香港,出版一本进步的文学作品非常困难,文生社的出现,有它的可贵之处。26日,出席港九作家为纪念鲁迅先生逝世10周年,在六国饭店礼堂举行的纪念会。与会者还有李伯裘、千家驹、胡仲持、黄药眠、瞿白音、章泯等。11月10日,在《青年知识》发表《谈生活体验——文艺学习散记》。29日,参加港粤文协举行的全体理事会,欢迎新到香港的会员陈闲等。是年,长篇小说《雨季》由香港智源书局出第三版。任中共香港文委委员。(参见杨益群《司马文森年谱》,《抗战文艺研究》1985年第2期)

王星拱自上年12月21日接任中山大学校长之后,在人事组织和院系所设置等方面也作了较大调整。聘定郭嵩龄为总务长;教务长由邓植仪继任;任国荣继任训导长,是年8月以后,训导长改聘黄尊生;秘书由叶孟安、宋嘉贤继任;医学院院长改聘黄榕增,黄还兼任附属医院主任;其余文、法、理、工、农、师范各学院院长及先修班主任照旧聘任,分别是:文学院院长朱谦之,法学院院长胡体乾,理学院院长何杰,工学院院长陈宗南,农学院院长邓植仪,师范学院院长毛礼锐,先修班主任萧锡三。是年起,除农学院和先修班外,其他各学院院长陆续改聘,各院新任职情况为:文学院院长王力,法学院院长萨孟武,理学院院长徐贤恭,工学院院长陆凤书,师范学院院长蔡乐生,医学院院长陈冀平。11月13日,王星拱《校庆献辞》刊于《国立中山大学校报》,主张学术自由。他认为大学教育的任务是研究学术、发扬文化。"今日欧美文明之光辉灿烂,实为大学教育之成果。中国为文明古国,地大物博,人口繁众。然与欧美各国相较,尤觉生产落后,进步迟缓,必须迎头赶上现代文明。况当胜利之后,建国工作经纬万端,需要专才,更为迫切。故学术究讨,实待加倍努力。"为加强学术研究,王星拱继任校长之后,从全国各地陆续聘来一批知名学者:如文学院的商承祚、王力、王起、杨树达、刘节、岑仲勉、罗香林、方光焘、周达夫、谭戒甫、朱师辙、朱延丰、姚薇元、钟道铭、洪谦、黄文山、孔德、周其勋等;法学院王亚南、萨孟武、薛祀光、高承元;理学院的徐贤恭、钟盛标、潘钟祥及师范学院的蔡乐生等。这些学者的进入,极大地壮大了中山大学的师资阵容。(参见山东大学校史编写组《山东大学校史》,山东大学出版社1986年版)

黄文山任中国社会学社广东分社理事长。该社于是年在广州成立,主要由中山大学、广东省立法商学院、岭南大学三校社会学系人员组成。4月,在《民族学研究集刊》第5期发表《综论殖民地制度及其战后废止的方案》。5月,在《社会学讯》第1期发表《文化科学上的因果功能方法》。6月1日,在《粤侨导报》第1期发表《粤侨事业与广东经济建设》,谈到:

"认识了时代的意义与粤侨事业的关系,所以广东省政府在复员伊始的时候,立即排除一切困难,设立粤侨事业辅导委员会,其目的就在计划与辅导粤侨经济事业的展开。"并就"怎样辅导粤侨实现经济建设计划"提出四点意见:第一,必要辅导粤侨投资,使能促进本省工业计划的实现;第二,粤侨投资本省工商业,应有计划的辅导;第三,必须筹设华侨金融机构,俾为经济建设的动力源泉;第四,必须对于粤侨投资工业生产加以奖励和保障。7月1日,在《粤侨导报》第2期发表《经济建设与华侨使命》,最后强调指出:"海外侨胞号称千万,而隶属粤籍者恒在百分之七十以上,其民族意识的浓厚,经济力量的宏沛,及其认识现代工业的深刻,夙为世所共知,时至今日,复员建设,华侨亦与有责。据我们所知道,海外侨商所经营之商业,如米,糖,橡皮,油,金属,矿产,及渔业,制筑等,可供军食民用的各种企业很多,倘能有组织有计划的日就高速度发展起来,不但可以巩固侨胞的经济基础,同时,以其在海外从事工业建设的富力与经验,随时响应政府的征发,回国投资,经营实业,那所得到的效果,必然可以协助国内渡过经济的难关,致国家社会于康乐繁荣之境,这是今日的华侨,对正在积极建设的祖国所应负的使命。尤其是粤籍华侨,对于建设工业化的新广东,更具有责无旁贷的使命,本会职责所在,亦当善尽辅导与诱掖的责任,竭智尽忠,作更伟大有效的贡献,展开建设新广东的史页,这是我们所愿与海内外粤侨共相策勉的。"10月1日,在《粤侨导报》第5期发表《华侨力量与经济建设——粤侨会兼副主任委员在广东省三十五年度行政会议报告辞》。11月1日,在《粤侨导报》第6期发表《如何引导侨资》。上述诸文对动员广东华侨参与战后建设提出许多建议。11月,在《中华文化学术专刊》第1卷第1期发表《文化学上的科学的比较方法》。(参见赵立彬编《中国近代思想家文库·黄文山卷》及附录《黄文山年谱简编》,中国人民大学出版社2013年版)

朱谦之1月开课,15日讲《奋斗十年》,16日讲《音乐文学运动》,17日讲《文艺复兴期欧洲文学中所见之中国》,18日讲《战后文化展望》,19日讲《现代史学之新倾向》。3月29日,请沈雁冰为学生讲《民主与文艺》。5月5日,开始举办"文化科学讲座",包括《文化政治学》《文化法律学》《文化经济学》《文化教育学》四讲。6月3日,讲《从屈原说到诗人的爱》。7—8月间,所著《奋斗廿年》(中山大学史学研究会)出版。(参见黄夏年编《中国近代思想家文库·朱谦之卷》及附录《朱谦之年谱简编》,中国人民大学出版社2015年版)

王力8月应中山大学之聘,任中山大学教授兼文学院院长,创建中国第一个语言学系。9月,在广东建设委员会讲《新训诂学》。11月,父亲贞伦逝世,回博白奔丧。是年,又有《复音词的创造》刊于《国文月刊》第40期。(参见张谷、王缉国《王力传》附录《王力先生年谱》,广西教育出版社1992年版;齐家莹编《清华人文学科年谱》,清华大学出版社1999年版)

容肇祖继续任中山大学哲学系教授。为鼓励和支持学生反蒋爱国运动,讲授"中国学生爱国运动史""五四运动史",并在学生办的刊物上发表《范滂》,借以影射蒋介石迫害进步人士。又在中山大学进步学生组织"保障人权大同盟"集会上,带头签名,声讨蒋介石倒行逆施反人民的罪行;还谴责美蒋特务暗杀闻一多教授的暴行。9月16日,容肇祖由香港往北京,应聘为北京大学哲学系教授。(参见东莞市政协编《容庚容肇祖学记》,广东人民出版社2004年版)

容庚2月由李宗仁介绍至广西大学任教授。4月,到柳州。后因校务停顿,无课可上,乃离桂林。7月4日,广州岭南大学送聘书来,应聘为中国文学系教授兼系主任。是年,任东莞明伦堂教育委员会委员。(参见东莞市政协编《容庚容肇祖学记》,广东人民出版社2004年版)

夏衍1月10日至7月10日在上海《世界晨报》设"蚯蚓眼"专栏。4月7日,与姚溱、金仲华等办《消息》半周刊,历时一个半月后,即5月27日被国民党政府查封。同日,夫人及子女先后由重庆回到上海,与胡绳一家合住静安寺路重华新村。6月17日,《上海文化》月刊举办"战时战后文艺检讨座谈会"。出席者:郭沫若、郑振铎、夏衍、李健吾、赵景深、萧乾、江禄煜、郭天闻、孙德镇。郭沫若最先发言,夏衍次之。夏衍说:"抗战以来,文艺界的活动大概可分成二个阶段:第一阶段,自八一三抗战初起至武汉撤退为止……文艺工作者对国家前途,都充满着很大的希望。试以曹禺为例,他在抗战前完成的作品,如《雷雨》《日出》《原野》等,均不涉及政治问题;但在抗战初期,他写成了《蜕变》,观该剧内容,即可见其对国家前途充满希望。"7月中旬,赴南京在梅园新村中共代表团工作。10月10日,从南京回到上海。30日,与潘汉年一起飞赴香港。为办理赴新加坡入境手续,在港逗留数月,其间,任中共香港工作委员会成员、南方分局(中共中央香港分局,1949年2月改为中共中央华南分局)成员、香港文委书记。(参见《夏衍全集·夏衍年表》,浙江文艺出版社2005年版;陈福康《郑振铎年谱》,三晋出版社2008年版)

章汉夫5月赴上海筹办《新华日报》和《群众》周刊。6月,《群众》周刊在上海面世,章汉夫任主编。10月23日,周恩来决定派章汉夫到香港筹备创办《群众》周刊,接着派乔冠华、龚澎、刘宁一、许涤新、方卓芬到香港工作。新华社香港分社由章汉夫、乔冠华负责。29日,周恩来致电党中央并转方方、尹林平并香港工委,告称目前香港已成为南京、上海的二线,新华社香港分社由章汉夫等负责,并任命章汉夫为中共粤港工委书记。冬,章汉夫到达香港后,担任粤港工委书记兼任中共中央香港分局委员。其间,与香港工委副书记连贯,常委夏衍、许涤新、乔冠华一起担负着中共香港分局的组织工作,同时担任香港版《群众》周刊的主编,致力于《群众》周刊的筹办发行。次年1月30日,《群众》香港版正式创刊。(参见陈雷刚《建国前章汉夫在香港的工作经历》,《文史天地》2015年第10期)

冯乃超是夏按周恩来指示,安排周而复、林默涵等先从上海转移到香港,开展文化工作。10月19日下午2时,出席在上海辣斐大戏院举行的鲁迅逝世10周年纪念会,翌日参加上海各界举行的鲁迅墓祭扫活动,并摄影留念。10月底,离上海赴香港,寓英皇道172号,与周而复、夏衍住在一起。任香港华南分局"工委"委员。其间,受"工委"书记方方委托,与邵荃麟、周而复负责审查在港文化界部分党员的政历,解决组织关系。事后组成5个党小组。12月29日,出席全国"文协"总会港粤分会举办的"辞年晚会"。后作《迎一九四七年》,刊于次年2月香港《文艺生活》月刊光复版新11—12期合刊。(参见李江《冯乃超年谱》,载李伟江编《冯乃超研究资料》,陕西人民出版社1992年版)

陈君葆时任香港大学冯平山图书馆馆长。1月24—25日,陈君葆与港英当局端纳上尉等,提审日本人乐满、江村、竹藤峰治,追查被日方窃运去的上海"文献保存同志会"寄存在港的图书,但这几个日本人都推说不知。6月16日,陈君葆日记:"博萨尔给马提太太的信,说在东京上野公园发现一百一十一箱书籍,叙述很详细,他写道:'同时,除了我自己的书外,我又在上野公园的帝国图书馆发现自香港移来的中国政府的书籍。我立即报告东京的中国大使馆,把陈君葆信内对这些事的记述告诉了他们,因此我希望中国政府不久将会得回那整部图书。但最好陈君葆也写信到东京的英国或中国大使馆交涉取回,把详细内容举出,说明什么书曾从港大搬出,则当然能全部取回无疑。请为我多谢陈君葆,并告诉他那些书是先寄到东京的参谋部,再从那里移到文部省,更或由文部省转移至上野公园帝国图书馆,其时约为一九四四年夏季。'"7月11日,陈君葆日记:"下午接到杭立武七月四日的来

函,说百壹拾箱书已找回了,可不必追查。"(参见陈福康《郑振铎年谱》,三晋出版社2008年版)

李章达6月23日与粤港各界人士何香凝、徐傅霖、彭泽民、蔡廷锴等分别致电毛泽东主席和美国总统杜鲁门,呼吁和平,制止内战。毛泽东主席7月7日复电,对李章达等人"呼吁和平"的言论和行动,"甚为感佩"。并表示中国共产党"始终致力和平""决与全国绝大多数人民,共同为争取和平实现而努力"。

文俞6月3日在《华商报》发表《和茅盾先生谈话》:茅盾在谈话中阐述了自己的对于文艺问题的看法,认为抗战时期产生的作品不少,但真正成功的不多,是因为"检查制度很严,有话也说不出,也因为现实变动太大、太快,作家的生活经验又不够的缘故"。谈到刊物,茅盾说"重复浪费、空洞浮泛的现象必须改变,应该有计划地进行"。需要办的是"一个高级的理论指导刊物",一个"以知识青年和学生等政治水平较高的人为对象的"刊物,还有一个"通俗的工农刊物","办刊物应该注意两点:教育自己、教育青年"。(参见唐金海、刘长鼎主编《茅盾年谱》,山西高校联合出版社1996年版)

李伯球任社长的《人民报》3月1日创刊于香港,是为中国农工民主党南方总支部机关报。主笔是张琛、黄药眠。

周而复任香港中共华南分局文化工作委员会委员、副书记。

黄新波赴香港,任《华商报》记者,并发起组织人间画会。

秦牧在香港从事写作。

朱石麟赴香港任大中华影业公司导演。

李运华继续任广西大学校长。教育部和广西省政府要求将学校迁回当时的省会桂林,而左派进步学生为了摆脱国民党政府的控制,便于与中山大学等外地院校的学生运动加强联系,则要求将学校迁回梧州故址,一般师生中,许多人出于桂林良丰旧址毁坏荡然,而梧州柑蝶山故址所遭损失甚微,房舍楼馆比较完好,修复较易,为较好的学习环境,因此亦持迁梧意见。于是,终于形成了一次大规模的"返梧运动"。3月,李运华呈请辞职获准,行政院派陈剑倄新任校长。陈剑倄上任主持的第一次校务会议,议决迁校问题,并决定"在准备迁校期间暂行停课,凡二至四年级学生分别在桂柳梧三处举行卅四年度第一学期期考"。会议决定呈文教育部,要求择永久之校址,"而教育部以本大学之所在地关系于西南新文化建设至巨,乃令设永久校址于桂林"。4月初,教育部电示借拨前资源委员会属下南京无线电总厂在桂林赤土堡(即将军桥附近)的中央无线电器材厂为校址。3日,校务会议议决并成立"迁校委员会",由陈剑倄任主任委员,总务长白玉衡任副主任委员,教务长汤璪真、训导长崔华伍、法商学院院长王覲、理工学院院长郑建宣、农学院院长汪振儒及各系主任任委员。迁校委员会下设六个组:总务组(白玉衡任主任)、财务组(黄瑞纶任主任)、运输组(吴求胜任主任)、修建组(郭汝铭任主任)、服务组(崔华伍任主任)和警卫组(黄国郴任主任)。10日,迁校委员会修建组抵桂开展工作,设"国立广西大学桂林办事处",在桂林市临桂路白果巷31号办公。至9月底,迁校工作基本完毕,各地及柳、梧的学生均回校注册,是时计有学生1500人左右。广西大学迁回桂林,设校本部于将军桥,含法商、理工学院二、三、四年级及统计专修科一年级。另有农学院暨各院系一年级学生及先修班移至良丰西林公园,成立良丰分部。将军桥位于桂林市南郊,距市中心3公里左右,占地3000多亩,地区宽阔,中有石山,风景幽雅,树木浓密,池沼甚多,自有其堂皇恢宏之气象。(参见《广西大学校史》编写组《广西大学校史》,广西大学学报编辑部1988年版)

　　罗尔纲继续以任职中央研究院社会研究所,借调广西通志馆。11月15日,致信胡适,报告分别9年来在中研院社会学研究所所做工作,表示希望回北大文科研究所从事研究。信中说:"生曾服务文科研究所,其中明清史料向为孟心史先生主持,孟先生谢世后主持无人,生对清史研究已十五年,似尚可试用。其考古室工作,生虽志不在此,而供职之年,尚幸未陨越。若命兼管,似亦可胜任。至学生回北大研究计划,为完成《太平天国全史》及《胡适之先生考证学》两书,自信以锲而不舍的精神,十年的岁月,必可附吾师大名得留微名于不朽。"信中又谈及南昌中正大学已寄来聘书旅费,请去就任史学系教授。因此表示:"生若仰蒙吾师赐准回北大,则先至中正大学一两年,取一资格,并得先在小大学历练,再回名大学服务,事又似可行。"(参见耿云志编《胡适年谱》,福建教育出版社2012年版)

　　汪德耀继续任厦门大学校长。1月间,学校为加强一年级新生的教学工作,进一步从长汀调配教师到鼓浪屿,并安排新近由美国返乡应聘来校任化学系教授的卢嘉锡博士先到鼓浪屿授课,组成一支强有力的师资队伍。其中:教授有周辨明、顾瑞岩、虞愚、林玉霖、陈烈甫、卢嘉锡、吴金声、庄文潮;副教授有黄雁秋、黄典诚;讲师有蔡启瑞(化学)、颜戊己(数学)、何恩典(数理)、葛德纯(外文)、苏恩卿(外文)、戴焕文(中文)、洪炳耀(数理)、戴锡康(数理)、方虞田(土木);还有助教、技术员、实验员多人。整个外文系除系主任李庆云教授及德语讲师包乐道留在长汀外,其他教员全部到鼓浪屿。2月间,厦大复员委员会在汪校长主持下接连开会,鉴于复员处集中全力在鼓浪屿办理一年级新生的入学及上课,无暇再为全校迁回厦门承担任务,乃决定撤销原复员处,另设驻厦复员办事处,由彭传珍总务长兼任主任,会同复员委员会常务委员陈烈甫商决一切,并聘请方虞田兼任工程股干事,曾七贤兼任保管股干事,戴锡康兼任会计股干事,校友辜泗水为事务股干事,办事处设在厦门市区升平路36号,加紧推进全校迁回厦门的有关工作。2月7日,经多方交涉,日俘从厦大撤走。9日,驻厦复员办事处开始接收演武场校址,然后集中力量对原校舍进行修缮。23日,厦大第136次校务会议在长汀召开,会上听取了文学院院长周辨明教授关于一年级新生各方面情况的汇报,议决在鼓浪屿设立新生院,经费预算单独编列。接着,汪校长任命周辨明兼任新生院院长,陈诗启为新生院训导课主任。4月1日,厦门大学新生院宣告正式成立。

　　汪德耀校长4月6日在校庆25周年纪念日发表《二十五周年校庆致校友书》,提倡学术自由,宣布:"抱蔡孑民先生办理北京大学之态度,取兼容并包主义,聚各方人才,谋各系充实;凡学有所长,课有所需,咸加礼聘罗致。至于学术思想,则依自由原则,无论何种学派,悉听其自然发展,务希我民族精神能发扬,固有文化能持续,戮力研究高深学术,理论与实用相系并重,期能完成本大学教育之使命焉。"就在这方针指导下,加上学校当局多方延聘,复员后的厦大,著名教授云集。留学欧、美、日各国的专家,政治上左、中、右各派的学者,都可以在讲坛上及科学研究上阐述他们的学术主张与见解,使全校的学术空气空前活跃,教学科研均有所进步。同日,学校决定在长汀、鼓浪屿两处同时举行庆祝活动,并给在校服务25周年的教员周辨明、职员高用梁、郑德霖、陈倚材颁奖。5月6日,学校与漳龙汽车公司订立运输合同,开始启运长汀校本部的图书、设备。月底,学校提前结束全学年的课程,四年级学生217人光荣毕业;二、三年级学生则放假返里,下学期直接到厦门报到。

　　汪德耀6月1日上午8时出席长汀各界假公共体育场举行的欢送大会,厦门大学全校开始迁返厦门,长汀各界赠送厦门大学大匾额一架,上刻"南方之强"4个大字。汪德耀校长在会上代表全校师生员工致谢词,并发表对发展长汀教育及地方事业的3点意见。散会后,长汀民众沿途燃放爆竹,表示对厦大师生的敬意。为了使迁校转运能顺利进行,学校在漳州、水潮两地设立接运站,分别由张松踪、吴厚沂及袁德诚、杨善铎负责。凡长汀运来的公物,先由水潮接运站雇夫挑至离公路七里许之石鼓码头,装上雇来的木船或木筏,沿溪运至漳州;再由漳州接运站转驳到帆船上,经九龙江口入海,运往厦门。下旬,复刊后的《厦大校刊》第6期公布了《国立厦门大学新生院组织章程》,对机构设置、院务会议、人员职责及隶属关系等,作了详尽的规定,新生院便成为厦门大学法定的常设机构,发挥其处理一年级新生学务的特殊功能。同月,在全国高校率先设立海洋学系,又与中英文教基金会董事会合办中国海洋研究所。12月31日,学校第142次校务委员会上,议决设立经济研究所,由王亚南兼任研究所主任。(参见洪永宏编著《厦门大学校史》第一卷,厦门大学出版社1990年版)

　　唐世凤为著名的海洋学家、英国利物浦大学海洋生物学博士。6月,由其负责筹建的海洋学系已告就绪,9月间招收首届新生20名,宣告我国高等学校中的第一个海洋学系正式成立。同在6月,厦大与中英文教基金会董事会合办中国海洋研究所,机构设在厦大,聘请著名的海洋学家、英国利物浦大学海洋生物学博士唐世凤教授兼任所长,郑重教授为兼职研究员,著名生物学家伍献文、原复旦大学教授王敏(女)为研究员,英籍海洋学家、郑重夫人克拉克为副研究员,出版了英文的学术刊物《Amoy Fisheries Bulletin》,使该所成为当时国内最具规模的海洋研究机构之一,从而推进了厦大对海洋生物的研究。其中郑重教授结合在生物学系和海洋学系的教学科研成果,创建了我国海洋浮游生物学科,对我国的海洋学及生物学卓有贡献。(参见洪永宏编著《厦门大学校史》第一卷,厦门大学出版社1990年版)

　　王亚南《中国经济原论》1月由福建经济科学出版社刊发。此书为作者经济理论体系代表作之一,被学术界誉为"一部中国式的《资本论》"。作者运用《资本论》的体系范畴,从商品经济入手,揭示了旧中国的经济属性。其结论表明:无论是商品、货币、资本,还是城市、乡村、工业、农业、商业,都是各种经济关系交错在一起的一种芜杂的经济形态,即半封建半殖民地经济形态。此书后被译为多国文字,其中日文译本分别由日本青木书店、日本中国经济研究会于1955年刊行,后者刊行时将该书更名为《半殖民地经济论》;俄文译本于1958年刊行;增订版由人民出版社于1957年1月刊行,并改名为《中国半封建半殖民地经济形态研究》。12月,《社会科学论纲》的增订版《社会科学新论》由经济科学出版社刊行。同月,厦门大学设立经济研究所,王亚南兼任研究所主任。下设两个学部,并拟订出研究课题,以推动经济学的研究。南洋经济研究学部的课题是:"1.白人与南洋经济关系;2.华侨与南洋经济关系;3.国际殖民政策与南洋民族运动对华侨经济之影响;4.南洋经济地理研究;5.南洋华侨与祖国经济关系。"中国经济史学部的课题是:"1.断代经济史(拟专注于明、清经济史研究);2.中国地主经济形态之成形与发展;3.中国手工业经济形态之演变及其现状;4.中国利息利润形态发展之史的考察;5.中国商业形态之特征及史源;6.中国公有经济研究。"以上两学部课题的研究,因限于种种条件,成果尚不显著,但已为厦门大学的经济学研究创立了一定的基础。(参见夏明方、杨双利编《中国近代思想家文库·王亚南卷》及附录《王亚南年谱简编》,中国人民大学出版社2015年版;洪永宏编著《厦门大学校史》第一卷,厦门大学出版社1990年版;王学典《20世纪史学编年(1900—1949)》,商务印书馆2014年版)

　　傅衣凌6月在福建研究院社会科学研究所《社会科学》第2卷第1—2期合刊发表《清末厘金制起源新论》。文中探讨了清末厘金制推行的社会背景、厘金制的发展原型及其构成、清末厘金制之存立的历史意义等。作者认为厘金制度"乃是适应清末半殖民地的地主经济重建下的一种针对中小生产者的一种征税制度",其原型"就是仿自中国行会的抽厘与一文愿的成员互相鸠资方式"。同期还刊载了胡寄馨《宋代银铜矿考》等文。(参见王学典《20世纪史学编年(1900—1949)》,商务印书馆2014年版)

韩振华6月30日在《福建文化》总35号发表《日本初割台湾十五年中理番暴行》。同期还载有王新民《礼运大同篇溯源》、赵图南《梁元帝著作考》、吴如周《福建各县沿革表》等文。(参见王学典《20世纪史学编年(1900—1949)》,商务印书馆2014年版)

魏建功1月到上海候机赴台。2月,农历年前到达台北,立即着手组建台湾"国语推行委员会"的工作。"国语会"成立前,为解决急需在广播电台开设了国语讲座,由齐铁恨先生口授,林良先生(台湾《国语日报》社董事长)用闽南话翻译,帮助台省小学教员备课,备受台湾同胞及各界人士的欢迎。4月,"台湾省国语推行委员会"正式成立,魏建功为主任委员,何容为副主任委员。同时受聘台大台文系教授(未到职)。介绍台静农、裴溥言(普贤)等到台大工作。11月,回北京招聘"国语推行员"。为研究中小学语文教育问题,召开"中国语文诵读法座谈会",引起文教界很大兴趣。黎锦熙、朱自清、朱光潜、余冠英、冯至、李长之等著名文人学者30余人到会参加了讨论。纪念文章《回忆敬爱的老师钱玄同先生》刊于《国文月刊》第41期。(参见曹达《魏建功年谱》,《文教资料》1996年5期)

许寿裳6月18日离南京赴沪,准备赴台。25日,自沪飞抵台北,住励志社16号。27日,起草编译馆组织大纲。7月4日,移居青田街五巷2号李季谷寓邸。8日,编译馆筹备处成立于南海街教育会馆对面,原教育处教材编辑委员会所。许寿裳即日到处办公。10日,得长官公署派令(署人字第四六二三号),任命许寿裳为编译馆馆长。13日,编译馆是日成立,迁至教育会馆办公。许寿裳即日到馆就职。16日,正式向考选委员会提出辞呈。17日午后,至台湾大学第二附属医院诊齿,医师小林静夫出手册请题字,为题"得心臻妙"4字。8月10日,编译馆招待新闻记者,即席讲《编译馆的旨趣和工作》。11日,移居潮州街59号。23日,作《孔子的生平事略及其学说》。27日,孔子诞辰,晨8时至中山堂,讲《孔子的生平事略及其学说》。31日,至台湾大学第二附属医院取义齿。9月3日,胜利周年纪念日,上午8时半至中山公园,参加纪念典礼。5日,至省训团讲演,题为《台湾文化的过去与未来的展望》。12日,作《俞曲园先生的教育功绩》。23日晨8时前,至重庆南路省立第一女中讲演,题为《第二诞生期和第三诞生期》。30日,作《鲁迅的精神》。10月14日,作《鲁迅和青年》。19日,作《台湾省编译馆的设立》与《台湾省编译事业的拓荒工作》。25日上午,至中山堂参加台湾光复周年纪念会。夜作上陈长官私函,力陈种种困难:(一)馆舍问题,(二)职员宿舍问题,(三)宿舍家具问题,(四)交通车问题(按:此四项困难,后逐渐解除)。29日,作《鲁迅的人格和思想》。31日,编译馆迁至襄阳街怀宁街口,仍每日到馆办公。同月,又撰成文稿《鲁迅的德行》《新台湾与三民主义的教育》。30日下午,至和平东路省立师范学院讲演,题为《鲁迅的人格及其思想》。12月10日,许寿裳日记云:"下午主持本馆座谈会,参加者教育处、师范学院、省教育会、国语推行委员会,参加既踊跃,发言亦热心。"17日,作《鲁迅的生活》。(参见倪墨炎、陈九英编《许寿裳文集》下及附录二《许寿裳先生年谱》,百花出版社2003年版)

黎烈文约8月自台北致函巴金信,告知他应鲁迅的同学、国民党福建省主席和台湾省行政长官陈仪的约请,半年前赴台北后任《新生报》副社长兼总主笔,但处处受制于当局,加上台湾省长官公署宣传委员主任委员夏涛声从中作梗,不能坚持"言论自由"的方针,遂辞去《新生报》的一切事务。前往训练团和台湾大学执教。感到"埋头写作，不求闻达"，是黎烈文"从福建的那段生活中、从到台湾初期碰钉子的生活中得到的一点教训"。（参见唐金海、张晓云《巴金年谱》，四川文艺出版社 1989 年版）

　　胡先骕年初仍在南昌。1 月 3 日，复中基会函，同意应聘该会植物学研究教授一职。3 日，任鸿隽来电，嘱"赴沪前盼先来渝一晤"。6 日，任鸿隽获悉胡先骕将经沪赴平，在致函秉志时，附一函与胡先骕，再次请其往北平之前来重庆相晤，商讨静生所复员诸事，并就静生所经费和庐山植物园作出安排。18 日，自南昌致函平所夏纬琨，告知为静生所复员接洽进展。12 日，任鸿隽再次来电，云"已托京中研究院代订机票飞渝，请赴鸡鸣寺路该院接洽"，并言"夏纬琨处已汇款"。2 月，农历除夕，如同往年在家设奠祭祖，但此为最后一次。（参见胡宗刚《胡先骕先生年谱长编》，江西教育出版社 2007 年版）

　　唐文治继续任无锡国专校长。1 月，国专沪校毕业民国三十四年度第一学期学生 10 人，皆为三年制国学科。同月，《万象》刊载署名"含凉"的《唐蔚芝诲人不倦》，内称：（国专沪校）"在前三年，为了临时校舍房东要收回，涉讼有半年之久。唐老先生总是派代表出席折冲，始终抱息事宁人之旨，他说只要房东让我们办学，学生不致无地可容，什么都可以商量的。见得他如何爱护这所学校了。为了他这样的困苦艰难，所以在那里教书的，尽管待遇菲薄，决不肯告辞。"2 月，在广西的国专桂校，离开北流山围，开始复员回无锡。至此，长达 8 年的国专桂校的历史遂告结束。

　　按：八年中，国专桂校因时局逼迫，多次迁校，颠沛流离，国专师生弦歌不辍，书写了一段传奇。1938 年 12 月，由于日军先后攻占武汉、长沙，桂林震动，国专桂校转移广西北流山围上课。1939 年 5—6 月间，桂校迁址萝村。1941 年 9 月，桂校迁址桂林穿山，新建校舍，占地 200 亩，可容纳师生 500 人，校舍在三年内逐步建成。1944 年 9 月，随着战事吃紧，桂林紧急疏散，桂校迁往蒙山。师生后分为两路，一路欲往贵州，受阻于金秀地区，一路在蒙山境内辗转求学，先后转迁古苏冲、大塘、昭平县鹿鸣村，1945 年 4 月重又会合于山围，坚持开课直至 8 月日本宣布无条件投降。1946 年春节刚过，桂校师生开始踏上复员的旅程，克服资金和交通方面的重重困难，历时五个月，于 1946 年 6 月全数返回无锡。八年中，应邀在国专桂校任教兼课或讲学的专家、学者，有冯振、钱仲联、蒋庭曜、郑师许（原名沛霖，字惠侨）、陈千钧、封鹤君、吕集义、梁漱溟、吴世昌、向培良、李一真、万仲文、萧艾、谭之良、巨赞法师（俗名潘楚桐）、张世禄、阎宗临、梁佩云、饶宗颐、吕逸卿、黄景柏、卜绍周、徐焕、陈竺同、蒋庭荣、俞瑞徵、冯静居（原名春霖）、陈一百（别号百一）、龙纯如、冯介、冯赞廷、梁崇辅、卢冀野、贺子和、冯拔得、王震、欧阳革辛、何觉、黄照熹、苏芗雨、钟震吾、曾志弘、周名辉、梁亘、黄庭柱、王桐荪、黄际遇、卢绍储、蔡德存、朱茂珍、陈典韶等人。

　　唐文治 2 月在国专本部在锡正式复校上课后重任学校校长。3 月，吴稚晖、唐文治、蒋维乔、李石曾、胡朴安、高吹万、朱家骅、张元济、王君复等发起联署《丁氏文化复兴社宣言》，以纪念丁福保，并旨在"对于人名传记之整理""对于书名目录之整理""对于训诂学辞典之整理"，以此"拟完成大规模整理国故，辅助政府复兴文化之宏愿"。4 月，刘承幹约见一些前清任官职的老人，商议联名致函，要求"优待"被苏联军队扣留的溥仪，议定赵熙、唐文治、曹元弼、张元济、章梫、郭啸麓、周孝怀及刘承幹 8 人联署。5 月，南洋同学会决议成立筹建文治堂委员会，对社会进行劝募，成立 88 个劝募分队，目标劝募 30 亿元。6 月初，国专桂校师生全部返归无锡，并开始上课。原在国专桂校任教的冯振、蒋庭曜、王震、俞瑞徵、向培良、欧阳革辛等也跟着迁回无锡，继续在该校任教。经向培良介绍，周贻白到国专本部任教，讲授"修辞学""目录学"等课程。周贻白在校期间撰写数十篇明清杂剧、传奇的剧本评论等方面的杂文，于 1947 年完成《中国戏剧史》全稿。24 日，冯振以前代理校长名义呈文教育部，称："今奉令复员,所有迁桂员生现经抵达无锡本校,校钤一颗,并经奉缴唐校长接收。"7月5日,唐文治也有内容相似的呈文致达教育部。夏,嘱王蘧常赴无锡视察锡校,欢迎桂校复员,加上沪校,三处学生合计达 500 余人。7月,国专沪校毕业民国三十四年度第二学期学生 8 人,其中三年制国学科 1 人,五年制国学科 7 人。8月4日,交通大学举行第四十六届毕业典礼,应校长吴保丰之邀,唐文治到校演讲,"以敦人品、励气节,为中国领袖人才勖勉诸生"。

唐文治、吴保丰、李涛雍、章益、董洗凡、胡敦复、刘海粟等上海地区各大学校长、教授等 64 人 8 月 8 日致电美总统杜鲁门、国务卿贝尔纳斯等,请美国继续助华。电文云:"同人等对于贵国政府及人民过去协助中国之和平统一,极为感佩,兹竭诚期望贵国对中国国民政府继续予以协助,藉使民主与统一之中国,早日奠定基础。"25日,唐文治、钱基博、顾彬生、钱孙卿以及东林小学校长顾希炯(顾宪成第十四代孙)等 30 人致函无锡县长徐渊若,请拨义租修葺"就颓之东林讲舍"。9月24日,无锡国专校友会代表张寿贤、唐兰、王蘧常、蒋天枢、金凤鸣、蒋庭曜、王震、陈千钧、严济宽、张敦品(名联芬)等 11 人,联名呈文教育部,请求将私立无锡国学专修学校改为国立国学院,内设中国文学系、史学系、哲学系,附设专修各科,以"发扬我国固有之文化,树植学术特立之风声"。后教育部批示云"所请应毋庸议"。秋,国专本部和沪校开学。由于学生增加,校舍不敷,经济窘迫,本部停办附属高中。无锡国专七届毕业生魏守谟到国专沪校任教,讲授"中国通史",这是他继 1936 至 1937 年后第二次任教于无锡国专。11月19日,国专沪校全体师生举行献杖仪式,向唐文治赠以红木手杖,上镌"天寿平格"4字,王蘧常致辞,唐文治致答谢辞,并勉同人做"中流砥柱"。年底,国专无锡本部共有十八个班级,学生 200 余人。五年制有五级,三年制有三级,文书科一级,该科因春、秋时都招收新生,故每级有春、秋二班。冬,唐文治对时局殷忧无已。《茹经先生自订年谱》记:"十年以来,国共谈判,若断若续,至本年冬,完全破裂。国民党在南京包办国民大会,优孟衣冠,不堪一噱。而北方战事,风云日急,殷忧无已。"(参见陆阳《唐文治年谱》,上海三联书店 2013 年版)

钱基博 6 月 29 日在《江苏民报》第三版发表《唐文治先生创设国学专门学校之宗旨》,对唐文治、冯振等人在抗战 8 年中率无锡国专师生迁徙流离、苦难备尝而坚韧卓绝、弦诵不废的精神作了高度评价,称"此其坚贞蒙难,咸有一德,仁之至,义之尽,岂惟延唐先生之斯文一脉于西南,而实以续如缕不绝之国命"。(参见陆阳《唐文治年谱》,上海三联书店 2013 年版)

李达在家乡灌塘口创办辅仁小学,任校长,学生一律免费入学,实行新式教育。12月,在《读书与生活》第 1 卷第 2 期发表《杜鲁门声明的本质》《一年来国内局势的总结》。(参见倪墨炎、陈九英编《许寿裳文集》下及附录二《许寿裳先生年谱》,百花出版社 2003 年版)

周鲠生继续任武汉大学校长。10月31日,已经到达珞珈山的师生在学校礼堂举行了开学典礼。秋,武大复员武昌时,第三届"核心组织"领导成员中随校复员的只有王尔杰、赵萌兰、夏云亭、孟兰生 4 人。其中王尔杰、赵萌兰在迁校途中已被接纳为中共党员。他们在新形势、新环境下,又继续领导武大进步学生开展轰轰烈烈的"反内战,反饥饿,反迫害"运动。是年,学校根据形势变化与发展的需要,调整了个别委员会,重新聘用了各委员会人选。共有 11 个委员会:经费稽查委员会、住宅管理委员会、图书委员会、仪器委员会、教员升等审查委员会、学生公费审查委员会、聘任委员会、考试委员会、女生指导委员会、一年级国文委员会、第一外国语委员会。学校又调整充实了研究机构及负责人员,它们是:文科研究所(负责人刘永济;下面只列名)、法科研究所(刘秉麟)、工科研究所(余炽昌)、文科研究所文史学部(李剑农)、法科研究所政治学部(刘诚)、法科研究所经济学部(杨端六)、理科研究所理化学部(邬保良)、工科研究所土木工程学部(俞忽)、工科研究所电机工程学部(文斗)。(参见吴贻谷主编《武汉大学校史(1893—1993)》,武汉大学出版社 1993 年版)

　　吴宓接张其昀 7 月 29 日函。8 月 7 日,吴宓在成都复函张其昀,言应聘武汉大学之事,谓:"七月二十九日手示敬悉,尊驾留美讲学二载,声光烂然,而《思想与时代》续出不衰,内容充实,宓并深欣佩。迪兄逝世,吾党同悲,兄起而继承领导,益发挥光大二十余年来东南文史之崇正学风,可谓正得其人,宓亦殷切瞻望。宓个人对浙大素具特别感情,而竺校长屡次优礼敦聘,亦兄之所熟知……六月中,忽奉竺校长自京(或渝)来电,命宓下年到杭任教浙大。电文简短,未说明拟命宓为外文系教授抑兼主任(似不兼主任)。近顷(清华而外)来聘宓者,(一)浙大,(二)武大外文系主任,(三)云南大学文学院长,尚有川大与华西,(四)山西大学文学院长。而以武大去春以来三致聘书,今春约往乐山该校讲学,且文学院长刘弘度兄(永济)本年六月来渝久居,情意殷切。最近复以朱光潜先生之荐举,武大又来敦聘,故弟已应聘,决辞清华而往武大,顷正布暑行事,半月内离此,迳赴武昌(以后函寄武大)。他年再图践浙大之夙约。祈兄婉陈竺校长,并代致谢为幸。宓生平取友,惟以理想志业为归,既不知学校派别,更不计私人恩怨,尤望同志同道之人,能广大合作,万勿因有所执而分歧……再梅夫人(李今英)处,有迪兄所遗之英文白璧德师传'Irving Babbitt:The Man & the Teacher'。此书宓拟译(节选)为汉文,以登《思想与时代》(或他志)。梅夫人如愿借宓再读且译,请兄取得,妥为邮寄至武大(九月十日以后,乃始寄出)为幸。"

　　吴宓 8 月 30 日自重庆乘飞机抵达武昌,任教于武汉大学外文系。12 月 9 日,吴宓主编《武汉日报·文学副刊》第 1 期创刊出版。《武汉日报·文学副刊》由吴宓署名主编,是一份标榜"不立宗派,不持主义,而尊重作者之思想及表现自由",以文、史、哲学术短论(如红学论文)为主体,兼及著述序跋、学界动态、诗词创作和翻译作品的综合性报纸文艺周刊。《武汉日报·文学副刊》的编辑力量非常精干,只有主编吴宓和编辑程千帆二位,外加一个助理编辑盛丽生。而为报头"文学副刊"隶书四字题字的,是时任武汉大学文学院院长的刘永济,双款条幅,右款是"吴宓主编",左款是"每星期一出版"。创刊号首为吴宓撰写的《序例》,有论其宗旨与办法。所载论文主要有:唐长孺《读陈寅恪〈唐代政治史述论稿〉后记》、吴宓《〈红楼梦〉之文学价值》、程会昌《校雠目录辨》、金克木《印度师觉月博士来华讲学》等。16 日,吴宓主编《武汉日报·文学副刊》第 2 期出版发行,所载论文主要有:唐长孺《读陈寅恪〈唐代政治史述论稿〉后记》(续第 1 期)、吴宓《〈红楼梦〉人物评论之一:论紫鹃》、罗常培《徐嘉瑞〈金元戏曲方言考〉序》。23 日,吴宓主编《武汉日报·文学副刊》第 3 期出版发行,所载论文主要有:天竺轨范师娑陀难陀(真善)造、金克木试译《吠檀多精髓》、徐嘉瑞《〈辛稼轩评传〉自序》。30 日,吴宓主编《武汉日报·文学副刊》第 4 期出版发行,所载论文主要有:顾学颉《温庭筠〈感旧陈情五十韵〉〈献淮南李仆射〉诗旧注辨误》、景昌极《〈名理新探〉自序》、赵冈《乱弹名义考》、孙望《王逸〈楚辞章句〉十七卷本原为十六卷说》、吴宓《〈红楼梦〉之教训》、君超《双燕楼词话》。

　　按:吴宓撰写的《序例》有论宗旨与办法:本刊态度完全公开,欢迎各地人士投稿。稿费每千字暂定国币六千圆至八千圆。登出后,由武汉日报社尽速致送。不登之稿须退还者,请投稿人预付邮资足用。

本刊内容范围甚广,举凡文学哲学历史宗教艺术等,皆认为广义之文学。又于考证研究批评创作之稿,悉皆收纳。惟于各类之稿,必取其精上者。编者之责任,乃就所得之稿,为公平审慎之选择,(编者学识固有限,然另聘有专门顾问,随时指导匡助,投稿人可勿疑。)编者所认为较佳之稿,必先予每登。故各类不能遍及,时或偏颇。盖纯以当时所收得之佳稿为定,非编者对某类有畸轻畸重之心也。

本刊不立宗派,不持主义,而尊重作者之思想及表现自由。举凡旧学新学,旧法新法,中国外国,东洋西洋,远古近今,同时异世,理想写实,唯心唯物,古典浪漫,贵族平民,雅正精奇,保守进步,等等,一律平视。惟以每一篇来稿自具之价值为断。

本刊不拘文体,不别形式。文言语体,古文白话,或摹古或欧化,本刊兼蓄并收。又或高华凝练,或明白晓畅,或雅或俗,或庄或谐,悉听作者自由。但以每一篇来稿自具之真善美成分为断。至于标点符号,分章断节,亦全遵各篇作者原稿之旧。本刊不为变改,不求一律。

本刊编者吴宓先生,昔年曾任中华书局印行之《学衡》杂志月刊总编辑十一年(民国十一年至二十二年共出七十九期),又曾任天津《大公报·文学副刊》周刊编辑六年(民国十七年至二十二年底,共出三百一十七期)(校:应为"三百一十三期")。其个人著作,则有《吴宓诗集》一厚册(民国二十四年上海中华书局印行)。惟今兹担任《武汉日报·文学副刊》编辑,其性质及关系与昔不同。故在本刊所秉之态度及所定之办法,亦与《学衡》杂志等所表示所推行者有异。读者与投稿人幸其鉴察。今后(1)凡吴宓在"编者"之立场,或选别稿件,或酌加按语及注释,必悉遵照右所宣示数条之态度及办法而行事,若(2)其表示个人之思想感情之作品,如旧诗,如《红楼梦》评论,如文学与人生诸篇,则皆明署"吴宓"名,以示分别。盖公私不同,根本未容淆混也。

按:从《武汉日报·文学副刊》文稿的实际情况看,《武汉日报·文学副刊》延续和保持原《大公报·文学副刊》的风格,即刊登学术论文和旧体诗词。以在武汉的高校教师为主要作者队伍。其中,刘永济、陈寅恪、景昌极、邵祖平、王恩洋、李思纯、马浮、缪钺、覃孝方(寿堃),原本就是《学衡》作者。程会昌(千帆)毕业于金陵大学,沈祖棻毕业于中央大学、金陵大学,他们夫妇在师承上与"学衡派"有学术渊源。

按:《武汉日报·文学副刊》于1946年12月9日在汉口创刊,1947年12月29日终刊,每周一出版,共出五十期。中间除了偶尔有几期推迟或脱刊之外,其余各期均能按时连续出版。比如1947年6月9日(周一)第26期,因故推后至6月11日(周三)出版;1947年1月27日、6月16日、9月1日,各脱刊一期;1947年9月29日在出版第40期之后,主编吴宓因前往南京主持正中书局《牛津英汉双解字典》的编校会议,同时另一位编辑程千帆则有私事外出,在两位编者都缺席的情况下,副刊不得已停刊三周(10月6日、13日、20日),迟至1947年10月27日才续出第41期。(参见沈卫威编《"学衡派"编年文事》,南京大学出版社2015年版;朱鲜峰《风流云散:"学衡派"的谢幕》,《书屋》2021年第3期)

苏雪林暑假期间随武汉大学最后一批教职工离开乐山,想到1938年春末离鄂避居乐山,不觉已经过去9年了,万分感慨。8月,上海商务印书馆出版戏剧作品《鸠那罗的眼睛》,被列为该馆"现代文艺丛书"之一种。是年,上海新象书店委托由巴雷、朱绍之编选"当代创作文库",出版当代影响较大的15位作家佳作选集,每位一集。《苏绿漪佳作集》共收其散文代表作《绿天》中的《鸽儿的通信》《收获》《我们的秋天》、小说《棘心》中第三章《光荣的胜仗》和第十一章《恨》。

按:编者在作者小传中介绍:"在女作家中旧文学造诣最深的是绿漪……她个性很强,和胡适是同路人,她和鲁迅先生开过笔战,因而名誉很高。她的作品虽然不多,但是她的作品篇篇都是佳构,尽极绮丽明朗之能事,写作技巧已到炉火纯青的境界,是新文学运动前十年女作家的代表者。"《苏绿漪佳作集》1946年1月初版,1947年3月再版,足见其作品深受读者欢迎。(参见沈晖编《苏雪林年谱长编》,安徽文艺出版社2017年版)

赵太侔1月由南京政府教育部委派为山东大学代理校长。2月,正式任命赵为校长,负责复校事宜。山东大学的复校工作在赵太侔校长的领导下开始正式进行。复校初期,各项工作任务都很艰巨,要办的事情很多,而赵太侔校长却能在百废待举中抓住延聘师资、收复校舍、设置院系、筹划招生等几项主要工作,使复校任务得以顺利完成。复校之后,将学校扩充为文、理、工、农、医5个学院14个学系。人事安排方面,校长室的秘书主任为刘康甫、李希章,教务长杨肇燫,总务长周钟岐。文学院院长由赵太侔兼任(原聘舒舍予任院长,因赴美未到校)。理学院院长一度空缺,由杨肇燫兼任。工学院院长杨肇燫。农学院副院长陈瑞泰。医学院院长李士伟。14个系的负责人是:中文系主任杨向奎,外文系主任郑成坤,数学系主任李先正,物理系主任王普(后赴美由郭贻诚兼代),化学系主任刘遵宪,动物学系主任童第周,植物学系主任曾呈奎,地矿学系主任何作霖,机械工程学系主任丁履德,电机工程学系主任樊翕,土木工程学系主任许继曾,农艺学系主任王清和,园艺学系主任盛诚桂,水产学系主任朱树屏。赵太侔校长通过多种渠道延聘专家、学者到校任课。鉴于当时正是抗战胜利不久,教育事业处于恢复阶段,各校均争聘专家、学者到校任教。赵太侔依其社会地位和学术交往,礼贤纳士,广泛延请学者名流。除聘请原在山东大学工作的教师回校任教外,对一些知名的专家、学者也主动聘请,有的甚至登门聘请。当时先后受聘的学术界著名人士有:朱光潜、舒舍予(老舍)、游国恩、王统照、陆侃如、冯沅君、黄孝纾、丁山、赵纪彬、杨向奎、萧涤非、丁西林、杨肇燫、童第周、曾呈奎、王普、郭贻诚、王恒守、李先正、刘遵宪、朱树屏、严效复、杨宗翰、郑成坤、李士伟、沈福彭等。这些专家学者,除朱光潜、游国恩因客观原因未能应聘,舒舍予虽应聘后因赴美未能到校外,余均于1946—1947年先后到校,分别担任各系教授,有的兼任院系负责人,使山东大学复校后有了较强的师资阵容。

赵太侔10月25日出席复校后的国立山东大学首次开学典礼并致词,说明:山东大学是因抗战而停办,又因抗战胜利而恢复。在半年多的筹备期间,经同人的努力,及地方各界的赞助,现在能够开学上课了。回想在8年长期抗战学校停办期间,真不知何日才能恢复。今天能够复校,实在值得庆幸。山东大学自筹备复校到正式开课,先后仅用了半年多的时间,这较之青岛大学的筹备用了近两年的时间要快得多。而且当时抗战刚刚胜利,时局尚不稳定,经济和交通诸条件都远不及当日,其进展可谓迅速。这是与广大教职工的努力及地方各界的赞助分不开的。赵太侔校长在开学典礼的致词中还强调,大学的任务一方面是作学术研究,一方面是造就专门人才。大学在组织方面应包括各种学科,因为各学科互相关联;在训练人才方面要着重训练通才,基础知识面要比专科广、深。大学固然有一般的完整性,同时也要注意其特殊性,学校应利用青岛的环境条件,发展自己的优势。他还指出:学术无地方性,不应受地域的限制,应突破地域界限,从全国乃至国际间延聘专家学者到校任课。对学生也是这样。若仅容纳一个地域的学生,学生胸襟不会开展而无偏见。"一个大学应收容各方面的学生,使他们彼此了解各种地方不同的生活方式,来源愈广,收获愈丰富,愈能陶冶优秀人才。"(参见山东大学校史编写组《山东大学校史》,山东大学出版社1986年版)

胡厚宣是秋随从齐鲁大学迁归济南本部。此行终于得悉明氏甲骨确实尚存原校保险箱内,由校方外籍医学院院长杜儒德教授代为保管,但此时却因内战爆发不得不寄居上海。后因暨南大学丁山、陈述两教授之介,受聘于复旦大学。夫人桂琼英随行,进上海师范学院执教。(参见何林英《胡厚宣年谱》,载王京州编《河北近现代学者年谱辑要》,国家图书馆出版社2017年版)

田培林继续任河南大学校长。开封沦陷期间,河南大学曾被侵华日寇占据为司令部,昔日的高等学府成了敌寇的大本营。大礼堂内2880个钢架座椅被日寇拆去用于生产军火,雄伟的大礼堂竟成了马厩。医学院的教室及学生宿舍、地下室等都被日寇拆除。农学院更是满目疮痍,破烂不堪,繁塔寺院内除留有少门无窗的教室和两排马厩外,其余的房舍不是被拆除一空,就是只剩下断壁残垣。先遣队回校后立即主持接收工作,同时对破损的房舍进行维修和重建,添置桌椅等必要的教学设施。经过一个寒假的努力,开学之前各项准备工作基本就绪。3月,河大在和煦的春风中准时开学了。经历了8年流亡生活的师生,走进虽经浩劫却依然矗立的大门,仰望门额上"国立河南大学"的校名和"明德、新民、止于至善"的柳体金字校训,面对壮丽巍峨的大礼堂和修缮一新的六号楼、七号楼,人人激动不已;坐在宽敞明亮的教室,住进4人一室的斋房,倍感舒适温馨。历尽磨难的河南大学又像铁塔一样雄峙在中原大地上。复员后的河南大学占地近2000亩,校址分为4处,除原有的文、理、农、医4个学院外,又恢复了法学院,新建了工学院。文学院院长为张邃青教授,理学院院长由樊映川、孙祥正教授先后担任,法学院院长为王牧罕教授,农学院院长由王鸣岐教授担任,医学院院长先后由张静吾、张汇泉2位教授担任。工学院成立于1946年夏,当时只有土木工程系和机械工程系,力量较为薄弱。稍后,黄河水利工程专科学校并入河大工学院,组建水利工程系,同时黄河水利工程专科学校附属高职部亦归属河南大学管辖。随着学校规模的扩大,招生人数的增加,行政人员数量也有增加,机构设置及其职能大体沿袭不变。教务长仍由郝象吾担任,训导长由路葆清担任,总务长由陈奇秀担任,党玉峰、刘重德担任校长室秘书。曾一度划归教务处的图书馆独立,由李秉德副教授兼馆主任。校部机构有注册组、出版组、生活管理组、课外活动组、体育卫生组、文书组、庶务组、会计室、贷金会、社教会等。

按:河南大学复员后,由于人员变动较大,学校对各专门委员会进行了调整,以健全组织,配齐人员,尽快开展工作。公费审查委员会增聘郭少海、张侯生、张汇泉、李宏斋、罗梦册为委员。训育委员会增聘张汇泉、郭少海、李宏斋、罗梦册为委员。出版委员会增聘张侯生、马非百、李嘉言、罗梦册、郝冠儒、王梧峰、陈梓北为委员。郝象吾为主任委员。建筑委员会增聘郭少海、阎光夏、周致平、赵敬生、马非百为委员。校景委员会增聘周士礼、李宏斋、马非百、高基亭为委员。社会教育推行委员会增聘杨震华、陈梓北、马非百、王梧峰为委员。郝象吾为主任委员,王梧峰为副主任委员。经费稽核委员会增聘马非百、嵇文甫、蓝灼三为委员。姚从吾校长任主任委员。以后学校又增设聘任委员会、房舍分配委员会和应变委员会。聘任委员会由姚从吾、郝象吾、马非百、党玉峰、张邃青、樊映川、孙祥正、王牧罕、王鸣岐、张汇泉、张静吾、郭少海、嵇文甫为委员。房舍分配委员会由教务长、训导长、总务长、六个学院院长及张静吾、彭谦、李宏斋先生任委员,马非百为副主任委员。应变委员会由马非百、党玉峰、李庆斋、王守恒、李敬亭、田克谛、曹少华担任委员,党玉峰为召集人。后又增聘姚从吾校长和张静吾、王鸣岐、郝象吾、郭少海、张汇泉为委员。由王牧罕、张静吾、马非百、王鸣岐、党玉峰担任常务委员会委员。成立教工合作社筹备委员会。推举王牧罕、马非百、党玉峰、张汇泉、吴相湘、曹少华、闻性善为筹备委员会委员,王牧罕担任召集人。

姚从吾11月以田培林升任教育部次长接任河大校长。12月,姚从吾到校视事。同月,《河南大学学术丛刊》在停办数年后复刊。复刊后的第一期《河南大学学术丛刊》刊登24篇学术论文,其中有嵇文甫的《王船山的易学方法论》、朱芳圃的《楚公逆铭跋》、段凌辰的《李注文选中汉书诸文多足证颜注所本说》、张长弓的《古代小说珍存》、郝象吾的《有机演化与宇宙程序》、孙祥正的《流行性脑脊髓膜炎之化学治疗与预防》、王毅斋的《财政学中诸问题研究之一》等。这些论文或是汪洋恣肆的长篇大论,或是就某一问题的精辟阐述,都有较高的学术水平。(参见河南大学校史修订组《河南大学校史》,河南大学出版社2012年版)

任访秋主编的《师友》5月1日创刊,该刊系应基层教育工作者进修的急需,受河南省政府教育厅及河南教育函授学院的委托，由河大师友社创办，编委会委员有陈梓北、杨震华、王般若、武柏林。开始每周三出版一期，后改为半月刊。该刊以实用、独创、丰富为办刊原则，主要开设有教育理论与实践、文学理论与创作、时事新闻等栏目。每期均在头版位置刊登"社评"，研讨振兴教育之道，针砭教育时弊，为增加教育经费、提高教师社会地位、改善教师生活、反对内战而呐喊，并开有"国民教育答客问"栏目。在办刊数期之后，针对读者要求，除介绍文学创作的基本理论外，还增加了刊登文学创作的篇幅，小说、诗歌、散文、传记等屡屡见之于该刊。陈梓北、杨震华等教授撰写了不少教育理论、心理学知识、中外教育史、各科教材教法等方面的文章。在每期的最后一版，以整版篇幅介绍时局动态。《师友》很快成为中小学教师和师范生爱不释手的刊物。省内教育行政部门和师范学校纷纷订阅，安徽、湖北、陕西等省也有不少读者。（参见河南大学校史修订组《河南大学校史》，河南大学出版社 2012 年版）

陈序经 8 月南开大学复校后任教务长、经济研究所所长、政治经济学院院长。同月 1 日，在《社会学讯》第 3 期发表《我怎样研究文化学》。同日，在广州《南方杂志》第 1 卷第 1 期发表《论法国人在越南的尊严——越北杂感之一》。曰：自 1787 年嘉隆王阮福映赴巴黎与路易十六订法越攻守同盟，到 1893 年间，法国蚕食整个安南本部，并占据安南西南部的柬埔寨及安南西北部的老挝，构筑成所谓法属印度支那。《天津条约》则使安南成为法国的附庸。至此，驻越法国人自视天之骄子，视安南人为低劣民族加以虐待；视华侨为东方儒夫，在入境、居常生活均严加管制。日本占据越南后，法人降日，任由"皇军"虐待。越南人"对于法国人的毕恭毕敬的态度""恐惶畏惧的心理也因之而动摇"。日降后，以"向中国投降，并非向法国投降"为由，仍对法国人"很不客气"。法军由西贡进海防，又被中国接收越北防务的军队击退，再损尊严。近来安南人要求独立自主，不再相信"法国人的所谓神圣不可侵犯的尊严"。法人在安南的优渥的生活、优越的经济地位也随之丧失。15 日，在重庆《东方杂志》第 42 卷第 16 号发表《论中越法的关系》。9 月 1 日，在广州《南方杂志》第 1 卷第 2 期发表《南方与所谓固有文化》。11 月 1 日，在广州《南方杂志》第 1 卷第 3—4 期合刊发表《南方与西化经济的发展》。12 月 13 日，原订 11 日与南开大学秘书长黄钰生搭机飞沪，往迎新由美国养病归来的张伯苓校长，因公务缠身，是日始由平转沪。是年，《疍民的研究》由商务印书馆出版；《乡村建设运动》由上海大东书局出版。（参见田彤编《中国近代思想家文库·陈序经卷》及附录《陈序经年谱简编》，中国人民大学出版社 2014 年版）

韩镜清、王维诚、庞景仁、张世英等皆为汤用彤弟子。7 月 31 日，西南联大正式宣布解散，韩镜清、王维诚、庞景仁、张世英等随南开大学复校到哲学教育系任教。汤用彤在文科研究所带的研究生杨志玖、王达津、王玉哲及杨翼骧先后至南开历史系、文学系任教，均成为本学科的学术带头人，为南开大学文科的建设与发展奠定了良好基础。（参见汤一介、赵建永编《中国近代思想家文库·汤用彤卷》及附录《汤用彤年谱简编》，中国人民大学出版社 2015 年版）

刘季洪继续任西北大学校长。2 月下旬，西北大学西安办事处正式成立。由校迁建会推请徐朗秋、高文源、王耀东三委员主持办事处工作。先办理接收校舍及购置员生食堂、宿舍必需用具等，至此，迁建工作才进入具体实施阶段。2—3 月，国民党为了发动内战，掀起了全国性的反苏反共大游行。当时在重庆参加国民党六届二中全会的刘季洪校长电报指示策划西北大学和城固县城内游行。2 月 26 日，由国民党、三青团及特务学生出面，分别在法商、文理各学院以"东北同乡会"名义，贴出海报，发起反苏游行的签名运动。27 日，策动以"西北大学全体教授"名义,分别发了"致国民政府主席电""致斯大林电""致杜鲁门、艾德礼、斯大林"等 3 个反苏急电。因而引起广大师生的强烈不满,并进而引发声势浩大的学潮,以致演变成与校长刘季洪针锋相对斗争的"四·一五"事件。4 月底,经校务会议研究决定,以此为开始迁校时间。为不影响学校计划的完成,决定变更该学年校月,采取缩短寒假(3 天)、学期考试随堂进行、简化第二学期注册手实、不放春假等措施,赶授课程,力争在 4 月底以前完成学年教学任务,为迁校腾出充裕的时间。校迁建委员会成立后,设立建设和迁运两组。除由西安办事处负责接收校舍及修整扩建外,城固原址主要是筹划搬迁的问题。为加强对这一工作的指导,校迁建委员会特加聘周书铃、贺范理二人为委员,专负迁运之责。搬迁工作,分为两个方面:一是校产、图书、仪器、档案的迁运,决定由各主管部门、防、系分别装箱,专人负责运送。二是教职员、眷属及学生的迁移。为做好这一工作,迁建委员会先后制定《本大学员工迁移办法》《本大学学生迁移办法》等细则。西北大学侨寓城团八载,全校师生与全县各界群众同甘共苦,建立了密切的关系。城固各界为了感谢西大师生几年来对全县文化教育发展的支持,于 3 月下旬即成立欢送西北大学筹备会,积极准备有关欢送事宜。

刘季洪校长 4 月 30 日立《国立西北大学侨寓城固记》纪念碑。为纪念西北大学侨寓城固(号称乐城)的八载往事,在全校师生告别乐城前夕于校本部讲舍旧址勒碑留念。碑文由中国文学系主任高明教授撰书,校长刘季洪立,题为《国立西北大学侨寓城固记》。5 月,教育部令原国立西北医学院汉中部分,自 1946 年度起并入西大,改称西北大学医学院。同月 5 日,欢送西北大学筹备会假县汉滨大戏院公宴西大全体教职员,出席者 157 人,城固县各界人士 30 余人作陪。县长周停在欢送词中说:"贵校迁驻敝邑,于兹八载,既蒙增进文化,复承嘉惠地方。现值奉令移往西安,骊歌乍赋,曷胜惜别:……尚祈不遗在远,今后对敝邑文化教育事业之推进,仍继续惠予协助。"县参议会副议长梁炳煊在讲话中说:"敝邑与贵校乃患难之交,愿贵校以城固为第二故乡! 今当良朋分袂之际,怅惘之情,匪言可宣。"欢送筹备会应购制锦屏及绪念期多件赠与西大以示纪念。全校师生都分别向近邻有关单位、邻居、友好依依惜别。

按:《国立西北大学侨寓城固记》全文如下:昔周有狄人之乱,不定于邠,转徙其族;公刘率而之豳,亶父至于岐下,王季文武继之,貊其德音;而文教遂东,浸渍于齐鲁,蔚为有周一代八百年之盛。晋为五胡所逼,幽燕失守,河洛为墟;衣冠南渡,集于江左,挥新亭之痛泪,振玉麈之风流;而三吴文教遂丕著于中国。宋因女真为患,长江天堑,不能限北人之马足,临安帝都,不能庇奔至于播越;避寇之士,南进益深;而文教乃广被于七闽。盖我华族,没遭外祸,辄于士类流离之时,开文教更新之运;稽诸往史,历验不爽。老子曰:"祸兮福之所倚,福兮祸之所伏。"岂不然哉! 迩者东夷扇毒,猾乱华夏:首据关东势胜之地,续骋兵家谲诈之谋;陷冀鲁,取吴越,蚕食中原,鲸吞南国;名城尽下,海内骚然! 于是,北雍学者,右学诸生,痛夫蕃卫之失,耻与非类为伍;或驱车岭路,或徒步荒原;或褰裳涉水,或策杖攀崖,餐风宿露,戴月披星,载饥载渴,载驰载奔,以茇止于陕西之城固。喘息未定,父老来集;劳之以酒食,慰之以语言,荫之以宇舍。于是弦歌不复掇响,绛帐于焉重开,问学之士,闻风而至,咸以志道、据德、依仁、游艺,相与期勉,彬彬乎一时称盛! 城固者,北凭秦岭,南倚巴山,中通汉水,好为乐城。垒垣险塞,敌骑望之而不前;平畴沃野,民食资之而不匮。正业居学,藏焉、修焉、息焉、游焉于其间,此诚所谓乱世之桃源也。益以吊张骞之故里,可以发凿空之遐思,展李固之荒茔,可以砺忠贞之亮节;望滑水之奔流,知贤者之泽远;颂桔林之荣茂,想骚人之行洁;登樊哙之台,思鸿门之宴,对子房之山,慕赤松之游。盖进而经纶天下,退而保养性真,无不可供学者之取资焉。惟是大学莅止,风气聿开;平章世事,则谠论出于鸿儒:讲诵道艺,则名言绎于硕学;谈宇宙之玄秘，则极深之研几；论文辞之奥窔，则发微而抉隐。他如搜奇考古，则西北文物灿然备陈；格物致知，则陕南花木纷焉入览。于是村童野叟，扩其见闻；田父蚕姑，益其神智。蚩蚩群氓，乃睹冠冕之盛；济济多士，益见官墙之美。文教溥被，迥迈寻常。岂非姬周晋宋故事之重演，所谓因祸而得福也哉！今敌酋成禽，寇军解体，日月重光，典制渐复。国家定百年之大计，将迁校于西安；师弟怀八载之深情，辄萦思乎城固。爰就讲舍旧址，鸠工相石，镌辞铭念。后之考世运之兴替，文教之盛衰者，其有取于斯文！（参见西北大学校史编写组《西北大学校史稿》，西北大学出版社1987年版）

徐褐夫时任西北大学外语系教授，对校方假"全体教授"名义发表反苏通电以及策划反苏游行一事极为不满，起草了《从国民立场来看东北问题》，得到季陶达、王衍臻、原政庭、王守礼、李毓珍等6教授的签名支持，后刊于3月24日的西安《秦风工商日报联合版》，公开对国民党的反苏挑衅提出异议。教师的进步行动，鼓舞了学生，同学们誉他们为西大的"六君子"。可是不久这几位教授即遭特务监视，有的还收到了装有子弹的恐吓信，随后便逐个被校方解聘离校。（参见西北大学校史编写组《西北大学校史稿》，西北大学出版社1987年版）

李嘉言继续任教于西北大学。9月，郭沫若致李嘉言信，以《郭沫若先生答李嘉言先生书》为题，刊于《国文月刊》第47期。讨论《屈原研究》中"乱"字。（参见林甘泉、蔡震主编《郭沫若年谱长编》，中国社会科学出版社2017年版）

杜斌丞1月以民盟代表团政治顾问身份参加在重庆开幕的政协会议，听取了周恩来对西北民主运动的意见。会后许多朋友出于安全考虑，劝他暂不回陕。他认为陕人回陕作用更大，誓为发展西北民主运动奋斗到底。2月，杜斌丞由渝飞陕，正式主持中国民主同盟西北总支部的工作。杜斌丞以民盟中央常委的名义，在《秦风·工商日报联合版》发表公开讲话，宣布他誓为中国早日实现民主政治、结束一党专政斗争到底。这番话，在各界人士中引起强烈反响，也引起蒋介石、胡宗南的仇恨和恐惧，对杜开始了迫害。3月1日，大批特务捣毁了《秦风·工商日报联合版》营业部，接着又制造了一连串的流血事件。中共和许多朋友都担心杜的安全，劝他离开西安，但他却不愿丢下正在进行的事业。杜斌丞对朋友说："既入虎穴，就与虎搏斗到底，何必远走。"（参见许发宏、山石、杜芳滨《中国共产党的忠实朋友》，《人民日报》1980年10月8日）

金毓黻4月26日由重庆飞南京。夏，回到东北，参加"东北视察团"工作。8月，金毓黻《宋辽金史》由商务印书馆出版。全书九章，主要内容有"宋之立国""宋前之契丹""宋与辽之关系""宋之变法与党争""金之灭辽侵宋""南宋对金之和战""西夏与宋辽金之关系""金与宋之灭亡"。作者特别在第一章"总论"中探讨了研究这一段历史的方法、材料等，认为在研究这一段历史时，应该抛弃以宋为主，辽金不足观的狭隘观念束缚，三史并重，"三史兼治""三史互证"。返回东北后，金毓黻开始第三个时期的学术研究。（参见牟哥《金毓黻先生著述考》，东北师范大学博士学位论文，2017年；王学典《20世纪史学编年（1900—1949）》，商务印书馆2014年版）

高一涵继续任检察院甘宁青监察使。1月，高一涵在兰州曹家厅官署，编选《金城集》诗集（1—5卷），并自费印制。同月25日，民国教育部决定重建安徽大学，由教育部直接管辖，称"国立安徽大学"，同时决定立即成立国立安大筹备委员会，朱光潜、陶因、高一涵、叶云龙、杨亮功、章益、刘真如、张忠道、汪少伦、程演生、刘英士和王培仁为筹备委员。2月15日，高一涵随甘青宁监察使署迁入兰州市民国路26号新址（省教育厅旧址）办公。5月3—19日，赴甘肃省第一、八、九行政区各县局巡查，计视察岷县、临潭、卓尼、武都、西固、滩沙、会同等县。接收人民书状29件，一一分别处理。8月17日，国立兰州大学聘请他为法学院特约教授。12月28日,高一涵签署秘书厚估仁赴青海调查情况报告,呈报监察院。(参见高大同《高一涵先生年谱》,上海文化出版社2011年版)

张舜徽继续在兰州大学任教。12月,《积石丛稿》在兰州壮佚轩出版。此书包括《汉书艺文志释例》《毛诗故训传释例》《扬州阮氏学记》《乾嘉三通偶传》等内容。是年,《皇明经世文编选目》刊于《兰州大学学报》。(参见王学典《20世纪史学编年(1900—1949)》,商务印书馆2014年版)

常书鸿5月找到刚刚从延安返回重庆的国民政府中央研究院院长傅斯年。常书鸿一个人献身敦煌艺术事业的大无畏精神,令傅斯年十分钦佩,于是决定提供援助。在傅斯年的帮助之下,常书鸿得到了一笔经费,他用这笔经费重新招聘了专业人员,并且购置了一台小型发电机,以及照相机、胶卷、绘画用品、图书资料等。常书鸿带领着新招收的中央大学艺术系和四川国立艺术专科学校的学生再次来到敦煌,其中就包括段文杰、霍熙亮、欧阳琳等人。他们在这片神圣的土地上,如火如荼地开展新一轮的莫高窟保护事业。随后,常书鸿决定再次前往重庆,要求国民政府恢复敦煌艺术研究所。临行之时,他对段文杰语重心长地说:"这次去重庆,前途祸福难测,你千万不要等我。"经过一年的多方努力,常书鸿终于说服了国民政府恢复了敦煌艺术研究所。当他返回敦煌时,看到段文杰依然在这里翘首以待,似乎看到了当年那个执着的自己,顿时感动得热泪盈眶。从此之后,段文杰再也没有离开过敦煌一步,再也没有放下过手中的画笔,他也成为继常书鸿之后敦煌事业的第二代传人,被人们称为"大漠隐士"。(参见常书鸿《敦煌,敦煌——常书鸿自传》,湖南文艺出版社2022年版)

郑资约继续任西北大学地理系主任。抗日战争胜利后,国民政府内政部成立方域司,负责接收中国南海岛屿日占失土。内政部部长张厉生是郑资约同乡好友,深知郑资约在地理学界的学识与声望,积极邀请郑资约担任内政部专门委员,参与接收南海诸岛,负责南海岛屿国界的划定,及整理南海水域的岛、礁石群及沙滩名称的工作。10月初,郑资约接到邀请后,带着孙敏贤、于国芳等4名学生一起奔赴南京就任。23日,经过周密筹划,以郑资约为主组成的接收测量团队登上太平号、永兴号、中业号和中建号4艘国民党海军舰船。在总指挥官林遵护卫下,他们从南京出发,前往西沙、南沙执行进驻接收任务。24日,经上海黄浦江口出海南航。26日,舰队到达广州,舰队总指挥林遵等拜会广东省政府主席兼广州行辕主任罗卓英。29日晚,广东省政府在舰上举办了一次盛大酒会,罗卓英及广州市党政军代表及各界人士数百人登舰参加。在酒会上,罗卓英勉励全体官兵要不畏艰险,完成使命。官兵们受到了极大的鼓舞,一致表示将不惜用他们的血肉之躯来维护祖国的尊严和荣誉,坚决完成这次光荣而特殊的历史使命。

郑资约乘坐的收复舰队11月8日到达海南岛榆林港。中旬,总指挥林遵曾两次下令舰队出海远征,都因天气突变,狂风大作,巨浪翻滚而返航。12月9日早晨8时,天气晴朗,东北风3级,舰队渐渐驶离榆林港。"永兴""中建"两舰在副总指挥姚汝钰率领下出港后直抵西沙群岛主岛——林岛,去执行收复西沙群岛任务。收复后,将林岛改名为"永兴岛",以纪念接收舰"永兴"号,并立"固我南疆"石碑于该岛码头处。此后,林遵与接收专员郑资约率"太平""中业"两舰一直向南航行。12日凌晨,到达太平岛。林遵、李敦谦等在岛上举行了隆重的进驻仪式。为了纪念"太平"舰接收该岛,即以"太平"为该岛命名。竖立一块高约1米的钢筋水泥石碑,石碑正面上端刻有青天白日徽,下刻"太平岛"三个字,石碑背面刻有"中华民国三十五年十二月十二日重立",左旁刻"中业舰到此",右旁刻"太平舰到此"。郑资约与他的测绘团队在岛上住了一个多星期,以太平岛作为根据地,再改乘小船到各岛接收、测量,他们不惧艰险分工勘察、拍照,收集到难得的第一手资料。至此,一度被殖民者侵占的南沙群岛,再一次回到祖国的怀抱。两支舰队的此次航程,成为近代中国宣誓、确认南海主权的重要环节。郑资约回忆:"我们回到南京的时候已经是(中华民国)三十六年一月底了",此次远航接收来回共用 52 天。(参见何立波《1946 年收复南海诸岛与"九段线"的由来》,《人民政协报》2011 年 12 月 15 日;常海成《绘制南海疆域图的地理学家郑资约》,《团结报》2022 年 7 月 29 日)

胡适仍居美国。1 月 14 日,饶毓泰致信胡适,称已见钱学森的信(此是钱致胡适的信,由胡转寄饶阅看),得知他一二年内不肯回国,颇感失望。但仍希望钱氏能答应负起工学院的责任。信中说,为表示北大的诚意,工学院可推迟至 1947 年秋开办,以待其归来。饶毓泰将这些意思写信寄给钱氏的朋友郭永怀,请彼转达(后钱学森任北大工学院长终未成事实)。同日,胡适致函张元济,谓:"别后八年多,真如同换一世界。""适近年颇研究百年来学者聚讼的《水经注》案,费了两年的工夫,始知张石洲、杨惺吾、王静安、孟心史诸公皆为成见所误,不曾从版本比勘上做工夫,故不免大动火气,厚诬古人。适在此邦借得黄省曾、吴琯、朱谋㙔、项纲诸刻本,又得先生影印之《永乐大典》本,又得甘泉岑氏抄出的《四库》本赵东潜书,又得东潜书的初刻本(乾隆五十一年),修改本(乾隆五十九年),与戴东原两本对勘,又与薛刻'全氏七校水经注'对勘,并参考明、清四百年的郦学成绩,始知前辈诸公都不曾用充分时间比勘这五六百万字的主要案卷,所以多不免'以理杀人'。"并详告其研究所得。15 日,全汉致信胡适,寄上得自国内的两篇有趣的文字,一为伪北大教授容庚致北大代校长傅斯年的公开信,为自己陷敌行为辩护。二为何永佶的一篇文章,主张由胡适、梅贻琦、张伯苓 3 人作全国最高军事领袖,使军队不受任何党派利用,以免内战。30 日,周鲠生致信胡适,略告准备复员的情形,痛感国内教育行政的退化,喻之为"学校衙门化"。因此很希望胡适回国后"领导大学校长们,合力向政府建议作一彻底改革"。认为:"这不但是为学术维持尊严,抑且是为学术教育的进展,有绝对的必要。"同月,王宠惠、盛升颐发起宣怀经济研究所,聘胡适为董事。2 月,曾赴康奈尔大学讲演。

胡适 3 月被推为国民大会代表。同月 3 日,饶毓泰致信胡适,谈北京大学物理系今后趋重原子核物理研究的问题。信中要求胡适亲自出面求见美国总统,为中国科学教育事业谋求帮助。18 日,王重民致信胡适,屡述 1934 年出国以来的经历,备请拨归国路费之参考。信中说到拟于八九月间,押运北平图书馆善本书百箱及北大寄存之木简 11 箱回国。31 日,罗敦伟致信胡适称,以组党不易,拟发起"超党派大团结之民本运动"。拟先办《民本周报》,想请胡适出来主持,如不能,也要"常赐短文"。4 月 24 日,罗常培致函胡适,谈北大复员情况,建议胡适"回国后,开宗明义的第一章,应该把北大恢复到蔡先生的自由主义的色彩"。又说:"我们固然不容 CP、CY 公然横行,同时也不容教授兼办党部或三民主义青年团。"希望胡适不要为过去的感情所左右,仍望保持超然、自由、无为而无不为的精神。信中说:"平方的伪教职员气焰极大,他们的口号是'此处不留爷,自有留爷处;处处不留爷,还有老八路。"对北大复员的人事、财政再次提出意见,并谓"倘有垂询,我仍愿就我所知奉陈"。5 月 4 日,傅斯年在北平就任代理北大校长,宣布决不录用伪北大教职员。16 日,饶毓泰致信胡适,告知经吴健雄介绍,哥伦比亚大学退休物理学教授 H. W. Farwell 愿以毕生所藏物理学杂志捐赠北京大学。请胡写一封感谢信给这位教授。(参见耿云志编《胡适年谱》,福建教育出版社 2012 年版;耿云志编《中国近代思想家文库·胡适卷》及附录《胡适年谱简编》,中国人民大学出版社 2014 年版;张人凤、柳和城编《张元济年谱长编》,上海交通大学出版社 2011 年版)

赵元任继续在哈佛大学工作,为其在哈佛大学任职的最后半年。整理编写字典的有关资料,便于李方桂接替他的工作。为几部书的出版,完成最后的修改和校样,包括 Concise Dictionary of Spoken Chinese(《国语字典》,1947 年出版);Cantonese Primer(《粤语入门》,1948 年出版);Autobiography of a Chinese Woman(1947 年出版)。整理上年在美国语言学会的讲稿"Logical Structure of Chinese Words",并于是年在 Language 杂志上发表。继续与贝尔研究室合作,研究音高分析图(sound spectro-graph)的应用,参加学术讨论。5月10—11日,在纽约声学学会(Acoustical Society)听视识语(Visible Speech)问题的报告,贝尔研究室的 Potter 作了示范表演。6月1日,赵元任夫妇银婚纪念日(25 周年)。晚上杨联陞在醉香楼请了许多朋友吃饭,大家遵照赵元任夫妇所定的不送礼物的规矩,送了一本大家编写的贺诗。晚饭后家里还不断来客祝贺。胡适 25 年前为赵元任夫妇证婚,这天却因故没能亲临祝贺,寄来贺诗一首。

赵元任 6 月 20 日从哈佛大学办公室搬出。21 日,将整理好的字典材料夹递交 Elisseeff 主任,从而结束了哈佛大学 5 年的工作。当时国内几位著名大学校长竞相争取学业完毕的中国留学生回国任教,武汉大学校长周鲠生聘请赵元任二女婿黄培云到武汉大学矿冶系任教;张其昀请赵元任大女婿卞学磺夫妇去浙江大学任教。中央研究院傅斯年,教育部朱家骅部长通过赵元任争取一些人回国。胡适先于 5 月在纽约与赵元任夫妇告别先回国。赵元任自己也开始把书分类装箱,做回国打算。6 月 25 日,赵元任从纽约启程赴伦敦参加联合国教科文组织的预备大会和牛顿诞辰 300 周年纪念会。26 日,抵达伦敦。上年第一次开联合国教科文组织会议时的中国代表团秘书陈通伯又来机场接赵元任,并与赵元任一起参加活动,拜访了 Wellington Ku 及联合国教科文组织有关人员。6 月 26 日至 7 月 13 日,参加联合国教科文组织会议及活动。开始赵元任被分在文学和哲学委员会,希腊的 Dr. Photiates 被推选为委员会主任(chairman),赵元任为副主任,轮流主持会议。7 月 5 日,联合国教科文组织预备大会专门委员会开第一次会议,并成立一个起草委员会,赵元任被推为委员。14 日,到英国广播公司 BBC 录音,向中国广播关于联合国教科文组织的讲话。14—19 日,参加牛顿诞辰 300 周年纪念活动,周培源和吴大猷也前来参加。15 日,会议在英国皇家学会举行,会见了英国著名数学物理学家 Rayleigh 的儿子 Lord Rayleigh,原子物理学家 Niels Bohr,还听了 Andrade 教授一个"非常好"的报告。16 日,参加英国伯明翰宫英国王与皇后的招待会,出席者数千人。17 日,整天到英国剑桥参观访问。这是他第一次到英国的剑桥,参观了 Cavendish 实验室、液氦实验室,看了结晶蛋白质等。18—19 日,继续活动,听 Niels Bohr 做关于牛顿和原子理论的报告等。离英之前,和老朋友 Dora Russell(罗素的第一个夫人)一同进餐。在英国期间多次与老朋友叶公超、胡刚复等相聚。

赵元任 7 月 21 日飞离伦敦,22 日回到纽约。接受聘请,到密西根州 Ann Arbor 美国语言学会举办的暑期语言学讲习班讲学。7 月 25 日,与夫人、小中开车启程,28 日到达 Ann Arbor。29 日,住下的第二天上午就开始上课。在讲习班讲中国语言问题,包括国语音位系统、中国句子结构、中国造句法等。讲习班期间听了 Charles Fries、George Trager、E. H.

Sturtevant、Hans Kurath 等教授的课。8 月 1—3 日,美国语言学会就在 Ann Arbor 召开年会,除已在讲习班的语言学家外,Franklin Edgerton、Isidor Dyen、Joseph Yamagiwa 等教授也都赶来参加会议。赵元任在会上讲"Dissection of Ancient Chinese in Chinese Verbs"。24 日,讲习班结束。27 日,赵元任经纽约时看望了林语堂、张彭春、张伯苓、任鸿隽、Robert King、Cowan 教授等,路过纽海文时拜访了 Coker 教授,并与正准备回国的王岷源和谭小麟会面。同月,给联合国教科文组织撰写一篇有关中国语言教育的报告("Report on Language Education to UNESCO, Fundamental Education: Language Education in China",1947 年发表)。9—10 月间,罗常培、周培源一家、黄鸣龙一家、任鸿隽夫妇等先后都来赵元任家相聚;赵元任将《国语字典》和《粤语入门》最后校样校对完;在波士顿和纽海文之间奔波,两次重返耶鲁大学参加语言学学术会活动,在耶鲁大学帮助选择捐献的书籍和装箱,拜访耶鲁大学老朋友 Coker、Bloomfield、Northrope、Kennedy、Sturtevant 教授夫妇等。

赵元任 10 月 13—27 日出席美国哲学学会和美国科学院联合召开的学术会议。14 日,到纽约美国物理学院报到。15 日,出席哥伦比亚大学的招待宴会。17 日,跟代表们乘火车到费城开会,参观富兰克林研究院,参观天文馆,听有关彗星和流星的报告,参观艺术科学院,出席美国哲学学会举办的宴会。18 日,听一整天报告。晚宴后赵元任夫妇和 Niels Bohr 夫妇等乘火车赶往普林斯顿大学。19 日,出席普林斯顿大学建校 200 周年纪念会。会上举行了该校授予 23 名名誉博士学位仪式。荣获此学位者有丹麦原子物理学家 Niels Bohr,中国语言学家赵元任,联合国秘书长 Trygve Lie 等人。赵元任日记载:"I received the degree of Doctor of letters, my first honorary degree."荣誉学位颂语称:Yuen Ren Chao, Doctor of Letters: A founder of the Science Society of China and distinguished contributor to the work of the Chinese National Academy; scholar and historian of his country's many dialects, by his researches he has eased the path of Westerners who seek to learn, in the Chinese language, the thoughts and ideals of the Chinese people. (赵元任,文学博士:中国科学社创始人之一,并对中国科学院做出突出的贡献;他是自己国家多种方言的学者和历史家,他的研究成果帮助西方人能更好地了解中国语言,中国人民的思想和理想。)19 日下午,参观 Institute of Advance Studies 的物理实验室,会见了著名物理学家爱因斯坦教授、H. Smyth 和华罗庚,出席 Dodds 校长的茶话会,后去参观 RCA 研究室,观看了许多高新技术,参加 RCA 的宴会,后乘火车返回费城继续开科学会议。10 月 21—22 日,赵元任参加美国科学院举行的学术报告会,听了一系列报告。21 日晚,举行宴会,发纪念章,赵元任代表中国在大会上发言,并以中央研究院各个研究所的名义向两位举办者致谢。23 日,代表们乘专车到华盛顿,继续听科学院的学术报告。24—27 日,与科学家们一同到耶鲁大学、哈佛大学、麻省理工学院等大学参观访问。这次会议先后跑了若干城市,历时将近半个月。

赵元任 11 月出席联合国教科文组织在巴黎召开的成立大会。9 日,教育部朱家骅部长致电赵元任,告知他本人不能出席,请其作为中国代表团首席代表出席联合国教科文组织成立大会。赵元任出发前用法文写好拟在大会宣读的学术论文,题目译成英文"The efficiency of the Chinese Language as a System of Symbolism"。15 日,先到伦敦,胡刚复等前来机场迎接,与陈通伯商量参加会议的有关事宜。18 日,赵元任飞抵巴黎,开始主持中国代表团工作。19 日,出席在 Sorbonne 召开的联合国教科文组织开幕典礼。法国 L. Blum 被选为会议主席。赵元任作为被选的 7 位副主席之一,21 日作了个发言。同月 19 日至 12 月

11日,大部分时间参加联合国教科文组织安排的大小会议,并且主持部分会议。22日,在英国广播公司 BBC 录对华广播讲话。29 日,在 Sorbonne 大会上用法语讲"L'Efficacité de la Langue Chinoise Comme Systeme Symbolique",报告中穿插的笑话得到了预期的反应。会议期间举行了不少的招待会及宴会,如中国总领事的招待会、法国教育部的招待会、巴黎大学的招待会、法国政府的宴会等。12 月 6 日,在中国钱大使的率领下,中国代表团拜会了法国 Bidault 总统。10 日下午,赵元任主持大会,然后由大会主席宣布大会胜利闭幕。会议期间,参观了巴黎语言学会、法国大学的约里奥·居里实验室等,观看了回旋加速器等科学设备。13 日,离巴黎启程回美,途经伦敦,会见 Dora(Black)Russell。15 日,离英国。16 日早上 8 点 10 分,抵达纽约。中午同张彭春一起吃饭,晚饭孟治请客,晚饭后很多朋友到旅馆来看望赵元任,然而连日的劳累使赵元任一边谈话一边竟睡着了。18 日,回到家里。

　　按:中央教育科学研究所编《中国现代教育大事记 1919—1949》(教育科学出版社 1988 年版)载:朱家骅任出席巴黎举行的联合国教育科学文化组织第一届大会中国代表团团长,代表有赵元任、程天放、李书华、竺可桢、陈源。11 月 9 日至 12 月 10 日,朱家骅率中国代表团出席大会,中、美、英、法等四十余国参加。中国代表团在会上提出五项建议:一、就各地需要设立教科文组织区域办事处;二、设立委员会,草拟"世界尊师约章";三、在中国设立应用数学研究所;四、设立委员会,计划翻译中国、印度及其他国家的重要名著;五、设立委员会拟制联合国教科文组织歌曲一首。实际上朱家骅邀赵元任代为出席本次会议。(参见赵新那、黄培云编《赵元任年谱》,商务印书馆 1998 年版)

　　林语堂所《京华烟云》1 月由上海春秋社推出战后新一版,至 1946 年 12 月战后新二版、1947 年 2 月战后新三版。全书分为三卷,即卷一"道家的女儿"、卷二"庭园的悲剧"、卷三"秋之歌"。2 月 1 日,所撰《枕戈待旦序》刊于《宇宙风》第 141 期。3 月 20 日,所撰《林语堂著——〈中印智慧的宝库〉"印度智慧"序》载《宇宙风》第 142 期。正文前有译者按:"中印两国,同为历史数千年,名闻全球的古国,其与西洋各国之接触,亦为时不暂。而时至今日,西洋'先进诸国'一部分人士,对之仍为一'谜',甚而误解百出。这不但无补于各国本身,还有碍全人类的和平前途。语堂先生为使各国人士更明了中印两国对人类发展史上所贡献的智慧起见,乃费数年功夫,编译《中印智慧的宝库》一书,该书系于 1942 年由美国兰达姆书屋出版社出版。内容先介绍印度古今经典,和印度教的'精神知识之歌'、佛教的经典等;继介绍中国经典,如老子的《道德经》、庄子《南华经》、孔子的《中庸》《孟子》,以及《诗经》等。总之,举凡影响东方民族数千年来的生活,而成为不朽的中印智慧,莫不搜罗编入。使读者(尤其西方友人)手此一册,对于东方的思想,以及东西思想的关连,能一目了然,茅塞顿开。本书对于中印思想之源流、发展以及互相影响的密切关系,尤有特别的阐剖和说明!"28 日,《申报》第 5 版刊登《林语堂荣膺美国学位》一文,称林语堂在威斯康星州贝洛艾特大学(一般译为"贝洛伊特学院")100 周年时荣膺博士学位。同月,上海的百新书店出版了《大公报》记者杨纪的《战时西南》一书,内收《林语堂出国前之观感论断》。此为杨纪于 1940 年 8 月底在香港思豪酒店二楼对林语堂进行的访谈的记录。

　　林语堂所撰《瞬息京华》7 月 16 日刊于《华侨评论月刊》第 1 卷第 6 期。同月,所《英汉对照 详细注释 林语堂短篇小说集》由上海国风书店出版。7—8 月,所撰英文文章"The Chinese Sense of Humor"(《中国人的幽默感》)刊于《中国杂志》第 16 卷第 3—4 期合刊。9 月 1 日,所撰《中文打字机之发明》刊于《世界与中国》第 1 卷第 6 期。11 月,所撰英文文章"China's War on Illiteracy"(《中国的扫盲战争》)载《扶轮社》第 69 卷第 5 期,内有插图。12 月 1 日,所撰《关于胡适》刊于《宇宙文摘》第 1 期("创刊号")。20 日,所撰《怎样过婚姻生活:

一篇在婚礼上对新人的忠告》刊于《书报精华》第 24 期。同月，纵横社出版了舒亦樵编的杂文集《怎样使骂人艺术化》。该书分为五编。其中第一编和第三编收录梁实秋用笔名"秋郎"在《时事新报》"青光"栏发表的杂文；第二编收录林语堂、老舍、孙伏园、周谷城等人在《论语》发表的杂文；第四编收录宣永光用笔名"老宣"在《实报》上发表的杂文；第五编则收录鲁迅用各种笔名在《申报·自由谈》上发表的杂文。是年，高克毅编选的 *Chinese Wit & Humor*（《中国人的智慧与幽默》，或译《中国幽默文选》）由美国纽约的科沃德-麦卡恩公司出版。该书卷首载有林语堂撰写的长篇导言。（参见郑锦怀《林语堂学术年谱》，厦门大学出版社 2018 年版）

冯友兰 8 月中旬自北平抵上海，乘"梅格将军"号海轮赴美。同行有华罗庚、黎东方、陈源妻凌叔华、李安宅妻于式玉、冯玉祥及其秘书吴组缃等。离平时在西苑机场遇朱自清。21 日，《中国哲学中之民主思想》英文讲演稿经王骥中译，刊于天津《大公报·综合副刊》。冯友兰泛海 7 日后至旧金山。登陆后整日在码头等候过海关。次日，乘火车往费城。同月，《中国哲学中之民主思想》英文讲演稿刊于 *China's Philosophy and Philosophers*。冯友兰再次致函梅贻琦，认为"一多之死，就清华言，亦为莫大之损失"，同时指出"见报载校中有抚恤委员会之组织，不知有何决定。在平时，闻家驷屡次来打听弟言，以弟度之，可继发薪津数年，至少一年是不成问题的。家驷又表示望清华仍为一多家眷留一房子，俾其子女不致离开清华团体。弟意以一多在学术上之贡献及其死之情形，此点似应亦为抚恤条款之一，望酌定。如以为可行，并乞告一多太太，俾其放心北上"。9 月 1 日，《论知行》刊于《观察》第 1 卷第 1 期。同月，开始在宾夕凡尼亚大学讲中国哲学史并与卜德英译《中国哲学史》下册。同时，指导研究生李克、李又安夫妇攻中国古籍。约是月卜德赠其所作"Henry. A. Wallace and the Ever-Normal Granary"（《亨利·A. 华莱士与常平仓》，《远东季刊》第 5 卷抽印本）。

冯友兰 10 月 5 日在《观察》第 1 卷第 6 期发表《再论知行》。同月，《人生成功之要素》讲演稿刊于《文华》创刊号；《中国哲学与民主政治》刊于《新思潮》第 1 卷第 3 期。又有《新事论》由商务印书馆出上海第一版。约是月，邀闻一多夫人及其子女在家居住。11 月，《中国哲学中之民主思想》刊于《文华》第 1 卷第 2 期。此文认为孟子所谓"得乎丘民为天子，得乎天子为诸侯"说明儒家要求国家不仅是"为民的""民治的"，而且根本上是人民的；儒家所谓"王道"之治，"王"是"帝王管理下的政治，是代表一个自由的人民集团"，"我们可以说，民主政府就是一个'王'的政府"；认为"孟子和荀子都主张人类是平等的，这就是民主思想中的重要核心"；认为儒家主张的"中和"是民主的理想，"和"是"使民主伟大的原因"；认为"中国的哲学太民主了""中国的哲学足以救世界，因为这世界实在需要一个世界组织"。12 月底，应邀携锺辽往波士顿哈佛大学教授赵元任家中过年，在赵宅遇钱学森、任华、洪煨莲等。同月，《新原人》由商务印书馆出上海初版；《新知言》作为"中国哲学丛书"甲集之四由商务印书馆在上海出版。全书亦分十章，即（一）论形上学的方法，（二）柏拉图的辩证法，（三）斯宾诺莎的反观法，（四）康德的批判法，（五）维也纳学派对于形上学底看法，（六）新理学的方法，（七）论分析命题，（八）论约定说，（九）禅宗的方法，（十）论诗。至此，冯友兰"贞元六书"全部出齐。"冯友兰的新理学体系，由他在抗战期间写成的这 6 部书全面反映出来。冯友兰称这 6 部书代表着他哲学体系的 6 个重要方面，并总名之为'贞元之际所著书'。所谓'贞元之际'是冯友兰借用中国古代典籍《周易》中'贞下起元'之语，喻指抗战时期是中华民族复兴的契机。"是年,《联大八年》由西南联合大学出版社出版,内有《冯友兰先生》一文。

按:冯友兰《新知言·自序》云:"前发表一文《论新理学在哲学中底地位及其方法》,后加扩充修正,成为二书,一为《新原道》,一即此书。《新原道》述中国哲学之主流,以见新理学在中国哲学中之地位。此书论新理学之方法,由其方法,亦可见新理学在现代世界哲学中之地位。承百代之流,而会乎当今之变,新理学继开之迹,于兹显矣。将返北平,留滞重庆,因取已抄成之稿,校阅付印。新理学之纯哲学底系统,将以《新理学》《新原人》《新原道》及此书,为其骨干。《新理学》脱稿于南渡途中。此书付印于北返道上。亦可纪也已。写此书时,与沈公武(有鼎)时相讨论,原稿承金龙荪先生(岳霖)校阅一过,多所指正,并此致谢。"张岱年在《评〈新知言〉》(《大公报·图书周刊》,1947年10月25日)一文中逐章评论了《新知言》的10章内容,认为第6章是"全书的中心,然而可以商榷之点也较多",第7章《论分析命题》是"全书最精彩的一章,其中对于维也纳派的辩论,分析入微,明澈犀利,可谓精辟无伦。由此章看,也可以见冯先生在逻辑分析法之应用上,实已达到火候纯青的境界"。并说:"对于冯先生所揭示的形式主义的理论,我虽然不能完全赞同,然而对于冯先生的系统的严整,分析的缜密,文章的明莹,治学态度之笃实,我惟有赞叹钦服。就系统的宏大、条理之明晰、方面之众多、影响之广远来说,冯先生的学说实在是现代中国哲学的一个高峰。"(参见蔡仲德编撰《冯友兰先生年谱长编》,中华书局2014年版;齐家莹编《清华人文学科年谱》,清华大学出版社1999年版)

张伯苓仍居重庆。1月1日,四川自贡蜀光中学建"伯苓亭"。亭内渺石《伯苓亭记》,由江庸撰文、沈尹默书丹。记云"为永志公宏奖教育之盛谊,就校址新筑一亭,即以公字颜之"。12日,在长子张希陆陪同下由渝飞沪,准备赴美国就医。周恩来、冯文潜等到机场送行。16日,出席南开校友为张伯苓举行的宴会。张伯苓的身体欠安。席间报告战后南开大学暂时改为国立。与上海南开校友合影。31日,在上海基督教青年会欢迎晚宴上讲话。颜惠庆、陈介、王晓籁、陈国廉等出席。2月4日,张伯苓在上海旧病复发,小便全阻,住医院诊治。15日,《上海晚报》采访正在伦敦出席联合国经社委员会大会的张彭春,张说中国政府对于南开大学给予很大支持,已经筹集大约100万美元的经费用于重建工作。18日,河北平津区敌伪产业处理局准将天津日本国民学校及日本高等女学等校舍及其设备拨借南开。28日,孟治的秘书电话告知洛克菲勒基金会,张伯苓因病大约4月中旬才能来美。3月18日,张伯苓由上海启程赴美。临行前出席上海南开校友欢送会,席间讲话谈到社会腐败称,当前环境故属腐败,然而决不致令人气馁。假若气馁而趋于消极,那才是真正危机。今而后定系康庄大道何用暴弃。4月6日,蒋介石批准南开大学改为国立。9日,教育部正式宣布南开大学改为国立,张伯苓仍任校长。13日,张伯苓在帕维利恩·哈德尼斯诊所,经手术,切除了全部摄护腺。术后住纽约张彭春寓所。驻美大使魏道明代表蒋介石慰问术后病状。4月18日,詹姆士·T.肖特韦尔致函哥伦比亚大学代理校长法肯索尔,希望哥伦比亚大学能够授予南开大学校长张伯苓博士荣誉博士学位。29日,加州大学伯克利分校经济系康德利夫教授致函校长罗伯特·G.斯普劳尔,建议把名誉学位授予南开大学的创办者和校长张伯苓博士。5月2日,教育部渝高字第23976号训令,令将私立南开大学改为国立南开大学。6日,张伯苓致函河北平津区敌伪产业清查委员会天津分会,报告本校收回校址及奉准拨交附近敌产情形。8日,复函哥伦比亚大学代校长法肯索尔称,对于哥伦比亚大学决定在1946年学位授予典礼上给予崇高荣誉,致以深深的谢意。

张伯苓6月4日在美国哥伦比亚大学第192次毕业典礼上,被授予名誉博士学位。代理校长法肯索尔宣读颂词,称"张伯苓,教育家,南开大学创建人及校长,设立学校,作育人才,全国景仰,举世推尊。五十年来,献身于教育事业,培植青年,改造中国,一心一德,始终不渝,实乃民族信念之象征。余兹欣然准允阁下获得本大学名誉文学博士学位,并授予阁下所应享有之一切权利与特权"。5 日,出席纽约旅美南开校友为他举办的 70 大寿宴会并致辞。12 日,与克伯屈等人共进晚餐。克伯屈日记称"他真是一个很优秀的人,在中国做出很伟大的事业"。18 日,罗格·艾文斯代表洛克菲勒基金会董事会主席雷蒙德·福斯迪克正式邀请张伯苓于 6 月 25 日在洛克菲勒基金会午餐。同日,罗格·艾文斯函告洛克菲勒基金会中国委员会成员,并附上《中国手册》关于张伯苓的介绍。25 日,赴洛克菲勒基金会午餐会。出席的有:雷蒙德·福斯迪克,乔治·斯托德——洛克菲勒基金会董事会执行主席,戴维·斯迪文斯——洛克菲勒基金会慈善主任,罗伯特·兰伯特——医学科学部副主任,罗格·艾文斯等。他们认为,张博士一直是一个乐天派,而今他对中国教育和政治前景所表现的悲观主义,更加令人信服。席间,张伯苓就保持中国传统教育和新教育的连贯性发表了看法。在回答谁是中国教育强有力、有远见的领导者的询问时,他提出了张彭春、国立中央大学校长吴有训和金陵女子大学吴贻芳 3 人,而对胡适、梅贻琦未作肯定的表态。关于中国的政治前景,张伯苓坦率地指出,由于中共与苏联的关系,在目前的情况下进入中国政体的可能性很小。28 日,致函罗格·艾文斯,对雷蒙德·福斯迪克招待午餐表示感谢,同时感谢洛克菲勒基金会拨款给南开大学经济研究所,说会尽最大努力证明,洛克菲勒基金会的援助是值得的。随信附上南开大学两本小册子,分赠福斯迪克和艾文斯。7 月 15 日,张伯苓在浴室中摔倒,脊椎受伤,立即入院治疗。驻美大使顾维钧奉蒋介石之命慰问,赠送医药费 5000 美元。29 日,张伯苓函告蒋介石,治疗已颇见成效,回国日期将推延至 9 月份,并对支付医药费用表示感激。

张伯苓 8 月 18 日收到国防部部长陈诚为美国胡佛图书馆搜集中国抗战史料来函。10 月 16 日,平津各国立大学商定成立校长谈话会。谈话会规定,平津校长每月轮流会谈,以便对共同关心之问题取一致行动。17 日,张伯苓与孟治、何廉、老舍、侯德榜、孙毓棠、张彭春及旅美南开校友在纽约华美协进社召开校庆纪念会。22 日,南开大学制定近亲回避规定:夫妇不得同时在本校任教员;经聘任委员会必要者,夫妇得同在本校任教;夫妇二人之一者任教授或副教授者,其配偶不得任本校职员。11 月上旬间,多次去纽约联合国大会观听大会情况。15 日,乘美轮"斯丹荷特号"自纽约回国。12 月上旬,在轮船电告南开大学黄钰生、陈序经:"十二月十五日抵沪,请黄子坚、陈序经到沪相晤。"18 日下午,抵达上海。蒋介石的代表上海市市长吴国桢,朱家骅的代表董守义,及查良鉴、何廉、汪忧生、黄钰生、陈序经、方显廷、李柏坚等五六十人到码头迎接。张伯苓对大家关心的问题发表讲话称,现在是千载一时的良机,我们的一切束缚都解脱了。日本人已屈膝,不平等条约都已取消,东西南北都没有了敌人,中国要长大了。国家的前途一定很光明。同时我们还有世界最大力量的美国之帮助,并且苏联态度亦相当和平,只要任何方面都本着爱国心做去,中国的和平建设,一定成功。23 日,接受上海《新闻报》记者采访,称回国努力办三件事:第一件事,发展南开。他透露,在沪拟办南开中学分校。第二件事,致力体育。他说,教育里没有了体育,教育就不会完全。不懂体育的,不应该当校长。民主政治亦即是体育精神。体验过体育中的竞争、团结、合作以后,推行民主政治要有力很多。第三件事,要作中美文化协会工作。中美两国是奠定世界永久和平的基石,彼此的关系太密切。文化合作、民间友谊的交流,比外交政治还要重要。29 日,上海南开校友百余人举行欢迎张伯苓大会。张致辞谈访美感想,谓深信国家前途与世界前途愈趋光明。当今需注重和平,谋国际之合作。今后,英美可大量借款,我国可乘此建设,所谓天下太平而后国家治。外交方面,可联合世界为一家,进而至于大同世界。同时表示,致力教育,誓以教育为终身事业,并拟与胡适等推动中美文化协进社华北分社工作。(参见龚克主编《张伯苓全集》第十卷附编《张伯苓年谱》,南开大学出版社2015年版)

陈寅恪因眼疾于上年10月抵伦敦求医。至本年1月25日,主治医师眼科名医杜克艾尔德写了一份《关于陈寅恪在英治眼医学报告书》。当时胡适在纽约,曾建议到纽约哥大眼科中心治疗,陈寅恪即将此意见寄了一份给胡适。胡适收在同年4月15日日记中,得以保存下来。意见书的结论是:"根据此眼的实质情况,我不认为进一步手术会有更好的效果,再有鉴于他整个身体状况,以我之见,不宜再做手术。"胡适在此英文函之后附如下:"上面附贴的是陈寅恪兄在美(英)国治眼的最后意见书,是世界第一流眼科专家Sir Stewart Duke-Elder写的。他的船Priam由英国来,明天到纽约,将由巴拿马运河回国。我曾电劝他在此小住,请一Columbia的眼科专家一验,看看有无挽救之方。他请熊式一把此意见书寄来,我今天托Mrs. Hartman送到Calumbia的Eye Institute,请Dr. McNie与同院专家协商。他们都说Duke-Elder尚且无法,我们如何能补救? 我请全汉昇兄带一信送到船上,把这个恶消息告诉他。我写此信,很觉悲哀,回想到三十多年前我看Forbes Robertson演Kipling的名剧,'the Light that failed'减了的光,不胜感叹!"胡适说:"寅恪遗传甚厚,甚细心,工力甚精,为我国史界一大重镇。今两目都废,真是学术界一大损失。"胡适还于百忙中去银行买了一张1000元美金的汇票,请全汉昇带给陈寅恪。4月,陈寅恪因双目全部失明,遂辞去牛津首席汉学教授之职,欲赴美就医,后从胡适等人处得知美医亦无良策后结伴归国,途经纽约时赵元任、杨联陞、周一良等数位旧友、学生特登船看望。其间,作《来英治目疾无效将返国写刻近撰元白诗笺证留付稚女美延读之》:"眼昏到此眼昏旋,辜负西来万里缘。杜老花枝迷雾影,米家图画满云烟。余生所欠为何物? 后世相知有别传。归写香山新乐府,女婴学诵待他年。"5月底,于绝望中回国抵达上海,到南京暂住。(参见卞僧慧纂《陈寅恪先生年谱长编》,中华书局2010年版)

晏阳初1月24日通过要求,收到斐尔德基金会书面说明:"基金会"可考虑给中国平民教育促进会筹办"印书局"购买机器及设备的款项;但有一条件,即"中美委员会"应自其他方面获得至少三年的经常费用,这一款项才能动支。此后又四处奔走劝募。28日,收到著名华裔摄影师黄宗霑电报,得知其欣然接受中国平民教育总会视听教育部荣誉主任之聘,乐于为中华平民教育服务,并表示盼面晤。2月26日,在大法官道格拉斯的帮助和安排下,拜访美国元老政治家布鲁区,畅谈45分钟,这对于美国政府可能支持中国平民教育运动有着重要的启示。提出募捐要求,布鲁区面允考虑。3月11日下午3时,在道格拉斯陪同下到达白宫拜会杜鲁门总统。杜鲁门表示:"我正尽我所能以支援中国。"希望给白宫提供一份有关中国平民教育工作纲要并"保留在我的个人档案里",于是当面陈述平民教育的意义:"全球四分之三人类陷于穷、愚、弱、私相同的苦难中,这些人不能读联合国宪章!"此时,杜鲁门说,"即令他们能读,也不理解。"随即答道:"这就是我们所以要努力多做许多有关教育工作的原因。中国古圣教育我们:民为邦本,本固邦宁。就全世界说人是根本;如果根本脆弱,我们必须使其强固,以保世界和平。"杜鲁门说:"正是如此,看美国南部也是一样,我们也需要平民教育。"此次会见是中国农村复兴中美联合委员会产生的一个最早线索。27日,收到华莱士来信,获同意捐助12万美元,自1946年11月15日起分三年支付。同月,与

《读者文摘》发行人华莱士洽商募捐一事。4月初，经由芝加哥 Bishop Sheil 介绍，拜访著名出版家、《芝加哥太阳报》、斐尔德基金会创立人斐尔德。以赛珍珠女士撰《告语人民》一书相赠。斐尔德还报以所撰《自由涵义比一个字多》。阅读后深感彼此对世界观点以及为人群服务志趣几乎相同。5日，旧金山的《少年中国晨报》刊登《晏阳初由本埠归国》。当日离开旧金山。17日，晏阳初自美归国。（参见杜学元、郭明蓉、彭雪明《晏阳初年谱长编》，上海交通大学出版社2017年版；宋恩荣编《中国近代思想家文库·晏阳初卷》附《晏阳初年谱简编》，中国人民大学出版社2015年版）

老舍、曹禺1月15日应美国国务院邀请，办妥赴美讲学手续，计划为时1年，与曹禺同行。2月15日，老舍、曹禺自重庆飞抵上海。18日下午4时，上海市文协分会为欢送老舍、曹禺赴美讲学，并欢迎从重庆、厦门等地来沪诸会员，在金城银行7楼举行大会。老舍、曹禺、戈宝权、宋之的、吴祖光、施蛰存、袁水拍、许杰、叶绍钧、华林、夏衍、郑振铎、许广平、张骏祥、唐弢、李健吾、徐调孚、赵景深、凤子、赵清阁、孔另境、柯灵、以群、周予同、钱君匋、姚蓬子、顾仲彝、王辛笛、佐临、余所亚、赵家璧以及美国新闻处主任费正清等百余人出席，文艺青年联谊会会员数十人也列席参加。主席郑振铎在会上说：深望此行能向美国介绍中国人民的真实生活。作为真正的人民使节，并希望美国也能有真正代表人民而非政府指派的作家来华，互相沟通民主文化。老舍发言说：今日相聚一堂者均系在同一真理下埋头工作者，因而生活虽感苦恼，良心上仍有笑容。文协是中国最干净最华贵的团体，重庆举行政治协商会议，我们文协，就用不着协议，做事最多而宣传最少。此行赴美，准备向国外介绍，并望国内同人坚持文协的一贯精神。会上，叶绍钧、曹禺、吴祖光、华林、施蛰存、许杰及美国新闻处主任费正清也相继发言。2月中旬至3月初，大同出版公司经理崔万秋在万利酒楼宴请老舍和曹禺；《文艺复兴社》宴请老舍、曹禺。22日下午2时，上海电影戏剧协会在美华酒家欢送老舍、曹禺出国讲学。主席顾仲彝说，过去出国者多为达官贵人，两位作家出国则是代表老百姓。同月，老舍短篇小说集《东海巴山集》由上海新丰出版公司初版。3月初，美国驻华大使馆为老舍、曹禺即将赴美讲学举行鸡尾酒会。费正清为他们祝酒，白杨等即兴表演了节目。老舍在酒会上也清唱了一段京剧以表答谢。

老舍、曹禺3月4日下午2时乘美国运输船"史各脱将军号"由上海出发开赴美国。13日，重庆《新华日报》刊署名海洋的报道《欢送老舍曹禺赴美——上海文艺界的第一声春讯》。20日，老舍与曹禺抵达美国西雅图，开始了三年半的旅美生活。第一年是到各处参观，后两年从事写作和翻译，最后半年因为得了腿病，一直躺在床上。此间，曾由西雅图旅行到华盛顿，再到纽约、芝加哥、柯乐拉多、新墨西哥，经过沙漠到加里福尼亚、西爱特。曾应加拿大政府邀请，去加拿大参观游览了一个月，加拿大报纸曾载文介绍和欢迎他们。在美国，每到一地，都在当地大学讲课，受到欢迎，还参加了华盛顿大学召开的作家大会。其间，曾参观好莱坞，并在各地看了不少戏剧演出。29日，受到美国国务院和各方人士的热情接待。在华盛顿曾被安排在"来世礼"宾馆下榻，这个宾馆是专门接待国家贵宾的，丘吉尔住在甲宾馆，老舍、曹禺住在乙宾馆。4月4日，老舍长篇回忆录《八方风雨》开始在北平《新民报》连载，至5月16日续完。又载于重庆《新民报》1946年4月19日至7月8日；初收《老舍生活与创作自述》，系8年抗战生活纪实。同月，抵纽约。其间，由中国电影演员王莹引荐，老舍与曹禺拜会了德国著名戏剧家布莱希特，当时布莱希特正在写作《伽利略传》。他们谈得很高兴；布莱希特的夫人以酒、茶招待他们。5月4日，老舍《文协的过去与将来》

刊于《抗战文艺》第 10 卷第 6 期。文中总结了抗战 8 年以来"文协"的工作,指出造成"文协"工作"最大缺陷"的原因除了"人少钱少,想得到而作不来"外,"外间的阻力也该分去一部分责任。阻力所及,虽一小小座谈会亦足引起猜疑,而只求无过,不求有功之态度逐渐形成。文协未夭折者以此,其半死不活者亦以此,感慨系之矣!"6 月 5 日,老舍在纽约接到吴祖光寄《清明》创刊号一册,回信一封,此即《纽约书简》,后刊于《清明》第 3 号。9 日,南开大学在纽约的 70 多名校友为正在纽约的南开大学校长张伯苓先生 70 寿辰举行庆祝会。为此,老舍、曹禺联名写长篇贺诗。24 日,老舍在是日闭幕的美国科洛拉多埃斯特斯派克人道地方会议上讲演"中国作家之路"。他说,中国人民放弃为艺术而艺术的观念。形式之美丽与完善,对于我,远不及民族与社会福利重要,我如果能凭借我的写作,为邻人扑灭火灾,则我将较之获得诺贝尔奖金,更觉满足。28 日,老舍《走向真理之路——在文艺欣赏会致词》刊于《笔》月刊第 1 期。此系 2 月 28 日老舍在"文协"第二次文艺欣赏会上的讲话记录稿,由庄稼整理。讲话肯定了抗战 8 年"文协"在文艺创作和团结作家上取得的伟大成绩。

老舍 7 月于留美中国学生战时学术计划委员会在美国刊行的《学术建国丛刊》第 7 卷第 1 期上发表《现代中国小说》。此文用英文撰写,简明扼要地描述了中国白话文学发展史,对历代白话文学的代表作进行了颇有见地的评论。全文共分九部分:三国故事、《水浒传》、明清小说(重点评论《金瓶梅》《红楼梦》)、西方的影响、中国的文艺复兴(论"五四"新文化运动)、欧洲作家的影响(着重论述俄国文学对中国现代文学的影响)、现代中国作家的态度(重点介绍鲁迅、茅盾、郭沫若)、小说和第二次世界大战(论中国抗战文学)、回到人民的语言(论通俗化、大众化问题)。9 月 23 日,老舍到达座落在萨拉托加·斯普林的"雅斗",在此地住了一个月。当时恰值美国进步作家史沫特莱在那里撰写朱德传记,每晚休息时,老舍常与史沫特莱见面。史沫特莱到新从战场上退役的士兵中去作反法西斯宣传工作时,曾约老舍同去,每每先由老舍陈述蒋介石政权的腐朽横暴,而后由史沫特莱加以进一步说明。此间,老舍曾向史沫特莱谈到当时国内文艺作家的贫困,史沫特莱听后立即请老舍起草一封信,由她打印寄给美国的进步作家们,募集了 1400 多元献金,由史沫特莱设法将钱寄给了中国文协。10 月 1 日,老舍在纽约写《四世同堂》后记。是年,老舍初到美国时,伊文·金歪曲地翻译了《离婚》,其中添了不少性欲的片断,老舍断然拒绝了这部译著的出版。但译者竟私自将它印行,因此打了一场官司。通过商会,各书肆不予代卖这本书。(参见甘海岚编《老舍年谱》,书目文献出版社 1989 年版;田本相、阿鹰编《曹禺年谱长编》,上海交通大学出版社 2017 年版)

曹禺 1 月接到赴美邀请后曾去请教茅盾。茅盾讲了很多,曹禺有两条却记得很清楚:一条是"有什么就说什么",就是要实事求是;另一条就是要讲文学是有社会意义的,不只是娱乐的。2 月 15 日,曹禺由渝抵上海,住黄佐临家。同月,金光洲译《雷雨》韩文译本由宣文社出版单行本。3 月 2 日,剧专校友方守谦、罗明、蔡极等在四马路杏花楼为曹禺饯行,张骏祥、白杨作陪。宴毕,合影留念。同日,上海《大光明》周报第 2 期刊《曹禺大谈戏剧》。文说:"老舍和曹禺就要离上海到美国去。""访老舍后,又同时访问了曹禺,和他谈了两个问题,一个是中国剧本翻译到美国去上演的问题,一个是中国戏剧界的前途如何发展问题?""据曹禺表示:中国剧本翻译到美国去上演,不一定要迎合别人的胃口,而委屈了自己的特性。即令不受欢迎,这也非中国剧本的失败。关于后一问题,他认为今后中国剧本的内容,主要的应该配合建国的需要。诸如农业繁荣,工业化等都是应该宣传的,比如 YVA 就是一个很好的主题。他说美国并不是为戏剧而戏剧,如天主教,美以美会,甚至犹太人,都利用戏剧为宣传工具。至于形式方面,他觉得应该利用一切民间剧的形式,大家不必仅仅注意都市舞台。"

曹禺与老舍3月5日下午同乘美军运输舰"史格脱将军号"离沪赴美。23日,上海《大光明》周报第4期刊消息《曹禺新作完成》:"曹禺的《三人行》已经决定不写了。《桥》是写了大部分,而现在曹禺却出国了,从'中电'传出的消息是曹禺答应在去美的运输舰上完成这一部剧本,首先获得上演权的是'中电',剧本由曹禺在兵舰上杀青后寄来。"29日,与老舍抵华盛顿。其间,与老舍参加在华盛顿大学召开的一次美国作家大会。据曹禺说:"记得他们讨论'如何写文章投编辑所好''作家如何找一个好的代理人(为作家推销作品、保护作家权益的人)等问题。"同期,美国国务院为老舍、曹禺访美设宴洗尘。4月1日,在郑振铎主编的《文艺复兴》第1卷第3期发表多幕剧《桥》第1幕,后于第4期发表第2幕第1景,第5期发表第2幕第2景,"已刊出两期,续稿未到,郑振铎连连航函去美催索"(《上海文化》第7期,1946年8月1日),终未得。这部未完成的剧作,是第一次把钢厂搬到舞台。4月7日,李长之在天津《大公报》第一张第4版"文艺"(新14期)发表《送老舍和曹禺》。10日,上海《万花筒》第2期第5版刊《曹禺出身封建大家庭》。文中说:"曹禺出身在封建大家庭,所以它(他)有着《雷雨》的阴郁,而它的正义感及其灼热,对新的时代竭诚盼望,于是它有着《日出》的明朗。""曹禺最近已不复扮作女性,原因为(一)写作甚忙,(二)年龄渐增,(三)怕被冠上梅兰芳式的'雄妇人'头衔。""曹禺此次到美国去,宣传中国抗战时的文化情形,和介绍中国民间真实的意见。"17日,北平《147画报》刊未署名小文《张伯苓的得意门生曹禺当外国讲师》。18日,上海《海晶》周报第9期第5版"文化人圈"栏刊消息:"老舍,曹禺已安抵美国,现住于华盛顿大学,讲学也已开始。老舍讲《中国文学史》,曹禺讲《中国戏剧史》,锋头甚健,生活亦甚舒适。"20日,上海《海涛》第9期刊消息《茅盾洪深亦将赴美——继曹禺老舍之后出国》:"曹禺与老舍现已抵美国,在各处讲学,颇受美国人士所欢迎,他们的思想和言论,都很精辟,使美国人对于中国学术是增加了认识与了解。""而消息传来名作家茅盾与名教授洪深也将赴美了,这真是学术界的喜讯。"28日,广州《文化周报》第15期刊坎宁作、黄沙译《论曹禺老舍访美》一文,文尾说明该文"译自一九四六年四月十三日密勒氏评论报"。作者从曹禺、老舍应邀访美说起,谈了中美"文化关系的加强""中国人心目中的美国""谁应该责备""统制的抗议""今后的展望"等问题。

曹禺《雷雨》由金光洲泽成朝鲜文,4月30日由汉城宣文社出版。月底,曹禺与老舍到达纽约,观剧并作演讲。其间,曹禺与老舍在美讲学。老舍讲题为《中国文学之历史与现状》、曹禺讲题为《中国戏剧之历史与现状》。听讲者甚众。由中国电影演员王莹的引荐与德国著名戏剧家布莱希特结识。又在王莹的安排下与美国女作家赛珍珠座谈了两次,交流了中美两国文艺创作的情况和经验。赛珍珠还两次设家宴招待老舍和曹禺,由王莹作陪;在美国的一次茶会上,曹禺与林语堂就《吾土与吾民》一题发生争执。曹禺坚持认为:"文学作品就应该具有社会意义,否则就毫无价值。"5月1日,上海《新天地》第5期第8版刊《大红肚兜与"伪组织"——曹禺"作孽"创始了戏剧检查》(署名方莞)。文讲曹禺《蜕变》出炉上演遭审查的故事。5月初,应"东西协会"之邀,与老舍在纽约市政厅演讲。17日,上海《飘》第8期刊消息《老舍曹禺讲学代价:美方年致十五万供膳宿》:"老舍、曹禺二人已经联袂赴美讲学去了。最近,老舍有信致上海的老朋友,曾提及他与曹禺二人在美国讲学的代价,是每年致送酬劳美金十五万元外,并且由美方供给膳宿。"6月,邓台梅译《雷雨》越文版又河内大众印刷馆出版。曹禺与老舍于"六月中曾在芝加哥稍作勾留,以后就去科洛拉多州的丹佛尔大学参与小剧场节目社会研究会议"。又与老舍在美国加州伯克利大学讲学,并与牛满江、陈世骧及夫人、汉斯等合影;《文化建设论丛》第1辑刊曹禺《戏剧与青年教育》。说:"我们现在的戏剧为话剧,所谓话剧,重要的当然是剧中有话说,如果没有说话,那就不成其为话剧,所以求话剧对于青年教育有好的影响。一定要好的对话。"

曹禺7月1日在纽约市政厅讲演《现代中国戏剧》,后刊于美国《国家建设杂志》。9月29日,重庆《时代》第16期"文化圈"刊消息:老舍曹禺在美,常到各处观光,月前曾同赴好莱坞,参观了这"世界银都"。10月1日,《上海文化》第9期"中国文化"栏刊消息:"老舍于到美后,即周游各地考察讲学,据其最近函沪友,已应加拿大方面之约,前去考察讲学,曹禺则仍滞美。"同日,《文潮月刊》第1卷第6期《文坛一月讯》刊消息:"曹禺及老舍致函其国内友人称:曹禺年内回国。老舍尚欲赴英伦。"北平《青年文化》第2卷第1期刊署名"社"的《在美国的中国文化人》,讲在美的老舍、曹禺、林语堂、张伯苓、张平群等人的情况。文说:"几个月来,纽约华人中的新闻人物是老舍及曹禺,这两位作家应美国国务院文化关系处之邀,来美视察,先在华盛顿报到,然后到纽约。纽约是美国的文化城,是出版业的中心,如今来了两位中国作家,自然会引起文化界的注意。"年底,美国的种族歧视使曹禺感到反感和厌恶,曹禺和老舍也遭到某种程度的歧视。是年,曹禺在美国期间到各地讲学、参观。据蠢芳撰述:"他曾经在耶鲁大学、哥伦比亚大学、支(芝)加哥大学、华盛顿大学、天主教大学、克伦多大学等,讲述过关于中国近代演剧运动的情形,凡是比较有名望的学校,他都去演讲过,并在纽约市政厅等,作公开演讲,和一般美国人取得的非常密切的接触。""演剧的中心在百老汇,电影中心在好莱坞,所以他在那里留下来的时间也最为长久,不但看了许多戏,许多电影,并且还参观了他们的拍戏与排戏,常常逗留在摄影场与剧场里面。""他也曾经与当代著名的作家如柏吐尔德鲍尔克特、马克斯威尔安德生、守望莱茵河的作者丽琳海尔曼、新任《剧场艺术》的主编罗斯芒德吉尔德,及赛珍珠……等相见,并且他们谈得很多,自然的结成了密切的友谊……在演员方面,他和海伦海斯、卡塞珍考耐尔、雷蒙玛赛、蓓蒂黛维丝、考尔门、约翰迦菲尔等都相见过,他们并且为他举行了私人的酒会,兴高采烈地欢迎我们的戏剧使者。英格丽·褒曼,是我们大家都喜欢的演员,曹禺先生见过她,并且看了她演出的《贞德》,她的演技,使他不绝的赞赏。自然,我们不能忘了,还有一位著名剧作家是曹禺先生所最佩服的,那就是奥尼尔,可惜奥尼尔因为正在病中,使他不能去亲自访问;只是他看见了奥尼尔的新作《送冰的人》在百老汇的演出,使他稍微补足了这方面的缺憾……"其间,加拿大政府曾邀请老舍和曹禺去加拿大参观游览了一个月。据曹禺说:"我们到加拿大,受到了欢迎,加拿大报纸载文介绍和欢迎我们。"还与老舍到新墨西哥州,那里居住着印地安人,有专为土著人圈设的"保留地"。(参见田本相、阿鹰编《曹禺年谱长编》,上海交通大学出版社2017年版)

任鸿隽与李衍、吴学周3人合译的《科学与科学思想发展史》3月在重庆出版。6月,在上海再版。7月4日,乘船赴美与美国董事商讨中基会工作。携家人同行,安排次女以书、儿子以安在美就学。在美期间曾因患肾结石住院治疗。10月,《科学与工业——为纪念范旭东先生作》刊于《科学》第28卷第5期。12月,《关于发展科学计划的我见》刊于《科学》第28卷第6期。文中指出:"建国需要科学,更为日日呈现眼前的事实,无须吾人再为辞费。

吾人目前的问题，乃如何能使科学加速发展，使能适应今日之需要是已。关于此问题，吾人拟首先提出两个根本原则：（一）吾国目前所处之局势，为空前未有之局势，故处理此局势下之一切事务，不可蹈常袭故，必须另觅有效的方法。（二）科学事业与其他事业同样可以适当方法促其进展。但若无具体发展的计划，而欲其从天掉下，则不可得。本此见地，吾人试一先观吾国科学事业以往的现状，而后进言发展科学应有的程序。"又谓："计划之出发点，吾人以为首宜确定：发展科学为今后十年二十年国家的首要政策。"强调：第一，科学研究必须成一个有效的组织。所谓有效的组织，吾人以为宜包括目的、组织、范围、时间各项。第二，计划之产生宜由政府特别邀集中外专门学者若干人，组织委员会，悉心厘定，期于切实可行。第三，关于计划之实行，吾人以为下列两点应特别注意：（一）国家宜有独立的科学事业预算。（二）管理科学研究人员，必须为专门学者，用整个时间与精神以从事，不可成为政府要人之附属品，尤不可阑入官场习气，使成为一种衙门也。第四，在开始研究时期，必感人才不足，吾人以为不妨卑礼厚币延聘外国威权学者来华引导，一面多派优秀青年至先进国家学习。此种留学政策，吾国虽已行之数十年，然人才一日不足用，即一日不能停止。尤其在高深学术方面，吾人今后数十年，唯有耻不若人，庶几有若人之一日耳。最后谈到："在抗战结束、建国开始之今日，言建国大计者风起云涌，而于此关系建国根本之要图，似尚少注意及之者，故略贡鄙见如上，倘亦当世贤达所乐闻乎。"（参见樊洪业、潘涛、王勇忠编《中国近代思想家文库·任鸿隽卷》及附录《任鸿隽年谱简编》，中国人民大学出版社 2013 年版）

　　袁同礼 1 月 26 日致王重民函，言开办图书馆学研究部事，谓"图书博物专科事，曾与孟真谈过，渠谓北大方向，不赞成太职业化，故目前计划，拟由北大、故宫及本馆合组一研究部，趋重自由讲学，为高级班。至于初级班，则为三机关在职人员之进修而设。目前师资颇成问题，俟到美后，当约美籍教授数人来华参加工作"。28 日，袁同礼呈准教部，平馆收购海源阁藏书，本日由存海学社转让，全部作价国币 1500 万元。2 月 2 日，王重民致函胡适，言自己去北大任事态度，有担心先生不肯放人之说。9 日，袁同礼抵香港，由香港转赴巴黎。王重民于本月 13 日有信寄袁同礼，言愿到北大任教一事，信直接寄至巴黎。18 日，函教育部，呈报收购海源阁藏书为国有的经过。月底，袁同礼奉派赴美采购图书消息。先是 1 月间，美国图书供应社发起全国征书运动，援助遭受兵燹的国家，中国列明其中。3 月 1 日，王重民致函胡适，言及袁同礼行止——或研究部、或北大合办图书系，并言袁同礼与蒋复璁之争。13 日，王重民致函胡适，言及与北大合办图书系事，时胡适即将离纽约。3 月 18 日，王重民致函胡适，拟本年 8—9 月间回国，请胡适与袁同礼商请运书费用。21 日，偕岳丈袁道冲（荣叟）访徐森玉，并访合众图书馆。春，奉派赴伦敦出席国际文化教育科学组织会议，并赴德国及北美考察。4 月 12 日，王重民接袁同礼函，告知已到金山。26 日，袁同礼以中图协理事长身份，在华盛顿致贺英国图书馆协会年会。30 日，王重民致函胡适，拟去北大图书馆人事，希望于下月 4 日能与胡适及袁同礼共同商量此事。

　　袁同礼 5 月赴美，邀请美方图书馆专家访华。至 7 月，一切就绪，但为政府终止。5 月底，由美赴英，继续考察。6 月 15 日，中央社伦敦电：袁同礼将参与联合国教科文组织之"图书馆及博物馆特别委员会"，并为该会副主席。同月，袁同礼前为平馆拟购置的上海潘明训宝礼堂藏书，经政府干预，明令为中央图书馆蒋复璁参与其事；《中华图书馆协会会报》载教育部筹设罗斯福图书馆，聘袁同礼为筹备委员。月底，袁同礼由英转赴法、德、意大利等国。6 月，《中华图书馆协会会报》第 20 卷第 1—3 期刊载《罗斯福图书馆筹委会成立》："我国政府为纪念美国总统罗斯福起见,前经六全大会通过设立罗斯福图书馆,经有关当局筹画后,即积极进行。兹悉教育部已成立罗斯福图书馆筹备委员会,聘请朱家骅、翁文灏、王世杰、陈立夫、蒋廷黻、蒋梦麟、胡适、吴有训、傅斯年、袁同礼、蒋复璁等11人为委员,由朱家骅任筹备委员,严文郁为秘书,下设总务、征集二组,每组设主任1人,干事10人至14人,助理干事6人至8人,编纂2人至4人,担任征集图书资料及编辑研究等工作。该馆馆址已决定设于首都,将侧重搜集罗斯福总统生平事迹之各国文字书籍照片,国际问题之图书杂志,以及世界各国提倡和平思想之书籍。筹备工作将于两年内完成云。"罗斯福图书馆为纪念美国总统罗斯福而建,侧重搜集罗斯福生平事迹文献及国际问题图书杂志,馆址设在南京。袁同礼等11人被聘为罗斯福图书馆筹备委员会委员。7月16日,袁同礼抵柏林,与前欧亚航空公司经理李景枞同行。8月,在比利时西部圣当特莱出席前外长陆徵祥晋级名誉修道院长典礼。9月底,袁同礼考察归国。10月4日,报载袁同礼返国行程,本日过昆明,次日飞南京述职。13日,报载袁同礼本年欧美行踪,及代教部募捐图书成果。（参见张光润《袁同礼研究（1895—1949）》,华东师范大学博士学位论文,2018年）

卢作孚2月26日以民生公司遭受历史上空前的重大困难,自己无法解决为由提请辞职。董事会召开紧急会议一致恳切慰留。4月9日,为订购船只再次赴加拿大。5月16日,赴美国纽约。5月18日,被国民政府任命为中国出席第28届国际劳工大会雇主方代表。11月中旬,在蒙特利尔与加拿大3家银行正式签定借款协议,建造9艘轮船。11月,带领民生公司相关人员赴美参观造船厂,并低价收购美加军用舰船。（参见王果编《中国近代思想家文库•卢作孚卷》及附录《卢作孚年谱简编》,中国人民大学出版社2014年版）

王重民在美国图书馆完成了摄制图书显微胶卷及写提要的扫尾工作。当时太平洋上因日本军人布下不少水雷,一时不能通航,只得在家等待时机回国。冬,王重民又去普林斯顿大学葛思德东方图书馆,鉴定该馆所藏的善本书。次年1月再去,共撰1000种提要。但因未将他们所藏善本书全鉴定完,所以把所写原稿留在该馆中,以供续作者参考之用。后来,这批中国古籍由中国学者屈万里先生在王重民原稿基础上,增订补写,完成整理工作,于1957年出版《普林斯顿大学葛思德文库东方图书馆中文善本书志》。（参见耿云志编《胡适年谱》,福建教育出版社2012年版;刘修业《王重民教授生平及学术活动编年》,载王京州编《河北近现代学者年谱辑要》,国家图书馆出版社2017年版）

罗常培6—7月在美国加利福尼亚大学图书馆博览群书,进一步了解国际上语言学研究的新进展。8月,移教大西洋岸边的耶鲁大学,每周担任4小时的研究讨论班,指导研究生作博士论文。耶鲁大学校长也在罗常培讲学工作结束之际,对他"在耶鲁汉学研究项目上所做的贡献,表示感谢",并且决定聘任为终身教授,负责将家属接到美国。美国《洛杉矶日报》发行人罗伯特•伊•沃克写道:"在美国,罗教授受人怀念,自然是因为他讲课的质量高,对所教的学科十分通晓,并能有效地传授给别人。但他特别令人怀念的是,作为一个大师把他伟大的祖国,中国社会的成就和特点教给世界上另一大国的青年学生。特别是以他自己的楷模,说明一个人可以在一生中充分发挥自己的个性和才智,并以这样的榜样教育其他人更友爱、更谦虚、更有造诣、更有道德、更诚实、更宽厚、更平易近人,即使他的学生意识到他们永远不能达到他们的老师和朋友的高度。"（参见罗伯特•伊•沃克《罗常培在美国》,《罗常培文集》编委会编《罗常培文集》第10卷及附录《罗常培年表》,山东教育出版社2000年版）

梁思成10月赴美国考察战后美国现代建筑教育。应美国耶鲁大学邀请,以客座教授身份讲授"中国艺术史",包括建筑与雕塑两部分。梁思成作为第一位中国人将自己民族的优秀建筑文化系统地展示于世界学术界。（参见林洙、楼庆西、王军《梁思成年谱》，《建筑史学刊》2021年第2期"梁思成及营造学社前辈纪念专刊"）

陈彩章继续在美国攻读博士学位。2月，陈彩章《中国历代人口变迁之研究》由重庆商务印书馆出版。此书对中国历代户口比率、人口增减、人口分布、边疆移民、国外移民都做了论述，并首次以省区为单位考证历史上生活在该地区的人口数量。常建华在《社会生活的历史学：中国社会史研究新探》中认为该书是我国"第一部人口通史"，已认识到控制人口增长的重要性。（参见王学典《20世纪史学编年(1900—1949)》，商务印书馆2014年版）

梅汝璈被任命为中国参加"远东军事法庭"的首席审判官。

向哲浚被任命为中国参加"远东军事法庭"的首席检察官。

倪征燠参加东京远东国际军事法庭对日本战犯的审判工作，对土肥原贤二、板垣征四郎、松井石根等甲级战犯提出控诉。

顾维钧任驻美国大使兼驻联合国中国代表团团长。

洪业应哈佛大学之聘赴美讲学1年。后因中国内战爆发，留居美国直至逝世。

叶企孙与吴大猷因西南联大物理系获两个留美名额，决定派朱光亚和李政道去美国留学。

朱光亚赴美国密执安大学留学，获物理学博士后于1950年回国。

司徒慧敏赴美国学习电影技术和管理，并在美执导戴爱莲主演的舞蹈艺术片《中国民族舞蹈》。

朱士嘉7月至12月进美国档案馆学习档案管理法。

戴爱莲与叶浅予赴美国讲学，向美国人民介绍中国的民间舞蹈。

杨联陞完成《晋书食货志译注》博士论文，获美国哈佛大学博士学位，留在哈佛大学远东语文系执教。

吴于廑在哈佛大学获哲学博士学位。

李赋宁考入耶鲁大学研究院英语系学习。

王世杰7月21日至9月14日以中国代表团首席代表身份率团赴巴黎参加欧洲问题和会，讨论对意大利、匈牙利、保加利亚、罗马尼亚、芬兰5国和约等问题。30日，在巴黎和会第二次全体会议上申明中国政策。指出中国是参加第二次世界大战时间最长、最先武装抵抗轴心国侵略、最后结束武装抵抗的国家。提出战胜国必须遵守在战争期间的承诺，不应向战败国提出致令战败国国内之反动分子卷土重来，而使民主力量失去任何新生或巩固机会之条件。8月19日，将草拟的《中国对日本赔偿问题提案纲领》报告行政院长宋子文。31日，收到民盟沈钧儒、黄炎培、张东荪等因张澜被打伤事提出的抗议。9月15日，在南京对记者发表讲话，提出中国认为巴黎和会讨论的内容，军事条款须严，政治及经济条款宜宽，中国对战败国的政策为"反报复主义"政策。（参见薛毅《王世杰传》及附录《王世杰大事年表》，武汉大学出版社2010年版）

竺可桢与出席联合国教育科学文化组织会议的国内代表程天放、李书华、顾问瞿菊农等11月3日离京飞加尔各答，然后转机飞开罗至马赛。于11月13日抵巴黎。18日，在巴黎偕程天放、李书华、萧子升及瞿菊农拜访法国海外部（殖民地部）部长M. Montet。19日，在巴黎出席联合国教育科学文化组织会议开幕式。12月10日，会议结束。会议中竺可桢参加了科学组会议及文教善后工作之补救复兴委员会会议。会后在巴黎参观访问。25日，在文教善后工作之补救复兴委员会会议上报告日本侵略给中国教育造成的严重损失情况：物质损失总计 738782000 美元，此损失数目之大半，系指建筑物所遭受之毁坏，损失总数中，既无军事目标，亦无私人财产。12 月 1 日，中国科学社理事会议决定与中华自然科学社合组中国科学促进会，推举杭立武、竺可桢、萨本栋等 11 人为科学社派出的中国科学促进会理事。12 月 2 日，在巴黎与赵元任、李书华、程天放、陈通伯拜访法教育部长 Nagelen，商谈今后中法文化合作事。同日中国驻法大使钱阶平夫妇在大使馆内，举行盛大宴会，款待中国出席联合国教育科学文化会议代表团各代表。3 日，在巴黎出席联合国教育科学文化会议自然科学组会议，代表中国提出在中国建数学中心问题，但未果。下午，我国代表李书华提出应在中国设立营养中心，美国、新西兰代表反对，竺可桢起而驳复，希腊、墨西哥代表赞同，终以 7 比 5 票通过。同日，应美国无线电台之约，演讲中国文化、科学、教育复员问题。5 日，至大使馆出席钱阶平大使举行的招待会，法国教育部长 Nagelen，Louis Joxe，教育部文化司司长、法学家 Rene Cassin 及 Joliot-Curie 即居里夫人之女婿应邀出席。6 日，在巴黎与我出席联合国教育科学文化大会之代表在驻法钱阶平大使陪同下，拜访法国临时总统 George Bidault。12 日，在法国国家科学研究中心研究员、研究导师钱三强及何泽慧陪同下参观原子核研究。17—21 日，赴瑞士旅行。23 日，由巴黎抵伦敦。应英国协会之邀，参观访问及考察英国教育。在伦敦出席了浙大同学会，并参观访问了牛津大学、剑桥大学、英国国立图书馆等文化艺术单位。又接受记者采访，发表谈话，认为中国留学生返国后，只知理论而缺乏实际经验，此实为一重大教育危机。主张手脑并用，以求知识，若一切须依赖机械，则手脑决不能同时发展。26 日，国际文化合作协会成立，被选为理事。是年，*The Chinese Year Book*（《中国年鉴》）中 climate（气候）部分，系由竺可桢与吕炯合撰。（参见李玉海编《竺可桢年谱简编》，气象出版社 2010 年版）

钱三强获法国科学院亨利-德巴微物理学奖金。曾任法国国家科学研究中心研究员、研究导师，并获法兰西荣誉军团军官勋章。

陈源受国民党政府委派，赴巴黎出任常驻联合国教科文组织（UNESCO）代表。

郭有守被聘为联合国教育科学文化组织首任教育处处长。

丁善德留学法国巴黎音乐学院作曲系。

费孝通 11 月应英国文化协会邀请访英 3 个月。写作访英通讯 8 篇，刊于《大公报》，翌年 5 月结集为《重访英伦》一书出版，影响甚大。这本书的核心是关注二战结束后英国工党执政所推行的民主社会主义措施。此书内容有所配合的是费孝通与史靖合译的《工党一年》（J. E. D. Hall 原著），于 1947 年由生活书店出版。12 月，上海《观察社》出版吴晗、费孝通等著的《皇权与绅权》一书，收入了吴晗的《论皇权》《论绅权》《再论绅权》《识士大夫》等文章。费孝通在这本书的《后记》中说："在今年上半年，我曾跟读历史的老朋友商量，跟他们从头学起。为了交换意见的方便，约了辰伯兄一同组织了一个讨论班，聚集了一些对这问题有兴趣的朋友一起切磋。"这个集子就是讨论班上讨论的论文。（参见夏鼐《吴晗的学术生涯》，浙江人民出版社 1984 年版）

梁方仲 9 月离美赴英，到伦敦大学政治经济学院从事研究工作，其间，曾被聘为中国代表团专员赴法国巴黎参加联合国教科文组织第一届大会。在学术研究上，梁方仲逐步形成一整套研究中国社会经济史的独特看法。他认为，社会经济史发展的总趋势是：一方面分工越来越细；另一方面各学科间互相渗透，需要进行多学科的综合研究，才能发现社会经济发展的规律。他后来研究中国社会经济史,虽着眼于某一具体经济史专题,却是把历史学、经济学、社会学、统计学等融为一体,进行综合的多学科的研究。(参见刘志伟编《梁方仲文集》之《梁方仲先生学术编年》,中山大学出版社2004年版)

陶大镛应英国文化委员会邀请,在曼彻斯特大学和伦敦大学从事经济史的研究工作。

张安治赴英国伦敦大学科塔艺术研究院研修。

陆徵祥任比利时根特的圣伯铎禄修道院名誉院长,领主教衔。

陈之迈任中国出席联合国善后救济总署副代表。

吴景超任中国善后救济总署顾问。

茅盾6月接到苏联驻华大使彼得罗夫的函件,正式邀请其去苏联参观游览。但因事冗而天气又太热,回答苏联方面说,希望将此行推至秋季。8月24日,《文汇报》记者王坪来访,谈去苏联参观访问一事。表示若去苏联,希望能与苏联作家广泛接触,特别希望与那些有作品被自己翻译过来的作家谈谈。10月中旬,收到邵力子从南京发来的快信,望速去南京办理出国护照。恰在此时,凤子从京沪路局争取到一个免费旅游杭州的机会,决定先与妻子孔德沚去杭州散散心,再去南京办理护照。此次同游杭州的除凤子外,还有阳翰笙、洪深、陈白尘、葛一虹、赵清阁等。在杭州与诸友饮酒赏景,畅游甚欢。同月20日下午,与周恩来同机赴南京,下榻于中共代表团驻地梅园新村。21日,去外交部办妥了出国护照,受到国民党政府外交部长王世杰的接待。回梅园新村时,邓颖超交与一包工艺品,托带往莫斯科,转交给一位将去巴黎参加第一次国际妇女代表大会的同志。

茅盾与妻子孔德沚11月12日中午至叶圣陶寓所,告诉他两星期内就要动身赴苏联参观访问。16日傍晚,至金门饭店,出席大地书屋举行的饯行宴会,并在席间致答辞。出席者还有郭沫若、洪深、叶圣陶等。17日中午,出席叶圣陶在开明书店举行的饯行宴会,陪客为耿济之。23日,出席中苏文化协会上海分会举行的饯行宴会。24日,与孔德沚出席中华全国文艺协会、剧协、音协、木协、漫协、诗音协、学术联谊会、杂志界联谊会、新出版业联谊会等10个民间文艺团体在八仙桥青年会举行的盛大欢送会。到会的有郭沫若、马寅初、叶圣陶、熊佛西、潘梓年、侯外庐、许广平、阳翰笙、陈白尘等200余人。与会者都发表了热情洋溢的临别赠言。茅盾在致答辞时说:“去苏联观光是我二十年来的宿望。朋友们收集的丰富的艺术作品和材料,我一定完全带去,我也一定把能带回来的宝贵东西都带回来。我们现在去是冬天,回来应该是春天了,但那时中国是否已是春天尚不能预料,我相信苏联人民会给我许多热,帮助我们度过冬天,我就是要去把这‘热’带回来,让寒冬早点过去。”25日晚,与孔德沚至苏联总领事馆,出席苏联驻沪领事哈林举行的饯行会。苏方到会的有苏联对外文化协会驻华代表乌拉窦金,驻沪代表克留科夫夫妇和塔斯社远东分社社长罗果夫。中方被邀请出席的有颜惠庆、黎照寰、沈钧儒、郭沫若夫妇、田汉夫妇、叶圣陶、洪深、潘梓年、阳翰笙、葛一虹、叶以群、戈宝权等。席间,宾客即席赋诗、先后唱和、气氛热烈。戈宝权立即把这些诗都抄录下来。集为一册,题名为《欢送茅盾访苏唱和诗辑》。后在茅盾启程前印出,分赠给前来送行的友人们。28日,作《致戈宝权》(书信),现收《茅盾书信集》。告知苏联塔斯社驻华分社社长罗果夫所要的译著书目已抄好,自传也将在日内写好奉上。月底,苏联对外文协驻沪代表克留科夫来通知,去苏联的船已到港,预定下月5日启碇。同月,加紧做赴苏的各项准备工作。研究了苏联的社会制度和经济状况,阅读了一些苏联游记,还准备了一些自己的译著,打算赠给苏联的同行。为了克服语言的障碍,特购俄文读本数种,并向几位曾经留苏的朋友学习若干简单的俄语会话。孔德沚触景生情，又想起精通俄语的沈霞，不禁黯然哀伤；所《时间的记录》由上海大地书屋出版。

　　茅盾12月1日书《向南方的友人们致意》，刊于12月9日《华商报》。云："朋友们，因为时间不够，恕我不能个别写信辞行了，祝你们健康、工作顺利，再会。"3日，与孔德沚同去马斯南路中共上海办事处辞行。周恩来不在，由办事处主任陈家康接待，谈到全面内战已成定局的国内形势时，对陈说："那就预祝我们在人民胜利之日再见罢！"下午，至叶圣陶处小坐，告知其行程。晚，在家与郭沫若等部分文艺界朋友会餐话别。4日，开明、新知等书店及东方出版社来人，商谈有关出版的事宜。晚，文化界的一些朋友前来话别。5日晨8时40分，与孔德沚和戈宝权搭乘苏联领事馆的汽车来到码头。郭沫若等朋友已在码头等候，郭沫若夫人于立群送上花篮一只。随后，与欢送的人们同乘汽艇登上"斯摩尔纳号"轮。郭沫若代表欢送者写了几句临别赠言，并由于立群朗诵。登船送行的还有叶圣陶、傅彬然、葛一虹、戈宝权、范洗人、臧克家、孔另境等。苏联驻沪总领事哈林、苏联对外文协的克留科夫、塔斯社分社的罗果夫等也赶来送行。朋友们离船后，"斯摩尔纳号"于下午3时启航。船至吴淞口时，看着两岸的景色，确实有些依依不舍。10日下午1时半，到达苏联远东港口符拉迪沃斯托克（海参崴）。当晚仍在船上住宿。11日下午3时，苏联外交部代表喀尔斯托夫上船来表示欢迎。然后，陪同登岸，乘车游览市容。随后，下榻于"乞留司金"旅馆。原计划今日乘火车赴莫斯科，但因办理车票的苏联对外文协的代表让考夫的小车抛锚，误了时，决定改乘13日火车。13日，作《海参崴印象》，并致戈宝权信一件。将此信和日记以及《斯摩尔纳号》《海参崴印象》两文托即将返沪的"斯摩尔纳号"一并带回，并请戈宝权转交致罗果夫、哈林、郭沫若、叶以群信各一件。下午6时半，乘上横穿西伯利亚的国际列车前往莫斯科。

　　茅盾12月25日晨5时到达莫斯科。苏对外文协副会长卡拉介诺夫和该会东方部主任叶洛菲也夫前来迎接。随后下榻于萨优伊旅馆。中午，与叶洛菲也夫共进午餐。然后在其陪同下散步至红场，并参观了新年临时商场。26日6时即起，整理朋友们所托之事和一部分要赠送给苏联对外文协的书籍。上午10时，在叶洛菲也夫和翻译史班诺夫陪同下，与孔德沚同赴"高尔基公园"参观红军战利品（武器部分）展览会。下午3时，拜访了苏对外文协会长凯美诺夫，并转达了郭沫若、曹靖华、戈宝权的问候。凯美诺夫表示，一定尽力使游览参观计划圆满实现。最后，将中国出版家和作家们所赠的书转交给苏联对外文协，并面交了开明书店和翦伯赞先生的信及郑振铎所赠送的《词余画谱》。晚，至雷戏院看高尔基的四幕剧《小市民》。27日晨6时起床，为苏联《文学报》作短文《恭贺新年》。同时将中华全国文艺协会致苏联作家协会的信送去，以便苏联方面译出刊登。10时半，在叶洛菲夫、史班诺夫陪同下，参观列宁博物馆和红军博物馆。下午3时回旅馆，中国大使馆的秘书胡邦济已在等候，她面交了中国大使傅秉常邀请出席正月初三晚上便宴的请柬。当即与叶洛菲也夫商量，决定明天不安排别的活动，专程去中国大使馆拜访。28日上午，胡邦济开车来，接至中国大使馆，受到了傅秉常大使的客气接待。30日下午1时，访问《小火星》杂志社。与《小火星》编辑主任苏尔科夫交谈两时之久。随后，又到《鳄鱼》编辑部，与10多位画家、幽默作家和记者座谈。31日下午2时，出席苏联对外文协在旅馆餐厅举行的宴会，与在莫斯科的苏联作家们见面。晚，参加在中央职工大厦圆柱大厅举行的"欢送旧年，迎接新年"的盛大联欢晚会。10时回旅馆，想到今晚所见的苏联青年健康而欢乐的面貌，兴奋得不能入睡，暗自祝福中国的青年一代在不久的将来也能冲破黑暗，获得温暖与光明。（参见唐金海、刘长鼎主

编《茅盾年谱》,山西高校联合出版社1996年版)

华罗庚2月7日自昆明飞重庆,办理赴苏联手续。时,苏联科学院出版了华的《堆垒素数论》,并补邀其赴苏访问。华起初有些犹豫,闻一多鼓励他,说:"我们要学习苏联,要走苏联的道路。你能去苏联学习,对于将来搞好我们中国的科学事业是大有好处的,千万不能错过这个机会!"25日,华罗庚离开昆明出国,至5月25日方返国。(参见华罗庚《知识分子的光辉榜样》,《闻一多纪念文集》;闻黎明、侯菊坤《闻一多年谱长编》(增订版),上海交通大学出版社2014年版)

李济1月7日以英国皇家人类学研究所荣誉研究员的名义,担任中国驻日代表团顾问。上年11月19日,美联社发出"北京人"遗骸在日本发现的电讯。几乎同时,报纸上刊载了中央社"我将组调查团赴日调查战时文物损失"的电讯。中国作为战胜国,派这个团赴日本的任务是参与受降等事宜。团长是朱世明将军。顾问李济负有特殊任务,调查和索回被日本人掠走的中国文物。当时史语所和中博院还在李庄,正忙着准备东迁。傅斯年对于李济被"借用"充"外差"颇有意见,对担任"驻日代表团顾问"尤其不满。李济认为这是误解,跟傅斯年进行了认真的讨论,傅勉为其难地接受了既成事实。3月31日,李济乘坐的中国飞机第一次不受约束地飞入日本领空。在日期间,李济曾向美国盟军总部提出战争赔偿的起止时间如何计算,日军毁损的文物如何赔偿(如上海的东方图书馆和南开图书馆等)以及日本人未经中国政府允许发掘所得器物如何处理等问题。经过一段时期的争取,美国盟军总部总算给了答复:中日的战争以从"九一八"事变算起较合理,不宜从"七七事变"或"甲午战争"起开始计算(但要请高一层机关决定);毁坏的古物应赔偿,盗窃的应归还,但要遵从"有切实证据"和"可以辨识"两个标准。4月底,中国代表团离开日本之前,终于与盟军总部达成了关于文化项下劫掠品退还的几点协议。李济此次日本之行,最遗憾的是查找"北京人"头盖骨毫无进展。5月24日,李济致信裴文中:"5月21日手示京悉。弟于5月5日返国,因写报告,各处信都未写。弟在东京寻找'北京人'前后约五次,结果还是没有找到。但帝国大学所存之周口店骨器与石器已交出(弟已看过一遍,确是你们的东西)由盟军总部保管。弟离东京时,已将索取手续办理完毕。兹将致总部之备忘录抄奉,即可知其大概矣。一切详情容再谈。"回国后,李济向有关部门写了一份工作报告,详述在日参观调查的内容。

按:李济在《抗战后在日所见中国古物报告书》中写道:"我在离开日本前,盟总与中国代表团关于属文化项下的劫掠品的退还,已有三项了解:即七七事变以后之劫掠品,有证据者即退还中国;登记日本私人收藏目录以备检查。已决定之事项为周口店遗物即时缴还代表团;中央图书馆书籍即时预备送还。我回到中国不久,这两批东西都陆续缴到。"然而调查到的日本文化掠夺的罪行,只是冰山一角。李济在报告书中又写道:"东方文化研究所向为日本研究汉学之一中心;战争期间,改隶大东亚省,对考古发掘大加努力,成一文化侵掠机构。所有日本在中国之考古发掘皆为大东亚省所支持,以学术掩饰其侵掠计划,主持者或自以为一大杰作。水野清一与长广敏雄二人,在大同一带不断工作,前后八年,以云冈为中心,东及阳高县万安,发掘汉墓十余座,并将云冈石佛个别摄影,已积五千余帧。问其在大同发掘品现存何处,水野答云均存各县县署,如阳高所掘者,则存阳高县衙门公署仓库,彼等只携照片归,及零碎标本云。水野氏作此语时,史克门少校亦在座,不甚置信也(后史少校告济云,见有邻目录内之漆器极似阳高所出之照片)。日人最近在华北发掘,尚有热河营城子、四平山及河南安阳等地。此皆就其谈话中偶尔漏出者所计,实际所作者,决不止此。出土品只见到若干照片及残件标本,现藏何处,尚待调查。"(《李济文集》第5卷,上海人民出版社2006年版)(参见岱峻《李济传》,江苏文艺出版社2009年版;岱峻《发现李庄》,四川文艺出版社2009年版)

张凤举继续任教育部派驻日本代表,任务包含被掠文物古籍回归、报刊、学生与教育事务。4月1日，张凤举随民国驻日代表团初达东京，因其精通日英语，便于东京盟国会议与美日官员直接交涉不需要翻译员。张凤举也认识日古籍人物如长泽规矩也、田中长子。2日，与美军首谈归还日军自香港掠来中央图书馆善本130箱书与其他文物事，很快取得驻日美军总部的支持，后陆续运回沪纳入中央图书馆。18日，张凤举在日本致函徐森玉、郑振铎。6月5日，张凤举在日本致蒋复璁信，提到"央图被日窃去之三万五千余册书，已于本月一日取回十箱，拟由朱团长携回国"。6月7日，张凤举致蒋复璁信，提到"此间日人前从香港掠来贵馆之书三万五千余册，经弟交涉两月，已于本月一日取回十箱"。（参见陈福康《郑振铎年谱》，三晋出版社2008年版）

吴文藻8月任法学院院长（赵承信暂代）。11月9日，以"中国驻日代表团"政治组组长携妻冰心及全家赴日。冰心开始编写《司徒雷登传》。（参见唐金海、张晓云《巴金年谱》，四川文艺出版社1989年版；张玮瑛、王百强、钱辛波主编《燕京大学史稿》，北京人民中国出版社2000年版）

胡愈之1月在新加坡成立民盟南方总支部驻星洲办事处。同月，支持沈兹九主编出版《新妇女》杂志。同月30日，撰写《韬奋的死》。3月16日，在《风下》周刊第15期上发表《答客问》，并在"这一周"栏发表《欢迎印度民族领袖》《越南民族革命的胜利》《现实的马来亚》等短评。23日，在《风下》周刊第16期"这一周"栏发表《亚洲的问题》《历史的喜剧》《中国政局的又一难关》等短评。30日，在《风下》周刊第17期"这一周"栏发表《和平的新胜利》《东北停战与联合政府》《印尼殖民地战争》《印度的歧途》等短评。4月6日，在《风下》周刊第18期发表《论华侨的二重任务》，并在"这一周"栏发表《马来亚联邦成立》《安全理事会的风波》《中东的巴尔干化》《争取和平》《印尼的前途》《十个华侨出境?》《纳粹的余孽未死》等短评。13日，在《风下》周刊第19期"这一周"栏发表《东北问题的拖延》《日本的民主化》《新工党内阁》《读坡督谈话以后》等短评。20日，在《风下》周刊第20期发表《头人、独裁者、领袖》，并在"这一周"栏发表《展开华侨民主运动》《黎明前的中国政局》《胶商的不平鸣》《印尼华侨的惨痛》等短评。27日，在《风下》周刊第21期"这一周"栏发表《立即停止东北内战》《粮食恐慌与中国》《马来亚公民权》等短评。5月4日，在《风下》周刊第22期"这一周"栏发表《纪念劳动节》《东北和平谈判失败》《四强外长会议》《英内阁代表团的新计划》《印尼华侨的处境》等短评。11日，在《风下》周刊第23期发表介绍《南侨回忆录》并在"这一周"栏发表《国府还都南京》《大选后的菲律宾》《星华教师的团结问题》等短评。18日，在《风下》周刊第24期"这一周"栏发表《中国目前的僵局》《美参院通过对英贷款》《外长会议的一线光明》《英埃谈判开始》《印尼侨胞慎勿中计》等短评。25日，在《风下》周刊第25期"这一周"栏发表《在战争中兜圈子》《战后资本主义的矛盾》《英国对印度的新方案》等短评。

胡愈之6月与沈兹九等人成立了民盟马来西亚支部，任主任委员。同月1日，在《风下》周刊第26期"这一周"栏发表《长春易手以后》《在转变中的美苏关系》《美国的罢工潮》《英议员访问马来亚》等短评。8日，在《风下》周刊第27期"这一周"栏发表《舍人格胜利》《打还是和?》《国际局势与中国》《欧洲政治动向》等短评。15日，在《风下》周刊第28期发表《救济杜重远邹韬奋遗嘱》，并在"这一周"栏发表《最后关头》《反对特务行动》《多事的暹罗》等短评。22日，在《风下》周刊第29期发表《从上海青年的公开信说起》和《关于邹杜遗嘱捐款》两文，并在"这一周"栏发表《援华? 侵华?》《和平前途暗淡》《巴黎会议》《一驰一张的印度政局》等短评。29日，在《风下》周刊第30期"这一周"栏发表《内战不制止革命必爆发》《原子弹试验》《提防党化教育》等短评。7月6日，在《风下》周刊第31期发表《子子孙孙永不忘这个大日子》。13日,在《风下》周刊第32期"卷头言"上发表《衣食住行打·样样美国货》和《西方饱·东方饿》,并在"这一周"栏发表《国际合作有了进步》等短评。20日,在《风下》周刊第33期"卷头言"发表《救国有罪民主该杀》和《伟大的爱国者韬奋》等短评。27日,在《风下》周刊第34期"卷头言"发表《内战大规模打起来了!》,并在"这一周"栏发表《巴黎和会开幕》等短评。同月,李公朴、闻一多被害消息传到新加坡后,民盟新加坡支部、新加坡教师公会等举行追悼会。胡愈之敬献花圈并致悼词。8月3日,在《风下》周刊第35期"卷头言"发表《苛政猛于原子弹》的短评。10日,在《风下》周刊第36期"卷头语"发表《内战与贪污》,并在"这一周"栏发表《美国军队还不想回去》等短评。17日,在《风下》周刊第37期"卷头言"发表《敌人仍是要回来的》,并在"这一周"栏发表《中国局势急转直下》等短评。24日,在《风下》周刊第38期"卷头言"发表《哀的美敦书和领袖的面子》,并在"这一周"栏发表《经济崩溃已在眼前》等短评。同日,写毕给全国文艺界协会的报告书,即《郁达夫的流亡和失踪》。31日,在《风下》周刊第39期"卷头言"发表《向印度学习》。同月,胡愈之译作《书的故事》由新南洋出版社出版。

胡愈之9月7日在《风下》周刊第40期"卷头言"发表《杜鲁门总统走错了路了!》,同期并发表《拿印度比中国》。14日,在《风下》周刊第41期"卷头言"发表《读冯玉祥将军上蒋主席书》。21日,在《风下》周刊第42期"卷头言"发表《陈嘉庚与华莱斯》,并在"这一周"栏上发表《杜鲁门往哪里走?》等短评。28日,在《风下》周刊第43期"卷头言"发表《展开民主运动的大旗》。10月5日,在《风下》周刊第44期"卷头言"发表《算不清的法西斯血账》。12日,在《风下》周刊第45期"卷头言"发表《华侨新爱国运动》。19日,在《风下》周刊第46期"卷头言"发表《鲁迅与陈嘉庚》。26日,在《风下》周刊第47期"卷头言"发表《天下一家,一家天下》,同期发表《联合乎? 分裂乎?》。11月9日,在《风下》周刊第49期"卷头言"发表《国大与制宪》。16日,在《风下》周刊第50期"卷头言"发表《谈谈外交》。21日,《南侨日报》创刊,任社长,发表《英国与中国民主运动》。23日,在《风下》周刊第51期"卷头言"发表《从右手还给左手》。26日,在《南侨日报》七版《南风》副刊发表《小圈子主义》。27日,在《南侨日报》七版《南风》副刊发表《仁学》。28日,在《南侨日报》七版《南风》副刊发表《小人与大人》。30日,在《南侨日报》七版《南风》副刊发表《"贤人"大会》。12月1日,在《南侨日报》七版《南风》副刊发表《愚民的智慧》。3日,在《南侨日报》七版《南风》副刊发表《农民剧》。4日,在《南侨日报》七版《南风》副刊发表《亚洲的民主》。7—17日,在《南侨日报》七版《南风》副刊发表《我的老师》。19日,在《南侨日报》七版《南风》副刊发表《汤寿潜》。20日,在《南侨日报》七版《南风》副刊发表《浙路风潮》。(参见朱顺佐、金普森《胡愈之传》及附录《胡愈之生平大事年表》,杭州大学出版社1991年版)

陈序经3—4月间去越南河内、海防,拟取回南开大学寄存的部分书籍。然书被日人运往东京,后经交涉,始还南大。5月12日,访越南有感,在天津《大公报》第1张第2版发表《压迫重重的越南华侨》。曰:法国占据越南后,百余年来而尤其是三四十年来,以暴力、人头税压制华侨。尤限制知识人士赴安南,严格印刷品检查。日本占据越南后,华侨生命、财产毫无保障。战后,中国军队到越北接受日降,华侨觉得无上光荣。然中国政府、军队人员占华侨店铺等轨外行为,引发华侨不满。加之,国币、关金贬值,物价腾贵,华侨大受"国币罪"、吃"关金亏",对政府、军队人员大为失望。但因法军在海防横蛮登陆、在河内扬威耀武,以及越南人的独立运动,华侨恐再陷别族威权,除不满意于《中法条约》,尚派员晋见驻越北代表，望国军暂勿撤退。（参见田彤编《中国近代思想家文库·陈序经卷》及附录《陈序经年谱简编》，中国人民大学出版社 2014 年版）

英国李约瑟博士继续在中国访问。3 月，在重庆会晤侯外庐，谈到对《道德经》的理解。李约瑟《中国科学技术史》针对《道德经》第十一章"三十辐共一毂，当其无，有车之用。埏埴以为器，当其无，有器之用。凿户牖以为室，当其无，有室之用。故有之以为利，无之以为用"云："侯外庐的解释则迥然不同：三十根辐合成轮，当没有私有财产时车的制造是为了使用的。黏土制成容器，当没有私有财产时容器是为了制造来使用的。门窗用来建成屋室，当没有私有财产时屋室是建造来为了使用的。因之，有了私有财产就使（封建诸侯）得利，而没有私有财产则使人民（得用）。""这段译文也许被认为有点奇怪，或者作者在其中无意识地认识到'利'和'用'的对立，这在传统译文中一般是模糊不清的，并把'有'和'无'分别解释作'有'和'没有'（私有财产），而不解释作'存在'和'不存在'。当然应当承认，传统的译法是中国历代注释家所认可的，但可以毫无疑问地看出究竟哪种译释才更符合古代道家的总的政治立场。"李约瑟注释云："由作者译成英文，根据侯外庐的解释（1946 年 3 月的私人谈话）。""武尔夫（Wulff）也反对通常的解释，并按'在由辐制成的车轮出现之前，车已经在使用了'这种思路提出了另外的解释，暗示着这段文字是反对不必要的奢侈或复杂的——这仍然带有一种政治基调。武尔夫同意侯外庐强调'利'和'用'的对照。"（参见杜运辉《侯外庐先生学谱》，中国社会科学出版社 2013 年版）

美国哈佛大学的中国系主任费正清继续在中国为美国新闻处工作。年初，促成老舍、曹禺赴美。7 月 5 日晚，为费正清博士将返美，郭沫若与茅盾、陶行知等发起并举行欢送会。8 月 1 日，《上海文化》第 7 期载："费正清是美国哈佛大学的中国系主任，熟谙中国文学，能读能写，而且能用中国话演讲。对于中国现代史有深湛的研究。抗战以前，曾在燕京大学教过书。由于他的努力，老舍、曹禺、叶浅予、周扬、欧阳山尊等，相继应美国国务院的聘请赴美讲学。"同月，费正清回到哈佛大学，担任区域研究（中国）项目的第一任主持人，准备着手于美国中国学的创建工作。因为费正清相信美国正成为全球性大国，应该承担更多新的责任，这需要更深、更广地去理解他国文化。中国作为最古老的文明古国之一，拥有世界上最多的人口，势必会成为世界的重要组成部分，因此需要更深入地了解它。11 月 1 日，费正清致函贝克曼，提出"不应再将支持蒋介石作为团结的基础，相反支持他会使团结的基础动摇""我们都有义务使得美国公众明白这一点"。（参见甘海岚编《老舍年谱》，书目文献出版社 1989 年版；田本相、阿鹰编《曹禺年谱长编》，上海交通大学出版社 2017 年版；唐金海、刘长鼎主编《茅盾年谱》，山西高校联合出版社 1996 年版）

美国著名作家史沫特莱在萨拉托加·斯普林的"雅斗"（yaddo）撰写朱德传记。7 月 1 日，朱德给史沫特莱写信说："我很感激地了解到，你想花费一些精力写我的生平。应当说，我的生平仅仅反映了中国农民和士兵生活的非常之少的一部分。是否值得你花费时间，我表示怀疑。由于你那样地坚持并已着手写作，我也只能应你所求。随函附上尚未发表的刘白羽先生所写的《朱德传》的部分草稿、《长征》故事两卷以及我从抗日战争到目前为止的部分写作。倘需其他材料，我将乐于照办。我们在延安均好。周恩来同志及其夫人、董必武同志和章汉夫同志仍在南京。""丁玲准备出国参加巴黎国际妇女会议，不能应邀去美国。不过，丁玲和邓颖超同志都受到国民党的阻挠，因此目前也不会有访问美国的机会。周扬同志对延安和我的情况都非常了解，他将同你当面详谈，尽管他这次不是直接从延安动身出国旅行。"

史沫特莱 12 月 17 日复信给朱德总司令说："你 7 月的来信，最近我才收到。你告诉我要相信中国人民，你还说你也要相信美国人民。""我刚从纽约城旅行回来，在那儿我讲了关于争取中国民主的斗争；翻译了文件；阅读了其中提到你的新资料——所有这些工作，全是为了写我的书。""我希望你能把那位中国作家写的你的传记的后一部分，也就是指 1929 年到现在你的生平的一部分带给我。""正月里，我将去美国的许多城市讲学，这就是说，在一段期间内，我将中断写书的工作好几个星期。我希望正月以后结束全部讲学，好集中全力来写我的书。我指的是写关于你的生平和时代的书。我已经选定好书名《伟大的道路·朱德的生平和时代》。""这是一本不容易写的书，因为这不仅是你个人的生平，而且是贯穿了中国六十多年来的历史的你的生平。这一生平的背景，是帝国主义列强对中国的冲击，也必须写进去。正在这里居住和写作的埃德加·斯诺，已经阅读了我的一部分原稿，提了许多修改意见，也必须写进这本书。我必须为这本书从事大量的研究工作，以期每一个历史日期都准确无误。""有位刚到纽约的英国作家……告诉我，我应该参加春天在印度举行的泛亚会议。但我不想去。因为这就是说，我要停止写我的书，而我写的这本书，是有着非常重大的意义的。"（参见甘海岚编《老舍年谱》，书目文献出版社 1989 年版；艾克恩编纂《延安文艺运动纪盛》，文化艺术出版社 1987 年版；孙国林编著，王佳钰、王增辉校订《延安文艺大事编年》，陕西师范大学出版总社 2016 年版）

美国司徒雷登继续任燕京大学校务长。2 月 3 日，燕大决定创建工科（未来的工学院），以语言、数学、科学、心理学为基本课程，培养未来的工程师。暂名工科学程（Industrial Training Program，简称 I. T. P.）。24 日，成都燕大一部分校舍被人捣毁。起因系 23 日学生自治会讨论东北问题，议决不发宣言，不游行，慰问张莘夫家属。次日即发生捣毁事件。25 日罢课，绝食 1 天。郭沫若、茅盾、邓初民、翦伯赞等 153 人联名来函慰问。3 月，《燕京学报》第 30 期复刊。4 月 8 日，由同学组建、教职员工参加的"燕大消费合作社"开业。16 日，"庆祝司徒雷登 70 大寿委员会"成立，主席陆志韦，成员有蔡一谔、陈芳芝、翁独健、胡经甫、赵承信、侯仁之。29 日，由侯仁之负责返校节的组织工作。5 月，成都燕大第二期毕业典礼举行，毕业同学 61 人。8 日，司徒雷登由美返校。11 日，《燕大双周刊》第 12 期发表胡宝铭文章，介绍"燕大消费合作社"。19 日，司徒雷登会见《燕大双周刊》记者，谈到燕大在美声誉日隆，燕大工科暂放理学院等。22 日，燕大北平组织委员会结束。23 日，举行第二次师生大会，司徒雷登主讲《学生与当前时局》，谓从五四运动到全国抗日，"以先知觉后知，以先觉觉后觉""中国学生自五四为国努力，这是中国现代历史上很荣耀的纪念"。6 月 1 日，成都燕大首批师生 22 名抵燕园。24 日，全体师生举行司徒雷登 70 寿辰祝寿大会，并结合返校节放假 1 天。《燕大双周刊》第 5 期公布日军占领时期学校损失数字；并刊有陆志韦、翁独健、齐思和等的论文。25 日，举行第 29 届毕业典礼，毕业生中文学士 21 名，理学士 15 名，法学士 20 名，文学硕士 3 名；司徒雷登出席并讲话。26 日，燕大第二十九届的毕业典礼在贝公楼隆重举行，这是北平复校后首届毕业典礼。典礼由专程返校的 70 岁的司徒雷登校长主持，这一届文、理、法三个学院本科毕业生共 59 人，多数是 38 学号同学，领受硕士学位的 3 人，共计 62 人。参加典礼的大学生、教职员、各院院长、代理校长、董事、来宾和其他年级在校生共有 1500 人。这次典礼标志着抗日战争胜利结束，四年前被日军封闭的学校终于光复。30 日，成都燕大末批返校师生 43 名抵燕园。

司徒雷登 7 月 9 日出任美驻华大使，邓颖超发表谈话表示欢迎。2 日，司徒雷登在临湖轩举行茶会,向教职员和校友辞行。14日上午,司徒雷登出席与学生告别的谈话会,并发表《我和你们》的演讲。司徒雷登讲完后,有同学发言,提出三点希望:一是希望司徒先生极力制止美国助长中国内战;二是希望司徒先生做中美大多数人民的代表,不要做少数人民的代表;三是希望司徒先生促成中美、中苏、美苏的友好关系。司徒雷登高兴地就此作出了回答。15日,司徒雷登离校赴南京。8月15日,司徒雷登出席美国新闻处在北平举行的欢宴嘉宾的酒会,并作10分钟的谈话,谈到刚才有些跋涉了三千里的联大同学去看他,他告诉同学们:“中国需要一个新的革命运动,这个运动和五四运动一样的有启发性。我就是在五四那一年来接办燕大的,我知道五四运动的影响十分重大,这不仅是一个学生运动,而是由学生过渡到商人及农民,使他们有了同样的爱国心。中国抗战能够支持八年,可以说是就是这个运动的延长,这个新运动还得由学生所发动。”“这是为了中国独立,自由,民主,新革命运动。”16日,司徒雷登返校,“燕京文摘社”“燕京生活社”“星火社”“自由论坛”“文艺研究会”等5团体联合上书司徒雷登,请其调解内战。同日,司徒雷登在出席学生自治会召开的团聚会上再次倡导“新五四运动”,他说:“希望能有一个新的革命运动产生,由蒋主席来领导这个运动,把旧有的国民革命精神恢复起来,以热血与爱国革命来改革中国。最重要的工作有两项:第一,消极方面,刷新政治;第二,积极方面,实现三民主义中的民生主义,使劳苦的工人农民有较好的生活,提高他们的生活水准。”24日,燕大董事会在南京举行会议,陆志韦与司徒雷登出席并作报告。10月10日,司徒雷登在双十节纪念辞中又提出:“深望在目前之孙中山先生适当继续人之领导下,集中一切政党及非政党之自由主义眼光远大与纯正之爱国份子,发起另一次革命,肃清其国民中或持偏狭党见,或自私而无所顾忌,或为无知之反动力量之国家敌人。”可见司徒雷登所倡导的“新五四运动”的内容主要是革新政治,同时也包括经济、文化方面的变革。其实质是要在蒋介石的领导下,在国民政府内部进行一场改革,清除国民党内的腐败势力,让自由主义分子进入政府并居于领导地位。在司徒雷登看来,这是“对付共产主义最好的也许是唯一的办法”。11月9日,杭州市路名委员会决定,杭州天汉川耶稣堂街,易名司徒街,以纪念司徒雷登诞生地。

按:欧阳军喜《“五四”的变奏:1946—1947年的“新五四运动”述评》(《党史研究与教学》2010年第3期)认为:司徒雷登倡导“新五四运动”,其目的是“对付共产主义”,并不是要中国学生投身到反内战争民主运动之中。恰恰相反,他希望中国学生停止一切‘破坏性的’学生运动,从事一种‘理性的’、‘建设性的’运动。11月,有燕大学生问司徒雷登:“司徒先生近来常对学生讲,中国学生需要从事一个在蒋主席领导下的‘新五四运动’,不知一年来昆明西南联大及沪蓉等地学生之反内战要求和平运动与司徒先生所提倡之新五四运动的精神是否一致? 这一运动蒋主席赞成或愿意领导吗?”司徒雷登回答说:这些运动与我所提倡的是有关系,我想蒋主席也可能赞成,学生应当求思想言论之自由,合乎此的,我们应当赞成,否则就反对,但是我希望今天的学生少作破坏性的、反对性的、批评性的运动,因为这是容易作的,我很希望燕大的同学多作建设性的运动。12月,司徒雷登在回答记者关于“新五四运动”应如何具体发动的问题时又说“现在青年学生们应该反对一切破坏,反对一切Negative Criticism……大家应该拥护宪法。这次宪法(指1946年12月25日伪国大通过的《中华民国宪法》),比较五五宪草接近民主多多。……蒋主席心里已然有点改革,逐渐倾向民主,这部宪法便是证据。”可见司徒雷登所谓“新五四运动”,实际上是要学生停止一切反内战、争民主的活动,这与学生们所理解和期望的“新五四运动”并不一致。

司徒雷登11月16日返燕京大学。25日,燕京北极星社、自由论坛、燕京文摘社、燕京生活社及星火社五学术团体,曾致函(后刊于《燕京新闻》第13卷第2期)美驻华大使司徒雷登博士,要求美国停止干涉中国内政,停止资助国民党政府以助长中国内战,明确指出:

国大揭幕后大分裂的局面已经最后完成,今后笼罩着我们的虽是一团黑暗,但中国学生在长期折磨与奋斗中已经锻炼了自己,我们不悲观。内战之所以不能停止,一方面是由于中国的好战派坚不欲给人民以和平,同时美国以超过40亿美元的"剩余物资"转让中国政府,助长中国内战,亦不为无因。在今后的奋斗目标中,我们仍欢迎外国人能作公平的调停,但对一切外国在中国的军事的经济的阻碍中国发展的势力,我们坚决要求他们退出去。他们不走,就会变成中国人民的敌人。函中同时表示将继续坚持反内战立场,以实践司徒所说的"新五四运动":"过去您曾以五四精神鼓励我们,出任大使后您又说中国学生要从事一个在蒋主席领导下的新五四运动,并指示我们少做反对性破坏性批评性的运动,要多做建设性的运动。不错,'五四'确是现代中国青年开始争独立民主的鲜明旗帜,一年来昆明成都上海的反内战运动就是继承了这种精神。我们首先要求领导者给我们言论自由和起码的生存条件。中国胜利已经一年多了,当然国家急需要多方面的建设性工作,但建设首先需要一个和平的环境。我们愿意受您的指示,而作为自己奋斗目标的是在坚决反对内战中建设一个独立自由幸福的新中国。"显然司徒雷登的"新五四运动"的号召未能获得青年学生的广泛认同。12月23日,司徒雷登返校过圣诞节。28—29日,由天津民族工业家李烛尘、周叔弢、沙泳沧、朱继圣等20余人组成的"燕大工业教育合作委员会"在津召开会议,司徒雷登、胡经甫、蔡一谔与会,商讨燕大设工科事宜。(参见张玮瑛、王百强、钱辛波主编《燕京大学史稿》,北京人民中国出版社2000年版;徐盈《司徒大使的道路》,《知识与生活》第16期(1947年12月1日);欧阳军喜《"五四"的变奏:1946—1947年的"新五四运动"述评》,《党史研究与教学》2010年第3期)

美国瑞德特任哈佛燕京学社研究员,其夫人瑞美丽女士时任胡佛图书馆驻华特派员。11月上旬,两人曾赴延安访问,随后随克利浦斯夫人返平。12日晚赴燕京大学参加该校教职员讨论会,报告此行印象。讨论会由燕大历史系教授翁独健主席。瑞德特报告延安居民之生活状况,谓旧城已被日机炸毁无遗,仅余残迹。现在居民及机关均在窑洞中,且有高达五层者。医院、学校、机关均相当简单,但工作极为努力,效果颇佳。瑞德特报告毕,即答复与会者所发问题。18日,瑞德特在燕大报告访问延安印象。(参见张玮瑛、王百强、钱辛波主编《燕京大学史稿》,北京人民中国出版社2000年版)

德国学者、华西协和大学外籍教授傅吾康在《中国文化研究汇刊》第6卷发表《中日战争期中后方之汉学研究》,以亲历者的身份论述抗战期间中国后方学术研究。文中首先指出,尽管中国教育和学术研究机构在1937—1945年间遭受了世界上最严重的损失,学者们治学条件极端艰苦,但是完成了一些研究成果。文章将他认为"含有汉学研究新成就的出版物"分为"书目文献研究""哲学与宗教""语言研究""文学研究""考古学、上古史、天文学""历史和地理研究""民族学与民间文学——艺术史""西南边疆研究"几类进行概述和罗列。本文是对抗战时期学术研究的首次梳理,但由于是英文写作,故在中国现代学术史研究领域影响不大。

按:此文后被王启龙译补为《抗战期间(1937—1945)中国后方的学术研究》(载《国际汉学》第15期,2007年)。(参见王学典《20世纪史学编年(1900—1949)》,商务印书馆2014年版)

苏联对外文化协会历史经济组主席葛莱科夫(又译葛雷科夫)3月18日在《新华日报》第4版发表《苏联对外文化协会致郭沫若先生的信》:"承你赠送你主编之《苏联历史学界诸论争解答》(侯外庐著)一书,兹特以苏联对外文化协会历史与经济组之名义向你致谢。此书现正由通识中文之同人加以研究,并感莫大之兴趣,因此事证明中国历史学家对于俄国历史之志趣颇高,并证明我两国人民之正在增长中的友谊在科学的领域中获到其优美之表现。本组为答谢起见，特送上《历史问题》杂志两册，其中载有现时苏联历史学家所解答之各种问题。"8月1日，《苏联历史学家格莱科夫致侯外庐的信》刊于《中国学术》第1期（创刊号）。信中云："敬爱的外庐先生：从苏联对外文化协会历史考古及人种学组收到您的《苏联历史学界诸论争解答》一书，为了更密切地供本组人员研究的需要，此书现正在翻译中。您这本著作，无论就其中所包含的实质的实际材料而言，或就您所发挥的独创的理论思考而言，对于我们都发生了极大的兴趣，你写这一本书，证明了中国学术界正在提高对苏联历史科学的兴趣，因此，我们感到极大兴奋。《苏联历史学界诸论争解答》一书之出现是中苏学者在文化上接近的明显事实，我代表历史、考古、人种学组同志向您提议，建立更密切的科学联系，而这一联系的发展是有利于我们的人民和国家的。我们希望有一套中国目前的历史科学方面的科学研究著作的选集，我们方面也有尽可能的给您寄这一类的著作。"

按：此前的3月1日，侯外庐曾致信苏联对外文化协会历史经济组主席格莱科夫（又译葛雷科夫）："读了你给郭沫若先生的信，知道你和你们的学者对于拙作《苏联历史学界诸论争解答》一书之注意，感到'莫大兴趣'，而谬荣誉为'中苏友谊在科学的领域中获到其优美之表现'，我是十分欣慰的。此书在中国古代史方面有些发现，从前托米克拉舍夫斯基参赞亦送赠拙作《中国古代社会史论》一书，希望一并能获得贵国学者的批评，使我进一步加深研究，那对于中苏文化学术的交流就更有益了。关于我的这部分研究，最近美国学者曾和我商量如何译成英文，在未译出之先，我更期待经你们的教益，得有订正。"5月5日，侯外庐致格莱科夫第二封信，该信刊于《中国学术》1946年第1期。信中云："我拜读了你的来函，深深感激你对于我的书发生过分的推许。在前些日子我已经看到你给郭沫若先生的信，那封信说我这书是'中苏友好在科学领域内之优秀表现'，我正为这一评价所惶惑，你这封信又说把我的书着贵国的学者翻译出来，以供研究，我于是更加不安了！""一个在沙漠中摸索的学术工作的如我，孤陋寡闻，坐井看天，实在谈不上贡献，然而居然能够获到你的鼓励，这，我是要喜极而哭了！我的书，关于'亚细亚生产方法'的论证，不久以前也被英国学者李约瑟先生访问过，关于中国古代史论断，去年也曾得到阳翰笙先生的推荐，谓将在美译成英文出书，现在又得到你的信，倍加使我觉得：没有学术环境，还可以继续研究的。然而，我比不上鲁迅的精神，吃下干草，可能挤出牛乳来，没有到四十岁的我，已觉得衰老了！""为了报答你的赠书，我送给你两卷我的近《中国近代思想学说史》，并希望得到你的批评。"（参见杜运辉《侯外庐先生学谱》，中国社会科学出版社2013年版）

苏联驻华大使馆参事、汉学家费德林、塔斯社远东分社社长施维卓夫、副社长叶夏明等由许广平、曹靖华等陪同去虹桥路万国公墓凭吊鲁迅墓地并留影纪念。5月26日，《新华日报》载：费德林表示：在今年10月鲁迅先生逝世10周年纪念日前，愿协助把墓面修好。为着纪念这伟大的战士，并拟在基穴地方建立一庄严、朴素、雄伟的纪念物。这由费德林向苏联艺术家请求代为设计。许广平表示感谢。（参见文天行编《国统区抗战文艺运动大事记》，四川省社会科学院出版社1985年版）

苏联著名青年人民艺术家、斯大林奖金一等奖获得者，电影摄影师李德敬7月20日到达上海，任苏联全国影片出口协会驻沪代表。（参见艾克恩编纂《延安文艺运动纪盛》，文化艺术出版社1987年版）

日本学者神田喜一郎12月7日致信胡适，谓"沪上拜别以来，几乎二十年，世间沧桑，感怀殊深。顷承文祉佳胜，莅任北京大学长，欣慰奚似！弟去岁归自台湾，现在京都东方文化研究所，以颠沛余生，尚修旧业。近日撰有《典籍札记》一书，戋戋小册，虽不过聊录目睹所及，另托张凤举先生奉呈左右，恭乞大雅详阅，纠正缪（谬）误，何幸如之。此次铃木大拙博士主倡有发刊杂志《世界人》之议，宗旨具见创刊之辞。博士等特恳先生俯察同人提倡之心，枉就顾问之席。倘蒙允诺，尤为铭感无量。犹愿惠赐玉稿，以生光志上为荷。"（参见耿云

忎编《胡适年谱》，福建教育出版社 2012 年版）

　　日本著名学者鸟居龙藏 12 月在《燕京学报》第 31 期发表《中国石棚之研究》。文中认为"中国考古学界对于史前陶器之研究颇盛，而对于巨石文化研究，则尚付阙如，实属遗憾，甚盼今后能开一新纪元"，乃先作此文以先导。文章分"世界中之石棚分布""朝鲜之石棚""日本之石棚""辽东半岛之石棚""山东省之石棚"等几部分。同期还刊载了钟凤年《战国时代秦疆域考辨》、容媛《汉故谷城长荡阴令张迁表颂集释》等文。（参见王学典《20 世纪史学编年（1900—1949）》，商务印书馆 2014 年版）

三、学术论文

　　郭沫若《学术工作展望（代发刊词）》刊于《中国学术》第 1 期。

　　按：是文曰："'五四'以来的课题：实现科学与民主，到今天依然是我们学术工作者急待解决的课题。科学在中国的土壤里并没有生根，学术工作和生活实践依然脱离，学术没有真正科学化，科学没有真正中国化，因而中国的政治乃至其它一切社会现象都没有真正民主化。民国的招牌虽然挂了多年，而事实上适得其反。在今天是我们应该急起直追的时候。民主与科学，在本质上并不是两种对立的东西，科学的思维与方法用之于实际生活的处理便成为民主。科学的基本要求是利用厚生，为人民服务。它首先承认客观世界的真实，静心地去体察，发现一切对象的性质，关系、变化与变化所遵循的轨则，进而加以人力的促成，组织、淘汰、提炼，以增加人类生活的幸福。科学是始于人民终于人民的，故科学精神实质上也就是民主精神。但一般人对于科学的认识，却把这种基本的常识忘记了。不仅一般对于科学没有素养的人未能了解科学，就是有好些科学专家，都只精通了他所专门研究的学科的迹象，而忽略了为人民服务的，也就是民主精神的，这种科学的精神。严格地说来，我们只有一些专门的技术师，而并没有多少真正的科学家。这应该是我们所宜坦白承认的一个巨大的缺陷。"

　　因此，是文提出了今天我们学术工作者所应该担负的使命："首先我们自己应该深切地体验科学的精神，不断地加以阐扬，把这种精神播种在任何角落里，让它发出苗条来。这首先要求我们要成为一个切实的为人民服务的民主战士。我们要以科学的武器，来为民主的实现而斗争。""学术研究应该和社会生产相配合，社会生产应该和人民生活相配合，要这样科学才能真正中国化，中国也才能真正科学化。""高深的研究自然我们也不容忽慢，在我们中国，科学还没有脱离翻译的阶段。随着买办政权的建立，科学也差不多成为了买办科学。中国自己切身的问题，我们很少有深入的有价值的研究。不管是自然科学或社会科学都是这样。好些部门都还是等待开辟的处女地。这儿正是我们应该集中力量从事的地方，或许也就是我们从事研究者的本位工作。高深的研究固然需要我们，即如中、小学校乃至幼稚园的教科书或读物，都须得我们不断地加以研究，使它尽量科学化，而且中国化。这可以说是另一种意义的深入，而是将科学精神深入人心。""先进国家的科学成就，我们要不断地注意，研讨，介绍，是无庸多说的。但在今天对我们有一件切要的事情，便是对于苏联科学的接受准备。我们今天对于英、美，乃至法、德、日的科学成就，在接受上是有相当的准备的：因为我们对于这些国家的语言，通晓的人比较多。独于苏联，尽管她和我们有着极密切的关系，而苏联科学又有着惊人的进展，足供我们借鉴的地方极其多，然而我们的接受准备，却非常不够。在这一方面我们是应该加紧的努力的。我们应该不断地介绍而且保持着两国学者间的密切的联系。"

　　梁希《一个学术工作者的自白》刊于《中国学术》第 1 期。

　　檀仁梅《论目前学术研究的危机》刊于《读书通讯》第 122 期。

　　按：是文认为："一个国家的强弱，初看过去，似乎是以军队实力，经济能力，与物质文明为量尺。当然国家应当注重海陆空实力的建设，没有一国强国能够不靠伟大海陆空实力的支持，而存在于这个弱肉强食的世界。当然经济能力物资的文明，而徒靠祖宗的恩泽，是不能在廿世纪讲物质文明的世界，与人并驾齐驱的。然而在这些因素以外,还有一个因素,不特与国家的强弱有密切的关系,其实也可以说是其他因素的基础,那就是学术研究了。这个因素在现阶段的社会太被忽视了。其实军队的实力靠着学术研究了,经济强,但在原子弹的威力之下,不得不屈服。原子弹的发明是多年学术研究的结果。美国经济能力的雄厚,在战时与平时的表现,引起举世的尊敬与羡慕,但是这种经济发展是靠着学术研究来支持的。最后,说到廿世纪的物质文明,若没有学术研究做基础,那里能够有今日的地步呢?所以要谋国家的富强,不可不注重学术研究。也可以说,一个国家的强弱,是以学术研究的程度为准尺。"

学术研究既如此重要,但现阶段的我国学术研究情形如何呢?是文指出:"大学本来是研究学术的最高学府,但是学术研究的空气,淡薄得可怜。这不是某一个大学的特殊情形,而是各大学的一般情形。作者原以为这种现象只普遍于偏僻的角落,然而把物质文明高度发展的上海,仔细加以观察,学术研究的空气,也未见得使人乐观。上海的新书的确比内地多,上海的杂志,有如雨后春笋,琳琅满目,似乎学术研究的成绩不错。然而翻起书本与杂志,要找学术性的著作与文章,虽不是凤毛麟角,却也说是并不很多。这是什么原因呢?会写学术性作品的人才本已无多,在目前的社会就是有学术性的作品,也不见得受人欢迎,所以学术研究就很少人肯去注意了。这就造成了目前学术研究的危机。……学术研究所以有目前的危机,最大的原因有三:(一)研究经费的奇绌,(二)青年心理的转移,(三)社会风气的冷淡。"

高名凯《汉语的人称代名词》刊于《燕京学报》第 30 期。

阎简弼《南宋六陵遗事正名暨诸攒宫发毁年代考》刊于《燕京学报》第 30 期。

[日]鸟居龙藏《石面雕刻之渤海人风俗与萨珊式胡瓶》刊于《燕京学报》第 30 期。

齐思和《西周地理考》刊于《燕京学报》第 30 期。

侯仁之《北平金水河考》刊于《燕京学报》第 30 期。

陆志韦《说文解字读若音订》刊于《燕京学报》第 30 期。

翁独健《元典章译语集释》刊于《燕京学报》第 30 期。

钟凤年《战国时代秦疆域考辨》刊于《燕京学报》第 31 期。

陆志韦《释中原音韵》刊于《燕京学报》第 31 期。

陆志韦《记邵雍皇极经世的"天声地音"》刊于《燕京学报》第 31 期。

高名凯《汉语句终词的研究》刊于《燕京学报》第 31 期。

[日]鸟居龙藏《中国石棚之研究》刊于《燕京学报》第 31 期。

容媛《汉故谷城长荡阴令张迁表颂集释》刊于《燕京学报》第 31 期。

乔启明《当前农业推广之紧急任务》刊于《农业推广通讯》第 8 卷第 1 期。

马保之、陈德昭《美国农民的人生哲学》刊于《农业推广通讯》第 8 卷第 1 期。

乔启明《农民节和农村复兴》刊于《农业推广通讯》第 8 卷第 2 期。

谷正刚《一年来农运的检讨》刊于《农业推广通讯》第 8 卷第 2 期。

吴国桢《中国国民党对农民问题之主张》刊于《农业推广通讯》第 8 卷第 2 期。

乔启明《中美农业技术合作之展望》刊于《农业推广通讯》第 8 卷第 7 期。

林景亮《中国农业建设的基本问题》刊于《农业推广通讯》第 8 卷第 8 期。

乔启明《农业推广与农业复员救济》刊于《农业推广通讯》第 8 卷第 8 期。

程增杰《山西省农业复员及农业建设之展望》刊于《农业推广通讯》第 8 卷第 8 期。

孙恩麐《湖南农业之救济与善后》刊于《农业推广通讯》第 8 卷第 8 期。

王维祺《建设农业的新鄂西》刊于《农业推广通讯》第 8 卷第 8 期。

李顺卿《我国林业建设》刊于《农业推广通讯》第 8 卷第 9 期。

严慎予《我国农林施政方针》刊于《农业推广通讯》第 8 卷第 9 期。

蒋荫松《陕西之农业推广》刊于《农业推广通讯》第 8 卷第 9 期。

锦明《健全农业推广基层组织》刊于《农业推广通讯》第 8 卷第 9 期。

张济时、严昶《论我国农业推广当前的外国问题》刊于《农业推广通讯》第 8 卷第 10 期。

孙光远《辽北省农业之过去与今后对策》刊于《农业推广通讯》第 8 卷第 10 期。

姚澄《农业推广之商榷》刊于《农业推广通讯》第 8 卷第 11 期。

阎约翰《抗战期间广西省农业推广实验概况》刊于《农业推广通讯》第 8 卷第 11 期。

程天庆《收复区农村复兴之我见》刊于《农业推广通讯》第 8 卷第 11 期。

阎约翰《抗战期间广西省农业推广实验概况》刊于《农业推广通讯》第 8 卷第 12 期。

钱淦庭《美国农业推广成功之因素》刊于《农业推广通讯》第 8 卷第 12 期。

程炳华《美国农业推广制度》刊于《农业推广通讯》第 8 卷第 12 期。

李振纲《美国之县农业推广所》刊于《农业推广通讯》第 8 卷第 12 期。

健农《农业建设与农民金融》刊于《苏农通讯》第 1 期。

阚宗骅《本省农业建设的途径》刊于《广西农业通讯》第 5 卷第 1 期。

张权《中国现仍停滞在古老的农业阶段》刊于《农业生产》第 1 卷第 5 期。

张权《值得讨论的我国人口问题》刊于《农业生产》第 1 卷第 7 期。

吴逸《论我国农业进步迟缓的原因》刊于《中国农村月刊》第 1 卷第 2 期。

张约《黄旭初与广西新土地政策》刊于《中国农村月刊》第 1 卷第 2 期。

李治国《中国农村底出路》刊于《中国农村月刊》第 1 卷第 2 期。

徐盈《东北农业鸟瞰》刊于《中国农村月刊》第 1 卷第 2 期。

邓初民《减租运动与民主运动》刊于《现代农民》第 9 卷第 2 期。

胡笳《农民运动乎？运动农民乎？》刊于《现代农民》第 9 卷第 2 期。

乔启明《农民节和农村复兴》刊于《农会导报》第 2 卷第 2 期。

谷正刚《全国农民起来为和平建国而斗争》刊于《农会导报》第 2 卷第 2 期。

葛克信《急待解决的苏北土地问题》刊于《西北农报》创刊号。

熊伯蘅《农业建设与土地改革》刊于《西北农报》创刊号。

安永庆、余澄衷《关中区战时农民负担调查初步报告》刊于《西北农报》第 1 卷第 3 期。

林礼铨《农业推广与农民教育》刊于《农林新报》第 23 卷第 10—18 期。

刘世超《农业立地论发凡》刊于《中农月刊》第 7 卷第 1 期。

施珍《建立现代化农业论》刊于《中农月刊》第 7 卷第 2 期。

张肖梅《从工业化观点论中国农业》刊于《中农月刊》第 7 卷第 4 期。

叶德盛译《农作物保险论》刊于《中农月刊》第 7 卷第 7—8 期。

吴文晖《中国土地改革之途径》刊于《中农月刊》第 7 卷第 9—10 期。

洪声《东欧土地改革概况及其教训》刊于《明日之土地》第 2 期。

马宝华《平均地权与地政工作》刊于《明日之土地》第 2 期。

陈廷松《开发洲土与保护农民》刊于《明日之土地》第 2 期。

萧杰五《土地问题与农乱》刊于《明日之土地》第 3 期。

刘绍英《租佃制度与土壤保存》刊于《明日之土地》第 3 期。

楚同《瓦尔加论欧洲土地改革与民主运动》刊于《明日之土地》第 3 期。

易甲瀛《佃农负担与减租运动》刊于《明日之土地》第 3 期。

朱莲青《宁夏省的土地应该怎样利用和改良》刊于《土壤》第5卷第2期。

崔书琴《国民大会能否成为常设民权机关之检讨》刊于《东方杂志》第42卷第1号。

韩明谟《论社会安全》刊于《东方杂志》第42卷第1号。

姚崧龄《介绍美国进出口银行》刊于《东方杂志》第42卷第1号。

彭乃琨《我国铁路建设与建国计划的配合问题》刊于《东方杂志》第42卷第1号。

梁园东《从历史上观察中国的土地问题》刊于《东方杂志》第42卷第1号。

刘阶平《就白阳疏草论晚明军费财政》刊于《东方杂志》第42卷第1号。

汪家正译《思想和记忆底机械化》刊于《东方杂志》第42卷第1号。

方豪《见于中国典籍的越南植物》刊于《东方杂志》第42卷第1号。

张礼千《东阳针路》刊于《东方杂志》第42卷第1号。

李权《清史稿管见》刊于《东方杂志》第42卷第1号。

邵祖平《说读书》刊于《东方杂志》第42卷第1号。

傅庚生《文论神气说与灵感》刊于《东方杂志》第42卷第1号。

詹锳《乐调五音与字调五音》刊于《东方杂志》第42卷第1号。

朱延丰《岭南第一诗人张曲江研究》刊于《东方杂志》第42卷第1号。

陈廈竹《戏剧批评家莱森》刊于《东方杂志》第42卷第1号。

陈钟浩《伊朗问题之演变》刊于《东方杂志》第42卷第2号。

何永佶《"权""责"论》刊于《东方杂志》第42卷第2号。

黄绍鸣《美国TVA与资源的开发》刊于《东方杂志》第42卷第2号。

沈文辅《论大学农业教育之隐忧》刊于《东方杂志》第42卷第2号。

张世文《自杀之社会学的研究》刊于《东方杂志》第42卷第2号。

杜若译《原子时代的开始》刊于《东方杂志》第42卷第2号。

马以愚《回教学术之昌明》刊于《东方杂志》第42卷第2号。

陈安仁《汉代对西域交通与中国文化之影响》刊于《东方杂志》第42卷第2号。

李树青《国际大学一瞥》刊于《东方杂志》第42卷第2号。

唐文播《巴黎所藏敦煌写本老子二四一七卷考证》刊于《东方杂志》第42卷第2号。

徐筱汀《小说戏剧中"回""折""出"三字的来历》刊于《东方杂志》第42卷第2号。

茅于美《敬悼梅光迪先生》刊于《东方杂志》第42卷第2号。

陈钟浩《从历史观念论东北问题》刊于《东方杂志》第42卷第3号。

朱博能《地方苛杂捐税与摊派问题的检讨》刊于《东方杂志》第42卷第3号。

陈镐《英国高等技术教育近况》刊于《东方杂志》第42卷第3号。

汪家正译《战时英国的教具代用品》刊于《东方杂志》第42卷第3号。

孙道升《清谈起源考》刊于《东方杂志》第42卷第3号。

周通旦《般若述要》刊于《东方杂志》第42卷第3号。

陈汝懋《论心理事件的原因》刊于《东方杂志》第42卷第3号。

许同莘《节食古义》刊于《东方杂志》第42卷第3号。

姜蕴刚《黄帝及其时代》刊于《东方杂志》第42卷第3号。

马以愚《中国回教名礼拜寺记》刊于《东方杂志》第42卷第3号。

隋树森《关汉卿及其杂剧》刊于《东方杂志》第42卷第3号。

桂裕《言论自由与民主》刊于《东方杂志》第 42 卷第 4 号。

韩明谟《论地方观念》刊于《东方杂志》第 42 卷第 4 号。

吴泽炎译《苏联与世界和平》刊于《东方杂志》第 42 卷第 4 号。

周宪文《经济组织议》刊于《东方杂志》第 42 卷第 4 号。

谭英华《喇嘛教与元代政治》刊于《东方杂志》第 42 卷第 4 号。

葛培根《碳素循环与生命平衡》刊于《东方杂志》第 42 卷第 4 号。

卫挺生《日本的皇室是从哪里来的》刊于《东方杂志》第 42 卷第 4 号。

施之勉《黄老考》刊于《东方杂志》第 42 卷第 4 号。

方诗铭《朱应康泰行纪研究》刊于《东方杂志》第 42 卷第 4 号。

李繁菲《论历史的概念及其趋势》刊于《东方杂志》第 42 卷第 4 号。

隋树森《元曲作家马致远》刊于《东方杂志》第 42 卷第 4 号。

朱亦松《论新时代的政治哲学》刊于《东方杂志》第 42 卷第 5 号。

周绥章《论学术复员与学术建国》刊于《东方杂志》第 42 卷第 5 号。

按：是文认为：所谓的"学术复员"，其第一义是指："看无论中外古今，凡是学术发达，文化灿烂的时代，都是百家争鸣，众说蜂起的时代，'定于一尊'便什么都完了。现在一切都要复员，一切都要民主，学术尤其要复员，要民主，打破'主义界''党界'，把'学术'从'政治'中解放出来，还它的本来面目，应该是学术复员的第一义"；而"打坏'学术''道统'，泯除门户派系之争，互相尊重，通力合作，应该是学术复员的第二义""秩序安定以后，亟宜重整旗鼓，收集散失图书，集合各种人才，有计划，有步骤的继续战前的研究，弥补战后的损失，这应该是学术复员的第三义。"抗战胜利，"建国工作即行开始，学术不能封锁住象牙塔里，当然要负担起建国使命，尤其在走向民主和平的建国途中，学术建国更有着特殊重大的意义"，而具体的措施则包括："第一，提倡普遍研究风气，培养专门学术人才，分担建国工作""第二，养成学者论政的风气，以建立真实的舆论政治"。

沈玉清《滂德之社会法学》刊于《东方杂志》第 42 卷第 5 号。

王梦鸥《面子问题试论》刊于《东方杂志》第 42 卷第 5 号。

孙道升《素封社会说前论》刊于《东方杂志》第 42 卷第 5 号。

陈安仁《中国史前之社会形态与文化形态》刊于《东方杂志》第 42 卷第 5 号。

施之勉《殷人兄弟相及质疑》刊于《东方杂志》第 42 卷第 5 号。

汤成锦《古往今来的埃及》刊于《东方杂志》第 42 卷第 5 号。

王瑶《与儒林外史有连续性的三部小说》刊于《东方杂志》第 42 卷第 5 号。

吴奔星《民主诗人白居易》刊于《东方杂志》第 42 卷第 5 号。

吴闇夫《苏联对外关系的地缘政治学的解释》刊于《东方杂志》第 42 卷第 6 号。

汤成锦《阿根廷的政局》刊于《东方杂志》第 42 卷第 6 号。

赵章黼《我国举办户口普查问题》刊于《东方杂志》第 42 卷第 6 号。

陈植《海南岛南洋开发之检讨》刊于《东方杂志》第 42 卷第 6 号。

孙道升《素封社会本论》刊于《东方杂志》第 42 卷第 6 号。

吴恩裕《柏拉图"政治家"及"法律篇"中的政治思想》刊于《东方杂志》第 42 卷第 6 号。

曾资生《金元的荐举制度》刊于《东方杂志》第 42 卷第 6 号。

朱偰《征侧征贰反略六十五城考》刊于《东方杂志》第 42 卷第 6 号。

王瑶《论儒林外史的结构》刊于《东方杂志》第 42 卷第 6 号。

朱继绝《越南独立问题之展望》刊于《东方杂志》第 42 卷第 7 号。

汤成锦《大选前的智利》刊于《东方杂志》第 42 卷第 7 号。

吴泽炎译《鞑靼尼尔海峡的危机》刊于《东方杂志》第 42 卷第 7 号。

陈植《海南岛林业开发之检讨》刊于《东方杂志》第 42 卷第 7 号。

陈定闳《社会风气改革问题管窥》刊于《东方杂志》第 42 卷第 7 号。

周宪文《谈人事》刊于《东方杂志》第 42 卷第 7 号。

周子亚《中国外务机关之演进》刊于《东方杂志》第 42 卷第 7 号。

李源澄《儒学对中国学术政治社会之影响》刊于《东方杂志》第 42 卷第 7 号。

吴恩裕《亚理士多德"政治论"中的政治理想》刊于《东方杂志》第 42 卷第 7 号。

胡治安《DDT 之发展》刊于《东方杂志》第 42 卷第 7 号。

朱偰《越南雄王陵访古》刊于《东方杂志》第 42 卷第 7 号。

刘梦秋《红楼梦林黛玉论诗》刊于《东方杂志》第 42 卷第 7 号。

吴泽炎《欧洲政治中的民族心理因素》刊于《东方杂志》第 42 卷第 8 号。

汤成锦《智利的新移民条例》刊于《东方杂志》第 42 卷第 8 号。

祝世康《民生主义与今后工业政策》刊于《东方杂志》第 42 卷第 8 号。

陈植《海南岛渔业开发之检讨》刊于《东方杂志》第 42 卷第 8 号。

吴恩裕《亚理士多德论政治实际》刊于《东方杂志》第 42 卷第 8 号。

张震泽《两汉之县制》刊于《东方杂志》第 42 卷第 8 号。

严中平《明清两代地方官倡导纺织业示例》刊于《东方杂志》第 42 卷第 8 号。

丁祖荫《吾国警察智力测验之发展》刊于《东方杂志》第 42 卷第 8 号。

谭勤余《麻醉剂百年史》刊于《东方杂志》第 42 卷第 8 号。

黎正甫《罗马大哲人西塞罗》刊于《东方杂志》第 42 卷第 8 号。

李式金《拉卜楞在西北地位的重要性》刊于《东方杂志》第 42 卷第 8 号。

许同莘《治牍须知》刊于《东方杂志》第 42 卷第 8 号。

张长弓《诗题四辨》刊于《东方杂志》第 42 卷第 8 号。

黄绍绪《中国农业之命运》刊于《东方杂志》第 42 卷第 9 号。

陈植《海南岛牧业（畜产）开发之检讨》刊于《东方杂志》第 42 卷第 9 号。

汪家祯《新南斯拉夫》刊于《东方杂志》第 42 卷第 9 号。

姜蕴刚《社会的形成》刊于《东方杂志》第 42 卷第 9 号。

岑仲勉《蜀吴之梵名》刊于《东方杂志》第 42 卷第 9 号。

李长之《司马迁之识与学》刊于《东方杂志》第 42 卷第 9 号。

徐嘉瑞《南诏后期宗教考》刊于《东方杂志》第 42 卷第 9 号。

陈泽湘《法国制宪问题》刊于《东方杂志》第 42 卷第 10 号。

潘楚基《原子能与经济组织》刊于《东方杂志》第 42 卷第 10 号。

陈定闳《历史与社会学之因缘》刊于《东方杂志》第 42 卷第 10 号。

钱穆《濂溪百源横渠之理学》刊于《东方杂志》第 42 卷第 10 号。

岑仲勉《周金文所见之吉凶宜忌日》刊于《东方杂志》第 42 卷第 10 号。

李长之《司马迁之史学及其他》刊于《东方杂志》第 42 卷第 10 号。

徐嘉瑞《民家新诂》刊于《东方杂志》第 42 卷第 10 号。

王瑶《论儒林外史的任务讽刺》刊于《东方杂志》第 42 卷第 10 号。

庞士谦《论阿剌伯联盟》刊于《东方杂志》第 42 卷第 11 号。

陈剑恒《美国教育最近倾向》刊于《东方杂志》第 42 卷第 11 号。

万西《老庄人生哲学的异同》刊于《东方杂志》第 42 卷第 11 号。

郭垣《新莽的土地革命》刊于《东方杂志》第 42 卷第 11 号。

邵祖平《经今古文平议》刊于《东方杂志》第 42 卷第 11 号。

计终胜《音韵平仄及四声浅释》刊于《东方杂志》第 42 卷第 11 号。

龚重马《战后法国之政党与第四共和》刊于《东方杂志》第 42 卷第 12 号。

刘永和《侵略行为的心理因素》刊于《东方杂志》第 42 卷第 12 号。

陈达《值得提倡的一种游学制度》刊于《东方杂志》第 42 卷第 12 号。

周宪文《论中（论中庸之中）》刊于《东方杂志》第 42 卷第 12 号。

岑家梧《从几种遗俗观察中国古代社会制度》刊于《东方杂志》第 42 卷第 12 号。

赵然凝《周遍式卦次的试行排列》刊于《东方杂志》第 42 卷第 12 号。

刘兴唐《南阳的史前遗迹》刊于《东方杂志》第 42 卷第 12 号。

夏定域《阎潜丘先生年谱补正》刊于《东方杂志》第 42 卷第 12 号。

朱偰《郑和七次下西洋所历地名考》刊于《东方杂志》第 42 卷第 12 号。

饶宗颐《韩文编录原始》刊于《东方杂志》第 42 卷第 12 号。

陈植《海南岛建设前途之瞻望》刊于《东方杂志》第 42 卷第 13 号。

胡竟良《中国棉业复兴刍议》刊于《东方杂志》第 42 卷第 13 号。

何启拔《南洋华侨在农业经济上的地位》刊于《东方杂志》第 42 卷第 13 号。

陈定闳《社会动荡中的礼俗问题》刊于《东方杂志》第 42 卷第 13 号。

周宪文《论庸（论中庸之庸）》刊于《东方杂志》第 42 卷第 13 号。

梅澄璋《明日之秦淮河》刊于《东方杂志》第 42 卷第 13 号。

许同莘《启母石考》刊于《东方杂志》第 42 卷第 13 号。

冉昭德《汉上林苑宫观考》刊于《东方杂志》第 42 卷第 13 号。

冯沅君《再论诸宫调的引辞与分章》刊于《东方杂志》第 42 卷第 13 号。

汪懋祖《鸡足山巡礼》刊于《东方杂志》第 42 卷第 13 号。

吴恩裕《对于民主的新认识》刊于《东方杂志》第 42 卷第 14 号。

黄俊升《中美关系之史的检讨》刊于《东方杂志》第 42 卷第 14 号。

施养成《论缩小省区与调整省县区域》刊于《东方杂志》第 42 卷第 14 号。

李源澄《儒道两家之论身心情欲》刊于《东方杂志》第 42 卷第 14 号。

严敦杰《飞九宫考》刊于《东方杂志》第 42 卷第 14 号。

卢建虎《新修方志宜辑抗战专书议》刊于《东方杂志》第 42 卷第 14 号。

方诗铭《西王母传说考》刊于《东方杂志》第 42 卷第 14 号。

岑仲勉《上古东迁的伊兰族——渠搜与北发》刊于《东方杂志》第 42 卷第 14 号。

朱子方《契丹大小字创制之年代问题》刊于《东方杂志》第 42 卷第 14 号。

吴恩裕《法治与中国政治改进》刊于《东方杂志》第 42 卷第 15 号。

楼邦彦《论中央控制的主体与客体》刊于《东方杂志》第 42 卷第 15 号。

张泽仁《如何筹办全国人口普查》刊于《东方杂志》第 42 卷第 15 号。

张起钧《老子的形而上学》刊于《东方杂志》第 42 卷第 15 号。

余天民《士风与国运》刊于《东方杂志》第 42 卷第 15 号。

何君超《科学家之文学修养——方霍夫》刊于《东方杂志》第 42 卷第 15 号。

岑仲勉《"三年之丧"的问题》刊于《东方杂志》第 42 卷第 15 号。

许同莘《释夏》刊于《东方杂志》第 42 卷第 15 号。

张震泽《楚莫敖考》刊于《东方杂志》第 42 卷第 15 号。

刘梦秋《阳关三叠考订》刊于《东方杂志》第 42 卷第 15 号。

吴恩裕《自由主义与社会主义的新趋势》刊于《东方杂志》第 42 卷第 16 号。

楼邦彦《论中央控制的手段》刊于《东方杂志》第 42 卷第 16 号。

陈序经《论中越法的关系》刊于《东方杂志》第 42 卷第 16 号。

孙本文《美国社会学家华特之学说》刊于《东方杂志》第 42 卷第 16 号。

严敦杰《北齐张孟宾历积年考》刊于《东方杂志》第 42 卷第 16 号。

许溯伊《周典籍入楚说》刊于《东方杂志》第 42 卷第 16 号。

许同莘《谱例商榷》刊于《东方杂志》第 42 卷第 16 号。

傅庚生《诗论蒙拾》刊于《东方杂志》第 42 卷第 16 号。

汪懋祖《苍山洱海之间》刊于《东方杂志》第 42 卷第 16 号。

吴恩裕《论国家观念》刊于《东方杂志》第 42 卷第 17 号。

潘楚基《美国的通货膨胀》刊于《东方杂志》第 42 卷第 17 号。

汪家正《抗战期间教育设施的总清算》刊于《东方杂志》第 42 卷第 17 号。

徐俊鸣《山西的地理位置和国防价值》刊于《东方杂志》第 42 卷第 17 号。

万西《由庄子的齐物论谈到"是非"是相对还是绝对》刊于《东方杂志》第 42 卷第 17 号。

鲍屡平《与性别有关之遗传因子》刊于《东方杂志》第 42 卷第 17 号。

岑仲勉《塔吉克噶勒察及大食三名之追溯》刊于《东方杂志》第 42 卷第 17 号。

张志岳《曹丕曹植争储考实》刊于《东方杂志》第 42 卷第 17 号。

李絜非《清代经营下的云南》刊于《东方杂志》第 42 卷第 17 号。

汪懋祖《丽江观风》刊于《东方杂志》第 42 卷第 17 号。

魏尧西《邛窑志略》刊于《东方杂志》第 42 卷第 17 号。

萧公权《地方民意机构的初步检讨》刊于《东方杂志》第 42 卷第 18 号。

吴恩裕《希腊城市国家没落后的政治思想》刊于《东方杂志》第 42 卷第 18 号。

石坤琳译《南提罗尔问题》刊于《东方杂志》第 42 卷第 18 号。

谢汉俊《美国工人罢工问题》刊于《东方杂志》第 42 卷第 18 号。

赵廷鉴《战争与地理》刊于《东方杂志》第 42 卷第 18 号。

岑仲勉《记张田之清廉并略论海关》刊于《东方杂志》第 42 卷第 18 号。

严敦杰《北齐董峻郑元伟甲寅元历积年考》刊于《东方杂志》第 42 卷第 18 号。

李絜非《历史艺术论》刊于《东方杂志》第 42 卷第 18 号。

施之勉《周易考》刊于《东方杂志》第 42 卷第 18 号。

朱芳圃《周代铸器所用金属考》刊于《东方杂志》第 42 卷第 18 号。

许同莘《从杜诗中所见之工部草堂》刊于《东方杂志》第 42 卷第 18 号。

陈泽湉《法国新宪法之特征》刊于《东方杂志》第 42 卷第 19 号。

吴恩裕《历史、哲学、逻辑与政治思想的研究》刊于《东方杂志》第 42 卷第 19 号。

王璧岑《当前的利率问题》刊于《东方杂志》第42卷第19号。

王英伟《姻亲范围的商讨》刊于《东方杂志》第42卷第19号。

李之朴《中学生的心理倾向(升学,择业,人物喜恶)》刊于《东方杂志》第42卷第19号。

能恩爵士原著,李纯瑛译《教育之目的》刊于《东方杂志》第42卷第19号。

王范之《杨朱为我说发微》刊于《东方杂志》第42卷第19号。

罗香林《释氏》刊于《东方杂志》第42卷第19号。

王崇武《王阳明临终遗语(此心光明,亦复何言)》刊于《东方杂志》第42卷第19号。

吴泽炎《特里雅斯特问题》刊于《东方杂志》第42卷第20号。

潘楚基《原子弹与国际政治》刊于《东方杂志》第42卷第20号。

石涛译《向奴役之路——海叶克教授对计划经济的新评价》刊于《东方杂志》第42卷第20号。

罗元鲲《论修志三要及其他》刊于《东方杂志》第42卷第20号。

钟肇鹏《中国目录学部类之趋势》刊于《东方杂志》第42卷第20号。

岑仲勉《西周初期与印度之交通》刊于《东方杂志》第42卷第20号。

傅庚生《文学的风格与人格》刊于《东方杂志》第42卷第20号。

云谷《〈聊斋志异〉来源及其影响》刊于《东方杂志》第42卷第20号。

李蒸《论学术人才之养成》刊于《正气杂志》第1期。

俞伯平《清真词浅议》刊于《论语半月刊》第118期。

李青崖《美国人的杀人罪》刊于《论语半月刊》第118期。

味橄《日本归来》刊于《论语半月刊》第118期。

黄芝岗《谈到谣言》刊于《论语半月刊》第118期。

青崖《今人之语》刊于《论语半月刊》第119期。

俞伯平《清真词浅释》刊于《论语半月刊》第119期。

青崖《古文问题》刊于《论语半月刊》第119期。

大木《马克吐温恋爱史》刊于《论语半月刊》第119期。

编者《我们的志趣和态度》刊于《观察》第1卷第1期。

按:《观察》杂志于1946年9月1日在上海创刊,主编储安平。是文指出:"我们这个刊物第一个企图,要对国事发表意见。……这个刊物确是一个发表政论的刊物,然而绝不是一个政治斗争的刊物。"因为"我们放言论的基本立场,亦即本刊同人攻守的信约"为"一、民主""二、自由""三、进步""四、理性"。

王芸生《中国时局前途的三个去向》刊于《观察》第1卷第1期。

伍启元《论当前中国经济情势》刊于《观察》第1卷第1期。

蔡维藩《二十一国和会》刊于《观察》第1卷第1期。

冯友兰《论知行》刊于《观察》第1卷第1期。

张东荪《中国之过去与将来》第1卷第1期。

陈之迈《粮食的国际分配》第1卷第1期。

伍启元《从经济观点论内战问题》刊于《观察》第1卷第2期。

潘光旦《人的控制与物的控制》刊于《观察》第1卷第2期。

张印堂《英美未来可能的战略联防线》刊于《观察》第1卷第2期。

张东荪《中国之过去与将来(二)》刊于《观察》第1卷第2期。

高觉敷《从对比到统一》刊于《观察》第1卷第2期。

陈瘦竹《论排场戏》刊于《观察》第1卷第2期。

储安平《失败的统治》刊于《观察》第1卷第3期。

陈友松《时代的分析》刊于《观察》第1卷第3期。

杨四孟《九年来昆明大学教授的薪金及薪金实值》刊于《观察》第1卷第3期。

张东荪《中国之过去与将来(三)》刊于《观察》第1卷第3期。

昧橄《战败后之日本》刊于《观察》第1卷第3期。

李广田《文学的价值》刊于《观察》第1卷第3期。

胡先骕《未了知之人类》刊于《观察》第1卷第3期。

伍启元《新时代与新时代的人文科学》刊于《观察》第1卷第4期。

吴恩裕《家庭关系·政治关系·民主关系》刊于《观察》第1卷第4期。

张东荪《中国之过去与将来(四)》刊于《观察》第1卷第4期。

戴文赛《原子能研究的发展经过》刊于《观察》第1卷第4期。

李侠文《动荡中的世界政治潮流》刊于《观察》第1卷第5期。

吴世昌《政治民主与经济民主》刊于《观察》第1卷第5期。

胡先骕《中美英苏之关系与世界和平》刊于《观察》第1卷第5期。

张东荪《中国之过去与将来(五)》刊于《观察》第1卷第5期。

高觉敷《社会性的统一》刊于《观察》第1卷第5期。

戴镏龄《莎士比亚十四行》刊于《观察》第1卷第5期。

李浩培《英国司法制度》刊于《观察》第1卷第5期。

庄智焕《如何走上民主建设之路》刊于《观察》第1卷第6期。

冯友兰《再论知行》刊于《观察》第1卷第6期。

张东荪《中国之过去与将来(完)》刊于《观察》第1卷第6期。

萧公权《说民主》刊于《观察》第1卷第7期。

简贯三《企业家与企业精神》刊于《观察》第1卷第7期。

胡先骕《思想与改造(上)》刊于《观察》第1卷第7期。

卞之琳《山野行记》刊于《观察》第1卷第7期。

吴世昌《中国需要重建权威》刊于《观察》第1卷第8期。

伍启元《公教人员的待遇怎样才能得到合理的解决》刊于《观察》第1卷第8期。

纯青《战从义·政从仁》刊于《观察》第1卷第8期。

胡先骕《思想与改造(中)》刊于《观察》第1卷第8期。

廖世承《个己的产生》刊于《观察》第1卷第8期。

宗白华《悲剧世界之变迁》刊于《观察》第1卷第8期。

雷海宗《和平与太平》刊于《观察》第1卷第9期。

潘光旦《军与民的社会地位》刊于《观察》第1卷第9期。

笪移今《中国经济危机的出路》刊于《观察》第1卷第9期。

胡先骕《思想与改造(下)》刊于《观察》第1卷第9期。

戴世光《中国经济往何处去?》刊于《观察》第1卷第10期。

陈友松《新时代的教育宗旨》刊于《观察》第1卷第10期。

韩德培《我们所需要的法治》刊于《观察》第 1 卷第 10 期。

萧公权《圣教与异端(上)》刊于《观察》第 1 卷第 10 期。

储安平《我们对于美国的感觉》刊于《观察》第 1 卷第 11 期。

庄智焕《中国政治上的四种矛盾》刊于《观察》第 1 卷第 11 期。

高名凯《中国语言之结构及其表达思想之方式》刊于《观察》第 1 卷第 11 期。

萧公权《圣教与异端(中)》刊于《观察》第 1 卷第 11 期。

罗忠恕《学术自由与文化进展》刊于《观察》第 1 卷第 12 期。

按:是文曰:"要求学术自由是目前我国知识界普遍的呼声,也是民主高潮中最基本的要求。要测验一个国家是否真正民主,就要看在学术上是否真有自由。"是文提出了"对于学术自由有一种新的解释""第一,我所谓学术自由,并非仅是思想自由。我以为一个人的思想,在某种意义上,是绝对自由的。不论政治上或宗教上是如何限制思想的自由,思想在思想者的头脑里,永久是有自由的。……我们平常所谓思想自由,是指思想发表的自由,亦即所谓言论出版的自由。""第二,我所谓学术自由,并非谓政府不'管'学术事业,即可谓有学术自由。现代国家政治机构,没有人民的任何一方面生活,不与政府有关。若果有关,即不可不管。我所谓'管',不是指管制,而是指管理。管制即限制学术的自由。学术的自由受了限制,则学术工作者的精神受了压迫,虽便学术的工作,无由进展。管理是指政府对学术工作负起责任来了,有目的,有计划的大战学术事业。如言学术事业,政府能发划充分的经费,对学术工作者的生活,能使其安定,为欲发展学术事业,政府能规定各种奖励的条例,这都是政府对学术工作负起责任而管理之态度。我们感觉我国学术事业之难以发展,其最大原因,即政府未能充分负起责任,竟可说未能负起管理之责。""第三,我所谓学术自由,不仅是不受外面的拘束,外面的限制;尤其要紧的,是要解除内面的束缚。外面的拘束是指政治的社会的环境,不容许思想发表的自由而言。所谓外面的限制,是指客观的条件,未能给学术工作者充分的支持与扶助,使学术事业得不着所应有的经费,发展工作,使学术工作者无安定的生活,不能展其抱负,运用其创造的能力而言。即如把这外面的拘束与限制取消了,也不能算有充分的学术自由;若果外面的拘束能取消,而内面的束缚未解除,其自由恐还未达于一半的程度。我所谓内面的束缚,是指学术工作者本身的心理态度,及精神生活。……现在我国的学术界,又何曾不具有这一些内心的重重缚束。许多年来所存着的东西文化问题,本位文化问题,中学为体西学为用的问题,科学玄学之战,闹得乌烟瘴气。今又有多少人能以纯客观的态度,作细密的分析,排除一切的成见? 我国学术界最缺乏的是批判的、分析的、客观的精神。学术论战,则纯从学理分析,不可涉及个人的感情。……今日之学术,不仅自然科学无国界,即人文科学亦有其公诸全世界而准的真理。我们的气量不可太狭小了。若不将此内心的缚束取消,仅仅争取外面的自由,即如外界的拘束与限制全消,学术仍没有充分的自由,我国文化的前途,仍不含有超越的发展。"

李澈庐《以民主缔造统一》刊于《观察》第 1 卷第 12 期。

萧公权《圣教与异端(下)》刊于《观察》第 1 卷第 12 期。

李广田《文学运动与文学创作》刊于《观察》第 1 卷第 12 期。

张东荪《士的使命与理学》刊于《观察》第 1 卷第 13 期。

邹文海《民主政治与自由》刊于《观察》第 1 卷第 13 期。

孙克宽《逆流与歧途》刊于《观察》第 1 卷第 13 期。

陈衡哲《西方人回到宗教去的意义》刊于《观察》第 1 卷第 13 期。

李浩培《何德奎案》刊于《观察》第 1 卷第 15 期。

陈柏心《论省自治》刊于《观察》第 1 卷第 15 期。

钱苹《性格及职业兴趣的遗传问题》刊于《观察》第 1 卷第 15 期。

潘光旦《派兴汇(一)》刊于《观察》第 1 卷第 15 期。

Dunald Moreuw 原著,梁实秋译《斗争中的莎士比亚(一)》刊于《观察》第 1 卷第 15 期。

储安平《论上海民乱》刊于《观察》第 1 卷第 16 期。

高名凯《语言的宗教》刊于《观察》第 1 卷第 16 期。

吴世昌《关于〈军与民的社会地位〉》刊于《观察》第 1 卷第 16 期。

潘光旦《派兴汇(二)》刊于《观察》第 1 卷第 16 期。

Dunald Moreuw 原著,梁实秋译《斗争中的莎士比亚(二)》刊于《观察》第 1 卷第 16 期。

王次通《科学·和平》刊于《观察》第 1 卷第 16 期。

张锐《论行政的无能》刊于《观察》第 1 卷第 17 期。

沙学浚《是否移都北平?》刊于《观察》第 1 卷第 17 期。

潘光旦《派兴汇(三)》刊于《观察》第 1 卷第 17 期。

郭有守《进展中的联合国教育科学文化组织》刊于《观察》第 1 卷第 17 期。

吴世昌《论国体问题》刊于《观察》第 1 卷第 18 期。

马寅初《土地税》刊于《观察》第 1 卷第 18 期。

全慰天《求生与求胜》刊于《观察》第 1 卷第 18 期。

阮春芳《成见的根源》刊于《观察》第 1 卷第 18 期。

梁实秋译《斗争中的莎士比亚(四)》刊于《观察》第 1 卷第 18 期。

朱晨《论传记》刊于《文化先锋》第 5 卷第 6 期。

李辰冬《新时代的学术任务》刊于《文化先锋》第 5 卷第 14 期。

按:文章说:"跟着五四运动,我国学术界带来了为学术而学术的风气。说来奇怪,五四运动本因外交而起,且为学生参政的滥觞,照道理讲,五四运动后的学术应该与政治发生关系,但事实上是背道而驰。其原因有四:一、那时是军阀当权,军阀是以争权夺利为目的,参与机要的文人也是一般利禄之徒的政客,不学无术。而学术界的人又是些洁身自好,不愿受军阀利用,也不愿与政客为伍,变成了学术界与政府政客对立的现象。二、五四运动后的学术界是被留学生领导着,不管这些留学生是来自欧美或日本;然都带回了自己的师承。各个留学生都在著述或宣扬自己的师承。当然他们的师承都是欧美第一流的学者,但彼等学说与我们国情适合与否,是不问的。结果,学术与人生划了一道鸿沟。三、自鸦片战争后,我国国势一蹶不振,养成国人尊洋的心理:因而大批派送留学生,这些青年对于国情不十分了然。虽具万分的热诚,到欧美求知识,然那些知识是我们所需要的,那些是不需要的,毫无整个的国策以作指导,任学者之自便,五花八门,各色各样的学术都带来了中国。习之既久,反认为这是学术自由应有的现象。反认将学术与现实人生拉在一起是浅见,是功利主义。四、知识原为解决人生而有,然自劳心劳力分工后,劳心者往往将知识认为静的东西而加以分析研究,成了各种的学术体系。体系愈严密,方法愈周详,在学术上的造诣愈高,则离现实的人生愈远。随着知识阶级的发达,学术成了他们的专门行业。学术既成了他们的事业理想,就忘记了学术为人生服务的现实。我国留学生中学实业的固然很多,然回国后大多无用武之地,反变成了理论科学家。由于以上的四种原因,使我国学术界弥漫了为学术而学术的气氛。在北方的各大学,这种气氛尤为浓厚。"

穆超《如何从事学术研究》刊于《文化先锋》第 6 卷第 7 期。

按:文章说:"学术研究是一种艰苦的工作,学术研究不能求速谋近利,功利主义是学术研究的最大敌人,功利主义也是真理的最大敌人。学术研究虽然不能离开国家社会,但是国防的学术研究也不能和真理背离。学术研究应以发现真理满足知识的欲望为目的,至真理发见知识的欲望满足之后,自然对于国家社会有直接利益的。所以研究工作的目的无他,就是为研究而研究,为追求真理而研究,为满足知识欲望而研究,这是从事于学术研究工作的人,应有的基本观念。""学术研究的方法,虽然很多,但是其根本方法,大致有下列数端:(一)研究工作需要研究资料,但是资料需要研究者自行搜集,一个从事研究工作的人,必须大量的搜集研究资料,而且不断的搜集资料。有了资料以后,才可以开始研究。搜集资料的方法,除书、报章及实物等外,还需要做实地的调查、考察。比方研究人生哲学的人,举凡和人生哲学有关的书籍、刊物、报章,以及耳闻目见的资料,都必须加以搜集或纪录,以做研究的参考。(二)分析统计。研究的资料有了以后,第二步就是分析或者统计。分析是一个化学名词,在化学上观察出来化合物中所含的原质及各原质间重要的比例,叫做分析。但是对于其他一切事物的研究,也可加以分析,判断其是非正误,及其互相关系,以定取舍,分析判断清楚。以后,方可将材料分类,材料分类以后,才可成为体系。凡用数字来表示所观察的某种事物现象,都可叫做统计。统计不像数学以数为研究对象,由观察所得的同数现象,用数字表示出来,比较其过去,推测其将来,以做改进的标准,学术研究也一定离不开统计,比方我们要想研究我国死亡率太大的原因,则必须调查各种疾病死亡的专率,以比较其高低,方能明了其原因所在,明了其原因所在,才能设法挽救。至于其他一切问题,都可以用统计方法分析研究的。(三)归纳或演绎。归纳是由种种事实以求得普遍原理的方法,比方既然知道若干金属都是传热性,由此推定其他金属也都有传热性。演绎则是由普遍原理以断定特殊事实的方法,比如既已知道固体液体气体三态变化的公理,由此推定气体的空气,也能用很低的温度变成液体。一切研究资料,经过分析统计以后,必须用归纳或演绎的方法,加以整理,方能成为定论。"

　　杨同芳《关于学习的兴趣问题》刊于《上海文化》第3期。

　　庄大容《知识青年政治测验》刊于《上海文化》第3期。

　　孙德镇《关于文化交流》刊于《上海文化》第3期。

　　凡石《风流文采的司马相如》刊于《上海文化》第3期。

　　敬康《与老舍先生抵足一月记》刊于《上海文化》第3期。

　　卢村禾《中外瞩目的东北地理鸟瞰》刊于《上海文化》第3期。

　　赵望《胜利后的重庆新闻界》刊于《上海文化》第3期。

　　王季深《光复后的上海新闻界》刊于《上海文化》第3期。

　　郭天闻《阳光下的中国》刊于《上海文化》第3期。

　　罗致《巴金是最受钦佩的作家吗》刊于《上海文化》第3期。

　　费孝通《一封未拆的信(订正稿)》刊于《上海文化》第4期。

　　唐庆增《旧书业传播经济知识之使命》刊于《上海文化》第4期。

　　杨同芳《文化修养与文化生活》刊于《上海文化》第4期。

　　沈从文《书评的自由解放运动》刊于《上海文化》第4期。

　　V. Udarov《上海俄侨的文化生活(特约稿)》刊于《上海文化》第4期。

　　R. Gould《明日世界中的中国》刊于《上海文化》第4期。

　　老舍《驶向新大陆的途中(作家书简)》刊于《上海文化》第4期。

　　费孝通《土地里长出来的文化》刊于《上海文化》第6期。

　　孙德镇《为"言论自由"进一解》刊于《上海文化》第6期。

　　曹聚仁《论小说中的人物与故事》刊于《上海文化》第6期。

　　谭若水《战后日本秘闻录(东京直接寄稿)》刊于《上海文化》第6期。

　　范资深《中文速记与写作革命》刊于《上海文化》第6期。

　　子冈《采访生涯杂忆录》刊于《上海文化》第6期。

　　李健吾《与友人书》刊于《上海文化》第6期。

　　郭天闻《李健吾论(作家论之二)》刊于《上海文化》第6期。

　　[苏]A. 安东诺夫《莫斯科的列宁图书馆》刊于《上海文化》第6期。

赵景深《评吴祖光的〈正气歌〉》刊于《上海文化》第 6 期。

志诚《读费孝通著〈初访美国〉》刊于《上海文化》第 6 期。

若愚《胜利后的北平新闻界(全国报纸评介之三)》刊于《上海文化》第 6 期。

费孝通《文化的物质面与精神面》刊于《上海文化》第 7 期。

赵敏恒《采访十五年(佳书精华)》刊于《上海文化》第 7 期。

曹聚仁《战地记者生涯录》刊于《上海文化》第 7 期。

顾执中《我为什么办通讯社》刊于《上海文化》第 7 期。

徐盈《砒霜与糖衣》刊于《上海文化》第 7 期。

王坪《新闻记者的呓语》刊于《上海文化》第 7 期。

[美]台维斯作,禄煜摘译《出使莫斯科(佳书精华)》刊于《上海文化》第 7 期。

冯亦代《琐谈浅予》刊于《上海文化》第 7 期。

赵景深《叶圣陶论(作家论之三)》刊于《上海文化》第 7 期。

唐庆增《评杨寿标著〈中国财政统计大纲〉》刊于《上海文化》第 7 期。

邹啸《官的丑剧(书评·剧评)》刊于《上海文化》第 7 期。

刘民生《〈骆驼祥子〉求疵谈》刊于《上海文化》第 7 期。

茅盾《纠正一种风气》刊于《上海文化》第 8 期。

沈从文《怎样办一份好报纸》刊于《上海文化》第 8 期。

姚苏凤《哀上海文化》刊于《上海文化》第 8 期。

孙德镇《从斗争得来的美国新闻自由》刊于《上海文化》第 8 期。

曹聚仁《历史演程中之"所缘"》刊于《上海文化》第 8 期。

台维斯《〈出使莫斯科〉》刊于《上海文化》第 8 期。

延铿《新闻网里看故都》刊于《上海文化》第 8 期。

孔另境《记"廖化时代"的王任叔》刊于《上海文化》第 8 期。

庄大容《评庄泽宣著〈中国教育改造之路〉》刊于《上海文化》第 8 期。

赵景深《关于曲选的书》刊于《上海文化》第 8 期。

刘惠成《〈日本论坛〉读后》刊于《上海文化》第 8 期。

水容《胜利后的香港新闻界(全国报纸评介之四)》刊于《上海文化》第 8 期。

赵景深《怎样写书评》刊于《上海文化》第 9 期。

曹成修《不安的世界和不安的哲学》刊于《上海文化》第 9 期。

黄裳《美国文化在中国》刊于《上海文化》第 9 期。

郑容《美国出版界的不景气》刊于《上海文化》第 9 期。

殷格索尔《欧洲登陆战秘史(原名〈顶峰的秘密〉)》刊于《上海文化》第 9 期。

台维斯《出使莫斯科》刊于《上海文化》第 9 期。

曹聚仁《鲁迅先生死后十年间》刊于《上海文化》第 9 期。

唐弢《鲁迅先生的梓印工作》刊于《上海文化》第 9 期。

孔另境《记田汉先生》刊于《上海文化》第 9 期。

沈从文《北平的印象和感想》刊于《上海文化》第 9 期。

戈良《和美军同过的日子》刊于《上海文化》第 9 期。

徐訏《〈风萧萧〉后记》刊于《上海文化》第 9 期。

孙德镇《评何永吉著〈为中国谋政治改进〉》刊于《上海文化》第9期。

金甲《官气笼罩下的南京新闻界（全国新闻界评介之五）》刊于《上海文化》第9期。

张叔平《根本挽救文化界困境刍议》刊于《上海文化》第10期。

王芸生《"奖善为上·惩恶次之"》刊于《上海文化》第10期。

顾执中《官僚新闻事业论》刊于《上海文化》第10期。

萧乾《侦探小说在华不走运论》刊于《上海文化》第10期。

吴清友《我所认识的苏联文化》刊于《上海文化》第10期。

费孝通《〈爱的教育〉之重沐》刊于《上海文化》第10期。

［日］迫水久常《日本投降秘史》刊于《上海文化》第10期。

［日］森正藏《昭和皇朝里面史》刊于《上海文化》第10期。

约翰·海尔赛《广岛被炸馀生记》刊于《上海文化》第10期。

殷格索尔《欧洲登陆战秘史（原名〈顶峰的秘密〉）》刊于《上海文化》第10期。

金仲华《〈世界知识〉十年间》刊于《上海文化》第10期。

曹聚仁《记者团在台湾》刊于《上海文化》第10期。

金甲《首都新闻网里看祖国》刊于《上海文化》第10期。

赵景深《记四位女作家（景宋·白薇·清阁·凤子）》刊于《上海文化》第10期。

孙德镇《评潘光旦著〈自由之路〉》刊于《上海文化》第10期。

庄大容《评陈鹤琴著〈家庭教育〉》刊于《上海文化》第10期。

萧庸《上海的四家英文报（上海新闻界评论之十）》刊于《上海文化》第10期。

王子野译《马克思主义哲学诞生百年》刊于《北方文化》第1卷第5期（马克思诞生纪念）。

葆荃译《马克思是怎样学习的》刊于《北方文化》第1卷第5期（马克思诞生纪念）。

柯柏年《马克思之为人》刊于《北方文化》第1卷第5期（马克思诞生纪念）。

智建中《马克思、恩格斯论中国》刊于《北方文化》第1卷第5期（马克思诞生纪念）。

大可《马克思主义的新胜利》刊于《北方文化》第1卷第5期（马克思诞生纪念）。

编者《A.托尔斯泰论高尔基》刊于《北方文化》第2卷第2期（高尔基逝世纪念）。

萧三《纪念瞿秋白同志殉难十一周年》刊于《北方文化》第2卷第2期。

于力《悼一个教育工作者——李树菜君》刊于《北方文化》第2卷第1期（纪念教师节）。

［苏］高尔基《我怎样学习的》刊于《北方文化》第2卷第2期（高尔基逝世纪念）。

编者《关于高尔基》刊于《北方文化》第2卷第2期（高尔基逝世纪念）。

编者《韬奋先生传略》刊于《北方杂志》第1卷第2期（韬奋逝世二周年纪念特辑）。

罗青《人民的韬奋》刊于《北方杂志》第1卷第2期（韬奋逝世二周年纪念特辑）。

培时、章容《遥祭李公朴先生》刊于《北方杂志》第1卷第3期。

荒煤《悼闻一多先生》刊于《北方杂志》第1卷第3期。

《毛泽东论鲁迅》刊于《北方杂志》第1卷第5期（鲁迅先生逝世十周年纪念特辑）。

周恩来《鲁迅与郭沫若》刊于《北方杂志》第1卷第5期（鲁迅先生逝世十周年纪念特辑）。

范文澜《学习鲁迅先生的硬骨头》刊于《北方杂志》第1卷第5期（鲁迅先生逝世十周年纪念特辑）。

［美］史沫特莱《记鲁迅》刊于《北方杂志》第1卷第5期（鲁迅先生逝世十周年纪念特辑）。

任白戈《追念鲁迅先生》刊于《北方杂志》第1卷第5期（鲁迅先生逝世十周年纪念特辑）。

罗青《空前的民族英雄》刊于《北方杂志》第1卷第5期（鲁迅先生逝世十周年纪念特辑）。

荒煤《要以行动来纪念鲁迅先生》刊于《北方杂志》第1卷第5期（鲁迅先生逝世十周年纪念特辑）。

黑丁《伟大的安慰者》刊于《北方杂志》第1卷第5期（鲁迅先生逝世十周年纪念特辑）。

胡征《〈狂人日记〉的时代和艺术》刊于《北方杂志》第1卷第5期（鲁迅先生逝世十周年纪念特辑）。

平凡《真挚的人和真挚的情感》刊于《北方杂志》第1卷第5期（鲁迅先生逝世十周年纪念特辑）。

邦其《迎接明天》刊于《北方杂志》第1卷第5期（鲁迅先生逝世十周年纪念特辑）。

林十柴《鲁迅和东北青年》刊于《北方杂志》第1卷第5期（鲁迅先生逝世十周年纪念特辑）。

邹雅《鲁迅斗争的一生》（封面木刻）刊于《北方杂志》第1卷第5期（鲁迅先生逝世十周年纪念特辑）。

本社《纪念鲁迅先生逝世十周年》刊于《东北文化》第1卷第2期。

张望《鲁迅先生与中国新兴木刻运动》刊于《东北文化》第1卷第5期。

杨宪益《康昆仑与摩尼教》刊于《新中华》复刊第4卷第12期。

杨周翰《论近代美国诗歌》刊于《世界文艺季刊》第1卷第3期。

李何林《我们不能过分原谅作者的思想缺陷》刊于《世界文艺季刊》第1卷第3期。

杨周翰《近代美国诗选译》刊于《世界文艺季刊》第1卷第3期。

王逊《表现与表达》刊于《世界文艺季刊》第1卷第3期。

李广田《认识与表现》刊于《世界文艺季刊》第1卷第3期。

杨振声《传记文学的歧途》刊于《世界文艺季刊》第1卷第4期。

王卢译《论传记艺术——维多利亚王朝名人传序》刊于《世界文艺季刊》第1卷第4期。

波果斯罗夫斯基著，庄寿慈译《论屠格涅夫》刊于《世界文艺季刊》第1卷第4期。

景山《读茅盾的〈清明前后〉》刊于《世界文艺季刊》第1卷第4期。

冯至《我想怎样写一部传记》刊于《世界文艺季刊》第1卷第4期。

L·加奈特著，卢集译《约翰·史丹倍克：工作中的小说家》刊于《世界文艺季刊》第1卷第4期。

胡弗《论艺术家（代发刊词）》刊于《艺术家月刊》第1期。

杨文达《我们需要的艺术》刊于《艺术家月刊》第1期。

杨仲子《甲骨漫谈》刊于《艺术家月刊》第1期。

雷震《敦煌的佛教美术》刊于《艺术家月刊》第1期。

张默生《答友人问雅歌》刊于《艺术家月刊》第1期。

傅振伦《习画管窥》刊于《艺术家月刊》第1期。

陈倚石《汉画漫谈》刊于《艺术家月刊》第 1 期。

何淑达《清代乐典》刊于《艺术家月刊》第 1 期。

杨荫浏《作曲与人格表现》刊于《艺术家月刊》第 1 期。

曹安和《时薰室琵琶指径自序》刊于《艺术家月刊》第 1 期。

司振西《潜意识与艺术教育》刊于《艺术家月刊》第 1 期。

喻世海《忆郁达夫先生》刊于《艺术家月刊》第 1 期。

李九魁《读金批〈西厢记〉》刊于《文艺生活》第 1 卷第 2 期。

郑骞《元杂剧的逸文和异文》刊于《文艺与生活》第 1 卷第 2—3 期。

郑振铎《明抄本〈录鬼簿〉跋》刊于《文艺春秋》第 3 卷第 5 期。

郑振铎《悼夏丏尊先生》刊于《文艺复兴》第 1 卷第 5 期。

巴金《纪念我的哥哥》刊于《文艺复兴》第 1 卷第 6 期（抗战八年死难作家纪念）。

吴祖光《记贺孟斧》刊于《文艺复兴》第 1 卷第 6 期（抗战八年死难作家纪念）。

怀玖《忆陆蠡》刊于《文艺复兴》第 1 卷第 6 期（抗战八年死难作家纪念）。

靳以《忆崇群》刊于《文艺复兴》第 1 卷第 6 期（抗战八年死难作家纪念）。

景宋《追忆萧红》刊于《文艺复兴》第 1 卷第 6 期（抗战八年死难作家纪念）。

凤子《划破夜空的流星》刊于《文艺复兴》第 1 卷第 6 期（抗战八年死难作家纪念）。

欧阳山尊《忆保罗》刊于《文艺复兴》第 1 卷第 6 期（抗战八年死难作家纪念）。

赵景深《记鲁彦》刊于《文艺复兴》第 1 卷第 6 期（抗战八年死难作家纪念）。

李健吾《记罗淑》刊于《文艺复兴》第 1 卷第 6 期（抗战八年死难作家纪念）。

以群《忆蒋弼》刊于《文艺复兴》第 1 卷第 6 期（抗战八年死难作家纪念）。

徐调孚《再忆谢六逸先生》刊于《文艺复兴》第 1 卷第 6 期（抗战八年死难作家纪念）。

葛一虹《悼念王礼锡先生》刊于《文艺复兴》第 1 卷第 6 期（抗战八年死难作家纪念）。

郑振铎《悼许地山先生》刊于《文艺复兴》第 1 卷第 6 期（抗战八年死难作家纪念）。

朱自清《中国学术的大损失》刊于《文艺复兴》第 2 卷第 1 期。

熊佛西《悼闻一多先生》刊于《文艺复兴》第 2 卷第 1 期。

诗歌音乐工作者协会上海分会《敬悼闻一多先生》刊于《文艺复兴》第 2 卷第 1 期。

白澄《鲁迅——坚韧的民主文化的斗士》刊于《文艺复兴》第 2 卷第 3 期。

李广田《鲁迅的杂文》刊于《文艺复兴》第 2 卷第 3 期。

李广田《鲁迅小说中的妇女问题》刊于《文艺复兴》第 2 卷第 3 期。

蒋天佐《论大众化问题纪念鲁迅》刊于《文艺复兴》第 2 卷第 3 期。

靳以《当鲁迅先生逝世的时候》刊于《文艺复兴》第 2 卷第 3 期。

唐弢《鲁迅全集补遗编后记》刊于《文艺复兴》第 2 卷第 3 期。

许广平《十周年祭》刊于《文艺复兴》第 2 卷第 3 期。

冯电辑录《鲁迅先生逝世前后》刊于《文艺复兴》第 2 卷第 3 期。

冯夷《混着血丝的记忆——悼念闻一多先生》刊于《文艺复兴》第 2 卷第 4 期。

编者《路易斯·阿拉贡》（文艺家介绍）刊于《文艺大众》新生号。

周建人《关于鲁迅回忆的断片》刊于《文艺大众》新 2 号（纪念鲁迅逝世十年）。

周晔《我的伯父鲁迅》刊于《文艺大众》新 2 号（纪念鲁迅逝世十年）。

戈扬《鲁迅·闻一多断片》刊于《文艺大众》新 2 号（纪念鲁迅逝世十年）。

钧《哀忆伯希和先生》刊于《文艺先锋》第8卷第1期。

陆侃如《悼伯希和教授》刊于《文艺先锋》第8卷第1期。

塞克女士著，李志纯译《泰戈尔传》刊于《文艺先锋》第8卷第3—4期。

高宇《歌德及其玮玛剧场》刊于《文艺先锋》第8卷第4期。

塞克女士著，李志纯译《泰戈尔传》刊于《文艺先锋》第8卷第5—6期。

赵景深《汤显祖与莎士比亚》刊于《文艺春秋》第2卷第2期（关于莎士比亚）。

宋清如《朱生豪和莎士比亚》刊于《文艺春秋》第2卷第2期（关于莎士比亚）。

赵景深《契诃夫作品中译本编目补遗》刊于《文艺春秋》第2卷第3期。

陈烟桥《鲁迅怎样指导青年木刻家》刊于《文艺春秋》第2卷第4期。

陈烟桥《鲁迅与高尔基》（木刻）刊于《文艺春秋》第2卷第4期。

任钧《忆叶紫》刊于《文艺春秋》第3卷第1期。

赵景深《闻一多先生》（哀悼和纪念）刊于《文艺春秋》第3卷第2期。

安娥《遥寄陶行知先生》（哀悼和纪念）刊于《文艺春秋》第3卷第2期。

萧乾等《要是鲁迅先生还活着》刊于《文艺春秋》第3卷第4期。

孔另境《回忆鲁迅先生丧仪》刊于《文艺春秋》第3卷第4期（纪念鲁迅先生逝世十周年特辑）。

陈烟桥《鲁迅与中国新木刻》刊于《文艺春秋》第3卷第4期（纪念鲁迅先生逝世十周年特辑）。

小田岳夫《鲁迅的上海生活》刊于《文艺春秋》第3卷第4期（纪念鲁迅先生逝世十周年特辑）。

编者《鲁迅先生著作年表》刊于《文艺春秋》第3卷第4期（纪念鲁迅先生逝世十周年特辑）。

编者《鲁迅先生生前最后一照》（相片）刊于《文艺春秋》第3卷第4期（纪念鲁迅先生逝世十周年特辑）。

奥村博史《长眠了的鲁迅先生》（画）刊于《文艺春秋》第3卷第4期（纪念鲁迅先生逝世十周年特辑）。

茅盾《记杜重远》刊于《文艺春秋》第3卷第5期。

范泉《关于〈鲁迅传〉》刊于《文艺春秋》第3卷第4期（纪念鲁迅先生逝世十周年特辑）。

赵景深《读鲁迅〈古小说钩沉〉》刊于《文艺春秋》第3卷第4期（纪念鲁迅先生逝世十周年特辑）。

李元龙《国剧前进的障碍》刊于《中国戏剧》第1卷第2期。

愚翁《中国戏剧是世界登峰造极的意识艺术》刊于《中国戏剧》第1卷第3期。

南来雁《论农历与国剧》刊于《中国戏剧》第1卷第3期。

刘菊禅《有望于梨园行与文化界》刊于《中国戏剧》第1卷第3期。

愚翁《剧场与戏剧》刊于《中国戏剧》第1卷第3期。

愚翁《理想的演员与理想的观众》刊于《中国戏剧》第1卷第3期。

愚翁《中外戏剧观》刊于《中国戏剧》第1卷第3期。

田汉《周信芳先生与平剧改革运动》刊于《半月戏剧》第6卷第1期。

周信芳《剧史剧照剧评的重要》刊于《半月戏剧》第6卷第1期。

浮华士德作,赵如琳译《莱因哈特与样式化的写实主义》刊于《戏剧与文学》第 1 卷第 1 期。

范洛《论剧作——安娜卡列尼娜》刊于《戏剧与文学》第 1 卷第 1 期。

陈卓猷《导演论》刊于《戏剧与文学》第 1 卷第 1 期。

诗章《希腊时代的悲喜剧作家》刊于《戏剧与文学》第 1 卷第 1 期。

荒山《戏剧概论》刊于《戏剧与文学》第 1 卷第 1 期。

瞿白音《戏剧事业企业化的想望》刊于《戏剧与文学》第 1 卷第 1 期（剧运展望特辑）。

朱克《关于上演的剧本问题》刊于《戏剧与文学》第 1 卷第 1 期（剧运展望特辑）。

陈冠芳《坚守岗位》刊于《戏剧与文学》第 1 卷第 1 期（剧运展望特辑）。

周钢鸣《建剧运动的基本要求》刊于《戏剧与文学》第 1 卷第 1 期（剧运展望特辑）。

王逸《剧运展望》刊于《戏剧与文学》第 1 卷第 1 期（剧运展望特辑）。

韩北屏《乐观与竞业》刊于《戏剧与文学》第 1 卷第 1 期（剧运展望特辑）。

洪遒《看好戏运动》刊于《戏剧与文学》第 1 卷第 1 期（剧运展望特辑）。

魏涛《争取演剧条件自由》刊于《戏剧与文学》第 1 卷第 1 期（剧运展望特辑）。

陈卓猷《严防市侩主义》刊于《戏剧与文学》第 1 卷第 1 期（剧运展望特辑）。

刘念渠《抗战期间重庆演剧述略》刊于《戏剧与文学》第 1 卷第 2 期。

赵如琳《近代舞台装置的进展》刊于《戏剧与文学》第 1 卷第 2 期。

陈冠芳《演技试论》刊于《戏剧与文学》第 1 卷第 2 期。

魏海《略论〈茶花女〉剧作及艺联剧团的演出》刊于《戏剧与文学》第 1 卷第 2 期。

陈卓猷《史坦尼斯拉夫斯基演剧方法的真义》刊于《戏剧与文学》第 1 卷第 2 期。

约翰柏尔梅尔作,萧邦译《英国喜剧的精神》刊于《戏剧与文学》第 1 卷第 2 期。

黄若海《演剧的三种偏向》刊于《戏剧与文学》第 1 卷第 2 期。

［法］莫洛亚著,常风译《小说与传记》刊于《文艺时代》第 1 卷第 6 期。

李得贤《左宝贵早年事迹考》刊于《文讯》第 6 卷第 7 期。

周骏章《论英国传记家斯揣齐》刊于《文讯》第 6 卷第 7 期。

洪道《唤出暴露文学来——继承鲁迅先生的传统》刊于《文艺丛刊》第 2 辑（纪念鲁迅先生）。

魏建功《回忆敬爱的老师钱玄同先生》刊于《国文月刊》第 41 期。

徐炳昶《我所认识的钱玄同先生》刊于《国文月刊》第 41 期。

朱自清《闻一多先生与中国文学》刊于《国文月刊》第 46 期。

朱东润《传叙文学底尝试》刊于《中央周刊》第 8 期。

陈定阁《评朱东润著〈张居正大传〉》刊于《中央周刊》第 8 期。

朱晨《张居正大传》（书评）刊于《中央周刊》第 9 期。

刘锡基《传记文学之建立》刊于《新时代月刊》第 1 卷第 6 期。

鲁迅《论曹操》刊于《人物杂志》第 1 期。

王芸生《论曾国藩》刊于《人物杂志》第 1 期。

俞颂华《梁启超论》刊于《人物杂志》第 1 期。

一苇《伽利略——科学真理殉难者》刊于《人物杂志》第 1 期。

孙敬《托尔斯泰其人》刊于《人物杂志》第 1 期。

文石《航业巨子卢作孚》刊于《人物杂志》第1期。

简史《罗文干的几个镜头》刊于《人物杂志》第1期。

柏寒《廖庶谦》刊于《人物杂志》第1期。

明非《张简斋医师二三事》刊于《人物杂志》第1期。

家农《关于倪斐君》刊于《人物杂志》第1期。

张申府《罗素——现代生存的最伟大的哲学家》刊于《人物杂志》第2期。

范天忧《顾颉刚论秦始皇》刊于《人物杂志》第2期。

刘半农《武训论》刊于《人物杂志》第2期。

文华《白季眉教授》刊于《人物杂志》第2期。

冯玉祥《李二曲先生》刊于《人物杂志》第2期。

韵风《莫德惠二三事》刊于《人物杂志》第2期。

鲁荪《郭沫若的另一面》刊于《人物杂志》第2期。

谟草《民主巨人哲斐孙》刊于《人物杂志》第2期。

向全《武则天》刊于《人物杂志》第2期。

秦苏林《马歇尔元帅的为人》刊于《人物杂志》第3期。

胡虑《我所见到的张治中将军之一面》刊于《人物杂志》第3期。

柳吉明《从一件事看周恩来将军》刊于《人物杂志》第3期。

平之《赴苏联讲学的华罗庚教授》刊于《人物杂志》第3期。

戴济华《忆念孙寒冰教授》刊于《人物杂志》第3期。

文石《张澜先生二三事》刊于《人物杂志》第3期。

吴费《关于林肯》刊于《人物杂志》第3期。

孙源《阿尔巴尼亚的铁托——恩浮霍卓》刊于《人物杂志》第3期。

张默生《王大牛传》（连载）刊于《人物杂志》第3期。

陈志良《画刻家龚翁》刊于《人物杂志》第3期。

厉道诚《倪瓒》刊于《人物杂志》第3期。

郭沫若《论郁达夫》刊于《人物杂志》第3期。

陈纯仁《郑成功论》刊于《人物杂志》第3期。

丁云山译《做江湖戏子时代的卓别灵》刊于《人物杂志》第3期。

云彬《纪念太炎先生》刊于《人物杂志》第4期。

董时进《论甘地》刊于《人物杂志》第4期。

天竹《我所知道的张恨水》刊于《人物杂志》第4期。

俞颂华《富有热情的王芸生》刊于《人物杂志》第4期。

陆甫《记孙科先生》刊于《人物杂志》第4期。

林之春《青年老人沈钧儒》刊于《人物杂志》第4期。

郑北田《洪深教授》刊于《人物杂志》第4期。

浦熙修《访龙云院长》刊于《人物杂志》第4期。

黄访夷《先烈秋瑾》刊于《人物杂志》第4期。

刘清扬《活跃于五四及北伐时的郭隆真》刊于《人物杂志》第4期。

谷溪《关于丁玲》刊于《人物杂志》第4期。

张默生《王大牛传》（续）刊于《人物杂志》第 4 期。

微林《波兰女作家瓦希列夫斯卡》刊于《人物杂志》第 4 期。

王愚《火药的发明人马钧》刊于《人物杂志》第 4 期。

山闪银《模范小学教师罗焕然》刊于《人物杂志》第 4 期。

振翼《孙殿英这个人》刊于《人物杂志》第 4 期。

周恩来《论鲁迅与郭沫若》刊于《人物杂志》第 5—6 期。

余铁英《晏阳初先生与民众教育》刊于《人物杂志》第 5—6 期。

未雨《悼念夏丏尊先生》刊于《人物杂志》第 5—6 期。

逸啸《我所知道的张学良将军》刊于《人物杂志》第 5—6 期。

胡戂《忆念张冲先生》刊于《人物杂志》第 5—6 期。

王璞《认识曹操》刊于《人物杂志》第 5—6 期。

何其芳《哭闻一多先生》刊于《萌芽》第 1 卷第 2 期（追悼闻一多李公朴小说特辑）。

杜运燮《时代的创伤》刊于《萌芽》第 1 卷第 2 期（追悼闻一多李公朴小说特辑）。

力扬《忆李公朴先生》刊于《萌芽》第 1 卷第 2 期（追悼闻一多李公朴小说特辑）。

袁铁羽《我永远忘不了李先生》刊于《萌芽》第 1 卷第 2 期（追悼闻一多李公朴小说特辑）。

［苏］高尔基著，孙玮译《忆叶赛宁》刊于《萌芽》第 1 卷第 2 期。

孙铭勋《中国人民的教育道路》刊于《萌芽》第 1 卷第 3 期（追悼行知先生）。

赵景深《元剧结构的成因》刊于《中国建设》第 1 卷第 4 号。

孙楷第《说脚色》刊于《大中》第 1 卷第 1 期。

劳榦《汉简中之武帝诏》刊于《图书季刊》新 5 卷第 2—3 期。

袁国钦《我的教育观》刊于《教育月刊（台南）》第 1 卷第 1 期。

宋斐如《我们应融化成一体》刊于《教育月刊（台南）》第 1 卷第 1 期。

杨毅《学习，学习，再学习》刊于《教育月刊（台南）》第 1 卷第 1 期。

姚献《建国之首要在教育》刊于《教育月刊（台南）》第 1 卷第 3 期。

丘师彦《以教育为方法达到革命建国之目的》刊于《教育月刊（台南）》第 1 卷第 3 期。

丘环华《谈教育之改进》刊于《教育月刊（台南）》第 1 卷第 3 期。

艾伟《改善学风须从教师做起》刊于《教育月刊（台南）》第 1 卷第 3 期。

叶圣陶《如果我当教师》刊于《教育月刊（台南）》第 1 卷第 3 期。

章盛唐《论国民教育的重点》刊于《教育月刊（台南）》第 1 卷第 3 期。

郑鹤声《总裁对于青年学生读书修养的指导》刊于《教育月刊（台南）》第 1 卷第 3 期。

程其保《如何研究教育学》刊于《教育月刊（台南）》第 1 卷第 3 期。

华夏《学习的真义》刊于《教育月刊（台南）》第 1 卷第 3 期。

秀方《论乡村儿童教育的改造》刊于《教育月刊（台南）》第 1 卷第 3 期。

隆伯《由理想的教育说到今日的教育》刊于《教育月刊（台南）》第 1 卷第 3 期。

丘师彦《台湾记行》刊于《教育月刊（台南）》第 1 卷第 3 期。

戈绍龙《高等教育的经费及行政》刊于《教育月刊（台南）》第 1 卷第 3 期。

秋《教育精神》刊于《教育月刊（台南）》第 1 卷第 4 期。

师培《学校行政民主化》刊于《教育月刊（台南）》第 1 卷第 4 期。

丘环华《国庆感言》刊于《教育月刊(台南)》第 1 卷第 4 期。

兆令《辛亥革命之史的检讨与今后之努力》刊于《教育月刊(台南)》第 1 卷第 4 期。

宋斐如《台湾教育施设的现阶段》刊于《教育月刊(台南)》第 1 卷第 4 期。

徐叙贤《本省实施国民教育的重点》刊于《教育月刊(台南)》第 1 卷第 4 期。

李勃英《公民训练之理论与实际》刊于《教育月刊(台南)》第 1 卷第 4 期。

谢锡福《蒋主席成长之环境及其立志革命》刊于《教育月刊(台南)》第 1 卷第 4 期。

王鸿俊《总裁言论中的国民教育》刊于《教育月刊(台南)》第 1 卷第 4 期。

许俊挺《漫谈台湾当前教育问题》刊于《教育月刊(台南)》第 1 卷第 4 期。

李鼎芳《"教育即生活""学校即社会"的问题》刊于《教育月刊(台南)》第 1 卷第 4 期。

雷震清《战后幼儿教育四大建议》刊于《教育月刊(台南)》第 1 卷第 4 期。

杨同芳《教书与教人》刊于《教育月刊(台南)》第 1 卷第 4 期。

陈一百《坚定我们对道德教育的信念》刊于《教育月刊(台南)》第 1 卷第 4 期。

夏隆伯《由理想的学校说到今日的学校》刊于《教育月刊(台南)》第 1 卷第 4 期。

杨蔓青《展望台湾剧教》刊于《教育月刊(台南)》第 1 卷第 4 期。

施嘉谋《台南县国民教育在本省的地位》刊于《教育月刊(台南)》第 1 卷第 4 期。

陈毓珊《民教工作的我见》刊于《教育月刊(台南)》第 1 卷第 4 期。

陈友松《创立文化银行刍议》刊于《教育月刊(台南)》第 1 卷第 4 期。

林文献《关于生产的几个问题》刊于《教育月刊(台南)》第 1 卷第 4 期。

蒋中正《我对于台湾省的观感》刊于《教育月刊(台南)》第 1 卷第 5 期。

陶知行讲、陈嬗忱记《民主教育》刊于《教育月刊(台南)》第 1 卷第 5 期。

唐守谦《教育民主化的基本原则》刊于《教育月刊(台南)》第 1 卷第 5 期。

林芝崖《论遗传环境与教育》刊于《教育月刊(台南)》第 1 卷第 5 期。

姜琦《如何看清台湾现有的日本教育理论》刊于《教育月刊(台南)》第 1 卷第 5 期。

王遂珍《中学教学上几个应注意的问题》刊于《教育月刊(台南)》第 1 卷第 5 期。

罗廷光《现在通行的几种教法的检讨》刊于《教育月刊(台南)》第 1 卷第 5 期。

阮康虎《现代教师对于教学应有之认识》刊于《教育月刊(台南)》第 1 卷第 5 期。

葛虎慧《小学教师拥有之儿童保育常识》刊于《教育月刊(台南)》第 1 卷第 5 期。

陈友松《新时代的教育宗旨》刊于《教育月刊(台南)》第 1 卷第 6 期。

姜琦《三民主义之教育不外乎诚》刊于《教育月刊(台南)》第 1 卷第 6 期。

重洋《中学教育功能的研究》刊于《教育月刊(台南)》第 1 卷第 6 期。

柯标《音乐是推行社教的利器》刊于《教育月刊(台南)》第 1 卷第 6 期。

王鸿年《犯罪儿童的心理研究》刊于《教育月刊(台南)》第 1 卷第 6 期。

柯文龙《理想的中心国校校长》刊于《教育月刊(台南)》第 1 卷第 6 期。

杨意《小学国语常识科混合教学的一个实例》刊于《教育月刊(台南)》第 1 卷第 6 期。

蒋遒《小学自然科观察实验教学的指导》刊于《教育月刊(台南)》第 1 卷第 6 期。

华林《聋哑儿童教授法》刊于《教育月刊(台南)》第 1 卷第 6 期。

曾安礼《本校实施国语教育的概况》刊于《教育月刊(台南)》第 1 卷第 6 期。

陈红《推行国语教育的检讨》刊于《教育月刊(台南)》第 1 卷第 6 期。

姚宝猷《建国之首要在教育》刊于《广东教育》第 1 卷第 1 期。

毛礼锐《民主主义教育探本》刊于《广东教育》第 1 卷第 1 期。

何心石《论国民教育行政之实施》刊于《广东教育》第 1 卷第 1 期。

陈粤人《改进中等学校导师制的商榷》刊于《广东教育》第 1 卷第 1 期。

阮镜清《中学生心理底根本特质与训育》刊于《广东教育》第 1 卷第 1 期。

马鸿述《论中学教育制度的改革》刊于《广东教育》第 1 卷第 1 期。

朱圣果《论中学生英语程度之低落及其挽救方法》刊于《广东教育》第 1 卷第 1 期。

潘仁《国常成绩考查的实际方法》刊于《广东教育》第 1 卷第 1 期。

姚宝猷《复员后的广东教育》刊于《广东教育》第 1 卷第 1 期。

张希杰《三省教育今后实施管教原则释义》刊于《广东教育》第 1 卷第 1 期。

罗卓英《如何发展广东教育》刊于《广东教育》第 1 卷第 2 期。

姚宝猷《怎样做一个新时代的好学生》刊于《广东教育》第 1 卷第 2 期。

王星拱《启迪与教导》刊于《广东教育》第 1 卷第 2 期。

张云《民主国家国民的修养和风度》刊于《广东教育》第 1 卷第 2 期。

方惇颐《现代教育研究的演进及其趋势》刊于《广东教育》第 1 卷第 2 期。

陈粤人《广东中等教育当前几个严重问题及其解决的建议（上）》刊于《广东教育》第 1 卷第 2 期。

朱智贤《学校开学与始业训练》刊于《广东教育》第 1 卷第 2 期。

胡毓寰《大学国文教材私议》刊于《广东教育》第 1 卷第 2 期。

何士坚《近年一般中学生的国文程度问题》刊于《广东教育》第 1 卷第 2 期。

汤擎民《略论文艺教育》刊于《广东教育》第 1 卷第 2 期。

熊忠信《时事教学的研究》刊于《广东教育》第 1 卷第 2 期。

庄泽宣《我国乡村社会组织调查报告》刊于《广东教育》第 1 卷第 2 期。

N. L. Bossing《中等教育的职能》刊于《广东教育》第 1 卷第 2 期。

汪懋祖《中学制度及课程之研究》刊于《广东教育》第 1 卷第 2 期。

高觉敷《从儿童习史心理谈小学历史教学》刊于《广东教育》第 1 卷第 2 期。

钟曲园《莫校长公璧传》刊于《广东教育》第 1 卷第 2 期。

姚宝猷《我们的认识与决心》刊于《广东教育》第 1 卷第 3—4 期合刊。

庄泽宣《中国教育研究的后顾与前瞻》刊于《广东教育》第 1 卷第 3—4 期合刊。

黄希声《论中等学校训育》刊于《广东教育》第 1 卷第 3—4 期合刊。

陈粤人《广东中等教育当前几个严重问题及其解决的建议（下）》刊于《广东教育》第 1 卷第 3—4 期合刊。

瞿克《农业教育制度之改革》刊于《广东教育》第 1 卷第 3—4 期合刊。

徐锡龄《美国航空教育的实施》刊于《广东教育》第 1 卷第 3—4 期合刊。

陈立《统计与测验中几个基本概念》刊于《广东教育》第 1 卷第 3—4 期合刊。

钟旭元《文学教学改进刍议》刊于《广东教育》第 1 卷第 3—4 期合刊。

黄毅成《怎样实施小学体育课程》刊于《广东教育》第 1 卷第 3—4 期合刊。

王学孟《略论中等教育之最近趋势》刊于《广东教育》第 1 卷第 3—4 期合刊。

高觉敷《小学社会科学学习心理》刊于《广东教育》第 1 卷第 3—4 期合刊。

林超《我国地理教育问题》刊于《广东教育》第 1 卷第 3—4 期合刊。

高觉敷《从地理科学与心理论小学地理教学》刊于《广东教育》第 1 卷第 3—4 期合刊。

于在春《集体学习的动机和设计》刊于《广东教育》第 1 卷第 3—4 期合刊。

李少逸《新疆及伊宁事件》刊于《广东教育》第 1 卷第 3—4 期合刊。

姚宝猷《广东省教育概况》刊于《广东教育》第 1 卷第 3—4 期合刊。

陈粤人《中学公民教学的研究》刊于《广东教育》第 1 卷第 5 期"教学法专号(上)"。

徐俊鸣《中学地理教法管窥》刊于《广东教育》第 1 卷第 5 期"教学法专号(上)"。

朱智贤《师范学校的"小学教材及教法"的教学研究》刊于《广东教育》第 1 卷第 5 期"教学法专号(上)"。

马寿华《小学音乐教材和教学方法研究》刊于《广东教育》第 1 卷第 5 期"教学法专号(上)"。

F. S. Breed《教育与新实在论》刊于《广东教育》第 1 卷第 5 期"教学法专号(上)"。

高觉敷《小学自然科学习心理》刊于《广东教育》第 1 卷第 5 期"教学法专号(上)"。

张应华《数学的性质和数学的学习法》刊于《广东教育》第 1 卷第 5 期"教学法专号(上)"。

程法泌《儿童作文心理》刊于《广东教育》第 1 卷第 5 期"教学法专号(上)"。

小泉信三《读书论》刊于《广东教育》第 1 卷第 5 期"教学法专号(上)"。

李应林《谭礼庭先生献产兴学记》刊于《广东教育》第 1 卷第 5 期"教学法专号(上)"。

胡毓寰《中学国文教学法商榷》刊于《广东教育》第 1 卷第 6 期"教学法专号(下)"。

朱圣果《英语学习的基本训练》刊于《广东教育》第 1 卷第 6 期"教学法专号(下)"。

黄友棣《仪态教育论》刊于《广东教育》第 1 卷第 6 期"教学法专号(下)"。

何心石《师范学校教育行政科之教材与教学》刊于《广东教育》第 1 卷第 6 期"教学法专号(下)"。

瞿克《农业职业学校之教材问题》刊于《广东教育》第 1 卷第 6 期"教学法专号(下)"。

简又文《太平天国之盛衰兴亡观》刊于《广东教育》第 1 卷第 6 期"教学法专号(下)"。

曲圆《中国的土地问题》刊于《广东教育》第 1 卷第 6 期"教学法专号(下)"。

程祥荣《怎样学习普通化学》刊于《广东教育》第 1 卷第 6 期"教学法专号(下)"。

王秀南《教育学科教学法研究发微》刊于《广东教育》第 1 卷第 6 期"教学法专号(下)"。

黎实艺《中等学校师资应如何训练始能提高其效率》刊于《广东教育》第 1 卷第 6 期"教学法专号(下)"。

李蒸《今后教育建设之路》刊于《国立西北师范学术季刊》第 2 期。

黄金鳌《"民主"与"科学"的心理建设》刊于《国立西北师范学术季刊》第 2 期。

李建勋《关于吾国高级师资训练几个重要问题》刊于《国立西北师范学术季刊》第 2 期。

许椿生《中国教育史上关于孔子二三事》刊于《国立西北师范学术季刊》第 2 期。

程金造《徐幹中论序注》刊于《国立西北师范学术季刊》第 2 期。

黎锦熙《介绍三十年前语言教育界一个英雄》刊于《国立西北师范学术季刊》第 2 期。

黎锦熙《复合词构成方式简谱》刊于《国立西北师范学术季刊》第 2 期。

黎锦熙《各级学校"作文"教学改革案》刊于《国立西北师范学术季刊》第 2 期。

黎锦熙《中等学校国文"讲读"教学改革案述要》刊于《国立西北师范学术季刊》第 2 期。

叶鼎彝《广境界论》刊于《国立西北师范学术季刊》第 2 期。

王汝弼《左徒考(屈赋发微之一)》刊于《国立西北师范学术季刊》第2期。

顾学颉《律诗作者第一人——徐陵》刊于《国立西北师范学术季刊》第2期。

李嘉言《长江集考辨(贾岛年谱附录之三)》刊于《国立西北师范学术季刊》第2期。

顾学颉《李后主传论》刊于《国立西北师范学术季刊》第2期。

阎文儒《羿居西方说》刊于《国立西北师范学术季刊》第2期。

陈剑恒《还教与民》刊于《教育世界》第2—3期合刊。

常道直《我国高等教育上几个问题》刊于《教育世界》第2—3期合刊。

陈孝禅《大学教育能培养人才吗》刊于《教育世界》第2—3期合刊。

林本《恢复大学预科之商榷》刊于《教育世界》第2—3期合刊。

杨履武《目前中等教育的病痛及其诊治》刊于《教育世界》第2—3期合刊。

梁漱溟《从统一问题谈到社会教育》刊于《教育世界》第2—3期合刊。

董渭川《普及教育应以成人为本位》刊于《教育世界》第2—3期合刊。

雷鹏羲《从社会教育建立中国现代化底基础》刊于《教育世界》第2—3期合刊。

吕凤子《我的教育主张》刊于《教育世界》第2—3期合刊。

林励儒《谈课外活动指导》刊于《教育世界》第2—3期合刊。

金轮海《中国国字整理研究的初步报告》刊于《教育世界》第2—3期合刊。

程锡康《六十本教育名著介绍》刊于《教育世界》第2—3期合刊。

鲍觉民《中国地大物博的真相》刊于《教育与科学》第2卷第1期。

雷海宗《论本国史教学》刊于《教育与科学》第2卷第1期。

胡毅《对于教科书国定的商榷》刊于《教育与科学》第2卷第1期。

蔡维藩《中等学校外国史教学法之商榷》刊于《教育与科学》第2卷第1期。

陶绍渊《航空时代地理教学的基本工具》刊于《教育与科学》第2卷第1期。

陈一得《昆湖水位之变迁》刊于《教育与科学》第2卷第1期。

王乃梁《中学地理教师应有的几种工夫》刊于《教育与科学》第2卷第1期。

陈友松《实验中学课程应如何实验》刊于《教育与科学》第2卷第2期。

郑永福《德康乐利制的研究》刊于《教育与科学》第2卷第2期。

俞德浚《八年来云南之植物学研究》刊于《教育与科学》第2卷第2期。

王云亭《昆明市郊的地下水》刊于《教育与科学》第2卷第2期。

梁继先《龙打坝》刊于《教育与科学》第2卷第2期。

夏光南《古代骠国之研究》刊于《教育与科学》第2卷第2期。

秦璞安《建立学术研究中心议》刊于《教育与科学》第2卷第3期。

胡毅《工具学科教学之商榷》刊于《教育与科学》第2卷第3期。

李广深《孔子个别教学的研究》刊于《教育与科学》第2卷第3期。

于乃义《建立超然的文化教育基金私议》刊于《教育与科学》第2卷第3期。

萧右乾《云南中等教育之改进》刊于《教育与科学》第2卷第3期。

许涢阳《国民学校缺管仪器之自然科教学法》刊于《教育与科学》第2卷第3期。

胡士铎《滇盐钻探之经过及其展望》刊于《教育与科学》第2卷第3期。

陈一得《三十六年天象预报》刊于《教育与科学》第2卷第3期。

褚守庄《云南土地利用问题》刊于《教育与科学》第2卷第3期。

茗薰《用什么来纪念儿童节》刊于《民主教育》第 6 期。

孙铭勋《孩子们的沉重负担》刊于《民主教育》第 6 期。

求真《归还儿童发言权》刊于《民主教育》第 6 期。

方与严《生活教育运动小史》刊于《民主教育》第 6 期。

李公朴《民主教育的初步实践》刊于《民主教育》第 6 期。

瑞中《我们的儿童教育》刊于《民主教育》第 6 期。

陶行知《替乡下小朋友徵求节礼》刊于《民主教育》第 6 期。

孙铭勋《孩子们的沉重负担》刊于《民主教育》第 6 期。

海风《略论中国当前的大学教育》刊于《民主教育》第 6 期。

史希《我们所热爱的事业》刊于《民主教育》第 6 期。

欧阳竟无《精刻大藏经缘起》刊于《觉有情》第 7 卷第 157—158 期。

李圆净《创建佛教慈济医院议》刊于《觉有情》第 7 卷第 157—158 期。

芝峰《〈民国增修大藏经〉编纂体系述意》刊于《觉有情》第 7 卷第 161—162 期。

范古农《民国增修大藏经普告》刊于《觉有情》第 7 卷第 161—162 期。

黄幼希《汉文大藏经略说》刊于《觉有情》第 7 卷第 161—162 期。

李伯琦《爱国伤时之慧云法师》刊于《觉有情》第 8 卷第 175—176 期。

刘显亮《求佛救我与学佛救人》刊于《觉有情》第 8 卷第 175—176 期。

王恩洋《论历代儒学之演变及当来儒学之重兴》刊于《文教丛刊》第 1 卷第 5—6 期合刊。

李源澄《礼之衍变》刊于《文教丛刊》第 1 卷第 5—6 期合刊。

王恩洋《法相学》刊于《文教丛刊》第 1 卷第 5—6 期合刊。

邱檗《大乘入楞伽经疏证卷第四》刊于《文教丛刊》第 1 卷第 5—6 期合刊。

雪松《楞伽百八句纂义》刊于《文教丛刊》第 1 卷第 5—6 期合刊。

李宏惠《正字衩桃第一集——源流篇》刊于《文教丛刊》第 1 卷第 5—6 期合刊。

王恩洋《评宋明理学之精神论略》刊于《文教丛刊》第 1 卷第 5—6 期合刊。

子漪译《浪漫主义的爱情》刊于《文教丛刊》第 1 卷第 5—6 期合刊。

朱镜宙《章太炎先生轶事》刊于《文教丛刊》第 1 卷第 5—6 期合刊。

王恩洋《昌圆老法师行状》刊于《文教丛刊》第 1 卷第 5—6 期合刊。

王恩洋《余氏双孝祠记》刊于《文教丛刊》第 1 卷第 5—6 期合刊。

张鼎铭《英伦游记》刊于《文教丛刊》第 1 卷第 5—6 期合刊。

四、学术著作

（明）袁柳庄《柳庄相法全编》由上海广益书局刊行。

（清）桂文灿编《说文部首句读》由广东广州广东国民大学出版组刊行。

（清）吴楚材、吴调侯编选，胡朴安鉴定《（言文）古文观止》由上海三民图书公司刊行。

陶庸生著《国学概要》由上海龙门联合书局刊行。

许地山著《国粹与国学》由重庆商务印书馆刊行。

李相显著《先秦诸子哲学》由北平世界科学社刊行。

冯云声著《孔子和老子的政治思想》由四川成都海风出版社刊行。

陈安仁著《秦汉时代学者之人生哲学》由文化印刷服务社刊行。

张纯一著《老子通释》由重庆商务印书馆刊行。

杨荣国著《孔墨的思想》由上海生活书店刊行。

薛学潜著《超相对论》(易经科学讲)刊行。

王天恨解，曹国锋校《四书白话句解》由上海国学研究社刊行。

张贻惠著《庄子讲解》由重庆综合学术社刊行。

中法汉学研究所编《新序通检》由北平中法汉学研究所刊行。

贺昌群著《魏晋清谈思想初论》由重庆商务印书馆刊行。

周祖谟著《宋亡后仕元之儒学教授》由北平辅仁大学刊行。

陈健夫著《王阳明学说及其事功》由上海大东书局刊行。

艾思奇著《论中国特殊性及其他》由大连大众书店刊行。

马翰如著《中国原子哲学》由汕头明德出版社刊行。

郑昕著，中国哲学会西洋哲学名著编译委员会编辑《康德学述》由上海商务印书馆刊行。

汤用彤著《印度哲学史略》由独立出版社刊行。

侯外庐、罗克汀著《新哲学教程》由新知书店刊行。

沈志远著《近代辩证法史》由上海耕耘出版社刊行。

雷香庭著《理则学纲要》由广东广州大学文化事业公司刊行。

张东荪著《思想与社会》由重庆商务印书馆刊行。

张东荪著《知识与文化》由重庆商务印书馆刊行。

按：书前有吴文藻《社会学丛刊总序》及著者自序；书末附有《科学与历史之对比及其对中西思想之不同之关系》《从中国语言构造上看中国哲学》《思想言语与文化》《不同的逻辑与文化并论中国理学》《思想自由与文化》。

按：吴文藻《社会学丛刊总序》说："(社会调查)本为科学进步极好的征象，不幸又有人误信'科学即测量'者，甚至亦有误信'在实地调查以前，脑中应只有一张白纸'，即为严守科学精神者。殊不知一切科学工作的进行，事前必须悬有一种可以运用的假设，假设与科学绝不可分；我们的立场是：以试用假设始，以实地证验终；理论符合事实，事实启发理论；必须理论与事实糅合在一起，获得一种新综合，而后现实的社会学才能植根于中国土壤之上，又必须有了本此眼光训练出来的独立的科学人才，来进行独立的科学研究，社会学才算彻底的中国化。"

张东荪著《理性与民主》由上海商务印书馆刊行。

按：是书共6章：文明与进步、人性与人格、理智与条理、自由与民主、中国之过去与将来等。

李文尧著《循环论》由广东广州中山大学刊行。

胡绳著《理性与自由》由上海华夏书店刊行。

冯友兰著《新原道》由商务印书馆刊行。

冯友兰著《新知言》由商务印书馆刊行。

冯友兰著《新理学》由商务印书馆刊行。

按：是书获得教育部学术审议委员会主持的第一届学术奖励评奖中的哲学类一等奖。

白旭著《论体》由上海再生社刊行。

褚柏思著《人生的理想》由重庆青年军出版社刊行。

江汉钟著《新战士人生观》由芜湖新中国出版社刊行。

沈志远著《新人生观讲话》由上海生活书店刊行。

万西著《新英雄主义—新时代的人生观》由四川成都蓉新印刷工业合作社刊行。

俞铭璜著《人生问题讲话》由上海拂晓社刊行。

俞铭璜著《新人生观》由上海拂晓社刊行。

王春元著《真善美的人生观》由汉中西关青年中学出版。

褚柏思著《伟人的修养》由重庆青年军出版社刊行。

顾锦藻编《青年成功之路》由上海三民图书公司刊行。

顾锦藻编《青年的修养与训练》由上海三民图书公司刊行。

狄畏编《给新时代青年》由上海大方书局刊行。

张国华著《青年立业之路》由上海群学书店刊行。

程宽沼编著《青年守则故事》由杭州著者刊行。

许晚成、徐士铜编《青年人生观》由上海国光书店刊行。

按：是书分3编。上编讨论人生的意义、价值、真相和美满人生的实现等；中编叙述各阶级、阶层人的人生观；下编讨论了青年的人生道路。

陆伯康著《道德的人生观》刊行。

孙起孟著《生活的智慧》由上海进修出版社刊行。

董尧羹编《格言三千句》由上海自力出版社刊行。

杜守素撰《先秦诸子思想》由上海生活书店刊行。

范任宇著《民生史观》由上海商务印书馆刊行。

萧剑青编著《奋斗与基础》由上海大方书局刊行。

徐望之著《人事问题》由上海科学与文学社刊行。

傅琴心编著《母教》由正中书局刊行。

李雄著《侠庐论著》（上册）由福州中国国民党福建省党部资料室刊行。

李宗吾著《怕老婆的哲学》由四川成都晨钟书局刊行。

林志石著《生活与实践》由上海复旦出版社公司刊行。

群学书店辑《怎样医治怕羞病》由上海群学书店刊行。

沈果著《切身问题》由上海大方书局刊行。

沈思笃著《第二学型总论导说》（卷一）由北平复兴印书馆刊行。

菀汝贤著《纵横学研究》由快乐书店刊行。

吴黎平、艾思奇著《科学历史观教程》由上海辰光书店刊行。

虞侃著《生活与思想》由上海长风书店刊行。

袁月楼编《力行与建国》由行健出版社刊行。

张国华编著《怎样做事情》由上海群学书店刊行。

张忍编著《口才与交际》由上海大方书局刊行。

张荫梧著《中华民族正统文化之认识》由北平新生活报社刊行。

中央警官学校编审处编《精神讲话选集》由江苏南京中央警官学校刊行。

周光琦编著《性与犯罪》由重庆正中书局刊行。

朱光潜等著,谢新周辑《龙中少年修养录》由上海三民图书公司刊行。

朱洗著《知识的来源》由上海文化生活出版社刊行。

白寿彝著《中国伊斯兰史纲要》由重庆交通书局刊行。

刘立千编《印藏佛教史》由华西大学、华西边疆研究所刊行。

林仰山著《教会史》(第3卷近代教会)由上海广学会刊行。

北平辅仁大学编《中国首任天主教枢机纪念册》由北平编者刊行。

北平盛新中学神修研究会编《告领小补》由北平编者刊行。

曹伯韩著《谈鬼神》由广西桂林文化供应社刊行。

陈海量讲《知己知彼》由上海大法轮书局刊行。

陈槃著《古谶纬书录题解》(一、二、三)刊行。

董愚夫编《大方广佛华严经普贤行愿品·妙法莲华经观世音菩萨普门品·地藏菩萨本愿经》由上海佛教青年会刊行。

弘一著,李芳远编《弘一大师文钞》由上海邶风书屋刊行。

金山大埠中华基督教长老会九十周年纪念筹备处编《财政汇刊·积财于天》由旧金山中华基督教长老会刊行。

李秉源著《圣教释疑》由香港公教真理学会刊行。

栾非力著《得胜者的祷告》由北平基督徒聚会处刊行。

罗嘉著《主保汇编》由澳门白德美纪念出版社刊行。

上海中华基督教青年会义务领袖联席会议筹备委员会编《中国青年与中国建设》由上海编者刊行。

太虚讲,福善编校《人生佛教》由上海海潮音月刊社刊行。

韦千里著《八字提要》由上海千顷堂书局刊行。

韦千里著《韦千里命学讲义》由上海韦氏命苑刊行。

梧州教区传道员编《公教论真》由香港公教真理学会刊行。

谢颂羔著《诸教的研究》由上海广学会刊行。

星相研究社编《算命实在易》由上海春明书局刊行。

许地山著《扶箕迷信底研究》由商务印书馆刊行。

杨塞编著《中华公进妇女模范》由澳门白德美纪念出版社刊行。

隐名修女编著《贤女加大利纳传》由澳门白德美纪念出版社刊行。

予旦著《利群集》由上海润德堂书局刊行。

岳庆山樵著《牙牌神数八种》(兰闺清课)由上海广益书局刊行。

赵世光著《慕道友问答》由上海灵粮刊社刊行。

中华基督教青年会全国协会宗教教育部编《基督教信仰与青年》由编者刊行。

中华浸会女传道会联合会编《尼希米记研究》由上海中华浸会书局刊行。

中华全国基督教协进会编《基督的教会与中国的将来》由上海编者刊行。

中华全国基督教协进会编《基督教对今日中国的宣召》由上海编者刊行。

马神父编《公教进行组织初阶》由香港真理学会刊行。

马奕猷著编《我们的圣教》(像解问答题本)由香港公教真理会刊行。

徐懋庸等著《社会科学概论》由辽东建国书社刊行。

王亚南著《社会科学新论》由福州经济科学出版社刊行。

曹伯韩著《通俗社会科学二十讲》由胶东新华书店刊行。

按：是书分社会、家庭、国家、民族等4部分，共20篇。

平心著《社会科学研究法》由大连大众书店刊行。

王伯伦著《社会学教程》由上海神州国光社刊行。

孙本文著《社会思想》由重庆商务印书馆刊行。

孙本文著《社会心理学》（上下册）由商务印书馆刊行。

按：是书将中外社会心理学各种流派的学说融为一体，以个人行为与社会环境的关系为中心，系统探讨了社会心理学的原理和应用。该书贯彻理论与应用并重的原则，而在原理的应用上又以不背离本民族的优秀文化传统和当时的世界潮流为宗旨，引用的资料多取材于战国史事与时事，为社会心理学的中国化做出了有益的尝试（《民国学案》第五卷《孙本文学案》）。

杨松、陈伯达等著《社会科学基础教程》由大连新生书店刊行。

童润之编《乡村社会学纲要》由重庆正中书局刊行。

乔启明著《中国农村社会经济学》由重庆商务印书馆刊行。

褚一飞编《统计学》由上海立信会计图书用品社刊行。

乌格朋等主编，朱亦松译述《社会科学与哲学自然科学》由重庆商务印书馆刊行。

华岗著《社会发展史纲》由重庆生活书店刊行。

按：是书简述中国社会的发展过程。包括绪论、人类的起源和进化、原始共产社会、奴隶社会、封建社会、资本主义社会、社会主义社会等7章。

王亚南著《社会科学新论》由经济科学出版社刊行。

高达观编著《中国家族社会之演变》由正中书局刊行。

陈彩章著《中国历代人口变迁之研究》由商务印书馆刊行。

蒋旨昂著《社会工作导论》由商务印书馆刊行。

言心哲著《现代社会事业》由商务印书馆刊行。

陈煜堃著《社会保险概论》由江苏南京经纬社刊行。

林良桐编《社会保险》由重庆正中书局刊行。

史可京编《调查方法》由重庆正中书局刊行。

张爽坤编《社会调查的认识与方法》由重庆说文社刊行。

陆军大学编《统计学》由编者刊行。

沈有乾著《实验设计与统计方法》由上海中华书局刊行。

邝宗源著《应用统计学》由江苏南京中西印刷社刊行。

黄翼编《应用统计学》由广东广州穗兴印务馆刊行。

天津市政府编《天津市政统计及市况辑要》由天津编者刊行。

甘肃省政府编《甘肃省统计年鉴》（民国三十五年）（第1回）由编者刊行。

江西省政府统计处编《江西统计提要》由江西编者刊行。

台湾省行政长官公署统计室编《台湾省五十一年来统计提要》由编者刊行。

澎湖县政府编《澎湖县统计概要》由台湾澎湖编者刊行。

张明著《人类努力的方向》由广东广州粤秀出版社刊行。

罗家伦著《新民族观》由重庆商务印书馆刊行。

臧渤鲸著《中华民族新论》由重庆商务印书馆刊行。

胡仲持著《三十二国风土记》由上海开明书店刊行。

吴光杰著《欧美礼俗》由重庆商务印书馆刊行。

杨荫深编《岁时令节》由上海世界书局刊行。

陈果夫著《中国礼俗研究》由江西南昌力行出版公司刊行。

陈序经著《乡村建设运动》由上海大东书局刊行。

宗杰、霍明志著《达古斋真富指南》由北平中原印刷社刊行。

蒋旨昂著《战时的乡村社区政治》由重庆商务印书馆刊行。

孙本文编《公民》(第 7 册 社会问题)由江苏南京正中书局刊行。

王逸夫编《择偶秘术》由上海卫生研究社刊行。

倪光和著《婚姻宝鉴》由重庆个人刊行。

陈俊编《结婚准备》由上海文源书局刊行。

许晚成、赵锦华编《青年结婚与健康》由上海国光书店刊行。

谢叔盈编《甜蜜家庭》由上海梅岭书屋刊行。

刘孟辉编《闺房圣经》由上海梅岭书屋刊行。

李宜琛编《婚姻法与婚姻问题》由正中书局刊行。

按:是书共 9 讲。讲述婚姻制度的历史,对订婚、结婚、婚姻关系、夫妻财产、离婚诉讼等问题加以解析。

中华妇女福利社编《四年来之陪都妇女福利社》由江苏南京编者刊行。

陈序经著《疍民的研究》由上海商务印书馆刊行。

窦季良编《同乡组织之研究》由正中书局刊行。

卫聚贤(原题卫大法师)著《中国的帮会》由重庆说文社刊行。

孙悦民著《家理宝鉴》由中国三理书社刊行。

刘师亮著《汉留史》由重庆刘师亮遗作出版社刊行。

山逸编《袍哥内幕》由重庆民间报刊行。

王蕴兹纂修《海底诠真》刊行。

陈国屏著《(重订加注)清门考源》由上海联谊出版社刊行。

朱光慈编《青帮实录》由新生文化社刊行。

首都警察厅警员训练所编《户口调查》由编者刊行。

张国权编著《户口调查概要》由内政部刊行。

周中一著《现行户籍行政制度》由内政部刊行。

陈彩章著《中国历代人口变迁之研究》由重庆商务印书馆刊行。

陈达著《现代中国人口》由英国刊行。

黄炎培著《机关管理一得》由重庆商务印书馆刊行。

陈果夫编著《机关组织论》由重庆正中书局刊行。

郑彦棻著《怎样才能使机关学校化》由江苏南京独立出版社刊行。

古贯郊著《庶务管理》由重庆中国文化服务社刊行。

顾震白编著《文书处理法》由上海林耕耘出版社刊行。

周连宽编《公文处理法》由重庆正中书局刊行。

朱伯郊著《文书处理程序》由重庆中国文化服务社刊行。

陈国琛著《文书之简化与管理》由著者刊行。

王昭然著《公文革命刍议》由江苏南京著者刊行。

邓初民著《新政治学大纲》由上海生活书店刊行。

按：是书与著者《政治学》一书内容相同。

黄忏华著《政治学荟要》（上下册）由重庆商务印书馆刊行。

按：是书阐述政治学的意义、范围、性质、方法以及国家与政府理论，并择要介绍各国政治制度及政党情况。

王赣愚著《新政治观》由上海大东书局刊行。

按：是书内分向理智的反抗，对集团的重视，政治象征与宣传，政治时代的科学，政治上的进步观，政治的战争观，战争的政治原因等8章。

王耘庄著《一种政治观》由著者刊行。

郑晖著《政治生活与政治学读本》由上海潮锋出版社刊行。

新华书店晋察冀分店编《斯大林最近言论》由新华书店晋察冀分店刊行。

杨松著《殖民地半殖民地国家的民族革命》由上海新知书店刊行。

按：是书分四章论帝国主义的殖民政策，殖民地、半殖民地国家的民族解放运动与民族解放战争，反帝统一战线与中国抗日民族统一战线，殖民地半殖民地国家内民族解放运动与宗主国内社会主义革命等。

石啸冲著《战后世界殖民地问题》由香港新中出版社刊行。

杨熙时著《中国政治制度史》由重庆商务印书馆刊行。

毛泽东著《毛泽东选集》（第1、5卷）由胶东新华书店刊行。

毛泽东著《毛泽东选集》（1—5卷）由大连大众书店刊行。

刘少奇著《关于修改党章的报告》由中共辽东省委刊行。

刘少奇著《论革命家的修养》由大连大众书局刊行。

刘少奇著《论党》由山东新华书店刊行。

《如何贯彻东北全党的转变》由大连东北书店刊行。

《中国共产党第七次代表大会文献》由华东军区政治部刊行。

陈昌浩著《政党论》由上海新知书店刊行。

万瑞莲著《什么是社会主义》由香港东方出版社刊行。

按：是书分《劳苦大众的天下——社会主义的社会》《仙官和乐园——空想的社会主义与科学的社会主义》《怎样巩固劳苦大众的天下——社会主义与无产阶级专政》《怎样改善乐园——社会主义与经济建设》《由乐园到天堂——由社会主义到共产主义社会》《帝国主义》《我们要参加革命战争，反对反动战争》《我们要反对侵略》《我们要消灭疯狂的法西斯蒂》《要消灭疯狂的法西斯蒂——我们要有今年打败希特拉，明年打败日寇的信心和决心》等10课。

孙中山著，吴拯寰编《中山全书》（1—4册）由上海三民图书公司刊行。

侯外庐著《三民主义与民主主义》由上海长风书店刊行。

梁世豪编著《三民主义概观》由广西桂林编著者刊行。

马璧编著《三民主义的政治学》由上海世界书局刊行。

毛泽东等著，赵元明编《论三民主义》由大连大众书店刊行。

毛泽东等著《论三民主义》由胶东新华书店刊行。

于炳文编著，李雄校订《三民主义之理论与实际》由福州教育图书出版社刊行，有李雄序、自序及张治中题字。

周济编著《三民主义研究之概述》由湖南岳阳精华石印局刊行。

开济编《三民主义精义》由青年军出版社刊行。

沈锦如著《三民主义概观》由上海永祥印书馆刊行。

陈仪著《奉行国父遗教三要事》由台湾省行政长官公署宣传委员会刊行。

蒋介石著《国父遗教六讲》由三民主义青年团北平夏令营刊行。

浦家麟编《国父遗教表解》由上海铁风出版社刊行。

台湾行政长官公署秘书处编辑室编《国父遗教辑要》由编者刊行。

张廷灏编著《国父遗教提要》由上海大东书局刊行。

高清岳著《建国新论》由政治前线月刊社刊行,有自序。

邓初民著《民主的理论与实践》由上海文治出版社刊行。

山东省妇联总会编《山东解放区的妇女》由山东新华书店刊行。

新运妇女指导委员会编《新运妇女指导委员会工作八年》由江苏南京编者刊行,有宋美龄弁言,张蔼真前言。

恽伯琴编《从小姐到主妇》由上海群学书店刊行。

赵绍白著《各国女性的生活》由上海经纬书局刊行。

黄右前编《军棍使用法》由上海正中书局刊行。

石啸冲著《历史转变的年代》由上海中外出版社刊行。

台湾第一届青年夏令营编《台湾第一届青年夏令营训练集》由正气出版社刊行。

北平市政府编《光复一年之北平市政》由北平编者刊行,有熊斌序言。

陈果夫著《理想的前途》由重庆正中书局刊行。

陈瑾昆著《余为何参加中共工作》由东北书店刊行。

成智编《新生中的国民党》由广东广州港粤三友出版社刊行。

大会宣传部编《大行二届群英大会的总结报告和宣言》由编者刊行。

第三届参议会常驻会编《陕甘宁边区第三届参议会第一次大会汇刊》由编者刊行。

广东省党部宣传处编《党务工作要览》由中国国民党广东省执行委员会刊行。

黄民德著《一年来之党务》由广西桂平中国国民党桂平县党部刊行。

东北日报社编《群众工作手册》由东北书店刊行。

冯自由著《华侨革命开国史》由重庆商务印书馆刊行。

陈直夫编,侨务委员会研究室主编《澳洲及旅澳华侨》由重庆商务印书馆刊行。

广东省政府民政厅编《广东民政统计提要》由编者刊行。

广东省政府设计考核委员会编《广东省政府三十五年度政绩比较表》由编者刊行。

蒋介石著,欧阳可亮编《信仰耶稣与新生活》由台北海疆出版社刊行。

蒋介石著《团长言论选读》刊行。

景梅九著《正告阎百川》由国风日报社刊行,有著者弁言及编者小言。

抗战日报社编《敌后各抗日根据地介绍》由旅顺民众书店刊行。

李次民著《今日之东北》由广东广州自由出版社刊行。

按:是书讲述东北九省的自然环境、形势、经济状况,东北问题的现阶段及解决东北问题的途径等。书前有东北九省新形势图。

李中明编《中国国民党党史述要》由福建安溪中国国民党安溪县党部刊行。

民宪月刊社编《和平民主统一建国之路》由香港民宪月刊社刊行。

闽台通讯社编《台湾政治现状报告书》由编者刊行。

南京特别市执行委员会组训处编《中国国民党基层组织法规辑要》由江苏南京编者刊行。

松江县临时参议会编《松江县临时参议会第三次大会会刊》由松江县编者刊行。

台湾省行政长官公署秘书处编《台湾一年来之文书改革》由台湾省行政长官公署宣传委员会刊行。

台湾省行政长官公署民政处编《台湾省民意机关之建立》由编者刊行。

汪宇平著《东北边防形势论》由重庆中外时事研究社刊行,有著者序。

王懋功著《江苏省党务报告、江苏省政府还治后施政概况》由江苏省政府刊行。

兴国县参议会秘书室编《兴国县参议会第一次大会会议录》由编者刊行。

再生社编辑部编《中国民主社会党专辑》由再生社编辑部刊行。

中共华中局民运部编《群众工作文件》由编者刊行。

中共冀鲁豫区党委宣传部编《供您参考》由编者刊行。

中国国民党河南省执行委员会编《中国国民党河南省执行委员会工作概况》由编者刊行。

中国国民党湖南省执行委员会编《中国国民党湖南省第五次全省代表大会党务报告》由编者刊行。

中国国民党江西省党部编《党务报告》由编者刊行。

中国民主党总部审订《中国民主党重要文件汇编》由民主导报社刊行。

中国民主同盟总部编《民主同盟文献》由编者刊行,有编者序言。

中央组织部编《铁路公路特别党部应用法规辑要》由编者刊行。

中央组织部军队党务处编《八年来之军队党务》由编者刊行。

重庆市政府秘书处编《重庆市政府三十四年度政绩比较表》由编者刊行。

大成企业考试科著《中国各种官员考试大全》由台北大成企业局刊行。

丁作韶等著《建部北平》刊行。

国防部第二厅编《犹太民族复国运动》由编者刊行。

国民政府军事委员会抚恤委员会编《军事抚恤》由编者刊行。

胡次威著《参议会组织实务》由上海商务印书馆刊行。

胡次威著《参议员选举实务》由上海商务印书馆刊行。

开庆编著《县各级民意机关之建立》由四川江津著者刊行。

考试院编《中国国民党第六届第二次中央执行委员会全体会议考试院工作报告书》由重庆编者刊行。

李学训著《现行地方民意机构制度》由上海中华书局刊行。

林紫贵编《宣传技术研究》由中国国民党台湾省党部刊行。

刘载和著《原子时代的建都新论》由广东广州个人刊行。

刘中南编著《新县制地方行政事业推行方法》由锦州著者刊行。

刘佐人著《机关管理新论》由广东省银行业务人员讲习班刊行。

人员训练班编《蒋主席义务劳动言论》由中央训练团义务劳动高级人员训练班刊行。

善后救济总署编《江西灾情》由江西编者刊行。

施养成著《中国省行政制度》由重庆商务印书馆刊行。

首都警察厅警员训练所编《地方自治要义》由江苏南京编者刊行。

王克编著《建都论战》由上海经纬书局刊行。

郗若霖著《县政与数字管理的研究》由北平中国县政学社刊行。

兴安县政府编《广西省兴安县办理救济事业报告书》由编者刊行。

薛樵等著,太岳新华书店编《中国法西斯派的恐怖特务组织》由太岳新华书店刊行。

叶衍璋著,国防部新闻工作人员训练班编《组训技术》由编者刊行。

郑林宽、梁良洽著《福建省战时移民之个案分析》由福州农业改进处调查室刊行。

中央宣传部编《国党旗制用升降办法》由重庆编者刊行。

汪大捷著《建都东北说》由复东文化馆刊行。

何平康著《新民主世界讲话》由重庆文治出版社刊行,有邓初民序。

江康黎著《行政管理学》由青年军出版社刊行。

马云声著《民主政治论》由四川成都海风出版社刊行,有左潞生序及自序。

丁祖荫著《警政人员心理测验》由重庆商务印书馆刊行。

李士珍主编《警察服务须知》由中央警官学校研究部刊行。

上海警察局编《警察手册》由编者刊行。

淮南矿路警务处警察教练所编《淮南矿路警务处警察教练所讲义》(下册)由编者刊行。

岑士麟讲授《外事警察》刊行。

首都警察厅警员训练所编《交通警察》由编者刊行。

首都警察厅警员训练所编《刑事警察》由编者刊行。

项作梁编述《警察勤务讲义》由中央警官学校编审处刊行。

余秀豪著《警察学大纲》由重庆商务印书馆刊行。

俞叔平编著《刑事警察与犯罪侦察》由上海远东图书股份有限公司刊行。

中央警官学校编审处主编《警政高等研究班讲演汇编》(第一集)由编者刊行。

张金鉴著《行政学提要》由上海大东书局刊行。

赵宗预编著《人的管理》由上海世界书局刊行,书前有自叙。

朱亦松著《新时代的民治主义》由著者刊行,有著者序。

按:是书阐述民治主义发展的历史、近代欧美社会情况与民治主义的冲突、民治主义的几个新形式,以及民治主义在中国的适用程度等。

阿城县政府编《整风文献》由编者刊行。

陈伯达著《论农民问题》由上海新知书店刊行。

按:是书包括资产阶级革命中的农民、无产阶级革命中的农民、社会主义建设中的农民等5章。

何适编《各派社会主义之分析》由重庆青年书店刊行。

晋察冀中央局研究室编《解放区工运与工业建设》由编者刊行。

李传绪编《领导方法文选》由冀鲁豫书店刊行。

鲁中区党委、军区政治部编辑《论领导方法》由鲁中新华书店刊行。

东北出版社编《领导方法与工作作风》由东北出版社刊行。

钱实甫著《民主与自由》由上海名山书局刊行。

王赣愚著《民治新论》由上海大东书局刊行。

赵森樵著《大同社会主义》由四川成都国风书局刊行。

朱德等著，军事工业部编《职工运动问题》由编者刊行。

胡绳著《中国问题讲话》由大连大众书店刊行。

陈伯达著《评〈中国之命运〉》由香港晓明社刊行。

陈鲁慎著《青年与政治》由广东广州经纬社刊行，有自序。

范文澜等著《袁世凯》由辽东建国书社刊行。

姜蕴刚著《生命的火焰》由成都狂飙社刊行。

晋冀鲁豫军区政治部编《政治民主化与军队国家化》由编者刊行。

黎晋伟撰《为建国而努力》由香港国民日报社刊行。

李观森著《中国胜利的奥秘》由上海中华福音电台全国总会刊行。

潘光旦著《自由之路》由上海商务印书馆刊行。

平心著《从胜利到民主》由上海明华出版社刊行。

沈思笃著《特里尼主义之应用》由北平复兴印书馆刊行。

时论丛刊社编《为和平民主而战》由编者刊行。

邹韬奋著《对反民主的抗争》由上海韬奋出版社刊行。

宋美龄著，韩哲之编《中国与世界》由上海青年出版社刊行。

许自强主编《内战与内乱》由重庆红蓝出版社刊行。

殷海光著《中国国民党的危机》刊行。

张文伯著《胜利的自觉》由江苏南京读者之友社刊行。

林天明著《新中国与新政治》由台湾花莲东台日报社刊行，有陈鹿序及著者序。

周佐治著《复员建国的急务》由江苏南京青年出版社刊行。

蒋介石著，康丹校《总裁抗战言论类编》由经纶出版社刊行。

蒋介石著《蒋主席战后重要言论集》由国民书局刊行。

国际出版社编《蒋主席最近言论》由上海国际出版社刊行。

刘经扶辑《蒋主席言论集》（抗战胜利后）由郑州绥靖公署刊行。

段麟郊编著《总裁言论讲授》由重庆国民图书出版社刊行。

杨森著，贵州省政府秘书处编《杨主席言论选集》由贵州贵阳编者刊行。

周子亚编著《外交官》由贵州贵阳文通书局刊行。

黄宗汉著《中国外交政策》由广东广州个人刊行。

中国共产主义同盟中央执行委员会著《中国共产主义同盟对战后国际及国内时局主张》由著者刊行。

韩幽桐著《国际问题研究法》由北平中外出版社刊行。

贾书法著《国际问题概观》由江苏南京独立出版社刊行。

储玉坤著《战后世界新形势》由上海永祥印书馆刊行。

石啸冲著《战后世界殖民地问题》由香港新中出版社刊行。

间群编《联合国文献》由临沂山东新华书店刊行。

陈泽湘著《国际组织概要及其技术问题》由重庆商务印书馆刊行。

邓明之编著《第三粒原子炸弹怎样爆发》由上海经纬书局刊行。

国际资料社编辑《反对第三次世界大战》由国际资料社刊行。

全民周刊社编《第三次世界大战会爆发吗》由全民周刊社刊行,有编者前言。

吴怀冰编《外蒙古内幕》由上海经纬书局刊行。

按:是书从地理、历史、政治、经济各方面简要介绍蒙古人民共和国,卷首有编者前言。

邓锡侯著,川康绥靖主庄公署秘书处编《日本的兴亡与中国》由编者刊行。

光复出版社编《一年之中日政局的演变》由台北光复出版社刊行。

"第三方面"军司令部编《日本民主化诸问题》由上海改造日报馆刊行。

"第三方面"军司令部改造日报馆编《日本问题专集》由改造日报馆刊行。

按:是书选编文章均译自上海日文报刊《改造日报》《改造周报》。有秦叶修《管理日本的思想论据》,史青《论管理日本》,甲斐静马《日本的战败外交》,村田一雄《幻觉》等,有金学诚代序。

谭若水著《战后日本秘闻录》由上海中国出版公司刊行。

按:揭示第二次世界大战后的日本概况,包括日共领导人野坂参三的活动,战犯狱中生活,日皇的新企图等。也述及战后日本社会问题,如失业、饥馑、黑市交易及日本妇女的悲惨境地等。有李济棠序。

杨潮著《欧洲纵横谈》由上海世界知识社刊行。

翟楚著《近代欧洲之政治与外交》由重庆商务印书馆刊行。

林云编《和平民主洪流中的反苏反民主逆流》由山东新华书店刊行。

龙冠海编《美苏少年组织》由重庆正中书局刊行,有自序。

苏联对外文化协会编著,孟昌译《苏联概况》由重庆中苏文化协会刊行。

伊巴鲁里等著,魏文涛编《西班牙的面目》由大连大众书店刊行。

刘逎诚著《英国的政治》由重庆商务印书馆刊行。

徐励著《英国警察制度之研究》由警风出版社刊行。

洛羊著《认识美国》由上海洪流出版社刊行。

按:是书评述美国政治制度、财阀集团及新闻事业,对比人民力量与反动势力,剖析经济危机及法西斯化过程,推行反苏政策及干涉中国内政等,有马叙伦序。

美国争取和平委员会编,龚澎译《公开的秘密——美国走向法西斯》由香港现实社刊行。

太岳新华书店《美国内情》由太岳新华书店刊行。

何任清著《法学通论》由上海商务印书馆刊行。

朱祖贻编著《法学通论》由重庆正中书局刊行。

按:是书分12章概述法学的一般理论、法律的现状、法院组织、律师制度,以及民法、宪法、战时国际法等。

首都警察厅警员训练所编《法学通论》由江苏南京编者刊行。

童沂著《现代法学》由吉林长春大公书店刊行。

青年军出版社编《现行法概要》由重庆青年军出版社刊行。

费青著《从法律之外到法律之内》由上海生活书店刊行。

吴之椿著《法治与民主》由上海生活书店刊行。

居正著《为什么要重建中国法系》由上海大东书局刊行。

张天福编著《希伯来法学之研究》由上海大东书局刊行。

童沂著《中国宪法史考》由吉林长春大公书店刊行。

韩幽桐著《宪法论》由北平中外出版社刊行。

刘士笃著《新中国宪法论》由重庆读者之友社刊行。

刘炯时著《中国宪法论》由广东广州广东文化事业公司刊行。

杨幼炯著《近世民主宪政之新动向》由重庆商务印书馆刊行。

杨劲支编《宪政与国防》由重庆正中书局刊行。

张知本编《宪政要论》由上海大东书局刊行。

罗香林著《中国宪政之进程》由广东广州中山出版社刊行。

胡经明编著《五权宪法与各国宪法》由上海正中书局刊行。

按：是书共八章，分别是：五权宪法与三权宪法之认识、五权宪法与英国宪法之比较、五权宪法与美国宪法之比较、五权宪法与苏联宪法之比较、五权宪法与法瑞宪法之比较、五权宪法与德国宪法之比较、五权宪法与意日宪法之比较、五权宪法与五五宪草之规定。

中国文化服务社总社编《各国宪法汇编》由上海中国文化服务社刊行。

叶青编著《五五宪草研究》由上海大东书局刊行。

毅生编《新中国宪法研究》由上海生活书店刊行。

王子兰编著《中国制宪问题》由上海中国印书馆刊行。

按：是书分为两编，第一编"制宪及宪草的认识与检讨"，包括制宪的先决问题、五权宪法及宪草之学理的根据、五权宪法及宪草的特点、政治协商会议宪法修改原则的谬误四章；第二编"宪草章节条文之研究"，包括关于总纲者、关于人民之权利与义务者、关于国民大会者、关于中央政府者、关于地方制度者、关于国民经济者、关于教育者、关于宪法之施行及修正者、应补充之章节条款九章。附录收录了"五五宪草"全文。

陈麟章编《宪法问题与五五宪草研究》由临沂山东新华书店刊行。

陈雪涛著《中华民国宪法草案研究》由北京著者刊行。

平心著《中国民主宪政运动史》由上海进化书局刊行。

熊伯履编著《宪草新新评论》由开封民权新闻社刊行。

中国文化服务社编《五五宪草有关文献》由上海中国文化服务社刊行。

国民大会秘书处编《中华民国宪法》由江苏南京印书馆刊行。

萨师炯著《清代内阁制度》由重庆商务印书馆刊行。

许毓峰编《国民大会资料集》由航空委员会政治部刊行。

胡次威编著《四权行使法论》由正中书局刊行。

张天福著《行政法原理》由重庆商务印书馆刊行。

江苏省民政厅编纂委员会编《江苏省民政单行法规汇编》由江苏省民政厅第六科刊行。

孙晓崧、项昌权编《民政法规》由上海大众社刊行。

丁光昌编《警察法规》由上海大东书局刊行。

中央警官学校编审处、中华警察学术研究社编《通行警察法规汇编》由上海编者刊行。

上海市参议会秘书处编《警政法令》由上海编者刊行。

郭卫校《违警罚法》由上海法学编译社刊行。

郑宗楷编《户籍法》由中央警官学校刊行。

内政部户政司编《现行户籍基本法规》由江苏南京编者刊行。

俞斯锦编著《新户籍法释义》由上海户政学社刊行。

孙中山著《地方自治开始实行法》由台湾省行政长官公署秘书处刊行。

江苏省政府编《行政三联制重要文告法令汇编》由编者刊行。

台湾省行政长官署法制委员会编《台湾省单行法令汇编》由台北编者刊行。

罗鼎著《继承法要论》由上海大东书局刊行。

郭卫编《刑事诉讼法论》由上海法学编译社刊行。

刘独峰著《国际学大纲》由平民书屋刊行。

按：是书共 6 章。论述国际学的定义、产生、内容，研究国际学的方法、态度，国际背景与国际关系，战后国际新问题，介绍国际组织及国际法等。

郑麐编译《孙子兵法》由上海世界书局刊行。

李裕日编著《孙子新研究》由江苏南京世界兵学社刊行。

蔡锷编著，蒋介石增补，吉世林注解《（增补）曾胡治兵语录白话句解》由北平武学印书馆刊行。

毛泽东、朱德等著《毛泽东的建军思想》由新四军华中军区政治部刊行。

史久光著《军事哲学札记》由江苏南京世界兵学社刊行。

按：是书收文 4 篇：《武德与军事教育》《儒家国防思想问答》《军事哲学新论》《战场心理学纂要》。

萧孝嵘著《军事心理学》刊行。

按：是书系我国现代第一本比较系统的军事心理学专著。从军事心理学科建设的角度说，作者是一位重要的开拓者。

国防部新闻局编《士兵心理问题讲授大纲》由编者刊行。

戴坚著《战阵新法》由同仇学社刊行。

徐志达编《应用军事铁路运输》由陆军大学刊行。

冯衍编《考察英德军事记略》刊行。

卢凤阁编《中外古代战史（卷三—六）》由陆军大学刊行。

王麟生编《第一次世界大战史——高加索战事》由陆军大学刊行。

卢凤阁编《第二次世界大战述要》由陆军大学刊行。

王钟琴编《二次世界大战秘密武器荟谭》由重庆文通书局刊行。

蒋介石讲，张耕法编《青年与军事（蒋主席青年问题言论集）》由上海世界书局刊行。

国防部编《陆空联合演习计划》由国防部刊行。

白崇禧著《检阅伞兵总队总讲评》由伞兵总队司令部刊行。

张泰祥著《训教注意事项》由江苏南京国防部新闻局刊行。

苏焕宗、王劭编《陆军辎重兵学校第八期学员队学术备忘录》由明新印刷厂刊行。

汤庆曾编《兵站勤务》由陆军大学刊行。

联合勤务总司令部第三兵站总监部运输处编《怎样办理兵站通讯运输业务》由辽宁沈阳东北力行图书社刊行。

美国陆军部著，杨友桢译《化学战补给与占地勤务》由化学兵干部训练班教材编汇委员会刊行。

柯远芬著《中国国防建设之研究》由台北正气出版社刊行。

孟桓昌辑《投考陆大指南》由江苏南京军学编译社刊行。

潘光旦著《宣传不是教育》由上海生活书店刊行。

志诚编著《兵役论丛》由江苏南京青年军出版社刊行。

国防部兵役局编《兵役法令初编》由江苏南京兵学书店刊行。

国防部兵役局编《兵役法》刊行。

杨先义编《铁的临城》由人民出版社刊行。

晋冀鲁豫军区政治部编《人民军队的建设》刊行。

胶东军区政治部编《百日大练兵干部思想教育材料》刊行。

肖向荣著《关于部队文艺工作问题》由晋冀鲁豫军区政治部刊行。

第十八集团军政治部宣传部编《军民关系》由晋冀鲁豫军区政治部刊行。

晋察冀边区复员委员会编《晋察冀边区复员工作文件集》刊行。

延安炮兵学校编《山炮班教练》由新四军山东军区司令部刊行。

冀晋区人民武装委员会编《民兵战术教材》刊行。

林盈著《琼崖孤岛上的斗争》由中国出版社刊行。

方艾编《自卫战见闻录》由山东新华书店刊行。

许诺等著《蒋军的陷阱》由威县冀南书店刊行。

金沙等著《同蒲前线》由太岳新华书店刊行。

常健编述《奸匪之兵运及其对策》由国防部新闻局工作人员训练班第三班刊行。

黄希珍等著《美军作战纲要》由陆军大学刊行。

陈简中著《奉派驻美研究军事教育总报告书》刊行。

美国空军总司令部公布，曾宪琳译《美国空军军事人员分科与任职》由航空委员会人事处刊行。

袁项军编述《战术原则图表解》由江苏南京军用图书社刊行。

国防部修正《三十四年陆军军编制表》由国防部刊行。

国防部订《三十五年陆军军编制表》由国防部刊行。

军事委员会军训部颁行《战时陆军教育令草案》由陆军军官学校刊行。

青年军二零一师六零一团三营编《青年远征军步兵教练笔记》由重庆军学编译社刊行。

军训部编《步兵操典草案》由南京拔提书局刊行。

欧阳义编著《步兵操典第一部修正之研究》由重庆军学编译社刊行。

军训部编《骑兵操典草案修正理由书》由江苏南京军训部骑兵监刊行。

军训部编《骑兵操典草案》由南京拔提书局刊行。

海军总司令部编《海军总司令部编制草案》刊行。

苏海山主编《中华舰队首次游巴志》刊行。

蔡汝栋著《四十七天衡阳保卫战》由中华书局刊行。

中国陆军总司令部编《中国战区中国陆军司令部受降报告书》由编者刊行。

张公雅著《瞻回印缅战场》刊行。

谭道平编《南京卫戍战史话》由东南文化事业出版社刊行。

中国的空军出版社编《空中搏斗》由编者刊行。

王正之著《西江间谍战》由广东广州华美文化艺术研究所刊行。

何应钦编著《八年抗战之经过》刊行。

李开编《黄埔建军史话》由青年军出版社刊行。

席征庸著《抢救娘子关》由湖南长沙中华平民教育促进会刊行。

青年远征军陆军第三十一军第二〇九师参谋处编《地形学教程》刊行。

军事委员会军训部通信兵监编译《联合国通信无线电报务规程》由中央训练团无线电报务师训练班刊行。

军训部编《野战炮兵通信教范草案》由南京拔提书局刊行。

军政部陆军铁道人员训练所编《轻便铁道概要》刊行。

罗云平著《城塞工程》由重庆商务印书馆刊行。

杨友桢著《化学战剂之侦检》由化学兵干部训练班教材编汇委员会刊行。

陈泽凤著《原子炸弹》由杭州浙江广播电台刊行。

军训部编《前进观测射击法》由南京拔提书局刊行。

吴沧撰《科学国防新知识》由上海永祥印书馆刊行。

胡煨如编著《夜战观星定方位法图解》刊行。

刘言明著《化学战》由陆军大学刊行。

徐培根编述《原子弹对于军事之影响》由陆军大学刊行。

按:是书概述了原子弹的定义、构造、放射性、制造、威力以及原子弹对军事之影响等。书前有引言。书末附:英美两国计画制造原子炸弹经过概况。

军事委员会军训部颁行《汽车构造概论》由陆军军官学校教育处刊行。

符泽初著《经济科学基础》由重庆民间报社刊行。

王亚南著《中国经济原论》由福州经济科学出版社刊行。

按:是书系作者运用其"中国经济学"方法论探讨中国半封建半殖民地经济形态的代表作,具有非常重要的现实意义。在该书中,他深刻分析了旧中国的半封建半殖民地性质,阐明了这一性质产生的原因。并通过对中国商品与商品价值、货币、资本、工资、地租等经济形态的研究,揭示了中国半封建半殖民地社会的经济运动规律及近代经济形态的过渡性质。王亚南的系统研究,在当时经济学界、历史学界关于旧中国社会性质问题的长期论争中,为主张旧中国是半封建半殖民地社会的正确观点提供了充分有利的科学论据。《中国经济原论》一书所体现的学术成果,无疑是对中国新民主主义革命理论的一大重要贡献,也因此被人们誉为中国式的《资本论》。(《民国学案》第五卷《王亚南学案》)

东方曦著《经济学教程二编》由上海永祥印书馆刊行。

按:是书论述资本主义经济的兴起、生产过程、劳动问题及经济危机等内容。

秦庆钧编著《经济学进修课本》由南方商务专科学校刊行。

朱伯康著《经济学纲要》由中国文化服务社刊行。

朱伯康、祝慈寿著《中国经济史纲》由上海商务印书馆刊行。

黄清野编《实用经济辞典》由上海学生书局刊行。

国立编译馆编订《经济学名词》由正中书局刊行。

寿勉成著《社会经济学》由编者刊行。

胡沂生著《中国经济的分析与改造》由上海世界书局刊行。

粟寄沧编《中国经济建设的路线》由北平世界日报社刊行。

国际出版社编《中国经济建设方案》由上海编者刊行。

伍启元著《由战时经济到平时经济》由上海大东书局刊行。

卢作孚著《战后中国究应如何建设》刊行。

许涤新著《中国经济的道路》由上海生活书店刊行。

许涤新著《现代中国经济教程》由上海新知书店刊行。

施家溥、范高筦等编《中国经济之出路》由上海圣约翰大学经济学会出版部刊行。

孟月镜、沈道一主编《经济通讯社一周年纪念特刊》由浙江绍兴经济通讯社刊行。

杨培新著《中国经济动向》由上海耕耘出版社刊行。

王维驷译著《经济建设》由上海光明通讯出版社刊行。

张耕法编《青年与经济》(蒋主席青年问题言论集)由上海世界书局刊行。

薛暮桥编著《论新民主主义经济》由山东新华书店刊行。

刘芝明著《论资本主义》由上海新知书店刊行。

按:是书分两部分。上编4章,论述资本主义商品经济、价值、价格及资本主义的剥削和生产集中过程;下编7章,论述帝国主义的基本特征、生产的集中和垄断、财政资本、资本输出、国际垄断集团、世界的分割、帝国主义是垂亡的资本主义等。

陆明著《什么是帝国主义》由香港东方出版社刊行。

按:是书包括资本主义与帝国主义、生产的集中与独占、资本的输出、反帝的两条战线等10讲。

沈志远编《研习资本论的准备》由上海生活书店刊行。

唐守愚等编《国民党地区的饥荒与经济危机》由华中新华书店刊行。

中国问题研究社编《蒋介石的经济危机》由华北新华书店刊行。

丘斌存著《华侨经济复员复兴问题》由重庆新时代社刊行。

陈伯达著《中国四大家族》由晋绥新华书店刊行。

薛暮桥著《工商管理工作的方针和政策》由晋察冀边区贸易公司刊行。

何举帆编著《民生主义政纲政策析论》由福建省银行经济研究会刊行。

薛贻源著《实业计划与国防》由南京国民图书出版社刊行。

王冰编《生产文献》由山东新华书店刊行。

孔祥麟等编,刘懋初审定《审计应用法例》由贵州省训练团刊行。

社会部编《工商业团体法规释例专辑》由编者刊行。

阮子平编著《义务劳动之理论与实际》由天津华北劳动出版社刊行。

社会部劳动局编《义务劳动有关法令辑要》由编者刊行。

中央训练团义务劳动高级人员训练班编《国民义务劳动法令辑要》由编者刊行。

社会部劳动局编《国民义务劳动五年建设计划》由编者刊行。

贺衷寒著《军队复员与国民义务劳力编成计划刍议》由社会部劳动局刊行。

钟云鹤著《建设中国西部刍议》由著者刊行。

按:对我国西南、西北及广东、河北、河南、湖南、湖北等部分地区的建设提出的建议。是书附录:四川主要物产资源表。

詹自佑著《东北的资源》由上海东方书店刊行。

国民政府东北行辕经济委员会经济调查研究处编《东北经济统计月报》由编者刊行。

朱代杰著《福建经济发展的途径》由福建省政府建设厅经济研究室刊行。

朱延平著《淮南盐垦工程初步计划》由财政部盐政总局刊行。

杨波编《山东解放区的工商业》由山东新华书店刊行。

叶云茞主编,谢汝诚等编辑《广州工商年鉴》由广东广州工商年鉴出版社刊行。

林瓒春编著《海南岛之产业》由琼崖农业研究会刊行。

周立三、修学焘、陈泗桥编《四川简介地图集说明》由中国地理研究所刊行。

丁道谦著《贵州经济地理》由重庆商务印书馆刊行。

杨森著《建设新贵州之理论与实践》由贵州省政府秘书处刊行。

姚枬著《马来西亚华侨经济概况》由南京南洋经济协进会刊行。

陈冬野编著《日本经济史纲》由香港太平洋出版社刊行。

辽宁省政府会计处编《各类会计制度汇编》由沈阳大义公司刊行。

王国鼎编著《审计实务》由陕西省审计处刊行。

谢哲声著《合作理论与实务》由广州社会部全国合作社物品供销处广州分处刊行。

郑厚博著《怎样办理合作社》由南京中国合作学社合作出版部刊行。

陈位烨编著《农村经济及合作》由福州教育图书出版社刊行。

孙天泰著《农村经济及合作》由国立西北师范学院附设中心国民学校教员函授学校刊行。

台湾省行政长官公署农林处农务科编《台湾农业学报(民国三十五年版)》由编者刊行。

中国合作事业协会编《抗战以来之合作运动》由南京编者刊行。

徐青甫著《通资联营组织与发展经济之关系》刊行。

程侃声、叶德备著《农业管窥》由武昌文运昌印书馆刊行。

张则尧著《中国农业经济问题》由重庆商务印书馆刊行。

邹秉文著《中国农业建设方案》由中华农学会刊行。

华恕编著《湖南之农业》由长沙亚光书局刊行。

秦元邦著《原始社会之土地形态的研究》由重庆商务印书馆刊行。

李遇隆编《规定地价》由江西训练团刊行。

孟光宇编《地政法规》由上海大东书局刊行。

刘培桂等编《十年来之陕西地政》由编者刊行。

沈子洋著《苏联的集体农场》由上海永祥印书馆刊行。

台湾省行政长官公署农林处编《台湾农业年报》由编者刊行。

农林部编《林业法规》由编者刊行。

广东省政府农林处编《农林法规辑要》由编者刊行。

台湾省行政长官公署农林处编《台湾农林》由编者刊行。

台湾省行政长官公署农林处编《台湾一年来之农林》由台湾行政长官公署宣传委员会刊行。

郑林宽、黄春蔚著《福建省租佃制度之统计分析》由福建农业改进处调查室刊行。

台湾省民政处地政局编《地租调查事业成绩报告书》由编者刊行。

台湾省政府民政厅地政局编《台湾省政府民政厅地政局工作报告》由编者刊行。

晋绥边区生产委员会编《变工互助的几个具体问题》由编者刊行。

赵练之编《新民主农村的劳动互助》由强学出版社刊行。

晋察冀边区行政委员会实业处编《大生产运动领导问题》由编者刊行。

黄汝鉴著《江西粮政之理论与实施》由上海中国印书馆刊行。

台湾省行政长官公署粮食局编《台湾一年来之粮政》由编者刊行。

太岳行署财政处编《粮食收发保管经验汇辑》由编者刊行。

涂光隽编《中国古代粮政之研究》由重庆说文出版社刊行。

胡竟良著《中国棉业复兴纲领》由上海棉产改进咨询委员会刊行。

郑林宽、陈文理著《福建省农业贸易之研究》由福建省农业改进处调查室刊行。

史密斯、沈经宝著《各国工业合作》由重庆中国工业合作协会刊行。

罗渊祥主编《工矿法规》由上海大东书局刊行。

齐生著《解放区的工厂经营与管理》由北极星出版社刊行。

建设出版社编《解放区工业建设》由编者刊行。

徐梗生著《中外合办煤铁矿业史话》由重庆商务印书馆刊行。

王民风著《四处煤业调查——威煤访问记》由四川成都今日新闻社刊行。

公路总局编《平津区汽车修配厂概况》由编者刊行。

交通部电信机科修造厂编《交通部电信机科修造厂概要》由编者刊行。

上海电力公司述《上海市电力问题》由编者刊行。

中国纺织建设公司天津分公司编《天津中纺一周年》由编者刊行。

台湾糖业工商台中糖厂编《台湾糖业公司台中糖厂厂务概况》由编者刊行。

袁见齐编著《西北盐产调查实录》由财政部盐政总局刊行。

曾仰丰著《战时及复员后之自贡盐场》刊行。

晋绥边区生产委员会编《发展工矿手工业》由编者刊行。

费孝通等著《人性和机器——中国手工业的前途》由上海生活书店刊行。

郑学稼著《东北的工业》由上海东方书店刊行。

中国技术协会编《上海工业品展览会特刊》由编者刊行。

台湾省行政长官公署工矿处编《台湾工矿行政概况》由编者刊行。

交通部统计科编《中华民国三十三年交通部统计年报》由编者刊行。

交通部平津区特派员办公处编《平津区交通事业接收报告》由交通部平津区特派员办公处总务组刊行。

台湾省行政长官公署交通处编《台湾一年来之交通》由编者刊行。

严家淦等编《台湾交通》由台湾省行政长官公署交通处刊行。

东北铁路局政治部编《铁道工人须知》由编者刊行。

凌鸿勋著《中国铁路建设问题》由编者刊行。

交通部平津区张家口分区接收委员办事处编《平绥铁路概况》由编者刊行。

江苏省政府公路局编《江苏省公路局工作报告》由编者刊行。

杨啸天讲述《海员之路》由上海长风出版社刊行。

晋冀鲁豫边区邮务总局编《邮务技术制度》由编者刊行。

张宝良编著《伪满洲国邮票总鉴》(上下册)由天津科学邮票公司刊行。

金刚公司人事处编《零售经验谈》由编者刊行。

红风编著《怎样使你经商成功》由上海博文书店刊行。

许涤新著《胜利前后的市情》由重庆集美出版社刊行。

贝祖贻讲《对外贸易与国际金融问题》由重庆中央训练团刊行。

章友江著《中国工业建设与对外贸易政策》由上海商务印书馆刊行。

余顺贤著《中国与南洋贸易》由广东广州国民印刷所刊行。

万湘澂著《云南对外贸易概观》由新云南丛书社发行部刊行。

杨寿标编著《中国财政统计大纲》由上海中华书局刊行。

按：是书阐述中国财政统计发展简史及各类统计之范围、内容与编制。

董汝舟编著《税务法规》由上海大东书局刊行。

江苏田赋粮食管理处编《田赋征借实物问答》由编者刊行。

熊仲虚编著《现行土地税制述要》由上海商务印书馆刊行。

张肩重编著，温伯泉、郑绍猷编校《土地税实务》由财政部直接税署刊行。

费守纶编著《现行货物税概要》由编者刊行。

方燮龄著《中国货物税基础论纲》由福州大方书局刊行。

郑天轼著《现行货物税税法辑要》由财政部广东区货物税局刊行。

财政部税务署编《货物税法规汇编》（第1—2辑）由编者刊行。

童蒙正著《关税概论》由上海商务印书馆刊行。

按：是书分15章，论述关税的概念、种类、税则、制度，以及我国关税的沿革、抗战时期关税的设施等。卷末附录1930年—1942年海关各项税收统计表，1936年—1941年我国进出口价值、商品量、贸易国别等统计表，共9种。

陶元琳编《各级机关办理报销指南》由上海新生命书局刊行。

余亮编著《现行政府会计要论》由检知出版社刊行。

卫挺生、杨承厚著《中国现行主计制度》由重庆国立编译馆刊行。

顾凌云编著《货币银行学述要》由著者刊行。

按：是书乃作者讲授货币银行概论的讲稿。包括货币与银行论两编，简述货币的本位制度、价值理论、各国与我国的货币制度，以及银行职能业务、组织、制度等方面的基本原理、原则与政策。

符泽初著《货币思想的演进》由重庆民间报社刊行。

蒋廷黻著《货币与物价之研究》由著者刊行。

按：是书分概说、信用与通货、通货之价值、物价涨落原因、货币数量说、物价涨跌之影响与物价政策、我国近代物价涨跌之概况等8章。

姚嵩龄著《国际货币制度之检讨》由重庆商务印书馆刊行。

谢廷信著《银行成本会计》由上海中华书局刊行。

何秉民编著《银行会计》由广东广州大学刊行。

史尚宽著《信托法论》由重庆商务印书馆刊行。

陈晓钟著《抗战金融论集》由著者刊行。

赵锦津著《现阶段的中国金融》由广东广州光天印务公司出版社刊行。

刘佐人著《当前侨汇问题》由广东省银行刊行。

林同济、雷海宗著《文化形态史观》由上海大东书局刊行。

按：雷海宗、林同济都是文化形态史观的代表人物，同时又是"战国策派"的主要成员，因此学术界便有人把"战国策派"与文化形态史观派等同起来，其实这种看法是不全面的。第一，"战国策派"不等于文化形态史观派，因为"战国策派"除宣传文化形态史观外，还集中地宣传了尼采的哲学和文艺思想以及英雄崇拜论等；第二，文化形态史观派也不限于"战国策派"，当时在华西大学的常乃德和在桂林休假的中山大学教授朱谦之也都加入了这一问题的讨论。前者写了《新战国时代》《关于战国时代的到来》《历史文化之有机的发展》等文章，后者很早便有《文化哲学》一书问世。由这一问题的讨论所直接诱发出来的文章接近百篇，可见其涉及面之广，绝非"战国策派"所能包容。（蒋俊《中国史学近代化进程》，齐鲁书社1995年版）

钱穆著《中国政治与中国文化》由航空委员会政治部刊行。

冯石竹编《人民世纪的中国文化》由上海经纬书局刊行。

按：是书论述抗战胜利后中国文化状况和前途。内分"一幅轮廓画""中国人""中国文化在难中""人格和国格""西风压不倒东风""人民的文化"等8节。是书属于世界小文库。

吴藻溪编著《科学运动文稿》由重庆农村科学出版社刊行。

三民主义青年团中央干事会文化建设运动委员会编《文化建设论丛》第1辑由江苏南京青年出版社刊行。

郭普涅尔著《苏联之文化发展》由哈尔滨万国书籍出版刊行。

杨寿清著《中国出版界简史》由上海永祥印书馆刊行。

刘豁轩著《报学论丛》由天津益世报社刊行，有著者序。

杨先凯编《新闻舆论简报壁报编辑工作纲要》由国防部新闻局刊行。

胡道静编著《新闻史上的新时代》由上海世界书局刊行，有自序。

鲁中大众社编《工农通讯员读本（怎样办黑板报）》由编者刊行。

蔡忱毅编绘，张眉孙校阅《黑白图案字》由上海新亚书店刊行。

詹文浒编著《报业经营与管理》由上海正中书局刊行。

新华社晋察冀总分社编《新闻工作指南》（第1辑）由张家口新华书店晋察冀分店刊行。

金照著《怎样写新闻通讯》由东北书店刊行。

王保元编著《新闻技术》由上海国防部新闻工作人员训练班刊行。

太平洋新闻社编《太平洋新闻社创立计划》由编者刊行。

中国青年记者学会山东分会编《新闻工作选辑》由山东新华书店刊行。

首都新闻记者公会总务组编《首都新闻记者公会会员录》由编者刊行。

陈科美著《新教育学》由龙门出版公司刊行。

姜琦著《教育学新论》（三民主义丛书）由台湾中央委员会宣传部三民主义丛书编纂委员会刊行。

倪文宙、陈子明编《教育概论》由中华书局刊行。

按：本书由作者所编新课程标准师范学校适用《教育概论》一书改编而成。新课程标准简易师范、简易乡村师范学校适用。

庄泽宣著《教育与人生》由上海中华书局刊行。

按：是书漫谈教育的意义、教育改革、师资等问题，并从人生的意味中谈到教育问题。

俞子夷著《教育杂文》由杭州国民出版社刊行。

林励儒著《教育哲学》由上海开明书店刊行，有著者序。

沈有乾著《教育统计学》（教育讲话丛书）由上海世界书局刊行，有著者序。

齐泮林著《教育统计学》由贵州贵阳师范学院刊行。

延安新教育学会编《行知教育论文选集》由胶东新华书店刊行。

方与严编《陶行知教育论文选辑》由重庆民联书局刊行。

蒋成塈著《教学观察与实习》（四川省立教育科学馆丛刊）由重庆商务印书馆刊行，有著者序。

郭一岑、吴绍熙编《教育心理学》由上海中华书局刊行。

王凤喈、廖人祥编著《教育心理》（新中国师范学校教科书）由上海正中书局刊行。

卢显能、傅彬然著《地方教育行政》由广西南宁广西教育研究所刊行。

钟道赞、孙邦正著《教育辅导》(新中国师范学校教科书)由上海正中书局刊行。

隆伯著《如何办学校》由云南昆明云风出版社刊行。

丁十著《新世纪的教育》(世界集刊)由重庆世界书局刊行。

按:是书分新世界的展开、愚昧的解放、新世纪的路、一切民主一切为公、新型的教育新型的人类等5章。讲述第一次世界大战后世界的前途命运不得不寄托于教育。附:联合国教育科学文化组织约章全文及附件。

潘廉方著《三民主义教育概论》由江苏南京国民图书出版社刊行。

《文教工作新方向》(陕甘宁边区文教大会特辑)由冀南书店刊行。

教育阵地社编《新教育论文选集》(新教育丛书)由张家口新华书店晋察冀分店刊行。

胶东新华书店编《文化教育政策》(解放区现行政策法令简编3)由编者刊行。

冀东区行署教育科编《新教育文选》由新华书店冀东支店刊行。

庄泽宣著《改造中国教育之路》由上海中华书局刊行。

按:是书分学术教育、专门与职业教育、普通教育、社会教育、教育行政及经费等5部分。

教育部国民教育司编《国民教育法规辑要》由正中书局刊行。

江苏省教育厅编《国民教育重要法令》由编者刊行。

上海市教育局国民教育处编《推行国民教育须知》(国民教育辅导丛书)由上海编者刊行。

上海市教育局国民教育处编《国内教育演讲集》(国民教育辅导丛书)由上海编者刊行。

四川省政府教育厅编《二十九年教师节纪念并举行普及国民教育运动特刊》(四川省教育厅教育丛刊)由四川成都编者刊行。

教育部编制《教育部所属机关学校简易会计制度》由编者刊行。

教育部参事室编《教育法令》由中华书局刊行。

按:是书乃国民党政府的教育法令汇编,分组织、处务、高中教育、中等教育、国民教育、边疆教育等编。

教育部统计处编《全国教育统计简编》由编者刊行。

教育阵地社编《抗战时期边区教育建设》(上下册)(新教育丛书)由张家口新华书店晋察冀分店刊行。

教育阵地社编《根据地普通教育的改革问题》(新教育丛书)由张家口新华书店晋察冀分店刊行。

教育阵地社编《根据地普通教育的改革问题》(新教育丛书)由新华书店华北分店刊行。

新教育学会编《解放区普通教育的改革问题》(人民新教育丛书)由哈尔滨东北书店刊行。

晋冀鲁豫边区政府太行行署编《太行区一九四五年教育工作概述》由编者刊行。

辽宁省政府教育厅编《辽宁省教育之接收与重建》(辽宁省教育丛刊)由编者刊行。

刘季平著《论目前华中解放区教育工作》(华中宣教大会地方教育工作总结报告要点)由苏皖边区政府教育厅刊行。

上海市教育局编《上海市教育局工作报告》(三十五年九月)由上海编者刊行。

上海市第一届参议会秘书处编《上海市第一届参议会教育委员会工作报告》(第1辑)

由上海编者刊行。

上海市教育局国民教育处编《上海市国民教育工作人员夏令营实录》（国民教育辅导丛书）由上海编者刊行。

江苏省教育厅编《复员一年来之江苏教育》由编者刊行。

南京市教育局编《南京市教育局成立四月来工作概况》（自三十五年七月十六日至十二月五日）由江苏南京编者刊行。

台湾省行政长官公署教育处编《台湾省教育概况》由编者刊行。

蒋建白编著《印度教育概览》由重庆商务印书馆刊行。

檀仁梅著《美国教育的改进》（改进文库）由福建永安改进出版社刊行,有林景润序及著者自序。

台湾省行政长官公署教育处编制《本省光复前后各时期教育概况比较表》由编者刊行。

台湾省行政长官公署教育处编《台湾一年来之教育》（新台湾建设丛书）由编者刊行。

广州市教育局编《广州市教育复员工作概况》由广东广州编者刊行。

教育部资料研究室编《一九三七年以来之中国教育》（教育通讯丛书）由编者刊行。

广州大学出版组编《校长陈炳权博士留美言论集》由广东广州编者刊行。

钟昭华编《儿童游戏》由广西桂林华华书店刊行。

王震辉著《儿童游戏因子之科学的研究》由重庆商务印书馆刊行。

社会部北碚儿童福利实验区编《托儿所手册》由重庆社会部刊行。

汪明瑀编著《婴儿教保机关管理方法》（社会行政丛书）由正中书局刊行。

四川省立成都实验幼稚园编,陆秀主编《实验幼稚教育》由四川成都编者刊行,有刘明扬、刘百川、陆秀序。

吴县私立育幼院编《吴县私立育幼院周年刊》由江苏吴县编者刊行,书前有王懋功、王公屿等题词。

中华儿童教育社、国立重庆师范学校编《国民教师工作指引》（第2集）由上海大东书局刊行。

四川省立教育馆主编《小学教员假期讲习各科讲义》由四川成都编者刊行。

钟旭元编《小学教师手册》由广东广州惠来书局刊行,有编者序。

野民等编著《小学生手册》由山东烟台民众书店刊行。

陈侠著《国民学校教学实际问题》由上海大东书局刊行。

陶端予著《杨家湾小学在摸索试验中的成长》由太行新华日报社刊行。

陶端予著《在摸索试验中成长的杨家湾小学》由东北书店刊行。

上海市第五区第二中心校研究处编《研究实录》（教师进修丛书）由上海市第五区第二中心国民学校刊行。

长葛县淑圣镇中心国民学校编《长葛县淑圣镇中心国民学校成立四十四周年暨高校长任职十二周年纪念册》由河南长葛编者刊行,有陈立夫等人的题词和张缦云等序。

俞扬根编《怎样投考初中》由重庆时代出版社刊行。

王善彰等编,谭正璧等主编《初中各科升学指导》由上海光明书局刊行。

吴志骞初稿,杨季编述《兴学与求学》由上海私立新华中学校刊行。

广西省三十五年度中等教育会议秘书处编《广西省三十五年度中等教育会议总报告

书》由编者刊行。

育英中学年刊委员会编《育英年刊》由北平编者刊行。

上海南洋中学一九四六级编《南洋中学一九四六级毕业刊》由上海编者刊行。

上海中西女校编《墨梯年刊》(1942—1946)由上海编者刊行。

徐汇中小学编《徐汇中小学校刊》由上海编者刊行。

隆伯著《工业建国与工厂教育》由云南昆明云风出版社刊行。

卢显能著《成人教育》由广西南宁广西教育研究所刊行。

古梅著《民众教育新动向》由上海中华书局刊行。

按:是书分民众教育的内容、民众补习教育、综合的民众教育、民众教育的新发展等 7 章。

王衍康编《乡村教育》(师范学校及乡村师范学校)由上海正中书局刊行。

冀晋日报社主编《工农干部学习经验介绍》(工作与学习小丛书)刊行。

中共西北中央局宣传部编《他们是怎样学习文化的》由张家口新华书店晋察冀分店刊行。

吴念玖、周荫普、丹彤等著《三个群校》由鲁西北书店刊行。

须养本著《家庭教育之理论与实际》(青年文库)由上海中国文化服务社刊行,有王裕凯序。

王培祚著《儿童教养训》由济东印书社刊行,有田仲济序。

葛士英著《子女教育法》由上海群学书店刊行。

曹伯韩著《论青年自学》由大连大众书店刊行。

任文著《读书的方法》(名山少年文库)由上海名山书局刊行。

任扬修著《现代青年读书指导》(青年必读书之一)由上海国光书店刊行。

韩汶等著《读书的方法》由群学书店刊行。

方万邦编著《青年体育》由上海商务印书馆刊行。

中国体育社编译《(最新注释)三十种球戏规则》(新时代体育丛书)由上海三民图书公司刊行。

中华全国体育协进会编订审定《乒乓球板羽球网球规则》由上海商务印书馆刊行。

吴文忠编著《球类运动教材》由上海商务印书馆刊行。

蒋桐森著《篮球研究》(体育小丛书)由上海商务印书馆刊行,有周尚、吴蕴瑞序。

程登科等著《游泳指导》由南京拔提书局刊行。

韦宏岐著《举重练习法》由重庆说文社刊行部刊行,有著者序。

何重鸿著《养心斋象棋谱》由四川三台川北盐务管理局合作社刊行,有谢侠逊序、著者序。

许弼德著《弈园棋谱》(初集)由著者刊行。

陆志韦著《说文解字读若音订》由北平燕京大学哈佛燕京学社刊行。

黎锦熙编订注音《说文"音母"(并部首)今读及古纽韵表》由国立西北师范学院出版组刊行。

蒋伯潜编著《文字学纂要》由正中书局刊行。

王力(原题王了一)著《中国语法纲要》由上海开明书店刊行。

朱翊新著《文句构造及修饰》由上海日新出版社刊行。

廖庶谦著《口语文法》由上海读书出版社刊行。

李笠著《卜词字例隅释》由岭南大学刊行。

黎锦熙编《字母表》由台湾省立台北民众教育馆刊行。

朱翊新编著《虚字用法及练习》（作文基础丛刊）由上海日新出版社刊行。

王大千著《文法例解》由辽宁沈阳正文印书馆刊行。

张公辉著《国字整理发扬的途径》由台北台湾评论社刊行。

尹棣编《国语注音符号教程》由广东广州自由出版社刊行。

台湾省国语推行委员会编《注音符号》由台北台湾书店刊行。

魏建功著《草书在文字学上之新认识》由北平辅仁大学刊行。

何槐青编注，何公超校订《分类成语手册》由上海新鲁书店刊行。

符定一编著《联绵字典》（1—10册）由上海中华书局刊行。

蔡乐生编《常用字选》由四川省立教育科学馆刊行。

按：此书为四川省立教育科学馆专题报告，为编制扫盲课本用的研究资料。初版年月据写序时间。

顾震白著《文章作法》由上海耕耘出版社刊行。

姚乃麟编《作文辞海》由上海春明书店刊行。

胡泉山编著《作文辅导》由台北中华文化服务社刊行。

周镕编《学生作文精华》（国语科补充读本）由广东广州南光书店刊行。

王原培编《作文描写精华》（国语科补充读本）由广东广州南光书店刊行。

陈适编著《青年作文读本》（万叶青年读本新辑）由上海万叶书店刊行。

王原培编《学生模范作文》（国语科补充读本）由广东广州南光书店刊行。

王原培编《学生模范日记》由广东广州南光书店刊行。

王原培编《模范作文一百篇》（国语科补充读本）由广东广州南光书店刊行。

卢冠六编《（分类指导）模范作文一百篇》由上海三民图书公司刊行。

于在春编写《集体写作实践记》由上海永祥印书馆刊行。

张叶舟编著《说明文描写辞典》由上海群学书店刊行。

钱一鸣编《记叙文描写辞典》由上海群学书店刊行。

张叶舟编著《（言文对照详细注解）初中模范作文》由上海国光书店刊行。

王敻编著《（最新最精本）最新应用文手册》由上海杂志公司刊行。

杨乃藩编著《简明应用文》（光复文库第3种，台湾省编译馆编，许寿裳主编）由台北台湾书店刊行。

孙汝周编《小学教师应用文手册》由上海华华书店刊行。

朱翊新编辑《人事文件》（大众应用文件集成）由上海世界书局刊行。

刘大明著《农村应用文》由太岳新华书店刊行。

王定九编《案头写信便览》由上海中央书店刊行。

吴瑞书编著《万事辩驳尺牍》由上海春明书店刊行。

吴继铨编著《（言文对照、详细注释）学生新尺牍范本》（第1—3册）由上海三民图书公司刊行。

吴瑞书编著《陆海空军公文程式》由上海春明书店刊行。

孙玠成编著《公文简化手册》由广东广州南华图书公司刊行。

吴瑞书编《现行公文程式》由上海广益书局刊行。

孔仲文编著《现代公文程式》由上海光明书局刊行。

董浩编《现代公文程式》由上海春明书店刊行。

余超原编著《实用公文作法》由上海法学编译社刊行。

瞿世镇著《公文程式范本》由上海三民图书公司刊行。

秦运章编《公文程式大全》由广东广州实学书局刊行。

钱一鸣编著《公文程式》由上海博文书局刊行。

储菊人编《最新标点公文程式》由上海正气出版社刊行。

孟九龄编《（现代适用）最新公文程式》由上海新中国书店刊行。

上海法学编译社编著《（战后新刊）公文程式实用要诀集解》由上海会文堂新记书局刊行。

刘宣阁编著《公牍文研究》由上海世界书局刊行。

齐少民、蒋瑞青编《公牍讲义》由中央警官学校研究部刊行。

叶蠖生等著《春联》由华北新华书店刊行。

江荫香编《新对联备要》由上海广益书局刊行。

孙起孟著《演讲初步》（新知识初步丛刊）由上海生活书店刊行。

按：本书与作者署名孟起的《怎样演讲》一书内容相同。

沐绍良著《读和写》由大连日报社刊行。

杨卫玉编《中学略读文选》由上海国讯书店刊行。

台湾省训练团编《国文》由编者刊行。

台湾省行政长官公署教育处编《高级国语文选》由台北台湾书店刊行。

台湾省行政长官公署教育处编《初级国语文选》由台北台湾书店刊行。

台湾省国语推行委员会编选《对于台湾同胞的希望》（注音国语文选）由台北台湾书店刊行。

庞任公、周祥编著《国语教学实施报告》（国民教育辅导丛书 5 上海市教育局国民教育处编）由上海市教育局国民教育处刊行。

台湾行政长官公署教育处编《民众国语读本》（1—4 册）由台北台湾书店刊行。

大连市政府教育局教科书编委会编《文选》由大连大众书店刊行。

《中学活叶国文选》（第 3 辑）由东北书店刊行。

合江省政府教育厅编、审委员会编《高中文选》（第 1—2 辑）由佳木斯东北书店刊行。

孙犁著《少年鲁迅读本》由张家口晋察冀教育阵地社刊行。

教科书编辑委员会编《新少年文选》（第 3 辑）由大连市政府教育局刊行。

老舍原著，台湾省国语推行委员会编选《断魂枪》（注音国语文选）由台北台湾书店刊行。

陈原著《外国语文学习指南》（语文丛书 2）由广东广州实学书局刊行。

贺青编著《俄文读本》（第 1 册）由大连新知书店刊行。

张其春编著《综合英语会话》由重庆路明书局刊行。

张金泉编著《实用英语发音学》由香港九龙青年会英语研究社刊行。

赵维藩著《英语漫谈》由重庆商务印书馆刊行。

赵丽莲著《高级英语讲座》（第4册）由北平丽莲英文丛刊社刊行。

赵丽莲编著《（英汉对照）日用会话》（第1—2册合编）由北平丽莲英文丛刊社刊行。

赵丽莲编《实用英文会话新编》（上卷）由北平丽莲英文丛刊社刊行。

燕友学会编《简易初等英文法》由吉林长春国民图书公司刊行。

谢大任、徐燕谋注《（大学教本）现代英文选》由上海龙门联合书局刊行。

余田光编《模范汉英小辞典》由上海世界书局刊行。

赵景深编注《现代中国小说续选》（汉英对照现代中国文学丛刊）由上海北新书局刊行。

温致义著《短篇英文论文集》（现代英语自学丛书5）由上海现代外国语文出版社刊行。

王学哲编《现代汉英辞典》由重庆商务印书馆刊行。

钱歌川编著《英文新辞汇》（英文研究小丛书）由中华书局刊行。

李慕白编著，施端履增订《英文报纸读法》由上海中国文化服务社刊行。

黄稚澜、胡铁吾编著，上海市补习教育协会研究部主编《时代英文读本》（第1—5册）由上海世界书局刊行。

何美贞编辑《护士应用华英会话》由上海广协书局刊行。

郭昆编著《（汉文英译之部）英语翻译释例》由重庆商务印书馆刊行。

鲍屡平编《英文习用法举隅》由上海商务印书馆刊行。

傅庚生著《中国文学批评通论》由重庆商务印书馆刊行。

谭正璧著《中国文学史大纲（最新编订本）》由上海光明书局刊行。

崔荣秀著《中国文学史》由吉林长春国民图书公司刊行。

胡仲持等编《文艺辞典》由上海华华书店刊行。

朱光潜著《谈文学》由上海开明书店刊行，有自序。

按：是书收《文学与人生》《文学的趣味》《写作练习》《情与辞》《谈翻译》《文学上的低级趣味》《作文与运思》《散文的声音节奏》《文学与语文》《作者与读者》《具体与抽象》《想象与写实》等19篇论文。

杨荫深著《中国俗文学概论》由上海世界书局刊行。

茅盾等著《文艺修养》由广东广州国华书局刊行。

按：是书分文艺学习、作家风貌、作品、作品介绍及其他、特载等5辑。

范泉著《文学源流》由上海永祥印书馆刊行。

蔡仪著《新美学》由上海群益出版社刊行。

按：是书从方法论入手论述美学的领域，美，美感，以及美的本质，艺术的本质等问题。全书分美学方法论，美论，美感论，美的种类等6章。

张长弓著《文学新论》由上海世界书局刊行。

按：是书分13章，论述中国文学的性质，文学的定义、起源，文学与情感、想象、思想、形式、个性、时代、道德、人生等问题。

冀南书店编辑部编《文艺政策》由冀南书店刊行。

饶宗颐著《楚辞地理考》由上海商务印书馆刊行。

郭麟阁著《魏晋风流及其文潮》由北平重庆红蓝出版社北平分社刊行。

邵青著《诗学概论》由辽宁沈阳东文印书馆刊行。

任钧著《新诗话》由上海新中国出版社刊行。

蒋祖怡编著《诗歌文学纂要》由上海正中书局刊行。

王易编《词曲史》由重庆中国文化服务社刊行。

蒋伯潜、蒋祖怡编著《词曲》由上海世界书局刊行。

刘尧民著《词与音乐》由云南昆明国立云南大学文史系刊行。

王易编著《乐府通论》由重庆中国文化服务社刊行。

冯雪峰(原题雪峰)著《论民主革命的文艺运动》由上海作家书屋刊行。

冯雪峰(原题雪峰)著《过来的时代》由上海新知书店刊行。

蔡仪著《文学论初步》由上海生活书店刊行。

王亚平著《永远结不成的果实》由重庆文通书局刊行。

廖辅叔著《中国文学欣赏初步》由上海生活书店刊行。

江风著《文艺大众化论集》由胶东新华书店刊行。

周扬等著《民间艺术和艺人》由张家口新华书店晋察冀分店刊行。

郭沫若等著《走向人民文艺》由太岳新华书店刊行。

周扬著《表现新的群众的时代》由太岳新华书店刊行。

高语罕著《红楼梦宝藏六讲》由重庆陪都书店刊行。

茅盾等著《谈人物描写》由文史出版社刊行。

钱毅著《怎样写小故事》由华中新华书店盐阜分店刊行。

茅盾、许景宋等著,克维编《鲁迅研究》(上集)由吉林长春嘉陵江出版社刊行。

卢正义选辑《鲁迅论》(第1辑)由大连大连文协刊行。

卢正义选辑《鲁迅论》(第2辑)由大连大连文协刊行。

邓珂云编,曹聚仁校订《鲁迅手册》由上海群众杂志公司刊行。

何干之著《鲁迅作品研究》(中国和中国人的镜子)由上海新新出版社刊行。

读书与生活社编《写什么》由北平读书与生活社刊行。

张冰独著《上海观剧杂记》由上海中华文化出版社公司刊行。

赵景深著《银字集》(杂文集)由上海永祥印书馆刊行。

艾思奇等著,东北文艺工作团编《秧歌论文选集》由大连中苏友好协会刊行。

冀中抗战八年写作运动编委会编《抗战八年写作运动手册》由编者刊行。

李长之著《北欧文学》由上海商务印书馆刊行。

柳无忌著《西洋文学的研究》由上海大东书局刊行。

按:是书包括《西洋文学的研究》《西洋文学与东方头脑》《西洋戏剧发展的阶程》《希腊悲剧中的人生观》《莎士比亚的该撒大将》《吉卜龄的诗》《欧战与英国诗人》《现代英国小说的趋势》《巴比塞的战争小说》《少年歌德与新中国》等16篇文章。

袁昌英著《法国文学》由重庆商务印书馆刊行。

徐仲年著《法国文学的主要思潮》由上海商务印书馆刊行。

吴达元编著《法国文学史》由上海商务印书馆刊行。

按:作者在该书《序言》中说:"本书作者在国立清华大学、国立西南联合大学及私立中法大学讲授法国文学史课程,深感我国还没有一部良好的参考书,作有志研究法国文学者的参考。坊间虽然有三四种法国文学史,但不是错误太多,就是内容太简单。因此作者决心编著一部《法国文学史》,不只求忠实地记载作家和作品的名字,还要搜集每一个大作家的生平事迹,解释每一部大作品的内容,研究每一个时代的精神。希望这本书不单可以作法国文学史课程的课本,还可以供研究法国文学的人作进一步研究时的参考。"

徐仲年著《法国文学的主要思潮》由上海商务印书馆刊行。

按：是书包括《法国文学的主要思潮》《四十年来的法国文学》《纳粹铁蹄下的法国文学》《坚韧诗人维宜》《巴黎解放前的法国文学》等 5 篇论文。

胡风编著《罗曼·罗兰》由上海新新出版社刊行。

刘思训著《中国美术发达史》由上海商务印书馆刊行。

胡童著《中国美术史》由上海群益出版社刊行。

按：是书分原始时代中国的美术，灿烂的"青铜时代"、熔铁底发明与先秦诸子底美学、中国美术底复兴等 12 章。

钱君匋著《西洋古代美术史》由上海永祥印书馆刊行。

钱君匋著《西洋近代美术史》由上海永祥印书馆刊行。

东北画报社编《漫画选集》由东北画报社刊行。

丰子恺作，李国净撰集《护生画集》（第 1—2 集）由上海中国保护动物会刊行。

丰子恺作《子恺漫画集》（彩色版）由上海万叶书店刊行，有作者自序。

陈青白编著《漫画上海》由民族出版社刊行，有编者序。

鲁迅原著，丁聪作画《阿 Q 正传插画》由上海出版公司刊行，有茅盾、吴祖光的序，黄苗子的跋。

邹雅编著《儿童画教材》由华北新华书店刊行，有编者序。

朱吻冰作《可逆反应》由浙江温岭文化出版社刊行，有丰子恺的序。

野夫、阿杨、克萍著《给初学木刻者》由福建崇安中国木刻用品合作工厂刊行。

葛原刻《（鲁迅短篇小说）药》（木刻插图十二幅）由上海中华全国木刻协会新艺丛书社刊行。

陈烟桥著《鲁迅与木刻》由福建崇安中国木刻用品合作工厂刊行。

新艺术社编《木刻选集》由上海联合书店刊行，有编者序。

中华全国木刻协会编《抗战八年木刻选集》（1937—1945）由上海开明书店刊行，有叶圣陶的序。

按：叶圣陶《抗战八年木刻选集序》说："近似于传统而不承袭传统，受着外来的影响而不为影响所拘束，土生土长，趋于创造：我国的木刻艺术已经发展到这个地步了，可是距离创导当时还没有满二十年。"

东北画报社编《木刻选集》由东北画报社刊行。

卢前著《书林别话》刊行。

杨世海、徐仁美编《乐理教本》由上海南新出版社刊行。

丰子恺著《音乐入门》（重订本）由上海开明书店刊行。

张承桢编著《乐理与歌曲》由湖北恩施县立初级中学刊行。

陈剑晨著《口琴入门》由上海国光书店刊行，有著者序。

上海实验剧社编《新官上任》（首次荣誉献演特刊）由编者刊行。

马思聪曲，端木蕻良词《民主大合唱》由上海生活书店刊行。

太岳新华书店编《群众歌集》由太岳新华书店刊行。

中国民歌研究社主编《中国民歌》第 1 集由重庆中国民歌研究社刊行。

石挥著，柯灵编选《天涯海角篇》由上海春秋杂志社刊行。

白石真、徐颖编《小歌集》由吕梁文化教育出版社刊行。

师群画《陈双太和第四班》由新四军山东军区政治部刊行。

劳舟编《解放歌选》由中华全国音乐界救国协会太行区分会刊行。

李凌编《三年歌选》由新知书店刊行，有编者序。

陈世鸿编《怀远新歌选集》由广东广州怀远书局刊行。

陈果夫编著《鹤林歌集》由上海正中书局刊行，有吴伯超的序及编著者的自序。

陈曼鹤编《中国名歌集》由重庆美乐图书出版公司刊行，有陈曼鹤的序。

国立社会教育学院人间曲社编《民歌选集》由四川璧山国立社会教育学院人间曲社刊行，有刘雪厂的序。

冼星海曲，光未然词《黄河大合唱》由上海中国音乐社刊行，有李凌代序。

赵梅伯著《合唱指挥法》由上海商务印书馆刊行，有萧友梅的序及著者序。

彦涵作《民兵的故事》由东北画报社刊行，有朱丹的代序。

洪深著《戏的念词与诗的朗诵》由上海大地书屋刊行，有郭沫若的序。

夏白编著《春风牧笛》（民歌新辑）由上海艺术出版社刊行。

桑安柱、计马可编《伯特利新声诗歌》由上海伯特利神学院刊行，有桑安柱序。

隋刚作《东北歌声》（第 1 集）由作者刊行，有序。

楚瑞中学编《楚瑞中学音乐》由编者刊行。

新儿童丛书出版社编《儿童歌声》由张家口新儿童丛书出版社刊行。

罗影编《世界魔术大全》由上海国光书店刊行。

王少岑编著《家庭魔术二六九种》由上海群学书店刊行，有作者序。

唐煌著《摄影场观光记》由上海名山书局刊行。

杨荫深著《中国游艺研究》由上海世界书局刊行。

杨荫深著《游戏娱乐》由上海世界书局刊行。

任迁乔画《变工》由胶东新华书店刊行。

熊雨苍选编《京剧琴谱》由江西赣县复兴书社刊行。

张庚著，东北文艺工作团编《什么是戏剧》由大连中苏友好协会刊行。

李平之编著《洋娃娃病了》（儿童独幕歌剧）由杭州浙江省音乐协会刊行。

雪声剧务部编《雪声纪念刊》（袁雪芬与新越剧）由上海雪声越剧团刊行。

延安鲁艺工作团集体创作，马可等作曲《白毛女》（歌谱）由太岳新华书店刊行。

方君逸著《演员与演技》由上海永祥印书馆刊行。

卢前词，陈田鹤曲《（清唱剧）河梁话别》由上海咏葵乐谱刊印社刊行。

魏于潜编剧，朱端钧导演《钗头凤》由上海剧艺社刊行。

《松梅风雨》（歌剧）由北平歌剧协进会刊行。

洪深著《电影戏剧的编制方法》由正中书局刊行。

翦伯赞著《中国史纲》（第 2 卷）由重庆大呼出版公司刊行。

张克昌著《中国通史》（第 1 册）由太原合众印刷社刊行。

范文澜（原题延安中国历史研究会）编《中国通史简编》（上册）由大连大众书店刊行。

翦伯赞著《史料与史学》由上海国际文化服务社刊行。

翦伯赞著《历史哲学教程》由新知书店刊行。

按：是书分绪论、历史发展的合法则性·法则性、历史的关联性、历史的实践性、历史的适应性、关于中国社会形势问题等 6 部分。

徐炳昶著《中国古代史的传说时代》由中国文化服务社刊行。

按:是书从神话入手,同时参之以考古成果,提出著名的中华民族"三大集团说",即华夏、东夷、苗蛮三大集团于两河流域的三足鼎立。

童书业著《春秋史》由上海开明书店刊行。

劳贞一著《秦汉史》由中国文化服务社刊行。

陈寅恪著《隋唐制度渊源略论稿》由商务印书馆刊行。

按:是书以陈寅恪执教期间备课讲义及其他零散史学原稿结集出版。内容包含礼仪、职官、刑律、音乐、兵制、财政等与隋唐制度及其建置相关的内容,涵盖了魏晋南北朝史、隋唐史、民族学、社会学、考古学、文化史、语言文字学等与中古史相关的诸多领域,显示作者对中西文化的关系、种族与文化的界定、胡化汉化的实质等问题的高标卓识。

兰文征著《隋唐五代史》(上编)由重庆刊行。

金毓黻著《宋辽金史》(第 1 册)由重庆商务印书馆刊行。

按:是书分 9 章记宋立国至宋、金亡国的历史。总论中讨论了宋、辽、金在中国历史上的地位问题。前录世系表、纪年表。

王灵皋辑录,中国历史研究社编《甲申传信录》由上海神州国光社刊行。

郑天挺著《清史探微》由江苏南京独立出版社刊行。

苏联科学院历史研究院编,杜克展译《近代新历史》(第 1 分册)由上海读书出版社刊行。

钱亦石著《近代世界政治史》由上海生活书店刊行。

按:是书内分英国工业革命、美国独立运动、法国大革命、欧洲各国一八四八年的革命、俄国农奴解放与美国南北战争、欧洲民族运动与社会运动、日本明治维新运动、俄罗斯一九〇五年的革命与立宪运动、帝国主义时代、一九一四——一九一八年的世界大战、俄罗斯一九一七年的革命、世界大战结束后的巴黎和会等 14 章。

解放社编《社会发展史略》由大连大众书店刊行。

按:是书包括从猿到人过程中劳动的作用、有阶级以前的社会、资本主义以前的各种剥削方式、论国家 4 部分。

陈杭编《社会发展简史》由大连大众书社刊行。

陈诚编辑《抗战期间中外大事日志》由正中书局刊行。

国际出版社编《雅尔达秘密协定及雅尔达(即克里米亚)会议报告》由上海国际出版社刊行。

国际出版社编《英美苏三国首脑波茨坦会议报告》由上海国际出版社刊行。

冯石竹编《波茨坦会议全貌》由上海经纬书局刊行。

陈正飞编《二次世界大战史料(第四年)》由重庆大时代书局刊行。

陈正飞编《二次世界大战史料(第五年)》由上海大时代书局刊行。

周康靖编《二次世界大战史料(第六年)》由上海大时代书局刊行。

庄方编《世界新面貌》由大连大众书店刊行。

按:是书分 2 部分共 48 篇。有《二十六国反法西斯联合宣言》《开罗会议公报》《苏联对日宣战公报》《铁托的新政府宣言摘要》《法苏互助条约》《柏林建立自治政府》《日本人民解放联盟纲领草案中关于民主民生部分》《杜鲁门国内政策》等。附《解放日报评联合国大会》等 6 种。

中国文化服务社编辑《当代文献》（英汉对照）由北平中国文化服务社北平分社刊行。

立华编《二次大战文献》由北平中外出版社刊行。

唐子长著《二次世界大战欧洲战史》（第 1—8 卷）由上海永祥印书馆刊行。

王克编著《太平洋战场——从爆发到降服》由上海经纬书局刊行。

万青藜编《中国历代世纪歌》由上海商务印书馆刊行。

曾资生著《中国宗法制度》由上海商务印书馆刊行。

按：是书包括宗法制度的产生及其基础、周金文中的宗法纪录、家族财产共有与嫡长子继承制、族外婚制与宗亲制度、宗法社会与儒家的礼制思想、典型宗法制度的分解等 8 章。

陈安仁著《中亚文化与中国文化》由中印出版社刊行。

按：是书简述汉以前中国文化的产生、发展及汉代以来与中亚各国文化相互影响、相互渗透的关系。

李季辑录，中国历史研究社编《三湘从事录》由上海神州国光社刊行。

陈里特编著《中国海外移民史》由上海中华书局刊行。

李天随著《中国近百年史概述》由台湾新生报社刊行。

历史研究社编《中国近代史研究纲要》（上篇）由上海新知书店、大连光华书店刊行。

刘熊祥著《现代中国建设史》由史学书局刊行。

郭廷以著《太平天国史事日志》由上海商务印书馆刊行。

简又文著《太平天国杂记》第二辑《金田之游及其他》由上海商务印书馆刊行。

简又文著《太平军广西首义记》由上海商务印书馆刊行。

彭泽益著《太平天国革命思潮》由上海商务印书馆刊行。

按：是书分太平天国革命的特质、太平天国的政治经济思想、太平天国的军事理论、太平天国的宗教观和伦理观、太平天国的文化运动、太平天国与中西革命等 6 章。

程演生等主编《庚子国变记》由神州国光社刊行。

冯自由著《中华民国开国前革命史续编》由中国文化服务社刊行。

按：作者根据自己的亲身经历及香港《中国日报》、1912 年临时稽勋局调查表册等原始材料编撰而成，资料翔实可信。

辛亥首义同志会编《辛亥首义史迹》由编者刊行。

余庆林编《中华民国年表》由四川成都时事资料社刊行。

田家英编《民国以来大事年表》由新华书店刊行。

国史馆编《国史馆成立始末》由江苏南京编者刊行。

白之瀚著《云南护国简史》由云南昆明新云南丛书社刊行。

李宗黄著《云南起义信史》由中国地方自治学会刊行。

包尊彭著《五四运动史》由江苏南京青年出版社刊行。

齐玉峰著《东北痛史——十四年见闻记》（前编）由吉林长春国民图书公司刊行。

粟直编《东北沦陷真相》由吉林中国文化服务社吉林分社刊行。

解放日报社编《从"九一八"到"七七"》由民众书店、东北书店刊行。

旅顺民众报社编《东北抗日联军历史真相》由旅顺编者刊行。

冯子超著《中国抗战史》由上海正气书局刊行。

高天著《八年抗战》由上海新中出版社刊行。

罗元鲲编著《八年抗战史略》由新化群力书局刊行。

按：是书正文 4 章：国难的演变、蒋委员长领导抗战及大业完成、日本投降前后盟帮及我国的措置、中国团结问题。卷首为《八年抗战大事记》《抗战胜利诗歌六篇》。书后附《敌寇侵华的主脑人物》《汪伪组织群奸》《重要都市沦陷日一览》《惩治汉奸一览》等。

冯仲云著《东北抗日联军十四年奋斗简史》由辽东建国书社、东北人民自卫军黑龙江警卫第一旅政治部、冀中新华书店刊行。

冯仲云著《东北问题（第 2 集）——东北抗日联军十四年苦斗简史》由东北书店刊行。

佳木斯各界纪念"一二九"筹委会编《"一二九"运动十一周年纪念特刊》由编者刊行。

卢烈编《蒋委员长蒙难记》由上海经纬书局刊行。

中央日报社编《七七抗战纪念特刊》由江苏南京编者刊行。

韩启桐著《中国对日战争损失之估计》（1937—1943）由上海中华书局刊行。

解放日报社编《一笔总账——抗战文献之四》由辽东建国书社刊行。

解放日报社编《国民党反动派对日妥协投降总账》由香港时论出版社刊行。

解放日报社编《抗战以来敌寇诱降与国民党反动派妥协投降活动的一笔总账》由绥日报社、华东新华书店刊行。

八路军留守兵团政治宣传部辑《国共两党抗战成绩比较》由东北书店刊行。

红棉出版社编《中国共产党抗战文献》（第 1 辑）由香港编者刊行。

金肇野等著《揭露坦白与控诉》由东北书店刊行。

太岳新华书店编《扑灭特务暴行》由编者刊行。

太岳新华书店编《魔爪血影——控诉国特暴行》由编者刊行。

联美图书公司编《日军暴行备忘录》由编者刊行。

中国解放区临时救济委员会晋察冀边区分会编《日本法西斯八年来在边区的暴行》由编者刊行。

晋察冀军区政治部晋察冀画报社编《晋察冀的控诉》由晋察冀军区政治部刊行。

陶行知先生纪念委员会编《陶行知先生纪念集》刊行。

中共代表团编《"四八"被难烈士纪念册》刊行。

陈达著《浪迹十年》由上海商务印书馆刊行。

赵超构著《延安一月》由新民报馆刊行。

朱偰著《越南受降日记》由上海商务印书馆刊行。

中国国民党上海特别市执行委员会宣传处编《胜利周年纪念手册》由编者刊行。

求知出版社编《论当前时局》由求知出版社刊行。

谢东圃编《国内大势》由国防部新闻局刊行。

饶漱石著《英勇决斗迎接民主高潮》由真理社刊行。

历史文献社编《停战文献》由编者刊行。

中国灯塔出版社编《为和平而奋斗》由中国灯塔出版社刊行。

郭荫棠编著《政治协商会议》由厦门星光日报社刊行。

国际出版社编《政治协商会议》（上下辑）由上海国际出版社刊行。

新华书店编辑部编《政治协商会议》由华北新华书店刊行。

嘤鸣、慈正著《政治协商会议始末记》由广东广州中心出版社刊行。

新时代印刷出版工业生产合作社编辑《划时代的会议——政治协商会议》由广西桂林

编者刊行。

东北书店编《政治协商会议文献》由编者刊行。

立华编《政治协商会议文献》由北平中外出版社刊行。

华中新华书店编《和平民主建设的新阶段》由编者刊行。

历史文献社编选《政协文献》由编者刊行。

李旭编《政治协商会议之检讨》由江苏南京时代出版社刊行。

大陆图书杂志出版公司时事资料编撰委员会编辑《政治协商会议》由上海大陆图书杂志出版公司刊行。

哈尔滨日报社刊行部编《政治协商会议文献》由编者刊行。

萧聪编《中国民主之路》由香港现代史料社刊行。

按：是书分抗战期间的团结和民主问题、胜利带来的新纠纷、国共和谈、内战和反内战的高潮、停战的经过、政协会议、民主斗争的主流与逆流、军事问题的解决等。

杜民著《资本主义以前的社会》由上海新知书店刊行。

新民主出版社编《实现和平民主的文献》由香港新民主出版社刊行。

向群编《中国问题文献》(第1集)由大众文化合作社刊行。

冀中导报社编《建国之路》由编者刊行。

解放日报社著《破产的政治理论》由陕西延安著者刊行。

抗战日报社编《驳蒋介石》由抗战日报社刊行。

萧飔编《评国民党二中全会》由山东新华书店刊行。

解放日报著《驳蒋介石》由张家口晋察冀日报社刊行。

晋察冀日报社资料科编《国民党二中全会面目》由张家口新华印刷局刊行。

华中新华书店盐阜分店编《政协会后国内时局》由编者刊行。

东北民主联军总政治部宣传部编《时事评论》由编者刊行。

华北新华书店编辑部编《中国和平之路》由华北新华书店刊行。

新华日报馆编《新中国的曙光》由编者刊行。

时事研究社编《时事文选》(第1集)由文化出版社刊行。

时事研究社编《时事文选》(第2集)由文化出版社刊行。

时事研究社编《时事文选》(第3集)由文化出版社刊行。

新嫩江报社编《评国民党二中全会》由编者刊行。

光明出版社编《穷凶极恶走向崩溃》由编者刊行。

晋察冀日报社编《时论选集》(1)由张家口新华书店晋察冀分店刊行。

历史文献社编选《整军复员文献》由历史文献社刊行。

大千印刷出版社编辑《从赫尔利到马歇尔》由香港大千印刷出版社刊行。

华北新华书店编辑部编《"七七"九周年时事学习文件》由华北新华书店刊行。

翦伯赞等著《美国反动派走上了希特勒的道路》由华北新华书店刊行。

华中新华书店九分店编《一年来美国干涉中国内政纪要》由华中新华书店刊行。

中国外交研究所编选《民族呼声》由编者刊行。

李平著《八上八下之谜》由北平读书与生活社刊行。

晋察冀日报社编《为独立和平民主而斗争》由编者刊行。

罗迈等著《谁在拖》由香港草原出版社刊行。

上海青年出版社编《谁在制造内战》由上海青年出版社刊行。

尚钺、黎民子等著《东北问题的正确理解》由民主周刊社刊行。

李茂永、李清灿编辑《是非公论》由重庆红兰出版社北平分社刊行。

李杜等著《东北的黑暗与光明》由历史资料供应社刊行。

鲁南新华书店编辑《"东北"是东北人民的东北》由山东滕县编者刊行。

革命真理出版社编《东北问题之透视》由革命真理出版社刊行。

九一八出版社编《向东北看》由九一八出版社刊行。

唐允编《东北问题之真相》由江苏南京时代出版社刊行。

乔木、田家英著《东北问题的历史真相》刊行。

许大川编《伟大的二·二二青年爱国运动》由重庆青年出版社刊行。

和平社编《暴行纪实》由编者刊行。

和平社编《下关血案》由编者刊行。

梁漱溟、周新民著《李闻案调查报告书》由中国民主同盟总部、民主出版社刊行。

梁漱溟、周新民著《李闻被害真相》刊行。

西南联大学生出版社编《吾爱吾师吾尤爱真理》由云南昆明编者刊行。

李闻二烈士纪念委员会编《人民英烈》（李公朴、闻一多先生遇刺纪实）由编者刊行。

于再先生纪念委员会编《一二一民主运动纪念集》由上海镇华出版社刊行。

钟华编著《由昆明学潮说到青年运动》由云南昆明正论社刊行。

晋冀鲁豫边区政府编《美军在华暴行录》由编者刊行。

继苍编著《吁天——为东北而呼唤》由民族出版社刊行。

张胆著《东北三月纪》由平津出版社刊行。

董必武著《大后方的一般情况》由延安解放社刊行。

哈尔滨政府教育局改编《抗战期中大后方人民的生活》由哈尔滨中联文化教育出版社刊行。

严辰等著《蒋家天下》由冀南书店刊行。

时事研究社编《时事讲话》由太行新华日报社刊行。

王千秋辑《重庆的喜剧——国民党第六次全国代表大会内情》由现代史料社刊行。

恽逸群（原题翊勋）著《蒋党真相》（三十年来见闻杂记之一）由山东新华书店、华中新华书店（翻印）、读者书店、东北书店、大众出版社、韬奋书店、南洋出版社刊行。

吉人等著《中国政治内幕》由上海光明出版公司刊行。

华北新华书店编辑部编辑《大后方的民主运动》由山西黎城华北新华书店刊行。

人民丛刊编辑部编辑《反对内战》由人民出版社刊行。

和平社编《人民反战运动》由编者刊行。

《韬奋的死及其他》由民主文丛出版社刊行。

陈嘉庚著《南侨回忆录》由南洋印刷社刊行。

叶恭绰著《遐庵汇稿》刊行。

晋绥日报社编《全解放区人民动员起来粉碎蒋介石的进攻》由晋绥日报社刊行。

中共晋绥分局宣传部辑《开展全面抵抗争取新的胜利》由编者刊行。

朱德等著《这里人情是温暖的》刊行。

杨家铭等著《蒋军官佐日记》由华中新华日报社刊行。

国民大会秘书处编《国民大会实录》由江苏南京编者刊行。

陈志良著《新疆的民族与礼俗》由重庆文通书局刊行。

徐松石著《傣族僮族粤族考》由上海中华书局刊行。

田汝康著《芒市边民的摆》由重庆商务印书馆刊行。

杨履中编辑《云南全省边民分布册》由云南昆明云南省民政厅边疆行政设计委员会刊行。

郝遇林著《回回》由中央政治学校毕业生指导部刊行。

汤子炳编《台湾史纲》由台北刘涛刊行。

郑德坤著《四川古代文化史》由华西大学博物馆刊行。

郑崇贤著《滇声》由香港有利印务公司刊行。

高振清著《世界近十年史》由上海中学生书局刊行。

狄卫惠编《日本革命运动史话》由上海辰光书店刊行。

丁斐之编《落日记》(又名《日落前后》)由湖南长沙建国文化社刊行。

陈礼颂辑《暹罗民族学研究译丛》由上海商务印书馆刊行。

苏华著(社会科学读本)《论苏联》由上海新知书店刊行。

曹未风编著《第二次世界大战》由重庆中外出版社刊行。

叶云笙主编《第二次世界大战始末记》由广东广州大光报刊行。

汪叔棣编著《第二次世界大战史》(上下册)由江苏南京胜利出版公司刊行。

储玉坤著《第二次世界大战史》由上海永祥印书馆刊行。

康丹主编《大战秘记——第二次世界大战实录》由上海经纶出版社刊行。

康丹主编《大战秘记——第二次世界大战实录续编》由世界丛书编译社刊行。

文提烈著《克里姆宫》由上海经纬书局刊行。

王焕才编著《世界模范人物传》由上海光华书局刊行。

徐国定著《现代女名人传》由上海大东书局刊行。

陈定闳著《世界著名社会学家之生平及其学说》由重庆商务印书馆刊行。

李秀峰编著《现代世界伟人传》由上海光复出版社刊行。

王克家编《世界十二大科学家》由上海经纬书局刊行。

艾珑著《大科学家的故事》由上海青城书店刊行。

艾珑著《大文豪的故事》由上海青城书店刊行。

漱玉编《世界发明家故事》由上海大方书局刊行。

华岗著《中国历史的翻案》由上海作家书屋刊行。

曲卜玄编著《人物春秋》由陕西南郑作者书屋刊行。

祝秀侠著《三国人物新论》由上海国际文化服务社刊行。

凌惕安编著《清代贵州名贤像传》第1集由上海商务印书馆刊行。

康国栋著《中国现代名人传》由东北力行图书社刊行。

张行帆编《中国当代名人逸事》由上海中国文化供应社刊行。

燕青编《中共人物小史》由上海新潮出版社刊行。

郭沫若著《历史人物》由重庆人物杂志社刊行。

吴晗著《历史的镜子》由生活书店刊行。

某准尉著《内战英雄谱》由香港天南出版社刊行。

傅家圭编述《湖南先贤事略》由湖南长沙湖南日报社刊行。

叶云笙、叶柏恒编《广东时人志》由广东广州开通出版社刊行。

浩气出版公司编《海派作家人物志》由上海编者刊行。

成都周刊社编辑部编《国民党内的五大派系》由四川成都文光出版社刊行。

中国国民党驻港澳总支部编《港澳抗战殉国烈士纪念册》由编者刊行。

第十八集团军总政治部宣传部编《八路军的英雄与模范》（第1辑）由编者刊行。

教育阵地社编《教育界的英雄模范》由张家口新华书店晋察冀分店刊行。

温肇桐著《明代四大画家》由上海世界书局刊行。

文西等著《世界名画和画家的故事》由贵州贵阳文通书局刊行。

茅声熙编《历代名人的故事》由上海青城书店刊行。

茅声熙编《历代圣贤故事》由上海青城书店刊行。

言守无主编《中国名将录》（第1辑）由江苏南京新世界出版社刊行。

王禹卿著《孔子传》由重庆商务印书馆刊行。

邵日雄编《楚霸王故事》由上海合众书店刊行。

任苍厂主编《班超》由上海大方书局刊行。

周佐治编著《诸葛亮》由江苏南京青年出版社刊行。

李旭编著《李世民》由江苏南京青年出版社刊行。

易君左编著《祖逖》由江苏南京胜利出版公司刊行。

孔繁霖编著《岳飞》由江苏南京青年出版社刊行。

张默生著，丰子恺绘画《武训传》由上海东方书社刊行。

蒋逸雪编著《张溥年谱》由重庆商务印书馆刊行。

李鼎芳编著《曾国藩及其幕府人物》由交通书局刊行。

浦家麟编校《国父年谱表解》由中国国民党上海特别市执行委员会刊行。

沈延国著《记章太炎先生》由上海永祥印书馆刊行。

李观森编《中国之命运与孙总理》由上海中国福音广播电台刊行。

何伯言编著《陆皓东史坚如》由江苏南京青年出版社刊行。

苏开来著《吴佩孚之死》由北平新报社刊行。

何伯言编著《黄克强》由江苏南京青年出版社刊行。

陈廷杰著《吴上将军殉国记》刊行。

何伯言编著《朱执信廖仲恺》由江苏南京青年出版社刊行。

何仲箫著《陈英士先生年谱》由上海中国文化服务社刊行。

遐庵年谱汇稿编印会编《叶遐庵先生年谱》由编者刊行。

陈伯达著《土皇帝阎锡山》由新中国出版公司刊行。

现代化编译社编《阎伯川先生与山西政治的客观记述》由江苏南京现代化编译社刊行。

杜呈祥编著《邹容》由江苏南京青年出版社刊行。

罗时旸编著《秋瑾》由江苏南京青年出版社刊行。

中共代表团编《"四八"被难历史纪念册》由编者刊行。

无名氏编《王若飞邓发叶挺秦邦宪同志等遇难》刊行。

白朗等著《中国妇女领袖》由冀东新华书店刊行。

赵元明编《烈士传》由辽东建国书社刊行。

梁中铭编绘《抗战忠勇史画》由上海正气出版社刊行。

大新出版社编《政治协商会代表群像》由上海编者刊行。

司徒健编《民主人士群像》由上海联合编译社刊行。

晋察冀边区暨张市各界追悼"四八"遇难烈士筹委会编《追悼"四八"遇难烈士纪念册》由编者刊行。

大同出版公司文化资料供应室编《中共内幕》(第1种——中国共产党的九十二个主要人物志)由江苏南京大同出版公司刊行。

周云青、黄肇平编《革命文豪吴稚晖》由上海大同书局刊行。

董显光著,蒋鼎黼、邹慕农译校《(中国最高领袖)蒋介石》由上海文史研究会刊行。

施瑛著《蒋主席奋斗史》由上海启明书局刊行。

现代史料社编辑《蒋介石言行对照录》由现代史料社刊行。

豫皖苏区建国学院编著《蒋介石言行对照录》由华东新华书店刊行。

陈蝶衣等编《六十年来之蒋主席》由上海老爷杂志社刊行。

李旭主编《六十年来的中国与蒋主席》由江苏南京拔提书局刊行。

邓文仪主编《伟大的蒋主席》由江苏南京国防部新闻局刊行。

上海文化艺术图书公司编《蒋主席六十寿辰祝嘏画集》由编者刊行。

东北力行图书社编《蒋主席六十寿辰纪念画册》由编者刊行。

中苏日报社编《蒋主席六秩寿辰纪念册》由辽宁沈阳编者刊行。

元首六旬华诞贵州省全体民众庆祝大会编《元首六旬祝嘏特刊》由编者刊行。

蒋介石著《蒋委员长家书》由上海大中华书局刊行。

蒋介石著《报国与思亲》由北平新纪元出版社刊行。

傅润华主编《蒋主席影传》由上海中国文化信托服务社刊行。

冯玉祥著《蒋介石真面目》刊行。

郑学稼编著《毛泽东先生评传》由胜利出版公司刊行。

张如心著《毛泽东的作风与科学方法》由冀南书店刊行。

张如心著《毛泽东的作风》由大连日报社刊行。

张如心著《毛泽东论》(增订本)由香港新民主出版社刊行。

张如心著《论毛泽东》由太岳新华书店刊行。

张如心著《毛泽东的思想及作风》由渤海新华书店刊行。

邓演达先生殉难十五周年纪念会编《邓演达的道路》由编者刊行。

陈公博著《陈逆公博自白书全文》刊行。

蔡廷锴著《蔡廷锴自传》(上下册)由香港自由旬刊社刊行。

汪北平、郑大慈编《虞洽卿先生》由宁波文物社刊行。

金云铭著《陈第年谱》由福州福建协和大学中国文化研究会刊行。

李宗吾著《厚黑教主自传》由四川成都晨钟书局刊行。

朱谦之著《奋斗廿年》由广东广州国立中山大学史学研究会刊行。

翟宗沛编著《郑所南》由江苏南京胜利出版公司刊行。

谢冰垄著《女叛徒》由上海国际书局刊行。

羽山著《劳动英雄胡顺义》由晋察冀边区教育阵地社刊行。

戴树和编《顾诚同学纪念册》由重庆编者刊行。

黄征夫著《京狱秘记》由群众同报社刊行。

施瑛著《山水人物》由上海永祥印书馆刊行。

邹鲁著《回顾录》（第2册）由独立出版社刊行。

按：是为邹鲁的自传。记述其1885年至1945年的生平史事，对于研究邹氏生平、思想，以及辛亥革命、中华民国史有参考价值。

李受天编著《悬尸墨索里尼的一生》由上海经纬书局刊行。

习徒德译《妄充房纳传》由独立出版社刊行。

陈大森编著《巴士德传》由上海世界书局刊行。

李铸晋等编辑《美国名人小传》由四川成都五大学比较文化研究所刊行。

刘廷芳著《司徒雷登博士年谱》由北平燕京大学刊行。

开发西北协会编《西北文物展览会目录》由编者刊行。

广西省政府秘书处编译室编《广西百刻展览特刊》由编者刊行。

陈万里著《瓷器与浙江》由上海中华书局刊行。

楼祖诒著《中国邮驿发达史》由中华书局刊行。

按：是书原名为《中国邮驿交通发达史料》，主要叙述自上古至清代的邮驿制度、邮驿分布情形等。

李承三著《中国地理研究所的六年和将来》由中国地理研究所刊行。

陈尔寿、何敏求等著《中国地理概论》由正中书局刊行。

按：是书共14章。第1章略述我国位置与疆域；第2章至第5章叙述我国的自然背景，分地形、气候、土壤与自然植物、水文等4节；第6至第8章略述我国资源及物产，分农、林、牧、渔、矿产等5部分；第9至第11章分述工业、交通、贸易；第12章至第13章分述人口与宗族；第14章就全国各自然区特点作总结叙述。书后附录为台湾地理概况及东北之新省区两节。

俞易晋著《本国地理纲要》由上海世界书局刊行。

徐俊鸣编著《战后新中国地理总论》由国立中山大学地理学会刊行。

中华民国教育部编《战后新中国》由中华书局刊行。

按：是书介绍中国的地理位置、形势、民族起源与成长、工农业、矿业、交通、文化教育等各方面的概况。

王惠民主编《新东北指南》由商务印书馆刊行。

福州鹤龄英华中学校地理学系编《外国地理题解》由福州编者刊行。

文公直主编，李凯荣编《地理题解》由上海大中华书局刊行。

陈原著《现代世界地理之话》由上海开明书店刊行。

按：是书为现代世界地理的序论或入门。大部分内容根据英国W. C. Moore的《现代地理：在变化中的世界》一书编译。小部分根据《牛津世界经济地图集》、波兰绘图家拉希曼的《全球战略地理图集》、拉多的《世界地图集——今天和明天》和苏联的几本地理教程写成。共22章。前12章从自然地理来论人类的生活。第13—15章泛论世界的资源、交通、国度。第16—22章介绍几个大陆的政治地理。

陈寿彭编著《南洋与东南洋群岛志略》由正中书局刊行。

章熙林著《尼泊尔新志》由重庆商务印书馆刊行。

余新恩著《留欧印象》由上海著者刊行。

陆洛著《北极新天地》由香港文化供应社刊行。

苏联百科全书研究院编，潘公昭编译《现代美国》由上海中国科学图书仪器公司刊行。

张其昀著《旅美见闻录》由商务印书馆刊行。

孙云畴著《巴拿马运河的故事》由上海名山书局刊行。

申报馆编《申报上海市民手册》由上海编者刊行。

冷省吾著《上海指南》由上海文化研究社刊行。

上海市通志馆编《上海便览》由耕耘出版社刊行。

友声旅行团著《复兴后的首都》由著者刊行。

沈洛、马涉文编《江苏省会要览》由中国文化服务社镇江支社刊行。

郑林宽、吴桢著《福建之人与地》由福州农业改进调研室刊行。

宋家泰编著《台湾地理》由正中书局刊行。

台湾省行政长官公署宣传委员会编《台湾指南》由编者刊行。

黄谬能编著《香港指南》由九龙宇宙文化服务社刊行。

何大章、缪鸿基著《澳门地理》由广东省立文理学院刊行。

陈正祥编《广西地理》由正中书局刊行。

金擎宇编制《中国分省精图》由上海亚光舆地学社刊行。

张国药著《国学研究所》由国药书室刊行。

朱自清著《经典常谈》由文光书店刊行。

国学研究社编《国学常识问答》由远东图书公司刊行。

胡泉山编《国学常识简要回答》由中华文化服务社刊行。

华北新华书店编辑部编《疑难问题一百个》由编者刊行。

杨纪编《中国要览》由百新书店刊行。

杨家骆著《四库全书学典》由上海世界书局刊行。

按：分四库全书通论、四库全书辞典、四库全书综览3部分。其中通论包括导言、四库全书的知识体系等9章。

蒋伯潜编著《校雠目录学纂要》由上海正中书局刊行。

辅江印书馆编《图书目录》由编者刊行。

修文堂书店编《修文堂书店书目(第2期)》由编者刊行。

徐忍寒编《各国藏书目录》由编者刊行。

金敏甫编著《图书编目学》由正中书局刊行，有杜定友等人的序及自序。

洪焕椿著《怎样利用图书馆》由上海开明书店刊行。

沈宝环编著《三民主义化的图书分类标准》由三民主义青年团中央直属文化图书馆学专科学校分团部刊行，有汪应文的序及自序。

[美]卡尔纳普著，殷福生译《哲学与逻辑语法》由重庆商务印书馆刊行。

[美]马尔腾著，俞凌译《成功哲学》由上海激流书店刊行。

[美]塞尔著，吕见平、克士译《简明新哲学教程》由上海珠林书店刊行。

［美］查培尔著，冯洪编译《立身基础》由上海激流书店刊行。

［美］卡耐基著，林俊千译《处世门径——做人成功的秘诀》由上海育才书局刊行。

［美］孟汉著，李安宅译《知识社会学》由上海中华书局刊行。

［美］威尔脱·匹顿著，谢济泽、胡尹民译《四十而立》由上海国光书店刊行。

［美］威尔脱·匹顿著，程鸥译《四十成名》由上海铁流书店刊行。

［美］韦勃、摩尔根著，何景文译《智慧增进》由上海东林书店刊行。

［美］辛克莱著，钱歌川译《人生与恋爱》由上海神州国光社刊行。

［美］桃乐赛·狄斯著，汪国华译《怎样增进夫妇之爱》由重庆激流书店刊行。

［美］史诺等著《国际观察家对中国政治的评论》由新知识书店刊行。

［美］约翰·赫赛等著，孙慎等译，现实社选译《美国人如此看中国》由香港现实社刊行。

［美］史丕伐克著，刘若村译《纳粹间谍活动》由文化正气出版社刊行。

［美］马丁戴斯著《潜伏在美国的赤色细菌》由民族出版社刊行。

［美］豪古德著，龙大均译《现代宪法新论》由上海商务印书馆刊行。

按：是书分革命的宪法、拿破仑式的宪法、王统主义的宪法、议会制度的宪法、民族的宪法、超国民的宪法、自由派的宪法、肯定的宪法8个专题，论述美、法、英、德、瑞士、苏联等欧美主要国家的宪政运动及各类型宪法的产生和变化。

［美］马歇尔著，李志纯、乔海清译《马歇尔报告书》刊行。

［美］马歇尔著，傅东华译《欧洲与太平洋战争之胜利》由龙门出版公司刊行。

［美］希塞尔、摩尔菲著，方一志译《美洲战略资源》由国防研究院刊行。

［美］杜鲁门著，国际出版社译《普通军训的重要性》由上海国际出版社刊行。

［美］第三航空队等编《气象学》刊行。

［美］Louis M. Hacker 著，陈瘦石译《美国资本主义之胜利》由重庆商务印书馆刊行。

［美］J. Parker van Zendt 著，张澎霖译《民营航空与和平》由重庆商务印书馆刊行。

按：是书共8章。著者从分析民用航空的定义、范围及国际的竞争、管制、民营航空国际化等问题着手，提出建立各国协同一致的国际行动计划，以保障各参加国的利益，并维持和平，充分发展民营航空事业。此书为《美国面临航空时代丛书》第2种。

［美］夫累得利克著，余天希译《现代推销术》由上海世界书局刊行。

［美］该丘斯著，缪天瑞编译《曲式学》由上海万叶书店刊行，有译者序。

［美］杜威著，董时光译《今日的教育》由重庆商务印书馆刊行，有朱经农序及原序。

［美］马尔飞著，［美］特露西绘图，牛炳鉴译《篮球攻守方法论》（体育小丛书）由上海商务印书馆刊行，有译者序及引言。

［美］维新著，李香谷译述《（英汉双解）分类美国俗语辞典》由上海商务印书馆刊行。

［美］德莱塞著，钟宪民译注《（英汉对照）婚后》（正风英汉对照丛书）由重庆正风出版社刊行。

［美］包尔温著，张镜谭译注《富兰克林传》（英汉对照丛书）由上海晨光书局刊行。

［美］Sidny Kingsley 著，侯鸣皋译《民主元勋》由文建出版社刊行。

［美］埃尔玛·莱士著，袁俊译《审判日》由上海万叶书店刊行。

［美］华盛顿著，林文波编译《黑奴成名记》由上海激流书店刊行。

［美］哈里斯著，朱白译《我的恋爱生活》由上海世界文学编译社刊行。

［美］勃罗夫斯著，章铎声译《泰山情侣》由上海梓鹤出版社刊行。

〔美〕勃罗夫斯著，章铎声译《泰山伏虎》由上海百新书店刊行。

〔美〕勃罗夫斯著，章铎声译《泰山之子》由上海百新书店刊行。

〔美〕勃罗夫斯著，章铎声译《泰山蒙难》由上海百新书店刊行。

〔美〕勃罗夫斯著，章铎声译《泰山漫游小人国》由上海百新书店刊行。

〔美〕勃罗尼维著，施落英译《丛林中》由上海启明书局刊行。

〔美〕勃罗维尼著，陈永采译《泰山伏虎》由重庆大华书店刊行。

〔美〕勃罗甫斯著，叶绿译《泰山之子》由重庆永生出版社刊行。

〔美〕范达痕著，林俊千译《神秘的大厦》由上海文光书局刊行。

〔美〕范达痕著，王天恨译《绿色汽车》由天津励力出版社刊行。

〔美〕赛珍珠著，述云、王玢译《生路》由上海现代出版社刊行。

〔美〕斯坦倍克著，罗塞译《被遗弃的人》由上海云海出版社刊行。

〔美〕斯坦倍克著，董秋斯译《相持》由上海骆驼书店刊行。

〔美〕加德维尔著，董秋斯译《烟草路》由上海骆驼书店刊行。

〔美〕法斯脱著，艾秋译《一个民主的斗士——公民汤潘恩》由重庆良友复兴图书印刷公司刊行。

〔美〕约翰·海尔赛著，秋雁译《好市长》（又名《阿丹诺之钟》）由上海正气书局刊行。

〔美〕伊坦·歇贝尔著，朱雯译《地下的巴黎》由福州十日谈社刊行。

〔美〕海林梅克茵斯著，周克明译《布港谍影》（第二次世界大战间谍小说名著）由重庆文摘出版社刊行。

〔美〕茄纳著，林俊千译《假眼睛》（梅逊探案）由上海万象书屋刊行。

〔美〕史沫德莱著，丘融译《中国之战歌》（序曲篇）由展望出版社刊行。

〔美〕根室·史坦因著，伊吾等译《红色中国的挑战》由上海晨社刊行。

〔美〕根室·史坦因著，伊吾译《到红色中国去》（红色中国的挑战之一）由上海晨社刊行。

〔美〕根室·史坦因著，紫蔷译《跨进了延安的大门》（红色中国的挑战之二）由上海晨社刊行。

〔美〕根室·史坦因著，薪荆译《新民主主义的 ABC》（红色中国的挑战之三）由上海晨社刊行。

〔美〕根室·史坦因著，高容译《劳动创造了一切》（红色中国的挑战之四）由上海晨社刊行。

〔美〕根室·史坦因著，梁仁译《动员群众篇》（红色中国的挑战之五）由上海晨社刊行。

〔美〕根室·史坦因著，骆程译《三百万战斗的同盟》（红色中国的挑战之六）由上海晨社刊行。

〔美〕根室·史坦因著，夏汉译《八路军作战力的证人》（红色中国的挑战之七）由上海晨社刊行。

〔美〕根室·史坦因著，谷桃译《延安的日本俘虏》（红色中国的挑战之八）由上海晨社刊行。

〔美〕根室·史坦因著，贾敏译《世界政局的展望》（红色中国的挑战之九）由上海晨社刊行。

[美]根室·史坦因著,罗桀译《一个中国还是两个中国》(红色中国的挑战之十)由上海晨社刊行。

[美]根室·斯坦因著,李凤鸣译《红色中国的挑战》由上海希望书店刊行。

[美]史诺著,国振译《亚洲之战》由山城书店刊行。

[美]约翰·赫尔赛著,求思译《记原子弹下的广岛》由上海合群出版社刊行。

[美]约翰·海尔赛著,黄嘉音译《广岛被炸记》由上海光出版社刊行。

[美]福尔曼著,朱进译《中国解放区见闻》由重庆美学社刊行。

[美]哈里逊·福尔曼著,万歌、胡火译《中国解放区印象记》由北平认识出版社刊行。

[美]福尔曼著,陶岱译《北行漫记》由北平燕赵社刊行。

[美]G. C. Basil 著,钱士、汪宏声译《一个美国医师的重庆杂谈》由上海文通书局刊行。

[美]F. H. Burrent 著,沈久曼译《一位小公主》由上海土山湾印书馆刊行。

[美]克拉伦斯·戴著,杨潮译《我的爸爸》由上海生活书店刊行。

[美]华纳迪耐斯著,白惠编译,陈新绘图《小飞象》由上海光明书局刊行。

[美]M. Elack 著,鲍维湘译《百年见闻记》由上海中华书局刊行。

[美]海斯著,紫明译《异国之恋》由福建永安改进出版社刊行。

[美]马雪尔著,杜秉正译《空中巨盗》由上海铁风出版社刊行。

[美]代尔·卡耐著,龙洁清译《五分钟名人传》由上海文摘出版社刊行。

[美]斯诺(原题爱德迎·史诺)著,方霖译《毛泽东自传》由上海梅林书店刊行。

[美]斯诺(原题史诺)著,丁洛译《毛泽东自传》由上海三友图书公司刊行。

[美]费正清著,李嘉译《美人所见中国时局真相》由现实出版社刊行。

[美]E . McInnis 著,刘霞翚译《第二次世界大战纪——第二年》由上海中华书局刊行。

[俄]普列汉诺夫著,博古译《论一元论历史观之发展》由上海辰光书店刊行。

[俄]普列汉诺夫著,张仲实译《马克思主义的基本问题》由哈尔滨生活书店刊行。

[苏]米丁著,韶华辑译《论群众哲学》由上海光华出版社刊行。

[苏]加里宁著,大连中苏友好协会译《论道德》由译者刊行。

[苏]盖利曼著,洪绍原译《苏联青年性生活》由上海光明书局刊行。

[苏]斯维得洛夫著,常乐生译《新家庭论》由中原新华书店刊行。

[苏]M·瓦西连科著,吴恺译,曾湧泉校《红军战士底战斗勤务》由晋察冀军区司令部刊行。

[苏]奥格洛布林等著,金涛译《步兵侦察》由晋察冀豫军区司令部刊行。

[苏]卡尔宾斯基著,焦敏之译《苏联的集体农场》由上海新华书店刊行。

[苏]罗克兴著《苏联是强大的工业国》由哈尔滨万国书店刊行。

[苏]拉波伯著,天蓝译《演剧教程》由渤海新华书店刊行。

[苏]高尔基著,林陵等译《(中俄文对照)高尔基早期作品集》(第 2 集)由上海时代书报出版社刊行。

[苏]P. Lidoo 著,陈原注译《(英汉对照)丹娘》由重庆新知书店刊行。

[苏]A. 托尔斯泰等著,曹靖华译《致青年作家及其他》(增订本)由上海杂志公司刊行。

[俄]A. 托尔斯泰著,金人、水夫译《苏联文学之路》由上海时代报社刊行社刊行。

[苏]V. 吉尔波丁著,吕樊译《普式庚传》由上海国际文化服务社刊行。

〔俄〕W. 瓦希列夫斯卡等著《苏联红军英雄故事》由新华书店晋察冀分店刊行。

〔苏〕高尔基著,瞿秋白译《高尔基创作选集》由上海生活书店刊行。

〔俄〕玛耶可夫斯基等著,之分辑译《列宁是我们的太阳》由大连海燕书店刊行。

〔俄〕普式庚著,余振译《波尔塔瓦》由北平诗文学社刊行。

〔苏〕莱蒙托夫著,梁启迪译《逃亡者》由昆明东方出版社刊行。

〔俄〕杨卡·库巴拉著,朱笄译《芦笛集》由上海中苏文化协会编译委员会刊行。

〔俄〕奥斯特洛夫斯基著,白寒译《没有陪嫁的女人》由上海时代书报出版社刊行。

〔俄〕托尔斯泰著,钟旭元译《托尔斯泰短剧集》由广东广州学海编译社刊行。

〔俄〕契诃夫著,丽尼译《海鸥》由上海文化生活出版社刊行。

〔俄〕契诃夫著,丽尼译《伊凡诺夫》由上海文化生活出版社刊行。

〔俄〕契诃夫著,梓江译《樱桃园》由云南昆明小民出版社刊行。

〔苏〕高尔基著,林陵译《索莫夫及其他》(四幕剧)由上海时代书报出版社刊行。

〔苏〕A. 卢那察尔斯基著,瞿秋白译《解放了的董·吉诃德》由上海生活书店刊行。

〔俄〕阿志跋绥夫著,李林译《战争》由上海文化生活出版社刊行。

〔俄〕I. 巴克梯利夫、A. 拉佐莫夫斯基著,瞿白音译《苏沃罗夫元帅》由华北新华书店刊行。

〔俄〕科尔内楚克著,萧三译《前线》由张家口新华书店晋察冀分店刊行。

〔俄〕T. 兹拉托戈洛瓦、A. 卡普勒著,陈原译《一九一八年的列宁》由上海言行社刊行。

〔苏〕法捷耶夫等著,茅盾等译《上尉伏哈什隆科夫》由建国文化供应社刊行。

〔俄〕铁霍诺夫等著《苏维埃人群像》由大连大众书店刊行。

〔俄〕傅尔曼诺夫等著,胡明等译《轨声》由上海光华出版社刊行。

〔俄〕卡达耶夫等著,水夫等译《海上英雄》(短篇小说选)由上海时代书报出版社刊行。

〔苏〕B. 里多夫等著《苏联红军英勇故事》由河南武安华北新华书店刊行。

〔俄〕屠格涅夫著,胡堪译《爱莎》刊行。

〔俄〕陀思妥耶夫斯基著,韦丛芜译《罪与罚》由上海文光书店刊行。

〔俄〕陀思妥耶夫斯基著,荃麟译《被侮辱与被损害的》由上海文光书店刊行。

〔俄〕陀思妥耶夫斯基著,耿济之译《白痴》由上海开明书店刊行。

〔俄〕托尔斯泰著,高植译《复活》由重庆文化生活出版社刊行。

〔俄〕丹青科著,茅盾译《文凭》由上海永祥印书馆刊行。

〔俄〕绥拉菲摩维支著,曹靖华译《铁流》由上海生活书店刊行。

〔俄〕绥拉菲摩维支著,周文改编《铁流》由太岳新华书店刊行。

〔苏〕高尔基著,适夷译《意大利故事》由上海开明书店刊行。

〔苏〕高尔基著,张正之译《高尔基选集》由上海铁流书店刊行。

〔苏〕高尔基著,巴金等译《草原故事及其他》由吉林长春国民书局刊行。

〔苏〕高尔基著,丽尼译《天蓝的生活》由上海杂志公司刊行。

〔苏〕高尔基著,周览译《奥罗夫夫妇》由上海杂志公司刊行。

〔苏〕高尔基著,周扬译《奥罗夫夫妇》由上海生活书店刊行。

〔苏〕高尔基著,胡明译《自杀》由上海光华出版社刊行。

〔苏〕高尔基著,夏衍译《奸细》由上海生活书店刊行。

［苏］高尔基著,蓬子译《我的童年》由上海杂志公司刊行。

［苏］高尔基著,雪峰译《夏天》由上海杂志公司刊行。

［苏］高尔基著,适夷译《老板》由上海万叶书店刊行。

［苏］高尔基著,汝龙译《阿托莫诺夫一家》由上海文化生活出版社刊行。

［俄］普里波依著,梅雨译《对马》由上海新知书店刊行。

［俄］A.托尔斯泰著,林陵译《伊凡·苏达廖夫的故事》由上海时代书报出版社刊行。

［俄］格拉特考夫著,董秋斯译《士敏土》由北平志凯堂刊行。

［俄］捏维洛夫著,曹靖华译《不走正路的安得伦》由太岳新华书店刊行。

［俄］涅维洛夫著,曹靖华译《不走正路的安得伦》由冀南书店刊行。

［俄］拉普列涅夫著,曹靖华译《墨花》由太岳新华书店刊行。

［俄］铁霍诺夫著,林陵译《苏维埃人群像》由上海时代书报出版社刊行。

［俄］卡达耶夫著,曹靖华译《孤村情劫》由辽宁中苏友好协会刊行。

［俄］梭波列夫著,白寒译《海魂》由上海时代书报出版社刊行。

［俄］列昂诺夫著,董秋斯译《索特》由上海新知书店刊行。

［俄］别克著,愚卿译《恐惧与无畏》由华中新华书店刊行。

［俄］毕尔文采夫著,汪浩译《考验》由张家口新华书店晋察冀分店刊行。

［俄］索洛维约夫著,张冀声译述《孤军二十五》由上海百新书店刊行。

［俄］索洛维约夫著,逸尘译《俄罗斯水兵》由大连中苏友好协会刊行。

［俄］梭罗维也夫著,钟旭译《伊万·尼古林——俄罗斯的水兵》由大连大众书店刊行。

［俄］戈尔巴朵夫著《战斗员阿列克赛·顺理珂夫》由河南武安华北新华书店刊行。

［俄］郭尔巴多夫著,伊真译《一个战士》由东北书店刊行。

［俄］戈尔巴托夫著,斯曛译《三天》由上海海燕书店刊行。

［俄］考什夫尼科夫著,汪浩译《爱与恨》由河南武安华北新华书店刊行。

［俄］西蒙诺夫著,韬奋书店译《独子》由河南武安韬奋书店刊行。

［俄］西蒙诺夫著,磊然译《日日夜夜》(英雄城史大林格勒的故事)由上海时代书报出版社刊行。

［俄］妮娜·法度罗娃著,汪德余译《乱世之家》由上海言行社刊行。

［俄］克里维茨基、克莱诺夫著,愚卿译《森林在战斗着》由黑龙江哈尔滨万国书籍刊行。

［俄］拉宾、哈茨列文著,陆风译《一个蒙古人》由内蒙古书店刊行。

［俄］安娜·莎克赛著,孙源译《一个爱和平的人》由重庆新地出版社刊行。

［俄］西蒙诺夫著《在皮特撒姆路上》由黑龙江哈尔滨万国书籍刊行。

［俄］波里亚科夫著,亮之译《在敌人后方战斗》由上海光华出版社刊行。

［俄］阜得罗夫著,亮之译《列宁格拉的生路》由上海光华出版社刊行。

［俄］浮德洛夫著,苍木译《生命之路》由山东新华书店刊行。

［俄］温别格尔著,愚卿译《青年复仇记》由大连中苏友好协会刊行。

［俄］彼得罗夫著《莫斯科就在背后》由黑龙江哈尔滨万国书籍刊行。

［俄］托尔斯泰夫人著,索夫译《结婚生活之告白》由上海国际文化服务社刊行。

［俄］卡泰耶夫著,茅盾译《团的儿子》由上海万叶书店刊行。

［俄］盖达尔著,依敏译《帖木儿》由上海开明书店刊行。

〔俄〕华西连柯著,逸尘译《绿木箱的故事》由天下图书公司刊行。

〔俄〕斯蒂泼涅克著,陈伯吹译《一文奇怪的钱》由上海三民图书公司刊行。

〔俄〕A.托尔斯泰著,王易今译《金钥匙》由上海开明书店刊行。

〔苏〕哥罗德茨基等著,胡明编译《苏联历史教程》(战后补充新版)由上海光华出版社刊行。

〔苏〕N.斯维特洛夫著《斯大林》由大同出版社刊行。

〔英〕布莱德累著,谢幼伟译述《伦理学研究》由上海商务印书馆刊行。

按:全书分8篇:论责任的俗义,论我何故应有道德,论为快乐而求快乐,论为义务而尽义务,论我的地位及其义务,论思想的道德,论自私与自我牺牲,结论。书末附录:《柏莱德累的宗教观》《中英译名对照表》。

〔英〕霭理士著,潘光旦译《性心理学》由重庆商务印书馆刊行。

〔英〕Cecil Kerr原著,王昌社译述《圣体教宗庇护十世小传》由香港公教真理学会刊行。

〔英〕哈利斯著,王可襄译,王可赞校《交通决胜论》由南京世界兵学社刊行。

〔英〕赫胥黎著,潘光旦译《赫胥黎自由教育论》(新中学文库)由重庆商务印书馆刊行,有译者弁言。

〔英〕海尔斯著,姚柏春译《英国的教育》由上海正中书局刊行。

〔英〕汤姆森著,蒋学模改编《英语自修全书》由上海文摘出版社刊行。

〔英〕帕末尔著,何至衡译注《(汉译详注)帕末尔灌音会话集》(英美名人灌音丛书第1种)由上海英文研究出版社刊行。

〔英〕欧兹著,钱歌川译注《房客》(英汉对照文学丛书)由上海中华书局刊行。

〔英〕卢克斯等著,钱歌川译注《现代英文选》(英汉对照文学丛书)由上海中华书局刊行。

〔英〕凯诺尔著,刘之根译注《(英汉对照)阿丽思漫游记》由重庆正风出版社刊行。

〔英〕H. E. Palmer著《幽默小简》(直接法口耳训练英语丛书5)由上海中华书局刊行。

〔英〕H. E. Palmer编《项链》(直接法口耳训练英语丛书10)由上海中华书局刊行。

〔英〕H. E. Palmer编《派克拉夫之真相》(直接法口耳训练英语丛书11)由上海中华书局刊行。

〔英〕H. E. Palmer编《第十二夜》(直接法口耳训练英语丛书6)由上海中华书局刊行。

〔英〕H. E. Palmer编《壁上面影》(直接法口耳训练英语丛书12)由上海中华书局刊行。

〔英〕普列查特著,胡仲持译《文艺鉴赏论》由香港文化供应社刊行。

〔英〕爱斯古里斯著,叶君健译《亚格曼农网》由上海文化生活出版社刊行。

〔英〕John B. Priestley著,李儒勉译《英国小说概论》由重庆商务印书馆刊行。

〔英〕John Nichol著,高殿森译《拜伦传》由江苏南京独立出版社刊行。

〔英〕乔叟著,方重译《爱的摧残》由重庆古今出版社刊行。

〔英〕莎士比亚著,曹未风译《李耳王》由上海文化合作股份有限公司刊行。

〔英〕莎士比亚著,曹未风译《凡隆纳的二绅士》由上海文化合作股份有限公司刊行。

〔英〕莎士比亚著,曹未风译《安东尼及枯娄葩》由上海文化合作股份有限公司刊行。

〔英〕王尔德著,胡双歌译《莎乐美》由上海星群出版公司刊行。

［英］乔叟著，方重译《康特波雷故事》由上海云海出版社刊行。

［英］哈代著，海观译《归来》（上下册）由重庆正风出版社刊行。

［英］R. L. 史蒂芬生著，许席珍译《化身博士》由上海三民图书公司刊行。

［英］柯南道尔著，小隐译《海军联盟》由上海育才书局刊行。

［英］柯南道尔著，范烟桥等译《四签名》由上海世界书局刊行。

［英］依嘉华雷斯著，秦瘦鸥译《蓝手》由上海三民图书公司刊行。

［英］依嘉华雷斯著，胡梯维译《黑衣人》由上海中央书店刊行。

［英］史普林著，傅东华译《业障》由上海龙门出版社刊行。

［英］杞德烈斯著，程小青译《赤练蛇》由上海世界书局刊行。

［英］杞德烈斯著，程小青译《假警士》由上海世界书局刊行。

［英］杞德烈斯著，程小青译《神秘丈夫》由上海世界书局刊行。

［英］杞德烈斯著，程小青译《怪旅店》由上海世界书局刊行。

［英］杞德烈斯著，程小青译《女首领》由上海世界书局刊行。

［英］杞德烈斯著，程小青译《发明家》由上海世界书局刊行。

［英］杞德烈斯著，程小青译《摩登奴役》由上海世界书局刊行。

［英］杞德烈斯著，程小青译《百万铸》由上海世界书局刊行。

［英］凯塞尔著，郑狄克译《小家碧玉》由上海日新出版社刊行。

［英］吉百龄著，陈伯吹译《象童》由上海三民图书公司刊行。

［英］多布著，端木琦译《苏联概观》由重庆商务印书馆刊行。

［英］约翰·格劳克著，何树棠译《美国史话》由重庆时与潮社刊行。

［法］M. Haibwachs 著，陈坚节译述《信仰心理》由重庆商务印书馆刊行。

［法］嚣俄著，张道藩译《狄四娘》由上海正中书局刊行。

［法］斯丹达尔著，赵瑞霱译《热爱与毁灭》由重庆正风出版社刊行。

［法］斯丹达尔著，赵瑞霱译《爱的毁灭》由上海正风出版社刊行。

［法］巴尔扎克著，罗塞译《戴依夫人》由上海云海出版社刊行。

［法］巴尔扎克著，高名凯译《杜尔的教士》（独身者三部作之一）由上海海燕书店刊行。

［法］巴尔扎克著，高名凯译《葛兰德·欧琴妮》由上海海燕书店刊行。

［法］巴尔扎克著，傅雷译《亚尔培·萨伐龙》由上海骆驼书店刊行。

［法］巴尔扎克著，傅雷译《高老头》由上海骆驼书店刊行。

［法］巴尔扎克著，高名凯译《毕爱丽黛》由上海海燕书店刊行。

［法］雨果著，越裔译《钟楼怪人》由上海群学书店刊行。

［法］小仲马著，林琴南译《茶花女遗事》由上海文新出版社刊行。

［法］小仲马著，夏康农译《茶花女》由上海合众书店刊行。

［法］小仲马著，徐慰慈译述《茶花女》由上海春明书店刊行。

［法］巴诺著，章士佼译《十五小英雄》由上海激流书店刊行。

［法］莫泊桑著，黎烈文译《两兄弟》由上海文化生活出版社刊行。

［法］勒白朗著，吴鹤声译《亚森罗苹奇案》由重庆成都新生书局刊行。

［法］纪德著，丽尼译《田园交响乐》由上海文化生活出版社刊行。

［法］乐霭伊著，纪之译《圣爱》由上海新丰出版公司刊行。

〔法〕艾克脱·马洛著,适夷译《海上儿女》由上海燎原书屋刊行。

〔法〕罗曼·罗兰著,傅雷译《贝多芬传》由上海骆驼书店刊行。

〔德〕布式克、雅各生著,董秋斯译《性教育新论》由上海生活书店刊行。

〔德〕恩格斯著,博古校译《社会主义从空想到科学的发展》刊行。

〔德〕施密特著,许逸超译《经济地理学原理》由重庆商务印书馆刊行。

〔德〕鲁斯·萧曼作《一个女人的一生》(连续黑白画)由上海星艺社刊行。

〔德〕歌德著,罗贤译《歌德小曲集》由重庆四维出版社刊行。

〔德〕海涅著,林林译《海涅诗选》由上海橄榄社刊行。

〔德〕海涅著,廖晓帆译《新的诗章》由上海诗歌新地社刊行。

〔德〕歌德著,黄鲁不译《少年维特之烦恼》由上海春明书店刊行。

〔德〕施托谟著,绮纹译《大学时代》由上海进化书局刊行。

〔德〕雷马克著,朱葆光译《凯旋门》由上海中外出版社刊行。

〔德〕露德维·易格兰著,艾珑译《参加欧洲间谍战》由上海晨钟书店刊行。

〔日〕金久保、岛信正著,国防部第二厅编《联合国管制日本方策》由编者刊行。

〔日〕须井一著,胡风译《棉花》由上海新新出版社刊行。

〔日〕森正藏著,吴靖文译《旋风二十年》(日本解禁内幕)由上海神州国光社刊行。

〔日〕鸟居龙藏著《石面雕刻之渤海人风俗与萨瑶式胡瓶》由北平燕京学报社刊行。

〔意〕司古鲍著,常守义译《神灵战术》由北平明德学园刊行。

〔意〕梅安尼著,岳道译《圣都小英雄》由澳门白德美纪念出版社刊行。

〔意〕西龙著,希凡译《阿里士多德先生》由上海进化书局刊行。

〔意〕爱米契斯著,林绿丛译《爱的教育》由上海光明书店刊行。

〔匈〕瓦尔加著,岳光译《战后世界经济周期的动向》由上海野草出版社刊行。

〔匈〕马查著,雪峰译《现代欧洲的艺术》由上海中华全国木刻协会新艺丛书社刊行,有译者序、莆理契序。

〔匈〕卢卡契著,吕荧译《叙述与描写》由上海新新出版社刊行。

〔波兰〕显克微支著,贺绿波译《爱的幻变》由上海亚洲图书社刊行。

〔波兰〕高尔恰克著,周姚译《幸福的梦》由上海万叶书店刊行。

〔加〕冯尼尔著,刘美丽、叶柏华译《精神病宗教治疗法》由上海广学会刊行。

〔波〕马凌诺斯基著,费孝通等译《文化论》由重庆商务印书馆刊行。

〔捷〕贝奈斯著,陈和坤、陈丙一合译《民主政治的新生》由上海大东书局刊行。

〔奥地利〕沙尔顿著,蕴雯译《斑比》由独立出版社刊行。

〔挪威〕哈姆生等著,罗塞译《挪威最佳小说选》由上海云海出版社刊行。

〔保加利亚〕亚勒克·康斯坦丁诺夫著,闷凡译《甘佑先生》由上海云海出版社刊行。

〔比利时〕梅德林克著,孙家新译《梅丽桑》由重庆文通书局刊行。

〔印度〕泰戈尔著,巴宙译《泰戈尔小说精选》由上海中华书局刊行。

〔埃及〕穆罕默德·赖施德著,马瑞图译《穆罕默德的启示》由上海中华书局刊行。

A. Goodier 著,陈伯良译《吾主耶稣言行史略》由香港公教真理学会刊行。

Fr. Stedman 著,吴经熊译《我的主日弥撒经书》由香港公教真理学会刊行。

J. Lintel 著,杨凤翔译《勤领圣体》由香港真理学会刊行。

Karl Detzer 著，樊际麟译《第二次世界大战美国陆军战绩》由上海大东书局刊行。

A. Daligliesh 著，陈伯吹译《飞机的故事》由上海三民图书公司刊行。

Lauriston Varol 著，郑德坤译《史前史纲要》由四川成都华西大学博物馆刊行。

Ernest O. Hauser 著，越裔译《百年来的上海演变》由上海世界文化出版社刊行。

Pierre Mailland 著，石坤琳译《法兰西的崩溃与复国》由重庆商务印书馆刊行。

多罗那他著，王沂暖节译《印度佛教史》由商务印书馆刊行。

司古鲍著，常守义译《神灵战术》由北平明德学园刊行。

王静斋译《古兰经译解》由上海中国教协会刊行。

王守礼著，傅明渊译《边疆公教社会事业》由北平普爱堂上智编译馆刊行。

吴经熊译《圣咏译义初稿》由上海商务印书馆刊行。

吴经熊著，陈香伯译《笃爱之科学》由香港真理学会刊行。

张东铎译《古兰经》由中国回教书局刊行。

谢慈佑译《赎世主会会祖》由澳门白德美纪念出版社刊行。

巴尔肯著，李木译《相人术与成功术》由上海正气书局刊行。

白德美纪念出版社编译《一朵二十世纪的苦难花》由澳门编者刊行

白德美著，傅玉棠译《安琪儿的泪》由白德美纪念出版社刊行。

白德美著，傅玉棠译《莫斯科·滑铁卢·圣赫助纳》由白德美纪念出版社刊行。

白德美著，傅玉棠译《圣女玛加利大传》由澳门慈幼印书馆刊行。

龚斯德著，无愁译《基督与人类的痛苦》由上海广学会刊行。

玛窦著，关采苹译《耶稣仁爱之王》由香港真理学会刊行。

梅博文著，周振兴译《在天我等父者》由北平公交教务联合会刊行。

徐司铎著，申自天译《耶稣真徒的生活（第 2 册 耶稣基督神性和人性生活唯一的源泉）》由天津崇德堂刊行。

薛曼尔著，毕修匀译《上帝是怎样造成的》由上海文化生活出版社刊行。

阿罗萨著，洪祖培译述《德国政治秘密警察的内幕》由上海交通书局刊行。

布洛维尔著，赵克昂译，中苏文化协会编《苏联工业发展史纲》由天下图书公司刊行。

张赫宙著，范泉译《朝鲜风景》由上海永祥印书馆刊行。

张赫宙著，范泉译《黑白记》由上海永祥印书馆刊行。

艾迪米勒著，阿雪译《上海——冒险家的乐园》由上海生活书店刊行。

普灵西著，伍梓锋译《海底三杰》由澳门慈幼印书馆刊行。

罗斯利安著，谢慈佑译《捕蝶人》由澳门慈幼印书馆刊行。

库灵尔著，丁山译《炼》由澳门慈幼印书馆刊行。

狄·罗斯著，万歌译《左拉》由上海云海出版社刊行。

史必烈著，林雪清译《海地》由上海正中书局刊行。

古柏尔等著，吴清友译《殖民地保护国新历史》（上卷）由大连读书出版社刊行。

黎澍编译《思想方法论》由上海辰光书店刊行。

吕振中译《吕译新约初稿》由燕京大学宗教学院刊行。

姜建邦编译《圣诗史话》（一名《赞美诗的故事》）由上海中华浸会书局刊行。

包志仁编译《属天国信息的经文》由香港真理学会刊行。

邓青慈译《路德小花》由澳门白德美纪念出版社刊行。

傅玉棠译《悔罪之表》由澳门白德美纪念出版社刊行。

傅玉棠译《可纪念的少年著作家》由澳门白德美纪念出版社刊行。

傅玉棠译《贫人之后》由澳门白德美纪念出版社刊行。

傅玉棠译《圣鲍斯高的继位者》由澳门白德美纪念出版社刊行。

傅玉棠译《圣心的宗徒》由澳门白德美纪念出版社刊行。

傅玉棠译述《传教花絮》由澳门白德美纪念出版社刊行。

关采苹译《弥撒与人生》由香港真理学会刊行。

何慕人译《北非圣师》由澳门白德美纪念出版社刊行。

何慕人译《慈幼会史略》由澳门白德美纪念出版社刊行。

何慕人译《儿童良友的教宗》由澳门白德美纪念出版社刊行。

鲁微达译《免疫主保》由澳门白德美纪念出版社刊行。

鲁微达译《显灵圣牌》由澳门白德美纪念出版社刊行。

杨塞译《爱德小天使》由澳门白德美纪念出版社刊行。

杨塞译《圣鲍斯高的母亲》由澳门白德美纪念出版社刊行。

岳道译《贫苦之父》由澳门白德美纪念出版社刊行。

钟协等译《圣诞故事》由澳门白德美纪念出版社刊行。

莫希功译《公教学校主保》由澳门白德美纪念出版社刊行。

圣母会会士编译《罗马弥撒经本》由北平圣母会公教书籍编辑部刊行。

朱德华著《什么是资本主义》由香港东方出版社刊行。

妇女问题社编译《国际妇女大会文献》由编者刊行。

　　按：是书包括开幕词、报告、决议、誓词、会章、会费、闭幕词、领导机构人员名单等。有勒克赖克夫人等的报告7篇，关于民主和平及反法西斯主义斗争的决议等3篇。

周韶华辑译《社会科学简明教程》由上海光华出版社刊行。

吴榆珍编译《社会个案工作方法概要》由中华书局刊行。

蓬子等译《不能克服的人》由上海铁流书店刊行。

现实社编译《马歇尔失败的悲剧》由编译者刊行。

君羊、千儿译《中国国民党内幕》由星洲新民主报社刊行。

杨汉璋编译《结婚与健康》由上海大方书局刊行。

乔海清译《美国参谋业务》由陆军大学刊行。

方达文译《美苏战争的推测》由上海名山书局刊行。

军训部炮兵监译《美国野战炮兵器材之保管》刊行。

薛凤锵译，欧阳绩审核《飞机维护程序及发动机之翻修》由空军总司令部刊行。

军训部炮兵监译《美国炮兵射击教范》（上下册）刊行。

中国体育社编译《（最新注释）排球规则》（新时代体育丛书）由上海三民图书司刊行。

滕砥平编译《原子弹与雷达》由重庆居然出版社刊行。

归润章编译《审计学》由上海商务印书馆刊行。

张荫桐译述《南洋华侨与经济之现势》由重庆商务印书馆刊行。

葛一虹编译《苏联集体农场》由天下图书公司刊行。

Yapp Howe 编著《英文新闻例释》由香港文化供应社刊行。

苏玄瑛译，文公直编辑《(英汉对照)曼殊大师译诗集》由上海教育书店刊行。

齐友徽编译《(注音详解订正新版)英语模范读本讲义》(第2册)由东北书店刊行。

赵景深著译《文学常识》由上海永祥印书馆刊行。

胡适等译《心狱》由上海铁流书店刊行。

胡济涛译《小姐失踪》由上海春明书店刊行。

适夷译《苏联文学与戏剧》由上海光明书局刊行。

林陵等译《苏联卫国战争诗选》由上海时代书报出版社刊行。

郑振铎等译《血痕》由上海铁流书店刊行。

胡明辑译《苏联文豪三人集》由上海光华出版社刊行。

茅盾辑译《苏联爱国战争短篇小说译丛》由上海永祥印书馆刊行。

水夫等译《烽火中的苏联妇女》(短篇小说选)由上海时代书报出版社刊行。

曹靖华译《魔戒指——鲜红的花》由上海生活书店刊行。

曹靖华译《列宁的正义》由大众文艺出版社选辑刊行。

曹靖华译《伊里奇快醒了》由大众文艺出版社刊行。

茅盾等译《革命的女儿》由上海铁流书店刊行。

狄克译《红印人之歌》由上海日新出版社刊行。

狄克译《古屋疑云》由上海日新出版社刊行。

赵荣广译述《太阳之子》由澳门慈幼印书馆刊行。

徐培仁译述《海上英雄》由上海群学书店刊行。

纪殷典译《狱魔》由澳门慈幼印书馆刊行。

莫希功译《一朵小白花》由澳门白德美纪念出版社刊行。

胡明编译《苏联是怎样成长强大的》由上海光华出版社刊行。

林举岱编译《新世界是怎样创造的》由上海立达图书服务社刊行。

张君干编译《第二次世界大战史纲》由香港明朗出版社刊行。

刘霞翚译《第二次世界大战纪——第二年》由上海中华书局刊行。

岂重编译《怒吼的苏联》由上海芷江出版社刊行。

李樵译《柏林外史》(一名《希特勒之死》)由上海世界书局刊行。

李铸晋等译《美国的西部开拓》由四川成都五大学比较文化研究所刊行。

严懋德编译《太平洋诸岛概观》由上海世界书局刊行。

李待琛编译《海南岛之现状》由上海世界书局刊行。

《(对译)日华辞典》由台北东方出版社刊行。

《(修订本)英语模范读本详解》(第2册)刊行。

《北平基督教女青年会三十周年纪念刊》由北平基督教女青年会刊行。

《要理譬解(第1册，人生终向)(1—5题)》由安徽芜湖天主堂印书馆刊行。

《要理譬解(第2册上，天主默示存在性体)(5—12题)》由安徽芜湖天主堂印书馆刊行。

《要理譬解(第2册下，天主造成天地)(12—43题)》由安徽芜湖天主堂印书馆刊行。

《要理问答》由香港圣类斯工艺学校刊行。

《学习弥撒经文书》刊行。

《教友袖珍》刊行。

五、学者生卒

祁荫甲(1866—1946)。荫甲字樾门,号梦蘅,甘肃陇西人。清末曾任浙江青田知县。辛亥革命时期加入同盟会,曾任孙中山临时大总统留守处秘书、《民主报》副刊编辑。后奉黄兴之命回甘肃,负责筹办垦殖协会甘肃分会,未获成功。诗词负盛名。著有《梦蘅馆诗话》。

庄陔兰(1870—1946)。陔兰字心如,号春亭,原名庄阿兰,山东莒南县人。1903年进士,任翰林院编修。1906年官费去日本东京大学学法政,秘密加入中国同盟会,后参加辛亥革命。民国初年,曾任山东省议会会长。1914年在山东行政公署总务处任职,并兼任山东图书馆馆长。1918年被选为第二届国会参议院议员。1924年被段祺瑞聘为国会商榷委员会委员。1936年纂修《莒志》共78卷。1936年应曲阜孔府之邀,任孔德成汉文教师,专教韵学和经书,历时10年。

许承尧(1874—1946)。承尧字际唐,一作霁唐,号疑庵,晚号疑翁,安徽歙县人。1904年中进士,选庶吉士,旋辞归。任新巡学堂、紫阳学堂监督,与黄宾虹等秘密组织革命团体黄社。后至京师任翰林院编修,兼国史馆协修。辛亥革命后,历安徽都督府高参、甘肃省政府秘书长、甘肃渭川道尹等。著有《疑庵诗》14卷。

黄禄祥(1879—1946)。禄祥字齐生,号青石,晚号石公,祖籍江西抚州,后移籍贵州安顺。1898年任群明社商店经理,热心开展业余教育工作,多次主持兴办贵州达德学校。1911年10月武昌起义后,旋发动贵州起义,成立贵州军政府。1912年中华民国成立后,积极倡办勤工局、农事试验场、商品陈列所和妇女习艺所等实业场所。1915年参加护国运动,反对袁世凯复辟帝制,发动贵州护国起义。1917年率领贵州学生赴日本留学。1919年又率学生赴欧洲勤工俭学。回国后任贵州省视学等职。1929年与陶行知创办晓庄师范。1931年经黄炎培介绍,先后往江苏昆山、山东邹平、河北定县开展乡村教育。后在中华职业教育社和广西基础教育研究院任职。1937年组织抗日救国会,宣传抗日。同年冬赴延安考察。嗣后任云南开蒙垦殖局董事和四川歇马场乡村建设育才学院文史教授。1946年4月8日与叶挺、王若飞、秦邦宪同赴延安时,飞机在山西兴县黑茶山失事,不幸遇难。

陈润霖(1879—1946)。润霖字凤荒,号立园,湖南新化人。曾入长沙求实书院,被选送日本东京弘文学院攻读师范科,与同县陈天华等相结交。1906年学成归国后,任常德府中学堂学监。1906年在长沙创立楚怡小学校。辛亥革命后,任湖南教育司司长,数月后引退,创办第四师范。1914年创办楚怡工业学校,开湘省私办工业学校的先河。1918年当选湖南省教育会会长,延请何叔衡在楚怡任教,并支持毛泽东、何叔衡等所进行的革命活动。次年6月与徐特立、朱剑凡等发起组织健学会。后受教育部令,赴上海组织赴法勤工俭学事宜。1924年在长沙增办楚怡中学及幼稚园。1938年任湖南省参议会副议长,坚持抗日。

梅宝玑(1881—1946)。宝玑字镜垣,湖北黄梅人。曾在二湖总师范学堂肄业,在詹大悲《商务报》任编撰,商务报被查封后,力劝黄梅人、胡为霖创办《大江白话报》,1911年支持詹大悲接办更名《大江报》。同年由孙武介绍参加共进会,担任该会文书。共进会、文学社二组织合并后,改为会计。武昌首义胜利,任湖北军政府稽查部总稽查之一。1912 年 2 月改任武昌电报局总经理,兼都督府参议。1913 年为众议院候补议员。1918 年到鄂西组织队伍,抗击北军,后回北京。北伐胜利后回湖北活动。

梁鸿志(1882—1946)。鸿志字众异,一字仲毅,暮年号迂园,福建长乐人。梁章钜孙。早年中举人。1905 年入京师大学堂。毕业后任山东登莱高胶道尹公署科长、奉天优级师范学堂教员。1912 年中华民国成立后,任职北京国务院,曾兼《亚细亚日报》编辑。袁世凯死后投靠段祺瑞,先后任法制局参事、京畿卫戍司令部秘书处长、肃政史、安福国会参议院秘书长。1925 年段祺瑞重掌北京政府后,任执政府秘书长。1938 年 3 月在南京成立伪中华民国维持政府,任"行政院院长"。次年出任汉奸组织"大民会"总裁。1940 年 3 月任汪伪政府监察院院长。1944 年底改任伪立法院院长。1945 年 10 月被国民党政府逮捕归案,押解上海。1946 年 6 月以叛国罪被处决。家藏古代珍籍秘集,藏有 33 封宋代书。长于诗文,著有《爰居阁诗集》。

郭则沄(1882—1946)。则沄字啸麓,号蛰云、蛰园,别号遁圃老迂、龙顾山人,福建侯官人。1903 年进士。1907 年入学日本早稻田大学,历任金华知府、浙江提学使、浙江温处道道台。平生与徐世昌过从甚密,二人多以诗歌相互酬唱,是徐世昌主编大型诗文选集的主要参与者,组织主持《清儒学案》的具体编写工作,深得徐世昌赞赏。

褚民谊(1884－1946)。民谊原名明遗,字重行,浙江湖州人。1903 年东渡日本求学,1906 年随同乡张静江赴法国,途经新加坡时参加同盟会,抵巴黎后,与吴稚晖、李石曾、蔡元培等创办中国印书局,发行《新世纪月刊》和《世界画报》等,宣传反满革命。1912 年 5 月任同盟会本部驻沪机关部总务长。1920 年与吴稚晖、李石曾在法国创办里昂中法大学,任副校长。1924 年在法国斯特拉斯堡大学获得医学博士学位,年底回国从事教育工作,先后任广东大学教授、代理校长、兼任广东医学院院长。1926 年 1 月在中国国民党第二次全国代表大会上选为中央候补执行委员。1928 年任上海中法工业专门学校校长。1937 年任中法国立工学院院长、中法技术学校医学研究部主任。1940 年 3 月底任汪伪政府行政院副院长兼伪外交部长,12 月任驻日"大使"。1941 年 10 月回南京复任外交部长。兼任伪中日文化协会理事长。1945 年 10 月 14 日在广州被军统局诱捕,1946 年 8 月 23 日以汉奸罪在苏州狮子口监狱刑场被枪决。著有《欧游回忆录》《国术源流考》《太极操》等。

冯秉钧(1885—1946)。秉钧字子衡,湖北夏口人。早年在比利时修读中学,后进入法国巴黎大学深造,获法学士学位。再入法兰西学院研究院攻读两年。在留法期间与当时西欧硕学鸿儒如沙畹、沙海昂、鄂卢梭、伯希和、牟里等交游。1911 年返国,历任湖北都督府秘书、众议院一等秘书、教育部秘书等职。毕生从事著译工作,其主要译作有《中国之旅行家》《中国史乘中未详诸国考证》《中国西部考古记》《昆仑及南海古代航行考》《佛学研究》《佛经原始诵读法》《印度佛教教总职名考》《史地丛考》《摩尼教流行中国考》《苏门答腊古国考》《交广印度西道考》《占婆史》《秦代初平南越考》《西突厥史料》《西域南海史地考证译丛》《蒙古史略》《帖木而帝国》《郑和下西洋考》《马可波罗行纪》《入华耶稣会士列传》《吐火罗语考》《西域考古纪举要》等。著有《景教碑考》《历代术法翻经录》《西域地名》《元代白话碑》《成吉思汗传》《瀛涯胜览校注》《中国南洋交通史》《星槎胜览校注》《海录注》《诸藩志校注》《西力东渐史》《西洋朝贡典录校注》等。

夏丏尊(1886—1946)。丏尊原名铸,字勉旃,号闷庵,别号丏尊,浙江上虞人。1901 年考取秀才,后入上海新式学校中西书院初等科读书。1903 年在浙江绍兴府学堂肄业半年。1905 年留学日本东京宏文学院,后又考入东京高等工业学校。1907 年辍学回国,1908 年应聘为浙江两级师范学堂任教,与校长经亨颐先后参加南社。1919 年参与编辑《教育潮》。1920 年应聘赴长沙湖南第一师范学校任教,与毛泽东、周谷城、舒新城、孙俍工、田汉等共事。1921 年回家乡上虞白马湖畔的春晖中学任教。1925 年在上海发起成立立达学会,创办《立达季刊》和《一般》月刊。1927 年任上海暨南大学中文系主任、开明书店编辑所长。1935 年与叶圣陶应教育部委托,任中等教育播音演讲,先后向全国中学生作过 8 次关于国文学习的谈话。1936 年任《新少年》杂志社社长,同年被推为中国文艺家协会主席。1939 年与傅东华等发起成立中国语文教育学会。1945 年 8 月支持周煦良、傅雷等筹办《新语》杂志,11 月被选为中华全国文艺家协会上海分会理事。1946 年 4 月 23 日因肺病与世长辞。著有《文艺论 ABC》《生活与文学》《现代世界文学大纲》《文章作法》《阅读与写作》《文学概论讲述》《文心》(合作)《平屋杂文》等,编著有《芥川龙之介集》《国文百八课》《开明国文讲义》等。译著有《社会主义与进化论》《爱的教育》《续爱的教育》《蒲团》《国木田独步集》《近代的恋爱观》《近代日本小说集》等。今有《夏丏尊文集》。

按:王利民说:"朱自清在《教育家的夏丏尊先生》一文中,称赞夏丏尊是一位理想主义的教育家。夏丏尊的教育理想是以情、爱为中心,通过普通教育来促进学生的人格、智力和身体的发展,以便为未来的生活做准备。夏丏尊在浙一师、湖南一师、春晖中学、立达学园和南屏女中等学校教书 20 多年,一直实践着自己的教育理想,他把自己从内发扬到外,努力用自身的人格感染学生,造就了众多人才,丰子恺、曹聚仁、施存统、魏金枝、柔石、傅彬然、贾祖璋、黄源等都是他的高足。……夏丏尊对语文教育的另一功绩体现在对中学生学习国文的选材和指导方面。《开明国文讲义》《国文百八课》《初中国文教本》等教材,语体混编而以语体为主,其目的是为了培养青年人运用祖国语言文字的能力。在新旧文学交替的时代,夏丏尊、叶圣陶合编的教材是将语文学习从文言文时代引渡到白话文时代的桥梁。"(《平屋主人:夏丏尊传·德音无已》,浙江人民出版社 2005 年版)

金邦正(1886—1946)。邦正字仲藩,安徽黟县人。少时在天津严范孙氏家塾、北京税务学堂求学。1909 年秋考取公费留美学生,进入美国康乃尔大学和李海大学,专攻森林学。1914 年获林学硕士和理学士学位。参与留美学生胡适、任鸿隽、杨杏佛、过探先等发起组织的"科学社",并出版《科学》月刊。回国后任安徽省立农业学校校长、农业实验场场长、森林局局长。1917 年任北京国立农业学校校长。1920 年出任清华学校校长。1922 年率华北农民赴法国、比利时学习玻璃制造技术,继而创办秦皇岛耀华平板玻璃厂,任副总工程师。后又任北平上海商业储蓄银行经理。

许啸天(1886—1946)。啸天原名家恩,字泽斋,号啸天,浙江上虞人。17 岁时追随徐锡麟、秋瑾,投身于民族革命,并著《越恨》一书记其始末。曾与夫人高剑华创办《眉语》月刊,跻身鸳鸯蝴蝶派报刊之列。早年热心于戏剧,参加"春柳社""春阳社",后组织"人本戏社""文艺动员剧社",撰写剧本有《拿破仑》《明末遗恨》《黑籍冤奴》等。抗日战争爆发后,剧社解散,流亡于江、浙、皖、湘、桂各省。1946 年重返上海,在诚明文学院任教,从事写作。著有《清宫十三朝演义》《明宫十六朝演义》《唐宫二十朝演义》《民国春秋演义》等。

叶楚伧(1887—1946)。楚伧原名单叶、宗源,以字行,别字(笔名)小凤,江苏吴县人。1904 年考入苏州高等学堂,毕业前被学校除名,赴广东汕头参与陈去病主办的《中华新报》。1909 年春在谢逸桥介绍下正式加入同盟会。1910 年参加陈去病、柳亚子等人组织的"南社"。1912年先后在上海创办《太平洋报》《生活日报》,并一度入《民立报》操笔政。1916年与邵力子合办《民国日报》,任总编辑,抨击袁世凯称帝。1924年1月被选为国民党第一届中央执行委员,并任国民党上海执行部常务委员兼青年妇女部长。1925年参加反对孙中山联俄联共政策的西山会议,被选为西山会议派的国民党中央执行委员会常务委员。北伐战争开始后,任职于蒋介石总司令部。1927年任国民政府委员、国民党二届中央特别委员会候补委员。1929年后曾被选为国民党第三、四、五届中央执行委员、常务委员和政治委员会委员,并先后任江苏省政府主席、国民党中央党部宣传部长、秘书长、中央政治会议秘书长。1935年任国民政府立法院副院长。曾创办大型《文艺月刊》,编印《文艺丛书》《读书杂志》等。著有《世徽堂诗稿》《楚伧文存》及小说《古戍寒笳记》《金闻之三月记》等。

冯承钧(1887—1946)。承钧字子衡,湖北汉口人。早年留学比利时。后赴法国巴黎大学,主修法律。1911年获索邦大学法学士学位。续入法兰西学院师从汉学家伯希和。回国后,曾任北京大学历史系教授、北京师范大学历史系教授。通晓法文、英文、比利时文、梵文、蒙古文、阿拉伯文、波斯文,兼及古回鹘语、吐火罗语和蒙语八思巴字,并精通中国史籍,在历史学、历史地理学、历史语言学和考古学等方面都有较深的造诣。毕生研究中外交通史和边疆史。著有《中国南洋交通史》《中国西部考古记》《中国之旅行家》《中国史乘中未详诸国考》《蒙古史略》《西学东渐史》《郑和下西洋考》等;译有《多桑蒙古史》《西突厥史料》《马可波罗行纪》等;译著多汇为《史地丛考》和《西域南海史地考证译丛》。

何炳松(1890—1946)。炳松字柏丞,浙江金华人。浙江高等学堂毕业,留学美国,专攻史学。历任北京大学、北京高等师范学校教授,浙江省立第一师范学校校长。主编有《中国史学丛书》《教育杂志》等;著有《通史新义》《新史学》《历史研究法》《历史教育法》《西洋史学史》《中古欧洲史》《秦始皇帝》《近世欧洲史》《浙东学派溯源》《程朱辩异》等。

按:张天明《何炳松历史教育思想研究》说:"何炳松是我国民国时期历史教育家,是我国现代历史教育的开拓者之一。何炳松历史教育思想主要内容有历史教育的目的观、教材观、教学观和评价观等几个方面。何炳松从历史的功效出发,认为历史教育的目的有:第一,'帮助明白现状',将历史教育与现实问题的解决联系起来;第二,'培养人的智慧',将历史教育与人的素质的全面培养结合起来;第三,'推进民族复兴',将历史教育与爱国救国、振兴中华结合起来。这三个方面是有机结合的整体。"(浙江师范大学硕士学位论文,2005年)

陶行知(1891—1946)。行知本名陶文濬,改名行知,安徽歙县人。1909年考入美以美会在南京所办的汇文书院博习馆(即预科)。次年从汇文书院预科升入金陵大学文科。曾任《金陵光》中文版主笔。1914年从金陵大学毕业,赴美国留学,先入伊利诺伊大学攻读市政学,次年获政治学硕士学位。1915年入哥伦比亚大学教育学院。曾从实用主义教育家杜威学习。1917回国后,任南京高等师范学校教务主任。1918年在南京高师校务会议上提出主张将"教授法"改为"教学法"。1919年2月发表《试验主义与新教育》一文,提出反对"沿袭陈法,仪型他国"。1920年12月与朱其慧、晏阳初等发起成立中华平民促进会。1921年12月成立中华教育改进社,任主任干事。1923年6月与黄炎培等人组建南京平民教育促进会。1926年起草发表《中华教育改进社改造全国乡村教育宣言》。1927年在南京创办晓庄师范学校。1932年成立"中国普及教育助成会",开展"即知即传"的普及教育运动,并提出"生活即教育""社会即学校""教学做合一"三大主张。同年创办生活教育社及山海工学团。1939年在陪都重庆创办育才学校。1946年1月创办重庆社会大学;4月筹备将育才学校迁沪及筹办上海社会大学。1945年加入中国民主同盟。著有《中国教育改造》《古庙敲钟录》《斋夫自由谈》《行知书信》《行知诗歌集》《教学做合一讨论集》《儿童科学指导(一)》《幼稚教育论文集》《普及教育》《怎样做小先生》《陶行知全集》。

　　按：毛泽东题写悼词："痛悼伟大的人民教育家陶行知先生千古。"朱德题词："学习陶行知先生全心全意为人民服务，不屈不挠的为独立、和平、民主而斗争的精神。"(金林祥主编《20世纪陶行知研究》，上海教育出版社2005年版)

　　按：钱俊瑞说："陶行知是一个具有极大的智慧与极大勇敢的普通中国人。他永远前进，永远跟着真理和人民的事业前进。他是一个大教育家，是不折不扣的中国新教育——人民教育的奠基人。他又是一位革命的大思想家，大众诗人和大政治家，是一位伟大的革命战士。他是国家之宝。我们祖国有了他，是我们极大的光荣。在世界范围内，他为我们祖国添上万丈光芒。陶先生的为人，是一个不可多得的和谐体。他严肃而认真，活泼而饶有风趣；有高度的科学修养、艺术修养和创造力；胸襟宽达无垠，做事则严格细密；待人厚而责己严；物质生活极度简单，精神生活极度丰富；广博的世界知识与十足的中国气派，冰冷的理智与炽热的感情；对人民的爱与对敌人的恨；简要深刻的箴言与使人笑破肚子的诙谐，……总之，陶先生是一个很完善的统一体的典型。……陶行知是属于永生的一类人物的，越到明天，他的精神越发扬光大，他的名字越光辉响亮。"(中国陶行知研究会等编《民主之魂：陶行知的最后100天》，上海教育出版社2003年版)

　　施济群(1896—1946)。济群号花好月圆人寿室主，别署冰庐主人，上海人，原籍江苏南江。曾主编《游戏新报》《清闲月刊》等。是鸳鸯蝴蝶派重要作者之一。参加过萍社，曾鼓动旧中国另一位著名的侦探小说作家陆澹安创作《毒手》，并出资刊印。此后又先后编辑《新声》《红杂志》。又创办《金刚钻报》《金刚钻月刊》等。程小青等侦探小说名家常为其撰稿。1923年与严独鹤、陆澹安、程小青共同编辑中国第一本侦探杂志《侦探世界》。主要作品有《滑稽四书演义》，另外著有《急智》《谁的贺年片》等侦探小说作品。

　　王若飞(1896—1946)。若飞别名黄敬斋，贵州安顺人。1905年随舅父黄齐声入贵阳达德学校学习。1915年在舅父黄齐声的带领下，参加"反袁运动"。1917年在黄齐声的带领下留学日本。1919年"五四运动"爆发后，离开日本回国，10月赴法勤工俭学。1922年6月与赵世炎、周恩来等发起成立"旅欧中国少年共产党"，曾任中央执委会委员，积极从事马列主义的宣传。1923年赴苏联入莫斯科东方劳动者共产主义大学学习，4月转为中国共产党党员。1925年3月回国，先后任中共北方区委巡视员、中共豫陕区委书记，领导河南党的建设和工农运动。1926年调上海任中共中央秘书部主任(即秘书长)，参与处理中央日常工作，并参与上海工人三次武装起义的组织领导工作。大革命失败后，先后任中共江苏省委常委、农民部部长和宣传部部长。1928年6月赴莫斯科出席共产国际第六次代表大会，后任中共驻共产国际代表团成员、中国农民协会驻农民国际代表，并入列宁学院学习。1931年回国，任中共西北特委特派员。11月21日在包头因叛徒出卖不幸被捕。1937年5月被党组织营救出狱。同年8月到达延安，先后任中共陕甘宁边区委宣传部部长、统战部部长。1938年起任中共中央华中工作委员会、华北工作委员会秘书长，兼任八路军副参谋长。1940年起历任中央秘书长、中央党务委员会主任等职。1944年5月作为林伯渠的助手赴西安、重庆，与国民党谈判。还协助董必武主持中共南方局的工作，11月起任中共南方局工委书记，负责主持南方局日常工作。1945年6月在中共七大上当选为中央委员。同年8月作为中共代表，随同毛泽东、周恩来赴重庆，参加国共两党和平谈判。1946年1月代表中共方面出席在重庆召开的政治协商会议。4月8日与秦邦宪、叶挺、邓发和黄齐生等，乘飞机离开重庆返回延安时，飞机在山西省兴县黑茶山上撞山坠毁，同机13人全部遇难。毛泽东为"四八"烈士题词："为人民而死，虽死犹荣。"周恩来得知王若飞遇难后，悲痛地说："失掉了他，好像失掉一种力量，失掉一种鼓励，失掉了一个帮手。"2009年被授予100位为新中国成立作出突出贡献的英雄模范人物。

方晓舲（1896—1946）。晓舲别字藤窝，安徽桐城人。毕业于上海美专，为国画大师黄宾虹弟子。任安徽中学校美术教员，精研经史，工书法绘事，兼工印刻，尤工紫藤。

梅思平（1896—1946）。思平名祖芬，字思平，以字行，浙江永嘉人。北京大学政治系毕业，任上海商务印书馆编辑，后任中央大学、中央政治学校教授。1928年至1931年间，《新生命》杂志引发中国社会史论战。当时陶希圣发表《中国社会到底是甚么社会》的论文，梅思平以《中国社会变迁的概略》提出不同的论点并与陶希圣论争。1938年与高宗武潜入上海与日本代表商讨汪精卫投敌叛国的具体条件和办法，并签订《日华协议记录》和《日华协议记录谅解事项》。1940年后，曾在汪精卫的南京国民政府中，历任中央执行委员、常务委员、组织部部长、工商部部长、实业部部长、浙江省省长、内政部部长等要职。1945年因汉奸罪被捕。1946年9月14日被枪决。著有《抗战中青年怎样自修》。

林景润（1897—1946）。景润字琴雨，福建莆田人。1910年就学于莆田哲理中学。1916年考入福建协和学院政治系。1919年以教会公费留学生身份赴美国芝加哥大学攻读。1920年至1927年，先后在哈佛大学、哥伦比亚大学、耶鲁大学深造，获哈佛大学授予名誉博士学位。回国后，就聘于协和学院，任政治经济学讲师。1928年任社会科学系主任，升任院长。1933年将协和学院办成一个男女同校的学院。1939年兼任福建临时参议会议员，福建文化建设事业委员会常务委员。1945年到美国休假，1946年1月病逝于美国。

闻一多（1899—1946）。一多原名闻家骅，又名多、亦多、一多，字友三、友山，湖北黄冈浠水人。1922年毕业于清华学校后赴美留学。先入芝加哥美术学院，次年转入科罗拉多大学美术系。1925年回国后，历任国立第四中山大学、武汉大学、国立山东大学、清华大学、西南联合大学的教授，曾任北京艺术专科学校教务长、南京第四中山大学外文系主任、武汉大学文学院长、山东大学文学院长。1944年参加西南文化研究会，随后加入中国民主同盟。1945年为中国民主同盟会委员兼云南省负责人、昆明《民主周刊》社长。1946年6月18日签署《抗议美国扶日政策并拒绝领取美援面粉宣言》。7月15日在悼念李公朴先生大会上，发表著名的《最后一次的演讲》，当天下午即被国民党特务杀害。2009年被授予100位为新中国成立作出突出贡献的英雄模范人物。著有《闻一多全集》。

按：郭沫若《〈闻一多全集〉序》说："最近吴辰伯先生把《闻一多全集》的稿子从北平给我寄了来，我费了两个礼拜的功夫细细地校读了两遍，校补了一些誊录上的错误和夺落，填写了一些古代文字，更把全部的标点统一了。全稿的字数我没有过细计算，大约总在一百万字以上吧。在这里面关于文化遗产的部分要占四分之三，关于近代学识，特别是参加民主运动以来的著述，仅占极少数。因此从这整个的遗稿上便给了我一个这样的印象：一棵苗壮的向日葵刚刚才开出灿烂的黄花，便被人连根拔掉，毁了。'千古文章未尽才'，这是夏完淳哭他的内兄钱漱广的一句诗，这两三个礼拜来老是在我的脑子里和口角上盘旋着。闻一多先生的大才未尽，实在是一件千古的恨事。他假如不遭暗害，对于民主运动不用说还可以作更大的努力，就在学问研究上也必然会有更大的贡献的。一多对于文化遗产的整理工作，内容很广泛，但他所致力的对象是秦以前和唐代的诗和诗人。关于秦以前的东西除掉一部分的神话传说的再建之外，他对于《周易》《诗经》《庄子》《楚辞》这四种古籍，实实在在下了惊人的很大的工夫。就他所已完成的而言，我自己是这样感觉着，他眼光的犀利，考察的赅博，立说的新颖而翔实，不仅是前无古人，恐怕还要后无来者的。这些都不是我一个人在这儿信口开河，凡是细心阅读他这《全集》的人，我相信都会发生同感。……

闻一多毫无疑问是永生了。他真真是'求仁得仁',他不仅在做学问上获得了人民意识,而在做人上更保障了人民意识的确切获得。然而话又得说回来,他的很快地便被催向永生,在一多自己虽然是一种至上的成就,在人民也就是一种历史的收获,然而很痛苦地是伴随了一个过高的代价。假如在一多获得了人民意识之后,再多活得十年,让他在事业上,在学问上,更多多地为人民服务,人民的收获想来也不会更微末的吧? 在他把文化史的批判工作的准备刚好完成,正好有充分的资格来担当批判过去、创造将来的时候,却没有让他用笔来完成他的使命,而是用血来完成了,不能过分矫情的说,这不是重大的损失。"(《闻一多全集》,湖北人民出版社1993年版)

按:陆耀东《'99闻一多国际学术研讨会开幕词》说:"闻先生在学术上的贡献是多方面的,在古籍和古典文学研究上,对神话、《周易》《诗经》《庄子》《楚辞》、唐诗的研究,都有独到的建树;对古代语言文字、文学史和中国诗学,都有精深的见解。除在许多领域的一系列学术研究所取得的成果外,闻先生在新观念、新方法的运用上,也是值得称道的。他较早地将文化人类学、心理分析学、神话批评、民俗学、历史学、考古学、语言学等综合运用于文学研究,虽然他并非是第一人,但也是前行者之一(清末民初王国维等已作了最早尝试),其功绩和积极影响不可低估。……闻先生在学术上的贡献,还有一个重要方面,就是在中国诗学理论上的建树,特别是对新格律诗理论的构建,功绩尤大。"(陆耀东、赵慧、陈国恩主编《闻一多国际学术研讨会论文选》,武汉大学出版社2002年版)

羊枣(1900—1946)。枣原名杨潮、杨廉政,号九寰,笔名羊枣、潮水等,湖北沔阳人。1923年从上海交通大学毕业后供职于沪宁、沪杭甬铁路局。1933年加入中国共产党。此后奉命从事文化工作,参加并主持左联的后期工作,同时开始为《太白》《中华日报》副刊《动向》《申报》副刊《自由谈》等报刊撰写杂文和科学小品。1936年任广西《月牙》杂志主撰,曾发表《民族抗日统一战线》等文,呼吁国共团结抗日。是年6月开始研究新闻时事,围绕抗日和国际反法西斯斗争撰写军事评论和国际政治论文。下半年与夏征农、艾思奇等创办《新认识》半月刊。1937年与夏征农合编《文化食粮》半月刊。抗战爆发后,加入上海文化界救亡协会,主编抗日丛书。上海沦陷后,留沪坚持斗争,为《导报》《译报》等报刊撰写国际评论。1938年参与发起中国青年新闻记者学会。1939年到香港,任香港《星岛日报》军事记者,开始用羊枣笔名撰写军事评论。同时担任《世界知识》半月刊的主要撰稿人。1941年因报道皖南事变真相,被迫离开《星岛日报》,改任《华商报》特约军事记者。是年秋,与萨空了、俞颂华等在香港合编《光明报》。1942年4月到衡阳主编《大刚报》。1944年6月到福建永安,主编《民主报》和《国际时事研究周刊》。1945年7月15日被国民党特务逮捕,翌年1月11日被害于杭州监狱。著有《太平洋大战》《羊枣政治军事评论选集》等。

李公朴(1902—1946)。公朴号仆如,原名永祥,号晋祥,原籍江苏武进,生于江苏淮安。早年就读于镇江润州中学。毕业后考入武昌文华大学附中,因反对校医虐待学生酿成学潮被开除。随后考入上海卢江大学附中,毕业后升入卢江大学半工半读。第一次国共合作时期,投军北伐。1928年8月赴美留学。并在邹韬奋主编的《生活》周刊上向国内介绍美国社会情况。1930年11月结束留学生涯回到上海,与邹韬奋等筹办《生活日报》,在史量才支持下创办《申报》流通图书馆、《申报》业余补习学校和妇女补习学校。1934年与艾思奇创办《读书生活》。1936年创办读书生活出版社。同年任全国各界救国联合会负责人之一,积极与东北抗日人士联系,支持抗日斗争。同年11月与沈钧儒等六人被国民党当局逮捕入狱,制造了震惊国内外的"七君子事件"。抗战爆发后,在山西任民族革命战争战地总动员委员会委员兼宣传部长。1937年11月与沈钧儒等积极筹建全国抗敌救亡总会。12月与沈钧儒创办《全民周刊》，并成立全民通讯社总社。1938年1月应山西阎锡山之邀，到山西临汾创办民族革命大学，被委任为副校长。7月将自己创办的《全民周刊》与邹韬奋主编的《抗战》合刊为《全民抗战》。11月到达延安，在中共中央的支持下，组织抗战教学团，到晋、察、冀边区进行抗战教育工作。1942年12月创建北门书屋，1944年创办北门出版社。1944年加入中国民主同盟，被选为民盟云南省支部执行委员，并任《民主周刊》编委工作。1945年在民盟全国代表大会上当选为中央执行委员和民主教育委员会副主任。12月被选为中国人民救国会中央委员和中央常务委员。1946年初与陶行知共同创办社会大学，任副校长兼教务长，实施民主教育的理论与实践相结合的方针。同时主编《民主教育》月刊。1946年7月11日在昆明市被国民党特务暗害，次日身亡。2009年被授予100位为新中国成立作出突出贡献的英雄模范人物。著有《抗战教育的理论与实践》《李公朴文集》等。

　　按：1946年7月16日，各界群众1000余人在云南大学操场悲壮肃默地举行李公朴火葬仪式。中共中央对李公朴被刺的暗杀事件，及时作出了严正的反应，并对李公朴的殉难作出了崇高的评价。毛泽东、朱德于7月13日联名发表唁电："惊悉李公朴先生为反动派狙击逝世，无比愤慨。先生尽瘁救国事业与进步文化事业，威武不屈，富贵不淫，今为和平民主而遭反动派毒手，实为全国人民之损失，亦为先生不朽之光荣。全国人心将以先生之死为警钟，奋起救国即以自救。肃电致唁。"周恩来、董必武、邓颖超、李维汉、廖承志等也以中国共产党代表团的名义从南京发来唁电："惊闻公朴先生被特务暴徒暗杀，不胜悲愤。公朴先生之牺牲必将激起全国人民反法西斯暴行及争取和平民主运动的高潮。敝代表团誓为后援。兹先电唁，并希节哀。"何香凝、沈钧儒、陶行知、史良、沙千里、王造时、章乃器、叶剑英、陆定一、彭泽民、萧三、李克农、郭沫若、茅盾、洪深、田汉、巴金、孙起孟、曹孟君、闵刚侯、金仲华、张光年、范朴斋、胡子婴、萨空了、罗隆基、周新民、梁漱溟等，均纷纷给张曼筠来函来电，慰问哀悼，谴责国民党反动派的暗杀行径。
（张则孙《民主斗士李公朴》第十二章，中央文献出版社2002年版）

　　张寒晖（1902—1946）。寒晖原名张兰璞，河北定州人。1929年毕业于北京大学艺术学院戏剧系，1925年加入中国共产党。与任致嵘等创作《农夫歌》《除草歌》《平民教育》《农家乐歌》《高头村歌》等，收集民歌编印《普村同歌集》。1930年再度回到北平，加入中国左翼作家联盟。1936年至1938年在陕西省立西安二中任国文教员期间，创作抗日经典音乐作品《松花江上》。1942年任陕甘宁边区文协秘书长，创作《国民大生产》《去当兵》《抗日进行曲》等70多首抗日救亡歌曲。

　　林柏生（1902—1946）。柏生别号石泉，广东信宜人。1920年考入广州岭南大学读书，1923年因参加罢课风潮被开除，后在执信中学担任训育主任。1924年任汪精卫秘书。1925年9月去莫斯科中山大学留学，1926年9月回国任黄埔军校政治教官。1929年冬奉汪命在香港创办南华通讯社，1930年2月创办《南华日报》，任社长。1932年又奉汪命在沪创办《中华日报》。1933年任国民党政府立法委员。1937年前往香港主持《南华日报》。1938年10月随汪逃到河内，参加起草叛国投敌的"艳电"，并在《南华日报》上发表社论，鼓吹对日投降。1939年5月随汪到上海，复刊《中华日报》，自任社长。后任汪记国民党中央常委兼中宣部副部长、中华通讯社社长。1940年3月任汪伪国民政府行政院宣传部长，先后建立伪"中央通讯社""中央报业经理处""中国广播事业建设协会""电影检查委员会""国际宣传局"等机构。1944年12月任安徽省长兼保安司令。抗日战争胜利后被逮捕。1946年10月8日以汉奸罪处决。

　　关向应（1904—1946）。向应，辽宁金县人，满族，原隶满洲镶红旗。1922年毕业于大连公学商科学校。1922年秋进入大连《泰东日报》社工作，开始接受马列主义思想。1923年秋创办《铁岭日报》,宣传革命思想。1924年5月到上海大学学习马列主义,年底受党中央委派,到苏联莫斯科东方劳动大学留学。1924年10月加入中国社会主义青年团。1925年1月在莫斯科加入中国共产党。五卅惨案后回国,年底任共青团山东省委书记。1926年6月调任上海沪西地委书记。1927年当选为共青团中央委员,先后在中共河南省委和共青团中央工作。1928年6月在中共六大上当选为中央委员、中央政治局候补委员。同年当选为共青团中央委员会书记。1930年参加中国工农红军军事委员会和中共中央长江局、中央军委领导工作。1932年任中共湘鄂西中央分局委员、中央军委湘鄂西分会主席、红三军政治委员,参加中央分局的领导工作。1934年当选为中央执行委员会委员。1935年2月任湘鄂川黔军事委员会军事分会委员,领导红二、红六军团参加红军长征。1936年7月任红二军团副政治委员,并同张国焘的左倾错误作斗争。1937年8月任八路军120师政训处主任兼晋西北军区政委、晋绥军区政委、陕甘宁晋绥联防军政委,与师长贺龙等一起率部东渡黄河,创建晋绥地区抗日根据地。1938年10月任120师政治委员。1940年11月任晋西北军区政治委员。1942年秋任中共中央晋绥分局书记。1945年6月在中共七大上当选为中央委员,同年担任晋绥野战军政治委员。1946年7月21日因病医治无效,病逝于延安。2009年被授予100位为新中国成立作出突出贡献的英雄模范人物。

费巩(1905—1946)。巩原名福熊,字香曾,江苏苏州人。1923年考入复旦大学。1925年参加"五卅"运动。1926年6月毕业于复旦大学社会科学科政治学系。1928年赴法留学。1929年转入英国牛津大学主攻政治经济学,获硕士学位。1931年毕业回国,在中国公学任教。"九一八"后,改名费巩,任《北平日报》社评委员。1932年回复旦大学任教,讲授中国的政治制度。1933年秋应聘到浙江大学任教,讲授政治经济学和西洋史,并兼注册课主任。1935年随浙大内迁至贵州遵义。1940年8月任训导长。1945年1月应邀赴重庆复旦大学讲授民主与法制。2月在重庆文化界《对时局进言》上签字。3月5日遭国民党特务秘密绑架遇害。著有《英国文官考试制度》《英国政治组织》。

博古(1907—1946)。本名秦邦宪,博古为化名,乳名长林,字则民,江苏无锡人。1921年就读于苏州工业专门学校,积极参加学生爱国运动。1924年参加上海大学孤星社。1925年入上海大学学习,参加五卅运动。同年底加入中国共产党。1930年离开莫斯科回国,被分配在全国总工会工作,任总工会宣传干事,同时参加编辑《劳动报》等工人报纸。12月任团中央宣传部长。1931年4月任中国社会主义青年团书记。之后又任中共临时中央局成员、临时中央政治局书记和负责人。1934年10月参加长征。1935年在遵义会议上被解除中共最高领导职务。后任中共中央政治局常委、红军野战部队政治部主任。1938年创办《新华日报》。回到延安后,于1941年领导创办《解放日报》,任社长兼新华通讯社社长。1946年4月8日由重庆返延安汇报工作,因飞机失事在山西兴县遇难。译著有《苏联共产党(布)历史简明教程》《辩证唯物论与历史唯物论基本问题》《共产党宣言》《社会主义从空想到科学的发展》《卡尔·马克思》等。

按:吴葆朴、李志英说:秦邦宪是"中国的无产阶级革命家,杰出的政治活动家,优秀的共产党员,党的新闻事业的开拓者和奠基人。他一生以革命事业为重,从不计较个人得失,保持了一个共产党人应有的奉献精神。他光明磊落,知过能改,严于律己,宽以待人,谦虚谨慎,克己奉公,为无产阶级革命事业做出了卓越的贡献"(吴葆朴、李志英《秦邦宪(博古)传》,中共党史出版社2007年版)。

王润滋(—2002)、陈逸飞(—2005)、刘扬忠(—2015)生。

六、学术评述

　　本年度为解放战争序幕(1945年8月至1946年6月)转入第一阶段——战略防御(1946年6月至1947年6月)的关键时段,和战问题十分严峻地摆在国共两党面前。与此同时,内有民主党派、外有美国直接参与了国共和谈的协调,但立场迥然不同。1月5日,由美国代表马歇尔、中共代表周恩来、国民政府代表张治中组成的军事3人小组在重庆宣告成立。10日,中国国民党、共产党及美国三方代表签订《关于停止国内军事冲突、恢复交通的命令和声明》和《关于停止国内军事冲突的协议》。同日,由国民党、共产党、民主同盟、中国青年党和无党派人士代表共38人参加的政治协商会议在重庆召开。16日,中国共产党代表团在政治协商会议上提出《和平建国纲领草案》。31日,全国政治协商会议闭幕,通过《关于政府组织问题的决议》《和平建国纲领》《关于军事问题的协议》《关于宪法问题的协议》《关于国民大会问题的协议》等5项决议。其中《和平建国纲领》全文由总则、人民权利、中央机构、国民大会、地方自治、军事改革、复员善后、财政经济改革、文化教育改革、国际和平及保侨10个部分48条组成。本次政治协商会议中,以民盟为代表的中间党派和无党派代表的人数超过国共代表之和,会议通过的五项决议也相当程度地体现了民主党派的主张和存在,充分凸显了民主党派作为"第三方面"的独特角色与功能。2月1日,《新华日报》发表社论《和平建国的起点》对此作出回应,指出:"中国共产党在抗战胜利结束后,即努力以求和平、民主、团结、统一之实现。此次政治协商会议所通过的各项决议,虽然仅是实现政治民主化、军队国有化的初步,但这些决议既然符合于今天中国与人民的需要,有它的进步意义,因此我们愿意和大家一致,不分地域,不分党派,为其实现而奋斗!"同日,重庆《中央日报》发表社论,认为"就会议本身而言,已有其难能可贵的成功"。民盟在总部机关报《民主报》发刊词中称:"倘政协会的结果,将来真是成功,那么,今天是中华民国历史的新纪元。今后的中华民国,是个崭新的时代。"5月5日,国民党政府宣布还都南京,国共谈判的中心也从重庆移到南京。周恩来率中共代表团力争实现和平、挽救和平,但蒋介石发动内战的决心已定,谈判无法取得进展。6月26日,国民党在完成战争准备后,撕毁停战协定和政协决议,以围攻鄂豫边宣化店为中心的中原解放区为起点,相继在晋南、苏皖边、鲁西南、胶济路及其两侧、冀东、绥东、察南、热河、辽南等地,向解放区展开大规模的进攻,国共内战全面爆发。蒋介石声称,只须3个月到6个月,就可以取得胜利。中国共产党领导解放区军民英勇地进行自卫,伟大的人民解放战争由此拉开序幕。7月20日,中共中央发出《以自卫战争粉碎蒋介石的进攻》的党内指示,指出:"只有在自卫战争中彻底粉碎蒋介石的进攻之后,中国人民才能恢复和平。"中共中央要求全党必须认识到:我们不但必须打败蒋介石,而且能够打败蒋介石。8月6日,毛泽东发表《和美国记者安娜·路易斯·斯特朗的谈话》,提出一切事物无不具有两重性的观点,提出"一切反动派都是纸老虎"的著名论断。10日,马歇尔与司徒雷登发表联合声明,称国共双方条件相去太远,"促成中国和平与团结之努力"已实际失败。9月16日,中共中央军委发出《集中优势兵力,各个歼灭敌人》的指示,要求人民解放军不惜放弃一些城市和地区,争取主动,集中兵力消灭敌军的有生力量。11月25日,国民党在南京召开国民大会,中共和民盟拒绝参加。大会通过《中华民国宪法》。12月31

日,民主同盟对政府公布宪法发表声明:一、"国大"违背政协决议的程序及精神;二、宪法许多重要条文,为政协争议未决之问题,与真正民主原则相距甚远;三、"国大"通过的行宪办法10条,"系假借制宪之名,为长期内战永久分裂作准备",与全国人民利益根本冲突,本盟愿唤起全国人民共起坚决反对。以上各方政治力量的角力所引发的政局重大变化尤其是解放战争的爆发,对本年度及整个解放战争时期的学术产生重要影响。

　　本年度的关键词是"复员"。5月1日,国民政府正式发布还都令,宣布5月5日凯旋南京。5日,国民政府由重庆迁回南京。这标志着全国政治、经济、文化中心再次回到南京,同时也意味着全国学术中心的回迁,这是对抗战时期全国学术"纵轴线"整体西移的还原,由此导致全国学术机构与人员的再次大规模迁徙,整个学术界再次处于全国性大流动之中。大致比较一下"复员"前后学术版图的巨大变化,此前延续抗战胜利之后的国统区与解放区的一分为二以及国统区的"昆明—重庆"双轴心格局;此后则重现战前的南京、北平、上海三大轴心结构,其间相继形成了重庆—南京、重庆—上海、昆明—平津三条主干迁徙路线。与上述"复员"相配合——包括"复员"前的准备与"复员"后的导向,国民政府又陆续出台了一系列重要教育举措,主要有:1月16日,国民政府教育部公布《接收东北教育事业应如何具体规划案》。此案对东北区域之划分和对东北伪满教育、蒙旗教育及日系教育的接收办法作了规定。31日,教育部奉行政院令电示收复区各省市政府、教育厅局:大量培养中级建设技术人才。2月9日,教育部公布《收复区专科以上学校处理办法》10条。22日,教育部公布《中等以上学校战时服役学生复学及转学办法》10条。同月,教育部在重庆召开中等以上学校迁校会议。会议对各校迁移次序、员生名额及交通工具之分配等项,作了具体规定。4月5日,教育部公布《国立各级学校迁校办法》15条。7月24—26日,教育部在南京举行高等教育讨论会,邀请大学校长教育专家30余人参加,通过废除大学导师制,另设训育委员会,订颁大学训育委员会组织章程与废除各大学研究所及研究学部名称,订颁大学研究所暂行组织规程,每一学系得设一研究所等决议案。秋后,高校复员工作先后完成。除留设原地之专科以上学校17所外,迁移学校有国立大学20所、独立学院12所、专科学校10所;省私立大学145所、独立学院23所、专科学校24所,合计103所。此外,战时停办战后恢复之专科以上学校8所,接收改设之专科以上学校5所。11月22日,教育部颁布《实施国民教育第二次五年计划》。12月4日,国民政府行政院修正教育部组织法。26日,教育部召开第五届边疆教育会议,对此项办法进行修正,进一步鼓励教育人员赴边疆服务。31日,教育部公布《大学研究所暂行组织规程》10条。是年,教育部重新划定全国教育视导区域为京沪区、苏北鲁南区、浙江皖南区、陕豫皖北区、鲁北冀热区、晋察区、东北区、绥宁区、闽赣区、粤桂区、湘鄂区、川康区、滇黔区、新疆区、台湾区等共15个区。这些重要教育举措要与上述三条主干迁徙路线的过程与结果紧密结合起来加以审视和考察。

　　第一条主干迁徙路线是重庆—南京。其中居于主导地位的是中央研究院与中央大学等重要高校。朱家骅继续任教育部长、中央研究院代理院长,需要同时谋划高校与中央研究院的"复员"工作。4月5日,朱家骅从重庆飞往南京,正式离开战时的首都。同日,教育部公布《国立各级学校迁校办法》15条。6月24日上午,中央研究院召开复员回京后第一次院务会议,朱家骅、萨本栋、傅斯年、竺可桢等16人出席。7月1日,中央研究院留渝办事处正式成立,院行政中枢同时移至南京。包括总办事处,评议会秘书处,天文、气象、地质、历史语言、社会5个研究所迁回南京原址。数学、物理、化学、动物、植物、医学、心理学7个研究所(或筹备处)迁往上海原自然科学研究所。工学研究所的钢铁部分暂留昆明,其余部分设于上海物理、化学、工程三研究所旧址理工实验馆。10月20日,中央研究院在南京召开第二届评议会第三次年会,朱家骅、傅斯年、萨本栋、翁文灏、陈省身、吴学周、王家楫、罗宗洛、陈遵妫、吴均一、巫宝三、林可胜、王世杰、胡适、陈垣、秉志、张子春、钱崇澍、吴有训、李书华、胡先骕、周鲠生、谢季华、吕蔚光、茅以升、周仁等28名评议员出席,还有外宾20人,新闻记者10余人列席。会议修正《国立中央研究院组织法》和《国立中央研究院评议会条例》,提出以院士为构成主体,规定了院士选举法。在此,尤有必要特别提到5月1日傅斯年等人即将离开李庄前,刻立了《留别李庄栗峰碑》,由陈槃撰文、董作宾题额、劳干书。碑额题"山高水长"。铭曰:"江山毓灵,人文舒粹。旧家高门,芳风光地,沧海惊涛,九州煎灼,怀我好音,爰来爰托。朝堂振滞,灯火钩沉。安居求志,五年至今。皇皇中兴,泱泱雄武。郁郁名京,峨峨学府,我东曰归,我情依迟。英辞未拟,惜此离思。"题名者为:国立中央研究院历史语言研究所同人傅斯年、李方桂、李济、凌纯声、董作宾、梁思永、岑仲勉、丁声树、郭宝钧、董同和、高去寻、梁思成、陈槃、劳干、芮逸夫、石璋如、全汉升、张政烺、夏鼐、傅乐焕、王崇武、杨时逢、李光涛、周法高、逯钦立、王叔岷、杨志玖、李孝定、何兹全、马学良、严耕望、黄彰健、石钟、张秉权、赵文涛、潘悫、王文林、胡占魁、李连春、肖纶徽、那廉君、李光宇、汪和宗、王志维、王宝先、魏善臣、徐德言、王守京、刘渊临、李临轩、于锦绣、罗筱蕖、李绪先同建。随后,史语所各位学者陆续返回南京。然而在史语所的"国宝"搬迁过程中却出现了一个小插曲。因为船到重庆须换大轮船才能出三峡,当时大轮船多是跑汉口,要直航南京得事先联系。傅斯年随后又致电董作宾,告知已和英国驻华大使馆谈妥,由英国海军提供一艘驱逐舰免费为史语所运输。史语所同仁对此议论纷纷,有的认为军舰运输又快又安全还省钱,何乐而不为呢,更多的人认为此举不妥。李孝定和董作宾商量后回复傅斯年,大意说外国武装船只在我国内河航行,是不平等屈辱条款的体现,"今竟用来运载我国国宝,恐为我师盛名之累",坚持租用商船。很快收到傅斯年的复电,取消了借用军舰之事,并表示嘉勉和自责。10月下旬,史语所全体人员乘长江远航轮抵达南京,已到南京的傅斯年和先期复员负责接收史语所的石璋如等,赶到码头上迎接。傅斯年在研究院大楼的演讲厅设宴款待史语所同仁和家眷,并特地邀请已出任北京大学校长的胡适前来助兴。宴会上大家频频举杯,互相道贺。胡适、傅斯年满面春光,谈笑风生,向在座的所有同仁敬酒。傅斯年即兴发表演讲,对史语所十年来辗转流亡于长沙、桂林、昆明、李庄的经历作了回顾,大家都很受感染。在谈到史语所同仁艰苦卓绝,勤奋忘我,在极端困难的环境条件下,保护国宝,开展研究时,他声音哽咽,满怀激情地说:"敝人另有他干,不能与同仁始终同甘共苦,对此深表歉意。"说到这里他弯下肥胖的身躯,向大家深深鞠了一躬。接着又说:"庆祝大家都能幸运归来,过去的种种辛苦都已经结束了,从此之后我们可以安心工作,史语所八年的流离可以说是告一段落了。搬回来之后永不搬迁。"

关于高校的回迁南京,最具代表性的是中央大学,在吴有训校长的统筹谋划下,中央大学于4月提前结束学期考试,开始复员搬迁。5月,复员开始。全校师生先后8批分乘水陆空各种运输工具,返回南京,最后一批于7月底到达南京。10月底,完成13000余人和4700多箱图书、仪器的搬迁。先后历时5个月,终于分批将中央大学由重庆安全迁回南京。11月1日,复员就绪,开学上课。当时在校学生数多达4719人,教职员工1251人,为抗战前的四倍。此后,学校立即分设两部,其中文学院、理学院、师范学院、工学院、农学院的一部分及附属医院设于四牌楼,称校本部;扩建丁家桥校舍,将医学院、农学院及一年级新生和先修班设于此,称丁家桥二部。全校共拥有 7 个学院 41 个系科组。研究院在艰难的 8 年中,发展迅速,设有 23 个研究所(原称学部),即中国文学、外国语文、历史、哲学、数学、物理、生物、化学、地理、心理、法律、政治经济、教育、农艺、森林、农业经济、畜牧兽医、土木工程、电机工程、机械工程、生理、公共卫生和生物化学。上述中央大学回迁南京后的统计数字,从一个侧面反映了八年抗战时期中国高校所作出的努力与贡献。

中央研究院、高等院校之外,还有任职于国民政府、中共南京办事处以及民盟等民主党派总部的三大学者群体从重庆迁入南京。在此,需要提及国民政府内政部新成立方域司,傅角今任司长。方域司面对的划界问题困难重重,因为中国当时还完全没有一个清晰准确的疆域图,边界地区存在大量模糊地带,甚至是没有人真正涉足的地带。在此次收复西沙、南沙群岛的工作中,国民政府特派遣有关部门的代表随同舰队前往视察和勘探。内政部方域司具体负责国界线的确定,并聘用西北大学地理系教授郑资约为内政部专门委员,负责参与南海岛屿国界的划定,及整理南海水域的岛礁、石群及沙滩名称的工作。年底,郑资约在随中国舰队从南沙群岛勘测完毕返回之后,开始与刚成立的内政部方域司地质、方域、绘图等方面的专才着手整理资料。内政部等各部门人员完成的考察勘测工作,为此后国民政府的制图、划界等工作奠定了坚实的基础,进而确立了我们今天南海"九段线"疆界。

第二条主干迁徙路线是重庆—上海。复员后的上海重新成为著名学者、作家、民主党派的大本营,彼此之间有身份交集,主要有郭沫若、马寅初、顾颉刚、张澜、沈钧儒、黄炎培、张君劢、罗隆基、陶行知、柳亚子、王造时、马叙伦、郑振铎、叶圣陶、夏丏尊、茅盾、巴金、田汉、冯雪峰、胡风、华岗、胡绳、冯乃超、王昆仑、翦伯赞、杜国庠、楚图南、吴晗、傅雷等。由于郭沫若、顾颉刚、马寅初等知名学者从重庆迁入上海,迅速提升了上海轴心的学术地位。郭沫若全家 5 月 8 日乘飞机往上海,行前对《新华日报》记者说:"对离开重庆的感情,只深深感到过去的工作仍然不够。虽然在文艺上找到和树立了为人民服务及民主的正确的方向,今后还要加倍的努力。"郭沫若到了上海之后,与中共领导人、民主党派、文艺界、学术界以及苏联大使馆保持密切联系,同时往返于上海与南京之间,其中比较密集的活动有:6 月 19 日,郭沫若乘火车赴南京,作为"第三方面"的代表参加促进国共和平谈判的工作。20 日晨,抵南京。即往蓝家庄访民盟诸领袖。中午,往梅园新村访周恩来,并共进午餐。下午,参加在参政会举行的茶会,请政府将停战期限延长。与会者有黄炎培、章伯钧、梁漱溟、王云五、傅孟真、王雪艇、邵力子、吴铁城、陈立夫、孙科、雷震等。21 日下午,与傅斯年、黄炎培、莫柳忱在蓝家庄会谈,"讨论延长停战八天中进行方法,决定明日邀中共代表谈"。22 日下午,往中央研究院历史语言研究所,见到李济和傅斯年。同日,与"第三方面"代表傅斯年、黄炎培、梁漱溟、章伯钧等人士集于鸡鸣寺路一号中央研究院历史语言研究所,请中共代表出席,就"最后决定权问题"了解"中共答案"。中共代表到者董必武、邓颖超、李维汉。董必武报告了"最后决定权问题之中共答案"。23 日晚,前往梅园新村,得悉以马叙伦为团长的上海各界赴南京和平请愿团代表,在下关车站被国民党暴徒包围殴打受伤的消息,即与周恩来等人乘车赶到中央医院慰问受伤代表。24 日下午,在国民大会堂参与无党派代表邀请政府代表谈话。政府代表是邵力子、张厉生、王云五。同日,与柳亚子、茅盾、陶行知等 20 余人,为《民言》半月刊特约撰述。行前周恩来、李维汉、范长江等到旅馆送行。郭沫若在上海的重要学术平台是中国学术工作者协会上海分会。6 月 20 日,郭沫若、马寅初、茅盾、马叙伦、陶行知、翦伯赞、郑振铎、胡绳、叶圣陶、杜国庠等 24 人发起成立中国学术工作者协会上海分会。顾颉刚 4 月 13 日自重庆飞抵南京。5 月 2 日，离徐州，抵沪，接洽文通书局、大中国图书公司、中国出版公司三处事务。7 月 1 日，大中国图书局在沪开办，任总经理兼编辑部主任。9 月 16 日，上海《益世报·史苑周刊》创刊。顾颉刚所撰"发刊词"指出：自五四运动至抗战前，中国的历史研究的巨大成就引起了世界的注意，而战争却把中国的学术工作拖后了 20 年，必须"重培幼苗，使它可以接上前期的烂漫"。又说："抗战前的史学界，大家投向专的方面，而忽略了通的方面""一般民众万想不到他们会和史学发生什么关系。专家的研究是史学界的基石，万万缺少不得；而普及者即是接受专家研究的成果，融汇贯通之后送给一般人看，唤起民族意识，把握现代潮流，都靠在这上了"。将来的史学应当"两条路都走，两种人才都培养，然后可以学尽其用"。11 月，被选为国民大会社会贤达代表，前去报到。12 月 13—25 日，出席国民大会。马寅初 4 月 14 日离开重庆经沪返杭。5 月 18 日，马寅初 66 岁寿诞，上海经济文化团体联合会举行茶话会祝寿，并请寿星演讲。演讲结束后，现代经济研究所与宣怀经济研究所临时提议：由到会 18 个学术团体同仁联合向马寅初献纪念旗，以示敬意。8 月，马寅初应聘到上海私立中华工商专科学校任教。9 月 30 日，上海经济团体联谊会成立，被选为名誉会长。马寅初在会上演讲，"痛斥官僚资本与洋商勾结，呼吁实现政治民主和经济民主"，"要使中国走上自由建设的道路，首先必须清除政府当局的反动措施，实现政治民主与经济民主"。同月，与杜国庠、张志让、沈体兰等 80 多位教授定期集会，座谈时事。后定名"上海各大学民主教授联谊会"。10 月 10 日，天津《益世报》称："中国经济学权威，国民党政府立法委员马寅初氏近已辞去官职，由京返沪。"15 日，出席立法院第 4 届第 309 次会议。此为马寅初最后一次参加立法院会议。除了上述三位学者巨子之外，本年度上海轴心还需关注以下重要事件：一是马叙伦引领民主斗争；二是叶圣陶主持文协总会工作；三是郑振铎创办《文艺复兴》月刊；四是陶行知的不幸去世及其重大反响。

由重庆回迁上海的高校以复旦大学为代表。8 月，重庆复旦大学的师生刚完成从重庆到上海的复员。10 月，复旦大学合并渝、沪两部于上海江湾原址。开学后师生员工 4000 余人，分设文、理、法、商、农 5 个学院，共 21 个系科（组），并增设合作系。张志让是夏随复旦大学从重庆迁回上海。9 月，联络上海各高校的进步教授沈体兰等举行了第一次教授聚餐座谈会，商定以后每月聚会一次，后来即称为"教授联谊会"（简称"大教联"），从十几人逐渐增至 80 多人。"大教联"推选沈体兰为主席，中共党员李正文为组织干事，并由张志让等 7 人组成核心干事会，实际上成为中共领导下的外围组织。张志让虽非中共党员，但他按照中共的意图做了不少工作，被大家称为"党外的布尔什维克"。"大教联"曾领导上海民主教授发表过十多次爱国民主宣言，如呼吁停止内战、要求释放被捕学生、抗议沈崇事件、反对中美通商航海条约、声援学生反饥饿游行等。这些宣言文稿多由张志让草拟定稿，在座谈会上动员会员签名后，亲自和沈体兰送到《文汇报》《大公报》上发表，产生很大的社会影响。储安平 9 月 1 日在上海创办《观察》，以"民主""自由""进步""理性""公平""独立""建设""客观"为其"基本原则和主张"，声称代表一般自由思想分子，对国内各政党不偏不祖。主要撰稿人有张东荪、潘光旦、胡先骕、傅雷、吴晗、钱端升、费孝通等。主要栏目有"专论""外论选译""观察通信""文艺""读者投书"等，对当时的政局、战局和经济、文化、社会生活等方面，进行广泛的评论。在国民党统治区的知识分子读者中有较大影响。出有华北、台湾航空版。最高发行量达 10 万份。

至于上海的出版界,也同样出现了复兴气象。2 月,张元济与吴稚晖、唐蔚芝、蒋竹庄、李石曾、胡朴安、高吹万、朱家骅、王君复发起联署《丁氏文化复兴社宣言》。9 月 29 日,张元济赴上海市商会主持民国三十五年商务印书馆股东临时会议。董事会散发《九年来之报告》小册子,报告署名董事张元济、丁榕、王云五、李宣龚、李泽彰、高凤池、夏鹏、徐寄顾、徐善祥、陈光甫;监察人马寅初、黄炎培、杨端六。《九年来之报告》详述抗战以来总分馆厂遭受惨重损失情形和已查明收回机器设备等明细清单;概述九年来之营业、出版及资产等情况。结论云:"综上诸端,本公司九年来遭遇之艰危,奋斗之经过,以及损失之惨重,营业之困难,略陈梗概。其尚能勉为维持,以有今日,则全赖全体同人之努力。而艰苦相共之诚,尤足引以为慰。本公司创业历 50 年,对于文化教育之贡献,不遗余力,而我国战后教育关系尤钜,辅助推进之责,更不容辞。惟有秉已往之职志,再接再厉,力图复兴。然以创巨痛深之余,当战后经济危难之际,以言复兴,其艰难困苦将百倍于往昔。至于工作计划,千绪万端,惟望政府维护于上,全国学术、教育界多加指导与援助,庶复兴计划之完成,得如所期,亦即所以奠定我国文化复兴之基石也。"李叔明继续任中华书局总经理。6 月 1 日,中华书局总管理处由重庆迁到上海,成立驻渝办事处办理结束事宜。同时,中华书局撤销上海办事处。是年,原在渝印行的期刊 5 种:《新中华》半月刊、《中华少年》月刊、《小朋友》半月刊、《中华英语》半月刊(分高级、初级两种),迁回上海继续印行。至此,上海出版界重现商务印书馆与中华书局的"双子星座"格局。

第三条主干迁徙路线是昆明—平津。5 月 4 日,西南联合大学全校师生在新校舍图书馆举行结业典礼,北京大学、清华大学、南开大学及联大在昆明校友参加,省市各机关负责人及各界人士应邀出席。典礼由梅贻琦主持,代表常委会宣布西南联合大学正式结束。会后,举行《国立西南联合大学纪念碑》揭幕式。碑铭曰:"痛南渡,辞官阙。驻衡湘,又离别。更长征,经峣嶬。望中原,遍洒血。抵绝徼,继讲说。诗书丧,犹有舌。尽笳吹,情弥切。千秋耻,终已雪。见仇寇,如烟灭。起朔北,迄南越,视金瓯,已无缺。大一统,无倾折,中兴业,继往烈。维三校,兄弟列,为一体,如胶结。同艰难,共欢悦,联合竟,使命彻。神京复,还燕碣,以此石,象坚节,纪嘉庆,告来哲。"同日,傅斯年在北平就任代理北大校长,宣布决不录用伪北大教职员。后据 21 日《申报》报道:北大校长傅斯年此次来平,专为筹备该校复校事宜。15 日,西南联合大学第三七四次常委会决定,常委会于 6 月 30 日结束。常委会结束后,由北京大学、清华大学、南开大学各推代表若干人,组成委员会,联合处理迁移事宜。同月,梅贻琦在《校友通讯》上发表《复员期中之清华》,全文分四个部分:(一)故园情形;(二)复员计划;(三)联大结束与三校迁校;(四)表扬忠烈。6 月 28 日,西南联大联合迁移委员会决定,聘请徐璋、马芳若、王绍祖、金德良、胡源凌 5 人为第一批急运图书仪器物品押运员,并指定徐璋为押运主任,押赴平津。同月,由于交通工具紧张,为发挥学生之能动作用,学校决定除发给学生复员旅费外,并发给"请沿途军警放行"的通行证,自行北上。集体北上学生分两路:一路乘汽车经贵阳到长沙,转乘小火轮经武汉到上海,乘海轮到秦皇岛转火车到平津;另一路经广州到香港,循海路到上海,汇入第一条路线。7 月 10 日,西南联大第 382 次常委会决议:西南联合大学于 7 月 31 日结束。11 日上午 11 时,联大最后一批复员北上学生 200 余人,分乘善后救济总署卡车 7 辆离昆,国立昆明师范学院院长查良钊及留昆学生到西站送行。10 月 7 日,北大清华南开三校负责人在北大总办公处召开联席会议,胡适、梅贻琦、孟广告等出席。会议决定,联大学生休学期满260余人复学分发问题,联大运津之图书、仪器分配问题等有关事项。10月10日上午10时,复员后的北京大学在第四院大礼堂举行开学典礼。胡适在开学典礼上发表讲话,强调"独立"的精神,"要能不盲从,不受欺骗,不用别人的耳朵当耳朵,不用别人的眼睛当眼睛,不用别人的头脑当头脑",并引南宋思想家吕祖谦《东莱博议》的话"善未易明,理未易察"加以发挥,要求对当局日益不满、越来越倾向革命的青年学生平静下来,"希望学校里没有党派",要大家"把学校当作学校","不要毁了学校,不要毁了这个再过多少年不容易重建的学术机关"。同在上午10时,复员后的清华大学在大礼堂举行开学典礼。梅贻琦面对破坏严重的校园,向师生们勉励道:"不应以恢复旧观为满足,必使其更发扬而光大,俾能负起清华应负之使命。"

在西南联大分三校回迁平津的过程中所发生的举国震惊的重大事件,是清华大学闻一多被国民党特务暗杀。先是7月11日,民盟中央委员、云南省支部负责人李公朴在昆明惨遭国民党特务暗杀,次日清晨5时在云南大学附属医院不治逝世。15日,民盟中央委员、云南省支部负责人、西南联大教授闻一多在云南大学参加李公朴追悼会时,痛斥特务暴行。会后,闻一多与楚图南在《民主周刊》社主持记者招待会,散会回家途中惨遭国民党特务枪杀,即刻身亡。"李闻血案"的发生,引起国内外强烈反响,抗议浪潮此起彼伏,祭奠活动从全国各地延伸至海外,而且国民党当局越来越感受到来自美国的压力:7月31日,美国哈佛大学教授30人联名致电美国副国务卿艾奇逊,主张美国政府停止援助国民党政府。8月10日,美国总统杜鲁门经中华民国驻美大使顾维钧转给蒋介石一封私人密函,内中涉及美国政府对李公朴、闻一多被刺事件的反应与态度。信中特别指出:如果国民党政府不能和平解决内部问题,如果在中国不能在短期内有真实的进步表现,则将重新审定美国对华政策。12日,美国哥伦比亚大学师范学院全体教授,为李、闻被刺致电杜鲁门总统,称"这种出于若干反动分子的残酷行为,刺痛了中美两国思想自由的公民良心,这刻画出中国局势在迅速的恶化,美国也深深地被卷入了"。而在西南联大以及全国教育界、文化界更是群情激奋,怒涛汹涌。12月1日,北京大学举行"一二·一"周年纪念大会,并举办照片展览,展出闻一多先生的遗像、四烈士入殓经过及出殡情形等照片。同日,清华大礼堂又庄严地举行了"一二·一"周年祭。同方部"一二·一"史料展览会上四烈士的血衣,重新唤起了同学们血的记忆。"你们死了,还有我们"的誓言在耳畔萦回。国民党特务制造"李闻血案"的后果,直接促成以民盟为代表的民主党派反蒋拥共立场,以及全国知识界包括中间立场的知识阶层对国民党的厌恶、背离与反抗。虽然蒋介石在表面上把相关负责人撤职查办,但依然不能平息民愤,改变民心向背。当然,从另一角度来看,闻一多早期还是一名比较狂热的国家主义者,相信中国青年党的政治道路能够让中国走向富强。抗战以来,他一度支持蒋介石,希望后者能让中国真正摆脱危机。但国民党在大后方的腐败与无能,使他渐渐看清了其本质,同时西南联大活跃的民主运动,也让他有机会了解到中国共产党的政治主张,从此他的思想发生了比较明显的变化,终为国民党特务所不容。就此而言,闻一多的心路历程,堪称抗战胜利前后不少学者政治立场转变的缩影,同时也从一个侧面反映了业已失去民心、失去知识界支持的国民党必然走向灭亡的趋势。可以这么说,"李闻血案"犹如一面多棱镜,可以照射出当时政治学术生态与心态的急剧变化以及国民党当局为此所付出的不可估量的民心代价。

以上三条主干迁徙路线最后回归于南京、北平与上海三大轴心。与此同时,国统区的其他区域与解放区的学术版图同样处在不断变化之中。解放区学术文化中心虽然还在延安,但已大幅度地从陕甘宁边区向晋冀鲁豫边区、晋察冀边区以及东北解放区拓展。晋冀鲁豫边区的学术中心在邢台。1月,中共在晋冀鲁豫边区邢台市西关创办北方大学。边区政府特聘范文澜为校长。北方大学是边区政府的最高学府,内设行政学院、财经学院、教育学院、工学院和一个附属班。北方大学曾先后开设7个学院和经济、历史两个研究室。刘大年曾任该校领导小组成员、工学院负责人,尹达任教务处负责人,尚钺、王冶秋等在此任教,范文澜亦曾在此讲历史。4月,范文澜到达晋冀鲁豫边区邢台,就任北方大学校长。同月20日,范文澜《在北方大学教职员全体大会上的讲话》刊于晋冀鲁豫边区《北方杂志》创刊号。22日,晋冀鲁豫边区文联在河北邢台成立,选举范文澜、陈荒煤、于黑丁、张磐石、赵树理、任白戈、吕班、朱穆之、罗青、张香山、王振华、王春、曾克、晁哲甫、高沐鸿、王玉堂、魏克明、莫循、朱介子、鲁西良等31人为理事,范文澜、陈荒煤为正副理事长,并聘请文化界前辈边区主席杨秀峰、军区副政委张际春为名誉理事长。秋,北方大学一度迁到山西长治高庄,时间一年余。北方大学成立历史研究室,由范文澜主持,成员有刘大年、荣孟源、王南等,继又有叶丁易、王冶秋、尚钺。晋察冀边区的学术中心在张家口。上年11月15日,周扬和沙可夫率领的延安大学和鲁迅艺术学院的文艺工作者组成的东北文艺工作团从延安出发,历时46天,于12月30日抵达张家口。艾青、舒强、江丰率华北文艺工作团于上年11月8日到达张家口,成员有贺敬之、王昆、李焕之、崔嵬、陈强等56人,艾青任团长,舒强为副团长,江丰任政委。上年底,丁玲、杨朔、萧三、邵子南、逯斐、陈明、欧阳山、草明等人组成的中华全国文艺协会延安分会延安文艺通讯团进驻张家口。1月8日,张家口文艺界在联大礼堂举行欢迎抵张的延安文艺工作者的盛大联欢会,晋察冀边区参议会议长成仿吾、副议长于力以及周扬、丁玲、萧军、杨朔、艾青、厂民、沙可夫、吕骥、向隅、周巍峙、吴晓邦、张庚、古元、江丰、沃渣、马达、王朝闻、彦涵等60余人出席,这是张家口解放以来文艺界第一次盛会。于力副议长代表议会向远道而来的延安文艺工作者表示慰问,他说:"延安文艺界工作同志们有极高的修养和丰富的经验,今天来此交换经验,互相学习,是特别有意义的一件事。"成仿吾代表边区文艺界致欢迎词,周扬、丁玲代表延安文艺界讲话。16日,《解放日报》载:晋察冀文化艺术团体和知名人士致政治协商会议电,提出在全国范围内思想、言论自由,依法惩办文化汉奸,实行民主政治等建议。电文上署名的有晋察冀边区文化界联合会、华北文艺工作团、延安文艺通讯团、鲁迅艺术文学院等16个单位和文化工作者于力(董鲁安)、成仿吾、周扬、萧三、萧军、丁玲、吴晓邦、沙可夫、艾青、邓拓、吕骥、马达、张庚、沃渣、蔡若虹、田间、江丰、草明、古元、彦涵、向隅、张仃、周巍峙、冯宿海、丁里、王曼硕、钟敬之、汪洋、胡一川、舒强、李元庆、周峰、厂民、王朝闻、杜矢甲、马可、唐荣牧、张水华、瞿维、杨角、白晓光、康濯、陈企霞、张望、莫朴、夏风等百余人。成仿吾又任经重组后的华北联大校长,周扬任副校长。华北联大恢复了文艺、法政、教育三个学院和文艺工作团,下设文学、戏剧、音乐、新闻、政治、财经、教育等10个系。张如心任教务长,副教务长林子明;文艺学院院长沙可夫,副院长艾青;教育学院院长于力,副院长丁浩川;法政学院院长何干之。文艺学院下设文学、戏剧、音乐、美术、新闻5个系和文工团,陈企霞任文学系主任,舒强任戏剧系主任,李焕之任音乐系主任,江丰任美术系主任,邓拓任新闻系主任,吕骥任文工团团长、周巍峙任文工团副团长。何洛、丁玲、严辰等均为文学系教员。3月1日,大型综合性文化半月刊《北方文化》创刊,主编为成仿吾、张如心,编委有周扬、肖三、丁玲、杨献珍等13人。成仿吾在1卷1期上发表《创刊的话》。9月，国民党军队向解放区全面进攻，飞机轰炸威胁着张家口。"联大"奉命准备转移。10月，学校在广灵停留一个多月，师生参加土改。11月，开始向冀中转移，经灵邱、阜平、唐县、安国、深泽等县，行军800里，大家称之为"小长征"。在东北区域，相关高校主要有：一是张闻天提议创办的宁安学院；二是白岩清任校长、舒群任副校长的东北公学；三是林彪任校长、彭真任政委的东北军政大学；四是吕骥任院长、张庚任副院长的东北大学文艺学院。9月，吕骥、张庚在佳木斯创办东北文艺社和《东北文化》半月刊，由东北书店发行东北各地。编委由当时在佳木斯工作的王季愚、白希清、任虹、李常青、吕骥、吴伯箫、姜君辰、陈元直、袁牧之、张汀、张庚、张如心、张松如、张庆孚、智建中、董纯才、塞克、严文井、阎沛霖组成。11月24日，中华全国文艺协会佳木斯分会正式成立，当时与会的文艺工作者近600人，是延安文艺座谈会召开以后解放区规模最大的文化聚会。以上都是对陕甘宁边区的有力拓展。

各省区板块中，经历复员回归的高校有浙江大学、广西大学、厦门大学、武汉大学、无锡国专、山东大学、齐鲁大学、河南大学、西北大学等。这里重点讨论一下浙江大学与西北大学。浙江大学竺可桢校长2月25—27日在重庆出席教育部召开的第一次各大学迁校（复员）会议，为高教组召集人之一。5月6日，竺可桢在遵义出席浙大在遵最后一次（第19届）大学生毕业典礼。7日，在遵义主持浙大行政扩大会议，暂定自8月16至10月15日为取道重庆复员期间。同日，遵义浙大教职员开始经长沙返杭州。5月11日，竺可桢在遵义出席遵义文化教育界欢送浙大复员返杭大会。遵义83岁老人蒋簸谱代表遵义文化教育界献旗，上书"善教继志，遵道救学，嘉贤容众，毁方瓦合"。6月1日，浙大遵义总校结束，改为留守处。教育部公文自即日起送至杭州浙大。浙大在遵义办学的7年历程从此结束。14日，竺可桢在杭州召集浙大学生谈话，述浙大学风传统是求是、不分党派门户、维持学术标准，勉励大家要保持此项精神。《申报》记者以"竺可桢校长讲浙大的今天和明天"为题，对此次讲话作了报道。10月30日，竺可桢在杭州约浙大学生谈话，述浙大复员之迅速与安全出乎意料，提出校中应坚持：无门户党派之争；求是精神，即大无畏精神；民主精神。再说西北大学：2月下旬，西北大学校长刘季洪决定正式成立西北大学西安办事处，由校迁建会推请徐朗秋、高文源、王耀东三委员主持办事处工作。先办理接收校舍及购置员生食堂、宿舍必需用具等，至此，迁建工作才进入具体实施阶段。4月底，经校务会议研究决定，以此为开始迁校时间。校迁建委员会先后制定《本大学员工迁移办法》《本大学学生迁移办法》等细则。4月30日，为纪念西北大学侨寓城旧（号称乐城）的八载往事，在全校师生告别乐城前夕于校本部讲舍旧址勒碑留念。碑文由中国文学系主任高明教授撰书，校长刘季洪立，题为《国立西北大学侨寓城固记》，文曰："惟是大学莅止，风气聿开；平章世事，则谠论出于鸿儒；讲诵道艺，则名言绎于硕学；谈宇宙之玄秘，则极深之研几；论文辞之奥奚，则发微而抉隐。他如搜奇考古，则西北文物灿然备陈；格物致知，则陕南花木纷焉入览。于是村童野叟，扩其见闻；田父蚕姑，益其神智。蚩蚩群氓，乃睹冠冕之盛；济济多士，益见宫墙之美。文教溥被，迥迈寻常。岂非姬周晋宋故事之重演，所谓因祸而得福也哉！今敌酋成禽，寇军解体，日月重光，典制渐复。国家定百年之大计，将迁校于西安；师弟怀八载之深情，辄萦思乎城固。爰就讲舍旧址，鸠工相石，镌辞铭念。后之考世运之兴替，文教之盛衰者，其有取于斯文！"关于西北大学，还需说到地理系主任郑资约赴西沙、南沙执行进驻接收任务，并为"永兴岛"与"太平岛"命名。抗日战争胜利后，国民政府内政部成立方域司，负责接收中国南海岛屿日占失土。内政部部长深知郑资约在地理学界的学识与声望,积极邀请郑资约担任内政部专门委员,参与接收南海诸岛,负责南海岛屿国界的划定,及整理南海水域的岛、礁石群及沙滩名称的工作。10月初,郑资约接到邀请后,带着孙敏贤、于国芳等4名学生一起奔赴南京就任。23日,经过周密筹划,以郑资约为主组成的接收测量团队登上太平号、永兴号、中业号和中建号4艘国民党海军舰船。在总指挥官林遵护卫下,他们从南京出发,前往西沙、南沙执行进驻接收任务。11月8日,郑资约乘坐的收复舰队到达海南岛榆林港。12月9日早晨8时,"永兴""中建"两舰在副总指挥姚汝钰率领下出港后直抵西沙群岛主岛——林岛,去执行收复西沙群岛任务。收复后,将林岛改名为"永兴岛",以纪念接收舰"永兴"号,并立"固我南疆"石碑于该岛码头处。此后,林遵与接收专员郑资约率"太平""中业"两舰一直向南航行。12日凌晨,到达太平岛。林遵、李敦谦等在岛上举行了隆重的进驻仪式。为了纪念"太平"舰接收该岛,即以"太平"为该岛命名,竖立一块高约1米的钢筋水泥石碑,石碑下刻"太平岛"三个字,左旁刻"中业舰到此",右旁刻"太平舰到此"。郑资约与他的测绘团队在岛上住了一个多星期,以太平岛作为根据地,再改乘小船到各岛接收、测量,他们不惧艰险分工勘察、拍照,收集到难得的第一手资料。至此,一度被殖民者侵占的南沙群岛,再一次回到祖国的怀抱。两支舰队的此次航程,成为近代中国宣誓、确认南海主权的重要环节,而"永兴岛"与"太平岛"的命名则一直沿用至今。

海外板块中,"出"的方面,胡适仍居美国。由于巨大的学术声望以及即将出任北京大学校长的传闻,胡适被虚幻地赋予某种强大的政治符号和能量。如果说武汉大学校长周鲠生1月30日致信胡适,略告准备复员的情形,痛感国内教育行政的退化,喻之为"学校衙门化",因此很希望胡适回国后"领导大学校长们,合力向政府建议作一彻底改革",认为"这不但是为学术维持尊严,抑且是为学术教育的进展,有绝对的必要"还相对合理的话,那么,无论是经济学家罗敦伟3月31日致信胡适称,以组党不易,拟发起"超党派大团结之民本运动",拟先办《民本周报》,想请胡适出来主持,还是中央研究院的全汉昇1月15日致信胡适,寄上得自国内的两篇有趣的文字,其中之一为何永佶的一篇文章,主张由胡适、梅贻琦、张伯苓3人作全国最高军事领袖,使军队不受任何党派利用,以免内战,都为胡适虚幻赋能,后者尤甚。赵元任依然是在美华人学者的交流纽带。5月,胡适在纽约与赵元任夫妇告别先回国。6月1日,赵元任夫妇银婚纪念日(25周年)。晚上杨联陞在醉香楼请了许多朋友吃饭。21日,赵元任结束了哈佛大学5年的工作。当时国内几位著名大学校长竞相争取学业完毕的中国留学生回国任教,中央研究院傅斯年,教育部朱家骅部长通过赵元任争取一些人回国。7月14—19日,赵元任在英国出席牛顿诞辰300周年纪念活动,周培源和吴大猷也前来参加。在英期间,赵元任还多次与老朋友叶公超、胡刚复等相聚。8月27日,赵元任经纽约时看望了林语堂、张彭春、张伯苓、任鸿隽。9—10月间,罗常培、周培源一家、黄鸣龙一家、任鸿隽夫妇等先后都来赵元任家相聚。11月,联合国教科文组织在巴黎召开成立大会,教育部长兼中央研究院代理院长朱家骅任中国代表团团长,代表有赵元任、程天放、李书华、竺可桢、陈源。同月9日,朱家骅致电赵元任,告知他本人不能出席,请其作为中国代表团首席代表出席联合国教科文组织成立大会。12月底,冯友兰应邀携长子锺辽往波士顿哈佛大学教授赵元任家中过年,在赵宅遇钱学森、任华、洪业等。是年,重量级人物张伯苓、陈寅恪、晏阳初、老舍、曹禺、任鸿隽、袁同礼、卢作孚、王重民、罗常培、梁思成等皆在美国;王世杰、竺可桢、程天放、李书华、瞿菊农、钱三强、陈源、郭有守、费孝通、梁方仲、陶大镛、吴景超皆在英国;茅盾、华罗庚在苏联。而李济至日本则负有索还日本劫掠文物的特殊使命,最遗憾的是查找"北京人"头盖骨毫无进展。5月5日回国后,李济向有关部门写了一份工作报告,详述在日参观调查的内容。李济在《抗战后在日所见中国古物报告书》中写道:"我在离开日本前,盟总与中国代表团关于属文化项下的劫掠品的退还,已有三项了解:即七七事变以后之劫掠品,有证据者即退还中国;登记日本私人收藏目录以备检查。已决定之事项为周口店遗物即时缴还代表团;中央图书馆书籍即时预备送还。我回到中国不久,这两批东西都陆续缴到。"然而调查到的日本文化掠夺的罪行,只是冰山一角。李济在报告书中又写道:"东方文化研究所向为日本研究汉学之一中心;战争期间,改隶大东亚省,对考古发掘大加努力,成一文化侵掠机构。所有日本在中国之考古发掘皆为大东亚省所支持,以学术掩饰其侵掠计划,主持者或自以为一大杰作。水野清一与长广敏雄二人,在大同一带不断工作,前后八年,以云冈为中心,东及阳高县万安,发掘汉墓十余座,并将云冈石佛个别摄影,已积五千余帧。问其在大同发掘品现存何处,水野答云均存各县县署,如阳高所掘者,则存阳高县衙门公署仓库,彼等只携照片归,及零碎标本云。水野氏作此语时,史克门少校亦在座,不甚置信也(后史少校告济云,见有邻目录内之漆器极似阳高所出之照片)。日人最近在华北发掘,尚有热河营城子、四平山及河南安阳等地。此皆就其谈话中偶尔漏出者所计,实际所作者,决不止此。出土品只见到若干照片及残件标本,现藏何处,尚待调查。"

至于"进"的方面,主要有:英国李约瑟博士继续在中国访问,同时为撰写《中国科学技术史》作准备。美国哈佛大学的中国系主任费正清继续在中国为美国新闻处工作。年初,促成老舍、曹禺赴美。7月5日晚,郭沫若与茅盾、陶行知等为费正清博士将返美举行欢送会。11月1日,费正清致函贝克曼,提出"不应再将支持蒋介石作为团结的基础,相反支持他会使团结的基础动摇","我们都有义务使得美国公众明白这一点"。美国著名作家史沫特莱在萨拉托加·斯普林的"雅斗"(yaddo)撰写朱德传记。7月1日,朱德给史沫特莱写信。12月17日,史沫特莱复信给朱德,说:"我写的这本书,是有着非常重大的意义的。"美国司徒雷登继续任燕京大学校务长。5月23日,举行第二次师生大会,司徒雷登主讲《学生与当前时局》,谓从五四运动到全国抗日,"以先知觉后知,以先觉觉后觉""中国学生自五四为国努力,这是中国现代历史上很荣耀的纪念"。6月26日,燕大第二十九届毕业典礼在贝公楼隆重举行,这是北平复校后首届毕业典礼。典礼由专程返校的70岁的司徒雷登校长主持。参加典礼的大学生、教职员、各院院长、代理校长、董事、来宾和其他年级在校生共有1500人。这次典礼标志着四年前被日军封闭的燕京大学终于光复。7月9日,司徒雷登出任美驻华大使。11月25日,燕京北极星社、自由论坛、燕京文摘社、燕京生活社及星火社五学术团体,致函美驻华大使司徒雷登博士,表示对时局的看法,此函刊于《燕京新闻》13卷2期,其中要点有:国大揭幕后大分裂的局面已经最后完成,今后笼罩着我们的虽是一团黑暗,但中国学生在长期折磨与奋斗中已经锻炼了自己,我们不悲观。内战之所以不能停止,一方面是由于中国的好战派坚不欲给人民以和平,同时美国以超过40亿美元的"剩余物资"转让中国政府,助长中国内战,亦不为无因。在今后的奋斗目标中,我们仍欢迎外国人能作公平的调停,但对一切外国在中国的军事的经济的阻碍中国发展的势力,我们坚决要求他们退出去。他们不走,就会变成中国人民的敌人。从司徒雷大使在华最终结局来看,此函预言不幸成真。

本年度的学术热点与论争,主要集中在以下10个方面:

1.关于战后建国问题的讨论。1月31日,政治协商会议第十次会议闭幕,通过《和平建国纲领》《关于宪法问题的协议》《关于政府组织问题的决议》《关于军事问题的协议》《关于国民大会问题的协议》等5项决议。其中《和平建国纲领》的基础即是中国共产党代表团在政治协商会议上提出《和平建国纲领草案》。在抗战胜利之后,和平建国问题深受全国各界的高度关注,学界也对此展开了热烈的讨论。张志让、陈望道、周谷城、洪深等教授1月16日出席在复旦大学大礼堂召开的"和平建国座谈会",参加会议的学生有近千人,可见座谈会规模之宏大。马寅初1月25日参加中央大学、重庆大学等10余所大中学校万名学生民主大游行。他对中央大学学生《快报》记者曰:中国唯有团结、统一、民主、和平,才能保障主权,建设幸福的新中国。3月29日,马寅初在重庆求精商业专科学校发表演讲《中国战后之经济建设》。30日,《新华日报》发表消息《著名经济学家马寅初教授讲中国经济建设问题》。姚宝猷1月在《广东教育》第1卷第1期发表《建国之首要在教育》,将教育置于战后建国的首要地位。郑振铎3月23日在《民主》周刊第23期发表《战后大学教育问题》,指出:"战后的大学教育问题,也和其他问题一样,必须有一个彻底的改造。"梁漱溟2月7日在重庆《大公报》发表《今后我致力之所在》,说:"建国绝非只政治之事,而是要建设全盘文化。""今天摆在中国人面前的实在是一个文化问题,而不仅是一个政治问题。""政治不过是其浅表,问题的根本还在整个文化上,如我从来所说的,它是一种极严重的文化失调。""今天我们必须从思想上打出这混乱之局,从整个文化出路上来求政治的出路。这就是我要致力的工作。"12月,任鸿隽《关于发展科学计划的我见》刊于《科学》第28卷第6期,作者更重视科学在建国中的重要作用,提出"发展科学为今后十年二十年国家的首要政策"。最后谈到:"在抗战结束、建国开始之今日,言建国大计者风起云涌,而于此关系建国根本之要图,似尚少注意及之者,故略贡鄙见如上,倘亦当世贤达所乐闻乎。"另有周绶章《论学术复员与学术建国》刊于《东方杂志》第42卷第5号,文中直接探讨学术复员与学术建国的问题,提出:抗战胜利,"建国工作即行开始,学术不能封锁住象牙塔里,当然要负担起建国使命,尤其在走向民主和平的建国途中,学术建国更有着特殊重大的意义",而具体的措施则包括:"第一,提倡普遍研究风气,培养专门学术人才,分担建国工作";"第二,养成学者论政的风气,以建立真实的舆论政治"。此外,周佐治著《复员建国的急务》(江苏南京青年出版社)、中华民国教育部编《战后新中国》(中华书局)、黎晋伟撰《为建国而努力》(香港国民日报社)、友声旅行团著《复兴后的首都》(著者刊行)、高清岳著《建国新论》(政治前线月刊社)、王克编著《建都论战》(上海经纬书局)、刘载和著《原子时代的建都新论》(广东广州个人刊行)、汪大捷著《建都东北说》(复东文化馆)、沙学浚《是否移都北平?》(《观察》第1卷第17期)等,也都继续探讨战后重建问题,其中最后四书一文则集中探讨建都问题。

2.关于民主宪政问题的论争。全国政治协商会议1月31日通过的5项决议中有《关于宪法问题的协议》。依此决议成立宪草审议委员会,经中共代表周恩来和国民党王世杰推荐,民社党的张君劢主持起草了《中华民国宪法草案》。张君劢试图保留三民主义的基本思想并贯彻政协宪草决议案内容,落实民有民治民享之民主共和国,以及内阁制之民主宪政等精神。然后经王宠惠、吴经熊、雷震修改,形成《中华民国宪法》文本。但在中共与民主党派看来,《中华民国宪法》的基本性质是:以自由平等为名,坚持维护国民党的一党专制;以"平均地权""节制资本"为名,保障封建土地剥削制度和官僚资本的经济垄断;以"民有,民治，民享"的"民主共和国"之名，行国民党一党专制和蒋介石个人独裁之实。所以未能为中共和民盟所接受。11月25日，在中共和民盟拒绝参加的情况下，国民党单方面在南京召开国民大会，通过了《中华民国宪法》。12月31日，民主同盟对政府公布宪法发表声明：一、"国大"违背政协决议的程序及精神；二、宪法许多重要条文，为政协争议未决之问题，与真正民主原则相距甚远；三、"国大"通过的行宪办法10条，"系假借制宪之名，为长期内战永久分裂作准备"，与全国人民利益根本冲突，本盟愿唤起全国人民共起坚决反对。在起草《中华民国宪法》过程中，张君劢曾于2月9日到中央大学作《政治协商会议修改五五宪草的原则》的演讲。3月28日，在《大公报》发表《对五五宪草修改原则疑难之解答》。7月27日，在《再生周刊》第123期发表《国家为什么要宪法——中华民国未来宪法十讲之一》。8月3日，在《再生周刊》第124期发表《中国宪政何以至今没有确立？——中华民国未来民主宪法十讲之二》。8日，在《大公报》上发表《宪草中一个未解决的问题》。10日，在《再生周刊》第125期发表《人权为宪政基本中华民国未来民主宪法十讲之三》。15日，作《〈中华民国民主宪法十讲〉自序》。17日，在《再生周刊》第126期发表《国民大会问题——中华民国未来民主宪法十讲之四》。31日，在《再生周刊》第128期发表《〈中华民国未来民主宪法十讲〉自序》和译著《国际人权法案》两文。参与宪法修改的王宠惠则发表《中华民国宪法之要点》，极力为本宪法辩护，提出："此一新宪法，就一党一派的眼光看察，固难感觉完全满意，然而正因如此乃能为各党派各方面所接受。中华民国宪法是一部具有特性而最新式的民主宪法。就其条文而言，固不敢云尽善尽美，但是宪法的顺利运行，不尽在其条文之完善，而更有赖于政府与人民遵行宪法的民主精神。故吾人不仅应检讨宪法之条文，而更应修养守宪之风度"。而由民主宪政问题的论争，一方面催生了诸多学术著作，主要有：韩幽桐著《宪法论》（北平中外出版社），张知本编《宪政要论》（上海大东书局），刘士笃著《新中国宪法论》（重庆读者之友社），刘炳时著《中国宪法论》（广东广州广东文化事业公司），毅生编《新中国宪法研究》（上海生活书店），王子兰编著《中国制宪问题》（上海中国印书馆），陈雪涛著《中华民国宪法草案研究》（北京著者），陈麟章编《宪法问题与五五宪草研究》（临沂山东新华书店），中国文化服务社编《五五宪草有关文献》（上海中国文化服务社），叶青编著《五五宪草研究》（上海大东书局），胡经明编著《五权宪法与各国宪法》（上海正中书局），熊伯履编著《宪草新新评论》（开封民权新闻社），平心著《中国民主宪政运动史》（上海进化书局），罗香林著《中国宪政之进程》（广东广州中山出版社），杨幼炯著《近世民主宪政之新动向》（重庆商务印书馆），侯外庐《三民主义与民主主义》（上海长风书局）等。侯外庐所著《三民主义与民主主义》系抗战初期所作有关孙中山三民主义理论的文章汇集，包括《中山先生遗教的核心精神——民主主义》《民生主义的科学研究》《民生主义的伟大理想》《关于民生主义的研究方法问题》《民权主义的理论与建国》《抗战建国与中国宪政之路》《论解放战与民族主义》《论中山先生"打不平"文化的光大》《中山先生论苏联》等9篇文章。此书主题与宪政问题的研究相关，旨在阐明政治上的民主是制宪的先决条件。另一方面还引发一些刊物推出专号，如4月出版的成都《大学》月刊第5卷第2—4期合刊即推出"宪法问题专号"，刊出侯外庐《根据中山先生遗教研究中国宪政之途径》等文。5月15日，侯外庐所作《中山先生宪法思想之理论与实际》刊于《理论与现实》复刊号第3卷第1期，系由《根据中山先生遗教研究中国宪政之途径》修改而成，包括"关于宪政理论的探讨""关于宪政实施之研究"。侯外庐的学术观点代表了左翼学界对民主宪政问题的回应。12月，常乃惪在《青年生活》第

12期发表《宪法问题的我见》,认为"宪法的主要任务应该只有三点,第一是说明国家的权力的来源,第二是规定国家与人民的关系,第三是规定国家所属各种机构的性质及其相互的关系",然后"就几个大家讨论得最热烈的问题"作了重点讨论:第一,是国民大会组织和职权的问题;第二,总统职权的问题;第三,关于立法院与行政院的关系;第四,关于司法院之为国家最高审判机关;第五,关于监察院的组织及职权。常乃惪上述所论大致代表了中国青年党的意见和观点。

　　3.关于"中间路线"的论争。这是一个政治兼具学术的论题。其政治基础是在国共两党斗争与调和的过程中,尤其是年初全国政治协商会议的机缘——在当时特殊的环境和条件下,政协会议作为合法的斗争方式,国民党和共产党都做出了较大的让步,所通过的政协决议基本上反映了以民盟为代表的中国第三种势力的政治要求,这使民主党派一时处于国共之间"第三者"的有利地位。在马叙伦看来,民主党派的高调亮相,实际蕴藏着解决中国问题的关键,因为"一国里到了有两个相等力量的政党发生不调和的时候,第三党或第三者是有力量决定他们前途的"。这实际上是当时民主党派的普遍共识,并由此产生了走"中间路线"的强烈愿望,部分民主党派学者施复亮、张东荪等则进而从学理上对此作了思考与探讨。1月1日,施复亮在重庆《新华日报》发表《我的答案》,对征求回答的七个问题作了旗帜鲜明的表态,其中对第七个问题的表态是:"必须在国共两党以外形成一个进步的民主的中间派的政治力量,其强大到举足轻重的地位,既可以做双方团结的桥梁,又可以做共同团结的基础。"在此,施复亮明确提出了"中间派的政治力量"这一重要理念。11日,施复亮在《新华日报》发表《感想和希望》,公开申明:"十八年来,我的立场和态度都是中间派的立场和态度",但同时强调"中间派决不是调和派,在是非之间决不能中立;在民主与反民主之间决不能调和",主张采取一种"坚决反对保守反动的道路"的"中间路线"。5月,民盟张东荪在天津青年会作了题为《一个中间性的政治路线》的演讲,刊于6月22日《再生》第118期。文中将自己调和资本主义与共产主义、走中间路线的思想公诸于众,由此正式提出了"中间性的政治路线"的主张。他认为中国应当折衷"资本主义与共产主义",建立"一个资本主义与共产主义中间的政治制度",即"中间性的政制"。为此,张东荪既反对国民党的一党专制和官僚资本,又不赞同中共用革命方式推翻国民党统治及剥夺地主土地重新分配的做法,声明:"我们主张应有一个全国适用的土地改革办法,使耕者有其田之理想由平和方法得以实现。我们同时根本铲除官僚资本,务使工商业依国家所定的全盘计划得由个人努力发展之。"7月14日,施复亮在上海《文汇报》发表《何为中间派》,对其所提出的"中间派"概念作了直接的阐述,并说:"中国的中间派,有它自己的社会基础、政治路线、对内对外的明确政策,以及对国共两党的独立态度。"20日,施复亮在《周报》第46期发表《国共谈判与重庆政协》,文中论及"第三方面"问题。12月23日,施复亮在《文汇报》发表《"第三方面"的组织问题》,进而就"第三方面"的组织问题作了系统阐述,指出:当前政治斗争中的"第三方面""应当指称中间阶级的政治力量,在组织上即为中间派。就这个意义来说,除了国民党统治集团及共产党所代表的政治力量以外,一切中间阶级及中间党派的政治力量都属于'"第三方面"'"。这种组织成分的广泛性决定着其政治地位的重要性,即"中国和平、民主、团结、统一的实现,必须有这样的'"第三方面"'在政治上形成强大的中间党派。这种中间党派,必须坚持自己独立的政治立场和独立的政治主张,发挥独立的政治作用"。为此,作者希望民盟能够"成为一切'"第三方面"'协力推动民主运动的公共组织,不可有任何宗派主义,或关门主义的倾向"。在"民盟的旗帜下,分别组织,联合行动"应该是中间阶层和中间党派最正确的组织路线。24 日,施复亮发表《中立、调和与中间派》的文章,回答《文汇报》社评提出的问题。作者强调,中间派应坚持自己的立场,这就是"以拥护政协决议为当前的最高任务"。次年 3 月 14 日,施复亮在《时与文》创刊号上又发表了《中间派的政治路线》一文,引发了更加广泛而极力的争论。就学术阵地而论,储安平 9 月 1 日在上海创办《观察》之际,声称代表一般自由思想分子,对国内各政党不偏不袒,强调以民主、自由、进步、理性为宗旨,实际上是与"中间路线"相呼应。当然,宽泛地说,当时各民主党派几乎都曾持有"中间路线"的立场与主张,这既是他们的政治理念,也是他们的生存之道,只是随着形势的不断变化而在国共之间作出了不同的选择。

4. 关于学术自由的讨论。根植于北京大学蔡元培校长的传统,大学校长对此问题尤为关注。4 月 6 日,厦门大学校长汪德耀在校庆 25 周年纪念日发表的《二十五周年校庆致校友书》中,提倡学术自由,宣布:"抱蔡子民先生办理北京大学之态度,取兼容并包主义,聚各方人才,谋各系充实;凡学有所长,课有所需,咸加礼聘罗致。至于学术思想,则依自由原则,无论何种学派,悉听其自然发展,务希我民族精神能发扬,固有文化能持续,戮力研究高深学术,理论与实用相系并重,期能完成本大学教育之使命焉。"11 月 13 日,中山大学校长王星拱《校庆献辞》刊于《国立中山大学校报》,主张学术自由。他认为大学教育的任务是研究学术、发扬文化。"今日欧美文明之光辉灿烂,实为大学教育之成果。中国为文明古国,地大物博,人口繁众。然与欧美各国相较,尤觉生产落后,进步迟缓,必须迎头赶上现代文明。况当胜利之后,建国工作经纬万端,需要专才,更为迫切。故学术究讨,实待加倍努力。"与此同时,学界也继续高度关注这一论题。罗忠恕 11 月 16 日在《观察》第 1 卷第 12 期上发表《学术自由与文化进展》,认为"测验一个国家是否真正民主,就要看在学术上是否真有自由。一个时代文化进展的程度,也可由其学术自由之程度而定"。而贺麟所撰《学术与政治》则试图从"体—用"关系辨正学术与政治的关系,以此为学术自由争取独立的空间。文中提出:"最易而且最常侵犯学术独立自主的最大力量,当推政治。政治力量一侵犯了学术的独立自主,则政治便陷于专制,反民主。所以保持学术的独立自由,不单是保持学术的净洁,同时在政治上也就保持了民主。""学术和政治的关系,也可以说是'体'与'用'的关系。学术是'体',政治是'用'。学术不能够推动政治,学术就无'用',政治不能够植基于学术,政治就无'体'。"至于著作方面,则有钱实甫《民主与自由》、潘光旦《自由之路》等。后书 9 月由商务印书馆出版,为作者抗战 8 年中所写在各报刊上发表的 43 篇政论文章的汇编,分为自由通论、思想各论、告语青年、教育刍议、民主理论的导演 5 章,反映了作者政治思想观点的发展变化。

5. 关于中国文化问题的讨论。以林同济、雷海宗、陈铨为代表的"战国策派"以及梁漱溟、钱穆、冯友兰等都特别关注中国文化问题,包括形态、精神与重建等问题。"战国策派"林同济、雷海宗所著《文化形态史观》5 月由上海大东书局出版。文化形态史观始于历史哲学家斯宾格勒,集大成者是英国史学家汤因比,其核心观点是将文化作为一种具有生、长、盛、衰等发展阶段的有机体,旨在通过比较各种文化的兴衰得失,从整体把握与宏观思考人类历史的发展历程。此书收录了林同济在抗战前后发表的 8 篇论文,以文化形态史观考察中国与世界文化发展的历程,与雷海宗的历史分期略有不同,强调中国必须意识到并适应"战国时代"的到来,对传统中国政治文化也进行了深入的批判。林同济《文化形态史观·

卷头语》依次从九个方面系统阐述了其文化形态史观。相关重要著作还有钱穆著《中国政治与中国文化》(航空委员会政治部),陈安仁著《中亚文化与中国文化》(中印出版社),冯石竹编《人民世纪的中国文化》(上海经纬书局)。陈安仁著《中亚文化与中国文化》简述汉以前中国文化的产生、发展及汉代以来与中亚各国文化相互影响、相互渗透的关系。冯石竹编《人民世纪的中国文化》论述了抗战胜利后中国文化的状况和前途,内分"一幅轮廓画""中国人""中国文化在难中""人格和国格""西风压不倒东风""人民的文化"等8节。此外,还需提到梁漱溟开始撰写其名著《中国文化要义》。是年秋,陈亚三、张俶知在北碚创办勉仁国学专科学校,梁漱溟一面撰写《中国文化要义》一书,一面为勉仁国专学生讲《中国文化要义》。此书被誉为中国文化研究和西方文化比较的经典作品,书中充满着"问题意识"。论文方面,宗白华在所作《中国文化的美丽精神往哪里去?》一文中提出这样一个有趣的问题:"中国民族很早发现了宇宙旋律及生命节奏的秘密,以和平的音乐的心境爱护现实,美化现实,因而轻视了科学工艺征服自然的权力。……我们丧尽了生活里旋律的美(盲动而无秩序)、音乐的境界(人与人之间充满了猜忌、斗争)。一个最尊重乐教、最了解音乐价值的民族没有了音乐。这就是说没有了国魂、没有了构成生命意义、文化意义的高等价值。中国精神应该往哪里去?"

6. 关于五四运动27周年的纪念与阐释。欧阳哲生《纪念"五四"的政治文化探幽——一九四九年以前各大党派报刊纪念五四运动的历史图景》(《中共党史研究》2019年第4期)关注到了《中央日报》在抗战胜利后,已适时地根据国内形势的演变,调整宣传策略,借纪念"五四"之名,行反共宣传之实,重申国民党对五四运动的领导地位,指责反对美蒋的学生运动受中共操控,引导青年学生走"建国"之路。5月4日,《中央日报》发表社论《"五四"精神之发扬》,矛头直指共产党,"假若共产党今日也还纪念五四,就不要忘记五四的爱国意义,更不要无视当前中国人民正在发扬五四爱国的精神,这精神是不可对抗的伟大力量"。5日,《中央日报》发表蜇声《纪念五四应有的认识》,表示:"目前中国需要最迫切的是和平团结,建立一个工业化的民主新中国,这就是三民主义的实现!"如果青年"放弃了责任,丧失了爱国精神,今天就不配来纪念五四"。6日,《中央副刊》发表侯震宇《中国划时代的两次学生运动》,宣称"五四时代过去了","现在的青年,只有除去了五四时代的恶果,而执着五四的圣餐,不站在工作的岗位上,就应埋头作科学的研究,不去作学习的努力,就应挺身担当建国的任务"。《中央日报》连续三天发表纪念"五四"的文章,其意并不是针对五四运动本身,而是当时的青年学生运动。由此可见抗战胜利前后国民党对于五四定位的显著变化。而在延安方面:同在5月4日,延安各界青年学生千余人在边区参议会大礼堂举行纪念"五四"青年节大会。任弼时、徐特立、马文瑞、赵伯平、柯仲平等为主席团成员。任弼时、徐特立、马文瑞先后讲话。同日,《解放日报》登出《"五四"廿七周年特刊》,载有乔木的《谈道德》、徐特立的《纪念五四》等。后文充分肯定了五四运动的历史意义:"'五四'运动是新民主主义革命运动的开端,在中国历史上是空前的划时代的运动。'五四'运动,不仅为中国开辟了新的民主运动的道路,而且它使中国从此成为东方的启明星,成为东方被压迫民族寻求解放道路的引导者,在这次世界反法西斯战争中成为起决定作用的国家之一。在今后反法西斯残余以维持国际和平与民主的斗争中仍然要起决定作用。'五四'运动使这颗东方启明星升出了地平线,开始吐露其光芒,因此,'五四'运动也具有为人类谋解放的历史意义。"6月6日,延安《解放日报》全文转载《中华全国文化协会总会文艺节告全国文艺工作

上，全插上一柄鲁迅先生底'旗'。以他底方向为方向，以他底思想为思想"。鲁迅学会在半年多的时间里，出版了《鲁迅思想研究》《鲁迅小说选集》等4部著作，重印了鲁迅手辑的关于瞿秋白文艺思想的论文集《乱弹》，在《晋察冀日报》创办了《鲁迅学刊》，扩大了鲁迅文艺思想在解放区的传播。10月19日，《解放日报》发表胡蛮的《纪念鲁迅》、平木的《甘为孺子牛》和戈壁舟的诗《鲁迅先生和一个工人》，纪念鲁迅逝世10周年。又据《解放日报》报道，在鲁迅逝世10周年纪念日，上海全国文艺界协会、中苏文化协会等12个文化团体4000余人举行纪念大会。主席团由郭沫若、茅盾、沈钧儒、邵力子、叶圣陶等人组成。邵力子致词，白杨朗诵鲁迅夫人许广平的《十年祭》。郭沫若在讲话中说：鲁迅的方向，就是为人民服务的方向，对反人民恶势力死不妥协的方向；追随着这种精神的就进步，脱离它的就堕落。茅盾讲话，强调鲁迅关于互相批评与互相学习的指示，希望加强文艺界新的统一战线。周恩来登台发表重要演说，指出："横眉冷对千夫指，俯首甘为孺子牛"，这是鲁迅先生的方向，也是鲁迅先生之立场。在人民面前，鲁迅先生最痛恨的是反动派，对于反动派所谓之千夫指，我们是只有横眉冷对的，不怕的。我们要以眼还眼，以牙还牙。假如是对人民，我们要如对孺子一样地为他们做牛的。要诚诚恳恳，老老实实为人民服务。我们要有所恨，有所怒，有所爱，有所为。过去历史上有多少暴君、皇帝、独裁者，都一个个地倒下去了。但是历史上的多少奴隶、被压迫者、农民还是牢牢地站住的，而且长大下去。人民的世纪到了，所以应该像牛一样努力奋斗，团结一致，为人民服务而死。鲁迅和闻一多，都是我们的榜样。同日，吴玉章出席重庆市文化界人士举行的纪念鲁迅逝世10周年大会并讲话，指出：要以反内战，反帝国主义，反法西斯统治，争取中国的独立、民主、和平来纪念鲁迅。东北各地热烈纪念鲁迅逝世10周年。哈尔滨召开群众大会。主席罗烽介绍鲁迅的韧性战斗精神，希望东北青年以这种精神去和新的敌人搏斗。作家萧军根据鲁迅一生顽强反帝反封建的斗争经历，要求大家学习鲁迅斗争到底的精神。同日下午，佳木斯文化界塞克、吕骥、张庚、袁牧之、李雷等10余人举行纪念鲁迅座谈会。20日，周恩来、郭沫若、许广平、茅盾、冯雪峰、沈钧儒、叶圣陶、曹靖华、田汉、洪深、胡风等文化界人士等前往万国公墓，祭扫鲁迅墓。相关论文方面，一是多家刊物隆重推出纪念专辑。10月1日，郑振铎主编的《文艺复兴》第2卷第3期出版"纪念鲁迅逝世十周年专号"，发表郭沫若、冯雪峰、唐弢、李广田等人的悼念文章。25日，郑振铎主编的《联合晚报·文学周刊》出版第27期，内容主要是纪念鲁迅逝世10周年。在此前1期，郑振铎在《联合晚报·文学周刊》还发表了《鲁迅先生逝世十年祭》。由此可见郑振铎对于鲁迅10周年祭的高度重视。同月，上海范泉主编的《文艺春秋》第3卷第4期刊出"纪念鲁迅先生逝世十周年特辑"，载有茅盾《鲁迅是怎样教导我们的》、萧乾等《要是鲁迅先生还活着》、孔另境《回忆鲁迅先生丧仪》、陈烟桥《鲁迅与中国新木刻》、小田岳夫《鲁迅的上海生活》、编者《鲁迅先生著作年表》《鲁迅先生生前最后一照》（相片）、范泉《关于〈鲁迅传〉》、赵景深《读鲁迅〈古小说钩沉〉》。11月15日，晋察冀解放区陈荒煤主编的《北方杂志》第1卷第5期刊出"鲁迅先生逝世十周年纪念特辑"，载有《毛泽东论鲁迅》、周恩来《鲁迅与郭沫若》、范文澜《学习鲁迅先生的硬骨头》、美国史沫特莱《记鲁迅》、任白戈《追念鲁迅先生》、罗青《空前的民族英雄》、荒煤《要以行动来纪念鲁迅先生》、黑丁《伟大的安慰者》、胡征《〈狂人日记〉的时代和艺术》、平凡《真挚的人和真挚的情感》、邦其《迎接明天》、林十柴《鲁迅和东北青年》、邹雅《鲁迅斗争的一生》（封面木刻）。此外，《上海文化》第9期载有曹聚仁《鲁迅先生死后十年间》、唐弢《鲁迅先生的梓印工作》；《文艺大众》新2号也刊出"纪念鲁迅逝世十年",载有周建人《关于鲁迅回忆的断片》、周晔《我的伯父鲁迅》、戈扬《鲁迅·闻一多断片》等文;《东北文化》第1卷第2期载有本社《纪念鲁迅先生逝世十周年》、张望《鲁迅先生与中国新兴木刻运动》等文,均有准专号性质。另有曹靖华所作《从翻译工作看鲁迅先生》(上、中、下)、《鲁迅先生在苏联》,前文连载于《文汇报·世纪风》。二是出版了一批研究专著。主要有茅盾、许景宋等著,克维编《鲁迅研究》(上集)由吉林长春嘉陵江出版社刊行,卢正义选辑《鲁迅论》(第1—2辑)由大连文协刊行,何干之著《鲁迅作品研究》(中国和中国人的镜子)由上海新新出版社刊行,邓珂云编、曹聚仁校订《鲁迅手册》由上海群众杂志公司刊行,葛原刻《(鲁迅短篇小说)药》(木刻插图十二幅)由上海中华全国木刻协会新艺丛书社刊行,陈烟桥著《鲁迅与木刻》由福建崇安中国木刻用品合作工厂刊行。三是超越纪念而富有学术深度。尤可称道的是郭沫若《鲁迅与王国维》一文,作者声称"在近代学人中我最钦佩的是鲁迅与王国维""假使能够有人细心地把这两位大师作比较研究,考核他们的精神发展的路径,和成就上的异同,那应该不会是无益的工作""就和王国维是新史学的开山一样,鲁迅是新文艺的开山"。郭沫若以"新史学的开山"与"新文艺的开山"对王国维和鲁迅作出定位,对后世产生重要影响。再如茅盾、许景宋等著,克维编《鲁迅研究》(上集),何干之著《鲁迅作品研究》等也较之以往更富学术含量。

8. 关于古史辨与新史学派的论争。李季5月在《求真杂志》上发表《古史辨的解毒剂》,文中对古史辨派的方法、研究范围及科学素养、公式、腰斩中国历史及其对外宣传等问题进行批评。作者指出:古史辨中含的毒素非常之多。胡适、顾颉刚应用形式逻辑和实验主义的方法整理中国古史,而以辨伪为先务。他们20年来愈加辩论古史,便愈加陷入绝境,用他们的方法去担负这种工作,是完全没有前途,是完全破产了!"层累地造成的中国古史"的公式完全建立在"不言——不知——没有"的公式上,是他们常用的最重要的法宝。杨宽所补充的分化演变说非但不是这个公式的救命星,反而成为它的催命符,愈修改愈混乱,绝对没有科学的价值。李季的结论是:治学方法的幼稚,研究范围的狭小和科学素养的欠缺,是古史辨派的致命伤。随后,李季此文引发与童书业关于古史传说的论战。8月25日,童书业在上海《中国国民》周刊第1卷第4期发表《"新史学"批判》,第5—6期连载。作者对当时流行的"科学的史学"和"以社会科学方法治史"的"新史学"进行理论批判,把这些新史学家视为"毁灭中国历史学的恶魔",认定社会分期为"新'五德始终说'",亚细亚生产方式的讨论是"经学上的问题"。9月26日,童书业在上海《东南日报·文史》发表《论神话传说之演变质李季先生》。11月28日,童书业在《东南日报·文史周刊》发表《"疑古""考古"与"释古"》,认为"近人把研究古史的人分为四派:'信古''疑古''考古'与'释古',这四派之中,除信古者确自成一派外,其他三派其实不能算做'派',只能代表研究古史的三个阶段而已""我们敢断言:'疑古''考古'与'释古'乃是研究古史的三个阶段,是一件工作的三个方面,并不是三个学派""无论站在任何立场,抱何种态度去治史,都应该牢守一个原则,这个原则就是求真""无论站在任何立场,抱何种态度去治史,都应该牢守一个方法,那便是科学的治史方法。怎样的治史方法才是科学的呢? 较详细的说起来,第一是尊重客观的事实……第二是重视证据……第三是多用'归纳法'而少用'演绎法'"。12月12日,童书业在《东南日报·文史周刊》发表《给李季先生一封信》。文中云:"我现在依旧承认考据是治史的正当方法之一,依旧承认不经过考据的阶段,历史的真相是无法出现的。""我们所用的考据方法,以史料为依据,以假设求证为步骤,而以求真为目的。"在与上海的新史学派李季的论战中,童书业还陆续发表了《时代思潮与史学》《新汉学与新史学》等文,两人针锋相对,互不相让,经历两三个回合较量后,引起了史学界的极大关注。

9. 关于现实主义的论争。上年9月26日,茅盾的话剧《清明前后》在重庆公演。11月2日,夏衍的剧作《芳草天涯》也在重庆公演,随后引起重庆左翼文艺工作者的热烈讨论,并引出一场关于这两个话剧的政治性和艺术性的论争,且与现实主义问题相交集:先是在上年12月19日王戎刊于《新华日报》的《从〈清明前后〉说起》一文作了如下表述:现实主义的批评是既反对非政治性的作品,也反对狂喊口号的唯政治性的作品,能承担反对这两种倾向的,是现实主义的作品;现实主义的艺术不必强调所谓政治倾向,它强调作者的主观精神紧紧地和客观事物溶解在一起,然后通过典型人物和典型事件自然而然地表现出来。同月26日,邵荃麟在《新华日报》发表《略论文艺的政治倾向》对王文提出批评。再至本年1月9日,王戎又在《新华日报》发表《"主观精神"和"政治倾向"》,对邵荃麟《略论文艺的政治倾向》一文提出反批评,强调其原文是"现实主义的艺术要求是政治与艺术的统一",同时强调以现实主义为基础的"主观精神"的重要性,因为"仅仅有个'明确'的'政治倾向和立场'是不够的,也不可能的;那就必须要求作家战斗意志的燃烧和精神的饱满,这也就是所谓作家的'主观精神'了;只有作家的主观精神的战斗意志能够燃烧,情绪能够饱满,才可能和人民大众站在一起,才可能和客观事物紧密的结合和拥抱,因此,才可能写出属于人民大众,表现人民大众真实生活的作品来"。23日,画室(冯雪峰)在《题外的话》中不赞同"研究或评价具体作品,用什么抽象的'政治性''艺术性'的代数学式的说法,可说是什么都弄糟了",而提出"社会或政治价值"与"艺术价值"的正向关系,所以我们今天的努力,是"促进政治从艺术上的到达"。2月13日,何其芳在《关于现实主义》这篇长文中对此提出了不同意见,全文共分三部分:一、今天大后方的文艺上的中心问题到底在哪里?作者认为主要问题是非政治倾向,是作者还没有真正确立人民大众的立场。应该从这方面加以反省。二、从创作过程说到对《清明前后》的估价。他认为反映生活可以从"应该"写出发,进而达到"愿意"写。那种认为茅盾的《清明前后》只是为了"应该"而写的观点是错误的。三、批评一个作品是否可以从政治性和艺术性两个方面考察?作者认为应该用政治标准第一、艺术标准第二综合判断一个作品。何其芳既将王戎、邵荃麟论争的现实主义问题提炼为论文标题加以正面阐述,同时又对王戎的"主观精神"以及主观和客观结合的说法提出直接的批评,强调今天谈论现实主义必须提出新的明确的方向,必须提出新的具体的内容,此即文艺为群众和如何为群众的问题。文中也有对画室(冯雪峰)《题外的话》的回应与批评。20日,冯雪峰在《现实主义在今天的问题》中着重谈到客观现实对于作家主观的重要性。认为作家"追寻自己的主观""首先是深入客观的现实的矛盾斗争中,和人民一起作战——只有这人民及和人民一起作战,才是我们的主观。这样,文艺现实及人民的关系,就成为战斗的关系;而作家的个人的主观,也能够真正与人民的革命和进步的要求相一致"。此文发表后,被认为是对上年胡风主编的《希望》刊出的胡风《置身在为民主的斗争里面》和舒芜《论主观》以及王戎《"主观精神"和"政治倾向"》等文的呼应,实际上也包含着对何其芳《关于现实主义》的反批评,因而引起了文艺界的高度关注。11月,黄药眠在《文艺生活》第9期发表《论文艺创作上的主观和客观》,全面批驳了冯雪峰文章中的观点。至此,先前有关茅盾《清明前后》与夏衍《芳草天涯》的讨论已退居次要地位,而让位于有关现实主义以及主客观结合的论争。

10. 关于沈从文的批评与反批评。沈从文8月27日只身从上海飞往北平,就任北京大学教授,兼任天津《益世报》副刊《文学周刊》的主笔,北平《经世报》及《平明日报》文学副刊、《大公报》文艺副刊的兼职编辑。拥有这些平台的沈从文顿时雄心勃勃,想复兴文学运动,"重造经典",以改造民族精神。8月31日、10月中旬,沈从文先后接受《大公报》记者采访,对左翼作家及解放区文学提出批评。10月20日,沈从文在《益世报·文学周刊》第11期发表《〈文学周刊〉编者言》。11月10日,沈从文在《大公报》发表《现实学习(二)》。两文继续申述沈从文的自由主义立场,在政局观上,笼统地用"自相残杀""民族自杀的悲剧"来评说国共战争,既对国民党发动内战表示不满,又对共产党的反内战立场缺乏起码的了解,更没有用心思考这场战争的来龙去脉与是非曲直;而在文学观上,反对文学与政治发生关联,其中涉及民主运动以及闻一多被暗杀事件,不仅没有任何对国民党当局与特务暗杀的谴责,而且表述为"为愚人的一击而毁去的朋友",由此可见沈从文的自由主义立场是何等的冷漠。当时正在潜心写作《闻一多的道路》的清华大学研究院研究生王康看到《从现实学习》一文后,尽管沈从文与闻一多同为他所尊敬的老师,但仍然抑制不住内心的愤懑,撰写了两万字的长文《沈从文批判——这叫从现实学习吗?》,对沈从文"特别不赞成文学与政治发生关联"的观点进行批判。文章驳斥沈文对昆明民主运动、对"人之师"、对青年的批评是"污蔑了昆明八九年培植起来的圣洁"。尤其让他难以接受的是沈文对于民主运动中死难者的漠视,王康反驳沈文,"稍有正义感的人如果目击过一二一烈士的殉义和闻李两先生的被害未尝有不悲愤沉痛而对现时政治最低限度也要加以谴责的",而沈从文笔下的闻一多只是"为愚人的一击而毁去的朋友"。王康不无悲愤地回击:"这位第一流的作家真会写呵,好一个'愚人的一击'! 谋杀闻先生的仅仅是'愚人'一击可以遮掩的吗? 沈先生,你为了讨好,真是煞费苦心了,你可知一个杰出的人才可就在你轻描淡写之下被'毁去'了吗?? 不错,你总算能了解闻先生在八年中变更重造自己和适应时代追求理想的事实,可是你为什么既不自求改进反而对于闻先生所领导的民主运动极尽其污蔑之能事呢?"后来,沈从文又受到左翼阵营的进一步批判。

其他相关论争尚有:吕思勉与杨宽关于汲冢书真假问题的讨论;胡适与卢慎之关于《水经注》的论争;冯雪峰与茅盾关于民主革命的文艺运动的论争;关于赵树理《李有才板话》的讨论;关于李季《王贵与李香香》的讨论;郭沫若对《大公报》的批评;等等。

本年度出现了一批聚焦重要学术论题与学术史的论著。前者如檀仁梅《论目前学术研究的危机》(《读书通讯》第122期),李辰冬《新时代的学术任务》(《文化先锋》第5卷第14期),郭沫若《学术工作展望》(《中国学术季刊》创刊号),秦璞安《建立学术研究中心议》(《教育与科学》第2卷第3期),金兆梓《历史是否是科学》(上海《改造杂志》创刊号),潘光旦《学与政与党——政学关系三论之一》(3月3日《正义报》)、《政治信仰与教学自由——政学关系三论之二》(《民主周刊》第3卷第2期)、《政治必须主义么——政学关系三论之三》(《时代评论》第18期),潘光旦《派与汇——作为费孝通〈生育制度〉一书的序》(《观察》第1卷第15—19期),王恩洋《论历代儒学之演变及当来儒学之重兴》(《文教丛刊》第1卷第5—6期合刊)。檀仁梅《论目前学术研究的危机》认为学术研究所以有目前的危机,最大的原因有三:(一)研究经费的奇绌,(二)青年心理的转移,(三)社会风气的冷淡。郭沫若《学术工作展望》讨论如何继承和发扬"五四"精神,提出"'五四'以来的课题:实现科学与民主,到今天依然是我们学术工作者急待解决的课题"。今天我们学术工作者所应该担负的使命:"首先我们自己应该深切地体验科学的精神,不断地加以阐扬,把这种精神播种在任何角落里,让它发出苗条来。这首先要求我们要成为一个切实的为人民服务的民主战士。我们要以科学的武器,来为民主的实现而斗争。""学术研究应该和社会生产相配合,社会生产应该和人民生活相配合,要这样科学才能真正中国化,中国也才能真正科学化。"金兆梓《历史是否是科学》赞同《大英百科全书》对历史的解释,说:"照这一解释,物理、生物、社会、艺术、文学、政治无不各各有其变动不居的历史,而历史的范围实已侵入自然科学、社会科学、艺术、文学的范围。那么,历史之为学,竟是一切学问的综合,固然不属于哲学、文学,自也不属于科学,所以说'历史只是历史'。"潘光旦《派与汇——作为费孝通〈生育制度〉一书的序》这篇长序除了评述费孝通《生育制度》,其重点还在于讨论相关重要论题,最后将五方面的"头绪"归结于"新人文思想"。"这五个头绪,彼此之间既很有一些渊源,或一些殊途同归的缘分,迟早是会融会在一起,而成为一个簇新的汇合的。这新的汇总得有一个名字,我们姑且名之曰新人文思想。根据上面的讨论,我们又不妨提出如下的一个梭子形的系图来,作为结束。"学术著作方面:冯友兰《新原人》《新知言》12 月由商务印书馆出版。至此,冯友兰"贞元六书"全部出齐。"冯友兰的新理学体系,由他在抗战期间写成的这 6 部书全面反映出来。冯友兰称这 6 部书代表着他哲学体系的 6 个重要方面,并总名之为'贞元之际所著书'。所谓'贞元之际'是冯友兰借用中国古代典籍《周易》中'贞下起元'之语,喻指抗战时期是中华民族复兴的契机。"张岱年在《评〈新知言〉》(1947 年 10 月 25 日《大公报·图书周刊》)中说:"对于冯先生所揭示的形式主义的理论,我虽然不能完全赞同,然而对于冯先生的系统的严整,分析的缜密,文章的明莹,治学态度之笃实,我惟有赞叹钦服。就系统的宏大、条理之明晰、方面之众多、影响之广远来说,冯先生的学说实在是现代中国哲学的一个高峰。"徐炳昶著《中国古代史的传说时代》(中国文化服务社)从神话入手,同时参之以考古成果,提出著名的中华民族"三大集团说",即华夏、东夷、苗蛮三大集团于两河流域的三足鼎立,具有还原历史与模型建构的双重意义。华岗《中国历史的翻案》(作家书屋)收录了《论中国历史翻案问题》《历史为什么是科学和怎样变成科学》《论中国社会历史发展阻滞的基因》3 篇论文,作者重视史学理论与方法的研究,指出过去的考据学,"缺少了活的神经",即"科学历史观",历史学成为一门真正的科学,必须有科学的历史观作指导,并在此基础上建立科学的方法论。陈寅恪著《隋唐制度渊源略论稿》(商务印书馆),以陈寅恪执教期间备课讲义及其他零散史学原稿结集出版,内容包含礼仪、职官、刑律、音乐、兵制、财政等与隋唐制度及其建置相关的内容,涵盖了魏晋南北朝史、隋唐史、民族学、社会学、考古学、文化史、语言文字学等与中古史相关的诸多领域,显示出作者对中西文化的关系、种族与文化的界定、胡化汉化的实质等问题的高标卓识。王力《中国语法纲要》(开明书店)为《中国现代语法》之摘要。作者"突破了近四十年来许多语言学家因袭《马氏文通》用西语为比附的方法,脱离了'模仿的巢臼'。至此,王力在战争年代颠沛流离的极其艰苦的条件下,终于以不屈不挠的精神,对汉语语法作了精深的研究,进一步建立了自己的语法体系,在我国语法史上揭开了崭新的一页"。李方桂《美国土语的结构》专写一章来讨论美洲的一种印第安语言。作者所研究的印第安语,大多是行将消亡的语言,其博士论文《马朵尔——一种阿塔巴斯堪语》曾调查印第安人四五种语言,重点研究只有少数人会说的印第安亚大斯头马头络语。《美国土语的结构》是对其博士论题的延续与深化。李方桂因对美洲印第安语的卓越研究赢得了世界性的声誉。陈梦家《海外中国铜器图录考释》第 1 集(北京图书馆和商务印书馆)收录了一些流散在国外的铜器照片共 150 幅及《中国铜器概述》一文,文章阐述了他对于中国铜器的时期、地域、国族、分类、形制、纹饰、铭辞、文字、铸造、鉴定等问题的见解,其中与语言学密切相关的是地域、铭辞与文字。为了更好地搜集整理我国流散海外的青铜器资料,陈梦家以莫大的爱国热忱和治学毅力,于1944年到美欧实地考察,遍访所有收藏青铜器的博物馆、古董商、豪富之家与知名人士,每见到藏器,都仔细观察、记录和拍照,并同所有藏家保持通信联系。周谷城以3年时间撰成《世界通史》1—3册。在这部中国人自己撰著的第一部世界通史著作中,作者以崭新的世界史观打破了先前世界通史几乎一以贯之的"欧洲中心论"思想,并广泛地运用了历史比较研究的方法。陈达《云南呈贡昆阳户籍及人事登记报告》(清华大学国情普查研究所出油印本)系根据1939—1941年间在呈贡县的27个乡镇的人事登记和昆阳县4个乡镇的人事登记和户籍登记的基础上写成的。该报告还对人口普查的程序、步骤、方法进行了精密的设计,对材料的整理、综合与分析作了科学严谨的处理和阐明。

学术史方面的论著主要有:任鸿隽与李衍、吴学周3人合译的《科学与科学思想发展史》(商务印书馆),周予同《中国史学的起源》(《中学生》第173期)、《由魏编中国史学史论及史学史的分期问题》(6月4日《文汇报·史地周刊》),郭绍虞《儒家思想的新检讨》(《中国建设》第5期),杜国庠《中国古代由礼到法的思想变迁》(《中苏文化》第17卷第1期),周祖谟《宋亡后仕元之儒学教授》(北平辅仁大学),沈志远著《近代辩证法史》(上海耕耘出版社),贺麟《西洋近代人生哲学的趋势》(《广播周报》第3期),老舍《现代中国小说》(美国《学术建国丛刊》第7卷第1期),刘熊祥著《现代中国建设史》(史学书局),齐思和《现代中国史学评论》(《大中》第1卷第1期)、《中国史学界的展望》(《大中》第1卷第5期),翁文灏《三十年来之中国工程序》(中国工程师学会30周年纪念刊),胡绳《近五年间中国历史研究的成绩》(《新文化》半月刊第2卷第5期),李承三著《中国地理研究所的六年和将来》(中国地理研究所)。周予同《由魏编中国史学史论及史学史的分期问题》,系由魏应麒《中国史学史》引出中国史学史分期问题的思考,认为中国史学史应分为四个时期:第一期,从殷周直至春秋以前,以甲骨上及钟鼎上的刻辞、《诗经》《周易》《今文尚书》中的一部分材料为代表,此为"中国史学的萌芽期";第二期,从春秋经战国至汉初,以《春秋》《竹书纪年》《国语》《世本》等为代表作品。这一期可称为"中国史学的产生期"。第三期,从汉初至清末,以纪传体的二十五史,编年体的正续《资治通鉴》《纪事本末体》的9种纪事本末,以及作为政治制度史的十通,和作为学术史的四朝学案等为代表作品,此为"中国史学的发展期",也可说是中国史学的定型期。第四期,从清末到现在,可称为"新史学"时期(以前三期可称为"旧史学"),新旧史学的转换点出于"鸦片战争"后的经济社会起了极度的变化,而直接由于经今文学派之文化的动力,此为"中国史学的转变期"。中国史学由"萌芽""产生""发展"而"转变",自各有其经济的、社会的、历史的背景和基础。作者又论鸦片战争以后的史学流派,"大别之可分为三派:以胡适为中心的疑古派,以王国维为中心的考古派,以郭沫若等为中心的释古派。至今为止,中国新史学尚未走上正确的路向。不过,我们在这混乱的局面下,或多或少已经看出中国史学已逐渐走向释古派一途。最近,郭沫若《先秦学说述林》和翦伯赞的《中国史纲》第一册的出版,更指示了中国新史学的方向。我们在这里,已经逐渐看出了新史学定型的憧憬了! 谈到这里,我以为史学史的分期应该在人类实际生活中去找根本的原因,同时还要配合当时的意识形态。如果单从王朝的盛衰兴替来作史学的准绳,那是会变成记载的叙述的旧史学,而不能称为说明的新史学的"。周祖谟《宋亡后仕元之儒学教授》文中内容有"宋亡后元止搜访遗逸""元之儒官及出仕之山长学正""出仕之儒学教授""出仕之原因""出仕后之自悔""诸公出仕之评论"。此书在元代学官研究等领域有重要影响。也有研究指出,此书与社会现实有关,系作者有感而发。老舍《现代中国小说》用英文撰写,简明扼要地描述了中国白话文学发展史,对历代白话文学的代表作进行了颇有见地的评论,不同于一般的文学史而更具文学史论乃至文学学术史的性质。全文共分九部分:三国故事、《水浒传》、明清小说(重点评论《金瓶梅》《红楼梦》)、西方的影响、中国的文艺复兴(论"五四"新文化运动)、欧洲作家的影响(着重论述俄国文学对中国现代文学的影响)、现代中国作家的态度(重点介绍鲁迅、茅盾、郭沫若)、小说和第二次世界大战(论中国抗战文学)、回到人民的语言(论通俗化、大众化问题)。齐思和《现代中国史学评论》指出当时中国史学界存在着两种最重要的派别——掌故派和社会学派。他说:"在这种混乱的现象中,有两三种畸形发展,颇占势力。一种是琐碎考订的发达,我们可称他为掌故派。他们大抵知道用纪传的方法改修旧史或纂修新史是不行了,于是乃选择一个窄深冷僻的题目作一穷源竟流的探讨。考证则细入毫芒,征引则繁富博赡。……此外另有一派又走向另一极端,他们因厌弃掌故派的繁琐苛碎的考订,遂要研究中国整个社会的进展,我们可称他们为社会史派。"齐思和《中国史学界的展望》评价"新史家"云:"他们欲知今日社会是什么阶段,将步入何种阶段。其长处在能由大处着眼,而短处是题目太大,材料太少,有的甚至仅翻弄'矛盾''崩溃''演变'等名辞,有些八股式的议论,而不用心去搜集材料,所以成绩并不太大。"他认为"国史的改造"应当由专题研究开始,"不过,所说的专题并不是琐碎片断而无意义的,乃是大问题的枝节,必须与整个社会问题有关"。翁文灏《〈三十年来之中国工程〉序》认为,"此三十年之工程记录,亦即民国初期之工程史也""中国之复兴,必需早有巨大近代工程,而其实行之初,荜路蓝缕,以启山林,困难特大,其有需于真诚之决心,及前进之勇力也自亦特甚"。作者号召中国工程界"处此抗战胜利,着手建设之日,奋勉于此后之工程"。胡绳《近五年间中国历史研究的成绩》系对 1941—1945 年间马克思主义史学发展状况的总结。作者列举了1940 年提出"学术中国化"口号以来中国史研究取得的"丰美的果实",郭沫若、吕振羽、翦伯赞、范文澜、吴泽等人的古代史研究,侯外庐、杨荣国等人的思想史研究,华岗、严中平、李平心等人的近百年史研究等,都是其中的代表。这些成就"不仅表现着历史研究这一个部门内的进步,而且可以说是学术研究风气转移的一个重要契机。学术研究可以认识中国的历史和实际的基础,那才能做到理论和实践的一致,才能做到学术中国化,才能使洋八股和洋教条完全'休息'下来"。这几年的努力"给今后的学术研究工作开辟了一个新方向"。作者还注意到马克思主义史学研究者中出现的专题化倾向:"采取典型的历史事件与人物,作深入的研究,以一隅而照见全面,这个方法对于新史观处理历史的研究者,或许还可说是新近学到的方法。以这方法来克服粗枝大叶和概念式的图案的毛病是有效的。这个方法应该是值得继续提倡的。"此为典型的学术史论文。此外,还需补充一下,顾颉刚 6 月修改童书业代作之《当代中国史学》之后半部,9 月 16 日,上海《益世报·史苑周刊》创刊,顾颉刚所撰"发刊词",在反思五四以来中国的历史研究的巨大成与缺陷的基础上,强调专家与普及同等重要,将来的史学应当"两条路都走,两种人才都培养,然后可以学尽其用"。这一发刊词显然具有学术史论之价值。(以上参见本书"学术背景""学术活动""学术论文""学术著作""学者生卒"栏所引文献与出处,以及中央教育科学研究所编《中国现代教育大事记 1919—1949》,教育科学出版社 1988 年版;王学典《20 世纪史学编年(1900—1949)》,商务印书馆 2014 年版;付祥喜《20 世纪前期中国文学史写作编年研究》,北京师范大学出版社 2013 年版;中国大百科全书总编辑委员会《中国大百科全书·考古学》,中国大百科全书出版社 2002 年版;王学珍等编《北京大学纪事(1898—1997)》,北京大学出版社 1998 年版;清华大学校史研究室编《清华大学一百年》,清华大学出版社 2011 年版;齐家莹编《清华人文学科年谱》,清华大学出版社 1999 年版;北京师范大学党委办公室、北京师范大学校长办公室《北京师范大学纪事》,北京师范大学出版社 2012 年版;南京大学高教研究所编《南京大学大事记(1902—1988)》,南京大学出版社 1989 年版;刘长鼎、陈秀华《中国现代文学运动史》,山东文艺出版社 2013 年版;艾克恩编纂《延安文艺运动纪盛》,文化艺术出版社 1987 年版;孙国林编著,王佳钰、王增辉校订《延安文艺大事编年》,陕西师范大学出版总社 2016 年版;文天行编《国统区抗战文艺运动大事记》,四川省社会科学院出版社 1985 年版;沈卫威《学衡派编年文事》,南京大学出版社 2015 年版;吴永贵《民国图书出版史编年:1912—1949》,社会科学文献出版社 2018 年版;谷小水《抗战胜利初期的各种建国主张》,《团结报》2017 年 8 月 18 日;欧阳哲生《纪念"五四"的政治文化探幽——一九四九年以前各大党派报刊纪念五四运动的历史图景》,《中共党史研究》2019 年第 4 期;欧阳军喜《"五四"的变奏:1946—1947 年的"新五四运动"述评》,《党史研究与教学》2010 年第 3 期;商金林《几代人的"五四"》,《新文学史料》2009 年第 1 期;李来容《院士制度与民国学术——1948 年院士制度的确立与运作》,南开大学博士学位论文,2010 年;熊飞宇《中共中央南方局与重庆抗战文学》,四川大学博士学位论文,2011 年;吴敏《1940 年代前后延安的文化组织与文学社团》,复旦大学博士学位论文,2006 年;何立波《1946 年收复南海诸岛与"九段线"的由来》,《南京日报》2011 年 12 月 16 日;徐世强《1946 年林遵亲率舰队收复南沙诸岛始末》,《福建党史月刊》2010 年第 3 期;唐正芒、周鹏飞《抗战胜利后内迁高校的东返复员述略》,《中州学刊》2015 年第 7 期;王晓莉《1946 年国民政府收复西沙、南沙群岛经过》,《档案天地》2012 年第 7 期;常海成《绘制南海疆域图的地理学家郑资约》,《团结报》2022 年 2 月 17 日;郑恩兵《红色文艺之城——张家口》,《光明日报》2021 年 5 月 28 日;祝勇《故宫文物南迁》,《当代》2021 年第 4 期;夏学花《〈时与文〉知识分子群体对国家出路的探索及历史选择》,复旦大学博士学位论文,2013 年;田刚《"鲁迅"在延安》,《延安大学学报(社会科学版)》2012 年第 3 期;陈峰《考据学人眼中的唯物史观史学——以童书业为中心的考察》,《山东大学学报(哲学社会科学版)》2007 年第 3 期;王玉婷《童书业与民国时期古史研究的三种取向》,山东大学硕士学位论文,2020 年;杨发旺《二十世纪四十年代中后期史学风气的变动与童书业的史学研究》,山东大学硕士学位论文,2009 年;桑兵《近代中国的新史学及其流变》,《史学月刊》2007 年第 6 期;周棉《中国留美学生与抗战时期的国立西南联大》,《中外教育交流国际学术研讨会》,2011 年;苏永明《"食货派"史学研究》,南开大学博士学位论文,2008 年;胡逢祥《历史学的自省:从经验到理性的转折——略评 20 世纪上半叶我国的史学史研究》,《华东师范大学学报(哲学社会科学版)》2004 年第 1 期;汪楚雄《政府与民间互动、上下结合进行的"新教育运动"——一项教育活动史的个案研究》,《第三届两岸四地教育史研究论坛》,2009 年;乌云萨娜《张东荪社会主义思想研究》,内蒙古师范大学硕士学位论文,2010 年;徐盈《司徒大使的道路》,《知识与生活》第 16 期(1947 年 12 月 1 日);欧阳军喜《"五四"的变奏:1946—1947 年的"新五四运动"述评》,《党史研究与教学》2010 年第 3 期);王立《沿着〈闻一多的道路〉向前——王康与他的〈闻一多的道路〉》,《郭沫若学刊》2019 年第 2 期,《王康与梁实秋笔下的闻一多》,《郭沫若学刊》2020 年第 3 期)

1947 年　民国三十六年　丁亥

一、学术背景

1月1日,中共中央主席毛泽东发表《新年祝词》。中共人民解放军总司令朱德发表元旦广播词,提出 1947 年的十大任务,号召解放区军民为在今年停止反动派的进攻,收复失地,进行土地改革,发展生产,加强支援前线工作,声援国民党统治区人民的独立、和平、民主运动而努力。

是日,国民政府公布在国民大会上通过的《中华民国宪法》,并决定该宪法于 12 月 25 日施行。

按:《中华民国宪法》共 14 章 175 条。在"基本国策"一章中列有"教育文化"一节,计 10 条。原文如下:

第一百五十八条　教育文化,应发展国民之民族精神、自治精神、国民道德、健全体格、科学及生活智能。

第一百五十九条　国民受教育之机会一律平等。

第一六〇条　六岁至十二岁之学龄儿童,一律受基本教育,免纳学费。其贫苦者,由政府供给书籍。已逾学龄未受基本教育之国民,一律受补习教育,免纳学费,其书籍亦由政府供给。

第一六一条　各级政府应广设奖学金名额,以扶助学行俱优无力升学之学生。

第一六二条　全国公私立之教育文化机关,依法律受国家之监督。

第一六三条　国家应注重各地区教育之均衡发展,并推行社会教育,以提高一般国民之文化水准,边远及贫瘠地区之教育文化经费,由国库补助之。其重要之教育文化事业,得由中央办理或补助之。

第一六四条　教育、科学、文化之经费,在中央不得少于其预算总额百分之十五,在省不得少于预算总额百分之二十五,在市县不得少于其预算总额百分之三十五。其依法设置之教育文化基金及产业,应予以保障。

第一六五条　国民应保障教育、科学、艺术工作者之生活,并依国民经济之进展,随时提高其待遇。

第一六六条　国家应奖励科学之发明与创造,并保护有关历史文化艺术之古迹古物。

第一六七条　国家对于下列事业或个人予以奖励或补助:一、国内私人经营之教育事业成绩优良者;二、侨居国外国民之教育事业成绩优良者;三、于学术或技术有发明者;四、从事教育久于其职而成绩优良者。(张援、章咸编《中国近现代艺术教育法规汇编 1840—1949 新版》,上海教育出版社 2011 年版)

是日,中国民主同盟发表声明指出:国民党去年召开的"国民大会"和现今公布的"宪法",都违背了政治协商会议的决议程序与精神,表示要"唤起全国人民共起坚决反对"。

是日,上海人民团体联合会、中国民主建国会、中国民主促进会、世界和平促进会、国际人权保障委员会、工商业协进会、中国经济事业协进会、中华全国文艺协会、金融业民主和平促进会、中国妇女联谊会、九三学社等 11 个人民团体发表联合声明,认为宪法的基础及其基本精神,彻头彻尾是反民主、反政协的,它的作用是反和平、反民主的。

是日,上海 20 余所大学学生 4 万余人游行示威,抗议圣诞节夜美国海军陆战队伍长皮尔逊在北平强奸北京大学女生沈崇事件,要求美军撤出中国。天津学生亦再次举行示威游行,抗议美军暴行。

1 月 6—10 日,中国民主同盟在上海举行一届二中全会,分析第二次世界大战后国内政治形势和确定民盟对国是的方针。会上一致通过《中国民主同盟二中全会政治报告》(代宣言),提出解决国是的四项主张:力促国共和谈;重开政协;实行政协决议;成立联合政府。并通过《目前应采取的政治主张及行动的决议案》《拟定现况的组织原则》和《政治设计委员会组织规程》等决议案,要求和平、统一、民主,反对内战,举行政治协商,成立全国一致的联合政府。

1 月 7 日,中华全国体育协会召开常务理事会,决定派足球、篮球、田径、游泳、自行车运动员 32 人参加 7 月在英国举行的第 14 届世界运动会。总领队王正廷。总干事:董守义。总教练:郝更生。(参见中央教育科学研究所编《中国现代教育大事记 1919—1949》,教育科学出版社 1988 年版)

1 月上旬,全国学生掀起抗议美军暴行,要求撤退驻华美军运动,北平、天津、上海、南京、开封、重庆、昆明、武汉、成都、广州、福州、杭州、苏州、台北等地 50 万以上学生,连日相继举行抗议罢课和反美游行示威,要求严惩凶手,要求美军退出中国。

1 月 21 日,国民政府教育部指令东北区教育复员辅导委员会,将伪满洲国 34 所专科以上学校分别列入大学和专科学校。

按:列入大学者有:建国大学、哈尔滨农大、盛京医大、新京女师大、新京工大、新京师大、哈尔滨医大、佳木斯医大、王道书院(私立)、新京法大、南满医大、奉天工大、旅顺工大、北安开拓医学院、新京兽医大、奉天农大、吉林师大、哈尔滨学院、哈尔滨工大等 20 校,列入专科学校者有:奉天学院(夜课)、奉天铁路学院、张家口中央医学院、满赤医学院、私立顺天医学院(夜课)、葫芦岛商船养成所、蒙新学院、锦州医学院、蒙古高等学校、张家口交通学院、军医学院、旅顺日本法学院、大连法政学院、哈尔滨北满学院等 14 校。(参见中央教育科学研究所编《中国现代教育大事记 1919—1949》,教育科学出版社 1988 年版)

1 月 28 日,国民政府教育部公布《儿童节纪念办法》4 条。《办法》规定:4 月 4 日儿童节举行纪念,"以鼓励儿童兴趣,启发儿童爱群爱国爱家庭之心理,唤起社会注意儿童事业为宗旨"。并提出了纪念活动的内容和方法。(参见中央教育科学研究所编《中国现代教育大事记 1919—1949》,教育科学出版社 1988 年版)

1 月 29 日,司徒雷登发表声明,美国决定退出 3 人小组与军调部,美国调停国共冲突彻底失败。

1 月 30 日,国民政府宣布解散军事 3 人小组和北平军事调处执行部。

1 月 31 日,国民政府教育部公布《专科以上学校训育委员会组织规程》7 条。《规程》规定了训育委员会的职掌:一、部颁训育法令实施办法之订定,二、学校训导计划之决定,三、学生操行成绩之评定,四、学生团体活动之指导,五、学生风纪之整饬,六、训导处工作之协助与指导。(参见中央教育科学研究所编《中国现代教育大事记 1919—1949》,教育科学出版社 1988 年版)

是月,国史馆正式成立,张继任馆长,但焘任副馆长。聘请国内著名治史或治目录学专家49人为修史人员。

按：聘任的专家有张继、但焘、吴廷燮、张子英、茹春浦、夏璟、魏应麒、赵阿南、王德亮、顾颉刚、马騄程、熊纬书、陈廷诗、王仲荦、吴景贤、王宇高、汪辟疆、袁惠常、唐敬杲、陈武、陈谧、刘成禺、丁实存、景定成、贾宣之、王献唐、郑鹤声、万启宇、李贻燕、柳诒徵、汪旭初、金静庵、尹石公、冒鹤亭、商藻亭、黄穉荃、夏敬观、汪东、管笠、李江秋、吴向之、朱学浩、钮祺、陈重堪、易叔平、濮一乘、宋右丹、张润泉、冯平等。

2月1日，中共中央政治局举行扩大会议，毛泽东在会上指出：中国时局已发展到新的人民大革命高潮的前夜。会议讨论并发出《迎接中国革命的新高潮》的指示，指出人民解放军作战的胜利和蒋管区人民运动的发展，预示着中国革命的新高潮即将到来，同时确定了彻底粉碎蒋介石的军事进攻，把解放战争进行到底的战略方针。

2月3日，《申报》载：国民政府教育部公布各师范学校开展师范教育运动周活动办法。

按：其内容有：一、发动社会人士，发起对师范生奖学金运动。二、召集师范教育会议。三、发刊师范教育专号。四、印发师范教育辅导小册子。五、举行师范教育演讲会。六、邀请地方人士，举行师范教育座谈会，对师范学校教师表示敬意。七、举行师范生效忠国家、献身教育事业宣誓，并由地方政府派代表向师范生致词训勉。八、发给师范学校教员奖状，及清寒优秀师范生奖金。九、如与青年节合并举行，应特重青年学习师范教育之宣传。（参见中央教育科学研究所编《中国现代教育大事记1919—1949》，教育科学出版社1988年版）

是日，第三党在上海举行第四次全国干部会议，出席40余人。会议决定"中华民族解放行动委员会"（第三党）正式易名为"中国农工民主党"，并修改党章。会议选举章伯钧、丘哲、郭冠杰、李伯球、张云川、季方等34人为中央执委、候补执委。彭泽民、韩卓儒等15人为中央监委、候补监委。

2月6日，教育部令各省、市教育厅、局实行男女分校。

2月9日，中国民主促进会在上海召开第五次会员大会，通过新一届理事会章程，选举马叙伦、王绍鏊、许广平、周建人等9人为理事。

2月10日，毛泽东在延安会见美国记者斯特朗，提出恢复和谈的条件是：恢复1946年1月10日双方控制区域；取消"宪法"，恢复政协决议。

2月12日，国民政府教育部第10次修正公布《教育部组织法》，科长、科员、办事员人数有所减少，蒙藏教育司改为边疆教育司，增设国际文化教育事业处。（参见中央教育科学研究所编《中国现代教育大事记1919—1949》，教育科学出版社1988年版）

是日，国民政府教育部公布《印行国定本教科书暂行办法》4条。《办法》规定了一切公私印刷机关印行国定本教科书在版面、装订、纸质、字体、插图等方面之最低标准。（参见中央教育科学研究所编《中国现代教育大事记1919—1949》，教育科学出版社1988年版）

是日，张东荪等教育与文化界人士在上海成立中国改建学社。

2月15日，第四届戏剧节在上海举行，周信芳、梅兰芳分别获改良京剧奖及忠贞荣誉奖。

2月17日，蒋介石颁布《经济紧急措施方案》。

是日，陕甘宁边区政府教育厅发布《关于教育工作配合土地改革运动的指示》。

按：《指示》指出：土地改革是今年一切工作的中心，教育工作应与这一运动密切配合起来。为此特作如下规定：一、各学校应配合土地改革运动，向学生进行深入的思想教育。教育工作配合这一运动的目的，在于使学生在土地改革中了解中国革命的基本问题。要求学生参加有教育意义的集会。教员学习有关材料并向学生讲授。二、各学校及社会教育组织，应配合这一运动，进行广泛深入的社会宣传。（参见

中央教育科学研究所编《中国现代教育大事记 1919—1949》，教育科学出版社 1988 年版)

是日，中央研究院复员后第一次院务会议在南京鸡鸣寺举行。

是日，国民政府行政院训令："各省得就地方需要，于文化发达事务繁剧之县，酌量恢复设置教育局。"(参见中央教育科学研究所编《中国现代教育大事记 1919—1949》，教育科学出版社 1988 年版)

2 月 18 日，中外出版社北平分社经理张明善及其妻子和该社工作人员万舒扬、张煜、张鹤云被军警机关逮捕。

2 月 19 日，国民党云南当局以《新华日报》刊登有滇南民变的消息为借口，查封了《新华日报》昆明营业分销处。

2 月 22 日，国民政府教育部电台湾省行政长官公署教育处：今后国民学校应一律逐渐改为 6 年制。准台湾省将义务教育定为 6 年。(参见中央教育科学研究所编《中国现代教育大事记 1919—1949》，教育科学出版社 1988 年版)

2 月 27 日和 28 日，京、沪、渝三地卫戍警备机关分别通知驻留上述三地的中共代表董必武、吴玉章和工作人员，限于 3 月 5 日前全部撤退，并强迫停闭重庆《新华日报》，国共谈判完全破裂。

3 月 1 日，中共《新华日报》在重庆停刊。

3 月 2 日，中国民主同盟机关报《民主报》被查封。上海《群众》周刊被停刊。

3 月 5 日，中共领导的军队统一改称中国人民解放军。

3 月 6 日，第十四次全国学生代表大会在北平召开，通过章程和决议，选举谢邦定为主席。

3 月 8 日，中共中央发出关于开展蒋管区农村游击战争的指示。

是日，中国民主同盟发表《为国共和谈正式破裂宣言》。

3 月 13 日，《国立中央研究院组织法》及《评议会条例》两项法案经立法院审查通过后，由国民政府正式公布施行。

按：《国立中央研究院组织法》(民国三十六年三月十三日修正公布)

第一条　国立中央研究院直隶于国民政府，为中华民国学术研究最高机关。

第二条　国立中央研究院之人物如下：一、从事科学研究。二、指导联络奖励学术之研究。

第三条　国立中央研究院设研究所如左：一、数学研究所。二、天文研究所。三、物理研究所。四、化学研究所。五、地质研究所。六、动物研究所。七、植物研究所。八、气象研究所。九、哲学研究所。十、教育学研究所。十一、中国文学研究所。十二、历史语言研究所。十三、法律研究所。十四、经济研究所。十五、社会研究所。十六、医学研究所。十七、药物学研究所。十八、体质人类学研究所。十九、工学研究所。二十、心理学研究所。廿一、地理研究所。廿二、考古学研究所。廿三、民族学研究所。

国立中央研究院于必要时得依评议会之决议，增设其他研究室。

关于各研究所所长及研究人员之资格由评议会定之。

第四条　国立中央研究院置院长一人，特任，综理全院行政事宜。

第五条　国立中央研究院置院士若干人，依左列资格之一，就全国学界成绩卓著之人士选举之。一、对于所专习之学术，有特殊著作发明或贡献者。二、对于所专习学术之机关，领导或主持在五年以上，成绩卓著者。

第六条　国立中央研究院院士，第一次由国立中央研究院评议会选举之，其名额为八十至一百人，嗣后每年由院士选举，其名额至多十五人。

第七条　国立中央研究院院士之选举，应先经各大学各独立学院各著有成绩之专门学会研究机关或院士或评议员各五人以上之提名,由中央研究院评议会审定为候选人,并公告之。院士选举规程由评议会定之。

第八条　国立中央研究院院士为终身名誉职。

第九条　国立中央研究院院士职权如左:一、选举院士及名誉院士。二、选举评议员。三、议订国家学术之方针。四、受政府之委托,办理学术设计调查审查及研究事项。院士会议规程,由中央研究院评议会定之。

第十条　国立中央研究院院士分为左列三组,每组名额由评议会定之。一、数理组。二、生物组。三、人文组。

第十一条　国立中央研究院设评议会,由院士选举经国民政府聘任之评议员三十至五十人及当然评议员组织之。

国立中央研究院院长、总干事及直辖各研究所所长为当然评议员,院长为评议会议长。国立中央研究院评议会条例另定之。

第十二条　国立中央研究院设置名誉院士。国外学术专家,于学术上有重大贡献,经院士十人以上之提议,全体院士过半数之通过,得被选为名誉院士。每一名誉院士当选之理由,应公告之。

第十三条　国立中央研究院置总干事一人,承院长之命,处理全院行政事宜,秘书主任一人,总务主任一人,分掌秘书;总务事宜,秘书一人至三人,干事二人至五人,均由院长聘任。

国立中央研究院置会计主任一人,统计员一人,办理岁计会计统计事项,受国立中央研究院院长之指挥监督,并依国民政府主计处组织法之规定,直接对主计处负责。

会计统计佐理人员名额,由国立中央研究院及主计处会同决定之。

第十四条　国立中央研究院之处务规程,由国立中央研究院定之。

第十五条　本法自公布日施行。(国立中央研究院编《国立中央研究院概况》民国十七年六月至三十七年六月)

按:《国立中央研究院评议会条例》(民国三十六年三月十三日修正公布)

第一条　国立中央研究院,依国立中央研究院组织法第十一条之规定,设评议会。

第二条　评议员由国立中央研究院院士选举之。

第三条　聘任评议员,应依国立中央研究院组织法第十条所列各组,分配名额。

第四条　中央研究院评议会之职权如左:一、决定中央研究院研究学术之方针。二、促进国内外学术之合作与互助。三、国立中央研究院院长辞职或出缺时,选举院长候补人三人,呈请国民政府遴任。四、受国民政府之委托,从事学术之研究。五、受考试院之委托,审查关于考试及任用人员之著作或发明事项。

第五条　聘任评议员任期三年,连选得连任。

第六条　聘任评议员任期终了前三个月,应由院士选举下届评议员,其选举规程由评议会定之。

第七条　聘任评议员在任期内辞职或出缺时,应由评议会补选,呈请国民政府聘任,其任期以补足原任期为限。

第八条　聘任评议员为名誉职,但开会时得酌给旅费。

第九条　评议会每年至少开会一次,由议长召集,遇有必要或经评议员三分之一以上之请求,议长得召集临时会。

第十条　评议会置秘书一人,由全体评议员选举之。

第十一条　国立中央研究院院长辞职或出缺时,由秘书召集临时评议会,选举院长候补人。

第十二条　评议会议事规程及处务规程,由评议会定之。

第十三条　本条例自公布日施行。(国立中央研究院编《国立中央研究院概况》民国十七年六月至三十七年六月)

是日,国民党胡宗南部进犯陕西延安。国民党将对解放区的全面进攻改为向陕北、山东两翼的重点进攻。

3 月 14 日，国民政府教育部公布《联合国教育科学文化组织中国委员会筹备委员会 组织规程》。

按：《规程》规定：筹备委员会的宗旨为促进联合国教育科学文化组织中国委员会成立，以使国内最重要之教育科学及文化团体得与联合国教育科学文化组织发生工作联系。筹备委员会设委员 21 人，主任委员 1 人，秘书 1 人。（参见中央教育科学研究所编《中国现代教育大事记 1919—1949》，教育科学出版社 1988 年版）

3 月 15 日，中国国民党六届三中全会在南京召开，会议通过《政治改革案》《经济改革案》等决议。

是日，中央研究院召开京沪评议员第一次谈话会，朱家骅、翁文灏、萨本栋、吴有训、凌鸿勋、谢家荣、罗宗洛、李济、王家楫、赵九章、吴学周、吕炯、胡适、傅斯年、茅以升 15 人出席，集中讨论起草"院士选举规程"有关问题。标志着首届院士评审工作的正式启动。

3 月 18 日，毛泽东、周恩来等中共中央领导撤离陕西延安。毛泽东、周恩来、任弼时率领前委，代表中央留在陕北指挥西北和全国的解放战争。刘少奇、朱德、董必武等组成中央工作委员会，刘少奇为书记，前往华北进行中央委托的工作。

3 月 19 日，中国民主同盟 14 日开始举行一届中常会第十九次会议，是日闭幕，决议设立政治计划委员会，研究有关当前重大政治问题。总会设上海，负责人黄炎培、沈钧儒、章伯钧、罗隆基；北平分会张东荪、潘光旦；南京分会何公敢、周新民、李相符；重庆分会邓初民、郭则沉、彭大魁；香港分会沈志远、李伯球、千家驹。

3 月 24 日，国民党六届三中全会闭幕，并发表宣言。

3 月 26 日，中央研究院召开京沪评议员第二次谈话会，朱家骅、翁文灏、萨本栋、李书华、钱崇澍、吴有训、茅以升、吕炯、陶孟和、傅斯年、罗宗洛、王家楫、赵九章 13 人出席，会议开始逐条讨论和修正通过"院士选举规程草案"。

3 月 27 日，中共中央机关报《解放日报》停刊。

3 月 29 日，中共中央在陕北枣林子沟召开会议，决定毛泽东、周恩来、任弼时率中共中央机关及解放军总部留陕北，继续中共中央的工作；刘少奇、朱德、董必武组成中央工作委员会，刘少奇任书记，前往适当地点，进行中央委托的工作。随后又组成叶剑英为书记的中央后方委员会，统筹后方工作。

3 月 31 日，国民政府公布行宪法规十种：《国民大会组织法》《国民大会代表选举罢免法》《总统副总统选举罢免法》《立法院立法委员选举罢免法》《监察院监察委员选举罢免法》《行政院组织法》《立法院组织法》《司法院组织法》《考试院组织法》《监察院组织法》。

4 月 1 日，公布《印行国定本教科书暂行办法施行细则》16 条。

4 月 5 日，中央研究院总办事处分别致函各评议员，征询其对院士选举规程草案的意见，并请 4 月 30 日前回复。截至 4 月 30 日止，评议员均表同意，遂遵照评议会第二届第三次年会决议，草案随即先行付诸实施，待评议会下次年会再提出追认。

4 月 7 日，国际妇女法学会中国分会在上海国际饭店举行成立大会，通过分会章程，选出理事、监事 11 人，郑毓修为会长。

4 月 12 日，联合国教育科学文化组织将在中国设立中国委员会，定 6 月在南京成立，是日教育部长朱家骅主持首次筹备会议。

4月14日,教育部训令各省教育厅从速恢复设置县教育局。

4月16日,国民党、青年党、民社党及社会贤达代表共同签署《国民政府施政方针》(即"共同纲领")。

4月18日,国民政府明令改组,并公布修正后的《中华民国国民政府组织法》。

4月20日,中国社会科学研究会在南京公余联欢社正式成立,选举陶希圣、王慕尊、邵鹤亭、张金鉴、刘静文、刘振东、程思远、李宗义、曾资生、侯服五等21人为理事,雷殷、甘乃光、张鸿钧、张庆桢、谢扶雅、詹文浒、梅麟高等7人为监事。(参见朱汉国主编《南京国民政府纪实》,安徽人民出版社1993年版)

4月25日,中国民主同盟发表《对时局宣言》,主张在国内反对内战,在国际避免世界大战,并要求一切帝国主义退出中国。

4月28日,国民政府教育部公布《国外留学规则》15条。

按:《规则》规定国外留学生在出国前均应经教育部考试及格。应考资格:公立或立案私立大学、独立学院毕业得有证书者,公立或立案私立大学、独立学院之专修科及公立或立案私立专科学校毕业,曾任与所习学科有关之职务二年以上有证明文件者,并经教育部指定医院检验体格。考试科目分普通科目(国文、本国史地、留学国文字或英文)和专门科目(公费生三种、自费生两种)。留学或实习期限,公费留学生为2年,必要时得呈准延长1年;自费留学生最多不得超过4年。(参见中央教育科学研究所编《中国现代教育大事记1919—1949》,教育科学出版社1988年版)

5月4日,上海各校学生与市民举行反内战、反饥饿示威大游行,反内战示威运动迅即扩大到其他大中城市。

按:5—6月"反饥饿、反内战、反迫害"运动犹如星火燎原,迅速扩大到蒋管区60多个大中城市,爱国民主运动形成了人民大革命的第二条战线。两条战线的胜利,使国民党政府处于全民包围之中。

5月7日,国民政府教育部公布《修正私立学校规程》35条。

按:《规程》规定:私人或私法人设立之学校为私立学校。私立学校不得设分校,亦不得设立各级师范学校。私立专科以上学校以教育部为主管机关,私立中等学校以省市教育行政机关为主管机关,私立小学以市县教育行政机关为主管机关,私立学校的开办、变更及停办,须经主管教育行政机关之核准,其组织、课程等一切须照现行教育法令办理,不得以宗教科目为必修科。校名应明确标示学校之种类并冠以"私立"二字。校长均应专任,其由外国私人或私法人设立者,仍应以中国人充任校长或院长。外国私人或私法人在中国设立其本国子女之中等以下学校,不得招收中国学生。(参见中央教育科学研究所编《中国现代教育大事记1919—1949》,教育科学出版社1988年版)

5月9日,第一次院士选举筹备委员会第一次会议在中央研究院总办事处召开,朱家骅、翁文灏、王家楫、吴学周、陶孟和、萨本栋、林可胜、罗宗洛、傅斯年、李济、茅以升11人出席,会议决定自即日起登报公告,请各高等学校、学会及研究机关等,对院士候选人提名。

5月13—16日,华东解放军取得孟良崮战役的胜利,全歼敌军精锐整编七十四师32000余人。

5月15日,国民政府教育部训令本部特设的盲哑学校,力谋改进教学方法,使聋哑学生能"看口说话"。(参见中央教育科学研究所编《中国现代教育大事记1919—1949》,教育科学出版社1988年版)

5月16日,第一次院士选举的提名工作在全国范围内正式展开,国立高校、省立独立学院、研究机构、专门学会纷纷响应,陆续寄送院士候选人的提名表。

5月20日,南京、上海、苏州、杭州地区16个大专院校的6000名学生,在南京组成请愿团,提出挽救教育危机等5项要求,举行示威游行,遭国民党军警、特务镇压。学生受伤100余人,被捕20余人,酿成南京"五·二零"惨案。

5月23日,中国民主同盟参政员张澜、黄炎培、梁漱溟、章伯钧、韩兆鹗向国民参政会提出《停止内战恢复和平案》,建议依据政协决议精神重开和谈,停止征兵、征粮,保障人民自由,释放政治犯和开禁被封刊物等。

是日,上海《文汇报》记者李肇基、麦少楣在采访时被暴徒殴伤。

5月24日,国民政府教育部公布《修正边疆学生优待办法》11条。

按:其修正要点为:一、边疆学生升学内地中等以上学校时,其名额由保送机关与教育部商定,由教育部审核分发。二、将"旁听生"改为"特别生",规定成绩及格者作为正式生,不及格者为特别生,俟修满一学年时,成绩及格者改为正式生,不及格者得由校酌准留级一年,留级一年仍不及格者勒令退学。国文国语及其他基本科目较差者,予以补习。三、除前条依一定名额分发之学生外,其余志愿升学内地中等以上学校者,可自行报考。(参见中央教育科学研究所编《中国现代教育大事记1919—1949》,教育科学出版社1988年版)

是日,上海《文汇报》《联合晚报》《新民报》被淞沪警备司令部查封。

是月,上海小学教师联合会发表宣言,提出对儿童教育的4点主张:解放儿童,尊重儿童,信任儿童,服务儿童。(参见中央教育科学研究所编《中国现代教育大事记1919—1949》,教育科学出版社1988年版)

6月1日,武汉国民党军警包围武汉大学,逮捕教授5人、学生数十人,并在冲突中枪杀3人,伤20余人,造成"六一惨案"。

6月3日,上海《大公报》发表王庸等76位教授署名的《对学生运动之意见》,要求立即释放被捕学生,保障人身、言论、出版、集会、结社、讲学及游行请愿等一切自由,并废止"维持社会秩序临时办法",反对内战,建立民主政治,实现永久和平。

6月10日,第一次院士选举筹备委员会在中央研究院总办事处举行第二次会议,秉志、吴学周、罗宗洛、陶孟和、谢家荣、王家楫、萨本栋、吴有训、翁文灏、傅斯年、李济11人出席。会议在各评议员所拟院士候选人参考名单的基础上,商讨和拟定了各组各科目院士候选人名单及名额分配。

6月19日,国民政府教育部发出通令:本年1月颁布的《宪法》,应分别于中等以上学校之"公民"或其他社会科学中予以教学。(参见中央教育科学研究所编《中国现代教育大事记1919—1949》,教育科学出版社1988年版)

6月26日,国民政府公布《修正捐资兴学褒奖条例》14条。

按:《条例》规定:凡以私有财产捐助公立或已立案之私立学校,或其他教育文化团体,无论用个人名义,合捐名义,或用团体名义,一律按照其捐资多寡,分别授予奖状、奖章或匾额。(参见中央教育科学研究所编《中国现代教育大事记1919—1949》,教育科学出版社1988年版)

6月30日,刘伯承、邓小平率领晋冀鲁豫野战军主力,在鲁西南强渡黄河,千里挺进大别山,揭开了战略进攻的序幕。

7月4日,国民政府通过蒋介石提出的《为拯救匪区人民,保障民族生存,巩固国家统一,厉行全国总动员,以戡平共匪叛乱,扫除民主障碍,如期实施宪政,贯彻和平建国方针案》,即"戡乱动员令"。

7月6日,中国科学期刊协会在上海正式成立,发表成立宣言。

按:中国科学期刊协会成立宣言:"中国科学期刊协会于三十六年七月在上海成立。这是一个集合全国的自然科学和应用科学各种定期刊物的组织。在这个组织内,我们将相互合作,谋求编辑与发行上的联系与推进,希望对于中国的新科学有一点贡献,对于科学的新中国尽一点力量。我们这些刊物,有的创刊已经 30 余年,有的出版未及一载,有的着重于专门学术的阐扬,有的致力于基本知识的普及。而一贯相承,中国的科学期刊显明地表现两个共同的特性,乃是服务的,而绝非是牟利的;乃是启发的,而不仅是报道的。由于中国科学的处处落后,设备残缺,资料贫乏,国家的研究经费短绌,社会的学术空气稀淡,专家的心得无从公诸于世,好学的青年不得其门而入,所赖以维系中国的科学工作于不坠,进可以与国外的科学家沟通声气,交换学术,退可以向国内的知识青年和一般大众有所传播,有所诱导;逐渐推进,致于发达者,中国的科学期刊确曾尽了它媒介的作用,这想是国内外的先进和同志都能予以同意的。我们这些刊物,都是民间的刊物,一向都是几个从事科学工作的团体或个人,有鉴于科学研究的重要和科学建国的急需,从而就本身的力量,在这一条道路上,尽一点绵薄。这 30 余年来,中国经历了空前大的动乱。政治的变革,经济的激荡,外患的侵凌,内忧的相继。我们各个刊物,站在各自的岗位上,艰苦应付,勉力撑持,虽至今天仍未尝稍稍苏息。这一段经历诚然备极艰苦,却未曾稍稍动摇我们的信念:中国终必要好好的建成一个现代化国家,我们的科学研究与科学建设终必有发扬光大的一日。在今日的现状下,我们中国科学期刊的同人,仍然深切明了,我们的工作,只有需要加强,决难称为足够,只有应当充实,决不容许终止。我们也有此勇气。来担负这当前的使命。但是我们也不该忽视,今日出版科学期刊所遭逢的危机。今日为科学刊物最需要的时代,但也是经营科学刊物最困难的时期。上面说过,我们都是民间的刊物,而今天的出版成本,已到了民间力量难以支持的地步,物价每个月要飞涨,加上运输寄递的不便,使刊物有朝不保夕的周转困难。怎么样应付这当前的局面? 怎么样渡过这迫切的危机,应该让全国关心科学,献身建设的国人们共同来商量与解决,殆已非我们几个刊物本身所能为力。我们这些刊物,在过去都是各行其是,努力的方向各殊,相互间的关系确是不够坚强,为了科学研究的振兴,为了中国建设的促进,为了保持并发扬中国科学在世界科学界的地位,我们都应该坚守岗位,同时也应当紧密的团结起来,一方面求科学期刊工作更进一步的推进,一方面以共同一致的力量谋当前困难的解除。国事蜩螗,民生凋敝,文化的命脉不绝如缕,我们中国科学期刊的同人,相信是有理由表白我们的意向的。今天,作为我们的成立宣言,我们只有很简单的两点要求,一方面我们要求海内外的读者认识我们的立场,了解我们的困难,支援我们的工作,一方面我们要求政府和社会各方面给我们以在编辑和发行上应得的便利、协助和鼓励! 中国期刊协会:工程界、化学工业、化学世界、中华医药杂志、水产月刊、世界农村、科学、科学大众、科学世界、科学时代、科学画报、纺织染工程、现代铁路、电工、电世界、学艺、医药学、纤维工业,中华民国三十六年七月六日。"(何志平、尹恭成、张小梅主编《中国科学技术团体》,上海科学普及出版社 1990 年版)

7 月 9 日,国民政府决定撤销政治协商会议。

是日,国民政府教育部公布《私立职业学校立案备案补充办法》6 条。

按:《办法》规定:战前已办立案备案手续,战时停办,目下恢复办理者或继续办理未向敌伪政府备案者,经证明属实,不必重行办理立案手续。尚未立案各校,一律于 1949 年 8 月底以前办理立案手续。届时尚未立案者,一律予以取缔。(参见中央教育科学研究所编《中国现代教育大事记 1919—1949》,教育科学出版社 1988 年版)

7 月 11 日,国民政府教育部颁发《国立专科以上学校暨省立专科以上学校学生奖学金办法》13 条。

按:《办法》规定:自本学年度起,各校所招新生,除享受公费者外,另设奖学金名额,享受奖学金的学生免缴学膳宿费全数。凡接收奖学金之学生,每年考试总平均成绩不满 70 分者应取消其奖学金。(参见中央教育科学研究所编《中国现代教育大事记 1919—1949》,教育科学出版社 1988 年版)

7 月 17 日至 9 月 13 日,中共中央工委在河北省平山县西柏坡召开党的全国土地会议,制定了《中国土地法大纲》。

7 月 18 日,国民政府颁布"动员戡乱完成宪政实施纲要"。

8月27日,院士选举筹备委员会在中央研究院总办事处召开第三次委员会议,朱家骅、翁文灏、吴有训、茅以升、李济、王家楫、吴学周、萨本栋、谢家荣、罗宗洛10人出席。会议对提名的院士候选人进行初步审查。

是日,刘邓野战军全部渡过淮河,胜利地进入大别山地区,完成了千里跃进任务,国民党军的围追堵截计划破产。

8月28日,院士选举筹备委员会在中央研究院总办事处召开第四次委员会议,朱家骅、翁文灏、胡适、王世杰、吴有训、茅以升、谢家荣、王家楫、罗宗洛、吴学周、李济、萨本栋、凌鸿勋13人出席,继续商讨和审查院士候选人的初步名单。

8月30日,国民政府教育部公布《国立各职业学校应行注意之点》13条。

按:其中强调:新生入学后,应特别加以训练,使学生认识自己之责任。平时训练中尤应注意培养服务精神。学生工作成绩应予展览。提示各校,课程、课业练习、学生实习均应依规定办理。(参见中央教育科学研究所编《中国现代教育大事记1919—1949》,教育科学出版社1988年版)

9月3日,联合国教科文组织远东区基本教育研究会在南京召开,中国代表杭立武为主席,会议主题是关于推进基本教育。

9月9日,中国国民党六届四次全会及中央党团联席会议在南京召开,大会议决三青团与国民党合并。

是日,冯玉祥在美国发起组织"华侨和平民主协会"。

9月13日,中共在西柏坡召开全国土地会议,会议通过《中国土地法大纲》。

是日,东北行政委员会发布《关于教育工作的指示》,重申坚持"干部教育第一,国民教育第二"的方针。

9月23日,国民政府教育部颁发《回国升学华侨学生奖学金办法》12条。

9月29日,中国民主同盟举行一届中央常务委员会第三十二次会议,通过《民主运动联席会议简章》和《民运大纲》。

10月10日,朱德、彭德怀发布《中国人民解放军宣言》,宣言第一次提出"打倒蒋介石,解放全中国"的号召,并宣布中国人民解放军的八项基本政策。

按:中国人民解放军总部颁发《关于重新颁布三大纪律八项注意的训令》规定中国人民解放军的"三大纪律"是:1.一切行动听指挥;2.不拿群众一针一线;3.一切缴获要归公。"八项注意"是:1.说话和气;2.买卖公平;3.借东西要还;4.损坏东西要赔;5.不打人骂人;6.不损坏庄稼;7.不调戏妇女;8.不虐待俘虏。

是日,中共中央正式公布《中国土地法大纲》,从而推动了各解放区土地改革运动的发展,并为在全国消灭封建剥削制度,提供了一个战斗纲领。

10月12日,院士选举筹备委员会在中央研究院总办事处召开第五次会议,朱家骅、翁文灏、秉志、吴有训、凌鸿勋、萨本栋、李济、罗宗洛、王家楫、吴学周10人出席,会议就院士候选人的初步名单继续进行仔细审查和讨论。

10月13日,院士选举筹备委员会在中央研究院总办事处召开第六次会议,朱家骅、胡适(兼代翁文灏)、秉志、吴有训、李济、萨本栋、罗宗洛、王家楫、吴学周9人出席。会议拟向评议会年会提出由402名院士候选人组成的正式名单。

10月15日,中央研究院在南京召开第二届评议会第四次年会。下午3时,中央研究院评议会举行第一次大会,朱家骅、翁文灏、萨本栋、王家楫、吴有训、吴定良、吴学周、李济、李书华、秉志、周仁、周鲠生、林可胜、胡适、胡先骕、茅以升、陈垣、陈桢、凌鸿勋、庄长恭、赵九章、钱崇澍、谢家荣、罗宗洛 24 人出席。会议作出两项决议:一是追认《国立中央研究院院士选举规程》,且着手制定《国立中央研究院院士会议规程》;二是决定院士候选人数目最多不超过当选人一倍,并推定李书华、秉志、胡适分别为数理、生物、人文三组的召集人,于 16 日上午 9 时举行小组会,分组审查院士候选人的初步名单。

10 月 16 日下午,中央研究院评议会召开第二次全体大会。会议在听取数理、生物、人文三组的召集人李书华、秉志、胡适分别报告各组院士候选人名单的审查结果后,修正通过了数理、生物两组院士候选人的最终名单。会议决定变更议案日程,将人文组的审查报告延至下次大会讨论。

10 月 17 日上午,中央研究院评议会召开第三次全体大会,集中讨论人文组院士候选人的审查意见。胡适、周鲠生、巫宝三、李济分别报告哲学、文史学、史学、语言学,法律和政治,经济和社会,考古及艺术史各科拟定院士候选人名单的情形。经反复讨论,修正通过了人文组院士候选人的最终名单。

是日下午,中央研究院评议会继续召开第四次全体大会,朱家骅、翁文灏、萨本栋、王家楫、吴有训、吴定良、吴学周、李书华、秉志、周仁、胡适、胡先骕、茅以升、陈垣、李济、陈桢、陶孟和、庄长恭、赵九章、钱崇澍、谢家荣、罗宗洛 22 人出席。会议做出授权评议会议长朱家骅、秘书翁文灏、总干事萨本栋公布院士候选人名单等 4 点决定。(参见《中央研究院评议会第二届第四次年会纪录》之《第四次大会》,南京:中国第二历史档案馆,全宗号 393)

10 月 19—20 日,中华儿童教育社在南京举行第十二届年会。参加代表二百余人。年会研究的中心问题为普及国民教育。年会通过了"普及国民教育实施方案"及"普及国民教育运动宣言"。(参见中央教育科学研究所编《中国现代教育大事记 1919—1949》,教育科学出版社 1988 年版)

10 月 24 日,国民政府的《出版法修正草案》正式通过。

10 月 26—27 日,中国教育学术团体联合会第五届年会在南京文化会堂举行,由欧元怀、程其保、程时煃、马客谈等分任主席,到会教育学术团体代表百卅余人。此次年会讨论总题为"民主与教育"。(参见《教育学术团体联合会五届年会经过》,《教育通讯》1947 年第 4 卷第 6 期)

10 月 27 日,国民政府宣布中国民主同盟为非法团体,下令"严加取缔"。

10 月 28 日,行政院颁布《县市教育局编制及局长选用标准》4 条。

按:其中规定:县市教育局的组织与编制,应参照各县市人口数、教育经费数及学校之多寡分甲、乙两级,由省教育厅酌定。甲级县市教育局设局长 1 人,督学 4 人,科长 2 人,科员 3 至 5 人,雇员 2 人;乙级县市教育局设局长 1 人,督学 3 人,科长 2 人,科员 2 至 4 人,雇员 2 人。文件规定了选用局长的标准。(参见中央教育科学研究所编《中国现代教育大事记 1919—1949》,教育科学出版社 1988 年版)

10 月 29 日,浙江大学学生自治会主席于子三被国民党特务杀害,浙江大学集会抗议。北平、上海、南京等地学生罢课响应。

11 月上旬,北平、天津、南京、上海、昆明等地大中学校学生,为抗议国民党杀害于子三,逮捕迫害学生的罪行,举行总罢课。(参见中央教育科学研究所编《中国现代教育大事记 1919—1949》,教育科学出版社 1988 年版)

11 月 3 日,立法院通过内政部修订的《出版法修正草案》。

11 月 5 日,中国民主同盟在上海召集中央扩大会议,张澜、黄炎培、罗隆基、沈钧儒、史良、叶笃义等出席。黄炎培报告与国民党商洽经过,议决民盟自即日起解散,各地盟员即日起一律停止政治活动。沈钧儒、史良等对此有不同意见,但因形势所迫,最后决定以张澜主席名义发表解散公告。

11月6日,中国民主同盟总部发表主席张澜的《中国民主同盟总部解散公告》,通告盟员"自即日起一律停止政治活动,本盟总部同人即日起总辞职,总部亦即日解散"。

按:民盟总部被迫解散后,经张澜与沈钧儒密商,沈钧儒、章伯钧等秘密到达香港,与原在港中央委员汇合,酝酿恢复民盟总部,并临时推选沈钧儒、章伯钧为召集人,以在港中央(执行)委员会名义开展组织活动。罗子为、李伯球、沈志远、周鲸文、朱蕴山、刘王立明分别负责秘书、组织、宣传、对外关系、对内关系、财务等工作。

11月10日,国民政府同美国签订《中美教育合作协定》。

按:《协定》规定:美国将其在华的战时剩余财产出售给中国,美国将所得相当于2000万美元的款项作为在中国进行各种教育活动的经费。同日,设立美国在华教育基金。(参见中央教育科学研究所编《中国现代教育大事记1919—1949》,教育科学出版社1988年版)

是日,广东省省务会议通过《广东省国语推行委员会规程》。

按:根据该规程,省国语推行委员会掌理的事项如下:一是关于国语教育法令之推行事项;二是关于本省国语教育之计划实施与辅导考核事项;三是关于本省国语师资之培养登记检定事项;四是关于国语书报教材之编印事项;五是关于本省国语教育之试验研究事项;六是其他有关国语教育事项。(《国语推行委员会规程》,《中山日报(蒋系)》1947年11月11日)

11月12日,台湾民主自治同盟在香港成立。

11月14日,国民政府教育部通令各公私立专科以上学校、各中等学校,在历史、伦理、公民等课内兼授联合国教材或特设一科专门讲述联合国。(参见中央教育科学研究所编《中国现代教育大事记1919—1949》,教育科学出版社1988年版)

11月15日,在评议会第二届第四次年会结束后,中央研究院在《国民政府公报》,南京、汉口、广州、重庆的《中央日报》,上海、天津的《大公报》及北平《华北日报》、成都《中兴日报》,依法刊载公告,注明150名院士候选人名单及合于院士候选人资格的依据,介绍其研究领域和著述、事业经历等。同时分别致函各大学、独立学院和学术团体,呈报国民政府予以备案,并向社会各界广泛征询意见。

是月,行政院颁布《文书管理办法》。

是月,联合国教育科学文化组织在墨西哥召开第二届大会。国民政府教育部派杭立武为首席代表,李书华、赵元任、吴有训、陈源、晏阳初为代表前往参加。会上,杭立武被推选为行政及外事委员会主席。(参见中央教育科学研究所编《中国现代教育大事记1919—1949》,教育科学出版社1988年版)

12月6日,国民政府教育部公布《学生自治会》规则18条。

按:《规则》规定:学生自治会为学生在校内之课外活动组织,不得参加各种团体活动或校际联合组织。学生自治会应由学校校长及主管训导人员负责指挥监督,各种会议及活动应由学校分别选派教职员担任指导。学生自治会之决议,以在规定之任务范围内为限,不得干涉学校行政,有违反上项情形者,学校得撤销之。(参见中央教育科学研究所编《中国现代教育大事记1919—1949》,教育科学出版社1988年版)

12月8日,中美两国政府代表在南京签订《中美有关转让海军船舰及装备之协定》。

12月17日,国民政府教育部公布《教育部分区指定师范学院设置国语专修科及各省市选送学生办法》15条。

按:《办法》规定:设置国语专修科的宗旨在于统一全国语言,推行标准读音,及普及注音识字,迅速扫除文盲。国语专修科培养国语师资及国语教育推行人员。国语专修科分五个方言区设置:北方官话区,由国立北平师范学院设置;下江官话区、吴语区,由国立社会教育学院设置;粤海区,由国立中山大学师范学院设置;上江官话区暂不设置,可选送学生依地域之便利及本人之志愿,分别入以上三区之函语专修科;闽台区由国立台湾大学设置。《办法》规定:选送之学生均须进行口试、笔试及体格检查,合格者才得入学。(参见中央教育科学研究所编《中国现代教育大事记 1919—1949》,教育科学出版社 1988 年版)

12 月 18—22 日,国民政府教育部召开中学课程标准修订会议。

按:会议决定的修正要点有:一、每期教学科目,初中由 12 至 13 科减少到 9 至 10 科;高中由 10 至 12 科减少到 8 至 9 科。二、每周教学时数,初中由 31 小时减少到 27 到 29 小时;高中由 31 小时减少到 27 至 30 小时。三、各科教材内容,注意实际生活智能之培养,尽量删减艰深理论之教材。(参见中央教育科学研究所编《中国现代教育大事记 1919—1949》,教育科学出版社 1988 年版)

12 月 25—28 日,中共中央在陕北米脂县召开扩大会议,毛泽东在会上作关于《目前形势和我们的任务》报告,报告中指出:人民解放军已经转入了全国规模的进攻,"这是一个历史的转折点"。报告对革命战争转入进攻后,党需要解决的军事、土改、整党、经济政策、统一战线等一系列问题作了纲领性说明,提出夺取全国胜利的各项任务。

按:报告进一步提出新民主主义革命的三大经济纲领:没收地主阶级的土地归农民所有;没收蒋介石、宋子文、孔祥熙、陈立夫为首的垄断资本归新民主主义的国家所有;保护民族工商业。

是日,国民政府公布《戡乱时期危害国家紧急治罪条例》。

是年,国民政府任命一批大学和学院校院长。其中有:魏嗣銮(国立成都理学院)、路荫桎(河北省立工学院)、杨公达(国立英士大学)、王治孚(国立湖北师范学院)、曾景(国立贵阳师范学院)、曾作忠(国立南宁师范学院)、朱懋根(国立贵阳医学院)、张邦珍(国立女子师范学院)、顾毓琇(国立政治大学)、徐直民(省立江苏学院)、皮名举(国立师范学院)、李寿雍(国立暨南大学)、陆志鸿(国立西北大学)、刘仙洲(国立北洋大学)、刘树勋(国立东北大学)、林一民(国立中正大学)。(参见中央教育科学研究所编《中国现代教育大事记 1919—1949》,教育科学出版社 1988 年版)

是年,教育部成立接收汪伪文物审核委员会,负责接受、审核和分配汪伪文物。

是年,中国物理学会与中国数学会、中国化学会、中国动物学会、中国植物学会、中国地质学会等学会在北平联合举行年会。

是年,《读经会报》《新华日报》《群众日报》《西铁消息报》《江南日报》《新热辽报》《骨干报》《军人报》《麓水报》《吉林日报》《吉林日报(朝文)》《黄海日报》《察哈尔日报》《新闻简报》《苏北日报》《前哨报》《旅大农民报》《子弟兵报》《关东日报》《黑河日报》《冀热察导报》《运西时报》《建设报》《立功报》《民治报》《鲁西报》《牧民报(蒙文)》《华东前线报》《晋南人民报》《滨北日报》《黄山报》《晨光报》《求是周报》《行报》《反攻报》《嫩江新报》《皖西日报》《海兵报》《卫建报》《团结报(朝文)》《工商日报》《三边报》《江都导报》《靖滇简报》《新桂西报》《人民报》《工人报》《新石门报》《石家庄日报》《常州日报》《哈尔滨特别市政府公报》《工商报》《生产导报》《吉林行政导报》《金融日报》《人人周报》《上海中山医院年报》《上海市公务实施统计年报》《上海市社会行政统计月报》《上海市社会事业统计月报》《上海证券交易所年报》《中医药导报》《中医药情报》《中国教育学会年报》《人民画报》《冀鲁豫画报》《晋察冀画报》《战线画报》《华东画报》《春秋画报》《友谊画报》《教育通报》《社会新报》《长治导报》《支前导报》《边府通报》《浙南周报》《宁绍新报》《边政新报》《农工日报》

《国际边政新报》《合江省政府月报》《阳泉职工报》《新大众报》《农民报》《凌霄周报》《学生报》《教育学报》《吴兴商报》《三门报》《浙江日报索引》《山东新报》《开化民报》《大行报》《郎溪日报》《大道报》《太平公报》《人民报》《宣报》《巢商报》《民意报》《幸福报》《荡寇报》《黄麓导报》《黄山报》《粮食日报》《子弟兵报》《棉布月报》《挺进报》《新书汇报》《职工报》《新光周报》《合江行政导报》《大众报》《新闻周报》《现代新闻周报》《团结报》《文艺导报》《反攻报》《滃江报》《平民日报》《现代日报》《昆明新报》《棉纺工报》《诚报》《剑川民报》《民声报》《大千报》《光明周报》《中山日报》《中正日报》《县日报》《华南日报》《公评报》《国华报》《青年日报》《和平日报》《中华报》《世界日报》《日新日报》《中国报》《平报》《民族日报》《光粤报》《每日论坛报》《新生报》《民众日报》《粤华报》《交通经济日报》《民意日报》《正言日报》《力行报》《兴报》《天行报》《凯旋日报》《前锋日报》《展报》《广东英文新报》《凯旋晚报》《时事晚报》《星期晚刊》《前锋报晚刊》《远东图片新闻社》《环球报》《探海灯》《大风报》《学术丛刊》《国术月刊》《文化学园》《武汉文化》《冀东文化》《文化青年》《渤海文化》《文化通讯》《新疆文化》《西北文化》《历史与文化》《历史社会季刊》《中国杂志》《江海杂志》《岭南学报》《历史政治学报》《大同学报》《湘新学报》《行政月刊》《时论月刊》《慈航月刊》《楚风月刊》《辽北月刊》《开平华侨月刊》《群情月刊》《东华月刊》《棉业月刊》《北银月刊》《行政月刊》《建苏月刊》《建设评论》《农村月刊》《军政月刊》《交通月刊》《农工月刊》《法学月刊》《贸易月刊》《边银月刊》《复生月刊》《法学月刊》《贸易月刊》《边银月刊》《复生月刊》《时论丛刊》《江海杂志》《军政杂志》《人生杂志》《江海先锋》《理论与现实丛刊》《经济月刊》《经济汇刊》《经济情况》《经济情报》《经济参考资料》《经济评论》《新经济道路》《现代经济文摘》《现代经济通讯稿》《现代经济通讯》《东北经济》《经济建设》《经济导报》《全国经济资料周报》《工商经济》《农经导报》《经济参考资料》《经济汇刊》《金融物价》《商情旬刊》《贸易月刊》《财经通讯》《太行土地改革资料》《工商天地》《工业管理年刊》《工商特刊》《公益工商通讯》《商业新闻年刊》《学习报》《通讯学习》《学习月刊》《学习(东北)》《学习(冀南)》《文艺》《文艺丛刊》《群众文艺》《人文》《文艺学生》《部队文艺》《文汇丛刊》《文艺知识》《胶东文艺》《天下文选》《苏中文娱》《高尔基研究年刊》《歌与剧》《电影杂志》《战时教育》《教育通讯》《团结奋斗》《通讯工作》《平原文艺》《艺术论坛》《影剧人》《电影世界》《艺兵丛刊》《野战》《工人生活》《苏北大众》《黄海大众》《人民战士》《战士生活》《支援前线》《泰西大众》《松江农民》《庄稼人》《边区群众》《职工生活》《职工运动》《战号杂志》《新华电讯》《合江工作通讯》《通讯工作》《平原杂志》《豫北人民》《新民主(瓯北版)》《太行工业》《政权建设》《生产通讯》《青年记者》《黄海战线》《政工往来》《滨北通讯》《如皋大众》《红五月》《苏联介绍》《冀中卫生》《新运西》《运河通讯》《远东通讯》《团的通讯》《新闻资料》《时事通讯》《新少年》《铁拳》《工作通讯》《摄影网通讯》《前卫通讯》《工兵生活》《书店一月》《通讯往来》《新闻研究》《新闻通讯》《松江教育》《华东前线》《胜利新闻》《战斗文娱》《吉南通讯》《土改通讯(晋察冀)》《土改通讯(晋绥)》《热河民兵》《新天地》《研究资料》《湖西通讯》《雪枫通讯》《新闻业务》《胶东通讯》《工矿建设》《大家》《上海市社会行政统计半年刊》《上联通讯》《上海文摘》《上海市立图书馆馆刊》《上海洪声》《上海清华同学会会刊》《上海电信》《上海学济》《切身问题》《中央印刷厂月刊》《中外春秋》《中仪新声》《中华工商》《中华基督教协会会讯》《中学时代》《中国作家》《中国速记》《合作青年》《公论周刊》《今文学丛刊》《立信校刊》《创世纪》《正义》《市政建设专刊》《民主论坛》《民主周刊》《民主

航空队半月刊》《东吴法讯》《生活文摘》《申报馆内通讯》《交大工程》《交大造船》《动力工程季刊》《地方自治》《西南实业通讯》《亚洲世纪》《创世》《伊斯兰通讯》《自由》《青年知识》《自由丛刊》《自由谈》《合作供销通讯》《时与文》《邮校导报》《作家杂志》《京沪周刊》《自由文丛》《青青小溪流》《求知通讯》《音乐与教育》《军事知识月刊》《复旦大学会计西刊》《科学与军事》《旅行卫生》《通讯之友》《纺建》《纺织建设》《现代文摘》《现代新闻》《现代铁路》《教合通讯》《觉讯》《新时代》《新儿童世界》《新新新闻》《新诗歌》《新语文》《宗教教育季刊》《诗创造》《蔷薇红》《聚星月刊》《绿讯》《轮机月刊》《晓声月刊》《鸽讯》《主流》《自由花》《佛教公论》《大学》《合作经济》《合作图书月报》《一月风云》《土壤通讯》《大华杂志》《大学周报》《大众周报》《中华工程周报》《中央大学土木工程研究所专刊》《中华昆虫学会通讯》《气象测报》《气象汇报》《内幕新闻》《内政法令月刊》《中国新闻》《中国棉业副刊》《中国棉讯》《中库通讯》《中国市政工程学会会务通讯》《中国时报周刊》《中国社会学讯》《中国工程周报》《市民周刊》《化声》《世纪评论》《世间》《世说》《大风月刊》《东方与西方》《民用航空》《民言》《司法季刊》《四维通讯》《长风》《长江水利季刊》《外交部周报》《交通》《交通部公路总局第六区公路工程管理局月刊》《冲积》《西北青年导报》《自由人》《自由天地》《自强学报》《妇女导报》《沙漠周报》《汽车机料》《社会公论》《社会导报》《进步》《劳动统计月报》《芸芸》《时代风》《邮铎》《每旬雨量》《狂飙》《法令汇刊》《学生论坛报》《学原》《学识》《京电》《夜月》《林业通讯》《直接税通讯》《建筑材料》《忠勇月刊》《国史馆馆刊》《周末观察》《儿童福利通讯》《南京文献》《南京中央日报周刊》《南京市立师范学校校刊》《南京电信》《南京基督教女青年会会务通讯》《追赶》《畜牧兽医专刊》《烟讯》《通校周报》《健风》《视察通讯》《现代》《现代学报》《现实与理想》《教育部国际文教丛刊》《益进周刊》《营造旬刊》《问世旬刊》《晨光周报》《经济动向统计》《经济家》《联合国教科文组织月刊》《贺兰风》《紫金山》《税务半月刊》《新五四》《新中国》《新中国周报》《新世纪月刊》《新生论坛》《新动力》《新妇女》《新政》《新靖安》《资料周报》《暖流》《银讯》《铨政月刊》《魔术》《选务周刊》《新闻观察》《锡声》《国防科学简报》《国立中央图书馆馆刊》《力新月刊》《金大新闻》《每周文艺》《新村》《读书周刊》《活水》《民众周报》《苏工专复校校刊》《吴县县商会年刊》《文联月刊》《文讯》《青年风》《青年军》《蚕丝杂志》《南京五·二〇事件专刊》《五·二〇学案真相》《民教辅导》《国民教育指导》《江苏统计通讯》《江苏直接税通讯》《江苏公路》《虞青》《新教育杂志》《海潮》《民众读物》《影剧天地》《新农民》《乌鸦歌选》《台州通讯》《永康评论》《群声报》《龙丘通讯》《浙江学报》《国立浙江大学校刊》《浙大农艺》《浙赣路讯》《浙江记者》《杭州市参议会会务通讯》《新世纪》《烛光》《学报》《春耕》《疾风通讯》《艺友半月刊》《山东童子军》《鲁南建设》《民主》《鲁青善救月刊》《山东工人》《日轮文艺》《港工》《长城月刊》《艺园半月刊》《山东公路》《山东警察》《青年记者》《文艺》《北星学报》《民众教育》《安徽人》《新当涂》《福建物价统计月报》《福建音乐专科学校通讯》《福建善救月刊》《新工程》《建国周刊》《大同月刊》《江西省银行通讯》《艺虹》《民生》《十月风》《正气新闻》《大同邮话》《人》《人物季刊》《大刚》《卫生月刊》《小石头》《中工半月刊》《中国雷风》《风雨月刊》《化工通讯》《东川邮工》《民众科学》《四川大学理科研究所所刊》《四川科学农业》《宇宙新闻》《农业统计丛刊》《农产制造通讯》《迅风》《杂闻》《华西乡建》《社会福利月刊》《地方金融》《彷徨》《实用杂志》《学生》《青年园地》《制革通讯》《儿童福利季刊》《宪政实施促进委员会会刊》《荒原》《草原》《相辉校闻》《虹辰》《成都工业试验所研究报告》《重庆清华》《海

棠》《航空通讯》《娱乐天地》《现代文摘》《现代少年》《现实文摘》《朝声》《统计知识》《新国民杂志》《新音乐》《新重庆月刊》《资风》《资源委员会鞍山钢铁有限公司概况》《粮情月刊》《蜀铎》《银联季刊》《瀑布》《铎声月刊》《大兵》《乡建工作通讯》《玉屏学报》《四川省立巴中农业职业学校通讯》《地质简报》《亚波罗》《华阳国志》《周末电影》《儿童创作》《众议》《云南财政通讯》《金碧电声》《云南会计通讯》《云南直接税半月刊》《边疆周报》《民声》《正气》《国立大理师范校刊》《劝募通讯》《泸西简报》《新时代》《民锋》《进修》《教育导报》《云南省民营工矿联谊会年刊》《云南货物税通讯》《人民艺术》《刀丛文艺》《中纺季刊》《晓风》《农讯》《昆明市政》《人事通讯》《高原周刊》《新昆明周报》《诗播种》《十月诗叶》《青云》《昆明五华周报》《正风周刊》《民教通讯》《法律知识》《教学研究》《赤水民教》《时代影剧》《法治新闻》《建国月刊》《笔圃》《三立月刊》《织金》《活路》《行行》《清华文字》《校友通讯》《贵州灵铎》《西康省参议会会刊》《路声》《司法黔报》《省联通讯》《离骚》《贵州农讯》《西康社政》《辅导月刊》《北辰》《交大筑讯》《仁声》《学声》《音艺》《平塘半月刊》《人事通讯》《西北论坛》《兰州大学校讯》《新光》《新甘肃》《塞上春秋》《威武青年》《北辰月刊》《女师校友通讯》《国语小报》《远东杂志》《月华》《大中华杂志》《大中国月刊》《小象》《文艺知识选丛》《太平洋》《中建（北平版）》《中国广播月刊》《中国内幕》《中等算学》《风雪》《今日之教育》《正风月刊》《世间解》《古尔邦》《龙门杂志》《民主文萃》《民生月刊》《北方文艺》《国立东北大学农学院年报》《北风》《北平行辕公报》《北极光》《长江月刊》《亚光新闻社北平总社通讯稿》《回协》《师训通讯》《华院旬刊》《全民周报》《时风月刊》《我们的周刊》《法律知识》《河套通讯》《学习丛刊》《学风周刊》《学生生活月刊》《学府旬刊》《国风杂志》《图书与学习》《知己草》《知识与生活》《雪风》《现代知识半月刊》《黄河少年》《游艺报》《期待》《残不废月刊》《新发明》《新进步月刊》《新学术》《诗音讯》《独立时论集》《廿世纪》《天琴》《中华戏剧》《中国内幕》《今日科学》《民治周刊》《北方青年》《北戴河》《生活杂志》《老乡》《光华》《河北省立工学院月刊》《实业之友》《国民新闻》《知识通讯》《商联周报》《教育与青年》《天津市救济院院刊》《河北省立工学院半月刊》《渤海月刊》《长江》《东亚声》《海风》《北河教育》《华夏》《圣功教刊》《天津市训练团团刊》《天津团讯》《征信新闻》《中国纺织学会天津分会第一届年会年刊》《G·S南开女中》《G·S月刊》《冀北政役》《梦碧月刊》《新港公报》《儿童生活》《绥蒙新闻》《新生日报》《民生导报》《山大学报》《山西民意》《石门市政府公报》《书店一月》《西北之声》《矿产地质》《战友》《朔望》《晋察冀日报增刊》《热河民兵》《热河高等法院公报》《财经通讯》《教育通报》《教育通讯》《裕大纺织学报》《塞北风周刊》《新进步周刊》《新闻剪辑》《蒙古青年》《蒙声半月刊》《绥远省政府工作报告》《察省教育》《歌与剧》《工人报》《团结奋斗》《冀东教育》《群众文艺》《河北卫生》《军民之友》《会计丛报》《鹤岗工人》《学习与战斗》《时事旬报》《团结时报》《东北学生》《东北经建》《新开河》《新闻周报》《白黑评论》《中运》《青年之友》《新辽宁与新沈阳》《东北行辕公报》《东北交警月刊》《物调旬刊》《东北路警》《辽宁省国立图书馆馆刊》《大地艺术》《文林》《辽宁锦州师范学校校刊》《人言月刊》《大美周报》《文华青年》《平汉半月刊》《丹青》《史地丛刊》《华中穗声》《印刷工人》《广汉旬刊》《学生周报》《青年评论》《海事杂志》《烟草》《现代学生》《教与学》《湖北选务》《鄂财通讯》《综合杂志》《沙漠的喧哗》《湖北省政府公文日刊》《自由自治合刊》《迈进季刊》《县政研究月刊》《河南农讯》《教育半月刊》《焦作工学院院刊》《新中国》《大汉人报》《工商导报》《文艺建设》《化民丛报》《民治杂志》《民意半月刊》《求知通讯》《长沙清华》《国

《民周报》《现代少年》《现代知识》《教与学》《湖南省立长沙师范学校校刊》《新群学生》《湖南文献》《广东人事通讯》《广州青年》《大路月刊》《文艺风》《文学》《文教》《艺专生活》《艺风半月刊》《中山文献》《民大学生》《民主时代》《生活新闻周报》《亚洲学生报》《杂志文摘》《仲恺校刊》《华侨导报》《众望旬刊》《妇女生活》《社会学报》《谷雨文艺月刊》《法商学报》《实业导报》《学生文艺》《学生界》《侨二师校刊》《南大教育》《南国艺讯》《夏教建设月刊》《纵横天下》《新妇女》《数学教育》《国民教育辅导月刊》《桂林市文献委员会会刊》《桂林市修志馆期刊》《职校生活》《小学生》《辅导月刊》《教师杂志》《广西文献通讯》《中山华侨》《中华海员》《公平报》《四邑侨报》《达德青年》《华侨与祖国》《自由丛刊》《学生文丛》《晨星报》《新诗歌丛刊》《劳工通讯》《群众(香港版)》《贵州会计通讯》《尚信会计通讯》《统计知识》《绥远计政月刊》《南京市民政统计年刊》《南京市物价指数月刊》《南京市统计季报》《北平市工人生活费指数》《甘肃物价指数月报》《河北省公务员生活费指数简报》《天津市主要统计资料手册》《会计导报》《广西统计年报》《广东统计月报》《广东货物税通讯》《广州直接税月刊》《直接税月刊》《冀察热区货物税通讯》《贵州农业》《湖南省政府员工消费合作社刊》《东北农村》《农村周刊》《乡村建设月刊》《土改通讯》《广东农业》《农业记录》《广东农讯》《种子月刊》《民林督导特刊》《广东地政》《冀北电力月刊》《广东省地政公报》《湖大工程》《工程月报》《工程学报》《东北气象月报》《华北气象月刊》《广东水利年刊》《水力通讯》《水利通讯》《海运月刊》《海涛旬刊》《中技通讯》《原子能》《东北电信》《冀北电力月刊》《新动力》《邮艺月刊》《东北邮电》《广州邮刊》《广东邮工》《柳州邮工》《云南邮工》《现代邮政》《甘宁青邮工》《北洋电工》《交大电机》《电工年刊》《无线电杂志》《中国各地短波无线电应用周率之预测》《上海工务》《电信》《粤中侨讯》《粤水通讯》《南澳民报》《珠江水利》《粤声月讯》《粤秀山半月刊》《新生导报》《圆音月刊》《综合评论》《警魂周报》《潇湘学报》《斗争月刊》《西大园艺》《忠报》《觉迷》《指南针》《南洋报》《现代华侨》《卫生月刊》《长沙卫生报》《上海卫生》《现代医学季刊》《上海医药月刊》《上海牙科月刊》《上医月刊》《广州市牙医公会月刊》《中医药》《医文摘要》《中药职工月刊》《医史杂志》《医学文摘》《广东医防通讯》《现代医药》《医讯》《药声》《云大医刊》《云大卫生》《新军医》《卫生月报》《医药卫生》《医光》《药讯》《军医月刊》《中华医学杂志》《中国医药研究》《新药月刊》《瓯海医刊》《平湖医刊》《医声通讯》《中国医学》《现代中医》《医学文摘》《朝鲜药典专刊》《医防周讯》《医药研究》《卫生工程》《健康医报》《健康月刊》《牙科学报》《中华医药建设文库》《医潮月刊》《沈阳医学院医学杂志》《民主医学》《东北卫生通讯》《药学生活》《大连医学杂志》《江苏卫生》《中国护士季刊》《护士通讯》《红十字会刊》《农村画报》《宇宙画报》《子弟兵画报》《建国漫画旬刊》《霓裳画报》《星期五画报》《星期日画报》《新中国画报》《艺海画报》《工商画报》《星岛画报》《漓江画报》《东风画报》《天山画报》《新国民画报》《人人画刊》《燕京五日画报》《友谊画报》《生生画刊》《黑白画报》《红叶画报》《浙赣路讯画刊》《文丛》《文哨》《水准》《坚持》《战斗》《冲锋》《先锋(蒙文)》《斗争》《中艺》《大路》《翻身》《群工》《工人》《战线》《战士(东北)》《战士(苏南)》《战友(东北)》《战友(华北)》《生路》《方向》《友谊》《香雪海》《怒火花》《新坛》《巨型》《自由》《艺声》《公论》《新生》《艺坛》《琼农》《朝报》《火种》《大声》《天下》《仪文》《学风》《学余》《文潮》《新力》《绿原》《论坛》《前锋》《春海》《南职》《生活》《合联》《朋友》《展望》《现代》《现实》《眼界》《青天》《青友》《清议》《洪声》《进修》《沪讯》《远风》《永奋》《正视》《新垒》《知言》《民天》《师声》《芦笛》《时论》《忠勇》《希望》《金融》《濂

风》《凤凰》《益友》《钢》《新坛》《劲报》《晨曦》《水电》《化讯》等报刊创刊。

二、学术活动

朱家骅继续任教育部长、代理中央研究院院长。1月2日,朱家骅致密电,称本部对美兵奸污女生事极为关注。"究竟当时实情如何,该女家庭有何意见表示,以及近来学生情绪如何,凡此种种,亟待明了,以备参考。务请以最迅速方法,妥为调查明确,即将有关各项资料刻速寄部。能先择要电示,尤所企盼。"4日,教育部致电胡适、梅贻琦,告上海、南京均有学生为沈崇案游行。再次强调此案为法律案件,非外交问题。2月8日,教育部部长朱家骅致函北京大学校长胡适,复北京大学关于调整学系的决定。教育部部长朱家骅核示北京大学各院设系如次:(一)"文学院应以中国语文学系为主亦即全校之重心",学院各系排列次序应为:(1)中国语文学系,(2)历史学系,(3)哲学系,(4)教育学系,(5)东方语文学系,(6)西方语文学系。部代电提出,东方语文学系应注重藏文、蒙文、满文、日文、韩文、土耳其文、阿拉伯文、梵文、印度斯坦文、波斯文;西方语文学系应注重法文、意大利文、西班牙文、葡萄牙文、希腊文、拉丁文;对英文、法文则认为北大"早有专系,且均有基础,仍以单独设置为宜"。并提出"俄文应筹设专系",注意达成训练、培养"使领人员之使命"。(二)理学院算学系应改称数学系,地质系应将矿物学划出单独成系,并要求早日筹设地理系。(三)法学院各系准予照设,要求"须特别重视法律学系"。(四)农学院分设十个系,代电认为"过于庞大……其中一部分学系固属农学院应有之课程,实无单独成系之必要"。并核定农学院设置"农艺、森林、园艺、畜牧、兽医五系"。并提出兽医系"将来或可单独成院"。其余各系由北大斟酌裁并。(五)工学院的设置问题,代电认为北大"殊无筹设之必要"。但因"既已招收工学院学生,姑准照设","惟以机械、电机两系为限,勿再增其他系,并应力谋充实该两系内容"。(六)代电提出医学院应不分系,"惟药学、牙学甚为重要,可暂改称牙药学科",附属医学院,"不必称系"。12日,国民政府教育部第10次修正公布《教育部组织法》,科长、科员、办事员人数有所减少,蒙藏教育司改为边疆教育司,增设国际文化教育事业处。17日,中央研究院复员后第一次院务会议在南京鸡鸣寺举行。23日,《申报》载:国民政府教育部第三届学术审议委员会产生。常委:陈立夫、陈大齐、张道藩、罗宗洛、傅斯年、吴有训、茅以升。委员:张君劢、蒋梦麟、王星拱、汪敬熙、叶企孙、李四光、胡适、竺可桢、周复生、周炳琳、邹秉文、马寅初、戚寿南、艾伟、徐悲鸿、袁敦礼。3月13日,《国立中央研究院组织法》及《评议会条例》两项法案经立法院审查通过后,由国民政府正式公布施行。

朱家骅、翁文灏、萨本栋、吴有训、凌鸿勋、谢家荣、罗宗洛、李济、王家楫、赵九章、吴学周、吕炯、胡适、傅斯年、茅以升15人3月15日出席中央研究院京沪评议员谈话会,由翁文灏、胡适、朱家骅3人轮流主持,集中讨论起草"院士选举规程"有关问题。会议推举胡适、翁文灏、萨本栋、傅斯年、茅以升、吴有训、李济7位评议员成立起草小组,由萨本栋召集,负责制定院士选举规程的初步草案,于3月26日再举行全体谈话会审查。26日,朱家骅在中央研究院总办事处召集京沪评议员第二次谈话会,翁文灏、萨本栋、李书华、钱崇澍、吴有训、茅以升、吕炯、陶孟和、傅斯年、罗宗洛、王家楫、赵九章共13人出席,王世杰、谢家荣请假。会议在听取萨本栋报告3月17日小组会商议的经过后,开始逐条讨论和修正通过"院士选举规程草案"。会议在修订通过《院士选举规程草案》后,即依照规程开始组织选举筹备会,以专门办理首届院士选举的筹备工作。会议推定中央研究院代理院长朱家骅和总干事萨本栋、评议会秘书翁文灏分别担任筹备会主席和秘书,并委托其就能常到京沪工作的评议员中,拟定第一次院士选举筹备委员会参考名单,并送请各评议员征求意见。4月12日,联合国教育科学文化组织将在中国设立中国委员会,定6月在南京成立,是日教育部长朱家骅主持首次筹备会议。

朱家骅、翁文灏、王家楫、吴学周、陶孟和、萨本栋、林可胜、罗宗洛、傅斯年、李济、茅以升11人5月9日出席在中央研究院总办事处召开的第一次院士选举筹备委员会第一次会议,胡适、汪敬熙、凌鸿勋、谢家荣4人请假,由朱家骅主持会议。决定自即日起登报公告,请各高等学校、学会及研究机关等,对院士候选人提名。同月16日开始,第一次院士选举的提名工作在全国范围内正式展开。国立高校如山东大学、云南大学、安徽大学、东北大学、湖南大学、英士大学、北洋大学,国立独立学院如唐山工学院、江苏医学院、社会教育学院,省立独立学院如广东文理学院、广西医学院、贵阳医学院,私立大学和独立学院如齐鲁大学、天津达仁商学院、中国学院,研究机构如静生生物调查所、农林部中央农业实验所、农林部中央林业实验所及中央研究院天文研究所、数学研究所,专门学会如中国地质学会、中国天文学会、中国气象学会、中国物理学会、中国边疆学术研究会,均纷纷响应,陆续寄送院士候选人的提名表。6月10日,第一次院士选举筹备委员会在中央研究院总办事处举行第二次会议,秉志、吴学周、罗宗洛、陶孟和、谢家荣、王家楫、萨本栋、吴有训、翁文灏、傅斯年、李济11人出席。会议在各评议员所拟院士候选人参考名单的基础上,商讨和拟定了各组各科目院士候选人名单及名额分配。

按:选举筹备委员会制定的院士候选人参考名单:数理组:数学姜立夫、陈省身、华罗庚、江泽涵、苏步青、陈建功、熊庆来、孙光远;物理李书华、叶企孙、饶毓泰、吴有训、严济慈、赵忠尧、吴大猷、周培元(源)、王淦昌;化学吴宪、庄长恭、萨本铁、曾昭抡、黄鸣龙、吴学周、黄子卿、李方训、高崇熙、孙学悟;地质杨钟健、斯行健、谢家荣、黄汲清、李四光、孙云铸、翁文灏、朱家骅、章鸿钊、尹赞勋、孟宪民、王竹泉、孙健初、南延宗;天文气象余青松、张钰哲、张云、竺可桢、赵九章、吕炯;工程侯德榜、凌鸿勋、茅以升、周仁、王宠佑、萨本栋、支秉渊、蔡方荫、叶渚沛、程孝刚;生物组:动物秉志、陈桢、胡经甫、王家楫、伍献文、童第周、贝时璋、朱洗、刘承钊、谈家桢;植物张景钺、钱崇澍、胡先骕、罗宗洛、刘慎谔、戴芳澜、裴鉴、饶钦止、李继侗、殷宏章;体质人类吴定良;心理汪敬熙、陆志韦、唐钺;生理林可胜、冯德培、张锡钧、蔡翘、汤佩松、王世濬、徐丰彦;农学邓叔群、俞大绂、刘崇乐、陈嵘、魏景超、蔡邦华、沈宗瀚、赵连芳;医学(药理学)陈克恢(赵承嘏)、张昌绍、张毅、(生物化学营养)吴宪、鲁桂珍、王应睐、(病理学)胡正详、康锡荣、梁伯强、(细菌学)谢少文、汤飞凡、颜春辉、刘纬通、(内科)刘士豪、钟惠澜、张孝骞、李宗恩、戚寿南、董承琅、(外科)关颂韬、沈克非、张先林、黄家驷、(放射科)谢志光、荣独山、(公共卫生)袁贻瑾、陈志潜、刘瑞恒、(解剖)沈诗章、马文昭、(妇产科)孙克基、李四维、(眼科)林文炳、郭秉宽;人文组:经济马寅初、陈岱孙、杨端六、刘大钧、何廉、方显廷、杨西孟、伍启元、巫宝三;社会陈达、陶孟和、孙本文、吴景超、潘光旦;政治周鲠生、萧公权、徐淑希、钱端升、张忠绂;法律王宠惠、王世杰、燕树棠、郭云观、梅汝璈、李浩培;哲学汤用彤、冯友兰、金岳霖、吕澂;史学陈寅恪、陈垣、顾颉刚、傅斯年、柳诒徵、蒋廷黻;中国文学吴敬恒、张元济、胡适、杨树达、余嘉锡、朱起凤、沈兼士;考古及艺术史李济、董作宾、郭沫若、梁思成、向达;语言学赵元任、李方桂、罗常培、王力。

朱家骅6月19日致电胡适,称:"主席(指蒋介石)对兄竭力安定北方教育,极表感佩。并面嘱张院长(指张群),北大经费应宽筹速拨。请再私函张院长径催,或可有成。"22日,又有一电,切祈胡适毅然接收平大工学院,并告该院并后将另拨经费补助,且可酌增。7月25日,《申报》刊出《学术审议会昨常会通过部聘教授杨树达等廿九人续聘五年》:第一届部聘教授杨树达、黎锦熙、吴宓、陈寅恪、萧一山、汤用彤、孟宪承、苏步青、吴有训、饶毓泰、曾昭抡、王进、秉志、张景钺、艾伟、胡焕庸、李四光、周鲠生、胡元义、杨端六、孙本文、吴耕民、梁希、茅以升、庄前鼎、余谦六、何杰、洪式闾、蔡翘等29人,续聘五年。8月15日,教育部部长朱家骅在北大教授茶会上称:政府决定继京沪发实物后,有九都市援此配发,平津本月开始。倘物资不足,则先发与市价之差额。全国只有北大等六大学得25亿,北大要求之180亿,实无力出此。北大教授说,孩子已读不起书,薪给仅能维持四口之家半月之需。27日,院士选举筹备委员会在中央研究院总办事处召开第三次委员会议,朱家骅、翁文灏、吴有训、茅以升、李济、王家楫、吴学周、萨本栋、谢家荣、罗宗洛10人出席,林可胜、傅斯年、汪敬熙、陶孟和4人在国外,及凌鸿勋、胡适、秉志、王世杰4人请假缺席。会议对提名的院士候选人进行初步审查。28日,院士选举筹备委员会在中央研究院总办事处召开第四次委员会议,继续商讨和审查院士候选人的初步名单。朱家骅、翁文灏、胡适、王世杰、吴有训、茅以升、谢家荣、王家楫、罗宗洛、吴学周、李济、萨本栋、凌鸿勋13人出席,林可胜、傅斯年、汪敬熙、陶孟和4人在国外及秉志请假缺席。

朱家骅、翁文灏、秉志、吴有训、凌鸿勋、萨本栋、李济、罗宗洛、王家楫、吴学周10人10月12日出席院士选举筹备委员会在中央研究院总办事处召开的第五次会议,胡适、王世杰、林可胜、茅以升、谢家荣、陶孟和、傅斯年、汪敬熙8人缺席。会议就院士候选人的初步名单继续进行仔细审查和讨论,并议决如下事项:一是关于院士候选人名单的公布方式,即仅公布姓名与合于某项资格的根据;二是推举罗宗洛、吴有训、秉志、王家楫、吴学周、萨本栋6人,于当晚召开小组会议,重新审查各院士候选人的提名表及有关函件;三是向评议会提出院士候选人的初步名单时,不再列示提名机构;四是规定院士候选人第二项资格的范围为系主任、院长、校长,凡领导或主持工作在五年以上,成绩卓著者(《国立中央研究院第一次院士选举筹备委员会第五次全体委员会议纪录》,《中央研究院评议会第一次院士选举筹备委员会组织及会议记录》,中国第二历史档案馆,全宗号393,目录号2,案卷号134)。10月13日,院士选举筹备委员会召开第六次会议,朱家骅、胡适(兼代翁文灏)、秉志、吴有训、李济、萨本栋、罗宗洛、王家楫、吴学周9人出席,凌鸿勋、王世杰、林可胜、茅以升、谢家荣、陶孟和、傅斯年、汪敬熙8人缺席。与会者在听取萨本栋报告昨天小组会审查结果后,便对照提名表,将全部名册审查完竣,并从510名的初选名单中再淘汰107名,删除1名去世者,共计108人,拟向评议会年会提出由402名院士候选人组成的正式名单。

朱家骅、翁文灏、萨本栋、王家楫、吴有训、吴定良、吴学周、李济、李书华、秉志、周仁、周鲠生、林可胜、胡适、胡先骕、茅以升、陈垣、陈桢、陶孟和、凌鸿勋、庄长恭、赵九章、钱崇澍、谢家荣、罗宗洛25人10月15日出席中央研究院在南京召开的第二届评议会第四次年会,在国外或外地请假者王宠佑、王世杰、吕炯、汪敬熙、何廉、姜立夫、张钰哲、曾昭抡、傅斯年、赵元任、张云及李四光、唐钺、侯德榜、陈寅恪、戴芳澜16人,巫宝三、夏鼐、俞建章、陈省身、陈遵妫、冯德培、鲁子惠7人代表中央研究院各所所长列席会议。10月15日下午3时,中央研究院评议会举行第一次大会。朱家骅、翁文灏、萨本栋、王家楫、吴有训、吴定良、吴学周、李济、李书华、秉志、周仁、周鲠生、林可胜、胡适、胡先骕、茅以升、陈垣、陈桢、凌鸿勋、庄长恭、赵九章、钱崇澍、谢家荣、罗宗洛24人出席,秘书长翁文灏首先报告评议会第三次年会议决各案的执行情形,并对第一次院士选举的筹备经过作口头补充说明。会议做出两项决议:一是追认《国立中央研究院院士选举规程》,且着手制定《国立中央研究院院士会议规程》；二是决定院士候选人数目最多不超过当选人一倍，并推定李书华、秉志、胡适分别为数理、生物、人文三组的召集人，于16日上午9时举行小组会，分组审查院士候选人的初步名单。16日下午，评议会召开第二次全体大会。会议在听取数理、生物、人文三组的召集人李书华、秉志、胡适分别报告各组院士候选人名单的审查结果后，修正通过了数理、生物两组院士候选人的最终名单。会议决定变更议案日程，将人文组的审查报告延至下次大会讨论。17日上午，评议会召开第三次全体大会，集中讨论人文组院士候选人的审查意见。胡适、周鲠生、巫宝三、李济分别报告哲学、文史学、史学、语言学，法律和政治，经济和社会，考古及艺术史各科拟定院士候选人名单的情形。经反复讨论，修正通过了人文组院士候选人的最终名单。下午，评议会继续召开第四次全体大会，朱家骅、翁文灏、萨本栋、王家楫、吴有训、吴定良、吴学周、李书华、秉志、周仁、胡适、胡先骕、茅以升、陈垣、李济、陈桢、陶孟和、庄长恭、赵九章、钱崇澍、谢家荣、罗宗洛22人出席。

> 按：会议主要做出四点决定：一是关于院士候选人名单的发布事宜，包括在公告院士候选人名单之前，应拟写和发布新闻；推选评议员秉志（召集人）、李书华、茅以升、谢家荣、陶孟和5人整理院士候选人名单公告内的文字；院士候选人名单内的考语文字即"某人合于某项资格之根据"，应大体参照《院士选举规程》第一、二两项资格的规定拟写，以求整齐；授权评议会议长朱家骅、秘书翁文灏、总干事萨本栋公布院士候选人名单。二是关于制定《国立中央研究院院士会议规程》，授权在南京的评议员拟具草案，分寄各评议员征集意见，提出下次评议会讨论。三是关于中央研究院二十周年纪念的筹备方案。确定1948年6月9日为成立20周年纪念日，当日应举行第一次院士会议及学术讲演、出版纪念刊物、蔡元培院长塑像揭幕等活动，并由院务会议详细拟定具体办法。四是审定中央研究院工作人员职称的译名。（《第四次大会》，《中央研究院评议会第二届第四次年会纪录》，南京：中国第二历史档案馆，全宗号393）

朱家骅10月30日致信胡适，除谈及北大经费问题外，又谈到北大成立地理系，及拟将地理研究所移北平并入北大的问题。11月14日，朱家骅致信胡适，说按中美教育基金协定，美国于20年内每年提供基金100万，须成立团体管理此事。中国应有5人参加管理，请胡适主持其事，并请提名其他4人。15日，在评议会第二届第四次年会结束后，中央研究院在《国民政府公报》，南京、汉口、广州、重庆的《中央日报》，上海、天津的《大公报》及北平《华北日报》、成都《中兴日报》，依法刊载公告，注明150名院士候选人名单及合于院士候选人资格的依据，介绍其研究领域和著述、事业经历等。同时分别致函各大学、独立学院和学术团体，呈报国民政府予以备案，并向社会各界广泛征询意见。21日，全国各地同时选举国民大会代表、立法委员及监察委员，朱家骅为教育界产生的国民大会代表。12月12日，朱家骅电告胡适，已决聘胡适为中美教育基金会顾问，并主持其事。是年，第六届教育部学术审议委员会"补助学术研究及奖励著作发明"奖评出。1946年未评此奖，故此界奖为1946年、1947年两年度奖项。此次获奖的人文社会科学类著作有：文学类一等奖空缺，二等奖一名（杨树达《造字时有通借证及古文字研究》），三等奖一名（徐复《语言文字学论丛》）；哲学类一、三等奖空缺，二等奖一名（张西堂《颜习斋学谱》）；社会科学类一等奖空缺，二等奖三名（施之勉《汉史考》、刘铭恕《中外交通史论丛》等），三等奖四名（曾仲谋《广东经济发展史》、张秀琴《日本史正名篇》、徐松石《泰族僮族粤族考》等）；古代经籍研究类一、二等奖空缺，三等奖二名（胡朴安《周易古史观》、杨明照《汉书颜注发覆》）。（参见胡颂平《朱家骅先生年谱》，台北传记文学社1969年版；耿云志编《胡适年谱》，福建教育出版社2012年版；张剑《中国学术评议空间的开创——以中央研究会评议会为中心》，《史林》2005年第6期；中央教育科学研究所编《中国现代教育大事记1919—1949》，教育科学出版社1988年版；王学珍等编《北京大学纪事（1898—1997）》，北京大学出版社1998年版；王学典《20世纪史学编年(1900—1949)》，商务印书馆2014年版；沈卫威《学衡派编年文事》，南京大学出版社2015年版)

翁文灏继续任国民政府行政院副院长，兼任中央研究院评议会秘书。1月25日，在《世纪评论》周刊发表《我们须有打开新时代的精神》。文中认为，抗战胜利后"民族的前途全在此时代人心的认识"，"我们决没有理由自相摧残，辜负这一个宏大难得的机会"。"中国此时在国际形势中实是一个特别光明的极好机会，必须收拾疮痍，振作意志，认真的作为一番，打开新的时代，建立新的基础，方能不辜负这个千载难得的时机。""我们没有更扩张的野心，但有保全主权的决意，我们深痛人民生活的艰难，故有速即提高的旨趣，我们甚明近代工业的必要，故有实际建设的志愿，正须立定方针，迅速推进。国民对政府，应该坚决要求，速即提出统筹建设的方案，认真执行；政府对国民，应该热诚号召，同心协力，向建设的方向前进。"为此，翁文灏号召："一、提高积极前进的意见，减少过份消耗的责骂；二、倡导实际的建设，停止误国害民的破坏；三、奖助廉洁忠实勇敢的工作，打倒贪污欺诈与怯懦的行为。"2月3日，在中央大学地理系作题为《中国东南部的进一步建设》的学术讲演。翁文灏提出，中国战后建设，应选择基础良好、较易收效的东南地区为第一个五年计划的建设中心，迨利益昭著，以为全国样板。其理由是，中国国土广大，如各地同时并举，财力、人力无法分配，不仅劳而无功，而且徒增人民负担。翁文灏提出的具体主张是，辟定海为自由港以与香港竞争，以孙中山提出的乍浦、澉浦间东方大港为中心，辅以上海、镇海、定海等港，建成中国对外贸易的神经中枢。在太湖周围建成二纵二横的铁路网，将该地区发展为中国丝工业中心，以与日本竞争等等。3月15日，出席中央研究院京沪评议员谈话会。会议由翁文灏、胡适、朱家骅3人轮流主持，集中讨论起草"院士选举规程"有关问题，同时推举胡适、翁文灏、萨本栋、傅斯年、茅以升、吴有训、李济7位评议员成立起草小组。17日，萨本栋在中央研究院院内总办事处召集7评议员小组会，翁文灏因公赴沪请假。26日，出席中央研究院总办事处召集的京沪评议员第二次谈话会。

翁文灏4月21日因行政院改组，辞去副院长一职。23日，以国民政府委员身份，出席新一届国民政府委员会成立暨首次会议。会议通过行政院各部会人选任免。因钱昌照辞职，翁文灏再度出掌资源委员会，任委员长。29日，以资源委员会委员长身份出席行政院政务会议。同月在《智慧》第12至15期发表《中国工业化的轮廓》一文。文章就"中国工业化的目的""以农立国以工建国并行不悖""中国民族能力是否胜任""天然富源是否容许工业化""建设的区域问题""规模及所需之资金""战后工业政策的原则""中国工业政策纲要试拟案"及"建设应有的精神"各节，对中国工业化的目的及应行之政策做系统阐述。5月9日，出席在中央研究院总办事处召开的第一次院士选举筹备委员会第一次会议。27日，在国民参政会第13次大会上，报告资源委员会工作概况。8月4日，主持召开新一届资源委员会第1届委员会议。16日，在《资源委员会公报》(第13卷第2期)上发表《本会工作应注重之方向》一文。30日，出席中国科学社、自然科学社、天文学会、地理学会、动物学会、气象学会、解剖学会等七学术团体在中央研究院大礼堂举行的联合年会并发表讲演，概述1937年赴欧洲访问经过情形及感想。

翁文灏6月10日出席在中央研究院总办事处召开的第一次院士选举筹备委员会第二次委员会议，会议主要商讨和拟定了各组各科目院士候选人名单及名额分配。8月27日，出席在中央研究院总办事处召开的院士选举筹备委员会第三次委员会议。会议对提名的院士候选人进行初步审查。28日,出席在中央研究院总办事处召开的院士选举筹备委员会第四次委员会议,继续商讨和审查院士候选人的初步名单。9月9—13日,出席在南京举行的国民党六届四中全会。10月12日,出席在中央研究院总办事处召开的院士选举筹备委员会第五次会议,13日,院士选举筹备委员会召开第六次会议,翁文灏缺席,由胡适兼代。15日,出席中央研究院在南京召开的第二届评议会第四次年会。下午3时,出席中央研究院评议会举行的第一次大会,翁文灏首先报告评议会第三次年会议决各案的执行情形,并对第一次院士选举的筹备经过作口头补充说明。同日,以资委会会令公布《中国油轮有限公司章程》。翁文灏欲借战后中国收国内河航运权,外国商船退出中国内河航运之机,发展中国自己的油品海内外运输能力,并亲任该公司董事长。16日下午,出席评议会召开的第二次全体大会。17日上午,出席评议会召开的第三次全体大会。经反复讨论,修正通过了人文组院士候选人的最终名单。下午,出席评议会继续召开的第四次全体大会。

翁文灏10月22日自南京启程赴上海,于次日飞抵台北,视察资源委员会在台湾的工矿事业。在台期间,先后赴台北、台中、台南、新竹、高雄等地,考察了资源委员会所属在台湾的各项事业及其他公私营厂矿,共计有40余个单位。此外,还与台湾省政府联系商洽资源委员会在台事业发展问题;参加了台湾光复纪念会;与台湾省主席魏道明共同主持了竹东铁路通车典礼,并为台湾钢铁机械公司第四钢铁厂主持开炉典礼。于11月9日飞返上海,10日回到南京。11月15日,邀请并陪同各院、部长赴全国国货展览馆内资源馆参观。全国国货展览馆设于南京太平商场内,11月1日开幕,其中资源馆由资源委员会主办。25日,在国货展览会所设资源电台发表广播讲话《台湾的工矿事业》(由他人代读)。12月5日,在国民参政会驻会委员会上报告《资源委员会一年来的工作》。翁文灏在报告中首先说明抗战胜利以后,资源委员会原拟利用日本在东北、华北已有之重工业基础及台湾之若干基本工业基础,先行整理修复,再谋华中、华南工矿业之建置。在报告接收日本赔偿物资问题时,翁文灏说明,日本赔偿问题,去年11月由美国提议,援用远东委员会组织条款,拟就临时赔偿计划,先期拆迁物资定为临时赔偿总额之30%。中国可分得一半,约计48万吨。此项物资,依照联合国协定,最大部分为兵工设备及重工业设备。中国各部会申请分配者,计有国防部、交通部、经济部、教育部及资源委员会。(参见李学通《翁文灏年谱》,山东教育出版社2005年版)

萨本栋继续任中央研究院总干事兼物理研究所代所长。3月10日,中央研究院总办事处致函朱家骅、翁文灏、萨本栋、傅斯年、王世杰、陶孟和、李济、李四光等26位分处京、沪两地的评议员,邀请其参加3月15日午后4时在南京本院总办事处举行的谈话会议,以便商讨、草拟院士选举和院士会议两项规程。15日,萨本栋出席中央研究院京沪评议员谈话会,会议集中讨论起草"院士选举规程"有关问题,会议决定由萨本栋召集起草小组,于3月26日再举行全体谈话会审查起草小组负责制定院士选举规程的初步草案。3月17日,萨本栋在中央研究院院内总办事处召集评议员小组会,茅以升、胡适、傅斯年、萨本栋、李济、吴有训6人出席,翁文灏因公赴沪请假,由胡适、萨本栋轮流主持。会上,各评议员对傅斯年所拟草案逐章逐条修正通过,拟订出"院士选举规程"初步草案,并就院士选举达成数点共识。一是院士选举投票方法,在第一次选举时由评议会决定,此后由院士会议决定;二是人文组中国文学一科以领导文学风气及精研经籍者为限,文艺创作家不在内;三是每组的分科及各科名额分配,在每次办理选举时由评议会决定。因每组中各科之发展水平未必相同,如其中某一学科特别发达,可就该组中名额酌予增减。4月5日,中央研究院总办事处分别致函各评议员,征询其对院士选举规程草案的意见,并请4月30日前回复。截至4月30日止,评议员均表同意,遂遵照评议会第二届第三次年会决议,草案随即先行付诸实施,待评议会下次年会再提出追认。5月16日,中央研究院总办事处遵照筹备委员会的会议决定,将中央研究院组织法、评议会条例及院士选举规程等法规分别寄送给一些与中央研究院曾有联系的大学、独立学院、研究机构及专门学会,并出资在南京、汉口、广州、重庆的《中央日报》,上海、天津的《大公报》,北平《华北日报》,成都《中兴日报》8处报刊的第一版,连续3日发布《国立中央研究院第一次院士选举筹备会通告》,申明相关筹备委员会现已依法成立,即日起在南京鸡鸣寺一号本院内办理本院第一次院士选举之预备工作。(参见李来容《院士制度与民国学术——1948年院士制度的确立与运作》,南开大学博士论文,2010年;张剑《中国学术评议空间的开创——以中央研究会评议会为中心》,《史林》2005年第6期)

　　傅斯年上半年主持史语所事务。1月25日,《内蒙自治问题》一文刊于《观察》第1卷第22期。2月4日,傅斯年致信胡适,报告15日蒋介石邀谈,拟请胡适出任国府委员兼考试院长一事。傅斯年说,在蒋面前已代言不可之意。信中提出供胡适参考的意见,认为:"(一)我们与中共必成势不两立之势,自玄学至人生观,自理想至现实,无一同者。……(二)使中共不得势,只有今政府不倒而改进。(三)但我们自己要有办法,一入政府即全无办法。与其入政府不如组党;与其组党,不如办报。(四)政府今日尚无真正开明,改变作风的象征,一切恐为美国压力,装饰一下子。……(五)我们是要奋斗的,惟其如此,应永久在野,盖一入政府,无法奋斗也。(六)保持抵抗中共的力量,保持批评政府的地位,最多只是办报。但办报亦须三思,有实力而后可。"6日,胡适复信给傅斯年说:"我因为愿意帮国家政府的忙,所以不愿意加入政府。"15日,傅斯年在《世纪评论》第1卷第7期发表《这个样子的宋子文非走开不可》,举国震撼,宋子文旋即辞职。20日,傅斯年致信胡适,告与蒋介石再度谈话的情况说,曾当面代为解释不能入政府的理由,但蒋"仍不以为了,说'撑面子,要如此'",并表示盼胡适早日南下。信中说:"我目下主意是,责备政府不可忘共党暴行,责共党不可忘政府失政,此谓左右开弓。"22日,《宋子文的失败》一文载《世纪评论》第1卷第8期。3月1日,《论豪门资本之必须铲除》一文载《观察》第2卷第1期。傅斯年连续发出狮子般的吼声,成为朝野清流派的代言人。

　　傅斯年3月15日出席中央研究院京沪评议员谈话会,集中讨论起草"院士选举规程"有关问题,并推举胡适、翁文灏、萨本栋、傅斯年、茅以升、吴有训、李济7位评议员成立起草小组。17日,出席中央研究院院内总办事处召开的评议员小组会。26日,出席在中央研究院总办事处召集的京沪评议员第二次谈话会。28日,傅斯年致函胡适,说他接23日胡适书,"万分惊愕",认为"参政会决不与国府委员同"。因为五院院长为当然委员,其法定名词为"最高决策机关"。同时,对于"政府决心改革政治之诚意"也不无疑问。又说,蒋氏"表面之诚恳,与其内心之上海派决不相同。我八、九年之经历,知之深矣。此公只了解压力,不懂任何其他。今之表面,美国之压力也"。在傅斯年看来,蒋要借重胡适,不过是"往大粪堆上插一朵花"。信中说:"我们若欲于政治有所贡献,必须也用压力,即把我们的意见加强并明确地表达出来,而成为一种压力。"傅斯年说,胡适因缺少抗战八年的经验,把蒋氏和政府看得太好。至于究竟是否加入国府委员会,关键在于自己不动摇,信中颇露责备之意,认为胡适在蒋面前太客气。建议他急来电托王世杰转上,以北大同仁反对为辞,即使政府发表也"恕不奉命"。信中并说"我的一切在党的朋友几乎皆谓先生不当来。身在其中,知其奥妙也"。

傅斯年 5 月 3 日致信胡适,说,蒋介石邀请做官的那件事,"这次总算幸而免。骝先(朱家骅)、雪艇(王世杰)皆甚出力"。又说,从接到来信上看,知道"先生甚愠,我也微动气"(这是指傅曾责胡自己不坚定,以致造成蒋氏认为胡已应允的错觉),所以复信迟缓。信中说,参政会仍可来,一来风波已过,二来参政会本无所谓,三来,蒋氏"量实在不大,此次已迁怒及北大办学之事",故应"随和些好"。信中最后又说:"其实先生这些纠纷,只要不太客气,难道说政府能'捉拿隐匿'吗? 先生诚我以主观(此待面辩),我则劝先生凡事自动,无被动也。"9 日,出席在中央研究院总办事处召开的第一次院士选举筹备委员会第一次会议。6月 10 日,出席在中央研究院总办事处举行的第一次院士选举筹备委员会第二次会议,会议主要商讨和拟定了各组各科目院士候选人名单及名额分配。20 日,傅斯年致信胡适,谈中央研究院院士候选人提名事,信中提出一份名单给胡参考。其名单中,中国文学:吴稚晖、胡适、杨树达、张元济;史学:陈垣、陈寅恪、傅斯年、顾颉刚、蒋廷黻、余嘉锡或柳诒徵;考古及美术史:李济、董作宾、郭沫若、梁思成;哲学:汤用彤、冯友兰、金岳霖;语言:赵元任、李芳桂、罗常培。信中说,人文组不可少于 20 人。对于数理方面,他没有列出名单,只谓北大理学院中的饶毓泰、江泽涵等几个人"似不可落选"。其人文组的名单同后来实际当选的院士名单相较,只有蒋廷黻落选,总名额增加了 8 人。从此可见胡适、傅斯年等人在其中的影响。(参见欧阳哲生编《中国近代思想家文库·傅斯年卷》及附录《傅斯年年谱简编》,中国人民大学出版社 2015 年版;耿云志编《胡适年谱》,福建教育出版社 2012 年版;王学珍等编《北京大学纪事(1898—1997)》,北京大学出版社 1998 年版)

李济主编、学术界千呼万唤的《中国考古学报》第二册终于出版。刊名最早是《安阳发掘报告》,随着田野工作范围的扩展,考古事业的壮大,后改为《田野考古报告》,但随着国内战争的爆发,田野工作已较长时期难以为继,只能做些室内研究,于是只得又把学术刊物"名称再改一次"。主编李济在"前言"中写道:"这个喜悦却包含着无限的酸辛。试看这个统计:六篇报告的作者已死了两位。改业的又有两位;只有石璋如、高去寻两君抱残守阙到了现在;但他们的健康已被战事折磨了大半。至于去世的是祁延霈君和李景聃君,本期附有二君的传略。这种损失在将来的和会上是否可以列入赔偿的要求? 假如可以列入,赔偿可以抵补这种损失么? 不过无论麦克阿瑟将军所主持的盟军总部对于此类损失作何打算,我们仍希望负责计算中国在战争中文化损失的主持人不要忘了这一项的道义的和法律的意义。"当时李济有一种时不我待的紧迫感:"除早期离开研究所的人外,战争期间那些在李庄工作过的人,几乎都回到了南京。战后几年形势变化很快,历史语言研究所的人员也经历了不少变换。董作宾应邀赴芝加哥访问。我本人也被任命在中国和日本的一些地方视察战后的形势。但我是那些最后决定集中精力研究安阳出土物的人之一,总的来说它们或多或少仍保存完好。其他同事都依个人的需要作出了决定。正是在此时,我着手拟定一系列详细研究古代中国青铜器的计划,当然以安阳出土物作为我研究的起点。"为了抓紧时机,李济拒绝了外部所有的聘用,甚至辞去了任职十四年的国立中央博物院筹备处主任的职务,先准备推荐老友梁思成继任,梁推辞未就,最后只得交给曾昭燏暂时代理。(参见岱峻《李济传》,江苏文艺出版社 2009 年版;岱峻《发现李庄》,四川文艺出版社 2009 年版)

夏鼐接替董作宾任史语所代所长。3 月 28 日,夏鼐日记:"上午郑振铎君来,为《中国历史图谱》找寻材料,傅先生令余导之参观考古组标本,郑氏对于武威出土之唐代漆器,很为欣赏,拟加采入。"夏鼐后来回忆:"我领着他参观考古组的古物标本。他对于一些精美的标本,常喜悦得抚摩不忍释手,'好极了! 美极了!'赞不绝口。虽是初次交谈,我立即被他的热情和坦率所吸引住了。他的诚挚和直爽,是他的心灵的反映。"12 月 6 日,夏鼐来沪。7日,夏鼐日记:"至郑振铎先生处,参观其新近收购之明器,又代向(达)先生与之接洽购买《高昌壁画菁华》及《说文解字诂林》问题。"同日,郑振铎日记:"晨,客来不绝。孔里千送书来。夏鼐来,谈畅。康农偕张来,取去《文征明千岩万壑图卷》,谈至二时许,才去。"(参见陈福康《郑振铎年谱》,三晋出版社 2008 年版)

岑仲勉 9 月在《历史语言研究所集刊》第 9 本发表《论白氏长庆集源流并评东洋本白集》《白氏长庆集伪文》《白集醉吟先生墓志铭存疑》等文。这几篇文章对白居易文集编定的经过、版本源流、作品真伪等进行了周密详尽的考证,为进一步研究白居易及唐代文学史提供了便利。文章发表后,对学术界产生了不小影响。在 20 世纪 50 年代,日本学者花房英树撰写了《关于岑仲勉先生的白氏长庆集研究》长文,称赞岑氏的研究"实在是充实的著作"。同期还刊载了岑仲勉《唐集质疑》《读全唐诗札记》《跋封氏闻见记》《续劳格〈读全唐文札记〉》,胡厚宣《卜辞同文例》,全汉升《宋代南方的虚市》,李光涛《清人入关前求款之始末》等文。(参见王学典《20 世纪史学编年(1900—1949)》,商务印书馆 2014 年版)

凌纯声、芮逸夫《湘西苗族调查报告》7 月由商务印书馆出版,作为"中央研究院历史语言研究所专刊甲种 18"。全书分十二章:一、苗族名称的递变;二、苗族的地理分布;三、苗疆的人生地理;四、苗族的经济生活;五、家庭及婚丧习俗;六、政治组织——苗官;七、屯田;八、巫术与宗教;九、鼓舞与游技;十、故事;十一、歌谣;十二、语言。作者对湘西苗族的田野调查始于 1933 年,参与调查的还有勇士衡。此书是我国民族学田野调查的一本经典著作,在国内外学术界产生了很大的影响,是国内学术界对湘西苗族的第一部专著。(参见王学典《20 世纪史学编年(1900—1949)》,商务印书馆 2014 年版)

梁方仲 4 月回国后继续担任中央研究院社会科学研究所专任研究员,兼任中央大学教授。12 月,在《社会科学杂志》第 9 卷第 2 期发表英文《评卜凯〈中国土地利用〉》。《中国土地利用》全书分文字、地图集与统计资料三巨册,其中土地图集和资料集为英汉对照,正文是英文版。此书与卜凯的另一经典著作《中国农家经济》在国内外学术界的影响历久不衰,费正清主编的《剑桥中国晚清史》和《剑桥中华民国史》的近现代农业和农村史部分,主要资料即取自上述两次调查的结果。梁方仲评价"这是该领域的第一个研究,第一次试图如此全面、系统地研究这样一个深广的课题"。

按:John Lossing Buck(汉名卜凯)于 1915 年 11 月下旬来华。1920 年开始任教于南京金陵大学农学院,在中国的大学里率先开设农业经济学、农场管理和农村社会学课程。1921 年创建了中国第一个农业经济系——金陵大学农业经济系,并任金陵大学农业经济学系第一任系主任,开创并极大推动了我国近代农业经济学教学与研究的发展。1922—1925 年间,卜凯等在黄河长江两个流域 7 个省的 17 个地区完成了 2866 户农家的社会经济调查,成为当时中国"历时最久、调查地域最广,调查项目最详,和比较上最富于科学性的农村调查"。随后,卜凯将调查资料写成《中国农家经济》一书。此书英文稿完成后,太平洋学会总干事康德利夫拨给印刷费付印出版,后由张履鸾翻译成中文,1933 年由商务印书馆出版。1928年冬,太平洋国际学会总干事康利甫(J. B. Condliffe)与中国分会总干事陈立廷到金陵大学农业经济系参观。在太平洋学会中国分会陈立廷、刘大钧及何廉的赞助下,彼此迅速达成了有关开展中国土地利用调查的协议,由卜凯主持这一大型调查项目,并由金陵大学农学院农业经济系组织人力实施,太平洋学会供给经费。这次调查范围更大，涉及全国 22 省、168 个地区、16786 个农场和 38256 户农家的调查，然后把实地调查取得的数据和资料计算汇总并进行分析，形成了《中国土地利用》，后于 1937 年出版。《中国农家经济》与《中国土地利用》在 30 年代出版后，卜凯"广泛被尊为世界上关于中国农业经济最优秀，最权威的学者""不仅划时代地建立起了的一套最完善的调查资料，并且他对中国农业经济的看法一直影响着后来的学者"。但学界对此存在不同看法，有的学者认为在充分肯定卜凯的开创性价值的同时，也要看到其在调查组织、调查取样、统计方法等方面还存在不少问题和缺陷。(参见陈意新《美国学者对中国近代农业经济的研究》，《中国经济史研究》2001 年第 1 期；殷晓岚《卜凯与中国近代农业经济学的发展》，《南京农业大学学报》2002 年第 4 期；叶公平《卜凯中国农村调查研究》，南京农业大学硕士学位论文，2009 年)

杨钟健结束了国外的考察工作，回到南京，仍在地质调查所工作。专著《巨型禄丰龙（新种）及许氏禄丰龙之新加材料》，列入《中国古生物态》新丙种第 12 号（总第 132 号），由地层调查所印行。是年，《江西乐平洪积统之微小动物群》刊于《中国地质学会志》第 27 卷；《三十年来之中国古生物学》刊于《科学》第 29 卷第 12 期；《中国地质事业之萌芽》刊于《地质评论》第 12 卷第 1—2 期；《安氏鸵鸟蛋之新发现》刊于《地质论评》第 12 卷第 3—4 期。(参见王仰之《杨钟健年谱》，《西北大学学报》1983 年第 2 期)

吴有训继续任中央大学校长。1 月 2 日，沈崇事件发生后，为声援北大学生，抗议美军暴行，中大学生自治会发起抗暴游行，并与金大、金女大等校组织成立"抗议美军暴行要求立即撤退美军委员会"。抗暴游行持续了一周。2 月，整顿中央大学。撤换教务长、训导长、总务长，聘高济宇为教务长、刘庆云为训导长、贺壮予为总务长。提出了"在安定中求进步，在进步中求安定"的治校方针。同月，颁布《中央大学教员新聘及升等资格审查办法》，以稳定师资队伍，促进学术研究，提高教学质量。3 月，与中央研究院合作，主持在南京九华山建立我国最早的原子能研究实验基地，以加强科研能力。委托当时在美国的中大物理系主任赵忠尧和教授毕德显，在美国购得可供原子能研究之机器 Vande Graaff Maechine 一台，实验室设在九华山下，是为我国原子科学研究之始。5 月 2 日，中大和金大等校联合举办"五四运动 28 周年纪念会"，并发表了反内战宣言。6 日，中大教授会发表宣言，提出全国教育经费最低不得少于国家总预算 15%，教员薪金按物价指数支付等 5 项要求。10 日晚，学生伙食团召开席长会议，一致议决：从第二天起，按 2 月 28 日伙食标准；"计质开伙""吃光了再说"，以抗议行政院不同意增加学生副食费的决定，从而开始"吃光"运动，点燃了反饥饿斗争的火炬。12 日，系科代表大会决议：副食费增加到 10 万元。13 日，开始罢课。15 日，向教育部、行政院集体请愿。20 日，南京爆发了"反内战、反饥饿、反迫害"反对蒋介石独裁政府大游行，遭到国民党反动军警镇压，造成震惊中外的"五·二〇"惨案。知名民主人士马寅初、章伯钧等到校讲演，支持学生的爱国民主运动。

吴有训校长在"五·二〇"血案发生后，亲自去医院探望遭迫害受伤的中大学生，并坚决拒绝当局到中央大学校园内搜捕进步师生。6 月，为隆重举办复员后第一次校庆，行政会决定：今年校庆和毕业典礼同时举行，专门成立校庆筹备委员会，高济宇任主席，贺壮予任总干事。并决定校庆日为校友返校节。同月，本校"五·二〇"血案处理委员会编印发行漫画集《拿饭来吃》和《五·二〇纪念册》。纪念册载有茅盾、张东荪、平心、周建人等的评述文章和柳亚子的题字。7 月 6 日，隆重举行校庆暨应届毕业典礼。800 多毕业生、6 位硕士生和 1000 多返校校友济济一堂，盛况空前。8 月，训导长刘庆云辞职获准，由沙学俊继任。秋，吴有训兼任中央研究院物理学研究所所长。10 月，出席在上海中央研究院举行的中国物理学会第十四届年会，并作演讲。同月，因吴有训校长将于 11 月下旬出席在墨西哥召开的联合国文教组织委员会,会后又将赴美作短期停留,学校人事稍作变动:校长由医学院院长戚寿南暂代、医学院院长由蔡翘暂代、戈定邦任总务长、原总务长贺壮予为校长办公室主任秘书、吴功贤为人事室主任。月底,吴有训赴墨西哥参加联合国文教组织会议。行前,中大学生约三四千人签名上书,对他表示"无上之崇敬",并希望他早日返国仍长中大。是年,王淦昌的《关于探测中微子的建议》一文发表在美国《物理评论》上,阿伦(J. S. Allen)据此作了实验,取得了肯定的结果。经吴有训推荐,王淦昌获得第二届范旭东奖金。(参见徐文镐《吴有训年谱》,《中国科技史料》1997年第4期;南京大学高教研究所编《南京大学大事记1902—1988》,南京大学出版社1989年版)

宗白华5月在南京《学识杂志》半月刊创刊号发表《清谈与析理》。7月2日,作《致顾荫亭函》,询问《歌德研究》一书版税事。9月6日,在上海出版的《观察》第3卷第2期发表《略论文艺与象征》。文中指出:"诗人艺术家往往用象征的(比兴的)手法,才能传神写照。诗人于此凭虚构象,象乃生生不穷;声调、色彩、景物,奔走笔端,推陈出新,迥异常境。"又说:"最高的文艺表现,宁空无实,宁醉勿醒。"10月,在南京《学识》杂志第1卷第12期发表《艺术与中国社会生活》,认为:"人生里面的礼乐负荷着形而上的光辉,使现实的人生启示着深一层的意义和美。礼乐使生活上最实用的、最物质的,衣食住行及日用品,升华进端庄流丽的艺术领域。"又说:"三代的各种玉器,是从石器时代的石斧石磬等,升华到圭璧等等的礼器乐器。三代的铜器,也是从铜器时代的烹调器及饮食器等,升华到国家的至宝。而它们的艺术上的形体之美,式样之美,花纹之美,色泽之美,铭文之美,集合了画家书家雕塑家的设计与模型,由冶铸家的技巧,而终于在圆满的器形上,表出民族的宇宙意识(天地境界),生命情调,以至政治的权威,社会的亲和力。在中国文化里,从最低层的物质器皿,穿过礼乐生活,直达天地境界,是一片混然无间,灵肉不二的大和谐,大节奏。"11月,《流云小诗》由上海正风出版社出版,收入《我和诗》(略有修改)一文。原刊于《少年中国》第2卷第5期《艺术》一诗改为《春与光》。(参见林同华《宗白华生平及著述年表》,载《宗白华全集》第四卷附录,安徽教育出版社1994年版)

罗根泽1月4日、11日在《和平日报》连载《朱熹的道文统一说》。2月11日,在中大,顾颉刚来访。15日,《苏门弟子的事理文学说》刊于《中国杂志》创刊号。同月,《魏晋六朝文学批评史》由上海商务印书馆印行;《隋唐文学批评史》《晚唐五代文学批评史》由上海商务印书馆初版印行。3月,《荀卿年代补考》一文刊于《东方杂志》第43卷第5号。4月23日,在编译馆与顾颉刚等淡。6月9日,顾颉刚来访,然已入睡。同日,《宋学三派》刊于《中央日报》。13日,在编译馆,与顾颉刚等人谈。21日,在编译馆,遇顾颉刚。9月16日,《论三苏的思想——宋议论派的立意达辞文学说第一节》刊于《学识》1947年第10期。11月,《文学与文学史》刊于《文艺先锋》11卷5期。12月6日,朱自清寄信罗根泽,云:"前奉惠书并大著及拙文,敬悉。谢谢。尊编《文史》颇有佳稿,甚佩!承嘱作书评,本拟动笔,迄因事冗,未能如愿。容稍暇或可作一短评。晚唐五代以后各册,已具稿否?或已有付印者,甚愿知之。出版后倘荷惠赐,俾得先睹,尤感!先生近来尚拟编著别种书否?并念。弟北来后只偶作短文,不能定心写长篇论文。旧稿印成《诗言志辨》,已嘱明寄奉一册,乞教,为幸!"9日,顾颉刚来信。22、29日,《宋文学家黄裳的性理文学说》(上、下)刊于《中央日报》。(参见马强才《罗根泽先生年谱简编》,载王京州编《河北近现代学者年谱辑要》,国家图书馆出版社2017年版)

牟宗三在南京任教中央大学。1月,内战全面爆发,牟宗三目睹国是日非,民族不幸,文运否塞,"客观的悲情"愈发昂扬,就以自己的教授薪金与友人姚汉源等人一起创办了《历史与文化》双月刊,以"人禽""义利""夷夏"之辩昭告于世,从头疏导中华民族的文化生命与学术命脉,以期唤醒士心,昭苏国魂。主要撰稿人有姚汉源、牟宗三、唐君毅、姚吉光等。该刊设有通论、专论、杂论、解惑等栏目,提倡恢复孔孟儒学道统,侧重研讨中国历史与文化问题,刊载有关中国古代史及传统文化的学术论文,介绍历史和文化知识,提倡恢复孔孟儒学道统,主要研讨中国历史与文化问题,载文包括有关中国古代史及传统文化的学术论文,历史和文化知识的介绍,对于共产主义思想在本刊中也有体现,如《论世界共产主义》《共党绝无正面之社会背景》等。牟宗三在《历史与文化》的《大难后的反省——一个骨干(代发刊词)》中认定"今日国家政治问题实是文化问题",指出解决中国问题的最根本还在于文化问题。《历史与文化》的创办在当代新儒学史上是一个重大事件。牟宗三自任出版发行的具体事务,但只坚持到第 4 期即被迫停刊。暑期,因开罪资深教授方东美之故,校方迟迟不下续聘书,唐君毅挺身而出争公平,未果。秋,接金陵大学和江南大学两校聘书,往来无锡、南京之间。是年,《本刊旨趣问答》《略案陈独秀的根本意见》刊于《历史与文化》第 1 期;《华族活动所依据之基础型式之首次涌现》《公羊义之略记》刊于《历史与文化》第 2 期;《王阳明致良知教》(上)刊于《历史与文化》第 3 期。又有《评杜威论逻辑》刊于《学原》第 1 卷第 4 期;选译圣托马斯·阿奎那《神学总论》(未发表)。(参见王兴国编《中国近代思想家文库·牟宗三卷》及附录《牟宗三年谱简编》,中国人民大学出版社 2015 年版;王学典《20 世纪史学编年(1900—1949)》,商务印书馆 2014 年版)

贺昌群时任中央大学历史系主任。2 月 1 日,在《思想与时代》第 42 期发表《再论历代建都与外患及国防之关系》。9 月 28 日上午,与夏鼐谈及中大教授,对东南派颇表示不满。夏鼐在同日日记中记录了中央大学历史系主任贺昌群对中大历史系的看法:"上午至贺昌群君处闲谈。关于担任考古学课程事,已加辞谢。贺君谈及中大教授,对于东南派颇表示不满,谓文史方面,柳诒徵门下三杰,龙(张其昀)虎(胡焕庸)狗(缪凤林),皆气派不大,根析不深;现下之'学原',乃'学衡'之复活,然无梅光迪、吴雨僧之新人文主义为之主持,较前更差。"(参见沈卫威《学衡派编年文事》,南京大学出版社 2015 年版)

胡小石仍任中央大学文学院国文系主任,兼任金陵大学教授。1 月,纂集近期文章为《南江先生文稿》,其中有文《处士陈君传》《会稽陶君传》《书王王孙印谱》《尹妻潘夫人灵表》《桐城周君传》。冬至,有行书《跋林散之山水画卷》一首云:"散翁此卷坚卓沈,厚其笔墨町畦当。……"8 月,胡小石在新学年的教师聘任时,解聘了从重庆复校来南京的朱东润、蒋礼鸿、杨晦、吴组缃等 12 人。是年,南京学生掀起了反内战、反饥饿、反迫害,要求讲学自由的斗争。中央大学研究生同学会发出倡议,组织了"全国研究生联谊会"。胡小石在述作之余,同情和支持进步师生的爱国运动,并向其研究生指示斗争策略和方法。他还与进步教授一起营救被捕的青年学生。为此特务机关曾把他列入"黑名单",险遭不测。其间,胡小石经常阅读进步书刊,如艾思奇的《大众哲学》、郭沫若的《甲申三百年祭》、鲁迅的杂文集《准风月谈》《南腔北调集》《伪自由书》等。(参见谢建华《胡小石先生年表(1888—1962 年)》,载《胡小石文史论丛》,南京大学出版社 2008 年版;沈卫威《学衡派编年文事》,南京大学出版社 2015 年版)

卢前继续任南京通志馆馆长。又在中央大学任教。1 月,当选国民政府第四届参政会参政员。同月,卢前主持南京市通志馆开始编印"南京文献",收录盛时泰《牛首山志》(1947 年 1 月)、陈沂《金陵古今图考》(1947 年 4 月)、夏仁虎《秦淮志》(1948 年 12 月)等 20 余种论著文献。2 月,所编《元明散曲选》由商务印书馆出版。5 月,所译《五叶书》由正中书局出版。7月，所著《新疆见闻》由中央日报社刊行。11月，所著《冀野选集》由中国文化服务社出版。12月，所编《全元曲》由国立编译馆刊行。（参见卢前《卢前曲学论著三种》附录《卢前先生学术年表》，商务印书馆2017年版；王学典《20世纪史学编年（1900—1949）》，商务印书馆2014年版）

徐复观任总裁秘书，参与机要。由蒋介石资助，筹办《学原》杂志。5月，徐复观具体主持，洪谦、沙学浚编辑的《学原》在南京创刊，上海商务印书馆出版发行。该刊是一本综合性的学术刊物，内容包括哲学、文学、历史、经济、政治等，具有较高的学术价值，影响颇为广泛。中央大学教授参与撰稿，其中有多位原《学衡》《国风》和此时《思想与时代》的作者为《学原》撰稿，如柳诒徵、缪凤林、汤用彤、景昌极、王恩洋、钱穆、熊十力、唐君毅、洪谦、陈康、倪青原、罗廷光、艾伟、沙学浚、黄建中、谢幼伟、罗倬汉、陈立、朱光潜、李源澄等。有其他学者或新文学作家如岑仲勉、金毓黻、牟宗三、杨树达、唐长孺、王仲荦、孙本文、姜亮夫、周法高、樊弘、高觉敷、张东荪、罗尔纲、俞平伯、陈梦家、王瑶、孙楷第、游国恩、戴望舒、施蛰存等。中央大学历史系主任贺昌群认为此刊为《学衡》之复活。徐复观此时虽然尚未发表过自己的学术见解，但这个举措显然是其因对现实政治失望而用心于学、走向学人生涯的第一步。

按：1949年《学原》杂志停刊，徐复观又求助于蒋介石，在香港创办了学、政兼论的《民主评论》半月刊。徐复观"自此正式拿起笔来写文章，由政论而学术，开辟了进入大学教书，并专心从事研究、著作的三十年的新的人生途径"。（《无惭尺布裹头归·生平》之《末光碎影》）

徐复观10月6日接吴宓至其寓所（即兰园十二号学原社），与牟宗三畅谈。后牟宗三在大梁春宴请吴宓、徐复观。时徐复观尚名徐佛观。11月16日，徐复观在其寓所宴请柳诒徵、缪凤林、吴宓、牟宗三、黄建中等人，吴宓日记中说"曲园菜，最丰美"。（参见沈卫威《学衡派编年文事》，南京大学出版社2015年版）

陈中凡仍在金陵女子文理学院主持中文系。由于内战烽火弥漫，陈中凡殷忧时切。述作之余，尽力所能及，同情和支持进步师生的爱国运动。3月，金毓黻赠诗惜别。同月，董每戡来书通候，并称述陈撰之评《红楼梦》长文。5月，南京发生"五·二零惨案"。陈中凡和许多民主人士、进步教授一道，对此表示极大的义愤。暑期，进步教授吴组缃受中大排挤，陈中凡真诚关爱，特地走访并礼聘吴组缃至金女院任教。陈比吴年长二十岁，古道热肠，吴为之感念不已。7月，李详之子李承祜自广州来书，内述及许寿裳在台大被害，乔大壮于苏州自戕事，感慨系之。8月，许文雨来书论学。9月，赵纪彬在来信中，除谈论《思想史》撰写经过外，对陈中凡"目疾未愈，又罹膝伤"，"殊以为念"。得黄宾虹复信，为广州黎雄才失窃书画事，已在北平关照市估寻觅，嘱代为转达。10月13日，陈中凡致信胡适，介绍北大毕业的何之瑜自复员后，全力以赴从事整理陈独秀的遗稿，已大部就绪，将交商务出版。但其个人生活颇苦，望设法于商务馆或其他公私立大学觅一相当兼职，俾其安心纂辑，早竟全功。同月，作家姚雪垠来信，备述近来"物价狂涨，书籍销路陷于停顿，生活较前困难"，"此一阶段为文化界最大厄运，亦最难度过"之慨叹。（参见姚柯夫编著《陈中凡年谱》，书目文献出版社1989年版；耿云志编《胡适年谱》，福建教育出版社2012年版）

董必武仍驻南京。1月2日下午，接待邵力子来访。3日，为黄河堵口事，致函国民党水利委员会和行总，对国民党当局破坏历次黄河堵口复堤工程之协议，破坏我方工程之进行，抢劫我方治理黄河之物资，不顾人民死活向故道放水等严重罪行，提出强烈抗议。同日，致函联总中国分署署长艾格顿，对国民党好战分子公然违背协议，于12月27日在花园口决堤，使黄河改归故道的罪行提出强烈抗议。5日，在梅园新村举行的记者招待会上，发表关于黄河水患问题的讲话。谴责国民党当局撕毁有关黄河复道问题协议，悍然导黄河入故道，淹毁下游大量居民的罪行。6日，访晤张治中，对他帮助释放新疆被捕同志表示感谢。8日，由南京抵上海。9日，和联总中国分署署长艾格顿整日会谈，讨论有关黄河堵口问题。10日，在政协周年纪念日对记者发表谈话："政协路线乃是解决中国问题的正确路线，也是中国人民从封建主义和法西斯主义桎梏下求得解放的路线。今后解决中国政治问题，仍非遵照这条有历史意义的路线不可。有人企图违反政协路线是行不通的。"11日上午，同行总署长霍宝树、联总中国分署署长艾格顿等，就黄河堵口问题进行会谈，提出停止放水与暂停堵口工程五个月，均遭行总拒绝。下午，董必武拒绝出席，以示抗议。12日，马歇尔即将返国。对马歇尔离华前的声明发表评论。13日，接待黄炎培来访，并长谈。16日，中共中央致电董必武等，指示南京局在中共代表团回延安后，应加入各地负责人组成之，由董必武在宁主持，直接管理上海工委、重庆分局、香港分局及一部分统战关系中的党员。24日，中共中央致电董必武、王炳南，指示董必武暂时驻上海，不要回南京。2月7日，将上海民主运动发展情况函报周恩来。17日夜，同黄炎培、张澜、张东荪、华岗交谈。

　　董必武3月2日上午11时收到王炳南自南京来电，告以党中央指示；办事处人员可于3月7日撤退，董必武务于3月2日夜由上海返南京。3日晨7时，董必武抵南京，下车后被国民党军警留难一小时，后被"护送"至梅园新村30号。稍作休息，即往访张治中，询问国民党政府有无致中共关于撤除京、沪、渝三地办事处之正式公函，政府是否表示决心用军事方式解决国共问题。继访张群，商谈有关中共人员撤退问题。最后访邵力子。4日中午，应邀出席司徒雷登为中共办事处人员饯行举行的宴会。同日，将周恩来致民盟主席张澜的电文送交罗隆基，委托民盟代为保管宁、沪、渝三地中共办事处遗留全部房屋等一切财物；接周恩来电：京沪国特甚注意章伯钧、罗隆基、史良3人，应告他们速布置香港退路。5日上午11时，在梅园新村举行记者招待会。会上最后表示：盼能与诸位重晤于南京。同日，和王炳南、章文晋赴美使馆，向司徒雷登及其秘书傅泾波辞行；中共上海办事处和《新华日报》办事处全体人员乘车来南京。6日，出席中国民主同盟在南京的负责人罗隆基专为中共人士返延安饯行的午宴，对民主同盟慨然答允保管各地财产，深表感谢。7日，中共代表董必武及宁沪两地中共代表团办事处和《新华日报》社全体人员发表启事。以董必武为首的留南京、上海工作人员74人被迫撤离。在机场上，董必武发表书面谈话。（参见《董必武年谱》编纂组《董必武年谱》，中央文献出版社1991年版）

　　罗隆基居南京民盟总部。2月，中共代表王炳南与罗隆基面晤，委托民盟保管京沪渝蓉昆等处的遗留财产。3月6日，罗隆基代表中国民主同盟发表《为受委托保管中共代表团京沪渝蓉昆等处遗留财产紧急声明》："兹以中国共产党各地代表及工作人员撤退在即，所有遗留在各地之房产物资、器材及交通工具，悉委托本同盟全权保管，业于3月5日签订契约，先将南京各种财产造册点数，并请林秉奇律师作证。除分函政府各有关机关备查外，特此登报声明如上。"3月7日，中共驻南京代表团负责人董必武率中共驻南京、上海办事处工作人员74人离开南京返回延安。张治中、邵力子及各民主党派、友好人士、新闻记者到机场送行。民盟派罗隆基、叶笃义为代表为董必武等返延人员送行。4月22日，民盟中央召开常务委员会会议，通过罗隆基所起草的《中国民主同盟对时局宣言》，揭露、斥责改组后的政府的反政协决议、反民主及反动独裁的本质；对政府无端逮捕民盟领袖及盟员杜斌丞、骆宾基、王菊人等提出严重抗议。该《宣言》于4月25日于记者招待会上公开发表。10月初，民盟西北总支部主任委员杜斌丞以"贩卖"的罪名被捕。罗隆基得知信息，便以民盟副主席的身份，通过合法手续，找行政院院长张群进行交涉，要求放人。张群避而不见。南京当局以最快的速度，于10月7日以"中共关中地委负责人杜斌丞，勾结匪军，密谋暴动，贩卖烟毒"等莫须有的罪名将杜斌丞枪杀。杜斌丞之被害，使民盟感到十分震惊。民盟总部除向当局提出书面严重抗议外，张澜主席还以个人名义在报上公开声明，为了缓解这一局面，民盟以大局为重，推派沈钧儒、罗隆基、章伯钧、叶笃义去找前燕京大学校长、美国新任驻华大使司徒雷登，要求他出面调解一下民盟与当局的紧张关系，最大限度地不要继续恶化。可是司徒雷登以"不便干涉中国内政"为由推辞。20日清晨，罗隆基一觉醒来，突然发现民盟南京总部机关已被警察特务所包围。前院后门都设有他们的岗哨，对机关工作人员直至工勤人员都要盘问检查，对出进人员还要跟踪监视，情况十分紧急。当时民盟的主要领导人都住在上海，只有罗隆基一人坐镇南京总部。罗隆基立即打电话向政府及有关当局进行交涉，同时向在上海的张澜主席告急。张澜主席在寓所召集沈钧儒、黄炎培、章伯钧、史良和叶笃义等人开会，讨论如何应付民盟当前的局势，提出有效的对策来。讨论结果，推举黄炎培和叶笃义赴南京，会同罗隆基再次去找当局进行交涉。尽管事已至此，黄炎培仍坚持要与当局进行交涉。陈立夫传下话说："不存在交涉，可以与你们接个头，但罗隆基除外，我们不会接见他的。"同日，当局对南京民盟总部加派了军警特务，对罗隆基的监视更加严厉，罗隆基几乎失去了行动自由。罗隆基暴跳如雷，十分愤慨。后经张澜主席再次斡旋，陈立夫口头表态说："要解除对罗隆基的监视，他必须立即离开南京，到上海去住医院，费用我们可以包，决不允许再在社会上哇喇哇喇。"11月4日，罗隆基为了尽快离开险境，在朋友们的帮助下深夜奔赴上海。（参见周英才《坚持团结进步的罗隆基》，《文史春秋》2004年第7期；谢增寿编著《张澜年谱》，群言出版社2013年版；沈谱、沈人骅编《沈钧儒年谱》，中国文史出版社1992年版）

　　吴稚晖2月为《蒋介石家谱》作序。5月，拟将自己收藏的《新世纪》杂志赠予中央图书馆，但其他机构听闻此消息，因其为国内孤本，争相来信求赠，适逢世界出版协会重印，才解决此问题。5月22日，胡适在致萨本栋、傅斯年书中重点说明"三位老辈"：吴敬恒、张元济、傅增湘。11月15日，经中央研究院第二届评议会第四次大会依法选定第一次院士候选人，吴稚晖入围"国立中央研究院"第一届院士候选名单，居人文组55人之首。依次为：吴敬恒、金岳霖、陈康、汤用彤、冯友兰、余嘉锡、胡适、唐兰、张元济、杨树达、刘文典、李剑农、柳诒徵、徐中舒、徐炳昶、陈垣、陈寅恪、陈受颐、傅斯年、蒋廷黻、顾颉刚、王力、李方桂、赵元任、罗常培、李济、梁思永、郭沫若、董作宾、梁思成、徐鸿宝、王世杰、王宠惠、吴经熊、李浩培、郭云观、燕树棠、周鲠生、张忠绂、张奚若、钱端升、萧公权、方显廷、何廉、巫宝三、马寅初、陈总、杨西孟、杨端六、刘大钧、吴景超、凌纯声、陈达、陶孟和、潘光旦。同月，吴稚晖当选国民大会江苏省武进县代表。（参见金以林、马思宇编《中国近代思想家文库·吴稚晖卷》及附录《吴稚晖年谱简编》，中国人民大学出版社2014年版；张人凤、柳和城编著《张元济年谱长编》，上海交通大学出版社2011年版；章玉政编著《刘文典年谱》，安徽大学出版社2011年版）

　　戴季陶1月认为国民政府公布的《中华民国宪法》已作根本更改，已非孙中山《建国大纲》之精神。3月中旬，出席国民党六届三中全会，因心脏衰弱晕倒在会场。4—5月，请假赴沪镶牙。9月中旬，往南京宝华山隆昌寺留住一旬。11月，当选为吴兴县国民大会代表。12月，要求辞去中央广播公司、中央日报社、中正书局、国民出版社党有股票代表和中正书局监察人职务，并对办好国民党企业提出8条意见，要求一切经营再不犯过去有名无实乃至公家得其名私家收其益之病。同月 14 日印度大学赠予文学博士学位，因病未能前往。（参见桑兵、朱凤林编《中国近代思想家文库·戴季陶卷》及附录《戴季陶年谱简编》，中国人民大学出版社 2015 年版）

王世杰继续任外交部长。1 月 9 日，王世杰致电胡适，对胡适准备出庭作证表示不安。电文说："美方刻正羞愤同深，兄之地位或未便如此。"1 月 24 日，被蒋介石约见，征询胡适出任国府委员兼考试院院长的意见。2 月 9 日，与武汉大学校长周鲠生商谈武汉大学风潮事，提出应整顿校风校纪。20 日，以外交部长名义向美、英、法、苏四国驻华大使送照会，声明中国政府反对莫斯科四国外长会议讨论德、奥和约以外的问题。22 日，胡适写信给王世杰。时王曾奉命北上传达蒋请胡任国府委员之意，胡在两人长谈后的当夜写此信。3 月 5 日，与美国驻华大使司徒雷登会谈。10 日，致电驻苏联大使傅秉常，告知四国外长会议如果讨论德、奥和约以外的问题，应有中国代表参加；如果苏联在会外向英、美代表提出中国问题，希望英、美代表予以拒绝。11 日，王世杰发表声明，反对莫斯科四国外长会议讨论中国问题。14 日，再次发表声明，反对四国外长会议采用任何方式讨论中国问题。4 月 1 日，与葡萄牙驻华公使酆赛嘉在南京签换《中葡关于取消葡在华领事裁判权及处理其他事项之换文》。14 日，发表对德国问题的声明，提出对德和会如何召集、何时召集、由何国召集、何国参加等，均应由中、美、英、法、苏五国外长全体会议决定。16 日，以中华民国外交部长的名义照会美、英、法、苏四国的外交部长，主张韩国应该独立。18 日，被国民政府主席蒋介石任命为国民政府委员。23 日，被总统蒋介石、行政院长张群任命为行政院政务委员。连任外交部长。16 日，呈文行政院，报告与暹罗政府交涉限制华侨移民问题的经过。同月，在国民参政会上作外交报告。6 月 1 日，获悉武汉大学 3 名学生遭枪杀，不胜惊骇。3 日，电告教育部长朱家骅和行政院长张群，要求释放被抓的武汉大学师生，并惩治凶手。7 日，电告陈诚，要求他注意武汉大学师生的要求，立即撤换武汉警备司令彭善并予查办。

王世杰 7 月 23 日与英国驻华大使施谛文共同签署《中英空中运输协定》。9 月 4 日，主持外交部对日和约审议会谈话会。19 日，单独接见美国合众社记者并发表谈话，表示中国将与苏联一致拒绝美国关于立即召开 11 国对日和约的邀请。23 日，与苏联外交部长维辛斯基会谈中日和会召集问题。28 日，电告蒋介石和张群远东委员会讨论日本对中国的赔偿方案。同月，代表中国出席联合国第二届大会。其间拜会美国总统杜鲁门、国务卿马歇尔、商务部长哈里曼（Averell Harriman）、前国务卿贝尔纳斯等人。10 月 19 日，在纽约联合国大会发表声明，主张韩国应该独立。11 月 7 日，王世杰致信胡适，当时王世杰刚访美归来，说："许多美国人均以不识兄之近状为念，并谓中国政府竟令兄赋闲，亦即中国政府遭受美国社会不信任之一因。"信中又说，很想请胡适赴日考察二三星期，俟同意后再详商办法。对此，胡适作了认真的考虑，曾记有愿随行人员的名单，其中有周一良、何基鸿、王重民、张申府，还有北大两台湾籍学生。19 日，邀请美、英、苏 3 国驻华大使或代办至外交部，向他们表明国民政府对日和约的原则立场。12 月 6 日，签署《中荷两国空中运输协定》及附件。12 月 12 日，胡适登门拜访，王世杰提出希望胡适出任驻美国大使。下旬，收到北京大学秘书长郑天挺来信，信中告知胡适因身体健康等原因不愿离开北京大学。冬，当选行宪国民大会代表。（参见薛毅《王世杰传》及附录《王世杰大事年表》，武汉大学出版社 2010 年版；耿云志编《胡适年谱》，福建教育出版社 2012 年版）

邵力子任南京政府国府委员、社会经济研究会委员、政府顾问委员。3 月 7 日，董必武率中共办事处人员离南京,同张治中到机场送别。7月30日,出席中华全国文艺协会大会。31日,《图书展望》复刊第4期"文化简讯"栏刊消息:"中华文协选出九届理监事:中华全国文艺协会前改选九届理监事,于昨日在该会会所开票,结果:邵力子、冯玉祥、茅盾、郭沫若、老舍、叶圣陶、胡风、郑振铎、许广平、洪深、田汉、巴金、冯雪峰、梅林、曹禺、叶以群、阳翰笙、靳以、曹靖华、楼适夷、姚蓬子、马宗融、陈白尘等23人当选理事。于右任、马叙伦、柳亚子、熊佛西、欧阳予倩、赵景深、周建人、张西曼、陈望道等9人为监事。该会正筹开九届首次理事会,商讨执行大会交下各项会议案。"12月23日,邵力子出席文协总会举行的理监事会。据年2月1日《世界》月刊第2卷第8期《一月艺文坛》载:会议"商谈会务,到邵力子、叶圣陶、洪深、郑振铎、许广平、欧阳予倩、胡风、冯雪峰、巴金、曹禺、熊佛西、阳翰笙、蓬子、默林、靳以、马叙伦、李健吾、陈望道、陈白尘、张俊祥、葛一虹、赵景深等廿余人,由邵力子主席,叶圣陶报告会务,中午由邵氏作东,假梅龙镇酒家餐叙,藉表慰念之意"。(参见晨朵《邵力子生平大事纪要》,《浙江师范学院学报》1983年第1期;田本相、阿鹰编著《曹禺年谱长编》,上海交通大学出版社2017年版)

王宠惠继续任国民政府委员。《中国之命运》英译本在美国出版,林语堂为之作序。主持审译《中华民国宪法》英文译本。6月10日,第一次院士选举筹备委员会在中央研究院总办事处举行第二次会议,商讨和拟定了各组各科目院士候选人名单及名额分配。其中法律组名单是:王宠惠、王世杰、燕树棠、郭云观、梅汝璈、李浩培。8月15日,作《为修正边疆各盟旗地方自治方案致蒋梦麟等函》:"辞修、健生、立夫、少武、佶子、梦麟吾兄勋鉴:关于修正边疆各盟旗地方自治方案草案一案,昨曾预为检附有关密件三种,送请参考,谅达高览。兹特将抗日蒙旗庆祝胜利还都代表团所呈之'各蒙旗人民意见书'及'内蒙问题补充意见书'印就一并送请研讨,即乞察洽为荷。专此祇颂勋绥。"10月,为谢瀛洲博士著《中华民国宪法论》作《序》。(参见王宠惠著、张仁善编《王宠惠法学文集》及附录《王宠惠先生年谱》,法律出版社2008年版)

蒋梦麟仍任国民政府秘书长。2月19日,在《新运导报》第14卷第1期发表《新生活运动与建国》,略谓:"新运推行了十三年,它自有它伟大的贡献,像所揭的'礼义廉耻'四个字,全国同胞都已家喻户晓,耳熟能详。并且'整齐、清洁、简单、朴素、迅速、确实'六项原则,也都容易实行。可是今日所表示的成绩,还未能尽如倡导者的理想,这也是不可讳言的事实。"最后,"希望教育界人士从今天起,我们互相砥砺,把新生活运动纲要里规定的项目,能和训育配合起来,使一般在求知时期的青年甚至老年,都能躬行实践,养成生活日新又日新的精神,来建设一个富强的新中国"。3月1日,宋子文内阁倒台,随之辞去行政院秘书长。16日,与胡适在家长谈,劝趁着此次退出政治,重回北大执掌校务。4月18日,出任国民政府委员。同月,美国援华法案特别设置"晏阳初条款",批准设置"中国农村复兴联合委员会"。

蒋梦麟6月30日在《红十字月刊》1947第10期发表《中国红十字会筹募事业基金之意义》,文中先是回顾"本会创立于前清光绪三十年(一九〇四年),迄今已有四十三年的历史。我们自信,在此动荡激变的近代中国史中,能如本会之屹然自立不懈不息的工作,是不容易的。尤其是以一个富有国际性服务团体的地位,几十年来,致力于国际情谊的交换,国外灾难之共同救济,其有益于我国国际地位之增高与夫国际合作的收获。本会虽不敢自诩自满,但由始终一贯的努力,亦已有其相当的贡献,这是本人与全体红十字会的同人所同感自慰的。抗战期间本会救护军民二千六百万人，此等贡献，在珍珠港事变以前，多由华侨捐助支持，事变以后则多赖国外红十字会之援助。战事结束，本人代表本会被推举为红十字会国际联合会副主席。举此两例，即知本会已在国际间为我国争取合作与声誉，并非侈言！"然后重点强调"本人及全体理事，无时不深感本会责任之重大，亦无时不凛觉目前困难之严重，故经本会理事会决定，于本年八月至十月，举行筹事业基金五十亿运动。一方面呼吁国内同胞的捐输，一方面争取国外人士的合作。古人有云：'众擎易举'，我们相信以本会之历史和责任，定能获得全国同胞的襄助，本会亦愿乘此机会，保证更当加强本会服务力量，增进民众福利，对外争取国际同情和合作，提高我国国际地位。这是本人所愿向全国同胞阐述此次筹募本会事业基金的意义"。10月18日晚，蒋梦麟与胡适、陈雪屏在寓所谈话，胡适依然力劝回北大接任校长，仍未允。同月，赴伦敦出席太平洋学会国际会议。是年，《西潮》英文版由美国耶鲁大学出版社出版。（参见马勇、黄令坦编《中国近代思想家文库·蒋梦麟卷》，中国人民大学出版社2018年版；马勇《蒋梦麟传》，河南文艺出版社1999年版；耿云志编《胡适年谱》，福建教育出版社2012年版）

杭立武继续任教育部次长。2月21日下午3时，在教育部会议室主持接收文物统一分配委员会第一次会议。4月30日，《中华图书馆协会会报》第21卷第1—2期所载《接收文物分配会》曰："教育部接收文物统一分配委员会第一次会议，于二月廿一日下午三时在该部会议室举行。由杭次长立武主席，到会委员有张道藩、樊际昌、李济、徐鸿宝、英千里、闻钧天、蔡重江、顾汝勋、黄念劬（代表马衡及袁同礼两人）。首由主席报告此会成立之意义，继由徐伯璞报告接收文物概况，即开始讨论该会组织条例，将来决分图书、文物、调查三组，分别进行工作。各组于必要时，并可自行召集会议，讨论所遇到之各项问题。并推定图书组召集人为樊际昌，文物组为张道藩，调查组为徐鸿宝。各委员并建议所有敌伪产业处理局接收之文物均应无条件交教育部接收，不必另办作价手续，以资便捷，而免损失。最近处理一批敌伪文物，据部中人称：上海区之图书，业经分别配予同济大学、暨南大学、东北大学、贵州大学、长春大学、英士大学、中山大学、国立兰州图书馆、国立西安图书馆、国立罗斯福图书馆等，每一单位三万册左右。南京区伪图书专门委员会之存书，业经分配给国立兰州图书馆、国立西安图书馆、国立罗斯福图书馆，每一单位五万册。按此系由各单位自行申请，再经教育部视其实际需要分别核定者。"9月3—12日，远东基本教育研究会议在南京举行。远东各国和地区的代表和专家一百余人出席。中国代表：杭立武，副代表：吴贻芳、瞿菊农。会议对基本教育中的语言问题、阅读教材问题、识字训练新工具之使用问题，以及基本教育之行政、组织问题进行了研究。（参见刘思祥《杭立武传略》，《江淮文史》2001年第1期；张光润《袁同礼研究（1895—1949）》，华东师范大学博士学位论文，2018年；中央教育科学研究所编《中国现代教育大事记1919—1949》，教育科学出版社1988年版）

陶希圣5月在《中央周刊》第9卷第20期发表《论政府改组》，文中就政府改组完成以后的疑问作了解答，在为政府辩护的同时继续攻击共产党：第一，政府改组没有能够解决问题。我们的答复是：政府改组已经解决了一个问题。那就是结束一党的政府，打开多党政治之门。第二，政府应该与共产党解决问题。我们的答复是：共产党不与国民党解决问题。第三，只有共产党来了，才能解决问题。我们的答复是：共产党只能制造问题，拖延问题，根本不能解决问题。强调"政府改组，虽然未能解决多少实际问题，例如经济问题，共产党问题，但毕竟做到一件大事，便是开多党政治之门，参加政府改组的民社党，青年党，固然是小党派，因为他们的活动，在训政期间受到限制，共产党自来就是一个走极端的政党，国民党不能不加以防范。共产党不能成为合法的反对派，小党派出来，还是有助于民主政治的。得到和平合法的反对党的切磋，对国家，对国民党都是大有裨益的。所惜尚无较大的反对党派参加，共产党不幸是一个走极端的政党。但没有共产党参加的多党的组织成功，仍然可以走上修明的政治的道路"。

陶希圣7月兼任国民党中央宣传部副部长，当选为立法院立法委员。10月8日，《申报》载陶希圣谈话，其中谈到生活书店、读书出版社、新知书店是供应共产党书刊的书店。摘录如下：（本报南京七日电）记者七日晚访中宣部陶副部长希圣，询以对董显光局长关于民主同盟谈话之意见。陶氏答称："吾人之意见，可以《中央日报》《民主同盟的自决》社论为代表，不必赘述。余今另有一事奉告，近来出版业颇见萧条，但坊间充斥黄色书刊及共党宣传书刊，两者同为麻醉青年之毒物。上海新知书店与读书出版社刊行共匪宣传书籍尤多。"陶氏续举事实证明各该书店为民盟为匪宣传之出版机构。"余今特为指出明显之事实，即范文澜主编之《中国通史简编》由新知书店出版。共匪总部尚在延安时，曾设立伪中央研究院，以范文澜为院长。该院研究员王实味著《野百合花》一文，批评共党缺乏人性，曾受该院严厉检讨，卅一年六月廿八日及廿九日延安《解放日报》载有范文澜叙述伪中央研究院检讨经过之文字，可资参考，检讨结果，王实味乃受共匪残酷之处分。伪中央研究院及范文澜之喧腾人口，即以此事为契机。该院以中国历史研究会名义，于民国卅年编成《中国通史简编》一书，由延安新华书店出版，卅年十二月十三日及十四日延安《解放日报》载有该书写成之经过，而《解放日报》刊载《陕甘宁边区新华书局广告》，即以该书之广告居首（例如卅二年四月三日《解放日报》即有此广告），比及延安为国军所收复，该书乃改由上海新知书店印行。此一事可以证明民盟之出版事业，实不过为共匪作宣传工作。该两书局所印行之书，大批为匪发动变乱，割据地盘，分裂领土，背叛国家作导线。其历史作品更诱惑青年，鄙弃中国历史，仇视中国文化，斫伤民族自信、自尊心，为共匪制造背叛祖国之器材。余愿唤起学术文化界之注意。"（参见陈峰编《中国近代思想家文库·陶希圣卷》及附录《陶希圣年谱简编》，中国人民大学出版社2014年版；吴永贵《民国图书出版史编年：1912—1949》，社会科学文献出版社2018年版）

张继继续任国史馆筹委会主任委员。1月，国史馆正式成立，张继任馆长，总干事但焘任副馆长。国史馆共有137人，其中纂修18人、协修20人、助修13人。纂修名单：吴廷燮、冒鹤亭、刘成禺、夏敬观、柳诒徵、刘栽甫、汪辟疆、尹石公、金毓黻、汪东、赵阿南、顾颉刚、黄稺荃、王献唐、邢蓝田、丁实存、郑鹤声、贺培新。郑鹤声兼任国史馆史料处处长。4月25日上午10时半，至南京中央饭店孔雀厅，出席国史馆纂修人员第一次会议，讨论国史体例问题。"出席者：张继、但焘、吴廷燮、张子英、茹春浦、夏璟、魏应麒、赵阿南、王德亮、顾颉刚、马骕程、熊纬书、陈廷诗、王仲荦、吴景贤、王宇高、汪辟疆、袁惠常、陈武、陈谧、刘成禺、丁实存、景定成、唐敬杲、邢蓝田、贾宣之、王献唐、郑鹤声、万启宇、李贻燕。缺席：柳翼谋、汪旭初、金静庵、尹石公。主席：张继。记录：马骕程。"9月4日上午9时，国史馆开表传组纂修会议第五次会，但焘主持，会议决议外地工作人员的工作安排。12月15日，国史馆在南京召开《国史馆馆刊》创刊号编辑讨论会议，出席会议的有：馆长张继，副馆长但焘，纂修柳诒徵、商藻亭、冒鹤亭、汪辟疆、汪东、尹石公、黄稺荃、郑鹤声、马骕程、吴景贤等。因刊物是否设"诗词"一栏，黄稺荃与汪辟疆发生争执。同日，张继病逝，终年66岁。（参见国史馆编《国史馆职员通讯录》，1947年油印，重庆市档案馆；《国史馆纂修人员第一次会议座谈会记录》，载《国史馆馆刊》1947年创刊号；黄稚荃《杜邻存稿》，四川人民出版社1990年版；张书学、李勇慧《王献唐年谱长编》，华东师范大学出版社2017年版）

傅角今继续任国民政府内政部成立方域司司长。南海海域自古以来就是中国的领土，海域面积达360多万平方公里。作为联接欧、亚、非三大洲的咽喉要地，南海地区具有极其重要的战略地位。除了拥有重要的战略航运线之外，南海海域还蕴藏着丰富的石油矿产资源以及丰富的海洋水产和渔业资源。3月，国民政府将东沙、西沙及南沙群岛的管辖权从广东省政府转交海军部。4月14日，内政部召开专门会议，讨论西沙、南沙群岛范围及主权确定与公布案。这次会议为此后的中国南海主权确定了基调和范围：一、南海领土范围最南应至曾母暗沙；二、西沙、南沙群岛主权之公布，由内政部命名后，附具图说，呈请国民政府备案，仍由内政部通告全国周知。在公布前，由海军总司令部将各群岛所属各岛，尽可能予以进驻。会后，为了使确定的西沙、南沙群岛主权范围具体化，内政部方域司印制了《南海诸岛位置图》。作为现代中国南海地图的重要蓝本，该图具备三个要点：其一，再次明确国界线最南端标在北纬4°，此处"曾母滩"更名为"曾母暗沙"，并在我国海疆之内；其二，按照诸岛在南海海域中所处地理位置，将"团沙群岛"改名为"南沙群岛"，将原"南沙群岛"改名为"中沙群岛"，并完整地标明东沙群岛、西沙群岛、中沙群岛和南沙群岛的位置和岛屿名称；其三，最关键的是该图用11段国界线，圈定了中国南海海域范围，成为如今中国坚持的南海主权九段线的来源。这条线又被称为传统疆界线，因其形状为"U"形，也被称为"U"形线。至此，南海领土范围在中国地图上明确化了。是年至次年间，国民政府出兵收复西沙、南沙群岛，划定了南海岛屿国界，出版了南海地图，在此基础上确立了我们今天南海"九段线"疆界。

按：1948年2月，中华民国内政部公开发行《中华民国行政区域图》，向国际社会宣布了中国政府对南海诸岛及其邻近海域的主权和管辖权范围，其附图即《南海诸岛位置图》，标明了这条断续线。这条断续线既经中国政府审定，标绘在中国官方地图上，应被视为中国政府对外主张的一种权利。（参见何立波《1946年收复南海诸岛与"九段线"的由来》，《人民政协报》2011年12月15日；常海成《绘制南海疆域图的地理学家郑资约》，《团结报》2022年7月29日）

郑资约1月底在南京着手整理实地测量的资料，精心绘制中国南海诸岛位置图与南海诸岛新旧名称对照表，全面准确地界定了南海疆域。4月14日，国民政府内政部根据郑资约呈请的文件召开专门会议，讨论西沙、南沙群岛等诸群岛范围及主权确定与公布案。会后，内政部方域司印制郑资约所绘《南海诸岛位置图》，这成为现代中国南海地图的重要蓝本。11月，《南海诸岛地理志略》由商务印书馆发行。此书共8章17节2.8万字，全面记述了东沙群岛、西沙群岛、南沙群岛的历史背景、地理位置、岛屿滩险、地体构造、地形特征、气象气候、经济产物等状况。作者在"绪言"部分开宗明义指出，我国国界线最南端之位置："……最南之曾母暗沙，远达北纬四度，为我国领土之向南突出最远部分。……我国最南部之国界，即包绕南沙群岛之东南西三面。"在"地位价值"一章中，郑资约进而分析了南海诸岛特殊的地理位置，指出它们在国际航行和国家安全方面具有非常重要的战略地位。书中还专设了"史之回顾"一章，列举了大量的史实证明南海诸岛历来属于中国的固有领土，展现了史地兼修的深厚学识。除了文字记载论述之外，作者又配有重要图表：一是绘制"南海附近地体构造图""南海地形鸟瞰图""南海等温线图""南海海流图"等；二是收录实地摄影9幅，有太平岛柳树、木瓜树、石碑，测量人员在岛上工作图及收复人员合影等；三是列有4表，其中最为重要的是附有内政部公布的《南海诸岛新旧名称对照表》，首次对外发表了我国南海岛屿统一名称。《南海诸岛地理志略》作为一部全面而系统地叙述南海诸岛的历史和地理概况的权威性学术专著，列入傅角今主编的《内政部方域丛书》出版，表明是以政府官方的名义公开发行，作者的观点可以说体现了当时官方对南海疆域主权的认识和立场，是我国拥有对南沙群岛无可争议的主权强有力的佐证。郑资约完成接收南海诸岛任务后，在内政部的安排之下，前往各地大学演讲，宣传中国南海岛屿的历史背景和地理状况。是年，内政部为郑资约颁发完成南沙群岛接收测绘任务的嘉奖令。（参见何立波《1946年收复南海诸岛与"九段线"的由来》，《人民政协报》2011年12月15日；常海成《绘制南海疆域图的地理学家郑资约》，《团结报》2022年7月29日）

王慕尊、张金鉴、陶希圣、杨玉清、雷殷、侯服五、周品威、彭仲怀、许柏龄等4月20日出席在南京公余联欢社举行的中国社会科学研究会成立大会，到会代表有120余人。会议首先由大会临时主席王慕尊介绍研究会成立意义。他说："世界大战之发生，系由于社会思想之错误，但世界大战之结束，则由于自然科学之进步；世人如欲根本保障世界和平，自应以正确而合理之社会科学思想，改造社会。吾人有鉴及此，爰组织社会科学研究会，俾于我国学术史上放一异彩，以建立社会科学之总体系。"随后，由侯服五简略报告研究会筹备经过。旋即通过会章，选举理事、监事。理事有陶希圣、王慕尊、邵鹤亭、张金鉴、刘静文、刘振东、程思远、李宗义、曾资生、侯服五等21人，监事有雷殷、甘乃光、张鸿钧、张庆桢、谢扶雅、詹文浒、梅麟高等7人，另推举候补理事许柏龄、胡云龙等7人，候补监事汪浩、蔡殿荣、宝业绳3人。会议还通过了组织社会科学丛书编译委员会等提案，发出了给蒋介石的致敬电。电文称："抗战胜利，制宪完成，钧座领导群伦，万方共仰。窃以建国开始，头绪万千，而学术研究一端，尤为首要。爰联络全国社会科学学术界人士，共聚一堂，潜研互讨，以谋社会科学之发展及其总体系之建立，俾以建国途中能贡一得。兹值成立大会，谨电致敬，伏维睿察。"（参见朱汉国主编《南京国民政府纪实》，安徽人民出版社1993年版）

欧元怀、程其保、程时煊、马客谈等10月26日至27日出席在南京文化会堂举行的中国教育学术团体联合会第五届年会，并分任主席，到会教育学术团体代表百卅余人。此次年会讨论总题，为"民主与教育"。提案审查会，分为四组：第一组，一般性提案，召集人常导直、童润之、罗廷光。第二组，社会教育及电化教育，召集人陈礼江、洪有丰、刘季洪。第三组，体育与卫生，召集人吴麟若、孟浦、高梓。第四组，职业教育与儿童教育，召集人熊芷、杨衡玉、吴研因。经大会通过之议案中，以中国教育学会所提加速教育之民主化一案最为重要，其办法如下：（一）教育学术为社会科学之重镇，教育设施为国家一切建设之根本，政府对于学术研究应予以切实奖励，除师范学院仍继续存在外，并在大学法中明白规定教育学院为大学主要学院之一（此点由大会致函立法院行政院教育部）；（二）本会应从速设中国教育研究所，以实际工作成绩表著教育研究之重要；（三）各级教育行政机关，应设立代表教育界公意之教育评议机构，俾教育工作人员对于重要教育问题之决定，亦有参与之机会；（四）各级学校及其他教育机关之人事制度，应力求健全（民主化专业化合理化），并予教师及其他教育工作人员以切实之法律保障；（五）关于国际教育问题，应请教育部依其性质，咨询并采纳有关各教育学术团体之意见；（六）政府应保障学术研究之自由，并力谋各门科学之平衡发达；（七）全国教育之实施，应注意城市与乡村，内地与边疆之平衡发展，以达到教育机会均等之目的；（八）中央政府与地方政府，应伫先以全力推行国民教育，以奠定全民之政治的基础；（九）各级学校及社教机关，应注重生产教育及劳动教育，以奠定国民经济之基础；

（十）各级学校及社教机关，均应培植学生自治能力，发展其群性即个别才能，并注重培养民主精神与习惯之活动，锻炼健康之体魄，以树立民主政治之基础；（十一）国内各宗族之教育文化发展，应在建国的共同理想之下，各自贡献其固有优良的传统，融合为一伟大国家，促进大同社会之实现；（十二）为提高教育专业修养，发扬教育专业自治精神起见，应共同商定教育专业道德规约，以资信守。此外，教联会所提，促成日本教育民主的办法，提供政府作参加对日和会商讨时的根据案，主张根绝日本军国主义，办法详尽，亦极重要。（参见《教育学术团体联合会五届年会经过》，《教育通讯》1947年第4卷第6期）

陈雪屏时任国民党中央执委会青年部长。11月17日，自南京国民党中央执委会青年部致函胡适，谈学潮问题。信中说："经过几次的学潮，党、政、军对于学生真是又怕又恨。深虑各走极端会演成极大的悲剧。"告昨天见蒋介石，谈到浙大学潮，"乘机提出北平被捕学生拘留已久，宜速送法院处理。恐怕谈话不作数，还递了一个签呈，对应付学潮提出三点具体意见，当时主席的表示很好，应该可以批准"。（参见耿云志编《胡适年谱》，福建教育出版社2012年版）

陆殿扬时任国立编译馆、中小学教科书编辑委会主委。3月4日《申报》报道，举行教育问题座谈会讨论教科书问题，陆殿扬报告国定本编印经过：（中央社南京三日电）教育问题座谈会，二日假金大举行，讨论国定本教科书问题，由国立编译馆、中小学教科书编辑委会主委陆殿扬报告国定本教科书之编印经过，及其利弊，据称：国定本教科书，迄目前为止，已印出者为初中国文、公民、史地，高小则除自然、算学外，均已齐全，教部所编印之国定本教科书，科目力求完备，内容并无偏重，此为显著优点，其缺点亦有数端，每类仅此一种，不但无比较或竞争之可能，教师亦无选择余地，一部分人士更认为有思想统制之嫌。继由程时煌、罗廷光、曹刍，分别报告英美法义德日各国教科书之供应情形。陈鹤琴复以印刷精良、内容充实之美国教科书，交到会同人传观，最后由袁伯樵作结论，原则上可由国家编印教科书多种，听凭各校自由选择应用，惟国定本一名词似有欠妥之处。又教部如拟订完善之课程标准，由各专家自行依照编辑教科书，部方即依此标准审定之。国立编译馆所编之课本，亦须经审定数种并行，更为理想。汪通祺发表格一种，以测验到会各专家之态度，结果：（一）指定采用国定本，无赞成者。（二）各种审定本，听凭选用，赞成者14人。（三）指定采用一种审定本，无赞成者。（四）国定本或审定本同时发行，听凭选用，赞成者7人。（五）某几种教材，采用国定本，某几种用审定本，赞成者1人。4月2—7日，《申报》连载陆殿扬《为国定教科书敬复邓恭三先生》。（参见吴永贵《民国图书出版史编年：1912—1949》，社会科学文献出版社2018年版）

章鸿钊继续任南京国立编译馆编纂。1月1日，章鸿钊作《我所希望于今后之学术界者》一文，对抗战胜利后的科学工作者们提出了自己的希望。他在文章中表示，"学者有了一个自尊心和自信心，便永远不会'自划'……这一个自尊心和自信心往来不穷，便使他成就了一生不朽的事业"，号召广大科研工作者一同共勉，"挽回从前落后之趋势，实现科学建国之诺言"。是年，章鸿钊编译《中国岩石学名词》一书，此书对地质学教学颇有帮助。新中国成立后中国科学院出版的《岩石学名词》即以此为蓝本。撰写《地质学论丛》一书，将地质学与实际生产建设相结合，使其为社会服务。撰写《中国古历析疑》一书、《对于太阳系的成因之一解》一文。在《地质论评》上发表《就所谓震旦运动及对此批评重加一省》一文。撰写的两篇论文《太平洋区域之地壳运动及其特殊构造之成因解》《从原子能推寻地史晚期地质地理同时变迁之源》在《地质论评章鸿钊七十寿辰纪念刊》上发表。由于对中国地质事业的卓越贡献，获得了中国地质学会颁发的葛利普金质奖章。（参见冯晔、马翠凤《章鸿钊年表》，中国地质图书馆编《第三届地学文献学术研讨会暨纪念章鸿钊学术思想研讨会论文集》，地质出版社 2016 年版；《章鸿钊：开中华地质之鸿蒙》，《北京科技报》2022 年 11 月 20 日）

贺师俊时任教育部总务司长，与教部参事刘英士联合建议部务会议，开放国定本版权。4 月 8 日《申报》报道，赶印国定课本，免酿秋季书荒，尚待教育部研究妥善办法：（本报南京航讯）教育部为改进国定本中小学教科书供应办法，曾由教部总务司长贺师俊经长时间之研究，与教部参事刘英士联合建议部务会议，开放国定本版权，订颁印行办法及施行细则，并另组样书审查委员会，惟原办法公布至今，已历月余，迄无承印者呈送样书到都。教部并曾通令各省市教厅局长邀集当地出版业劝导印制，但一般反应现象，均以国定本时效苦无把握，业务毫无保障，将来存书无法出脱，又以印制成本过昂，资金无法运用，故大都观望。现时已四月，秋季课本亟待赶印，无可再延。贺刘两氏日来已特再汇集各项有关资料，彻底检讨，以便迅谋妥善有效之具体解决办法，藉免酿成书荒云。（参见吴永贵《民国图书出版史编年：1912—1949》，社会科学文献出版社 2018 年版）

蒋复璁继续任中央图书馆馆长。9 月 7 日，郑振铎致蒋复璁信，提到："今日所遇，兴奋之极。中午与森老、斐云，应孙君约，看《尚书正义》……宋刻宋印，见之，狂喜不禁！孙君索价四亿……此数甚昂，经与森老密商后，觉得一亿五千万，乃是适中之数。……下午，卓有同君来谈，说起宝礼堂宋板书事。他说，潘家急于求售，索五十万美金（即前二三年之原价），不能少。甚盼能归国家所有。弟闻之，更为高兴……"郑振铎建议中央图书馆和北平图书馆同上呈文，合购潘书后分剖为二。"似此'国宝'，万不宜失之交臂也……此事有办法，实又国家之福也。兴奋的情绪，久而未失。"8 日，郑振铎致蒋复璁信，提到昨天信中为潘家索五十万美金而作的折算有误。9 日，蒋复璁致朱家骅信："骝师部长钧鉴，前奉函谕，以袁馆长守和建议宝礼堂潘氏所藏宋版书籍拟由钧部购买，分配平馆及职馆收藏，并奉谕先行调查售价，再行核办。兹经查悉潘氏索价五十万美金，且不能少。若以国币折算，则需二百亿元。值此国库支绌之际，以二百亿巨款购书，势有难能。奉饬调查，仅将情形据实报告，敬祈察夺。又，上海孙仲山君藏有宋刊《尚书正义》一部，为南宋初注疏并刻黄唐本，实为经部珍刊，职馆如得此书，当可更为所藏善本生色不少。孙君索价四亿元，倘以价购，恐至少非两亿不可。为节省计，拟恳钧长致函孙君，请其捐赠，俾厚典藏。"28 日，蒋复瑰致朱家骅信："关于上海采购古籍事，顷得徐森玉、郑振铎二先生来函，谓苏州潘文勤藏书出售，书因奇精，自较张芹伯等家所藏为高。惟筹款不易，故已复函暂缓候信。但弃之似甚可惜，仅将徐、郑原函录呈钧，敬祈指示，俾资遵循，至所企荷。"（参见陈福康《郑振铎年谱》，三晋出版社 2008 年版）

屈万里继续任中央图书馆特藏组主任。3 月 3 日，屈万里致函王献唐，转呈傅振伦所赠拓片。7 日，屈万里撰成《曲阜散记》，记述 1937 年 10 月南迁图书金石至曲阜奉祀官府后情形，前有小序云："民国二十六年十月，避倭寇之难，携山东省立图书馆所藏善本图书及金石器物，僦居于曲阜城内玉虹楼旁民居。索居多暇，遂得畅游城内外诸胜迹。荒冢废墟，足迹殆遍。夕阳烟外，败草丛中，摩挲残碑，兴酣忘倦。人或以痴目我，我亦以痴自居。柔奴语曰：'此心安处是吾乡。'书生结习，聊自怡悦而已。时业师吕先生今山，方任至圣奉祀官府西席。居此既久，于淹中胜迹，了若指掌，课余则召余偕游。尝同登古城，望丘垄，相谓曰：'足之所履，目之所及，处处周情孔思。读书人得居此乡，真乃大幸。'因相视而笑，浑忘新亭之痛矣。爰就所见所闻,拉杂录之。管窥所及,间作辨证。匪曰有补于志乘,亦聊以发思古之幽情而已。今事隔十年,沧桑替更。回首前尘,都如梦寐。而黄天倡乱,烽火未熄。言念圣城,殊不胜怆恻之情也。三十六年三月七日,记于金陵。"(参见屈万里《曲阜散记》,载《天津民国日报》之《史与地》1947年3月24日第14期、4月21日第16期;张书学、李勇慧《王献唐年谱长编》,华东师范大学出版社2017年版)

柳诒徵继续任江苏省立国学图书馆馆长。3月,应国史馆之聘,担任兼职纂修,同时为《国史馆馆刊》总编辑。因国史馆会务,得与陈垣、金毓黻、冒鹤亭、商衍鎏等著名学者相过从。3月下旬,因患副伤寒而卧病1月,子鈖生来宁探视。8月,聘杨天为国学图书馆编辑部干事。12月,《国史馆馆刊》创刊,柳诒徵为馆刊总辑纂,与汪旭初、汪辟疆、刘成禺轮流主编。本刊"以研究史学及国史各项实际事例并搜集当代名家之史料著述为主旨",栏目有论著、专著、国史拟传、碑传备采、文艺、馆务。创刊号刊载柳诒徵《赵伯先传》,但焘《国史体例杂议》,金毓黻《国史商例》《释记注》,刘成禺、汪辟疆《编年史长篇略例》,马骕程《中华民国史义例及其意见书》等文。1949年1月出至第2卷第1期停刊。自国学图书馆重新开馆后,柳诒徵始终以整理收复图书、编成现存书目为己任,以此不分寒暑督促在馆同仁分辑各类书目,亲自校核,至年底最终整理图书184000余册,编印《国学图书馆现存书目》。是年,《中国礼俗史发凡》《光绪会典馆之组织》刊于《学原》。(参见孙文阁、张笑川编《中国近代思想家文库·张尔田、柳诒徵卷》及附录《柳诒徵年谱简编》,中国人民大学出版社2014年版)

何廉1月在南京创办《世纪评论》,由留美政治学博士张纯明主编,撰稿人包括萧公权、吴景超、潘光旦、蒋廷黻、翁文灏等,皆言论界、学术界、文艺界第一流作者。该刊宣称立场超然,本着独立不倚和自由主义的精神。栏目众多,主要有社论、宪法、时政、理论与制度、国际·外交、财政·经济、书评、水利、散文·小品、通讯、时事纪要、专论、青年园地等。重在现实问题的讨论,评论当时政治、经济、社会、文化等重要问题。该刊"社论"一栏主要登载中国和国际大国的政治、经济方面的论说。

按:《发刊词》曰:"在本刊创刊之初,不能不以一言以阐明其旨趣。坊间流行的刊物,□者已病其多,今若于此形形色色的刊物中,再行添加一种,岂非重牀叠架,益增纷纭? 这话是不错的,现在的刊物,确已不少,但我们相信在目前言论界不入于杨即入于墨的状况下,一种真正超然性的刊物,还有其存在的价值。我们这个小小的刊物没有党派的背景,没有宣传的作用,本着独立不倚的精神从事于现实问题的检讨。我们不敢说像这样的刊物就能成功就会拥有大数量的读者就会在社会上发生很大的力量。好在我们是不计成败的……我们希望此后一期有一期的进步,一期有一期的特色。对于每一篇文章的观点,作者自负责任不一定就和同仁等的意见完全相同。同一问题,见仁见智,各有不同。本刊自不能强求一致,自由主义的精神就在能容纳各种不同的观点,以求真理的实现。"

何廉、方显廷9月在上海创办独立的"中国经济研究所",该所作为南开经济研究所的一个分支机构,是在金城银行董事长周作民和总行协理兼西南管辖行经理戴自牧帮助下建立的,由方显廷担任所长。同时发行《经济评论》周刊。

蔡期真、吴迈进、培根、曹敏等以"独立""超党派"自居,积极响应司徒雷登的"新五四运动"的号召。5月,在南京成立"新五四社",鼓吹开展"新五四运动"。6月,创办《新五四》月刊,创刊号上刊有"新五四社"宣言《展开一"新五四运动"》,宣称:"新五四运动,是五四运动的新发展,是五四运动的新创造。根据历史的教训,我们认定:民主仍是今后世界的总趋势,科学必须为发展文化的大动力。但是要促进民主的总趋势,民主必须具备新的内容,运用新的方式。我们认为纯政治民主的时代已经过去了,因此我们主张实现新的民主主义。

新的民主主义就是要求国家为人民所共有,政治为人民所共管,经济为人民所共享。也就是要求整个社会彻底的、完全的民主化。要发展科学的大动力,科学必须确立新的目标,发挥新的效能。我们认为为科学而科学的时代已经过去了,因此我们主张发扬新的科学精神。新的科学精神,就是要求一切科学的成果,服从全体人民的利益。一切科学的运用,服从全体人民的意志。也就是要求发扬人民的科学精神,贯彻科学的社会责任,促使整个社会的现代化。由此,民主与科学必能更密切的配合,交互的作用,共同的发展,使民主加速地实现,科学高度地发展,由之创造巨大的社会生产力,产生进步的社会意识,孕育完整的社会制度,实现一个新社会主义的社会。"同期刊载了吴迈进《论"新的民主主义"》、蔡期真《展开新社会主义运动以挽救世界危局——新社会主义之理论与实际》(上)、蒋介松《当前"学潮"的总检讨》等文。

　　按:归结起来,"新五四社"倡导的"新五四运动"就是新民主主义新社会主义的运动。这与司徒雷登当初所倡导的"新五四运动"显然已有很大的出入,可见他们表面上是在响应司徒雷登的"新五四运动的呼吁,骨子里却是在宣扬他们自己的政治见解和主张。但"新五四社"坚定站在国民党的立场,对当时日益高涨的学生运动抱敌视态度,攻击学生运动做了党派斗争的工具,受了党派关系的利用。可见尽管"新五四社"以"独立'"超党派"自居,本质上仍是为国民党的统治服务,这一点与司徒雷登的主旨还是颇为一致的。只是由于国民党在战场上节节败退,反独裁反内战的学生运动一浪高过一浪,"新五四社"所宣扬的理论实际上已经破产。在这种情况下,《新五四》只发行了一期就只好停刊,它所倡导的'新五四运动'也随之烟消云散了。(参见欧阳军喜《"五四"的变奏:1946—1947年的"新五四运动"述评》,《党史研究与教学》2010年第3期)

　　李慕白11月11日在南京《世纪评论》第2卷第18期上发表《教授与学士的厄运——我对争取学术独立的感想》,认为胡适所提的计划"固是改革今日大学教育的办法",但在实行之先,"必须普遍的求得教授地位的保障,研究学术,发表言论必须有充分自由",且"国、共、民、青,任何党派都不应该在一个以研究学术为最高目标的学府中存在"。

　　周作人对国民党伪首都高等法院的判决不服,向最高法院提出上诉,12月9日被改判10年有期徒刑。周作人声诉的理由是:1.他与已故冯祖荀、孟森、马裕藻三人由校方指定为留平教授,委托保管校产,设法保全理学院,忍辱冒死虚与委蛇得不辱使命。北大文化机关各种设备,有增无减。2.他抱定学校可伪,学生不伪,政府虽伪,教育不可使伪之宗旨,抵抗奴化不遗余力。胜利后承现任教育部长朱家骅认为华北教育不曾奴化,对北平各校教职员公开声明有报纸揭载可凭。3.敌人企图奴化中国人思想,揭橥所谓大东亚建设思想拟建立为中国中心思想。他曾于三十一年冬发表论文《论中国思想问题》谓:中国国民原有其固有中心思想,在于求民族之生存,不能损己以从人。至次年2月声请人去职,即有敌宪兵队拟加逮捕,经伪北平市政府阻止。9月间敌军部之思想统制机关日本文学报国会召开大东亚文学者大会,该会会员片冈铁兵提出议案,扫荡反动的中国老作家,对于周作人厉行攻击,被敌国认为其思想上之敌人,确实有据自不能与其合作,共同提倡大东亚思想,奴化中国人民,亦即不能有通谋敌国之情事。原审对于上开有利证据未予注意调查率予判处重刑,实难甘伏云云。

　　按:前辅仁大学教授沈兼士、前辅仁大学名誉教授董洗凡、辅大教育学院院长张怀、辅仁大学教授顾随、北京大学教授陈雪屏、前清华大学教授俞平伯、前清华大学教授邓以蛰、临时大学班教授张佛泉、华北日报总主笔孙几伊、中国大学教务长童德禧、辅仁大学教授孙人和、中国大学教授王之相、前北平大学教授陈君哲、西北大学教授武梦佐、西北大学教授杨永芳等15人为周作人案联名写呈文致蒋介石政府南京高等法院,列举 1943 年在东京举行之大东亚文学家大会上日本文学报国会代表片冈铁兵对周作人指斥之语,说明"周氏在伪组织中言行有于敌寇不利",并附呈"周作人服务伪组织之经过"一文,证明其"保护文化,确有实绩",要求法院"依据实绩,减其罪戾,俾就炳烛之余光,完其末竟之著译"。(参见张菊香、张铁荣主编《周作人年谱》,南开大学出版社 1985 年版)

江亢虎继续拘于南京。3 月 20 日,国民政府最高法院刑事审判庭经复审,发布特种刑事判决书,维持首都高等法院的原判。4 月 30 日,在接到最高法院的判决书后,江向首都高等法院申请再审。5 月 8 日,首都高等法院再次对江亢虎汉奸案进行了审理,驳回江的申请。14 日,江向国民政府最高法院呈递抗告书,要求"撤销原裁定,准予再审,期得平反"。6 月 16 日,国民政府最高法院认为江亢虎的抗告"殊无理由",予以驳回。10 月 22 日开始,被执行无期徒刑,关押在国民党南京首都监狱。(参见汪佩伟编《中国近代思想家文库·江亢虎卷》及附录《江亢虎年谱简编》,中国人民大学出版社 2015 年版)

杨联奋、何健全等为常务理事的中华文化事业励进社成立于南京,以"研究学术及促进文化事业之发展"为宗旨。理事会设秘书处及总务、文化、联络、企业、合作事业 5 部。并制订《十大信条》:(一)文化全民化;(二)教育大众化;(三)社会制度化;(四)政治民主化;(五)土地国有化;(六)农业机械化;(七)工商现代化;(八)税收累进化;(九)军队国家化;(十)国防科学化。其成立宣言声称:今后的任务在维护固有文化道统,吸取西洋现代文化精神,发展未来文化事业。

孙科 3 月任宪政实施促进委员会会长,曾琦、徐傅霖、莫德惠、张继为副会长,曹明焕等 125 人为常务委员。

刘月波、黄早阳等为理事的南京地方自治协会在南京成立,主要从事地方自治的研究和宣传。

孙祖惠、方冰美、胡家岱等为理事的中华聋哑生活互助社 3 月 2 日在南京成立,以"改善社员生活,实施聋哑职业教育,发展生产建设"为宗旨。

曾虚白、傅抱石等 150 余人 1 月在南京参加中华全国文艺协会首届年会,会议改选理事,张道藩、王平陵、朱光潜等 31 人当选为理事,熊佛西、陈树人、徐悲鸿等 9 人当选为监事。

张纯明主编的《世纪评论》1 月在南京创刊。萧公权、巫宝山、吴景超、梁实秋、李长之等撰稿。

刘启瑞等 2 月 21 日在南京发起成立中国渔业生产建设协会。

吴贻芳为董事长,朱熊芷为社长的中国儿童福利研究社在南京成立,创办《儿童福利通讯》,编辑出版《儿童福利丛书》多种。

徐悲鸿、齐白石、陈之佛、傅抱石、汪亚尘、柳子谷、陈树人、谢稚柳、赵少昂、柳子谷等绘画作品 300 余件在南京文化会堂中华全国美术会主办之"现代美术习作展览会"上展出。

于斌 1 月就任天主教南京教区总主教职。

胡适 1 月 1 日出席北平各机关新年团拜并发表谈话,大捧"国大"的"成功",称所定宪法"乃世界上最合乎民主之宪法"。2 日,教育部长朱家骅致密电,称本部对美兵奸污女生事极为关注。4 日,教育部致电胡适、梅贻琦,告上海、南京均有学生为沈崇案游行。再次强调此案为法律案件,非外交问题。要胡适做出"抗议"的表示"以正视听",并要"劝导学生严守秩序,安心学业",防止"有人扩大煽动"。盖是时全国大中城市几乎到处都发生抗议美兵暴行,要求美军撤出中国的集会和游行,国民党当局甚为紧张。6日,国立北京大学行政会议第28次会议决议事项:教育部令知本校医学院学生肄业年限仍应为6年,决议再请维持原案;教育部令知各校新成立之院系在未奉核准前不得招生;教育部令知本校冬季煤炭费核定为3.2亿元;决定1月11日在蔡先生纪念堂举行蔡故校长80诞辰纪念会,请周炳琳会同秘书处筹备;训导长陈雪屏报告北平市学生为抗议美兵强污女生事件游行经过;校长报告美兵强污女生事件,现请法律系教授燕树棠等6先生组织法律顾问委员会,负责代被害人搜集法律证据。7日,《申报》报道,胡适为北大女生被美军奸污事于6日招待记者。胡适说:"沈尚在平,且每日均与校方及其他关系方面保持接触,所谓沈已失去自由,更是无稽,因沈无亲属在平,北大乃以监护人资格,聘北大法学教授燕树棠、费青及清华教授蔡××三氏为其法律顾问,从侧援助……。沈当时因美兵之强暴行为曾受伤六处,今犹存二处。"9日,外交部长王世杰致电,对胡适准备出庭作证表示不安,说:"美方刻正羞愤同深,兄之地位或未便如此。"

胡适1月10日致函中国太平洋国际学会各位理事,报告印度"全亚洲会议筹备会",于去年9月13日发函邀请中国六团体派代表赴印参加"全亚洲会议"事。信中说,被邀之中国六团体是太平洋学会、国民党、共产党、外交政策协会、中印学会、新亚细亚学会。给本会的邀函于上年11月始在国民党中央秘书长吴铁城处见到。本人曾先后参与杭立武与吴铁城分别召集之会议,讨论赴会事。曾表示希望该会展期。在此议未获同意之后,又曾表示太平洋学会不拟参与之意。要求各理事对此事表示意见。13日,国立北京大学行政会议第29次会议决议事项:校长报告卫生署防疫设计委员会与本校筹商设立结核病防治院经过;国立北京大学组织大纲,依修正通过;追认国立北京大学教务通则;报告在京请求增加复员费15亿元等。14日,北平《益世报》报道,北大400余名学生签名要求撤换"处事不公及不负责"的训导长陈雪屏。同日,国际关系学会成立,推胡适为理事。18日,胡适在北大作学术讲演,题为《宋代理学发生之历史背景》,认为"理学之开山祖师"是司马光。20日,《燕京新闻》发表《北平市学生抗议美军暴行联合会宣言》。该《宣言》宣布"北平市学生团体抗议美军驻华暴行联合会"正式成立。《宣言》要求"政府当局立即向美政府提出撤退美军的外交行动",并要求全国各大中学校学生、各界先进领袖、各机关、法团人士,"大家联合起来一致行动,务使这一运动成为真正人民立场,人民要求,人民愿望的彻底实现"。《宣言》提出了四点要求:(一)要求美军立即撤出中国。(二)要求政府执行自主外交。(三)在美军未撤出中国前,应与一般环境隔绝,限制美军随意外出。(四)对北平东单强奸暴行,美军当局应向中国道歉,罪犯依法公审,并由中国人民团体代表陪审,官方应随时公布事实真相。27日,国立北京大学行政会议第30次会议,决议事项:修正国立北京大学组织大纲第6条、第12条、第14条、第19条第三款、第20条;训导长陈雪屏报告,与校长约请政治系教授商定学生自治会选举原则、经过,决议再请周炳琳草拟条文;决议恢复教授休假办法,请汤用彤、江泽涵、周炳琳三人审查本校教授休假规程等。28日,北平《益世报》报道,昨日,北大公费生审查委员会开会,胡适主持会议,出席者有各院院长汤用彤、江泽涵、俞大绂、周炳琳、马文昭及训导长陈雪屏、教务长郑华炽等。会议对公费生申请办法,除照部令办理外,并确定四条审查原则。31日,胡适致函杨守敬门生卢慎之。

　　按:上年因胡适《考据学的责任与方法》一文曾涉及其先师,卢氏曾特作文反驳。胡适又作《论杨守敬判断水经注案的谬妄——答卢慎之先生》一文,刊于1月29日天津《大公报·文史周刊》。是日,胡适又写信谈此事,信中说:"去年承先生赐大文讨论《考据学的责任与方法》一文,……此文对于令先师邻苏(杨守敬别号)先生颇有不敬之处,敬向先生请罪。大概邻苏老人颇喜自夸大,其治学方法实甚多疵病。《水经注疏》八十卷他自称潘孺初在光绪五年已见其初稿,且有题词了。及其《要删》印行后,王葵园寄书愿出资刊刻其八十卷全稿,他才自认'吾书实未成'。此已在潘孺初题字之后二十五六年了。……此可见,他老人家信口开河,不知治学者所谓谨严正确为何事。"

胡适 2 月 1 日为美军人法院开庭审理美兵皮尔逊强奸案出庭作证。该法庭曾判决皮尔逊有罪,但被告后来上诉于美国上级军事法庭,经海军部长裁决,竟宣布无罪释放。同日,北平《益世报》以《十三年来新闻教育鸟瞰》为题,报道北大新闻教育的源头。报道说,"1918 年北京大学设新闻学课程,为政治系四年级选修课程之一,每周授课 2 小时,由徐宝璜主讲"。后,文、法科亦多选修。"在徐宝璜倡导下,组成新闻学研究会,为国内最先研究新闻学术的团体。"4 日,傅斯年致信胡适,报 15 日蒋介石邀谈,拟请胡适出任国府委员兼考试院长一事。6 日,胡适复信给傅斯年说:"我因为愿意帮国家政府的忙,所以不愿意加入政府。""我在野——我们在野——是国家的、政府的一种力量。对外国,对国内都可以帮政府的忙,支持他,替他说公平话,给他做面子。若做了国府委员,或做了一院院长,或做了一部部长,……结果是毁了我三十年养成的独立的地位,而完全不能有所作为。结果是连我们说公平话的地位也取消了。——用一句通行的话,'成了政府的尾巴'!"信中表示希望蒋介石"充分抬出党内的最有希望的自由分子"。认为"行为国政院长必须换人,雪艇、哲生都比子文高万倍"。并说,为国外的号召计,似以哲生组阁为相宜,雪艇次之。7 日下午,华北学联在北大民主广场举行华北学生声援同济血案抗议非法逮捕控诉示威大会。参加者有北大、清华、燕大、师院、中法等院校的大中学生 3000 余人。大会主要强调三点:(一)抗议政府残害青年暴行。(二)保卫自治会,发表共誓宣言,反对教育部新颁布的修正自治会组织法。(三)营救被捕同学,控诉政府非法逮捕蹂躏人权事实。会后,在广场示威游行。8 日,教育部部长朱家骅致函北京大学校长胡适,复北京大学关于调整学系的决定。10 日,国立北京大学行政会议第 31 次会议决议事项:训导长陈雪屏先生报告,学生公费审查委员会决定公费给予标准,及给予全公费半公费人数;秘书长郑天挺先生报告,教育部令发《大学研究所暂行组织规程》《北京大学与北平公立结核病防治院董事会合作办法》,依修正通过;《教授休假研究规程》,依修正通过;《本校讲师、研究助教、讲员、助教出国研究暂行补助办法》,依修正通过。

胡适 2 月 11 日出席并主持学校行政例会,会议决定:(一)数学系教授申又怅任先修班主任;(二)拟订出与北平结核病防治院合作办法,该院有 250 张病床设备,北大出人力充医师;(三)通过教授休假办法,教授任期 7 年,休假 1 年,由校方津贴旅费出国研究或讲学。14 日,胡适致信张元济,谈他的《中华民族的人格》一书。此书乃张氏于抗战期中写成,专意宣扬民族气节。当时即曾寄赠胡适请评改。此前 2 月 6 日,张元济又寄一信请评改此书。胡适复信说,书中所选人物皆复仇侠士,范围太窄,建议补充马援、诸葛亮、陶侃、王导、魏徵、陆贽、范仲淹、韩琦、王安石、张居正及召子、墨子、汉光武、唐太宗、宋神宗等人物。信中谈到近来校勘《水经注》的情况,自谓:"在此天翻地覆之日,我乃作此小校勘:念之,不禁自笑。"17 日,国立北京大学行政会议第 32 次会议决议事项:教务长郑华炽报告,奉教育部令分发迟到学生仍应收录及本学期请求休学生人数;校长报告得傅斯年来函,本年度国家预算教育设备费共列 500 亿元,本校已开列预算请傅先生在京代为请拨;校长报告,教育部朱家骅部长来函商榷本校院系设置问题,决议请各院系签注意见后函复;决议请校长与结核病防治院董事会签定合作办法。20日,傅斯年致信胡适,告与蒋介石再度谈话的情况。22日,胡适致函王世杰。当时王世杰曾奉命北上传达蒋请胡适任国府委员之意,在两人长谈后的当夜写此信,说:"今日分别后,细细想过,终觉得我不应该参加政府。考试院长决不敢就,国府委员也决不敢就。理由无他,仍是要请政府为国家留一两个独立说话的人,在紧要关头究竟有点用处。"又说:"我愿意做五年或十年的北大校长,使学校有点成效,然后放手。此时放手,实无以对北大同人,亦对不住自己。"信中还谈到,因参加"国大",共产党和民盟的刊物用全力攻击我。他们最恨我的,一是出席"国大",一是把因沈崇案而引起的学潮镇定下去了。据说郭沫若要办七个副刊来打胡适。"我并不怕'打',但不愿政府供给他们子弹,也不愿我自己供给他们子弹。"24日,国立北京大学行政会议第33次会议决议事项:校长报告美国医药助华会自本年起,改变政策,决定以全力援助五六个中国医学院,本校医学院为其中之一(其余为中央、武汉、上海医学院,湘雅医学院四校);通过北京大学与美国医药助华会合作办法。同日,郑英有致信,告以西沙群岛历来属于中国的有关历史材料。同月,学校制定《国立北京大学1946年度工作计划书》。该《计划书》从招生、文学院、理学院、法学院、工学院、农学院、研究所等7个方面提出设想和计划,以适应教育发展的需要。

胡适3月3日出席国立北京大学行政会议第34次会议,决议事项:教务长郑华炽先生报告,学生于2月27—28日罢考两日,本日教务会议议决,定于3月5、6日补考;秘书长郑天挺先生报告,1947年度本校经常费核定为3.76亿元;教职员额为1050人,工役员额为542人;教育部拨发本校1947年度建筑和扩充改良费6亿元;决定本校教授休假,应自每年8月起始等。5日,蒋介石致信胡适,仍想拉胡适加入政府。信中说,改组后的国府委员会为集议决策机关,甚少琐事;其职权大于参政会而性质相同。如此一机关也不参加,"社会且将致疑于政府革新政治之诚意",所以拟推为国府委员。"倘因时间匆促,不及于发表前商得先生之同意,尚望体念时局之艰难,务请惠予谅察。"6日,胡适飞上海参加协和医学院董事会。后到南京参加中基会,其间两次见蒋介石。蒋氏继续劝促其加入国府委员会,胡适似意有所动。11日,行政院河北平津区敌伪产业处理局致函北京大学,经本区第五十四次审议会议决:北海公园团城之伪古学院之书画拨交北京大学,陶器拨交故宫博物院,家具拨交文物整理委员会。由沈兼士负责移交,函请查照。17日,国立北京大学行政会议第35次会议决议事项:主席报告,训导长陈雪屏赴京,训导长职务由贺麟代理;休学学生之公费,应俟复学时再行申请,不得保留名额;教务长郑华炽报告,学期考试二分之一不及格学生退学事,经教务会议复议,仍维持原议。同日,北平《益世报》报道,北大、朝大、中大、师大、中法、北师、辅仁、志成、华大等9校爱国团体16日在中国大学举行各校代表谈话,通过发起"北京市学生爱国护权运动会筹委会"。号召全市学生联合团结起来,继续反抗国际干涉中国内政,进行伟大爱国护权运动。24日,国立北京大学行政会议第36次会议决议事项:聘请马大猷、苗仲华、饶毓泰、江泽涵、钱思亮、朱物华、郑华炽7先生为工学院筹备委员,马大猷为主任委员并参加行政会议。20日胡适回北平。23日,致函傅斯年,谈蒋介石劝促其加入国府委员会。25日,胡适致函郑天挺。为学期考试有一半科目不及格者甚多,商议处理办法。28日,傅斯年致函胡适,说接得胡适23日书,"万分惊愕"。胡适接读傅斯年此信后,始下决心坚辞国府委员事。遂复电蒋介石称,经"反复考量,并曾与北大主要同事商谈,终觉适不应参加国府委员会。府委是特任官,决不应兼任大学校长,……北大此时尚在风雨飘摇之中,决不许适离开,道义上适亦不愿离开北大"。

按：与此同时，北大文学院长汤用彤、理学院长饶毓泰、秘书长郑天挺联名致电朱家骅，力言"北大方始复员，适之先生万不能中途离校"。朱家骅以维系北方教育大局为由，亲向蒋介石极力陈词，不可使胡适脱离北大。至 4 月 19 日，得蒋介石复电，谓："此次尊重兄意，不克延致，殊为耿耿。"此事始告一段落。

胡适接钟凤年 4 月 1 日信，谈《水经注》研究。2 日，北京大学呈文教育部部长，本校已从北海团城古学院接收图书和家具。图书藏校图书馆，家具运校应用，分别造具清册 2 份，备文呈报鉴核备案。3 日，北平故宫博物院院长致函北京大学，告知接行政院秘书处电，同意将汉奸嫌疑犯张仁蠡所藏石刻碑版改归贵校接收保管，函请查照。6 日，北平《益世报》报道，北大天主教同学会于今日（复活节）在北堂举行正式成立大会。报道说，在本市教外大学有天主教组织，尚为创举。7 日，行政院河北平津区敌伪产业处理局电北京大学，就北京德商兴华公司所存仪器拨交北京大学一事，重申其拟定分配办法三项，查照办理。同日，胡适复钟凤年一封长信，信中说："治《水经注》似不当用王氏合校本为底本。……王氏所见版本太少。"又说："在今日治《水经注》似宜稍稍讲究版本。"信中强调指出，戴东原所据底本是其"生平所校本"，并非大典本。戴校本与全、赵多相同，并不能说明戴偷窃了全、赵之书。他们既是同校一部书，"故其校订往往相同，这是校勘学上最平常的现象。若不相同，则校勘学不成一种科学了"。并肯定说"东原绝对未见赵书"。8 日，北京大学致函司法行政部、河北平津区敌伪产业处理局，除转抄行政院秘书处电及北平故宫博物院函外，并告知将派员赴故宫博物院接收张仁蠡所藏之石刻碑版，即希贵部（局）查照备案。12 日，因北京大学红楼、东斋受暴徒袭击，同学多人被殴受伤，北大 19 名教授提出"罢教以示抗议案"。14 日，北大讲助教联合会致函胡校长，要求学校当局对 4 月 11 日暴徒袭击红楼、东斋事件向法院控告北平治安当局，依法予以制裁。同日，国立北京大学行政会议第 38 次会议，决议事项有：本校自 4 月 15 日起改用夏季时间；本校周刊自 5 月 4 日复刊，周刊只登公告、章则、统计等，不登文艺及言论；请胡适等 11 位先生为北大博物馆筹备委员会委员，由胡适召集；决定拨法币 1000 万元为博物馆开办费。17 日，《申报》报道，北京大学决定设立博物馆，已推定胡适、汤用彤、裴文中、杨振声、唐关络等 9 人为筹备委员，由胡适召集。馆址择定国会街。18 日，北大教授会通过《国立北京大学组织大纲》，共 26 条。

按：第 1 条规定本大学根据中华民国教育宗旨及其施行方针，以研究高深学术，养成专门人才，陶融健全品格为职志。第 2 条至第 13 条是院系科的设置，现设理、文、法、医、农、工六学院和研究院，各学院下设系科若干。大学置校长一人，由国民政府任命；各学院置院长一人，由校长就教授中聘任；各学系及医学院医学系各科各置主任一人，由院长商请校长就本系本科教授中聘任；各学系置教授、副教授、讲师、研究助教、讲员、助教若干人，由各学院院长商请校长聘任。第 14 条至第 24 条规定本大学设教务处、秘书处、训导处、图书馆，各处馆各置教务长、秘书长、训导长、馆长各一人，由校长就教授中聘任；本大学设行政会议、校务会议、教务会议、教授会，各院系设院务会议、系务会议等议事制度，分别由校长、教务长、各学院院长及各学系主任按各自的职责主持会议。第 25、26 条规定本组织大纲经教授会议决后，由校长公布施行。组织大纲的修订，以校长或校务会议会员五人以上提议经校务会议决议后，由校长公布。

胡适 4 月 21 日出席国立北京大学行政会议第 39 次会议，决议事项：五四纪念日学生拟演剧三日，请求补助，决议纪念五四不是庆祝，不准演剧，学校概不补助；请理、文、法三院院长推荐李氏基金会赴美国研究人选；会议还讨论了先修班学生撕毁壁报发生事端的处理问题。22 日，钟凤年再致书胡适，谈水经注案。对胡适答书，颇为不满。24 日，北大历史系《历史研究法》一课开讲。此课议定用讲演法授课，由各教授轮流讲演，共 16 讲。第一讲由胡适担任，题为《历史与证据》。25 日，北平《益世报》报道北大举行系列学术讲演，第一讲为胡适之先生的《历史研究法》。26日,北平《益世报》报道,英国政治学者葛德邻教授在北大讲演《世界文化的危机与人生价值的争取》。此后尚有两次讲演。30日,北平警备司令部陈继承司令致函北大校长胡适:本年五四运动节即届……为谋安全起见,本届纪念仪式,拟请各团体及各学校均在本址个别举行,并避免今后游行,以免发生事端。同日,北大、清华、南开三校召开1947年度招生联席会议,决定三校联合招生并通过《办理联合招生细则》。5月3日,傅斯年致信胡适,说蒋邀请做官的那件事。晚,出席北大学生为纪念五四而举行的历史晚会,讲演《五四后新思潮运动的意义》。4日,在天津《大公报》发表纪念五四的论文《五四的第二十八周年》。其中说,五四运动在当时的结果,第一使北京政府罢免曹、章、陆三人。第二,使巴黎和会的中国代表团拒绝在凡尔赛和约上签字。又说:"五四不是一个孤立事件。五四之前,有蔡元培校长领导之下的北京大学教授与学生出版的《新青年》、《新潮》、《每周评论》所提倡的文学革命、思想自由、政治民主运动。五四之后,有全国知识青年热烈参预的新文艺运动和各种新的政治运动。"接着,引述孙中山先生1920年1月29日写给海外同志的信中所说的话,说孙先生首次给五四前后的运动以一个概括的新名词,谓之曰"新文化运动"。认为:"此种新文化运动在我国今日诚思想界空前之大变动。""此种新文化运动实为最有价值之事。"文章说:"孙中山先生的评判是很正确很平允的。"并强调说,五四运动造成"思想界空前之大变动","这是五四运动永久的历史意义"。同日,胡适出席北京大学校友会举行的聚餐会,讲话称蔡元培把一个旧式的大学改造成一个新的大学,主要是由于:第一、真正提倡学术自由精神;第二、不独揽大权。此外,这所新式大学得以成立,"陈独秀亦为值得怀念的人"。他还宣称,北大的精神是"自由与容忍"。

　　按:当时上海、南京、北平等地学生纷纷集会示威反内战、反饥饿。因国民党的反共内战,已使经济破坏,物价飞涨,民生凋蔽,青年学生也受到饥饿的威胁。为应付学生运动,胡适手拟布告,一面表示尽力解决物价上涨给学生生活带来的困难,一面说:"至于同学们对现实政治自由发表意见,我们当然不反对。但政治问题都是很复杂的,都不是短时期能解决的,更不是学生罢课所能立刻收效的。所以我们很诚恳的希望同学们郑重考虑,切不可以牺牲学业的方式,作政治的要求。"此布告于5月16日,在胡适主持的临时行政会议上予以追认。

　　胡适5月初在天津图书馆觅得全祖望五校本《水经注》,这是一个很重要的版本。因此,得之甚喜。清室遗老金梁得知消息后,于5月6日特赠小诗两首。5日,国立北京大学行政会议第40次会议决议事项:秘书长报告,本届校务会议教授代表选举结果。9日,教育部令北京大学,呈报接收伪古学院图书家具清册等均悉,准予备案。接收之物列入该校财产目录为要。同日,《申报》载,北大校长胡适博士,聘任英国著名文学批评家安普逊,为本校英国文学教授。11日,《国立北京大学周刊》载文介绍北京大学文科研究所概况。其中说,本所由文学院院长、各系主任及本所各工作室负责人组成委员会主持日常工作。因多年资料积存甚多且未清理,又因经费困难、人员名额有限,故分为四室:古器物整理室、金石拓片整理室、明清史料整理室、语言乐律实验室。各室依据各自藏品进行分类编号、陈列、保管等。本所计划在来年招考研究生。12日,北大召开首次校务会议,胡适校长主持,33人出席,会议议决:(一)关于训导制度问题,决定维持现在制度,训导处内部组织推定向达等7人负责。(二)关于设立附属中小学问题,决定推陈友松、袁翰青、冯承植负责草拟计划,研究地址。16日,北平警备司令部为学生游行示威事致胡适函,说,据报北平各院校将于明日举行游行示威运动,此种举动显与政府明令抵触,请负责劝告学生即行停止或予制止,以免发生意外。17日,北京大学布告,说,本校同学们酝酿着罢课,我们不能不向同学们说几句话。"我们对同学们的生活时刻关怀。""我们切望同学们不可为这个问题轻易牵动到功课学业的牺牲。""至于同学们对现实政治自由发表意见,我们当然不反对。但政治问题都是很复杂的,都不是短时期所能解决的,更不是学生罢课所能立刻收效的。……切不可用牺牲学业的方式来作政治的要求。"同日,国立北京大学行政会议第41次会议决议事项:本校第一院红楼全部改为教室;请校舍校址设计委员会主任委员钱思亮先生出席行政会议;北京大学布告:"依据校第9次教务会议之决议,本年毕业总考停止举行。"19日,北京大学校长呈教育部部长:请教育部鉴核转请行政院准发入口证,以便提取本校农学院从美国图书公司订购的已运至上海的西文杂志4箱。20日,北京大学院系联合会《给胡适校长的一封信》,通知他"昨天下午华北各院校反饥饿反内战联合会议决定,今日下午一日举行反饥饿反内战游行,并去行辕请愿"。"请求校长再通知地方治安当局予以保护,以免发生意外事件。"

按:5月18日,北京大学院系级联合会发出《北京大学学生敬告师长书》,说:"我们已经决定,自5月19日起,暂行罢课三天,展开反内战,反饥饿运动",希望师长同情与支持。同日,全体系级代表大会也写了《敬告师长书》,说:"八年苦战,中国人民终于获得胜利,但不幸胜利的成果转瞬即被压碎在内战之下,四万万人日夜挣扎在死亡线上……显示中华民族已迫近覆亡的深渊。""祖国和良心,一再鞭策我们,我们不得不行动了。也许我们的行动不会获得即刻的效果,但我们坚信,它一定能掀起中国人民求生的大潮,而这大潮终有一天必能淹死内战这条赚食中国人民的毒蛇。"敬告书希望得到师长的同情、指导和更大的支持。同日,北京大学院系联合会发表《北京大学学生罢课宣言》,该《宣言》提出6点主张:(一)立即停止内战,反对武力统一!(二)恢复政协路线,组织民主的联合政府!(三)停止征兵征实征购;(四)清算豪门资本,彻底挽求经济危机!(五)实现"四项诺言",保障人权,保障自由!(六)提高教育经费:(1)提高教育界待遇。(2)全国学生普遍享有公费待遇。同日,清华、北大、北洋学生组织宣传队到西单等处讲演,遭到"军服青年"围攻殴打。据当时报纸报道,北大8人被打致伤,其中2人重伤。此事发生后,北大组成了"'五一八'"血案后援会"。

5月19日,北平《益世报》报道,北大、清华、朝阳、南开、天津北洋、北平北洋、唐山交大、汇文等平津唐各院校学生代表当夜(18日)在北大开会,决定成立"华北区各院校声援'五一八'血案后援会",并决定向北平行辕提出抗议和慰问受伤学生。同时决定各校自19日起一致罢课,并提出9条口号:(一)抗议"五一八"血案,确实保障人权;(二)反饥饿、反内战;(三)公教人员生活待遇应按物价指数比例增加;(四)提高教育经费至国家预算百分之十五;(五)全国各公私(立)大学生应一律公费待遇;(六)停止征兵征粮;(七)清算豪门资本,彻底挽救经济危机;(八)提高工人生活,减除农民痛苦;(九)恢复政协路线,实现公正民主政治。

5月20日,据《益世报》载:5月18日,蒋介石发表文告,说学生运动"是受共产党直接间接策动"。骂学生"干法乱纪",将采取措施断然处置。5月19日,胡适对记者谈话说,蒋介石的文告"不很公道",说政府对付学生的态度"有些感情的成分"。他承认学生干预政治是政治不上轨道,人们不满于现状的结果。但强调反对用罢课方法来干预政治。同日,上海《文汇报》专电报道,北大等11个大学及若干中学生20日在北大红楼操场集合,决定下午一时起游行,北大62位教授在民主墙上贴出向同学致敬及慰问的函件。其中说:"我们认为这种对国家不忠对民族不孝的内战,每一个中国人都应该反对!你们的努力,代表了每个中华男女的愿望!你们的声音,喊出了全国人民衷心的控诉,同时你们的被伤害,也暗示了谁人使人民饥饿,谁在进行内战!"同日上午,北京各大中学校,学生陆续到北大红楼操场集合。下午一点多钟,高举着"华北学生北平区反饥饿反内战大游行"横幅的队伍,自北大出发,进行游行示威,北大许多教师也参加了游行的行列。游行队伍沿途高喊"反对内战""反对饥饿"的口号,宣传队则张贴漫画、标语、演唱反内战歌曲,朗诵诗歌,进行街头演讲,还派代表到中南海行辕请愿。晚7时左右,游行队伍返回北大红楼操场,举行大会。大会决议继续罢课,并决定6月2日为反内战日,同时决定将北大红楼操场命名为

"民主广场"。

胡适5月21日在《致朱家骅函》中向教育部报告北大、清华等校学生20日游行示威的情况。函说:"学生共约四五千人,在北大第一院操场集合,于下午一时半结队出发,经东四、东单、王府井、长安街、西单、西四游行,并推代表至行辕请愿。沿途……未肇事端……现校内尚称安谧。"同日,胡适复张元济书,谓:"藏文甘珠尔,承商务馆诸公允移存北京大学,最可嘉惠学人,同人至深感激。因校中派研究员王君到北平图书馆点查全书,颇费时日,故久未奉复。现已点查完毕,已由北大具详细收条交北平图书馆,并具正式收条交付平馆伊见思先生,请其转送总馆。此议由先生促成,敬此申谢。北大新设东方语文学系,已成立的部门有梵文、藏文、阿剌伯文,下学年添设波斯文。今得尊处惠借藏文经藏,最近又可购得一批梵文与巴利文经典,此系大可有发展之望了。"又告以《水经注》案研究进展。22日,胡适发出中央研究院第一次院士选举人文组的人员部分拟提名单:哲学:吴敬恒,汤用彤,金岳霖;中国文学:沈兼士,杨树达,傅增湘;史学:张元济,陈垣,陈寅恪,傅斯年;语言学:赵元任,李方桂,罗常培;考古学及艺术史:董作宾,郭沫若,李济,梁思成。又在致萨本栋、傅斯年书中重点说明"三位老辈":吴敬恒、张元济、傅增湘。23日,上海《文汇报》专电报道,北大杨振声、吴之椿等31位教授22日发表宣言,说:"这几天汹涌澎湃的学潮蔓延全国,而政府当局业已决定断然处置办法,使我们深深忧虑此后的发展将更险恶,而至无法收拾。""青年学生运动的起因,是不满现实。唯有改变现实,才能平息他们的不满,推诿与压制,则结果适得其反。殷鉴不远,不敢不告。"

胡适校长5月24日电南京行政院秘书处,查悉张仁蠡所藏石刻碑版等文物中,当有磁器图章等项,适合本校博物馆藏,电请准由本校一并接收保管。30日,上海《大公报》登载北大、清华两校102名教授发表的《为反内战运动告学生与政府书》,其中对学生说:"近来有人喊出六月二日为全国反内战日的声音,届时各地或将有更大规模的游行宣传。要求温饱是自然的人情,争取和平,乃今天的国是。"我们一方面对运动表示同情,但另一方面,又感到事态险恶,说"姑不谈学生应以学业为重的老话,青年亦实应珍重其血肉,宝贵其精神"。说"我青年之气要敛,心要沉,所见要远,所行要稳。而尤要者则为能发能收,动作机敏,不屈于强暴,亦不惹无谓之纠纷。运动工作固无懈怠停顿之理,而如何可以不废学业,避免无谓牺牲,其理至明,其道正多……久宜慎思明辨,稳健以行"。对政府当局则提说,"政治败坏之责任,本在政府而不在学生,学生有苦闷郁愤,而发生之呼吁及运动,只能善导,而不应高压。治本之道,在求实现其正当合理之要求;治标之法,亦惟有疏导,以缓和其情绪。此乃政府起码的责任,亦当局应有的措施。今竟使暴徒凶殴,动员警察逮捕,喋血于都,逞威于青年,并进而禁止请愿、封闭报馆。自乱法纪,自毁道德。民主何有,宪法云何?""此后务宜切实制止,一切类似的暴行。"说:时至今日,全国上下,均应彻底警悟,开诚相处,唯亲爱可以招致祥和,唯理性可以解决问题。31日,出席"北平行辕"新闻处在瀛台举行的星期六记者招待会,讲学生运动问题。是月,胡适邀同北大、清华等校一些教授组织"独立时论社",针对国内外政治问题,各人分头撰写文章,交全国各地有关系的报纸发表。陆续参加该社的有40多人,建立关系的报馆有38家。这是在舆论上给蒋政权以最大的帮助。

　　按:5月21日北大发出《北大学生告中学同学书》,号召中学同学"和我们站在一起,为了我们的国家,为了我们的民族,参加反饥饿反内战运动。向恶势力斗争,向真理迈进!"

　　5月23日,上海《文汇报》发表北京大学院系联合会《为发起"六二反内战日"告全国同学书》。该《告同学书》说："为着使广大的青年都有求学的机会,在校的同学都能安心读书,我们要坚决反对内战、反对饥饿。"《告同学书》在叙述了国民党二中全会推翻了政协决议,制造杀害反内战的李公朴、闻一多等惨案和"国民党三中全会决定武力统一政策"等事实后,说"是谁发动内战,谁是内战的罪魁?"《告同学书》提出:"唯有政府放弃武力统一政策,恢复政协路线,成立民主的联合政府,内战才能终止,国家才有生路,人民的痛苦才能解除。"《告同学书》说,决定"反内战日"大家做以下几项工作:(一)举行哀悼内战死难的人民及士兵大会;(二)发动反内战反饥饿大游行;(三)进行街头宣传,联合各界人民罢工罢市罢教罢课;(四)访问工商界暨各机关,吁请共同起来反内战。

5月24日,北大快讯社编印的《反内战反饥饿游行专号》刊登5月24日《反饥饿反内战——万人大游行》的长篇报道。同日,学校再次贴出《北京大学布告》,"劝告同学们如期复课",不赞成继续罢课。

5月28日,北京大学布告,转发北平警备司令部陈继承要学校劝导制止学生游行示威、宣传罢业罢工的公函,并要求学生"爱惜学业,不可再有罢课游行一类的行动"。

5月31日,北平警备司令部陈继承兼司令致函北大校长胡适:查维持社会秩序临时办法明定禁止罢课游行……本部为防患于未然起见,相应再行函达,敬请贵校长惠予召集首要分子,予以训诫,责令停止活动。如六月二日果有罢课游行情事发生,本部即将根据维持社会秩序临时办法,径行采取有效之制止。其首要各分子即当依法逮捕,解送法办并请察照为荷。同日,《北京大学布告》说,查院系联合会通告,定于六月一日举行所谓民主广场命名典礼。在事先并未呈明学校,而将校舍随意命名,且闻有升旗之举,实属不当。我同学平日爱护学校,务望体念环境,不可操切从事。

是月,华北学生反饥饿反内战联合会发出《请愿书》,为5月18日血案向北平行辕提出四项要求:(一)严惩肇事凶手;(二)公开道歉并保证以后不再发生类似事件;(三)赔偿一切公私损失;(四)切实保障人民言论、集会、游行、请愿的自由;(五)立即释放陆元炜同学。

是月,《五四特刊》出版目录中,共列文章21篇。此刊由北京大学文艺社暨新诗社联合编辑发行。该刊在《编余》中说,编辑出版《五四特刊》的目的——发扬光大五四精神,我们愿尽情地喊出这时代的压迫、苦痛、反抗和希望。

胡适5月31日在北平行辕例行记者招待会上的发言6月1日刊于北平《益世报》,题为《胡适博士论学潮》。6月4日。胡适致教育部长朱家骅电,报告"北大、清华歌(五)日可复课"。9日,北平《益世报》就北洋北平部的归属问题,发表各通讯社报道如下:《北平社讯》消息说:北大校长胡适8日告记者:"此事北大与北洋两校当局,近日正在交换意见阶段,尚无任何具体决定。"还说北洋代校长金问洙、教部督学涂公遂等与北大校长胡适会谈此事……双方……在原则上均表同意,惟双方认为在未与各该校主管部门负责人员详为计议之前,不便作具体决定。11日,朱家骅致电胡适,要求北大接并原北平大学工学院,以解决该院的困难。13日,复电,表示愿予考虑。16日,国立北京大学行政会议举行第43次会议,校长报告已聘马大猷先生为工学院院长;推秘书长、训导长参加工学院委员会。19日,教育部令北京大学:行政院核发输入许可证一纸,兹将原件检发。同日,北平《益世报》刊发《中央社讯》:"北大校长胡适18日对记者谈称:关于北洋大学北平部问题……6月11日教育部正式来电要我考虑……今午我又约请本校工学院委员会负责人马大猷、饶毓泰、钱思亮、江泽涵……诸位,开一次会作为北大对北洋平部由北大接收问题第一次正式的考虑……今日还没结果,明日与陈荩民秘书再度商量后,才能有结果。"20日,傅斯年致信,谈中央研究院院士候选人提名事,信中提出一份名单给胡参考。30日,蒋介石致电对胡适给他的信和文稿表示感谢。并称"极望近期内能与先生相晤"。所说的文稿,可能即是《青年人的苦闷》一文。26日,胡适署名的中国语文学系1947年度续聘名单:兼系主任胡适,教授:杨振声、罗常培(假)、罗庸(假)、唐兰、游国恩、沈从文、沈兼士、俞平伯、孙楷第、王重民;副教授:冯文炳、章廷谦、周祖谟;专任讲师:赵西陆、阴法鲁、王利器。研究助教、讲员及助教名单略。27日,北平《益世报》登《中央社本市讯》,北大医学院院长马文昭辞职由沈寓淇担任院长,已经行政会议通过;文学院院长汤用彤下年度出国讲学一年,休假期间由西语系主任朱光潜代理。大约春夏间,致信陈诚、白崇禧,建议由国防部拨款,由北大负责罗致人才,在北大设立原子核物理研究中心。信中提到一些正在接洽聘用的核物理人才,其中有钱三强、何泽慧、胡宁、吴健雄、张文裕、张宗燧、吴大猷、马仕俊、袁家骝。由于国民党忙于反共内战,无暇顾及此事。所以此建议如石沉大海。

　　按:6月1日,北平《益世报》以《胡适博士论学潮》为题,报道胡适5月31日在北平行辕例行记者招待会上的发言。其中说:"根据北平最近这两个多星期的表现,可以说北平青年还是有理智的……而且用理智遏制住了感情,很少有溢出轨外的。""(我)认为青年对政治的表示不可以完全抹杀,我对学生运动向来有一历史的看法,古今中外都逃不了这历史的公理,就是:任何国家的政治不能满人意,而没有合法的有力机关用合理的手续表现民意,而做到有效的改革政治,则干预政治的总是落在受教育者的青年身上。"胡适说:"一定要说学生运动是几个共产党煽动的,至少我不如此想。政治不满意,青年学生虽有饭吃、有房住,但也不能忍环境的压迫……如无特殊环境,几个、几十个共产党也不会掀起这样大的运动……。"胡适还说:"一味的压迫,今天压迫,明天也压迫,绝不是办法,牵牛到水边容易,但是叫牛喝多少水不一定能做到"。胡适最后说:"青年只有理智的表示,是最有力量的表示,因为如此,全国全世界都能看到大题目是什么。"同日,华北学生联合会在北大举行"民主广场"命名典礼大会,典礼于上午10时举行。参加者除学联所属13个单位外,并有各中学学生多人,民主广场上人山人海,欢庆雀跃。典礼程序为:(一)命名并颂民主广场;(二)致词;(三)欢迎受伤同学返校,并读慰问信(受伤返校同学共8位);(四)诗歌朗颂;(五)歌咏;(六)戏剧演出。同日,华北区学生联合会今展在各校公布学联5月31日的决议,决定6月2日不举行游行。

　　6月2日上午9时,华北学生联合会在北大沙滩操场举行"死难军民追悼会",并请胡适校长到会致辞。胡说:"我认为学联决定今日不游行,不偏动罢工罢市很理智,也很聪明"。我要说的"第一句是:青年学生对现状不满,对政治、经济不安的情形,表示关切,我很了解,很同情。""第二句话是:半个月来北平学生守秩序,很能以理智指挥感情,应表敬意。""第三,我与梅贻琦校长前天下午曾参加学联五个钟头的会,就是为了会里的决定,关系着全北平和全华北……,学联的决议是了不起的事……实在是理智疏导情感的结果……确具有政治家的风格。"同日,华北学联为抗议京沪各地6月1日逮捕学生事件,发出《华北学联再度罢课宣言》,提出释放全部被捕师生、平市解除封锁等要求。北大2日起继续罢课。

　　6月4日,北大宣传队招待全校工友,举行群众晚会,感谢工友对学生反饥饿反内战运动的支持。会上演出了《一百块钱没人要》《活不起》《这年头怎么办?》《只有一条路》等反内战反饥饿的文艺节目并演出了《夜歌》。

　　6月6日,各校响应华北学联决议,继续罢课2日后,北大等4院校于5日复课,清华大学于6日复课。

　　6月16日,北大反饥饿反内战行动委员会发表罢课宣言支援武大"六一"惨案并抗议非法逮捕学生。决定16日罢课一天,举行公祭,追悼武大死难烈士,要求各地当局立即释放全部被捕学生。

　　胡适7月5日以北京大学校长电教育部长,提出"工学院谨设机械及电机工程两学系,组织尚欠完备,拟请由下学年添设土木工程及化学工程两学系","电请鉴核示遵"。同日,胡适对记者谈话,表示拥护7月4日国民政府发布的所谓"勘乱动员令",同时攻击共产党。说政党有两种,一种是英美式的靠争取选票取得政权;一种是不惜一切手段地夺取政权。共产党属于后者。又说他的家乡抗战8年未遭破坏,而共产党占领3日,即洗劫一空。后于20日据此撰成《两种根本不同的政党》一文,刊于《中苏日报》。是日,胡适又对记者谈及所谓在北平设"夏都"的问题。宣称北平为华北安危所系,倘夏都之说能成事实,蒋介石能有两三个月时间坐镇北平,对华北大局,关系甚大。8日,北平《益世报》载:北大已按照土地征用法,呈请行政院准予征用松公府景山东街一带民房,计划至为详细,此举系根据北大校舍计划委员会之决定,成立学校区。16日,北大向国立中央研究院送交院士候选人提名表,共37件。19日,胡适发起成立平津市民治促进会,自任理事长。该组织只能为国民党的"宪政"作门面,并无群众基础,亦无实绩可述。其主要人物基本都是学界人士,另有很少的实业界人士加入,其中有:张伯苓、梅贻琦、吴景超、陈序经、张佛泉、胡先骕、李书华以及李烛尘、宋斐卿等。26日,胡适召集北大工学院委员会主委马大猷等讨论接办北洋平部技术、教职员的续聘及两校学制不同可能发生的困难与解决办法等问题。同月,美国特使魏德迈来华,月底到北平。胡适曾与密谈一次。事后拒绝透露谈话内容。

胡适8月1日在北平广播电台发表广播讲话《眼前世界文化的趋向》。提出,世界文化是趋向于混合统一的;文化的交流是自由选择的。又说,当前世界文化的大趋势,有三个目标:(1)用科学的成绩解除人类的痛苦,增进人类的幸福;(2)用社会化的经济制度来提高人类生活的程度;(3)用民主的政治制度来解放人类的思想,发展人类的才能,造成自由独立的人格。在解释第三个目标时说:"民主自由的趋向是三四百年来的一个最大目标,一个最明白的方向。"讲到苏联的制度时认为:"俄国大革命,在经济方面要争取劳农大众的利益,那是我们同情的。可是阶级斗争的方法,造成了一种不容忍、反自由的政治制度。……这种反自由、不民主的政治制度是不好的。所以必须依靠暴力强力来维持它。结果是三十年很残忍的压迫与消灭反对党,终于从一党的专制走上一个人的专制。"2日,北平《益世报》载《中央社讯》报道,1日晨,北大正式接收北洋大学北平部,即日改称北大工学院。报道说,"北洋由总务长徐泽民代表移交""北大校长胡适代表陈雪屏"等,北大工学院长马大猷代表李寿龄等"前往接收","清华大学校长梅贻琦代表沈刚如监交"。"经三小时的讨论结果。由梅贻琦、胡适、徐泽民等3人签名盖章。"同日,北京大学呈报教育部,本校已遵于8月1日接收北洋大学北平部,请求教育部转请财政部及国库,将"所有该校北平部分、经费及员工名额、学生公费等项……转拨本校,以备应用"。6日,胡适致电行政院长张群,要求为北大拨付所需之修建费及外汇美金。11日,行政院河北平津区敌伪产业处理局函北京大学,查各汉奸好多尚未经法院判决确定,故贵校拟请接管各汉奸所藏文物一事,在未呈准行政院前,歉难照办。同日,国立北京大学行政会议第47次会议决议事项:校长报告,中美教育文化基金董事会总干事任叔永先生谈,可在基金董事会代管部分内,借予本校美金约10万元;法学院院长周炳琳报告,监狱官专修科本年仍拟缓办。会议还讨论了医院的收入、利息分配使用和聘任事项。14日,胡适应北平妇女服务促进会之请,作"妇女民主研究周"的第一次讲演,题为《宪法与宪政》。18日,中国大学聘胡适为校董会董事。24日,在《大公报》发表《我们必须选择我们的方向》,继续发挥8月1日广播词的意思。

　　按:《我们必须选择我们的方向》说:"我并不否认我'偏袒'那个自由民主的潮流,这是我的基本立场。"并进一步说:"第一,我深信思想信仰的自由与言论出版的自由是社会改革与文化进步的基本条件。""第二,我深信这几百年中逐渐发展的民主政治制度是最有包含性,可以推行到社会的一切阶层,最可以代表全民利益的。""第三,我深信这几百年(特别是这一百年)演变出来的民主政治,虽然还不能说是完美无缺陷,确曾养成一种爱自由,容忍异己的文明社会。"文中激烈地批评苏联领导集团。最后说:"只有自由可以解放我们民族的精神;只有民主政治可以团结全民族的力量来解决全民族的困难;只有自由民主可以给我们培养成一个有人味的文明社会。"

胡适8月26日为筹备中央研究院第一届院士选举事飞赴南京。在南京曾面见蒋介石,提出发展教育的十年计划。拟以北京大学、清华大学、中央大学、武汉大学、浙江大学五校为第一个十年计划的第一批重点。同月,本年度(下学期)院长及各系主任名单:理学院院长饶毓泰,数学系主任申又怅(代),物理学系主任饶毓泰,化学系主任钱思亮(代),地质学系主任孙云铸,动物学系主任庄孝僡(代),植物学系主任张景钺,医预科主任李汝祺;文学院院长朱光潜(代)。哲学系主任汤用彤(贺麟代),史学系主任陈受颐(郑代),中国语文学系主任胡适(兼),东方语文学系主任季羡林,西方语文学系主任朱光潜,教育学系主任陈雪屏(樊际昌);工学院院长马大猷。机械工程学系主任宁榥(代),电机工程学系主任马大猷(代),土木工程学系主任张泽熙,建筑工程学系主任朱兆雪,化学工程学系主任陈国符;医学院院长沈寯淇。医学系主任(缺)。解剖学科主任教授马文昭,生物化学科主任教授刘思职,生理学科主任教授沈寯淇,药理学科主任教授李钜,病理学科主任教授秦光煜,细菌学科主任教授陶善敏,寄生物学科主任教授冯兰洲(秦光煜代),卫生学科主任教授林宗扬;医史学科主任教授李涛,内科主任教授吴朝仁,外科临证教授兼名誉主任关颂韬,妇产科临证教授兼名誉主任林巧稚,眼科临证教授兼名誉主任毕华德,小儿科临证教授兼名誉主任诸福棠,放射学科临证教授兼名誉主任谢志光,神经精神学科临证教授兼名誉主任许英魁,皮肤花柳科主任教授胡传揆,耳鼻喉科临证教授兼名誉主任刘瑞华;药学系主任薛愚,牙医学系主任毛燮均(钟之琦代),大一主任郑华炽(樊际昌);法学院院长周炳琳。法律学系主任(缺),政治学系主任王铁崖,经济学系主任赵迺抟;农学院院长俞大绂。农艺学系主任李先闻(李景均),园艺学系主任陈锡鑫,畜牧学系主任吴仲贤,兽医学系主任熊大仕,森林学系主任汪振儒,昆虫学系主任周明牂,植物病理学系主任林传光,农业化学系主任黄瑞纶,土壤肥料学系主任(陈华癸)李连捷,农业经济学系主任应廉耕。

胡适9月初仍在南京。1日,李续祖向校长、秘书长汇报北京大学出版部目前筹备情况及需款数额。2日,北大举行行政会,议决再调整教授待遇,致电在京校长胡适向教部交涉;平临大毕业生抗议北大于一二两日考试过早而不参加考试。行政会议决:不参加为自行放弃权利,请求考试不予考虑;通过聘任教授讲师助教名单。9月5日,胡适为觅一种《水经注》版本,由宁抵沪访常熟瞿家。是日并对记者发表谈话,谈及青年问题时说:"国家倒楣到今天的地步,决不是喊口号、贴标语、罢课,可以渡过难关的。""青年朋友最要者,能把自己铸造成器。"另外主要谈了《争取学术独立的十年计划》的设想。6日,飞回北平。同日,第一次将发展教育的十年计划大意向报界披露。10日,三十六年度第一届平津院校长联席座谈会在北京大学召开,由北大校长胡适主持,平津各校院长、秘书长等12人出席,胡适校长报告了此次南京交涉平津教育界配发实物的经过,会议并议决提高讲师讲课钟点费、催发冬煤款及联名电教育部代唐山工学院呼吁列为平津区待遇等事宜。18日,胡适撰《争取学术独立的十年计划》,刊于9月28日《大公报》,又载10月《观察》第3卷第7期。此文发表后,为重点大学入选的问题引起了许多争论。有人甚至化名写信进行攻击与嘲讽。胡适这项计划的基本意思是:国家集中人力才力,在十年之中办好十个第一流的大学,以为国家树立学术独立的基础,提出中国高等教育"应该有一个自觉的十年计划",即"在十年之内,集中国家的最大力量,培植五个到十个成绩最好的大学",使其成为"第一流的学术中心"和"国家学术独立的根据地"。其所谓"学术独立"有四个标准:(一)世界现代学术的基本训练,中国自己应该有大学可以充分担负,不必向国外去寻求。(二)受了基本训练的人才,在国内应该有设备够用与师资良好的地方可以继续做专门的科学研究。(三)本国需要解决的科学问题、工业问题、医药与公共卫生问题、国防工业问题等等,在国内都应该有适宜的专门人才与研究机构可以帮助社会国家寻求得解决。(四)对于现代世界的学术,本国的学人与研究机关应该和世界各国的学人与研究机关分工合作,共同担负人类学术进展的责任。他要求政府必须按宪法规定,中央用于教育的预算不得少于百分之十五,省不得少于百分之二十五,市县不得少于百分之三十五。希望在高等教育中"多多减除行政衙门的干涉,多多增加学术机关的自由与责任"。希望实行高等教育改革,使大学教育朝着研究院的方向发展。

按:1947年至1948年间,知识界围绕学术独立的问题进行了广泛的争论,在集中探讨争取本国学术在世界领域独立地位的同时,又将其与学术独立另一层含义即学术自由相联系。胡适《争取学术独立的十年计划》说:"我很深切的感觉中国的高等教育,应该有一个自觉的十年计划,其目的是要在十年之中建立起中国学术独立的基础。我说的'学术独立',当然不是一班守旧的人们心里想的'汉家自有学术,何必远法欧美'。我决不想中国今后的学术可以脱离现代世界的学术而自己寻出一条孤立的途径,我也决不主张十年之后就可以没有留学外国的中国学者了。我所谓'学术独立'必须具有四个条件:(一)世界现代学术的基本训练,中国自己应该有大学可以充分担负,不必向国外去寻求。(二)受了基本训练的人才,在国内应该有设备够用与师资良好的地方,可以继续做专门的科学研究。(三)本国需要解决的科学问题、工业问题、医药与公共卫生问题、国防工业问题等等,在国内都应该有适宜的专门人才与研究机构可以帮助社会国家寻求得解决。(四)对于现代世界的学术,本国的学人与研究机关应该和世界各国的学人与研究机关分工合作,共同担负人类学术进展的责任。要做到这样的学术独立,我们必须及早准备一个良好的、坚实的基础。所以我提议,中国此时应该有一个大学教育的十年计划。在十年之内,集中国家的最大力量,培植五个到十个成绩最好的大学,使他们尽力发展他们的研究工作,使他们成为第一流的学术中心,使他们成为国家学术独立的根据地。这个十年计划也可以分作两个阶段。第一个五年,先培植起五个大学;五年之后,再加上五个大学。这个分两期的方法有几种好处:第一,国家的人才与财力恐怕不够同时发展十个第一流的大学;第二,先用国家力量培植五所大学,可以鼓励其他大学努力向上,争取第二期五个大学的地位。我提议的十年计划,当然不是只顾到那五个十个大学而不要其余的大学和学院了。说得详细一点,我提议:(一)政府应该下大决心,在十年之内,不再添设大学或独立学院。(二)本年宪法生效之后,政府必须严格实行宪法第一百六十四条的规定:'教育文化科学之经费,在中央不得少于其预算总额百分之十五,在省不得少于其预算总额百分之二十五,在市县不得少于其预算总额百分之三十五。'全国人民与人民团体应该随时监督各级政府严格执行。(三)政府应该有一个高等教育的十年计划,分两期施行。(四)在第一个五年里,挑选五个大学,用最大的力量培植他们,特别发展他们的研究所,使他们能在已有的基础之上,在短期间内,发展成为现代学术的重要中心。(五)在第二个五年里,继续培植前期五个大学之外,再挑选五个大学,用同样的大力量培植他们,特别发展他们的研究所,使他们在短期内发展成为现代学术的重要中心。(六)在这十年里,对于其余的四十多个国立大学和独立学院,政府应该充分增加他们的经费,扩充他们的设备,使他们有继续整顿发展的机会,使他们成为各地最好的大学。对于有成绩的私立大学和独立学院,政府也应该继续民国二十二年以来补助私立学校的政策,给他们适当的补助费,使他们能继续发展。(七)在选择每一期的五个大学之中,私立的学校与国立的学校应该有同样被挑选的机会。选择的标准应该注重人才、设备、研究成绩。(八)这个十年计划应该包括整个大学教育制度的革新,也应该包括'大学'的观念的根本改换。近年所争的几个学院以上才可称大学,简直是无谓之争。今后中国的大学教育应该朝着研究院的方向去发展,凡能训练研究工作的人才的,凡有教授与研究生做独立的科学研究的,才是真正的大学。凡只能完成四年本科教育的,尽管有十院七八十系,都不算是将来的最高学府。从这个新的'大学'观念出发,现行的大学制度应该及早彻底修正,多多减除行政衙门的干涉,多多增加学术机关的自由与责任。例如现行的学位授予法,其中博士学位的规定最足以阻碍大学研究所的发展。这部分的法令公布了十六年,至今不能实行,政府应该早日接受去年中央研究院评议会的建议：'博士候选人之平时研究工作及博士论文,均应由政府核准设立研究所五年以上并经特许收受博士候选人之大学或独立学院自行审查考试,审查考试合格者,由该校院授予博士学位。'今日为了要提倡独立的科学研究,为了要提高各大学研究的尊严,为了要减少出洋镀金的社会心理,都不可不修正学位授予法,让国内有资格的大学自己担负授予博士学位的责任。这是我的建议的大概。"（胡适著,叶君主编《胡适文选·演讲与时论》,北方文艺出版社 2013 年版）

胡适 9 月应陶伦德公使代表瑞士政府之请,允充瑞士调节委员会委员,并答应为该国汉学杂志撰文。同月 14 日,参加北平市立高工建校 40 周年纪念会,讲话强调发展职业教育。同日,北平《益世报》载,北大学生为打破人说北大老之书生气,建立北大新生气,建立良好体育传统,发起爱好体育签名运动,现签名者已有 400—500 人之多。20 日,北京大学院系联合会为筹办子民图书馆给胡校长的报告:建议将同学的书籍收集起来成立一个图书馆,使同学间图书得以流通阅读,兼培养同学管理图书的能力。附子民图书馆组织大纲（共 10 条）一份。22 日,行政院河北平津区敌伪产业处理局致函北京大学,经本区两次审议会议决通过,准由贵大学洽购东亚护膜厂之机器,评定价款计国币 35820 万元整,准按七折计算为 25074 万元。务于 10 月 10 日前将价款一次交清,以赁交接。30 日,教育学系全体学生因本系"系务的紊乱和空虚"写信给胡适校长,提出意见:(一)要求"立即聘定能孚众望有学术地位且能负责的系主任",不同意系主任兼职过多和"不肯负责";(二)要求"立即增聘几位优良教授",以解决教授过少排不出课程的问题;(三)要求立即订购本系应有的图书杂志;(四)要求立即恢复心理实验室;(五)要求胡适校长"向教育部据理力争",解决"教育系学生为当然师范生待遇"的问题。此外,教育系学生力易周和北大另两同学被当局拘捕,要求胡适"设法营救"。月底,北大力易周、邢福津、吴漠和清华陈彰远、燕京龚理康 5 同学被捕。同学们纷纷签名要求释放被捕同学。10 月 1 日,北大、清华、燕京被捕的力易周等 5 同学被释放回校。2 日,胡适致函教育部长朱家骅,谓金毓黻刻下整理沈阳所藏清初满文档案,已将一部分重要材料运来北平。今后将在两地进行整理工作,因此需费更多,望教育部予以补助。3 日,北大孟宪功、李恭贻两同学被北平警备司令部逮捕。4 日,北平《世界日报》登出正在美国考察的冯玉祥给胡适的信,对其无根据地攻击冯氏"率四百人"赴美考察,"领津贴六十万美金"的说法,提出质问。当日,胡适致信报馆,更正道歉。同日,北平《益世报》载:在清华、燕京、师范等校争取开放女生宿舍声中,北大胡适校长又提出北大女生宿舍重禁男宾入内;贺训导长主张应尊重女同学之意见。北大女同学认为去年争取开放宿舍颇费周折,尤以高唱男女平等之今日,女生宿舍重提男宾止步,实是一大讽刺。女同学会以无三分之一提出否决开放,故仍维持原议。10 日,胡适在平津六科学团体联合年会上讲演《大学教育与科学研究》,主要介绍吉尔曼（D. C. Gilman）创办以研究院为主的新型大学的经历,提倡高等学校应加强科学研究。11 日,为孟宪功、李恭贻被捕事,北大同学自今日起罢课 3 天。12 日,国立北京大学行政会议第 52 次会议,决议事项:主席报告本校文理法三学院学生于 10 月 11 日起为同学李恭贻、孟宪功被捕事罢课 3 日,本校已布告劝导,10 月 11 日晚 7 时有学生 200 余人至校长公舍请愿,挽留校长暂缓赴京。

胡适 10 月 15—17 日在南京出席中研院第二届评议会第四次会议,拟定院士选举规程及第一届院士候选人名单。19 日,《国立北京大学周刊》刊登《国立北京大学图书馆及博物馆专科规程》。21 日,北京大学院系联合会主办的子民图书馆正式开放,共集书籍千种以上。同日,北平佛经流通处筹备成立佛教图书馆,聘胡适为董事。24 日,胡适函天津海关,本校拟委托百利洋行代为提取运平物品,函请在免税护照未发下以前,惠允免交保证金,即予放行。同日,胡适致函津沧绥靖区指挥部主要物资管制处,敬希赐发通行证,以便百利洋行将物品运平;胡适致函输入临时管理委员会输入限额分配处,该项物品价款及运费,已在本校在美存款项下完全付清,无需再清外汇,专函证明希查照。27日,胡适在沪对记者谈话,就美海军部将皮尔逊判决无罪释放一事说:"美国法律重证据,一个人在没有成立犯罪证据以前,认为是无罪的。这是美国的司法精神。"又说:"这件案子很复杂,还牵涉到法律的观点问题。……美国法庭否决华北美军法庭的原判并不新奇。"尽力想冲淡此事在国内引起的愤怒。谈话中还宣扬,"学生要解决思想苦闷,惟有埋头研究学术"。同日,由孙金锋、李恩浩、刘文宗签名的北京大学学生争温饱委员会《致校长函》,要求"给师长和工警员职员们能维持最低限度生活的待遇""给我们同学可以不致饿死的公费或救济金"。该函提出四条意见:(一)迫切要求校长向当局力争特种救济金之设立,解决目前自费同学的生活危机;(二)学校在可能范围内扩充公费名额;(三)公费同学主食(46斤面)全部实物发给,辅食按月照物价指数计算;(四)希望校方向当局要求对教职员及同学配售生活日用品。28日,胡适飞回北平。同日,胡适电南京教育部部长,本校在美订购物品现已运至天津海关,现将购运教育用品请领护照表分别填具六份,电请鉴核,准予迅赐转咨财政部,填发免税护照,以便提取。29日,参加北大工学院44周年纪念会,发表演讲说,欧洲大学之所以历史悠久,一是有保管财产的董事会,二是有终身任职的教授会,此外还有一个有力因素便是校友会。31日,北平国立八院校讨论教职员冬煤问题,决议不接受煤斤贷款,派郑天挺、沈履、杨光弼于11月1日晨赴行辕请愿。各院校公用煤决定由各院校联署,并由胡适校长于31日晚急电教育部,请将平津冬煤煤款分配数额,即电汇,以应急需。同日,北大学生争温饱委员会再次《致校长函》请愿。要求除满足27日《函》的要求外再解决三点:(一)立即设立清寒自费同学特种救济金,救济金数额与全公费相等;(二)旧同学公费缺额,应全由新同学充分递补;(三)奖学金名额增至百分之四十。同月,与蒋梦麟等筹议设泛亚关系协会中国分会,拟有节略及待选理事名单;北大学生代表大会讨论通过《北京大学学生自治会会章》。

　　胡适11月1日在平津铁路局讲演《文学革命运动》。2日,在《中央周刊》发表《援助与自助》一文。文中主要论美国援华贷款的事,中美双方都应力求理解对方心理。"就美国方面来讲,他应该懂得中国人是最讲究体面的,有时宁愿受窘受困,而不肯接受不礼貌的援助。"文中引了古代不食"嗟来之食"的故事,然后说:"我希望美国人能了解此点,在贷款时不要提出有伤别的国家民族尊严的条件。"又说:"从中国方面来讲,我们既要借债,也应该懂得贷款人的心理,人家希望有不贪污、不浪费的保证,这也是人之常情。我们应该谅解。不能既要借款,又要完全单独支配用途。同时我们还要知道,人家之所以不能放心我们,也要怪我们自己信用不够。"最后提出,最好是我们提出对方一定可以相信的财政专家如陈光甫那样的人主持其事。"这样既可获得彼此的信任,同时也不使我们因借债而丧失了国家体面的想法。"陈光甫看到这篇文章后,说"要闯祸了"。意思是要给他引来麻烦。3日,中央信托局北平分局函北京大学,依照局嘱列具移交清册,连同各项物品一并移交贵校接管。望贵校迅将该项清册盖印检还,以结旧案。6日,行政院善后救济总署平津分署、联合国善后救济总署华北驻区办事处,及华北水利工程总局,聘胡适为永定河官厅水库工程审议委员会委员。9日,久大盐股份有限公司改选董事会,胡适当选为董事。11日,胡适向教育部部长呈报护士学校组织大纲请予备案。12日,董监联席会选举胡适为董事长,李烛尘为总经理。同日,北平《益世报》载正中社讯:北京大学学生自治会选举委员会11日晚7时"在民主广场举行竞选演讲晚会,校长胡适及费青、周炳琳介绍美国大选之情形及选举应有之条件诸问题"。会前由西斋至三院沙滩间举行了火炬游行。14 日,北京大学致函联合国情报部,希将贵部近制幻灯影片惠赠数部,以便宣扬。所赐联合国概览等已转送图书馆陈列传观,专此函谢。15 日,北京大学致函中央信托局北平分局,此将移交张仁蠡所有金石碑帖清册 6 种共 24 册,加盖校章,送请查照。附移交清册 24 本。同日,行政院河北平津区敌伪产业处理局局长张楚致函北京大学,请迅予持函备据向本局驻平二组领取发还前北平大学工学院仪器。16 日,北京大学学生自治会竞选完竣,在民主广场当众开票,统计结果,姚卿详、华顺、丁化贤、王金涛、王镜原、任世昌、柯在铄、袁洪泽、王连平、孙蕴芬、许金富、张坚、黄仕永、曹余祥、卢长儒、计思忠、严落、王禄庆等 19 人当选为沙滩区分会理事。沙滩区同学共 1801 人,1230 人投票。23 日,北京大学学生自治会总会成立,柯在铄等 3 人任常委。

　　按:11 月 17 日,北平《益世报》对此作了报道,其中沙滩区当选的 19 人,其中 14 人为(北大学生)总自治会的当然理事。总理事会共有理事 25 名,计沙区 14 人、医学院 3 人、农学院 2 人、国会街 2 人、工学院 4 人。总会为决策机关,各分会为执行机关。选举委员会为庆祝选举成功,再次放映苏联电影《钢铁是怎样炼成的》,投票时曾放映《美国大选》。

　　胡适 11 月 18 日出席国立北京大学行政会议第 55 次会议,决议事项有:教育部先拨本校临时费 40 亿元;本校博物馆暂设于翠花街三号东院,另为医学院单身教职员催索李阁老胡同房屋作为宿舍;拨本校图书馆后空房为博物馆之用。22 日,蒋介石致电胡适,表示对北大申请建筑设备费,将给予特别照顾,于下年度从宽拨给。22 日,北京大学开给行政院河北平津区敌伪产业处理局收据:根据贵局公函,准将前北平大学工学院所存仪器八箱由本校领取,业经派员领讫,特具领据存查。26 日,史学、经济、教育、西语、中文等五系系会联名致校长信,对孟宪功、李恭贻二同学被警备司令部逮捕至今不移送法院一事,要求胡适向政府交涉。同月,本学年度第一学期教职员数报告简表:教员数:校长胡适,理学院院长饶毓泰,数学系主任申又怅(代),物理学系主任绕毓泰,化学系主任钱思亮,地质学系主任孙云铸,动物学系主任庄孝慎(代),植物学系主任张景钺,文学院院长朱光潜(代),哲学系主任汤用彤、中学系主任郑天挺、中国语文学系主任胡适(兼),东方语文学系主任季羡林,西方语文学系主任朱光潜,教育学系主任陈雪屏,法学院院长周炳琳,法律学系主任周炳琳,政治学系主任王铁崖,经济学系主任赵迺抟,农学院院长俞大绂,农艺学系主任李景均,森林学系主任汪振儒,畜牧学系主任吴仲贤,兽医学系主任熊大仕,园艺学系主任陈锡鑫,植物病理学科主任林傅光,昆虫学科主任周明洋,农业化学科主任黄瑞纶,农业经济学科主任应廉耕,土壤肥料学科主任李连捷,工学院院长马大猷,机械工程学系主任宁榥(兼代),电机工程学系主任马大猷(兼),土木工程学系主任张泽熙,建筑工程学系主任朱兆雪,化学工程学系主任陈国符,医学院院长沈寯淇,药学系主任薛愚,牙学系主任王燮均。教员数总计 765 人。职员数:总办事处主管胡适,文学院主管朱光潜(代),理学院主管饶毓泰,法学院主管周炳琳,农学院主管俞大绂,工学院主管马大猷,医学院主管沈寯淇,医学院医院主管胡传揆,大一课业委员会主管郑华炽,文科研究所主管朱光潜(代),博物馆筹备委员会主委韩寿萱。总计 575 人。12 月 3 日,教育部训令北京大学,联合国教育科学文化组织将分配我国教育文化机关大英百科全书 45 部,本部已决定分配名单。令仰各校知照,并于收到后呈复。6 日,北平 5000 多同学在北大民主广场举行于子三追悼大会。

　　按:于子三是浙江大学学生自治会主席。10 月 29 日,被惨杀于狱中。追悼会上,于子三生前好友报告了他的生平和被害经过,同学们悲愤肃立,与会的教授们也表示抗议。

胡适 12 月 6 日致函上海海关关务署,教育部已同意本校物理系前在美购运电机六箱依教育用品免税入口提取,但至今仍未提出。本校一面仍呈请教育部转请办理未完手续,并请贵署格外通融免税免租,准交本校代表阴法鲁先生提取,未完手续随后补办。附抄教育部致本校函一件。7 日,胡适致函周汝昌,因见其《曹雪芹的生卒年》一文,据《懋斋诗钞》推定雪芹死在癸未除夕,以为甚当。但认为曹的年岁仍无须改判。以为曹不可能生得太晚。如太晚就赶不上曹家繁华的年代;而敦诚、敦敏兄弟便不会对他那般客气。8 日,北大制定筹建蔡孑民先生纪念堂工程简略说明及工料概算表:地址:北京大学校址内;房屋布置:(一)纪念堂:以容纳 1500 座位为标准,分上下两层,带演讲台及穿堂;(二)陈列室:纪念堂左右两翼地平层及地窖层均利用为博物馆陈列室;(三)本工程二楼利用为大学总办公处,分为校长办公室、会议室、客厅及秘书、教务、训导三处。以上均用钢筋混凝土建造,以资避火,青砖墙身,松木门窗屋架。工料概算:土木工程前部约计 84 亿元;后部约计 200 亿元;连同电灯工程、暖气工程、卫生工程及其他杂项工程总计 350 亿元。同日,国立北京大学行政会议第 56 次会议决议事项:推胡适等九先生为本校五十周年纪念筹备委员会委员,胡适兼主任,郑天挺兼秘书;另设分委员会,各大城市分设区域委员会;本校五十周年纪念,每学院至少出版学术论文一册。9 日,校务会议举行 1947 年度第一次会议,本会议每两月开常务会一次。11 日,有以绩溪全县民众名义印发的传单寄胡适,说由于他出面向当局请兵到家乡"剿匪",结果民众大遭殃。对胡适提出谴责。同日,北京大学致天津海关函说,教育部代本校订购仪器三箱已运抵津,前因报单不详未允拨交。考虑到将品名详列往返需时甚久,且本校急需此项仪器,函请惠赐协助,允予拨交。12 日,朱家骅电告胡适,已决聘胡适为中美教育基金会顾问,并主持其事。同日,北京大学电南京教育部部长:本校理学院由美国购显微镜等仪器一箱,填具购运教育用品请领护照表 6 份,电请鉴核,赐予转行财政部发给免税护照。

胡适 12 月 14 日在南京出席中基会董事会议。16 日,在美使馆参加美国在华教育基金会董事顾问联席会议。在南京期间,曾与国民党政府外交部长王世杰多次长谈。王世杰转达蒋介石意,希望胡适"改行"从政,且有请他参加总统竞选或出任行政院长的意思。17 日晚,王世杰有一封短信,谓:"昨晚所谈之事,当俟兄返平细细考虑再定。惟盼数日内酌示耳。"胡适于北上前复王世杰信说:"我今年五十七岁了,余生有限。此时改业,便是永远抛弃三十多年的学术工作了。""我自从 1942 年 9 月以来决心埋头治学,日夜不懈,总想恢复我中断五年的做学问的能力。此时完全抛下而另担负我整整五年中没有留意的政治外交事业,是用其所短而弃其所长,为己为国都无好处。"18 日,北大校长胡适致电教育部,惟德文组"须增授文学史、小说、戏曲、诗、歌德研究等课程",电请"增加员额 4 人,以便增聘德文教授"。请教育部"训示遵行"。同日,北京大学电呈南京教育部,本校向河北平津区敌伪产业处理局购妥敌产东亚护膜药厂机器全部,核定价款为二亿五千零七十四元,请转送行政院核准,由部办理转账手续,并转知河北平津区敌伪产业处理局照办。19 日,胡适飞回北平。经与同人磋商,24 日,由北大秘书长郑天挺致信王世杰。信中说:"藏晖先生以本月十六晚会晤详情相告,意甚焦虑。对于'改行'一节,视之尤重,闻已数度失眠。窃谓'安定人心'一层关系亦大。北方普遍心理,实'隐倚之为长城'。不问继之者谁属,在心理上,无形中将少一精神的维系。一隅之愚,不知先生以为如何?藏晖先生十九日登机前,二十日回家后,两次心脏警告,医生坚嘱静卧,现尚未出门。"大约此次以胡适本人坚辞,北大同仁又极力"保护",再加上"心脏警告"之类的缘故,蒋介石等人又一次打消了拉胡从政的念头。22 日,久大盐股份有限公司董事会的任可毅致信,说拟提出董事长办公费的问题。当即回信,谓:"大学法绝对不许,千万请勿提。即通过,我亦不能受。"25 日,《申报》报道,国立北京大学研究生会、国立清华大学研究生会电呈教育部朱部长,并委托中大学生向教育部陈请,阐明近来各地物价狂涨,研究生每月所得不得维持三餐,枵腹读书,力不从心,工作停滞,要求改善待遇,增加研究生待遇为助教总收入四分之三,实为最低限度之标准。27 日,北京大学职员会向北京大学(当局)报告。通知校方已于 12 月 10 日召开代表大会,通过了会章,并送上北大职员会章程及理、监事名单,要求"鉴核备案","请准将章程、名单登载校刊,并要校出纳组代扣会员会费"。29 日,国立北京大学行政会议举行第 57 次会议,主席报告,此次中华教育基金董事会开会,决定以美金借予二三大学,作为指定部门之经费。此次"美国在华教育基金会"在南京开会,另设顾问委员会,胡适与萨本栋、吴贻芳及外交教育两部代表组织之。30 日,学校向教育部填报北京大学概况。是年,北京大学第一学期研究所分三:理科研究所、文科研究所、法科研究所。理科又设数学部、物理学部、化学部、动物学部、植物学部、地质学部,分别由申又怅、饶毓泰、钱思亮、庄孝德、张景钺、孙云铸任或代任部主任。文科下设哲学部、史学部、教育学部、中国语文学部、西方语文学部,分别由汤用彤、郑天挺、陈雪屏、胡适、朱光潜任或代任部主任。法科分设法律学部、政治学部、经济学部,由周炳琳、王铁崖、赵迺抟任各部主任。各研究所研究生数最高达 14 名,最低为 5 名。

　　按:12 月 30 日,北大向教育部填报北京大学概况如下:

　　校长胡适。校址北平沙滩松公府 10 号。

　　文学院院长朱光潜(代)。哲学系系主任汤用彤,史学系系主任郑天挺(代),教育学系系主任樊际昌(9 月 20 日前为陈雪屏),中国语文学系系主任胡适(兼),东方语文学系系主任季羡林,西方语文学系系主任朱光潜;

　　理学院院长饶毓泰。数学系系主任申又怅(代),物理学系系主任饶毓泰,化学系系主任钱思亮,地质学系系主任孙云铸,动物学系系主任庄孝德(代),植物学系系主任张景钺;

　　法学院院长周炳琳。法律学系系主任(缺),政治学系系主任王铁崖,经济学系系主任赵迺抟;

　　农学院院长俞大绂。农艺学系系主任李景均,园艺学系系主任陈锡鑫,森林学系系主任汪振儒,畜牧学系系主任吴仲贤,兽医学系系主任熊大仕,昆虫学系系主任周明洋,植物病理学系系主任林傅光,农业化学系系主任黄瑞纶,土壤肥料学系系主任李连捷,农业经济学系系主任应廉耕;

　　工学院院长马大猷。机械工程学系系主任宁榥(代),电机工程学系系主任(缺),土木工程学系系主任张泽熙,建筑工程学系系主任朱兆雪,化学工程学系系主任陈国符;

　　医学院院长沈寓淇。医学系主任(缺),药学系系主任薛愚,牙学系系主任钟之琦(代)(9 月 12 日前为毛燮均)。

　　北京大学教职员计 1253 人,工役计 796 人。学生概况:文学院注册生计 750 人(其中住宿生 730 人);理学院注册生计 391 人(其中住宿生 382 人);法学院注册生计 868 人(其中住宿生 841 人);农学院注册生 311 人(全部住宿);工学院注册生 603 人(其中住宿生 589 人);医学院注册生计 551 人(其中住宿生 538 人)。寄宿生总数共 3443 人,其中公费生 2783 人,非公费生 660 人。

　　理文法三研究所有注册生 61 人,住宿生 52 人。(参见耿云志编《胡适年谱》,福建教育出版社 2012 年版;耿云志编《中国近代思想家文库·胡适卷》及附录《胡适年谱简编》,中国人民大学出版社 2014 年版;王学珍等编《北京大学纪事(1898—1997)》,北京大学出版社 1998 年版;张人凤、柳和城编著《张元济年谱长编》,上海交通大学出版社 2011 年版)

汤用彤继续任北大文学院院长。1月1日,胡适获知沈崇一案胜诉后,立即去汤用彤家,未遇,遂留一便笺告知。春,汤用彤结束"魏晋玄学"一课,随即授"英国经验主义"。2月22日,汤用彤与许德珩、朱自清、向达、金岳霖、俞平伯、陈寅恪、张奚若、钱端升、吴之椿、徐炳昶、杨人楩等13位教授联名签署《保障人权》的宣言。时人把这次抗议行动称为"一个新人权运动的开始"。4月,美国康奈尔大学柏特教授来访问,汤用彤与熊十力、胡适、林宰平、金岳霖、贺麟、朱光潜等出席中国哲学会举办的欢迎柏特的会议。5月7日,傅斯年致函胡适,以给汤用彤加薪为由,希望能在不影响其北大工作量的前提下,把他调到史语所工作。由于胡适需要倚重汤用彤在北大协理诸多事务,因而调动之事未获批准。但是傅斯年仍聘请汤用彤兼任中央研究院历史语言研究所驻北平办事处主任。7月,《魏晋思想的发展》刊于《学原》第1卷第3期。文中重点讨论了魏晋时代思想的成分、魏晋玄学之发生与长成、魏晋思想的演变三大问题,"总上所说,关于魏晋思想的发展,粗略分为四期:(一)正始时期,在理论上多以《周易》《老子》为根据,用何晏、王弼作代表。(二)元康时期,在思想上多受《庄子》学的影响,'激烈派'的思想流行。(三)永嘉时期,至少一部分人士上承正始时期'温和派'的态度,而有'新庄学',以向秀、郭象为代表。(四)东晋时期,亦可称'佛学时期'。我们回溯魏晋思潮的源头,当然要从汉末三国时荆州一派《易》学与曹魏'形名家'言的综合说起,正始以下乃至元康、永嘉以迄东晋各时期的变迁,如上面所讲的,始终代表这时代那个新的成分一方面继续发展的趋势。前后虽有不同的面目,但是在思想的本质上确有一贯的精神。魏晋时代思想之特殊性,想在乎此"。同月9日,汤用彤因应美国加利福尼亚大学之聘起程赴美特请假一年致函胡适校长。8月,休假赴美讲学。(参见汤一介、赵建永编《中国近代思想家文库·汤用彤卷》及附录《汤用彤年谱简编》,中国人民大学出版社2015年版)

贺麟1月在《思想与时代》第41期发表《王安石的心学》。同月,《民治论》刊于《三民主义半月刊》第9卷第1期;《纳粹毁灭与德国文化》刊于《远东》创刊号。2月,《认识西洋文化的新努力》刊于《读书通讯》第126期。3月17日,北京大学行政会议第35次会议,主席报告,训导长陈雪屏赴京,训导长职务由贺麟代理。贺麟未曾迎合上司迫害进步学生,樊弘等思想进步的教授也都因得到贺麟的掩护才躲过国民党警方的追捕。同月,贺麟讲、杜万荣记《儒家的性善论》刊于《五华》第3期;《王安石的性论》刊于《思想与时代》第43期,其中《王安石的心学》与《王安石的性论》后收入《文化与人生》时,合为一篇,题为《王安石的哲学思想》。文中开篇将中国儒家的人所尊崇的政治家分为伊周型与萧曹型两种类型:前一类的政治家,同时即是圣贤,道德文章兼备,言行均可为世法则,治平之业好像只是他们学问道德文章的副产。后一类型的政治家,大都有才能,建事功,平叛乱,维治安。他们似乎是政治本位,事功本位的政治家,以政治上建立功业为惟一目的。他们虽可称为贤臣贤相,然而究不能说是道德学问文章兼备的圣贤。汉唐的盛治,都是这一类型的政治家的表现。

按:此文有作者作于1月的《后记》,曰:"我早就隐约觉得王安石的思想接近陆象山,而为讲陆王哲学的人所不应忽视。后因美国前副总统华莱士来华,盛称道王安石。我乃一时高兴,取出安石全集来细读。这篇文章就是研读后的小小收获。这篇文字仍是未完成之作,写起后搁置了一年多,亦没有机缘完成。梁任公作《王荆公传》曾特别注重安石的知命之学。而我仅叙述他的心学及性论,对于安石的'命论',未遑阐述,这是深感憾歉的一点。安石晚年超脱尘世,学佛学禅,境界甚高。我对于他晚年的佛学思想毫未提及,亦殊觉遗憾。这里我愿意附带介绍安石的一首最富于哲理与识度的诗:'风吹瓦堕屋,正打破我头。瓦亦自破碎,岂但我血流。我终不嗔渠,此瓦不自由。众生造众恶,亦有一机抽。渠不知此机,故自认怨尤。此但可哀怜,劝令真正修。岂可自迷闷,与渠作冤仇。'这诗充分表现出斯宾诺莎式的定命论。同时也颇能代表他晚年静观宇宙人生,胸怀洒脱,超脱恩怨、友仇、成败、悲欢、荣辱的高远境界,和他学佛后宽恕一切、悲悯一切的菩萨心肠。麟附识。三十六年一月。"

贺麟《西洋近代人生哲学之趋势》7 月刊于《读书通讯》第 126 期。9 月 26 日,暂代训导长贺麟提出改组训导制度,主张设立学生膳食宿舍指导委员会、学生公费奖学金及救济委员会、学生课外作业指导委员会、女生生活辅导委员会、学生医药卫生委员会、学生体育委员会等,委员皆推举教授担任,分别专司学生福利及生活辅导事宜。此项改组计划,蒙胡校长嘉纳,一俟此种委员会在最短期内组织成功,贺麟即解除暂代训导长职务。10 月 4 日,北平《益世报》载:在清华、燕京、师范等校争取开放女生宿舍声中,贺麟训导长主张应尊重女同学之意见。10 月,《对黑格尔系统的看法》刊于《思想与时代》第 48 期。11 月,《文化与人生》由上海商务印书馆出版,此书是贺麟在西南联大任教时所著的论文,选择其中 40 余篇汇集而成。下半年,开始讲授"现代西洋哲学"课程,1948 年上半年课程结束。当时听课的学生肖辉楷作了详细笔记,他把这份记录稿整理好后交给贺麟,贺麟将其保存在匣筒中 30 余年。1984 年,作为《现代西洋哲学讲演集》的上篇,由上海人民出版社出版。(参见高全喜编《中国近代思想家文库·贺麟卷》及附录《贺麟年谱简编》;王学珍等编《北京大学纪事(1898—1997)》,北京大学出版社 1998 年版)

熊十力 3 月作《增订十力语要缘起》。同月,所著《新论》语体本(全一册)由上海商务印书馆重印。仲春,由重庆乘船东下,然后由武汉北上,于 4 月 24 日抵北平,返回北京大学。与冯文炳同住。先后住子民堂后院集体宿舍和沙滩松公府宿舍。同月,接受美国康乃尔大学柏特教授对他的访问,并与汤用彤、胡适、林宰平、金岳霖、梅贻宝、贺麟、朱光潜等出席中国哲学会欢迎柏特的会议。暑假,读《大智度论》,并作《读智论抄》,在 9 月至次年元月出版之《世间解》连载。秋,著文《纪念北京大学五十年并为林宰平祝假》。由北平经上海返汉口。在上海住朱惠清家,与牟宗三、徐复观、张立民等合影。年底,湖北友人门生筹印"十力丛书",湖北省及武汉市政府拨出印费,印成《新唯识论》语体本三卷四册、《十力语要》四卷四册,均线装大字本。是年,在《学原》《哲学评论》《东方与西方》《龙门》杂志上发表论文十多篇。周谷城、杜守素(国庠)等著文批评熊十力的唯心论。(参见郭齐勇编《中国近代思想家文库·熊十力卷》及附录《熊十力年谱简编》,中国人民大学出版社 2014 年版;胡宗刚《胡先骕先生年谱长编》,江西教育出版社 2007 年版)

周炳琳继续任北大法学院院长。1 月 6 日,北京大学行政会议举行第 28 次会议,决定 1 月 11 日在蔡先生纪念堂举行蔡故校长 80 诞辰纪念会,请周炳琳会同秘书处筹备。27 日,北京大学行政会议举行第 30 次会议,训导长陈雪屏先生报告,与校长约请政治系教授商定学生自治会选举原则、经过,决议再请周炳琳草拟条文;决议恢复教授休假办法,请汤用彤、江泽涵、周炳琳三先生审查本校教授休假规程等。27 日,胡适主持北大公费生审查委员会会议,各院院长汤用彤、江泽涵、俞大绂、周炳琳、马文昭及训导长陈雪屏、教务长郑华炽等出席。会议对公费生申请办法,除照部令办理外,并确定四条审查原则。3 月 1 日,《北大化讯》18—19 期刊登介绍北大法学院的概况,其中对院属三个系介绍如下:(一)法律学系共四个年级,有学生 360 人,是法学院学生最多的系。院长周炳琳兼系主任,系内专任教授有燕树棠、蔡枢衡、李士彤和费青 4 人,另有讲、助教 4 人,兼任讲师 3 人。法律学系课程设有:燕树棠开的法理学、民法总则、欧洲大陆法,蔡枢衡开的刑法总则、刑法分则、中国司法组织、刑事诉讼法,李士彤开的商法、法学概论、罗马法,费青开的国际私法、物权、债篇。另专兼职讲师开设的中国法制史、亲属继承、民事诉讼法、强制执行法和监狱学等课程。(二)政治学系四个年级共有学生 201 人,系主任亦由周炳琳兼任。专任教员有:教授钱端升、吴之椿、吴思裕、许德珩、崔书琴、楼邦彦、张佛泉等 7 人,另有助教 2 人。课程有:钱端升讲授的政治制度、中国政府,吴之椿讲授的英国宪法史、近代政治思想,吴思裕讲授的西洋政治思想史,许德珩讲授的社会学、社会制度,楼邦彦讲授的地方政府、行政法,崔书琴讲授的国际关系、国际公法,张佛泉讲授的英文政治名著选读及钱端升等 5 教授分任的政治概论。(三)经济学系有四个年级共 373 名学生,赵迺抟任系主任。专任教授有周炳琳、赵迺抟、周作仁、秦瓒、杨西孟、樊弘、陈振汉、宋作楠 8 人。另有讲师熊正文和 3 位助教。课程有:周炳琳讲授的经济理论,赵迺抟讲授的经济学史,周作仁讲授的货币银行学、货币问题、银行制度,秦瓒讲授的财政学、租税论、预算论,杨西孟讲授的初级统计学、高级统计学,樊弘讲授的近代货币学说、国际贸易,陈振汉讲授的欧洲经济史、比较经济制度,宋作楠讲授的初级会计学、高级会计学及赵迺抟等分头开设四个班的经济学和三、四年级学生必修的英文经济名著选读。(参见王学珍等编《北京大学纪事(1898—1997)》,北京大学出版社 1998 年版)

钱端升在北大继续讲授政治制度、中国政府。1 月,中山文化教育馆民权组编《民权建设中的世界与中国》一书由中华书局出版,其中收录钱端升的《今后世界民权建设之展望》一文,预言民治在最近二三十年中必会达到"所没有到过的辉煌境界"。文中提出五个问题有待解决,而且必定可以得到满意的解决。第一个问题涉及人民代表之如何产生。第二个问题涉及人民与其代表间的关系。第三个问题涉及多数与少数间关系。第四个问题涉及国家权力与人民自由之争。第五个问题涉及国家权力对外的限度。依旧日主权无限之说,国家这五个问题解决而后,民治必将达到一个从前所没有到过的辉煌境界。2 月 21 日,南京国民政府外交部部长王世杰赴北平访胡适,钱端升亦在座。22 日,王世杰复约钱端升等数人往游故宫、天坛。据传王世杰北来与延揽无党派之自由分子参加政府有关。同日,钱端升与朱自清、向达、吴之椿、金岳霖、俞平伯、徐炳昶、陈达、陈寅恪、许德珩、张奚若、汤用彤、杨人楩等 12 位教授联名发表《保障人权》,刊于 3 月 8 日《观察》第 2 卷第 2 期,对滥捕事件提出抗议,要求从速释放无辜被捕者,并保证不再有此侵犯人权之举。3 月 15 日,在《观察》第 2 卷第 3 期发表《世界大势与中国地位》,文中提出:国际政治具有两种不同的矛盾的性质。其一是现实性,其二是进步性。当国者或是谋左右国际社会者应当对于这两种性质兼予注意。作者的结论是:"第一,国际政治的变化不容我们将美苏视为敌对国家。第二,就过去的是非曲直言,我们没有偏袒一方的理由。第三,从我们自己的利害看来,我们不可联美以反苏。我们惟有兼亲美苏,才能因世界的安全而获致中国的安全,才能因两国之资助而致力国内的建设。要建立兼亲美苏的健全政策,我们固然先要认识世界大势,但是要执行兼亲美苏的健全政策,我们尚须先求统一,而且要和平的不靠武力的统一。"

钱端升 3 月 22 日在《观察》第 2 卷第 4 期上发表《唯和平可以统一论》,文中认为:"由和平以求统一是极难的。可是由战争以求统一绝无可能先任全国糜烂。糜烂之后,何时统一,如何统一,谁来统一,谁都不能知道。和平与战争外,又无第三条路可走,难的路子也就成了唯一可走之路。"指出:"要和平统一,仍只有两条道路,其一是去年政协所走的道路,即国共两方共同接受民主政治,以政治争权的方式来代替武力争权的方式,其二则是减少争持的范围,由争持而变为互不侵犯的合作。""以上两条和平之路,走任何一条都可以获致统一。走战争之路者不久总会走到绝路的尽头的。此时纵不和平,统一纵不在望,但是坚主非和平不能统一的人们不妨先发出和平统一之声,计划和平统一之路。"4 月 27 日,钱端升以校友身份出席清华大学成立 36 周年纪念庆祝会。5 月 6 日,与周炳琳、许德珩两参政员致函第四届参政会秘书长邵力子,认为参政会创于抗战之初,原为各党派团结之象征,今日若使参政会不失创立原意,并具有力量,必须派机往迎中共参政员来京参加本届参政会。邵氏复函称此举恐难有良好之反应,表示要"与政府详商"。8 月 3 日,与魏德迈特使见面,谈话历 40 分钟。26 日,与教育部长朱家骅、北大校长胡适、清华大学校长梅贻琦、清华大学教授潘光旦、北平研究院院长李书华等 5 人同机由平飞抵沪,拟出席中央研究院院士选举筹备会。28 日,任联合国文教组织中国委员会委员,出席该委员会当天在南京举行的成立大会。中国委员会委员共 119 人。10 月,应好友费正清的邀请,赴美讲学,任母校哈佛大学客座教授,为期一年,讲"中国政府与政治"。其英文讲义于 1950 年正式出版。11 月 7 日,在中国国际学会第四次讨论会上演讲"最近国际局势",讲稿于 1948 年由中国国际学会发行单行本。12 月 1 日,赴美讲学前与北京大学政治学系全体学生的临别讲话"要使国家近代化"之讲词刊于《远东杂志》试刊号。(参见孙宏云编《中国近代思想家文库·钱端升卷》及附录《钱端升年谱简编》,中国人民大学出版社 2014 年版)

　　樊弘时任北大教授。11 月,樊弘在《观察》第 3 卷第 14 期上发表《与梁漱溟张东荪两先生论中国的文化与政治》,对梁漱溟《预告选灾,追论宪政》与张东荪《我亦追论宪政兼及文化的诊断》两文的观点作了批评,提出了自己的观点。他认为民主政治在中国所以屡屡失败,"就是因为中国永远停留在农业的阶段,无论任何的阶级都不感在维持土地生产力一点上,有舍君主而取民主的必要",中国将来如果发展经济,需要由"有计划的集体劳动来领导"。樊弘显然是用马克思主义的观点来说明西方民主政治在中国失败的原因,并认为中国的出路在走苏联社会主义建设的道路。12 月,张东荪在《观察》第 3 卷第 16 期上发表《敬答樊弘先生》。文中指出,中国的出路,"今天中国非但不能照抄苏联的药方,并且亦不能照抄英国的药方"。中国的真正问题是"如何在中国的这个国情上使这样理想得实现几分"。樊弘主张的苏联式的"集体主义"在中国也不可能完全实行。这样,"集合许多精通中西文化的人讨论一个为中国而特设的制度"便有了根据。各国都有自己的特殊国情,中国将来无论实行何种制度,都不能"照抄人家的制度",中国实行社会主义,也必定有中国的特色。所以,他认为,"今天不是采用那一类的药方之争(无论如何总是民主兼包社会主义),乃是对于这个药方内容如何加减折衷与其轻重界限之问题"。张东荪强调工业化是社会发展的必经阶段:"我亦承认中国今天走以前英美资本主义的老路是困难万状的,但我却以为即使采用集体劳动的制度而须再向工业化推进。所以工业化不是第二阶段,不可中间略过。今天的问题只是到工业化的路途之选择。"(参见左玉河编《张东荪年谱》,群言出版社 2014 年版)

　　朱光潜是春致信汤用彤,谈推荐袁可嘉、夏志清、张祥保 3 人为李氏奖学金候选人。5 月 4 日,在《北平日报》发表《"五四"以后的翻译文学》一文,以纪念"五四"新文化运动。6 月 1 日,《文学杂志》复刊,朱光潜担任主编,沈从文参加编辑,刊号接续原刊,故编为第 2 卷第 1 期,共出 18 期,到北平解放前夕出至第 3 卷第 6 期后停刊。朱光潜《诗的难与易》刊于《文学杂志》第 2 卷第 1 期复刊号。7 月,《谈心》刊于《自由文摘》第 7 期。文中说:"过去的事尝不免令人追悔,现在仿佛是一个流浪人在蹉跎许多岁月之后,渐向家园归宿了,我以静穆的心情凭眺我的晚景,我从来没有经过很舒适的生活,却也没有经过很苦的生活,一向随遇而安,将来简单的生活也许还不难维持。功名事业,我素来不大感觉兴趣。少壮既没有从事于此，到老来想不会为此劳心焦虑。"

　　按：张银飞、宛小平《被误读的朱光潜：对陶渊明公案的澄清》（《人文杂志》2022年第9期）曰：

此文发表于1947年6月的《自由文摘》，从"今年我已经快满四十八岁"推算，应该写于1945年，早于《陶渊明》一年左右。这段谈心式的独白，已经昭示出朱光潜内心的真实愿景。文中提及的"功名事业"即是学者所谓的"社会政治舞台"。朱光潜明确表示，少壮时期的他对"功名事业"就不曾有想法，何况写作《陶渊明》时，他已经步入"知天命"的人生阶段。若认为在这一阶段，朱光潜要在"社会政治舞台'起而行道'"，恐怕难有实据为证。《谈心》《陶渊明》两文创作时间如此接近，若朱光潜真想在《陶渊明》中，以陶渊明"儒多于道"来表达自己在"社会政治舞台"上的诉求，实现"隐喻己身"的目的，又怎会有"功名事业，我素来不大感觉兴趣"的直抒胸臆。此外，还有两件事情可验证朱光潜《谈心》的真实性和可靠性。一事发生在1945年，朱光潜下定决心辞去武汉大学代理校长、教务长职务。朱光潜在《我的简历》中说道："1945年夏，校长王星拱生病就医，我代理校长，因校务和工学院长闹意见，我坚持撤他的职，我也辞去教务长职。"另外一事发生在1946年，朱光潜辞去国立安徽大学筹备委员会主任委员一职，实际上就是辞去安徽大学校长职务。"抗战胜利后内迁的学校筹备复员，伪教育部长朱家骅接受副部长杭立武（我的同乡和留英同学）的建议，任命我当安徽大学校长，我不愿意搞行政职务，辞了没有就，回到北大。"虽然朱光潜在"三反""五反"中这样阐述辞职不就的动机："抗日胜利后，朱家骅听从杭立武的推荐，要我去办安徽大学。我没有去安大而回到北大，这有两个动机。第一是看北大在全国大学中地位最高，而且有胡适做校长，我想靠着他，在文化教育界形成一个压倒一切的宗派，就是造成一个学阀。其次，安徽的局面小，北京局面大，当时除南京以外，北京是一个反动政治的中心，活动的范围比较大。"但这段迫于种种压力所形成的文字，较《谈心》而言，是不可信的，其真实原因应该是"我不愿意搞行政职务"。朱光潜坚持回到北大，刻意回避了在"社会—政治舞台'起而行道'"，其真实意图诚如他自己所言："今天的中国，已经难得有能够安心学术研究的学校了，北京大学是唯一可以研究学术的地方，我们北大人应该承担起中国学术的重任。"至少可以说明，朱光潜在1945年至1947年期间，阶段性的人生目标是研究学术而非"隐喻己身"的陶渊明式的"儒多于道"。"我们从朱光潜对陶渊明的评价中，不难看出他的'移情作用'，如果说陶潜在他心目中是一个非儒非道非释的大诗人，那么朱光潜美学和中国传统美学的关系也非儒非道非释所能框定，倒不如是亦儒亦道亦释的学者。"

　　由此观之，与其说朱光潜笔下的陶渊明具有"社会—政治舞台'起而行道'"的隐喻性，不如说这种隐喻性是朱光潜撰《陶渊明》"触物即发，纯是一片天机"所致。"大诗人先在生活中把自己的人格涵养成一首完美的诗，充实而有光辉，写下来的诗是人格的焕发。"陶渊明如此，朱光潜亦如此。

　　朱光潜7月在《文学杂志》第2卷第2期发表《看戏与演戏——两种人生理想》，文中认为：人生好似一个舞台，戏要有人演，也得有人看，于是看戏和演戏就是两种人生理想。在中国哲学中，儒家能看戏却偏重演戏，强调修身齐家治国平天下。道家藐视演戏，把看戏当做人生理想。在西方，古代及中世纪的哲学家大半以为人生最高目的在观照，以看戏人的态度体验事物的真相与真理。在近代德国哲学中，这看与演的两种人生观也占了很显著的地位。在较显著的宗教中，人生的最高理想都不摆在现行的行动而是摆在另一世界的观照，宗教的基本精神在看而不在演。最后，谈到文艺，它是人生世相的返照，离开观照，就不能有它的生存。文艺说来很简单，它是情趣与意象的融会，作者寓情于景，读者因景生情。情感是内在的，属我的，主观的，热烈的，变动不居，可体验而不可直接描绘的；意象是外在的，属物的，客观的，冷静的，成形即常住，可直接描绘而却不必使任何人都可借以有所体验的。如果借用尼采的譬喻来说，情感是狄俄倪索斯的活动，意象是阿波罗的观照；所以不仅在悲剧里（如尼采所说的），在一切文艺作品里，我们都可以见出达奥尼苏斯的活动投影于阿波罗的观照，见出两极端冲突的调和，相反者的同一。但是在这种调和与同一中，占有优势与决定性的倒不是狄俄倪索斯而是阿波罗,是狄俄倪索斯沉没到阿波罗里面,而不是阿波罗沉没到狄俄倪索斯里面。所以我们尽管有丰富的人生经验,有深刻的情感,若是止于此,我们还是站在艺术的门外,要升堂入室,这些经验与情感必须经过阿波罗的光辉照耀,必须成为观照的对象。由于这个道理,观照(这其实就是想象,也就是直觉)是文艺的灵魂;也由于这个道理,诗人和艺术家们也往往以观照为人生的归宿。这是一篇很能体现朱光潜学贯中西的名学名篇,旨在发挥"人生苦恼起于演,人生解脱在看"的观点,强调尼采的"从形象得解脱"的化凄苦为愉悦的要义。

朱光潜8月以北大文学院院长汤用彤访美讲学,代理文学院院长。同月,在《文学杂志》第2卷第3期发表《生命》,此与《看戏与演戏——两种人生理想》为姊妹篇,重在从个体"生命"的视角凝视人生,文中谈到:"孔子看流水,发过一个最深永的感叹,他说:'逝者如斯夫,不舍昼夜!'生命本来就是流动,单就'逝'的一方面来看,不免令人想到毁灭与空虚;但是这并不是有去无来,而是去的若不去,来的就不能来,生生不息,才能念念常新。""'前水复后水,古今相续流',历史原是纳过去于现在,过去的并不完全过去。其实若就种中有果来说,未来的也并不完全未来,这现在一顷刻实在伟大到不可思议,刹那中自有终古,微尘中自有大千,而汝心中亦自有天国。这是不朽的第一义谛。"不过,作者对于生命问题的看法,大体源于庄子:"庄子尝提到生死问题,在《大宗师》篇说得尤其透辟。在这篇里他着重一个'化'字,我觉得这'化'字非常之妙。中国人称造物为'造化',万物为'万化'。生命原就是化,就是流动与变易。整个宇宙在化、物在化,我也在化。只是化,并非毁灭。草木虫鱼在化,它们并不因此而有所忧喜,而全体宇宙也不因此有所损益。何以我独于我的化看成世间一件大了不起的事呢?我特别看待我的化,这便是'我执'。"夏,为《诗论》增订版作"序",称本打算"再写几篇凑成第二辑",但因事重,就把新写的《中国诗何以走上"律"的路》上下两篇以及《陶渊明》这一个案研究先增补进《诗论》。

按:宛小平《对朱光潜〈诗论〉序跋的研究》(《中国社会科学评价》2021年第4期)曰:对于中国诗由古体向近体演化的分析,朱光潜后来曾作这样解释:"《诗论》对中国诗的音律,为什么后来走上律的道路,作了一些科学的分析。"这里所谓"科学的分析",当然是就普遍性而言的。也就是说,朱光潜想通过音与义的关系寻求各国诗歌共同的"离"与"合"的普遍公式。在他看来,诗歌进化史应分作四期:(一)有音无义时期。此时期最原始,诗和乐尚未分开。(二)音重于义时期。诗融化音乐以及语言,词皆可歌可颂,音乐为主,语言为辅。《诗经》时代和乐府初期大抵属于此期。(三)音义分化时期。也可以说是"民间诗"演化为"艺术诗"时期。文人诗重点发生变化,由歌调转到歌词,语言和音乐渐渐分离。乐府递化为古诗,标志已过渡到第三时期。(四)音义合一时期。文人诗既然与乐曲分开,却又要有节奏音调的变化,于是不得不在歌词和文字本身的音乐上下功夫。语言的节奏和音乐形式化的特点便显现出来。齐梁后律诗的出现是第四期发端的征兆。"赋自诗出"(《文心雕龙·诠赋》),自当真言,然"赋"对诗的影响似在朱光潜之前尚无论者。朱光潜揭示律诗两大特征即意义的对偶和声音的对仗形成无不是受到"赋"的影响。此言一出,令人茅塞顿开,中国诗由古体向近体演进中实乃词赋起到了关键性作用。朱光潜的这些看法还是遭遇了一些不同声音的反对,如章启群在《百年中国美学史略》中对朱光潜《诗论》有这样一段评价:"朱光潜本人对于自己这些工作的意义和价值并非没有意识。他晚年认为自己最有价值、最有原创性的著作是《诗论》,而不是这些关于西方美学的评述性文字。然而,现在看来,《诗论》同样也只是用中国的诗歌作为例证,介绍了西方的一些艺术理论。虽然它在中国诗歌的音律、节奏等方面提出一些新的看法,同时,它对中西诗歌的不同特点进行了一些比较和讨论,在诗歌理论上具有一定的价值,但在总体上,《诗论》没有提出中国美学重大的理论问题。因此,《诗论》无论如何不能属于中国美学方面的著作,只是一部诗歌理论著作,而且是一部以介绍西方文艺思想为主要线索的诗歌理论著作。同时,从《诗论》可以看出,朱光潜对于中国美学的理解与宗白华有着不小的距离,并没有抓住中国美学的本质和精髓。"既然章启群肯定了朱光潜在诗歌音律、节奏等方面提出了"一些新的看法""在诗歌理论上具有一定的价值",那怎么又说"但在总体上,《诗论》没有提出中国美学重大的理论问题"。这不是自相矛盾吗?难道科学地揭示律诗如何起来,律诗起来在对偶和声音的对仗均受"赋"的影响,这还不能算是中国诗歌的重大理论问题?其实,章启群这种表述上的前后矛盾,源于他认为日本中江肇民用"美学"意译 Aesthetics(感觉学、直观学)——这个汉语的译法才揭示了东方文化的内在精神,才叫"中国美学的"。至于朱光潜以科学眼光审视中国传统诗歌理论就不能算是"中国的",只能算是"西方的","是一部以介绍西方文艺思想为主要线索的诗歌理论著作"。如果说朱光潜要摆脱中国传统随笔和偶感式的诗话、诗式的表述方法,注入西方分析的学理精神的系统性,这种注入西方"学"的精神是在诗学理论中立于基础地位,那么章启群这番话倒有些合理性。即"Aesthetics"还是应该立在"(科)学"基础上,它的确是西方的,不是中国的。但是,朱光潜这种通过注入西方学理将中国传统诗话提升到诗学的努力难道不是更加丰富了中国诗歌的形成吗?使之如同朱光潜说的不是"雾里看花"。说到底,朱光潜的这种"中西合璧"诗学理论的建构是建立在"Aesthetics"应该是共同人性这一基础上的,并不存在真正意义上的"非此即彼"的"中国的""西方的"。"增订版"在最后一章讨论了一个诗人"陶渊明"的个案,并在"序"里表示还想写些类似的文章。初看上去,这一章和前面内容在体例上不合,然而仔细想想朱光潜素来主张人格即人学的观点,借讨论陶渊明人格与其学问的关系,不就是将前面章节的学理落在了实处?从一定意义上说,朱光潜心目中的陶渊明人格是非儒非道非释(不落一边),而是亦儒亦道亦释。这当然不同于陈寅恪"外儒内道"和后来李泽厚"内儒外道"对陶公人格的概括。朱光潜自己的室名就取自于陶潜诗句"游暮春也,春服既成,景物斯和,偶景独游,欣慨交心"(《时适》)中的"欣慨"两字。人生既有欣喜,又有悲慨。有道,则持儒家"天行健,君子以自强不息"的所谓"入世"态度;无道,则退而求道家的"隐"(但不是避俗),积蓄力量为将来征服现实作准备。朱光潜的座右铭"以出世的精神做入世的事业",就如同陶渊明"打破了现在的界限,也打破了切身利害相关的小天地界限,他的世界中人与物以及人与我的分别都已化除,只有一团和气,普运周流,人我物在一体同仁的状态中各徜徉自得,如庄子所说的'鱼相与忘于江湖'。他把自己的胸襟气韵贯注于外物,使外物的生命更活跃,情趣更丰富;同时也吸收外物的生命与情趣来扩大自己的胸襟气韵。这种物我的回响交流,有如佛家所说的'千灯相照',互映增辉"。因此,我们不能把"陶渊明"这一章和前面十二章分割开来,诗人的创造不过是人生世相的情趣返照。朱光潜在"增订版序"里透露他本想再写这样的文章辑成第二部,据此我们有理由推想这第二部是通过人物的个案研究来展示《诗论》里面的原理在实践中人格化的体现。总之,无论是纳入"语言"和"情趣"与"意象"合而论之,还是提出"言有尽而意无穷"里包含"常数"与"变数",都体现了科学(普遍性)与人文精神的统一,西方和传统的统一。朱光潜《诗论》之所以有这种视界,得益于他写《诗论》时已在情绪化的激进的"五四"新文化运动之后,有着历史的透视"距离"。这使得他不像胡适等人以反传统发难者的面目出现,也不像旧学究缺少"五四"新文化科学精神的洗礼。可以说,他的《诗论》在西方和本土、西诗与中诗之间找到了一个以"中西互为体用"方法所建构的比较诗学的平衡点,这使这本著作在中西比较诗学中相互阐释、相互印证、相互发现,成为既具有世界文学的共同规律又不失中国传统文论底蕴的里程碑式的经典。(参见宛小平《朱光潜年谱长编》,安徽大学出版社 2019 年版)

郑天挺任北京大学秘书长,并代史学系系主任。2 月 10 日,北京大学举行行政会议第 31 次会议,秘书长郑天挺先生报告,教育部令发《大学研究所暂行组织规程》:《北京大学与北平公立结核病防治院董事会合作办法》,依修正通过;《教授休假研究规程》,依修正通过;《本校讲师、研究助教、讲员、助教出国研究暂行补助办法》,依修正通过。3 月 3 日,北京大学举行行政会议第 34 次会议,秘书长郑天挺先生报告,1947 年度本校经常费核定为 3.76 亿元,教职员额为 1050 人,工役员额为 542 人;教育部拨发本校 1947 年度建筑和扩充改良费 6 亿元;决定本校教授休假,应自每年 8 月起始等。25 日,胡适写信给郑天挺。为学期考试有一半科目不及格者甚多,商议处理办法。在南京期间,北大教务会议已决定令这些学生(有125人之多)退学。返校以后,接得许多学生陈诉,要求体谅他们的困难。经询问训导长意见,并了解有关情况,认为这些学生确有值得同情之处,故写此信,在表示充分理解教务会议诸位维持学则,整顿课业和力求提高全校成绩的苦心之后,提出几点意见,希望予以考虑:(一)本校本年上课较他校为晚,故上学期考试成绩发表已在三月中,正当各校学期中间,退学学生实无校可入,将有失学之虞。且因经济问题,尚有无家可归者。(二)四年级学生应退学者亦有17人之多,他们无补考机会,又无转校可能,亦应予考虑。(三)应退学者,有台湾学生,有8年沦陷区学生,也有沦陷14年的东北学生,他们都有特别的实际困难,似不应绝其补习自励之路。信中恳切希望教务会议各位先生,能给这一问题以再考虑的机会。

郑天挺5月5日出席北京大学行政会议第40次会议,报告本届校务会议教授代表选举结果。7月12日,北京大学举行行政会议第45次会议,决议请郑天挺、周炳琳、饶毓泰3先生会商修正本校各级人员出国进修办法。28日,北京大学举行行政会议第46次会议,授权秘书长遵照部定职员名称及薪额,改定本校职员名称。11月1日,北大秘书长郑天挺致电中央青年部长陈雪屏,告知"学生今日复课"。12月8日,北京大学行政会议举行第56次会议,推胡适等9先生为本校50周年纪念筹备委员会委员,胡适兼主任,郑天挺兼秘书。9日,校务会议举行本年度第一次会议,出席26人,推郑天挺为会议书记。会议推定本年度本校各常设委员会委员:图书委员会王铁崖等14人,仪器委员会钱思亮等7人,出版委员会周炳琳等7人,财务委员会赵迺抟等10人,训导委员会贺麟等16人。各常设委员会于必要时得互推常务委员若干人,组织常务委员会。本会议每两月开常务会一次。12月16日,北京大学文理法三院讲师讲员助教联合会致(秘书长)郑天挺函:"日前发起筹组国立北京大学文理法三院讲助教联合会,嗣于12月11日开全体大会宣告成立,并选出理事7人,监事3人。"要求校方拨给"会址一处",并要求秘书长令出纳组代扣会费。附讲助联合会理事会主要理事名单:总务俞铭传、文书李松筠、财务马毓泉、康乐郭沂曾及联络董申保等。(参见王学珍等编《北京大学纪事(1898—1997)》,北京大学出版社1998年版;耿云志编《胡适年谱》,福建教育出版社2012年版)

郑华炽继续任北大教务处长。1月27日,郑华炽等出席北大公费生审查委员会会议。会议对公费生申请办法,除照部令办理外,并确定四条审查原则。2月17日,北京大学举行行政会议第32次会议决,教务长郑华炽先生报告,奉教育部令分发迟到学生仍应收录及本学期请求休学生人数。3月3日,北京大学举行行政会议第34次会议,教务长郑华炽先生报告,学生于2月27—28日罢考两日,本日教务会议议决,定于3月5、6日补考。14日,教务会议开会,教务长报告上学期各学院二分之一学分不及格学生已(统计的)有85人,医学院尚未定。为此会议讨论《教务通则》第8章第37条二分之一学分不及格者退学的规定,本学期是否即予实行?决议"实行"。17日,北京大学举行行政会议第35次会议,教务长郑华炽先生报告,学期考试二分之一不及格学生退学事,经教务会议复议,仍维持原议。24日,北京大学举行行政会议第36次会议,决议聘请马大猷、苗仲华、饶毓泰、江泽涵、钱思亮、朱物华、郑华炽7先生为工学院筹备委员,马大猷为主任委员并参加行政会议。25日,胡适校长致函郑华炽教务长,提出三方面的实际情况,提请郑和教务会议诸先生考虑二分之一学分不及格学生的困难,重新开会讨论对不及格学生的处理问题,并提出了改退学处理为留校察看一学期的意见。这封信提及,二分之一不及格学生(本科)达125人,先修班

60 人。27 日,教务会议开会,会议通报本学期已注册学生人数:理学院 270 人,文学院 604 人,法学院 708 人,农学院 333 人,工学院 99 人,医学院 499 人,六学院共 2513 人。另先修班 310 人,护士班 31 人,共计 2854 人。会议同意胡适校长的提议,决定对本学期二分之一学分不及格的学生的处理,由退学改为留校察看一学期(自愿退学的听其自定),如年终学年成绩仍为二分之一不及格者,即令退学,绝不通融。留校察看学生第二学期的公费应予取消。4 月 14 日,北京大学举行行政会议第 38 次会议,决议请郑华炽等 8 位先生为 1947 年度新生考试委员会委员,郑召集。5 月 5 日,北京大学举行行政会议第 40 次会议,教务长报告,与清华南开两大学商定本暑假联合招考新生办法。9 日,教务会议开会决定:(一)建议学校本年总考不举行;(二)成立委员会办理临大补习班毕业生参加北大毕业考试;(三)1946 年度录取的试读生改正式生,全年成绩各门(课程)均须及格。

郑华炽 6 月 20 日出席教务会议,报告:(一)奉部令,本届毕业生总考取消;(二)本年度招生委员会已组成,委员共 8 人,一年级新生考区设北平、天津、上海、南京、广州、武汉、成都、昆明、沈阳 9 个区,转学生考区设北平、上海、武汉、广州 4 个区。会议做出如下决定:(一)成立先修班保送大一成绩审查委员会,由文、理、法、医、农、工六院院长及国文、英文、数学、物理、化学五系主任以及先修班主任、教务长组成,教务长召集;(二)试读生二分之一学分不及格者取消学籍,三分之一不及格者留级,从军学生(试读)二分之一不及格者留级,三分之一不及格者可以升级。28 日,北京大学举行行政会议第 46 次会议,教务长报告本年联合招考新生,北平区报名人数共 5902 人,计北大 2632 人,清华 2288 人,南开 703 人,中央 297 人;接收政府委托,设立监狱官专修科,先招 30 人。9 月 10 日,北京大学行政会议举行第 49 次会议,教务长报告,本年录取研究生 30 名,转学生 64 名,一年级生 571 人,共 665 名;建议教务会议,上学年借读生在校成绩及格而未考入本校者,本学年准再继续借读一年,一年级学生在同组内可以改系;上学年考试三分之一不及格学生,请求改系肄业者,应予照准。9 月 11 日,北大第 11 次教务会议,周炳琳等 27 人出席,主席郑华炽。会议讨论决定了关于学生申请转院转系问题,转院考试问题和借读生问题等。22 日,国立北京大学行政会议举行第 50 次会议,教务长报告,本学年旧生注册人数截至 20 日止计:一年级 214 人,二年级 589 人,三年级 744 人,四年级 563 人,五、六年级 93 人,共 2203 人;二年级学生转院改系降入一年级者,应取消其公费,改照奖学金办法申请奖学金。10 月 2 日,第 12 次教务会议修改通过《北京大学教务通则》。12 日,北京大学行政会议举行第 52 次会议,教务长报告注册学生人数。会议议决:(一)一二年级体育不计学分,但体育不及格者不准毕业。(二)通过修改《教务通则》。11 月 11 日,教务会议开会,教务长报告 1947 年新生人数。会议讨论了 1946 年应毕业学生问题。12 月 30 日,教务会议开会,决定组织补考委员会、招生委员会、毕业生审查委员会,三委员会均由各院选定人选组织之;考试计分不用四舍五入法,59.9 分视为不及格。(参见王学珍等编《北京大学纪事(1898—1997)》,北京大学出版社 1998 年版)

陈雪屏为北京大学训导长。1 月 6 日,北京大学举行行政会议第 28 次会议,训导长陈雪屏报告北平市学生为抗议美兵强污女生事件游行经过。14 日,北平《益世报》报道,北大 400 余名学生签名要求撤换"处事不公及不负责的训导长陈雪屏"。27 日,北京大学举行行政会议第 30 次会议,训导长陈雪屏报告与校长约请政治系教授商定学生自治会选举原则、经过,决议再请周炳琳草拟条文。28 日北平《益世报》报道,昨日,北大公费生审查委员会开会,训导长陈雪屏出席会议。2月10日,北京大学举行行政会议第31次会议,训导长陈雪屏先生报告,学生公费审查委员会决定公费给予标准,及给予全公费半公费人数。3月17日,北京大学举行行政会议第35次会议,陈雪屏赴京任职,训导长职务由贺麟代理。(参见王学珍等编《北京大学纪事(1898—1997)》,北京大学出版社1998年版)

张政烺4月18日出席学校教授会议,通过《国立北京大学组织大纲》。5月,北大举行纪念五四运动28周年的盛大活动,并决定每年"五四"为校友返校节。春,在郑天挺家,与北京大学、清华大学历史系教授郑天挺、谢国桢、孙毓棠、雷海宗、邓广铭、周一良、向达、余逊、邵循正、杨人楩、孔繁予、赵万里等聚首,并合影。5月4日,"为纪念五四运动28周年,北大师生4000余人在民主广场举行庆祝大会,博物馆及五四运动史料展亦分别开放。中午全校师生以系为单位在民主广场围坐会餐,餐后师生们汇聚一堂,引吭高歌,'光芒万丈在前头'的歌声回响在广场上空"。张政烺参加了庆祝活动和会餐。6月10日,顾颉刚给张政烺写信。是年,与胡适、童书业、杨志玖、郭豫才、王国维、钱穆、屈万里、傅斯年、陈垣、陈寅恪、方诗铭、徐中舒、丁山、冯汉骥、谭启骧、于思泊、丁声树、郭沫若、胡厚宣、潘重规、吕思勉、刘朝阳、冯承钧、唐兰、周一良、劳榦27人,被顾颉刚选为当代考证文献拟目的作者。选取标准:①眼光犀利;②证据充分;③文辞畅达;④开风气者。考证学的目的:①发现新事实;②得到事实的真相,拨除其尘障;③从事实的真相及新事实上建立新系统。开始兼任北京故宫博物院委员,直到1949年。(参见陈绍棣编著《张政烺先生年谱》,中国社会科学出版社2019年版)

杨振声开始主编《经世日报·文艺周刊》,曾让北大西语系青年讲师袁可嘉协助编辑《经世日报·文艺周刊》和天津《大公报·星期文艺》。光复后的北平和天津原有的报纸都恢复了,又办了些新报纸。天津和北平两地的报纸都请杨振声和沈从文编文艺副刊。他们两位承担了起来,交给几位青年作家负责编辑。杨沈两位还是像以前一样时时刻刻在培养与提掖青年人。年初,杨振声受胡适委托与魏建功谈回北大问题,拟委其为训导长,未受,但同意在台推行国语工作安排妥当后回北大任教。1月6日下午5时,杨振声至蔡元培先生纪念堂参加北大第28次行政会议,另有胡适、周炳琳、俞大绂、马文昭、胡传揆、汤用彤、毛准、郑华炽、饶毓泰(江泽涵代)、陈雪屏、郑天挺参加。13日下午5时,至松公府会议室参加北大第29次行政会议,另有胡适、毛准、郑华炽、俞大绂、周炳琳、马文昭、胡传揆、汤用彤、饶毓泰(江泽涵代)、陈雪屏、郑天挺参加。18日,为罗常培《沧洱之间》所作序言《〈沧洱之间〉序》刊于《大公报·星期文艺》第14期。27日下午5时,至松公府会议室参加北大第30次行政会议,另有胡适、毛准、江泽涵、陈雪屏、汤用彤、俞大绂、马文昭、周炳琳、胡传揆、郑华炽、郑天挺参加。2月7日下午3时,代胡适到蔡先生纪念堂出席第五次教务会议,并带去胡适致郑华炽书信一通。另有郑华炽等24人出席。10日下午5时,至松公府会议室参加北大第31次行政会议,另有胡适、江泽涵、陈雪屏、汤用彤、毛准、周炳琳、马文昭、胡传揆、俞大绂、郑华炽、郑天挺参加。17日下午5时,至松公府会议室参加北大第32次行政会议,另有胡适、郑天挺、赵迺抟(周炳琳代表)、陈雪屏、江泽涵(代姚毓泰)、汤用彤、毛准、马文昭、胡传揆、郑华炽、俞大绂参加。24日下午5时,至松公府会议室参加北大第33次行政会议,另有胡适、赵迺抟、陈雪屏、江泽涵、汤用彤、俞大绂、马文昭、郑华炽、毛准、胡传揆、郑天挺参加。28日,朱自清来访。

杨振声本学期指导中文系毕业生诸有琼,论文题目为《论陆机文赋》。当时北大形成中西贯通的风气,杨振声开设"欧洲文学名著选读"课,意在纠正学中国文学而不懂西方文学的偏向。3月15日,朱自清来访。27日下午3时,因胃病由唐兰代为参加第八次教务会议,另有郑华炽、胡适等22人出席。月底,胃病加重,手术。4月5日,朱自清前来看望。4月中旬,北大拟设立博物馆,杨振声与胡适、汤用彤、向达、裴文中、杨钟健、韩寿萱、段宏章、芮逸夫、唐兰、冯兰洲被推定为筹备委员,由校长胡适召集,馆址暂定为国会街。30日,杨振声在《经世日报·文艺周刊》第35期发表《编者小白》。5月6日,《大公报》有文章针对战后教育经费及教授生活状况的改善等问题进行披露。12日下午3时,三十五年度第一次校务会议在蔡元培先生纪念堂召开。会上报告本会议教授代表选举结果,其中,杨振声、贺麟、向达、袁家骅、汤用彤当选文学院代表,冯承植、朱光潜为候补代表。22日,与北京大学教授联合发出《北京大学教授宣言》,支持各地学生"反内战、反饥饿"及要求教育改革的运动。据23日上海《文汇报》报道:继北洋南开两校教授之后,北大教授杨振声、吴之椿等31人,今日亦发表宣言,内称:"这几天汹涌澎湃的学潮蔓延全国,而政府当局业已决定断然处置办法,使我们深深忧虑此后的发展将更险恶,而至于无法收拾。"继称"我们站在教育岗位上的人,自当劝导青年学生先行复课,以免牺牲学业,同时更希望政府对于青年学生的运动予以了解和同情。青年学生运动的起因,是不满现实。唯有改变现实,才能平息他们的不满,推诿与压制,则结果适得其反。殷鉴不远,不敢不告"。30日,与北大、清华两校教授共102人在上海《大公报》发表《为反内战运动告学生与政府书》,对学生"反饥饿、反内战"运动表示同情。6月,《文学杂志》复刊,与朱光潜、沈从文、冯至共同编辑。朱光潜在《文学杂志》"复刊卷首语"的"重申目标"中明确地表达了开拓新的"纯文学"写作的要求。夏,因胃部手术后身体虚弱,得到北大老同学、时任北平市市长何思源关照,入住颐和园内谐趣园北的霁清轩避暑。杨振声让沈从文夫妇等人一同在颐和园霁清轩居住。梁思成、林徽因、张奚若夫妇等友人常来看望。当时北大校长胡适名义兼任中文系主任,因校务繁忙,系里的事曾委托杨振声代理。由于身体原因,杨振声此时不能到校,系里实际工作便由唐兰负责。12月9日下午5时,三十六年度第一次校务会议召开。会上报告本届校务会议参加人数,其中,杨振声、冯承植、杨人楩、袁家骅为文学院教授代表。是年,杨振声与沈从文指导毕业生王达人,论文题目为《中国现代文学所表现的乡土性》;与王重民指导毕业生任侠,论文题目为《千家诗的研究》;与沈从文指导毕业生王震环,论文题目为《汉人小说》;与游国恩指导毕业生舒璐,论文题目为《子夜吴歌的研究》;与废名指导毕业生廖文仰,论文题目为《五四以来的新诗》。(参见蓬莱市历史文化研究会《杨振声编年事辑初稿》,黄河出版社2007年版;王学珍等编《北京大学纪事(1898—1997)》,北京大学出版社1998年版)

沈从文主编《平明日报·星期艺文》、天津《益世报·文学周报》、天津《大公报·星期文艺》和《文艺》,同时指导《华北日报·文学》《益世报·诗与文》的编辑工作。1月1日、16日,《宋人谐趣》连载于《论语》第120、121号。4日,朱自清来访,并在沈从文家中补写《论诵读》一文最后一部分。2月初,复李霖灿、李晨岚信。信中,沈从文托二人帮汪曾祺在南京中央博物院找份工作。2月1日、2月16日、3月1日、3月15日、3月29日,《芸庐纪事》重新在天津《益世报·文学周刊》发表。2月2日,沈从文前往拜访朱自清。约2月前后,沈从文针对当时一些人对他的批评和攻击写了4篇文章,均未完稿。其中第一篇篇名为《政治与文学》。3月1日,为抗议当局抓捕学生,在北平五所大学教授《响应十三教授保障人权宣言》上签名。15日,朱自清来访。22日,在天津《益世报·文学周刊》发表《新废邮存底》,此文为给投稿人"灼人"的复信。文中沈从文认为："诗应当是一种情绪和思想的综合,一种出于思想情绪重铸重范原则的表现。……诗必需是诗,征服读者不是强迫性而近于自然皈依。诗可以为'民主'、为'社会主义'或任何高尚人生理想作宣传,但是否是一首好诗,还在那个作品本身。我们的困难在充数的诗人太多,却迫切要他人认可他为'大诗人'或'人民诗人',没有杜甫十分之一的业绩,却乐意于政治空气中承受在文学史上留下那个地位。"25日,致函"灼人",对发表在3月22日《益世报·文学周刊》的复信所引起的"灼人"的一些不同意见作出答复。此信后被灼人以《沈从文先生的回信》为篇名,刊于4月21日《清华周刊·清华文艺》,同时发表的还有灼人致沈从文的信。

沈从文4月16日在《知识与生活》第1期发表《性与政治》,又载5月16日的《论语》第129期。5月4日,《五四》刊于天津《益世报·文学周刊》第39期。文中认为："过去时代,我们把希望寄托到帝王和所控制武力上不大济事了,虽然变相的帝卫和强大武力,还上好存在。但遇到问题来时,这帝王,这武力,都已显得不大中用。其次是把希望寄托到民主初创时的公仆,总统和人民代表的两院议员身上,结果是不大中用的公仆,不免被武人挟制,为所欲为,太过中用的武人,又必然是独断独行,使国家分崩离析,人民无可奈何。""国家重造的当儿,解决矛盾,平衡情感,还得用集团屠杀方式。这个与其说是'自然'的,又不如说是'人为'的。与其说是命中注定,还不如说这只是'人谋不臧'。中国若真有所谓思想家,或大政治家,应当从这问题上提出他对于国家重造的见解。"6月1日,《宋人演剧的讽刺性》重新在《论语》第130期发表。8日,朱自清来访,沈从文在自己家中招待朱自清一起用餐。同月,沈从文致信秦晋,商量邀梁实秋、李长之、冯文炳、俞平伯、林文铮、毕树棠、朱自清、陈占元、常风、季羡林等聚会,并建议在《益世报》上设立一《批评与介绍》类的新栏目,由梁实秋主持,约参与集会的这些人每月写五千字,如此"一定相当好",因"所邀熟人多以能写杂散文见长,大多与外文有关,能介绍批评"。并认为若仅仅邀梁实秋为《益世报》的《语林》写稿,"似不大好意思要他写文章,因为《文学》稿尚多新人,把实秋文章和章回长篇同用,对此老手,未免为委屈也"。夏,沈从文被聘为北平高考委员会委员。

沈从文7月20日在北平《平明日报·星期文艺》第13期发表《新废邮存底二五八》和《新废邮存底二五九》,两文现收入《全集》第17卷《新废邮存底续编》中,篇名分别改为《谈新诗五个阶段》和《谈文学的生命投资》。8月1日,《欢迎魏德迈》刊于《大公报》。10月18日,在天津《益世报·文学周刊》第62期发表《本刊一年》。同日,朱自清来访。20日,北平《益世报》的《诗与文》副刊创刊,沈从文任主编之一。21日,《一种新希望》刊于上海《益世报》,后来又在11月9日和10日的北平《益世报》上刊出。文中谈了作者对现实的感受和思索,认为当时国内政局出现了"三种新的发展":"一是政治上"第三方面"的尝试,二是学术独立的重呼,三是文化思想运动更新的综合"。作者还把当时投身学生运动的青年人,看作"比醉人酒徒还难招架的冲撞大群中小猴儿心性的十万道童,想什么,做什么,更非悟空可比",认为"这种充满青春待并发的活力,原本必须从各方面分散,可变成各种进步的基本热能",但现在的环境空气却把他们的活力引入歧途。此文发表后,受到邵荃麟等人的激烈批评,被认为是鼓吹"中间路线""新"第三方面"运动",实质是"配合四大家族和平阴谋的部分",担任的角色是介于"二丑与小丑之间"的"三丑","是直接作为反动统治的代言人"。29日,朱自清来访。

沈从文11月1日在北平《知识与生活》第14期上发表《学鲁迅》一文,以纪念鲁迅逝世

11周年。12月1日,《北平通信——第一》刊于上海《论语》第142期。以后沈从文又继续以《迎接秋天》《怀塔塔本林》《故都新样》《苏格拉底谈北平所需》《试谈艺术与文化》等为题,写了多篇"北平通信"。12月13日,朱自清来访。23日,沈从文到石驸马大街拜访熊希龄遗孀毛彦文,毛彦文向他谈及为纪念熊希龄逝世10周年,想请胡适写点纪念文章。12月25日,致信胡适。约胡适为纪念熊希龄逝世10周年写文章。冬,吴同宾因家境困难辍学去南方谋生,沈从文为他写了封介绍信,让他找当时任教于武汉大学外文系的金克木,托为照顾。相似的介绍信还有给重庆的报纸主编王平陵、昆明的云南大学教授李广田、上海的戏剧家李健吾、《论语》杂志主编邵洵美、《大公报》编辑和复旦大学教授萧乾等人的,共6封。是年,由西南联大学生金隄与英籍教师白英在1943年选译的英文版小说集《中国大地:沈从文小说集》由英国伦敦George Allen&Unwin有限公司出版,内收《柏子》《丈夫》《看虹录》《边城》等小说13篇和《从文自传》中的1篇《一个大王》。这个集子是沈从文小说被译成英文的第一个集子,以后又于1982年由美国纽约哥伦比亚大学出版社再版。(参见吴世勇编《沈从文年谱》,天津人民出版社2006年版)

　　俞平伯继续在北京大学文学院任教。1月1日,作《释杜诗〈月夜〉》,刊于1月19日天津《大公报·星期文艺》第15期。26日,朱自清来访。2月1日,作《为〈中外文丛〉拟创刊词》,刊于2月12日天津《大公报·大公园地》第149期;又载6月16日《论语》半月刊第131期,题目为《拟〈中外文丛〉发刊词》;文后有作者于同年5月写的附记:"'丛刊'因事未能发行,此文姑作闲话观之。"中旬,收到朱自清2月13日来信。20日,以分析周邦彦《忆旧游》(记愁横浅黛)一词所写的札记《清真词浅释》,刊于2月20日《国文月刊》第52期。22日,与朱自清、许德珩、汤用彤、向达等九三学社12位同人就北平市政府发动警宪夜入民宅,以清查户口为名,肆行搜捕事件,提出抗议,并拟定《保障人权宣言》,刊于3月8日《观察》第2卷第2期。同月,修改《忆清华园谷音社旧事》稿,刊于3月16日《论语》半月刊第125期"癖好专号"。此稿原应赵景深之约,为其主编的《戏曲》月刊而作,后因刊物停办,遂发表在《论语》杂志。3月中旬,收到朱自清3月17日来信。31日,以分析《尉迟杯》(隋堤路)、《满庭芳》(风老莺雏)、《庆宫春》(云接平冈)三词而写的札记《周美成词浅释》,刊于天津《民国日报·文艺》副刊。下旬,收到朱自清3月26日来信。4月1日,为《读词偶得》修订再版本作跋,刊于4月21日天津《民国日报·文艺》副刊,题目为《三十六年新版〈读词偶得〉跋》。3日,应嘱为叶圣陶在日记中录写的《遥夜闺思引》长诗作跋语,刊于4月28日天津《民国日报·文艺》副刊;题目为《叶圣陶兄写〈遥夜闺思引〉跋》。4日,摘录1936年5月26日至27日与友人夜游妙峰的日记,题为《夜游妙峰》,刊于5月14日天津《民国日报·民园》副刊;又载6月1日《论语》半月刊第130期。作者在篇末说:"此十二年前旧记也,从日记摘出其词致简,聊可窥胜游之一二,今则村居寥落,生计凋零,如拈梦华之丛琐,观河上之清明,承平遗韵渺若云烟矣。"5日前,收到朱自清4月2日来信。5日,朱自清来访。7日,札记《读词偶得·史邦卿〈绮罗香春雨〉》刊于天津《民国日报·文艺》副刊。14日,以分析《还京乐》(禁烟近)、《扫地花》(晓阴翳日)、《意难忘》(衣染莺黄)、《阮郎归》(菖蒲叶老水平沙)四首词而写的札记《周美成词浅释》,刊于天津《民国日报·文艺》副刊;又载6月10日《国文月刊》第56期。

　　俞平伯5月2日下午接待朱自清来访。7日朱自清来访,为俞平伯父亲80华诞贺寿。12日,以分析《满庭芳 夏日溧水无想山作》一词而写的札记《周美成词浅释》,刊于天津《民国日报·文艺》副刊。19 日，以分析《齐天乐》（绿芜凋尽台城路）、《早梅芳近》（花竹深）两首词而写的札记《周美成词浅释》，刊于天津《民国日报·文艺》副刊。22 日，俞平伯与国立北京大学教授 31 人联合发出《北京大学教授宣言》，对各地青年学生反内战、反饥饿以及要求教育改革的运动，表示同情和支持。30 日，北京大学、清华大学两校教授 102 人签名，在上海《大公报》发表《告学生与政府书》，对大、中学学生反饥饿反内战的运动表示同情。俞平伯是签名者之一。下旬，收到朱自清 5 月 23 日来信。6 月上旬，收到朱自清 6 月 2 日来信。12 日午，应邀出席陈寅恪在清华园的宴请，朱自清、浦江清等作陪。同日下午，作为清华大学特聘考试委员，与朱自清、陈寅恪、浦江清等参加清华大学研究院文科研究所中国文学部为萧成资举行的毕业考试。16 日，《随笔两则》刊于《论语》半月刊第 131 期。同日，札记《超然台记评》刊于天津《民国日报·文艺》副刊。7 月 5 日，朱自清来访。6 日，在北平居士林演讲《今世如何需要佛法》，由阿姐女士记录，经修改后，发表在本年 7 月《世间解》月刊第 1 期。14 日，札记《谈闺阁词翰》刊于天津《民国日报·文艺》副刊，又载 9 月 1 日《论语》半月刊第 136 期。15 日，为自写第六本《遥夜闺思引》作跋语，刊于 8 月 11 日天津《民国日报·文艺》副刊，又载次年 11 月 28 日《华北日报·文学》周刊第 47 期，题目为《遥夜闺思引》跋语三篇《跋第六写本》。25 日，作《读〈红楼梦〉随笔二则》，刊于 8 月 8 日《华北日报·俗文学》副刊第 6 期，又载 9 月 16 日《论语》半月刊第 137 期；后收入《红楼梦研究》，作者举出《坚瓠集》中的两个例子，来说明《红楼梦》因袭前人之迹甚明。

　　俞平伯《读词偶得》修订本 8 月由上海开明书店出版。书中增加了《诗馀闲评》《三十六年新版跋语》以及《释史邦卿词四首》，删去了释周美成《清真词》部分，将其编入了《清真词释》中。当时，开明书店介绍《读词偶得》一书说："俞先生邃于词，兴利倚声，都成佳什。此书取古名家词而解释之，……不依傍成说，亦不措意于语原典故之末，惟体味作者当时性情境界，说明其如是抒写之所以，与所谓'诠释'之作全异其趣。其说由浅而深，初学者循序展玩，不特悟词为何物，抑且怀词人之心矣。"9 月上旬，收到朱自清 9 月 4 日来信。信中谈及俞平伯的作品《客归》，认为"意新语工，读之慨然"。同月，《由群经之起讫谈〈论语〉〈孟子〉之起讫》刊于《学原》月刊第 1 卷第 5 期；《谈宗教的精神》刊于《世间解》月刊第 3 期，文中说："古代的宗教难再生，它的精神实在应该复活的（自然我不指它的仪式），它的崇高的奉事精神即我们对光明的祈求，然而我们不如古人远矣。空空的祈求光明，光明不因之而来；诅咒黑暗，黑暗不因之而去。殉道者的生平，即一切志士仁人的榜样也。"11 月 16 日，与到北大作演讲的朱自清相见并谈诗。据《朱自清日记》记载：俞平伯认为"中国诗之重复性，盖律诗之仄起正格与平起正格须循环诵读故也。又周邦彦《应天长》中有：'长记那回时，邂逅相逢，郊外驻油壁'之句，暗示四种意思，即：意外相逢之喜悦；女子在车内；男子在马上；女子为妓女（苏小歌）"。中旬，收到胡适 16 日夜写来的信。信中感谢俞平伯寄诗给他读，并谈了绝句必须与民歌接近，才可以有新的生命的问题。23 日，《秋荔亭随笔》四则刊于天津《民国日报·民园》副刊。12 月底，作《走马灯和牌九的哑谜儿》，刊于 1948 年 1 月 1 日天津《民国日报·民园》副刊，又载 1948 年 1 月 1 日《论语》半月刊第 144 期"新年特大号"，题目为《新年顽意——"走马灯"和"牌九"的哑谜儿》。同月，《读词偶得》修订本由上海开明书店再版。（参见孙玉蓉编《俞平伯年谱》，天津人民出版社 2006 年版）

　　游国恩《再论吴声歌曲中的子夜歌群》1 月 12 日刊于《平明日报·星期文艺》。3 月 12日，作《楚辞九辨的作者问题》，刊于《龙门杂志》第 1 卷第 1 期。21 日，作《谢灵运诗华子岗麻源辩证》,刊于《学原》第 1 卷第 2 期。4 月 28 日,《平明日报》刊登游国恩在北京大学新诗社所作的《论诗的欣赏》的演讲记录稿。记录者在按语中说:"游先生在讲演中、共费时两个小时半,其中引证诗句,背诵如流,没滞住片言只字,是值得一提的。"5 月 14 日,作《楚辞用夏正说》,后收入《楚辞论文集》。6 月 2 日,《跋青芝山馆集》(为乡邦遗书跋尾)脱稿,刊于《龙门杂志》第 1 卷第 4 期。12 日,清华大学文科研究所中国文学部萧成资毕业初试,应约任考试委员,担任考试委员的还有陈寅恪、浦江清、余冠英、雷海宗、张岱年、俞平伯。暑假,与朱光潜到武昌为北大招生,然后回家乡安葬母亲并接家属北上。12 月 20 日,《谈西洲曲》一文刊于《申报·文史》第 3 期。是年,作《跋曾国藩全集》,刊于《龙门杂志》。(参见游宝谅《游国恩先生年谱》,《淮阴师范学院学报》2002 年第 1 期)

唐兰是年代理北京大学中文系主任。1 月,《释"抛"》刊于《大公报·文史周刊》第 12 期。4 月,《释"打"》刊于《大公报·文史周刊》第 24 期。6 月,《马融的一生》刊于《大公报·文史周刊》第 31 期。7 月,《马融作广成颂的年代》刊于《大公报·文史周刊》第 33 期;《古代饮酒器五种——"爵"、"觚"、"解"、"角"、"散"》刊于《大公报·文史周刊》第 34 期。12 月,《石鼓文刻于秦灵公三年考》刊于《申报·文史副刊》第 1 期。12 月,《扬雄奏甘泉河东羽猎长杨四赋的年代》刊于《学原》第 1 卷第 10 期。同月,《唐写本王仁昫刊谬补缺切韵跋》故宫博物院影印本出版。(参见韩军《唐兰的金文研究》及附录二《唐兰先生学术年谱简编》,山东大学博士学位论文,2009 年)

田希圣 3 月 1 日在《北大化讯》18—19 期发表《北京大学文学院》。文中说:"北大文学院是中国新文化运动的发祥地","是中国旧国学的研究室"。"这两句话同时说来并不矛盾"。文章说:"北大学术风气,不仅是'兼容并包',而还能'专精独到'。无新不显旧,无旧何从新,北大能将新文化扶导培育而纳入正轨,北大能将旧国学考证辨伪再赋予生机。所以中外人士,一提到中国学术,便首推北大,一提到北大,便先把文学院赞扬一番。"文章还介绍北大文学院的建筑(红楼)、北大校风、院系、教授、学生及设备等。(参见王学珍等编《北京大学纪事(1898—1997)》,北京大学出版社 1998 年版)

向达时任北大教授。1 月 1 日,北大史学系全体学生和本校史学会为向达教授受侮致函胡校长。函中说:在 30 日上午,向达教授阻止几个挂着校徽的人撕扯红楼大钟下的罢课标语,挨这几个人漫骂和推搡,向先生受侮辱要求辞职。对此,全体大会一致决议:第一,学校当局立即慰问向先生,并坚决挽留。第二,学校当局应立即查明开除侮辱向先生的人。第三,请胡校长履行诺言,切实保障以后校内言论自由及师生之安全。第四,追究负责维持校内秩序主管人之责任。3 月 9 日,郑振铎在家宴请史学界朋友,请他们支持出版《中国历史参考图谱》,共有 12 位史学家题词,高度赞扬郑振铎这一意义巨大的工程。向达的题词是:"近五十年来,中国的历史研究有很大的进步。如新史料之发现,考古学、语言学之逐渐为人注意,发达而与历史研究发生密切联系,这都是五十年前作历史研究的人所梦想不到的。……西谛的新著《中国历史参考图谱》出版了,这是近五十年来中国历史研究的又一新页。将中国历史知识,无论是旧有的或新发现的,予以普遍化和大众化,使历史成为一有生命有人性的科学,而不再是禁闭在深宫,只供一些大人先生欣赏赞叹拍案叫绝的玩物。我们学历史的人对此固然欢喜不置,而一般人得见所未见,也当感到同样的高兴。西谛的兴趣是多方面的,戏剧小说板画以及好书,几乎无一不爱。他自己爱这些东西,希望别人也爱这些东西。二十年来以一穷书生,忍饥耐寒,收书印书,遭逢大难,孜孜不倦,无非为此。普遍化与大众化,这是他的志愿。他所刊布的东西,往往运量甚大,所以他所得到的批评也因之褒贬不一。但是他所凭者不过一手一足之烈,对于知识的公开与传布,他已尽了他的责任。我们回头看看那些所谓执掌文衡的阀阅,他们作的又是些甚么呢? 对于这样二十四辑的大书,除去兴奋,除去赞叹,我们还能说些什么呢?”12日,向达在上海《大公报·图书周刊》第10期发表《西征小记》,第11—14期连载。此文是对河西地区古代遗址和敦煌写本的实地调查笔记和相关问题的初步考证,向达此后在此基础上撰写了《两关杂考》《莫高榆林二窟杂考》《罗叔言〈补唐书张议潮传〉补正》等研究论文。(参见王学珍等编《北京大学纪事(1898—1997)》,北京大学出版社1998年版;王学典《20世纪史学编年(1900—1949)》,商务印书馆2014年版;陈福康《郑振铎年谱》,三晋出版社2008年版)

裴文中时任北大教授。7月,赴甘肃渭河、洮河、大夏河流域进行三个多月考古工作。于10月下旬,归程中应本校地质学会之请,来西北大学讲授《渭河、洮河流域古代人类文化之新发现》。报告了他在前人未曾涉足的渭河上游,发现分布甚广、发达甚盛的彩陶文化的经过。(参见西北大学校史编写组《西北大学校史稿》,西北大学出版社1987年版)

容肇祖继续任北京大学哲学系教授。5月20日,国民党《中央日报》载,以“社会贤达”闻名的莫德惠,曾在台湾晤见被蒋介石囚禁的爱国将领张学良先生,称“张氏喜读明代历史,此次访问,发现张氏已成为明史专家”。又称“渠对我国明史学者王崇武、容肇祖及翦伯赞三氏,均及推崇,且愿能与三氏交换有关明史诸问题之意见”。(参见东莞市政协编《容庚容肇祖学记》,广东人民出版社2004年版)

崔书琴时任北京大学教授。5月,崔书琴组织北大、清华等校教授成立一“独立时论社”。撰《独立时论社征稿启事》,曰:“我同北大清华各校的朋友们,最近组织了一个独立时论社,寄发文稿到全国各地报馆同人发表。四个月来,成绩还算不错。现在与我们合作的共有二十五个城市的三十八家日报。这些日报拥有的读者合计起来要有好几百万人。每篇文稿除去用费及本社公积金外,可以有七十万元的稿费。”(参见胡宗刚《胡先骕先生年谱长编》,江西教育出版社2007年版)

邓广铭继续任北京大学史学系副教授,讲授“中国通史”及“隋唐五代宋辽金史”课程。12月,邓广铭《辛稼轩先生年谱》由商务印书馆出版。此书系作者在1937—1939年撰成,用“比类推求”的方法从宋人文集中收罗大量相关资料,间接确定了辛弃疾的行事年月,并纠正了一些以讹传讹的说法;体例上虽分年隶事,亦兼用纪事本末写法;内容上与作者所著《稼轩词编年笺注》互为呼应,详略各有侧重。是年,邓广铭还发表了《〈宋史〉岳飞、张宪、牛皋、杨再兴传考辨》。

按:《辛稼轩先生年谱》,1978年上海古籍出版社重印,1997年上海古籍出版社出版该书增订本。(参见王学典《20世纪史学编年(1900—1949)》,商务印书馆2014年版)

吴大猷8月17日致信饶毓泰、郑华炽,谈及胡适向陈诚、白崇禧建议由国防部拨款,在北大设原子核物理研究中心事,主张此事宜直接向蒋介石陈请。又告去年去英已与张宗燧商得其应北大之约。月前同张文裕夫妇谈,彼二人尚无意回国。信中说,海外学子多不愿归国,其原因:(1)在美易找到位置;(2)在外工作远较在国内为便;(3)国内生活艰苦,政治无望。(参见耿云志编《胡适年谱》,福建教育出版社2012年版)

周祖谟改任北京大学中文系副教授,兼文科研究所秘书、图书馆专门委员、北京大学《国学季刊》编辑委员会委员。

梅贻琦继续任清华大学校长。1月8日,“国立清华大学1946年度第一学期研究所概况报告简表"公布,其中文科研究所各部及社会学研究所部分如下:中国文学部:主任朱自清,教员专任 1 人,兼任 2 人,研究生 2 人;外国文学部:主任陈福田,教员专任 6 人,兼任 1 人,研究生 2 人;哲学部:主任冯友兰(在假,王宪钧代),教员专任 3 人,研究生 2 人;历史学部:主任雷海宗,教员兼任 7 人,研究生 3 人;社会学研究所:主任潘光旦,研究生 4 人。2 月 11 日,梅贻琦校长在第 11 次校务会议上报告教育部训令:废止《修正大学研究院暂行组织规程》,订立《大学研究所暂行组织规程》。2 月 20 日,清华大学第 5 次评议会修正通过了《国立清华大学研究所章程》,共 18 条,其中规定"本大学所设之研究所主任,由各相关学系主任兼任"。同时还附《硕士学位考试细则》。3 月 15 日,《复员后之清华》刊于《清华校友通讯》复员后第 1 期,文中最后写道:"自去年五月着手复员,至十月中开学,此五个月中,三校师生及眷属老幼,共四五千人,自西南边陲之昆明,迁回平津,间关万里,水陆空并进,单就本校言,师生已达二千左右,沿途得各地校友及社会人士之热诚帮助,使全部得如期安全到达,琦特于叙述本校复员情形之余,谨代表全体同人致其衷心之谢忱。"

按:此文兼具重要的文献与学术价值,兹引录于下:

自七七抗战,平津失陷,二十六年九月,本校奉命与北大、南开合组长沙临时大学,初拟利用本校原在长沙岳麓山南为特种研究所建筑之房屋,作暂住之计,乃战事扩大,南京陷落,临时大学又奉命迁往昆明,改名为国立西南联合大学。抗战八年,本校在昆明亦八年,此八年中本校情形,逐年《校友通讯》上皆有报告,想我校友均经阅及。待三十五年五月四日西南联合大学之战时使命完成,举行结业,本校复员于焉开始,三校学生自五月至八月分批北返,三校教职员亦自六月起,分由陆路或航运经湘汉上海或重庆来平,但一部分同人须待联大事务完全结束及三校物品迁运就绪,九月底始全部离开昆明。琦于九月六日离昆,十一日到平。时我校派在北平负责接收修理之保管委员会已经数月之赶工,校舍各部逐渐修妥,本校乃于三十五年十月十日在清华园故址开学,十一月五日第一学期始业。学生由昆明随来者九百余人,北平临时大学补习班分发者三百七十余人,夏间招考录取者,一年级及转学生、研究生共九百余人,外加先修班二百余人,共二千三百余人,人数实超出战前一倍。教职员初有五百余人,以后数月,则因需要,陆续添聘。复员阶段至此,可算初步完成。本校校友及关心本校人士每以本校复员后情形为念,爰不辞缕缕,再详述"复员后之清华"。

清华园校舍,经敌人八、九年长期占住,最初驻兵,继改作伤兵医院,破坏甚重。去年春间,一部分房舍又为补给区军医院占用数月,待至七月中本校全部接收时,主要楼房虽外观大致依旧,而门窗残缺,内部装修,均须重新添制。图书馆,体育馆破坏最甚,时至今日,图书馆新书库尚未修好,纵能修好,亦尚缺一层,因钢架被拆卸残缺,最近期内无法亦无力配全矣。战前藏书数目,中日文书二十五万余册,西文书八万余册,合订本期刊三万余册。兹复员之后,自北平各处收回书籍,约中日文书十三万五千余册,西文书四万三千余册,合订本期刊二万余册。以册数言,损失约为一半,但收回者往往残缺,配补困难,则损失实在一半以上。故图书之补充,实为复校后重要问题之一。体育馆之前部运动场,因敌人用作食物仓库,七八年间污秽溃烂延及地板,接收之后,须全部改修,健身设备荡然无存,锅炉遗失,故供暖设备尚未修复,最近仅能供给浴室热水。新运动场敌人用作大厨房,地板全部拆毁,目前因木料甚贵,暂时改用洋灰地面,勉强应用。游泳池尚未大坏,更衣室衣柜,则散失甚多。以今日学生人数之多,内部各种设备之添置,实为一大需要,在时间上在经费上只可分期办理耳。

大礼堂损坏尚轻,惟软木地板磨穿多处,讲台帘幕为士兵撕毁,门窗须修,顶漏须补,但修理工程较为轻易耳。一院大楼楼上仍为学校各行政部门办公处所,楼下为教室、办公室及学生临时宿舍。二院最后一排,前为敌人拆去,其未拆去部分,全部改作课室。同方部现仍存在,作小集会大班教室之用。三院(旧中等科)房屋最老,经八九年之摧残,更形圮坏,修理困难,故后部各排均由校拆卸,以其砖木作他方修理之用。科学馆、生物馆、化学馆、土木馆、水力馆、电机馆、航空馆,各建筑外观如旧,内部设备,全部无存,一桌一椅,均须新做,所幸经同人多方努力,临时稍稍添置,加以自昆明运回之一批仪器,普通教学实验,勉敷应用，但为树立教学基础，为提倡学术研究，则各系之设备，有待大量补充，无待赘言。

农学院去秋成立，校园内难觅适当房舍，幸得教部拨给敌伪建立之土木专科学校校舍（在颐和园东）加以修理，暂可敷用。

……

本校复员之后，院系有所扩充，现共有五学院二十六学系：计文学院有中国文学、外国语文、哲学、历史，及语言人类学五系；理学院有数学、物理、化学、生物、地学、气象、心理七系；法学院有法律、政治、经济、社会四系；工学院有土木、机械、电机、航空、化工、建筑六系；农学院有农艺、植物病理、昆虫、植物生理四系。行政方面，遵照部令，分设三处：有教务处、秘书处、训导处。教务处下有注册组、图书馆。秘书处下有文书组、出纳组、事务组及校医室。另有校长办公室及会计室。此外设有各种委员会，协助校务之进行，属于行政部分者，有聘任、工程、图书、仪器、燃料供应暖气设备、供电管制、校景、出版、大学一览等各委员会。属于学生生活指导方面者，有训育委员会，（下分三组以负责：一，学生食宿指导，二，公费及学生救济，三，学生课外活动指导等事项。）及一年级课业指导，奖学金等委员会。属于同人福利者，有住宅宿舍分配，教职员互利合作两委员会，及教职员消费合作社，借此群策群力，本校复员工作得以顺利进行，至可感也。

本校复员后之情形，大致已如上述，因经济上之困难，目前仅能达到勉可工作之阶段，至于补充恢复，盖非以数年之人力财力不易完成，而吾人之希望则又不应以恢复旧观为满足，必使其更发扬而光大，俾能负起清华应负之使命，是则我校同人在复校工作大致就绪之今日，犹日夜孜孜不敢不努力以赴者也。

清华今日之问题，在物质方面为校舍（教室、实验室、宿舍、住宅等）之不敷住用，图书设备之需大量补充。在政策方面，则于计划训练大量青年之外，尤应注意于学术研究之提倡，此在战前，即已推行，今后更应促进。盖我校既因容量之关系，学生人数，终须加以限制。则毋宁多重质而少重量，舍其广而求其深。最近添加建筑，既不可能，房舍支配，势须拼挤，但内部设备，则必力求充实，各系老师，则必多方罗致，庶使青年之欲来我校者，虽不能尽量收容，其出我校者，则必使各具专长，而于学术研究方面，清华在战前，即在抗战期间，已有若干之贡献，今后成就，故不可以预期，但譬如种树，倘选种优良，种植得宜，培养灌溉，尽力维护，则春花秋实，将为自然之收获矣。

此外考选留美公费生，为清华一贯之政策，如与国外学术机关之联系、交换，亦为应予注意之问题。至于如何实施，将来当详为筹划，相机进行。

最近各地校友，每有探询本校事物之需要，预备捐助者，校友爱护母校之热诚，实深可感，以今日校中情况言，大至校楼一座，小至图书数本，无一不欢迎能有大家捐输。如稍具体言之，若图书馆新书库之一层钢架，若新体育馆之木块地板，若校友招待用之校友楼，若某类之中文或西文图书，若某批之实验设备等，倘校友诸君能集体捐输，任捐一项，皆足为永久纪念，所谓及时之义举，诚遗惠于无穷也。

梅贻琦校长4月17日出席清华第6次评议会，报告：奉教育部令，语言人类学系应改称人类学系。另经讨论议决：为促进本校文法系同人研究工作，暂设中国近百年史研究室、社区比较研究室与文化比较研究室。此次会议还通过了关于3个研究室的计划。

按：3个研究室的计划摘要如下：

A. 中国近百年史研究室 （一）目标 过去百年，在中国历史上，为亘古未有之变局。大变之中，史料亦与日俱增，故至今尚无近百年史之标准作品问世。为适应目前需要，及为标准著作之准备，本研究室计划编著若干半专门半通俗性之作品。（二）计划举例（1）政治变化（刘崇铉）（2）社会变迁（费孝通）（3）工业化（吴景超）（4）近代银行业（徐毓枬）（5）外交与外交制度（6）基督教之影响（潘光旦）（7）近代中国哲学（冯友兰）（8）白话文（朱自清）（9）新文学（朱自清）（10）教育（吴泽霖）（11）近代科学在中国教育制度与中国人民生活中之地位（叶企孙）（12）基本观念与各种主义（雷海宗）

B. 社区比较研究室 （一）目标 本研究室之目的，在研究中国各种社区生活，并以所得与其他国家中之社区比较。乡村、市镇、都市，以及初民社会之部落，均在研究之列。（二）计划举例（1）北平研究（吴景超)(2)市镇研究(费孝通)(3)乡村研究(社会学系同人)(4)都市及区域内之国民收入(刘大中)(5)苗区研究(吴泽霖)

C.文化比较研究室 (一)目标 本研究室之对象、范围较广。凡文法各系之所研讨,自人文科学以至文化人类学,均可包括在内。此项研究,对于中西文化之异同,当有所发现;对于中西文化之沟通,当有贡献。(二)计划举例 (1)近代文学研究(外国语文学系)(2)戏剧研究(赵诏熊)(3)西洋语言教授之研究(陈福田)(4)翻译研究(中国文学系)(5)中国文化之区分研究(吴泽霖)(6)先秦及希腊哲学之比较研究(潘光旦)(7)西方思想与中国社会变迁之关系(政治、经济、社会三系中教授思想史之诸同人)

梅贻琦《复员后之清华》(续)4月25日刊于《清华校友通讯》复员后第2期,文中略谓:"在上一期《校友通讯》中,曾将本校复员以来一般情形,大略报告,兹当本校成立三十六周年纪念,爰再综集各系在抗战期中及复员之后一般设施,择述概要,以告我校友诸君,并请指教。盖本校复校工作,实甚艰巨,琦与在校同人,既感恢复旧观之不易,又不欲即以恢复旧观为满足,而在今日人力物力缺乏之情形下,虽夙夜孜孜究不知能有若干成果,此则深有赖于诸校友之指助者也。"5月,遵照教育部历次指令修正,经第7次评议会议通过,公布了《国立清华大学规程》。该《规程》第1章总纲指出:"国立清华大学根据中华民国教育宗旨,以求中华民族在学术上之独立发展,而完成建设新中国之使命为宗旨。"第2章规定文学院包括中国文学系、外国语文学系、哲学系、历史学系、人类学五系。社会学系设在法学院。《规程》其他各章分别为校内组织、基金、学生、附则。6月6日,清华第8次评议会讨论了本校教授、副教授申请于36年度休假及申请休假期间给予研究补助者23人之议案。9月25日,《清华周刊》因政治倾向问题被当局列为禁刊。12月18日,清华第13次评议会原则通过设"艺术史研究室",以促进中国艺术史研究,增进学生对于艺术之欣赏,由有关学系商设选修学程。(参见黄延复、钟秀斌《一个时代的斯文:清华校长梅贻琦》,九州出版社2011年版;吴洪成《生斯长斯 吾爱吾庐——清华大学校长梅贻琦》,山东教育出版社2003年版;黄延复、刘述礼编《梅贻琦教育论著选》,人民教育出版社1993年版;清华大学校史编写组编著《清华大学校史稿》,中华书局1981年版;齐家莹编《清华人文学科年谱》,清华大学出版社1999年版)

陈寅恪 2月为抗议北平当局出动大批军警宪特深夜在市内入户搜捕,参加以13教授名义发表的《保障人权宣言》。其余12人为许德珩、朱自清、向达、吴之椿、金岳霖、俞平伯、徐炳昶、陈达、张奚若、汤用彤、杨人楩、钱端升。4月,教育部又有训令到清华大学,陈寅恪为部聘教授。秋季始业,陈寅恪开设"魏晋南北朝史"课程。9月26日,朱自清来访。10月,陈寅恪在《清华学报》第14卷第1期发表《长恨歌笺证》。同期还载有闻一多《诗经通义邶风篇》、邵循正《剌史德丁集史忽必烈汗纪译释(上)》、许维通《飨礼考》、陈梦家《尧典为秦官本尚书说》以及朱自清《郭绍虞著:语文通论,学文示例》、季镇淮《贺昌君著:魏晋清谈思想初论》、范宁《高亨著:周易古经今注》、王瑶《林庚著:中国文学史》等书评。《长恨歌笺证》一文下标"元白诗笺证稿之一"。文中首先指出,欲了解《长恨歌》,"第一,须知当时文体之关系。第二,须知当时文人之关系"。作者认为,"唐代贞元元和间之小说",乃是和唐代古文同一起源的新文体,"不独流行当时,复更辗转为后来所则效",从此可知陈鸿的《长恨歌传》与白居易的《长恨歌》"非通常序文与本诗之关系,而为一不可分离之共同机构",并认为"白陈之长恨歌及传,实受李元之莺莺歌及传之影响,而微之之连昌宫词,又受白陈之长恨歌及传之影响。其间因革演化之迹,显然可见",但《长恨歌》"本身无真正收结,无作诗缘起,实不能脱离传文而独立也",元稹《连昌宫词》虽深受《长恨歌》影响,但却"成一新体,使之自成一独立完整之机构"。在陈氏看来,"长恨歌为具备众体体裁之唐代小说中之歌诗部分,与《长恨歌传》为不可分离独立之作品,故必须合并读之,赏之,评之。明皇与杨妃之关系,虽为唐世文人公开共同习作诗文之题目,而增入汉武帝李夫人故事,乃白陈之所独创,诗句传文之佳胜,实职是之故。此论《长恨歌》者不可不知也"。11 月 15 日,中央研究院有公告。公告云:人文组陈寅恪,研究六朝隋唐史,兼治宗教史与文学史。人文组语言文学学科院候选人陈寅恪在学术上贡献要点:唐史及唐代文学。

　　按:关于《长恨歌笺证》,陈寅恪曾在 1944 年致陈槃信中说:"弟近草成一书,名曰'元白诗笺证',意在阐述唐代社会史事,非敢说诗也。弟前作两书,一论唐代制度,一论唐代政治,此书则言唐代社会风俗耳。"此文即是 1950 年出版的《元白诗笺证》一书的第一部分的初稿。此文发表后,一些学者对文中观点提出质疑,如 1949 年夏承焘撰《读〈长恨歌〉——兼评陈寅恪教授之笺证》,1963 年吴庚舜发表《唐代传奇繁荣的原因》,认为陈氏所谓"歌""传"为共同体的看法是错误的,二者实际是各自独立的体裁。后黄永年又撰写《〈长恨歌〉新解》。此外,文中考证杨玉环入宫前是否是处女问题,后被钱钟书等人讥讽为繁琐考据的代表例证之一。(参见卞僧慧纂《陈寅恪先生年谱》,中华书局 2010 年版;王学典《20 世纪史学编年(1900—1949)》,商务印书馆 2014 年版)

　　潘光旦 4 月 19、26 日在《观察》第 2 卷第 8—9 期连载《人文学科必须东山再起——再论解蔽》。潘光旦自上年夏作《派与汇》后,陆续发表了一系列社会思想的论文。此文直接承上年底发表的《荀子与斯宾塞尔论解蔽》,文中开篇即云:"我在《荀子与斯宾塞尔论解蔽》一文里,指出了两个人在解蔽问题上许多不谋而合不约而同的地方。不过两个人在解蔽的方法论上也有很不相同的一点,虽彼此并不冲突,甚至于还有相得益彰的好处,却终究是一个重要的区别,值得我们再提出来讨论一下。"此文同样旨在对《派与汇》的思路有所拓展。新人文思想是"汇",不是"派";既然不是"派",就没有关闭大门,而是欢迎同样看重人本身,并在几个主题范围内的思想流派进入并参与汇合。作者最后指出:"'世界一家'的理想只是平面的,只顾到一时代中人与人、群与群的关系的促进。平面也就是横断面,没有顾到它的渊源,它的来龙去脉,是没有生命,没有活力的。没有经,只有纬,便不成其为组织。如果当代的世界好比纬,则所谓经,势必是人类全部的经验了。人类所能共通的情意知行,各民族所已累积流播的文化精华,全都是这经验的一部分;必须此种经验得到充分的观摩改错,进而互相调剂,更进而脉络相贯,气液相通,那'一家'的理想才算有了滋长与繁荣的张本。不过要做到这些,我们似乎应该再提出一个理想,就是'人文一史'。目前已经发轫的国际文化合作可以说是达成这理想的第一步。仅仅为了做到这第一步,为了要有合作的心情、合作的材料,我们就不由得不想到人文学科,而谋取它们的东山再起了。"27 日,潘光旦《值得纪念更应须省察》刊于《清华周刊》第 10 期。

　　潘光旦 8 月被推选为联合国教科文组织中国委员会委员,出席该会成立大会。9 月 5 日,在天津《益世报·社会研究》发表《老人问题的症结》,此文从 6 月 28 日的伦敦《泰晤士报》上看到一位古德诺爵士所著的一篇关于英国老人问题的文字谈起,具有一定的前瞻性。作者基于西方有关机构与学者的意见,认为"真正的解决便应别有途径,而决不是'国家安老会社'一类的组织与其所提出的原则与方案所能为力。若问此别有的途径是什么,则根据上文的讨论,有效的似乎只有两条,一是机械工业制度的重新安排,二是家庭制度的另行调整;前者所以使未老的'老人'维持其生命的机能,后者所以使已老的老人减少其死亡的威胁"。10 月,潘光旦与费孝通合著的论文《科举与社会流动》刊于清华大学《社会科学》第 4 卷第 1 期。是年,潘光旦《明清两代嘉兴的望族》一书由商务印书馆出版。作者在《自序》中说:"我近年来于教读之余,有两个比较最感兴趣的研究题目:一是家谱,二是人才。"作者谈到对以上两方面在近年来多有研究，"至于打通家谱与人才两个题目的研究，我还没有尝试过"。又说："嘉兴是人才的一个渊薮"，"但嘉兴之所以为人才渊薮与此等氏族之所以为清门硕族，其间究有多少联系，即人才渊薮是否就等于许多清门硕望累积后的一个和数，或会通后的一个得数，却非待有更亲切的探讨之后，无法断定。本稿的尝试，主要的目的，就是想断定这一点"。(参见吕文浩编《中国近代思想家文库·潘光旦卷》及附录《潘光旦年谱简编》，中国人民大学出版社2015年版；齐家莹编《清华人文学科年谱》，清华大学出版社1999年版)

吴晗2月9日在复刊的《清华周刊》发表《对〈清华周刊〉的意见》。春初，由于国民党破坏和平谈判，军调部中共代表团决定撤离北平。中共代表团和北平各民主党派在南湾子举行一次告别宴会。叶剑英、徐冰等中共代表出席了会议。叶剑英同志在宴会上发表了热情洋溢的发言。接着，张东荪、吴晗、许德珩先后在宴会上发了言。大家依依不舍，希望能早日在北平欢聚。3月9日，郑振铎在家宴请史学界朋友，请他们支持出版《中国历史参考图谱》，共有12位史学家题词，高度赞扬郑振铎这一意义巨大的工程。吴晗的题词是："研究中国历史，学习中国历史，最大的一个困难是缺乏可以应用的图谱。在大学里教了十几年的中国历史，最大的一个困难是缺乏可以应用的图谱。郑西谛先生积数十年的搜藏，汇集历代有关人民生活的图录及实物拓片，精选复制，从石器时代的石器、陶器到铜器、甲骨，周、秦文化遗物，流沙坠简，乐浪漆画，武梁刻石，北魏造像，正仓唐器，敦煌遗书，宋元书影名画，以及工艺美术、建筑衣冠、名人画像墨迹，举凡一切可以代表各时代生活文化特征的，辑为《中国历史参考图谱》，取精用宏，有了这个工具，几乎把历史拉回到现实来，如对古人，如见古代，历史不再是文字的、讲授的，而是目睹的、实验的学问了。这部空前巨著的出版，不止填补了学术界的缺乏，而且，也开辟了新史学的道路，滋育下一代人的历史兴趣，为中国人民史的写作奠下新基。以无比的欢悦介绍此书于读者。"

吴晗《闻一多的一生》3月30日刊于《时与文》第1卷第6期。此文是作者为王康所著《闻一多的道路》一书撰写的序言，其中说道："一多先生住在昆明西仓坡联大宿舍的几年，经常来往的客人中，作者是其中之一。昆明每次有一多先生出席的演讲会、座谈会、讨论会，作者无不在场。"至7月，《闻一多的道路》由生活书店出版。4月4日，吴晗《读〈对马〉》刊于《文汇报·新文艺》第7期。6月12日，吴晗作《社会贤达考》一文，后收入《史事与人物》《投枪集》。8月，吴晗发表《论南北朝》一文，驳斥了当时有一部分论客高唱南北朝的论调，那些人认为建立南北朝是中国时局的去向。吴晗指出，当共产党消灭国民党八九十个旅之后，有人再一次提出南北朝的建议，目的是为国民党提出一个最有利的局面，即"缩小军事区域，主动争取南北朝局面，相持两三年之后，在政治修明，经济稳定的假设之下再来收拾共产党"。吴晗揭露了所谓南北朝的论调，正是美帝国主义为国民党反动派出的主意。吴晗断言："不管是全面的南北朝，或是有条件的守据点的南北朝，此时此地，绝不可能，而且不应该，不许可有可能。"10月，吴晗《朱元璋与陈友谅》(《朱元璋传》的一章)刊于《学识》第1卷第12期；《朱元璋从军》刊于《知识与生活》第12期；《朱元璋传》刊于港版《国讯旬刊》新1卷第1—2期合刊。11月15日，吴晗《跋一多遗集》刊于《观察》第3卷第15期。(参见夏鼐《吴晗的学术生涯》，浙江人民出版社1984年版；齐家莹编《清华人文学科年谱》，清华大学出版社1999年版；陈福康《郑振铎年谱》，三晋出版社2008年版)

费孝通所作访英通讯8篇结集为《重访英伦》一书5月出版，影响甚大。此书的核心是关注二战结束后英国工党执政所推行的民主社会主义措施。与此书内容有所配合的是费孝通与史靖合译 J. E. D. Hall 原著的《工党一年》由生活书店出版。9 月,费孝通家庭社会学的理论性著作《生育制度》一书由商务印书馆出版。此书为吴文藻主编的"社会学丛书"甲集第 4 种,由潘光旦作题为《派与汇》的序,其中说:"这是孝通六七年来在西南联合大学与云南大学开授的一个学程,就叫做生育制度。其实所论的不只是生育,凡属因种族绵延的需要而引伸或孝通所称'派生'出来的一切足以满足此基本需要、卫护此重大功能的事物,都讨论到了。它实在是一门'家庭制度',不过以生育制度为名,特别从孝通所讲求的学派的立场来看,确更有点睛一笔之妙。"又说:"将近二十年前,我对于家庭问题也曾写过一本书稿,自此迄今,也曾不断的有所论列。我们先后的尝试有一点是相同的,就是都从生育的功能出发。不过有一点是很不同的,我所注意的是问题,不是制度本身;问题需要解决,所以我的用意是在提供一起改革的意见与方案,属于下文所谓社会理想的一路;我的眼光是直截了当的优生学的,属于下文所叙到的生物学派。孝通的则不然。他所注意的是制度本身,用意是在就种族绵延的起点和制度完成的终点之间那一大段社会的与教化的文章,加以推敲分析;他的目的是在研究;他的尝试是学术性的,而属于下文所称社会思想的一路;他的眼光则属于下文已略有说明的所谓功能学派,是社会学派或文化学派的一个。""两者相较,无疑的他的尝试要比我的更为基本,更为脚踏实地。"费孝通称:"我喜欢那本著作。它是我最好的著作之一。"

　　按:吴景超亦看重此书,在书评中高度评价这本书:"费先生的书,我读了已经不少,但这一本书,无疑的是后来居上,在他所有的社会学著作中,要算最有贡献的一本。就在中国社会学界中,过去二十年内,虽然不断的有新书问世,费先生这一本书,内容的丰富,见解的深刻,很少有几本书可以与他站在同一水准之上的。"费孝通后来在《在纪念著名社会学家吴景超教授学术思想讨论会上的讲话》中回忆:"吴先生很欣赏我的作品,这是真话。他看了《生育制度》后说:'这真是一本好书!'第一个评论我的《生育制度》的就是吴景超先生。"

　　费孝通与潘光旦 10 月在清华大学《社会科学》第 4 卷第 1 期发表《科举与社会流动》。12 月,费孝通《美国人的性格》一书,由生活书店出版发行。全书分为 8 章,作者在本书后记中说:"我想,如果我们今后还有自由思想的机会,对于自己文化的传统,处境和发展方向是必须要有一个全盘清理一次的时候。我现在所做的工作可以说只是在迎接这个时候。我们必须用科学方法把我们中国人的生活方式,在这个生活方式中所养成的观念,一一从我们的历史和处境中加以说明。有了这笔清清楚楚的账,才能使我们走下一步时不致再像目前这样的愚蠢而浪费了。这一本《美国人的性格》不过是这件预备工作中小小的一滴。"(参见吕文浩编《中国近代思想家文库·费孝通卷》及《费孝通年谱简编》,中国人民大学出版社 2015 年版;吴景超《唐人街:共生与同化》,天津人民出版社 1991 年版;齐家莹编《清华人文学科年谱》,清华大学出版社 1999 年版)

　　吴景超《劫后灾黎》一书 2 月由商务印书馆出版。上年 5 月 14 日至 8 月 21 日,吴景超受善后救济总署委托,担任视察工作。在历行贵州、广西、湖南、广东、江西 5 省的 5 千多公里路程期间,逐天记录下了灾情与各区善后救济分署的工作。作者在自序中说:"我是一个学社会学的人,对于实地调查或研究的机会,是最欢迎的。""中国经过了八年多的抗战,对于人民的生活,发生了什么影响,我想凡是留心国事的人都想知道的。"费孝通在《在纪念著名社会学家吴景超教授学术思想讨论会上的讲话》中评价:"吴先生是走在学科前面的人。他在学术上的一个特点,用现在的话说,就是理论联系实际。他从实际的社会生活、社会现象中去找问题,而从当时能找到的资料综合起来,对于这个问题发表意见。同时针对地提出了办法。当然,这办法你可以不同意,但在当时的历史条件下,他对中国的发展能提出这么多的主张,他是占风气之先。这不是加一个什么主义能抹杀的。"秋,吴景超自 1935 年离开清华后又重新回校执教。全慰天在《为求民富国强贡献一生——纪念社会学家吴景超逝世 20 周年》一文中回忆:"抗战胜利结束后,清华社会系中传说:'吴先生不愿继续留在政府里做官了,将再回来教书。'全系师生都很高兴。""他很快就在学校里开始讲授'社会学概论''比较社会制度研究''贫穷问题'等课程。他的课总是材料丰富,讲解清楚,论点明确,我常去旁听。他同时负责编辑《清华学报》《社会科学》《社会研究》(日报副刊)《新路》周刊等,并不断用真名或笔名在上述刊物以及其他报刊上发表文章。他热心指导研究生和年轻教师的学习研究工作。这几年中,我是受益很多的。"10 月,《社会科学》第 4 卷第 1 期出版,编辑部由吴景超、潘光旦、雷海宗、刘大中 4 人组成,吴景超任主任。同期刊出吴景超书评 "Dobb, M. Soviet Planning and Labor in Peace and War" "Dobb, M. Soviet Economy and The War"。(参见吴景超《唐人街·共生与同化》,天津人民出版社 1991 年版;齐家莹编《清华人文学科年谱》,清华大学出版社 1999 年版)

雷海宗是夏为胡适主编的《独立时论》(北平)撰稿。7 月 13 日,在《北平时报》发表《近代化中的脑与心》。文中开篇直言:"近百年来我们谈维新、谈变法、谈西化、谈新文化、谈科学救国等等,有意无意间可说都是一种使中国成为一个近代的国家的企图,对于近代化的方案,容或还有许多不同的看法,但对近代化的目标,今日已无人否认。然而我们一向对于近代化中人的因素,似乎只是偏重脑,而忽略心;偏重近代文化的认识,忽略近代人格的造就。"提出:"要中国近代化必须中国人近代化,空由西洋各国搬运许多制度名物的架格,绝不足以谈近代化。例如近些年来,谈民主或立宪的人很多,许多专家能把欧美各国一切的民主理论、宪法发展、政党组织、立法程序,说得清清楚楚,如数家珍。但他们一旦从政,把这一切很快的就忘得干干净净,举止行动无意间又返回到中国传统政治的旧轨。他们即或不从政,在一般日常的生活与行为上,往往也不能发挥民主的或守法的精神,旧日士大夫的许多恶习大半仍不能去掉。此种矛盾的现象,原因何在? 就是因为连多数所谓专家也只是脑中充满了一堆专门术语与抽象知识,他们的心,他们人格的最深处,情感与意志,并没有近代化。"

按:文中总结道:"举一反三,大家都可体会。从政的人,各种的专业人员,大学学生,都是政治社会的领导者或候补领导者,对于近代化的理论都有相当清楚的认识,但表现在具体的行为上的,仍多是传统的一切。这并不一定是可令人悲观的现象。文化的惰性,传统的魔力,并非一朝一夕所能打破的。所谓近代精神的种种,中国在春秋战国列国并立互争的时代,大半都有。荀子在《疆国篇》讲到秦国的情形说:'入境,观其风俗,其百姓朴,其声乐不流污,其服不挑,甚畏有司而顺,古之民也。及都邑官府,其百吏肃然,莫不恭俭敦敬,忠信而不楛,古之吏也。入其国,观其士大夫,出于其门,入于公门,出于公门,归于其家,无有私事也;不比周,不朋党,偶然莫不明通而公也,古之士大夫也。观其朝廷,其间听决百事不留,恬然如无治者,古之朝也。'我们若把上面这一串'古'字改读为'近代化',仍照样的通顺! 并且此种'近代化'的情形,不会是秦国所独有;列国莫不如此,最多也不过有一些程度上的分别。秦汉大一统以下,中国的社会日趋沉寂,政治日趋消极,战国以上'近代化'的精神已没有维持的绝对必要。二千年来,近代化的各种道理,如诚意正心修身齐家治国平天下,如仁义礼智信,如礼义廉耻,虽仍谈的很热闹,但大半都成了文章资料与口头禅,实际一离开家族的范围,就几乎完全是尔诈我虞敷衍了事的世界。我们在此种僵化的世界度了二千年的生活,今日忽然又被卷入与春秋战国相似的一个新的近代化世界,一统独尊之下的传统办法当然全不适用。但根深蒂固的陈旧风习,一时又不能全部改变,各种使人不满意的现象自然发生。此种缺憾的补救，并无捷径可循。思想与知识，可靠教育来充实。情感与意志，虽也可受教育的影响，但教育的影响究属有限，最少也是很慢的。抽象的知识，可以灌输；人格的转变，须靠潜移默化。灌输可以速成，移化不能性急。大家若能自觉，认识自己情感上与意志上的弱点，这种移化的过程或者可以稍微缩短，十足近代化的中国就可比较早日的实现。"

雷海宗 10 月 19 日在《北平时报》发表《史实、现实与意义》。文中指出："历史与时事的彻底认识，可说是一个人自己人格的一种内发的发展。人格的贫富不一，相差可以很大。所以有的人可以明了自己民族全部的历史，并进而与整个人类的发展精神连贯，在想像与意识中自己为这一切的一部，也可说这一切成为自己人格的一部。这是最高的历史警觉。然而这始终是理想，没有人能够完全达到，但在知识流通的今日，我们可以把它变为一个追求的目标。"同月，在清华大学《社会科学》第 4 卷第 1 期发表学术论文《春秋时代的政治与社会》，从士卿、君子观念、士族渐衰、平民渐兴、大革命开始等五个方面加以阐释，认为"春秋时代已不是纯粹的封建时代""战国时代各国的国君，是中国历史上最早的专制独裁的国君"。秦制"在根本上是战国时代已经成熟的现成制度"。11 月 1 日，在北平《北方杂志》第 2 卷第 5 期发表《自强运动的回顾与展望》。文中说："过去百年的历史，是中国的一部自强史，自强失败史，与失败再图自强史。在内乱不已，全国焦心的今日，对过去百年的温习，或者是纠正错觉，供给透视力，加强我们对于前途的信念—最好办法。近一世纪的发展，约略可以分为六个阶段。由鸦片战争到英法联军，中国大体上仍闭关自守，仍以天朝自居，不肯承认有向外人学习的需要。这是近百年发展的第一阶段，仍呈显千年以来停滞不动的状态。"作者认为："我们仍在图强的第六阶段中，八年的大战并没有使这个阶段打断。然而战后的今日，可怕的外力，在各种的内应之下，正在企图这个阶段，要使此次的图强运动与前几次同样的失败，要完成日本所未完成的毒辣阴谋。今日我们已临千钧一发的关头，为生为死，只在国人的一念之转！"（参见江沛、刘忠良编《中国近代思想家文库·雷海宗、林同济卷》及附录《雷海宗年谱简编》，中国人民大学出版社 2014 年版；马瑞洁、江沛《雷海宗年谱简编》，载王京州编《河北近现代学者年谱辑要》，国家图书馆出版社 2017 年版）

金岳霖 2 月与朱自清、俞平伯、徐炳昶、向达等教授签名发表《保障人权宣言》，抗议北平警察"午夜闯入民宅，肆行搜捕"。是年，与张奚若夫妇、周培源夫妇、陈岱荪等经常在梁思成家相聚。10 月，林徽因病危中，给费正清夫妇写的告别信上说："老金和思成真好。"金岳霖在自己的回忆录中写道："梁思成、林徽因是我最亲密的朋友。"（参见王中江编《中国近代思想家文库·金岳霖卷》及附录《金岳霖年谱简编》，中国人民大学出版社 2014 年版）

张岱年《评〈十批判书〉》4 月 5 日刊于《大公报·图书周刊》。同月，张岱年《中国哲学中之方法论》刊于《哲学评论》第 10 卷第 4 期。6 月 11 日，张岱年《中国哲学中的名与辩》刊于《哲学评论》第 10 卷第 5 期。8 月 3 日，作《评〈新知言〉》刊于 10 月 25 日《大公报·图书周刊》第 29 期第 6 版。此文逐章评论《新知言》十章内容，认为第六章《新理学的方法》是"全书的中心，然而可以商榷之点也较多"，第七章《论分析命题》是"全书最精彩的一章，其中对于维也纳派的辩论，分析入微，明澈犀利，可谓精辟无伦。由此章看，也可以见冯先生在逻辑分析法之应用上，实已达到火候纯青的境界"；认为"对冯先生所揭示的形式主义的理论，我虽然不能完全赞同，然而对于冯先生的系统的严整，分析的缜密，文章的明莹，治学态度之笃实，我惟有赞叹钦服。就系统的宏大、条理之明晰、方面之众多、影响之广远来说，冯先生的学说实在是现代中国哲学的一个高峰"。同月，修订《哲学思维论》。是年，修订《事理论》《知实论》《品德论》。（参见杜运辉《张岱年先生年谱简编》，载王京州编《河北近现代学者年谱辑

要》,国家图书馆出版社 2017 年版;蔡仲德编撰《冯友兰先生年谱长编》,中华书局 2014 年版;齐家莹编
《清华人文学科年谱》,清华大学出版社 1999 年版)

　　梁思成 7 月由美国回国。从美国带回了大量有关建筑及城市规划的新书,如 *Space Time and Architecture*、*Can Our City Survive* 及抽象图案的教学挂图 *Elements of Design* 等,将当时国际上建筑的新理论和建筑教育的新观点有选择地引入清华建筑系的教学中,决心要办一个国际第一流的建筑系。12 月,与陈梦家、邓以蛰拟订《设立艺术史研究室计划书》呈梅贻琦,建议清华大学设立艺术史系及研究室。《计划书》重点阐明其必要性,"近二十年来,中国艺术之地位日益增高,欧美各大博物院多有远东部之设立,以搜集展览中国古物为主;各大学则有专任教授,讲授中国艺术。乃反观国内大学,尚无一专系担任此项重要工作者。清华同人之参预斯会者,深感我校对此实有创立风气之责。爰于当时集议,提请学校设立艺术史系及研究室,就校内原有人才,汇聚一处,合作研究。在校内使一般学生同受中国艺术之熏陶,知所以保存与敬重固有之文物,对外则负宣扬与提倡中国文化之一部分之责任焉"。同时还就设立艺术史系、成立研究室、建立博物馆、进行国内外交换等问题分别谈出具体意见。同月,林徽因肺病晚期结核转移到肾脏,决定做手术。手术前一天,杨振声与胡适、张奚若、刘敦桢、沈从文、陈梦家、莫宗江、陈明达等前往医院探望。是年,梁思成著《大美百科全书》"中国建筑与艺术"条目;担任纽约联合国大厦总部设计顾问。(参见林洙、楼庆西、王军《梁思成年谱》,《建筑史学刊》2021 年第 2 期"梁思成及营造学社前辈纪念专刊";齐家莹编《清华人文学科年谱》,清华大学出版社 1999 年版;蓬莱市历史文化研究会《杨振声编年事辑初稿》,黄河出版社 2007 年版)

　　朱自清《论诵读》2 月 8 日刊于天津《大公报·星期文艺》。此为作者继去年以来第 3 次刊出的关于诵读的文章。3 月 9 日,朱自清《文学的标准与尺度》刊于《大公报·星期文艺》。文中指出:"大概文学的标准和尺度的变换,都与生活配合着,采用外国的标准也如此。表面上好像只是求新,其实求新是为了生活的高度深度或广度。社会上存在着特权阶级的时候,他们只见到高度和深度,特权阶级垮台以后,才能见到广度。"又说:"现在渐渐强调广度,去配合着高度深度,普及同时也提高,这才是新的'民主'的尺度。"此文发表后,立即引起广大读者的注意与赞扬。这是朱自清多年研究文学史与文学批评的一个概括,一个结晶。10 日,中国文学系召开第 2 次系务会议,朱自清、浦江清、许维遹、余冠英、何善周、王瑶等出席了会议。会议决议:1. 加设文学概论一学程(全年四学分)为二、三年级必修科目,翻译一学程(学分不定)为本系三、四年级选修科目,此学程商请外文系设置。2. 加设新闻学与图书馆学两学程为三、四年级选修科目。图书馆学一学程商请历史系设置。3. 本系下年度招收二年级转学生 20 名,三年级 15 名。本系研究生下年度仍分(一)文学史(二)语言文学(三)文学批评三组招收。各项考试科目,亦经商定。

　　朱自清 4 月 9 日出席清华新诗社分社为庆祝联大"新诗社"成立 3 周年举行的"诗与歌"晚会,并发表演讲,题为"闻一多先生与诗",刊于 4 月 14 日《燕京新闻》第 13 卷第 21 期。文中叙述了闻一多对于诗的创作、批评及对于青年人、诗人的指导,其中说:"闻一多先生在'新月'时期就是爱国诗人、现实的诗人,《死水》诗集就是显明的例子。"11 日,朱自清在清华通识学社讲演"论气节",充分肯定了"五四"以来青年知识分子用正义的斗争行动代替消极的"气节"这种"新的做人的尺度"。后刊于 5 月 1 日《知识与生活》。15 日,朱自清《闻一多先生与新诗》刊于《清华周刊》复刊第 8 期。27 日,朱自清《我所见的清华精神》刊于《清华周刊》第 10 期。文中说,对清华精神这个问题"感到很大的兴趣","有一回和一位同学谈话,

曾经假定清华精神是'服务'。后来和钱伟长先生谈起,他似乎觉得清华精神是'独立的、批判的'"。作者为与青年会的服务有所区别,而提出"改为实干"。认为这种实干精神虽然"有时会使人只见树而不见林",但是"能够一棵树一棵树的修整着,究竟是对林子有帮助的"。28日,朱自清《论通俗化》刊于《燕京新闻》副刊。文章肯定了解放区作家与人民共同生活、打成一片的新的文艺方向,认为人民需要这样的代言人。5月5日,朱自清参加清华"五四"文艺晚会,演讲《论严肃》,后刊于10月1日《中国作家》创刊号;又以《文学的严肃性》为题,刊于5月19日《文汇报》。作者认为新文学运动从一开始就是严肃的,批判了中途出现的玩世派,肯定了抗战胜利后,文学强调人民性,是"势有必至,理有固然"。但同时,"只顾人民性,不管艺术性,死板板的长面孔教人亲近不得"。6月1日,朱自清《古文学的欣赏》刊于《文学杂志》复刊号。

　　朱自清7月作《〈闻一多全集〉编后记》。作者曾用了1年时间搜集遗文,编缀校正,倾心尽力,得以编成《全集》。同月1日,《编者问八题〈关于散文创作〉》刊于《文艺知识》第1集之3。其中关于《背影》一条说:"我写《背影》,就因为文中所引起的父亲的来信里那句话。当时读了父亲的信,真的泪如泉涌。我父亲待我的许多好处,特别是《背影》里所叙的那一回,想起来跟在眼前一般无二。我这篇文只是写实,似乎说不到意境上去。"8月,朱自清作《〈闻一多全集〉序》,刊于10月《文学杂志》第2卷第5期。作者认为:"闻先生对诗的贡献真太多了!"他"将古代跟现代打成一片",而"成为一部'诗的史'或一首'史的诗'"。而闻一多自己的一生也就是"一篇'诗的史'或'史的诗'"。同月,作者的《诗言志辨》一书,由开明书店出版。本书收入论文诗言志、比兴、诗教、诗正变等。开明书店在《国文月刊》71期封底介绍"朱自清先生著作七种"中介绍此书"是中国讨论的传统,也是诗的批评的传统的标准。读了本书,可以知道中国文学史,文学批评史,诗史的最大主潮还是为政教而文学,换句话说,也就是为人生而文学"。作者在自序中说:"现在我们固然愿意有些人去试写中国文学批评史,但更愿意有许多人分头来搜集材料,寻出那个批评的意念如何发生,如何演变——寻出它们的史迹。这个得认真的仔细考辨,一个字不放松,像汉学家考辨经史子书。""这是从小处下手。希望努力的结果可以阐明批评的价值,化除一般人的成见,并坚定它那新获得的地位。"

　　按:李广田曾在《朱自清先生的道路》一文中评价:"《诗言志辨》,是朱先生历时最久、功力最深的一部书,然而读过全书,你几乎看不见作者自己的意见,因为这是一种科学工作,只要无成见,勤搜讨,多辨析,自然就可以得出正确的结果。"(朱乔森《朱自清》,人民文学出版社1985年版)

　　朱自清《关于大学中文系的两个意见》与闻一多《调整大学文学院中国文学外国语文二系机构刍议》12月11日刊于《国文月刊》第63期。朱自清在文章中提到赞成李广田在《文学与文化》(第43—44期合刊)里提出的观点,即"大学里应该而且可以传授新文学,并教给人怎样创作"。作者就此主张的实施详细地举出一些办法,以"见得在现行的大学中文系课程里加进新文学是不难的,并不必等教育部改定科目表,只要文学院和中文系的主持人有兴趣提倡新文学就行了"。这是其第一个意见。第二个意见是赞同李先生的"尽可能使(中文、外文)两系沟通"及"设置中外文互选课"的主张,并说:"至于长久之计,王、李两位先生都提到闻一多先生的中外合系的主张,诚如王先生(王力)所说,'这个意见是值得重视的'。"作者同时也提到两系合并还只是理想,困难很多,因而"最好先由一两个大学试办"。

　　按:闻一多的《刍议》一文是由朱自清据闻一多手稿整理而成。其前一部分为闻一多手稿,后一部分为据其手稿联缀而成。从文中可以看出,长期以来,闻一多深感旧的教学体制存在着"中西对立、语文不分"两大弱点,大学里文、法学院各系多数课程均包括中国和西洋两种课程,如哲学系并未分为中国哲学与西洋哲学两个系,"唯一的例外是文学语言,仍依国别,分作中国文学与外国语文学两系",此二系"各处极端、不易接近,甚至互相水火",这"对于真正沟通融合中西文化的工作,大概不会起什么作用"。作者强调"建设本国文学的研究与批评,及创造新中国的文学,是我们的目标;采用旧的,介绍新的,是我们的手段。要批判的接受,有计划的介绍,要中西兼通",因此,有必要"将现行制度下的中国文学系(文字组、语言文学组)与外国语文学系改为文学系(中国文学组、外国文学组)与语言学系(东方语言组、印欧语言组)"。闻一多这一建议,受到学校师生的重视,朱自清、王力、浦江清都表示理解与支持。学生中支持者更多。直至1949年1月2日,清华代理外语系主任吴达元还"约中文系同人联合外语系同人共同商讨课程,因有人提及中外文系合并问题也,中外文系合并而重分之提案,乃三十五年夏闻一多先生在昆明时所提出,清华复员时曾经考虑,拘于实施上之困难,废而不议者"。(浦江清《清华园日记·西行日记》,三联书店1987年版)

朱自清《论不满现状》12月27日刊于《观察》第3卷第18期。同月,朱自清的《新诗杂话》一书,由作家书屋印行。作者在收到初版本后在扉页上写道:"盼望了三年多,担心了三年多,今天总算见到了这本书!辛辛苦苦写出的这些随笔,总算没有丢向东洋大海!真是高兴!一天里翻了足有十来遍,改了一些错字。我不讳言我'爱不释手'。'邂逅相遇,适我愿兮'!说是'敝帚自珍'也罢,'舐犊情深'也罢,我认了。"从以上一段话可以看出作者对此书的偏爱及其对新诗的重视和研究的兴趣。作者长期在大学讲授各体旧诗,从《〈唐诗三百首〉指导大概》和《论诗学门径》等文章里,又可见到其旧诗的功力。是年,朱自清《论百读不厌》刊于《文讯》第7卷第5期。文中结合实例讨论了"百读不厌"是不是作品评价的标准问题。(参见姜建、吴为公编《朱自清年谱》,安徽教育出版社1996年版)

冯至译诗《歌德格言短诗》(20首)2月刊于天津《益世报·文学周刊》。3月,《伍子胥》再版。5月4日,北京大学举行文艺晚会,与朱自清等应邀前去讲演,有感于当时严峻的现实,运用新的文艺观点,抨击了抗战前象征派晦涩难懂的诗作,且言辞激烈。在回家的路上,朱自清对其方式提出了委婉温和的批评,深为其诚恳厚道所折服。同月,散文集《山水》被巴金收入"文学丛刊"第9集,由上海文化生活出版社再版,新版本增加了1942年后写的3篇,并附上了后记;作新诗《那时……一个中年人述说五四以后的那几年》,缅怀五四以后那几年的景象,批评当时的现实,表达了对光明和新中国的向往。该诗发表在《大公报·星期文艺》上。6月,《杜甫传》第五章《杜甫在长安》刊于《文学杂志》第2卷第1期。8月,《决断》刊于《文学杂志》第2卷第3期。9月,译文霍夫曼斯塔尔的《德国的小说》刊于《文学杂志》第2卷第4期。11月,论文《歌德的〈西东合集〉》刊于《文学杂志》第2卷第6期。12月,作论文《批评与论战》,评介西方两个重要的思想家基尔克郭尔和尼采,并比较批评与论战的异同,是国内较早的比较文学论文。冬,作《郊外或闻飞机声有感》,对内战、对外国飞机运送弹药支持中国内战,表示极端的愤慨。此文发表在"中国社会经济研究会"办的《新路》杂志上,延安的新华社电台曾予以广播,产生了较为广泛的社会政治影响。在此之前,曾应友人邀请,参加了"中国社会经济研究会",但是并不怎么感兴趣,不参加什么活动。是年,还作有《关于调整大学中外文二系机构的一点意见》,此文是冯至难得的关于中外文教育思想的文章,到晚年他仍坚持文中的观点。从是年起至次年,为天津《大公报》编过一年的文艺副刊"星期文艺"栏。(参见周棉《冯至年谱》,载王京州编《河北近现代学者年谱辑要》,国家图书馆出版社2017年版;齐家莹编《清华人文学科年谱》,清华大学出版社1999年版)

浦江清《花蕊夫人宫词考证》一文收入《开明书店二十周年纪念文集》。此文初稿写于1941年7月,1943年1月改订于清华大学文科研究所。文中根据宫词内证考定作者不是后蜀孟昶妃,而是前蜀王建的小徐妃,后主王衍的生母,宫词所咏多为前蜀宣华苑中的景物和事实。篇末附宫词校定本。(参见齐家莹编《清华人文学科年谱》,清华大学出版社1999年版)

李广田5月到医院慰问反对内战示威而受伤的学生,并在《大公报》发表谈话斥责黑暗势力的暴行,旋遭当局通缉,经朱自清邀请,由南开大学转到清华大学中国文学系任教。6月,李广田的长篇小说《引力》由晨光出版公司列为"晨光文学丛书"第25种出版。7月1日,李广田《谈幼稚》刊于《中学生》7月号。11月1日,李广田《事实与创造》刊于《中学生》11月号。12月1日,李广田《在忍耐中工作》刊于《中学生》第12月号。同月,作《历史和人的悲剧》,载刊于《文艺丛刊》第3辑《边地》,后收入《论文学教育》时改题为《历史的悲剧和人的悲剧》。(参见齐家莹编《清华人文学科年谱》,清华大学出版社1999年版)

陈福田1月任清华大学外国文学部主任,该系教授有吴宓、温德、吴达元、杨业治、陈嘉(未到校)、陈走民、赵诏熊、胡毅,专任讲师徐锡良、李赋宁、王佐良、文启昌、周珏良,讲师杨善荃、方志彤、张汝良,教员徐璋、杨琇珍、朱兰卿、墨贺理、何士侯、李相崇、关世雄、梁秀彦、杨简平、吴天敏、邓观戬,助教陆慈、李丽棠(未到校)、梅祖彬、蔡宬、刘若端。

吴泽霖任文学院新设立的人类学系主任,另有讲师一人,学生一人。在教学上,"注重研究东方缅藏等民族文化及其语言"(梅贻琦《本校复员后院系充实计划草案》),其课程一半以上与法学院的社会学系相同,还设有中国文学系的语言学及地理系的有关课程,该系所开课程只有一门"普通人类学"。(参见齐家莹编《清华人文学科年谱》,清华大学出版社1999年版)

季镇淮《司马昭杀嵇康的年代》1月6日刊于《新生报·语言与文学》副刊第12期。2月24日,季镇淮《嵇康之死辨闻》刊于《新生报·语言与文学》副刊第19期。3月2日,季镇淮《汉末的人物批评》刊于《平明日报·读书界》第17期。4月14日,季镇淮《竹林名士可能结游的时代》刊于《新生报·语言与文学》副刊第26期。12月9日,季镇淮《竹林故事的结局》刊于《新生报·语言与文学》副刊第60期。(参见齐家莹编《清华人文学科年谱》,清华大学出版社1999年版)

王康仍为清华大学研究院研究生,在社会学研究之余,继续参加民主运动,同时倾注满腔激情为闻一多立传,抓紧撰写《闻一多的道路》。吴晗为此书撰写序言——《闻一多的一生》,刊于《时与文》第1卷第6期。清明节,清华大学新斋,《闻一多的道路》完稿。7月,王康《闻一多的道路》署名"史靖"由生活书店出版。此书为第一部闻一多传记,作者选取传主一生中几个重要时期、几个关键事件,将闻一多一生所走的道路、闻一多自由与民主之思想、独立精神与人格,生动地展现在大众面前。作者的爱和憎、敬和痛,从笔端喷泄而出。诚如王康在书前所说"这些文字,实在不足以表现一个崇高圣洁的灵魂,除了表示一个青年对于一多先生的纪念和敬意之外,但愿能把这种纪念和敬意展延到每一个有正义感的人的心里,展延到民族永恒的纪念里"。10月,王康《关于"闻一多的道路"》又署名"史靖"刊于《时与文》第2卷第5期,介绍作者著述《闻一多的道路》的相关情况。(参见王立《王康与梁实秋笔下的闻一多》,《郭沫若学刊》2020年第3期)

陈垣1月为方豪辑《马相伯文集》作序。同月9日,致子陈乐素函:"《魏文节事略》未见,此等事辑,不啻一魏杞索引,甚有益于人。人得此资料考证而研究之,则可成一佳文。

此书当是其后嗣所为,余平日未尝注意其人也。"2月2日,致子陈乐素函:"十年未购入书画,年底忽有人携来谢山字条,爱不忍释,以廿万元购之,亦所谓还心愿也。"17日,致子陈乐素函:"凡发文要注意所投之报及杂志如何? 同是一文,因所投之报及杂志不同,所生影响遂不一。北平馆信,已电询袁公,得其复函如另纸,当有信径复汝矣。我对他说,颇不客气,一非自投,而系应征。二如不愿登,即告知,因有多处索文也。因袁手下某君,颇势利,余故为是言。"3月25日,胡适来函:"辅大的讲演,已托让之兄转达先生,俟稍稍安定后即来补讲。《胡注表微》的后序,稍缓也即试作,但恐不能副尊意耳。"4月24日,致史树青函:"鄙意读书当随环境,书籍完备,固可博览,即遇书籍缺乏,以一二年间,不论经史子集,专精一二种,亦必有所获,不必俟书籍完备而后能用功也。"27日,陈垣出席辅仁大学运动会并讲话。5月18日,出席辅仁大学返校节并讲话。20日,全国各大城市爆发"反饥饿、反内战""要和平、要民主"示威游行活动。北平各大学罢课游行,辅仁同学也参加了游行。25日,北平文化教育界举行公葬钱玄同、高步瀛纪念会,陈垣出席并书面报告高步瀛平生事迹。6月2日,抗议军警镇压迫害学生,各校再次罢课游行。同日上午,军、警、宪荷枪实弹将辅仁包围,逮捕同学8人。3日,陈垣到警备司令部抗议要人,至晚终于带回"案情较轻之四名同学"。4日,陈垣又去将另4名同学要回,临行时气愤地说:"要不要开个收条,说收到辅仁大学学生八名!"

陈垣8月2日以沈兼士逝世从广州致电吊唁。同月,去上海,曾到合众图书馆看全谢山《水经注》稿本,据顾廷龙回忆,胡适起初不承认为全氏手笔,经陈垣鉴定后,遂亦信之。9月19日,在天津《大公报》发表《吴梅村集通玄老人龙腹竹解题》一文,考定通玄老人为汤若望,龙腹竹为荷兰人隆福所发见之竹,此诗作于顺治十三年。20日,张遵俭来函,称《吴梅村集通玄老人龙腹竹解题》一文"诚考证学问示范之作。初学者得读此文,于入门方法上可获不少启示。剥茧抽丝,语语引人入胜,考据至此乃有绳墨可循,可谓精绝。窃谓自《元典章校补释例》以下各著,殆仅乾嘉间段、王诸作可与比论。其重要在于确定考证在文史学研究上之地位,其为术也绝精绝细,以极科学之方法,统驭博富之学问,其貌为旧、其质实新。西谚云以旧瓶盛新酒,意差近之。然大人神思独运,殊非二三子所得企及"。12月31日,致胡适函:"拙著《清初僧净记》卅三年清明付梓,卅六年冬至始克出书,谨以一部奉呈,未识有玩物丧志之嫌否?"是年,发表史源学范文《吴梅村集通玄老人龙腹竹解题》等5篇。发表《中国佛教史籍概论》中《高僧传论略》《续高僧传论略》等20篇。(参见刘乃和、周少川、王明泽《陈垣年谱配图长编》,辽海出版社2000年版)

沈兼士1月1日撰成《"卢"之字族与义类》,后刊于上海《大公报·文史周刊》第1—2期。这也是奠定作者汉语字族研究理论的一篇重要学术论文。作者从历史和科学的角度出发,对"卢"之字族与义类进行详尽的考察和研究,运用严密的归纳方法,得出其正确的字族谱系和义类。21日,冒着严寒赴国立北平高级工业职业学校半壁街宿舍,和留校的学生们一起守岁过年。在晚会上向学生们提出"敬业乐群"的人生观,并要求大家要有"埋头乐干"的乐观主义精神。2月13日,应魏建功之邀,为其自制印存题词。3月5日,撰成《汉魏注音中义同换读例发凡》,后刊于《益世报·人文周刊》新1期。4月26日,撰成《扬雄方言中有切音》,后刊于北平《经世日报·读书周刊》第41期。28日,与私立北平辅仁大学国文系同学等同游卧佛寺。5月22日,胡适在日记中提及,已发出中央研究院第一次院士选举"人文组"部分拟提名单,沈兼士列名"中国文学"内。25日,赴北平师范大学参加纪念钱玄同、高步瀛两位已故教授大会。5月26日,北平师范大学师生及亲属将已故教授高步瀛安葬于北平福田公墓,其墓碑铭由余嘉锡撰写,沈兼士正书并篆额。8月2日,私立北平辅仁大学作致中央研究院总干事萨本栋函,告知该校重新上报中央研究院《院士提名表》及相关材料。沈兼士为被提名者之一。晚,在家中宴请杭立武、胡适、陈垣等人,突发脑溢血逝世。
(参见郦千明、汪素梅《沈兼士年谱简编》,《湖州师范学院学报》2021第3期)

　　余嘉锡 1月8日在《经世日报·读书周刊》第22期发表《黄顾遗书序》。据考,"王欣夫好辑刻昔贤遗书,辑得黄荛圃、顾千里的经籍题跋及杂著集外文,共六种,称《黄顾遗书》,索余嘉锡为之序。余氏谓两先生(黄丕烈、顾广圻)之题识传,而古书之崖略亦传。后人论黄、顾二人学术,总是将其放在一起,余嘉锡在此序中尝试着对黄、顾的治学特点进行了分析。顾千里是读书人,黄荛圃是藏书家,他们的藏书自然有所区别。顾学识广博,对古今制度沿革、名物变迁,以及著述体例,文章利病,无一不晓其意。故顾校书,权衡词例,考据是非,一事一物,求之经史。顾之校正与题跋,可观古今刻本之异同,有益于学者;而黄之校书,仅比对字句、涂改讳字等,虽爱宋本,但不能究其真旨,不能定其是非。黄之题跋,喜叙书籍的流传始末,然而不如晁公武、陈振孙的撮举大旨。其学术渊博不逮顾千里,鉴别古书亦相去远也。2月12日,在《经世日报·读书周刊》第26期发表《跋旧抄本中兴馆阁录》。4月16日,在《经世日报·读书周刊》第35期发表《藏园群书题记序》。

　　按:余嘉锡曾与杨树达拜访傅增湘,观赏其所藏善本。傅增湘对善本书籍求贤若渴,每读一书,必作题跋一首,叙述版本异同,辨析字句错讹,对著书旨意、其中人物的生平详其疏略。共作跋数百首,检106首,名之《藏园群书题记》。"以书名嘉锡曰:'子为我序之'。"《藏园群书题记序》是余嘉锡为著名藏书家傅增湘的《藏园群书题记》所作的序。古籍同书异本的现象大量存在,作为指导读书门径的推荐书目,单开列书名、著者是不够的,还应指出何为善本。他认为:"余谓欲著某书之为何本,当仅言宋刊本、明刊本已也,书之时有不同、地有不同、人有不同,其书必不尽同,时当记其纪元干支,当记其州府坊肆,人当记其姓名别号。又不第此也,更当记其卷帙之分合、篇章之完阙、文字之同异,而后某书之为与否,庶乎其有可考也。"在版本问题上,余嘉锡并不盲目崇古,他认为论书籍之板刻,固然愈古者错误愈少,近原著,而不能一概而论。刻本最古老的当推宋元刻本,人必以宋刻为贵,是从大体上说,麻沙书坊所刻也不见得都好。他说:"宋人刻书,悉据写本。所据不同,则其本互异,校者不同,则所刻又异。加以手写之误,传写之讹。故明刻可以正宋刻,刊本可以校写本,未可尽以时代论也。"所以读书治学不必泥古,宜择善本而从之。余嘉锡的这个观点印证了他"读已见书"的宗旨,不盲目崇尚孤本古本,选择善本,是真正读书治学之道。

　　余嘉锡 5月26日撰高步瀛墓碑,沈兼士正书并篆额。首题:"高阆山仙先生墓碑铭",额篆书同首题。29日,在《经世日报·读书周刊》第41期发表《四库提要辨证——关尹子一卷(1、2)》。6月20日,傅斯年致信胡适,提出人文组的候选名单,史学组第六位为"余嘉锡或柳诒徵。柳不如余,但南方仍不可无一人"。8月8日,余嘉锡给著名藏书家周叔弢先生赠诗。20日,在《经世日报·读书周刊》第53期发表《张籍之里贯及其病眼之时间》。12月,余嘉锡致信杨树达,提及中央研究院院士大选之事:"十二月廿三日。得余季豫书云:明年院士之选,兄必入彀,盖从各方衡量,略得端倪,非无据漫谈也。又云:陈援庵比此次名单为公车征士录,虽不中选,亦何幸而得为阎潜邱、全绍衣邪? 此可谓善于解嘲矣。"同月,余嘉锡在《辅仁学志》第15卷第1—2期合刊发表《〈太史公书〉亡篇考》。同期还刊载了陈垣《〈日知录〉停年格条注引辛考》《宋元僧史三种述评》,叶德禄《唐代胡商与珠宝》,孙楷第《唐章怀太子贤所生母稽疑》,陈述《阿保机营建四楼说正误》,鹿辉世《〈归潜志〉作者刘祁》,柴德赓《全谢山与胡稚威》《跋〈邵念鲁年谱〉》《记贵阳本〈书目答问〉兼论〈答问补正〉》,陈奇猷

《〈韩非子集释〉删要》,黄文相《王西庄先生年谱》,刘乃和《顾亭林画与顾亭林之得名》等文。此期出版后,《辅仁学志》停刊。《〈太史公书〉亡篇考》认为作为"乙部之祖"的《史记》之完阙,"迄无定论",是憾事,且相关研究纷然淆乱,"懵然不知所从","乃发愤理而董之",撰写此文,"胪举诸家之说,悉载不遗。有所考证,疏之下方","如有所疑,付之盖阙",对《史记》所缺十篇一一考核,并对褚先生所续部分做了探讨。有研究者认为,尽管此文洋洋 10 万余言,引证材料几百条,但是由于离开了《史记》本证,囿于班固、张晏之成说,考证的起点就偏离了方向,其考证结果并不能定案。

按:自班固《汉书》言《史记》"十篇有录无书"后,历代学者对《史记》缺亡情况各执己见,议论纷纭。如臣瓒、蔡谟、裴骃、颜师古、李贤等对元成年间褚先生补作的四篇毫无异议;刘知几认为这十篇是未完成而非亡失;张守节首开先声,说这十篇其实都是褚先生补写的;吕祖谦认为丢失的篇目只有《武纪》一篇。清代群儒更是考辨纷纭,各自为书,纷然淆乱。余嘉锡针对《史记》缺亡乱象,欲理清谜团,遂收集、胪举各家之说,有考证之文列于下方,对各家意见仔细斟酌,对所缺十篇一一考核,并对十篇以外褚先生所续部分作了探讨。(参见王语欢《余嘉锡学术年谱》,黑龙江大学硕士学位论文,2013 年)

顾随在辅仁大学兼任中国大学课。又在北京师范大学任课,至 1953 年。授词选、曲选。年初,顾随弟子为顾随五旬晋一之寿辰,在北京举行祝寿宴会,叶嘉莹撰写祝寿筹备通启。据顾之京在《书斋纪事——女儿所知道的父亲顾随(下)》中记载,大约在是年初寒假期间,顾随特意用一张墨绿色的厚纸,做了一个宽七八寸、高三四寸的扁长条幅状的小旗,在小旗上写了"只图遮眼"四个字,把小旗插在书桌前的窗台上,人坐桌前,小旗正好挡住了往外望的视线,并遮住外面的腐朽与黑暗。2 月,为中法大学文史学会作题为"小说家之鲁迅"的演讲。同月 10 日,完成小说《乡村传奇——晚清时代牛店子的故事》,刊于《现代文录》创刊号。4 月 4 日,《读李杜诗兼论李杜的交谊》刊于《民国日报》。28 日,作《跋知堂师〈往昔〉及〈杂诗〉后》。6 月,应张中行之请,陆续作《揣俞录》谈禅系列文章 12 篇,连载于《世间解》月刊第 1—11 期(第 12 篇《末后句》因杂志停刊而未发表)。8 月 14 日,为北平青年军夏令营作《关于诗》的演讲。10 月,杂剧《游春记》由辅仁大学校友印行出版。同月,北京大学文学社举办鲁迅逝世 11 周年纪念晚会。顾随应邀在会上作了讲演,王景山回忆当时的情景时说:"顾先生讲演中用一口纯正的京腔朗诵《阿 Q 正传》中阿 Q 到静修庵偷萝卜的一段,声情并茂,至今不忘。"同月 31 日,在给周汝昌的信中,谈到文章的写作:"吾辈为文,虽不必走明末小品路子,却亦不妨借镜。不佞之意乃在即兴。"何谓即兴?顾随举当时看到的砍伐路边老树的现象为例说:"其已被风吹倒者,固应伐去。即其心空枝萎而未倒,似亦宜芟除,以免行人之危险。然而老者已伐,而新者未种,又使人不免有荒凉寂寥之感。只此一感,便可写得一篇小文矣。"12 月 5 日,经顾随推荐,周汝昌第一篇文章《曹雪芹生卒年之新推定》经赵万里发表在《天津民国日报》的《图书》副刊版。由此文引发了胡适给周汝昌的信,从而启动了一场《红楼梦》研究的新浪潮。12 月 7 日,《诗三首——沈兼士先生安葬纪念》刊于《大公报·星期文艺》。(参见闵军《顾随年谱新编》,载王京州编《河北近现代学者年谱辑要》,国家图书馆出版社 2017 年版)

孙楷第在《辅仁学志》发表《唐章怀太子贤所生母稽疑》一文,文中订正了新旧《唐书》记载李贤享年之误,前者记他卒时为 34 岁,后者记他活了 32 岁,孙先生则考订李贤自杀时为 31 岁。文末说:"虽所关者细,粗有发明,或亦读史者所不弃耳。"

按:1972 年 2 月,陕西省乾县乾陵公社发现章怀太子李贤墓,经发掘,有墓志铭二,都明白地记着李贤终年"三十有一"。(参见于飞《孙楷第先生年谱简编》,载王京州编《河北近现代学者年谱辑要》,国家图

书馆出版社 2017 年版）

　　方豪继续任教辅仁大学。1 月，陈垣应方豪约请为其所辑《马相伯文集》作序："凡人为文，逾若干时，辄不惬于衷，此求进之心则然。故凡生前所为文，未经最后订定，卒后由他人代为衷集者，未必悉符本人之意。惟相伯先生集稍异乎是，余曾略读一过，知杰人（方豪）司铎于凡先生已刊诸稿，必择其曾经先生手校者收之；未刊稿必择其亲笔者传之；其为先生口述，他人笔录者，必注明之；司铎之意，盖谓先生毕生精研中西学术，兴办高等教育，复躬与逊清及民国两代大政，一身系中国近百年文教者至钜。况去世之岁，寿臻期颐，阅世之久，世罕其俦，故其论议，虽吉光片羽，亦足资后人圭臬；且先生遗文散佚已多，若并此劫余仅存者，而不为之珍惜，不将云消烟散乎？顾余乐见此集之刊行，其意实别有所在。"同月，方豪编著《世界史大纲》由上海正中书局出版。5 月，《方豪文录》由北平上智编译馆出版。此书系方豪将有关明清之际天主教东传以及中西交通史方面的论文汇编而成。（参见刘乃和、周少川、王明泽《陈垣年谱配图长编》，辽海出版社 2000 年版；王学典《20 世纪史学编年（1900—1949）》，商务印书馆 2014 年版）

　　陆志韦继续任燕京大学代理校长。1 月 6 日，燕京大学与清华、北大、中法、北洋、师院等校联合组成"北平市学生团体抗议美军暴行联合会"，主席团由燕大、清华、中法三校学生代表组成。教授发表意见支持学生行动。美军污辱我大学女生，平市学生会罢课游行，向美军抗议，要求撤退中国。但此事不仅是学生本身之事，各教授亦愤慨非常，纷纷表示意见。《燕京新闻》记者特走访燕京、清华、北大三校教授，承发表谈话如后。燕京方面：陆志韦表示：一个军队常驻在一个地方，一定会有这类事发生。驻华美军一天驻华，类似之事必有其继续发生之可能性。为了不因这些少数不是人的份子的暴行而引起两国人民的不睦，我们应呼吁政府请美军立即退出中国。2 月 17 日，燕大教授多人，赞助签名运动。平津学联为呼吁美国改变政策展开之签名运动，自开始以来，成绩极佳，现在已扩展为全国性行动，京、沪、杭及重庆、桂林等地抗暴会，由平津抗暴宣传部直接取得联络。同学签名者极为踊跃，而教授中签名者已有法学院院长赵承信、历史系主任齐思和及翁独健、经济系主任郑林庄、女部主任陈意等数十人，请教授因赞助此项义举，更捐款资助该会。22 日，为支持清华大学 13 名教授抗议北平市军警以查户口为名进行大逮捕宣言，燕大赵紫宸、赵承信、雷洁琼、关瑞梧、梅贻宝、郑林庄、何国松、李铿、翁独健、蒋荫恩、李德滋、姚念玖、席文荫、龚兰珍、杜连耀等发表联合签名信。3 月 15 日，校务委员会提请窦维廉代理校务长，校务委员会陆、蔡、夏、窦、严五位外，增加胡经甫、赵承信二位，共 7 人。4 月 12 日，燕京、清华两校同学集会，纪念罗斯福总统逝世两周年，并致函美国人民，要求美继承罗氏对华政策。

　　陆志韦 5 月 1 日在师生大会上讲"中国语文改革运动"。2 日，学生自治会与各学术团体联合举行纪念"五四"晚会，高唱队演唱黄河大合唱。4 日上午，燕大、清华联合举行纪念"五四"大会，马彦祥报告"五四"运动经过；晚两校联合举行营火晚会。5 日，燕大、北大等校 60 余团体发表纪念"五四"宣言，要求民主，保障民权。17 日，燕大部分同学成立"反饥饿，反内战"联合会。18 日，在 400 多名同学签名要求下，自治会召开全体同学大会，会议通过"反饥饿，反内战"十大原则，成立"反饥饿，反内战委员会"，并决定 19—21 日罢课 3 天。19 日，北平警备司令陈继承致函陆志韦，请其劝阻学生勿参加 20 日的大游行，陆志韦复函婉拒。20 日，燕大同学徒步进城，与其他院校同学一起，进行"反饥饿，反内战"大游行。教职员 141 人签名，发表"反内战，呼吁和平"宣言，在燕大影响下，清华、北大、师院、南开、北洋、中法、艺专等校教职员 585 人签名响应。21 日,燕大反饥饿大会于晚 8 时召开全体大会,由宣传队演出"放下你们的鞭子"并报告天津血案经过,出席逾 500 人,议决继续罢课 1 天,以示对各地血案的抗议。29 日,学生生活辅导委员会就有关学运的 14 个问题,举行"公意测验",80%的同学参加。6 月 2 日根据华北学联以今天为"反内战日"的决定,燕大罢课 1 天,召开反内战大会;早 9 点鸣钟 3 分钟,为八年抗战,二年内战死难同胞致哀。同日,为抗议武大等校 8 位同学被捕,燕大自今日起继续罢课 3 天。4 日,"燕大火炬社""自由论坛社""星火社"联合举行晚会,讨论"内战问题"。16 日《燕京新闻》刊登反饥饿反内战运动大事纪。28 日,第 30 届毕业典礼上午举行,董事长孔祥熙和司徒雷登参加,大学毕业生 110 名,研究生 7 名,分别被授予学士、硕士学位。

陆志韦 7 月起休假 1 年。同月 15 日,举行开学典礼。25 日,行政院院长张群来校,在师生大会上讲话。28 日,燕大学生龚理康被捕。10 月 1 日,为抗议龚理康同学被捕,全校自即日起罢课两天,后龚被保释返校。19 日,各壁报团体联合举行鲁迅先生纪念晚会,有诗歌朗诵和话剧"光明赞"。11 月 1 日,《燕京学报》32 期出版,内有陆志韦、聂崇岐、高名凯、周一良、齐思和的文章。5 日,为抗议浙大学生会主席于子三被捕,并惨死事,教职员举行大会,大会推举博晨光、严景耀、翁独健、齐思和、魏立克 5 教授同学生自治会一起,起草联合宣言,要求当局保障人权,促进法制。同日,燕大学生 400 余人,为抗议于子三惨死事进城游行,晚上举行追悼大会。7 日,为抗议清华 5 同学被捕,燕大同学再次进城游行。8 日,为抗议北大、贝满等校几位同学被捕,燕大继续罢课 1 天。15 日,第 48 期《燕大双周刊》发表《燕京的光芒》,记 5 日、7 日二次进城游行情况。12 月 1 日,司徒雷登在南京同 30 余位校友相见,并讲自由之重要。8 日,在宁德楼开会纪念校难日 3 周年。9 日,学生自治会举行纪念"一二九"座谈会,严景耀、雷洁琼、翁独健、高名凯等教授参加。29 日,北大、清华、燕京、中法、师院五校学生自治会发表联合声明,反对教育部修正学生自治会规则。(参见张玮瑛、王百强、钱辛波主编《燕京大学史稿》,北京人民中国出版社 2000 年版)

张东荪继续在燕京大学哲学系教书,开设了三门课程,分别是"民主哲学""康德"和"中国哲学史"。1 月 6—10 日,张东荪参加在上海召开的民盟二中全会。1 月 10 日,民盟二中全会决定本同盟盟员均以个人身份参加,有绝对遵守本同盟纲领及决议的义务。依据这个决议,张东荪在民社党退出民盟后,以个人名义仍然留在民盟,并在二中全会上当选为民盟中央秘书主任,华北总支部主任委员。张东荪在拒绝参加伪国大时就强调"民社党不参加'国大',对国是的前途是较为有利的,好留个余地转圜"。实际上就是要充当第三种势力,调和国民党与共产党的冲突,使中国重新走上和平民主的道路。民盟二中全会确定的恢复政协路线、实现国内和平的任务,与张东荪所提出的"中间性的政治路线"主张相似,也与他拒绝参加伪国大的思路一致。中旬,民盟二中全会结束后,张东荪以民盟中央秘书主任的身份,致力于调和国共冲突、恢复政协路线、实现国内和平工作。他在上海逗留期间,与中共代表保持了较多的接触,曾与董必武就与国民党进行和平谈判的条件问题进行过商讨。21 日,张东荪与叶笃义赴南京会晤蒋介石和美国驻华大使司徒雷登,致力于调和国共冲突、恢复政协路线。当时蒋介石请张东荪到南京去晤面。张君劢闻知张东荪在上海参加民盟二中全会后,也托叶笃以转告张东荪,让他务必到南京晋见蒋介石。张东荪认为这是调和国共冲突的一个良机,在与董必武交换意见后便同意赴南京会晤蒋介石和司徒雷登,为实现和平民主进行斡旋。下旬,随着马歇尔的离华,蒋介石坚定了用武力解决共产党问题的决心,丝毫没有与中共和谈的诚意,更不会听从张东荪的劝告停止全面内战。张东荪在南京待了三四天,与国民党的军政要员进行了商讨后,又回到上海,住在永嘉路集益里8号张澜的寓所中。31日,民盟总部举行招待会。张东荪与张澜、沈钧儒、章伯钧、罗隆基、马寅初、章乃器、董必武、陈家康、谭平山、马叙伦、施复亮、潘梓年等应邀出席。首由张东荪报告民盟对当前时局的主张与民盟召开二中全会的经过及收获。

　　张东荪2月17日赴张澜在上海集益里寓所,与董必武、黄炎培、华岗等讨论国民政府颁布的"经济紧急措施方案"。3月7日,蒋强迫中共驻北平、南京、上海、重庆的和谈代表撤回延安。张东荪眼见调停国共内战无果,被迫重回燕京大学教书。14日,张东荪在清华大学作关于时局问题的演讲。中旬,北平军调部结束时,中共代表叶剑英、徐冰等人邀请张东荪、吴晗、关世雄等人吃饭,将一台美国制造的电子管收音机送给民盟。民盟各地支部转入地下之后,张东荪仍任民盟华北总支部主委,在北平利用自己燕京大学教授的身份继续与中共地下党联系。为了帮助张东荪领导的民盟华北总支部开展工作,中共地下党还给张东荪留下了一笔活动经费。此后,张东荪与中共地下党的联系转入秘密状态。同月,张东荪因调解国共冲突失败而"胸中积闷",恰在此时,施复亮在《时与文》创刊号上发表《中间派的政治主张》一文,鼓吹中间路线的政治主张。这篇文章使张东荪产生"不少的感想"。他认为"施先生此作是目下最能代表大多数人心理的一篇文字",他也"愿追说一说我们所以这样中间性路线的用意"。于是,张东荪一口气撰写《追述我们努力建立"联合政府"的用意》《和平何以会死了》和《美国对华与中国自处》三文,鼓吹"中间路线"。他声明:"本人向来在政治上苟有主张,总是独往独来,所以虽隶属于民盟,而所说的话却不代表民盟。"张东荪、施复亮、傅雷等人成为当时舆论关注的焦点人物。《和平何以会死了》刊于3月28日《时与文》第3期;《美国对华与中国自处》刊于3月30日上海《文汇报》;《追述我们努力建立"联合政府"的用意》刊于4月5日《观察》第2卷第6期。

　　按:张东荪所倡导的"中间路线",是张东荪30年代提出的"修正的民主政治"思想的继续和发展,是其"社会主义的民主主义"理论在抗战胜利后特定环境和条件下的具体实施方案。它所要解决的问题实质上是:在战后世界和平与民主的潮流中,如何使中国不失时机地走上"社会主义的民主主义"道路。张东荪猛烈抨击国民党一党专政,揭露其实行假民主真独裁的实质,提出要彻底改变国民党独霸地位和法西斯性质,表现了其坚定的民主主义立场和对大地主大资产阶级反动统治的愤慨。他提出应该建立各党派参加的联合政府、实行阶级合作、铲除官僚资本、保护民族工商业等主张,与中共"新民主主义"有相似和相通之处。这正是其"中间性政治路线"的合理性所在。

　　张东荪4月5日在北京大学演讲《哲学是什么? 哲学家该做什么?》,刊登在4月11日出版的《时与文》第1卷第5期。20日,为纪念五四运动28周年,张东荪撰写《中国民族的良心》,刊于4月28日出版的《燕京新闻》第13卷第23期"五四纪念"特刊。春,民社党被民盟开除出盟,而张东荪却仍是民社党中央常委,并且是民盟秘书主任。民社党内部便有人提出开除张东荪民社党党籍。在徐傅霖等人的压力下,张君劢以张东荪、叶笃义等违反党纪,遂召开中常会,决议停止他们的党权,实际上已等于变相开除。张东荪等人拒不接受民社党停止党权之处分,也不声明脱党,同时表示将另组"独立民主社会党",以与之对抗。5月21、22日,民社党反对派在上海礼查饭店,召开所谓"党务革新会议",有党员90余人出席,决定组织"革新委员会"。孙宝刚、叶笃义、卢广声、汪世铭等人支持张东荪的观点,主张必待政府实施政协各项决议后再行参加。民社党因为参加国民政府问题又产生了分歧,导致了民社党内部第二次分裂。6月13日,张东荪在《时与文》第1卷第14期发表《答林布君兼论左派理论》。此前,林布在《时与文》第12期上发表《张东荪先生的思想》一文。张东荪读后觉得积蓄在胸中的许多话不能不藉此机会一说,故声明:"本文与其说是答复林布先生,毋宁说是说明我对于今后中国文化思想前途的一种希望。"夏,中共在国统区发起了"反饥饿、反内战、反迫害运动"。张东荪支持北平地下党的活动,并以燕京大学教授的合法身份,掩护燕京大学的进步学生和地下党员。为此,张东荪也上了国民党特务的黑名单。国民党特务们曾寄来装有子弹头的匿名信,对张东荪和家人进行恐吓。在这期间,张东荪和符定一通过地下党直接致函毛泽东,讨论时局,交换意见。毛泽东收到张东荪的信后,本想回信,但"又怕落入敌手,妨碍他们的安全",所以,没有机会给张东荪回信。7月20日,美国派魏德迈来华"调查"中国情况后,张东荪发表了《为中国问题忠告美国》一文,批评美国单方面支持国民党,反对硬要拉中国来作反苏基地,认为美国在中国问题上只有一条光明的路就是:"马歇尔初到中国来的时候所定的那条共同声明。内容包括三点:一是立即停止内战;二是组织联合政府;三是不干涉中国内政。"

张东荪是年夏再次由北平南下上海,为在国内实现和平而努力,同时参加民社党革新派第一次全国代表大会。他奔走于南京与上海之间,为实现国内和平而呼吁,并在南京会见了魏德迈、司徒雷登,提出调和国共冲突、恢复政协路线的建议和忠告。7月29日,魏德迈接见张东荪、黄炎培、罗隆基、章伯钧及青年党曾琦等人,讨论中国时局。魏德迈不仅没有听从张东荪等人的劝告停止援助国民党,反而作出了相反的决策:加大援助国民党内战的力度。这最典型地表明:美国是不会同意走中间路线的。8月8日,张东荪在上海应中学教育诸公在青年会讲《从事教育及与闻政治》,该演讲后经整理发表在8月24日出版的《国训》周刊沪版第427期。15日,张东荪出席民社党革新委员会发起召开的第一次全国代表大会。会议在上海逸园饭店开幕,出席国内代表40名,海外代表25名,由伍宪子任临时主席。张东荪首先致开幕词。强调:"此时代之诱惑性大,犹须注意,党员应对党尽义务,而不能希望由党而猎取地位,应避免党内有派,此乃政党扩大常有之病象,应慎之于始创立民主作风。"会议推选伍宪子、张东荪、梁秋水、万武、孙宝刚、汪世铭、卢广声、唐才质等9人为主席团,并决定分组审查委员名单。大会选出中央执行委员75名,中央监察委员35名,并互选伍宪子、张东荪、沙彦楷、汪世铭、孙宝刚、卢广声、李大明等15人为中央常委,伍宪子为主席,沙彦楷为副主席。18日,民社党革新委员会第一次全国代表大会通过了民社党革新派的所谓《党章》《政纲》和张东荪、孙宝毅、梁秋水等人起草的大会《宣言》。民社党革新派成立后,张东荪便与民盟联系,希望革新派加入民盟,以扩大民主势力。但由于革新派内部纷争不断,立场不稳,这个计划没有付诸实现。下旬,张东荪与张澜、沈钧儒、章伯钧、黄炎培、周新民、叶笃义等会商民盟政治计划委员会及新组织等问题。

张东荪9月1日从上海回到北平后,应燕京大学学生自治会邀请演讲《南行见闻》。8日,张东荪应清华学生自治会的邀请,在清华大学作了题为"南行见闻杂感"的演讲。黎南作了笔录并根据讲话内容加了一个标题:《张东荪论华盛顿与南京之间的距离》,刊于9月17日在上海出版的《时与文》周刊第2卷第2期。15日,张东荪为黄炎培撰《民主化的机关管理》再版作序,阐述了自己对民主政治的见解。同月,国民党意图解散民盟,张东荪致函在重庆北碚的梁漱溟出来维护,梁漱溟拒绝。10月,国民党下令解散中国民主同盟,抗战后逐步形成的第三种势力瓦解,张东荪不得不重新调整政治思路。同月11日,张东荪在《观察》第3卷第7期上发表《我亦追论宪政兼及文化的诊断》,张东荪看了梁漱溟的《预告选灾,追论宪政》一文后"深感共鸣","他所提出的问题亦正是我久已蓄在心中的问题。这一些成为问题在我心中已将近二十多年了,不过想来想去总得不着一个最满意的解答。近年以来,自己的思想稍稍成为一个系统,于是对于这些问题乃自然而然遂有了一种看法"。随后,张东荪发表了一系列文章,陆续将这些看法表达了出来。张东荪的结论是:中国不能有真正的选举是由于有"特殊势力在那里利用",并不是西方民主制度不好,更不能因此放弃走民主主义道路。张东荪该文重点讨论的问题是"今后能不能有真正的选举,和万一永远不能有真正的选举,是不是中国即无法实行民主政治"。11月,张东荪的文章发表后,北大教授樊弘在《观察》第3卷第14期上发表《与梁漱溟张东荪两先生论中国的文化与政治》,对梁、张的观点作了批评。12月,张东荪在《观察》第3卷第16期上发表《敬答樊弘先生》,对樊弘的批评作出回应,并围绕中国出路问题展开讨论。(参见左玉河编《张东荪年谱》,群言出版社2014年版;左玉河编《中国近代思想家文库·张东荪卷》及附录《张东荪年谱简编》,中国人民大学出版社2015年版)

聂崇岐3月在《现代知识》第1卷第11期发表《对现在史学界几句诤言》。文中说:"我不反对考据,因为好些史事,非考据无以明真象,就是支离琐碎些,也胜于吞枣。但既搞考据,就应当切切实实的做,不可投机取巧。……我也不反对所谓'科学的历史',以唯物史观去解释历史。但解释需要有充分的根据,客观的态度,不应当就薄弱的证据立下定论。"6月,聂崇岐在《燕京学报》第32期发表《满官汉释》,文中依据《清文监》《清文总汇》等书,"取习见之满音官爵,加以诠释",对研究清代职官、政治制度有不小的助益。12月,聂崇岐在《燕京学报》第33期发表《宋役法述》。文章认为《宋史》及《宋会要》《文献通考》等典籍所记宋代役法"首尾各不完备"或显简略,由"皆不足以明一代之典制",故撰此文"以示有宋役法变迁之梗概"。文章从"宋代色役及其渊源""役法之流弊""熙宁改革役法""元祐及绍圣后之纷更""南渡后之役法"等几个方面对宋代役法进行探研,对推进宋史研究有重要价值。(参见王学典《20世纪史学编年(1900—1949)》,商务印书馆2014年版)

齐思和6月在《燕京学报》第32期发表《周代锡命礼考》。文中认为,周代封建诸侯大夫被"封建命官"时的"极隆重之典礼"——"锡命"礼,"于封建制度所关极要",如果此礼不明,则"吾人于古代封建制度绝难了解",故"征引故籍、稽诸金文,于此问题,重加考订,并旁考西洋封建制度,以资比较",以为"究心古史者之一助"。此文对"锡命礼"的仪式、内容、"王臣之典礼""诸侯之典礼""嗣位诸侯之典礼""春秋时代王室之锡命"等问题进行了探讨。该文推动了对中国封建制度的认识,被视为是齐思和的代表作之一。同期还刊载了钟凤年《水经注校补质疑》、周一良《能仁与仁祠》等文。12月,齐思和在《燕京学报》第33期发表《商鞅变法考》。此文认为前人"三代相传之制至商鞅而始坏"和"《商君书》为商鞅所作"之观点是错误的,导致"商君变法之意义遂晦而不明,湮而不彰,而古代制度演变之程序遂亦混然淆乱,莫可究之诘"。作者在文中提出了"战国变法始于魏",商鞅在"政治方面最重要之改革为废除社会阶级制度,与废人治而行法治"等观点,从商鞅的历程、政治改革、社会改革、变法成效、商鞅被杀等方面考证论述,以辨明"商君变法之意义及其在历史上之地位"。同期还刊载了裴文中《中国细石器文化略说》、鸟居龙藏《奴儿干都司考》、安志敏《殷墟之石刀》、钟凤年《史地辨疑》、王崇武《吴三桂与山海关之战》等文。(参见王学典《20世纪史学编年(1900—1949)》,商务印书馆2014年版)

刘盼遂2月6日在《经世日报·储皖峰教授纪念专刊》上撰文,纪念储皖峰逝世5周年。6月,《毛子晋与绿君亭》刊于北平图书馆《图书季刊》新8卷第1、2期合刊。7月5日,《汲古阁与绿君亭》发表于北平《经世日报·文献周刊》第13期。8月起,不复在辅仁大学任教,专任北师大教授。(参见之远、章增安《刘盼遂先生学术年谱简编》,《华北水利水电学院学报》2011年第6期)

林庚是夏辞去厦门大学教职,返京任燕京大学中文系教授,直到1952年因院系调整而转入北京大学。

袁敦礼继续任国立北平师范学院院长。5月,以国民党制造的五·二零血案为导火线,全国六十多个大中城市爆发了反内战、反饥饿、反暴行的学生运动。20日,北平师院有四百余人参加了反内战游行。之后,在华北学联的领导下,开展了声势浩大的助学运动,使不少学生受到了进步思想的影响。一方面,由社团出面邀请进步学者作报告。纪念"五四"时,北平师院请来做报告的人有向达、费青、王冶秋、闻家驷、曹禺、焦菊隐、叶鼎彝等人。另一方面,进步学生先后组织了"处女地""人间""新时代""群声合唱团""凯旋剧团"等进步社团组织。为了使进步学生团结起来共同开展斗争,三十六个社团成立了联合组织"和平社团",在师院革命斗争中发挥了重要作用。袁敦礼院长尤为重视并积极提倡电化教育,特聘请在美国的葛择筹办电化教育事项,同时由各系科推出教授十四人和各附校校长四人共十八人组成电化教育委员会专管其事。电化教育的影片分活动影片、幻灯卷片、幻灯卡片三种。学校专门设有教育广播电台,向社会上播放有关教育方面的节目。12月17日,为北平师范学院校庆日,教育广播电台正式开始播音。由于国民党政府只允许试播,所以只在每个星期六星期日播放。广播的节目有各种讲座、教育讲座、学习指导、英文短剧、话剧、诗歌朗诵、音乐演唱、儿童剧、儿童故事等。当时国内拥有电化教育设备的学校,在南方有金陵大学、社会教育学院。在北方只有北平师范学院,师院的电化教育设备,在当时处于先进行列。(参见北京师范大学校史编写组编《北京师范大学校史》,北京师范大学出版社1982年版)

梁实秋仍任北平师范大学教授,同时也为天津《益世报》编辑副刊。9月,梁实秋《闻一多在珂泉》刊于《益世报》副刊,此文笔触细腻地记述了他和闻一多留美期间在珂泉朝夕相处的一年。只因梁实秋寄去的12张珂泉风景片,"没想到,没过一个星期的工夫,一多提着一只小箱子来了"。他们在宿舍里炒木樨肉、煮饺子,被人发现,他俩居然以一碗饺子打动了管理员,使得管理员准许他们烧东西吃。两人一同上西洋文学课,一门是"近代诗",另一门是"丁尼孙与伯朗宁"。"我和一多在这两门功课上感到极大兴趣,上课听讲,下课自己阅读讨论。"一多参加画展,还缺一张风景画,梁实秋主动开车送他上山写生,不幸车被两棵松树夹住了,他们求助当地一名西班牙人,才将车子拖了出来。这一件件细小的往事,映衬出两人的深厚友情。梁实秋写作《闻一多在珂泉》之时,距闻一多被刺已一年多,虽然梁实秋当时在重庆北碚家中听到闻一多被刺的消息十分悲痛,然全文无一字提到闻一多的死。作为闻一多的挚友,梁实秋对一多惨遭暗杀未发一声,对国民党当局使用这么卑劣的手段杀害一位杰出的诗人、学者、民主斗士的行径竟然没有一丝谴责之意,实在令人欷歔。(参见王立《王康与梁实秋笔下的闻一多》,《郭沫若学刊》2020年第3期)

李长之继续任北平师范大学副教授。年初,为《世界日报》撰写社论,7月退出。是年,所著《司马迁之人格及风格》由上海开明书店出版。又作《好书谈》,曰:"古今的好书,假若让我挑选,我举不出十部。而且因为年龄环境的不同,也不免随时有些更易。单就目前论,我想是《柏拉图对话集》《论语》《史记》《世说新语》《水浒传》《庄子》《韩非子》,如此而已。其他的书名,我就有些踌躇了。"(参见李书《李长之年表》,《新文学史料》1979年第3期)

傅增湘1月18日致信张元济:身体活动不如前,只能拄杖缓行,言语较前畅达;正在检点藏园校定群书,有二十余箧,准备移赠北京图书馆,公诸于世,借留鸿印;昔年所印衬本《史记》缺八卷,询有无所印残页可检配;附春天三幅蓬山话旧集会照片。3月28日,张元济致信傅增湘:祝福身体痊愈;对藏园将校定群书移赠北京图书馆给予肯定;告知合众图书馆正在创办,由叶揆初、蒋抑卮和张元济等人出其藏书,开始购地建屋。4月,胡适看望病中的傅增湘,咨询曾由傅收藏过的《全谢山五校水经注真本》现存哪里,傅在病榻上说出两字"天津",后胡适在天津图书馆善本架上找到此书,研究一年余。5月14日,为了早日完成《全蜀宋文》的辑录,派同乡陈达高到北大研究所抄录蜀中石刻。16日,致函胡适,能否让陈达高参与清理拓片工作,既可补助所中工作,又可早日完成拓片抄录事宜。22日,被胡适列入中央研究院第一次院士选举"人文组"的"人文部分"拟提名单中,属于中国文学。胡适又在致萨本栋、傅斯年书中重点说明"三位老辈":吴敬恒、张元济、傅增湘。12月2日,商务馆寄呈,附印黄善夫本《史记》所印卷页和余纸。同日,张元济致傅增湘书。谓:"前月赵斐云兄南来,询悉起居安善如恒,稍纾远念。北旋之日并托代候,想荷察及。以前附印黄善夫本《史记》,因倭战中辍,未竟全功。前曾抄呈清单,计邀青睐。此书再版无期,只可就此结束。已属馆友检齐已印卷页及余纸(附呈清单二纸),打包寄去,由北平分馆转呈,收到后并祈示复为荷。"是年,傅增湘孙傅熹年据著录手稿补编,辑成稿本《藏园续收善本书目》四卷,记1931年至1947年间入藏善本;将生平手校群书捐赠北京图书馆,除早年流散和零星校在大型丛书中者外,家中只留三数种传示子孙,其余全部在内。据当时点交清册为337种,3581册。受到教育部的表彰,并发"有功文献"匾额。(参见孙英爱《傅增湘年谱》,河北大学硕士学位论文,2015年;张人凤、柳和城编著《张元济年谱长编》,上海交通大学出版社2011年版;章玉政编著《刘文典年谱》,安徽大学出版社2011年版)

徐炳昶、苏秉琦在《史学集刊》第5期发表《试论传说材料的整理与传说时代的研究》。文中指出,"近几年因为研究我国传说时代的古史,深切感觉到史学方法对于此一部分的古史有特别的重要。因为近二三十年用科学方法整理古史材料的口号提出以后,贡献最大的,无疑义的是那一班疑古派的先生们。不过他们把事情看得太简单,把真正历史时代限于殷墟时期以后固然不错,可是他们把从前的自炎黄至商中叶的传说时代,一笔抹杀,送它到神话区域里面封锁起来,却是大错而特错的";这一时期"正是我国历史从神话时代到历史时代的实在过渡",所以"必需要把这一部分半神话、半历史的传说整理清楚,才可以把我们黎明时期的历史大略画出轮廓,才可以把我们的史前史同真正的历史中间搭上一坐联络的桥梁";此前关于史前史的研究"不能得到共同承认的结果的真正原因,是由于没有预先找出来一个共同承认的办法",故"就想着把我作研究时所用的方法拿出来同大家商榷,以求得一个共同的出发点"。作者认为"从传说材料的整理研究来解决我们传说时代的历史问题"是可能的,并对"传说材料的整理"和"传说时代的研究"的"种种基本问题"进行了探讨,希望为中国史前史研究提供构建一个共同的坚实基础。该文对史前史研究的发展有重要影响,被视为徐炳昶的代表性论著之一。同期还刊载了冯家昇《火药的发现及其传布》、陈述《论契丹之选汗大会与帝位继承》、黄文弼《古楼兰国历史及其在中西交通上之地位》、钟凤年《〈水经注〉之一部分问题》、许道龄《玄武之起源及其蜕变考》、程溯洛《女真辫发考》等文。(参见王学典《20世纪史学编年(1900—1949)》,商务印书馆2014年版)

钟凤年继续任职于北平研究院史学研究所。4月1日,致信胡适,谈《水经注》研究。此信似是他第一次同胡适讨论《水经注》案问题。信中说："上月托旭生先生(似是指徐炳昶)代转拙作《水经注校补质疑》一册,谅荷察及。此稿意在辨明水流地望,整理脱简、错简,及正定讹文敚字。处处与前贤立异,但所论是否较当,则殊不敢自信。以先生对于郦书收藏弘富,研究夙精,见闻之广,一时无两,故乞指示疵谬。"信中谈到他对"赵戴公案"的看法,说："戴校官本……过半数皆与大典本异而同于全、赵,其来历实不能令人无疑。因而凤对此问题有两种拟议:一、戴既号称根据大典本以校是书,而实际多不相符,则最低限度,戴氏捏造证据之咎实无可卸责。二、戴或较全、赵所见善本为多,但不著其名而据为己有,亦不能谓非没人之善。故张石舟、魏默深以来讥议之论,非尽有意诬蔑也。"最后又说："先生于郦书研究既久,谅成绩必甚丰富,倘可将内容略示其端,俾得知其规模,是所深幸。"7日,胡适复钟凤年一封长信,就钟凤年长信中的问题作出回应。22日,钟凤年再致书,谈水经注案。对胡适答书,颇多不赞成之处,且微露意气之词。如说："以先生之地位而治郦书,自然求无不得。甚或不求而自得。若是则何能相比,只得有甚用甚矣。"信中对所不同意各点均提出反对意见。(参见耿云志编《胡适年谱》,福建教育出版社2012年版)

胡先骕继续任静生所所长。2月1日,美国首先引证钱耐(Chaney)的消息,报道了胡先骕在中国发现活化石水杉。2月6日、12日,任鸿隽先后致函胡先骕,相告在美与彼邦人士洽谈合编《中国植物志》事,云将来南京,可得一晤。2月11日,致函韩安,就昨日与其商定合作进行云南、江西植物采集事,尚有未尽事宜,再为商讨。同月,在南京与中央林业试验所所长韩安签订合作编撰《中国森林树木图志》协议。25日,致函韩安,续谈云南、江西采集事。同月,胡先骕在京多时,为静生所请款、借款、改隶等事奔走于政府各部门之间,了无结果。任鸿隽来京协调,也未见成效。3月初,胡先骕返回北平,提出为解燃眉之急,动用静生所基金,分别致函中华教育文化基金董事会和尚志学会,请求同意。7日,尚志学会代表江庸复函中基会,同意胡先骕动用静生所基金之提议。28日,胡先骕动用静生所基金提议,并不为任鸿隽所赞同,以为基金关系到静生所长久之大业,而眼前困难只是暂时。因而改用募集资金的方式,渡此难关。31日,美国史密森学会Walker来函,寄来一份中美联合编纂《中国植物志》备忘录,组织编委会。他希望胡先骕出任主编,并言此项研究将可申请到大笔经费。

胡先骕4月6日复函任鸿隽,同意募集静生所基金以实施研究,但其本人于此却无能为力。8日,任鸿隽为静所募款,以静生生物调查所委员会之名义,致函中国纺织建设公司,请其募捐。10日,任鸿隽复胡先骕函,言时局动荡,募集基金事不能乐观,以为静生所应紧缩开支。16日,胡先骕致函任鸿隽,重拟静生所预算,并加以说明。18日,胡先骕致函任鸿隽,言与美合编《中国植物志》计划进展,而其本人愿终身从事此项工作,望任鸿隽大力支持,以使其从目前筹款的事务中解脱出来。23日,任鸿隽复胡先骕函,希望合编《中国植物志》能付诸实施。5月1日,任鸿隽来函。3日,胡先骕致函任鸿隽。同日,致函Merrill,于水杉命名首次使用暂定学名Metasequoia uiva。6日,胡先骕致函任鸿隽。同日,致函江西省农业院,对复员之后,庐山森林植物园仍由静生所与农业院合办,而农业院对战前合作办法予以修正,主要是增加对农林生产等应用方面的研究内容,表示同意。8日,任鸿隽致函胡先骕,告为静生所筹款毫无结果。31日,胡先骕向行政院长张岳军呈函,要求补助静生所基金五亿元。同月,由北京大学教授、哈佛博士、政治外交家崔书琴组织北大、清华等校教授成立一"独立时论社",胡先骕也积极参加,并撰写大量的政论文章刊于全国各大报;中国水杉保存委员会在南京成立,翁文灏为会长,杭立武为副会长,李德毅为秘书,韩安为保存组组长,郑万钧为繁殖组组长,胡先骕为研究组组长,司徒雷登、胡适为名誉会长。

胡先骕6月1日在《三民主义》半月刊第10卷第6期发表《国防科学委员会成立感言》一文。文中说:"质言之,欲建立科学之国防,必须除狭义之国防科学外,积极推进一切科学及一切重轻工业与作育极大数量之科学与技术人员,方能达到此目的。此则显非今日之国防科学委员会所能任也。"呼吁"今年尽速组织国立科学最高会议如美英苏各国所有者,以筹划于明年拟定科学研究之方案,以期尽速动用此项专款以促进全国之科学研究工作。须知此事之重要,决不在行宪与解决国共两党之争之下,执政者必须自勉,朝野人士亦必须监督政府使之勿弁髦此立国之大计,则国家幸甚,民族幸甚"。8日,《经世日报》载胡先骕《要"顺潮流"亦要"合国情"》。19日,天津《民国日报》载胡先骕《再论中美英苏之关系与世界和平》一文。22日,任鸿隽致函行政院院长张岳军、副院长王云五,要求政府补助静生所五亿元。27日,教育部致电静生所委员会,云:"拨静所基金五亿元,行政院指令,依照经济紧急措施方案,未便拨款补助。"28日,胡先骕致函任鸿隽,云所中工资发放将成问题,而时局日益紧张,颇为担忧。7月4日,胡先骕致函任鸿隽,再告所中经费用罄。8日,任鸿隽复函胡先骕,告办理改隶教育部事之周折。17日,在《三民主义》半月刊第10卷第9期发表《观我国历史之演变国人应有建国之信心》一文。

按:文中简要回顾中国几千年之历史后,而作如下结论:

总观中华民族四千余年之历史,以散居华北之原始诸夏部落,不断与异族搏斗搏合而成为今日四万五千万人之伟大汉族。其国土自冀鲁豫晋陕数省之地,扩展至大漠之南,葱岭之东,而东部南部际于穷海,幅员之广,庞然居世界第二位。四千年来几盛几衰,衰时则人口每每损失大半,呻吟辗转于异族虐政之下,政治腐败,民俗浇漓,尽人皆有我躬不阅之感。当展读魏晋六朝五代祸乱相寻之史迹,几不信此民族更有复兴之可能。而历代衰世士大夫之无耻,尤令人有神州陆沉之感。梁武帝励精图治数十年,不能挽救南朝之颓风,明思宗宵旰精勤,不足整顿明末之吏治,至有"朕非亡国之君诸臣乃亡国之臣"之痛语,然一观李次青《国朝先正事略》清初诸名臣之纪传,则又见曾几何时正人君子又接踵而出,并非中国之无人,此又何因而至此耶?

纵观今日之社会情形,秉国钧者无房杜之俦,执兵柄者非韩岳之亚,理财无刘安,治民则无龚黄,临讲席者鲜可师事之鸿儒,在草野者少令人景慕之高士。虽战胜强敌而内乱弥增,号称列强而国力日竭。无怪志士短气而齐民愤激,国论嚣然以为将有旦夕瓦解之祸,当前之情势,诚足令人悲观,然苟检阅前史以较今日,则知今日尚非中华民族全部历史中最黑暗之时代焉。

兹先从北伐告成之时说起,其时国民党以扫荡军阀澄清政治为标帜,仁人志士,热血沸腾,义旗北指,所向披靡,不期年而奠定统一之大业。在当时诚可谓为辛亥以后之一大奇迹。国民政府成立之后,虽党人主政,不无轻浮浅薄之风习,而典章灿然,政治渐有规模,对于教育建设均有相当之成就,尤以新军之建立,远胜于前,致引起日人之疑惧。其时政府当局鉴于日祸之迫切,积极为整军经武之准备,空军之建立,兵工之改革,省道之兴修,其高掌追蹠之谋谟,令人兴奋不知纪极,八年抗战之初基,实奠定于此时。其后卢沟变起,居然高举抗敌之义旗,南口之战,淞沪之战,虽牺牲惨重,元气大伤,而我民族不屈之精神,乃博得万国之崇仰,尤以地下工作人员杀身成仁之义烈,可以惊天地而泣鬼神。苗可秀与赵老太太,不过为少数知名之英雄,前仆后继之无名英雄,更擢发难数。以言将领则郝梦麟、张自忠、阎海文、高志航辈皆视死如归,大节凛然,为强敌所钦服,民族光荣,大显于世。虽以后战局日非,然政府终能支撑危局直至强敌屈服为止。此又为中华史乘空前之奇迹也,于是不平等条约之取消,易于拾芥。且出征缅甸,观兵越南,访问印度,会议开罗,终于获得最后之胜利,不但收复东北,且收复已失去五十年之台湾。此种胜利,固非由于战功,然政府外交上之成功,与国际形势之善于利用,岂容轻视?中华民族之伟大与其生存价值之高于此益可见矣。

抗日之外，久同化外之滇蜀逐渐收复，西域诸马一致输诚。东南之文化深入西南西北之边区，数十年政教所不能收之效而得之于短短之八载，蛮荒沙碛，到处可见学人之足迹。滇缅之公路，驼峰之空运，世界之面积以此次世界大战而缩小。我国之面积，亦以此次抗日之战而缩小，又何莫非中华民族之光荣？而一面抗战，一面建国，苦战八年而弦歌不辍，重以铁路公路之修筑，工厂之建立，水道之疏浚，此岂其他元气不足天赋不厚之国家民族所想者？此等成就在有工业基础之大国如英、美、苏或不足称，在毫无近代工业之中国，则不得不视为奇迹也。其他文化上之建树如音乐、戏剧、图画、文学在抗战八年中均有划时代之进展，此亦足以证明中华民族之富有生活力焉。

即就其劣点而言，亦不至使人过于悲观。经济之恶化，政治之败坏，贪污满目，士气不振，此尽人皆能言之，而为秉国钧者所不能逃其责者。然须知以经济落后未现代化之中国，骤然抵抗一等强敌至八年之久，能不崩溃，已为奇迹。同受美国租借法之补助，而我国所得较之苏俄有天渊之隔。如同盟国政策为先击败日本而尽量以物资与经济援助中国者，则我国此时政治经济情形定不至如此之恶劣。此非吾人致怨于英美，但指明我国今日情势之恶劣，实八年苦战，有以致之耳。久战之后，社会每至解体，征之我国古史，尽多前例，以观外国，亦莫不然。往昔德国之三十年战争，使其国元气丧尽，久久不能跻于欧洲强国之列。美国南北战争之后，政治败坏，国民道德低落，久而始复，至今后世称此期为悲剧时代。平心论之，今日之官吏，贪污者虽多，清贫自励、刻苦奉公者，亦非在少，士大夫绝少六朝五代放诞卑鄙、荒淫无耻之习。此非故为执政者辩护，然事实具在有不容曲解者焉。

在通货膨胀仍无控制之方，内战亦非短期所能勘定之今日，尤以国际间之矛盾，有日益加甚之势，吾人自不容轻易乐观。然我国今日之经济并非绝望，第一须知中国为一庞大之农业国家，而民食究为立国之根本，天幸近十年来丰年多于歉年，而前两年广被世界大部之饥荒独未波及中国。日寇蹂躏中国农村之程度亦远不及德国对于苏联农村所施之破坏，去年各地之丰收，已挽回当时莫大之危机。即以共产军之破坏农村而论，其实际情形亦不及所想象之甚，故除都市中粮价高涨外，国内尚无普遍饥荒之象，持以较之东欧，大有上下床之别。而都市居民只要有钱，尽可购到其所需要之食品，以与英国至今尚须限制口粮者比，不得不自幸得天独厚矣。第二，我国为战胜国，日本将以大量工厂赔偿我国战时之损失，此批工厂对于我国将来之工业化，有莫大之裨益。第三，我国幅员广袤，人口占世界五分之一，资源丰富，为世界一最大之消费市场，亦为东亚与世界和平之关键。列强为世界之繁荣与永久之和平计，不能不以资本与技术以助我建设，俾我国能成为一强大之近代化之国家。他姑不论，但言宜昌水闸一项，此项工程成功之后，整个中国心脏区域皆可得大量廉价之电力以供给无数之工厂。只要第三次大战不作（可能之成分甚少），二十年之后，中国必为一庞大之工业国，殆无疑义。即目前之经济难关，亦可以国外之经济援助而得解决。经济有办法，内乱自可消弭，政治必能渐上轨道也。

余之作此言论，并非不知当前局势之恶劣。但纵观往史，瞻望将来，深知我国将来确有无限之光明，此时吾人固须严密检讨吾人之缺点，尽量以舆论鞭策政府，使之尽力从事复兴大业。然尤须人人保持其建国之信心，埋头苦干，各尽其责；无论在朝在野，为公为私，一致以建国为惟一之努力目标，则可以断言建国必成，中国在久乱之后，又将创造一期光明灿烂之文明，有志之青年人士，其勉之哉！

胡先骕《如何挽救当前之高等教育危机》一文7月20日刊于独立时论社编《独立时论集》。文中指出：今日高等教育之症结首在经费之不足。第二为大学校长人选问题。第三不可以任何方式利用学生。21、22日，由裴鉴代表中研院植物所召集北研院植物所所长刘慎鄂、静生所人员唐进在上海中研院植物所商讨两日，议定《中美合作编纂中国植物志（限于维管束植物）草章和原则》。此前此后，中研院植物所所长罗宗洛皆有函致院，请示所商事宜和汇报商议结果。8月31日，天津《民国日报》载胡先骕《美国对中国所应负之道义责任及所能援助中国之道》一文。9月1日，在《三民主义》半月刊第10卷第12期发表《国民党之危机》一文。8日，任鸿隽来函，云与梅贻琦相谈静生所或能与清华大学合作以解燃眉之急。13 日,胡先骕致函任鸿隽,即拟与清华大学合作协议,并报告静生所目前之窘况。10 月 9 日,《论一年一度之科学运动周》一文刊于独立时论社编《独立时论集》。14 日,胡先骕在南京致函任鸿隽,告知在京接洽结果。月底,财政部终于下达静所补助费五亿元。11 月,独立时论社编辑出版自 5 月至 10 月所刊出之时论,名曰《独立时论集》,由胡适题写书名。此书收录胡先骕此前所写时论 5 篇。12 月 4 日,胡先骕返回北平。是年,胡先骕虽没有参加国大代表的选举,也没有参加国民党的重新登记,但为北平市市民治会的会员,曾参加北平市参议员的选举。(参见胡宗刚《胡先骕先生年谱长编》,江西教育出版社 2007 年版)

　　袁同礼继续任北平图书馆馆长。1 月 4 日,平馆在《大公报》复刊恢复《图书周刊》,"在京沪两地同时复刊"。袁同礼撰《复刊辞》,并题字。复刊辞云:"二十二年九月,我和几位对于中外图书目录学有兴趣的朋友,在天津《大公报》创刊了一个《图书副刊》。每周一期,直到二十六年七月二十二日,出至第一百九十一期,因卢沟桥事变突起,炮声震撼平市,本刊编辑人仓惶离平而停刊。到如今。"2 月 7 日,王重民函胡适,拟告归国日期,就任北大之聘。函内言及袁同礼在图书馆宿舍给王氏拨出宿舍 13 间,王重民以为不敷使用。21 日,黄念劬代表袁同礼在南京出席教育部接收文物分配会议。3 月 2 日,奉教部令赴天津,视察图书馆及美术馆,并开展馆务。晚间,拜会天津市长,"对增加图书馆之经费、工作人员,及美术馆址迁移均有所建议"。翌日正午,乘车返平。7 日,王重民函胡适,王氏举家由美回国,意在应胡适之请就聘北大,昨日下船后得袁同礼来信,有不主张王重民任职北大之意("只许在北平图书馆兼事四小时的话")。王氏此函,意在请胡适设法周旋,并告知木简和善本书"都未运来"。4 月,《中华图书馆协会会报》载,胡适有意聘请袁同礼为北大设计图书馆学科,聘王重民任教。

　　袁同礼 6 月 5 日访顾廷龙。13 日,致函教育部,仍为采购潘明训宝礼堂书藏请款,但有"将来如能分藏南、北两馆,实为艺林之盛事"说。这表明袁同礼也支持南京中央图书馆收藏。8 月 5 日,报载平馆经费困难,袁同礼抱恙。10 月 15 日下午,在馆接待英国议会访华团。当日平馆正在举办"英国美术印刷展览",内附数百年前的中国印刷品,因"油墨仍甚鲜明",给英国议会访华团留下了深刻印象。袁同礼在招待茶会上致辞有"中英文化之交流,可助中国瞭解英国之文化,今日展览会仅此种工作之开端"。英方代表亚蒙爵士答词有"中英两国之合作,将因文化交流与合作而更加紧密,文化之合作较其他合作方式为优"。11 月 3 日,立法院颁布训令(京院议字第 3804 号),赋予平馆接受新出版书籍的法定权利。训令所附《出版法修正草案(审查修订本)》第三章第十九条中规定:"书籍或其他出版品于发行时,应由发行人分别寄送内政部及国立中央图书馆与国立北平图书馆各一份,改订增删原有之出版品而为发行者亦同,但出版品系发音片时,得免予寄送国立图书馆。"11 日,报载袁同礼以经费支绌,呈请教部辞去平馆馆长职务。12 月 8 日下午,胡适主持北京大学第 56 次行政会议,讨论该校 50 周年纪念事项,聘请袁同礼与何思源、肖一山、吴铸人、刘耀章、刘秉麟为该校纪念筹备委员会之北平委员会委员。12 月 22 日,袁同礼前在北平图书馆协会谈英美赠书经过,本日在报刊公布讲话全文(由寄报日期为本月 15 日)。(参见张光润《袁同礼研究(1895—1949)》,华东师范大学博士学位论文,2018 年)

　　王重民与妻子刘修业 2 月底抵达上海,小住,旋即北上。王重民任北平图书馆参考组主任。在回国前,王重民已计划办一个图书馆学专科,回到北平,就向当时北京大学校长胡适提出此一建议。胡适接受了建议,图书馆学专科办在北大,由王重民主持,但当时只招收北大中文系、历史系毕业的,成绩在75分之上的学生。到1950年,共办了两次。王重民始在北大中文系讲授"敦煌俗文学"。当时北京大学的校址在城内沙滩红楼内,与图书馆相距不远,王重民半天到北大任教,半天到北平图书馆办公。6月22日,王重民读了胡适关于沈崇被强奸案的谈话后作《致胡适的信》,其中说:"我不能不怀疑美国的法律也许在本国稍有尊严,至少对于我们中国人是没有尊严的。"信最后说:"Gmaie便是国界与种界里的一个十足美国人哪! 就是根据这一点,我相信只有国界存在'国际'是不会成立起来的!"6月间,王重民到故宫博物院,作《述美国国立档案馆》的报告,讲演稿收入1949年世界书局出版的《图书与图书馆学论丛》。继续阅读北大图书馆所藏善本书,撰写提要近六百种。10月29日,王重民致信胡适,对争取学术独立的计划极感兴奋。告以自己有编理一万种明以前刻本书的抱负。当时他有一宏伟计划:他撰写北大图书馆及故宫图书馆馆藏善本书提要各一千五百种,北平图书馆馆藏善本书提要两千种,以后再到南方各大图书馆阅读善本书,撰写提要,争取达到一万种左右,大致可反映中国善本古籍的面貌。可是人事沧桑,他未能如愿以偿,仅完成五六千种。且未刊出。(参见刘修业《王重民教授生平及学术活动编年》,载王京州编《河北近现代学者年谱辑要》,国家图书馆出版社2017年版;耿云志编《胡适年谱》,福建教育出版社2012年版;王学珍等编《北京大学纪事(1898—1997)》,北京大学出版社1998年版)

马衡继续任故宫博物院院长。1月4日,马衡列席北平故宫博物院第六(七)届理事会第一次谈话会,并作工作报告。12日,马衡列席北平故宫博物院第六(七)届理事会第二次谈话会。14日,故宫博物院接收古池山房藏书画。2月23日,马衡陪同外交部长王世杰参观故宫本院。3月8日,接收孔德学校移交清宗人府原存满汉文玉牒74册及其他文物。22日,马衡列席北平故宫博物院第六(七)届理事会第三次谈话会。4月3日,北平故宫博物院院长致函北京大学,告知接行政院秘书处电,同意将汉奸嫌疑犯张仁蠡所藏石刻碑版改归贵校接收保管,函请查照。4日,马衡主持北平故宫博物院复员后第二次会议。19日,马衡列席北平故宫博物院第六(七)届理事会第四次谈话会。5月10日,故宫博物院接收傅增湘捐献元版《须斋先生闲居稿》七册。31日,是年3月已全部汇集重庆的西迁文物,由水陆分运南京。本日陆运开始,7月26日结束。6月16日,水运开始,11月27日结束。6月18日,收购宋版《资治通鉴》一部。6月16日,马衡列席北平故宫博物院第六(七)届理事会第五次谈话会。8月16日,故宫博物院收购唐写本王仁煦《刊谬补缺切韵》1部。25日,故宫博物院收购溥仪已佚书画、书籍8件。9月3日,马衡赴北平广播电台讲演《抗战期间故宫文物之保管》。10月14日,马衡主持召开复员后第三次院务会议。21日,故宫博物院收购海宁于省吾所藏铜器44件。内以"少虡错金刚"最为名贵,其余如"吴王夫差剑""燕昭王剑""吴王阖闾剑"、秦"商鞅剑"等皆历史上有价值之宝器。12月1日,故宫文物全部运京,最近将举行盛大展览。(参见马思猛《马衡年谱》,故宫出版社2021年版;陈福康《郑振铎年谱》,三晋出版社2008年版;李福敏《故宫博物院大事记》,载李文儒主编《故宫博物院80年》,紫禁城出版社2005年版;王学珍等编《北京大学纪事(1898—1997)》,北京大学出版社1998年版)

张申府续任民盟华北支部负责人之一。以撰稿维持生计,以向《科学时报》投稿为多。1月2日,《一年之计》刊于上海《联合晚报》。12日,《政协人物的回忆与感想》刊于上海《联合晚报》。2月15日,《时局所见》刊于《民主》第3期。3月10日,《民生》刊于北平《民生月刊》第1卷第2—3期合刊本。6月26日,《谈"言谈学术自由问题"》刊于《新华日报》。9月1日,《有关人物志》刊于上海《中国建设》第4卷第6期。是年,《魏德迈来华》刊于北平《民主文萃》第1号。(参见郭一曲《现代中国新文化的探索——张申府思想研究》,广东人民出版社2002

年版)

吴小如转入北京大学中文系三年级肄业。

汤一介考入北京大学哲学系。

刘乃和辅仁大学史学研究所研究生毕业,任辅仁大学历史系助教、讲师。

徐光耀毕业于华北联合大学文学系,并开始发表作品。

周汝昌回燕京大学西语系完成学业。

孙道临毕业于燕京大学。

庞士谦回国,先后在北平东四清真寺任阿訇、北平回教经学院任教,创办月华文化服务社,主编《月华》杂志和《月华周报》,并兼任北平师范大学阿拉伯语教授。

郭沫若1月1日邀请文艺界的朋友们来寓所共庆元旦。同日,与李济深、沈钧儒等人发表讲话,强烈抗议美军强奸我国女学生沈崇的暴行。指出"帝国主义的残梦可以醒了,中国人民已经怒吼起来了"。3日,与李济深、沈钧儒、许广平、叶圣陶、章伯钧等200余人联名发表"上海各界对北平美军暴行抗议书"。5日,作《新缪司九神礼赞》,刊于上海《文萃》周刊9日第2卷第14期,又载10日上海《文汇报》,以及17日、18日香港《华商报》。文中说:"关于'胜利前后到现在的文艺工作的观感',好些朋友的宝贵意见,我失掉了听取的机会,实在是非常遗憾。""我虔诚地敬礼着这些朋友,这些温室之外的从事小说、诗歌、剧作、批评等文学工作的朋友,从事于古代和近代的史学研究的朋友,新闻界的朋友,漫画木刻界的朋友,新音乐界的朋友,戏剧电影界的朋友。朋友们哟,我想称颂你们为'新时代的缪司九神',你们真以过人的努力,克服着当前的超级地狱,而在替我们播着火种。""我是应该歌人民大众的功,颂人民大众的德,人民大众才是我们至高无上的宙司大神。"9日,应邀出席《文汇报》第54次星期座谈会并发言,陈尚藩之记录稿以《调人高升面面观》为题发表于12日上海《文汇报》。文中评马歇尔继任国务卿离华时的声明,揭露他所谓"公正"调停人的假面。10日,向记者发表书面观感说:"马歇尔承认政府之价值,实仅幌子,以捧所谓'宪法',而助政府分化民盟,其意令人不愉快。"马歇尔不分黑白,把中国分裂责任推在国共双方,已不公平;更忘了美国错误政策应负之责任,尤为不公平者。由此声明,可窥见美国之今后政策,不容乐观。因此强调中间性者过早高兴,还应审慎为是。同日,接待前来采访的《新华日报》记者,谈话摘要刊于12日重庆《新华日报》。就政协周年纪念日说:"政协决议早得国内外人民之拥护与赞美,其价值早有定评。现决议虽遭破坏,但价值依然存在。人民了然谁为破坏政协者。但需指出美之对华政策,应负最大责任。吾人拥护政协,故片面'国大'通过'宪法',不能承认。中国如果真正民主化,只有拉回政协之路,重组各党派公平之联合政府,另开合法国大,重定宪法。"

郭沫若1月16日致翦伯赞函,希望作为大孚出版公司总经理的翦伯赞搜集、出版漫画类书籍。25日,作《拙劣的犯罪》,刊于27日上海《文汇报》,又发表于2月2日香港《华商报》。因沈从文在《大公报》发表的《新书业和作家》一文叙创造社出版部因经营不善而倒闭,驳斥道:"达夫虽然死了,成仿吾和我还没有死,田寿昌、郑伯奇、阳翰笙、李一氓、李初梨、冯乃超、彭康、朱镜我及不少的'小伙计'和股东们都还没有死,冒充一个文坛长老而捏造事实,蒙蔽真相,那明明是一种犯罪,而且是拙劣的犯罪。"28日上午,与李济深、黄炎培、邓初民、马叙伦、马寅初、许广平、史良等,前往青年会大礼堂,参加上海各界纪念"一·二八"15周年大会,并作演讲。同月,应戈宝权之请担任《普希金文集》编辑委员会名誉顾问。2月8日,应邀前往暨南大学作题为《历史与人生》的学术演讲,记录稿刊于12日、13日上海《文汇报》。9日上午,与邓初民等人应邀往劝工大楼,参加上海百货业工会举行的"爱用国货抵制美货筹备委员会"成立大会,并作演讲。痛斥国民党反动派压制民主力量,热衷于打内战的罪恶行径。大会进行中突然遭到中统特务的袭击,"职工群众和工会领导一面与特务搏斗,一面保护郭邓两位撤离会场"。与会店员梁仁达被打死,受伤群众数十人,是为"二九惨案"。郭沫若赶往中国学术工作者协会,报告"二九惨案"经过。然后与沈钧儒等5人去仁济医院慰问受伤职工。下午,与沈钧儒、沙千里、胡子婴等就"劝工大楼血案"召开记者招待会,指出:"今天的行动是完全有组织的,是把重庆校场口的做法完全搬到上海来了","这些行动正是对'民主'、'宪法'之类最大的最好的讽刺!"10日下午,与沈钧儒、邓初民、史良等出席"二一〇座谈会",悼念一年前"校场口事件"中被打难友李公朴与陶行知。同日,往光华大戏院,参加上海8个文化团体联合举行的普希金逝世110周年纪念会,并作了题为《向普式庚看齐》的报告。后刊于11日上海《文汇报》。

> 按:《向普式庚看齐》说:"今天二月十日我们来举行普希金一百十年祭,这个日子在我是双重意义的纪念日。去年的二月十日我们在重庆校场口庆祝政治协商会议的成功挨打,到今天也恰恰一周年了。同时挨打,而且打得头破血流的李公朴,已经为民主运动牺牲了。今天我们在这儿纪念普希金,我怎么也不能忘记我们的民主战士李公朴。假使他今天还在的话,他也可能是在今天大会场上做总指挥的,然而他已经离开我们半年多了。""李公朴是卓越的社会教育家,民主运动的战士,是谁也知道的。而李公朴也是一位卓越的诗人,卓越的歌者,他也是喜欢普希金的一个人。在"校场口事件"后他有一次曾经向我说:'我们中国的诗人,文艺工作者,应该向普希金看齐!'今天这句话要算是我们的宝贵的遗产了。"

郭沫若2月18日作《〈德意志意识形态〉序》,收上海群益出版社3月初版《德意志意识形态》。序中说明本书原是根据首次发现的残缺不全的原稿翻译的,而今全部原稿虽早已发现,可惜目前还"得不到","只好依然把这本残稿本来问世";希望有人能翻译"全豹本",那对马克思主义研究"应该是极大一个贡献"。同日,为焦敏之《苏德大战史》作《序》,刊于23日上海《时代日报》。提醒人们不要忘了德国法西斯发动侵略战争的历史教训。又为李季的诗集《王贵与李香香》作《序》,刊于3月12日香港《华商报·热风》134号,收太岳新华书店版《王贵与李香香》。文中写道:"近百年来,中国人民虽然逐渐地在企图翻身,但人民意识终没有像今天在解放区里面所见到的那样彻底。'耕者有其田'的口号虽然空叫了几十年,而在今天的解放区确实是兑现了。这使整个的中国历史起了一个彻底的质变。""解放区的艺术品,我看见过好些优秀的木刻,剪纸,窗花。用文字表现的我看见过《李有才板话》《李家庄的变迁》《吕梁英雄传》《白毛女》等等,今天我又看见了这首长诗《王贵与李香香》。我一律看出了天足的美,看出了文学的大翻身。这些正是由人民意识中发展出来的人民文艺,正是今天和明天的文艺。""中国的目前是人民翻身的时候,同时也就是文艺翻身的时候。这儿的这首诗便是响亮的信号。"20日,作《〈政治经济学批判〉序》,收上海群益出版社1947年3月初版《政治经济学批判》。认为:"不仅是经济学,连马克思主义的精髓,辩证唯物论和历史唯物论,差不多都包含在这部书里面了。"译本自问世以来,坊间好多印本竟标明"李季译","为了负责起见,当然要把我的名字改回来"。22日,为歌剧《白毛女》作《序》,刊于27日上海《文萃》周刊第2卷第21期。文中写道:"去年年初还在重庆的时候,便听见朋友们讲到《白毛女》的故事,非常感人。不过就剧本论剧本已经就是一件富于教育意义的力作了。这是在戏剧方面的新的民族形式的尝试,尝试的确是相当成功。这儿把'五四'以来的那种知识分子的孤芳自赏的作风完全洗刷干净了。"3月1日,郭沫若为《文汇报》新创办的《新文艺》周刊作发刊词,题为《人民至上的文艺》,刊于3日上海《文汇报》。

按:郭沫若受《文汇报》总编徐铸成委托,物色学人更新副刊。决定把每周除星期天外六天的副刊版面全部包下来,并邀请侯外庐等主持相关副刊。从3日起,文汇报全部以"新"字打头的《新文艺》(周一出版,郭沫若、夏衍等主编)、《新经济》(周二出版,张锡昌、秦柳芳主编)、《新社会》(周三出版,李平心主编)、《新科学》(周四出版,丁瓒主编)、《新教育》(周五出版,孙起孟主编)、《新思潮》(周六出版,郭沫若、侯外庐、杜国庠主编)等六个副刊开始与读者见面。"郭老除了总的顾问外,还和其他同志合编了《新思潮》《新文艺》两个周刊。《春天的信号》《人民至上主义的文艺》便是这两个周刊的发刊词。"(唐弢《永恒的怀念》,《悼念郭老》,生活·读书·新知三联书店1979年版;侯外庐《韧的追求》,生活·读书·新知三联书店1985年版)

郭沫若与马叙伦、郑振铎3月2日当选为刚成立的中国语文学会监事,理事为叶圣陶、陈望道、章锡琛、郭绍虞、周予同、方光焘、魏建功。4日,为《北方木刻》一书作《序》,刊于4月28日上海《文汇报》,题为《论中国新木刻》。9日,往访郑振铎,为其主编的《中国历史参考图谱》题词:"中国人谁都应该研究中国历史,要研究中国历史最好是参考图谱。郑振铎先生以献身的精神,编纂这部《中国历史参考图谱》实在是一项伟大的建设工程。这是应该国家做的工作,而郑先生以一人之力要把它完成,每一个中国人,凡有力量的都应该赞助他这项工作。"热情赞扬《中国历史参考图谱》。10日,作《〈行知诗歌集〉校后记》,载4月上海大孚出版公司出版的《行知诗歌集》,又刊于次年3月15日香港《华商报》。序中说:"校读了陶先生的诗,委实使我心悦诚服。他不仅是开创时代的哲人,而且是一位伟大的人民诗人。"同日,作《怀洗星海》,刊于28日上海《时代日报》,又载4月1日香港《华商报》。文中写道:"《黄河大合唱》是抗战中所产生的最成功的一个新型歌曲。音乐的雄壮而多变化,使原有富于情感的辞句,就像风暴中的浪潮一样震撼人的心魄。"11日,作《先驱者田汉》,刊于13日上海《文汇报》。文中称赞田汉"不仅是戏剧界的先驱者,同时是文化界的先驱者"。"二十五年来,中国各项新兴文化的部门中,进步得最为迅速而且有惊人成绩的要数戏剧电影;而寿昌(田汉)在这儿是起着领导作用的。"13日下午,往宁波同乡会,出席柳亚子、洪深、阳翰笙、郑振铎、潘公展等人发起的田汉50寿辰及创作30年纪念会。同日,与李济深、张澜、何香凝、马寅初等56人在上海《时代日报》联名发表致美、英、苏莫斯科外长会议电于上海《时代日报》。强烈要求:"能坚守不干涉中国的共同约束""停止给予内战的任何一方任何的援助""尽力促成中国内战早停,实现民主统一";作《〈少年时代〉序》。22日晨,作《中国古代社会研究》第一篇《导论》。

按:文中写道:"以石器、铁器划分时代,作为先史考古学上的文化的三期,以一八三二年创始于丹麦的学者通牟森氏(C. J. Thomsen),但这和古代社会进展不一定符合。唯蒸汽机的发明与原子能的发现确是划分时代的标石。在中国,铁的发现当在春秋年代,当以铁器作为促进奴隶社会向封建社会转变的媒介。殷代与西周在生产方式与文化水准上并无多大区别。殷代确已使用'众人'作大规模之农耕。原始公社的破坏当在殷代。"

郭沫若3月26日在上海《文汇报·新社会·人权保障特刊》发表《还命于民》,抨击国民党政府近来对"人权的蹂躏愈加肆无忌惮",呼吁与其空喊"还政于民",不如真的"还命于民"。27日,读大厦大学教授宋成志所写五幕话剧《天下一家》(后改名《欢乐图》),提出5条意见。月底,始译歌德著《浮士德》第二部。4月6日,出席为郑振铎预祝50寿辰大会。10日,作《〈中国古代社会研究〉后记》,刊于上海《文萃》丛刊20日第3期。说明《中国古代社会研究》"在自己是一部划时期的作品,在中国的学界似乎发生过相当大的影响。我用的方法是正确的,但在材料的鉴别上每每沿用旧说,没有把时代性划分清楚,因而便夹杂了许多错误而且混沌""整个把板样改了,以前是横排的,如今改成竖排,篇目次第也改了""全部经过我自己校对了一遍""有些地方我也加了一些后案,作为错误的修正或缺陷的补充。但这个自然是不够的。我愿意再向读者自行推荐《十批判书》的《古代研究的自我批判》一篇。那儿的见解在我认为是比较正确的"。13日,与张铁生、邵荃麟、胡愈之、冯乃超等发起成立"文化资料室",并发表《征求资料》启事于27日《时代日报·文化日志》。启事写道:"为要加强今后中国文化思想运动,必须对于过去及目前文化思想发展趋势,有全面的和有系统的考察、研究、批判,与经常注意一切思想倾向的根源及其发展。"鉴于抗战八年史料失散严重,更望"文化资料室"的成立能"弥补这一工作"。15日,作《〈苏联纪行〉俄文版序》,刊于5月7日《时代日报》,又载5月12日《燕京新闻》。写道:"苏联人民的和穆、聪慧、勇敢、陶醉于工作中的认真和快乐,以及这些优良品质的宽度、深度、密度,不到苏联去是不容易想像得到的。""我很感谢,苏联人民在五十天之中给予我的兄弟般的友谊。现在虽然已经隔了两年,但仿佛还是和昨天一样。凡我所接触过的一些亲切的友人们都一一如在目前,我相信,这记忆在我是会永远新鲜的。"

　　按:序中谈道:"最大的遗憾是我不通俄文。因为语言的隔阂,我在游历期中有无量的宝贵知识便无法接受,而我自己的谢意也无法表达。凡是我参观过的农场、工场、学校、研究所、博物馆、图书馆,以及其他各种各样的文化机关,负责的人都曾以极大的热心教给我以种种的智识,我究竟接受得怎样,消化得怎么样,我相信也是那些热心的教师所关心的事体吧。""可是我现在有两件愉快的事可以把我的遗憾补偿了。一件我要感谢罗果夫先生。他把我的《苏联纪行》翻印成了俄文,这可以让苏联的朋友得以知道我在五十天中所学习的文化课程的答案与同我的答谢。老师们能否满意不敢说,但我这个老学生倒实在是尽了自己的心力的。""另一件是在我之后有茅盾先生及其夫人的苏联之游。茅盾先生虽然和我一样不通俄文,但他在其他方面的准备比我周到,在苏联的时间比我长,所游历的地方比我多,我所不曾学习到的东西,他一定是学习到了。特别是相隔了两年的时间中在苏联境内所有的进步,这更是我所急于想知道的。茅盾先生很快便要回到上海了,他的比我的《苏联纪行》更详细的日记和其他的文字,是我所急待补充的关于苏联知识的第二课。"

　　郭沫若与叶圣陶、罗果夫等4月25日下午前往江海关码头,欢迎茅盾夫妇访苏归来。28日晚,在家设宴为茅盾夫妇洗尘。席间,沈钧儒致欢迎词,茅盾谈访苏情况。同席有叶圣陶、郑振铎、许广平、田汉、阳翰笙、吴祖光、安娥、凤子等人。同月,《少年时代》由上海海燕书店出版,为《沫若自传》第1卷,收文4篇;《中国古代社会研究》由上海群益出版社出版。"篇目次第"改变,主要是将原先的第三篇、第四篇改为第一篇、第二篇,将原先的第二篇改为第三篇、原先的第一篇改为第四篇,收入《新订正版后记》。5月2日,为纪念"五四"运动29周年,作《"五四"感言》,刊于4日上海《文汇报》。文中认为"五四"提出的课题至今没有解决。3日下午,与柳亚子、叶圣陶、胡风等往清华同学会,出席中华全国文艺界协会第九周年年会,发表演讲。同日,《浮士德》第二部译讫,上海群益出版社11月出版;始作《中国的浮士德不会死——〈浮士德〉第二部译后记》。4日,往黄金大戏院,出席中华文艺协会举行的第三届文艺节纪念会,并作演讲。认为"五四""应该是我们的精神上的国庆日""文艺界并不想妄图垄断它""愿意一切教育家,哲学家,政治家都把它定为教育节,哲学节,政治节"。7日傍晚,回答文汇报记者王坪关于如何答复赫胥黎《人权备忘录》的问题,说:"中国的情形不同,中国不像他们欧洲。""站在中国人民的立场,中国人权如果要有保障,只有美帝国主义滚出中国""站在世界人民的立场上说,也唯有打倒杜鲁门主义才能使美苏合作。美苏合作了,世界人权才能得到真正的保障"。此前,郭沫若收到联合国文教会主席赫胥黎寄来的《人权备忘录》。赫胥黎希望郭沫若能草拟一篇关于人权的文章寄文教会,以作联合国人权委员会即将于夏季发表的《全世界人权宣言》之参考。8日,作《〈革命春秋〉序》。同日,作《"格物"解》,刊于7月1日成都《大学月刊》第6卷第2期。文中写道:"《大学》'致知在格物,物格而后知至',据说已经有四十种以上的解释,但主要的分歧就在'格物'两字的解释上。""我在《儒家八派的批判》里面提出了一个新的解释,是把'格'字读为假字。""研究古人也应该有客观的科学的态度才行。说话有根据,根据要十分确实,然后才能使自己的断案成为如山的铁案。先存好恶之心而上下其手,事实上那就是唯心论者的态度了。"9日,作《〈"格物"解〉后记》,亦刊于7月1日成都《大学月刊》第6卷第2期。文中重申"格与假通"。11日晚,与马寅初、沈钧儒、罗隆基等参加黄炎培、胡厥文主持的各团体会餐。12日,作《人民文艺》,刊于浙江慈溪文艺研究会创办的《新文艺》6月创刊号,为代发刊词。

> 按:文中写道:"人民至上在今天是人类的认识所达到的最高阶段。在以人民为对象之下,一切都是工具,一切都得为人民服务。为人民服务的工具便是善,不为人民服务或甚至有害于人民的工具便是恶。""文艺也当得依据这个标准。为人民服务,而且要服务得好。我们要彰善斗恶,明示我们的爱憎。要这样,文艺才能成为战斗的武器和一切不利于人民的存在战斗。这样的文艺是善的文艺,真的文艺,也是美的文艺。"

郭沫若5月17日为上海中苏文化研究委员会编《大众科学丛书》作《序》,刊于8月2日上海《时代日报》。同日,致信春风文艺社,刊于《春风》半月刊6月24日第2卷第1期。22日,被胡适提名为中央研究院第一次院士选举"人文组""考古学及艺术史"院士人选。25日,续作《中国的浮士德不会死〈浮士德〉第二部译后记》讫,刊于《文萃丛刊》6月5日第7期。27日晨,作《学潮问答》,刊于上海《文萃丛刊》30日第6期《论纸老虎》。文中认为这次学潮"完全是'五四'精神的复活","违法的不是学生而是政府"。希望大家"以学生为老师,跟着走上前去"。同月,《革命春秋》由上海海燕书店出版,为《沫若自传》第2卷,收回忆散文4篇,附自传体小说2篇。6月19日,郭沫若在医院里陪守其幼子民英治疗烫伤,收到郑振铎托人送去的《中国历史参考图谱》5本,见其中收录了三种《诅楚文》,为"向来所未见过的","得到了一个意外的收获",于是"寂寞的心情又有所寄托","差不多日夕都把来讽诵",至6月26日出院时,"对于全文的了解也差不多达到了一个豁然贯通的程度"。郭出院后又得到郑振铎回信,解答了郭去信请教《诅楚文》资料来源诸问题,并将所藏资料赠送给郭,"把北宋以来所有关于考释和论究的文字都收集起来汇寄给我,要我好好作一篇考释"。28日,为纪念闻一多殉难1周年,作《闻一多万岁!》,刊于7月20日上海《人世间》月刊第5期。30日,作《韬奋先生印象》,刊于《世界知识》7月12日第16卷第2期。夏,应上海中等教育研究会的邀请,去青年会堂参加演讲会。7月1日,往暨南大学宿舍,向丁山借容庚的《古石刻零拾》。2日,开始作《诅楚文考释》。3日,作《王安石·后记》。其中提到:"研究王荆公,有蔡上翔的《王荆公年谱考略》是最好的一部书,我在此特别推荐。"11日,《诅楚文考释》作讫,刊于上海《中国建设》月刊9月第4卷第6期。该文搜集《诅楚文》的版本,据"元至正中吴刊本"秦《诅楚文》进行推究,考证原文年代,并作了释文。12日,作《行气铭释文》,刊于8月《中国建设》月刊第4卷第5期。文中对于黄琭编《古玉图录》、罗振玉编《三代吉金文存》所录两种"行气玉佩铭"拓本,做校对,辨别真伪,并考释铭文。13日,作《追念闻一多》。修改后以《闻一多的治学精神》为题刊于北平《骆驼文丛》月刊新1卷第1期。文中写道:"一多先生的死对于民主运动上固然是一大损失,而对于文化研究上也同样是无可补偿的大损失。""他那实事求是的精神的彻底,工夫的深厚,考证的精确,见闻的超拔,实在是令人佩服。""一多先生的确是给我们树立了一个很好的模范,无论在做人做学问方面的态度吧,他的考证的工夫,是近代科学方法与清代朴学方法的综合。"同日,《不会说不敢说不必说》刊于上海《国讯》周刊第421期。此系在中华工商专科学校讲演之记录稿。21日,作《我的历史研究——序〈历史人物〉》,刊于8月北平《骆驼文丛》月刊第1卷第1期。28日上午,与田汉、力扬同到大场,访问育才学校,以纪念陶行知逝世1周年。同月,《今昔蒲剑》由上海海燕书店出版。

郭沫若8月7日作《论闻一多做学问的态度》,刊于成都《大学月刊》20日第6卷第3—4期合刊。文中写道:"最近吴辰伯先生把《闻一多全集》的稿子从北平给我寄了来,除掉少数几篇缺或缓交的之外,我费了两个礼拜的功夫细细地校读了两遍,校补了一些誊录上的错误和夺落,填写一些古代文字,更把全部的标点统一了。""闻先生治理古代文献的态度,他是承继了清代朴学大师们的考据方法,而益之以近代人的科学的致密。为了证成一种假说,他不惜耐烦地小心地翻遍群书。""他搞中文是为了'里应外合'来完成'思想革命'。这就是他的治学的根本态度。"13日,为金祖同编《龟卜》一书作序。16日,针对美国新闻处无中生有地报道《魏特迈语郭沫若》,作《我并未见魏特迈》辟谣。19日,致信吴晗等人,谈《一多遗集》的校订,说:"稿中文字颇多笔误,所引用甲骨文金文及小篆等多错或误。已一一查出原字补入。全书标点符号,已为划一。"同日,应邀参加《文艺复兴》月刊举行的招待宴会。28日,作《〈沫若译诗集〉小序》,序中说:"虽是翻译,从这里也可以看出我自己的思想的变迁和时代精神的变迁。"同日,作《〈浮士德〉简论》,刊于10月1日上海《中国作家》月刊创刊号。从全部《浮士德》故事的进展中,论述了"它是一部灵魂发展史,一部时代精神的发展史"。总结道:"我所了解的《浮士德》就是这样。我是在这样的了解之下,花了功夫,把这全部翻译了出来,不消说也把我自己三十年来的体验融汇了进去。"接受记者仁子采访,采访记以《一个高风亮节的读书人郭沫若答本报记者》为名刊于《现实》第8期,文字改动后又以《郭沫若先生近况——愁城中的一篇访问记》为名刊于11月14日香港《华商报》。30日,作《一封信的问题》,刊于10月上海《人世间》月刊复刊第2卷第1期。就许寿裳跟鲁迅说创造社"抹杀"罗曼·罗兰给鲁迅的一封信,澄清事实真相。"我敢于说:问题实在是有点近于莫须有。我对于鲁迅是尊敬着的,对于许寿裳也是尊敬着的。但我也爱我的朋友,我敢于相信,与创造社关系较深的一些朋友,决不是那样'抹杀'别人的信件以图快意的那种卑鄙的人。"同月,《历史人物》由上海海燕书店出版,收《序》,正文《论曹植》《隋代大音乐家万宝常》《王安石》《王阳明》(附论:"精神文明与物质文明""新旧与文白之争""王阳明的教育说""静坐")《甲申三百年祭》(附录:"关于李岩")《夏完淳》《鲁迅与王国维》《论郁达夫》等。《甲申三百年祭》篇末有"附识",道:"此文以一九四四年三月十九日在重庆《新华日报》上刊出,连载四日。二十四日国民党《中央日报》专门写一社论,对我抨击。国民党反动派的尴尬相是很可悯笑的。"

郭沫若9月1日下午与陈叔通、马叙伦、谭平山、章伯钧、许广平、黄炎培等人在香山路14号张绚伯家会商新组织。同日,致信严扶夷。写道:"华先生的关于停滞性的见解六项,大体上是正确的。不过出于听讲笔记,或许于原意有未尽或不符的地方。我想补充一些。①中国地居温带,地大物博,农业生产不易达到饱和点,故生产法不易生变革。②历代屠杀过甚,每每赤土千里,故生产法常走回头路。③周遭民族的需要甚低级,不能促进对外贸易的进展。④南北朝,辽金元,满清落后民族叠次入主中国,均把中国拉着后退了。⑤中国家族制度兄弟均分,使财产不能集中。⑥印度思想、老庄思想、儒家的安分守己思想使民族精神退攖。"6日,作《国画中的民族意识》。15日,《火山复活的日本》刊于上海《创世》半月刊创刊号。呼吁人们警惕日本军国主义的复活,指出在美帝国主义扶植下,日本"马上会火山复燃"。16日,为黄炎培著《民主化的机关管理》作《序》,以《"真理都在眼前"——序黄著〈民主化的机关管理〉》为题发表于本年《国讯》第441期。28日,就校订《一多遗集》写信给吴晗等人。说:"金甲文字已在原稿上一一照原文摹录,再经圣陶先生摹写付印,可期美观。"同月,《沫若译诗集》由上海建文书店出版,增收《雪莱诗选》《鲁拜集》和《新俄诗选》三种。10月1日,偕于立群与田汉、杜国庠等人,前往西郊高尔夫球场,参加由宋庆龄发起的为上海文艺界人士募集福利基金的中秋游园会。与柳亚子、茅盾、叶圣陶、郑振铎、田汉、洪深、熊佛西等捐赠墨迹多帧,并以《中国古代社会研究》《青铜时代》《十批判书》等著作的精装本参加义卖,亲为选购者题字留念。18日,作《再谈郁达夫》,刊于上海《文迅》月刊11月15日第7卷第5期。纠正王任叔《记郁达夫》一文(载《人世间》第2卷第1期)中的误记。回忆与郁达夫的几次龃龉以致绝交而又重归于好的经过。惋惜"达夫的长才未尽,竟死难于异域,是可悲的事"。称"达夫是完成了一个光辉的特异的人格的。鲁迅的韧,闻一多的刚,郁达夫的卑己自牧,我认为是文坛的三绝"。

郭沫若10月19日为纪念鲁迅逝世11周年,前往万国公墓,祭扫鲁迅墓。20日,作《勘抱石——为傅抱石画展作》,刊于23日《大公报·大公园》。22日,《郭沫若鬻字例》刊于上海《时代日报》。30日,作《读了〈俄罗斯问题〉》,刊于11月2日上海《时代日报》,又载12月6日香港《华商报》。文中写道:"一口气读完了西蒙诺夫的《俄罗斯问题》,真是愉快。这的确是一个好剧本,一部新现实主义的代表作;无怪乎在苏联要受到破纪录的大欢迎了。但听说在美国方面被认为是反美的宣传文件,禁止演出。""要说是宣传吧,它只是说明了一点,苏联人民不要战争,而美国人民也不要战争。但我很知道,单只这一点,已经就是不能见容于今天的美国的。"11月6日,郭沫若作贺电《全世界心地光明的人民都表示由衷的庆贺》,与田汉、许广平、史东山、胡风等18人联名刊于7日上海《时代日报》。祝贺苏联十月革命30周年:"伟大的十月革命今年满了三十周年了,全世界心地光明的人民都会表示由衷的庆贺。""谨愿以兄弟的情谊紧紧地携手,共同建设人民本位的文化,拱卫和平民主,绝灭战争。"7日中午,与茅盾、胡风、周建人、许广平、田汉等应邀参加苏联驻上海领事哈林夫妇为庆祝十月革命30周年举行的酒会。为纪念苏联十月革命30周年,中苏文化协会上海分会邀请刘海粟、陈树人、俞剑华、许士骐、马公愚、傅抱石、黄君璧、吴青霞、汪亚尘、张聿光等10位画家绘一册页,郭沫若《"十月"感怀诗》题于篇末以代跋。9日,作《〈沸羹集〉序》。同日,往大新公司画厅,参观中华全国木刻协会举办的第二届全国木刻展览会。11日,作《〈天地玄黄〉序》。12日,偕于立群赴翁植耘为其举行的饯别宴会,同席者杜国庠、冯乃超、田汉等。13日夜,作诗《再用鲁迅韵书怀》。(参见林甘泉、蔡震主编《郭沫若年谱长编》,中国社会科学出版社2017年版;陈福康《郑振铎年谱》,三晋出版社2008年版)

马寅初1月1日参加上海10所大专院校及16所中等学校万余学生外滩公园集会。南京路游行示威中,宣传车不断广播"欢迎马寅初教授参加游行",学生大受鼓舞。马寅初就沈崇事件发表记者谈话。"对于这件事情,中国政府应该负责,现在的政府到底是中国人的政府,还是美国人的政府？假如是中国人的政府,应该迅即提出抗议,严重交涉,否则请滚下台去。"2日,在《经济周报》发表《一九四七年经济展望》,指出："赋税重重叠叠,纸币千千万万,物价继长增高,收入日益缩小,城市居大不易,乡间盗匪堪虞,弄得举国骚然,人心全失。至此时老百姓罢税(无力纳税),兵将罢战(不打而故意被俘就是罢战之变相),而一切问题解决矣。"同日,在《大学月刊》第6卷第1期发表《农工配合与力量集中》。7日,《人民日报》报载:文化界马寅初、马宗融、叶圣陶、田汉、潘子农等及妇女界廖梦醒、景宋、葛琴、安娥、胡子婴、凤子等百余人,同于报上发表意见,一致主张美军应立即撤退。马寅初质问政府:"到底是不是中国人的政府？愧对国人,还有什么面目盘踞高位!?"10—11日,在《文汇报》连载《今日我国经济的总检讨》。文中指出:"使每个人惴惴难安的许多经济上的问题,完全是通货膨胀所造成的,高利贷、高物价、美货倾销、黄金潮、外汇管制等等,都不过是通货膨胀的派生现象,而一切高举'高利贷为工商萧条的主因'等等说法的人,不是别有用心的帮闲,便是居心叵测的帮凶。"11日,在《新华日报》发表《急起自救》,向大众疾呼,当局"执迷不悟,紧握生死予夺的大权而不肯放,甚至不惜以全国老百姓的权益向美国交换精锐的武器来杀同胞,与美国订立丧权辱国的所谓中美友好商约,以压倒我国的民族工业。忍心害理,莫此为甚! 此而可忍,孰不可忍？我老百姓若再不觉悟,急起自救,将陷于万劫不复之境地而不能自拔"。22日,发表《就经济而言经济,是乎否乎》,载《文萃》春季特大号第15—16期合刊。28日,参加《大公报》发起的上海各界纪念"一·二八"大会。3000余人集会,马寅初与李济深、黄炎培、陈铭枢、沈钧儒、邓初民、马叙伦、罗隆基等为主席团成员。同月,《马寅初经济论文集》(沪二版)由作家书屋出版发行。

马寅初2月1日出席民盟招待上海工商文化新闻各界茶话会。7日,在暨南大学发表演讲《英美经济问题与中国经济问题》。10日,偕郭沫若、沈钧儒、马叙伦等"校场口事件"有关人士,于上海青年会九楼聚餐,纪念"校场口血案"1周年。郭沫若提议在场50余人,结为"二一〇社",每年2月10日集会纪念,马寅初附议赞成。12日,接受《评论报》记者访谈"目前经济危机"。认为,实行黄金国有,"根本不能解决问题,反而使问题更趋严重。且不问目前真正持有大批黄金的是哪些人,现政府能否不顾他们的反对,而断然实行吧。就算实行了,也不但不能抑低金价,只有使金价越涨越高"。17日,于银行俱乐部出席上海经济团体联谊会第19次座谈会,演讲《对〈经济紧急措施方案〉的看法》(又名《金钞黑市禁不掉》)。刊于19日《联合晚报》。26日,于上海钱业俱乐部演讲《有黄金美钞的不要卖出来》,以7条理由告诸国人。同月,受聘国民政府教育部学术审议委员会第三届委员。3月4日,在《文汇报》发表《此后吾国经济学者工作的对象》,认为经济学目的在于:(一)欲求中国经济的繁荣,非与自然搏斗不可;(二)吾人须努力破坏一切帝国主义之阴谋,不惜与之战斗到底;(三)吾人当摧毁一切封建势力,解除种种束缚,并毁灭其所依赖之官僚资本。3月5日,在《现代经济文摘》1卷3号发表《经济紧急措施方案行得通吗》;在《文汇报》发表《在今日的中国,何以学非所用,用非所学》。后文反思自己求学历程,学经济初衷,痛感如今社会经济政策,多与经济学理不合,甚至格格不入。"其根本原因必在社会的集体。集体陷于混乱状态,什么东西都合不找来,故欲按部就班做去,非把集体改造一番不可,此外部是枝枝节节的问题,不是所有问题的中心。譬如人的身体,神经中枢患了疯狂病,发号施令不合规则,故手足四肢抗不奉命,一切行动乱矣,必须把中枢之病治好,全身行动才能和谐。"12日,领衔沈体兰、孙起孟等教授发起组织上海教育界人权保障会,发表上海教育界人权保障会宣言:抗议当局任意拘捕,要求立即释放逮捕人民,呼吁各界人民团结一致为人权保障奋斗到底。24日,《工商新闻》"经济珍言"栏,题以《中国经济的出路》摘要发表对《文汇报》记者谈话:"中国经济至今才从殖民地经济中解放出来,领事裁判权撤销不久,租界亦甫经收回,惧外媚外的心理,尚未从多数人脑海泯除,所以战后研究经济的最高目标,端在建立独立自主的经济,迅速地使国民经济不再成为外国经济的附庸,长此蹉跎于被动的地位。为达到这个目的,第一应当迅速工业化,第二应当彻底改革中国农村。这两种工作,应该同时着手,以收相得益彰之效。工业化有了基础,农村中一部分过剩人口才有出路,重新分配耕地亦容易办到。在另一方面,农民生活向上之后,工业出品才有广大的市场。农工相互依存,社会安全才能奠定基础。"26日,在《文汇报》发表《人权》,指出:"查近日在北平、青岛和上海所发生的情事,上层阶级的豪门权贵,竟可违反甫经制定之所谓《宪法》,利用以民脂民膏支持的秘密机关,任意在深夜持武器侵入人民居所,逮捕并拘禁无辜人民,俨乎其然地行使封建时代专制君主及贵族们生杀予夺之大权,故所谓《宪法》保障人权者欺人也。"30日,在《文汇报》发表《弊病太多了(评美金债券的发行)》。同月,杨培新《经济新闻读法》一书中专章介绍各家流派,首推马寅初著作。

> 按:文曰:"我们首先要推荐马寅初氏的文章,他的演讲则尤见精彩。其特色在于大胆勇敢,把经济政策与政治气候联系起来谈。例如他的《黄金政策与外汇政策》(在重庆开讲),一刀中的指出黄金外汇政策中的政派关系。……他早年的演讲集,多为学理的通俗化,向中国介绍资本主义国家的交易所制、银行制、发钞制,深入浅出,且说且评,中外交融。这对于中国逐渐资本主义化,有实际帮助。他在立法院对各税制金融立法的贡献更为实际的移植,故在抗战前,他的文章,多为政府设施辩护,可见其爱之实深。抗战以后,他目击资金逃避,通货膨胀,贸易垄断,便提出针对发国难财者征收'财产税'。这时政府不再采纳,马老便由庙堂步向民间。以他的精通资本主义市场法则,深知中国财政金融情况,再来反戈相击,指出他们的毛病,自为一针见血,无怪乎有羁身之祸。马寅初氏是一位优秀的经济评论家,最初他的苛责政府只是爱之深责之切(心地至为纯厚),自资本主义经济常轨,责备出轨,现在他已联系政治上民主运动与经济上的批判官僚资本暨英美寡头资本,开始怀疑美国资本主义的罪恶,也怀疑买办官僚这个阶层有无救药,因此他成为民族资本家最优秀的代言人。"

马寅初4月12日在上海《文汇报》发表《以德服人欤抑以力服人欤?》。17日,在《大学月刊》第6卷第3期发表《对日贸易开放与损害赔偿问题》。26日,在《经济评论》第1卷第4号发表《中国经济之路》,认为民国三十三年国防最高委员会第148次会议通过《中国第一期经济建设原则》,条文只朗朗七条,简括明了。其主旨:"我国经济建设事业之经营,为有计划地实施,以有计划的自由经济逐渐发展,以达到民生主义经济制度之完成。对于经营方式,应在不违背节制资本之原则下,尽量鼓励民营企业。对于外资利用,则依照平等互惠、国际经济合作之精神,在不妨碍主权及计划实施之前提下,以各种方式加以吸收,总期以企业自由刺激经济事业之实施与发展。"实施原则:"国家独占的只有五类,其余未经指定国营的,一律开放,人民可以去办;但人民办不到的,人民力量不能胜任的,国家仍得单独经营或与民资、外资合办。目的在争取时间,与苏俄之不惜牺牲一切争取时间同一性质。"同月,在《国讯》第412期发表《为工商界谋出路略抒所见》。

马寅初5月10日为杨培新《中国通货膨胀论》作序。15日,应南京中央大学学生自治会邀请讲演《我们应该怪什么》(又名《物价为什么会涨》)。22日,出席上海工商界"当前社会危机检讨会"。胡厥文主席,章乃器、俞寰澄、盛丕华、孙晓村等100多人到会。同日,应上海法学院学生会邀请演讲《美国对华经济政策》;上海市大中学校学生为声援南京"五·

二零"惨案举行罢课。马寅初发布启事响应学生："本教授遵照上海市学联决定罢教一天。"之后，马寅初参加了上海学生举行的声势浩大的"反饥饿、反内战、反破坏"示威游行。25日，应南京中央大学生自治会邀请，冒着生命危险赶赴南京，在中央大学作《我们应该怪什么》。28日，于南京金陵大学演讲《论学生运动》，评论学潮。同月，于杭州秋瑾小学"光复会大会"演讲。出席者约700人，其中辛亥老光复会会员二三十人，绝大部分为国立艺专及浙大学生。召开"扩大的光复会干部会议"，改组光复会，周亚卫代会长，马寅初、吕公望为副会长，裘振刚为宣传部长兼组织部长，总部设于杭州孤山"裘社"。6月10日，出席《经济周报》所召开的上海经济界人士座谈会，议题"论一次'财产税'"，即席发表意见。21日，国民政府令："立法院立法委员马寅初免去本职。此令。"自重庆"校场口事件"后，马寅初不再出席立法院会议。国民政府还都南京后，数次向立法院提出辞呈，皆因孙科挽留未成。国府命令公布后，7月4日，立法院第4届第332次会议通过，除去立法委员职。同在6月，在《中华工商》杂志发表《美国为什么对中国有野心》（又名《美国经济危机与中国》）。文中从学理上的立场明白指出，美国在华，甚至对其他国家，一切经济控制、政治干涉行为的动机所在，可使读者深深明了，一种经济制度对于一切国家影响的重大。8月3日，马寅初出席世界知识社邀请社会名流就日本贸易开放问题的座谈会，并发言。同月，在《经济导报》发表《新外汇贸易政策与魏德迈书面声明》，批评政府新外汇贸易政策系"头痛医头，脚痛医脚"，难以收效。9月17日，《金融汇报》54号转载马寅初发表于《经济导报》上的《新外汇贸易政策与魏德迈书面声明》，改演讲《论外汇政策与魏使声明》。同月《经济学概论》（增订版）由商务印书馆出版发行，列为大学丛书之一。

　　按：马寅初自序云："吾人应该明白，自由资本主义时代在中国并没有过时，不但没有过时，且还没有真正开始。吾人现在在经济上所遭遇到的种种困难和危机，并不是由于自由资本主义发展得太快而来，乃是由于自由资本主义发展得太慢和太迟而来。在自由资本主义已经没落，独占资本主义已经抬头的英、美，否定自由资本主义的批判，是应时而来的，但以这种批判盲目地移用之于中国，真是牛头不对马嘴，为害不可胜言。在一党专政之下，论坛上不检讨如何发展自由资本主义，反俨乎其然地批判自由资本主义，殊不知中国并不是走在资本主义的前面，乃是落在它的后面。欧西的资本主义，是从打倒封建势力的斗争中产生出来的，中国不能视为例外。占全国人口百分之八十以上的农民，尚未从束缚生产力的镣铐中解放出来。农民被捆缚于贫瘠的土地，终岁不得饱食暖衣，辛勤所得，半由地主、官僚抢夺而去，还要把一切战事的负担压在饥饿的农民身上，这是束缚农民生产力发展的镣铐。不把这副镣锯脱，农民永无翻身之余地，而中国亦不能踏入自由资本主义的道路。"

　　马寅初10月4日在《经济评论》第2卷第1期发表《中国经济问题决于政治》（又名《当前经济问题的分析》）。10日，在《华商报》发表《中国经济问题是决于政治抑决于经济》。14日，在《中国建设》第3卷第2号发表《如何建设国民经济》。18日《大公报》报道：中央研究院评议会闭幕，院士候选人决定。马寅初列入人文组院士候选人名单。21日，偕章乃器、俞寰澄、寿景伟、朱斯煌等人出席上海各经济团体联谊会第28次大会。12月21日，赴上海总商会出席商务印书馆股东临时会议。李伯嘉报告增资一案办理经过。改选高凤池、王云五、张元济、李伯嘉、李拔可、丁榕、徐寄庼、朱经农、徐善祥、夏鹏、俞明时、马寅初、陈叔通13人为新一届董事；黄炎培、蔡公椿、陈夙之为监察。28日，于张元济寓所出席商务印书馆董事会第473次会议，公推张元济为新一届董事会主席。讨论夏鹏辞职事，决定一致挽留。又推史久芸为本公司经理。（参见徐斌、马大成编著《马寅初年谱长编》，商务印书馆2012年版；彭华《马寅初年谱简编》，《淮阴师范学院学报》2005年第1期）

　　张澜 1 月 6—10 日主持中国民主同盟在上海愚园路召开的第一届中央委员会第二次会议，并致开幕词。全会着重分析了国民党发动全面内战后国内的政治形势和确定民盟对国是的方针。根据政协会议精神，重新解释了"政治民主化，军队国家化"的含义，通过了《政治报告》（代《宣言》）。《政治报告》在总结民盟历史的基础上，特别强调民主同盟在今后"纷繁复杂的政治局面"中，仍将"切实把握住"的"坚定不移的方针"。《政治报告》在分析形势的基础上，确定民盟今后的斗争方针，仍然是"反对内战，恢复和平"。并在和平团结的基础上，实现国家的民主化。会议提出解决国是的四项主张：（一）努力促成国共和谈；（二）重新召开政治协商会议；（三）实行政协决议；（四）成立联合政府。10 日，张澜等在沪政协代表为政协周年纪念日就现实问题发表谈话。2 月 1 日，出席并主持中国民主同盟在上海招待工商、教育、文化、新闻各界人士的茶会，宣布了二中全会的政治纲领。董必武、马叙伦、朱绍文、吴耀宗、施复亮、褚辅成、翦伯赞及加拿大友人文幼章到会并发表演说。3 月 4 日，董必武访晤民主同盟罗隆基，递交周恩来为委托民盟代为保管宁、沪、渝中共代表团所遗留的全部房屋财产及致民盟主席的电报。当时张澜的住宅已被特务监视，明知为共产党保管财产有危险，但仍慨然应允。他多次约办事处的负责人到寓所商谈保管事宜。3 月 7 日，董必武率中共驻南京、上海办事处工作人员 74 人离开南京返回延安。此后，民盟总部迁入南京梅园新村 30 号中共办事处工作，民盟部分领导人也进入上海马思南路中共办事处工作。8 日，中国民主同盟为和谈正式破裂发表宣言。

　　张澜与沈钧儒、罗隆基、鲜特生等民盟代表和民主促进会、民主建国会、农工民主党及无党派人士马寅初、郭沫若、谭平山、柳亚子、翦伯赞、周谷城、侯外庐、沙千里、胡子婴等 56 人 3 月 12 日对莫斯科苏、美、英、法四国外长会议发表意见和致会议电，对美国支持援助的国民党政府进行内战的种种罪行予以彻底的揭露，进而指出美国是"假借调解之名而行其偏袒之实，帮助中国扩大并延长内战"，"那就必然要遭到中国人民的极度憎恨和坚决反对"。对莫斯科四国外长会议提出两点希望。这一意见书和电文在上海的许多报刊上发表后，影响广泛，起了帮助国统区各阶层人民认识美国援华真相的作用。4 月 2 日，张澜 76 岁华诞（虚岁），特撰写《七十六岁自励集语》，并请好友周善培书写成条幅悬挂床头，借以明其心志。同日，在沪的民盟中委齐聚永嘉路集益里张澜寓所，为张澜祝寿。18 日，蒋介石宣布改组国民政府委员会的声明称，改组后的"国民政府""已完成多党之政府"，政府权力"将由国民党、民社党、青年党及社会贤达所共同行使""为解除我国同胞之痛苦计，诚盼中共最后仍能改变其叛乱之态度也"。张澜与沈钧儒、黄炎培、史良、叶笃义等在寓所商讨民主同盟对国民政府发表改组消息应表明的态度。22 日，国民党机关报《中央日报》发表社论，公开对民主同盟加以诬蔑，提出否认民盟的"合法平等地位"，这是国民党政府准备"打击压迫民盟之先声"。25 日，中国民主同盟举行记者招待会，发表《中国民主同盟对时局宣言》，对目前改组后的政府郑重声明：第一，改组的政府不是依据政协程序及精神产生的政府。第二，改组的政府不是促进和平的政府。第三，改组的政府不是实现民主的政府。综合上列三点，目前改组之政府实与和平民主团结统一的途径背道而驰。

　　张澜 5 月 8 日针对南京《中央时报》和中央社公开对民盟诬蔑事，致函国民政府行政院长张群，指出，此项文件及中央社发表的所谓某政治家的谈话，对民盟竟以莫须有之词肆意诬蔑，中央社此种举动，实已构成犯法行为，应负法律上之责任。14 日，张澜出席中国民主同盟中央常务会议。会议决议，民盟参政员全体参加 5 月 20 日召开的国民参政会。5 月 20

日至 6 月 2 日,国民参政会第四届三次大会在南京国民大会堂开幕。张澜与民盟参政员黄炎培、梁漱溟、章伯钧、韩兆鹗出席。5 月 21 日下午,张澜等在南京诸友得知发生了"五·二零惨案",立即与马叙伦、沈钧儒、柳亚子、许广平、郭沫若等 17 人举行座谈会,会上一致表示,对学生运动予以完全的赞同和支持,称其"值得敬爱"。批评国民党颁布的《维持社会秩序临时办法》,指出请愿是人民的基本自由权利,是正当行为。当局的镇压是无理的,会议对此表示愤慨和抗议。这次座谈会是"五·二零惨案"后最早的一次声援活动。23 日,张澜与梁漱溟等 5 位民盟参政员向参政会提交《停止内战恢复和平案》。6 月 1 日,国民党为了打击民主力量,动用了大批军警宪特,在上海、北平、天津、武汉、重庆、成都、桂林、南宁、广州、杭州、福州、西安、太原等全国各地大城市,对民盟等民主党派人士和进步师生进行了大逮捕。民盟盟员被捕百余人,仅重庆、成都就有 30 余人,其中包括民盟中央委员杨伯恺、于邦齐。2 日,张澜以民盟主席名义就民盟盟员被捕事件向国民党当局提出严正抗议,政协代表梁漱溟、黄炎培分别致函国民党政协代表和成渝两地国民党政府当局,要求立即释放被捕盟员。7 月 8 日,张澜在寓所与沈钧儒、黄炎培、章伯钧、周新民、叶笃义研究,通过由黄炎培为"国民党政府颁布'总动员令'及蒋介石七月七日发表'剿匪建国'广播演说"事所拟的《宣言》,并商定由张澜以发言形式在报上发表。9 日,在《大公报》上登载《中国民主同盟主席张澜为国民党政府颁布"总动员令"及蒋介石七月七日发表"剿匪建国"广播演说事发表书面谈话》,对国民党蒋介石"始则一面和谈,一面战争,继则撤去和谈,由局部战而演成全面战"的出尔反尔的举动和发动战争的罪行进行谴责,并对蒋介石"一面动员,一面实施宪政"的欺人之谈进行驳斥,表达了民盟"矢愿一日为民主、和平、统一而努力"的决心。

张澜 8 月下旬至 9 月间与民盟同人沈钧儒、章伯钧、黄炎培、周新民、叶笃义、张东荪等会商民盟政治计划委员会及新组织等问题。9 月 1 日致函国民政府行政院长张群,要求释放民盟被捕人员。10 月 2 日,与黄炎培、沈钧儒、章伯钧、周新民、叶笃义等共同商定,由黄炎培以个人名义针对国民政府新闻局局长董显光肆意诋毁民盟事发表书面谈话,其要点如下:"民盟一切行动,只以民主、和平、统一为目的,所以反对分裂和战争,因分裂即不成为国家,战争即重苦人民也。此是双方的而非一方的,故民盟既不帮助国民党打共产党,亦不帮助共产党打国民党。明知此将不讨好于双方,但亦不愿违反自己的良心。"7 日,中国民主同盟中央常务委员兼民盟西北总支部主任委员杜斌丞被国民党陕西戒严司令部以"现充共匪关中地委会负责人勾结匪军密谋暴动"的罪名枪杀。张澜以民盟主席名义发表声明严加谴责。8 日,与沈钧儒、章伯钧、黄炎培、叶笃义、周新民共商盟务。沈钧儒、章伯钧、罗隆基、叶笃义受民盟中央委派去南京与英国议员访华代表团会谈,并向美国驻华大使司徒雷登申诉国民党政府迫害民主人士的严重罪行,请司徒雷登出面向国民党政府交涉。司徒雷登却以"不便干涉内政"为借口予以拒绝。23 日,国民党大批特务包围和监视民盟在南京梅园新村30 号和高门楼两处民盟总部。切断电话,检查出入人员。24 日,张澜在寓所与沈钧儒、黄炎培、史良、叶笃义就国民党大批特务包围和监视南京两处民盟总部,会谈应付办法。25日,上海马思南路民盟办事处被军警包围,出入人员受尾随、监视。当时寓所上海集益里 8号亦被国民党军警特务包围,沈钧儒毅然自沈谦寓所迁往集益里与张澜同住。下旬,民盟总部组织委员会为了保护地方组织的安全,即将少数重要文件转移保存,大部分盟员名单焚毁。民盟各地组织和广大盟员在总部组织委员会的指导下,先后转入地下,坚持斗争。

张澜鉴于 10 月 27 日国民政府内政部发言人宣布民盟为非法团体,乃于当日主持召开紧急会议,参会者有沈钧儒、黄炎培、史良、章伯钧等民盟领导人。为了试图缓解民盟面临的严重局势,决定向国民党政府提出撤退军警特务武装包围和保证盟员安全的要求,并派黄炎培、叶笃义二人去南京,会同留在南京总部的罗隆基与国民党政府交涉。民盟领导人27日开会时,尚不知道国民党政府发出了宣布民盟为非法的声明。28日,国民党《中央日报》发表《政府宣布民盟非法》的声明。10月28日至11月4日,民盟代表黄炎培、罗隆基、叶笃义在南京与国民政府交涉民盟有关问题。11月4日晚,黄炎培、罗隆基、叶笃义由国民党特务"护送"下回上海。5日,张澜在上海永嘉路集益里8号二楼住所召集民盟中常委扩大会议,出席会议的有沈钧儒、黄炎培、罗隆基、史良、叶笃义、张云川等,民盟中委中的中共地下党员已转入地下,缺席了此次重要会议。会上,黄炎培报告了在南京同国民党当局交涉的经过,罗隆基、叶笃义二人做了补充。张澜经反复权衡、考虑后,为保护盟员,以换取盟员不向当局"登记"等为条件,下午3点,张澜毅然拿笔签下自己的名字,决定民盟宣布自动解散,以大无畏的勇气独自承担起这个责任。随后,叶笃义下楼,将张澜署了名的"公报"交坐在客厅等候的记者发表。6日,以民盟中央主席名义签字发表《中国民主同盟总部解散公告》。公告全文记录了黄炎培与国民党政府交涉经过与结果后,"通告盟员自即日起一律停止政治活动,本盟总部同人即日起总辞职,总部亦即日解散"。11月7日,由张澜口述,叶笃义执笔,以个人名义在上海《正言报》和《时代日报》发表声明:"余迫不得已,忍痛于11月6日通告全体民主同盟盟员,停止政治活动,并宣布民盟总部解散,但我个人对国家之和平民主统一团结之信念,及为此而努力之决心,绝不变更。我希望以往之全体盟员,站在忠诚国民之立场,谨守法律范围,继续为国家之和平民主统一团结而努力,以求达到目的。"9日,民盟被迫解散的《公告》发表后,各地盟员及各级组织随即转入地下活动。同月,张澜和在沪的民盟中央领导人一起,筹划在香港召开民盟一届三中全会和恢复民盟总部的活动。(参见谢增寿编著《张澜年谱》,群言出版社2013年版;沈谱、沈人骅编《沈钧儒年谱》,中国文史出版社1992年版)

黄炎培1月2日因上月31日王却尘代表民建,列名上海12个团体之宣言,反对国民党片面召开国大,公布宪法,认为王不经民建讨论,擅自列名发表文件,且文件措辞激烈,均属不妥,乃与钱新之访张群,表明个人态度。3日,参加民建会常务理事会。对"国大"通过之"宪法",因其未依政协决议进行,决定表示反对。6日,中国民主同盟在上海举行二中全会,被推为主席团成员之一。4月24日,民建会假青年会举行座谈会,应邀报告时事。5月4日,作《说亮话》,刊于《国讯》复刊号第一号。所谓亮话者,即认为解决国共问题,只有遵守协商会议决定,组织联合政府,遵守宪法,才能实现。7日,今年为中华职业教育社成立30周年,与江问渔、杨卫玉、何清儒、贾观仁等联名发表《中华职业教育社成立三十周年宣言》,以述其过去之宗旨和今后努力之方向。7月2日,追怀闻一多君,成七律一首,题其遗集上。8日,国民党政府因获得美援一亿三千万发子弹,正式宣布总动员令。乃为民盟草一宣言,经与张澜、沈钧儒、章伯钧、周新民等商定后,由张澜以发言形式于9日《大公报》发表。9日,有读者以"经济自由能否为政治自由之保障"问题见询者,写短文《政治民主与经济民主》以答之。谓二者可以相互为用,因为经济民主和政治民主,二者之"民"是一而不是二。如果真能根据全民之公意,一切以全民之利害为取舍,彼此一定可能发生相互的良好影响。10日,因国民党政府下总动员令,特为《国讯》写一短文曰《从此》。谓"从此中华民国正式的陷于极不幸的状态里;从此我们一片痴情所发出的和平统一的热望,也就陷于绝望了。愿冒天下之大不韪，再度要求和平之实现"。

黄炎培7月11日在南京参加国民参政会驻会委员会第二次会。参政员有潘朝栋者，提议请政府厉行总动员令。乃痛驳之曰："参政会条例第一句即为'团结全国力量'，如此安得赞成战争？又大会通过和平方案，驻会委员怎能违反？本人所以能够递补为驻会委员，因民盟可以为和平尽力也。如此，我又安能主张战争？"潘朝栋被迫撤回提案。同日，与邵力子、张群畅谈时局。14日，作《生物都在要求晴和光明》，即写参政会会议事。15日，在静安寺参加李公朴、闻一多被难一周年公祭。和世界青年会两个美国人谈中国时局。20日，马寅初、郭沫若招宴会餐，并商谈各部门送备忘录于魏德迈事。22日，参加《国讯》社召集之魏德迈来华问题座谈会。并在会上发言，谓据确息，魏德迈来华，主要是谈判美国在中国设立海空基地，及对国民党的军事援助问题。25日，美国大使馆因魏德迈来华举行酒会，应邀参加。与魏及其随员斯波乐斯略谈，约定自沪返京再谈。行前民盟、民建均先有会商。同赴京者有罗隆基、章伯钧、张东荪等。同日，参加参政会驻会委员会。29日，与张东荪、罗隆基、章伯钧代表民盟，应魏德迈之约，长谈民盟之根本立场，并对国共问题提出民盟之主张。31日，美大使司徒雷登招餐，因与畅谈我国和平问题，美国和我国第三者之联系问题。8月9日，参加民建会在上海红棉厅举行之筹集会费茶话会，并作时事报告。12日，马叙伦等12人来，会商明日会见魏德迈时之谈话内容。15日，为《国讯》作《国格和民意》，认为对日本的关系问题，(1)必须根据民众的公意来解决对日问题；(2)必须尊重中华民国的国格。美国正在扶日，我们不能随人俯仰，丧失国格。16日，作《拆穿楼板运动》。认为社会的组织，略同三层楼房：富而有权者，相当于楼的上层；中层者为中层；劳动人民属下层。历代社会的大变动皆由下层起来造反之故。造反等于拆楼板。楼板一拆，上层自然垮下。政治上民主主义，经济上社会主义，实际即是拆楼板运动。24日，美总统特使魏德迈在离华前发表一书面声明，对中国当时情况的分析，有符合实际，亦有含讥讽之意者，黄炎培乃于《国讯》第428期作《一篇检查病体之报告》。谓"中国是一个垂危的病人，如希魏德迈能带什么起死回生之药，错了！仙人正在笑我们哩！只把它当作医生检查病体的一篇报告吧"。

黄炎培9月2日因国民党政府在暑期中解聘大批思想进步之教职员，教育界惶惶不安，特偕陈叔通访张元济，会商营救被解聘、被开除师生之方法。4日，参加民盟中常会。晚离沪赴京参加参政会驻会委员会，听内政部长张厉生报告。会后访行政院长张群，谈民盟问题及工商专校事。10日，参加民建会常务理监事会，通过《对于当前和平运动之意见》。18日，因美国为防止苏联势力的发展，积极扶植日本复兴，国民党政府亦一步一趋追随美国，发表《中国人会忘掉"九一八"吗?》于《国讯》第430期，以反对国民党的错误主张。12日，70诞辰，老友徐采丞、江问渔、杨卫玉等拟集资建屋为寿，辞谢之，并以诗写怀。21日，中华工商专科学校行开学式，应邀讲演。乃从世界大局、内战现况说到个人修养问题。26日，出席主持民盟设政治计划委员会会议，召集章乃器、施复亮、沙千里、章元善等30余人，举行茶会。10月2日，因国民党新闻局长董显光发言诋毁民盟偏袒中共，乃与张澜、沈钧儒、周新民等商定草一谈话稿。3日，为《国讯》作两文，一曰《国吊》；一曰《十年来我之双十节》，皆载于《国讯》第434期。12日，英国访华团抵华时，英大使施缔文举行招待会，被邀作陪。因病不克前往，乃作《怎样挽救未来世界严重危机?》，分送《国讯》及《大公报》发表。谓中、英战后处境有相同之处。方今美苏冲突日滋，中国在亚洲，英在欧洲，宜起缓冲作用，以防新的大战之发生云。此文即作为欢迎英国访华团之致词，并寄罗隆基阅。午后和其他党派开联合会议。参加者马叙伦、陈叔通、谭平山、张志让、盛丕华等10余人。18日,为谢绝亲友祝寿,作"小启"载于当日《大公报》。启云:"炎培献身教育,夙以埋头服务自矢,国难猝来,勉效奔走,而七十之年,忽焉已至。……诸友好为余祝寿,愧不敢当。任何礼物,概不领受。范蔚宗有言:一人向隅,则满堂为之不乐。今亿万生灵均在求生不得之中,个人何忍言寿。"19日,诸亲友假中华职业学校庆70寿,却谢不得,乃到会言:"祝望长生,人心所同。但人生价值论质而不论量。寿之长短,实不关重要。凡人应立志做一有价值之人,即依己之计划做去,别人毁誉,可以不问。"又言,现在做人,须定新的标准:一须不违平等的大原则,勿轻视劳动人民;二须养成适应各种环境的习惯和能力;三须养成民主的精神,服从大众意见,参加群众组织。20日,因本月15日莫斯科发表了苏、南、保、罗、匈、波、法、捷、意九国共产党宣言,乃为《国讯》作《欧洲九国共产党会议宣言客观的阐明》,发表于第436期。此文首叙过去三个国际组织的沿革,继述宣言的内容,最后断为不是指导国际工人运动的国际组织的复活。24日,因昨日南京梅园新村和高门楼两处民盟组织均被军警包围,即访张澜、沈钧儒、章伯钧会谈应付办法。27日,民盟南京办事处自25日起又被包围。上海思南路及工商分校均有警官来查视,出入均有人追随。京中朋友希赴京为解缓其事,因与张澜、沈钧儒、章伯钧、史良等共商应付办法。众意,如政府不下令解散,即声明维持现状,通告盟员停止政治活动。据此原则当晚赴京。

黄炎培10月28日抵京后,内政部发言人公开宣布民盟为非法团体。报纸并揭载民盟参加叛乱真相文件。黄炎培即分访行政院长张群、国民党中央秘书长吴铁城以及邵力子、孙科、陈立夫与美大使司徒雷登等。下午,黄炎培和罗隆基商见张群拟提之条件如下:(一)政府下令解散;如不采此法,则(二)民盟登启事于各地报纸:(1)中委总辞职;(2)总部解散;(3)通告各地盟员一律停止活动。但政府须应允以下条件:(一)撤退监视,恢复自由;(二)各地盟员一律勿庸登记;(三)代管或拨给房子交还政府。11月1日,黄炎培访张群,商谈昨日双面会谈结果发表文件事。张以民盟已被宣布为非法团体,不拟再对等商谈公布文件。最后决定,以个人名义将所谈结果函致张群,然后由张群复函,将来往信函公布,作为协定文件。4日,因与张群换函问题,一再生变,今日始定。当晚返沪。5日,黄炎培先与杨卫玉、江问渔等互报近况,继与民盟张澜、沈钧儒、史良、罗隆基、叶笃义等共商由南京带回之协议条件。虽有各种不同意见,终被迫同意发表公报。8日,黄炎培作《我与民盟》一文。略述民盟频年活动情况,终以被认为非法团体解散。结语曰:"一部大历史,信而见疑,忠而被谤者,不知凡几。民盟已矣,知我罪我,其惟春秋。请大家公正检讨民盟从创始到结束,前前后后所有文件,曾有一字一句足以构成危害国家颠覆政府的罪行者否?"10日,分访杜月笙、钱新之、徐采丞等,告以奔走了结民盟经过。下午办理民盟经费结束各事。同日,与民建盛丕华、俞宸澄、杨卫玉等商谈民盟被宣布为非法团体后,民建应采取之对策。18日,与民建施复亮、杨卫玉、章元善、盛丕华等在鸿英图书馆商量今后活动办法,决定今后利用茶会、聚餐等方式活动,地点不固定。20日,《国讯》自1931年创刊至今,已有16年。为纪念《国讯》,特写两文刊于第444期。一文曰《颂与讼》;一文曰《一个药方公布了十六年》。在后一篇文章中揭载,抗战胜利后的两年中,国民党政府的贪污案件已被揭发者为16794起,实际仅为贪污案件九牛之一毛而已。全国饥民遍地,而阔人一杯茶即须7万元。因有"江山留得豪门在,四万万人狗不如"之叹。同月,抗日战争后,恢复教育是一大问题。教育界有程其保与程时者列举重要问题十五则,向教育界人士征求意见。因与江问渔、杨卫玉、孙运仁合写《对于中国今后教育设施之意见》一文，对各问题根据多年经验，提出看法和意见。
（参见许汉三编《黄炎培年谱》，文史资料出版社1985年版）

沈钧儒1月6—10日出席民盟在上海愚园路章伯钧寓所召开的第一届中央委员会第二次会议。会议对民盟中央的领导机构和人员作了调整与充实。沈钧儒被推选为财务委员会主任。10日，沈钧儒等在沪政协代表为政协周年纪念日就现实问题发表谈话，刊于《新华日报》。沈钧儒说：唯有国民政府彻底觉悟，根据政协原则及精神，始能解决中国问题。15日，接浙江旅沪同乡会函。该同乡会二次理事会推选沈钧儒为文化教育委员会委员。25日，出席青年会星期六座谈会，发表讲演，题为《从内战讲到工商业前途》。28日，沈钧儒等原拟召开上海市各界"一·二八"纪念会，未获当局批准。国民党上海市党部主任委员方治曾致函沈钧儒，不同意召开"一·二八"纪念会。但仍有各界3000余人在青年会举行纪念会，沈钧儒与郭沫若、黄炎培、罗隆基、史良、华岗等同被推为主席团成员，大会通过《发扬"一·二八"光荣传统，开展爱国运动告全国同胞书》。30日，出席人救会中常会会议。会议通过了《健全人救会组织方案》和《卅六（1947）年度人救会工作计划》。2月1日，出席民盟招待各界人士的茶会。与董必武、华岗、章伯钧、史良、翦伯赞等参加之江大学灵芝助学义展活动。4日，出席人救会中常会会议。会议推请沈钧儒及史良依据记录向下届中常会报告中央执行委员及候补执委名单；调整秘书处及组织委员会主任人选；推定人员建立各地分会；会议并议决人救会参加上海各民主团体联席会议。10日，与郭沫若、马寅初、施复亮、华岗、陈家康等参加纪念重庆"校场口血案"1周年活动。

沈钧儒3月至5月间多次参加上海律师公会常务委员会会议，并多次参加"中华民国法学会上海分会"理监事会议。3月3日，沈钧儒至张澜处与章伯钧、黄炎培共商《中国民主同盟为国共和谈正式破裂宣言》稿。以后，民盟领导对《宣言》稿多次讨论，颇多争执。沈钧儒与章伯钧反对发表过于"中立"，不分是非，切责国共双方的《宣言》。8日，沈钧儒建议将《宣言》改为"谈话"发表，未被采纳。该《宣言》于9日见报。12日，沈钧儒等民盟政协代表与其他民主人士51人对莫斯科四国外长会议发表意见。14—19日，出席民盟中央常务委员会会议，讨论时局问题及代管中共房、财产等事项。根据一届二中全会设立政治计划委员会的决议，总会设上海。沈钧儒被推为负责人之一。17日，出席民盟在上海召开的中外记者招待会。19日，以民盟中央常务委员身份，代表民盟往马思南路107号中共驻沪办事处，与国民党有关当局办理接受代管中共代表团房产的签字盖章等手续。同日，受上海教育界人权保障会函聘，为义务法律顾问。当时国民党政府大肆迫害进步学生及报界人士。沈钧儒四出奔走，曾为营救上海法学院11名被捕学生，走访上海市长吴国桢，向他提出六项要求：（一）释放全上海被捕学生；（二）学生受伤免费诊治；（三）严惩凶手；（四）要求校方及政府保证以后安全；（五）以后军警进入学校，应先通知学校当局；（六）学生在校开会，得校方许可者，军警不得干涉。27日，出席人救会中常会会议。会议议决了人救会应与民盟及其他党派一致活动；中央全会改期召开以及李公朴骨灰安葬等议案。同月，中共代表团撤离上海之后，因国民党当局的干涉，上海生活书店已不能公开出版发行书刊。于是，决定恢复由沈钧儒创办的峨嵋出版社出版生活书店部分出版物。聘请在生活书店工作的方学武担任经理，并兼任沈钧儒秘书，隔日至沈钧儒家里帮助工作。4月18日，国民党政府发布改组政府消息。民社党、青年党参加改组政府。同日，沈钧儒与黄炎培、叶笃义、史良等于张澜寓所商讨对改组政府应表明的态度。22日，出席民盟中央常务委员会会议，通过罗隆基所起草的《中国民主同盟对时局宣言》。25日,出席人救会中常会会议。30日,出席人救会中央全会第一次筹备会。

　　沈钧儒5月18日主持中国人民救国会第一届第二次中央全会。会议通过两项宣言,《中国人民救国会第一届第二次中央全会宣言》和《中国人民救国会对最近政府压制学潮封闭报馆宣言》。19日,国民党政府国府委员会临时国务会议通过《维持社会秩序临时办法》,目的在压迫、禁止罢课、罢工、罢市等行动。沈钧儒与沙千里、史良、周新民等开会研究如何进行斗争,予以反对和驳斥。同月,作《一切为了救国——忆陶行知先生》,纪念陶行知逝世1周年。6月3日,自沪抵宁,为捕人事件及民盟遭诬陷事进行活动。6日,作《从法律观点看〈维持社会秩序临时办法〉》,刊于《时与文》第1卷第13期。10日,作《"戒严"的法律问题》,针对6月5日上海各报刊登的国民党政府新闻局局长董显光在招待新闻记者时宣称上海至今尚未解除"戒严"一事,从法律观点严加批驳。不久,又作《从法律观点看〈维持社会秩序临时办法〉》。两文均刊于《时与文》。7月8日,在张澜寓所,与张澜、黄炎培、章伯钧、周新民、叶笃义研究通过由黄炎培"为国民党政府颁布'总动员令'及蒋介石7月7日发表'剿匪建国'广播演说"所拟的《宣言》。同月,为营救《文萃》杂志社被捕人员张子涛、骆何民、吴仁德等,专程去苏州,与陆鸿仪及雷某两位律师商谈营救事宜。因火车拥挤,冒着源暑站着来回。惜营救未成,以后三人被活埋于南京雨花台,称《文萃》三烈士。8月下旬至9月间,多次与民盟同人张澜、章伯钧、黄炎培、周新民、叶笃义、张东荪等会商民盟政治计划委员会及新组织等问题。10月2日,与张澜、黄炎培、章伯钧、周新民、叶笃义共同商定由黄炎培针对前一日董显光谈话所起草的谈话。8日,与张澜、章伯钧、黄炎培、叶笃义、周新民共商盟务。19日,参加祝贺黄炎培70寿辰的座谈会,朗诵《致黄任老代柬》诗。诗中充满了忧国忧民之情。24日,于张澜寓所,与张澜、黄炎培、章伯钧、史良、叶笃义就昨日国民党大批特务包围和监视南京梅园新村30号和高门楼两处民盟总部,会谈应付办法。25日,张澜寓所集益里8号亦被国民党军警特务所包围,沈钧儒毅然自沈谦寓所迁往集益里与张同住。27日,于张澜寓所与张澜、黄炎培、章伯钧、史良、叶笃义等召开民盟中常委紧急会议。30日,上海市警察局派员接收由民盟代管的马思南路中共房产,沈钧儒代表民盟出面点交。当时,本应由周新民点交,但周正遭国民党特务搜捕,被迫隐蔽,沈钧儒毅然承担出面点交任务。11月5日,出席在集益里召开的民盟中常委扩大会议。听取黄炎培、罗隆基、叶笃义先后报告与国民党政府谈判经过与结果。沈钧儒与史良、张云川对黄炎培等携归的《民盟总部解散公告》稿表示异议,坚决反对在政府劫持和威胁下屈服。会议经过争论,终因民盟被迫解散,已成为既成事实,最后决定民盟宣布自行解散。(参见沈谱、沈人骅编《沈钧儒年谱》,中国文史出版社1992年版)

　　马叙伦继续主持中国民主促进会。1月1日,何香凝、彭泽民等致电宋庆龄、毛泽东、张澜、李济深、马叙伦、陈嘉庚暨全国同胞,认为这次国民大会所通过之宪法"已失合法之根据"。5日,马叙伦撰《美军在华暴行的责任》,刊于8日《文萃》第2卷第14期。12日,设家宴为即将应聘赴燕京大学任教的严景耀钱行。15日,撰《掩护军事的政治攻势又来了》,刊于《评论报》第11—12期合刊。文中就和谈——政治攻势指出:"现在明显的事实,政府军事上的失利,应该是他觉悟的时候;他如果有觉悟,该痛痛快快的真正'还政于民',卷甲弃兵,听人民来处置;共产党如果真是要民主的,他自然也会'听命于民'。那么,国事不就大定了?"18日,《万变不离宗》刊于《世界知识》第15卷第3期(马歇尔回国的看法特辑)。19

日,应翦伯赞之邀赴万寿山酒楼餐叙。21日(正月初一),《马歇尔离华的声明》刊于《文萃》第15—16期合刊(第二年春季特大号)。马叙伦频频在《文萃》发表政论,与编辑温崇实热心约稿有关。24日,撰《我们应该纪念"一·二八"》,刊于2月4日《群众》周刊第14卷第4—5期合刊。28日,出席上海各界"一·二八"15周年纪念大会,并发表讲演。与李济深、黄炎培、陈铭枢、沈钧儒、马寅初、邓初民、罗隆基等为主席团成员。大会系大公报社发起。同月,《中小学教师应当注意中国文字的研究》刊于《国文月刊》第51期,2月号第52期续完。

马叙伦2月1日下午出席民盟招待会,听取张东荪报告民盟概况,并发表演说。晚,应约赴陈叔通寓所餐叙。3日,《文汇报》发表《中国民主促进会对于上海和平运动的宣言》,揭露上海工商界几个闻人发动的"和平运动"不过是替好战者撑场面。9日,赴中华工商专科学校出席民进第五次会员会议,并报告国内形势;决议以后化整为零分小组活动。鉴于严景耀即将离沪,决定替补柯灵为理事。同日,偕同马寅初、郭沫若、罗隆基等于上海劳工银行出席爱用国货抵制美货筹备大会。10日,偕马寅初、郭沫若、沈钧儒、华岗等50余人聚餐于青年会9楼,纪念"校场口血案"1周年。同日,民盟、民进、农工等团体成立"二九惨案"后援会,被推为后援会主席。11日,《文汇报》消息:民主促进会将正式合并。12日,撰《评"二九"惨案》,刊于2月18日《评论报》第14期。15日,"二九惨案"后援会招待上海各界报告惨案真相,发表讲演,要求辨明是非,彻底保障人权。18日,以梁仁达后援会负责人身份,应约与市长吴国桢辩论。

马叙伦2月28日在民进二届一次理事会上再次当选常务理事。3月1日,中共中央致电董必武、吴玉章、刘晓等,已取得社会地位的人士,如郭沫若、马叙伦等,只有暂时韬晦。2日,当选为中国语文学会监事。另两位为郭沫若、郑振铎。3日,撰《给"新社会"说些腐话》,刊于3月5日《文汇报》。9日,《石屋馀渖》开始连载于《文汇报》浮世绘版。10日,《我在六十岁以前》脱稿,结束语交代:"这年四月,是我六十岁的'初度',我写完生平经历的大概,就此结束。我从得了神经衰弱病以后,记忆力日差,所以对于自身经历的事情,许多仅仅记得大概,上面写的恐怕还有颠倒错乱,将来再修正吧。"12日,民盟、民进、民建、农工及无党派人士张澜、马叙伦、罗隆基、马寅初、郭沫若、沈钧儒、谭平山等56人,致电苏、美、英、法四国莫斯科外长会议,希望与会各国坚守不干涉中国的共同约束,停止给予内战的任何一方任何援助。电文刊于3月13日《时代日报》。20日,撰《人权保障与保障人权》,刊于3月26日《文汇报》。4月3日,为洛羊著《认识美国》撰序。6日,出席郑振铎50祝寿会。8日,夏承焘为侄子夏贤洛致函马了解上海情况,以便决定是否返沪复学。25日,《政府改组后之"施政方针"》刊于《时与文》周刊第7期。

马叙伦与王绍鏊5月4日举行招待会,民盟沈钧儒、罗隆基,民建黄炎培、胡厥文,三民主义同志会谭平山、许宝驹,救国会史良、沙千里,农工章伯钧,国际人权保障会吴耀宗等应邀出席,与会者对中央社发表所谓"中共地下斗争路线纲领",诬陷各党派均为中共操纵指使之工具,表示愤慨与抗议。同日,应暨大学生自治会之邀到校讲演。在陈礼贤、魏忠同学陪同下走进二院礼堂。礼堂座无虚席;《中国现代青年之路》刊于《文汇报》五四纪念特刊(五版)。10日,《我拿什么来供献给中国现代的青年?》刊于民盟机关刊《现代新闻》周刊创刊号。15日,下午,赴清华同学会出席中国国际人权保障会第二次大会,并提议发动各团体联名函请华莱士来华演讲。中旬,国民参政员许德珩来沪,与沈钧儒、黄炎培、马叙伦等协商对策。21 日,出席五·二零惨案(南京)声援座谈会,张澜、沈钧儒、柳亚子、郭沫若、许广平等 17 人与会,一致认为请愿是人民的基本权利。22 日,与柳亚子、许广平、张澜、谭平山、郭沫若、沈钧儒、马寅初等 17 人举行座谈会,表示:学生行为值得敬爱,《维护社会秩序临时办法》限制人民自由,是违法的。25 日,上海淞沪警备司令部勒令文汇、联合、新民三报停刊。26 日,走访黄炎培。约同日,出席中国国际人权保障会理事会议,讨论被捕学生释放问题。28 日,民进理事会紧急会议,决定发动对文汇、联合、新民三报馆同人慰劳金捐集活动。31 日,撰《我在六十岁以前》校后记,表示"常常自己觉得对人民说起来,是一个罪人,因为革命不曾带给了他们些微的快乐",企望时世太平,有"补读十年书"的福气。下旬,黄裳归还《香影楼日札》手稿。同月,大连大众书店印行《马叙伦言论集》,收录 24 篇政论文。

马叙伦《从中国文字上看社会和邦国家族的意义》6 月 1 日刊于《大学》月刊第 6 卷第 1 期。7 日,丁伯诚关于民盟组织抢救教育委员会密函:"径启者。据报,'民盟为支援沪市学运持久滋扰起见,特组织抢救教育委员会,暂借四川北路一三一四号联合编译社办公,愿为各学运团体支援。该会人如下:委员施复亮、马叙伦、沈钧儒、沙千里、石啸冲、沈体兰、张纲(绸)伯、郭沫若'等情,至希查照参考为荷。此致赵静涛同志。丁伯诚启。卅六年六月七日发出。"12 日,詹明远关于马叙伦在沪组织被捕学生家长后援会情报(密):"据报:左倾分子上海人民团体联合会领导人马叙伦,将定于本月十日,联合各学校被捕学生家长,组织后援会。关于该校筹备工作,现已开始通知被捕学生家长,前往吴江路六十六号中国妇女协会办理登记云。"15 日,国民党中央联秘处关于民主促进会组织情况报告(《党派活动专报》第十八期),称民主促进会有两个,一为上海民主促进会,设在上海,系三十五年"六二三"反内战运动后由上海人民团体联合会改组而成,主要分子为马叙伦、郑振铎、阎宝航、许广平、包达三、王绍鏊、盛丕华、张绸伯、雷洁琼等;一为中国民主促进会,系三十五年五月在香港组成者,主要分子为蔡廷楷(锴)、谭启秀、翁照垣、张文、应云霖等,多为前十九路军旧部,李济深在幕后策动,蔡廷锴出面主持。该两个民主促进会之同名系偶然的巧合,最初并无联系,后因受中共之策动,同为中共之外围,政治主张亦大致相同,民盟召开二中全会之前极力从中说合拉拢双方合并组织,经上海民主促进会之代表马叙伦及中国民主促进会代表李济深、蔡廷锴、谭启秀等商讨,结果决定合并,仍名中国民主促进会(内部组织及基本信约见《党派活动专报》第 14 期)。惟中央理事会主席、副主席人选问题及共同行动纲领意见,双方尚未能一致,故正式合并改组至今仍未能实现。李济深到港后,又由幕后策动而公开出面主持,且联合柳亚子、陈树渠等三民主义同志联合会分子,组织中央联席会议,自任主席,并在港澳及两广各地招兵买马,从事军事活动。蔡廷锴则自去冬由京返港后,态度转趋消极。

按:国民党中央联秘处关于民主促进会组织情况报告又曰:"目前两个民主促进会之合并已完全陷于搁浅中,更加以沪港两地相距甚远,上海民主促进会欲将中心置沪,中国民主促进会欲将中心置港,亦为不易解决之难题。近来上海民主促进会以两会正式合并既遥遥无期,又不愿其工作陷于停顿,仍决定单独活动。首先调整其内部人事,名单如下:常务理事马叙伦、王绍鏊、许广平,理事陈巳生、李鼎声(即平心)、周建人、谢仁冰、朱绍文、徐伯昕、郑振铎、严□(景)耀、高柯灵、冯少山、曹鸿翥、曹惠群。秘书主任谢仁冰,联络部主任陈巳生(即负实际组织任务),财务部主任王绍鏊,事业部主任周建人。"最后结论为:"由上述两会合并改组之经过情形观察,由于双方领导权之争夺相持不下,合并问题恐将长期限于搁浅中。"(国民党党务系统档案汇集,收入中国第二历史档案馆编《中华民国史档案资料汇编》,第五辑第三编政治(三))

马叙伦《我在六十岁以前》6 月交生活书店出版。7 月 2 日,撰《从文字上看官吏的由来》刊于8月20日《大学》月刊第6卷第3—4期合刊。3日,中国民主促进会与中国国民党民主促进会在沪宣布合并,宣言指出:"我们相信,非民主无以统一,非和平无以图存,非独立无以自救,非进步无以复兴。"12日,赴中华职业教育社会商次日与美国总统特使魏德迈谈话方针。15日,在一篇关于中国工商业形势的讲话中,分析当前全国工商业的严重危机,指出这种危机无法解脱,其症结就在于内战。同日,黄炎培来访。20日,《闻一多先生殉国一周年》刊于《大学》月刊第6卷第3—4期合刊。9月1日,赴张绚伯家讨论新组织筹建工作。17日,《魏德迈的来去和中国问题的症结》刊于《时与文》第2卷第2期。20日,夏承焘来道谢,谈及政局。21日,约黄炎培等人会谈。同月,民进印发《民主和平运动提纲》,提出12条具体要求;生活书店重印《我在六十岁以前》。10月10日,《关于中国文字研究的三项询问》刊于生活书店《读书与出版》第二年第10期。12日,出席各法团代表会议。24日,《政府改组后之"施政方针"》《读普利特"访华观感"》刊于《时与文》第2卷第7期。月底,《论中国民主同盟的被解散》刊于《国讯》1卷4期。11月1日,马叙伦致函国民政府行政院长张群,郑重声明:"至伦立身,本末不移,贫富威武,无动于中。达观早成,生死一致。自今以拥疾之躬,待命陋巷之内,捕杀不辞,驱胁无畏;穷以利剑,投诸浊流,皆系于政府,于伦无与焉。"9日,访晤郑振铎。约11月,回访黄裳。12月2日,发表广播讲话。(参见卢礼阳《马叙伦年谱》,浙江古籍出版社2021年版)

郑振铎1月11日在上海《大公报》上发表政论暨剧评《和平必定会实现的!》,评李健吾所改作的剧本《和平颂》(原名《女人与和平》),指出应"面对着血淋淋的现实",又指出:"最寒冷的严冬终于是要过去的。可怕可恨的战神,绝对的不会老在人间作祟的。""《和平颂》是一个预言吧。然而,这预言不是空言的慰藉,是必定会实现,必定要实现的!"15日,致蒋复璁信,谈《玄览堂丛书》续集招标及收入书目等事。23日,作《〈中国历史参考图谱〉编辑缘起》。31日,中央图书馆《特藏组三十六年度工作计划》最后写道:"郑振铎,编印《玄览堂丛书》,兼清理本馆上海存书。"2月1日,作《〈中国历史参考图谱〉自序》,指出:"史学家仅知在书本文字中讨生活,不复究心于有关史迹、文化、社会、经济、人民生活之真实情况,与乎实物图象,器用形态,而史学遂成为孤立与枯索之学问。论述文物制度者,以不见图象实物,每多影响之辞,聚讼纷纭而无所归。图文既不能收互相发明之用,史学家遂终其生于暗中摸索,无术以引进于真实的人民历史之门。……有盗掘古墓者,于金玉宝物则取之,于有关考古之小器物,不为世重者,则尽弃之。学者则唯知注重有款识之器物,而遗其重要图纹、形态;于碑版塑像,亦往往仅传拓其文字,而忽视其全形与图型。在此种非科学之发掘与整理之下,古之遗物,被毁弃者多矣。……近二三十年来,考古之学大兴,我国乃渐有科学方法之发掘。而法、英、日诸学者,亦多专门之著述。时则地不秘宝,古藏大启,古器物、古文书大出不穷。……加之以近代印刷术之进步,凡昔人所未得一睹之宝绘墨迹,鼎彝瓷皿,石像泥俑,壁画零缣,亦悉得传其真相。……惟考古图版之书,多至千百,卷帙繁重,每非一般学者力所能致,且亦不能尽致。历史教学诸君亦尚有墨守旧规,未窥新地者。余因发愿纂辑《中国历史参考图谱》一书,化繁为简,取精撷华,俾人人皆能置此一编,而亲炙于古人之实际生活。虽非专家之作,或可先为入门之助。倘与当代历史教学诸君,有微末之贡献,则余所殚之心力,为得偿矣。"

郑振铎2月7日为许广平《遭难前后》一书作序。该书记述敌伪时期许广平被日寇逮捕前后的经历,于3月由上海出版公司出版。郑振铎在序中高度赞扬许广平当时"以超人的力量,伟大的牺牲的精神,拼着一己的生命,来卫护着无数的朋友们的。这是一位先驱者的大无畏的表现!这是中华儿女们的最圣洁的精神的实型!"8日,与邓初民、胡风、潘梓年、翦伯赞、洪深、田汉、李健吾、周建人、胡绳等一起出席《文汇报》社召开的第56次星期座谈会,题目是"被扼杀与被摧残的文化"。郑振铎发言指出:"文化是在各式各样的方式下被扼杀的,被摧残迫害的。""假如国内的团结、民主与和平不能得到,内战仍是继续,整个文化界都将陷于极大的危机中,受到打击的,不仅是文学工作者而已。"这次座谈会记录后刊于2月23日《文汇报·星期谈座》第56期,郑振铎的发言题为《被牺牲的一年》。9日,中国民主促进会第五次会员大会召开,郑振铎被推为候补理事。22日,所编《中国历史参考图谱样本》已印好。该样本包括《自序》(2月1日作)、《各辑内容说明》《中国历史参考图谱出版日期表》《预约中国历史参考图谱办法》及样张4页、图版12幅等。3月9日,郑振铎在家宴请史学界朋友,请他们支持出版《中国历史参考图谱》,这些著名史学家都高度赞扬郑振铎这一意义巨大的工程。共有12位史学家题词(有的是在本日前后题写的),后发表于4月1日《文艺复兴》月刊第3卷第2期,及5月1日上海《大公报》。12日,郑振铎与民主人士共56人对莫斯科美苏英法四国外长会议发表意见,并致电该会,希望不干涉中国内政,促成内战早日结束,民主统一。13日,《申报·自由谈·艺文坛》报道:"郑振铎先生新近编著之《中国历史参考图谱》,为大中学校历史教学者应人置一编。全书共廿四辑,三月份起每半月出版一辑,全书一年出齐。定有预约办法,本市来薰阁及生活书店等均有经售。"

　　郑振铎4月10日作《迎第三届文艺节》,刊于5月2日上海《大公报》及5月6日《评论报》第18期,文中指出:"凡是一位作家,决不能无视绝大多数人民的痛苦的;决不能自外于这个苦难时代的苦难的。""为了中国,为了中国的人民们,应该把我们的武器——笔,充分的使用着,击退这个可诅咒的时代,打开一条光明的大路。不容情的和黑暗与愚昧与封建势力作战,直到了黑暗与愚昧与封建势力倒在地下,直到民主与科学的新中国的实现。"19日,作《从〈艺术论〉说起》一文。后刊于4月21日《文汇报》,又载9月出版的《文汇丛刊》之四《人民至上主义的文艺》。同月,许地山遗著《危巢坠简》由商务印书馆出版,郑振铎题签;郑振铎参加的"清理战时文物损失委员会"结束工作,尚有未结束之案件均移教育部继续办理。5月1日,主编《文艺复兴》月刊第3卷第3期出版。郑振铎在《编后》中说明,该期原是"现代世界文学专号",刚付印时,得到耿济之逝世噩耗,于是赶编了"哀悼济之先生"特辑,排在最前面。首载郑振铎《耿济之先生遗稿》,郑在序中回忆了在上海沦陷时期曾与耿济之、萧宗俊等人组织"中国百科全书刊行会",打算编写我国百科全书,后因条件恶劣而未成诸事。该期还发表戈宝权、叶圣陶、徐调孚、周予同、赵景深、许杰等人的悼文。15日,"中国历史参考图谱刊行会"预告该会不日将印行两大巨著:"域外所藏中国古画集"之一《西域画集》,郑振铎、徐森玉、张珩同编,每月约印行一或二辑;"中国雕塑史图录"之一《中国古明器陶俑图录》,郑振铎编。23日,郑振铎在上海《大公报》上发表《苏联的版画》,是为中苏文协理事葛一虹主编的《苏联木刻》写的序,提及和鲁迅合作复刻的《十竹斋笺谱》等,指出:"最早把苏联的版画介绍到中国来的是鲁迅先生……中国的新木刻运动的发展,和鲁迅先生与中苏文化协会之介绍苏联版画,是有着密切的关系的。"该画册共收作品37幅,本月由天下图书公司出版。同月,所编《玄览堂丛书》续集由南京中央图书馆影印,收有关明史的珍贵古籍20余种。

　　按:《玄览堂丛书》续集书目:1.《皇明本纪》,(明)佚名撰,据明蓝格抄本影印;2.《洞庭集》,4卷,(明)

孙宜撰,据明抄本影印;3.《庐江郡何氏家记》,1卷,(明)何崇撰,据抄本影印;4.《怀陵流寇始终录》,18卷,(清)戴笠撰,(清)吴殳辑,据述古堂抄本影印;附《甲申剩事》1卷,(清)戴笠撰;《将亡妖孽》1卷,(清)戴笠撰;《延绥镇志李自成传》1卷,(清)谭吉璁撰;5.《边事小纪》,4卷,(明)周文郁撰,据崇祯刻本影印;6.《倭志》,1卷,(明)王世贞撰,据清初抄本影印;7.《虔台倭纂》,2卷,(明)谢杰撰,据万历刻本影印;8.《倭奴遗事》,1卷,(明)钟薇撰,据万历刻本影印;9.《总督四镇奏议》,10卷,(明)王一鹗撰,据万历刻本影印;10.《大元大一统志》,1300卷,残,(元)孛兰肹等撰,据清袁氏贞节堂抄本影印;11.《寰宇通志》,119卷,(明)陈循等撰,据景泰刻本影印;12.《炎徼琐言》,2卷,(明)郭裴撰,据万历刻本影印;13.《粤剑编》,4卷,(明)王临亨撰,据万历刻本影印;14.《荒徼通考》,(明)佚名撰,据万历抄本影印;15.《四夷广记》,(明)慎懋赏撰,据抄本影印;16.《国朝当机录》,3卷,(明)黄正宾撰,据天启刻本影印;17.《嘉隆新例》附万历,3卷,(明)佚名辑,据万历刻本影印;18.《工部厂库须知》,12卷,(明)何士晋撰,据万历刻本影印;19.《龙江船厂志》,8卷,(明)李昭祥撰,据嘉靖刻本影印;20.《延平二王遗集》,1卷,(明)郑成功、郑经撰,据抄本影印;21.《黄石斋未刻稿》,1卷,(明)黄道周撰,据抄本影印;附《蔡夫人未刻稿》1卷,(明)蔡润石撰,据抄本影印。

郑振铎7月1日主编《文艺复兴》月刊第3卷第5期出版,为闻一多逝世周年特辑,发表闻一多遗稿及顾一樵等人的悼文多篇。同日,郭沫若收到郑振铎寄去的容庚的《古石刻零拾》等书,极为高兴。15日,袁同礼致郑振铎信,感谢将所编印图谱等赠送或廉价出售与北平图书馆。20日,续写《保存古物刍议》毕。24日,在《时代日报》上发表《忆韬奋先生》。称赞邹韬奋:"他为最大多数的人民服务,为他们说话,为他们斗争着,一直到死。他像巨人似的,屹立如山,执着火炬,为人民的先导。"并表示:"一想起了他,便不会忘记了他的精神感召的!"27日,为亡友耿济之所译陀思妥耶夫斯基《卡拉马助夫兄弟们》一书作序,此书于8月由晨光出版公司出版。8月1日,作《韫辉斋藏唐宋以来名画集序录》,后刊于8月15日天津《大公报》、8月20日上海《大公报》。同日,主编《文艺复兴》月刊第3卷第6期出版,在所作《编余》中说:"在任何的困难情形之下,我们这本杂志,仍是要继续奋斗下去的。在未被高物价的重担压倒在地,一口气咽不过来的时候,我们是不会停止了工作的。"31日晨,作《西域画》序。

按:《西域画》序指出:"古西域本是一个各种民族的大聚合地,是东方文化与西方文化的相会之点,是各个不同的宗教徒的杂居之所。……那里是人类历史的最复杂的所在,是整个世界历史的缩影。"揭露了中国西域的古壁画、绢画等遭到外国人的劫掠,"我们不能不痛心疾首于当时当政者的昏庸无知,竟听任他们将我们的国宝,那末轻轻易易的捆载而去。等到我们自己动手去探险时,已是残余之物,费力多而成功少了。只有千佛洞的许多壁画,还不曾被剥切而去,总算是比较的完整的美术宝库。我们曾成立了一个敦煌研究所以保护之。但听说,像这样一个机关,近来也要为了减政之故而撤消了去。我们要研究唐宋以前的艺术,研究汉晋的史料,研究古西域的东西文化交通的史迹,乃至研究古代工艺美术,在今日,便非到英、法、德、俄诸国去留学几年不可。这是多么大的损失和浪费呢!……我在编辑《中国历史参考图谱》的时候,搜集了这一类的书籍不少;买不到的,便去借。大致还算搜集得相当完备。而《图谱》为体裁所限,不能多量刊载,因此,便有编成《西域画》的愿心。经过了半年多的经营,总算能够把上辑印出。这'上辑'所收的,以敦煌千佛洞旧藏的绢本及纸本的唐、宋画为限,且均为史坦因、伯希和二家所将而西去者。国内所藏者则未遑及之。又敦煌壁画,伯希和的《敦煌千佛洞》六卷,所收已多,而印刷不精,复制不易,故暂不收取,有待将来学者们的更精心的摄影与模写。中、下二辑所收,则为敦煌千佛洞以外的格鲁威特尔、勒·柯克及大谷光瑞诸家书里所收的壁画及其他画幅。……我以为发掘出古西域的若干绘画和壁画,其作用是超出于以'绘画'来表现'历史'之上的。这是失传了的艺术的一支大宗,这一支大宗的突然大量的在西陲的被发见,乃是中国艺术史上绝大的消息!我们的画家们,如果要有远大的前途,该从这方面寻找他们的道路。我之所以复印了这些唐宋敦煌画,其目的也多半在此"。

　　郑振铎9月3日致隋树森信,谈到:"现在印刷工本之高,前所未有,商务有无能力印行
《珍本曲丛》,大是问题。""敝意,如欲印《曲丛》,必须先将散曲和戏曲分别开来。""我的计划
是:印一套《散曲集》,仿《双照楼词》,以影印为主,期不失原样""此类书,敝处善本不少,约
可有二十多种。""至于善本戏曲,则最好用铅印,印六十种至一百多种,名为《续六十种曲》"
"近来忙极,一时未能用力于此事。俟秋后稍暇,当将二种之目录抄出"。最后,又为《文艺
复兴》的"中国文学研究号"向隋树森约稿。27日,致隋树森信,谈20日收到隋的来信并
《〈秋涧文集〉中的元代曲家史料》一稿(后郑振铎将它发表于《文艺复兴》"中国文学研究号"
上册),又说印行"《曲丛》事,恐怕要缓图之,盖近日物价又飞涨,出版家皆以出书为惧也"。
10月1日,在全国文协主编《中国作家》创刊号上发表论文《论古西域画》。15日,所编《西
域画》上辑由上海出版公司出版。据郑振铎《〈中国历史参考图谱〉跋》载:当时郑振铎编印
出版了《韫辉斋藏唐宋以来名画集》后,"便想起:何不把域外所藏的中国古画搜罗起来印
出,一面记录过去被掠夺、被盗卖的情况,提高我们的警惕心,一面藉以加强人民们对于祖
国伟大艺术作品的爱护心呢? 在愤激的情绪下,便不顾一切的先把《西域画》三辑印了出
来。这是把英、法、德、日帝国主义者们怎样在中国西陲恣意的掠夺我们伟大的艺术作品的
面貌完全暴露出来的一部书"。11月1日,在主编的《文艺复兴》月刊第4卷第2期上发表
《鲁迅与中国古版画》,回忆当年在鲁迅"诱导"之下"开始对于版画作比较专门的搜集与研
究",指出:"一个伟大的作家,总是心胸阔大而能高瞻远瞩的。鲁迅先生不仅介绍了中国古
版画给现代的创作家们,而且,更重要的是,他也介绍了西洋的版画给他们。……鲁迅先生
的倡导之功是永远不能忘记的。"

　　按:该文为11月14日作,该刊乃衍期出版。

　　郑振铎秋在家接待刘哲民来访,郑振铎给他看一份自己拟就的《拟编中国百科全书计
划书》,感慨地说:"中国之大,竟无一部百科全书。实际上做起来也不难,有一百万资金就
可以了。"刘说:"这么多专家和高水平的编辑不容易找。"郑振铎说:"还是有办法的,不过现
在还不是时候。这个计划书你拿去看看,将来也许有用。"该计划书即由刘哲民保存,后收
入1984年2月上海学林出版社版《郑振铎书简》一书中。11月8日,郑振铎致王重民信:
"久未通音问,甚以为念! 北上后,谅甚安吉,为颂! 闻近掌教北大,出其所学,嘉惠后进,必
甚感乐趣也。觉明兄来,谈及北方事甚详。究竟北平的书多,不似此间之孤陋寡闻,每做一
事,必须孤军独斗也。兹有恳者,《文艺复兴》拟于最近刊一'中国文学研究号',其中有'中
国文学在世界'一个特辑,关于德国、俄国的,已有几位友人写。惟关于英、法、美国的,却想
到了要兄来写,这是兄所擅长的……修业女士有文章否? 极盼亦能写一二篇寄下也。"是
年,所编"中国雕塑史图录"之一《中国古明器陶俑图录》由上海出版公司印成纸样,收有图
版424幅、图720幅、郑振铎历年搜集的陶俑600余件的照片、英法德日文专书中的陶俑照
片100多张。因序言及说明仅写成一部分,未及时装订出版,纸样后由上海图书馆保存,延
至1986年12月才由上海古籍出版社出版。

　　按:郑振铎为研究、保藏和编书,借了不少钱来买书画陶俑,使家庭经济颇为紧张。12月30日郑振
铎在1948年日记本第一页上用红墨水写道:"用钱要有计划,要经济! 少买书,不买俑! 还账要紧!!! 千
万,千万!! 一有了钱,便要胡花,万万要不得! 非参考十分必要的书万不可滑手便买!!! 要记得还有许
多账未还,多少预约书未出版呢!"

　　按:从1940年起即开始编印的《中国版画史图录》,本年出了第5辑共4册,至此共计已出5大函20
册。该书共收版画一千数百幅,从唐代至清代的典籍、佛经、小说、戏曲等古书的插图以及画谱、笺谱里,

博采精取,为中国版画史资料最重要的一部书籍。郑振铎并写了部分文字说明。1949年后,郑振铎拟再出第六辑,并于1952年印了《搜神广记》一册,但后未果。(参见陈福康《郑振铎年谱》,三晋出版社2008年版)

张君劢1月2日声明:"个人不参加政府工作,只愿代表政府赴各地演讲宪法要义,并希望政府解释宪法、阐述宪法,要有统一的办法。"3日下午3时,主持召开民社党中常委会议,会议决定扩大该党组织,容纳各方人士,并增选李大明等6人为中常委。同日,青年党及民社党同意"改组国民政府方案"。5日,9时,张群驱车至范园访晤张君劢,谈话长达数小时,对改组政府及民社党参加政府问题做进一步讨论。7日午后4时,张群约民社党张君劢、青年党李璜长谈,就时局等多方面问题交换意见。当时为社会注目之政府改组问题及恢复和谈问题,均曾涉及,但未得任何结论。9日上午9时,与青年党左舜生、李璜,民社党伍宪子、万仞千等相偕访张群,就政府改组问题继续交换意见。10日上午10时,出席在范园召开的青年党、民社党联系会议。出席会议的还有青年党曾琦、左舜生、李璜、陈启天、常乃德、余家菊,民社党中常委10人,会议期间对于恢复和谈改组政府等问题广泛交换意见,下午1时始散,并未获得具体一致之结论。17日晚9时50分,民社党代表张君劢、伍宪子、万仞千、蒋匀田、徐傅霖、程文熙、杨浚明等7人,与政府代表雷震同乘专车附挂于夜车晋京。19日7时,蒋介石召见民社党张君劢、伍宪子,青年党左舜生、曾琦及王世杰、张群、雷震,会商和谈及改组政府事。20日晚11时,张君劢、徐傅霖、孙宝毅等乘夜车返沪。2月22日,中央社电称:教育部学术审议委员会第二届委员会已届满,兹依照该会章程第三条之规定,部方直接聘任委员12人,并由国立专科以上学校校长,分科选出13人,再由部方聘任。刻此,第三届委员会25人,均已产生,名单如下:朱家骅、杭立武、田培林、吴稚晖、陈立夫、张君劢等。

张君劢3月8日在《再生周刊》第154期上发表《民主方法(一名民主与反民主)——中国民主社会党政纲释义之一》一文。14日,作《对于莫斯科会议之意见》,刊于3月22日《再生周刊》第156期。文中主张中国派代表参加莫斯科会议,会外商讨中国问题。17日,民社党在范园召开中常委会议,决定将近日所提各项建议,缮拟为"改革政治建议书",由蒋匀田携京送交政府。22日,在上海出席中国国际人权保障会茶会,介绍各国人权保障情形。27日,梁漱溟在《大公报》上发表致民青两党的公开信。同日,张君劢复函梁漱溟,曰:"在《大公报》上获读大示,欣悉一二。同人等绝无权位之想,但期一党专政早日结束。内战进行早成事实,于可能范围内应求其期限缩短,故有十二点之约定。据介公当面表示,只须中共愿意言和,与两路交通恢复,中央愿意以政治方法解决。舜生所言系就字面言之,事先未闻介公所允,乃有此扩大之解释。"31日,撰写《中华民国民主宪法十讲第二序》。4月14日中午,张君劢、雷震晋京,蒋匀田、左舜生随行。15日下午5时,民社党、青年党、国民党、社会贤达代表在孙科寓所会商,决定"新政府施政方针"于16日由三党领袖签署后,18日公布。参加会议者民社党张君劢、蒋匀田,青年党左舜生、陈启天,政府方面孙科、张群、吴铁城、吴鼎昌、邵力子、陈立夫、张厉生、雷震,社会贤达莫德惠、王云五。4月16日下午,张君劢举行记者招待会,发表谈话称:蒋主席已向民社党保证,一俟平汉路与津浦路交通恢复之后,即将与中共重开和谈。晚9时40分,中国国民党、青年党、民主社会党领袖蒋中正、张君劢、曾琦及社会贤达领袖莫德惠、王云五在南京蒋介石官邸签署施政方针。青、民两党提出参加国民政府之委员名单,民社党提名的国民政府委员为伍宪子、胡海门、戢翼翘,张君劢本人并不在列。18日,国民政府明令改组,除国民党中央常会所选任之院长委员外,并任命曾琦、陈启天、余家菊、何鲁之、伍宪子、胡海门、戢翼翘、莫德惠、陈辉德、王云五、鲍尔汉为国民政府委员,其中民社党尚缺一名未提出。

张君劢4—5月逢周日向民社党党员作"民主社会党之任务"的长篇连续演讲。后刊于《再生》第160—167期。5月10日,在《再生周刊》第163期上发表《纪念五四运动的意义》一文。文曰:"纯理的求真运动和发扬民族意志运动,如车之两轮,不可偏废,这是我们望于纪念五四运动人们的。"12日,在大夏大学第八次周会上演讲《学海波涛学然后知不足》。20日上午10时,在国府路国民大会堂出席第四届国民参政会第三次大会开幕式。22日下午,第四届参政会第三次大会第四次会议,投票选举主席团继任人选。选举结果,张君劢、林虎被选为主席团主席。5月,《中华民国未来民主宪法十讲》一书由商务印书馆出版发行。此书是张君劢1946年7月在上海愚园路民社党中央总部举行演讲讲稿的汇集。6月7日,国民政府公布宪法说明书起草委员会组织规程,该会设置委员10人,由国民政府主席遴选,委员为孙科、王宠惠、王世杰、张君劢、蒋匀田、陈启天、常乃德、王云五、雷震、浦薛凤,孙科为召集人。12日,在天津《海涛》自刊上发表《间接民权与直接民权》一文。7月5日,在《再生周刊》第171期上发表《抗战中之三篇言论——吾人立场与民族生存战争中的三字诀》和《在民主社会党广东省党部成立大会上的致辞》两文。12日,在《再生周刊》第172期上发表《抗战中之三篇言论——清明政本以救危亡建议案》。19日,在《再生周刊》第173期上发表《抗战中之三篇言论——太平洋战起致国民党中执会诸公书》。27日上午9时,在励志社第三招待所拜会魏德迈,对国内目前政治、经济、财政、外交、军事、交通等情形均曾谈及,约一小时始行结束。李璜一同前往拜会。29日,民主社会党第一次全国代表大会在沪举行。8月4日,张君劢被选为民主社会党主席。10月4日,《再生周刊》第184期刊登张君劢的《新宪法施行及培植之关键(中国民主宪法十讲之补讲)》一文。10月29日,与青年党李璜联名致信行政院长张群,抗议政府宣布民盟为非法团体。11月30日,作《〈立国之道〉新版序》一文,此文是为旧著《立国之道》再版所作的序。(参见李贵忠《张君劢年谱长编》,中国社会科学出版社2016年版;翁贺凯编《中国近代思想家文库·张君劢卷》及附录《张君劢年谱简编》,中国人民大学出版社2014年版)

常乃惪代表青年党出任政府职位。去年末至本年初,青年党中常会对于本党即将参加政府的人选本已商定,但为顺应舆情,于是召开中央委员全体会议再次讨论,议定曾琦、左舜生、李璜、陈启天、余家菊、常乃惪、何鲁之7人出任政府职位。曾、陈、余、何任国府委员,李璜任经济部长,左舜生任农林部长,常乃惪任行政院政务委员。5月,由于青年党内部人事纷争,常乃惪改为出任国府委员。6月,常乃惪由上海返回成都,因病于7月26日逝世。青年党人纷纷撰文纪念,多人提及常乃惪进入政府,"乃格于党命,非其志也"。(参见查晓英编《中国近代思想家文库·常乃惪卷》及附录《常乃惪年谱简编》,中国人民大学出版社2014年版)

余家菊4月18日作为青年党代表,被推选为国民政府委员。23日,参加国民政府成立典礼,并出席第一次国务会议。8月29日,参加国民政府举行的第十次国务会议。9月1日,在上海鹿都花园,参加中国青年党第一届全国代表大会,当选为中央执行委员会常委。是年,青年党参加国民政府和行政院,与曾琦等同为国民政府委员。(参见余子侠、郑刚编《中国近代思想家文库·余家菊卷》及附录《余家菊年谱简编》,中国人民大学出版社2013年版)

施复亮1月31日出席上海民盟总部举行的招待会。3月14日,施复亮在《时与文》创刊号上发表《中间派的政治主张》一文,将张东荪提出的"中间性的政治路线"发展成"中间派的政治路线"，简称"中间路线"。这条政治路线，就是一条企图用和平合作的方式来实现政治民主化、军队国家化和经济工业化的政治路线。具体地说，一要建设新的民主主义的政治，在形式上是英美式的民主政治，但绝不许它成为少数特权阶级所独占的民主政治，必须把它变成为多数政治；二是要建设新的资本主义经济，在发展生产力方面，主张尽量利用资本主义生产方式的各种优点以促进整个国民经济的迅速工业化，在调整生产关系方面，主张尽量革除资本主义生产方式的各种弊端，采用进步的社会政策以保障劳动大众的职业和生活。同时，提高农业的生产力和农民的购买力，主张立即实施进步的土地改革；三是在阶级关系上，主张跟工人贫农合作，共同反抗官僚买办资本家和大地主的压迫；在党派关系上，主张跟左翼党派合作，共同制止右翼党派的反动政策，但需保持自己的独立的政治立场。张东荪《追述我们努力建立"联合政府"的用意》《和平何以会死了》和《美国对华与中国自处》等文发表后，施复亮接着又在《时与文》上发表了《中间派在政治上的地位与作用》《中间路线与挽救危局》等文章，在当时舆论界掀起了一股鼓吹"中间路线"的政治思潮。张东荪、施复亮、傅雷等人成为当时舆论关注的焦点人物。（参见何胜民编著《施复亮年谱》，商务印书馆 2019 年版；左玉河编《张东荪年谱》，群言出版社 2014 年版）

傅雷 2 月将所译斯诺和史各脱有关苏联问题的文章，编成《美苏关系检讨》出版，认为应该本着客观公正的立场来处理美苏关系，反对一边倒。3 月，"痛改"杜哈曼《文明》的译稿，并作《译者弁言》及《作者略传》。5 月由南国出版社出版。4 月，翻译斯诺《美苏关系检讨》，生活书店以知识出版社名义刊印 200 本。译者代序《我们对美苏关系的态度》先连载于 4 月 24 日和 25 日《文汇报》。7 月 22 日，作《所谓反帝亲苏》一文，刊于储安平主编的《观察》第 2 卷第 24 期。夏季，因患肺病去庐山疗养。（参见《傅雷文集·书信卷》附录傅敏、罗新璋《傅雷年谱》，安徽文艺出版社 1998 年版）

楚图南 1 月出席民盟中央在上海召开的二中全会。7 月，《人民诗人闻一多先生》刊于《闻一多逝世一周年纪念集》。9 月《刁斗集》由贵州文通书局再版，改为七集 34 篇文章。10 月，所辑《民歌拔萃》刊于《诗创造》第 4 期。11 月，所辑《民间情歌》刊于《诗创造》第 5 期。同月，国民政府宣布民盟为非法组织，民盟转入地下，他和一部分民盟领导人转移到香港，为恢复民盟奔走。而后回上海。是年，译完《希腊的神话和传说》一书，交付出版社，预支部分版税作为赴解放区的经费以及留给家人的生活费；所译德国尼采所著《查拉斯图拉如是说》和《看哪这人》两书，贵州文通书局纳入"世界文学名著丛书"出版。

按：次年，上海文通书局再版；湖南人民出版社于 1987 年再版前者，署名改为楚图南；改革出版社于 1997 年将两书收入《尼采文集》，署名楚图南。（参见麻星甫编著《楚图南年谱》，群言出版社 2008 年版）

王昆仑在上海所住医院的周围布满可疑之人，据可靠消息：他和曹孟君都上了特务的黑名单。王昆仑找来在法学院读书的女儿王金陵，谈了自己的历史，一旦被特务暗杀，希望女儿替父亲报仇。10 月 7 日，中国民主同盟中央常务委员兼民盟西北总支部主任委员杜斌丞被害前后，王昆仑得到准确的消息：他和妻子曹孟君都上了蒋记特务的黑名单。不久，从内部又得到消息：曹孟君在敌人黑名单上是第二名，王昆仑是第十名。组织上经过慎重研究决定：曹孟君立即搬到胡绣凤（胡是地下党员，是女作家关露的姐姐）的家里去住；王昆仑继续在医院中治疗，设法出走香港。党组织为什么要王昆仑偕曹孟君出走香港，主要还是基于统战工作的需要。由于蒋介石在国统区实行高压政策和白色恐怖，民主爱国团体领袖人物相继出走香港。其中三民主义同志联合会的负责人谭平山、朱蕴山、柳亚子等，与中国国民党民主促进会(简称民促)的李济深、蔡廷锴等为适应中国革命形势的发展,几经协商,在香港筹备召开中国国民党民主派第一次代表大会,联合组成中国国民党革命委员会。王昆仑无论作为中国国民党的一位反蒋老战士,还是作为三民主义同志联合会的主要负责人,都应参预其事。另外,党组织考虑到他的特殊身份,还可以协调不同党派之间的关系,使之结成坚定的反蒋统一战线。

王昆仑因仍是国民党的立法委员,以及为蒋介石重点"关照"对象,几经思考后,认为只有打着赴美就医的旗号,离开上海之后再转赴香港。于是决定去南京找时任教育部长的朱家骅。再由教育部长朱家骅出面,以王昆仑赴美治病为由,给以视察美国中等教育的名义,向蒋介石提出申请,获批准。就在王昆仑和女儿谈话后不久,教育部终于批给了3000美元,并接到通知:可以办赴美的出国手续。经过王昆仑多方疏通,当局认同曹孟君陪王昆仑赴美考察。这样,他们就很顺利地办完了赴美的护照。接下来,他们又决定购买去香港的机票,然后化装登机,潜往香港。这一切办得都很顺利,似乎没有任何迹象被蒋记的特务侦知。就在准备离开上海的前夕,王昆仑和曹孟君在医院中进行化装。但王昆仑打着公派的幌子达到赴香港的行踪还是被特务侦知。遂通过关系向上海的地下党组织做了汇报。党组织经过缜密的研究,决定曹孟君暂时留居上海,伺机再去香港;王昆仑改由女儿王金陵陪同去美国,考虑到王金陵到美国之后需要读书,从十分紧张的活动经费中拿出20美金作为生活费。(参见王朝柱《王昆仑》及附录《王昆仑年谱》,花山文艺出版社1997年版)

翦伯赞继续任大孚出版公司总经理。1月22日,《正在泛滥中之史学的反动倾向》刊于上海《文萃》15—16期合刊。此文主要针对上年10月4日胡适所撰发刊词《〈文史〉的引子》以及胡适倡导的复古倾向而作。作者最后指出:"我要正告复古运动者,今天的青年,已经不是乾嘉时代的青年,他们是不会被玩弄的。他们对于专制独裁的暴政,不是容忍,而是反抗,他们决不会从斗争的前线退到'时代的后院'。"2月8日,在《文汇报》举办的"星期座谈会"上发言,题为《被扼杀被摧残的文化》,主要批判胡适。后刊于2月23日上海《文汇报》。2月间,由吴泽介绍到大夏大学讲"史学方法论"(即"历史唯物论")。3月9日,郑振铎在家宴请史学界朋友,请他们支持出版《中国历史参考图谱》,共有12位史学家题词,翦伯赞的题词是:"郑振铎编撰《中国历史图谱》,我认为这是中国史学界的一件大事。根据我个人研究历史的经验,图谱之于史实的究明较之文字的记录更为确实可靠,因为文字只能给与吾人以抽象之概念,而图谱则能给与吾人以具体之形象。概念之与形象,其相去不可以道里计。因此,我以为郑撰此书,与其称之曰《中国历史图谱》,不如称之曰《绣像中国史》。同时,我还要着重的指出这部书的出版是中国金石图谱第一次的通俗版.从此以后,中国的古器物图谱便会从有闲阶级的玩赏品一变而为人民大众学习历史的宝典。后来的历史研究者亦将藉此而获得事半功倍之效。我相信有了这部书,中国的历史便会从纸上浮凸起来,甚至会离开纸面,呈现出立体的形象。"

翦伯赞《中国史纲》第二卷(秦汉史)3月由上海大孚出版公司出版,新闻纸本。全书分两篇:一、中期封建社会的序幕,分四章述秦族建国渊源,秦代社会经济结构,政权性质、组织及发展与灭亡,意识形态及其变化。二、中期封建社会的确立与展开,分七章述西汉王朝之建立及其历史形势,两汉之社会经济构造,政权之性质、组织、发展及其崩溃,两汉之意识形态。这是第一部以唯物史观为指导的秦汉史专著,同时也是第一部秦汉通史。作者在序中说:"秦汉的历史直至今日,我们还没有看到一部完整的科学的专著;有之,只是以一个章目列于诸家通史之中。"而本书"以唯物史观为指导，广征各种文献以及简牍、汉画像砖石、碑刻、封泥等文物考古资料，在秦汉社会性质、经济基础、政治制度、社会文化、阶级斗争、民族关系和少数民族历史地位与作用等方面都提出了有价值的意见。作者富有诗意的叙事语言在凸现学术个性的同时，也吸引了许多并非史学专业的读者"。

按：王学典《翦伯赞学术思想评传》(北京图书馆出版社 2000 年版)认为：该书也存在一些不成熟之处，如对秦汉商业资本的作用作了夸大的估计，对刘邦、王充等历史人物的评价也因过分依赖阶级分析法而失之偏颇，还有某些史实不准确等。1947 年 6 月安志敏在《燕京学报》第 32 期批评说：1. 考古资料之不足。2. 忽视人类学、考古学之研究，对民种问题妄加臆断。3. 叙述之误谬。4. 插图缺出处及说明。"此书共达四十五万言，著者用力之勤，固令人钦佩，惜依据资料太少，未能充分利用考古资料，兼以个人主见其深，致歪曲事实颇多。对中外学者研究之结果，既未能充分利用，而个人之见解，又多无所根据，遂致虚耗精力，徒费篇幅，此古人所以深戒'不知而作'欤？"1959 年后，张传玺在翦伯赞指导下对此书进行全面修订补充，于 1983 年由北京大学出版社出版，被誉为"近四十年来大陆出版的水平最高的一部《秦汉史》"。

翦伯赞《中国史论集》第二辑 5 月由上海国际文化服务社出版。书中收集作者 1943 年至 1945 年间的代表性论文，共 18 篇。5 月 10 日，《现阶段的民主运动》刊于上海《现代新闻》第 1 期，系在《现代新闻》第一次座谈会上的发言。6 月 6 日，《学潮平议》刊于上海《时与文》第 1 卷第 13 期。20 日，《为学生辩诬》刊于上海《人间世》复刊第 1 卷第 4 期。7 月 1 日，《陈东与靖康元年的大学生的伏阙》刊于上海《大学月刊》第 6 卷第 2 期。9 月 1 日，翦伯赞在《历史社会季刊》第 1 卷第 2 期发表《魏晋时代之塔里木盆地及其与中国之关系》。28 日，《美军滚出中国！》刊于上海《文汇报》，系在上海"美军撤出中国周"文化教育界座谈会上的发言。7 月初，因特务破坏，停止在大夏大学教书。(参见张传玺《翦伯赞传》及附录张怡青《翦伯赞大事年表》，北京大学出版社 1998 年版；王学典《翦伯赞学术思想评传》，北京图书馆出版社 2000 年版；陈福康《郑振铎年谱》，三晋出版社 2008 年版)

侯外庐年初以《文汇报》总主编徐铸成委托郭沫若物色副刊主编，应邀主编《文汇报·新思潮》副刊(星期六出刊)，至 5 月 24 日该报被查封为止，共出 12 期。为《新思潮》供稿的有郭沫若、杜国庠、胡绳、周谷城、蔡尚思、夏康农、周建人、石啸冲、楚图南、赵纪彬、邱汉生、马寅初、向达等。2 月 10 日，《文汇报》第 4 版以"悲忿的抗议"为题登载侯外庐等的谈话，侯外庐认为："文明人与野蛮人的分野，要在中国试练。暴行是野蛮的，民主社会不允许它存在！"2 月 28 日，《文汇报》刊登消息"本报自明日起增辟六种周刊如下"，其中《新思潮》周刊由"侯外庐、杜守素、吴晗三先生编辑"。3 月 1 日，所作《新思潮的障碍》刊于《文汇报》第 8 版《新思潮》副刊第 1 期。文章引用颜元"文衰而返于实""文衰而返于野"，认为："他这里所指的'文'，是文墨时文以及中古的一切教条，而所谓'实'，是实事实学的近代理性世界；所谓'野'是有两个途径，一个为专制皇帝的文化统制，把思想封存，一个为农民叛变，使天下大乱。走到'实'的世界，他说前途是可以'转'的，而走到'野'的世界，他说前途则是在'激'。他惧怕'激'，而历史的悲剧，果来了清室文字大狱的野蛮政策以及稍后的洪杨之变。""我们读了上面的引文，对于当今的文化思潮的前途，不能不在'转'与'激'之间，发生取择的决策。"8 日，所作《思潮与制度·风气》刊于《文汇报》第 8 版《新思潮》副刊第 2 期。15 日，所作《温习"打不平"的文化号召》刊于《文汇报》第 8 版《新思潮》副刊第 3 期。22 日，所作《新纵横家的思想倾向》刊于《文汇报》第 8 版《新思潮》副刊第 4 期，署名"侯外庐"。文章认为："中国历史从战国纵横思想成为显学以后，一直到民国都在士大夫群中起着很大的影响,他们多以识时务的俊杰,纵横捭阖的智士,出现在政治舞台,施展一种策略至上主义,导说野心家。""凡纵横思想都有时务主义的现状改良外貌,然而凡时务主义思想都在本质上坚持维持现状的内容,因此,译成现代语便是自由资产阶级的妥协性。"29 日,所作《政治道德律》刊于《文汇报》第 8 版《新思潮》副刊第 5 期。同月,与罗克汀合著《新哲学教程》由上海新知书店出版。该书包括"哲学的对象和内容""唯物论与唯心论""辩证法唯物论""唯物辩证法底诸法则""辩证唯物论在自然界上的应用和检证""唯物辩证法底重要的诸范畴""辩证唯物论的认识论""人类思惟及哲学思想的发生"等 8 章。

侯外庐是春在党的领导下主持"中国学术工作者协会"的工作。4 月 5 日,《旁观与客观》刊于《文汇报》第 8 版《新思潮》副刊第 6 期。12 日,主编《文汇报》《新思潮》副刊第 7 期,刊载周谷城《新思潮之历史的意义》、马寅初《以德服人欤抑以力服人欤?》、蔡尚思《近代中国学术思想丛书例序》、纪玄冰《无类逻辑的放大》。19 日,主编《文汇报》《新思潮》副刊第 8 期,刊载纪玄冰《思潮论断想》、任白涛《新闻事业心理研究的重要性》、守素《漫谈接受遗产》、邱汉生《思辨篇》。26 日,主编《文汇报》《新思潮》副刊第 9 期,刊载胡绳《关于文化上的群众路线》、蔡尚思《李大钊的思想评介(一)》,以及编者回信。5 月 3 日,主编《文汇报》《新思潮》副刊第 10 期,刊载小诃《走在世界前面》、蔡尚思《李大钊的思想评介(二)》、孙泽瀛《作为一个大学教授的独白》、何贤春《顺潮流》、郑重之《发展五四文化运动的几个问题》。10 日,主编《文汇报》《新思潮》副刊第 11 期,刊载沈立人《从文化与历史论思潮》、李成蹊《思想自由的历史观察》、苏隽《"五四运动"与中国民主思潮发展史》。15 日,所作《论纵横家的商人思想》刊于《读书与出版》1947 年第 2 卷第 5 期。编者按指出:"本文是外庐先生和杜守素、赵纪彬二先生合撰的《中国思想通史》的一节。全书尚未完稿,闻将在新知书店出版。"17 日,所作《司马迁思想的悲剧性》刊于《文汇报》第 8 版《新思潮》副刊第 12 期,此文修改后收入《中国思想通史》第二卷第四章"司马迁的思想及其史学"第一节"司马迁的时代和他的著作的思想性"。24 日,所作《司马迁怎样说出墨者要旨呢?》刊于《文汇报》第 8 版《新思潮》副刊第 13 期。此文修改后收入《中国思想通史》第二卷第四章《司马迁的思想及其史学》第四节《司马迁所整齐的学术及其思想的人民性》。同月,侯外庐所著《中国近世思想学说史》(上下册)更名为《近代中国思想学说史》,由上海生活书店作为"新中国大学丛书"出版,其中有关章太炎哲学的章节为赵纪彬执笔。春夏之交,侯外庐病愈不久,请杜国庠、赵纪彬、邱汉生到狄思威路寓所,一起讨论《中国思想通史》第二、三卷的编写计划。6 月 14 日,作《中国思想通史》第一卷之"中国学术研究所序"。

按:序曰:"这部中国思想通史的写著,志在辨章学术,考竟源流。通之取义,仅谓贯通今古,揭发思想演化的因果,与断代研究或系列编述有所区别而已,非谓细大不捐,包括无遗。故斯书注重之点,特在于阐明社会进化与思想变革的相应推移,人类新生与意识潜移的密切联系。依据于联系观点为认识基始的规律,将它当做系列编著如政治思想史或哲学史的序论去看待,可以相得益彰的。""思维过程史的探讨董理,比自然过程史与社会过程史,更加复杂多面。故斯学最忌还原论断,把活泼的具体价值,概给以一线贯穿,而抹杀了主观形象与背面实指的错综关系。中国古代经典从汉朝以来支配着学人的思维者,有儒经释典道藏以及诸子百家之言,各人都有其性之所近,向之择取一件适合的外衣,披盖着自己的个性发现以及其与时代的证件关联。如果我们眩惑于其外衣的煊(渲)染,而不指出其实质上的别开生面之所在,则思想史就成了一群儒林僧道的心传纪录,博物馆所陈列的木乃伊罢了。为了揭开秘密,抉发疑难,所以斯书更特重各时代学人的逻辑方法之研究,以期追踪着他们的理性运行的轨迹,发现他们的学术具体道路,更由他们剪裁或修补所依据的思想方法,寻求他们的社会意识以及世界意识。""世界思想史有它一般的发展规律。中国思想史从文明社会揭幕与国家成立以来,亦顺依着这样一般的发展规律在进行着,并没有东方文化与东方思维的排他性的特异构成。然而中国史在世界史的总趋势之中,亦并非依样葫芦别无个性;相反地,它在一般的合规律的运动中,具有特殊的合规律的运动路径,在思想领域里更有它的生成和变革的传习,有它自己创造的特别语言文字,以及有它的处理人生与变革现实的特殊方式,不能和西方路径一概而论的。因此,斯书尤重在:一方面要全般地说明中国思想在世界文化发展中所扮演的脚色,有时不能不做对称比较的研究;他方面更要具体地指出中国思想发展的特别传统与其运行的特别路向,以期揭发出我国数千年来智识宝藏的真面目,进而凭藉这一遗产,以为所应批判地接受与发扬之明鉴。""以上三点是我们著作斯书所严守的概括方针,亦是用以自勉的崇高目标。能够做到几分,却不敢说,而实事求是的朴学精神与独立决疑的认识评判,时时迫使我们向这样的崇高目标去钻研探讨,亦所谓尽心力而为之而已。冷酷的境遇怎样对待沙漠里汲取泉水的人,实在不能想象的,而友好与读者的鼓励期待,新知书店沈静芷先生之不计出版困难而为学术贡献的效忠精神,则使我们尽力克服自己的困难,一步一步地按照预定计划来把它完成。这里,我们三个困学的同行者,至诚地希望着大家给我们以指正与批评!"

　　侯外庐所作《司马谈著诸子要指的用意》7月1日刊于《大学》月刊第6卷第2期,此文修改后收入《中国思想通史》第二卷第四章"司马迁的思想及其史学"第三节"司马迁诸子要旨的历史价值"。文中首先论述汉初道法"相为表里"的学风,认为司马谈论六家要指可从主客观两方面分析:"在客观的价值方面而言,这'整齐百家'的要指多从结果上去分析,虽不能概括全旨,但说出了部分的诸子真面目。""在主观的价值方面而言,要指除了把道家抬高地位,兼容百家而外,另有一种针对武帝思想统一的非难精神,这是前人所没有理会,而又异常之有价值的。"7月初,谭惕吾在立法院会议上质询国民党当局镇压学生,国民党行政院副院长张厉生说有侯外庐等"背后操纵"学生运动。谭惕吾会后即由南京乘夜车到上海叫侯外庐暂避。同时另一位在南京与何肇绪有直接联系的王工程师也赶来通知侯外庐躲避。于是,侯外庐先后在新闻专科学校校长陈高佣与上海港领航员、"小民革"成员金月石家住了两个多月,写完《中国思想通史》第二卷的前言——《汉代社会与汉代思想》。8月20日,所作《汉代社会新论》发表于《大学》月刊1947年第6卷第3—4期合刊,文中论述"汉代生产手段的社会性质""汉代劳动力的社会性质"和"汉代社会编制的诸特征"。同月,侯外庐与杜国庠、赵纪彬合著,中国学术研究所编辑的《中国思想通史》第一卷古代思想编由新知书店出版,署名为"侯外庐、杜守素、纪玄冰"。

　　按:此书封面简介云:"本书写作有两大特点:其一,以社会史为思想史的基础,理解古人用语一依其历史的实在所指为尺度,在历史的发展规律中评断其社会的意义与逻辑的正误,并在社会的物质生产方法的合法则性运动中,追求思想递变的动力,及其前后承藉的脉络,学派分合的根据。其二,以宇宙观与方法论的合一为依据,对于各派思想所藉以判断是非,辨别同异的知识论与逻辑学,均分别加以论述。""本书严守科学规范,完全从思想自身的发展中发现历史规律的具体相貌。它客观地证实出:思想的高潮每与社会的变革血肉相结。例如,第一个高潮,发生于殷末周初之际;第二个高潮,发生于春秋战国之际;第三个高潮,发生于明末清初之际;第四个高潮,发生于清末民初之际,等等。从这里又预示着:在目前,行将发生的第五个思想史上的高潮的必然到来。""本书的取材标准,以文献学的成果为基础,举凡典籍的真伪,章句的训诂,无论对于清儒及近人业绩,皆本诸不立异亦不苟同的谨严态度,慎予取舍,其取自前人者皆不掠美,其出于创获者亦当之不疑,要以真理的追求为旨归。"

　　按:据侯外庐《韧的追求》(生活·读书·新知三联书店1985年版)回忆:"当时,杜老在工商专科学校任教,纪彬是东吴大学教授,我除了中国文化学术工作者协会的工作外,也在工商专科学校兼一点课。我们三个都住在北四川路、狄思威路(今溧阳路)一带,相距不远,商讨问题,交换意见,都很方便。由于我们每个人都抓得很紧,又有我的《中国古代思想学说史》作底本,所以进度很快,不到一年,《中国思想通史》第一卷便完成了。""《中国思想通史》第一卷,无论在内容、体例方面,还是对古代思想发展阶段的划分,以及对许多问题的提法和全书的结构体系,基本上与《中国古代思想学说史》是相同的。但是,这个本子在内容上融会了杜老《先秦诸子思想概要》,纪彬《古代儒家哲学批判》中的宝贵见解和史料;而且对一些问题的论证,也进一步深入和严密了。""四十年代前期,我撰写《中国古代思想学说史》时,比较侧重研究春秋战国社会史的运动与孔墨显学继承、批判的演进之间的关系,当时是把孔、墨两家学派的方法论与学说体系分成两章对比剖析的。撰写《中国思想通史》第一卷时,决定专章论孔,这章请纪彬处理。纪彬大体按照我原论的逻辑,编排组合各节内容,同时把他在《古代儒家哲学批判》一书中《知能学习论》《两端异端解》两节很有见地的研究成果集中在一起,辟为该章末节。""《中国思想通史》第一卷孔子章的内容,尽然包括了我在《中国古代思想学说史》中评价孔子的论点和论式。不仅如此,通过纪彬的表述,将我原来过分吝墨而显得骨多于肉的病态,补充、解释得丰腴了。此间很见纪彬的功力,我诚恳地佩服他。应该承认,经过纪彬的编排补充的孔子一章,观点更容易被人理解和接受。另一方面,我也不能回避,丰腴了的表述,在文字运行之间,无形中遮盖了我前著论孔与郭沫若十分明显的歧见之棱角。纪彬的好意我能领会,纪彬的文字也是严密的,我应该尊重执行合作计划的同志的合理意愿。但是,每当想到郭老原本深知我个性,也熟识我的嶙峋病态,三十多年来,我反不免常常为这一变化而不安。""在社会史理论原则体现方面,我特别应该感激赵纪彬同志。纪彬早年持魏晋封建论,后经多年研究,于四十年代中期著《古代儒家哲学批判》时,已形成春秋封建论观点。当我们合著《中国思想通史》第一卷时,所有经纪彬执笔或增补的部分,凡涉及分期理论,他都严格按照秦汉之际封建论的论述原则表达文字,从而,保证了《中国思想通史》第一卷理论上的完整性。纪彬此举,对《中国思想通史》后来的合作者们都有影响。全部《中国思想通史》整体理论之得以统一,归功全体合作者,首先要归功纪彬慷慨、严肃的合作精神。"(参见杜运辉《侯外庐先生学谱》,中国社会科学出版社2013年版)

杜国庠继续在上海做民主人士和工商界上层分子的工作。5月20日,一夜之间,当局在上海各大学逮捕爱国进步学生数百人,或予关禁,或予杀害,妄图一举扑灭革命火焰。杜国庠对此极为愤慨,在大教联集会上慷慨陈词,抗议国民党蒋介石的暴行,并提议推举代表向上海市国民党当局抗议,营救被捕学生。7月19日,杜国庠作《〈近代中国思想学说史〉介评》,刊于8月15日《读书与出版》第8期。文中认为:"侯外庐兄这部一千多页的力作——《近代中国思想学说史》——上卷在重庆出版时,承他送我一部,读后颇感兴趣,曾写一短文介绍;下卷在排印中,也获得'先睹为快'的机会,原想写一总评,因复员而未果。以是机缘,我们遂常作思想史研究上的商榷,因而知道他的研究颇多深入之处,对于学术著作尤具真挚态度。现在这部书在沪刊行,觉得由我来写介评,或许能够说出它的真意所在,至少可以不至引起惹起无谓的纠纷。""通观全书,确能遵守着这一'朴实'的'实事求是'的方法。而其成就也颇有'独立自得'之处。""他的'实事求是'的作风,首先表现在对于社会史的确实把握……""其范围不限于狭义的哲学,这正适应于中国过去思想家的实在的情形,但著者对于科学的哲学早有甚深的研究,这是他所以能够那样深入的原因。"本书的"弱点"是:"有时引用多而说明简。""有时运用成语不及加以说明,对于初学的读者也便(表)现为艰深难懂的。"文章最后指出:"总而言之,读者如果能耐心阅读下去,我相信对于近代三百年来的思想史,一定能够得到一种新的似真的理解,至少也可以撷取书中丰富的暗示,学习著者的思考方法,跟踪着所引的资料,更进一步地深入研究,建立自己的新见解,那才算是读书有得的。"8月,侯外庐与杜国庠、赵纪彬合著的《中国思想通史》第一卷古代思想编由新知书店出版。(参见邱汉生《杜国庠传略》,《史学史研究》1984年第3期;杜运辉《侯外庐先生学谱》,中国社会科学出版社2013年版)

曹靖华年初仍在中苏协会。2月底,和谈破裂,中国共产党驻南京代表团全部撤离。撤离前两天,曹靖华到梅园看望董老。此时,办事处已全被特务包围,经董老严密安排,曹才得以脱险。5月,赴上海参加全国作协年会并处理中苏文化协会出版事务。是年,辑译《中苏文化》"裴定五十五岁寿辰纪念特辑":《引言》《作者自传》《三封信》《论〈城与年〉》《〈城与年〉本事》;辑译苏俄独幕剧选《白茶》,由开明书店再版。《恐惧》《远方》,由上海文化生活出版社出版;译《死敌》(苏·肖洛霍夫著),由上海文光书店出版。《油船德宾特号》,由读书出版社出四版。《望穿秋水》,由新群出版社重版。《梦》,由新丰出版公司出版。《城与年》,由上海骆驼书店出版。《铁流》,本年又出生活书店版、东北书店牡丹江分店周文改编版、解放区新华书店土纸本版、三联书店版、新中国书店版等。(参见冷柯(执笔)、毛粹《曹靖华年谱简编》,《河南大学学报》1984年第5期)

冯雪峰寓言《虾蟆国的议员们》《可尊敬的田鼠族长》《凶神的塑像》《狼和兔的互惠协定》以《拟寓言四篇》为总题1月22日刊于《文萃》周刊第2年第15—16期合刊,后收入《今寓言》。2月,国民党政府彻底破坏和平谈判,强迫中共驻在南京、上海、重庆等地担任谈判、联络工作的全部代表和工作人员限期撤回解放区。在撤退之前,周恩来曾对雪峰的工作任务作过指示。冯雪峰《自传》自述:"47年2月底3月初'联络处'被迫撤退之前,总理把我找去,指示我留在上海做些文化工作,仍以个人名义做些统战工作,组织关系保留在中央,有必要时可找江苏省委。"10月2日,编《丁玲文集》并作《后记》讫。《丁玲文集》于1949年3月由上海春明书店出版。《后记》曾以《从〈梦珂〉到〈夜〉》为题先在1948年1月出版的《中国作家》月刊第1卷第2期上发表,后又收入《论文集(第一卷)》。同月,1946年12月至1947年7月在上海所写寓言65篇结集为《今寓言》,由上海作家书屋出版。(参见包子衍《雪峰年谱》,上海文艺出版社1986年版)

胡风在元旦发表的《在上海》一文中开篇就语气沉重地说:"我的笔写不下'胜利'这两个字",因此只好用"外战结束"这一说法代替。在几天后为自己的批评文集《逆流的日子》所写的序言中,胡风对这种沉重的心情做了更为详细的说明。早在抗战结束前夕,作为批评家的胡风就感应到了埋藏在中国人民兴奋里的忧虑,"苦恼着将要到来的胜利不能是真正的胜利,苦恼着民族解放应以人民解放为真实内容的这神圣任务正受着极大的妨害"。胡风之所以将自己的文集命名为《逆流的日子》,就是因为他觉得,抗战结束以后的事实不幸证实了他的预感:"封建买办阶级所造成的政治逆流背叛了民族战争的神圣使命,保护了甚至培养了封建罪恶,妨碍了甚至残害了人民力量。"其中对政治上的"逆流"的批判还明确指向国民党统治的话,而对文艺"逆流"的指斥则不可避免地要触及自己阵营里的人。文中指出,本应"为人民代言"、成为"向着逆流的胴体刺击的武器"的新文艺,"在自己的阵营里面也经验着一种逆流的袭击",泛滥着"虚伪的声音,空洞的叫喊,冷淡的形象,以致腐烂的彩色"。"新文艺的热情的战斗的传统精神就临到了致命的考验。"

胡风接3月25日郭沫若信:"《新文艺》因为我的躲懒,弄得不大令人满意。今后数期拟由我自行负责编辑。请你为下期写一篇文章,能带指导性的最好。又你手里如有朋友的存稿,凡你认为可用的,都请你寄来。并望你帮忙征稿。关于编辑上你有什么意见,请你随时写出寄我。相处惜稍隔,可惜不易时常过从耳。"5月初,五四文艺节快到了,文协准备借此机会使大家聚在一起庆贺一下。胡风草拟了《文艺节公告》。3日,胡风与梅林去访从南京来的邵力子,谈文协的工作情况。梅林向他诉说没有钱又受压制的种种困难,希望得到他的支持,并请他参加下午的年会和文艺节招待会。邵力子都答应了。下午,召开文协年会,到的人不少,但气氛并不热烈。照例举行了理事和监事的投票选举。4日上午,举行文艺节招待会。招待会后,胡风应邀到三区百货业职工文艺晨会上讲了话。下午,又为三学生团体讲话。胡风除了讲述五四文化运动的起源和推动全民族的进步外,还抨击了当前的反民主的反动统治。几天后,又到青年文艺研究会去讲话。这里的人员成分比较复杂,但还都是要求进步的青年。5月19日,召开文协理事会。胡风仍被推为常务理事兼研究组组长。6月21日晨,胡风到北站坐9时的特快去南京,观看路翎著四幕话剧《云雀》的演出,并会会朋友们。

按:关于《云雀》,胡风写过一篇短文,第一句话就是,"《云雀》,是知识分子性格矛盾的悲剧"。又说:"《云雀》,虽然有四个人物,四种不同的代表的性格,但真正的主角却是通过这四个人物所宣示出来的,冷酷而磅礴的,轰轰然前进的现实历史自己。""性格矛盾,是历史内容的矛盾成分的反映。所以,《云雀》没有正面写社会问题或政治问题,更没有解答一个社会问题或政治问题,然而,它所显示的这些矛盾的性格以及它们之间的搏斗,是照明了包含着这一类的性格斗争在内的每一社会问题或政治问题的。""那么,面对着在伟大革命过程的历史舞台上面的这些知识分子,他们的苦痛和搏斗,他们的善良和卑怯,他们的复杂和单纯,他们的执着和虚浮,他们的死亡和越过死尸更坚强地前进,我们不是能够真切地感到人民力量底雄大,人民斗争的庄严,以及一切为了完成这个斗争的实际工作所要求的那种高贵的情操么?""悲剧,不应该是用死亡来压迫观众,不应该是用流血来恐吓观众……""我们说,这个知识分子性格矛盾的悲剧,它是为了提出知识分子在灰色战场上面的奋斗节操,它是为了证明悲剧应该能够达到乐观主义的战斗要求的。"

胡风10月19日上午到万国公墓,纪念鲁迅先生逝世11周年。无法租借电影院或礼堂,隆重地开纪念会。就不拘形式,大家围着新修整好的墓地凭吊,并自由发言,寄托哀思。到了有一百来人,除家属外,都是至亲和友人,及一些崇拜者,其中青年人很不少。下午,到梅龙镇饭店出席苏州一文艺团体的谈话会,内容也是纪念鲁迅先生的。后来去文协,与梅林、适夷等一起吃晚饭。是年,适逢普希金逝世110周年纪念。苏联方面准备重建一纪念碑,立一铜像,同时出一本纪念文集。1月27日,叶圣陶在文协总会会所召开普希金逝世110周年纪念会筹备会,决定纪念会主席团名单,中有胡风。胡风后作《普式庚与中国》。为重印吕荧译的《欧根·奥涅金》,胡风将纸型上的错字一一校出。想出得漂亮大方,就决定用大二十四开本,但在用纸和印数方面,好纸买不起,多印又没钱。不知是葛一虹还是姜椿芳提醒,可以向塔斯社的罗果夫提出请求帮助。胡风即去找塔斯社罗果夫,他答应平价出售几十令木造纸,于是胡风用这纸印了3000多本书,还从葛一虹出版的纪念画册中将那张彩色普希金肖像画多印了3000张。此书不但纸好印得漂亮,还附有两张彩色画像。印好后送到上海联合发行公司,贺老板看后一下子就要了1000本,还提前付了款。这使胡风很快就还了罗果夫的纸款。12月28日,与梅林同去买了一个花篮参加普希金铜像的揭幕礼。散会后被邀到苏联体育会参加俄侨的酒会。这可能是从鲁迅先生1907年介绍普希金以后最隆重的一次介绍。(参见《胡风全集》第7卷第五编《回忆录》,湖北人民出版社1999年版;林甘泉、蔡震主编《郭沫若年谱长编》,中国社会科学出版社2017年版;王丽丽《胡风的理论问题解析》(下),《中国现代文学研究丛刊》2003年第2期;商金林编《叶圣陶年谱》,江苏教育出版社1986年版)

叶圣陶1月2日与郭沫若、叶以群、洪深等联合抗议驻华美军侮辱与虐杀我国人民之暴行。5日,出席语文学会筹备会,通过缘起、章程,商定邀约入会诸友之名单。8日,修改《中国语文学会缘起》。27日,至文协会所,讨论举行普希金110周年纪念会之事。28日,至青年会,参加"一·二八"15周年纪念会。3月2日下午,中国语文学会假开明书店四楼衍福楼召开成立大会,到18人,通过学会章程,并推举叶圣陶、陈望道、郭绍虞、周予同、方光焘、魏建功、章雪村、朱经农、金兆梓等人为理事,郑振铎、马叙伦、郭沫若、徐蔚南为监事。13日,参加庆祝田汉50寿兼为创作30年纪念会。14日,至杏花楼,与诸友为曹禺(自美归)接风。22日,开文协理事会。25日,开明社大会,被选为监事。27日,参加中等教育研究会之座谈会,作演讲。29日,开文协理事会,为营救骆宾基事致电国民党政府主席和杜聿明司令,请即释放。同月,叶圣陶编《开明书店二十周年纪念文集》由开明书店出版。前有编者《序》,收录浦江清《花蕊夫人宫词考证》、郭沫若《考古记的年代与国别》、钱钟书《中国诗与中国画》、王了一《新训诂学》、顾颉刚《辛未访古日记》、翦伯赞《台湾番族考》等9篇文章。4月5日,至静安寺,文协与中苏文协联合公祭耿济之。9日,开语文学会第一次理事会。23日,开明社大会,纪念夏丏尊先生逝世1周年。25日,沈雁冰自苏归,叶圣陶到海关码头欢迎。26日,开文协理事会。28日,至郭沫若家,与诸友举行欢迎沈雁冰之宴。

叶圣陶5月2日至青年会,文协与中苏文协合开欢迎沈雁冰返国茶会。3日,文协召开会员大会,叶圣陶仍当选理事、常务理事。22日,出席语文教学设计实施计划委员会会议。31日,到虹桥公墓,葬耿济之之枢。同月,国民党当局决定恢复会考,全国学生群起反会考。18日,蒋介石发表谈话。国民党当局污诬"这次学潮有背景,受了什么势力的策动"。叶圣陶和柳亚子等88人在《朋友》半月刊第2期发表文章,驳斥"这次学潮有背景,受了什么势力的策动"的谬论,提出解决学潮宜采取的办法。6月18日,叶圣陶邀沈雁冰来开明书店作讲,谈访苏观感。7月21日,与友人集会共商出《刘大白全集》之事。8月2日,开文协常务理事会,议定对困窘之文友30人,各致送80万元;议定文协会刊《中国作家》由叶圣陶主编。9日,参加中国福利基金会之集会。同月起,《开明新编国文读本(乙种)》(共三册)由开明书店陆续出版,署名编者叶圣陶、徐调孚、郭绍虞、覃必陶。《〈开明新编国文读本〉序》:"这是乙种本,专选文言的,……在每篇文字之后,我们写了短短的几句,大多关涉文法方面。能在文法方面多加思索,距离通晓文言的境界也就不远了。"9月12日,书一联挽胡朴安逝世。16日,至祥生饭店,祝贺欧阳予倩夫妇60寿。同月,《中国作家》出创刊号。11月6日,往访俞庆棠女士,共商与友人发起为俞颂华开追悼会之事。9日,至玉佛寺,出席纪念弘一法师、夏丏尊、经子渊、震华法师之集会。12月7日,至"一家春",预祝章雪村60双寿;往静安寺,赴俞颂华追悼会。19日,将沈雁冰《苏联见闻录》书稿校读完毕,作广告辞。31日,出席明社之辞岁晚会。是年,叶圣陶等编《开明新编国文读本(甲种)》(注释本,共六册)由开明书店陆续出版。(参见商金林编《叶圣陶年谱》,江苏教育出版社1986年版)

茅盾4月20日乘上"斯摩尔纳号"轮返沪。25日下午,抵达上海。心中既高兴又惆怅。到码头迎接的有叶圣陶、戈宝权、叶以群等。回到寓所,就向前来采访的大群记者约略介绍了访苏的经过,特别谈了苏联出版和文艺界的情况。对在场的陈白尘说:"像你这样一个剧作家,假使在苏联的话,荣誉和生活享受,超过任何人。"28日下午,至开明书店叶圣陶处,谈及访苏观感,认为苏联中的小共和国最为舒适,对外大事,主要由俄罗斯共和国承担,小共和国又有自治权,人才在小共和国亦容易充分发挥作用。并告诉叶圣陶,替开明书店和中华书局所购的俄文书籍也已运到。晚,赴郭沫若寓所,出席朋友们所举行的"洗尘小集"。向朋友们谈了访问苏联的观感,认为进一步加强与苏联作家之间的交流和联系,十分重要。随后又回答了大家提出的问题。聚会直至深夜才结束。参加聚会的有郑振铎、洪深、熊佛西、沈钧儒、廖梦醒、史东山、许广平、陈白尘、叶圣陶、叶以群、戈宝权、田汉、傅彬然、阳翰笙、丁聪等。5月2日下午,出席中华全国文艺协会和中苏文化协会在八仙桥青年会举行的欢迎茶会。席间,向在座的各位谈了访苏观感。3日,中华全国文艺协会总会在上海清华同学会举办成立9周年纪念会,并改选理事。与郭沫若、巴金等一起当选。下午,应孔另境邀请至杏花楼,谈有关出版的事宜,在座的还有叶圣陶、蒋寿同等。4日上午,至黄金大戏院,出席文艺节庆祝会。在会上作了即席演讲,介绍了苏联文艺界的情况。在会上讲话的还有郭沫若、邵力子、胡风等。5日下午,与金子敦同去开明书店叶圣陶处,正遇曹靖华来看由苏联带回的书籍。23日,作《高尔基世界文学院及高尔基博物馆》,初收《苏联见闻录》。25日,应邀在小教联进会讲《苏联的印象》,介绍了苏联的妇女问题、人民生活、复兴工作、私有财产、教育和民主等方面的情况,听众近千人。

茅盾5月28日与郭沫若、叶圣陶、郑振铎、田汉、洪深等在《时代日报》联名发表《上海文艺界对当前学潮的呼吁》。29日,在《时代日报》发表《苏联的印象》。同月,应金仲华之约,开始着手翻译苏联作家西蒙诺夫的话剧《俄罗斯问题》。6月1日,《苏联作家的权益是有保障的》刊于《国讯》第4—5期。14日,译苏西蒙诺夫著《俄罗斯问题》连载于《世界知识》第15卷第23—24期,第16卷第1、5、7、8期。18日,应叶圣陶之邀,为开明书店同仁谈访苏观感。向诸位介绍了苏联职业青年、妇女、出版界的概况。与会者兴趣浓厚、频频发问,气氛热烈。7月7日,《苏联的出版情形》刊于《开明》新一号。同月,《群众是文艺的创造者》刊于《文艺生活》光复版第15期。8月3日,作《苏联职业教育的一面》,刊于日《国讯》第427期。收入《杂谈苏联》时,改题目为《苏联的职业教育》。19日晚,应郑振铎的邀请,与郭沫若、巴金、钱钟书等参加《文艺复兴》举办的聚餐会。9月14日,作《乌兹别克文学概略》,刊于10月1日《大学》第6卷第5期。同月,《论赵树理的创作》由华北新华书店出版;所译苏西蒙诺夫著《俄罗斯问题》由上海世界知识社出版。并附《前记》《译后记》。同月,《民间艺术形式和民主的诗人》刊于《文艺丛刊》第一辑《脚印》。本文收入《茅盾文集》第十卷时,改题为《民间、民主诗人》。云:"人民的嘴巴是封不住的。""中国的民主运动还有一段艰苦曲折的路必须通过。作为新时代鼓吹手的诗人不但要坚持人民大众的立场,并且必须使他的艺术形式能为人民大众所接受而喜爱。"11月1日,茅盾在《中国建设》第5卷第2期发表《苏联文学的民主性》。7日,《祝伟大的苏联人民更大更多之成功与胜利》刊于《时代日报》"伟大十月社会主义革命三十周年纪念特刊"。(参见唐金海、刘长鼎主编《茅盾年谱》,山西高校联合出版社1996年版)

巴金2月5日为文化生活出版社社务与刚来沪的吴朗西发生争执。就关于把文化生活出版社改组股份公司事达成协议,着手准备办理变更登记的手续。10日,参加上海8个文化团体在光华大戏院联合举行的普希金逝世110周年纪念会。3月13日,与柳亚子等出席田汉50寿辰及创作30年纪念。晚,至杏花楼与郭沫若、叶圣陶、曹禺等欢宴。同月,译俄克鲁泡特金作《社会变革与经济的改造》刊于5—6月《世界月刊》第1卷第9期,初收1948年6月文化生活出版社版《一个反抗者的话》,题为《跋》。此文系1919年底克鲁泡特金为《一个反抗者的话》所写的跋。约5月中旬,巴金收到法国明兴礼神父从巴黎寄来的Malvida Meysenbug的作品。24日,巴金致明兴礼信,除表示感谢外,还写道:"我喜欢罗曼·罗兰的早期的作品,比方他所著的《若翰·克利斯多夫》三部传记,大革命戏剧。他的英雄主义给了我很大的影响,当我苦闷的时候,在他的书中我常常可以寻到快慰和鼓舞,他使我更好地明了贝多芬的'由痛苦中得到快乐';靠着他,我发现一些高贵的心灵,在痛苦的当儿可以找到甜美,可以宰制住我的痛苦。他可做我们的模范和典型。'爱美,爱真,爱生命',这是他教给我的。我从他的作品中吸取了勇气,但不是他对我的影响最大,而是爱玛·高德曼,她对我的影响正好似 Meysenbug 对罗曼·罗兰一样……"(参见唐金海、张晓云《巴金年谱》,四川文艺出版社 1989 年版)

巴金 6 月 20 日乘船赴台湾旅行、访友。约 22 日,自台北基隆坐船返沪。6 月间,获悉挚友马宗融因公开反对当局逮捕学生,终被复旦大学解聘,遂登门安慰;不久,马宗融携带全家赴台北时,为之饯行并送别。8 月 19 日晚 6 时许,应郑振铎邀请,与郭沫若、茅盾、钱钟书等参加《文艺复兴》举办的聚餐会,表示:当前物价飞涨,有的刊物停刊,为支持《文艺复兴》办下去,即使不付稿费,也愿继续写稿。同月,接待自台北返沪度暑假及探亲的挚友黎烈文;编就自选集《巴金文集》,交上海春明书店,1948 年 1 月出版。9 月,整理旧译作,列入主编的翻译小文库,由文化生活出版社出版。有《过客之花》《叛逆者之歌》《我的生活故事》等。11 月上、中旬,为扩大文化生活出版社增加资金事奔走忙碌,经常看重庆文化生活出版社排好的几部稿子的二校样到深夜,还要忙于翻译。12 月 11 日,《答〈大公报〉副刊〈出版界〉编者问》刊于上海《大公报·出版界》"作家及其作品特辑",题为《巴金回忆面包略取,冯至怀念昨日之歌》。云:"我的第一本书是《面包略取》""原著者是克鲁泡特金,中译本在一九二七年出版。我自己的第一本书是长篇小说《灭亡》";并谈《灭亡》发表的经过,《灭亡》和《新生》的"续篇",是《黎明》,"我想在这部小说里描写我的理想社会,或者会把故事发生的时间放到二〇〇〇年去"。(参见唐金海、张晓云《巴金年谱》,四川文艺出版社 1989 年版)

曹禺 1 月由美国访问归来,抵上海。病,住院。暂居黄佐临家,并应允熊佛西,到新成立的上海市立戏剧学校任教。2 月 1 日,《文潮月刊》第 2 卷第 4 期刊消息:"曹禺上月抵沪之消息发出后,沪上友好均极注意,唯彼所搭乘之轮船,仅有其名而不见其人,迄今兼旬,仍未露面。究在何处?成为哑谜。但已由可靠方面证实其确返沪多日。"2 月 4 日,上海《大公报》"影剧哨"栏刊消息:"曹禺返国业经证实,现居佐临家,以旅途劳顿正在养息中。新任市立剧校校长熊佛西闻其归来,即聘其去剧校任教,曹禺婉辞不获,结果终于应允,对于剧校同学,此实一无上佳音,盖曹禺教课之佳,早为人所称道也,至所开课目尚未确定。"据介绍:"抗战胜利,随着教育复员的巨潮,在剧界同人的鼓吹与协助下,于是产生了'上海市立实验戏剧学校'。""至于教授,除原有的如熊佛西(校长),吴天(教务主任),顾仲彝(研究班主任、前校长),洪深(电影科主任),黄佐临(话剧科主任),李健吾,赵景深,安娥,严工上,吕祖鸿,桥本(日人)诸先生外,本学期又新聘了邱尔(训导主任),潘子农,洪谟,凤子,叶子及曹禺(万家宝)先生等,阵容之强,举国无比。"5 日,大华公司蒋伯英设宴为曹禺洗尘。席间,曹禺谈了美国百老汇的戏剧情况。同日,南京《大地》第 43 期刊署名村夫的《闲话曹禺》、署名文茫的《老舍曹禺在美国》二文。7 日,《海燕》第 2 年第 1 期刊消息《曹禺回国了》:"曹禺已因期满悄然无声的返国矣。"26 日,上海《申报》刊报道《考察美国文化曹禺抒述所见——对美电影颇有好评》。

按:报道载:"中国名剧作家万家宝(曹禺)氏……现已返国。渠对于百老汇及好莱坞,均有好评,谓美国各剧场现多排演硬性剧本,此事已使百老汇及好莱坞极度商业化之说不攻自破。一般人士对于百老汇之音乐之认识,亦多失实。万氏在好莱坞,觉察到美电影剧作家及制片家,均富有进取精神及远大之眼光。万氏曾在好莱坞电影剧作家协会谈论中国作家之问题,深感彼均乐与渠交换意见。渠为徇电影剧作家协会之请,曾就中国作家问题撰述专文,以供该会刊印。在渠留美之十个月内,教氏参观各大学之戏剧与文学部，并在各大学讲学，包括华盛顿大学、华盛顿天主教大学，芝加哥大学，加利福尼亚大学，科罗拉多大学，及耶鲁大学。渠并参观耶鲁大学之中文研究院。在纽约时渠应赛珍珠女士之邀请，在市政厅讲学，并经由国务院之国际广播部，向欧洲广播中国戏院之情形，并向中国广播渠对于美国戏院之印象。渠又出席纽约市全国戏院会议。万氏徇丹佛大学之邀，参加科罗拉多埃斯资公园之全国人道会议，旋又出席在该处举行之联合国文教机构及原子能会议。科罗拉多大学戏剧部献演万君之剧本之一《北京人》。万氏并出席在华盛顿西雅图举行之太平洋西北作家会议。并应加拿大政府之邀，在加拿大勾留一月。万氏于去年十二月底返华，现正从事于翻译欧琴·奥尼尔之剧本《冰人来临》一书。"

曹禺3月2日应中等教育研究会邀请讲演《戏剧与教育》。9日，应熊佛西之邀参加上海市立实验戏剧学校文艺晚会，并演讲，谈美国剧坛。13日下午，上海文化界、戏剧界、新闻界千余人在上海宁波同乡会为田汉50（虚岁）寿辰集会祝贺。郭沫若、沈钧儒、梅兰芳、周信芳、曹禺、柳亚子等出席。22日，被选为"国际联系委员会委员"。据载："上海全国文艺协会总会，曾于三月廿二日召开理事会，决议成立一国际联系委员会，推曹禺、萧乾、杨刚、马宗融、李健吾、戈宝权、胡风七人为委员；并通告各分会，凡有关对外工作，统由总会负责办理。会刊《中国作家》，推叶圣陶、靳以、适夷三人为编委，由叶圣陶任主编。"5月15日，上海《中外春秋》第28期第3版刊《沉默中的曹禺正在赶写名剧中！》。报道说："曹禺回国后，先翻译奥尼尔之《冰人来临》，未出国前之新剧作《桥》亦来不及接着写。现在连《冰人来临》，也无暇翻译，近日正赶写另一新作，剧名尚保守秘密中。""前几天曹禺游兴大发，同了柯灵、唐弢等人到联华摄影场去参观拍电影，与郑君里、黄佐临等导演谈笑甚欢。""曹禺在美参观好莱坞各影片公司，设备讲究之极，与我国之简陋设备真天地之别，但曹禺表示以如此设备拍出现在成绩之影片，真是国人之智慧与精神之胜利。""曹禺在美曾遇黄宗霑，黄宗霑言心念祖国，欲返国一行，训练一些新人才。"27日，在《中央周刊》第9卷第23期发表《今日的美国影剧》一文。文前说："这是曹禺先生最近自美国访问归来，应中央大学之邀所作演讲，对美国的影剧艺术及其趋向，观察颇为深刻。特将演讲词略为整理，以飨读者。"文说："参观了美国的戏剧与电影，再回过来看看我们自己，论技术，我们当然远不如人家，但是我们对于戏剧的观念是不错的，我们一向守着'文以载道'的原则，知道说话要对观众负责。当戏剧运动开始，我们介绍《黑奴吁天录》和《茶花女》到中国来，自始便当作问题剧来看，至今我们还觉得这条路子没有走错。商业化的恶劣倾向已经侵入了我们的舞台，戏剧正面临严重的危机，但戏剧工作者的生活艰苦，仍然咬牙坚持，并没有人因而改行，这实在是可以告慰的。"28日，与田汉、郭沫若、茅盾、叶圣陶、郑振铎、洪深、柳亚子、许广平、巴金等98人在上海《时代日报》联名发表《上海文艺界对当前学潮之呼吁》。

曹禺是夏经黄佐临介绍，加入上海文华影业公司任编导；开始创作电影《艳阳天》。7月31日，中华文协选出九届理监事，曹禺当选为理事。8月11—16日应救济总署之约，同张骏祥、《新民报》记者韩鸣"于十一日随行总赈分署马署长杰，赴黄泛区视察"。其间曾到河南尉氏县，目睹了尉氏县长（共产党）同美国救济分署署长辩论，揭露美国把粮食送给蒋介石打内战之情景，留下了深刻印象。14日返沪，与张骏祥应沪文化界邀请，于16日上午9时假中正路中段新声大戏院作公开学术演讲，听众达千余人，极一时之盛。10月1日，《世界》月刊第2卷第3期"九月艺文坛"栏刊消息："曹禺所作之剧本，红遍大江南北，久演不衰，虽屡次翻演仍然拥有观众，由此可见其写剧之不苟与功力之深。近日沪上剧坛因新剧作缺少。于是一般剧团又都转念头到曹禺的剧本上来，在最近这短短二个月之间，《北京人》《雷雨》《日出》《原野》，连续演之不已。"冬，整整写了六个月的电影剧本《艳阳天》完竣。

不日即自任导演，由文华影片公司投入拍摄。12 月 23 日，出席文协总会举行的理监事会会议。（参见田本相、阿鹰编著《曹禺年谱长编》，上海交通大学出版社 2017 年版）

菲菲 1 月 26 日在《新上海》第 52 期发表《老舍曹禺扬威美国》一文。文中说："老舍的《四世同堂》百万字的长篇小说，曹禺的《雷雨》《原野》《日出》等剧本，现在都由中美文化协会的工作人员日夜翻译，据说今年春天可以出版。先驱论坛报曾著文赞扬老舍和曹禺是中国最优秀的作家，和卖弄噱头骗钱的浅薄作者不可同日而语，这话是在骂林语堂，林语堂听了当然大不开心。好莱坞的负责人也到旅馆里去拜访过老舍和曹禺，他要求老舍和曹禺每人为好莱坞剧坛写一个剧本，悲喜剧悉听尊便，每一个剧本的代价是美金三万元，他还特别声明过去林语堂替好莱坞编剧本的最高代价是美金一万五千元，现在他愿出加倍的价钱来请他们写剧本，这件事使林语堂大塌其台，因为他在美国的地位，已完全给老舍和曹禺打倒。唯其如此，在任何欢迎或招待老舍曹禺的宴会上，林语堂始终不来参加，因为美国人已经毫不客气的戳穿他的噱头，再跑来参加，自己也觉得有些不好意思。"（参见田本相、阿鹰编著《曹禺年谱长编》，上海交通大学出版社 2017 年版）

陈霞飞 2 月 23 日在上海《大公晚报》发表《美国的戏剧——曹禺归来一夕谈》一文。文中说："谈到美国的剧坛，他看到的是歌舞剧的流行，例如《奥克拉马》《巡游世界》《克劳馥》等戏，其次是喜剧和地方戏，或嬉笑怒骂的戏。严肃的并不是没有，观众也非常欢迎。""谈起好莱坞的老板们对于中国的电影市场口味，真是大得很，华纳公司老板曾向曹禺请教，美国片子在华究竟应该推销，……假如国内时局稳定，他们还打算到各县镇自己开院子。曹禺的答复是：美国片子给中国人观众的是：美国人不是绑票就是抢人再是整天没事做，专门谈恋爱，事实这并不能代表美国人的全部生活，希望他们能够在今后的片子中纠正这种作风。"（参见田本相、阿鹰编著《曹禺年谱长编》，上海交通大学出版社 2017 年版）

蠡芳 3 月 15 日在上海《文艺春秋副刊》第 1 卷第 3 期发表《由美归国的曹禺先生》一文，此文分"他是悄悄的回来的""他是我们的戏剧使者""他对美国影剧的观感"三部分。文中说："曹禺先生回来时，悄悄的无声无息，这是他的性格，他最不喜欢铺张，他愿意在极自然的情形下面和他的朋友们和熟人们相会，所以第一次，是在观众演出公司同人的聚会里，他和大家握手，互相问好。于是大家你一句我一句的谈起了他到美国讲学的情形和这十个月来的他的生活"。"他到美国去，是被国务院请去讲学的，他自己的目的有二：一是希望能得到一笔捐款来为我们没有经济基础的剧场打打气……第二是要把我们近代的戏剧运动，介绍给美国的人民，这一点，他是成功了的，我们所走的一段路程，很令一部分美国人惊奇。""对于新大陆的演剧情形的了解，他是有一个深刻的印象的。""他说：虽然美国政府允许人民自由发表意见，但是当报纸完全操纵在许多托辣（拉）斯手里的时候，究竟用什么去发表意见，这意见又有谁能够听到呢？在这种情形之下，美国的电影艺术是被窒息了，他们没有新鲜的空气呼吸。同时，在很多剧作家的思想里，受了他们生活的影响，都有一种很有趣的看法，认为首先得使自己的经济生活有了基础，然后再来讲究构思艺术的创作，所以进好莱坞和写音乐喜剧只是暂时的。他们和我们作家的感情是不同的，我们作家的理想，不但要时刻贬斥这种个人主义的影响；而且热烈的要求自己能以人民的痛苦为痛苦，说得过激一点，我们的作家是以痛苦为骄傲的。"（参见田本相、阿鹰编著《曹禺年谱长编》，上海交通大学出版社 2017 年版）

陈寿 5 月 5 日在上海新创刊的《人人周报》发表《曹禺的家世》一文，此文是较详细讲述曹禺家世之第一篇文章,极具史料价值。为说明该文真实性,该刊特作编者按。按曰:"陈寿君是本报一位采访记者。他为曹禺家世找出这样的材料,令人感动。编者本人就是文中所述云苏公的嫡孙。闻先父寿梅公及家人谈及宗石大哥却只与我家来往,呼先父为桂叔。陈君此文自有相当真实,但恐难免遗漏。本人生于北平,未回潜邑,也不能有所补充。希望读者继续供给可采的事实。如能引起'吾家曹禺'的兴味,写一篇自传或幼年回忆一类的文字,那就不胜盼祷之至了!"26日,上海《人人周报》第1年第4期刊万戒甫《出世丧母的曹禺》一文,此文系万戒甫对陈寿《曹禺的家世》一文的更正。该刊编者按:"本报创刊号所载陈寿君之《曹禺的家世》一文,编者唯恐遗误,曾附言希望读者供给可采的事实。兹奉家族叔戒甫先生(大排行居八,堂叔祖德如公之幼子,德如公系伯曾祖时醇公所出,时醇公系曹禺高祖珏田公的三弟,与先曾祖九华老人为同胞,即陈寿君文中所述廷琇公之子)来书,更正一点,谓曹禺生母产后即病故,并对族兄宗石晚年及曹禺幼年的遭遇有所补充……"(参见田本相、阿鹰编著《曹禺年谱长编》,上海交通大学出版社2017年版)

蒋敦7月1日在上海《世界》月刊第1卷第11期"一月人物"栏载《曹禺——中国第一流剧作家》,文中就曹禺创作提出新视点。他说:"他一方面由现实中发掘他的材料,但构成他创作思维主线的,还有赖于人类文化的总积累——书籍!他是一个剧作者,他的外国文特别好,从古希腊的悲剧,古典派的浪漫派的作品到自然主义现实主义的剧本,他都博览过,所以他的剧作中多少都受着外国名剧的影响,如《雷雨》部分的是受着易卜生《群鬼》的影响,《原野》部分受《奥利尔》《琼斯王》的影响,《蜕变》受电影剧本《白衣护士》的影响,《正在想》部分受理格烈(The Red Veluet Gant)的影响,但受影响决不是生硬的因袭,而是说明了无论那一种文艺创作都是源远流长的,像金字塔一样,要有深厚广大的基础,才能有惊人的高度,曹禺的博览群书与对各阶级层生活的观察便构成了他创作的深厚的基础,才有他今日的最高的成就!""他每一个剧本都是他心血的结晶,而且他是有名的难产作家,但是他一部作品出现,就成了中国剧运上的里程碑,我们希望他这次由美国带回更多的收获,再为吾国文艺界戏剧界写出一部辉煌的杰作为世界文化的宝库中增一颗珍珠!"(参见田本相、阿鹰编著《曹禺年谱长编》,上海交通大学出版社2017年版)

田汉1月1日出席上海文化函授学院新年聚餐会,并作演讲。月初,与郭沫若、郑振铎等受聘担任苏联塔斯社远东分社社长罗果夫发起组织的普希金纪念集编辑委员会名誉编辑。同日,出席上海戏剧专科学校声援"上海摊贩事件"的集会,并发言愤怒谴责国民党当局对人民群众的迫害。6日,在上海《新闻报·艺月》第16期发表《我们该有声音了!——略谈一九四六年度剧作》一文,说:上年度"戏剧创作的消沉萎缩"是因为"一种透骨的严寒僵冻了作者们的手和舌,阻滞了他们情绪的高涨"。2月4日,与洪深、熊佛西、周信芳等出席上海市戏剧院同业公会、伶界联合会、文化运动委员会以及戏剧电影协会等团体联合举行的扩大庆祝戏剧节筹备大会。8日,与邓初民、胡风、洪深、李健吾等出席《文汇报》第五十六次星期座谈会,在发言中说:"过去这一年,一方面是把握不住胜利后的发展而存有若干幻想,一方面是对新的局面捉摸不定,所以正确的、结实的作品就不多。"座谈会记录载23日上海《文汇报》。15日上午,出席在黄金大戏院举行的第四届戏剧节纪念大会,并作发言。17日,与阳翰笙、陈白尘等出席复旦大学为补祝戏剧节而举行的戏剧晚会,并作演讲。18日,主持在虹口溏沽路27号文艺小憩举行的平剧改革两周座谈会,并亲作记录。3月3日,《改革的福音——记第一次平剧改革两周座谈会》刊于上海《新闻报·艺月》第23期。田汉在发言记录正文前简略回顾了近三年平剧改革大业和整个中国社会十年平剧的发展情况。4日,田汉主持平剧改革第二次双周座谈会,并作总结发言。

田汉3月13日庆50(虚岁)生日。下午,上海文化界、戏剧界、新闻界千余人为其50寿辰而在宁波同乡会集会祝贺。郭沫若、沈钧儒、梅兰芳、周信芳、曹禺、柳亚子等出席。此次大规模寿庆活动事先由于伶征得中共驻沪办事处负责人之一董必武的同意,董必武指示要诚诚恳恳地搞好团结,谨慎小心,显示戏剧界团结的威力。田汉在会上致答词,希望大家不要为当前的困难所沮丧,要永远为人民服务,并表示:自己永远站在这块土地上,作中国人,好好利用这块土地。5月初,与梅兰芳、周信芳、阳翰笙、熊佛西、虞文、洪深等出席上海文化戏剧界"两周座谈会"。3日,出席"文协"在清华同学会举行的第九周年年会,并作发言,希望"造成一个有声的中国"。会上当选为该会第九届理事。4日上午,出席"文协"在黄金大戏院举行的第三届"五四"文艺节庆祝大会,为主席团成员。28日,与郭沫若、茅盾、叶圣陶、郑振铎、洪深、柳亚子、许广平、巴金、曹禺等98人在上海《时代日报》联名发表《上海文艺界对当前学潮之呼吁》。6月28日,作《中国戏剧现代化问题——质古尔古尔梦博士》一文,刊于30日上海《新闻报·艺月》第32期。文中对同月18日上海《大公报》译载的挪威古尔古尔梦博士的论文《中国舞台的前途》中的一些观点提出不同意见,尤其对该文所持全盘否定中国话剧运动的错误看法作批驳,说:"三十年来中国话剧工作者对祖国解放事业与戏剧艺术的光辉寄与,是不愧对任何友邦剧坛的。"7月22日,出席上海文化戏剧界"两周座谈会",商讨平剧改革事宜之推进方案。28日,与郭沫若、力扬同赴大场访问育才学校,以纪念陶行知逝世1周年。同月,与阳翰笙、于伶等集体创作的话剧剧本《清流万里》由上海新群出版社出版。该剧通过一群文化人自抗战时期的重庆至抗战胜利复员到上海的一段生活经历,反映了中国文化工作者在抗战中蒙受的苦难,表现出他们"从不在困难前面屈服,而是为真理为民主鞠躬尽瘁,死而不已"。11月3日,在上海《新闻报·艺月》第43期发表《AB对话》,以对话体形式分析影片《忆三日江南》中的几个人物形象,说:中国进步电影界靠着"一点求光明求进步为正义战斗的精神"与美国电影相争,"总想通过电影替人说出点什么,呼号点什么。这点精神是好的。倘使连这精神也没有了,那中国电影真完了"。(参见张向华《田汉年谱》,中国戏剧出版社1992年版)

任鸿隽2月3日回到上海。5月10日,在《观察》第2卷第11期发表《留美学界的几个问题》。16日,《现代文丛》第1卷第7期发表《今后国家的出路》,编者注:"转引自《大公报》"。7月12日,在《观察》第2卷第20期发表《为本届大学毕业生进一言》。8月11日,国立北京大学行政会议第47次会议决议事项:校长报告,中美教育文化基金董事会总干事任鸿隽先生谈,可在基金董事会代管部分内,借予本校美金约10万元;法学院院长周炳琳报告,监狱官专修科本年仍拟缓办。会议还讨论了医院的收入、利息分配使用和聘任事项。28日,出席联合国教育科学文化组织中国委员会成立大会。8月30日至9月1日,出席由中国科学社(第二十五次)与中华自然科学社、中国天文学会、中国气象学会等在上海举行的七团体联合年会。9月15日,联合国文教组织中国委员会举行首次执行委员会议,当选为自然科学委员会委员。(参见樊洪业、潘涛、王勇忠编《中国近代思想家文库·任鸿隽卷》及附录《任鸿隽年谱简编》,中国人民大学出版社2013年版;王学珍等编《北京大学纪事(1898—1997)》,北京大学出版社1998年版)

李登辉已卸下复旦大学校务,叮嘱经常接近他的几位文化界、工商界朋友如端木恺、周孝伯、钱新之等人，共同发起一个和平统一运动。因钱新之等人不甚赞同而作罢。3月，登辉堂开始兴建。5月，感旧道德之沦替，与陈传德谈及校训取义，叮嘱陈传德下学期到中学部为学生讲演《四书》经义，"俾得稍知旧道德"。6月11日，去年成立的复旦大学校友会台湾分会，拟于7月举行年会，函邀李登辉前往与会。是时，李登辉双目已失明，由其口授，老秘书季英伯执笔作复。7月5日，复旦抗战胜利后第一次毕业典礼在新落成的"登辉堂"举行，李登辉发表最后一次公开演说："特别是在中国，我们还需要团结，全体人民的团结，中国才有希望。""服务、牺牲、团结，是复旦的精神，更是你们的责任。"7月30日，突然中风，遂卧床不起。11月16日，密律根夫人前来探望，谈及往事。李登辉伤心过度，神经深受刺激，引发脑溢血。当晚即未进食。虽经复旦校医及老友刁信德博士悉心诊疗，未见效。11月19日晨，脑溢血引发肺炎。下午4时，李登辉以肺炎不幸在华山路寓所逝世，终年76岁。留下遗言：以胞弟登山第三子贤政为嗣；死后与爱妻汤佩琳合葬于八字桥长老会公墓。复旦校友们组成以于右任、邵力子为正、副主任委员的治丧委员会，吴国桢、潘公展、方治、奚玉书、章益等百余人为委员。11月21日下午2时，李登辉遗体在万国殡仪馆按照基督教仪式入殓。3时，由谢颂羔等牧师主持，为李登辉祈祷祝福。颜惠庆在发言中称誉，李登辉为我国数十年来仅有二十余位留学生中道德学问造诣最高者之一人。22日，李登辉遗体与汤夫人合葬于八字桥长老会公墓。28日，李登辉治丧委员会已募集3亿元，收到现款8000万元，除治丧费用开支外，还决定出版《哀思录》若干册，余款将设李氏奖学基金。12月11日，国民政府发布褒扬令，盛赞李登辉一生的办学功绩，并将生平事迹宣付国史馆。12月21日，胡秋原在《东南日报》发表《悼李登辉先生》一文。21日下午2时，李登辉追悼大会在复旦登辉堂举行。全国各地复旦同学会（校友会）亦于今日同时举行追悼会，以悼念这位把毕生精力贡献给复旦的教育家。

　　按：胡秋原《悼李登辉先生》曰："在中国近代教育史上，蔡孑民先生在北方首先树立思想自由的学风，而在南方，则复旦大学一直保持思想自由传统者，是先生最大的功劳。"称李登辉是"一个真正的基督徒、一个真正的爱国者、一个真正的自由主义者"。"何谓真正爱国者？爱国谈何容易，其实真正爱国者是并不如想像之多。自从爱国成为口头禅，不少的聪明才智之士，或者受政治不良的刺激，成为民族虚无主义者。或者歆美外国的文物，成为民族自卑主义者。承认国家的忧患与落后，然信任自己的民族亦能有其伟大的将来，即自己以整个的生命从事于一种神圣工作，以谋国家的进步与复兴，这便是我所说的爱国者。先生便是这样一个人，而将教育看作救国根本事业的。大概一个受过外国的统治，而同时具有外国最高文化水准者，必能比任何人更深刻地感到祖国的可爱。先生出生于华侨的家庭，受过完全的西方教育，他知道西方，也知道中国。将中国提到西方的水准，是必要的，可能的。必须了解这一点，一个人才算知道如何爱国。在这一点，先生和孙中山先生是经过同一种精神体验的。但先生毕生尽瘁的，是与中山先生不同的事业。孙先生是一政治家，李先生是一教育家。他和革命党人有深厚交谊，并不断在国家最艰危的时候，挺身领导救国的运动，然他不曾参加实际政治，不曾加入任何政党和政府。这不是立略鸿高，而无非觉得，他献身于教育，较之从事政治更能胜任而愉快。"（参见钱益民《李登辉传》及附录四《李登辉年谱简编》，复旦大学出版社2005年版）

　　章益继续任重庆复旦大学校长。元旦，复旦同学七八百人由虹口公园经四川北路游行示威，沿路高喊："反对美军暴行""美国兵滚回去"等口号。下午，游行队伍在外滩公园与10所大专学校、16所中等学校同学一起共1万余人，排列成浩浩荡荡的队伍，沿南京路示威游行，对社会影响很大。同日，方令孺、洪深、张明养、陈子展、沈体兰、楚图南、吴泽、殷葆瑑、杨岂深、邱汉生、郭绍虞、漆琪生、吴剑岚、章靳以、郑太朴、余遂辛、盛叙功、赵纪彬、吴文祺、曹亨闻、潘震亚、周予同、周谷城、曹未风、张志让、周伯棣、张孟闻、蔡仪、张伯篯、卢于道、马宗融、孙泽瀛、萧乾、胡文淑、张定夫等37位教授发表《正告美国政府的意见书》,指出中国学生的抗暴行动,"按之正义与政治上之需要,均甚正确,应予声援"。这场抗议驻华美军暴行运动持续到3月上旬,成为蒋管区人民斗争新高潮的一个标志。3月,国民党当局在北平市实行大逮捕,逮捕市民、教师、学生等2000余人。上海市大学教授抗议非法捕人,发表《保障人权宣言》,在《宣言》上签名的共66人,其中有复旦教授张志让等39人。5月18日,复旦系科代表大会决定提出"抢救教育危机运动",并推派汪汉民、吴承毅、鲍静佩等5位同学,代表复旦同学去南京,和南京同学一道请愿。19日,复旦同学欢送晋京代表,并游行示威,提出"抢救教育危机""反内战,争生存"的口号。5月20日上午,发生震动全国的南京"五·二零惨案"。23日晚,晋京代表回校向同学们汇报"五·二零惨案"的情况,特务分子通知军警把会场子彬院包围起来,出去一个就逮捕一个。当晚有5位同学被捕。对于国民党军警无理包围学校、逮捕学生、迫使同学罢课一事,复旦教授深表同情。24日上午,教授们召开会议商议对策,当场宣布罢教抗议,声援同学。洪深、潘震亚、陈子展等14位教授联名发表《我们对于此次学生请愿的意见》,指出学生要求"增加教育经费,要求改善教授待遇,增加学生公费,并且呼吁和平,反对内战",不独无法非难,而且能促使问题解决。政府对于赤手空拳的学生加以逮捕、加以殴辱,"正是制造纠纷",希望能早作合理解决。暑假,洪深教授被解聘,张志让教授、周谷城教授分别被解除法学院院长和史地系主任的职务。同学被开除者16名,以各种借口被迫离校者达100余人。暑假以后,学生运动转入低潮。是年,在政府拨款和校友资助下,复旦建筑了大礼堂(登辉堂)、金工厂、小学校舍、农场仓库、农产加工厂及牛舍等。其中大礼堂成为学校的主要建筑之一。(参见《复旦大学百年志》编纂委员会编《复旦大学百年志:1905—2005》,复旦大学出版社2005年版)

　　陈望道年初加入地下党领导的大教联。2月14日,同上海文化界人士叶圣陶、郭沫若、马叙伦、胡朴安、金兆梓、朱经农、郭绍虞、方光焘、吴文祺、周予同、郑振铎等发起组织"中国语文学会",并起草《缘起》一文。3月2日,"中国语文学会"在上海成立,陈望道、叶圣陶、章锡琛、郭绍虞、周予同、方光焘、魏建功7人为理事,马叙伦、郭沫若、郑振铎3人为监事。5月,华东地区16所高等院校的"大学教授联合会"成立,陈望道任联合会主任。中旬,陈望道被选为大教联请愿代表团代表,赴南京抗议国民党政府长期拖欠薪金,并提出增加教育经费,提高教职员待遇,增加学生伙食费等要求。24日,同洪深等14名教授联名发表《我们对于此次学生请愿的意见》,罢教抗议国民党军警无理包围学校逮捕学生迫使学生罢课一事。31日,针对5月26日"国权路血案"及5月30日凌晨国民党反动派举行全市性大逮捕,复旦被捕11人,全市被捕50余人的严重事件,陈望道、周谷城、洪深、陈子展、吴剑岚等99人联名发表罢教宣言,以示抗议。为营救同学,教授们到处奔波。11月,复旦老校长李登辉逝世,陈望道作《悼李老校长登辉先生》祭文,称赞李校长是"复旦传统的象征,也是校长最好的典型"。是年,陈望道在《国文月刊》上发表《试论助辞——纪念〈马氏文通〉出版五十周年》。(参见上海鲁迅纪念馆编《陈望道先生纪念集》,复旦大学出版社2006年版)

　　周予同元旦列名复旦大学37位教授发表《正告美国政府的意见书》,抗议去年12月24日的"沈崇事件",声援学生的抗议活动。1月16日,《明社一年》刊于《明社消息》第18期。文中写道:"我们明社的本质不仅仅是普通的同人组织,也不仅仅是从事于业务活动的团体,而是含有高度的教育意味与作用的。……教育的最高境界是把一个人教育成一个

'人'，是把一个人教育成一个合理的社会的'人'。而明社，我们的明社，在在负起了这伟大的任务。"同月，《几部青年时代最爱读的书》刊于《读书通讯》第124期；《冲破学校教育的围墙》刊于《活教育》第4卷第1期。2月19日，开明书店召开第十届第一次董事会，修订董事会章程。受聘为襄理。3月2日下午2时，中国语文学会召开成立会，被选为理事。3月9日，应邀出席郑振铎家宴，与史学界友人相聚，郑振铎请各位支持出版《中国历史参考图谱》。11日，为郑振铎《中国历史参考图谱》撰写题词："振铎是我们的朋友中生命力最充沛的一位。他有傻想头，也有傻劲。他时常有将全生命贡献给值得贡献的事物的心。近十年来，他将生命力毫无顾惜的耗在'笺谱''版画'的搜集与印刷上，最近更耗在《中国历史图谱》上。这都是近于'前不见古人，后不见来者'的傻工作，然而在这工作的背后，似乎藏着'怆然而涕下'的伤感。这社会，这民族，这国家，只会使有傻想头和傻劲的人这样的做。写到此，我只好掷笔三叹了！"贺昌群："古称左图右史，图以示空间，史以示时间，时空相交而成人事，求时间于空间之外，求史事于图谱之外，不可得也。郑振铎先生《中国历史参考图谱》，聚此数千年之古文物以及山川胜迹，关系吾国历史文化之巨者，取精用宏，裒之成辑，以嘉惠士林，使读者浏览斯图，即可了然吾国历史文化之变迁，掬数千年悠久之时间与数万里广袤之空间于盈盈几案之上，从事之为劳，而展读卧观之为逸也。振铎先生二十年来，于元明小说戏曲之精刊孤板画图像之影印，已尽流传之功。其为人勤愤勇迈，富于热情，凡事有'知其不可而为之'之概，孤踪独造。其学则淹博，故能六辔在手，而卒底于成。他日读斯图者，当知盘中餐，粒粒皆辛苦。"高度赞扬郑振铎《中国历史参考图谱》这一意义巨大的工程，后刊于《文艺复兴》第3卷第2期及5月1日上海《大公报》。

> 按：《郑振铎日记》1947年3月9日条："近午，伯祥、伯赞、谷城、予同、沫若诸人陆续来，谈笑甚欢，酒喝得不少。……他们写了不少介绍词。"然周先生题词落款为"三，十一"，知完稿在两日后。

周予同3月20日主持开明书店九九消寒会。25日，开明书店同人为年登50者做寿，为"寿者"之一。4月6日，郑振铎50岁生日，到场庆贺。12日，戴应观入殓，前去吊唁。23日，明社召开大会纪念夏丏尊，曾于会上追忆夏丏尊之为人。5月，《悼济之先生》刊于《文艺复兴》第3卷第3期。5月31日，耿济之安葬于虹桥公墓，与叶圣陶、郑振铎出席葬礼。10月16日，与郭绍虞、叶圣陶等人共谈《国文月刊》编辑方针，"结论为任其自然，有稿可用，即为登入"。12月7日下午，开明召开业务全会，与叶圣陶、章锡琛中途暂离，"往静安寺赴俞颂华追悼会，不俟开会，行礼而返"。20日，开明书店同人读书会共读鲁迅《呐喊》，与周振甫、叶圣陶担任导读。约在此期，参与上海科学仪器馆事务。分别在多个中学任董事。（参见成棣《周予同先生年谱》，《传统中国研究集刊》第20辑，上海社会科学院出版社2019年版；陈福康《郑振铎年谱》，三晋出版社2008年版）

赵纪彬继续任复旦大学教授。2月15日，赵纪彬作《思想史研究的新果实——评侯外庐著〈中国古代思想学说史〉》刊于《读书与出版》第2卷第5期。文中认为：在中国的社会史或思想史的研究上，运用着科学的方法论而从事于论著，是1927年以还就已经开始了的工程。当1942年侯外庐先生写作他的《中国古代思想学说史》的时期，却正是"学术中国化"工程的伟大发端；因而本书也就属于拓荒时期的著作。本书的价值在于："它是'学术中国化'号召以来，思想史研究上的一颗最硕大、最肥美的新果实。"（1）"就解决历史疑难方面来看，本书确有着独创的论断。"（2）"就建立体系方面来看，本书更有独到之处。这是因为：著者在写作本书以前，即已据其关于'亚细亚'社会性质的独特的创见，完成了他的《中国古代社会史论》。这一'研究中国思想史,当要以中国社会史为基础'的著作程序的本身,就是被科学的方法论所渗透了的缘故。并且,正惟如此,本书遂在古代社会发展的规律支配之下,成了条理缜密的……体系。"(3)"拓荒期著作,最忌脱离文献学基础而架空立说;亦忌对于前人业绩'述而不作'。本书则绝无此失。""著者的研究态度,一以把握真理的高级形态为旨归,对于一切的成就,不苟异亦不苟同。"(三)本书"应行商量的地方"则有:(1)"本书名为'古代思想史',……著者关于中国古代社会的起讫,认定了起于西周而终于战国。依此,则本书第二章《殷代的主要意识生产》,便不得不发生存废问题。"(2)"对于殷周思想内容上阶段性的差别,似尚未能作出充分而必要的强调。"(3)"著者既认定了严密意义的思想史开端于春秋战国之际,……则不但殷周思想,即春秋前期的管仲、子产等的'官学思想',似乎统应根据着'亚细亚古代的难以转变性'原理,一并列为'古代思想的探源'工程以内。这样的改编,对于著者的整个中国古代史理论体系,当能更为符合。"(4)"关于二百四十二年的春秋,著者非常强调的肯定为'反动时代';但同时又详尽地证明其为由官学到私学转变的'过渡期间',而这一'过渡',著者并未曾证明其思想上的反动实际;反之,却对于此期间的孔墨显学,给予了异常高的评价。……这些论调至少会予读者以混乱的观念。"(5)"著者以战国时代为古代社会末期,所以关于此时代的子学评价,亦似失之过低。"(6)"著者在分析战国末年的社会危机思想中,……从前段说,秦汉是战国古代危机的延长,而从后段说,秦汉又是中古社会的起点;论断颇欠明确。"(7)"本书取材,严守文献学基础,……但亦不无千虑一失之点。"文章最后提出:"笔者愿意用一句话来表明对于本书的总评价:在'学术中国化'工程的赓续进程中,本书应当有三十年的学术寿命,以备思想史研究上的参考。"侯外庐《韧的追求》(生活·读书·新知三联书店1985年版)自述:"赵纪彬同志在评《中国古代思想学说史》时,有许多褒誉之辞我受之有愧,唯有一句,他说我'对于一切成就,不苟异亦不苟同',我敢自认符合实际。"8月,侯外庐与杜国庠、赵纪彬合著的《中国思想通史》第一卷古代思想编由新知书店出版。(参见杜运辉《侯外庐先生学谱》,中国社会科学出版社2013年版)

周谷城继续任教于复旦大学。3月9日,郑振铎在家宴请史学界朋友,请他们支持出版《中国历史参考图谱》,共有12位史学家题词,高度赞扬郑振铎这一意义巨大的工程。周谷城的题词是:"十年以前,我读Rene Grocett(当为René Grousset,勒内·格鲁塞,法国著名史学家)所著《东方文化论》的中国之部,见其插图之多而且精,极为佩服,自己便计划编著中国文化史,后以图不易得至今未能开始。今见振铎兄的《中国历史参考图谱》,觉得他所录的正是我所要用的,非常高兴! 他将所收图谱依时代之先后次序印出,直是一部最美丽之中国文化史,其用岂仅供参考已耶?"12月,周谷城《中国史学之进化》由香港生活书店出版。此书系周谷城的史学评论集,收录《建设的文化工作论》《评冯友兰之"新理学"》《评斯坦因氏古代中亚之遗迹》《中国史学之进化》等论文8篇。(陈福康《郑振铎年谱》,三晋出版社2008年版;王学典《20世纪史学编年(1900—1949)》,商务印书馆2014年版)

胡厚宣初识上海复旦大学历史地理系主任周谷城。两人一见如故,周谷城看中了胡厚宣的才华,决定聘其任复旦大学历史地理系教授兼中国古代史教研室主任,讲授史料学、考古学、先秦史、商周史、春秋战国史等课程。又胡厚宣应中文系主任陈子展之请担任中文系的文字学、甲骨学等课程,此后十年间一直在复旦大学任教。1月8日,《甲骨学提纲》刊于天津《大公报》,又载1月15日上海《大公报·文史周刊》第13期。2月19日至4月23日,胡厚宣《战后殷墟出土的新大龟七版》连载于上海《中央日报·文物周刊》第22期至第31

期。9月，《卜辞同文例》刊于《中央研究院历史语言研究所集刊》第9本。是年，《卜辞记事文字史官签名例》刊于《中央研究院历史语言研究所集刊》第12本；游历南京、上海一带，寻得甲骨千有余片，后应潘光旦、陈梦家之请，实物转赠给清华大学图书馆新立的文物馆。（参见何林英《胡厚宣年谱》，载王京州编《河北近现代学者年谱辑要》，国家图书馆出版社2017年版）

储安平继续任复旦大学教授。1月21日，储安平致信胡适，称：“我们创办《观察》的目的，希望在国内能有一种真正无所偏倚的言论，能替国家培养一点自由思想的种子，并使杨、墨以外的超然分子有一个共同说话的地方。”因而“想以最大的敬意，请先生俯允担任《观察》的撰稿人”。8月12日，储安平致信胡适，说“在平数谒，恭聆教益”。很感谢其“对《观察》的鼓励和指示”“愿以全力持久经营此刊”。信中说，胡适曾允为《观察》第3卷第1期撰文，实际似未曾写。3月，梁漱溟致信储安平，刊于《观察》第2卷第4期。信中就其《中国政局》一文中不符事实的论述予以澄清。（参见耿云志编《胡适年谱》，福建教育出版社2012年版；李渊庭、阎秉华编著《梁漱溟年谱》，商务印书馆2018年版）

钱锺书仍任教于上海暨南大学外文系，同时继续任南京国立中央图书馆英文刊物《书林季刊》（Philobilon）主编，每月南京、上海两地奔波。3月1日，钱锺书在《观察》第2卷第1期发表《说“回家”》。同期主编储安平“编辑后记”曰：“钱锺书先生，若把各种条件总加起来，他是今天中国最出色的一个治文学的人。他造诣的广博精深，允为同侪推重。他的文章另有文采，独具一格。”钱锺书所著长篇小说《围城》先行连载于1946—1947年间《文艺复兴》月刊，是年5月由晨光出版公司出版，收入赵家璧主编的《晨光文学丛书》，与丛书中所收巴金的《寒夜》、老舍的《四世同堂》皆为传世之作。《围城》为中国现代文学史上一部风格独特的讽刺小说，也是一部具有多层次、超越性象征意义的学人小说。作者在序中写道：在这本书里，我想写现代中国某一部分社会、某一类人物。写这类人，我没忘记他们是人类，只是人类，具有无毛两足动物的基本根性。角色当然是虚构的，但是有考据癖的人当然不肯错过索隐的机会、放弃赴会的权利的。本书尤以机智幽默的比喻和尖酸刻薄的反讽，淋漓尽致地表现了以主人公方鸿渐为代表的知识分子在婚恋、教育、生活、事业等种种“围城”中的困境，借以深刻反映了人性中的欺诈、虚伪与懦弱，立体地展示了抗战初期知识分子的群相。《围城》巧妙借用“围城”这个隐喻，旨在揭示人类的“围城”困境：所谓“围在城里的人想逃出来，城外的人想冲进去，对婚姻也罢，职业也罢，人生的愿望大抵如此”。出版后受到高度评价，被誉为“新儒林外史”。（参见张文江《钱锺书传》，复旦大学出版社2011年版）

张廷金因曾在日伪期间担任交通大学沪校校长，以“汉奸嫌疑”被提起公诉。唐文治致函证明其清白：张廷金“于恶劣环境之中，艰苦奋斗奉命受托维护校务，保全校产以待中央接收，其奉职之忠卫国之诚，可与前线抗战将士相比”。出面为张廷金陈述辩护的还有立法院院长、前交大校长孙科，前校长黎照寰，抗战胜利后前来接收租界内交通大学校长吴保丰以及抗战期间的国民政府教育部长陈立夫。

按：1948年6月30日，上海高等法院最终宣判张廷金“无罪”。（参见陆阳《唐文治年谱》，上海三联书店2013年版）

吴保丰继续任交通大学校长。2月15日，交通大学新文治堂举行奠基礼。4月8日，交通大学举行51周年校庆大会。4月，重建文治堂工程破土动工，到8月底工程完工，可容纳1800个座位。5月13日，交通大学学生因闻教育部有将取消航海、轮机两系之说，群情激愤，3000多名学生于早晨自乘火车向南京出发。校长吴保丰、市长吴国桢和同学会代表凌鸿勋、赵曾珏、赵祖康等到场劝阻无效，教育部长朱家骅与学生对话，接受学生所提各项条件，学生始回校。部分学生于5月29日复课。30日夜，上海警备司令部3000多军警包围学校，闯入宿舍搜捕进步学生，学生手挽手与军警对峙，校长吴保丰及教授数人到场与军警干涉。翌日上午军警才退出学校。6月3日，张元济、唐文治、陈叔通、叶景葵、陈汉第、李拔可、张国淦、胡藻青、钱崇威、项藻馨等十人联名致函上海市长吴国桢和淞沪警备司宣铁吾，呼吁"先将被捕学生速行释放"，并表明"其呼吁并不悖于理亦宜虚衷采纳，则教育前途幸甚"。

按：是年，上海学潮蜂起，各大中学校纷纷罢课，举行集会"反内战、反饥饿、反迫害"，学生时有被捕。函曰："……顾学潮汹涌，愈演愈惨。谁非父母？谁无子弟？心所不忍，实有不能已于言者。学潮有远因，有近因。远因至为复杂，姑置不论。近因则不过学校以内问题，亦有因生活高涨，痛齿切肤，而推源于内战，此要为尽人所同情。政府不知自责，而派兵调警，如临大敌，更有非兵非警参杂其间，忽而殴打，忽而逮捕，甚至有公开将逮捕之学生送往中共地区之"谈话"，此诚为文治等所未解。学生亦人民也，人民犯罪，有法庭在，不出于此，而于法外任意处置，是非政府爱民之旨。况中共区域，已入战争状态，不知派何人以何种交通工具送往？外间纷纷传说，以前失踪之人实已置之死地，送往中共区域之说，（某）等未敢轻信。然办法离奇，令人骇悸。伏望恺恻慈祥，处以镇静。先将被捕学生速行释放，由学校自行开导。其呼吁无悖于理者，亦宜虚衷采纳，则教育前途幸甚！地方幸甚！"（参见陆阳《唐文治年谱》，上海三联书店2013年版）

郭绍虞参加中共地下党领导的大学教授联谊会，即"大教联"，由复旦、同济、交大、暨南及其他各校和各学院组织而成。郭绍虞任同济大学教授联谊会分会主席。2月，《中国文学批评史》下卷由上海商务印书馆出版。是年，《语文通论》由上海开明书店出版。《明代文人结社年表》刊于《东南日报·文史》第55—56期；《语文小记》刊于《国文月刊》第56期；《中国语词的声音美》刊于《国文月刊》第57期；《譬喻与修辞》刊于《国文月刊》第66期；《论中国文学中的音节问题》刊于《1947年开明书店二十周年纪念文集》。（参见何旺生《郭绍虞学术年表》，《中国韵文学刊》2008年第1期）

杜佐周时任大夏大学教授。3月1日，大夏大学历史社会研究所编辑《历史社会季刊》创刊。杜佐周在《发刊辞》中提出"社会科学的新使命"是"启发人类走向光明途径"。同期刊载了吴泽《龙山小屯仰韶文化与夏殷民族渊源考》、蔡仪《从汉莫拉比法典看巴比伦的奴隶》、郑安仑《儒家的社会思想》、刘育松《水浒传的社会思想研究》等历史类论文及秦和鸣《吴泽中国历史简编传后》、蒋钟《读蔼著中国史纲后》两篇书评。5月11日，大夏大学召开校务会议，全体同仁合影，有：杜佐周、吴浩然、鲁继曾、欧元怀、王毓祥、邵家麟、何仪朝、程俊英、张隽青、宋成志、潘健卿、陈景琪、王兴、孙浩烜、关可贵、苏希轼、蔡文熙、张耀翔、黄彦起、陈旭麓、王冰生、陈醒庵、夏炎、韩钟琦、王元鑫、顾文藻、陈铭恩、葛受元、韩闻疧、陶愚川。附注：周昌寿、龚清浩未出席。（参见王学典《20世纪史学编年（1900—1949）》，商务印书馆2014年版）

陈旭麓继续任教于大夏大学。12月12日，在上海《时与文》第2卷第14期上发表《论学术独立》，提出学术独立的发展"需要高度的思想自由"，指责现时政府虽在名义上废止了"一尊"的教条，但在实际行动中却极力压制学术自由的风气，所提倡的学术独立是"只此一家并无分店"的独立。

按：《论学术独立》说："胡适之先生在本年九月间发表他的《学术独立十年计划》，除撰专论刊于《大公报》外，且向新闻界反复声明，唯恐别人有所误解。其立意之要点：（一）鉴于留学政策的失败，免得外汇浪费,主张一意发展国内的大学及研究院;(二)十年内以国家力量扶助 10 所大学尽量发展,第一个五年的 5 所大学,胡氏曾举出北大、清华、武大、浙大、中大为发展的对象,后五年的 5 所大学,将待时间的抉择。以胡先生在今日国内国外的声望,作如此主张,是有相当影响,可能为施政者所借镜的,故教育界人士纷纷表示意见。附和其说者,认为当前的中国环境,有饭大家吃的看法是错误的,只有从'重点教育'求取速效,以达到学术独立的目的。反对的人,一部分站在区域和学校立场上争长短,不免以私害公;一部分则完全否认这种主张,并责以特殊发展的偏私;也有人对原来的主张作原则上的赞同,提出了修正和加强的意见。虽见仁见智,互有短长,然有一个共同之点,即大家集中于讨论学术独立的成果,很少探本寻源之论,也许各有苦心,要是逐层追问下去,则增加问题的复杂性,不免又要搔到许多痛处,百祸从口出,岂不冤哉! 可是学术独立的本身,原是不能使之孤立的,何况加上中国社会许多的特殊因果关系,在在牵连学术的独立,若徒断章取义,不顾首尾,问题是不会晓畅明白的,势将离题愈远。……这些卑之无甚高论的意思,正为阻挡学术发展的大敌,早为有识之士所共见。今日谈学术独立容易,为学术独立出方法亦容易,而欲黜除学术独立的阻力,则非具有革命的勇气和精神,恶势力自不会自己退避,让出一条光明的大道来。胡先生有建立学术独立的雄心,而没有抨击恶势力的勇气,今日之胡先生与五四时代之胡先生显然已不可同日而语了。"(陈旭麓《陈旭麓文集》(第四卷),华东师范大学出版社 1997 年版)

蔡尚思继续任沪江大学教授。1 月 1 日在《中国建设》第 3 卷第 4 期发表《战后中国思想学术论争》。2 月,侯外庐读《中国思想研究法》后致信蔡尚思:"尊著拜读,兄垦殖之勤,立论之远,叹为观之。见兄著提及李贽、吕留良著书,惜涉不广,未见为憾。兄如能借读此项材料或指示何处可阅,则不啻指路。弟现执笔思想史,深望兄于拙作有所批正,以备修改之南针,想蒙不弃,赐示!"

按:蔡尚思 1988 年致信黄宣民曰:"我同侯老的友好往来开始于解放战争时期。由于同住上海市,彼此就有机会经常讨论共同喜欢研究的中国思想史的重大问题。这一个时期,是我们最多交换意见的一个时期。""侯老不止一次地对我说:'你三十年代住在南京,日夜不休地赶读馆藏所有历代文集,选出的中国思想史资料也特别多,能不能多给我一些线索,以便想法借阅。'我即表示:'一定知无不言。'""他主编《文汇报》副刊《新思潮》,也要我投稿。我在见面时,对他说:'李贽是秦汉以后反孔非儒的大思想家。'他答:'既然这样伟大,我在思想史中一定要给予一席重要地位。'单这封信和谈话就可想见侯老谦虚异常,好问好学,正在竭力大做论史结合的著述工作。我也从此信中,看出他在解放前比较注重理论工作,到解放后比较注重史料工作,最后就把理论与史料二者密切结合起来,著成解放后出版的《中国思想通史》。该书第四卷下册,独辟第二十四章《李贽战斗的性格及其革命性的思想》,并附《李贽著作表》,此外还与他人联合发表《李贽的进步思想》《李贽的封建叛逆思想》等文,都是明证。"(参见杜运辉《侯外庐先生学谱》,中国社会科学出版社 2013 年版;王学典《20 世纪史学编年(1900—1949)》,商务印书馆 2014 年版)

吕思勉是年日记曰《忘食忧记》。2 月 10 日,《治都邑之道》刊于天津《民国日报》"史与地"副刊。24 日,《江南风气之变》刊于天津《民国日报》"史与地"副刊。3 月,吕思勉《秦汉史》由开明书店出版。全书共 20 章,分两大部分。第一部分按时间顺序分 12 章,叙述秦汉至三国政治、军事和民族关系的发展,既钩稽史实,又有考辨和评论。第二部分用 8 章 47节,分门别类地对秦汉时社会组织、社会等级、人民生计情况、实业、人民生活、政治制度、学术、宗教进行探讨。此书取材丰富而精审,叙事明晰周详。吕氏自谓:"此书自问,叙西汉人主张改革,直至新莽;及汉武帝之尊崇儒术,为不改革社会制度而转入观念论之开端;儒术之兴之真相;秦汉时物价,及其时富人及工贷之数;选举、刑法、宗教各章节,均有特色。"本书缺点一是未利用考古资料,二是引用古文不标明出处。4 月,吕思勉与光华同学集资出版的《学风》杂志创刊。吕思勉为《学风》撰发刊辞,其中写道:政治的力量是有一定的限度,而整个社会的力量是无穷的,所以一贯重视社会的改革,尤其重视学术界的风气和学人所负的社会责任。尝称昔人论治,重视风俗;而以天下之重自任者,每欲转移一世之风气。同期还有吕思勉《如何根治贪污》一文。稍后,又撰《中国人为什么崇古——史情》文,刊于《学风》第1卷第3期。吕思勉自谓少时笃信而想望者,为大同之境及张三世之说,以为人莫不欲善,世界必愈变而愈善,既愈变而愈善,则终必至于大同而后已。他对于未来大同世界的向往老而弥笃,这可称得上是他的历史哲学了,这在《中国人为什么崇古——史情》中亦可略见其端倪。

按《学风发刊辞》曰:"风是无形可见的,然其力量却是颇为伟大,其行动捷速,而其影响普遍。所以在我们的言语里,凡不藉刑驱势迫或作夸大歪曲的宣传,而自能使人爱好,使人仿效,使人遵守的,都把风字去形容他,如风尚、风习、风纪等词便是。自其弥漫一时的状况言之,则谓之风气;就其渐趋固定,而带有持久性者言之,即谓之风俗了。天下事要靠刑驱势迫,或作夸大歪曲的宣传,以使人服从,总是靠不住的。求其效之普遍捷速,求者不劳,而可以得其所欲,总以造成一种好风尚,使人自愿学习,视如纪律为得策。此昔人论治,所以重视风俗;而以天下之重自任者,每欲转移一世之风气。固然,人心之转变,由于环境,环境之造成,由于制度,求移易人心者,不可不改革制度,以变换其环境。然制度的改革,亦必人心先有相当的信向,乃能见功。苏联的革命,固然是改革制度以移易人心的好例,然其原动力,亦仍由于社会党人的不断鼓吹,即其明证。中国是一个古老的国家,似乎一时很难丕变;又是一个积弱的国家,似乎一时很难自振,然而辛亥革命、七七抗战,我们的力量,都远较敌人为弱,而一则成功于数月之间,一则艰苦八年,卒获胜利,此其原因,实不得不归诸革命和抗战空气的弥漫。一种风气的造成,其力量之伟大,即此可见。前事不忘,后事之师,我们前途的光明,于此可卜,正不必以一时的贫穷混乱而自馁了,但是人何以为万物之灵?科学昌明之世,何以非愚蒙之时代可比?则其为功,又不得不归诸人类之能以理性控制环境,理性的发达,学术就是其结晶了。我国风气的转变,虽亦能捷速而普遍,然学术的空气,则似乎还不够浓厚,故其所作所为,不能皆合理,所作所为不能皆合理,而强欲求其有成,则不得不取刑驱势迫之法,或作夸大歪曲之宣传,今日反民主之风之甚,这或者亦是一个原因罢?天下兴亡,匹夫有责。值此晦盲否塞之时,实人人当就自己的岗位上,各尽其责任。不揣绵薄,谨贡其一得之愚。发行一种刊物,名之曰学风,冀以造成学术界良好的风气,而影响于一般的风气,大雅宏达,幸辱教之。"

吕思勉所撰《还都纪念罪言》一文6月5日刊于《正言报》,曰:"国府还都,瞬经一年了,从来内忧外患之际,迁都以避敌者甚多,而能回复旧都者甚少,而我们现在,抗实力悬殊的大敌,竟能于不及十年之内,胜利而复还旧都,这诚为前史之所无,而使垂白者亦思扶杖而观德化之成了。然而一年以来,大局还是动荡不定,人民依然叫苦连天,一切建国的大计,都无从进行,而现况且有岌岌不可支之势,此其症结,究竟安在呢?"文中重点探讨了三个问题:(一)中国今日动荡不定的总原因;(二)如何建立起一种新秩序;(三)革命时最有力量阶级,理应为革命后政治上中心。同月,《光华大学廿二周六三纪念特刊》刊有吕思勉上年所撰写的《张脉震先生创办光华大学记》。7月底或8月初,《论美国助我练兵事宜暂缓》一文刊于《永安月刊》的第92期。此文系针对报上一则美国新闻报道而发。8月8日至10月,《论度量》一文分五次刊于《现实周报》第3—6期和《现实新闻双周报》第9期。10月,《梁启超新评价》刊于《现实新闻双周报》第10期;《晋代豪门斗富》刊于《现实新闻双周报》第11期。11月5日,《六经皆史之弊》刊于《东南日报》"文史"副刊。25日,《节注〈说文〉议》刊于《读书通讯》第145期;29日,《州郡秩奉供给》刊于上海《益世报》"史苑"副刊。12月,《国防答问》刊于《国防月刊》第4卷第4期。是年,《唐以前无断代史》刊于《民国日报》"史与地"副刊;《江淹齐史》刊于《东南日报》"文史"副刊第46期。又有读史札记《寒素》,刊于《东南日报》文史副刊上,后改题为《选举寒素之士》收入《论学集林》《吕思勉读史札记》,唯删去文末最后一句:"乌呼,岂非百世之殷鉴哉!"(参见李永圻、张耕华编撰《吕思勉先生年谱长编》，上海古籍出版社2012年版；王学典《20世纪史学编年（1900—1949）》，商务印书馆2014年版）

　　陈鹤琴1月因参加进步活动，受到当局的警告与监视，并在学校接到匿名恐吓信。同月，《活教育》杂志在上海复刊。陈鹤琴在复刊词中提出，要继续推行活教育，批判传统教育，为建设中国新教育而努力。2月，陈鹤琴在上海《教育杂志》第32卷第2期发表《战后中国的幼稚教育》一文。文中历数了战时幼稚教育的缺点，如推行不够普遍、农工托儿所不曾发展、师资不够、国家还不够重视等，提出"要把幼稚园、托儿所从大都市带到小都市，从城镇带到乡村，从为少数贵妇官绅服务到为农工劳动大众服务"，申述战后中国幼稚教育发展的道路：第一、内战停止，社会安定，国家繁荣始能促进幼稚教育的发展。第二、政府要改变教育政策，纠正以往"头大脚小"的畸形，重视基层教育，提倡幼稚教育，正式规定幼稚教育在学制上的地位。第三、普遍设立托儿所、幼稚园。第四、培养幼稚师资，设立国立幼稚教育专科学校，各大学、师范学院应设幼稚教育系。第五、积极宣传与推广。使社会人士明了幼稚教育的重要。同月，上海市立幼稚师范改为市立女子师范学校，教育局试图更换校长未成，继任校长。请沈寿金任女师教导主任、蔡怡曾任训育主任；创办上海儿童福利促进会，以解决难童教养问题，任理事长。是月21日，应邀在无锡江苏省立教育学院作学术报告。3月，筹创上海特殊儿童辅导院。

　　陈鹤琴4月发起成立世界儿童互助会，宗旨为促进儿童福利事业，发扬儿童互助美德，建立世界永久和平。召集上海筹备会，110余所学校和单位代表出席。7月，支持幼专学生利用暑假去大场办农忙托儿所，实验乡村幼稚教育，推广乡村托儿事业。在山海工学团及农友支持下，由张文郁参加指导，开办第一个农忙托儿所，另设3个分所，接纳130余名儿童。后托儿所董事会成立，任董事长，张文郁、李名英、杨明远等任董事。为建造农村托儿所新屋筹集资金。次年，参加新屋落成典礼。8月，发起成立中国新教育社，成立大会在女师召开，任理事长。秋，选派幼专和幼师毕业生喻品娟、欧阳亨吉、郑明珠、胡鑫等赴沈阳办小学，推广活教育。12月，为上海市立女师建校两周年纪念刊写前言，说："女师就是活教育理论的实验场所"，"女师的使命在培养新中国基层教育的优秀师资"。是年，聘用、掩护进步教师杨晦、夏康农、张文郁、朱洁夫、邢舜田、陈维雄等，录取并保护被外校开除的进步学生王淑君、高亦韦、项爱月、林雪娟等，多方设法营救被国民党逮捕的女师附小教师、市校教师福利促进会负责人向颀。在《活教育》发表《民众教育要怎样普及》《纪念近百年来的大教育家陶行知》《中国儿童教育之路X创办幼师的动机和经过》等文。编英文版《活教育》一书出刊。（参见蔡怡曾、陈一鸣、陈一飞编《陈鹤琴生平年表》，《陈鹤琴全集》第6卷，江苏教育出版社2008年版；中央教育科学研究所编《中国现代教育大事记1919—1949》，教育科学出版社1988年版）

　　陈白尘年初受熊佛西之聘，任上海戏剧专科学校兼任教师。3月初与杨晦协助郭沫若为上海《文汇报》编《新文艺》周刊。7月参加地下党领导的昆仑影业公司，任编导委员会副主任。

　　王国秀3月9日应邀赴郑振铎家宴，郑振铎请史学界朋友支持其出版《中国历史参考图谱》，共有12位史学家题词，高度赞扬郑振铎这一意义巨大的工程。王国秀的题词是："西洋近代考古学大兴，关于每一个时代的文化及社会的生活都有可靠的历史图谱，应有尽有，以供研究史学者参考。我国历史教学者只能在书本文字上探讨推想一切社会的情形。学生由小学到大学读本国史，从没有机会参阅图谱，只能运用他们的记忆力，强记一切史事。所以对于历史课程感觉枯索无味。最近郑振铎先生搜罗历代有关史迹、文化、社会经济之真情实况,纂辑《中国历史图谱》,实为我国史学放空前的光彩。他使历史教学者脱离暗中摸索的苦闷,使读历史者能发生极大兴趣。我以为最低限度,所有国内学校,所有图书馆都应置备这样有价值的历史图谱。"(参见陈福康《郑振铎年谱》,三晋出版社2008年版)

陈尉6月在上海《现代新闻》第5期上发表《革命学者张东荪》一文,称赞张东荪"是一个高风亮节,具有尊贵气质的人"。因为张氏经受住了两次重大考验,一是被日本人逮捕后拒绝当汉奸,二是拒绝参加伪国民大会。他评述道:"日本人的意思是要他和他们妥协,但是'威武不能屈'是中国自古以来读书人的气节,他预备死在监狱里。日本人没法,终于在监禁了数个月以后,把他放了出来,然而他们暗暗地仍旧派特务监视着他,而他,却也仍旧暗暗和八路军取得连络,供给他们情报,做着他能做的地下工作。并不怕被人诬为共党分子而不抗日、不争取人民的胜利。这是一个考验,在这个考验中,张先生第一次在人们面前表露了他的庄严的节操。""张东荪作为民社党的领袖,拒绝参加国民政府召开请客式的国民大会,经受了第二次严峻考验。经过了两次考验,他都胜利地走过来了,因此更得到了北方青年的同情和支持。"文章最后透露:"在学校里,他的学生和同事们都相处的很好,但司徒雷登校长常说:'张东荪什么都好,教书教得好,同事间处的好,只是反对政府这一点有点……'是的,谁叫这个国家弄得这个样子的呢?否则张先生也许根本就不会走出书房一步的。"(参见左玉河编《张东荪年谱》,群言出版社2014年版)

杨宽继续任上海市立博物馆馆长。1月1日,上海市立博物馆举办上海抗战文献展览会。16日,参加上海市社会教育机关主管人联席会议。3月,主持上海社教主管人员举行的联席会议。3月29日,为纪念革命先烈,中央党史编纂委员会暨上海市立博物馆联合主办革命文物展。4月,"上海市美术馆筹备处"正式成立于陕西南路139号,杨宽为征集委员会委员。该筹备处3月由上海市教育局提请第71次市政会议通过。同月23日,杨宽在《中央日报·文物周刊》上发表《从速严禁文物出口》,呼吁政府应重视古董商偷运国家文物至海外这一问题。4月29日,杨宽又为此致函上海市教育局。

按:《从速严禁文物出口》曰:关于上海古董巨商偷运古物出口的事,屡有传闻,到近来越发厉害了。据本月十八日各报载:"若干古董巨商,现在正在北平上海等地搜集我国数十年来之历史文物,运往美国出售,以换取美金外汇。闻二三日前,又有极名贵之字画、石刻、古铜、陶器、古瓷、陶俑等一百余箱,自沪偷运出口。……并悉清室旧藏之古物,前曾以赏溥杰(溥仪之弟)名义,陆续运出精品甚多,其中尤以古画为最名贵,胜利时,在长春伪宫散佚殆尽,近在平沪一带已有发现。故宫博物院闻讯后,曾出巨资收回数件,然流落在外者尚多。且闻多已入古董商之手,亦将运美出卖。"这样大批的古物出口,真是骇人听闻。

古物出口,早已悬为禁例。可是上海的"古玩业"中依然有专门从事于"出口"的,我们不是胡说,只要一查本年度新出版的《电话分类号簿》,其中除"古玩商"以外,另有一类"古玩出口商",这便是最确实的证据。就电话簿上看来,"古玩出口商"已有十多家,而不登入电话簿的,怕数量更多,这样明目张胆地经营"古玩出口",即所谓"走洋庄",政府怎么可以熟视无睹呢?古玩业中对于古物价格的评定,以能"走洋庄"的最贵。凡是我国精致的古物,无论是传世的,或是新出土的,一经国外博物馆或国外收藏家所重视,其价值也就一飞冲天,最近传闻洛阳金村附近又有精致铜器出土,洛阳的古玩商便到上海,向"古玩出口商"接洽,上海方面先后前往洛阳去讲价抢购的,听说有三四批人之多。不怕旅行的困苦,不远千里前往,都想由此发到一批洋财,这种现象的发生,对于我国文物的损失,真是难以估计,我们试一翻日人梅原末治《洛阳金村古墓聚英》,所著录出土物的图版有一百二十幅,有那一件还保存在中国呢?其中最有名的属羌编钟,大部分原在国内收藏家手里,可是后来也到了日人住友家中去了。我们只要一翻阅国外博物馆和学者所出版的各种图录,就会感觉到我国重要文物流落到国外的,数量真是多得惊人。而这许多文物,却都是经过这些"古玩出口商"之手而出口的。古物出口要严禁,难道做"古物出口商"政府就能不禁吗?

古物这样大量的奔流到国外,一方面固然由于国外博物馆和收藏家的搜求,国内奸商的弁髦法纪,偷运出口,一方面也是由于国内博物馆的无力购藏。博物馆本有保存文物和发扬文化的使命,可是必须有大量的购置文物费,然后可以随时获机购藏。照理上海市立博物馆应负起这个责任,因为上海是我国第一个国际大都市,各地新出土的古物和收藏家散出的古物,必然的先来到上海,自可挑选精粹收藏起来,可是上海市立博物馆从胜利以来,没有拨到过经常购置文物的款,在预算上也没有列入这项大宗的费用,目前虽也陆续购置些文物,也还是从临时费中省出来的一点,如何能担负起这个保存文物的伟大使命呢?

抗战以前,上海市博物馆原有每年五万元的购置文物费,遇到大宗贵重文物,还可专案请款,我们在那时确曾收购不少的文物,只是市博物馆从民国二十六年一月开放,到七月抗战就爆发,历史太短,没有完成理想的计划。同时,那时上海还有不少大收藏家,从事于收藏文物,可以减少文物出口的数量。胜利以来,那些大收藏家,不但没有财力再收藏大量文物,而且不免有散出的。如果我们这时还不负起这个保存文化的责任来,那如何对得起我们的国家民族呢?

我们为保存文化计,一方面希望政府对于古物的出口,特别注意,严加取缔,对于古玩出口商尤该绳以国法。一方面还得拨给保存文化机构大量的经费,出资搜藏文物。本市参议会第二次大会中,曾决议充实上海市立博物馆的内容,这样的巨眼卓识,真是值得敬佩的。刻下已奉命编造充实内容的计划,我们希望当局将来能够拨发配合这个充实内容计划的经费,这不仅可以充实博物馆的内容,也还可以达到保存文物的使命。

按:杨宽4月29日致函上海市教育局曰:"查本月八日报载若干古董巨商,现正在北平上海等地,搜集我国数千年来之历史文物,运往美国出售。最近又有极名贵之字画、石刻、古铜、陶器、古器、陶俑等一百余箱,自沪偷运出口。查古物不但足以代表我国固有文化与艺术,且足以考证历史,付诸教育,倘任其外流,实为我国文化上极大损失。是以古物出口,我国早悬为禁例,而该古董商等,不顾国家文化,但谋个人利益,殊堪痛恨。若不设法严禁,损失实难设想。理合具案呈请钧局核转市府及教部,并咨请海关设法严禁,以资保存文化,实为公便。"

杨宽7月为《上海市立博物馆藏印》撰写序言。8月20日,上海市立博物馆编印的《上海市立博物馆藏印》共装印15部,即日起开始接受社会预订。21日,杨宽致函上海市教育局:"查本馆旧有文物,因遭敌伪劫持,散失颇多,若干部门,均属缺乏系统。经一年半之陆续补充,石器、铜器、陶器、瓷器、明器等类系统业已粗具,为充实陈列室内容起见,将所有陈列品,重行调整布置,业已就绪。第一陈列室专列铜器,附以玉器、琉璃器、骨器,已成为一有系统之金石陈列室。第二陈列室专列陶器、瓷器,已成为一有系统之陶瓷陈列室。第三陈列室待'特种报纸展览会''历代明器展览会'举办完毕后,即行改为专列明器陈列室。理合将充实陈列室内容,及调整工作情形,备文呈报,仰祈鉴核。"31日,为纪念本年度记者节,上海市新闻记者公会及上海市立博物馆联合举办特种报纸展览会。9月20日,上海市立博物馆举办历代明器展览,展览系统陈列了上自周汉、下迄明代各类明器500件左右。截至10月份,上海市立博物馆征集所得陈列品共3608件。10月8日,上海市立博物馆第三陈列室(明器陈列室)开放。10月10日,辛亥革命同志会主办辛亥革命文献展览会,杨宽为此次展览会发起人之一。(参见贾鹏涛撰《杨宽先生编年事辑》,中华书局2019年版)

童书业11月5日在《中央日报·文物》周刊发表《实物史料与文献史料》。文中列举历代文献中诸如服饰、器用、建筑之样式、变迁,皆可用考古作补充考据,提出"必须把文献史料与实物史料配合起来,把二重证据法应用到一般历史上去,才能适应现代世界的史学潮流"。从1946年起,童氏已在此刊上发表了因考古发现而作的20余篇考据文章。(参见王学典《20世纪史学编年(1900—1949)》,商务印书馆2014年版)

潘公展继续任上海市参议会议长。8月22日，应邀赴美大使馆，与大使司徒雷登谈话，并向来华调查的魏德迈转交《备忘录》。该《备忘录》云："敝国人民今日迫切之努力，实与贵国人民对我之希望，完全相同，即：安定币值、复兴农村、繁荣经济及国际贸易、恢复交通及地方秩序、足以维护世界集体安全及条约神圣义务之保证。""抑尤有须为诸君告者：国际贸易，必须彼此货物互市，方可永久畅通，而交受其益，若来华经营之外商，只知在华推销洋货，而不从事于援助敝国增进其出口贸易之数额，则日积月累之入超，势必因敝国之缺乏美元，阻塞中外通商之门户，其受害者又岂独敝国而已？"《备忘录》署名者有潘公展、徐寄庼、周峻、唐文治、胡敦复、范会国、吴蕴初等20余人。(参见陆阳《唐文治年谱》，上海三联书店2013年版)

顾毓琇继续任上海教育局局长。1月16日，出席上海市社会教育机关主管人联席会议，并致辞。《申报》刊有报道一则："本市社会教育机关主管人联席会议，昨由教育局社会教育处召集，假南市市立民众教育馆举行，出席单位，有民教馆、图书馆、博物馆、体育馆、电化教育队、戏剧学校、各民众学校、补习学校等代表徐则骧、杨宽、周连宽、邵汝干等十五人，及教育局顾局长、王处长、孙科长、乔科长等。首由顾局长致辞，说明年来社会教育之被忽视，与工作人员奋斗事实，对于今年度社会教育工作之开展，指示甚详。继由徐馆长则骧主席，各单位代表集中讨论增进同人福利问题，当决定：(一)普遍提高底薪，已由教育局核定，正呈报市政府批示中。(二)由教育局拨款组织合作社，章程办法亦经拟定，即可实行。(三)各单位自筹福利金问题。体育馆、戏剧学校、博物馆、实验民校市立民校等，已先后举办球赛、展览、游艺会等。民教馆定于旧历年元旦至初五，举办大规模展览会，包括'园艺、盆景''历代币制及古物'等展览。本年之中心工作，依照规定，应注意推广民众识字运动，及组织训练工作，以配合宪政之实施。最后并决定今后主管人联席会，应每月自动召集一次，下次会议推定体育馆邵馆长召集之。"5月22日，上海教育委员会通过增加上海市立博物馆经费的提案。3月，上海社教主管人员举行联席会议，教育局顾局长毓琇、李副局长熙谋、王处长汝昌、孙科长月平、乔科长汝基，均出席指导。(参见贾鹏涛《杨宽先生编年事辑》，中华书局2019年版)

夏敬观4月3日赴杭州。5日午前，偕夫人访夏承焘。谈龙榆生被捕事。6月，得龙榆生苏州狱中两函；林葆恒以76岁高龄，历时3年，纂《词综补遗》100卷成，夏敬观题词《浣溪沙》云："南北兵间去住频，选楼无定史随身，卷中又见蛰园春。我愧寓匏无补助，君兼青士益精勤，一篇唤起古骚魂。"同月26日，自沪赴宁，参加南京国史馆修纂会议。27日下午2时，参加志传编年两组工作联合座谈会第二次会议，并有提议。出席者有刘成禺、夏敬观、柳诒徵、汪辟疆、汪东、但焘、冒广生、吴向之、赵阿南、郑鹤声、钮祺、管笠、李江秋、茹春浦、夏璟、魏应麒、陈谧、陈重堪、熊纬书、陈廷诗、马骙程、朱学浩、王德亮、吴景贤等。主席为但焘副馆长。会议上史馆同人对夏、冒二纂修自沪来京参加，表示欢迎，十分兴奋。但焘昨天与夏敬观谈及国史体例，夏敬观"认为史例，虽有应因袭前代者，但亦须有所损益"。然后夏敬观认定编辑工作：任编编年体长编。同时，吴向之任编地理志；汪旭初任编列传；冒广生任编志传编年两方面长编。主席提议请夏敬观与汪辟疆先生将整理清史稿意见，用书面提出，以供进行整理之依靠。夏敬观又与汪辟疆先生提议：修改清史稿实为急不容缓，应有馆内速寄旅费予顾问吴宗慈，请其早日来南京参加修改清史稿工作。会上夏敬观提议：(一)志传体之天文志，拟改称气象志。至于编年体，应以年月日为主，不书四时。(二)现既采用记传表志体裁,本纪之名,以为不适用。三十年为一世。本纪之名,由世本而来,不如改为世纪。

夏敬观7月14日得龙榆生狱中函。8月1日下午2时,国史馆志传编年两组工作座谈会第五次会议召开。由汪辟疆提议:再聘刘成禺、柳诒徵、金毓黻、夏敬观、冒广生为《国史馆馆刊》编辑委员。21日,顾廷龙为夏敬观开目录。初秋,作汪旭初《梦秋词》跋。9月4日,国史馆志传组纂修会议第五次会召开。由但焘主席决议:由夏敬观与冒广生担任上海方面纂修人员指导。请夏敬观就平日所有材料,先撰拟传,并请黄毓芬协助他办理汇集史料,撰述史稿事宜。12日,国史馆志传编年两组联合会议第六次会召开。由馆长张继主席拟推夏敬观与冒广生、柳诒徵、汪辟疆、尹石公、吴霭林、吴向之、徐震共同修订《清史稿》。10月3日,夏敬观自沪赴宁参加国史馆志编两组联合座谈会第九次会议。近日,撰成廖平、张定璠拟传两篇。11月14日,国史馆志编两组联合会第十四次会议上,主席张继报告云,夏敬观近拟撰辜汤生、康有为、唐绍仪三传,并函请夏敬观为馆刊撰文。21日,国史馆志编两组联合会第十五次会议上,主席张继报告云,夏敬观来函谓黄毓芬已到沪,每日前往鸿英图书馆,抄录大事记。12月15日,国史馆馆长张继卒,夏敬观为哀辞。并撰挽联云:"钧礼及儒生,风义不磨,一面结交新若故;阽危忧国是,英灵常在,九原蓄恨死犹生。"18日,国史馆志编两组联合会第十八次会议上,主席但焘报告云,夏敬观已将黄毓芬抄录之民国元年、二年两年大事记校正寄馆。26日,国史馆志编两组联合会第十九次会议上,主席但焘报告云,夏敬观函寄《李登辉先生传》1篇,及《读刘知卷史通书后》3篇。(参见陈谊《夏敬观年谱》,黄山书社2007年版)

叶恭绰1月24日接待顾廷龙来访,略谈,托介绍书肆,购销《梁燕孙年谱》。3月3日,介绍俞守范到合众图书馆看书。21日,送《梁士诒年谱》给顾廷龙。7月21日顾廷龙来访,请书小屏四幅。8月6日,赠《四皇甫书卷》给顾廷龙。7日,顾廷龙来访,将一箱半的友朋函札送给顾廷龙,约改日送到。9月,与黄般若、饶宗颐、容庚等任广东文物编印委员会委员。同月12日,送书物顾廷龙。13日,向顾廷龙借《顺天府志》,查檀寺。15日,送书给顾廷龙。10月3日,将所存毛边纸七件,赠书三札给顾廷龙。4日,徐森玉访顾廷龙,告诉他叶恭绰6日将回广东。5日,顾廷龙来为叶恭绰辞行,将存纸送给合众图书馆和顾廷龙。徐森玉访顾廷龙,为叶恭绰还书《顺天府志》一册。6日,叶恭绰返粤。16日,叶恭绰致顾廷龙信。25日,顾廷龙复信叶恭绰。27日,顾廷龙校对《番禺叶氏遐庵藏书目录》。11月13日,顾廷龙复信叶恭绰。(参见杨雨瑶《叶恭绰先生艺文年谱》(下),《艺术工作》2019年第1期)

顾廷龙继续任合众图书馆总干事。1月3日,赴上海市博物馆参加抗日文献展览会。2月,校《海盐张氏涉园藏书目》。同月25日,兰州大学校长辛树帜、文理学院院长董爽秋等访合众图书馆。3月14日,补《日人抗战期中发掘表》。19日,偕徐森玉访胡适,畅谈《水经注》。22日,校补《日人抗战期中发掘表》,改定凡例。同月,撰《南宋书棚本江湖小集经眼记》。4月26日,报载"清点会"工作结束。同月,任行政院上海接收敌逆伪文物审覆委员会编纂。27日,顾廷龙日记:"徐森玉、郑振铎来阅《文物目》。此目惟京中张道藩詈其不以物品分类为不佳。徐森玉即作书告其此以备按人提物之资,是宜以人氏为单位。傅斯年、李济之皆赞叹,盖内行也。"5月7日下午,至合众图书馆主持合众董事会第六次临时会议。出席者陈叔通、李宣龚、叶景葵、徐森玉、张元济、朱希,顾廷龙书记,顾廷龙报告图书馆有关工作。6月2日,顾廷龙访张元济,"告配《丛刊》事"。顾当日日记云:"谈及压制学潮,相与愤慨。菊老久已不问外事，此次慷慨发言，愿约本市有资望老辈联名致函吴国桢市长、宣铁吾司令。稿系陈叔老手笔，菊老删定手写，交余请揆老署名。"18日，裘开明致信布莱恩特，建议美国加州柏克莱大学图书馆邀请顾廷龙到美工作。7月，任上海暨南大学历史系教授。8月27日，顾廷龙致函陈垣："比辱枉教，快幸奚如。翌日奉访，悉已返旆，为之怅惘。前承慨允代洽贵校换书事，附呈一函，便希转致。如《华裔学志》等有不便，则不必勉强。琐屑上渎，实深抱歉。然非仗鼎力，难能邀赠，如均购置，力有未逮，不备即陷入寡陋，因为抛砖引玉之谋，伏维亮察。"11月12日下午，至合众图书馆出席合众董事会第七次临时会议。张元济主席，顾廷龙书记。顾廷龙报告年度工作。（沈津编著《顾廷龙年谱》，上海古籍出版社2004年版；张人凤、柳和城编《张元济年谱长编》，上海交通大学出版社2011年版；参见刘乃和、周少川、王明泽《陈垣年谱配图长编》，辽海出版社2000年版；陈福康《郑振铎年谱》，三晋出版社2008年版）

张元济接1月27日胡适复函，谓："《水经注》《大典》本后半部，北大买价为九百六十万元法币，说来真有点骇人听闻。玄伯讨价每册三百万，后来我去南京了，校中以九百六十万买定，我北归后始知之。""近日试作《水经注版本目录》一文，拟于每一本子之下，作一篇简短提要。已成三分之一，已不下万字。"2月4日，订定《新治家格言》。14日，胡适复张元济书，谈张元济所撰《中华民族的人格》，又谓"我最盼望先生能写一部自定的年谱，留给我们后辈作个模范"。并告《水经注》考释一得。28日，张元济致胡适书，谓："奉到十四日手教，藉悉近以《大典》本及各本《水经注》互校残宋本。知《大典》所据者为南宋复刻以前之本，可以订正宋刻之讹。来书云在此天翻地覆之时，我乃作此小校勘，念之不禁自笑。此真所谓天下愈乱，吾心愈治。正惟斯人有治之心，故能救天下之乱。否则与之俱乱，不知伊于胡底矣。《大公报》载我兄辑述三国曹、孙二氏校事史迹，此真有关世道之文。世人无不骂曹操，然骂者自骂，学者自学。吾独虑学者未必能见及此文也。《中华民族的人格》不过弟一时兴到之作。当时正校《史记》，感于诸人之举动足以振励末俗，故写成此书。我兄指为范围过狭，诚是诚是。但欲增加建设方面诸人物，是为著述之事。雅意殷拳，非弟衰孱所能胜任。自传云云，屡闻明命，惟自问浮沈斯世，无可告人，故迄未预备。倘加我数年，生事稍能暇豫，或能仰副厚望乎。二十余年前商务印书馆曾在北平购得藏文经集，似即为吾兄所介绍，后为俄人岗和泰君借阅。归还之日东方图书馆已毁于倭寇，故即寄存北平图书馆，汇为九十二包，彼均有函件为凭。是书为洮州杨氏土司所辖卓尼禅寺印本。民国十七年全寺被毁，经板无存。闻北平只此一部。此后恐更不易得。东方图书馆恢复无期，且此间亦无要求阅读之人。如能得价，颇拟售去，以疗商务目前之贫。不知我兄能为估值否？"同月，增订、印行《中国历代世纪歌》。

按：全文如下："天皇地皇人皇世，号曰三皇无定系。太昊炎帝及轩辕，唐与有虞称五帝。三王治世夏商周，东周政令在诸侯。五霸桓文分正谲，楚庄秦穆宋襄侔。称王称帝乱频频，七国纵横势力均。齐楚燕秦韩赵魏，秦亡六国汉亡秦。汉平楚项称高祖，莽篡汉兴赖光武。蜀汉魏吴鼎足成，晋夺魏祚清寰宇。内构八王外五胡，疆土瓜分南北殊。南为东晋居江左，宋齐梁陈踵一隅。北并五胡十六国，前赵刘渊后石勒。前凉张轨后吕光，西凉李暠蜀李特。南凉起秃发乌孤，北凉沮渠蒙逊区。夏则赫连勃勃地，西秦乞伏国仁都。前秦符洪后姚苌，前燕慕容廆益强。后燕是垂南是德，北燕冯跋互猖狂。始时北燕乃高云，西燕慕容泓又分。魏为冉闵别三国，拓跋元魏独成君。魏称帝后判东西，东魏高洋遂号齐，西魏宇文周并立。隋平南北苦黔黎，唐起平隋靖四海。武后革唐仅廿载，篡者梁唐晋汉周。五十三年八姓改，五季之间十国俱。杨行密乃自称吴，南唐李昇夺杨位。吴越钱镠并负嵎，马殷据楚王建蜀。后蜀孟知祥亦促，复有荆南高季兴。闽王审知同一局，南汉刘隐北刘崇。炎宋乘时十国终，惟独契丹耶律氏，改逢称帝久争雄。宋祖继周恢帝业,北辽西夏交侵劫。金人南下遽求和,南宋偏安疆宇狭。元入神州蒙古兴,八传大统属于明。太祖开基惠帝继,燕棣逞兵都北平。一十六传明祚去,满清乃作中原主。中经圣祖暨高宗,文治武功差可睹。递及道咸忧患多,最怜西后纵妖魔。宣统临朝旋逊位,中华民国莫共和。"

张元济《中华民族的人格》2月发行第6版,列入王云五主编《新中学文库》。3月7日,胡适来访。15日《东方杂志》第43卷第5期封三刊登《张元济先生鬻书启事》。云:"倭寇为虐,先生蛰伏沪上,清贫自矢,年届八旬,鬻书为活。曾由吴稚晖、张伯苓、王宠惠、钱新之、王世杰、陈布雷、黄炎培、王云五诸先生代定润格,早经公布,遐迩周知。兹由总收件处参酌时价改定,摘要录后。"署名商务印书馆上海发行所及各地分馆。同月,张元济继续主持清理上海各仓库及各分馆所存《四部丛刊》零种书籍。4月18日,于寓所主持商务印书馆董事会第467次会议。(一)公司协理史久芸报告公司结账、宝山路原地房屋收回及同人子女教育补助办法等事。(二)张元济提议:"本公司经理夏筱芳君一时未能销假。馆务日繁,夏君请假期内经理职务拟以协理史久芸君代理。"议决通过。(三)张元济提议:"元济昔年为公司收购善本书籍,除'一·二八'时在宝山路东方图书馆被焚者外,原由公司寄存于江西路金城银行保管库内,三十年十二月太平洋战事发生后,为避免敌伪觊觎起见,复提出一部分存他处。所有金城原存书及他处分存书均有目录可查。兹拟将分存他处之书提回金城,集中庋藏,并由董事会设立善本书保管委员会负责接管。"议决通过张元济草拟《商务印书馆善本书保管委员会简章》《商务印书馆善本书保管委员会办事略则》。推定张元济、李拔可、陈叔通、朱经农、徐善祥为善本书保管委员会委员,张元济为主任。

张元济5月7日下午至合众图书馆主持合众董事会第六次临时会议。出席者陈叔通、李宣龚、叶景葵、徐森玉。叶景葵、顾廷龙分别报告财务与工作。讨论决议聘顾颉刚、钱钟书、潘景郑三先生为本馆顾问,由董事长函聘之。又嗣后关于本馆对外日常例行文件,得由总干事签署行之。5月22日,胡适发出中央研究院第一次院士选举人文组的人员部分拟提名单,张元济与陈垣、陈寅恪、傅斯年列于史学。又在致萨本栋、傅斯年书中重点说明"三位老辈":吴敬恒、张元济、傅增湘,谓"张元济,他对于史学的最大贡献是刊行史籍与史料,他主持的《四部丛刊》与《百衲本二十四史》等,使一般史学者可以容易得着最古本的史籍与古书,其功劳在中国史学界可谓古人无与伦比。我曾想,《百衲本二十四史》的印行,比阮元的《十三经注疏·校勘记》还更重要。所以我也希望孟真、济之两兄考虑此老。"6月1日下午3时半,在寓所召集商务馆务茶会。出席者陈叔通、李拔可、朱经农、李泽彰、史久芸、韦福霖、张子宏、张雄飞、丁英桂、郁厚培、朱颂盘等。会议内容之一为善本书保管委员会结束检理善本书事宜。2日,与陈叔通起草致上海市长吴国桢、警备司令宣铁吾书,抗议当局派警特镇压学生。送请唐文治领衔,唐当日复信同意。3日,递呈十老致吴国桢、宣铁吾书。同日,递呈十老致行政院长张群书。8日,撰《关于书籍销售之若干意见》。同月初,中研院院士选举筹备会根据18位评议员提出涉及20个学科、220人院士提名,又结合中研院总办事处国内专家概况调查,制定出一份院士选举参考名单,涵盖25个学科、182人。其中"中国文学"学科7人:吴敬恒、张元济、胡适、杨树达、余嘉锡、朱凤起、沈兼士。7月1日晚,在寓所招宴许静芝、徐永祚、任鸿隽,史久芸作陪。2日,在寓所举行旅沪海盐张氏同族会。9月2日,陈叔通、黄炎培来访,"商营救被解聘、被开除师生办法"。10日,张元济于寓所主持商务印书馆董事会第468次会议,议决于台北购屋,设立台湾分馆。10月14日,赴绍兴路商务编审部参加《辞源简编》审稿会议。19日,主持商务印书馆董事会第469次会议。会议通过的《关于升值增资之报告》。10月20日,由张元济题写刊名的《仪文》创刊号出版。主编人曹冰严。创刊号刊出张元济《新治家格言》。26日赴上海市商会主持商务印书馆股东年会。

按:张元济报告云:"日人蓄意毁灭中国,毁灭中国文化,本公司因此首当其冲。'一·二八'之役,闸北工厂及图书馆等悉遭破坏。'八·一三'事变后,不仅上海工厂、设备再受创伤,且各地分支馆厂或被占领,或遭轰炸,甚至焚毁,损失尤大。幸赖前总经理王云五君高瞻远瞩,在渝艰苦维持,努力出版业务,已故经理鲍庆林君在沪苦心调护,俾公司基础得以保全,故胜利以后重得走上复兴之路。但在战事期中,因公司主管会计部分分在渝沪两处,又数处分支馆账册毁损,更加交通不便、币制紊乱、通信困难,故十年以来,账务纷繁,不易清结,只得于去年九月先开股东临时会,并将九年来公司概况印成小册,报告诸位股东。一年以来,赖同人之努力,已将二十六年至三十五年之账略结算竣事,并经会计师徐永祚君及本公司监察人核对无讹。现已印成结算报告分发诸位股东,请详阅。"

张元济10月30日于寓所主持商务印书馆董事会第470次会议。张元济报告修改公司章程提案。11月12日下午,至合众图书馆主持合众董事会第七次临时会议。出席者陈叔通、李宣龚、叶景葵、徐森玉。叶景葵、顾廷龙分别报告财务及工作。讨论通过购置书架44只,实价8000万元。该款系向浙江兴业银行增加透支额1亿元,并向浙江实业银行透支5000万元。会议选举任满董事和常务董事,陈叔通、李宣龚和叶景葵分别连任。15日,中央研究院发布公告:"兹经本院第二届评议会第四次大会依法选定第一次院士候选人,数理组四十九人,生物组四十六人和人文组五十五人,特为公告如下。"其中人文组候选人列入张元济:"张元济主持商务印书馆数十年,辑印《四部丛刊》等书,校印古本史籍,于学术上有重大贡献。"30日,在寓所主持商务印书馆董事会第471次会议。(一)善本书保管委员会报告接管善本书经过案。(二)史久芸报告增资后资产负债表及增资股份交款情况。12月10日,中央研究院致先生书,告以经第二届第四次评议会大会决定150人为院士候选人,先生亦名列其中。并寄来候选人年籍资历、著作目录副本。28日,在寓所主持商务印书馆董事会第473次会议。公推先生为新一届董事会主席。(一)先生报告上次董事会议后工会方面交涉经过。云:"本会上次会议议决参照世界书局办法办理一节,将来办理时恐多困难。如何之处,请公议。"(二)讨论夏鹏辞职事,决定一致挽留。(三)推定史久芸为本公司经理。(参见张人凤、柳和城编著《张元济年谱长编》,上海交通大学出版社2011年版)

朱经农继续任商务印书馆总经理。年初患病。1月6日,朱经农复张元济书,谓:"关于特别补助事,李、史、傅三公受之至为允当。惟经农个人到馆未久,又在病中,似不应受此特别优待,容与云五先生商之。公司次级同人得力者甚多,俟与李、史两公详商后再行报命。蒋仲茀先生事当向光华接洽。如光华能于春假后延聘固佳,否则请其入编辑部相助如何?祈酌示为感。"7日,张元济致朱经农书,谓:"贵体未痊,又复伤足,千万不必汲汲到馆。是为至恳。今公司得公主持全局,不为一日计,正为百年。前函所陈,区区节献,殊愧未能将意,务望哂纳,万勿谦逊。是又至恳。次级重重要职,虽旧历年前酌予补助,鄙见宜限制极严,否则非徒无益,恐有是否于此时□为宜。晤云翁时,亦乞商之。蒋仲茀下月有各私教课之事,延入编辑部似非所宜。"29日,《申报》载,商务印书馆举办预约书登记启事:"敝馆前售预约各书,除'八一三'事变前出版已满一年者,预约手续均已结束外,其在事变前一年内及其后续出之书,因预约诸君在战时每多迁徙,自取者未尽取去,邮寄者亦多无从投递。敝馆各地厂栈及分支馆迭遭敌寇轰炸侵占,已成之书及底版稿本,多数被毁,其转运在途者,几尽浮沉。胜利以还,曾就残余,从事整理,事极繁琐,尚未全部清厘。兹为明了预约诸君现在地址,藉便通讯起见,先举办预约书登记,一俟完毕通盘筹划,再定付书办法,另行奉告,统祈台察。"30日,《申报》载,正中书局、商务印书馆出版部编大学用书。

朱经农3月1日复张元济书,谓:"适之兄来信及先生复书,均已拜读。适之原函奉缴。先生去信则已转寄伯嘉兄一阅。藏文论集请适之先生设法估价,并觅受主,农亦赞成。将来东方图书馆总须恢复。如Morrison图书馆能收回,则东方之恢复尤不可缓,当努力筹之。惟藏文论集能得更完备之图书馆收存,亦一佳事。自传或年谱之作,不仅关系个人,实关系个人所生存之一个时代。凡此时代所经历之大事,均宜收入自传或年谱中,以供将来史家之参证。最近八十年为中国蜕化最重要之时期,以先生亲身所经历,笔之于书,实有极重大之价值。不揣冒昧,附议适之兄之请求。盼先生早写一部自定之年谱。"5日,朱经农复张元济书,谓:"王古鲁先生在日本所摄小说、戏剧孤本影片,拟请其将《古今小说》及戏曲三种出让本馆承印,恳代征其同意,并询问出让条件。照片一包编审部同人拟留阅,一二日内再行送还。"13日,《申报》广告,商务印书馆《新中学文库》发售特价,全书四六三册,三个月内分三次出齐,贡献整套的参考用书,介绍最新的各科智识。6月5日,朱经农复张元济书,谓:"经农修养不足,每当国事艰危之际,不能自制其忧郁之情,致时患失眠之症。抗战期间如此,近来尤甚。唯有从宗教信仰中求安慰,一切听天命而已。连日照常工作,精神尚能勉强支持。营救学生事亦未敢懈怠。现悉彼等在狱,尚蒙优待。唯何时可得释放,尚无把握。市长表示在依法处理以前,先施感化。伊希望能于法外施仁,不经法庭,从宽发落,但需要相当时间作安全之策划。今晨各校长再往市政府交涉,请其从速释放。农因事未同去,尚不知结果如何。"12日,《申报》载,商务印书馆为总经售联合国出版物启事:敝馆近承联合国委托,为其一切出版物之中国总经售处,各项书籍杂志已陆续启运来沪,兹将第一批运到者在上海河南中路敝馆发行所西书柜及林森中路支店陈列发售,欢迎各界惠临参观选购。另备书目及发售办法,承索即行寄奉。商务印书馆谨启。联合国出版物种类:(一)联合国日报、通报及统计月报;(二)联合国各机构会议纪录及其他出版物;(三)联合国旧金山会议文献汇编(本书限于定购);(四)国际法庭出版物。

朱经农7月17日复张元济书,谓:"新选《四部丛刊》清单现存伯嘉兄处,自可再加斟酌。关于《东方杂志》各点,已转知主编人特别注意。近来国外杂志不能按期送到,采译长篇论著,亦恐中断。附呈苏继颀兄意见一纸,祈察核。"10月11日,朱经农复张元济书,谓:"《辞源》业经删订六十六页。为慎重起见,尚在传观中,拟于星期二上午十时在编审部开会作最后决定。届时当派车奉迓。前承交下新书表一份,业将著作人略历注明,托邹尚熊兄转呈,不知何故尚未送到。今日交下之新书表亦已由苏继颀兄注明著作人略历,仍托尚熊兄转呈。至各书内容,可否向推广科调阅广告,以免重抄之处。请酌示。"12月13日,朱经农致张元济书,谓:"近日同业对文库之印行,竞争甚烈。然凡事有竞争,而后有进步,似为一种好现象。今后所争,乃在谁占先着。《新中学文库》及《小学生文库》商务幸得占先,下学期当以《国民教育文库》及《师范学校教科书》制胜。此时必须保守秘密,以免风声透露,他人捷足先登。此两项书籍现正积极准备,知注谨闻。""明日下午,中国教育会开会,讨论取消国定本教科书制,俾各书坊所出审定本教科书得以同时推行。此事关系重大,经农必须前往出席。下午三时董事会开会恐不及准时赶到,特先请假。关于工会要求及同人福利事项,业与伯嘉兄交换意见,可由伊提出办法。中国教育学会散会后仍当赶至董事会出席,万请不必相候。"12月21日,商务印书馆假市商会举行股东临时会,改选高凤池、王云五、陈叔通等为董事,黄炎培等为监察。(参见张人凤、柳和城编著《张元济年谱长编》,上海交通大学出版社 2011 年版;吴永贵《民国图书出版史编年:1912—1949》,社会科学文献出版社 2018 年版)

李叔明继续任中华书局总经理。6 月,中华书局图书馆应联合国文教委员会之请,在馆举办基本教育展览会,陈列近代基本教育图书数万册,观众认为此会集国内近代教育史料之大成。9 月 15 日,上海《大公报》载,中华书局图书馆基本教育图书教具展览启事:敝馆奉教育部指定,招待联合国教育科学文化组织远东区基本教育研究会议之各国代表,莅临参观,特陈列本馆所藏清季以来有关基教之图书与教具以及电化教育之教材与设备,并印有中英文详细目录,按类说明。兹定于 9 月 16 日起至 9 月 30 日止,继续公开展览,并将敝馆藏书库,理化、生物实验室、电化教育室等一律开放,欢迎参观。18 日,上海《大公报》刊登中华书局图书馆基本教育图书教具展览特刊。同月,《中华书局产业公会会讯》创刊,见存 1期。12 月 8 日,《申报》广告,中华书局编印《中华文库》:本书经教育部订印,分发台湾省各学校,家庭子女、学校学生、图书馆必备的读物。(参见吴永贵《民国图书出版史编年:1912—1949》,社会科学文献出版社 2018 年版)

李石曾继续任世界书局董事长。1 月 9 日,世界书局董事会发布“通知各股东缴付股款公告”和“发给卅三年卅四年份股息公告”,见 1 月 10 日《申报》。7 月 23 日,《申报》载,李石曾等发起中国出版协会,计划翻译世界名著:本市文化界出版界李石曾、朱经农、顾毓琇等,鉴于我国出版方面有加强合作必要,将集议筹组中国出版协会,并决定共同计划翻译名著100 种。11 月 23 日,世界书局股份有限公司召开股东临时会,见本日《申报》公告:世界书局股份有限公司召开股东临时会公告:本公司定于 11 月 23 日下午 2 时假座上海北苏州路第 470 号上海市商会,举行股东临时会,讨论资产升值增加资本案,务请各股东凭入场证准时莅会,如因事不克到会,得委托代理人出席。再,自即日起至开会日止,停止股票过户,除分函外特此公告。董事会谨启。(参见吴永贵《民国图书出版史编年:1912—1949》,社会科学文献出版社 2018 年版)

章锡珊继续任开明书店总经理。2 月 16 日,开明书店召开股东会,次日《申报》有报道:开明书店增资完成,邵力子等当选董监:开明书店股份有限公司增资完成,昨举行股东临时会,由邵力子主席。首由董事会代表章锡珊报告增募股本 9400 万元,连原股本 600 万元,合成 1 亿元,业已如期足额。继由经理范洗人详述复员一年来业务情形,及最近营业资产概况,并提议修改章程,改选董事监察人。结果邵力子等当选董事,朱季华等当选监察人,至 5 时散会。12 月 14 日,开明书店召开股东临时会,11 月 28 日的《申报》有公告:开明书店股份有限公司召开股东临时会公告:兹经董事会议决定于民国三十六年 12 月 14 日下午 2时,在上海福州路 272 弄 3 号本公司举行股东临时会,报告关于第七次增资募集之事项,并依法改选董事监察人,除另函通知外,敬希贵股东拨冗出席为荷。再,在开会前 15 日内,停止过户。特此公告。开明书店股份有限公司董事会谨启。(参见吴永贵《民国图书出版史编年:1912—1949》,社会科学文献出版社 2018 年版)

王伯祥仍任职于开明书店。3 月 9 日,郑振铎在家宴请史学界朋友,请他们支持出版《中国历史参考图谱》,共有 12 位史学家题词,高度赞扬郑振铎这一意义巨大的工程。王伯祥的题词是:“左图右史,自来为读书者所艳称。良以考古鉴往,必资实证,非徒沾沾于名物之训诂,或缅想于典章制度之沿革,遂能集事也。长乐郑西谛先生有鉴及此,慨然以编订巨任自肩。集材审释,多历年所,近成《中国历史参考图谱》二十四辑,上起邃古,下逮清末,举凡有关史迹、文化、社会、经济、人民生活之真情实况,与夫实物图像、器用形态诸端,靡不博采慎择,粲然大备。手此一编,了如指掌,昔之空羡结想者,今乃咸得思接千载之真乐。其有功于学术,岂仅远绍渔仲之绝业而已哉!"(参见陈福康《郑振铎年谱》,三晋出版社2008年版)

吴俊升1月21日出任正中书局总编辑。同日,《申报》载:正中书局战时首随国府西迁,对于抗战文化教育,贡献甚巨。其在沦陷区各分支机构及印刷厂,曾惨遭敌伪摧残,复员以来,业已次第恢复,业务开展,蒸蒸日上。近特聘请新由美洲考察返国之教育专家吴俊升氏,担任总编辑。吴字士选,曾留学法美,历任国立北京大学教授兼教育系主任、教育部高等教育司司长、教育研究委员会委员、中央大学教授,及中小学教员等职务,对于文化事业建树甚多,并曾编著大学用书、学术专著,及中小学教科书多种,在各书局出版。此次接受正中书局聘请,当可加速出版界之进展。记者昨往访吴氏,承告:出版事业,为著作者及读者服务,对于传播文化,辅导教育,贡献极大,今后正中书局编辑计划,除对于各级学校教科书,及一般读物之编印,继续努力,暨着重职业学校课本之推广,以期适应国家建设之需要外,并拟大量征各科学术专著,充实大学用书,及翻译外国名著,凡属佳作,不分学派,一例并收,深盼学术界惠子合作,像能达成该局之文化使命云。25日,上海《大公报》广告,正中书局供应最新标准的各级学校教科书。30日,《申报》载,正中书局、商务印书馆出版部编大学用书。(参见吴永贵《民国图书出版史编年:1912—1949》,社会科学文献出版社2018年版)

田仲济继续任上海现代出版社总编辑、国立上海音乐专科学校文艺教授。9月,所著《中国抗战文艺史》列为"现代文艺丛书"之一,由现代出版社初版,署名蓝海。此书为中国第一部抗战文艺史著作,共十部分,每部分之后有若干小标题。书中常引用苏联等外国作家、文艺理论家言论;书末为"后记"。作者在书中说:"目前的时代是英雄的时代,所以我们要求的作品也是歌颂英雄的了。"但是"我们必须把敌人灭绝人道的地方暴露出来,汉奸活动也应作为文艺的重要题材"。"新文艺从生命的种子里带来的质素,即是反帝反封建的。"作者以唯物史观、无产阶级立场叙述中国抗战文艺历史。但作者并没有采用阶级分析方法评析作家作品和文艺思潮、文艺现象,而是以抗战亲历者的眼光记录抗战文艺。这使书中保留下许多非抗战亲历者无法道明的文艺历史真相,而且行文方面,也随处可见激烈的抗战气氛,有助于增强读者对抗战文艺史的感性认识。作者在写作中很注意保持客观、让材料"说话"。强调"在写作时我力避发抒自己的主张,尽量引用了各家的意见。"

按:作者在"后记"中陈述,鉴于抗战期间"文艺中心由集中而分散","抗战文艺史资料最容易失散,最难以保存","写这本小册子的目的,便是企图弥补一部分缺陷,保存一部分史料"。因为有这种自觉为后人保存史料的意识,书中保留了不少罕见的直接史料和背景史料,尽管有缺漏,其价值却是可以肯定的。遗憾的是,作者引述资料不注明出处,有的虽用引号或小字体以示区别,却一般既无作者也不交代发表于何处,书末也没有列出参考书目。1984年,在山东师大朱德发教授帮助下,本书得以重版(山东文艺出版社1984年3月出版)。重版本基本上保持了原版的体例,但原版内容有所删改,又增添许多新内容,如解放区文艺,还附录了"抗战文艺大事记",全书字数也增加到33万字。(参见付祥喜《20世纪前期中国文学史写作编年研究》,北京师范大学出版社2013年版)

赵家璧与老舍合作在上海创办晨光出版公司,任经理兼总编辑,出版包括《四世同堂》《围城》等名著在内的《晨光文学丛书》和《晨光世界文学丛书》。

舒新城等主编的"中华文库"12月由中华书局开始编印。该文库分为"小学""初中"两部分,收录的历史类书籍有邢鹏举编《历史学习法》(1947年12月),赵景深编《中国文学史纲要》(1947年12月),徐澄、吴一心编《中国史略》(1948年5月),《外国史略》(1948年5

月），马精武，范御龙编《小学历史教师手册》（1948年9月）等。此外，该丛书还收录了一些中外名人传记类著作。（参见王学典《20世纪史学编年（1900—1949）》，商务印书馆2014年版）

徐铸成继续任《文汇报》总主编。年初，徐铸成主编委托郭沫若物色副刊主编。2月10日，《文汇报》第4版以"悲忿的抗议"为题登载侯外庐与施复亮、周建人、潘梓年、柳亚子、田汉、翦伯赞、楚图南、胡绳、邓初民等的谈话。5月25日，上海"反内战、反饥饿、反迫害"运动爆发。《文汇报》《联合晚报》《新民报》被国民党当局查封。（参见杜运辉《侯外庐先生学谱》，中国社会科学出版社2013年版）

陈伯吹经过将近一年的筹备，"中国儿童读物作者联谊会"4月20日正式成立。这个联谊会引起了《大公报》主编王芸生的注意，他很早就想在《大公报》办一个《现代儿童》的副刊，于是与中华书局商量，邀请陈伯吹兼职主编这个副刊。5月3日，《现代儿童》创刊，陈伯吹任《大公报》副刊《现代儿童》主编。同年，陈伯吹加入上海小学教师联合进修会。

程博洪发行的《时与文》周刊3月14日在上海创刊，辟有政论、时评、学术论文、人物评介、通讯、杂感、漫画等栏目。宣传和平民主、反对内战独裁、抨击国民党政府镇压民主运动的行径。主要撰稿者有施复亮、张东荪、马叙伦、周谷城、王亚南、沈钧儒、伍丹戈、蔡鸿干、张明养、臧克家、洪深、马凡陀等。次年9月24日被迫停刊。

朱声绂11月21日在上海《时与文》第2卷第11期上发表《争取学术独立应有的警惕》，认为学术界"对于国内社会的一大任务是造成健全公正的舆论，而要首先争取学术思想之自由，言论发表传播之自由"，并且唯有如此"学术独立才能得到发挥其建设性作用之保障，而就研究来说，学术自由也是必不可少的摇篮"。

张霆潮2月10日在《申报》发表《向"自杀教育"制度提抗议》一文，评论重订的中小学课程标准。文章认为：现行课程标准的最大缺点是多而不精，忽视现实。作者主张，减少在教室时间，增加课外作业，课程注意实用，既要顾到毕业生在社会上多少可以做些实际工作，又要使有条件深造的可以升学。小学生，更应该多活动，少读书，课程只须四种：国文、数学、常识、劳作。平均每天在教室的时间不得多于4小时。（参见中央教育科学研究所编《中国现代教育大事记1919—1949》，教育科学出版社1988年版）

李一鸣《中国新文学史讲话》9月由上海世界书局出版。该书第五章小说（一）总论第八六页，（五）第四派第一二一页至第一二四页评论巴金。认为巴金"是一个很积极很前进的""安那其主义者"，小说的"质"和"量"都"惊人"，题材"极新"，"全是向旧社会挑战的呐喊"，"文笔秀丽，技巧纯熟"，在"新文学作家中"，是"最努力"、"极有地位的一个"，"前途更无可限量"。（参见唐金海、张晓云《巴金年谱》，四川文艺出版社1989年版）

谭正璧仍居家乡黄渡。黄渡乡师有学生因反饥饿、反迫害学潮被开除，出面与嘉定县政府交涉。是年，中华书局约编"学生国文读本"《老子读本》《荀子读本》《墨子读本》等6种。所著《初中作文示范》由光明书局出版，《现代学生尺牍》《现代妇女尺牍》由联立出版社出版；《三都赋》结集历史小说数篇、通俗小说《楚汉春秋》和《太平天国》交广益书局，惜未曾出版。（参见谭麓《谭正璧年谱》，载周嘉主编《蒿云》第2辑，中西书局2014年版）

丁聪、于立群、史良、李伯球、沈钧儒、沈志远、杜国庠、洪深、陈铭枢、胡绳、侯外庐、冯雪峰、楚图南、华岗、廖梦醒、许广平、胡子婴、田汉、吴祖光、徐迟、胡风等上海各界知名人士1月分别参加签名活动，向美蒋提出抗议。

施南池任上海市美术馆筹备处主任；吴待秋、吴湖帆、汪亚尘、沈尹默、张大千、张道藩等任指导委员;姜丹书、马公愚、张书旂、陈秋草、贺天健、郑午昌、谢海燕等任设计委员;王个簃、方介堪、白蕉、江寒汀、朱屺瞻、吴子深、徐邦达、唐云、陆抑非、应野萍、谢稚柳、钱镜塘等任征集委员;俞剑华、郑逸梅、丰子恺等任编辑委员。

张大千"大风堂门人画展"在上海展出。"张大千画作展"在上海展出。与杨孝慈同游西康,写生多幅,并作《西康游记》记游诗12首。

傅抱石的《傅抱石教授画展》在上海举行,郭沫若用"沉浸浓郁,含英咀华"来评价画展。

吕斯百参加美术教育界的联合动议,抗议教育部在讨论中学艺术课程时拟取消"图画劳作"。是年,中华全国美术会理监事改选,吕斯百当选为常务理事。

汪亚尘、吴湖帆、姜丹书、俞剑华、郎静山、徐蔚南、陈树人、陆丹林、许士骐、贺天健、郑午昌、颜文梁等54人被聘为《中国美术年鉴》编委。

方介堪所刻"中兴元首"石章获第二届全国美展一等奖,成为上海美术家协会会员。

董寅初回国到上海,任上海建源股份有限公司经理、总经理,上海中国酒精厂经理。

袁雪芬、尹桂芳、范瑞娟、竺水招、徐玉兰、筱丹桂、徐天红、傅全香、张桂凤、吴小楼等8月19日为筹建越剧实验剧场,在上海黄金大戏院发起举行联合大义演。

徐玉兰9月25日自组玉兰剧团,演出于上海龙门大戏院,首演剧目为徐进编剧、金风导演的《香笺泪》,搭档的旦角是戚雅仙;并聘请吴琛、庄志、石景山等一批新文艺工作者担任编导,排演《国破山河在》等一批新戏。

傅全香再与范瑞娟合作,组成东山越艺社,演出新编古装戏《天涯梦》《李闯王》和传统剧《梁祝哀史》《四大美人》等剧目。

张桂凤加盟范瑞娟、傅全香领衔的东山越艺社。

王文娟与陆锦花合作,成立少壮越剧团。

蔡楚生、郑君里的联华影艺社与夏云瑚等于战后创建的昆仑影业公司实行合并,在上海成立新的昆仑影业公司。

师陀任上海文华电影制片公司特约编辑。

蔡楚生、郑君里编导,朱今明摄影,白杨、陶金、舒绣文、周伯勋、上官云珠、吴茵主演的影片《一江春水向东流》10月公映。

史东山编导,韩仲良摄影,白杨、陶金主演的《八千里路云和月》影片公映。

张爱玲与电影导演桑弧合作从事影剧活动,写出三部电影剧本《太太万岁》《不了情》《哀乐中年》(与桑弧合编)。是年与胡兰成离婚。

周宝奎加入玉兰剧团,参加《香笺泪》《国破山河在》等剧的演出。

太虚3月5日于上海玉佛寺召开中国佛教整委会第七次常务会议。当时整理大致就绪,议决于5月27日起,召开全国会员代表大会7日。12日,太虚为玉佛寺退居震华封龛,书"封龛法语",为大师最后遗墨。太虚说法且竟,忽中风旧疾复发。京沪杭甬间弟子,闻讯来集,多方医护。而太虚殆以化缘周毕,竟以17日下午1时1刻,于玉佛寺直指轩安详舍报。时玉佛寺主苇一,出家弟子大醒、亦幻、尘空、灯霞、月耀、松月、演培,在家弟子李子宽、谢健、沈仲钧、卫立民、杨树梅、过圣岩、胡圣轮,以及侍者杨承多等侍侧,助念弥勒圣号,祝法师上生兜率,再来人间。19日,为太虚行封龛礼,老友善因亲来主持。参加典礼者,寺院及佛教团体外,当地党政机关代表,及马占山、汤铸新、黄金荣等,凡3000余人。国民党中宣部摄影场及中外日报记者,竞为摄影报道。治丧期间,重庆法尊,武昌苇舫,西安超一,开封净严,杭州会觉、巨赞、宏妙(大师徒孙)、印顺、妙钦、续明，南京昙钵，镇江雪烦，茗山，常州明智等，均先后来集。弟子集议对于大师志业之推进。议决：重庆世苑汉藏教理院由法尊主持；武昌世苑图书馆，由苇舫主持；海潮音由尘空主编；大师色身舍利塔，建于奉化雪窦山，各地得分请舍利建纪念塔；大师法身舍利，由印顺负责编纂；大师遗物，概移存武昌纪念。时政要、名流、海内外佛教缁素，电唁哀挽，备极哀荣！4月8日，举行大师茶毗典礼。自玉佛寺趋海潮寺(寺主心缘)，参加恭送茶毗行列者，长达里余。10日晨，法尊等于海潮寺拾取灵骨，得舍利300余颗，紫色、白色、水晶色均有。而心脏不坏，满缀舍利，足征大师愿力之宏。14日，大醒、亦幻、净严、尘空等，恭奉大师舍利灵骨至雪窦。翌晨，抵宁波，缁素集迎致祭。专车入雪窦山，安供法堂。5月20日，印顺、续明、杨星森等，开始于雪窦寺圆觉轩，编纂《太虚大师全书》。

　　按：其缘起及编目云："佛法为东方文化重镇，影响我国文化特深，此固尽人皆知之；然能阐微抉秘，畅佛本怀以适应现代人生需求者，惟于太虚大师见之！大师本弘教淑世之悲愿，以革新僧制，净化人生，鼓铸世界性之文化为鹄。故其论学也，佛法则大小乘性相显密，融贯抉择，导归于即人成佛之行。世学则举古今中外之说，或予或夺而指正以中道。其论事也，于教制则首重建僧；于世谛则主正义、道和平；忧时护国，论列尤多。大师之文，或汪洋恣肆，或体系精严；乃至诗咏题序，无不隽逸超脱，妙语天然！然此悉由大师之深得佛法，称性而谈，未尝有意为文，有意讲说，盖不欲以学者自居也。文字般若，未可以世论视之！平日所有撰说，或单行流通，或见诸报章杂志，时日不居，深恐散佚。为佛法计，为中国文化计，全书之编纂自不容缓。同人等拟编印全书，奉此以为大师寿。举凡部别宏纲，编纂凡例，悉遵大师指示以为则。且将编印矣，不图世相无常，大师竟忽遽遁入寂也！昔双林息化，赖王舍结集，乃得色相邈而法身常在。则是本书之编纂流通，弥足显大师永寿之征矣！全书都七百万言，勒为四藏二十编，次第印行。若此胜举，吾文化先进，佛教耆德，当必将乐予指导以赞助其成矣！"

　　按：5月25日，中国佛教会整理委员会，中国佛学会，暨南京市佛教会，假毗卢寺，举行全国性之追悼会。到国府委员章嘉、国府各部会代表，及全国各省市代表等千余人。会场满悬哀挽诗联，有蒋主席"潮音永亮"等五千余件(海廿八、七《佛教新闻》)。其余各地追悼会，遍于全国，以重庆汉藏教理院，汉口佛教正信会，最极隆重。国际若印度新德里召开之泛亚洲会议，临时举行追悼会；摩诃菩提会建《太虚图书室》为纪念(海廿八、七《佛教新闻》)等，并见大师德化之溥！6月6日，政府颁褒扬大师令：国民政府令："释太虚，精研哲理，志行清超！生平周历国内外，阐扬教义，愿力颇宏！抗战期间，组织僧众救护队，随军服务；护国之忱，尤堪嘉尚！兹闻逝世，良深珍惜！应予明令褒扬以彰忠哲。此令！"(参见印顺编著《太虚法师年谱》，宗教文化出版社1995年版)

　　吴耀宗9月15日出席英国爱丁堡世界基督教代表大会后回到上海。11月，青年协会书局、广学会、美华浸信会书局、宣道书局、中国主日学会等联合组织了中华基督教出版协会。是年，发表《耶稣失败了么》《从马歇尔报告说到中国的现状》《和平的途径》《基督教与政治》《我们的愤怒》《黑暗后的黎明》《迎接新的时代》《世界往哪里去》《学生运动与目前政局》《基督教与唯物论》《欧游观感》《从基督教的观点看现实》《世界和平的展望》《美国社会的民主生活》等文章。(参见赵晓阳编《中国近代思想家文库·吴耀宗卷》及附录《吴耀宗年谱简编》，中国人民大学出版社2014年版)

　　毛泽东1月1日在《解放日报》发表《新年祝词》，指出："现在国民党当局还没有表示任何起码的和平意图，他们在美国政府指使下，正在忙于以分裂的'国大'和独裁的'宪法'来装饰自己，以便使他们的战争和美国的援助'合法'化。但是只要全国人民团结一致，坚持不屈不挠的奋斗，那么，在不久的将来，自由的阳光一定要照遍祖国的大地，独立、和平、民主的新中国一定要在今后数年内奠定稳固的基础。"同日，修改陆定一《对于战后国际形势中几个基本问题的解释》一文。10日,到杨家岭祝贺徐特立70寿辰。为徐特立70寿辰题词:"坚强的老战士。"16日,致信法学家陈瑾昆:"从新的观点出发研究法律,甚为必要。新民主主义的法律,一方面,与社会主义的法律相区别,另方面,又与欧美日本一切资本主义的法律相区别,请本此旨加以研究。目前美蒋所提和谈,如过去一切和谈一样,全属欺骗性质,因其军事失败,企图取得休息时间,整军再战,我们切不可上当。"2月1日,主持召开中共中央政治局会议。会议分析了国内形势,讨论了毛泽东为中共中央起草的关于时局与任务的指示。

　　　　按:这个指示编入《毛泽东选集》时,题为《迎接中国革命的新高潮》。

　　毛泽东3月29日晚至30日,主持召开中共中央会议,讨论中央机关行动问题。会议决定:毛泽东、周恩来、任弼时率中央机关和人民解放军总部留在陕北,主持中央工作;由刘少奇、朱德、董必武组成中央工作委员会,以刘少奇为书记,前往晋西北或其他适当地点,进行中央委托的工作。4月10日,修改新华社社论稿《中国人民伟大斗争的二十年(为四一二惨案二十周年纪念作)》,并加写一段话:"过去的二十年是中国人民伟大斗争的二十年。这个斗争快要结束了,这就是蒋介石反动统治的灭亡。因为蒋介石要灭亡中国人民,因此中国人民必然团结起来灭亡蒋介石。"这是日本投降以后,第一次公开号召灭亡蒋介石反动统治。5月1日,新华社发表经毛泽东修改的社论《全力准备大反攻——纪念五一节》。社论指出:战争的形势"由蒋军的局部进攻与人民解放军的局部反攻,改变到蒋军的全面防御与人民解放军的全面反攻"。"我们的任务,就是动员一切力量,全力准备大反攻。这个反攻将是长期的,因此,速胜的观念是不对的,无论在军事方面和经济方面,都要作长期的打算,在长期的全面的艰苦奋斗中取得胜利。"3日,修改新华社社论稿《五四运动二十八周年》,并加写一段话:五四运动所开始的新的文化事业,"它为现在的革命战争与将来的革命建设而服务,没有它,革命战争与革命建设的胜利是不可能的。我们面前还有强大的敌人与艰苦的战斗,因此,我们十分需要广大有力的革命文化事业,为战胜敌人克服困难之共同目标而奋斗,为独立、民主、和平的新民主主义中国而奋斗"。23日,新华社为"五·二零"南京学生反蒋示威波及各大城市事件发表《蒋介石的末路》的时评,指出:"蒋介石在进攻解放区的军事战线上,遭遇了严重的危机;在压迫剥削人民的经济战线和政治战线上同样遭遇了严重的危机。由于粮价狂涨引起的五月初旬以来的各地粮食危机和'米骚动'刚在开始,京、沪、平、汉、津、青、浙、赣等地以反内战、反饥饿、挽救教育危机为中心口号的学生运动,又达到一新的高潮。"30日,新华社发表毛泽东写的关于目前时局的评论。

　　　　按:评论指出:"中国境内已有了两条战线。蒋介石进犯军和人民解放军的战争,这是第一条战线。现在又出现了第二条战线,这就是伟大的正义的学生运动和蒋介石反动政府之间的尖锐斗争。""和全民为敌的蒋介石政府,现在已经发现它自己处在全民的包围中。无论是在军事战线上,或者是在政治战线上,蒋介石政府都打了败仗,都已被它所宣布为敌人的力量所包围,并且想不出逃脱的方法。"这个评论编入《毛泽东选集》时,题为《蒋介石政府已处在全民的包围中》。

　　毛泽东6月4日修改新华社社论稿《破车不能再开——评第四届第三次国民参政会》,并加写两段话:"另有一部分君主立宪派,他们不赞成蒋介石的君主专制,但仍希望蒋介石接受他们的君主立宪论,这次也参加了参政会。但是,这个参政会连同蒋介石政府在一起,按照于斌主教在开幕词中所说,是辆破车。""就在这次参政会开会的第一天,即五月二十日,南京六千爱国学生结队向参政会请愿,表示要饭吃,要和平,却被全城军警展开巷战,不许请愿。这个参政会的参政员们亦溜之大吉,不愿接受请愿。"7月1日,新华社发表经毛泽东修改的社论《努力奋斗迎接胜利——纪念中国共产党创立二十六周年》。毛泽东修改时加写三段话,指出:"我们有个伟大的民族统一战线,这个统一战线包括工人、农民、知识分子、小资产者、爱国的民族资本家、开明绅士、少数民族及海外华侨,这就是全中国的人民大众。""前进的道路上还会有困难,我们一定要正视这些困难,宁可作长期打算,不要有速胜论,有困难我们一定要克服,也一定可以克服。同胞们,同志们,勇敢前进,努力奋斗,迎接胜利。"7月2—23日,在靖边县小河村主持召开中共中央扩大会议。会议总结第一年战绩,着重讨论军事计划和地方工作等问题。毛泽东在分析战争形势时,首次提出对蒋介石的斗争用5年时间来解决。

毛泽东9月1日为中共中央起草关于解放战争第二年的战略方针的指示,指出:"我军第二年作战的基本任务是:举行全国性的反攻,即以主力打到外线去,将战争引向国民党区域,在外线大量歼敌,彻底破坏国民党将战争继续引向解放区、进一步破坏和消耗解放区的人力物力、使我不能持久的反革命战略方针。"10月10日,为中国人民解放军总部起草的《中国人民解放军宣言》公布,宣布了中国人民解放军的也就是中国共产党的八项基本政策。这个宣言第一次提出"中国人民解放军"的全称,第一次以宣言形式郑重向中外宣布"打倒蒋介石,解放全中国"的口号。同日,中共中央公布经毛泽东修改的《中共中央关于公布中国土地法大纲的决议》和《中国土地法大纲》。该《决议》指出:"中国共产党中央委员会完全同意这个土地法大纲,并予以公布。希望各地民主政府、各地农民大会、农民代表会及其委员会,对于这个建议加以讨论及采纳,并订出适合于当地情况的具体办法,展开及贯彻全国土地改革运动,完成中国革命的基本任务。"又发布中国人民解放军总部起草的关于重行颁布三大纪律八项注意的训令。训令指出:"本军三大纪律八项注意,实行多年,其内容各地各军略有出入。现在统一规定,重行颁布。望即以此为准,深入教育,严格执行。"11月3日,修改新华社时评稿《蒋介石解散民盟》,加写一段话:"民盟方面现在应该得到教训:任何对美国侵略者及蒋介石统治集团(或其中的某些派别)的幻想,都是无益于自己与人民的,应当清除这种幻想,而坚决地站到真正的人民民主革命方面来,中间的道路是没有的。如果民盟能够这样做,则民盟之被蒋介石宣布为非法并不能损害民盟,却反而给了民盟以走向较之过去更为光明的道路的可能性。"6日,修改新华社社论稿《星星之火,可以燎原》。18日,复信吴玉章:"宪草尚未至发表时期,内容亦宜从长斟酌,以工农民主专政为基本原则,详情由王、谢二同志面达。"下旬,修改中共中央关于重发《怎样分析阶级》等两个文件的指示稿。

毛泽东12月21日在米脂县杨家沟向平剧院讲话,提出改造旧艺术,创造新艺术。讲话指出:接受旧的艺术,要创造新的艺术。旧的艺术是有缺点的,尤其它的来源,我叫它是颠倒是非混淆黑白。历史并不是那些英雄宰相创造的,而是那些劳动者农民创造的。比如孔明一出来,神气十足,压倒一切,似乎世界就是他们的,农民不过是跑龙套。然而世界上百分之九十是工人、农民。我们住的房子,都是他们的手盖的,但是旧剧却把他们形容成小丑。土豪劣绅连个柱子都搬不动。当然也有些剧本是好的,如《打渔杀家》之类。有些你们可以改造它,用自己的创造力掌握了这门技术,从政治上来个进步,就可能写些新的。希望你们大大创造,将来夺取大城市后更多地改造旧戏,把那些旧的接受过来,去领导他们。12月25—28日,在米脂县杨家沟主持召开中共中央扩大会议。25日,向会议提交《目前形势和我们的任务》的书面报告。25日,在中共中央扩大会议上,就敌我形势、统一战线、英美苏关系等问题发表讲话。(参见中共中央文献研究室编撰、逄先知主编《毛泽东年谱(1893—1949)》,人民出版社、中央文献出版社1993年版)

刘少奇1月3日为中共中央起草关于召开华北财经会议致各解放区的指示电:"冀察

晋中央局提议召集华北财经会议电转告各区。此提议甚好,召集这种会议甚为必要。由于空前自卫战争的巨大消耗,已使一切解放区的财经情况陷入困境,必须以极大决心和努力动员全体军民一致奋斗,并统一各区步调,利用各区一切财经条件和资源,及实行各区大公无私的互相调剂,完全克服本位主义,才能长期支持战争。中央认为应立即召集此项会议,但地点应在邯郸,并由邯郸中央局负责筹备和召集,以邯郸中央局为中心在会议中组织主席团统一领导会议。会议的议程,应为交换各区财经工作经验,讨论各区货物交流及货币、税收、资源互相帮助、对国民党进行统一的财经斗争等项,并可由各区派人成立永久的华北财经情报和指导机关。"2月9日,关于东北土改问题致信毛泽东。3月2日,致电吕振羽,指出:"目前在蒋管区组织人民斗争、开辟第二条战线,已十分重要。现在蒋军百分之九十以上已调来进攻解放区,大后方十分空虚,蒋政府征兵、征粮及经济破产已使人民不能生活,组织蒋管区人民广泛斗争的前提条件,已很成熟。故你此去,甚有必要。但仍望你善自珍重,一切谨慎将事,切忌急于求功,一切依靠革命的群众,则成功的可能性极大。"5日,复信胡乔木:"敌人进攻陇东,自须动员群众应付战争和敌人,但土地改革工作决不要宣布停止,并须尽力利用战争间隙,继续进行土地工作,使土地工作与应付敌人及战争联系起来,应依靠积极参加土地改革的群众来应付战争,如转移与埋藏物资,组织民兵,掩护群众避难及为战争服务等。"土地改革"工作团人员,应在战争与复杂情况中表示自己的坚定、沉着与清醒。一切张惶失措及畏缩的情绪,应该克服。工作团现仍留陇东工作,以便受到锻炼"。

刘少奇同朱德4月5日致电中共中央,报告中央档案资料转移情况:"(一)曾三所管之文件,除带来六箱外,其余均存在陕甘宁边区,由西北局曹力如保存,在安条岭者十五箱(为《六大以来》《两条路线》等),交清润县委书记保存,在清涧以东四十里之某地二十箱(《向导》《新青年》《红旗》及抗战初期各地报告等),已告曾三派人将清涧文件中一切带秘密性者取出外,望中央直接负责告西北局保管与处理该两批文件。(二)现存河东文件,除曾三者外,有机要处二十箱(历年各报等),中组部二十箱(干部结论及表格),一局八箱(历年军事文件),尚有二局、中社部、城工部各有数箱。现决定除各机关本身少数文件自己负责带走不得遗失外,所有曾三、机要处、中组部、一局文件,均集中交曾三保管,并由贺龙同志负责一切安全保障之责,暂时保存在贺龙同志处,以后听中央命令转移,并已令曾三将所有文件分为三类:甲、重要而不秘密者(如《向导》《红旗》及已印刷之各种决定);乙、秘密而不十分重要者(如某些电报及西北局财政计划等);丙、又重要又秘密者。上述分类,以便在必要时或埋藏或销毁,或务必带走,无论如何不得遗失。关于上述决定,中央有何指示,望告。"

刘少奇5月24日致电中共晋冀鲁豫中央局并报中共中央:为准备召开全国土地会议,望注意研究几个问题:"(一)在打倒地主阶级的运动中,各阶层农民的真实要求。(二)检查'五四指示'各项原则的正确性,并如何制定一个更完美的土地指示。(三)在运动中的右倾错误与'左'倾错误。(四)在建立与保持乡村人口百分之九十以上反封建统一战线的经验如何。(五)在土地改革中农会及贫农小组的作用如何。建立乡村农民大会、农民委员会及区县边区农民代表大会的系统来进行改革是否更便利于运动的开展及群众的学习。(六)土地及其他斗争果实的分配原则应如何规定。(七)在改革完成后转入生产运动的经验。(八)在农民对地主胜利业已巩固的地区,是否即需对地主采取某种拉的政策,以便缓和乡村中的紧张情况。(九)在改革中对党政各级机构的检查结果如何,以及如何改造党政各级机构。"7月10日,刘少奇向中共中央报告全国土地会议准备情况:"我病已痊愈,身体恢复,可以工作。"全国土地会议,只待晋绥及陕甘宁代表到达,即可开始。估计到齐可有一百多人。"中央工委即正式成立,会议即在工委领导下并组织主席团进行。对于会议,我们只印了马恩列斯论农民土地问题,及我党历次关于农民土地问题若干文件作为参考外,无其他准备,亦未准备报告,拟先由各地代表报告并提出问题,然后进行研究讨论和解决问题并决定若干文件。会议问题将牵涉很广,我们将尽可能解决一切业已成熟的问题,其他未成熟的若干问题,亦拟进行一些讨论,作些思想准备,但不作决定。会议将延长到一个月以上,工委将集中全力来进行这个会议。"27日,中共中央复电:"同意土地会议进行的方法,在实行土地改革运动过程中如何改造党政及群众组织与工作甚为重要,望会议中加以讨论。"

刘少奇7月15日在全国土地会议预备会上讲话:全国土地会议原拟5月在延安召开,由于战争关系没有开成,中共中央就委托中央工委在西柏坡主持召开,将来的文件和决定还要经过中央批准。会议定于17日开幕,会期大概三四十天。会议开法,先由各地作报告,然后讨论,最后做出决定。会议的领导机构是主席团,由中央工委委员及各代表团负责人组成。工作机构是秘书处,下设文件编辑委员会。主席团由朱德、刘少奇、董必武等22人组成;常委为朱德、刘少奇、董必武、康生、彭真。秘书长为安子文。编辑委员会由陈伯达、廖鲁言负责。17日,刘少奇主持全国土地会议。出席会议的有晋察冀、冀晋、察哈尔、太行、太岳、晋冀鲁豫、冀鲁豫、冀南、冀热辽、晋绥、山东、陕甘宁、东北等解放区的代表110余人。刘少奇在开幕会上讲话,指出:"五四指示"发出一年多来,许多地方已满足了农民的要求。但在某些地区、在若干问题上,"五四指示"已经不够。会议的任务是要从土地问题出发,讨论一切工作及其他各项工作,在既有成绩的基础上更有改进。土地问题是解放区一切问题的基本环节,"左"了一切就"左",右了一切就右,会影响各种问题,今后如何有意识地使其他工作有计划地推进,应从解决土地问题开始。大家反映情况、总结经验要实事求是,好就好,坏就坏,开个老实会。如果根据假报告做决议,就会害死人。8月4日,致电中共中央,反映土地会议上各地所汇报的情况,并对保障农民民主自由权利、转变干部作风问题提出建议。20—21日,在全国土地会议上作报告,指出土地会议的中心是要彻底进行土地改革。

刘少奇9月1日在城市工作会议上发言,指出城市工作问题很重要,党的各级领导机关要注意研究这个问题。在历史上因为进城被搞垮了的很多,李自成就是这样。我们要反对贪污腐化。如果我们领导上不注意抵抗这个势力,自己也动摇,也搞贪污腐化,那就保管垮台。进城之前要有准备,进城之后要有纪律,要委派负责人组织强有力的领导机关,要给进城工作的人员讲清楚,一定要守纪律,要保持艰苦朴素的作风。9月13日,全国土地会议通过《中国土地法大纲(草案)》。大纲规定:"废除封建性及半封建性剥削的土地制度,实行耕者有其田的土地制。"10月10日,中共中央发布《中共中央关于公布中国土地法大纲的决议》和《中国土地法大纲》。11月14日,为太岳新华书店出版的毛泽东《论查田运动》一书撰写前言:"这是毛泽东同志一九三三年在江西苏区关于查田运动的三篇著作。虽然当时江西苏区的情况与今天解放区的情况并不相同,党的政策和口号也与今天并不一样,解决问题的具体办法也并不能在今天各解放区都能适用,但毛主席在当时所提出的各种问题及其所指出的解决这些问题的原则,直到今天仍有许多是相同的和适用的。故特加以翻印,发给正在进行土地改革的各级干部阅读,作为借镜。"12月8日,刘少奇把此事报告了毛泽东。12月31日,为中共中央工委起草关于阶级分析问题的指示。(参见中共中央文献研究室《刘少奇年谱》,中央文献出版社1996年版)

周恩来1月初在王家坪召开研究新华社工作的会议。6日,中共中央致电董必武(并转沪工委)、叶剑英、吴玉章、张友渔、刘晓(并转钱瑛)、方方、林平:"此次平、津、京、沪学生的反美示威,成绩甚好,影响甚大。""民主爱国运动的基础正日益扩大,与解放区自卫战争的胜利已渐能起着配合作用。"为使在民族主义口号之下的民主爱国运动长期坚持下去,我党应帮助在运动中产生的新的积极分子"组织起来","必须有各种与学生的日常生活有关的团体做基础",使"少数领袖与广大学生群众保持经常联系,不致陷于孤立,同时又要准备二批三批的新的领袖来补缺"。10日,出席延安各界代表声援全国学生爱国运动及纪念政协会议周年大会,并在会上发表演讲:《评马歇尔离华声明》。16日,起草中共中央致董必武、吴玉章、叶剑英、刘晓、钱瑛、张明、方方、林平、潘汉年电:为了更有力、更有计划地领导蒋管区群众爱国民主争生存的斗争,以配合解放区人民自卫战争的胜利,准备迎接全国革命新高潮,中央认为蒋管区党组织系统有调整必要:(一)南京局由董必武主持,直接管理上海工委、重庆分局、香港分局及一部分统战关系中的党员。(二)另设上海分局,将刘晓、钱瑛两处领导的秘密组织统一管理,惟下层仍不打通。分局下另设上海市委。刘光原管之青年组织及其外围亦由钱瑛领导与朱语今发生关系,其散布在平、津、京、沪、汉各地关系均应设法联系起来。(三)上海分局由刘晓、钱瑛、张明等组织之,负责领导与发展蒋管区秘密工作。下级组织仍采取平行的组织,单线联系,转地不转关系等办法,以保持核心作用。(四)重庆分局领导《新华日报》及川、康、滇、黔党的工作。(五)香港分局由刘长胜、方方、林平、潘汉年、刘宁一、梁广、章汉夫、夏衍、连贯组成,管理南方工作,下设香港工委、南方区党委、琼崖区党委、城市工委四个平行组织。(六)重庆分局、香港分局均直属南京局,但有关全局工作,中央得给予直接指示。琼崖区党委属香港分局,但有关军事战略行动,中央军委给予直接指示。同日,起草中共中央致方方、林平并夏衍电:在南洋各地援助与同情南洋各民族的民族自治和独立的斗争与"赞助中国的爱国民主运动与解放区自卫战争,以孤立美帝国主义及蒋介石",这两种任务应分开进行。"应在政策上有明确的认识,在工作上有严格的划分,在策略上有灵活的运用。"

周恩来2月10日致函廖承志、范长江:办好中文专播,要多听各方意见,适应各方需要。17日,审改中共中央致晋察冀中央局电。电文说:请考虑给平津两市委以下列指示:(一)积极扩大、深入、坚持学生爱国运动,并与学生本身斗争联系起来。(二)积极帮助建立与发展青年积极分子的组织。(三)党的组织仍应精于隐蔽,不应过分集中统一。但是党员应以群众面目在运动中出现,积极响应抗暴联的号召与活动。(四)对特务秘密捕人计划要公开揭露,取得舆论援助。22日,接见合众社记者等,表示欢迎愿与解放区进行正常贸易的美商,欢迎一切美国记者光临。阐明中共与蒋介石恢复和谈的两项条件。批驳马歇尔认为蒋方"国大"通过的宪法是民主宪法的论调。27日,致电吴玉章、张友渔、王炳南、童小鹏、董必武、钱瑛并告方方、林平、章汉夫:《新华日报》被封,"请吴、张速以普通电将经过分告京、沪,并向各方各报发表抗议,京、沪、港即据此响应。请董亦向蒋方抗议并发声明"。报馆员工,除留极少数人办理结束事务外,大部可依计划就地疏散。干部不可能隐蔽者,即向延安撤退。王炳南应通知美方,我人员须有专机飞渝送延安。3月1日,起草中共中央致董必武、王炳南、吴玉章、张友渔、刘晓、钱瑛、张明、方方、林平、章汉夫及晋察冀中央局转平、津两市委电:蒋管区群众运动,特别是城市斗争,在一个时期内,可能遭受极大压迫。"为适应这一新变化,避免不必要的损伤",城市的民主爱国运动,"应暂保持平静状态",然后"有计划地转移到带地方性的经济斗争中去,以深入和巩固群众斗争基础"。"相信蒋顽前线续败,人民在活不下去忍受不了的条件下,新的斗争会在为生存而奋斗的基础上增长起来。到时,只要各方面的核心力量还存在,而且懂得及时领导,新的运动高潮仍会推动起来的。"4日,致电董必武:"京、沪国特甚注意章伯钧、罗隆基、史良三人,应告他们速布置香港退路。"5日,致函延安美军联络组转司徒雷登:"感谢阁下给予中共留京、沪、渝人员在回延运输上的便利。"

周恩来3月10日前后和廖承志谈话,指示将新华社干部分为两部分,小部由范长江带队,随中央留在陕北,直接归周恩来领导。大部由廖承志带队到晋冀鲁豫解放区,保证电台声音不断,新华社发稿日常工作继续进行。23日,起草中共中央致东北局并转西满分局、云泽(乌兰夫)等电:中央同意在内蒙人民代表大会上产生内蒙统一的民族自治政府,代表大会宣言中应确立该政府非独立政府,仍属中国版图,并愿为中国真正民主联合政府之一部分,反对蒋介石国民党独裁。多多吸收进步分子加入中共,成立中共内蒙工作委员会。4月18日,蒋介石在南京宣布改组国民党政府,张群代宋子文为行政院长。22日,新华社发表周恩来起草的社论《新筹安会——评蒋政府改组》。文中指出:蒋介石改组政府的把戏,不过是继承袁世凯的筹安会的新筹安会,"其媚外、残民、打内战、走死路等特点,将无一而不相像""蒋介石统治集团是同时处在政治、军事、经济三大危机之中""不管再借多少外债,蒋集团的危机不会减少,只会加深,直至被危机压得粉碎"。5月6日,起草中共中央致叶剑英、李维汉并转告刘晓、刘长胜、钱瑛、方方、林平及华东局电:为了加强与调整蒋管区我党工作的领导,中央决定将上海中央分局改为上海中央局,管辖长江流域、西南各省及平、津一部分党的组织与工作,必要时指导香港分局。同日,起草中共中央致叶剑英、李维汉并转告方方、林平、刘晓、刘长胜等电:由京、沪疏散至港的活动分子,如聚集过多,可向南洋疏散一批。并对香港分局组织机构作了调整,方方为书记,林平为副书记,章汉夫、梁广、潘汉年、夏衍、连贯为委员,刘长胜留沪。6月3日,起草中共中央关于学运方针的指示。提出:要"巩固校内(包括教职员)的统一战线,便于集中要求干可能实现的条件,然后再改变斗争形式,继续进行要和平要饭吃要自由的运动"。目前蒋政府捕杀学生兼及教员、记者的暴行是普遍的,应坚持放人和反暴行的要求,以团结内部,扩大同情。学生的组织形式也应与形势相适应。现有的华北学联,南京、上海、江苏、浙江、河南学联以及各地学生反暴行委员会,设法联合,达到成立全国学联的目的。

周恩来6月19日起草中共中央致上海局、香港分局电:"在目前,直使同情运动集中于反暴行要求释放一切被捕的学生、教授、记者及民主分子的问题上,各种组织也要与此相适应。"同日,起草中共中央致东北局、叶剑英、李维汉转廖承志、香港分局并告上海局电:最近在捷克首都召开世界新闻记者会议,东北局可在哈尔滨成立解放区新闻记者联合会筹备会办事处,委托吴文焘代表解放区记联在欧洲与世界记协接洽,要求参加为其会员,并进行国际活动。香港分局可要章汉夫、龚澎、廖沫沙等联络香港及南洋的中国自由主义及进步的记者成立中国或华南自由记者协会,设法救济内地被捕与流亡到香港南洋的记者。如记协成立,即可申请参加世界记协,并向世界记协控诉蒋政府大捕记者的暴行。7月5日,中共中央颁布"七七"10周年纪念口号,提出坚决彻底干净全部地消灭一切蒋介石进犯军和恢复政协路线,成立民主的联合政府,建立独立、和平、民主的新中国。周恩来在新华社发表前审阅了此稿,并在"反对美帝国主义侵略中国"一句下加"反对美国政府供给蒋介石军火"。29日,周恩来致函王炳南,要外事组同志翻译毛泽东的重要著作,编译有关美国的工具书和有关解放区基本政策的小册子,并参加土地改革,到群众中去锻炼自己。同时,加强自己的政治和英文学习。31日,周恩来在外事组的学习计划草案上批道:"从事外事工作的同志,在学习上必须从思想整风中打破资产阶级外交的传统思想,推翻反动统治的外交因袭,而建立新民主主义也就是无产阶级思想领导的外交政策思想。"8月10日,周恩来分别电告中共香港分局、东北局,令所属外事组翻译毛泽东著作、刘少奇的修改党章报告,东北研究东欧、苏联,香港研究南洋、印度、阿拉伯各国情况,并编译出研究上述各国的工具书。11月10日,周恩来就外事组工作致函叶剑英阅转王炳南、徐大年、柯柏年:译毛、刘著作望仍照原计划进行,勿停勿懈;编小册子,目前只能编爱国解放战争及土改两种。美国手册能在明春编成就很好。政协及三人会议的谈判材料,由章文晋、陈浩整理出一个有系统的档案为最好。整理时有意见提出来,不怕提反面意见,这对于今后的国际斗争也许会有裨益。(参见中央文献研究室《周恩来年谱1898—1976》,中央文献出版社1998年版)

董必武3月7日上午从南京安抵延安。朱德、周恩来、刘少奇、林伯渠、邓颖超、杨尚昆等到机场迎接。4月16日,中共中央决定成立华北财经办事处及董必武任主任。18日,被中央委任为华北财经办事处主任后,即电中共中央表示:"中央给我的新任务是很光荣的,但也是艰巨的,我对华北各解放区财经情况不明,对这一部门的干部熟悉的很少. 请中央为我挑选得力者三五人予以协助。"19日,随安子文支队出发往太行。5月27日,致电各中央局,要求各区党政军协助各区解放区救济委员会,对抗战中所受损失进行详细调查,以便要求日寇赔偿。调查材料于今秋土地会议时派人送太行交董必武。6月9日,在衡水约伍云甫等筹商召开解放区救济工作会议。26日,致电周恩来及中共中央:由解总在衡水召开的各解放区救济会联席会议经三日研究讨论,圆满结束。6—7月间,经邯郸、武安到冶陶镇,与晋冀鲁豫中央局薄一波等相会,就支援前线和统一华北财政经济等重大问题进行磋商;参加晋冀鲁豫中央局召开的土地会议,并在干部会议上作了讲话。7月14日,致电中共华东局、邯郸晋冀鲁豫局、晋绥分局、西北局、东北局:华北财办即将正式开始工作,地点设在晋察冀建屏县峡峪村。请将你们对财经工作的决定,及各省区财办、财政、实业或建设厅处、银行、贸易公司等机关各种重要法令、工作计划、出入口贸易、币价比值等有关材料从速带来,以资参考。17日,出席在河北省平山县西柏坡村召开的全国土地工作会议开幕式,与朱德、刘少奇等被推选为主席团常委,并发表讲话,指出:关于土地改革这个问题,在中国历史上两千多年前已提出了,历史上虽进行过三次试验,但都没有成功。当着中国共产党出世不久,便开始认识到了土地问题的重要性。这次来解决土地问题,是我们共产党要解决这历史上二千年一直没有解决的问题。只有解决了土地问题,中国革命才能胜利。

董必武8月1日将《华北财经办事处组织规程》电报中共中央。《规程》规定:华北财经办事处,在中央及其工作委员会领导下,统一华北各个解放区(东北暂不在内)的财政经济政策,指导华北各个解放区财政经济工作的推行。财经办事处的任务包括审查各个解放区的生产、贸易、金融计划,各个解放区的货币发行、筹建中央财政及银行等。16日,中共中央致电董必武及中央工委,同意董老所提华北财经办事处组织规程,望各中央局及各区财办施行。14日,以中国解放区救济总会主任的身份发出关于对日索偿问题的通知。25日,向华东中央局、晋冀鲁豫中央局、西北中央局及晋绥中央分局发出关于华北财经办事处组织规程的通知,通知中明确规定华北财经办事处的任务是:"制定华北解放区国民经济建设的方针;审查各解放区的生产、贸易、金融计划并及时作必要的管理与调剂;掌握各个区的货币发行;筹建中央财政及银行"等。27日,在全国土地工作会议期间,受主席团的委托,负责组织一个委员会研究土地改革后的农村生产和负担问题。同日,在会议上作《土地改革后农村生产问题》的报告。9月18—19日,在晋察冀边区财经会议上讲话。在分析了国际、国内的政治形势后,明确指出:"发展生产,保障供给,是我们财经工作的总方针,是一个大原则。"10月2日,将山东财办提出成立银行的建议,电报中共中央:他们要求立即成立联合银行或解放银行。9日,为纪念辛亥革命36周年,撰写《历史的惩罚》一文。12月5日,闻国民党已于10月26日宣布解散民主同盟,沈钧儒、史良等设法赴港,现在港民盟中委多数主张在港恢复民盟总部等情况后,致电周恩来、李维汉,建议对赴港盟员个人生活困难者,酌予接济。11日,将统一财经工作的情况函报中共中央及毛泽东。30日,致电东北中央局并报中共中央。说明印制钞票的规格、图案、颜色及票面额等要求。并请东北局将开印时间及每月能印多少等函告华北财办。(参见《董必武年谱》编纂组《董必武年谱》,中央文献出版社1991年版)

吴玉章和张友渔等率部分驻渝人员3月8日飞回延安,受到朱德、董必武、叶剑英、罗迈、杨尚昆等的热烈欢迎和亲切问候。到3月9日,除由伍云甫任代表的解放区救济总会继续留沪外,中共驻国民党区的谈判机关及《新华日报》社全部撤回。国共和谈彻底破裂。3月9日上午9时,中共中央在兰家坪召开大会,欢迎宁渝沪三地同志平安返回延安,和董必武先后在会上报告撤退情况,周恩来在会上讲话。中共中央任命吴玉章为中央法律委员会委员,参加王明、谢觉哉主持的法律委员会工作。下午,吴玉章撤离延安,向晋西北转移。同月,向中共中央作四川省委工作总结报告,题为《重庆工作的概况》。4月1日,出席法律委员会会议,决定先搞宪法及改革法律方针。12日,出席法律委员会会议,听取陈瑾琨报告法律改革意见。15日下午,继续听陈瑾琨的报告。17日上午,讨论宪法,听取王明报告总纲草案。19日上午,出席法律委员会,听取宪法总纲章案报告。20日,向法律委员会同志报告大后方情况。23日,出席法律委员会例会。上午,听取谢觉哉报告战局的转折点。下午,讨论宪草总纲。24日,出席法律委员会例会,讨论宪草总纲。26日,总纲讨论完毕。29日上午,听取李木庵报告对民法的意见。5月2日,听取杨绍萱报告商法。3日,听取陈瑾琨报告民事诉讼法。6日,继续听取陈瑾琨报告刑事诉讼法。8日,讨论宪法草案第二章。10日,讨论宪草第二章完毕。15—16日,讨论地方制度。19日,讨论宪草第三章。皆不赞成陈瑾琨的提案。24日,讨论宪草第三章完毕。6月1日,讨论地方制度章完毕。6日,讨论司法制度章。11日,讨论司法制度章。24日,出席法律委员会会议,续议司法制度。27日,听取何思敬讲法学各派。30日,参加土改工作团检讨会。

吴玉章7月4日出席法律委员会会议,讨论民族自治章。9日,出席法律委员会会议,讨论宪草毕。11日,出席法律委员会会议,讨论反革命内战犯惩处条例。12日下午,听取王明作时事报告。7月13日应邀赴续范亭处晚饭。16日,出席法律委员会会议,一读宪草。18—19日宪草一读毕。23日,宪草二读会开始。29日,宪草二读毕。8月2日,宪草三读会开始,吸收了土地工作团多人参加。7日,续开宪草三读会。8日,续开宪草三读会。16日,宪草三读完毕。21—22日,出席法律委员会会议,听取王明介绍宪草说明书大意。25日,出席法律委员会会议,讨论改写宪草总纲及中央政府委员会职权。删去基本国策章。27—30日,连日会议,讨论宪草理论。9月10日,出席土地工作团座谈会。11日,法律委员会会议,讨论宪草。12日,出席土地改革讨论会。13日,继续出席土地改革讨论会。14日,出席高级干部会,听取中央战略决定的传达。10月12日,在《人民日报》发表《纪念辛亥革命要打倒孙中山先生的叛徒蒋介石》一文。13日,出席法律委员会会议,征求对宪草的最后意见。20日,至临县三交镇双塔村中共中央后委所在地,出席四川干部队开学典礼并发表讲话。24日,为起草新中国宪法草案的几条意见,致信毛泽东,提出:一、宪草宜及时发表。二、必须确定为新民主主义共和国。三、必须贯彻民主集中制。四、民族自决权应否写出尚须讨论。五、检察机关必须设立。六、应否设总统还须以时势的变化来决定。同月,会晤黄兴之子黄乃。谈历史研究与写作,询日本友人宫崎寅藏和前田久二四郎两家的情况。(参见刘文耀、杨世元《吴玉章年谱》,四川人民出版社1998年版)

　　徐特立继续任中共中央宣传部部长。1月8日,徐特立被中共中央办公厅从绥德县接回延安,庆祝七十大寿。1月10日晚,徐特立七十寿诞祝寿大会在延安中央大礼堂举行。大会由朱德主持,毛泽东等到会祝贺,会上宣读了党中央的贺信。贺信说:"你的道路,代表了中国革命知识分子的最优秀传统。你是热爱光明的,你为了求光明,百折不挠,在五十岁上加入了中国共产党。你对于民族和人民的事业抱有无限忠诚,在敌人面前,你坚持着不妥协不动摇的大无畏精神,你的充沛的热情,使懦夫为之低头,反动派为之失色。你是密切联系群众的,你的知识是和工农相结合、生产相结合的,你把群众当作先生,群众把你当作朋友。你对自己是学而不厌,你对别人是诲人不倦,这个品质使你成为中国杰出的革命教育家。你痛恨官僚主义和铺张浪费,你的朴素勤奋七十年如一日,这个品质使你成为全党自我牺牲和艰苦奋斗作风的模范。你的这一切优良品质发扬光大是全党同志和全国人民的革命任务。"同日,《解放日报》设贺寿专版,刊发中共中央贺信及毛泽东、朱德、周恩来、刘少奇、彭德怀的题词等。延安和解放区纷纷致电祝贺。上海各界知名人士张澜、沙千里、史良、沈钧儒、柳亚子、马寅初、翦伯赞、胡子婴、朱蕴山、周建人、许广平、郭沫若、马叙伦、陈叔通、范朴斋、田汉、楚图南、郑振铎、胡绳、谭平山等68人联名呈送寿幛"长松特立,民众之望"。14日,西北局、边区政府、联防司令部、边区参议会、延安大学和边区工青妇联、文协假交际处举行茶会,为徐特立七秩大寿祝贺。谢觉哉副议长代表各界致词,说"徐老一生为劳动群众所做的事业是无不使人感动的,它将永留在劳动人民心中"。延大校长李敷仁讲话,说徐老一生做人的精神可用"艰苦"二字概括之,我们要学习他这种精神为中国的黎明而奋斗,诗人柯仲平朗诵其祝寿诗作,博得全场掌声。最后徐老起立讲话,他将其一生中对于读书教育和人民事业的奋斗加以叙述,并鼓励知识分子向工农学习,为中国革命奋斗到底。3月10日,熊瑾玎在《晋绥日报》发表了《我们的师表》一文,文章高度称赞了徐特立学而不厌、诲人不倦的精神。

　　徐特立率领文教工作团4月21日出发,经五台山直去太行山。6月30日,徐特立在《教育阵地》第8卷第2期发表《给小学教师的一封信——论小学教师和土地改革》。信中说:"目前你们必须参加学校所在地的土地改革,在土地改革中教育自己,再用自己的经验教育学生及教育农民。"信中提出:"土地改革以后,农民生活提高时,必须制订优待小学教师的条例,如年功加俸,特别加俸,及老时的退休金,死后的遗族抚助金一类的条例。"7月,董纯才作《一个人民教育家所走过的道路》一文,以缅怀陶行知。文中指出:陶行知是一位"伟大的人民教育家,坚强不屈的民族战士和民主战士"。在一二·九运动以后,陶行知"就大踏步地走上了革命道路——新民主主义革命道路,跟着毛泽东的旗帜前进。"8月,徐特立带领中宣部教育研究组,与华北局宣传部一起,编写初级中学和高小教科书。10月15日,徐特立在《晋察冀日报》上发表《从今日回忆辛亥革命》一文,肯定辛亥革命的重大意义,分析其失败的原因,指出:"真正继承辛亥革命精神的,只是中国共产党而非其他。同志们,中国的解放历史任务,过去辛亥革命未完成的任务,是落在我们的肩上。"(参见《徐特立年谱》编纂委员会编《徐特立年谱》,人民出版社 2017 年版;中央教育科学研究所编《中国现代教育大事记 1919—1949》,教育科学出版社 1988 年版;艾克恩编纂《延安文艺运动纪盛》,文化艺术出版社 1987 年版)

廖承志继续任新华社社长,范长江任新华社副总编辑,梅益从南京回到延安,任新华通讯社编委、副总编辑,分管口语广播。吴冷西任新华社总社编委会秘书并主持总编室工作。3 月,党中央主动撤离延安,转战陕北。其间,毛泽东身边始终有两支队伍:由作战人员组成的"枪杆子"队伍和由新华社工作队组成的"笔杆子"队伍。他们在黄土高原上牵着敌人二十几万人马兜兜转转,最终取得了胜利。毛泽东后来评价:"中央留在陕北靠文武两条线指挥全国的革命斗争。武的一条线是通过电台指挥打仗,文的一条线是通过新华社指导舆论。"跟随党中央纵队转战陕北的这支"笔杆子"队伍,是由新华社副总编辑范长江带领的一支 41 人工作队。为保密起见,中央纵队对外称"三支队",下辖四个大队,新华社工作队就是"四大队",范长江任大队长,由编辑、翻译、电务和后勤等人员组成。在转战陕北的日子里,毛泽东、周恩来、任弼时等中央领导为新华社撰写、修改的评论、社论、新闻各类文稿达 70 多篇,这些由陕北发出的红色电波,成为时代的最强音,促成了解放战争由战略防御向战略进攻转变的关键布局。(参见孙越霄《转战陕北的神秘"四大队"》,《党员生活》2020 年第 23 期)

艾思奇继续任《解放日报》总编。3 月 19 日,胡宗南的国民党军队侵占延安。《解放日报》坚持到了 3 月 20 日才停刊,所有报社人员都向晋察冀撤退。艾思奇在撤退至山西的途中,得了副伤寒,留在晋西北苛岚县的伤兵医院治疗。5 月,病愈,赴建屏县党中央所在地西柏坡。受胡乔木委托,审阅丁玲写作的《太阳照在桑干河上》,肯定这是一本好书。7 月至 9 月,中央以刘少奇为首的中央工作委员会召开土地会议。艾思奇参加会议的准备工作,并参加了土地会议。年底,受中宣部委托,前往太行山专区,去解决北方大学的一些问题,并应范文澜邀请去北方大学讲课。(参见《艾思奇全书》第 8 卷附录《艾思奇生平年谱》,人民出版社 2006 年版)

华岗 1 月为《新华日报》创刊 9 周年而作《坚持真理与为民服务》一文,回顾了《新华日报》创刊 9 周年以来的艰辛历程和为民族解放事业作出的贡献,对"坚持真理与为民服务"的办报方针作了阐释。在分析了《新华日报》面临的新形势后,华岗认为,"一个进步的人民报纸的特点,就是把这两者(坚持真理与为民服务)密切结合并统一起来,而这正是我们增进力量与克服苦难及争取进步的最大保证"。对于坚持真理与为民服务的关系,华岗给予了解释,"只有一心一意为人民服务,切实与群众结合,与实际结合,才能把握具体的真理;同时也只有科学的精神与方法来处理问题,做到真实地报道,把每一事件的真理所在提示读者,借以推动人民解放战争,才能达到为民服务的最大要求"。此文虽然是为庆祝《新华日报》创刊 9 周年而作,实际上却反映了华岗长期以来所坚持的革命和治学理念。其中,"坚持真理"是为求真,"为民服务"则是致用,求真与致用在此处得到了有机的统一。3 月 7日,在国共谈判最终破裂后,华岗随董必武撤退回延安。18 日,因胡宗南开始进攻陕甘宁边区,撤出延安前往华北。途中骑马不慎摔伤,被秘密送往天津治疗。次年春,又转至上海治疗。不久,病情好转后,经中共中央同意又秘密去香港。(参见向阳编著《华岗传》,浙江人民出版社 1993 年版;孙宜山《华岗学术思想研究革命语境下的求真探索》,山东大学博士学位论文,2014 年)

刘燿(尹达)在《中国考古学报》第 2 册发表《龙山文化与仰韶文化之分析》。该学报标"历史语言研究所专刊之十三",即《田野考古报告》第 2 册。《北方杂志》第 2 卷第 1—2 期同时刊载此文。此文撰于 1937 年 7 月,最早指出仰韶村遗址包含着龙山和仰韶两种不同系统的文化遗存,而安特生所说的"仰韶文化"混淆了二者,"实有加以纠正的必要"。作者依据20世纪30年代以来的大量考古学发现,从后冈等遗址的文化堆积关系,厘定了仰韶、龙山、小屯文化的历史发展顺序,从而否定了曾风行一时的安特生的甘肃远古时代六期划分说。(参见王学典《20世纪史学编年(1900—1949)》,商务印书馆2014年版)

狄耕(张棣赓)2月2日在《解放日报》发表剧评《从〈平鹰坟〉谈起》,就"戏剧真实性"和"戏剧语言"问题,进行了论述,呼吁戏剧工作者要注意戏剧的真实性和语言问题,并希望戏剧舞台上多反映农民群众的斗争生活。(参见孙国林编著,王佳钰、王增辉校订《延安文艺大事编年》,陕西师范大学出版总社2016年版)

陈涌(杨思仲)2月13日在《解放日报》发表长篇评论《一九四七年延安春节宣传中的几个剧作》,说这次宣传的最大特点是和战争的结合。"一切为了自卫战争的胜利。"文艺是能为战争服务的。这次近30个剧团演出的近50个节目,以战争为主题的占绝大多数。钟纪明的《王昭儿招祸》,写和平麻痹思想所引出的教训。杨醉乡的《送公粮》,表现人民支前的热情。王琳的《模范妯娌》,写两个媳妇赶做军鞋互相竞赛,表现了她们积极的思想和坚韧精神。高敏夫的《好夫妻》,有浓厚的农村色调和农民的生活情趣。春节宣传中的缺点是,缺少反映土地改革的作品,这需要文艺工作者们重视,尽快补上来。(参见艾克恩编纂《延安文艺运动纪盛》,文化艺术出版社1987年版;孙国林编著,王佳钰、王增辉校订《延安文艺大事编年》,陕西师范大学出版总社2016年版)

柳青5月22日写成20万字的长篇小说《种谷记》。此为柳青的第一部长篇小说,也是解放区作家以长篇小说形式,完整、全面反映农民走集体化道路的成功尝试。小说以陕北清涧王家沟山村为背景,写边区政府号召集体种谷,在王家沟引起的不同反响。以农会主任王家扶为首的贫苦农民积极响应政府号召,中农王克俭等观望,地主分子王相仙反对和破坏。王家扶依靠政府,说服农民,最终多数人组成变工队,参加到集体种谷的行列。集体种谷是合作化的萌芽,作品表现农民走集体化道路,这在中国现代文学史上是首次。作品成功塑造了王家扶、王克俭这两个人物。围绕人物心理活动展现情节、塑造形象,是《种谷记》的艺术特色之一,不仅使人物行动有了根据,同时也增强了小说的艺术感染力。心理描写、细节描写都比较成功,但不足的是导致作品有些冗长松散。(参见艾克恩编纂《延安文艺运动纪盛》,文化艺术出版社1987年版;孙国林编著,王佳钰、王增辉校订《延安文艺大事编年》,陕西师范大学出版总社2016年版)

林默涵6月5日在香港《群众》周刊第19期发表论文《关于人民文艺的几个问题》,指出:"愿意使文艺为人民服务和怎样使文艺为人民服务,这中间,有着一个实践的过程。写什么?怎么写?是在这个实践的过程中首先遇到的问题。我们的文艺既然是为人民服务的,就应当以工农为描写和表现的主要对象,因为人民中间数量最多和力量最大的,正是工农。""正确地描写工农,表现工农,把他们平凡而又光辉的姿态,在文艺作品中如实地表现出来,应该是我们作家们的责无旁贷的任务""这需要不断的和客观的阻碍做斗争,又需要不断的进行作家们的自我改造的斗争""我们的作家的立场,应该就是工农大众自己的立场。是作为其中的一份子,和工农大众同生死,共苦乐的""工农的缺点,不是不能写,但这是为了教育,为了使工农的队伍变得更坚强,更健康,更勇敢。而不是站在比他们优越的高处来讥笑他们,冷嘲他们,或者怜悯他们""为市民写作,那写作的立场,自然应该是工农的立场。是站在工农的立场来表现市民,教育市民,争取市民,使他们和工农一道斗争。"此文向境外宣传了延安文艺的基本方针。(参见艾克恩编纂《延安文艺运动纪盛》,文化艺术出版社1987年版;孙国林编著,王佳钰、王增辉校订《延安文艺大事编年》,陕西师范大学出版总社2016年版)

陈叔亮将搜集的陕北剪纸编辑整理成一本《西北窗花剪纸集》,辗转送到上海出版。其中包括古元、夏风、罗工柳创作的新剪纸作品。它的题材很广泛,包括生产劳动、喂猪、放羊、植树、造林、合作运输、拥军爱民、民兵练武、站岗放哨、土地改革、文化卫生等方面。其共同的特征是将剪纸的图案装饰性,与描写生活、刻画人物的写实性糅合在一起,使平面的剪纸艺术既具有立体感和生命感,又不失图案装饰的固有特性。古元的剪纸《民兵》和《自卫军》,"剪"出了持枪民兵的威武英姿;夏风的《站岗放哨》,将儿童认真执行任务和天真、灵敏的神情,刻画得十分传神;罗工柳的《卫生模范、寿比南山》,周密精致,图案装饰性很强。这本剪纸集的出版,引起了强烈的反响和好评,人们惊叹延安文艺家饱含生活气息的创作,赞美百姓当家做主的幸福生活,感佩民间艺术的丰富深厚。(参见艾克恩编纂《延安文艺运动纪盛》,文化艺术出版社1987年版)

范文澜继续任北方大学校长。年初,范文澜接到中央宣传部一个电报,要他聚集人才,继续研究历史。不久,北方大学成立历史研究室,由范文澜主持,成员有刘大年、荣孟源、王南等。1月,《研究中国历史的钥匙》刊于晋冀鲁豫《北方杂志》第2卷第1—2期合刊。3月,《中国近代史》(上编第一分册,上、下)由新华书店出版。此书起自1840年,终于1901年,鸦片战争、太平天国运动、戊戌变法和义和团运动是本书的重点。该书注重揭批帝国主义侵略中国的罪行,宣扬爱国主义。另一重点是突出阶级斗争,高度评价太平天国、义和团等的功绩,歌颂人民的革命运动。

按:1941年,毛泽东在《改造我们的学习》的报告中提出:"对于近百年的中国史,应聚集人材,分工合作地去做,克服无组织的状态。应先做经济史、政治史、军事史、文化史几个部门的分析的研究,然后才有可能作综合的研究。"依据号召,1943年党中央组织人力,分头编写四部著作,具体分工是:经济史陈伯达,政治史范文澜,军事史郭化若,文化史欧阳山。范文澜接受任务后,搁置编写《中国通史简编》下册的计划,全力投入近百年政治史的撰作。原拟以五四运动为界分为上下两编。1945年冬范文澜离开延安时,上编写到义和团运动,手稿由叶蠖生整理。他原计划将"中国近代史"部分作为《中国通史简编》的下册,但此书是中国近百年政治史的一部分,只叙述重大政治事件,与《中国通史简编》上、中册的体例并不一致,因而题为《中国近代史》(上编第一分册)。此书"所奠定的基本框架和提出的一系列深刻论断,影响近代史研究达数十年"。例如,关于"洋务派"的概念及定性,后来为学界普遍接受。刘大年认为,此书"用科学观点为系统地研究中国近代史开了一个头"。戴逸认为,此书与作者的《中国通史简编》全面地、系统地阐明了中国的全部历史,教育、影响了后代的历史学家,也教育影响了当时千千万万的革命者。陈其泰认为,两书的撰成出版"是中国史学史和中国共产党领导下的文化工作的大事件"。不过,书中也存在一些缺点,对中国社会各阶级相互关系的演变过程、关键缺少详细考察,并流露出大汉族主义倾向,有借史说今、简单比附的现象,如将清朝说成是异族统治,以曾国藩比附蒋介石,称其为"内战能手""出卖民族的汉奸"等。

范文澜5月15日在晋冀鲁豫《人民日报》发表《〈人民日报〉周年祝词》。9月,华北新华书店重印《中国通史简编》,将原来的上、中册分编为六册,已出的《中国近代史》上编第一分册作为《中国通史简编》第七册和第八册,合为一书刊行。但后来仍题为《中国近代史》(上编第一分册)单独出版。苏联曾出版此书俄译本。是秋至次年春,又有叶丁易、王冶秋、尚钺等先后从蒋管区来北方大学,历史研究室一时人材称盛。(参见范文澜《中国通史简编》(上、下册)附录陈其泰《范文澜先生学术年表》,商务印书馆2010年版;陈其泰《范文澜学术思想评传》,北京图书馆出版社2000年版;王学典《20世纪史学编年(1900—1949)》,商务印书馆2014年版)

成仿吾在束鹿一年,率领"联大"师生深入群众、深入实际。当时冀中正在搞土改复查,各个学院都参加了所在村的复查工作。10月,土地法大纲公布后,"联大"大部分师生又参加了分配土地的工作。同时,全校结合实际斗争进行教学。教育学院师生从3月至9月间在深县进行乡村小学教育、社会教育和教学行政的实习和研究。文学系和美术系师生在深入群众的同时,办街头诗刊和街头画报。文工团在群众中发现了"战鼓""腰鼓",这种为群众喜闻乐见的腰鼓从冀中农村打到北京,又打遍了全国。在《联大生活》新一号上发表《认识时代准备为人民立功》一文。11月,石家庄解放,率领学校从束鹿县农村迁至正定县城。此时,派部分同学到石家庄深入工人群众,向工人阶级学习。学校教育又发展到了一个新阶段,即进入城市,向工人阶级学习的新阶段。(参见张傲卉、宋彬玉《成仿吾年谱》,《东北师大学报》1985年第5期)

张友渔在晋冀鲁豫边区政府担任副主席,经常为中共中央华北局机关报《人民日报》撰写社论。

丁玲4月27日给女作家逯斐信。信中吐露对陈明的思念,创作《太阳照在桑干河上》的艰辛,以及对逯斐的期望"现代的女人是艰苦的。那末,让我们有勇气的女人,有魄力的女人多吃点苦吧!""我还是更爱我的工作。假如孩子要成为我工作的'敌人'时,我宁肯牺牲孩子。"5月15日,《太阳照在桑干河上》中的一章《果园》发表于《时代青年》第4卷第1期。16日,土改运动掀起高潮,丁玲放下正在写作的《太阳照在桑干河上》,只身东行去冀中,从阜平经曲阳、定县、安国、蠡县到肃宁,历时半个月。29日,到达行唐。7月,返阜平抬头湾村,继续写《太阳照在桑干河上》。10月,在抬头湾村附近听全国土地会议传达,学习《中国土地法大纲》约一个月。同月,冯雪峰编选的《丁玲文集》由上海开明书店出版。内收小说七篇:《梦珂》《莎菲女士的日记》《水》《新的信念》《入伍》《我在霞村的时候》《夜》,并有冯雪峰的后记《从〈梦珂〉到〈夜〉》。冬,腰痛,步履艰难,仍伏案写作。11月,随华北联大到束鹿县贾家庄准备参加新的土改工作。12月16日,参加华北联大土改工作队,到获鹿县宋村(区工所所在地)主持土改工作队。(参见王周生《丁玲年谱》,上海社会科学院出版社1997年版)

张闻天4月24日在中共合江省委接待鲁迅艺术学院文工团招待会上讲话说:听说你们在牡丹江和佳木斯连演许多场戏,观众达8万之多,普遍受到群众欢迎。这说明你们的戏影响很大,对群众、干部起了鼓励作用,这就是"为人民服务"的具体行动。"'为人民服务'这句话只在口头上说是不行的,它只有表现在行动上时,才是可靠的证明。"讲话谈到了文艺要真实反映现实生活的问题,指出:"凡愈是能真实的反映出群众的生活、情感、理想、希望的文艺作品其价值也愈大。""世界上任何伟大作品,其所以伟大,都是因为它们最真实的反映了现实的生活。"为此他号召文艺工作者深入群众,熟悉群众,细心体察群众的思想、感情、动作、语言,并说:演员们"在演农民时能把知识分子的情感变成农民的情感就好了"。他还希望文工团内部搞好团结合作。他说:"我们应把整个戏剧工作,看做一架机器一样,少了任何一个螺丝钉都不行。如一个表,只是长、短针在前面表现指示时间,但若无后面的发条、齿轮积极工作,就不行了。"这篇讲话以《谈文艺工作的几个问题》为题编入《张闻天文集》(三)。6月6日,出席在佳木斯市东北电影院召开的纪念"六六"教师节大会并讲话。讲话分析了目前形势,指出革命胜利是有把握的,勉励大家好好工作,帮助人民翻身,培养大批为人民服务的知识分子。10月11日,出席合江青年干部学校开学典礼并发表讲话。讲话针对当时青年思想中存在的一些疑问,讲了青年知识分子的出路问题。(参见张培森主编《张闻天年谱》,中共党史出版社2000版)

吕振羽1月抵齐齐哈尔中共西满分局,受到李富春书记等欢迎。李富春赞同吕提出到湖南敌后进行隐蔽工作配合大军南下的想法,并致信中共东北局。从哈尔滨转经朝鲜民主主义共和国南阳、罗津赴旅大。在牡丹江与朱瑞相遇,乘车至图们分手,并互换刮胡刀纪念。开始《中国民族简史》一书的撰写。2月2日，于大连为陈干侯、陈继周《双璧诗集》作序《概论我国诗歌的发展》。20日，所著《中国民族简史》于哈尔滨完稿，并撰《初版序》。26日，为愿赴湘敌后工作不愿在沪港工作致电中共东北局。28日，为愿赴国统区湘桂黔边开辟隐蔽工作及旅大现状向刘少奇致信请示。东北局决定在大连等候，由冯铉、吴诚负责安排吕赴南方地下交通工作。3月2日，接刘少奇密电，同意吕振羽去湖南敌后工作，"开展第二条战线工作，已十分重要"，并切嘱"善自珍重，谨慎将事，切忌急于求功"。在旅大期间，受南满分局副书记萧华委派列席地委常委会，帮助工作。4月，所著《中国民族简史》由大连大众书店出版。9月由大连光华书店再版。8月，《中国政治思想史》由生活书店出版。《中国社会史纲》第一卷《原始社会史》、第二卷《奴隶社会和初期封建社会》由上海耕耘出版社出版。9月，等候南下交通期间，在江明协助下，开始《简明中国通史·第二分册》撰写。（参见《吕振羽全集》第10卷附录《吕振羽生平年谱》，人民出版社2014年版）

林枫时任东北行政委员会主席。8月8日，林枫在东北行政会议上作《关于东北解放区民主政权建设总结》的报告。报告的文化教育部分中指出：东北解放区现有中学105所，干部学校近20所，对青少年应积极地给予新思想的文化食粮，培养他们成为新青年，这是大量培养干部的来源之一。目前，干部教育仍应是第一位（包括师资问题），应尽量办好中学，并使学生有新思想的课本可读。报告要求在教育工作中"要克服脱离群众、脱离实际、脱离生产的旧教育思想"。（参见中央教育科学研究所编《中国现代教育大事记1919—1949》，教育科学出版社1988年版）

凯丰时任中共中央东北局宣传部长。8月9—27日，东北行政委员会在沈阳召开第一次教育会议，确定中等教育的方针和任务。会议交流了典型经验，总结了东北解放区一年来中等教育经验及收获。凯丰作了报告，董纯才作大会总结，车向忱致闭幕词。会议指出，东北解放区要贯彻新民主主义教育方针，要把土地改革和自卫战争作为教育的中心内容。首要任务是"争取和培养大批革命知识分子，来为战争与建设服务"。要办好中学。要肃清东北知识青年头脑中的盲目正统观念，树立为人民服务的革命思想。国民教育，要发动群众，依靠群众，采取多种形式，实行"民办公助"。要开展互教互学，能者为师，实行"以民教民"。（参见中央教育科学研究所编《中国现代教育大事记1919—1949》，教育科学出版社1988年版）

董纯才7月作《一个人民教育家所走过的道路》一文，以缅怀陶行知。文中指出：陶行知是一位"伟大的人民教育家，坚强不屈的民族战士和民主战士"。在一二九运动以后，陶行知"就大踏步地走上了革命道路——新民主主义革命道路，跟着毛泽东的旗帜前进"。董纯才还在实际工作中依然着力传播和践行陶行知的生活教育思想，时时处处把教育和革命斗争结合起来，为广大人民群众办教育。

吕骥、张庚继续在东北。5月，延安鲁艺迁往东北后，改称东北鲁艺。总团团长吕骥，副团长张庚。一团（牡丹江鲁艺文工团）：团长舒非，副团长瞿维。二团（合江鲁艺文工团）：团长张水华，副团长潘奇。三团（松江鲁艺文工团）：团长向阳，副团长干学伟。四团（通化鲁艺文工团）：团长张庚（兼）。12月，鲁艺总团吕骥作《鲁艺文艺工作团十个月工作初步总结意见》。分五部分：一、成立与发展经过；二、结束前的概况；三、九点经验；四、工作估计与检讨；五、一个建议。（参见艾克恩编纂《延安文艺运动纪盛》，文化艺术出版社1987年版）

周立波5月告别元宝区土改第一线，奉命调到松江省委宣传部，主办《松江农民报》。办报期间，周立波以亲身经历的土地改革斗争为题材，利用业余时间开始创作长篇小说《暴风骤雨》。原计划写上下两卷，80多万字。起笔后，仅用50多天时间，就写出了上卷初稿。

7月,周立波携《暴风骤雨》上卷初稿,到五常县周家岗继续深入生活。在周家岗4个月内,一边工作,一边修改上卷初稿。10月下旬,周立波回到省委宣传部。次年4月,《暴风骤雨》的上卷,由东北书店出版刊行。(参见胡光凡《周立波评传》(修订本),湖南文艺出版社2018年版)

钱杏邨3月20日抵华中分局驻地于家湖。25日,获悉长子钱毅于2日在淮安郊区石塘壮烈牺牲,悲痛欲绝,含泪写了《钱毅小传》,着手整理遗作。26日,山东《大众日报》刊载钱毅牺牲详情。30日,华中分局召开座谈会,李一氓、彭康、冯定、扬帆、恽逸群、曾一帆、张凯帆、吴仲超参加,大家为钱毅的牺牲深感惋惜。4月24日,任华东局文委书记。在于家湖住了40天,因情况变化,决定移往胶东。8日,抵地委所在地古岘。暂居东门外北三里之花园庄。11日凌晨1时,乘汽车经莱阳,于12日抵猪儿泽村区党委招待所。14日,与华东局宣传部长冯定同车去烟台,访李一氓,了解烟台市及胶东文协各剧团情况。搜集各解放区出版物。6月1日,步行近50里,去西鲁家介(姜家)胶东图书馆访书。钱杏邨发现该馆有藏书14万册,摘录了古籍,并作善本简目。6日,返回驻地,继续整理所得,并撰写《胶东读书记》,11日毕。14日,陪吴仲超、薛尚实再访胶东图书馆,发现明版书数部而录之。17日,返驻地。应李一氓召,准备移往烟台。20日,启程往烟台,夜12时左右达,临时住俱乐部。开始在烟台帮助开展文艺工作。7月1日,协助烟台民众教育馆举办展览会,展出解放战争和解放区文化工作,及郑景康在延安拍的毛泽东、朱德、周恩来等伟人照片。2日,移至威海卫展览。9月13日,组织上决定他和一部分干部及文艺工作者撤往东北,由威海卫乘船去大连。当即动身,坐十轮卡车至威海市。26日上午10时,乘机帆船到大连。被委任大连市委宣传部文教委员会主任。常去市区帮助新声京剧团改编现代京剧,帮助关东社会教育工作团开展工作。(参见钱厚祥整理《阿英年谱(下)》,《新文学史料》2006年第1期)

李一氓、彭康、冯定、杨帆、恽逸群、曾一帆、张凯帆、吴仲超等3月30日参加华中分局召开的座谈会,为钱毅的牺牲深感惋惜。阿英作有《钱毅小传》。

吴仲超任华东局北撤干部管理委员会秘书长,特别组织有关人员收集散失在社会上的各类文物。

朱践耳任华东军区文工团乐队队长兼指挥。

郭沫若11月14日乘船离沪往香港。16日,抵达香港,暂住九龙公寓。17日,致信钱潮:"因事率眷离沪行装匆遽,不克走辞,憾甚憾甚。在沪诸蒙厚待,铭感五内,后会有期,定当图报也。"22日,家眷抵达香港。29日,《纪念邓择生先生》刊于香港《华商报》。30日,自传《我是中国人》刊于上海春明书店出版的《今文学丛刊》第二本。追记1928年至1931年间,从事中国古代社会研究、金文甲骨文研究的过程。12月5日,致信戈宝权:"弟于上月十四日离沪,十六日即到达。此间和暖如春,友人均已见面,甚感快慰。敝眷于二十二日亦已到达,现住九龙公寓中等找房子。房子亦需顶费,一切均染上海派,而物价则超过上海约两倍。初来人以法币过活,真感老火耳。沪上诸友,见面时烦致意,恕不一一。"同月,《沸羹集》由上海大孚出版公司出版,收1940年至1945年间所作散文、杂感、论文75篇;论文集《创作的道路》由重庆文光书店出版,收文15篇;《天地玄黄》由上海大孚出版公司出版,收1945年抗战胜利后所作随笔、论文、杂感76篇。是年,《浮士德百三十图》(Franz Staffen绘)由上海群益出版社出版;村田牧郎译《我的童年》以《我的回忆》为名在日本京都圣光社出版。(参见林甘泉、蔡震主编《郭沫若年谱长编》,中国社会科学出版社2017年版)

柳亚子仍居上海。2月23日,在《红军纪念节有作》诗中,有句云:"来日大同新世界,五洲万国尽红旗。"10月18日,因国共关系恶化,上海环境不佳,民主人士颇遭国民党当局压迫。适陈麟瑞因公自沪经香港赴印度开会,因以假名多购赴港机票一张,遂得离沪。飞港机中,口占七绝四首,第一首三、四句云:"又是弃家亡命日,扶馀岛畔蛰龙翔。"抵香港时,徐文烈至机场迎接,暂寓半岛酒店,旅迁山上坚尼地街。此后精神兴备,撰诗亦多,但睡眠极少。11月16日,佩宜夫人由沪乘荷兰邮轮抵港相聚。当时民主人士,会集港地者甚众。时相过从者,有何香凝、沈钧儒、郭沫若、沈雁冰、田汉、朱蕴山、连贯、萨空了、翦伯赞、彭泽民、乔木、龚澎、王却尘、黄宝珣诸人。参加国民党民主派人士召开的联合大会,并积极筹组中国国民党革命委员会。与何香凝、李济深、彭泽民、李章达、陈其瑗等,联名上书孙夫人宋庆龄,请其指示与领导工作。12月,组织"扶馀诗社",并起草宣言,自为社长,宋云彬任秘书,钟敬文、陈君葆、孟超、孙霆为干事。诗社旨在在海外推进民主运动;社约以提倡新诗,解放旧诗为职志。取唐人传奇虬髯客航海去国,称霸扶馀之故事,称扶馀诗社。"扶馀"指香港,已见前引机中口占诗。拟由"扶馀诗社"扩大为"中国诗人协会",未能实现。同月30日,迁九龙宝灵街1号四楼前座房子。在此期间,以卖字掩护在港政治活动。自订润例:"不论中堂、立轴、屏条、横披、册页、扇面,每件港币百元。长卷另议。"同时兼卖诗文。(参见柳无忌编《柳亚子年谱》,中国社会科学出版社1983年版)

李章达5月4日与何香凝、蔡廷锴、彭泽民、陈其瑗、朱学范等应李济深的邀请,到香港罗便臣道92号李济深的家中聚会,为成立民革,实现"民联""民促"的联合,再次就正式成立联合组织的问题进行商讨。李章达又和李济深、何香凝、陈其瑗等6人联名写信给宋庆龄,吁请她来香港出席即将召开的中国国民党民主派第一次联合代表大会,并领导即将成立的中国国民党革命委员会中央委员会。

沈钧儒11月中旬开始作秘密去港准备,通过萨空了与民盟南方总支部同人联系商讨进一步斗争问题。当时萨空了化名为"立中",称沈钧儒为"蘅姑"。同时,不定期约史良、沙千里、曹孟君、孙晓村等人救会同志在沈谦寓所晤谈,交换对政局的看法及商谈工作。离沪前夕,对上海工作亦有所布置,留史良在沪,在盟内盟外坚持斗争。当时,任沈钧儒秘书的方学武受中共地下党组织指派,护送沈钧儒去港。沈钧儒化名"潘豫",改年龄为"62岁",以取得免疫接种证及购买船票。26日晚,沈钧儒乘美国总统轮船公司戈登将军号客轮秘密离沪。离家时,为躲避国民党特工耳目,由沈谦等家属作了精心安排。首由沈浩(保儒长子)亲自驾车,携其幼子人淦,至沈谦寓所,佯作请沈谦为孩子诊病。然后,乘天黑先由沈谦驾自己的汽车外出,引开特务的注意(因平时沈钧儒外出,多由沈谦亲自驾车接送,常有特务尾随)。沈钧儒身穿黑呢大衣,头戴黑呢帽,胡子藏在大衣领里,随即进入沈浩车的后座,由沈浩驾车直驶太古码头,送上船去。上船后,进入二等舱位,面朝里侧卧于铺上。客轮于10时启航。30日午,抵香港。在船上,欢愉、兴奋的生活于群众之中,健谈政局,受到群众非常热情的问候和尊敬。抵埠时,受到萨空了、徐伯昕等友人热烈欢迎。萨空了等为沈钧儒在歌顿道7号前楼安排了住处。张曼筠及其子女和秘书王健居于后楼。抵港后,沈钧儒又以"卖字"为生。12月2日,偕萨空了访柳亚子。柳赠二人诗各一首。7日,至寰翠阁赴民盟南方总支部公宴。13日,出席在港举行的民盟中央执行委员会会议,决定在香港召开中国民主同盟第一届中央委员会第三次会议,重新确定中国民主同盟的路线与政策,并开始着手进行三中全会的筹备工作。是年,沈钧儒任上海律师公会理事。(参见沈谱、沈人骅编《沈钧

儒年谱》,中国文史出版社1992年版)

　　马叙伦12月乘德国货轮离沪,转往香港。月底,陈叔通自沪来函,告以"近来日暮途穷,倒行逆施愈甚。此间已成恐怖时期,如何?"是年,《研究中国古代史的必须了解中国文字》刊于《中国建设》第4卷第4期。约是年,同门高谊(性朴)复函讨论民主观。(参见卢礼阳《马叙伦年谱》,浙江古籍出版社2021年版)

　　侯外庐10月初由一位国民党军界的朋友秘密通知被列入上海警备司令部的黑名单。杜国庠力主侯外庐去香港。侯外庐遂化名"徐康",携儿子闻初到香港。到港后暂住读书出版社经理黄洛峰处,由党组织解决生活问题,党组织代表是胡绳、冯乃超。侯外庐与黄洛峰早有密切来往。后由狄超白联系,搬家到九龙汉口道。侯外庐抵港后,潘汉年建议帮助马老(叙伦)工作,因此,侯外庐为他主持的中国民主促进会起草过一些文稿。不久,侯外庐在香港达德学院法政系任教授,讲授《新民主主义论》,以及法政系第三年级"中国政治思想史"和文哲系第三年级第一学期的"中国近代史"等课程。10月10日,侯外庐参加香港达德学院庆祝大会,并合影留念。是年,侯外庐所著《中国古代思想学说史》由重庆国际文化服务社再版。又开始撰写《中国思想通史》第二、三卷篇目。

　　按:达德学院校长陈其瑗为中国国民党革命委员会("民革")创始人之一,学校倡导理论联系实际、百家争鸣等学风:"百家争鸣、民主探讨表现在允许发表各种不同的学术见解,扩大思考领域,提高探索兴趣。以历史教学为例,尽管达德学院的几位著名教授都属马克思主义阵营,但在相同学科中仍有不同的学派。邓初民和翦伯赞都是'西周封建'论者,侯外庐和杜守素将我国封建社会的历史上限推迟了几乎800—1000年。郭沫若则从早年的'殷商奴隶、西周封建'修正为'春秋过渡、战国封建',成为较具权威的主张。他们在达德学院的讲坛上,严守家法,各执一词,寸步不让,引起学生们强烈的兴趣。百家争鸣、民主探讨也不致影响教授们之间团结战斗的友谊,侯外庐与翦伯赞观点不同,但在侯外庐的回忆中,翦伯赞'正直刚毅,才思敏捷,学识渊博,文采斑斓',是一位'德、才、学、识'四者兼备的学者。"法政系系主任是邓初民,成员有狄超白、翦伯赞、沈志远、千家驹、梅龚彬、曾昭抡、陆诒、黄药眠、钟敬文、宋云彬等。

　　按:据侯外庐《韧的追求》(生活·读书·新知三联书店1985年版)自述:(一)(1)关于第一章"汉代社会生产方式的分析":"我们比较重视封建法典化完成之时,已经反映出农业和家庭手工业的结合形式是我国封建主义生产方式的庞大基础,这和古代(奴隶制)亚细亚生产方式是一脉相承的。这种结合形式构成了中国封建专制主义的坚固基础。这种结合形式,阻碍了商业对封建生产关系的分解作用。因此,中国封建制度的顽固性,只有追溯到秦汉制度的源头,才能真正弄清楚。而由汉至魏晋,土地兼并的发展,身份性地主始终是一个巨大的阶级集团,它阻碍了土地进入流通领域,这对于封建制度内部所孕育的资本主义因素的成长,必然起反动的抑制作用。"(2)关于董仲舒的研究:"我个人受到章太炎学说的影响。《中国思想通史》对董仲舒的评价是极严厉的,这一点,殊异于六十年代编写的高等学校统一教材称董仲舒为'伟大的政治家'的评价。我至今还认为,三十多年前《中国思想通史》的这个观点是应该坚持的。"(3)关于向秀思想:"冯友兰先生《中国哲学史》中,对'河南郭象'及其《庄子注》是推崇备至的,而我们对《庄子注》的唯心主义和有神论是持批判态度的。"陈君葆为先生提供了在香港大学借书的便利条件,先生研究向秀、郭象两种版本的《庄子注》后,确定郭象是剽窃向秀。(二)关于第二、三卷的特点:(1)"比较详细地论述了两汉和魏晋南北朝时期思想发展的历程。这在过去的思想史、哲学史著作中是不曾有过的,或比较少见的。……对两汉和魏晋南北朝时期的思想,论述了其发展脉络,论述了其主潮与支流,论述了其全面的基本情况"。(2)"论述了两汉的正宗思想与异端思想的对立斗争,论述了正宗思想的神学性质,论述了经今古文学斗争的哲学实质,论述了豪门大族汉末清议的意义及其向魏晋清谈的转向,论述了魏晋玄学的主要流派,分判了向、郭注庄的疑案,阐述了嵇康的二元论思想及其与反司马晋活动的关联,论述了葛洪的外儒术内神仙的金丹道教思想,论述了在佛教传播下神灭与神不灭斗争的重要意义。这些论述固是一种初步的探索,但是为进一步研究提供了条件"。(3)"论述了封建经济、封建政治与意识形态之间的关系。从汉法度的森严中探讨正宗思想的经济政治基础,论述《白虎通德论》统一今文学异议的学术意义与政治意义。从魏晋名门的合同离异分析魏晋思想的合同离异,探索清谈玄学的政治根源。从汉末经师的融通今古,不拘师法,魏晋名士的风流放诞,发言玄远,探索了其所由产生的经济政治原因。这些,是依据客观历史情况,力求作出历史唯物主义论断的若干尝试"。(4)"以法典作为判断社会性质的标志。在第二卷、第三卷中,最主要的是以汉初萧何定律、韩信申军法、张苍制章程、叔孙通定朝仪作为封建社会形成的标志。法典全面涉及经济基础与上层建筑,对社会各阶级的地位作了记录,具有十分重要的意义。《白虎通德论》在一定意义上也具有法典的作用"。(参见杜运辉《侯外庐先生学谱》,中国社会科学出版社 2013 年版)

　　翦伯赞 10 月 27 日因避免国民党政府的迫害从上海到达香港。初住李济深的招待所,后迁九龙山林道一处公寓中。在中国共产党的安排下应聘为达德学院的历史学教授。在翦伯赞到达香港的前后一段时间,郭沫若、侯外庐、茅盾、千家驹等一批左派文化人士都到达香港。香港一时成为左派文化人士的中心。12 月,翦伯赞夫人到香港,又迁居尖沙嘴海防道 40 号。(参见张传玺《翦伯赞传》及附录张怡青《翦伯赞大事年表》,北京大学出版社 1998 年版;王学典《翦伯赞学术思想评传》,北京图书馆出版社 2000 年版)

　　茅盾 12 月初与叶以群同船离沪去香港。这是党组织根据当时的局势,为了保护爱国民主人士的安全而安排的。为掩人耳目,孔德沚未同行,对外说,茅盾回故乡乌镇去了。约两星期后,孔德沚与郭沫若夫人于立群同船抵达香港。3 日,柳亚子携夫人与兄弟刘亚辉专程来访。又一次在香港重逢,畅谈甚欢。柳亚子曾作诗一首,以志纪念。中旬,茅盾在接受《华商报》记者方场的采访时说,现在是民主与反民主的斗争时代,相信民主阵营方面一定会取得胜利。在谈到方言文艺创作的问题时说,希望方言文艺与国语文艺齐头并进。30日,作《中国民间艺术之新发展》,刊于苏联《星火》。同月,在香港重逢郁茹,为她认真批改了 40 多万字的长篇小说。并说,写革命者首先心里要有革命的全局观念,看到整个革命形势,对革命事业的信念要坚定不移,这样才能写好一个革命者的形象。任何消极、悲观、绝望心理的描绘对真正的革命者来说都是不真实的,因为它不符合革命工作者的伟大襟怀和革命的胜利现实。(参见唐金海、刘长鼎主编《茅盾年谱》,山西高校联合出版社 1996 年版)

　　章汉夫继续担任中共香港工委书记,并主持在香港申请出版《群众》周刊的筹备工作。1 月 30 日,《群众》香港版创刊,社址设在香港皇后大道中 33 号 2 楼 10 座,栏目设置有:"社论""中共重要文告""专论""解放区报道""随笔""群众邮箱""国内外通讯"等。其办刊方针与《群众》上海版一致,主要宣传中共中央的方针、政策,报道、评论全国解放战争的形势和战绩,揭露国民党反动派的独裁黑暗统治。平时日常刊务由林默涵、廖沫沙、黎澍、范剑雄等负责。章汉夫利用自己在香港的影响,为《群众》周刊建立了撰稿者群体。中共主要领导人与著名学者,如毛泽东、刘少奇、高岗、陆定一、廖承志、郭沫若、乔冠华、夏衍、胡绳、冯文彬、沙千里、千家驹、茅盾、翦伯赞、金仲华等人曾先后在该刊发表文章。除了参加每期的编辑工作和编务会议外,章汉夫还经常动手撰写卷首社论、发表国际时事述评。在章汉夫等人的努力下,《群众》周刊每期的发行量达到约 3400 份,其中三分之一在内地发行。《群众》周刊与《华商报》《正报》一起,均为中共在香港的主要宣传喉舌,被称为"二大一小"(《华商报》为大报,《群众》为大刊,《正报》为小报)。三份报刊互相配合,彼此策应,共同推动香港乃至华南地区这一时期革命文化事业的发展。(参见陈雷刚《建国前章汉夫在香港的工作经历》,《文史天地》2015 年第 10 期)

　　夏衍 3 月 18 日与陆浮乘船经越南西贡抵新加坡,此日正值中共中央撤出延安。抵新加坡后,奉周恩来指示向陈嘉庚等华侨领袖传达中共军、政方针,并与马来西亚共产党总书记陈平联系。应陈嘉庚、胡愈之邀请任《南侨日报》主笔。为"香港进步文化事业筹款"运动筹款明币3万余元。8月下旬，被新加坡当局"礼送出境"。8月至次年6月，在香港《群众》周刊第1卷31期至第2卷22期开设"茶亭"杂话。9月，返回香港后任《华商报》编委，与六友人合作，设"七人影评"。用各种笔名写政论、杂文、随笔，直至1949年4月底。是年，任南方分局成员、香港工作委员会委员，负责民主党派及文化界统战工作。（参见《夏衍全集·夏衍年表》，浙江文艺出版社2005年版；陈福康《郑振铎年谱》，三晋出版社2008年版）

冯乃超年初在香港的华南分局"工委"领导成立"文委"，夏衍任书记，委员有冯乃超、邵荃麟、胡绳、周而复。3月，夏衍应邀赴新加坡办报并募捐，冯乃超便接任"文委"书记，主管香港文化工作。2月16日，全国"文协"港鸣分会主办的香港文艺学院开学，与邵荃麟、黄药眠、周而复、司马文森等任讲师。22日，在香港《华商报》副刊《书报春秋》第6号发表短论评介唐海揭露驻华美军暴行的作品《减大咬子传》。3月，出席"文协"港粤分会通俗文艺座谈会，讨论《展开华南通俗文艺运动》问题。座谈纪要载4月香港《文艺生活》月刊光复版新13期。4月，任香港文艺生活社文学顾问会理论指导。5月4日，出席"文协"港粤分会举行的庆祝第三届"五四"文艺节晚会。此前作《祝文艺节》一文，刊于5月8日香港《群众》周刊第15期，文中提出"被摧残受迫害的历史，应该赶快使它结束，人民的胜利将保障人民文学的胜利"。同月，在香港《文艺生活》月刊光复版新14期发表评论《为"五四"的"专家学者"做注释》，揭露胡适一派投靠帝国主义和反动派的真面目。

按：5月8日，香港《群众》周刊第15期以《毛泽东论人民的文化与人民的文艺》为题，选载《新民主主义论》及《在延安文艺座谈会上的讲话》部分内容。在此前后，香港新民主出版社印行了《讲话》的单行本，书名为《论文艺问题》。香港"文委"组织各小组学习、讨论《讲话》精神。

冯乃超6月上、中旬为纪念瞿秋白就义12周年，着手编辑《瞿秋白文集》（后易名《论中国文学革命》），并撰写纪念文章。18日，在香港《华商报》副刊《热风》发表《〈瞿秋白文集〉后记》（后易题《〈论中国文学革命〉后记》），扼要论述了瞿秋白在翻译马列主义文艺理论、从事文艺批评、中国新文学运动等方面，对中国文学革命的贡献，特别指出："《鲁迅杂感选集序言》，分析了中国的知识分子——作家的发展过程，指出'五四'以后各个论争的意义和鲁迅先生在思想斗争史上的重要地位，总结了新文艺运动以来到一九三二年间的文艺思想斗争的经验。这一篇文章，成为中国文艺理论上的光辉瑰宝。"19日，在香港《群众》周刊第21期发表《瞿秋白同志的文艺工作》，简单介绍了瞿秋白生平与著作，再次指出："《鲁迅杂感选集序言》（一九三三年）是一篇研究鲁迅先生的战斗思想发展历史的最杰出的论文，这篇文章对中国革命文艺思想发展有了很深刻的分析，指出了鲁迅先生在思想斗争史上的重要地位和他的杂感文的价值。"23日，与黄药眠等20人联名发表《诗人节宣言》，刊于香港《华商报》"诗人节特刊"。7月16日，在香港《知识青年》月刊第24期发表通信《关于创造社和鲁迅先生的论争》，根据瞿秋白《鲁迅杂感选集序言》的意见，答复读者胡自强关于革命文学论争的疑问。同月编辑瞿秋白的论文集《论中国文学革命》由香港海洋书屋初版，列为文艺理论丛书之一，1949年6月再版。冯乃超编者《后记》中说："这里特别搜集他总结中国文学革命和讨论大众化文艺的七篇文章。"又说："今天大众文艺的问题，在某些地区上已经初步得到具体的解决，而其他地区仍须继续努力探讨的时候，有时得回顾过去的足迹，检查旧日的资料。因此，把秋白先生的几篇文章，从那本散布不很广泛的《乱弹》中抽出来刊行，以普及于青年读者，对于发展文艺的大众化，是有此必要的。"8月21日，与胡仲持等24人在香港《华商报》联名发表《香港文艺界作家致荷政府抗议书》，抗议荷兰殖民主义者无理逮捕在南洋的作家王任叔，要求立即释放被掳者。（参见李江《冯乃超年谱》，载李伟江编《冯乃超研究资料》，陕西人民出版社1992年版）

司马文森中篇小说集《成长》2月由香港南侨编译社出版。3月，港粤文协主办香港文艺学院夜校开课。司马文森、冯乃超、邵荃麟、周钢鸣、黄药眠、陈闲、章泯被聘为讲师。4月，在《文艺生活》发表《在民主文艺的旗子底下集合起来——为"文艺生活社"征求社员运动告读者》，载《文艺生活》穗新1号《发刊词》，文中指出：《文艺生活》被迫转移到香港出版后，"因反动派对本刊采取封锁政策，香港与广州之间，虽一水之隔，许多读者还是看不到本刊，甚至个别读者从香港带了本刊回穗，也被当做'反动分子'捉去"。为了冲破敌人的封锁，办好刊物，并使"作者、编者和读者的关系打成一片，使这本刊物真正成为读者的所有，由三方面来共同支持它，共同来充实它，使它成长起来"。因此发起"文艺生活社"征求社员运动。文艺生活社的宗旨是主张民主，研究文艺的青年学习团体。以后又陆续在印尼雅加达《生活报》及新加坡《南侨日报》上载文《支援祖国民主文化事业——为"文生社"征求社员运动告南洋读者》及启事。5月，在《文艺生活》发表短论《建立马来亚"文艺阵线"问题》《对人民的责任感》。25日，《新中国的小说家及其作品》（英文版）刊于香港《中国文摘》，向海外介绍我国的现代作家和他们的作品。同日，为《香港和平民主文化事业基金》保管会的成员之一，参加接收来自新加坡、苏岛等地各界人士捐款、保管及分配工作。《文艺生活》曾得到南洋爱国侨胞的资助。为此，司马文森发表《感谢侨胞对祖国文化的援助》，载《文艺生活》光复版第16期。

司马文森6月发表《从两个人的创作"看风格"》，对赵树理、东平的创作风格进行评述。7月7日，发表《从暑假文艺竞赛"展望文艺通讯员活动"》。同月，在《文艺生活》发表的《留港文艺界呼吁政府停止内战制止暴行》中向政府提出6项要求：①立即停止内战。②立即撤消一切剥夺人民权利之法令及措施。③无条件释放被捕之记者和学生。④无条件恢复被迫停刊的报纸。⑤改善学生生活待遇，增加教育经费。⑥严惩各地肇事者。司马文森、秦牧、胡绳、邵荃麟、黄宁婴等45人签名；中篇小说《尚仲衣教授》修正版，由香港文生出版社出版。8月，在《文艺生活》发表和英国约瑟夫·卡尔玛的四封通信，题目为《七月书简》，双方就我国1927年—1947年的文学创作交换了意见。司马文森说明发表这几封信的目的："（一）表示中英两大民族进步的文艺工作者的亲密携手。（二）给关心中外文艺交流的朋友们作参考。（三）把二十年来中国优秀短篇小说介绍到国外去的整理工作已经开始，……希望全国各地文艺工作者、读者协助。"10月1日，反映国民党反动派压制民主的小说《冬天》刊于香港《自由》。19日，出席文协香港分会举行的鲁迅先生逝世11周年纪念会。与会者还有：邓初民、王任叔、陈君葆、邵荃麟、陈闲、杜埃、周钢鸣等。12月8日，在新加坡《南侨日报》发表介绍夏衍著《春寒》的《〈春寒〉》。中旬，小说《风尘》在香港《星岛日报》连载。是年，任香港达德学院文学教授和香港文协常务理事。并编辑"文艺丛书"《文学与调查研究》《论人民语言》，由香港皇后印刷公司出版，"从修改、发排到校对，都是他一手经理"。长篇小说《人的希望》由香港智源书局出版。《通讯和速写》（文艺信箱丛书）由文协港粤分会文艺函授部出版（油印本）。由于陈残云从本年下半年后去香岛中学任教，《文艺生活》的日常工作，从约稿、选稿、画版样、校对、跑印刷厂、复社员来信等，大部分由司马文森承担。（参见杨益群《司马文森年谱》，载《抗战文艺研究》1985年第2期）

徐伯昕5月到香港筹建生活书店香港分店。随后读书出版社和新知书店，都在香港开设了分店。6月20日,生活书店香港分店开幕。6月底,读书出版社派倪子明、汪静波到香港筹设分店。7月,生活书店总管理处迁至香港,编辑工作由胡绳、史枚主持。12月25日,《申报》载,香港生活书店,出售配纸助共产党:(中央社香港廿四日电)此间生活书店最近运白报纸甚多,正以市价出售,以所得款项接济共党分子之生活与活动,仅大千印刷厂一家,即在该书局购得报纸一百令。据悉:此项白报纸系上海书业公会配给生活书店者,港九侨胞对上海书业公会配纸于匪党,无不诧异。26日,《申报》,25日本报二版载中央社香港电一则,内称:"香港生活书店出售上海书业公会配给报纸。"兹据生活书店来函称:上海书业公会配给各会员报纸限额,由上海输管会填发输入证,在上海进口,不能转运香港云。(参见吴永贵《民国图书出版史编年:1912—1949》,社会科学文献出版社2018年版)

　　章乃器到香港创办港九地产公司,并建立"民建"港九分会,继续开展爱国运动。

　　聂绀弩被中共派到香港,任《文汇报》主编,米谷任《文汇报》漫画双周刊主编。

　　范烟桥所撰电影剧本《陌上花开》,经洪深、吴仞之修改,由香港大中华影业公司摄制,易名《长相思》;是年在家乡同里与杨天骥发起创立仁美中学,杨天骥为主任校董,范烟桥为责任校董。

　　王星拱继续任中山大学校长。1月4日,中山大学300多名学生聚集在福利食堂召开座谈会,并一致决议:罢课3天,抗议美军暴行,声援"沈崇案件"。7日,中山大学1000多学生在石牌集合,他们来到平山堂附中操场,与中山大学附属中学、中华文化学院、广东省立文理学院、法商学院等校学生汇合。3000多人的队伍高唱着《抗议美军暴行歌》,经惠爱东路、汉民路、泰康路、德路、太平路、上下九路、大同路、六二三路,来到美国驻广州领事馆——沙面对面的西桥示威。在与军警的僵持中,愤怒的学生队伍冲破阻拦,进入沙面。最后,美国领事馆的工作人员打开大门,接受了同学们的抗议书。5月24日上午10时,为了声援5月20日在南京发生的反饥饿、反内战、反迫害的爱国学生运动,由中山大学803个同学签名发起的全校同学大会在中山大学体育馆举行,2500多位同学参加了大会。大会通过了罢课3天以声援北平、上海和南京的同学;要求增加教育经费,经费应占全国总预算的15%;通电慰问南京中央大学受伤的同学等十几项决议;朱智贤、梅龚彬、钟敬文、王力、王越、刘清如(刘渠)等许多进步教授都表示支持同学们的正义行动。中山大学学生罢课和决定游行的消息传开后,广东文理学院、广东法商学院、中华文化学院、岭南大学、国民大学、广州大学和华侨师范学校的许多同学也纷纷响应。5月31日8时,队伍在中山大学校园里集合,先到孙中山先生的像前举行了庄严肃穆的宣誓仪式,表示:"为了反对内战、要求和平,为了反对饥饿要求温饱,为了反对压迫、要求民主,我们不怕暴风雨的到来,我们准备接受可能的牺牲!"队伍游行途中汇集了中山大学附属中学、中华文化学院、国民大学、圣心中学校的学生,队伍增至3000多人。沿途,队伍还不断向市民散发传单,发表演说。6月1日,国民党当局出动宪兵、军警、特务计2000多人,分乘几十辆大卡车进石牌围捕学生。梅龚彬、丘琳和廖华扬教授与学生数十人被捕。此次血案中有16位同学受重伤,30多位同学受轻伤及50多位同学失踪,后几经交涉,梅龚彬教授等人释放。中山大学全体学生为抗议"五·卅一"血案及"六一"非法逮捕,发表告社会人士书。要求:当局严惩血案凶手,赔偿受伤同学医药费;立即释放被捕同学;当局保证不再有类似恐怖及暴行事件发生;肃清特务分子。在善后委员会和教授会的奔走营救下,至6月中旬,被捕师生陆续获释出狱,受伤的同学也大部分康复。至此,持续了近一个月的反饥饿、反内战的学生爱国运动落下帷幕。(参

见山东大学校史编写组《山东大学校史》,山东大学出版社 1986 年版)

　　王力继续任中山大学教授兼文学院院长。春,专著《汉语诗律学》完稿。这是我国第一部从语言学角度研究诗词文体的著作。译都德著小说《沙菲》由开明书店出版。是年,《新训诂学》刊于《开明书店二十周年纪念文集》;《语言学在现代中国的重要性》刊于 9 月 4 日北平《华北日报》。(参见张谷、王缉国《王力传》附录《王力先生年谱》,广西教育出版社出版)

　　黄文山继续任粤侨事业辅导会副主任委员。1 月,在南京演讲《原子能的发见与新文化的创造》,与孙本文、凌纯声商讨恢复组织中国社会学社、中国民族学社及出刊社会学报、民族学年报。应中山大学杨成志的邀请,黄文山为中山大学历史研究所人类学组讲授“文化学”及“文化动力学”。5 月 1 日,在《粤侨导报》第 10—12 期合刊发表《华侨协助实施广东五年经济建设计划及其途径》。文中谈了本省五年建设计划之要点,包括政治,文化,经济三方面,希望齐头并进,达到平衡发展之境地,然在实施时,则仍确认经济的工业化为建设的重点。最后提出:“我们要计划建设一个新中国,我们先要计划建设一个新广东,如今新广东的建设,已经计划出来了,我们能否切实履行,担负这个时代的重大使命,固然要靠许多条件,但我们诚心相信,只要侨胞振作奋斗精神,整刷经济的战略,利用自己的经验和资金,先把广东建设起来,则一扭乾坤,改变现阶段广东的形势,乃至全中国的形势决非难事,然而一切的一切,都应从脚踏实地,一点一滴,流汗出力,实施本省五年经济建设计划开其端。”10 月,在《社会学讯》第 6 期发表《文化体系的类型》。当选国民大会代表、国民党中央监察委员。(参见赵立彬编《中国近代思想家文库·黄文山卷》及附录《黄文山年谱简编》,中国人民大学出版社 2013 年版)

　　张云时任中山大学数学天文系教授。12 月,在美国哈佛大学讲学期间,发现一颗新变星。此星“位于鹿豹座南端,即德雷伯星表第 25878 号星。其位置约为赤经 $4°5'$,赤纬 $53°44'$。此新发现经美国哈佛大学天文台台长沙普利通电全世界各大天文台,并详载于《哈佛报告》第 866 号。新发现之变星最先为美国叶凯士天文台彼得曼博士所注意,因其光谱与北冕座 R 型变星相似,故预测该星为变星,但未得事实证明。张教授检阅此星所在区域之照片逾 800 幅,从 1898 年起至现在均已包括在内,卒于儒略日 2429596 至 2429676 日间获得此星亮度最小时所在区域,证明此星确属变星。求得在此间隔内,于儒略日 2429631 日(即 1940 年 1 月 17 日)有一极小值约为国际摄影星等(0.30),除此以外,平均亮度常维持在星等(8.70)不变。按北冕座 R 型变星发现至今仅约一打之数,在目前已知两万余颗变星中,小部分因其亮度变化无一定周期,极难发现。此型星温度高,外围大氧含碳素极多,故亦称热炭星”。张云教授因为发现新变星而名传国际学术界。(参见山东大学校史编写组《山东大学校史》,山东大学出版社 1986 年版)

　　容庚继续任岭南大学中国文学系教授兼系主任。4 月 9 日作《甲骨学概况》毕,刊于 7 月《岭南学报》第 7 卷第 2 期。本文从甲骨文的发现、甲骨文研究者、甲骨文研究著作(分为文字类、考释类、杂著类、字书类、目录类)三个方面对清末民国甲骨学史进行了概括,被认为是“甲骨学史上一篇重要文献”。该文另一常被人重视处在于对王国维之死的记述。同期还刊载了冼玉清《苏轼居儋之友生》、罗福颐《敦煌石室稽古录》、曾昭璇《秦郡考》等文。4 月 24 日,在大学周演讲《广东文化衰落之原因》。(参见东莞市政协编《容庚容肇祖学记》,广东人民出版社 2004 年版;王学典《20 世纪史学编年(1900—1949)》,商务印书馆 2014 年版)

　　黄麟书任广东珠海大学校长。珠海大学成立于是年 8 月,是陈济棠为了罗致和培植人才、企图东山再起而投资创办的。校址在广州东山竹丝岗二马路。以陈济棠为学校董事长,其董事多为陈济棠统治广东时的军政要人。设文学院、理学院、法商学院等三个学院。文学院设有中国语言文学系、历史学系、外国语言文学系、教育学系;理学院设有数学物理学系、博物地理学系;法商学院设有政治经济学系、法律学系、社会学系、会计银行学系。

金应熙12月在《岭南学报》第8卷第1期发表《吐蕃之兴起》。文中对吐蕃种族之来源、名称、七世纪初西藏高原之形势、禄东赞家族的事迹、吐蕃的兵制等问题进行了探讨。同期还刊载了李镜池《周易筮辞续考》,冼玉清《招子庸研究》,容庚《记〈竹谱〉十四种》,庄泽宣、陈学恂《从四方馆到同文馆》等文。(参见王学典《20世纪史学编年(1900—1949)》,商务印书馆2014年版)

姚宝猷在广东省注音符号推行委员会改为广东省国语推行委员会后,兼任主委,聘定王力、庄泽宣、李伯鸣、桓力行、李廙芝等16人为委员。是年12月2日下午在教育厅会议室举行首次会议,姚宝猷与王力、王越、陈一百、徐锡龄、李伯鸣、经纶、桓力行、李廙芝、黄锡铨、张辰、张兆泗、陈振名、石玉昆、黄国俊等出席会议。

祝秀侠8月26日兼任广州市注音符号推行委员会主任委员,余任城、梁子衡、吴坤活、许培干、刘万章、郭经纶、甘亦芳、梁干薇、谢瑞容、许贞、关玉书、吕超如、李廙芝、袁晴晖等为该会委员。张竞生因蒋介石发动内战时,打了银锄四把,上刻"休养生息"四字,分寄国民党要员,要他们住手停止内战。

庞薰琹在广东省立艺专任教授兼绘画系主任,兼中山大学教授。

陈树人5月返回广州,与高剑父、关山月、赵少昂、黎葛民组新派画家团体"今社"。

陈剑翛继续任广西大学校长。"五·二〇血案"消息传到广西大学,各系、班纷纷贴出抗议书、呼吁书以声援,并以"广西大学全体同学"名义,写去《致"五·二〇"受伤同学慰问信》。5月23日,学自会召开各学会干事与各班代表联席会议,提出酝酿罢课的决定。25日,又召开第二次联席会议,决定罢课3天,于6月2日举行示威游行,并通过了《广西大学全体学生为抗议"五·二〇血案"告全国同胞书》和《广西大学全体学生反饥饿、反内战、反迫害罢课宣言》。6月1日,良丰校分部农学院和全体一年级学生步行先期到校本部集中。2日上午,1200多名学生冲破国民党军警的封锁,高呼"坚决反对内战""反饥饿、反内战、反迫害"的口号,并由法律系同学梁仲彬化装扮演"内战将军",一批同学扮演各界人士高唱《你这个坏东西》歌曲的活报剧,随游行队伍前进,吸引大批观众。先后汇合广西艺专、逸仙中学、护士学校的队伍,浩浩荡荡,在桂林城进行大游行。6月,陈剑翛校长"飞穗述职",校务由教务长何杰教授代理。7月,学校放暑假,8日凌晨2时左右,广西省保安司令部独立大队的武装特务到校找到了代理校长何杰,出示捕人密令。何说毕业班学生已离校。武装特务遂包围校园,逮捕学生。经过八九个月的斗争,终于迫使广西省府释放全部被捕师生。1948年4月30日深夜,被捕的师生终于获释。广大学生到校外迎接,并于将军桥校本部举行盛大的营火晚会以示胜利。

陈剑翛亲赴南京向国民党政府教育部请求,从本学年度起增设文学院,获得批准。于同年增设的还有统计专修科(共三个班)。至10月,学校的建制和规模为四院十九系一科,共有学生2008人,教职员340人,其中教员218人。文学院院长谢康,法商学院院长王觐,理工学院院长郑建宣,农学院院长孙仲逸。教务长为何杰,训导长为陈剑翛,总务处总务长为赵佩莹。经过疏散迁徙的损失,更历榕江的一场洪水洗劫,学校的图书、设备仪器损失惨重,据《校务卷》卅六年(1947年)8月记载:"图书、仪器、机械在马君武时代颇称饶富,为西南之冠,今损失甚巨,复员后补充不多,中西文书籍现仅有41,908册,中英文杂志516种,仪器、机械更微乎其微。"11月2日,新建的土木馆正式落成,并举行了落成典礼。29日,学校召开的第九次校务会议上,会计室报告收支情况,称"本年度物价指数,如狼奔豕突,不可遏抑"。办教育之维艰,可见一斑。经过一年多的修建,新建的校图书馆于1948年春全部落成交付使用。(参见《广西大学校史》编写组《广西大学校史》,广西大学学报编辑部1988年版)

熊庆来继续任云南大学校长。1月1日,《云南日报》"怎样迎接1947年"的专刊上,熊庆来发表谈话说:"希望将来政治安定,因为有安定,一切才有发展。"他希望"政府今后当多多注意充实科学的设备,目前中国的科学落后太远","中国科学不是没有人才,而是设备太差。现在由国外学习科学的人才回来不少,这对于未来科学的进步是有帮助的"。在谈到云大时,他说:"1947年将多招收新生,我们不仅要能维持,还要发展。现在已有不少专任教授,从各处又新聘4位,在国外的一些学者也已经应聘来云大任教。"3日,云大加强教学设备,聘请名教授来校讲学,其中有在欧洲颇负盛誉的生物学家朱树屏(朱彦丞),有时任英国都柏林研究院副教授的彭恒武、美国米希根大学理学博士王明贞等。会泽院三楼建筑正积极进行,新教室及宿舍可望今春完工。费用为国币1亿元。6日,去年12月24日在北平东单广场,发生美军强奸北京大学先修班女生沈崇的暴行。北大、清华等大学闻讯,1万多名学生举行大游示,抗议美军暴行。消息传到昆明,昆明学联组织全市大中学生在云大集合,宣读《抗议美军暴行宣言》,强烈提出撤退全部驻华美军,废除丧权辱国的中美商约和中美航空协定等5项要求。会后,举行了声势浩大的示威游行,游行队伍至复兴新村美国驻昆领事馆时,由学生代表向美领事面交抗议书,请转美国政府。

熊庆来校长4月8日乘飞机赴南京,就学校经费和物色教授人才向教育部商洽。5月16日返回昆明。他在答记者询问时说,关于建筑设备费,教育部允拨6亿元外,对卢主席(卢汉)、张监察使发起建筑于云大的中心图书馆,经请求后特准补助建筑费4亿元,共10亿元,已先后拨发到校。关于提高滇区大学教授待遇,除允许照普通之改善办法外,尚商得有外籍教授还乡旅费之补助规定。至于延聘师资,教育部允增教授名额30名,此次已聘定多人,其中有王明贞、吴砚农、张正林、林文铮、纳子嘉、肖公权、林炳钟、陈荣生、邵承斌、卫念祖等10余人。在京期间,曾与中央研究院的天文研究所、北平研究院的镭学研究所及资源委员会商定联系办法,对云大教学研究有所协助。这次,又蒙教育部拨给云大理化仪器3套,重要科学期刊30余种。并承法国赠送医学书籍一大箱,世界学生会赠送收音机一具,均已领取运校。法国大使馆又面告,法国学术院赠送该院科学研究成果报告一套给云大。这套报告是周刊,有百余年的历史,非常珍贵。另外,还在上海购买书籍百余种及仪器数件,均已交运,可应学校教学急切需要。昆明曾谣传熊庆来有调任执掌教育部高等教育司之说,对此,熊庆来严加否认。5月20日,云大学生自治会召集各级团体代表会议,响应平京沪各大学学生倡议,举行反饥饿、反内战、挽救教育危机示威游行。会议决定自21日起罢课5天。会后,集合同学在校内游行一周,随后赴昆明师范学院,取一致行动,成立"反饥饿、反内战罢课委员会",组织宣传。同月,《云大医刊》创刊号出版,熊庆来写了《发刊词》。6月2日,昆明学联响应北平学生提出的举行"六·二反内战日"号召,组织全市大中学校万余名学生举行反内战、反饥饿、反迫害大会,并举行示威游行。7月30日,云大法律系为适应建国需要,决定自下学期起,成立司法组。8月30日,云大经济系为便于与金融工商界取得联系,开展西南经济调查研究工作,特将经济资料室扩充为西南经济研究室。11月7日至 27 日，昆明各大中学校开展人权保障运动。（参见《云南大学志》编审委员会《云南大学志》第 2 卷《大事记（1915 年—1993 年）》，云南大学出版社 1993 年版）

刘文典自上年 8 月至 12 月在（五华）学院举行学术讲演《庄子哲学》《版本学》《文选学》已有 44 次。1 月，五华学院《五华》月刊第 1 期出版，高度评价刘文典的学术演讲。3 月，刘文典应云南省江川县政府邀请，撰写《唐淮源将军庙碑》。此文由国民党元老于右任篆额、李鸿章后人李广平书丹，安放于唐公祠内。6 月，《庄子补正》一书由商务印书馆印行，共十卷五册，陈寅恪作序。全书收列《庄子》内、外、杂篇全部原文和郭象注、成玄英疏及陆德明《经典释文》之《庄子音义》，校以历代之《庄子》重要版本，并广泛征引著名学者王念孙、王引之、卢文弨、奚侗、俞樾、郭庆藩、章太炎、刘师培、马叙伦等人的校勘成果，而将其补正之文分系于各篇相关内容之下。此书尚存民国时期云南大学讲义本，石印，全一册。该书后成为刘文典代表作之一，屡次重印。春夏之交，应云南辛亥"重九起义"的主要领导人之一、曾担任云南省民政长（省长）、省临时参议会议长的李鸿祥邀请，刘文典与罗庸、钱穆等人共赴云南玉溪考察。6 月 2 日，"国立中央研究院"发布第一次院士筹备会通告，面向全国推选院士。据档案记载，云南大学推选的院士候选人为数理组何衍璇、生物组秦仁昌和人文组刘文典。

刘文典 7 月 4 日填写《财产损失报告单》，报告抗日战争期间其财产损失情形。8 月，云南大学决定每月为他增加研究补助费 50 万元。另罗庸每月增加研究补助费 40 万元，钱穆每月增加研究补助费 50 万元。9 月 3 日，刘文典与云南省教育厅长王政、昆明师院院长查良钊、昆明市市长曾恕怀以及陶光、吴乾就教授等人联手发起滇剧名伶演唱会，作为昆明广播电台纪念抗战胜利两周年特别节目。同时，刘文典还赠诗滇剧大师栗成之、彭国珍。10 月 1 日，五华学院致送聘函，敦聘先生担任教授。刘文典在五华学院人文科学研究班第一学年下学期开设"《庄子》"课程，每周 3 个学时。11 月 3 日，教育部来电，查知刘文典在香港沦陷时期遗失图书下落，请其填写申请书索还。6 日晚 6 时左右，记录闻一多最后一次演讲内容的云大外语系学生何丽芳被特务逮捕，成为昆明学生运动中第一个被捕的学生。刘文典积极参与营救。10 天后，何丽芳等被捕师生先后获释。15 日，刘文典入围"国立中央研究院"第一届院士候选名单。刘文典名下脚注"治校勘考古之学"。18 日，刘文典致函云南大学总务处，委托其代为索还被劫书籍。24 日，云南大学呈文教育部，恳请交涉归还刘文典被劫书籍。29 日，教育部要求刘文典补报财产损失报告单。12 月，国立北平图书馆馆刊《图书季刊》"新书介绍"栏目推介刘文典著作《庄子补正》。

按：载国立北平图书馆《图书季刊》新第 8 卷第 3—4 合期《新书介绍》，载作者署名"愚"。全文如下："刘文典著，三十六年六月上海商务印书馆出版。线装五册。定价六十元。合肥刘叔雅君文典，邃于子学，所著《淮南鸿烈集解》，已行于世。此《庄子补正》十卷（各卷又析为上下或上中下，故都二十四卷）为刘君近年所成书。刘君取《庄子》为正文，郭象注、成玄英疏、陆德明释文各以小字散附篇内，而采清儒王念孙、王引之、俞樾、孙诒让、郭庆藩及近人奚侗、马叙伦诸家之说，盖以刘君参校及己见，为《庄子补正》。刘君所持参校之本，有道藏本及日本所藏旧写本。仅恃旧本之不足也，故又据唐以来类书及文选注等书所引，以校正焉。刘君于《庄子》本文，虽确证其有脱讹，然无旧本可依据者，则不之补不之改，辄以按语加于后。其著书之例，可谓审慎。治先秦诸子书者，其可废之哉！"（参见章玉政编著《刘文典年谱》，安徽大学出版社 2011 年版）

姜亮夫 3 月作《古史图谱》。始作《楚辞书目五种》。8 月，任昆明师范学校教授。（参见林家骊《姜亮夫先生年谱》，《中文学术前沿》2015 年第 1 期）

查良钊继续任国立昆明师范学院院长。4 月 27 日,清华大学 36 周年校庆,邀请原西南联大校务委员会主席兼清华大学校长梅贻琦,又邀请北京大学校长胡适、原西南联大训导长兼昆明师范学院院长查良钊、南开大学秘书长黄子坚等出席,留下了一帧珍贵的西南联大原有三校及新生一校的"四校负责人"存照。6 月 24 日,查良钊致胡适校长函,商量续借罗庸教授留昆任教 1 年。(参见王学珍等编《北京大学纪事(1898—1997)》,北京大学出版社 1998 年版)

钱穆续任教五华学院文史研究所,并兼云南大学教授。在省立图书馆所阅读之书,以宋元明三朝诸禅师撰述,及金元两代之新道教为主。1 月,《中国之前途》刊于昆明《民决日报·星期论文》;《中国文化新生与云南》刊于《昆明日报》。4 月《五华月刊》第 4 期转载。文中曰:"汉、唐以前,中国文化中心在黄河之两岸;宋、明以下,中心南迁而在长江流域;挽近世以来,中国文化之生命动力有益向南迁之迹象,而渐达于珠江流域矣。然则中国文化之所以见为生命强、绵历久,而不易衰歇,而又不断有新地域之新人文参加活动,常使之有新生气与新力量,此一层实为论中国文化者所极堪注意之事实。文化与地理之关系,此治人文地理学者,尽能言之,然使忘却历史大趋势,则人文地理之影响亦有不能一概而论者。余所谓人类历史演变之大势者,乃指其与人文地理有密切关系者而言。故就各地域分区讨论其文化之演进,则有两观念当平等注重:一曰气候,一曰交通。气候乃先天之宿命,而交通则后天之机运,必会通二者而观,乃可以发现各地域文化演进先后与其盛衰起落之所以然也。"

按:作者又曰:"若专就气候论,则欧洲文化先兴于希腊、罗马和煦晴朗之区,再向北欧寒冷阴晦之地域演进,此乃文化移动之常态。而中国文化则先兴于北方寒冻阴晦之区,再向南方明朗和煦之地域演进;与欧洲情形适得其反。或再就交通条件会合论之,则知中国文化自北而南,亦自有其不得不然之理由。中国古代文化,则以黄河水系之各支流所灌溉之耕地为其文化产生之基点。此自上游有泾、渭,下至中流之汾、涑、伊、洛,及于下流之漳、卫诸川皆是,而华北平原则为此诸基点相互交通之大平面。故欧洲文化之交通命脉赖诸海,中国文化之交通命脉则赖诸大陆。今若专就交通条件言,则又有当明辨者。夫环境不宜于僻塞,若僻塞则与外隔绝,此固尽人而知其不利矣。然若地居四冲八达之中心,为交叉之午道,其害亦与僻塞者略相等。故最理想之交通条件,贵能开门即当大道,而闭户又能自守,寓安定于活动之中,备保守于进取之际,此始为最理想之交通条件,亦即最理想之文化条件也。欲求一国文化之常荣不谢,则先求其疆域之恢宏,为一统之大国。于是某一地区之文化虽由盛而衰,而常有他一地区之新人文、新生气接踵继起。而其继起者仍在其国内,不在其国外,仍不失其本国之传统,则其国之变化始可达于常荣不谢之境。故曰论文化史者,不可不注意于其地理的条件。""今论中国文化此后新生机之所托命,则大率不外两区:一曰东北,一曰西南。西南以气候言,既较东北为佳,以交通言,此乃国家奥区,为脏腑腹地,居其地,易获安全宁静之感,此尤合于文化滋长之条件。今分论西南诸省,则四川文化开发特早,不当于西南其它诸省相提并论。其次湖南、广东、广西三省,虽较四川开发较为落后,然在中国近代文化史上则已先后露其头角。惟云南、贵州,于西南诸省中,固尤为奥区之奥区,尤为偏隅之偏隅也。然论云南一省之气候山川、土壤产物、风景形胜,则得天之厚、殆莫伦比。故云南省在中国以往文化地位之不占重要,不在其先天宿命之薄,而在其后天机运之迟。若使交通发展早得人事之助,必将高出于西南其它诸省之上。今国内外交通已逐步发展,后天机运已启,云南人文,在最近之将来,宁有不为中国文化新生机、新动力之主要一脉者? 爰草此文,预告滇人士,用卜吾言之验否,然亦非二十、五十年不足验吾言也。"

钱穆《读智圆闲居编》2 月刊于南京《中央日报文史周刊》第 37 期。同月,《读阳明传习录》刊于昆明《民意日报》;《三论老子成书年代》刊于《五华月刊》第 2 期;《灵魂与心》刊于《思想与时代》第 42 期;《王门之讲会》刊于昆明《民意日报·文史期刊》第 19 期;《读康南海欧洲十一国游记》刊于《思想与时代》第 41 期。后文认为,"南海曰:'今之学者,不通中外古今事势,但闻欧人之俗,辄欲舍弃一切而从之,谬以彼为文明而师之;岂知得失万端,盈虚相倚,观水流沙转,而预知崩决之必至。苟非虚心以察万理,原其始而要其终,推其因而审其果者,而欲以浅躁一孔之见,妄为变法,其流害何可言乎!'至是而南海观点,乃显著有激变,其于一切之论评,乃有转向内里实事求是之意,与一时之盛夸西俗以为标准者相异焉。"3月,《略论王学流变》刊于《思想与时代》第 43 期。4 月,《春秋车战不随徒卒考》刊于昆明《民意日报·文史期刊》第 30 期;《二程学术述评》刊于《思想与时代》第 45 期。暑假,钱穆乘飞机返上海,在熟友家饱食乡食,昔日之胃病并未再犯。适无锡巨商荣家有创办江南大学之议,屡来相邀,为调养胃病遂决意离昆明返无锡。暑假后,另介绍一友人诸祖耿去五华,遂与俱往。半年后,一人独返,诸友皆知钱穆为胃病,故也不坚留。

钱穆《朱子学术述评》9 月刊于《思想与时代》第 47 期。文中总结朱熹四大贡献,曰:朱子学说,规模极阔大,其思想头绪又极繁复,自来号为难究。然朱子在学术思想史上贡献最大而最宜注意者,厥为对儒家新道统之组成。韩愈《原道》,始为儒家创传统。下及北宋初期,言儒学传统,大率举孔子、孟、荀以及董仲舒、扬雄、王通、韩愈。惟第二期宋学则颇已超越董、扬、王、韩,并于荀卿亦多不满。朱子承之,始确然摆脱荀卿、董、扬以下,而以周、张、二程直接孟子,第二期宋学始确然占得新儒学中之正统地位。此为朱子第一大贡献。其次朱子又于孔、孟之间增入曾子、子思两传,而有孔、曾、思、孟四书之汇集,此即《论语》《大学》《中庸》《孟子》是也。朱子遂汇《大学》《中庸》《论语》《孟子》成一系统,并以毕生精力为《论语》《孟子》作《集注》、《大学》《中庸》作《章句》。元、明以来迄于清末七百年朝廷取士,大体以朱注《四书》为圭臬,学者论学亦以朱注《四书》为准绳。而朱子注四书则其影响之大,无与伦比。此为其第二大贡献。朱子第三大贡献,在其对经学地位之新估定。先秦儒学虽原本经术,但儒学与经学毕竟不同。宋儒始渐渐从经学中摆脱来复兴儒学,朱子乃此一绩业之完成者。他对诸经有许多极精譬的意见。朱子此种见解,黄东发《日钞》里曾有一段批评说:"朱子谓《易》本卜筮,谓《诗》非美刺,谓《春秋》初不以一字为褒贬,皆旷世未闻之高论,而实皆追复古始之正说。乍见骇然,熟辄心靡。卓识雄辨,万古莫俦。"此真说出了朱子治经学的真贡献。后来阳明"《六经》皆史"的理论,其实在朱子已透切发挥了。从此以下,《四子书》占踞上风,《五经》退居下风,儒学重新从经学中脱出。这是朱子的第三大贡献。若说到朱子的思想,则他的最大贡献,不在自己创辟,而在能把他理想中的儒学传统,上自《五经》《四书》下及宋代周、张、二程完全融成一气,互相发明。此非朱子气魄大,胸襟宽,条理细密,而又局度开张,不能有此成就。孟子称孔子为集大成。至于朱子确是集孔子以下儒学之大成。这是朱子第四大贡献。10 月,《正蒙大义发微》刊于《思想与时代》第 48 期。(参见韩复智编著《钱穆先生学术年谱》,中央编译出版社 2012 年版)

杨堃到云南大学任社会学系教授兼系主任,开始民族学的三地调查工作。是年暑假,加入云南地下党领导的群众组织——"新民主主义者联盟",被选为"新联"教授会小组长。

吴玉章 1 月 2 日在重庆春森路 33 号举行新年团拜和 68 寿辰答谢宴会。代表中共四川省委致欢迎词,并作答谢讲话。各方代表到会 40 余人。连日来,重庆民盟、民建、三民主义同志会等团体和各方民主人士在特园等地举行宴会,为吴玉章祝寿,盛赞他 68 年来的革命业绩和斗争精神。6 日,中共中央致电董必武、叶剑英、吴玉章、刘晓、方方、林平,指出此次平津京沪学生反美示威成绩很好,影响甚大,民族工商业家及自由主义教授一致同情这一运动,可见民主爱国运动的基础正日益扩大,与解放区自卫战争的胜利已渐能起着配合作用。指出:应尽量扩大民族爱国主义的宣传与活动,帮助在运动中产生的积极分子组织起来,使少数领袖与广大学生群众保持经常联系,不致陷于孤立。更应尽量揭露美蒋合作破坏停战,打内战,推翻政协,继续独裁的阴谋,尤其要反对正在商讨中的美蒋借款及购械计划。9日,在《新华日报》9周年纪念庆祝会上讲话,称赞《新华日报》是中国共产党在国民党区域中的一面旗帜,也是全党和全国人民很宝贵的队伍,坚持把这面旗帜插在大后方,其英勇与成绩,并不亚于解放区自卫战线的战士。勉励全体同志以更大的努力,克服困难,改进工作,迎接更大胜利的到来。同日,中共四川省委和《新华日报》在化龙桥报馆举行纪念《新华日报》9周年大会,到会有各方人士和群众共500余人。会议从下午2时至7时半,气氛十分热烈。晚上,接中共驻南京办事处电话:形势有变,应作准备。即与张友渔召集省委同志研究,对省委机关、《新华日报》社、地下党组织、统战工作、群众运动一一作了布置。16日,中共中央致电董必武、吴玉章、叶剑英、刘晓、钱瑛、张明、方方、林平、潘汉年,告知中共关于调整蒋管区党组织的6项指示。

吴玉章1月20日在寓所请艾芜、柳倩吃饭,何其芳作陪。当时在何其芳安排下,艾芜编《大公报》"本月文艺",柳倩编《新民报》"虹",均为文协刊物。同日,中共中央致电董必武、王炳南、叶剑英、徐冰、吴玉章、刘晓、钱瑛、方方、林平、潘汉年、章汉夫,对揭穿美蒋和谈真相的宣传工作应坚持两条主张。21日,举行《新华日报》社新年团拜会、吃年饭,发表演说。2月3日,指示张友渔,个别与新华通讯社编辑何其芳、《新民报》编辑聂绀弩、采访主任周亚君以及民盟肖曼若、柳倩等谈话,指示反美斗争策略。18日,面见张群,要求张群电告昆明当局将《新华日报》分销处启封,恢复营业。《新华日报》昆明分销处是2月14日被昆明警备司令部封闭。19日,致函国民党当局,抗议云南当局以《新华日报》刊登右滇南民变消息为藉口,查封《新华日报》昆明营业分销处。要求立即启封,保证正常营业。28日凌晨3点,重庆警备司令部、警察总队、宪兵司令部及特务机关同时出动,包围袭击中共驻渝办事处和中共四川省委机关驻地曾家岩23号(原50号)和春森路33号,化龙桥《新华日报》馆及德兴里营业部,纯阳洞记者站。将中共在渝人员249人集中软禁在曾家岩和化龙桥两处。《新华日报》材料亦被"点交代管"。上午,先后向重庆市长张笃伦,警备司令孙元良并转电张群抗议。3月1日,《新华日报》停刊,这份中共中央的机关报,自1938年1月11日在汉口创刊到今日被迫停刊,共出版发行了九年零四十九天。2日,吴玉章坚持向国民党抗议,要求见《新华日报》负责人。张笃伦和重庆行营被迫同意派车将《新华日报》经理丁刚,总编辑熊复和营业部的刘瞻接到曾家岩。6日,和张友渔、熊复、于刚、李亚群、漆鲁鱼、陈文等在曾家岩23号,商定撤退人员的分批名单及有关事项。《新华日报》社长至延安,在党中央城市工作部任研究室主任。(参见刘文耀、杨世元《吴玉章年谱》,四川人民出版社1998年版)

何其芳时任新华通讯社编辑。1月,何其芳作《关于〈家〉》,收《关于现实主义问题》,文中将小说《家》与曹禺改编的话剧《家》进行比较,认为"婚姻不自由并不是封建社会的主要矛盾""最有力的反封建的作品应该是写农民与地主的矛盾"。小说《家》写"一群生长在不合理的旧事物中的青年人是怎样在奋斗着,反抗着,终于背叛了旧家庭""是统一的";而话剧《家》"重心偏到恋爱婚姻的不幸上去了"。2月,何其芳致信"××兄"。此信系何其芳"读了《虹》上面的《家》的座谈会记录,晚上刚好又去看了《家》的演出",才"有此零碎意见想和朋友们商讨,就忍不住来写这封信"。何先生认为这个戏演出"有些闷气""我现在实在不喜欢这种闷气"。在"青年人们的奋斗方面写得太少了,时代的影响也几乎看不见,又怎么能鼓舞起一种对于光明的渴求和一种必胜的信心呵!"并认为:"曹禺先生的改编,……却似乎和巴金先生的小说有些不同了。重心不在新生的一代的奋斗,反抗,而偏到恋爱婚姻的不幸上去了。"继而又说:"据我所知,虽说曹禺先生的戏剧已经达到了很高的艺术水平,已经获得了很多的观众和读者,然而他是并不满足于他自己的成就的。我们的历史奔驰得很快。曹禺先生也越过了他自己过去的作品。当我过去读到对他的作品的过苛批评时,我是为他辩护的。"(参见唐金海、张晓云《巴金年谱》,四川文艺出版社1989年版;田本相、阿鹰编著《曹禺年谱长编》,上海交通大学出版社2017年版)

梁漱溟仍居重庆北碚,闭户著书,撰写《中国文化要义》。1月,梁漱溟在上海《大公报》发表《政治的根本在文化》一文。此为作者退出国共和谈后写的第一篇文章,文中第一句话就是:"在极度苦痛与苦闷中,中国人民又度过他胜利后的一年。"一语道出为谋求团结统一,和平建国,1946年奔波于国共之间,终于失败的苦痛与苦闷是何其深刻!作者重申:"中国的问题,政治问题还是表面,非其根本。""论其根本,论其全部,原是整个文化问题。""苦就苦在旧文化崩溃,而新文化产生不出来。""二十五年前,我就指出中国文化是人类文化的早熟(《东西文化及其哲学》),我今正在写《中国文化要义》一书,更充分证明这句话。……所有那些近代人生上的许多宝贵观念,为英美文化里面最主要所在者,只引起中国固有人生观念上一些纷扰,并不能取而代之。""我们的问题就在文化上极严重地失调。""若没有对整个文化问题先有其根本见解,则政治问题的主张是无根的。要确定中国政治上一条路,必须对于整个文化问题有全盘打算,否则便谈不到,要对整个文化问题有全盘打算,又必须把中国固有的那一套和眼前世界上两大派文化比较,深明其异同,而妙得其融通之道。""我个人所愿意尽力者即在上面所说思想功夫及打算工作。"3月初,作《树立信用,力求合作》一文,刊于《观察》第2卷第1期。文中除重申自己对国内问题的认识和主张外,针对国民党政权予以愤慨指责。又说:"我与共产党之间显然有很大距离。……然而根本上还是相通的。……我对于民族前途,对于整个人类前途,有我的看法及其远大理想,除掉这远大理想,便没有我。而他们恰是一个以远大理想为性命的集团。"

梁漱溟3月27日在《大公报》上发表致民青两党的公开信,曰:"连日报载政府当局邀请公等改组政府,渐有成绩,社会人士于此观感各有不同。我相信两党如果参加政府,则在此一行动之决定上,必有正大理由可以自信,可以告人者,但我又看不甚明白。我因为极反对流行之彼此轻蔑心理,极要求大家自我尊重,互相尊重,所以写这封公开底信,请求两党宣示此次行动之确切任务何在,特别是如何解决内战问题。这一当前最大问题为全国所关心,以诸公之明,苟于此处无把握,想来不致于轻易行动底。但如报纸所传共同纲领第三条中共问题应以政治方式解决,俟交通恢复,中共放弃武装或接受改编时,协商解决,其意义至不明了;且闻'恢复交通'之解释,两党所说不同。究竟两党与当局商决者如何,希望有以明示国人,大局甚幸。"在未收到张君劢复信前,梁再次致书张君劢,曰:"前函计承鉴及,弟曾得舜生复书而未得尊复,为念。这有给民青两党一封公开底信,除付《大公报》发表外,敬寄请台餐。弟去年离南京后,对大局守定'只发言不行动'之分际,亦可以说'行动至于发言而止。'当去年协商会议未闭幕时弟托周交毛一函,即表示此态度,并告以发言将批评他们,乞勿误会不友好。弟于公等决保留而不批评,抑且愿为助力,如此一公开信是也,此信系提倡国人监督政府,以助公等向政府要求宪政,要求和平,或亦可坚政府对公等之诺言,未知公等其亦谅许之否乎?"同月,梁漱溟就《观察》杂志记者储安平所写的《中国政局》一文中不符事实的论述,给储安平写信,予以澄清。此信以"关于中国政局"为标题,发表于《观察》第2卷第4期。4月,《从中国人的家说起》一文分上下两部分,刊于《观察》第2卷第11—12两期。

梁漱溟5月20日出席南京的末次参政会,呼吁和平。据梁漱溟回忆:"这是应北京、上海、成都各方朋友之邀而去的,亦是我三年中唯一离开北碚的一次。六月一日,国民党特务在各地方大举捕人,重庆民盟被捕的同人甚多。二日我飞回营救,百般奔走无效,直至四九年三月,在国民党要和平的空气中,才得保释出十几个青年来。"《大公报》记者张学礼、曾敏之、方蒙,《新民报》记者周亚君,《世界日报》记者王国华、皮钧涛等稍后也被释放。6月,梁漱溟在《观察》第2卷第15期发表《中共临末为何拒绝和谈》一文。9月,在《观察》第3卷第4—5期上发表《预告选灾,追论宪政》一文,认为国民党进行的宪政选举是一场灾难,欧美"政党分立的选举竞争之一套"不合中国国情,只有"乡村建设"才是中国政治的出路。此时,国共战争进入白热化,而国民党的统治也日趋专制化,但却打着"宪政"的名义,准备召开"行宪"国民大会,还政于民。面对国民党玩弄的"假民主",一些思想家除了进行反对和抵制外,更多的是对民主政治能否在中国行得通产生了怀疑。梁漱溟的这篇文章,引发了思想界围绕着中国出路问题的激烈论争。同月,国民党意图解散民盟,张东荪致函在重庆北碚的梁漱溟出来维护,梁漱溟拒绝。据梁漱溟在《我的努力与反省》中回忆:"八九月间,反动政府要解散民盟的前夕,张东荪先生从北京写信给我,说民盟是你辛苦创成,你要赶快去南京、上海设法维护。其实我的心理恰相反。民盟在我只看作是一个推动全国合作的推动力,此外没有意义。当此两党大战之时,既不能尽其政治任务,亦难发展自己组织,恰且伏有内部分裂之危机,它最好暂入于休眠状态;一旦时局需要它了,再出来还是完整的,但民盟自己却无法宣布休眠,现在反动政府来代我们宣布,岂不更好? 我一面以此意答复东荪先生,一面更以此意奉告于上海张(澜)、黄(炎培)诸老。到反动政府命令发布,我投函重庆《大公报》,表示的意思亦是这样。"10月11日,张东荪在《观察》第3卷第7期上发表《我亦追论宪政兼及文化的诊断》,针对梁漱溟《预告选灾,追论宪政》提出了与梁漱溟不同的意见。(参见李渊庭、阎秉华编著《梁漱溟年谱》,商务印书馆2018年版;左玉河编《张东荪年谱》,群言出版社2014年版;李贵忠《张君劢年谱长编》,中国社会科学出版社2016年版)

黄季陆继续任四川大学校长。1月5日上午,以川大、华大女同学为基本队伍,汇集省艺专、蜀光学友会、金陵大学同学会等27个单位学生代表1000余人在川大大礼堂举行抗议美军暴行大会。会上除女同学发言外,还有谢文炳、罗念生、刘盛亚、朱剑农等教授讲话。会议通过决议致电美国政府要求美军立即退出中国;致电沈崇表示亲切慰问;致电蒋介石、杜鲁门,要求废除《中美商约》。会后,师生们上街游行,部分同学还进行了街头讲演。下午,女声社又去华大宣传鼓动,得到华大同学热烈响应。当晚在华西坝广益广场集会,会后火炬游行。6日下午,又在华西坝广益广场集会,参加者有川大、华大、协合高中、省艺专共300多人,会后游行。2月18日,川大进步社团联合呼吁声援重庆"二·五""二·八"血案,于19、20、22日在校内连续开了声援大会。并邀黄宪章、范朴斋、彭迪先、胡鉴民、吴君毅等教授临场指导。5月24日晚,川大民协和进步社团在数理馆举行时事座谈会,参加者约100人。会议介绍了"五·二〇血案"的真相,商讨声援事项。28日晚,民协与进步学术团体在数理馆召开"中国当前教育之危机"讨论会,报告平津京沪学生运动,声援"五·二〇"

受害者。参加者约 400 人，并邀请彭迪先、朱剑农、卢剑波、胡鉴民、黄宪章、刘盛亚等教授指导。30 日晚，由 20 多个团体在大礼堂召开响应平津京沪反饥饿、反内战、反迫害运动大会。6 月 1 日凌晨，发生了全市性的大逮捕事件。"六·一"大逮捕后，留校的民协成员和进步学生采取分散小型活动方式，特务也曾密报在川大抓人的黑名单，由于民协骨干及时转移，当局的阴谋未能得逞。

黄季陆校长 5 月主持校务会，重申"要保持川大的优良传统，发扬学术思想自由""延聘中外学术名流"。秋，文学院史地系改组，川大报经教育部批准，将文学院的史地系分成史学系、地学系，并将地学系并入理学院。历史系由考古学、古文字学专家徐中舒担任系主任。该系师资力量雄厚，有人类学家冯汉骥教授，有留学巴黎、柏林的史学家、宋辽金元史专家李思纯教授，有教西洋史的英国皇家学会会员周传儒教授，还聘有德籍中国学家傅吾康专讲德国史，蒙文通教授讲沿革地理，闻宥教授讲中国民族史，姜蕴刚教授讲中国上古史。还有自学成材的西南史专家邓少琴专讲川康史。地学系是当时我国西北、西南半壁河山各大学中的唯一专门系，由余俊生教授主持系务，主讲制图学、中国分区地理，吴燕生教授讲地理学、地质学，朱振义教授讲气象学、气候学，朱起凤教授讲世界地理，吴永成教授讲地理教材。并聘请气象学家蒋芮然教授、北京师范大学黄国琼教授来系任教。该系后由杨曾威教授担任系主任。在实验设备方面，设有地质矿物标本研究室，并借用四川地质调查所、四川气候测量所、四川博物院的实验设备。冬，经教育部批准，理工学院分为理学院、工学院。新任工学院院长是李寿同教授。是年，奉教育部令，文科研究所改称中国文学研究所，仍分史学、中国文学、语言文字学三组，专任指导教授有向楚、林山腴、庞石帚、彭云生等。（参见《四川大学史稿》编审委员会编《四川大学史稿》，四川大学出版社 2006 年版）

蒙文通是夏某日与谢无量、徐仁甫等至望江剧场喝茶。茶间，大家谈起《左传》问题。徐仁甫认为《左传》是西汉刘歆所作，并非左丘明。蒙文通在与徐仁甫辩论之后，虽然不同意此说，但仍提醒徐仁甫说："你用瑞典高本汉引进的比较语言学来论证《左传》语言的年代，倒是解决此问题的新途径。但你若再转论证司马迁写《史记》并未见到《左传》，你的创见就可成立了。"8 月，四川大学聘缪钺兼任历史系教授，讲授"中国学术思想史""魏晋南北朝史"和"中国通史"，蒙文通于是得与缪钺等往还论学。秋，应友王恩洋之聘，主讲东方文教学院。王恩洋《赠五教授》题记云："1947 年秋，延聘曾宇康、彭芸生、蒙文通、汪德嘉、任筱庄先生主讲东方学院，身教、言教惠益宏多，年假忽临，感激与钦佩同殷，赋诗用申诚敬。"（参见王承军撰《蒙文通先生年谱长编》，中华书局 2012 年版）

缪钺在华西协合大学中国文化研究所和中文系任教。1 月 16 日，《读曹植〈洛神赋〉》刊于《东南日报·历史与传记》第 2 期。2 月 6 日，《〈晋书·潘岳传〉疏证》刊于《东南日报·历史与传记》第 4 期。13 日，《正始清谈家对于政治之态度》刊于《东南日报·历史与传记》第 5 期。17 日，《〈吕氏春秋〉错简》刊于《中央日报·文史周刊》第 38 期。3 月 3 日，致函陈槃，谓"迩来致力在六朝文史方面。清人治《文选》者，多注意于声韵训诂、名物典制诸端，弟拟用文史互证之法，研究《文选》中诸名篇，论其旁涉之义，发其隐微之旨，或可为选学开一新途径"。上半年，经四川大学教务长叶麐介绍，缪钺在四川大学先修班教授国文。8 月，叶麐聘请缪钺兼四川大学历史系专任教授。缪钺少时即爱读史书，尤熟中古时期。于是，缪钺开始在大学讲授中国古代史，科研方向也随之发生转变。其后的一段时期（至 1952 年 11 月院系调整），缪钺在川大讲授"中国学术思想史""魏晋南北朝史"和"中国通史"。并开始与徐中舒、蒙文通、冯汉骥等往还论学。9月，《〈文选〉赋笺》刊于《中国文化研究汇刊》第7卷。10月，缪钺"因咳嗽剧烈，震破肺中血管，吐鲜血数口"，后经名医顾寿昌义诊痊愈。12月，缪钺夫人携三子缪方明、四女缪遵明由保定经重庆抵蓉，全家经历十年分离后终于团聚。（参见缪元朗《缪钺先生生平编年(1904年—1978年)》，《魏晋南北朝史论文集——中国魏晋南北朝史学会第八届年会暨缪钺先生百年诞辰国际学术研讨会论文集》，2004年）

　　斯维至由著名学者蒙文通、徐中舒推荐，任华西大学讲师兼中国文化研究所助理研究员，从此走上先秦史研究道路。9月，斯维至在《中国文化研究汇刊》第7卷发表《两周金文所见职官考》。文中以两周金文为主要资料，辅以典籍记载，考证两周之职官，计有"宰""大宰""善夫""饔""小臣""楚""里君""小子""大史""内史"等67个，后附《两周金文所见职名职掌表》。通过对比研究，作者认为"《周礼》所言职官之名称及其职掌，实与金文往往契合，但其言六官之系统，则非古制"。此文在郭沫若《周官质疑》的基础上，"将这一领域的研究大大向前推进了一步，提出了许多精彩的见解，如西周为两寮执政宰本小臣等，为进一步探研金文职官打下了基础"，但是该文也存在将西周的金文材料与春秋战国的金文材料混为一谈等缺陷。同期还刊载了徐益棠《中国南北之人口升降》，刘铭恕《元代之户口青册》《宋代陷北之美术考古家毕少董》《辽代之头鹅宴与头鱼宴》《金元之南家与宋代之口语文学》，（德）傅吾康《明史要目解题初稿》等文。（参见王学典《20世纪史学编年(1900—1949)》，商务印书馆2014年版）

　　孙伏园9月起在华西大学教书的同时，又在"中西文化研究所"和铭贤学院、成都《新民报》兼职。"中西文化研究所"是一个天主教神父的集团，所长是巴黎天主教远方教会的神父，中文名为文嘉礼，能讲一口地道的中国话，所内有研究文学艺术的神父10人左右。孙伏园每周给神父们讲两次中国文化课。所中环境清幽，而孙伏园正苦于华西大学的宿舍太小，便接受文嘉礼神父的邀请，住进了"中西文化研究所"，直到1949年夏天离开成都。铭贤学院则是一个私立学校，孙伏园在那里任中文课教学。（参见吕晓英《孙伏园评传》及附录《孙伏园年谱简编》，中国社会科学出版社2011年版）

　　陈豹隐年初受聘为重庆大学商学院院长，讲授经济学。当时重庆地区学生运动蓬勃发展，陈豹隐积极支持学生运动。曾延揽进步人士甘祠森、民主人士李紫翔到重庆商学院任课。

　　周梅君、李伯申、刘扬、许群立等人组织的三民主义知行社（又名中华革命同盟会）4月29日在成都成立。

　　张大千6月由上海返回成都，正值成都遭受水患，无法参与其他艺事。想到画家吴作人、叶浅予都曾往西康写生并在成都举办了专题画展。于是邀好友杨孝慈及门人王永年等作康巴之旅。这条道路是汉藏民族过渡和交汇、多元文化并存的民族走廊，是"西藏门户"也是茶马古道的起始点。8月返回成都，10月在成都举办"康巴西游纪行画展"。（参见李永翘《张大千年谱(1899—1983)》，四川省社会科学院出版社1987年版）

　　高一涵3月11日再度调任两湖监察使。5月，停刊近六年的《草书月刊》第2期于抗战胜利后方得出版，"主要作者为于右任、刘延涛、王世堂、俞建华等，其他作者还有陆丹林、冒鹤亭、高一涵、叶楚伧、章士钊、沈尹默、公度等人。本刊是迄今为止，唯一的研究草书艺术的专业期刊"。6月1日，武汉军警两千人包围武汉大学，逮捕进步师生，酿成武大"六一惨案"。惨案发生后，高一涵对武汉警备司令彭善及部属提起弹劾。彭善遭免职，停止任用3年，相关部属处8—10年徒刑。9日，武汉日报发表《武大惨案观感——高监察使一涵谈》。

6月22日,章士钊在《京沪周刊》发表《赠高一涵》诗一首。诗中以"羡君功力如鹰眼"句,对高一涵六年来的诗作予以肯定。7月7日,高一涵参加抗战殉难忠烈官兵入祠典礼。12月下旬,高一涵辞去两湖监察使职,任监察院专门委员。由武汉返南京途中,作《离汉返南京》诗一首。诗中有"三度来游逢乱日,十年奉使负苍生""贾生痛苦嫌多虑,渔父狂歌笑独醒""心远地偏堪大隐,六朝风月浩无边"等诗句,表达了对政局的忧虑和隐退之念。(参见高大同《高一涵先生年谱》,上海文化出版社2011年版)

周鲠生继续任武汉大学校长。1月3日,武汉专科以上学校的代表齐集武汉大学,召开联席会议,决定:各校4日至7日罢课4天,5日联合举行示威游行。5日清晨,武大1300余名学生,以女生为前导,高举标语牌和红绿旗帜,唱着《示威进行曲》,散发刚赶印的《告全国同胞书》,浩浩荡荡从珞珈山开赴武昌。游行队伍在阅马场汇集其他兄弟学校的队伍后,经武昌民主路到汉阳门码头,渡江到达汉口,经汉口民主路上中山大道,直奔天津路美国领事馆。"沈崇事件"在武大教师中也引起了强烈反响,武大教授以教授会名义致电国民党政务院和教育部,表示强烈愤慨。教授会同意北大教授提出的:(一)补偿被辱人之名誉;(二)严惩犯罪之士兵;(三)切实保证不再有类似事件之发生,以保证人格之尊严等。反美抗暴运动,为5月份的反饥饿、反迫害、反内战运动打下了思想上和组织上的基础。先是"五·二二"请愿,继之发生震惊中外的珞珈山"六·一惨案"。6月1日凌晨3时,国民党武汉行辕和警备司令部,纠集第七十一旅、八十二旅、宪兵十二团、汉口警察总署、武昌警察总署以及武汉警备司令部稽查一处的军警宪特数千人,全副武装包围了珞珈山,血腥镇压进步师生"反饥饿、反内战、反迫害"的正义活动,造成5位教授、15名学生被逮捕,19名学生被打伤,政治系陈如丰、土木系王志德、史学系黄鸣冈3名学生遭枪杀,这即为武大校史上的"六·一惨案"。2日,武大学生自治会、教授会分别发出宣言,提出4项要求:(一)严惩凶手,撤办武汉行辕主任程潜,枪决武汉警备司令彭善及肇事凶手;(二)立即释放被捕师生;(三)公葬死难同学,抚恤死伤同学家属,并赔偿学校"六·一"惨案全部损失;(四)切实保障人权,保证今后绝不派军警或特务进入学校非法捕人。同时,华中大学、湖北农学院、湖北医学院等校学生,不顾军警和校方威胁,一队队胸佩白花,抬着花圈来到武大吊唁和慰问。6月3日,从南京开会返回的校长周鲠生和武大教授会约集的18名教授,齐赴武汉行辕保释被捕师生,并抗议中央社发出的歪曲事实真相的报导,要求追究责任。午后4时,被捕师生保释返校,师生惊喜万分。

周鲠生校长5月根据国民党政府教育部的训令,决定改革科研体制,将原有的4部、11所改为8所,即:中国文学研究所、历史研究所、政治研究所、经济研究所、物理研究所、化学研究所、土木工程研究所、电机工程研究所。其中力量较强、指导研究生较多的是经济、中文和历史三个研究所。此外,学校还有植物病理学等9个研究室,生理化学等18个实验室(工学院因材料轶失未统计在内)。当时各院因设备、经费等方面的限制开展科研活动不多,主要有物理系的天空电离层的观测和研究,医学院的华中区域流行病症及寄生虫问题的研究,农学院粟米遗传性的研究和水稻优良品种的选育。此外,农学院还参加了徐家棚棉业改良场的建设,还与湖北省行署农垦处复耕队签定合同,由学校划出磨山校产若干亩,共同建设磨山合作农场。鉴于乐山后期一些刊物被迫停刊,至11月以后,武大的《文哲季刊》《社会科学季刊》《理科季刊》《工科年刊》(后改为工科丛刊)、《武汉大学丛书》陆续复刊,并成立以教授为主体的各刊物委员会。11月7日,武大第450次校务会议决定,组织学术文化讲演委员会,推举曹诚克、周金黄、吴于廑、张培刚、高尚荫、陈华癸、黄培云等7人为委员,曹诚克为主任委员。这个委员会的主要任务是:"推广学术文化服务,使武汉形成学术文化研究中心。"委员会定于每周六下午3时到5时在武昌东厂口武大附属医院礼堂举行学术文化公开演讲。讲题包括社会、自然、应用科学、文艺、哲史及时事问题。讲演人主要是武大各院系的教授,听众主要是武汉市各单位、团体的代表。12月6日,学术文化公开讲演首次举行,由校长周鲠生作题为《国际问题——集体安全》的报告。以后几次的讲题和主讲人分别是《原子能》由邬保良主讲;《石头记评论》由吴宓主讲;《性病问题》由白施恩主讲;《法律乎具文乎》由燕树棠主讲;《雷达》由许宗岳主讲;《通货膨胀问题》由杨书家主讲;《小盆景(小型植物)》由焦启源主讲。(参见吴骁谷主编《武汉大学校史(1893—1993)》,武汉大学出版社1993年版)

吴宓继续任武汉大学外文系主任,并主编《武汉日报·文学副刊》。1月6日,吴宓主编《武汉日报·文学副刊》第5期出版发行,刊有吴宓《〈红楼梦〉之人物典型》、徐嘉瑞《金元戏曲方言考·导论》等文。13日,《武汉日报·文学副刊》第6期出版发行,刊有张白珩述《尊闻录(马一浮先生讲学笔记)》等。20日,《武汉日报·文学副刊》第7期出版发行,刊有沈祖棻《白石词暗香疏影说》、戴镏龄《略谈西洋信牍文学》、君超《双燕楼词话》。2月3日,《武汉日报·文学副刊》第8期出版发行,刊有"宗旨与稿约"、程会昌《再论大学中国文学系科目——与朱自清教授书》、陈志宪《周礼十三律考异》、潘重规《凯风诗义今解》、君超《双燕楼词话》、覃孝方《旧诗新话》。本期刊名下面有说明文字"宗旨与稿约",重申刊物的立场,并告知收稿人通讯方式:"本刊态度完全公开。内容范围甚广,考证、创作、批评、研究悉皆收纳。又不立宗派,不持主义。文体形式亦不拘一格。但每类之稿,务取精上。极欢迎远近各地人士投稿,稿费每千字暂定国币六千圆至八千圆。登出后,由武汉日报社尽速致送。稿件请寄交'武昌国立武汉大学吴宓教授或程会昌教授收'为便。不登之稿须退还者,请投稿人预付邮资足用。"10日,《武汉日报·文学副刊》第9期出版发行。17日,《武汉日报·文学副刊》第10期出版发行,刊有杜仲陵《八代文论叙指》、吴宓《欧美大学之起原及大学教育之本旨》、林之棠《〈词讲〉自序》。24日,《武汉日报·文学副刊》第11期出版发行,刊有杜仲陵《八代文论叙指》(续第10期)。

吴宓主编《武汉日报·文学副刊》第12期3月3日出版发行,刊有何君超《关于吴梦窗〈莺啼序〉》、赵世忠《音韵答问》、顾学颉《读谢康乐诗》。10日,《武汉日报·文学副刊》第13期出版发行,刊有孙望《〈山海经〉篇目考》、赵世忠《音韵答问》、徐仁甫《〈礼运〉大同脱简证》、何君超《双燕楼词话》(续第8期)、苏雪林《张自忠将军殉国三周年纪念》。17日,《武汉日报·文学副刊》第14期出版发行,刊有叶瑛《戴南山临刑脱走之传说》、孙以翱《〈红楼梦〉人物评论:柳湘莲与尤三姐》、何君超《双燕楼词话》(续第9期)。24日,《武汉日报·文学副刊》第15期出版发行,刊有唐长孺《敦煌所出郡姓残页题记》、何君超《双燕楼词话》。31日,《武汉日报·文学副刊》第16期出版发行,刊有吴宓《一多总表》、何君超《双燕楼词话》。4月7日,《武汉日报·文学副刊》第17期出版发行。14日,《武汉日报·文学副刊》第18期出版发行。21日,《武汉日报·文学副刊》第19期出版发行。28日,《武汉日报·文学副刊》第20期出版发行,刊有李源澄《儒道两家之音乐理论》等。5月5日,《武汉日报·文学副刊》第21期出版发行,刊有陈志宪《唯情剧曲家汤临川》等。12日,《武汉日报·文学副刊》第22期出版发行,刊有周光午《我所知之王国维先生——敬答郭沫若先生》等。19日,

《武汉日报·文学副刊》第23期出版发行,刊有孙望《读王度〈古镜记〉》、赵景深《〈金元戏曲方言考〉序》。26日,《武汉日报·文学副刊》第24期出版发行,刊有王恩洋《人生之向上与升华——论爱与仁之别》等。

吴宓主编《武汉日报·文学副刊》第25期6月2日出版发行,刊有苏雪林、李思纯简介与顾学颉《王渔洋对于诗之主张》。11日,《武汉日报·文学副刊》第26期出版发行,刊有杨降祥《国故考证拾遗》、钱基博《〈关友声词集〉序》。23日,《武汉日报·文学副刊》第27期出版发行,刊有唐长孺《论金代契丹文字之废兴及政治上之影响》、李国平《〈屈赋诗译〉序》。30日,《武汉日报·文学副刊》第28期出版发行。7月7日,《武汉日报·文学副刊》第29期出版发行。14日,《武汉日报·文学副刊》第30期出版发行,刊有曾一《章太炎先生论文辑》。21日,《武汉日报·文学副刊》第31期出版发行。28日,《武汉日报·文学副刊》第32期出版发行。8月4日,《武汉日报·文学副刊》第33期出版发行。11日,《武汉日报·文学副刊》第34期出版发行。18日,《武汉日报·文学副刊》第35期出版发行。25日,《武汉日报·文学副刊》第36期出版发行。9月8日,《武汉日报·文学副刊》第37期出版发行。15日,《武汉日报·文学副刊》第38期出版发行。22日,《武汉日报·文学副刊》第39期出版发行,刊有张绍渠《〈新校切韵指掌图〉叙》、陈大慧《〈新校韵镜〉叙》。29日,《武汉日报·文学副刊》第40期出版发行。10月27日,《武汉日报·文学副刊》第41期出版发行。11月3日,《武汉日报·文学副刊》第42期出版发行。10日,《武汉日报·文学副刊》第43期出版发行,刊有黄贤俊《杨守斋事迹考略》。17日,《武汉日报·文学副刊》第44期出版发行。24日,《武汉日报·文学副刊》第45期出版发行。12月1日,《武汉日报·文学副刊》第46期出版发行,刊有徐嘉瑞《陶潜的故乡》。8日,《武汉日报·文学副刊》第47期出版发行,刊有唐长孺《论五朝素族之解释》。15日,《武汉日报·文学副刊》第48期出版发行,刊有钱基博简介与钱基博《〈欧洲兵学演变史论〉序》。29日,吴宓主编《武汉日报·文学副刊》第50期出版发行。(参见沈卫威《学衡派编年文事》,南京大学出版社2015年版)

李剑农由湖南蓝田国立师范学院借聘于湖南大学结束,重返武汉大学执教。8月,李剑农《中国近百年政治史》由商务印书馆出版。此书是作者在成名作《最近三十年中国政治史》基础上增写而成,起于鸦片战争,止于北伐战争。李剑农在此书中将这百年中国史分为三个阶段:从鸦片战争到甲午战争是列强入侵、新思想酝酿的时代;从戊戌变法到辛亥革命是革命势力不断发展、满清王朝最终覆灭的时代;从民国成立到北伐战争是革命势力与清残余的军阀势力斗争的时代。由于资料翔实、叙事生动和分析深刻,该书出版后不仅轰动一时,而且长期受到海内外学术界的重视。费正清认为此书是"中国近代政治史的最清晰的唯一全面的评述",西方的研究学者可将其"作为一种可靠的纪事史和重要资料的简编"。

按:此书1942年由湖南蓝田国立师范学院史地学会印行,1946年蓝田启明书局又印行线装版,经商务印书馆1947年出版发行后始大面积传播。由于该书的广大影响,海内外有多种版本,仅2000年以后,中国内地就有复旦大学出版社、武汉大学出版社、湖南教育出版社等版本。1956年斯坦福大学出版社出版该书的英译本,1964年该书又出版新德里版。(参见王学典《20世纪史学编年(1900—1949)》,商务印书馆2014年版)

苏雪林2月因注疏屈原《九歌》,撰《国殇乃无头战神考》。论文近3万言,条分缕析,先从"殇"字释义,进而言明"国殇应当仍编于《九歌》之内,国殇歌主,也仍然是一位神",即为"无头战神"。后又提供大量图片及文字资料来谈何谓印度方面的无头神,何谓希腊方面的无头神,何谓中国方面的无头神。反对楚辞旧注释"殇"指为国战死者,而主张"殇"是特别的字,乃战神公名,在中国典籍里,"殇"字是指身首异葬的战神——"九黎之君,号曰蚩尤"。11月,赵家璧在上海创办晨光出版公司,发行由女作家赵清阁主编的《现代中国女作家小说专集——无题集》,收录现代著名女作家作品,计有冰心《无题》、袁昌英《牛》、冯沅君《倒下了这个巨人》、苏雪林《黄石斋在金陵狱》、陆小曼《皇家饭店》、陆晶清《河边公寓》、王莹《别后》、沉樱《洋娃娃》、谢冰莹《离婚》、凤子《画像》、罗洪《刽子手》、赵清阁《落叶无限愁》。(参见沈晖编著《苏雪林年谱长编》安徽文艺出版社2017年版)

金克木继续任武汉大学哲学系教授。11月15日,金克木在《观察》第3卷第12期上发表《留学问题·第一流大学问题》,主张"要学术独立于国际间,先得学术界能独立于国内,若学术界的人与事仍受外界的压抑与控制,衣食不周,动辄得咎,即全国遍设研究所与大学,外国教授与本国博士多于过江之鲫,也未必真能学术独立"。

李达1月在《读书与生活》第1卷第3期发表《一年来的美国对华政策》。2月,受聘担任湖南大学法律系教授。6月,在《陕政》第8卷第9—10合期发表《推行二五减租》。暑假,完成《法理学大纲》的写作,由湖南大学作为教材分上下两册刊印,现仅存上册,后由法律出版社于1983年11月正式出版。在这部著作中,李达强调科学的世界观是建立科学的法理学的基础,阐明了法理学的对象、任务及其研究方法,论述了法律与国家的关系、法律的本质与现象、内容与形式诸问题,还对西方从古希腊到近代各个法学流派作了深刻批判。这是我国第一部运用马克思主义观点系统地阐述法学理论的专著。是年,在《现代妇女》第8卷第6期发表《三个职业妇女的叙诉》。(参见倪墨炎、陈九英编《许寿裳文集》下及附录二《许寿裳先生年谱》,百花出版社2003年版)

黎锦熙任北平师范学院国文系主任兼教授。又借聘为湖南大学文学院院长兼教授,讲授新目录学课,出版《新目录学论丛》,发表《说文音母并部首通检小引》《中小学国文国语诵读之重要》等论文。2月18日,黎锦熙致信胡适,感谢对所办国语小报所提改进意见,表示"一定照着办"。寄上第1号,仍望对发刊词的主张有所批评。8月25日,国民政府教育部聘请黎锦熙教授等26人为部聘教授,任期5年。是年,兼湖南省文献委员会委员,编修湖南省志,主方言志;被选为联合国教育科学文化组织中国委员第一届委员;与中共军调部徐冰(邢西萍)同志秘密联系。(参见黎泽渝《黎锦熙先生年谱》,《汉字文化》1995年第2期;中央教育科学研究所编《中国现代教育大事记1919—1949》,教育科学出版社1988年版;耿云志编《胡适年谱》,福建教育出版社2012年版)

马宗霍被湖南大学聘为中国文学系教授,讲授先秦文学。

胡代光毕业于中央大学研究院,获经济学硕士学位。任湖南大学经济系讲师。

汪德耀继续任厦门大学校长。1月7日,为抗议驻华美军暴行,全体学生罢课并举行示威游行。5月,新建的工学馆落成;历史学系成立历史研究室,同时从事历史文物的发掘探讨与现代史料之汇集研究。文物发掘方面,经林惠祥教授、庄为玑讲师及青年教师、学生的共同努力,先后在武平及南安两县,发现新石器时代的石锛、石斧、石箭镞、石饰物近百件及陶片千余片,证实了福建在三、四千年以前就有人类居住。同月17日至19日,为反饥饿、反内战,全体学生罢课3天。29日,全体学生大会议决再次罢课4天,抗议国民党政府迫害京、沪、平、津等地进步学生。6月1日凌晨,厦门市国民党当局出动大批军警包围厦大,向汪德耀校长提出要逮捕13名"鼓动风潮嫌犯",经汪校长解释、担保,最后以传讯名义拘捕3人。全校师生闻讯后群情愤激,推举教授代表9人、学生代表6人,前往市政府交涉,经多方努力,被捕3同学于深夜获准保释。同月,举行第廿二届毕业典礼,各系毕业生共201

人。8月，增设国际贸易学系。10月20日，全校同学首次以直接民主选举的方式，选出学生自治会理事会。11月13—15日，全体学生罢课3天，抗议国民党政府杀害浙江大学学生会主席于子三，并举行于子三追悼会。（参见洪永宏编著《厦门大学校史》第一卷，厦门大学出版社1990年版）

　　林庚年初继续任教厦门大学。5月，林庚《中国文学史》由厦门大学初版，朱自清作序。此书原为林庚在厦门大学授课的教材，也是林庚一生最重要的论著。作者在"自序"中称，早在12年前已有编一部中国文学史的计划，其动机，除了为了满足授课需要，还有两点：一是当时大学的课程是旧的，为了沟通新旧文学的愿望而写；二是作者感到文坛上纠纷很多，就是因为没有一个文学的主潮，为了探寻这个文学的主潮，要回过头去看历史，参照过去文学主潮的消长兴亡来寻找今后的主潮。作者在书中特别强调"少年精神"这个概念，并以之贯穿全书的写作。出版后在学术界产生重要影响。夏，林庚辞去厦门大学教职，回到阔别10年的北平，就任燕京大学中文系教授。

　　按：此书先于1941年由厦大出版组以油印本装订成书，但油印本只有《启蒙时代》《黄金时代》《白银时代》前三编。1946年，厦大出版委员会决定出版"厦门大学丛书"，将林庚先生的《中国文学史》列为丛书的第一种，并于1946年冬交厦门市大道印务公司承印出版，但因纸价不断飞涨，几经停滞，直至是年5月才印成。作者在书中特别提炼出"少年精神"这个概念。后来作者回忆说：我在研究建安时代的文学时，感到建安时代对诗歌来说，是一个文艺复兴时代。代表人物曹子建是富于少年精神的，他的人物性格，他写的诗，比如《野田黄雀行》，他的方方面面，都是带着一种少年精神的。我讲少年精神，最初就是从建安时代讲起，到了唐朝就更充分地发挥了。少年精神的内涵，就是有朝气有创造性的、蓬勃向上的，即使是忧伤痛苦，也是少年的忧伤痛苦。朱自清在为本书作的"序"中说："著者用诗人的锐眼看中国文学史，在许多节目上也有了新的发现，独到之见不少。这点点滴滴大足以启发研究文学史的人们，他们从这里出发也许可以解答些老问题，找到些新事实，找到些失掉的链环。著者更用诗人的笔写他的书，虽然也叙述史实，可是发挥的地方更多；他给每章一个新颖的题目，暗示问题的核心所在，要使每章同时是一篇独立的论文，并且要引人入胜。他写的是史，同时要是文学；要是著作也是创作。这在一般读者就也津津有味，不至于觉得干燥，琐碎，不能终篇了。这在普及中国文学史上是会见出功效来的，我相信。"因为重视"少年精神"，作者在材料选取和对作家作品的评价方面，跟其他文学史著作者有很大的不同。最显著的不同，即是朱自清所总结的林庚用诗人的锐眼写作中国文学史。（参见付祥喜《20世纪前期中国文学史写作编年研究》，北京师范大学出版社2013年版）

　　林惠祥是年夏携带自己收藏的全部文物、图书回国，担任厦门大学历史系教授，随后将自己数十年收集的几千件珍贵人类学文物和图书，全部捐献出来，以此为基础，创办厦门大学人类博物馆。

　　林砺儒到厦门大学任教授，教"西洋教育史""国民教育"等课，同时积极参加罢教、罢课、罢工斗争，支持学生运动。

　　傅衣凌6月在《福建省研究院研究汇报》第2期发表《明代徽商考》。文中对明代徽商发生的地理背景、经营领域、活动地点、资本出路、徽商在商业史上的地位及其所代表的商业资本的类型等问题进行了系统深入的梳理。该文被认为是徽商研究的开山之作。此文下标"中国商业资本集团史初稿之一"，傅衣凌同一系列的论文还有：《明代江苏洞庭商人考》刊于《社会科学》第4卷第2期；《清代前期东南洋铜商考》刊于《社会科学》第4卷第3期；《明代陕西商人考略》刊于《社会科学》第4卷第4期。12月，福建研究院社会科学研究所《社会科学》出版"福建问题专号"。该专号刊载了傅衣凌《明末清初闽赣毗邻地区的社区经济与佃农风潮》、郑书祥《明清时代的福建农民运动》、胡寄馨《清代台湾稻米之生产机器输入内地》、萨士武《清代以来本省文献整理述评》等文。(参见王学典《20 世纪史学编年(1900—1949)》,商务印书馆 2014 年版)

董家遵 6 月在福建研究院社会科学研究所《社会科学》杂志第 3 卷第 1—2 期合刊发表《古姓与生肖同为图腾考》。文中认为,"我国主要的古姓,就是十二个图腾兽的别称""先秦的古姓,实是图腾的蜕变,现今的生肖也是图腾的遗迹"。同期还刊载了傅衣凌《伴当小考》、胡寄馨《明代的矿贼和盐盗》等文。(参见王学典《20 世纪史学编年(1900—1949)》,商务印书馆 2014 年版)

魏建功仍在台湾。年初,胡适委托杨振声来谈回北大问题,拟委为训导长,魏坚辞,但同意在台推行国语工作安排妥当后,回北大任教。3 月 2 日,支持新文字运动的中国语言学会在上海成立,与叶圣陶、陈望道、章锡琛、郭绍虞、周予同、方光焘共 7 人为理事。4 月,回到台北,"国语会"改组。何容任主任委员,洪炎秋任副主任委员。另设"教育部国语推行委员会闽台区办事处",由魏以常委身份主持工作。同时,受台大聘任特约教授。在中文系创办"国语专修科",教员由国语会工作人员担任。并着手在台筹办《国语日报》。夏,赴南京出席"联合国太平洋远东教育会议国内预备会议"。(参见曹达《魏建功年谱》,《文教资料》1996 年第 5 期)

许寿裳继续主持台湾编译馆。1 月 2 日,作《教授国文应注意的几件事》。9 日上午主持编译馆召开之省市中小学校长会议,商编辑教科书事。11 日上午,至编译馆主持教科书编辑委员会,决定约请馆内外学者,负责编辑各种教科书。又出席学校教材组组务会议,许寿裳即席宣布编辑教科书,应注意下列三大要点:(一)要进化的,(二)要有互助精神的,(三)要为大众的。20 日下午,至师范学院,以编译馆假师院会议室,召开中学适用的教科书编辑委员会,前往出席致辞。2 月 5 日上午,至台北县政府,应陆桂祥县长之邀宴,商修台北县志事。13 日,作《摹拟与创作》。18 日,至省训团讲演,题为《教授国文应注意的几件事》,因受寒,当场呕吐,犹力疾讲毕。19 日,作《第二诞生期和第三诞生期——告台湾省青年》。28 日下午,赴馆,途中闻枪声甚多,至馆见馆门已闭,对面之永安堂,间壁之中和公司均被毁,馆中同仁皆困守一夜不敢出。3 月 12 日,以局势平复,许寿裳照常到馆办公。22 日,以台湾同胞受日人统治 51 年,对于祖国文化,认识不深,尤以国语国文,隔阂更大,为便彼等学习,特于公余,撰成一小书《怎样学习国语和国文》,列为编译馆社会读物组所编著《光复文库》第一种。26 日,为台静农先生所藏《鲁迅讲演稿手迹——娜拉走后怎样》题跋。4 月 1 日,作《光复文库编印的旨趣》。又为编译馆台湾研究组行将出版之《台湾学报》作《发刊词》。30 日,作《台湾需要一个新"五四"运动》。文中呼吁:"我们台湾也需要有一个新的五四运动,把以往所受的日本毒素全部肃清,同时提倡民主,发扬科学,于五四时代的运动目标以外,还要提倡实践道德,发扬民族主义。"许寿裳是意图通过鲁迅传播,将鲁迅思想作为触媒,使得过去鲁迅曾经扮演过重要角色的五四新文化运动能够再度在台湾掀起,以达成战后台湾的文化重建目的。5 月 4 日,台湾文化协进会汇集许寿裳所撰关于鲁迅之文章,共 10 篇,拟出一专集,名曰《鲁迅的思想与生活》,许寿裳特为写序。17 日,许寿裳日记云:"新生报及省政府公报载,编译馆经昨日第一次政务会议议决撤销,事前毫无闻知,可怪。在我个人从此得卸仔肩,是可感谢的,在全馆是一个文化事业机关,骤然撤废,于台湾文化不能不说是损失。"24 日,许寿裳日记云:"本馆全体同仁,约下午照相,晚在新中华设宴,并以大银杯、纪念手册见赠。"26 日,《亡友鲁迅印象记》全部写竟,共 25 章。

　　许寿裳 6 月 3 日为台湾大学编集《敦煌秘籍留真新编》,作序文两篇,其中一篇系代陆筱海(志鸿)校长作。4 日,应台大陆校长之聘,任文学院中国文学系教授兼主任。5 日,作《俞曲园先生的思想》;又应省立成功中学何敬烨校长之请,为《重刻台湾杂咏》写序。19 日,《鲁迅的思想与生活》出版。25 日,许寿裳日记云:"来台整整一年矣,筹备馆事,初以房屋狭窄,内地交通阻滞,邀者迟迟始到,工作难以展开。迨今年一月始得各项开始,而即有'二·二八'之事,停顿一月,而五月十六日即受省务会议议决裁撤,如此匆遽,莫解其由,使我表见未遑,曷胜悲愤! 馆中工作专案移交者近三十件,现款专案移交者百五十余万。知我罪我,一切听之!"7 月 28 日,作《鲁迅的避难生活》。8 月 1 日,作《中国民族精神的中心》。同月,作《读了〈敦煌秘籍留真新篇〉之后》。10 月 1 日,作《鲁迅的游戏文章》。6 日,台湾大学开学,许寿裳为中国文学系二年级学生讲授"文字学",课余即编著《文字学概要》讲稿。19 日,《亡友鲁迅印象记》由峨嵋出版社承印出版。31 日,应魏建功之请,为其所藏《大父慰农先生家书卷子》题诗一首。19 日,应屠康侯之请,为其所藏《张苍水遗像》题诗二首。24 日,应于景让之请,为其所藏《微三绘渔父像》题诗一首;又为其所藏《微三绘屈原像》题词。12 月 5 日晚 7 时,至励志社,出席外勤记者进修会讲演。6 日,出席中华学艺社年会,宣读论文,题为《敦煌秘籍留真新编研究——尚书盘庚微子二篇》。12 日上午,至台湾大学出席校务行政会议,以台大对各院系研究设备费之分配稍欠公平,力争中国文学系之研究设备费。13 日,作《王通和韩愈》。21 日,作文稿三篇:(一)新年展望和台湾大学校歌歌词;(二)三百年前台湾破荒的伟人沈光文;(三)对于台湾省语文教育的一点意见。(参见倪墨炎、陈九英编《许寿裳文集》下及附录二《许寿裳先生年谱》,百花出版社 2003 年版;陈漱渝、黄英哲《重新认识许寿裳》,《群言》2010 年第 8 期)

　　覃子豪去台湾,曾主编《自立晚报》的《新诗周刊》。

　　竺可桢 5 月 30 日离旧金山乘轮返国。6 月 13 日,由中国科学社第 25 次年会筹备委员会筹备组会议推为讲演委员会委员,并作为气象学会代表参加会议主席团。16 日中午,抵沪,浙大校友、中研院代表及亲友,持旗欢迎,旗子上面写着"欢迎竺校长自欧美返国"。一上岸即被同学们包围,有女生献花,气氛异常热烈。翌日由沪返杭,晚抵校。18 日晨,接见浙大学生代表,对学生罢课之动机殊表同情,惟以罢课为手段则颇不以为然。劝慰同学目光远大,先求安定,然后逐步向理想之境迈进。同日,出席浙大学生欢迎晚会。述赴法、瑞、英、美、日等国之经历与感受,并述浙大之所以能被人称道,不是一个人,一时间之力量,而是积数十年,无数人之心血而成。倡导民主作风,提倡教授治校,是浙大一贯作风。27 日,出席浙大毕业同学会欢迎其海外归来暨本届毕业同学入会典礼。报告浙大同学在英美之情形,叮嘱毕业同学多多注重英文,则一切功课均能应付自如。谆谆忠告应以学业为重,虽在社会上工作,亦应勿忘学习。7 月 2 日,由中国气象学会理事会推为兼理事长。3 日,在南京出席科学工作者协会理事会,又被推为理事长,坚辞不就。5 日,在上海,朱家骅坚邀任中大校长,未允。14 日,要求浙大生活部负责人沈文信抓好消防组织工作,因浙大房屋密集,且多旧式木房,随时可付一炬。17 日,被推为浙大研究设计委员会主席。28 日,邀美国麻省理工大学正教授钱学森来浙大作学术讲演,题目为《工程与工程科学》。31 日,赴莫干山浙大基督教团契夏令营,演讲《基督为时代的明灯》。述第一、二两次世界大战与人们的教训,认为目前之互不信任为世界祸乱之源,中国人之不信任已成习惯。引《新约》"信的人有永生,我就是生命之粮",《旧约》"惧畏上帝,即是知识之开端",与孔子"君子有三畏:畏天命、畏大人、畏圣人"之言为率。同月,被列入国民党和三青团合并后的国民党中央执行委员。但从未交过党费,未出席过党员会议或中央委员会会议。

竺可桢8月6日主持浙大行政会议。通过对本校服务年久有特贡献者身故后得在图书馆悬挂遗像案,决议悬挂梅光迪、黄翼、张绍忠、朱叔麟遗像以资纪念,并在凤凰山物色公墓。15日,晤浙江省长沈鸿烈。沈鸿烈对于浙大甚为不满,认为浙大已成为共产党大本营。竺可桢对沈鸿烈表示,始终认为大部分学生系优良子弟,学校处置学潮只能以德服人,不能以武镇压。28—29日,在南京被推为联合国科学教育文化组织中国委员会第一届委员,出席该委员会成立大会。与萨本栋、李书华同为科学组召集人。在会上当选为联教组织中国委员会执行委员。8月30日至9月1日,在上海出席七科学团体联合年会,任主席团成员、讲演委员会委员。在大会演讲《科学与世界和平》。当选为中国科学社理事;当选为中国天文学会理事;当选为中国地理学会监事。31日上午,主持天文、气象组宣读论文。中午,在商务、中华、正中三大公司邀宴上致谢词,介绍国外藏书之丰富,呼吁国内各大学藏书亟应增加。下午,出席中华自然科学社20周年纪念会,代表中央研究院致词。9月1日上午,主持地理组会宣读论文。下午,出席七科学团体联合事务会议,提出提案:"美国科学会来函鼓励我国大学办理类似组织案"。12日,被推为1947年度高等考试典试委员会主任。15日,在联合国教科文组织中国委员会首次执行委员会议上,当选为自然科学专门委员会委员。17日,出席浙江省会文教界为联合国教科文组织之基本教育代表举行的欢迎会,任主席致欢迎词,谓杭州人是最崇拜哲学家、诗人和文学家的,西湖丛林,佛教鼎盛,为崇拜哲学家之象征。苏白堤为两大诗人所兴建,孤山梅树,为逸士林和靖所植栽,岳飞虽武将,然作诗有奇气,故同受后人崇拜。

竺可桢10月5日接国际科联理事会所属科学与社会关系委员会秘书J. M. Burgers来函,告之竺可桢与翁文灏二人被举为科学与社会关系委员会之委员。26日,浙大农学院学生于子三、郦伯瑾及农经毕业生陈建新、黄世民于晨在大同旅馆被捕。竺可桢至竺明涛司令处询,并请其转告警局,4人如有重大嫌疑则送法院,如无愿保释。同日,出席张绍忠追悼会,献挽联,担任主祭。29日,主持浙大行政会议,讨论营救于子三等4人事。同日晚,往见省府主席沈鸿烈,始知于子三死于保安司令部,不禁愕然。乃偕校医李天助及学生代表亲往保安司令部验视于生尸体。立视不久觉体力不支,几晕倒。首席检察官要其签字证明于子三是以玻璃自杀,断然拒绝。30日,主持浙大校务会议。议定发表于子三被捕经过消息,电报教育部。同日,浙大校长办公室对外发表声明,详细介绍于子三被害、竺可桢校长巡视经过。同日,数千浙大学生罢课请愿,各生身佩白纸条,张贴标语,沿途散发传单,秩序良好。学生代表赴地方法院慰问被押3学生及赴保安司令部探视于子三尸体。31日,浙大教授会发表宣言:(一)主张公道及人权保障;(二)呈请处分主办拘捕于子三等违法不送法院及使于子三自戕者以应得之罪;(三)成立于子三善后委员会;(四)下星期一罢教1天,表示对于子三事处理不当之抗议。11月1日,至高等法院第一监狱晤狱长孙诗圃,与谈于子三惨死及要求探视被禁3学生。又借蔡邦华等晤省府沈鸿烈等。其后在京、杭两地多次会晤有关当局负责人教育部长朱家骅、司法行政部部长谢冠生、行政院副院长王云五、国民党中央党部青年部长陈雪屏、国民党中央政治委员会秘书长陈布雷、浙江省高等法院首席检察官王秉彝等,述及于之惨死及郦等被捕事情形,申明立场,积极营救,要求于案之昭雪及郦等之保释或早日开审。同日,主持浙大医院开幕典礼。邀请王季午任院长,附属医院拥有

250 张病床,设备极为完美。3 日晚,借顾谷宜训导长列席浙大学生自治会代表大会。对营救在押于法院 3 同学问题指示二点:(一)上课不妨碍营救,营救不妨碍上课;(二)上课能获得教授同情,且便于向当局交涉。翌日晋京向部辞职。

竺可桢 11 月 5 日在南京晤朱家骅,告以于子三事件经过及提出辞职。同日,接见《申报》《大公报》《中央日报》记者,揭露于子三事件真相,对所谓"自杀"提出疑问。指出逮捕学生没有通过学校,逮捕后学校曾数次请求在 24 小时内移送法院,但都没有结果:验尸时也并没有通知学校。并谓于子三是一个好学生,此事件是"千古奇冤"。后来蒋介石通过朱家骅要竺可桢在报端更正,竺可桢说报载是事实,无法更正。7 日,返抵杭州。8 日,到杭州第一监狱探视郦伯瑾等 3 人。16 日,出席于子三追悼会。17 日,浙江省高级法院开庭审理郦等 3 人,偕浙大教授苏步青、谈家桢、蔡邦华、李浩培及学生代表参加听审。20 日,浙江省高级法院宣判陈建新、黄世民、郦伯瑾 3 人,以内乱罪名监禁 7 年。竺可桢认为判决过重,但校中只能以法律解决,向高等法院上诉。21 日,偕顾谷宜及蒋世澂、谷超豪二代表赴第一监狱,探视郦等 3 人,彼等决定上诉。同日,由于陈建新等案判决不公,浙大学生决定即日起罢课 3 天。22 日,得朱家骅密电,令解散学生自治会。次日,召开浙大行政会议决定劝学生复课,不提解散自治会事。23 日,偕上海同学会代表陈悟皆、吴沈钇及王国松赴第一监狱探视陈建新等。28 日,偕浙大总务处事务组主任陆子桐赴凤凰山敷文书院旧址,为于子三觅墓地。29 日,得悉在贵州湄潭养病之生物系助教施教耐及技术员陈柏林二人于湄潭被捕,即致电湄潭县长查询,同时进行营救。12 月 7 日,随同李四光率领浙大史地系三、四年级地组学生 40 余人,至杭州近郊考察冰川地形。15 日,李四光送来三块冰川擦痕标本。翌日回访,感谢对浙大的赠送。21 日,出席杭州复旦同学会举行的复旦大学老校长李登辉追悼会,担任主祭。27 日,致函胡适,请为梅光迪撰文,以资纪念。28 日,赴浙江省教育会演讲"阳历与阴历",讲词登《科学画报》。29 日,至杭州青年高级中学演讲,述青年学生应以立志为第一要义,要有伟大之怀抱、清高之怀抱。是年 *The International Who's Who*(《国际名人录》)一书收有竺可桢小传。(参见李玉海编《竺可桢年谱简编》,气象出版社 2010 年版)

张其昀继续任浙江大学史地学系主任。1 月 1 日,主编《思想与时代》复刊,编为第 41 期。卷首为张其昀于上年 12 月 1 日在杭州所撰《复刊辞》曰:"就过去几年的工作看来,本刊显然悬有一个目标,简言之,就是'科学时代的人文主义'。科学人文化是现代教育的重要问题,也是本刊努力的方向。具体的说,就是融贯新旧,沟通文质,为通才教育作先路之导,为现代民治厚植其基础。英国《自然》周刊(*Nature*),是一个有计划的论述现代自然科学人文科学和哲学教育的良好园地,本刊对于《自然》周刊的宗旨实深具同感。"所谓"科学时代的人文主义"只是一个简单的说辞,实际上,《思想与时代》杂志由"梅光迪、张荫麟、钱穆诸教授倡导人文主义,一以发扬传统文化之精神,一以吸收西方科技之新知,欲上承南高、东大诸教授创办《学衡》杂志之宗旨,以救世而济民"。也就是张其昀所说的,《思想与时代》是"以沟通中西文化为职志,与二十年前的《学衡》杂志宗旨相同"。复刊号载有:张其昀《世界的新希望》,谢幼伟《论政治与道德》,贺麟《王安石的心学》,朱光潜《克罗齐与新唯心主义——新唯心主义的渊源》(上),陈立《科学之社会背景》,周一良《新发现十二世纪初亚拉伯人关于中国之记载》,钱穆《读康南海〈欧洲十一国游记〉》。2 月 1 日,《思想与时代》第 42 期出版,载有:谢幼伟《论自由与道德》,钱穆《灵魂与心》,朱光潜《克罗齐与新唯心主义》(下),张其昀《再论建都,贺昌群再论历代建都与外患及国防之关系》,王念祖《数理经济浅说》,严仁赓书评《彭雨新著〈县地方财政〉》。3月1日,《思想与时代》第43期出版发行,载有:贺麟《王安石的性论》,钱穆《略论王学流变》,钱宝琮《论二十八宿之来历》,张其昀《战后国际关系之新思潮》,陈立《赫胥黎论文教与科学》,谢幼伟《论人类与文化》,杨联陞书评《全汉昇〈唐宋帝国与运河〉》。4月1日,《思想与时代》第44期出版,载有:张其昀《罗素论西方文化》(上),严仁赓《区域开发与区域计划》,李春芬《区域设计与 T. V. A》,李浩培《卡度佐的判决过程论》,陈乐素《古代日本及其新文化》,谢幼伟《社会学与知识论》,陈立书评《林克著〈皈依宗教〉》。5月1日,《思想与时代》第45期出版,载有:钱宝琮《科学史与新人文主义》,吴定良《人类学之意义与范围》,钱穆《二程学术述评》,谢幼伟《实用论述评》,张其昀《罗素论西方文化》(下),黎子耀《论汉代封建制度》,余坤珊书评《约翰孙新传》。

张其昀主编《思想与时代》第46期(梅迪生先生纪念专号)6月1日出版发行,载有:梅光迪遗著《卡莱尔与中国》,吴宓《一多总表》,楼光来《悼梅迪生先生》,郭斌龢《梅迪生先生传略》,斯泰加《梅迪生先生颂》,顾立雅《梅迪生——君子儒》,王焕镳《〈梅迪生先生文录〉序》,贺昌群《哭梅迪生先生》,梅李今英《哭迪生》,范存忠《琼斯爵士与中国》,张其昀《白璧德——当代一人师》。附录《梅迪生先生在国民参政会二提案》。9月20日,《思想与时代》第47期出版,载有:张其昀《忧患里的中国——中国科学社年会公开学术演讲之一》,朱庭祐《论台湾事件》,杨耀德《应用科学在学术上的地位》,韩德培《凯尔生与纯粹法学》,钱穆《朱子学术述评》,谢幼伟《罗素评马克斯》,陈乐素《南宋定都临安的原因》,黄炳坤书评《新极权论》。10月,《思想与时代》第48期出版,载有:谢幼伟《东西文化之综合》,钱穆《正蒙大义发微》,贺麟《对黑格尔哲学系统的看法》,吴尚时遗著《南岭何在》,孙恒《凯恩斯论所得储蓄与投资》,张其昀《美国之报业》,李祁书评《欧文的世界》。11月24日,《思想与时代》第49期出版,载有:周鲠生《国际政治与原子能》,张其昀《省区评议》,严群《希腊皮萨哥拉士派的宗教哲学》,景昌极《正名示范》,任铭善《幽诗徵历》,丁啸《中国地形型式概述》,黄汲清《民国纪元以前外国地质学者在中国之工作》,任美锷书评《魏给石与白纳德著〈季风亚洲之稻米经济〉评述》。12月29日,《思想与时代》第50期出版,载有:李旭旦《今日世界之二强》,张其昀《史汀生论美苏关系》,劳干《略论南京市区的发展》,李春芬《工业区位述要》,严群《希腊海拉克类托士唯动主义的宇宙人生过程论》,梁嘉彬《古琉球确即瀛洲考释——中国琉球关系研究之一》,朱杰勤书评《评朱伯康著〈中国经济史纲〉》。(参见沈卫威《学衡派编年文事》,南京大学出版社2015年版)

马一浮继续居于杭州。3月,撰《会稽马氏皋亭山先茔记》以刻于先茔碑。6月,致黄文叔,托其将所书籀书古德语楹联一幅及临《信心铭》一册致送海镫法师。7月,应王邈达之请,为其所著《王氏地理书》作序。同月30日《申报》载《杭州逭暑》一文所述,灵隐寺发起讲经法会,开讲日马一浮前去听讲《仁王护国般若波罗蜜多经》。夏,张立民辑《濠上杂著》初集木刻出版。另有答王白尹论学书,讲《乐记》"音之所由生,其本在人心之感于物""民有血气心知之性,而无哀乐喜怒之常"等节。9月1日,作《蠲戏斋鬻字后启》,鬻字为先茔树碑。申明不题上款,不为书画名迹、碑帖拓本题跋,指定自作仅限于诗。12月28日,致书屈文六、陈蔼士、周钟岳、沈敬仲,请辞主讲、总纂名义。31日,作《废置复性书院议》,文中云:"然以言讲习,则斋舍不具,资粮不充,既无以容接学人,亦不能延致讲友,即欲稍蓄故书,藉抄底本,亦苦徵求无力,缮写无人。"讲习与刻书皆成空言,遂请辞而去,此后书院如何处置当由董事会诸人决定。应许叔娱之请,为其父许静山节录《〈高子遗书〉节抄》撰跋。为友人陈乐书所著《成心论》作序。

> 按：陈乐书1933年（癸酉）去世，其次子1934年（甲戌）携其遗稿请马一浮阅定，并遵其遗言请马一浮作序。1937年（丁丑）马一浮避寇时将其手稿随身携带，未曾丧失。回杭后遇陈乐书长子，将其遗稿还之。（参见马一浮著、吴光主编《马一浮全集》附录丁敬涵编著《马一浮先生年谱简编》，浙江古籍出版社2012年版；张雨晴《马一浮学术年谱整理（1911—1949）及其儒学践履活动研究》，贵州大学硕士学位论文，2019年）

巨赞继续任浙江省佛教会及杭州市佛教会秘书长，居灵隐寺。主编《华藏世界》。应《佛教文摘》之请写《不立文字》《了生死》两篇短文。于《觉有情》发表《成都徐季广居士传》，于《海潮音》发表《论目前文化之趋势》。（参见黄夏年编《中国近代思想家文库·巨赞卷》及附录《巨赞年谱简编》，中国人民大学出版社2015年版）

陈撄宁仍居杭州佑圣观。3月1日，在佛教《觉有情半月刊》（以下简称《觉有情》）发表《与本刊编者书》，阐发关于《胜经》等佛经的见解。15日，上海市道教会正式成立，邀请陈撄宁对《复兴道教计划书》进行修订。4月1日，在《觉有情》发表《灵魂有无之推测》，认为"活人是决定有灵魂的"。5日，完成对《复兴道教计划书》的修订，并由上海市道教会出版发行5000册。修订后的《复兴道教计划书》，内容较1942年的初稿丰富、具体。5月1日，在《觉有情》发表《由仙学而佛学——答某居士问》，声称"近来常与人讲出世之佛法，而不讲住世之仙学"。6月19日，在《觉有情》发表《慨慕人生佛教之导师并答客问》，追忆以往与佛教徒的论争曰："不才当日为仙学奋斗，本拟用全副精神，牺牲十载光阴，指摘佛教《大藏经》中所有一切矛盾及疵累。因感于太虚大师洪度雅量，无形中被其软化，乃将已成之稿焚毁，未成各篇亦弃而不作，仅发表《辩〈楞严经〉十种仙》一篇，遂从此停止笔战。"10月1日，在《觉有情》发表《覆某先生书》，以为"庄子可比祖师禅，老子可比如来禅，孔子则似净土宗也"。30日，于杭州银洞桥29号慈海医室校订《仙学必成》，增补数条内容，并记："尚有最宝贵的经验数十条，未能一一笔录，俟有机会，再谋补充。"（参见郭武编《中国近代思想家文库·陈撄宁卷》及附录《陈撄宁年谱简编》，中国人民大学出版社2014年版）

顾颉刚是春继续任教于苏州社会教育学院，授"民众读物""考古学"课。1月，辞复旦大学职。同月，顾颉刚《当代中国史学》作为"当代中国学术丛书"之一由南京胜利出版公司出版。此书由方诗铭、童书业分别起草，顾颉刚总改定。包括近百年中国史学的前期、新史料的发现和研究、近百年中国史学的后期三编。作者认为，前期史学的发展，自鸦片战争以迄民国成立，一方面仍沿循乾嘉以来的治学路数，注重历代正史的考证、续补或改作，同时也萌生了三种新趋势，即金石学的考索、元史和西北边疆史地的研究，以及经今文学的复兴。后期自民国迄于抗战胜利，除继承前期成绩外，又拓展出考古学和史前史、中外交通史和蒙古史、敦煌学、小说戏曲俗文学和社会史等6个新方向。后期史学取得显著进步的原因在于：一、输入了西洋近代的科学治史方法；二、输入了西洋新史观如进化论和唯物史观等；三、新史料的大量发现；四、受欧美日本汉学研究进步的促动；五、新文化运动兴起的影响。并指出："中国史学进步最迅速的时期，是五四运动以后到抗战以前的二十年中。这短短的一个时期，使中国的史学，由破坏的进步进展到建设的进步；由笼统的研究进展到分门的精密的研究；新面目层出不穷，或由专门而发展到通俗，或由普通而发展到专门；其门类之多，人材之众，都超出于其他各种学术之上。"作为第一部系统论述1845年以来百年中国史学的专著，该书视野宽广，举证丰富，既突出主流，又包容各派，广义历史学的各个方面尽收眼底，描绘了中国史学由旧转新的历程。如顾颉刚自己所言"对于百年中最有成绩的学术——史学来作一个总结算",对当代史学各重要分支学科的成就及著作分门别类的介绍和评论,有着重要的学术史参考意义。但该书讨论的重心仍在文献史料学方面。

　　按:"当代中国学术丛书"由潘公展、叶溯中主编,除此书外还收录贺麟《当代中国哲学》(1945年11月)、杨幼炯《当代中国政治学》(1947年1月)、孙本文《当代中国社会学》(1948年5月)等书。

　　顾颉刚3月9日应邀出席郑振铎家宴,郑振铎敦请同仁支持出版《中国历史参考图谱》,共有12位史学家题词,高度赞扬郑振铎这一意义巨大的工程。顾颉刚的题词是:"这二三十年来,常常看到日本人印的古物、古迹、书画等图册,如《支那佛教史迹》等,一来就是厚厚的几十册,真佩服他们搜罗材料的本领如此的广博而有恒。惭愧我们不能自己收拾,累得他们费劲。拿这方面中日两国的工作来对照,总觉得中国人太懒而日本人太勤,岂不是我们的憾事。这回郑振铎先生发起编辑《中国历史图谱》,分代分辑为之,要在一年之内编印出四十八辑,可说是中国学术界中稀有的事。从此以后,先民遗迹便若网在纲,有条不紊,各各得着它应占的地位。可是遗迹是搜罗不完的,我希望郑先生编成这四十八辑之后,再来收集材料,将来二编、三编……编下去,做出超越日本人的成绩,为我中国人吐一口气。"6月,民众读物社成立,任理事长。与丁君匋主编"中国历史故事小丛书",修改丛书多册并作序,由大中国图书局印行;此事历数年。《文史杂志》改由文通书局出版,作《复刊词》。记笔记《逍遥堂摭录》,至后年毕。9月23日,顾颉刚致信白寿彝谈编辑中国通史及"古籍汇刊"事。信中谈到,"范文澜、翦伯赞们编的书各处畅销,为什么我们不能与之争锋呢?"他想以文史杂志社的名义发起编辑"中国通史":"集合各方面有专长而又能合作的人,那些是作哲学理论的,那些是作材料的搜集的,那些是能作问题的考订的,那些是能作叙述的文辞的,各各予以适当的安置。"顾颉刚又想为文通书局编辑"古籍汇刊",信中说:"这是我卅年前就立下的志愿,在柏溪时已做了不少,只要有人帮我,一年中可出几十种。商务出《四部丛刊》,只介绍了古本,中华出《四部备要》,只介绍了聚珍版,王云五编的《丛书集成》,点句大错,闹了极多的笑话,这整理古书的事本不是上海商人所能做的。我们在古书里钻了多少年,有资格做了,只要文通有力量出,这一炮一定放得响。"除此之外,他还想在15年内编辑《古史辨》若干,并自编文集及写自传。

　　顾颉刚、丁君匋主编"中国历史故事小丛书"9月由上海大中国图书局出版。该丛书收录了纪庸编辑的《商鞅变法》《诸葛亮六出祁山》《吴起和孙膑》,顾德辉编辑的《赵武灵王胡服骑射》《蔺相如完璧归赵》等书。同月,《文化先锋》第6卷第16期刊载蒋星煜对顾颉刚的采访《顾颉刚论现代中国史学与史学家》。顾颉刚在回答"现代中国史学家是不是有明显的流派存在"时指出:"严格地说,明显的流派是不存在的,以前有人勉强分出疑古派释古派等等,其实疑古是手段释古是目的,这种方法很不合理。又如陶希圣、郭沫若、翦伯赞同是以唯物史观来理解中国历史的,但各人所得的结论距离很远,未便归纳在一个流派里面。我有一个深刻的印象:就是以北平为中心的史学家,重实际而注意细节,往往失之琐碎,只见树木不见森林;以上海为中心的史学家,重概括而追求完整,往往失之空洞,只见森林而不见树木,最好是能有梁任公那样集大成的史学家出现,可以综合各方面的研究心得,再予以系统的整理,则中国史学当有辉煌的发展。"秋,在苏州社会教育学院授"中国社会史"课。创办《民众周刊》。11月27日,顾颉刚致信胡适,因闻胡有意将《胡适文存》三集转交商务出版,亚东图书馆的汪孟邹先生心有不忍,"拟以'亚东出版,大中国发行'名义,由大中国投资再版"。请予考虑。如答应,两个月内必可出版。另又表示,希望胡将近10余年来的文字整理编辑出版《文存》四集、五集。次日，汪孟邹致信亦谈由亚东馆同大中国联合再版《文存》的事。（参见顾潮编著《顾颉刚年谱》，中国社会科学出版社1993年版；顾潮编《中国近代思想家文库·顾颉刚卷》及附录《顾颉刚年谱简编》，中国人民大学出版社2015年版；王学典《20世纪史学编年（1900—1949）》，商务印书馆2014年版；陈福康《郑振铎年谱》，三晋出版社2008年版；耿云志编《胡适年谱》，福建教育出版社2012年版）

余颂华继续任国立社会教育学院新闻系主任。6月20日，在《人物杂志》沪版第2年第6期发表4月24日所作《论张东荪》，对张东荪的政治活动及学术情况进行评述。他评论张东荪当时的言行说："他的特点贡献：我对于这位老友有一个发现，发现他最大的特点是在'特立独行'。他无论思想上、行动上、政治上或学问的研究工作上，总是独立不羁，有点与众不同。就政治方面来说，他自辛亥革命以来，虽曾参加过实际政治，做过不少政论，但他在政治上的行动与言论上，总是很理智的，从来不屑为某党某派作宣传。他有骨气，有正义感，这就是他对于政治上的一种贡献。就党的方面来说，他的脱离民社党，完全是行其心之所安，并非立异以鸣高。在明眼人看来，他这一举动，表示该党有人才、有人气，对于党毋宁是一种光荣。现在该党还要提出名单参加政府，他发表其质询张君劢与胡海门的信，问他们参加了政府，当时促成国内和平与保障人权能否有所贡献？这一质询，我认为亦有两大贡献：（一）提醒其老友，不要忘记了政治活动的原来的目的与理想，把以往的努力全功尽弃；（二）将人民的愿望间接告诉新政府人员，使他们有所警觉，而向好的方面前进。华莱士赴英讲演之后，英国都伯林爱尔兰时报称颂他为'忠实而善意之人'。我觉得张东荪亦当得起这一称颂。"作者不无惋惜地说："他虽是很理智的，可是感情丰富，且又敏感，目击胜利以后的种种经过，实在伤心惨目，那得不感觉到甚深的苦闷！在他今年1月间由沪返京之时，他还想等待时机一到，就再来从事和平工作。他虽有此准备，但他所期待的时机，究竟何时到来，却难想像！虽然如此，可是最近政府改组，他还函询其老友张君劢等民社党之参加政府究竟能否促进和平，足见他对于和平，还是念念不忘的。他在学问上做的一切研究工作，原想能大有裨于促社会国家进步。然而假使战事不停，一切的一切日趋倒退，试问他所做的研究工作有何意义！所以他目前所处的环境虽优越，而内心的苦闷却较常人更深。"10月11日，病逝于苏州。（参见左玉河编《张东荪年谱》，群言出版社2014年版）

曹聚仁《中国抗战画史》5月由上海《联合画报》社出版，曹聚仁文、舒宗侨图片。编辑《现代名家书信》由上海群众图书公司出版。8月，兼法学院教职。秋，又去苏州国立社教学院兼职，接替俞颂华先生遗留的教务。每周去苏州教课一天。曹聚仁去之前，许杰和盛叙功也在那里教书。曹聚仁去后，不知何故，他们就不教了，许、盛二位私以为曹排挤了他们，心存芥蒂。（参见曹雷编订《曹聚仁年谱》，《曹聚仁先生纪念集》，2000年）

唐文治继续任无锡国专校长。1月，国专沪校毕业民国三十五年度第一学期学生汤志钧、陈祥耀等7人，其中三年制国学科4人，五年制国学科3人。同月2日，无锡国专本部与省立教育学院等校学生上街示威游行，强烈抗议美军在北平强奸女大学生沈崇。15日，交通大学新文治堂举行奠基礼。同日，交通大学校长吴保丰以及裘维裕专程驱车拜望唐文治，行学生礼。2月18日，唐文治致函教育部，根据教育部要求，呈报无锡国专的英译名为"The College of Chinese Culture"。同月，重修东林书院开工，计修门造、会客室、丽泽堂、碑亭、晚翠山房、依庸堂、丽泽堂，再得草庐、陶斋、时雨斋、南国杏坛、三公祠、道南祠等。翌年建成，花费2500余万元。唐文治作《重修东林书院碑记》略述书院建置始末，"惟愿我乡邦人士,景仰前徽,保气节于将坠"。国专沪校开课,沪校五年制学生合并到无锡,二、三年制学生仍留上海。唐文治讲授"读文法"。

唐文治3月1日致函教育部长朱家骅,呈报"本年寒假已将五年制学生悉数迁回无锡。至三年制学生,亦继续在积极准备中,俟暑假告一段落,即可一并迁回"。同时鉴于"上海为人文荟萃之区,文书科师资在沪选聘实为便利",请求"将本校二年制文书科借地上海"。16日,唐文治又以无锡国学专修学校的名义向教育部发函,函中内容几乎与写给朱家骅的个人信件相同,呼吁教育部能够让文书专修科保留在沪。18日,教育部回复:"惟二年制文书科借地上海办理一节,以限于规定,且恐他校援例,歉难遵办。"24日,教育部致电无锡国专,增发文书专修班卅五年度补助费360万元。同月,教育部指令国专沪校:"据报该校现在上海开课等情。查该校前呈员生已到无锡,业经令准备查在案。何以仍在上海上课?仰迅申复即迁无锡具报为要。"春,无锡国专校友会在无锡举行大会,唐文治未出席,撰《无锡国专校友会春季大会训辞》,文中强调"自古圣贤所以承继而不绝者,惟在精神而已"。"强者,精神之所贯注也。若吾一身一心,精神不能振作,一家一国,精神亦不能振作,或用之匪正,立见危亡矣。"4月1日,教育部再次致电无锡国专,称"所请文书科借地上海办理一节,事关通案,未便照准"。8日,交通大学举行51周年校庆大会。唐文治为校庆发表"训辞",勉励学生做人在"立心""立身""立家""立国","惟有立气节而后可以擎天柱地,作中流砥柱,挽既倒之狂澜"。同日,中国电机工程师学会、交通大学学生分会编印的综合性刊物《交大电机》创刊号正式出版,内有李熙谋《唐校长蔚芝与电气工程系》,记叙唐文治与电气工程系的历史渊源。

唐文治与张元济、陈叔通、叶景葵、陈汉第、李拔可、张国淦、胡藻青、钱崇威、项藻馨等10人6月3日联名致函上海市长吴国桢和淞沪警备司令宣铁吾,呼吁先速行释放被捕的交通大学学生,"由学校自行开导"。夏,无锡"复苏社"推华晋吉为总干事,重新厘定全体监理事职责,开展活动。社址设在城中前西溪17号唐文治宅内。7月,国专沪校毕业民国三十五年度第二学期学生3人,其中三年制国学科2人,五年制国学科1人。8月22日,上海市参议会议长潘公展应邀赴美大使馆,与大使司徒雷登谈话,并向来华调查的魏德迈转交《备忘录》。唐文治在《备忘录》上署名。秋,国专沪校开学。11月9日,应南洋大学同学会之约,前往作演讲。重点讲述"气节"和"正人心""救民命"的要旨,强调廉洁,反对趋利为立身之本,曰:"要知经典所载,不外兴养、兴教两大端。兴养者何? 救民命是也。兴教者何? 正人心是也。鄙人常兢兢以此六字为教育宗旨。"12月29日,因教育部一直指令要求国专沪校尽快复员回锡,唐文治向教育部回电,称在沪学生"寒假后迁锡"。是年,陆勤之等集资重修隆福寺,唐文治为之作《重修太仓隆福寺碑亭记》。又作《重修太仓周烈女凤姑碑亭记》;作《政治道德论》,曰:"或问政治与道德宜分乎? 宜合乎? 曰合则治分则乱,治则盛乱则衰,治则存乱则亡。"又作《周易积善学》《孟子救世编》成,后书由孙煜峰、缪振董集资印行。另有王蘧常撰《记唐蔚芝先生》刊于《雄风》本年1—5期。分"家世""渊源""志学""从政""兴学""道德""功业""文章"等篇章,共约四五万字。约是年,唐文治《茹经堂新著》《茹经堂五训》《劝善编》印行。《茹经堂五训》分"孝友训""为善训""清廉训""斥利训""戒求训";《茹经堂新著》收入"周易九卦大义""礼记曲礼篇大义""礼记内则篇大义""礼记祭义篇大义""礼记儒行篇大义""礼记冠义篇大义"。(参见陆阳《唐文治年谱》,上海三联书店2013年版)

章渊若任私立江南大学校长。该校董事会由吴稚晖、戴季陶、荣德生、薛明剑、荣鸿元、荣鸿三、李国伟、乐幻智、章渊若、荣尔仁、荣一心等组成,吴稚晖任董事长,戴季陶、荣德生为副董事长。韩雁门为江南大学教授兼农学院院长。唐君毅为江南大学教授兼教务长。朱东润至无锡国学专科任教,后又任江南大学教授。

王庸受聘任无锡江南大学教授,并在无锡国学专修学校兼课。3月9日,应邀赴郑振铎家宴,与史学界朋友高度赞扬郑振铎《中国历史参考图谱》这一意义巨大的工程,共有12位史学家题词,王庸题词是:"《中国历史参考图谱》,以征信的实物图像,活龙活现地表现中国人民史,实为我国学术界空前巨构。这样伟大结实的书,也非要精深宏博的学者兼藏书家,如郑先生来编不可。这是研究中国历史者最需要的书,也是学校和图书馆必备的书;而一般读者对着这部大书,像对着大海,可以看见历史壮阔的波澜,听到历史的潮音。"6月,所著《中国地理图籍丛考》由商务印书馆出版。此书分甲乙编,甲编收录《明代总舆图绘考》《明代北方边防图籍录》《明代海防图籍录》3篇论文,乙编收录《〈中国地理学史〉订补》《中国历史上地图与军政之关系》《中国历史上之土地疆域图》等5篇文章,甲乙编外有一附录《明代倭寇史籍志目》。书中所收文字,皆在此前发表过,但作者在结集出版时又多有校订增改。

按:1956年商务印书馆又出版修订版。(参见陈福康《郑振铎年谱》,三晋出版社2008年版;王学典《20世纪史学编年(1900—1949)》,商务印书馆2014年版)

白薇11月9日在苏州写长信致"郑振铎、张西曼、洪深、郭沫若、茅盾、田汉、陈子展、曹靖华、楚国南、适夷、阳翰笙、于伶、穆木天、任钧、臧克家、安娥、赵清阁、彭慧、刘海尼、赵景深、葛一虹、魏猛克、柳亚子诸先生",谈自己的生活与思想。后该信以《想·焦·狂》为题,由任钧加了题记,分八次发表于1948年2月9—22日《新民晚报·夜光杯》上。(参见陈福康《郑振铎年谱》,三晋出版社2008年版)

陈国符7月游茅山,画制茅山九霄万福宫略图,记述茅山明本《道藏》在太平天国时被毁佚亡、道院在抗日战争期间被毁的情况,还请道士抄录茅山做法事的曲谱1册。同年在苏州穹隆山时,在上真观曾购得《钧天乐谱》1册。

赵太侔仍任山东大学校长,继续致力于学校复员后的各项建设。其中复校以来先后任教于中国文学系的知名教授有陆侃如、冯沅君、赵纪彬、丁山、杨向奎、萧涤非、黄孝纾、李笠、叶瑛、严效复、孟云桥等。1月4日,山大学生以"沈崇事件"召开"抗议美军暴行大会",进步同学争先恐后地上台发言,纷纷揭发驻青美军的种种暴行及强占山大校舍的罪行。大会通过了罢课游行示威的决议,并发表了《告全市同胞书》和《告全国同胞书》,声援北平同学的正义斗争。这是山大复校后的第一次反美怒潮。3月30日晚,青岛市发生人力车夫苏明诚因索车资被美国水兵刺死的惨案,激起了全市人民的愤怒。学生自治会根据地下党的指示,一面派代表对苏明诚家属进行慰问,一面召集学生集会,通电全国各大学要求声援,并通电南京蒋介石政府和美国大使馆,严正地提出美军撤出中国领土、严惩凶手、抚恤死者家属和赔偿受害者一切损失等要求。很快,学校"民主墙"上贴满了洋溢着正义感的大字报,爱国呼声此伏彼起。正值此时,山大训导长刘次箫邀请美国驻华大使司徒雷登来校灌输亲美教育。中共地下党获悉这一消息,立即通过学生自治会布置准备了《致大使书》。司徒雷登来校后,本以为通过自己的讲演能够平息中国学生日益炽烈的反美怒潮,不料话音刚落,学生自治会理事长已登上讲台,向全体同学宣读了经地下党周密思考、事先拟好的《致大使书》。《致大使书》婉转陈词,向司徒雷登提出了归还校舍及从速严惩杀人凶手、抚恤死者家属、赔偿一切损失的要求,最后还带有讽刺意味地向司徒雷登提出:对此等问题谅不致漠视无睹,坐令我国人民遗憾在心,实非友邦之所宜也。面对义正辞严的《致大使书》,司徒雷登目瞪口呆,无言以对,于是乘兴而来,怏怏而去。这是山大进步同学复校后掀起的第二次反美高潮。(参见山东大学校史编写组《山东大学校史》山东大学出版社1986年版)

陆侃如暑假接受山东大学校长赵太侔的邀请,和冯沅君一起来到青岛,他们同在国立山东大学任教,由此开始了11年的岛城耕耘岁月。7月7日,陆侃如以1937年至1947年十年时间完成《中古文学系年》初稿。此书上自公元前53年扬雄生,下迄公元340年卢谌死。以年为纲,以人为目,考证了这400年内152位文学家的生平事迹、著作篇目及著作年代,辑录了大量的资料,考证精细,征引丰富。从这部著作中,可以看出陆侃如朴学方面的功力,也可略见陆侃如的治学方法。这一段的作家,大多传记简略或无传记,考论鲜据,不少问题难以搞清。陆侃如对历史上遗留下来的疑难问题,做了大量的考评工作,不少地方突破了旧说。他在资料上钩沉辑佚,补充了史书的失载,也订正了史书上的误记,同时也订正了严可均《全汉文》《全三国文》《全晋文》和丁福保《全汉诗》《全三国诗》《全晋诗》的误收和失采。可以说是中古近400年的文学年鉴,如把一个个作家的有关条目合起来,则是一个个作家的简单年谱和作品系年考。作者在最后的《索引》部分,做了这方面的梳理工作,前有详目,后有索引,正文部分是系年考证,很便于读者翻阅,可以作为一部工具书使用。书中辑录了不少作家的生活史料、佚闻轶事,对文学史的研究、作家作品的研究,对年谱和作家评传的撰写,均有较高的参考价值。是年,冯沅君所著《古剧说汇》由商务印书馆初版。

按:据陆侃如在该书"序例"中自述,他认为文学史的工作要分三个步骤:一是朴学的工作(对于作者的生平,作品年月的考订,字句的校勘训诂等。这是初步的准备);一是史学的工作(对于作者的环境,作品的背景,尤其是当时社会经济的情形,必须完全弄清楚。这是进一步的工作);还有一个是美学的工作(对于作品的内容和形式加以分析,并说明作者的写作技巧及其影响,这是最后一步。三者具备,方能写成一部完美的文学史)。据此,陆侃如制订了一套系统的中古文学研究计划,即写成三部书:第一是《中古文学系年》,对作者的生平、作品写作年的考订和对作品的校勘、训诂等,按照年份考订排列;第二是《中古文学论丛》,就当时文学的社会经济背景方面加以探讨,分若干专题写成论文;第三是《中古文学史》,即在以上研究的基础上,编写断代文学史。遗憾的是,他的一整套计划仅着手开始了《中古文学系年》,而且只写到西晋就搁笔。1949年以后,陆侃如对初稿不断进行修改、补充,直到1978年12月1日逝世为止。1985年6月,陆侃如《中古文学系年》由人民文学出版社出版,分上下两册,32开精装本,约82万字。因而本书可以说是他一生的心血。(参见付祥喜《20世纪前期中国文学史写作编年研究》,北京师范大学出版社2013年版)

丁山继续任教于山东大学。3月9日,郑振铎在家宴请史学界朋友,请他们支持出版《中国历史参考图谱》,共有12位史学家题词,高度赞扬郑振铎这一意义巨大的工程,丁山的题词是:"当此毫无学问兴趣的人,垄断文化事业;具有学术欲望的人,绝无购书能力的漆黑一团学术气氛中,郑振铎先生编著这部《中国历史参考图谱》,其勇往的精神,值得我们书生辈崇高的钦佩!此书取材之宏,撷选之严,说明之允,印刷之精,当然可推为抗战胜利以来第一部史学巨著!也可赞之为国史学界的新曙光!这里虽只为国史作了片面的写真,确可考见国家文化史活的全面。手此一编,读史者对于文字记载不会再有模糊影想之叹了!艰巨的工程,伟大的贡献,将来国史学要有猛晋,总不能离开这座坚贞的基石。"(参见陈福康《郑振铎年谱》,三晋出版社2008年版)

王献唐仍任山东省立图书馆馆长。1—6月,在南京治病,续撰《国史金石志稿》。1月10日,续记《平乐印庐日记》。11日,中央博物院约看毛公鼎、矢令尊。13日,编《国史金石志稿》，就张伯英《千唐至斋墓志拓本》择要编录。25 日，《由毛公鼎说到张宗昌韩复榘》撰毕。

　　按：《由毛公鼎说到张宗昌韩复榘》曰："前天中央博物院约我去看毛公鼎和矢令尊。这是中国两件最珍贵的古铜器，毛公鼎时代约在西周后期，铭文比任何古铜器多；矢令彝和尊，则在西周早期，铭文较短。若论内容，毛公鼎可说是一篇真《古文尚书》，矢令尊则等于一篇《周官》。毛公鼎虽在陕西出土，但是归于山东潍县的陈簠斋，它在近百年来是山东惟一的古物，也是山东惟一的文献。所谓文献，文是文字，指历史文化，由文字记录下来的；献是人，指历史文化由人传述下来的。现在《文献旬刊》主编人约我写文章，我似乎对于毛公鼎颇有献的资格，要谈一谈它的来历。在清代道光间毛公鼎出土后，便被人卖到西安一个铜匠家中。铜匠放在屋里方桌底下，这时有个回教人做古董买卖的，常到他家，看到此鼎，偷偷底伸手向鼎里一摸，试着有字，便问铜匠你卖不卖？铜匠说不卖，要化铜使用。古董商说，我以加倍的铜价，买他何如？铜匠答应，便称了分量，付价辇载而去。古董商赶急把鼎运到北平龙福寺街一个古玩铺去，那时陈簠斋正在北平大买古物，听见消息，便跑了去，一看大惊，认为自宋以来惟一无二的周器，他的字太多了，那时是讲究铜器上有铭文的。即便议价购得，迅速的运回京寓。他老太爷陈官俊一看也大惊，当晚派车请他亲家吴式芬（海丰人，著有《捃古录》诸书）到寓，便把大门关了，二门闭了，他亲家俩和陈簠斋在后堂密室中，观摩了半夜，又拓了几份墨本。那时拓的是条子式，不是后来的全幅靴形式，拓过便把他深深的埋在地里。龙福寺街古玩商传出消息，一般有古董迷的达官，如潘伯寅等，都纷纷去看，他硬说没有。后来他老太爷死了，便辞官回家，鼎也运到潍县，包藏在卧室中一个柜中。又过若干时，取出拓了多份，便是后来的全幅靴形式。我看见原器，觉知这靴形便是鼎内铭文的原形。不过当时有人和他要拓本，他一概否认，甚至契好如吴大澂等，也都不给。现在他们往来的信札影印出来了，可以看出他那吝啬的情形。吝啬么？不是。有人说他怕传出来，被满清皇帝要去。这种第一等的宝物，那是似乎应进献于天家的。在这样秘密保藏之下，仍有少数拓本传出，后来他亲家的《捃古录》也著录了，考证的也多了。第一个对陈簠斋开玩笑的是张之洞，他硬说毛公鼎是假的，奚落了一顿。不过张之洞做官是能手，对于金石，却是门外汉，尽管他在《攀古楼彝器款式》中，大谈其金文。自这一炮放过之后，考证的愈来愈多，都承认他是真器。只有近来人称考古家而自号'大法师'的卫聚贤，又说鼎是假的。我看法师的鉴别力近年大有进步，如果他能见到原器，一定要闭口结舌，而不再放肆。至于原器，当时潍县除了陈家的亲子侄和售拓的人，大约都未见过。后来陈簠斋死了，出殡时，曾把此鼎和十钟——早归日本——作了抬供，游行街市，大家得瞻仰一次。又后端方作两江总督，便派两个差官到潍县，连软带硬的要买，结果以银万两买去。在出卖以前，陈家便拓了三天三夜，现在流行的墨本，多半是这时所拓。抗战前每份要卖一百元至百五十元，等于现在的一百万至百五十万。端方在辛亥年被革命军杀了，后来此鼎由其家属抵押于天津俄国道胜银行。张宗昌督鲁时，山东图书馆长丁绂辰想作'还乡'运动，便和省长林宪祖商议，设法把此鼎赎回，那时连本带利不过四万银元。最后决定的是张宗昌，那位不懂文献的武夫，并不把他放在眼里，终于功亏一篑。过后张弧等数人，合股由天津四行取钱，赎回此鼎，又购买海源阁善本书——今归国立北平图书馆——想卖给张学良。'九一八'事变，张学良不要了，银行利息日加，他们有点发慌。在陈调元主鲁时，我任山东省立图书馆长，那时盐商欠官款三十六万元，经省府议决，归图书馆购置图书文物。陈去，而韩复榘来，我仍任馆长，想以此款再做'还乡'运动。运动的计划，一是购回此鼎，一是收买海源阁善本书，一是购回陈簠斋万印楼的七千多古印。合算起来，不但款项有余，还可以建筑一座保藏的房屋。那时鼎价不过七八万元，我为此事和叶誉虎接洽过，又到天津接洽海源阁书，后派人到北平接洽万印，只要款到手，一切都无问题。谁知这位'青天'的主席韩复榘和张宗昌一样，仍是一位不懂文献的武夫，始终不肯拨款。拖了多年，应（硬）把他瓜分了，以最大的数目，用作特别费，只赏了省立图书馆五万元。这一来，我的计划完全失败，不但毛公鼎不能买，万印和海源书籍也化归泡影。只好拿这点钱建筑了一座藏书楼，便是现在峙立于山东省立图书馆的奎虚书藏。抗战后，我在四川，听说此鼎由叶誉虎运到上海，想运后方，被敌人扣住。胜利后，又听说此鼎展（辗）转被人取得，慨然捐归中央博物院。追后接到博物院的信，果然证实了。去年冬间，教育部和中央研究院，在首都办了一个文物展览会，曾把此鼎公开展览，他闭幕的那天，便是我到南京的那天。我虽未赶上在展览会看鼎,终于在博物院详细的观摩数小时。又看一个九龙玉杯,也是有人捐归该院。后有安阳出土的一个绝大商鼎,仍以同样的手续归该院。这类的事情颇多,在欧美诸国,虽不稀奇,而在我们中国,却正行着张宗昌、韩复榘辈一类相反的作风。张宗昌是被人枪毙了,韩复榘也早正法了。他们在山东所得的钱,如果用于公共事业,而不过分自私,最低限度,山东人看见他建立的事业,能永远的怀念他,感激他。可怜到他死的那天,试问有一个钱带到土里去?人生是永远矛盾的! 明明知道这个必然的结果,有些人却尽量的化公为私,死死的把住,不肯撒手。到了撒手的时候,又悔之无及。毛公鼎仅是一个例证,类于此的,尚有千千万万。我是一个掌管图书文物的,但就这方面说,我希望一般当局们,要大公无私,似乎不要再蹈张宗昌、韩复榘的覆辙。"(路方红整理)

　　王献唐1月任新设国史馆纂修。同月,撰《毛公鼎之各种拓片》,述潍县陈氏传拓毛公鼎与其出土后流传传拓经过,鉴定中央博物院展览毛公鼎二拓片的传拓时间,旧者为陈介祺之木版拓,新者则为陈咏仁所拓。中央博物馆展览时,用为展览说明。4月6日,王献唐为寄存曲阜奉祀官府图书金石文物运出事,致函山东省政府教育厅:"本馆所存曲阜奉祀官府之图书字画古物,于国军收复曲阜后,该府即派员来京,谓所存各件,完全无恙。惟有请示者二事:(一)曲阜尚未完全脱离战区状态,欲求安全,是否暂将该项物品运京保存? (二)四川乐山所存物品,现以上游水浅,不能通轮,五六月间可通,是否届时亦运存南京? 恳先谕知,以便计划进行,至为公便! 谨上山东省教育厅。山东省立图书馆馆长王献唐,三十六年四月六日。"25日上午10时半,至南京中央饭店孔雀厅,出席国史馆纂修人员第一次会议,讨论国史体例问题。5月2日,山东省政府教育厅厅长李泰华同意王献唐请示搬运存曲阜、乐山两处文物案,并呈报王耀武。22日,致曲阜县政府函,告知教育厅电令,十年前存放奉祀官府的26箱图书文物,将提取运往南京保存。同日,致大成至圣先师奉祀官府函,告知教育厅电令,十年前存放奉祀官府的26箱图书文物,将提取运往南京保存。6月6日,寄存曲阜奉祀官府的图书文物运抵南京,寄存国立中央博物院。10日,致山东省教育厅函,报告寄存曲阜图书文物已运至南京保存。11日,王献唐将孙集霄《由南京赴曲阜搬运山东省立图书馆书籍文物等件运费及宿膳费交付清单》自南京寄至济南呈李泰华厅长。中旬,安置本馆书籍文物完毕,因脑疾重,即飞北平,入中和医院治疗。同月,故宫南迁文物悉数东归南京。7—8月,在中和医院进行开颅手术。8月30日,自中和医院出院。9月4日上午9时,国史馆开表传组纂修会议第五次会,王献唐未与会。会议决议外地工作人员的工作安排:"王献唐在鲁,编拟民国山东人物表,并就已有材料先作拟传,对于有关循吏卓行事迹,无须注意、徵访。"21日,做开颅手术后第一次出门,至琉璃厂购书并作跋一则。22日,李泰华厅长呈王耀武主席请示函,拟按《公务员因公伤病核给医药费办法》并援尹校长莘农前例,补助王献唐医药费500万元。

　　王献唐10月自北平警察医院调养一个多月后,由北平返回离别十年的济南。山东省政府仍以山东省立图书馆馆长之职委之,因病魔缠身,多养病家中,罗象临任代馆长。12月18日,为战后没收敌伪图籍均应分别移交图书馆保存事,致教育厅函:"在济南与本省各处,所有日本书店及日本领事馆,并敌伪人员之图籍、档案、书画、金石,凡属于文献文物,经已接收,或应收没者,均应分别移交本馆保存。以本馆馆内,兼为前此之山东金石保存所及博物馆,乃本省惟一之公共保存机关。此项物品,又旧为本省敌伪所有,不能移归他处。征之中央图书馆、北平图书馆、浙江图书馆及中央博物院等,皆就地如此办理,本馆例难独外。理合呈请省政府,函知本省敌伪财产处理局,查照办理,以重公物,而明职责,实为至便! 谨呈山东省政府教育厅。山东省立图书馆馆长王献唐,三十六年十二月十八日。"同日，山东省教育厅职员张英德报告接受敌伪文献文物情况："王献唐主请本省所接收敌伪一切文献文物移交该馆保存等情。查关于本省所接敌伪文物，曾于本年春由日侨管理处移交本厅计中文图书二七九七册，西文图书二一三一册，日文图书八二六〇册，仪器三八二九件。又由本省文化协会服务社移交文物四八一一件，均已分发省立图书馆及各中学保管应用。其它各机关部队所接文物，以时过境迁，无法办理，拟将实际情形复该馆长知照，可否谨签，请厅长鉴核。职张英德，十二月廿八日。"30 日，山东教育厅就王献唐呈拟成立"山东省立图书馆评议会"及评议长、评议名单，报告省政府主席王耀武，请鉴核批准。附王献唐提议"山东省立图书馆评议会"评议长、评议名单。拟由中央党部执行委员丁惟汾任评议长，中央研究院历史语言研究所所长傅斯年、中央博物院院长李济、故宫博物院马衡、大成至圣先师奉祀官孔德成等 18 人任评议员。（参见张书学、李勇慧《王献唐年谱长编》，华东师范大学出版社 2017 年版）

罗象临仍任山东省立图书馆代馆长。11 月 1 日，罗象临统计抗战时期山东省立图书馆（山东金石保存所）损失惨状，计损失 25 万册（件），留济书籍仅存原馆藏量之 4%。"'七·七'事变后，日兵侵占济南，本馆遂惨遭焚劫。玉佩桥迤东之海岳楼、宏雅阁及馆长办公室等诸建筑，同付一炬。而书籍文物，除王馆长献唐带去一部在曲阜及四川之歌乐山保存外，其余则荡然无存。总计书籍损失二十三万二千余册，铜器损失大小三百二十余件，砖瓦损失一千二百余件，古陶器损失四百三十余件，有文字古陶片损失一万五千二百余片，字画损失七十余幅。其它如玉器、银器、石器等种种文物之损失不计焉。二十余年之收藏，忽然废于一旦，有不为之痛心疾首者欤?! 本馆与他省图书馆的不同之点，即为附设金石保存所，所存石刻约四十余种，计一百六十余石。汉石以永和封墓为最，为世墓志之最古者。魏石则推李壁墓志，石刻镌有罗正钧跋云：'宣统元年，津浦铁道修至德州北境，获此石，从土人以银币三百购置金石保存所。'近世河洛出土魏志最多，其能胜此盖寡也。及经事变，遗失颇多，若李壁墓志、汉食堂画像、石鼓文等，均一时杳若黄鹤。其余零星小石，更无从查究矣。"12 月 2 日，罗象临就拟聘丁春亭、李义贵为本馆干事，呈报厅长李泰华。（参见罗象临《山东图书馆的今昔》，载《民众教育》1947 年第 4 期；张书学、李勇慧《王献唐年谱长编》，华东师范大学出版社 2017 年版）

李泰华继续任山东省政府教育厅厅长。4 月 26 日，李泰华呈报山东省主席王耀武，就王献唐请示搬运存曲阜、乐山两处文物一案，提出不同意见，并提请主席核准："据省立图书馆馆长王献唐请示关于该馆战时存放曲阜奉祀官府及四川乐山两处字画、古物搬运问题一案，谨拟订办法如下：一、关于该馆长请求将存放曲阜文物先运南京保存一节，似不适宜，因先由曲阜运京，再由京运济，往返途中即不安全且所费不资，拟俟济兖公路通车，即将此项物品迳运来济，以省人力物力。二、存乐山文物，俟通轮后先行运京，继即转运来济。以上所拟是否有当，谨检附原呈签请签核示遵，谨呈主席王。附呈原呈乙件。教育厅长李泰华。"5 月 2 日，李泰华同意王献唐请示搬运存曲阜、乐山两处文物案，并呈报王耀武："据省立图书馆馆长王献唐呈称，'本馆所存曲阜奉祀官府之图书、字画、古物，于国军收复曲阜后，该府即派员来京，谓所存各件，完全无恙。惟有请示者二事：(一)曲阜尚未完全脱离战区状态，欲求安全，是否暂将该项物品运京保存?(二)四川乐山所存物品，现以上游水浅，不能通轮，五六月间可通，是否届时亦运存南京? 恩先谕知，以便计划进行'等情。据此，查曲阜、乐山所存书画、古物均系珍品，请示各节理合，据情签请鉴核示遵。谨呈主席王。教育厅厅长李泰华。"3日，李泰华致电王献唐，指示曲阜、乐山两处文物迁运办法："王馆长献唐：卅六年四月六日呈悉。经签奉主席谕'曲阜所存书画古物暂运徐州保管，乐山所存文物可运南京保管'等因，特请拟定搬运办法，电仰遵照办理具报。厅长李泰华（长江教三甲印）。附办法一份。迁运办法：一，存曲阜文献即时运至徐州，并与省府彭委员国栋（现驻临城）洽商赴徐，妥拟地址保存。二，存乐山文物俟通轮后，先行运京妥存。三，以上两项物品统俟徐州交通恢复，再行运济。四，所需搬运资，存曲阜者应先约估数目，速呈本厅垫发。存乐山者，俟通轮后再编预算呈核。"

李泰华12月30日就王献唐呈拟成立"山东省立图书馆评议会"及评议长、评议名单，报告省政府主席王耀武，请鉴核批准。"据山东省立图书馆馆长王献唐呈称'去年颁布之中华民国宪法，各省县市应保存文献、古物、图书、美术品，先后规定两条，词旨恳切，现正在推行宪法之际，本馆以四十年之历史，兼为山东金石保存所，及中央研究院与山东省政府合组之山东古迹研究会所在处所，不仅为社会教育机关，且为全省之学术文化机关，自当恪守宪法，黾勉保存，不敢稍息。惟以事大责重，深恐弗胜，拟仿照中央研究院办法，设立评议会，为最高设计改进机构。其评议长、评议现经拟具名单，敬恳钧座提省府会议，请以主席名义敦聘，藉利馆务。至会中规章，俟通过后，当再拟呈核定。事关行宪，不胜迫切待命之至！'等情，并附拟聘名单一份，据此。查此事攸关行宪，似应准予照办。除饬其先将评议规章呈核外，理合照抄名单，签请鉴核示遵！谨呈主席王。附名单一份。教育厅长李泰华。"31日，山东省政府主席王耀武签批山东省政府教育厅《为据山东省立图书馆长王献唐呈拟组织评议会，以利馆务等情，签请核准由》："俟将《章程》送到后再核。"（参见张书学、李勇慧《王献唐年谱长编》，华东师范大学出版社2017年版）

王震宇时任曲阜县县长。6月12日，王震宇报告主席王耀武，就协运图书馆书籍文物装车南运事："案准钧座驻京代表办公处（京）函字长一七号公函内开'案准本省省立图书馆馆长王献唐函开，以七七事变时将所有书籍文物装成箱件分存各处，藉免损失。当时寄存贵县至圣奉祀官府者计贰拾陆箱，及今幸尚完整，现以鲁局仍未大定，深恐再遭损失，特派馆员孙集霄前往取运上项书物，拟暂在京地保存，请照代函洽料，并转请协助等由相应函达，即希查照赐予协助并请会同奉祀官府及贺团长将各箱加贴封条，以照慎重为荷'等由，准此。复准山东省立图书馆公函内开'查民国二十六年冬间，本馆曾商得大成至圣先师奉祀官府同意，以馆藏图书文物三十一箱寄存该府，旋经提出五箱运往后方，计留存二十六箱。顷奉本省教育厅电令，拟将该批图书文物运往南京保存。兹派孙集霄君前往洽办，除分函大成至圣先师奉祀官府外，相应函达，即希惠予派员会同办理，并希于箱件加贴贵府封条，以照慎重，而便移运，至纫公谊'各等由，准此。当经同孙馆员集霄前赴至圣奉祀官府商洽办理，并经点验二十六箱。惟另有两箱亦存该处，当时难分，因此，将该两箱一并起运到兖，由孙科员会同王馆长当场点验该项文物，计二十八箱，分别粘贴印封，于六月三日派队护运至兖州车站，装车南运。准函前由，除函复外，理合呈报钧座鉴核备查。谨呈主席王。曲阜县县长王震宇，中华民国三十六年六月十二日。"同日，曲阜县政府致函山东省立图书馆，告知原存曲阜奉祀官府之书籍文物已于6月3日从兖州起运至南京。"顷准贵馆公函，以前存至圣奉祀官府书籍文物计二十六箱运往南京保存，兹派馆员孙集霄前往取运，即希协助办理是荷等由，准此。当经派员协同孙馆员集霄前往至圣奉祀官府商洽办理，经同点验，该项文物多二箱，计二十八箱，分别粘贴印封，于六月三日派队护送至兖州车站装车南运,准函前由,相应函复贵馆,即请查照,至纫公谊。此致山东省立图书馆。"6月23日,山东省政府主席王耀武向曲阜县县长王震宇签署指令,对其协运省立图书馆前存至圣奉祀官府书物顺利迁运南京表示嘉许。

> 按:王耀武向曲阜县县长王震宇签署指令曰:"令曲阜县县长王震宇。三十六年六月十二日'呈报协运省立图书馆前存至圣奉祀官府书物情形,请鉴核备查由'呈悉,查此案已据省立图书馆王献唐馆长呈报,该县长对此次协运书物,办理妥慎等情,深堪嘉许,准予备查,仰即知照! 此令。主席王耀武。中华民国三十六年六月二十三日。"(参见张书学、李勇慧《王献唐年谱长编》,华东师范大学出版社2017年版)

姚从吾继续任河南大学校长。1月1日,因上年11月出卖中国主权的《中美友好通商航海条约》签订与12月北平发生美军士兵强奸北大先修班女生沈崇这两件事的激发,河南大学学生自治会召集全校各院系代表开会,做出罢课、示威游行的决定,并派联络员分赴开封各学校联系统一组织游行事宜,得到了开封高中、开封师范、开封七中、开封女师等校学生的热烈响应。4日早晨,河大学生游行队伍聚集在大礼堂前,高呼"打倒美帝国主义"等口号出发。行进途中,妇女工读学校、北仓女子中学等校的学生队伍冲出校门陆续赶来,2万多人的游行队伍浩浩荡荡走向大街,形成了一股势不可挡的洪流。这次声势浩大的反帝示威游行在全国各地引起了很大反响。新华社发布了开封学生反美游行的电讯,延安《解放日报》、晋冀鲁豫《人民日报》、开封《中国时报》等许多报纸都报道了消息,发表了评论,以《爱国学潮荡中州》《民族自尊心的昂扬》等为标题,在报纸显著位置刊出。2月以后,反饥饿、反内战、反迫害的斗争此起彼伏,接连不断。3月,全校教职员工联名致电教育部,要求"准与京沪各大学同等待遇"。由于迟迟得不到答复,教授会决定于5月4日起全体停教,学生自治会表示同情和支持,并于5月18日宣布罢课,声援教师,随即发动了一次大规模的请愿运动。嵇文甫、王毅斋、李俊甫、王凤岗、陈仲凡、李瑜如、武剑西等进步教授在斗争中走在最前列。嵇文甫教授以学者的风度发表演说,他旁征博引,借古讽今,对历史上一些权奸酷吏进行入木三分的刻画与剖析,并由远及近,对当时的反动分子进行揭露和斥责。28日下午,大批军警包围了河南大学,实行戒严,开始对进步学生大逮捕,校本部学生70余人被捕。6月1日,南京政府为对付正在酝酿中的全国学生联合行动,下令提前动手镇压。开封市国民党当局闻风而动,河大校本部、二院、三院、先修班、附属护士学校、开封其他学校及《中国时报》社、邮电局的进步青年共计90人被捕入狱。党组织及学校教师迅速展开了营救活动。李俊甫、陈仲凡、王凤岗等前往警务处看望被捕学生。经过3个月的周旋,大部分同学获释。教育系系主任陈仲凡、经济系教授王毅斋、文史系教授马辑五、测量学教授段再丕等30余名教授以"曾充代表赴京呼吁改善待遇"的"罪名"被学校解聘。先修班学生、地下党员查禄鑫、杨怀伸因叛徒出卖而惨遭杀害。这是由国民党当局一手策划的血腥镇压学生爱国民主运动的惨案。

姚从吾校长11月27日主持河南大学校庆大会。随后邀约时任省议员校友史宗周、董广川、董鑫、张豁然、李安等聚叙,详谈学校拓展计划,由充实现在述及展望将来,甚有远见。如拟以文学院移设辉县百泉,工学院将着重发展水利,治黄学术研究,为乡梓兴百年之利,深受各方一致赞佩。下半年,学校围绕新哲学大纲、新经济学大纲、新社会学大纲的"三新"讨论,并结合中国古代学术思想史进行研讨,引起了同学们的学习兴趣,提高了他们的认识能力。年底,河南大学共有6个学院,16个学系,教职工近500人,在校学生2000多人(不包括护理、助产、高级工程职校等附属学校的学生在内),成为华北地区院系最多、校园规模最大的学校。是年,开封市广播电台集中 2 个月时间,分两次邀请河大教授作科普广播讲座。由张邃青教授讲"新开封的建设"、马辑五教授讲"谈善生"、王毅斋教授讲"平均地权与耕者有其田"、陈梓北教授讲"神、人与物"、霍渠庭教授讲"光是什么"、郭翠轩教授讲"谈文学与修养"、郝象吾教授讲"优生运动"、张祥卿教授讲"生物的生活"、张星五教授讲"学校办理社会教育之理论与实践"、杨清堂教授讲"植物生长的化学观"。(参王德毅编《姚从吾先生年谱》,《台大历史学报》1974 年第 1 期;河南大学校史修订组《河南大学校史》,河南大学出版社 2012 年版)

张伯苓 1 月 1 日在《上海文化》第 12 期发表《世界、中国、南开》一文,谈世界现势、中国前途及南开复兴。3 日,乘车由上海到达南京,校友数十人到下关车站欢迎。在车站对校友讲话,谓"抗战胜利,制宪成功,一切均渐走上轨道。今后国运之兴衰,系于吾人自身之努力"。并谓,世界各国,尤其美苏两国日趋工业化。工业化之含义,非仅物质上应有科学于工业方面,同时精神上为训练人民管理政治,即所谓民主是也。我国一方面促进工业化,另一方面结束训政,实行宪政。此次国大通过之宪法,适合国家需要,奠定民治初基,如各党一致努力,建国工作前途有无限光明。同日,下榻何廉公馆。下午,接受《中央日报》采访,谈国内外观感,强调建设中国非枝枝节节问题,应有通盘计划,将国家建设起来。并告诉记者,华美协进会将在我国设立办事处,办理中美文化合作事业,将由胡适、司徒雷登大使和他等 5 人为中国办事处召集人。同时表示,本人以教育为终身事业,永不改变。此外,对体育极感兴趣,正极力提倡。参政会工作若能卸脱即卸脱。4 日,国防最高委员会、参政会临选委员会决定,参政员任期延长至本年 12 月 25 日宪政实行为止。同日,国民参政会驻会委员会举行第三次临时会,听取国防部报告,张伯苓发言质问。5 日,蒋介石设午宴款待张伯苓,席间详细介绍旅美情形。同日,偕黄钰生等出席南京校友 56 人举行的欢迎茶会。救济总署副署长郑达如任临时主席。张伯苓在欢迎会上讲话,谈近期南开学校的规划与国家发展目标。强调近期中国,一为工业化,一为民主化。前者为致富之道,后者为致强之图。7 日,应全国教育学术团体联合会、南京市教育局邀请,为联合会成员及南京中学和中等以上学校校长演讲美国现今教育。报告会结束,旋即主持中华全国体育协进会召开常务理事会 1947 年度第一次会议,张伯苓、郝更生、董守义、吴蕴瑞等常务理事及列席理事高梓等出席会议。张伯苓任会议主席并报告会务。其中特别提出计划筹备参加 1948 年在伦敦举行的第 14 届奥林匹克运动会事宜。

张伯苓 1 月 14 日到上海,乘民航飞机飞赴重庆。24 日,美国加利福尼亚大学董事会选举决定授予张伯苓名誉法学博士学位。2 月 3 日,致电教育部朱家骅,南开大学沿用英译名称 National Nankai University。7 日分别致函北京大学校长胡适、清华大学校长梅贻琦、北平图书馆馆长袁同礼、北平《中国大辞典》编纂处黎锦熙、北平铁道管理学院院长徐佩琨、北平艺术专科学校校长徐悲鸿、北平国立师范学院院长袁敦礼、北平国立中法大学校长李圣章、北洋大学校长金问洙、北洋大学工学院院长陈荩民、北平国立研究院院长李书华,请其参加于本年 2 月 12 日在北京大学总办事处(松公府夹道)举行的平津国立各院校长谈话会第六次例会。12—13 日,平津国立各院校长第六次谈话会假北京大学孑民纪念堂举行,黄钰生代表张伯苓出席并主持开会。同月,天津学生救济委员会成立,张伯苓任名誉主席。3 月 18 日,由重庆飞抵北平。黄钰生、陈序经、阎子亨、施奎龄、丁履进等前往机场迎接。张伯苓称:"北大、清华已经复校,归还建制。我决定摆脱政治,回来办理复校工作,继续从事教育。"同日,乘火车返回天津,天津市市长杜建时遵蒋介石电示组织"欢迎张校长回津筹备会"。杜建时陪同赴南开大学,巡视校园。22日,在南开中学师生欢迎会上讲话,强调南开走的是中庸的救国之道。同时提出学生做人,第一身体结实;第二眼光锐利;第三头脑清晰;第四意志坚强,并且有一个坚定的生活目标。26日,主持召开南开大学第24次行政会。下旬,与平津国立各院、校长胡适、金问洙、袁敦礼、梅贻琦、徐悲鸿、徐佩琨、李书华、袁同礼、黎锦熙、顾宜孙、李圣章、张之江等联名,四电呈请朱家骅将各院校经常费,除俸给费外,先行增加五倍,以后比照物价指数与俸给费同时调整。恢复久任教员奖金办法,并调整奖金数目,使安贫自守之老教员得免生活之窒息,而优秀后起之教育人才亦可安于其位,不致见异思迁。同月,出席天津基督教青年会欢迎会,并赴仓门口教堂布道。

张伯苓4月1日出席中华体育协进会天津分会举行的欢迎张伯苓荣旋会。张伯苓讲话称,现在体育界的责任,不只是训练人们的脑筋和身体了,而应当是训练人们去造一个民主的国家。11日、14日,就南开大学成立医学院与卫生署天津中央医院合作事宜洽商,一致同意成立筹备委员会,先起草合作条件编制计划书。13日,美国大学同学会晚7时30分在天津利顺德饭店聚餐,欢迎张伯苓与胡适,张伯苓讲话。谓:"离津十年,与各位见面很高兴。今有机会报告一件事情,本会中美关系很多。我因病在美住了八个月,时间大半在纽约,那里有一个华美协进会,帮助中国学生入学,并给美国学生讲中国情形,他们愿意将工作扩充到中国来,特聘胡适博士、司徒雷登博士与我等为董事,在上海设分会。美国人学中国话者很多,对中国问题极感兴趣。美国人愿到中国来,我们应尽地主之谊。我回国来亦办此事。蒋主席允拨部分敌产在沪成立分社。我本月末去京沪,亦将再办此事。盼望诸位多帮助。"16日,主持南开大学召开校务会议。报告校务会议的任务,包括本校预算、本校学院学系的设置及废止、本校课程、本校内部各种规则、关于学生实验等事项。18日,与平津国立各院、校长胡适、金问洙、袁敦礼、梅贻琦、徐悲鸿、徐佩琨、李书华、袁同礼、黎锦熙、顾宜孙、李圣章、张之江等联名,就第八次平津国立院校长会议讨论通过的有关大学课程改订问题致电朱家骅。22日,接收天津迪化道(今甘肃路)原日本高等女子学校校舍。5月1日,教育部致电张伯苓,给予南开大学扩充改良费近10亿元,并要求"深体时艰""搏节支用"。2日,天津市政府在市长官舍设宴招待司徒雷登大使、张伯苓等。5月4日,天津市学生团体联合会举行"五四"纪念会,张伯苓应邀出席并讲话,谓"只有青年人的爱国心是最圣洁的"。6日,蒋经国等来函询问南开与北平、清华等联合招生,在沪、汉两区何日开始报名,以便届时集体护送本届高中毕业生前往应考。

张伯苓5月8日离津出席国民参政会前,与《时事公报》谈话称,物价高涨,公教人员在"饿不死"的情况下,参政会自应详细研究此问题。但物价之严重,尚未至经济崩溃地步,国家前途,至为光明。10日,偕黄钰生由北平飞上海。12日,就南开大学成立工学院,以及与天津中央医院合作拟成立医学院事,请示教育部。14日,颜惠庆来访,托带华北房产证书往南京。15日,张伯苓抵南京,与教育部洽商增加经费事宜。20日,第四届国民参政会第三次大会在南京国民大会堂举行,蒋介石、张伯苓及参政员236人出席。国民政府各院部首脑孙科、张群、张继、周钟岳、张嘉璈、翁文灏、余家菊、吴鼎昌、陈布雷、吴铁城等40余人列席会议。共产党参政员拒绝出席。张伯苓任大会主席团主席,致开幕词称,目前的困难诚然严重,最严重的莫过于经济困难。国内的战争再继续下去,人民便活不了,这是实情。因此,国内的和平成了当前最紧要的问题。人民需要安定,而现有者只是扰攘和纷乱。国家为人民谋福利,这是应该的。国民参政会的职责,在于表达民意,如果经本会同人的努力,全国得到和平的曙光,那么,本会的使命可以完成,本会同人也有莫大的荣幸。同日,南开大学学生450余人举行反饥饿、反内战游行,途中受到200余名手持木棍、皮带的暴徒袭击,酿成天津"五·二零"血案。21日,主持国民参政会会议。26日,出席国民参政会会议。会议通过100多名参政员提出的"电告中共参政员来京出席"的临时紧急动议。28日,第四届国民参政会第三次大会举行审查会,讨论和平问题及相关提案。张伯苓、吴贻芳、李璜、江庸、林虎及参政员271人参加。大会通过《请政府速派大军清剿各地"共匪"》《速向美国政府切实磋商借款》等决议。晚上,蒋介石设宴招待全体参政员,并发表演讲。同日,南开大学与北大、清华、燕京、师大、中法、艺专、北洋等共8所大学教师585人发表时局宣言(南开89人签名),反对南京政府的内战独裁政策,要求成立民主联合政府。5月29日至6月1日,出席第四届国民参政会第三次大会之第十四至十八次大会。6月2日,第四届国民参政会第三次大会举行第十九次会议,通过和平特种审查委员会的审查报告,要求政府申明"以政治方式解决中共问题"之方针,请中共迅派代表来京与政府双方无条件恢复和谈等。下午,第四届国民参政会第三次大会闭幕。5日,行政院院长张群致函张伯苓,同意将敌产前淡路国民学校及前商业学校共有之楼房前座准于美军撤退时,即行全部价拨南开大学应用。6月8日,与《申报》记者谈话称,此次学潮,不能说无背景,亦不能说全有背景。主要原因系因物价高涨刺激而起,如各校当局事前均能为学生生活妥谋解决,学潮或不致如此扩大。

　　张伯苓6月11日参加国民参政会毕,于下午7时许回到天津,在寓所接受《大公报》记者采访。最后就南开大学发展的新计划告诉记者:设立工学院事,教育部已批准,暑期后可以独立,与中央医院合办医学院事,已组成筹备委员会,开始工作,明年暑假可望成立。23日,教育部来电,所请设立工学院应予照准,至增设医学院应暂缓议。29日,邀集杜建时、卞俶成等在津校友举行茶话会,讨论组成"公能学会"事。张伯苓致辞,就本着南开"公能"精神组织学会,推进天津民主政治,用选举方式选肯负责能做事的人出来任事,为天津服务,说明开会宗旨。会议通过公能学会章程,选举理监事,推举张伯苓为名誉理事长,时子周等为名誉理事,杜建时、严仁颖、黎绍芬、潘世伦、鲍觉民、卞俶成、伉乃如等20余人为理事。黄钰生为常务监事。同月,蒋介石电示天津市市长杜建时,推选张伯苓为天津市国民大会代表。杜建时即往见张伯苓征求意见,张伯苓表示愿意当代表,并希望在天津选出。7月9日,主持南开大学校务会议。会上主要研究训育及学校经济,议决"推广教育为大学任务之一,待时局好转,为社会筹设技术补习班及学术讲演"。19日,平津教育界、实业界名流组织之平津市民治促进会在北平欧美同学会举行。胡适、张伯苓、梅贻琦任主席团。张伯苓致辞谓:近90天,我有个大觉悟,即政治不稳定,一切都做不好。我们应该团结起来,表示一下对政治的意见。21日,参加市民治促进会成立会后由北平返津,接受《大公报》记者采访,谓"此次多数学者合组市民治促进会,为将来市民治奠一基础,本人极为赞同,特不辞炎暑,赴平参加成立会,结果非常圆满。想今后会中诸位专家,定能为我国市政前途放一异彩。"8月3日,接待教育部杭立武次长视察南开大学,对发展天津教育提出三点意见。鉴于"北平教育发达,天津各级学校缺乏,今后请多注意发展天津教育"。17日,面临失学危险的天津青年学生开展自救,发起助学运动,成立助学运动委员会,聘请张伯苓、李烛尘、金问洙等为名誉顾问。18日,教育部部长朱家骅抵津,张伯苓到车站迎接。朱家骅到南开大学视察,张伯苓面呈南开大学经费问题,又陪朱家骅出席南开教授茶话会征求意见。28日,联合国教科文组织中国委员会成立,委员有张伯苓等96人。

张伯苓9月5日以公能学会发起人代表身份,向天津市社会局呈请成立公能学会。20日,得到社会局批复,准予成立。10日,出席南开大学经济研究所成立20周年庆祝茶会。21日,公能学会举行第一次学术讲演会,请北京大学校长胡适前来讲演。张伯苓、天津市市长杜建时等多人到车站迎接。胡适演讲前,张伯苓致辞,谓我们只有一条路——民主政治,走的早,到的也早。建设一个民主国家,我们对政治不能只是批评,而不去实在的做,一个真正的民主国都是全民参政的。10月17日,出席南开中学校庆纪念会。提出三点希望:教育的方向是救国;教育的方法是要完成救国;要向教育的方向去努力。23日,复函南京国民参政会秘书长邵力子,已于天津市参加国大代表竞选。11月12日,应邀参加天津市戡乱建国动员委员会成立大会。13日,经南京选举总事务所审查,提名张伯苓为天津市区域国大代表候选人。14日,外交部驻平津特派员公署致函张伯苓,通知沦陷期间南开大学被日本所劫掠图书现存东京世田谷仓库。20日,新天津市图书馆成立,张伯苓任图书馆理事会理事长。24日,国民大会代表选举开票,张伯苓以13万余张选票当选国大代表。25日,举行招待各界茶会,感谢当选国大代表,"这次担此重任,因为我对国家实在关切,此后要兢兢业业好好做"。26日,天津市国大代表候补人富健康向天津市选举事务所对国立南开大学校长张伯苓当选国大代表资格提出质疑,并要求3日内给予答复,以便向法院提出选举诉讼。

按:11月27日,天津市选举事务所以特急密电南京选举总所,请示国民党提名国大区域候选人张伯苓系现任国立南开大学校长,可否当选。28日,天津市选举事务所又以特急密电南京选举总所:"如何处之,乞急电示复。"29日,天津选举事务所选举科函复富健康,回答其质疑张伯苓当选国大代表一事称:"奉批:查张伯苓系由国民党中央党部向选举总所提名转送本所者,该案刻经电请选举总所核示。"随即富健康向河北高等法院第一分院以天津市本届国大代表区域选举违法提起诉讼,将天津市国大选举事务所和张伯苓列为被告,要求判决确认张伯苓当选国大代表无效。12月4日,天津选举事务所主席委员分别向南开大学和国民党天津市党部发出公函,要求查明张伯苓的校长职级是否有政府任命,南开大学回函称:"查本校校长张伯苓先生并未受有政府任命。"天津市党部主任委员郭紫峻、副主任委员王任远发来署名复函解释称:一、南开大学原系私立,此次改为国立,原订为期10年,期满仍恢复私立,与国立大学性质不同;二、南开大学暂改国立后,张伯苓先生并未经国府任命为国立大学校长,目前仍以私立大学校长资格处理校务,根据上列两项理由,张伯苓先生并非公务员。同日张伯苓委任戴小松律师为诉讼代理人。12月5日,富健康要求法院对张伯苓当选国大代表无效案速予传案。10日,张伯苓向受理法院递交答辩状,认为原告富健康之诉为无理由,请将原告之请求驳回,并将诉讼费用判由原告负担。15日天津市选举事务所法定代理人杜建时为富健康诉张伯苓当选无效事件,委任两名律师,并立答辩状,向河北高等法院第一分院提出辩诉,认为:"今南开大学虽奉令改为国立,但校长张伯苓本人并未经国府简派,欠缺法定程序,自属尚未取得校长官吏之身份,应不受《国大代表选举罢免法》第8条之限制,其当选为本市国大代表自非无效。"17日,天津市选举事务所函告张伯苓,其当选为国民大会天津市代表,"合依《国民大会代表选举罢免法》及《实施条例》第五十五条之规定,给予当选证书"。25日,富健康向法院提出补正理由,驳回张伯苓之答辩。富健康认为,南开大学改为国立一年有余,张伯苓每月俸给完全为国立大学校长之待遇,执行职务,对内对外早以国立大学校长自居,就是学府官吏,值此行宪在即,初次普选,如以身为最高学府的国立南开大学校长竟不遵守选举法规,违法当选,个人事小,法治事大,在此中外共睹隆重大选之下,实不能留此恶例。原告痛心国事如斯,为提倡民主,尊重法治,为国百年大计,势必主持正义,任何牺牲在所不计,区区苦衷,可质天日!同日,国民政府发布命令,国民参政会第四届参政员任期延至1948年3月28日。

张伯苓12月5日主持召开南开大学复校后第三次校务会议,陈序经、黄钰生、张克忠、冯文潜、鲍觉民等出席。张伯苓提议制定教员休假办法，并提议黄钰生为学校发言人。7日，中华全国体育协进会总干事董守义从北平来天津，面见中华全国体育协进会理事长张伯苓，商议如何完成第14届奥运会篮球预选天津区初选工作。8日，南开大学致函国立中央研究院院士选举筹备委员会，提名张伯苓、何廉为候选人。10日，天津市体育协进会召开常务理监事及财务委员会联席会议，市体协理事长、天津市市长杜建时，名誉会长张伯苓，全国体协总干事董守义等出席会议。会议通过参加第14届奥运会篮球预选天津初选会竞赛规划等事项。12日，复函中国教育学术团体联合会，如该会于20日左右开会，不克出席。是年，中国教育学会天津分会成立，张伯苓、喻传鉴任常务干事。南开大学有88名学生因考试不及格受到严重警告，25名无故不参加考试者被勒令退学。张伯苓为此表示，学风不严肃，学业不严格，是不足以造就真正人才的。以前南开的真精神，是认真刻苦，现在更要发扬光大。南开虽老，而精神永远年青。（参见龚克主编《张伯苓全集》第十卷附编《张伯苓年谱》，南开大学出版社2015年版）

陈序经4月28日上午9时应女师学院邀请，讲演《妇女运动之过去与将来》，历1小时许。对妇女运动之沿革及应循之途径，有所剖析。5月16日，在汉口《读者》第3卷第5期发表《论国立大学与私立大学》。7月15日，在新加坡《南洋杂志》第1卷第9期发表《南洋与青年》，曰：随南洋的开发、土著教育的发达，土人逐渐争夺华侨的固有地位，现在没有知识的人不易在南洋谋生。不要忘记南洋是人类的宝库、是世界的乐园，"今后怎样的去保持我们的固有经济地位，怎样的去发展这些宝藏，这都是我们而尤其是我们的青年责任"。9月10日，在天津《大公报》第2张第6版发表《廿年来的南开经济研究所》，介绍该所自建所以来的学术工作。11日，在天津《大公报》发表《与胡适之先生论教育》，反对胡适主张政府重点扶持北京大学、清华大学、中央大学、武汉大学、浙江大学，在国内引发有关教育问题的论战。陈序经反对仰政府鼻息以求学术独立，认为"近年以来，一些政府人物所提倡的思想统一，以致党化教育，何尝不挂起学术独立的招牌"，指出中国大学一向集中在平、津、沪等地，不合理，指责教育部厚北京大学而薄其他大学是偏私，私立大学不一定不如国立大学，"国立大学，因可以成为政治上的党派人物所利用，而不得其公"。11月10日，上海《读书通讯》再刊《陈序经与胡适之先生论教育》。30日，在《世纪评论》第2卷第21期发表《公论耶？私论耶？》。12月20日，在上海《观察》第3卷第17期发表《论发展学术的计划》。同月，在南京《世纪评论》第2卷第23—24期连载《宪政·选举与东西文化——评梁漱溟的〈预告选灾·追论宪政〉》（一）（二）。是年，陪同张伯苓与魏德迈会面。魏德迈问：假如美国帮忙中国，应该帮哪些人？陈序经答：不应帮助国民党，而应帮助私营工业界及文教机关；所著《文化学概观》第1—4册在商务印书馆出版。（参见田彤编《中国近代思想家文库·陈序经卷》及附录《陈序经年谱简编》，中国人民大学出版社2014年版）

方显廷主编的《经济评论》4月5日在天津创刊，以后逢周六出版，于1949年5月14日停刊，共出版发行5卷97期刊物。

按：《经济评论》是由中国经济研究所创办的，而中国经济研究所依托的是原南开经济研究所的研究人员。撰稿者很多都是某一领域的专家，如财政金融领域的马寅初、刘大中、蒋硕杰、李崇淮等，经济史领域的方显廷、宋则行等，西方经济学方面的张培刚、谭崇台、宋承先等，经济思想史方面的袁贤能、方秉铸、巫宝三等，农业经济方面的沈经农等，马克思主义经济学方面的王亚南等。（高璇《民国〈经济评论〉(1947—1949)研究》，武汉大学博士学位论文，2011年）

刘季洪继续任西北大学校长。初春，在中共西大地下党的领导下，全校学生的进步社团迎着春寒,一个个破土而出。继大地学社之后,具有光荣传统的笃行学社也恢复了活动。涛社、自由风社、迎潮社都相继成立。随后,还有晓风社、声社、健行社、春雷社、青年社、星社、星照社、路社等进步社团,都纷纷建立起来。3月,国民党军警宪特人员几次与西大学生发生冲突。5月4日晚,进步学生以大地学社为主干,在图书馆阅览厅举行大型文艺晚会。会上著名文学家郑伯奇主讲《五四与新文学运动》,林冠一教授发表《略论皇帝》之演讲;女同学丁淑源、陈家瑜、卢纯恬、曲季波白衣素裹,手举火炬,朗诵了艾青的著名诗篇《火把》;石雀君朗诵了高尔基的《海燕》;杨文浩朗诵了《终点,又是一个起点》,并以闻一多先生的名句:"前脚跨出门,后脚就不准备再进来"为结束语;乌鸦合唱团表演了《你这个坏东西》《团结就是力量》等歌曲。200多学生把阅览厅内外挤得水泄不通。正当晚会进入高潮时,反动学生突然施展断电之伎,大厅顿时一片漆黑,杨昭忠同学高赋"不要乱。点起我们心灵的火",同学们镇静自若。不一会,有同学拎来一盏汽灯,全场一片光明,一片欢腾。诗人从容走向台前,高声念道:"一盏灯熄灭了,又一盏灯点起;一个人倒下去,千万个人站起来。"全场人心潮澎洋,激动的掌声从各个角落爆发出来。5月下旬,平、津、宁、沪等国统区60多个大中城市的大中学生,都投入了这场抗暴斗争,并积极准备于6月2日在全国开展一致行动。6月1日子夜,大批军警宪特和警车包围了西大,当夜逮捕了葛世民、江焕礼、吴换然、张籍等4位学生与历史学家武伯纶、作家郑伯奇及《国风日报》记者李龙白等200多人。

刘季洪与杜元载5月21日主持中国教育学会西安分会在西大举行的筹备会议。6月2日上午,应学生自治会筹备会要求,刘季洪校长出面营救被捕学生。"六·二"以后,为了营救被捕的学生,同学们坚持罢课。11日,西安警备司令曹日辉不得不在《西京日报》发表谈话,宣布释放一部分被捕学生。西大被捕的4名学生被关押月余,才放回学校。刘季洪由于过去忠实执行国民党当局的独裁和内战政策,镇压学运,在师生心目中留下了恶劣的印象。在本次全国性的反饥饿、反内战、反迫害的学生运动洪流中,刘季洪又为此受到上司的申斥,不久便请辞校长职务,遂于7月中旬提出辞呈,国民政府教育部在挽留的同时先准病假3个月。10月28日,教育部批准辞职,在一时无更合适继任人选的情况下,任命政治上开明的原文学院院长马师儒接任西大校长职务。据是年6月的统计,西北大学四个学院加校本部共有教员231人,职员154人。17个系科共有专、兼职教授101人,副教授43人,讲师48人,助教39人。学生总数共1598人。(参见西北大学校史编写组《西北大学校史稿》,西北大学出版社1987年版)

马师儒兼任历史系主任。该系尚有周传儒、许重远、冯永轩、关益斋、王子云等著名学者,以搜集整理西北史料为重点,长于文物考古史迹整理研究,为有关院系的教学与科普提供了可能与较大的条件。尤其是所属西北文物研究室在收集整理西北特有之文物资料、发掘西北固有文化传统方面卓有建树,为成立永久性的西北文物馆,进行长期陈列,发挥其在教育上的价值,奠定了坚实基础。至是年,所存之资料约100余种,计2000余件。大致可以分为五大类:(1)实物类:有史前石器、青铜器、陶器、俑、瓦当、佛像、钱币、写经、藏画;(2)模型类:有陵墓雕刻、佛教雕刻、碑刻;(3)拓片类:有碑碣、集志、造像、花纹图案;(4)图画类:有壁画摹绘、风俗写生、史迹名胜;(5)照片类。3月15日,周传儒作《国际干涉》的学术讲座。5月10日,教育学会举办学术讲座,马师儒应邀讲演《复员期间我国高等教育所急需之补救办法》。17日,冯永轩应考古学会邀请讲演《中国货币之沿革》。8月,该室将具有珍贵价值的特殊文物拓片,如古代彩陶摹绘、秦汉瓦当拓片、西北名碑拓片、商代青铜器拓片、唐墓壁线刻画等 7 类 87 种,选送教育部展出。其中一部分被遴选送往墨西哥参加当年 11 月举行的联合国教育科学文化会。(参见西北大学校史编写组《西北大学校史稿》,西北大学出版社 1987 年版)

高明时任西北大学中国文学系教授兼系主任。该系在关学研究、搜集西北民歌、考察西北方言等方面,成绩卓著。西北学风素以简朴厚实为传统。从宋代的张横渠到明清的南元善、李二曲都声震一时,为这一传统奠定了基础。为使西北学人洞悉其先哲之造诣。是年开始组织部分精通古代经论的名家教授,着手将历代关学主要代表人物的遗著汇刊全书,以励西北学人闻风兴起,奋发有为。而收集西北民歌,考究西北方言,对体察西北社会生活及民情民俗,使语言文学教学与研究同西北文化发展息脉相通,打下了坚实的基础。中文系之教授尚有张西堂、戴君仁、蒋天枢、高元白、高文、傅庚生、单演义等专家学者。其中张西堂《颜习斋学谱》一书荣获教育部 1946 至 1947 年度学术奖励哲学类二等奖。(参见西北大学校史编写组《西北大学校史稿》,西北大学出版社 1987 年版)

罗章龙时任西北大学经济系教授兼系主任。该系教授还有吴澄华、武梦佐、孟广镕等。1 月 17 日,该系开始编印《经济新潮》周刊,每周一期。一学期共出 32 期,刊登论文 140 余篇,暑假后改为季刊。2 月起,开始筹建西北大学经济研究所,就经济哲学、经济理论、经济史、经济政策、国际经济、经济大辞典等方面分组进行专门研究,并拟定西北经济调查纲要。2 月 22 日,吴澄华作《纵论当前国家紧急经济措施》的学术讲座。11 月,与陇海路局商定合组西北经济考察团,对西北区域经济进行了广泛的调查。12 月 19 日,训导处举办学术讲座,吴澄华讲演《从美苏对立看世界局势与中国局势》。冬,罗章龙应湖南大学校长胡庶华邀请,赴湘主持经济史讲座,历时两个多月。(参见西北大学校史编写组《西北大学校史稿》,西北大学出版社 1987 年版)

高文源时任西北大学教育学系教授兼系主任。该系其他教授有:马师儒、鲁世英、包志立、郝耀东等教育学、心理学方面的专家、博士多人。是年,教育学系成立心理实验室。由教育部指拨美金专款,在美国购置各种实验仪器,同时,购置有关心理学实验及理论的西文书刊 167 种。(参见西北大学校史编写组《西北大学校史稿》,西北大学出版社 1987 年版)

王恭睦时任西北大学地质学系教授兼系主任。地质学系教授还有张伯声、蔡承坛、郁士元等。抗战胜利后,为长远建国之计,勘测地质资源,进行地质地貌研究,成为当务之急。而西北大学在西北是唯一造就地质人才之所。遂于 2 月由原地质地理系分开而成立地质学系与地理学系,对于西北地区及边疆地质资源勘察与开发的前途,至关重要。地质学独立设置后,积极充实教学设备,除原有实验室及矿物标本 110 余种、晶体模型 5 余块外,又经教育部拨专款 2000 美元,购置了一批图书仪器。(参见西北大学校史编写组《西北大学校史稿》,西北大学出版社 1987 年版)

黄文弼时任西北大学边政学系教授兼系主任。该系其他教授有:马宏道、谢再善等。全系分维文、藏文两组。夏,增设蒙文组,以造就畅晓蒙、维、藏各族文字的专门人才。系内设有边政研究室,搜集整理了大量有关西北边疆问题的图籍文物。又刊发研究报告,翻译民族文化名著,编辑字典。2 月 21 日,边政学会举办学术讲演,黄文弼应邀作《洮河流域考察之观感》的学术讲座。3 月 22 日,马宏道应边政学会邀请讲演《宗教与人生之关系》。6 月,边政学系十几位师生组成甘、青见习队,赴甘肃青海一带见习边疆政治、宗教、语言及风俗人情等,历时三月有余。除收集有关边政之珍贵原始资料,摹绘壁画及购买当地文物外,还拍摄回、藏、蒙古等族人民日常生活及古迹名胜照片 100 多帧,于是年校庆时举行了公开展览,深得好评。是年,由杨兆钧副教授主编的《维汉字典》出版。（参见西北大学校史编写组《西北大学校史稿》,西北大学出版社 1987 年版）

杜元载兼任西北大学政治学系主任。教授尚有许兴凯、萧洛轩、杨炳炎、宓贤璋、林维渊、曾繁康等。是年第 1 次校务会议决议,成立西北大学政治研究所附属于政治学系。该系教学以政治学、各国政府及政治、中西政治思想史、中西外交史、行政学为主体课程。3月,宓贤璋应邀赴美讲学。5 月 26 日,政治学会举办学术讲座,许兴凯应邀讲演《假使我管理中华民国》。（参见西北大学校史编写组《西北大学校史稿》,西北大学出版社 1987 年版）

王子云时任西北大学教授、西北文物研究室主任。以所著《中国历代应用艺术图纲》一书申报本年度学术著作奖。8 月 10 日,填写《专门著作申请奖励说明书》,推荐人为该校校长刘季洪、该校教务长兼中文系主任高明。9 月 17 日,郑振铎应教育部之请,为《中国历代应用艺术图纲》一书作本年度学术著作评奖鉴定:“我国关于应用艺术之图书极感贫乏。本书殆为空谷之足音。分建筑装饰、雕刻装饰、工艺美术装饰三编,自砖瓦、石刻、造像、碑志、陶瓷、铜器、玉器,以至钱币、雕漆、织绣之图案,无不包罗在内,颇称详备。多附插图尤切实用。作者虽无异特之见解,而叙述殊有系统,简明扼要,允为佳作。惟第三编关于陶瓷、铜、玉器等之记述,略嫌简略,与前二编详略不称,又编末附‘脸谱’图案,似亦可删。图片来源及参考书目必须注出及加入。具有相当之独创性,且有学术价值,应请给予第三等奖。”该书审查人还有陈之佛,11 月 4 日写评语,评为二等奖;李济,次年 2 月 8 日写评语,不给奖。（参见陈福康《郑振铎年谱》,三晋出版社 2008 年版）

杜斌丞继续任中国民主同盟中央常务委员兼民盟西北总支部主任委员。3 月 20 日,国民党攻占延安的第二天,胡宗南下令逮捕了杜斌丞、王菊人等。在狱中,杜坚贞不屈。当听说人民解放军挺进豫西、威逼潼关时,他赋诗庆贺,诗中有“汉家旌旗满潼关。为问元戎今何在,不扫楼兰誓不还”之句。随后,蒋介石电令胡宗南对杜“即行处理,以免后患”。10 月 5 日,他在“最后遗书”中写道:“每思 30 年来,无日不为民主而奋斗,反动诬陷,早在意中,个人生死,已置度外。彼独裁暴力虽能夺我革命者之生命,终不能阻挠人类历史之奔向光明,终必为民主潮流所消灭也。”10 月 7 日,杜斌丞被国民党陕西戒严司令部以“现充共匪关中地委会负责人勾结匪军密谋暴动”的罪名枪杀。为此,张澜以民盟主席名义发表声明:对杜斌丞先生本月 7 日在西安无辜被害一事,本人极端愤慨,同时亦极感悲痛,这不只是对被难者自身损失及民盟重大损失的悲痛,我对国家法治与民主的前途更感悲痛。张澜指出,此次杜案,竟不经过正当司法手续,突然由地方军事机关将杜先生执行枪决,此实违背政府历来公布保障人权之法令,且根本破坏国家之司法独立。……关于杜先生的无辜被害,民盟除正式向政府提出严重抗议外,谨将案情诉诸全国及全世界之公道与正义。（参见许发宏、山石、杜芳滨《中国共产党的忠实朋友》,《人民日报》1980 年 10 月 8 日;谢增寿编著《张澜年谱》,群言出版社 2013 年版）

金毓黻 1 月任新成立的国史馆纂修。同月 9 日,金毓黻受教育部部长朱家骅之托,筹备设立沈阳博物馆。3 月底,返回沈阳,出任沈阳博物馆筹委会主任,并兼东北大学历史系教授。其间,金毓黻把沈延毅、周铁衡等人调进沈阳博物院。7 月 11 日,国史馆馆长张继命刘恺钟手持自己的名片前去访金毓黻,促其速返南京就任国史馆纂修。但金毓黻正忙于沈阳博物馆一事,无暇抽身。于是复函给张继,称沈阳的史料以清内阁大库的残档最为重要。8 月 26 日,金毓黻函复北京大学,允借罗福颐为北大文科研究所讲师一年。9 月,国史馆工作会议通过了金毓黻关于“推进本馆工作意见”的提案,确定国史馆以修民国史为重点,其他如搜集史料成立档案库为辅助工作。金毓黻还制定了日历、时政记、会要、通纪四种体裁的凡例,对它们的书写内容与操作方式做了规定,其他搜集史料的方式也大体按照他所列的几点展开。同月,金毓黻已决定要编纂《民国碑传集》。是月 30 日,金毓黻日记载:"在史馆议编《民国碑传集》,已拟具编纂略例,所收以卒于民国元年以后者为限,凡闵氏《碑传集》已载入者从略。盖必如此,乃能执笔撰民国史之列传,否则无所依据,从何执笔。此议已获得本馆诸公之赞同。"

金毓黻 10 月 20 日为南京史馆草拟《国史馆为编刊〈民国碑传集〉征稿启事》。与此同时,金毓黻本人也集中精力搜集、抄录编纂所需的资料。一方面,他利用任职于国史馆及沈阳博物馆的便利条件;另一方面他尽可能地收罗、借阅杂志、文集与专著等书籍,从中抄录相关文章。对于那些未被收录在文集、杂志里的单篇文稿,金毓黻亦极力索求,先后执笔撰写了民国相关人物的生平事迹,诸如《张作霖别传》《杨宇霆别传》《郭松龄别传》《王永江别传》《国民政府委员兼监察院副院长铁岭刘公行状》《王树翰别传》《袁金铠别传》《吴(廷燮)先生传》《闵葆之传》等,这些传记皆为多方访问调查后所作,或为对知情人士口述之整理,或为亲眼目睹之实录,或得之尚在行世的家传、墓志铭和行述等,许多史实不见于记载,史料价值甚高。(参见贾红霞《民国时期金毓黻在国史馆的修史活动述论》,《史学理论与史学史学刊》2017 年第 1 期;崔岩、朱志文《两部同名〈民国人物碑传集〉渊源考述》,《史学史研究》2021 年第 3 期;王学珍等编《北京大学纪事(1898—1997)》,北京大学出版社 1998 年版)

耿济之 3 月 2 日下午突患脑出血在沈阳去世。沈阳友好于 3 月 16 日在小西关关帝庙举行"耿济之先生追悼会";中华文协和中苏文协于 4 月 5 日在上海静安寺举行隆重的追悼会,追悼会由郭沫若主祭,生前友好马叙伦、颜惠庆、许广平、田汉、洪深、叶圣陶、郑振铎、赵家璧、戈宝权、梅兰芳、赵景深等参加追悼会并送花圈挽联。

胡赓年主持将《中苏日报》改组为《中央日报》沈阳版。

黄如今 4 月被国民政府任命为国立长春大学校长。

臧启芳 10 月被免去国立东北大学校长职务。

史念海任兰州大学历史系教授兼代主任。

李承仙赴敦煌,在国立敦煌艺术研究所担任助理研究员。

章嘉呼图克图任中国佛教会理事长。

喜饶嘉措任蒙藏委员会副委员长。

赵元任 1—6 月已离开哈佛大学,但家还住在 27 Walker Street,继续做自己的工作。赵元任家社交活动依旧频繁。1 月,与老舍多次会面,"talked about Peiping words & drama."(谈论北京话与戏剧问题)。此外,语言学界的李方桂、丁声树、罗常培,老朋友任鸿隽和陈衡哲、竺可桢、任之恭等经常来往,还有梁思成、赵忠尧、钱学森、林同济、卫立煌及夫人韩权华、程天放、曾昭抡夫人等来访。与美国教授 John Fairbank、Charles Gardner、George Kennedy、I. A. Richards 和 Roman Jakobson 等均有往来,主要谈论语言问题。与 Arthur N. Holcombe 教授夫妇则常有往来。2 月 19 日,*Cantonese Primer*(《粤语入门》)正式出版。同月,为美国百科全书撰写约 3400 字的题为"Chinese Language"稿。4 月,用 108 天修改 *Mandarin Primer*(《国语入门》),交付出版;为 Collier 百科全书撰写 970 字的题为"Chinese"稿。5 月,撰写小册子 *A Project for Legible Speech*;到纽约,与贝尔实验室继续研究音高分析仪的应用。同月 29 日,到纽约张彭春家,参加教育部"电教器材委员会(Audio-visual Education Committee)"会议。上半年,夫人杨步伟著、赵元任译的 *Autobiography of a Chinese Woman* 以及赵元任、杨联陞合编的《国语字典》两书出版。

赵元任 6 月 15 日开车往密西根州 Ann Arbor,经纽海文接罗常培同往。6 月 23 日至 8 月 15 日,暑期语言学讲习班(Linguistic Institute)在此举办,赵元任以教授职称应聘讲学。本期主要讲中国语音学,音位学等课程,最后一天讲福州和粤语方言。与美国许多语言学家聚集一起,有机会互相听课,自由交谈和交流。多次听 Martin Joos 和 Hans Kurath 教授的课,还听了 Bloch 和 Hockett 教授的部分课,并参加讨论。讲习班结束后全家返回剑桥。8 月 20 日至 9 月 10 日,赵元任夫妇作离剑桥迁往加州的准备。当时在美国的许多中国留学生和学者正相继回国,或做回国的打算,赵元任也在准备一两年内回国。此前几次向中研院史语所续假,一直保持与语言组的联系,并为该组制定预算和购买仪器设备计划,准备回国继续主持语言组的工作。至上年加州大学 Sproul 校长和 Boodberg 教授写信邀请赵元任到该校任教,被赵元任婉言谢绝。鉴于中央大学校长吴有训坚决辞职,教育部朱家骅部长要求赵元任回国接任中央大学校长,但赵元任一向不愿作行政工作,决定推迟回国,遂于 6 月 13 日写信给加州大学 Boodberg 教授表示愿意暂时赴加州大学任教,并问 1946 年的邀请是否有效。Boodberg 教授很快回信表示欢迎。8 月 14 日,加州大学副校长又正式来函聘请一年("Got letter from Vice-president Deutsch from California with invitation to teach there next year.")。同月,朱家骅部长再次来电报给赵元任夫人和中国驻美顾大使,希望能帮助说服赵元任接受中央大学校长的职务,赵元任回电谢绝。

赵元任 8 月正式接受加州大学聘请。9 月 10 日启程西迁。19 日,抵达加州柏克莱。22 日,开始在加州大学东方语言系(Oriental Language Department)上课,每周 4—6 堂课,讲授中国语音和音韵学(Chinese phonetics and phonology)。原来只准备暂住加州,没料到竟在加州度过了余生。11 月,教育部朱家骅部长派赵元任做代表赴墨西哥参加联合国教科文组织会议,教育部次长杭立武为代表团团长。赵元任因刚到加州大学且已开始上课,希望不去,在朱家骅部长坚持下,答应参加最后两周会议。为出席会议的方便和需要,动身前自学西班牙口语。11 月 10 日,赵元任从旧金山飞往墨西哥城。11 日上午,抵达墨西哥城,与杭立武团长会面后,即开始参加会议。被推选为文学艺术委员会(Art and Letters Committee)主席,并主持会议,继而又参加 Program and Budget Commission 及起草委员会,直到 28 日。在会议中除使用英文和法文外,大会还批准增加西班牙文,赵元任三种语言都能使用。会议期间,有机会与老朋友物理教授吴有训相会。22—28 日,连续几个夜晚甚至到凌晨,将诺伯特·维纳(Norbert Wiener)教授交给他的一本 *Cybernetics*(《控制论》)书稿(235 页)全部读完,认为该书很重要,反复阅读并作笔记。11 月 29 日,大会尚未闭幕便乘飞机赶回加州上课。加州在美国西海岸,华人本来就多,加之又是华人到美国和回中国的必经之地,赵元任家逐渐成了中国人的活动中心。除夕,30 多人聚在赵元任家迎接新年。(参见赵新那、黄培云编《赵元任年谱》,商务印书馆 1998 年版)

林语堂所撰《航业界巨子卢作孚先生》1 月 6 日刊于《福昌银号复业纪念特刊》,署名"林语堂著 钟以庄译"。目录题名为《航业家卢作孚先生》。文末标注"节录自和平日报"。2 月 1 日,所撰《中国文人的生活艺术》刊于《宇宙文摘》第 1 卷第 3 期,文末标注"选自林语堂著《生活的艺术》一书"。3 月,金星出版社出版《文人画像》,卷首收有署名"编者"的序言。正文收有 30 篇具有传记性质的中国新文学运动发生前后文艺界著名人物的小传、素描、印象记与回忆录,包括:苏雪林的《林琴南》,严秋尘的《严几道》,曹聚仁的《章太炎》《李叔同》,玉李的《王静安》,龙峨精灵的《王静安》,林语堂的《辜鸿铭》,孟祁的《辜鸿铭》,嗣鉴的《辜鸿铭》,无病的《齐白石》《徐悲鸿》,味橄的《齐白石》,任潮的《黄公度》,温源宁的《胡适之》《徐志摩》《吴宓》,迫迁的《刘复》《杨震文》,周壬林的《吴经熊》,郑朝宗的《冯友兰》,老向的《孙伏园》,受仲的《刘大白》,大华烈士的《高剑父》,王斤役的《老舍》,刘大杰的《黄庐隐》,许钦文的《郁达夫和丰子恺》,赵景深的《丰子恺》,沈从文的《孙大雨》,味向的《许钦文》,老舍的《何容》。4 月,所译《卖花女》(中文本)由开明书店出版。同月,所撰英文文章"Mao Tse-Tung's Democracy, Part I"(《毛泽东的民主》)在《中国杂志》第 17 卷第 3 期开始连载。5 月,所撰"The Bull Headed Premier"(《拗相公》)刊于《联合国世界》(United Nations World)第 1 卷第 4 期。此文后载林语堂著、美国纽约的庄台公司于 1947 年出版的 The Gay Genius : The Life and Times of Su Tungpo(《苏东坡传》),为该书第八章。6 月,巴雷编选、李浩校正的《林语堂杰作选》由上海的新象书店出版,列入"当代创作文库"。

　　林语堂 9 月 15 日接受中央通讯社(一般简称"中央社")记者采访,对魏德迈(Albert Coady Wedemeyer)的声明发表评论。同月,所著《林语堂选集》由上海中央书店推出新一版,列入"现代创作文库"。卷首收有编者写于"一九三六,三,一八"的《现代创作文库序》。正文则与何须忍编选的《语堂幽默文选》(上海万象书屋,1936)相同,共收录 25 篇文章,包括:《罗素离婚》《怎样写"再启"》《说避暑之益》《白克夫人之伟大》《提倡俗字》《谈言论自由》《论政治病》《论幽默》《谈螺丝钉》《再谈螺丝钉》《三谈螺丝钉》《四谈螺丝钉》《论看电影流泪》《与又文先生论逸经》《记性灵》《论躺在床上》《论谈话》《英人古怪的脾气》《大义觉迷录》《论握手》《谈米老鼠(有序)》《母猪渡河》《论裸体运动》《记翻印古书》《冀园被偷记》。是年,蒋介石原著、王宠惠英译的 China's Destiny(中文题名为《中国之命运》)由美国纽约的麦克米兰公司出版,内附林语堂撰写的导论。同年,美国纽约的罗伊出版社(Roy Publishers)也出版了一本由菲利普·杰弗(Philip Jaffe)评注的 China's Destiny(中文题名为《中国之命运》);中华新闻社(Chinese News Service)在纽约刊印了一本题为 Mao Tse-tung's "Democracy" : A Digest of the Bible of Chinese Communism(《毛泽东的"民主":中国共产主义圣经之摘要》)的小册子。这是毛泽东在 1940 年 1 月发表的《新民主主义论》的英译单行本。其卷首载林语堂于 1947 年 4 月在纽约撰写的前言;哈利特·L. 麦克莱(Harriet L. McClay)与海伦·贾德森(Helen Judson)一同编选的 Short Essays(《短篇散文选》)由美国纽约的霍尔特-莱因哈特 & 温斯顿公司(Holt, Rinehart and Winston, Inc.)出版。该书从林语堂所著 The Importance of Living(《生活的艺术》)选录了"The Importance of Living"与"On Books and Reading"两节,又从 With Love and Irony(《讽颂集》)一书选录了"What I Like About America"与"With Love and Irony"两节;林语堂所著 The Gay Genius : The Life and Times of Su Tungpo(《苏东坡传》)由美国纽约的庄台公司出版,署名"Lin Yutang"。

　　按:1948 年,威廉·海涅曼公司在英国伦敦、加拿大多伦多与澳大利亚墨尔本同时出版了该书。1969 年,该书由台北的钟书书局推出台一版。1979 年 8 月,台北的美亚书版股份有限公司再版了该书。该书卷首载有序言(署名"Lin Yutang"),卷末载有三种附录,分别是《年谱》("Chronological Summary")、《书目》("Bibliography and Sources")与《人物对照表》("Biographical Reference List"),最后还有索引。正文分为 4 卷,共计 28 章。(参见郑锦怀《林语堂学术年谱》,厦门大学出版社 2018 年版)

　　张彭春继续参与和制定《世界人权宣言》。年初,联合国经社理事会决定设立人权委员会,负责起草一份对于全人类具有普遍意义的人权标准。美国战时总统富兰克林·罗斯福的遗孀埃莉诺·罗斯福被选为委员会主席,张彭春被选为唯一的副主席。1月31日,张彭春在人权委员会第7次会议上指出:有必要肯定和扩大人与动物之间的差别。应当建立一种标准,以突出人的尊严的概念,强调对人的尊重。6月11日,张彭春在人权委员会起草委员会第3次会议上有关生命权的讨论中,建议对"生命"一词的定义应多加思考——是要仅仅意味着物质存在还是意味着更多的东西?强调应当从尊严的角度来理解生命的价值,他还认为草案应以某种方式强调生活本身的美好。张彭春又在人权委员会起草委员会第8次会议上的发言中建议用"dignity(尊严)"这个词来代替"life(生命)",即用"应当尊重人的尊严"的表述来替代"应当尊重人的生命"的表述。张彭春提出,应该用中国的"仁"的概念来丰富西方的"理性"概念。"仁"字的中文是由"二"和"人"两部分构成,翻译成英文就是"二人意识"(two-man-minded-ness),英语对应的词可能是"sympathy(同情)"或"conscious-ness of his fellowmen(考虑到他的同胞)"。他觉得这个新理念应该被作为人的基本属性。在人权委员会起草委员会第12次会议上的发言中,张彭春认为注意人的文化发展很重要,要涉及"生活本身的更好发展",因为只有物质存在是不够的。在人权委员会起草委员会第13次会议上的发言中,他赞同英国代表的意见,即应增加"良心"一词,但除"理性"外,还应增加一些表示道德意义的词。(参见常健《张彭春人权思想的当代启示》,《南开大学报》第1432期,2022年5月15日)

瞿同祖继续在美国从事学术研究。11月,瞿同祖《中国法律与中国社会》由商务印书馆出版。此书系吴文藻主编《社会学丛刊》甲集第5种,原为作者在云南大学和西南联合大学的"中国法制史和社会史"讲稿。作者认为:"法律是社会产物,是社会制度之一,是社会规范之一。它与风俗习惯有密切的关系,它维护现存的制度和道路、伦理等价值观念,它反映某一时期、某一社会的社会结构,法律与社会的关系极为密切。因此,我们不能像分析学派那样将法律看成一种孤立的存在,而忽略其余社会的关系。任何社会的法律都是为了维护并巩固其社会制度和社会秩序而制定的,只有充分了解产生某一种法律的社会背景,才能了解这些法律的意义和作用。"此书依据大量个案和判例,分析了中国古代法律在社会上的实施情况及其对人民生活的影响,探讨了家族、婚姻、社会阶级与法律的关系,以及宗教对法律的影响、儒家法家思想与法律的关系、中国古代法律自汉至清有无重大变化等问题。被认为是中国古代法制史研究领域具有里程碑意义的著作。

按:20世纪50年代,瞿同祖在哥伦比亚大学将此书译成英文,并利用哥大图书馆的丰富馆藏,扩充为《传统中国的法律与社会》,收入法国巴黎大学高等研究实用学院经济与社会科学部《海外世界:过去和现在》丛书,1961年由巴黎和海牙穆东书店出版。英文版的问世,受到国际汉学界的广泛关注。有人撰文指出此书"中文原作是中国法制史研究发展中最重要的一个里程碑","向中国读者提出了创新的观点","是西文中关于中国法律最好的一本书";还有人认为"此书原著是一部标准的中文参考书,它对一切研究中国法律的学者都有影响,并将继续影响他们……此书有丰富的重要资料,组织完善,论证精辟,研究传统中国的学者都深受其益";《哈佛亚洲研究学刊》1963年的文章则指出此书"不仅阐明了法律在中国传统社会结构中的作用,并且对社会结构性质的理解作出了重要的贡献"。中华书局1981年、2003年再版该书。2004年,该书又被收入《瞿同祖法学论著集》由中国政法大学出版社出版。(参见王学典《20世纪史学编年(1900—1949)》,商务印书馆2014年版)

冯友兰继续在宾夕法尼亚大学任客座教授,讲中国哲学史,并协助卜德译《中国哲学史》下册。2月,孙次舟《评冯友兰的〈新理学〉》刊于《中国杂志》第1卷第1期。3月,冯友兰《中国哲学小史》由商务印书馆在上海四版。同月,得朱自清函。4月,前往普林斯顿大学接受名誉文学博士学位,并代表清华大学参加该校建校200周年纪念活动。同时参加者还有梁思成、赵紫宸。在纽约访杜威,谈哥伦比亚大学及美国哲学现状。离纽约前,将经卜德校订之在宾夕法尼亚大学所用英文讲稿 A Short History of Chinese Philosophy(《中国哲学简史》)交麦克米伦公司出版。在宾夕法尼亚大学遇夏威夷大学校长,同意接受邀请往该大学讲学一学期。应邀为在纽约之华美协进社讲清华、北大复员情况。同月29日,在华美协进社参加清华同学会庆祝清华大学校庆活动。应联合国广播电台中国联络员之邀往联合国灌录音片,讲中国哲学史上的和平主义。遇周培源,与之谈清华复员情况。遇张伯苓之弟、时任中国驻联合国代表张彭春,与之谈北大、清华、南开三校由合而分之情况。赴林语堂饭约,在其住处看其中文打字机计划。遇中国驻美大使蒋廷黻与秘书萧蘧,与之谈清华情况。遇王浩,劝其回国。遇在哥伦比亚大学师从杜威的中国留学生朱传贤,与之谈杜威。曾应华盛顿国会图书馆馆长恒慕义之邀参观国会图书馆。赴王重民饭约。同在4月,曹汗奇《新理学研读》刊于《哲学评论》第10卷第3期;刘汉甫《论冯友兰〈新原道〉的禅宗章》刊于《圆音月刊》第2期。6月1日,冯友兰在《新力》创刊号发表《人生的意义与人生中的境界》。编者附注云:"该篇系冯教授在重庆复兴关对青年演讲词,因冯先生已赴美讲学,该讲稿未克请其校阅,一切当由编者负责。"同月,撰 A Short History of Chinese Philosophy前言。

冯友兰暑期为华美协进社举办之中国文化班讲中国哲学史;在新泽西州立师大暑期学校讲学;离新泽西至芝加哥,为威斯康星大学讲中国哲学一次;在芝加哥遇陈梦家、赵萝蕤夫妇及董作宾,并与芝加哥大学社会学教授韦德菲尔相识;何炳棣来访,并与之长谈,谈及杨绍震夫人许亚芳(清华第六级1934年毕业)在斯密丝女校的硕士论文题目"1927年以前胡适对中国文化界的影响",冯友兰听后说:"这个题目很好,因为过了1927年,他也就没有影响了。"离芝加哥后,西行,顺路游黄石公园等处。经丹佛至洛杉矶,住 Beilenson 处,由 Beilenson 陪同游览洛杉矶市。至旧金山,遇施嘉炀。7月,《新事论》由商务印书馆出上海二版。9月4日,致函吴宓,告以经其所请,已荐彼至美国威斯康星大学作中国宗教哲学讲师。下旬,得吴宓复函,谓愿应威斯康星大学之聘,请先生同时荐钱学熙,函后附寄其英文履历一份。27日,访夏威夷大学客座教授 V. M. Ames,并与其家人合影。同月,黄绍衡《道德的常变》(评冯友兰著《新事论》)刊于《新中华》(复刊)第5卷第17期。10月24日,致函吴宓,告以威斯康星大学讲学一事,"预算(年薪六千五百美元)尚未通过"。25日,张岱年《评〈新知言〉》刊于《大公报·图书周刊》。同日,得朱自清10月2日函。同月,《中国哲学史》由商务印书馆出增订八版。

冯友兰秋、冬在夏威夷大学任客座教授,讲中国哲学史。11月11日,周鼎珩《与冯友兰论义利之辨》刊于《中央日报》。同月,王浩赠其所作论文《Notes on the Justification of Induction》,*The Journal of Philosophy*,Vol. 54,No. 26(《归纳有理说》,《哲学杂志》第54卷第26号)。12月,罗常培赠相片一张。圣诞节,与另一客座教授 V. M. Ames 全家乘快艇游夏威夷群岛。是年,作"The Philosophy at the Basis of Traditional Chinese Society"(《在中国传统社会基础的哲学》);《经学时代通论》("A General Discussion of the Period of Classical Learning")经卜德英译刊于《亚洲研究》第9卷第3—4期;E. R. Hughes 所译《新原道》英文本(*The Spirit of Chinese Philosophy*)由伦敦 Kegan Paul 出版。书前有冯友兰自序,

云:"这本《新原道》,因为它是讲中国哲学主流的发展,所以可以当作一部简明中国哲学史,不过不是就严格意义而言。无论如何,它的确可以当作我的两卷本《中国哲学史》的补编。自从十年前我的《哲学史》出版以来,我对于中国哲学的新见,全部写在这本书里了。"(据涂又光中译)"1943年,休士到昆明,说他在牛津大学当讲师,讲中国哲学,现在要升教授,需要有一点研究成绩,来昆明看看,有什么题目可以作。当时我正在写《新原道》。休士看了几章稿子,就决定把它翻成英文,作为他的研究成绩。大约在1944年或1945年稿子翻完,他带着译稿回英国去了。1946年我在美国接他的信,说稿子可以在伦敦联系出版,所得版税我们两人平分。当时国民党政府的币制紊乱,通货膨胀。我让休士替我在英国一家银行开一个户头,通知出版商,版税直接交与银行,存在我的户头下。银行给我一本支票,用钱的时候,开支票去取。这些事,休士都替我办了。"

按:贺麟《中国当代哲学》评论新理学云:"冯先生的新理学系统虽有许多地方与金先生的论道式能系统相同,但他的学说所以较金先生的学说,更易于了解而引人注意,似在于他尽力追溯他的学说如何'接着'而不是'照着'程、朱、道家、魏晋玄学及禅宗,发挥推进而来,有集中国哲学大成的地方。此外冯先生又著有《新事论》《新世训》《新原人》诸书。《新事论》融贯唯物史观之说以讨论文化问题。《新世训》分析解释许多道德概念,以指导青年修养,法家道家气味似乎很重。《新原人》讲四种境界,由自然、功利、道德境界,而归极于天地境界,所以完成极高明而道中庸的理想。总之,冯先生在纯哲学上的地位及贡献究竟如何,我们现在似乎不敢断定,我们也无法采取他自己对于他的'新统'的估价。不过,他对于著作的努力,由《新理学》《新事论》《新世训》贞元三书,发展为五书(加上《新原人》及《新原道》二书),引起国内思想界许多批评,讨论,辩难,思考,使他成为抗战期中,中国影响最广声名最大的哲学家,我们不能不表示钦佩。"该书又说"《新理学》一书出版后,全国各地报章杂志,以及私人谈话,发表的评论,异常之多",并引王恩洋《新理学评论》关于"冯先生但取旧理学的理气而去其心,而同情于唯物论,真可说是取其糟粕,去其精华"之言,认为"这段批评,比一般指斥冯先生的新理学为接近唯心论的人,似较切当。我尝说,讲程、朱而不能发展至陆、王,必失之支离。讲陆、王而不能回复到程、朱,必失之狂禅。冯先生只注重程、朱理气之学,而忽视程、朱心性之学,且讲程、朱而排斥陆、王,认陆、王之学为形而下之学,为有点'拖泥带水',无怪乎会引起王先生这样的批评"。(参见蔡仲德编撰《冯友兰先生年谱长编》,中华书局2014年版;齐家莹编《清华人文学科年谱》,清华大学出版社1999年版)

傅斯年6月赴美就医,夫人与子仁轨同往,住波士顿(Boston)白利罕(Peter Bent Bringham)医院治疗,达三四个月之久。6月20日,傅斯年在美国给胡适写信,"话说天下大乱,还要选举院士。去年我就说,这事问题甚多,弄不好,可把中央研究院弄垮台。大家不听,今天只有竭力办得公正像样,以免为祸好了"。然后移居康涅狄格州(Connecticut)之纽黑文(New Haven)休养。在傅离开南京前,董作宾应美国芝加哥大学邀请赴美讲学,傅斯年任命夏鼐代理史语所所长。(参见欧阳哲生编《中国近代思想家文库·傅斯年卷》及附录《傅斯年年谱简编》,中国人民大学出版社2015年版;张书学、李勇慧《王献唐年谱长编》,华东师范大学出版社2017年版)

董作宾1月中旬起程赴美,离南京前史语所同仁郭宝钧、顾颉刚、芮逸夫、劳幹、高去寻等都到下关车站相送,大家互道多多保重,叮嘱常常写信,依依惜别。15日,董作宾从上海登船横渡太平洋,于1月30日抵达旧金山,然后改乘火车直抵旧金山。根据顾理雅给董作宾信函中提出的原则,董与芝加哥大学校方商定两年中开设四门课程:中国古代史研究、中国考古学研究、中国古文字学和周代金文。由董自编中文讲义,手写复印,用汉语讲课。学习这些课程的学生一般是可以听得懂汉语授课的,也安排有翻译助教,辅导个别学生,顾理雅和东方学院中文部的琼华(June Work)女士都曾做过翻译助教。董作宾讲课仍用家乡方言,但咬字很清楚。赵元任、杨步伟《回忆彦堂兄的声色》(《董作宾先生逝世三周年纪念集》,台北艺文出版社 1966 年版)说过:"他说话的时候,嗓音洪亮,简直可说是钟鼎之音。人人都知道董彦堂是古文字学的泰斗,其实他于唇舌喉齿牙咬字方面向来注意的。他常常说你们总提倡拿北京话当国语的标准,可是北平音连'尖团'都不会分。我们河南南阳尖是尖,团是团,从小就会的。所以彦堂一向不说北平话,并不是不会,非不能也,是不屑也!"

董作宾将原来在北京大学授课时的讲稿《今后怎样研究甲骨文》作了补充修订,作为上课的讲稿,就甲骨文已著录和尚未著录的资料、甲骨文发掘出土和分布的情况、甲骨文与其他出土遗物的关系、甲骨文的分期断代等问题,进行了全面的介绍。为了教学生初识甲骨文,还精心编著了《武丁龟甲卜辞十例》,选择武丁时期有代表性的卜龟用朱墨两色手写而成,用于教学,十分方便。后去波士顿送给哈佛燕京学社一份,哈佛大学远东语文系教授杨联陞将其摘要翻译,发表于哈佛大学《亚洲学报》,并附有董作宾的手写真迹。为了激发学生学习甲骨文的兴趣,董还将美国学者方法敛、加拿大学者明义士等西方学者在甲骨学方面的成就贡献,介绍给大家。除完成芝加哥大学的教学任务外,董作宾还应邀到美国其他大学讲学。其间,董作宾在完成教学任务之余仍坚持学术研究,完成了多篇论文,其中《殷墟文字甲编·自序》撰成于是年夏,长达 15000 言。次年夏,再撰《殷墟文字乙编·自序》更是洋洋 25000 字。《甲编·自序》中说:"一篇序文写得这么长,还幸而甲编图版不在我的手头。本来秋季三个月我没有开课,在休假中平常很少机会讲话,所以得到夏鼐先生给我这个题目,就不免大谈一阵,借以温习国语。"《甲编》《乙编》是 10 年殷墟科学发掘所得甲骨文资料的著录,序言中介绍了 10 年甲骨出土和甲骨文资料整理、编撰的经过,总结了科学发掘甲骨文特别是 YH127 坑甲骨文的特点和价值,说明了两书的编撰体例和出版问世的意义,进而论述了今后甲骨文研究的方向和方法。(参见郭胜强《董作宾传》,江苏文艺出版社 2010 年版)

竺可桢 1 月 1 日起不再兼任气象所所长职,但仍保留研究员身份。20 日,从伦敦到南安普顿乘艾里克逊号轮离英赴美。以后在纽约、波士顿、剑桥、兰山、华盛顿、匹茨堡、兰辛、芝加哥、麦迪逊、旧金山等地参观访问,注重了解当前的科学研究进展状况和察看最新的科研设备,并考察美国教育。在美期间,应邀在一些大学公开讲演及作学术报告,会见许多同行、老同事、老朋友。所到之处都有浙大毕业学生、校友,给予热情接待。2 月 5 日,由教育部聘为该部学术审议委员会第三届委员。18 日,致函中研院代院长朱家骅,请从速提出中研院院会,将杭州公教人员待遇改成与京沪一律。20 日,致函苏步青等,对学校教职员工薪俸菲薄,不足以维持生活,无日不在怀念之中。同月,Origin of Twenty-Eight Mansions in Astronomy(《二十八宿起源》)刊于 *Popular Astronomy*(《大众天文学》)。3 月 13 日,至克拉克大学,晤地理系研究生院院长 Van Valkenburg (Samuel)。又见 30 年前之老师 Dr. Atwood W. W.。后为该校地理系研究生班作讲演,是为 10 年来第一次以英文对外国人讲演,并配有幻灯。28 日,晤 David Little,获悉被推为哈佛大学联合俱乐部远东组会长,允之。4 月 1 日,约浙大同学戴振铎、钟士模、秦元勋、钮因美、吴尊爵夫妇、吴文泷晚膳,以庆祝浙大 20 周年纪念。6 日,至寓晤哈佛校长 J. B. Conant。同日,参加美国东部中国学生基督教团契活动,并在聚会上讲中国大学之自由主义。27 日,清华同学会在赵元任家聚会,到林家翘、钱学森、陈可忠等 30 余人。竺可桢与赵均有演讲。5 月 7 日,参观哥伦比亚大学。又至美国外交部文化服务广播部,作广播演讲"中国大学教育"。12 日,参观密歇根州立大学并作演讲"古今之中国大学"。听者四五十人,半数为中国人。19日,由郭晓岚、谢义炳偕至芝加哥大学气象系晤 Rossby 教授。郭晓岚与叶笃正陪同至仪器室参观仪器,并与叶谈其所作檀香山雨量之研究。翌日 Rossby 专为竺可桢讲系中之工作。21日,在科罗拉多州立大学演讲"中国大学概况",并出席中国留学生举行的午宴。(参见李玉海编《竺可桢年谱简编》,气象出版社 2010 年版)

梁思成 2 月由中国政府委派担任联合国大厦设计建筑师顾问团中国代表。4月,美国普林斯顿大学邀请他担任"远东文化与社会"国际研讨会的领导工作。他作了两个学术报告,在这次学术报告中将四川大足的石刻介绍给国际学术界。同月,接受美国普林斯顿大学荣誉文学博士学位。7月,参观 Cranbrook,访问建筑大师沙里宁(Saarinen)及其子,讨论建筑教育问题。又参观 Taliesen,访问弗兰克·劳埃德·赖特(F. L. Wright)讨论建筑理论。同月,由美国回国。(参见林洙、楼庆西、王军《梁思成年谱》,《建筑史学刊》2021 年第 2 期"梁思成及营造学社前辈纪念专刊")

晏阳初与梁耀祖(仲华)、孙则让(廉泉)、瞿世英(菊农)3 人 3 月 20 日发愿乡村建设事业誓约:"吾人深信建国力量蕴藏于乡村,因发愿献身于引发民力共谋国家建设为职志,本此信念共誓约守:一、见体发愿务求其同,勿为理障各执其是。二、出处进退,基于共决,不得歧异。三、在外互相推重共宏献身之愿,在内彼此砥砺以达规劝之旨,休戚相关、患难与共。本此三端,结如手足共守,不渝此誓。"4 月 17 日,为打开美援僵局,乘坐自上海启航的邮轮再度赴美,以争取美国援助,解决国民政府困难。同月,美国援华法案特列"晏阳初条款",设置中国农村复兴联合委员会。5 月 6 日,到达洛杉矶好莱坞,与黄宗霑等商谈平民电影厂事。17 日,抵纽约市。同月,在《新教育》杂志第 1 卷第 1 期(创刊号)上发表《为和平而教育世界》。首先,谈自己在 1925 年参加太平洋国交讨论会发表的有关平民教育的演讲受到与会者的热烈欢迎,并受到了大会主席威尔伯博士的高度赞扬,称自己的讲演"为最有价值"。其次,说明平民教育的重要性。第三,提出要改变中国人民"愚贫弱私"的生活必须使用教育的三大武器:文字、电影、广播。

晏阳初 7 月 10 日下午 2 时拜见美国国务卿马歇尔。应马歇尔要求,于 9 月 30 日向美国国务院提交一份要求美国援助中国教育与生计等社会建设的备忘录。16 日,联合国文教组织秘书长赫胥黎致电晏阳初,询问可否担任该组织基本教育计划主任。晏考虑到中国平教运动责任重大,复信婉言谢绝。8 月 25 日,应邀出席在巴黎举行的"联合国文教组织研讨会",在会上作了以《平民教育与国际了解》为题的英文讲演。讲述第一次世界大战时在法国教授华工识字创立平民教育以至现在逐步发展的原则、方式、技术、教材等,最后说明中国平民教育是秉承"民为邦本,本固邦宁"的中国古训以及为民所治、为民所享、为民所有原则进行;经由大众教学战胜了文盲;经由人民生活的改善克服了贫穷;经由为民所治、所有政府安置消除了腐败统治。在结语指陈:25 年间经过两次世界大战,对世界毫无裨益;难道还不体认我们必须好好利用未来的 25 年。我们所有财力经验都必须奉献,以完成这一伟大工作。9 月 17 日,赫胥黎函请晏担任该组织基本教育特别顾问,晏阳初复信表示同意。30 日,给美国国务卿马歇尔写备忘录《发展国家的根本》。

晏阳初 9 月专程到伦敦拜谒阔别 40 年的恩师——当时任中国内地会伦敦总部监督的姚牧师。白头师生,殷殷话旧,泪眼相对,感慨万千。感慨道:殊途同归,虽然道路不同,但拯救苦难同胞的目的是一致的。问道:"你记得板球戏的胜利不?"相与大笑,交谈甚欢。

10 月初,晏阳初在美国选购的大批图书、仪器、水利测量仪器、化学实验药品及大批电影器材先后运抵北碚乡村建设学院。电影机即用于学生电教实习,并在学院及学院研习区巡回放映。7 日,致信联合国"文教组织"秘书长赫胥黎:"'文教组织'基本教育计划与中华'平教总会'具有共同哲学与同样理想,自当如尊翰提示相互合作,'平教总会'当随时就本身经验心得贡献意见,并愿担任顾问,以便联络。"同月,在《新教育》杂志第 1 卷第 3—4期发表《中国农村教育问题》。最后,希望"一班青年,发挥宏愿,深入农村,施展宏才。好静的做研究工作,好动的做推广工作,以伟大的精神,成伟大的事业","这样,不但青年自己有了出路,整个国家也就有了出路"。(参见杜学元、郭明蓉、彭雪明《晏阳初年谱长编》,上海交通大学出版社 2017 年版;宋恩荣编《中国近代思想家文库·晏阳初卷》附《晏阳初年谱简编》,中国人民大学出版社 2015 年版)

罗常培暑期在美国密西根大学举办的语言研究所的语言学会星期讲座上,会见了来自美国各地的语言学家,还选修了三种课程,对美国语言学界的情况有了进一步的了解。是年,游记散文集《苍洱之间》由独立出版社出版;《王兰生年谱》刊于南京《现代学报》第 1 卷第 2—3 期合刊;《评商克的〈古代汉语发音学〉》刊于《岭南学报》第 7 卷第 1 期。(参见罗伯特·伊·沃克《罗常培在美国》,《罗常培文集》编委会编《罗常培文集》第 10 卷及附录《罗常培年表》,山东教育出版社 2000 年版)

王重民 1 月初再去普林斯顿大学葛思德文库工作,月底回华盛顿。袁同礼函促王重民回国代理馆务,以便他去美接洽运回寄存善本书事,王重民于是托中国驻美使馆代为订购初次通航的船票回国。(参见刘修业《王重民教授生平及学术活动编年》,载王京州编《河北近现代学者年谱辑要》,国家图书馆出版社 2017 年版)

汤用彤 8 月休假出国讲学,由上海乘船赴美。朱光潜出任代理文学院长。9 月,汤用彤开始在美国加州伯克利大学讲授中国汉隋思想史一课。"中国汉隋思想史"一课现存讲义,主体内容是玄学。《王弼之〈周易〉〈论语〉新义》一文由奥地利汉学家李华德译成英文刊于美国《哈佛亚洲研究杂志》,引起了西方学术界的重视。(参见汤一介、赵建永编《中国近代思想家文库·汤用彤卷》及附录《汤用彤年谱简编》,中国人民大学出版社 2015 年版)

张君劢 12 月 3 日晋京办理赴美手续,并与政府商洽一切。张君劢应美国华盛顿大学之邀请,定于明年 1 月 8 日在该校演讲五星期。5 日,于晋京向主席辞行返沪后接见记者谓,赴美系应华盛顿大学之邀,讲解新宪法。13 日晨 8 时,张君劢乘飞机离沪赴美讲学。此次张君劢应美国华盛顿大学的邀请前往讲学,讲解中国的"新宪法",并为蒋介石乞求美国的援助,以安定中国的币值和人心军心。行前赴机场送行者,有政府官员、党人及张君劢大部分家人,约 200 多人齐集机场,情况之盛实属少见。18 日,在华盛顿会晤国务院主管经济之巴德握斯(Butterworth)。19 日,自华盛顿致函张公权,报告:与美国国务院主管经济事务之巴德握斯晤谈有关改革币制的意见。22 日 10 时半,晤魏德迈将军。23 日,在纽约致张公权电,报告与魏德迈谈话详情。同日,张君劢派助手冯白斤将电报稿送给顾维钧,请其用大使馆密码致电蒋介石,这是一份魏德迈与张君劢的谈话记录,在谈话中,魏德迈认为中国的币值改革很重要,魏德迈建议给予中国政府一笔信贷作为实现改革币制和稳定货币之用,两人均认为这个问题可与美国国务院继续探讨,并建议中国派遣一个由著名银行家和专家组成的代表团。张君劢建议由诸如陈光甫和张嘉璈这样的人参加,由王世杰任团长。25 日晚,顾维钧设宴招待张君劢与国民政府教育部次长杭立武。话题集中在中国的政治形势和国大代表的选举上。互相讨论了选举,也谈到了中国全国范围进行这种首次尝试所涉及的种种问题。一致同意选举应该是公开的和自由的，而且最近的选举结果应该得到承认，即便从政府或在野党的观点来看，这次选举的结果是多么令人遗憾。29 日，张君劢在纽约致电张公权，希望政府旬日内派大员携带财政币制改革方案来美，与美国务院洽议，争取主动。（参见李贵忠《张君劢年谱长编》，中国社会科学出版社 2016 年版；翁贺凯编《中国近代思想家文库·张君劢卷》及附录《张君劢年谱简编》，中国人民大学出版社 2014 年版）

老舍继续在美国讲学写作。1 月 26 日，《新上海》第 52 期刊署名菲菲《老舍曹禺扬威美国》一文。2 月 12 日，老舍在美国费城国际学生总会发表演说，并以英文撰剧本一种，在美上演。又应哈佛大学远东历史教授费正清博士及中文系主任比格斯教授之约，参观该大学。3 月 1 日，《文潮》第 2 卷第 5 期"文坛一月讯"："老舍之《离婚》创作近在美译成英文，即将付印，秋后可出版。闻其在美又写剧本一种，亦拟译成英文云。"4 月，短篇小说集《微神集》由晨光出版公司初版，《序》中说明了本书编选原则及以《微神集》为名的缘由。5 月 3 日，文协总会在清华同学会举行 9 周年纪念会，并改选理监事。郭沫若、老舍、田汉、茅盾、巴金、梅林等 21 人当选。6 月 23 日，在纽约作《月牙集序》，《序》中说，《月牙集》中所收"这几篇都是我自己所喜欢的东西""五篇作品都是相当的长的"，故"应当叫做中篇小说集"。初秋，美国总统杜鲁门派遣魏德迈为特使来华，以"调查"为名，干预我国内政。老舍对此事十分关注，曾与几位朋友在纽约 125 街"上海楼"餐馆聚会，抨击了魏德迈的在华活动。10 月，中华全国文艺协会机关杂志《中国作家》在上海创刊，由舒舍予挂名发行，开明书店经售。此刊物共出 3 期。

老舍 10 月 9 日傍晚到旅馆看望刚抵达纽约的冯玉祥。言谈间抨击了蒋介石统治下的时政。26 日，《傅抱石先生的画》刊于上海《大公报》。文中对傅抱石画技造诣之深予以高度评价，同时结合赵望云、丰子恺、关山月、谢趣、林风眠的画，就国画的创新问题发表了精辟见解。同月，老舍 11 月 2 日在纽约写给楼适夷的信。17 日，以《海外书简》刊于香港《华商报》。信中简述了在纽约一年来的工作、生活概况，对美国戏剧、电影不景气，物价飞涨等发表了感慨："去年同碧禺到各处跑跑，开开眼界。今年，剩下我一个人，打不起精神再去乱跑，于是就闷坐斗室，天天多吧少吧写一点——《四世同堂》的第三部。""最坏的是心情。假如我是个翩翩少年，而且袋中有冤孽钱，我大可去大天吃点喝点好的，而后汽车兜风，舞场扭脱，乐不思蜀。但是，我是我，我讨厌广播的弯杂，大腿戏的恶劣，与霓虹灯爵士乐的刺目灼耳。没有享受，没有朋友闲谈，没有茶喝。于是就没有诗兴与文思。写了半年多，《四世》的三部只成了十万字！这是地道受洋罪！""多想写一点旅美杂感，可是什么事都非三两天能看明白的，总写些美国月亮如何的光明，有什么意思呢？"是年，在纽约作《猫城记》新序，载《猫城记》，晨光出版公司 1947 年版。序中称"在我的十来本长篇小说中，《猫城记》是最'软'的一本""与其说这是篇序言，倒不如说一个未入流的作家的悔过书了"。（参见甘海岚编《老舍年谱》，书目文献出版社 1989 年版；田本相、阿鹰编著《曹禺年谱长编》，上海交通大学出版社 2017 年版）

曹禺继续在美国讲学写作。1 月 1 日，《文潮月刊》第 2 卷第 3 期（新年号）"文坛一月讯"刊消息："剧作家曹禺前应美国国务院之聘，赴美讲学，现已于纽约启程返国，预计本月当可抵沪，在沪友好闻讯，正筹备欢迎。"26 日，《新上海》第 52 期刊署名菲菲《老舍曹禺扬威美国》一文。（参见田本相、阿鹰编著《曹禺年谱长编》，上海交通大学出版社 2017 年版）

蒋廷黻 12 月任中国驻联合国安全理事会常任代表。此后从事职业外交生涯长达

15 年。

钱存训春间奉教部派遣,赴美接运平馆寄存善本 102 箱。"一切手续都已办妥,可是上海仓库拥挤,没有地方存放。接着平沪交通断绝,即使接运到沪,也无法运返总馆,因此有奉令从缓。"钱存训亦应芝加哥大学之聘,放弃了华盛顿之行。(参见张光润《袁同礼研究(1895—1949)》,华东师范大学博士学位论文,2018 年)

赵紫宸《基督教进解》3 月由青年协会书局初版,至 1950 年第 3 版。1955 年 9 月,香港基督教辅侨出版社(后改名为香港基督教文艺出版社)再版。7 月,参加在加拿大维特比(Whitby)举行的世界基督教协进会(World Council of Churches)筹备会议,并在美国讲学,为宗教学院筹款。同月,代表燕京大学出席普林斯顿大学成立 200 周年纪念,并被授予荣誉神学博士学位。10 月,《圣保罗传》由(上海)青年协会书局初版,1948 年 7 月再版。1956 年 1 月,香港基督教辅侨出版社再版。1999 年中国基督教协会再版。是年,发表"The Articulate Word the Problem of Communication"、《创造与再造》《谈谈我的心灵修养》等文。(参见赵晓阳编《中国近代思想家文库·赵紫宸卷》及附录《赵紫宸年谱简编》,中国人民大学出版社 2014年版;张玮瑛、王百强、钱辛波主编《燕京大学史稿》,北京人民中国出版社 2000 年版)

何兹全赴美国,在纽约哥伦比亚大学读书,并受约翰霍普金斯大学资助,协助法兰西斯教授将范文澜著《中国通史简编》翻译为英文。

李安宅应美国耶鲁大学的邀请,任该校研究院人类学系客座教授。

李景汉出席在纽约召开的国际人口会议。

汪祥春在美国威斯康星大学留学。

余青松任加拿大多伦多大学教授,后到美国哈佛大学天文台工作。

林同济 2 月始游历欧洲各国,拜访意大利史学家 B. 克罗齐,法国思想家 J. P. 萨特,英国 H. 拉斯基等当代著名学者,让每位学者提供 100 名最重要的西方思想家名单,以收藏其著作于海光西方思想图书馆。(参见江沛、刘忠良编《中国近代思想家文库·雷海宗、林同济卷》及附录《林同济年谱简编》,中国人民大学出版社 2014 年版)

费孝通 1 月 30 日在伦敦经济学院作《中国社会变迁中的文化症结》讲演,认为"知足、安分、自足"之价值观与中国传统匮乏经济相适应,现代化需要西方式丰裕经济所维持之"无厌需求"。费孝通以美国人类学家玛格丽特·米德(Margaret Mead)的《美国人的性格》为蓝本,加以发挥、创作,著成一本介于翻译和创作之间的新书《美国人的性格》,由生活书店出版。(参见蔡仲德编撰《冯友兰先生年谱长编》,中华书局 2014 年版;齐家莹编《清华人文学科年谱》,清华大学出版社 1999 年版)

卞之琳 6 月 1 日译诗《西面之歌》(艾略特作)发表于天津《大公报》文艺版,因获英国文化协会"旅居研究奖",被邀往英国作客一年,遂往上海与获此奖学金的 20 名进修人员会齐,9 月到达英国牛津。与同在牛津进修的杨周翰、王佐良、裘克安等时相过从。

吴耀宗 7 月与中华基督教青年会全国协会总干事梁小初、上海交通大学校长黎照寰、驻日内瓦世界基督教青年会的中国干事李储文等一起,赴挪威奥斯陆参加世界基督教青年大会。8 月,与梁小初、黎照寰等一起,赴英国爱丁堡参加世界基督教代表大会,会议主题"基督教与共产主义"。9 月 15 日回到上海。(参见赵晓阳编《中国近代思想家文库·吴耀宗卷》及附录《吴耀宗年谱简编》,中国人民大学出版社 2014 年版)

吴世昌应聘赴英国牛津大学讲学,并任牛津、剑桥大学两大学博士学位考试委员。

郑德坤赴英伦在剑桥、牛津和伦敦三所大学轮流讲学一年。

汪敬熙到法国巴黎,任自然科学国际科学合作组主任。

陈桢被聘为联合国教育科学文化组织中国委员会第一届委员。

张彭春任联合国安全理事会中国代表。

董守义被选为国际奥委会中国委员。

吴作人先后在英国、法国、瑞士举办画展。

茅盾继续在苏联访问。1月1日上午,至中国大使馆拜年。2日下午5时半,与孔德沚出席苏联作家协会举办的茶会,与在莫斯科的苏联作家见面。出席茶会的有法捷耶夫、儿童文学作家马尔夏克等20余人,其中有3位女作家。苏联作家十分关心中国文坛的情况,提出了许多问题,其中包括中国文坛现时的主要倾向、中国文艺界统一战线的现状、中国作家的生活情况等。在回答了苏联同行们提出的问题之后,又转而询问苏联文坛的近况。苏联方面也作了概要的介绍。儿童文学作家马尔夏克希望得到有关中国民间故事和童话新作的材料。答应尽量满足他的要求,并对他说,中国作家中最早写童话的,是老作家叶圣陶。8时,茶会完毕,即回旅馆。3日上午,参观"列宁图书馆",并将国内友人托赠该馆的书交给了图书馆的负责人。下午,参观《儿童真理报》编辑部并与主编古勃列夫谈了一个多小时。晚,在寓所整理笔记。4日上午,在旅馆整理参观"红军战利品展览会"的笔记。下午,访问"高尔基世界文学研究院",在该院座谈一时后,参观"高尔基博物馆"。5日起,《苏联游记》开始在《华商报》上连载。《文汇报》《文萃》《时代》《中苏文化》等报均选载或转载。7日,作《致戈宝权》(书信),现收《茅盾书信集》。随信寄去了日记一部和短文一篇。并附上给叶圣陶、曹靖华的信各一封。希望叶圣陶在国内代购中国民间故事、中国作家所写的童话、中国文法等书,信中还请叶以群弄些国内杂志来。8日下午,茅盾接待南斯拉夫、波兰、捷克斯洛伐克、保加利亚的记者等五六人来访。最后请各位记者代觅世界语译的各国文学作品,记者们表示将尽力而为。9日,为苏联《儿童真理报》作《民族解放斗争中之中国儿童》一文。13日上午,接受塔斯社记者采访。14日上午,参观"东方文化博物馆",先参观中国部分,然后又看了日本、西藏、伊朗、巴尔干各国及中亚各民族部分。叶洛菲也夫来商量:由于莫斯科的冬天太冷,是否先到南方参观,然后再回莫斯科。于是决定后天去高加索的两个加盟共和国——格鲁吉亚和亚美尼亚访问。

茅盾1月16日晚赴库尔克斯车站,乘火车前往格鲁吉亚共和国首都第比利斯,由对外文协工作人员鲍罗宁陪同。22日下午,驱车往斯大林故乡戈里,参观了斯大林故居和斯大林博物馆。24日晚,出席格鲁吉亚对外文协举办的晚会。到会的有作家和艺术家30余人。在会上简单地讲述了"五四"以来中国新文艺发展的道路以及抗战前后文艺团体的组织。为回答一位老诗人的提问,又特别谈了中国新诗运动的现状。25日下午,参观格鲁吉亚国立大学和马恩列斯学院格鲁吉亚分院。28日中午,至格鲁吉亚对外文协辞行。下午1时,访问格鲁吉亚科学院,该院院长摩斯赫列什维对中国的文字改革颇有兴趣,并问及拉丁化运动的情况。下午4时,火车离开第比利斯。30日上午,拜访亚美尼亚共和国教育部,谈话一个多小时。随后,参观了国立艺术馆和文学研究所。31日上午,出席亚美尼亚对外文协举行的座谈会。到会的除了协会会长卡莱泰尔外,还有多位亚美尼亚的文学艺术家。座谈会结束后,又去参观了"亚美尼亚历史博物馆"和基洛夫区托儿所。2月1日上午,访问亚美尼亚科学院,与院长和专家们谈了文学和东、西方古代经济、文化交流等问题。孔德沚则与化学家卜杨女士询问苏联职业妇女的情况。随后,又参观了亚美尼亚大学。晚,出席亚美尼亚对外文协举办的欢送宴会,到会的有三、四十位作家和艺术家。2日中午,至亚美尼亚对外文协辞行。下午,登车离开埃里温。3日,车至第比利斯。

茅盾2月6日晚9时抵达莫斯科。10日,在《时代日报》发表《普希金逝世一百一十周年纪念题字》,亦载《时代周刊》第7年第5期,云:"伟大的普希金站在人民的立场坚决反对黑暗专制政治,为人民的利益而斗争;他的辉煌工作照耀了人类的历史。"12日下午,访问莫斯科大学,受到校长和文学部主任的接待。14日上午,花了三个小时参观克里姆林宫。15日,拜访苏联作家卡达耶夫。互相交流了文学创作的经验与看法。16日下午,拜访苏联儿童文学作家马尔夏克。17日下午,拜访苏联作家西蒙诺夫,在二小时的晤面中,无所不谈。18日在旅馆作《抗战时期的中国文艺概况》,本文应叶洛菲也夫之请而作。19日下午,拜访苏联作家吉洪诺夫,受到吉氏夫妇的热情接待。与吉洪诺夫的谈话很融洽。21日下午,参观"托尔斯泰博物馆"和"奥斯托洛夫斯基博物馆"。22日晚,赴中国大使馆,出席傅大使所举行的宴会。被邀请的客人,除了苏联对外文化协会的正副会长、常务理事、文学部东方部各主任外,还有作家、艺术家多人。法捷耶夫、西蒙诺夫、吉洪诺夫和列昂诺夫因最高苏维埃开会,未能出席。24日上午,抵达列宁格勒。下午,访问了科学院东方研究所。会见了所长、汉学家阿历克舍也夫,并答应后天为研究所的同志讲一讲中国新文学运动。26日下午1时半,参加苏联作家协会列宁格勒分会的茶会。3时半,赴东方研究所,作中国新文学运动的简略报告,并参观了该研究所的图书馆。27日上午,参观十九世纪大诗人涅克拉索夫博物馆和"国立萨尔蒂科夫—谢德林图书馆",又至大学图书馆看了《永乐大典》的残本。下午4时,赴广播电台作3分钟的广播讲话,然后又接受了塔斯社记者的采访。28日下午,参观普希金博物馆,又被苏联对外文协的摄影记者邀至市内各处摄影留念。晚8时,登车返回莫斯科。同月,蔡畅突然来访,原来她就是要去巴黎参加第一次国际妇女代表大会的代表。将邓颖超托带的工艺品交给她,并高兴地谈了一个多小时。

茅盾3月1日上午10时,抵达莫斯科。4日下午,在叶洛菲也夫和翻译史君的陪同下,访问了国立出版局文学部。5日晚,出席苏联对外文化协会举行的送别宴会,并在会上致辞答谢。出席宴会的苏联作家有吉洪诺夫、马尔夏克、列昂诺夫等。中国方面参加宴会的有傅大使和使馆其他各位,以及中央社记者朱庆永。8日上午11时,抵达塔什干,受到乌兹别克共和国外交部副部长及对外文协筹备会等五、六人的欢迎。晚,参加庆祝国际妇女节大会,并与大会主席塔吉叶娃女士交谈。10日上午,拜访乌兹别克共和国外交部长,谈一小时。随后参观科学院和语文研究所。13日上午,参观艺术馆和历史博物馆。下午,与乌兹别克作家协会的作家们座谈。晚,出席共和国外交部长在宾馆举行的送别宴会。到会的有大学校长、科学院院长、名作家、名演员以及其他各方面的知名人士。在即席发言中,赞扬了苏联的社会制度,并说"三十年来,中国人民对苏联的一切都十分关心",看到苏联所取得的巨大成就,"中国人民都想起了孙中山先生的遗言:十月革命是人类的新希望"。14日,离塔什干,飞抵阿塞拜疆共和国首都巴库。15日上午,参观石油学院和科学院。19日下午,参加阿塞拜疆作协举行的茶会。在茶会上介绍了中国文学发展的情况,也了解了阿塞拜疆文学发展的概况。双方都希望有更多的交流机会。20日下午,阿塞拜疆作协所办的《文学报》记者来访。晚多时,遇到取道巴库去印度参加亚洲民族人民代表大会的亚美尼亚对外文协会长卡莱泰尔教授,餐后去其房间晤谈多时。

茅盾3月22日下午抵达莫斯科。23日下午,参观国立"普希金美术馆"。同月,《霜叶红似二月花》由上海光华出版社出版；《生活之一页》由上海新群出版社出版。4月3日下午，赴东方语文大学讲"中国新文学的任务"。随后又答复听众提出的若干问题。到会者除该校中文及日文系学生外，还有来自其他文化机关的工作人员。在该校又遇到曾经跟曹靖华学过中文的中国文学教授宝慈尼爱娃女士，并接受了她赠送的论文《莺莺传到西厢记》。5日上午，至中国驻苏大使馆向傅大使辞行。下午，赴苏联对外文化协会向凯美诺夫会长辞行。晚，叶洛菲也夫、史君、玛娅和中国大使馆秘书胡邦济等都到旅馆来道别。对外文化协会副会长卡拉介诺夫到车站送行。对外文协还请彼得罗夫上校和米海洛夫中校一路陪送。10时50分，火车离开莫斯科。7日，《对苏联塔斯社访员的谈话》刊于《华商报》。该谈话原题《茅盾在苏联发表谈话》。主要谈了在苏联参观访问所留下的深刻印象。17日，平安抵达海参崴。19日上午，苏联诗人萨墨林来访，谈了当地文艺发展的情况。20日，乘上"斯摩尔纳号"轮返沪。23日晨，观海上日出的壮观景象。25日下午，抵达上海。（参见唐金海、刘长鼎主编《茅盾年谱》，山西高校联合出版社1996年版）

罗家伦继续任中央监察委员。2月25日，行政院会议通过罗家伦为首任中华民国驻印度大使。3月13日，张元济致罗家伦书。谓："前见报载，荣膺印度大使。东亚两大，确有可以提携之处。此非寻常荡节也。诗云：'皇皇者华，于彼原隰。'可为贤者咏矣。前月奉到尊刺，知荷枉存，当遣小儿追踪造访，乃已遄返金陵。闻将于两星期后启行。如取道沪上，甚盼一见。"15日，出席中国国民党六届三中全会。5月1日，离开南京赴印度就任。16日，向印度政府递交国书。8月15日，参加印度独立庆典并发表祝辞。9月，回国出席中国国民党六届四中全会，12月11日返回印度。11月23日，当选为国民大会代表。（参见刘维开《罗家伦先生年谱》，中国国民党中央委员会党史委员会1996版；张晓京编《中国近代思想家文库·罗家伦卷》及附录《罗家伦年谱简编》，中国人民大学出版社2015年版；张人凤、柳和城编著《张元济年谱长编》，上海交通大学出版社2011年版）

胡愈之仍居新加坡。1月25日，在《风下》周刊第59期"卷头言"上发表《理想主义与现实主义》一文。3月22日，在《风下》周刊第67期"卷头言"上发表《人类的春天》一文。4月，利用《风下》周刊组织"自学辅导社"。发起救济香港文化界人士的募捐活动，为当时逃亡在香港的大批文化界人士解决活动和生活的一部分困难。为纪念郁达夫被害两周年，在《南侨日报》发表《关于纪念郁达夫》一文。邀请夏衍来新加坡任《南侨日报》主笔。4月19日至12月27日，在《风下》周刊第71—107期"卷头言"上连续发表《合法斗争》《从五四说到世界青年代表团》《人才与奴才》《从汽车多说到纸币多》《反饥饿、反内战、反独裁》《青年是历史的创造者》《以尾巴还尾巴》《向全世界人民控诉》《当心缠夹二先生》《闲话原子》《言之有物与无病呻吟》《祖国》《祖国与家乡》《中国革命与亚洲民族运动》《假如鲁迅来南洋》《法》《一个世界的成长》《见恶表示衰弱》《从牛角尖看世界》《准备迎接伟大的新时代》。9月27日，主持民盟马来西亚在新加坡召开的第一届代表大会，并起草宣言。10月，撰写《悼俞颂华先生》一文。12月24日，在《南侨日报》上发表社论《论冬季战局》一文。12月30日，在《南侨日报》上发表社论《国民党民主派的道路》一文。（参见朱顺佐、金普森《胡愈之传》及附录《胡愈之生平大事年表》，杭州大学出版社1991年版）

美国记者斯特朗1月16日在延安受到毛泽东接见并同她谈话。毛泽东说：中共愿意同国民党恢复谈判，条件是：双方恢复1946年1月10日停战协定签订时的实际控制区域；取消1946年11月由"国大"通过的"宪法"，恢复一年前各党派一致通过的政治协商会议决议。他又说：你在离开延安以后，一定会听到敌人传布的许多关于我们的所谓"暴行"的谣言。不过你一定记得你在许多地方看到过我们的部队,它是世界上若干最有纪律的部队之一。在谈到美国拥有原子弹时,毛泽东说:原子弹的诞生,也就结束了它的生命。全世界那些笨人在奢谈原子战争,但是原子弹在战争中已不能再度使用。它在广岛上空的大爆炸已炸毁了它自己。它的收效也就是它的死亡,因为全世界的人民都反对它。自然,原子能将继续予以发展,它的巨大的能力将为人们所利用。2月13日之前,周恩来同安娜·刘易斯·斯特朗、阳早、寒春等谈话:目前我们要到山沟里度过一段艰苦日子,但不用很久将会取得全国胜利。同意阳早、寒春等随军转移,劝斯特朗离开解放区。13日,斯特朗离延安。2月20日,周恩来致函已回到北平的斯特朗:"你作为中国人民的一位真正的朋友,我们对你最为想念。""通过你的影响和著作,你对中国人民将做许多有益的工作。""这是我们的外国朋友所能做的最美好的事情。"(参见中共中央文献研究室编撰、逄先知主编《毛泽东年谱(1893—1949)》,人民出版社、中央文献出版社1993年版)

美国加利福尼亚大学校长罗伯特·G.斯普劳尔1月29日致函张伯苓:"很高兴告诉您,如您能参加伯克利加州大学3月23日的或者6月21日的毕业典礼,加利福尼亚大学董事会选举决定把名誉法学博士学位授予您。"3月23日,张伯苓未能参加加州大学伯克利分校宪章典礼拟授予他的名誉博士学位。5月13日,张伯苓委托在纽约的张彭春给加州大学伯克利分校校长罗伯特·G.斯普劳尔复函,感谢决定授予名誉法学博士学位,并为不能参加该校6月21日毕业典礼深表遗憾。(参见龚克主编《张伯苓全集》第十卷附编《张伯苓年谱》,南开大学出版社2015年版)

美国司徒雷登(Leighton Stuart)继续任驻华大使。4月12日,致函晏阳初,郑重提示两点:经费管理:"最使我满意的是组织一由中国人与旅华美人合组的委员会来管理这项工作的经费——或在华盛顿另有一小委员会,这些委员自应是中美两国政府同意的具代表性的适当人选接受有关工作报告,但在进行工作时应有如民营事业一样的自由与弹性。我更建议你请问杜鲁门总统与其他有兴趣于此人士的自己意见或计划。"贷款数目:"我想你应将贷款数目让美国当局考量,但必须明白地说你所希望的,是将这紧急需要的服务能迅速且广泛推行的可能机会。再需表明的是如果能保证继续进行十年,更可增强这一工作价值。切勿提出请求美国负担这十年需要的金钱;你须假定中国一旦有负担这些经费的能力时,中国政府即可接手来做。若得一笔开办费,可使你设立四个训练中心,而其成效显明可以看到并报告华府,你可能获得更同情有利的考虑而被给予进一步赠予。换句话说,你不是为你自己的计划求援,而是为协助美国人的目标:促成一团结、和平、民主的中国,一般人民能自一开明的政府获得福利,自己改善生活。"司徒大使在这一书翰结论强调:"男女青年准备参加这一爱国的和博爱的服务时,应鼓励他们将这项工作当做终生事业以表现更多的热诚,在训练完成后做得更好。"5月2日,司徒雷登赴津会晤"燕京大学工业教育委员会"的民族工业家李烛尘等30余人,会议决定为燕大工科筹款美金3万元。11月,中央大学学生自治会换届改选,竞选双方斗争激烈。行政会决定,暂停换届改选,但风波仍延续了数月,校方对肇事者予以惩处。美国驻华大使司徒雷登访问中央大学,并作题为《今日中国大学生应有之责任》的讲演。12月1日,司徒雷登在南京同30余位校友相见,并讲自由之重要。(参见杜学元、郭明蓉、彭雪明《晏阳初年谱长编》,上海交通大学出版社2017年版;张玮瑛、王百强、钱辛波主编《燕京大学史稿》,北京人民中国出版社2000年版)

法国来华传教士善秉仁在华任神职期间编著《文艺月旦》,6月由北平太平仓普爱堂发行,北平独立出版社承印。《文艺月旦》原名《说部甄评》,景明译,燕声补传。此书以独具特色的神学观对中国新文学作家和作品进行评价,是迄今为止发现的外国神父最早最广泛的评价中国新文学的一部有奇特价值的著述。作者自云:"就道德观点而言,我们把一般的书,分为四大类:其一,是大众可读的书(众);其二,是单纯应保留的书(限);其三,是加倍应保留的书(特限);其四,是应禁读的书(禁)。"(参见唐金海、张晓云《巴金年谱》,四川文艺出版社1989年版)

瑞士陶伦德公使8月代表瑞士政府邀请胡适充瑞士调节委员会委员,得胡适应允,并答应为该国汉学杂志撰文。9月1日,陶伦德致信胡适感谢,并索要履历材料。(参见耿云志编《胡适年谱》,福建教育出版社2012年版)

日本学者须田祯一2月28日在日本《中国评论》杂志第2卷第2期发表《郑振铎与"政治和文学"》,谈到郑振铎的业绩、斗争和《惜周作人》等文,认为郑振铎是上海光复后居知识分子"最高峰之一人"。(参见陈福康《郑振铎年谱》,三晋出版社2008年版)

日本学者斋藤秋男3月在《新中国》月刊第11期《新中国人物传》专栏发表《郑振铎》一文,介绍郑振铎是抗战时期坚守在沦陷区的不屈的壮士,当前中国文艺复兴的指导者和投身于政治风暴的政论家。还称赞郑振铎写的《〈文艺复兴〉发刊词》洋溢着青春的气息,并说他的《蛰居散记》是珍贵的文章,也感动了日本的读者。这以后,日本的安藤彦太郎和斋藤秋男合作翻译了郑振铎的《蛰居散记》,其中篇目有所改动,并改题为《烧书——日本占领下的上海知识分子》,于1954年7月20日由东京岩波书店出版,后又再版。(参见陈福康《郑振铎年谱》,三晋出版社2008年版)

日本学者增田涉4月发表《中国人眼中的日本文学——巴金的批评》,载日本《新中国》第12期,收日本谈讲社1948年版《鲁迅的印象》,又收日本岩波书店1968年版《中国文学史研究》。(参见唐金海、张晓云《巴金年谱》,四川文艺出版社1989年版)

日本学者冈崎俊夫11月在日本《中国文学》第101号发表《巴金的深刻性》,文中认为《憩园》"描写了令人恐惧的家的幽灵,告诉读者,在这样的家庭中幸福是靠不住的,只有爱、善才是永远可靠的","虽然写在战时,却几乎没谈及战争"。(参见唐金海、张晓云《巴金年谱》,四川文艺出版社1989年版)

三、学术论文

陈寅恪《长恨歌笺证(元白诗笺证稿之一)》刊于《清华学报》第14卷第1期。

闻一多《诗经通义邶风篇》刊于《清华学报》第14卷第1期。

邵循正《剌失德丁集史忽必烈汗纪译释(上)》刊于《清华学报》第14卷第1期。

许维遹《饗礼考》刊于《清华学报》第14卷第1期。

陈梦家《尧典韦秦官本尚书说》刊于《清华学报》第14卷第1期。

钟凤年《水经注校、补质疑》刊于《燕京学报》第32期。

聂崇岐《满官汉释》刊于《燕京学报》第32期。

高名凯《汉语之表意语法》刊于《燕京学报》第32期。

周一良《能仁与仁祠》刊于《燕京学报》第32期。

陆志韦《记蓝茂韵略易通》刊于《燕京学报》第32期。

陆志韦《记徐孝重订司马温公等韵图经》刊于《燕京学报》第32期。

齐思和《周代锡命礼考》刊于《燕京学报》第32期。

裴文中《中国细石器文化略说》刊于《燕京学报》第 33 期。

鸟居龙藏《奴儿干都司考》刊于《燕京学报》第 33 期。

安志敏《殷墟之石刀》刊于《燕京学报》第 33 期。

陆志韦《楚辞韵释》刊于《燕京学报》第 33 期。

陆志韦《记异拱宸韵略汇通》刊于《燕京学报》第 33 期。

陆志韦《金尼阁西儒耳目资所记的音》刊于《燕京学报》第 33 期。

高名凯《福州语之语丛声母同化》刊于《燕京学报》第 33 期。

钟凤年《史地辨疑》刊于《燕京学报》第 33 期。

王崇武《吴三桂与山海关之战》刊于《燕京学报》第 33 期。

齐思和《商鞅变法考》刊于《燕京学报》第 33 期。

聂崇岐《宋役法述》刊于《燕京学报》第 33 期。

庄泽宣、陈学恂《中国职业团体的研究（初稿）》刊于《岭南学报》第 7 卷第 1 期。

罗莘田《评商克的古代汉语发音学》刊于《岭南学报》第 7 卷第 1 期。

李镜池《正反相形句式》刊于《岭南学报》第 7 卷第 1 期。

李镜池《东山诗新解》刊于《岭南学报》第 7 卷第 1 期。

晨风《一八九五年台湾民主运动失败之原因》刊于《岭南学报》第 7 卷第 1 期。

钟敬文《诗底逻辑》刊于《岭南学报》第 7 卷第 1 期。

吴尚时、曾昭璇《广东南路》刊于《岭南学报》第 7 卷第 1 期。

容庚《甲骨学概况》刊于《岭南学报》第 7 卷第 2 期。

李笠《卜词字例隅释》刊于《岭南学报》第 7 卷第 2 期。

冼玉清《苏轼居儋之友生》刊于《岭南学报》第 7 卷第 2 期。

罗福颐《敦煌石室稽古录》刊于《岭南学报》第 7 卷第 2 期。

吴尚时《华南弧》刊于《岭南学报》第 7 卷第 2 期。

曾昭璇《秦郡考》刊于《岭南学报》第 7 卷第 2 期。

庄泽宣《读蓝氏著中国之家庭与社会》刊于《岭南学报》第 7 卷第 2 期。

李镜池《周易筮辞续考》刊于《岭南学报》第 8 卷第 1 期。

冼玉清《招子庸研究》刊于《岭南学报》第 8 卷第 1 期。

吴尚时、曾昭璇《珠江三角洲》刊于《岭南学报》第 8 卷第 1 期。

容庚《记竹谱十四种》刊于《岭南学报》第 8 卷第 1 期。

庄泽宣、陈学恂《从四方馆到同文馆》刊于《岭南学报》第 8 卷第 1 期。

金应熙《吐蕃之兴起》刊于《岭南学报》第 8 卷第 1 期。

冯达生《二十年来中国学术思潮总批判——由五四运动到新革命运动》刊于《主流》第 1 期。

　　按：是文曰："若我们放眼历史一看，则中国百年来的文化思潮，它的波幅的深广，内容的复杂，在中国学术史上确是一前所未有的新局面，几乎西洋三百年来历史发展的学术文化总内容，我们已在短暂的一百年内——严格地说只是由五四新文化运动至今的二十余年，将它演做一过，论历史的形成不能说不快，然而许多近代文化的重要部分，我们都未能将它充分发挥，所以中国近代思潮始终不脱早熟粗浅速成的特色，今日中国学术界所以缺乏创造短少魄力，未始非中国近代思潮其流不畅其根不固所致。"

　　检讨二十年来的中国学术思潮，是文认为：首先"时代不应停滞或退回于五四之前"，"五四运动在廿年来中国学术思潮上，其波澜的壮阔，影响的深广，和内容的庞杂，实为过去历史上所仅见，有人从文化运动上看五四,有人从政治运动上看五四,有人说五四是学生运动,有人说五四是民众运动,但五四的真正成就却还在文化方面。……最初,'五四'只是一种学生的爱国运动,以后这般爱国血流渐渐波及社会各阶层,但当时的内外国家环境,都不容许这股汩汩的热血流向政治方面伸张,于是蓦地转过漫天浪头向旧文化旧礼教冲去,希望冲去一切形成了近代史上有声有色有热有力的新文化运动,那种纯洁的动机,洋溢的热情,愤懑的怒火,确充实了五四不朽的生命。五四的时代如此,五四的人物如此,自然在这种万方不平的社会情绪下,学术心理不会正常。……他们对西洋文化的态度,是不批判地接受,对中国文化的态度,是不同情的捐弃,对社会旧事象的处理,是不客观的攻击。……他们将中国文化的旧中心破坏了,然而却没有建设中国新文化中心的远大计划和识力,当然更说不上创建的文化中心。……五四的缺点影响了五四的成绩,对未来没有统系不紊的设计,对过去又无深厚同情的认识。介绍西方思想是铿锵杂沓,未立去取的标准,改造中国文化,也是支离破碎,无全盘的主张,当时有名的几件大事,提倡科学,拥护民主,反对礼教,解放妇女,新文学运动,科学与人生观论战,都是顺手拈来,自然引出,并无整个计划,所以五四新文化运动,有热情洋溢的工作者,没有高瞻远瞩的设计师,有论锋凛利影响广大的学者,却没有思想深厚影响久远的哲人,有急功近利的志士,却没有超然事外的艺人,以致五四一代人没有克竟全功,还是历史的悲剧,社会的覆辙,今天我们从事新文化建设,观往察来,自不能再支离破碎,漫无计划,我们需要工作者,更需要设计师,我们需要影响广大的学者,更需要影响久远的哲人,我们需要一点一滴的努力,更需要经纬万端的计划,然而五四不能给予我们这样多的东西。所以在时代需要的严格裁判下,今后我们要求在中国新文化上,有创造,有建树,必须在新的认识下,做新的努力,新的打算,决不能停滞于五四时代或退回于五四时代之前。"

中国文化经五四的大破坏之后,中国学术界发生了中国文化究竟应走向何处的迫急问题,当然也承担了走向歧途的"风险",是文指出:"当时复古论与西化论在南方在北方都会引起热烈的辩论。而言'复古'比较有新义的要算梁漱溟先生,他在东西文化及其哲学上,以文化发展有三条线,第一是西洋意欲积极向前要求的路线,第二是中国意欲自为调和持中的路线,第三是印度意欲反身向后要求的路线,而现在世界文化的大流是由西洋的第一路线走向中国的第二路线。所以我们应顺流应势,发扬中国旧文化,特别是中国文化的结晶——孔子。姑无论复古论者的个别说法如何,复古论不能自圆其说的至少有三点:第一,古无从复。……第二,古不可复。……第三,古不应复,一时代有一时代的环境,一时代的要求,古代的思想,古代的制度,可以作为我们珍贵的参考,但不一定切合于今日,若一味以古为是,是大开倒车。"

"至与复古论遥之相对而倡全盘西化论的,则有陈序经先生,他在中国文化之出路上,以为'一,欧洲近代文化的确比我们进步得多,二,西洋现代文化,无论我们喜欢不喜欢,它是现世的趋势。我们要争取民族生存,必须相应大世趋势,要相应现世趋势,就要全盘西化'。"这种谨严的推论,似乎言之有理,但认真分析来说,全盘西化论还是不能成立。是文指出:"第一,西化无从全盘。所谓西洋文化内容本甚复杂……即便全盘西化论能成立,我们也无法全盘接受西洋文化。第二,西化不能全盘。……西洋文化是一无矛盾的整体,中国文化亦只能加以选择吸收,这是文化发展历程上自然而又必然的结果,哪里是你我随心所欲可任意而全盘西化的。第三,西化不应全盘,吸收西洋文化固为今日中国所必需,但西洋文化并不尽皆可以接受。"

是文认为:"廿年来中国学术思潮,既这样驳杂披纷,二十年来的中国文化运动,又这样漫流无序,但世界的大势,中国的需要,不容我们的学术思潮散漫无归,更不容我们的文化运动举步皆错,历史既未正面给我们明确的昭示,是不是从事实的侧面里,我们更以看出文化发展的绰约趋向,提供作今后文化建设的参考。"

1."由破坏到建设——一新时代的开始,一新文化的创造,总少不了破岩穴,除偶像,清毒,荡腐的工作,五四以前的中国文化运动之所以不带建设作风,这不是五四以前的人不知作建设性的计划,而实是时代迫使他们必须从事大破坏的工作;自洋务运动展开了中国经济变革,此后维新运动辛亥革命五四运动渐完成了倾毁中国经济政治和文化重心的时代事业,历史要求的破坏工作至此完成了一部分,所以五四运动在时代进程上,是一件划时代的事件,五四代表着历史破坏浪潮的高峰,同时,也揭露了建设浪潮的最低谷;迄至中国本位文化建设运动,'建设'二字已成为指导学术文化思潮的赫赫原则。"

2."由吸收到创造——吸收是创造的准备,一新时代文化的蓓蕾之灿然怒放,总必须从土地里吸纳大量的养分;我们旷观往史,历史上每一自成体系的文化之茁壮成熟,其丰硕的果实,都是吸纳其前的无数文化成果汇集化融而来的,近代中国吸收西化的时间还短,特别是五四以前的几十年,因为主观认识的限制,吸收的东西太贫乏,在这种情形下,自然谈不上自我创造,所以五四的历史使命,还是全力吸收西化。这我们若检讨五四新文化运动的内容,可一览便知,五四当年的几件大事,如提倡科学民主,科学与人生观论战,固是全部西方移植而来的,而文学革命亦何尝不是抄自西方改头换面而获得的结果,胡适之先生的八不主义,我们若翻渥涅滋滋斯的论文,即可见其来源,但由五四迄今我们学术界,已渐走上自我创造的境层,冯友兰先生的心理学,虽是上继宋明理学的传统,而其整然的哲学体系则是一大创造,这是五四所没有的。其他如我国学术界在绘画建筑上的新创造,更不是五四时代所能有的东西。"

3."由怀疑到批判——怀疑是五四精神之一,他们承继着清代汉学家尊重事实考据古史的风气,和西方史家的科学方法,对于中国古代历史发生全面的怀疑,一时翻案文章如春笋之四起,五四当年的著名学者,如胡适之、陈独秀、钱玄同、顾颉刚诸先生,几乎没有一个不曾做过考据的工夫,胡适之先生到现在还有浓厚的考据热。而顾颉刚先生等编的《古史辨》,洋洋巨轶,堪称此时疑古学风下的代表作,五四的学风如此,趣向如此,所以当时一般人欣赏的不是孔孟老庄,也不是朱子、王阳明,而是清代的戴东原、阎若璩、钱大昕、崔东壁一般汉学家,本来在一个社会变乱文化更替的时代,少不了要充分发挥怀疑精神来破岩穴除偶像,五四的怀疑精神,本有其时代根源,但最惋惜的是五四人物太热中于古史的研究,以致未能目光四射,把怀疑的空气散播各方。所以五四学术思潮,'疑古'的精神尚够,'疑今'的精神确太不充分,'疑事'的好尚还有,'疑理'的趣味却太贫乏,如五四当年能掉过疑古的眼来疑今,疑事的精神来疑理,则中国学术界恐怕早已脱离了疑古的阶段,而进入批判的境层,用不着十教授在中国本位化建设运动宣言再呐喊'重新批判'了。"

4."由分析到综合,由部分到全体,由杂乱到计划——五四当年,胡适之先生把西洋实验主义的全部理论,逻辑地开展移用到中国,在文化运动上,主张一点一滴的改进,一点一滴的努力,在学术方法上,提出'大胆的假设小心的求证',循步渐进,做好一分算一分,做好一件算一件,在政治主张上,提出'好人政府',以为只要每个人都好,由每个好人组成的政府自然是最好政府。这种只见树木而不见森林的认识,只重分析而不重综合的态度,和只造砖瓦而不设计图案的作风,几乎可以说是五四思潮的总倾向,结果,五四思想纷歧杂沓,如无头乱丝,错落怪石,没有给时代指出正确的路向,没有为社会提供建设的总纲,多少人在思想纷歧中牺牲,多少人在社会混乱中沉沦,这不能不说是五四所铸成的时代遗憾。"

在全盘检讨的基础上,是文认为:"中国的学术文化思潮,一唯破坏的和只知吸收的时代过去了,今后应该是建设和创造时代的到来。怀疑和分析的时代过去了,今后应该是批判和综合时代的到来。无全体性无计划性的作风过去了,今后我们应要求一个全体性的计划性的文化运动的到来。"基于此种认识,是文提出了今后文化建设的总纲:"(一)关于学术思想者:我们反对学术思想之退回到五四时代之前,或停滞于五四时代,而主倡开辟另一新批判新创造之新时代。我们反对任何宗派依傍作风与八股文章,我们亦反对妨碍进步之大小棍阀与新旧偶像,而尊崇可能为我们开拓新天地之少壮与权威。(二)关于教育文化者:我们反对学校衙门化,校长官僚化,校政校友化,教学集训化,学生工具化,而尤倡大学之学术自由,教授治校。我们反对国粹主义,中国本位,我们亦反对全盘西化,而力主中西混融,自我创造,我们重视专家,而尤重视通人。(三)关于社会经济者:我们要清除民族生活中之封建意识,家族主义,宗法思想,我们亦唾弃舶来品之个人主义,权力哲学:我们反对落伍的资本主义,旧型的自由竞争,我们尤其反对包办垄断的官僚资本主义:而崇奉前进而温和的社会主义与社会主义的制度。(四)关于政治制度:我们反对时代之官僚政治,财阀政治,流氓政治,暴民政治,官僚财阀地主流氓之联合统治,以及任何形态之专断独裁,而坚主'人民有权政府有能'之新民主制度。(五)关于对内对外之关系:我们反对民族外投,地方割据,而力持中央地方均权,汉满蒙回藏苗猺夷族之民族联邦共和:我们反对各种各样之殖民地心理,尾巴主义,而倡导自尊尊人之大国国风。(六)关于敌友之去取者:我们反对贪官污吏,土豪劣绅,奸商买办,而力主三劳——劳工、劳农、劳文（包括一切善良忠勤而前进的公教人员与各部门之智识份子）团结，争取国家主人应有地位。"

杨震羽《从中国抗战以来之学术思想看新革命运动》刊于《主流》第 2 期。

蔡尚思《战后中国学术思想的论争》刊于《中国建设》第 3 卷第 4 期。

按：关于抗战以来的思想派别，蔡尚思先生在《中国杂志》创刊号曾写过《抗战时代的中国思想界》一文。是文所谓的"战后""是指抗日战事结束到现在。所谓'学术思想'，姑把它分为历史、哲学、社会科学三方面。所谓'论争'，是指双方相互批评，至少也是一个问题提出后，被另一方面痛驳的"。

是文指出：战后中国学术思想关于历史方面的论争主要围绕以下五个问题：(1)英雄与时势的问题；(2)中国社会的停滞与迟滞的问题；(3)古史辨派与机械论派的问题；(4)中国历史的看法；(5)中国首都的看法。

关于哲学方面的论争，则集中在以下五点：(1)老子的革命反动问题；(2)孔子的革命反动问题；(3)墨子的革命反动问题；(4)冯友兰的新玄学；(5)罗家伦的新玄学。

社会科学方面，由于"范围过广，问题太多"，是文列举了一个大概：(1)民主与统一的先后问题。(2)民主与教育的因果问题；(3)经济民主与政治民主的优劣问题；(4)其余一切问题与一切问题的中心。

孙晋三《所谓存在主义——国外文化评述》刊于《文讯》第 7 卷第 6 期。

按：在二次世界大战后期，在哲学和文学上最引起重大影响的，便是所谓"存在主义"(Existentialism)。存在主义在欧美知识界所掀起的浪潮，对文学和艺术产生了巨大的影响：第一次世界大战后，文学和艺术上的新派别曾风起云涌，不计其数，但在这次世界大战后期，欧美文学和艺术界全是存在主义的天下。

是文指出："存在主义在哲学上也并非新东西，它的祖师是十九世纪初的一个丹麦神学家基尔刻迦德(Soren Kierkegaard)。基氏为了要替基督教找一个新的哲学上的基础，才开辟了这一条新路。多少年来，他的思想并没有太普遍，但是他那才气磅礴的文字却吸引了少数人的注意。之后，存在主义在德国生了根，德国哲学界中便有存在主义的一派。……基尔刻迦德的名字，在一九三〇年代的后半，在欧美忽然红了起来。当时，有许多欧洲的智识分子，移居美国，有些便住在加州。他们提倡了一种神秘主义，要对人生的最终意义加以考查。这是对于前一些时候风靡欧美智识界的唯物的马克思主义的反动，也是从对理性和逻辑的信仰又转为唯心。……存在主义的成为一时风尚，却还是发生于大战期沦陷敌手的巴黎。那时法国吃了希特勒一记闷棍，突然地垮了下来，全国弥漫着悲观绝望的情绪。存在主义对此正是一眼对症药，无怪巴黎的智识分子会趋之若鹜。法国存在主义的大师是沙特瑞(Jean-Paul Sartre)。他现在已成为最受注意而被讨论最多的当代作家了。沙特瑞今年才四十一岁，本是个著名的哲学教授，教了十三年书，无藉藉名。法国对德作战时，他入了军队当一名小兵，于一九四〇年被俘，在俘虏营禁闭了九个月。放出来后，他转瞬便成为巴黎文坛上的骄子。他也不教书了，转以著述为业，并且吸引了一大批弟子，俨然已是一代大师的作派。一九四六年冬，他还曾受聘赴美，在哈佛、耶鲁、泼灵司登各著名大学演讲。若数今天世界文坛上第一红人，就得推沙特瑞。沙特瑞是把存在主义从纯哲学领域移到文学里去的大功臣。自他起始，存在主义才成为通俗的名词。今天，存在主义已和他的名字连在一起，一提存在主义吗，不由得我们不想起这大师姓名。"

关于存在主义的基本意义，是文认为："存在主义是以人生为中心的，不拘泥于抽象的玄理的思考。或道德伦理的价值，而直接去讨论'人'这个问题，和为'人生'求解释。……存在主义者对于人生的解释，是抛弃了传统的途径，不谈观念，而只谈基本的事实：人存在着。他们认为，人存在着，并没有什么固定或命定的性格，却只是一束可能性，要看他自己怎样安排，他可以向各种不同的方向发展。因此，在存在主义者眼中，人是具有可塑性的，每一个人能够自己创造他自己的性格，他自己的人性。这样，你不能武断说甲是什么性格，乙是什么性格，他们还可能改变，非到盖棺论定，不能断言。所以，存在主义里有一条原理：'存在(existence)早于本质(essence)'。在存在主义者看来，一个人只是由于他自己所不能控制的理由,毫无理由地被投入一个特殊时代特殊社会的世界的。他不是自己要生出来的;但他'到了这里',他便有一种责任,一定得成全他的存在,完成他的人生。这就是说,人生如何,完全是个人的责任;他能成为什么样的人,是由他自己负责的。但人对于他的存在能如何办呢,这又引起了存在主义里一个核心的问题,就是人的自由问题。依沙特瑞的说法,人的行动是自由的,但人一定要行动了才能自由。人和其他生物不同的是,只有人才可以自由选择自己所要做的事。但是,这种自由若是人不加以利用,人还是不能算作自由的。所以,一定要选择了,见之于行动,并向一个自己决定的目标在前进,人才能说是自由的。相反地,要是一个人根本无所抉择,无所行动,那末他也不能称为自由的。依沙特瑞讲来,人的自由是人的至善,所以人必得要就地就时代选择一个行动的路线,而全心全意去致力于那上面。因此,存在主义一方面是绝望悲观的,一方面却也是积极的。对人生的性质而言,存在主义所提供的是很悲惨的画面。人被扔入一个敌意而陌生的世界,又处于他自己所无力控制的宇宙的力量中,对未来更毫无把握,因此,人生永是充满着恐怖与忧惧的,有的是一种绝望的情绪和勉强生存的感觉。但是,他也不是没有救的。他有了抉择,有了目标,便可以获得自由,便可以有所成就。只是,世上太多的人害怕自由,往往逃避人的责任(自由),而昏昏冥冥地放弃了真正做人的机会。存在主义是完全以人的存在为中心的。它不承认在人之外有什么价值的标准。价值的标准也要由人自己来选定,这便使他成为什么样的人。所以人可以选取另一种标准,而就变成了另一种人。"

而存在主义的文学,"是富于寓言性的,一个故事一个格局都有其象征的意义,可是这象征往往是模糊的,而不是了然可解的。这种半寓言式的形式,是目前欧美文学中最时髦的。所以一个早故的奥国犹太种小说家卡夫加(Franz Kafka),又被发掘出来,成了近年来被研究最勤的作家。他的奇异的小说,正是创造这种类型的"。

潘菽的《学术独立》刊于《学识》第1卷第10期。

按:文章说:学术独立的要求比较学术中国化的要求更进一层。学术独立的要求不仅要吸收国外的学术而使之中国化,同时也要创造自己的学术。中国所需要的独立学术不仅要能帮助中国的人民大众改进其生活,同时也不妨关心于全人类所面对的许多问题。中国人民是世界人类的一部分,所以也应该负起人类的一部分责任。再建立中国的独立学术的努力应包含三方面。一方面要吸收其他民族的学术而使之中国化。另一方面要承继前代的学术遗产而使之现代化。再一方面要淘洗民间的生活经验而使之科学化。创造独立的中国学术所可以利用的资源总不外来自这三方面。惟有这样所发展而成的学术才能适当有效地帮助中国人民改进其生活,才能真正解决中国所有的许多问题。中国现在正面临着一个在其历史上所仅有的剧烈转变时期。一方面,旧的必须彻底改造。另一方面,新的必须迅速诞生。在这个时候,一种富于现实意义而密切适合于时代要求和环境要求的整个系统的学术乃是急迫需要的。这也就是说,必须是具有充分独立性的学术才能尽其伟大的社会功用和时代任务。

中国现在的学术显然是一种殖民地型的学术,正和它在经济上和政治上的地位相一致。殖民地学术的一个主要特点是在一类优势的压力之下衰失了它的创造活力。因此对于新的既只能囫囵吞取,对于旧的也只知墨守成规。殖民地学术的"学者"大都只是知识的买办。中国现在的学术,就其整个讲,正是这样的情形。例如我们的教育制度,学校课程的内容,大中学所用的教本,所出版的书刊,许多社会领袖的思想言论和所依循的价值标准,都足以证明这一点。不过我们急于要声明一句,就是,以上的话并非说全部分都是如此,其中当然有不少的例外。尤其近十余年来,有许多事实都在告诉我们,中国的学术已开始走向独立的道路。有不少的学者已贡献出他们辉煌的创造成绩。但一只燕子既不能造成夏天,就是几只燕子也同样不能造成夏天。中国学术的整个特征到现在仍未能脱离其殖民地性,这也是不可否认的。

造成中国几十年来的学术的殖民地性的基本原因,当然是帝国主义的经济侵略和政治侵略。但就历史的具体事实分析观之,使我们不得不注意到两个重要的因素。那就是过去极盛,今已稍衰的教会教育和行之已久,于今谓烈的留学政策。教会教育对于中国曾立下了伟大的功绩,在中国的近代文化史上写下了极重要的一页。它帮助中国输入了近代的科学,建立了新教育制度的构型,散布了新的医药卫生知识,改进了一部分农业,提高了女权,造就了许多新的人材。但教会教育所有的不可磨灭的功绩也并不能掩盖了它的缺陷方面。教会教育的主要缺陷是在于它是外国的教育而不是中国的教育。它和中国的历史和社会颇为脱节。……总之，它帮助输入了新的学术，但未能使之中国化。这一结论当然也是例外的。并且这不仅教会教育是如此，就是中国人自己办的教育也同样是如此。所以我们并不能以此来单独批评教会教育。不过这是教会教育所应该继续努力的一方面，那仍是事实。现在中国自己办的学校渐渐多起来，教会教育的相对重要性渐渐减轻。但这并不是说教会教育将失去其任务。事实上，教会教育仍是有它的远大的前途的，只须要改革一下作风，只须要以后参加努力于学术的中国化以帮助建立的中国的学术独立，犹如过去帮助了中国的启蒙一样。其实已有一部分教会教育在开始这样做了。以后应该扩而充之。

中国的留学政策在开始的时候是对的。但沿袭下来，一直到现在而未加改变，那就是一个极大的错误。中国的留学政策也尽了不少输入新学术的功用。这在中西文化初接触的阶段固然是很需要的。但停留在这个阶段，就有背于时代的要求。中国的留学政策一向是一种贩运政策，只知道向人家讨现成饭而不知道自己耕耘。一代的人所贩运过来的成品经过几年以后就陈旧了，不中用了，下一代仍旧须要去贩运更新的，就像阔人们所坐的汽车，一九三七型用旧了，又要准备去买一九三八型了。这样一代复一代，似乎看不到会有终了的一天。并且我们要向人家输入的反愈来愈多。到了今天，弄得每一个受了高等教育的青年都感到有再向外国去"深造"的必要。这种事实已充分明白告诉我们，过去的贩运留学政策，也就是买办留学政策，只是以使我们的学术愈益落在人家之后，愈益使我们在学术上陷入附庸的地位。况且，现在所执行的这种留学政策等于是把最高级的教育权交与别人。这种所教育而成的人材是否能适用于中国，就大成问题。再数十年来的留学政策实质上仍是变相的科举制度。许多人的出国留学，其主要目的是在所谓镀金，即等于是去求取功名。额角揩上了一块金字招牌就可以混入统治阶级或新士大夫的一群，不再是平庸一辈了。不过，外国的金字招牌到了中国比较土货的功名还更容易蒙人耳目。所以新士大夫的一群比较旧士大夫也就是流品更杂了。这都是现在的留学政策的最大弊端。

由于学术上的未能独立，所以所造就的知识份子和社会领袖人材都等于是由外国请来的客卿。他们的人生态度是外国化的，他们的生活要求是外国的标准，他们对于一切问题都是无形中采取外国的看法。他们和宗主国的官员及商人处在殖民地中的情形都是很相似的。最严重的是他们对于中国历史和实际社会情形缺乏了解，甚至毫无所知，他们对于自己的人民丧失了同情心，并且他们的知识也因为和社会的现实脱离接触日久并缺乏补充磨练的机会而变成僵硬化和空洞化。所以一般的新士大夫在种种现实问题的面前是显得颇为乏力，甚至是麻木不仁的。其中具有野心的份子就只知攫取权势，营私自肥，变成了贪婪无厌的新官僚。我总以为，目前中国社会这样的混乱和败坏至少有一大部分是过去的留学政策所造成的恶果。否则，现在占据各方面的重要地位的大都是过去的留学生，为什么他们都把事情处理得这样糟呢？用另一个方式来说，就是，造成中国目前这样的社会情形的一个主要的原因是我们过去和现在未能有独立的学术。一个国家没有独立的学术，犹如一个人没有健全的头脑和思想。这样的人自然是不会做出很好的事情，也不会适当解决他自己的许多切身问题的。

所以中国的学术独立是我们现在必须加紧努力的一个根本的课题。但怎样能建立起独立的中国学术呢？独立的学术必须有独立的政治经济作基础。在中国没有完全走上民族独立和民族自由的道路以前，要希望能澈底实现学术的独立，那是不可能的。不过这个问题太大，也并不直接属于学术运动的范围之内，我们不妨把它看为另一个课题而暂时摆在一旁。不过除此以外，我们应该努力于下面的几条定位。第一，现在的留学政策必须改变。第二，我们必须提倡国内的研究。第三，现在的教育也必须改进。

朱东润《传叙文学底真实性》刊于《学识》第 2 卷第 2—3 期。

潘菽《申论学术独立》刊于《学识》第 2 卷第 4—5 期。

按：文章说："一、学术独立的问题并不是一个孤立的问题。作者总觉得在现状之下来讨论这个问题，未免是不合时宜。列次的许多会议，不问是学术性的或政治性的，大家都提出许多很好的意见，制成决议，写成方案，但会议闭幕了也就完了。现在关于学术独立的问题的热烈讨论，恐怕过了些时也将成为一番空话。就是胡适之先生的那个计划，虽然相当具体，但也不知何年何月才能实行。即使待到有实行的可能时，那个计划又必须大家修改了。所以恐怕终究将成为一个空计划。"

"二、学术为什么要独立？我们不可能想像学术本身就构成一种目的。尤其当我们处境艰苦时候，更不应该有为学术而学术的企求。这就是说，我们所谈的学术必须有所服务。因此学术的独立必须有一个目标。这个目标确定了，然后能谈得到如何才能使之独立。学术独立的目标是什么呢？无疑的，我们要独立的学术是因为要正确解决种种社会中的问题，要提高一般人民的生活，要帮助我们达到政治上和经济上的独立地位。除此之外，我们所要求的学术独立就不会有任何现实的意义。这样的目标用落后的和依赖性的学术作帮助是不会达到的，所以我们须要独立的学术。因此我们又可以看到一点。就是，学术独立和民族独立并不能分作两起来说。我们虽然必须承认民族独立是学术独立的条件，在民族没有能完全独立之前学术独立是不会充分实现的，但这两方面的努力必须同时并进。我们决不能等到民族独立了然后再来谈学术独立。因为民族独立的努力必须有学术独立的努力作为帮助，所以学术独立虽然现在还是一个遥遥的远景，但我们在这方面的努力却不可不及早开始，而这种开始的努力也是颇艰苦的。"

"三、学术独立并不是废止留学。有许多人因为学术独立问题的提出就讨论到留学应否废止的问题。这其实是把问题搞到岔路上去了。学术独立的问题虽然和留学问题有极密切的关系，尤其和留学政策的问题有关，但学术独立并不意味着留学的废止。正确认识到学术独立的须要的人也绝不会主张废止留学。其实我们可以断定的说，当我们认真要开始作学术独立的努力的时候，我们一定会感觉到留学的须要更加迫切。当我们的学术真正独立了以后，我们的留学的须要可能比现在更多，至少不会怎样减少。因为那时我们和国外在学术上的接触一定更加频繁了，须要和别人交换的地方更增加了。"

"四、学术独立和'第一流大学'并非相等。胡适之先生所提出的学术独立计划是要在十年内办成十个'第一流大学'。但作者以为学术独立和第一流大学并不是相等的。假如政府果真下了一个极大的决心让胡先生去办成他计划中的十个第一大学，中国是否就学术独立了呢？作者也看不出两者之间有必然这样的关系。先说有了第一流大学并不一定就有了独立的学术。照胡适之先生的计划，办第一流大学的方法是发展研究所，充足经费和设备，集中第一流人材。至于研究所应该研究些什么，怎样去进行研究，则没有谈到。所以胡先生所要办的第一流大学结果很可能就是他所举以为例的芝加哥大学和霍铿斯大学在中国的翻版。假如把美国哈佛、耶鲁、芝加哥，或英国的剑桥，伦敦、牛津，都搬到了中国来，我们是否就有了独立的学术呢？就一种意义讲，亦许可以说是有了。但从另一种意义讲，只能说仍是没有。所以有了第一流大学不一定就够，还要看怎样办法。再说学术独立并不一定要等到第一流大学的出现以后。这真就牵涉到怎样叫做学术独立和为什么要学术独立的问题。胡适之先生所告诉我们的条件，即（一）负担现代学术的基本训练，（二）供给继续专门研究的机会，（三）能帮助社会国家解决科学、工业、医药、国防等等方面的问题，以及（四）能与世界各国的学人及研究机关分工合作，假如都具备了，作者觉得未必就能算是学术独立的条件（一）（二）和（四）虽然并不一定就是学术独立的表征。因为一个殖民地的国家也可能具备这三个条件。至于条件（三）似乎有些像了，但也未必。关键所在还是这许多方面的问题是用什么方式来解决的。作者以为就现在的中国而论，我们所以要求学术独立是因为要能以独立的精神，独立的观点，来正确解决或了解我们所有种种方面的现实问题以帮助争取我们的民族独立和平等。假如这个任务能够相当完成了，我们的学术就可以说是独立了——并且也唯有这样才能算是独立，尽管我们的大学还没有达到世界的最高水准。所以学术独立和第一流大学的有无不一定有必然依赖的关系。这也是我们所以认为办成十个第一流大学并不一定就解决了中国的学术独立问题的一个理由。最最重要的其实还是独立的思想。独立的思想是学术的灵魂。假如没有独立的思想，学术就谈不上独立不独立。"

"五、学术独立和整个的教育方针与制度。学术独立的达到并不是仅和大学或研究所的健全与否有关，其实是和整个的教育制度与教育方针都是有关的。中国现在的全部教育可以说并没有认清楚自己的目标，大半是从模仿而来。整个教育精神上就存在着一种依赖性。所以为了学术独立，但不仅为了学术独立，我们先要教育独立。我们必须把整个教育制度，教育方针，重新彻底检讨一番。最重要的是要洗除教育精神上的一切依赖性。现在中国教育上急须改革的一件事情是改正教育的方法，使其能充分发扬儿童和青年的独立思想并培养他们的创造能力。独立的思想和创造能力是现在中国民族所最感须要，最感缺乏的。独立的思想和创造能力不仅是学术独立的灵魂,也是民族独立的灵魂。假如我们的教育不能负起这个任务,就只能算是整个失败。现在从小学一直到大学都太注重记忆的功课。所有的课程活动都太订得呆板,太挤得紧密,留下的自由活动余地太少。对于行为的指导,我们应该多多注重启发儿童和青年们的理智,养成他们服从自己的意志的能力,不宜只管制订规章,使学校变成了管所。总之,在整个教育上,我们急须要提倡自由、博大、独立、进取的精神。大学须要如此,中小学也同样要如此。因此我们很同意胡适之先生所提出的一点主张,就是'现行的大学制度应该及早彻底修正,多多减除行政衙门的干涉,多多增加学术机关的自由与责任'。不过这句话也应该同样应用于初中级教育。教育是不能机械化的。愈是机械化便愈是坏的教育。教育行政机关对于各级教育的干涉太多,即使能达到最高的效率,也不过造成高度的机械化。由于这个理由,我们现有的各级课程准标必须大加修正,把所有各项规定都减少到最低必不可少的限度。"

"六、什么学术急须要独立。学术是一个概括的名词,其中包含种种部门。是否全部分学术都急须独立呢,还是不同的部门可以分一个先后缓急呢? 这似乎也是值得我们考虑到的一个问题。照作者个人所能提供的意见是:凡具有地域性或民族性的学术都急须要独立,这种地域性或民族性愈多也愈急须要独立。例如历史学、经济学、法律学、政治学、教育学,某些工程学和农学都是急须要独立的。又,有关于学术方法和基本的世界观和人生观而足以影响到整个学术的思想的最一般性的学术,如哲学,也是急须要独立的。因为这些部门的学术最不宜向他人借用。对于这个意见一定会有很多人表示异议。因为这是和一般注重纯粹科学的意见似乎颇为相反。不过,假如我们明白了学术独立的任务和当前社会经济的具体条件,亦许就可以不觉得这个意见有什么不合理了。"

李俊龙《论学术自由》刊于《中国青年》复刊第 4 期。

济澍的《学术自由与文化重建》刊于《湖南青年》第 8 卷第 1 期。

蔡振华《谈谈西洋传记》刊于《青年界》新第 4 卷第 4 期。

朱东润《我为什么写作〈张居正大传〉》刊于《文化先锋》第 24 期。

[法]儒卫勒著,林如稷译《左拉传》刊于《文艺春秋》第 4 卷第 1 期(翻译专辑)。

熊佛西《我的文艺习作生活》(传记)刊于《文艺春秋》第 4 卷第 1 期。

熊佛西《我的文艺习作生活》(传记)刊于《文艺春秋》第 4 卷第 2 期。

顾仲彝《奥尼尔和他的〈冰人〉介绍》刊于《文艺春秋》第 4 卷第 2 期。

范泉《关于普希金》刊于《文艺春秋》第 4 卷第 2 期(纪念普希金逝世一百十周年)。

陈伯吹《普希金与儿童文学》刊于《文艺春秋》第 4 卷第 2 期(纪念普希金逝世一百十周年)。

戈宝权《普希金与沙皇的斗争》刊于《文艺春秋》第 4 卷第 2 期(纪念普希金逝世一百十周年)。

牧军《普希金年谱》刊于《文艺春秋》第 4 卷第 2 期(纪念普希金逝世一百十周年)。

朱惠《高尔基回忆》刊于《文艺春秋》第 4 卷第 6 期(纪念高尔基逝世十一周年)。

费明君《高尔基书简》刊于《文艺春秋》第 4 卷第 6 期(纪念高尔基逝世十一周年)。

徐迟《托尔斯泰办学校》(传记)刊于《文艺春秋》第 5 卷第 4 期。

刘岘《鲁迅与木刻版画》(回忆)刊于《文艺春秋》第 5 卷第 4 期。

何家槐《我是怎样开始认识狄更斯的》刊于《文艺春秋》第 4 卷第 4 期。

何家槐《论冈察洛夫》刊于《文艺春秋》第 5 卷第 3 期。

何家槐《论莱蒙托夫》刊于《文艺春秋》第 5 卷第 4 期。

黎烈文《梅里美评传》刊于《文艺春秋》第 5 卷第 5 期。

何家槐《论果戈里》刊于《文艺春秋》第 5 卷第 6 期。

鲁迅《对于左翼作家联盟的意见》刊于《胶东文艺》第1卷第3期(纪念鲁迅先生)。

郭沫若《鲁迅先生永垂不朽》刊于《胶东文艺》第1卷第3期(纪念鲁迅先生)。

戈宝权《耿济之先生与俄国文学》刊于《文艺复兴》第3卷第3期。

徐调孚《忆耿济之先生》刊于《文艺复兴》第3卷第3期。

周予同《悼济之先生》刊于《文艺复兴》第3卷第3期。

赵景深《记耿济之》刊于《文艺复兴》第3卷第3期。

朱湘遗著《闻一多与〈死水〉》刊于《文艺复兴》第3卷第5期(闻一多逝世周年特辑)。

顾一樵《怀故友闻一多先生》刊于《文艺复兴》第3卷第5期(闻一多逝世周年特辑)。

臧克家《海》(一多先生回忆录)刊于《文艺复兴》第3卷第5期(闻一多逝世周年特辑)。

俞铭传《悼闻一多师》刊于《文艺复兴》第3卷第5期(闻一多逝世周年特辑)。

马君玠《记诗人闻一多》刊于《文艺复兴》第3卷第5期(闻一多逝世周年特辑)。

文协《悼念人民艺术家王大化同志》刊于《东北文艺》第1卷第3期。

舒群《悼王大化同志》刊于《东北文艺》第1卷第3期。

金人《高尔基的作品在中国》刊于《东北文艺》第2卷第1期。

毛泽东《学习鲁迅精神》刊于《东北文艺》第2卷第4期(纪念鲁迅先生逝世十一年辑)。

钱实甫《为人生·为人民·为人类而学术》刊于《新中华》第5卷复刊第23期。

按:是文提出:"学术尽管是极其重要的,不失其为文明的动力或者进化的重心,但它本身绝非目标,只是一个求达别种目标的手段。它所追求的目标何在呢?即它是为什么的呢?依我的浅薄意见来说,是:(一)为人生而学术,(二)为人民而学术,(三)为人类而学术的。这是一个目标的三重步骤、三个方面、三层境界,而不是三个目标。"

然则学术的目标究又何在呢?是文认为:"就现实意义上的人我、群己的关系来说,便是为人生而学术、为人民而学术、为人类而学术的;换言之,也就是为着解决人生的问题、人民的问题、人类的问题而学术的。这人我、群己之间的关系是无法否认的,不予重视或故意抹煞,则是所谓象牙塔里的、牛角尖里的为学术而学术。因此,由于以下三种与现实关系上所表现出来的态度,都不合乎学术的真谛:(一)从逃避现实而求隔绝现实的企图,(二)从诅咒现实而求毁灭现实的冲动,(三)从留恋现实而求保全现实的打算。我们应该重视的,乃在从正对现实以至批判现实,而求改造现实的努力。无论那一种学术的真谛,莫不以此为其终极的归宿。"

"第一,为人生而学术是基于'对己'的意义,在现实的规范之内,乃在求能发展'个性',而非求能发展'僻性'。个人既是社会中的一员,历史中的一角,便须与其密切地配合着,断乎不能离弃小我所存的大我境界。因此,一切对于现实的批评以及拟构的图案,都不是纯然为着小我而着想,其间实已包容了大我的意义在内。这些想象尽管是一本于主观上的考虑,却不能不同时具有客观上的价值。小我之所好者是'僻性',其发展的成就只能陷溺于幻想的悲哀之中,于现实既无益,于小我亦无补。"

"第二,为人民而学术是基于'对人'的意义,在现实的规范之内,乃在求能发展'天性',而非求能发展'奴性'。人与我的关系是对立的,群与己的关系是并存的,其原则是互助而共荣,其基础是自由而平等。因此,一切对于现实的批评以及拟构的图案,都不能纯然为私,必须依于私之所存的公的观点。这些想像尽管是出于主观的考虑,不免带有私的色彩;但它乃是推己及人之私,因己度人之私,故必成于客观的规范。私己之所好者,乃是一种抹煞人群的'奴性',其发挥的至极,只是变相的兽性而已,决不容于人群;所以是于公既无益,于私亦无补。"

"第三,为人类而学术是基于'对世'的意义,在现实的规范之内,乃在求能发展'群性',而非求能发展'兽性'。所谓世,所谓对世的态度,简单一句话,最高的目标乃在实现世界大同的理想。……人类是一整个的团体,休戚相关,不容歧视。可惜传统的偏见害苦了我们,大家都存有一种牢不可破的误解,只是看到自族自国的利益,而无视他族他国的损害。"

刘大中《我国经济学术独立的条件》刊于《经济评论》第 2 卷第 12 期。

陈柏心《中国土地问题》刊于《农业经济系报》新第 1 期。

何贤春《论我国农业机械化的先决问题》刊于《农业经济系报》新第 1 期。

白木《论农业生产的改进》刊于《农业经济系报》新第 1 期。

赵清源《论实施战士授田之当前问题》刊于《农业经济系报》新第 1 期。

林志豪《论中国合作运动之本质及其应有之趋向》刊于《农业经济系报》新第 1 期。

蔡元定译《中国农业发展之途径》刊于《农业经济系报》新第 1 期。

钟其生《农业合作与土地问题》刊于《农业经济系报》新第 1 期。

顾复《实行宪法与农民教育》刊于《世界农村月刊》创刊号。

葛敬中《只有着重农村工作才能解救我国经济的危机》刊于《世界农村月刊》创刊号。

兰言《如何抢救农村》刊于《世界农村月刊》创刊号。

柳公《什么是二五减租》刊于《世界农村月刊》创刊号。

杨家骃《有关中国农村的几个重要数字》刊于《世界农村月刊》创刊号。

齐致《金融与农村》刊于《世界农村月刊》创刊号。

李石曾《弁言:世界农典》刊于《世界农村月刊》第 1 卷第 2 期。

震吉《农民特性与乡村政治》刊于《世界农村月刊》第 1 卷第 2 期。

杨君其《谈谈农具和农业机械》刊于《世界农村月刊》第 1 卷第 2 期。

强元康《江南农村的危机》刊于《世界农村月刊》第 1 卷第 2 期。

童润之《都市与乡村》刊于《世界农村月刊》第 1 卷第 2 期。

杨曾盛《中国农村劳动问题》刊于《世界农村月刊》第 1 卷第 2 期。

史瑞和《参加美国农业实习后的一点感想》刊于《世界农村月刊》第 1 卷第 2 期。

秦寒僵《农业机械化是什么意思》刊于《世界农村月刊》第 1 卷第 2 期。

顾复《晚近农作物学研究的趋势》刊于《世界农村月刊》第 1 卷第 2 期。

颜悉达《挽救农村危机与土地改革》刊于《世界农村月刊》第 1 卷第 3 期。

杨家骃《中国农产品国际贸易通论》刊于《世界农村月刊》第 1 卷第 3 期。

秦含章《农业机械应如何分类》刊于《世界农村月刊》第 1 卷第 3 期。

沈萼先《农村建设的先决条件》刊于《世界农村月刊》第 1 卷第 3 期。

金子良《苏北的水利调查与农田开发计划》刊于《世界农村月刊》第 1 卷第 3 期。

童玉民《略论中国农业的特质》刊于《世界农村月刊》第 1 卷第 4 期。

惠迪人《农民生态及其未来趋势》刊于《世界农村月刊》第 1 卷第 4 期。

史瑞和《肥料与国家经济》刊于《世界农村月刊》第 1 卷第 4 期。

杨增盛《农民心理特性与农村建设工作》刊于《世界农村月刊》第 1 卷第 5 期。

王恒守《向农民大众学习科学智慧》刊于《世界农村月刊》第 1 卷第 5 期。

李国桓《工业化与农业改革》刊于《世界农村月刊》第 1 卷第 5 期。

刘鸣岗《西昌主要农作物的风土适应性》刊于《世界农村月刊》第 1 卷第 5 期。

陈际云《农村工作的合作问题》刊于《世界农村月刊》第 1 卷第 6 期。

罗清生、刘一中《中国兽医概况》刊于《世界农村月刊》第 1 卷第 6 期。

常宗会《中国农村建设协会如何建设中国农村》刊于《世界农村月刊》第 1 卷第 7 期。

屠绍祯《浙江省合作事业的展望》刊于《世界农村月刊》第 1 卷第 7 期。

杨家骆《中美农产品国际贸易》刊于《世界农村月刊》第 1 卷第 7 期。

刘文驹《中国的农村社会》刊于《世界农村月刊》第 1 卷第 7 期。

顾复《农业与农学》刊于《世界农村月刊》第 1 卷第 8 期。

左国金《西南的农村教育》刊于《世界农村月刊》第 1 卷第 8 期。

叔虞《中加农产品国际贸易》刊于《世界农村月刊》第 1 卷第 8 期。

叔虞《中日农产品国际贸易》刊于《世界农村月刊》第 1 卷第 8 期。

杨家骆《中奥农产品国际贸易》刊于《世界农村月刊》第 1 卷第 8 期。

杨家骆《中韩农产品国际贸易》刊于《世界农村月刊》第 1 卷第 8 期。

贾周《中印农产品国际贸易》刊于《世界农村月刊》第 1 卷第 8 期。

陆费执《农村调查方法》刊于《世界农村月刊》第 1 卷第 8—10 期。

杨家骆《中国农产品国际贸易今后应取之途径》刊于《世界农村月刊》第 1 卷第 9 期。

林景亮《论闽省的保农业生产合作社》刊于《世界农村月刊》第 1 卷第 9 期。

詹纯鉴《农业机械之起原及其进化》刊于《世界农村月刊》第 1 卷第 9 期。

陈际云《当前农村建设要务及其推进》刊于《世界农村月刊》第 1 卷第 9 期。

陈际云《中国农业问题的症结》刊于《世界农村月刊》第 1 卷第 9 期。

郝世桢《农业特质》刊于《世界农村月刊》第 1 卷第 10 期。

郭仁《湖南农村的危机》刊于《世界农村月刊》第 1 卷第 10 期。

陈焱德《中国租佃制度问题之剖析》刊于《世界农村月刊》第 1 卷第 10 期。

施中一《农业与合作农场》刊于《世界农村月刊》第 1 卷第 10 期。

刘铣义《中国农村社会贫穷的原因》刊于《世界农村月刊》第 1 卷第 10 期。

潘然《美国国家农业政策》刊于《世界农村月刊》第 1 卷第 10 期。

郭敏学《中国农业资源》刊于《世界农村月刊》第 1 卷第 10—11 期。

常宗会《农业建设与农业从业员之团结》刊于《世界农村月刊》第 1 卷第 11 期。

〔苏〕狄蜜铎夫著,陈琦译《苏联战后农业发展的纲领》刊于《世界农村月刊》第 1 卷第 11 期。

谢寿垣《展开农村建设运动》刊于《世界农村月刊》第 1 卷第 11 期。

曹平逮《减租限租政策评议》刊于《世界农村月刊》第 1 卷第 11 期。

王延夏《论不应低估农业的发展》刊于《世界农村月刊》第 1 卷第 11 期。

莫定森《改进浙江农业问题》刊于《世界农村月刊》第 1 卷第 11 期。

范朴斋《张澜为人怎样》刊于《人物杂志》第 1 期。

王愚《蔡伦——造纸的发明人》刊于《人物杂志》第 1 期。

曹怀《普式庚的小说》刊于《人物杂志》第 2 期。

公盾《金圣叹新论》刊于《人物杂志》第 7 期。

戴镏龄《谈西洋传记》刊于《人物杂志》第 7 期。

沈流《中国的居里夫人——沈骊英女士》刊于《人物杂志》第 8 期。

域槐《傅斯年私议》刊于《人物杂志》第 8 期。

司空村《郜爽秋这位博士》刊于《人物杂志》第 8 期。

公盾《施耐庵是伟大的》刊于《人物杂志》第 9 期。

陈雄《作家老舍侧面观》刊于《人物杂志》第 9 期。

胡虑《孙科面面观》刊于《人物杂志》第9期。

子于《认贼作父的桑维翰》刊于《人物杂志》第9期。

本社《鲁迅论阮玲玉自杀》刊于《人物杂志》第9期。

尚土《痛忆闻师》刊于《人物杂志》第9期。

宁生《钱实甫教授论政府》刊于《人物杂志》第9期。

楚图南《大学教育与学术尊严》刊于《大学》第6卷第1期。

周谷城《近五十年来中国之政治》刊于《时与文》第1卷第1期。

施复亮《中间派的政治路线》刊于《时与文》第1卷第1期。

伍丹戈《经济崩溃与经济政策》刊于《时与文》第1卷第1期。

蔡鸿幹《原子弹战争是可能的么》刊于《时与文》第1卷第1期。

张明养《论莫斯科会议》刊于《时与文》第1卷第1期。

程棡《看国民党的三中全会》刊于《时与文》第1卷第1期。

臧克家《歌唱起来》刊于《时与文》第1卷第1期。

马凡陀《踏进毛房去拉屎》刊于《时与文》第1卷第1期。

郭大力《论货币的二重政策》刊于《时与文》第1卷第10期。

沈錬之《赖马迪内阁的危机》刊于《时与文》第1卷第10期。

费正《法国经济的蜕变》刊于《时与文》第1卷10期。

施克《关于高中毕业会考的讨论》刊于《时与文》第1卷第10期。

夏康农《辟"法利赛人"对于"五四"的曲解与蒙混》刊于《时与文》第1卷第10期。

李桦《木刻艺术的前途》刊于《时与文》第1卷第10期。

辛扬火《"五四"在北平》刊于《时与文》第1卷第10期。

于冰《唐·吉诃德哲学》刊于《时与文》第1卷第10期。

程棡《和平呼吁与国民参政会》刊于《时与文》第1卷第11期。

叶辛《最近战局鸟瞰》刊于《时与文》第1卷第11期。

周天行《学潮压制得了吗》刊于《时与文》第1卷第11期。

周伯棣《简论当前经济政策》刊于《时与文》第1卷第11期。

洪深《电影批评的真实性与人情味》刊于《时与文》第1卷第11期。

汪静远《略论娼妓》刊于《时与文》第1卷第11期。

伯迦《胡适的昨日与今日》刊于《时与文》第1卷第11期。

尹行六《"三一八"的重演》刊于《时与文》第1卷第11期。

陈纳《记成都抢米风潮》刊于《时与文》第1卷第11期。

曾昭抡《四季如春的加州》刊于《时与文》第1卷第11期。

蔡尚思《大学潮与真民意》刊于《时与文》第1卷第12期。

殷怀远《今日的捷克》刊于《时与文》第1卷第12期。

林布《张东荪先生的思想》刊于《时与文》第1卷第12期。

上官北斗《烽火中的东北》刊于《时与文》第1卷第12期。

陈际云《华北人民的苦难》刊于《时与文》第1卷第12期。

辛扬人《张东荪讲"最近时局"》刊于《时与文》第1卷第12期。

甘笑《近事杂感》刊于《时与文》第1卷第12期。

孔瑞明《大时代的小感触》刊于《时与文》第 1 卷第 12 期。

吉人《是谁破坏了社会秩序》刊于《时与文》第 1 卷第 12 期。

沈钧儒《从法律观点看"维持社会秩序临时办法"》刊于《时与文》第 1 卷第 13 期。

吴晗《论和平的先决条件》刊于《时与文》第 1 卷第 13 期。

翦伯赞《学潮平议》刊于《时与文》第 1 卷第 13 期。

程桯《学潮的去和来》刊于《时与文》第 1 卷第 13 期。

辛扬火《反战行列在北平》刊于《时与文》第 1 卷第 13 期。

赵志超《济南近貌》刊于《时与文》第 1 卷第 13 期。

孔瑞明《狼与小羊》刊于《时与文》第 1 卷第 13 期。

曾昭抡《洛杉矶与好莱坞》刊于《时与文》第 1 卷第 13 期。

樊弘《今日中国政治失败之症结》刊于《时与文》第 1 卷第 14 期。

楚图南《论所谓"各党派退出学校"》刊于《时与文》第 1 卷第 14 期。

漆琪生《法币制度应该如何改革》刊于《时与文》第 1 卷第 14 期。

张东荪《答林布君兼论左派理论》刊于《时与文》第 1 卷第 14 期。

马平《"政客饶恕学生"》刊于《时与文》第 1 卷第 14 期。

胡笛《北平是怎样渡过"六二"的》刊于《时与文》第 1 卷第 14 期。

张传宗《杭州学生的怒吼》刊于《时与文》第 1 卷第 14 期。

时风《记华罗庚教授》刊于《时与文》第 1 卷第 14 期。

华罗庚《访苏三月记(一)》刊于《时与文》第 1 卷第 14 期。

曾昭抡《巴萨锹纳·拉斯斐加·胡佛大坝》刊于《时与文》第 1 卷第 14 期。

蔡尚思《官僚教育与市侩教育》刊于《时与文》第 1 卷第 15 期。

王亚南《论中国都市与农村的社会经济关系》刊于《时与文》第 1 卷第 15 期。

余景文《台湾政治运动的由来与内幕》刊于《时与文》第 1 卷第 15 期。

碧遥《论杀妻案》刊于《时与文》第 1 卷第 15 期。

兰栅《恐怖的重庆》刊于《时与文》第 1 卷第 15 期。

江帆《难民·兵·卦摊充斥济南》刊于《时与文》第 1 卷第 15 期。

华罗庚《访苏三月记(二)》刊于《时与文》第 1 卷第 15 期。

曾昭抡《死谷之游》刊于《时与文》第 1 卷第 15 期。

萧遥《内战的新阶段》刊于《时与文》第 1 卷第 16 期。

尹其文《北塔山事件的透视》刊于《时与文》第 1 卷第 16 期。

宦乡《美国援华问题的烦恼》刊于《时与文》第 1 卷第 16 期。

费正《论"杜鲁门主义"的经济扩张政策》刊于《时与文》第 1 卷第 16 期。

曦诒《乌烟瘴气的青岛》刊于《时与文》第 1 卷第 16 期。

李康民《生活在香港》刊于《时与文》第 1 卷第 16 期。

华罗庚《访苏三月记(三)》刊于《时与文》第 1 卷第 16 期。

程桯《大局的现状与前途》刊于《时与文》第 1 卷第 17 期。

樊弘《马歇尔计划与中国和平》刊于《时与文》第 1 卷第 17 期。

费正《论马歇尔援欧计划》刊于《时与文》第 1 卷第 17 期。

周建人《与张东荪先生论"示人以不广"问题》刊于《时与文》第 1 卷第 17 期。

孔瑞明《人民翻身的十年间》刊于《时与文》第 1 卷第 17 期。

蔡尚思《十年来教育文化统制》刊于《时与文》第 1 卷第 17 期。

适夷《七月的偶话》刊于《时与文》第 1 卷第 17 期。

陈纳《成都——青年党的大本营》刊于《时与文》第 1 卷第 17 期。

胡笛《北平二三事》刊于《时与文》第 1 卷第 17 期。

华罗庚《访苏三月记(四)》刊于《时与文》第 1 卷第 17 期。

萧遥《战局与政局》刊于《时与文》第 1 卷第 18 期。

沈志远《论当前世界主要矛盾》刊于《时与文》第 1 卷第 18 期。

高松《中苏关系的恶化》刊于《时与文》第 1 卷第 18 期。

沈钧儒《"戒严"的法律问题》刊于《时与文》第 1 卷第 18 期。

贵善《大学潮是不光荣的吗?》刊于《时与文》第 1 卷第 18 期。

林海《〈战争与和平〉及其作者》刊于《时与文》第 1 卷第 18 期。

冷火《天真得和孩子一般》刊于《时与文》第 1 卷第 18 期。

欧阳长虹《大局之分析与展望》刊于《时与文》第 1 卷第 19 期。

汤德明《欧洲的分裂》刊于《时与文》第 1 卷第 19 期。

樊弘《十年来政府威信的丧失》刊于《时与文》第 1 卷第 19 期。

钱实甫《战犯·汉奸·学生》刊于《时与文》第 1 卷第 19 期。

许杰《党化教育的破产》刊于《时与文》第 1 卷第 19 期。

后甫炎《低气压中心在南京》刊于《时与文》第 1 卷第 19 期。

楚图南《人民诗人闻一多》刊于《时与文》第 1 卷第 19 期。

按:在闻一多先生遇难的头一年,昆明《诗与散文》杂志出版了一期诗人节特刊,闻一多和楚图南先生各写了一篇文字,闻一多先生文章的题目就叫做《人民诗人屈原》,对于屈原是否可以称得上是个"人民诗人",楚图南先生和闻一多先生还有一些不同看法,并做了简单的讨论。在楚图南先生看来,"人民诗人必须是和人民在一起:在一起生活,在一起斗争,在人民的队伍当中——至少得服务于人民,歌唱出人民大众的生活和要求,成为一个时代的先驱者或喇叭手"。从这样的认识出发,是文认为:"闻一多,这中国新时代的人民的诗人,这比称谓三千年前的屈原还更确切,也更有实据。虽然,一多由于生活的艰勤而辛苦,由于不容喘息的工作和战斗,并没有写下了多少所谓人民性的诗篇。但以生命、以血滴写成的诗篇,不是比文字写成的诗篇更真切而伟大么? 一个前期是唯美派的诗人和作家,后来终于走到了人民的队伍,成为与人民的生活鍜合成一片的人民的诗人,其道路,不是如同法国罗曼罗兰之以和平的,个人主义的人道主义者,后来终于成为与人民站在一起的反法西斯的战士一样的艰苦,一样的为生命、为诗生活树立了永久前进,永新创造的不可磨灭的榜样了么?"

萧遥《魏德迈来了又怎样》刊于《时与文》第 1 卷第 20 期。

郭钟曦《印尼民族解放运动》刊于《时与文》第 1 卷第 20 期。

丁易《明代亡国的教训》刊于《时与文》第 1 卷第 20 期。

碧遥《"精神的刷新"与"匪"的充斥》刊于《时与文》第 1 卷第 20 期。

潘子农《霉季杂感》刊于《时与文》第 1 卷第 20 期。

茅盾《记香港战争时韬奋的琐事》刊于《时与文》第 1 卷第 20 期。

王造时《从平凡处追念韬奋的伟大》刊于《时与文》第 1 卷第 20 期。

程桯《魏德迈的"调查"与中国大局》刊于《时与文》第 1 卷第 21 期。

宦乡《对日和约问题》刊于《时与文》第 1 卷第 21 期。

尹其文《异哉所谓"民主国际"!》刊于《时与文》第 1 卷第 21 期。

张啸虎《论言论出版之自由》刊于《时与文》第 1 卷第 21 期。

林海《〈波华利夫人传〉及其作者》刊于《时与文》第 1 卷第 21 期。

霍然《真实的讽刺》刊于《时与文》第 1 卷第 21 期。

郑钦仁《〈顶好〉报与〈顶好〉周刊》刊于《时与文》第 1 卷第 21 期。

刘勉《论南北朝》刊于《时与文》第 1 卷第 22 期。

欧阳长虹《从所谓"民主国际"说起》刊于《时与文》第 1 卷第 22 期。

伯奇《伪自由主义者的真面目》刊于《时与文》第 1 卷第 22 期。

吕荧《论创作的艺术》刊于《时与文》第 1 卷第 22 期。

江流《重庆舆论界无声了》刊于《时与文》第 1 卷第 22 期。

范仲《半个浙江在水深火热中》刊于《时与文》第 1 卷第 22 期。

穆堂《历史的厄运》刊于《时与文》第 1 卷第 22 期。

张帆《奴才与无知》刊于《时与文》第 1 卷第 22 期。

施复亮《错误的"看法"与反动的"对策"》刊于《时与文》第 1 卷第 23 期。

尹其文《美国·日本·中国》刊于《时与文》第 1 卷第 23 期。

林焕平《论对日和会中的否决权》刊于《时与文》第 1 卷第 23 期。

元方《学生公费与教授待遇》刊于《时与文》第 1 卷第 23 期。

高平《如何发展中国科学工作》刊于《时与文》第 1 卷第 23 期。

柳逢仙《魏德迈来华之后》刊于《时与文》第 1 卷第 23 期。

王醒觉《美国兵在青岛的暴行》刊于《时与文》第 1 卷第 23 期。

伯奇《自由主义·批判·批判的态度》刊于《时与文》第 1 卷第 24 期。

何若钧《士的束缚及其解放》刊于《时与文》第 1 卷第 24 期。

谭铭《国民党现阶段的政略》刊于《时与文》第 1 卷第 24 期。

李一雯《币制改革与"动员勘乱"》刊于《时与文》第 1 卷第 24 期。

周建人《答傅雷先生的"关于亲帝反苏"》刊于《时与文》第 1 卷第 24 期。

兰枞《不是天府的天府》刊于《时与文》第 1 卷第 24 期。

李一荣《魏德迈在北平》刊于《时与文》第 1 卷第 24 期。

林海《〈大卫·高柏菲尔自述〉及其作者》刊于《时与文》第 1 卷第 24 期。

欧阳长虹《美国援华的新努力》刊于《时与文》第 2 卷第 1 期。

费正《英国经济危机的剖视》刊于《时与文》第 2 卷第 1 期。

蔡尚思《养民·教民·治民》刊于《时与文》第 2 卷第 1 期。

郭大力《物价变动是政治状态的晴雨计》刊于《时与文》第 2 卷第 1 期。

王亚南《论所谓官僚政治》刊于《时与文》第 2 卷第 1 期。

林海《〈欧琴妮·葛兰德〉及其作者》刊于《时与文》第 2 卷第 1 期。

焦煤《宋阳与语文改革》刊于《时与文》第 2 卷第 1 期。

淳风《露出了狼的牙齿》刊于《时与文》第 2 卷第 1 期。

马叙伦《魏德迈的来去和中国问题的症结》刊于《时与文》第 2 卷第 2 期。

萧遥《论战局》刊于《时与文》第 2 卷第 2 期。

吴清友《殖民地制度的总危机》刊于《时与文》第 2 卷第 2 期。

王亚南《官僚政治在世界各国》刊于《时与文》第2卷第2期。

文琪《张东荪论华盛顿与南京间的距离》刊于《时与文》第2卷第2期。

商名《今日云南》刊于《时与文》第2卷第2期。

石燕《中国饥饿，上海跳舞》刊于《时与文》第2卷第2期。

樊弘《两条路》刊于《时与文》第2卷第3期。

郭森麒《朝鲜问题》刊于《时与文》第2卷第3期。

吴世昌《关于"民主国际"的讨论》刊于《时与文》第2卷第3期。

王亚南《中国官僚政治的诸特殊表象》刊于《时与文》第2卷第3期。

赵镇乾《"争取学术独立十年计划"的论战》刊于《时与文》第2卷第3期。

按：文章说：北大校长胡适博士于九月七日发表了他对蒋主席群院长谈论过的教育十年计划，他认为这是一条争取学术独立之路，其原文如次：

今年政府官费派送留学生达二八余人，自费一千二百人，另有考官费未取之留学生，而成绩尚属优良，特许自费留学者五百六人间，才计留学生二千余人。每人需外汇二千美金，计四百万元。这些钱如果分配予几所好学校，岂不可以做许多事，比如今年北大以五千人之大学，仅分配一万五千美金，根据上述情形，即等于不承认自己学术独立，许多钱用在送许多学生镀金之用。

学术独立不是件难事，从前美国哈佛耶鲁等大学生，得到博士学位还认为学得不够，到欧洲留学，就学牛津、剑桥、巴黎、柏林等大学，作专门研究，但后来美国终在四十年中，作到第一步独立的地位，第二步现在已为学术领导地位。

中国现在专科以上的院校一百四十余所，形成"大家喝稀饭"的办法，如此下去，一千年也走不上学术独立的路。以日本为例，明治维新以后，仅全力举办两所国家大学，其成绩已斐然于世界，最近十余年才添了九州、汉城、台湾几个国立大学。此足为我国取法。

我国以十年为期，政府应不客气规定：第一个五年，特别以全力帮助五个大学，即北京、清华、浙大、武大、中大，限期成为国内最好的大学，成为世界有地位的大学。第二个五年，再加上五所大学，十年中独立的学术当可造成，至少世界上应承认这五所或十所大学的学位，比别国二等三等四等甚至五等大学的学位有价值。当然十年中不是完全不顾及其他院校，政府却须偏重十年计划中的大学。

上面这一段话，牵连到两个重大问题：一是取消留学生的派遣，一是政府在五年内特别培植五所大学。胡氏自认为他放了一"砲"，但许多办大学教育的人觉得以胡氏的地位而又与蒋主席张群院长两次谈及，这计划很有实现的可能。就原则上说，既为争取学术独立，当无可讲议之处；惟争取的路线就见仁见智，意见分歧。

陈序经严厉批评

最先发出反响的是南开大学的陈序经，陈氏于九月十一日在天津大公报发表了《与胡适之先生论教育》(九月廿一日上海大公报会加转载——编者)，他也反对"政府近年来的大量创办专门以上的学校，而不注意到质的问题"。不过认为胡氏所指定的五所大学没有根据，只凭"一点偏私"，将会引起不公平的结果。这一点，有人说陈先生巧妙地在替南开说话。但陈氏最大的贡献还是在留学政策的必须保留：(一)四百万美金的留学费，比起政府每年无益的浪费，真是微乎其微。(二)在抗战以前，我们的学术水准已是很低，而大学设备也是很差。经过八年的抗战，再经过两年来的纷乱，其水准之低，与设备之差，更不待言。国家专门人才的需要，大学师资来源的枯窘，若说不靠留学而只有金钱即可以很短的时期就能解决，那又未免把这事看得太容易了。于是他严厉地下一批评：

我们赞成胡先生提议充实我们大学的图书仪器，但我们反对他提议以留学的经费去作这件事，因为这是两件功用不同的事情。在一个相当的时期里，充实国内大学的设备固是很重要，而出洋留学尤宜注意。我们不要忘记世界学术尤其是自然科学日新月异。若说我们只靠买大量图书与最新仪器，就可以赶上人家，那是一个最大的错误。这是八十年前曾国藩的思想，还跟不上五十年前张之洞的留西洋不如留东洋的浅见。

李书田攻击更凶

北洋大学的李书田与陈序经始一条阵线上的,只是李书田的攻势更凶一点。他强调"老牛车的十年计划,永远赶不上喷气推动引擎之飞机"。而际此原子时代,一切日新月异,要想学术独立,亦不允许十年计划之从容实施。关于以留学费来充实国内大学一点,他首先纠正胡氏的统计错误,因为只有官费留学生二百人的四十万美金才由政府开支,其次是说明此四十万美金还不够美国第一流大学一星期的开支。胡氏答陈氏的谈话中,曾言许多留学生都在美国读二三流大学,李先生又证明这不是事实。总之,他是反对取消留学政策的。对胡氏的第一个五年计划,他更倾全力以攻击,诚然如胡先生所云,中国的一百四十个单位以上的专科以上学校,大家都在吃稀饭。但是如果一样稀,大家必可相安无事。倘若大多数都吃稀饭,胡先生所推荐的五个大学,整日山珍海味,你们咽的下去吗? 公意允许吗? 马上要行宪的政府能如此偏私吗? 于此,他提出一个重要的建议:"一代先知先觉的大师,与其在此危如累卵之际,可怜的推荐五个大学,何如先以三寸不烂之舌,与一枝秃笔,奋力化干戈为玉帛。只要武装割据的政党,把军队交给国家,交通立刻恢复,经济马上复苏,因战事消耗的一部分国力民力,用在大学教育上,不出数年的努力,全国三十所国立大学都不难跻于哈佛、耶鲁、普林斯顿、芝加哥、巴黎、牛津、剑桥等大学之林。"胡氏推荐的五个大学,他也认为没有根据,他主张依地理的分布,东北大学,西北大学,中山大学,交通大学,北洋大学也应列入第一个五年计划之内;私立大学之办理有成绩者如南开也应列入,以奖励终身办教育的张伯苓先生,但李先生最忘不了的是本身的北洋,似乎写这篇《论胡适之先生所谈的〈争取学术独立十年计划〉》,骨子里大半是为了这个。他不是说吗? 北洋比北大历史久;要想争取世界学术地位,必须在学术上实事求是(这是北洋的一贯校训),埋头苦干。争取世界学术地位这句话,我是极端赞成的,并且二十年来不断努力于斯。战前北洋工科研究所出版的研究丛刊,是经常与欧美第一流研究机关相互交换,且深得国外同道之赞许,认为不比他们出版的刊物水准低。

邹鲁最爽直

拆穿来说,写这些文章的背景,都是希望自己的学校多得点帮助,不使自己的努力白费,但是各人的作风不同,论调与态度也各不一致:陈序经比李书田含蓄,而以邹鲁最爽直。邹先生不在胡适之理论上找疵议,第一封信只问明五大学有没有中山大学的份儿。及胡先生答复:"邹先生所询之中大,当系南京中央大学。第一个五年计划中所提到国内第一流之五所大学,为本人私人意见,政府如何规定,另作别论。关于计划中之大学分区问题,无此必要,如按区域指定大学,西北西南之广大地区内,岂非也须指定为交通便利,则区域方面并无问题。"邹先生也就动了"火",其答词中肯定胡适有成见,偏废南方。因为邹鲁最爽直,也就最现实,他专谈中山大学,于是好多人的视线也集中到这儿。除了北大教务长郑华炽一愿以广东人立场,负责指责中山大学确实未办好,所以纵然南方无一所大学,也是事实外,声援他的人大有人在,李书田是一个,胡先骕是一个,近来立委陈安仁也举出四项理由函请胡适将中山大学列入第一个五年计划内。

平津各报的意见

平津各报都非常重视这一问题,除了大公报保持缄默,天津《益世报》吴元任有专论论及,主张三点:(一)以五倍于留学生的经费先恢复各大学战前的标准;(二)派遣留学生,理论方面与实用方面的名额有合理的分配;(三)延聘各国第一流学者,长期在中国讲学。北平的《平明日报》,认为"学术独立不是件容易事":第一要争取学术自由,第二要打破"抱残守缺、经典自蔽"的习惯,第三要全国的学术界共同努力。他如《民国日报》《经世日报》《华北日报》,与这些论调大同小异。

争取教育总经费

这许多的批评、反驳,胡适之先生都一一耳闻目见,他说近来太忙,有空时再作一次总答复。我们希望胡先生的答复能够尽量容纳各方的意见,并想出更完善的办法。但,我们不能不提醒一句,胡先生的十年教育计划并未谈到如何争取教育经费百分数,这是项值得惋惜的一回事,也是一个不小的错误,事实上,留学政策的取消不那么容易,留学生的经费也只有几十万美金(自费生外汇不能列入),如果在现有的教育经费下,特别帮助五所大学,那是绝不可能的事。争取和平,争取教育经费的百分数,实是最根本的问题!

子薯《广东南路的动乱》刊于《时与文》第2卷第3期。

黄瘦《山城秋色》刊于《时与文》第2卷第3期。

与稷《农村在剧变中》刊于《时与文》第2卷第3期。

宦乡《美苏的外交战》刊于《时与文》第2卷第4期。

陈旭麓《中国还需要革命》刊于《时与文》第2卷第4期。

周伯棣《当前的若干经济问题》刊于《时与文》第2卷第4期。

王亚南《中国官僚政治的社会经济基础》刊于《时与文》第2卷第4期。

周华《从“外科医生”谈到“市民治”》刊于《时与文》第2卷第4期。

杜渐《大别山下》刊于《时与文》第2卷第4期。

文琪《北平学生进步了》刊于《时与文》第2卷第4期。

吴清友《资本主义经济的前途》刊于《时与文》第2卷第5期。

费正《开放日本贸易的政治意义》刊于《时与文》第2卷第5期。

张庸《印度:从殖民地到自治领》刊于《时与文》第2卷第5期。

王亚南《官僚阶层内部利害关系及一般官制的精神》刊于《时与文》第2卷第5期。

赵涵《读〈中国作家〉》刊于《时与文》第2卷第5期。

于夫《东北的战鼓》刊于《时与文》第2卷第5期。

史靖《关于“闻一多的道路”》刊于《时与文》第2卷第5期。

石磊《内战全貌》刊于《时与文》第2卷第6期。

林焕平《论美国外交政策》刊于《时与文》第2卷第6期。

李定中《论“为中国的农业试探一条出路”》刊于《时与文》第2卷第6期。

王亚南《官僚政治与儒家思想》刊于《时与文》第2卷第6期。

郑明礼《星洲华侨庆祝双十节的一场风波》刊于《时与文》第2卷第6期。

景宋《〈鲁迅传〉序》刊于《时与文》第2卷第6期。

许寿裳《鲁迅的避难生活》刊于《时与文》第2卷第6期。

德明《吊俞颂华先生》刊于《时与文》第2卷第6期。

马叙伦《读蒲立特〈访华观感〉》刊于《时与文》第2卷第7期。

林沧白《论当前物价的上涨及其特征》刊于《时与文》第2卷第7期。

郭森麒《法国的经济困难》刊于《时与文》第2卷第7期。

史靖《中国少数民族的厄运》刊于《时与文》第2卷第7期。

吴清友《论苏联的民族政策》刊于《时与文》第2卷第7期。

于人《内战的火燃遍了广东》刊于《时与文》第2卷第7期。

何慧英《成都政治风景线》刊于《时与文》第2卷第7期。

伍人《湖南的党团互斗》刊于《时与文》第2卷第7期。

黄非《益阳惨案纪实》刊于《时与文》第2卷第7期。

何幸之《张君劢的悲哀》刊于《时与文》第2卷第7期。

程桯《魏德迈报告之谜》刊于《时与文》第2卷第8期。

费正《马歇尔援欧计划的现阶段》刊于《时与文》第2卷第8期。

王韵霞《英国的抉择》刊于《时与文》第2卷第8期。

张云横《私立大学里的坏现象》刊于《时与文》第2卷第8期。

默沙《成教报业贷款案内幕》刊于《时与文》第2卷第8期。

范泉《关于〈鲁迅传〉的一点事实声明》刊于《时与文》第2卷第8期。

林沧白《美国的高物价与新经济危机》刊于《时与文》第2卷第9期。

向晓《大学教授精神的堕落》刊于《时与文》第2卷第9期。

陈陆云《今日大学教育的病象及其论断》刊于《时与文》第2卷第9期。

许柏《内战在安徽》刊于《时与文》第2卷第9期。

辛莘《秋风里的北平文化教育界》刊于《时与文》第2卷第9期。

于人《华南的走私》刊于《时与文》第2卷第9期。

蔡尚思《教费与军费·教薪与官薪》刊于《时与文》第2卷第10期。

樊弘《青年须要重新估定政治环境》刊于《时与文》第2卷第10期。

王亚南《官僚贵族化与门阀》刊于《时与文》第2卷第10期。

碧遥《看自杀》刊于《时与文》第2卷第10期。

商翼《政治的心理谈》刊于《时与文》第2卷第10期。

范承祥《援欧与援华》刊于《时与文》第2卷第11期。

王念昆《大学教授程度的降低》刊于《时与文》第2卷第11期。

朱声绂《争取学术独立应有的警惕》刊于《时与文》第2卷第11期。

按：文章说：学术独立原为多年来中国学术界努力的目标。抗战时期物质环境恶劣，整个大后方在与国际隔绝的封锁状态中，图书设备都无法采用新的，所以学术进步受到窒碍，而独立更谈不到，复员以后学术界自然应该重新以学术独立为目标而继续努力。而近年来自费留学政策的弊多利少，更促使学术界感到学术独立的迫切需要。

虽然胡先生并未给学术独立下定义，从胡先生所建议的十年计划里却可以看出所谓学术独立决非学术上的闭关主义。凡是国内未设的科系，我们仍当审慎遴选学生到海外研习。据笔者之意见，则即使已有之科系而水准较国外低得很多的，亦应派员出国研求，最好是派已经有深厚根基的学者，俾回国之后能作独立的研究。主要的是在国内发展各大学的研究院，使之与外国研究院水准相仿，以免各种高深的学识均须外求。就是在学术"独立"以后，也仍要与国际上学术的发展互相观摩，续求进步。

关于学术独立的技术问题，在胡先生的十年计划中已揭橥纲要，此地不赘。笔者所要提出的是争取学术独立时，我们不能忽视了它的社会任务，因此学术界在争取之先对于态度方面必须有所警惕，否则学术即使独立了，对于社会，对于人民未必有多大好处。

吴子《两个美国》刊于《时与文》第2卷第11期。

王亚南《支持官僚社会高度发展的第一大杠杆——两税制》刊于《时与文》第2卷第11期。

文琪《北平各方对民盟解散的态度和看法》刊于《时与文》第2卷第11期。

汤德明《民主政治的经济基础》刊于《时与文》第2卷第12期。

庆德苇《论民主的法治与反民主的法治》刊于《时与文》第2卷第12期。

王寄篱《如此"独立"外交》刊于《时与文》第2卷第12期。

郑道传《越南问题》刊于《时与文》第2卷第12期。

王寄篱《中美苏之间》刊于《时与文》第2卷第13期。

伍丹戈《通货膨胀对财政的影响》刊于《时与文》第2卷第13期。

杜明《法义的紧张局面》刊于《时与文》第2卷第13期。

郑道传《暹罗政变剖析》刊于《时与文》第2卷第13期。

林沧白《经济新形势》刊于《时与文》第2卷第14期。

陈旭麓《论学术独立》刊于《时与文》第2卷第14期。

按:胡适先生在1947年9月发表他《学术独立十年计划》,除撰专论刊于《大公报》外,且向新闻界反复声明,惟恐别人有所误解。其立意之要点:(一)鉴于留学政策的失败,免得外汇浪费,主张一意发展国内的大学及研究院;(二)十年内以国家力量扶助10所大学尽量发展,第一个五年的5所大学,胡适曾举出北大、清华、武大、浙大、中大为发展的对象,后五年的5所大学,将待时间的抉择。胡适《学术独立十年计划》发表后,各界人士纷纷表示意见。"附和其说者,认为当前的中国环境,有饭大家吃的看法是错误的,只有从'重点教育'求取速效,以达到学术独立的目的。反对的人,一部分站在区域和学校立场上争长短,不免以私害公;一部分则完全否认这种主张,并责以特殊发展的偏私;也有人对原来的主张作原则上的赞同,提出了修正和加强的意见。"在是文看来,这些讨论"虽见仁见智,互有短长,然有一个共同之点,即大家集中于讨论学术独立的成果,很少探本寻源之论"。

是文认为:"学术独立的本身,原是不能使之孤立的,何况加上中国社会许多的特殊因果关系,存在牵连学术的独立,若徒断章取义,不顾首尾,问题是不会晓畅明白的,势将离题愈远。所谓学术独立,是比较的涵义。……根据胡先生的观点:学术独立的标准,除应该自己充分能够负担世界现代学术的基本训练及解决需要的各项科学问题外,且本国的学人和研究机关要可与他国分工合作。换句话说:世界各国已达到的学术标准,中国也要能达到。这些含义,说来确是平易近理,没有甚么好高骛远的地方。要完成一个现代化的国家,毫无疑义的是要具有这些条件。可是尽管平易近理,作为现阶段的中国,对这些应该具有的条件,却是天大的奢望。为什么别人能之而我们不能呢? 为什么别人已发明的东西我们连学习的成就都没有呢? 这就追溯到了一个问题——中国学术所以不能独立的原因。"

中国的学术之所以不能独立,是文认为主要原因是"中国的所谓学人,有的是忠于职责的董孤、方孝孺式人物,思想和行动被当时的社会关系紧紧地锁住,纵不为社会关系所束缚,而具有冲破罗网的毅力者,又只有李卓吾、金圣叹等浪漫式的人物。欲求如卢骚、伏尔泰等领导法国启蒙运动的人,在历史上除了近世一二人可与仿佛外,已不可多得。以这样的历史关系,决定了中国学术的依赖性。……近世以来,中国社会遭受了空前的变动,学术思想亦同样地激荡未已。虽然什么'主义'什么'学派'移植国内,应有尽有,可是从曾国藩、李鸿章建立的留学政策起,尽管花样翻新,但孙悟空的七十二变,终逃不出如来佛的掌心——留学政策。几十年来的过程,不能说没有进步的地方,可是你能摆脱次殖民地的属性吗! 直至今日,自然科学固然要向别人学习,社会政治的组织也在在要仰人鼻息。学习本来为文化传播的要素,不足为辱,可是我们的学习太可怜了,不但自己没有供别人交换的东西,人家的所有,我们也仅能得其皮毛,这是留学政策供人咒骂之处。不过单骂留学政策的无成果,也不很公平。因为整个国家就没有一个自主的政府,那里有特立独行的明显政策,结果留学变了质,学习是次要的,而以镀金为第一,科学是次要的,而以洋化为第一。这全是次殖民地的属性加上封建残余心理所造成。所以留学者回国后,不是学术上的造诣,而是官阶的提高;不是实验室里的研究者,而是社会上的新士大夫。就是有些研究较有成就的人,不但国家无适当的设备可以继续供其研究,一闻其在某项科学上稍有表现,政府就要把他从实验室拖进办公室,做起大官来,这是人才浪费,这是缢杀学术独立的残忍手段,无怪今日学术界依然弥漫着'应帝王'的帮闲思想和领导群伦的英雄作风,如此怎能使学术臻于独立之境。由此可知留学政策的本身没有错误,而是行使留学政策的大环境有问题。……当前中国孕育学术的对象,留学之外,自然要推国内的大学了。自科举转变为新设的学堂,为时已不能不算久,所获得的成就,大家有目共睹,质的方面跟不上时代的进步,经十年来的战乱,甚至还赶不上战前本国已有的水准(然青年对社会认识的进步性却不能抹煞),量的方面,更有许多不可理解的矛盾。……数十年的留学政策,成万的硕士博士,无补于中国学术的独立,今欲不假手他人,希望这些没有建立起学术独立的留学生所主持的大学获得学术独立,他们纵有此雄心,在现实重重的压力下,亦是心有余而力不足。这里并不是完全抹煞那些博士硕士们的学问和能力,而是说明这个社会的基本矛盾。我们知道要使学术独立,必须有孕育学术思想的优良场所,即是说要有很好的大学去培植。构成好大学的条件,应有渊博的教授,充分的设备,宽裕的经费,与乎办学者兼容并包的态度,尤其需要一个自由而安定的环境。今日中国的大学教育,真是得天独薄,都不能享有这些应该具备的条件。……欲求学术的独立,是有种种困难在。然而我们不能因困难而不办大学,亦不能因困难而不求大学的改进;为人类的幸福,为国家的前途,尤不能不求学术的独立,悬的以赴,虽不能亟达,还有我们的希望,促使我们竭其可能的努力,总有吾人的进步"。

关于胡适所提出的"重点教育",是文认为:"胡先生的主张,以为以国家的力量,在五年内发展5所已有基础的大学,第二个五年再提出5所加意扩充,仿佛这10个大学经此两个五年计划,就可使中国的学术独立。已经有人给胡先生找到了理论的根据,这是所谓'重点教育'。如果'重点教育'仅是国家拿出大量的经费培植几所豪门式的大学,则未免强奸了'重点教育'的意义。'重点教育'应该包括独特发展和专材教育:一个人有其特长,教师应鼓励其特长的发挥,注意其特长的训练;学校有特殊的科系,应加强其特殊的价值;国家的教育政策为了配合当时环境的需要,注重某一种人才的造就,作为学校施教的重心;所以'重点教育'决不是锦上添花造成皇冠大学的做法。交大校长程孝刚先生所说:'各大学包括部门甚广,各校各有其特长……发展学术,应就其特长部门,协助发展,使臻于国际第一流学术地位。'他虽未标榜'重点教育',我想这倒是'重点教育'的本旨。"

王亚南《支持官僚政治高度发展的第二大杠杆——科举制》刊于《时与文》第2卷第14期。

陶大镛《欧洲的苦难与新生》刊于《时与文》第2卷第15期。

徐季明《中国往那里去?》刊于《时与文》第2卷第15期。

王亚南《士宦的政治生活与经济生活》刊于《时与文》第2卷第15期。

程瀛章《西文在我国今后学术上的地位》刊于《读书通讯》第140期。

杨荣国《康有为的思想与学术(现代中国的思想家)》刊于《读书与出版》第2卷第3期。

杨荣国《王国维的思想与学术》刊于《读书与出版》第2卷第6期。

徐培根《战争简论》刊于《现代军事》第2卷第4期。

林琦《丛林战》刊于《现代军事》第2卷第4期。

余勤仁《由史学说到战史》刊于《现代军事》第2卷第4期。

刘福麟《第二次世界大战中法国步兵之演进》刊于《现代军事》第2卷第4期。

周取《美国陆军地面部队之组织与训练》刊于《现代军事》第2卷第4期。

刘孝伯《空中兵器之新发展及其将来(下)》刊于《现代军事》第2卷第4期。

周剑云《运筹帷幄之马歇尔将军(上)》刊于《现代军事》第2卷第4期。

柳届春《各种攻击方式之研究》刊于《现代军事》第2卷第4期。

柳兴镕《统率之道》刊于《现代军事》第2卷第7期。

范程远《论现代军事教育应有之改进》刊于《现代军事》第2卷第7期。

刘孝柏《现代军人对原子弹应有之知识》刊于《现代军事》第2卷第7期。

刘福麟《比基尼岛原子弹试验的问答》刊于《现代军事》第2卷第7期。

周取《原子弹水中爆炸威力之试验》刊于《现代军事》第2卷第7期。

余汉武《原子弹对于今后筑城之影响》刊于《现代军事》第2卷第7期。

黄殿英《敌友验证器》刊于《现代军事》第2卷第7期。

卢凤阁《热河观感》刊于《现代军事》第2卷第7期。

王蜀生《渝宜旅行记要》刊于《现代军事》第2卷第7期。

李天瑞《科学与战争》刊于《现代军事》第 2 卷第 7 期。

陈家骙《士气与纪律对战斗效果之关系》刊于《现代军事》第 2 卷第 7 期。

赵廷鉴《国际问题发展的地理背景》刊于《东方杂志》第 43 卷第 1 号。

吴泽炎译《英帝国主义辨》刊于《东方杂志》第 43 卷第 1 号。

何君超《原子弹功率之发展》刊于《东方杂志》第 43 卷第 1 号。

闵天培《预算决算之公开》刊于《东方杂志》第 43 卷第 1 号。

杨珍《对现行政府审计一个建议》刊于《东方杂志》第 43 卷第 1 号。

马逢周译《美国的农业机械化》刊于《东方杂志》第 43 卷第 1 号。

管劲丞《郑和下西洋的船》刊于《东方杂志》第 43 卷第 1 号。

施之勉《秦之迁人说》刊于《东方杂志》第 43 卷第 1 号。

毛起鹬《希腊边境纠纷问题》刊于《东方杂志》第 43 卷第 2 号。

慧军《论柏拉图之轮迴说》刊于《东方杂志》第 43 卷第 2 号。

岑仲勉《禹与夏有无关系的审查意见书》刊于《东方杂志》第 43 卷第 2 号。

陈礼颂《暹罗王敢木丁之文治武功》刊于《东方杂志》第 43 卷第 2 号。

陈廋竹《戏剧定律》刊于《东方杂志》第 43 卷第 2 号。

梁国冠《岭南诗人黄晦闻评传》刊于《东方杂志》第 43 卷第 2 号。

贾桢甫《纽伦堡战犯审判的结束》刊于《东方杂志》第 43 卷第 3 号。

全之胥译《原子弹与国际安全》刊于《东方杂志》第 43 卷第 3 号。

孙本文《法国社会学家达尔德之学说》刊于《东方杂志》第 43 卷第 3 号。

李宗孔《统计学在社会学上应有的限度》刊于《东方杂志》第 43 卷第 3 号。

李书田《历代治河名人事迹述略》刊于《东方杂志》第 43 卷第 3 号。

傅庚生《论文学的隐与秀》刊于《东方杂志》第 43 卷第 3 号。

胡文楷《柳如是年谱》刊于《东方杂志》第 43 卷第 3 号。

陶樾《论联合国常任理事国的否决权》刊于《东方杂志》第 43 卷第 4 号。

全之胥译《原子时代的裁军问题》刊于《东方杂志》第 43 卷第 4 号。

李侠文《南洋华侨的前途》刊于《东方杂志》第 43 卷第 4 号。

徐同邺《退伍军人之进修与就业》刊于《东方杂志》第 43 卷第 4 号。

谭英华《吐蕃名号源流考》刊于《东方杂志》第 43 卷第 4 号。

蒋逸雪《三代释名》刊于《东方杂志》第 43 卷第 4 号。

杨荣春《孟子论诗》刊于《东方杂志》第 43 卷第 4 号。

叶德均《说词话》刊于《东方杂志》第 43 卷第 4 号。

毛起鹬《莫斯科会议的前夕》刊于《东方杂志》第 43 卷第 5 号。

张明养《论战后苏联领土的扩张》刊于《东方杂志》第 43 卷第 5 号。

全之胥译《鞑靼尼尔海峡问题》刊于《东方杂志》第 43 卷第 5 号。

汪懋祖《从历史上探讨云南土族的统系》刊于《东方杂志》第 43 卷第 5 号。

罗根泽《荀乡年代补考》刊于《东方杂志》第 43 卷第 5 号。

徐宗泽《徐光启非东林党》刊于《东方杂志》第 43 卷第 5 号。

周宪文《论命运的"科学算术"》刊于《东方杂志》第 43 卷第 5 号。

洪祓《重划省区方案刍议》刊于《东方杂志》第 43 卷第 6 号。

王成祖《英国允许印度独立之后》刊于《东方杂志》第 43 卷第 6 号。

马广文《几种可易外汇的物资》刊于《东方杂志》第 43 卷第 6 号。

王壁岑《论国家财政兼评本年度预算》刊于《东方杂志》第 43 卷第 6 号。

沈百英《胜利后三次修订小学课程标准》刊于《东方杂志》第 43 卷第 6 号。

施子愉《从斯宾格勒看素罗金》刊于《东方杂志》第 43 卷第 6 号。

岑仲勉《对于孔学的我见》刊于《东方杂志》第 43 卷第 6 号。

王崇武《"明靖难史事考证稿"自序》刊于《东方杂志》第 43 卷第 6 号。

崔书琴《德国当前的两大问题》刊于《东方杂志》第 43 卷第 7 号。

全之胥译《对苏外交的公式》刊于《东方杂志》第 43 卷第 7 号。

闵天培《我国外债之清算》刊于《东方杂志》第 43 卷第 7 号。

何启拔《南洋华侨社会结构的剖视》刊于《东方杂志》第 43 卷第 7 号。

姚枏《江头城考》刊于《东方杂志》第 43 卷第 7 号。

王崇武《论皇明祖训与明成祖继统》刊于《东方杂志》第 43 卷第 7 号。

叶德均《十年来中国戏曲小说的发现》刊于《东方杂志》第 43 卷第 7 号。

许君远《百老汇是艺术的宝库》刊于《东方杂志》第 43 卷第 7 号。

陈钟浩《论鞑靼尼尔海峡与多瑙河的国际地位》刊于《东方杂志》第 43 卷第 8 号。

张礼千《七洲洋》刊于《东方杂志》第 43 卷第 8 号。

张良辅译《东欧问题与美苏》刊于《东方杂志》第 43 卷第 8 号。

楼邦彦《论国家公法人制度》刊于《东方杂志》第 43 卷第 8 号。

邓嗣禹《美国陆军特训班给予吾人学习西语的教训》刊于《东方杂志》第 43 卷第 8 号。

赵在田《最惠国条款之性质发展及效力》刊于《东方杂志》第 43 卷第 8 号。

戴孝侯《三朝京都市况》刊于《东方杂志》第 43 卷第 8 号。

俞颂华《悲忆钱经宇（智修）先生》刊于《东方杂志》第 43 卷第 8 号。

王壁岑《对发行美金债卷的分析和建议》刊于《东方杂志》第 43 卷第 9 号。

陶樾《论新国际法院》刊于《东方杂志》第 43 卷第 9 号。

万光《北极新形势》刊于《东方杂志》第 43 卷第 9 号。

全之胥译《占领一年后的韩国》刊于《东方杂志》第 43 卷第 9 号。

秦含章《论乾藏工业（上）》刊于《东方杂志》第 43 卷第 9 号。

王崇武《跋永历帝致吴三桂书（重订稿）》刊于《东方杂志》第 43 卷第 9 号。

朱子方《汉代私学之盛衰及其学风》刊于《东方杂志》第 43 卷第 9 号。

黄正铭《结束第一次世界大战的巴黎和会》刊于《东方杂志》第 43 卷第 9 号。

熊子容《中等教育改造蠡测》刊于《东方杂志》第 43 卷第 9 号。

周子亚《战争法与游击战》刊于《东方杂志》第 43 卷第 10 号。

周伯棣《论公营事业》刊于《东方杂志》第 43 卷第 10 号。

张奇瑛《三十五年度的中国经济（上）》刊于《东方杂志》第 43 卷第 10 号。

全之胥译《法国新宪法》刊于《东方杂志》第 43 卷第 10 号。

齐思和《论如何争取学术独立》刊于《东方杂志》第 43 卷第 10 号。

陈廋竹《戏剧基于人生关键说》刊于《东方杂志》第 43 卷第 10 号。

秦含章《论乾藏工业（下）》刊于《东方杂志》第 43 卷第 10 号。

杜光埙《法国民主政治之新发展》刊于《东方杂志》第 43 卷第 11 号。

罗必达《美国政党与总统选举》刊于《东方杂志》第 43 卷第 11 号。

陈钟浩《莫斯科会议中强国对德奥和议的歧见》刊于《东方杂志》第 43 卷第 11 号。

全之胥译《马来亚的政治和民族主义》刊于《东方杂志》第 43 卷第 11 号。

汪懋祖《云南传教事业》刊于《东方杂志》第 43 卷第 11 号。

张奇瑛《三十五年度的中国经济（下）》刊于《东方杂志》第 43 卷第 11 号。

伍况甫译《科学的社会功能》刊于《东方杂志》第 43 卷第 11 号。

黄时枢译《文学与社会科学》刊于《东方杂志》第 43 卷第 11 号。

王壁岑《发展国家资本扩大国营事业论》刊于《东方杂志》第 43 卷第 12 号。

杜光埙《最近法国各党势力消长之分析》刊于《东方杂志》第 43 卷第 12 号。

李恭宇《开发琼崖议》刊于《东方杂志》第 43 卷第 12 号。

罗宪威译《罗素论原子战争之避免》刊于《东方杂志》第 43 卷第 12 号。

胡为柏《一九四六年的科学研究和发明》刊于《东方杂志》第 43 卷第 12 号。

潘光旦《家谱还有些什么意义？》刊于《东方杂志》第 43 卷第 12 号。

李源澄《崔敦礼之政治思想》刊于《东方杂志》第 43 卷第 12 号。

陈定闳《社会调查史——社会学方法史之一》刊于《东方杂志》第 43 卷第 12 号。

姜蕴刚《超人与至人》刊于《东方杂志》第 43 卷第 12 号。

王成祖《东地中海形势之转变》刊于《东方杂志》第 43 卷第 13 号。

汪家祯《巴勒士汀问题的经纬》刊于《东方杂志》第 43 卷第 13 号。

洪祓《巴尔干地缘政治》刊于《东方杂志》第 43 卷第 13 号。

全之胥译《独立的奥地利》刊于《东方杂志》第 43 卷第 13 号。

李泽珍译《莫洛华论美国》刊于《东方杂志》第 43 卷第 13 号。

傅角今《东北新省区之划定》刊于《东方杂志》第 43 卷第 13 号。

王成敬《东北的动脉——南满铁路》刊于《东方杂志》第 43 卷第 13 号。

任美锷《经济地理学的最近发展》刊于《东方杂志》第 43 卷第 13 号。

王崇武《明太祖与红巾》刊于《东方杂志》第 43 卷第 13 号。

徐宗泽遗著《张献忠入川与耶苏会士》刊于《东方杂志》第 43 卷第 13 号。

张少微《战争与家庭改造》刊于《东方杂志》第 43 卷第 13 号。

傅庚生《诗歌的声韵美》刊于《东方杂志》第 43 卷第 13 号。

赵廷鉴《美苏的对立与世界大局》刊于《东方杂志》第 43 卷第 14 号。

严钟湛《论日本棉纺织业的水准问题》刊于《东方杂志》第 43 卷第 14 号。

王成敬《东北移民问题》刊于《东方杂志》第 43 卷第 14 号。

张汉光《中国边政的出路》刊于《东方杂志》第 43 卷第 14 号。

谭勤余《原子核化学》刊于《东方杂志》第 43 卷第 14 号。

傅运森《道教之起源与流布》刊于《东方杂志》第 43 卷第 14 号。

梁园东《中国史的发展阶段》刊于《东方杂志》第 43 卷第 14 号。

罗念生译《古希腊的文化遗产》刊于《东方杂志》第 43 卷第 14 号。

钱健夫《几个经济问题的低调》刊于《东方杂志》第 43 卷第 15 号。

李善丰《今后发展南洋贸易应有之认识》刊于《东方杂志》第 43 卷第 15 号。

周子亚《太平洋时代与远东关系之演变》刊于《东方杂志》第 43 卷第 15 号。

徐宦文译《苏联政策的分析》刊于《东方杂志》第 43 卷第 15 号。

吴泽炎译《战后挪威的政治动态》刊于《东方杂志》第 43 卷第 15 号。

陈狱生《原子能发展年表》刊于《东方杂志》第 43 卷第 15 号。

王崇武《明惠帝史事之传说》刊于《东方杂志》第 43 卷第 15 号。

吴泽《论平剧之产生与本质》刊于《东方杂志》第 43 卷第 15 号。

王仲武《现阶段之物价问题》刊于《东方杂志》第 43 卷第 16 号。

陈柏心《宪法中的省制问题——省制问题论争的检讨》刊于《东方杂志》第 43 卷第 16 号。

桂裕《处置日本在华财产之法律观》刊于《东方杂志》第 43 卷第 16 号。

毛起鹓《我国的对日和会应有的立场》刊于《东方杂志》第 43 卷第 16 号。

陈炎《战后荷印局势之演变》刊于《东方杂志》第 43 卷第 16 号。

汪家祯《英埃关系之癌——苏旦问题》刊于《东方杂志》第 43 卷第 16 号。

周贻白《洪门起源考》刊于《东方杂志》第 43 卷第 16 号。

隋树森《关于南戏子母冤家》刊于《东方杂志》第 43 卷第 16 号。

陈茹玄《行宪后之立法院》刊于《东方杂志》第 43 卷第 17 号。

钱健夫《当前财政之重大缺点及其根本改革》刊于《东方杂志》第 43 卷第 17 号。

陈钟浩《泛美联防会议与泛美联防条约》刊于《东方杂志》第 43 卷第 17 号。

周酉村《联合国会议中的巴力斯坦问题》刊于《东方杂志》第 43 卷第 17 号。

袁圣时《中西小说之比较》刊于《东方杂志》第 43 卷第 17 号。

邵祖平《全唐诗说》刊于《东方杂志》第 43 卷第 17 号。

李时友《初期多党政治的回顾与检讨》刊于《东方杂志》第 43 卷第 18 号。

陈柏心《国民大会的组织职权及其存废问题》刊于《东方杂志》第 43 卷第 18 号。

吴恩裕《"两个世界"是否必须对立》刊于《东方杂志》第 43 卷第 18 号。

陈炎《战后越南局势之演变》刊于《东方杂志》第 43 卷第 18 号。

张维祖《安南民族及民族运动》刊于《东方杂志》第 43 卷第 18 号。

陈狱生《广岛投弹后二年》刊于《东方杂志》第 43 卷第 18 号。

吴清友译《战后世界各国贫穷化的倾向》刊于《东方杂志》第 43 卷第 18 号。

吴景宏《宋金攻辽之外交》刊于《东方杂志》第 43 卷第 18 号。

许同莘《辟历史上之祥瑞说》刊于《东方杂志》第 43 卷第 18 号。

许国璋《论胡适之争取学术独立十年计划》刊于《天文台》第 1 卷第 3 期。

吴于廑的《论师保政治与教育学术》刊于《世纪评论》第 2 卷第 14 期。

青崖《今人之语》刊于《论语半月刊》第 120 期。

莫名奇《论灵感》刊于《论语半月刊》第 120 期。

应悱村《人情世故论》刊于《论语半月刊》第 120 期。

达祖《话说元旦》刊于《论语半月刊》第 120 期。

黄芝冈《论杜荀鹤》刊于《论语半月刊》第 120—121 期。

青崖《今人之语》刊于《论语半月刊》第 121 期。

沈从文《宋人谐趣》刊于《论语半月刊》第 121 期。

不佞《"民主"座谈纪实》刊于《论语半月刊》第 122 期。

应恍村《恭谈"纪念周"》刊于《论语半月刊》第 122 期。

沈有乾《幽默测验》刊于《论语半月刊》第 123 期。

乔志高原著,凯旋译《与美国人论中国幽默》刊于《论语半月刊》第 123 期。

子振《儒林外史的人和事》刊于《论语半月刊》第 123 期。

宁父《跟陶侃学做官》刊于《论语半月刊》第 123 期。

何若愚《谈收复墓茔失地》刊于《论语半月刊》第 123 期。

吴直九《谈兴趣》刊于《论语半月刊》第 123 期。

高植《记"畿家国"授勋典礼》刊于《论语半月刊》第 124 期。

吴放《谈微醺之意》刊于《论语半月刊》第 124 期。

应恍村《论幽默与民主》刊于《论语半月刊》第 124 期。

程靖宇《论语来北平了》刊于《论语半月刊》第 124 期。

李之谟《矛盾的癖好》刊于《论语半月刊》第 125 期。

赵景深《我的癖好》刊于《论语半月刊》第 125 期。

胡让之《我之癖好》刊于《论语半月刊》第 125 期。

味橄《并无怪癖的癖好》刊于《论语半月刊》第 125 期。

徐蔚南《买书的癖好》刊于《论语半月刊》第 125 期。

俞伯平《忆清华园谷音社旧事》刊于《论语半月刊》第 125 期。

吴直九《按图索骥话癖好》刊于《论语半月刊》第 125 期。

何若愚《漫谈癖好》刊于《论语半月刊》第 125 期。

Frank Sullivan 原著,顾万方译《论嚼铅笔癖》刊于《论语半月刊》第 125 期。

彭学海《国产官僚之玩"法"癖》刊于《论语半月刊》第 125 期。

徐有鬼《癖好乃文明之母论》刊于《论语半月刊》第 125 期。

大华烈士《读"厚黑学"》刊于《论语半月刊》第 126 期。

何若愚《赌的滋味与经验》刊于《论语半月刊》第 126 期。

周一行《请政府恢复捐班以裕国库论》刊于《论语半月刊》第 126 期。

伯乐《拍马考》刊于《论语半月刊》第 126 期。

以谟等《纲鉴难知录》刊于《论语半月刊》第 127 期。

梓愈《中国人的拜子狂》刊于《论语半月刊》第 127 期。

让之《我也想组党》刊于《论语半月刊》第 127 期。

以谟等《纲鉴难知录》刊于《论语半月刊》第 128 期。

曾今可《"五四运动"的回忆》刊于《论语半月刊》第 128 期。

李之谟《有趣原理发端》刊于《论语半月刊》第 128 期。

吴频迦《饮食男女之话》刊于《论语半月刊》第 128 期。

一行等《纲鉴难知录》刊于《论语半月刊》第 129 期。

沈从文《性与政治》刊于《论语半月刊》第 129 期。

陈子展《从周作人谈到远金时代的汉奸文人》刊于《论语半月刊》第 129 期。

李之谟《乡村胜利风景》刊于《论语半月刊》第 129 期。

彭学海《谈"骂"》刊于《论语半月刊》第 129 期。

力仁等《纲鉴难知录》刊于《论语半月刊》第 131 期。

李之谟《闲话端午》刊于《论语半月刊》第 131 期。

何芳洲《家庭民主记》刊于《论语半月刊》第 131 期。

游客《"宝岛"杂记》刊于《论语半月刊》第 131 期。

慕南《话笑》刊于《论语半月刊》第 131 期。

白梵《头痛医脚脚痛医头论》刊于《论语半月刊》第 131 期。

芳序《我们的国际贸易家》刊于《论语半月刊》第 131 期。

邵洵美《以吃立国论》刊于《论语半月刊》第 132 期"吃的专号"。

周谷城《吃的简史》刊于《论语半月刊》第 132 期"吃的专号"。

凌岱《吃教浅说》刊于《论语半月刊》第 132 期"吃的专号"。

周美士《女人好吃论》刊于《论语半月刊》第 132 期"吃的专号"。

味橄《台湾的吃》刊于《论语半月刊》第 132 期"吃的专号"。

徐蔚南《食三题》刊于《论语半月刊》第 132 期"吃的专号"。

顾仲彝《吃饭问题》刊于《论语半月刊》第 132 期"吃的专号"。

曾今可《谈"吃"》刊于《论语半月刊》第 132 期"吃的专号"。

应悱村《天下无如吃饭难》刊于《论语半月刊》第 132 期"吃的专号"。

舒湮《"吃"的废话》刊于《论语半月刊》第 132 期"吃的专号"。

卜束《平凡的吃客谈"吃"》刊于《论语半月刊》第 132 期"吃的专号"。

寒流《吃与礼貌》刊于《论语半月刊》第 132 期"吃的专号"。

高植《对纸吃闷》刊于《论语半月刊》第 132 期"吃的专号"。

逸峰《名震全球的中国菜》刊于《论语半月刊》第 132 期"吃的专号"。

慕南《"吃"话》刊于《论语半月刊》第 132 期"吃的专号"。

夏伯《鸡零狗碎且谈吃》刊于《论语半月刊》第 132 期"吃的专号"。

周一行《饮食逸话》刊于《论语半月刊》第 132 期"吃的专号"。

沈有乾《中国的集团结婚》刊于《论语半月刊》第 133 期。

杨震川《吴下风度与公安派小品的关系》刊于《论语半月刊》第 133 期。

高植《记刮鸣城的冻结制》刊于《论语半月刊》第 133 期。

彭学海《幽默救世论》刊于《论语半月刊》第 133 期。

游客《"宝岛"杂记》刊于《论语半月刊》第 133 期。

退山《吃之类篇》刊于《论语半月刊》第 133 期。

老饕《吃的故事》刊于《论语半月刊》第 133 期。

陈颂华《漫谈吃道》刊于《论语半月刊》第 133 期。

周以谟《谈吃》刊于《论语半月刊》第 133 期。

罗浮《断章取义》刊于《论语半月刊》第 133 期。

吴直九《文章误国论》刊于《论语半月刊》第 134 期。

俞伯平《闲谈革命》刊于《论语半月刊》第 134 期。

彭学海《劝友勿迷"民主"书》刊于《论语半月刊》第 134 期。

季明《谋官难》刊于《论语半月刊》第 134 期。

寒流《谈"天理"》刊于《论语半月刊》第 134 期。

李之谟《有鬼论》刊于《论语半月刊》第 134 期。

何芳洲《拾翠簃匡时策》刊于《论语半月刊》第 135 期。

海戈《蓉城蒙难记》刊于《论语半月刊》第 135 期。

高植《热京风记》刊于《论语半月刊》第 135 期。

李之谟《热话》刊于《论语半月刊》第 135 期。

萧叔钠《儒林近事》刊于《论语半月刊》第 135 期。

季明《谋官再记》刊于《论语半月刊》第 135 期。

杨震川《从铲头说到廷杖、东厂和锦衣卫》刊于《论语半月刊》第 135 期。

彭学海《隐语训话》刊于《论语半月刊》第 135 期。

海戈《论待遇》刊于《论语半月刊》第 136 期。

俞伯平《谈闺阁词翰》刊于《论语半月刊》第 136 期。

曾今可《他说"不"字是"动词"》刊于《论语半月刊》第 136 期。

慕南《话笑》刊于《论语半月刊》第 136 期。

双红《狗颂》刊于《论语半月刊》第 136 期。

海戈《选举初谈》刊于《论语半月刊》第 137 期。

何芳洲《论风度》刊于《论语半月刊》第 137 期。

俞伯平《读红楼梦随笔二则》刊于《论语半月刊》第 137 期。

伊波《北平拾锦》刊于《论语半月刊》第 137 期。

北辰《椰风蕉雨话华侨》刊于《论语半月刊》第 137 期。

周一行《谈文穷而后工》刊于《论语半月刊》第 137 期。

季明《新儒林外史》刊于《论语半月刊》第 137 期。

孟孔武《幽默练习》刊于《论语半月刊》第 138 期。

何芳洲《论竞技道德》刊于《论语半月刊》第 138 期。

伊波《痛定思痛记》刊于《论语半月刊》第 138 期。

彭学海《伏尔泰氏嘲笑》刊于《论语半月刊》第 138 期。

慧星《教育部武艺超群》刊于《论语半月刊》第 139 期。

李之谟《半家言》刊于《论语半月刊》第 139 期。

双红《谈捧》刊于《论语半月刊》第 139 期。

彭学海《从"民主"说到其他十个"主"》刊于《论语半月刊》第 139 期。

妙悟《进谏与纳谏(上)》刊于《论语半月刊》第 139 期。

一行《冷眼观》刊于《论语半月刊》第 139 期。

海戈《论麻将与哲学,艺术,及中国政治之关系》刊于《论语半月刊》第 140 期。

慧星《救国方法论》刊于《论语半月刊》第 140 期。

妙悟《进谏与纳谏(下)》刊于《论语半月刊》第 140 期。

木木《呆子新语》刊于《论语半月刊》第 140 期。

亦凡《国粹治病法》刊于《论语半月刊》第 141 号。

海戈《怀柔,媚外,恐日,及其他诸般杂症》刊于《论语半月刊》第 141 号。

徐钦文《病从口出》刊于《论语半月刊》第 141 号。

伊波《今日之北平的流行病》刊于《论语半月刊》第 141 号。

慧星《病的传奇》刊于《论语半月刊》第 141 号。

何芳洲《拾翠簃匡时策》刊于《论语半月刊》第 141 号。

王子出《有病反能长寿论》刊于《论语半月刊》第 141 号。

应悱村《有病呻吟》刊于《论语半月刊》第 141 号。

全增嘏《关于相对论》刊于《论语半月刊》第 142 号。

北辰《椰风蕉雨话华侨》刊于《论语半月刊》第 142 号。

周慕颐《"病"从"吃"出来》刊于《论语半月刊》第 142 号。

达祖《禁止议论国事》刊于《论语半月刊》第 143 号。

彭学海《东方式"民主"奇观》刊于《论语半月刊》第 143 号。

吴蓼《小病乐观论》刊于《论语半月刊》第 143 号。

方诗铭《障塞释名》刊于《西北通讯》第 1 卷第 6 期。

方诗铭《"汉简"与"晋简"（西北地下的宝藏）》刊于《西北通讯》第 3 期。

董作宾《汉简永元六年历谱考》刊于《现代学报》第 1 卷第 1 期。

吴晓铃《"才人考"辨》刊于《国文月刊》第 58 期。

子振《西厢五剧注》刊于《文潮月刊》第 3 卷第 1 期。

刘盼遂《毛子晋与绿君亭》刊于《图书季刊》新 8 卷第 1—2 期合刊。

储安平《论张君劢》刊于《观察》第 1 卷第 19 期。

夏炎德《论中美经济关系的前途》刊于《观察》第 1 卷第 19 期。

李澂庐《服从社会与意志社会》刊于《观察》第 1 卷第 19 期。

潘光旦《派兴汇（五）》刊于《观察》第 1 卷第 19 期。

Dunald Moreuw 原著，梁实秋译《斗争中的莎士比亚（五点·四）》刊于《观察》第 1 卷第 19 期。

孙克宽《人心·国是·现状》刊于《观察》第 1 卷第 20 期。

楼邦彦《〈自由·平等·博爱〉的再生》刊于《观察》第 1 卷第 20 期。

笪移今《论商业银行的前途》刊于《观察》第 1 卷第 20 期。

胡先骕《经济之改造（一）》刊于《观察》第 1 卷第 20 期。

陈力《果园文化》刊于《观察》第 1 卷第 20 期。

戴镏龄《柏拉图放逐诗人辩》刊于《观察》第 1 卷第 20 期。

吴世昌《论美军事件》刊于《观察》第 1 卷第 21 期。

周绥章《论〈神话政治〉》刊于《观察》第 1 卷第 21 期。

潘光旦《荀子与斯宾塞尔论解放》刊于《观察》第 1 卷第 21 期。

胡先骕《经济之改造（二）》刊于《观察》第 1 卷第 21 期。

季羡林《谈翻译》刊于《观察》第 1 卷第 21 期。

傅斯年《内蒙自治问题》刊于《观察》第 1 卷第 22 期。

周钟崎《论革命》刊于《观察》第 1 卷第 22 期。

陈志让《资本主义经济与社会主义经济》刊于《观察》第 1 卷第 22 期。

胡先骕《经济之改造（三）》刊于《观察》第 1 卷第 22 期。

李慕白《莎翁戏剧的历史背景》刊于《观察》第 1 卷第 22 期。

楼邦彦《论官吏的民权》刊于《观察》第 1 卷第 23 期。

周子亚《从国际法立场论美军暴行之性质及外国军队之刑事管辖权问题》刊于《观察》第1卷第23期。

王庆源《战争与和平》刊于《观察》第1卷第23期。

胡先骕《经济之改造(完)》刊于《观察》第1卷第23期。

张道真《谈玄诗》刊于《观察》第1卷第23期。

储安平《辛勤·忍耐·向前》刊于《观察》第1卷第24期。

吴世昌《和谈一年》刊于《观察》第1卷第24期。

谢扶雅《敬告社会贤达》刊于《观察》第1卷第24期。

韩德培《谈中美商约中的移民规定》刊于《观察》第1卷第24期。

伍启元《现代财政动向与中国财政政策》刊于《观察》第1卷第24期。

[美]赛珍珠著,天行译《人与文》刊于《观察》第1卷第24期。

傅斯年《论豪门资本之必须铲除》刊于《观察》第2卷第1期。

钱端升《教师与进步》刊于《观察》第2卷第1期。

简贯三《从政治·经济·法理分析金潮之因果与处理》刊于《观察》第2卷第1期。

庄智焕《从黄金风潮论经济对策》刊于《观察》第2卷第1期。

季羡林《西北问题的侧面观》刊于《观察》第2卷第1期。

钱钟书《说〈回家〉》刊于《观察》第2卷第1期。

储安平《中国的政局》刊于《观察》第2卷第2期。

吴世昌《论党的职业化》刊于《观察》第2卷第2期。

萧公权《论教育政策》刊于《观察》第2卷第2期。

雷宗海《妇女·女权》刊于《观察》第2卷第2期。

钱端升《世界大势与中国地位》刊于《观察》第2卷第3期。

杨人楩《国民当往何处去?》刊于《观察》第2卷第3期。

郑林庄《经济正义与社会安全》刊于《观察》第2卷第3期。

钱端升《唯和平始得统一》刊于《观察》第2卷第4期。

吴世昌《论台湾的动乱》刊于《观察》第2卷第4期。

纯青《台湾民变真相钩沉》刊于《观察》第2卷第4期。

蔡壬侯《英文的中国化》刊于《观察》第2卷第4期。

梁漱溟《关于〈中国的政局〉》刊于《观察》第2卷第4期。

刘乃诚《现代中国政治改革的集中原则》刊于《观察》第2卷第5期。

梁漱溟《中国文化特征之研究(上)》刊于《观察》第2卷第5期。

笪移今《物价往那里去?》刊于《观察》第2卷第5期。

陈衡哲《民主园中的嘉木与恶草》刊于《观察》第2卷第5期。

张啸虎《我对大公报的看法》刊于《观察》第2卷第5期。

吴世昌《从美苏说到国内》刊于《观察》第2卷第6期。

张东荪《追述我们努力建立"联合政府"的用意》刊于《文汇报(上海)》1947年4月6日。

梁漱溟《中国文化特征之研究(中)》刊于《观察》第2卷第6期。

杨刚《动荡的国际现状与美国最近的外交倾向》刊于《观察》第2卷第6期。

史立常《人类的世界观念》刊于《观察》第2卷第6期。

伍启元《从世界潮流论中国出路》刊于《观察》第 2 卷第 7 期。

张悦《论中国的"官僚制度"》刊于《观察》第 2 卷第 7 期。

梁漱溟《中国文化特征之研究（下）》刊于《观察》第 2 卷第 7 期。

虞愚《哲学精神的价值》刊于《观察》第 2 卷第 7 期。

蔡维藩《美苏间的恐慌》刊于《观察》第 2 卷第 8 期。

刘乃诚《论政府改组》刊于《观察》第 2 卷第 8 期。

潘光旦《人文学科必须东山再起》刊于《观察》第 2 卷第 8 期。

全慰天《记陈达教授》刊于《观察》第 2 卷第 8 期。

吴世昌《论政府的改组》刊于《观察》第 2 卷第 9 期。

吴元黎《现代经济思潮的趋势》刊于《观察》第 2 卷第 9 期。

潘光旦《人文学科必须东山再起（下）》刊于《观察》第 2 卷第 9 期。

储安平《使用闷药前后的心理与感觉》刊于《观察》第 2 卷第 9 期。

王芸生《五四重新使我感到不安》刊于《观察》第 2 卷第 10 期。

吴世昌《写在"五四"的前夕》刊于《观察》第 2 卷第 10 期。

周绶章《谈〈孔家店〉》刊于《观察》第 2 卷第 10 期。

杨人楩《自由主义者往何处去?》刊于《观察》第 2 卷第 11 期。

任鸿隽《留美学界的几个问题》刊于《观察》第 2 卷第 11 期。

梁漱溟《从中国人的家说起（上）》刊于《观察》第 2 卷第 11 期。

李浩培《法治实行问题》刊于《观察》第 2 卷第 12 期。

傅统先《以教育救中国》刊于《观察》第 2 卷第 12 期。

梁漱溟《从中国人的家说起（下）》刊于《观察》第 2 卷第 12 期。

张述祖《习尚与价值判断的标准》刊于《观察》第 2 卷第 12 期。

安平《三百二十三位读者意见的分析与解释》刊于《观察》第 2 卷第 12 期。

储安平《大局浮动·学潮如火》刊于《观察》第 2 卷第 13 期。

楼邦彦《论公务员的罢工问题》刊于《观察》第 2 卷第 13 期。

钱能欣《德国问题与欧洲和平》刊于《观察》第 2 卷第 13 期。

沙学浚《与梁漱溟先生论"国土太大"及其利弊》刊于《观察》第 2 卷第 13 期。

袁昌英《谈谣言》刊于《观察》第 2 卷第 13 期。

储安平《学生扯起义旗·历史正在创造》刊于《观察》第 2 卷第 14 期。

储安平《论文汇·新民·联合三报被封及大公报在这次学潮中所表现的态度》刊于《观察》第 2 卷第 14 期。

郑林庄《从经济立场看美苏关系》刊于《观察》第 2 卷第 14 期。

梁漱溟《中共临末为何拒绝和谈》刊于《观察》第 2 卷第 15 期。

楼邦彦《张群院长的曲解》刊于《观察》第 2 卷第 15 期。

黄炳坤《社会运动的口号问题》刊于《观察》第 2 卷第 15 期。

王遵明《生铁焦煤·不可运日》刊于《观察》第 2 卷第 15 期。

戴文赛《光度常常变化的星》刊于《观察》第 2 卷第 15 期。

吴世昌《论和平问题》刊于《观察》第 2 卷第 16 期。

周绶章《疯狂了的中国》刊于《观察》第 2 卷第 16 期。

葛思恩《新闻自由的低潮》刊于《观察》第 2 卷第 16 期。

倪正和《与潘光旦先生论文化书》刊于《观察》第 2 卷第 16 期。

浦熙修《参政会和平运动的三个阶段》刊于《观察》第 2 卷第 16 期。

钟伯平《学潮平息以后的认识》刊于《观察》第 2 卷第 17 期。

杨西孟《中国当前的经济祸患由既得利益阶级负责》刊于《观察》第 2 卷第 17 期。

陈友松《世界各国教育普及之比较观》刊于《观察》第 2 卷第 17 期。

费孝通《猜不透上帝的意志》刊于《观察》第 2 卷第 17 期。

储安平《读孙科谈话》刊于《观察》第 2 卷第 18 期。

夏炎德《谈亚洲与远东的经济重建》刊于《观察》第 2 卷第 18 期。

高觉敷《从心理学观点解释中国悲惨的现状》刊于《观察》第 2 卷第 18 期。

周东郊《北塔山事件·新蒙边界·新疆问题》刊于《观察》第 2 卷第 19 期。

吴世昌《从北塔山事件说起》刊于《观察》第 2 卷第 19 期。

何永佶《从"天下国"到"边缘国家"》刊于《观察》第 2 卷第 19 期。

何永佶《从印度分治说到中国前途》刊于《观察》第 2 卷第 20 期。

樊弘《教育莫忘群育！读书莫忘救国》刊于《观察》第 2 卷第 20 期。

任鸿隽《为本届大学毕业生进一言》刊于《观察》第 2 卷第 20 期。

笪移今《评方显廷先生的经济观点》刊于《观察》第 2 卷第 20 期。

张啸虎《论风度》刊于《观察》第 2 卷第 20 期。

陈瘦竹《论悲剧人生观》刊于《观察》第 2 卷第 20 期。

陈旭麓《我们向那条路走？》刊于《观察》第 2 卷第 21 期。

施若霖《论中国的土地改革》刊于《观察》第 2 卷第 21 期。

费孝通《道德上有个毒刺》刊于《观察》第 2 卷第 21 期。

吴世昌《言论自由与自律》刊于《观察》第 2 卷第 21 期。

戴镏龄《谈伍光建先生的翻译》刊于《观察》第 2 卷第 21 期。

储安平《政府应对纽约下午报的攻击采取步骤表明态度》刊于《观察》第 2 卷第 22 期。

吴世昌《论〈民主国际〉》刊于《观察》第 2 卷第 22 期。

何永佶《好汉不吃眼前亏的捷克》刊于《观察》第 2 卷第 22 期。

杨刚《从杜鲁门主义到马歇尔方案》刊于《观察》第 2 卷第 22 期。

张述祖《自由的心理》刊于《观察》第 2 卷第 22 期。

丁芸《新疆观感录》刊于《观察》第 2 卷第 22 期。

严仁赓《我们对于时局的几点认识》刊于《观察》第 2 卷第 23 期。

贺昌群《中国历史的悲剧(上)》刊于《观察》第 2 卷第 23 期。

王遵明《钢铁在苏联》刊于《观察》第 2 卷第 23 期。

刘英臣《试论〈上帝猜不透的意志〉就教于费孝通先生》刊于《观察》第 2 卷第 23 期。

丁芸《新疆观感录(下)》刊于《观察》第 2 卷第 23 期。

储安平《艰难·风险·沉着》刊于《观察》第 2 卷第 24 期。

吴世昌《试论美国的"中韩调查团"及我国的反应》刊于《观察》第 2 卷第 24 期。

贺昌群《中国历史的悲剧(下)》刊于《观察》第 2 卷第 24 期。

陈彦《国共问题何以不能和平解决的追索》刊于《观察》第 2 卷第 24 期。

万光《琉球应归还中国》刊于《观察》第 2 卷第 24 期。

傅雷《所谓亲帝反苏》刊于《观察》第 2 卷第 24 期。

陈孝禅《义士教育的前途》刊于《观察》第 2 卷第 24 期。

许德珩《魏德迈回国后，美国将如何的对中国》刊于《观察》第 3 卷第 1 期。

楼邦彦《动员·战乱·行宪》刊于《观察》第 3 卷第 1 期。

李烛尘《论中纺让给民营的方法》刊于《观察》第 3 卷第 1 期。

杨刚《美国与德国》刊于《观察》第 3 卷第 1 期。

朱自清《论朗诵诗》刊于《观察》第 3 卷第 1 期。

陈振汉《论经济与政治》刊于《观察》第 3 卷第 2 期。

陈振汉《当前几种经济急救方案效果的估计》刊于《观察》第 3 卷第 2 期。

王铁崖《论立法院与条约权》刊于《观察》第 3 卷第 2 期。

徐述纶《我对大学一年级国文的意见》刊于《观察》第 3 卷第 2 期。

费孝通《论绅士》刊于《观察》第 3 卷第 2 期。

宗白华《攻略文艺与象征》刊于《观察》第 3 卷第 2 期。

潘光旦《工业文明的政治问题》刊于《观察》第 3 卷第 2 期。

费孝通《欧洲仲夏夜之梦》刊于《观察》第 3 卷第 3 期。

韩德培《论征用豪门富室在外国的资产及征用的技术问题》刊于《观察》第 3 卷第 3 期。

吴景超《工业化过程中的资本与人口》刊于《观察》第 3 卷第 3 期。

徐述纶《"闻一多的道路"》刊于《观察》第 3 卷第 3 期。

吴之椿《大选与时局》刊于《观察》第 3 卷第 4 期。

梁漱溟《预告选灾·追论扈政》刊于《观察》第 3 卷第 4 期。

吴恩裕《论人性与私产》刊于《观察》第 3 卷第 4 期。

戴镏龄《评英文新字辞典》刊于《观察》第 3 卷第 4 期。

胡适、费孝通《关于美国人的性格》刊于《观察》第 3 卷第 4 期。

吴世昌《论当前的政局与美国对华政策》刊于《观察》第 3 卷第 5 期。

楼邦彦《副主席的谜》刊于《观察》第 3 卷第 5 期。

梁漱溟《预告选灾·追论扈政（下）》刊于《观察》第 3 卷第 5 期。

胡先骕《生物学战争》刊于《观察》第 3 卷第 5 期。

钱钟书《补评英文新字辞典》刊于《观察》第 3 卷第 5 期。

李纯青《对日和约政治问题》刊于《观察》第 3 卷第 6 期。

周东郊《第二转形期的新疆》刊于《观察》第 3 卷第 6 期。

李恭宇《地方财政往何处去?》刊于《观察》第 3 卷第 6 期。

王泽农《写在〈为中国农业试探一条出路〉的后面》刊于《观察》第 3 卷第 6 期。

伣夐《谈美国的广告》刊于《观察》第 3 卷第 6 期。

张东荪《我亦追论扈政兼及文化的诊断》刊于《观察》第 3 卷第 7 期。

严仁赓《论"左"与"右"》刊于《观察》第 3 卷第 7 期。

季羡林《论现行的留学政策》刊于《观察》第 3 卷第 7 期。

吴恩裕《国家与道德》刊于《观察》第 3 卷第 7 期。

刘乃诚《改革地方政制的刍议》刊于《观察》第 3 卷第 8 期。

王遵明《如何约束日本的金属工业》刊于《观察》第3卷第8期。

费孝通《论知识阶级》刊于《观察》第3卷第8期。

周子亚《国际公法成案研究》刊于《观察》第3卷第8期。

储安平《评蒲立特的偏私的、不健康的访华报告》刊于《观察》第3卷第9期。

丁骕《论科学研究的动机》刊于《观察》第3卷第9期。

谷春帆《从民主到帝国》刊于《观察》第3卷第10期。

朱偰《弊制非改不可》刊于《观察》第3卷第10期。

朱本源《论尊孔与民主的矛盾》刊于《观察》第3卷第10期。

杨人楩《关于〈中共往何处去?〉》刊于《观察》第3卷第10期。

周炳琳等四十八人《我们对于政府压迫民盟的看法》刊于《观察》第3卷第11期。

董时进《我对于政府取缔民盟的感想》刊于《观察》第3卷第11期。

韩德培《人身自由的保障问题》刊于《观察》第3卷第11期。

费孝通《小康经济》刊于《观察》第3卷第11期。

朱自清《论雅俗共享》刊于《观察》第3卷第11期。

吴世昌《论储存反应》刊于《观察》第3卷第11期。

李纯青《论琉球归属问题》刊于《观察》第3卷第12期。

吴恩裕《自由乎? 平等乎?》刊于《观察》第3卷第12期。

金克木《留学问题·第一流大学问题》刊于《观察》第3卷第12期。

张述祖《论赏罚》刊于《观察》第3卷第12期。

费孝通《美国之内》刊于《观察》第3卷第12期。

陈之迈《中国行政改革的新方向》刊于《观察》第3卷第13期。

孙克宽《改进中国政治的几个方向》刊于《观察》第3卷第13期。

萧公权《教育的矛盾与救急的治标》刊于《观察》第3卷第13期。

李理黄《马克斯的政治思想》刊于《观察》第3卷第13期。

周叔厚《论竞选费用应有限制》刊于《观察》第3卷第14期。

樊弘《与梁漱溟张东荪先生论中国的文化与政治》刊于《观察》第3卷第14期。

梁漱溟《略论中国政治问题》刊于《观察》第3卷第14期。

楼邦彦《美国政制的改造》刊于《观察》第3卷第14期。

上海益世报《斥一种谬论》刊于《观察》第3卷第14期。

天津益世报《政府的度量》刊于《观察》第3卷第14期。

吴恩裕《法律·道德·与大众利益》刊于《观察》第3卷第15期。

韩德培《评出版社修正草案(一)》刊于《观察》第3卷第15期。

储安平《评出版社修正草案(二)》刊于《观察》第3卷第15期。

徐中玉《论勇敢的表现》刊于《观察》第3卷第15期。

储安平《论全国专科以上学校开除学生全国专科以上学校不得准其学之不妥》刊于《观察》第3卷第16期。

端木正《中国能永远中立化吗?》刊于《观察》第3卷第16期。

楼邦彦《论这次的大选》刊于《观察》第3卷第17期。

陈序经《论发展学术的计划》刊于《观察》第3卷第17期。

胡庆钧《论保长》刊于《观察》第 3 卷第 17 期。

余才友《潘光旦底人文思想》刊于《观察》第 3 卷第 17 期。

戴镏龄《谈诗歌的晦涩》刊于《观察》第 3 卷第 17 期。

吴世昌《从中国的历史看民主政治》刊于《观察》第 3 卷第 18 期。

樊弘《我对于中国政治问题的根本看法》刊于《观察》第 3 卷第 18 期。

朱自清《论不满现状》刊于《观察》第 3 卷第 18 期。

史超礼《柴那门的机会》刊于《观察》第 3 卷第 18 期。

费孝通《论师儒》刊于《观察》第 3 卷第 18 期。

胡适《争取学术独立的十年计划》刊于《教育通讯》第 4 卷第 6 期。

按：编者按："胡适之先生最近发表其《争取学术独立的十年计划》很引起教育学术界的重视,各方讨论的文章很多。胡先生主张十年内国家应尽全力培养几个优良大学,发展他们的研究工作,使成为第一流的学术中心,这个主张是对的,挑选那几个大学区发展,遂致各有各的立场,议论纷纭,莫衷一是。在此财政困难,一般学校都甚贫乏的时候事实上恐不容许少些学校之特别发展。但明年开始,如果国家教育文化费认真达到宪法规定百分之十五,较本年经费增加四五倍,胡先生的主张便不难逐步实现。因为这是今秋教育言论界一件大事,本刊特就众多的议论之中,选刊胡先生原论反陈齐二君文各一篇,以供教育界之参考。"

陈东原《争取学术独立的必要与可能》刊于《教育通讯》第 4 卷第 6 期。

按：文章说："在现代世界上,争取学术独立,与争取国家独立,实同等重要。学术不能独立,就不易养成高深的科学研究,学者纵在国外学得了高深的学术,甚全已跻入世界学人的地位。归国后也无法展其所长,且无法继续做专门的科学的研究。这不仅是个人的损失,更是国家的损失,世界文化的损失。同时因为学术不能独立,样样都要取法旁人,也就不能有自创的工业,与自立的国防。对于国家的独立,实在是一种缺陷。胡适之先生最近发表的争取学术独立的主张,实在是具有远见的。""争取学术独立,是国家民族的一件大事。国家应当在教育经费方面,特别多花一笔钱,以促成此事的实现。目前大家对于胡先生的主张,所以有争论者,都是因为教育经费不足,学校设备太贫乏的原故。今后不仅要特别发达对学术研究有希望的学校,其余所有的学校,也应当多给经费,扶助他们的发展。"

欧阳湘《学术独立与留学制度》刊于《教育通讯》第 4 卷第 10 期。

按：文章指出："我国自举办新式教育以来,少说也快有五十年了。在这许多年中,我国最高学府所给予青年的培植,不过是各种学问的授与,就是把人家研究所得,陈示与青年之前。这连研究也谈不上,更不要说学术独立了。我们再看看别的国家,它们的学术进步,是不是也和中国一样地慢。日本在明治维新之始,它在学术方面,地位极低,但是经过几十年的努力,现在已经表现很好的成绩。它学术上的地位,比之德、美各国并无愧色。俄国在帝政时代,其在世界学术上的地位,比之德、法、英、美为差。但是政体改革以后,关于各种研究,颇为注意,而尤以理、工为甚。它在学术上的进步,几有一日千里之势。再说美国,它在十九世纪的前半,一切学术,还很幼稚,根本谈不到学术独立。但是自从约翰霍金斯大学提倡学术研究后,美国的高等教育便顿然改观。近数十年来,在科学方面突飞猛进,无论哪一部门,都示人以良好的成绩。我们和这几个国家相比,宁不自惭？我们处此科学竞争世界,应全程并进,迎头赶上,不容再事因循,甘落人后。我们要延揽专家,充实设备,最好在宪法所规定的中央教育经费中,划出一部分,专为学术研究之用。国家应当对于研究人员(包括学生),订定奖励的办法,藉以鉴定其志趣而发挥其才能。树人大业,虽非咄嗟立办的事情,但是政府如果对于学术研究能认真从事,排除可能的困难,而持以毅力,则有十年的时间,便可见到成绩。苏联在第二次五年计划完成后,其在学术方面的成绩,不是斐然可观吗？这是一个很好的例子,我们切不要让苏联专美于前。"

化中《人生之向上与昇华》刊于《文教丛刊》第 1 卷第 7 期。

王恩洋《儒学中兴论叙论》刊于《文教丛刊》第 1 卷第 7 期。

严立三《大学辨宗》刊于《文教丛刊》第 1 卷第 7 期。

黎锦熙《方志今议续篇》刊于《文教丛刊》第 1 卷第 7 期。

静观《知行之难易》刊于《文教丛刊》第 1 卷第 7 期。

游孟逸《佛法论缘生与一切科学宗教之不同》刊于《文教丛刊》第 1 卷第 7 期。

游孟逸《依心理现象说明等无间缘义》刊于《文教丛刊》第 1 卷第 7 期。

游孟逸《现量与似现量分别如何试条分而例证之》刊于《文教丛刊》第 1 卷第 7 期。

王恩洋《别内讧》刊于《文教丛刊》第 1 卷第 7 期。

王恩洋《大足石刻之艺术与佛教》刊于《文教丛刊》第 1 卷第 7—8 期。

寂高笔记《伟大的佛教》刊于《文教丛刊》第 1 卷第 8 期。

丘檗学《大乘入楞伽经疏证卷第五》刊于《文教丛刊》第 1 卷第 8 期。

王恩洋《佛教因明与逻辑》刊于《文教丛刊》第 1 卷第 8 期。

王恩洋《念太虚法师》刊于《文教丛刊》第 1 卷第 8 期。

任一堃《文教考业——论语述闻》刊于《文教丛刊》第 1 卷第 8 期。

王玉周《生命之安定与建立》刊于《文教丛刊》第 1 卷第 8 期。

蒲德渊《庄子学说略述》刊于《文教丛刊》第 1 卷第 8 期。

化中《答英世彦书》刊于《文教丛刊》第 1 卷第 8 期。

赵廷为《我们的信心和愿望》刊于《教育杂志》第 32 卷第 1 期"战后中国教育专号（上）"。

庄泽宣《战后中国教育向那里走?》刊于《教育杂志》第 32 卷第 1 期"战后中国教育专号（上）"。

许崇清《战后教育建设问题》刊于《教育杂志》第 32 卷第 1 期"战后中国教育专号（上）"。

程其保《建国时期教育第一》刊于《教育杂志》第 32 卷第 1 期"战后中国教育专号（上）"。

常道直《世界教育专业组织与国际和平》刊于《教育杂志》第 32 卷第 1 期"战后中国教育专号（上）"。

艾伟《战后中国之教育实验》刊于《教育杂志》第 32 卷第 1 期"战后中国教育专号（上）"。

杜佐周《战后中国的大学教育》刊于《教育杂志》第 32 卷第 1 期"战后中国教育专号（上）"。

林本《战后中国的中学教育》刊于《教育杂志》第 32 卷第 1 期"战后中国教育专号（上）"。

李蒸《战后中国师范教育方针》刊于《教育杂志》第 32 卷第 1 期"战后中国教育专号（上）"。

方惇颐《战后中国的师范教育》刊于《教育杂志》第 32 卷第 1 期"战后中国教育专号（上）"。

马客谈《战后中国的国民教育》刊于《教育杂志》第 32 卷第 1 期"战后中国教育专号（上）"。

陈礼江《今后中国社会教育之途径》刊于《教育杂志》第 32 卷第 1 期"战后中国教育专号(上)"。

董渭川《战后中国的文盲问题》刊于《教育杂志》第 32 卷第 1 期"战后中国教育专号(上)"。

李清悚《战后中国之电化教育》刊于《教育杂志》第 32 卷第 1 期"战后中国教育专号(上)"。

何清儒《战后中国的职业教育》刊于《教育杂志》第 32 卷第 1 期"战后中国教育专号(上)"。

周尚《战后华侨教育》刊于《教育杂志》第 32 卷第 1 期"战后中国教育专号(上)"。

常道直《当前我国教育上两个课题》刊于《教育杂志》第 32 卷第 2 期"战后中国教育专号(下)"。

王凤喈《战后中国教育问题述要》刊于《教育杂志》第 32 卷第 2 期"战后中国教育专号(下)"。

陈剑恒《战后教育的三大新问题》刊于《教育杂志》第 32 卷第 2 期"战后中国教育专号(下)"。

邱椿《战后中国的教育政策》刊于《教育杂志》第 32 卷第 2 期"战后中国教育专号(下)"。

萧孝嵘《战后的教育建设与心理建设》刊于《教育杂志》第 32 卷第 2 期"战后中国教育专号(下)"。

檀仁梅《战后教育的展望》刊于《教育杂志》第 32 卷第 2 期"战后中国教育专号(下)"。

许公鉴《战后教育的抢救与改造》刊于《教育杂志》第 32 卷第 2 期"战后中国教育专号(下)"。

王裕凯《战后从事教育者的基本条件》刊于《教育杂志》第 32 卷第 2 期"战后中国教育专号(下)"。

欧元怀《论战后我国的留学政策》刊于《教育杂志》第 32 卷第 2 期"战后中国教育专号(下)"。

沈灌群《战后我国师范教育之商榷》刊于《教育杂志》第 32 卷第 2 期"战后中国教育专号(下)"。

吴增芥《战后中国的初等教育》刊于《教育杂志》第 32 卷第 2 期"战后中国教育专号(下)"。

陈鹤琴《战后中国的幼稚教育》刊于《教育杂志》第 32 卷第 2 期"战后中国教育专号(下)"。

童润之、邵晓堡《今后中国的社会教育》刊于《教育杂志》第 32 卷第 2 期"战后中国教育专号(下)"。

曹树勋《战后中国的边疆教育》刊于《教育杂志》第 32 卷第 2 期"战后中国教育专号(下)"。

余书麟《战后我国边疆教育建设之途径》刊于《教育杂志》第 32 卷第 2 期"战后中国教育专号(下)"。

王秀南《战后中国侨民教育的建设》刊于《教育杂志》第 32 卷第 2 期"战后中国教育专

号（下）"。

赵廷为《小学课程问题》刊于《教育杂志》第 32 卷第 4 期。

陈剑恒《修订小学课程标准的原则》刊于《教育杂志》第 32 卷第 4 期。

胡叔异《国民学校课程编订的我见》刊于《教育杂志》第 32 卷第 4 期。

吴增芥《对于小学课程的几点意见》刊于《教育杂志》第 32 卷第 4 期。

卢冠六《关于修订小学课程标准的意见》刊于《教育杂志》第 32 卷第 4 期。

雷震清《对于小学课程修订的意见》刊于《教育杂志》第 32 卷第 4 期。

袁昂《我对修订小学课程标准的意见》刊于《教育杂志》第 32 卷第 4 期。

赵欲仁《小学课程标准修订以后》刊于《教育杂志》第 32 卷第 4 期。

吴向《关于改进小学算术科课程标准的意见》刊于《教育杂志》第 32 卷第 4 期。

熊翥高《小学劳作科课程》刊于《教育杂志》第 32 卷第 4 期。

费锡胤《小学音乐课程研究》刊于《教育杂志》第 32 卷第 4 期。

温肇桐《美术课程的现状》刊于《教育杂志》第 32 卷第 4 期。

陈友松《战后中国教育经费问题（一）》刊于《教育杂志》第 32 卷第 4 期。

孙邦正《战后中国教育视导》刊于《教育杂志》第 32 卷第 4 期。

朱秉国《战后县级地方教育的整理和推进》刊于《教育杂志》第 32 卷第 4 期。

黄贵祥《战后中学教育问题及其解决》刊于《教育杂志》第 32 卷第 4 期。

朱经农《参加远东区基本教育研究会议后所发生的几点感想》刊于《教育杂志》第 32 卷第 5 期。

林仲达《战后中国教育底历史任务是什么》刊于《教育杂志》第 32 卷第 5 期。

周宪文《大学人事行政论》刊于《教育杂志》第 32 卷第 5 期。

张文昌《论师范大学与师范学院》刊于《教育杂志》第 32 卷第 5 期。

张公辉《我们需要的国字政策》刊于《教育杂志》第 32 卷第 5 期。

黄世明《现行幼稚园课程的批判和建议》刊于《教育杂志》第 32 卷第 5 期。

陈侠译《苏联教育新动向》刊于《教育杂志》第 32 卷第 5 期。

汪少伦《战后安徽教育》刊于《教育杂志》第 32 卷第 5 期。

徐儒《葛塞尔著〈现代文化中之儿童〉》刊于《教育杂志》第 32 卷第 5 期。

熊子容《现代中等教育目的总检讨》刊于《教育杂志》第 32 卷第 6 期。

汪懋祖《中学公民课程之讨论》刊于《教育杂志》第 32 卷第 6 期。

方惇颐《改造现行中学课程之管见》刊于《教育杂志》第 32 卷第 6 期。

陈孝禅《读物形式与阅读效率研究总结》刊于《教育杂志》第 32 卷第 6 期。

经小川《活教育释义》刊于《教育杂志》第 32 卷第 6 期。

沈百英《从统计上看国民教育的问题》刊于《教育杂志》第 32 卷第 6 期。

朱炳乾《流动教师》刊于《教育杂志》第 32 卷第 6 期。

喻兆明《劳工补习教育》刊于《教育杂志》第 32 卷第 6 期。

韩寿萱《中国博物馆的展望》刊于《教育杂志》第 32 卷第 6 期。

陈克英《介绍麦克劳赫耳出版教育近著（一九四〇———一九四七）》刊于《教育杂志》第 32 卷第 6 期。

陈鹤琴《在抗战中产生的活教育》刊于《教育学报（圣约翰大学）》创刊号。

按:陈鹤琴先生对于"活教育"思想的研究,在其创办南京鼓楼幼稚园的时候就已经开始思考和探索了。故是文说:"回溯活教育的策源,我们可以把南京鼓楼幼稚园作为她的孕育期,直到民国二十九年十月一日,国立幼稚师范学校在江西文江才正式成立之后,活教育的理论才比较有具体的形态出现,文江的国立幼师不仅是鼓楼幼稚园的延续与扩大,而且,还是活教育理论的实验室,是创造,富活教育理论;培养,锻炼活教育干部;研究,推广活教育方针的唯一中心。"那么在抗战中产生的活教育的中心思想到底是什么呢? 是文曰:"活教育的中心思想,便在做,在尊重儿童自己去做,在'让儿童到大自然,大社会中去做',从这个中心思想出发,我们的教学方法便具备了自己特有的原则,我们承认儿童有做的能力,有思想的能力,有创造的能力,所以,我们是放胆地让儿童自己去做,自己去想,自己去发现他自己的世界,要他们在大自然大社会中,吸取活知识。活教育的教师只站在顾问的地位,用积极的鼓励与暗示,用比较的与替代的教学,来指导儿童学习,有时候,可以用比赛的方法来增进儿童生活在一起,成为儿童中的一员,让大家来分担学习,共同研究,注意环境,利用环境,使整个教育成为游戏与故事的过程。"

傅统先《如何使教育适应社会需要》刊于《教育学报(圣约翰大学)》创刊号。

沈有乾《工作与游戏》刊于《教育学报(圣约翰大学)》创刊号。

赵传家《教育之重要》刊于《教育学报(圣约翰大学)》创刊号。

周福如《筹备中的康乐义务学校》刊于《教育学报(圣约翰大学)》创刊号。

陈科美《教育与宣传正名》刊于《教育学报(圣约翰大学)》创刊号。

陈青士《大校教育课程之商榷》刊于《教育学报(圣约翰大学)》创刊号。

那顿著,庞曾湘译《童子军运动在教育上的价值》刊于《教育学报(圣约翰大学)》创刊号。

徐仁译《美国中等学校对大学之呼吁》刊于《教育学报(圣约翰大学)》创刊号。

孟繁俊《一个培植实验中学的新园地》刊于《教育学报(圣约翰大学)》创刊号。

刘亦云《创办中南中学之经过》刊于《教育学报(圣约翰大学)》创刊号。

王秀兰《教育学会的诞生》刊于《教育学报(圣约翰大学)》创刊号。

李绮梅《九个月来的爱群义务学校》刊于《教育学报(圣约翰大学)》创刊号。

庄蝶仙《学生家庭访问记》刊于《教育学报(圣约翰大学)》创刊号。

华松年《国民教育的研究》刊于《国民教育辅导月刊》第1卷第2期。

张卓鉴《国文讲义编后谈》刊于《国民教育辅导月刊》第1卷第2期。

张钜仁《对本届国民学校教师暑期讲习的希望》刊于《国民教育辅导月刊》第1卷第2期。

骆神助《关于本省国民教师暑期讲习的几点意见》刊于《国民教育辅导月刊》第1卷第2期。

惕凡《谈谈国民学校教师进修问题》刊于《国民教育辅导月刊》第1卷第2期。

潘之华《国文作法举例》刊于《国民教育辅导月刊》第1卷第2期。

徐叙贤《怎样办理本年的小学教员暑期讲习》刊于《国民教育辅导月刊》第1卷第2期。

卓鉴《从事地方教育的基本观念》刊于《国民教育辅导月刊》第1卷第2期。

王家骧《台北区一般教育观感》刊于《国民教育辅导月刊》第1卷第2期。

何容《说话教材第三课》刊于《国民教育辅导月刊》第1卷第2期。

吴棠《"吾日三省吾身"》刊于《国民教育辅导月刊》第1卷第3期。

骆神助《教师节话教师》刊于《国民教育辅导月刊》第1卷第3期。

郭茵《教师节谈师道》刊于《国民教育辅导月刊》第1卷第3期。

张原野《教师节谈国校教师的使命》刊于《国民教育辅导月刊》第 1 卷第 3 期。

常导之《各国初等教育之特点》刊于《国民教育辅导月刊》第 1 卷第 3 期。

潘之华《儿童的笔头工作问题》刊于《国民教育辅导月刊》第 1 卷第 3 期。

王邃珍《儿童学习的指导》刊于《国民教育辅导月刊》第 1 卷第 3 期。

孙旭瑞《音乐科教师应具备的条件》刊于《国民教育辅导月刊》第 1 卷第 3 期。

何容《说话教材第四课》刊于《国民教育辅导月刊》第 1 卷第 3 期。

华松年《远东区基本教育研究会议预备会纪述》刊于《国民教育辅导月刊》第 1 卷第 3 期。

骆神助《怎样处理国民学校行政》刊于《国民教育辅导月刊》第 1 卷第 4—5 期合刊。

王鸿年《怎样实施国民学校的训导工作》刊于《国民教育辅导月刊》第 1 卷第 4—5 期合刊。

王邃珍《怎样训练教室常规》刊于《国民教育辅导月刊》第 1 卷第 4—5 期合刊。

王淋《怎样举行朝夕会与周级会》刊于《国民教育辅导月刊》第 1 卷第 4—5 期合刊。

郭惕凡《怎样举行参观批评与示范教学》刊于《国民教育辅导月刊》第 1 卷第 4—5 期合刊。

林振明《怎样实施国语科教学》刊于《国民教育辅导月刊》第 1 卷第 4—5 期合刊。

韩士松《怎样实施常识科教学》刊于《国民教育辅导月刊》第 1 卷第 4—5 期合刊。

吴兆岳《怎样处理成绩考查的计分》刊于《国民教育辅导月刊》第 1 卷第 4—5 期合刊。

刘君任《怎样布置学校环境》刊于《国民教育辅导月刊》第 1 卷第 4—5 期合刊。

郑谋定《怎样办理失学民众补习教育》刊于《国民教育辅导月刊》第 1 卷第 4—5 期合刊。

张原野《怎样办理社教事业》刊于《国民教育辅导月刊》第 1 卷第 4—5 期合刊。

华栢龄《怎样筹集国教基金》刊于《国民教育辅导月刊》第 1 卷第 4—5 期合刊。

蔡江荻《怎样推进辅导及研究工作》刊于《国民教育辅导月刊》第 1 卷第 4—5 期合刊。

郭茵《如何指导国民学校施行示范工作》刊于《国民教育辅导月刊》第 1 卷第 4—5 期合刊。

华松年《介绍中华儿童教育社》刊于《国民教育辅导月刊》第 1 卷第 6 期。

骆神助《儿童缺席的问题》刊于《国民教育辅导月刊》第 1 卷第 6 期。

蔡江荻《怎样进行小学公民科教学》刊于《国民教育辅导月刊》第 1 卷第 6 期。

郭惕凡《国民学校适用的几种教学法》刊于《国民教育辅导月刊》第 1 卷第 6 期。

潘之华《国语句法分类》刊于《国民教育辅导月刊》第 1 卷第 6 期。

毛守丰《南行散写》刊于《国民教育辅导月刊》第 1 卷第 6 期。

陈鹤琴《教学游戏化》刊于《活教育》第 4 卷第 1 期。

周予同《冲破学校的围墙》刊于《活教育》第 4 卷第 1 期。

董任坚《旧教育的权威》刊于《活教育》第 4 卷第 1 期。

张文郁《活教育的理论体系》刊于《活教育》第 4 卷第 1 期。

陈秀瑛、陈秀云合译《裴氏对于美国教育之贡献》刊于《活教育》第 4 卷第 1 期。

俞树德摘述《裴斯泰洛齐》刊于《活教育》第 4 卷第 1 期。

张天麟《参加裴氏二百年诞辰纪念》刊于《活教育》第 4 卷第 1 期。

程懋筠《小学音乐教材——过新年》刊于《活教育》第4卷第1期。

杨士枬《活教育应怎样实施的》刊于《活教育》第4卷第1期。

陈鹤琴《我的半生：第八章、回国》刊于《活教育》第4卷第1期。

余之介《活教育的开拓》刊于《活教育》第4卷第1期。

刘于艮《怀念国立幼师》刊于《活教育》第4卷第1期。

陈鹤琴《教学故事化》刊于《活教育》第4卷第2期。

沈有乾《培养儿童品格的新旧观》刊于《活教育》第4卷第2期。

周葆儒《全面社会化教育》刊于《活教育》第4卷第2期。

陈维雄记《教科书问题的集体意见》刊于《活教育》第4卷第2期。

傅统先《我对于现用教科书一般的批判》刊于《活教育》第4卷第2期。

陈鹤琴《现代课本编排的新趋势》刊于《活教育》第4卷第2期。

张文郁《福禄培尔》刊于《活教育》第4卷第2期。

陈秀瑛译《亨代尔》刊于《活教育》第4卷第2期。

程懋筠《美丽的花园——小学音乐教材》刊于《活教育》第4卷第2期。

黄世明《儿童音乐的教学》刊于《活教育》第4卷第2期。

杨士枬《小学低级算术应该怎样随机教学》刊于《活教育》第4卷第2期。

钟昭华《一个美国的托儿学校》刊于《活教育》第4卷第2期。

陈鹤琴《教师教教师》刊于《活教育》第4卷第3—4期合刊。

程其保《活教育的教师与教学》刊于《活教育》第4卷第3—4期合刊。

石显儒《儿童指导研究》刊于《活教育》第4卷第3—4期合刊。

陈维雄《解放儿童手脑》刊于《活教育》第4卷第3—4期合刊。

董任坚《杜威先生的思想和新教育》刊于《活教育》第4卷第3—4期合刊。

陈鹤琴《杜威为什么办实验学校》刊于《活教育》第4卷第3—4期合刊。

李震同《杜威实验学校怎样办的》刊于《活教育》第4卷第3—4期合刊。

马客谈《杜威与进步教育》刊于《活教育》第4卷第3—4期合刊。

张文郁《活教育与杜威实验教育》刊于《活教育》第4卷第3—4期合刊。

陈鹤琴、邢舜田《怎样做个好国民》刊于《活教育》第4卷第3—4期合刊。

徐忻《国语科设计教案》刊于《活教育》第4卷第3—4期合刊。

周淑钟《怎样检查整洁》刊于《活教育》第4卷第3—4期合刊。

方惠珍《幼稚园四月份教学单元举例》刊于《活教育》第4卷第3—4期合刊。

程懋筠《儿童节歌》刊于《活教育》第4卷第3—4期合刊。

陈鹤琴《我的半生：第八章、回国（续）》刊于《活教育》第4卷第3—4期合刊。

钟昭华《一个美国小学的设施》刊于《活教育》第4卷第3—4期合刊。

朱道俊《心理卫生之研究》刊于《活教育》第4卷第3—4期合刊。

陈鹤琴《儿童教儿童》刊于《活教育》第4卷第5—6期合刊。

顾毓琇《上海市普及民众教育推进计划》刊于《活教育》第4卷第5—6期合刊。

陈鹤琴《民众教育要怎样普及》刊于《活教育》第4卷第5—6期合刊。

董渭川《文字教育对扫除文盲的价值》刊于《活教育》第4卷第5—6期合刊。

张文郁《格龙维（民众教育倡导者）》刊于《活教育》第4卷第5—6期合刊。

吴清友《论苏联的普及教育》刊于《活教育》第4卷第5—6期合刊。

方山农《普及教育在静安区》刊于《活教育》第4卷第5—6期合刊。

汶宜《中央大学的民众学校》刊于《活教育》第4卷第5—6期合刊。

江芷千《普教声中的普教队》刊于《活教育》第4卷第5—6期合刊。

陈鹤琴、邢舜田《空想是没有用的》刊于《活教育》第4卷第5—6期合刊。

陈鹤琴、邢舜田《怎样做个好国民(二)》刊于《活教育》第4卷第5—6期合刊。

刘松泉《如何从大自然里搜集我们的活教材》刊于《活教育》第4卷第5—6期合刊。

杨士枬《小学低级算游教材举例》刊于《活教育》第4卷第5—6期合刊。

程懋筠《儿童互助歌》刊于《活教育》第4卷第5—6期合刊。

华虚明著、钟昭华译《文纳特卡制(上)》刊于《活教育》第4卷第5—6期合刊。

陈鹤琴《我的半生:第八章、回国(续)》刊于《活教育》第4卷第5—6期合刊。

《介绍联合国教育科学文化组织》刊于《教育部国际文教丛刊》第1卷第1号。

《联合国教育科学文化组织约章》刊于《教育部国际文教丛刊》第1卷第1号。

《中国代表团参加联教组织第一届大会报告》刊于《教育部国际文教丛刊》第1卷第2号。

《联合国教育科学文化组织中国委员会第一届大会报告》刊于《教育部国际文教丛刊》第1卷第3号。

王聪《略论民生教育哲学的渊源及其背景》刊于《教育新潮月刊》第1期。

黄尊爵《孟子的教育思想》刊于《教育新潮月刊》第1期。

沈碧澄《教育的厄运》刊于《教育新潮月刊》第1期。

范应庚《今日教育之使命》刊于《教育新潮月刊》第1期。

刘孝良《教育与民众》刊于《教育新潮月刊》第1期。

李仲章《今日学潮面面观》刊于《教育新潮月刊》第1期。

蕴孙《青年运动与教育改造》刊于《文汇丛刊青年运动与教育改造》第3辑。

孙起孟《抢救失学、学习合作、教育民主》刊于《文汇丛刊青年运动与教育改造》第3辑。

炎如《介绍林励儒著〈教育哲学〉》刊于《文汇丛刊青年运动与教育改造》第3辑。

梅邨《美国教育的物质》刊于《文汇丛刊青年运动与教育改造》第3辑。

邓初民《论教育之社会意义和政治意义》刊于《文汇丛刊青年运动与教育改造》第3辑。

张文昌《旧事重提的中学男女生同学问题》刊于《文汇丛刊青年运动与教育改造》第3辑。

炎如《苏联中等学校男女生分校制》刊于《文汇丛刊青年运动与教育改造》第3辑。

黄炎培《问题不在教育》刊于《文汇丛刊青年运动与教育改造》第3辑。

吴清友《苏联如何消灭文盲》刊于《文汇丛刊青年运动与教育改造》第3辑。

贾祖璋《张著〈教育生物学〉评介》刊于《文汇丛刊青年运动与教育改造》第3辑。

彬然《儿童节谈儿童解放》刊于《文汇丛刊青年运动与教育改造》第3辑。

沈体兰《受教育者的解放》刊于《文汇丛刊青年运动与教育改造》第3辑。

陈鹤琴译《谈印度的教育》刊于《文汇丛刊青年运动与教育改造》第3辑。

黄贵祥《歧途彷徨的社会教育》刊于《文汇丛刊青年运动与教育改造》第3辑。

林筱梅《教育和人心》刊于《文汇丛刊青年运动与教育改造》第3辑。

孙起孟《学教随笔》刊于《文汇丛刊青年运动与教育改造》第3辑。

南鸿译《论苏联中学的男女分数制度》刊于《文汇丛刊青年运动与教育改造》第3辑。

傅彬然《论会考与提高学生程度》刊于《文汇丛刊青年运动与教育改造》第3辑。

韩松《从苏联中学改行男女分校制说到我国中学宜行男女合校制》刊于《文汇丛刊青年运动与教育改造》第3辑。

何清儒《会考有科学的价值么》刊于《文汇丛刊青年运动与教育改造》第3辑。

黄贵祥《社会教育的唯一出路》刊于《文汇丛刊青年运动与教育改造》第3辑。

朱耀奎《新教育杂志社创办缘起》刊于《新教育杂志》第1卷第1期。

丁十《新教育底滋长》刊于《新教育杂志》第1卷第1期。

晏阳初《为和平而教育世界》刊于《新教育杂志》第1卷第1期。

向诚《向教育界先生们请教》刊于《新教育杂志》第1卷第1期。

瞿菊农《进步的教育(一)》刊于《新教育杂志》第1卷第1期。

陶行知遗著《创造的儿童教育》刊于《新教育杂志》第1卷第1期。

方与严《儿童教育与新国运》刊于《新教育杂志》第1卷第1期。

杨扬《为六千万失学儿童呼吁》刊于《新教育杂志》第1卷第1期。

陈伯吹《学校与家庭联系底新论》刊于《新教育杂志》第1卷第1期。

吴穌《儿童道德观念的培养》刊于《新教育杂志》第1卷第1期。

美国新闻处《美国儿童教育的发展》刊于《新教育杂志》第1卷第1期。

刘百川《儿童教育的保障》刊于《新教育杂志》第1卷第1期。

张静《从儿童世纪论建国前途》刊于《新教育杂志》第1卷第1期。

米洛希维区夫人《儿童及教育问题》刊于《新教育杂志》第1卷第1期。

门汀《小主人底大世界》刊于《新教育杂志》第1卷第1期。

杨同芳《儿童社会性之发展与教育》刊于《新教育杂志》第1卷第1期。

陶行知《民主的儿童节》刊于《新教育杂志》第1卷第1期。

中华慈幼协会《中国儿童节的由来》刊于《新教育杂志》第1卷第1期。

程今吾《教学做合一的特点》刊于《新教育杂志》第1卷第1期。

毅之《如何指导儿童历史和地理的教学》刊于《新教育杂志》第1卷第1期。

双艸《如何施行积极性建设性的训导工作》刊于《新教育杂志》第1卷第1期。

资料室《"儿童新村"的实验(一)》刊于《新教育杂志》第1卷第1期。

窦季良、朱衢涛《城市贫苦儿童教养工作计划》刊于《新教育杂志》第1卷第1期。

丁十《社会即学校》刊于《新教育杂志》第1卷第2期。

向诚《向教育界先生们请教(二)》刊于《新教育杂志》第1卷第2期。

朱耀奎《民主与教育统一起来》刊于《新教育杂志》第1卷第2期。

杨同芳《民主政治的教育基础(一)》刊于《新教育杂志》第1卷第2期。

方与严《怎样办一个新型的民主学校》刊于《新教育杂志》第1卷第2期。

杨大戈《民主的儿童教育》刊于《新教育杂志》第1卷第2期。

吴清友《战后苏联教育计划》刊于《新教育杂志》第1卷第2期。

聂尔《民主化的政治改造》刊于《新教育杂志》第1卷第2期。

思雪《陶行知先生的民主教育思想》刊于《新教育杂志》第1卷第2期。

方怀毅《民主的小学教师》刊于《新教育杂志》第 1 卷第 2 期。

门汀《民主教育与政治建设》刊于《新教育杂志》第 1 卷第 2 期。

许孟瀛《小学团体教育的一个计划》刊于《新教育杂志》第 1 卷第 2 期。

司琦《作文批语之比较研究》刊于《新教育杂志》第 1 卷第 2 期。

王志成《目前中国小学语文教学的三大问题》刊于《新教育杂志》第 1 卷第 2 期。

余铁英译《怎样教育人民（一）》刊于《新教育杂志》第 1 卷第 2 期。

丁十《活动即教育》刊于《新教育杂志》第 1 卷第 3—4 期合刊。

沈灌群《教育哲学上的知识论》刊于《新教育杂志》第 1 卷第 3—4 期合刊。

杨同芳《民主政治的教育基础（二）》刊于《新教育杂志》第 1 卷第 3—4 期合刊。

许孟瀛译《国际安全与教育》刊于《新教育杂志》第 1 卷第 3—4 期合刊。

门汀《从基本教育到建设教育》刊于《新教育杂志》第 1 卷第 3—4 期合刊。

瞿菊农《成人教育》刊于《新教育杂志》第 1 卷第 3—4 期合刊。

李纪生《国民学校教育活动的一种体系》刊于《新教育杂志》第 1 卷第 3—4 期合刊。

杨骏如《基本教育的基本工具问题》刊于《新教育杂志》第 1 卷第 3—4 期合刊。

何志汉记、赵步霞讲《中华平民教育促进会在四川第三行政区的乡村建设实验》刊于《新教育杂志》第 1 卷第 3—4 期合刊。

郜以实译《美国学生理想中的理想教师》刊于《新教育杂志》第 1 卷第 3—4 期合刊。

晏阳初《中国农村教育问题》刊于《新教育杂志》第 1 卷第 3—4 期合刊。

钱志尧《儿童教育馆是怎样创始的》刊于《新教育杂志》第 1 卷第 3—4 期合刊。

惠农《我怎样教自然科学》刊于《新教育杂志》第 1 卷第 3—4 期合刊。

李之朴《中学生的集体活动》刊于《新教育杂志》第 1 卷第 3—4 期合刊。

余铁英译、赛珍珠著《怎样教育人民（二）》刊于《新教育杂志》第 1 卷第 3—4 期合刊。

梁漱溟《我的自学小史（二）》刊于《新教育杂志》第 1 卷第 3—4 期合刊。

丁十《组织即力量——新教育底实践之三》刊于《新教育杂志》第 1 卷第 5—6 期合刊。

沈灌群《教育哲学上的知识论（二）》刊于《新教育杂志》第 1 卷第 5—6 期合刊。

陈鹤琴《什么是活教育》刊于《新教育杂志》第 1 卷第 5—6 期合刊。

熊慧英《新教育的路线》刊于《新教育杂志》第 1 卷第 5—6 期合刊。

许孟瀛译《国际安全与教育（二）》刊于《新教育杂志》第 1 卷第 5—6 期合刊。

朱耀奎《基本教育的基本观点》刊于《新教育杂志》第 1 卷第 5—6 期合刊。

罗素著《建立世界大学的提议》刊于《新教育杂志》第 1 卷第 5—6 期合刊。

张晓初《天下一家运动从基本教育入手》刊于《新教育杂志》第 1 卷第 5—6 期合刊。

戴自俺《儿童家庭教育新路的试探》刊于《新教育杂志》第 1 卷第 5—6 期合刊。

杨骏如《基本教育的基本工具问题（二）》刊于《新教育杂志》第 1 卷第 5—6 期合刊。

徐迟《墨西哥扫除了文盲》刊于《新教育杂志》第 1 卷第 5—6 期合刊。

郜以实译《苏联的儿童书籍》刊于《新教育杂志》第 1 卷第 5—6 期合刊。

钱志尧《儿童教育馆是怎样创始的（续）》刊于《新教育杂志》第 1 卷第 5—6 期合刊。

惠农《我怎样教自然科学———一个教书匠的自述（续）》刊于《新教育杂志》第 1 卷第 5—6 期合刊。

张元《集体自觉的考试方法》刊于《新教育杂志》第 1 卷第 5—6 期合刊。

李之朴《中学生的集体活动(二)》刊于《新教育杂志》第 1 卷第 5—6 期合刊。

平鸣《怎样争取受教权——使贫苦而优秀的青年有入中学的机会》刊于《新教育杂志》第 1 卷第 5—6 期合刊。

赵远柔《当前地方教育行政中的二大问题》刊于《新教育杂志》第 1 卷第 5—6 期合刊。

刘心村《为什么要受教育》刊于《新教育杂志》第 1 卷第 5—6 期合刊。

汪刃锋《艺术与劳动史之关系》刊于《新教育杂志》第 1 卷第 5—6 期合刊。

余铁英译《怎样教育人民(三)》刊于《新教育杂志》第 1 卷第 5—6 期合刊。

梁漱溟《我的自学小史(三)》刊于《新教育杂志》第 1 卷第 5—6 期合刊。

刘民元《新社会底新教育》刊于《新教育杂志》第 1 卷第 5—6 期合刊。

范寿康《台湾省中等教育之设施与展望》刊于《中等教育研究》创刊号。

林本《从宪法讲到本省中学教育的前途》刊于《中等教育研究》创刊号。

程璟《中学教育设施中之基本争点》刊于《中等教育研究》创刊号。

叶桐《台湾省中等教育之现状》刊于《中等教育研究》创刊号。

王仲烈《台湾光复前师范教育制度之检讨》刊于《中等教育研究》创刊号。

许寿裳《教授国文应注意的几件事》刊于《中等教育研究》创刊号。

李季谷《论历史教材及教授法》刊于《中等教育研究》创刊号。

李滨荪、彭震《台湾师范学校新旧课程之比较的研究》刊于《中等教育研究》创刊号。

吴棠《修正初高级中等英语课程标准目标释义》刊于《中等教育研究》创刊号。

宗亮东《台湾中等学校教职员服务指导之检讨》刊于《中等教育研究》创刊号。

李善勤《农业职业学校教学实习的配合对于农场管理的影响》刊于《中等教育研究》创刊号。

焦嘉诰《漫谈中学体育》刊于《中等教育研究》创刊号。

谢似颜《怎样做中学的体育教师》刊于《中等教育研究》创刊号。

李祖寿《用耶稣的精神重建台湾教育》刊于《中等教育研究》创刊号。

后甫珪《中等学校地理教学经验谈》刊于《中等教育研究》创刊号。

钟云《台湾中等学校学生寄宿问题》刊于《中等教育研究》创刊号。

常菲《青春期的心理卫生》刊于《中等教育研究》创刊号。

辰雨《评"教育学新论"》刊于《中等教育研究》创刊号。

李镜池《国文教学法》刊于《南大教育》第 1 期复刊号。

麦应基《小学算术的教学》刊于《南大教育》第 1 期复刊号。

庄泽宣《成功的教师》刊于《南大教育》第 1 期复刊号。

马仪英讲、王芸芳记《青年与健全心理》刊于《南大教育》第 1 期复刊号。

戚焕尧《师范学校行政组织与职掌的改进》刊于《南大教育》第 1 期复刊号。

晨风《大一中国通史教本编著方针之商榷》刊于《南大教育》第 1 期复刊号。

倪天朗《游戏与教育》刊于《南大教育》第 1 期复刊号。

谭允恩《教育心理学内容之演变及其趋势》刊于《南大教育》第 1 期复刊号。

陈汉标《加路的故事》刊于《南大教育》第 1 期复刊号。

梁珠《介绍岭大学前教育的一段——培育园》刊于《南大教育》第 1 期复刊号。

董惠意《岭南附近乡村的教育》刊于《南大教育》第 1 期复刊号。

郭日继《长成中的南青义学》刊于《南大教育》第 1 期复刊号。

黄尚仪《天才儿童》刊于《南大教育》第 1 期复刊号。

范怀慈《贫苦儿童之教育》刊于《南大教育》第 1 期复刊号。

关玉贞《教师与指导》刊于《南大教育》第 1 期复刊号。

余丽萍《儿童的心理卫生》刊于《南大教育》第 1 期复刊号。

陈培兰译《新教学法与心理卫生》刊于《南大教育》第 1 期复刊号。

王芸芳译《我要投身于教育工作》刊于《南大教育》第 1 期复刊号。

崔载扬《教育的动力》刊于《广东教育》第 2 卷第 1 期。

唐惜分《宪法与教育》刊于《广东教育》第 2 卷第 1 期。

王士略《教育的新意义与中国教育的新展望》刊于《广东教育》第 2 卷第 1 期。

黄友棣《仪态教育论(续)》刊于《广东教育》第 2 卷第 1 期。

杜定友《广东图书教育事业的展望》刊于《广东教育》第 2 卷第 1 期。

王星拱等《中国教育的新展望》刊于《广东教育》第 2 卷第 1 期。

张良修等《对本省文化教育改进的意见》刊于《广东教育》第 2 卷第 1 期。

曾镜涵《裴裴教授来粤讲学记》刊于《广东教育》第 2 卷第 1 期。

江豫《广州的国民教育》刊于《广东教育》第 2 卷第 1 期。

刘莹《从化县教育文化现状》刊于《广东教育》第 2 卷第 1 期。

廖春歆《江西瓷业报告书》刊于《广东教育》第 2 卷第 1 期。

陈友松《新时代的教育宗旨》刊于《广东教育》第 2 卷第 1 期。

邱椿《我国教育的新动向》刊于《广东教育》第 2 卷第 1 期。

姚宝猷《科学重于语文》刊于《广东教育》第 2 卷第 3 期。

朱智贤《教学思想演变述要》刊于《广东教育》第 2 卷第 3 期。

张良修《论师范生的权利与义务》刊于《广东教育》第 2 卷第 3 期。

黄继植《我对于师范教育的一点意见》刊于《广东教育》第 2 卷第 3 期。

马鸿述《论师范学校实习的问题》刊于《广东教育》第 2 卷第 3 期。

黄佐《本省师范教育过去的检讨和今后应有的趋向》刊于《广东教育》第 2 卷第 3 期。

张兆驷《广东之师范教育》刊于《广东教育》第 2 卷第 3 期。

周启巽《广州市立小学推行二部制的经过与检讨》刊于《广东教育》第 2 卷第 3 期。

王贞谔译《美国中小学教师在何处(美华莱士著)》刊于《广东教育》第 2 卷第 3 期。

杨树荣《明代广东三大教育家》刊于《广东教育》第 2 卷第 3 期。

姚宝猷《教育人员的风度与襟怀》刊于《广东教育》第 2 卷第 4 期。

梁兆康《教业编制》刊于《广东教育》第 2 卷第 4 期。

马鸿述《教学与课程编制的标准》刊于《广东教育》第 2 卷第 4 期。

李瀚英《作文教学的几种尝试》刊于《广东教育》第 2 卷第 4 期。

陈振名《一年来的广东中等教育》刊于《广东教育》第 2 卷第 4 期。

陈友松《世界各国教育普及之比较观》刊于《广东教育》第 2 卷第 4 期。

蔡任尹《训导文选自序》刊于《广东教育》第 2 卷第 4 期。

姚宝猷《新认识与新期望》刊于《广东教育》第 2 卷第 5 期。

姚宝猷《两年来的广东教育》刊于《广东教育》第 2 卷第 5 期。

庄泽宣《我所认识的几个中国教育问题》刊于《广东教育》第2卷第5期。

金曾澄《中国教育不统一的原因》刊于《广东教育》第2卷第5期。

刘桂灼《中等教育问题》刊于《广东教育》第2卷第5期。

邓植仪《农业改进与乡村教育》刊于《广东教育》第2卷第5期。

朱希文《学校社会的性格与训育问题》刊于《广东教育》第2卷第5期。

谭维汉《国际教育的新境界》刊于《广东教育》第2卷第5期。

张彭年《建设新中国与民众教育》刊于《浙江民众教育》第1卷第1期复刊号。

李朴园《戏剧在民众教育的地位》刊于《浙江民众教育》第1卷第1期复刊号。

许君远《从美国的电化教育谈起》刊于《浙江民众教育》第1卷第1期复刊号。

赵欲仁《各级民众教育馆的事业活动费》刊于《浙江民众教育》第1卷第1期复刊号。

李一航《国民学校办理民教之我见》刊于《浙江民众教育》第1卷第1期复刊号。

傅春芳《确立民众学校新体制刍议》刊于《浙江民众教育》第1卷第1期复刊号。

朱守成《推行注音国字与扫除文盲》刊于《浙江民众教育》第1卷第1期复刊号。

吕谦庐《民间的疾病与医药》刊于《浙江民众教育》第1卷第1期复刊号。

曾也鲁《怎样举办儿童唱歌比赛》刊于《浙江民众教育》第1卷第1期复刊号。

王承绪《迎联合国教育科学文化组织远东区基本教育研究会议》刊于《浙江民众教育》第1卷第1期复刊号。

心德《我为佛教前途哭虚大师》刊于《觉有情》第8卷第6月号第187—188期。

孙伏园《鲁迅眼中的太虚大师》刊于《觉有情》第8卷第6月号第187—188期。

李圆净《将何以报虚大师?》刊于《觉有情》第8卷第6月号第187—188期。

香草译《外国佛友敬悼太虚大师》刊于《觉有情》第8卷第6月号第187—188期。

果慧《怎样才是永久的纪念大师?》刊于《人间佛教》第7—8期合刊。

皓然《大师为佛教而捨身》刊于《人间佛教》第7—8期合刊。

蜀光《夜深人寂哭大师》刊于《人间佛教》第7—8期合刊。

芳阳《太虚大师对佛法的分判》刊于《人间佛教》第7—8期合刊。

异观《太虚大师与中国佛教》刊于《人间佛教》第7—8期合刊。

悟闻《我对大师的感想》刊于《人间佛教》第7—8期合刊。

慈航《师恩大如天》刊于《人间佛教》第7—8期合刊。

陈习庭《我对于太虚大师的认识》刊于《人间佛教》第7—8期合刊。

疾翁《太虚大师悲愿无尽》刊于《觉群周报》第2卷第28—29期合刊。

妙钦《悼福善法师》刊于《觉群周报》第2卷第34—35期合刊。

楞镜《哭福善法师》刊于《觉群周报》第2卷第34—35期合刊。

松铎《忆福善法师》刊于《觉群周报》第2卷第34—35期合刊。

育妆《哀悼福善法师》刊于《觉群周报》第2卷第34—35期合刊。

福严《哭福善法师》刊于《觉群周报》第2卷第36—37期合刊。

智定《我所知道的福善法师》刊于《觉群周报》第2卷第36—37期合刊。

常悟《敬悼福善法师》刊于《觉群周报》第2卷第36—37期合刊。

大同《同声一哭》刊于《觉群周报》第2卷第36—37期合刊。

中立《悼福善法师》刊于《觉群周报》第2卷第36—37期合刊。

月耀《太虚大师示寂与世界文教》刊于《觉群周报》第 2 卷第 38—39 期合刊。

陈存仁《太虚法师论中药》刊于《觉群周报》第 2 卷第 38—39 期合刊。

黄梁《太虚法师一夕谈》刊于《觉群周报》第 2 卷第 38—39 期合刊。

象贤《悼念大师》刊于《觉群周报》第 2 卷第 40—42 期合刊。

范古农《纪念太虚大师》刊于《觉群周报》第 2 卷第 40—42 期合刊。

苇一《太虚大师示寂恸言》刊于《觉群周报》第 2 卷第 40—42 期合刊。

疾翁《从太虚大师主张"议政"谈起》刊于《觉群周报》第 2 卷第 40—42 期合刊。

陈子琦《悼念虚公大师》刊于《觉群周报》第 2 卷第 40—42 期合刊。

陈槃《居延汉"秋射""爱书"两简述证》刊于《中央日报》1947 年 8 月 4 日。

陈槃《汉晋遗简札记》刊于《中央日报》1947 年 9 月 29 日。

顾随《元曲中复音词演变之方式》刊于《经世日报》1947 年 6 月 18 日。

四、学术著作

(宋)朱熹集注,中央印务书局编译《大学中庸》由江苏南京中央印务局刊行。

(唐)一行著《看命一掌全》由上海信义书店刊行。

(清)闵齐伋原著,(清)毕弘述订篆《(重订)六书通》由上海扫叶山房刊行。

(清)程允升著,(清)邹圣脉增补,沈元起译白《(言文对照)幼学琼林读本》(上下册)由上海广益书局刊行。

(清)湛愚老人著《心灯录》由上海大法轮书局刊行。

(清)王永彬著《围炉夜话》刊行。

(清)张之洞编《书目答问》(4 版)由上海商务印书馆刊行。

谭正璧编《国学概论新编》由上海北新书局刊行。

侯外庐等著,中国学术研究所编辑《中国思想通史》(第 1 卷)由上海新知书店刊行。

侯外庐著《近代中国思想学说史》(上下册)由上海生活书店刊行。

高亨著《周易古经今注》由上海开明书店刊行。

王眉庵著《易经的新发现》由北平作者刊行。

徐世大著《周易阐微》由上海开明书店刊行。

大同法师著《老子哲学》由上海大法轮书局刊行。

徐赓陶著《孔子的民主精神》由丰都南宾印刷公司刊行。

梅铸著《我对于孔子的看法和主张》由湖北武昌南方印书馆刊行。

汪逢僧著《孟子论文》由重庆国立女子师范学院刊行。

景韬白著《孟子新解》由江苏南京盐政杂志社刊行。

陆世鸿著《墨子》由上海中华书局刊行。

沈颜闳著《提倡墨学议》由中国力行学会业务部刊行,有袁月楼序。

哈佛燕京学社引得编纂处编《庄子引得》由北平哈佛燕京学社引得编纂处刊行。

叶玉麟选译(白话)《孙子兵法读本》由上海广益书局刊行。

陈奇猷著《韩非子集释删要》由北平辅仁大学刊行。

蒋伯潜编《诸子学纂要》由正中书局刊行。

张默生选注《先秦诸子文选》由上海东方书社刊行。

周祖芬编著《中庸句解》由上海春江书局刊行。

黄大受著《吕氏春秋政治思想论》由辽宁沈阳东方文化社刊行。

李相显著《朱子哲学》（上下册）由北平社会科学社刊行，有唐嗣尧序。

按：是书系《世界科学社丛书》之一种。它系统地分析了朱熹哲学理论及其发展过程。全书分5编，13章。第1编：道。下分道即全、道即理2章。第二编：理气。下分太极、理、气、理与气4章。第3编：性理。下分性、心、德3章。第4编：伦理与政治。下分伦理、政治2章。第5编分为敬、格物2章。书末附录42篇，涉及朱熹重要著作、书信、考证、年谱、朱子语录姓氏等。

陈叔谅、李心庄重编《（重编）宋元学案》（第1—4册）由正中书局刊行。

褚柏思著《新哲学》由江苏南京白雪出版社刊行。

艾思奇编《哲学选辑》由上海辰光书店刊行。

陈东达著《经济哲学》由北平北京大学刊行。

范祥云著《中国家族哲学》（一名《无我文化论》）由济南艺华书局刊行。

侯外庐、罗克汀著《新哲学教程》由上海新知书店刊行。

哲学研究社编《新哲学研究纲要》由上海新知书店刊行。

按：是书分两部分：1.辩证法唯物论研究提纲，内分什么是哲学，什么是辩证法，什么是唯物论3章；2.辩证唯物论与历史唯物论研究提纲，内分马列主义哲学的形成，唯物辩证法诸法则与诸范畴，唯物辩证法的认识论，历史唯物论及列宁、斯大林对马克思学说的发展等6章。

李相显著《哲学概论》由北平世界科学社刊行。

谢幼伟编撰，中国哲学会西洋哲学名著编译委员会编辑《现代哲学名著述评》由上海正中书局刊行。

唐君毅著《中西哲学思想之比较研究集》由正中书局刊行。

葛存忿、刘伯瀛（原题刘通）著《中国最高政治哲学》由北平大同出版社刊行。

李天然著《宇宙性纲辨证论》由四川成都正学社刊行。

李旭著《唯物论与唯物史观及其批判》由江苏南京拔提书局刊行。

哲学研究社编《辩证法唯物论研究提纲》由前锋出版社刊行。

张永立等著《宇宙观与人生观》由北平上智编译馆刊行。

李相显著《逻辑大纲》由北平和平出版社刊行。

詹竟烈著《唯生论与民生史观》由广东广州中南印刷所刊行。

詹文浒著《现代思潮讲话》由上海世界书局刊行。

冯友兰等著《学术讲演集》由北平第十一战区长官部政治部刊行，有赵可夫序。

马克思列宁思想方法论编辑委员会辑《思想方法论》由安东东北书店刊行。

何干之著《思想方法论》由东北联大刊行。

林曦等著《思想漫谈集》由太岳新华书店刊行。

林曦等著《思想漫谈》由太行群众书店刊行。

刘恩久著《尼采哲学之主干思想》由辽宁沈阳永康书局刊行。

方子澄等著，太行新华书店编《思想漫谈集》由沙县编者刊行。

惠迪人著《国父思想研究》由江苏南京中央日报社刊行。

陆达节编《国父逸语新编》由广东广州广州市文化运动委员会刊行。

阮镜清著《学习心理学》由上海文化供应社刊行。

张耀翔著《感觉心理》由上海商务印书馆刊行。

张耀翔著《情绪心理》由上海商务印书馆刊行。

朱道俊著《人格心理学》由上海商务印书馆刊行，有著者自序、罗廷光序。

张国华编著《伟人与修养》由上海群学书店刊行。

张如心著《毛泽东的人生观》由新华日报馆刊行。

吴大基著《知识史观》由广东广州中国自然哲学研究会刊行。

赵木森著《古圣与国策》刊行。

谭友谷著《人生真谛——唯生的人生观》由湖南建设日报社刊行。

李镛著《警告新时代中学生》由上海大方书局刊行。

梁寒操、储景良著《求学作人作事》由上海中国文化服务社刊行。

中法汉学研究所编《申鉴通检》由北平中法汉学研究所刊行。

周禹昌著《处事术》由上海东方书店刊行。

周禹昌著《交友术》由上海激流书店刊行。

谭友谷著《人生真谛——唯生的人生观》由湖南建设日报刊行。

林问樵著《知行新论》由重庆著者刊行。

凯丰等著《论待人接物》由香港晓光出版社刊行。

景幼南编著《名理新探》由正中书局刊行。

顾震白著《人生十论》由正中书局刊行。

丁瓒著《青年心理修养》由江苏南京丙寅医学社刊行。

柳衡著《青年问题讲话》由上海潮锋出版社刊行。

沈沙白编《给苦闷青年信》由上海国光书店刊行。

陈鹤琴著《写给青年》由上海立达图书服务社刊行。

孙一芬编著《青年守则十二讲》由上海商务印书馆刊行。

沐绍良著《给下一代》由上海商务印书馆刊行。

陈志中著《怎样做个新青年》刊行。

金兆梓著《致中华少年读者书》由上海中华书局刊行。

佉文华著《人生之路》由著者刊行。

施复亮著《人生问题五讲（做人做事及男女问题）》由上海新鲁书店刊行。

施复亮著《做人·做事·及男女问题》由上海新鲁书店刊行。

高天著《生活修养新论》由香港半岛书屋刊行。

徐百益主编《修养文摘》由上海正义书店刊行。

魏无愁编《唠骚》由上海蜂蚁出版社刊行。

玛尔定大力著，刘荣耀译《色》由香港真理学会刊行。

见心居士编，刘仲文绘图《二十四孝暨女子二十四孝图传汇编》由上海毅成出版社刊行。

余伟吾著《女性修养指导》由上海卫生研究社刊行。

关吉玉著《祝君成功》由辽宁沈阳经济研究社辽沈分社刊行。

陈志鹄编《中外名人格言》由重庆华成书店刊行。

吴尽我著《事理学》由贵州贵阳国立贵阳师范学院刊行。

延寿堂药室主人编《延寿药言》由上海绸业银行刊行。

大同著《宗教学》由上海中国宗教徒和平建国大同盟刊行，有自序。

按：是书分宗教的定义、起源、构成及分类等 30 章。

黄士复著《佛教概论》由上海商务印书馆刊行。

印顺、妙钦编《中国佛教史略》由上海正闻学社刊行，有林月济序。

按：是书叙述中国佛教的起源、发展简史，派系原委。全书包括绪言、佛教之输入中国、一帆风顺之南朝佛教、唯心论之确立、新佛教之成长、佛教在平流起落中等 10 部。

冯宝瑛著《佛教真面目》由广东广州佛乘学社刊行。

陈海量编《在家学佛要典》由上海大法轮书局刊行。

傅勤家著《道教史概论》由上海商务印书馆刊行。

陈撄宁著《复兴道教计划书》由上海市道教会刊行。

方豪著《中国天主教史论丛》由上海商务印书馆刊行。

费鸿年著《迷信》由上海商务印书馆刊行。

陈崇桂著《圣经总论》由重庆布道杂志社刊行。

上海第一浸会堂编《上海第一浸会堂百年史略》由上海第一浸会堂刊行。

蔡黄香英、李美博编著《天父的好孩子》由上海广学会刊行。

陈海量著《可许则许》由上海大法轮书局刊行。

陈基慈编著《一朵中国花》由澳门白德美纪念出版社刊行。

陈燕翔著《公教真义与各教会》由香港公教真理学会刊行。

陈章惠明讲，邵达镇记《你爱我吗》由基督堂刊行。

陈子彝著《心经显诠》刊行。

程野声主编《圣诞节》由香港真理学会刊行。

程野声主编《一株幽兰》由香港真理学会刊行。

狄守仁著《九十三题》由天津崇德堂刊行。

丁宝玺著《启示录注解》刊行。

范朗西著《征服者与被征服者》由香港中华基督教青年会刊行。

傅玉崇编著《交友的知识》由澳门慈幼印书馆刊行。

盖温柔讲，赵世光记《教会历史》由上海灵粮刊社刊行。

顾惠人编著《圣经人物》由上海青年协会书局刊行。

汉藏教理院同学会编《太虚大师纪念集》由重庆编者刊行。

杭联夏令会编辑组编《第一届杭州基督教学生联合夏令会会刊》由编者刊行。

叶华菜编著《中华基督教青年会第九届全国干事大会纪念册》由杭州中华基督教青年会刊行。

基督教卫理公会年议会编《中华基督教卫理公会华东年议会百周纪念》由江苏苏州编者刊行。

基督教协进会青年工作促进委员会编《基督与动荡时期中之青年》由江苏南京编者刊行。

纪怀德著《举世钟爱之女》由香港纳匝肋静印书馆刊行。

贾玛若兰著,鲁征达译《圣若瑟月》由澳门白德美纪念出版社刊行。

江谦讲,游由维记《儒佛一宗主要课讲义》由上海灵峰正眼印经会刊行。

江谦著《阳复斋诗偈集》由上海正眼印经会刊行。

金声编著,万多明、张百铎译《中华首先致命真福方济各嘉彼来略传》由福建圣若瑟神哲学院刊行。

进修莲社编《进修莲社纪念刊》由进修莲社刊行。

静权讲,倪宏证记,倪正和成文《大势至善菩萨念佛圆通章印公亲静公讲义合本》由江苏苏州弘化社刊行。

苦器等编《皆大欢喜集》(合订本)由上海大法轮书局刊行。

乐观著《奋迅集》由上海护国禅院刊行。

了然著,徐慧觉编《入香光室》由江苏苏州弘化社刊行。

李荣祥著《佛法导论》由江苏苏州弘化社刊行。

李雨田校订《滴天髓阐微》刊行。

林金相著《江西分宜林品三先生语录》由上海道德书局刊行。

罗运炎、游昭编《静修日程(冬季刊十至十二月)》由上海中华基督教卫理公会刊行。

马良骏著《考证回教历史》刊行。

按:是书共9篇,有伊斯兰教之发源与系统,中国回民族之原本,穆圣宗祖之传流等。

马弥雍著,范介萍译《圣道之配》由香港公教真理学会刊行。

马奕猷著《传教通则》由真理学会刊行。

马奕猷著《我们的圣教》(像解问答教授法下册)由香港公教真理会刊行。

马奕猷著《我们的圣教》(像解问答题本)由香港公教真理会刊行。

梅先春著《圣母行述》由香港公教真理学会刊行。

孟瘦梅编《相理秘旨》由上海瘦梅出版社刊行。

孟昭义著《浸礼查经课》由基督福临安息日会中华总会传道协会刊行。

莫希功编著《公教感化了他》由澳门白德美纪念出版社刊行。

南京基督教协进会青年工作促进委员会著《基督教是我们的希望》由上海广学会刊行。

南司铎著《默想指南》由香港公教真理学会刊行。

全球总会安息日学部著,陈民编译《安息日学教学原理》由上海时兆报馆刊行。

上海第一浸会堂编《上海第一浸会堂百年史略》由上海编者刊行。

上智编译馆编《传教之研究》由编者刊行。

沈默著《忠实的一天》由澳门白德美纪念出版社刊行。

守培著《大乘起信论妙心疏》(上下册)由世界佛教居士林刊行。

苏慕华著《恩典福音》由江门恩典研经社刊行。

天主教同学会编《汕头天主教同学会纪念刊》由广东汕头编者刊行。

王昌祉编著《红色的百合花》(第1卷)由香港真理学会刊行。

王昌祉编《(圣体军)教练员手册》由上海土山湾印书馆刊行。

王昌祉编《(圣体军)小宗徒手册》由上海土山湾印书馆刊行。

王定九编《妇女贞淫辨别法》由上海健康书社刊行。

王季同著《佛法省要》由上海大法轮书局刊行。

王明道著《在火窑与狮穴中》由北平灵食季刊社刊行，有著者序。

王任光著《辞海辞源天主教名词正误》由北平上智编译馆刊行。

王骧陆著《六字大明咒修法》由上海道德书局刊行。

韦千里编《当代名人之命运》刊行。

文启明编著《闲话圣衣》由澳门白德美纪念出版社刊行。

吴贵厂著《观察术》由中国文化服务社刊行。

吴寿彭著《穆罕默德传》刊行。

吴宗慈著《张道陵天师世家》刊行。

武幼安编著《母佑月》由澳门白德美纪念出版社刊行。

香港基督教女青年会友光团编《友光》由香港编者刊行。

项退结著《新答客问》由北平上智编译馆刊行。

谢颂羔编《司布真生平》由上海广学会刊行。

徐宝谦著《灵修经验谭》由上海青年协会书局刊行。

演本述，弘如编《法海一滴》由上海南行学社刊行。

杨塞编著《中华公进妇女模范》由澳门白德美纪念出版社刊行。

耀汉小兄弟会编《抗战老人雷鸣远司铎》由北平编者刊行。

叶秋原著《朝圣行脚》由北平上智编译馆刊行。

印顺讲，演培记《摄大乘论讲记》（上下册）由上海正闻学社刊行。

尤智表著《一个科学者研究佛经的报告》由上海大法轮书局刊行。

袁锦棠编著《晨钟集》由澳门白德美纪念出版社刊行。

袁锦棠编著《法学之光》由澳门白德美纪念出版社刊行。

圆瑛讲《佛说阿弥陀经讲义》由上海圆明法施会刊行。

战德克著《歧路指归》由上海印光大师永久纪念会刊行。

张福基编《兴化卫理公会史》由福建兴化卫理公会刊行。

张公著《怎样获得家庭幸福》刊行。

张怀德讲述，林珊记《神恩与母爱》由晨钟刊社刊行。

张仕章著《圣经文学读本（第一册）》由上海青年协会书局刊行。

赵世光著《二十年回忆》由上海灵粮刊社刊行。

赵紫宸著《圣保罗传》由上海青年协会书局刊行。

中华基督教会河北大会编《中华基督教会河北大会第六届年会记录》由北平编者刊行。

中华基督教会华北大会编《中华基督教会华北大会第十三届常会议录》由北平编者刊行。

中华基督教会著《战后基督教教育的新使命》由上海编者刊行。

中华基督教教育协会著《中华基督教教育协会战后第一届全国大会手册》由上海编者刊行。

中华基督教青年会全国干事联合会编《第九届中华基督教青年会全国干事大会报告（基层建设与青年会干事）》由杭州编者刊行。

中华基督教青年会全国协会编《中华基督教青年会全国协会委员会战后第一届常会纪录》由上海编者刊行。

中华全国基督教协进会编《中华全国基督教协进会第六届年会报告书》由上海中华全国基督教协进会刊行。

钟协著《飞翔集》（一）由澳门白德美纪念出版社刊行。

周孝成等编《中华基督会特刊（1947年）》由上海特刊委员会刊行。

朱肖琴补注《中国预言八种》由上海广益书局刊行。

朱者赤著《公教主义》由北平上智编译馆刊行。

白德美纪念出版社编《1947年新日历》由澳门慈幼印书馆刊行。

白德美纪念出版社主编，何慕人编著《谈谈大赦》由澳门慈幼印书馆刊行。

甘爱维著《教友基本识字课本》（第1册）由上海广学会刊行。

余坚著《英美政党政治》由陆军炮兵学校刊行。

沈志远著《社会科学基础讲座》由香港智源书局刊行。

曹伯韩著《社会的基本认识》由上海进修出版教育社刊行。

按：是书包括总论、社会发展史、国家论、家庭论、民族论等5篇。

社会科学研究会著《社会科学概论》（增订本）由佳木斯东北书店刊行。

毛起鷂著《社会学》由重庆正中书局刊行。

孙本文著《近代社会学发展史》由上海商务印书馆刊行。

按：是书分8章，介绍社会学的起源与发展状况，分为三期：草创时期、勃兴时期、建设时期，以美英法德诸国之社会学为主。后附全书主要参考书目及西文人名汉译表。

孙本文著《社会思想》由上海商务印书馆刊行。

李树青著《蜕变中的中国社会》由上海商务印书馆刊行。

言心哲著《农村社会学导言》由上海中华书局刊行。

乔启明著《中国农村社会经济学》由上海商务印书馆刊行。

行政院新闻局编《社会救济》由江苏南京编者刊行。

陈玉堃著《社会保险概论》由江苏南京经纬社刊行。

陈毅夫著《社会调查与统计学》（上下册）由上海商务印书馆刊行。

邓祯树编《社会调查概论》由编者刊行。

张世文著《农村社会调查方法》由上海商务印书馆刊行。

张世文编著《生命统计方法》由重庆正中书局刊行。

陈善林著《统计学》由上海中华书局刊行。

王思立编《统计学新论》由上海立信会计图书用品社刊行。

萧承禄编《调查统计》由上海立信会计图书用品社刊行。

国民政府主计处统计局编《中华民国统计提要（民国三十六年辑）》由江苏南京编者刊行。

国民政府主计处编《基本国势统计》由编者刊行。

松江省政府编《东北统计汇编》由辽宁沈阳经济研究社辽沈分社刊行。

青岛市政府统计室编《青岛市统计年鉴（中华民国三十五年）》由山东青岛编者刊行。

谭启栋编《贵州省统计年鉴（胜利纪念特辑）》由贵州省政府统计室刊行。

广州知用学社著《广州知用学社廿五周年纪念专刊》由广东广州编者刊行。

郑子琴著《中国礼俗学纲要》由江苏南京中国文化社刊行。

按：是书包括绪论及基本六礼大要两编。绪论收风俗与民俗、礼俗起源、礼俗与伦理、礼俗变迁等 9 章；基本六礼大要收冠礼、婚礼、丧礼、相见礼等 6 章。

杨惠祥著《民俗学》由上海商务印书馆刊行。

陈果夫、邱培豪著《中华国民生活历》由正中书局刊行。

按：是书介绍各地的民间俗风尚，有选择地加以提倡。从元旦起至除夕，每日均有记述和说明。卷首有陈果夫的序，邱培豪的序，编著要领。

支念慈编著《纪念节日史略》由上海新夏图书公司刊行。

杨森编《贵州边胞风习写真》由贵州省政府边胞文化研究会刊行。

谢猶荣著《暹罗风俗》由南通社刊行。

钱公侠编《（最新）交际大全》由上海启明书局刊行。

费孝通著《生育制度》由上海商务印书馆刊行，潘光旦撰《派与汇》代序。

按：潘序包括社会思想与汇、社会思想与社会理想、释派与汇、社会理想与哲学概念、社会理想分派的利弊、论新汇的可能等 10 部分，是书主要阐述有关家庭制度、婚姻制度、亲属关系和氏族学等问题。

潘光旦著《优生概论》由上海商务印书馆刊行。

按：是书初步阐明了作者优生学说的基本理论，对优生学的内涵、范畴、目的和原理等问题进行了研究。

李雪荔著《恋爱·结婚·家庭》（原名《幸福的家庭》）由江苏南京中国妇女建国学会刊行。

郎岁丰著《家庭与爱情》由北平华北大学出版部刊行。

董菲海著《家庭生活漫谈》由上海光明书局刊行。

陈汝惠著《父母与子女》由上海商务印书馆刊行。

陆露沙编《性欲的原理》由上海大仁书局刊行。

关瑞梧、李槐春著《区位儿童福利个案工作》由上海中华书局刊行。

王恕著《改造民族素质》由著者刊行。

费孝通著《美国人的性格》由上海生活书店刊行。

行政院新闻局编《肃清烟毒》由江苏南京编者刊行。

潘光旦著《明清两代嘉兴之望族》由上海商务印书馆刊行。

俞湘文著《西北游牧藏区之社会调查》由上海商务印书馆刊行。

刘鹰遐编，彭仲平校订《汉流组织研究》由上海益社刊行。

邓潮浚著《汉流研究》由重庆说文社刊行。

戴魏光编《洪门史》由上海和平出版社刊行。

朱琳编《洪门志》由上海中华书局刊行。

按：是书叙述了洪门的历史、组织、规则、文书、歌句、隐语、暗号以及开山仪式等。

卫聚贤（原题卫大法师）著《袍哥入门》由重庆说文社刊行。

行政院新闻局编《人口行政》由江苏南京编者刊行。

黄炎培著《民主化的机关管理》（增订本）由上海商务印书馆刊行。

杨绰庵编《机关管理》由辽宁沈阳中国文化服务社沈阳分社刊行。

周连宽编《公文处理法》由重庆正中书局刊行。

朱伯郊著《文书处理程序》由上海中国文化服务社刊行。

陈国琛著《文书改革在台湾》由台湾台北书店刊行。

苏健文著《实验的职业指导》由云南昆明世界书局刊行。

李俊著《中国宰相制度》由上海商务印书馆刊行。

按：是书介绍秦汉、魏晋南北朝、隋唐五代、宋辽金元、明清诸时期政府的枢要机构及其演变，有萧公权序及自序。

王希和编《政治浅说》由上海中华书局刊行。

杨幼炯著《当代中国政治学》由上海胜利出版公司刊行。

民潮社编《民联政治报告》由编者刊行。

自由出版社编《中国民主同盟的政治主张》由自由出版社刊行。

《地主破坏土改的活动》由晋察冀边区土地会议秘书处刊行。

《王元寿作风》由华中新华书店盐阜分店刊行。

《中国土地法大纲》由晋察冀新华书店刊行。

阿木古朗著《内蒙民族解放之路》由内蒙自治报社刊行。

东北书店编《新生的内蒙》由哈尔滨东北书店刊行。

范宝信编《陕西省政述要》由陕西省政府统计处刊行。

广东省五年建设计划起草委员会编《广东省五年建设计划》由编者刊行。

广东省政府民政厅编《复员以来广东民政概况统计》由广东广州编者刊行，有李扬敬、钟盛鳞序，陈寿仁编前话。

贵州省政府秘书处编《贵州省行政会议纪要》由贵州贵阳编者刊行，有杨森序。

哈华著《在伤兵医院中》由山东新华书店刊行。

合江日报社编《平分土地法令》由合江日报社刊行。

华北新华书店编辑部编辑《狐群狗党现形记》由华北新华书店刊行。

黄海坪等著《真理究竟在哪里》由东北书店刊行。

黄珍吾编《今后团务发展与途径》由广东广州建成书局刊行。

黄珍吾编著《团务工作纲要》由广东三民主义青年团广东支团部刊行。

李尔重等著《东北地主富农研究》由佳木斯东北书店刊行。

李一清等著《动用民力与组织民力》由太行行署刊行。

潘光旦、费孝通著《科举与社会流动》刊行。

侨务委员会编《侨务十五年》由编者刊行。

青岛市警察局编《复员后之青岛警察》由编者刊行。

任师尚等著《一年来之赣政》由江西省《一年来之赣政》编辑委员会刊行。

孙佳讯编《服务与进修》由上海大方书局刊行。

太行二届群众大会编辑委员会编《生产运动与生产英雄》由编者刊行。

涛然编《耕者有其田》由太岳新华书店刊行。

涛然著《还我土地》由河南涉县太行群众书店刊行。

中国共产党全国土地会议通过《中国土地法大纲》由新华书店晋绥分店刊行。

汪浩编《一年来之长沙市政》刊行。

王华著《立功运动成绩与经验》由永兴印刷局刊行。

新台湾出版社编《新台湾》由香港新台湾出版社刊行。

文萃社编《台湾真相》由文萃社刊行。

新生活运动促进总会编《新生活运动第十三周年纪念专刊》由编者刊行。

学习出版社辑《向群众学习》由学习出版社刊行。

杨品吉编《福建省仙游示范县施政概况》刊行。

袁在予著《西康宁属夷务沿革史略》由江西史地学会刊行。

中国民主党总部审订《中国民主党三年来为和平、民主、统一之主张与意见》由民主导报社刊行。

中国青年党广东省党部编《中国青年党史略及政纲》由编者刊行。

邹鲁编著《中国国民党史稿》由上海商务印书馆刊行。

中国宗教徒和平建国大同盟编著《中国宗教徒和平建国大同盟》由编者刊行。

中央执行委员会财务委员会编《中国国民党财务法规初集》由编者刊行。

邓珠娜姆著《中国边疆之路》由著者刊行。

东北军政大学政治部编《取消万恶的特务政治》由编者刊行。

奋斗日报社资料室《盟旗自治问题研究参考资料》由张家口奋斗日报社资料室刊行。

广西省救灾运动委员会总务组编《广西省水灾荒灾救济计划及工作概况》由编者刊行。

行政院新闻局编《国家总动员》由编者刊行。

行政院新闻局编《国民大会代表立法院立法委员监察院监察委员选举概要》由江苏南京编者刊行。

行政院新闻局编《监察制度的运用》由编者刊行。

行政院新闻局编《考选制度》由编者刊行。

何文龙著《中国特务内幕》由香港风雨书屋刊行。

河南省政府编《黄河泛区善后建设会议记录》由编者刊行。

河南省政府社会处编《河南省黄泛区灾况纪实》由编者刊行。

胡次威著《怎样实施新县制》由上海大东书局刊行。

黄奋生撰《边疆政教之研究》由上海商务印书馆刊行。

考试院考选委员会编《省县公职候选人考试办理经过总报告》由江苏南京编者刊行。

李萌农著《建都专论》由广西钦县著者刊行,有著者序。

美国科学家协会编,纪泽长译《天下一家或陆沉》由上海商务印书馆刊行。

内政部编《内政部专题研究》由江苏南京内政部刊行。

王观荣著《中国县自治行政论》由江苏镇江著者刊行。

熊素编著《地方自治问答》由上海世界书局刊行。

杨裕芬讲《任用法规讲述纲要》由中央训练团党政军人事管理人员训练班刊行。

喻兆明编《荣誉军人就业辅导》由上海正中书局刊行,有自序。

张金鉴著《行政管理概论》由重庆中国文化服务社刊行。

按:是书论述行政管理的概念、行政管理与科学、行政组织、人事管理、物材管理、机关管理、行政效率等。

张富康著《中国地方政府》由湖北汉口著者刊行。

邓初民著《世界民主政治的新趋势》由上海华夏书店刊行。

张明著《干部政策与干部训练》由广东广州粤秀出版社刊行。

周中一编著《保甲研究》由江苏南京独立出版社刊行。

斳裕坤著《现代警察研究》由江苏南京内政部警察总署刊行。

按：是书有唐纵《编辑警政丛书序言》和本书序言及自序。

丁祖荫著《警察智力测验》由江苏南京内政部警察总署刊行。

董翰良著《警犬教养新编》由江苏南京中华警察学术研究社刊行。

李英著《五年建警计划方案》由广东广州正大书局刊行。

内政部警察编《建警法案备览》由江苏南京编者刊行。

郑宗楷著《警察与人民及要人》由上海大东书局刊行。

蒋锡麟著《警士必携》由上海大东书局刊行，有汪业洪序及自序。

首都警察厅警员训练所编《捕绳术》由编者刊行。

首都警察厅警员训练所编《警察实务》由编者刊行。

吕诉上编著《侦探化装术》由台北台湾艺术社刊行。

上海市警察局编《局长宣铁吾先生训词选》由编者刊行。

方扬编著《地方自治新论》由福州教育图书出版社刊行，有李宗黄、马博庵序及自序。

李楚狂著《行政管理之理论与实施》由上海正中书局刊行。

李序中著《政党政治论》由江苏南京新国家建设协会刊行。

按：是书论述政党产生的原因、存在条件、政治作用、构成内容、取得政权方法、经费筹集方法、组成政府形式、各国政党制度之比较及政党政治的潮流趋向等。

毛泽东、刘少奇著《中国革命的理论与实践》由新华日报馆刊行。

毛泽东等著《共产党人发刊词》由渤海新华书店刊行。

毛泽东等著《民主作风与群众观点》由冀中新华书店刊行。

毛泽东著，中国共产党晋察冀中央局编《毛泽东选集》由编者刊行。

毛泽东著《毛泽东选集》(1—5 卷)由渤海新华书店刊行。

毛泽东著《毛泽东文选集》由山东新华书店刊行。

毛泽东著《整顿三风》由冀中新华书店刊行。

刘少奇著《论共产党员》由东北书店刊行。

刘百闵著《行政学论纲》由中国文化服务社刊行。

按：是书论述行政学的意义、范围、沿革，行政组织，人事行政，财务行政，物料行政，行政程序等问题。

陈伯达等著《论党与个人》由新潮社刊行。

陈伯达等著《有事和群众商量》由华北新华书店刊行。

八路军总政治部宣传部编《领导作风》由大连大众书店刊行。

《中国共产党党章》由冀中新华书店刊行。

《共党在美活动及其对策》由江苏南京新中国出版社刊行，有译者序。

《九国共产党代表会议宣言及其他》由晋绥日报社刊行。

《论领导方法》由佳木斯东北书店刊行。

罗志渊编著《行政管理》由江苏南京独立出版社刊行。

按：是书介绍政府机关政务处理的程序和方法。

茹管廷编著《行政学概要》由上海正中书局刊行，有阮毅成序和自序。

按：是书概述行政学的意义和研究方法，行政的性质、地位、组织、人员、经费、物料、文牍以及业务管理等。

王达、许集善著《人事论丛》由江苏南京财政部盐政总局刊行。

徐松龄编《讲义汇要》由京沪铁路管理局教务处交通警察教练所刊行。

许正中著《政党之理论与运用》由上海大东书局刊行。

按：是书分11章。论政党的定义、产生、要素、种类、功能、活动，政党政治的形式、应用及理论根据，政党的弊病及政党政治的改革等问题。

福斯特、丹尼斯著《美国共产党与战后问题》由东北书店刊行。

龚稼编辑《中国近代政治思想史料》由佳木斯东北书店刊行。

李序中著《政党政治论》由江苏南京新国家建设协会刊行。

意因著《不断革命论 ABC》由春燕出版社刊行。

东北书店辑《论群众路线》由东北书店刊行。

冀鲁豫书店编辑部编《锻炼我们的立场与作风》由冀鲁豫书店刊行。

孙中山著《中山先生全集》（上下册）由江苏南京国防部新闻局刊行。

林桂圃著《国父政治思想体系》由江苏南京现实出版社刊行。

陆达节编辑《国父轶文新编》由广东广州三民主义学会合作社刊行。

国防部新闻局第一处编《三民主义真谛讲授大纲》由编者刊行。

廖白泉著《从三民主义到大同主义》由武汉南方印书馆刊行。

杨幼炯编著《三民主义之理论与制度》由上海中华书局刊行。

何干之著《新民主主义论解说》由东北联大刊行。

邓启著《民主建国问题》由上海著者刊行。

张元养著《建国秘要》刊行。

土地问题研究会编《马恩列斯毛论农民土地问题》由东北书店刊行。

吴绍荃著《到农村去》由上海生活书店刊行。

中共晋绥分局编《中国共产党党章及关于修改党章的报告》由编者刊行。

陈健夫著《论新革命运动》由江苏南京改造出版社刊行。

邓文仪著《开展革命工作》由江苏南京新中国出版社刊行。

窦存我、倪正和编《转变》由上海弘化社、大雄书店刊行。

方克编著《蒋介石卖国真相——美帝国主义侵略下急剧殖民化的中国》由佳木斯东北书店刊行。

费青等著《"社会贤达"考》由上海自由文丛社刊行。

贺衷寒编著《后期革命的号角》由中央训练团义务劳动高级人员训练班刊行。

蒋经国著《我的生活》由上海前锋出版社刊行。

栗直著《归来的检讨》由中国文化服务社长春分社刊行。

林参天等著《何以能胜利》由香港自由世界出版社刊行。

罗乃诚编《时事讲话》由国防部新闻局刊行。

平心著《论"第三方面"与民主运动》由香港知识出版社刊行。

邢肇堂编著《有啥说啥》由河北武安裕民印刷厂刊行。

严晦明等著《展望大反攻》由香港自由世界出版社刊行。

阎锡山著《谁造内乱？制造饥饿？怎样消除内乱？怎样消除饥饿？》由山西省政府山西

省经济管理局刊行。

中山文化教育馆民权组编《民权建设中的世界与中国》由上海中华书局刊行。

周鲸文著《论中国多数人的政治路线》由香港时代批评社刊行。

陈可璋编辑《广东童子军》由广东童教出版社刊行。

东北日报社编《最近一年间的国际动态》由佳木斯东北书店刊行。

范晓六主编《童子军操法》由上海二二五童子军书报用品社刊行。

范晓六主编《新编童子军初级课程》由上海二二五童子军书报用品社刊行。

周伯平编著《高级童子军训练》由杭州少年教育用品供应社刊行。

马永春、罗识高编著《童子军中级课程》由北平中国童子军北平市支会理事会刊行。

方敏著《论当前青年运动》由香港中国出版社刊行。

时代出版社编《青年节资料特辑》由时代出版社刊行。

刘蘅静著，陆翰芩编《妇女问题文集》由江苏南京妇女月刊社刊行，有著者序。

朱曼瑰著《创造妇女的新史实》由江苏南京时代出版社刊行。

山东妇女社编《怎样做一个新妇女》由山东新华书店刊行。

新运妇女指导委员会编《新运妇女指导委员会九周纪念特刊》由江苏南京编者刊行。

按：是书作者有张蔼真、戴文倩、潘道昌、姜漱寰、梅锡珍、张玉芝、彭昭仪等。宋美龄题写封面书名。

冀鲁豫书店编辑部《在翻身运动中的冀鲁豫妇女》由山东朝城冀鲁豫书店刊行。

高祖文等著《天下一家之路》由上海中国建设出版社刊行。

正言日报社编辑《采薇集》由正言日报社刊行。

中国国民党驻港澳总支部编《黄花节特刊》由编者刊行。

中国国民党驻港澳总支部编《双十特刊》由编者刊行。

张邦标著《愚者一滴书》由闽台同志会刊行。

叶德浩著《谍报战与其防卫》由北平同林堂印刷局刊行。

周鲸文著《论中国对美苏的外交关系》由香港时代批评社刊行。

朱少逸著《拉萨见闻记》由上海商务印书馆刊行。

中联出版社编《目前内蒙自治运动之真相》由中联出版社刊行。

《美国、苏联与中国》由时代出版社刊行。

刘恩照著《联合国组织大纲》由北平国学社刊行。

方文正编著《联合国组织及其动态》由国防部史政局刊行。

乔冠华等著《论世界矛盾》由香港华萃出版社刊行。

宾符等著《世界新形势》由上海世界知识社刊行。

国防部第二厅编《国际大事记》（第12集）由编者刊行。

晋察冀新华书店编《论国际形势》由晋察冀新华书店刊行。

陆定一等著《论世界形势》由韬奋书店刊行。

太行群众书店编《目前国际形势与国内形势》由河南涉县太行群众书店刊行。

新长城社编著《英美报章杂志论中国》由大连大众书店刊行。

光华书店编《英美关系》由光华书店刊行。

陆定一著《对于战后国际形势中几个基本问题的解释》由人民书店刊行。

山东新华书店编辑部编《国内外新形势》由山东新华书店刊行。

太岳新华书店编《战后国际形势问题》由太岳新华书店刊行。

新中华杂志社编《第二次世界大战后的各国情势》由上海中华书局刊行。

乔冠华著《替美国算命》由香港中国出版社刊行，有序言。

鲁茨基著，君达译《巴勒斯坦问题》由大连光华书店刊行。

光华书店编《德国问题》由光华书店刊行。

谢仁钊著《国际现势与中国》由上海大东书局刊行。

光华书店编《法意政治形势》由光华书店刊行。

刘佐人著《南洋现势》由中国文化服务社刊行。

按：是书评述英、美争夺下的南洋地区的政治形势和经济问题。包括泰国、马来亚、越南、印尼、菲律宾、缅甸等国。

王任叔著《论印尼的反帝斗争》由上海生活书店刊行。

张铁生著《国际新形势解说》由香港联华出版社刊行。

按：是书讲述反法西斯战争后的国际矛盾及政局演变，从门罗主义至杜鲁门主义，苏联的地位及其政策，殖民地、半殖民地的解放运动及世界人民统一战线的前途等。

罗天素著，罗碧丹校《盛世危言与明太祖》由江西南昌大汉国医院筹备处刊行。

贝符兹纳等著，何歌等译《今日的日本》由大连光华书店刊行。

华北新华书店编辑部编《麦克阿瑟统治下的日本》由华北新华书店刊行。

李芳春编著《苏联国家组织》由上海中华书局刊行。

按：是书介绍苏联国家的成立，联邦共和国的组成，民族区域的构成，行政经济区域，宪法的修改及各联邦共和国的地位。

娄绍莲编著《今日之法国》由国际书屋刊行。

按：是书介绍第二次世界大战战后初年法国的内政、外交、经济与财政、工业、文化艺术等方面的情况。有编者序。

于怀著《杜鲁门主义的破产》由方向社刊行。

按：是书评述美国当时所面临的内政外交危机。

华北新华书店编辑部编《美国的法西斯组织》由华北新华书店刊行。

中央警官学校研究部编《法律学科讲授纲要》由江苏南京编者刊行。

周宏基著《法治丛谈》由上海著者刊行。

龚钺著《比较法学概要》由上海商务印书馆刊行。

吴泽炎译《国际公法的将来》由上海商务印书馆刊行。

蔡枢衡著《中国法理自觉的发展》由北平著者刊行。

瞿同祖著《中国法律与中国社会》由上海商务印书馆刊行。

按：是书为一部较早出版的从法律角度研究中国社会的专著。

张君劢著《中华民国民主宪法十讲》由上海商务印书馆刊行。

按：是书分国家为什么要宪法、吾国宪政何以至今没有确立、人权为宪政基本、国民大会问题、行政权、立法权、司法独立、民主国政党等10讲。

谢瀛洲著《中华民国宪法论》由台湾著者刊行。

按：是书共八章，第一章"绪论"，第二章"中华民国"，第三章"人民之权利义务"，第四章"中华民国之政权"，第五章"中央政制"，第六章"中央地方事权之划分"，第七章"地方制度"，第八章"宪法之修改"。

郭卫、林纪东编《中华民国宪法史料》由上海大东书局刊行。

邓充闻编《中国宪法论》由湖南长沙湖南省银行刊行。

民治出版社编《中华民国宪法及行宪法规》由上海民治出版社刊行。

周昇斌、罗志渊著《中国宪政发展史》由上海大东书局刊行。

徐时中编《宪法论文选辑》由江苏南京新中国出版社刊行。

郭垣编《行宪指针》由辽宁沈阳绿洲出版社刊行。

何永佶著《宪法平议》由上海大公报馆刊行。

行政院新闻局编《人民与宪法》由江苏南京编者刊行。

中央日报社编《行宪法规》由江苏南京中央日报社刊行。

黄天鹏编《行宪法规汇编》由江苏南京中央印务局刊行。

林纪东编《行宪法规》由上海大东书局刊行。

中央印务局编译部编《行宪法规汇编》由江苏南京中央印务局刊行。

狄嗣祖编《国民大会全貌》由江苏南京时代出版社刊行。

胡次威编著《省组织法论》由正中书局刊行。

胡次威著《办理选举事务须知》由江苏南京中央日报社刊行。

侨务委员会编《侨民选举须知》由编者刊行。

马君硕著《中国行政法总论》由上海商务印书馆刊行。

内政部警察总署编《警政法规汇编》由江苏南京中国警政出版社刊行。

刘继编《外事警察法令汇编》由上海世界书局刊行。

徐哲陶著《新户籍法概要》由上海龙门联合书局刊行。

胡次威编《县自治法论》由正中书局刊行。

史尚宽著《民法原论总则》由上海大东书局刊行。

吴瑞书编《法律顾问》由上海中央书店刊行。

张学尧著《中国民事诉讼法论》由上海中华法学社刊行。

赵里海著《国际公法》由上海商务印书馆刊行。

俞叔平编述《法医学》由上海远东图书股份有限公司刊行。

按:是书分法医概论、生体检验、死伤检验、物体检验4章。

王崇本编著《国籍法概论》由江苏南京内政部刊行。

饶中文编著《运用孙子兵法新义》刊行。

军人文库编辑委员会著《中国兵学大全》(上册)由江苏南京拔提书局刊行。

田一鸣著《军队管教手册》由江苏南京兵学书店刊行。

陆军大学编《军制学》刊行。

按:是书分4编:总论、平时编制与战时编制之概释、中央及地方军事机关编成之要领、军队编制原则。附录:国防部组织纲要等10种。

李浴日编《孙克兵学新论》由江苏南京世界兵学社刊行。

东北民主联军总司令部辑《军事参考资料选集》由东北军用图书社刊行。

叶时杰著《国防试论》由中华书局刊行。

邵本惇编述《运输常识(第2篇:铁道运输)》由联合勤务干部训练班刊行。

胡甲裹著《机械化部队战术》由江苏南京世界兵学社刊行。

美国陆军部编《空军对地面部队之支援》由陆军大学刊行。

万祖章编《达达尼尔海峡登陆战史》由陆军大学刊行。

国防研究院编译组编《挪威战役》由国防部史政局刊行。

焦敏之著《苏德战史——苏联怎样战败德国》由上海光明书局刊行。

美国作战部陆军情报服务处编,王镇编译《日军登陆作战》由江苏南京国防部史政局刊行。

冯石竹编《第二次世界大战的新武器》由上海经纬书局刊行。

张济时著《建国与建军》由湖北汉口新昌印书馆刊行。

邓文仪编《蒋主席治兵语录》由江苏南京新中国出版社刊行。

陈树华编著《战术必通》由江苏南京全军学社刊行。

陆军大学校编著《参谋业务》(卷下)由北平武学印书馆刊行。

全国慰劳抗战将士委员会编《全国慰劳抗战将士委员会总会慰劳工作总报告》刊行。

总司令办公室编《联合勤务总司令部处理文书暂行办法》刊行。

蒋介石讲《联勤干部训练班第一期毕业训词》由联合勤务总司令部刊行。

钟英编述《军需业务之监察》由中央训练团监察官训练班刊行。

钟英编述《经理业务之监察》由中央训练团监察官训练班刊行。

中央训练团监察官训练班编《补给机关之监察》由中央训练团监察官训练班刊行。

联合勤务干部训练班编《被服之保管与补给》刊行。

军官训练团第二期干部训练班编《旅团之补给》由陆军训练司令部刊行。

王杭洲编述《经理勤务》由联合勤务干部训练班刊行。

联合勤务干部训练班编《交通器材及燃料之保管与补给》刊行。

中央训练团监察官训练班编《汽车兽力运输之监察》由中央训练团监察官训练班刊行。

谢海泉编著《船舶运输勤务》由江苏南京联勤干训班刊行。

刘冠世等编《运输勤务(第2篇:铁道输送)》由联合勤务干部训练班刊行。

中央训练团监察官训练班编《马政业务讲话》由中央训练团监察官训练班刊行。

潘世澂编述《军械勤务讲义》(第1种:补给)由联合勤务干部训练班刊行。

张文欧、孙兴明编述《军械勤务讲义》(第3种:轻兵器)由联合勤务干部训练班刊行。

钟建元、康士伦编述《军械勤务讲义》(第4种:火炮与光学器材)由联合勤务干部训练班刊行。

钟建元、康士伦编述《军械勤务》(第2篇:重兵器)由联合勤务干部训练班刊行。

张文欧编述《军械勤务》(第3篇:弹药)由联合勤务干部训练班刊行。

王典文编述《军械勤务》(第3编:化学兵器)由联合勤务干部训练班刊行。

潘世澂编述《军械勤务》(第6篇:补给与计政)由联合勤务干部训练班刊行。

干部训练班经理大队编著《最新陆军经理学大全》由北平武学印书馆刊行。

刘为章编著《国防》由江苏南京时代出版社刊行。

潘惠斋著《国防计划书》刊行。

陆军军官学校编《突击作业指导计划》刊行。

中央训练团监察官训练班编《各军事学校之监察》由中央训练团监察官训练班刊行。

蒋介石讲《黄埔训练集》由江苏南京国防部新闻局刊行。

蒋介石讲《庐山训练集》由江苏南京国防部新闻局刊行。

汪祖华著《兵役奖惩概论》由江苏南京大众时代出版社刊行。

郭卫校勘《兵役法》由上海法学编译社刊行。

国防部兵役局编《免役禁役缓征召申请审查办法》由国防部兵役局刊行。

陈祯国等编《兵役法规》由上海大东书局刊行。

都觉生编《兵役法规汇编》由上海中国法制刊行社刊行。

孙宝善编《现行兵役法令汇编》由上海市政府民政处军事科刊行。

青年军出版社编《集宁会战》由江苏南京青年军出版社刊行。

精忠部队新闻室编《招远道头血战纪实》刊行。

史揆武编《东北保安司令长官部军官大队教育纪实》由东北保安司令长官部刊行。

郑昌武编著《反游击战之研究与心得》由北平军学出版社刊行。

郭汝瑰讲《国军剿匪战略战术之检讨》由九四七〇干部训练班刊行。

张际春著《发扬和组织全体指战员的积极性和创造性是政治工作的中心》由晋冀鲁豫军区政治部刊行。

晋冀鲁豫军区政治部编《教育经验》刊行。

任白戈著《部队诉苦运动经验》由晋冀鲁豫军区政治部宣城部刊行。

冀鲁豫区后方总指挥部编《向先进的食宿站看齐》由冀鲁豫书店刊行。

东北军政大学政治部编《军政大学一年》刊行。

辽宁省委宣传部编《人民解放军二十周年》由光明书店刊行。

毛泽东著《中国革命战争的战略问题》由华北新华书店刊行。

　　按:毛泽东在《中国革命战争的战略问题》中,对红军的游击战术"十六字诀"曾经作出了这样的评价:"从一九二八年五月开始,适应当时情况的带着朴素性质的游击战争基本原则,已经产生出来了,那就是所谓'敌进我退,敌驻我扰,敌疲我打,敌退我追'的十六字诀。这个十六字诀的军事原则,立三路线以前的中央是承认了的。后来我们的作战原则有了进一步的发展,到了江西根据地第一次反'围剿'时,'诱敌深入'的方针提出来了,而且应用成功了。等到战胜敌人的第三次'围剿',于是全部红军作战的原则就形成了。这时是军事原则的新发展阶段,内容大大丰富起来,形式也有了许多改变,主要的是超越了从前的朴素性,然而基本的原则,仍然是那个十六字诀。十六字诀包举了反'围剿'的基本原则,包举了战略防御和战略进攻的两个阶段,在防御时又包举了战略退却和战略反攻的两个阶段,后来的东西只是它的发展罢了。"

冀中军区政治部编《救国必读》刊行。

辽宁省第二专员公署编《论战局》刊行。

王林、岳巍合编《爱国自卫战场快览》由河北冀中新华书店刊行。

中国人民解放军总部编《一年之回顾》由国民图书公司刊行。

晋冀鲁豫第三纵队政治部编《杨庄之战》刊行。

中国人民解放军晋冀鲁豫军区政治部编《鲁西大捷——揭开大反攻序幕》刊行。

晋冀鲁豫军区政治部编《甄南之战》刊行。

晋冀鲁豫第八纵队二十三旅政治部编《为保卫毛主席而战》刊行。

克仁等著,太岳文化界支前委员会编《解放晋南》由太岳新华书店刊行。

太行区武委会编著《太行人民武装斗争经验》由协成印书馆刊行。

冀鲁豫书店编《游击战争经验集锦》刊行。

西满日报社编《论东北战局》刊行。

东北书店编《战局的转折点》刊行。

孔厥等著《中原的突围与解放》由冀南书店刊行。

陆军大学编《美军后方勤务》刊行。

美国陆军部编《装甲工兵营》由陆军大学刊行。

徐培根讲述《现代战术讲稿》刊行。

按：是书分5章：明日之战争、攻击与防御泛论、防御组织及战斗、野战中之炮兵、指挥艺术。

国防部编《监察手册》由国防部刊行。

云瀚著《国防部之组织与职掌》由国防部第五厅刊行。

林柏森讲，陆军总司令部编《陆军组织与职掌》刊行。

军政部审定《陆军军队内务规则》由江苏南京拔提书局刊行。

李昊编著《最新步兵野外勤务》由江苏南京军用图书社刊行。

陆军步兵学校编《美式步兵教育纪实》（第1集：兵器之部）由江苏南京拔提书局刊行。

陆军步兵学校编《美式步兵教育纪实》（第2集：一般之部）由江苏南京拔提书局刊行。

武召叔著《步兵教育计划案》由江苏南京兵学书店刊行。

孙纯德著《步兵操典讲授录》由江苏南京兵学书店刊行。

田一鸣著《步兵操典草案第一部各个班排连战斗教练教案》由江苏南京拔提书局刊行。

王锷等编《观测笔记》由陆军军官学校第二十期炮科学生第五大队笔记编辑委员会刊行。

中央陆军军官学校编《野战炮兵观测实施法》由北平武学印书馆刊行。

陆军大学编《装甲师搜索营教范》由陆军大学刊行。

黄凤丹编述《工程讲义》由联合勤务干部训练班刊行。

前军事委员会、全国知识青年志愿从军编练总监部编著《通信兵训练笔记》由重庆大中国图书出版社刊行。

海军总司令部新闻处编《中国海军现状》刊行。

陆军炮兵学校要塞干部训练班第一期编《海防炮兵笔记》刊行。

罗宏彦著《两栖战由船到岸攻击法》由陆军大学刊行。

国防部预备干部局编《蒋主席对青年军训词汇编》由编者刊行。

陆军大学编《第八军松山围攻战史》由编者刊行。

华振中、朱伯康编《十九路军抗日血战史料》由上海神州国光社刊行。

国防部编《陆军各部队通信器材装备表》由联合勤务总司令部通信署刊行。

联合勤务干部训练班编《通信器材保管与补给》刊行。

张毅等编《通讯笔记》由陆军军官学校第二十期炮科学生第五大队笔记编辑委员会刊行。

李济平编述《通信勤务》由联合勤务干部训练班刊行。

联合勤务干部训练班编《工程器材之保管及补给》刊行。

联合勤务干部训练班编《工程器材之保管与补给》（第1篇：工兵器材）刊行。

联合勤务总司令部工程署编《探照灯使用概说》刊行。

联合勤务总司令部工程署节译《地雷搜索器使用法》刊行。

太行区武委编《地雷汇编》由裕民印刷厂刊行。

董效良编《地雷教材》由冀鲁豫边区武委总会刊行。

化学兵干部训练班编《日造九九式防毒面具说明书》由联合勤务总司令部刊行。

冯石竹编《原子炸弹》由上海经纬书局刊行。

王昧辛等编校《原子炸弹》由上海大东书局刊行。

李继堂著《飞机识别》由空军总司令部第二署技术情报处刊行。

空军总司令部编《空军械弹保管规则》刊行。

美国迈阿密海军训练团原著《二十公厘炮》由海军总司令部编纂处编译刊行。

范毓榘编《射击笔记》由陆军军官学校第二十期炮兵科学生第五大队笔记编辑委员会刊行。

陆军军官学校炮兵科编《炮兵数字表》刊行。

李伟祥编《轻重兵器射击教育计划表》由军官训练团干部训练班刊行。

黄殿英著《现代战争之兵器》由陆军大学刊行。

胶东军区军工部研究室编《精密兵器》刊行。

张孝礼著《数学与战争》由国防部刊行。

陆军大学编《情报勤务》由北平武学印书馆刊行。

高植明编著《情报勤务》由江苏南京军用图书社刊行。

卓铃啸编《简易测绘与写景图暨要图之描画法》由武学印书馆刊行。

白建武编著《军事要图调制要诀》由武学印书馆刊行。

朱坦庄编述《测量仪器之使用》由联合勤务干部训练班刊行。

王石英著《经济学要论》由著者刊行。

胡明著《政治经济学大纲》由上海杂志公司刊行。

许涤新著《经济论衡》由上海耕耘出版社刊行。

张丕介著《经济地理学导论》由上海商务印书馆刊行。

陈志让著《计划经济理论之研究》由南京时代出版社刊行。

马寅初著《马寅初经济论文集》由上海作家书屋刊行。

马寅初等著《新经济的道路》由上海文汇报馆刊行。

罗仲言著《经济史学原论》由湖南长沙经济新潮社刊行。

胡明著《世界经济地理讲座》（战后新版）由上海光华出版社刊行。

冯光武著《国际经济地理》由广州蔚兴印刷厂刊行。

按：是书主要叙述美、苏、中、英四国的地理形势、人口与资源、产业与贸易、运输、农业等经济情况。略及德、法、意、日的经济地理概况，比较各国的资源与财力，并论及因经济地理而引起的政治斗争等内容。

千家驹著《中国经济现势讲话》由香港经济资料社刊行。

许涤新著《论中国经济的崩溃》由香港中国出版社刊行。

许涤新著《论蒋管区经济的崩溃》由苏中韬奋书店刊行。

东方曦著《经济学教程三编》由上海永祥印书馆刊行。

按：是书论述了信用、银行、金融资本及帝国主义的特征等内容。

沈志远著《近代经济学说史纲》由上海生活书店刊行。

按：是书先题为《近代经济学说史》，后易名为《近代经济学说史纲》，作者以马克思主义的观点批判地讲述了西方重要的经济学流派及其代表人物,甚至圣西门、欧文等空想社会主义者的经济观也作了介绍。它是近代以来系统研究西方经济思想的专著,故多次再版,至1950年时,已先后由生活书店、三联书店等出版了7次。

金天锡编著《经济思想发展史》由南京正中书局刊行。

苏诚鉴编著《后汉食货志长编》由上海商务印书馆刊行。

中国农民银行汉译社会科学百科全书译辑委员会编译《土地经济》由正中书局刊行。

李显承著《土地经济学》由中央训练团地政人员训练班刊行。

按:是书分土地经济学的基本概念、各家地租论的比较研究、地价的变动、土地利用、土地所有权等5编。

江公正著《民生经济学》由北平编者刊行。

绥靖区乡镇干部训练委员会编《中国经济问题教程》由编者刊行。

中央训练团编《中国战后经济建设论文选辑》由编者刊行。

容若思等编《中国经济年鉴》(1947年)由香港太平洋经济研究社刊行。

陈宗骐著《新时代新建设》由南京时代公论社刊行。

关吉玉编《十五年来中国经济》由沈阳经济研究社辽沈分社刊行。

中国通商银行编《五十年来之中国经济》由上海编者刊行。

朱仁柳著《战后经济建设论》由上海中国文化服务社刊行。

王成敬著《东北之经济资源》由上海商务印书馆刊行。

按:是书主要概述了东北的经济地理状况,着重介绍农、林、矿、水产、畜产等资源。书中的统计数据主要根据日本人占领东北时所作的调查。

张沦波著《中国的资源》由上海世界书局刊行。

东北物资调节委员会研究组编《资源及产业》由沈阳中国文化服务社沈阳印刷厂刊行。

华北新华书店编《战后世界经济发展的两条道路》由编者刊行。

郭大力著《生产建设论》由福州经济科学出版社刊行。

金惠著《地方建设图案》由台湾行政长官公署宣委会刊行。

严德一著《中印公路之经济地理》由北京中国边政协会刊行。

丘守愚编著《东印度与华侨经济发展史》由正中书局刊行。

张瘦石主编《中国南洋经济协会成立纪念特刊》由香港中国南洋经济协会刊行。

蒋乃镛著《英国经济的回顾与展望》由上海世界书局刊行。

吴致平著《两次大战间美国国民经济之发展》由南京新中国出版社刊行。

吴文晖著《农业经济论》由南京中国经济书刊生产合作社刊行。

侯哲葊著《连锁与合作主义》由重庆合作与农村出版社刊行。

黄慎怀著《合作事业与计划经济》由广州进化书局刊行。

中国农民银行汉译社会科学百科全书译辑委员会编译《合作》由重庆正中书局刊行。

蔡日秋编《合作实务》由东南合作印刷厂刊行。

王振武编《合作概要》由上海商务印书馆刊行。

林嵘著《合作社法要论》由南京中国合作图书用品生产合作社刊行。

山东省合作事业管理处编《现行合作法令辑要》由编者刊行。

大会编辑委员会编《合作运动与合作英雄》由编者刊行。

中国合作学社编《中国之合作运动》由南京中国合作学社刊行部刊行。

社会部合作事业管理局编《中国的合作运动》由编者刊行。

陈仲明、罗虔英著《合作经济学》由上海中国合作经济研究社刊行。

光华书店编《评马歇尔计划》由编者刊行。

严凌编《今日工商之路》由上海经济周报社刊行。

商报丛书编译部编《骆清华先生言论选》(附录工商经济法令)由上海商报出版社刊行。

行政院新闻局编《专题小册合订本》(经济、财政)由编者刊行。

行政院新闻局编《专题小册合订本》(资源)由编者刊行。

大东书局编《经济紧急措施法令汇编》由上海编者刊行。

国际出版社编《非常时期经济法令及参考资料》由上海国际出版社刊行。

许涤新著《官僚资本论》由香港南洋书店刊行。

经济资料社编《CC豪门资本的内幕》由香港小吕宋书店刊行。

福建省政府建设厅经济研究室编《福建经济问题研究》第1辑由编者刊行。

福建省政府建设厅经济研究室编《福建经济概况》由编者刊行。

福建省政府建设厅编《福建省经济建设五年计划(草案)》由编者刊行。

林履信编《台湾产业界之发达》由上海商务印书馆刊行。

任映沧著《大小凉山开发概论》由西南夷务丛书社刊行。

陈琴著《日本帝国主义之复活》由上海新知书店刊行。

张一凡著《苏联的计划配给》由上海中华书局刊行。

李鸿寿著《会计学概论》由上海立信会计图书用品社刊行。

王文钧著《应用会计学》由上海商务印书馆刊行。

程公达著,李鸿寿校订《会计简说》由上海联华图书出版公司刊行。

吴世瑞编《初级跨级学纲要》由编者刊行。

杨娱天编《实用工业会计与成本计算》由山西太行群众书店长治分店刊行。

于心潭编《再生产成本会计理论与实务》由重庆立信图书用品社刊行。

张文中编著《成本会计制度设计方法》由上海立信会计图书用品社刊行。

章长卿编著《成本会计学》由重庆正中书局刊行。

许祖烈著《中国现行审计制度》由上海立信会计图书用品社刊行。

国防部编《经理手册》由编者刊行。

曾济宽编著,国立编译馆主编《林政学》由重庆正中书局刊行。

中美农业技术合作团编著《改进中国农业之途径》由上海商务印书馆刊行。

张天福著《农业建设的重心问题》由福建省农业改进处刊行。

东北局宣传部编《东北农村调查》由东北书局刊行。

徐天锡著《上海市农业概况》由上海园艺事业改进协会刊行。

浙江省农业改进所编《浙江农业改进概述》由编者刊行。

赵钜恩编《龙岩县扶植自耕农纪实》由福建省地政局刊行。

台湾省行政长官公署农林处农业推广委员会编《台湾农务概况》由台北民锋印书馆刊行。

　　按:是书概述台湾省食粮、园艺、蔗糖、棉麻、药用作物、茶叶、农业资料、病虫害等方面的情况。另附有民国三十五年(1946)该省主要农作物病虫害受灾面积统计表。

林超编《中国土地问题概述》由国防新闻局刊行。

罗醒魂编著《各国土地债券制度概论》由重庆正中书局刊行。

陈天秩著《土地政策及其实验》由南京新中国出版社刊行。

崔永楫编著《土地制度与土地使用之社会管制》由重庆正中书局刊行。

葛罗物著《中国土地调整论》由上海大东书局刊行。

上海市地政局编《上海地价增长趋势》由编者刊行。

黄桂著《土地行政》由江西省地政局刊行。

贺叔璘著《中国土地制度史讲义》由中央训练团地政班刊行。

萧铮著《平均地权本义》（上册）由中国地政研究所刊行。

江苏省地政局编《江苏省地政概况》由编者刊行。

地政部统计室编《地政统计提要》由编者刊行。

陈伯达著《近代中国地租概说》由华北新华书店刊行。

行政院新闻局编《扶植自耕农保障佃农》由南京编者刊行。

东北行政委员会办公厅编《怎样组织起来》（各解放区劳动互助经验介绍）由编者刊行。

中美农业技术合作团编著《改进中国农业之途径》由上海商务印书馆刊行。

行政院新闻局编《中美农业技术合作团》由南京编者刊行。

华北新华书店编辑部编《生产度荒大发家》由编者刊行。

王艮仲等著《为建设新农村而奋斗》由上海中国建设出版社刊行。

李国桢编《陕西棉业》由陕西农业改进所刊行。

尹良莹著《四川蚕业改进史》由上海商务印书馆刊行。

南京行政院新闻局编《桐油产销》由编者刊行。

行政院新闻局编《大豆产销》由编者刊行。

东北物资调节委员会编《东北之大豆·东北农产物流通过程》由编者刊行。

骆君骕著《台湾糖业》由台湾甘蔗研究所刊行。

台湾糖业有限公司编《台湾糖业一瞥》由编者刊行。

台湾省行政长官公署农林处编《台湾糖业统计》由编者刊行。

陈明璋著《福建省之蔗糖业》由福建省农业改进调查室刊行。

行政院新闻局编《茶叶产销》由编者刊行。

褚守庄著《云南烟草事业》由新云南丛书社刊行。

杜景琦著《兰州之水烟业》由著者刊行。

褚守庄著《云南烟草事业》由昆明新云南丛书社刊行。

程世抚、贺善文著《苗圃经营》由上海园艺事业改进协会出版委员会刊行。

南京行政院新闻局编《生产产销》由编者刊行。

南京行政院新闻局编《台湾农业与渔业》由编者刊行。

胡焕庸编著《两淮水利》由正中书局刊行。

周苗福著，杨子寿校《天府万人村计划书》由著者刊行。

中华国产厂商联合会编《国货工业》（第一期）由编者刊行。

邓发著《论公营工厂》由佳木斯东北书局刊行。

谷春帆著《中国工业化通论》（修订版）由上海商务印书馆刊行。

上海机制国货联合会编《中国国货工厂全貌》由编者刊行。

行政院新闻局编《专题小册合订本》由编者刊行。

南京行政院新闻局编《乡村工业示范》由编者刊行。

李峻编《中国矿冶资料索引》由北平经济部矿冶研究所刊行。

台湾煤矿公司编《台湾煤矿公司概况》由编者刊行。

行政院新闻局编《石油》由编者刊行。

行政院新闻局编《钢铁》由编者刊行。

行政院新闻局编《我国怎样自制飞机》由编者刊行。

行政院新闻局编《电气事业》由编者刊行。

王璧岑著《东北水力发电事业》由辽宁沈阳资源委员会东北电力局刊行。

黄辉、裘燮钧、孙运璇著《台湾之电力》由台湾电力公司刊行。

南通天生港电厂编《南通天生港电厂》由编者刊行。

程瀛章著《近三十年来中国之化学工业》由编者刊行。

台湾碱业有限公司技术室编《台湾碱业有限公司要览》由台湾碱业有限公司刊行。

南京行政院新闻局编《水泥工业》由编者刊行。

张权述《台湾碱业有限公司第二厂概况》由台湾碱业有限公司第二厂刊行。

上海电力公司述《上海市之电荒问题》由述者刊行。

严寿萱著《台湾樟脑工业之世界展望》由编者刊行。

中国纺织建设公司编《中国纺织建设公司高级业务人员调训班结业纪念刊》由编者刊行。

全国纺织业联合会编《纺联概要》由编者刊行。

行政院新闻局编《纺织工业》由编者刊行。

太行二届群英大会编辑委员会编《纺织运动与纺织英雄》由编者刊行。

中国纺织建设公司天津分公司秘书处编《天津中纺一周年》由编者刊行。

中国纺织建设公司上海第一纺织厂编《中国纺织建设公司上海第一纺织厂概况》由编者刊行。

按:是书内容包括该厂沿革、组织系统、厂基及建筑、机械设备、出品与商标等,卷首有吴欣奇的弁言。

中国纺织建设公司上海第六纺织厂编《中国纺织建设公司上海第六纺织厂概况》由编者刊行。

中国纺织建设公司上海第十五纺织厂编《中国纺织建设公司上海第十五纺织厂概况》由编者刊行。

中国纺织建设公司上海第十二纺织厂编《中国纺织建设公司上海第十二纺织厂概况》由编者刊行。

中国纺织建设公司上海第十纺织厂编《中国纺织建设公司上海第十纺织厂概况》由编者刊行。

中国纺织建设公司编《中国纺织建设公司青岛各纺织厂工务概况》由编者刊行。

台湾纺织公司编《台湾纺织工业概况》由编者刊行。

全国纺织业联合会编《三十六年棉纺织业大事记》由编者刊行。

联合征信所调查组编《上海丝织业概览》由上海联合征信所刊行。

中国纺织建设公司上海第一制麻厂编《中国纺织建设公司上海第一制麻厂概况》由编者刊行。

中国纺织建设公司上海第二制麻厂编《中国纺织建设公司上海第二制麻厂概况》由编者刊行。

中国纺织建设公司上海第一印染厂编《中国纺织建设公司上海第一印染厂概况》由编者刊行。

中国纺织建设公司上海第三印染厂编《中国纺织建设公司上海第三印染厂概况》由编者刊行。

袁召辛编《上海市丝光漂染业职业工会年刊》由上海市丝光漂染业职业工会刊行。

青岛纺织厂编《青岛统计年报》由编者刊行。

行政院新闻局编《糖业》由编者刊行。

台湾糖业股份有限公司新营糖厂编《台湾糖业公司新营糖厂概况》由编者刊行。

王永焱编著《西北食盐》由甘肃省银行、甘肃科学教育馆刊行。

竺墨林著《盐工管理与福利》由江苏南京盐工之友社刊行。

东北物资调节委员会研究组编辑《纸及纸浆》由东北物资调节委员会刊行。

国民政府主席东北行辕经济委员会调查研究处编《东北造纸业概况》由编者刊行。

张文毅著《营建问题论文初集》由江苏南京建筑材料月刊社刊行。

徐盈著《北方工业》由上海中外出版社刊行。

蒋乃镛编著《上海工业要览》由上海学者书店刊行。

联合征信社编辑《上海制造厂商概览》由编者刊行。

台湾省政府建设厅编《台湾公营工矿企业概况》由编者刊行。

王楚莹编《香港工厂调查》由香港南桥新闻企业公司刊行。

伍顽立主编《广东工业》由广东实业公司刊行。

符泽初著《战前广东之工业》由江苏南京中央日报社刊行。

方刚等编《云南省民营工矿联谊会年刊》由云南民营工矿联谊会刊行。

冯济民著《印度工厂立法小史》由社会部工矿检查处刊行。

空军总司令部第二署技术情报室编《英国航空工业概况》由编者刊行。

交通部统计科编《中华民国三十四年交通部统计年报》由编者刊行。

杨萃一讲《交通人事制度纲要》由中央训练团党政军人事管理人员训练班刊行。

赵曾珏编著《战后交通建设概论》由上海商务印书馆刊行。

台湾省行政长官公署交通处编《台湾交通汇报》由台湾省印刷纸业公署第二印刷厂刊行。

龚学遂著《中国战时交通史》由上海商务印书馆刊行。

向达著《中外交通小史》由上海商务印书馆刊行。

按：是书作者以裕尔（Henry Yule）所著 *Cathay and the way thither* 一书为蓝本，编写这部小史。全书共分希腊罗马与中国之交通、中国与中亚、中国与伊斯兰文化、印度文化之东来、中国与阿拉伯之交通、中国文化之东渐与南传、影教、中古外国人来华、明清之际中西交通与西学等 9 章。

许靖著《铁路货运管理》由上海商务印书馆刊行。

金士宣著《铁路与抗战及建设》由上海商务印书馆刊行。

行政院新闻局编《战后第一期铁道计划》由编者刊行。

行政院新闻局编《铁道抢修》由编者刊行。

徐松龄主编《京沪区铁路管理局警务处交通警察教练所讲义汇要》由京沪区铁路管理局警务处交通警察教练所刊行。

苏从周著《东北铁路网之研究》由东北物资调节委员会刊行。

中国长春铁路管理局企划处编《中国长春铁路工作概要》由辽宁沈阳中央日报社承印部刊行。

何乃民编著《汽车与公路》（第2册）由上海商务印书馆刊行。

行政院新闻局编《国道网》由编者刊行。

台湾省公路局编《一年来之台湾公路交通》由编者刊行。

行政院新闻局编《航运》由编者刊行。

行政院新闻处编《航道网》由编者刊行。

高廷梓著《中国航政建设》由上海商务印书馆刊行。

中国邮轮公司编《中国邮轮有限公司概况》由编者刊行。

行政院新闻局编《民用航空》由编者刊行。

友声旅游团编《友声旅行团简史》由编者刊行。

王英桥、沈宗括、邱关瑾编《怎样处理电信业务》由台北电信月刊社刊行。

行政院新闻局编《邮政储汇》由编者刊行。

徐耀彭编辑《最新邮递便览》由上海绿园出版社刊行。

马润生著，马任全译纂《马氏国邮图鉴》刊行。

张相辅编《明密电码书》由编者刊行。

曼真编著《现代经商指导》由上海大方书局刊行。

郑世贤著《商店规章例述》由上海新业书局刊行。

谢允庄编著《消费合作簿记》由上海正中书局刊行。

徐百益著《工商管理概论》由上海人生出版社刊行。

安子介著《国际贸易实务》（上下册）由上海商务印书馆刊行。

曹国卿著《财政学》由江苏南京独立出版社刊行。

按：是书分绪论、公共支出论、公共收入论、公债论、财务行政论5编。

曹国卿编著《中国财政问题与立法》由上海正中书局刊行。

马大英著《中国财政行政论》由国立编译馆刊行。

王延超编著《财政学概论》由上海立信会计图书用品社刊行。

按：是书内容包括绪论、支出、收入、公债、预算5编。除首编概论财政学的定义、范围，现代财政的基本原则及中外财政学说史外，其他各编着重介绍中外各国财政实况。

财政部税务署编《税务人员手册》由编者刊行。

财务部税务署编《查验人员手册》由编者刊行。

姚祖诏著《古制考——赋役篇》刊行。

费文星编著《中国直接税概要》由上海世界书局刊行。

马大英编著《土地税》由著者刊行。

张保福编著《中国所得税论》由重庆正中书局刊行。

杨昭智著《中国所得税》由上海商务印书馆刊行。

按:是书述及所得税之概念、各国制度、我国所得税之沿革、现行税法、征收概况等内容。

孙邦治著《中国所得税会计学》由财政部直接税处经济研究室刊行。

行政院新闻局编《所得税》由编者刊行。

行政院新闻局编《遗产税》由编者刊行。

王延寿编著《中国货物税史实》由西北文化建设协会兰州印刷厂刊行。

国民政府主计处编《民国政府主计处工作报告》由编者刊行。

刘善述编《自治财政论》由重庆正中书局刊行。

王名元著《先秦货币史》由国立中山大学出版组刊行。

赵兰坪著《货币学原理》由中国经济书刊生产合作社刊行。

樊弘著《现代货币学》由上海商务印书馆刊行。

按:是书分8章。前3章主要论述货币价值及货币数量学说;其他各章分述投资储蓄与银行信用、利润和利息、国际货币问题、经济循环、货币政策等。

杨培新著《新货币学》由上海致用书店刊行。

彭迪先著《新货币学讲话》由上海新生活书店刊行。

按:是书为青年自学丛书之一。是书主要批判历史上源远流长的货币数量学说,揭露国民党通货膨胀政策的反动性,预言其必然会有崩溃的下场。

吴德昭著《战后各国币制改革》由财政部财政研究委员会刊行。

崔显堂著《战时钞票概论》由中国纸币集藏会刊行。

王传曾著《现代银行原理》由上海中国文化服务社刊行。

刘泽霖著《银行国有论》由上海中国文化服务社刊行。

金国宝著《票据问题与银行立法》由上海中华书局刊行。

杨汝梅编《银行会计及实务》由上海中华书局刊行。

诸尚一著《交易所会计》由上海商务印书馆刊行。

沈春雷主编《中国金融年鉴》(2)由中国金融年鉴社刊行。

姚公振著《中国农业金融史》由上海中国文化服务社刊行,有自序及彭学沛、赵棣华、杨荫溥等序。

按:是书上编历述春秋战国至清代农业金融的演变;下编叙述民国以来农业金融的状况。

吴毅堂编《中国股票年鉴》由中国股票年鉴社刊行。

投资周刊社编《股票之研究》由上海中国文化服务社刊行。

郑纯一著《水险须知》由上海中国文化服务社刊行。

毛泽东等著《论新民主主义文化》由大连大众书店刊行。

徐照著《三民主义文化论》由江苏省政府新闻处刊行。

陈哲敏等著《公教与文化》由北平上海编译馆刊行。

陈序经著《文化学概观》由上海商务印书馆刊行。

按:是书从政治、社会、伦理、宗教、心理、生物等方面论述文化学的问题。每册2编,各编均为4章。是书为文化论丛之一。

贺麟著《文化与人生》由上海商务印书馆刊行。

按：贺麟先后提出了文化抗战、精神抗战、学术救国、学术建国的主张，他在是书《抗战建国与学术建国》一文中指出："我们抗战的真正最后胜利，必是学术文化的胜利，我们真正完成的建国，必是建筑在对于新文化、新学术各方面各部门的研究、把握、创造、发展、应用上，换言之，必应是学术的建国。"可谓道出了战时诸多学者共同的心声。

中华学艺社日本研究委员会主编《战后日本的文教》(日本研究资料第5册)由上海大成出版公司刊行。

中华学艺社主编《战后日本的文艺及社会》(日本研究资料第6册)由上海大成出版公司刊行。

伍蠡甫著《谈艺录》由上海商务印书馆刊行，有著者序。

恽逸群著《新闻学讲话》由冀中新华书店刊行。

宫达非编《大众化编辑工作》由鲁中大众社刊行。

邓文仪编著《军事新闻工作概论》由江苏南京新中国出版社刊行，有作者序。

东北日报社编《新闻工作手册》由佳木斯东北书店刊行。

余润堂著《新闻学手册》由广东广州纵横文化事业公司刊行。

行政院新闻局编《新闻事业》由编者刊行。

行政院新闻局编《广播事业》由编者刊行。

蒋介石著《蒋主席新闻工作语录》由江苏南京新中国出版社刊行。

程仲文著《新闻评论学》由上海力生文化出版公司刊行，有程沧波的序。

台湾省政府新闻处编《新闻记者手册》由编者刊行。

新华社东北总分社前线分社编《怎样报导战斗和战役》由东北民主联军总政宣传部刊行。

西安立劳编《读报手册》由邯郸裕民印刷厂刊行。

东北日报通讯采访部编《通讯员手册》由哈尔滨东北书店刊行。

上海中央日报社编《(三十六年度)党报业务会议上海中央日报社报告及检讨要项》由上海中央日报社刊行。

中央日报社编《(三十六年度)党报业务会议报告及检讨要项》由辽宁沈阳中央日报社刊行。

社会通讯社编《社会通讯社廿周年纪念特刊》由编者刊行。

张帆主编，陈萍编辑《华声社六周年纪念刊》由华声通讯社刊行。

《读报常识》由吕良文化教育出版社刊行。

冀鲁豫书店编辑部编《编辑写作怎样群众化》由冀鲁豫书店刊行。

张坚白等著，冀南行署教育处编《怎样办好黑板报》刊行。

李春兰编《农村广播台和黑板报》由冀鲁豫书店刊行。

黄海大众通讯部编《工农通讯经验》由黄海书店刊行。

冀鲁豫书店编辑部编《为什么要当工农通讯员》由冀鲁豫书店刊行。

行政院新闻局编《电化教育》由编者刊行。

国立编译馆编《教育学名词》由正中书局刊行。

彭震球等编著《教育概论》由台湾省立师范学院刊行。

朱经农著《教育思想》(新中学文库、复兴丛书)由上海商务印书馆刊行。

林励儒著《教育危言》由香港文化供应社刊行。

延安新教育学会选编《行知教育论文选集》（陶行知先生遗著）由大连大众书店刊行。

按:是书为纪念陶行知先生逝世而重新出版的选集。

方与严著《生活教育简述》（生活教育丛书）由上海教育书店刊行。

滕大春编著《卢梭教育思想》由上海国立编译馆刊行。

伍瑞锴著《训导实施》（订正本）（中小学校适用学校行政丛书）由广东广州明日出版社刊行，卷首有著者《编著者从事学校行政的经验》一文及余俊贤等人的序。

陶愚川著《训育论》由上海大东书局刊行。

陈鹤琴著《活教育的教学原则》由上海华华书店刊行。

陈鹤琴编《活教育》（理论与实施）（生活教育丛书）由上海立达图书服务社刊行。

李伯棠编著《学级编制概要》（国民教育辅导丛书）由上海正中书局刊行。

景中天编《复式教学新论》（教育函授丛书）由河南教育函授学院刊行，有杨振华序、陈梓北序及编者序。

冰心编著《怎样解决复式教学的困难》（国民教育辅导丛书）由上海正中书局刊行。

李伯棠、魏冰心著《二部制教学法》（世界集刊）由上海世界书局刊行。

国立社会教育学院江苏国民教育实验区编《分组教学法实验报告》（研究资料之三）由江苏昆山编者刊行。

高觉敷编，国立编译馆主编《师范学校教育心理》（上下册）由上海国立编译馆刊行。

张达善著《师范教育的理论与实际》由上海商务印书馆刊行。

按:是书分师范教育的讨论、师范学校的教务行政、训导实施、体育的训练、推广事业、教育实习等6章。

张仲友编《教育心理学》（师范学校适用）（上海市私立育英中学丛书）由上海育英出版社刊行，有张贡粟"育英中学丛书缘起"、古梅序。

孙帮正编《心理与教育测验》（大学丛书）由贵州贵阳文通书局刊行，有弁言。

程法泌编《智慧测验与教育测验之实施》（国民教育辅导丛书）由上海正中书局刊行。

刘百川编《巡回辅导》（国民教育辅导丛书）由上海正中书局刊行。

伍瑞锴编著《教务处理》（增订本）（中小学校适用学校行政丛书）由明日出版社刊行，有庄泽宣等人序。

陈美修编著《国民学校校具教具保管法》（国民教育辅导丛书）由正中书局刊行。

丁十著《新社会底新教育》由江苏镇江华美印书社刊行。

陈鹤琴等著《青年运动与教育改造》（文汇丛刊）由上海文汇报馆刊行。

联合国教育科学文化组织编《远东区基本教育研究会议》（联合国教育科学文化组织）由江苏南京编者刊行。

袁公为著《三民主义教育哲学概论》由江苏南京独立出版社刊行。

王镜清编《蒋主席教育言论类选》由正中书局刊行。

台湾省训练团编《暑期教育人员讲习班演讲集》（上下辑）（训练丛书）由编者刊行。

孙明选辑《教育改革论文集》（教育导报丛刊）由山东朝城冀鲁豫行署教育处刊行。

陶行知著《实施民主教育提纲》（民主教育丛书）由上海文建书店刊行。

张乃璇著《国民教育通论》（青年文库）由上海中国文化服务社刊行，有顾树森序、欧元怀序。

国民大会秘书处编《国民大会代表询问案行政院、教育部之答复》由编者刊行。

教育部参事室编《教育法令》由上海中华书局刊行。

中国教育研究社编《(现行)教育行政法令规章大全》由上海新陆书局刊行。

阮华国编《教育法规》(现行重要法规丛刊)由上海大东书局刊行。

行政院新闻局编《贷金、公费、奖学金》由江苏南京编者刊行。

教育部编制《国立中等以上学校及省立专科以上学校学生公费给予办法》由编者刊行。

艾伟著《出席澳洲新教育国际会议记》由上海商务印书馆刊行,有序。

教育部中等教育司编《三十六年度各省市教育工作计划汇刊》(教育行政辅导丛书)由编者刊行。

教育部国民教育司编《各省市实施国民教育第一次五年计划总报告》由编者刊行。

王季高著《北平市教育工作概况》由北平市政府教育局刊行。

东北行政委员会教育委员会编《东北行政委员会关于教育工作的指示》由编者刊行。

东北行政委员会教育委员会编《目前教育的指针》由佳木斯东北书店刊行。

辽宁省政府教育厅编《辽宁省教育概况》(辽宁省教育丛刊)由编者刊行。

吉林省政府教育厅编《吉林省教育复员工作概况》(中华民国三十五年度)由编者刊行。

关梦觉著《新教育的萌芽》(黑嫩省教育工作考察报告)由黑嫩省政府教育厅刊行。

上海市教育局编《上海市教育统计》(中华民国三十五年)由上海编者刊行。

上海市教育局国民教育处编《上海市国民教育研究会第一届大会实录》(国民教育辅导丛书)由上海编者刊行。

上海尊师运动委员会编《上海市尊师运动委员会征信录》由上海编者刊行。

青岛市政府教育局编《青岛教育》(复员专号)由山东青岛编者刊行。

南京市教育局编《南京市教育实施三年计划》由江苏南京编者刊行。

南京市教育局编《南京市教育文化概况》由江苏南京编者刊行。

南京市教育局编《南京市教育概览》由江苏南京编者刊行。

安徽省教育厅编《安徽教育要览》(第四回)由编者刊行。

江西省政府教育厅编《江西省教育统计简表》(中华民国三十六年)由编者刊行。

台湾省教育厅编《台湾省教育要览》由编者刊行。

屏东市政府编《屏东市政府教育工作概况》由台湾屏东编者刊行。

广东省教育厅编《广东省教育统计》(廿五学年度——卅四学年度)由编者刊行。

广东省区县市教育长工作会报秘书处编《广东省三十六年度区县市教育长工作会报汇编》由编者刊行。

广西省教育厅统计室编《广西教育统计提要》(民国三十四学年度)由编者刊行。

行政院新闻局编《学校复员》由江苏南京编者刊行。

集美学校编《集美科学馆概况》由厦门编者刊行。

葛建时编《日本地方教育》由上海商务印书馆刊行。

渤海行署教育处编《山东教育选辑》由山东惠民县渤海新华书店刊行。

蔡爱璧著《儿童教育的经验》(教育丛书)由贵州贵阳文通书局刊行。

黄阅著《儿童自治组织》(国民教育辅导丛书)由正中书局刊行。

操震球著《校务行政处理法》（国民教育丛书）由香港文化供应社刊行。

万启宇编著《怎么办理幼稚教育》（国民教育辅导丛书）由上海正中书局刊行。

周希儒著《小学教育的基本原理》由江苏南京独立出版社刊行。

水心著《小学适用教学方法及其实例》（上下篇）（国民教育辅导丛书）由上海正中书局刊行。

王弘毅编《国民学校课卷订正法》（国民教育辅导丛书）由上海正中书局刊行。

王祝辰编辑，卞宗孟校阅《小学各种新教学法》由中国文化服务社沈阳分社刊行。

俞子夷编《算术教学实际问题》（浙江国民教育实验区辅导丛刊）由浙江金华中华书局刊行。

温北宗编著《体育教材及教法》由台北东方出版社刊行。

邓铸成编《唱游教材及教学法》由上海晨光书局刊行。

赵景源等著《我们的书信》（儿童世界丛刊）由上海商务印书馆刊行。

陈醉云著《采花女》（中华文库）由上海中华书局刊行。

陈醉云著《望月》（中华文库）由上海中华书局刊行。

朱彦颓编《儿童剧本》（中华文库）由上海中华书局刊行。

吕伯攸著《寒梅》（中华文库小学）由上海中华书局刊行。

吕伯攸编《湖水》（中华文库）由上海中华书局刊行。

叶绍钧、吴研因、王志瑞编《冒险的故事》（中华文库）由上海中华书局刊行。

叶绍钧、吴研因、王志瑞编《十五个小朋友》（中华文库）由上海中华书局刊行。

冯石竹编《爱的教育》由上海经纬书局刊行。

王劲竹编《水灾脱险记》（中华文库）由上海中华书局刊行。

吴翰云编《四只手》（中华文库）由上海中华书局刊行。

朱镜坚编著《算术游戏和故事的运用》（国民教育辅导丛书）由上海正中书局刊行。

周沫华编《伟大的电》（小学高年级及初中适用）由上海民众书店刊行。

王人路编《器用》（2）（中华文库）由上海中华书局刊行。

郭勤初编《有趣的玩具》（四年级劳作科）（第1—2册）由上海商务印书馆刊行。

叶绍钧、吴研因编《十种玩具》（中华文库）由上海中华书局刊行。

汪逸之编《小学升学指导》由上海实用出版社刊行。

汪逸之编《最新小学升学指导》由上海实用出版社刊行。

朱翊新主编《小学升学指导（各科试题解答）》由上海教育书店刊行。

吴奕光编《小学升学试题集解》（最新本）由上海现代教育研究社刊行。

吴墨卿编《小学各科升学指导》由上海新生书局刊行。

蒋冰渊等编，化鹏主编《小朋友升学指南》由上海春明书店刊行。

张宗麟著《给小朋友的信》（中华文库）由上海中华书局刊行。

按：是书收著者给南京、武进等地小朋友的书信20封，内容涉及读书、生活、社会等。

方洪甫编著《怎样协助地方自治》（国民教育辅导丛书）由上海正中书局刊行。

胡颜立、徐允昭编著《各科教材及教学法》（中心国民学校、国民学校）由江苏镇江中国教育研究社刊行。有刘百川序。

熊忠信编著《怎样订定国民学校重要章则》（国民教育辅导丛书）由上海正中书局刊行。

王英等著,华北新华书店编辑部编《想不开的问题想开了》(新大众丛刊)由华北新华书店刊行。

教育部远东区基本教育研究会议筹备委员会编《中国的基本教育》由上海商务印书馆刊行。

渤海行署教育处编《山东教育选辑》由山东惠民渤海新华书店刊行。

陶端予著《在摸索试验中成长的杨家湾小学》由新华书店晋绥分店刊行。

上海市私立位育小学编《十五年之位育小学》由上海编者刊行。

维护教师权利联合会资料室编《上海市立陕西北路国民小学校长潘文珍殴打陈素云事件真相录》由上海编者刊行。

上海市立第十区第一中心国民学校编《一个中心国民学校》由上海编者刊行。

上海市立建国国民学校编《上海市立建国国民学校一周纪念特刊》由上海编者刊行。

东北行政委员会教育委员会编《改造思想的典型报告》(东北教育丛刊)由黑龙江佳木斯东北书店刊行。

廖世承著《中学教育》(新中学文库)由上海商务印书馆刊行。

姜丹书编《劳作学习法》(中华文库)由上海中华书局刊行。

潘之赓编著《最新中外史地问答》(考试必备)由上海惠民书局刊行。

洪涛编著《初中数学题解》(中学生复习丛书)由上海春明书店刊行。

方万邦编《课外运动》(球类)(中华文库)由上海中华书局刊行。

方万邦编《课外运动》(田径)(中华文库)由上海中华书局刊行。

中华文化出版社编《(国定课程)初中中考辅导》(增订再版)由中华文化服务社刊行。

钱一鸣、袁慕洁著《初中入学指导》由上海群学书店刊行。

钱洪翔主编《全国高中入学试题精解》由上海现代教育研究社刊行。

教育部北平师资训练所编《中小学教师手册》(教育部北平师资训练所教育丛刊)由北平编者刊行。

吴志骞初稿,杨季编述《兴学与求学》由上海中学生书局刊行。

伍瑞锴著《事务管理》(学校行政丛书)由广东广州明日出版社刊行,有蔡乐生等人的序。

福建省政府教育厅编《福建省中等学校办理要则》由编者刊行。

上海清心女中一九四七级编《清心女中一九四七级级刊》由上海编者刊行。

上海青年会中学编《上海青年会中学第四十七届高中毕业纪念刊》由上海编者刊行。

上海爱国女子中学高商科三十五级编《爱国女子中学校高商科三十五级毕业刊》由上海编者刊行。

上海粤东中学编《上海粤东中学重建校舍特刊》由上海编者刊行。

上海徐汇女子中学编《徐汇女中八十周年纪念》由上海编者刊行。

上海私立中南初级中学校学生自治会编《春草年刊》由上海编者刊行。

陶行知著《民族解放大学》(民主教育丛书)由上海文建出版社刊行。

中华职业教育社编《中华职业教育社概况》由上海编者刊行。

黄炎培等著《中国职业教育三十年来大事表》由上海中华职业教育社刊行。

沈宝钰著《怎样办理民教部》(国民教育辅导丛书)由正中书局刊行。

东北行政委员会教育委员会编《冬学手册》(第 4 集)(东北教育丛刊)由佳木斯东北书店刊行。

景中天著《通信教学泛论》(教育函授丛书)由河南教育函授学院刊行,有王凤岗序。

渤海行署教育处编《山东教育选辑》(第 3 集:关于成人教育问题)由山东惠民渤海新华书店刊行。

行政院新闻局编《侨胞教育》由江苏南京编者刊行。

洪宝林编《特殊儿童训练纲要》(国民教育辅导丛书)由上海正中书局刊行。

钟灵秀著《社会教育》(师范学校)由上海中华书局刊行。

钟灵秀著《社会教育行政》由上海国立编译馆刊行,有陈剑翛、陈礼江序。

按:是书分绪论、中国社会教育行政的沿革、现行社会教育行政、社会教育目标和制度、社会教育的人员、经费、视导、法令等 9 章。

陆廷珏编《国民学校办理社会教育纲要》由上海正中书局刊行。

水心著《怎样编辑地方教材》(国民教育辅导丛书)由上海正中书局刊行。

台湾省政府教育厅第四科编《社教扩大运动周特刊集》由台湾编者刊行,有许恪士弁言。

邹韬奋等著《学习的方法和经验》(新青年学习丛书)由上海生活书店刊行。

华汝成编《动植物学学习法》(中华文库、初中学生文库)由上海中华书局刊行。

马雪瑞编《读书法》(中华文库)由上海中华书局刊行。

李伯嘉编《读书指导》(第 3 辑)(新中学文库)由上海商务印书馆刊行。

杜佐周等著《读书兴趣漫谈》(青年文库)由上海中国文化服务社刊行。

陈东林编《体育之话》(中华文库)由上海中华书局刊行。

刘昌合著《国民体育训练与实施》(国防教育丛书)由上海商务印书馆刊行。

叶绍钧等编《体操和球戏》(中华文库)由上海中华书局刊行。

陈天祥著《足球战术》(徐汇中学青年丛书)由上海徐汇中学刊行,有张伯达、著者序及导言。

赵竹光编著《国术讲话》(六年级体育科)(新小学文库)由上海商务印书馆刊行。

宋史元著《(武当正宗)太极蕴真》由山东青岛敬修书局刊行。

葛馨吾著《太极拳之研究》由陕西国立西北农学院国术学会刊行,有唐得源等人序。

中央训练团编《复兴体操教范》由编者刊行。

王怀琪编《八段锦》(增订本)由上海国光书店刊行。

华竞武编著《最新游泳术》由上海达文书局刊行。

崔庆德著《国棋初步》由上海学生书局刊行。

吴伯元编《扑克牌游戏六十种》由江苏南京家庭服务社刊行。

宗嘉谋编著《体育游戏一百则》由正中书局刊行。

叶绍钧、吴研因、王志瑞编《怎样游戏》(二)(中华文库)由上海中华书局刊行。

陆志韦著《古音说略》由北平哈佛燕京学社刊行。

罗常培著《临川音系》由上海商务印书馆刊行。

林涛编著《新文字拼音方案》由光华书店刊行。

林涛编《新文字写法手册》由光华书店刊行。

中国文字研究社编《正草隶篆大字典》由上海春明书店刊行。

桂中枢创编《桂氏字汇》由编者刊行。

桂坫著《说文简易释例》由广东广州广东国民大学出版组刊行。

曹伯韩著《中国文字的演变》由上海生活书店刊行。

按：是书讲述造字法、汉字形义和读音的变迁、汉字的特征和它同语言的关系、汉字改革的各派主张，以及新文字运动等。

吕叔湘著《中国文法要略》由上海商务印书馆刊行。

按：此书乃中国语法学史上的开创性著作之一。

陈望道著《修辞学发凡》由中国文化服务社刊行。

王力著《中国现代语法》由上海商务印书馆刊行。

按：是书系作者在西南联大的教学讲义，经修改和补充后出版。分造句法、语法成分、替代法和称数法、特殊形式、欧化的语法等6章。

黎锦熙编《新著国语文法》由上海商务印书馆刊行。

按：此书第一次科学地、系统地揭示了我国白话文内在的语言规律，是我国第一部完整的、具有自己独特体系的、将传统语法体系应用于现代汉语的专门著作。这部我国"五四"以来具有重要影响的语法专著，至1959年已连续刊行24次之多。黎锦熙生前在每次刊行前都要对书中观点、体例、例句等进行修改，以求与新时代共进。

广州儿童书局编《标准新国语读本》（上下册）由广东广州儿童书局刊行。

龚仲尊等编《国民基本字同音字手册》由江苏苏州国立社会教育学院江苏国民教育实验区刊行。

姚仲拔编《（四笔便查）四四字典》由编者刊行。

潘懋鼎著《中国语原及其文化》（初辑）由福州致知书店刊行。

按：此书通过阐释某些字的语源意义，分析古代社会文化各方面的情况。

白动生编著《少年字典》由正中书局刊行。

宋文翰编《虚字使用法》（中华文库初中第1集）由上海中华书局刊行。

林涛编著《新文字自修课本》由大连光华书店刊行。

东北政委会教育委员会编《（绘图）新庄农杂字》由佳木斯东北书店刊行。

丁声树著《"何当"解》由北平国立中央研究院历史语言研究所刊行。

沈兼士著，葛信益编《段砚斋杂文》由编者刊行。

按：此书收《今后研究方言之新趋势》《说文通俗序》《广韵异读字研究序》《联绵词音变略例》《卢之字族与义类》等关于语言文字学方面的短论、书札、序跋等25篇。另附录10篇。书前有于省吾序。封面加题："沈兼士先生遗著之一"。

范紫东著《关西方言钩沉》（待雨楼著作1）由陕西西安克兴印书馆刊行。

按：《关西方言钩沉》又名《西和方言钩沉》，是一本很有价值的方言著作。

教育部国语推行委员会编《中华新韵》由正中书局刊行。

李白英编《四用辨字辞典》由上海启明书局刊行。

何槐青编注《分类成语手册》（续编）由上海新鲁书店刊行。

培之、刘坚编《新编小辞典》由河间冀中新华书店刊行。

翟健雄编《词典精华》由江苏南京世界出版社刊行。

周辨明编著《Q. R. 步上了最后的一阶段》由厦门大学刊行。

夏宇众编著《修辞学大纲》由北平国语小报社刊行。

谭正璧编著《文法大要》(中学国文乙编)由上海大东书局刊行。

叶斯开著,张次瑶编译《藏文文法》(国立边疆文化教育馆丛书第1种)由边疆文化教育馆刊行。

国立社会教育学院江苏国民教育实验区编《科学性的国民基本词汇》由编者刊行。

黄贵祥著《文盲字汇研究》由贵州贵阳文通书局刊行。

黄承燊编《标点符号的意义和用法》(光复文库第2种,许寿裳主编)由台北台湾书店刊行。

马国英编《新式标点使用法》(中华文库初中第1集)由上海中华书局刊行。

喻守真编《文章体制》(中华文库初中第1集)由上海中华书局刊行。

台湾省国语推行委员会编《国音标准汇编》由编者刊行。

郭绍虞著《语文通论》(开明文史丛刊)由上海开明书店刊行。

台湾省编译馆编《国语课本》(第1—3册)由台北台湾书店刊行。

孙起孟、庞翔勋著《学习国文的新路》(进修丛书)由香港进修出版教育社刊行。

许寿裳编著《怎样学习国语和国文》由台北台湾书店刊行。

洪为法编《国文学习法》(中华文库初中第1集)由上海中华书局刊行。

姜建邦编著《国文趣味》由正中书局刊行。

按:是书以讲故事、杂谈形式,讲述文字、文体、文章、文人、读书、作文等语文知识。

宋文翰著《国语文修辞法》(中华文库初中第1集)由上海中华书局刊行。

宋绮文等著《国语科教学的实际问题》(国民教育辅导丛书4上海市教育局国民教育处编)由上海市教育局国民教育处刊行。

张芳杰编《小学初步国语教学法》由台北东方出版社刊行。

韩学章编《(注音会话)标准国语课本》由上海霞飞书局刊行。

东方出版社编《高级小学国语自修指导》由台北东方出版社刊行。

蒋镜芙编《标准国语应用会话》(中华文库初中第1集)由上海中华书局刊行。

朱翊新编著《作文大纲一千题》(作文基础丛刊)由上海日新出版社刊行。

徐翊编著《写作趣味》由上海中央书店刊行。

钟能华编《学生作文辞林》由上海春明书店刊行。

吴仲实编辑《少年文范》(1—4辑)由贵州贵阳文通书局刊行。

平生编《作文大辞典》由上海文锋书店刊行。

吴瑞书编《作文成语辞典》由上海春明书店刊行。

韦月侣编著《小学作文资料》由上海教育书店刊行。

韩洁峰编《(新编)小学作文手册》由陕西西安大中国书局刊行。

宓崇晖编著《小朋友作文讲话》由上海三民图书公司刊行。

孙起孟著《写作方法讲话》(青年自学丛书)由上海生活书店刊行。

温瑞峰编著《白话文作法》由台北广文社刊行。

魏仁编著《学生作文指导》由广东广州乐华书店刊行。

田仲济著《作文修辞讲话》(武训学校丛书,李士钊主编)由上海教育书店刊行。

钱一鸣编著《小品文描写辞典》由上海群学书店刊行。

范正文编《最新模范作文》（国语补充读物）由广东广州建国书店刊行。

董坚志编《学生模范作文》由上海万有书局刊行。

杜守素著《怎样写论辩文》由上海致用书店刊行。

平生著《学写话》由河南涉县太行群众书店刊行。

平生著《写话教学法》由山东新华书店刊行。

平生著《写话》由光华书店刊行。

国防部编著《文书手册》（军事行政手册1）由江苏南京国防部刊行。

按：本书系内部印发的文件，包括国民党军事机关公文范例及处理方式等。附有陈诚关于本手册施行的批示。

国防部编《军用文书手册》（行政手册之一）由江苏南京国防部刊行。

按：分总则、公文范式、公文处理程序、书类4编。

周定枚编述《公文程式详论》由上海会文堂新记书局刊行。

钱一鸣编著《公文程式》由上海群学书店刊行。

金寒英编著《公文新范》由上海中华书局刊行。

按：是书讲述公文的沿革、体裁、撰写、举例及其处理等。

董坚志编纂《工商文件程式》由上海春明书店刊行。

董坚志编著《革新公文程式》由上海合众书店刊行。

孙大谋著《简化公文程式》（文书员手册）由上海长风书店刊行。

姚乃麟编《最新公文程式》（复员后新编本）由上海春明书店刊行。

姚乃麟编《保甲公文程式》由上海春明书店刊行。

中国教育研究社编著《学校公文函牍程式大全》由上海国光书店刊行。

孙怀琮、朱家振编著《最新教育行政公牍大全》由上海华华书店刊行。

郑纪选注《古今名人书牍选》（新中学文库；中学国文补充读本第1集）由上海商务印书馆刊行。

喻守真编《（注释）学生尺牍》（中华文库初中第1集）由上海中华书局刊行。

世界书局编辑所编《（广注分类、言文对照）普通新尺牍》由上海世界书局刊行。

储菊人编《（言文对照、商人适用）简明新尺牍》由上海育才书局刊行。

董保平编《儿童尺牍问答》由上海大方书局刊行。

严渭渔编《书信构造法》（中华文库初中第1集）由上海中华书局刊行。

储菊人著《（言文对照、详细注释）写信不求人》由正中书局刊行。

茚玉麐编著《国民学校应用文作法》（国民教育辅导丛书）由正中书局刊行。

戴龙孙编著《应用文概要》由江苏南京金陵大学农学院刊行。

陈载耘著《儿童应用文》（中华文库小学第1集高级语文类）由上海中华书局刊行。

金寒英编《应用文》（中华文库初中第1集）由上海中华书局刊行。

舒国华编《应用文选例》刊行。

辛安亭等编《农村应用文》由山东朝城冀鲁豫书店刊行。

孙一芬编著《新小学教师应用文》由上海商务印书馆刊行。

王原培编《模范日记一百篇》由广东广州南光书店刊行。

董文编著《学生模范日记》由广东广州正气图书公司刊行。

宓崇晖编《高级模范日记》由上海三民图书公司刊行。

方秩音编著《现代交际大全》由上海大方书局刊行。

复光编著《最新交际大全》由重庆明伦出版社刊行。

姚乃麟编著《日用交际快览》由上海春明书店刊行。

王诏九著《初级华语课本》由上海美国学堂刊行。

陶友白、方雪园编《学生新文库》由上海国光书店刊行。

宫达非等著《春联新编》由河北威县冀南书店刊行。

中央书店编辑所编，储菊人校订《（新编分类）日常应酬对联大全》由上海中央书店刊行。

邓纲著《速记学习法》（速记丛书）由上海亚伟速记学校刊行。

范资深编著《顾范速记菁华》由江苏南京中国中英文速记打字学社刊行。

刘捷声著《各式速记评述》（速记丛书）由上海亚伟速记学校刊行。

张培彩著《略符研究》（速记丛书）由上海亚伟图书出版社刊行。

叶圣陶等编《开明新编国文读本》（乙种第1—3册）由上海开明书店刊行。

叶圣陶等编《开明新编国文读本》（甲种第5—6册）由上海开明书店刊行。

周盈编《中学精读文选》（国语科补充读本）由广东广州南光书店刊行。

高福安编著《新编义文读本》（第1册）由上海慈幼印书馆刊行。

孔德编选《大学国文选》由广东广州国立中山大学文学院中国文学系刊行。

宋文翰编《中华文选》（1—6册）由上海中华书局刊行。

金轮海等编，顾颉刚校订《国民读本》（研究资料5）由国立社会教育学院江苏国民教育实验区刊行。

张天翼著，何欣、林式鉴选注，齐铁恨校阅《华威先生》（国语文学名著选）由新民印书馆刊行。

彭璧编《新三字经》由吉林柳河文化协会刊行。

孟津选注《鲁迅自传及其作品》由上海光明书局刊行。

胶东新华书店编《妇女立功读本》由胶东新华书店刊行。

李致是编《小朋友游记》由上海春明书店刊行。

胜利报社老百姓编辑部编《庄家经》由佳木斯东北书店刊行。

开明少年社编《少年们的一天》由上海开明书店刊行。

梅鼎梁著《翻译漫谈》（现代英语自学丛书6）由上海现代外国语文出版社刊行。

北京业余日文讲习所编《（北京广播电台）日语讲座教材》（第1册）由北平世界日报社刊行。

台北市立大同国民学校编《学校常用语》由台北东方出版社刊行。

台北市立大同国民学校编《教学常用语》由台北东方出版社刊行。

柳思编《初级俄语文法》（俄文学习丛书1）由大连关东中苏友好协会刊行。

于之汾编著《最新俄文读本》（第1册）由哈尔滨商务印书局刊行。

中国东北民主联军指挥部所属外语学校编《（词源学）俄语语法》（第3分册）由编者刊行。

吕叔湘著《中国人学英语》（开明青年丛书）由上海开明书店刊行。

钱歌川编著《英文主词及其叙述词》（英文研究小丛书）由上海中华书局刊行。

钱歌川编《日常英语会话》由上海北新书局刊行。

钱歌川、张梦麟编《英语学习法》（中华文库初中第 1 集）由上海中华书局刊行。

陆贞明著《英语作文入门》（中华文库初中第 1 集）由上海中华书局刊行。

陆贞明编《初学英语文法》（中华文库初中第 1 集）由上海中华书局刊行。

贺湄著《英语学习基础》由上海致用书店刊行。

陈启南编著《怎样说话流利》（英语指导丛书）由正中书局刊行。

徐阜农《英文法表解》（中华文库初中第 1 集）由上海中华书局刊行。

熊克立、曾贯之编《英语正误示范》由上海文力出版社刊行。

谢大任编著《英语读音一助》（中华文库初中第 1 集）由上海中华书局刊行。

陈念坚编著《英语实用文》由上海开明书店刊行。

陈楚良编著《英文造句公式》（1—3 册合订本）（路明青年英语丛书 5）由重庆路明书店刊行。

曹涟君编著《（公式举例华文讲解）英文中译法》由上海启明书局刊行。

刘引之编《英文图解析句法》（中华文库初中第 1 集）由上海中华书局刊行。

吕叔湘著《开明新编中等英文法》（上下册）由上海开明书店刊行。

樊兆庚编《英文法及其例外》（中华文库初中第 1 集）由上海中华书局刊行。

戴克谐编《汉译英文法》（初中学生文库第 1 集）由上海中华书局刊行。

商务印书馆编译所编《（前编）英语捷径》由上海商务印书馆刊行。

张慎伯编《简易英华会话》（中华文库初中第 1 集）由上海中华书局刊行。

苏兆龙编《中文英译指南》（中华文库初中第 1 集）由上海中华书局刊行。

葛传椝等编辑《英文新字辞典》由上海竞文书局刊行。

施端履编著《商业英语会话》由上海中国文化服务社刊行。

高时白编《实用职业英语一月通》由上海编者刊行。

桂林旴编《六百个英文基本成语》（中华文库初中第 1 集）由上海中华书局刊行。

赵丽莲编著《高级英语文法读本合编》（上下册）由北平丽莲英文丛刊社刊行。

方达人著《英文困学记》（上中卷）由上海名山书局刊行。

赵元任编著《（华文注解学生读本）英文文法与作文》由广东广州求知图书社刊行。

周由廑著《大学英诗研读》由上海中华书局刊行。

周庭桢编著《英语翻译基础》由上海开明书店刊行。

周思良编著《（华文注音习题测验）自学英语会话》由上海启明书局刊行。

李儒勉编著《日常英语阅读及会话》（第 1、2 册）由上海中华书局刊行。

温致义编著《怎样读英文报》（现代英语自学丛书 7）由上海现代外国语文出版社刊行。

林庚著《中国文学史》由福建国立厦门大学刊行。

刘锡五编著《中国文学史大纲》由开封中国文化服务社河南分社刊行。

李一鸣著《中国新文学史讲话》由上海世界书局刊行。

陈子展著《唐宋文学史》由上海作家书屋刊行。

蓝海著《中国抗战文艺史》由上海现代出版社刊行。

李春兰编《文艺的群众路线》（上册）由冀鲁豫书店刊行。

瞿秋白著《论中国文学革命》由香港海洋书屋刊行。

按：是书收作者总结中国文学革命的斗争经验和讨论大众文艺问题的论文7篇：《鲁迅杂志选集序言》《学阀万岁!》《鬼门关以外的战争》《大众文艺的问题》《再论大众文艺答止敬》《我们是谁?》《欧化文艺和大众化》。

太岳新华书店编《文艺政策选集》由太岳新华书店刊行。

何典著《文艺漫谈》由上海通惠印书馆刊行。

孙犁著《文学入门》由河北威县冀南书店刊行。

阿英编《文艺创作辞典》由上海光明书局刊行。

毛泽东著《论文艺问题》（毛泽东选集）由香港新民主出版社刊行。

胡风著《密云期风习小记》（胡风第二批评论文集）由上海海燕书店刊行。

按：作者说："五四以来，形成了文学的主流的是现实主义文学，人民大众的反帝要求一直流贯在新文学的主题里面。'九一八'后，民族危机更加迫急，这个历史阶段向文学提出反映它的性质的要求，供给了新的美学的基础，因而能够描写这个文学本身的性质的应该是一个新的口号。——民族革命战争的大众文学。这个口号所依据的是动的现实主义的方法，同时含有积极的浪漫主义的一面，它统一了一切社会纠纷的主题，并不是消解一切主题。'民族革命战争的大众文学'应批判地继承，'九一八'后创作成果所开辟的道路，用思想力宏大的巨篇也用效果敏快的小型作品来回答人民大众的要求。"

胡风著《逆流的日子》（胡风第六批评论文集）由上海希望社刊行。

洪为法著《谈文人》由上海永祥印书馆刊行。

屈强著《诗经韵论与韵谱》由上海世界书局刊行。

桂文灿著《毛诗释地》由广东广州广东国民大学出版组刊行。

朱自清著《诗言志辨》由上海开明书店刊行。

萧望卿著《陶渊明批评》由上海开明书店刊行。

屈强著《宋诗纪事拾遗》由上海世界书局刊行。

祝实明著《新诗的理论基础》由上海商务印书馆刊行。

丁英编著《怎样收集民歌》由上海沪江书局刊行。

俞平伯著《读词偶得（修订版）》由上海开明书店刊行。

赵图南著《台湾诗史》由江西南昌著者刊行。

黄药眠著《战斗者的诗人》由大连远方书店刊行。

刘开荣著《唐代小说研究》由上海商务印书馆刊行。

赵景深著《小说论丛》由上海日新出版社刊行。

筌溪汉生著《红楼梦人物赞》由四川成都大文书局刊行。

朱志泰著《元曲研究》由上海永祥印书馆刊行。

冯沅君著《古剧说汇》由上海商务印书馆刊行。

吴重翰著《汤显祖与〈还魂记〉》由广东广州建成教育用品供应社刊行。

阎金锷著《川剧序论》由贵州贵阳文通书局刊行。

方君逸著《编剧和导演》由上海永祥印书馆刊行。

王锐著《民族戏剧论》由上海中国文化服务社刊行。

叶德均著《戏曲论丛》由上海日新出版社刊行。

冀鲁豫书店编辑部编《从"逼上梁山""三打祝家庄"谈到平剧改造》由山东朝城冀鲁豫书店刊行。

周扬等著,冀鲁豫书店编辑部编《新歌剧》由山东朝城冀鲁豫书店刊行。

蒋天佐著《低眉集》由上海光明书店刊行。

张盱编《作文描写辞典》由上海民立书店刊行。

龙铁元编著《联语谱例》由重庆中国文化公司刊行。

张天翼等著《论阿Q》由上海草原书店刊行。

李平心著《人民文豪鲁迅》由上海心声阁刊行。

　　按:是书原名《论鲁迅的思想》,是鲁迅逝世后出版的第一部最有系统、最精辟的研究鲁迅思想的专著。作者认为:"在现代中国文人中,没有谁像鲁迅先生那样在群众中间享受真诚的崇爱,也没有谁像鲁迅那样从敌人方面遭到切齿的憎恨,世人对于他的爱憎分明,正是他自己对于世人的爱憎分明的真实反映。"此书后来得到鲁迅夫人许广平的推荐。

何干之著《鲁迅思想研究》由哈尔滨东北书店刊行。

茅盾等著,华北新华书店编辑部编《论赵树理的创作》由华北新华书店刊行。

郭沫若等著《论赵树理的创作》由晋察冀新华书店刊行。

郭沫若等著《论赵树理的创作》由山东朝城县冀鲁豫书店刊行。

巴山主编《写作与修养》由上海文艺青年社刊行。

薛汕著《文艺街头》由上海春草社刊行。

钱毅著《怎样写》由太岳新华书店刊行。

宫达非等著《怎样编写》由河北威县冀南书店刊行。

朱自清著《新诗杂话》由上海作家书屋刊行。

郑振铎著《致文学青年》由上海博文书店刊行。

上海文艺作家协会研究组编《上海文艺作家协会成立纪念册》由上海文艺作家协会秘书室出版。

夏承焘著《白石词乐说笺证》由杭州浙江大学刊行。

张季鸾著《季鸾文存》由天津大公报刊行。

马相伯著,方豪编《马相伯先生文集》由上智编译馆刊行。

张一麟著《心太平室集》刊行。

罗振玉著《贞松老人遗稿》刊行。

李祁著《华茨华斯及其序曲》由上海商务印书馆刊行。

肖赛著《柴霍甫传》由上海文通书局刊行。

东北民主联军总政宣传部编《任务比生命还要紧》由编者刊行。

东北民主联军总政治部编《把我算作共产党员吧》由东北民主联军总政治部刊行。

东北民主联军总政宣传部编《肉搏坦克》由编者刊行。

林风眠编著《艺术丛论》由上海正中书局刊行。

广西省立艺术馆研究部编《广西省立艺术馆开幕纪念特刊》由编者刊行。

沃渣编《新美术论文集》(第1集)由黑龙江牡丹江东北书店牡丹江分店刊行。

王季烈编《与众曲谱》(1—8册)由上海商务印书馆刊行。

丰子恺著《又生画集》由上海开明书店刊行,有作者自序。

丰子恺著《幼幼画集》由上海儿童书局刊行,有作者自序。

丰子恺著《劫余漫画》由上海万叶书店刊行。

丰子恺著《丰子恺杰作选》由新象书店刊行。

王安节摹绘《芥子园画谱全集》由上海广华书局刊行。

吕凤子著《美育与美术》由江苏丹阳正则艺专刊行。

温肇桐编著《色彩学研究》由上海商务印书馆刊行。

按：是书论述色彩的光学根据、色彩的要素与混合、色彩的对比与变化、感觉、配合、绘画上的色彩材料、色彩与绘画、生活、舞台等。

张宴清编，高云鹏绘图《混合面》（第2集）由北平大有书局刊行。

张望著《八路军到新解放区》由东北书店刊行。

张望画，庄严词，陈紫、念云曲《人民女英雄刘胡兰》（说唱连环图画）由哈尔滨东北书店刊行。

陈叔亮编《窗花》（民间剪纸艺术）由高原书店刊行，有编者序。

陈洪著《曲式与乐曲》由上海音乐公司刊行，有序。

东北画报社编《组字画》由东北画报社刊行。

朱西一编《图案画法》由上海中华书局刊行。

包凯著《治印术》由中国文化服务社刊行，有著者序。

张乐平著《三毛从军记》（1—3册）由著者刊行。

按：张乐平因漫画《三毛从军记》《三毛流浪记》，被誉为"三毛之父""三毛爷爷"。

华山文，彦涵刻《狼牙山五壮士》由东北画报社刊行。

华君武等著，东北画报社编《漫画选集》（2）由东北画报社刊行。

萧灵君编《漫画与漫画作法》由四川成都经纬书局刊行。

章西崖著《西崖装饰画集》由上海耕耘出版社刊行，有作者序。

程世抚、王璧著《瓶花艺术》由上海园艺事业改进协会刊行。

刘铁华著《木刻初步》由上海中华书局刊行，有序。

按：是书叙述木刻艺术与绘画的关系、新兴木刻艺术的题材与任务，以及创作木刻的过程等。

李桦作《怒潮》（四幅连续木刻）由新艺丛书社刊行。

汪刃锋刻《刃锋木刻集》由上海开明书店刊行。

高原书店编《北方木刻》由上海高原书店刊行，有郭沫若的序。书末附跋。

按：郭沫若《北方木刻序》指出："北方木刻对于人民的教育意义也来得更为直接，人民的生活受着艺术的影响而逐渐地合理化，美化了。因此我们在这里不仅可以得到艺术的欣赏，还可以得到环境的认识，不仅可以看出艺术的进步，还可以看出生活的进步。"

葛一虹编《苏联木刻》由上海天下图书公司刊行，有郑振铎的序。

沃渣刻《黑土子的故事》由东北画报社刊行。

彦涵、古元作《"土改"木刻集》刊行。

刘志忠、郑波微编《怎样写美术字？》由东北画报社刊行。

张有为著《张有为书法之研究》由著者刊行。

刘延涛编《于右任先生书学论文集》由上海草书月刊社刊行。

祝嘉编《书学》（修正本）由正中书局刊行。

祝嘉著《书学史》由上海教育书店刊行，有于右任序及著者自序。

商务印书馆编《习字范本四种》由上海商务印书馆刊行。

李凌、赵沨编著《新音乐教程》由上海读书出版社刊行。

刘伯远著《中国的古乐》由上海世界书局刊行。

吴一立著《新音乐入门》由香港智源书局刊行。

丰子恺著《音乐十课》由上海万叶书店刊行。

朱稣典编《五线谱的学习》由上海中华书局刊行。

朱稣典编《音乐练习法》由上海中华书局刊行。

郁郁星编《口琴练习法》由上海中华书局刊行,有史襄哉的序及编者自序。

杨克敬编《中华少年新乐府》(上中册)由编者刊行。

时兆报馆编译部编集《颂赞诗歌》由上海时兆报馆刊行。

东北儿童社编《新儿童歌集》由东北书店刊行。

叶创蘅曲《悒歌》由贵阳文通书局刊行。

白桃等著《从一个村看解放区的文化建设》由胶东新华书店刊行。

边区群众剧社编《群众歌声》由晋察冀新华书店刊行。

人民音乐社编《人民歌集》(第1—2辑)由佳木斯东北书店刊行。

中央训练团编《建国歌集》由编者刊行。

于忠海编《警察歌集》(首都警察学校用书)刊行。

江文也著《圣咏作曲集》(第1、2卷)由北平方济堂圣经学会刊行,有北平方济堂圣经学会的序及作者自序。

江文也著《圣咏作曲集》(第1卷)由北平方济堂圣经学会刊行。

安波词曲《人民一定能战胜》由佳木斯东北书店刊行。

军之友社编《新疆青年歌舞访问团特刊》由上海军之友社刊行。

孙敬修编《孙敬修唱歌集》(第1—2集)由北平小小书店刊行。

劳敬修辑《老蔗回甘》由上海辑者刊行。

苏佐扬主编《天人短歌》(1—3集)由上海天人报社刊行。

李山甫编《圣乐》由天津崇德堂刊行,有编者序。

李宝璇编著《歌者之歌》由重庆万有书局刊行。

中国民间音乐研究会编《民间音乐论文集》(第2辑)由佳木斯东北书店刊行。

长沙青年会第二期歌咏班编《歌乐会》(纪念黄自先生逝世九周年)由编者刊行。

石峻柱编《经文歌选》由上海广学会刊行,有石峻柱的序。

水华等著,鲁迅文艺工作团编《秧歌表演手册》由编者刊行。

宋文焕、苏世克主编《儿童音乐》(4)由广东广州儿童音乐社刊行。

陈曼鹤编《世界名歌集》由广东广州美乐图书出版公司刊行,有编者序。

陈啸空编《(儿童新歌曲)黄棉袄》刊行。

陈啸空编《来哟朋友们》由上海中华书局刊行。

直友编《九一八以来名歌选集》由辽南群众书店刊行。

图书世界出版社编《无面人》(恐怖侦探电影画刊)由上海图书世界出版社刊行。

周沛然编《解放歌选》(第1—2集)由韬奋书店刊行。

周玲荪、黄铸新编《钢琴教本》由上海世界书局刊行。

胡人词《故乡吟》由浙江宁波春风文艺社刊行,有苏菲的序。

战友剧社编《大反攻歌曲集》由山东朝城冀鲁豫书店刊行。

音乐艺术社编《音艺歌行》（第1辑）（青草发芽）由上海音乐艺术社刊行。

音乐教学研究会编《音乐课本》（乐理唱歌欣赏合编）由编者刊行。

太岳军区政治部编《保卫毛主席》（歌选）由太岳军区政治部刊行。

夏衍等编《能言鹦鹉毒于蛇》由上海野草出版社刊行。

舒模著《舒模歌曲选》由上海教育书店刊行。

渤海军区政治部耀南剧团编《歌选》（第3集）由山东惠民渤海新华书店刊行。

艾谣编《民歌二集》由重庆活路社刊行。

筹印沈师作品委员会编《沈思岩合唱曲集》由编者刊行。

新四军兼山东军区政治部文工第三团编《歌选》（第1集）由山东惠民渤海新华书店刊行。

冀南书店编辑部编《参军支前歌集》由河北威县冀南书店刊行。

姚牧编著《抒情曲》由广东广州美乐图书出版公司刊行。

李颐康著《舞国乐园》由江苏南京拔提书局刊行，有著者序。

方君逸著《剧艺琐话》由上海永祥印书馆刊行。

徐菽园著《好莱坞内幕》由上海大东书局刊行。

程寅伯、颜显庭主编《平剧歌谱》（1—3集）由上海中央书店刊行。

稚青著《国剧津梁》由上海匡社票房刊行，有易君左、徐凌云、沙大风等人的序及作者自序。

张庚著，东北文艺工作团编《什么是戏剧》由河北饶阳冀中新华书店刊行。

冀鲁豫书店编辑部编《农村剧团参考》由山东朝城冀鲁豫书店刊行。

贺敬之、丁一作词，马可等作曲《白毛女》（六幕歌剧歌曲全谱）由旅大文工团翻印。

骆文词，程云曲《受苦人翻身大联唱》由佳木斯东北书店刊行。

沈西苓、凌鹤编《电影浅说》由上海中华书局刊行。

首都电影院编《南京首都电影院股份有限公司第十四届股东大会记录》由编者刊行。

洪深编剧《鸡鸣》（电影分场剧本）由上海启明影业公司刊行。

荆三林著《史前中国》（上册）由陕西西安国立西北大学历史系刊行。

姜蕴刚著《中国古代社会史》由上海商务印书馆刊行。

按：是书包括殷商民族与文化、农业发展中的西周社会、商业中心的春秋战国、统一政治下的秦代社会等5章。各章内容曾在当时的《东方杂志》《文史杂志》等刊物上发表。

王天恨译释《春秋左传句解》6卷由上海国学研究社刊行。

方思仁著《礼运大同篇注释》由江苏南京中央印务局刊行。

吕思勉著《秦汉史》（上下册）由上海开明书店刊行。

按：是书包括秦、汉、新、后汉、三国五个历史时期。内分20章，论述秦汉时的社会组织、社会等级、民生、民计、政治制度、学术、宗教等。

黄灼耀著《秦史概论》由广东广州广东文理学院历史系刊行。

余嘉锡著《太史公书亡篇考》刊行。

哈佛燕京学社引得编纂处编《史记及注释综合引得》由北平燕京大学哈佛燕京学社引得编纂处刊行。

刘公任著《三国新志》由上海世界书局刊行。

陈寅恪著《唐代政治史述论稿》由上海商务印书馆刊行。

彭遵泗著述《蜀碧——张献忠三次入蜀屠戮记》由四川成都经纬书局刊行。

屈疆著《嘉兴乙酉兵事记》由上海世界书局刊行。

梅村编《南明痛史》由新联出版社刊行。

吴宗慈著《清开国前纪》刊行。

孟森著《清史讲义》由上海中国文化服务社刊行。

萧一山著《清代史》由上海商务印书馆刊行。

郑天挺著《清史探微》由独立出版社刊行。

按:是书收录作者研究清史及其他方面的论文,内容涉及清朝开国史、清初史、清代制度史、明清档案、农民起义史、考试史、边疆史、历史地理等。

陈复光著《有清一代之中俄关系》由国立云南大学文法学院刊行。

罗尔纲著《太平天国史纲》由上海商务印书馆刊行。

按:是书分革命的背景、革命酝酿及爆发、十五年战争的经过、天朝田亩制度下的社会之展望、革命的性质及其失败的原因等8章。

罗尔纲编著《太平天国史丛考》由正中书局刊行。

郭廷以编《近代中国史》由上海商务印书馆刊行。

吕清培编《中国近代史表解》由东方出版社刊行。

范文澜著《中国近代史》(上编第1分册)由新华书店晋绥分店、上海读书出版社、东北书店、上海生活读书新知联合发行所、华北大学、香港新中国书店刊行。

按:是书系统叙述了中国沦为半殖民地半封建社会的具体过程,揭露了帝国主义的本质,突出展示了人民的反抗斗争。书中提出的"阶级斗争论是研究历史的基本线索""历史的主人是劳动人民"等观点,为以后的马克思主义史学家所接受(《民国学案》第二卷《范文澜学案》)。

武波著《中国近代史》(上编第1分册)由上海读书出版社刊行。

金兆梓著《近世中国史》由上海中华书局刊行。

按:是书从缔结不平等条约之前的中国情况到抗日战争止,共15章。书末有附录:1.北京媾和条约之附件;2.民国六、七年间段祺瑞内阁和日本订立借款契约表;3.九国远东条约。

杨松、邓力群编《中国近代史参考材料》(第1集)由上海读书出版社、沈阳东北书店、北平新中国书局刊行。

按:是书以记事方式将中国近代史料分类收编,共7辑,收录鸦片战争、太平天国、中法战争、中日战争、戊戌政变、义和团、八国联军入侵的史料。其中有译自当时《纽约每日记坛报》的马克思、恩格斯关于鸦片战争的论述,部分中外条约等。书后附清代中西历代对照表。

王文杰著《中国近代史上的教案》由福建协和大学中国文化研究会刊行。

苏联科学院历史院编《近代史教程》(第2分册《从普法战争和巴黎公社到帝国主义》)由华北新华书店刊行。

按:苏联大学历史教科书。内分法兰西革命前夜的欧洲和北美、十八世纪的法国资产阶级革命、法国和欧洲其他国家等3篇。共12章。叙述法国资产阶级革命至普法战争和巴黎公社时期的世界近代史。

陈冠宇著《全史会通》(第1卷1—4册)由上海冠宇补习学校刊行。

徐浩著《廿五史论纲》由上海世界书局刊行。

周谷城著《中国史学之进化》由香港生活书店刊行。

梁启超著《中国历史研究法》由上海商务印书馆刊行。

按:是书分史之意义及其范围、过去之中国史学界、史之改造、说史料、史料之搜集与鉴别、史迹之论次等6章。作者在书中运用西方资产阶级的史学理论,提出个人关于历史研究的目的、意义,历史发展的因果关系,历史研究和撰写历史的方法,颇多建树。

晓风著《中国历史散论》由上海作者书屋刊行。

按:是书收史学论文3篇:1.《论中国历史翻案问题》;2.《历史为什么是科学和怎样变成科学》;3.《论中国社会历史发展阻滞的基因》。其中后两篇曾在《群众》半月刊上发表。第一篇为作者在大学任教时所撰。

范文澜著《中国通史简编》由上海新知书店刊行。

郭沫若著《中国古代社会研究》由上海群益出版社刊行。

张其昀著《中国民族志》由上海商务印书馆刊行。

按:是书包括中华民族发展史、中华民族之现状、海外华侨与祖国之关系、移民实边政策、外蒙问题与西藏问题等8章。

顾颉刚著《当代中国史学》由江苏南京胜利出版公司刊行。

按:是书分近百年中国史学的前期、新史料的发现和研究、近百年中国史学的后期三编。以民国成立作为划分前后期的界限。指出前期学者仍沿旧路对历代正史加以补正或改作,着力于正史中表、志等的补修及金石学、元史和西北边疆史地、经今文学方面的研究。随着新史料的发现,考古学的发展及西方史学研究法传入,使后期史学增加了考古学和史前史、中外交通史和蒙古史、敦煌学、小说、戏曲、俗文学、古史、社会史等领域。

翦伯赞著《中国史论集》第二辑由上海国际文化服务社刊行。

邢鹏举编《历史学习法》由上海中华书局刊行。

按:是书主要介绍了学习历史的方法,全书共分为10部分,内容包括为什么要学习历史、学习历史应该有的认识、三个原则等。

翦伯赞著《中国史论集》(第2辑)由上海国际文化服务社刊行。

周谷城著《中国史学之进化》由香港生活书店刊行。

徐炳昶、苏秉琦著《试论传说材料的整理与传说时代的研究》由北平国立北平研究院史学研究所刊行。

方壮猷著《中国史学概要》由上海中国文化服务社刊行。

按:是书分中国史学之起源、纪传史、编年史、纪事本末体、制度文物史、方志与家谱等7章。

解文超著《中国革命史纲》由吉林长春胜力图书公司刊行。

范文澜(原题中国历史研究会)编《中国通史简编》由上海新知书局刊行。

范文澜编《中国通史简编》(3—8册)由新华书店刊行。

范文澜著《中国历史简明教程》由希望书店刊行。

杨东莼著《本国史》(上下册)由上海开明书店刊行。

周予同著《本国史》(第1—4册)由上海开明书店刊行。

吕振羽著《中国社会史纲》(第一卷原始社会史)由上海耕耘出版社刊行。

按:是书包括结论、中国社会形势发展的诸阶段、神话传说所暗示之野蛮时代的中国社会形态等10部分。

吕振羽著《中国社会史纲》(第二卷奴隶社会及初期封建社会)由上海耕耘出版社刊行。

褚柏思著《人物中心中国政治史》由江苏南京白雪出版社刊行。

按：是书以中国历史著名人物为中心，记述中国政治史。其中包括有巢氏、燧人氏、唐尧、虞舜、周公、管仲、汉高祖、诸葛亮、王守仁、孙中山等30位。

柳诒徵著《中国文化史》(大学用书)(上中下册)由上海正中书局刊行。

周西村著《二次世界大战史论》由上海中华书局刊行。

马皓、智建中辑《世界反法西斯战争文献初编》由东北书店刊行。

陆菲琼编著《第二次世界大战史讲话》由上海春明书店刊行。

陆嘉亮编《第二次世界大战》由上海中华书局刊行。

章丹枫编《第二次世界大战》由上海中华书局刊行。

冯石竹编《第二次世界大战日志表》由上海经纬书局刊行。

钱亦石著《中国外交史》由上海生活书店刊行。

按：是书分绪论、国际资本主义前期中的中国外交、资本主义侵入时的中国外交、帝国主义初期的中国外交、世界大战中的中国外交、全国民众觉醒中的中国外交、国民革命胜利后的中国外交、世界经济危机中的中国外交等8章。

方豪编著《外国史大纲》由上海正中书局刊行。

黄维荣编著《外国史》由上海商务印书馆刊行。

梁文坛等编《外史纲要》由北平光华书局刊行。

陈潮声编《四千年大事记》由四川成都经纬书局刊行。

艾儒略著《合校本大西西泰利先生行迹》由北平上智编译馆刊行。

罗香林著《世界史上广东学术源流与发展》由广东建设研究会刊行。

冯瑶林著《中国文化输入日本考》由冯志椿发行。

按：是书分日本种族与建国、日本原始文化、中日历代交通之行试及儒学、佛学、绘画、书法、音乐、印书术、雕刻、织造品、他种文化的输入等15章。

许同莘著《公牍学史》由上海商务印书馆刊行。

辽海引年集编纂委员会编《辽海引年集》由北京和记印书馆刊行。

胡若时著《中西史通表初集》刊行。

陈光祖编《近代世界革命史话》由新华书店冀中支店刊行。

按：是书分资产阶级革命以前的欧洲、十七十八世纪的资产阶级民主革命、十九世纪的无产阶级革命运动、帝国主义争夺殖民地的战争、苏联十月革命、帝国主义对苏联的围攻、苏联的社会主义建设、资本主义经济危机与法西斯主义的产生、第二次世界大战与反法西斯战争等9讲。

胡华著《美帝国主义侵华史略》由河间冀中新华书店刊行。

按：是书分中国民族、中国革命之思想、中国革命之背景、中国革命之过程、中国革命与世界大同等部分，记述近代中国革命史。

张奚若、丕强著《辛亥革命回忆录》由上海生活书店刊行。

辛亥革命同志会编《辛亥革命文献展览会纪念册》由上海编者刊行。

中国国民党上海特别市执行委员会编《中华民国大事记》由编者刊行。

国史馆筹备委员会编《国史馆筹备委员会结束报告书》由江苏南京编者刊行。

吴宗慈著《护法计程》刊行。

时代出版社编《"五四运动"资料特辑》由时代出版社刊行。

杨应彬编绘《八年抗战史料图解》由广州联美书店刊行。

李石涵编《从七七到八一五》由东北书店、东北书店安东分店、冀东新华书店、山东新华书店刊行。

张开著《中日大战记》(上下册)由重庆出版社刊行。

海外流动宣传团编辑部编《中国抗战史》由广东广州海外流动宣传团驻粤总办事处刊行。

朱炳煦编《中国抗战史问答》由上海万叶书店刊行。

中央日报社编《七七抗战纪念特刊》由江苏南京编者刊行。

曹聚仁、舒宗侨著《中国抗战画史》由上海联合书报社刊行。

蒋介石著,程鸥选辑《抗日与胜利》由正义书店刊行。

第三战区金厦汉奸案件处理委员会编《闽台汉奸罪行纪实》由厦门江声文化出版社刊行。

胡华等著《日本投降以来中国政局史话》由河北冀中新华书店刊行。

华北新华书店编辑部编《新筹安会》(时事学习文件6)由华北新华书店刊行。

晋绥军区政治部编《真相》由编者刊行。

辛苹著《魏德迈来华内幕》由上海森林出版社刊行。

东北民主联军总政治部编《中国人民庄严的声明》由编者刊行。

蚀荒编《谁破坏停战令》由时事丛刊社刊行。

东北未收复区各省市县旗民众团体代表请愿团编著《陈情书》由编者刊行。

阎宝航著《关于东北问题》由著者刊行。

刘砥云等著,东北日报社编《东北蒋占区真相》由东北书店刊行。

东北书店编《东北现势与中共对东北问题的主张》由东北书店刊行。

中国问题研究社编《一块遮丑的破布——蒋管区的"劫收"清查团》由华北新华书店刊行。

光未然著《蒋介石绞杀文化》由华北新华书店刊行。

北大壁报联合会委托风雨社编辑《五四在北大》由编者刊行。

上海市学生联合会编《五月血泪史》由编者刊行。

丛木、达人著《于子三案真相》由杭州学生导报社刊行。

陈雷编著《向炮口要饭吃——全国学生反内战反饥饿运动纪实》由上海中国学生联合会刊行。

上海市学生联合会编《新五月史话》由编者刊行。

中央大学五·二零血案处理委员会编《拿饭来吃》(五·二零血案画集)由编者刊行。

时代出版社编《最近学潮的起源及其演变》(第1辑)由编者刊行。

时代出版社编《最近学潮的起源及其演变》(第2辑)由编者刊行。

时代出版社编《最近学潮的起源及其演变》(第3辑)由编者刊行。

北平华北日报辑《学风与学潮》由编者刊行。

台湾省行政长官公署编《台湾省二二八暴动事件纪要》由台湾编者刊行。

台湾省行政长官公署新闻室编《台湾暴动事件纪实》由编者刊行。

东北军政大学政治部编《美军在华暴行录》由编者刊行。

台湾省旅平同乡会等编《台湾二·二八大惨案》由北平编者刊行。

怒吼出版社编《爱用国货惨案真相》由怒吼出版社刊行。

旅京沪台湾七团体二二八惨案联合后援会编《台湾大惨杀案报告书》由编者刊行。

华北新华书店编辑部编辑《冲破反动的闸门——全国学生抗日运动特辑》由华北新华书店刊行。

董存厚著《台湾事变记——二二八台湾事变实录》由重庆经纬书局刊行。

扫荡周报社编《二二八事变始末记》由台中扫荡周报社刊行。

唐贤龙著《台湾事变内幕记》由江苏南京中国新闻社刊行部刊行。

乌耳著《台湾二·二八事件始末纪实》刊行。

劲雨著《台湾事变真相与内幕》由上海建设书店刊行。

中共苏中区党委宣传部编《目前时事政治问题讲话——渡过最后困难、迎接大反攻的到来》(干部时事学习材料)由编者刊行。

自由世界出版社编《何时总反攻》由自由世界出版社刊行。

东北日报社编辑《一九四七年的形势与任务》由辽宁沈阳编者刊行。

东北日报社编《战局在开始变动》(时论选集)由佳木斯东北书店刊行。

东北日报社编《中国巨大变化的一年》(1946.7—1947.6)由佳木斯东北书店刊行。

薄一波等著,华北新华书店编辑部编《回顾与前瞻》(时事学习文件 4)由华北新华书店刊行。

中共晋绥分局宣传部编《破车不能再开》由编者刊行。

太岳新华书店编《艰苦奋斗迎接光明》由编者刊行。

东北民主联军总政治部编《一九四七年的任务》由编者刊行。

东北民主联军总政治部编《脂粉下的狞鬼——蒋美决心屠杀中国人民的狰狞凶相》由编者刊行。

东北民主联军总政宣传部编《努力奋斗迎接胜利》刊行。

中共晋绥分局宣传部编《新年祝词》由编者刊行。

东北民主联军总政宣传部编《人民解放军大举反攻》由东北民主联军政治部刊行。

内蒙自治报社编《学习丛刊》(第 2 辑)由内蒙自治报社刊行。

冀鲁豫书店编辑部编《蒋介石的十光政策》由山东朝城冀鲁豫书店刊行。

中共牡丹江省委宣传部编《论目前的形势与任务》由中共牡丹江省委群工编委会刊行。

冀晋区党委辑《打倒蒋介石建立新中国》由冀晋日报社刊行。

《打倒蒋介石建立新中国》由前哨出版社刊行。

《中国革命新形势》由前哨出版社刊行。

东北书店编《正义的呼声》由编者刊行。

《蒋军官兵凄惨下场》由冀东军区政治部翻印。

《国民党军队为什么吃败仗》由牡丹江书店刊行。

东北民主联军总政治部编《解放蒋军军官谈话》由编者刊行。

东北民主联军总政宣传部编《蒋介石的慌张》由编者刊行。

中国国民党中央执行委员会宣传部编《戡乱建国言论汇集》由编者刊行。

时事新报、东南日报、前线日报编《反国际干涉论文集》由上海编者刊行。

杨光义编《张家口收复记》由人民出版社刊行。

谢声溢等编《绥靖纪实》刊行。

中央训练团新闻工作高级干部训练班编《绥靖政策实施之检讨》由编者刊行。

东北军政大学总校政治部编《关于国民大会问题(三)》由编者刊行。

太岳新华书店编《弄假成真——评蒋"国大"及其"宪法"》由编者刊行。

国民大会代表选举总事务所编《国民大会代表选举实录辑要》由江苏南京编者刊行。

中央日报社编《国民大会纪念册》由江苏南京中央日报社刊行。

黄香山编《国民大会特辑》由东方出版社刊行。

国民大会秘书处编《国民大会实录》由江苏南京编者刊行。

郭泉编《国民大会纪略》(民国三十五年十一月)由香港编者刊行。

晋察冀日报社编辑《一九四七年新年重要文献》由编者刊行。

马无忌撰《甘肃夏河藏民调查记》由贵州贵阳文通书局刊行。

凌纯声、芮逸夫著《湘西苗族调查报告》由上海商务印书馆刊行。

毛筠如编《大小凉山之夷族》由四川省政府建设厅刊行。

林耀华著《凉山夷家》由上海商务印书馆刊行。

任映沧著《大小凉山倮族通考》由西康西南夷务丛书社刊行。

刘芷汀编《倮区汉奴吁天录》由四川成都刊行。

罗福颐著《敦煌石室稽古录》由广东广州私立岭南大学中国文化研究室刊行。

按:是书探讨敦煌县及千佛洞的历史,莫高窟石室发现的日期与经过及石室封闭的时代,外国学者对石室宝藏的调查及对其掠夺的经过,并用详细的数字报告了敦煌卷子在国内外流散的情况及保存的状况。书后列出石室文献目录,全书共8章。

张西曼著《西域史族新考》由江苏南京中国边疆学术研究会刊行。

按:是书乃汉代西域民族史论文集,收作者论文三篇:大月氏人种西窜年氏考、中亚缠回为沙陀苗裔考、乌孙即哈萨克考。

卜宗孟著《东北故园集》由辽宁沈阳著者刊行。

凡鸟著《哈同花园》(海上迷宫)由上海中央书店刊行。

马健行编《老上海见闻》由上海国光书店刊行。

南京市通志馆编《南京文献》(第1号—第13号)由江苏南京编者刊行。

陆规亮编《松江文献》(第1期)由江苏松江县文献委员会刊行。

樊家桢著《象山县志志文存疑》刊行。

江西通志馆编《江西通志馆调查事项之纲要表目》由江西南昌编者刊行。

郑丰稔著《郑丰稔七邑志书序例》由龙溪胜利出版社刊行。

许崇灏编著《琼崖志略》由上海正中书局刊行。

李拂一著《车里宣慰世系考订》由云南昆明文建书局、昆明云南大学西南文化研究室刊行。

姜天铎等编辑《朝鲜学典》(专刊第1号)由上海世界学院朝鲜学典馆刊行。

黄雄略编著《柬埔寨志略》由正中书局刊行。

李志纯编著《印度史纲要》由上海正中书局刊行。

郑学稼著《英国民权革命史》由上海大东书局刊行。

陆世鸿著《墨子》由上海中华书局刊行。

萧潇主编《四君皇》由上海大方书局刊行。

萧潇主编《如贞烈》由上海大方书局刊行。

萧潇主编《四奸臣》由上海大方书局刊行。

萧潇主编《四谋士》由上海大方书局刊行。

萧潇主编《四名将》由上海大方书局刊行。

萧潇主编《四烈士》由上海大方书局刊行。

萧潇主编《四忠良》由上海大方书局刊行

萧潇主编《四才子》由上海大方书局刊行。

按：是书介绍司马相如、曹植、唐伯虎、苏曼殊4人的传记故事。

黄珍吾编《景贤录》由编者刊行。

按：是书收录路博德、马援、李德裕、李卫国、李纲、赵鼎、胡铨、海瑞等历代史书记载的人物列传22篇，并有题咏31首、楹联16幅。

马祀光编著《王充传》由台北台湾书店刊行。

萧望卿著《陶渊明批评》由开明书店刊行。

黄次书编著《文成公主与金城公主》由上海中华书局刊行。

李嘉言著《贾岛年谱》由上海商务印书馆刊行。

按：是书于1944年分别获第四届教育部学术审议委员会"补助学术研究及奖励著作发明"奖文学类二等奖。

章泰笙著《贾岛研究》由正中书局刊行。

缪钺编著《杜牧之年谱》由《浙江大学文学院集刊》第1—2集刊行。

按：是书于1944年分别获第四届教育部学术审议委员会"补助学术研究及奖励著作发明"奖文学类三等奖。

季灏编著《两宋词人小传》由上海民治出版社刊行。

按：是书收录欧阳修、范仲淹、张先、晏几道、梅尧臣、韩琦、王安石、柳永、苏轼、黄庭坚、秦观、张耒、晁补之、陈师道、贺铸、毛滂、李清照、叶梦得、张元干、张孝祥、岳飞等近200名两宋词人的小传。

马襗光编著《王安石传》由台北台湾书店刊行。

程凤山编，沈元生补编《宋侍郎胡石佑公事迹录》由绍兴补编者刊行。

邓广铭编著《辛稼轩先生年谱》由上海商务印书馆刊行。

陈铁凡著《辛弃疾评传》由江苏南京正风出版社刊行。

许寿裳著《公包的思想与生活》由台北台湾文化协进会刊行。

李汉魏著《岳武穆年谱附遗迹考》由实物印书馆刊行。

任苍厂主编《文天祥》由上海大方书局刊行。

王德亮编著《文天祥》由上海中华书局刊行。

按：是书首述文天祥的时代背景和家世概况，次叙文天祥的少壮时期、从政时期、勤王时期、被执时期和殉难时期，最后论述文天祥的气节与民族精神的关系。

任苍厂主编《郑成功》由上海大方书店刊行。

庄钟骥著《檇李庄氏历代传略》由编者刊行。

按：是书作者记叙其父亲、祖父及上数十六世祖的传略。

杨静庵著《唐寅年谱》由上海商务印书馆刊行。

吴宗慈著《张道陵天师世家》由江西省文献委员会刊行。

陈葆仁编《明清两代滇籍谏官录》由昆明新云南丛书社刊行。

潘光旦著《明清两代嘉兴的望族》由上海商务印书馆刊行。

高吉人编著《陈榕门（弘谋）之生平》由广西桂林文化供应社刊行。

朱杰勤著《龚定盦研究》由上海商务印书馆刊行。

何贻焜编著《曾国藩评传》由正中书局刊行。

李顶芳著《曾国藩及其幕府人物》由贵阳文通书局刊行。

秦翰才著《左文襄公在西北》由上海商务印书馆刊行。

卢风阁编《左文襄征西史略》由陆军大学出版。

孙中山原著，许师慎编注《国父革命缘起详注》由正中书局刊行。

黄造雄编《孙中山》由上海中华书局刊行。

陆军军官学校政治部编《总裁言行教程》（第1集）由编者刊行。

萧剑青编著《白手成家伟人传》由上海世界书局刊行。

按：是书收录爱迪生、林肯、富兰克林、福特、卡内基、斯蒂芬森、兴登堡、诺贝尔、高尔基、马萨里克、胡佛、秀华布等12位外国名人传记。

苏季常编《当代人物》由民国故事杂志社刊行。

按：是书介绍罗斯福、斯大林、蒋介石、毛泽东、张澜、黄炎培、周恩来、陈诚、邵力子、宋庆龄、张学良、谢雨琴、邹韬奋、李公朴、胡愈之、刘伯承、张学思、胡适、陈嘉庚、闻一多、戴爱莲、华罗庚、高士其、奥斯特洛夫斯基、卓别麟、罗伯逊、萧伯纳、米邱林等47人。

陈原著《平民世纪的开拓者》由上海开明书店刊行。

铮铮编著《时局人物》由上海国风书店刊行。

任嘉尧编《当代中国名人辞典》由上海东方书店刊行。

按：是书内容包括政治、军事、经济、社会、交通、工业、商业、教育、文化、新闻、艺术等各界著名人物。按姓名笔划为序。

郭沫若著《历史人物》由上海海燕书店刊行。

李雪荔著《中国妇女史话》由江苏南京中国妇女建国学会刊行。

按：是书乃中国妇女总传。全书分母道、妻范、节孝、伦理家、政治家、教育家、文学家、革命家、科学家等14类。收录中国自古至今各类有影响的妇女孟母、岳母、班昭、武则天、慈禧、花木兰、秋瑾等50人的小传。

陆丹林著《当代人物志》由上海世界书局刊行。

按：是书收录康有为、吴佩孚、林语堂、马君武、许地山、叶恭绰、张大千等各界名人传记15篇。

戚再玉主编《上海时人志》由上海展望出版社刊行。

乐德卿主编《上海市工界人物志》由上海群协出版社刊行。

吴宗慈、刘扶青合编《江西全省历代人物谥号汇表》由江西省文献委员会刊行。

贾永琢编《河南现代名人录》由开封工商日报社刊行。

何瑞瑶著《风云人物小志》由广东广州宇宙风社刊行。

李伟中著《社政人物志》由云南昆明社会周刊社刊行。

言守无主编《中国名将录》（第1辑）由江苏南京新世界出版社刊行。

联合勤务总司令部抚恤处纂订《中华民国忠烈将士姓名录》（吉林省双阳县）由纂者刊行。

联合勤务总司令部抚恤处纂订《中华民国忠烈将士姓名录》（吉林省伊通县）由纂者

刊行。

联合勤务总司令部抚恤处纂订《中华民国忠烈将士姓名录》(吉林省永吉县)由纂者刊行。

联合勤务总司令部抚恤处纂订《中华民国忠烈将士姓名录》(吉林省榆树县)由纂者刊行。

联合勤务总司令部抚恤处纂订《中华民国忠烈将士姓名录》(松江省阿城县)由纂者刊行。

联合勤务总司令部抚恤处纂订《中华民国忠烈将士姓名录》(松江省东宁县)由纂者刊行。

联合勤务总司令部抚恤处纂订《中华民国忠烈将士姓名录》(松江省宁安县)由纂者刊行。

联合勤务总司令部抚恤处纂订《中华民国忠烈将士姓名录》(山东省朝城县)由纂者刊行。

联合勤务总司令部抚恤处纂订《中华民国忠烈将士姓名录》(山东省肥城县)由纂者刊行。

联合勤务总司令部抚恤处纂订《中华民国忠烈将士姓名录》(山东省高密县)由纂者刊行。

联合勤务总司令部抚恤处纂订《中华民国忠烈将士姓名录》(山东省馆陶县)由纂者刊行。

联合勤务总司令部抚恤处纂订《中华民国忠烈将士姓名录》(山东省济宁县)由纂者刊行。

联合勤务总司令部抚恤处纂订《中华民国忠烈将士姓名录》(山东省嘉祥县)由纂者刊行。

联合勤务总司令部抚恤处纂订《中华民国忠烈将士姓名录》(浙江省温岭县)由纂者刊行。

联合勤务总司令部抚恤处纂订《中华民国忠烈将士姓名录》(浙江省永康县)由纂者刊行。

联合勤务总司令部抚恤处纂订《中华民国忠烈将士姓名录》(江西省宜丰县)由纂者刊行。

联合勤务总司令部抚恤处纂订《中华民国忠烈将士姓名录》(湖南省衡阳县)由纂者刊行。

联合勤务总司令部抚恤处纂订《中华民国忠烈将士姓名录》(湖南省石门县)由纂者刊行。

联合勤务总司令部抚恤处纂订《中华民国忠烈将士姓名录》(广西省宾阳县)由纂者刊行。

联合勤务总司令部抚恤处纂订《中华民国忠烈将士姓名录》(广西省博白县)由纂者刊行。

联合勤务总司令部抚恤处纂订《中华民国忠烈将士姓名录》(广西省百寿县)由纂者刊行。

联合勤务总司令部抚恤处纂订《中华民国忠烈将士姓名录》(广西省都安县)由纂者刊行。

联合勤务总司令部抚恤处纂订《中华民国忠烈将士姓名录》(广西省扶南县)由纂者刊行。

联合勤务总司令部抚恤处纂订《中华民国忠烈将士姓名录》(广西省恭城县)由纂者刊行。

联合勤务总司令部抚恤处纂订《中华民国忠烈将士姓名录》(广西省贵县)由纂者刊行。

联合勤务总司令部抚恤处纂订《中华民国忠烈将士姓名录》(广西省贺县)由纂者刊行。

联合勤务总司令部抚恤处纂订《中华民国忠烈将士姓名录》(广西省怀集县)由纂者刊行。

联合勤务总司令部抚恤处纂订《中华民国忠烈将士姓名录》(广西省敬德县)由纂者刊行。

联合勤务总司令部抚恤处纂订《中华民国忠烈将士姓名录》(广西省来宾县)由纂者刊行。

联合勤务总司令部抚恤处纂订《中华民国忠烈将士姓名录》(广西省雷平县)由纂者刊行。

联合勤务总司令部抚恤处纂订《中华民国忠烈将士姓名录》(广西省荔浦县)由纂者刊行。

联合勤务总司令部抚恤处纂订《中华民国忠烈将士姓名录》(广西省临桂县)由纂者刊行。

联合勤务总司令部抚恤处纂订《中华民国忠烈将士姓名录》(广西省灵川县)由纂者刊行。

联合勤务总司令部抚恤处纂订《中华民国忠烈将士姓名录》(广西省柳城县)由纂者刊行。

联合勤务总司令部抚恤处纂订《中华民国忠烈将士姓名录》(广西省柳江县)由纂者刊行。

联合勤务总司令部抚恤处纂订《中华民国忠烈将士姓名录》(广西省龙津县)由纂者刊行。

联合勤务总司令部抚恤处纂订《中华民国忠烈将士姓名录》(广西省罗城县)由纂者刊行。

联合勤务总司令部抚恤处纂订《中华民国忠烈将士姓名录》(广西省容县)由纂者刊行。

联合勤务总司令部抚恤处纂订《中华民国忠烈将士姓名录》(广西省蒙山县)由纂者刊行。

联合勤务总司令部抚恤处纂订《中华民国忠烈将士姓名录》(广西省明江县)由纂者刊行。

联合勤务总司令部抚恤处纂订《中华民国忠烈将士姓名录》(广西省那马县)由纂者刊行。

联合勤务总司令部抚恤处纂订《中华民国忠烈将士姓名录》(广西省南宁市)由纂者刊行。

联合勤务总司令部抚恤处纂订《中华民国忠烈将士姓名录》(广西省宁明县)由纂者刊行。

联合勤务总司令部抚恤处纂订《中华民国忠烈将士姓名录》(广西省平南县)由纂者刊行。

联合勤务总司令部抚恤处纂订《中华民国忠烈将士姓名录》(广西省平治县)由纂者刊行。

联合勤务总司令部抚恤处纂订《中华民国忠烈将士姓名录》(广西省凭祥县)由纂者刊行。

联合勤务总司令部抚恤处纂订《中华民国忠烈将士姓名录》(广西省迁江县)由纂者刊行。

联合勤务总司令部抚恤处纂订《中华民国忠烈将士姓名录》(广西省融县)由纂者刊行。

联合勤务总司令部抚恤处纂订《中华民国忠烈将士姓名录》(广西省三江县)由纂者刊行。

联合勤务总司令部抚恤处纂订《中华民国忠烈将士姓名录》(广西省思乐县)由纂者刊行。

联合勤务总司令部抚恤处纂订《中华民国忠烈将士姓名录》(广西省绥禄县)由纂者刊行。

联合勤务总司令部抚恤处纂订《中华民国忠烈将士姓名录》(广西省藤县)由纂者刊行。

联合勤务总司令部抚恤处纂订《中华民国忠烈将士姓名录》(广西省天保县)由纂者刊行。

联合勤务总司令部抚恤处纂订《中华民国忠烈将士姓名录》(广西省天峨县)由纂者刊行。

联合勤务总司令部抚恤处纂订《中华民国忠烈将士姓名录》(广西省信都县)由纂者刊行。

联合勤务总司令部抚恤处纂订《中华民国忠烈将士姓名录》(广西省兴安县)由纂者刊行。

联合勤务总司令部抚恤处纂订《中华民国忠烈将士姓名录》(广西省兴业县)由纂者刊行。

联合勤务总司令部抚恤处纂订《中华民国忠烈将士姓名录》(广西省修仁县)由纂者刊行。

联合勤务总司令部抚恤处纂订《中华民国忠烈将士姓名录》(广西省宜北县)由纂者刊行。

联合勤务总司令部抚恤处纂订《中华民国忠烈将士姓名录》(广西省郁林县)由纂者刊行。

联合勤务总司令部抚恤处纂订《中华民国忠烈将士姓名录》(广西省昭平县)由纂者刊行。

联合勤务总司令部抚恤处纂订《中华民国忠烈将士姓名录》(广西省镇边县)由纂者刊行。

联合勤务总司令部抚恤处纂订《中华民国忠烈将士姓名录》(广西省都结县)由纂者

刊行。

联合勤务总司令部抚恤处纂订《中华民国忠烈将士姓名录》(广西省中渡县)由纂者刊行。

联合勤务总司令部抚恤处纂订《中华民国忠烈将士姓名录》(广西省钟山县)由纂者刊行。

联合勤务总司令部抚恤处纂订《中华民国忠烈将士姓名录》(广西省资源县)由纂者刊行。

联合勤务总司李部抚恤处纂订《中华民国忠烈将士姓名录》(云南省弥勒县)由纂者刊行。

联合勤务总司令部抚恤处纂订《中华民国忠烈将士姓名录》(云南省屏边县)由纂者刊行。

联合勤务总司令部抚恤处纂订《中华民国忠烈将士姓名录》(松江省宾县)由纂者刊行。

联合勤务总司令部抚恤处纂订《中华民国忠烈将士姓名录》(松江省穆棱县)由纂者刊行。

联合勤务总司令部抚恤处纂订《中华民国忠烈将士姓名录》(山东省金乡县)由纂者刊行。

联合勤务总司令部抚恤处纂订《中华民国忠烈将士姓名录》(山东省宫县)由纂者刊行。

联合勤务总司令部抚恤处纂订《中华民国忠烈将士姓名录》(山东省巨野县)由纂者刊行。

联合勤务总司令部抚恤处纂订《中华民国忠烈将士姓名录》(山东省平度县)由纂者刊行。

联合勤务总司令部抚恤处纂订《中华民国忠烈将士姓名录》(山东省梭县)由纂者刊行。

联合勤务总司令部抚恤处纂订《中华民国忠烈将士姓名录》(青岛市)由纂者刊行。

联合勤务总司令部抚恤处纂订《中华民国忠烈将士姓名录》(山东省荣成县)由纂者刊行。

联合勤务总司令部抚恤处纂订《中华民国忠烈将士姓名录》(山东省潍县)由纂者刊行。

联合勤务总司令部抚恤处纂订《中华民国忠烈将士姓名录》(山东省掖县)由纂者刊行。

联合勤务总司令部抚恤处纂订《中华民国忠烈将士姓名录》(山东省滋阳县)由纂者刊行。

联合勤务总司令部抚恤处纂订《中华民国忠烈将士姓名录》(江苏省丹阳县)由纂者刊行。

联合勤务总司令部抚恤处纂订《中华民国忠烈将士姓名录》(江苏省东海县)由纂者刊行。

联合勤务总司令部抚恤处纂订《中华民国忠烈将士姓名录》(江苏省阜宁县)由纂者刊行。

联合勤务总司令部抚恤处纂订《中华民国忠烈将士姓名录》(江苏省金坛县)由纂者刊行。

联合勤务总司令部抚恤处纂订《中华民国忠烈将士姓名录》(江苏省溧阳县)由纂者刊行。

联合勤务总司令部抚恤处纂订《中华民国忠烈将士姓名录》(江苏省徐州市)由纂者刊行。

联合勤务总司令部抚恤处纂订《中华民国忠烈将士姓名录》(江苏省仪征县)由纂者刊行。

联合勤务总司令部抚恤处纂订《中华民国忠烈将士姓名录》(江苏省镇江县)由纂者刊行。

联合勤务总司令部抚恤处纂订《中华民国忠烈将士姓名录》(安徽省宿松县)由纂者刊行。

联合勤务总司令部抚恤处纂《中华民国忠烈将士姓名录》(安徽省宿县)由纂者刊行。

联合勤务总司令部抚恤处纂《中华民国忠烈将士姓名录》(湖南省宜章县)由纂者刊行。

联合勤务总司令部抚恤处纂《中华民国忠烈将士姓名录》(云南省盐津县)由纂者刊行。

中学生社编《伟大人物的少年时代》由上海开明书店刊行。

按:是书收《歌德的少年时代》(夏丏尊)、《诗人拜伦的少年时代》(夏莱蒂)、《未受学校教育的大学问家约翰·穆勒的少年时代》(刘淑琴)、《达尔文的少年时代》(贾祖璋)、《近代四大画家的少年时代》(丰子恺)、《列宁的少年时代》(胡愈之)、《高尔基的少年时代》(茅盾)、《甘地的少年时代》(夏丏尊)等13篇文章。

张奚若、丕强著《辛亥革命回忆录》由上海生活书店刊行。

按:是书由张奚若口述,丕强记录。记述张氏亲身经历的辛亥革命史实。

邓文仪著《蒋主席传略、开展革命工作》(合订本)由江苏南京新中国出版社刊行。

陈蝶衣、紫虹、刘柳影编辑《蒋主席传记》由中国出版社刊行。

梁中铭编绘《蒋主席画传》由上海正气出版社刊行。

许畏之著《从邓演达到闻一多——二十年来蒋介石所杀人物》由香港风雨书屋刊行。

孟津选注《鲁迅自传及其作品》由上海光明书局刊行。

许寿裳著《鲁迅的思想与生活》由台湾文化协进会刊行。

许寿裳著《亡友鲁迅印象记》由上海峨嵋出版社刊行。

李平心著《人民文豪鲁迅》由上海心声阁刊行。

按:是书原名《论鲁迅的思想》,是鲁迅逝世后出版的第一部最有系统、最精辟的研究鲁迅思想的专著。作者认为:"在现代中国文人中,没有谁像鲁迅先生那样在群众中间享受真诚的崇爱,也没有谁像鲁迅那样从敌人方面遭到切齿的憎恨,世人对于他的爱憎分明,正是他自己对于世人的爱憎分明的真实反映。"此书后来得到鲁迅夫人许广平的推荐。

萧三著《毛泽东的青年时代》由东北书店刊行。

萧三著《毛泽东同志的儿童时代》由冀鲁豫书店刊行。

晋冀鲁豫军区政治部编《毛泽东故事》由编者刊行。

丁钟山编纂《蒋经国先生思想与生活》由江西赣县正气出版社刊行。

胡适著《胡适留学日记》由商务印书馆刊行,有自序。

汉藏教理院同学会太虚大师追悼委员会编辑委员会编《太虚大师纪念集》由汉藏教理院同学会刊行。

萧乾著《人生采访》由上海文化生活出版社刊行。

梁漱溟著《我的自学小史》由上海华华书店刊行。

按:梁漱溟1942年写出《我的自学小史》前11节,刊于桂林出版的《自学》月刊。直到1974年3月才补写了原列节目所缺的第12至15节,第16至18节则是1974年以后再补写的。

清华周刊社编《闻一多先生死难周年纪念特刊》由北京编者刊行。

史靖著《闻一多的道路》由上海生活书店刊行。

韬奋出版社编《永在追念中的韬奋先生》由上海编者刊行。

南联社编《李济深将军在香港》由编者刊行。

蒋湘青等著《许承基纪念册》由上海体育出版社刊行。

庆祝杜月笙先生六秩寿辰筹备委员会编《杜月笙先生大事记》由编者刊行。

郭沫若著《我底幼年》由上海全球书店刊行。

郭沫若著《少年时代》(沫若自传第1卷)由上海海燕书店刊行。

郭沫若著《革命春秋》(沫若自传第2卷)由上海海燕书店刊行。

骆宾基著《萧红小传》由上海建文书店刊行。

卫挺生著《自述小传》由著者出版。

马叙伦著《我在六十岁以前》由生活书店刊行。

胡山源著《我的写作生活》由上海日新出版社刊行。

苏曼殊著《曼殊书信》由上海光明书局刊行。

按:是书前有柳亚子的《苏曼殊略传》,介绍苏曼殊的生平事迹。

张默生著《王大牛传》由上海东方书社刊行。

李宣龚编《前驻婆罗洲山打根领事卓还来博士殉节纪念集》由编者刊行。

伍燕昌主编,郑冠松、何汉章编《吴铁城先生周甲荣寿特刊》由上海艺文书局刊行。

袁大勋著《战斗模范袁大勋自传》由山东新华书店刊行。

广东抗战人物志出版社编《广东抗战人物志》由编者刊行。

复兴出版社编《中国抗战名人图史》(上下集)由上海复兴出版社刊行。

李冰等著《女英雄的故事》由冀鲁豫书店刊行。

海天、林云等编《中国内幕》由天津新星报社刊行。

孔老乙主编《当代名伶传》由上海天下图书杂志出版公司刊行。

按:是书收录梅兰芳、马连良、谭富英、唐韵笙、吴啸伯、顾正秋、黄桂秋、俞振飞、姜妙香、袁世海、童芷苓、林树森、李宝櫆等113名京剧演员的小传。

张默生著《厚黑教主传》(异行传第2集)由上海东方书社刊行。

按:张默生(1895—1979),名敦讷,山东淄博人。毕业于北京师范大学国学系。曾任上海复旦大学教授、四川北碚相辉学院教授兼文史系主任、重庆大学中文系教授、四川大学中文系教授兼主任。长期致力于传记文学创作,所著尚有《王大牛传》《李宗吾传》《异行传》(一、二集)《默僧自述》《耶稣与墨翟》等。

蒋经国著《我在苏联的生活》由前锋出版社刊行。

桂华山著《菲律宾狱中回忆录》由上海华侨投资建业公司刊行。

严文蔚编著《十二个音乐家》由上海正中书局刊行。

按:是书介绍巴赫、韩德尔、海顿、莫差特、贝多芬、舒柏特、肖邦、舒曼、瓦格纳、勃拉姆斯、柴可夫斯基和德彪西等12位音乐家的小传。

林语堂等著《文人画像》由上海金星出版社刊行。

按:是书收录名家写的中国新文学运动发生前后文坛、艺坛上的著名人物的小传、素描、印象记、回忆录等30篇。

艾秋编著《三大诗人的恋爱故事》(拜伦、雪莱、歌德)由广东广州美乐图书出版公司刊行。

张国华编著《伟人与修养》由上海群学书店刊行。

按：是书分99章，叙述了外国名人苏格拉底、爱因斯坦、汤姆生等99人的事迹，从而说明名人成功与个人的修养品质有重要的关系。

艾华编著《世界人物志》由上海曙光书店刊行。

林嵘等编著《世界合作名人像传》由江苏南京中国合作图书用品生产合作社刊行。

按：是书选编63人小传，附肖像及有关照片60幅，分国排列。英国部分包括欧文、汤姆森、金斯利、普伦基特等20人。法国部分包括傅立叶、普鲁东、法布尔等13人。德国部分包括胡贝尔、拉萨尔、马克思、考茨基等13人。意大利部分包括马志尼等3人。俄国部分包括克鲁泡特金等4人。丹麦、比利时、瑞典各1人。美国部分包括考尔巴克等2人。日本部分包括二宫尊德、品川弥二郎等4人。中国部分包括孙中山、薛仙舟、覃寿公、汤苍园等4人。

吕伯攸编《世界名人的幼年》(1—2册)由上海中华书局刊行。

储儿学编《达尔文》由上海大众书局刊行。

钱子矜编《拿破仑》由上海中华书局刊行。

萧赛著《柴霍甫传》由上海文通书局刊行。

葛一虹编辑《普式金画传》(纪念普希金逝世110周年)由天下图书公司刊行。

毛启爽编著《乔治西屋氏传略》由上海电世界社刊行。

赵紫宸著《圣保罗传》由上海青年协会书局刊行。

经小川编著《罗斯福之生平》由上海正中书局刊行。

容庚著《甲骨学概况》由广东广州岭南大学中国文化研究室刊行。

东北文物展览会编《东北文物展览会集刊》由辽宁沈阳编者刊行。

中国文化协会、中英学会编《中国古代文物展览会目录》由编者刊行。

贺湄著《中国地理基础》由上海致用书店刊行。

按：是书共分9章：1.国境；2.地形和气候；3.地质和资源；4.人口和民族；5.交通的地理；6.国内外贸易；7.外国资本及其地理分布；8.工业和工业的地理分布；9.农业和农业的地理分布。每章均附参考资料并配备各种统计图表。

田世英编著《地理学新论及其研究途径》由上海商务印书馆刊行。

按：是书介绍近代地理科学的发展趋势，近代地理学的特征基本内容，研究地理学的基本条件和工具，专题研究的方法，实地考查的步骤，研究地理学必备的图籍。全书共8章。

刘思慕著《战后世界政治地理讲话》由香港南侨编译社刊行。

按：是书分战后的新政治地图、基地的争夺战与新战略形势、重要资源的分布与国际问题、战后国际交通的几个问题等4讲。卷首有著者代序《战后世界政治地理的课题》。着重批判地理决定论的观点。

韦息予编《开明新编初级外国地理》由上海开明书店刊行。

曹伯韩著《世界地理初步》由上海生活书店刊行。

李四光著《中国地势变迁小史》由上海商务印书馆刊行。

任美锷著《建设地理新论》由上海商务印书馆刊行。

张其昀著《中国人地关系概论》由上海大东书局刊行。

徐俊鸣著《中国历代统一之地理观》由广东广州国立中山大学地理系刊行。

按：是书阐述地理对历代统一战争成功的影响。分秦灭六国、楚汉相争、光武中兴、西晋统一、唐高定乱、朱明光复、满清入关等11章。

卢凤阁编《东北要览及名城地志》由陆军大学刊行。

王庸著《中国地理图籍丛考》由上海商务印书馆刊行。

吴宗慈绘编《江西省古今政治地理沿革图》由江西省文献委员会刊行。

成甫隆著《黄河治本论初稿》由笃一轩刊行。

李充生著《旅大的今昔》由江苏南京拔提书局刊行。

卞宗孟著《旧江宁与新沈阳》由辽宁省立图书馆刊行。

胡泉三编《外国史地问答》由台北中华文化服务社刊行。

左复编《外国史地问答》由上海现代史地研究社刊行。

台湾旅行社编《最新省都观光地图》由编者刊行。

高明著《琉球》由行政院新闻局刊行。

伊静轩著《菲岛风光》由江苏南京著者刊行。

蒋君章著《现代印度》由商务印书馆刊行。

潘功朝著《今日的印度》由上海中国科学图书仪器公司刊行。

徐玉文等著,孙季叔编注《世界游记选》由上海文友书店刊行。

费孝通著《孟访英伦》由上海大公报馆刊行。

徐菽园著《旅美偶笔》由上海中央书店刊行。

徐菽园著《美国杂碎》由上海中央书店刊行。

徐菽园(原题菽园)著《旅美杂记》由上海大中国图书局刊行。

严仁颖著《旅美鳞爪》由编者刊行。

南洋著《到美国去做"米斯特"》由香港香港公教真理学会刊行。

杨志达著《宝鸡大观》由宝鸡陕西正气画报社刊行。

马鹤天著《甘青藏边区考察记》由上海商务印书馆刊行。

叶祖灏编著《宁夏纪要》由江苏南京正论社刊行。

陈希豪编撰《新疆史地及社会》由正中书局刊行。

丁骕著《新疆概述》由江苏南京独立出版社刊行。

王昌年编《大上海指南》由上海东南文化服务社刊行。

沈宇等编《最新上海指南》由上海启明书局刊行。

日用快览出版社编《日用快览》由上海日用快览出版社刊行。

吴县县政府编《苏州游览指南》由江苏苏州制版社刊行。

唐锡畴、李乃文编《杭州市民手册》由上海中国文化出版社刊行。

叶华棻编《杭州游览手册》由杭州中华基督教青年会刊行。

黄嘉焕著《锦江风土录》由晓村教育图书社刊行。

吴雅纯编《厦门大观》由厦门新绿书店刊行。

台中市政府编《台中要览》由台中市政府秘书处刊行。

周文德著《台湾见闻录》由上海中国科学图书仪器公司刊行。

台湾旅行社编《台湾旅行指南》由编者刊行。

台湾新闻处编《台湾要览》由编者刊行。

彰化市政府秘书室编《彰化市概览》由台湾彰化市政府刊行。

陈正祥编著《海南岛地理》由正中书局刊行。

内政部方域司编《南海诸岛新旧名称对照表》由编者刊行。

郑资约编著《南海诸岛地理志略》由上海商务印书馆刊行。

王成敬著《川西北步行记》由上海文通书局刊行。

朱约岸编绘《淞沪区域图》由上海中华书局刊行。

徐退之编《新民中国地图》由上海新民地学社刊行。

章启宇编制《新中国大地图》由上海三民图书公司刊行。

金擎宇编《世界分国精图》由上海亚光舆地学社刊行。

丘祖谋、卢村禾编《新世界地图集》由上海新中国出版社刊行。

陈史坚著《欧洲现势图解》由建华出版社刊行。

金仲华编，朱育莲绘《第二次大战后世界政治参考地图》由上海世界知识社刊行。

苏渊雷编《经世文综》刊行。

邵祖平著《国学导读》由上海商务印书馆刊行。

谭正璧编《国学常识》由上海大东书局刊行。

陶友白著《国学常识问题解答》由新陆书局刊行。

白俊英编著《新编日用生活百科全书》由经纬书局刊行。

华北新华书店编辑部编《疑问解答》（第1集）由编者刊行。

新生报北平社编《新生报论文选集》由编者刊行。

石太平著《猜谜世界》（新人三部曲之一）由上海新人出版社刊行。

杨纪编《中国要览》由中国要览编印社刊行。

方柏容著《美国的科学研究》由著者刊行。

旅大文化合作社编辑《国民便览》由辽东股份有限公司刊行。

张天松编《国民日用手册》由江苏南京出版社刊行。

郑麈著《中国古籍校读新论》由上海世界书局刊行。

智武编著《援世宝鉴》由编著者刊行。

武汉日报年鉴编辑委员会编《武汉日报年鉴》由武汉日报社刊行。

北新书局编《北新活叶文选分类目录》由编者刊行。

富晋书社编《富晋书社书目（第1期）》由编者刊行。

王瑞明编《方杰人先生论著要目》由编者刊行。

楼云林编《工具书使用法》由上海中华书局刊行。

天津市政府秘书处第一科编《档案分类表》由编者刊行。

秦翰才著《档案科学管理法》由上海中国科学图书仪器公司刊行。

黄彝仲编著《档案管理之理论与实际》由著者刊行，有毛体六等人的序。

傅振论著《公文档案管理法》由贵州贵阳文通书局刊行，有自序。

楼云林编《中文图书编目法》由上海中华书局刊行，有自序。

雷圭元著《新图案学》由江苏南京国立编译馆刊行。

吴绍虞著《图书馆学论丛续集》由江苏南京大学书店刊行。

国立中央图书馆编《国立中央图书馆入藏呈缴图书目录》由编者刊行。

商务印书馆编《商务印书馆每周出版书目》由编者刊行。

商务印书馆编《商务印书馆最近出版书目》由编者刊行。

商务印书馆编《新中学文库目录》由编者刊行。

中华书局编《中华书局图书目录》(重编第 13 号)由编者刊行。

来薰阁书店编《来薰阁书店书目》(第 1 号)由编者刊行。

修文堂书店编《修文堂书店书目》(第 3 期)由编者刊行。

新华书店编《最近杂志目录》由武安编者刊行。

〔苏〕卢波尔等著,李申谷译《十九世纪后半世纪五大哲学思潮》由上海生活书店刊行。

〔苏〕罗森塔尔著,岳光译《唯物辩证法》由读书出版社刊行。

〔苏〕米丁著,沈志远译《历史唯物论》由上海生活书店刊行。

〔苏〕斯大林著,唯真译《辩证唯物主义与历史唯物主义》由哈尔滨东北书店刊行。

〔苏〕斯大林著《论列宁主义的几个问题》由华北新华书店刊行。

〔苏〕斯大林著,唯真译《论列宁主义基础》由华北新华书店刊行。

〔俄〕列汉诺夫著,张仲实译《社会科学的基本问题》由上海生活书店刊行。

〔苏〕伏尔佛逊著,执之译《唯物恋爱观》由重庆生活书店刊行。

〔苏〕M. 涧夫利金娜著,钮心淑译《苏联对母性及儿童的保护》由上海时代书报出版社刊行。

〔苏〕纳克鲁普斯卡娅著《向列宁学习工作方法》由华北新华书店刊行。

〔苏〕斯大林著,东北民主联军总政宣传部编《斯大林战后言论选集》由编者刊行。

〔苏〕斯大林著《马克思主义与民族问题》由安东东北书店刊行。

〔苏〕列宁著,严安仁译《共产主义运动中的"左派"幼稚病》由香港大路出版社刊行。

〔苏〕莫洛托夫著《伟大的十月社会主义革命三十周年》由上海时代书报出版社刊行。

〔苏〕莫洛托夫、日丹诺夫著《莫洛托夫日丹诺夫重要演说》由太岳新华书店刊行。

〔苏〕奥列楚克著,秋江译《为彻底粉碎法西斯主义的民主斗争》由光华书店刊行。

〔苏〕维辛斯基等著《世界到何处去》由冀南书店刊行。

〔苏〕古柏尔著,刘水译《印度尼西亚的民族解放运动》由光华书店刊行。

〔苏〕葛里高利叶夫等著,何歌等译《苏联观察家眼中的今日的日本》由大连大众书店刊行。

〔苏〕亚历山大洛夫著,何歌译《论苏维埃民主》由上海时代社刊行。

〔苏〕亚历山大罗夫著,陈威译《论苏维埃的民主》由光华书店刊行。

〔苏〕米·加里宁编《列宁论保卫社会主义祖国》由哈尔滨万国书籍刊行。

〔苏〕依·明茨著《苏联的军队》由山东新华书店刊行。

〔苏〕高尔吉叶夫著《战后美国的内政与外交》由光华书店刊行。

〔苏〕齐列穆尼耶等著,编译局译《兵团战术概则》(上部)由东北民主联军总司令部刊行。

〔苏〕弗理契著,刘呐鸥(原题天行)译《艺术社会学》由上海作家书屋刊行。

〔苏〕梅丁斯基著,庄季铭译《苏联教育制度》由上海开明书店刊行,书前有作者小传。

〔苏〕柯乌希洛夫、顾用中编译《(俄文读本第 1 册补充读物)俄文选》由上海时代社刊行。

〔苏〕高尔基著,林陵等译《(中俄文对照)高尔基早期作品集》(第 1 集)由大连中苏友好协会刊行。

[苏]高尔基著,白寒等译《(中俄文对照)高尔基早期作品集》(第3集)由上海时代书报出版社刊行。

[俄]普希金著,水夫译《(中俄文对照)驿站长》由上海时代书报出版社刊行。

[俄]普希金著,梁香译《(中俄文对照)暴风雪》由上海时代书报出版社刊行。

[俄]普希金著,磊然译《(中俄文对照)村姑小姐》由上海时代书报出版社刊行。

[苏]列宁著,萧三编译《列宁论文化与艺术》(上)由东安东北书店刊行。

[苏]顾尔希坦著,戈宝权译《论文学中的人民性》由香港海洋书屋刊行。

[苏]卢西诺夫著,刘执之译《文学》由上海生活书店刊行。

[苏]日丹诺夫等著,保荃、水夫译《战后苏联文学之路》由上海时代书报出版社刊行。

[苏]裴柯夫斯基著,俞鸿模译《尼古拉梭夫传》由上海海燕书店刊行。

[苏]罗果夫著,戈宝权主编《高尔基研究年刊(一九四七年)》由上海时代书报出版社刊行。

[苏]W.瓦希列夫斯卡等著《苏联红军英雄故事》由东北书店刊行。

[苏]罗果夫、戈宝权编《普希金文集》由上海时代书报出版社刊行。

[苏]雅鲁纳尔等著,什之辑译《海滨渔妇》(苏联最新独幕剧选)由上海海燕书店刊行。

[苏]高尔基著,许德佑译《夜店》由上海大东书局刊行。

[苏]高尔基著,林陵译《小市民》(四幕剧)由上海时代书报出版社刊行。

[俄]西蒙诺夫著,林陵译《俄罗斯问题》由上海时代书报出版社刊行。

[俄]K.西蒙诺夫著,茅盾译《俄罗斯问题》由上海世界知识社刊行。

[俄]西蒙诺夫著,英文研究会译《俄国问题》由哈尔滨东北书店刊行。

[俄]邵洛霍甫等著,曹靖华、尚佩秋辑译《死敌》(增订3版)由上海文光书店刊行。

[苏]拉甫纶由夫等著,中苏文化协会妇女会编译《不屈的心》由上海生活书店刊行。

[俄]托尔斯泰等著《卫国战》(短篇小说选)由上海时代书报出版社刊行。

[俄]卡达耶夫等著,曹靖华辑译《梦》由上海新丰出版公司刊行。

[俄]达列基等著,罗焚译《微笑》由东北书店刊行。

[俄]肖洛霍夫等著,林陵等译《他们为祖国而战》由上海时代书报出版社刊行。

[俄]普式庚著,孙用译《上尉的女儿》由上海文化生活出版社刊行。

[俄]赫尔詹著,适夷译《谁之罪》由上海大勇图书公司刊行。

[俄]陀思妥耶夫斯基著,李葳译《醉》由上海文光书店刊行。

[俄]陀斯托夫斯基著,王维镐译《淑女》由上海文光书店刊行。

[俄]陀思妥耶夫斯基著,韦丛芜译《穷人及其他》由上海正中书局刊行。

[俄]陀思妥耶夫斯基著,耿济之译《死屋手记》由上海开明书店刊行。

[俄]陀思妥耶夫斯基著,韦丛芜译《死人之家》由上海正中书局刊行。

[俄]陀思妥耶夫斯基著,耿济之译《卡拉马助夫兄弟们》由上海晨光出版公司刊行。

[俄]托尔斯泰著,高植译《幼年·少年·青年》由上海文化生活出版社刊行。

[俄]托尔斯泰著,方敬译《伊凡伊里奇之死》由上海文化生活出版社刊行。

[俄]托尔斯泰著,郭沫若、高地译《战争与和平》由上海骆驼书店刊行。

[俄]绥拉菲摩维支著,曹靖华译《铁流》由上海生活书店刊行。

〔俄〕绥拉菲摩维支著,周文改编《铁流》由佳木斯东北书店刊行。

〔俄〕绥拉菲摩维支著,周文改编《铁流》由东北书店牡丹江分店刊行。

〔苏〕高尔基著,石人译《不平常的故事》由诚文出版社刊行。

〔苏〕高尔基著,周扬译《奥罗夫夫妇》由上海生活书店刊行。

〔苏〕高尔基著,钱谦吾译《高尔基名著精选》由上海新路书局刊行。

〔苏〕高尔基著,适夷译《人间》由东北书店刊行。

〔苏〕高尔基著,孙光瑞译《母》由东北书店刊行。

〔俄〕斐定著,曹靖华译《城与年》由上海骆驼书店刊行。

〔苏〕法捷耶夫著,水夫译《青年近卫军》由上海时代书报出版社刊行。

〔俄〕欧根·雷斯著,荃麟译《阴影与曙光》由上海开明书店刊行。

〔俄〕奥斯托洛夫斯基著,禾金译《暴风雨所诞生的》由上海潮锋出版社刊行。

〔俄〕方妲·华西莱芙斯卡亚著,金人译《只不过是爱情》由辽宁沈阳东北书店刊行。

〔俄〕肖洛霍夫著,立波译《被开垦的处女地》由太岳新华书店刊行。

〔俄〕索洛维约夫著,钟旭译《伊万·尼古林——俄罗斯的水兵》由哈尔滨东北书店刊行。

〔俄〕索洛耶夫著,蓝文和译《俄罗斯水手伊凡尼库林》由贵州贵阳文通书局刊行。

〔俄〕郭尔巴托夫著,苍木译《宁死不屈》由河南武安华北新华书店刊行。

〔俄〕伯明尔·尼林著,沈静波译《在生命线上》由上海联益出版社刊行。

〔苏〕西蒙诺夫著,苍木、继纯译《日日夜夜》由河南武安韬奋书店刊行。

〔苏〕西蒙诺夫著,新四军山东军区政治部编《日日夜夜》由山东新华书店刊行。

〔苏〕Potemkin 著,安纳译《俄女哀史——一个苏联新女性的悲剧》由江苏南京独立出版社刊行。

〔俄〕哈马堂著,林陵译《西伐斯托波尔人》由大连人民呼声报社刊行。

〔犹太〕阿莱凯姆著,柳无垢译《喀特雅最幸福的人》由上海耕耘出版社刊行。

〔俄〕爱伦堡著,李嘉译《美国我见我闻》由上海新群出版社刊行。

〔苏〕拉甫纶由夫等著,中苏文化协会妇女委员会编译《苏联女英雄》由上海生活书店刊行。

〔俄〕波里亚珂夫著《在敌人后方》由晋冀鲁豫军区政治部刊行。

〔苏〕彼·里多夫著《丹娘》由太岳新华书店刊行。

〔俄〕维克多·葛诚科著,蕴雯等译《我择取自由》由江苏南京独立出版社刊行。

〔俄〕维克多·克拉夫青科著,勤宣译《我选择了自由》由上海民治出版社刊行。

〔俄〕克兰钦可著,沈镝等译《我选择了自由》由江苏南京天地出版社刊行。

〔俄〕巴诺夫著,戈宝权译《宝石花》由上海时代书报出版社刊行。

〔俄〕萨尔蒂可夫·锡且特林著,蒋天佐译《萨尔蒂可夫寓言》由上海海燕书店刊行。

〔俄〕陀罗雪维支著,胡愈之译《寓言的故事》由上海开明书店刊行。

〔俄〕马尔夏克著,穆木天译《快活的日子》(苏联儿童诗剧)由上海立化出版社刊行。

〔俄〕L. 托尔斯泰著,陈原译《狗的故事》由上海生活书店刊行。

〔俄〕班台莱耶夫著,彭慧译《小姑娘们》由上海文化供应社刊行。

〔俄〕帕郭列尔斯基著,磊然译《黑母鸡》由上海时代书报出版社刊行。

〔俄〕布黎士汶译著,刘辽逸译《太阳的宝库》由大连光华书店刊行。

〔俄〕扬·拉丽著,黄幼雄译《昆虫世界漫游记》由上海开明书店刊行。

〔苏〕西尼亚威尔著,梁香译《俄罗斯音乐史纲》由上海时代书报出版社刊行。

〔苏〕哥罗德茨基等著,胡明编译《苏联是怎样成长强大的——简明苏联历史讲话》由太行群众书店、冀鲁豫书店刊行。

〔苏〕列昂捷夫著,刘辽逸译《第二次世界大战的起源和性质》由大连光华书店刊行。

〔苏〕裘柯夫斯基著,俞鸿模译《尼古拉梭夫传》由上海海燕书店刊行。

〔苏〕米哈伊洛夫著《苏联全貌》刊行。

〔苏〕罗果夫编《莫斯科》由上海时代书报出版社刊行。

〔美〕伏尔法著,王文新译《儿童心理发展之案例研究》由正中书局刊行。

〔美〕米开塞尔著,冯明章译《心理作用谈丛》刊行。

〔美〕威尔脱·匹顿著,戴圃青译《成功的起点》由上海正义书店刊行。

〔美〕韦勃、摩尔根著,仲渊才译《名人的成名术》由上海正义书店刊行。

〔美〕卡耐基著,合作出版社编译《处世与交友》由上海长风书店刊行。

〔美〕Josiah Royce著,谢扶雅译《宗教哲学》(上下册)由商务印书馆刊行。

〔美〕O. M. I. Sstanilaus著,王昌社译述《给儿童们》由香港真理学会刊行。

〔美〕巴纯士著,徐红矶译《我们的经济生活》由香港公教真理学会刊行。

〔美〕怀爱伦著,蔡书绅译《人类的救星》由上海时兆报馆刊行。

〔美〕史瑞白著,龙灵光译《永不灭亡》由广东恩典研经社刊行。

〔美〕威廉·詹姆士著,唐钺译,中国哲学名著编译委员会主编《宗教经验之种种》(上下册)由商务印书馆刊行。

〔美〕韦德尔著,〔美〕易德文、〔中〕吕绍端译《旧约圣经神学》(上册)由汉口中华信义会书报部刊行。

〔美〕伊文思、温慈编,赵洪涛译《中有闻教得度密法》刊行。

〔美〕爱尔乌德著,瞿世英译《社会哲学史》由商务印书馆刊行。

〔美〕密尔斯著,李黄孝贞、陆宗蔚译《统计方法》由上海中华书局刊行。

〔美〕加累特著,刘乃敬译《实用统计学》由上海大东书局刊行。

〔美〕桃乐塞·狄斯著,汪国华译《少女结婚课》由激流书店刊行。

〔美〕麦佛登著,赵竹光译《女子性生活》由上海健身学院刊行。

〔美〕罗辛格等著《谁要中国内战?》由东北书店刊行。

〔美〕蒲立德著《访华观感》由江苏镇江江苏文化股份有限公司出版部刊行。

〔美〕福斯特等著《论目前国际形势》由华中韬奋书店刊行。

〔美〕蒲立德著,伍友书译《如此世界》由上海中国文化服务社刊行。

〔美〕佛里雪尔著,董德芳编译《日本内幕》由国防部史政局刊行,有著者原序及吴石序。

〔美〕蒂恩著《认识苏联》由江苏南京新中国出版社刊行。

按:作者曾任美国对外政策协会研究主任,原著由美国外交政策协会出版。书中评述苏联人民和国家、布尔什维克革命、政治及政党、经济制度及第一个五年计划等。

〔美〕萨伊尔斯著,潘际坶等译《反苏大阴谋》由上海知识出版社刊行。

按:是书评述帝国主义武装干涉苏联,对白俄流亡分子、叛逃分子及托洛茨基分子的支持,以及美国的反苏立场等。有克劳德、裴柏原序及译者后记。

[美]约翰·根室著《美国内幕》由上海三人出版社刊行。

[美]宾尼顿等著,王书林、丁伯恒译《军事领导心理》由国防部史政局刊行。

按:是书共分 10 章,有导言、实施教育、充任部队长、维持军纪、管理人士的方法,以及战争中军官与士兵、军官与士气的关系等。有著者序及书评一则。

[美]马歇尔著,裴元俊、黄涤芜编译《马歇尔元帅第二次世界大战报告书简编》由国防部史政局刊行。

[美]马歇尔著,陆军大学译《马歇尔报告书》由江苏南京国防部新闻局刊行。

[美]安诺德著,吴家盛译《安诺德报告书》由陆军大学校刊行。

[美]W. F. 乌格朋主编,朱亦松译《经济学与其他社会科学》由上海商务印书馆刊行。

[美]朱廷杰译《船艺》由海军总司令部编纂处刊行。

[美]迈阿密海军训练团原著,徐汝霖译《四十公厘炮》由海军总司令部编纂处刊行。

[美]伦德堡著,张冀声译《美国六十大家族》由大连大众书店刊行。

[美]李斯等著,叶良辅译《矿物与世界和平》由上海正中书局刊行。

[美]毕宁著,王育伊译述《美国经济生活史》由上海商务印书馆刊行。

[美]格罗弗、康乃尔著,中国计划建设学会译《美国实业发展史》由上海商务印书馆刊行。

[美]葛德石著,王勤堉译《苏联国力的基础》由上海开明书店刊行。

[美]韦拔斯著,朱凤鸣译《合作经济与世界和平》由南京中国合作事业协会刊行。

[美]卜凯、克提斯著,戈福鼎、汪荫元译《中国农场管理学》由上海商务印书馆刊行。

[美]穆德著,王揆生、王季深合译《美国的新闻事业》由上海文化服务社刊行,有司徒雷登的序和译序。

[美]毛尔顿著,杨承厚译《公债新哲学》由上海商务印书馆刊行。

[美]波特著,秦希廉译《十字路上之进步教育》由上海正中书局刊行,有著者及译者序、作者略历。

[美]美国全国教育会编,曾大钧译《战后美国之国民教育》(新中学文库)由上海商务印书馆刊行。

[美]克劳福德著,钟鲁齐、吴江霖合译《教育研究法及其原理》由上海世界书局刊行。

[美]杜威著,邹韬奋译《民本主义与教育》(现代教育名著)(大学丛书)由上海商务印书馆刊行。

按:是书分教育与生活、教育与环境、教育即生长、教育主义之批评、教育上之平民主义、教育上之目的、兴趣与训练,经验与思想等 28 章。此书系著者于 1920 年来北京讲课时所用教本。

[美]加利孙著,董任坚译《经用的幼儿游戏材料》(儿童教育丛书)由上海中华书局刊行。

[美]霍尔曼著,桑榆译述《篮球夺霸术》(体育丛书)由上海东南日报社刊行。

[美]W. Saroyan 著,吕叔湘译注《(附译文)我叫阿拉木》(详注现代英文丛刊甲辑第 1 种)由上海开明书店刊行。

[美]A. N. Keith 著,吕叔湘译注《(附译文)南洋土人逛纽约》(详注现代英文丛刊甲辑第 8 种)由上海开明书店刊行。

［美］金斯利著，严既澄译《水孩子》由上海商务印书馆刊行。

［美］威尔逊著，沈炼之译《罗曼·罗兰传》由上海文化生活出版社刊行。

［美］史坦培克著，重木译《月落乌啼霜满天》由上海中国电影年鉴社刊行。

［美］奥尔珂德著，梅金译《好妻子》由四川成都经纬书局刊行。

［美］华尔顿著，吕叔湘译《伊坦·弗洛美》由上海文化生活出版社刊行。

［美］德莱赛著，钟宪民译《天才梦》由上海教育书店刊行。

［美］勃罗尼维著，施落英译《小人国奇遇记》由上海启明书局刊行。

［美］勃罗尼维著，施落英译《地心漫游录》由上海启明书局刊行。

［美］杰克·伦敦著，苏桥译《白牙》由上海国际文化服务社刊行。

［美］辛克莱著，郭沫若译《石炭王》由上海群益出版社刊行。

［美］辛克莱著，郭沫若译《屠场》由译文社刊行。

［美］范达痕著，程小青译《紫色屋》由上海世界书局刊行。

［美］范达痕著，程小青译《赌窟奇案》由上海世界书局刊行。

［美］范达痕著，程小青译《咖啡馆》由上海世界书局刊行。

［美］宓西尔著，杜苍白译《飘》由重庆陪都书店刊行。

［美］约翰·斯坦贝克著，赵家璧译《月亮下去了》由上海晨光出版公司刊行。

［美］赖特著，余怀澄译《小黑人》由上海大东书局刊行。

［美］雷特著，黄朱绮译《黑孩子》由上海家杂志社刊行。

［美］E. Balmer，P. Wylie著，周煦良译《地球末日记》由上海龙门联合书局刊行。

［美］卡兹琳·温索尔著，傅东华译《琥珀》由上海龙门联合书局刊行。

［美］奥尼尔著，唐绍华译《人性——灵魂的斗争》由上海中国文化事业社刊行。

［美］斯特朗著，李棣华译《我所见的新波兰》由华北新华书店刊行。

［美］根室·史坦因著，伊吾等译《新中国的雏形》由生产出版社刊行。

［美］白修德、贾安娜著，以沛、端纳译《中国暴风雨》由香港风雨书屋刊行。

［美］卡力斯著，庄湜译《红军生活目击记》由光明出版社刊行。

［美］史塔龄著，贾午译《白宫铁史》由江苏南京青年军出版社刊行。

［美］马克·吐温著，章铎声译《孤儿历险记》由上海光明书局刊行。

［美］马克·吐温著，刘正训译《傻子旅行》由上海光明书局刊行。

［美］马克·吐温著，章铎声、国振译《顽童流浪记》由上海光明书局刊行。

［美］华脱·迪斯耐著，凌山译《米老鼠开报馆》由上海生活书店刊行。

［美］萨洛扬著，胡仲持译《我叫阿拉谟》由香港咫园书屋刊行。

［美］B. Bertha，Ernest Cobb著，陆蕙秀译《莲儿爱猫记》由上海儿童书局刊行。

［美］B. Bertha，Ernest Cobb著，陆蕙秀译《阿罗救父记》由上海儿童书局刊行。

［美］E. McInnis著，张其骏译《第二次世界大战纪——第一年》由上海中华书局刊行。

［美］第威特、休格著，王检译《第二次世界大战简史》由上海教育书店刊行。

［美］斯特朗著，孟展译《毛泽东的思想》由中国出版社刊行。

［美］科比著，王云阶译《大音乐家的爱》由上海铁风出版社刊行。

按：是书介绍莫差特、贝多芬、门德尔松、肖邦、舒曼、李斯特、瓦格纳等7位欧洲乐坛名人的事略。

　　［美］威尔逊著，沈炼之译《罗曼·罗兰传》由上海文化生活出版社刊行。

按：作者《译后记》说："记得我第一次认识罗曼·罗兰是在北高师做学生的时候,那时候同班的同学杨人楩兄每天在旁边着手翻译褚威格的《罗曼·罗兰:人和著作》。后来有一天在北京饭店买到一本美国出版的《世纪》杂志,上面登着罗兰的《甘地》,当时读了之后,觉得很受感动,不管自己的英文程度够不够,就把它译出来。不过始终没有勇气拿去出版。到了会读法文的时候,又读了罗曼·罗兰的基本著作,于是不知不觉地对于这位伟大的法国作家起了崇敬之念。我敬爱他,不仅因为他是现代法国第一流的文学家,并且因为他是世界上一位最伟大的思想家和最勇敢的和平主义者。可惜前年他在祖国沦亡的期间郁郁去世了。这几篇文章翻译,就作为我献给这位伟大的导师的一件小小的纪念品吧!"

[美]罗德著,刘美丽编译《基督教著名妇女小传》由上海广学会刊行。

[美]华尔希著,魏成译《西班牙女王伊萨白尔传》由上海商务印书馆刊行。

[美]达尔·卡尼基著,羽沙译《名人逸事》由成都激流书店刊行。

按：是书介绍罗斯福、爱因斯坦、爱迪生等世界名人及美国影星的逸事。

[美]怀爱伦著,蔡书绅译《人类的救星》由上海时兆报馆刊行。

[美]葛德石著,谌亚达译《中国区域地理》由正中书局刊行。

[美]斯特朗著,李亚译《新波兰游记》由佳木斯东北书店刊行。

[英]奥斯本(原题奥兹木)著,董秋斯译《精神分析学与辩证唯物论》由上海读书出版社刊行。

[英]罗素著,李季译《心的分析》由上海中华书局刊行。

[英]魏善海著,于熙俭译述《性生活的控制》由上海青年协会书局刊行。

[英]罗素著,傅雷译《幸福之路》由上海南国出版社刊行。

[英]Christopher Dawson 著,柳明译《进步与宗教》由上海商务印书馆刊行。

[英]勒未斯著,赵增辉译《民主真谛》由上海中国文化服务社刊行,有译者序。

[英]克里浦斯著,彭莲棠译《社会计划经济制度》由上海大东书局刊行。

按：是书分 14 章。对比社会主义和资本主义两种经济制度在财富分配和经济基础等方面的不同点,指出社会计划经济制度将成为永久和平的经济基础。

[英]塞耶斯著,汪祥春、钱荣堃译《银行学新论》由正中书局刊行。

[英]亨利·魏克汉·斯蒂德著,王秀深、吴饮冰译《新闻学的理论与实际》由上海文化服务社刊行。

[英]马丁、准兹、拉塞尔著,李晓舫译述《英国的科学》由上海商务印书馆刊行。

[英]Daniel Delos 著,[加拿大]文幼章编《(练习片)直接法英语读本》(1—8 册)由上海中华书局刊行。

[英]莎士比亚等著,柳无忌选译《(英汉对照)莎士比亚时代抒情诗》由上海大时代书局刊行。

[英]H. E. Palmer 著,张沛霖编注《口头英语活用百表》由上海开明书店刊行。

[英]埃斯库罗斯著,罗念生译《普罗密修斯》由上海商务印书馆刊行。

[英]莫逊、勒樊脱著,柳无忌、曹鸿昭译《英国文学史》由上海商务印书馆刊行。

按：是书《译者序》说："中英文化的交流已有二三百年的历史,但是中国大量地吸收着西方的文化,尤其是英国的文学作品,尚是晚近数十年来的事情。文学是一个民族的精神生活的表现,我们要切实了解这个民族,必先研讨其文学,然后始能窥探其社会制度,生活环境,与民族特性,以及组成并推动这一切的精神力量,这力量就是反映在伟大作品中的热烈的情绪与深邃的思想。所以在今日中英关系更趋密切,我们对于英国民族更须深刻的认识时,英国文学的介绍显得绝对的重要。"

［英］莎士比亚著，朱生豪译《莎士比亚戏剧全集》（第1辑）由上海世界书局刊行。

［英］莎士比亚著，朱生豪译《莎士比亚戏剧全集》（第2辑）由上海世界书局刊行。

［英］莎士比亚著，朱生豪译《莎士比亚戏剧全集》（第3辑）由上海世界书局刊行。

［英］莎士比亚著，朱生豪译《汉姆莱脱》由上海世界书局刊行。

［英］莎士比亚著，朱生豪译《罗密欧与朱丽叶》由上海世界书局刊行。

［英］莎士比亚著，朱生豪译《该撒遇弑记》由上海世界书局刊行。

［英］莎士比亚著，朱生豪译《皆大欢喜》由上海世界书局刊行。

［英］莎士比亚著，朱生豪译《威尼斯商人》由上海世界书局刊行。

［英］莎士比亚著，朱生豪译《麦克佩斯》由上海世界书局刊行。

［英］莎士比亚著，朱生豪译《第十二夜》由上海世界书局刊行。

［英］莎士比亚著，朱生豪译《李尔王》由上海世界书局刊行。

［英］莎士比亚著，朱生豪译《奥瑟罗》由上海世界书局刊行。

［英］莎士比亚著，朱生豪译《暴风雨》由上海世界书局刊行。

［英］莎士比亚著，朱生豪译《仲夏夜之梦》由上海世界书局刊行。

［英］莎士比亚著，朱生豪译《维洛那二士》由上海世界书局刊行。

［英］莎士比亚著，朱生豪译《错误的喜剧》由上海世界书局刊行。

［英］莎士比亚著，朱生豪译《量罪记》由上海世界书局刊行。

［英］莎士比亚著，朱生豪译《女王殉爱记》由上海世界书局刊行。

［英］莎士比亚著，张常人译《好事多磨》由上海大东书局刊行。

［英］莎士比亚著，朱生豪译《无事烦恼》由上海世界书局刊行。

［英］莎士比亚著，朱生豪译《终成眷属》由上海世界书局刊行。

［英］莎士比亚著，朱生豪译《冬天的故事》由上海世界书局刊行。

［英］莎士比亚著，朱生豪译《英雄叛国记》由上海世界书局刊行。

［英］莎士比亚著，朱生豪译《爱的徒劳》由上海世界书局刊行。

［英］莎士比亚著，朱生豪译《驯悍记》由上海世界书局刊行。

［英］莎士比亚著，朱生豪译《温莎的风流娘儿们》由上海世界书局刊行。

［英］莎士比亚著，朱生豪译《血海歼仇记》由上海世界书局刊行。

［英］莎士比亚著，朱生豪译《特洛埃围城记》由上海世界书局刊行。

［英］莎士比亚著，朱生豪译《黄金梦》由上海世界书局刊行。

［英］莎士比亚著，朱生豪译《还璧记》由上海世界书局刊行。

［英］莎士比亚著，朱生豪译《沈珠记》由上海世界书局刊行。

［英］萧伯纳著，林语堂译《卖花女》由上海开明书店刊行。

［英］笛福著，汪原放译《鲁滨孙漂流记》由上海建文书店刊行。

［英］史谷脱著，少尹、石碏译《史谷脱杰作本事》由上海大东书局刊行。

［英］狄更司著，陈原译《爱情的故事》由重庆国际文化服务社刊行。

［英］迭更司著，邹绿芷译《炉边蟋蟀》由上海通惠印书馆刊行。

［英］迭更司著，董秋斯译《大卫·科波菲尔》（上下册）由上海骆驼书店刊行。

［英］迭更司著，罗稷南译《双城记》由上海骆驼书店刊行。

［英］哈德生著，刘文贞辑译《鸟与兽》由台北台湾书店刊行。

　　［英］史蒂文生著，李霁野译《化身博士》（原名杰克尔大夫和哈第先生）由上海开明书店刊行。

　　［英］柯南道尔著，小隐译《绝命书》由上海育才书局刊行。

　　［英］柯南道尔著，小隐译《多情球员》由上海育才书局刊行。

　　［英］柯南道尔著，庄稼译《血字的研究》由上海启明书局刊行。

　　［英］哈金斯著，缪廷辅译《续罗宫秘史》由上海日新书社刊行。

　　［英］伍尔孚著，王还译《一间自己的屋子》由上海文化生活出版社刊行。

　　［英］克里斯多夫著，卞之琳译《紫罗兰姑娘》由上海文化生活出版社刊行。

　　［英］克里思多阜·衣修午德著，吉幸著，李霁野译《四季随笔》由台湾省编译馆刊行。

　　［英］汤姆·贝文著，张梦麟译《航海少年》由上海中华书局刊行。

　　［英］兰辛著，李敬祥译《罗宾汉的故事》由上海启明书局刊行。

　　［英］罗金斯著，严大椿译《金河王》由上海大东书局刊行。

　　［英］加乐尔著，赵元任译《阿丽思漫游奇境记》由上海商务印书馆刊行。

　　［英］王尔德著，穆木天译《王尔德童话》由上海天下书店刊行。

　　［英］吴迪著，陈礼颂译《暹罗史》（上下册）由上海商务印书馆刊行。

　　［英］Thomas Martin 著，何肇菁译《法勒第传》由南京独立出版社刊行。

　　［英］L. 杜特莱·斯丹普著，胡仲持译《新地理学大纲》由香港华美图书公司刊行。

　　［法］马利丹（原题马利旦）著，戴明我译《哲学概论》由上海商务印书馆刊行。

　　［法］盖恩夫人著，俞成华译《馨香的没药》（传记第一种）由上海福音书房刊行。

　　［法］盖恩著，俞成华译《盖恩夫人的信》由上海福音书房刊行。

　　［法］高利约著，公教丛书委员会译《自尊》由天津崇德堂刊行。

　　［法］格罗西著，梁保禄译《如何爱天主》由香港公教真理学会刊行。

　　［法］马迪厄著，杨人楩译注、中山文化教育馆编辑《法国革命史》（上下册）由上海商务印书馆刊行。

　　［法］E. 邵可倡著，毕修勺译《进化与革命》由上海平明书店刊行。

　　按：是书为世界社会思想名著丛刊之一。

　　［法］刺外格著，杨人楩译《罗曼·罗兰》由上海商务印书馆刊行。

　　［法］波特莱尔著，戴望舒译《恶之华撮英》由上海怀正文化社刊行。

　　［法］雨果著，陈瘦竹译《欧那尼》由上海群益出版社刊行。

　　［法］小仲马著，陈绵译《茶花女》由上海商务印书馆刊行。

　　［法］米尔波著，王了一译《生意经》由上海商务印书馆刊行。

　　［法］罗曼·罗兰著，沈起予译《狼群》由上海骆驼书店刊行。

　　［法］达德赖·尼柯尔斯著，袁俊译《吾土吾民》由上海文化生活出版社刊行。

　　［法］蒲吕渥著，娄绍莲译《曼侬》由上海正风出版社刊行。

　　［法］斯丹达尔著，赵瑞霖译《红与黑》由上海作家书屋刊行。

　　［法］巴尔扎克著，高名凯译《两诗人》由上海海燕书店刊行。

　　［法］巴尔扎克著，高名凯译《外省人在巴黎》（幻灭三部作之二）由上海海燕书店刊行。

　　［法］巴尔扎克著，高名凯译《发明家的苦恼》（幻灭三部作之三）由上海海燕书店刊行。

　　［法］巴尔扎克著，高名凯译《单身汉的故事》（又名《打水姑娘》）由上海海燕书店刊行。

［法］巴尔扎克著,高名凯译《幽谷百合》由上海海燕书店刊行。

［法］巴尔扎克著,高名凯译《老小姐》(竞争二部作之一)由上海海燕书店刊行。

［法］巴尔扎克著,高名凯译《古物陈列室》由(竞争二部作之二)由上海海燕书店刊行。

［法］大仲马原著,蒋学模译《基度山恩仇记》由上海文摘出版社刊行。

［法］都德著,李劼人译《小东西》由上海作家书屋刊行。

［法］左拉著,焦菊隐译《娜娜》(上下册)由上海文化生活出版社刊行。

［法］莫泊桑著,周瘦鹃译《自杀俱乐部》由上海大东书局刊行。

［法］莫泊桑著,周瘦鹃译《奴爱》由上海大东书局刊行。

［法］莫泊桑著,李劼人译《人心》由上海作家书屋刊行。

［法］米尔博著,马泰融译《仓房里的男子》由上海文化生活出版社刊行。

［法］洛蒂著,徐霞村译《菊子夫人》由上海正风出版社刊行。

［法］古尔蒙著,姚蓬子译《处女的心》由上海作家书屋刊行。

［法］勒白朗著,杨六郎译《空心石柱》由上海国泰书局刊行。

［法］勒白朗著,吴鹤声译《恐怖的美人》由上海春明书局刊行。

［法］纪德著,卞之琳译《浪子回家集》由上海文化生活出版社刊行。

［法］乔治·杜哈曼著,傅雷译《文明》由上海南国出版社刊行。

［法］卢骚著,沈起予译《忏悔录》(上卷)由上海作家书屋刊行。

［法］马洛著,适夷译《海国男儿》由上海建文书店刊行。

［法］剌外格著,杨人楩译《罗曼·罗兰》由上海商务印书馆刊行。

［德］费希特著,樊星南、顾寿观译《人的天职》由上海商务印书馆刊行。

［德］尼采著,楚图南(原题高寒)译《查拉斯图拉如是说》由贵州贵阳文通书局刊行。

［德］尼采著,楚图南(原题高寒)译《看哪这人》由贵州贵阳文通书局刊行。

［德］尼采著,刘恩久译《看哪,这个人!》由辽宁沈阳文化书店刊行。

［德］F. R. 女士著,丁山译《迪嘉兰》由澳门白德美纪念出版社刊行。

［德］马克思著,林超真译《马克思致顾格曼的信》由上海亚东图书馆刊行。

［德］布朗德尔著,余在铭译《给初学社会科学者》由集成书屋刊行。

［德］布式克、雅各生著,董秋斯译《性教育新论》由上海生活书店刊行。

［德］Max Beer 著,叶启芳译《近代农民斗争及乌托邦社会主义》由上海神州国光社刊行。

［德］恩格斯等著《社会发展史》由香港新民主出版社刊行。

［德］达马熙克著,张丕介译《土地改革论》由建国出版社刊行。

［德］国防部著,王寿宝译《军事工程学》由上海商务印书馆刊行。

［德］斯密特著,杜沄译《德国警察战术》由四川成都复兴书局刊行。

按:是书介绍德国保安警察的战术、战斗方法及应用。包括指挥方法,都市战及郊外战,协调行动及地形学等。有著者自序、译者序及张群、李士珍等序。

［德］马克思著,郭沫若译《艺术的真实》由上海群益出版社刊行。

［德］歌德著,郭沫若译《少年维特之烦恼》由重庆群益出版社刊行。

［德］霍普特曼著,郭鼎堂译《异端》由上海商务印书馆刊行。

［德］雷马克著,林友兰译《凯旋门》由香港芭蕉出版社刊行。

［德］尼采著，高寒译《看哪这人》由重庆文通书局刊行。

［德］格林著，魏以新译《格林童话全集》由上海商务印书馆刊行。

［德］梅尔原著，郭大力编译《恩格斯传》由读书出版社刊行。

［日］日本大本营陆军部原著，倪家襄、陈英海译述《东苏苏军后方准备调查书》由国防部史政局刊行。

［日］田中隆吉著，赵南柔译《日本的军阀》由上海改造出版社刊行。

［日］西尾爱治著，张包增译《合作青年读本》由上海中国合作图书用品生产合作社刊行。

［日］永田清著，吴兆莘译《现代财政学理论体系》由重庆正中书局刊行。

按：是书分前、后编。前编4章分述"共同欲望论""全体主义""目的论"及"功利主义"等各派财政学说；后编4章阐述"财政社会学"的各种理论和国家公共经济、市场私人自由经济及财政的政治性质问题。

［日］荒木光太郎著，马咸译《货币与物价》由上海正中书局刊行。

按：是书分8编。论述货币的起源、变革、职能、币制、政策、价值理论及其与物价的关系等。作者留学奥国，立论近于奥地利学派。

［日］盐谷温著，隋树森译《元曲概说》由上海商务印书馆刊行。

［日］秋田雨雀等著，杨烈译《文学名著研究》由四川成都协进出版社刊行。

［日］米川正夫著，任钧译《俄国文学思潮》由上海正中书局刊行。

［日］神田喜一郎编《敦煌秘籍留真新编》由台北国立台湾大学刊行。

［日］森正藏著，赵南柔等译《日本近代社会运动》由上海亚东协会刊行。

［意］克罗齐著，朱光潜译《美学原理》由正中书局刊行。

［意］梅安尼著，莫希功选译《血露》由澳门白德美纪念出版社刊行。

［意］儒略著，向达校《大西西泰利先生行迹》由北平上智编译馆刊行。

［意］梅安尼著，鲁微达译《谟罕默德的女儿》由上海慈幼印书馆刊行。

［意］梅安尼著，胡兴粤译《古城巨窃》由上海慈幼印书馆刊行。

［意］鲍斯高著，邓青慈译《马高聊·弥尔传》由澳门慈幼印书馆刊行。

［希腊］柏拉图著，林苑文译《恋爱论》由上海国际文化服务社刊行。

［比利时］马弥雍著，范介萍译《圣道之配》由香港公教真理学会刊行。

［波］马凌诺斯基著，费孝通等译《文化论》由上海商务印书馆刊行。

［匈牙利］瓦尔加著，吴清友译《战后资本主义经济之变化》由上海生活书店刊行。

［匈牙利］瓦尔加等著《美国战后经济恐慌》由华北新华书店刊行。

［匈牙利］瓦尔加著，陈威译《英美经济关系》由上海光华书店刊行。

按：是书简述第二次世界大战期间美国对英国的军事贷款、英美经济关系史、英美的竞争和矛盾等内容。

［匈牙利］瓦尔加等著，梁香等译《世界经济总危机》由香港中国出版社刊行。

［加］罗伯逊著，文圣常译《原子轰击与原子弹》由上海世界书局刊行。

［捷］雷特纳著，唐现之译《怎样教导子女》由上海家杂志社刊行。

［挪威］易卜生著，翟一我译《傀儡家庭》由江苏南京世界出版社刊行。

［苏］铎尼克著，焦敏之译《文艺的基本问题》由上海文光书店刊行。

［波兰］奥西斯歌著，钟宪民译《孤雁泪》由上海国际文化服务社刊行。

［意］梅安尼著，殷士译《荒漠之花》由上海慈幼印书馆刊行。

［南斯拉夫］米洛凡·杰拉斯等著《铁托元帅》由上海时代社刊行。

［埃及］太浩·虚生著，马俊武译《童年的回忆》由上海商务印书馆刊行。

［希腊］伊索著，许敬言编译《伊索寓言选》由上海商务印书馆刊行。

Fr. Stedman 著，吴经熊译《弥撒规程》由香港公教真理学会刊行。

W. A. White 著，徐儒译《医学心理学》由贵州贵阳文通书局刊行。

F. Steffen 绘，郭沫若编述《浮士德百三十图》由上海群益出版社刊行。

T. S. Roucek 著，许孟瀛译《社会学与教育》由上海商务印书馆刊行。

J. E. Spingam 著，孙伟佛编译《文艺复兴之文艺批评》由江苏南京正中书局刊行。

R. F. Schabelitz 等著，程小青译《画中线索》由上海艺文书局刊行。

Alice Derish 著，陈伯吹译《一家人都飞去了》由中华书局刊行。

A. 伦第著，陈原译《现代世界民主运动史纲》由上海新知书店刊行。

按：是书分现代民主主义的兴起、荒原的新生命、欧洲的黎明、民主运动的停滞期、一个新时代、德国的民主运动、马克思主义的兴起、马克思主义与民主传统、近百年来的民主运动等9章。论述了世界各重要国家的人民民主运动的经验与教训，以及有关民主运动与社会革命的诸问题。

奥云·德理著，郭海骏译《天主教永垂不朽》由香港公教真理学会刊行。

白罗著，周若渔译《耶稣圣心入王家庭问答》由香港公教真理学会刊行。

程野声主编，郭海俊译《摩尔博士的文卷》由香港真理学会刊行。

狄士滔著，高福安、徐芳济合译《异教恩仇》由澳门白德美纪念出版社刊行。

佛略烈著，姚景星译《小牧童》（上）由白德美纪念出版社刊行。

佛略烈著，姚景星译《小牧童》（下）由白德美纪念出版社刊行。

乌果斯安尼著，王涌译《猛士忠魂》由澳门白德美纪念出版社刊行。

王守礼著，傅明渊译《边疆公教社会事业》由北平上智编译馆刊行。

吴经熊著，宋超群译《爱的科学》由北平上智编译馆刊行。

夏尔孟编，吴耀宗、刘开荣译《为人师的耶稣》由重庆商务印书馆刊行。

徐司铎著，申自天译《耶稣真徒的生活》（第3册，耶稣在人心中的生活）由天津崇德堂刊行。

白德美著，傅玉棠译《真有地狱吗?》由澳门白德美纪念出版社刊行。

白德美著，叶顺天译《论小罪》由澳门白德美纪念出版社刊行。

柏若翰著，赖福成译《避静指南》由香港公教真理学会刊行。

包维尔著，姚景星译《铎修正则》由澳门慈幼印书馆刊行。

鲍斯高著，陈伯康、苏冠明译《青年你是这样吗》由澳门慈幼印书馆刊行。

鲍斯高著，梁铭勋译《高级古史略》由澳门慈幼印书馆刊行。

鲍斯高著，邓青慈译《马高鼎弥尔传》由澳门慈幼印书馆刊行。

伯弟多著，朱希圣译《小德肋撒德行新谱》由香港真理学会刊行。

党美瑞著，宗教教育促进会编译《古代希伯来的故事》由上海青年协会书局刊行。

韩丁著，顾惠人译《圣经的故事》由上海青年协会书局刊行。

侯树信著，李笑春译《我们的喜讯》由河北景县总修院刊行。

罗德著，刘美丽编译《基督教著名妇女小传》由上海广学会刊行。

穆·叶·纳尼维注释,庞士谦译《脑威四十段圣谕》由北平黎明学社刊行。

若翰·苏达著,范介萍译《宗徒事业之灵魂》由澳门慈幼印书馆刊行。

森麦著,梁曼如译《母亲伟大的责任》由香港真理学会刊行。

圣鲍斯高著,梁铭勋译《古史略》由澳门慈幼印书馆刊行。

张亨利著,王昌社译《亚尔斯本铎圣维雅纳传》由香港真理学会刊行。

佐治·彭斐尔著,吴炳中译《圣体降福》由香港公教真理学会刊行。

高乐康著,景明译《文化方面的传教工作》由铎声月刊社刊行。

高兰等著,英文研究会编译《目前英帝国共产党的斗争和任务》由佳木斯东北书店刊行。

林东辰著,林曙光译《新社会经济原论草案》由高雄大中华青年公论社刊行。

巴兹列维奇著,君达译《黑海海峡问题》由大连生活书店刊行。

奚识之译注《(华英对照详细注释)英文古文观止》由上海三民图书公司刊行。

鲁迅著,王际真英译《(汉英对照)高老夫子》由上海世界英语编译社刊行。

鲁迅原著,柳无垢英译《(汉英对照)祝福》由上海世界英语编译社刊行。

鲁迅原著,陈立民英译《伤逝》由上海世界英语编译社刊行。

柔石著,史诺英译《(汉英对照)为奴隶的母亲》由上海世界英语编译社刊行。

巴金原著,任玲逊译《星》由上海世界英语编译社刊行。

谢冰莹著,林如斯、林无双英译《(汉英对照)一个女性的奋斗》由上海世界文化出版社刊行。

善秉仁编,景明译,燕声补传《文艺月旦》由北平普爱堂刊行。

Vishun Sarma 著,卢前译《五叶书》由上海正中书局刊行。

斯托谟著,商承祖译《双影人》由上海正中书局刊行。

丰子恺著,[日]吉川幸次郎日译《作父亲》(中日对照缘缘堂随笔 1)由台北开明书店刊行。

丰子恺著,[日]吉川幸次郎日译《山中避雨》(中日对照缘缘堂随笔 4)由台北开明书店刊行。

丰子恺著,[日]吉川幸次郎日译《山中避雨》(中日对照缘缘堂随笔 2)由台北开明书店刊行。

丰子恺著,[日]吉川幸次郎日译《山中避雨》(中日对照缘缘堂随笔 3)由上海开明书店刊行。

一群佚名剧作家编,田禽译《血染红苍》由上海商务印书馆刊行。

史惠夫特著,徐培人编译《大人国与小人国》由四川成都经纬书局刊行。

福尔兑尔等著,李青崖译《法兰西短篇小说集》由上海商务印书馆刊行。

嘉禄米著,胡兴粤译《鬼窟歼魔记》由澳门慈幼印书馆刊行。

勒普斯著,殷士译《蓝衣人》由澳门慈幼印书馆刊行。

勒尼·吉尔著,罗亭、三友译《黑手党》由澳门慈幼印书馆刊行。

詹宣国、丁伯恒编译《第二次世界大战史图解》由国防部史政局刊行。

马克劳德著,吴泽霖、苏希轼译《印第安人兴衰史》由上海商务印书馆刊行。

隐名氏著,吴炳中译《谦逊》由香港公教真理学会刊行。

杨安德著,刘镇泉译《中国经济建设之路》由上海商务印书馆刊行。

近卫文麿著,孙识齐译《日本投降内幕》由上海国际文化服务社刊行。

露德维·易格兰著,艾珑译《欧洲间谍战》(上下集)由欧洲出版社刊行。

郑麟、林素珊辑译《处世箴言》由上海世界书局刊行。

何景文编译《人事作战》由重庆新中国书局刊行。

邓青慈译《孝爱之性》由澳门白德美纪念出版社刊行。

冯瓒璋编译《圣召问题》由慈幼印书馆刊行。

傅玉棠译《母后典型》由澳门白德美纪念出版社刊行。

傅玉棠译《贫人之母》由澳门白德美纪念出版社刊行。

傅玉棠译《圣鲍斯高的继位者》由澳门白德美纪念出版社刊行。

傅玉棠译《圣心会会祖》由澳门白德美纪念出版社刊行。

黄昌祉编译《给病者的十封信》由香港公教真理学会刊行。

黎正甫译《天神善牧》由香港公教真理学会刊行。

梁保禄编译《玫瑰十字军》由澳门白德美纪念出版社刊行。

鲁微达译《显灵圣牌》由澳门白德美纪念出版社刊行。

马司译《我们的圣教》(第一集　儿童班读本)由香港公教真理学会刊行。

苏尔译《进化论与人类原始》由香港真理学会刊行。

徐宝谦编译《灵修的经验谭》由上海青年协会书局刊行。

杨敬修译《古兰经大义》(3册)由北平伊斯兰出版公司刊行。

佚名氏著,朱希圣译《大道指归》由香港公教真理学会刊行。

殷士译述《圣嘉弥略·雷列斯小传》由香港真理学会刊行。

岳道编译《灵迹大圣》由澳门白德美纪念出版社刊行。

岳道译《七苦圣母的爱儿》由澳门白德美纪念出版社刊行。

岳道译述《慈母心》由澳门白德美纪念出版社刊行。

张秀亚译《山穷水尽》由真理会刊行。

白德美纪念出版社编译《中世纪圣教栋梁》由澳门编者刊行。

杨塞译《断头台慈父》由澳门白德美纪念出版社刊行。

圣母会会士编译《母小日课》由北平圣母会公教书籍编辑部刊行。

顾长声译《原子弹与世界末日》由上海时兆报馆刊行。

杨超然编译《青春》由上海天下书店刊行。

徐蒉园选译《纽约夜生活》由上海广益书局刊行。

金永祚、朱光庭译《太平洋宪章》由上海中华书局刊行。

按:是书评述日本帝国主义、法西斯主义的罪恶侵略活动,认为联合国家定能打败轴心国。提出战后各国建设计划,并指出应立即宣布专为亚洲制定的战后计划——太平洋宪章。

中华学艺社编译《战后日本与盟国》由上海大成出版公司刊行。

朱云影编著,台湾省编译馆编《日本改造论》由台湾书店刊行。

费孝通、史靖译《工党一年》由上海生活书店刊行。

陈兰生译《缅甸联邦宪法》由南潮社刊行。

郭化若编译《孙子兵法之新研究》由东北军用图书社刊行。

戴坚撰译《兵学研究纲要》由同仇学社刊行。

易培薰译《统帅纲领稿案》由联合勤务学校教官训练班刊行。

范汉杰编译《最新军事小动作正误图解》刊行。

陈韶译《FM23-100 战车射击教范》由国防部陆军装甲兵学校刊行。

谢爱群、王诚伦编译《第二次世界大战大事记》（上下卷）由国防部史政局刊行。

吴家盛译《沙漠战》由陆军大学刊行。

国防研究院编译组编译《利比亚战役》（其一）由江苏南京国防部史政局刊行。

国防研究院编译组编译《利比亚战役》（其二）由江苏南京国防部史政局刊行。

王镇编译《中东各战役之记载与教训》由江苏南京国防部史政局刊行。

孙和光译《美国战术纲要》由江苏南京兵学书店刊行。

孙和光编译《美国军队教育及其技术》由江苏南京兵学书店刊行。

颜卓中译述《美国军队教育法》由联合勤务总司令部刊行。

刘明湘译《美国装甲兵战术》由北平武学印书馆刊行。

刘言明译《美国化学兵编制装备表》由陆军大学刊行。

严泽元译《东北地区兵器使用之注意》由江苏南京陆军总司令部刊行。

张铁生等著译《资本主义世界新形势》由香港新中出版社刊行。

许逸超译《经济地理学原理》由上海商务印书馆刊行。

中华学艺社编译《战后日本的财经经济》由上海大成出版公司刊行。

中华学艺社编译《战后日本的财政经济》由上海大成出版公司刊行。

中华学艺社编译《战后日本的实业状况》由上海大成出版公司刊行。

高明宣编译《战后经济复员中的苏联和美国》由上海光华书店刊行。

黄肇曾译《世界之渔业》刊行。

冯大椿译著《海南岛工矿业及其计划》由新中国出版社刊行。

美国陆军部编，李铁铮译《雪地与极寒地作战》由陆军大学刊行。

徐学铠编译《广播常识》由江苏南京国民图书出版社刊行，有自序。

王承绪译述《基本教育》（上下册）（国民教育文库）由上海商务印书馆刊行，有联合国教科文组织秘书长赫胥黎序。

郑晓沧译《东方白》（美国派赴日本教育团报告书）由上海商务印书馆刊行，有译者序，卷末有跋。

董守义编译《国际奥林匹克》（世界集刊）由上海世界书局刊行。

吴伯元编译《社交游戏四百种》由江苏南京家庭服务社刊行。

刘辽逸编译《实用中俄会话》由大连光华书店刊行。

P. G. M. STENZSVD 编《德华字典》由上海吴淞万昌书局刊行。

陆殿扬编译《革新的外国语学习法》由上海世界书局刊行。

胡达人编注《高级英语背诵读本》由上海新中国联合出版社刊行。

周其勋选注《当代英文选》由广东广州中西图书供应社刊行。

吕叔湘译注《（附译文）妈妈的银行存款》（详注现代英文丛刊甲辑第 2 种）由上海开明书店刊行。

吕叔湘编注《英译唐人绝句百首》由上海开明书店刊行。

苏州中学教员英文研究会编《（修订本）高中英文选》由上海中华书局刊行。

长风编，林陵等译《苏联卫国战争诗选》由山东朝城冀鲁豫书店刊行。

邵霖生编译《朝鲜现代儿童故事》由上海正中书局刊行。

郑杰编译《伊朗童话》由上海商务印书馆刊行。

林俊千译《天方夜谭》由上海春明书店刊行。

胡兴粤译《富贵烟云》由澳门慈幼印书馆刊行。

林凡编译《春情曲》由上海正风出版社刊行。

蛰存译《妇心三部曲》由上海言行社刊行。

东北书店编《苏联文艺方向的新问题》由安东东北书店刊行。

水夫等译《联共（布）党的文艺政策》由晋冀鲁豫军区政治部刊行。

移模译《谈苏联的文学》由上海时代出版社刊行。

曹靖华译《苏联民间故事》由河北河间冀中新华书店刊行。

曹靖华译《列宁斯大林的故事》由华北新华书店刊行。

郑狄克译《黑夜枪声》由上海日新出版社刊行。

黄华辑译《各显神通》（侦探小说）由上海正气书局刊行。

陈书凤编译《花衣吹笛人》由贵州贵阳文通书局刊行。

万斯年编译《唐代文献丛考》由上海开明书店刊行。

李士钊编译《联合国歌集》由上海教育书店刊行，有李士钊的序。

曹葆华、天蓝译《演剧教程》由大连中苏友好协会刊行。

越裔译《上海史话》由上海世界文化出版社刊行。

李拂一编译《泐史》由云南昆明文建书局刊行。

曾宝菡编译《科学家奋斗史话》由上海生活书店刊行。

曹靖华译《列宁斯大林的故事》由华北新华书店刊行。

饶寿浩编译《发明家爱迪生》由台北台湾书店刊行。

魏以新译《西门子自传》由上海商务印书馆刊行。

侠平编译《罗斯福生活与思想》由上海活力出版社刊行。

按：作者序说："写传记的资料来源最好不要采自那种私人的文件，因为这是将来历史家用以描写他的主人翁的性格的。同样的，写传记的最大的困难就是往往容易受到传记的价值的限制，比如他的主人翁的后来经历，尤其是他死的日子和状态——他一生意义的关键——都是同时代的传记家所不能知道的，于是说，传记的取材应该从侧面着手，由主人翁活着时候的谈话和发问，由他的朋友和敌人的思想与情感对他的反应去研究他的性格。尤其要注意的是应该把那许多片断的生活风景中拣选几个画面作为解释之用，使死的文字变成生动的东西。……本书可说是罗斯福的一部艰苦的奋斗史，我们可以从这里看出一个当代伟人的人格记录，生活的缩影。罗氏的果毅、勇敢，始终前进的精神，是值得我们学习的。在今日世界政潮尚在汹涌的逆流中，作为中流的砥柱，撑民主的巨擘，为人类的自由搏斗，无论在哪一方面，都有将他的生平介绍给国人的必要，爰将本书辑成。本书的参考来自各国著名传记作家的名著宏文，但是挂一漏万，在所难免，尚希贤者不吝赐教。"

《要理譬解》（第 3 册上，天主降生）（43—69 题）由安徽芜湖天主堂印书馆刊行。

《要理譬解》（第 3 册下，圣神·圣教）（69—88 题）由安徽芜湖天主堂印书馆刊行。

《要理譬解》（第 4 册上，万民四末）（88—98 题）由安徽芜湖天主堂印书馆刊行。

《要理譬解》（第4册下，万民四末）（98—108题）由安徽芜湖天主堂印书馆刊行。

《要理譬解》（第5册上，伦理、一诫）（108—122题）由安徽芜湖天主堂印书馆刊行。

《要理譬解》（第5册中，二三四五诫）（123—141题）由安徽芜湖天主堂印书馆刊行。

《要理问答》由香港圣类斯工艺学校刊行。

《佛说弥勒下生成佛经》由陕西西安佛化社刊行。

《感应篇直讲》由弘化社、印光法师永久纪念会刊行。

《公进的要素》由香港真理学会刊行。

《简言要理要经六端》刊行。

《理想的社会》由香港真理学会刊行。

《灵心小史——圣女小德肋撒自传》由上海土山湾印书馆刊行。

《三世因果说》由上海明善书局刊行。

《圣光日引（早课）》刊行。

《圣洗礼仪》由香港公教真理学会刊行。

《圣心训言》由河北献县刊行。

《图像要理问答》由澳门慈幼印书馆刊行。

《我们的圣教小引》由香港纳匝肋静院刊行。

《要经六端简言要理》刊行。

《永乐·炼苦》由真理学会刊行。

《永援之母》由四川成都羊市巷赎主院刊行。

五、学者生卒

周学熙（1866—1947）。学熙字缉之，号止庵，安徽至德人。最初在浙江为官，后为山东候补道员。1900年入袁世凯幕下，主持北洋实业，是袁世凯推行新政的得力人物。1903年赴日本考察工商业，回国后总办直隶工艺总局。1905年出任天津道，1907年任长芦盐运使，办商品陈列所、植物园、天津铁工厂、高等工业学堂等。曾任山东大学第一任校长。著有《东游日记》等。

董康（1867—1947）。康字授经，号诵芬室主人，江苏武进人。光绪进士。任刑部主事，调法律馆纂修、大理院推事。辛亥革命后，逃往日本。归国后任大理院院长、司法总长、财政总长等职。晚年任上海法科大学院、东吴大学法学院、北京大学教授。"九一八事变"后，出任伪"华北临时政府"的"司法委员会委员长""最高法院院长"，晚节不忠，为士人所不齿。喜诗词，精于法律，兼治目录学。家富藏书，并以刻书知名，其"诵芬室"藏书，以多精本见称。著有《嘉业堂书目稿本》《中国法制史讲演录》《前清法制制度》《秋审制度》《集成刑事证据法》《中国法制小史》《课花庵词》《曲目韵编》《读曲丛刊》《书舶庸谭》等。

沈心工（1870—1947）。心工原名沈庆鸿，字叔逵，笔名心工，上海人。1890年中秀才，1895年执教于上海圣约翰书院，1897年考入南洋公学师范学堂；1902年4月东渡日本，进东京弘文学院学习。在留学生中组织"音乐讲习会"，研究乐歌制作，并编写出第1首乐歌《体操—兵操》，又名《男儿第一志气高》。1903年2月回国，执教于南洋附小，时间长达24

年。1922年兼任大学部训育主任,同时受聘于务本女塾、南洋中学、龙门师范和沪学会等处教授乐歌。一生作有乐歌180余首,多数是采用外国歌曲的曲调,少数采用中国传统民歌填词或专门作曲。著有《心工唱歌集》等。

按:刘杰《沈心工对近代音乐教育的贡献探究》说:"沈心工作为我国早期的音乐教育家,他对音乐科的开创、音乐教育方法的创新以及对音乐教材的大胆改编不仅影响了当时的儿童,还影响了当时中国整个中小学的音乐教育体系,为普通学校的音乐教育提供了借鉴,也为我国音乐教育人才的培养提供了契机。而我国目前的音乐教育体系大部分也是深受沈心工先生音乐教育思想的影响而形成的,足见沈心工先生在音乐教育界的贡献之大和威望之高。"(《兰台世界》2013年第22期)

王东培(1875—1947)。东培名孝煌,字东培,以字行,号寄沤,江苏江宁人。1903年乡试中举,领乡荐后在浙江省盐务处任职。其父病故后耳闻目睹官场腐败,耻与同流,不愿再入仕途,遂奉母返回故里。在家乡先后任汇文书院、金陵大学、省立回师、东南大学教席。抗战时流离转徙,避地四川江津。胜利后返回南京鬻书画以自给。又善书法,真行篆隶四体皆备,尤以行楷著称。著有《一澄砚斋笔记》《里乘备识》《乡饮脞谈》《北窗琐识》《游梁杂识》《红叶石馆诗词抄》等。

高鲁(1878—1947)。鲁字曙青,福建长乐县人。早年追随孙中山先生,参加孙中山先生在法国巴黎组织的同盟会,并积极从事活动。1911年辛亥革命成功,随孙中山回国,任南京临时政府秘书。1913年任中央观象台台长。1918年参加在巴黎举行的国际统一时辰会议。1920年赴欧洲考察教育,任留欧学生监督。1922年回国,复任观象台台长。1925年任中国气象学校校长。1927年任国民政府秘书、江苏省政府委员、农矿部参事兼秘书长。1928年任中央研究院天文研究所第一任所长。1929年任驻法公使。1930年任教育部部长,未就任。1931年任监察院监察委员。1942年任监察院闽浙区监察使。1943年派为第二次高等考试初试监试委员。1944年10月被免去监察使,改任监察院监察委员。著有《图解天文学》《日晷通论》《星象统笺》《中央观象台过去与未来》《相对论原理》《最近欧洲外交史》《世界联邦论》。

胡朴安(1879—1947)。朴安本名有怀,学名韫玉,字仲明、仲民、颂明,号朴安、半边翁;以号行世,安徽泾县人。清末至上海,先后参与国学保存会、南社和同盟会,编辑《国粹学报》,同时为《民立报》主要撰稿人。辛亥革命前,受聘《太平洋报》专撰社论,同时为《中华民报》撰写社论并兼评议员。后去《民国新闻》《民权报》主持笔政。又先后在《民权报》《民国日报》《民国新闻》《天铎报》《新闻报》等报纸任过职。1916年任北京政府交通部秘书,嗣任福建省巡阅使署秘书。后回上海,任京沪、沪杭甬两路管理局编查课课长,兼任国民大学及持志大学国学系主任。1930年任国民政府考释院专门委员、江苏省政府委员兼民政厅厅长、中国国民党江苏省党务整理委员会委员。1932年辞职回上海,主持《国民日报》笔政。1937年任上海正风文学院教务长、新中国学院文学院院长、上海女子大学教授等职。抗战胜利后,任上海通志馆馆长。1947年7月9日病逝于上海。著有《中国文学史》《文字学丛论》《中国学术史》《文字学ABC》《中国文字学史》《中国训诂学史》《校雠学》《中华全国风俗志》《俗语典》《中国习惯法论》《歇浦集》《志学集》《闽海集》《北游草》《无闻集》《强仕集》《归田集》《枕戈集》《养疴集》《悦禅集》等。编有《国学汇编》《朴学斋丛刊》《南社诗话》《天南鸿雪》《古书校读法》《南社丛选》等。编著目录学著述有《周秦诸子书目》《研究诗经学之书目》《文字学研究书目》等。

按:胡雪莉《胡朴安与文字训诂学史研究》说:"胡朴安学宗戴震、包世臣,从事汉语文字训诂学教学与研究数十年。胡朴安十分重视学术史的整理与研究,以整理中国学术为己任。问世于上个世纪 30 年代的《中国文字学史》和《中国训诂学史》,是胡朴安的重要研究成果。《中国文字学史》是我国第一部研究文字学史的著作,也是一部研究文字学的重要参考书;《中国训诂学史》是继章黄而标志着训诂学走向现代的著作之一,其框架建立起训诂学史的轮廓。这两部著作在中国语言文字学史研究领域具有发轫作用,同时胡朴安在著作中所提倡的治学态度、方法与修史方法等也对后人研究学术与学术史大有裨益。"(浙江大学硕士学位论文,2008 年)

瞿方书(1881—1947)。方书字孙娄,一作荪娄,湖南保靖人。早年与宋教仁同入桃源漳江书院学习。1900 年参加自立会,后入华兴会。1906 年留学日本东京明治大学,加入同盟会,襄理《民报》事务。1907 年任吉林法政学堂教习。辛亥革命后,任南京临时政府法制局编纂、参事等职。参加《中华民国临时约法》起草工作。"二次革命"失败后,主办天津《公民报》。后历任北京大学、湖南大学教授。著有《中国文学史》等。

李鼎铭(1881—1947)。鼎铭原名丰功,陕西米脂人。1903 年赴绥德应试,考为廪生。1913 年利用临水寺开办一所国民小学,兼任校长。后又在桃镇创办国民高等小学,担任校长。长期从事教育事业,并开办医馆,曾为毛泽东、徐特立、林伯渠、谢觉哉等人推拿按摩、望闻问切。1941 年夏以无党派人士身份,先后当选米脂县参议会议长、陕甘宁边区参议会副议长、边区政府副主席。在边区参议会二届会上提出"精兵简政"议案,得到毛泽东主席的赞扬。1947 年 12 月 11 日患急病医治无效去世。

张继(1882—1947)。继原名溥,字溥泉,河北沧县人。18 岁留学日本早稻田大学学习经济,其间,结识章太炎、黄兴、孙中山等。后因和邹容一起剪掉清朝在日监学姚文甫的辫子而被驱逐回国。回国后任章太炎主办的《苏报》参议,后又参与改办《国民日日报》。1905 年加入同盟会,任同盟会机关报《民报》编辑兼发行人。1908 年因参与无政府主义活动离开日本转赴法国,与李石曾创办《新世纪》。辛亥革命爆发后回国,参与创建改组国民党。1913 年被选为第一任参议院议长。讨袁失败后,追随孙中山流亡赴日本,参与建立中华革命党。孙中山发动护法运动后,任广州军政府驻日代表,后又赴欧美争取华侨支持。1920 年回国后,先后任广东军政府顾问、国民党北方部主持人、国民党广州特设办事处干事长;1922 年 8 月下旬介绍李大钊等中共党员正式加入国民党。1924 年 1 月被选为国民党第一届中央监察委员。1924 年 6 月与谢持、邓泽如联名提出《弹劾共产党案》。孙中山去世后,支持邹鲁、谢持等在北京西山召开的"国民党一届四中全会",又出席西山会议派的国民党第二次全国代表大会。以后任南京国民政府司法院副院长兼北平政治分会主席、国民党中央监察委员、国民会议主席团委员、立法院院长、西京筹委会委员长等职。晚年参与编纂国民党党史和民国史,也参与故宫博物院的建立,并连任国府委员和国民党中央监察委员。1946 年出席制宪国民大会并被选为主席团成员。同年底出任国史馆馆长。

按:易劲鸿《张继与辛亥革命》说:"(张继)一生行迹毁誉纷纭,然辛亥时期他敢作敢为,风云叱咤,可圈可点之处颇多。在组织建设方面:他创建了早期的励志社、青年会、华兴会、同盟会以及后来的国民党;在理论宣传方面,他参与创办了《苏报》《国民日日报》《民报》《民立报》;在实际行动方面:从谋刺慈禧太后到推翻袁世凯,他无一不与闻其事,并在其中担任重要角色。辛亥革命时期,张继奔走呼号,足迹遍于国内外,是孙中山、黄兴、章炳麟的忠实朋友和得力助手。同时,他也与日、法、俄等国的革命志士建立了深厚的情谊,是一位有全国影响、有国际声誉的资产阶级民主革命家。"(湖南师范大学硕士学位论文,2002 年)

钱智修(1883—1947)。智修字经宇,浙江嵊县人。1903 年进新式学堂读书,1904 年入爱国学社。不久进上海震旦学院,学习法文。后因学生风潮而转入复旦公学求学,与陈寅恪同班,获文学士学位。1911年应编译所长高梦旦之聘,任商务印书馆编译所编辑。1920年7月接任杜亚泉任《东方杂志》主编,长达12年。1925年曾主编和出版《东方杂志》"五卅事件"增刊。参与编辑《辞源》及《中国人名大辞典》《中国古今地名大辞典》。任商务馆办的国文函授学校的主任。1931年任监察院秘书长。1932年应国民政府监察院院长于右任之邀,赴南京任监察院秘书。1942年在重庆继续任职监察院。抗日战争胜利后,任监察委员兼秘书长。1945年随监察院迁回南京。著有《功利主义与学术》《现今两大哲学家学说概略》《消极道德论》《倭伊铿与欧根》《布洛逊哲学之批评》《近代社会主义》等。著译有《美共和政鉴》《宇宙与物质》《近代社会主义》等。

徐宗泽(1886—1947)。宗泽字润农,教名若瑟,徐光启第十二世孙,上海青浦人。天主教神父。曾留学欧美,得哲学博士和神学博士学位。1923年起主编天主教《圣教杂志》,兼任徐家汇天主堂藏书楼(亦称图书馆)主持人(司铎)。抗日战争爆发后杂志停刊,专心致力于藏书楼工作,多年来搜集地方志2000余种,成为该楼藏书一大特色。著作有《中国天主教传教史概论》《明清以来耶稣会教士著译书目》《徐文定公集》等。

沈兼士(1887—1947)。兼士原名拔,字兼士,以字行,浙江吴兴人。沈尹默之弟。1905年与兄沈尹默自费东渡日本求学,入东京物理学校。时章太炎先生居东瀛,遂与马裕藻、钱玄同、许寿裳等人从其问学,习文字、音韵、训诂之学,并加入同盟会。归国之后,先后任教于北平大学、辅仁大学、清华大学、厦门大学等多所高校。1922年在北京大学创办研究所国学门,任主任。曾创立汉语"文字画""初期意符字"等学说,是清末档案整理的开拓者。在"五四"新文化运动中,倡导并写作新诗,是五四新文化运动的积极参加者。抗战期间,曾任《鲁迅全集》编委,参与组织抗日团体"炎社"。1945年被任命为民国政府教育部平津区特派员,负责接收敌伪文化教育机关。著有《文字形义学》《广韵声系》《声训论》《段砚斋杂文》等。今有《沈兼士学术论文集》。

按:史学明《论沈兼士文字训诂学成就》说:"沈兼士是民国时期的著名学者,在文字训诂方面颇有创建。他最早从文字发展的角度来研究汉字,认为汉字源于图画,提出了'文字画''初期意符字'等重要概念;他还注意从形音义等不同角度研究汉字特点,在字形方面,主张用'字体最小分子'的方法研究汉字的形体规律,成为汉字构形学的萌芽,在汉字音义关系方面,突破了前人'音近义通'观念的局限,对'义同换读'的特殊现象做了详细的论述,解决了许多繁难问题。他在训诂方面最重要的成就是字族理论,就是以右文和声训为主要方法,以语根为线索探寻字义演变和语言分化的轨迹,来建立具有同源关系的字词集合,这一主张对语源研究具有极大的推动作用。"(浙江大学硕士学位论文,2010年)

按:《民国学案》第三卷《沈兼士学案》说:"沈兼士不仅是一位著名的文字学家,而且亦是一位成绩卓著的文献档案学家。他对我国文献档案的整理和保存作出了重大贡献。1922年,其主持北京大学研究所国学门时,主持整理了清代遗留文献档案,发现和保存了许多珍贵资料。后又主持故宫博物院文献馆,历经多年艰辛努力,把久经堆积、次序凌乱的清代大量档案整理就绪。蔡元培曾高度称赞其'有功史学,夫岂浅鲜'。沈兼士还是一位得力的学术组织者,他先后创立了整理档案会、考古学研究室、歌谣研究室、风俗调查会等,积极培育史学、语言文字学、考古学等方面的科学研究人才,奖掖后进,功不可没。"

太虚(1890—1947)。太虚俗姓吕,乳名淦森,学名沛林,法名唯心,字太虚,号昧庵,原籍浙江崇德,生于浙江海宁。1904年在苏州小九华寺出家。1909年随寄禅和尚参加江苏省僧教育会,并在南京从杨文会居士学《楞严经》,后又就苏曼殊学英文。三年赴广州弘扬佛法,被推为白云山双溪寺住持。1912年从广州返南京创立中国佛教会,次年并入以寄禅和尚为会长的中华佛教总会,任《佛教月刊》总编辑。1916 年赴台湾、日本考察佛教,进行讲学。1918 年从日本回国后,在上海与陈元白、章太炎、王一亭、蒋作宾、张季直诸名士创设"觉社",主编《觉社丛书》。翌年改《觉社丛书》为《海潮音》月刊。1923 年受聘任湖南大沩山寺住持,随后于武昌与梁启超等人创办武昌佛学院,为中国佛教有佛学院之始。是年夏,往庐山大林寺住持暑期佛学讲习班,并发起筹办世界佛教联合会。翌年夏,佛教世联会正式成立,被选为首任会长。1925 年往山西朝礼五台山,应山西都督阎锡山之请,在太原宣讲佛学。同年 10 月,率领中国佛教代表团出席在日本东京召开的"东亚佛教大会",并考察日本佛教。1927 年任南普陀寺方丈和闽南佛学院院长。1928 年往南京讲学,并筹备创设中国佛学会。是年秋,在会泉法师资助下出国考察讲学,遍历英、德、法、荷、比、美诸国,宣讲佛学。同时与英、法等国佛教学者共同在巴黎发起筹组世界佛学苑。1929 年游历欧美各国归来后,即到厦门主持南普陀寺和闽南佛学院事务,并倡议组织思明(厦门)佛教会。1933 年引退返沪。1935 年再度卓锡厦门讲学,在佛学会和闽南佛学院,开示论题为《佛学会与实现佛化》《佛化与现代中国》和《法师与学僧应如何爱护学院》等。1937 年为抗日救国奔走,呼吁全国佛教徒行动起来,投入抗日救国运动,并首先发表《电告日本佛教徒书》,通电全国佛教徒,播讲《佛教与护国》的论述,动员组织"佛教青年护国团"。1939 年发起组织佛教"国际访问团",远赴缅甸、印度、锡兰以及星、马各地,宣传抗日救国。1943 年与于斌、冯玉祥、白崇禧等组织中国宗教徒联谊会,呼吁全国各宗教团体和全体宗教徒团结起来,一致抗日。抗战胜利后,受任为中国佛教整理委员会主任、国民精神总动员会设计委员等职。1946 年被国民政府授予宗教领袖胜利勋章。著有《整理僧伽制度论》《释新僧》《新的唯识论》《法理唯识学》《真现实论》等。后由其门下弟子编辑《太虚大师全书》行世。

按:法尊大师《略述太虚大师之悲愿及其伟业》说:"总观上述大师一生之职志,若参加僧教育会,以谋挽救教难。若接管净慈寺,以图整理僧制推行。若创办佛学院,训练干部人才,以求进行改进佛教之计划。若从事世界佛教运动,以期挽救全世界之人心,缔造全世界之永久和平。若组织佛教会,以事保护教产,改进僧制,弘扬佛化。若提倡今菩萨行,组织菩萨学处,以祈推行大乘佛教救世之真精神等,无一不从大悲弘愿等流而出。故吾亲近大师二十余年,所见所闻,唯觉其纯属一大悲弘愿之体现,而无一丝一毫名利私意羼杂其间。"(法尊大师《法尊大师文汇》,华夏出版社 2012 年版)

黄绍兰(1892—1947)。绍兰亦名学梅,字梅生,湖北蕲春黄洼湾人。章太炎唯一女弟子。1907 年考入京师女子师范学堂。1910 年毕业,任河南开封女子师范学堂国文教员。武昌首义后,受黄兴派遣,在上海组建上海女子军事团,被推为团长。1916 年春得黄炎培等人支持,在上海法租界创办博文女子学校,自任校长。1933 年博文女校停办,更名为"朴",更字为"君素",潜心学术。先后任章太炎国学讲习会讲师、广州中山大学国文系教授、上海震旦女子文理学院教授兼国文系主任。著有《易经注疏》及诗文。

贺恕(1893—1947)。恕字仲平,号如心,后更名树,字君立,湖南衡阳人。1917 年考入湖南省立第三师范学校,与毛泽东相识。1918 年 8 月与毛泽东赴北京大学旁听,认识李大钊、邓中夏等人,开始接触马克思主义。1919 年夏与湖南省立第三师范学校的青年学生组成衡阳和湘南地区第一个爱国团体——"沙子会"(又名"学友互助会")。又以"沙子会"成员为骨干,于 6 月 17 日正式成立湘南学生联合会,任湘南学生联合会首任总干事。1920 年 6 月在蒋啸青资助下创立新书报贩卖部,任新文化书报贩卖部总经理。1921 年 3 月 15 日在沙子会的基础上发起成立革命团体"心社"。并编印《明星》《先锋》《三师周刊》等油印刊物,进行革命宣传。同年 6 月赴长沙协助毛泽东创办自修大学,并在湖南一师附小任教。

1922年1月作为中国代表团成员,出席共产国际在莫斯科召开的远东各国共产党及民族革命团体第一次代表大会,成为中国共产党第一个出席国际会议的党员,后留莫斯科东方大学学习。1923年从苏联回国,在北京、唐山、水口山等地开展工人运动。1924年2月任中共湖南区委组织部长。1926年1月,出席在广州召开的国民党第二次全国代表大会,旋任国民革命军第六军政治部宣传科长、经济处党代表,并兼任黄埔军校教官,后调中央军事政治学校第三分校任政治教官。1927年任中共湘西南特委书记。1929年冬调任中共江西省委书记。1930年调回上海党中央机关工作,以教书为掩护,从事秘密的革命活动。兼任何香凝女士秘书,撰写《廖仲恺年谱》,与"左联"过从甚密。1934年10月因叛徒出卖,在上海被捕入狱,后监禁于南京。1937年下半年,经多方营救出狱。1937年10月后,回到虹口区平民学校,继续坚持党的工作。

俞颂华(1893—1947)。颂华名垚,又名庆尧,笔名澹庐,江苏太仓人。1915年留学日本东京政法大学。1919应《时事新报》总编辑张东荪的邀约,开始主编《学灯》副刊。又主编九个月的《解放与改造》杂志。1920年在梁启超和张东荪的支持下,以《时事新报》和《晨报》联合特派员的身份到苏俄和德国考察采访。1928年在《东方杂志》主编钱经宇的邀请下,进入商务印书馆接替胡愈之担任主笔,主要负责为国际问题撰稿,同时兼任暨南大学等多所大学的教授,讲授"新闻"等课程。同时兼任由上海中华职业教育社创办的《新社会》月刊主编。1932年5月进入申报馆,主持创办60周年纪念刊物《申报月刊》。1937年4月与孙恩霖以《申报》《申报周刊》记者的身份结伴赴延安采访,在国民党统治区内最早报道中国共产党的抗日主张和陕北情况。1940年以后,先任香港《星报》总主编,数月后赴新加坡担任《星洲日报》总编辑。1944年在黄炎培主办的《国讯》半月刊担任主编。1946年在苏州任国立社会教育学院新闻系主任。著有《赤俄见闻记》《柏拉图》《俞颂华文集》。

按:莽萍《俞颂华·结束语》说:"俞颂华从本世纪一二十年代即投身报业。他那一代报人,刚刚处在报纸由启发民智的革命报刊向公众传媒的商业报刊的转变中,而报人也逐渐由革命或新智的启蒙者变为职业报人。这一变化是巨大的,报纸自身的独立价值在这个过程中显现出来了,而中国现代报纸的传统也是在这个转变中确立的。俞颂华是变化中的报人中的出色代表。在他身上,既有现代报人的精神,也有传统文化人的风骨,这些品格融会在一起,使他成为一个纯正的追求真、善的新闻家。作为一个职业报人,俞颂华敬业守则,从不苟且,赢得了同时代报人的敬佩,也在泛文化界树立了人格淳厚的民间报人形象。他的办报活动是随着二三十年代新文化的成长而开展的,并成为其中的一个部分。现在,当人们谈论那时代学者辈出的情形时,往往忽略了那些辛勤努力、才华出众的职业报人。其实,产生了出色学者群体的时代,一定有出色的报人编辑群体并立着。报人编辑的活动直接促进了文化活动的生长壮大。就俞颂华个人来说,他既是学者,又是报人,他的报人生涯体现了那个时代的文化精神。他固然不是那种锋芒毕露的战斗的记者,但他是一个不妥协的、有独立思想的报人。他的纯正的民间报人品格和不偏不倚的办报态度是他对于那时代报业的贡献。"(人民日报出版社2005年版)

陈澄波(1895—1947)。澄波,台湾省嘉义市人。1924年考入东京美术学校图画师范科就读,是早期留学日本的台湾学生之一。1926年以画作《嘉义街外》首次入选日本第七回帝国美术展览会,成为台湾以油画入选该展览的第一人。1929年3月日本东京美术学校西画研究科毕业。曾任上海新华艺专西画系教授兼系主任、上海昌明艺专艺教科教授兼西画科主任。1933年返台,与友人创办台阳美术协会。1947年在"二二八"事件中牺牲于台湾省嘉义市。

常乃惪(1898—1947)。乃惪又作乃德,原名乃瑛,字燕生,笔名凡民、平生、萍之、惠之等,山西榆次人。1913年入太原阳兴中学肄业。1916年参加山西全省中学生国文会考,名列第一。同年考入北京高等师范学校史地部预科。1919年参加五四运动,为北京学生联合会教育组主任,并任该会主办的《国民杂志》编辑。1920年与徐名鸿、周予同等创办《平民教育》杂志,提倡平民教育。曾留学日本。不久返国,先后任北京高师附中、上海吴淞公学教师和上海商务印书馆编译室编辑。1925年在北京任燕京大学教授,曾参加鲁迅主办的《莽原》周刊的编辑工作。同年11月参加中国青年党,1926年被选为青年党中央委员兼宣传部长,与曾琦、左舜生、李璜、陈启天、余家菊成为青年党的六魁。同年创办私立爱国中学,自任校长。先后主编《醒狮》周报和《国论》月刊。1933年任阎锡山机要秘书,同时兼任山西大学、山西教育学院教授。1937年赴四川重庆,先后任四川大学、华西大学教授,并任青年党的机关报《新中国日报》主笔。1939年作为中国青年党的代表访问延安和毛泽东会面。1946年在重庆参加政治协商会议。1947年任国民党政府行政院政务委员和国府委员。著有《哲学的有机论》《历史哲学论丛》《生物史观与社会》《中国史鸟瞰》《中国民族小史》《中国政治制度小史》《中国文化小史》《中国思想小史》《中国财政制度史》《国家主义运动史》《法兰西大革命史》《文艺复兴小史》《德国发达简史》《西洋文化简史》等。

　　按:黄敏兰《一个严谨的史学理论体系——常乃德史学理论述评》说:"常乃德是近代著名的历史学家和哲学家,他的史学理论在总体方面体现了那个时代的文化特征和知识分子的普遍心态。……常乃德的史学理论又具有自身的个性特点。这就是较强的理论性和逻辑性。常乃德不是零散地一般性地提出自己的个别主张,而是提出了一个十分完整和结构严谨的理论体系。他的论述从历史的构造、形成过程及特性,到历史学的定义、要求以及历史学的目的、功能等等。这一层层理论要点环环相扣,循序渐进,极富逻辑性和思辨性。这一套史学理论又与他的历史观紧密配合,形成了他历史哲学的完整体系。常乃德不仅注重理论体系的完整性,还刻意追求概念的准确性。他十分严格地给历史和历史学下定义,这些定义是在详尽地论证之后得出的,其中充满了他对历史学的认真思考。常乃德有关历史学对象、定义和目的的理论在完整性和严密性方面可以说在近代史学中极为突出,自成一家。即使是历史哲学功底较深厚的史观学派代表朱谦之、雷海宗等人恐怕也未能够与之相比。"(《史学理论研究》1994年第1期)

　　韩乐然(1898—1947)。乐然初名光宇,吉林延吉人。1920年考入刘海粟主办的上海美术专科学校。1923年底在上海加入中国共产党。1924年被派回东北工作,先到奉天创办私立美术学校,以教授美术作掩护开展革命工作。并与梅佛光一起组织启明学社。1925年8月离开奉天来哈尔滨,以普育中学美术教员作掩护开展革命工作。1928年底离开哈尔滨去齐齐哈尔。之后去苏联学习,1931年考入巴黎卢浮尔艺术学院学习,之后又到荷兰、比利时、英国、意大利等国家写生、绘画。1937年回国后,参加抗日救亡工作。1945年投身于敦煌艺术的挖掘、保护工作。1946年和1947年在新疆考察佛洞壁画。1947年7月30日因飞机失事牺牲。

　　耿济之(1899—1947)。济之原名耿匡,以字行,又名孟邕,上海人。1917年入北京俄文专修馆。1918年开始翻译俄国文学作品。同年与郑振铎相识成为挚友。1919年积极参加五四运动,与瞿秋白同为俄文专修馆的学生代表。五四运动后,在陈独秀的亲自指导下,与瞿秋白、郑振铎共同编辑《新社会》和《人道》刊物,积极转播新思想,鼓吹新社会。1921年1月4日与郑振铎、瞿世英、许地山、王统照、蒋百里、周作人、沈雁冰等12人在北京中央公园来今雨轩发起成立文学研究会。1921年与郑振铎一起从俄文直接翻译《国际歌》。后经瞿秋白修改并谱曲成为中国共产党的党歌。1922年在外交部任职,历任驻赤塔、伊尔库茨克、列宁格勒、海参崴等领事馆的随员、副领事、总领事等职。1930年回国后曾主编《俄罗斯研究》月刊。1940 年后离任隐居上海。翻译作品有托尔斯泰的《复活》《艺术论》《黑暗之势力》，屠格涅夫的《村中之月》，郭克里（即果戈理）的《疯人日记》，奥斯特罗夫斯基的《雷雨》，柴霍甫（契诃夫）的《侯爵夫人》等。

按：戈宝权《忆耿济之先生》说："耿济之先生是我国最早和最著名的一位俄国文学的研究者和介绍者，同时也是一位工作时间最久，产量最多和态度最为严肃的俄国文学翻译家。讲到他的翻译活动，大体上可以分成三个时期，这就是'五四'运动前后，二十年代和三十年代，以及晚年的上海'孤岛'生活时期。……耿济之先生翻译介绍俄国文学最为旺盛的时期，是二十年代初和三十年代末的事。这时共学社编辑了《俄罗斯文学丛书》和《俄国戏曲集》，文学研究会编辑了《文学研究会丛书》，都交由商务印书馆出版，其中不少的俄国文学作品都是由耿济之翻译的。"（《新文学史料》1982 年第 3 期）

徐雉（1899—1947）。雉，浙江慈溪人。1921 年夏考入苏州东吴大学文科，参加文学研究会，热衷白话诗创作。1922 年 4 月《小说月报》发表他的诗《一篮花》和《跛足的狗》后，不断有新诗在《小说月报》《文学周刊》《诗》等刊物上发表。1924 年出版第一本诗集《雉的心》，叶圣陶为之作序。1925 年大学毕业后投笔从戎，在国民革命军第六军政治部宣传科任科员。1933 年先后出版《不识面的情人》《卖淫妇》两本短篇集。抗日战争爆发后，离开上海奔赴延安。1947 年国民党胡宗南部队侵犯延安时，在转移途中不幸病逝。今有《徐雉的诗和小说》传世。

章衣萍（1900—1947）。衣萍别名洪熙，安徽绩溪人。在安徽省立第二师范学校读书时，爱读《新青年》杂志，崇尚白话文、白话诗，思想活跃而被学校除名。后辗转到上海，投奔亚东图书馆老板汪孟邹。汪孟邹因同乡情缘，就把他介绍给胡适，在北大预科学习，做胡适的助手。毕业于北京大学。1925 年发表成名作《桃色的衣裳》。抗战时期来到成都，投奔当地的军界人士。1937 年出版一本旧体诗词集《磨刀集》。著有《古庙集》《一束情书》《樱花集》《衣萍小说选》《衣萍文存》《秋风集》《黄仲则评传》《孙中山先生》等。

吴尚时（1904—1947）。尚时，广东开平人。1928 年毕业于中山大学英语系，1929 年赴法国留学，在里昂大学地理系学习，师从 A. 阿里克斯教授。1932 年转到法国南部格朗劳布大学，跟随 R. 布朗夏尔教授学习水文学。1934 年考取法国波尔多大学硕士学位。回到广州，在广州郊外展开地质地貌考察。1935 年被聘为中山大学地理系教授，首开"读图"课程。1936 年多次深入西江、北江和连江作实地考察和现场分析，发现肇庆羚羊旱峡为西江所凿。由此形成称誉一时的吴氏旱谷理论。1939 年随中山大学迁云南，任地理系主任。1941 年参加广东省年鉴编辑委员会，任地理学委员。1942 年接受广东省政治经济地图及分县图志绘编任务，组织十多人，全力注重于该图绘制编纂。1943 年受聘为广东省政府参议，又受聘为教育部史地教育委员会委员。1945 年应聘为岭南大学文学院历史政治系教授。弟子何大章、陈小澄、罗开富、林嘉秀、罗来兴、张保升、钟功甫、钟衍威、徐俊鸣、梅甸初、曾昭璇、缪鸿基等，都是地理学家。

王实味（1906—1947）。实味原名王诗薇，笔名王实味、叔翰、实微、诗味等，河南潢川人。毕业于北京大学。1926 年参加中国共产党，1927 年脱党，从事文艺创作和翻译。1937 年赴延安鲁迅艺术学院任教，重新入党。又任马列学院特别研究员，翻译马列著作。1942 年因发表《野百合花》而受到批判。1947 年 4 月，以"托派分子""国民党特务""反党集团成员"罪名在山西兴县被错杀。1991 年被平反昭雪。著有散文通讯集《休息》《王实味文集》等。

按：李锐《王实味冤案始末序言》说："王实味冤案由李维汉'引发'，康生定性，毛泽东参与造成，经过五十年后,到一九九一年才彻底平反。李维汉是党的元老,参与过王明路线,经历过光荣正确与各种曲折,'文革'前后挨整受害,终于彻悟,一九八〇年找邓小平长谈党受封建专制主义影响的问题,导致邓小平随即作《党和国家领导制度的改革》长篇讲话,论述封建专制传统对我们党和国家体制的种种严重危害(可惜的是,讲话中的种种措施没有完全落实)。这时李老已八十高龄,以带病之身写作回忆录,其原则是写出历史的本来面目,总结正反两方面的经验,坚持真理修正错误,勇于自我批评。为王实味平反,就是这时提出来的。王实味在延安中央研究院工作,李老时为该院领导。他说:王实味问题要重新审查,王的问题是由我引发的,我有责任把它搞清楚,当即向中央组织部建议重新审查这一大案难案。可以说,没有李维汉这样对历史认真负责的态度,没有这种勇于自我批评的精神,王实味的冤案是难以彻底平反的。所以我写这篇序言的另一个感想,就是大家尤其老同志(我们这些过来人)应当学习李维汉对历史负责和自我批评的精神。没有这种精神,我们就不能认真吸取历史教训,顺利开辟前进道路。"(《书屋》2008年第8期)

麦新(1914—1947)。新原名孙培元,曾用名孙克、孙默心等,上海浦东人。自学国文和音乐。1935年起,参加群众救亡歌咏活动,发表歌词和歌曲作品。后在延安鲁迅艺术学院音乐系工作。一生创作了约60首歌曲,著名的有《大刀进行曲》《行军歌》《马儿真正好》《铲东铲东铲》等。

朱政惠(—2013)生。

六、学术评述

本年度处于解放战争第一阶段——战略防御(1946年6月至1947年6月)进入第二阶段——战略反攻(1947年6月至1948年9月)的关键转折时期。就在元旦,聚焦国共、民主党派、中美关系并直接关乎中国未来的两种命运的决战已经拉开序幕:中共中央主席毛泽东发表《新年祝词》。中共人民解放军总司令朱德发表元旦广播词,提出1947年的十大任务。是日,国民政府公布在国民大会上通过的《中华民国宪法》,决定该宪法于12月25日施行。然而中国民主同盟发表声明指出:国民党去年召开的"国民大会"和现今公布的"宪法",都违背了政治协商会议的决议程序与精神,表示要"唤起全国人民共起坚决反对"。上海人民团体联合会、中国民主建国会、中国民主促进会、世界和平促进会、国际人权保障委员会、工商业协进会、中国经济事业协进会、中华全国文艺协会、金融业民主和平促进会、中国妇女联谊会、九三学社等11个人民团体发表联合声明,认为宪法的基础及其基本精神,彻头彻尾是反民主、反政协的,它的作用是反和平、反民主的。同日,上海20余所大学学生4万余人游行示威,抗议圣诞节夜美国海军陆战队伍长皮尔逊在北平强奸北京大学女生沈崇事件,要求美军撤出中国。天津学生亦再次举行示威游行,抗议美军暴行。随后,全国学生掀起抗议美军暴行、要求撤退驻华美军运动,北平、天津、上海、南京、开封、重庆、昆明、武汉、成都、广州、福州、杭州、苏州、台北等地50万以上学生,连日相继举行抗议罢课和反美游行示威,要求严惩凶手,要求美军退出中国。29日,美国驻华大使司徒雷登发表声明,美国决定退出三人小组与军调部,美国调停国共冲突彻底失败。美国公开完全站在了国民党一边。3月13日,国民党将对解放区的全面进攻改为向陕北、山东两翼的重点进攻,胡宗南部进犯陕西延安。18日,毛泽东、周恩来等中共中央领导撤离陕西延安。毛泽东、周恩来、任弼时率领前委,代表中央留在陕北指挥西北和全国的解放战争。刘少奇、朱德、董必武等组成中央工作委员会,刘少奇为书记,前往华北进行中央委托的工作。19日,胡宗南率部占领延安。4月25日,中国民主同盟发表《对时局宣言》,主张在国内反对内战,在国际避免世界大战,并要求一切帝国主义退出中国。6月30日,刘伯承、邓小平率领晋冀鲁豫野战军主力,在鲁西南强渡黄河,千里挺进大别山,揭开了战略进攻的序幕,成为解放军从内线作战转向外线作战、解放战争从战略防御转入战略反攻的转折点。7月4日,国民政府通过蒋介石提出的"戡乱动员令"。18日,国民政府颁布"动员戡乱完成宪政实施纲要"。10月10日,朱德、彭德怀发布《中国人民解放军宣言》,第一次提出"打倒蒋介石,解放全中国"的号召,并宣布中国人民解放军的八项基本政策。同日,中共中央正式公布《中国土地法大纲》,从而推动了各解放区土地改革运动的发展。10月27日,国民党政府宣布民盟为"非法团体",勒令民盟自行解散。11月6日,中国民主同盟总部发表主席张澜的《中国民主同盟总部解散公告》,通告盟员"自即日起一律停止政治活动,本盟总部同人即日起总辞职,总部亦即日解散"。民盟总部被迫解散后,经张澜与沈钧儒密商,沈钧儒、章伯钧等秘密到达香港,与原在港中央委员汇合,酝酿恢复民盟总部,并临时推选沈钧儒、章伯钧为召集人,以在港中央(执行)委员会名义开展组织活动。12月25—28日,中共中央在陕北米脂县召开扩大会议,毛泽东在会上作关于《目前形势和我们的任务》报告,指出:人民解放军已经转入了全国规模的进攻,"这是一个历史的转折点"。报告对革命战争转入进攻后,党需要解决的军事、土改、整党、经济政策、统一战线等一系列问题作了纲领性说明,提出夺取全国胜利的各项任务。上述种种,对于本年度学术界产生全方位的巨大影响。其中最为明显的是中国学术界由于在国共之间的不同站队而进一步加速分化、激烈对抗。左翼知识界开始较为系统地批判国民党的专制统治,揭示其黑暗、腐朽、反动的本质,同时论述新民主主义的政治、经济与文化主张,用学术的方式宣传党的政策和路线。与之相对应,亲国民党的右翼知识分子群体开始抨击中国共产党的政策与主张,同时努力把亲美的国民党政权描绘成"自由阵营"中的一员,经常以自由主义的视角来大谈国内政治经济问题。虽然他们表面上也对当时的社会现象进行了一些批评,但总体而言却想象未来的中国是一个以美国为模板的非社会主义国家,并以此广泛影响到不同知识群体的问题意识、思维方式与价值取向,而且伴随战争进程与政治角力而不断发生变化。

与上年相比,本年度国民政府所实施的教育文化政策大致有以下新的举措:1月21日,国民政府教育部指令东北区教育复员辅导委员会,将伪满洲国34所专科以上学校分别列入大学和专科学校。28日,教育部公布《儿童节纪念办法》4条,规定:4月4日儿童节举行纪念。31日,教育部公布《专科以上学校训育委员会组织规程》7条。2月3日,《申报》载:国民政府教育部公布各师范学校开展师范教育运动周活动办法。12日,教育部第10次修正公布《教育部组织法》,蒙藏教育司改为边疆教育司,增设国际文化教育事业处。22日,教育部电台湾省行政长官公署教育处:今后国民学校应一律逐渐改为6年制。3月13日,《国立中央研究院组织法》及《评议会条例》两项法案经立法院审查通过后,由国民政府正式公布施行。14日,教育部公布《联合国教育科学文化组织中国委员会筹备委员会组织规程》。4月28日,教育部公布《国外留学规则》15条。5月24日,教育部公布《修正边疆学生优待办法》11条。7月11日,教育部颁发《国立专科以上学校暨省立专科以上学校学生奖学金办法》13条。8月30日,教育部公布《国立各职业学校应行注意之点》13条。11月3日,立法院通过内政部修订的《出版法修正草案》。11月10日,国民政府同美国签订《中美教育合作协定》。12月6日,教育部公布《学生自治会》规则18条,规定:学生自治会为学生在校内之课外活动组织,不得参加各种团体活动或校际联合组织。学生自治会应由学校校长及主管训导人员负责指挥监督,各种会议及活动应由学校分别选派教职员担任指导。学生自治会之决议,以在规定之任务范围内为限,不得干涉学校行政,有违反上项情形者,学校得撤销之。17日,教育部公布《教育部分区指定师范学院设置国语专修科及各省市选送学生办法》15条。18—22日,教育部召开中学课程标准修订会议。……在此,需要特别关注一下国民党当局在以高等学校为主阵地的"第二条战线"的较量与结果:从1月上旬"沈崇案件"的全国性学潮的重新高涨,到5月4日上海各校学生与市民举行反内战、反饥饿示威大游行,至5—6月"反饥饿、反内战、反迫害"运动犹如星火燎原,迅速扩大到蒋管区60多个大中城市,爱国民主运动形成了反抗国民党与蒋介石的第二条战线。第二条战线的胜利,更使国民党政府处于全国左翼知识界的包围之中。然而国民党当局不仅没有从上年"李闻血案"中吸取教训,反而处心积虑地颁布和实施所谓"戡乱总动员令",变本加厉地直接在大学制造一系列惨案:5月20日,南京、上海、苏州、杭州地区16个大专院校的6000名学生,在南京组成请愿团,提出挽救教育危机等五项要求,举行示威游行,遭国民党军警、特务镇压。学生受伤100余人,被捕20余人,酿成南京"五·二〇"惨案。6月1日,武汉国民党军警包围武汉大学,5位教授、15名学生被逮捕,19名学生被打伤,政治系陈如丰、土木系王志德、史学系黄鸣冈3名学生遭枪杀,此即为武大校史上的"六一惨案"。6月3日,上海《大公报》发表王庸等76位教授署名的《对学生运动之意见》,要求立即释放被捕学生,保障人身、言论、出版、集会、结社、讲学及游行请愿等一切自由,并废止"维持社会秩序临时办法",反对内战,建立民主政治,实现永久和平。10月29日,浙江大学学生自治会主席于子三被国民党特务杀害。31日,浙大教授会发表宣言强烈抗议。11月上旬,北平、天津、南京、上海、昆明等地大中学校学生,为抗议国民党杀害于子三,逮捕迫害学生的罪行,举行总罢课。可以说国民党当局在大学制造的每一次血案,结果都是引来更大规模、更为激烈的抗争。腥风血雨又一年,国共冰火两重天。由上可见,在当时国共前线即将进入军事大决战的关键时期,国民党在后方与民主运动对决的"第二条战线"已提前宣告失败。

通过上一年度的艰难"复员"工作,全国学术版图重现为南京—北平—上海三大轴心结构,其中南京轴心继续居于主导地位。朱家骅继续任教育部长、代理中央研究院院长,由其主持出台的相关教育政策已见上文,这里重点谈一下中央研究院的重要举措:从法理上说,最为重要的是3月13日《国立中央研究院组织法》及《评议会条例》两项法案经立法院审查通过后,由国民政府正式公布施行。其中最引人注目的是新增的有关院士评审的条款,后续又有第六至第十条条文作出相关规定,第十二条又对设置名誉院士作出了相关规定。朱家骅据此《国立中央研究院组织法》,迅速启动了首届院士评审工作:3月15日,中央研究院召开京沪评议员第一次谈话会,朱家骅、翁文灏、萨本栋、吴有训、凌鸿勋、谢家荣、罗宗洛、李济、王家楫、赵九章、吴学周、吕炯、胡适、傅斯年、茅以升等15人出席,集中讨论起草"院士选举规程"有关问题。会议推举胡适、翁文灏、萨本栋、傅斯年、茅以升、吴有训、李济7位评议员成立起草小组,由萨本栋召集,负责制定院士选举规程的初步草案,于3月26日再举行全体谈话会审查。此次会议标志着首届院士评审工作的正式启动。10月15日,中央研究院在南京召开第二届评议会第四次年会。16日下午,中央研究院评议会召开第二次全体大会。会议在听取数理、生物、人文三组的召集人李书华、秉志、胡适分别报告各组院士候选人名单的审查结果后,修正通过了数理、生物两组院士候选人的最终名单。17日下午,中央研究院评议会继续召开第四次全体大会,决议授权评议会议长朱家骅、秘书翁文灏、总干事萨本栋公布院士候选人名单等四点决定。11月15日,在评议会第二届第四次年会结束后,中央研究院在《国民政府公报》,南京、汉口、广州、重庆的《中央日报》,上海、天津的《大公报》及北平《华北日报》、成都《中兴日报》,依法刊载公告,注明150名院士候选人名单及合于院士候选人资格的依据,介绍其研究领域和著述、事业经历等。同时分别致函各大学、独立学院和学术团体,呈报国民政府予以备案,并向社会各界广泛征询意见。本年度正式启动的首届院士评审工作至此暂告一段落。应该说,首届院士评审工作主要在南京进行,一系列的会议也都在南京举行,但同时牵动并影响着全国学术界。

南京轴心中,依然以中央研究院与中央大学为学术重镇。中央研究院在朱家骅代理院长的主持下,翁文灏继续任中央研究院评议会秘书,萨本栋继续任中央研究院总干事,傅斯年继续任中央研究院史语所所长。在首届院士评审中,傅斯年更是深度参与,并于6月20日致胡适信中提出一份名单给胡参考。其中中国文学:吴稚晖、胡适、杨树达、张元济;史学:陈垣、陈寅恪、傅斯年、顾颉刚、蒋廷黻、余嘉锡或柳诒徵;考古及美术史:李济、董作宾、郭沫若、梁思成;哲学:汤用彤、冯友兰、金岳霖;语言:赵元任、李芳桂、罗常培。傅斯年还在信中说,人文组不可少于20人。对于数理方面,他没有列出名单,只谓北大理学院中的饶毓泰、江泽涵等几个人"似不可落选"。其人文组的名单同后来实际当选的院士名单相较,只有蒋廷黻落选,总名额增加了8人。由此可见胡适、傅斯年等人在学界的影响力。就学术研究而论,一是李济主编、学术界千呼万唤的《中国考古学报》第二册终于出版。刊名最早是《安阳发掘报告》,随着田野工作范围的扩展,考古事业的壮大,后改为《田野考古报告》。但随着国内战争的爆发,田野工作已较长时期难以为继,只能做些室内研究,于是只得又把学术刊物名称再改为《中国考古学报》。当时李济有一种时不我待的紧迫感,为了抓紧时机,李济拒绝了外部所有的聘用,甚至辞去了任职14年的国立中央博物院筹备处主任的职务,先准备推荐老友梁思成继任,梁推辞未就,最后只得交给曾昭燏暂时代理。二是凌纯声、芮逸夫《湘西苗族调查报告》7月由商务印书馆出版。此书列为"中央研究院历史语言研究所专刊甲种18",为国内学术界关于湘西苗族的第一部专著,也是我国民族学田野调查的一本经典著作,在国内外学术界产生了重要的影响。中央大学继续由吴有训任校长。2月,吴有训校长整顿中央大学,提出了"在安定中求进步,在进步中求安定"的治校方针。同月,颁布《中央大学教员新聘及升等资格审查办法》,以稳定师资队伍,促进学术研究,提高教学质量。5月20日,南京爆发了"反内战、反饥饿、反迫害"大游行,遭到国民党反动军警镇压,造成震惊中外的"五·二〇"惨案。知名民主人士马寅初、章伯钧等到校讲演,支持学生的爱国民主运动。随后吴有训校长亲自去医院探望遭迫害受伤的中大学生,并坚决拒绝当局到中央大学校园内搜捕进步师生。10月底,吴有训校长赴墨西哥参加联合国文教组织会议。行前,中大学生约三四千人签名上书,对他表示"无上之崇敬",并希望他早日返国仍长中大。中央大学的重要学术事件还有:牟宗三、吴斐丹先后于1月、5月创办了《历史与文化》双月刊与《学识杂志》半月刊。《历史与文化》双月刊,以"人禽""义利""夷夏"之辩昭告于世,从头疏导中华民族的文化生命与学术命脉,以期唤醒士心,昭苏国魂。主要撰稿人有姚汉源、牟宗三、唐君毅、姚吉光等。牟宗三在《历史与文化》的《大难后的反省——一个骨干(代发刊词)》中认定"今日国家政治问题实是文化问题",指出解决中国问题的最根本还在于文化问题,于是提倡恢复孔孟儒学道统,致力于研讨中国历史与文化问题。因此,《历史与文化》的创办在当代新儒学史上是一个重大事件。

此外,在南京的政府及文化机构中也汇聚了大批政学两兼的学者。相关学术活动主要有:一是张继负责筹建的国史馆1月正式成立;二是王慕尊等成立中国社会科学研究会;三是中国教育学术团体联合会第五届年会在南京文化会堂举行;四是杨联奋、何健全等为常务理事的中华文化事业励进社在南京成立;五是何廉筹办的《世纪评论》1月在南京创刊;六是时任总裁秘书的徐复观筹办的《学原》杂志5月在南京创刊;七是国民政府内政部方域司有关南海诸岛命名绘图有了重大进展。其中最为重要的成果是由国民政府内政部方域司司长傅角今与内政部接收南沙群岛专员郑资约协同完成了南海诸岛最新命名,使西沙、南沙群岛主权范围具体化,成为近代以来中国宣誓、确认南海主权的关键环节。1月底,郑资约在南京着手整理实地测量的资料,精心绘制中国南海诸岛位置图与南海诸岛新旧名称对照表,全面准确地界定了南海疆域。4月14日,国民政府内政部根据郑资约呈请的文件召开专门会议,讨论西沙、南沙群岛等诸群岛范围及主权确定与公布案。会后,内政部方域司印制郑资约所绘《南海诸岛位置图》,该图具备三个要点:其一,再次明确国界线最南端标在北纬4°,此处"曾母滩"更名为"曾母暗沙",并在我国海疆之内;其二,按照诸岛在南海海域中所处地理位置,将"团沙群岛"改名为"南沙群岛",将原"南沙群岛"改名为"中沙群岛",并完整地标明东沙群岛、西沙群岛、中沙群岛和南沙群岛的位置和岛屿名称;其三,最关键的是该图用11段国界线,圈定了中国南海海域范围,成为如今中国坚持的南海主权九段线的来源。这条线又被称为传统疆界线,因其形状为"U"形,也被称为"U"形线。至此,南海领土范围在中国地图上明确化了。是年至次年间,国民政府出兵收复西沙、南沙群岛,划定了南海岛屿国界,出版了南海地图,在此基础上确立了我们今天南海"九段线"疆界。11月,郑资约《南海诸岛地理志略》由商务印书馆发行,为一部全面而系统地叙述南海诸岛的历史和地理概况的权威性学术专著。其中最为重要的是书中附有内政部公布的《南海诸岛新旧名称对照表》,首次对外发表了我国南海岛屿统一名称,是我国对南沙群岛拥有无可争议主权的强有力的佐证。郑资约完成接收南海诸岛任务后,在内政部的安排之下,前往各地大学演讲,宣传中国南海岛屿的历史背景和地理状况。内政部为郑资约颁发完成南沙群岛接收测绘任务的嘉奖令。

北平轴心中,仍以北大、清华为"双子星座"。对于北大校长胡适来说,最为棘手的是"沈崇事件"以及学潮的不断高涨;最为纠结的是蒋介石继续令其"改行"从政;最为重要的倡议是提出《争取学术独立的十年计划》。此外,还要提及两件要事:一是4月18日北大教授会通过《国立北京大学组织大纲》26条。其中第1条规定本大学根据中华民国教育宗旨及其施行方针,以研究高深学术,养成专门人才,陶融健全品格为职志。第2条至第13条是院系科的设置,现设理、文、法、医、农、工六学院和研究院,各学院下设系科若干。这是北大"复员"之后新发布的《国立北京大学组织大纲》。二是5月22日胡适发出中央研究院第一次院士选举人文组的人员部分拟提名单。哲学:吴敬恒、汤用彤、金岳霖;中国文学:沈兼士、杨树达、傅增湘;史学:张元济、陈垣、陈寅恪、傅斯年;语言学:赵元任、李方桂、罗常培;考古学及艺术史:董作宾、郭沫若、李济、梁思成。又在致萨本栋、傅斯年书中重点说明"三位老辈":吴敬恒、张元济、傅增湘。这一名单与傅斯年所列以及次年评审结果高度近似,再次充分证明了胡适、傅斯年的学术眼光以及两人掌控学界的超强能力。与胡适有所不同,清华大学校长梅贻琦更倾力于学校"复员"后的内部建设。2 月 20 日,清华大学第五次评议会修正通过了《国立清华大学研究所章程》18 条。3 月 15 日,梅贻琦《复员后之清华》刊于《清华校友通讯》复员后第 1 期,此文兼具重要的文献与学术价值。4 月 17 日,梅贻琦校长出席清华第六次评议会,报告:奉教育部令,语言人类学系应改称人类学系。另经讨论议决:为促进本校文法系同人研究工作,暂设中国近百年史研究室、社区比较研究室与文化比较研究室。此次会议还通过了关于 3 个研究室的计划。5 月,遵照教育部历次指令修正,经第七次评议会议通过,公布了《国立清华大学规程》。该《规程》第 1 章总纲指出:"国立清华大学根据中华民国教育宗旨,以求中华民族在学术上之独立发展,而完成建设新中国之使命为宗旨。"12 月 18 日,清华第十三次评议会原则通过梁思成等拟订的《设立艺术史研究室计划书》。另外还要提及 4 月 27 日朱自清刊于《清华周刊》第 10 期的《我所见的清华精神》一文。文中说,对清华精神这个问题"感到很大的兴趣","有一回和一位同学谈话,曾经假定清华精神是'服务'。后来和钱伟长先生谈起,他似乎觉得清华精神是'独立的、批判的'"。作者认为清华精神是"实干",这种实干精神虽然"有时会使人只见树而不见林",但是"能够一棵树一棵树的修整着,究竟是对林子有帮助的"。朱自清归纳的清华"实干"精神显然与梅贻琦校长的治校理念与风格相契合。

上海轴心依然是民主党派、左翼学者、作家的大本营,而且与国民党当局的对抗强度与烈度都在迅速升温。在上年居于上海的三大学术巨头中,因顾颉刚至苏州国立社会教育学院任教,则继续由郭沫若、马寅初引领上海轴心学术思潮。郭沫若 1 月 3 日与李济深、沈钧儒、许广平、叶圣陶、章伯钧等 200 余人联名发表《上海各界对北平美军暴行抗议书》。2 月 10 日,郭沫若偕沈钧儒、马寅初、马叙伦等"校场口事件"有关人士于上海青年会 9 楼聚餐,纪念"校场口血案"1 周年。郭沫若提议在场 50 余人,结为"二一〇社",每年 2 月 10 日集会纪念,马寅初附议赞成。3 月 1 日,郭沫若为《文汇报》新创办的《新文艺》周刊作发刊词,题为《人民至上的文艺》,刊于 3 日上海《文汇报》。当时郭沫若受《文汇报》总编徐铸成委托,物色学人更新副刊,决定把每周除星期天外六天的副刊版面全部包下来,并邀请侯外庐等主持相关副刊。从 3 日起,文汇报全部以"新"字打头的《新文艺》(周一出版,郭沫若、夏衍等主编)、《新经济》(周二出版,张锡昌、秦柳芳主编)、《新社会》(周三出版,李平心主编)、《新科学》(周四出版,丁瓒主编)、《新教育》(周五出版,孙起孟主编)、《新思潮》(周六出版,郭沫若、侯外庐、杜国庠主编)等 6 个副刊开始与读者见面。同月,译作马克思《政治经济学批判》由上海群益出版社出版。22 日晨,作《中国古代社会研究》第一篇《导论》。文中写道:"以石器、铜器、铁器划分时代,作为先史考古学上的文化的三期,以一八三二年创始于丹麦的学者通牟森氏(C. J. Thomsen),但这和古代社会进展不一定相符合。唯蒸汽机的发明与原子能的发现确是划分时代的标石。在中国,铁的发现当在春秋年代,当以铁器作为促进奴隶社会向封建社会转变的媒介。殷代与西周在生产方式与文化水准上并无多大区别。殷代确已使用'众人'作大规模之农耕。原始公社的破坏当在殷代。"4 月,《中国古代社会研究》由上海群益出版社再版,对 1930 年上海联合书店版文字"有所删改"。9 月 18 日,《大公报》报道:中央研究院评议会闭幕,郭沫若列入人文组院士候选人名单。11 月 14 日,郭沫若启程赴香港,16 日抵达。马寅初 1 月 2 日在《经济周报》发表《一九四七年经济展望》。10—11 日,在《文汇报》连载《今日我国经济的总检讨》。11 日,在《新华日报》发表《急起自救》。2 月,受聘国民政府教育部学术审议委员会第三届委员。3 月 4 日,在《文汇报》发表《此后吾国经济学者工作的对象》,认为经济学目的在于:(一)欲求中国经济的繁荣,非与自然搏斗不可;(二)吾人须努力破坏一切帝国主义之阴谋,不惜与之战斗到底;(三)吾人当摧毁一切封建势力,解除种种束缚,并毁灭其所依赖之官僚资本。12日,领衔沈体兰、孙起孟等教授发起组织上海教育界人权保障会,发表《上海教育界人权保障会宣言》:抗议当局任意拘捕,要求立即释放逮捕人民,呼吁各界人民团结一致为人权保障奋斗到底。24日,《工商新闻》"经济珍言"栏,题以《中国经济的出路》摘要发表对《文汇报》记者谈话。4月26日,在《经济评论》第1卷第4号发表《中国经济之路》。5月22日,出席上海工商界"当前社会危机检讨会"。胡厥文主席,章乃器、俞寰澄、盛丕华、孙晓村等100多人到会。10月4日,在《经济评论》第2卷第1期发表《中国经济问题决于政治》(又名《当前经济问题的分析》)。10日,在《华商报》发表《中国经济问题是决于政治抑决于经济》。14日,在《中国建设》第3卷第2号发表《如何建设国民经济》。18日,《大公报》报道:中央研究院评议会闭幕,马寅初列人文组院士候选人名单。上海依然是民主党派的活动中心,然而随着国共和谈的破裂,基于各自不同的政治理念与立场,国共之外的"第三方面"的左右分化迅速加剧,左翼民主党派民盟最终在国民党的残酷打压下被迫宣布解散。其中关键的转折点是10月27日国民党政府宣布民盟为"非法团体",勒令民盟自行解散。28日,国民党《中央日报》发表《政府宣布民盟非法》的声明。10月28日至11月4日,民盟代表黄炎培、罗隆基、叶笃义在南京与国民政府交涉民盟有关问题。11月5日,张澜在上海永嘉路集益里8号二楼住所召集民盟中常委扩大会议,出席会议的有沈钧儒、黄炎培、罗隆基、史良、叶笃义、张云川等。会上,张澜经反复权衡、考虑后,为保护盟员,以换取盟员不向当局"登记"等为条件。下午3点,张澜毅然拿笔签下自己的名字,决定民盟宣布自动解散,以大无畏的勇气独自承担起这个责任。6日,张澜以民盟中央主席名义签字发表《中国民主同盟总部解散公告》。公告全文记录了黄炎培与国民党政府交涉经过与结果后,"通告盟员自即日起一律停止政治活动,本盟总部同人即日起总辞职,总部亦即日解散"。9日,各地盟员及各级组织随即转入地下活动。同月,张澜和在沪的民盟中央领导人一起,筹划在香港召开民盟一届三中全会和恢复民盟总部的活动。在此艰难处境中,民盟的学术活动也深受影响。而在学术成果方面,则以侯外庐、翦伯赞为著。侯外庐的重要学术工作是在党的领导下主持"中国学术工作者协会"的工作,主编《文汇报》"新思潮"副刊,所著《中国近世思想学说史》(上下册)更名为《近代中国思想学说史》由上海生活书店作为"新中国大学丛书"出版;与杜国庠、赵纪彬合著,中国学术研究所编辑的《中国思想通史》第一卷古代思想编由新知书店出版,具有学术开创性意义。赵纪彬作《思想史研究的新果实——评侯外庐著〈中国古代思想学说史〉》(《读书与出版》第2卷第5期)认为:当1942年侯外庐先生写作他的《中国古代思想学说史》的时期,却正是"学术中国化"工程的伟大发端;因而本书也就属于拓荒时期的著作。本书的价值在于:"它是'学术中国化'号召以来,思想史研究上的一颗最硕大、最肥美的新果实。"

上海高校中,依然以复旦大学为标杆,同样处于反抗国民党当局的第一线。1月1日元旦,复旦同学七八百人由虹口公园经四川北路游行示威,在外滩公园与10所大专学校、16所中等学校同学一起共1万余人,排列成浩浩荡荡的队伍,沿南京路示威游行,社会影响巨大。同日,方令孺、洪深、张明养、陈子展、沈体兰、楚图南、吴泽、殷葆瑺、杨岂深、邱汉生、郭绍虞、漆琪生、吴剑岚、章靳以、郑太朴、余遂辛、盛叙功、赵纪彬、吴文祺、曹亨闻、潘震亚、周予同、周谷城、曹未风、张志让、周伯棣、张孟闻、蔡仪、张伯篯、卢于道、马宗融、孙泽瀛、萧乾、胡文淑、张定夫等37位教授发表《正告美国政府的意见书》。这场抗议驻华美军暴行的运动持续到3月上旬，成为蒋管区人民斗争新高潮的一个标志。3月，国民党当局在北平市实行大逮捕，逮捕市民、教师、学生等2000余人。上海市大学教授抗议非法捕人，发表《保障人权宣言》，揭露国民党挑起全面内战、出卖民族利益的反动行径。在《宣言》上签名的共66人，其中有复旦教授张志让等39人。5月，华东地区十六所高等院校的"大学教授联合会"成立，陈望道任联合会主任。5月20日上午，发生震动全国的南京"五·二零惨案"。24日，陈望道、洪深等十四名教授联名发表《我们对于此次学生请愿的意见》，罢教抗议国民党军警无理包围学校逮捕学生迫使学生罢课一事。31日，针对5月26日"国权路血案"及5月30日凌晨国民党反动派举行全市性大逮捕，复旦被捕11人，全市被捕50余人的严重事件，陈望道、周谷城、洪深、陈子展、吴剑岚等99人联名发表罢教宣言，以示抗议。暑假，洪深教授被解聘，张志让教授、周谷城教授分别被解除法学院院长和史地系主任的职务。在学术活动方面，值得重点关注的是复旦大学陈望道同上海文化界人士叶圣陶、郭沫若、马叙伦、胡朴安、金兆梓、朱经农、郭绍虞、方光焘、吴文祺、周予同、郑振铎等2月14日发起组织"中国语文学会"。3月2日，"中国语文学会"在上海成立，陈望道、叶圣陶、章锡琛、郭绍虞、周予同、方光焘、魏建功7人为理事，马叙伦、郭沫若、郑振铎3人为监事。11月，复旦老校长李登辉逝世，陈望道作《悼李老校长登辉先生》祭文，称赞李校长是"复旦传统的象征，也是校长最好的典型"。其他高校要事尚有：大夏大学杜佐周教授主持、大夏大学历史社会研究所编辑的《历史社会季刊》3月1日创刊。杜佐周在《发刊辞》中提出"社会科学的新使命"是"启发人类走向光明途径"；光华大学吕思勉与光华同学集资出版的《学风》杂志4月创刊。吕思勉为《学风》撰发刊辞，其中写道：政治的力量是有一定的限度，而整个社会的力量是无穷的，所以一贯重视社会的改革，尤其重视学术界的风气和学人所负的社会责任。尝称昔人论治，重视风俗；而以天下之重自任者，每欲转移一世之风气。

对于上海出版界元老张元济来说，值得一说的是他入选首届院士候选人。先是5月22日，胡适发出中央研究院第一次院士选举人文组的人员部分拟提名单，张元济与陈垣、陈寅恪、傅斯年列于史学。又在致萨本栋、傅斯年书中重点说明"三位老辈"——吴敬恒、张元济、傅增湘，谓："张元济，他对于史学的最大贡献是刊行史籍与史料，他主持的《四部丛刊》与《百衲本二十四史》等，使一般史学者可以容易得着最古本的史籍与古书，其功劳在中国史学界可谓古人无与伦比。我曾想，《百衲本二十四史》的印行，比阮元的《十三经注疏·校勘记》还更重要。所以我也希望孟真、济之两兄考虑此老。"6月初，中研院院士选举筹备会根据18位评议员提出涉及20个学科、220人院士提名，又结合中研院总办事处国内专家概况调查，制定出一份院士选举参考名单，涵盖25个学科、182人。其中"中国文学"学科7人：吴敬恒、张元济、胡适、杨树达、余嘉锡、朱凤起、沈兼士。10月15日，中央研究院发布公告："兹经本院第二届评议会第四次大会依法选定第一次院士候选人，数理组四十九人，生物组四十六人和人文组五十五人，特为公告如下。"其中人文组候选人列入张元济："张元济主持商务印书馆数十年，辑印《四部丛刊》等书，校印古本史籍，于学术上有重大贡献。"12月10日，中央研究院致张元济书，告以经第二届第四次评议会大会决定150人为院士候选人，张元济亦名列其中，并寄来候选人年籍资历、著作目录副本。此事引起出版界乃至整个学术界的广泛关注。

解放区板块较之上年发生显著变化，最为重要的是3月18日毛泽东、周恩来等中共中央领导撤离陕西延安。毛泽东、周恩来、任弼时率领前委,代表中央留在陕北指挥西北和全国的解放战争。刘少奇、朱德、董必武等组成中央工作委员会,刘少奇为书记,前往华北进行中央委托的工作。当时廖承志任新华社社长,范长江任新华社副总编辑,艾思奇任《解放日报》总编。其间,毛泽东身边始终有两支队伍:由作战人员组成的"枪杆子"队伍和由新华社工作队组成的"笔杆子"队伍。他们在黄土高原上牵着敌人二十几万人马兜兜转转,最终取得了胜利。毛泽东后来评价:"中央留在陕北靠文武两条线指挥全国的革命斗争。武的一条线是通过电台指挥打仗,文的一条线是通过新华社指导舆论。"跟随党中央纵队转战陕北的这支"笔杆子"队伍,是由新华社副总编辑范长江带领的一支41人工作队。为保密起见,中央纵队对外称"三支队",下辖四个大队,新华社工作队就是"四大队",范长江任大队长,由编辑、翻译、电务和后勤等人员组成。在转战陕北的日子里,毛泽东、周恩来、任弼时等中央领导为新华社撰写、修改的评论、社论、新闻各类文稿达70多篇,这些由陕北发出的红色电波,成为了时代的最强音,促成了解放战争由战略防御向战略进攻转变的关键布局。自3月18日中共中央撤离延安之后,华北西柏坡取代延安成为解放区新的学术文化中心。其中《解放日报》总编艾思奇的行程具有一定的代表性:3月19日,胡宗南的国民党军队侵占延安。《解放日报》坚持到了3月20日才停刊,所有报社人员都向晋察冀撤退。5月,赴建屏县党中央所在地西柏坡。受胡乔木委托,审阅丁玲写作的《太阳照在桑干河上》,肯定这是一本好书。7—9月,中央以刘少奇为首的中央工作委员会召开土地会议。艾思奇参加会议的准备工作,并参加了土地会议。年底,艾思奇受中宣部委托,前往太行山专区,去解决北方大学的一些问题,并应范文澜邀请去北方大学讲课。当时范文澜继续任北方大学校长,年初,接到中央宣传部一个电报,要他聚集人才,继续研究历史。不久,北方大学成立历史研究室,由范文澜主持,成员有刘大年、荣孟源、王南等。1月,《研究中国历史的钥匙》刊于晋冀鲁豫《北方杂志》第2卷第1—2期合刊。3月,《中国近代史》(上编第一分册,上、下)由新华书店出版。此书起自1840年,终于1901年,以鸦片战争、太平天国运动、戊戌变法和义和团运动为主干,注重揭批帝国主义侵略中国的罪行,宣扬爱国主义。另一重点是突出阶级斗争,高度评价太平天国、义和团等的功绩,歌颂人民的革命运动。9月,华北新华书店重印《中国通史简编》,将原来的上、中册分编为六册,已出的《中国近代史》上编第一分册作为《中国通史简编》第七册和第八册,合为一书刊行。但后来仍题为《中国近代史》(上编第一分册)单独出版。苏联曾出版此书俄译本。是秋至次年春,又有叶丁易、王冶秋、尚钺等先后从蒋管区来北方大学,历史研究室一时人材称盛。而成仿吾则在束鹿继续任"联大"校长。11月,石家庄解放,成仿吾率领"联大"从束鹿县农村迁至正定县城。此时,派部分同学到石家庄深入工人群众,向工人阶级学习。学校教育又发展到了一个新阶段,即进入城市的新阶段。所以,北方大学与联合大学为当时解放区的两大学术高地。

　　由于国共关系的恶化,主要聚集于上海的民主人士、左翼学者与作家随时都有被捕被害的危险,根据中共地下党的安排,他们陆续转移至香港,于是香港迅速成为左派学术文化中心。当时设在香港的华南分局"工委"领导成立"文委",夏衍任书记,委员有冯乃超、邵荃麟、胡绳、周而复,具体负责与来港的民主人士、左翼学者与作家对接。郭沫若11月14日乘船离沪往香港。16日,抵达香港,暂住九龙公寓。17日,致信中共地下党钱潮:"因事率眷离沪行装匆遽,不克走辞,憾甚憾甚。在沪诸蒙厚待,铭感五内,后会有期,定当图报也。"在此前后,柳亚子、马叙伦、侯外庐、翦伯赞、茅盾、千家驹等一批左派文化人士都到达香港。

柳亚子10月18日离沪赴港。当时民主人士会集港地者甚众。时相过从者,有何香凝、沈钧儒、郭沫若、沈雁冰、田汉、朱蕴山、连贯、萨空了、翦伯赞、彭泽民、乔木、龚澎、王却尘、黄宝珣诸人。柳亚子参加国民党民主派人士召开的联合大会,并积极筹组中国国民党革命委员会。12月,组织"扶馀诗社",并起草宣言,自为社长,宋云彬任秘书,钟敬文、陈君葆、孟超、孙为干事。沈钧儒11月中旬开始作秘密去港准备,通过萨空了与民盟南方总支部同人联系商讨进一步斗争问题。同时不定期地约史良、沙千里、曹孟君、孙晓村等人救会同志在沈谦寓所晤谈,交换对政局的看法及商谈工作。离沪前夕,沈钧儒对上海工作亦有所布置,留史良在沪,在盟内盟外坚持斗争。12月13日,沈钧儒出席在港举行的民盟中央执行委员会会议,决定在香港召开中国民主同盟第一届中央委员会第三次会议,重新确定中国民主同盟的路线与政策,并开始着手进行三中全会的筹备工作。马叙伦12月乘德国货轮离沪,转往香港。月底,陈叔通自沪来函,告以"近来日暮途穷,倒行逆施愈甚。此间已成恐怖时期,如何?"侯外庐10月到港后暂住读书出版社经理黄洛峰处,由党组织解决生活问题,党组织代表是胡绳、冯乃超。潘汉年建议帮助马叙伦工作。不久,侯外庐在香港达德学院法政系任教授。翦伯赞10月27日为逃避国民党政府的迫害从上海到达香港,在中国共产党的安排下应聘为达德学院的历史学教授。茅盾12月初与叶以群同船离沪去香港。中旬,茅盾在接受《华商报》记者方场的采访时说,现在是民主与反民主的斗争时代,相信民主阵营方面一定会取得胜利。次年,这些居港人士又根据中共地下党的安排陆续北上。

再就各省区板块而论,几乎所有的大学都出现新一轮学潮,而且此呼彼应,此起彼伏,一浪高过一浪。其中最为惨烈并付出生命代价的是武汉大学与浙江大学,更值得点赞的是两校校长周鲠生与竺可桢。6月1日武汉大学发生震惊中外的珞珈山"六·一惨案"之后,从南京开会返回的校长周鲠生和武大教授会约集的18名教授于6月3日齐赴武汉行辕保释被捕师生,并抗议中央社发出的歪曲事实真相的报导,要求追究责任。午后4时,被捕师生保释返校。10月29日,浙江大学学生自治会主席于子三被国民党特务杀害。11月5日,竺可桢在南京晤教育部长朱家骅,告以于子三事件经过及提出辞职。同日,竺可桢校长接见《申报》《大公报》《中央日报》记者,揭露于子三事件真相,对所谓"自杀"提出疑问;指出逮捕学生没有通过学校,逮捕后学校曾数次请求在24小时内移送法院,但都没有结果;验尸时也并没有通知学校;并谓于子三是一个好学生,此事件是"千古奇冤"。后来蒋介石通过朱家骅要竺可桢在报端更正,竺可桢说报载是事实,无法更正。16日,竺可桢出席于子三追悼会。28日,偕浙大总务处事务组主任陆子桐赴凤凰山敷文书院旧址,为于子三觅墓地。由此可见,国民党当局已完全站到了大学广大师生的对立面,而且企图以残酷镇压、血腥屠杀挽回败局,结果只能以更彻底的失败而告终。然而即便在这样的腥风血雨中,高校的学术活动依然在继续,仍以武汉大学与浙江大学两校为例:武汉大学周鲠生校长5月决定改革科研体制,将原有的4部、11所改为8所,即:中国文学研究所、历史研究所、政治研究所、经济研究所、物理研究所、化学研究所、土木工程研究所、电机工程研究所。其中力量较强、指导研究生较多的是经济、中文和历史三个研究所。同时鉴于乐山后期一些刊物被迫停刊,至11月以后,武大的《文哲季刊》《社会科学季刊》《理科季刊》《工科年刊》(后改为工科丛刊)、《武汉大学丛书》陆续复刊,并成立以教授为主体的各刊物委员会。11月7日,武大第450次校务会议决定,组织学术文化讲演委员会,推举曹诚克、周金黄、吴于、张培刚、高尚荫、陈华癸、黄培云等7人为委员,曹诚克为主任委员。这个委员会的主要任务是:"推广学术文化服务，使武汉形成学术文化研究中心。"委员会定于每周六下午3时到5时在武昌东厂口武大附属医院礼堂举行学术文化公开演讲。12月6日，学术文化公开讲演首次举行，由校长周鲠生作题为《国际问题——集体安全》的报告。以后各次的讲题包括社会、自然、应用科学、文艺、哲史及时事问题，讲演人主要是武大各院系的教授，听众主要是武汉市各单位、团体的代表，从而有效地活跃了武汉大学的学术氛围，提升了武汉大学的学术影响力。再看浙江大学，在竺可桢校长的鼎力支持下，浙江大学史地学系主任张其昀主编的《思想与时代》1月1日复刊。卷首为张其昀于上年12月1日在杭州所撰《复刊辞》，曰："就过去几年的工作看来，本刊显然悬有一个目标，简言之，就是'科学时代的人文主义'。科学人文文化是现代教育的重要问题，也是本刊努力的方向。具体的说，就是融贯新旧，沟通文质，为通才教育作先路之导，为现代民治厚植其基础。英国《自然》周刊，是一个有计划的论述现代自然科学人文科学和哲学教育的良好园地，本刊对于自然周刊的宗旨实深具同感。"实际上，《思想与时代》杂志"一以发扬传统文化之精神，一以吸收西方科技之新知，欲上承南高、东大诸教授创办《学衡》杂志之宗旨，以救世而济民"，也就是张其昀所说的，"以沟通中西文化为职志，与二十年前的《学衡》杂志宗旨相同"。此外，还要特别提到顾颉刚2月开始任教于苏州国立社会教育学院。6月，顾颉刚成立民众读物社，任理事长，又与丁君岛主编"中国历史故事小丛书"，修改丛书多册并作序，由大中国图书局印行。9月23日，顾颉刚致信白寿彝谈编辑中国通史及"古籍汇刊"事。信中谈到，"范文澜、翦伯赞们编的书各处畅销，为什么我们不能与之争锋呢？"他想以文史杂志社的名义发起编辑"中国通史"，并在15年内编辑《古史辨》若干，并自编文集及写自传。同月，《文化先锋》第6卷第16期刊载蒋星煜对顾颉刚的采访《顾颉刚论现代中国史学与史学家》。顾颉刚在回答"现代中国史学家是不是有明显的流派存在"时指出："严格地说，明显的流派是不存在的，以前有人勉强分出疑古派释古派等等，其实疑古是手段释古是目的，这种方法很不合理。又如陶希圣、郭沫若、翦伯赞同是以唯物史观来理解中国历史的，但各人所得的结论距离很远，未便归纳在一个流派里面。我有一个深刻的印象：就是以北平为中心的史学家，重实际而注意细节，往往失之琐碎，只见树木不见森林；以上海为中心的史学家，重概括而追求完整，往往失之空洞，只见森林而不见树木，最好是能有梁任公那样集大成的史学家出现，可以综合各方面的研究心得，再予以系统的整理，则中国史学当有辉煌的发展。"顾颉刚加盟苏州国立社会教育学院，为该校以及整个江苏区域的学术增添了学术分量。

　　最后说一下海外板块：关于"出"的方面，仍以美国为中心。赵元任1—6月已离开哈佛大学，但社交活动依旧频繁。1月，与老舍多次会面，谈论北京话与戏剧问题。此后，他与语言学界的李方桂、丁声树、罗常培，老朋友任鸿隽和陈衡哲、竺可桢、任之恭等过从甚密，还有梁思成、赵忠尧、钱学森、林同济、卫立煌及夫人韩权华、程天放、曾昭抡夫人等来访。与美国教授 John Fairbank、Charles Gardner、George Kennedy、I. A. Richards 和 Roman Jakobson 等亦有往来，主要谈论语言问题。4月27日，清华同学会在赵元任家聚会，到林家翘、钱学森、陈可忠等30余人。赵元任与竺可桢均有演讲。夏，鉴于中央大学校长吴有训坚决辞职，教育部朱家骅部长要求赵元任回国接任中央大学校长，但赵元任一向不愿做行政工作，决定推迟回国。8月，赵元任正式接受加州大学聘请。11月，教育部朱家骅部长派赵元任做代表赴墨西哥参加联合国教科文组织会议，教育部次长杭立武为代表团团长。加州在美国西海岸，华人本来就多，加之又是华人到美国和回中国的必经之地，赵元任家逐渐成了中国人的活动中心。除夕,30多人聚在赵元任家迎接新年。冯友兰继续在宾夕法尼亚大学任客座教授,讲中国哲学史,并协助卜德译《中国哲学史》下册。4月,前往普林斯顿大学接受名誉文学博士学位,并代表清华大学参加该校建校200周年纪念活动。同时参加者还有梁思成、赵紫宸。在纽约访杜威,谈哥伦比亚大学及美国哲学现状。离纽约前,将经卜德校订之在宾夕法尼亚大学所用英文讲稿 A Short History of Chinese Philosophy(《中国哲学简史》)交麦克米伦公司出版。在宾夕法尼亚大学遇夏威夷大学校长,同意接受邀请往该大学讲学一学期。是年,E. R. Hughes 所译《新原道》英文本(The Spirit of Chinese Philosophy)由伦敦 Kegan Paul 出版。书前有冯友兰自序,云:"这本《新原道》,因为它是讲中国哲学主流的发展,所以可以当作一部简明中国哲学史,不过不是就严格意义而言。无论如何,它的确可以当作我的两卷本《中国哲学史》的补编。"董作宾1月中旬起程赴美。夏,撰成长达一万五千言的《殷墟文字甲编·自序》。次年夏,再撰《殷墟文字乙编·自序》更是洋洋二万五千字。《甲编》《乙编》是十年殷墟科学发掘所得甲骨文资料的著录,序言中介绍了十年甲骨出土和甲骨文资料整理、编撰的经过,总结了科学发掘甲骨文特别是 YH127 坑甲骨文的特点和价值,说明了两书的编撰体例和出版问世的意义,进而论述了今后甲骨文研究的方向和方法。晏阳初4月17日为打开美援僵局,乘坐自上海启航的邮轮再度赴美,以争取美国援助,解决国民政府困难。同月,美国援华法案特列"晏阳初条款",设置中国农村复兴联合委员会。8月25日,应邀出席在巴黎举行的"联合国文教组织研讨会",在会上作了以《平民教育与国际了解》为题的英文讲演。在结语指陈:二十五年间经过两次世界大战,对世界毫无裨益;难道还不体认我们必须好好利用未来的二十五年。我们所有财力经验都必须奉献,以完成这一伟大工作。9月30日,给美国国务卿马歇尔写备忘录《发展国家的根本》。10月,在《新教育》杂志第1卷第3—4期发表《中国农村教育问题》。最后,希望"一班青年,发挥宏愿,深入农村,施展宏才。好静的做研究工作,好动的做推广工作,以伟大的精神,成伟大的事业""这样,不但青年自己有了出路,整个国家也就有了出路"。瞿同祖继续在美国从事学术研究。11月,瞿同祖《中国法律与中国社会》由商务印书馆出版。此书依据大量个案和判例,分析了中国古代法律在社会上的实施情况及其对人民生活的影响,探讨了家族、婚姻、社会阶级与法律的关系,以及宗教对法律的影响、儒家法家思想与法律的关系、中国古代法律自汉至清有无重大变化等问题,被认为是中国古代法制史研究领域具有里程碑意义的著作。再看"进"的方面:美国记者斯特朗1月16日在延安受到毛泽东接见。13日,斯特朗离延安。2月20日,周恩来致函已回到北平的斯特朗:"你作为中国人民的一位真正的朋友,我们对你最为想念。""通过你的影响和著作,你对中国人民将做许多有益的工作。""这是我们的外国朋友所能做的最美好的事情。"美国司徒雷登继续任驻华大使,因为经历"沈崇事件"以及在国共调停中的选边战,其在中国学界的声望一落千丈。4月12日,司徒雷登致函晏阳初,郑重提示两点:经费管理与贷款数目。11月,司徒雷登访问中央大学,并作题为"今日中国大学生应有之责任"的讲演。12月1日,司徒雷登在南京同30余位校友相见,并讲自由之重要。法国来华传教士善秉仁在华任神职期间编著《文艺月旦》6月由北平太平仓普爱堂发行,北平独立出版社承印。此书以独具特色的神学观对中国新文学作家和作品进行评价,是迄今为止发现的外国神父最早最广泛地评价中国新文学的一部有奇特价值的著述。日本学者须田祯一2月28日在日本《中国评论》杂志第2卷第2期发表《郑振铎与"政治和文学"》,谈到郑振铎的业绩、斗争和《惜周作人》等文,认为郑振铎是上海光复后居知识分子"最高峰之一人"。

本年度的学术热点与论争,主要集中在以下 8 个方面:

1. 关于战后建国问题讨论的继续。时任国民政府行政院副院长、兼任中央研究院评议会秘书的翁文灏继续注重经济建设尤其是工业建设。1 月 25 日,翁文灏在《世纪评论》周刊发表《我们须有打开新时代的精神》,认为抗战胜利后"民族的前途全在此时代人心的认识""中国此时在国际形势中实是一个特别光明的极好机会,必须收拾疮痍,振作意志,认真的作为一番,打开新的时代,建立新的基础,方能不辜负这个千载难得的时机""我们深痛人民生活的艰难,故有速即提高的旨趣,我们甚明近代工业的必要,故有实际建设的志愿,正须立定方针,迅速推进。国民对政府,应该坚决要求,速即提出统筹建设的方案,认真执行;政府对国民,应该热诚号召,同心协力,向建设的方向前进"。2 月 3 日,翁文灏在中央大学地理系作题为《中国东南部的进一步建设》的学术讲演,提出中国战后建设,应选择基础良好、较易收效的东南地区为第一个五年计划的建设中心,迫利益昭著,以为全国样板。其理由是,中国国土广大,如各地同时并举,财力、人力无法分配,不仅劳而无功,而且徒增人民负担。翁文灏提出的具体主张是,辟定海为自由港以与香港竞争,以孙中山提出的乍浦、澉浦间东方大港为中心,辅以上海、镇海、定海等港,建成中国对外贸易的神经中枢。在太湖周围建成二纵二横的铁路网,将该地区发展为中国丝工业中心,以与日本竞争等等。4 月,翁文灏在《智慧》第 12 至 15 期发表《中国工业化的轮廓》一文。文章就"中国工业化的目的""以农立国以工建国并行不悖""中国民族能力是否胜任""天然富源是否容许工业化""建设的区域问题""规模及所需之资金""战后工业政策的原则""中国工业政策纲要试拟案"及"建设应有的精神"各节,对中国工业化的目的及应行之政策做系统阐述。12 月 5 日,翁文灏在国民参政会驻会委员会上报告《资源委员会一年来的工作》,首先说明抗战胜利以后,资源委员会原拟利用日本在东北、华北已有之重工业基础及台湾之若干基本工业基础,先行整理修复,再谋华中、华南工矿业之建置。经济建设尤其是工业建设是战后建国的基础,翁文灏的意见还是富有远见且切合中国实际的。马寅初则以经济学家的思维提出了自己的意见。3 月 24 日,《工商新闻》"经济珍言"栏题以《中国经济的出路》摘要发表马寅初对《文汇报》记者谈话:"中国经济至今才从殖民地经济中解放出来,领事裁判权撤销不久,租界亦甫经收回,惧外媚外的心理,尚未从多数人脑海泯除,所以战后研究经济的最高目标,端在建立独立自主的经济,迅速地使国民经济不再成为外国经济的附庸,长此蹉跎于被动的地位。为达到这个目的,第一应当迅速工业化,第二应当彻底改革中国农村。这两种工作,应该同时着手,以收相得益彰之效。工业化有了基础,农村中一部分过剩人口才有出路,重新分配耕地亦容易办到。在另一方面,农民生活向上之后,工业出品才有广大的市场。农工相互依存,社会安全才能奠定基础。"4 月 26 日,马寅初在《经济评论》第 1 卷第 4 号发表《中国经济之路》,认同民国三十三年国防最高委员会第 148 次会议通过的《中国第一期经济建设原则》,认为条文只有 7 条,简括明了。10 月 14 日,马寅初在《中国建设》第 3 卷第 2 号发表《如何建设国民经济》,就战后国民经济建设提出新的建议。此外,中山文化教育馆民权组编《民权建设中的世界与中国》一书 1 月由中华书局出版,其中载有钱端升《今后世界民权建设之展望》;贺昌群 2 月 1 日在《思想与时代》第 42 期发表《再论历代建都与外患及国防之关系》;蒋梦麟 2 月 19 日在《新运导报》第 14 卷第 1 期发表《新生活运动与建国》;吕思勉 6 月 5 日在《正言报》发表《还都纪念罪言》;胡先骕 6 月 1 日在《三民主义》半月刊第 10 卷第 6 期发表《国防科学委员会成立感言》,又于同月 17 日在《三民主义》半月刊第 10 卷第 9 期发表《观我国历史之演变国人应有建国之信心》。吕思勉《还都纪念罪言》重点探讨了三个问题:(一)中国今日动荡不定的总原因;(二)如何建立起一种新秩序;(三)革命时最有力量阶级,理应为革命后政治上中心。胡先骕《国防科学委员会成立感言》呼吁"今年尽速组织国立科学最高会议如美英苏各国所有者,以筹划于明年拟定科学研究之方案,以期尽速动用此项专款以促进全国之科学研究工作"。胡先骕《观我国历史之演变国人应有建国之信心》明确提出:"余之作此言论,并非不知当前局势之恶劣。但纵观往史,瞻望将来,深知我国将来确有无限之光明,此时吾人固须严密检讨吾人之缺点,尽量以舆论鞭策政府,使之尽力从事复兴大业。然尤须人人保持其建国之信心,埋头苦干,各尽其责;无论在朝在野,为公为私,一致以建国为惟一之努力目标,则可以断言建国必成,中国在久乱之后,又将创造一期光明灿烂之文明,有志之青年人士,其勉之哉!"还有一些学者继续关注文化建国、学术建国、教育建国等问题。其中教育建国问题受到更多学者的关注。《教育杂志》第 32 卷第 1 期刊出"战后中国教育专号(上)",载有赵廷为《我们的信心和愿望》、庄泽宣《战后中国教育向那里走?》、许崇清《战后教育建设问题》、程其保《建国时期教育第一》、常道直《世界教育专业组织与国际和平》、艾伟《战后中国之教育实验》、杜佐周《战后中国的大学教育》、林本《战后中国的中学教育》、李蒸《战后中国师范教育方针》、方惇颐《战后中国的师范教育》、马客谈《战后中国的国民教育》、陈礼江《今后中国社会教育之途径》、董渭川《战后中国的文盲问题》、李清悚《战后中国之电化教育》、何清儒《战后中国的职业教育》、周尚《战后华侨教育》等文;《教育杂志》第 32 卷第 2 期又刊出"战后中国教育专号(下)",载有常道直《当前我国教育上两个课题》、王凤喈《战后中国教育问题述要》、陈剑恒《战后教育的三大新问题》、邱椿《战后中国的教育政策》、萧孝嵘《战后的教育建设与心理建设》、檀仁梅《战后教育的展望》、许公鉴《战后教育的抢救与改造》、王裕凯《战后从事教育者的基本条件》、欧元怀《论战后我国的留学政策》、沈灌群《战后我国师范教育之商榷》、吴增芥《战后中国的初等教育》、陈鹤琴《战后中国的幼稚教育》、童润之和邵晓堡《今后中国的社会教育》、曹树勋《战后中国的边疆教育》、余书麟《战后我国边疆教育建设之途径》、王秀南《战后中国侨民教育的建设》等文。汇集诸多名家如此集中讨论教育建国问题尚属首次。学术著作方面,则主要有李萌农著《建都专论》(广西钦县著者刊行)、张元养著《建国秘要》(著者刊行)、邓启著《民主建国问题》(上海著者刊行)等。

2. 关于中国文化问题讨论的继续。此与战后建国密切相关。毛泽东等著《论新民主主义文化》(大连大众书店)收录毛泽东《论新民主主义文化》、洛甫《抗战以来中华民族的新文化运动与今后任务》、陈毅《关于文化运动的意见》、刘少奇《苏北文化协会的任务》等文。此与徐照著《三民主义文化论》(江苏省政府新闻处)代表了国共不同的文化价值取向与建设路径。此外,胡适、梁漱溟、贺麟、钱穆等著名学者都参与了这一论题的讨论。梁漱溟是年仍居重庆北碚,闭户著书,撰写经典名著《中国文化要义》,其部分观点连载于《观察》第 2 卷第 5—7 期的《中国文化特征之研究》。1 月,梁漱溟在上海《大公报》发表《政治的根本在文化》一文。此为作者退出国共和谈后写的第一篇文章,文中第一句话就是:"在极度苦痛与苦闷中,中国人民又度过他胜利后的一年。"作者重申:"中国的问题,政治问题还是表面,非其根本。""论其根本,论其全部,原是整个文化问题。"钱穆则从文化地理与中西比较的视角关注中国文化的区域转移与复兴问题。1 月,所作《中国文化新生与云南》刊于《昆明日报》。

4月《五华月刊》第 4 期转载。文中曰:"汉、唐以前,中国文化中心在黄河之两岸;宋、明以下,中心南迁而在长江流域;晚近世以来,中国文化之生命动力有益向南迁之迹象,而渐达于珠江流域矣。""欲求一国文化之常荣不谢,则先求其疆域之恢宏,为一统之大国。于是某一地区之文化虽由盛而衰,而常有他一地区之新人文、新生气接踵继起。而其继起者仍在其国内,不在其国外,仍不失其本国之传统,则其国之变化始可达于常荣不谢之境。故曰论文化史者,不可不注意于其地理的条件。"胡适与贺麟都论及西方和世界文化问题,颇有借用"他山之石"的用意,但彼此主旨不同。贺麟 2 月在《读书通讯》第 126 期发表《认识西洋文化的新努力》。7 月,在《读书通讯》第 126 期发表《西洋近代人生哲学之趋势》。11 月,贺麟《文化与人生》由上海商务印书馆出版。此书系贺麟在西南联大任教时所著的其中 40 余篇论文汇集而成。作者在是书的《抗战建国与学术建国》一文中指出:"我们抗战的真正最后胜利,必是学术文化的胜利,我们真正完成的建国,必是建筑在对于新文化、新学术各方面各部门的研究、把握、创造、发展、应用上,换言之,必应是学术的建国。"可谓道出了战时诸多学者共同的心声。胡适 8 月 1 日在北平广播电台发表广播讲话《跟前世界文化的趋向》,提出世界文化是趋向于混合统一的,文化的交流是自由选择的。又说,当前世界文化的大趋势,有三个目标:(1)用科学的成绩解除人类的痛苦,增进人类的幸福;(2)用社会化的经济制度来提高人类生活的程度;(3)用民主的政治制度来解放人类的思想,发展人类的才能,造成自由独立的人格。在解释第三个目标时说:"民主自由的趋向是三四百年来的一个最大目标,一个最明白的方向。"24 日,胡适在《大公报》发表《我们必须选择我们的方向》,继续发挥 8 月 1 日广播词的意思,但文中主旨已转向学术独立的问题。此外,宗白华 10 月在南京《学识》杂志第 1 卷第 12 期发表《艺术与中国社会生活》,认为:"人生里面的礼乐负荷着形面上的光辉,使现实的人生启示着深一层的意义和美。礼乐使生活上最实用的、最物质的,衣食住行及日用品,升华进端庄流丽的艺术领域。"又说:"在中国文化里、从最低层的物质器皿,穿过礼乐生活,直达天地境界,是一片混然无间,灵肉不二的大和谐,大节奏。"其中对中国文化形态与精神自有独特的体悟。

3. 关于《争取学术独立的十年计划》的论争。胡适 8 月 26 日为筹备中央研究院第一届院士选举事飞赴南京。在南京曾面见蒋介石,提出发展教育的十年计划,拟以北京大学、清华大学、中央大学、武汉大学、浙江大学五校为第一个十年计划的第一批重点。9 月 18 日,胡适撰《争取学术独立的十年计划》刊于 9 月 28 日《大公报》,又载 10 月《观察》第 3 卷第 7 期、《教育通讯》第 4 卷第 6 期。胡适这项计划包括两方面的重点内容:一是"十年计划",即提议国家集中人力财力,在十年之中办好十个第一流的大学,以为国家树立学术独立的基础,提出中国高等教育"应该有一个自觉的十年计划",即"在十年之内,集中国家的最大力量,培植五个到十个成绩最好的大学",使其成为"第一流的学术中心"和"国家学术独立的根据地"。二是"学术独立"。胡适所谓"学术独立"有四个标准:(一)世界现代学术的基本训练,中国自己应该有大学可以充分担负,不必向国外去寻求。(二)受了基本训练的人才,在国内应该有设备够用与师资良好的地方可以继续做专门的科学研究。(三)本国需要解决的科学问题、工业问题、医药与公共卫生问题、国防工业问题等等,在国内都应该有适宜的专门人才与研究机构可以帮助社会国家寻求得解决。(四)对于现代世界的学术,本国的学人与研究机关应该和世界各国的学人与研究机关分工合作,共同担负人类学术进展的责任。他要求政府必须按宪法规定,中央用于教育的预算不得少于百分之十五,省不得少于百分之二十五,市县不得少于百分之三十五。希望在高等教育中"多多减除行政衙门的干涉,多多增加学术机关的自由与责任"。同期《教育通讯》第4卷第6期刊出陈东原《争取学术独立的必要与可能》,此文的中心主题已转向"学术独立"问题。此后,《教育通讯》第4卷第10期刊出欧阳湘《学术独立与留学制度》,重在讨论留学制度问题。承接此文论题的有金克木《留学问题·第一流大学问题》(《观察》第3卷第12期),文中主张"要学术独立于国际间,先得学术界能独立于国内,若学术界的人与事仍受外界的压抑与控制,衣食不周,动辄得咎,即全国遍设研究所与大学,外国教授与本国博士多于过江之鲫,也未必真能学术独立"。而沿着"学术独立"路径论辩的则有朱声绂《争取学术独立应有的警惕》(《时与文》第2卷第11期)、陈旭麓《论学术独立》(《时与文》第2卷第14期)、潘菽《学术独立》(《学识》第1卷第10期)与《申论学术独立》(《学识》第2卷第4—5期)等文。陈旭麓《论学术独立》认为学界有关讨论"虽见仁见智,互有短长,然有一个共同之点,即大家集中于讨论学术独立的成果,很少探本寻源之论"。作者提出学术独立的发展"需要高度的思想自由",指责现时政府虽在名义上废止了"一尊"的教条,但在实际行动中却极力压制学术自由的风气,所提倡的学术独立是"只此一家并无分店"的独立;又批评"胡先生有建立学术独立的雄心,而没有抨击恶势力的勇气,今日之胡先生与五四时代之胡先生显然已不可同日而语了"。潘菽《申论学术独立》依次讨论了以下六个问题:一、学术独立的问题并不是一个孤立的问题。二、学术为什么要独立?三、学术独立并不是废止留学。四、学术独立和"第一流大事"并非相等。五、学术独立和整个的教育方针与制度。什么学术急须要独立。作者认为:"在现状之下来讨论这个问题,未免是不合时宜。列次的许多会议,不问是学术性的或政治性的,大家都提出许多很好的意见,制成决议,写成方案,但会议闭幕了也就完了。现在关于学术独立问题的热烈讨论,恐怕过了些时也将成为一番空话。就是胡适之先生的那个计划,虽然相当具体,但也不知何年何月才能实行。即使待到有实行的可能时,那个计划又必须大加修改了,所以恐怕终究将成为一个空计划。"结果不幸言中。总之,自胡适《争取学术独立的十年计划》发表后,知识界围绕重点大学入选以及学术独立的问题进行了广泛的争论,有人甚至化名写信进行攻击与嘲讽。其中南开大学陈序经、北洋大学工学院院长李书田、中山大学校长邹鲁都是坚定的反对者。在此,尤要关注一下赵镇乾《"争取学术独立十年计划"的论战》(《时与文》第2卷第3期)的初步总结。文中认为胡适《争取学术独立的十年计划》牵连到两个重大问题:一是取消留学生的派遣,一是政府在五年内特别培植五所大学。胡氏自认为他放了一"炮",但许多办大学教育的人觉得以胡氏的地位而又与蒋主席、张群院长两次谈及,这计划很有实现的可能。就原则上说,既为争取学术独立,当无可讲议之处;惟争取的路线就见仁见智,意见分歧。然后特别谈到了"陈序经严厉批评""李书田攻击更凶""邹鲁最爽直""平津各报的意见""争取教育总经费"等方面。陈序经反对"政府近年来的大量创办专门以上的学校,而不注意到质的问题";不过认为胡氏所指定的五所大学没有根据,只凭"一点偏私",将会引起不公平的结果。这一点,有人说陈先生巧妙地在替南开说话。李书田强调"老牛车的十年计划,永远赶不上喷气推动引擎之飞机"。邹鲁"不在胡适之理论上找疵议,第一封信只问明五大学有没有中山大学的份儿"。而"平津各报都非常重视这一问题,除了《大公报》保持缄默,天津《益世报》吴元任有专论论及,主张三点:(一)以五倍于留学生的经费先恢复各大学战前的标准;(二)派遣留学生,理论方面与实用方面的名额有合理的分配;(三)延聘各国第一流学者,长期在中国讲学。北平的《平明日报》,认为

'学术独立不是件容易事':第一要争取学术自由,第二要打破'抱残守缺、经典自蔽'的习惯,第三要全国的学术界共同努力。他如《民国日报》《经世日报》《华北日报》,与这些论调大同小异。"归根到底,胡适《争取学术独立的十年计划》更多的是出于个人臆想,也没有经过学界充分的论证。更为重要的是,尽管胡适与最高领导谈过,但当时国民党当局既没有意愿也没有实力去实施这一计划,所以整个计划最后必然一切归零,但其间的思想碰撞还是不无意义的。与学术独立密切相关的还有学术自由问题,参见伯奇《伪自由主义者的真面目》(《时与文》第1卷第22期)、《自由主义·批判·批判的态度》(《时与文》第1卷第24期)、李俊龙《论学术自由》(《中国青年》第4期附刊)、济澍《学术自由与文化重建》(《湖南青年》第8卷第1期)、李慕白《教授与学士的厄运——我对争取学术独立的感想》(南京《世纪评论》第2卷第18期)等文。李慕白《教授与学士的厄运——我对争取学术独立的感想》认为胡适所提的计划"固是改革今日大学教育的办法",但在实行之先,"必须普遍的求得教授地位的保障,研究学术,发表言论必须有充分自由",且"国、共、民、青,任何党派都不应该在一个以研究学术为最高目标的学府中存在"。上述论文再次引出学术自由的论题。

4. 关于民主宪政问题论争的继续。1月1日,国民政府公布在国民大会上通过的《中华民国宪法》,并决定该宪法于12月25日施行。同日,中国民主同盟以及上海人民团体联合会等11个人民团体发表联合声明表示坚决反对,认为宪法的基础及其基本精神,彻头彻尾是反民主、反政协的,它的作用是反和平、反民主。然而就在1月1日胡适借出席北平各机关新年团拜并发表谈话之际,大捧"国大"的"成功",称所定宪法"乃世界上最合乎民主之宪法",这既与事实不符,也有悖于知识界主流民意。与此形成鲜明对比的是,长期坚持反共立场的国民党元老戴季陶则于1月作出了不同的政治表态,认为国民政府公布的《中华民国宪法》已作根本更改,已非孙中山《建国大纲》之精神。《中华民国宪法》本由张君劢起草,所以不难理解他在后续所进行的系列阐释与演讲,但也由此引发了广泛的争议。1月27日,梁漱溟在《大公报》上发表致民社党、青年党两党的公开信。就民社党、青年党两党对于当前政局的意见以及入阁态度提出不同意见,其中第二信有"此信系提倡国人监督政府,以助公等向政府要求宪政,要求和平,或亦可坚政府对公等之诺言,未知公等其亦谅许之否乎?"同日,张君劢复函梁漱溟,曰:"在《大公报》上获读大示,欣悉一二。同人等绝无权位之想,但期一党专政早日结束。内战进行早成事实,于可能范围内应求其期限缩短,故有十二点之约定。据介公当面表示,只须中共愿意言和,与两路交通恢复,中央愿意以政治方法解决。舜生所言系就字面言之,事先未闻介公所允,乃有此扩大之解释。"9月,梁漱溟在《观察》第3卷第4—5期上发表《预告选灾·追论宪政》一文,认为国民党进行的宪政选举是一场灾难,欧美"政党分立的选举竞争之一套"不合中国国情,只有"乡村建设"才是中国政治的出路。梁漱溟的这篇文章,引发了思想界围绕着中国出路问题的激烈论争。10月11日,张东荪在《观察》第3卷第7期上发表《我亦追论宪政兼及文化的诊断》,针对梁漱溟《预告选灾·追论宪政》提出了不同意见。随后,张东荪发表了一系列文章,其结论是:中国不能有真正的选举是由于有"特殊势力在那里利用",并不是西方民主制度不好,更不能因此放弃走民主主义道路。张东荪此文重点讨论的问题是"今后能不能有真正的选举,和万一永远不能有真正的选举,是不是中国即无法实行民主政治"。11月,北大教授樊弘在《观察》第3卷第14期上发表《与梁漱溟张东荪两先生论中国的文化与政治》,对梁、张的观点作了批评。12月,陈序经在南京《世纪评论》第2卷第23—24期连载《宪政·选举与东西文化——

评梁漱溟的〈预告选灾·追论宪政〉》(一)(二)。同月,张东荪在《观察》第 3 卷第 16 期上发表《敬答樊弘先生》,对樊弘的批评作出回应,并围绕中国出路问题展开讨论。此外,相关的学术著作则有:中央日报社编《行宪法规》(江苏南京中央日报社)、黄天鹏编《行宪法规汇编》(江苏南京中央印务局)、林纪东编《行宪法规》(上海大东书局)、中央印务局编译部编《行宪法规汇编》(江苏南京中央印务局)、民治出版社编《中华民国宪法及行宪法规》(上海民治出版社)、徐时中编《宪法论文选辑》(江苏南京新中国出版社)、郭卫、林纪东编《中华民国宪法史料》(上海大东书局)、郭垣编《行宪指针》(辽宁沈阳绿洲出版社)、何永佶著《宪法平议》(上海大公报馆)、行政院新闻局编《人民与宪法》(江苏南京编者刊行)、邓充闾编《中国宪法论》(湖南长沙湖南省银行)、谢瀛洲著《中华民国宪法论》(台湾著者刊行)、周异斌、罗志渊著《中国宪政发展史》(上海大东书局)。由此可见当时宪法研究之热度。

　　5. 关于"中间路线"论争的继续。主要还是由施复亮、张东荪、樊弘等人推动。1 月 1 日,施复亮在《文萃》第 2 卷第 13—14 期发表《中立、调和与中间派》一文,再次强调了"中间派既不是中立派,也不是调和派"的观点。3 月 14 日,施复亮在《时与文》创刊号上发表《中间派的政治主张》一文,将张东荪提出的"中间性的政治路线"发展成"中间派的政治路线",简称"中间路线"。这条政治路线,就是一条企图用和平合作的方式来实现政治民主化、军队国家化和经济工业化的政治路线。张东荪看到这篇文章后,产生"不少的感想",认为"施先生此作是目下最能代表大多数人心理的一篇文字",他也"愿追说一说我们所以这样中间性路线的用意"。于是,张东荪一口气撰写《和平何以会死了》《美国对华与中国自处》《追述我们努力建立"联合政府"的用意》三文,分别刊于 3 月 28 日《时与文》第 3 期、3 月 30 日上海《文汇报》、4 月 5 日《观察》第 2 卷第 6 期。作者极力鼓吹"中间路线",并声明:"本人向来在政治上苟有主张,总是独往独来,所以虽隶属于民盟,而所说的话却不代表民盟。"追本溯源,张东荪所倡导的"中间路线"是其 30 年代提出的"修正的民主政治"思想的继续和发展,是其"社会主义的民主主义"理论在抗战胜利后特定环境和条件下的具体实施方案。它所要解决的问题实质上是:在战后世界和平与民主的潮流中,如何使中国不失时机地走上"社会主义的民主主义"道路,与中共"新民主主义"有相似和相通之处。这正是其"中间性政治路线"的合理性所在。接着,施复亮又连续发表数文予以回应:4 月 11 日,在《时与文》第 1 卷第 5 期发表《中间派在政治上的地位与作用》,26 日《观察》第 2 卷第 9 期予以转载。同月 13 日,在上海《文汇报》发表《再论中间派的政治路线——兼答平心先生》。5 月 2 日,在《时与文》第 1 卷第 8 期发表了《中间路线与挽救危局》。上述文章在当时舆论界掀起了一股鼓吹"中间路线"的政治思潮,张东荪、施复亮等人也成为当时舆论关注的焦点人物。9—10 月间,梁漱溟、张东荪关于宪政的讨论以及 11 月樊弘刊于《观察》第 3 卷第 14 期的《与梁漱溟张东荪两先生论中国的文化与政治》的批评,也曾涉及"中间路线问题",樊弘认为民主政治在中国所以屡屡失败,"就是因为中国永远停留在农业的阶段,无论任何的阶级都不敢在维持土地生产力一点上,有舍君主而取民主的必要",中国将来如果发展经济,需要由"有计划的集体劳动来领导"。樊弘显然是用马克思主义的观点来说明西方民主政治在中国失败的原因,并认为中国的出路在走苏联社会主义建设的道路。由此论争反观当时政局,国民党10 月下令解散中国民主同盟,抗战后逐步形成的第三种势力瓦解,实际上已宣告"中间路线"之路不通。鉴此,张东荪不得不重新调整政治思路。12 月 11 日,张东荪在刊于《观察》第 3 卷第 16 期的《敬答樊弘先生》一文中指出,中国的出路,"今天中国非但不能照抄苏联的药方,并且亦不能照抄英国的药方"。中国的真正问题是"如何在中国的这个国情上使这样理想得实现几分"。张东荪强调,工业化是社会发展的必经阶段:"我亦承认中国今天走以前英美资本主义的老路是困难万状的,但我却以为即使采用集体劳动的制度而须再向工业化推进。所以工业化不是第二阶段,不可中间略过。今天的问题只是到工业化的路途之选择。"这实际上已从"中间路线"之争转向中国道路之争。12月27日,樊弘《我对于中国政治问题的根本看法——最后答复梁漱溟先生和张东荪先生的指教》刊于《观察》第3卷第18期,从而为上述论争暂时划下句号。至于学术著作方面,则有平心著《论"第三方面"与民主运动》(香港知识出版社)等。

6. 关于对"五四"运动28周年的纪念与阐释。自"五四"新文化运动以来,每年的"五四"都是绕不过去的时间节点。伴随国共双方逐步进入军事、政治、文化的决战时期,彼此必然要继续抢夺对"五四"运动纪念与阐释的主导权。在延安,新华社5月3日发表社论《五四运动二十八周年》,毛泽东亲自修改新华社这篇社论,并加写一段话:五四运动所开始的新的文化事业,"它为现在的革命战争与将来的革命建设而服务,没有它,革命战争与革命建设的胜利是不可能的。我们面前还有强大的敌人与艰苦的战斗,因此,我们十分需要广大有力的革命文化事业,为战胜敌人克服困难之共同目标而奋斗,为独立、民主、和平的新民主主义中国而奋斗"。在南京,《中央日报》5月4日发表"五四社论",欲借当年北大校长蔡元培在五四运动高潮时辞去北大校长职务时的感言,强调五四运动的自发性,转而警示青年学生"今日共产党制造并利用学生运动,对于我纯洁的青年学生,正是蔡孑民先生所说'道旁儿'杀马的悲剧",并企图以反美为第三次世界大战埋下祸根、中共有意封锁同胞于"铁幕"等恐怖预言来吓阻进步青年。彼此的不同格局已经预示了不同的结局。而在上海,中华文艺协会5月4日在黄金大戏院举行第三届文艺节纪念会,郭沫若等出席并作演讲,郭沫若认为五四"应该是我们的精神上的国庆日""文艺界并不想妄图垄断它""愿意一切教育家,哲学家,政治家都把它定为教育节,哲学节,政治节",好像"我们是从封建社会回到奴隶社会去了,因此要以加倍的努力来解答'五四'所提出的课题","不做民族的罪人,要做民族的孝子!"演讲词刊于5日上海《文汇报》。当然,对"五四"运动28周年进行纪念与阐释的主体力量还是在高校,国民党当局对此尤为惧怕。4月30日,北平警备司令部陈继承司令致函北大校长胡适:本年五四运动节即届……为谋安全起见,本届纪念仪式,拟请各团体及各学校均在本址个别举行,并避免今后游行,以免发生事端。但北京大学校长胡适还是按照其对五四的预设立场与节奏举办相应活动和发表纪念文章。5月3日晚,胡适出席北大学生为纪念五四而举行的历史晚会,讲演《五四后新思潮运动的意义》。4日,北大举行纪念五四运动28周年的盛大活动,并决定每年五四为校友返校节。北大师生4000余人在民主广场举行庆祝大会。同日,胡适在天津《大公报》发表纪念五四的论文《五四的第二十八周年》。文中说:"五四不是一个孤立事件。五四之前,有蔡元培校长领导之下的北京大学教授与学生出版的《新青年》《新潮》《每周评论》所提倡的文学革命、思想自由、政治民主运动。五四之后,有全国知识青年热烈参预的新文艺运动和各种新的政治运动。"接着,胡适引述孙中山先生1920年1月29日写给海外同志的信,说孙先生首次给五四前后的运动以一个概括的新名词,谓之曰"新文化运动",认为:"此种新文化运动在我国今日诚思想界空前之大变动。""此种新文化运动实为最有价值之事。"文中说"孙中山先生的评判是很正确很平允的",并强调说,五四运动造成"思想界空前之大变动""这是五四运动永久的历史意义"。同日,胡适出席北京大学校友会举行的聚餐会并发表讲话,称蔡元培把一个旧式的大学改造成一个新的大学,主要是由于:第一,真正提倡学术自由精神;第二,不独揽大权。此外,这所新式大学得以成立,"陈独秀亦为值得怀念的人"。胡适还宣称,北大的精神是"自由与容忍"。这是对北大精神的另行解读,与其对五四精神价值的重新确认息息相关。然而从上年12月24日晚"沈案"发生之后再次激发的全国性学潮,到本年2月17日北平市警察局以清查户口为名,出动警宪8000余人,逮捕进步师生及民主人士1687人,则一年一度的五四运动纪念迅速与更为急迫、更为激烈的"反内战、反饥饿、反迫害"运动合流。其中的典型案例,一是5月2日中央大学和金陵大学等校联合举办"五四运动28周年纪念会",并发表了反内战宣言。二是5月4日上午清华、燕大联合举行纪念五四大会。5日,燕大、北大等校60余团体发表纪念五四宣言,要求民主,保障民权。由此可见传统五四纪念活动重心之转向,而且左翼阵营与观点逐渐居于主导地位,许多原先中立的报刊也明显趋于左倾。《燕京新闻》《观察》《大公报》《文汇报》等纷纷发表纪念文章。4月28日,北平《燕京新闻》第13卷第23期刊登一组纪念五四的文章,包括潘光旦《正视科学》、张东荪《中国民族的良心》、吴之椿《我们为甚么纪念"五四"》、张奚若《新的课题》、吴晗《新五四运动》。吴之椿在文中引人注目地发出了"建造新中国"的口号,张东荪呼吁唤起"中国民族的良心",张奚若提出"现在我们最重要的课题,是要更进一步直接研究、讨论政治上、经济上各种重要问题。而在研究、讨论时,必须有一个中心思想""所谓中心思想,就是举凡一切政治上、经济上的重要设施,必须以人民为出发点,而且以人民为归宿"。这种以人民为依归的观点实际上已接近社会主义思想。5月3日,上海《观察》第2卷第10期刊登了一组纪念文章,包括吴世昌《写在"五四"的前夕》、王芸生《五四,重新使我感到不安》、周缵章《谈"孔家店"》、记者《五四前夕胡适专访记》。《大公报》总编辑王芸生诉说了自己对"五四"的特殊情感:"每逢五四,我总恋念着这个伟大的日子,对过去、对未来也总有所憧憬与期勉。奇异得很,今年又逢五四,这是我们抗战胜利后的第二个五四,在我的心灵感映上却起了不可言说的烦躁与不安。"因为就在此前的2月,王芸生作为中国访日记者团成员,赴日本当地采访。日本作为战败国,但国内实际情况远比民国有秩序、有活力;且麦克阿瑟一力祖护日本,日本大有重新复苏之势头。五四当年矛头直指日本,但如今日本眼看着就要倒而复起? 民国的希望又在何方呢? 王芸生敏锐地发现"我们的国际地位还是极其可怜。而从日本问题来看,它们对我们的威胁还一天天地在增长着。别人或许还未感觉到这问题的严重性,所以深感烦躁与不安"。5月3日开始,《大公报》特辟纪念专辑连续发表文章。5月3—5日,刊登子冈《"五四"又要到来了》。4日,刊登社评《"五四"纪念》、《文艺节感言》、胡适《"五四"的第二十八周年》、郑振铎《迎第三届文艺节》、丁易《"五四"与文艺节》、冶秋《"五四"前后的鲁迅先生》、许杰《在文协旗帜下》、冯至《那时——一个中年人述说五四以后的那几年》(诗)、吴之椿《纪念"五四"》、黎地《纪念文艺节》、调孚《杂忆五四时候的出版界》、周策纵《依新装,评旧制——论五四运动的意义及其特征》等。5日,刊出"五四纪念特刊",载有静远《迎接新的五四》、蔡尚思《中国学生运动述评》、《中国文艺往哪里走》。郑振铎《迎第三届文艺节》指出:"为了中国,为了中国的人民们,应该把我们的武器——笔,充分的使用着,击退这个可诅咒的时代,打开一条光明的大路。不容情的和黑暗与愚昧与封建势力作战,直到了黑暗与愚昧与封建势力倒在地下,直到民主与科学的新中国的实现。"《大公报》如此大篇幅地刊登纪念五四运动的文章,实在是反映了《大公报》同人对时局的忧虑和看法。此外,许寿裳4月

30日作《台湾需要一个新"五四"运动》，后刊于《新生报》。文中呼吁："我们台湾也需要有一个新的五四运动，把以往所受的日本毒素全部肃清，同时提倡民主，发扬科学，于五四时代的运动目标以外，还要提倡实践道德，发扬民族主义。"许寿裳意图通过鲁迅传播，将鲁迅思想作为触媒，使得过去鲁迅曾经扮演过重要角色的五四新文化运动能够再度在台湾掀起，以达成战后台湾的文化重建目的。朱光潜5月4日在《北平日报》发表《"五四"以后的翻译文学》一文，以纪念"五四"新文化运动。张君劢5月10日在《再生周刊》第163期上发表《纪念五四运动的意义》一文，曰："纯理的求真运动和发扬民族意志运动，如车之两轮，不可偏废，这是我们望于纪念五四运动人们的。"另有一篇更具学术史价值的文章是冯达生刊于《主流》第1期的《二十年来中国学术思潮总批判——由五四运动到新革命运动》。文中检讨二十年来的中国学术思潮，同时批评了复古论与全盘西化论，强调"世界的大势，中国的需要，不容我们的学术思潮散漫无归，更不容我们的文化运动举步皆错，历史既未正面给我们明确的昭示，是不是从事实的侧面里，我们更以看出文化发展的绰约趋向，提供作今后文化建设的参考"：1. 由破坏到建设；2. 由吸收到创造；3. 由怀疑到批判；4. 由分析到综合。如此则"中国的学术文化思潮，一唯破坏的和只知吸收的时代过去了，今后吸收的时代过去了，今后应该是建设和创造时代的到来。怀疑和分析的时代过去了，今后应该是批判和综合时代的到来。无全体性无计划性的作风过去了，今后我们应要求一个全体性的计划性的文化运动的到来"。由上可见，国民党官方以及左右不同阵营纪念五四的态度与方式以及精神重释、价值重建日益趋于对立。在此，还要重点关注一下上年郑学稼、司徒雷登倡导的有关"新五四运动"的演变。本年3月，郑学稼辞去《民主与统一》主编，转应张国焘之邀主编《创进》周刊。《民主与统一》改由刘仁静主编。刘仁静（署名刘亦宇）曾于4月30日在其主编的《民主与统一》第33期发表《新文化运动的再估价——为纪念"五四"二十八周年作》，继续鼓吹要再发动一次新思想运动。然而由于《民主与统一》随后不久停刊，郑学稼所发起的"新五四运动"也就无果而终。另一方面，司徒雷登的"新五四运动"的倡导得到了一些自称为"自由主义者"的积极响应。5月，以"独立""超党派"自居的蔡期真、吴迈进、培根、曹敏等人响应司徒雷登的号召，在南京成立"新五四社"，鼓吹开展"新五四运动"。6月，创办《新五四》月刊，创刊号上所载"新五四社"宣言《展开一个"新五四运动"》宣称："新五四运动，是五四运动的新发展，是五四运动的新创造。"重点阐释"新的民主主义""新的科学精神"及其内在的结合："民主与科学必能更密切的配合，交互的作用，共同的发展，使民主加速地实现，科学高度地发展，由之创造巨大的社会生产力，产生进步的社会意识，孕育完整的社会制度，实现一个新社会主义的社会。"同期《新五四》月刊还刊载了吴迈进《论"新的民主主义"》、蔡期真《展开新社会主义运动以挽救世界危局——新社会主义之理论与实际》（上）、蒋介松《当前"学潮"的总检讨》等文。归结起来，"新五四社"倡导的"新五四运动"就是新民主主义新社会主义的运动，这与司徒雷登当初所倡导的"新五四运动"内涵并不相同。尽管"新五四社"以"独立""超党派"自居，但又坚定地站在国民党的立场，对当时日益高涨的学生运动抱敌视态度，攻击学生运动做了党派斗争的工具，受了党派关系的利用，可见本质上仍是为国民党的统治服务，这一点与司徒雷登的主旨还是颇为一致的。只是由于国民党在战场上节节败退，反独裁反内战的学生运动一浪高过一浪，"新五四社"所宣扬的理论实际上已经破产。在这种情况下，《新五四》只发行了一期就只好停刊，它所倡导的"新五四运动"也随之烟消云散了。于是由郑学稼、司徒雷登倡导的"新五四运动"的话语权便迅速转到左翼阵营一边。根据欧阳军喜《"五四"的变奏:1946—1947年的"新五四运动"述评》(《党史研究与教学》2010年第3期)一文的梳理:先是1月18日,李文钊在《新华日报》"友声"栏中发表《"新五四"的展开——一个反暴行动纲领的拟议》,对"新五四运动"的性质、内容及目标进行了详细的规定,指出"抗暴运动"也和"五四"一样,"对外反对外来的侵略,对内反对卖国政策""这一运动必须达到美军全部撤离中国,必须美国改变对华政策,不再以中国为殖民地,不再支持中国内战来干涉中国内政,来企图支配中国政治并阻止中国人民选择中国政治途径的意愿,才算完成。我们必须为这一目标斗争到底! 今天的'新五四'运动,是中国民族再觉醒的起点,是'五四'精神的发展,不仅消极的反抗美军暴行,而且要求积极的建立独立自主的'新民主主义的中国'"。3月15日,《观察》第2卷第3期发表该刊特约记者《新五四运动之前夕》,认为2月22日北大清华两校教授13人联名发表宣言,抗议国民党政府践踏人权,要求立即释放被捕人员,是一个"新人权运动"的开始,"会有一个新五四运动出来"。5月4日前后,借助五四运动28周年的纪念活动,"新五四运动"的呼声再次响起。北大在校内举行纪念周活动,邀请著名教授演讲《重新高举起新的"五四"火把》。一些共产党控制或影响下的报刊,也在五四运动28周年纪念到来之际,再次举起了"新五四运动"的大旗,其中北平《燕京新闻》《清华周刊》与上海《文汇报》成为宣传"新五四运动"的主要阵地。4月28日,吴晗在《燕京新闻》第13卷第23期发表《新五四运动》一文,号召大家发动一个"新五四运动",完成五四未完成的业绩。5月4日,吴晗又在《清华周刊》复刊第11期发表《论纪念五四》,进一步阐述了"新五四运动"的内容与意义,提出新五四运动是反内战运动、反独裁运动、民族解放运动。5日,《燕京新闻》第13卷第24期所载学生论坛《新五四运动》还提出了"新五四运动"中应该注意的几个事项:(一)思想与生活的统一,不仅我们在思想上要去革命、要去和人民在一起,而且在生活态度上,也必须(与)人民生活在一起,去了解他们。(二)必须从个人主义的运动走向集体主义,在全体中伸展个人意志。(三)必须在具体的要求和口号下展开运动,今天我们的具体要求是:停止内战,实行民主,保障人权。显然,运动的倡导者已意识到人民力量的伟大,并试图把"新五四运动"转变为一个全民的反对国民党统治的运动。与《燕京新闻》《清华周刊》主要是从现实政治的层面倡导"新五四运动"有所不同,《文汇报》主要是从精神的层面来宣传"新五四运动"。5月4日,《文汇报》刊有社评《民主与科学的新路》、郭沫若《"五四"感言》、马叙伦《中国现代青年之路》、景宋《新五四运动》、丁登《"五四"回到了北平》。社评《民主与科学的新路》特别强调"新五四运动"应该继承五四运动民主与科学的精神,但民主与科学必须具有新的意义、新的内容,这就是用"反封建制度反帝国主义的战斗精神",充实民主运动的内容,用"反宗法思想反封建意识反市侩主义的革命气概"充实科学运动的质素,"使民主与科学永远作为人民进步的武器"。郭沫若《"五四"感言》谴责帝国主义者的代言人煽动青年发起所谓"新五四运动",表示:"我愿保守着旧五四的传统精神,而且也希望不'超然'的庸俗朋友们来做这种守旧派""用尽全力反抗那最'民主'的帝国主义的最彻底的侵略!"景宋《新五四运动》指出,新的帝国主义对中国的侵略及国内守旧势力、封建残余的存在是"新五四运动"发动的依据,"这是历史赋予的使命"。丁登《"五四"回到了北平》认为中国的青年正一步一步走向新五四运动,它呼吁大家伸开手臂,"迎接新五四,迎接新的新生,迎接新的中华民国"。总体而论,在1946—1947年间,许多报刊都宣称中国应该发动一次"新五四运动",并对"新五四运动"的内容和目标都有详细的设定。其中大体可分为三种:一是国民党主导下的"新五四运动"；二是共产党主导下的"新五四运动"；三是美国主导下的"新五四运动"。最终，由共产党主导的"新五四运动"完全掌控了"新五四运动"话语权，并与反对美帝国主义侵略与蒋介石独裁政权紧密结合起来，从而具有了新的时代内涵。透过上述三种不同的"新五四运动"，大体可以观察当时中国各派政治力量、不同学者群体与媒体之间的分化互动及其左倾化的总体趋向。

　　7. 关于闻一多1周年祭及讨论。闻一多被暗杀后，在闻一多生前任教的清华大学同事以及上海等地的左翼文人学者心中留下的隐痛久久无法抹去。清华大学继续由朱自清、吴晗等负责编纂《闻一多全集》，同时发表了多篇有关闻一多的文章。朱自清4月9日出席清华新诗社分社为庆祝联大"新诗社"成立3周年举行的"诗与歌"晚会，并发表演讲，题为"闻一多先生与诗"，刊于4月14日《燕京新闻》第13卷第21期。文中叙述了闻一多对于诗的创作、批评及对于青年人、诗人的指导，说："闻一多先生在'新月'时期就是爱国诗人、现实的诗人，《死水》诗集就是显明的例子。"15日，朱自清《闻一多先生与新诗》刊于《清华周刊》复刊第8期。7月，朱自清作《〈闻一多全集〉编后记》。8月，朱自清作《〈闻一多全集〉序》，刊于10月《文学杂志》第2卷第5期。作者认为："闻先生对诗的贡献真太多了！"他"将古代跟现代打成一片"，而"成为一部"诗的史或一首史的诗。而闻一多自己的一生也就是"一篇'诗的史'或'史的诗'"。吴晗《闻一多的一生》3月30日刊于《时与文》第1卷第6期。此文是作者为王康所著《闻一多的道路》一书撰写的序言。7月，《闻一多的道路》由生活书店出版。11月15日，吴晗《跋一多遗集》刊于《观察》第3卷第15期。在上海，主要由郭沫若、郑振铎、楚图南等发起纪念活动。6月28日，为纪念闻一多殉难1周年，郭沫若作《闻一多万岁！》，刊于7月20日上海《人世间》第5期。7月1日，郑振铎主编的《文艺复兴》月刊第3卷第5期出版，为闻一多逝世周年特辑，载有朱湘遗著《闻一多与〈死水〉》、顾一樵《怀故友闻一多先生》、臧克家《海》（一多先生回忆录）、俞铭传《悼闻一多师》、马君玠《记诗人闻一多》等文。7月13日，郭沫若作《追念闻一多》，修改后以《闻一多的治学精神》为题刊于北平《骆驼文丛》月刊新1卷第1期。文中写道："一多先生的死，对于民主运动上固然是一大损失，而对于文化研究上，也同样是无可补偿的大损失。""他那实事求是的精神的彻底，工夫的深厚，考证的精确，见闻的超拔，实在是令人佩服。""一多先生的确是给我们树立了一个很好的模范，无论在做人做学问方面的态度吧，他的考证的工夫，是近代科学方法与清代朴学方法的综合。"同在7月，楚图南《人民诗人闻一多》刊于《时与文》第1卷第19期，文中认为："闻一多，这中国新时代的人民的诗人，这比称谓三千年前的屈原还更确切，也更有实据。虽然，一多由于生活的艰勤而辛苦，由于不容喘息的工作和战斗，并没有写下了多少所谓人民性的诗篇。但以生命、以血滴写成的诗篇，不是比文字写成的诗篇更真切而伟大么？一个前期是唯美派的诗人和作家，后来终于走到了人民的队伍，成为与人民的生活锻合成一片的人民的诗人，其道路，不是如同法国罗曼·罗兰之以和平的、个人主义的人道主义者，后来终于成为与人民站在一起的反法西斯的战士一样的艰苦，一样的为生命、为诗生活树立了永久前进，永新创造的不可磨灭的榜样了么？"8月7日，郭沫若作《论闻一多做学问的态度》，刊于成都《大学月刊》20日第6卷第3—4期合刊。文中写道："最近吴辰伯先生把《闻一多全集》的稿子从北平给我寄了来，除掉少数几篇缺或缓交的之外，我费了两个礼拜的功夫细细地校读了两遍，校补了一些誊录上的错误和夺落，填写一些古代文字，更把全部的标点统一了。""闻先生治理古代文献的态度，他是承继了清代朴学大师们的考据方法，而益之以近代人的科学的致密。为了证成一种假说,他不惜耐烦地小心地翻遍群书。""他搞中文是为了'里应外合'来完成'思想革命',这就是他的治学的根本态度。"19日,郭沫若致信吴晗等人,谈《一多遗集》的校订,说:"稿中文字颇多笔误,所引用甲骨文金文及小篆等多错或误。已一一查出原字补入。全书标点符号,已为划一。"9月28日,郭沫若就校订《一多遗集》写信给吴晗等人,说:"金甲文字已在原稿上一一照原文摹录,再经圣陶先生摹写付印,可期美观。"10月18日,郭沫若作《再谈郁达夫》,刊于上海《文迅》月刊11月15日第7卷第5期,称"鲁迅的韧,闻一多的刚,郁达夫的卑己自牧,我认为是文坛的三绝"。此外,梁实秋9月在《益世报》副刊发表《闻一多在珂泉》,此文笔触细腻地记述了他和闻一多留美期间在珂泉朝夕相处的一年,通过一件件细小的往事,映衬出两人的深厚友情。梁实秋写作此文时,距闻一多被刺已一年多,虽然梁实秋当时在重庆北碚家中听到闻一多被刺的消息十分悲痛,然全文无一字提到闻一多的死。作为闻一多的挚友,梁实秋对一多惨遭暗杀未发一声,对国民党当局使用这么卑劣的手段杀害一位杰出的诗人、学者、民主斗士的行径竟然没有一丝谴责之意,实在令人歆歔。在此,还要特别关注一下王康写作《闻一多的道路》的进展。当时王康仍为清华大学研究院研究生,在社会学研究之余,继续参加民主运动,同时倾注满腔激情为闻一多先生立传,抓紧撰写《闻一多的道路》。吴晗为此书撰写序言——《闻一多的一生》,刊于《时与文》第1卷第6期。其中说道:"一多先生住在昆明西仓坡联大宿舍的几年,经常来往的客人中,作者是其中之一。昆明每次有一多先生出席的演讲会、座谈会、讨论会,作者无不在场。"清明节,《闻一多的道路》完稿。7月,王康《闻一多的道路》署名"史靖"由生活书店出版。此书为第一部闻一多传记,作者选取传主一生中几个重要时期、几个关键事件,将闻一多一生所走的道路、闻一多自由与民主之思想、独立精神与人格,生动地展现在大众面前。作者的爱和憎、敬和痛,从笔端喷泄而出。诚如王康在书前所说:"这些文字,实在不足以表现一个崇高圣洁的灵魂,除了表示一个青年对于一多先生的纪念和敬意之外,但愿能把这种纪念和敬意展延到每一个有正义感的人的心里,展延到民族永恒的纪念里。"10月,王康《关于"闻一多的道路"》又署名"史靖"刊于《时与文》第2卷第5期,有载作者著述《闻一多的道路》的相关情况。

8. 关于《水经注》论争的继续。一是胡适与杨守敬门生卢慎之的论争。上年10月6日,胡适写定《考据学的责任与方法》。文中举魏源、王国维、杨守敬等诬戴震偷窃赵一清《水经注释》的例子,以证明做考证,而不能谨慎地对待证据必造成误判的结果。文章对杨守敬的批驳尤为严厉,认为他"滥用考证学的方法,用全无根据的'证据'来诬枉古人作贼",甚至说他"完全不懂得校勘学的性质"。此文在《大公报·文史周刊》创刊号登出后,杨守敬门生卢慎之为乃师大为鸣不平,撰文相诘难。至本年1月7日,胡适又作《论杨守敬判断〈水经注〉案的谬妄》,刊于1月29日天津《大公报·文史周刊》。信中对杨守敬做了更加不客气的批评,说:"去年承先生赐大文讨论《考据学的责任与方法》一文,……此文对于令先师邻苏(杨守敬别号)先生颇有不敬之处,敬向先生请罪。大概邻苏老人颇喜自夸大,其治学方法实甚多疵病。《水经注疏》八十卷他自称潘孺初在光绪五年已见其初稿,且有题词了。及其《要删》印行后,王葵园寄书愿出资刊刻其八十卷全稿,他才自认'吾书实未成'。此已在潘孺初题字之后二十五六年了。……此可见,他老人家信口开河,不知治学者所谓谨严正确为何事。"胡适与人争论一向比较温和,但此信却用语如此浇薄则比较少见,主要在于胡适对《水经注》过于钟爱,而对自己的发现又过于自信,所以容不得他人之辩诘。二是胡适与中央研究院钟凤年的论争。4月1日,钟凤年致信胡适,谈《水经注》研究。此信似是他第一次同胡适讨论《水经注》案问题。信中说:"上月托旭生先生(似是指徐炳昶)代转拙作《水经注校补质疑》一册,谅荷察及。此稿意在辨明水流地望,整理脱简、错简,及正定讹文敓字。处处与前贤立异,但所论是否较当,则殊不敢自信。以先生对于郦书收藏弘富,研究夙精,见闻之广,一时无两,故乞指示疵谬。"信中谈到他对"赵戴公案"的看法,说:"戴校官本……过半数皆与大典本异而同于全、赵,其来历实不能令人无疑。因而凤对此问题有两种拟议:一、戴既号称根据大典本以校是书,而实际多不相符,则最低限度,戴氏捏造证据之咎实无可卸责。二、戴或较全、赵所见善本为多,但不著其名而据为己有,亦不能谓非没人之善。故张石舟、魏默深以来讥议之论,非尽有意诬蔑也。"最后又说:"先生于郦书研究既久,谅成绩必甚丰富,倘可将内容略示其端,俾得知其规模,是所深幸。"7日,胡适复钟凤年一封长信,信中说:"治《水经注》似不当用王氏合校本为底本。……王氏所见版本太少。"又说:"在今日治《水经注》似宜稍稍讲究版本。"信中强调指出,戴东原所据底本是其"生平所校本",并非大典本。戴校本与全、赵多相同,并不能说明戴偷窃了全、赵之书。他们既是同校一部书,"故其校订往往相同,这是校勘学上最平常的现象。若不相同,则校勘学不成一种科学了""东原绝对未见赵书"。22日,钟凤年再致书,谈《水经注》案。对胡适答书,颇多不赞成之处,且微露意气之词,如说:"以先生之地位而治郦书,自然求无不得。甚或不求而自得。若是则何能相比,只得有甚用甚矣。"信中对其所不同意各点均提出反对意见。此外,钟凤年另有《水经注校、补质疑》刊于《燕京学报》第32期。后续相关学术活动还有:5月初,胡适在天津图书馆觅得全祖望五校本《水经注》,这是一个很重要的版本。因此,得之甚喜。清室遗老金梁得知消息后,于5月6日特赠小诗两首。21日,胡适复张元济书,又告以《水经注》案研究进展。9月5日,胡适为觅一种《水经注》版本,由宁抵沪访常熟瞿家。至此,胡适在收集《水经注》版本方面已经无人可以比拟。

其他相关论争或讨论还涉及鲁迅11周年祭的相关评论;关于学潮的讨论与争鸣;关于翦伯赞对胡适复古倾向的批评;关于郭沫若对沈从文文艺观的批评;关于张东荪、曹禺等的评价;关于郑振铎《中国历史参考图谱》的评价;等等。同时也有一些学术专号问世,如福建研究院社会科学研究所《社会科学》出版"福建问题专号",载有傅衣凌《明末清初闽赣毗邻地区的社区经济与佃农风潮》、郑书祥《明清时代的福建农民运动》、胡寄馨《清代台湾稻米之生产机器输入内地》、萨士武《清代以来本省文献整理述评》等文。《文艺春秋》第4卷第2期刊出"纪念普希金逝世一百十周年",发表范泉《关于普希金》、陈伯吹《普希金与儿童文学》、戈宝权《普希金与沙皇的斗争》、牧军《普希金年谱》等文;《文艺春秋》第4卷第6期刊出"纪念高尔基逝世十一周年",载有朱惠《高尔基回忆》、费明君《高尔基书简》等文,也含有专题讨论的性质。

本年度出现了一批聚焦重要学术论题与学术史的论著。有关重要学术论题如:张东荪《哲学是什么? 哲学家该做什么》(《时与文》第1卷第5期),钱实甫《为人生·为人民·为人类而学术》(《新中华》第5卷复刊第23期),朱光潜《看戏与演戏——两种人生理想》(《文学杂志》第2卷第2期)、《生命》(《文学杂志》第2卷第3期),雷海宗《近代化中的脑与心》(7月13日《北平时报》)、《史实、现实与意义》(10月19日《北平时报》),伍况甫译《科学的社会功能》(《东方杂志》第43卷第11号),高平《如何发展中国科学工作》(《时与文》第23期),黄时枢译《文学与社会科学》(《东方杂志》第43卷第11号),潘光旦《人文学科必须东山再起》

(《观察》第2卷第8—9期)、《家谱还有些什么意义?》(《东方杂志》第43卷第12号),严立三《大学辨宗》(《文教丛刊》第1卷第7期),胡先骕《如何挽救当前之高等教育危机》(独立时论社编《独立时论集》),楚图南《大学教育与学术尊严》(《大学》第6卷第1期),傅统先《以教育救中国》(《观察》第2卷第12期),萧公权《教育的矛盾与救急的治标》(《观察》第3卷第13期),向晓《大学教授精神的堕落》(《时与文》第2卷第9期),陈陆云《今日大学教育的病象及其论断》(《时与文》第2卷第9期),范文澜《研究中国历史的钥匙》(晋冀鲁豫《北方杂志》第2卷第1—2期合刊),聂崇岐《对现在史学界几句诤言》(《现代知识》第1卷第11期),徐炳昶、苏秉琦《试论传说材料的整理与传说时代的研究》(《史学集刊》第5期),童书业《实物史料与文献史料》(11月5日《中央日报·文物》),马叙伦《从中国文字上看社会和邦国家族的意义》(《大学》月刊第6卷第1期),朱自清《诗言志辨》(开明书店)、《文学的标准与尺度》(3月9日《大公报·星期文艺副刊》),朱东润《传叙文学底真实性》(《学识》第2卷第2—3期),胡厚宣《甲骨学提纲》(1月8日天津《大公报》、1月15日上海《大公报·文史周刊》第13期),斯维至《两周金文所见职官考》(《中国文化研究汇刊》第7卷),陆侃如《中古文学系年·序例》(完成),王恩洋《儒学中兴论叙论》(《文教丛刊》第1卷第7期),程瀛章《西文在我国今后学术上的地位》(《读书通讯》第140期),费孝通《生育制度》(商务印书馆),潘光旦《明清两代嘉兴的望族》(商务印书馆)。钱实甫《为人生·为人民·为人类而学术》将学术所追求的目标归结为:(一)为人生而学术,(二)为人民而学术,(三)为人类而学术的。这是一个目标的三重步骤、三个方面、三层境界,而不是三个目标。第一,人生而学术是基于"对己"的意义;第二,为人民而学术是基于"对人"的意义;第三,为人类而学术是基于"对世"的意义。朱光潜《看戏与演戏——两种人生理想》认为人生好似一个舞台,戏要有人演,也得有人看,于是看戏和演戏就是两种人生理想。在中国哲学中,儒家能看戏却偏重演戏,强调修身齐家治国平天下。道家藐视演戏,把看戏当做人生理想。雷海宗《近代化中的脑与心》提出:"要中国近代化必须中国人近代化,空由西洋各国搬运许多制度名物的架格,绝不足以谈近代化。例如近些年来,谈民主或立宪的人很多,许多专家能把欧美各国一切的民主理论、宪法发展、政党组织、立法程序,说得清清楚楚,如数家珍。但他们一旦从政,把这一切很快的就忘得干干净净,举止行动无意间又返回到中国传统政治的旧轨。他们即或不从政,在一般日常的生活与行为上,往往也不能发挥民主的或守法的精神,旧日士大夫的许多恶习大半仍不能去掉。此种矛盾的现象,原因何在? 就是因为连多数所谓专家也只是脑中充满了一堆专门术语与抽象知识,他们的心,他们人格的最深处,情感与意志,并没有近代化。"徐炳昶、苏秉琦《试论传说材料的整理与传说时代的研究》认为"从传说材料的整理研究来解决我们传说时代的历史问题"是可能的,并对"传说材料的整理"和"传说时代的研究"的"种种基本问题"进行了探讨,希望为中国史前史研究提供构建一个共同的坚实基础。该文对史前史研究的发展有重要影响,被视为徐炳昶的代表性论著之一。童书业《实物史料与文献史料》提出"必须把文献史料与实物史料配合起来,把二重证据法应用到一般历史上去,才能适应现代世界的史学潮流。"陆侃如《中古文学系年·序例》认为文学史的工作要分三个步骤:一是朴学的工作;一是史学的工作;还有一个是美学的工作。三者具备,方能写成一部完美的文学史。

学术史方面的代表作是顾颉刚等著的《当代中国史学》,此书由方诗铭、童书业分别起草,顾颉刚总改定,作为"当代中国学术丛书"之一由南京胜利出版公司出版。全书包括近百年中国史学的前期、新史料的发现和研究、近百年中国史学的后期三编。作者认为，前期史学的发展，自鸦片战争以迄民国成立，一方面仍沿循乾嘉以来的治学路数，注重历代正史的考证、续补或改作，同时也萌生了三种新趋势，即金石学的考索、元史和西北边疆史地的研究，以及经今文学的复兴。后期自民国迄于抗战胜利，除继承前期成绩外，又拓展出考古学和史前史、中外交通史和蒙古史、敦煌学、小说戏曲俗文学和社会史等六个新方向。后期史学取得显著进步的原因在于：一、输入了西洋近代的科学治史方法；二、输入了西洋新史观如进化论和唯物史观等；三、新史料的大量发现；四、受欧美日本汉学研究进步的促动；五、新文化运动兴起的影响。该书指出："中国史学进步最迅速的时期，是五四运动以后到抗战以前的二十年中。这短短的一个时期，使中国的史学，由破坏的进步进展到建设的进步；由笼统的研究进展到分门的精密的研究；新面目层出不穷，或由专门而发展到通俗，或由普通而发展到专门；其门类之多，人材之众，都超出于其他各种学术之上。"作为第一部系统论述 1845 年以来百年中国史学的专著，此书视野宽广、举证丰富，既突出主流，又包容各派，广义历史学的各个方面尽收眼底，描绘了中国史学由旧转新的历程。诚如顾颉刚自己所言"对于百年中最有成绩的学术——史学来作一个总结算"，对当代史学各重要分支学科的成就及著作分门别类的介绍和评论，有着重要的学术史参考意义。但本书讨论的重心仍在文献史料学方面。其他相关论著有：裴文中《中国细石器文化略说》（《燕京学报》第 33 期）、《渭河、洮河流域古代人类文化之新发现》（学术报告），容庚《甲骨学概况》（《岭南学报》第 7 卷第 2 期），周谷城《中国史学之进化》（香港生活书店），李书田《历代治河名人事迹述略》（《东方杂志》第 43 卷第 3 号），朱子方《汉代私学之盛衰及其学风》（《东方杂志》第 43 卷第 9 号），罗福颐《敦煌石室稽古录》（《岭南学报》第 7 卷第 2 期），汤用彤《魏晋思想的发展》（《学原》第 1 卷第 3 期），罗根泽《宋学三派》（6 月 9 日《中央日报》），钱穆《朱子学术述评》（《思想与时代》第 47 期），庄泽宣、陈学恂《从四方馆到同文馆》（《岭南学报》第 8 卷第 1 期），蒋梦麟英文版《西潮》（美国耶鲁大学出版社），杨钟健《三十年来之中国古生物学》（《科学》第 29 卷第 12 期），杨荣国《康有为的思想与学术（现代中国的思想家）》（《读书与出版》第 2 卷第 3 期）、《王国维的思想与学术》（《读书与出版》第 2 卷第 6 期），吕思勉《梁启超新评价》（《现实新闻双周报》第 10 期），任美锷《经济地理学的最近发展》（《东方杂志》第 43 卷第 13 号），孙晋三《所谓存在主义——国外文化评述》（《文讯》第 7 卷第 6 期），杨震羽《从中国抗战以来之学术思想看新革命运动》（《主流》第 2 期），叶德均《十年来中国戏曲小说的发现》（《东方杂志》第 43 卷第 7 号），蔡尚思《十年来教育文化统制》（《时与文》第 1 卷第 17 期）、《战后中国学术思想的论争》（《中国建设》第 3 卷第 4 期）。汤用彤《魏晋思想的发展》重点讨论了魏晋时代思想的成分、魏晋玄学之发生与长成、魏晋思想的演变三大问题，"总上所说，关于魏晋思想的发展，粗略分为四期：（一）正始时期，在理论上多以《周易》《老子》为根据，用何晏、王弼作代表。（二）元康时期，在思想上多受《庄子》学的影响，'激烈派'的思想流行。（三）永嘉时期，至少一部分人士上承正始时期'温和派'的态度，而有'新庄学'，以向秀、郭象为代表。（四）东晋时期，亦可称'佛学时期'。我们回溯魏晋思潮的源头，当然要从汉末三国时荆州一派《易》学与曹魏'形名家'言的综合说起，正始以下乃至元康、永嘉以迄东晋各时期的变迁，如上面所讲的，始终代表这时代那个新的成分一方面继续发展的趋势。前后虽有不同的面目，但是在思想的本质上确有一贯的精神。魏晋时代思想之特殊性，想在乎此"。钱穆《朱子学术述评》总结了朱熹四大贡献，说"他的最大贡献，不在其自己创辟，而在能把他理想中的儒学传统，上自五经、四书下及宋代周、张、二程完全融成一气，互相发明"。蔡尚思《战后中国学术思想的论争》一文所谓的"战后"，"是指抗日战事结束到现在。所谓'学术思想'，姑把它分为历史、哲学、社会科学三方面。所谓'论争'，是指双方相互批评，至少也是一个问题提出后，被另一方面痛驳的"。文中指出：战后中国学术思想关于历史方面的论争主要围绕以下五个问题：（1）英雄与时势的问题；（2）中国社会的停滞与迟滞的问题；（3）古史辨派与机械论派的问题；（4）中国历史的看法；（5）中国首都的看法。关于哲学方面的论争，则集中在以下五点：（1）老子的革命反动问题；（2）孔子的革命反动问题；（3）墨子的革命反动问题；（4）冯友兰的新玄学；（5）罗家伦的新玄学。社会科学方面，由于"范围过广，问题太多"，是文列举了一个大概：（1）民主与统一的先后问题。（2）民主与教育的因果问题；（3）经济民主与政治民主的优劣问题；（4）其余一切问题与一切问题的中心。这是一篇典型的学术史论文。（以上参见本书"学术背景""学术活动""学术论文""学术著作""学者生卒"栏所引文献与出处，以及中央教育科学研究所编《中国现代教育大事记 1919—1949》，教育科学出版社 1988 年版；王学典《20 世纪史学编年（1900—1949）》，商务印书馆 2014 年版；付祥喜《20 世纪前期中国文学史写作编年研究》，北京师范大学出版社 2013 年版；中国大百科全书总编辑委员会《中国大百科全书·考古学》，中国大百科全书出版社 2002 年版；王学珍等编《北京大学纪事（1898—1997）》，北京大学出版社 1998 年版；清华大学校史研究室编《清华大学一百年》，清华大学出版社 2011 年版；齐家莹编《清华人文学科年谱》，清华大学出版社 1999 年版；北京师范大学党委办公室、北京师范大学校长办公室《北京师范大学纪事》，北京师范大学出版社 2012 年版；南京大学高教研究所编《南京大学大事记（1902—1988）》，南京大学出版社 1989 年版；刘长鼎、陈秀华《中国现代文学运动史》，山东文艺出版社 2013 年版；胡绍轩《现代文坛风云录》，重庆出版社 1991 年版；艾克恩编纂《延安文艺运动纪盛》，文化艺术出版社 1987 年版；孙国林编著，王佳钰、王增辉校订《延安文艺大事编年》，陕西师范大学出版总社 2016 年版；张志云《〈文艺先锋〉（1942—1948）与国统区文艺运动》，四川大学博士学位论文，2007 年；沈卫威《学衡派编年文事》，南京大学出版社 2015 年版；吴永贵《民国图书出版史编年：1912—1949》，社会科学文献出版社 2018 年版；欧阳哲生《纪念"五四"的政治文化探幽——一九四九年以前各大党派报刊纪念五四运动的历史图景》，《中共党史研究》2019 年第 4 期；吴海勇《1928 年至 1948 年〈中央日报〉对五四运动的评论》，《上海党史》2019 年第 10 期；张艳《五四运动阐释史研究（1919—1949）》，浙江大学博士学位论文，2005 年；欧阳军喜《"五四"的变奏：1946—1947 年的"新五四运动"述评》，《党史研究与教学》2010 年第 3 期；李来容《院士制度与民国学术——1948 年院士制度的确立与运作》，南开大学博士学位论文，2010 年；李来容《学术与政治：民国时期学术独立观念的历史考察》，《广东社会科学》2010 年第 5 期；苏国安《南京国民政府时期学校教育政策研究》，河北大学博士学位论文，2010 年；何立波《1946 年收复南海诸岛与"九段线"的由来》，《南京日报》2011 年 12 月 16 日；徐世强《1946 年林遵亲率舰队收复南沙诸岛始末》，《福建党史月刊》2010 年第 3 期，唐正芒、周鹏飞《抗战胜利后内迁高校的东返复员述略》，《中州学刊》2015 年第 7 期；王晓莉《1946 年国民政府收复西沙、南沙群岛经过》，《档案天地》2012 年第 7 期；常海成《绘制南海疆域图的地理学家郑资约》，《团结报》2022 年 2 月 17 日；胡逢祥《历史学的自省：从经验到理性的转折——略评 20 世纪上半叶我国的史学史研究》，《华东师范大学学报（哲学社会科学版）》2004 年第 1 期；欧阳军喜《胡适与太平洋国际学会——兼论现代中国自由主义的两难处境》，《安徽史学》2006 年第 1 期；何方昱《"科学时代的人文主义"：〈思想与时代〉月刊（1941—1948）研究》，复旦大学博士学位论文，2006 年；张颀《1945—1949 国统区学生自治会探究》，南京师范大学硕士学位论文，2019 年；胡海山《实验物理学思想在中国的奠基——吴有训的科学成就及其科学思想研究》，兰州大学硕士学位论文，2009 年；潘光哲《中研院的"一千零一夜"》，《书屋》2005 年第 2 期；郭金海《中央研究院第一届院士候选人提名探析》，《中国科技史杂志》2008 年第 4 期；孙越霄《转战陕北的神秘"四大队"》，《农村大众》2020 年 7 月 27 日；殷飞飞《民国时期中山大学"现代史学"运动探研》，山东大学博士学位论文，2020 年；徐希军《理想主义：胡适国际政治思想研究》,华中师范大学博士学位论文,2006年;陈先桦《1947年知识界关于胡适"学术独立计划"的论争》,华中师范大学硕士学位论文,2019年;林建华《中间路线与知识分子的分化研究》,中国社会科学院博士后论文,2005年;夏学花《〈时与文〉知识分子群体对国家出路的探索及历史选择》,复旦大学博士学位论文,2013年;乌云萨娜《张东荪社会主义思想研究》,内蒙古师范大学硕士学位论文,2010年;林建华《中间路线与知识分子的分化研究》,中国社会科学院博士后论文,2009年;艾治平《听胡适校长讲演》,《求知导刊》2014年第6期;胡逢祥《历史学的自省:从经验到理性的转折——略评20世纪上半叶我国的史学史研实》,《华东师范大学学报(哲学社会科学版)》2004年第1期;欧阳军喜《"五四"的变奏:1946—1947年的"新五四运动"述评》,《党史研究与教学》2010年第3期;徐盈《司徒大使的道路》,《知识与生活》第16期(1947年12月1日);左玉河《最后的绝唱:1948年前后关于自由主义的讨论》,《四川大学学报》2008年第4期;王立《沿着〈闻一多的道路〉向前——王康与他的〈闻一多的道路〉》,《郭沫若学刊》2019年第2期,《王康与梁实秋笔下的闻一多》,《郭沫若学刊》2020年第3期)